Ihr Rubbelcode zum E-Book:

kzrDiUJb

Die Anleitung zum Freischalten
finden Sie unter:
www.schulthess.com/printplus

Hubert Stöckli/Thomas Siegenthaler (Hrsg.)
Planerverträge

Planerverträge

Verträge mit Architekten und Ingenieuren

Zweite, überarbeitete und erweiterte Auflage

Herausgegeben von

Prof. Dr. iur. Hubert Stöckli
Ordentlicher Professor
an der Universität Freiburg (Schweiz)
Direktor des Instituts
für Schweizerisches
und Internationales Baurecht

Dr. iur. Thomas Siegenthaler
Rechtsanwalt, M.Jur. (Oxford)
Fachanwalt SAV
für Bau- und Immobilienrecht
Lehrbeauftragter an der
Universität Freiburg (Schweiz)

Teilweise in Fortführung von
Prof. em. Dr. iur. Dr. Dr. h.c. Peter Gauch/Prof. em. Dr. iur. Dr. h.c. Pierre Tercier (Hrsg.)
Das Architektenrecht/Le droit de l'architecte, Freiburg 1995

Schulthess § 2019

Zitiervorschläge:

GAUCH/MIDDENDORF, in: Stöckli/Siegenthaler (Hrsg.), Planerverträge, 2. Aufl., Zürich 2019, Rz. 1.19

GAUCH/MIDDENDORF, Planerverträge, Rz. 1.19

Bibliografische Information der Deutschen Nationalbibliothek
Die Deutsche Nationalbibliothek verzeichnet diese Publikation in der Deutschen Nationalbibliografie; detaillierte bibliografische Daten sind im Internet über http://dnb.d-nb.de abrufbar.

ISBN 978-3-7255-7761-3

www.schulthess.com

Autorinnen und Autoren

MARTIN BEYELER, Prof. Dr. iur., Rechtsanwalt, ordentlicher Professor an der Universität Freiburg

BEAT DENZLER, Dr. iur., Rechtsanwalt, LL.M., Winterthur

ANTON EGLI, Dr. iur., Rechtsanwalt und Notar, Sempach

DANIEL GEBHARDT, Rechtsanwalt, Fachanwalt SAV Bau- und Immobilienrecht, Basel

MICHAEL HOCHSTRASSER, PD Dr. iur., Rechtsanwalt, Lehrbeauftragter an der Universität Zürich, Winterthur

FELIX HUBER, Dr. iur., Rechtsanwalt, Zürich

ROLAND HÜRLIMANN, Dr. iur., Rechtsanwalt, LL.M., Zürich

FRÉDÉRIC KRAUSKOPF, Prof. Dr. iur., Rechtsanwalt, LL.M., ordentlicher Professor an der Universität Bern

ANNETTE LENZLINGER, Dr. iur., Rechtsanwältin, Fachanwältin SAV Bau- und Immobilienrecht, Wetzikon

CHRISTOPH LOCHER, Rechtsanwalt, Fachanwalt SAV Bau- und Immobilienrecht, St. Gallen

MARIO MARTI, Dr. iur., Rechtsanwalt, M.Jur., Bern

PATRICK MIDDENDORF, Dr. iur., Rechtsanwalt, Fachanwalt SAV Bau- und Immobilienrecht, Zürich

VALENTIN MONN, Dr. iur., Fürsprecher, Gerichtsschreiber am Bundesgericht, Lausanne

ADRIAN MURER, dipl. Ing. ETH, Rechtsanwalt, M. A. HSG, Zürich

CHRISTOF RIEDO, Prof. Dr. iur., Fürsprecher, ordentlicher Professor an der Universität Freiburg

FRANZ RIKLIN, Prof. Dr. iur., Rechtsanwalt, Prof. em. Universität Freiburg

STEFAN SCHERLER, Dr. iur., Rechtsanwalt, Fachanwalt SAV Bau- und Immobilienrecht, Winterthur

CLAUDE SCHLUEP, Rechtsanwalt, Bern

CLAUDIA SCHNEIDER HEUSI, Rechtsanwältin, LL.M., Fachanwältin SAV Bau- und Immobilienrecht, Zürich

RUDOLF SCHWAGER, Dr. iur., Rechtsanwalt und Notar, St. Gallen

NIKLAUS SCHWENDENER, Rechtsanwalt, Zürich

THOMAS SIEGENTHALER, Dr. iur., Rechtsanwalt, M.Jur., Fachanwalt SAV Bau- und Immobilienrecht, Lehrbeauftragter an der Universität Freiburg, Winterthur

HUBERT STÖCKLI, Prof. Dr. iur., Rechtsanwalt, MCL, ordentlicher Professor an der Universität Freiburg

SIBYLLE WENGER BERGER, Dr. iur., Rechtsanwältin, Bern

JEAN-CLAUDE WERZ, Dr. iur., Rechtsanwalt, LL.M., Winterthur

HANNES ZEHNDER, Dr. iur., Rechtsanwalt und Urkundsperson, Pfäffikon/SZ

JEAN-BAPTISTE ZUFFEREY, Prof. Dr. iur., LL.M., ordentlicher Professor an der Universität Freiburg

Schriftleitung

PATRICK SCHURTENBERGER (MLaw Freiburg/Paris II), Institut für Schweizerisches und Internationales Baurecht, Universität Freiburg

TANJA FÖHN (BLaw), Institut für Schweizerisches und Internationales Baurecht, Universität Freiburg

Sach-, Gesetzes- und Normenregister

Die verschiedenen Register wurden erstellt unter Mitwirkung von

GREGOR JORDI (stud. iur.), Universität Freiburg

NINA PETER (stud. iur.), Universität Freiburg

CLEA SIMON (MLaw), Universität Freiburg

NATHALIE WYSS (BLaw), Universität Freiburg

ESTELLE WITMER (stud. iur.), Universität Freiburg

Vorwort und Dank

Die Planerinnen und Planer nehmen beim Bauen Schlüsselfunktionen wahr. Entsprechend hoch ist die Bedeutung der Verträge, die sie mit ihren Auftraggebern eingehen. Um solche Verträge – die Verträge der Architekten und Bauingenieure – geht es in unserem Buch. Es analysiert die vielfältigen, oftmals schwierigen und häufig auch umstrittenen Rechtsfragen, die sich im Umfeld von Planerverträgen stellen, und prüft die Lösungsansätze kritisch und vertieft. Dazu gehören namentlich Fragen der Vertragsqualifikation, der Vergütung, der Haftung für ungenaue Kosteninformationen und für weitere Vertragsverletzungen, die Verhältnisse in der Planergemeinschaft, die Berufshaftpflichtversicherung, das geistige Eigentum, aber auch die strafrechtliche Verantwortlichkeit, die Planer treffen kann.

Mit seinem ausgreifenden Ansatz richtet sich unser Buch an Fachleute aus der Rechtswelt, aber auch an die Planerinnen und Planer selbst, die praktisch verwertbare Antworten auf Fragen zu ihren eigenen Verträgen suchen. Obschon die Architekten und die Ingenieure unterschiedliche Funktionen wahrnehmen, gelten für sie in weiten Teilen die gleichen rechtlichen Regeln. Dies schlägt sich auch in unserem Buch nieder, das nur dort zwischen Architekten und Ingenieuren unterscheidet, wo ihre Verträge relevante, unterschiedliche Rechtsfragen aufwerfen.

Dargestellt wird die Rechtslage vor dem Hintergrund der gesetzlichen (vor allem werkvertrags- und auftragsrechtlichen) Bestimmungen, aber stets auch mit Blick auf die Leistungs- und Honorarordnungen 102, 103 und 108 des Schweizerischen Ingenieur- und Architektenvereins (die SIA-Ordnungen 102, 103 und 108) aus dem Jahr 2014, die häufig in die Planerverträge übernommen werden und entsprechend von hoher praktischer Bedeutung sind. Auf Betreiben der Schweizer Wettbewerbsbehörde wurden diese SIA-Ordnungen im Herbst 2018 moderat verändert. Diese Änderungen betreffen vor allem die Bestimmungen über die Vergütung der Planer; ihnen wird in diesem Buch bereits Rechnung getragen. Neben den SIA-Ordnungen kommen auch die Musterbedingungen für Planerleistungen zur Sprache, die von der Koordinationskonferenz der Bau- und Liegenschaftsorgane der öffentlichen Bauherren geschaffen und von öffentlichen Auftraggeberinnen aller Staatsebenen eingesetzt werden (der KBOB-Planervertrag).

Die Autorinnen und Autoren setzen sich mit der Praxis des Bundesgerichts auseinander, vertreten in ihren Beiträgen aber auch Meinungen, die von dieser Praxis abweichen. Das ist angesichts ihrer eigenen Fachkunde und Erfahrung nicht überraschend. Wir haben keinen Versuch unternommen, sie alle auf eine Linie einzuschwören. Deshalb kommt es vor, dass in diesem Buch identische Rechtsfragen kontrovers und auch abweichend von der bundesgerichtlichen Linie beurteilt werden, was das weite juristische Meinungsspektrum belegt, das auch im Umgang mit Planerverträgen besteht. Will man in diesem Zusammenhang eine Tendenz ausmachen, so vielleicht die Tendenz, den sogenannten Gesamtvertrag der Planer, der Planungs- und Bauleitungsaufgaben in einem Vertrag vereint, als einfachen Auftrag zu verstehen und nicht als gemischtes Vertragsverhältnis, für das bei der Rechtsanwendung aus Auftrags- und aus Werkvertragsrecht zu schöpfen ist. Damit setzt unser Buch einen Kontrapunkt zur Meinung des Bundesgerichts, das seit dem Jahr 1983 die Auffassung vertritt, der Gesamtvertrag sei ein gemischter Vertrag, weshalb es etwa bei Mängeln der Planung so zu halten sei, dass der Auftraggeber die Mängel zu rügen habe. Wir glauben, dass diese Rechtslage den praktischen Bedürfnissen nicht gerecht wird, wie sie bei Gesamtverträgen über vornehmlich intellektuelle Dienstleistungen vorherrschen.

Unser Buch knüpft in ausgewählten Bereichen an das von den Professoren Peter Gauch und Pierre Tercier herausgegebene Standardwerk «Das Architektenrecht/Le droit de l'architecte» an, indem einige Beiträge aus jenem Werk übernommen, für unser Buch aber stark überarbeitet wurden. Den Kreis der behandelten Themen haben wir schon für die letzte Auflage unseres Buches markant ausgeweitet und damit dem Umstand Rechnung getragen, dass sich neben dem Recht auch das Berufsbild der Planerinnen und Planer fortentwickelt hat. In der aktuellen Auflage neu dazugestossen sind ein Beitrag über die SIA-Ordnung 144 für Ingenieur- und Architekturleistungsofferten und zudem ein Beitrag, der sich den Fragen widmet, die mit dem vermehrten Einsatz von BIM (Building Information Modelling) auf uns zukommen.

Dank schulden wir den Professoren Peter Gauch und Pierre Tercier für ihre Bereitschaft, uns «ihren Stoff» anzuvertrauen, uns aber in dessen Weiterentwicklung völlig freie Hand zu lassen. Danken möchten wir weiter den Autorinnen und Autoren für ihr grosses Engagement und ihre fundierten Texte. Dank sagen wir aber auch dem Team am Institut für Schweizerisches und Internationales Baurecht der Universität Freiburg. Unter der kundigen Führung von Patrick Schurtenberger (MLaw) und Tanja Föhn (BLaw) haben sich Gregor Jordi, Nina Peter, Clea Simon (MLaw), Nathalie Wyss (BLaw) und Estelle Witmer, alle Universität Freiburg, vor allem in der Schlussphase dieses Projekts durch Engagement und Gewissenhaftigkeit hervorgetan. Das Team wurde von Shirin Grünig, Rechtsanwältin, in verdankenswerter Weise mit manch gutem Ratschlag unterstützt. Unser Dank gebührt schliesslich der Schulthess Juristische Medien AG für die sorgfältige und kompetente Betreuung dieses Werkes, natürlich aber auch allen Leserinnen und Lesern, die es zur Lösung anstehender Rechtsfragen heranziehen.

Im Februar 2019

Hubert Stöckli und Thomas Siegenthaler

Inhaltsübersicht

Vor jedem Beitrag findet sich ein detailliertes Inhaltsverzeichnis.

Literaturverzeichnis

ABEGG ANDREAS, Der Verwaltungsvertrag zwischen der Staatsverwaltung und Privaten, Grundzüge einer historisch und theoretisch angeleiteten Dogmatik öffentlichrechtlicher und privatrechtlicher Verwaltungsverträge, Habil. Freiburg, Zürich 2009 (zit.: ABEGG, Verwaltungsvertrag).

ABEGG ANDREAS, Funktion und Rechtsnatur des Vergabeverhältnisses in Deutschland und in der Schweiz, in: BR/DC 3/2008, S. 147 ff. (zit.: ABEGG, Vergabeverhältnis).

ABEGGLEN SANDRO, Wissenszurechnung bei der juristischen Person und im Konzern, bei Banken und Versicherungen, Interessenkonflikte und Chinese Walls bei Banken und Wertpapierhäusern, Privatrecht und Finanzmarktrecht, Bern 2004 (zit.: ABEGGLEN, Wissenszurechnung).

ABRAVANEL PHILIPPE, Les devoirs généraux de l'architecte, in: Gauch Peter/Tercier Pierre (Hrsg.), Das Architektenrecht/Le droit de l'architecte, 3. Aufl., Freiburg 1995, S. 99 ff. (zit.: ABRAVANEL, Architektenrecht 1995).

AEBI-MABILLARD JESSICA C.L., La rémunération de l'architecte, Diss. Freiburg, Zürich 2015 (zit.: AEBI-MABILLARD, La rémunération).

AEPLI VIKTOR, Zur Rechtsnatur des Totalunternehmervertrages, in: BR/DC 2/2000, S. 46 ff. (zit.: AEPLI, Totalunternehmervertrag).

AEPLI VIKTOR, Zürcher Kommentar zum schweizerischen Zivilrecht, Bd. V/1h/1, Das Erlöschen der Obligationen (Art. 114–126 OR), 3. Aufl., Zürich 1991 (zit.: AEPLI, Zürcher Kommentar).

AMSTUTZ MARC/MORIN ARIANE, Einleitung vor Art. 184 ff. OR, in: Honsell Heinrich/Vogt Nedim Peter/Wiegand Wolfgang (Hrsg.), Basler Kommentar, OR I (Art. 1–529 OR), 6. Aufl., Basel 2015 (zit.: AMSTUTZ/MORIN, Basler Kommentar).

ANDRES ROGER, Die Normen der Arbeitssicherheit, System und Kritik am Beispiel des Bauens, Diss. Freiburg, Zürich 2016 (zit.: ANDRES, Arbeitssicherheit).

ARZT GUNTHER, Vorsatz und Fahrlässigkeit, Bemerkungen zur neueren Rechtsprechung, in: recht 2/1988, S. 66 ff. (zit.: ARZT, Vorsatz und Fahrlässigkeit).

BACHMANN HUGO, Haftungsfolgen ungenügender Erdbebensicherheit, in: BR/DC 4/2007, S. 185 ff. (zit.: BACHMANN, Haftungsfolgen).

BACHMANN MARKUS, Architektur und Urheberrecht, Eine intersubjektive Verständigung, Diss. Freiburg, Freiburg 1979 (zit.: BACHMANN, Architektur und Urheberrecht).

BANDI ERICH, Spielraum im Architekturwettbewerb, in: werk, bauen + wohnen 1–2/2006, S. 34 ff. (zit.: BANDI, Architekturwettbewerb).

BARRELET DENIS/EGLOFF WILLI, Das neue Urheberrecht, Kommentar zum Bundesgesetz über das Urheberrecht und verwandte Schutzrechte, 3. Aufl., Bern 2008 (zit.: BARRELET/EGLOFF, URG-Kommentar [Stämpfli]).

BASSMANN THOMAS/LANGNEFF KATJA/RÖHL CHRISTIAN, Die Rechtsprechung des VII. Zivilsenats zum Bauvertrags- und Architektenrecht im Jahre 2009, in: BauR 4/2010, S. 531 ff. (zit.: BASSMANN/LANGNEFF/RÖHL, Rechtsprechung zum Bauvertrags- und Architektenrecht 2009).

BAUDENBACHER CARL, Wirtschafts-, schuld- und verfahrensrechtliche Grundprobleme der Allgemeinen Geschäftsbedingungen, Zürich 1983 (zit.: BAUDENBACHER, Grundprobleme der AGB).

BAUMGÄRTEL GOTTFRIED, Die Befundsicherungspflicht – ein Weg zur Behebung der Beweisnot im Zivilprozess?, in: Meier Isaak/Riemer Hans M./Weimar Peter (Hrsg.), Recht und Rechtsdurchsetzung, Festschrift für Hans Ulrich Walder zum 65. Geburtstag, Zürich 1994, S. 143 ff. (zit.: BAUMGÄRTEL, Die Befundsicherungspflicht).

BAYERLEIN WALTER, Praxishandbuch Sachverständigenrecht, 5. Aufl., München 2015 (zit.: BAYERLEIN, Praxishandbuch).

BAYERLEIN WALTER, Der Sachverständige im Bauprozess, in: BauR 4/1989, S. 397 ff. (zit.: BAYERLEIN, Der Sachverständige).

BECK RÉNÉ, Haftpflicht II: Haftpflichtversicherung, 3. Aufl., Bern 2017 (zit.: BECK, Haftpflicht II).

BECKER HERMANN, Berner Kommentar zum schweizerischen Privatrecht, Bd. VI/1, Allgemeine Bestimmungen (Art. 1–183 OR), 2. Aufl., Bern 1945 (zit.: BECKER, Berner Kommentar).

BECKER HERMANN, Berner Kommentar zum schweizerischen Privatrecht, Bd. VI/2, Die einzelnen Vertragsverhältnisse (Art. 184–551 OR), Bern 1934 (zit.: BECKER, Berner Kommentar).

BEELER URS R., Die widerrechtliche Baute, Diss. Zürich, Zürich 1984 (zit.: BEELER, Die widerrechtliche Baute).

BENDEL FELIX, Die fahrlässige Tötung und Körperverletzung beim Bauen, in: ZStrR 1/1963, S. 25 ff. (zit.: BENDEL, Fahrlässige Tötung).

BENDEL FELIX, Die strafrechtliche Verantwortlichkeit bei der Verletzung der Regeln der Baukunde (Art. 229 StGB)/La sanction pénale de la violation des règles de l'art de construire (art. 229 CPS), Diss. Genf, Winterthur 1960 (zit.: BENDEL, Strafrechtliche Verantwortlichkeit).

BERGER BERNHARD, Kommentar zu Art. 189 ZPO, Berner Kommentar zum schweizerischen Privatrecht, Bd. I, Schweizerische Zivilprozessordnung (Art. 1–149 ZPO), Bern 2013 (zit.: BERGER, Berner Kommentar).

BERGER BERNHARD, Allgemeines Schuldrecht, 2. Aufl., Bern 2012 (zit.: BERGER, Allgemeines Schuldrecht).

BERTI STEPHEN V., Zürcher Kommentar zum schweizerischen Zivilgesetzbuch, Bd. V/1h/2, Das Erlöschen der Obligationen (Art. 127–142 OR), 3. Aufl., Zürich 2002 (zit.: BERTI, Zürcher Kommentar).

BETTEX BJÖRN, L'expertise judiciaire, Etude de droit fédéral et de procédure civile vaudoise, Diss. Lausanne, Bern 2006 (zit.: BETTEX, L'expertise judiciaire).

BEYELER MARTIN, «Wir sollten über neue Zuschlagskriterien nachdenken», in: TEC21 4–5/2018, S. 17 f. (zit.: BEYELER, Wir sollten über Zuschlagskriterien nachdenken).

BEYELER MARTIN, Rechtsfragen zu BIM in 19 Thesen, in: Jusletter vom 12. Dezember 2016 (zit.: BEYELER, Rechtsfragen zu BIM).

BEYELER MARTIN, Der Geltungsanspruch des Vergaberechts, Probleme und Lösungsansätze im Anwendungsbereich und im Verhältnis zum Vertragsrecht, Habil. Bern, Zürich 2012 (zit.: BEYELER, Der Geltungsanspruch).

BEYELER MARTIN, Angebot oder Nichtangebot?, in: recht 1/2009, S. 34 ff. (zit.: BEYELER, Angebot).

BIEGER ALAIN, Die Mängelrüge im Vertragsrecht, Diss. Freiburg, Zürich 2009 (zit.: BIEGER, Die Mängelrüge).

BIRRER MATHIAS/LEUPI CHRISTIAN, Schutz der «schöpferischen Leistung», in: TEC21 51–52/2008, S. 34 f. (zit.: BIRRER/LEUPI, Schutz der «schöpferischen Leistung»).

BODDEN JÖRG L., BIM mit Einzelunternehmen – Strukturen und Vertragslösungen, in: Bauwirtschaft 2/2017, S. 90 ff. (zit.: BODDEN, BIM mit Einzelunternehmen).

BOLDT ANTJE, Reduzierte Haftung des bauaufsichtsführenden Architekten durch Mitverschulden des Bauherrn bei Fehlern des planenden Architekten, in: NZBau 8/2009, S. 494 ff. (zit.: BOLDT, Reduzierte Haftung).

BOLL CHRISTIAN, Kommentar zu Art. 48–54 VVG, in: Honsell Heinrich/Vogt Nedim Peter/Schnyder Anton K. (Hrsg.), Basler Kommentar, Bundesgesetz über den Versicherungsvertrag (VVG), Basel/München 2001 (zit.: BOLL, Basler Kommentar).

BOLLAG GEORG, Die kontraktliche Haftung des Architekten, Diss. Basel, Basel 1932 (zit.: BOLLAG, Die kontraktliche Haftung).

BOMMER FLORIAN, Kommentar zu Art. 335–352 ZPO, in: Baker & McKenzie (Hrsg.), Stämpflis Handkommentar, Schweizerische Zivilprozessordnung (ZPO), Bern 2010 (zit.: BOMMER, ZPO-Kommentar [Stämpfli]).

BRÄNDLI ROGER, Wichtige baurechtliche Verträge, Rechtsnatur und praktische Relevanz der Einordnung, in: Koller Alfred (Hrsg.), Neue und alte Fragen zum privaten Baurecht, St. Galler Baurechtstagung 2004, St. Gallen 2004, S. 155 ff. (zit.: BRÄNDLI, Wichtige baurechtliche Verträge).

BRAUCHBAR BIRKHÄUSER SIMONE, Kommentar zu Art. 5 UWG, in: Jung Peter/Spitz Philippe (Hrsg.), Stämpflis Handkommentar, Bundesgesetz gegen den unlauteren Wettbewerb (UWG), 2. Aufl., Bern 2016 (zit.: BRAUCHBAR BIRKHÄUSER, UWG-Kommentar [Stämpfli]).

BREHM ROLAND, Berner Kommentar zum schweizerischen Privatrecht, Die Entstehung durch unerlaubte Handlungen (Art. 41–61 OR), 4. Aufl., Bern 2013 (zit.: BREHM, Berner Kommentar).

BREHM ROLAND, Le contrat d'assurance RC, 2. Aufl., Basel/Frankfurt a.M. 1997 (zit.: BREHM, Le contrat d'assurance).

BRINER HANS, Die Architekten- und Ingenieurverträge im Einzelnen, in: Lendi Martin/Nef Urs Ch./Trümpy Daniel (Hrsg.), Das private Baurecht der Schweiz, Beiträge für die Praxis, Zürich 1994, S. 23 ff. (zit.: BRINER, Architektenverträge).

BRINER HANS, Nutzungs-/Sicherheits-/Kontrollplan, Rechtliche Fragen und Antworten zur Norm SIA 160 (1989), in: SIA 35/1992, S. 633 ff. (zit.: BRINER, Nutzungsplan).

BRULHART VINCENT, Droit des assurances privées, 2. Aufl., Bern 2017 (zit.: BRULHART, Assurances privées).

BRÜHWILER EUGEN/FISCHER JÜRG, Revidierte Norm SIA 260 Grundlagen, in: TEC21 38/2013, S. 28 f. (zit.: BRÜHWILER/FISCHER, Revidierte Norm SIA 260).

BUCHER EUGEN, Schweizerisches Obligationenrecht, Allgemeiner Teil ohne Deliktsrecht, 2. Aufl., Zürich 1988 (zit.: BUCHER, OR AT).

BUCHER EUGEN, Hundert Jahre schweizerisches Obligationenrecht: Wo stehen wir heute im Vertragsrecht?, in: ZSR II/1983, S. 251 ff. (zit.: BUCHER, Hundert Jahre schweizerisches Obligationenrecht).

BUFF FELIX/VON DER CRONE HANS C., Zwingende Natur von Art. 404 OR, in: SZW 3/2014, S. 332 ff. (zit.: BUFF/VON DER CRONE, Art. 404 OR).

BÜHLER ALFRED, Gerichtsgutachter und -gutachten im Zivilprozess, in: Heer Marianne/Schöbi Christian (Hrsg.), Gericht und Expertise, Bern 2005, S. 11 ff. (zit.: BÜHLER A., Gerichtsgutachter).

BÜHLER ALFRED, Die Beweiswürdigung, in: Leuenberger Christoph (Hrsg.), Der Beweis im Zivilprozess/La preuve dans le procès civil, Bern 2000, S. 71 ff. (zit.: BÜHLER A., Beweiswürdigung).

BÜHLER ALFRED, Erwartungen des Richters an den Sachverständigen, in: AJP 5/1999, S. 567 ff. (zit.: BÜHLER A., Erwartungen).

BÜHLER ALFRED, Von der Beweislast im Bauprozess, in: Koller Alfred (Hrsg.), Aktuelle Probleme des privaten und öffentlichen Baurechts, St. Gallen 1994, S. 289 ff. (zit.: BÜHLER A., Von der Beweislast).

BÜHLER THEODOR, Zürcher Kommentar zum schweizerischen Zivilgesetzbuch, Bd. V/2d, Der Werkvertrag (Art. 363–379 OR), 3. Aufl., Zürich 1998 (zit.: BÜHLER T., Zürcher Kommentar).

BUGNON HUBERT, L'action récursoire en matière de concours de responsabilités civiles, Diss. Freiburg, Freiburg 1982 (zit.: BUGNON, L'action récursoire).

BURKHALTER PETER/DE MADDALENA URS/PELLONI GIOVANNI, Produkt- und Umweltrisiken, Versicherungslösungen für Unternehmen, Luzern 1997 (zit.: BURKHALTER/DE MADDALENA/PELLONI, Produkt- und Umweltrisiken).

BUSCHE JAN, Kommentar zu §§ 631–651 BGB, in: Säcker Franz J./Rixecker Roland/Oetker Hartmut/Limperg Bettina (Hrsg.), Münchener Kommentar zum Bürgerlichen Gesetzbuch, Bd. 5/I, Schuldrecht – Besonderer Teil III/1, 7. Aufl., München 2018 (zit.: BUSCHE, Münchener Kommentar).

CADOSCH STEFAN, BIM und die Arbeit am Raum, in: BR/DC 3/2015, S. 121 ff. (zit.: CADOSCH, BIM und die Arbeit am Raum).

CARRON BENOÎT, Le mandataire face à l'entreprise générale ou totale, in: Institut für Schweizerisches und Internationales Baurecht (Hrsg.), Journées suisses du droit de la construction 2007, Freiburg 2007, S. 161 ff. (zit.: CARRON, Le mandataire).

CARRON BLAISE, Le transfert contractuel des droits d'auteur de l'architecte et le cas particulier de la résiliation anticipée du contrat, in: BR/DC 6/2016, S. 323 ff. (zit.: CARRON, Le transfert contractuel).

CARRON BLAISE/KRAUS DANIEL/KRÜSI MELANIE/FÉROLLES YANN, Das Urheberrecht der Planer, Ein Leitfaden für Architekten, Ingenieure und Baurechtsspezialisten zum Urheberrecht und zu weiteren Immaterialgüterrechten, Zürich 2014 (zit.: CARRON/KRAUS/KRÜSI/FÉROLLES, Das Urheberrecht der Planer).

CASANOVA GION CH., Ausgleichsanspruch und Ausgleichsordnung, Die Regressregelung von Art. 51 OR, Diss. Zürich, Zürich 2010 (zit.: CASANOVA, Ausgleichsanspruch).

CASANOVA HUGO, Die Haftung der Parteien für prozessuales Verhalten, insbesondere nach Art. 41 ff. OR, Diss. Freiburg, Freiburg 1982 (zit.: CASANOVA, Die Haftung).

CELLI ALESSANDRO L., Kommentar zu Art. 1 DesG, in: Staub Roger/Celli Alessandro L. (Hrsg.), Designrecht, Kommentar zum Bundesgesetz über den Schutz von Design, Zürich 2003 (zit.: CELLI, DesG-Kommentar [Schulthess]).

CEPPI PIA, Das Sachverständigengutachten im Zivilprozess, Eine vergleichende Studie im deutschen, französischen, italienischen und schweizerischen Recht, Diss. Basel, Basel 1967 (zit.: CEPPI, Das Sachverständigengutachten).

CHAIX FRANÇOIS, Kommentar zu Art. 530–551 OR, in: Tercier Pierre/Amstutz Marc/Trigo Trindade Rita (Hrsg.), Commentaire romand, Code des obligations II (art. 530–1186 CO, art. 20–33 LB, avec des introductions à la LFus, à l'ORAb, à la LTI), 2. Aufl., Basel 2017 (zit.: CHAIX, Commentaire romand).

CHAIX FRANÇOIS, Kommentar zu Art. 363–379 OR, in: Thévenoz Luc/Werro Franz (Hrsg.), Commentaire romand, Code des obligations I (art. 1–529 CO), 2. Aufl., Basel 2012 (zit.: CHAIX, Commentaire romand).

CHAPPUIS BENOÎT, Kommentar zu Art. 62–67 OR, in: Thévenoz Luc/Werro Franz (Hrsg.), Commentaire romand, Code des obligations I (art. 1–529 CO), 2. Aufl., Basel 2012 (zit.: CHAPPUIS B., Commentaire romand).

CHAPPUIS CHRISTINE, Kommentar zu Art. 32–40 OR, in: Thévenoz Luc/Werro Franz (Hrsg.), Commentaire romand, Code des obligations I (art. 1–529 CO), 2. Aufl., Basel 2012 (zit.: CHAPPUIS C., Commentaire romand).

CHERPILLOD IVAN, Schranken des Urheberrechts, in: von Büren Roland/David Lucas (Hrsg.), Schweizerisches Immaterialgüter- und Wettbewerbsrecht, Bd. II/1, Urheberrecht und verwandte Schutzrechte, 3. Aufl., Basel 2014, S. 254 ff. (zit.: CHERPILLOD, Schranken).

CHERPILLOD IVAN, Kommentar zu Art. 1–5 URG, in: Müller Barbara K./Oertli Reinhard (Hrsg.), Stämpflis Handkommentar, Urheberrechtsgesetz (URG), Bundesgesetz über das Urheberrecht und verwandte Schutzrechte, Mit Ausblick auf EU-Recht, deutsches Recht, Staatsverträge und die internationale Rechtsentwicklung, 2. Aufl., Bern 2012 (zit.: CHERPILLOD, URG-Kommentar [Stämpfli]).

CHERPILLOD IVAN/DESSEMONTET FRANÇOIS, Les droits d'auteur, in: Gauch Peter/Tercier Pierre (Hrsg.), Das Architektenrecht/Le droit de l'architecte, 3. Aufl., Freiburg 1995, S. 405 ff. (zit.: CHERPILLOD/DESSEMONTET, Architektenrecht 1995).

CHOU HAN-LIN, Wissen und Vergessen bei juristischen Personen, Diss. Basel, Basel/München 2002 (zit.: CHOU, Wissen und Vergessen).

CORBOZ BERNARD, Les infractions en droit suisse, Bd. II, 3. Aufl., Bern 2010 (zit.: CORBOZ, Les infractions II).

CORBOZ BERNARD, La distinction entre solidarité parfaite et solidarité imparfaite, Diss. Genf, Genf 1974 (zit.: CORBOZ, Solidarité).

COTTIER MICHELLE/CREVOISIER CÉCILE, Die nichteheliche Lebensgemeinschaft als einfache Gesellschaft, in: AJP 1/2012, S. 33 ff. (zit.: COTTIER/CREVOISIER, Die nichteheliche Lebensgemeinschaft).

COTTIER RAPHAEL, Der Begriff der Gemeingefahr und seine Verwertung in den Vorentwürfen zu einem schweizerischen Strafgesetzbuche, Diss. Freiburg, Freiburg 1918 (zit.: COTTIER, Der Begriff der Gemeingefahr).

DANUSER MARTIN, Die Anscheinsvollmacht, Gutglaubensschutz im Vollmachtsrecht, Diss. Bern, Bern 1975 (zit.: DANUSER, Die Anscheinsvollmacht).

DÄPPEN ROBERT K., Kommentar zu Art. 127–142 OR, in: Honsell Heinrich/Vogt Nedim Peter/Wiegand Wolfgang (Hrsg.), Basler Kommentar, OR I (Art. 1–529 OR), 6. Aufl., Basel 2015 (zit.: DÄPPEN, Basler Kommentar).

DASSER FELIX, Vertragsrecht ohne Vertragstypenrecht?, in: Honsell Heinrich/Portmann Wolfgang/Zäch Roger/Zobl Dieter (Hrsg.), Aktuelle Aspekte des Schuld- und Sachenrechts, Festschrift für Heinz Rey zum 60. Geburtstag, Zürich 2003, S. 207 ff. (zit.: DASSER, Vertragsrecht ohne Vertragstypenrecht?).

DAVID LUCAS, Ist der Numerus clausus der Immaterialgüterrechte noch zeitgemäss?, in: AJP 11/1995, S. 1403 ff. (zit.: DAVID, Numerus clausus).

DAVID LUCAS, Die Baukunst im Urheberrecht, in: Schweizerische Vereinigung für Urheberrecht (Hrsg.), 100 Jahre URG, Festschrift zum einhundertjährigen Bestehen eines eidgenössischen Urheberrechtsgesetzes, Bern 1983, S. 263 ff. (zit.: DAVID, Baukunst).

DAZIO ALESSANDRO, Erdbebengefährdung und erdbebengerechter Entwurf von Neubauten, in: Erdbebensicherheit von Gebäuden, Rechts- und Haftungsfragen, SIA-Dokumentation D 0227, Zürich 2008, S. 1 ff. (zit.: DAZIO, Erdbebengefährdung).

DEL PERO FRANCO, La prescription pénale – Histoire, notions générales, durée des délais relatifs et absolus de prescription de l'action pénale et de la peine, Diss. Lausanne, Bern 1993 (zit.: DEL PERO, La prescription pénale).

DELAQUIS ERNST, Bemerkungen zu den gemeingefährlichen Verbrechen und Vergehen des Schweizerischen Strafgesetzbuches, in: ZStrR 1943, S. 106 ff. (zit.: DELAQUIS, Gemeingefährliche Verbrechen und Vergehen).

DENYS CHRISTIAN, Prescription de l'action pénale, Les nouveaux art. 70, 71, 109 et 333 al. 5 CP, in: SJ 2/2003 II, S. 49 ff. (zit.: DENYS, Prescription de l'action pénale).

DENZLER BEAT/HOCHSTRASSER MICHAEL, Haftung der Planer in der neuen SIA-LHO 102 und 103 (2014), in: BR/DC 5/2016, S. 261 ff. (zit.: DENZLER/HOCHSTRASSER, Haftung nach SIA 102/103).

DERENDINGER PETER, Die Nicht- und nichtrichtige Erfüllung des einfachen Auftrages, Diss. Freiburg, 2. Aufl., Freiburg 1990 (zit.: DERENDINGER, Nichterfüllung).

DERENDINGER PETER, Ergänzungen und Änderungen der Grossbanken zu den SIA-Ordnungen 102, 103 und 108, in: BR/DC 2/1987, S. 46 f. (zit.: DERENDINGER, Ergänzungen und Änderungen).

DESCHENAUX HENRI/TERCIER PIERRE, La responsabilité civile, 2. Aufl., Bern 1982 (zit.: DESCHENAUX/TERCIER, La responsabilité civile).

DESSEMONTET FRANÇOIS, Le droit d'auteur des architectes, in: GRUR Int. 4/1996, S. 507 ff. (zit.: DESSEMONTET, Le droit d'auteur).

DEURING MARTIN, Kreative Lösungen durch interdisziplinäre Wettbewerbe, Das Plädoyer eines Ingenieurs, in: BR/DC 3/2010, S. 155 ff. (zit.: DEURING, Kreative Lösungen).

DIDISHEIM RAYMOND, Expertise privée et responsabilité, in: Colloque SVIA 1991, La responsabilité de l'expert au sein de la responsabilité des ingénieurs et architectes en général, Lausanne 1992, S. 50 ff. (zit.: DIDISHEIM, Expertise privée).

DIETSCHE DANIELA/VAN ROODEN CLEMENTINE, Schwingende Tribünen, in: TEC21 134/2008, S. 31 ff. (zit.: DIETSCHE/VAN ROODEN, Schwingende Tribünen).

DIGGELMANN PETER, Kommentar zu Art. 47–51 ZPO, in: Brunner Alexander/Gasser Dominik/ Schwander Ivo (Hrsg.), Schweizerische Zivilprozessordnung, Kommentar, Bd. I, 2. Aufl., Zürich 2016 (zit.: DIGGELMANN, ZPO-Kommentar [Dike]).

DÖBEREINER WALTER/VON KEYSERLINGK ALEXANDER, Sachverständigen-Haftung, mit Haftungsbegrenzung sowie Versicherung des privaten und gerichtlichen Sachverständigen, Wiesbaden 1979 (zit.: DÖBEREINER/VON KEYSERLINGK, Sachverständigen-Haftung).

DOLGE ANNETTE, Kommentar zu Art. 177–189 ZPO, in: Spühler Karl/Tenchio Luca/Infanger Dominik (Hrsg.), Basler Kommentar, Schweizerische Zivilprozessordnung, 3. Aufl., Basel 2017 (zit.: DOLGE, Basler Kommentar).

DONATSCH ANDREAS, Sorgfaltsbemessung und Erfolg beim Fahrlässigkeitsdelikt, Habil. Zürich, Zürich 1987 (zit.: DONATSCH, Sorgfaltsbemessung).

DONATSCH ANDREAS/TAG BRIGITTE, Strafrecht I, Verbrechenslehre, 9. Aufl., Zürich 2013 (zit.: DONATSCH/TAG, Strafrecht I).

DONATSCH ANDREAS/THOMMEN MARC/WOHLERS WOLFGANG, Strafrecht IV, Delikte gegen die Allgemeinheit, 5. Aufl., Zürich 2017 (zit.: DONATSCH/THOMMEN/WOHLERS, Strafrecht IV).

DOMEJ TANJA, Kommentar zu Art. 66–83 ZPO, in: Oberhammer Paul/Domej Tanja/Haas Ulrich (Hrsg.), Kurzkommentar ZPO, Schweizerische Zivilprozessordnung, 2. Aufl., Basel 2014 (zit.: DOMEJ, ZPO-Kurzkommentar [Helbing]).

DROESE LORENZ, Res iudicata ius facit, Untersuchung über die objektiven und zeitlichen Grenzen von Rechtskraft im schweizerischen Zivilprozessrecht, Habil. Luzern, Bern 2015 (zit.: DROESE, Res iudicata).

DUBEY JACQUES, Les nouveaux règlements SIA-142 et 143 édition 2009, Une parade et une offensive, in: Stöckli Hubert/Zufferey Jean-Baptiste (Hrsg.), Aktuelles Vergaberecht 2010/Marchés publics 2010, Zürich 2010, S. 169 ff. (zit.: DUBEY, SIA-142 et 143).

DUBEY JACQUES, Le nouveau règlement des mandats d'étude parallèles d'architecture et d'ingénierie SIA-143/2009, Une forme de mise en concurrence entre concours et dialogue, in: BR/DC 4/2009, S. 140 ff. (zit.: DUBEY, Mandats d'étude parallèles).

DUBEY JACQUES, Le concours en droit des marchés publics, La passation des marchés de conception, en particulier d'architecture et d'ingénierie, Diss. Freiburg, Zürich 2005 (zit.: DUBEY, Concours).

DUBS HANS, Kann im Strafrecht auf das Kriterium der Adäquanz des Kausalzusammenhanges verzichtet werden?, in: Schmid Niklaus/Killias Martin (Hrsg.), Le droit pénal et ses liens avec les autres branches du droit, Mélanges en l'honneur du Professeur Jean Gauthier, Bern 1996, S. 23 ff. (zit.: DUBS, Kriterium der Adäquanz).

DUBS HANS, Probleme der Fahrlässigkeit, Habilitationsvorlesung, Basel 1959 (zit. DUBS, Probleme der Fahrlässigkeit).

DUPRAZ PIERRE-ANDRÉ, Grundlagen der Projektierung von Tragwerken, in: Grundlagen der Projektierung von Tragwerken, Einwirkungen auf Tragwerke, Bemessungsbeispiele zu den Normen SIA 260 und 261, SIA-Dokumentation D 0191, Zürich 2004, S. 7 ff. (zit.: DUPRAZ, Grundlagen).

ECKERT MARTIN, Digitale Daten als Wirtschaftsgut: Besitz und Eigentum an digitalen Daten, in: SJZ 11/2016, S. 265 ff. (zit.: ECKERT, Besitz und Eigentum an digitalen Daten).

ECKERT MARTIN, Digitale Daten als Wirtschaftsgut: digitale Daten als Sache, in: SJZ 10/2016, S. 245 ff. (zit.: ECKERT, Digitale Daten als Sache).

ECKERT MARTIN, Kommentar zu Art. 927–943 OR, in: Honsell Heinrich/Vogt Nedim Peter/Watter Rolf (Hrsg.), Basler Kommentar, OR II (Art. 530–964 OR, Art. 1–6 SchlT AG, Art. 1–11 Übest GmbH), 5. Aufl., Basel 2016 (zit.: ECKERT, Basler Kommentar).

EGGEN MIRJAM, Chain of Contracts, Eine privatrechtliche Auseinandersetzung mit Distributed Ledgers, in: AJP 1/2017, S. 3 ff. (zit.: EGGEN, Chain of Contracts).

EGLI ANTON, Kommentar zu Art. 3–6, Vorbemerkungen zu Art. 84–91 und Kommentar zu Art. 84–91 SIA 118, in: Gauch Peter/Stöckli Hubert (Hrsg.), Kommentar zur SIA-Norm 118, 2. Aufl., Zürich 2017 (zit.: EGLI, Kommentar SIA 118).

EGLI ANTON, Das Baukonsortium, in: Tagungsband Symposium vom 9. November 2006 «Die einfache Gesellschaft», Bern 2006, S. 41 ff. (zit.: EGLI, Das Baukonsortium).

EGLI ANTON, Die revidierten SIA-Ordnungen: System und Merkpunkte, in: Institut für Schweizerisches und Internationales Baurecht (Hrsg.), Schweizerische Baurechtstagung 2003, Freiburg 2003, S. 43 ff. (zit.: EGLI, Revidierte SIA-Ordnungen).

EGLI ANTON, Das Architektenhonorar, in: Gauch Peter/Tercier Pierre (Hrsg.), Das Architektenrecht/Le Droit de l'Architecte, 3. Aufl., Freiburg 1995, S. 295 ff. (zit.: EGLI, Architektenrecht 1995).

EGLI ANTON, Probleme von und mit Baukonsortien, in: Seminar für Schweizerisches Baurecht (Hrsg.), Schweizerische Baurechtstagung 1989, Freiburg 1989, S. 28 ff. (zit.: EGLI, Probleme Baukonsortien).

EGLI ANTON, Die revidierten SIA-Honorarordnungen 102 und 103, Weitere Bestimmungen, insbesondere Berechnung des Honorars, in: Seminar für Schweizerisches Baurecht (Hrsg.), Schweizerische Baurechtstagung 1985, Bd. II, Freiburg 1985, S. 94 ff. (zit.: EGLI, Die revidierten SIA-Honorarordnungen 102 und 103).

EGLI THOMAS, Einwirkungen auf Tragwerke durch Naturgefahren, in: Grundlagen der Projektierung von Tragwerken, Einwirkungen auf Tragwerke, Bemessungsbeispiele zu den Normen SIA 260 und 261, SIA-Dokumentation D 0191, Zürich 2004, S. 115 ff. (zit.: EGLI, Tragwerke).

EISELE JÖRG, Kommentar zu §§ 13–21, in: Schönke Adolf/Schröder Horst (Hrsg.), Strafgesetzbuch, Kommentar, 29. Aufl., München 2014 (zit.: EISELE, StGB-Kommentar [Beck]).

Engel Pierre, Traité des obligations en droit suisse, Dispositions générales du CO, 2. Aufl., Bern 1997 (zit.: Engel, Traité des obligations).

Engeler Peter, Rechtsaspekte beim Planen und Bauen, Dietikon 1992 (zit.: Engeler, Rechtsaspekte).

Eschenbruch Klaus, Quo Vadis «BIM und Recht», in: Bauwirtschaft 2/2017, S. 53 ff. (zit.: Eschenbruch, Quo Vadis).

Eschenbruch Klaus, Die Vertragsabwicklung mit der BIM-Planungsmethode: Einzelverträge und BIM-BVB, in: Eschenbruch Klaus/Leupertz Stefan (Hrsg.), BIM und Recht, Köln 2016, S. 6 ff. (zit.: Eschenbruch, Vertragsabwicklung mit BIM).

Essebier Jana/Wyss Dominic A., Von der Blockchain zu Smart Contracts, in: Jusletter vom 24. April 2017 (zit.: Essebier/Wyss, Von der Blockchain).

Esseiva Denis, Le concours et les marchés publics, in: Institut für Schweizerisches und Internationales Baurecht (Hrsg.), Journées suisses du droit de la construction 2003, Freiburg 2003, S. 197 ff. (zit.: Esseiva, Concours et marchés publics).

Faber Michael H./Galmarini Carlo, Qualitätssicherung von Ingenieurleistungen, in: TEC21 46/2008, S. 22 ff. (zit.: Faber/Galmarini, Qualitätssicherung).

Fahrländer Lukas, Vorbemerkung zu Art. 5 und Art. 5 lit. a und b UWG, in: Heizmann Reto/Loacker Leander D. (Hrsg.), UWG, Bundesgesetz gegen den unlauteren Wettbewerb, Kommentar, Zürich 2018 (zit.: Fahrländer, UWG-Kommentar [Dike]).

Fässler David, Neue Zusammenarbeitsmodelle für Planerbüros, Mehr Kunden dank virtuellen Unternehmen und Clustern?, in: blickwinkel, Management für Architekten und Ingenieure 1/2012, S. 12 f. (zit.: Fässler, Neue Zusammenarbeitsmodelle).

Fellmann Walter, Kommentar zu Art. 158 ZPO, in: Sutter-Somm Thomas/Hasenböhler Franz/Leuenberger Christoph (Hrsg.), Kommentar zur Schweizerischen Zivilprozessordnung (ZPO), 3. Aufl., Zürich 2016 (zit.: Fellmann, ZPO-Kommentar [Schulthess]).

Fellmann Walter, Regressausgleich zwischen Architekt und Unternehmer, in: Koller Alfred (Hrsg.), 7. St. Galler Baurechtstagung 2006, St. Gallen 2006, S. 29 ff. (zit.: Fellmann, Regressausgleich).

Fellmann Walter, Haftung für falsche Kostenschätzung, in: Koller Alfred (Hrsg.), Recht der Architekten und Ingenieure, St. Galler Baurechtstagung 2002, St. Gallen 2002, S. 211 ff. (zit.: Fellmann, Haftung für falsche Kostenschätzung).

Fellmann Walter, Die Haftung des Architekten und des Ingenieurs für Werkmängel, in: Koller Alfred (Hrsg.), Haftung für Werkmängel, St. Galler Baurechtstagung 1998, St. Gallen 1998, S. 77 ff. (zit.: Fellmann, Haftung für Werkmängel).

Fellmann Walter, Grundfragen im Recht der einfachen Gesellschaft, in: ZBJV 5/1997, S. 285 ff. (zit.: Fellmann, Grundfragen).

Fellmann Walter, Berner Kommentar zum schweizerischen Privatrecht, Bd. VI/2/4, Der einfache Auftrag (Art. 394–406 OR), Bern 1992 (zit.: Fellmann, Berner Kommentar).

Fellmann Walter/Kottmann Andrea, Schweizerisches Haftpflichtrecht, Bd. I: Allgemeiner Teil sowie Haftung aus Verschulden und Persönlichkeitsverletzung, gewöhnliche Kausalhaftungen des OR, ZGB und PrHG, Bern 2012 (zit.: FELLMANN/KOTTMANN, Schweizerisches Haftpflichtrecht, Bd. I).

FELLMANN WALTER/MÜLLER KARIN, Berner Kommentar zum schweizerischen Privatrecht, Bd. VI/2/8, Die einfache Gesellschaft (Art. 530–544 OR), Bern 2006 (zit.: FELLMANN/MÜLLER K., Berner Kommentar).

FÉROLLES YANN, Le dépassement du devis de l'architecte, Analyse de droit suisse de la responsabilité contractuelle, Diss. Neuenburg, Basel 2017 (zit.: FÉROLLES, Le dépassement du devis).

FERRARI HOFER LORENZA/VASELLA DAVID, Kommentar zu Art. 1–28 UWG, in: Amstutz Marc/Roberto Vito/Trüeb Hans Rudolf (Hrsg.), Handkommentar zum Schweizer Privatrecht, Wirtschaftliche Nebenerlasse: FusG, UWG, PauRG und KKG, 3. Aufl., Zürich 2016 (zit.: FERRARI HOFER/VASELLA, Handkommentar Privatrecht).

FRANK RICHARD/STRÄULI HANS/MESSMER GEORG, ZPO, Kommentar zur zürcherischen Zivilprozessordnung, Gesetz über den Zivilprozess vom 13. Juni 1976, Mit einem Anhang zu verfahrensrechtlichen Bestimmungen des zürcherischen Gerichtsverfassungsgesetzes, 3. Aufl., Zürich 1997 (zit.: FRANK/STRÄULI/MESSMER, ZPO-ZH Kommentar).

FREI MIRJAM A., Der rechtlich relevante Kausalzusammenhang im Strafrecht im Vergleich mit dem Zivilrecht, Diss. Zürich, Zürich 2010 (zit.: FREI, Kausalzusammenhang).

FREI NINA J., Kommentar zu Art. 16 ZPO, in: Spühler Karl/Tenchio Luca/Infanger Dominik (Hrsg.), Basler Kommentar, Schweizerische Zivilprozessordnung, 3. Aufl., Basel 2017 (zit.: FREI, Basler Kommentar).

FREY CHRISTOPH/EGGENSCHWILER SUPPAN SILVIA, Kommentar zu Art. 59 VVG, in: Honsell Heinrich/Vogt Nedim Peter/Schnyder Anton K./Grolimund Pascal (Hrsg.), Basler Kommentar, Versicherungsvertragsgesetz, Nachführungsband, Basel 2012 (zit.: FREY/EGGENSCHWILER SUPPAN, Basler Kommentar Nachführungsband).

FRISCH WOLFGANG, Tatbestandsmässiges Verhalten und Zurechnung des Erfolgs, Heidelberg 1988 (zit.: FRISCH, Tatbestandsmässiges Verhalten).

FRÖHLICH-BLEULER GIANNI, Eigentum an Daten?, in: Jusletter vom 6. März 2017 (zit.: FRÖHLICH-BLEULER, Eigentum an Daten).

FUHRER STEPHAN, Schadenserie oder Serienschaden?, Zur Auslegung der Serienschadenklausel in Haftpflichtversicherungsverträgen, in: Honsell Heinrich/Zäch Roger/Hasenböhler Franz/Harrer Friedrich/Rhinow René (Hrsg.), Privatrecht und Methode, Festschrift für Ernst A. Kramer, Basel/München 2004, S. 827 ff. (zit.: FUHRER, Serienschaden).

FUHRER STEPHAN, Kommentar zu Art. 25–35 VVG, in: Honsell Heinrich/Vogt Nedim Peter/Schnyder Anton K. (Hrsg.), Basler Kommentar, Bundesgesetz über den Versicherungsvertrag (VVG), Basel/München 2001 (zit.: FUHRER, Basler Kommentar).

FUHRER STEPHAN, Ausgewählte Fragen im Zusammenhang mit der Liquidation von Sachschäden, in: Koller Alfred (Hrsg.), St. Galler Haftpflicht- und Versicherungsrechtstagung 1993, St. Gallen 1993, S. 73 ff. (zit.: FUHRER, Sachschäden).

FUHRER STEPHAN, Die Vermögensschaden-Haftpflichtversicherung, Mit Erläuterungen zu den Haftpflichtversicherungen für Rechtsanwälte, Treuhänder, Verwaltungsräte, Organe von Personalvorsorgeeinrichtungen, EDV-Dienstleistungsbetriebe und Gemeinwesen, Diss. Basel, Zürich 1988 (zit.: FUHRER, Vermögensschaden).

GABELLON ADRIEN, La qualification juridique des clauses d'architecte ou d'entrepreneur: clause d'exclusivité, précontrat ou contrat?, in: BR/DC 1/2015, S. 9 ff. (zit.: GABELLON, Clauses d'architecte ou d'entrepreneur).

GABRIEL BRUNO, Die Widerrechtlichkeit in Art. 41 Abs. 1 OR, unter Berücksichtigung des Ersatzes reiner Vermögensschäden, Eine These, Diss. Freiburg, Freiburg 1987 (zit.: GABRIEL, Die Widerrechtlichkeit).

GALLAS WILHELM, Die strafrechtliche Verantwortlichkeit der am Bau Beteiligten, unter besonderer Berücksichtigung des «verantwortlichen Bauleiters», Heidelberg 1963 (zit.: GALLAS, Die strafrechtliche Verantwortlichkeit).

GALLI PETER/MOSER ANDRÉ/LANG ELISABETH/STEINER MARC, Praxis des öffentlichen Beschaffungsrechts, Eine systematische Darstellung der Rechtsprechung des Bundes und der Kantone, 3. Aufl., Zürich 2013 (zit.: GALLI/MOSER/LANG/STEINER, Praxis des öffentlichen Beschaffungsrechts).

GAMMENTHALER NINA, Diplomanerkennung und Freizügigkeit, unter besonderer Berücksichtigung der Richtlinie über die Anerkennung von Berufsqualifikationen 2005/36/EG und ihrer möglichen Umsetzung in der Schweiz, Diss. Freiburg, Zürich 2010 (zit.: GAMMENTHALER, Diplomanerkennung).

GASCHE JÜRG/BÖSCH PETER, Neue Grundlagen für die Gestaltung von Planerverträgen, Das Leistungsmodell und die revidierten Leistungs- und Honorarordnungen des SIA, in: BR/DC 1/2001, S. 3 ff. (zit.: GASCHE/BÖSCH, Neue Grundlagen).

GASSER DOMINIK/RICKLI BRIGITTE, Schweizerische Zivilprozessordnung (ZPO), Kurzkommentar, 2. Aufl., Zürich 2014 (zit.: GASSER/RICKLI, ZPO-Kurzkommentar [Dike]).

GAUCH PETER, Erneut zum Gesamtvertrag des Architekten und Ingenieurs und zu seiner Qualifikation, in: BR/DC 2/2014, S. 69 ff. (zit.: GAUCH, Erneut zum Gesamtvertrag).

GAUCH PETER, Die revidierten Art. 210 und 371 OR, Änderung des Obligationenrechts vom 16. März 2012, in: recht 4/2012, S. 124 ff. (zit.: GAUCH, Revidierte Art. 210 und 371 OR).

GAUCH PETER, Der Werkvertrag, 5. Aufl., Zürich 2011 (zit.: GAUCH, Werkvertrag).

GAUCH PETER, Von den Submissionsangeboten, die angeblich keine Vertragsofferten sind, in: BR/DC 2/2009, S. 52 ff. (zit.: GAUCH, Von den Submissionsangeboten).

GAUCH PETER, Bauernhilfe: Drei Fälle und wie das Bundesgericht dazu kam, die Schadenersatzregel des Art. 422 Abs. 1 OR auf den Auftrag und die Gefälligkeit anzuwenden, in: Schmid Jörg/Seiler Hansjörg, Recht des ländlichen Raums, Festgabe für Paul Richli zum 60. Geburtstag, Zürich 2006, S. 191 ff. (zit.: GAUCH, Bauernhilfe).

GAUCH PETER, Das unerschöpfliche Vertragsrecht, in: Institut für Schweizerisches und Internationales Baurecht (Hrsg.), Schweizerische Baurechtstagung 1999, Bd. I, Freiburg 1999, S. 1 ff. (zit.: GAUCH, Vertragsrecht).

GAUCH PETER, Grundbegriffe des ausservertraglichen Haftpflichtrechts, in: recht 6/1996, S. 225 ff. (zit.: GAUCH, Grundbegriffe).

Gauch peter, Vergabeverfahren und Vergabegrundsätze nach dem neuen Vergaberecht des Bundes, in: BR/DC 4/1996, S. 99 ff. (zit.: Gauch, Vergabeverfahren).

Gauch Peter, Die Haftung des Architekten für die Überschreitung des Kostenvoranschlages, in: Doerry Jürgen/Watzke Hans-Georg (Hrsg.), Festschrift für Wolfgang Heiermann zum 60. Geburtstag, Wiesbaden 1995, S. 79 ff. (zit.: Gauch, Haftung des Architekten).

Gauch Peter, Das neue Beschaffungsgesetz des Bundes – Bundesgesetz über das öffentliche Beschaffungswesen vom 16. Dezember 1994, in: ZSR 4/5/1995 I, S. 313 ff. (zit.: Gauch, Das neue Beschaffungsgesetz).

Gauch Peter, Vom Architekturvertrag, seiner Qualifikation und der SIA-Ordnung 102, in: Gauch Peter/Tercier Pierre (Hrsg.), Das Architektenrecht/Le droit de l'architecte, 3. Aufl., Freiburg 1995, S. 1 ff. (zit.: Gauch, Architektenrecht 1995).

Gauch Peter, Der Untergang eines Werkes, und wie die Unternehmerin sich an die Ingenieurfirma hielt, in: BR/DC 2/1994, S. 42 ff. (zit.: Gauch, Der Untergang).

Gauch Peter, Die praktische Gestaltung der Bauverträge, in: Seminar für Schweizerisches Baurecht (Hrsg.), Schweizerische Baurechtstagung 1993, Gesamtveranstaltungen, Bd. I, Freiburg 1993, S. 1 ff. (zit.: Gauch, Bauverträge).

Gauch Peter, Art. 404 OR – Sein Inhalt, seine Rechtfertigung und die Frage seines zwingenden Charakters, in: recht 1/1992, S. 9 ff. (zit.: Gauch, Art. 404 OR).

Gauch Peter, Deliktshaftung der Baubeteiligten, in: Seminar für Schweizerisches Baurecht (Hrsg.), Schweizerische Baurechtstagung 1989, Gesamtveranstaltungen, Freiburg 1989, S. 1 ff. (zit.: Gauch, Deliktshaftung).

Gauch Peter, Überschreitung des Kostenvoranschlages – Notizen zur Vertragshaftung des Architekten (oder Ingenieurs), in: BR/DC 4/1989, S. 79 ff. (zit.: Gauch, Notizen zur Vertragshaftung).

Gauch Peter, Der aussergerichtliche Vergleich, in: Forstmoser Peter/Tercier Pierre/Zäch Roger (Hrsg.), Innominatverträge, Festgabe zum 60. Geburtstag von Walter R. Schluep, Zürich 1988, S. 3 ff. (zit.: Gauch, Der aussergerichtliche Vergleich).

Gauch Peter, Die Verwendung «missbräuchlicher Geschäftsbedingungen» – Unlauterer Wettbewerb nach Art. 8 des revidierten UWG, in: BR/DC 3/1987, S. 51 ff. (zit.: Gauch, Unlauterer Wettbewerb).

Gauch Peter, Vom Formzwang des Grundstückkaufes und seinem Umfang – Ausdehnung auf eine «Architektenverpflichtung» des Käufers und auf konnexe Werkverträge?, in: BR/DC 4/1986, S. 80 ff. (zit.: Gauch, Formzwang).

Gauch Peter, Die Bauleitung – Ihr Verhältnis zum Bauherrn und Unternehmer, in: Seminar für Schweizerisches Baurecht (Hrsg.), Schweizerische Baurechtstagung 1985, Bd. I, Freiburg 1985, S. 1 ff. (zit.: Gauch, Die Bauleitung).

Gauch Peter, Zwei Entscheide des Bundesgerichts zur SIA-Norm 118, in: recht 1/1985, S. 30 ff. (zit.: Gauch, Zwei Entscheide).

Gauch Peter, Ein Bauwerk – Mehrere Unternehmer, in: ZBJV 2/1982, S. 65 ff. (zit.: Gauch, Ein Bauwerk – Mehrere Unternehmer).

GAUCH PETER, Von der revidierten SIA-Norm 118, «Allgemeine Bedingungen für Bauarbeiten», Ausgabe 1977, in: Schnyder Bernhard/Gauch Peter (Hrsg.), Gedächtnisschrift Peter Jäggi, Freiburg 1977, S. 203 ff. (zit.: GAUCH, Gedächtnisschrift).

GAUCH PETER/AEPLI VIKTOR/STÖCKLI HUBERT (Hrsg.), Präjudizienbuch OR, 9. Aufl., Zürich 2016 (zit.: BEARBEITER, Präjudizienbuch).

GAUCH PETER/PRADER DURI/SCHWERY NADJA, Kommentar zu Art. 114–140 SIA 118, in: Gauch Peter/Stöckli Hubert (Hrsg.), Kommentar zur SIA-Norm 118, 2. Aufl., Zürich 2017 (zit.: GAUCH/PRADER/SCHWERY, Kommentar SIA 118).

GAUCH PETER/SCHLUEP WALTER R./EMMENEGGER SUSAN, Schweizerisches Obligationenrecht, Allgemeiner Teil, Bd. II, 10. Aufl., Zürich 2014 (zit.: GAUCH/SCHLUEP/EMMENEGGER, OR AT).

GAUCH PETER/SCHLUEP WALTER R./SCHMID JÖRG, Schweizerisches Obligationenrecht, Allgemeiner Teil, Bd. I, 10. Aufl., Zürich 2014 (zit.: GAUCH/SCHLUEP/SCHMID, OR AT).

GAUCH PETER/STÖCKLI HUBERT (Hrsg.), Kommentar zur SIA-Norm 118, 2. Aufl., Zürich 2017 (zit.: BEARBEITER, Kommentar SIA 118).

GAUCH PETER/STÖCKLI HUBERT, Kommentar zu Art. 38–83, Vorbemerkungen zu Art. 157–164 und Kommentar zu Art. 157–190 SIA 118, in: Gauch Peter/Stöckli Hubert (Hrsg.), Kommentar zur SIA-Norm 118, 2. Aufl., Zürich 2017 (zit.: GAUCH/STÖCKLI, Kommentar SIA 118).

GAUCH PETER/SWEET JUSTIN, Deliktshaftung für reinen Vermögenschaden, in: Forstmoser Peter/Giger Hans/Heini Anton/Schluep Walter R. (Hrsg.), Festschrift für Max Keller zum 65. Geburtstag, Zürich 1989, S. 117 ff. (zit.: GAUCH/SWEET, Deliktshaftung für reinen Vermögensschaden).

GAUCH PETER/TERCIER PIERRE (Hrsg.), Das Architektenrecht/Le droit de l'architecte, 3. Aufl., Freiburg 1995 (zit.: BEARBEITER, Architektenrecht 1995).

GAUTSCHI ALAIN, Solidarschuld und Ausgleich, Diss. Freiburg, Zürich 2009 (zit.: GAUTSCHI A., Solidarschuld).

GAUTSCHI GEORG, Berner Kommentar zum schweizerischen Privatrecht, Bd. VI/2/3, Der Werkvertrag (Art. 363–379 OR), 2. Aufl., Bern 1967 (zit.: GAUTSCHI G., Berner Kommentar).

GAUTSCHI GEORG, Berner Kommentar zum schweizerischen Privatrecht, Bd. VI/2/4, Der einfache Auftrag (Art. 394–406 OR), 2. Aufl., Bern 1960 (zit.: GAUTSCHI G., Berner Kommentar).

GEHRER CORDEY CAROLE/GIGER GION, Kommentar zu Art. 394–406 OR, in: Huguenin Claire/Müller-Chen Markus (Hrsg.), Handkommentar zum Schweizer Privatrecht, Vertragsverhältnisse Teil 2: Arbeitsvertrag, Werkvertrag, Auftrag, GoA, Bürgschaft (Art. 319–529 OR), 3. Aufl., Zürich 2016 (zit.: GEHRER CORDEY/GIGER, Handkommentar Privatrecht).

GEHRER LEO R., Gestaltung von Architektenverträgen – Praktische Hinweise, in: Koller Alfred (Hrsg.), Recht der Architekten und Ingenieure, St. Galler Baurechtstagung 2002, St. Gallen 2002, S. 75 ff. (zit.: GEHRER, Gestaltung von Architektenverträgen).

GEISSELER ROBERT, Fragen der zivilrechtlichen Haftung für Bauunfälle, in: BR/DC 2/1986, S. 27 ff. (zit.: GEISSELER, Haftung für Bauunfälle).

GIGER HANS, Berner Kommentar zum schweizerischen Privatrecht, Die Miete (Art. 253–273c OR), Grundsatzanalyse, Vorbemerkungen und Art. 253–255 OR, Bern 2013 (zit.: GIGER, Berner Kommentar).

GILLIARD FRANÇOIS, Topologie de la solidarité imparfaite, in: Mélanges en l'honneur de Henri Deschenaux, professeur à l'Université de Fribourg, publiés à l'occasion de son 70e anniversaire, Freiburg 1977, S. 289 ff. (zit.: GILLIARD, Solidarité imparfaite).

GIRSBERGER DANIEL/HABEGGER PHILIPP/MRÀZ MICHAEL/PETER FLAVIO/WEBER-STECHER URS, Vorbemerkungen zu Art. 353–399 ZPO, in: Spühler Karl/Tenchio Luca/Infanger Dominik (Hrsg.), Basler Kommentar, Schweizerische Zivilprozessordnung, 3. Aufl., Basel 2017 (zit.: GIRSBERGER/HABEGGER/MRÀZ /PETER/WEBER-STECHER, Basler Kommentar).

GLANZMANN LUKAS, Das neue Rechnungslegungsrecht, in: SJZ 9/2012, S. 205 ff. (zit.: GLANZMANN, Rechnungslegungsrecht).

GMÜR PHILIPP, Die Vergütung des Beauftragten, Ein Beitrag zum Recht des einfachen Auftrages, Diss. Freiburg, Freiburg 1994 (zit.: GMÜR, Die Vergütung).

GMÜR ROLAND, Der Kausalzusammenhang zwischen Handlung und Erfolg im Strafrecht, Diss. Zürich, Aarau 1959 (zit.: GMÜR, Der Kausalzusammenhang).

GÖKSU TARKAN, Die neue SIA-Schiedsordnung (SIA 150:2018), in: BR/DC 1/2018, S. 5 ff. (zit.: GÖKSU, Die neue SIA-Schiedsordnung).

GRABER CHRISTOPH K., Kommentar zu Art. 50–51 und Art. 143–150 OR, in: Honsell Heinrich/Vogt Nedim Peter/Wiegand Wolfgang (Hrsg.), Basler Kommentar, OR I (Art. 1–529 OR), 6. Aufl., Basel 2015 (zit.: GRABER, Basler Kommentar).

GROSS CHRISTOPHE, L'assurance responsabilité civile, Zürich 1989 (zit.: GROSS, Assurance RC).

GROSS JOST, Schweizerisches Staatshaftungsrecht, Stand und Entwicklungstendenzen, 2. Aufl., Bern 2001 (zit.: GROSS, Schweizerisches Staatshaftungsrecht).

GRUBMILLER PETER, Unterlassen im Strafrecht, Eine vergleichende Darstellung der gesetzlichen Regelungen in der Schweiz und in Deutschland, Diss. Zürich, Zürich 2011 (zit.: GRUBMILLER, Unterlassen im Strafrecht).

GUHL THEO/KOLLER ALFRED/SCHNYDER ANTON K./DRUEY JEAN NICOLAS (Hrsg.), Das Schweizerische Obligationenrecht mit Einschluss des Handels- und Wertpapierrechts, 9. Aufl., Zürich 2000 (zit.: GUHL/BEARBEITER, Das Schweizerische Obligationenrecht).

GULDENER MAX, Schweizerisches Zivilprozessrecht, 3. Aufl., Zürich 1979 (zit.: GULDENER, Zivilprozessrecht).

GUYAN PETER, Kommentar zu Art. 150–159 und Art. 169–176 ZPO, in: Spühler Karl/Tenchio Luca/Infanger Dominik (Hrsg.), Basler Kommentar, Schweizerische Zivilprozessordnung, 3. Aufl., Basel 2017 (zit.: GUYAN, Basler Kommentar).

GUYAN PETER, Klärung der Aussichten gemäss Art. 158 Abs. 1 lit. b ZPO, in: SZZP 3/2015, S. 271 ff. (zit.: GUYAN, Klärung der Aussichten).

GUYET JACQUES, Die weiteren Spezialklauseln (Art. 4–8 UWG), in: von Büren Roland/David Lucas (Hrsg.), Schweizerisches Immaterialgüter- und Wettbewerbsrecht, Bd. V/l, Lauterkeitsrecht, 2. Aufl., Basel 1998, S. 197 ff. (zit.: GUYET, Art. 4–8 UWG).

HABSCHEID WALTHER J., Schweizerisches Zivilprozess- und Gerichtsorganisationsrecht, Ein Lehrbuch seiner Grundlagen, 2. Aufl., Basel/Frankfurt a.M. 1990 (zit.: HABSCHEID, Zivilprozessrecht).

HABSCHEID WALTHER J., Das Schiedsgutachten als Mittel der Streitentscheidung und der Streitvorbeugung – eine rechtsvergleichende Untersuchung, in: Rechberger Walter/Welser Rudolf (Hrsg.), Festschrift für Winfried Kralik zum 65. Geburtstag, Wien 1986, S. 189 ff. (zit.: HABSCHEID, Das Schiedsgutachten).

HÄFELIN ULRICH/MÜLLER GEORG/UHLMANN FELIX, Allgemeines Verwaltungsrecht, 7. Aufl., Zürich 2016 (zit.: HÄFELIN/MÜLLER/UHLMANN, Allgemeines Verwaltungsrecht).

HAFTER ERNST, Schweizerisches Strafrecht, Besonderer Teil, Zweite Hälfte, Berlin 1943 (zit.: HAFTER, Strafrecht BT).

HAHN ANNE-CATHERINE, Kommentar zu Art. 70–82 ZPO, in: Baker & McKenzie (Hrsg.), Stämpflis Handkommentar, Schweizerische Zivilprozessordnung (ZPO), Bern 2010 (zit.: HAHN, ZPO-Kommentar [Stämpfli]).

HANDSCHIN LUKAS, Kommentar zu Art. 530–542 OR, in: Honsell Heinrich/Vogt Nedim Peter/Watter Rolf (Hrsg.), Basler Kommentar, OR II (Art. 530–964 OR, Art. 1–6 SchlT AG, Art. 1–11 Übest GmbH), 5. Aufl., Basel 2016 (zit.: HANDSCHIN, Basler Kommentar).

HANDSCHIN LUKAS/CHOU HAN-LIN, Zürcher Kommentar zum schweizerischen Zivilrecht, Bd. V/4b, Die Kollektivgesellschaft, Die Kommanditgesellschaft (Art. 552–619 OR), 4. Aufl., Zürich 2009 (zit.: HANDSCHIN/CHOU, Zürcher Kommentar).

HANDSCHIN LUKAS/VONZUN RETO, Zürcher Kommentar zum schweizerischen Zivilrecht, Bd. V/4a, Die einfache Gesellschaft (Art. 530–551 OR), 4. Aufl., Zürich 2009 (zit.: HANDSCHIN/VONZUN, Zürcher Kommentar).

HAUSER ROBERT, Zum Verhältnis zwischen zivil- und strafrechtlicher Verantwortlichkeit, in: Hauser Robert/Rehberg Jörg/Stratenwerth Günther (Hrsg.), Die Verantwortlichkeit im Recht, Bd. 2, Türkisch-schweizerische Juristenwoche 1980 in Zürich und Bern, Zürich 1981, S. 601 ff. (zit.: HAUSER, Zivil- und strafrechtliche Verantwortlichkeit).

HEFTI ERNST, Das Bauwerk im Urheberrecht oder der betrogene Architekt, SI+A 39/1993, S. 688 ff. (zit.: HEFTI, Das Bauwerk im Urheberrecht).

HEINRICH PETER, DesG/HMA-Kommentar, Schweizerisches Designgesetz, Haager Musterschutzabkommen und weitere Erlasse, 2. Aufl., Zürich 2014 (zit.: HEINRICH, DesG-Kommentar [Orell Füssli]).

HELD HANS/METZ ALBERT/SCHALCHER HANS-RUDOLF/SONDEREGGER MARCO, Handbuch für Bauherrenberatung, 2. Aufl., Zürich 2002 (zit.: HELD/METZ/SCHALCHER/SONDEREGGER, Bauherrenberatung).

HENNINGER ANTON, Das Projektbündnis – Kooperation statt Konfrontation, Konflikte und Fragen aus den klassischen Vertragsmodellen und Überlegungen zur Beschaffung, in: Institut für Schweizerisches und Internationales Baurecht (Hrsg.), Schweizerische Baurechtstagung 2015, Freiburg 2015, S. 147 ff. (zit.: HENNINGER, Projektbündnis).

HENNINGER ANTON, Die Anzeige- und Abmahnungspflichten des Unternehmers, in: Institut für Schweizerisches und Internationales Baurecht (Hrsg.), Schweizerische Baurechtstagung 2009, Freiburg 2008, S. 63 ff. (zit.: HENNINGER, Unternehmerpflichten).

HENNINGER ANTON, Bauverzögerungen und ihre Folgen, in: Institut für Schweizerisches und Internationales Baurecht (Hrsg.), Schweizerische Baurechtstagung 2005, Freiburg 2005, S. 237 ff. (zit.: HENNINGER, Bauverzögerungen und ihre Folgen).

HENNINGER ANTON, Vom Umgang mit AGB, in: BR/DC 3/2002, S. 133 ff. (zit.: HENNINGER, AGB).

HÉRITIER LACHAT ANNE, Kommentar zu Art. 419–424 OR, in: Thévenoz Luc/Werro Franz (Hrsg.), Commentaire romand, Code des obligations I (art. 1–529 CO), 2. Aufl., Basel 2012 (zit.: HÉRITIER LACHAT, Commentaire romand).

HERREN DOROTHEA, Kommentar zu Art. 533 OR, in: Schütz Jürg G. (Hrsg.), Stämpflis Handkommentar, Personengesellschaftsrecht (Art. 530–619 OR), Bern 2015 (zit.: HERREN, OR Kommentar [Stämpfli]).

HESS URS, Der Architekten- und Ingenieurvertrag, Kommentar zu den rechtlichen Bestimmungen der Ordnungen SIA 102, 103 und 108 für Leistungen und Honorare der Architekten und Ingenieure, Dietikon 1986 (zit.: HESS, KommSIA 102/103/108).

HESS-ODONI URS, Auswirkungen der Patente, Das Immaterialgüterrecht schützt die Berufstätigkeit des Architekten, in: TEC21 22/2006, S. 22 ff. (zit.: HESS-ODONI, Patente).

HESS-ODONI URS, Rechtsfragen beim Einsatz von Prüfingenieuren, in: BR/DC 1/1995, S. 3 ff. (zit.: HESS-ODONI, Rechtsfragen).

HESS-ODONI URS, Bauhaftpflicht, Haftpflichtrecht des Grundeigentümers und des Bauherrn sowie der Planer und Unternehmer: die Regeln der Verantwortung und der Haftung im Zusammenhang mit Grund und Boden sowie dem Bauen und den Gebäuden, Dietikon 1994 (zit.: HESS-ODONI, Bauhaftpflicht).

HESS-ODONI URS, Das Tragwerk – ein neuer Schlüsselbegriff des Bauhaftpflichtrechts, die Auswirkungen der neuen Norm SIA-160 (1989) und 162 (1989) (Tragwerksnormen) unter Empfehlung SIA-169 (1987) (Erhaltungsempfehlung) auf das Bauhaftpflichtrecht, in: BR/DC 1/1992, S. 3 ff. (zit.: HESS-ODONI, Das Tragwerk).

HESSE HANS G., Verbot der Architektenbindung – Fehlschlag und Abhilfe, in: BauR 1/1985, S. 30 ff. (zit.: HESSE, Verbot der Architektenbindung).

HILTY RETO M., Urheberrecht, Bern 2011 (zit.: HILTY, Urheberrecht).

HOCHSTRASSER MICHAEL, Freizeichnung von der Haftung für Personenschäden, in: AJP 7/2016, S. 910 ff. (zit.: HOCHSTRASSER, Freizeichnung von der Haftung für Personenschäden).

HOCHSTRASSER MICHAEL/DENZLER BEAT, Die Sorgfaltspflicht des Planers, in: HAVE 1/2016, S. 115 ff. (zit.: HOCHSTRASSER/DENZLER, Die Sorgfaltspflicht des Planers).

HOFSTETTER JOSEF, Der Auftrag und die Geschäftsführung ohne Auftrag, in: Wiegand Wolfgang (Hrsg.), Schweizerisches Privatrecht, OR, Bd. VII/6, Besondere Vertragsverhältnisse, 2. Aufl., Basel/München 2000 (zit.: HOFSTETTER, SPR VII/6).

HONAUER NIKLAUS, Die Mehrwertsteuer: Merkpunkte für die Baubranche, in: Institut für Schweizerisches und Internationales Baurecht (Hrsg.), Schweizerische Baurechtstagung 2009, Freiburg 2008, S. 181 ff. (zit.: HONAUER, Mehrwertsteuer).

HÖNGER ANDREAS/SÜSSKIND MARCEL, Kommentar zu Art. 14 und Art. 68 VVG, in: Honsell Heinrich/Vogt Nedim Peter/Schnyder Anton K. (Hrsg.), Basler Kommentar, Bundesgesetz über den Versicherungsvertrag (VVG), Basel/München 2001 (zit.: HÖNGER/SÜSSKIND, Basler Kommentar).

HONSELL HEINRICH, Die Haftung für Auskunft und Gutachten, insbesondere gegenüber Dritten, in: Waldburger Robert/Baer Charlotte M./Nobel Ursula/Bernet Benno (Hrsg.), Wirtschaftsrecht zu Beginn des 21. Jahrhunderts, Festschrift für Peter Nobel zum 60. Geburtstag, Bern 2005, S. 939 ff. (zit.: HONSELL, Haftung für Auskunft).

HONSELL HEINRICH, Haftung des Architekten für ungenauen Kostenvoranschlag und Bausummenüberschreitung, in: AJP 10/1993, S. 1260 ff. (zit.: HONSELL, Haftung des Architekten).

HUBER MANFRED, SIA 2051 Building Information Modelling – Grundlagen zur Anwendung der BIM-Methode, in: BR/DC 4/2018, S. 215 ff. (zit.: HUBER, SIA 2051 BIM).

HUGUENIN CLAIRE, Schweizerisches Obligationenrecht, Allgemeiner und Besonderer Teil, 2. Aufl., Zürich 2014 (zit.: HUGUENIN, OR AT und BT).

HUGUENIN CLAIRE/MEISE BARBARA, Kommentar zu Art. 19–21 OR, in: Honsell Heinrich/Vogt Nedim Peter/Wiegand Wolfgang (Hrsg.), Basler Kommentar, OR I (Art. 1–529 OR), 6. Aufl., Basel 2015 (zit.: HUGUENIN/MEISE, Basler Kommentar).

HÜRLIMANN ROLAND, Schiedsgerichtsbarkeit in Bausachen. Die neue SIA-Norm 150:2018, in: Jusletter vom 18. Dezember 2017 (zit.: HÜRLIMANN, Schiedsgerichtsbarkeit in Bausachen).

HÜRLIMANN ROLAND, Kommentar zu Art. 23–37, Vorbemerkungen zu Art. 28–32 und Vorbemerkungen zu Art. 33–36 SIA 118, in: Gauch Peter/Stöckli Hubert (Hrsg.), Kommentar zur SIA-Norm 118, 2. Aufl., Zürich 2017 (zit.: HÜRLIMANN, Kommentar SIA 118).

HÜRLIMANN ROLAND, Der SBV-Formularvertrag für Arbeitsgemeinschaften, in: BR/DC 4/2017, S. 205 ff. (zit.: HÜRLIMANN, SBV-Formularvertrag).

HÜRLIMANN ROLAND, Schiedsgutachten und deren Anfechtung, in: Aargauischer Anwaltsverband (Hrsg.), Festschrift 100 Jahre Aargauischer Anwaltsverband, Zürich 2005, S. 401 ff. (zit.: HÜRLIMANN, Schiedsgutachten und deren Anfechtung).

HÜRLIMANN ROLAND, Nachtragsmanagement für Unternehmer und Bauherren, in: Institut für Schweizerisches und Internationales Baurecht (Hrsg.), Schweizerische Baurechtstagung 2003, Freiburg 2003, S. 79 ff. (zit.: HÜRLIMANN, Nachtragsmanagement).

HÜRLIMANN ROLAND, Die SIA-Norm 118 – Lücken und Tücken, in: Institut für Schweizerisches und Internationales Baurecht (Hrsg.), Schweizerische Baurechtstagung 2001, Freiburg 2001, S. 47 ff. (zit.: HÜRLIMANN, Die SIA-Norm 118 – Lücken und Tücken).

HÜRLIMANN ROLAND, Der Anwalt als Gutachter, in: Fellmann Walter/Huguenin Jacobs Claire/Poledna Tomas/Schwarz Jörg (Hrsg.), Schweizerisches Anwaltsrecht, Festschrift SAV, Bern 1998, S. 389 ff. (zit.: HÜRLIMANN, Der Anwalt als Gutachter).

HÜRLIMANN ROLAND, Das Schiedsgutachten als Weg zur aussergerichtlichen Beilegung von Baustreitigkeiten, in: BR/DC 4/1992, S. 108 ff. (zit.: HÜRLIMANN, Das Schiedsgutachten).

HÜRLIMANN ROLAND, Der Experte – Schlüsselfigur des Bauprozesses, in: Tercier Pierre/Hürlimann Roland (Hrsg.), In Sachen Baurecht, Zum 50. Geburtstag von Peter Gauch, Freiburg 1989, S. 129 ff. (zit.: HÜRLIMANN, Der Experte).

Hürlimann Roland/Siegenthaler Thomas, Kommentar zu Art. 363–379 OR, in: Huguenin Claire/Müller-Chen Markus (Hrsg.), Handkommentar zum Schweizer Privatrecht, Vertragsverhältnisse Teil 2: Arbeitsvertrag, Werkvertrag, Auftrag, GoA, Bürgschaft (Art. 319–529 OR), 3. Aufl., Zürich 2016 (zit.: Hürlimann/Siegenthaler, Handkommentar Privatrecht).

Hürlimann Roland/Siegenthaler Thomas, Die Vertrauenshaftung aus der Sicht eines praktizierenden Anwalts, in: Koller Alfred (Hrsg.), Dritthaftung einer Vertragspartei, Beiträge der Haftpflicht- und Versicherungsrechtstagung 2005, St. Gallen 2005, S. 199 ff. (zit.: Hürlimann/Siegenthaler, Vertrauenshaftung).

Hürlimann Roland/Siegenthaler Thomas, Die Haftung des Liegenschaftenschätzers gegenüber einem vertragsfremden Dritten, in: BR/DC 3/2004, S. 105 ff. (zit.: Hürlimann/Siegenthaler, Die Haftung des Liegenschaftenschätzers).

Hürlimann Roland/Siegenthaler Thomas, Bevorschussung der Kosten für eine Ersatzvornahme und weitere Trouvaillen zum Mängelhaftungsrecht, in: recht 4/2003, S. 146 ff. (zit.: Hürlimann/Siegenthaler, Bevorschussung).

Hürlimann Roland/Vetterli Edi, Kritik an den SIA LHO 102 und 103 (2014), BR/DC 5/2015, S. 263 ff. (zit.: Hürlimann/Vetterli, SIA LHO 102 und 103).

Hurtado Pozo José, Droit pénal, Partie générale, 3. Aufl., Zürich 2008 (zit. Hurtado Pozo, Droit pénal).

Hurtado Pozo José, Les prescriptions du droit pénal sur la construction, in: ZStrR 3/1988, S. 249 ff. (zit.: Hurtado Pozo, Les prescriptions).

Imboden Max/Rhinow René A., Schweizerische Verwaltungsrechtsprechung, Die Rechtsgrundsätze der Verwaltungspraxis, erläutert an Entscheiden der Verwaltungsbehörden und Gerichte, Bd. I: Allgemeiner Teil, 5. Aufl., Basel/Stuttgart 1976 (zit.: Imboden/Rhinow, Schweizerische Verwaltungsrechtsprechung).

Isenring Bernhard, Vertretungswirkung durch den falsus procurator, Bei der direkten bürgerlichen Stellvertretung gemäss Art. 32 ff. OR, in: Isenring Bernhard/Kessler Martin A. (Hrsg.), Schutz & Verantwortung, Liber amicorum für Heinrich Honsell, Zürich 2007, S. 87 ff. (zit.: Isenring, Falsus procurator).

Jäger Christian, Kommentar zu § 1 und § 2 StGB, in: Wolter Jürgen (Hrsg.), Systematischer Kommentar zum Strafgesetzbuch (§§ 1–37 StGB), Bd. I, 9. Aufl., Köln 2017 (zit.: Jäger, Systematischer StGB-Kommentar).

Jäger Christoph, Die Vorbefassung des Anbieters im öffentlichen Beschaffungsrecht, Zürich 2009 (zit.: Jäger, Die Vorbefassung des Anbieters).

Jäggi Peter, Bemerkungen zu einem Urteil über den Architektenvertrag, in: SJZ 20/1973, S. 301 ff. (zit.: Jäggi, Bemerkungen).

Jäggi Peter/Gauch Peter/Hartmann Stephan, Zürcher Kommentar zum schweizerischen Zivilrecht, Auslegung, Ergänzung und Anpassung der Verträge; Simulation (Art. 18 OR), 4. Aufl., Zürich 2014 (zit.: Jäggi/Gauch/Hartmann, Zürcher Kommentar).

Jakobs Günther, Strafrecht Allgemeiner Teil, Die Grundlagen und die Zurechnungslehre, 2. Aufl., Berlin/New York 1991 (zit.: Jakobs, Strafrecht AT).

JANSEN GERHARD, Das Zusammentreffen von Haftungsgründen bei einer Mehrheit von Ersatzpflichtigen, Beitrag zur Lehre von der echten und unechten Solidarität, Diss. Freiburg, Bern 1973 (zit.: JANSEN, Das Zusammentreffen von Haftungsgründen).

JAUCH-STOLZ MONIKA, Kosten-Garantie für Planer, in: Alfred Koller (Hrsg.), Recht der Architekten und Ingenieure, St. Galler Baurechtstagung 2002, St. Gallen 2002, S. 191 ff. (zit.: JAUCH-STOLZ, Kosten-Garantie für Planer).

JENNI HARALD, Bauversicherungen, in: Kurer Martin/Quinto Cornel/Maffioletti Walter (Hrsg.), Handbuch zum Bauwesen, Zürich 2012, S. 231 ff. (zit.: JENNI, Handbuch zum Bauwesen).

JENNY DAVID, Kommentar zu Art. 104–116 ZPO, in: Sutter-Somm Thomas/Hasenböhler Franz/Leuenberger Christoph (Hrsg.), Kommentar zur Schweizerischen Zivilprozessordnung (ZPO), 3. Aufl., Zürich 2016 (zit.: JENNY, ZPO-Kommentar [Schulthess]).

JESCHEK HANS-HEINRICH/WEIGEND THOMAS, Lehrbuch des Strafrechts, Allgemeiner Teil, 5. Aufl., Berlin 1996 (zit.: JESCHEK/WEIGEND, Lehrbuch des Strafrechts).

JESSNITZER KURT/FRIELING GÜNTER/ULRICH JÜRGEN, Der gerichtliche Sachverständige, Ein Handbuch für die Praxis, 12. Aufl., Köln 2007 (zit.: JESSNITZER/FRIELING/ULRICH, Der gerichtliche Sachverständige).

JOSITSCH DANIEL/SPIELMANN SARAH, Die Verfolgungsverjährung bei fahrlässigen Erfolgsdelikten, in: AJP 2/2007, S. 189 ff. (zit.: JOSITSCH/SPIELMANN, Verfolgungsverjährung).

JOST FELIX/SCHNEIDER HEUSI CLAUDIA, Architektur- und Ingenieurwettbewerbe im Submissionsrecht, in: ZBl 7/2004, S. 341 ff. (zit.: JOST/SCHNEIDER HEUSI, Architekturwettbewerbe im Submissionsrecht).

JUNG PETER, Kommentar zu Art. 530–551 OR, in: Roberto Vito/Trüeb Hans Rudolf (Hrsg.), Handkommentar zum Schweizer Privatrecht, Personengesellschaften und Aktiengesellschaften (Art. 530–771 OR), Vergütungsverordnung, 3. Aufl., Zürich 2016 (zit.: JUNG, Handkommentar Privatrecht).

JUNG PETER, Die kaufmännische einfache Gesellschaft, in: Tagungsunterlagen zur Weiterbildungsveranstaltung Personengesellschaften der Juristischen Fakultät der Universität Basel vom 12. November 2010 (zit.: JUNG, Die kaufmännische einfache Gesellschaft).

JUNG PETER, Regressprobleme bei Privilegierung eines Solidarschuldners, in: Gauch Peter/Werro Franz/Pichonnaz Pascal (Hrsg.), Mélanges en l'honneur de Pierre Tercier, Zürich 2008, S. 285 ff. (zit.: JUNG, Regressprobleme).

JUNGO ALEXANDRA, Zürcher Kommentar zum schweizerischen Zivilrecht, Beweislast (Art. 8 ZGB), 3. Aufl., Zürich 2018 (zit.: JUNGO, Zürcher Kommentar).

KAEPPELI MICHEL, Revision der SIA-Ordnungen für Planerverträge – ein Überblick, in: BR/DC 4/2012, S. 198 f. (zit.: KAEPPELI, Revision der SIA-Ordnungen).

KAISER URS, Die zivilrechtliche Haftung für Rat, Auskunft, Empfehlung und Gutachten, Diss. Bern, Bern 1987 (zit.: KAISER, Die zivilrechtliche Haftung für Rat).

KAMMER UNABHÄNGIGER BAUHERRENBERATER KUB (Hrsg.), Immobilienmanagement, Handbuch für Immobilienentwicklung, Bauherrenberatung, Immobilienbewirtschaftung, 2. Aufl., Zürich 2017 (zit.: KUB, Immobilienmanagement).

KEILHOLZ KURT, Zur Haftung des Sachverständigen in (schieds-)gerichtlichen Bausachen, insbesondere bei von ihm veranlassten Sanierungsmassnahmen gelegentlich einer (schieds-)gerichtlichen Begutachtung, in: BauR 4/1986, S. 377 ff. (zit.: KEILHOLZ, Zur Haftung des Sachverständigen).

KELLER ALFRED, Haftpflicht im Privatrecht, Bd. II, 2. Aufl., Bern 1998 (zit.: KELLER, Haftpflicht II).

KELLER MAX/GABI SONJA/GABI KARIN, Haftpflichtrecht, 3. Aufl., Basel 2012 (zit.: KELLER/GABI/GABI KARIN, Haftpflichtrecht).

KELLER MAX/SCHMIED-SYZ CAROLE, Haftpflichtrecht, Ein Grundriss in Schemen und Tabellen, 5. Aufl., Zürich 2001 (zit.: KELLER/SCHMIED-SYZ, Haftpflichtrecht).

KELLER MAX/SCHÖBI CHRISTIAN, Das Schweizerische Schuldrecht, Bd. IV, Gemeinsame Rechtsinstitute für Schuldverhältnisse aus Vertrag, unerlaubter Handlung und ungerechtfertigter Bereicherung, Basel/Frankfurt am Main 1984 (zit.: KELLER/SCHÖBI, Schweizerisches Schuldrecht IV).

KETTIGER DANIEL, Altersgrenze für die Ausübung von Arbeiten der amtlichen Vermessung, in: VPB 2011, S. 8 ff. (zit.: KETTIGER, Amtliche Vermessung).

KINDHÄUSER URS, Strafrecht, Allgemeiner Teil, 8. Aufl., Baden-Baden 2017 (zit.: KINDHÄUSER, Strafrecht AT).

KLOCKE WILHELM, Erstattung von Gutachten, in: BauR 3/1986, S. 294 ff. (zit.: KLOCKE, Erstattung von Gutachten).

KLOPFER RAINER, Die Haftung des Zeugen und des gerichtlichen Sachverständigen im Zivil- und Strafprozess von Bund und Kanton Zürich, Diss. Zürich, Zürich 1977 (zit.: KLOPFER, Die Haftung des Zeugen).

KLOSE BERNHARD, Prozessuale Besonderheiten von Baustreitigkeiten, in: Motzke Gerd/Bauer Günter/Seewald Thomas M. A. (Hrsg.), Prozesse in Bausachen, Privates Baurecht, Architektenrecht, 3. Aufl., Baden-Baden 2018, S. 244 ff. und 292 ff. (zit.: KLOSE, Prozesse in Bausachen).

KNAPP BLAISE, La profession d'architecte en droit public, in: Gauch Peter/Tercier Pierre (Hrsg.), Das Architektenrecht/Le droit de l'architecte, 3. Aufl., Freiburg 1995, S. 487 ff. (zit.: KNAPP, Architektenrecht 1995).

KNIFFKA ROLF, Einführung vor § 631 BGB, in: Kniffka Rolf (Hrsg.), Bauvertragsrecht, Kommentar zu den Grundzügen des gesetzlichen Bauvertragsrechts (§§ 631–651 BGB) unter besonderer Berücksichtigung der Rechtsprechung des Bundesgerichtshofs, 2. Aufl., München 2016 (zit.: KNIFFKA, Bauvertragsrechts-Kommentar).

KNIFFKA ROLF, Gesamtschuldnerausgleich im Baurecht, in: BauR 1a/2005, S. 274 ff. (zit.: KNIFFKA, Gesamtschuldnerausgleich).

KNIFFKA ROLF/KOEBLE WOLFGANG, Kompendium des Baurechts, Privates Baurecht und Bauprozess, 4. Aufl., München 2014 (zit.: KNIFFKA/KOEBLE, Kompendium des Baurechts).

KOEBLE WOLFGANG, Kommentar zur HOAI, in: Locher Horst/Koeble Wolfgang/Frik Werner (Bgr.), zum Architekten- und Ingenieurrecht, 13. Aufl., Köln 2017 (zit.: KOEBLE, HOAI-Kommentar).

KOEBLE WOLFGANG, Das Schiedsgutachten als alternativer Weg der Streiterledigung in Bausachen, in: BauR 7/2007, S. 1116 ff. (zit.: KOEBLE, Das Schiedsgutachten).

KOEBLE WOLFGANG, Beweissicherung im Umbruch, in: BauR 3/1988, S. 302 ff. (zit.: KOEBLE, Beweissicherung).

KOLLER ALFRED, Schweizerisches Obligationenrecht, Allgemeiner Teil, Handbuch des allgemeinen Schuldrechts, 4. Aufl., Bern 2017 (zit.: KOLLER A., OR AT).

KOLLER ALFRED, Schweizerisches Werkvertragsrecht, Zürich 2015 (zit. KOLLER A., Werkvertragsrecht).

KOLLER ALFRED, Ausservertragliche Haftung für Werkmängel, Das Geschäftsführungsrecht als Mittel zur Überwälzung von Mängelbeseitigungskosten, in: Jusletter vom 7. September 2009 (zit.: KOLLER A., Ausservertragliche Haftung).

KOLLER ALFRED, Solidarische Haftung von Architekt und Ingenieur mit anderen Baubeteiligten – Ausgewählte Fragen anhand ausgewählter Entscheide, in: Koller Alfred (Hrsg.), Recht der Architekten und Ingenieure, St. Galler Baurechtstagung 2002, St. Gallen 2002, S. 1 ff. (zit.: KOLLER A., Solidarische Haftung).

KOLLER ALFRED, Berner Kommentar zum schweizerischen Privatrecht, Bd. VI/2/3/1, Der Werkvertrag (Art. 363–366 OR), Bern 1998 (zit.: KOLLER A., Berner Kommentar).

KOLLER ALFRED, Das Nachbesserungsrecht im Werkvertrag, 2. Aufl., Zürich 1995 (zit.: KOLLER A., Das Nachbesserungsrecht).

KOLLER ALFRED, Der Architekturwettbewerb, in: Gauch Peter/Tercier Pierre (Hrsg.), Das Architektenrecht/Le droit de l'architecte, 3. Aufl., Freiburg 1995, S. 67 ff. (zit.: KOLLER A., Architektenrecht 1995).

KOLLER ALFRED, Der gute und der böse Glaube im allgemeinen Schuldrecht, Auslegung und systematische Erfassung der Gutglaubensvorschriften im allgemeinen Teil des OR, Habil. Freiburg, Freiburg 1984 (zit.: KOLLER A., Der gute und der böse Glaube).

KOLLER THOMAS, Ein neues Bundesgerichtsurteil zum Architektenrecht: Freipass für Architektenpfusch?, in: recht 4/1996, S. 167 f. (zit.: KOLLER T., Freipass).

KOLLY GILBERT, Kommentar zu Art. 97–100 StGB, in: Roth Robert/Moreillon Laurent (Hrsg.), Commentaire romand, Code pénal I (Art. 1–110), Basel 2009 (zit.: KOLLY, Commentaire romand).

KONOPATSCH CATHRINE, BGer v. 3.11.2009: Strafbarkeit wegen Ausserachtlassen anerkannter Regeln der Baukunde durch Unterlassen; Unterlassungsstrafbarkeit; Garantenstellung; Sonderdelikt; Sorgfaltsmassstab bei Fahrlässigkeit; Arbeitssicherheit; Arbeitsteilung zwischen Arbeitern mehrerer Unternehmen; Delegation von Verantwortungsbereichen, in: forumpoenale 1/2011, S. 13 ff. (zit.: KONOPATSCH, forumpoenale).

KORBION HERMANN/MANTSCHEFF JACK/VYGEN KLAUS (Bgr.), Honorarordnung für Architekten und Ingenieure (HOAI), mit Gesetz zur Regelung von Ingenieur- und Architektenleistungen (IngAlG), 9. Aufl., München 2016 (zit.: KORBION/MANTSCHEFF/VYGEN, HOAI).

KRAMER ERNST A., Berner Kommentar zum schweizerischen Privatrecht, Bd. VI/1/2/1a, Allgemeine Bestimmungen (Art. 19–22 OR), Bern 1991 (zit.: KRAMER, Berner Kommentar).

KRAMER ERNST A., Allgemeine Einleitung, Kommentar zu Art. 1 und Art. 18 OR, Berner Kommentar zum schweizerischen Privatrecht, Bd. VI/1/1, Allgemeine Bestimmungen (Art. 1–18 OR), Bern 1986 (zit.: KRAMER, Berner Kommentar).

KRATZ BRIGITTA, Berner Kommentar zum schweizerischen Privatrecht, Solidarität (Art. 143–150 OR), Bern 2015 (zit.: KRATZ, Berner Kommentar).

KRATZ BRIGITTA, Die Verantwortlichkeit des Geschäftsführers der einfachen Gesellschaft, in: Schluep Walter R./Isler Peter R. (Hrsg.), Neues zum Gesellschafts- und Wirtschaftsrecht, Zum 50. Geburtstag von Peter Forstmoser, Zürich 1993, S. 13 ff. (zit.: KRATZ, Verantwortlichkeit des Geschäftsführers).

KRAUSKOPF FRÉDÉRIC, Kommentar zu Art. 380–529, in: Gauch Peter/Aepli Viktor/Stöckli Hubert (Hrsg.), Präjudizienbuch OR, 9. Aufl., Zürich 2016 (zit.: KRAUSKOPF, Präjudizienbuch).

KRAUSKOPF FRÉDÉRIC, Zürcher Kommentar zum schweizerischen Zivilgesetzbuch, Die Solidarität (Art. 143–150 OR), 3. Aufl., Zürich 2016 (zit.: KRAUSKOPF, Zürcher Kommentar).

KRAUSKOPF FRÉDÉRIC, Der Zahn der Zeit – Verjährung und Verwirkung beim Bauen, in: Institut für Schweizerisches und Internationales Baurecht (Hrsg.), Schweizerische Baurechtstagung 2011, Freiburg 2010, S. 101 ff. (zit.: KRAUSKOPF, Verjährung und Verwirkung).

KRAUSKOPF FRÉDÉRIC, Solidarhaftung und Rückgriff unter Baubeteiligten, in: Institut für Schweizerisches und Internationales Baurecht (Hrsg.), Schweizerische Baurechtstagung 2009, Freiburg 2008, S. 21 ff. (zit.: KRAUSKOPF, Solidarhaftung).

KRAUSKOPF FRÉDÉRIC, Die Kündigung von Bauverträgen und die Folgen, in: Institut für Schweizerisches und Internationales Baurecht (Hrsg.), Schweizerische Baurechtstagung 2007, Freiburg 2007, S. 29 ff. (zit.: KRAUSKOPF, Die Kündigung von Bauverträgen).

KRAUSKOPF FRÉDÉRIC/GIRÓN SOLUNA, Kommentar zu Art. 544 OR, in: Schütz Jürg G. (Hrsg.), Stämpflis Handkommentar, Personengesellschaftsrecht (Art. 530–619 OR), Bern 2015 (zit.: KRAUSKOPF/GIRÓN, OR-Kommentar [Stämpfli]).

KRAUSKOPF FRÉDÉRIC/MÜLLER ALEXANDER, Die Verjährung von Regressrechten im Haftpflicht- und Privatversicherungsrecht, in: HAVE 4/2006, S. 321 ff. (zit.: KRAUSKOPF/MÜLLER A., Die Verjährung von Regressrechten).

KRAUSKOPF FRÉDÉRIC/SIEGENTHALER THOMAS, Der Rückgriff unter Baubeteiligten – eine Praxisänderung?, in: BR/DC 2/2007, S. 53 ff. (zit.: KRAUSKOPF/SIEGENTHALER, Der Rückgriff).

KRAUSKOPF FRÉDÉRIC/WIRZ CHIARA I., Rechtsbegehren im Haftpflichtrecht, in: Kren Kostkiewicz Jolanta/Markus Alexander R./Rodriguez Rodrigo (Hrsg.), Das Rechtsbegehren im Zivilverfahren: Theoretische Fragen, praktische Antworten, Bern 2017, S. 29 ff. (zit.: KRAUSKOPF/WIRZ, Rechtsbegehren im Haftpflichtrecht).

KRAUSKOPF PATRICK, Der Vertrag zugunsten Dritter, Diss. Freiburg, Freiburg 2000 (zit.: KRAUSKOPF, Der Vertrag zugunsten Dritter).

KRAUSKOPF-FORERO PATRICK/SIEGENTHALER THOMAS, Architektur- und Bauingenieurverträge, in: Münch Peter/Karlen Peter/Geiser Thomas (Hrsg.), Handbücher für die Anwaltspraxis, Bd. IV, Beraten und Prozessieren in Bausachen, Basel/München 1998, S. 289 ff. (zit.: KRAUSKOPF-FORERO/SIEGENTHALER, Architektur- und Bauingenieurverträge).

KREIS HENRI, Der Architektenvertrag, Diss. Zürich, Zürich 1938 (zit.: KREIS, Der Architektenvertrag).

KRUMMENACHER PETER, Konsumentenleasing, Zur Anwendbarkeit des Konsumkreditgesetzes und zwingender Bestimmungen des Mietrechts auf Konsumentenleasingverträge, Diss. Luzern, Zürich 2007 (zit.: KRUMMENACHER, Konsumentenleasing).

KÜHL KRISTIAN, Strafrecht, Allgemeiner Teil, 8. Aufl., München 2017 (zit.: KÜHL, Strafrecht AT).

KUMMER MAX, Grundriss des Zivilprozessrechts, Nach den Prozessordnungen des Kantons Bern und des Bundes, 4. Aufl., Bern 1984 (zit.: KUMMER, Zivilprozessrecht).

KUMMER MAX, Der Werkbegriff und das Urheberrecht als subjektives Privatrecht, in: Schweizerische Vereinigung für Urheberrecht (Hrsg.), 100 Jahre URG, Festschrift zum einhundertjährigen Bestehen eines eidgenössischen Urheberrechtsgesetzes, Bern 1983, S. 123 ff. (zit.: KUMMER, Werkbegriff und Urheberrecht).

KUMMER MAX, Das urheberrechtlich schützbare Werk, Bern 1968 (zit.: KUMMER, Urheberrechtlich schützbares Werk).

KUMMER MAX, Kommentar zu Art. 8 ZGB, in: Meier-Hayoz Arthur (Hrsg.), Berner Kommentar zum schweizerischen Privatrecht, Einleitung (Art. 1–10 ZGB), Bern 1966 (zit.: KUMMER, Berner Kommentar).

LANFRANCONI GUY, Die Zertifizierung von Gerichtsexperten – eine schweizerische Neuheit, in: Heer Marianne/Schöbi Christian (Hrsg.), Gericht und Expertise, Bern 2005, S. 133 ff. (zit.: LANFRANCONI, Zertifizierung von Gerichtsexperten).

LANGEN WERNER, Gesamtschuld der Planungs- und Baubeteiligten – Eine kritische Bestandsaufnahme (Teil 2), in: NZBau 2/2015, S. 71 ff. (zit.: LANGEN, Gesamtschuld II).

LANGEN WERNER, Gesamtschuld der Planungs- und Baubeteiligten – Eine kritische Bestandsaufnahme (Teil 1), in: NZBau 1/2015, S. 2 ff. (zit.: LANGEN, Gesamtschuld I).

LENCKNER THEODOR, Technische Normen und Fahrlässigkeit, in: Bockelmann Paul/Kaufmann Arthur/Klug Ulrich (Hrsg.), Festschrift für Karl Engisch zum 70. Geburtstag, Frankfurt a.M. 1969, S. 490 ff. (zit.: LENCKNER, Technische Normen).

LEUENBERGER CHRISTOPH, Nicht behauptete Tatsachen als Ergebnis des Beweisverfahrens, in: Jametti Greiner Monique/Berger Bernhard/Güngerich Andreas, Rechtsetzung und Rechtsdurchsetzung: zivil- und schiedsverfahrensrechtliche Aspekte, Festschrift für Franz Kellerhals zum 65. Geburtstag, Bern 2005, S. 313 ff. (zit.: LEUENBERGER, Nicht behauptete Tatsachen).

LEUPERTZ STEFAN, Die Vertragsabwicklung mit BIM-Mehrparteienverträgen, in: Eschenbruch Klaus/Leupertz Stefan (Hrsg.), BIM und Recht, Köln 2016, S. 288 ff. (zit.: LEUPERTZ, BIM-Mehrparteienverträge).

LEUTHOLD ALEXIS, Verhandlungen und der neue «Dialog» – Spielräume bei Bund und den Kantonen, in: Stöckli Hubert/Zufferey Jean-Baptiste (Hrsg.), Aktuelles Vergaberecht 2010/Marchés publics 2010, Zürich 2010, S. 277 ff. (zit.: LEUTHOLD, Verhandlungen und der neue «Dialog»).

LOCHER HORST, Die Haftung für Bausummenüberschreitung in der Forsyte Saga von Galsworthy, in: Tercier Pierre/Amstutz Marc/Koller Alfred/Schmid Jörg/Stöckli Hubert (Hrsg.), Gauchs Welt, Recht, Vetragsrecht und Baurecht, Festschrift für Peter Gauch zum 65. Geburtstag, Zürich 2004, S. 853 ff. (zit.: LOCHER, Bausummenüberschreitung).

LOCHER HORST/KOEBLE WOLFGANG/FRIK WERNER (Bgr.), Kommentar zur HOAI, Gesamtdarstellung zum Architekten- und Ingenieurrecht, 13. Aufl., Köln 2017 (zit.: BEARBEITER, HOAI-Kommentar).

LOCHER HORST/LOCHER ULRICH, Das private Baurecht, 8. Aufl., München 2012 (zit.: LOCHER/LOCHER, Das private Baurecht).

LOCHER ULRICH, Kommentar zur HOAI, in: Locher Horst/Koeble Wolfgang/Frik Werner (Bgr.), Gesamtdarstellung zum Architekten- und Ingenieurrecht, 13. Aufl., Köln 2017 (zit.: LOCHER, HOAI-Kommentar).

LÖFFELMANN PETER/FLEISCHMANN GUNTRAM, Der Architektenvertrag als Werkvertrag und die Erfolgsbestimmung (Kapitel 3) und Honorar für Projektsteuerung (Kapitel 21), in: Löffelmann Peter/Fleischmann Guntram (Hrsg.), Architektenrecht, Praxishandbuch zu Honorar und Haftung, 6. Aufl., Köln 2012, S. 25 ff. und 467 ff. (zit.: LÖFFELMANN/FLEISCHMANN, Architektenrecht).

LÖFFELMANN PETER/FLEISCHMANN GUNTRAM/IHLE MARTIN, Die Bausummenüberschreitung (Kapitel 35), in: Löffelmann Peter/Fleischmann Guntram (Hrsg.), Architektenrecht, Praxishandbuch zu Honorar und Haftung, 6. Aufl., Köln 2012 S. 921 ff. (zit.: LÖFFELMANN/FLEISCHMANN/IHLE, Architektenrecht).

LOGOZ PAUL, Commentaire du Code Pénal Suisse, Partie spéciale, Bd. II (art. 213 à 332), Neuenburg/Paris 1956 (zit.: LOGOZ, Commentaire).

LÜCHINGER NIKLAUS, Schadenersatz im Vertragsrecht, Grundlagen und Einzelfragen der Schadensberechnung und Schadenersatzbemessung, Diss. Freiburg, Freiburg 1999 (zit.: LÜCHINGER, Schadenersatz im Vertragsrecht).

LUTZ DANIELA, Die fachgerechte Auswertung von Offerten, Spielräume, Rezepte und Fallstricke, in: Stöckli Hubert/Zufferey Jean-Baptiste (Hrsg.), Aktuelles Vergaberecht 2008/Marchés publics 2008, Zürich 2008, S. 215 ff. (zit. LUTZ, Fachgerechte Auswertung von Offerten).

LUTZ MARTIN J., Der Erhaltungsanspruch des Architekten am Bauwerk ist dem Nutzungsinteresse des Eigentümers grundsätzlich unterzuordnen, in: Kurer Martin/Sangiorgio Didier/Ritscher Michael/Aschmann David (Hrsg.), Binsenwahrheiten des Immaterialgüterrechts, Festschrift für Lucas David zum 60. Geburtstag, Zürich 1996, S. 235 ff. (zit.: LUTZ, Erhaltungsanspruch).

LUTZ MARTIN J., Das Urheberrecht des Architekten, in: Seminar für Schweizerisches Baurecht (Hrsg.), Schweizerische Baurechtstagung 1995, Bd. II, Freiburg 1995, S. 22 ff. (zit.: LUTZ, Urheberrecht).

LUTZ MARTIN J., Der urheberrechtliche Schutz von architektonischen Plänen und Entwürfen zu Bauwerken, in: SJZ 21/1965, S. 317 ff. (zit.: LUTZ, Pläne und Entwürfe).

MÄCHLER AUGUST, Vertrag und Verwaltungsrechtspflege, Ausgewählte Fragen zum vertraglichen Handeln der Verwaltung und zum Einsatz des Vertrages in der Verwaltungsrechtspflege, Habil. Zürich, Zürich 2005 (zit.: MÄCHLER, Vertrag und Verwaltungsrechtspflege).

MAFFIOLETTI WALTER, Regeln anerkennen, in: TEC21 5/2007, S. 24 f. (zit.: MAFFIOLETTI, Regeln anerkennen).

MAIHOLD HARALD, Strafrecht Allgemeiner Teil, Fragen, Fälle und Lösungen zur Prüfungsvorbereitung, 3. Aufl., Basel 2013 (zit.: MAIHOLD, Strafrecht AT).

MARBACH EUGEN, Das Urheberrecht des Architekten und des Ingenieurs, in: Lendi Martin/Nef Urs Ch./Trümpy Daniel (Hrsg.), Das private Baurecht der Schweiz, Beiträge für die Praxis, Zürich 1994, S. 267 ff. (zit.: MARBACH, Urheberrecht).

MARBACH EUGEN, Geistiges Eigentum der Planer – Mythen und Wirklichkeiten, in: Institut für Schweizerisches und Internationales Baurecht (Hrsg.), Schweizerische Baurechtstagung 2005, Freiburg 2005, S. 69 ff. (zit.: MARBACH, Geistiges Eigentum).

MARTI MARIO, Die neue SIA-Zusatzvereinbarung BIM (SIA 1001/11), in: BR/DC 4/2018, S. 221 ff. (zit.: MARTI, SIA-Zusatzvereinbarung BIM).

MARTI MARIO/FLÜCKIGER DIETER, Revision der SIA-Planerordnungen – die Sicht der Ingenieure, in: BR/DC 1/2013, S. 15 ff. (zit.: MARTI/FLÜCKIGER, Revision der SIA-Planerordnungen).

MAURACH REINHART/ZIPF HEINZ, Strafrecht, Allgemeiner Teil, Teilband 1, Grundlehren des Strafrechts und Aufbau der Straftat, 8. Aufl., Heidelberg 1992 (zit.: MAURACH/ZIPF, Strafrecht AT I).

MAZAN STEPHAN, Kommentar zu Art. 243–256 ZPO (inkl. Vorbemerkungen) und Art. 295–296 ZPO (inkl. Vorbemerkungen), in: Spühler Karl/Tenchio Luca/Infanger Dominik (Hrsg.), Basler Kommentar, Schweizerische Zivilprozessordnung, 3. Aufl., Basel 2017 (zit.: MAZAN, Basler Kommentar).

MAZAN STEPHAN, Kommentar zu Art. 50–51 und Art. 143–150 OR, in: Furrer Andreas/Schnyder Anton K. (Hrsg.), Handkommentar zum Schweizer Privatrecht, Obligationenrecht, Allgemeine Bestimmungen (Art. 1–183 OR), 3. Aufl., Zürich 2016 (zit.: MAZAN, Handkommentar Privatrecht).

MEIER ISAAK, Schweizerisches Zivilprozessrecht, eine kritische Darstellung aus der Sicht von Praxis und Lehre, Zürich 2010 (zit.: MEIER, Zivilprozessrecht).

MEIER-HAYOZ ARTHUR/FORSTMOSER PETER, Schweizerisches Gesellschaftsrecht, mit Einbezug des künftigen Rechnungslegungsrechts und der Aktienrechtsreform, 11. Aufl., Bern 2012 (zit.: MEIER-HAYOZ/FORSTMOSER, Schweizerisches Gesellschaftsrecht).

MENZ SACHA, Drei Bücher über den Bauprozess, 2. Aufl., Zürich 2014 (zit.: MENZ, Bauprozess).

MERZ HANS, Die Qualifikation des Architektenvertrages, in: Forstmoser Peter/Tercier Pierre/Zäch Roger (Hrsg.), Innominatverträge, Festgabe zum 60. Geburtstag von Walter R. Schluep, Zürich 1988, S. 205 ff. (zit.: MERZ, Die Qualifikation des Architektenvertrages).

MERZ HANS, Obligationenrecht, Allgemeiner Teil, in: von Greyerz Christoph/Gutzwiller Max/Hinderling Hans/Meier-Hayoz Arthur/Merz Hans/Piotet Paul/Secrétan Roger/von Steiger Werner/Vischer Frank (Hrsg.), Schweizerisches Privatrecht, OR, Bd. VI/1, Basel/Frankfurt a.M. 1984 (zit.: MERZ, SPR VI/1).

MERZ HANS, Die privatrechtliche Rechtsprechung des Bundesgerichts im Jahre 1966, in: ZBJV 2/1968, S. 49 ff. (zit.: MERZ, Die privatrechtliche Rechtsprechung 1966).

MERZ HANS, Kommentar zu Art. 2 ZGB, in: Meier-Hayoz Arthur (Hrsg.), Berner Kommentar zum schweizerischen Privatrecht, Einleitung (Art. 1–10 ZGB), Bern 1966 (zit.: MERZ, Berner Kommentar).

MESSERLI BEAT, Prüfung eines Bauwerks durch Sachverständige, in: Anwaltsrevue 5/2010, S. 222 ff. (zit.: MESSERLI, Prüfung).

MESSERLI BEAT, Der Planungs- und Gesamtleistungswettbewerb im öffentlichen Beschaffungsrecht, Erläuterungen zum 4. Kapitel (Art. 40–57) der Verordnung über das öffentliche Beschaffungswesen (VoeB), 2. Aufl., Bern 2007 (zit.: MESSERLI, Planungs- und Gesamtleistungswettbewerb).

METZGER DIETER, Kurz-Kommentar zum Mehrwertsteuergesetz, Muri bei Bern 2000 (zit.: METZGER, MWSTG-Kurzkommentar).

MIDDENDORF PATRICK, Von geschassten Musikern und Architekten, Werkvertrag oder Auftrag – oder beides?, in: werk, bauen + wohnen 11/2018, S. 49 f. (zit.: MIDDENDORF, Werkvertrag oder Auftrag).

MIDDENDORF PATRICK, Mehr Markt oder mehr Willkür? SIA-Honorarordnung LHO unter Druck der Wettbewerbskommission, in: werk, bauen + wohnen 3/2018, S. 44 f. (zit.: MIDDENDORF, Mehr Markt oder mehr Willkür?).

MIDDENDORF PATRICK, Nachwirkende Vertragspflichten, Diss. Freiburg, Freiburg 2002 (zit.: MIDDENDORF, Vertragspflichten).

MONN VALENTIN, Die Verhandlungsabrede, Begründung, Inhalt und Durchsetzung von Verhandlungspflichten, Diss. Freiburg, Zürich 2010 (zit.: MONN, Die Verhandlungsabrede).

MONN VALENTIN, Von ausgeschlossenen Verhaltensweisen im Privatversicherungsrecht, in: HAVE 2/2008, S. 93 ff. (zit.: MONN, Von ausgeschlossenen Verhaltensweisen).

MORIN ARIANE, Kommentar zu Art. 22 OR, in: Thévenoz Luc/Werro Franz (Hrsg.), Commentaire romand, Code des obligations I (art. 1–529 CO), Basel 2012 (zit.: MORIN, Commentaire romand).

MOOS REINHARD, Objektive Zurechnung und sozialadäquates Verhalten bei wertneutraler Gehilfenschaft, in: Donatsch Andreas/Forster Marc/Schwarzenegger Christian (Hrsg.), Strafrecht, Strafprozessrecht und Menschenrechte, Festschrift für Stefan Trechsel zum 65. Geburtstag, Zürich 2002, S. 477 ff. (zit.: MOOS, Wertneutrale Gehilfenschaft).

MOSIMANN PETER, Der Werk- und Wirkbereich im Kunstschaffen des Architekten, in: Mosimann Peter/Renold Marc-André/Raschèr Andrea F. G. (Hrsg.), Kultur Kunst Recht, Schweizerisches und internationales Recht, Basel 2009, S. 579 ff. (zit.: MOSIMANN, Der Werk- und Wirkbereich).

MOTZKE GERD, Prozessuale Besonderheiten von Baustreitigkeiten, Beweismittel, in: Motzke Gerd/Bauer Günter/Seewald Thomas M. A. (Hrsg.), Prozesse in Bausachen, Privates Baurecht, Architektenrecht, 3. Aufl., Baden-Baden 2018, S. 298 ff. (zit.: MOTZKE, Prozesse in Bausachen).

MÜLLER CHRISTOPH, La solidarité parfaite, in: Werro Franz (Hrsg.), La pluralité des responsables, Colloque du droit de la responsabilité civile 2007, Bern 2009, S. 31 ff. (zit.: MÜLLER C., Solidarité).

MÜLLER HEINRICH A., Kommentar zu Art. 168–193 ZPO, in: Brunner Alexander/Gasser Dominik/Schwander Ivo (Hrsg.), Schweizerische Zivilprozessordnung, Kommentar, Bd. I, 2. Aufl., Zürich 2016 (zit.: MÜLLER H., ZPO-Kommentar [Dike]).

MÜLLER KARIN, Das Recht der Arbeitsgemeinschaft im Wandel?, in: BR/DC 1/2004, S. 4 ff. (zit.: MÜLLER K., Arbeitsgemeinschaft).

MÜLLER OTTO H., Haftpflichtversicherung unter Einbezug der Motorfahrzeug-, Schiffs- und Luftfahrzeugversicherung, Zürich 1985 (zit.: MÜLLER O., Haftpflichtversicherung).

MÜLLER THOMAS, Gefragte Generalisten, in: TEC21 10/2008, S. 34 f. (zit.: MÜLLER T., Generalisten).

NAEGELI WOLFGANG/HUNGERBÜHLER KURT J., Handbuch des Liegenschaftenschätzers, 3. Aufl., Zürich 1988 (zit.: NAEGELI/HUNGERBÜHLER, Liegenschaftenschätzer).

NEBEL ROLF, Internationale Wirtschaftssanktionen – Auswirkungen auf Versicherungen, in: HAVE 3/2011, S. 241 ff. (zit.: NEBEL, Internationale Wirtschaftssanktionen).

NEF JÜRG, Kommentar zu Art. 38–45 VVG, in: Honsell Heinrich/Vogt Nedim Peter/Schnyder Anton K. (Hrsg.), Basler Kommentar, Bundesgesetz über den Versicherungsvertrag (VVG), Basel/München 2001 (zit.: NEF, Basler Kommentar).

NEF URS CH./PRADER DURI, Die gesellschaftsrechtliche Organisation des Unternehmens im Bauwesen – unter besonderer Berücksichtigung der paritätischen Zweipersonengesellschaft, in: Lendi Martin/Nef Urs Ch./Trümpy Daniel (Hrsg.), Das private Baurecht der Schweiz, Beiträge für die Praxis, Zürich 1994, S. 155 ff. (zit.: NEF/PRADER, Die gesellschaftsrechtliche Organisation).

NIGG HANS, Die Haftung mehrerer für einen Baumangel, in: Koller Alfred (Hrsg.), Haftung für Werkmängel, St. Galler Baurechtstagung 1998, St. Gallen 1998, S. 121 ff. (zit.: NIGG, Die Haftung mehrerer).

NIGGLI MARCEL A., Ultima Ratio?, in: ZStrR 3/1993, S. 236 ff. (zit.: NIGGLI, Ultima Ratio).

NIGGLI MARCEL A./MAEDER STEFAN, Kommentar zu Art. 12–13 StGB, in: Niggli Marcel A./Wiprächtiger Hans (Hrsg.), Basler Kommentar, Strafrecht I (Art. 1–110 StGB), 3. Aufl., Basel 2013 (zit.: NIGGLI/MAEDER, Basler Kommentar).

OBERHEIM RAINER, Erfolgreiche Taktik im Zivilprozess, 7. Aufl., Köln 2017 (zit.: OBERHEIM, Erfolgreiche Taktik).

OESCH THOMAS, Die Freizeichnung im schweizerischen vertraglichen Schadenersatzrecht und ihre Schranken, Diss. Basel, Basel 1978 (zit.: OESCH, Die Freizeichnung).

OFTINGER KARL, Schweizerisches Haftpflichtrecht, Bd. I, Allgemeiner Teil, 5. Aufl., Zürich 1995 (zit.: OFTINGER, Haftpflichtrecht I).

OSER HUGO/SCHÖNENBERGER WILHELM, Zürcher Kommentar zum schweizerischen Zivilrecht, Bd. V/2, Die einzelnen Vertragsverhältnisse (Art. 184–418 OR), 2. Aufl., Zürich 1936 (zit.: OSER/SCHÖNENBERGER, Zürcher Kommentar).

OTT WALTER, Stellvertretung ohne Vollmacht versus Geschäftsführung ohne Auftrag – Normenkollision oder Normenkomplementarität?, in: Meier Isaak/Siehr Kurt (Hrsg.), Rechtskollisionen, Festschrift für Anton Heini zum 65. Geburtstag, Zürich 1995, S. 285 ff. (zit.: OTT, Stellvertretung ohne Vollmacht).

PAREIN-REYMOND AUDE/PAREIN LOÏC/VUILLE JOËLLE, Kommentar zu Art. 221-230 StGB, in: Macaluso Alain/Moreillon Laurent/Queloz Nicolas (Hrsg.), Commentaire romand, Code pénal II (art. 111–392), Basel 2017 (zit.: PAREIN-REYMOND/PAREIN/VUILLE, Commentaire romand).

PEDRAZZINI FRANCO, Le dépassement du devis: où en est-on? La responsabilité de l'architecte et de l'ingénieur en cas de violation de l'obligation d'informer sur les coûts de l'ouvrage, in: Institut für

Schweizerisches und Internationales Baurecht (Hrsg.), Journées suisses du droit de la construction 2013, Freiburg 2012, S. 177 ff. (zit.: PEDRAZZINI F., Le dépassement du devis).

PEDRAZZINI FRANCO, Les nouvelles dispositions de la KBOB concernant les prestations de mandataire, in: Institut für Schweizerisches und Internationales Baurecht (Hrsg.), Journées suisses du droit de la construction 2007, Freiburg 2007, S. 181 ff. (zit.: PEDRAZZINI F., KBOB).

PEDRAZZINI MARIO M., Neuere Entwicklungen im Urheberrecht des Architekten, in: BR/DC 1/1993, S. 3 ff. (zit.: PEDRAZZINI M., Neuere Entwicklungen).

PEDRAZZINI MARIO M., Werkvertrag, Verlagsvertrag, Lizenzvertrag, in: Vischer Frank (Hrsg.), Schweizerisches Privatrecht, OR, Bd. VII/1, Besondere Vertragsverhältnisse, Basel/Stuttgart 1977, S. 497 ff. (zit.: PEDRAZZINI M., SPR VII/1).

PEER CARLO, Das Leistungsverzeichnis bei Bauwerkverträgen, Diss. Freiburg, Zürich 2018 (zit.: PEER, Das Leistungsverzeichnis).

PELLONI GIOVANNI, Privatrechtliche Haftung für Umweltschäden und Versicherung, Diss. Zürich, Zürich 1993 (zit.: PELLONI, Umweltschäden).

PERGOLIS MASSIMO/FREY FRIEDRICH, Bauversicherungen, in: Kurer Martin/Quinto Cornel/Maffioletti Walter (Hrsg.), Handbuch zum Bauwesen, Zürich 2012, S. 231 ff. (zit.: PERGOLIS/FREY, Handbuch zum Bauwesen).

PERRIN JEAN-FRANÇOIS, Le contrat d'architecte, Genf 1970 (zit.: PERRIN, Le contrat d'architecte).

PERRITAZ VINCENT, La réduction des dommages-intérêts dus par l'architecte: une proposition en cas de pluralité de responsables, in: BR/DC 3/2018, S. 151 ff. (zit.: PERRITAZ, La réduction des dommages-intérêts).

PERRITAZ VINCENT, Le concours d'actions et la solidarité, Diss. Freiburg, Zürich 2017 (zit.: PERRITAZ, Concours d'actions).

PESTALOZZI CHRISTOPH M./VOGT HANS-UELI, Kommentar zu Art. 543 und Art. 544 OR, in: Honsell Heinrich/Vogt Nedim Peter/Watter Rolf (Hrsg.), Basler Kommentar, OR II (Art. 530–964 OR, Art. 1–6 SchlT AG, Art. 1–11 Übest GmbH), 5. Aufl., Basel 2016 (zit.: PESTALOZZI/VOGT, Basler Kommentar).

PETER HENRY, Formes et conséquences juridiques des groupements d'entreprises (consortium) – choisir ou subir, in: Institut für Schweizerisches und Internationales Baurecht (Hrsg.), Journées suisses du droit de la construction 2005, Freiburg 2005, S. 31 ff. (zit.: PETER, Des groupements d'entreprises).

PICHONNAZ PASCAL, La solidarité et la prescription, in: HAVE 1/2018, S. 79 ff. (zit. PICHONNAZ, La solidarité et la prescription).

PICHONNAZ PASCAL, Le dépassement des coûts devisés: entre presciption des droits de l'art. 398 CO et péremption de ceux de l'art. 375 CO, in: Guillod Olivier/Müller Christoph (Hrsg.), Pour un droit équitable, engagé et chaleureux, Mélanges en l'honneur de Pierre Wessner, Basel 2011, S. 483 ff. (zit.: PICHONNAZ, Dépassement des coûts).

PICHONNAZ PASCAL, Le point sur la partie générale du droit des obligations, in: SJZ 8/2008, S. 194 ff. (zit.: PICHONNAZ, Le point).

PICHONNAZ PASCAL, La pierre de l'Yonne: garantie pour les défauts et dommage évolutif, in: BR/DC 4/2008, S. 162 ff. (zit.: PICHONNAZ, La pierre de l'Yonne).

PICHONNAZ PASCAL, Les règlements SIA 102/103/108, 112 et leurs nouveautés, in: Institut für Schweizerisches und Internationales Baurecht (Hrsg.), Journées suisses du droit de la construction 2003, Freiburg 2003, S. 51 ff. (zit.: PICHONNAZ, Les règlements SIA 102/103/108, 112).

PIEPER HELMUT/BREUNUNG LEONIE/STAHLMANN GÜNTHER, Sachverständige im Zivilprozess, Theorie, Dogmatik und Realität des Sachverständigenbeweises, München 1982 (zit.: PIEPER/BREUNUNG/STAHLMANN, Sachverständige im Zivilprozess).

PISTOR BÉATRICE/SCHUMACHER JOST, Wirtschaftliche Realisierbarkeit der Projekte des Architekten, in: BR/DC 2/1998, S. 64 ff. (zit.: PISTOR/SCHUMACHER, Realisierbarkeit).

PLASSMEIER HEIKO/KEILMANN ANNETTE, Einmal entschieden – für immer festgelegt?, in: BauR 6/2018, S. 891 ff. (zit.: PLASSMEIER/KEILMANN, Einmal entschieden).

PRADER DURI/STÖCKLI HUBERT, Vorbemerkungen zu Art. 62–63 SIA 118, in: Gauch Peter/Stöckli Hubert, Kommentar zur SIA-Norm 118, 2. Aufl., Zürich 2017 (zit.: PRADER/STÖCKLI, Kommentar SIA 118).

PROBST THOMAS, Kommentar zu Art. 8 UWG, in: Jung Peter/Spitz Philippe (Hrsg.), Stämpflis Handkommentar, Bundesgesetz gegen den unlauteren Wettbewerb (UWG), 2. Aufl., Bern 2016 (zit.: PROBST, UWG-Kommentar [Stämpfli]).

PUPPE INGEBORG, Die Beziehung zwischen Sorgfaltswidrigkeit und Erfolg bei den Fahrlässigkeitsdelikten, in: ZStW 4/1987, S. 595 ff. (zit.: PUPPE, Sorgfaltswidrigkeit).

QUACK FRIEDRICH, Zur Problematik der stillschweigenden Rechtsanwendung durch Sachverständige, in: BauR 2/1993, S. 161 ff. (zit.: QUACK, Problematik der stillschweigenden Rechtsanwendung).

QUINTO CORNEL/MAFFIOLETTI WALTER, Planerverträge, in: Kurer Martin/Quinto Cornel/Maffioletti Walter (Hrsg.), Handbuch zum Bauwesen, Zürich 2012, S. 35 ff. (zit.: QUINTO/MAFFIOLETTI, Handbuch zum Bauwesen).

RAMER ERICH, Günstigst statt billigst – Anstösse aus Planersicht, in: Stöckli Hubert/Zufferey Jean-Baptiste (Hrsg.), Aktuelles Vergaberecht 2012/Marchés publics 2012, Zürich 2012, S. 299 ff. (zit.: RAMER, Günstigst statt billigst).

REBER HANS J., Rechtshandbuch für Bauunternehmer, Bauherr, Architekt und Bauingenieur, Ihre gegenseitigen Rechte und Pflichten und ihre Verantwortung gegenüber Dritten nach Gesetz, Rechtsprechung und SIA-Normen, 4. Aufl., Dietikon 1983 (zit.: REBER, Rechtshandbuch).

REBER HANS J., Haftung mehrerer für Baumängel, in: BR/DC 3/1981, S. 43 ff. (zit.: REBER, Haftung mehrerer).

REBER MARKUS, Die Baubindung beim Grundstückkauf, Diss. Bern, Bern 1999 (zit.: REBER, Baubindung).

RECHSTEINER PETER, Die Wettbewerbe: Rechtslage und Praxis, in: Institut für Schweizerisches und Internationales Baurecht (Hrsg.), Schweizerische Baurechtstagung 2003, Freiburg 2003, S. 145 ff. (zit.: RECHSTEINER, Die Wettbewerbe).

Reetz Peter, Der Bauprozess: er steht und fällt mit dem Beweis, in: Institut für Schweizerisches und Internationales Baurecht (Hrsg.), Schweizerische Baurechtstagung 2009, Freiburg 2008, S. 119 ff. (zit.: Reetz, Der Bauprozess: er steht und fällt mit dem Beweis).

Reetz Peter/Vorburger Alice, Gutachten und Gutachterfragen, in: Fellmann Walter/Weber Stephan (Hrsg.), Haftpflichtprozess 2013, Heuristics and Biases, Persönlichkeitsschutz, Regressprozess, Substanziierung, Parteibefragung und Gutachten, Beiträge zur Tagung vom 5. Juni 2013 in Luzern, Zürich 2013, S. 211 ff. (zit.: Reetz/Vorburger, Gutachten und Gutachterfragen).

Rehberg Jürg, Zur Lehre vom «Erlaubten Risiko», Diss. Zürich, Zürich 1962 (zit.: Rehberg, Erlaubtes Risiko).

Rehbinder Manfred/Viganò Adriano, URG-Kommentar, Urheberrecht und verwandte Schutzrechte mit ausführenden Verordnungen, Nebengesetzen, zwischenstaatlichen Verträgen, 3. Aufl., Zürich 2008 (zit.: Rehbinder/Viganò, URG-Kommentar [Orell Füssli]).

Reichmuth Pfammatter Alice, Vertretung und Haftung in der einfachen Gesellschaft, Diss. St. Gallen, St. Gallen 2002 (zit.: Reichmuth Pfammatter, Einfache Gesellschaft).

Rémy Marc, Kommentar zu Art. 122–123 und Art. 125–126 StGB, in: Macaluso Alain/Moreillon Laurent/Queloz Nicolas (Hrsg.), Commentaire romand, Code pénal II (art. 111–392), Basel 2017 (zit.: Rémy, Commentaire romand).

Rey Heinz/Wildhaber Isabelle, Ausservertragliches Haftpflichtrecht, 5. Aufl., Zürich 2018 (zit.: Rey/Wildhaber, Ausservertragliches Haftpflichtrecht).

Richner Christian, Die Versicherungen der Bauunternehmung, Dietikon 1986 (zit.: Richner, Versicherungen der Bauunternehmung).

Riedo Christof, Kommentar zu Art. 30–33 StGB, in: Niggli Marcel A./Wiprächtiger Hans (Hrsg.), Basler Kommentar, Strafrecht I (Art. 1–110 StGB), 3. Aufl., Basel 2013 (zit.: Riedo, Basler Kommentar).

Riedo Christof, Wenn Juristen würfeln, Bemerkungen über den Zufall im Recht, in: Riemer-Kafka Gabriela/Rumo-Jungo Alexandra (Hrsg.), Soziale Sicherheit – Soziale Unsicherheit, Festschrift für Erwin Murer zum 65. Geburtstag, Bern 2010, S. 669 ff. (zit.: Riedo, Wenn Juristen würfeln).

Riedo Christof, Der Strafantrag, Diss. Freiburg, Basel 2004 (zit.: Riedo, Strafantrag).

Riedo Christof/Kunz Oliver A., Jetlag oder Grundprobleme des neuen Verjährungsrechts, in: AJP 8/2004, S. 904 ff. (zit.: Riedo/Kunz, Neues Verjährungsrecht).

Riedo Christof/Maeder Stefan, Garantenstellung der Bauleitung – wann das Strafrecht zulangt, in: Institut für Schweizerisches und Internationales Baurecht (Hrsg.), Schweizerische Baurechtstagung 2017, Freiburg 2016, S. 57 ff. (zit.: Riedo/Maeder, Garantenstellung der Bauleitung).

Riedo Christof/Zurbrügg Matthias, Der Jetlag dauert an oder Neue Unwägbarkeiten im Recht der strafrechtlichen Verjährung, in: AJP 3/2009, S. 372 ff. (zit.: Riedo/Zurbrügg, Neue Unwägbarkeiten).

Riemer Hans M., Nicht staatliche Normensysteme und andere Gesetze und ihr Verhältnis zum System der staatlichen Rechtsnormen – ein Überblick, in: recht 3/2007, S. 114 ff. (zit.: Riemer, Nicht staatliche Normensysteme).

RIKLIN FRANZ, StPO-Kommentar, Schweizerische Strafprozessordnung mit JStPO, StBOG und weiteren Erlassen, 2. Aufl., Zürich 2014 (zit.: RIKLIN, StPO-Kommentar [Orell Füssli]).

RIKLIN FRANZ, Schweizerisches Strafrecht, Allgemeiner Teil I, Verbrechenslehre, 4. Aufl., Zürich 2013 (zit.: RIKLIN, Strafrecht AT I).

RIKLIN FRANZ, Baurecht und Gemeingefahr, Zur Dogmatik der gemeingefährlichen Delikte, in: Tercier Pierre/Amstutz Marc/Koller Alfred/Schmid Jörg/Stöckli Hubert (Hrsg.), Gauchs Welt, Recht, Vertragsrecht und Baurecht, Festschrift für Peter Gauch zum 65. Geburtstag, Zürich 2004, S. 887 ff. (zit.: RIKLIN, Gemeingefahr).

RIKLIN FRANZ, Fataler Liftunfall – fahrlässige Tötung und Verletzung der Regeln der Baukunde?, in: BR/DC 4/2003, S. 138 ff. (zit.: RIKLIN, Liftunfall).

RIKLIN FRANZ, Zum Straftatbestand des Art. 229 StGB (Gefährdung durch Verletzung der Regeln der Baukunde), in: BR/DC 3/1985, S. 44 ff. (zit.: RIKLIN, Art. 229 StGB).

RITTER NICOLAI, Mehrparteienverträge mit BIM, in: Bauwirtschaft 2/2017, S. 80 ff. (zit.: RITTER, Mehrparteienverträge mit BIM).

ROELLI BRUNO/FLEISCHANDERL PETRA, Kommentar zu Art. 221–230 StGB, in: Niggli Marcel A./Wiprächtiger Hans (Hrsg.), Basler Kommentar, Strafrecht II (Art. 111–392 StGB), 3. Aufl., Basel 2013 (zit.: ROELLI/FLEISCHANDERL, Basler Kommentar).

ROGGO ANTOINE/STAFFELBACH DANIEL, Offenbarung von Behandlungsfehlern/Verletzung der ärztlichen Sorgfaltspflicht – Plädoyer für konstruktive Kommunikation, in: AJP 4/2006, S. 407 ff. (zit.: ROGGO/STAFFELBACH, Offenbarung von Behandlungsfehlern).

ROHR RENÉ, Die Gefährdung durch Verletzung der Regeln der Baukunde (Art. 229 StGB), Diss. Zürich, Willisau 1960 (zit.: ROHR, Die Gefährdung).

ROMY ISABELLE, Kommentar zu Art. 143–150 OR, in: Thévenoz Luc/Werro Franz (Hrsg.), Commentaire romand, Code des obligations I (art. 1–529 CO), 2. Aufl., Basel 2012 (zit.: ROMY, Commentaire romand).

ROSSEL VIRGILE, Manuel du droit fédéral des obligations, Bd. I, 4. Aufl., Lausanne 1920 (zit.: ROSSEL, Manuel I).

ROTH ANDREAS/BERKEMEIER ANNE, Kommentar zu Art. 122 StGB, in: Niggli Marcel A./Wiprächtiger Hans (Hrsg.), Basler Kommentar, Strafrecht II (Art. 111–392 StGB), 3. Aufl., Basel 2013 (zit.: ROTH/BERKEMEIER, Basler Kommentar).

ROXIN CLAUS, Strafrecht, Allgemeiner Teil, Bd. I, Grundlagen. Der Aufbau der Verbrechenslehre, 4. Aufl., München 2006 (zit.: ROXIN, Strafrecht AT).

ROXIN CLAUS, Zum Schutzzweck der Norm bei fahrlässigen Delikten, in: Lackner Karl/Leferenz Heinz/Schmidt Eberhard/Welp Jürgen/Wolff Ernst A. (Hrsg.), Festschrift für Wilhelm Gallas zum 70. Geburtstag am 22. Juli 1973, Berlin/New York 1973, S. 241 ff. (zit.: ROXIN, Zum Schutzzweck der Norm).

RÜEDE THOMAS/HADENFELDT REINER, Schweizerisches Schiedsgerichtsrecht nach Konkordat und IPRG, 2. Aufl., Zürich 1993 (zit.: RÜEDE/HADENFELDT, Schiedsgerichtsrecht).

RÜETSCHI SVEN, Kommentar zu Art. 183–188 ZPO, Berner Kommentar zum schweizerischen Privatrecht, Bd. II, Schweizerische Zivilprozessordnung (Art. 150–352 ZPO und Art. 400–406 ZPO), Bern 2013 (zit.: RÜETSCHI, Berner Kommentar).

RUGGLE PETER, Kommentar zu Art. 70–72 ZPO, in: Spühler Karl/Tenchio Luca/Infanger Dominik (Hrsg.), Basler Kommentar, Schweizerische Zivilprozessordnung, 3. Aufl., Basel 2017 (zit.: RUGGLE, Basler Kommentar).

RUMO-JUNGO ALEXANDRA, Zusammenspiel zwischen Haftpflicht und beruflicher Vorsorge, unter Berücksichtigung des Vorentwurfs für die Haftpflichtrechtsrevision, in: ZBJV 7/2002, S. 433 ff. (zit.: RUMO-JUNGO, Haftpflicht und berufliche Vorsorge).

RUSCH ARNOLD F., Erfolgsbezug bei Werkvertrag und Auftrag, in: BJM 6/2013, S. 285 ff. (zit.: RUSCH, Erfolgsbezug).

SAUTER WALTER, Das Rechtsverhältnis zwischen Bauherrn und Architekten, unter Berücksichtigung der Normalien des Schweizerischen Ingenieur- und Architektenvereins, Diss. Zürich, Bad Ragaz 1938 (zit.: SAUTER, Zwischen Bauherrn und Architekten).

SBAI NOUHAD, La solidarité entre les débiteurs en droit suisse et français, Diss. Genf, Genf 1950 (zit.: SBAI, La solidarité entre les débiteurs).

SCHADE THOMAS/SCHMID MATHIAS, Ansprüche für und gegen den Unternehmer, Sonstige Zahlungsklagen, in: Motzke Gerd/Bauer Günter/Seewald Thomas M. A. (Hrsg.), Prozesse in Bausachen, Privates Baurecht, Architektenrecht, 3. Aufl., Baden-Baden 2018, S. 1125 ff. (zit.: SCHADE/SCHMID, Prozesse in Bausachen).

SCHAERLI DIETER, Der Bautreuhandvertrag, Manuskript für den Höheren Fachkurs für Immobilien-Treuhänder, Basel 1995 (zit.: SCHAERLI, Der Bautreuhandvertrag).

SCHENKER FRANZ, Der Architekt (Ingenieur) als Hilfsperson des Bauherrn im Verhältnis zum Unternehmer, insbesondere die Auswirkungen der Architektenhaftpflicht auf die Gewährleistung des Unternehmers, in: Koller Alfred (Hrsg.), Recht der Architekten und Ingenieure, St. Galler Baurechtstagung 2002, St. Gallen 2002, S. 13 ff. (zit.: SCHENKER, Der Architekt als Hilfsperson des Bauherrn).

SCHERER EMIL, Strafrecht in der Baupraxis, Kommentar, Düsseldorf 1965 (zit.: SCHERER, Strafrecht in der Baupraxis).

SCHERLER STEFAN, Die Haftung für mangelnde Erdbebensicherheit, Architekten und Ingenieure als Planer, in: Erdbebensicherheit von Gebäuden, Rechts- und Haftungsfragen, SIA-Dokumentation D 0227, Zürich 2008, S. 41 ff. (zit.: SCHERLER, Haftung für mangelnde Erdbebensicherheit).

SCHERRER ERWIN, Freuden und Leiden von und mit Konsortien, in: Institut für Schweizerisches und Internationales Baurecht (Hrsg.), Schweizerische Baurechtstagung 2007, Freiburg 2007, S. 87 ff. (zit.: SCHERRER, Freuden und Leiden).

SCHERRER ERWIN, Wer bezahlt bei Bestellungsänderungen des Architekten? Die Tragweite von Art. 33 SIA-Norm 118, in: Koller Alfred (Hrsg.), SIA-Norm 118, St. Galler Baurechtstagung 2000, St. Gallen 2000, S. 75 ff. (zit.: SCHERRER, Bestellungsänderungen).

SCHERRER ERWIN, Nebenunternehmer beim Bauen, Diss. Freiburg, Freiburg 1994 (zit.: SCHERRER, Nebenunternehmer).

SCHILL NICOLAS, Der Projektsteuerungsvertrag, München 2000 (zit.: SCHILL, Der Projektsteuerungsvertrag).

SCHLAGER GEORG A., Der Sachverständige nach baselstädtischem Zivilprozessrecht, Diss. Basel, Clausthal-Zellerfeld 1978 (zit.: SCHLAGER, Der Sachverständige).

SCHLATTER ARNOLD, Die Verjährung, in: ZStrR 1947, S. 301 ff. (zit.: SCHLATTER, Die Verjährung).

SCHLIEMANN CHRISTIAN (Hrsg.), Architekten- und Ingenieurrecht, Vertragsabschluss, Vertragsabwicklung, Haftung, Urheber- und Medienrecht, Köln 2005 (zit.: SCHLIEMANN, Architekten- und Ingenieurrecht).

SCHMID JÖRG, Zürcher Kommentar zum schweizerischen Zivilrecht, Bd. V/3a, Die Geschäftsführung ohne Auftrag (Art. 419–424 OR), 3. Aufl., Zürich 1993 (zit.: SCHMID, Zürcher Kommentar).

SCHMID JÖRG, Die Geschäftsführung ohne Auftrag, Habil. Freiburg, Freiburg 1992 (zit.: SCHMID, Geschäftsführung ohne Auftrag).

SCHMID JÖRG/STÖCKLI HUBERT/KRAUSKOPF FRÉDÉRIC, Schweizerisches Obligationenrecht, Besonderer Teil, 2. Aufl., Zürich 2016 (zit.: SCHMID/STÖCKLI/KRAUSKOPF, OR BT).

SCHMID NIKLAUS/JOSITSCH DANIEL, Handbuch des schweizerischen Strafprozessrechts, 3. Aufl., Zürich 2017 (zit. SCHMID/JOSITSCH, Handbuch des Strafprozessrechts).

SCHMIDT MAURIN, Das Aussenverhältnis der Haftung einer Mehrheit von Schädigern im Haftpflichtrecht, Ein Haftungsmodell basierend auf der Solidarität, der Anspruchskonkurrenz und der Kausalität, Diss. St. Gallen, Zürich 2012 (zit.: SCHMIDT, Haftung einer Mehrheit von Schädigern).

SCHNEIDER MICHAEL E., Technical experts in international arbitration, introductory comments to the materials from arbitration practice, in: Bull. ASA 3/1993, S. 446 ff. (zit.: SCHNEIDER, Technical experts).

SCHNEIDER NICOLE, Urheberrechtlicher Schutz von planmässig festgehaltenen sowie ausgeführten Werken der Baukunst, Diss. Freiburg, Bern 1996 (zit.: SCHNEIDER, Urheberrechtlicher Schutz).

SCHNEIDER HEUSI CLAUDIA, Die neue SIA-Ordnung 144/2013, in: BR/DC 2/2014 S. 73 ff. (zit.: SCHNEIDER HEUSI, SIA-Ordnung 144/2013).

SCHNEIDER HEUSI CLAUDIA, Die SIA-Ordnung 142/2009 für Architektur- und Ingenieurwettbewerbe, in: BR/DC 1/2010, S. 4 ff. (zit.: SCHNEIDER HEUSI, SIA-Ordnung 142/2009).

SCHNEIDER HEUSI CLAUDIA/SCHERLER STEFAN, Wettbewerbe und Studienaufträge, Die neuen Regeln, in: Stöckli Hubert/Zufferey Jean-Baptiste (Hrsg.), Aktuelles Vergaberecht 2010/Marchés publics 2010, Zürich 2010, S. 209 ff. (zit.: SCHNEIDER HEUSI/SCHERLER, Wettbewerbe und Studienaufträge).

SCHNYDER ANTON K., Kommentar zu Art. 41–59 OR, in: Honsell Heinrich/Vogt Nedim Peter/Wiegand Wolfgang (Hrsg.), Basler Kommentar, OR I (Art. 1–529 OR), 4. Aufl., Basel 2007 (zit.: SCHNYDER, Basler Kommentar).

SCHOCH ODILO, BIM – Funktionsweise und Potenzial einer neuen Planungsmethode, in: BR/DC 2/2015, S. 61 ff. (zit.: SCHOCH, BIM).

SCHÖNENBERGER WILHELM/JÄGGI PETER, Zürcher Kommentar zum schweizerischen Zivilgesetzbuch, Bd. V/1a, Allgemeine Einleitung (Art. 1–17 OR), 3. Aufl., Zürich 1973 (zit.: SCHÖNENBERGER/JÄGGI, Zürcher Kommentar).

SCHOLZE-BECK SILKE, Gesamtschuldnerische Haftung für Baumängel, Diss. Heidelberg, Frankfurt a.M. 2001 (zit.: SCHOLZE-BECK, Gesamtschuldnerische Haftung).

SCHULIN HERMANN, Kommentar zu Art. 62–66 OR, in: Honsell Heinrich/Vogt Nedim Peter/Wiegand Wolfgang (Hrsg.), Basler Kommentar, OR I (Art. 1–529 OR), 6. Aufl., Basel 2015 (zit.: SCHULIN, Basler Kommentar).

SCHULIN HERMANN, Das Baukonsortium, in: Lendi Martin/Nef Urs Ch./Trümpy Daniel (Hrsg.), Das private Baurecht der Schweiz, Beiträge für die Praxis, Zürich 1994, S. 175ff. (zit.: SCHULIN, Das Baukonsortium).

SCHULTZ HANS, Einführung in den Allgemeinen Teil des Strafrechts, Ein Grundriss, Bd. I, Die allgemeinen Voraussetzungen der kriminalrechtlichen Sanktionen, 4. Aufl., Bern 1982 (zit.: SCHULTZ, Einführung Strafrecht AT I).

SCHUMACHER RAINER, Sicheres Bauen und sichere Bauwerke, Wer haftet? Alle!, Zürich 2010 (zit.: SCHUMACHER, Sicheres Bauen).

SCHUMACHER RAINER, Sicherheit auf dem Bauplatz, Eine interdisziplinäre Herausforderung an die Vertragsgestaltung, in: Riemer-Kafka Gabriela/Rumo-Jungo Alexandra (Hrsg.), Soziale Sicherheit – Soziale Unsicherheit, Festschrift für Erwin Murer zum 65. Geburtstag, Bern 2010, S. 785ff. (zit.: SCHUMACHER, Sicherheit).

SCHUMACHER RAINER, Rechtliche Tragweite der SIA-Erdbebennormen, in: TEC21 8/2006, S. 11ff. (zit.: SCHUMACHER, SIA-Erdbebennormen).

SCHUMACHER RAINER, Vertragsgestaltung, Systemtechnik für die Praxis, Zürich 2004 (zit.: SCHUMACHER, Vertragsgestaltung).

SCHUMACHER RAINER, Die Haftung des Architekten aus Vertrag, in: Gauch Peter/Tercier Pierre (Hrsg.), Das Architektenrecht/Le droit de l'architecte, 3. Aufl., Freiburg 1995, S. 113ff. (zit.: SCHUMACHER, Architektenrecht 1995).

SCHUMACHER RAINER, Die Haftung des Architekten für seine Kosteninformationen, in: recht 3/1994, S. 126ff. (zit.: SCHUMACHER, Haftung für Kosteninformationen).

SCHUMACHER RAINER, Beweisprobleme im Bauprozess, in: Aargauischer Juristenverein (Hrsg.), Festschrift für Dr. Kurt Eichenberger, Aarau 1990, S. 157ff. (zit.: SCHUMACHER, Beweisprobleme).

SCHUMACHER RAINER, Die revidierten SIA-Honorarordnungen 102 und 103, Grundsätze und wichtige Revisionspunkte in Art. 1 «Allgemeine Grundlagen», in: Seminar für Schweizerisches Baurecht (Hrsg.), Schweizerische Baurechtstagung 1985, Bd. II, Freiburg 1985, S. 69ff. (zit.: SCHUMACHER, Die revidierten SIA-Honorarordnungen 102 und 103).

SCHUMACHER RAINER, Der Architekt und der Ingenieur, 2. Teil: Schwierige Haftungsfragen, in: Seminar für Schweizerisches Baurecht (Hrsg.), Schweizerische Baurechtstagung 1981, Freiburg 1981 (zit.: SCHUMACHER, Schwierige Haftungsfragen).

SCHUMACHER RAINER, Zur rechtlichen Verantwortung für die Erdbebensicherung von Bauwerken, in: Erdbebenvorsorge in der Schweiz, Massnahmen bei neuen und bestehenden Bauwerken, SIA-Dokumentation D 0162, Zürich 2000, S. 103ff. (zit.: SCHUMACHER, Erdbebensicherung).

SCHUMACHER RAINER/KÖNIG ROGER, Die Vergütung im Bauwerkvertrag, Grundvergütung – Mehrvergütung, 2. Aufl., Zürich 2017 (zit.: SCHUMACHER/KÖNIG, Die Vergütung).

SCHUMACHER RAINER/MIDDENDORF PATRICK, Kommentar zu Art. 99–113 SIA 118, in: Gauch Peter/Stöckli Hubert (Hrsg.), Kommentar zur SIA-Norm 118, 2. Aufl., Zürich 2017 (zit.: SCHUMACHER/MIDDENDORF, Kommentar SIA 118).

SCHUMACHER RAINER/MONN VALENTIN, Kommentar zu Art. 141–156 SIA 118, in: Gauch Peter/Stöckli Hubert (Hrsg.), Kommentar zur SIA-Norm 118, 2. Aufl., Zürich 2017 (zit.: SCHUMACHER/MONN, Kommentar SIA 118).

SCHÜNEMANN BERND, Die Regeln der Technik im Strafrecht, in: Küper Wilfried/Puppe Ingeborg/Tenckhoff Jörg (Hrsg.), Festschrift für Karl Lackner zum 70. Geburtstag am 18. Februar 1987, Berlin/New York 1987, S. 367 ff. (zit.: SCHÜNEMANN, Regeln der Technik).

SCHÜNEMANN BERND, Grundfragen der strafrechtlichen Zurechnung im Tatbestand der Baugefährdung (§ 330 StGB), in: Zeitschrift für deutsches und internationales Baurecht 1980, S. 4 ff., 113 ff., 159 ff. (zit.: SCHÜNEMANN, Grundfragen der strafrechtlichen Zurechnung).

SCHÜTZ JÜRG G., Kommentar zu Art. 530–531, Art. 534 und Art. 543 OR, in: Schütz Jürg G. (Hrsg.), Stämpflis Handkommentar, Personengesellschaftsrecht (Art. 530–619 OR), Bern 2015 (zit.: SCHÜTZ, OR-Kommentar [Stämpfli]).

SCHWAGER RUDOLF, Die Vollmacht des Architekten, in: Gauch Peter/Tercier Pierre (Hrsg.), Architektenrecht/Le droit de l'architecte, 3. Aufl., Freiburg 1995, S. 253 ff. (zit.: SCHWAGER, Architektenrecht 1995).

SCHWAGER RUDOLF, Der Umfang der Architektenvollmacht, in: BR/DC 3/1980, S. 36 ff. (zit.: SCHWAGER, Umfang).

SCHWAGER RUDOLF, Der Architekt als Vertreter des Bauherrn, in: BR/DC 2/1980, S. 19 ff. (zit.: SCHWAGER, Vertreter).

SCHWANDER DANIEL, Kommentar zu Art. 81–83 ZPO, in: Sutter-Somm Thomas/Hasenböhler Franz/Leuenberger Christoph (Hrsg.), Kommentar zur Schweizerischen Zivilprozessordnung (ZPO), 3. Aufl., Zürich 2016 (zit.: SCHWANDER, ZPO-Kommentar [Schulthess]).

SCHWANDER VITAL, Das Schweizerische Strafgesetzbuch, Unter besonderer Berücksichtigung der bundesgerichtlichen Praxis, 2. Aufl., Zürich 1964 (zit.: SCHWANDER, Strafgesetzbuch).

SCHWANDER WERNER, Die Haftpflichtversicherung des Architekten, in: Gauch Peter/Tercier Pierre (Hrsg.), Das Architektenrecht/Le droit de l'architecte, 3. Aufl., Freiburg 1995, S. 537 ff. (zit.: SCHWANDER, Architektenrecht 1995).

SCHWARTZ PAUL, Adäquate Kausalität und Verschuldenshaftung, in: BJM 1/1970, S. 1 ff. (zit.: SCHWARTZ, Kausalität und Verschuldenshaftung).

SCHWARZENBACH-HANHART HANS R., Staatshaftung bei verfügungsfreiem Verwaltungshandeln, Mit praktischer Anleitung zum Vermeiden/Vermindern dieser wachsenden Risiken (Riskmanagement), Bern 2006 (zit.: SCHWARZENBACH-HANHART, Staatshaftung bei verfügungsfreiem Verwaltungshandeln).

SCHWARZENBACH-HANHART HANS R., Die Staats- und Beamtenhaftung in der Schweiz mit Kommentar zum zürcherischen Haftungsgesetz, 2. Aufl., Zürich 1985 (zit.: SCHWARZENBACH-HANHART, Staats- und Beamtenhaftung).

SCHWENZER INGEBORG, Schweizerisches Obligationenrecht Allgemeiner Teil, 7. Aufl., Bern 2016 (zit.: SCHWENZER, OR AT).

SCHWERY NADJA, Der uneigennützige Werkvertrag, in: BR/DC 4/2015, S. 201 ff. (zit.: SCHWERY, Der uneigennützige Werkvertrag).

SEELMANN KURT, Kommentar zu Art. 11 StGB, in: Niggli Marcel A./Wiprächtiger Hans (Hrsg.), Basler Kommentar, Strafrecht I (Art. 1–110 StGB), 3. Aufl., Basel 2013 (zit.: SEELMANN, Basler Kommentar).

SEELMANN KURT/GETH CHRISTOPHER, Strafrecht Allgemeiner Teil, 6. Aufl., Basel 2016 (zit.: SEELMANN/GETH, Strafrecht AT).

SIEGENTHALER THOMAS, Kommentar zu Art. 363–379, in: Gauch Peter/Aepli Viktor/Stöckli Hubert (Hrsg.), Präjudizienbuch OR, 9. Aufl., Zürich 2016 (zit.: SIEGENTHALER, Präjudizienbuch).

SIEGENTHALER THOMAS, Neue SIA-Ordnungen 102/103 – was Planer und Bauherren wissen müssen, in: Institut für Schweizerisches und Internationales Baurecht (Hrsg.), Schweizerische Baurechtstagung 2015, Freiburg 2015, S. 27 ff. (zit.: SIEGENTHALER, Neue SIA-Ordnungen 102/103).

SIEGENTHALER THOMAS, Mangelhafte Leistungsverzeichnisse – und wer dafür haftet, in: Institut für Schweizerisches und Internationales Baurecht (Hrsg.), Schweizerische Baurechtstagung 2011, Freiburg 2010, S. 163 ff. (zit.: SIEGENTHALER, Mangelhafte Leistungsverzeichnisse).

SIEGENTHALER THOMAS, Haftung der Bauleitung, in: Push-Service Entscheide, publiziert am 20. November 2008 (zit.: SIEGENTHALER, Haftung der Bauleitung).

SIEGENTHALER THOMAS/MARTI MARIO, Allgemeine Vertragsbedingungen und Planervertragsformulare, S. 12 ff., in: TEC21 Sonderheft, LHO – RPH – RPO 2014, Die revidierten Ordnungen für Leistungen und Honorare: 102, 103, 105 und 108 sowie die Normen 111 und 112 (zit.: SIEGENTHALER/MARTI, Allgemeine Vertragsbedingungen).

SIEGENTHALER THOMAS/SCHERLER STEFAN, Haftung für mangelhafte Erdbebensicherheit von Gebäuden – Planer, Werkeigentümer und Verkäufer, in: BR/DC 1/2009, S. 4 ff. (zit.: SIEGENTHALER/SCHERLER, Mangelhafte Erdbebensicherheit).

SIEGWART ALFRED, Zürcher Kommentar zum schweizerischen Zivilrecht, Bd. V/4, Die Personengesellschaften (Art. 530–619 OR), Zürich 1938 (zit.: SIEGWART, Zürcher Kommentar).

SIMMEN ROBERT, Die Einrede des nicht erfüllten Vertrags (OR 82), Unter besonderer Berücksichtigung ihrer Problematik bei den Veräusserungsverträgen, Diss. Zürich, Bern 1981 (zit.: SIMMEN, Einrede des nicht erfüllten Vertrags).

SOBOTICH VIVIANE, Staatshaftung aus Kontrolltätigkeit im Baurecht, Diss. Zürich, Zürich 2000 (zit.: SOBOTICH, Staatshaftung aus Kontrolltätigkeit).

SOERGEL CARL, Die möglichen Gesamtschuldverhältnisse von Baubeteiligten, in: BauR 1a/2005, S. 239 ff. (zit.: SOERGEL, Mögliche Gesamtschuldverhältnisse).

SPIESS HANS R., Submission und Abschluss von Bauverträgen, in: Lendi Martin/Nef Urs Ch./Trümpy Daniel (Hrsg.), Das private Baurecht der Schweiz, Beiträge für die Praxis, Zürich 1994, S. 67 ff. (zit.: SPIESS, Bauverträge).

SPIESS HANS R./HUSER MARIE-THERES, Der Bau-Werkvertrag in der Praxis, Unter Einbezug der Norm SIA 118, Zürich 2016 (zit.: SPIESS/HUSER, Bau-Werkvertrag).

SPIESS HANS R./HUSER MARIE-THERES, Stämpflis Handkommentar, Norm SIA 118, Allgemeine Bedingungen für Bauarbeiten, Bern 2014. (zit.: SPIESS/HUSER, Handkommentar SIA 118).

SPIRO KARL, Die Begrenzung privater Rechte durch Verjährungs-, Verwirkungs- und Fatalfristen, Bd. I, Bern 1975 (zit.: SPIRO, Begrenzung privater Rechte).

SPRECHER THOMAS, Kommentar zu Art. 261–269 ZPO, in: Spühler Karl/Tenchio Luca/Infanger Dominik (Hrsg.), Basler Kommentar, Schweizerische Zivilprozessordnung, 3. Aufl., Basel 2017 (zit.: SPRECHER, Basler Kommentar).

SPÜHLER KARL/DOLGE ANNETTE/GEHRI MYRIAM, Schweizerisches Zivilprozessrecht, und Grundzüge des internationalen Zivilprozessrechts, 9. Aufl., Bern 2010 (zit.: SPÜHLER/DOLGE/GEHRI, Schweizerisches Zivilprozessrecht).

STAEHELIN ADRIAN/STAEHELIN DANIEL/GROLIMUND PASCAL, Zivilprozessrecht, unter Einbezug des Anwaltsrechts und des internationalen Zivilprozessrechts, 2. Aufl., Zürich 2013 (zit.: STAEHELIN/STAEHELIN/GROLIMUND, ZPO).

STAEHELIN ANDREAS, Urheberrecht und Eigentum, Diss. Basel, Basel 1964 (zit.: STAEHELIN, Urheberrecht und Eigentum).

STARK EMIL W., Einige Gedanken zur Haftpflicht für staatliche Verrichtungen, in: SJZ 1/1990, S. 1 ff. (zit.: STARK, Haftpflicht für staatliche Verrichtungen).

STAUDER BERND, Pacta sunt servanda et le droit de repentir des consommateurs, in: SJ 31/1982, S. 481 ff. (zit.: STAUDER, Pacta sunt servanda).

STEHLE BERNHARD, Kommentar zu Art. 1–40g, in: Gauch Peter/Aepli Viktor/Stöckli Hubert (Hrsg.), Präjudizienbuch OR, 9. Aufl., Zürich 2016 (zit.: STEHLE, Präjudizienbuch).

STEIGER ANDREAS, Beschaffung intellektueller Dienstleistungen, in: TEC21 41/2015, S. 18 f. (zit.: STEIGER, Beschaffung intellektueller Dienstleistungen).

STEINAUER PAUL-HENRI, Le Titre préliminaire du Code Civil, Bd. I, Basel 2009 (zit.: STEINAUER, Le Titre préliminaire).

STIERLI BRUNO, Die Architektenvollmacht, Diss. Freiburg, Freiburg 1988 (zit.: STIERLI, Die Architektenvollmacht).

STÖCKLI HUBERT, Was BIM ist – Ein Lesebericht, in: Anwaltsrevue 6–7/2018, S. 251 ff. (zit.: STÖCKLI, Was BIM ist).

STÖCKLI HUBERT, Einleitung, in: Gauch Peter/Stöckli Hubert (Hrsg.), Kommentar zur SIA-Norm 118, 2. Aufl., Zürich 2017 (zit.: STÖCKLI, Kommentar SIA 118).

STÖCKLI HUBERT, Zur SIA-118: Merk-Würdiges und Merkwürdiges, in: Institut für Schweizerisches und Internationales Baurecht (Hrsg.), Schweizerische Baurechtstagung 2017, Freiburg 2016, S. 1 ff. (zit.: STÖCKLI, Merk-Würdiges).

STÖCKLI HUBERT, Der neue Art. 8 UWG – offene Inhaltskontrolle, aber nicht für alle, in: BR/DC 4/2011, S. 184 ff. (zit.: STÖCKLI, Der neue Art. 8 UWG).

STÖCKLI HUBERT, Versicherungen beim Bauen – und was die AVB sagen, in: Institut für Schweizerisches und Internationales Baurecht (Hrsg.), Schweizerische Baurechtstagung 2011, Freiburg 2011, S. 1 ff. (zit.: STÖCKLI, Versicherungen beim Bauen).

STÖCKLI HUBERT, Kritik an einem ungewöhnlichen Deckungsausschluss, Zugleich eine Aufforderung zur aufsichtsrechtlichen AVB-Kontrolle, in: Fuhrer Stephan (Hrsg.), SGHVR, Festschrift zum fünfzigjährigen Bestehen, Zürich 2010, S. 591 ff. (zit.: STÖCKLI, Ungewöhnlicher Deckungsausschluss).

STÖCKLI HUBERT, Das Synallagma im Vertragsrecht, Begründung, Abwicklung, Störungen, Habil. Freiburg, Zürich 2008 (zit.: STÖCKLI, Synallagma).

STÖCKLI HUBERT, Private Baunormung – ein Streifzug, in: Institut für Schweizerisches und Internationales Baurecht (Hrsg.), Schweizerische Baurechtstagung 2005, Freiburg 2005, S. 1 ff. (zit.: STÖCKLI, Private Baunormung).

STÖCKLI HUBERT, Sorgfaltsmangel und Vergütung, in: Tercier Pierre/Amstutz Marc/Koller Alfred/Schmid Jörg/Stöckli Hubert (Hrsg.), Gauchs Welt, Recht, Vertragsrecht und Baurecht, Festschrift für Peter Gauch zum 65. Geburtstag, Zürich 2004, S. 931 ff. (zit.: STÖCKLI, Sorgfaltsmangel und Vergütung).

STÖCKLI HUBERT/BEYELER MARTIN, Debatte um die Planerhonorare – eine Einführung, in: BR/DC 1/2018, S. 19 f. (zit.: STÖCKLI/BEYELER, Debatte um die Planerhonorare).

STÖCKLI HUBERT/BEYELER MARTIN (Hrsg.), Das Vergaberecht der Schweiz, Überblick, Erlasse, Rechtsprechung, 9. Aufl., Zürich 2014 (zit.: STÖCKLI/BEYELER, Vergaberecht).

STÖCKLI HUBERT/SIEGENTHALER THOMAS/ANDRES ROGER, Neue Urteile und laufende Gesetzgebungsprojekte – Privatrecht, in: Institut für Schweizerisches und Internationales Baurecht (Hrsg.), Schweizerische Baurechtstagung 2017, Freiburg 2016, S. 193 ff. (zit.: STÖCKLI/SIEGENTHALER/ANDRES, Neue Urteile).

STOESSEL GERHARD, Allgemeine Einleitung, in: Honsell Heinrich/Vogt Nedim Peter/Schnyder Anton K. (Hrsg.), Basler Kommentar, Bundesgesetz über den Versicherungsvertrag (VVG), Basel/München 2001 (zit.: STOESSEL, Basler Kommentar).

STOFFEL WALTER A., La solidarité différenciée en matière de responsabilité des organes en droit des SA, in: Werro Franz (Hrsg.), La pluralité des responsables, Colloque du droit de la responsabilité civile 2007, Bern 2009, S. 105 ff. (zit.: STOFFEL, Solidarité différenciée).

STRATENWERTH GÜNTER, Schweizerisches Strafrecht, Allgemeiner Teil I: Die Straftat, 4. Aufl., Bern 2011 (zit.: STRATENWERTH, Strafrecht AT I).

STRATENWERTH GÜNTER, Die Verjährung beim Unterlassungsdelikt, in: Niggli Marcel A./Hurtado Pozo José/Queloz Nicolas (Hrsg.), Festschrift für Franz Riklin, Zur Emeritierung und zugleich dem 67. Geburtstag, Zürich 2007, S. 245 ff. (zit.: STRATENWERTH, Verjährung beim Unterlassungsdelikt).

STRATENWERTH GÜNTER, Schweizerisches Strafrecht, Allgemeiner Teil II: Strafen und Massnahmen, 2. Aufl., Bern 2006 (zit.: STRATENWERTH, Strafrecht AT II).

STRATENWERTH GÜNTER, Zur Individualisierung des Sorgfaltsmassstabes beim Fahrlässigkeitsdelikt, in: Vogler Theo/Herrmann Joachim/Krümpelmann Justus/Moos Reinhard/Triffterer Otto/Leibinger Rudolf/Schaffmeister Dieter/Meyer Jürgen/Hüne Peter (Hrsg.), Festschrift für Hans-Heinrich Jeschek zum 70. Geburtstag, 1. Halbbd., Berlin 1985, S. 285 ff. (zit.: STRATENWERTH, Individualisierung des Sorgfaltsmassstabes).

STRATENWERTH GÜNTER, Gemeingefährliche Straftaten, in: ZStrR 1/1964, S. 8 ff. (zit.: STRATENWERTH, Gemeingefährliche Straftaten).

STRATENWERTH GÜNTER/BOMMER FELIX, Schweizerisches Strafrecht, Besonderer Teil II: Straftaten gegen Gemeininteressen, 7. Aufl., Bern 2013 (zit.: STRATENWERTH/BOMMER, Strafrecht BT II).

STRAUB PETER/WELTERT THOMAS, Kommentar zu Art. 1 und Art. 2 StPO, in: Niggli Marcel A./Heer Marianne/Wiprächtiger Hans (Hrsg.), Basler Kommentar, Schweizerische Strafprozessordnung, Jugendstrafprozessordnung (Art. 1–195 StPO), Bd. I, 2. Aufl., Basel 2014 (zit. STRAUB/WELTERT, Basler Kommentar).

STREULI-YOUSSEF MAGDA, Unlautere Werbe- und Verkaufsmethoden (Art. 3 UWG), in: von Büren Roland/David Lucas (Hrsg.), Schweizerisches Immaterialgüter- und Wettbewerbsrecht, Bd. V/I, Lauterkeitsrecht, 2. Aufl., Basel/Frankfurt a.M. 1998, S. 79 ff. (zit.: STREULI-YOUSSEF, Unlautere Werbemethoden).

STUTZ ROBERT M./BEUTLER STEPHAN/KÜNZI MURIEL, Stämpflis Handkommentar, Designgesetz DesG, Bundesgesetz vom 5. Oktober 2001 über den Schutz von Design, Bern 2006 (zit.: STUTZ/BEUTLER/KÜNZI, DesG-Kommentar [Stämpfli]).

STUTZ ROBERT M./SCHINDLER KATHARINA, Der urheberrechtliche Schutz und seine Schranken bei Werken der Baukunst, in: recht 2/1995, S. 75 ff. (zit.: STUTZ/SCHINDLER, Der urheberrechtliche Schutz).

SUTER ROBERT, Der entgeltliche Auftrag im schweizerischen Obligationenrecht, Diss. Bern, Bern 1904 (zit.: SUTER, Der entgeltliche Auftrag).

TAKEI NAOKI D., Die Streitverkündung und ihre materiellen Wirkungen, Diss. Basel, Basel/München 2005 (zit.: TAKEI, Streitverkündung).

TAORMINA ANDREA, Innenansprüche in der einfachen Gesellschaft und deren Durchsetzung, Diss. Freiburg, Freiburg 2003 (zit.: TAORMINA, Innenansprüche in der einfachen Gesellschaft).

TAUSKY ROBERT, Die allgemein anerkannten Regeln der Baukunde, in: Koller Alfred (Hrsg.), Bau- und Bauprozessrecht: Ausgewählte Fragen, St. Galler Baurechtstagung 1996, St. Gallen 1996, S. 177 ff. (zit.: TAUSKY, Regeln der Baukunde).

TAUSKY ROBERT, Die Rechtsnatur der Verträge über die Planung von Bauwerken, Diss. Zürich, Zürich 1991 (zit.: TAUSKY, Verträge über die Planung von Bauwerken).

TERCIER PIERRE, Concours d'actions et solidarité: Où en sommes-nous?, in: Werro Franz (Hrsg.), Quelques questions fondamentales du droit de la responsabilité civile: actualités et perspectives, Colloque du droit de la responsabilité civile 2001, Bern 2002, S. 115 ff. (zit.: TERCIER, Concours d'actions).

TERCIER PIERRE, Contrat et documents contractuels, in: BR/DC 3/2001, S. 91 ff. (zit.: TERCIER, Contrat).

TERCIER PIERRE, La formation du contrat et les clauses d'architecte, in: Gauch Peter/Tercier Pierre (Hrsg.), Das Architektenrecht/Le droit de l'architecte, 3. Aufl., Freiburg 1995, S. 39 ff. (zit.: TERCIER, Architektenrecht 1995).

Tercier Pierre, La concurrence dans les bureaux techniques, in: BR/DC 3/1993, S. 63 ff. (zit.: Tercier, La concurrence).

Tercier Pierre, La direction des travaux – ses rapports avec le maître et les entrepreneurs, in: Institut für Schweizerisches und Internationales Baurecht (Hrsg.), Journées du droit de la construction 1985, Bd. I, Freiburg 1985, S. 1 ff. (zit.: Tercier, Direction des travaux).

Tercier Pierre, Maître de l'ouvrage: maître du contrat?, 2e partie: Les clauses d'architecte et d'entrepreneur, in: Institut für Schweizerisches und Internationales Baurecht (Hrsg.), Journées du droit de la construction 1983, Bd. I, Freiburg 1983, S. 25 ff. (zit.: Tercier, Clauses d'architecte).

Tercier Pierre, De la distinction entre dommage corporel, dommage matériel et autres dommages, in: Festschrift Assista 1968–1978, Genf 1979, S. 247 ff. (zit.: Tercier, De la distinction entre dommages).

Tercier Pierre/Bieri Laurent/Carron Blaise, Les Contrats spéciaux, 5. Aufl., Zürich 2016 (zit.: Tercier/Bieri/Carron, Les contrats spéciaux).

Tercier Pierre/Pichonnaz Pascal, Le droit des obligations, 5. Aufl., Zürich 2012 (zit.: Tercier/Pichonnaz, Le droit des obligations).

Tercier Pierre/Stöckli Hubert, La garantie pour les défauts et la réfection de l'ouvrage, Une jurisprudence intéressante et inquiétante (1ère partie)/Die Nachbesserung im Werkvertrag (Teil 2), in: BR/DC 1/2003, S. 10 ff. und BR/DC 2/2003, S. 53 ff. (zit.: Tercier/Stöckli, La garantie pour les défauts).

Thormann Philipp/von Overbeck Alfred (Hrsg.), Das Schweizerische Strafgesetzbuch, Bd. I, Allgemeine Bestimmungen, Art. 1–110, Zürich 1940 (zit.: Thormann/von Overbeck, Das Schweizerische Strafgesetzbuch).

Tolou Alborz, La forfaitisation du dommage, Diss. Freiburg, Zürich 2017 (zit.: Tolou, La forfaitisation).

Tolou Alborz, Le recours interne dans la solidarité imparfaite, in: HAVE 2/2015 S. 130 ff. (zit.: Tolou, Le recours interne).

Trachsel Elisabeth, Die Verjährung gemäss den Art. 70–75bis des Schweizerischen Strafgesetzbuches, Diss. Zürich, Zürich 1990 (zit.: Trachsel, Die Verjährung gemäss den Art. 70–75bis StGB).

Trachsel Heribert, Die Verantwortlichkeit des Bestellers bei Werkmängeln, Die Alleinverantwortlichkeit (Art. 369 OR) und die geteilte Gewährleistung, Diss. St. Gallen, Bern/Stuttgart/Wien 2000 (zit.: Trachsel, Werkmängel).

Trechsel Stefan/Capus Nadja, Kommentar zu Art. 97–101 StGB, in: Trechsel Stefan/Pieth Mark (Hrsg.), Schweizerisches Strafgesetzbuch, Praxiskommentar, 3. Aufl., Zürich 2018 (zit.: Trechsel/Capus, StGB-Praxiskommentar [Dike]).

Trechsel Stefan/Coninx Anna, Kommentar zu Art. 221–239 StGB, in: Trechsel Stefan/Pieth Mark (Hrsg.), Schweizerisches Strafgesetzbuch, Praxiskommentar, 3. Aufl., Zürich 2018 (zit.: Trechsel/Coninx, StGB-Praxiskommentar [Dike]).

Trechsel Stefan/Geth Christopher, Kommentar zu Art. 111–126 StGB, in: Trechsel Stefan/Pieth Mark (Hrsg.), Schweizerisches Strafgesetzbuch, Praxiskommentar, 3. Aufl., Zürich 2018 (zit.: Trechsel/Geth, StGB-Praxiskommentar [Dike]).

TRECHSEL STEFAN/JEAN-RICHARD-DIT-BRESSEL MARC, Kommentar zu Art. 10–13 und Art. 24–33 StGB, in: Trechsel Stefan/Pieth Mark (Hrsg.), Schweizerisches Strafgesetzbuch, Praxiskommentar, 3. Aufl., Zürich 2018 (zit.: TRECHSEL/JEAN-RICHARD-DIT-BRESSEL, StGB-Praxiskommentar [Dike]).

TRECHSEL STEFAN/NOLL PETER/PIETH MARK, Schweizerisches Strafrecht, Allgemeiner Teil I, Allgemeine Voraussetzungen der Strafbarkeit, 7. Aufl., Zürich 2017 (zit.: TRECHSEL/NOLL/PIETH, Strafrecht AT I).

TRECHSEL STEFAN/PIETH MARK, Kommentar zu Art. 307 StGB, in: Trechsel Stefan/Pieth Mark (Hrsg.), Schweizerisches Strafgesetzbuch, Praxiskommentar, 3. Aufl., Zürich 2018 (zit.: TRECHSEL/PIETH, StGB-Praxiskommentar [Dike]).

TRECHSEL STEFAN/VEST HANS, Kommentar zu Art. 320 StGB, in: Trechsel Stefan/Pieth Mark (Hrsg.), Schweizerisches Strafgesetzbuch, Praxiskommentar, 3. Aufl., Zürich 2018 (zit.: TRECHSEL/VEST, StGB-Praxiskommentar [Dike]).

TROLLER ALOIS, Immaterialgüterrecht, Patentrecht, Markenrecht, Urheberrecht, Muster- und Modellrecht, Wettbewerbsrecht, Bd. I und II, 3. Aufl., Basel/Frankfurt a.M. 1983 und 1985 (zit.: TROLLER, Immaterialgüterrecht).

TROLLER ALOIS, SIA-Dokumentation 45, Probleme des urheberrechtlichen Schutzes von Werken der Baukunst, Zürich 1980 (zit.: TROLLER, Probleme des urheberrechtlichen Schutzes).

TROLLER ALOIS, Das Urheberrecht an Werken der Architektur, in: ZBJV 1945, S. 369 ff. (zit.: TROLLER, Urheberrecht).

TRÜMPY DANIEL, Bauversicherungen, in: Kurer Martin/Quinto Cornel/Maffioletti Walter (Hrsg.), Handbuch zum Bauwesen, Zürich 2012, S. 231 ff. (zit.: TRÜMPY, Handbuch zum Bauwesen).

TRÜMPY DANIEL, Architektenvertragstypen, Eine Untersuchung der Pojektierungs-, Bauleitungs- und Gesamtverträge zwischen dem Architekten und dem Bauherrn, unter Mitberücksichtigung der Ausgabe 1984 SIA-Ordnung 102, Diss. Zürich, Zürich 1989 (zit.: TRÜMPY, Architektenvertragstypen).

TSCHANNEN PIERRE/ZIMMERLI ULRICH/MÜLLER MARKUS, Allgemeines Verwaltungsrecht, 4. Aufl., Bern 2014 (zit.: TSCHANNEN/ZIMMERLI/MÜLLER, Allgemeines Verwaltungsrecht).

TUOR PETER/SCHNYDER BERNHARD/SCHMID JÖRG/JUNGO ALEXANDRA, Das Schweizerische Zivilgesetzbuch, 14. Aufl., Zürich 2015 (zit.: TUOR/SCHNYDER/SCHMID/JUNGO, Das Schweizerische Zivilgesetzbuch).

ULRICH FRANZ-XAVER, Mängelrüge bei Planmängeln – eine andere Einschätzung der «Sennhof»-Urteile, in: BR/DC 4/2014, S. 180 ff. (zit.: ULRICH, Mängelrüge bei Planmängeln).

ULRICH SIMON, Rechtsfragen bei vorzeitiger Auflösung eines Architektur- oder Ingenieurvertrags, in: Koller Alfred (Hrsg.), Recht der Architekten und Ingenieure, St. Galler Baurechtstagung 2002, St. Gallen 2002, S. 33 ff. (zit.: ULRICH, Vorzeitige Auflösung).

ULRICH SIMON, Die neue SIA-Ordnung 142 für Architektur- und Ingenieurwettbewerbe, Inhalt und Bedeutung: eine erste Einschätzung, in: AJP 3/1999, S. 243 ff. (zit.: ULRICH, SIA-Ordnung 142).

ULRICH SIMON, Der Architekturwettbewerb unter besonderer Berücksichtigung fehlerhafter Preisentscheide, Diss. St. Gallen, Hallstadt 1994 (zit.: ULRICH, Architekturwettbewerb).

Urbach Guido E., Kommentar zu Art. 9–19 ZPO, in: Gehri Myriam A./Jent-Sorensen Ingrid/Sarbach Martin (Hrsg.), ZPO Kommentar, Schweizerische Zivilprozessordnung, 2. Aufl., Zürich 2015 (zit.: Urbach, ZPO-Kommentar [Orell Füssli]).

Violand Georges, Die Stellvertretung ohne Ermächtigung (OR Art. 38 und 39), Diss. St. Gallen, Bern/Stuttgart 1988 (zit.: Violand, Stellvertretung ohne Ermächtigung).

Vogel Oscar, Das Recht auf den Beweis, in: recht 1/1991, S. 38 ff. (zit.: Vogel, Recht auf Beweis).

Vogel Oscar, Streit und Streiterledigung – Von der Beweissicherung bis zum Bauprozess, in: Seminar für Schweizerisches Baurecht (Hrsg.), Baurechtstagung 1985, Bd. I, Freiburg 1985, S. 69 ff. (zit.: Vogel, Streit und Streiterledigung).

Vogel Philippe, Marchés publics, architectes et ingénieurs: état des lieux, in: BR/DC 1/2018, S. 21 f. (zit.: Vogel, Marchés publics).

von Büren Bruno, Schweizerisches Obligationenrecht, Besonderer Teil (Art. 184–551), Zürich 1972 (zit.: von Büren, OR BT).

von Büren Bruno, Schweizerisches Obligationenrecht, Allgemeiner Teil, Zürich 1964 (zit.: von Büren, OR AT).

von Büren Roland/Meer Michael A., Der Werkbegriff, in: von Büren Roland/David Lucas (Hrsg.), Schweizerisches Immaterialgüter- und Wettbewerbsrecht, Bd. II/1, Urheberrecht und verwandte Schutzrechte, 3. Aufl., Basel 2014, S. 58 ff. (zit.: von Büren/Meer, Der Werkbegriff).

von Steiger Werner, Handelsrecht, in: von Steiger Werner (Hrsg.), Schweizerisches Privatrecht, OR, Bd. VIII/1, Basel/Stuttgart 1976 (zit.: von Steiger, SPR VIII/1).

von Tuhr Andreas/Escher Arnold, Allgemeiner Teil des Schweizerischen Obligationenrechts, Bd. II, 3. Aufl., Zürich 1974 (zit.: von Tuhr/Escher, OR AT II).

von Tuhr Andreas/Peter Hans, Allgemeiner Teil des Schweizerischen Obligationenrechts, Bd. I, 3. Aufl., Zürich 1979 (zit.: von Tuhr/Peter, OR AT I).

Vonzun Reto, Rechtsnatur und Haftung der Personengesellschaften, Diss. Basel, Basel/München 2000 (zit.: Vonzun, Personengesellschaften).

Voth Berthold, 30 Jahre Gerichtsgutachter – ein Erfahrungsbericht, in: BauR 6/1988, S. 666 ff. (zit.: Voth, 30 Jahre Gerichtsgutachter).

Wäger Fabian, Das Minderungsrecht infolge Vertragsverletzung, Diss. Freiburg, Zürich 2010 (zit.: Wäger, Das Minderungsrecht).

Walder Hans, Die Kausalität im Strafrecht, in: ZStrR 2/1977, S. 113 ff. (zit.: Walder, Die Kausalität).

Walder Hans, Probleme bei Fahrlässigkeitsdelikten, in: ZBJV 5/1968, S. 161 ff. (zit.: Walder, Probleme bei Fahrlässigkeitsdelikten).

Walter Hans Peter, Kommentar zu Art. 8 ZGB, Berner Kommentar zum schweizerischen Privatrecht, Bd. I/1, Einleitung (Art. 1–9 ZGB), Bern 2012 (zit.: Walter H. P., Berner Kommentar).

Walter Hans Peter, Vertrauenshaftung im Umfeld des Vertrages, in: ZBJV 4/1996, S. 273 ff. (zit.: Walter H. P., Vertragsumfeld).

WALTER MARIA, Die Wissenszurechnung im schweizerischen Privatrecht, Diss. Zürich, Bern 2005 (zit.: WALTER M., Wissenszurechnung).

WALTER TONIO, Vorbemerkungen zu den §§ 13 ff., in: Laufhütte Heinrich W./Rissing-van Saan Ruth/Tiedemann Klaus (Hrsg.), Strafgesetzbuch, Leipziger Kommentar, Grosskommentar, Bd. I, 12. Aufl., Berlin 2007 (zit.: WALTER T., Leipziger Kommentar).

WATTER ROLF, Kommentar zu Art. 32–40 OR, in: Honsell Heinrich/Vogt Nedim Peter/Wiegand Wolfgang (Hrsg.), Basler Kommentar, OR I (Art. 1–529 OR), 6. Aufl., Basel 2015 (zit.: WATTER, Basler Kommentar).

WEBER MARC, Kommentar zu Art. 47–51 ZPO, in: Spühler Karl/Tenchio Luca/Infanger Dominik (Hrsg.), Basler Kommentar, Schweizerische Zivilprozessordnung, 3. Aufl., Basel 2017 (zit.: WEBER, Basler Kommentar).

WEBER PIERRE-CHRISTIAN, La responsabilité de l'expert à l'égard des parties et du Tribunal arbitral, in: Bull. ASA 2/1993, S. 190 ff. (zit.: WEBER, La responsabilité de l'expert).

WEBER ROLF H., Kommentar zu Art. 394–406 und Art. 419–424 OR, in: Honsell Heinrich/Vogt Nedim Peter/Wiegand Wolfgang (Hrsg.), Basler Kommentar, OR I (Art. 1–529 OR), 6. Aufl., Basel 2015 (zit.: WEBER, Basler Kommentar).

WEBER ROLF H., Berner Kommentar zum schweizerischen Privatrecht, Bd. VI/1/4, Die Erfüllung der Obligation (Art. 68–96 OR), 2. Aufl., Bern 2005 (zit.: WEBER, Berner Kommentar).

WEBER ROLF H., Berner Kommentar zum schweizerischen Privatrecht, Bd. VI/1/6, Beziehungen zu dritten Personen (Art. 110–113 OR), 3. Aufl., Bern 2002 (zit.: WEBER, Berner Kommentar).

WEBER ROLF H., Berner Kommentar zum schweizerischen Privatrecht, Bd. VI/1/5, Die Folgen der Nichterfüllung (Art. 97–109 OR), Bern 2000 (zit.: WEBER, Berner Kommentar).

WEBER ROLF H./CHROBAK LENNART, Kommentar zu Art. 5 lit. c UWG, in: Heizmann Reto/Loacker Leander D., UWG, Bundesgesetz gegen den unlauteren Wettbewerb, Kommentar, Zürich 2018 (zit.: WEBER/CHROBAK, UWG-Kommentar [Dike]).

WEBER ROLF H./THOUVENIN FLORENT, Dateneigentum und Datenzugangsrechte – Bausteine der Informationsgesellschaft?, in: ZSR 1/2018 I, S. 43 ff. (zit.: WEBER/THOUVENIN, Dateneigentum).

WEDER ULRICH, Kommentar zu Art. 187–264n StGB, in: Donatsch Andreas (Hrsg.), StGB/JStG Kommentar, Mit weiteren Erlassen und Kommentaren zu den Strafbestimmungen des SVG, BetmG und AuG/AlG, 20. Aufl., Zürich 2018 (zit.: WEDER, StGB-Kommentar [Orell Füssli]).

WEIBEL THOMAS, Kommentar zu Art. 168–193 ZPO, in: Sutter-Somm Thomas/Hasenböhler Franz/Leuenberger Christoph (Hrsg.), Kommentar zur Schweizerischen Zivilprozessordnung (ZPO), 3. Aufl., Zürich 2016 (zit.: WEIBEL, ZPO-Kommentar [Schulthess]).

WEISS ANDREAS W., Solidarität nach Art. 143–149 des Schweizerischen Obligationenrechts unter besonderer Berücksichtigung der Verjährung, Diss. Luzern, Zürich 2011 (zit.: WEISS, Solidarität).

WELLER KLAUS, Ansprüche für und gegen Planer/sonstige Baubeteiligte/Sachwalter, Honorarklage des Planers gegen den Auftraggeber, in: Motzke Gerd/Bauer Günter/Seewald Thomas M. A. (Hrsg.), Prozesse in Bausachen, Privates Baurecht, Architektenrecht, 3. Aufl., Baden-Baden 2018, S. 1156 ff. (zit.: WELLER, Prozesse in Bausachen).

WENGER BERGER SIBYLLE, Architektur und immaterielle Rechte, Schutz der Architektur im schweizerischen Immaterialgüter- und Lauterkeitsrecht, Diss. Bern, Bern 2010 (zit.: WENGER BERGER, Architektur und immaterielle Rechte).

WERNER ULRICH, Arbeitskreis IV – Reform der Honorarordnung für Architekten und Ingenieure (HOAI): Welche Änderungen des Honorarrechts für Architekten und Ingenieure empfehlen sich zur Vermeidung von Honorarstreitigkeiten? Referat, in: BauR 9a/2006, S. 1602 ff. (zit.: WERNER, Referat).

WERNER ULRICH, Die «stufenweise Beauftragung» des Architekten, in: BauR 6/1992, S. 695 ff. (zit.: WERNER, Stufenweise Beauftragung).

WERNER ULRICH/PASTOR WALTER, Der Bauprozess, Prozessuale und materielle Probleme des zivilen Bauprozesses, 16. Aufl., Köln 2017 (zit.: WERNER/PASTOR, Der Bauprozess).

WERRO FRANZ, La responsabilité civile, 3. Aufl., Bern 2017 (zit.: WERRO, La responsabilité civile).

WERRO FRANZ, La révision des Règlements SIA, en particulier de leurs conditions générales, in: Institut für Schweizerisches und Internationales Baurecht (Hrsg.), Journées suisses du droit de la construction, Freiburg 2015, S. 29 ff. (zit.: WERRO, Révision des Règlements SIA).

WERRO FRANZ, Kommentar zu Art. 41–61 und Art. 394–406 OR, in: Thévenoz Luc/Werro Franz (Hrsg.), Commentaire romand, Code des obligations I (art. 1–529 CO), 2. Aufl., Basel 2012 (zit.: WERRO, Commentaire romand).

WERRO FRANZ, La pluralité des responsables: quelques principes et distinctions, in: Werro Franz (Hrsg.), La pluralité des responsables, Colloque du droit de la responsabilité civile 2007, Bern 2009, S. 15 ff. (zit.: WERRO, La pluralité des responsables).

WERRO FRANZ, La responsabilité pour faute (art. 41 ss CO) de l'entrepreneur vis-à-vis du maître pour les défauts de l'ouvrage, in: BR/DC 3/1996, S. 64 ff. (zit.: WERRO, Responsabilité pour faute).

WERRO FRANZ, Le mandat et ses effets, Une étude sur le contrat d'activité indépendante selon le Code suisse des obligations, Analyse critique et comparative, Habil. Freiburg, Freiburg 1993 (zit.: WERRO, Le mandat).

WERRO FRANZ, La responsabilité de l'architecte pour le dépassement du devis et la réparation du dommage né de la confiance déçue, in: BR/DC 4/1993, S. 96 ff. (zit.: WERRO, La responsabilité de l'architecte).

WERRO FRANZ/HAAS JOSIANE, La qualification du contrat d'expertise, in: BR/DC 2/2002, S. 63 ff. (zit.: WERRO/HAAS, Contrat d'expertise).

WERRO FRANZ/TOLOU ALBORZ, Le contrat de mandat: quoi de neuf?, in: Pichonnaz Pascal/Werro Franz, La pratique contractuelle 4, Zürich 2015, 1 ff. (zit.: WERRO/TOLOU, quoi de neuf?).

WERZ JEAN-CLAUDE, Delay in Construction Contracts, A comparative study of legal issues under Swiss and Anglo-American law, Diss. Freiburg, Freiburg 1994 (zit.: WERZ, Delay in Construction Contracts).

WERZ JEAN-CLAUDE/REICHENBACH JÜRG, Haftung und Versicherung des nicht in der Schweiz niedergelassenen Zahnarztes, in: Jusletter vom 29. Januar 2018 (zit.: WERZ/REICHENBACH, Haftung und Versicherung).

WETZEL THOMAS, Von der Idee zur Rendite – Überlegungen zur Entwicklung von Immobilienprojekten, in: BR/DC 3/2007, S. 137 ff. (zit.: WETZEL, Von der Idee zur Rendite).

WEY RAINER, Die Streitverkündungsklage nach der Schweizerischen Zivilprozessordnung, in: Fellmann Walter/Weber Stephan (Hrsg.), Haftpflichtprozess 2010, Unbezifferte Forderungsklage, Teilklage, Streitverkündigungsklage, Beweis und Sammelklage im Lichte der Schweizerischen Zivilprozessordnung, Beiträge zur Tagung vom 5. Mai 2010, Zürich 2010, S. 53 ff. (zit.: WEY, Die Streitverkündungsklage).

WIEDEMANN HERBERT, Gesellschaftsrecht, Bd. I, Grundlagen, München 1980 (zit.: WIEDEMANN, Gesellschaftsrecht).

WIEGAND WOLFGANG, Kommentar zu Art. 18 und Art. 97–109 OR, in: Honsell Heinrich/Vogt Nedim Peter/Wiegand Wolfgang (Hrsg.), Basler Kommentar, OR I (Art. 1–529 OR), 6. Aufl., Basel 2015 (zit.: WIEGAND, Basler Kommentar).

WIEGAND WOLFGANG, Zur Haftung für Dienstleistungen, in: recht 4/1990, S. 134 ff. (zit.: WIEGAND, Haftung für Dienstleistungen).

WIEGAND WOLFGANG, Der Architekt und der Ingenieur, 1. Teil: Die klassischen Probleme des Architekten- und Ingenieurvertrages, in: Seminar für Schweizerisches Baurecht (Hrsg.), Baurechtstagung 1981 (zit.: WIEGAND, Klassische Probleme).

WIPRÄCHTIGER ROLAND, Kommentar zu Art. 333–335 StGB, in: Niggli Marcel A./Wiprächtiger Hans (Hrsg.), Basler Kommentar, Strafrecht II (Art. 111–392 StGB), 3. Aufl., Basel 2013 (zit.: WIPRÄCHTIGER, Basler Kommentar).

WOHLERS WOLFGANG, Kommentar zu Art. 1–11 StPO, in: Donatsch Andreas/Hansjakob Thomas/Lieber Viktor (Hrsg.), Kommentar zur Schweizerischen Strafprozessordnung (StPO), 2. Aufl., Zürich 2014 (zit.: WOHLERS, StPO-Kommentar [Schulthess]).

WOHLERS WOLFGANG, BGer v. 1. 5. 2009: Unterlassungsstrafbarkeit des Herstellers/Lieferanten bei Lieferung einer mangelhaften Maschine; Garantenstellung; Subsidiarität des Unterlassens; Verjährung, in: forumpoenale 1/2010, S. 2 ff. (zit.: WOHLERS, forumpoenale).

WOLF STEPHAN, Kommentar zu Art. 5 ZGB, Berner Kommentar zum schweizerischen Privatrecht, Bd. I/1, Einleitung (Art. 1–9 ZGB), Bern 2012 (zit.: WOLF, Berner Kommentar).

ZÄCH ROGER/KÜNZLER ADRIAN, Berner Kommentar zum schweizerischen Privatrecht, Die Stellvertretung (Art. 32–40 OR), 2. Aufl., Bern 2014 (zit.: ZÄCH/KÜNZLER, Berner Kommentar).

ZAHN ALEXANDER, §§ 650p–650t BGB, in: Kniffka Rolf (Hrsg.), Bauvertragsrecht, Kommentar zu den Grundzügen des gesetzlichen Bauvertragsrechts (§§ 631–651 BGB) unter besonderer Berücksichtigung der Rechtsprechung des Bundesgerichtshofs, 2. Aufl., München 2016 (zit.: ZAHN, Bauvertragsrechts-Kommentar).

ZAUGG ALDO/LUDWIG PETER, Baugesetz des Kantons Bern vom 9. Juni 1985, Kommentar, Bd. I, (Art. 1–52, öffentliches Baurecht), 4. Aufl., Bern 2013 (zit.: ZAUGG/LUDWIG, BauG-BE Kommentar).

ZEHNDER HANNES, Über Prognosen, Toleranzen und die Haftung der Architekten, in: BR/DC 2/2010, S. 48 ff. (zit.: ZEHNDER, Prognosen).

ZEHNDER HANNES, Gedanken zur Mehrpersonenhaftung im Baurecht, in: BR/DC 1/1998, S. 3 ff. (zit.: ZEHNDER, Mehrpersonenhaftung).

ZEHNDER HANNES, Die Haftung des Architekten für die Überschreitung seines Kostenvoranschlages, Diss. Freiburg, Freiburg 1993 (zit.: ZEHNDER, Haftung des Architekten).

ZELLWEGER-GUTKNECHT CORINNE, Kommentar zu Art. 22 OR, in: Honsell Heinrich/Vogt Nedim Peter/Wiegand Wolfgang (Hrsg.), Basler Kommentar, OR I (Art. 1–529 OR), 6. Aufl., Basel 2015 (zit.: ZELLWEGER-GUTKNECHT, Basler Kommentar).

ZELLWEGER-GUTKNECHT CORINNE/BUCHER EUGEN, Kommentar zu Art. 1–10 OR, in: Honsell Heinrich/Vogt Nedim Peter/Wiegand Wolfgang (Hrsg.), Basler Kommentar, OR I (Art. 1– 529 OR), 6. Aufl., Basel 2015 (zit.: ZELLWEGER-GUTKNECHT/BUCHER, Basler Kommentar).

ZENHÄUSERN URS, Vorbemerkungen zu Art. 184 ff. OR/Lizenz- und Know-how-Vertrag, in: Müller-Chen Markus/Huguenin Claire (Hrsg.), Handkommentar zum Schweizer Privatrecht, Vertragsverhältnisse Teil 1: Innominatkontrakte, Kauf, Tausch, Schenkung, Miete, Leihe (Art. 184–318 OR), 3. Aufl., Zürich 2016 (zit.: ZENHÄUSERN, Handkommentar Privatrecht).

ZICHEL BERTRAM, Das Projektbündnis – Kooperation statt Konfrontation, Vertragskonzept, Wirkungsmechanismen und konkrete Regelungen, in: Institut für Schweizerisches und Internationales Baurecht (Hrsg.), Schweizerische Baurechtstagung 2015, Freiburg 2015, S. 121 ff. (zit.: ZICHEL, Projektbündnis).

ZICHEL BERTRAM, Von der australischen Project Alliance zum Schweizer Projektbündnis?, Ein Vertragsmodell mit Potenzial, in: BR/DC 1/2013, S. 5 ff. (zit.: ZICHEL, Project Alliance).

ZINDEL GAUDENZ G./PULVER URS/SCHOTT BERTRAND G., Kommentar zu Art. 363–379 OR, in: Honsell Heinrich/Vogt Nedim Peter/Wiegand Wolfgang (Hrsg.), Basler Kommentar, OR I (Art. 1–529 OR), 6. Aufl., Basel 2015 (zit.: ZINDEL/PULVER/SCHOTT, Basler Kommentar).

ZUFFEREY JEAN-BAPTISTE, Les décisions de l'expert officiel: responsabilité de l'Etat contre responsabilité de l'architecte ou de l'ingénieur, in: Colloque SVIA 1991, La responsabilité de l'expert au sein de la responsabilité des ingénieurs et architectes en général, Lausanne 1992, S. 21 ff. (zit.: ZUFFEREY, Décisions de l'expert officiel).

ZUFFEREY JEAN-BAPTISTE/PERRITAZ VINCENT/SCHUMACHER VALENTIN, Das Schiedsgutachten/L'expertise-arbitrage, Zürich 2013 (zit.: ZUFFEREY/PERRITAZ/SCHUMACHER, Das Schiedsgutachten).

ZURBRÜGG MATTHIAS, Kommentar zu Art. 97–101 und Art. 110 Abs. 6 StGB, in: Niggli Marcel A./Wiprächtiger Hans (Hrsg.), Basler Kommentar, Strafrecht I (Art. 1–110 StGB), 3. Aufl., Basel 2013 (zit.: ZURBRÜGG, Basler Kommentar).

ZÜRCHER EMIL, Schweizerisches Strafgesetzbuch, Erläuterungen zum Vorentwurf vom April 1908 sowie zum Vorentwurf für ein Einführungsgesetz, Bern 1914 (zit.: ZÜRCHER, Erläuterungen zum Vorentwurf des StGB).

Normenverzeichnis

Dieses Verzeichnis enthält in alphabetischer Ordnung jene Publikationen (namentlich Normen, Ordnungen, Dokumentationen und Merkblätter) aus dem zur Zeit der Drucklegung dieses Buches aktuellen SIA- und KBOB-Normenwerk, auf die in den nachfolgenden Beiträgen verwiesen wird. In wenigen Fällen sind zitierte Publikationen vom SIA zurückgezogen worden, für diesen aber noch immer von Interesse. Die einzelnen Verweise finden sich nicht hier, sondern im Gesetzes- und Normenregister (S. 991 ff.).

ISO-Norm 9000	Quality management systems – Fundamentals and Vocabulary, Ausgabe 2015
ISO-Norm 19650-1 ISO-Norm 19650-2	Organization and digitization of information about buildings and civil engineering works, including building information modelling (BIM) – Information management using building information modelling, Part 1: Concepts and principles/Part 2: Delivery phase of the assets, Ausgabe 2018
KBOB-AVB	Allgemeine Vertragsbedingungen KBOB für Planerleistungen, Ausgabe 2017
KBOB-Beschaffungsleitfaden	Leitfaden zur Beschaffung von Planerleistungen, Ausgabe 2018
KBOB-Empfehlungen BIM	Empfehlung zum Umgang mit BIM, Ausgabe 2018
KBOB-Honorarempfehlung	Empfehlungen zur Honorierung von Architekten und Ingenieuren, Ausgabe 2019
KBOB-Planervertrag	Mustervertrag für Planerleistungen, Nr. 30, Ausgabe 2018
SIA-Dokumentation D 016	Die Tätigkeit als Experte: Referate der SIA-Informationstagung vom 15. September 1987 im Kursaal Bern, Ausgabe 1987
SIA-Dokumentation D 0181	Grundlagen der Projektierung von Tragwerken – Einwirkungen auf Tragwerke – Einführung in die Normen SIA 260 und 261, Ausgabe 2003
SIA-Dokumentation D 0191	Grundlagen der Projektierung von Tragwerken – Bemessungsbeispiele zu den Normen SIA 260 und 261, Ausgabe 2004
SIA-Dokumentation D 0270	Anwendung der BIM-Methode – Leitfaden zur Verbesserung der Zusammenarbeit, Ausgabe 2018
SIA-Dokumentation D 0271	Anwendung der BIM-Methode – Modellbasierte Mengenermittlung, Ausgabe 2018
SIA-Kalkulationshilfe 102-K	Kalkulationshilfe zur Ordnung SIA 102, Ausgabe 2018
SIA-Kalkulationshilfe 103-K	Kalkulationshilfe zur Ordnung SIA 103, Ausgabe 2018
SIA-Kalkulationshilfe 105-K	Kalkulationshilfe zur Ordnung SIA 105, Ausgabe 2018

SIA-Kalkulationshilfe 108-K	Kalkulationshilfe zur Ordnung SIA 108, Ausgabe 2018
SIA-Merkblatt 2020	Sicherheitsleistungen des Unternehmers im Werkvertrag – Merkblatt zur Norm SIA 118, Ausgabe 2017
SIA-Merkblatt 2027	Bauweisenspezifische Zuordnungen von Leistungen der Bauingenieure in Ergänzung zur LHO 103, Ausgabe 2006
SIA-Merkblatt 2051	Building Information Modelling (BIM) – Grundlagen zur Anwendung der BIM-Methode, Ausgabe 2017
SIA-Norm 111	Modell Planung Beratung, Ausgabe 2014
SIA-Norm 112	Modell Bauplanung, Ausgabe 2014
SIA-Norm 118	Allgemeine Bedingungen für Bauarbeiten, Ausgabe 2013
SIA-Norm 126	Preisänderung infolge Teuerung bei Planerleistungen, Ausgabe 2014
SIA-Norm 150	Bestimmungen für das Verfahren vor einem Schiedsgericht, Ausgabe 2018
SIA-Norm 198	Untertagbau – Ausführungen, Ausgabe 2004
SIA-Norm 260	Grundlagen der Projektierung von Tragwerken, Ausgabe 2013
SIA-Norm 261	Einwirkungen auf Tragwerke, Ausgabe 2014
SIA-Norm 261/1	Einwirkungen auf Tragwerke – Ergänzende Festlegungen, Ausgabe 2003
SIA-Norm 262	Betonbau, Ausgabe 2013
SIA-Ordnung 102	Ordnung für Leistungen und Honorare der Architektinnen und Architekten, Ausgabe 2014, überarbeitete 2. Aufl.
SIA-Ordnung 103	Ordnung für Leistungen und Honorare der Bauingenieurinnen und Bauingenieure, Ausgabe 2014, überarbeitete 2. Aufl.
SIA-Ordnung 104	Ordnung für Leistungen und Honorare der Forstingenieure und Forstingenieurinnen, Ausgabe 2003
SIA-Ordnung 105	Ordnung für Leistungen und Honorare der Landschaftsarchitektinnen und Landschaftsarchitekten, Ausgabe 2014, überarbeitete 2. Aufl.
SIA-Ordnung 106	Ordnung für Leistungen und Honorare der Geologinnen und Geologen, Ausgabe 2007
SIA-Ordnung 108	Ordnung für Leistungen und Honorare der Ingenieurinnen und Ingenieure der Bereiche Gebäudetechnik, Maschinenbau und Elektrotechnik, Ausgabe 2014, überarbeitete 2. Aufl.
SIA-Ordnung 110	Ordnung für Leistungen und Honorare der Raumplanerinnen und Raumplaner auf den Gebieten der kommunalen Gesamtplanung und der Sondernutzungsplanung, Ausgabe 2003

SIA-Ordnung 142	Ordnung für Architektur- und Ingenieurwettbewerbe, Ausgabe 2009
SIA-Ordnung 143	Ordnung für Architektur- und Ingenieurstudienaufträge, Ausgabe 2009
SIA-Ordnung 144	Ordnung für Ingenieur- und Architekturleistungsofferten, Ausgabe 2013
SIA-Statuten 100	Statuten des SIA, Ausgabe 2013
SIA-Vertragsformular 1001/1	Planer- und Bauleitungsvertrag, Ausgabe 2014, überarbeitete 2. Aufl.
SIA-Vertragsformular 1001/2	Gesellschaftsvertrag für Planergemeinschaft, Ausgabe 2014, überarbeitete 2. Aufl.
SIA-Vertragsformular 1001/3	Subvertrag für Planer – und/oder Bauleitungsleistungen, Ausgabe 2014, überarbeitete 2. Aufl.
SIA-Vertragsformular 1012/1	Planervertrag (Ordnung SIA 112 Leistungsmodell), Ausgabe 2001
SIA-Vertragsformular 1012/3	Einzelplanervertrag (Ordnung SIA 112 Leistungsmodell), Ausgabe 2001
SIA-Vertragsformular 1023	Werkvertrag, Ausgabe 2013
SIA-Zusatzvereinbarung 1001/11	Zusatzvereinbarung BIM, Ausgabe 2018

Abkürzungsverzeichnis

a.A.	anderer Ansicht
a.M.	am Main; anderer Meinung
*a*Art.	aufgehobener/alter Artikel
ABB	Allgemeine Bedingungen Bau
ABl.	Amtsblatt der Europäischen Union
ABPV-BS	Ausführungsbestimmungen des Kantons Basel-Stadt vom 15. Januar 2009 zur Bau- und Planungsverordnung (SR-BS 730.115)
Abs.	Absatz
*a*BV	alte Bundesverfassung der Schweizerischen Eidgenossenschaft vom 29. Mai 1874
AG	Aktiengesellschaft; Kanton Aargau
AGB	Allgemeine Vertrags- oder Geschäftsbedingungen
AGVE	Aargauische Gerichts- und Verwaltungspraxis (Aarau)
AHV	Alters- und Hinterlassenenversicherung
AJP	Aktuelle Juristische Praxis (Lachen)
al.	alinéa (= Abs.)
allg.	allgemein(e)
Anm.	Anmerkung(en)
ArchLG	Gesetz vom 4. November 1971 zur Regelung von Ingenieur- und Architektenleistungen (Deutschland)
AReg-NE	Arrêté d'exécution du canton de Neuchâtel du 16 octobre 1996 de la loi sur le registre neuchâtelois des architectes, des ingénieurs civils, des urbanistes et des aménagistes (Arrêté sur le registre; SR-NE 721.1)
ArG	Bundesgesetz vom 13. März 1964 über die Arbeit in Industrie, Gewerbe und Handel (Arbeitsgesetz; SR 822.11)
ARGE	Arbeitsgemeinschaft
ARGVP	Ausserrhodische Gerichts- und Verwaltungspraxis (Herisau)
Art.	Artikel
AS	Amtliche Sammlung des Bundesrechts
ASTRA	Bundesamt für Strassen
AT	Allgemeiner Teil

ATSG	Bundesgesetz vom 6. Oktober 2000 über den Allgemeinen Teil des Sozialversicherungsrechts (SR 830.1)
Aufl.	Auflage
AuG	Bundesgesetz vom 16. Dezember 2005 über die Ausländerinnen und Ausländer (Ausländergesetz; SR 142.20)
AVB	Allgemeine Vertragsbedingungen; Allgemeine Versicherungsbedingungen
AVV	Verordnung vom 16. Januar 1991 über die Arbeitsvermittlung und den Personalverleih (Arbeitsvermittlungsverordnung; SR 823.111)
B	Beschluss
BauAV	Verordnung vom 29. Juni 2005 über die Sicherheit und den Gesundheitsschutz der Arbeitnehmerinnen und Arbeitnehmer bei Bauarbeiten (Bauarbeitenverordnung; SR 832.311.141)
BauG-BE	Baugesetz des Kantons Bern vom 9. Juni 1985 (SR-BE 721.0)
BauG-VS	Baugesetz des Kantons Wallis vom 15. Dezember 2016 (SR-VS 705.1)
BauR	Zeitschrift für das gesamte öffentliche und zivile Baurecht (Düsseldorf)
BauV-VS	Bauverordnung des Kantons Wallis vom 22. März 2017 (SR-VS 705.100)
BAV	Bundesamt für Verkehr
BB	Betriebs-Berater, Zeitschrift für Recht und Wirtschaft (Frankfurt a.M.)
BBG	Bundesgesetz vom 13. Dezember 2002 über die Berufsbildung (Berufsbildungsgesetz; SR 412.10)
BBl	Bundesblatt
BBT	Bundesamt für Berufsbildung und Technologie (heute: SBFI)
BBV	Verordnung vom 19. November 2003 über die Berufsbildung (Berufsbildungsverordnung; SR 412.101)
Bd.	Band
BE	Kanton Bern
BetmG	Bundesgesetz vom 3. Oktober 1951 über die Betäubungsmittel und die psychotropen Stoffe (Betäubungsmittelgesetz; SR 812.121)
betr.	betreffend
bezgl.	bezüglich
BFH	Berner Fachhochschule
BFS	Bundesamt für Statistik
bfu	Beratungsstelle für Unfallverhütung
BG	Bundesgesetz

BGB	Bürgerliches Gesetzbuch in der Fassung der Bekanntmachung vom 2. Januar 2002 (Deutschland)
BGBM	Bundesgesetz vom 6. Oktober 1995 über den Binnenmarkt (Binnenmarktgesetz; SR 943.02)
BGE	Entscheidungen des Schweizerischen Bundesgerichts (Amtliche Sammlung)
BGer	Entscheidungen des Schweizerischen Bundesgerichts (Internetveröffentlichung)
BGG	Bundesgesetz vom 17. Juni 2005 über das Bundesgericht (Bundesgerichtsgesetz; SR 173.110)
BGH	Entscheidungen des Bundesgerichtshofs (Deutschland)
BGHSt	Entscheidungen des Bundesgerichtshofs in Strafsachen (Deutschland)
Bgr.	Begründer
BIM	Building Information Modelling (= Bauwerksdatenmodellierung)
BJM	Basler Juristische Mitteilungen (Reinach)
BKP	Baukostenplan
BL	Kanton Basel-Landschaft
BöB	Bundesgesetz vom 16. Dezember 1994 über das öffentliche Beschaffungswesen (SR 172.056.1)
BPG	Bundespersonalgesetz vom 24. März 2000 (SR 172.220.1)
BPUK	Schweizerische Bau-, Planungs- und Umweltdirektoren-Konferenz
BPV-BS	Bau- und Planungsverordnung des Kantons Basel-Stadt vom 19. Dezember 2000 (SR-BS 730.110)
BR/DC	Zeitschrift für Baurecht und Vergabewesen/Revue du droit de la construction et des marchés publics (Zürich)
BRK	Eidgenössische Rekurskommission für das öffentliche Beschaffungswesen (bis 2006)
BS	Kanton Basel-Stadt
BSA	Bund Schweizer Architekten
bspw.	beispielsweise
BT	Besonderer Teil
Bull.	Bulletin
BUV	Berufsunfallversicherung
BV	Bundesverfassung der Schweizerischen Eidgenossenschaft vom 18. April 1999 (SR 101)

BVB	Besondere Versicherungsbedingungen
BVGer	Entscheidungen des Bundesverwaltungsgerichts
bzw.	beziehungsweise
c.	contre (= gg.)
ca.	circa
CAD	computer-aided design (= rechnerunterstützte Konstruktion)
CH	Schweizerische Eidgenossenschaft
CHF	Schweizer Franken
cm	Zentimeter
CO	Code des obligations (= OR)
consid.	considération(s) (= E.)
d.h.	das heisst
ders.	derselbe
DesG	Bundesgesetz vom 5. Oktober 2001 über den Schutz von Design (Designgesetz; SR 232.12)
dgl.	dergleichen
dipl.	diplomiert
Diss.	Dissertation
div.	diverse
DSG	Bundesgesetz vom 19. Juni 1992 über den Datenschutz (SR 235.1)
E.	Erwägung(en)
E-BöB	Entwurf zur Totalrevision des Bundesgesetzes über das öffentliche Beschaffungswesen vom 15. Februar 2017 (BBl 2017, S. 2005)
E-IVöB	Entwurf zur Revision der interkantonalen Vereinbarung über das öffentliche Beschaffungswesen vom 18. September 2014
EAWAG	Eidgenössische Anstalt für Wasserversorgung, Abwasserreinigung und Gewässerschutz
EBG	Eisenbahngesetz vom 20. Dezember 1957 (SR 742.101)
EBV	Verordnung vom 23. November 1983 über Bau und Betrieb der Eisenbahnen (Eisenbahnverordnung; SR 742.141.1)
ECTS	European Credit Transfer System (= Europäisches System zur Übertragung und Akkumulierung von Studienleistungen)
EDV	elektronische Datenverarbeitung

EFTA	European Free Trade Association (= Europäische Freihandelsassoziation)
EFZ	Eidgenössischer Fähigkeitsausweis
EG	Europäische Gemeinschaft
EGMR	Europäischer Gerichtshof für Menschenrechte
EGV SZ	Entscheide der Gerichts- und Verwaltungsbehörden des Kantons Schwyz (Schwyz)
Einf.	Einführung
Einl.	Einleitung
EKAS	Eidgenössische Koordinationskommission für Arbeitssicherheit
EmbG	Bundesgesetz vom 22. März 2002 über die Durchsetzung von internationalen Sanktionen (Embargogesetz; SR 946.231)
EMPA	Eidgenössische Materialprüfungs- und Forschungsanstalt
EMRK	Konvention vom 4. November 1950 zum Schutze der Menschenrechte und Grundfreiheiten (SR 0.101)
ENIC	European Network of National Information Centres on Academic Recognition and Mobility (= Europäisches Netz nationaler Informationszentren für Fragen der akademischen Anerkennung und Mobilität)
EPÜ	Europäisches Patentübereinkommen vom 5. Oktober 1973, revidiert in München am 29. November 2000 (EPÜ 2000; SR 0.232.142.2)
etc.	et cetera
ETH	Eidgenössische Technische Hochschule
EU	Europäische Union
evtl.	eventuell
EVB	Ergänzende Versicherungsbedingungen
EVD	Eidgenössisches Volkswirtschaftsdepartement
EWR	Europäischer Wirtschaftsraum
f./ff.	folgende/fortfolgende Seite(n)
FH(S)	Fachhochschule
FHNW	Fachhochschule Nordwestschweiz
FIDIC	Fédération Internationale des Ingénieurs-Conseils (= internationaler Dachverband beratender Ingenieure im Bauwesen)
Fn.	Fussnote
FR	Kanton Freiburg
FSAI	Verband freierwerbender Schweizer Architekten

FusG	Bundesgesetz vom 3. Oktober 2003 über Fusion, Spaltung, Umwandlung und Vermögensübertragung (Fusionsgesetz; SR 221.301)
FZA	Abkommen vom 21. Juni 1999 zwischen der Schweizerischen Eidgenossenschaft einerseits und der Europäischen Gemeinschaft und ihren Mitgliedstaaten andererseits über die Freizügigkeit (SR 0.142.112.681)
FZR	Freiburger Zeitschrift für Rechtsprechung (vor 1992: Extraits; Freiburg)
GATT	Allgemeines Zoll- und Handelsabkommen vom 30. Oktober 1947 (SR 0.632.21)
GE	Kanton Genf
GeoIG	Bundesgesetz vom 5. Oktober 2007 über Geoinformation (Geoinformationsgesetz; SR 510.62)
GeomV	Verordnung vom 21. Mai 2008 über die Ingenieur-Geometerinnen und Ingenieur-Geometer (SR 211.432.261)
gg.	gegen
ggfs.	gegebenenfalls
gl.M.	gleicher Meinung
GmbH	Gesellschaft mit beschränkter Haftung
GoA	Geschäftsführung ohne Auftrag
GOG-ZH	Gesetz des Kantons Zürich vom 10. Mai 2010 über die Gerichts- und Behördenorganisation im Zivil- und Strafprozess (SR-ZH 211.1)
GPA	WTO-Übereinkommen vom 15. April 1994 über das öffentliche Beschaffungswesen (Agreement on Government Procurement; SR 0.632.231.422)
GR	Kanton Graubünden
GRUR	Zeitschrift für gewerblichen Rechtsschutz und Urheberrecht (Weinheim)
GVP SG	St. Gallische Gerichts- und Verwaltungspraxis (St. Gallen)
H.h.	Hervorhebung hinzugefügt
h.L.	herrschende Lehre
Habil.	Habilitation
Halbbd.	Halbband
HAVE	Haftung und Versicherung (Zürich)
HES-SO	Haute école spécialisée de Suisse occidentale (= Fachhochschule Westschweiz)
HF	Höhere Fachschule
HG-AG	Haftungsgesetz des Kantons Aargau vom 24. März 2009 (SR-AG 150.200)
HG-BS	Gesetz des Kantons Basel-Stadt vom 17. November 1999 über die Haftung des Staates und seines Personals (Haftungsgesetz; SR-BS 161.100)

HG-ZH	Haftungsgesetz des Kantons Zürich vom 14. September 1969 (SR-ZH 170.1)
HGer	Entscheidungen des Handelsgerichts
HKLS	Heizung, Klima, Lüftung, Sanitär
HOAI	Verordnung vom 10. Juli 2013 über die Honorare für Architekten- und Ingenieurleistungen (Deutschland)
HRegV	Handelsregisterverordnung vom 17. Oktober 2007 (SR 221.411)
Hrsg.	Herausgeber
HSLU	Hochschule Luzern
HTL	Höhere Technische Lehranstalt
i.c.	in casu (= im vorliegenden Fall)
i.d.R.	in der Regel
i.S.	im Sinne; in Sachen
i.S.v.	im Sinne von
i.V.m.	in Verbindung mit
ICT	Information and Communication Technology (= Informations- und Kommunikationstechnik)
IFC	Industry Foundation Classes (= offenes Dateiformat für Datenaustausch im Zusammenhang mit BIM)
INGE	Ingenieurgemeinschaft
inkl.	inklusive
InöB	Interkantonales Organ für das öffentliche Beschaffungswesen
insb.	insbesondere
int.	international
IPRG	Bundesgesetz vom 18. Dezember 1987 über das Internationale Privatrecht (SR 291)
ISO	International Organization for Standardization (= Internationale Organisation für Normung)
IV	Invalidenversicherung
IVöB	Interkantonale Vereinbarung vom 15. März 2001 über das öffentliche Beschaffungswesen
JdT	Journal des Tribunaux (Lausanne)
JStG	Bundesgesetz vom 20. Juni 2003 über das Jugendstrafrecht (Jugendstrafgesetz; SR 311.1)
JU	Kanton Jura

Kap.	Kapitel
KBOB	Koordinationskonferenz der Bau- und Liegenschaftsorgane der öffentlichen Bauherren
KBOB-AVB	Allgemeine Vertragsbedingungen KBOB für Planerleistungen, Ausgabe 2017
KG	Bundesgesetz vom 6. Oktober 1995 über Kartelle und andere Wettbewerbsbeschränkungen (Kartellgesetz; SR 251)
KGeoIG-BE	Kantonales Geoinformationsgesetz des Kantons Bern vom 8. Juni 2015 (SR-BE 215.341)
KGer	Entscheidungen des Kantonsgerichts
KKG	Bundesgesetz vom 23. März 2001 über den Konsumkredit (SR 221.214.1)
KRG-GR	Raumplanungsgesetz des Kantons Graubünden vom 6. Dezember 2004 (SR-GR 801.100)
KSUV	Koordinationsgruppe für die Statistik der Unfallversicherung UVG
KUB	Kammer Unabhängiger Bauherrenberater
KV	Kantonsverfassung
KVAV-BE	Kantonale Verordnung des Kantons Bern vom 5. März 1997 über die amtliche Vermessung (SR-BE 215.341.1)
LATC-VD	Loi du canton de Vaud du 4 décembre 1985 sur l'aménagement du territoire et les constructions (SR-VD 700.11)
LCI-GE	Loi du canton de Genève du 14 avril 1988 sur les constructions et les installations diverses (SR-GE L 5 05)
LEPIA-TI	Legge cantonale ticinese del 24 marzo 2004 sull'esercizio delle professioni di ingegnere e di architetto (SR-TI 705.400)
LEPICOSC-TI	Legge cantonale ticinese del 1° dicembre 1997 sull'esercizio della professione di impresario costruttore e di operatore specialista nel settore principale della costruzione (SR-TI 705.500)
LGVE	Luzerner Gerichts- und Verwaltungsentscheide (Luzern)
LHO	Leistungs- und Honorarordnungen
lit.	litera
LM	Leistungsmodell
LPAI-GE	Loi du canton de Genève du 17 décembre 1982 sur l'exercice des professions d'architecte et d'ingénieur (SR-GE L 5 40)
LPrA-VD	Loi du canton de Vaud du 13 décembre 1966 sur la profession d'architecte (SR-VD 705.41)

LReg-NE	Loi du canton de Neuchâtel du 25 mars 1996 sur le registre neuchâtelois des architectes, des ingénieurs civils, des urbanistes et des aménagistes (Loi sur le registre; SR-NE 721.0)
LU	Kanton Luzern
m	Meter
m^3	Kubikmeter
m.a.W.	mit anderen Worten
m.E.	meines Erachtens
MaschV	Verordnung vom 2. April 2008 über die Sicherheit von Maschinen (Maschinenverordnung; SR 819.14)
max.	maximal
MietRVerbG	Gesetz vom 4. November 1971 zur Verbesserung des Mietrechts und zur Begrenzung des Mietanstiegs sowie zur Regelung von Ingenieur- und Architektenleistungen (Deutschland)
Mio.	Million(en)
Mitt.	Schweizerische Mitteilungen über gewerblichen Rechtsschutz und Urheberrecht (bis 1984; Zürich)
MRVG	siehe MieRVerbG
MSchG	Bundesgesetz vom 28. August 1992 über den Schutz von Marken und Herkunftsangaben (Markenschutzgesetz; SR 232.11)
MSchV	Verordnung vom 23. Dezember 1992 über den Schutz von Marken und Herkunftsangaben (SR 232.111)
MSRL-Technik	Mess-, Steuer-, Regel-, Leittechnik (Leitsystemtechnik)
MWSTG	Bundesgesetz vom 12. Juni 2009 über die Mehrwertsteuer (Mehrwertsteuergesetz; SR 641.20)
N	Note(n)
NE	Kanton Neuenburg
NHG	Bundesgesetz vom 1. Juli 1966 über den Natur- und Heimatschutz (SR 451)
NJW	Neue Juristische Wochenschrift (München/Frankfurt a.M.)
NJW-RR	Neue Juristische Wochenschrift Rechtsprechungs-Report Zivilrecht (München/Frankfurt a.M.)
Nr.	Nummer
NSV	Nationalstrassenverordnung vom 7. November 2007 (SR 725.111)
NZBau	Neue Zeitschrift für Baurecht und Vergaberecht (München/Frankfurt a.M.)

OCAT-JU	Ordonnance du canton du Jura du 3 juillet 1990 sur les constructions et l'aménagement du territoire (SR-JU 701.11)
OGer	Entscheidungen des Obergerichts
OLG	Entscheidungen des Oberlandesgerichts (Deutschland)
OR	Bundesgesetz vom 30. März 1911 betreffend die Ergänzung des Schweizerischen Zivilgesetzbuches (Fünfter Teil: Obligationenrecht; SR 220)
OTIA	Ordine degli ingegneri e architetti del Cantone Ticino (= Ingenieur- und Architektenorganisation des Kantons Tessin)
PatG	Bundesgesetz vom 25. Juni 1954 über die Erfindungspatente (Patentgesetz; SR 232.14)
PauRG	Bundesgesetz vom 18. Juni 1993 über Pauschalreisen (SR 944.3)
PBG-LU	Planungs- und Baugesetz des Kantons Luzern vom 7. März 1989 (SR-LU 735)
PBV	Verordnung vom 11. Dezember 1978 über die Bekanntgabe von Preisen (Preisbekanntgabeverordnung; SR 942.211)
PBV-LU	Planungs- und Bauverordnung des Kantons Luzern vom 27. November 2001 (SR-LU 736)
PG-BE	Personalgesetz des Kantons Bern vom 16. September 2004 (SR-BE 153.01)
PKG	Die Praxis des Kantonsgerichts Graubünden (Chur)
PKS	Polizeiliche Kriminalstatistik
PPP	Public Private Partnership (= öffentlich-private Partnerschaft)
PrHG	Bundesgesetz vom 18. Juni 1993 über die Produktehaftpflicht (Produktehaftpflichtgesetz; SR 221.112.944)
publ.	publiziert
RB	Rechenschaftsbericht des Verwaltungsgerichts Zürichs an den Kantonsrat (Zürich)
RBOG TG	Rechenschaftsbericht des Obergerichts des Kantons Thurgau an den Grossen Rat (Altnau)
RC	responsabilité civile (= zivilrechtliche Haftpflicht)
RCI-GE	Règlement d'application du canton de Genève de la loi sur les constructions et les installations diverses du 27 février 1978 (SR-GE L 5 05.01)
recht	Zeitschrift für juristische Ausbildung und Praxis (Bern)
REG	Schweizerisches Register der Fachleute in den Bereichen des Ingenieurwesens, der Architektur und der Umwelt
Rep	Repertorio di Giurisprudenza Patria (Bellinzona)
resp.	respektive

revGPA	Revidiertes WTO-Übereinkommen über das öffentliche Beschaffungswesen (= GPA) vom 30. März 2012
RJN	Revue de jurisprudence neuchâteloise (Neuenburg)
RL	Richtlinie
RL UP-EB	Richtlinie Unabhängige Prüfstellen Eisenbahnen des Bundesamts für Verkehr vom 16. Januar 2017
RLCPubb/CIAP-TI	Regolamento di applicazione cantonale ticinese del 12 settembre 2006 della legge sulle commesse pubbliche e del concordato intercantonale sugli appalti pubblici (SR-TI 730.110)
RPBG-FR	Raumplanungs- und Baugesetz des Kantons Freiburg vom 2. Dezember 2008 (SR-FR 710.1)
RPW	Recht und Politik des Wettbewerbs (Bern)
Rs.	Rechtssache
RtiD	Rivista ticinese di diritto (Basel)
Rz.	Randziffer
S.	Seite(n)
SAMW	Schweizerische Akademie der Medizinischen Wissenschaften
SBB	Schweizerische Bundesbahnen
SBFI	Staatssekretariat für Bildung, Forschung und Innovation
SchKG	Bundesgesetz vom 11. April 1889 über Schuldbetreibung und Konkurs (SR 281.1)
SchlT	Schlusstitel
SebG	Bundesgesetz vom 23. Juni 2006 über Seilbahnen zur Personenbeförderung (Seilbahngesetz; SR 743.01)
SebV	Verordnung vom 21. Dezember 2006 über Seilbahnen zur Personenbeförderung (Seilbahnverordnung; SR 743.011)
SECO	Staatssekretariat für Wirtschaft
SG	Kanton St. Gallen
SGHVR	Schweizerische Gesellschaft für Haftpflicht- und Versicherungsrecht
SHG-GR	Gesetz des Kantons Graubünden vom 5. Dezember 2006 über die Staatshaftung (SR-GR 170.050)
SIA	Schweizerischer Ingenieur- und Architektenverein
SJ	La Semaine Judiciaire (Genf)
SJZ	Schweizerische Juristen-Zeitung (Zürich)

SMI	Schweizerische Mitteilungen über Immaterialgüterrecht (Zürich)
SO	Kanton Solothurn
SOG	Solothurnische Gerichtspraxis (Solothurn)
sog.	sogenannt
SPR	Schweizerisches Privatrecht (Basel/Stuttgart)
SR	Systematische Sammlung des Bundesrechts
StAG	Bundesgesetz vom 1. Oktober 2010 über die Stauanlagen (Stauanlagengesetz; SR 721.101)
StAV	Stauanlagenverordnung vom 17. Oktober 2012 (SR 721.101.1)
StGB	Schweizerisches Strafgesetzbuch vom 21. Dezember 1937 (SR 311.0)
StPO	Schweizerische Strafprozessordnung vom 5. Oktober 2007 (SR 312.0)
STV	Berufsverband Swiss Engineering
SubmD	Submissionsdekret des Kantons Aargau vom 26. November 1996 (SR-AG 150.910)
SUPSI	Scuola universitaria professionale della Svizzera italiana (= Fachhochschule der italienischen Schweiz)
SUS	Strafurteilsstatistik des Bundesamts für Statistik
Suva	Schweizerische Unfallversicherungsanstalt
SV-RL SB	Sachverständigenrichtlinie Seilbahnen des Bundesamts für Verkehr vom 15. März 2018
SVA	Entscheidungen schweizerischer Gerichte in privaten Versicherungsstreitigkeiten (Bern)
SVG	Strassenverkehrsgesetz vom 19. Dezember 1958 (SR 741.01)
SVIA	Société vaudoise des ingénieurs et des architectes (= Ingenieur- und Architektenorganisation des Kantons Waadt)
SVO-ZH	Submissionsverordnung des Kantons Zürich vom 23. Juli 2003 (SR-ZH 720.11)
SVV	Schweizerischer Versicherungsverband
SZW	Schweizerische Zeitung für Wirtschaftsrecht (bis 1989 SAG; Zürich)
SZZP	Schweizerische Zeitschrift für Zivilprozessrecht (Basel)
t	Tonnen
TEC21	Schweizerische Bauzeitung (Zürich)
TI	Kanton Tessin
u.a.	unter anderem

u.a.m.	und andere(s) mehr
u.E.	unseres Erachtens
UIA	International Union of Architects (= Internationale Architektenvereinigung)
URG	Bundesgesetz vom 9. Oktober 1992 über das Urheberrecht und verwandte Schutzrechte (Urheberrechtsgesetz; SR 231.1)
usf.	und so fort
USG	Bundesgesetz vom 7. Oktober 1983 über den Umweltschutz (Umweltschutzgesetz; SR 814.01)
USI	Università della Svizzera italiana (= Universität der italienischen Schweiz)
usic	Schweizerische Vereinigung Beratender Ingenieurunternehmungen
usw.	und so weiter
UVG	Bundesgesetz vom 20. März 1981 über die Unfallversicherung (SR 832.20)
UWG	Bundesgesetz vom 19. Dezember 1986 gegen den unlauteren Wettbewerb (SR 241)
V-HFKG	Verordnung vom 23. November 2016 zum Hochschulförderungs- und -koordinationsgesetz (SR 414.201)
v.	versus; vom
v.a.	vor allem
VAG	Bundesgesetz vom 17. Dezember 2004 betreffend die Aufsicht über Versicherungsunternehmen (Versicherungsaufsichtsgesetz; SR 961.01)
VD	Kanton Waadt
VE-ZPO	Vorentwurf der Expertenkommission zur Änderung der Schweizerischen Zivilprozessordnung vom Juni 2003
VEP	Verordnung vom 22. Mai 2002 über die schrittweise Einführung des freien Personenverkehrs zwischen der Schweizerischen Eidgenossenschaft und der Europäischen Union und deren Mitgliedstaaten sowie unter den Mitgliedstaaten der Europäischen Freihandelsassoziation (Verordnung über die Einführung des freien Personenverkehrs; SR 142.203)
VG	Bundesgesetz vom 14. März 1958 über die Verantwortlichkeit des Bundes sowie seiner Behördenmitglieder und Beamten (Verantwortlichkeitsgesetz; SR 170.32)
VG-SG	Gesetz des Kantons St. Gallen vom 7. Dezember 1959 über die Haftung der öffentlich-rechtlichen Körperschaften und Anstalten und die Verantwortlichkeit der Behörden und öffentlichen Angestellten (Verantwortlichkeitsgesetz; SR-SG 161.1)

VG-ZG	Gesetz des Kantons Zug vom 1. Februar 1979 über die Verantwortlichkeit der Gemeinwesen, Behördenmitglieder und Beamten (Verantwortlichkeitsgesetz; SR-ZG 154.11)
VGer	Entscheidungen des Verwaltungsgerichts
VGG	Bundesgesetz vom 17. Juni 2005 über das Bundesverwaltungsgericht (Verwaltungsgerichtsgesetz; SR 173.32)
vgl.	vergleiche
VöB	Verordnung vom 11. Dezember 1995 über das öffentliche Beschaffungswesen (SR 172.056.11)
Vorbem.	Vorbemerkung(en)
VPB	Verwaltungspraxis der Bundesbehörden (Bern)
VS	Kanton Wallis
VTS	Verordnung vom 19. Juni 1995 über die technischen Anforderungen an Strassenfahrzeuge (SR 741.41)
VUV	Verordnung vom 19. Dezember 1983 über die Verhütung von Unfällen und Berufskrankheiten (Verordnung über die Unfallverhütung; SR 832.30)
VVG	Bundesgesetz vom 2. April 1908 über den Versicherungsvertrag (Versicherungsvertragsgesetz; SR 221.229.1)
VVV	Verkehrsversicherungsverordnung vom 20. November 1959 (SR 741.31)
VwVG	Bundesgesetz vom 20. Dezember 1968 über das Verwaltungsverfahren (Verwaltungsverfahrensgesetz; SR 172.021)
WaG	Bundesgesetz vom 4. Oktober 1991 über den Wald (Waldgesetz; SR 921.0)
WEKO	Eidgenössische Wettbewerbskommission
WTO	Welthandelsorganisation
z.B.	zum Beispiel
z.T.	zum Teil
ZAB	Zusätzliche Allgemeine Bedingungen (ZAB), Haftpflichtversicherung für Architekten sowie Bau- und Gebäudetechnik-Ingenieure, unverbindliche Musterbedingungen des Schweizerischen Versicherungsverbandes, Ausgabe 2015
ZB	Zusatzbedingungen
ZBJV	Zeitschrift des Bernischen Juristenvereins (Bern)
ZBl	Schweizerisches Zentralblatt für Staats- und Verwaltungsrecht (Zürich)
ZFH	Zürcher Fachhochschule
ZG	Kanton Zug

ZGB	Schweizerisches Zivilgesetzbuch vom 10. Dezember 1907 (SR 210)
ZH	Kanton Zürich
Ziff.	Ziffer
zit.	zitiert
ZPO	Schweizerische Zivilprozessordnung vom 19. Dezember 2008 (SR 272)
ZPO-AG	Zivilprozessordnung des Kantons Aargau (ausser Kraft)
ZPO-AR	Zivilprozessordnung des Kantons Appenzell-Ausserrhoden (ausser Kraft)
ZPO-BE	Zivilprozessordnung des Kantons Bern (ausser Kraft)
ZPO-SG	Zivilprozessordnung des Kantons St. Gallen (ausser Kraft)
ZPO-ZH	Zivilprozessordnung des Kantons Zürich (ausser Kraft)
ZR	Blätter für zürcherische Rechtsprechung (Zürich)
ZSR	Zeitschrift für Schweizerisches Recht (Basel)
ZStrR	Schweizerische Zeitschrift für Strafrecht (Bern)
ZWR	Zeitschrift für Walliser Rechtsprechung (Sitten)

§ 1 Von den Planerverträgen, von ihrer Qualifikation und dem SIA-Normenwerk für Planerleistungen

PETER GAUCH / PATRICK MIDDENDORF*

Inhaltsverzeichnis

* Grundlage des nachfolgenden Textes ist der Beitrag, den PETER GAUCH unter dem Titel «Vom Architekturvertrag, seiner Qualifikation und der SIA-Ordnung 102» in: «Das Architektenrecht», 3. Aufl., Zürich 1995, veröffentlicht hat. Für das vorliegende Buch wurde der erwähnte Beitrag von PATRICK MIDDENDORF frei überarbeitet und ergänzt. Mit Rücksicht auf diese Entstehungsgeschichte werden PATRICK MIDDENDORF und PETER GAUCH als Mitautoren des hier publizierten Textes aufgeführt.

I. Einleitung

1.1 An der Verwirklichung eines Bauvorhabens sind in aller Regel mehrere Personen, meistens auch ein (oder mehrere) Planer, beteiligt. Welche konkreten Planerleistungen der Planer im Einzelfall zu erbringen hat, bestimmt sich nach dem Inhalt seines Vertrags. Von diesem Vertrag, dem Planervertrag, sprechen wir nachfolgend zunächst (II.) im Allgemeinen. Dann greifen wir (III.) die Frage der Vertragsqualifikation auf. Und schliesslich befassen wir uns (IV.) mit dem SIA-Normenwerk für Planerleistungen.

II. Von den Planerverträgen im Allgemeinen

1. Begriff und Terminologie

1.2 Der Planervertrag, um den es im vorliegenden Buch geht, ist ein Schuldvertrag, in dem sich ein Planer (namentlich ein Architekt, ein Bauingenieur, ein Elektro- oder HKLS-Ingenieur oder ein Gebäudeautomationsplaner) gegenüber seinem Vertragspartner zwar nicht zur körperlichen Errichtung einer Baute, wohl aber zur Erbringung von mindestens einer baubezogenen Planerleistung (z.B. zur Ausarbeitung von Plänen, zur Erstellung eines Kostenvoranschlags oder zur bauleitenden Überwachung von Bauarbeiten) verpflichtet. Der Ausdruck «Planervertrag», der für den so verstandenen Vertrag verwendet wird, ist insofern unpräzis, als er zur falschen Annahme verleiten könnte, der baubezogene Leistungsinhalt dieses Vertrags beschränke sich auf die Ausarbeitung von Plänen. Im Sprachgebrauch der Baupraxis hat er sich jedoch eingebürgert, einfach deswegen, weil die deutsche Sprache keinen präziseren Ausdruck kennt. Analoges gilt für die im vorliegenden Zusammenhang verwendeten Ausdrücke «Planer» und «Planerleistungen». «Planer» ist auch derjenige, der sich zum Beispiel zur Bauleitung verpflichtet; und der Kreis der baubezogenen «Planerleistungen», die von «Planern» erbracht werden, greift über das Gebiet der blossen Bauplanung hinaus. Gleich verhält es sich notabene mit den Ausdrücken «designer» und «design services», die in der englischen Bausprache gebraucht werden.

2. Der Gegenstand des Planervertrags und dessen Erscheinungsformen

1. Welche Leistungen «Planerleistungen» und deshalb möglicher *Gegenstand eines Planervertrags* sind, lässt sich keiner Gesetzesnorm entnehmen. Vielmehr ist, was die Bestimmung und Eingrenzung der Planerleistungen betrifft, auf **die Praxis** abzustellen, die aufgrund der steigenden Komplexität von Bauvorhaben, zunehmender Regelungsdichte und erhöhter wirtschaftlicher und technischer Anforderungen ein in Entwicklung begriffenes Berufsbild des Planers zeigt.[1] 1.3

Die Praxis, die dem Planer bestimmte (vor allem beratende, planende und überwachende) Tätigkeiten zuweist, fand Eingang in die umfangreichen *Leistungsbeschriebe der SIA-Ordnungen 102, 103, 104, 105, 106, 108 und 110* (jeweils unter Art. 4), worin die typischen Leistungen der jeweiligen Planer nach Massgabe eines (mehr oder weniger) üblichen Planungsablaufs chronologisch dargestellt sind.[2] 1.4

2. Der Planervertrag kommt in verschiedenen Erscheinungsformen vor. Er kann zum Beispiel ein typischer Architektenvertrag (auch: Architekturvertrag),[3] ein Vertrag über Bauingenieur- oder über Elektroingenieurleistungen sein. Übernimmt ein Planer (insb. ein Architekt oder ein Bauingenieur) **sämtliche Planerleistungen** im Zusammenhang mit einem Bauvorhaben,[4] mindestens aber die Projektierung und die Bauleitung, so ist 1.5

---

1 Vgl. Erläuterungen SIA 112, S. 5.

2 Die SIA-Ordnungen 102, 103, 104, und 108 sprechen von «in der Regel zu erbringenden Grundleistungen und allfällig besonders zu vereinbarenden Leistungen» (ähnlich auch SIA-Ordnung 106), wobei die Einteilung der Leistungen in Teilphasen, «dem üblichen Planungsablauf» entspreche (je Art. 4). Letzteres hält auch die SIA-Ordnungen 110 unter Art. 4 fest. Auch diese Ordnung umschreibt Grundleistungen und besonders zu vereinbarende Leistungen, wobei diesbezüglich von einer «Liste möglicher Arbeitsschritte» gesprochen wird. Als «Auswahl der in Absprache mit dem Auftraggeber zu erbringenden Leistungen» versteht sich der Leistungsbeschrieb der Planungsaufgaben in der SIA-Ordnung 105 (Art. 4.1), während im Leistungsbeschrieb der Projektierungsarbeiten wieder von «in der Regel zu erbringenden Grundleistungen und allfällig besonders zu vereinbarender Leistungen» gesprochen wird (Art. 4.2).

3 Die Ausdrücke «Architekten-» oder «Architekturvertrag» werden in der Baubranche synonym verwendet. Vgl. z.B. auch die unterschiedslos nebeneinander auftretende Verwendung in BGer 4C.408/1999 vom 11. Januar 2000.

4 Von der ersten Idee über die Projektierung und die Bauausführung bis hin zur Leitung der Garantiearbeiten und der Rechnungskontrolle.

er bezogen auf den betreffenden Vertrag ein «Gesamtplaner», dessen geschuldete Gesamtleistung in unterschiedliche Teilleistungen zerfällt. Der betreffende Vertrag wird als «Gesamtvertrag» (des Architekten oder Ingenieurs) bezeichnet.

1.6 Möglich und recht häufig ist indessen auch, dass der konkret vereinbarte Planervertrag sich auf **einzelne Teilleistungen** beschränkt, also nicht die planerische Gesamtleistung für die Durchführung eines Bauvorhabens umfasst. So kommt es namentlich bei grösseren Bauwerken vor, dass zum Beispiel für die Projektierung auf der einen Seite und für die Bauleitung (die Leitung der Bauausführung) sowie die Kostenkontrolle auf der anderen Seite verschiedene Planer mit je eigenen Verträgen beigezogen werden. Je nachdem, welcher (Teilleistungs-)Inhalt in einem Planervertrag vereinbart wurde, spricht man etwa von einem «Projektierungs-» oder einem «reinen Planungsvertrag», einem «Vertrag zur Herstellung eines Kostenvoranschlags» oder einem «Bauleitungsvertrag».

1.7 **3.** Wird der Umfang der Leistungen streitig, die einem Planer übertragen sind, so stellt sich die **Frage nach der Beweislast:** Die Beweislast trägt nach dem allgemeinen Grundsatz von Art. 8 ZGB, wer von einer bestimmten Planerleistung behauptet, dass sie zum Inhalt des vereinbarten Planervertrags gehört, was je nach Streitlage der Bauherr oder der Planer sein kann. Weder enthält das Gesetz[5] eine Ausnahme von dieser Beweislastverteilung, noch besteht eine auch nur tatsächliche Vermutung, die im Streitfall für diesen oder jenen Leistungsumfang spricht. Insbesondere gibt es keinen Erfahrungssatz, wonach der Planer im Zweifel mit allen zur Durchführung des Bauvorhabens erforderlichen Planerleistungen betraut ist (Rz. 1.79).[6]

1.8 **4.** Das Gesagte zeigt, dass der Planervertrag **kein einheitlicher Vertragstypus** ist, sondern – je nach getroffener Vereinbarung – bald solche, bald andere Planerleistungen zum Gegenstand hat. Demzufolge gibt es, schon von der geschuldeten Planerleistung her, vielfältigste Arten des Planervertrags. Die Vielfalt, in der sich der Vertrag präsentiert, wird noch erweitert, wenn man die beteiligten Parteien und die Frage der Entgeltlichkeit in die Betrachtung einbezieht:

---

5 Beachte aber für das deutsche Recht § 650p BGB: «(1) Durch einen Architekten- oder Ingenieurvertrag wird der Unternehmer verpflichtet, die Leistungen zu erbringen, die nach dem jeweiligen Stand der Planung und Ausführung des Bauwerks oder der Außenanlage erforderlich sind, um die zwischen den Parteien vereinbarten Planungs- und Überwachungsziele zu erreichen. (2) Soweit wesentliche Planungs- und Überwachungsziele noch nicht vereinbart sind, hat der Unternehmer zunächst eine Planungsgrundlage zur Ermittlung dieser Ziele zu erstellen. Er legt dem Besteller die Planungsgrundlage zusammen mit einer Kosteneinschätzung für das Vorhaben zur Zustimmung vor.»

6 Vgl. BGH VII ZR 319/78 vom 4. Oktober 1979 (= NJW 1980, S. 122); Werner, Stufenweise Beauftragung, S. 696.

3. Die Vertragsparteien

1. Die **Parteien des Planervertrags** sind: ein (selbständiger) Planer,[7] der die Planerleistung(en) verspricht, und dessen Vertragspartner. Auf die Berufsausbildung des Planers kommt es für das Vorliegen eines Planervertrags nicht an,[8] so wenig wie es darauf ankommt, ob der Planer den Vertrag in Ausübung seines Berufs oder ausserberuflich vereinbart. Gleichgültig ist auch, in welcher Eigenschaft sich sein Vertragspartner am Vertrag beteiligt. Im Normalfall wird der Planervertrag zwar mit einem Bauherrn[9] abgeschlossen, von dem das gesamte Bauvorhaben ausgeht. Möglich ist aber auch, dass der Planer den Vertrag nicht mit einem Bauherrn selbst, sondern zum Beispiel mit einem Totalunternehmer[10] oder (als Subplaner) mit einem weiteren Planer abschliesst. 1.9

Beide Parteien, die sich an einem Planervertrag beteiligen, können natürliche Personen, juristische Personen oder rechtsfähige Personengesellschaften (Kollektiv- oder Kommanditgesellschaften) sein. Darüber hinaus kommt es vor, dass mehrere Personen, die zu einer einfachen Gesellschaft (Art. 530 OR) verbunden sind, den Vertrag auf der einen oder anderen Seite gemeinsam eingehen. Dem Planer kann etwa ein Bauherren-Konsortium in Form einer einfachen Gesellschaft gegenüberstehen. Und umgekehrt ist möglich, dass die auszuführenden Planerleistungen an verschiedene Planer gemeinsam vergeben werden,[11] die eine Planergemeinschaft (auch Arbeitsgemeinschaft) in einfacher Gesellschaft bilden (Rz. 16.14). 1.10

2. Auf die Regelung des Gesellschaftsverhältnisses von **Planergemeinschaften** zugeschnitten ist das SIA-Vertragsformular 1001/2 («Gesellschaftsvertrag für Planergemeinschaft»). Für deren Vertragsverhältnis zum Bauherrn stellte der SIA bis 2014 eine spezielle Vorlage «Planervertrag» (SIA-Vertragsformular 1012/1 [2001]) zur Verfügung, der für die «ganzheitliche» vertragliche Regelung aller Arten von baubezogenen Planerleis- 1.11

---

7 Der Erbringer der Planerleistungen schliesst den Vertrag als selbständiger (freischaffender) Planer ab. Der Planervertrag ist deshalb kein Einzelarbeitsvertrag nach Massgabe des Art. 319 OR.

8 Einen Willensmangel vorbehalten, ist ein Planervertrag mit einem Architekten etwa auch dann gültig, wenn der Architekt zur Ausübung des Architektenberufs nach kantonalem Recht nicht berechtigt ist (BGE 117 II 47 = BR/DC 1993, S. 44, Nr. 99, mit Anm. Tercier). Vgl. BGer 4C.85/2003 vom 25. August 2003 E. 4.3.2.

9 Dieser Normalfall wird dadurch gespiegelt, dass der Vertragspartner des Bauherrn nachfolgend meist als «Bauherr» bezeichnet wird. Zum Begriff des Bauherrn Gauch, Werkvertrag, Rz. 208.

10 Zum Begriff des Totalunternehmers BGE 114 II 53/54 E. 2a (= BR/DC 1989, S. 16, Nr. 6, mit Anm. Gauch); Gauch, Werkvertrag, Rz. 233 f.; Rz. 1.25, Fn. 52.

11 Art. 3.5 SIA 102 geht davon aus, dass einzelne Leistungen des Architekten in Zusammenarbeit mit Fachleuten anderer Fachrichtungen erbracht werden, wobei das Zusammenwirken nach dieser Bestimmung (i) durch Einzelbeauftragung des Architekten und der verschiedenen Spezialisten und (ii) durch Gesamtbeauftragung eines Architekten, der die entsprechenden Leistungen teilweise an Spezialisten vergeben kann (vgl. Art. 3.5 SIA 103/104/108; Art. 3.7 SIA 105; Art. 3.4 SIA 106; Art. 3.9 SIA 110). Zu den «Freuden und Leiden von und mit Konsortien» Scherrer, Freuden und Leiden, S. 93.

tungen im Zusammenspiel mit dem damaligen SIA-Leistungsmodell 112 (heute SIA-Norm 112; Rz. 1.80 ff.) und den Ordnungen 102, 103, 104, 108 und 110 konzipiert war,[12] während es für die Einzelplanerverträge («Vertrag für Architekturleistungen», SIA-Vertragsformular 1002 [2003]; «Vertrag für Bauingenieurleistungen», SIA-Vertragsformular 1003 [2003]; «Vertrag für Ingenieurleistungen», SIA-Vertragsformular 1008 [2003]) je separate Muster gab. 2014 wurden diese verschiedenen Vertragsmuster in einem Muster «Planer-/Bauleitungsvertrag» (SIA-Vertragsformular 1001/1) zusammengefasst. Ein weiteres Muster «Subvertrag für Planer- und/oder Bauleitungsaufgaben» (SIA-Vertragsformular 1001/3) steht für das Subplanerverhältnis bereit.

4. Die Frage der Entgeltlichkeit

1.12 Der Planervertrag kann **ein entgeltlicher oder ein unentgeltlicher Vertrag** sein (eingehend zur Vergütung Rz. 8.1 ff.). Kommt es über die Entgeltlichkeit oder das Ausmass der geschuldeten Vergütung zum Streit, so gelten die folgenden Grundsätze:

1.13 **1.** Die **Beweislast dafür, dass die Leistung einer Vergütung vereinbart wurde** und deshalb (weil vereinbart) geschuldet ist, liegt im Streitfall beim Planer (Rz. 8.5). War die Erbringung der vereinbarten Planerleistungen *nach den Umständen nur gegen Entgelt zu erwarten,* so geht eine tatsächliche (natürliche) Vermutung dahin, dass die Parteien zumindest eine stillschweigende Vergütungsabrede getroffen haben.[13] Diese Vermutung kann jedoch durch blossen Gegenbeweis entkräftet werden,[14] weshalb sie nicht zu einer Umkehr der Beweislast führt.

1.14 **2.** Nach den Umständen spricht bereits dann eine tatsächliche (natürliche) **Vermutung für eine vereinbarte Entgeltlichkeit** der Planerleistungen, wenn die betreffenden Leistungen von einem Planer im Rahmen seiner Berufsausübung erbracht werden.[15] Diese Vermutung, die hier für die getroffene Vergütungsabrede spricht, entfällt nicht schon deswegen, weil die Parteien bei Vertragsabschluss in freundschaftlicher Beziehung zueinander standen. Denn erfahrungsgemäss werden Planerleistungen, wenn sie nicht

---

[12] Vgl. Erläuterungen SIA 112 (2001), S. 3. Zur Planergemeinschaft siehe Rz. 16.1; zu den Planern und der Haftung Mehrerer Rz. 17.1.

[13] BGE 119 II 40/43 E. 2b (= BR/DC 1994, S. 47, Nr. 86, mit Anm. Tercier); siehe auch Fellmann, Berner Kommentar, N 370 zu Art. 394 OR; Gmür, Die Vergütung, S. 78 f.; Reber, Rechtshandbuch, S. 241.

[14] BGer 4C.421/2006 vom 4. April 2007 E. 2.1 (= BR/DC 2007, S. 166, Nr. 361, mit Anm. Werro); Walter H. P., Berner Kommentar, N 475 f. zu Art. 8 ZGB.

[15] Vgl. z.B. BGE 119 II 40/43 E. 2b (= BR/DC 1994, S. 47, Nr. 86, mit Anm. Tercier); 64 II 9/12 E. 3; 25 II 785/789 E. 3 in fine; BGer 4C.421/2006 vom 4. April 2007 E. 2.1 (= BR/DC 2007, S. 166, Nr. 361, mit Anm. Werro); 4C.261/2005 vom 9. Dezember 2005 E. 2.1 (= BR/DC 2006, S. 64, Nr. 205, mit Anm. Gauch); HGer ZH HG140008 vom 15. Dezember 2014 E. 2.1 (= BR/DC 2015, S. 350, Nr. 580, mit Anm. Stöckli); KGer VS vom 15. März 1968 E. 2 (= ZWR 1968, S. 316); ZBJV 1921, S. 91 f.; SJZ 1920, S. 378; Fellmann, Berner Kommentar, N 380 zu Art. 394 OR; Gmür, Die Vergütung, S. 81 f.

einen ganz geringen Umfang haben, auch unter befreundeten Personen entgeltlich erbracht. Der Empfänger solcher Planerleistungen darf sich folglich nicht darauf verlassen, er brauche kein Entgelt zu bezahlen.[16] Dies gilt umso mehr, wenn die Leistungen für den Bauherrn einen Gewinn darstellen, indem sie sich verwenden bzw. verwerten lassen.[17]

3. Beurteilt sich die **Vergütungspflicht nach Auftragsrecht,**[18] so greift die Sonderbestimmung des Art. 394 Abs. 3 OR (Rz. 8.5).[19] Nach Art. 394 Abs. 3 OR wird eine Vergütung geschuldet, «wenn sie verabredet oder üblich ist». Die **Verkehrsübung,**[20] auf die Art. 394 Abs. 3 OR verweist, wird kraft dieses Verweises zum mittelbaren Gesetzesrecht;[21] sie erhält den Charakter von objektivem Recht,[22] das den Vertrag, der keine entspre- 1.15

16 Vgl. BGer 4A_42/2010 vom 19. März 2010 E. 2.1; 4C.421/2006 vom 4. April 2007 E. 2.1 f. (= BR/DC 2007, S. 166, Nr. 361, mit Anm. Werro). In BGE 64 II 9 (einem planerfreundlichen Entscheid; vgl. auch BGer 4A_462/2008 vom 22. Dezember 2008 E. 4.3) hielt das Bundesgericht sogar an der Vermutung der Entgeltlichkeit fest, obwohl die Pläne, deren Vergütung ein Architekt vom (nicht befreundeten) Bauherrn einforderte, «sans engagement» bestellt worden waren. Gestützt auf die vermutete Entgeltlichkeit kam das Gericht zum Schluss, eine Vergütung sei vereinbart; der Ausdruck «sans engagement» bedeute also nicht «kostenlos» («gratuit»), sondern nur, dass der Bauherr hinsichtlich der Verwirklichung der hergestellten Pläne (überhaupt und in der allfälligen Wahl eines bauleitenden Architekten) frei bleibe (ähnlich das Oberlandesgericht Düsseldorf in seinem Urteil 22 U 251/91 vom 5. Juni 1992 betreffend den Ausdruck «unverbindlich» = BauR 1993, S. 108). Fraglich ist allerdings, ob die Verwendung des Ausdrucks «sans engagement» nicht geeignet gewesen wäre, die Vermutung der vereinbarten Entgeltlichkeit zu entkräften, von der das Gericht bei der Auslegung dieses Ausdruckes ausging. Denn der Ausdruck kann in entsprechenden Verträgen durchaus auch die Bedeutung von «kostenlos» haben, was hätte genügen müssen, um im konkreten Fall Zweifel an der Richtigkeit der Vermutung zu wecken und diese dadurch zu beseitigen (vgl. Walter H. P., Berner Kommentar, N 66 f. und 476 zu Art. 8 ZGB).

17 Vgl. auch BGer 4A_42/2010 vom 19. März 2010 E. 2.1 zur Beurteilung der Vergütungspflicht von Planungsleistungen eines Totalunternehmers, obwohl dessen Projekt nicht ausgeführt wurde.

18 Zur Qualifikation des Planervertrags siehe Rz. 1.28 ff.

19 Nach BGer 4A_230/2013 vom 17. September 2013 E. 2 (= BR/DC 2014, S. 154, Nr. 263, mit Anm. Werro) rechtfertigt es sich, die Vergütung eines Gesamtarchitekten integral nach der auftragsrechtlichen Regel von Art. 394 Abs. 3 OR zu bemessen, wenn die Parteien diesbezüglich keine Vereinbarung getroffen haben. Das ist deshalb bemerkenswert, weil das Bundesgericht den Gesamtvertrag des Architekten als gemischtes Vertragsverhältnis qualifiziert, auf welches entsprechend der bundesgerichtlich propagierten Spaltung der Rechtsfolgen (Rz. 1.49) je nachdem, ob gerade werkvertraglich oder auftragsrechtlich zu qualifizierende Leistungen zu beurteilen sind, einmal Werkvertrags- und einmal Auftragsrecht zur Anwendung gelangen soll. Vgl. dazu Gauch, Erneut zum Gesamtvertrag, S. 69 ff.

20 Zum Begriff und zu den Erscheinungsformen der Verkehrsübung vgl. Fellmann, Berner Kommentar, N 375 ff. zu Art. 394 OR; Jäggi/Gauch/Hartmann, Zürcher Kommentar, N 423 ff. zu Art. 18 OR.

21 Fellmann, Berner Kommentar, N 374 zu Art. 394 OR; Gmür, Die Vergütung, S. 81; Wolf, Berner Kommentar, N 103 zu Art. 5 ZGB.

22 Vgl. BGE 94 II 157/159 E. 4b; 91 II 356/358 f. E. 2.

chende Abrede enthält, wie eine dispositive Gesetzesnorm ergänzt.[23] Besteht für den Personenkreis der beteiligten Parteien eine einschlägige Verkehrsübung, was diejenige Partei zu beweisen hat, die sich darauf beruft,[24] so kommt die Übung in zweifacher Hinsicht zum Tragen:

1.16 **a.** Zunächst begründet die Übung nach Art. 394 Abs. 3 OR eine *Vergütungspflicht, ohne* dass eine *Vergütungsabrede* oder eine vertragliche Übernahme der Übung durch die Parteien erforderlich wäre.[25] Ist also die Leistung einer Vergütung üblich, so reicht dies nach Art. 394 Abs. 3 OR aus, damit der Auftraggeber vergütungspflichtig wird. Vorbehalten bleibt eine abweichende Abrede. Behauptet der Auftraggeber, dass eine von der Übung abweichende Unentgeltlichkeit der Planerleistungen vereinbart worden sei, so trägt er hierfür die Beweislast.[26] Er hat zu beweisen, dass der Vergütungsanspruch des Planers wegbedungen wurde. Keine Befreiung von der üblichen Vergütungspflicht bringt also der blosse Nachweis, dass über die Entgeltlichkeit überhaupt nichts vereinbart worden ist.

1.17 **b.** Sodann bestimmt die Übung (über den engen Wortlaut des Gesetzes hinaus) auch den *Umfang der geschuldeten Vergütung,*[27] und zwar selbst dann, wenn die Vergütungspflicht als solche auf Vereinbarung beruht (Rz. 8.40).[28] Besteht eine einschlägige Übung hinsichtlich der Vergütungshöhe, so hat der Planer nach Art. 394 Abs. 3 OR (bei gegebenem

---

23 Jäggi/Gauch/Hartmann, Zürcher Kommentar, N 591 zu Art. 18 OR; Kramer, Berner Kommentar, N 242 zu Art. 18 OR.

24 Vgl. BGer 4A_606/2016 vom 10. März 2017 E. 3.1.

25 BGE 112 II 347/351 E. 1b; Fellmann, Berner Kommentar, N 373 zu Art. 394 OR; Gautschi G., Berner Kommentar, N 74c und 81 zu Art. 394 OR.

26 Siehe auch Fellmann, Berner Kommentar, N 383 zu Art. 394 OR; Gmür, Die Vergütung, S. 86.

27 Nach der hier vertretenen Auffassung betrifft der Verweis auf die Übung, den Art. 394 Abs. 3 OR enthält, nicht nur die Frage, ob ein Entgelt geschuldet ist (anders aber Fellmann, Berner Kommentar, N 397 ff. zu Art. 394 OR; Hofstetter, SPR VII/6, S. 61). Vielmehr ist der Verweis so auszulegen, dass sich auch die Vergütungshöhe nach einer bestehenden Übung richtet. Vgl. dazu BGE 135 III 259/261 f. E. 2.2; 132 III 460/466 E. 4.3; 101 II 109/111 E. 2; 82 IV 145/147 E. 2a; BGer 4C.261/2005 vom 9. Dezember 2005 E. 2.1 (= BR/DC 2006, S. 64, Nr. 205, mit Anm. Gauch); von Büren, OR BT, S. 135 f.; Weber, Basler Kommentar, N 39 zu Art. 394 OR; Gautschi G., Berner Kommentar, N 77a zu Art. 394 OR; Gmür, Die Vergütung, S. 109 ff.; Suter, Der entgeltliche Auftrag, S. 93; Werro, Le mandat, S. 256; offengelassen in BGE 117 II 282/283 f. E. 4b (= BR/DC 1992, S. 93, Nr. 153, mit Anm. Gauch). Denn es gibt keinen Grund, weshalb der Richter, der eine Vergütungspflicht gestützt auf die Übung bejaht, eine unübliche Vergütung zusprechen sollte. Das Argument, dass der an die übliche Vergütung gebundene Richter im «Fall der eingelebten Unsitte» machtlos wäre (Hofstetter, SPR VII/6, S. 61), entfällt schon deswegen, weil eine Übung, die eine Partei in sittenwidriger Weise benachteiligt, von vornherein unbeachtlich ist (Jäggi/Gauch/Hartmann, Zürcher Kommentar, N 596 zu Art. 18 OR).

28 Das ergibt sich ohne Weiteres aus der Doppelfunktion, welche die Übung nach Art. 394 Abs. 3 OR erfüllt, indem sie erstens eine Vergütungspflicht begründet und zweitens deren Umfang bestimmt. Wurde eine Vergütungspflicht vereinbart, so entfällt zwar die erste Funktion der Übung, was aber nicht heisst, dass sie auch die zweite verliert (vgl. BGE 135 III 259/261 E. 2.1 f.; 101 II 109/110 f. E. 1).

Vergütungsanspruch) ein Recht auf die übliche Vergütung.[29] Vorbehalten bleiben wiederum abweichende Abreden. Behauptet eine Partei, dass eine von der Übung abweichende (höhere oder geringere) Vergütung vereinbart worden sei, so liegt die Beweislast bei ihr.

Fraglich ist nun, ob die *SIA-Honorarordnungen (*dazu Rz. 1.56 ff.*)* eine Übung *für die Höhe der Vergütung* enthalten (Rz. 8.43 ff.). Obwohl das Bundesgericht diese Frage für einen Gesamtvertrag explizit *verneint* hat («Les règlements et tarifs SIA ne sont déterminants que dans la mesure où les parties ont expressément ou tacitement convenu de s'y référer; à défaut, ils n'ont pas valeur d'usage au regard de l'art. 394 al. 3 CO»),[30] wurde sie vom Handelsgericht Zürich für einen werkvertraglich zu qualifizierenden Planervertrag bejaht – und zwar nicht betreffend der Vergütung nach Zeitaufwand (Art. 6 SIA 102/103-K ≈ *a*Art. 6 SIA 102/103; Rz. 8.2 und 8.151), sondern betreffend der Honorarberechnung nach den aufwandbestimmenden Baukosten.[31] Zwar führt dieser handelsgerichtliche Ansatz gerade in Fällen, in denen der geleistete Aufwand nicht mehr nachgewiesen werden kann, zu einer pragmatischen Lösung. Dennoch wurde Kritik daran laut, weil es sich bei der Honorarberechnung nach den Baukosten um eine «aufwendig-komplizierte, vom einschlägig interessierten Berufsverband erstellte Rechenformel» handle, während Art. 6 SIA 102/103-K mit der Honorierung nach Zeitaufwand eine einfachere Methode vorsieht.[32] Letzterem trägt nun auch der SIA Rechnung, indem in Art. 5.8 SIA 102/103/ 105/108 unter dem Titel «Fehlende Vereinbarung» neu festgehalten ist, dass «die Leistungen nach dem effektiven Zeitaufwand zu vergüten» sind, wenn die Art der Vergütung nicht vereinbart wurde. Mit dieser Regelung kehrt sich auch der SIA von einem Verständnis ab, welches die Honorarberechnung nach den Baukosten, die ohnehin unter Druck der WEKO geriet (Rz. 8.2),[33] als üblich verstehen würde. Offen bleibt aber, nach welchen in den unter Art. 6.1.1 SIA 102/103-K zur Auswahl stehenden Grundsätzen das Honorar nach Zeitaufwand zu berechnen wäre (vgl. Rz. 8.67), zumal die KBOB ihre seit den 1980er-Jahren gebräuchlichen Empfehlungen der Stundenansätze für Architekten und Ingenieure[34] per Ende Juni 2017 zurückzog.[35] 1.18

---

29 Dass dies durchaus dem Sinn des Art. 394 Abs. 3 OR entspricht, belegen «verwandte» Gesetzesbestimmungen (Art. 414 und Art. 418g Abs. 1 OR), worin der Gesetzgeber sich deutlicher ausgedrückt hat.

30 BGer 4A_230/2013 vom 17. September 2013 E. 2 (= BR/DC 2014, S. 154, Nr. 263, mit Anm. Werro); vgl. dazu Gauch, Erneut zum Gesamtvertrag, S. 69 ff.

31 HGer ZH HG140008 vom 15. Dezember 2014 E. 3.1 und 3.2.2 f. (= BR/DC 2015, S. 350, Nr. 580, mit Anm. Stöckli); vgl. auch KGer SG BZ.2010.4 vom 16. Dezember 2010 E. III/1 (= BR/DC 2011, S. 63, Nr. 181, mit Anm. Stöckli).

32 Siehe dazu die Anm. von Stöckli zu HGer ZH HG140008 vom 15. Dezember 2014 (= BR/DC 2015, S. 350, Nr. 580) sowie zu KGer SG BZ.2010.4 vom 16. Dezember 2010 (= BR/DC 2011, S. 63, Nr. 181).

33 Middendorf, Mehr Markt oder mehr Willkür?, S. 44 f.

34 Vgl. KGer SG BZ.2010.4 vom 16. Dezember 2010 E. III/1/dd, wonach davon ausgegangen werden konnte, dass die von der KBOB publizierten Stundenansätze deshalb angemessen gewesen seien, weil der Bund sie anwende. Kritisch dazu die Anm. von Stöckli zu KGer SG BZ.2010.4 vom 16. Dezember 2010 (= BR/DC 2011, S. 63, Nr. 181).

35 Middendorf, Mehr Markt oder mehr Willkür?, S. 44.

1.19 Gibt die anwendbare Verkehrsübung im Einzelfall keine Antwort auf die Vergütungs*höhe,* so hat das Gericht den Vertrag diesbezüglich nach dem «hypothetischen Willen» der Parteien zu ergänzen.[36] Ausgehend von der Eigenart des konkreten Vertrags hat es die Vergütungshöhe so festzusetzen, dass sie nach Treu und Glauben von beiden Parteien hätte akzeptiert werden müssen, weil sie den geleisteten Diensten nach den Umständen des Einzelfalls (insb. nach dem Gegenstand des Auftrags, der vom Beauftragten übernommenen Verantwortung sowie seiner beruflichen Ausbildung und Stellung) objektiv angemessen ist.[37]

1.20 **4.** Von der Vergütung zu unterscheiden ist im Auftragsrecht der **Auslagen- und Verwendungsersatz,** auf den der Beauftragte nach Art. 402 Abs. 1 OR Anspruch hat (Rz. 8.172 ff.).[38] Dieser gesetzliche Anspruch besteht unabhängig davon, ob es sich um einen entgeltlichen oder unentgeltlichen Auftrag handelt. Hingegen entfällt der Anspruch, soweit er durch eine vertragliche Abrede wegbedungen wurde. Eine derartige Abrede kann schon von vornherein getroffen werden, und zwar auch für unentgeltliche Aufträge. Ein Teil der Lehre allerdings nimmt an, ein unentgeltlicher Auftrag mit wegbedungenem Auslagen- und Verwendungsersatz sei in Wirklichkeit ein schenkungsähnlicher Innominatkontrakt,[39] was hier nicht weiter untersucht wird. Wichtiger ist die Feststellung, dass ein vertraglicher Verzicht auf die Ersatzansprüche des Art. 402 Abs. 1 OR nicht leichthin bejaht werden darf, da Abweichungen vom dispositiven Recht mit hinreichender Deutlichkeit vereinbart werden müssen.[40]

1.21 Handelt es sich im konkreten Fall um einen *unentgeltlichen Auftrag,* so ist zu beachten, dass auf das Auftragsverhältnis Art. 422 Abs. 1 OR zur (analogen) Anwendung gelangt.[41] Das bedeutet, dass der Auftraggeber für den vom unentgeltlich beauftragten Planer erlittenen Schaden nach Ermessen des Gerichts Ersatz zu leisten hat, ohne dass hierfür ein Verschulden vorausgesetzt wäre. So hätte ein Bauherr etwa für den Schaden seines Planers in einem vom Gericht zu bestimmenden Umfang aufzukommen, falls der Planer im Rahmen einer unentgeltlich übernommenen Bauleitung auf der Baustelle verunfallt.

---

36 Vgl. BGE 135 III 259/262 E. 2.2; OGer LU vom 21. Mai 1987 E. 5 (= LGVE 1987 I, Nr. 21, S. 57 = BR/DC 1989, S. 16, Nr. 3, mit Anm. Gauch); Gmür, Die Vergütung, S. 111; Werro, Le mandat, S. 256 f.

37 Vgl. BGE 135 III 259/262 E. 2.2; 117 II 282/284 f. E. 4c; 101 II 109/111 E. 2; vgl. auch Rz. 8.48.

38 Vgl. dazu Fellmann, Berner Kommentar, N 11 ff. zu Art. 402 OR; Gauch, Erneut zum Gesamtvertrag, S. 70; Gmür, Die Vergütung, S. 40 ff.

39 Vgl. Fellmann, Berner Kommentar, N 63 zu Art. 402 OR.

40 Vgl. BGE 117 II 609/621 E. 6c; 115 II 264/268 E. 5a; 113 II 49/51 E. 1b.

41 BGE 48 II 487/490 ff. E. 3; vgl. auch BGE 61 II 95; Gauch, Bauernhilfe, S. 192 ff. und S. 198 ff.

5. Wurde eine Vergütungspflicht vereinbart[42] und kommt **Werkvertragsrecht** zur Anwendung,[43] so bemisst sich die geschuldete Vergütung allenfalls nach Art. 374 OR, der ergänzendes Vertragsrecht enthält, was die Höhe der werkvertraglichen Vergütung betrifft (Rz. 8.41). Nach dieser dispositiven Bestimmung wird die geschuldete Vergütung «nach Massgabe des Wertes der Arbeit und der Aufwendungen» (unter Hinzurechnung eines angemessenen Zuschlags für Generalunkosten und Gewinn) festgesetzt, falls sie von den Parteien «entweder gar nicht oder nur ungefähr bestimmt worden» ist.[44] Die Ermittlung des massgeblichen «Wertes» (samt Zuschlag für Generalunkosten und Gewinn) obliegt im Streitfall dem Gericht, das eine bestehende Übung am Orte der Arbeitsausführung mitberücksichtigen muss, auf die Art. 374 OR zwar nicht ausdrücklich, jedoch implizit verweist.[45] Die Vergütungspflicht als solche (die Entgeltlichkeit) lässt sich aber weder aus Art. 374 OR ableiten, noch enthält das Werkvertragsrecht (anders als das Auftragsrecht) eine Bestimmung, die diesbezüglich eine Übung genügen lässt. Ist eine Vergütung der Werkleistung im konkreten Fall jedoch üblich oder sonst wie nach den Umständen zu erwarten (weil sie z.B. berufsmässig erbracht wird), so spricht eine tatsächliche Vermutung dafür, dass eine Vergütungspflicht zumindest stillschweigend vereinbart wurde (Rz. 8.6).[46] Eine solche Vermutung lässt sich dadurch entkräften, dass beim Gericht entsprechende Zweifel geweckt werden.[47] 1.22

6. Pro memoria bleibt anzufügen, dass der Planer einen vertraglichen Vergütungsanspruch von vornherein bloss dann haben kann, wenn sein Planervertrag überhaupt wirksam ist. An der **vorausgesetzten Wirksamkeit** fehlt es zum Beispiel, wenn sich ein Vertragspartner zu Recht und rechtzeitig (Art. 31 OR) auf einen wesentlichen Irrtum (Art. 23 1.23

[42] Haben die Parteien Unentgeltlichkeit entweder ausdrücklich oder stillschweigend vereinbart oder ergibt sich die Unentgeltlichkeit der Planerleistung aus dem mit hypothetischen Parteiwillen zu ergänzenden Vertrag, liegt per definitionem kein Werkvertrag vor (BGE 127 III 519/523 E. 2b = BR/DC 2004, S. 80, Nr. 191, mit Anm. Pichonnaz; 122 III 10/14 E. 3; BGer 4C.421/2006 vom 4. April 2007 E. 2.1 = BR/DC 2007, S. 166, Nr. 361, mit Anm. Werro; Schwery, Der uneigennützige Werkvertrag, S. 201; dazu Rz. 1.34).

[43] Siehe zur Frage der Entgeltlichkeit im Werkvertragsrecht Aebi-Mabillard, La rémunération, Rz. 349; Siegenthaler, Präjudizienbuch, N 2 zu Art. 363 OR.

[44] Vgl. z.B. KGer VS vom 28. Januar 1992 (= ZWR 1993, S. 190). Mit der Auslegung, Anwendbarkeit und Anwendung des Art. 374 OR verbinden sich zahlreiche Einzelfragen, auf die hier nicht eingetreten wird. Ausführlich hingegen Gauch, Werkvertrag, Rz. 935 ff., 973 ff. (zu Art. 375 OR: unverhältnismässige Überschreitung eines ungefähren Ansatzes) und 1011 ff. (Beweislastfragen).

[45] Vgl. BGE 23 I 223/230 E. 2; siehe auch BGer 4C.261/2005 vom 9. Dezember 2005 E. 2.1 (= BR/DC 2006, S. 64, Nr. 205, mit Anm. Gauch). Beachte HGer ZH HG140008 vom 15. Dezember 2014 E. 3.2.2 f. (= BR/DC 2015, S. 350, Nr. 580, mit Anm. Stöckli), wonach bei einer Festsetzung der Vergütung durch den Richter «eine einschlägige Übung, wozu insbesondere die Honorarberechnungsmodelle des SIA gehören, mit[zu]berücksichtigen» sei; dabei stellte es bei der Honorarermittlung auf die aufwandbestimmenden Baukosten ab (siehe dazu Rz. 1.18).

[46] Vgl. Rz. 1.14; Gauch, Werkvertrag, Rz. 111a ff.

[47] BGer 4C.285/2006 vom 2. Februar 2007 E. 2.2 (= BR/DC 2007, S. 169, Nr. 367, mit Anm. Pichonnaz).

OR) berufen hat. Wesentlich ist unter Umständen auch ein *Erklärungsirrtum,* der gerade die Entgeltlichkeit betrifft.[48] Wird eine Vergütung allerdings nach dem auftragsrechtlichen Art. 394 Abs. 3 OR geschuldet, weil sie üblich ist, so kann ein Auftraggeber, der von der Unentgeltlichkeit des Auftrags ausgegangen ist, sich *deswegen* nicht auf Erklärungsirrtum berufen. Da die Übung, auf die Art. 394 Abs. 3 OR verweist, den Vertrag wie eine dispositive Gesetzesnorm ergänzt, bleibt ein Irrtum über Bestand oder gesetzliche Geltungskraft der Übung unbeachtlich.

1.24 7. Überhaupt kein Vertrag (auch kein unentgeltlicher Auftrag) ist das **reine Gefälligkeitsverhältnis,** das entsteht, wenn ein Planer Leistungen übernimmt oder ausführt, ohne sich dem Begünstigten gegenüber vertraglich zu verpflichten.[49] Aus einem solchen Verhältnis erwachsen dem Planer weder vertragliche Vergütungs- noch andere Erfüllungsansprüche, also auch keine Ersatzansprüche aus Art. 402 Abs. 1 OR. Umso mehr rechtfertigt sich hier die kausale Billigkeitshaftung des Begünstigten gegenüber dem Gefälligen, die auch den Auftraggeber eines unentgeltlichen Auftrags verpflichtet (vgl. Rz. 1.21), für den vom Beauftragten erlittenen Schaden einzustehen.[50]

5. Abgrenzung

1.25 Der Planervertrag ist zu unterscheiden von den übrigen Verträgen, die der Verwirklichung eines Bauvorhabens dienen, insbesondere vom Bauwerkvertrag. Im **Bauwerkvertrag** verpflichtet sich ein Bauunternehmer zur entgeltlichen Ausführung von Bauarbeiten und damit zur körperlichen Gestaltung eines (direkt oder indirekt) mit dem Erdboden verbundenen Baus oder Bauteils.[51] Dieser Vertrag ist auch dann ein Werkvertrag (Art. 363 OR), wenn er im Einzelfall die Merkmale eines General- oder Totalunternehmervertrags aufweist.[52] Ein Planervertrag im hier verstandenen Sinne ist er selbst dann nicht, wenn die Ausführung der Bauarbeiten von einem professionellen Planer (einem Architekten oder Ingenieur) geschuldet wird. Denn:

---

48 Vgl. den bereits zitierten BGE 64 II 9.

49 Vgl. BGE 116 II 695.

50 Vgl. BGE 129 III 181; Gauch, Bauernhilfe, S. 196 ff.

51 Gauch, Werkvertrag, Rz. 204 ff.

52 BGE 117 II 273/274 E. 3a (= BR/DC 1992, S. 93, Nr. 154, mit Anm. Gauch); 114 II 53/55 E. 2b (= BR/DC 1989, S. 16, Nr. 6, mit Anm. Gauch); vgl. Brändli, Wichtige baurechtliche Verträge, S. 180 f.; Briner, Architektenverträge, S. 55. Zu den Merkmalen des General- und Totalunternehmervertrags vgl. Gauch, Werkvertrag, Rz. 222 ff. und 233 ff. Vom Generalunternehmer unterscheidet sich der Totalunternehmer nur (aber immerhin) dadurch, dass er auch die Planungsarbeiten, namentlich die Projektierungsarbeiten, für die vom Bauherrn bestellte Baute leistet (BGE 114 II 53/55 E. 2a = BR/DC 1989, S. 16, Nr. 6, mit Anm. Gauch). Er ist also gewissermassen ein «projektierender» Generalunternehmer. Zur werkvertraglichen Qualifikation von Änderungs- und Zusatzwünschen in einem Vertrag über den Bau und Verkauf einer Stockwerkeinheit siehe OGer ZH LB140048 vom 30. Januar 2015 E. 4 (= BR 2015, S. 347, Nr. 570, mit Anm. Siegenthaler).

Nichts hindert einen solchen Planer, sich (wie irgendein anderer) zur Leistung von Bauarbeiten zu verpflichten. Tut er dies, so wird er nicht in seiner Eigenschaft als Planer, sondern in der Rolle eines Bauunternehmers (z.B. als General- oder Totalunternehmer) tätig. Er ist dann Vertragspartner eines Bauwerkvertrags,[53] nicht eines Planervertrags, und hat von vornherein kein Recht, die übernommenen Bauarbeiten im Namen und auf Rechnung des Bestellers an Dritte zu vergeben.[54] Daran vermag weder seine Berufsbezeichnung etwas zu ändern, noch der Umstand, dass er allenfalls ein Planerbüro betreibt. 1.26

Wird streitig, ob zwischen dem Planer und seinem Partner ein Planervertrag oder ein Bauwerkvertrag abgeschlossen wurde, so ist der Streit nach dem vereinbarten Vertragsinhalt, also durch Auslegung des Vertrags, zu entscheiden. Haben die Parteien die SIA-Ordnung 102 als Vertragsbestandteil übernommen, liegt darin zwar ein Indiz, das gegen die Annahme eines Bauwerkvertrags spricht. Entsprechendes gilt, wenn der Planer die Übernahme der Bauleitung versprochen hat.[55] Ausgeschlossen ist es aber nicht, dass dennoch ein Bauwerkvertrag vereinbart wurde.[56] 1.27

III. Die Frage der Qualifikation — rechtliche Einordnung der Planerverträge

1. Die Fragestellung

1. Der Planervertrag ist kein Vertragstyp, den der Gesetzgeber besonders geordnet hat.[57] Für den Rechtsanwendenden stellt sich deshalb die **Frage, ob der Vertrag sich diesem oder jenem gesetzlich geregelten Vertragstyp zuordnen lässt.** Die Qualifikationsfrage, 1.28

---

53 Vgl. BGE 114 II 53 (= BR/DC 1989, S. 16, Nr. 6, mit Anm. Gauch); 107 II 438 f.; 97 II 66; 29 II 538.

54 Vgl. Gauch, Werkvertrag, Rz. 241.

55 Vgl. BGer 4C.85/2003 vom 25. August 2003 E. 4.5.

56 Vgl. BGE 115 II 460/463 E. 3c (= BR/DC 1990, S. 101, Nr. 136, mit Anm. Gauch), wo das Bundesgericht einen Totalunternehmervertrag annahm, obwohl die SIA-Ordnung 102 vertraglich übernommen wurde.

57 Anders dagegen in Deutschland: Hier wurde auf den 1. Januar 2018 im Titel 9 «Werkverträge und ähnliche Verträge» des BGB ein Untertitel 2 «Architektenvertrag und Ingenieurvertrag», §§ 650p–650t, eingefügt. § 650q Abs. 1 BGB verweist auf die allgemeinen Regeln des Werkvertragsrechts und auf das Bauvertragsrecht (§ 650b zum Änderungsrecht des Bestellers und §§ 650e–650h mit Regeln zur Sicherstellung des Werklohns, zur Zustandsfeststellung bei verweigerter Abnahme und zur Schlussrechnung und mit einem Schriftformerfordernis für Kündigung des Vertrags). Damit hat der deutsche Gesetzgeber im Einklang mit der Rechtsprechung des Bundesgerichtshofs klargestellt, dass der Architekten- und Ingenieurvertrag unabhängig davon, ob der konkrete Vertrag rein planende oder nur bauüberwachende Tätigkeiten zum Gegenstand hat, ein erfolgsbezogener Werkvertrag ist (vgl. Kniffka, Bauvertragsrechts-Kommentar, N 69 und 74 der Einf. vor § 631).

um die es hierbei geht, wird vorwiegend für einzelne Architektenverträge,[58] und zwar kontrovers, diskutiert.[59] Der diesbezügliche Qualifikationsstreit hängt unter anderem damit zusammen, dass der Architektenvertrag (wie der Planervertrag überhaupt) schon als Lebenserscheinung kein einheitlicher Vertragstyp ist, sondern ganz unterschiedliche Leistungen zum Gegenstand haben kann (vgl. Rz. 1.3 ff.), und es *den* Architektenvertrag mit immer gleichem Leistungsinhalt nicht gibt.[60] Trotzdem hatte *das Bundesgericht* vorübergehend[61] angenommen, der Architektenvertrag unterstehe, auch wenn er sich zum Beispiel in der Ausarbeitung von Plänen erschöpfen sollte, vorbehaltlos den Regeln des einfachen Auftrags (Art. 394 OR). Ein Werkvertrag wurde ausgeschlossen, weil das Gericht sich damals von der Meinung leiten liess, Gegenstand eines Werkvertrags könnten nur körperliche (nicht auch geistige) Werke sein.[62] Das Bundesgericht hat diese Meinung jedoch schon früh revidiert, indem es die Ablehnung des Geistwerkvertrags in BGE 109 II 34 richtigerweise wieder aufgegeben und in BGE 109 II 462 zu einer differenzierten Qualifikation des Architektenvertrags zurückgefunden hat. Obwohl der

---

58 Zu keinen Diskussionen Anlass gegeben hat – soweit ersichtlich – die Qualifikation des Bauleitungsvertrags (siehe auch Tercier/Bieri/Carron, Les contrats spéciaux, Rz. 4689). Dazu Rz. 1.47 f.

59 Vgl. Brändli, Wichtige baurechtliche Verträge, S. 170 ff.; Briner, Architektenverträge, S. 24; Egli, Revidierte SIA-Ordnungen, S. 65 ff.; Fellmann, Haftung für falsche Kostenschätzung, S. 225; Gauch, Werkvertrag, Rz. 47 ff.; ders., Erneut zum Gesamtvertrag, S. 69 ff.; Gehrer, Gestaltung von Architektenverträgen, S. 85; Leuenberger, Nicht behauptete Tatsachen, S. 54 f.; Hochstrasser/Denzler, Die Sorgfaltspflicht des Planers, S. 115 f.; Krauskopf, Präjudizienbuch, N 3 zu Art. 394 OR; vgl. die Anm. von Merz zu KGer SG vom 24. Januar 1986 (= BR/DC 1988, S. 11, Nr. 1); Quinto/Maffioletti, Handbuch zum Bauwesen, Rz. 143 ff.; Stöckli, Sorgfaltsmangel und Vergütung, S. 943 ff.; Tausky, Verträge über die Planung von Bauwerken, S. 135 ff.; Werro/Haas, Contrat d'expertise, S. 63 ff.; Zindel/Pulver/Schott, Basler Kommentar, N 17 ff. zu Art. 363 OR.

60 Vgl. beispielhaft BGer 4A_90/2013 vom 10. Juni 2013 E. 3 (= BR/DC 2013, S. 312, Nr. 527, mit Anm. Siegenthaler); 4A_55/2012 vom 31. Juli 2012 E. 4.4 (= BR/DC 2012, S. 213, Nr. 396, mit Anm. Stöckli).

61 Ab BGE 98 II 305/311 f. E. 3b bis 109 II 462 (= BR/DC 1985, S. 14, Nr. 2, mit Anm. Gauch).

62 BGE 98 II 305/311 E. 3b; so auch Koller A., Werkvertragsrecht, Rz. 65. Ausführlich zu dieser Frage Gauch, Werkvertrag, Rz. 33 ff. Dort wird unter Bezugnahme auf die herrschende Lehre, einen Teil der Rechtsprechung und die Gesetzesmaterialien ausgeführt, dass der Werkvertrag (mit gewissen Einschränkungen: Rz. 42 ff.) durchaus auch geistige Werke umfassen kann, die das Ergebnis einer immateriellen (z.B. wissenschaftlichen oder künstlerischen) Leistung sind. Das von Gautschi G. (Berner Kommentar, N 1 der Vorbem. zu Art. 363–379 OR) und von andern verwendete Gegenargument, dass nur für körperliche (stoffliche) Werke die werkvertragliche Mängelhaftung infrage komme (BGE 98 II 305/311 E. 3b), überzeugt nicht (BGE 115 II 50/54 E. 1b = BR/DC 1990, S. 42, Nr. 41, mit Anm. Tercier). Denn ein Grund, weshalb bei unkörperlichen Werken die Anwendung der werkvertraglichen Bestimmungen über die Mängelhaftung ausgeschlossen sein soll, ist weder ersichtlich noch von jemandem dargetan (im Einzelnen und mit weiteren Nachweisen Gauch, Werkvertrag, Rz. 39 und 1472).

soeben erwähnte Entscheid mehrfach bestätigt wurde,[63] vermochte er die Kontroversen um die Qualifikation nicht zu beenden. Hier wird der Ansicht gefolgt, die GAUCH bereits an andern Orten erläutert hat,[64] was gewisse Wiederholungen unvermeidbar macht, es andererseits aber gestattet, sich nachfolgend auf die grossen Leitlinien zu beschränken.

2. Die Beantwortung der Qualifikationsfrage hat **praktische Auswirkungen:**[65] Von ihr hängt namentlich ab, welche Regeln des gesetzlichen Vertragstypenrechts[66] auf den konkreten Vertrag zur Anwendung gelangen. Je nach Qualifikation können es zum Beispiel die gesetzlichen Regeln des Auftragsrechts oder jene des Werkvertragsrechts sein. Dies wiederum wirkt sich etwa aus auf die Haftung des Planers für Schlechtleistung,[67] auf die Verjährung dieser Haftung[68] und auf die Beendigung des Vertragsverhältnisses.[69] 1.29

---

63 Z.B. in BGE 134 III 361/363 E. 5 (= BR/DC 2009, S. 58, Nr. 123, mit Anm. STÖCKLI); 127 III 543/545 E. 2a (= BR/DC 2002, S. 90, Nr. 212, mit Anm. WERRO); 114 II 53/56 E. 2b in fine (= BR/DC 1989, S. 16, Nr. 6, mit Anm. GAUCH); 110 II 380/382 E. 2 (= BR/DC 1985, S. 56, Nr. 42, mit Anm. GAUCH); BGer 4A_252/2010 vom 25. November 2010 E. 4.1; vgl. auch KGer SG BE.2015.48 vom 26. November 2015 E. III/2/b/bb/aaa (= BR/DC 2016, S. 238, Nr. 632, mit Anm. SIEGENTHALER).

64 Vgl. insb. GAUCH, Werkvertrag, Rz. 47 ff.

65 Vgl. die Anm. von STÖCKLI zu BGE 134 III 361 (= BR/DC 2009, S. 58, Nr. 123); ausführlich TRÜMPY, Architektenvertragstypen, S. 18 ff.

66 Selbstverständlich ist es den Parteien freigestellt, durch Vereinbarung vom dispositiven Gesetzesrecht abzuweichen, indem etwa in einem Werkvertrag die kausale Gewährleistung des Unternehmers wegbedungen und durch eine Verschuldenshaftung ersetzt wird.

67 Ist der Planervertrag ein einfacher Auftrag, so unterliegt diese Haftung nicht den strengen Prüf- und Rügeobliegenheiten, wie sie das Werkvertragsrecht für die Mängelhaftung des Werkunternehmers vorsieht (vgl. BGE 127 III 328/330 E. 2c = BR/DC 2002, S. 89, Nr. 209, mit. Anm. AEPLI). Ausserdem richtet sich die Haftung des Beauftragten stets auf die Leistung von Schadenersatz, während die Mängelhaftung des Unternehmers dem Besteller verschiedene Rechte einräumt. Siehe Rz. 9.14.

68 Haftungsansprüche gegenüber einem Beauftragten verjähren grundsätzlich nach Massgabe der allgemeinen Vorschriften der Art. 127 ff. OR. Die Mängelhaftung des Werkunternehmers unterliegt dagegen den besonderen Verjährungsvorschriften des Art. 371 OR, der die Verjährungsfrist mit der Abnahme zudem zu einem speziellen Zeitpunkt beginnen lässt. Siehe Rz. 9.231 ff.

69 Nach den Regeln des einfachen Auftrags kommt zum Beispiel Art. 404 OR zur Anwendung, der es jeder Partei erlaubt, das Vertragsverhältnis nicht nur jederzeit, sondern auch ohne Leistung von Schadenersatz aufzulösen, es sei denn, die Auflösung erfolge zur Unzeit. An die Stelle des Auflösungsrechts nach Art. 404 OR, die das Bundesgericht überdies als zwingend erachtet (BGE 115 II 464/466 E. 2a = BR/DC 1990, S. 99, Nr. 129, mit Anm. GAUCH; 110 II 380/382 E. 2 ff. = BR/DC 1985, S. 56, Nr. 42, mit Anm. GAUCH; 106 II 157/159 f. E. 2b; vgl. auch Rz. 2.101 ff.), tritt bei Anwendung des Werkvertragsrechts die Regel des Art. 377 OR. Diese gibt nur dem Besteller ein jederzeitiges Rücktrittsrecht und verpflichtet ihn, wenn er davon Gebrauch macht, nicht nur zur Vergütung der bereits geleisteten Arbeiten, sondern überdies auch zum Ersatz des Schadens (vgl. AEBI-MABILLARD, La rémunération, Rz. 362; AEPLI, Totalunternehmervertrag, S. 46; MIDDENDORF, Werkvertrag oder Auftrag, S. 49 f.). Siehe im Einzelnen Rz. 2.76 ff.

2. Die Beantwortung im Allgemeinen

1.30 Zunächst ist das Selbstverständliche festzuhalten: Die *eine* (einzige) Qualifikation des Planervertrags gibt es nicht, weil es *den* Planervertrag mit immer gleichem Inhalt nicht gibt. Vielmehr muss für die Qualifikation auf den Vertragsinhalt und somit darauf abgestellt werden, was die Parteien im konkreten Planervertrag vereinbart haben.[70] Je nachdem kann der Planervertrag ein einfacher Auftrag (Art. 394 OR), ein Werkvertrag (Art. 363 OR) oder (trotz Art. 394 Abs. 2 OR) ein gesetzlich nicht geregelter Vertrag, allenfalls ein gemischtes Vertragsverhältnis, sein,[71] was an nachfolgenden Beispielen gezeigt wird. Diese betreffen meist den Architektenvertrag, für den die Qualifikationsfrage in Lehre und Rechtsprechung vorwiegend diskutiert wird. Was aber über die rechtliche Einordnung des Architektenvertrags gesagt wird, gilt sinngemäss auch für andere Planerverträge (namentlich für Ingenieurverträge), die ebenfalls auf die Erbringung von baubezogenen Planerleistungen (Rz. 1.2 ff.) ausgerichtet sind und gleichartige[72] Leistungen zum Gegenstand haben können.

---

[70] Auf den vereinbarten Vertragsinhalt (und nur darauf!) kommt es an. Vgl. BGer 4A_269/2017 vom 20. Dezember 2017 E. 3.3; 4A_252/2010 vom 25. November 2010 E. 4.1; 4C.165/2005 vom 22. Juli 2005 E. 3.1 (= BR/DC 2006, S. 64, Nr. 204, mit Anm. Gauch); Bühler T., Zürcher Kommentar, N 168 zu Art. 363 OR; vgl. auch die Anm. von Stöckli zu HGer SG HG.2008.127 vom 23. März 2010 (= BR/DC 2010, S. 58, Nr. 129): «Ein Werkvertrag bleibt selbst dann ein Werkvertrag, wenn die Kausalhaftung wegbedungen [ist] […] Die gesetzliche Haftungsordnung ist ein typisches, rechtlich aber kein notwendiges Merkmal des Werkvertrages». Anders Briner, Architektenverträge, S. 58, der die Qualifikation (i.c. eines reinen Planungsvertrags) ausschliesslich durch eine Prüfung der Rechtsfolgen ermitteln will.
Unerheblich für die Qualifikation des Planervertrags ist, ob zum Beispiel ein beteiligter Architekt über eine wissenschaftliche oder künstlerische Ausbildung verfügt oder nicht und ob der Architektenberuf zu den liberalen Berufen zählt (anders: Abravanel, Architektenrecht 1995, S. 103 ff.). Vor dem Gesetz sind alle auch in dem Sinne gleich, dass das OR keine besonderen Vertragstypen für die Angehörigen liberaler Berufe oder die Absolventen höherer Lehranstalten bereithält.

[71] Demgegenüber hatte das Bundesgericht in einigen Entscheiden angenommen, gemäss Art. 394 Abs. 2 OR sei jeder Vertrag auf Arbeitsleistung, der unter keinen andern (besonderen) Vertragstypus des Gesetzes falle, als einfacher Auftrag zu behandeln (BGE 109 II 34/36 E. 3a; 106 II 157/159 E. 2a; 104 II 108/110 f. E. 1; vgl. dazu Gauch, Werkvertrag, Rz. 17). Nach Rusch, Erfolgsbezug, S. 285 ff., wäre «Architektentätigkeit» dagegen unter Anwendung des Kriteriums der Notwendigkeit einer zeitlichen Begrenzung insgesamt werkvertraglich zu qualifizieren.

[72] Vgl. die Leistungsverzeichnisse namentlich in Art. 4 SIA 102/103. Siehe auch Brändli, Wichtige baurechtliche Verträge, S. 167 f.; Briner, Architektenverträge, S. 23; Bühler T., Zürcher Kommentar, N 172 zu Art. 363 OR; Fellmann, Haftung für falsche Kostenschätzung, S. 215, Fn. 1; Krauskopf-Forero/Siegenthaler, Architektur- und Bauingenieurverträge, S. 293.

3. Die Beantwortung im Speziellen

A. Der reine Planungsvertrag (Vertrag über Planerleistungen i.e.S.)

1. Ist der konkrete Planervertrag ein reiner Planungsvertrag, der sich auf die **Herstellung von Bauplänen (namentlich von «Skizzen und Bauprojekten, [...] Ausführungs- und Detailplänen»)**[73] beschränkt, so handelt es sich bei gegebener Entgeltlichkeit um einen Werkvertrag.[74] Denn mit der Herstellung von Plänen schuldet der Planer einen unkörperlichen Arbeitserfolg, der Gegenstand einer werkvertraglichen Unternehmerleistung ist.[75] Was die Ausarbeitung von «Bauprojekten» betrifft, sind die BGE 110 II 280 und 109 II 462 zwar noch zurückhaltend formuliert, indem sie diese Tätigkeit nur «allenfalls» dem Werkvertragsrecht zuordnen.[76] Für eine solche Zurückhaltung gibt es aber keinen Grund. Auch die Projektierung ist bei separater Übertragung eine werkvertragliche Leistung, selbst wenn man das geschuldete Projekt unter Einschluss sämtlicher Zusatzangaben versteht, die zum Verständnis und zur Verwendung der Projektzeichnungen erforderlich sind. In BGE 114 II 53 macht das Bundesgericht denn auch klar, dass mit der Anerkennung des Geist-Werkvertrags durch die bundesgerichtliche Rechtsprechung auch «die *selbständige Ausführung von Projektierungsarbeiten,* welche in einem zu realisierenden Projekt ihren Niederschlag finden, den Bestimmungen der Art. 363 ff. OR über den Werkvertrag zu unterstellen ist».[77] Pointierter drückte es das Obergericht Zürich in 1.31

[73] BGE 63 II 176.

[74] Vgl. BGE 134 III 361/363 E. 5 (= BR/DC 2009, S. 58, Nr. 123, mit Anm. Stöckli); 130 III 362/365 E. 4.1 (= BR/DC 2004, 179, Nr. 482, mit Anm. Werro/Pichonnaz); 127 III 543/545 E. 2a (= BR/DC 2002, S. 90, Nr. 212, mit Anm. Werro); 114 II 53/56 E. 2b (= BR/DC 1989, S. 16, Nr. 6, mit Anm. Gauch); 110 II 380/382 E. 2 (= BR/DC 1985, S. 56, Nr. 42, mit Anm. Gauch); 109 II 462/465 E. 3b f. (= BR/DC 1985, S. 14, Nr. 2, mit Anm. Gauch); 64 II 9/10 E. 2; BGer 4A_89/2017 vom 2. Oktober 2017 E. 4 (= BR/DC 2018, S. 186, Nr. 295, mit Anm. Werro); 4A_514/2016 vom 6. April 2017 E. 3.1.1 (= BR/DC 2017, S. 381, Nr. 806, mit Anm. Werro); 4C.300/2001 vom 27. Februar 2002 E. 2b; 4C.60/2001 vom 28. Juni 2001 E. 2a; OGer ZH LB140048 vom 30. Januar 2015 E. 4.4 (= BR 2015, S. 347, Nr. 570, mit. Anm. Siegenthaler); HGer SG HG.2008.127 vom 23. März 2010 E. 8 (= BR/DC 2010, S. 58, Nr. 129, mit Anm. Stöckli); KGer VS vom 28. Januar 1992 (= ZWR 1993, S. 190); Aepli, Totalunternehmervertrag, S. 47 f.; Brändli, Wichtige baurechtliche Verträge, S. 168 f.; Becker, Berner Kommentar, N 5 zu Art. 363 OR; Fellmann, Berner Kommentar, N 180 zu Art. 394 OR; Gauch, Werkvertrag, Rz. 49; Gehrer, Gestaltung von Architektenverträgen, S. 86; Jäggi, Bemerkungen, S. 301 ff.; Koller A., Berner Kommentar, N 193 ff. zu Art. 363 OR; Krauskopf, Die Kündigung von Bauverträgen, S. 33; Krauskopf-Forero/Siegenthaler, Architektur- und Bauingenieurverträge, S. 292; Tercier/Bieri/Carron, Les contrats spéciaux, Rz. 4687. Anders (nämlich Auftrag) aber BGE 98 II 305/311 f. E. 3b; Gautschi G., Berner Kommentar, N 43a zu Art. 394 OR; Perrin, Le contrat d'architecte, S. 30 ff.; Pedrazzini M., SPR VII/1, S. 506 f.; Werro, Le mandat, S. 43.

[75] Zum Erfolgsbezug des Werkvertrags und alternativen Abgrenzungskriterien zum Auftrag siehe Rusch, Erfolgsbezug, S. 285 ff.; Vgl. auch Aebi-Mabillard, La rémunération, Rz. 340 ff.

[76] Vgl. auch BGer 4C.421/2006 vom 4. April 2007 E. 2.1 (= BR/DC 2007, S. 166, Nr. 361, mit Anm. Werro).

[77] BGE 114 II 53/56 E. 2b H.h.

einem Urteil vom 30. Januar 2015[78] aus: «Soweit die Arbeit von ‹Planern› das Erstellen von Plänen beinhaltet, was der Begriff nahe legt, liegt nach bundesgerichtlicher Rechtsprechung nämlich ein Werkvertrag und kein Auftrag vor.»

1.32 In der Praxis finden sich gerade in Verträgen über Architekturleistungen häufig Fälle, in denen der Architekt sich über die Phasen Projektierung, Ausschreibung und Realisierung[79] verteilt zur *Erbringung der typischen Planungsleistungen* verpflichtet, während die Baumanagementaufgaben (namentlich die Ausarbeitung von Kostenschätzung und -voranschlag, die Ausschreibung und Vergabe, das Aufstellen der Werkverträge sowie die Bauleitung und Kostenkontrolle) einem professionellen Bauleiter zugehalten werden. Ein solcher Planungsvertrag ist bei einer sinnvollen Gewichtung des Leistungsinhalts selbst dann ungeteilt dem Werkvertragsrecht zu unterstellen, wenn der Planer im Zusammenhang mit seinen umfassenden Planungsleistungen etwa auch die gestalterische Leitung und damit das «Leiten und Überprüfen der Ausführung […] im Hinblick auf ihre Übereinstimmung mit dem gestalterischen Grundkonzept» und das «Beraten des Auftraggebers bei der Wahl und Anordnung des Mobiliars und von Einrichtungen» (Art. 4.52 SIA 102) inne hat. Denn die Erstellung und Abgabe von mängelfreien Plänen, die der Verwirklichung des Bauvorhabens dienen, steht über die verschiedenen Leistungsphasen hinweg klar im Vordergrund des Vertragsverhältnisses und bildet dessen Schwerpunkt.[80] Ohne Herstellung und Ablieferung der erwarteten Arbeitsergebnisse wäre der Vertrag nicht erfüllt.[81] Untergeordnete Zusatzaufgaben mit auftragsrechtlicher Qualität, wie sie wohl in allen Werkverträgen vorkommen,[82] hindern eine einheitliche Qualifikation nicht

---

[78] OGer ZH LB140048 vom 30. Januar 2015 E. 4.4 (= BR/DC 2015, S. 347, Nr. 570, mit Anm. SIEGENTHALER). Zitiert wird darin (neben BGE 114 II 53 = BR/DC 1989, S. 16, Nr. 6, mit Anm. GAUCH) BGE 130 III 362/365 (= BR/DC 2004, 179, Nr. 482, mit Anm. WERRO/PICHONNAZ), wo es in E. 4.1 heisst: «Selon la jurisprudence, l'établissement à titre indépendant de plans est régi par les dispositions sur le contrat d'entreprise». Vgl. BGer 4A_89/2017 vom 2. Oktober 2017 E. 4: «Ainsi, la responsabilité de l'architecte en tant que planificateur (études préalables, avant-projets, projets et préparation des plans et des documents de soumission) relève du contrat d'entreprise (art. 363 ss CO) puisqu'il lui est possible de garantir un résultat, mesurable et objectivement constatable (arrêt 4A_514/2016 précité consid. 3.1.2)».

[79] Zu den typischen Planungsphasen und Teilphasen siehe die Leistungstabelle unter Art. 7.7 SIA 102-K sowie Rz. 1.72.

[80] In BGE 131 III 528/531 f. E. 7.1.1 führt das Bundesgericht aus, dass unter Berücksichtigung des Parteiwillens und der Interessenlage nach dem Schwerpunkt eines Vertragsverhältnisses zu suchen ist, um die anwendbaren Regeln zu bestimmen. Damit nahm es für einen gemischten Vertrag die «Schwerpunkttheorie» auf, wonach ein Vertrag demjenigen gesetzlichen Typen zugeordnet werden soll, der den Schwerpunkt der Tätigkeit ausmacht (vgl. KNIFFKA, Bauvertragsrechts-Kommentar, N 69 der Einf. vor § 631; siehe auch BGer 4A_129/2017 vom 11. Juni 2018 E. 5.1 sowie die Anm. von MIDDENDORF, Werkvertrag oder Auftrag, S. 49 f.).

[81] AEBI-MABILLARD, La rémunération, Rz. 343 ff.

[82] Zu denken ist etwa an die Beratungs-, Hinweis-, Aufklärungs- und Abmahnungspflichten und überhaupt die allgemeine Sorgfaltspflicht eines Unternehmers (vgl. GAUCH, Werkvertrag, Rz. 822 ff., zur vorvertraglichen Aufklärungspflicht Rz. 437).

(vgl. im Zusammenhang mit dem Vergabevertrag Rz. 1.45).[83] So hat der Planer sowohl bei Ausarbeitung des Vor- und des Bau-, als auch beim Ausführungsprojekt den Bauherrn mit steigender Detaillierung bei der Auswahl der Materialien zu unterstützen oder die Vorschläge und Pläne der Fachplaner zu berücksichtigen. Damit dienen diese Zusatzaufgaben mitunter der Detaillierung der bestellten Werkleistung. Verletzt sie der Planer, kann dies dazu führen, dass das abzuliefernde Planwerk mängelbehaftet ist. Sie ändern aber nichts daran, dass der Planer mit Ablieferung der mängelfreien Planergebnisse insgesamt einen Arbeitserfolg schuldet, was eine einheitliche werkvertragliche Qualifikation rechtfertigt.

2. Der Arbeitserfolg (das «Planwerk»), den der werkvertraglich verpflichtete Planer schuldet, muss unterschieden werden von einem körperlichen Bauwerk, das durch die Bauunternehmer nach Massgabe der Pläne ausgeführt wird. Dessen Errichtung gehört nicht zum Schuldinhalt des reinen Planungsvertrags.[84] Der mit den Planungsleistungen betraute Planer schuldet somit kein mängelfreies Bauwerk, sondern nur (aber immerhin) mängelfreie Pläne.[85] Entsteht aus einem Planmangel ein Werkmangel im ausgeführten Bauwerk, so ist dieser Mangel im Verhältnis zum Planmangel ein Mangelfolgeschaden,[86] für den der Planer nach Art. 368 OR einzig dann haftet, wenn ihn ein Verschulden oder eine Hilfspersonenhaftung (Art. 101 OR) trifft.[87] Handelt es sich um ein «unbewegliches Werk», so verjährt die Haftung nach Art. 371 Abs. 2 OR.[88] 1.33

[83] Anders aber HGer ZH HG120223 vom 27. August 2015 E. 5.3.6.1, das die definitive Auswahl von Material und Konstruktion im Rahmen der Ausführungsplanung als auftragsrechtliche Leistung und einen Vertrag über die reine Ausschreibungs- und Ausführungsplanung in der Folge als gemischtes Vertragsverhältnis qualifizierte. Im Fokus stand hier aber nicht die Qualifikation, sondern die Frage, ob der Planer seiner Abmahnungspflicht genügte oder nicht. Diese Pflicht wurde in casu aus der übernommenen SIA-Ordnung 102 (2001) abgeleitet, die den auftragsrechtlichen Regeln nachgebildet ist. Das ist bekannt, ändert aber nichts daran, dass sowohl das Auftrags- wie auch das Werkvertragsrecht eine Abmahnungspflicht kennen, welche aus den allgemeinen Sorgfalts- und Treupflichten folgt und im Werkvertrag «betreffend den Stoff» gar explizit geregelt ist (Art. 365 Abs. 3 OR). Das Urteil des Handelsgerichts Zürich wurde ans Bundesgericht weitergezogen, welches den Entscheid bestätigte (BGer 4A_525/2015 vom 2. Februar 2016 = BR/DC 2016, S. 357, Nr. 658, mit Anm. SIEGENTHALER). Allerdings hatte das Bundesgericht nicht die Qualifikation zu überprüfen.

[84] Die (an sich selbstverständliche) Unterscheidung ist deshalb hervorzuheben, weil in die Diskussion um die rechtliche Einordnung des reinen Planungsvertrags immer wieder Argumente einfliessen, die auf der unrichtigen Vorstellung beruhen, der werkvertraglich qualifizierte reine Planungsvertrag habe das Bauwerk (nicht bloss den geschuldeten Bauplan) zum Gegenstand.

[85] Vgl. die Diktion in Art. 371 Abs. 2 OR: Dienste zum Zweck der Erstellung eines «unbeweglichen Werkes». Vgl. dazu GAUCH, Werkvertrag, Rz. 115 und 318 ff.

[86] BGer 4A_90/2013 vom 10. Juni 2013 E. 4.2 (= BR/DC 2013, S. 312, Nr. 527, mit Anm. SIEGENTHALER).

[87] Vgl. GAUCH, Werkvertrag, Rz. 1887 ff. und 1893 ff.

[88] GAUCH, Werkvertrag, Rz. 2296 ff. und 2300; KRAUSKOPF, Verjährung und Verwirkung, S. 111 f.

1.34 **3.** Fehlt es für die Annahme eines Werkvertrags nur an der Entgeltlichkeit der geschuldeten Planerleistung, so liegt ein **werkvertragsähnlicher Innominatkontrakt** vor.[89] Nichts hindert eine Partei, sich zur unentgeltlichen Herstellung eines Werks (z.B. eines Bauplans) und damit unentgeltlich auf einen bestimmten Arbeitserfolg zu verpflichten, was weder einen Werkvertrag nach Art. 363 ff. OR noch ein Auftragsverhältnis im Sinne der Art. 394 ff. OR begründet. Die in BGE 64 II 9 vertretene Ansicht, wonach der unentgeltliche (reine) Planungsvertrag ein einfacher Auftrag sei, verdient daher keine Zustimmung, was durchaus von praktischer Bedeutung ist. Denn mit der Ablehnung der auftragsrechtlichen Lösung entfällt zum Beispiel die Anwendbarkeit des Art. 404 OR. Demgegenüber kann es sich aber rechtfertigen, den betreffenden Innominatkontrakt «durch eine analoge Anwendung des Art. 248 OR (Verantwortlichkeit des Schenkers) oder des Art. 402 Abs. 1 OR (betreffend den Auslagen- und Verwendungsersatz beim unentgeltlichen Auftrag) zu ergänzen».[90] Zudem gilt, wie schon zum unentgeltlichen Auftrag ausgeführt (Rz. 1.21), dass der Bauherr nach Massgabe von Art. 422 Abs. 1 OR haftbar werden kann.[91]

B. Der Vertrag über die Erstellung eines Kostenvoranschlags und der Gutachtervertrag

1.35 **1.** Ebenfalls **werkvertraglich zu qualifizieren** sind nach der hier vertretenen Auffassung – bei gegebener Entgeltlichkeit – die Verträge über die Herstellung eines schriftlichen Kostenvoranschlags (vgl. Rz. 11.24 ff.)[92] oder über die Ausarbeitung eines Gutachtens,[93] mit der ein Planer bisweilen betraut wird. Überhaupt finden sich in den Leistungsbeschrieben der SIA-Ordnungen zahlreiche Einzelleistungen (z.B. Erstellen der Protokolle; Führen des Baujournals und der Baubuchhaltung; Zusammenstellen der

89 Vgl. Gauch, Werkvertrag, Rz. 115 und 318 ff.

90 Gauch, Werkvertrag, Rz. 325.

91 Vgl. Gauch, Werkvertrag, Rz. 325a; Schwery, Der uneigennützige Werkvertrag, S. 203 f.

92 BGE 127 III 543/545 E. 2a (= BR/DC 2002, S. 90, Nr. 212, mit Anm. Werro); 114 II 53/56 E. 2b (= BR/DC 1989, S. 16, Nr. 6, mit Anm. Gauch); 110 II 380/382 E. 2 (= BR/DC 1985, S. 56, Nr. 42, mit Anm. Gauch); 109 II 462/465 E. 3b f. (= BR/DC 1985, S. 14, Nr. 2, mit Anm. Gauch); Becker, Berner Kommentar, N 5 zu Art. 363 OR; Brändli, Wichtige baurechtliche Verträge, S. 175 ff.; Gauch, Werkvertrag, Rz. 52 f.; Gehrer, Gestaltung von Architektenverträgen, S. 86; Krauskopf, Die Kündigung von Bauverträgen, S. 33; Krauskopf-Forero/Siegenthaler, Architektur- und Bauingenieurverträge, S. 292 f.; Oser/Schönenberger, Zürcher Kommentar, N 19 zu Art. 363 OR; anders z.B. BGE 134 III 361/363 E. 5 (= BR/DC 2009, S. 58, Nr. 123, mit Anm. Stöckli); Trümpy, Architektenvertragstypen, S. 66.

93 Brändli, Wichtige baurechtliche Verträge, S. 190 ff.; Bühler T., Zürcher Kommentar, N 175 zu Art. 363 OR; vgl. ZR 1955, Nr. 183, S. 370 f. (Gutachten eines Mediziners); Gauch, Werkvertrag, Rz. 331 ff.; Hürlimann, Der Experte, S. 136; Rz. 14.24 f. und 14.49; vgl. Rusch, Erfolgsbezug, S. 296 f., der das Gutachten über das Kriterium der Notwendigkeit einer zeitlichen Begrenzung als Werkvertrag qualifiziert.

Baudokumentation; Aufstellen, Nachprüfen und Bereinigen der Schlussabrechnung),[94] deren entgeltliche Übertragung als selbständige Einzelaufgabe man dem Werkvertrag zuordnen müsste, da der Planer ein Arbeitsergebnis (das Protokoll, den Plan, das Baujournal, die Kostenschätzung oder den Kostenvoranschlag, die Baubuchhaltung oder die bereinigte Schlussabrechnung) als Produkt seiner intellektuellen Tätigkeit schuldet. Etwas anderes gilt, soweit ein Planer seinem Vertragspartner blosse Ratschläge für ein bestimmtes Verhalten oder Vorgehen (z.B. Sanierungsvorschläge für ein Gebäude) unterbreitet. Hier wird der Anwendungsbereich des Werkvertrags durchbrochen, da die Erteilung von Ratschlägen keine Werkleistung ist, sondern dem Auftragsrecht untersteht.[95]

2. Zu einem *Vertrag über die Herstellung eines Kostenvoranschlags,* womit der Planer 1.36
Auskunft über die zu erwartenden Baukosten erteilt, führte das **Bundesgericht** in verschiedenen Entscheiden[96] und noch in BGE 127 III 543 aus, dass ein Werkvertrag anzunehmen sei, «wenn der Architekt ausschliesslich mit der Ausarbeitung eines schriftlichen Kostenvoranschlags betraut» ist.[97] In BGE 134 III 361 qualifiziert das Bundesgericht[98] den Vertrag über die Herstellung eines Kostenvoranschlags dagegen als Auf-

---

94 Vgl. Zindel/Pulver/Schott, Basler Kommentar, N 17 zu Art. 363 OR. Siehe auch die Auflistung bei Gehrer, Gestaltung von Architektenverträgen, S. 86 f.

95 Gauch, Werkvertrag, Rz. 333; siehe auch Aebi-Mabillard, La rémunération, Rz. 366; vgl. auch BGer 4A_269/2017 vom 20. Dezember 2017 E. 3.1.2 in fine.

96 Etwa BGE 114 II 53/56 E. 2b (= BR/DC 1989, S. 16, Nr. 6, mit Anm. Gauch); 110 II 380/382 E. 2 (= BR/DC 1985, S. 56, Nr. 42, mit Anm. Gauch); 109 II 462/465 E. 3b (= BR/DC 1985, S. 14, Nr. 2, mit Anm. Gauch); BGer 4A_462/2008 vom 22. Dezember 2008 E. 4.2; 4C.300/2001 vom 27. Februar 2002 E. 2b.

97 BGE 127 III 543/545 E. 2a (= BR/DC 2002, S. 90, Nr. 212, mit Anm. Werro); vgl. Brändli, Wichtige baurechtliche Verträge, S. 175. Dagegen hielt das Bundesgericht in BGE 127 III 328/331 E. 2d (= BR/DC 2002, S. 89, Nr. 209, mit. Anm. Aepli) nicht weiter differenzierend fest, dass seine Qualifikation eines Vertrags über die Schätzung einer Liegenschaft «in Einklang» stehe zu seiner Rechtsprechung zum Vertrag über die Erstellung eines Kostenvoranschlags eines Architekten, welchen es nach den Regeln des Auftragsrechts beurteilt habe. Referenziert wird BGE 119 II 249, wobei dort ein Gesamtvertrag zu beurteilen war; unklar hinsichtlich des ebenfalls zitierten BGE 122 III 61, wo unter dem Sachverhalt lediglich festgehalten wird, dass der Bauherr dem Architekten «verschiedene Architekturarbeiten für den Neubau» übertrug (vgl. Fellmann, Haftung für falsche Kostenschätzung, S. 225).

98 Bestätigt in BGer 4A_89/2017 vom 2. Oktober 2017 E. 4 (= BR/DC 2018, S. 186, Nr. 295, mit Anm. Werro); 4A_271/2013 vom 26. September 2013 E. 2.2.1 (= BR/DC 2014, S. 149, Nr. 255, mit Anm. Siegenthaler); vgl. auch KGer VD HC/2014/72 vom 12. März 2014 E. 3 (= BR/DC 2014, S. 312, Nr. 628, mit Anm. Werro). Stöckli/Siegenthaler/Andres, Neue Urteile, S. 208. Im italienischsprachigen BGer 4A_86/2011 vom 28. April 2011 E. 3.2 ging das Bundesgericht gar so weit, einen Vertrag eines Architekten, der Pläne und den Kostenvoranschlag zu erstellen und abzuliefern hatte, einheitlich den Regeln des Auftrags zu unterstellen. Vgl. dazu Aebi-Mabillard, La rémunération, Rz. 374 ff.

trag,[99] ohne sich mit den vorangegangenen Entscheiden auseinanderzusetzen. Zur Begründung seiner «neuen Rechtsprechung» hält es fest, dass der Architekt bei der Ausarbeitung eines Kostenvoranschlags «nicht in der Lage» sei, «ein nach objektiven Kriterien messbares Resultat zu garantieren»; eine «gewisse Unsicherheitsspanne» verbleibe, was es verunmögliche, den Kostenvoranschlag als Werk zu betrachten.[100]

1.37 Entsprechend beurteilt das Bundesgericht einen *Vertrag über die Ausarbeitung eines Gutachtens* in BGE 127 III 328 nach den Regeln des Auftrags (nicht des Werkvertrags), soweit objektive Kriterien für die Beurteilung der Richtigkeit fehlen und der Gutachter die Genauigkeit seines Arbeitsergebnisses infolgedessen nicht garantieren könne (Rz. 14.24 f.). Konkret ging es um die Haftung eines Gutachters, der es gegen Entgelt übernahm, eine Verkehrswertschätzung einer Liegenschaft zu erstellen.

1.38 Als *Qualifikationskriterium* dient dem Bundesgericht in beiden Fällen die Möglichkeit, ein Ergebnis nach objektiven Kriterien auf seine Richtigkeit hin zu überprüfen («Kriterium der objektiven Mess- und Bewertbarkeit»).[101] Nur wenn das Resultat als richtig oder falsch beurteilt werden könne, sei ein Erfolg garantierbar und könne das Vorliegen eines Werkvertrags angenommen werden. Andernfalls schulde der Planer ein sorgfältiges Tätigwerden im Interesse des Vertragspartners.[102]

1.39 **3.** Die Argumente, die das Bundesgericht für die auftragsrechtliche Qualifikation der Verträge über die Herstellung eines schriftlichen Kostenvoranschlags oder über die Ausarbeitung eines Gutachtens vorbringt, sind **nicht überzeugend.**[103] Denn:

1.40 **a.** Trifft es im Einzelfall tatsächlich zu, dass sich die «Richtigkeit» einer Aussage, die in einem Kostenvoranschlag oder einem Gutachten enthalten ist, einer Überprüfung nach objektiven Kriterien entzieht, so bedeutet dies nur, dass *eine «objektive Richtigkeit» der be-*

[99] BGE 134 III 361/365 E. 6.2.3 f. (= BR/DC 2009, S. 58, Nr. 123, mit Anm. Stöckli). Anders dann wieder in BGer 4A_462/2008 vom 22. Dezember 2008 E. 4.2: «Le bureau a essentiellement élaboré les plans et estimé les coûts de l'ouvrage. De telles prestations, par leur nature intrinsèque, peuvent clairement être effectuées par un architecte dans le cadre de la passation d'un contrat d'entreprise tel que l'entend l'art. 363 CO»; und BGer 4A_252/2010 vom 25. November 2010 E. 4.1: «Zu den Leistungen werkvertraglicher Natur zählen etwa die selbständige Ausführung von Projektierungsarbeiten, die in einem zu erstellenden Projekt ihren Niederschlag finden, das Verfassen von Plänen und Kostenvoranschlägen».

[100] BGE 134 III 361/365 E. 6.2.3 f. (= BR/DC 2009, S. 58, Nr. 123, mit Anm. Stöckli) mit Hinweisen auf Fellmann, Haftung für falsche Kostenschätzung, S. 211 ff., insb. 226 f.

[101] Brändli, Wichtige baurechtliche Verträge, S. 192; vgl. Zufferey/Perritaz/Schumacher, Das Schiedsgutachten, S. 11.

[102] BGE 127 III 328/330 E. 2c (= BR/DC 2002, S. 89, Nr. 209, mit. Anm. Aepli); BGer 4A_89/2017 vom 2. Oktober 2017 E. 4 (= BR/DC 2018, S. 186, Nr. 295, mit Anm. Werro); vgl. Fellmann, Haftung für falsche Kostenschätzung, S. 226 f.

[103] Siehe z.B. auch Aebi-Mabillard, La rémunération, Rz. 342; Brändli, Wichtige baurechtliche Verträge, S. 192 ff.; Werro/Haas, Contrat d'expertise, S. 85 ff.

treffenden Aussage nicht geschuldet ist, weshalb sie nicht zu den geschuldeten Eigenschaften zählt, für die der Planer nach den Regeln der Mängelhaftung einstehen muss.[104] Dies ändert aber nichts daran, dass das betreffende Gutachten oder der Kostenvoranschlag als Ganzes ein Werk darstellt, dessen Herstellung und Ablieferung der Planer nach dem Inhalt des Vertrags dem Besteller schuldet. Denn der blosse Umstand, dass eine bestimmte Eigenschaft des Werks nicht zu den geschuldeten Eigenschaften gehört, macht das Werk nicht zu einem «Nicht-Werk».[105]

b. Zum Gesagten kommt hinzu, dass das Bundesgericht sich beim Qualifikationskriterium der «objektiven Richtigkeit» offensichtlich von einer «absoluten Richtigkeit» leiten lässt. Demgegenüber verhält es sich so, dass es für die geschuldete Genauigkeit («Richtigkeit») von Kostenvoranschlägen in aller Regel bestimmte (vereinbarte oder übliche) Toleranzgrenzen gibt, deren Einhaltung sich durchaus nach objektiven Kriterien beurteilen und «garantieren» lässt.[106] So beschreiben etwa die in der SIA-Ordnung 102 enthaltenen Toleranzgrenzen von ± 15% für die Kostenschätzung im Rahmen des Vorprojekts und von ± 10% für den Kostenvoranschlag im Rahmen des Bauprojekts (Art. 4.31 und Art. 4.32 SIA 102)[107] Eigenschaften, welche die vom Planer geschuldete Leistung (der Kostenvoranschlag) aufzuweisen hat, sofern die entsprechenden Bestimmungen in den Planervertrag übernommen wurden. Eine solchermassen eingestandene Ungenauigkeit der Planerleistung bedeutet aber nicht, dass eine werkvertragliche Qualifikation ausgeschlossen wäre. Der Unterschied zu technischen Toleranzgrenzen, die der Unternehmer, zum Beispiel ein Baumeister oder ein Gipser, einzuhalten hat, besteht denn auch nicht in der objektiven Mess- und Bewertbarkeit, sondern im Zeitpunkt, in dem eine Messung oder Bewertung normalerweise vorgenommen werden kann: Während das ausgeführte Bauwerk (mehr oder weniger) sofort auf die Einhaltung von Toleranzen geprüft werden kann, lässt sich der Kostenvoranschlag nicht unmittelbar nach Erstellung auf seine Richtigkeit hin messen, sondern erst, wenn die veranschlagten Leistungspositionen umgesetzt und abgerechnet wurden. Analoges gilt zum Beispiel für die gutachterliche Schätzung eines Verkehrswerts,[108] auf die sich der oben zitierte Bundesgerichtsentscheid (BGE 127 III 328) bezogen hat. Selbst wenn man das Kriterium der «objektiven Richtigkeit» übernehmen wollte, stünde nichts im Weg, die Erstellung eines Kostenvoranschlags oder Verkehrswertgutachtens als Werkleistung zu qualifizieren. 1.41

c. Weiter versagt das Argument, wonach die «Anwendung der werkvertraglichen Gewährleistungsregeln mit den strengen Prüfungs- und Rügeobliegenheiten (Art. 367 ff. OR) 1.42

---

[104] GAUCH, Werkvertrag, Rz. 46a, 52a und 332a; vgl. DERS. in seiner Anm. zu BGer 4C.165/2005 vom 22. Juli 2005 (= BR/DC 2006, S. 64, Nr. 204).

[105] Zum Ganzen vgl. GAUCH in seiner Anm. zu BGer 4C.165/2005 vom 22. Juli 2005 (= BR/DC 2006, S. 64, Nr. 204).

[106] Vgl. GAUCH, Werkvertrag, Rz. 52a.

[107] Siehe auch Art. 4.3.31 und Art. 4.3.32 SIA 103.

[108] Vgl. GAUCH, Werkvertrag, Rz. 332a.

[…] *nicht als sachgerecht*» erscheine,[109] falls das Ergebnis nicht objektiv gemessen und gewertet werden könne. Auch dieses Argument reicht nicht aus, um eine Qualifikation als Auftrag zu rechtfertigen.[110] Vielmehr übersieht es, dass die «Sachungerechtigkeit», die damit ins Feld geführt wird, der werkvertraglichen Prüf- und Rügeordnung immanent ist;[111] sie trifft auf viele andere Verträge zu, die typischerweise zu den Werkverträgen gezählt werden. Zudem lässt es ausser Acht, dass die entsprechenden Bestimmungen dispositiver Natur sind, weshalb es den Parteien freisteht, Abweichendes zu vereinbaren.[112] Und schliesslich verkennt das Bundesgericht, dass es durch den Wechsel vom Werkvertrags- zum Auftragsrecht eine als unsachgemäss bewertete Regelung durch eine andere ersetzt, indem das Vertragsverhältnis der Auflösungsregel von Art. 404 OR unterstellt wird, die das Bundesgericht als zwingend erachtet (Rz. 2.101 ff.).[113]

1.43 **d.** Endlich stellt die bundesgerichtliche Rechtsprechung zur Qualifikation eines Vertrags über die Erstellung eines Kostenvoranschlags oder über die Ausarbeitung eines Gutachtens *keinen Gewinn für die Rechtssicherheit* dar. Einerseits ist sie in sich nicht kohärent, hat das Bundesgericht doch auch Werke der Kunst oder Wissenschaft als Objekte des Werkvertrags qualifiziert.[114] Dabei hat es festgestellt, dass als Gegenstand eines Werkvertrags auch ein Werk infrage komme, bei dessen Herstellung der Unternehmer (Künstler) grosse Freiheiten («carte blanche») geniesse und die Rechte des Bestellers wegen mangelhafter Werkerstellung deshalb beschränkt sein könnten.[115] Andererseits verbleibt nach besagter Rechtsprechung die Unsicherheit, wann die urteilenden Gerichte das Kriterium

---

109 BGE 127 III 328/330 E. 2c H.h. (= BR/DC 2002, S. 89, Nr. 209, mit. Anm. Aepli); sachgerecht dagegen offenbar in BGer 4C.165/2005 vom 22. Juli 2005 E. 3.2.1 und 3.2.3 (= BR/DC 2006, S. 64, Nr. 204, mit Anm. Gauch). Zudem waren im in BGE 127 III 328 zu beurteilenden Fall die Ansprüche des Auftraggebers bei einer Beurteilung nach den Regeln des Auftrags «weder verjährt noch verwirkt», was auf eine ergebnisorientierte Beurteilung des Bundesgerichts hinweist (vgl. auch Brändli, Wichtige baurechtliche Verträge, S. 193).

110 Vgl. Brändli, Wichtige baurechtliche Verträge, S. 194, mit plausiblen Beispielen zu Wertungswidersprüchen; Werro/Haas, Contrat d'expertise, S. 86 ff.

111 Vgl. Gauch, Werkvertrag, Rz. 2175. Siehe auch Bieger, Die Mängelrüge, Rz. 20 f.

112 Dies kann zum Beispiel in dem Umfang geschehen, dass die Parteien die kurzen gesetzlichen Rügefristen auf zwei Jahre verlängern, wie dies etwa in den Art. 1.9.4 SIA 102/103 vorgesehen ist. Möglich ist aber auch, die Kausalhaftung für Mängel gänzlich wegzubedingen und mit einer Verschuldenshaftung zu ersetzen (vgl. die Anm. von Stöckli zu HGer SG HG.2008.127 vom 23. März 2010 = BR/DC 2010, S. 58, Nr. 129). Siehe auch das Votum für eine grosszügige Handhabung der werkvertraglichen Prüf- und Rügeordnung zugunsten des Bestellers bei Gauch, Werkvertrag, Rz. 2177.

113 BGE 115 II 464/466 E. 2a (= BR/DC 1990, S. 99, Nr. 129, mit Anm. Gauch); 110 II 380/382 ff. E. 3 (= BR/DC 1985, S. 56, Nr. 42, mit Anm. Gauch); 106 II 157/159 f. E. 2b; vgl. auch Rz. 1.55, Fn. 153.

114 Vgl. BGE 115 II 50/54 E. 1b (= BR/DC 1990, S. 42, Nr. 41, mit Anm. Tercier); 109 II 34/37 f. E. 3b; beachte auch Rz. 1.28, Fn. 62. In BGer 4A_129/2017 vom 11. Juni 2018 E. 5 hielt das Bundesgericht etwa fest, dass der Vertrag mit einem Musiker, der sich als Solist und Dirigent verpflichtet, klarerweise dem Werkvertragsrecht unterstehe («est clairement soumis au contrat d'entreprise»).

115 BGE 115 II 50/54 E. 1b (= BR/DC 1990, S. 42, Nr. 41, mit Anm. Tercier); siehe auch Brändli, Wichtige baurechtliche Verträge, S. 192 f.

der objektiven Mess- und Bewertbarkeit als erfüllt ansehen und wann nicht. Je nachdem, welchen Massstab das Gericht ansetzen würde, wäre das «Arbeitserzeugnis» des Planers (der Kostenvoranschlag oder das Gutachten) einmal nach den Regeln des einfachen Auftrags und ein andermal nach jenen des Werkvertragsrechts zu beurteilen. Dieser Unsicherheit ist sich selbst das Bundesgericht bewusst, indem es festhält, «dass die Vertragspflichten des Gutachters bei genügend weiter Definition des Begriffes des Arbeitserfolges auch als Werk qualifiziert werden könnten».[116]

C. Der Vertrag über die Vergabe von Arbeiten («Vergabevertrag»)

1. Anders als die (blosse) Herstellung von Plänen ist die **Vergabe von Arbeiten**[117] ihrer Natur nach keine werkvertragliche, sondern eine **auftragsrechtliche Leistung.**[118] Der damit betraute Planer hat die entsprechenden Ausschreibungen vorzubereiten,[119] die Unternehmerofferten einzuholen und seinem Auftraggeber einen Vergabeantrag zu stellen. Möglicherweise ist er sogar beauftragt und ermächtigt, die Verträge im Namen seines Auftraggebers abzuschliessen (vgl. aber Rz. 6.87 ff.).[120] 1.44

[116] BGE 127 III 328/330 E. 2c (= BR/DC 2002, S. 89, Nr. 209, mit. Anm. Aepli).

[117] Oft findet sich auch die Ausdrucksweise «Vergebung von Arbeiten», was aber aufgrund des Bedeutungshintergrunds des Wortes «Vergebung» als menschliche Tugend («Verzeihung») weniger passend ist als der auch in der Gesetzgebung und im SIA-Normenwerk verwendete Begriff der «Vergabe».

[118] BGE 114 II 53/56 E. 2b (= BR/DC 1989, S. 16, Nr. 6, mit Anm. Gauch); 110 II 380/382 E. 2 (= BR/DC 1985, S. 56, Nr. 42, mit Anm. Gauch); 109 II 462/465 E. 3c (= BR/DC 1985, S. 14, Nr. 2, mit Anm. Gauch); 63 II 176/177; BGer 4A_514/2016 vom 6. April 2017 E. 3.1.1 (= BR/DC 2017, S. 381, Nr. 806, mit Anm. Werro); 4A_252/2010 vom 25. November 2010 E. 4.1 ff.; HGer SG HG.2008.127 vom 23. März 2010 E. 8 (= BR/DC 2010, S. 58, Nr. 129, mit Anm. Stöckli); Gauch, Werkvertrag, Rz. 53; Gautschi G., Berner Kommentar, N 43a zu Art. 394 OR; Gehrer, Gestaltung von Architektenverträgen, S. 87; Krauskopf, Die Kündigung von Bauverträgen, S. 34; Leuenberger, Nicht behauptete Tatsachen, S. 54; Merz, Die Qualifikation des Architektenvertrages, S. 210 und 213; Oser/Schönenberger, Zürcher Kommentar, N 19 zu Art. 363 OR; Stöckli, Sorgfaltsmangel und Vergütung, S. 943. Offengelassen in BGer 4C.261/2005 vom 9. Dezember 2005 E. 2.1 (= BR/DC 2006, S. 64, Nr. 205, mit Anm. Gauch); Tercier/Bieri/Carron, Les contrats spéciaux, Rz. 4689.

[119] Ist der Planer einzig damit betraut, die Ausschreibungspläne und -unterlagen zu erstellen, schuldet er einen bestimmten Arbeitserfolg, weshalb ein solcher Vertrag bei gegebener Entgeltlichkeit als Werkvertrag zu qualifizieren ist.

[120] Die Ermächtigung des Architekten zum Vertragsabschluss setzt voraus, dass ihm eine entsprechende Vollmacht erteilt wurde, wobei aber Dritte, denen der Auftraggeber die Vollmacht kundgegeben hat, unter Vorbehalt von Art. 3 Abs. 2 ZGB in ihrem guten Glauben geschützt werden (Art. 33 Abs. 3 OR; Gauch/Schluep/Schmid, OR AT, Rz. 1396 ff.). Erhält der Architekt den Auftrag, für seinen Auftraggeber bestimmte Verträge abzuschliessen, so ist darin zugleich auch die erforderliche Ermächtigung enthalten (Art. 396 Abs. 2 OR). Zu den Einzelheiten Gauch, Werkvertrag, Rz. 399 ff.; Schwager, Umfang, S. 37.

1.45 Obwohl vielfach auch das Erstellen eines Leistungsverzeichnisses[121] bzw. eines Baubeschriebs zum Leistungsinhalt[122] eines «Vergabevertrags» gehört, hindert dies nicht, den Vertrag insgesamt dem Auftragsrecht zu unterstellen. Denn ähnlich wie bei der Qualifikation eines Gesamtvertrags (Rz. 1.49 ff.) muss auch der Vertrag über die Vergabe von Arbeiten als eine Einheit betrachtet werden;[123] der Planer kann zur Anfertigung der Ausschreibungsunterlagen genauso verpflichtet sein wie etwa zu einem Vergleich der Angebote, zur Analyse von vorgeschlagenen Varianten, zu Verhandlungen mit den Offerenten[124] und zum Erstellen der Vergabeanträge. Die allenfalls vom Planer im Vertragsganzen geschuldeten einzelnen Arbeitserfolge dienen dem Gesamtziel, geeignete Vertragspartner für den Bauherrn zu finden und das Bauprojekt der Vergabereife[125] zuzuführen. Mit Blick auf die Erreichung dieses Ziels schuldet der Planer aber nicht den Erfolg, was sich schon daraus ergibt, dass er keinen Einfluss auf den Abschlusswillen der möglichen Vertragspartner hat, sondern ein Tätigwerden im Interesse des Bauherrn, weshalb sich die Qualifikation des Vertrags über die Vergabe von Arbeiten als Auftrag rechtfertigt.

1.46 **2.** In der Praxis kann es vorkommen, dass die **Ausarbeitung der Pläne, die Erstellung des Kostenvoranschlags und die Arbeitsvergabe in einem umfassenden Vertrag** kombiniert sind. Alsdann stellt der betreffende Planervertrag aufgrund des vereinbarten Leistungsinhalts ein gemischtes Vertragsverhältnis dar, in dem weder die werkvertraglichen noch die auftragsrechtlichen Leistungselemente derart in den Vordergrund treten, dass eine einheitliche Qualifikation möglich wäre. Dies hindert indes nicht, die Haftungsfragen einheitlich nach auftragsrechtlichen Grundsätzen zu behandeln, was notabene auch der Verkehrsanschauung und den Erwartungen der Parteien entsprechen dürfte. Würde man diesbezüglich (wie das Bundesgericht beim Gesamtvertrag; Rz. 1.49 ff.) von einer Spaltung der Rechtsfolgen ausgehen, hätte dies zur Folge (Rz. 1.52), dass auch ein bauunerfahrener Bauherr erkennen müsste, wann auf eine werkvertragliche Schlechtleistung mit den strengen Prüfungs- und Rügeobliegenheiten des dispositiven Werkvertragsrechts zu reagieren wäre. Eine solche Folge wäre aber nicht nur sachfremd, sondern würde auch Rechtsunsicherheit erzeugen.[126]

---

121 Zur Qualifikation eines Vertrags über die Erstellung des Leistungsverzeichnisses als Werkvertrag siehe Peer, Das Leistungsverzeichnis, Rz. 267 ff.

122 Vgl. zum Leistungsinhalt der Ausschreibungsphase gemäss SIA-Normenwerk Art. 4.41 SIA 102/108; Art. 4.3.41 SIA 103; Art. 4.1.1.41 SIA 104; Art. 4.2.41 SIA 105.

123 Vgl. BGE 63 II 176/177.

124 Vgl. BGer 4A_252/2010 vom 25. November 2010 E. 4.2 f.

125 Vgl. die in den SIA-Ordnungen 102, 103, 104, 105 und 108 für die Ausschreibungsphase enthaltenen Zieldefinitionen.

126 Mit Blick auf das Ergebnis und die damit gewonnene Rechtssicherheit ist BGer 4A_86/2011 vom 28. April 2011 E. 3.2 beachtenswert: In diesem italienischsprachigen Urteil hat das Bundesgericht für einen Planervertrag, der die Ausarbeitung von Plänen und eine Kostenschätzung zum Gegenstand hatte (nach der hier vertretenen Auffassung käme auf diesen Vertrag ungeteilt das Werkvertragsrecht zur Anwendung), festgestellt, dass die Kosten einerseits von den Planungsleistungen abhingen und andererseits wiederum die Art der Gestaltung beeinflussten. Um der Praxis eines Architekten, der mehrere Aufgaben unterschiedlicher Art ausführt, gerecht zu werden, sollte nach

D. Der Bauleitungsvertrag

Die rechtliche Einordnung des Bauleitungsvertrags, der den Planer zur **Leitung der Bauausführung** verpflichtet, ist unproblematisch. Er fällt in den **Anwendungsbereich des Auftrags** (nicht des Werkvertrags; Rz. 10.25).[127] Dabei macht es keinen Unterschied, ob man die Bauleitung in einem weiten Sinne (unter Einschluss der Arbeitsvergabe) begreift oder nicht. Denn jedenfalls besteht die Tätigkeit, die der leitende Planer zu erbringen hat, nicht in der «Herstellung eines Werkes» (Art. 363 OR). Insbesondere ist die Baute selber kein Werk, das der Planer seinem Kunden schuldet. Denn: 1.47

Zwar trägt der leitende Planer in mannigfacher Weise (z.B. durch die gestalterische Leitung, durch den Einsatz, die Leitung und Koordinierung der Bauunternehmer, durch die Überwachung der Arbeiten auf der Baustelle, die Kostenkontrolle, die Prüfung des Bauwerks und die Leitung erforderlicher Nachbesserungsarbeiten) zur Errichtung und allfälligen Verbesserung einer Baute bei. Die (körperliche) Ausführung der Baute ist jedoch nicht ihm, sondern den Bauunternehmern übertragen.[128] Auch wenn sich seine «Fehlleistungen» in Mängeln der Baute niederschlagen können (vgl. Art. 371 Abs. 2 OR), gehört deren Herstellung nicht zum Schuldinhalt des Planervertrags (Rz. 1.33). 1.48

Auffassung des Bundesgerichts auch der Vertrag des Architekten, der Pläne und Kostenvoranschläge erstellt, den Regeln des Auftragsrechts unterliegen. Vgl. dazu Aebi-Mabillard, La rémunération, Rz. 374 ff.

[127] Vgl. BGE 134 III 361/363 E. 5 (= BR/DC 2009, S. 58, Nr. 123, mit Anm. Stöckli); 127 III 543/545 E. 2a (= BR/DC 2002, S. 90, Nr. 212, mit Anm. Werro); 114 II 53/56 E. 2b (= BR/DC 1989, S. 16, Nr. 6, mit Anm. Gauch); 110 II 380/382 E. 2 (= BR/DC 1985, S. 56, Nr. 42, mit Anm. Gauch); 109 II 462/465 E. 3d (= BR/DC 1985, S. 14, Nr. 2, mit Anm. Gauch); BGer 4A_89/2017 vom 2. Oktober 2017 E. 4 (= BR/DC 2018, S. 186, Nr. 295, mit Anm. Werro); 4A_514/2016 vom 6. April 2017 E. 3.1.1 (= BR/DC 2017, S. 381, Nr. 806, mit Anm. Werro); 4C.300/2001 vom 27. Februar 2002 E. 2b; 4C.60/2001 vom 28. Juni 2001 E. 2a; HGer SG HG.2008.127 vom 23. März 2010 E. 8 (= BR/DC 2010, S. 58, Nr. 129, mit Anm. Stöckli); siehe auch Aebi-Mabillard, La rémunération, Rz. 367 f.; Brändli, Wichtige baurechtliche Verträge, S. 170; Fellmann, Berner Kommentar, N 118 zu Art. 394 OR; Gauch, Werkvertrag, Rz. 55; Gehrer, Gestaltung von Architektenverträgen, S. 87; Koller A., Berner Kommentar, N 169 zu Art. 363 OR; Krauskopf, Die Kündigung von Bauverträgen, S. 34; Krauskopf-Forero/Siegenthaler, Architektur- und Bauingenieurverträge, S. 293; Leuenberger, Nicht behauptete Tatsachen, S. 54; Merz, Die Qualifikation des Architektenvertrages, S. 210; Stöckli, Sorgfaltsmangel und Vergütung, S. 943; Tercier/Bieri/Carron, Les contrats spéciaux, Rz. 4689; Trümpy, Architektenvertragstypen, S. 81 ff. Die auftragsrechtliche Qualifikation des Bauleitungsvertrags blieb von den verschiedenen bundesgerichtlichen Praxisänderungen, die andere Planerverträge betrafen, bislang unberührt.

[128] Wenn das Bundesgericht davon spricht, dass der Architekt mit der «Ausführung der Baute» beauftragt sei (BGE 109 II 462/465 E. 3d = BR/DC 1985, S. 14, Nr. 2, mit Anm. Gauch), so verwendet es einen ungenauen Sprachgebrauch. Gemeint ist in Wirklichkeit: die Leitung der Ausführung.

E. Der Gesamtvertrag

1.49 Schwierigkeiten bereitet die Qualifikation des Planervertrags dann, wenn es sich um einen Gesamtvertrag[129] handelt, in dem ein Planer (typischerweise ein Architekt, Ingenieur oder ein Planerteam) **sämtliche Planerleistungen für die Durchführung eines Bauvorhabens,** mindestens aber die Projektierung und die Leitung der Bauausführung,[130] übernimmt. Bei vordergründiger Betrachtung liegt es nahe, den Gesamtvertrag als ein aus Werkvertrag und Auftrag *gemischtes Vertragsverhältnis* aufzufassen. Das entspricht denn auch der Meinung, die das Bundesgericht seit BGE 109 II 462 für den *Architektenvertrag* vertritt.[131] Sind bei einem Gesamtvertrag nur «einzelne Leistungen des Architekten zu beurteilen», ist nach BGE 109 II 462 «eine Spaltung der Rechtsfolgen denkbar, indem sich etwa die Haftung für einen Planfehler aus Werkvertrag, jene für unsorgfältige Bauaufsicht aus Auftrag ergeben kann.»[132] Anders verhalte es sich dagegen für die vorzeitige Auflösung des Gesamtvertrags, die insgesamt und ungeteilt der auftragsrechtlichen Regel des Art. 404 OR unterstehe.[133] Was ist von dieser Rechtsprechung zu halten?[134]

---

129 Entsprechendes gilt auch für den Generalplanervertrag, von dem man spricht, wenn ein Planer (oder ein Planerteam) sämtliche Planerleistungen verschiedener Fachrichtungen für ein Bauwerk übernimmt und somit die typischen Architektenleistungen und jene der Fachplaner in einem Vertrag vereinigt werden (vgl. BRINER, Architektenverträge, S. 23; ZINDEL/PULVER/SCHOTT, Basler Kommentar, N 17 zu Art. 363 OR).

130 Vgl. BGer 4C.85/2003 vom 25. August 2003 E. 4.3.2.

131 Bestätigt durch BGE 134 III 361 (= BR/DC 2009, S. 58, Nr. 123, mit Anm. STÖCKLI); 127 III 543/545 E. 2a (= BR/DC 2002, S. 90, Nr. 212, mit Anm. WERRO); 114 II 53/56 E. 2b (= BR/DC 1989, S. 16, Nr. 6, mit Anm. GAUCH); 110 II 380/382 E. 2 (= BR/DC 1985, S. 56, Nr. 42, mit Anm. GAUCH); BGer 4A_89/2017 vom 2. Oktober 2017 E. 4 (= BR/DC 2018, S. 186, Nr. 295, mit Anm. WERRO); 4A_514/2016 vom 6. April 2017 E. 3.1.1 (= BR/DC 2017, S. 381, Nr. 806, mit Anm. WERRO); «Sennhof-Fälle» mit kritischen Anm. von SIEGENTHALER und STÖCKLI: 4A_53/2012 vom 31. Juli 2012 E. 3.3 ff. und 4A_55/2012 vom 31. Juli 2012 E. 4.4 (= BR/DC 2012, S. 192 und 213); vgl. zudem BGer 4A_252/2010 vom 25. November 2010 E. 4.1; 4C.200/2001 vom 31. Oktober 2001 E. 2a; 4C.60/2001 vom 28. Juni 2001 E. 2a. Eine Aufarbeitung der unterschiedlichen Entscheide des Bundesgerichts und der kontroversen Lehrmeinungen findet sich bei AEBI-MABILLARD, La rémunération, Rz. 381 ff.

132 BGE 109 II 462/466 E. 3d in fine (= BR/DC 1985, S. 15, Nr. 4, mit Anm. GAUCH). Fasst man den Gesamtvertrag als gemischtes Vertragsverhältnis auf, ist eine «Spaltung der Rechtsfolgen» zwar denkbar, aber keine zwingende Folge einer solchen Sichtweise. Zur Beantwortung der Frage, inwieweit auf gemischte Verträge gesetzliches Vertragstypenrecht Anwendung finden soll, wurden verschiedene Theorien entwickelt (vgl. AMSTUTZ/MORIN, Basler Kommentar, N 17 ff. Einl. vor Art. 184 ff. OR). Lösen lässt sich die Frage mit solchen Theorien aber nicht allgemein. Ausführlich zur Rechtsanwendung, mit z.T. differenzierten Lösungsansätzen, AMSTUTZ/MORIN, Basler Kommentar, N 13 ff. Einl. vor Art. 184 ff. OR; DASSER, Vertragsrecht ohne Vertragstypenrecht?, S. 212 ff.; GAUCH/SCHLUEP/SCHMID, OR AT, Rz. 1262; KRAMER, Berner Kommentar, N 256 zu Art. 18 OR; KRUMMENACHER, Konsumentenleasing, S. 84 f.).

133 BGE 109 II 462/466 E. 3d in fine (= BR/DC 1985, S. 15, Nr. 4, mit Anm. GAUCH).

134 Ausführlich zum Folgenden GAUCH, Werkvertrag, Rz. 57 ff.

1. Die Auffassung, wonach der Gesamtvertrag als gemischtes Vertragsverhältnis zu behandeln sei,[135] verdient keine Zustimmung. Bei einer vertieften Analyse und Würdigung des Vertragsverhältnisses gelangt man vielmehr zum Ergebnis, dass dieser Architektenvertrag (in Übereinstimmung mit der früheren Rechtsprechung des Bundesgerichts) **ungeteilt dem Auftragsrecht zu unterstellen** ist.[136] Denn schon von seinem Ziel her bildet der Gesamtvertrag eine Einheit.[137] Er vereinigt die Einzelleistungen des Planers zu einer geistigen Gesamttätigkeit, durch die der Planer zur Errichtung einer Baute beiträgt. Doch wird von ihm weder die Baute selbst geschuldet, noch hat die Gesamtleistung einen anderen Erfolg zum Ziel, der ein Werk im Sinne des Werkvertragsrechts wäre.[138] Somit entzieht sich der Gesamtvertrag den Regeln des Werkvertragsrechts, während sich seine Qualifikation als einfacher Auftrag rechtfertigt. Dagegen lässt sich auch nicht einwenden, dass der reine Planungsvertrag die Merkmale eines Werkvertrags aufweise, weshalb der Gesamtvertrag ein aus Auftrag und Werkvertrag gemischter Vertrag sein müsse. Denn: 1.50

2. Im Gesamtvertrag richtet sich (nach dem typischen Vertragswillen der Parteien) die Planungstätigkeit nicht auf selbständig geschuldete Arbeitserfolge,[139] sondern sie geht als 1.51

---

[135] So z.B. auch ZINDEL/PULVER/SCHOTT, Basler Kommentar, N 18 zu Art. 363 OR; JÄGGI, Bemerkungen, S. 305; KOLLER A., Berner Kommentar, N 197 zu Art. 363 OR; LEUENBERGER, Nicht behauptete Tatsachen, S. 55; WERRO, Le mandat, S. 78; BGE 127 III 543 (= BR/DC 2002, S. 90, Nr. 212, mit Anm. WERRO); TRÜMPY, Architektenvertragstypen, S. 130 f.; unentschieden BRÄNDLI, Wichtige baurechtliche Verträge, S. 170 ff.

[136] BGE 98 II 305/311 E. 3b und 4; 93 II 311/313 E. 2; 89 II 405/406 E. 1; AEBI-MABILLARD, La rémunération, Rz. 412 ff. und 422; BRINER, Architektenverträge, S. 60; GAUCH, Werkvertrag, Rz. 57 ff.; GAUTSCHI G., Berner Kommentar, N 43a zu Art. 394 OR; GEHRER, Gestaltung von Architektenverträgen, S. 89 f.; PEDRAZZINI M., SPR VII/1, S. 506 f.; PEER, Das Leistungsverzeichnis, Rz. 277 und 279; PERRIN, Le contrat d'architecte, S. 30 ff.; vgl. die Anm. von STÖCKLI zu 4A_53/2012 und 4A_55/2012 vom 31. Juli 2012 (= BR/DC 2012, S. 213, Nr. 396); STÖCKLI, Sorgfaltsmangel und Vergütung, S. 945; DERS., Private Baunormung, S. 6. Der Vorbehalt des Bundesgerichts, wonach «nötigenfalls die Spezialvorschriften des Werkvertrages aushilfsweise herangezogen werden dürfen» (BGE 63 II 176/180), wurde vom Gericht selber (soweit ersichtlich) nie in die Praxis umgesetzt. Er könnte nur insofern eingreifen, als einzelne Dispositivnormen des Auftragsrechts nicht mit dem konkret vereinbarten Vertragsinhalt harmonieren (JÄGGI/GAUCH/HARTMANN, Zürcher Kommentar, N 582 zu Art. 18 OR), dafür aber Werkvertragsrecht passt.

[137] BGE 63 II 176/177.

[138] Die in Deutschland vertretene und mit Inkraftsetzung der neuen §§ 650p–650t BGB per 1. Januar 2018 gesetzlich bestätigte (vgl. oben Fn. 57) Ansicht, wonach die planende und bauüberwachende Tätigkeit des Gesamtarchitekten dem Entstehenlassen eines Bauwerks und damit der Herbeiführung eines Erfolgs diene (KNIFFKA, Bauvertragsrechts-Kommentar, N 69 und 74 der Einf. vor § 631; KORBION/MANTSCHEFF/VYGEN, N 22 zu § 1 HOAI; BGH VII ZR 120/58 vom 26. November 1959 = NJW 1960, S. 431 f.), erklärt sich aus der dortigen Rechtslage, die den entgeltlichen Auftrag nicht kennt (vgl. § 662 BGB). Sie wirkt «konstruiert» und ist jedenfalls für die Schweiz abzulehnen (vgl. BGE 78 II 311; JÄGGI, Bemerkungen, S. 305, Fn. 13).

[139] Vgl. BGer 4C.408/1999 vom 11. Februar 2000 E. 3a.

Teil der Gesamttätigkeit im Ganzen auf. Eine Aufsplitterung des Ganzen mit rechtlich differenzierter Behandlung wird dem Sachverhalt nicht gerecht, weil die geschuldete **Gesamttätigkeit qualitativ etwas anderes** ist **als die Summe der einzelnen Verrichtungen.**[140] Dass einzelne Verrichtungen, würde man sie gesondert vereinbaren, dem Werkvertragsrecht unterständen, vermag den Gesamtvertrag des Architekten ebenso wenig zu einem gemischten Vertragsverhältnis zu machen wie etwa den Heilungsvertrag mit dem (Zahn-)Arzt oder den Prozessführungsvertrag mit dem Anwalt. Auch diese Verträge beinhalten Verrichtungen, die man bei separater Vereinbarung dem Werkvertragsrecht zuordnen müsste, was aber nicht hindert, den jeweiligen Gesamtvertrag einheitlich und nach Auftragsrecht zu behandeln.[141] So hat denn auch das Bundesgericht den Heilungsvertrag mit dem Zahnarzt insgesamt («dans son ensemble») dem Auftragsrecht unterstellt und ausdrücklich festgehalten: «La confection des éventuels ouvrages nécessaires au traitement est [...] englobée dans le contrat de mandat et soumise, en particulier, à l'obligation de bonne et fidèle exécution du contrat, avec tout le soin que l'on peut exiger du mandataire».[142] Dem Sinne nach gleich verhält es sich für den Gesamtvertrag des Architekten.

1.52 **3.** Dass dieser Gesamtvertrag einheitlich behandelt werden muss, ist schliesslich auch ein **praktisches Erfordernis.**[143] Denn wie der Leistungsbeschrieb der SIA-Ordnung 102 eindrücklich demonstriert, umfasst der Gesamtvertrag eine grosse Vielzahl verschiedenartiger Planerleistungen, die sich zur Gesamtleistung zusammenfügen. Eine rechtlich verschiedene Behandlung der zahlreichen Einzelleistungen und die damit verbundene «Spaltung der Rechtsfolgen» (BGE 109 II 462; Rz. 1.49) führt zu einem völlig unpraktikablen Ergebnis. Das gilt umso mehr, als eine Spaltung nicht nur horizontal, sondern auch vertikal verläuft, da sich Verrichtungen des Planers, die bei separater Vereinbarung werkvertraglichen Charakter hätten, in sämtlichen Phasen seiner Gesamttätigkeit (also auch in der Ausführungs- und Abschlussphase) finden. Solche Leistungen aus dem Ganzen herauszuschälen und sie dem Werkvertragsrecht (z.B. der strengen Prüfungs- und Rügeordnung der Art. 367 und Art. 370 OR) zu unterwerfen, widerspricht sowohl der Wirklichkeit des richtig verstandenen Gesamtvertrags als auch dem schutzwürdigen Interesse beider Parteien an klaren Verhältnissen.[144] Dies hat das Bundesgericht für die vorzeitige

---

[140] Zustimmend AEBI-MABILLARD, La rémunération, Rz. 412 ff. mit einem Überblick der zustimmenden Lehrmeinungen unter Fn. 710; GEHRER, Gestaltung von Architektenverträgen, S. 89. Vgl. demgegenüber TRÜMPY, Architektenvertragstypen, S. 128.

[141] Vgl. GAUCH, Werkvertrag, Rz. 59.

[142] BGE 110 II 375/378 f. E. 1b.

[143] BGE 63 II 176/177; vgl. HGer SG HG.2008.127 vom 23. März 2010 E. 10 (= BR/DC 2010, S. 58, Nr. 129, mit Anm. STÖCKLI), wonach «im Regelfall [...] die einheitliche Zuordnung aus Praktikabilitätserwägungen vorzuziehen sein» dürfte; siehe auch STÖCKLI, Sorgfaltsmangel und Vergütung, S. 944 f.; dagegen lehnt TRÜMPY, S. 129 f., den «Unpraktikabilitäts-Einwand» ab.

[144] SCHUMACHER, Architektenrecht 1995, Rz. 397, Fn. 58.

Vertragsauflösung[145] und neuerdings auch die Vergütung des Gesamtarchitekten[146] erkannt, indem es den Gesamtvertrag insgesamt und ungeteilt der Auflösungsregel des Art. 404 OR (Rz. 2.107) bzw. der Vergütungsregel in Art. 394 Abs. 3 OR (Rz. 8.42) unterstellt. Die Aufspaltung in Auftrags- und Werkvertragsrecht sei diesbezüglich kein «gangbarer» Weg.[147]

4. Ein «gangbarer Weg» aber ist die Aufspaltung auch nicht hinsichtlich der übrigen Rechtsfragen, vor allem der **Haftungsfragen,** die sich im Gesamtvertrag des Planers stellen. Auch das Bundesgericht schien sich in BGE 127 III 543 unter Berufung auf die «évolution de la jurisprudence» dem Standpunkt zu nähern, dass der Gesamtvertrag des Architekten, zumindest was die Haftung des Architekten betrifft, einheitlich nach Auftragsrecht zu beurteilen sei.[148] In späteren Urteilen hat es dann freilich den Gesamtvertrag weiterhin als gemischten Vertrag qualifiziert.[149] 1.53

4. Die Selbstqualifikation durch die Parteien

1. In der Praxis kommt es bisweilen vor, dass die Parteien ihren Planervertrag selber qualifizieren, indem sie ihn etwa als «Auftrag» oder «Werkvertrag» bezeichnen. Die **rechtliche Qualifikation** eines Vertrags **ist dem Parteiwillen** aber **schlechthin entzo-** 1.54

---

[145] Bestätigt in BGE 127 III 543/545 E. 2a (= BR/DC 2002, S. 90, Nr. 212, mit Anm. Werro); 110 II 380/382 E. 2 (= BR/DC 1985, S. 56, Nr. 42, mit Anm. Gauch); 109 II 462/466 E. 3d in fine (= BR/DC 1985, S. 14, Nr. 2, mit Anm. Gauch).

[146] BGer 4A_230/2013 vom 13. September 2013 E. 2 (= BR/DC 2014, S. 154, Nr. 263, mit Anm. Werro). Vgl. dazu Gauch, Erneut zum Gesamtvertrag, S. 69 ff.

[147] BGE 109 II 462/466 E. 3d in fine (= BR/DC 1985, S. 15, Nr. 4, mit Anm. Gauch). Kritisch zur starren Anwendung von Art. 404 OR Tercier/Bieri/Carron, Les contrats spéciaux, Rz. 4692.

[148] BGE 127 III 543/545 E. 2a. Diese Tendenz in Richtung Auftrag nahm das Kantonsgericht Waadt auf, indem es entschied, dass sich die Haftung eines Gesamtarchitekten sowohl hinsichtlich einer Kostenüberschreitung als auch betreffend Baumängel nach Auftragsrecht richte (KGer VD HC/2014/72 vom 12. März 2014 E. 3 = BR/DC 2014, S. 312, Nr. 628, mit Anm. Werro); Stöckli/Siegenthaler/Andres, Neue Urteile, S. 208 f.). Vgl. auch BGer 4A_86/2011 vom 28. April 2011 E. 3.2, wonach der Vertrag eines Architekten, der Pläne und Kostenvoranschläge zu erstellen hatte, gesamthaft den Regeln des Mandats unterliegen soll, um den unterschiedlichen Aufgaben des Architekten gerecht zu werden. Bestätigt wurde der Entscheid allerdings nicht. Vielmehr muss aufgrund nachgehender Urteile des Bundesgerichts (z.B. BGer 4A_89/2017 vom 2. Oktober 2017 E. 4 = BR/DC 2018, S. 186, Nr. 295, mit Anm. Werro; 4A_514/2016 vom 6. April 2017 E. 3.1.1 = BR/DC 2017, S. 381, Nr. 806, mit Anm. Werro) angenommen werden, dass sich das Bundesgericht der hier vertretenen Auffassung, den Gesamtvertrag ungeteilt dem Auftragsrecht zu unterstellen, (noch) nicht angeschlossen hat (so explizit schon in BGer 4A_55/2012 vom 31. Juli 2012 E. 4.5 = BR/DC 2012, S. 213, Nr. 396, mit Anm. Stöckli).

[149] Vgl. z.B. BGE 134 III 361/363 E. 5.1 (= BR/DC 2009, S. 58, Nr. 123, mit Anm. Stöckli). Eingehend zum Ganzen Gauch, Werkvertrag, Rz. 61 in fine und 62. Vgl. auch Gehrer, Gestaltung von Architektenverträgen, S. 90; Stöckli, Sorgfaltsmangel und Vergütung, S. 944, mit Blick auf BGE 124 III 423 (= BR/DC 1999, S. 48, Nr. 79, mit Anm. Werro).

gen.[150] Deshalb muss das Gericht stets von Amtes wegen prüfen, ob die von den Parteien verwendete Qualifikation mit dem durch Auslegung ermittelten Inhalt des Vertrags übereinstimmt.[151] Handelt es sich beim konkreten Planervertrag nach Massgabe seines Inhalts zum Beispiel um einen Werkvertrag, so wird er nicht deswegen zu einem einfachen Auftrag, weil die Parteien ihn (aus Irrtum oder Absicht) so bezeichnet haben. Die unrichtige Rechtsqualifikation durch die Parteien bleibt also unbeachtlich, gleich wie die Verwendung einer anderen unrichtigen Bezeichnung, «die von den Parteien aus Irrtum oder in der Absicht gebraucht wird, die wahre Beschaffenheit des Vertrages zu verbergen» (Art. 18 Abs. 1 OR).

1.55 **2.** Von der Selbstqualifikation zu unterscheiden und in den Schranken der Art. 19 f. OR wirksam ist hingegen eine **von dispositiven Gesetzesbestimmungen abweichende Regelung** durch die Parteien selbst. Sie können vereinbaren, dass auf den Planervertrag bestimmte Regeln eines gesetzlichen Vertragstyps (z.B. des Auftrags) zur Anwendung kommen, dem der konkrete Vertrag (z.B. als Werkvertrag) nicht zugehört.[152] So können die Parteien sich einigen, dass ihr Planervertrag, obwohl er im konkreten Fall ein Werkvertrag ist, der Auflösungsregel des Art. 404 OR untersteht.[153] Möglich ist folglich auch, dass die Parteien mit der Vertragsbestimmung «Dieser Vertrag ist ein Auftrag» keine unzulässige Qualifikation beabsichtigt haben, sondern zum Ausdruck bringen wollten, dass auf den entsprechenden Vertrag die Regeln des Auftragsrechts anwendbar sein sollen, was im Zweifelsfall im Rahmen einer gesetzeskonformen Auslegung anzunehmen ist (beachte zur Verwendung auftragsrechtlicher Terminologie in den SIA-Ordnungen aber hinten Rz. 1.76).

---

[150] BGE 99 II 313; 84 II 493/496 E. 2; OGer ZH LB140048 vom 30. Januar 2015 E. 4.2 und 4.4 (= BR/DC 2015, S. 347, Nr. 570, mit Anm. SIEGENTHALER); BECKER, Berner Kommentar, N 26 zu Art. 18 OR; GAUCH/SCHLUEP/SCHMID, OR AT, Rz. 1038; KRAMER, Berner Kommentar, N 84 zu Art. 18 OR; JÄGGI/GAUCH/HARTMANN, Zürcher Kommentar, N 241 zu Art. 18 OR; VON TUHR/PETER HANS, OR AT I, S. 290 f.; vgl. BGer 4C.165/2005 vom 22. Juli 2005 E. 3.1 (= BR/DC 2006, S. 64, Nr. 204, mit Anm. GAUCH); 4P.235/2004 vom 10. Januar 2005 E. 3.4. Unrichtig (oder zumindest missverständlich): HOFSTETTER, SPR VII/6, S. 20.

[151] Statt vieler KRAMER, Berner Kommentar, N 84 zu Art. 18 OR und JÄGGI/GAUCH/HARTMANN, Zürcher Kommentar, N 248 zu Art. 18 OR.

[152] JÄGGI/GAUCH/HARTMANN, Zürcher Kommentar, N 248 zu Art. 18 OR; GAUCH/SCHLUEP/SCHMID, OR AT, Rz. 1039.

[153] Allerdings ist es beim aktuellen Stand der Rechtsprechung, wonach Art. 404 zwingender Natur ist (BGE 115 II 464/466 E. 2a = BR/DC 1990, S. 99, Nr. 129, mit Anm. GAUCH; 110 II 380/382 ff. E. 3 = BR/DC 1985, S. 56, Nr. 42, mit Anm. GAUCH; 106 II 157/159 f. E. 2b), nicht möglich, in einen als Auftrag zu qualifizierenden Vertrag die werkvertraglichen Auflösungsregeln zu übernehmen.

IV. Das SIA-Normenwerk für Planerleistungen

1. Die Leistungs- und Honorarordnungen des SIA

Wie festgestellt wurde, ist der Planervertrag kein Vertragstyp, den das Gesetz besonders regelt. Anders als zum Beispiel in Deutschland[154] gibt es in der Schweiz auch keine staatliche Verordnung über die Honorare für Planerleistungen. Umso wichtiger sind für die Praxis die **SIA-Ordnungen,**[155] die vom Schweizerischen Ingenieur- und Architekten-Verein (einem privaten Berufsverband für «Berufsleute aus Ingenieurwesen, Architektur und Wissenschaften verwandter Ausrichtung mit universitärer oder gleichwertiger Ausbildung»[156]) ohne staatlichen Auftrag herausgegeben werden und sich nach ihrer eigenen Bezeichnung auf «Leistungen und Honorare» von Planern beziehen. Zum Kreis dieser Leistungs- und Honorarordnungen (kurz: LHO oder Honorarordnungen) innerhalb des SIA-Normenwerks zählen in ihren aktuellen Ausgaben die folgenden Publikationen[157]: 1.56

- SIA-Ordnung 102: Ordnung für Leistungen und Honorare der Architektinnen und Architekten, Ausgabe 2014; 1.57
- SIA-Ordnung 103: Ordnung für Leistungen und Honorare der Bauingenieurinnen und Bauingenieure, Ausgabe 2014;[158] 1.58

---

154 Zur Neuregelung des Architekten- und Ingenieurvertrags in den §§ 650p–650t im BGB siehe Rz. 1.28, Fn. 57 und Rz. 1.50, Fn. 138. Ausserdem kennt Deutschland die «Verordnung über die Honorare für Architekten- und Ingenieurleistungen (Honorarordnung für Architekten und Ingenieure – HOAI)» vom 10. Juli 2013. Sie regelt nach ihrem § 1 die «Berechnung der Entgelte für die Leistungen der Architekten und Architektinnen und der Ingenieure und Ingenieurinnen (Auftragnehmer oder Auftragnehmerinnen) mit Sitz im Inland, soweit die Leistungen durch diese Verordnung erfasst und vom Inland aus erbracht werden». Sie enthält verbindliches Preisrecht für Planerleistungen im Bauwesen. Zur HOAI Korbion/Mantscheff/Vygen, HOAI, passim; Locher/Koeble/Frik, HOAI-Kommentar, passim.

155 Siehe zum Ganzen auch Egli, Revidierte SIA-Ordnungen, S. 42 ff. Obwohl der SIA 2001 die geläufige Bezeichnung der «SIA-Ordnung» mit «Ordnung SIA» ersetzt hat, wird hier an der eingebürgerten Schreibweise «SIA-Ordnung» festgehalten.

156 Art. 2 SIA-Statuten vom 18. Juni 1999 (Fassung 12/07).

157 Am 1. November 2018 setzte der SIA eine überarbeitete 2. Auflage der LHO als Übergangslösung bis voraussichtlich Ende 2019 «in Kraft» und führte damit eine Trennung der «Leistungsnormen» von den «Honorarordnungen» (neu als «Kalkulationshilfe» bezeichnet) ein. Damit die neu aufgelegten Regeln aber Geltung erlangen, müssen sie wie andere Allgemeine Vertragsbedingungen auch in einen konkreten Vertrag übernommen werden. Eine eingehende Auseinandersetzung mit den neuen Regeln findet sich im Beitrag von Egli/Stöckli (Rz. 8.148 ff.). Siehe ferner zur Revision 2014: Marti/Flückiger, Die Revision der SIA-Planerordnungen, S. 15 ff.; Kaeppeli, Revision der SIA-Ordnungen, S. 198 f.; Siegenthaler/Marti, Allgemeine Vertragsbedingungen, S. 12 ff.; ders. Neue SIA-Ordnungen 102/103, S. 27 ff.

158 Mit Einführung der überarbeiteten SIA-Ordnung 103 wurde das SIA-Merkblatt 2027 (2006), welches für die Bereiche Betonbau, Stahlbau, Holzbau, Mauerwerk und Geotechnik «[b]auweisenspezifische Zuordnungen von Leistungen der Bauingenieure in Ergänzung zur LHO 103» bereithielt, vom SIA zurückgezogen.

1.59 – SIA-Ordnung 104: Ordnung für Leistungen und Honorare der Forstingenieure und Forstingenieurinnen, Ausgabe 2003;

1.60 – SIA-Ordnung 105: Ordnung für Leistungen und Honorare der Landschaftsarchitektinnen und Landschaftsarchitekten, Ausgabe 2014;

1.61 – SIA-Ordnung 106: Ordnung für Leistungen und Honorare der Geologinnen und Geologen, Ausgabe 2007;

1.62 – SIA-Ordnung 108: Ordnung für Leistungen und Honorare der Maschinen- und der Elektroingenieure sowie der Fachingenieure für Gebäudeinstallationen, Ausgabe 2014;[159]

1.63 – SIA-Ordnung 110: Ordnungen für Leistungen und Honorare der Raumplanerinnen und Raumplaner auf den Gebieten der kommunalen Gesamtplanung und der Sondernutzungsplanung, Ausgabe 2003.

1.64 Mit Ausnahme der SIA-Ordnungen 104 und 106, die nur in Deutsch und Französisch vorliegen, werden die Ordnungen in Deutsch, Französisch und Italienisch herausgegeben. Von den SIA-Ordnungen 102, 103 und 108 gibt es zudem je eine Version in englischer Sprache. Die wichtigsten Bestimmungen namentlich der SIA-Ordnungen 102 und 103 kommen in den nachfolgenden Beiträgen des vorliegenden Buches zur Sprache, weshalb wir uns hier auf einige grundsätzliche Aspekte beschränken. Zunächst sprechen wir vom Aufbau der SIA-Honorarordnungen im Allgemeinen, danach gehen wir am Beispiel der SIA-Ordnung 102 näher auf den Inhalt und den Gegenstand ein, sodann befassen wir uns mit der Geltung und Auslegung der SIA-Honorarordnungen, und schliesslich geben wir eine kurze «Würdigung» des Regelwerks.

A. Der Aufbau

1.65 Die SIA-Honorarordnungen folgen einer einheitlichen Systematik. Sie enthalten, je nach Ordnung, zwischen fünf und neun Artikel, die sich grob in drei Themenkreise gliedern lassen:[160] in **Allgemeine Vertragsbedingungen,** eine **umfassende Beschreibung der Leistungen des Planers** und **die Vergütungsordnung.**[161] Im Folgenden wird die Systematik beschrieben, wie sie in der bis voraussichtlich Ende 2019 andauernden Übergangsphase vorzufinden ist. Im Zuge der Übergangslösung (Rz. 8.2 und 8.148 ff.) wurden seit-

[159] So der Titel gemäss Publikationsliste des SIA, während die SIA-Ordnung selbst mit «Ordnung für Leistungen und Honorare der Ingenieurinnen und Ingenieure der Bereiche Gebäudetechnik, Maschinenbau und Elektrotechnik» betitelt ist.

[160] Vgl. jeweils die Einleitung in den SIA-Honorarordnungen selber; siehe auch Egli, Revidierte SIA-Ordnungen, S. 53.

[161] Siehe zum Druck, den die WEKO auf die Vergütungsordnung in den SIA-Ordnungen, insbesondere auf das Vergütungsmodell nach Baukosten, ausübt Middendorf, Mehr Markt oder mehr Willkür?, S. 44 f.; Beachte auch Rz. 8.2.

her die für die Honorarberechnung relevanten Art. 6 und 7 in neue SIA-Dokumente ausgegliedert, die vom SIA selber als «Kalkulationshilfen» bezeichnet werden.

1. Die SIA-Honorarordnungen sind **über weite Strecken gleich aufgebaut** (nachfolgend anhand der SIA-Norm 102/103 dargelegt): Den «Allgemeinen Vertragsbedingungen», die unter Art. 1 der SIA-Honorarordnungen unter anderem Bestimmungen zum anwendbaren Recht (Art. 1.1), zur Abmahnungspflicht (Art. 1.2.6) und Rechenschaftsablegung (Art. 1.2.8), zur Haftung (Art. 1.7) und Verjährung (Art. 1.9) bis hin zur Streiterledigung (Art. 1.11 f.) enthalten, folgt unter Art. 2 jeweils eine Umschreibung der «Aufgaben und Stellung» des jeweiligen Planers. Art. 3 ist mit «Leistungen» übertitelt; er enthält unter anderem Erklärungen über die Vereinbarung der vom Planer zu erfüllenden Aufgaben. Die umfassenden «Leistungsbeschriebe» finden sich sodann unter Art. 4. Sie bilden den eigentlichen Kern der SIA-Honorarordnungen, auf deren Bedeutung nachfolgend (Rz. 1.69 ff.) am Beispiel der SIA-Ordnung 102 eingegangen wird. Art. 5 befasst sich mit den «Grundsätzen der Vergütung», die für alle Ordnungen mit den (inzwischen in separate Kalkulationshilfen ausgelagerte) Bestimmungen zur «Honorarberechnung nach dem effektiven Zeitaufwand»[162] (Art. 6 SIA 102/103-K ≈ *a*Art. 6) präzisiert werden. 1.66

2. Offensichtliche **Unterschiede** im Aufbau zeigten sich erst nach *a*Art. 6 (≈ Art. 6 SIA 102/103/105/108-K): Während sich die SIA-Ordnungen 102, 103, 105 und 108 in *a*Art. 7 jeweils zur «Honorarberechnung nach den [aufwandbestimmenden] Baukosten» äusserten (≈ Art. 7 SIA 102/103/105/108-K), fehlt den SIA-Ordnungen 104 und 106 eine entsprechende Bestimmung; sie enden mit Art. 6. Ebenfalls keine Regelung zur Honorarberechnung nach Baukosten enthält die SIA-Ordnung 110; sie vermittelt in ihrem Art. 7 «Methoden zur Stundenaufwandschätzung» für die Grundleistungen aufgrund raumbezogener Kriterien.[163] Eine Spezialität weist die SIA-Ordnung 108 auf, die als einzige zwei weitere Artikel enthält. In Art. 8 sind unter dem Titel «Gebäudeautomation»[164] die Aufgaben des Gebäudeautomationsplaners (quasi als Trabant zu Art. 4) geregelt. Und Art. 9 enthält unter Bezugnahme auf Art. 3.7 den Leistungsbeschrieb des Fachkoordinators. 1.67

3. Auch im **Aufbau der Leistungsbeschriebe** entsprechen die SIA-Honorarordnungen sich weitgehend. Mit Ausnahme der SIA-Ordnung 106 für die Leistungen und Honorare der Geologinnen und Geologen, die eine verhältnismässig kurze Beschreibung der Leistungen mit blossem «Hinweischarakter» (Art. 4.1) enthält, werden die einzelnen Leistungsphasen in einer tabellarischen Übersicht aufgeschlüsselt nach: «Organisation», 1.68

162 So in den SIA-Ordnungen 102, 103, 104, 105 und 108, während die SIA-Ordnungen 106 und 110 ohne das Beiwort «effektiv» auskommen. Eingehend zur Vergütung des Planers Rz. 8.1 ff., zum Zeithonorar Rz. 8.65 ff.

163 Art. 5.4.2 SIA 110.

164 In der Fassung 2003 noch als «MSRL-Technik» (Mess-, Steuer-, Regel- und Leittechnik) bezeichnet, was als Überbegriff für die zur Überwachung, Führung, Messung, Steuerung und Regelung von gebäude-, betriebs- und sicherheitstechnischen Anlagen und Prozessen benötigten Mittel, Dienstleistungen und Verfahren verwendet wurde. Diese «Mess-, Steuer-, Regel- und Leitaufgaben» werden heute unter dem Begriff der Gebäudeautomation zusammengefasst (Art. 8.1 SIA 108).

«Auftragsgegenstand/Beschrieb und Visualisierung», «Kosten/Finanzierung», «Termine», «Administration», «Leistungen und Entscheide des Auftraggebers» sowie «Teilphasen-» bzw. «Phasenabschluss».[165]

B. Inhalt und Gegenstand am Beispiel der SIA-Ordnung 102

a. Der Inhalt der SIA-Ordnung 102

1.69 Aufgrund des einheitlichen Aufbaus, dem die Leistungs- und Honorarordnungen des SIA folgen, rechtfertigt es sich, deren Inhalt im Folgenden beispielhaft anhand der SIA-Ordnung 102 näher zu betrachten. Die Bestimmungen lassen sich grob unterteilen in Inhaltsbestimmungen, welche die Rechte und Pflichten der Parteien umschreiben und die den Hauptteil der Ordnung ausmachen, und in andere Bestimmungen wie Abschlussbestimmungen und Hinweisbestimmungen:

1.70 **1.** Die SIA-Ordnung 102 enthält zur Hauptsache vorformulierte Bestimmungen, die den Inhalt des Architektenvertrags regeln. Diese **Inhaltsbestimmungen** sind Allgemeine Vertragsbedingungen, die festlegen, was zwischen den Parteien nach Abschluss eines Architektenvertrags gilt. Sie behandeln insbesondere die Vertragspflichten der Parteien, aber auch andere Fragen: zum Beispiel die Vertretungsbefugnis des Architekten (Art. 1.2.3), das Weisungsrecht seines Vertragspartners (Art. 1.5.1), die Rechte an den Arbeitserzeugnissen (Art. 1.3.1), die Haftung des Architekten (Art. 1.7), die Verjährung (Art. 1.9), die vorzeitige Vertragsauflösung (Art. 1.10), die Erledigung von Streitigkeiten (Art. 1.11 f.) und so weiter.

1.71 **2.** Im Vordergrund der erwähnten Inhaltsbestimmungen stehen aber die **Vorschriften über die Leistungen und die Vergütung des Architekten** (insb. Art. 3–5 SIA 102 und Art. 6–7 SIA 102-K), die auch den Leistungsbeschrieb (Art. 4 SIA 102) umfassen. Sie beanspruchen innerhalb der SIA-Ordnung 102 den grössten Raum, was deren Bezeichnung als «Ordnung für Leistungen und Honorare der Architekten» erklärt.[166]

1.72 **a.** Die *Leistungen, die der Architekt zu erbringen hat,* sind in Phasen[167] und Teilphasen eingeteilt, wobei die SIA-Ordnung 102 davon ausgeht, dass mangels anderer Vereinbarung ein Vertrag mit einem Architekten «in der Regel die Phasen 3 Projektierung, 4 Ausschreibung und 5 Realisierung» (Art. 3.1.5) einschliesst. Sie umfassen vorab die «*Grundleistungen*», die «zur ordnungsgemässen Erfüllung eines Auftrags im Allgemeinen erforderlich und ausreichend sind» (Art. 3.3.3). Hinzu können verschiedene «*besonders zu vereinbarende Leistungen*» treten, «wenn die Art der Aufgabe dies erfordert oder wenn sie der Auftraggeber» aus einem andern Grunde «wünscht» (Art. 3.3.4). Im Unter-

[165] In der SIA-Ordnung 110 nimmt der Bereich «Beschrieb/Visualisierung» einen grösseren Stellenwert ein, indem er vorangestellt und weiter differenziert wird.

[166] Vgl. GEHRER, Gestaltung von Architektenverträgen, S. 97.

[167] Siehe zur Phaseneinteilung auch EGLI, Revidierte SIA-Ordnungen, S. 55 f.

schied zu den «Grundleistungen» ist deren «Ausführung [...] vorgängig gemeinsam festzulegen» (Art. 3.3.4), was bedeutet, dass sie nur gestützt auf eine besondere Vereinbarung geschuldet sind.

b. Für die *Honorierung des Architekten* (Rz. 8.1 ff.)[168] halten die SIA-Ordnungen 102 und 103 bzw. die ihnen zugeordneten Kalkulationshilfen verschiedene Methoden (nach effektivem Zeitaufwand, nach den Baukosten oder als Pauschale bzw. Globale) bereit (Art. 5.3.1 SIA 102/103 sowie Art. 6 und Art. 7 SIA 102/103-K), die auch nebeneinander zur Anwendung kommen können. Sowohl für die Honorierung nach den Baukosten wie auch für das Herleiten und die Überprüfung eines Pauschal- oder Globalpreises geht die SIA-Ordnung 102 von einem Zusammenhang zwischen den Baukosten eines Projekts und dem Zeitaufwand des Architekten aus, den dieser für die Erbringung der Grundleistungen hat (Art. 5.3.3; Rz. 8.85). Dieser Zusammenhang erlaube es, den «angemessenen durchschnittlichen Zeitaufwand (Tm) in Bezug zu den aufwandbestimmenden Baukosten zu bestimmen», woraus wiederum – die Berechnungen sind für Laien allerdings kaum nachvollziehbar[169] – das Honorar errechnet werden könne (Art. 5.3.3). Die Honorierung wird ergänzt mit einer Entschädigungsordnung für zusätzliche Kostenelemente (Nebenkosten und Drittleistungen, Art. 5.4) und für Reisezeiten (Art. 5.5), die im Zuge der Übergangslösung modifiziert wurde (Rz. 8.154 ff.). Ob die Honorierung nach Massgabe der SIA-Ordnung 102 «angemessen» ist, gehört zu den umstrittenen Fragen, obwohl die Ordnung von sich selber sagt, sie liefere «die Grundlagen zur Ermittlung einer angemessenen Honorierung» (Einleitung SIA 102).[170] 1.73

3. Die umschriebenen Inhaltsbestimmungen machen zwar den Hauptteil der SIA-Ordnung 102 aus. Daneben enthält die Ordnung aber auch **andere Bestimmungen,** die nicht den Inhalt des Architektenvertrags betreffen. So befassen sich zum Beispiel die Art. 1.2 und Art. 5.1.2 mit dem Abschluss des Architektenvertrags, indem Art. 1.2 das Prinzip der Formfreiheit festhält und Art. 5.1.2 dem vertragsschliessenden Architekten eine Aufklärungspflicht mit Bezug auf Honorar und Kosten auferlegt. Hinzu kommen rein «deklaratorische» Sätze, die weder den Vertragsabschluss regeln noch dazu bestimmt sind, Inhalt des abgeschlossenen Vertrags zu werden (z.B. Einleitung und Art. 2.1). «Deklaratorischer» Natur sind namentlich auch die Hinweisbestimmungen, welche die Parteien nur darauf aufmerksam machen, wie sie den Vertragsinhalt in dieser oder jener Richtung durch Vereinbarung gestalten können (z.B. Art. 5.2). 1.74

[168] Zur anstehenden Revision, die auf Druck der WEKO eingeleitet wurde, siehe Rz. 8.2 sowie Middendorf, Mehr Markt oder mehr Willkür?, S. 44 f.; Rz. 1.18. Zur noch geltenden Fassung siehe auch Egli, Revidierte SIA-Ordnungen, S. 59 ff.; Stöckli, Private Baunormung, S. 7.

[169] Vgl. Egli, Revidierte SIA-Ordnungen, S. 60.

[170] Die Streitfrage (vgl. z.B. auch Egli, Architektenrecht 1995, Rz. 983 und 1034 f.; ders., Revidierte SIA-Ordnungen, S. 60) ist so alt wie die Honorarordnung selbst. Schon 1911 hatte das Zürcher Obergericht zur damaligen Ordnung festgestellt, dass «diese als einseitige Festsetzung [...] begreiflicherweise die Maximalansätze enthält» (= ZR 1912, Nr. 36, S. 72).

b. Der Gegenstand der SIA-Ordnung 102

1.75 Die SIA-Ordnung 102 befasst sich mit dem **Architektenvertrag.** Ihre Bestimmungen haben also den Architektenvertrag zum Gegenstand. Das bedarf einer näheren Erläuterung:

1.76 **1.** Der Architektenvertrag, den die SIA-Ordnung 102 regelt, wird in der Ordnung selbst bisweilen als «Auftrag» (z.B. Art. 3.1.5, Art. 5.11 und *a*Art. 6.1.2 SIA 102 = Art. 6.1.2 SIA 102-K),[171] die daran beteiligten Parteien werden als «Beauftragter» und «Auftraggeber» (z.B. Art. 1.2.1) und die Erfüllung auch als «Auftragsbearbeitung» (z.B. Art. 1.2.2) oder «Auftragserledigung» (Art. 1.2.33). Dabei werden aber die Worte **«Auftrag» und «Auftraggeber» etc. in einem juristisch untechnischen Sinne** verwendet. Weder bezwecken sie eine Qualifikation des Architektenvertrags, die rechtlich ohnehin bedeutungslos wäre (Rz. 1.54), noch beschränken sie den Gegenstand der Regelung auf solche Architektenverträge, die den Vorschriften des einfachen Auftrags (Art. 394 ff. OR) unterstehen. Zum Ausdruck kommt dies in Formulierungen, wonach bestimmte Sachverhalte (z.B. in Art. 1.9.2 SIA 102 auf die Verjährungsfrist bei Gutachten) «nach Massgabe des Schweizerischen Obligationenrechts» beurteilt werden.[172] Diese Formulierungen machen deutlich, dass die SIA-Ordnung 102 die Qualifikationsfrage offenlässt[173] und sich auch mit Architektenverträgen befasst, die keine Auftragsverhältnisse im Sinne des Gesetzes (Art. 394 ff. OR) sind.

1.77 **2.** Der Architektenvertrag kommt in mannigfachen **Erscheinungsformen** vor. Da die SIA-Ordnung 102 keine Einschränkung enthält, befasst sie sich grundsätzlich mit dem Architektenvertrag in all seinen Erscheinungsformen, selbst mit dem blossen Gutachtervertrag (vgl. Art. 1.9.2). Doch ist zu beachten:

1.78 **a.** Die SIA-Ordnung 102, die nach eigener Aussage «die Grundlage zur Ermittlung einer angemessenen Honorierung» liefern will (Punkt 1 Einleitung/Inhalt der Ordnung), setzt als selbstverständlich voraus, dass der Architekt *Anspruch auf eine Vergütung* hat (vgl. z.B. auch Art. 1.3.4 und Art. 5.1). Insofern regelt sie nur den entgeltlichen Architektenvertrag, lässt also den unentgeltlichen Vertrag beiseite.

1.79 **b.** Auf einzelne Arten des Architektenvertrags passt die SIA-Ordnung 102 besser als auf andere (z.B. besser auf Verträge mit Auftragscharakter als auf Werkverträge). Am besten passt sie auf den *Gesamtvertrag des Architekten* (vgl. Art. 2.3.3), der allenfalls in Zusammenarbeit mit «Fachleuten der gleichen oder andere[n] Fachrichtungen» («Spezialisten») tätig wird (Art. 3.5). Verschiedene Bestimmungen der Ordnung (z.B. Art. 2.1.1) sind sogar ganz auf diesen Vertrag zugeschnitten. Und in Art. 3.1.5 wird der Gesamtver-

---

[171] Vgl. Einleitung SIA 102, wo von «Verträgen über Architekturleistungen» die Rede ist.

[172] Vgl. zur vorzeitigen Beendigung noch Art. 1.14.1 SIA 102 (1984): «Soweit das Vertragsverhältnis dem Auftragsrecht untersteht, kann es von jeder Vertragspartei jederzeit widerrufen oder gekündigt werden.»

[173] Vgl. EGLI, Revidierte SIA-Ordnungen, S. 67; ULRICH, Vorzeitige Auflösung, S. 43.

trag eindeutig favorisiert. «Vorbehältlich anderer Vereinbarungen umfasst» danach «der Auftrag in der Regel die Phasen 3 Projektierung, 4 Ausschreibung und 5 Realisierung» (Art. 3.1.5), welche die architektonische Gesamtleistung (von der Vorprojekt- bis zur Abschlussphase) ausmachen.[174] Diese deklaratorische Bestimmung der Ordnung, die sich auf die «Grundleistungen» (vgl. Art. 3.3.2 und Art. 3.3.3) bezieht, widerspricht der früher getroffenen Feststellung, dass es keinen allgemeinen Erfahrungssatz gibt, wonach ein Architekt im Zweifel mit allen zur Durchführung des Bauvorhabens erforderlichen Planerleistungen betraut ist (Rz. 1.7). Sie führt praktisch zu einer Umkehr der Beweislast,[175] indem der Beweis «anderer Vereinbarungen» demjenigen obliegt, der sich darauf beruft.[176]

2. Die Verständigungsnormen: SIA-Normen 112 und 111

1. Die SIA-Norm 112 («Modell Bauplanung-Verständigungsnorm»; früher Leistungsmodell 112 oder LM 112) bezweckt, «ganzheitliche, vernetzte, spartenübergreifende Planungsleistungen, die von interdisziplinären Planerteams»[177] für die unterschiedlichsten Arten von Bauwerken erbracht werden können, vertraglich zu fassen. Es stellt somit ein **Instrument der Vertragsgestaltung**[178] dar, das vom SIA «zur Verständigung» zwischen Bauherrn und Planer bei der Bestellung und Erbringung von Planerleistungen bereitgestellt wird. Zu seinen Leitgedanken gehört es, «klare Auftragsverhältnisse»[179] zu schaffen, womit es einen Beitrag leisten kann, das Risiko- und Konfliktpotenzial, welches einer unsorgfältigen Erarbeitung eines Leistungsbeschriebs immanent ist,[180] zu reduzieren. Die SIA-Norm 112 ist somit dafür geschaffen, den Parteien im Rahmen ihrer Verhandlungen zum Abschluss eines Planervertrags als Hilfestellung oder Leitfaden zu dienen. Dagegen ist sie nicht dazu bestimmt, als Vertragsbestandteil übernommen zu werden.[181] 1.80

a. Die gemeinsam vom Bauherrn und vom Planer anzugehende Planungsaufgabe strukturiert die SIA-Norm 112 anhand des «Lebenszyklus eines Bauwerks» von der Bedürfnis- 1.81

---

174 Die Phasen 1 «Strategische Planung», 2 «Vorstudien» und 6 «Bewirtschaftung» wurden mit Ausgabe 2001 der SIA-Ordnung 102 eingeführt. Sie beinhalten «Denkanstosse für die Parteien» (Egli, Revidierte SIA-Ordnungen, S. 55), was auch darin zum Ausdruck kommt, dass sie keine Grundleistungen, sondern nur besonders zu vereinbarende Leistungen auflisten (vgl. Art. 3.3 SIA 102).

175 Siehe zur Beweislast Rz. 1.7.

176 Zur Anwendung der Ungewöhnlichkeitsregel vgl. Rz. 1.108.

177 Erläuterungen SIA 112, «Ziel», S. 5.

178 Siehe auch Gasche/Bösch, Neue Grundlagen, S. 3 ff., die von einem «Instrument für die Vertragsentwicklung» sprechen.

179 Vgl. zur untechnischen Begriffsverwendung Rz. 1.54.

180 Vgl. Gehrer, Gestaltung von Architektenverträgen, S. 96.

181 Die in der Fassung 2001 enthaltenen AVB wurden deshalb auch im Rahmen der Revision ersatzlos gestrichen. Vgl. noch Ziff. 1 Abs. 4 der alten SIA-Vertragsformulare 1012/1 und 1012/3 [2001], wo die «allgemeinen Vertragsbedingungen der Ordnung SIA 112 Leistungsmodell, Ausgabe 2001» zur vertraglichen Übernahme vorgesehen waren.

formulierung bis hin zur Bewirtschaftung in sechs Phasen, die wiederum in Teilphasen mit entsprechenden Teilphasenzielen, definiert aus Sicht des Bauherrn, unterteilt sind. Die Leistungen der Planer werden als «mögliche Modulinhalte» innerhalb der Teilphasen umschrieben. Sie geben den *Leistungsinhalt nur stichwortartig* wieder und sind im Vergleich zu den Leistungsbeschrieben in den SIA-Honorarordnungen wesentlich weniger detailliert.[182] Begründet wird diese abstraktere Darstellung mit dem Anspruch, «universell verwendbar»[183] zu sein für die verschiedenen Fachrichtungen der Planer und die unterschiedlichsten Bauwerke. Damit entspricht die SIA-Norm 112 auch ihrer konzeptionellen Ausrichtung, indem sie «die einheitliche Grundstruktur der in den Ordnungen SIA 102, 103, 104, 105 und 108 dargestellten Leistungen»[184] abbildet. Die Leistungsbeschriebe dieser Ordnungen sollen zur näheren Definition des konkreten Leistungsinhalts eines Moduls herangezogen bzw. als «Basis für die Koordination und Beschreibung der Leistungen»[185] benutzt werden.

1.82 **b.** Um einen zweckmässigen Leistungsinhalt vertraglich festlegen zu können, setzt die SIA-Norm 112 eine *aktive Beteiligung des Bauherrn* bereits in der Vertragsanbahnung voraus. Der Bauherr soll die Planungsaufgabe klar beschreiben, wozu er nach dem Ideal der SIA-Norm 112 die «rechtzeitige grösstmögliche Klärung der Ziele, […] sowie die Definition der Anforderungen an das zu planende und zu realisierende Bauwerk» festzulegen hat.[186] Gestützt auf diese Aufgabenstellung soll der Planer (oder das Planerteam) «die den Vorgaben des Auftraggebers entsprechenden und zur Erreichung der Ziele notwendigen Leistungsmodule» und einen detaillierten Leistungsbeschrieb festlegen und dem Bauherrn ein entsprechendes Angebot unterbreiten.[187] Da bei einer solchen Prozessvorgabe von einem fachkundigen, professionellen Bauherrn ausgegangen wird, wurde für Laien im SIA-Leistungsmodell 112 noch explizit den Beizug eines (Bauherren-)Beraters empfohlen.[188]

1.83 **c.** Die SIA-Norm 112 enthält in ihrer Ausgestaltung als Hilfsmittel für die Vertragsgestaltung konsequenterweise *keine eigenen Honorierungsregeln.*

1.84 **2.** Wie die SIA-Norm 112 stellt auch die **SIA-Norm 111 («Modell Planung und Beratung-Verständigungsnorm»** früher: Leistungsmodell 111 oder LM 111) ein Instrument der Vertragsgestaltung dar. Es soll die Vertragsparteien «bei der Ausgestaltung der Zusammenarbeit gemäss den Bedürfnissen des aktuellen Vorhabens unterstützen», nament-

[182] Erläuterungen SIA 112, «Leitgedanken», S. 5; vgl. z.B. die Beschreibung der Bauleitungsaufgabe in Ziff. 522.2 SIA 112 mit Art. 4.52 SIA 102. Siehe auch Egli, Revidierte SIA-Ordnungen, S. 50.

[183] Struktur der Teilphasen-Tabellen SIA 112, «Leistungen der Planer», S. 10.

[184] Erläuterungen SIA 112, «Funktion», S. 5.

[185] So noch Erläuterungen SIA 112 (2001), «Umsetzung des Leistungsmodells», S. 5.

[186] Erläuterungen SIA 112, «Leitgedanken», S. 5.

[187] So noch Erläuterungen SIA 112 (2001), «Umsetzung des Leistungsmodells», S. 5.

[188] So noch Erläuterungen SIA 112 (2001), «Umsetzung des Leistungsmodells», S. 5. Vgl. aber immerhin Beispiele für Organisationsformen SIA 112, S. 8, wo u.a. die Stellung des (Bauherren-)Berater veranschaulicht wird.

lich im Verbund mit den «in den Ordnungen 104, 105 und 110 dargestellten Leistungen».[189] Die SIA-Norm 111 ist auf die Vertragsgestaltung von Vorhaben ausgerichtet, die im Unterschied zur SIA-Norm 112 weniger die Ausführung eines Bauwerks zum Ziel haben, sondern «Vorabklärungen, Strategien, Varianzverfahren, Leitbildern, Konzepten, Planungen oder Ermittlungen von Chancen und Risiken».[190] Was die Umschreibung des Leistungsinhalts, die Beteiligung des Bauherrn bei der Umsetzung des Leistungsmodells, die organisatorische Regelung der Gesamtleitung etc. betrifft, kann sinngemäss auf die Ausführungen zur SIA-Norm 112 verwiesen werden.

3. Geltung und Auslegung der Honorarordnungen

A. Die Geltung

Die SIA-Honorarordnungen sind das private Regelwerk eines privaten Berufsverbands: des Schweizerischen Ingenieur- und Architektenvereins. Sie haben **weder allgemeine Verbindlichkeit** im Sinne eines Gesetzes oder einer staatlichen Verordnung, noch sind sie eine Rechtsquelle eigener Art.[191] Vielmehr unterstehen sie, was ihre Geltung betrifft, den gleichen Grundsätzen wie andere Allgemeine Vertragsbedingungen auch.[192] Daraus folgt: 1.85

a. Allgemeine Grundsätze

1. Die Inhaltsbestimmungen der SIA-Ordnungen (Rz. 1.70) werden nur zwischen den jeweiligen Parteien eines konkreten Vertrags verbindlich. Und zwar werden sie grundsätzlich nur in dem Umfang verbindlich, als sie durch vereinbarte **Übernahme** in den konkreten Vertrag **Vertragsgeltung** erlangen. Der mögliche Umstand, dass eine der Vertragsparteien dem SIA angehört, macht diesbezüglich keinen Unterschied und reicht mithin nicht für die Anwendung einer Ordnung.[193] 1.86

2. Zwar sind **SIA-Mitglieder** nach Art. 6 Abs. 2 SIA-Statuten[194] unter dem Titel «Einhaltung der Ordnungen und Normen» verpflichtet, «die vom Verein aufgestellten Ordnungen, Richtlinien, Normen und Empfehlungen einzuhalten». Diese Pflicht, deren Verletzung nach Art. 3 SIA-Statuten als «standesunwürdiges Verhalten» gilt und nach Art. 7 1.87

---

[189] Erläuterungen SIA 111, «Funktion», S. 5.

[190] Erläuterungen SIA 111, «Anwendungsbereiche», S. 5.

[191] Vgl. Krauskopf-Forero/Siegenthaler, Architektur- und Bauingenieurverträge, S. 295; Stöckli, Private Baunormung, S. 5.

[192] Vgl. zu diesen Grundsätzen statt vieler Gauch/Schluep/Schmid, OR AT, Rz. 1116 ff. Zu den Besonderheiten der Leistungsmodelle 111 und 112 siehe Rz. 1.80 und 1.84.

[193] Illustrativ BGer 4C.371/2006 vom 19. Januar 2007 E. 5 (= BR/DC 2007, S. 167, Nr. 363, mit Anm. Pichonnaz).

[194] SIA-Statuten vom 10. November 2012, in Kraft seit 1. Januar 2013.

der Statuten geahndet werden kann, hat jedoch nur vereinsinterne Bedeutung. Sie soll die Vereinsmitglieder dazu anhalten, die «Honorarordnungen» des SIA in die jeweiligen Verträge zu übernehmen. Ob das im Einzelfall geschieht, hängt indes vom Willen der beteiligten Vertragsparteien ab. Selbst wenn beide Parteien dem SIA angehören, sind die SIA-Statuten kein Grund, der eine SIA-Ordnung zwischen den Parteien (in ihrem gegenseitigen Vertragsverhältnis) verbindlich macht.

1.88 **3.** Aber auch das Umgekehrte ist zu betonen: Der Umstand, dass ein **Nichtmitglied** des SIA zum Beispiel als Architekt oder Ingenieur auftritt, hindert die Parteien selbstverständlich nicht, die Bestimmungen der SIA-Ordnungen in ihren Vertrag zu übernehmen. Selbst wenn dem Planer jegliche Ausbildung für die Ausübung des Architekten- oder Ingenieurberufs abgeht, steht den Parteien die vertragliche Übernahme der Ordnungen frei,[195] auch was zum Beispiel die Vergütungsregelung betrifft.[196]

b. Die vertragliche Übernahme

1.89 **1.** Die vertragliche Übernahme der in den SIA-Ordnungen enthaltenen Bestimmungen erfolgt durch **ausdrückliche oder stillschweigende Abrede** der Parteien, wonach die zu übernehmenden Bestimmungen als Inhalt ihres Vertrags (als Vertragsbestandteil) gelten und in diesem Sinne «anwendbar» sein sollen.[197] Sie kann auch eine «mittelbare» oder eine «Globalübernahme» sein. Bei der *mittelbaren Übernahme* ist die Übernahmeerklärung in einem anderen Vertragsformular, das die Parteien zum Vertragsbestandteil erklären, als Allgemeine Vertragsbedingung vorformuliert. Eine *Globalübernahme* liegt vor, soweit eine Partei eine Bestimmung übernimmt, ohne sie zu kennen oder sie überlegt oder verstanden zu haben.[198]

---

195 KGer VS vom 17. September 1985 E. 3b in fine (= ZWR 1985, S. 305 = BR/DC 1987, S. 15, Nr. 5, mit Anm. GAUCH).

196 Vgl. REBER, Rechtshandbuch, S. 270.

197 Statt vieler GAUCH/SCHLUEP/SCHMID, OR AT, Rz. 1128 ff.; HENNINGER, AGB, S. 136; SCHÖNENBERGER/JÄGGI, Zürcher Kommentar, N 440 ff. zu Art. 1 OR. Nach Vertragsabschluss hinzutretende Tatsachen reichen aber nicht aus, anzunehmen, die Parteien hätten die Bestimmungen einer SIA-Ordnung mit Vertragsabschluss übernommen (vgl. BGer 4C.371/2006 vom 19. Januar 2007 E. 5 = BR/DC 2007, S. 167, Nr. 363, mit Anm. PICHONNAZ) etwa betreffend den Umstand, dass ein Planer sich auf seinen Rechnungen als SIA-Mitglied auswies. Dies schliesst freilich nicht aus, dass die Parteien im Sinne einer Vertragsanpassung nachträglich (ausdrücklich oder stillschweigend) eine Übernahme vereinbaren.

198 Vgl. BGE 108 II 416/418 E. 1b (= BR/DC 1983, S. 72, Nr. 54, mit Anm. TERCIER); 93 II 311/316 E. 3b; 64 II 355/357 E. 2; BGer 4C.282/2003 vom 15. Februar 2003 E. 3.1; GAUCH/SCHLUEP/SCHMID, OR AT, Rz. 1128c; KRAMER, Berner Kommentar, N 190 zu Art. 1 OR; SCHÖNENBERGER/JÄGGI, Zürcher Kommentar, N 462 ff. zu Art. 1 OR. Siehe auch Rz. 1.106.

2. Da die vertragliche Übernahme eine Abrede ist, bedarf sie wie jede andere Vertragsabrede der Auslegung. Im Streitfall können sich verschiedene **Auslegungsfragen** stellen, namentlich die folgenden: 1.90

a. *Die Frage, welche Bestimmungen einer SIA-Ordnung übernommen wurden.* Diese Auslegungsfrage ist nicht immer leicht zu entscheiden, namentlich dann nicht, wenn sich die Übernahmeerklärungen der Parteien in einem schlichten (undifferenzierten) Verweis auf eine (oder mehrere) Ordnung(en) erschöpfen. Mangels anderer Anhaltspunkte ist davon auszugehen, dass die Parteien nur jene Bestimmungen übernehmen wollten, die den Inhalt ihres konkreten Planervertrags sinnvoll ergänzen. Da zu vermuten ist, dass die Parteien etwas Vernünftiges wollten,[199] sind im Zweifel alle Bestimmungen auszuscheiden, die innerhalb des konkreten Vertrags zu einem unvernünftigen Ergebnis führen. 1.91

Das Letztgenannte gilt vor allem auch dann, wenn sich der Verweis nicht in einem Planervertrag, sondern etwa in einem Bauwerkvertrag (Rz. 1.27) findet, was in der Praxis bisweilen (namentlich bei Totalunternehmerverträgen mit Architekten) vorkommt. Obwohl Gegenstand der SIA-Ordnungen Planerverträge (nicht der Bauwerkvertrag) sind, kann ein solcher Verweis durchaus wirksam sein, falls es sich nicht um eine blosse Floskel handelt.[200] Bei wirksamem Verweis aber hat das Gericht im Streitfall die schwierige Frage zu entscheiden, in welchem Umfang eine auf den Bauwerkvertrag allenfalls unpassende Honorarordnung übernommen wurde. 1.92

b. *Die Frage, auf welche sprachliche Fassung einer SIA-Ordnung die Parteien sich verständigt haben.* Wurde der übrige Vertragstext in deutscher Sprache abgefasst, so spricht dieser Umstand mangels anderer Anhaltspunkte dafür, dass sich die Übernahmeerklärung auf die deutsche Ausgabe bezieht. Entsprechendes gilt, wenn der übrige Vertragstext in französischer oder italienischer Sprache redigiert ist. Das ist deshalb von Bedeutung, weil die Texte der verschiedenen Fassungen in Einzelpunkten voneinander abweichen können. 1.93

c. *Die Frage, ob sich die Übernahme auf die neueste Fassung einer SIA-Ordnung bezieht oder auf eine frühere Fassung.* Haben die Parteien die Übernahme erklärt, nachdem eine Fassung auch in gedruckter Form erschienen und deshalb allgemein erhältlich war, spricht mangels anderer Anhaltspunkte eine tatsächliche Vermutung für die aktuelle Fassung. Die Vermutung ist allerdings umso schwächer, je näher die Übernahme und das Erscheinungsdatum beieinander liegen. Stellt sich im Einzelfall heraus, dass die eine Partei die revidierte, die andere Partei eine frühere Fassung übernehmen wollte, so ändert dies zwar nichts an der Gültigkeit des Vertrags; doch sind die Bestimmungen der entsprechenden SIA-Ordnung weder in dieser noch in jener Fassung verbindlich, es sei denn, 1.94

---

[199] Jäggi/Gauch/Hartmann, Zürcher Kommentar, N 478 zu Art. 18 OR; Kummer, Berner Kommentar, N 365 zu Art. 8 ZGB.

[200] Gauch/Schluep/Schmid, OR AT, Rz. 1128e; Schönenberger/Jäggi, Zürcher Kommentar, N 496 zu Art. 1 OR.

nach Massgabe des Vertrauensprinzips gelte die Übernahme so, wie die eine oder andere Partei sie bei Vertragsabschluss verstanden hat.[201]

1.95 Die zuletzt behandelte Auslegungsfrage kann sich deshalb stellen, weil die Parteien selbstverständlich frei sind, auch eine frühere Fassung (Ausgabe) der SIA-Ordnungen zu übernehmen. *Welche Fassung zwischen bestimmten Parteien gilt, beurteilt sich ausschliesslich nach dem Inhalt der vereinbarten Übernahme.* So verhält es sich auch, wenn die Parteien ihren Vertrag noch vor Inkraftsetzung einer aktualisierten Fassung geschlossen und dabei eine frühere Fassung übernommen haben. Zwischen den betreffenden Parteien gilt weiterhin die übernommene (nicht die revidierte) Fassung, es sei denn, sie hätten etwas anderes vereinbart.

c. Die Verkehrsübung

1.96 **1.** Dem Gesagten zufolge besteht der Geltungsgrund für die Inhaltsbestimmungen der SIA-Ordnungen grundsätzlich in der vereinbarten Übernahme durch die Parteien. Vom Grundsatz gibt es eine Ausnahme. Sie betrifft den möglichen Fall, dass **einzelne Bestimmungen der SIA-Ordnungen Ausdruck einer Verkehrsübung**[202] und in diesem Sinne «üblich» sind. Denn Bestimmungen, die das Übliche wiedergeben, können nicht nur durch vertragliche Übernahme, sondern (wie jede Übung) auch deswegen Geltung erlangen, weil die Parteien sich durch ausdrückliche oder stillschweigende Abrede der Übung unterwerfen oder das Gesetz (z.B. Art. 394 Abs. 3 OR) auf die Übung verweist.[203] Geltungsgrund solcher (üblicher) Bestimmungen ist alsdann der vertragliche oder der gesetzliche Verweis auf die Übung. Die «Üblichkeit» allein reicht dagegen (für sich genommen) nicht aus, um einer vorformulierten Vertragsbestimmung Geltung zu verschaffen;[204] aber sie rechtfertigt es doch, die übliche Bestimmung zur Auslegung unklarer Vertragsklauseln oder als Hilfsmittel der richterlichen Vertragsergänzung heranzuziehen.[205] Besteht nämlich eine einschlägige Verkehrsübung, kann bei der richterlichen Vertragsergänzung in aller Regel angenommen werden, dass diese Übung dem «hypothetischen Parteiwillen» am besten entspricht; das Gericht hat dann in Ausübung seines pflichtgemässen Ermessens nach dieser Übung zu entscheiden.[206] Dahingehend dürfte wohl das

201 Vgl. Schönenberger/Jäggi, Zürcher Kommentar, N 485 zu Art. 1 OR.

202 Zur Verkehrsübung im Allgemeinen Jäggi/Gauch/Hartmann, Zürcher Kommentar, N 423 ff. zu Art. 18 OR; Riemer, Nicht staatliche Normensysteme, S. 117.

203 Jäggi/Gauch/Hartmann, Zürcher Kommentar, N 440 ff. und 593 zu Art. 18 OR; Kramer, Berner Kommentar, N 200 zu Art. 1 OR sowie N 242 f. zu Art. 18 OR.

204 Gauch/Schluep/Schmid, OR AT, Rz. 1219; Jäggi/Gauch/Hartmann, Zürcher Kommentar, N 441 zu Art. 18 OR.

205 Jäggi/Gauch/Hartmann, Zürcher Kommentar, N 438 und 594 f. zu Art. 18 OR; Kramer, Berner Kommentar, N 29 ff. und 244 zu Art. 18 OR; vgl. Tercier/Bieri/Carron, Les contrats spéciaux, Rz. 4702.

206 Jäggi/Gauch/Hartmann, Zürcher Kommentar, N 591 ff. zu Art. 18 OR; Gauch/Schluep/Schmid, OR AT, Rz. 1258.

Bundesgericht verstanden werden, wenn es in einem nicht amtlich publizierten Entscheid formuliert: «Le règlement SIA peut servir de référence au juge, notamment pour déterminer la liste des prestations incombant à la direction des travaux», bzw.: «[c]es circonstances de fait [...] permettaient à l'autorité inférieure [...] de s'inspirer, entre autres éléments, du contenu de la Norme SIA 102 pour définir l'étendue du mandat de direction des travaux».[207]

Ausdruck einer Verkehrsübung können die Bestimmungen der SIA-Ordnungen deshalb sein, weil sie entweder eine vorbestandene Übung übernommen oder selber eine Übung begründet haben; doch ist dies in keinem Fall zu vermuten und muss im Streitfall nachgewiesen werden.[208] Was die differenzierten Honorierungsregelungen betrifft, die der SIA einseitig festgesetzt hat und durch zusätzliche Publikationen ergänzt, ist ausserdem festzuhalten: Sie können von vornherein nicht als Ausdruck einer Verkehrsübung gelten (Rz. 1.18 und 8.43 ff.),[209] selbst wenn der beteiligte Planer dem SIA angehört. Noch weniger haben diese Regeln oder irgendwelche Bestimmungen der SIA-Ordnungen die Bedeutung von Gewohnheitsrecht (Art. 1 Abs. 2 ZGB). 1.97

2. Von der Verkehrsübung zu unterscheiden sind die **«anerkannten Regeln der Technik bzw. der Baukunde»**, die einerseits das Mass der Sorgfalt mitbestimmen, das ein Planer bei der Vertragsabwicklung aufbringen muss, und die andererseits zum Beispiel die Soll-Beschaffenheit eines werkvertraglich geschuldeten Plans beeinflussen können (Rz. 9.53 und 10.41).[210] Auf diese Unterscheidung ist deshalb hinzuweisen, weil nicht selten das Missverständnis besteht, dass es sich bei den in den SIA-Ordnungen enthaltenen Leistungsbeschrieben um «anerkannte Regeln der Baukunde» handle. Dem ist klarerweise nicht so: Zwar hat ein Planer im Zusammenhang mit einer vertraglich übernommenen Leistung (z.B. bei der «definitiven Auswahl der Materialien und Konstruktionen» im Rahmen der Ausführungsplanung nach Art. 4.51 SIA 102) die jeweils «anerkannten Regeln der Baukunde» zu befolgen; ob aber die entsprechende Leistung («Auswahl der Materialien und Konstruktionen») vom Planer im konkreten Fall zu erbringen ist, ist keine Frage der «anerkannten Regeln», sondern betrifft den Vertragsinhalt. 1.98

---

207 BGer 4A_242/2008 vom 2. Oktober 2008 E. 2.2 (= BR/DC 2009, S. 58, Nr. 122, mit Anm. Werro).

208 BGE 118 II 295/296 E. 2a (= BR/DC 1993, S. 103, Nr. 216, mit Anm. Gauch); 117 II 290; BGer 4A_393/2007 vom 3. Dezember 2007 E. 2.1 (= BR/DC 2008, S. 67, Nr. 126, mit Anm. Stöckli); 4C.261/2005 vom 9. Dezember 2005 E. 2.3 (= BR/DC 2006, S. 64, Nr. 205, mit Anm. Gauch); Jäggi/Gauch/Hartmann, Zürcher Kommentar, N 434 zu Art. 18 OR; Merz, Berner Kommentar, N 144 zu Art. 2 ZGB; Schönenberger/Jäggi, Zürcher Kommentar, N 518 zu Art. 1 OR.

209 Vgl. BGE 118 II 295/296 f. E. 1b; 117 II 290; 117 II 282/284 E. 4b (= BR/DC 1992, S. 93, Nr. 153, mit Anm. Gauch); BGer 4A_393/2007 vom 3. Dezember 2007 E. 2.1; 4C.261/2005 vom 9. Dezember 2005 E. 2.3 (= BR/DC 2006, S. 64, Nr. 205, mit Anm. Gauch); Jäggi/Gauch/Hartmann, Zürcher Kommentar, N 434 zu Art. 18 OR; anders z.B. Reber, Rechtshandbuch, S. 279; unklar: Gautschi G., Berner Kommentar, N 77d zu Art. 394 OR.

210 Ausführlich zu den «anerkannten Regeln der Technik»: Gauch, Werkvertrag, Rz. 842 ff.

d. Keine Geltung trotz Übernahme

1.99 Die vertragliche Übernahme durch die Parteien bedeutet nicht, dass die übernommenen Bestimmungen einer SIA-Ordnung in jedem Falle uneingeschränkt gelten. Zum Beispiel erlangen sie trotz Übernahme keine Geltung, soweit sie zwingendem Gesetzesrecht widersprechen, worauf in Art. 1.1.2 SIA-Honorarordnungen ausdrücklich hingewiesen wird. Ausserdem ist zu beachten:

1.100 **1. Individuelle Abreden der Parteien,** worin bestimmte Punkte des Vertrags konkret ausgehandelt wurden, gehen den Allgemeinen Bedingungen der SIA-Ordnungen schlechthin vor.[211] «Selbst solche vorgeformte Regeln, die einer klaren individuellen Abrede zwar nicht eigentlich widersprechen, jedoch schlecht zu ihr passen, haben zurückzutreten; sie können nur insoweit gelten, als sie sich der Abrede harmonisch einfügen».[212]

1.101 Der Vorrang der Individualabrede gilt gegenüber allen Bestimmungen einer Ordnung, gleichgültig, ob sie sich selbst eine abweichende Vereinbarung vorbehalten (z.B. Art. 3.1.5, Art. 5.3.2, Art. 5.3.3 und Art. 5.3.5 SIA 102) oder (wie die Mehrzahl der Bestimmungen) keinen derartigen Vorbehalt umfassen. Einige Vorschriften, welche die Ordnungen enthalten, scheinen die Möglichkeit abweichender Individualabreden zwar einzuschränken, indem sie abweichende Vereinbarungen nur für gewisse Fälle (z.B. Art. 7.5.6, Art. 7.7.3 und Art. 7.10.3 SIA 102) oder mit bestimmtem Inhalt (z.B. Art. 5.2 SIA 102) zulassen. Solche Einschränkungen sind jedoch unwirksam. Sie verhindern nicht, dass Individualabreden uneingeschränkt vorgehen.

1.102 **2.** Eine andere Frage ist, wie es sich rechtlich verhält, wenn übernommene Bestimmungen der SIA-Ordnungen im **Widerspruch** stehen **zu andern Allgemeinen Vertragsbedingungen,** die ebenfalls Vertragsbestandteil bilden.[213] Falls von zwei Bestimmungen, die sich widersprechen, keine individuell vereinbart wurde[214] und deshalb vorgeht, sind sie (beide) im Umfang des Widerspruchs grundsätzlich unverbindlich.[215] Der Grundsatz gilt jedoch nicht ohne Ausnahmen. Denn:

---

211 Vgl. z.B. BGE 125 III 263/266 f. E. 4b/bb; 123 III 35/44 E. 2c/bb; 93 II 317/325 f. E. 4b; 81 II 346/350 E. 2; Gauch/Schluep/Schmid, OR AT, Rz. 1131; Jäggi/Gauch/Hartmann, Zürcher Kommentar, N 527 zu Art. 18 OR; Kramer, Berner Kommentar, N 210 zu Art. 1 OR; Schönenberger/Jäggi, Zürcher Kommentar, N 491 ff., zu Art. 1 OR. Zur Begründung des Vorranges Baudenbacher, Grundprobleme der AGB, S. 266 f.

212 Schönenberger/Jäggi, Zürcher Kommentar, N 492 zu Art. 1 OR.

213 «Ein solcher Widerspruch darf indessen nicht leichthin angenommen werden. Denn häufig ergibt eine richtige Auslegung des Vertrags, die nicht am buchstäblichen Sinn der Worte haften bleibt, dass scheinbar widersprüchliche Bestimmungen sich durchaus harmonisieren lassen»; etwa deswegen, weil angenommen werden darf, dass von verschiedenen (vertretbaren) Bedeutungen einer Bestimmung diejenige gemeint ist, die keinen Widerspruch begründet (Jäggi/Gauch/Hartmann, Zürcher Kommentar, N 475 zu Art. 18 OR).

214 Auch vorformulierte Bestimmungen können zum Gegenstand einer individuellen Abrede gemacht werden, was zwar eher selten vorkommt, als Möglichkeit aber doch zu berücksichtigen ist.

215 Jäggi/Gauch/Hartmann, Zürcher Kommentar, N 476 zu Art. 18 OR; vgl. auch von Büren, OR AT, S. 172.

a. Im Einzelfall kann die Vertragsauslegung ergeben, dass nach dem Willen der Parteien die eine der widersprüchlichen Bestimmungen (z.B. die «allgemeinere») durch die andere (z.B. die «speziellere») verdrängt wird, sodass diese (nicht aber jene) Geltung hat.[216] Vielfach vereinbaren die Parteien sogar eine ausdrückliche Widerspruchsregel, aus der sich kraft der getroffenen Vereinbarung ergibt, welche Vertragsbestimmung im Falle des Widerspruchs gilt und welche nicht. Zum Beispiel legen sie eine Rangordnung zwischen verschiedenen Vertragsbestandteilen derart fest, dass Bestimmungen im tieferen Rang zu weichen haben, wenn sie mit Bestimmungen im höheren Range kollidieren. 1.103

b. Auf eine solche Rangordnung zielen offenbar auch die Art. 1.1.1 der SIA-Honorarordnungen, indem sie die «Allgemeinen Vertragsbedingungen (AVB)» den für «die Leistungen des Beauftragten massgebenden SIA-Ordnungen» voranstellen. Diese Rangordnung muss jedoch praktisch versagen, weil sie die allgemeineren Bestimmungen der AVB den speziellen Leistungsbeschrieben, die sich jeweils in Art. 4 der SIA-Honorarordnungen finden, vorgehen lassen möchte. Die Anwendung einer derartigen Widerspruchsregel ist mit Blick auf eine sinnvolle und harmonisierende Auslegung aber abzulehnen, weil von vernünftigen Parteien nicht anzunehmen ist, dass sie zu vergütende Leistungen speziell regeln (z.B. das «Überprüfen der Pläne von Fachplanern, Unternehmern und Lieferanten sowie von Fabrikations- und Werkstattplänen auf Übereinstimmung mit den Architektenplänen» im Rahmen des Ausführungsprojekts gemäss Art. 4.51 SIA 102), nur um solche Pflichten über die Allgemeinen Vertragsbedingungen wieder auszuhebeln (z.B. Art. 1.2.71 SIA 102, wonach der «Beauftragte [...] sachverständig erstellte Arbeitsergebnisse von Dritten, wie Pläne [...] nicht zu prüfen» habe). 1.104

c. So oder anders kann den SIA-Honorarordnungen (im Unterschied etwa zu Art. 21 SIA 118) keine brauchbare Widerspruchsregel entnommen werden. Auch der Vorbehalt einer anderen Vereinbarung, der sich in einzelnen Bestimmungen der Ordnungen findet, hat nicht die Bedeutung einer solchen Regel. Denn er bringt lediglich zum Ausdruck, was für alle Bestimmungen der Ordnung ohnehin gilt: dass es den Parteien frei steht, eine abweichende Vereinbarung zu treffen, die vorgehen soll. Ob aber die Übernahme widersprechender Vertragsbedingungen in anderen Vertragsbestandteilen den Sinn einer «vorgehenden» Vereinbarung hat, wird dadurch nicht entschieden. In jedem Falle vorrangig sind lediglich die Individualabreden. 1.105

3. Hat eine Partei der Übernahme nur global zugestimmt (Rz. 1.89), so bedarf sie schliesslich eines besonderen Schutzes. Dieser Schutz hat seine *Grundlage im Prinzip von Treu und Glauben* (Art. 2 ZGB) und wird durch das gleiche Prinzip auch eingeschränkt. Das ist deshalb von Bedeutung, weil ein Bauherr von seinem Planer grundsätzlich erwarten darf, dass dieser die Einzelheiten der einschlägigen SIA-Ordnungen bei Vertragsabschluss kennt.[217] Abgesehen von Ausnahmefällen, in denen sich eine solche Erwartung 1.106

---

[216] Dass nach dem Vertragswillen der Parteien die «speziellere» Bestimmung die «allgemeinere» verdrängen soll, bildet Gegenstand einer tatsächlichen Vermutung.

[217] Vgl. BGer vom 21. November 1971 (= ZR 1971, Nr. 117, S. 319).

nach den konkreten Umständen nicht rechtfertigt, muss das Vorbringen des Planers, er habe die Ordnung nur global übernommen, nach Treu und Glauben unberücksichtigt bleiben. Ist die Schutzwürdigkeit aber gegeben, erlangen **keine Geltung zulasten der global zustimmenden Partei:**

1.107 **a.** Bestimmungen der SIA-Ordnungen, über deren Inhalt sich die betreffende Partei bis zum Vertragsabschluss *nicht in zumutbarer Weise informieren* konnte.[218] Auf deren Nichtgeltung kann sich unter Umständen ein privater und branchenunkundiger Bauherr berufen, dem der Planer zwar die Verwendung einer SIA-Ordnung vorgeschlagen, den Text dieser Ordnung aber nicht so rechtzeitig verschafft hat, dass der Bauherr sie in Ruhe lesen und überdenken konnte.[219]

1.108 **b.** Ungewöhnliche (überraschende) Bestimmungen, mit denen die global zustimmende Partei (nach Inhalt oder Platzierung im Text) nicht gerechnet hat und aus ihrer Sicht zur Zeit des Vertragsabschlusses auch nicht rechnen musste. Diese *Ungewöhnlichkeitsregel*[220] könnte zum Beispiel zugunsten eines Bauherrn greifen, der davon überrascht ist, dass Art. 3.1.5 SIA 102 den Architektenvertrag auf die architektonische Gesamtleistung ausdehnt.[221]

1.109 **c.** Bestimmungen, die *vom dispositiven Gesetzesrecht abweichen,* ohne dass sich die Abweichung mit der Eigenart des konkret vereinbarten Planervertrags rechtfertigen lässt.[222]

1.110 **4.** Die soeben erwähnten Geltungsschranken werden ergänzt durch **Art. 8 des Bundesgesetzes gegen den unlauteren Wettbewerb,** der am 1. Juli 2012 in einer revidierten Fassung in Kraft getreten ist. Danach handelt unlauter und damit widerrechtlich (Art. 2 UWG), «wer allgemeine Geschäftsbedingungen verwendet, die in Treu und Glauben verletzender Weise zum Nachteil der Konsumentinnen und Konsumenten ein erhebliches und ungerechtfertigtes Missverhältnis zwischen den vertraglichen Rechten und den vertraglichen Pflichten vorsehen.» Derartige Geschäftsbedingungen werden im Randtitel zu Art. 8 UWG kurz als «missbräuchliche Geschäftsbedingungen» bezeichnet.

---

218 Vgl. BGE 100 II 200/209 f. E. 5d; 77 II 154/156 E. 4; Gauch/Schluep/Schmid, OR AT, Rz. 1134.

219 In diesem Zusammenhang ist zu beachten, dass die SIA-Ordnungen nicht frei zugänglich sind. Vielmehr treibt der SIA mit seinem Normenwerk Handel, wodurch er im Jahr 2017 einen Umsatz von rund CHF 5 957 000.– ausweisen konnte (Bilanz und Erfolgsrechnung 2017).

220 Vgl. statt vieler: BGE 135 III 1/7 E. 2.1; 119 II 443/446 E. 1a; 109 II 452/458 E. 5b (= BR/DC 1985, S. 16, Nr. 8, mit Anm. Gauch); 109 II 213/217 E. 2a; 108 II 416/418 E. 1b (= BR/DC 1983, S. 72, Nr. 54, mit Anm. Tercier); 98 Ia 314/321 E. 5a; BGer 4A_438/2007 vom 29. Januar 2008 E. 5.1; 4C.282/2003 vom 15. Dezember 2003 E. 3.1; Jäggi/Gauch/Hartmann, Zürcher Kommentar, N 530 zu Art. 18 OR und dort Zitierte. Vgl. auch § 305c Abs. 1 BGB.

221 Vgl. auch Rz. 1.76 und 8.91.

222 Vgl. Jäggi/Gauch/Hartmann, Zürcher Kommentar, N 534 zu Art. 18 OR; Schönenberger/Jäggi, Zürcher Kommentar, N 508 zu Art. 1 OR.

Ob die SIA-Ordnungen «missbräuchliche Geschäftsbedingungen» im Sinne des Art. 8 UWG enthalten, soll hier nicht untersucht werden. Was jedoch die Rechtsfolge betrifft, die sich an die Verwendung «missbräuchlicher Geschäftsbedingungen» knüpft, so ist festzuhalten, dass die betreffenden (zum Nachteil von Konsumentinnen oder Konsumenten verwendeten) Geschäftsbedingungen nichtig sind. Ausserdem verfügt der Vertragspartner des Verwenders, der durch die Übernahme dieser Bedingungen benachteiligt wird, auch über die Rechtsbehelfe der Art. 9 und Art. 11 UWG.[223] 1.111

e. Abschluss- und Hinweisbestimmungen

Bis hierhin war von der Geltung der Inhaltsbestimmungen die Rede, aus denen die SIA-Ordnungen zur Hauptsache bestehen. Doch enthält die Ordnung auch **andere Bestimmungen als Inhaltsbestimmungen** (Rz. 1.70). Diese sind jedoch weder dazu vorgesehen noch geeignet, Vertragsgeltung zu erlangen. Das gilt zunächst für die (vereinzelten) *Abschlussbestimmungen* der SIA-Ordnungen, die das Zustandekommen des Vertrags regeln, weshalb eine Übernahme in den Vertrag (als Vertragsbestandteil) ausser Betracht fällt. Solche Bestimmungen erlangen rechtliche Bedeutung nur dann, wenn sie schon in der Verhandlungsphase von der einen oder andern Partei als anwendbar erklärt werden. Alsdann binden sie diese Partei und, falls ihr Verhandlungspartner zustimmt, auch ihn.[224] 1.112

Aber auch rein «deklaratorische» Sätze, welche die SIA-Ordnungen (oder die ihnen zugehörigen Kalkulationshilfen) enthalten,[225] vermögen keine Vertragsgeltung zu erlangen. Die wichtigsten unter ihnen sind die *Hinweisbestimmungen,* welche die Parteien auf eine mögliche (zu treffende) Vereinbarung aufmerksam machen (Rz. 1.69 ff.). Sie können als solche überhaupt nicht übernommen und Vertragsbestandteil werden. Berücksichtigung finden sie höchstens dadurch, dass die Parteien eine entsprechende Vereinbarung treffen.[226] Das gilt zum Beispiel für die folgende Bestimmung der SIA-Kalkulationshilfe 102-K: «Die Honorierung nach dem effektiven Zeitaufwand kann vereinbart werden: nach Qualifikationskategorien, nach mittleren Stundenansätzen oder nach Gehältern» (Art. 6.1.1 SIA 102-K = *a*Art. 6.1.1 SIA 102). 1.113

---

223 Zum Ganzen vgl. Gauch, Werkvertrag, Rz. 200; Jäggi/Gauch/Hartmann, Zürcher Kommentar, N 534 zu Art. 18 OR.

224 Vgl. sinngemäss Gauch, Werkvertrag, Rz. 295 ff.

225 Beispiele: «Die vorliegende Ordnung umschreibt die Rechte und Pflichten der Parteien beim Abschluss und bei der Abwicklung von Verträgen über Architekturleistungen» (Einleitung SIA 102); «Der Architekt erbringt intellektuelle Leistungen für die Planung, Projektierung, Bauleitung und die Bewirtschaftung von Bauwerken, die Gesamtleitung und Koordination sowie die Beratung des Auftraggebers» (Art. 2.1.1 SIA 102); «Der Aufbau des Leistungsbeschriebs ist abgestimmt auf die Norm SIA 112» (Art. 4 SIA 102).

226 Vgl. sinngemäss Gauch, Werkvertrag, Rz. 289.

B. Die Auslegung

1.114 **1.** Soweit eine SIA-Ordnung von bestimmten Parteien als Vertragsbestandteil übernommen wurde, bedarf sie im Streitfall der Auslegung. Nach schweizerischer Rechtsauffassung müssen die übernommenen Bestimmungen als Bestandteil des konkreten Einzelvertrags **individuell, anhand der Umstände des Einzelfalls ausgelegt** werden.[227] Der Sinn, der den übernommenen Bestimmungen innerhalb des konkreten Vertrags zukommt, kann durchaus abweichen von dem, was die Verfasser der Ordnungen bei deren Ausarbeitung dachten und wollten. Auch ist möglich, dass die gleiche Bestimmung als Inhalt verschiedener Verträge je eine verschiedene Bedeutung hat. Diese Bedeutung wird vom Gericht ermittelt, das die gängigen Auslegungsmittel und Auslegungsregeln zur Anwendung bringt.[228] Soweit indes die auszulegende Bestimmung dispositives Gesetzesrecht wiederholt, hat das Gericht sie mangels anderer Anhaltspunkte im Sinne des Gesetzes zu interpretieren, obwohl sie Kraft vertraglicher Übernahme zum vereinbarten Vertragsinhalt gehört.[229] Ausserdem bleibt zu beachten:

1.115 **a.** Die Auslegung ist, sofern es um die Rechtsanwendung geht, *dem Gericht vorbehalten.* Jede Auslegung durch andere Stellen beinhaltet nur die Äusserung einer unmassgeblichen Ansicht, wie das Gericht entscheiden sollte.[230] Das gilt auch hinsichtlich der Auslegungstätigkeit der für die SIA-Ordnungen zuständigen Kommissionen, denen «Meinungsverschiedenheiten über Leistungsumfang und Honorare [...] unterbreitet werden» können,[231] oder betreffend allfällige Interpretationsempfehlungen, sei es, dass solche Empfehlungen vom SIA selbst[232] oder von Dritten stammen.

1.116 **b.** Als primäres Auslegungsmittel dient der *Wortlaut.* Massgebend ist entweder der deutsche, der französische oder, sofern die entsprechende Ordnung auch auf Italienisch und Englisch herausgegeben wurde (Rz. 1.64), der italienische oder englische Wortlaut, je nachdem, ob die Bestimmungen einer SIA-Ordnung in der deutschen, französischen oder italienischen Sprache übernommen wurden. Obwohl die französische und italieni-

---

[227] BGE 133 III 675/681 E. 3.3; 122 III 118/121 E. 2a; 115 II 264/268 E. 5a; 110 II 141/146 f. E. 2b; BGer 5C.194/2006 vom 9. Januar 2008 E. 2.3.1; OGer ZH vom 1. Oktober 1981 E. 4a (= ZR 1982, Nr. 46, S. 121); Henninger, AGB, S. 136; Jäggi/Gauch/Hartmann, Zürcher Kommentar, N 515 zu Art. 18 OR; Kramer, Berner Kommentar, N 60 zu Art. 18 OR; Schönenberger/Jäggi, Zürcher Kommentar, N 490 zu Art. 1 OR. Für die Beantwortung der Frage, ob der Tatbestand des Art. 8 UWG erfüllt ist (Rz. 1.110), kommt es allerdings auf eine «einheitliche» Auslegung an (Gauch/Schluep/Schmid, OR AT, Rz. 1241).

[228] Jäggi/Gauch/Hartmann, Zürcher Kommentar, N 370 ff. und 443 ff. zu Art. 18 OR.

[229] Vgl. BGE 108 II 149/151 E. 1 (= BR/DC 1983, S. 55, Nr. 38, mit Anm. Tercier); Gauch/Schluep/Schmid, OR AT, Rz. 1230.

[230] Jäggi/Gauch/Hartmann, Zürcher Kommentar, N 313 zu Art. 18 OR.

[231] So etwa die Hinweise zur Auslegung in der Einleitung SIA 102.

[232] Für die Honorarordnungen gibt der SIA (bislang) keine Auslegungshilfen bzw. Interpretationsempfehlungen heraus.

sche Ausgabe der Ordnungen Übersetzungen sind, hat der deutsche Wortlaut keine Priorität.

2. Zu den Auslegungsregeln gehört auch die **Unklarheitsregel**,[233] die vor allem auf Allgemeine Vertragsbedingungen zur Anwendung kommt. Sie besagt, dass im Zweifel diejenige Bedeutung den Vorzug verdient, die für den Verfasser der auszulegenden (unklaren) Bestimmung ungünstiger ist («in dubio contra stipulatorem»). Dem Verfasser gleichgestellt wird eine Partei, die den Text zwar nicht selber (oder durch ihren Gehilfen) formuliert, aber die Verwendung eines «fremden», von dritter Seite verfassten Textes veranlasst hat. Diese Gleichstellung erlaubt es, die Unklarheitsregel auch für die Auslegung der SIA-Ordnungen anzuwenden. Dabei aber kommt ihr eine nur beschränkte Bedeutung zu. Denn: 1.117

Die Unklarheitsregel findet von vornherein keine Anwendung, soweit die übernommenen Bestimmungen von beiden Parteien durchberaten (nicht nur einseitig verlesen und erläutert) wurden.[234] Sodann ist die Regel unanwendbar, wenn beide Parteien zur übernommenen SIA-Ordnung in ähnlicher Beziehung stehen,[235] weil sie beide demselben Berufsstand (allenfalls sogar dem SIA) angehören oder zumindest branchenkundig und im Umgang mit der Ordnung vertraut sind. Und schliesslich bleibt zu beachten, dass es sich bei den SIA-Ordnungen um ein Regelwerk handelt, das vom SIA im Interesse seiner Mitglieder ausgearbeitet wurde. Mit Rücksicht darauf ist von der Anwendung der Unklarheitsregel dann abzusehen, wenn nicht der Planer, sondern sein Kunde die Verwendung einer SIA-Ordnung vorgeschlagen hat.[236] Es wäre geradezu stossend, wenn der Kunde, der die im Interesse der SIA-Mitglieder herausgegebene Ordnung vorschlägt, auch noch den Nachteil der Unklarheitsregel zu tragen hätte. 1.118

4. Eine Würdigung

1. Die SIA-Ordnungen sind ein **für die Praxis bedeutsames Regelwerk.** Daran vermag auch der Umstand nichts zu ändern, dass zahlreiche Bauherren, die über genügende Nachfragemacht verfügen, eigene Formularverträge mit zum Teil erheblichen Abweichungen geschaffen haben.[237] Denn einerseits sind viele dieser Formularverträge so gefasst, dass sie die Anwendung der SIA-Ordnungen nur zum Teil (nicht integral) ausschliessen, während die Leistungsbeschriebe in Art. 4 der Honorarordnungen etwa auch in den Mustern der KBOB zur Übernahme vorgesehen sind.[238] Und anderseits werden 1.119

---

233 BGE 118 II 342/344 E. 1a; 115 II 264/268 E. 5a; 110 II 141/146 E. 2a; 107 II 226/230 E. 5 in fine; 100 II 153/156 E. c; Gauch/Schluep/Schmid, OR AT, Rz. 1231 f.

234 Vgl. BGE 99 II 290/293 E. 5 in fine.

235 Vgl. Jäggi/Gauch/Hartmann, Zürcher Kommentar, N 502 zu Art. 18 OR.

236 Vgl. Jäggi/Gauch/Hartmann, Zürcher Kommentar, N 502 zu Art. 18 OR.

237 Vgl. Schumacher, Die revidierten SIA-Honorarordnungen 102 und 103, S. 70 ff.

238 Vgl. Ziff. 3.2 KBOB-AVB.

die Ordnungen von zahlreichen Vertragsparteien «unverändert» übernommen, und zwar namentlich in Verträgen mit «einmaligen» (fachunkundigen) Bauherren. Gerade deswegen lohnt sich die Frage, was von den Ordnungen zu halten ist.

1.120 **2.** Die aufgeworfene Frage lässt sich nicht mit einer pauschalen **Bewertung** abtun, weil die SIA-Ordnungen in manchen Punkten überzeugen, in andern dagegen nicht. Positiv fällt zum Beispiel auf, dass der SIA davon absieht, den Ordnungen einen «quasigesetzlichen» Anstrich zu geben, indem er es unterlässt, darin vom «Inkrafttreten» der einzelnen Ordnungen zu sprechen, und ausdrücklich festhält (z.B. unter Punkt 2 Einleitung/ Auslegung der Ordnung SIA 102/103), dass die in den Ordnungen enthaltenen «Leistungsbeschriebe und Kalkulationshilfen [...] den Charakter von Empfehlungen» haben, die für die Parteien nur dann verbindlich sind, «wenn sie im Vertrag vereinbart sind». Auch sind die äussere Darstellung und die Gliederung gewiss gelungen. Zum Besten aber, was die Honorarordnungen enthalten, gehören die ausführlichen Leistungsbeschriebe, was nicht verwundert, da die Verfasser der Ordnungen (praktisch alles Nicht-Juristen) diesbezüglich im Vollbesitz des Fachwissens waren. Dem Wunsch, pro Bauwerk nur *einen* «Planungs- und Bauleitungsvertrag» abzuschliessen, der sämtliche Architekten-, Ingenieur- und Sonderleistungen abdeckt, wurde sodann mit der SIA-Norm 111/112 Rechnung getragen, die sich als Instrument der Vertragsgestaltung bei grösseren Bauprojekten mit fachkundigen Bauherren anbieten.

1.121 Andererseits gibt es Einzelbestimmungen, die inhaltlich zu kritisieren sind. Das kommt in verschiedenen Beiträgen dieses Buches zum Ausdruck. Aber auch in formeller Hinsicht können die Ordnungen nach wie vor verbessert werden. So sind einzelne Partien (z.B. jene über die Honorarberechnung) nach wie vor hochkompliziert und dem durchschnittlichen Laien kaum verständlich.

1.122 **3.** Die wichtigste Frage jedoch ist, ob die Bestimmungen der SIA-Ordnungen «ausgewogen» sind, indem sie die Interessen beider Parteien in gleicher Weise berücksichtigen. Diese **Frage nach der Ausgewogenheit** wird je nach Standort des Betrachters bald bejaht, bald verneint. Eine gültige Antwort kann aber nur geben, wer in der Lage ist, in sachkundiger Gesamtwürdigung das Regelwerk als Ganzes zu bewerten. Um den Gerechtigkeitsgehalt der Ordnung abzuwägen, genügt es also nicht, einzelne Bestimmungen aufzuzählen, die zuungunsten dieser oder jener Partei von dispositiven Regeln des Gesetzes abweichen. Überhaupt ist eine vorformulierte Vertragsbestimmung nicht schon deshalb «unbillig», weil sie dem dispositiven Gesetzesrecht zuwiderläuft.

§ 2 Abschluss und Beendigung von Planerverträgen

Hubert Stöckli*

Inhaltsverzeichnis

* Ich danke Herrn Pascal Rey, Rechtsanwalt und Doktorand an der Universität Freiburg, für sorgfältige Korrektur und sehr sachkundige Kritik.

I. Vorbemerkungen

2.1 **1.** Im Folgenden geht es um die Anbahnung und den Abschluss (Rz. 2.5 ff.), die Abänderung (Rz. 2.69 ff.) und die Beendigung (Rz. 2.74 ff.) von Planerverträgen. Die Planerverträge sind gesetzlich nicht speziell geregelt; abzustellen ist deshalb auf die Regeln des allgemeinen Teils des Obligationenrechts sowie die Regeln des Werkvertrags- und des Auftragsrechts, deren Anwendbarkeit von der Qualifikation des konkreten Planervertrags abhängt (Rz. 2.3).

2.2 **2.** Bevor ich auf das Thema eingehe, möchte ich zwei Vorbemerkungen anbringen:

2.3 **a.** Zur *Vertragsqualifikation:* Das Gesetz widmet dem Planervertrag – was in diesem Buch vielfach betont wird – keine speziell auf ihn zugeschnittenen Regeln. Vielmehr ist der Planervertrag nach Massgabe seines Inhalts als Werkvertrag, als Auftrag oder (im Falle eines Gesamtvertrags) als gemischter Vertrag, der Elemente des Werkvertrags- und des Auftragsrechts vereint, zu qualifizieren (Rz. 1.30). Die Qualifikation des Gesamtvertrags als gemischter Vertrag ist in der Sache nur dann bedeutsam, wenn sie sich auch in den Rechtsfolgen niederschlägt (Rz. 1.29). Diesen Schritt geht das Bundesgericht, indem es eine Spaltung der Rechtsfolgen postuliert (Rz. 1.49 und 9.17 ff.), sodass je nach Leistungsteil, auf den sich der konkrete Streit bezieht, nach Werkvertrags- oder nach Auftragsrecht zu urteilen ist.[1] Lange kam dieser Spaltungstheorie – soweit ersichtlich – keine praktische Bedeutung zu; in einem Urteil aus dem Jahr 2011 aber hat das Bundesgericht ein vorinstanzliches Urteil geschützt, mit dem die Klage eines Konsortiums gegen einen Geologen abgewiesen wurde, weil das Konsortium einen Mangel der werkvertraglich zu

1 BGE 134 III 361/363 E. 5.1 (= BR/DC 2009, S. 58, Nr. 123 und 124, mit Anm. Stöckli und Werro); 127 III 543/545 E. 2a (= BR/DC 2002, S. 90, Nr. 212, mit Anm. Werro); 109 II 462/466 E. 3d (= BR/DC 1985, S. 15, Nr. 4, mit Anm. Gauch); auch BGer 4A_129/2017 vom 11. Juni 2018 E. 5; 4A_53/2012 vom 31. Juli 2012 E. 3.4; 4A_55/2012 vom 31. Juli 2012 E. 4.4; 4A_252/2010 vom 25. November 2010 E. 4.1. Anders HGer SG HG.2008.127 vom 23. März 2010 (= BR/DC 2010, S. 58, Nr. 129, mit Anm. Stöckli): Beurteilung der Haftung aus einem Ingenieur-Gesamtvertrag «einheitlich nach auftragsrechtlichen Grundsätzen».

qualifizierenden Leistung nicht sofort nach dessen Entdeckung (Art. 370 Abs. 3 OR) gerügt hatte.[2] Und im Jahr 2012 ergingen die Sennhof-Urteile, in denen das Bundesgericht entschied, dass auch Berechnungsfehler eines Ingenieurs rechtzeitig zu rügen sind, ansonsten der Ingenieur der werkvertraglichen Mängelhaftung entgeht (Art. 370 Abs. 3 OR).[3] Umgekehrt bleibt die Spaltungstheorie bedeutungslos, wo das Obligationenrecht zwischen diesen beiden Verträgen keinen Unterschied macht (vgl. Rz. 9.13 ff.). Was im Besonderen die Beendigung des Gesamtvertrags anbelangt, hat sich das Bundesgericht zum Recht des einfachen Auftrags bekannt und von einer Spaltung abgesehen (Rz. 1.49 und 2.107). Meinen Beitrag habe ich vor dem Hintergrund der aktuellen bundesgerichtlichen Praxis verfasst, der eine differenzierende Vertragsqualifikation und die damit einhergehende Theorie der gespaltenen Rechtsfolgen bei Gesamtverträgen eigen ist. Eigentlich aber bin ich der Meinung, dass sich die Spaltungstheorie praktisch nicht bewähren kann und selbst Gesamtverträge ungespalten ins Auftragsrecht gehören, was im Übrigen einer früheren Praxis des Bundesgerichts entspricht (Rz. 1.50).[4]

b. Zum Vorrang abweichender *Parteiabreden:* Die folgenden Ausführungen beziehen sich, soweit nicht anders vermerkt, auf die Rechtslage, wie sie nach dem gesetzlichen Obligationenrecht besteht. Stets vorbehalten bleiben vertragliche Abreden der Parteien, die den gesetzlichen Normen vorgehen, soweit diese nicht zwingend sind.[5] Dazu gehören namentlich die Bestimmungen der SIA-Ordnungen 102 und 103 sowie jene des KBOB-Planervertrags, die dadurch Geltung erlangen, dass die Parteien sie in den konkreten Einzelvertrag übernehmen (Rz. 1.89 ff.). 2.4

II. Anbahnung und Abschluss von Planerverträgen

1. Der Abschluss von Planerverträgen unterliegt den Art. 1 ff. OR, die für andere Verträge auch gelten (Rz. 2.43 ff.). Neben Art. 1 Abs. 1 OR, der den Grundtatbestand regelt, gehören dazu namentlich die Bestimmungen über die Inhaltsfreiheit (Art. 19 f. OR) und jene zu den Willensmängeln (Art. 23 ff. OR), aber auch die Regeln über allgemeine Ge- 2.5

2 BGer 4A_252/2010 vom 25. November 2011. Kritisch schon SCHUMACHER, Die revidierten SIA-Honorarordnungen 102 und 103, S. 88 f.: «Die Pflicht zur Sofortrüge widerspricht den Erfordernissen der Praxis […]»; auch EGLI, Revidierte SIA-Ordnungen, S. 66 f.

3 BGer 4A_53/2012 und 4A_55/2012 vom 31. Juli 2012 «Sennhof-Fälle». Eingehend zu diesen Urteilen die Anm. von SIEGENTHALER und STÖCKLI (= BR/DC 2012, S. 192 ff. und S. 213 f.); ULRICH, Mängelrüge bei Planmängeln, S. 180 ff.

4 Siehe BGE 63 II 176; eingehend GAUCH, Werkvertrag, Rz. 61; abgelehnt in den «Sennhof-Fällen»: BGer 4A_53/2012 vom 31. Juli 2012 E. 3.5 und 4A_55/2012 vom 31. Juli 2012 E. 4.5. Weitergehend DENZLER/HOCHSTRASSER, Rz. 9.11, die dort postulieren, Planerverträge seien generell dem Auftragsrecht zu unterstellen; auch WERRO in seiner Anm. zu BGer 4A_754/2011 vom 20. April 2012 (= BR/DC 2013, S. 148, Nr. 220).

5 Auf Art. 404 Abs. 1 OR, der hier die Ausnahme macht, gehe ich unter Rz. 2.101 ff. ein.

schäftsbedingungen, unter denen die Ungewöhnlichkeitsregel[6] (Rz. 1.108) hervorsticht: Sie alle sind auf Planerverträge anwendbar. Das gesetzliche Werkvertragsrecht, unter das der reine Planungsvertrag fällt (Rz. 1.31), enthält keine besonderen Abschlussbestimmungen. Lediglich im Auftragsrecht findet sich mit Art. 395 OR eine entsprechende Bestimmung, die unter dem Randtitel «Entstehung» vorsieht, dass für gewisse Fälle die Annahme eines «nicht sofort abgelehnten Auftrags» durch den nachmaligen Auftragnehmer (hier: den Planer) vermutet wird und ein Vertragsschluss erfolgt, wenn die Vermutung vom Planer nicht widerlegt wird (Rz. 2.43).[7]

2.6 **2.** Häufig führen Bauherr und Planer Gespräche, die etwa darauf angelegt sind, das Bauvorhaben näher zu definieren. Zuweilen fällt es schwer zu entscheiden, ob diese Gespräche schon zwischen gebundenen Vertragspartnern geführt werden oder noch der Phase der Vertragsverhandlungen (Rz. 2.7 ff.) zugehören. Die Vorstellung, dass ein Planervertrag durch den punktuellen, von aussen erkennbaren Austausch von Angebot (Offerte) und Annahme (Akzept) zustande kommt, wird der Realität häufig nicht gerecht (Rz. 2.40). Kommt es darüber zum Streit, liegt die Beweislast für die «übereinstimmende gegenseitige Willensäusserung der Parteien», die für das Zustandekommen eines Planervertrags erforderlich ist (Art. 1 Abs. 1 OR), bei jener Partei, die sich darauf beruft (Art. 8 ZGB).

1. Die Vertragsanbahnung

A. Die Vertragsverhandlungen

2.7 **1.** Die **Vertragspunkte,** um die sich Vertragsverhandlungen zwischen einem Bauherrn und einem Planer drehen können, sind vielgestaltig und lassen sich nicht abschliessend umschreiben. In der Regel aber geht es um Art und Umfang der Planerleistungen, das Planerhonorar, Fristen und Termine, Haftungsfragen und Fragen der Haftpflichtversicherung sowie Abreden, die das Urheberrecht betreffen.[8] Aus rechtlicher Sicht ist festzuhalten:

2.8 **a.** So wichtig diese Punkte im konkreten Fall sind, handelt es sich nicht bei allen um *objektiv wesentliche Vertragspunkte,*[9] also um Punkte, die von den Parteien selber geregelt werden müssen, weil sonst (mangels parteiautonomer Eigennorm)[10] kein Vertrag zustande kommen kann (Rz. 2.45 ff.). Was namentlich *das Planerhonorar* (die Frage der

---

6 Vgl. Gauch/Schluep/Schmid, OR AT, Rz. 1136 ff.

7 Fellmann, Berner Kommentar, N 72 zu Art. 395 OR, mit Verweis auf weitere Autoren; Werro, Commentaire romand, N 9 zu Art. 395 OR.

8 Vgl. Tercier, Contrat, S. 91 ff.

9 Zum Begriff des objektiv wesentlichen Punkts vgl. Gauch/Schluep/Schmid, OR AT, Rz. 332 ff.

10 Zum Begriff der Eigennorm und zum Unterschied zur Fremdnorm Jäggi/Gauch/Hartmann, Zürcher Kommentar, N 289 ff. zu Art. 18 OR.

Entgeltlichkeit der Planerleistungen, der Bemessung des Honorars oder beides) angeht, handelt es sich dabei in aller Regel um einen Punkt, der für die eine oder die andere Vertragspartei subjektiv bedeutsam ist (Rz. 2.9). Dies heisst indes nicht, dass der Punkt auch objektiv wesentlich ist. So hält Art. 394 Abs. 3 OR für den Planerauftrag (z.B. für einen Bauleitungsvertrag; Rz. 1.47 und 10.25) fest, dass eine Vergütung auch dann geschuldet ist, wenn sie zwar nicht vereinbart ist,[11] es aber der Verkehrsübung entspricht, dass die vereinbarten Planerleistungen vom Bauherrn vergütet werden (Rz. 8.5 und 8.40). Ein anderes Beispiel findet sich in Art. 374 OR, der beim Planungsvertrag zum Tragen kommt; dieser Gesetzesbestimmung zufolge wird das Planerhonorar mangels anderer Abrede «nach Massgabe des Wertes der Arbeit und der Aufwendungen des Unternehmers festgesetzt». Sie ist bei der Vertragsergänzung anzuwenden, wenn sich die Parteien eines Planungsvertrags einerseits darauf einigten, dass der Bauherr ein Honorar zu leisten hat, anderseits aber offenliessen, wie es zu bemessen sei (Rz. 8.41).[12] In den skizzierten Fällen richtet sich das Planerhonorar, wo die Parteien es gar nicht oder nicht vollständig regelten, nach gesetzlichen Bestimmungen und ist insoweit ein objektiv unwesentlicher Vertragspunkt.

b. Häufig aber ist die Höhe des Honorars *subjektiv wesentlich* (Rz. 2.50).[13] Wiederum lässt sich anhand des Art. 374 OR zeigen, was gemeint ist: Die Höhe des Planerhonorars ist bei einem Planungsvertrag aufgrund des Art. 374 OR objektiv unwesentlich (Rz. 2.8). Gleichwohl haben die Parteien die Höhe festzusetzen, wenn die eine Partei ihre Bereitschaft, den Vertrag einzugehen, gerade davon abhängig macht, dass eine entsprechende Abrede getroffen wird. Alsdann kommt ohne Festsetzung der Honorarhöhe der angestrebte Vertrag nicht zustande, was diese zum subjektiv wesentlichen Punkt macht (Rz. 2.50). 2.9

2. Schon in der Verhandlungsphase, in der noch keine vertraglichen Bindungen bestehen, schulden die Parteien einander ein Verhalten nach Treu und Glauben (Art. 2 Abs. 1 ZGB)[14] und gegebenenfalls Schadenersatz, insofern sie gegen **vorvertragliche Treuepflichten** verstossen. Diese Haftung aus *culpa in contrahendo* setzt einen Schaden, einen natürlichen und einen adäquaten Kausalzusammenhang sowie einen Zurech- 2.10

11 Gemeint sind die Fälle, in denen die Parteien den Punkt überhaupt nicht verhandeln und ihn deshalb nicht regeln. Haben die Parteien den Punkt verhandelt und sich dabei auf die Unentgeltlichkeit der Planerleistungen geeinigt, bleiben Art. 394 Abs. 3 OR und eine allfällige Verkehrsübung, auf die dort verwiesen wird, auch dann aus dem Spiel, wenn die Leistungen übungsgemäss zu vergüten wären.

12 Beim Werkvertrag ist die Entgeltlichkeit nach Rechtsprechung und Lehre ein objektiv wesentlicher Vertragspunkt BGE 127 III 519/523 E. 2b (= BR/DC 2004, S. 80, Nr. 191, mit Anm. Pichonnaz); BGer 4C.421/2006 vom 4. April 2007 E. 2.1 (= BR/DC 2007, S. 166, Nr. 361, mit Anm. Werro); Gauch, Werkvertrag, Rz. 381; a.M. Koller, Berner Kommentar, N 50 zu Art. 363 OR; Stöckli, Synallagma, Rz. 175.

13 Zum Begriff des subjektiv wesentlichen Punkts vgl. Gauch/Schluep/Schmid, OR AT, Rz. 341 ff.

14 BGE 121 III 350/354 E. 6c.

nungsgrund voraus, der entweder in einem Verschulden[15] oder der Haftung für Hilfspersonen (Art. 101 Abs. 1 OR)[16] liegen kann.[17]

2.11 **a.** Wer sich fragt, welchen *Inhalt* vorvertragliche Treuepflichten[18] haben können, wird im Umfeld von Planerverträgen auf mannigfache Ausprägungen stossen, so etwa die folgenden:

2.12 – Die Pflicht des Planers, einen «ungefähren Kostenansatz (Art. 375 OR)» betreffend seine eigenen Leistungen nicht zu tief anzusetzen.[19] Treuwidrig handelt aber auch der Planer, wenn er den Kostenansatz zu hoch ansetzt, um sich so mehr Spielraum zu verschaffen.

2.13 – Die Pflicht des Planers, den Bauherrn über projektbezogene Aspekte aufzuklären, die der Bauherr weder kennt noch kennen muss, zum Beispiel hinsichtlich der Durchführbarkeit der geplanten Baumassnahme in technischer oder auch wirtschaftlicher Hinsicht. Dabei muss für den Planer erkennbar sein, dass der Bauherr ihn gerade hinsichtlich dieser Aspekte beigezogen hat.

2.14 – Die Pflicht des Planers, die Vertraulichkeit von Informationen, die der Bauherr ihm zugänglich macht, zu wahren.

2.15 – Die Pflicht des Planers, davon abzusehen, Arbeitnehmer, Gesellschafter, Beauftragte oder andere Hilfspersonen des Bauherrn zu bestechen, um den Abschluss des Planervertrags zu begünstigen, oder Schmiergeldzahlungen von Unternehmern entgegenzunehmen, die sich dadurch Vorteile in der Submission verschaffen wollen.[20]

2.16 – Die Pflicht des Bauherrn, den eigenen Abschlusswillen nicht als stärker darzustellen als er in Tat und Wahrheit ist.[21] Offertanfragen, bei denen von vornherein kein

---

15 Vgl. Art. 97 Abs. 1 OR, wonach das Verschulden vermutet wird, weshalb der Schädiger nachzuweisen hat, dass ihn kein Verschulden trifft. Zur Beweislast für Vertragsverletzung und Verschulden eingehend Jungo, Zürcher Kommentar, N 348 ff. und 445 ff. zu Art. 8 ZGB; Walter H. P., Berner Kommentar, N 582 ff. zu Art. 8 ZGB. In BGE 130 III 345/348 E. 1 hat das Bundesgericht offengelassen, ob Fahrlässigkeit ausreiche; siehe aber BGE 105 II 75/80 E. 2a, wonach diese Haftung «kein doloses Verhalten» voraussetze.

16 Die Frage, ob Art. 101 Abs. 1 OR hier anwendbar sei, ist in der Lehre umstritten. Bejahend Gauch/Schluep/Schmid, OR AT, Rz. 973; anders aber namentlich Koller A., OR AT, Rz. 28.37 ff. Die Rechtsprechung wendet die Bestimmung auch auf die Haftung aus culpa in contrahendo an; so in BGE 108 II 422; BGer 4C.394/2006 vom 24. April 2007 E. 4.3.3.

17 Allgemein Gauch/Schluep/Schmid, OR AT, Rz. 948 ff., zur Haftung bei Rz. 962a ff.

18 Zu den verschiedenen Pflichten im Verhandlungsverhältnis vgl. Monn, Die Verhandlungsabrede, Rz. 671 ff.

19 Gauch, Werkvertrag, Rz. 439.

20 Privatbestechung, siehe Art. 4a Abs. 1 lit. a und b UWG; Gauch, Werkvertrag, Rz. 436. Dabei handelt es sich nicht nur um eine vorvertragliche Treuepflicht, sondern auch um eine Pflicht, die den Planer nach Abschluss des Planervertrags trifft. Dies hält Art. 1.2.2 SIA 102/103 ausdrücklich fest, gilt aber auch dann, wenn diese Ordnungen nicht Bestandteil des Planervertrags sind.

21 BGer 4A_202/2011 vom 16. Juni 2011 E. 2.2; 4C.381/2002 vom 29. April 2003 E. 5.1; Gauch/Schluep/Schmid, OR AT, Rz. 951a; Monn, Die Verhandlungsabrede, Rz. 676.

Abschlusswille besteht, sind treuwidrig, wenn der angefragte Planer darüber im Dunkeln gelassen wird und die wahre Sachlage für ihn auch sonst nicht erkennbar ist.

- Die Pflicht des Bauherrn, dem Planer richtige Angaben «über kostenbildende Faktoren (z.B. über die Beschaffenheit des Baugrundes)»[22] zu machen, soweit er über die entsprechenden Informationen verfügt. 2.17
- Die Pflicht des Bauherrn, Arbeitsergebnisse, die ihm der Planer im Zuge der Verhandlungen überlässt, nicht unbefugt zu verwerten.[23] 2.18

b. Die während der Verhandlungen geschuldete Treue geht indes nicht so weit, dass die Parteien gezwungen wären, den Planervertrag abzuschliessen; nur ausnahmsweise begründet der Abbruch der Verhandlungen eine Haftung aus culpa in contrahendo.[24] 2.19

B. Die Frage der Entschädigung

1. Nicht selten werden im Rahmen von Vertragsverhandlungen **erste Planerleistungen erbracht,** die sich bereits einer jener Phasen zuordnen lassen, in die Art. 4 SIA 102/103 und die SIA-Norm 112 den «üblichen Planungsablauf» gliedern. Zu denken ist dabei beispielsweise an das «Analysieren der Problemstellung und Bedürfnisse», das «Darstellen möglicher Zusammenarbeitsformen, Vorschläge zur Organisation und Aufgabenverteilung», die «Mithilfe bei der Aufstellung des Anforderungskataloges» oder auch an das «Beschreiben der Projektanforderungen aufgrund der Bedürfnisse, Ziele und Rahmenbedingungen». Diese Überlegungen stellt der Bauherr unter Umständen gemeinsam mit einem Planer an, ohne sich schon entschieden zu haben, ihn dann auch mit den weiteren Planerarbeiten betrauen zu wollen. Dabei kann zwischen den Beteiligten davon die Rede gewesen sein, dass die Anfrage des Bauherrn an den Planer «unverbindlich» (oder ähnlich) erfolge. Die Bedeutung, die der angesprochenen «Unverbindlichkeit» zukommt, ist im Einzelfall zu ermitteln, unter Umständen im Lichte des Vertrauensprinzips (Art. 2 Abs. 1 ZGB). Nicht in jedem Fall sind die Leistungen des Planers für den Bauherrn kostenlos, denn «unverbindlich» kann auch einfach so zu verstehen sein, dass der Bauherr sich mit Blick auf die zu vergebenden Planerarbeiten noch nicht zu binden wünscht.[25] Praktisch bedeutsam ist die Frage, weil Planer oft schon im Rahmen der Vertragsverhandlungen erheblichen Aufwand betreiben. Alsdann fragt sich, ob ihnen für diesen Auf- 2.20

22 Gauch, Werkvertrag, Rz. 440.

23 Wer bei dieser Ausprägung vorvertraglicher Treuepflichten an Art. 5 lit. a UWG denkt, hat zu beachten, dass es dort zwar namentlich um «Offerten, Berechnungen oder Pläne» geht, der Tatbestand aber stets voraussetzt, dass es sich um «ein [...] anvertrautes Arbeitsergebnis» handeln muss; zu diesem Merkmal siehe Brauchbar Birkhäuser, UWG-Kommentar [Stämpfli], N 15 ff. zu Art. 5 UWG.

24 BGer 4C.381/2002 vom 29. April 2003 E. 5.1; Kramer, Berner Kommentar, N 13 zu Art. 22 OR; Monn, Die Verhandlungsabrede, Rz. 682 ff.

25 Vgl. Locher/Locher, Das private Baurecht, Rz. 359; auch Koeble, HOAI-Kommentar, N 60 der Einl.

wand eine Entschädigung zusteht, was auch dann strittig werden kann, wenn die Parteien in der Folge einen Planervertrag abgeschlossen haben. Denn nicht ohne Weiteres werden die Aufwendungen des Planers für die Vertragsverhandlungen durch das vereinbarte Planerhonorar wettgemacht.[26] Folgendes ist zu überlegen:

2.21 **2.** Dem **Grundsatz** nach haben die Parteien ihre Verhandlungskosten, zu denen auch die Kosten der vom Planer erbrachten Leistungen gehören, selber zu tragen.[27] Greift dieser Grundsatz, hat der Planer weder Anspruch auf Entschädigung seiner Leistungen noch auf Auslagenersatz; die Kosten gehören zu seinem Akquisitionsaufwand. Unter Umständen haben die Parteien eine Vereinbarung getroffen, nach der dem Planer für die im Zuge der Verhandlungen zu erbringenden Leistungen kein Honorar zusteht.[28] Hier fragt sich, ob der Bauherr die Leistung gänzlich kostenfrei beanspruchen könne oder nicht zumindest die *Auslagen* des Planers zu ersetzen habe. Generell lässt sich die Frage nicht beantworten, doch dürfte der Bauherr in der Regel in seinem Vertrauen (Art. 2 Abs. 1 ZGB) darauf zu schützen sein, dass ihm durch vorvertragliche Leistungen des Planers keinerlei Kosten erwachsen und er so auch dessen Auslagen nicht zu ersetzen hat.

2.22 **3.** Vom Grundsatz, nach dem ein Planer für Leistungen, die er im Zuge von Vertragsverhandlungen erbringt, keinen Anspruch auf eine Entschädigung hat, sind zwei Ausnahmen zu machen. Die **erste Ausnahme** betrifft den Fall, dass zwischen den Parteien eine **Vereinbarung** besteht, die den Bauherrn zur Leistung eines Honorars verpflichtet.

2.23 **a.** So kann es sein, dass die Parteien sich im Sinne eines *tatsächlichen Konsenses*[29] ausdrücklich oder stillschweigend auf die Entgeltlichkeit der Planerleistungen verständigen.

2.24 Das Eigentümliche einer solchen Vereinbarung besteht darin, dass der Anspruch des Planers davon abhängig ist, ob er überhaupt Planerleistungen erbringt, zu denen er nach der Vereinbarung aber nicht verpflichtet ist. Hier trifft den Bauherrn eine bedingte Vergütungspflicht (Art. 151 OR), während es dem Planer freisteht, Planerleistungen zu erbringen oder davon abzusehen und sich anderen Projekten zuzuwenden. Vorbehalten bleibt die Pflicht des Planers, den Bauherrn zeitgerecht über das eigene Vorgehen zu orientieren, was nicht bloss eine vorvertragliche Treuepflicht, sondern Bestandteil der Vereinbarung ist, wie ich sie hier beschreibe. Grundsätzlich anders liegen die Dinge, wenn nach der Vereinbarung nicht nur der Bauherr, sondern auch der Planer leistungspflichtig ist.

---

26 Zu diesem Gedanken Aebi-Mabillard, La rémunération, Rz. 838.

27 BGE 119 II 40/43 E. 2b (= BR/DC 1994, S. 47, Nr. 86, mit Anm. Tercier); BGer 4A_42/2010 vom 19. März 2010 E. 2.1 (= BR/DC 2010, S. 59 f., Nr. 130, mit Anm. Pichonnaz); 4C.347/2003 vom 1. April 2004 E. 2.3. Vgl. auch Gauch, Werkvertrag, Rz. 454; Kramer in seiner Anm. zu BGer 4C.313/1992 vom 3. Dezember 1993 (= AJP 1993, S. 1124); Gautschi G., Berner Kommentar, N 12c zu Art. 363 OR; Kramer, Berner Kommentar, N 13 zu Art. 22 OR; von Tuhr/Peter, OR AT I, S. 193.

28 Vgl. OGer BL vom 4. Mai 1999 (= BR/DC 2001, S. 77, Nr. 255, mit Anm. Aepli).

29 Vgl. Gauch/Schluep/Schmid, OR AT, Rz. 310 ff.

Denn jetzt hat man es mit einem ausgewachsenen Planervertrag zu tun und nicht länger mit einer Vereinbarung, nach der sich lediglich entscheidet, ob Planerleistungen, die der Planer in der Verhandlungsphase erbringt, zu entschädigen sind.

b. Streit kann entstehen, wenn die Vereinbarung lückenhaft ist, indem sie bloss die Entgeltlichkeit, nicht aber das *Mass der Vergütung* regelt. Zwar liegt kein Werkvertrag vor, solange der Planer nicht verpflichtet ist, Arbeit zu leisten, und den Bauherrn dementsprechend nur eine bedingte Vergütungspflicht trifft.[30] Allerdings kann Art. 374 OR in analoger Weise herangezogen und die Vergütung alsdann «nach Massgabe des Wertes der Arbeit und der Aufwendungen des Unternehmers» (hier: des Planers) bestimmt werden. 2.25

c. Möglich ist zudem, dass die Parteien sich zwar nicht richtig verstanden haben, indes nach dem *Vertrauensprinzip*[31] (Art. 2 Abs. 1 ZGB) eine Vereinbarung anzunehmen ist, die den Bauherrn zur Leistung einer Vergütung verpflichtet. 2.26

- Hat der Bauherr den Planer veranlasst, einen für das konkrete Planungsvorhaben *unüblich grossen Offertaufwand* zu betreiben, wird es sich meist rechtfertigen, den Planer in seinem Vertrauen darauf, dass er vom Bauherrn entschädigt wird, zu schützen. Ein Bauherr, der einen derartigen Aufwand veranlasst, darf im Regelfall nicht davon ausgehen, dass der Planer den Aufwand entschädigungslos auf sich nimmt.[32] Die Pflicht des Bauherrn bezieht sich dabei aber nicht auf den Gesamtaufwand des Planers, sondern beschränkt sich auf die Entschädigung des Aufwands, der das Übliche übersteigt. 2.27
- Hat der Bauherr die *Arbeitsergebnisse* des Planers mit dessen Einverständnis *nutzbringend verwendet,* kann ihn nach Vertrauensprinzip (Art. 2 Abs. 1 ZGB) die Pflicht treffen, dem Planer eine Vergütung zu leisten und den gezogenen Nutzen weiterzureichen.[33] So kann es sich auch dann verhalten, wenn sich der Aufwand des Planers 2.28

---

30 Zu der dem Werkvertrag eigenen Herstellungs- und Ablieferungspflicht des Unternehmers siehe Gauch, Werkvertrag, Rz. 8.

31 Aebi-Mabillard, La rémunération, Rz. 837; allgemein Gauch/Schluep/Schmid, OR AT, Rz. 207 ff.

32 Bereits BGE 25 II 785/791 E. 4; 64 II 9/12 E. 3; 119 II 40/45 (= BR/DC 1994, S. 47, Nr. 86, mit Anm. Tercier); BGer 4A_42/2010 vom 19. März 2010 E. 2.1 (= BR/DC 2010, S. 59 f., Nr. 130, mit Anm. Pichonnaz); 4C.285/2006 vom 2. Februar 2007 E. 2.2 (= BR/DC 2007, S. 169, Nr. 367, mit Anm. Pichonnaz); 4C.374/2004 vom 13. April 2005 E. 4.2 (= BR/DC 2006, S. 67, Nr. 214, mit Anm. Werro); 4C.341/2003 vom 25. März 2004 E. 2.2.1. Weiter KGer VS C1 09 83 vom 4. November 2010 (= BR/DC 2012, S. 244, Nr. 412, mit Anm. Stöckli); KGer NE vom 2. Dezember 1991 (= BR/DC 1992, S. 93, Nr. 153a, mit Anm. Tercier); KGer VD vom 5. Juni 1990 (= BR/DC 1992, S. 37, Nr. 70, mit Anm. Tercier); KGer TI vom 17. März 1986 (= BR/DC 1988, S. 64, Nr. 63, mit Anm. Tercier); Koller A., Werkvertragsrecht, Rz. 77; Kramer in seiner Anm. zu BGer 4C.313/1992 vom 3. Februar 1993 (= AJP 1993, S. 1124).

33 BGE 119 II 40/44 E. 2c (= BR/DC 1994, S. 47, Nr. 86, mit Anm. Tercier); BGer 4C.341/2003 vom 25. März 2004 E. 2.2.1; siehe weiter Werner/Pastor, Der Bauprozess, Rz. 630.

im üblichen Rahmen bewegt. Handelt es sich aber um einfache Auskünfte, können sie vom Bauherrn entschädigungsfrei verwendet werden;[34] der blosse Umstand, dass sich der Bauherr hierfür der Zustimmung des Planers versicherte, rechtfertigt es nicht, den Planer in seiner Vergütungserwartung zu schützen.

2.29 **4.** Besteht keine Vereinbarung (Rz. 2.22),[35] kann es allenfalls sein, dass die **zweite Ausnahme** greift und der Planer auf **ausservertraglicher Grundlage** berechtigt ist, vom Bauherrn eine Entschädigung zu verlangen.[36] Dies ist der Fall, wenn die *Weiterverwendung* der Planerleistungen durch den Bauherrn *unbefugt* erfolgt, indem der Bauherr nicht um die Zustimmung des Planers nachsucht oder der Planer sich gegen die Weiterverwendung verwahrt.[37] Vorbehalten ist wiederum, dass es sich nicht um Leistungen handelt, die ein Planer üblicherweise unentgeltlich erbringt. Was diese ausservertraglichen Ansprüche anbelangt, ist ein Dreifaches anzumerken:

2.30 **a.** Beim Anspruch aus *ungerechtfertigter Bereicherung* ist von Art. 62 Abs. 1 OR auszugehen, wonach die Bereicherung zurückzuerstatten hat, wer «in ungerechtfertigter Weise aus dem Vermögen eines andern bereichert worden ist». Die Bereicherung des Bauherrn ist in der Ersparnis zu erblicken, die mit der Verwendung der unentgeltlich erbrachten Planerleistungen verbunden ist.[38] Sie entspricht den Aufwendungen, die der Bauherr auf sich hätte nehmen müssen, um sich diese Planerleistungen zu beschaffen. Ungerechtfertigt ist diese Bereicherung, weil der Bauherr die Leistungen des Planers ohne Rechtsgrund verwendet. Der Anspruch ist verschuldensunabhängig,[39] weshalb es am Ergebnis nichts ändert, wenn der Bauherr annahm, er sei zur Nutzung berechtigt.

2.31 **b.** Die *Geschäftsanmassung* im Sinne des Art. 423 Abs. 1 OR regelt lediglich die Rechtsfolgen, nicht auch den einschlägigen Tatbestand.[40] Tatbestandlich vorausgesetzt ist der ungerechtfertigte Eingriff in die Rechtssphäre eines anderen, was hier durch die unbefugte Verwendung der Planerleistungen erfüllt ist. Nach bundesgerichtlicher Praxis[41] und

---

34 Siehe Werner/Pastor, Der Bauprozess, Rz. 640.

35 Gemeint ist, dass sich weder ein tatsächlicher noch ein normativer Konsens ausmachen lässt; zu dieser Unterscheidung Gauch/Schluep/Schmid, OR AT, Rz. 309 ff.

36 Aebi-Mabillard, La rémunération, Rz. 849.

37 BGE 119 II 40/43 E. 2b (= BR/DC 1994, S. 47, Nr. 86, mit Anm. Tercier); Kramer in seiner Anm. zu BGer 4C.313/1992 vom 3. Februar 1993, (= AJP 1993, S. 1124).

38 Zur Ersparnisbereicherung vgl. BGE 119 II 437/442 E. 3b/cc; weiter Gauch/Schluep/Schmid, OR AT, Rz. 1473 und 1517; Koller A., OR AT, Rz. 30.55; Schulin, Basler Kommentar, N 7 zu Art. 62 OR.

39 BGE 129 III 422/425 E. 4 (= BR/DC 2004, S. 183, Nr. 490, mit Anm. Schmid); vgl. weiter Chappuis B., Commentaire romand, N 11 der Einl. zu Art. 62–67 OR; Schulin, Basler Kommentar, N 10e zu Art. 62 OR.

40 Siehe Weber, Basler Kommentar, N 1 zu Art. 423 OR.

41 BGE 129 III 422/425 E. 4 (= BR/DC 2004, S. 183, Nr. 490, mit Anm. Schmid); 126 III 69/72 E. 2a; anders noch BGE 97 II 169/177.

überwiegender Lehre[42] ist zudem erforderlich, dass der Geschäftsführer in der Verwendung bösgläubig war. Dieser Unterschied zum Anspruch aus ungerechtfertigter Bereicherung wird damit begründet, dass die Rechtsfolge der Geschäftsanmassung wesentlich weitergehe als jene der ungerechtfertigten Bereicherung. In der Tat richtet sich der Anspruch bei der Geschäftsanmassung nicht bloss auf die Herausgabe einer allfälligen Ersparnis, sondern auf die Abschöpfung des Gewinns, der mit der unbefugten Verwendung erzielt wurde.[43] Dieser Vorteil kann zwar deutlich grösser sein als die Ersparnis, weshalb sich Art. 423 Abs. 1 OR als schlagkräftiger erweist als Art. 62 Abs. 1 OR. Was indes die Anwendung der Gewinnabschöpfung im Planerbereich anbelangt, ist zu bedenken, dass die Leistungen des Planers kaum so rentabilisiert werden, dass der Bauherr damit einen abschöpfbaren Gewinn erzielt. So bleibt es praktisch beim Vorgehen nach Massgabe der Bestimmungen über die ungerechtfertigte Bereicherung.

c. Ein *Sonderfall* liegt vor, wenn eine Geschäftsführung ohne Auftrag vom Bauherrn (als 2.32
Geschäftsherr)[44] genehmigt wird (Art. 424 OR). Eine solche Genehmigung hat zur Folge, dass das «Verhältnis zwischen den Parteien aufgrund der Genehmigung rückwirkend nach den Vorschriften über den Auftrag (Art. 394 ff. OR) zu beurteilen» ist.[45] Das Bundesgericht bejahte sie in einem Fall, in dem es zwar an einer Vereinbarung fehlte, der Bauherr aber die auftragslos erbrachten Planerleistungen nachträglich genehmigt hatte.[46] In diesem Fall waren ein Baulandeigentümer und ein Architekturbüro «miteinander in Kontakt [gekommen] bezüglich einer möglichen Überbauung [...]. Die Beschwerdegegnerin [das Architekturbüro = Geschäftsführerin] erstellte in den folgenden Monaten verschiedene Überbauungsstudien, Skizzen, Pläne und grobe Kostenberechnungen. Gegen Ende 1997 waren auch bereits vier Interessenten für die zu erstellenden vier Einfamilienhäuser vorhanden, darunter zwei erwachsene Kinder des Beschwerdeführers [des Baulandeigentümers und Geschäftsherrn]. Zwischen diesen Interessenten und der Beschwerdegegnerin fanden bereits direkte Kontakte statt; man besichtigte zusammen Referenzobjekte und die Interessenten äusserten gegenüber der Beschwerdegegnerin Wünsche bezüglich der Gestaltung ‹ihrer› Häuser.»[47] Diese Aktivitäten des Architekturbüros, die das Bundesgericht als Geschäftsführung ohne Auftrag qualifizierte, wurden vom Baulandeigentümer «nachträglich [...] gebilligt» (Art. 424 OR). Zwar mutierte ihr

42 Siehe dazu statt vieler Héritier Lachat, Commentaire romand, N 2 und 8 ff. zu Art. 423 OR; Chappuis B., Commentaire romand, N 63 zu Art. 62 OR; Schmid, Zürcher Kommentar, N 23 zu Art. 423 OR; Weber, Basler Kommentar, N 8 zu Art. 423.

43 Weber, Basler Kommentar, N 19 der Vorbem. zu Art. 419–424 OR und N 11 zu Art. 423 OR; Héritier Lachat, Commentaire romand, N 17 ff. zu Art. 423 OR.

44 Für diesen Sonderfall ist zu beachten, dass der Bauherr als Geschäftsherr, der Planer als Geschäftsführer erscheint. Das ist eine gegenüber dem Fall der Geschäftsanmassung umgekehrte Rollenverteilung.

45 BGer 4A_496/2007 vom 21. März 2008 E. 2.2 (= BR/DC 2008, S. 169, Nr. 315, mit Anm. Stöckli).

46 BGer 4A_496/2007 vom 21. März 2008 (= BR/DC 2008, S. 169, Nr. 315, mit Anm. Stöckli).

47 BGer 4A_496/2007 vom 21. März 2008 E. A (= BR/DC 2008, S. 169, Nr. 315, mit Anm. Stöckli).

Verhältnis trotz dieser Billigung nicht zum Vertrag,[48] fiel aber rückwirkend unter die auftragsrechtlichen Regeln, sodass das Architekturbüro gemäss Art. 394 Abs. 3 OR Anspruch auf ein Honorar hatte.[49] Der Verweis auf das Auftragsrecht in Art. 424 OR differenziert nicht nach dem Inhalt der Leistungspflicht, weshalb nach der einschlägigen Lehre[50] selbst dann Auftragsrecht anwendbar ist, wenn die im Zuge der Geschäftsbesorgung erbrachten Leistungen nicht auftragsrechtlicher Natur sind. Anzufügen bleibt, dass für eine rückwirkende Genehmigung einer Geschäftsführung ohne Auftrag kein Raum bleibt, wenn es der Wille der Parteien war, gerade keine vertragliche Beziehung einzugehen.[51]

C. Zwei Nachträge

a. Anbahnung unter öffentlichem Vergaberecht

2.33 **1.** Bei der Anbahnung von Planerverträgen ist gegebenenfalls das **öffentliche Vergaberecht** zu beachten. Ausschlaggebend sind unter anderem die Person des Bauherrn, die Art der Dienstleistung und der geschätzte Auftragswert. Die vergaberechtlichen Bestimmungen, die teils dem Staatsvertrags-, teils dem Bundesrecht, teils dem kantonalen Recht zugehören,[52] limitieren die Vertragsfreiheit, indem sie die ihnen unterstellten Auftraggeberinnen auf zwingende Regeln festlegen, die bei der Auswahl von Vertragspartnern einzuhalten sind.

2.34 **a.** Was die für die Schweiz massgeblichen **Staatsverträge** anbelangt, ist bei Dienstleistungen zwar stets zu prüfen, ob sie in den sachlichen Geltungsbereich dieser Verträge fallen. Denn Dienstleistungen werden von den Staatsverträgen nicht ausnahmslos, sondern lediglich insoweit erfasst, als sie in der jeweiligen Positivliste erscheinen, in denen die unterstellten Dienstleistungen aufgezählt werden.[53] In deutscher Sprache werden die erfass-

---

48 Héritier Lachat, Commentaire romand, N 4 zu Art. 424 OR; Weber, Basler Kommentar, N 1 zu Art. 424 OR.

49 BGer 4A_496/2007 vom 21. März 2008 E. 3 (= BR/DC 2008, S. 169, Nr. 315, mit Anm. Stöckli).

50 Héritier Lachat, Commentaire romand, N 5 zu Art. 424 OR; Weber, Basler Kommentar, N 7 zu Art. 424 OR; differenziert Schmid, Zürcher Kommentar, N 20 zu Art. 424 OR.

51 BGer 4A_243/2009 vom 1. September 2009 E. 5 (= BR/DC 2010, S. 73, Nr. 156, mit Anm. Stöckli).

52 Für eine kurze Einführung in das formelle Vergaberecht der Schweiz siehe Stöckli/Beyeler, Vergaberecht, S. 3 ff.

53 Vgl. den Anhang I/Annex 4 des Government Procurement Agreements (SR 0.632.231.422), den Anhang VI zum bilateralen Abkommen CH/EG (SR 0.172.052.68) sowie den Anhang R/Anlage 10 EFTA-Übereinkommen (SR 0.632.31). Im kantonalen Vergaberecht spielt diese Einschränkung lediglich insoweit eine Rolle, als international nur auszuschreiben ist, wenn die fragliche Dienstleistung erfasst ist. Dienstleistungen, die nicht erfasst sind, müssen zwar nicht international, aber doch national ausgeschrieben werden, wenn auch der entsprechende Schwellenwert erreicht wird. An dieser Rechtslage wird sich auch mit der Ratifizierung des revidierten GPA vom 30. März 2012 und dessen Umsetzung ins Landesrecht nichts ändern. Das System, die Unterstellung von Dienstleistungen mittels einer Positivliste zu regeln, wird beibehalten. Vgl. zu diesem Regelungsansatz Beyeler, Der Geltungsanspruch, Rz. 1045 ff.

ten Planerleistungen namentlich in Anhang VI zum bilateralen Abkommen CH/EG umschrieben, wonach «Dienstleistungen von Architektur- und Ingenieurbüros; Stadt- und Landschaftsplanung; zugehörige wissenschaftliche und technische Beratung; technische Versuche und Analysen» erfasst werden.[54] Dienstleistungen, die von Planern typischerweise erbracht werden, sind in dieser weiten Umschreibung allesamt enthalten, weshalb der erwähnte Vorbehalt praktisch bedeutungslos ist.

b. Nicht anders verhält es sich im **Landesrecht.** Der Geltungsbereich des *Bundesvergaberechts* richtet sich bei Dienstleistungen zunächst nach einer Positivliste,[55] die mit den staatsvertraglichen Vorgaben identisch ist. Bedeutsam ist diese Positivliste insoweit, als nur bei Beschaffungen der dort aufgeführten Dienstleistungen der Auftrag international auszuschreiben ist und nur dann der Rechtsweg an das Bundesverwaltungsgericht offensteht (siehe Art. 5 Abs. 1 lit. b BöB).[56] Dienstleistungen, die in besagter Positivliste nicht erscheinen, sind nach dem 3. Kapitel der VöB zwar auch in einem formalisierten Verfahren zu vergeben, wobei es aber gegen diese Vergaben kein Rechtsmittel gibt.[57] Auf *kantonaler Ebene* sind ohnehin sämtliche Dienstleistungsarten unterstellt (Art. 5 Abs. 2 BGBM). Doch sind auch Dienstleistungsvergaben kantonaler Auftraggeberinnen lediglich dann international auszuschreiben, wenn ein Staatsvertrag dies vorsieht. Ist dies nicht der Fall, reicht es, wenn die öffentliche Ausschreibung der gewünschten Dienstleistung – sofern sie nach den weiteren Kriterien (namentlich dem Auftragswert) erforderlich ist – national erfolgt. 2.35

c. Praktisch bedeutsam ist bei Planerverträgen vor allem die Frage, welcher Einfluss (welcher Rang und welche Gewichtung) dem Zuschlagskriterium *Preis* einzuräumen ist. Postuliert wird, die Zuschlagskriterien konsequent so einzurichten, dass sich mit höherer Qualität der offerierten Planerleistungen ein höherer Angebotspreis wettmachen lässt.[58] Diesem Postulat, das vor allem von den Planern selber erhoben, aber auch von der KBOB gestützt wird,[59] ist aus vergaberechtlicher Sicht nichts entgegenzusetzen.[60] Für den Bund hält Art. 21 Abs. 1 BöB ausdrücklich fest, dass der Zuschlag auf das wirtschaftlich günstigste (also nicht unbedingt auf das billigste) Angebot zu erfolgen hat (siehe auch 2.36

54 Identisch die Formulierung in Anhang R/Anlage 10 zum EFTA Übereinkommen (SR 0.632.31).

55 VöB Anhang 1a, lit. A.

56 Zum Rechtsschutz auf Bundesebene vgl. Art. 26 ff. BöB.

57 Vgl. VöB-Anhang 1a, lit. B.

58 Siehe etwa Ramer, Günstigst statt billigst, S. 299 ff.

59 In der KBOB-Honorarempfehlung, Ziff. 2.2 (S. 5) finden sich entsprechend Empfehlungen, wie «reiner Preiswettbewerb vermieden» werden kann und wie sich den «qualitativen Aspekten der Angebote [von Planern] mehr Nachdruck […] verleihen» lässt. Empfohlen wird unter anderem eine deutliche Übergewichtung der qualitativen Kriterien «bis max. 80%». Auch in der laufenden Revision des öffentlichen Vergaberechts wird versucht, den Qualitäts- gegenüber dem reinen Preiswettbewerb zu stärken.

60 Wer so argumentiert, verweist stets auch auf die Erfahrungstatsache, dass die Qualität der Planung in direktem Zusammenhang mit den Kosten der nachfolgenden Bauausführung steht, indem sich der Planungsaufwand in tieferen Baukosten niederschlägt.

Art. 13 lit. f IVöB), was der Auftraggeberin den benötigten Spielraum belässt. Aus vergaberechtlichen Gründen unabdingbar ist, dass Überlegungen zum Rang und zur Gewichtung der Zuschlagskriterien bereits bei der Verfahrensplanung angestellt werden, weil sich dies später – nach erfolgter Ausschreibung – nicht mehr in rechtskonformer Weise bewerkstelligen lässt.

2.37 **2.** Vergaberecht ist Verwaltungsrecht, während Planerverträge, die nach vergaberechtlichen Vorgaben angebahnt wurden, in aller Regel dem Privatrecht unterstehen.[61] Aber auch im vorvertraglichen Anbahnungsverhältnis gelten neben dem Vergaberecht die einschlägigen **privatrechtlichen Regeln,** soweit das Vergaberecht diese nicht überlagert.[62] Das Bundesgericht führte in einem Leiturteil aus dem Jahr 2008 (das sich als Irrläufer erwies) zwar aus, die in einem Submissionsverfahren eingereichten Angebote stellten «technisch [...] noch keine Offerten zum Vertragsschluss» dar.[63] Diese Meinung hatte aber jedenfalls in der pauschalen Form, in der sie vom Gericht formuliert wurde, «in den interessierten Kreisen Ratlosigkeit ausgelöst»[64]. Meinte das Gericht, dass die obligationenrechtlichen Regeln erst nach dem Zuschlag greifen, wenn es an den Vertragsabschluss geht? Ausdrücklich äusserte sich das Gericht dazu nicht. Ohnehin war seine Meinung unzutreffend.[65] Das Gericht sah von näheren Erklärungen ab, obschon es mit diesem Entscheid eine Kehrtwende vollführte. Nach bisheriger Rechtsprechung handelte es sich nämlich auch bei Angeboten, die in einem öffentlichen Submissionsverfahren abgegeben wurden, um «Offerten [...] zum Abschluss eines privatrechtlichen Geschäfts»[66], an deren privatrechtlichen Provenienz nicht zu zweifeln war. Inzwischen ist die Schweiz zwar dem GATT/WTO-Übereinkommen beigetreten, welches das öffentliche Vergaberecht der Schweiz bekanntlich umgepflügt hat, und wird gelegentlich auch das totalrevidierte Übereinkommen aus dem Jahre 2012 ratifizieren. Doch äussert sich weder das bisherige noch das totalrevidierte Übereinkommen dazu, wie Angebote im Vergabeverfahren privatrechtlich zu würdigen sind. Auch zwingt der Umstand, dass der Zuschlag seither als anfechtbare Verfügung auszugestalten ist, nicht dazu, den Angeboten den Charakter privatrechtlich bindender Offerten in dieser absoluten Form abzusprechen. Vermutlich hatte

---

61 Vgl. BGE 125 I 209/212 E. 6b (= BR/DC 1999, S. 141, Nr. 27, mit Anm. Zufferey).

62 Eingehend Beyeler, Der Geltungsanspruch, Rz. 2407 ff.; weiter Abegg, Vergabeverhältnis, S. 147 ff.; von dort auch der Verweis auf den lesenswerten BGE 60 I 366; Gauch, Vergabeverfahren, S. 103 ff.

63 BGE 134 II 297/304 E. 4.2 (= BR/DC 2009, S. 52 ff., mit Anm. Gauch). Galli/Moser/Lang/Steiner, Praxis des öffentlichen Beschaffungsrechts, Rz. 1089, auf die das Bundesgericht sich für einen Teil seiner Ausführungen stützt, sprechen, was die «wesentlichen Elemente des künftigen Vertrages» anbelangt, von einem eigentlichen «Verhandlungsverbot». Siehe dazu Leuthold, Verhandlungen und der neue «Dialog», Rz. 632, der mit der «Wettbewerbsrelevanz» ein etwas anders gelagertes Kriterium empfiehlt.

64 Beyeler, Angebot, S. 34; Gauch, Werkvertrag, Rz. 460 und 469.

65 Jeweils eingehend begründete Kritik findet sich bei Beyeler, Der Geltungsanspruch, Rz. 1710 ff.; ders., Angebot, S. 34 ff.; Gauch, Von den Submissionsangeboten, S. 52 ff.; Leuthold, Verhandlungen und der neue «Dialog», Rz. 8 und 544 ff.

66 BGE 116 Ib 367/370 E. 1b; 101 IV 407/410 E. 1b.

das Bundesgericht zudem die Rechtsfolgen, die man aus seinem Konstrukt hätte ableiten können, nicht bedacht. Eine an sich denkbare Rechtsfolge hätte darin bestanden, dass die anbietenden Planer, deren Angebote (nach dem bundesgerichtlichen Leiturteil) keine privatrechtlich verbindlichen Offerten sind, frei bleiben und sich selbst nach einem allfälligen Zuschlag rechtens gegen den Abschluss des Planervertrags entscheiden können. Der Planervertrag kommt nämlich nach diesem Konstrukt erst dadurch zustande, dass der erfolgreiche Planer die dem Zuschlag und den allfälligen Vertragsverhandlungen nachgelagerte Offerte der Auftraggeberin annimmt – wozu er nicht verpflichtet ist, soweit ihn nicht ausnahmsweise eine Kontrahierungspflicht trifft. Denkbar ist zwar auch, dass die Offerte nach erfolgtem Zuschlag vom Planer ausgeht. Zudem ist es möglich, dass die Auftraggeberin in den Ausschreibungsunterlagen eine Kontrahierungspflicht zulasten des Zuschlagsempfängers statuiert, die dann mit der Einreichung der Angebote zur suspensiv bedingten Verpflichtung aller teilnehmenden Planer wird. Viel einfacher ist es indes, auch für Vergabeverfahren beim bewährten Grundsatz zu bleiben, dass die Planer verbindliche Offerten abgeben und der Planervertrag zustande kommt, indem der öffentliche Bauherr die Offerte des Zuschlagsempfängers annimmt. Das Bundesgericht hat – ohne sich ausdrücklich von seinem Leiturteil aus dem Jahr 2008[67] zu distanzieren – in späteren Urteilen[68] zu seiner früheren Meinung zurückgefunden, nach der auch Offerten, die in einem öffentlichen Vergabeverfahren gestellt werden, verbindlich sind in dem Sinne, dass der Empfänger sie annehmen kann und dadurch der Vertrag zustande kommt.

b. Anbahnung mittels Wettbewerbs und Studienauftrags

1. Planerverträge werden auch im Anschluss an einen Wettbewerb oder einen Studienauftrag[69] abgeschlossen. Diese beiden Verfahren hat der SIA in seinen Ordnungen 142 und 143 neu ausgestaltet. Nach diesen Ordnungen gehört ins (Wettbewerbs-)Programm insbesondere eine «Absichtserklärung der Auftraggeberin betreffend das weitere Vorgehen sowie über die Art und den Umfang des vorgesehenen Auftrags [...]» (Art. 13.3 lit. g SIA 142) bzw. über die «Art und den Umfang eines vorgesehenen Folgeauftrags [...]» (Art. 13.3 lit. g SIA 143). 2.38

2. «Auftrag» und «Folgeauftrag»[70] sind zu unterscheiden von den Verträgen, die nach der Konzeption dieser Verbandsordnungen für den Zweck des Wettbewerbs oder des Stu- 2.39

67 BGE 134 II 297/304 E. 4.2 (= BR/DC 2009, S. 52 ff., mit Anm. Gauch).

68 BGE 141 II 14/48 E. 10.3 (= BR/DC 2015, S. 214, Nr. 302, mit Anm. Beyeler); BGer 2C_346/2013 vom 20. Januar 2014 E. 1.3.3 (= BR/DC 2014, S. 204, Nr. 344, mit Anm. Beyeler); auch etwa BVGer B-620/2018 vom 13. Juni 2018 E. 5.6.

69 Beim Studienauftrag insbesondere handelt es sich um die «Vergabe identischer Aufträge an mehrere Anbieter und Anbieterinnen zwecks Erarbeitung von Lösungsvorschlägen» (Ziff. 13 VöB-Anhang 1a).

70 Sie werden von den Ordnungen pauschal als Aufträge bezeichnet. Die Bezeichnung ist für die Qualifikation ohne Bedeutung (Art. 18 Abs. 1 OR).

dienauftrags zwischen dem Auftraggeber und dem jeweiligen Teilnehmer abgeschlossen werden. Der einschlägigen Bestimmung zufolge ist die Ausschreibung eines Wettbewerbs bzw. eines Studienauftrags ein «Antrag zum Abschluss eines Vertrages. Mit seiner Teilnahme nimmt der Teilnehmer den Antrag an und schliesst den Vertrag ab. Die vorliegende Ordnung, das [Wettbewerbs-]Programm und die Fragenbeantwortung [so in der SIA-Ordnung 142, während in der SIA-Ordnung 143 die Protokolle der Zwischenbesprechungen erwähnt werden] sind Bestandteile dieses Vertrages» (Art. 2.2 SIA 142/143). Das Verhältnis zwischen Auftraggeber und Teilnehmer ist mithin als vertragliches, nicht als vorvertragliches Verhandlungsverhältnis konzipiert. Allerdings sind diese Bestimmungen lediglich deklaratorischer Natur, erzeugen also nicht selber eine Rechtslage. So ist stets im konkreten Fall zu prüfen, ob ein Vertrag zustande gekommen ist und welchen Inhalt er hat. Die Deklaration, die sich in den SIA-Ordnungen findet, vermag davon nicht zu dispensieren.[71]

2. Der Abschluss von Planerverträgen

2.40 Im Alltag wird die «Grenze zwischen Akquisitionstätigkeit des Architekten einerseits und seiner bindenden Beauftragung andererseits»[72] von den Parteien nicht immer klar gezogen. Selbst wenn die Parteien eine Vertragsurkunde verfassen, ist es häufig so, dass der Planervertrag zum Zeitpunkt, da die Urkunde unterzeichnet wird, bereits mündlich abgeschlossen wurde. In rechtlicher Hinsicht aber ist zwischen den Vertragsverhandlungen (Rz. 2.7 ff.) und dem Abschluss des Vertrags zu unterscheiden. Der Abschluss unterliegt den allgemeinen Regeln der Art. 1 ff. OR,[73] die teilweise durch besondere Abschlussregeln des Auftragsrechts (Rz. 2.43) ergänzt werden. Ohne rechtliche Bedeutung war die Passage in den SIA-Ordnungen 102 und 103 aus dem Jahr 2003, wonach der «Vertrag [...] schriftlich, mündlich oder durch entsprechendes Handeln abgeschlossen» (Art. 1.2.1 SIA 102/103 [2003]) wird. Sie beschrieb nämlich den Abschlussvorgang, ohne selber Bestandteil des Planervertrags zu werden, und hatte damit bloss erläuternden Charakter. Dass sie nicht auch die Möglichkeit eines stillschweigenden Vertragsabschlusses (Art. 1 Abs. 2 OR)[74] erwähnte, war allerdings ein Mangel.

A. Die Vertragsparteien

2.41 **1.** Regelmässig wird ein Planervertrag zwischen einem Bauherrn und einem einzelnen Planer, der auch ein Generalplaner sein kann, abgeschlossen. Auf dieser Vorstellung

---

71 Eingehend zur «Vertragskonstruktion» in den SIA-Ordnungen 142 und 143 Rz. 3.98 ff. (Wettbewerb) und Rz. 4.56 ff. (Studienauftrag).

72 Werner, Referat, S. 1604.

73 Siehe auch OLG Frankfurt a.M. 22 U 210/02 vom 20. September 2005 (= BauR 2006, S. 1922 ff.).

74 Siehe z.B. KGer VD vom 18. Dezember 1996 (= BR/DC 1998, S. 132, Nr. 348, mit Anm. Werro).

beruhen auch die SIA-Ordnungen 102 und 103.[75] Möglich ist aber auch, dass nicht ein Einzelplaner, sondern eine Planergemeinschaft als Vertragspartnerin des Bauherrn auftritt. Diese Gemeinschaft ist in aller Regel als einfache Gesellschaft (Art. 530 ff. OR) zu qualifizieren (Rz. 16.14). Alsdann haften die Gesellschafter dem Bauherrn solidarisch für «Verpflichtungen», die sie «gemeinschaftlich oder durch Stellvertretung [...] eingegangen» sind, (Art. 544 Abs. 3 OR; Rz. 16.110 ff.). Lässt sich eine Partei vertreten, sind die Regeln über die Stellvertretung (Art. 32 ff. OR) zu beachten, dies auch bei einer Planergemeinschaft, die den Vertrag entweder gemeinschaftlich oder durch einen Geschäftsführer abschliesst, dem sie die Befugnisse eines Stellvertreters eingeräumt hat (Art. 543 Abs. 2 OR). Der Planergemeinschaft widmet sich im vorliegenden Band der Beitrag von GEBHARDT, der dort auch Fragen des Vertragsschlusses vertieft (Rz. 16.105 ff.).

2. Eine *Besonderheit* liegt im Umstand, dass einzelne Kantone den Architektenberuf reglementieren. Damit befasst sich der Beitrag von ZUFFEREY (Rz. 20.1 ff.). Hier sei lediglich gefragt, ob der Umstand, dass jemand sich als Architekt betätigt, ohne die kantonalrechtlichen Voraussetzungen zu erfüllen, auf die Gültigkeit des Planervertrags durchschlägt. Das Bundesgericht verneint diese Frage: «Der mit einem Architekten, der zur Ausübung des Architektenberufes nach kantonalem Recht nicht berechtigt ist, abgeschlossene Vertrag ist – Willensmängel vorbehalten – gültig.»[76] 2.42

B. Die Anwendung der allgemeinen Regeln

1. Gemäss Art. 1 Abs. 1 OR ist zum «Abschluss eines Vertrages [...] die übereinstimmende gegenseitige Willensäusserung der Parteien erforderlich». Wie bei anderen Verträgen kann die erforderliche Willensäusserung «eine ausdrückliche oder stillschweigende sein» (Art. 1 Abs. 2 OR), weshalb Planerverträge auch dadurch zustande kommen können, dass der Bauherr Pläne oder andere Unterlagen mit dem Planer erörtert oder den Planer auf seinem Baugrundstück gewähren lässt. Auf folgende Besonderheit ist hinzuweisen: Nach **Art. 395 OR,** der dem Auftragsrecht zugehört (Rz. 2.5), gilt ein «nicht sofort abgelehnter Auftrag» als angenommen, «wenn er sich auf die Besorgung solcher Geschäfte bezieht, die der Beauftragte kraft obrigkeitlicher Bestellung oder gewerbsmässig betreibt oder zu deren Besorgung er sich öffentlich empfohlen hat». Diese Bestimmung, nach der bei Stillschweigen das Akzept in widerlegbarer Weise vermutet wird,[77] ist grundsätzlich auch auf Planerverträge anwendbar, da Planer in aller Regel gewerbsmässig tätig sind und zudem ihre Tätigkeit bewerben. Dies gilt auch beim Gesamtvertrag, 2.43

[75] Vgl. die Einleitung, wonach für «normal anspruchsvolle Aufgaben [...] die Einzelbeauftragung des Architekten [resp. Ingenieurs] und der verschiedenen Fachplaner im Vordergrund» steht.

[76] Regeste zu BGE 117 II 47 (= BR/DC 1993, S. 44 f., Nr. 99, mit Anm. TERCIER). Diesem Urteil zufolge begründet die fehlende Berufsausübungsbewilligung keine Vertragsnichtigkeit (Art. 19 und Art. 20 OR). Zur Rechtswirkung eines Verbots, das sich auf die subjektive Beteiligung einer Partei am Vertrag bezieht, siehe auch BGE 134 III 52/54 E. 1.1.

[77] Dazu FELLMANN, Berner Kommentar, N 72 zu Art. 395 OR.

da es nicht nur bei seiner Beendigung (Rz. 1.52 und 2.107), sondern auch bei seinem Abschluss unmöglich ist, zwischen werkvertraglichen und auftragsrechtlichen Leistungsteilen zu unterscheiden. Zu beachten ist indes, dass ein dergestalt entstandener Vertrag dem Kündigungsrecht nach Art. 404 Abs. 1 OR unterliegt (Rz. 2.107),[78] von dem ein Planer auch bei einem «nicht sofort abgelehnten Auftrag» (Art. 395 OR) freien Gebrauch machen kann. Das nimmt der Abschlussvermutung die praktische Bedeutung. Von vornherein keine Anwendung findet die Bestimmung auf den reinen Planungsvertrag, der unter das Werkvertragsrecht fällt (Rz. 1.31).

2.44 **2.** Die Einigung der Parteien muss sich auf alle **wesentlichen Vertragspunkte** beziehen, damit überhaupt ein Vertrag zustande kommt (Rz. 2.7 ff.).[79] Gemeint sind damit einerseits die objektiv wesentlichen, anderseits die subjektiv wesentlichen Vertragspunkte. Erfasst die Einigung nicht sämtliche dieser Vertragspunkte, kommt der Vertrag nicht zustande, sodass ungeachtet der an sich erzielten Einigung die Vertragswirkungen ausbleiben. Dies gilt für objektiv und subjektiv wesentliche Punkte gleichermassen. Im Übrigen ist zu unterscheiden:

2.45 **a.** Zu den objektiv wesentlichen Punkten gehört die *Leistung, die der Planer* zu erbringen hat. In diesem Zusammenhang ist Art. 3.1 SIA 102/103 beachtlich, in dem es nach beiden Ordnungen um die «Leistungsvereinbarung» geht. In den Einzelheiten sind die Formulierungen dann zwar unterschiedlich, wobei aber für jegliche Planerverträge klar ist, dass es an den Parteien ist, sich vertraglich darauf zu verständigen, welche planerischen Aufgaben überhaupt anstehen. Das verlangt den Parteien jedenfalls dann viel ab, wenn – wie es dem Normalfall entspricht – zu «Beginn der Zusammenarbeit […] das gemeinsam zu erarbeitende Vorhaben noch weitgehend unbekannt» ist (Art. 2.2.2 SIA 102/103).[80] Der Hinweis, dass die vom Planer zu erbringende Leistung möglichst klar festgelegt werden sollte, ist jedoch nicht bloss ein guter Rat an die Parteien. Denn fehlt es an einer Abrede über Gegenstand und Inhalt der Planerleistung, kommt der Vertrag nicht zustande. Bei der Wahl des Detaillierungsgrads sind die Parteien allerdings völlig frei. So können sie die zu erbringenden Leistungen im Einzelnen beschreiben, sich aber auch damit begnügen, mittels funktionaler Kriterien lediglich ein Planungsziel festzulegen. Verbreitet ist die Orientierung an der Projektstruktur, die sich in den einschlägigen SIA-Ordnungen findet und die dem «üblichen Planungsablauf» entspricht (so Art. 4 SIA 102/103).[81] Nur selten werden die aufgabenspezifischen Leistungen im Planervertrag aber detailliert aufgelistet. Empfohlen wird dem Bauherrn, die «wichtigsten Zielgrössen, Funktionen und Rahmenbedingungen des Vorhabens», aber auch die «Aufbau- und Ab-

---

78 Weber, Basler Kommentar, N 3 zu Art. 395 OR.

79 Gauch/Schluep/Schmid, OR AT, Rz. 330.

80 Pichonnaz, Les règlements SIA 102/103/108, 112, S. 60 ff.

81 Dort wird zwischen sechs Phasen unterschieden: strategische Planung, Vorstudien, Projektierung, Ausschreibung, Realisierung und Bewirtschaftung. Ihrerseits werden diese Phasen in der Ordnung in insgesamt dreizehn Teilphasen unterteilt (vgl. Art. 3.2.1 und Art. 4 SIA 102/103); siehe auch Phasen, Teilphasen und Teilphasenziele SIA 112, S. 9.

lauforganisation des Projektes» (Begriffe SIA 112) in einem «Projektpflichtenheft» festzuhalten und die Leistungsvereinbarung mit dem Planer auf dieser Grundlage zu treffen.[82] Wo es an einer näheren Bezeichnung der Leistungen fehlt, ist es unter Umständen möglich, vom Beschrieb der planerischen Aufgabe auf die einzelnen Leistungen zu schliessen, zu denen sich der Planer verpflichtet hat (vgl. Art. 396 Abs. 1 OR). Verweisen die Parteien auf die einschlägige Leistungs- und Honorarordnung des SIA, so findet sich dort jeweils in Art. 4 SIA 102/103 ein «Leistungsbeschrieb», dem aber in der SIA-Ordnung 102 eine etwas andere Funktion zukommt als in der SIA-Ordnung 103.

- Wird die SIA-Ordnung 102 in den Vertrag übernommen, gilt auch Art. 3.1.5 SIA 102, der Folgendes besagt: «Vorbehältlich anderer Vereinbarung umfasst der Auftrag des Architekten in der Regel die Grundleistungen für die Phasen 3 Projektierung, 4 Ausschreibung und 5 Realisierung gemäss Art. 3.2.1». Damit enthält diese Ordnung für den Fall, dass die Parteien die Leistungen nicht selber auflisten, eine Aussage darüber, was der Architekt im Einzelnen zu tun hat. 2.46

- Anders verhält es sich, wenn die SIA-Ordnung 103 übernommen wird. Deren Art. 3.1 enthält keine Bestimmung, die Art. 3.1.5 SIA 102 entsprechen würde. Und Art. 4.1 SIA 103 («Leistungsbeschrieb») weist noch ausdrücklich darauf hin, dass der «Umfang und die Art der zu erbringenden Leistungen sowie der zu erwartenden Ergebnisse und Dokumente [...] immer aufgabenspezifisch festzulegen» sind. Das heisst offensichtlich gerade nicht, dass die Grundleistungen als vereinbart gelten, wo die Parteien keine abweichende Vereinbarung treffen. Art. 4.1 SIA 103 ist denn auch bloss eine Bestimmung, die einen Ratschlag zuhanden der Parteien enthält, ohne selber vertragliche Verbindlichkeit erlangen zu können. Gleichwohl kann es sein, dass die Parteiabrede, nach der die SIA-Ordnung 103 in den Vertrag übernommen wird, nach den Umständen in der Weise auszulegen ist, dass der Ingenieur vertraglich nun dazu verhalten ist, die Grundleistungen zu erbringen, wie sie in Art. 4 SIA 103 ausgewiesen werden. Davon ist namentlich dann auszugehen, wenn die Parteien sich ohne Festlegung irgendwelcher Teilphasen auf eine Honorierung nach Baukosten (Art. 7 SIA 103-K ≈ *a*Art. 7 SIA 103) verständigen, da diese Berechnungsart davon ausgeht, dass der Planer die in der SIA-Ordnung 103 als Grundleistungen aufgeführten Arbeiten übernommen hat. 2.47

b. Zum Vertragsgegenstand gehört auch eine allfällige *Gegenleistung des Bauherrn.* Nicht immer handelt es sich dabei um einen objektiv wesentlichen Punkt (Rz. 2.8). Mitunter kann ein Vertrag, der keine Honorarabrede enthält, durch dispositives Recht ergänzt werden (Rz. 8.40 ff.). So entscheidet sich für den einfachen Auftrag nach Massgabe der Verkehrsübung, ob die Leistungen zu entgelten sind (Art. 394 Abs. 3 OR). Zu beweisen ist die Übung von der Partei, die sich auf sie beruft (Art. 8 ZGB)[83]: Dies kann der Bauherr sein, 2.48

[82] Vgl. dazu Siegenthaler, Neue SIA-Ordnungen 102/103, S. 42.

[83] Fellmann, Berner Kommentar, N 382 zu Art. 394 OR; Gauch, Werkvertrag, Rz. 191; Walter H. P., Berner Kommentar, N 111 zu Art. 8 ZGB; Weber, Basler Kommentar, N 41 zu Art. 394 OR. Vgl. Jungo, Zürcher Kommentar, N 89 und 397 zu Art. 8 ZGB.

der meint, die Leistungen seien übungsgemäss unentgeltlich zu erbringen; es ist aber meist der Planer, der vom Bauherrn entschädigt werden will (Rz. 1.15). All dies ist sinngemäss auf den Gesamtvertrag anzuwenden. Ob es sich so auch im Fall verhält, in dem Planerleistungen versprochen wurden, die allein dem Werkvertragsrecht zugehören, ist umstritten. Nach der von GAUCH vertretenen Auffassung[84] ist die Entgeltlichkeit beim Werkvertrag (Art. 363 OR) nicht bloss ein typenbestimmender,[85] sondern darüber hinaus ein objektiv wesentlicher Vertragspunkt. Immerhin kommt, wenn der Planer die Leistungen gewerbsmässig erbringt, eine tatsächliche Vermutung zum Tragen, nach der auf stillschweigend vereinbarte Entgeltlichkeit zu schliessen ist (Rz. 1.13).[86] Diese Vermutung kann zwar durch Gegenbeweis widerlegt werden.[87] Schlichtes Behaupten reicht dazu indes nicht aus; vielmehr sind beim Gericht konkret begründete Zweifel daran zu erzeugen, dass sich der Vermutungsinhalt mit der stillschweigenden Vereinbarung deckt (Rz. 1.22 und 8.6). Ohne diese Vermutung lässt sich auskommen, wenn man die Entgeltlichkeit auch beim Werkvertrag als objektiv *un*wesentlichen Punkt versteht. Nach meinem Dafürhalten hindert nichts daran, auch in Fällen, in denen die Entgeltlichkeit einer Werkleistung umstritten ist, auf Art. 394 Abs. 3 OR abzustellen und die Bestimmung hier sinngemäss anzuwenden (Rz. 8.47).[88]

2.49 **c.** Was die *Höhe* eines allfälligen Entgelts anbelangt, handelt es sich dabei in keinem Fall um einen objektiv wesentlichen Punkt (Rz. 2.8 und 8.39).[89] Sie kann durch Vertragsergänzung festgelegt werden. So verhält es sich beim Planerauftrag und beim Gesamtvertrag, wo auch für die Bemessung der Vergütung auf die Verkehrsübung abzustellen ist (Art. 394 Abs. 3 OR; Rz. 8.42).[90] So liegen die Dinge aber auch beim Planungsvertrag, für den sich die Vergütung in diesem Fall «nach Massgabe des Wertes der Arbeit und der Aufwendungen des Unternehmers» bestimmt (Art. 374 OR). Für beide Faktoren (Verkehrsübung und Wert der Arbeit und der Aufwendungen) trägt nach Art. 8 ZGB der Planer, der vom Bauherrn eine Vergütung in bestimmter Höhe fordert, die Beweislast.

---

84 GAUCH, Werkvertrag, Rz. 381.

85 Typenbestimmend ist die Entgeltlichkeit deshalb, weil Art. 363 OR sie zum Begriff des Werkvertrags zählt und ohne sie gar kein Werkvertrag (aber allenfalls ein Innominatvertrag) vorliegt; siehe BGE 127 III 519/523 E. 2b (= BR/DC 2004, S. 80, Nr. 191, mit Anm. PICHONNAZ); GAUCH, Werkvertrag, Rz. 110. Davon zu unterscheiden ist die Frage, ob die Entgeltlichkeit auch objektiv wesentlich sei, da es hier nicht darum geht, den Typus zu bestimmen, sondern darum, zu entscheiden, ob man den lückenhaften Vertrag in diesem Punkt ergänzen könne. Siehe STÖCKLI, Synallagma, Rz. 162.

86 Eingehend GAUCH, Werkvertrag, Rz. 111c; siehe auch BGer 4C.285/2006 vom 2. Februar 2007 E. 2.2 (= BR/DC 2007, S. 169, Nr. 367, mit Anm. PICHONNAZ).

87 WALTER H. P., Berner Kommentar, N 476 zu Art. 8 ZGB.

88 STÖCKLI, Synallagma, Rz. 188; schon KOLLER A., Berner Kommentar, N 75 zu Art. 363 OR.

89 AEBI-MABILLARD, La rémunération, Rz. 185.

90 BGer 4C.261/2005 vom 9. Dezember 2005 E. 2.1 (= BR/DC 2006, S. 64, Nr. 205, mit Anm. GAUCH); 4C.353/2000 vom 22. Februar 2001 E. 1b; auch WEBER, Basler Kommentar, N 39 zu Art. 394 OR; WERRO, Commentaire romand, N 46 zu Art. 394 OR; anders FELLMANN, Berner Kommentar, N 398 zu Art. 394 OR.

d. Allerdings wird die Höhe der Vergütung für die eine oder die andere Partei regelmässig so bedeutsam sein, dass sie ihren Abschlusswillen von einer entsprechenden Einigung abhängig macht. Damit erweist sich die Höhe als *subjektiv wesentlicher Punkt,* sodass der Vertrag gar nicht zustande kommt, wenn darüber keine Einigung erzielt wird (Rz. 2.9). Man mag hier auch den Fall erwähnen, da der Planer zugleich als Verkäufer einer Bauparzelle auftritt und seinen Abschlusswillen davon abhängig macht, dass eine Architektenklausel in den Grundstückkaufvertrag aufgenommen wird (Rz. 2.60).[91] Hier ist die Architektenklausel ein subjektiv wesentlicher Punkt, da der Verkäufer den Vertrag nur dann abschliesst, wenn der Käufer der Klausel zustimmt. Davon zu trennen ist die Frage, ob die Einigung über eine Architektenklausel durchsetzbar ist (Rz. 2.66). 2.50

C. Weitere Fragen

a. Die Form des Vertrags

1. Gemäss Art. 11 Abs. 1 OR bedürfen Verträge «zu ihrer Gültigkeit nur dann einer besonderen Form, wenn das Gesetz eine solche vorschreibt». Im Bereich der Planerverträge besteht weitgehend **Formfreiheit.**[92] 2.51

2. Eine wichtige Ausnahme gilt im Zusammenhang mit Verträgen, die sowohl kauf- als auch planervertragliche Elemente enthalten: Ein solcher Vertrag liegt vor, wenn darin der Verkauf einer Bauparzelle geregelt und zudem ein Planer mit Planerarbeiten betraut wird. Ein in dieser Weise **gemischter Kauf-/Planervertrag** unterliegt dann der Form der öffentlichen Beurkundung (Art. 216 Abs. 1 OR), wenn hinsichtlich der Vergütung ein Preis (Kaufpreis und Planerhonorar in einem) für das Ganze (für Grundstück und Planerleistungen zusammen) vereinbart wird.[93] Werden die beiden Leistungsteile auch hinsichtlich der Vergütung getrennt geregelt,[94] fällt lediglich der kaufvertragliche Teil unter die Formvorschrift, nicht auch der planervertragliche. 2.52

3. Möglich ist aber auch, dass die Parteien eine bestimmte **Form** (meist die einfache Schriftlichkeit) **vertraglich vorbehalten.** Alsdann ist gestützt auf Art. 16 Abs. 1 OR zu vermuten, dass die «Parteien vor Erfüllung der Form nicht verpflichtet sein wollen», die Form also eine Abschluss-, nicht bloss eine Beweisform ist.[95] Die Widerlegung der Vermutung obliegt der Partei, die sich gegen die Vermutungsfolge wendet, indem sie schon 2.53

---

91 Reber, Baubindung, S. 164.

92 Auch Aebi-Mabillard, La rémunération, Rz. 186 ff.; allgemein Gauch/Schluep/Schmid, OR AT, Rz. 489 ff.; Weber, Basler Kommentar, N 9 zu Art. 395 OR; Werro, Commentaire romand, N 12 zu Art. 395 OR.

93 Vgl. BGE 135 III 295/299 E. 3; zur Frage der Formbedürftigkeit beim aus Grundstückkauf- und Werkvertrag gemischten Vertrag Gauch, Werkvertrag, Rz. 408 ff.; Koller A., Werkvertragsrecht, Rz. 91.

94 BGE 117 II 259/265 E. 2b in fine (= BR/DC 1992, S. 96, Nr. 160, mit Anm. Gauch).

95 Vgl. Gauch/Schluep/Schmid, OR AT, Rz. 590.

einer formlosen Einigung vertragliche Bindungswirkung beilegen will. So fällt die Vermutung dahin, wenn nachgewiesen wird, dass die Parteien den Vorbehalt nachträglich beseitigten, sei dies ausdrücklich oder auch konkludent, indem der Planer nach mündlicher Einigung mit dem Bauherrn die anstehenden Arbeiten mit dessen Einverständnis an die Hand genommen hat.

b. Der Einbezug allgemeiner Geschäftsbedingungen

2.54 **1.** In der Planerbranche sind von Dritten verfasste allgemeine Geschäftsbedingungen[96] weit verbreitet. Man denke nur an die diversen SIA-Ordnungen «für Leistungen und Honorare» und an den KBOB-Planervertrag, aber auch an die vielen Fälle, in denen planerseits eigene Regelwerke vorformuliert werden, die sich teils an die etablierten SIA-Ordnungen anlehnen, teils auf praktischen Erfahrungen beruhen. Solche Geschäftsbedingungen werden nur dann zum Bestandteil eines Planervertrags, wenn sie von den Parteien übernommen wurden, was im Regelfall durch Globalübernahme[97] erfolgt (Rz. 1.89). Auch den SIA-Ordnungen geht ohne rechtsgeschäftliche Übernahme an sich jegliche Verbindlichkeit ab. Nur ausnahmsweise ist eine Übernahme nicht erforderlich; dies ist der Fall, wenn es nach gesetzlicher Massgabe oder der Einigung der Parteien auf die Übung ankommen soll[98] und eine Regel in den SIA-Ordnungen die Verkehrsübung abbildet (Rz. 1.97). Von der Rechtsprechung wird ihnen die Eigenschaft, regelbildende Übung zu schaffen, stets abgesprochen (Rz. 8.43), was aber nicht ausschliesst, dass sie eine bestehende Übung zutreffend wiedergeben.[99] Im Übrigen unterliegt ihre Verbindlichkeit auch bei rechtsgeschäftlicher Übernahme den Schranken, wie sie im Bereich der allgemeinen Geschäftsbedingungen vor allem mit der Ungewöhnlichkeitsregel (Rz. 1.108)[100] sowie

---

96 Vgl. GAUCH/SCHLUEP/SCHMID, OR AT, Rz. 1117 ff.

97 Dazu GAUCH/SCHLUEP/SCHMID, OR AT, Rz. 1128c.

98 Siehe BGer 4A_69/2012 vom 2. Mai 2012 E. 4.2 (= BR/DC 2012, S. 148, Nr. 221, mit Anm. STÖCKLI).

99 Vgl. BGE 118 II 295/296 E. 2a (= BR/DC 1993, S. 104, Nr. 216, mit Anm. GAUCH); 117 II 282/284 E. 4b (= BR/DC 1992, S. 93, Nr. 153, mit Anm. GAUCH); BGer 4A_393/2007 vom 3. Dezember 2007 E. 2.1 (= BR/DC 2008, S. 67, Nr. 126, mit Anm. STÖCKLI); 4C.261/2005 vom 9. Dezember 2005 E. 2.3 (= BR/DC 2006, S. 64, Nr. 205, mit Anm. GAUCH); auch KGer SG vom 25. Juni 2002 E. 4c/aa (= GVP 2002, Nr. 54, S. 163 = BR/DC 2003, S. 164, Nr. 419, mit Anm. AEPLI). Ferner KRAUSKOPF-FORERO/SIEGENTHALER, Architektur- und Bauingenieurverträge, Rz. 8.52; TERCIER, La concurrence, S. 64, und seine Anm. zu KGer VS vom 28. Januar 1992 (= BR/DC 1994, S. 47, Nr. 86); vgl. auch GAUCH, Werkvertrag, Rz. 191. Zum Umstand, dass SIA-Normen keine Rechtsnormen sind BGE 132 III 285/288 E. 1.3.

100 BGE 135 III 1/7 E. 2.1. Nach BGer 4A_119/2015 vom 3. Juni 2015 E. 2.2, der die ständige Rechtsprechung wiedergibt (siehe BGE 109 II 452/456 E. 4 und 5), wird die «Geltung vorformulierter allgemeiner Geschäftsbedingungen […] durch die Ungewöhnlichkeitsregel eingeschränkt. Danach sind von der global erklärten Zustimmung zu allgemeinen Vertragsbedingungen alle ungewöhnlichen Klauseln ausgenommen, auf deren Vorhandensein die schwächere oder weniger geschäftserfahrene Partei nicht gesondert aufmerksam gemacht worden ist. Der Verfasser von allgemeinen Geschäftsbedingungen muss nach dem Vertrauensgrundsatz davon ausgehen, dass ein unerfahrener Vertragspartner ungewöhnlichen Klauseln nicht zustimmt». Zu dieser Regel Rz. 1.108; PROBST, UWG-Kom-

mit Art. 8 UWG (Rz. 1.110)[101] errichtet wurden. Schliesslich gehen individuelle Abreden den SIA-Ordnungen stets vor.[102]

2. Die **Auslegung** allgemeiner Geschäftsbedingungen unterliegt den Regeln, die auch für individuell verfasste Vertragsklauseln gelten.[103] Zum Tragen kommt namentlich der Grundsatz der gesetzeskonformen Auslegung, wonach «il faut préférer l'interprétation des clauses ambiguës qui correspond à la législation. Comme celle-ci a, en règle générale, opéré une pesée des intérêts en présence, la partie qui veut s'en écarter doit l'exprimer de façon suffisamment claire dans le contrat»[104]. Auf diese Regel stützte sich das Bundesgericht bei der Auslegung des Art. 1.6 SIA 102 (1984)[105], nach dem der Architekt bei «verschuldeter, fehlerhafter Auftragserfüllung» lediglich den dem «Auftraggeber entstandenen direkten Schaden» zu ersetzen hatte. Das Gericht legte dieser Regel keine haftungsbeschränkende Wirkung bei, sondern las sie als schlichte Erinnerung (als einen «rappel») daran, dass auch ein Architekt nur für jene Schäden einzustehen hat, für die sein Fehlverhalten adäquat kausal ist.[106] 2.55

c. Der Abschluss nach einem Wettbewerb oder einem Studienauftrag

1. Der Abschluss des Vertrags im Nachgang zu einem Wettbewerbsverfahren (Rz. 3.110) oder einem Studienauftrag (Rz. 4.181) folgt den **allgemeinen Regeln.** Doch seien folgende Punkte hervorgehoben: 2.56

a. Gegenüber einem Planer, der in einem Wettbewerbsverfahren oder einem Studienauftrag obsiegt hat, besteht nach der Konzeption der einschlägigen SIA-Ordnungen *keine Kontrahierungspflicht* (Rz. 3.117; offengelassen in Rz. 4.181). Das ist angesichts des Art. 27.1 SIA 142 zu betonen. Zwar ist dort davon die Rede, dass der Gewinner eines Projektwettbewerbs «Anspruch auf den Auftrag, wie er gemäss Art. 3.3 und 13.3 g) im Wett- 2.57

mentar [Stämpfli], N 167 ff. zu Art. 8 UWG; auch Gauch, Werkvertrag, Rz. 197; Gauch/Schluep/Schmid, OR AT, Rz. 1136 ff. Zur Anwendung der Regel auf Art. 154 Abs. 3 SIA 118 in konkreten Fällen: bejaht in BGE 109 II 452 (= BR/DC 1985, S. 16, Nr. 8, mit Anm. Gauch), hingegen verneint in OGer TG vom 25. Oktober 1996 (= RBOG TG 1996, Nr. 6, S. 92 = BR/DC 1997, S. 127, Nr. 318, mit Anm. Aepli).

101 Zu dieser Bestimmung siehe Probst, UWG-Kommentar [Stämpfli], N 1 ff. zu Art. 8 UWG; vgl. auch Gauch, Werkvertrag, Rz. 199 f. Die Bestimmung wurde revidiert (BBl 2011, S. 4926) und schützt seither die Lauterkeit des Wettbewerbs bloss noch hinsichtlich der Endkonsumenten – ein rechtspolitischer Fehlschlag; eingehend Stöckli, Der neue Art. 8 UWG, S. 184 ff.

102 BGer 4A_53/2012 vom 31. Juli 2012 E. 5.4 und 4A_55/2012 vom 31. Juli 2012 E. 6.4 «Sennhof-Fälle» (= BR/DC 2012, S. 192 ff. und 213 f., mit Anm. Siegenthaler und Stöckli).

103 BGE 135 III 1/6 E. 2; 133 III 675/681 E. 3.3; siehe auch Gauch, Werkvertrag, Rz. 201 ff.

104 BGE 126 III 388/391 E. 9d (= BR/DC 2001, S. 78, Nr. 258, mit Anm. Werro).

105 In der SIA-Ordnung 102 findet sich die Unterscheidung nicht mehr. Zu Art. 1.6 SIA 102 (1984) BGE 126 III 388 (= BR/DC 2001, S. 78, Nr. 258, mit Anm. Werro); Schumacher, Die revidierten SIA-Honorarordnungen 102 und 103, S. 83 f.; ders., Architektenrecht 1995, Rz. 555 ff.

106 BGE 126 III 388/391 E. 9d (= BR/DC 2001, S. 78, Nr. 258, mit Anm. Werro).

bewerbsprogramm formuliert ist», hat, und dass der Gewinner eines Gesamtleistungswettbewerbs den «Auftrag für die Planerleistungen und den Zuschlag für die Bauleistungen, wie sie gemäss Art. 4 und 13.3 g) im Wettbewerbsprogramm formuliert sind», erhalten soll. Dies allein liesse zwar auf eine Abschlusspflicht des Auftraggebers schliessen; allerdings beruhen die Art. 27.2 und Art. 27.3 SIA 142 offensichtlich auf der Idee, dass der Auftraggeber nicht abschlusspflichtig ist, indem dort geregelt wird, welche Entschädigung der Auftraggeber dem siegreichen Planer, der ohne Vertrag ausgeht, auszurichten hat (Rz. 3.110ff.). Dieses System liegt auch dem vergaberechtlichen Art. 55 VöB zugrunde, wobei hier einschränkend zu beachten ist, dass die Auftraggeberin nach Art. 53 VöB «grundsätzlich an die Empfehlung des Preisgerichts [...] gebunden» ist und sich nur in «Ausnahmefällen [...] von dieser Verpflichtung befreien [kann], indem sie eine Abgeltung [...] bezahlt und ein neues Verfahren durchführt».

2.58 **b.** Die Abschlussfreiheit des Auftraggebers gegenüber dem siegreichen Teilnehmer besteht selbst dann, wenn er einen *Studienauftrag mit Folgeauftrag* ausgeschrieben hat, obschon in Art. 27.1 SIA 143 ausdrücklich davon die Rede ist, dass der «Verfasser der vom Beurteilungsgremium zur Weiterbearbeitung empfohlenen Studie bzw. Studien Anspruch auf einen Auftrag gemäss den Programmbestimmungen» hat. Denn selbst hier soll es (nach Art. 27.2 SIA 143) zulässig sein, dass der Folgeauftrag «ohne Verwendung des Gewinnerprojektes an Dritte vergeben» und der siegreiche Teilnehmer auf eine Entschädigung verwiesen wird (Rz. 4.183). Möglich ist immerhin, dass nach Massgabe des konkreten Programms etwas anderes gilt.

2.59 **2.** Eine **freihändige Vergabe** ist im Umfeld von Wettbewerben unter vergaberechtlichen Gesichtspunkten nur zulässig, wenn der Vertrag gerade dem «Gewinner» vergeben wird (so Art. XV Ziff. 1 lit. j GPA; Rz. 3.22 und 4.87). Eine Vergabe an einen anderen Teilnehmer oder gar einen Anbieter, der am Wettbewerb überhaupt nicht teilgenommen hat, ist demnach vergaberechtswidrig. Möglich aber ist es, den Auftrag in einem neuen Verfahren zu vergeben, sofern der Auftraggeber berechtigt ist, über die im Wettbewerb oder im Studienauftrag generierten Arbeitsergebnisse zu verfügen.

3. Die Architektenklausel

2.60 **1.** Als «Architektenklausel» (gelegentlich auch «Architekturverpflichtung», «clause d'architecte» oder «engagement d'architecte»)[107] wird die **Abrede in einem Grundstückkaufvertrag** über eine Bauparzelle bezeichnet, mit der sich der Käufer je nach Ausgestaltung der Klausel dazu verpflichtet, entweder den Verkäufer oder einen Dritten[108] mit den bei der Überbauung der gekauften Parzelle anfallenden Planerarbeiten zu betrau-

[107] Z.B. in BGer 5A_496/2007 vom 30. Oktober 2007 E. 1.

[108] Reber, Baubindung, S. 145f.; allgemein Kramer, Berner Kommentar, N 98f. zu Art. 22 OR.

en.[109] Gerichtsfälle dazu gibt es zwar kaum, doch macht die Praxis durchaus Gebrauch davon. Eine Architektenklausel, die einem einschlägigen Leiturteil des Bundesgerichts[110] entstammt und die ich hier zur Illustration zitiere, lautet wie folgt: «Die Käuferin verpflichtet sich, für sämtliche Architekturarbeiten bezüglich des Kaufareals das Architekturbüro Sauter & Dirler [...] zu SIA-Bedingungen zu berücksichtigen.»[111] Eine solche Klausel ist auf den künftigen Abschluss eines Planervertrags angelegt, zu dem sich der Käufer und künftige Bauherr schon im Grundstückkaufvertrag verpflichtet. Anders gelagert sind die Dinge, wenn zeitgleich mit dem Abschluss des Kaufvertrags mit dem Verkäufer oder einem Dritten ein Vertrag über die Planerleistungen abgeschlossen wird (zur Form Rz. 2.52). Anders liegt es auch, wenn sich jemand als Totalunternehmer dazu verpflichtet, zunächst das Bauwerk zu planen und es auf eigenem Boden zu errichten, um dem Bauherrn schliesslich Eigentum am Baugrundstück zu verschaffen (aus Werkvertrag und Kaufvertrag gemischter Innominatvertrag).

2. Bei Architektenklauseln steht die Frage ihrer Durchsetzbarkeit im Vordergrund (Rz. 2.66 ff.). Zunächst aber geht es hier um ihre rechtliche Qualifikation (Rz. 2.62 ff.). 2.61

A. Rechtliche Qualifikation

1. Bei Abreden, die eine Architektenklausel enthalten, handelt es sich um **Vorverträge** (Art. 22 OR).[112] Dabei lässt sich der Vorvertrag zugunsten des Verkäufers vom Vorvertrag zugunsten eines Dritten (wie in BGE 98 II 305) unterscheiden. In der Folge ist der Käufer nach Massgabe der Architektenklausel verpflichtet, entweder mit dem Verkäufer oder mit einem Drittplaner einen Planervertrag abzuschliessen (Kontrahierungspflicht), und dies je nach Klausel unbedingt oder bloss suspensiv bedingt für den Fall, dass er überhaupt Planerarbeiten zu vergeben hat. Die Klausel, die einen Drittplaner begünstigt, 2.62

[109] BGE 98 II 305. Der Architektenklausel entspricht im Bereich der Bauwerkverträge die «Unternehmerklausel» oder auch die «Bauverpflichtung» (so nach BGE 103 II 52). Zahlreiche (nicht alle) Fragen stellen und beantworten sich für Unternehmer- und Architektenklauseln in gleicher Weise. Eingehend zur «Koppelung eines Grundstückkaufvertrages mit einer Baubindungsklausel» Reber, Baubindung, S. 237 ff.; weiter Gabellon, Clauses d'architecte ou d'entrepreneur, S. 9 ff.; Gauch, Werkvertrag, Rz. 416 ff.; Gauch/Schluep/Schmid, OR AT, Rz. 1089 ff.; Kramer, Berner Kommentar, N 100 ff. zu Art. 22 OR. Zur Beurteilung aus vergaberechtlicher Sicht Beyeler, Der Geltungsanspruch, Rz. 1021.

[110] BGE 98 II 305.

[111] Vgl. die Erörterungen zu diesem Leiturteil von Jäggi, Bemerkungen, S. 301 ff.; Kramer, Berner Kommentar, N 105 zu Art. 22 OR; Reber, Baubindung, S. 5 ff.

[112] BGE 98 II 305/307 E. 1; Bericht der eidgenössischen Wettbewerbskommission (WEKO) vom 25. Mai 2005 (= RPW 2005, S. 607); weiter Aebi-Mabillard, La rémunération, Rz. 218; Gauch, Werkvertrag, Rz. 416; Gauch/Schluep/Schmid, OR AT, Rz. 1089 ff.; Koller A., Berner Kommentar, N 29 zu Art. 363 OR; Tercier, Clauses d'architecte, S. 30; Tercier/Bieri/Carron, Les contrats spéciaux, Rz. 4701 und 3621; Wiegand, Klassische Probleme, S. 3; siehe auch Dubey, Concours, Rz. 1273; Reber, Baubindung, S. 41.

erweist sich als Vertrag zugunsten eines Dritten,[113] für den allenfalls streitig werden kann, ob der Dritte einen eigenen Anspruch auf Vertragsschluss hat (Art. 112 Abs. 2 OR)[114] oder lediglich der Verkäufer die Abschlusspflicht des Käufers durchsetzen kann (Art. 112 Abs. 1 OR). Bei diesem Entscheid kommt es auf die «Willensmeinung», also die Abrede der Vertragsparteien[115] an (Art. 112 Abs. 2 OR).[116] Rechtlich zulässig, aber praktisch kaum bedeutsam ist der Vorvertrag, mit dem sich sowohl der kaufende Bauherr als auch der verkaufende Planer dazu verpflichten, den intendierten Planervertrag abzuschliessen. Gebräuchlicher sind Klauseln, die einseitig nur den Bauherrn verpflichten, während der Planer frei bleibt.[117]

2.63 **2.** Ein Vorvertrag hat die wesentlichen Punkte des Hauptvertrags so zu umschreiben, dass diese Punkte bestimmt, zumindest aber bestimmbar sind.[118] Gerade weil ein Vorvertrag dem gleichen Bestimmtheitserfordernis unterliegt wie der Hauptvertrag, auf den er abzielt, wird der praktische Nutzen und damit die **Existenzberechtigung von Vorverträgen** zum Teil in Zweifel gezogen.[119] Gesagt wird, dass schon der Hauptvertrag vorliege, wenn die wesentlichen Punkte bestimmt oder doch bestimmbar seien – folglich sei es sinnlos, zwischen Vorvertrag und Hauptvertrag zu unterscheiden.[120] Das Bundesgericht

---

113 Dass ein Vorvertrag auch zugunsten eines Dritten abgeschlossen werden kann, ist allseits anerkannt; siehe z.B. KOLLER A., OR AT, Rz. 22.16 ff.; siehe auch WEBER, Berner Kommentar, N 85 zu Art. 112 OR; ZELLWEGER-GUTKNECHT, Basler Kommentar, N 8 und 11 zu Art. 22 OR. Zum Teil wird sogar gesagt, der Vorvertrag zugunsten eines Dritten sei der einzig sinnvolle Anwendungsfall, vgl. BGE 57 II 502/505 E. 1.

114 Zweifelnd KRAMER, Berner Kommentar, N 99 zu Art. 22 OR; für den Regelfall bejahend REBER, Baubindung, S. 146.

115 Der Dritte ist zwar berechtigt, sich auf eine entsprechende Abrede zu berufen, hat sie aber im Streitfall auch nachzuweisen (Art. 8 ZGB); dieser Beweis gelingt sicher dann nicht, wenn die beiden Vertragsparteien übereinstimmend erklären, ihre Vereinbarung begründe keine «Drittberechtigungsklausel» (dazu KRAUSKOPF, Der Vertrag zugunsten Dritter, Rz. 288).

116 Nach Art. 112 Abs. 2 OR kann sich das Forderungsrecht des Dritten auch aus einer entsprechenden Übung ergeben, wo nicht schon die Vereinbarung die Frage regelt. Im Umfeld von Planerverträgen ist eine Übung praktisch nicht auszumachen, weshalb von ihr nicht länger die Rede ist; allgemein siehe KRAUSKOPF, Der Vertrag zugunsten Dritter, Rz. 953 ff.

117 Vgl. GAUCH, Werkvertrag, Rz. 417; KOLLER A., OR AT, Rz. 22.19.

118 BGE 98 II 305/307 E. 1; GABELLON, Clauses d'architecte ou d'entrepreneur, S. 10; REBER, Baubindung, S. 32 ff.; GAUCH/SCHLUEP/SCHMID, OR AT, Rz. 1084.

119 Zum Bestimmtheitserfordernis z.B. GAUCH/SCHLUEP/SCHMID, OR AT, Rz. 1084, und KOLLER A., OR AT, Rz. 22.25 und 22.29 f., die dem Vorvertrag aber durchaus Sinn zumessen.

120 Für einen Überblick über die verschiedenen Meinungen GAUCH/SCHLUEP/SCHMID, OR AT, Rz. 1079 ff. sowie 1087; KOLLER A., OR AT, Rz. 22.36 ff.; KRAMER, Berner Kommentar, N 79 ff. zu Art. 22 OR, und die Stellungnahme bei N 90 ff. zu Art. 22 OR; ZELLWEGER-GUTKNECHT, Basler Kommentar, N 19 ff. zu Art. 22 OR. Kritisch-ablehnend aber etwa VON BÜREN, OR AT, S. 214 f. Siehe auch BGE 103 III 97/107 E. 2a, wo das Bundesgericht der verbreiteten Skepsis zum Trotz fragt, ob es nicht doch möglich sei «de concevoir certaines circonstances dans lesquelles il y aurait place pour une promesse de contracter». Art. 216 Abs. 2 OR geht ohne Weiteres davon aus, dass es «Vorverträge» («promesses de vente») gibt.

geht zwar nicht so weit, dem Vorvertrag jegliche Existenzberechtigung abzusprechen, konstatiert aber, dass «in der Praxis der Vorvertrag oft dem Hauptvertrag gleichzusetzen ist»[121]. Diese Einschätzung trifft indes nur dann zu, wenn der Planervertrag zwischen den Parteien des Vorvertrags abgeschlossen werden soll und zudem nicht nur der Bauherr, sondern auch der Planer abschlussverpflichtet ist. Wie es sich damit verhält, lässt sich für Architektenklauseln nicht generell beantworten, sondern richtet sich nach deren Auslegung. Doch selbst wenn die beiden Elemente vorliegen, ist noch immer zu bedenken, dass «ein erst versprochener Vertrag noch kein abgeschlossener Vertrag ist»[122]. Das ist unmittelbar einsichtig, da ein Vorvertrag nicht die gleichen Rechte und Pflichten begründet wie der Hauptvertrag, auf dessen Abschluss er sich richtet. So etwa trifft den Planer aus Vorvertrag noch keine Pflicht, die im Vorvertrag in bestimmter oder bestimmbarer Form umrissenen Planerarbeiten an die Hand zu nehmen. Insoweit sie unterschiedliche Rechtswirkungen zeitigen, ist es sinnvoll, an der Unterscheidung zwischen Vor- und Hauptvertrag festzuhalten.

3. Die erforderliche **Bestimmbarkeit** bezieht sich auf die objektiv wesentlichen Punkte 2.64
des intendierten Hauptvertrags.[123] Wo es daran fehlt, liegt von vornherein kein Vertrag (auch kein Vorvertrag) vor. In der Vertragspraxis werden Architektenklauseln häufig nur sehr rudimentär ausgestaltet, sodass sich für sie die Frage stellt, wie es hier um die Bestimmbarkeit steht. Bei der Klausel, die BGE 98 II 305 zugrunde lag, drehte sich der Streit zwar nicht um die Bestimmtheit der Abrede, wobei man sich füglich hätte fragen können, ob die «Architekturleistungen» ausreichend bestimmt waren (Rz. 2.45) und darin auch die Bauleitung eingeschlossen war. Abstrakt – losgelöst vom konkreten Fall – lässt sich solches nicht entscheiden. Sicher ist, dass es sich empfiehlt, bei der Formulierung von Architektenklauseln auch die Art der Planerleistungen möglichst genau zu umschreiben.[124] Ist die Bestimmbarkeit nicht gegeben und ist die Klausel damit nicht geeignet, eine Kontrahierungspflicht zu schaffen, bleibt noch immer zu prüfen, ob die Klausel nicht zumindest die Pflicht begründe, über den Abschluss eines Planervertrags zu verhandeln. Regeln die Parteien die Vergütung in der Weise, dass sie in der Architektenklausel auf die «SIA-Bestimmungen» verweisen,[125] so haben sie zu beachten, dass der SIA keine Tarife mehr publiziert und auch die SIA-Ordnungen 102 und 103 in ihrer Fassung aus dem Jahr 2014 sowie die neuen Kalkulationshilfen (SIA-Ordnungen 102/103-K), die Bestandteile einer Übergangslösung sind (Rz. 8.151), lediglich Berechnungsmethoden bereithalten, die als «Grundlagen zur Ermittlung einer angemessenen Honorierung» (Einleitung) verwendet werden können (Rz. 8.63).[126]

121 BGE 118 II 32/33 E. 3b.

122 Gauch/Schluep/Schmid, OR AT, Rz. 1087.

123 Aebi-Mabillard, La rémunération, Rz. 221; Reber, Baubindung, S. 32 ff.

124 Vgl. Tercier, Clauses d'architecte, S. 33.

125 Wie in der Klausel, die Gegenstand des BGE 98 II 305 war.

126 Zu einer Unternehmerklausel, nach der sich der Werklohn zu «mittleren Konkurrenzpreisen» bemisst, OGer LU vom 18. November 1994 (= LGVE 1995 I, Nr. 5, S. 6 = BR/DC 1996, S. 118, Nr. 239 f., mit Anm. Gauch).

2.65 **4.** An sich unterliegen Vorverträge nur dort einer bestimmten **Form,** wo das «Gesetz zum Schutz der Vertragsschliessenden für die Gültigkeit des künftigen Vertrages eine Form vorschreibt» (Art. 22 Abs. 2 OR). Planerverträge unterliegen keiner Formvorschrift (Rz. 2.51), weshalb auch eine Architektenklausel grundsätzlich *nicht formbedürftig* ist. Wird eine Architektenklausel in den Grundstückkaufvertrag aufgenommen, wird sie von der öffentlichen Beurkundung, derer der Grundstückkaufvertrag bedarf, miterfasst.[127] Davon hängt die Wirksamkeit der Klausel allerdings nur dann ab, wenn sie «einen Teil der für das Grundstück versprochenen Gegenleistung ausmacht»[128] (Rz. 2.52).

B. Zur Durchsetzbarkeit

2.66 **1.** Die Frage der praktischen Durchsetzbarkeit stellt sich unterschiedlich, je nachdem, ob sich die Architektenklausel auf den Abschluss eines Planerauftrags, eines Gesamtvertrags oder aber eines reinen Planungsvertrags richtet. Ein Planerauftrag und ein Gesamtvertrag können nach **Art. 404 Abs. 1 OR** jederzeit ohne Grund aufgelöst werden, wobei dieses Recht bundesgerichtlicher Rechtsprechung zufolge zwingender Natur ist (Rz. 2.101 ff.). Zur Realvollstreckung einer Architektenklausel kann der Gläubiger zwar verlangen, dass die Willenserklärung des pflichtvergessenen Schuldners «durch den vollstreckbaren Entscheid ersetzt» wird (Art. 344 Abs. 1 ZPO).[129] Praktisch lässt sich damit allerdings wenig ausrichten, da Art. 404 Abs. 1 OR nicht erst nach Abschluss des Hauptvertrags, sondern schon gegenüber einem Vorvertrag offensteht.[130] Damit kann sich der Bauherr auch von einer lediglich vorvertraglichen Verpflichtung zum Abschluss eines Planervertrags durch Kündigung jederzeit und mit sofortiger Wirkung befreien.[131] Zwar schuldet der Bauherr dem Planer nach Massgabe der auftragsrechtlichen Vorschrift auch dann Schadenersatz, wenn er den *Vorvertrag* (und nicht erst den Hauptvertrag) zur Unzeit auflöst (Art. 404 Abs. 2 OR; Rz. 2.116ff. und 2.127ff.). An der Unzeit aber wird es in diesen Fällen meist fehlen. Das führt zur Idee, zwecks Sicherung der Architektenklausel die Gültigkeit des Grundstückkaufs mit der resolutiven Bedingung (Art. 154 Abs. 1 OR) zu verknüpfen,

---

[127] Koller A., Berner Kommentar, N 32 zu Art. 363 OR; Tercier/Bieri/Carron, Les contrats spéciaux, Rz. 980.

[128] Gauch, Werkvertrag, Rz. 423; Reber, Baubindung, S. 210 ff.; siehe auch BGE 86 II 33/37 E. a.

[129] Vgl. Bommer, ZPO-Handkommentar [Stämpfli], N 1 f. zu Art. 344 ZPO.

[130] Bezgl. Art. 377 OR siehe BGE 117 II 273/275 E. 3b und 4a (= BR/DC 1992, S. 98, Nr. 163, mit Anm. Gauch); Aebi-Mabillard, La rémunération, Rz. 227; Gabellon, Clauses d'architecte ou d'entrepreneur, S. 10; Morin, Commentaire romand, N 19 zu Art. 22 OR; zur entsprechenden Rechtslage bei «Bauverpflichtungen» siehe Gauch, Werkvertrag, Rz. 429.

[131] BGE 98 II 305/312 E. 3b; Tercier, Clauses d'architecte, S. 39 ff. Zu beachten ist, dass das vorzitierte Urteil in der Rechtsmeinung gefällt wurde, jeglicher Architektenvertrag sei stets und ausschliesslich auftragsrechtlich zu qualifizieren – eine Praxis, von der das Bundesgericht mit BGE 109 II 462 (= BR/DC 1985, S. 15, Nr. 4, mit Anm. Gauch) abgerückt ist. Siehe Kramer, Berner Kommentar, N 105 zu Art. 22 OR. Zu Art. 377 OR siehe BGE 117 II 273/275 E. 3b und 4a (= BR/DC 1992, S. 98, Nr. 163, mit Anm. Gauch); Gauch, Werkvertrag, Rz. 429; Gauch/Schluep/Schmid, OR AT, Rz. 1093.

dass dem verkaufenden Planer die mit dem Vorvertrag in Aussicht gestellten Planungsarbeiten nicht grundlos vorenthalten werden. Alsdann fällt der Grundstückkaufvertrag ohne Weiteres dahin, wenn die Bedingung eintritt, indem die Kündigung zwar gestützt auf Art. 404 Abs. 1 OR und damit berechtigterweise, der Sache nach aber grundlos erfolgt. Dies ist eine drastische Verstärkung der Architektenklausel,[132] für die sich angesichts der zwingenden Natur des Auflösungsrechts die Frage stellt, ob eine solche Abrede im Kaufvertrag durchsetzbar oder nicht doch unwirksam ist, weil sie den Bauherrn faktisch von der Kündigung abhält und damit sein zwingendes Auflösungsrecht (Rz. 2.101) untergräbt. Der gleiche Vorbehalt ist gegenüber einer Abrede anzubringen, die für den Fall der grundlosen Auflösung des Planervertrags zugunsten des Planers ein Rückkaufsrecht statuiert. Die Rechtsprechung hält nicht nur die Wegbedingung, sondern «auch jede indirekte Beeinträchtigung des Widerrufsrechts»[133] für unvereinbar mit dessen zwingender Natur. Bei allem ist aber festzuhalten, dass Art. 404 Abs. 1 OR kein durchschlagendes Argument dafür ist, dass eine Architektenklausel – als Vorvertrag verstanden – von vornherein sinnlos ist. Denn mit dem gleichen Argument liesse sich auch an der Sinnhaftigkeit des Hauptvertrags zweifeln, dessen Bestand sich ja auch nicht absichern lässt, solange Art. 404 Abs. 1 OR mit zwingender Kraft ausgestattet ist.

2. Der «Ausweg» aus einer Architektenklausel über Art. 404 Abs. 1 OR ist versperrt, 2.67
wenn sich der durch den Vorvertrag angepeilte Hauptvertrag als *Werkvertrag* erweist. Dies ist dann der Fall, wenn eine Architektenklausel lediglich Planungsleistungen beschlägt, nicht auch die Bauleitung und weitere Leistungen, auf die das Auftragsrecht anwendbar wäre (Rz. 1.47). Auch hier kann zwar der Bauherr den Vorvertrag, der eine Architektenklausel enthält, einseitig und voraussetzungslos kündigen, was sich aus **Art. 377 OR** ergibt.[134] Nicht zu übersehen ist allerdings, dass die Ausgangslage gleichwohl eine ganz andere ist, wenn man erstens bedenkt, dass Art. 377 OR dispositiver Natur ist und damit wirksam wegbedungen werden kann (Rz. 2.101), und sich zweitens in Erinnerung ruft, dass der nach Art. 377 OR auflösende Bauherr die Pflicht hat, den Planer voll schadlos (positives Vertragsinteresse) zu halten (Rz. 2.115). Mit der heutigen Praxis sind diese Unterschiede[135] zwar in Kauf zu nehmen, innerlich rechtfertigen sie sich aber nicht.[136] Entschärfen liesse sich der Widerspruch, wenn Art. 404 Abs. 1 OR die zwingende Natur abgesprochen würde – was die in diesem Punkt festgefahrene Rechtsprechung des Bundesgerichts (Rz. 2.101) aber nicht so bald zulassen dürfte.

---

[132] Vgl. zu dieser und weiteren Sicherungsmöglichkeiten Reber, Baubindung, S. 153 ff.

[133] Fellmann, Berner Kommentar, N 105 zu Art. 404 OR; siehe auch Weber, Basler Kommentar, N 13 zu Art. 404 OR, die aber beide eine differenzierte Position vertreten.

[134] BGE 117 II 273/275 E. 3b und 4a (= BR/DC 1992, S. 98, Nr. 163, mit Anm. Gauch); Kramer, Berner Kommentar, N 102 zu Art. 22 OR.

[135] Siehe auch Dubey, Concours, Rz. 405, für die Übertragung in den Bereich des Wettbewerbswesens.

[136] Siehe Reber, Baubindung, S. 9, der auch darauf hinweist, dass der Widerspruch auch im Verhältnis zu den Unternehmerklauseln (Baubindung) besteht.

2.68 **3.** Gegenüber Architektenklauseln (und den gleichgelagerten Unternehmerklauseln) werden zum Teil Bedenken erhoben.[137] Gewiss ist es so, dass derartige Klauseln den «Leistungswettbewerb unter den Architekten und das freie Wahlrecht des Bauwilligen hinsichtlich eines Architekten seines Vertrauens»[138] beeinträchtigen. Indes ist zu vermerken, dass die Koppelung von Verträgen im Grundsatz rechtlich zulässig ist und nur in ausgewählten Konstellationen zwingendes Recht verletzt (vgl. vor allem Art. 254 OR und Art. 7 Abs. 2 lit. f KG). Auch eine übermässige Bindung, die gegen Art. 27 Abs. 2 ZGB verstiesse,[139] ist hier zumindest im Regelfall nicht auszumachen. Dies ergibt sich schon aus den beschriebenen Befugnissen des Bauherrn, den Vorvertrag unter Berufung auf Art. 404 Abs. 1 OR (Rz. 2.66) und Art. 377 OR (Rz. 2.67) aufzulösen.[140] Überhaupt keine Skepsis ist in jenen Fällen angebracht, in denen der Käufer eines Grundstücks den «Architekten selbst veranlasst hat, ihm dieses zu vermitteln und gleichzeitig die Beauftragung mit der Architektenleistung in Aussicht gestellt hat»[141]. Anders kennt Deutschland seit 1971 ein Koppelungsverbot. Die einschlägige Gesetzesnorm sieht Folgendes vor: «Eine Vereinbarung, durch die der Erwerber eines Grundstücks sich im Zusammenhang mit dem Erwerb verpflichtet, bei der Planung oder Ausführung eines Bauwerks auf dem Grundstück die Leistungen eines bestimmten Ingenieurs oder Architekten in Anspruch zu nehmen, ist unwirksam. Die Wirksamkeit des auf den Erwerb des Grundstücks ge-

---

[137] Tercier, Architektenrecht 1995, Rz. 180 ff., nach dessen Meinung sich «de très bonnes raisons» finden lassen, an der Zulässigkeit solcher Klauseln zu zweifeln. Bedenken äussern auch Kramer, Berner Kommentar, N 227 zu Art. 19–20 OR; Tercier/Bieri/Carron, Les contrats spéciaux, Rz. 4701; Wiegand, Klassische Probleme, S. 2 f. Bezüglich der Unternehmerklauseln Reber, Baubindung, S. 289, der sie für unerwünscht hält und die Meinung vertritt, dass sie in gewissen Fällen gegen die öffentliche Ordnung verstossen. Siehe weiter Gauch, Werkvertrag, Rz. 424; Gauch/Schluep/Schmid, OR AT, Rz. 1091a. Aus vergaberechtlicher Sicht siehe KGer FR 602 2012-148 vom 7. Juni 2013 E. 3a; Beyeler, Der Geltungsanspruch, Rz. 1021; Dubey, Concours, Fn. 968; aus kartellrechtlicher Sicht vgl. die im Rahmen einer Vorabklärung im Sinn des Art. 26 KG angestellten Überlegungen in: RPW 2005, S. 605 ff., wo unter anderem darauf hingewiesen wird (S. 610), dass eine Architektenklausel in den Anwendungsbereich des Art. 7 Abs. 2 lit. f KG über Koppelungsgeschäfte fallen könne, deren Unzulässigkeit indes (wie der Bericht festhält) eine marktbeherrschende Stellung voraussetzt – an der es in casu fehlte; dazu auch Reber, Baubindung, S. 253 ff., der aber davon ausgeht, dass es im Regelfall an der Marktbeherrschung fehlen dürfte (S. 258; siehe aber S. 285).

[138] Aus einem Urteil des deutschen Bundesgerichtshofs, BGH VII ZR 144/09 vom 22. Juli 2010 (= BauR 2010, S. 1772 ff.).

[139] Siehe aber Tercier, Architektenrecht 1995, Rz. 177 und 182; ders., Clauses d'architecte, S. 34 f.; auch Reber, Baubindung, S. 275 ff., der die übermässige Bindung aber lediglich für Architekten-, nicht auch für Unternehmerklauseln annimmt; weiter Kramer, Berner Kommentar, N 227 zu Art. 19–20 OR.

[140] So jetzt auch Aebi-Mabillard, La rémunération, Rz. 224.

[141] BGH VII ZR 144/09 vom 22. Juli 2010 (= BauR 2010, S. 1772 ff.); auch Busche, Münchener Kommentar, N 19 zu § 650p BGB; Koeble, HOAI-Kommentar, N 16 zu § 3 MRVG.

richteten Vertrages bleibt unberührt.» [142] Begründet wird das Verbot damit, dass Bauland knapp ist und es den Planern verwehrt sein soll, sich mittels Koppelungsgeschäfte in eine monopolartige Stellung zu manövrieren.[143] Dieses Verbot steht in der Kritik, die sich unter anderem darauf richtet, dass es sich nur auf «freischaffende Ingenieure und Architekten» bezieht und damit zu deren Lasten einen «einseitigen Wettbewerbsnachteil» schafft.[144] Die Schweiz kennt kein derartiges Verbot, weshalb es dabei bleibt, dass eine Architektenklausel sich im Einzelfall als unwirksam erweisen mag, im Grundsatz aber eine zulässige Abrede ist.

III. Die Abänderung von Planerverträgen

1. Die allgemeine Regel, wonach Schuldverträge zu halten sind («pacta sunt servanda»), gilt auch für Planerverträge. Vorbehalten sind indes veränderte Umstände, die in jenen seltenen Fällen einen Anspruch auf Vertragsanpassung begründen, in denen eine Anpassung im Licht des Art. 2 Abs. 1 ZGB unumgänglich ist («clausula rebus sic stantibus», auch Art. 373 Abs. 2 OR).[145] Zudem steht es den Parteien frei, ihren Planervertrag **einvernehmlich abzuändern.** Was die Form angeht, sieht der KBOB-Planervertrag einen Schriftformvorbehalt vor, misst ihm aber eine beschränkte Bedeutung zu, indem der Vorbehalt nur «Änderungen der Leistungen sowie die erforderlichen Anpassungen von Vergütung, Terminen und anderen Vertragspunkten» erfasst (Ziff. 6.2 KBOB-AVB). Andere Vertragsänderungen können ohne Beachtung der Schriftform wirksam vereinbart werden. 2.69

2. Dem Bauherrn kann sich die Frage stellen, ob er den Planervertrag auch einseitig, also **ohne Zustimmung des Planers** abändern könne. 2.70

[142] Art. 10 § 3 des Gesetzes zur Verbesserung des Mietrechts und zur Begrenzung des Mietanstiegs sowie zur Regelung von Ingenieur- und Architektenleistungen (MietRVerbG) = § 3 des Gesetzes zur Regelung von Ingenieur- und Architektenleistungen (ArchLG). Busche, Münchener Kommentar, N 18 ff. zu § 650p BGB. Den gewünschten Erfolg scheint das Verbot allerdings nicht zu zeitigen, vgl. z.B. Hesse, Verbot der Architektenbindung, 30 ff. Siehe dazu das Urteil des deutschen Bundesverfassungsgerichts, 1 BvR 2394/10 vom 16. Juni 2011 (= NZBau 2011, S. 563 f.), wo die Vereinbarkeit des Koppelungsverbots mit dem Grundrecht auf Berufsfreiheit bejaht wird. Dort wird auch auf den Umstand eingegangen, dass das Verbot nur die Planer, nicht auch die Unternehmer trifft. Diese Ungleichheit wird mit der Begründung, dass beim Unternehmer «mit der Grundstücksbeschaffung und der kompletten Erstellung eines Bauwerks andere Leistungen im Vordergrund stehen» als beim Planer, als unproblematisch angesehen. Zum Ganzen Busche, Münchener Kommentar, N 18 ff. zu § 650p BGB; Koeble, HOAI-Kommentar, N 1 ff. zu § 3 MRVG; Locher/Locher, Das private Baurecht, Rz. 362 ff.

[143] Koeble, HOAI-Kommentar, N 2 zu § 3 MRVG.

[144] Werner, Referat, S. 1607 f.

[145] Vgl. Gauch/Schluep/Schmid, OR AT, Rz. 1280.

2.71 **a.** Die *SIA-Norm 118,* die «Allgemeine Bedingungen für Bauarbeiten» enthält, begründet in Art. 84 Abs. 1 ein entsprechendes Gestaltungsrecht, sodass der Bauherr einseitig verlangen kann, dass der «Unternehmer Leistungen, zu denen dieser durch den Werkvertrag verpflichtet ist, auf andere Art als vereinbart, in grösseren oder kleineren Mengen oder überhaupt nicht ausführt; dies jedoch nur dann, wenn dadurch der Gesamtcharakter des zur Ausführung übernommenen Werkes unberührt bleibt».[146] Allerdings ist die SIA-Norm 118 nicht für Planerverträge konzipiert, weshalb sie dort auch nicht verwendet wird.

2.72 **b.** Dem *KBOB-Planervertrag* zufolge kann der «Auftraggeber [...] die Änderung von vereinbarten Leistungen verlangen» (Ziff. 6.1 KBOB-AVB), was in der Sache ein Bestellungsänderungsrecht ist, wie die SIA-Norm 118 es zugunsten des Bestellers eines Bauwerks vorsieht. Diese Abrede gilt unbekümmert darum, wie der konkrete Planervertrag im Einzelfall rechtlich zu qualifizieren ist, und besteht somit auch beim Gesamtvertrag.

2.73 **c.** In den *SIA-Ordnungen 102 und 103* findet sich zwar keine Entsprechung zu dieser Regel. Immerhin hält deren Art. 1.5.1 fest, dass der «Auftraggeber [...] gegenüber dem Beauftragten weisungsberechtigt» ist. Mit dieser Anordnung wiederholen die SIA-Ordnungen 102 und 103 indes bloss, was schon von Gesetzes wegen gilt.[147] Da sowohl das Werkvertrags- als auch das Auftragsrecht davon ausgehen, dass der Bauherr weisungsbefugt ist, muss dies auch für den Gesamtvertrag gelten. Inhaltlich ist das Weisungsrecht des Bauherrn beschränkt, indem es nur «innerhalb des vereinbarten Vertragsgegenstandes»[148] besteht. Doch ist der Gegenstand von Planerverträgen typischerweise wenig konkretisiert, was für Weisungen durch den Bauherrn breiten Raum lässt.[149] Ein eigentliches Leistungsänderungsrecht ist darin aber nicht enthalten. Ist ein Planervertrag lückenhaft, indem er kein Recht zur einseitigen Leistungsänderung begründet, ist er im Streitfall nach Massgabe des hypothetischen Parteiwillens zu ergänzen.[150] Bei einem lückenhaften Bauwerkvertrag ist der Bauherr alsdann zumindest dazu berechtigt, «eine unvermeidbare, behördlich verlangte oder für die einwandfreie Ausführung des Bauwerkes erforderliche Änderung der Bauleistung einseitig anzuordnen, solange er nicht eine so tiefgreifende Umgestaltung der vom Unternehmer geschuldeten Werkleistung verlangt, dass sie dem Unternehmer unter Abwägung der beidseitigen Interessen unzumutbar ist»[151]. Das ist das Mindeste, was auch für den Planervertrag zu gelten hat. Mit Rücksicht auf den Umstand, dass sich der künftige Gang einer Projektierung häufig wesentlich schwerer ab-

---

146 Eingehend Egli, Kommentar SIA 118, Vorbem. zu Art. 84–91/Rz. 3 ff. und Art. 84/Rz. 1.1.

147 Für den Werkvertrag siehe Art. 369 OR über die Ausführungsanweisungen des Bestellers, für den einfachen Auftrag siehe Art. 397 Abs. 1 OR für die Vorschriften des Auftraggebers über die Besorgung des übertragenen Geschäfts.

148 Fellmann, Berner Kommentar, N 77 zu Art. 397 OR.

149 Zur damit angesprochenen Offenheit des Weisungsrechts Fellmann, Berner Kommentar, N 53 zu Art. 397 OR; Weber, Basler Kommentar, N 4 f. zu Art. 397 OR.

150 Eingehend Gauch, Werkvertrag, Rz. 778.

151 Gauch, Werkvertrag, Rz. 779.

schätzen lässt als der Fortschritt einer Bauleistung, dürfte es sogar richtig sein, das Änderungsrecht des Bauherrn hier noch weiter zu spannen als beim Bauwerkvertrag. Ohnehin aber verhält es sich bei einem Planervertrag so, dass die Planung durch periodische Richtungsentscheide des Bauherrn getrieben wird, ohne die sie nicht vorankommt. In diesem Fall ist es schon in der richtig verstandenen Einigung über die geschuldete Planerleistung angelegt, dass dem Bauherrn ein weitgehendes Bestimmungsrecht zukommt, ohne dass man auf die am hypothetischen Parteiwillen orientierte Vertragsergänzung abzustellen hätte.

IV. Die Beendigung von Planerverträgen

Der ordentlichen Beendigung von Planerverträgen durch Erfüllung (Rz. 2.75) steht deren ausserordentliche, vorzeitige Beendigung gegenüber, die verschiedene Gründe haben kann. Zunächst ist an den Aufhebungsvertrag und an die Vertragskündigung gemäss Art. 377 und Art. 404 Abs. 1 OR zu denken (Rz. 2.76 ff.), dann aber auch an die weiteren Beendigungsgründe, wie etwa den Verzug des Planers (Rz. 2.136 ff.). 2.74

1. Die ordentliche Beendigung durch Erfüllung

Sind alle Pflichten, die der Planervertrag begründet, erfüllt und alle Rechte, die aus ihm fliessen, erschöpft, so erlischt darob der Planervertrag selber. Die durch den Vertrag geschaffene Bindung wird gelöst, indem die Parteien dem vertraglich geschaffenen Leistungsprogramm durch vollständige, vertragskonforme Erfüllung nachleben. Häufig wirken Nebenpflichten noch nach, wenn die Hauptleistungspflichten schon durch Erfüllung untergegangen sind. Ihren Rechtsgrund haben diese Nebenpflichten im Planervertrag, der insoweit bestehen bleibt; sie beruhen entweder auf einer entsprechenden Vertragsabrede der Parteien oder auf Vertragsergänzung durch das Gericht. Eine solche nachwirkende Pflicht[152] ist etwa die Pflicht des Planers, die «Arbeitsergebnisse [...] während zehn Jahren ab Beendigung des Auftrages in der zur Herausgabe vereinbarten Form aufzubewahren» (Art. 1.2.9 SIA 102/103). Weitere Beispiele sind die Pflicht, «Kenntnisse aus der Auftragsbearbeitung» vertraulich zu behandeln (Art. 1.2.2 SIA 102/103), oder gegebenenfalls auch die nachwirkende Warnpflicht des Planers, nach der er den Bauherrn darauf hinzuweisen hat, wenn der gewählte Baustoff nach neuen Erkenntnissen geeignet ist, die Gesundheit der Nutzer zu beeinträchtigen, und deshalb Sanierungsmassnahmen getroffen werden müssen.[153] 2.75

---

[152] Eingehend zum Begriff MIDDENDORF, Vertragspflichten, Rz. 52 ff.

[153] Allgemein MIDDENDORF, Vertragspflichten, Rz. 184 ff. (Geheimhaltungspflicht) und Rz. 193 ff. (Warnpflicht).

2. Der Aufhebungsvertrag und die Kündigung

2.76 Vorzeitig beendet wird ein Planervertrag dann, wenn die Beendigung erfolgt, bevor die Leistungspflichten vollständig erfüllt sind. Diese vorzeitige Beendigung lässt sich vor allem durch einen zweiseitigen Aufhebungsvertrag (Rz. 2.77) oder auch dadurch bewerkstelligen, dass die eine Vertragspartei den Vertrag kündigt (Rz. 2.78 ff.).

A. Die vereinbarte Aufhebung

2.77 Der Planervertrag kann vorzeitig in der Weise aufgehoben werden, dass der Bauherr und der Planer einen **Vertrag** abschliessen, der die Aufhebung des Planervertrags und deren Folgen regelt.[154] Die Parteien können die *rückwirkende Aufhebung* vereinbaren, was die Liquidation ihres Verhältnisses bedingt. Häufiger aber werden sie den Planervertrag *lediglich für die Zukunft* aufheben und für einen allfälligen vermögensmässigen Ausgleich den Zeitpunkt der Aufhebung wählen. Die Freiheit der Parteien, einen solchen Aufhebungsvertrag zu vereinbaren, wird weder durch Art. 377 noch durch Art. 404 Abs. 1 OR beschränkt, da diese Bestimmungen lediglich die einseitige Vertragsbeendigung durch Kündigung regeln. Der Beweis dafür, dass ein Aufhebungsvertrag abgeschlossen wurde, liegt bei der Partei, die sich im Streitfall darauf beruft (Art. 8 ZGB). Das wird meist der Bauherr sein, der vom Planer auf volle Schadloshaltung im Sinne des Art. 377 OR in Anspruch genommen wird. Das Vorliegen eines Aufhebungsvertrags bedeutet zwar noch nicht, dass die Ersatzpflicht entfällt. Doch hat nun der Planer zu beweisen, dass der Aufhebungsvertrag über seinen unmittelbaren Zweck (Aufhebung) hinaus eine Ersatzpflicht begründet, wenn er sich darauf beruft. Gelegentlich drücken sich Planer angesichts einer bauherrenseitigen Kündigung in der Weise aus, dass sie die Kündigung bestätigen oder sie anerkennen. Eine solche Äusserung ist schon deshalb nicht als Zustimmung zum Abschluss eines Aufhebungsvertrags zu verstehen, weil es an einer entsprechenden Offerte seitens des kündigenden Bauherrn fehlt (Rz. 2.85).

B. Die Beendigung durch Kündigung

a. Im Allgemeinen

2.78 **1.** Der Planervertrag kann durch **einseitige Kündigung** vorzeitig aufgelöst werden, sodass seine *Wirkungen für die Zukunft (ex nunc) entfallen.*[155] Die Rechtslage ist unterschiedlich, je nachdem, ob es sich beim konkreten Planervertrag um einen Werkvertrag (Rz. 2.89 ff.), einen einfachen Auftrag (Rz. 2.97 ff.) oder einen Gesamtvertrag (Rz. 2.107 ff.) handelt. Je nach Qualifikation ergibt sich die Rechtsgrundlage des Kündigungsrechts

[154] Siehe Aepli, Zürcher Kommentar, N 15 ff. zu Art. 115 OR; Gauch, Werkvertrag, Rz. 564 ff.

[155] Siehe beispielsweise BGE 130 III 362/366 E. 4.2 (= BR/DC 2004, S. 179, Nr. 482, mit Anm. Werro/Pichonnaz); auch BGer 4A_129/2017 vom 11. Juni 2018 E. 3.1.

vorab aus Art. 377 oder aus Art. 404 Abs. 1 OR, denen gemeinsam ist, dass sie ein voraussetzungsloses Kündigungsrecht schaffen. Hinzu treten weitere Bestimmungen, die ein Kündigungsrecht begründen, es aber an bestimmte Voraussetzungen knüpfen (z.B. Art. 366 OR).[156] In ihrem Art. 1.10 gehen auch die SIA-Ordnungen 102 und 103 auf die «Vorzeitige Beendigung des Vertrages» und ihre Folgen ein. Sie lehnen sich zwar an das Gesetz an, dessen Art. 404 Abs. 1 OR zwingender Natur ist und damit keinen Raum für vertragliche Abweichungen lässt. Dazu kommt nun aber, dass das auftragsrechtliche Regime unabhängig davon greifen soll, wie ein Planervertrag im konkreten Fall zu qualifizieren ist, weshalb auch Planungsverträge, die an sich dem Werkvertragsrecht zugehören, von ihm beherrscht werden.[157] Zudem schaffen Art. 1.10.2 und Art. 1.10.3 SIA 102/103 hinsichtlich der unzeitigen Kündigung eines Planervertrags, für die man sich sonst an Art. 404 Abs. 2 OR zu orientieren hätte, eine Sonderregel, nach der sich die Vermögensfolgen bestimmen, die bei einer Kündigung des Vertrags durch den Bauherrn eintreten (Rz. 2.121 ff.). Anzumerken ist ein Zweifaches:

- Erstens unterscheidet (wie gesagt) Art. 1.10.1 SIA 102/103 nicht danach, ob der Planervertrag im konkreten Fall als «Werkvertrag oder Auftrag» oder als Gesamtvertrag zu qualifizieren ist, sondern sieht für jeglichen Fall vor, dass der Vertrag von beiden Parteien «jederzeit widerrufen oder gekündigt» werden kann. Damit wird Abgrenzungsfragen vorgebeugt, die nicht immer einfach zu lösen sind. Dass die Bestimmung sich der auftragsrechtlichen Terminologie bedient und ausdrücklich auf Art. 404 Abs. 1 OR verweist, hindert nicht daran, sie auch auf einen (werkvertraglich zu qualifizierenden) Planungsvertrag anzuwenden, bei dem sich sonst alles nach Art. 377 OR richten würde. 2.79
- Zweitens ist das Recht, den Vertrag vorzeitig zu beendigen, voraussetzungslos, weshalb die Beendigung an sich nicht begründet zu werden braucht. Der Beweggrund für die Beendigung kann immerhin dann eine Rolle spielen, wenn es darum geht, die Schadenersatzfolgen der Beendigung zu bestimmen (Art. 1.10.2–1.10.4 SIA 102/103). 2.80

Im Folgenden schildere ich die Rechtslage, die sich ergibt, wenn das Gesetz anwendbar ist. Was die eigentliche Beendigung angeht, besteht kein Unterschied zwischen dieser Rechtslage und jener Rechtslage, die durch Art. 1.10.1 SIA 102/103 geschaffen wird, wenn 2.81

---

156 Dazu können im konkreten Fall vereinbarte Kündigungsrechte kommen, beim reinen Planungsvertrag etwa von der Art, dass neben dem Bauherrn auch der Planer berechtigt ist, den Werkvertrag einseitig aufzulösen.

157 Auch Siegenthaler, Neue SIA-Ordnungen 102/103, S. 41; Werro, Révision des Règlement SIA, S. 51 und 53. Aufschlussreich ist die Entwicklung der Bestimmung. So sah die Fassung aus dem Jahr 1984 noch vor, dass die jederzeitige Beendigung möglich sei, «soweit das Vertragsverhältnis dem Auftragsrecht untersteht» (Art. 1.14.1 SIA 102/103 [1984]), während die Fassung aus dem Jahr 2003 lapidar festhielt, dass sich die Rechtsfolgen einer vorzeitigen Vertragsbeendigung «nach den Bestimmungen des Schweizerischen Obligationenrechts» richteten (Art. 1.12.1 SIA 102/103 [2003]), also nicht einmal regelte, unter welchen Voraussetzungen der Vertrag vorzeitig beendet werden konnte.

es im konkreten Fall um einen Auftrag oder einen Gesamtvertrag geht. Anders aber verhält es sich bei einem Planungsvertrag, der hinsichtlich der Beendigung nur nach Massgabe der SIA-Ordnungen 102 und 103 wie ein einfacher Auftrag zu behandeln ist, während sonst Art. 377 OR einschlägig ist.

2.82 **a.** Wirksam wird die Kündigung – als empfangsbedürftige Willenserklärung – entweder direkt mit ihrem Zugang beim Kündigungsgegner[158] oder mit dem Ablauf einer allfälligen Kündigungsfrist[159] (Rz. 2.88). Ab diesem Zeitpunkt erlischt zum einen die Pflicht des Planers, auch inskünftig Planerleistungen zu erbringen. Zum anderen entfällt die Pflicht des Bauherrn, Leistungen zu vergüten, die der Planer erbringt, nachdem die Kündigung wirksam geworden ist, und Auslagen zu ersetzen, die darob anfallen.

2.83 **b.** Vorbehalten ist der Fall, da gerade durch eine seitens des Planers ausgesprochene Kündigung eines Auftrags oder eines Gesamtvertrags die Interessen des Bauherrn gefährdet werden: Nach Art. 405 Abs. 2 OR, der hier analog anzuwenden ist,[160] hat der Planer über die Vertragsbeendigung hinaus jene Arbeiten zu leisten, die erforderlich sind, um eine unmittelbare Gefährdung dieser Interessen abzuwenden, bis der Bauherr (oder sein Vertreter) «in der Lage ist, es selbst zu tun» (Art. 405 Abs. 2 OR). Zu beachten ist, dass der Bauherr den Planer für die entsprechenden Leistungen nach Massgabe der dem Planervertrag eigenen Honorarabrede oder, wo es an einer Abrede fehlt, nach der Verkehrsübung (Art. 394 Abs. 3 OR) zu entschädigen hat. All dies gilt vor allem im Fall, da der Planer den Vertrag auflöst. Bei der Beendigung eines Planungsvertrags nach Art. 377 OR darf eine entsprechende Pflicht, die das Werkvertragsrecht selber ohnehin nicht vorsieht, nur sehr zurückhaltend angenommen werden, da der Bauherr es in der Hand hat, den Zeitpunkt der Vertragsbeendigung auf seine Bedürfnisse abzustimmen und Vorsorge für die Zeit nach der Beendigung zu treffen. Zu denken ist aber an den Fall, in dem der Planer einen Grund setzt, durch den sich der Bauherr zur sofortigen Vertragsbeendigung veranlasst sieht. Unabhängig davon, von wem die Kündigung ausgeht, hat der Planer auch nach der Auflösung noch Rechenschaft abzulegen und seiner Erstattungspflicht nachzukommen (Art. 400 OR).

2.84 **2.** Beim Kündigungsrecht, von dem hier die Rede ist, handelt es sich unabhängig von seiner gesetzlichen Grundlage um ein **Gestaltungsrecht,** für das nach allgemeiner Auffassung das Folgende gilt:

---

[158] Die Kündigung kann auch gegenüber einem Stellvertreter der anderen Vertragspartei (Art. 32 Abs. 1 OR) erklärt werden; vgl. Gauch, Werkvertrag, Rz. 525.

[159] Wo nicht schon der Planervertrag eine entsprechende Frist vorsieht, kann der kündigende Teil seiner Kündigung eine solche beigeben. Kommt indes Art. 404 Abs. 1 OR zum Tragen, ist eine Vertragsabrede, die eine Kündigungsfrist festsetzt, ungültig (Rz. 2.88).

[160] Siehe Krauskopf, Die Kündigung von Bauverträgen, S. 56. Die analoge Anwendung rechtfertigt sich deshalb, weil das Argument der «Auftragsfortführung kraft Treuepflicht» (Weber, Basler Kommentar, N 14 zu Art. 405 OR) nicht an die in Art. 405 OR Abs. 1 OR geregelten Beendigungsgründe gebunden ist.

a. Die Erklärung des Kündigenden ist zwar *empfangsbedürftig*, bedarf aber der Zustimmung des Kündigungsgegners nicht.[161] So ist es rechtlich belanglos, wenn der Kündigungsgegner sich gegen die Kündigung verwahrt; sofern die Kündigung zu Recht erfolgt, wird der Vertrag gleichwohl aufgelöst. Äussert sich der Kündigungsgegner umgekehrt in der Weise, dass er die Kündigung annehme bzw. akzeptiere, wird damit zwar kein Aufhebungsvertrag begründet,[162] was sich von selbst ergibt, da es an einer entsprechenden Offerte fehlt (Rz. 2.77). Doch hat die entsprechende Äusserung gegebenenfalls zur Folge, dass sich der Kündigungsgegner nicht später auf eine allfällige Unrechtmässigkeit der Kündigung berufen kann. Allerdings ist kaum vorstellbar, dass die Rechtmässigkeit überhaupt zur Streitfrage wird, nachdem die gesetzlichen Kündigungsrechte an keinerlei Voraussetzungen gebunden sind. Dass der Planer damit auf Ersatzansprüche verzichtet, ist nur unter besonderen Umständen anzunehmen, im Regelfall nicht. Geht beim Planungsvertrag die Kündigung vom Planer aus und wird sie vom Bauherrn akzeptiert, ist darin allenfalls der Abschluss eines Aufhebungsvertrags zu erblicken, da der Planer gar nicht berechtigt ist, sich auf den hier an sich einschlägigen Art. 377 OR zu stützen und sich seine Erklärung deshalb nur als entsprechende Offerte verstehen lässt. Anders verhält es sich diesbezüglich nach Art. 1.10.1 SIA 102/103, nach dem auch der Planer berechtigt ist, den Planungsvertrag vorzeitig zu beenden. 2.85

b. Dem Grundsatz nach sind Gestaltungsrechte *bedingungsfeindlich*,[163] was auch für eine Vertragskündigung gilt. Doch greift dieser Grundsatz dann nicht, wenn die Bedingung, von welcher der Kündigende die Wirkung seiner Erklärung abhängig macht, beim Kündigungsgegner keine unklare Situation schafft.[164] So ist es beispielsweise zulässig, dass der Kündigende die Wirksamkeit der Kündigungserklärung an die Bedingung knüpft, dass der Kündigungsgegner eine bestimmte Vertragsleistung, mit der er in Verzug ist, nicht binnen einer vom Kündigenden angesetzten Nachfrist erbringt. Statt sich damit begnügen zu müssen, die Kündigung bloss anzudrohen, kann er also auch eine suspensiv bedingte Kündigung aussprechen, wenn es allein am Kündigungsgegner liegt, ob die Bedingung eintritt oder deren Eintritt ausbleibt.[165] 2.86

c. Einem weiteren Grundsatz zufolge ist ein einmal ausgeübtes Gestaltungsrecht *unwiderruflich*.[166] Dieser Grundsatz gilt auch für die Kündigung, was aber nicht ausschliesst, dass die Parteien sich nach der Kündigung auf eine Fortführung des Vertrags einigen und darob die Kündigungswirkung einvernehmlich beseitigen.[167] Schon gar nicht verwehrt ist den Parteien der Abschluss eines neuen Vertrags mit altem Inhalt. Das eine wie das andere setzt einen entsprechenden Konsens voraus (Art. 1 Abs. 1 OR). 2.87

---

161 BGE 69 II 139/141 E. 2.

162 Vgl. Gauch, Werkvertrag, Rz. 565.

163 BGE 128 III 70/75 E. 2; 123 III 246/248 E. 3; Gauch/Schluep/Schmid, OR AT, Rz. 154 f.

164 Fellmann, Berner Kommentar, N 38 zu Art. 404 OR.

165 Vgl. Gauch, Werkvertrag, Rz. 527.

166 BGE 128 III 70/75 E. 2; Gauch/Schluep/Schmid, OR AT, Rz. 156 f.

167 Vgl. Gauch, Werkvertrag, Rz. 527.

2.88 **d.** Was schliesslich das *Zeitliche* anbelangt: Die Kündigung eines Planervertrags kann mit sofortiger Wirkung ausgesprochen werden. Dies gilt nicht nur für Art. 377 OR, sondern auch für die Vertragsbeendigung nach Art. 404 Abs. 1 OR. Die Unzeit, von der in Abs. 2 dieser Bestimmung die Rede ist, betrifft nicht das Kündigungsrecht, sondern verpflichtet (wenn sie vorliegt) den Kündigenden zum Ersatz des Schadens, den die Unzeitigkeit der Kündigung anrichtet (Rz. 2.117). Anzufügen ist, dass eine vertragliche Abrede, nach der bei einer Kündigung nach Art. 404 Abs. 1 OR eine Kündigungsfrist einzuhalten ist, mit der zwingenden Natur dieser Bestimmung nicht vereinbar und somit ungültig wäre. Selbstredend entfällt diese Einschränkung, wenn man Art. 404 Abs. 1 OR die zwingende Natur abspricht (Rz. 2.106). Wäre es zulässig, das jederzeitige Kündigungsrecht wegzubedingen, müsste es auch angehen, seine Ausübung zeitlich zu beschränken, indem Kündigungsfristen vereinbart werden. Davon unabhängig braucht der Kündigende die Kündigung nicht mit sofortiger Wirkung auszusprechen, sondern kann sie auf einen späteren Termin erklären.[168] Er steht also nicht vor der schwierigen Wahl, entweder fristlos zu kündigen oder gar nicht kündigen zu können. Dabei ist aber zu beachten, dass der Bauherr, der den Vertrag nicht fristlos, sondern auf einen späteren Termin auflöst, Leistungen des Planers, die nach Massgabe des konkreten Planervertrags in die Zeit der Kündigungsfrist fallen, im Grundsatz auch dann zu vergüten hat, wenn sie sich gerade deshalb als nutzlos erweisen, weil sie erst in der Zukunft (nach der Beendigung) zum Tragen gekommen wären. Umgekehrt darf der Planer nicht vorpreschen und Arbeiten einzig deshalb vor den Kündigungstermin ziehen, um sich das Entgelt für Arbeiten zu erwirken, die im ungebrochenen Ablauf erst später angefallen wären.[169]

b. Die Kündigung des Planungsvertrags

2.89 **1.** Erweist sich der Planervertrag seinem Inhalt nach als Werkvertrag (Rz. 1.31 ff.), kann der Besteller ihn nach Massgabe des **Art. 377 OR** auflösen: «Solange das Werk unvollendet ist, kann der Besteller gegen Vergütung der bereits geleisteten Arbeit und gegen volle Schadloshaltung des Unternehmers jederzeit vom Vertrag zurücktreten.» So steht dem werkvertraglich verpflichteten Planer im Normalfall «kein Recht auf die Werkausführung» zu.[170] Die Erklärung ist nicht formbedürftig und kann deshalb auch durch schlüssiges Verhalten erfolgen, worauf unter Umständen dann zu schliessen ist, wenn der Bauherr die für den Fortgang der Projektierungsarbeiten an sich unabdingbaren Weisungen dauerhaft nicht erteilt.[171]

168 Siehe HGer SG HG.2006.106 vom 17. August 2010 E. 3.1.

169 Zum «Vorprellen/Vorpreschen des Architekten» vgl. auch Koeble, HOAI-Kommentar, N 79 f. der Einl.

170 BGE 69 II 139/143 E. 4a. Vorbehalten bleibt eine abweichende Vereinbarung, nach der diese Befugnis auch dem Planer zustehen soll. So verhält es sich nach Art. 1.10.1 SIA 102/103.

171 BGE 129 III 738/748 E. 7.2 (= BR/DC 2004, S. 79, Nr. 189, mit Anm. Pichonnaz).

a. Dieser Wortlaut und der zugehörige Randtitel, der vom «Rücktritt des Bestellers [...]» spricht, könnten zum Schluss verleiten, der Vertrag werde rückwirkend (ex tunc) beseitigt. Das Gegenteil trifft zu: die Beendigung wirkt nur für die Zukunft (ex nunc), sodass es sich nicht um ein Rücktritts-, sondern um ein Kündigungsrecht handelt.[172] Dies zeigt sich schon daran, dass der Besteller die bereits geleisteten Arbeiten zu vergüten hat. Zudem steht ihm die Befugnis nur «gegen Schadloshaltung» (Randtitel) des Planers zu; sie tritt an die Stelle der Vergütung künftiger Leistungen, die dem Planer als Folge der Kündigung entgeht.[173] 2.90

b. Das Kündigungsrecht kann vom Bauherrn ausgeübt werden, bevor der Planer seine Arbeit aufnimmt, und besteht so lange, als das Planerwerk unvollendet ist. Es erlischt mit der Werkvollendung, die von der Abnahme des Werks zu unterscheiden ist und schon dann eintritt, «wenn alle im Vertrag vorgesehenen Arbeiten ausgeführt sind»[174]. 2.91

c. Verknüpft ist die Auflösung mit der Pflicht des Bauherrn, die bereits geleistete Arbeit zu vergüten und den Planer schadlos zu halten (Rz. 2.110). Diese Leistungspflichten können entfallen, wenn der Planer Anlass zur Vertragsauflösung gegeben hat. Weiter kann es sein, dass die Parteien Art. 377 OR vertraglich wegbedungen haben und der Bauherr damit auf sein gesetzliches Kündigungsrecht verzichtet. Das ist zulässig, da die Bestimmung dispositiver Natur ist.[175] Immerhin ist dieser Verzicht kein totaler, sondern lässt das unabdingbare Recht, den Werkvertrag aus wichtigem Grund einseitig aufzulösen, unberührt. 2.92

2. Die **Kündigung** des Planungsvertrags **aus wichtigem Grund** ist gesondert anzusprechen.[176] Betrachtet man die Dinge aus Sicht des Bauherrn, geht es hier nicht um einen zusätzlichen Auflösungsgrund, dessen der Bauherr gar nicht bedarf, da ihm schon Art. 377 OR ein voraussetzungsloses Beendigungsrecht zugesteht.[177] Immerhin kann es im konkreten Fall sein, dass Art. 377 OR vertraglich wegbedungen wurde. Alsdann bleibt dem Bauherrn nur die Kündigung aus wichtigem Grund, sodass er dann in der gleichen Lage ist wie der Planer, dem Art. 377 OR nach der gesetzlichen Lage in keinem Fall offensteht. 2.93

---

172 BGE 129 III 738/748 E. 7.3 (= BR/DC 2004, S. 79, Nr. 189, mit Anm. Pichonnaz); 117 II 273/276 E. 4a (= BR/DC 1992, S. 98, Nr. 163, mit Anm. Gauch); Gauch, Werkvertrag, Rz. 528; Koller A., Werkvertragsrecht, Rz. 1040; Zindel/Pulver/Schott, Basler Kommentar, N 11 zu Art. 377 OR.

173 Zu dieser Additionsmethode eingehend Gauch, Werkvertrag, Rz. 546 ff.; auch Krauskopf, Die Kündigung von Bauverträgen, S. 41.

174 BGE 94 II 161/164 E. 2c; eingehend Gauch, Werkvertrag, Rz. 101 f.; Zindel/Pulver/Schott, Basler Kommentar, N 6 zu Art. 377 OR.

175 Chaix, Commentaire romand, N 20 zu Art. 377 OR; Gauch, Werkvertrag, Rz. 582 ff.; Tercier/Bieri/Carron, Les contrats spéciaux, Rz. 4152; Zindel/Pulver/Schott, Basler Kommentar, N 20 zu Art. 377 OR; anders noch Gautschi G., Berner Kommentar, N 10 zu Art. 377 OR; offengelassen in BGE 117 II 273/276 E. 4a (= BR/DC 1992, S. 98, Nr. 163, mit Anm. Gauch).

176 Eingehend Gauch, Werkvertrag, Rz. 567 ff.

177 Im Ansatz anders Koller A., Werkvertragsrecht, Rz. 1062.

2.94 **a.** Doch kommt dem wichtigen Grund selbst dann, wenn sich der Bauherr auf Art. 377 OR stützen kann, Bedeutung zu. Denn es kann sich rechtfertigen, den Bauherrn von der Pflicht, den Planer schadlos zu halten, vollständig oder teilweise zu befreien.[178] Ob ein wichtiger Grund vorliegt, bestimmt sich nach den Umständen im konkreten Fall (Art. 4 ZGB). Nicht jede Meinungsverschiedenheit begründet ihn; «Überempfindlichkeit ist [...] nicht am Platz».[179] Ist die Kommunikation aber so ernsthaft gestört, dass an eine Verbesserung der Verhältnisse kaum mehr zu denken ist, liegt ein wichtiger Grund vor. Zudem ist ein wichtiger Grund dann zu bejahen, wenn ein dem Planer vorwerfbares Verhalten[180] schwerwiegende Nachteile mit sich bringt, sodass dem Bauherrn die Fortführung des Planungsvertrags nicht zugemutet werden kann.[181] Steht dem Bauherrn bei Verzug oder Schlechterfüllung des Planers allerdings der Weg offen, der in Art. 366 Abs. 1 OR vorgezeichnet wird (Rz. 2.137), hat er diesen zu beschreiten, wenn er es vermeiden will, dem Planer ersatzpflichtig zu werden.[182] Vorbehalten ist immerhin, dass dem Bauherr angesichts des «vorwerfbaren Verhaltens» seines Planers nicht einmal mehr diese Zusatzschleife zumutbar ist.

2.95 **b.** Zudem vermag ein wichtiger Grund unter Umständen eine Ersatzpflicht des Planers zu begründen, der durch sein Verhalten Anlass zur Vertragsbeendigung gegeben hat, wenn dem Bauherrn daraus ein Schaden entstanden ist.[183] Anders als der Anspruch auf volle Schadloshaltung, den Art. 377 OR für den Regelfall begründet und der keine Vertragsverletzung bedingt,[184] setzt dieser Ersatzanspruch, der auf eine positive Vertragsverletzung durch den Planer zurückgeht, voraus, dass der Planer für den Schaden nach Massgabe des Art. 97 Abs. 1 oder des Art. 101 Abs. 1 OR einzustehen hat. Zu denken ist dabei etwa an die Kosten, die mit der organisatorischen Umstellung auf einen neuen Planer verbunden sein können.

---

178 Gauch, Werkvertrag, Rz. 569 ff.; ihm folgend BGer 4C.393/2006 vom 27. April 2007 E. 3.3.3, wo das Bundesgericht die Reduktion auf Art. 44 OR abstützt, den es hier analog anwendet; auch BGer 4A_129/2017 vom 11. Juni 2018 E. 3.1; 4D_8/2008 vom 31. März 2008 E. 3.4.1; weiter Zindel/Pulver/Schott, Basler Kommentar, N 18 zu Art. 377 OR.

179 Locher, HOAI-Kommentar, N 258 der Einl.

180 Gauch, Werkvertrag, Rz. 572; ein «comportement répréhensible» wird auch in BGer 4C_393/2006 vom 27. April 2007 E. 3.4 vorausgesetzt; dazu auch BGer 4A_129/2017 vom 11. Juni 2018 E. 3.1 «comportement fautif»; 4A_96/2014 vom 2. September 2014 E. 4.1 (= BR/DC 2015, S. 147, Nr. 245, mit Anm. Pichonnaz/Werro).

181 BGer 4C.393/2006 vom 27. April 2007 E. 3.3.3.

182 BGer 4A_96/2014 vom 2. September 2014 E. 4.1 (= BR/DC 2015, S. 146, Nr. 245, mit Anm. Pichonnaz/Werro). Mit Recht kritisch zur bundesgerichtlichen Rechtsprechung, die für den Regelfall die Umdeutung einer nach Art. 366 Abs. 1 OR ungültigen Kündigung in eine Kündigung nach Art. 377 OR annimmt, Koller A., Werkvertragsrecht, Rz. 1043; siehe auch die Anm. von Pichonnaz/Werro zu BGer 4A_96/2014 vom 2. September 2014 (= BR/DC 2015, S. 147, Nr. 245).

183 Gauch, Werkvertrag, Rz. 572.

184 Gauch, Werkvertrag, Rz. 543; Zindel/Pulver/Schott, Basler Kommentar, N 15 zu Art. 377 OR.

c. Schliesslich können die Dinge auch so liegen, dass es dem Planer nicht zugemutet werden darf, weiter an den Vertrag gebunden zu sein. In diesem Fall kann auch der Planer den Vertrag vorzeitig auflösen, obschon Art. 377 OR, der nur vom Bauherrn spricht, diesen Fall nicht bedenkt.[185] Zu betonen ist hier, dass das Kündigungsrecht bei wichtigem Grund zwar ein Prinzip ist, das für die Dauerverträge entwickelt wurde,[186] wobei es aber nicht nachvollziehbar wäre, ein entsprechendes Kündigungsrecht bei einfachen Schuldverträgen bloss deshalb abzulehnen, weil sie rechtsdogmatisch anders gelagert sind.[187] Die Unzumutbarkeit kann hier wie dort genau gleich gegeben sein. 2.96

c. Die Kündigung des Planerauftrags

1. Die Kündigung eines Planerauftrags, der ein einfacher Auftrag ist (vgl. Rz. 1.35 ff.), bildet Gegenstand des **Art. 404 Abs. 1 OR.** Dieser Bestimmung zufolge kann ein Planerauftrag (als einfacher Auftrag) «von jedem Teile [...] widerrufen oder gekündigt werden», und zwar «jederzeit». Dieses Recht steht demnach beiden Vertragsparteien zu, also auch dem Planer. Dazu kommt, dass es keinerlei Voraussetzungen unterliegt und selbst dann besteht, wenn die Auflösung ohne objektiven Grund[188] oder gar zur Unzeit (Rz. 2.118) erfolgt. Diese Offenheit des Kündigungsrechts ist zu betonen, weil es so einem Planer auch als potentes Druckmittel dienen kann, um gegen den Bauherrn einen Nachtrag durchzusetzen – Rechtsmissbrauch immerhin vorbehalten (Art. 2 Abs. 2 ZGB). Das Recht kann schon ausgeübt werden, bevor die Arbeiten aufgenommen wurden, und erlischt erst mit der vollständigen Durchführung des Auftrags.[189] Die Vertragsauflösung, zu der es mit der Ausübung dieses Gestaltungsrechts kommt, greift sofort, ohne Rücksicht auf eine vereinbarte Vertragsdauer, wobei aber der Kündigende die Auflösung auch auf einen bestimmten Termin aussprechen kann (Rz. 2.88). Sie wirkt lediglich in die Zukunft (ex nunc), hat also keine Rückabwicklung zur Folge, weshalb es sich auch bei diesem Recht um ein Kündigungsrecht handelt.[190] So verhält es sich, obschon Art. 404 Abs. 1 OR neben die Kündigung den Widerruf stellt und sich Art. 404 Abs. 2 OR auf den «zurücktretenden Teil» bezieht.[191] 2.97

---

[185] Siehe OGer LU 1B 11 28 vom 10. Januar 2012 (= BR/DC 2013, S. 309, Nr. 525, mit Anm. STÖCKLI).

[186] Beispielsweise in BGE 128 III 428/429 E. 3.

[187] Z.B. auch KOLLER A., Werkvertragsrecht, Rz. 1062; für das deutsche Recht LOCHER, HOAI-Kommentar, N 254 der Einl.

[188] BGE 106 II 157/160 E. 2c; BGer 4A_294/2012 vom 8. Oktober 2012 E. 7.2 (= BR/DC 2013, S. 120, Nr. 201, mit Anm. WERRO).

[189] GAUCH, Art. 404 OR, S. 10.

[190] Schon BGE 57 II 187/192 E. 2.

[191] GAUCH, Art. 404 OR, S. 10 f. Wie Art. 404 Abs. 1 OR spricht auch § 671 Abs. 1 BGB von Widerruf und Kündigung, wobei die Bestimmung eine Zuordnung vornimmt, indem der Auftrag von dem «Auftraggeber jederzeit widerrufen, von dem Beauftragten jederzeit gekündigt werden» kann. Auch hier aber unterscheiden sich Widerruf und Kündigung in ihren Wirkungen nicht. Eingehend zur Terminologie auch FELLMANN, Berner Kommentar, N 11 ff. zu Art. 404 OR; auch BGE 98 II 305/308 E. 2a.

2. Die **Unterschiede zu Art. 377 OR** liegen auf der Hand:[192]

2.98 **a.** Erstens sind nach Art. 404 Abs. 1 OR beide Parteien berechtigt, einen einfachen Auftrag einseitig aufzulösen, während sich bei Werkverträgen lediglich der Bauherr, nicht auch der Planer auf Art. 377 OR berufen kann. Dem Planer steht bei Werkverträgen ein Beendigungsrecht vor allem in jenen Fällen zu, in denen der Bauherr mit der Annahme der Planerleistung (Art. 95 OR) oder mit der Erfüllung seiner eigenen Leistungspflichten (Art. 107 und Art. 109 OR) in Verzug ist.

2.99 **b.** Zweitens besteht hier eine Pflicht zur Schadloshaltung der anderen Vertragspartei nur dann, wenn die Auflösung zur Unzeit erfolgt (Rz. 2.117). So trifft den Kündigenden namentlich dann keine Ersatzpflicht, wenn er den Vertrag zwar ohne jegliche Veranlassung durch die andere Partei, dabei aber nicht unzeitig auflöst.

2.100 **c.** Drittens beschränkt sich die Ersatzpflicht beim Auftrag auf das negative Vertragsinteresse (auf den Vertrauensschaden). So hat der Bauherr namentlich den Gewinn, den der Planer aus dem Planerauftrag hätte erzielen können, nicht zu ersetzen. Zur Verdeutlichung ist aber festzuhalten, dass hier wie dort (nach Art. 404 Abs. 2 wie nach Art. 377 OR) die bisher geleisteten Arbeiten mitsamt den Auslagen vom Bauherrn zu vergüten sind (Rz. 2.116). Das gilt im Falle des Art. 404 OR auch dann, wenn es der Planer ist, der den Planervertrag auflöst. Diese Regel wird indes nicht allen Fällen gerecht. Löst etwa der Planer den Vertrag zu einem Zeitpunkt auf, in dem die bisher geleistete Arbeit für den Bauherrn gänzlich nutzlos ist, ist nicht ohne Weiteres einsichtig, weshalb der Bauherr die Arbeit zu vergüten hat, wenn der Grund, aus dem der Planer den Vertrag beendigte, aus dessen Sphäre stammt und nicht beim Bauherrn anzusiedeln ist.

2.101 **d.** Dazu kommt ein vierter Punkt: Gemäss langjähriger Praxis des Bundesgerichts[193] und im Unterschied zu Art. 377 OR ist Art. 404 Abs. 1 OR **zwingender Natur,** weshalb Abreden, die ihm zuwiderlaufen, nichtig sind (Art. 20 OR). Das Bundesgericht stellt sich auf den Standpunkt, das uneingeschränkte Auflösungsrecht gehöre zum Wesen des Auftrags, zur «essence même du mandat»[194].

---

[192] Siehe auch Aebi-Mabillard, La rémunération, Rz. 710 ff.

[193] Der jüngste Leitentscheid, auf den sich das Bundesgericht stützt (z.B. in BGer 4A_129/2017 vom 11. Juni 2018 E. 3.2), ist BGE 115 II 464 (= BR/DC 1990, S. 99, Nr. 129, mit Anm. Gauch). Diese Rechtsprechung wurde durch BGE 59 II 261 begründet, reicht also ins Jahr 1933 zurück. Von ihrem Alter lässt sich aber nicht ohne Weiteres darauf schliessen, dass diese Rechtsprechung «bewährter Überlieferung» (Art. 1 Abs. 3 ZGB) entspricht. In BGE 98 II 305/307 E. 2a führt das Gericht zudem BGE 57 II 187 ins Feld, um seine Rechtsprechung von der zwingenden Natur zu belegen, wobei aber in jenem Entscheid nur von der jederzeitigen Auflösung, jedoch nicht davon die Rede ist, dass die Befugnis zwingend sei. Die Einschränkung auf die Rechtsprechung des Bundesgerichts ist deshalb bedeutsam, weil kantonale Gerichte dazu übergegangen sind, Art. 404 OR für bestimmte Fälle als dispositive Norm einzustufen und insoweit von der bundesgerichtlichen Rechtsprechung, die der Bestimmung ohne Differenzierung für alle Fälle zwingenden Charakter beimisst, abzuweichen (vgl. Rz. 2.105).

[194] BGE 106 II 157/160 E. 2c; auch 109 II 462/466 E. 3d (= BR/DC 1985, S. 15, Nr. 4, mit Anm. Gauch); neuer etwa BGer 4A_680/2016 vom 12. Juli 2017 E. 3.1 und 4A_284/2013 vom 13. Februar 2014 E. 3.5.1.

- Diese Rechtsprechung ist *umstritten* und wird von einer überwiegenden Lehre[195] jedenfalls insoweit abgelehnt, als sie das zwingende Auflösungsrecht unterschiedslos auf sämtliche Verträge anwendet, die nach Massgabe ihres Inhalts unter das Auftragsrecht fallen. Einschränkend wird zum Teil eine Differenzierung nach Massgabe der Intensität gefordert, die das Vertrauensverhältnis zwischen Auftraggeber und Auftragnehmer aufweist. Will man auf dieses Kriterium abstellen, ist zu bedenken, dass zumindest bei Planerverträgen das Vertrauen allenfalls insoweit eine Rolle spielt, als der Bauherr es seinem Planer schenkt, während in umgekehrter Richtung nicht zu erkennen ist, dass der Planer ein schützenswertes Vertrauen in seinen Bauherrn setzt. Hierher gehört auch der Hinweis, dass das Bundesgericht auf die Beendigung von Totalunternehmerverträgen ohne Zögern den dispositiven Art. 377 OR anwendet, obschon hier die Belastung des Bauherrn weit grösser ist als bei einem Planervertrag.[196] Zum Teil wird aber auch postuliert, das Kündigungsrecht nur bei unentgeltlichen Aufträgen zwingend auszugestalten und bei entgeltlichen den Verzicht zuzulassen. Am weitesten geht, wer die Idee eines zwingenden Auflösungsrechts gänzlich fallen lässt und die Frage zum einen der Parteiautonomie, zum anderen den allgemeinen Regeln, die der Parteiautonomie Einhalt gebieten (wie Art. 27 Abs. 2 ZGB), überantwortet. 2.102

- Bei allen Unterschieden ist klar, dass die überwiegende Lehre heute einen Grundkonsens erreicht hat, indem sie Art. 404 Abs. 1 OR die *rundum zwingende Natur abspricht* und damit die Praxis des Bundesgerichts verwirft. Verschiedenes spricht gegen die Annahme, Art. 404 Abs. 1 OR sei stets und in allen Fällen zwingend, so schon der Umstand, dass das Gesetz selber nicht jegliches Auftragsverhältnis als jederzeit kündbar ausgestaltet hat (siehe Art. 418p OR) und damit das Argument, das Auflösungsrecht gehöre zur «essence même du mandat», entkräftet. Auch der Meinung, es belege die zwingende Natur, dass Art. 404 Abs. 1 OR ausdrücklich von «jederzeit» spreche, 2.103

---

[195] Für zahlreiche Nachweise siehe BGer 4A_437/2008 vom 10. Februar 2009 E. 1.5 (= BR/DC 2010, S. 178f., Nr. 336, mit Anm. Stöckli). Hervorgehoben seien Fellmann, Berner Kommentar, N 118ff. zu Art. 404 OR; Gauch, Art. 404 OR, S. 18ff.; ders., Der Auftrag, S. 524; Weber, Basler Kommentar, N 10 zu Art. 404 OR; Werro, Commentaire romand, N 16 zu Art. 404 OR. Für die Richtigkeit der bisherigen Rechtsprechung sprechen sich vorab Buff/von der Crone und Egli aus (Buff/von der Crone, Art. 404 OR, S. 332ff.; Egli, Revidierte SIA-Ordnungen, S. 67). Der Bundesrat seinerseits will auf eine Revision des Art. 404 OR verzichten, um es dem Bundesgericht zu überlassen, «in Zukunft einmal die allenfalls notwendige Differenzierung vorzunehmen und in einem Fall, in dem die zwingende Natur von Artikel 404 OR als unangemessen erscheint, eine Anpassung der Rechtsprechung vorzunehmen» (Bericht zur Abschreibung der Motion Barthassat 11.3909 «Artikel 404 OR. Anpassung an die Erfordernisse des 21. Jahrhunderts» von 2017, BBl 2017, S. 7431ff.).

[196] Zur werkvertraglichen Qualifikation des Totalunternehmervertrags BGE 117 II 273/274 E. 3a (= BR/DC 1992, S. 98, Nr. 163, mit Anm. Gauch); 114 II 53/54 E. 2 (= BR/DC 1989, S. 16, Nr. 6, mit Anm. Gauch); BGer 4C.87/2003 und 4C.91/2003 beide vom 25. August 2003 E. 4.3.1; Aepli, Totalunternehmervertrag, S. 46ff.; Gauch, Werkvertrag, Rz. 235.

lässt sich entgegenhalten, dass dieses Wort bei richtigem Verständnis lediglich bewirkt, dass eine Kündigung, die auf dieser Bestimmung gründet, nach ihrer gesetzlichen Ausgestaltung eine fristlose ist. So verhält es sich im Übrigen auch bei Art. 377 OR, ohne dass von dieser werkvertragsrechtlichen Bestimmung gesagt würde, sie sei deshalb zwingend.

2.104 – Die Kontroverse und die Argumente, die sie erzeugt, brauchen hier nicht weiter nachgezeichnet zu werden. Mir selber scheint, dass man jedenfalls für den Planerauftrag und den Gesamtvertrag jener Meinung folgen kann, die den Parteien die Möglichkeit einräumen will, die Frage abweichend vom Gesetz zu regeln.[197] Zwar wird man, wenn man dieser Lösung folgt, noch immer kaum Planerverträge mit fester Laufzeit antreffen: Dieses Instrument der Vertragsgestaltung eignet sich bei Verträgen, die etwa eine Gebrauchsüberlassung regeln, kaum aber für schöpferische Prozesse. Doch stünde es den Parteien zum Beispiel frei, für den Fall der bauherrenseitigen Kündigung zu vereinbaren, dass der Planer Anspruch auf volle Schadloshaltung hat, wie Art. 377 OR dies für Werkverträge vorsieht.

2.105 – Anzumerken ist schliesslich, dass *kantonale Gerichte* dem Bundesgericht nicht blindlings folgen. Liegt der Streitwert unter CHF 30 000.– (vgl. Art. 74 Abs. 1 lit. b BGG), scheint es heute so zu sein, dass das Bundesgericht auch dann nicht auf eine Beschwerde eintritt, wenn die kantonale Vorinstanz die zwingende Natur des Art. 404 Abs. 1 OR negierte.[198] Die Begründung, die das Bundesgericht anführt, geht dahin, dass es an einer Rechtsfrage von grundsätzlicher Bedeutung fehle. Deren Begriff sei «sehr restriktiv auszulegen. Soweit es bei der aufgeworfenen Frage lediglich um die Anwendung von Grundsätzen der Rechtsprechung auf einen konkreten Fall geht, handelt es sich nicht um eine Rechtsfrage von grundsätzlicher Bedeutung»[199]. Das Bundesgericht führt aus, es habe bisher «an seiner Praxis festgehalten und insbesondere erwogen, dass diese Praxis zwar kritisiert wird, sich die Kritiker aber keineswegs darüber einig sind, wie eine geänderte Praxis aussehen müsste. Daran hat sich nichts geändert. Auch heute gibt es [...] keine herrschende Lehre [...]. Demzufolge besteht kein Bedürfnis zur Überprüfung der klaren und konstanten Rechtsprechung zur zwingenden Natur von Art. 404 OR.»[200] Das Gericht übersieht, dass sich die überwiegende Lehre zumin-

---

[197] Eingehend Tercier, Architektenrecht 1995, Rz. 1179ff.; auch die Anm. von Stöckli zu BGer 4A_427/2008 vom 10. Februar 2009 (= BR/DC 2010, S. 178f., Nr. 336): Art. 404 ist zwingend, was sich aber nicht immer auswirkt.

[198] Siehe die Verweise auf kantonale Urteile, die Art. 404 Abs. 1 OR die zwingende Natur absprechen, in BGer 4A_141/2011 vom 6. Juli 2011 E. B/b (Obergericht Luzern); 4A_437/2008 vom 10. Februar 2009 E. B (Obergericht Zürich).

[199] BGer 4A_437/2008 vom 10. Februar 2009 E. 1.2 (= BR/DC 2010, S. 178f., Nr. 336, mit Anm. Stöckli).

[200] BGer 4A_437/2008 vom 10. Februar 2009 E. 1.6 (= BR/DC 2010, S. 178f., Nr. 336, mit Anm. Stöckli).

dest dagegen ausspricht, Art. 404 Abs. 1 OR ohne jegliche Differenzierung als zwingend zu behandeln. Davon müsste es sich «inspirieren» lassen, wie Art. 1 Abs. 3 ZGB dies in seiner französischen Fassung ausdrückt. Dass das Gericht sich augenscheinlich damit begnügt, eine in allen Aspekten einmütige Lehre abzuwarten, wirkt wenig überzeugend.[201]

3. Meiner eigenen Meinung nach braucht Art. 404 Abs. 1 OR bei Planerverträgen nicht zwingend zu sein. Die allgemeinen Regeln reichen aus, um in all jenen Fällen für einen wirksamen Schutz zu sorgen, in denen dies erforderlich ist. Damit verfügen die Parteien über weitgehende Vertragsfreiheit. Sie können auf das Recht zur jederzeitigen Vertragsauflösung verzichten, das Kündigungsrecht an bestimmte Voraussetzungen knüpfen oder auch die Ersatzfolgen anders regeln, als Art. 404 Abs. 2 OR dies vorsieht (Rz. 2.117). Sehen die Parteien keine eigene Regelung vor, kommt noch immer Art. 404 Abs. 1 OR zum Zug, soweit er zum konkreten Vertrag passt. Passt er nicht, hat das Gericht die Vertragslücke nach Massgabe des hypothetischen Parteiwillens mit einer Regel zu füllen, die den Umständen gerechter wird als das jederzeitige Auflösungsrecht des Art. 404 Abs. 1 OR. Möglich ist etwa, dass das Gericht auf eine Lösung erkennt, nach der sich der Vertrag nur unter Einhaltung einer angemessenen Frist oder erst auf einen vom Projektstand abhängigen Termin auflösen lässt. Diese und weitere Gestaltungsmöglichkeiten bestehen heute nicht, wenn Art. 404 Abs. 1 OR zwingend wirkt. 2.106

d. Die Kündigung des Gesamtvertrags

1. Seit Längerem tritt das Bundesgericht dafür ein, dass nicht nur der Planerauftrag, sondern auch der Gesamtvertrag, der werkvertragliche und auftragsrechtliche Leistungen vereint (Rz. 1.49 ff.), nach dem zwingenden **Art. 404 Abs. 1 OR** aufgelöst werden kann.[202] Damit bleibt Art. 377 OR aus dem Spiel, und zwar unabhängig davon, in welcher Phase seiner Abwicklung der Gesamtvertrag aufgelöst wird.[203] Die auftragsrechtliche Beendigungsnorm ist demnach auch dann anwendbar, wenn der Vertrag noch in der Projektierungsphase beendigt wird, obschon hier – was die Planungsleistungen angeht – bundesgerichtlicher Rechtsprechung zufolge Werkvertragsrecht zum Tragen kommt 2.107

[201] Eingehend Steinauer, Le Titre préliminaire, Rz. 441 ff.

[202] BGE 127 III 543/545 E. 2a (= BR/DC 2002, S. 90, Nr. 212, mit Anm. Werro); 110 II 380/382 E. 2 (= BR/DC 1985, S. 56, Nr. 42, mit Anm. Gauch); 109 II 462/466 E. 3d (= BR/DC 1985, S. 15, Nr. 4, mit Anm. Gauch); auch BGer 4A_53/2012 vom 31. Juli 2012 E. 3.4 und 4A_55/2012 vom 31. Juli 2012 E. 4.4 «Sennhof-Fälle» (= BR/DC 2012, S. 192 ff. und 213 f., mit Anm. Siegenthaler und Stöckli); 4C.18/2005 vom 30. Mai 2005 E. 2.1 (= BR/DC 2006, S. 67, Nr. 212, mit Anm. Werro), nach dem das Auftragsrecht erst nach abgeschlossener Planungsphase greifen kann. Zur «Einheitslösung» bei gemischten Verträgen auch BGer 4A_129/2017 vom 11. Juni 2018 E. 6.

[203] Aebi-Mabillard, La rémunération, Rz. 707.

(Rz. 1.49 und 9.18).[204] Dieser Lösung, die sich aus der bundesgerichtlichen Rechtsprechung ergibt, sind die Argumente entgegenzuhalten, die schon vorgängig im Zusammenhang mit der Auflösung des Planerauftrags angeführt wurden. Und zwar geht es um den Umstand, dass das Bundesgericht Art. 404 Abs. 1 OR ohne jegliche Differenzierung mit zwingender Kraft ausstattet und damit abweichende Abreden verunmöglicht (Rz. 2.101). Richtig wäre es, ihn zwar als lückenfüllende Bestimmung zu belassen, gleichzeitig aber zumindest den Parteien von Planerverträgen etwa die Freiheit einzuräumen, vertraglich eine abweichende Auflösungsordnung zu wählen und das jederzeitige Auflösungsrecht wegzubedingen. Diese Lösung liegt hier umso mehr auf der Hand, als schlicht nicht begründbar ist, inwiefern das Schutzbedürfnis der Parteien sich verändert, je nachdem, ob der Bauherr den Planer lediglich mit der Planung (Art. 377 OR), nur mit der Bauleitung (Art. 404 Abs. 1 OR) oder in einem Gesamtvertrag mit beidem betraut (Art. 404 Abs. 1 OR).

2.108 **2.** Anders verhält es sich, wenn einem Land verkaufenden Planer Leistungen übertragen werden, die ihn als General- oder Totalunternehmer erscheinen lassen. Hier mag man es zwar noch immer mit einem gemischten Vertrag zu tun zu haben; dieser setzt sich jedoch aus Elementen des Grundstückkaufs und des Werkvertragsrechts (nicht des Auftragsrechts) zusammen, weshalb Art. 404 OR nicht anwendbar ist. Zwar kann auch hier der kaufende Besteller den Vertrag gemäss Art. 377 OR auflösen, wobei aber diese Bestimmung dispositiv ist und damit wegbedungen werden kann (Rz. 2.92). Überdies verschafft sie, wenn sie zum Tragen kommt, dem Planer/Unternehmer einen Anspruch im Umfang des positiven Vertragsinteresses (Rz. 2.115), was ihn gemeinhin besserstellt als das negative Vertragsinteresse.

C. Die Ersatzfolgen der Kündigung

2.109 Die Hauptfolge einer Kündigung besteht darin, dass der aufgelöste Vertrag ab dem Zeitpunkt, in dem die Kündigung greift, seine Wirkung insoweit einbüsst, als die Parteien für die Zukunft von ihren Leistungspflichten weitgehend befreit werden. Gewisse Vertragspflichten aber überdauern die Kündigung, weil sie der Liquidation des gekündigten Vertragsverhältnisses dienen (vgl. Rz. 2.75). Dies gilt insbesondere für die Pflicht zur Rechenschaftsablegung (Art. 400 OR) und die Ersatzpflichten, von denen nachstehend die Rede ist. Vorausgeschickt sei das Folgende: Unabhängig davon, ob der Planervertrag nun nach Art. 377 oder nach Art. 404 Abs. 1 OR aufgelöst wird, hat der Bauherr die schon erbrachten Planerleistungen zu vergüten. Unterschiede aber bestehen insoweit, als der Anspruch

---

[204] BGE 109 II 462/466 E. 3d (= BR/DC 1985, S. 15, Nr. 4, mit Anm. Gauch). Zu beachten ist hier allerdings, dass auch in der Projektierungsphase Planerleistungen erbracht werden, die auftragsrechtlich gelagert sind, während (umgekehrt) in der Ausführungsphase noch immer auch Leistungspflichten anfallen, die werkvertraglich zu qualifizieren sind. Diese Einsicht führt jeden, dem sie zufällt, dazu, die Mischqualifikation der Gesamtverträge, auf die das Bundesgericht sich versteift hat, als unzweckmässig abzulehnen.

des Planers auf Schadenersatz je anderen Voraussetzungen unterliegt und sich nach unterschiedlichen Gesichtspunkten bemisst.[205]

a. Die Ersatzfolgen beim Planungsvertrag

1. Nach Art. 377 OR hat der Besteller die bereits geleistete **Arbeit zu vergüten** und den Planer überdies voll **schadlos zu halten.** Die Vergütung und der Ersatzanspruch sind demnach zusammenzuzählen, was der Additionsmethode entspricht.[206] Die gesetzliche Bestimmung begründet vertragliche Ansprüche des Planers gegen den Bauherrn, was namentlich für die Verjährungsfrist von Bedeutung ist, die sich hier nach Art. 127 OR richtet und damit zehn Jahre beträgt. 2.110

2. Geschuldet ist zunächst eine **Teilvergütung,** mit der die «bereits geleistete Arbeit» entgolten wird. Das wird in den SIA-Ordnungen 102 und 103 bestätigt, indem sie für den Fall der vorzeitigen Vertragsbeendigung von einem Anspruch auf das «Honorar für die vertragsgemäss geleistete Arbeit» ausgehen (Art. 1.10.2 SIA 102/103). An sich steht es den Parteien frei, sich nach erfolgter Kündigung auf einen Betrag zu einigen, den der Bauherr dem Planer unter diesem Rechtstitel zu leisten hat. Kommt keine Einigung zustande und enthält der Planervertrag keine Vergütungsabrede, bemisst sich die Teilvergütung nach Art. 374 OR (Rz. 2.8). Sonst aber richtet sich ihre Höhe nach der Vergütungsabrede, welche die Parteien ihrem Vertrag zugrunde gelegt haben.[207] Die Beweislast liegt in allen Fällen beim Planer, der die Vergütung in bestimmter Höhe beansprucht.[208] Haben sich die Parteien einer der Berechnungsmethoden[209] bedient, welche die SIA-Ordnungen 102 und 103 bereithalten, ist bei der gewählten Methode anzusetzen. Alsdann lassen sich folgende Überlegungen anstellen: 2.111

a. Berechnet sich das Honorar nach dem *effektiven Zeitaufwand* (Art. 6 SIA 102/103-K ≈ *a*Art. 6 SIA 102/103; Rz. 8.65 ff.), kommt es in jedem Fall auf den bis zur Kündigung angefallenen «Zeitaufwand aller direkt am Auftrag eingesetzten Mitarbeiter und die entsprechenden angebotenen Stundenansätze»[210] an (Art. 6.1.2 SIA 102/103-K = *a*Art. 6.1.2 2.112

205 Zu Fragen, die sich bei vorzeitiger Auflösung mit Blick auf das Urheberrecht stellen, Rz. 19.49.

206 Nach Massgabe der Abzugsmethode sind von der vertraglich vereinbarten, vollen Vergütung die Einsparungen abzuziehen. Zum Ganzen BGer 4A_96/2014 vom 2. September 2014 E. 4.1 (= BR/DC 2015, S. 147, Nr. 245, mit Anm. Pichonnaz/Werro), in welchem offengelassen wurde, nach welcher Methode bei Art. 377 OR zu verfahren ist; Gauch, Werkvertrag, Rz. 551 ff., der bei Art. 377 OR für die Additionsmethode eintritt; siehe auch Koller A., Werkvertragsrecht, Rz. 1056, nach dem dem Unternehmer methodisch beide Wege offenstehen; Zindel/Pulver/Schott, Basler Kommentar, N 16 f. zu Art. 377 OR.

207 Gauch, Werkvertrag, Rz. 537; Tercier/Bieri/Carron, Les contrats spéciaux, Rz. 4160.

208 BGer 4A_183/2011 vom 16. Juni 2011 E. 3.2 (= BR/DC 2011, S. 206, Nr. 439, mit Anm. Werro).

209 In der Einleitung zu den SIA-Ordnungen 102 und 103 werden sie als «Kalkulationshilfen» bezeichnet.

210 Die SIA-Ordnungen 102 und 103 sind hier insoweit missverständlich, als es nicht auf die vom Planer angebotenen, sondern auf die zwischen Bauherrn und Planer vereinbarten Stundenansätze ankommt.

SIA 102/103). Der Planer wird seiner Berechnung die Arbeitsrapporte zugrunde legen, in denen er seine Leistungen festzuhalten hat und «die vom Auftraggeber eingesehen werden können» (Art. 6.1.3 SIA 102/103-K = *a*Art. 6.1.3 SIA 102/103). Eine natürliche Vermutung für ihre Richtigkeit schaffen diese Rapporte indes nur dann, wenn sie vom Bauherrn vorbehaltlos unterzeichnet wurden;[211] blosse Einsichtnahme begründet diese Vermutung nicht. Die MWST kann der Planer separat in Rechnung stellen, da sie in seinem Stundenansatz nicht enthalten ist (Art. 5.1.3 SIA 102/103). Die weiteren Einzelheiten der Honorarberechnung ergeben sich daraus, ob nach der Vereinbarung die Berechnung nach Qualifikationskategorien, nach mittleren Stundenansätzen oder nach Gehältern erfolgen soll (Art. 6.1 SIA 102/103-K = *a*Art. 6.1 SIA 102/103; Rz. 8.72 ff.). Wurde keine dieser drei Untermethoden von den Parteien gewählt – was die Auslegung ihrer Vereinbarung zu ergeben hat –, kommt lückenfüllend Art. 374 OR zum Tragen, da es an jeglichem Anhaltspunkt fehlt, der bei der Lückenfüllung verwendet werden könnte.

2.113 **b.** Die Bestimmung in Art. 7 102/103-K (≈ *a*Art. 7 SIA 102/103), wonach sich das Honorar nach den *aufwand- bzw. faktorbestimmenden Baukosten* berechnet (Rz. 8.85 ff.), lässt sich zwar auch bei einem Planungsvertrag vertraglich heranziehen. Da aber der Zusammenhang zwischen dem Aufwand des Planers und den «wirklichen Kosten des ausgeführten Bauwerks gemäss Schlussabrechnung» (Art. 7.5.11 SIA 102-K = *a*Art. 7.5.11 SIA 102) bzw. «finanziellen Aufwendungen für die vom Ingenieur bearbeiteten Bauteile» (Art. 7.5.11 SIA 103-K = *a*Art. 7.5.11 SIA 103) streng genommen lediglich insoweit besteht, als der Planer sämtliche «Grundleistungen [...] in den Phasen 3 bis 5 gemäss Art. 4» erbringt (Art. 7.1.1 SIA 102/103-K = *a*Art. 7.1.1 SIA 102/103), komme ich darauf zu sprechen, wo es um den Gesamtvertrag geht (Rz. 2.128).

2.114 **c.** Die SIA-Ordnungen 102 und 103 sahen bislang vor, dass der Bauherr «zusätzliche Kostenelemente» gesondert zu ersetzen hat (*a*Art. 5.4.2 SIA 102/103; Rz. 8.172 ff.). Diese Regel galt unabhängig davon, wie der Planervertrag, um den es im konkreten Fall geht, rechtlich einzuordnen war, soweit die SIA-Ordnungen auf ihn anwendbar waren. Sie wurde aber im Zuge der wettbewerbsbehördlich angestossenen Übergangslösung (Rz. 8.156) aufgehoben, weshalb die Frage nun individuell zu regeln und nicht schon durch die blosse Übernahme einer SIA-Ordnung in den Vertrag gelöst ist. Der Bauherr hat dem Planer aber auch dann, wenn der Vertrag den SIA-Ordnungen nicht unterliegt, nach gesetzlicher Massgabe über die Vergütung der bereits «geleisteten Arbeit» hinaus die «im Preise nicht inbegriffenen Auslagen» zu ersetzen. Das wird zwar nur in Art. 378 OR für den Fall der durch den Besteller verschuldeten Unmöglichkeit angeordnet, muss hier aber sinngemäss gelten.[212]

---

211 Zu dieser Praxis siehe z.B. BGer 4C.227/2002 vom 24. Januar 2003 E. 4.

212 Gauch, Werkvertrag, Rz. 730.

3. Zur Vergütungspflicht tritt die **Pflicht zur «Schadloshaltung».** Sie ist verschuldensunabhängig.[213] Ihre Funktion besteht darin, den Planer dafür zu entschädigen, dass mit der Kündigung des Planungsvertrags nicht bloss seine Leistungspflicht, sondern auch sein Anspruch auf die Vergütung der noch ausstehenden Arbeiten erlischt. Der Anspruch richtet sich auf das positive Vertragsinteresse (auf das Erfüllungsinteresse), das auch einen mit dem vollständig abgewickelten Vertrag allenfalls erzielbaren Gewinn (entgangener Gewinn) einschliesst, damit der Planer vermögensmässig schlussendlich so steht, als hätte er die vereinbarten, werkvertraglichen Leistungen in allen Teilen erbracht und wäre dafür vergütet worden.[214] Die Beweislast hinsichtlich der entsprechenden Schadensposten liegt beim Planer, der sich aber gegebenenfalls auf Art. 42 Abs. 2 OR berufen kann, der dem Gericht die Möglichkeit gibt, den Schaden auch seiner Höhe nach zu schätzen. Ein Abzug ist zu machen für das, was der Planer durch die vorzeitige Vertragsbeendigung eingespart, anderweitig verdient oder – obschon zumutbar – treuwidrig zu verdienen unterlassen hat.[215] Beweisbelastet für diese Reduktionsfaktoren und den inneren Zusammenhang mit der vorzeitigen Vertragsbeendigung ist der Bauherr, der sie geltend macht, um seine Ersatzpflicht zu verringern (Art. 8 ZGB). Die Fälligkeit der entsprechenden Forderung tritt sogleich mit der Kündigung ein; sie wird also nicht aufgeschoben auf den (meist späteren) Zeitpunkt, in dem der entsprechende Betrag, der Gegenstand der vollen Schadloshaltung ist, bei ungekündigtem Verhältnis fällig geworden wäre.[216] Hat der Bauherr die vereinbarten Leistungen des Planers schon vollständig vergütet und damit vorgeleistet (Rz. 8.187), steht dem Planer kein Anspruch auf Schadloshaltung mehr zu. Vielmehr hat er dem Bauherrn den Teil der geleisteten Vergütung zurückzubezahlen und zu verzinsen, um den die vorab erhaltene Vergütung den Betrag übersteigt, mit welcher der Planer voll schadlos gestellt ist. Dieser Anspruch auf Rückerstattung ist vertraglicher, nicht bereicherungsrechtlicher Natur, was auch auf die anwendbare Verjährungsfrist durchschlägt (Art. 127 OR).[217] 2.115

---

[213] Gauch, Werkvertrag, Rz. 543; Zindel/Pulver/Schott, Basler Kommentar, N 15 zu Art. 377 OR; Chaix, Commentaire romand, N 13 zu Art. 377 OR.

[214] BGE 96 II 192/196 E. 5; BGer 4A_129/2017 vom 11. Juni 2018 E. 3.1.

[215] Gauch, Werkvertrag, Rz. 549, der bei Art. 43 f. OR anknüpft (Rz. 554 ff.); weiter Bühler T., Zürcher Kommentar, N 41 zu Art. 377 OR, der sich aber an § 649 BGB orientiert; Zindel/Pulver/Schott, Basler Kommentar, N 15 zu Art. 377 OR; Chaix, Commentaire romand, N 15 zu Art. 377 OR; siehe auch BGE 32 II 264/272 E. 5.

[216] BGE 129 III 738/748 E. 7.3 (= BR/DC 2004, S. 79, Nr. 189, mit Anm. Pichonnaz), anders noch BGE 117 II 273/278 E. 4c; eingehend die Anm. von Gauch zu BGE 117 II 273 (= BR/DC 1992, S. 98, Nr. 163); Gauch, Werkvertrag, Rz. 557 ff.; Hürlimann/Siegenthaler, Handkommentar Privatrecht, N 6 zu Art. 372 OR; Zindel/Pulver/Schott, Basler Kommentar, N 15 zu Art. 377 OR. Zur Fälligkeit allgemein Rz. 8.178 ff.

[217] BGer 4A_89/2012 vom 17. Juli 2012 E. 3.2.3; schon Gauch, Werkvertrag, Rz. 1270.

b. Die Ersatzfolgen beim Planerauftrag

2.116 **1.** Auch beim Planerauftrag hat der Bauherr die vom Planer bereits (vertragsgemäss) geleistete Arbeit zu vergüten, ihm also eine **Teilvergütung** zu leisten. Das wird zwar in Art. 404 Abs. 1 OR, nach dem der Bauherr den Planerauftrag voraussetzungslos auflösen kann, nicht ausdrücklich gesagt, gilt aber gleichwohl, soweit die Auflösung (wie im Regelfall) lediglich in die Zukunft («ex nunc») geht. Wurden die Folgen der vorzeitigen Auflösung von den Parteien nicht speziell geregelt, berechnet sich die Vergütung entweder nach Massgabe der Honorarabrede oder aber, wo es auch daran fehlt, nach der Verkehrsübung, auf die Art. 394 Abs. 3 OR verweist. Zuzüglich zur Vergütung hat der Planer Anspruch auf Ersatz seiner Auslagen und Verwendungen (Art. 402 Abs. 1 OR). Was den Fall anbelangt, da die Parteien sich auf eine der Methoden der Honorarberechnung, die in den SIA-Ordnungen 102 und 103 vorgesehen sind (Rz. 8.62 ff.), geeinigt haben, kann auf die Überlegungen verwiesen werden, die im Zusammenhang mit den Auflösungsfolgen beim Planungsvertrag angestellt wurden (Rz. 2.111 ff.).

2.117 **2.** Zur Pflicht, eine Teilvergütung zu leisten, tritt nach Art. 404 Abs. 2 OR die Pflicht, der anderen Partei **Schadenersatz** zu leisten, sofern die **Kündigung «zur Unzeit»** («en temps inopportun») erfolgte. Anders als bei der Pflicht zur Teilvergütung, die naturgemäss nur den kündigenden Bauherrn treffen kann, kommt es bei der Schadenersatzpflicht darauf an, wer gekündigt hat. Diese Ersatzpflicht besteht (wie gesagt) nur bei einer unzeitigen (zeitlich inopportunen) Kündigung; zudem ist sie auf das negative Interesse beschränkt. Im Folgenden ist zunächst auf den Begriff der Unzeit und die Frage einzugehen, wie es sich damit bei Planeraufträgen verhält. Dann ist zu klären, wie sich die Ersatzleistung bemisst.

2.118 **a.** Das Gesetz gibt nichts her, was bei der Auslegung der «**Unzeit**» helfen würde. Die Rechtsprechung stellt sich auf den Standpunkt, dass die «Annahme eines Widerrufs zur Unzeit […] nicht nur [voraussetzt], dass der Architekt dazu keinen begründeten Anlass gegeben hat, sondern auch, dass die Vertragsauflösung hinsichtlich des Zeitpunkts und der von ihm getroffenen Dispositionen für ihn nachteilig ist»[218]. Demnach scheidet Unzeit nach der Rechtsprechung zum einen dann aus, wenn der Bauherr den Vertrag auflöst, weil der Planer dazu begründeten Anlass gegeben hat, indem er seine Vertragspflichten verletzte.[219] Indes ist selbst dann, wenn der Planer «keinen sachlich vertretbaren Grund geliefert hat»[220], nicht ohne Weiteres auf Unzeitigkeit der Beendigung zu erkennen. Unzeit – so das Bundesgericht – sei vielmehr nur dann anzunehmen, wenn der Planer durch die Auflösung «un préjudice particulier», also einen besonderen Nachteil

[218] BGE 110 II 380/383 E. 3b (= BR/DC 1985, S. 56, Nr. 42, mit Anm. Gauch); BGer 4A_680/2016 und 4A_686/2016 vom 12. Juli 2017 E. 3.1; 4A_294/2012 vom 8. Oktober 2012 E. 7.2 (= BR/DC 2013, S. 120, Nr. 201, mit Anm. Werro); 4A_141/2011 vom 6. Juli 2011 E. 2.4.

[219] BGE 109 II 462/469 E. 4c (= BR/DC 1985, S. 15, Nr. 4, mit Anm. Gauch); BGer 4A_129/2017 vom 11. Juni 2018 E. 7.1; vgl. auch KGer NE vom 26. September 1994 (= BR/DC 1995, S. 92, Nr. 241, mit Anm. Werro).

[220] BGE 109 II 462/469 E. 4c (= BR/DC 1985, S. 15, Nr. 4, mit Anm. Gauch).

erleidet.[221] Dieses Kriterium erweist sich als wenig aussagekräftig, indem es nicht einmal sagt, worin die Besonderheit des Nachteils zu bestehen hat, damit dieser alsdann durch die Leistung von Schadenersatz aufgewogen werden muss. Griffiger ist die Meinung, nach der schon dann ein «besonderer Nachteil» im Sinne des Art. 404 Abs. 2 OR anzunehmen ist, wenn der Kündigungsgegner einen Schaden daraus erleidet, dass er mit der Kündigung nicht rechnete und sie nach Treu und Glauben auch nicht zu erwarten brauchte.[222] Angeknüpft wird so beim berechtigten Vertrauen des Kündigungsgegners in den Fortbestand des Auftrags, dessen Enttäuschung alsdann einen Vertrauensschaden begründet, den ihm der «zurücktretende Teil» (Art. 404 Abs. 2 OR) zu ersetzen hat. Die Pflicht, den Schaden des Kündigungsgegners auszugleichen, erweist sich damit als Preis, der für die (zulässige!) Ausübung des Kündigungsrechts zu entrichten ist. Bei dieser Auslegung, die im Ergebnis auch von der Rechtsprechung getragen ist, setzt die Ersatzpflicht zwar einen Kausalzusammenhang zwischen der Kündigung und dem Schaden, nicht aber ein Verschulden voraus.

b. Bei der Bemessung der Ersatzleistung ist zu beachten, dass der Ersatzanspruch auf das 2.119
negative Vertragsinteresse beschränkt ist.[223] Das bedeutet zunächst, dass Vermögensdispositionen, die nicht im Vertrauen auf die Fortdauer des Auftrags getroffen wurden, nicht ersatzfähig sind. Weiter ist auch der Gewinn, der sich aus dem nunmehr aufgelösten Auftrag hätte erzielen lassen, (als Bestandteil des Erfüllungsinteresses) nicht zu ersetzen. Hingegen ist ein Gewinn, den der Planer aus anderen Verträgen hätte schlagen können, wenn er sich nicht in den nunmehr vorzeitig aufgelösten Vertrag eingebunden hätte, im Rahmen des negativen Vertragsinteresses durchaus ersatzfähig.[224] Zu ersetzen sind zudem Dispositionen, die der Planer im berechtigten Vertrauen auf die Weiterführung des Auftrags getroffen hat und die sich infolge der Vertragsbeendigung als nutzlos erweisen.[225] Dies ist insoweit zu ergänzen, als der Bauherr dem Planer nach Art. 402 Abs. 1 OR Ersatz von Auslagen schuldet,[226] dies einschliesslich solcher Auslagen, die

---

221 BGE 106 II 157/160 E. 2c.

222 Siehe Gauch, Art. 404 OR, S. 11 f.; wohl auch Weber, Basler Kommentar, N 16 zu Art. 404 OR, der eine Auflösung «ohne Grund» für unzeitig hält, ohne dass das zeitliche Element eine besondere Rolle spielte; auf dieser Linie jetzt auch BGer 4A_155/2012 vom 14. Mai 2012 E. 4; siehe Schmid/Stöckli/Krauskopf, OR BT, Rz. 1969 f. Nach Becker, Berner Kommentar, N 5 zu Art. 404 OR, ist eine unzeitige Kündigung «gerade im Hinblick auf den Zeitpunkt besonders ungünstig»; ihm folgend Fellmann, Berner Kommentar, N 48 zu Art. 404 OR.

223 BGer 4A_129/2017 vom 11. Juni 2018 E. 3.2 und 7.1; 4A_152/2016 vom 26. August 2016 E. 6.3; 4A_284/2013 vom 13. Februar 2014 E. 3.6.1; Fellmann, Berner Kommentar, N 68 ff. zu Art. 404 OR (mit einer Präzisierung in N 70); Weber, Basler Kommentar, N 17 zu Art. 404 OR.

224 BGE 144 III 43/51 f. E. 3.4.4.

225 BGE 134 II 297/306 E. 5 (= BR/DC 2009, S. 52 ff., mit Anm. Gauch).

226 BGer 4A_294/2012 vom 8. Oktober 2012 E. 7.3 (= BR/DC 2013, S. 120, Nr. 201, mit Anm. Werro). Art. 1.14.2 SIA 102 (1984) hielt noch ausdrücklich fest, dass der kündigende Auftraggeber dem Architekten «auch alle bis [zur Auflösung] entstandenen, nachweisbaren Nebenkosten zu ersetzen hat». Davon ist in der aktuellen Fassung der Ordnungen nicht mehr die Rede, weshalb auf die gesetzliche Regel abzustellen ist, die Auslagenersatz anordnet (Art. 402 Abs. 1 OR).

(ohne Kündigung) in Zukunft zum Tragen gekommen wären, solange der Planer diese Auslagen «in richtiger Ausführung des Auftrages gemacht hat».

2.120 **3.** Dass das Kündigungsrecht, wie es in Art. 404 Abs. 1 OR ausgestaltet ist, nach dem Stand der Rechtsprechung zwingender Natur ist, wurde schon ausgeführt (Rz. 2.101). Damit geht einher, dass eine **Konventionalstrafe**[227] für den Fall einer grundlosen Kündigung nicht gültig vereinbart werden kann, die entsprechende Abrede also nichtig ist.[228] Denn sie würde die Ausübung des Auflösungsrechts erschweren und damit dessen zwingenden Natur entgegenwirken. Aus der gleichen Überlegung kann das Beendigungsrecht vertraglich auch nicht wirksam von Bedingungen abhängig gemacht werden. Umgekehrt ist es möglich, die Ersatzpflicht, die sich aus Art. 404 Abs. 2 OR ergibt, wegzubedingen,[229] da so dem Kündigenden die Kündigung umso leichter von der Hand gehen wird.

2.121 **a.** In den SIA-Ordnungen 102 und 103 findet sich eine Abrede, die nicht die Kündigung an sich sanktioniert, sondern lediglich die Folgen einer unzeitigen Kündigung regelt: «Erfolgt eine solche Kündigung durch den Auftraggeber zur Unzeit, so ist der Beauftragte berechtigt, nebst seinem Honorar für die vertragsgemäss geleistete Arbeit, einen Zuschlag zu fordern» (Art. 1.10.2 SIA 102/103). «Der Zuschlag beträgt 10% des Honorars für den entzogenen Auftragsteil oder mehr, wenn der nachgewiesene Schaden grösser ist» (Art. 1.10.3 102/103). Dazu drei Bemerkungen:

2.122 – Das Bundesgericht qualifizierte eine frühere Fassung dieser Klausel als Konventionalstrafe, nicht als Vereinbarung einer Schadenspauschale.[230] Die Unterscheidung hat praktische Bedeutung, indem nur eine Schadenspauschale, nicht aber eine Konventionalstrafe den Nachweis voraussetzt, dass der Planer durch die Kündigung überhaupt einen Schaden erlitt.[231] Was die Zulässigkeit dieser Abrede angeht, hielt das

---

227 Grundlegend Gauch/Schluep/Emmenegger, OR AT, Rz. 3782 ff.

228 BGE 109 II 462/467 ff. E. 4 (= BR/DC 1985, S. 15, Nr. 4, mit Anm. Gauch); BGer 4A_294/2012 vom 8. Oktober 2012 E. 7.1 (= BR/DC 2013, S. 120, Nr. 201, mit Anm. Werro); 4A_141/2011 vom 6. Juli 2011 E. 2.2; Fellmann, Berner Kommentar, N 77 ff. zu Art. 404 OR; Weber, Basler Kommentar, N 13 zu Art. 404 OR. Die Konventionalstrafe ist also nicht bloss nach Art. 163 Abs. 3 OR herabzusetzen, vielmehr ist die Strafabrede ohne Weiteres nichtig; so in einem arbeitsrechtlichen Fall BGer 4A_581/2017 vom 7. Mai 2018 E. 5.4.1.

229 Tercier/Bieri/Carron, Les contrats spéciaux, Rz. 4630. Werro, Révision des Règlements SIA, S. 52, geht zwar von der zwingenden Natur der Bestimmung aus, folgert daraus aber (richtigerweise) nur, dass ein Anspruch auf Ersatz des positiven Vertragsinteresses nicht gültig vereinbart werden könne. Eine Abrede, wonach überhaupt kein Ersatz geschuldet ist, ist offensichtlich ganz anders gelagert.

230 BGE 110 II 380/386 E. 4b (= BR/DC 1985, S. 56, Nr. 42, mit Anm. Gauch); 109 II 462/468 E. 4b (= BR/DC 1985, S. 15, Nr. 4, mit Anm. Gauch); BGer 4A_294/2012 vom 8. Oktober 2012 E. 7.2 (= BR/DC 2013, S. 120, Nr. 201, mit Anm. Werro); Schumacher, Die revidierten SIA-Honorarordnungen 102 und 103, S. 92.

231 Siehe BGE 122 III 420/422 E. 2a; 109 II 462/468 E. 4a (= BR/DC 1985, S. 15, Nr. 4, mit Anm. Gauch); Tolou, La forfaitisation, Rz. 172 und 208.

Gericht fest: «Soweit der Honorarzuschlag bedingungslos für jeden Auftragsentzug geschuldet ist, läge darin in der Tat ein Verstoss gegen das jederzeitige Widerrufsrecht. Indes kann gemäss Art. 404 Abs. 2 OR ein rechtmässiger und wirksamer Widerruf dann Schadenersatzfolgen nach sich ziehen, wenn er zur Unzeit ausgeübt wird. Gleich muss es sich hinsichtlich der Zulässigkeit einer Konventionalstrafe verhalten.»[232] Sanktioniert wird nicht eine Vertragsverletzung; vielmehr wird die Strafe dem Bauherrn auferlegt für den Fall, dass er von seinem Kündigungsrecht zwar rechtmässigen, dabei aber unzeitigen Gebrauch macht.[233] Die Strafe bezieht sich mithin nicht auf die Kündigung, sondern auf deren Unzeitigkeit, was das Gericht zulässt. Sie darf aber, um gültig zu sein, nicht über den Rahmen hinausgehen, der «gemäss Art. 404 Abs. 2 OR Voraussetzung der Schadenersatzpflicht der zurücktretenden Vertragspartei bildet».[234] Erweist sich die Strafe als übermässig, kann sie nach Massgabe des Art. 163 Abs. 3 OR herabgesetzt werden.[235] Eine Strafe in Höhe von «10% des Honorars für den entzogenen Auftragsteil» (Art. 1.10.3 SIA 102/103) kann etwa dann übermässig sein, wenn der Bauherr den Auftrag zu einem Zeitpunkt (in einer frühen Phase) kündigt, in dem der Planer noch gar keine nennenswerten Dispositionen getroffen hat.

– Einer entsprechenden Reduktion lässt sich nicht entgegenhalten, dass der Gewinnausfall umso grösser ist, je früher der Auftrag aufgelöst wird, ist doch dieser Ausfall nach Massgabe des Art. 404 Abs. 2 OR gar nicht zu ersetzen. Allerdings legt die zitierte Klausel aus den SIA-Ordnungen 102 und 103 eine andere Auslegung nahe, indem sie den vom unzeitig kündigenden Bauherrn zu leistenden Betrag auf «10% des Honorars für den entzogenen Auftragsteil» festsetzt. Damit rückt der entgangene Gewinn ins Zentrum, der aber – wie schon erwähnt – nicht Teil des nach Art. 404 Abs. 2 OR zu ersetzenden Schadens ist. So setzt die Klausel denn auch nur eine rechnerische Bemessungsgrösse fest, ohne den Bauherrn darob dazu zu verpflichten, dem Planer entgangenen Gewinn zu ersetzen. Daneben enthält die zitierte Klausel einen Vorbehalt, der dann greifen soll, wenn der nachgewiesene Schaden die Pauschale übersteigt. Diese Abrede ist zwar grundsätzlich zulässig; indes ändert die Klausel nichts daran, dass der übersteigende «nachgewiesene Schaden» nur insofern zu ersetzen ist, als er sich dem negativen Vertragsinteresse zuordnen lässt. Denn nur darauf richtet sich Art. 404 Abs. 2 OR, nicht auf das Erfüllungsinteresse.[236] 2.123

---

[232] BGE 140 III 200/204 E. 5.3 (= BR/DC 2014, S. 278, Nr. 599, mit Anm. Schmid); 109 II 462/468 E. 4b (= BR/DC 1985, S. 15, Nr. 4, mit Anm. Gauch); BGer 4A_141/2011 vom 6. Juli 2011 E. 2.4. Vgl. auch Pichonnaz, Les règlements SIA 102/103/108, 112, S. 74.

[233] BGer 4A_294/2012 vom 8. Oktober 2012 E. 7.2 (= BR/DC 2013, S. 120, Nr. 201, mit Anm. Werro); auch BGE 140 III 200/204 E. 5.3 (= BR/DC 2014, S. 278, Nr. 599, mit Anm. Schmid); Weber, Basler Kommentar, N 16 zu Art. 404 OR; Werro, Commentaire romand, N 11 zu Art. 404 OR; a.M. Fellmann, Berner Kommentar, N 52 und 81 zu Art. 404 OR.

[234] BGer 4A_284/2013 vom 13. Februar 2014 E. 3.6.1.

[235] BGE 109 II 462/470 E. 4d (= BR/DC 1985, S. 14, Nr. 2, mit Anm. Gauch).

[236] BGE 110 II 380/386 E. 4b (= BR/DC 1985, S. 56, Nr. 42, mit Anm. Gauch).

2.124 – Indem auch das Bundesgericht davon ausgeht, dass der Honorarzuschlag, den Art. 1.10.3 SIA 102/103 dem Planer zugesteht, nicht in jedem Fall geschuldet ist, sondern nach Art. 163 Abs. 3 OR herabgesetzt werden kann, stellt sich die Frage, nach welchen Kriterien zu entscheiden ist, ob ein Zuschlag herabzusetzen ist. Das Bundesgericht deutet Art. 163 Abs. 3 OR gegenwärtig so, dass sich darin das Rechtsmissbrauchsverbot (Art. 2 ZGB) manifestiert.[237] Wenn das Gericht bei der Beurteilung von Honorarzuschlägen jedoch bei Art. 404 Abs. 2 OR und der daraus fliessenden «Voraussetzung der Schadenersatzpflicht» anknüpft, so will es damit augenscheinlich sicherstellen, dass die Höhe des Zuschlags nicht prohibitiv wirkt in dem Sinne, dass die Ausübung des freien (und zwingenden) Beendigungsrechts nach Art. 404 Abs. 1 OR dadurch behindert würde. Da es bei dieser Deutung nicht um Rechtsmissbrauch geht, wäre es nach meinem Dafürhalten richtig, den Honorarzuschlag nicht als Konventionalstrafe, sondern als Abrede zu deuten, welche die Dinge vereinfachen soll, indem sie den Schaden aus unzeitiger Beendigung pauschaliert.[238] Darin läge eine Rückkehr zu jener Rechtsprechung, die das Bundesgericht mit BGE 109 II 462 aufgegeben hat.

2.125 **b.** Was die Beweislast anbelangt, ist Folgendes festzuhalten: Der Planer bleibt auch unter der Herrschaft der SIA-Ordnungen 102 und 103 dafür beweispflichtig, dass die Kündigung durch den Bauherrn insofern unzeitig war, als er dadurch einen besonderen Nachteil erlitt. Verlangt der Planer Ersatz in einem Mass, das die Pauschale übersteigt, ist er auch dafür beweispflichtig. Umgekehrt ist es der Bauherr, der nachzuweisen hat, dass der Planer für die Kündigung einen begründeten Anlass bot und damit (mangels Unzeit) die Konventionalstrafe gar nicht verwirkt ist.

2.126 **c.** Für den Fall, da der Planerauftrag durch den Planer unzeitig gekündigt wird, soll der Bauherr nach den SIA-Ordnungen 102 und 103 «Anspruch auf Ersatz des aus der Unzeitigkeit entstehenden Schadens» (Art. 1.10.4 SIA 102/103) haben. Eine Schadenspauschalierung ist nicht vorgesehen, was sich zum Teil damit erklären lässt, dass es an einem betragsmässigen Bezugspunkt für die Pauschalierung fehlt.[239] In rechtlicher Hinsicht schliesst dies allerdings nicht aus, dass im konkreten Fall[240] zulasten des Planers eine entsprechende Pauschale vereinbart wird, wobei auch sie allenfalls richterlich herabzusetzen ist (Art. 163 Abs. 3 OR).

---

237 BGE 138 III 746/748 E. 6.1.1.f.

238 Zu dieser Einschätzung siehe auch die Anm. von Werro zu BGer 4A_294/2012 vom 8. Oktober 2012 (= BR/DC 2013, S. 120, Nr. 201); Tolou, La forfaitisation, Rz. 53 und 1103.

239 Werro, Révision des Règlements SIA, S. 53. Anders als bei der Konventionalstrafe zulasten des Bauherrn, bei der die SIA-Ordnungen auf das «Honorar für den entzogenen Auftragsteil» abstellen (Art. 1.10.3 SIA 102/103).

240 Die SIA-Ordnungen 102 und 103 sehen dies, wie erwähnt, nicht vor.

c. Die Ersatzfolgen beim Gesamtvertrag

1. Der Gesamtvertrag lässt sich **wie ein Planerauftrag** nach Massgabe des Art. 404 Abs. 1 OR jederzeit kündigen (Rz. 2.97). Und wie beim Planerauftrag sind beim Gesamtvertrag auch die Ersatzfolgen ausgestaltet (Rz. 2.110 ff.). Eine Spaltung der Rechtsfolgen, wie das Bundesgericht sie im Bereich der Schlechterfüllung praktiziert (Rz. 1.49, 2.3 und 9.17 ff.), greift hier nicht, weshalb auch keine Rücksicht auf die Phase zu nehmen ist, in welcher der Gesamtvertrag aufgelöst wird. Alsdann hat der Bauherr die schon erbrachten Planerleistungen zu vergüten und bei Unzeit auch Schadenersatz im Umfang des negativen Vertragsinteresses zu leisten. Was seine Vergütungspflicht anbelangt, so richtet sie sich in erster Linie nach der Honorarabrede, die von den Parteien getroffen wurde. Dies wurde schon ausgeführt (Rz. 2.111 ff. und 2.116 ff.). 2.127

2. Auf Gesamtverträge zugeschnitten ist die **Honorarberechnung nach den Baukosten,** die in Art. 7 SIA 102/103-K (≈ *a*Art. 7 SIA 102/103) geregelt wird (Rz. 8.85 ff.).[241] Berechnet sich das Honorar nach dieser Methode, ist zu bedenken, dass der dieser Methode zugrunde liegende Zusammenhang zwischen den «wirklichen Kosten des ausgeführten Bauwerks gemäss Schlussabrechnung» (Art. 7.5.11 SIA 102-K = *a*Art. 7.5.11 SIA 102), die in die Berechnungsformel einfliessen sollen, und dem Zeitaufwand des Planers lediglich dann besteht, wenn der Planer sämtliche «Grundleistungen [...] in den Phasen 3 bis 5 gemäss Art. 4» der SIA 102/103 erbringt (Art. 7.1.1 SIA 102/103-K = *a*Art. 7.1.1 SIA 102; Rz. 8.95). Hat der Planer als Folge einer vorzeitigen Kündigung nicht sämtliche Grundleistungen zu erbringen, wird dieser Zusammenhang unterbrochen. Diesem Umstand muss bei der Berechnung der Teilvergütung Rechnung getragen werden, wobei verschiedene Ansatzpunkte zu prüfen sind: 2.128

a. Man könnte auf die Idee verfallen, der Honorarberechnung die Baukosten, die im Zeitpunkt der vorzeitigen Beendigung aufgelaufen sind, zugrunde zu legen. Doch übersieht diese Berechnung, dass der Planeraufwand nicht proportional zu den steigenden Baukosten zunimmt, sondern in wesentlichen Teilen vor der Realisierung anfällt. Eine andere Berechnungsmethode bestünde darin, den vereinbarten Stundenansatz (Rz. 8.99) mit dem tatsächlichen Aufwand des Planers zu multiplizieren. Sie entspricht indes nicht der vereinbarten Honorarabrede; zudem scheitert sie immer dann, wenn der Planer seinen tatsächlichen Aufwand nicht nachzuweisen vermag. Dass der fehlende Nachweis dem Planer nicht schaden darf, liegt auf der Hand: Vereinbaren die Parteien eine Abrechnung nach Massgabe der Baukosten, braucht der Planer über seinen Zeitaufwand nicht 2.129

---

[241] Diese Berechnungsmethode beruht auf der Annahme, dass der «Aufwand des Architekten [SIA 103: Ingenieurs] für die Grundleistungen (siehe Art. 3.3.3) in den Phasen 3 bis 5 gemäss Art. 4 [...] erfahrungsgemäss in einem bestimmten Verhältnis zu den aufwandbestimmenden [SIA 103: aufwand- bzw. faktorbestimmenden] Baukosten des bearbeiteten Bauwerkes» (Art. 7.1.1 SIA 102/103-K = *a*Art. 7.1.1 SIA 102/103) steht. Die genannten Phasen 3 bis 5 umfassen die Projektierung, die Ausschreibung und die Realisierung und damit jene Planerleistungen, durch die ein Planervertrag überhaupt erst zum Gesamtvertrag wird, indem er diese drei Leistungsphasen auf sich vereint.

Buch zu führen; entsprechend darf es ihm auch nicht zum Nachteil gereichen, dass er seinen tatsächlichen Zeitaufwand nicht nachzuweisen vermag. So muss eine andere Lösung gefunden werden, die nicht nur diesen praktischen Schwierigkeiten, sondern auch dem Umstand Rechnung trägt, dass die vorzeitige Vertragsbeendigung durch den Bauherrn nicht bedeutet, dass mit dem Vertrag auch die getroffene Honorarabrede hinfällig wird.

2.130 **b.** Richtigerweise wird nach Massgabe der einschlägigen **Leistungstabelle** (Art. 7.7 SIA 102/103-K = *a*Art. 7.7 SIA 102/103), die Bestandteil des Gesamtvertrags ist, ermittelt, welchen prozentualen Anteil das vom Planer bisher Geleistete am Total der übernommenen Grundleistungen (= 100%) hat.[242] Dieser Prozentwert entspricht alsdann dem prozentualen Anteil an der Gesamtvergütung, die der Planer bei einer vollständigen Abwicklung des Vertrags hätte fordern können. Dieser Anteil steht dem Planer als Teilvergütung für die bisher geleistete Arbeit zu. Wird der Gesamtvertrag mit einem Architekten zum Beispiel nach Abschluss der Phase 4 («Ausschreibung») beendet, so beläuft sich der massgebende Prozentwert gemäss der vereinbarten Leistungstabelle in Art. 7.7 SIA 102-K (= *a*Art. 7.7 SIA 102) auf 50,5%, sodass der Architekt für das bisher Geleistete Anspruch auf 50,5% der Gesamtvergütung hat. Zu klären bleibt, wie die massgeblichen Baukosten zu ermitteln sind. Das Problem besteht darin, dass die «wirklichen Kosten des ausgeführten Bauwerks», auf die es nach Art. 7.5.11 SIA 102-K (= *a*Art. 7.5.11 SIA 102) ankommen soll (siehe aber Rz. 8.109), im Zeitpunkt der vorzeitigen Vertragsbeendigung unbekannt sind, da die massgebliche «Schlussabrechnung» noch nicht vorliegt. So liegt es nahe, eine andere Bezugsgrösse zu wählen. Diese andere Grösse findet sich in Art. 7.5.17 SIA 102-K (= *a*Art. 7.5.17 SIA 102; vgl. auch *a*Art. 7.5.19 SIA 103)[243], wo für den Fall, dass ein Projekt überhaupt nicht ausgeführt wird, auf die «letzte Kostenermittlung» abgestellt wird. Sie ist geeignet, auch für die Honorarberechnung bei vorzeitiger Vertragsbeendigung verwendet zu werden. Diese letzte Kostenermittlung kann mit den ursprünglich geschätzten Baukosten identisch sein, doch kann sie, wenn sie nach Massgabe der anfallenden Kosten nachgeführt wird, davon auch abweichen, indem sie über oder unter jener Schätzung liegt. Allerdings wäre es kaum zweckmässig, die Berechnung aufzuschieben, bis die «wirklichen Kosten des ausgeführten Bauwerks» (Art. 7.5.11 SIA 102-K = *a*Art. 7.5.11 SIA 102) bekannt sind – was nicht ausschliesst, dass die Parteien sich im Rahmen einer Vereinbarung über die Beendigungsfolgen auf diese Bezugsgrösse einigen.

---

242 Jetzt auch Aebi-Mabillard, La rémunération, Rz. 1226.

243 Zur Vorgängerbestimmung siehe BGer 4A_136/2014 vom 28. August 2014 E. 3 (= BR/DC 2015, S. 179, Nr. 270, mit Anm. Werro).

3. Weitere Folgen der Vertragsbeendigung

1. Der Planer ist verpflichtet, «auf Verlangen jederzeit über seine Geschäftsführung Rechenschaft abzulegen» (Art. 400 Abs. 1 OR; Art. 1.2.8 SIA 102/103). Diese Pflicht trifft den Planer ohne Einschränkung auch bei vorzeitiger Vertragsbeendigung. Er hat den Bauherrn umfassend und klar über die getroffenen Massnahmen ins Bild zu setzen, was auch für solche Massnahmen gilt, die erst in Zukunft – nach Beendigung des Planervertrags – greifen. Namentlich hat der Planer den Bauherrn darüber zu informieren, auf welchem Stand die Erfüllung der Verträge ist, die den von ihm zu überwachenden Bauarbeiten zugrunde liegen, und allenfalls, welche Schwierigkeiten sich aus dem Vollzug dieser Verträge ergeben haben. Die Informationspflicht ist dabei nicht auf Verträge beschränkt, die der Planer als Stellvertreter des Bauherrn abgeschlossen hat. 2.131

2. Zudem ist der Planer – in Erfüllung seiner Hauptleistungspflicht – dazu verpflichtet, dem Bauherrn jene Pläne herauszugeben, die im Zuge der Vertragserfüllung zu erstellen waren. Diese Pflicht trifft den Planer schon während laufendem Vertrag, was Art. 1.2.8 SIA 102/103 untermauert. Sie trifft ihn aber an sich auch bei vorzeitiger Vertragsbeendigung, weshalb der kündigende Bauherr einen Anspruch darauf hat, dass der Planer ihm einen Satz vorhandener Pläne zu Eigentum überlässt. 2.132

a. In der heutigen Zeit liegen Pläne in den allermeisten Fällen in digitaler Form vor, weshalb sich die Frage stellt, ob der Planer sie dem Bauherrn in dieser Form herauszugeben hat oder ob er seiner Herausgabepflicht dadurch genügt, dass er dem Bauherrn einen ausgedruckten Plansatz herausgibt. Das Bundesgericht hat in einem Urteil aus dem Jahr 2007 in einem Fall, in dem die (damalige) SIA-Ordnung nicht Bestandteil des Vertrags war, entschieden, dass der Planer nur bei entsprechender Abrede zur Herausgabe von Plänen in digitaler Form verpflichtet sei.[244] Dies ist in Art. 1.2.8 SIA 102/103 eingeflossen, der vorsieht, dass «keine Pflicht» bestehe, «Unterlagen [...] in digitaler Form herauszugeben»[245] und damit gewissermassen ein Wahlrecht zugunsten des Planers schafft. Entscheidet sich der Planer gegen die digitale Form, ist er verpflichtet, dem Bauherrn einen Plansatz in ausgedruckter (Papier-)Form zu überlassen. Offen ist, ob der Planer seine Pflicht auch erfüllt, wenn er die Pläne in digitaler Form herausgibt, wenn der Bauherr damit nichts anzufangen vermag. Dies ist nach meinem Dafürhalten zu verneinen, da der Zweck der Herausgabe darin besteht, den Bauherrn dazu zu befähigen, die Planung weiterzutreiben. Kommt Art. 1.2.8 SIA 102/103 aber nicht zum Tragen, weil der Vertrag keine SIA-Ordnung integriert hat, und haben die Parteien die Frage, in welcher Form der Plansatz dem Bauherrn zu überlassen ist, auch sonst nicht geregelt, ist der Vertrag nach dem hypothetischen Parteiwillen zu ergänzen. Dabei kann sich die Annahme, dass sich die Parteien auf ein digitales Format geeinigt hätten, das eine nahtlose Weiterbearbeitung durch einen 2.133

[244] BGer 4C.371/2006 vom 19. Januar 2007 E. 7 (= BR/DC 2007, S. 167, Nr. 363, mit Anm. Pichonnaz). Anzumerken ist, dass es in diesem Urteil nicht um die Anwendung des Art. 400 OR ging, wobei aber die Aussage übertragbar ist.

[245] Kritisch Hürlimann/Vetterli, SIA LHO 102 und 103, S. 264.

nachfolgenden Planer erlaubt, etwa dann als richtig erweisen, wenn das bislang verwendete Format verbreitet und nicht singulär ist oder zumindest einer reibungslosen Konvertierung nicht entgegensteht. In anderen Fällen kann es zweckmässig sein, dass ein ausgedruckter Plansatz zu übergeben ist, zumal Papier den Vorteil hat, dass es beständig ist und einer erneuten Digitalisierung der Planung jedenfalls nicht im Wege steht.[246]

2.134 **b.** Damit nicht gelöst ist die Frage, ob der Bauherr befugt ist, die ihm überlassenen Pläne zur Weiterbearbeitung zu verwenden. Klar ist, dass der Bauherr daran im Regelfall ein lebhaftes Interesse hat. Soweit diese Befugnis überhaupt besteht, ist sie jedenfalls durch das Verbot begrenzt, ein urheberrechtlich geschütztes Werk im Zuge der Weiterbearbeitung in einem solchen Masse zu entstellen,[247] dass dadurch die Persönlichkeit des Urhebers verletzt wird (Art. 11 Abs. 2 URG).[248] Sonst aber soll es nach der Lehre für die Frage, wie weit die Befugnis reicht, zum einen auf den Stand der Realisierung des Bauvorhabens und zum anderen darauf ankommen, ob allenfalls der Planer oder der Bauherr Anlass zur vorzeitigen Vertragsbeendigung gegeben hat (Rz. 19.49)[249] – dies mit folgenden Ergebnissen: Nur wenn der Planer den Grund, aus dem der Bauherr den Vertrag auflöst, gesetzt hat, soll der Bauherr urheberrechtlich gesehen uneingeschränkten Zugriff auf das Planwerk haben und berechtigt sein, die Pläne durch einen Dritten weiterbearbeiten zu lassen. Hingegen soll der Bauherr über diese Möglichkeiten nicht verfügen, wenn er den Grund für die Vertragsbeendigung selber zu vertreten hat und die Dinge überdies so liegen, dass mit den Bauarbeiten noch nicht begonnen wurde. Der dritte Fall, der sich aus den von dieser Lehrmeinung entwickelten Kriterien ergibt, wird von ihr, soweit ersichtlich, nicht erörtert. Das ist der Fall, in dem zwar der Bauherr den Grund für die Vertragsbeendigung gesetzt hat, wobei aber die Bauarbeiten schon im Gange sind. Aus meiner Sicht lassen sich mit den erwähnten Kriterien aber ohnehin keine sachgerechten Ergebnisse erzielen. Wie mir scheint, ist vielmehr beim Umstand anzuknüpfen, dass der Bauherr bei vorzeitiger Beendigung des Vertrags unabhängig davon, ob der Vertrag durch ihn selber oder durch den Planer aufgelöst wurde, die erbrachten Leistungen im Regelfall zu vergüten hat. Es wäre nicht einzusehen, wenn der Bauherr zwar eine Vergütung zu leisten hätte, nicht aber die Planungsleistungen beanspruchen dürfte, die er zu vergüten hat. Vor diesem Hintergrund kann es auch keine Rolle spielen, ob die Bauarbeiten schon eingesetzt haben oder ob die Realisierung des Vorhabens noch aussteht. Ein insoweit lückenhafter Vertrag wäre demnach in der Weise zu ergänzen, dass der Bauherr

---

[246] Gerade umgekehrt wird in Deutschland vertreten, dass sich der Herausgabeanspruch auf «Planunterlagen in digitalisierter Form» beziehe, die «[o]hne ausdrückliche gegenteilige Vereinbarung […] nicht bearbeitbar sein» müssten, so Locher, HOAI-Kommentar, N 276 der Einl.

[247] Zum vorausgesetzten Grad der Entstellung BGE 120 II 65/69 E. 8b.

[248] Vgl. dazu BGE 142 III 387/392 E. 4 (= BR/DC 2016, S. 336, Nr. 635, mit Anm. Wenger Berger); 117 II 466/479 E. 6.

[249] Weiter Carron, Le transfert contractuel, S. 325; Carron/Kraus/Krüsi/Férolles, Das Urheberrecht der Planer, S. 113 f.; Krauskopf-Ferero/Siegenthaler, Architektur- und Bauingenieurverträge, S. 336 f.

mit der Leistung der Vergütung die Befugnis erhält, die Ergebnisse der bisherigen Planung weiterzuverwenden, um jenen Zweck zu verfolgen, auf den schon der bisherige, nunmehr beendete Planervertrag ausgerichtet war.[250] Dabei ist nicht zu verkennen, dass der Planer damit zwar für seine bisherige Arbeit vollständig entschädigt wird, während er am Wert des geistigen Konzepts, auf dem seine Planung beruht, unter Umständen nur partiell partizipiert.[251] Dem kann durch Vertragsgestaltung, die diesen Umstand antizipiert, abgeholfen werden. Urheberrechtlich aber lässt sich der Schutz intellektueller Arbeit nicht bewerkstelligen, wenn es sich so verhält, dass «Urheberrechtsschutz [...] Darstellungsschutz und kein Schutz des geistigen Konzeptes»[252] ist. Anzufügen bleibt, dass nicht jegliche Weiterbearbeitung, die an einen schon bestehenden Planungsstand anknüpft, urheberrechtlich relevant ist. Denn es kann sein, dass durch eine intensive Weiterbearbeitung die vorbestehende Planung völlig in den Hintergrund gedrängt wird und es so gar keine Rolle mehr spielt, dass die vorbestehende Planung an sich urheberrechtlich durchaus schutzfähig war. Diese Einschränkung des urheberrechtlichen Schutzes, die mit «libre utilisation» bzw. «freie Benutzung» umschrieben wird[253] und von der Schaffung eines Werks zweiter Hand (Art. 3 URG) zu unterscheiden ist, wird häufig gerade im Fall greifen, dass im Anschluss an die vorzeitige Beendigung eines Planervertrags ein neuer Planer damit betraut wird, die Planungsarbeiten voranzutreiben.

c. Scheidet eine Weiterbearbeitung der Pläne aus, weil sich die Pläne nicht bloss als unfertig, sondern geradezu als unbrauchbar erweisen, hat der Planer für die Mängel einzustehen, wenn die einschlägigen Voraussetzungen erfüllt sind.[254] Dazu gehört – nach gesetzlicher Massgabe (Art. 367 und Art. 370 OR), aber auch nach Art. 1.9.4 SIA 102/103 –, dass der Bauherr die Mängel fristgerecht rügt. 2.135

4. Weitere Beendigungsgründe

1. Neben die Art. 377 und Art. 404 Abs. 1 OR treten weitere Beendigungsgründe, die auch bei Planerverträgen zur Anwendung kommen können. Im Vordergrund steht dabei die **Vertragsbeendigung infolge Verzugs,** wobei zwischen der Beendigung durch den Bauherrn und der Beendigung durch den Planer zu unterscheiden ist: 2.136

---

[250] Zur Zweckübertragungstheorie, nach der im Zweifel anzunehmen ist, dass urheberrechtliche Befugnisse nur insoweit übergehen, «als es der Vertragszweck erfordert», BGer 4A_643/2012 vom 23. April 2013 E. 3.1; 4A_104/2008 vom 8. Mai 2008 E. 4.2.

[251] So verstehe ich Carron, Le transfert contractuel, S. 326.

[252] Marbach, Geistiges Eigentum, S. 73.

[253] BGE 125 III 328/332 E. 4c (= BR/DC 2000, S. 67, Nr. 145, mit Anm. Werro); dazu Carron/Kraus/Krüsi/Férolles, Das Urheberrecht der Planer, S. 79 f.; Marbach, Geistiges Eigentum, S. 76 f.

[254] Vgl. dazu Gauch, Werkvertrag, Rz. 2432 ff.; BGE 130 III 362/366 E. 4.2 (= BR/DC 2004, S. 179, Nr. 482, mit Anm. Werro/Pichonnaz).

2.137 **a.** Bei Verzug des Planers kann der *Bauherr* den Vertrag nach Art. 107–109 OR auflösen. Beim Planungsvertrag ist der Bauherr indes auch nach Art. 366 Abs. 1 OR befugt, den Vertrag aufzulösen. Diese Bestimmung greift dann, wenn der Planer die Arbeiten nicht rechtzeitig aufnimmt oder mit ihnen in vertragswidriger Weise so sehr im Rückstand ist, dass die rechtzeitige Vollendung nicht mehr absehbar ist. Zu beachten hat der beendigungswillige Bauherr, dass er dem Planer grundsätzlich eine Nachfrist zu setzen hat, was sich aus dem Umstand ergibt, dass auf Art. 366 Abs. 1 OR die allgemeinen verzugsrechtlichen Regeln anwendbar sind. Aus diesen allgemeinen Regeln ergibt sich im Übrigen auch, unter welchen Umständen auf eine Nachfrist verzichtet werden kann (Art. 108 OR). Sieht der Bauherr davon ab, eine Nachfrist zu setzen, ohne nach Massgabe des Art. 108 OR davon dispensiert zu sein, kann es sein, dass die Kündigungserklärung zwar gleichwohl greift, der Bauherr den Planer aber voll schadlos zu halten hat, weil seine Kündigung nun als Kündigung nach Art. 377 OR aufgefasst wird.[255]

2.138 **b.** Der *Planer* seinerseits kann den Vertrag verzugsbedingt auflösen, wenn der Bauherr mit der Leistung der Vergütung in Verzug gerät. Die Auflösung richtet sich nach den Art. 107–109 OR. Zu denken ist vor allem an den Fall, dass der Bauherr eine Akonto- oder eine Abschlagszahlung pflichtwidrig unterlässt. Möglich ist die Auflösung aber auch dann, wenn der Bauherr mit der Schlusszahlung säumig wird. Stets ist aber zu beachten, dass Art. 109 Abs. 1 OR zwar den Rücktritt regelt, diese Rechtsfolge aber dem Interesse des auflösenden Planers nicht immer gerecht wird. Deshalb ist es dem Planer auch zu gestatten, nicht den Rücktritt, sondern die Kündigung zu wählen und so den Vertrag mit Wirkung «ex nunc» aufzulösen, sodass eine Rückabwicklung unterbleiben und der Planer die Vergütung für das bereits Geleistete weiterhin fordern kann. Was aber den Ersatzanspruch anbelangt, richtet sich dieser auch dann auf das negative Vertragsinteresse, wenn der Planer den Vertrag kündigt. Will er sich auf das positive Vertragsinteresse verlegen, hat er von der Vertragsbeendigung abzusehen und sich an Art. 107 Abs. 2 OR zu halten.[256]

2.139 **c.** Der Planer ist aber auch dann zur Auflösung berechtigt (Art. 95 OR), wenn der Bauherr in Gläubigerverzug gerät, indem er die «Vornahme der ihm obliegenden Vorbereitungshandlungen, ohne die der Schuldner zu erfüllen nicht imstande ist, ungerechtfertigterweise verweigert» (Art. 91 OR). Dies ist etwa dann der Fall, wenn der Bauherr es unterlässt, dem Planer Rahmenbedingungen, die bei der Planung zu beachten wären, zu umreissen, sodass der Planer nicht imstande ist, die Planung aufzunehmen oder sie voranzutreiben.

---

[255] BGE 98 II 113/115 E. 2; 141 III 106/111 E. 16.2.4, letzteres Urteil zu einer Begrenzung des Rücktrittsrechts, die aber bei Planungsverträgen kaum praktische Bedeutung haben dürfte und ohnehin kritisch zu beurteilen ist. Siehe die Anm. von Siegenthaler/Stöckli zu BGE 141 III 106 (= BR/DC 2015, S. 328, Nr. 560).

[256] Eingehend dazu Gauch, Werkvertrag, Rz. 1277.

2. Bei nachträglicher **Leistungsunmöglichkeit** erlöschen die Leistungspflichten des Planers dann, wenn er die Unmöglichkeit nicht zu verantworten hat (Art. 119 Abs. 1 OR). Trifft auch den Bauherrn keine Verantwortung, wird er ebenfalls frei. Bei einem Planungsvertrag ist Art. 378 OR zu beachten, der die Fälle regelt, da die Unmöglichkeit auf einen beim Bauherrn eingetretenen «Zufall» zurückgeht (Abs. 1) oder die Unmöglichkeit vom Bauherrn verschuldet ist (Abs. 2). Im zweiten Fall hat der Bauherr nicht bloss die geleistete Arbeit zu vergüten und die «im Preise nicht inbegriffenen Auslagen» (Art. 378 Abs. 1 OR) zu ersetzen, sondern überdies den Planer schadlos zu halten (Art. 378 Abs. 2 OR). Dies entspricht der Rechtslage, wie auch Art. 377 OR sie für den dort geregelten Fall schafft. Ist die Unmöglichkeit vom Planer zu verantworten, richten sich die Folgen nach Art. 97 Abs. 1 und Art. 101 Abs. 1 OR. Der Planer hat den Schaden zu ersetzen, der im Grundsatz auf das positive Vertragsinteresse geht, im Fall aber, da der Bauherr von seinem Rücktrittsrecht Gebrauch macht,[257] nicht das positive, sondern das negative Vertragsinteresse umfasst. 2.140

3. Als **weitere Fälle** der Vertragsauflösung seien hier genannt: 2.141

a. Handelt es sich, wie es dem Normalfall entspricht, um einen entgeltlichen Planervertrag, ist an die Möglichkeit zu denken, ihn nach der Regel des Art. 83 OR aufzulösen. Diese Regel erlaubt es dem Planer, angesichts einer nachträglichen *Zahlungsunfähigkeit* des Bauherrn die eigene Leistung so lange zu verweigern, als er nicht sichergestellt wird, oder auch vom Vertrag zurückzutreten, wenn der Bauherr nicht binnen der ihm angesetzten Frist ausreichende Sicherheit leistet. 2.142

b. Im Falle der Schlechterfüllung eines Planungsvertrags kann sich der Bauherr aus dem Vertrag lösen, indem er nach Massgabe des Art. 368 Abs. 1 OR den Rücktritt erklärt (Wandelungsrecht). Offen ist, ob ihm ein Rücktrittsrecht auch dann zusteht, wenn der Planer für die Verletzung einer vertraglichen Nebenpflicht einzustehen hat. Das Bundesgericht hat die Frage offengelassen;[258] wollte man sie bejahen, wäre aber jedenfalls vorauszusetzen, dass die Vertragsverletzung schwerwiegend ist. Den Hauch einer Verletzung halten Verträge aus. 2.143

c. Der *Tod des Planers*, aber auch der Verlust seiner Handlungsfähigkeit (vgl. Art. 35 Abs. 1 OR)[259] können dazu führen, dass der Planervertrag aufgelöst wird.[260] Diese Auflösung setzt keine Erklärung des Bauherrn voraus, sondern tritt von Gesetzes wegen ein: 2.144

---

[257] Zu diesem neuen, richterrechtlichen Behelf siehe BGer 4A_101/2015 vom 21. Juli 2015 E. 4.5 (= BR/DC 2015, S. 332, Nr. 562, mit Anm. PICHONNAZ).

[258] BGer 4A_307/2011 vom 16. Dezember 2011 E. 3.1.

[259] Ein Fall, an den hier zu denken ist, ist die Errichtung einer sogenannten umfassenden Beistandschaft, wie sie im neuen Erwachsenenschutz geregelt wird (Art. 398 ZGB).

[260] Gleiches gilt, wenn die juristische Person, die den Planervertrag eingegangen ist, im Handelsregister gelöscht oder eine Personengesellschaft aufgelöst wird. Allerdings dürfte es selten vorkommen, dass die Vertragsauflösung erst mit der Löschung und nicht schon im Zuge der Liquidation erfolgt; siehe FELLMANN, Berner Kommentar, N 26 zu Art. 405 OR.

Der Vertrag «erlischt», wie sich die einschlägigen Bestimmungen (Art. 379 Abs. 1 und Art. 405 Abs. 1 OR) übereinstimmend ausdrücken. Dies gilt, soweit das Auftragsrecht einschlägig ist, auch für den Konkurs des Planers. In der Folge hat der Bauherr die erbrachten Leistungen zu vergüten, soweit sie «für ihn brauchbar» sind. Diesen Gedanken bringt zwar nur Art. 379 Abs. 2 OR zum Ausdruck, doch greift er auch dann, wenn der auftragsrechtliche Art. 405 Abs. 1 OR anwendbar ist.

§ 3 Der Wettbewerb nach der SIA-Ordnung 142

Stefan Scherler

Inhaltsverzeichnis

I. Grundlagen

1. Wettbewerb und die SIA-Ordnung 142

3.1 **1.** «Der Architekturwettbewerb ist ein objektives Verfahren, das dem Kulturauftrag der öffentlichen Hand nachkommt, gestalterisch und konstruktiv Dauerhaftes zu errichten»[1]. Nüchterner wird der **«Wettbewerb»** als **Verfahren** definiert, bei dem eine Auftraggeberin[2] mehrere Wettbewerbsteilnehmer konkurrieren lässt mit dem Zweck, Lösungsvorschläge für einen bestimmten Beschaffungsbedarf zu erhalten. Die Teilnehmer unterbreiten nach den publizierten Regeln **planerische Lösungsvorschläge** für das im Wettbewerbsprogramm umschriebene Problem. Ein Preisgericht beurteilt, rangiert und prämiert die Ideen unter konzeptionellen, gestalterischen, gesellschaftlichen, ökologischen, ökonomischen und technischen Aspekten. Je nach Wettbewerbsart bestehen die Preise für die Lösungsvorschläge der Gewinner in einer allfälligen Entschädigung (Preisgeldern) und/oder in Ankäufen sowie in der Aussicht auf einen **Folgeauftrag** für die Planungs- bzw. Bauleistungen.[3]

3.2 **2.** Der Wettbewerb – für öffentliche wie für private Auftraggeberinnen – wird in der Schweiz beeinflusst von der «SIA-Ordnung 142 für Architektur- und Ingenieurverträge». Dabei handelt es sich um **vorformulierte Wettbewerbsbedingungen,** die vom Schweizerischen Ingenieur- und Architektenverein (SIA) in Zusammenarbeit mit nationalen Partnerorganisationen aufgestellt wurden (vgl. auch Rz. 1.56).[4] Die SIA-Ordnung 142 regelt

---

1 Bandi, Architekturwettbewerb, S. 34.

2 In öffentlichen Vergabeverfahren handelt es sich bei der Auftraggeberin um die Vergabestelle.

3 Dubey, Concours, Rz. 6 ff.; Koller A., Architektenrecht 1995, Rz. 205; Leuthold, Verhandlungen und der neue «Dialog», Rz. 722; Schneider Heusi/Scherler, Wettbewerbe und Studienaufträge, S. 214; Ulrich, SIA-Ordnung 142, S. 244.

4 Gemäss einer Auflistung am Ende der SIA-Ordnung 142 handelt es sich dabei um: Schweizerische Bau-, Planungs- und Umweltdirektoren-Konferenz (BPUK), Bund Schweizer Architekten (BSA), Bund Schweizer Landschaftsarchitekten und Landschaftsarchitektinnen (BSLA), Verband freierwerbender Schweizer Architekten (FSAI), Fachverband Schweizer Raumplanerinnen und Raumplaner (FSU), Interessengemeinschaft privater professioneller Bauherren (IPB), Konferenz der KantonsbaumeisterInnen und KantonsarchitektInnen Schweiz (KBCH), Koordinationskonferenz der Bau- und Liegenschaftsorgane der öffentlichen Bauherren (KBOB), Schweizerischer Städteverband (SSV), Schweizerischer technischer Verband, Swiss Engineering (STV), Schweizerische Vereinigung der Verkehrsingenieure und Verkehrsexperten (SVI), Schweizerische Vereinigung Beratender Ingenieurunternehmungen (usic).

nicht nur das Vertragsverhältnis zwischen der Auftraggeberin und den einzelnen Teilnehmern, sie regelt auch grundsätzliche Verhaltenspflichten. Diese müssen zwar nicht unbedingt Teil der jeweiligen Einzelabsprache mit den Teilnehmern sein, aber sie stellen auf einer übergeordneten Ebene Leitlinien für den Architekturwettbewerb dar.

3. Die SIA-Ordnung 142 und ihr Anwendungsbereich: Gemäss der Präambel zur SIA-Ordnung 142 bilden «Wettbewerbe im Sinne der vorliegenden Ordnung [...] die bewährte und generell zweckmässigste Beschaffungsform für **Architektur- und Ingenieurleistungen** wie auch für Leistungen verwandter Berufszweige, wie zum Beispiel Raumplanung, Städtebau, Landschaftsarchitektur etc». Weiter führt die SIA-Ordnung aus, dass sich Wettbewerbe zur Ausarbeitung von «Lösungen für Aufgabenstellungen, deren Rahmenbedingungen im Voraus genügend und abschliessend bestimmt werden können»,[5] eignen. 3.3

Adressaten: Die Mehrzahl der Wettbewerbe richtet sich in der Praxis an Architektinnen und Architekten. Geringer ist die Zahl der «reinen» Ingenieurwettbewerbe. Bis 1998 waren Totalunternehmer bei Wettbewerben für Planer nicht zugelassen: Wenn sie Planer beschäftigten, konnten diese an Wettbewerben nur teilnehmen, wenn sie sich als selbständige Architekten oder Ingenieure am Wettbewerb beteiligten.[6] Ab 1998 wurde die SIA-Ordnung 142 um eine Regelung für «Gesamtleistungswettbewerbe» ergänzt. Die Vergabe der Gesamtleistung erfolgt aufgrund zweiter sich ergänzender, verbindlicher Angebote zu Qualität und Preis: das eine für die Planerleistungen, das andere für die Bauleistungen (Rz. 3.11). Da sich aus verfahrensrechtlicher Sicht keine Unterschiede zwischen dem Architektur- und dem Ingenieurwettbewerb auf der einen Seite und dem Gesamtleistungswettbewerb auf der anderen Seite ergeben und die Wettbewerbsaufgaben in der Praxis häufig von Architekten und Ingenieuren bzw. Unternehmern gemeinsam (in Teams) gelöst werden, wird im Folgenden vereinfachend der Begriff des «Wettbewerbs» verwendet.[7] 3.4

---

5 Vgl. zur SIA-Ordnung 142 Schneider Heusi, SIA-Ordnung 142/2009, S. 4 ff. Mit einer im April 2010 vom SIA publizierten und im Juni 2015 revidierten SIA-Wegleitung 142i–101d «Programme für Wettbewerbe und Studienaufträge» (in Überarbeitung 2018) stellte die SIA-Kommission 142/143 ein detailliertes Hilfsmittel für die Erstellung von Programmen zur Verfügung. Diese legt «eine einheitliche Gliederung fest und enthält wichtige Hinweise zur Durchführung eines fairen Wettbewerbs». Im Anhang der Wegleitung findet sich neben dem empfohlenen Zeitablauf eines Wettbewerbs auch eine Übersicht der Wettbewerbs- und Studienauftragsarten sowie der Kombinationen von Vergabeformen und Verfahrensarten. Die Wegleitung steht im Kontext mit weiteren Wegleitungen zu den SIA-Ordnungen 142 und 143 in den Kategorien 1 «Vorbereitung/Begleitung/Durchführung», 2 «Teilnehmer», 3 «Abgabe», 4 «Jury», 5 «Erläuterungen zu einzelnen Artikeln» und 6 «Spezielle Verfahren».

6 Der Verband Schweizerischer Generalunternehmungen (VSGU; heute «Entwicklung Schweiz») lancierte deshalb 1989 den sogenannten Totalunternehmer-Submissionswettbewerb als Alternativ- resp. Konkurrenzverfahren; Ulrich, SIA-Ordnung 142, S. 244.

7 Deuring, Kreative Lösungen, S. 155 ff.

3.5 **4. Abgrenzungen:** Entsprechend der SIA-Ordnung 142 sind Wettbewerbe **zwingend anonym** durchzuführen (Rz. 3.35 ff.).[8] Darin unterscheiden sie sich von Studienaufträgen. Diese waren bis zur Revision der SIA-Ordnung 142 im Herbst 2009 sowohl als anonyme wie auch als nicht anonyme Verfahren zugelassen.[9] Mit der SIA-Ordnung 143 werden Studienaufträge separat geregelt und sind stets nicht anonym durchzuführen (Rz. 4.24). Eine Kombination von Wettbewerb und Studienauftrag zu einer «mehrstufigen Beschaffungsform für dieselbe Aufgabenstellung ist [nach dem System der Ordnungen] im Prinzip nicht zulässig, da die Anonymität des gesamten Verfahrens nicht gewährleistet ist» (Präambel SIA 142; Rz. 4.12).

3.6 Die SIA-Ordnung 142 unterscheidet zwischen dem Wettbewerb als «lösungsorientierte Beschaffungsform» einerseits und der «leistungsorientierten Beschaffungsform» andererseits.[10] Nach dem Verständnis der SIA-Ordnung sind «funktionale Leistungsofferten» oder «Leistungsofferten über detailliertes Pflichtenheft» im Rahmen eines konventionellen und gesetzlich detailliert geregelten Vergabeverfahrens als Honorarsubmissionen durchzuführen.[11] Der Wettbewerb lässt sich zur Honorarsubmission somit dahingehend abgrenzen, als dass die Evaluation der Angebote bzw. Lösungsvorschläge nicht in überwiegendem Masse über das Kriterium Preis stattfindet.[12]

2. Die Wettbewerbsarten

3.7 Die SIA-Ordnung 142 unterscheidet hinsichtlich der Wettbewerbsarten nach dem Gegenstand des Wettbewerbs zwischen Planungs- und Gesamtleistungswettbewerben.[13]

---

[8] Schneider Heusi/Scherler, Wettbewerbe und Studienaufträge, S. 222. Die Anonymität wird definiert als «die konsequente Trennung zwischen der Kenntnis des Lösungsvorschlags einerseits und des Verfassers andererseits». Siehe «Anonymität» gemäss Begriffe SIA 142. Messerli, Planungs- und Gesamtleistungswettbewerb, S. 78 f. und 117 ff.

[9] Schneider Heusi/Scherler, Wettbewerbe und Studienaufträge, S. 214.

[10] Messerli, Planungs- und Gesamtleistungswettbewerb, S. 78 f. und 117 ff.; Schneider Heusi, SIA-Ordnung 142/2009, S. 5.

[11] Ein Entscheid, der im Ermessen der Auftraggeberin und nicht etwa deren Subventionsgeber liegt. Eine Übersicht im Anhang der SIA 142 veranschaulicht die anonymen Wettbewerbs- und nicht anonymen Studienauftragsarten und stellt systematisch die möglichen Beschaffungsformen und Verfahrensarten dar. Zur für Honorarsubmissionen einschlägigen SIA-Ordnung 144 siehe Rz. 5.1 ff.

[12] Galli/Moser/Lang/Steiner, Praxis des öffentlichen Beschaffungsrechts, Rz. 854 und 988 ff.; vgl. aber bei Gesamtleistungswettbewerben Art. 4.3 SIA 142: «Die Vergabe der Realisierung der Lösung erfolgt auf Grund von zwei sich ergänzenden, verbindlichen Angeboten zu Qualität und Preis: Das eine für die Planerleistungen, das andere für die Bauleistungen»; Schneider Heusi, SIA-Ordnung 142/2009, S. 5.

[13] Art. 13 Abs. 3 BöB (vgl. auch Art. 22 E-BöB); Art. 12 Abs. 3 IVöB (vgl. auch Art. 22 E-IVöB); Art. 3 und Art. 4 SIA 142.

A. Der Planungswettbewerb

Mit dem Planungswettbewerb sollen Lösungsvorschläge für planerische Aufgaben generiert werden. Für die konkrete Umsetzung kommt die Durchführung eines Ideen- oder eines Projektwettbewerbs in Betracht.[14] 3.8

1. Der **Ideenwettbewerb** (vgl. Rz. 4.18) soll Vorschläge «für konzeptionelle Entscheide oder für die Lösung von Aufgaben bringen, die nur allgemein umschrieben und abgegrenzt sind und deren Ausführung nicht unmittelbar vorgesehen ist» (Art. 3.2 SIA 142). Der Gewinner eines Ideenwettbewerbs erhält den in Aussicht gestellten Preis,[15] hat in der Regel aber keinen Anspruch auf einen planerischen Folgeauftrag (Rz. 3.113).[16] 3.9

2. Beim **Projektwettbewerb** (vgl. Rz. 4.19) weiss eine Auftraggeberin schon im Voraus, was sie im «Wettbewerbsperimeter» machen will.[17] Sie hat konkrete Vorstellungen über die Nutzungsform und kann diese auch formulieren. Die Auftraggeberin will unter «verschiedenen Wettbewerbsbeiträgen auswählen können, sie will die ästhetisch, wirtschaftlich und funktionell beste Lösung erhalten und sucht dementsprechend anhand der eingereichten Projekte nach den für das konkrete Vorhaben am besten geeigneten Vorschlägen».[18] Projektwettbewerbe dienen zudem der Ermittlung geeigneter Vertragspartner, welche die vorgeschlagene Lösung planerisch ausführen können.[19] Der Gewinner eines Projektwettbewerbs hat daher in der Regel einen Anspruch auf einen planerischen Folgeauftrag (Rz. 3.114).[20] 3.10

B. Der Gesamtleistungswettbewerb

1. Der **Gesamtleistungswettbewerb** (vgl. Rz. 4.20) bietet der Auftraggeberin die Möglichkeit, sich im Rahmen des Wettbewerbs gleichzeitig Angebote für die Planungs- und die Bauleistungen unterbreiten zu lassen. Der Gesamtleistungswettbewerb dient der «Erarbeitung von Vorschlägen zur Lösung von Aufgaben, bei denen die Bestimmungen zur Aufgabenstellung klar und präzise definiert sind und die Auftraggeberin die Zusammenarbeit von Planern und Unternehmern wünscht».[21] Aufgrund der Komplexität der Aufgabenstellungen wird der Gesamtleistungswettbewerb häufig in mehreren Stufen durchgeführt (Rz. 3.14). 3.11

---

[14] Art. 3 SIA 142; zu den Definitionen und zur Qualifikation gesamthaft Schneider Heusi, SIA-Ordnung 142/2009, S. 4 ff.; Rechsteiner, Die Wettbewerbe, S. 156 ff.; vgl. auch SIA-Wegleitung 142i–602d «Wettbewerbe und Studienaufträge für Planer und Investoren».

[15] Vgl. Art. 44 und Art. 55 Abs. 2 lit. b VöB; Art. 17 SIA 142.

[16] Art. 55 Abs. 1 lit. a VöB; Art. 27.1 lit. a SIA 142.

[17] Ulrich, SIA-Ordnung 142, S. 249.

[18] Schneider Heusi/Scherler, Wettbewerbe und Studienaufträge, S. 212.

[19] Art. 42 Abs. 1 lit. b VöB; Art. 3.3 SIA 142.

[20] Art. 55 Abs. 1 lit. b VöB; Art. 27.1 lit. b SIA 142.

[21] Art. 42 Abs. 2 VöB; Art. 4 SIA 142.

3.12 **2.** Wie beim Projektwettbewerb steht beim Gesamtleistungswettbewerb ein **Folgeauftrag** für die Planungsleistungen, zusätzlich aber auch der Zuschlag für Bauleistungen in Aussicht (Rz. 3.115). Die späteren Planungs- und Bauleistungen ergeben zusammen die Gesamtleistung.[22]

C. Kombinationen und Stufen der Wettbewerbe

3.13 **1.** Nach der SIA-Ordnung 142 können **Wettbewerbsformen** kombiniert werden. So ist vorgesehen, dass Ideen- mit Projektwettbewerben bzw. Ideen- mit Gesamtleistungswettbewerben verbunden werden können. Eine solche Kombination erlaubt es, Resultate aus einem Ideenwettbewerb als Grundlage für einen späteren Projekt- oder Gesamtleistungswettbewerb zu nutzen.[23]

3.14 **2.** Von kombinierten Verfahren, bei denen die einzelnen Wettbewerbe jeweils formell abgeschlossen werden, ist die **Mehrstufigkeit des Wettbewerbsverfahrens** gemäss Art. 5.1 ff. SIA 142 zu unterscheiden. Darunter wird das Vorgehen verstanden, wonach die Teilnehmer ihren Wettbewerbsbeitrag schrittweise entwickeln bzw. vertiefen.[24] Die Auftraggeberin verkleinert dabei das Teilnehmerfeld sukzessive und konkretisiert allenfalls die Wettbewerbsaufgabe.[25] Eine Rangierung und Preisverteilung erfolgt erst auf der letzten Stufe (Art. 5.1 SIA 142). Die vorgeschalteten Stufen dienen somit der Reduktion der berücksichtigten Lösungsvarianten.[26]

3.15 **Bereinigungen:** In der SIA-Ordnung 142 wird auch die Überarbeitung von Projekten geregelt. Gemäss Art. 5.4 SIA 142 kann das Preisgericht den Wettbewerb mit Projekten «aus der engeren Wahl» verlängern, falls sich dies als notwendig erweist.[27] Die Rangierung findet erst nach dieser Bereinigungsstufe statt. Vorausgesetzt wird, dass die Bereinigungsstufe im Wettbewerbsprogramm als Option ausdrücklich erwähnt wird, weiterhin anonym erfolgt und separat entschädigt wird (Rz. 3.109). Das Preisgericht muss die Notwendigkeit der Überarbeitung begründen und zu den betroffenen Projekten eingehende

[22] Schneider Heusi, SIA-Ordnung 142/2009, S. 6.

[23] Schneider Heusi/Scherler, Wettbewerbe und Studienaufträge, S. 232.

[24] Im Wettbewerbsprogramm zum Beispiel bezeichnet als «offener Projektwettbewerb in zwei Stufen».

[25] Die Präqualifikation im Rahmen eines selektiven Verfahrens gilt nicht als Stufe des Wettbewerbs, Art. 5.1 SIA 142; Dubey, Concours, Rz. 681 ff.; Messerli, Planungs- und Gesamtleistungswettbewerb, S. 102.

[26] Dieses Vorgehen und insbesondere die vorgesehene Möglichkeit, dass die Auftraggeberin die Wettbewerbsaufgabe ändern kann, sind vergaberechtlich problematisch. Die dem öffentlichen Vergaberecht unterstellten Auftraggeberinnen haben deshalb im Regelfall Wettbewerbe einstufig durchzuführen und bei mehrstufigen Verfahren aus vergaberechtlichen Gründen darauf zu verzichten, die Aufgabenstellung und das Wettbewerbsprogramm anzupassen. So auch die Empfehlung von Art. 5.1 SIA 142, wonach Planungswettbewerbe in der Regel einstufig und Gesamtleistungswettbewerbe zweistufig durchgeführt werden sollen. Messerli, Planungs- und Gesamtleistungswettbewerb, S. 81 f.; Schneider Heusi, SIA-Ordnung 142/2009, S. 7.

[27] Schneider Heusi/Scherler, Wettbewerbe und Studienaufträge, S. 232 f.

Beurteilungen abgeben, die den Teilnehmern eine gezielte Verbesserung erlauben. Damit die Gleichbehandlung gewährleistet ist, sind all jene Projekte zur Überarbeitung vorzuschlagen, die bei objektiver Betrachtung als Siegerprojekt in Frage kommen. Auch diese Auswahl ist zu begründen.[28]

3. Das Preisgericht kann bei mehrstufigen Verfahren auf an sich vorgesehene **Stufen verzichten,** wenn sich erweist, dass das Resultat des Wettbewerbs bereits erreicht wurde (Art. 5.5 SIA 142). Voraussetzung dafür ist, dass die Auftraggeberin diese Vorgehensoption im Wettbewerbsprogramm vorsieht und das Preisgericht den Verzicht mit einer Mehrheit von mindestens drei Vierteln der Stimmen sowie einer Zustimmung aller Vertreter der Auftraggeberin beschliesst.[29] 3.16

3. Die Verfahrensarten

In Art. 6 ff. SIA 142 werden drei Verfahrensarten beschrieben. Die Wahl hängt vergaberechtlich bei öffentlichen Auftraggeberinnen vom Auftragswert ab, der sich aus der Gesamtpreissumme[30] und dem geschätzten Wert eines allfälligen Folgeauftrags zusammensetzt.[31] Private Auftraggeberinnen sind demgegenüber in der Wahl des Verfahrens frei. 3.17

1. Das **offene Verfahren:** In Art. 6.1 SIA 142 wird die übliche vergaberechtliche Regelung des offenen Verfahrens aufgenommen.[32] Das offene Wettbewerbsverfahren kennt keine Teilnahmebeschränkung mit der Ausnahme, dass die Teilnehmer «Fachleute» sein müssen. Der Begriff «Fachleute» wird jedoch in der SIA-Ordnung 142 nicht definiert.[33] 3.18

---

[28] Schneider Heusi, SIA-Ordnung 142/2009, S. 6 mit einer Empfehlung für öffentliche Auftraggeberinnen; Dubey, Concours, Rz. 620 ff.; Messerli, Planungs- und Gesamtleistungswettbewerb, S. 96 ff.

[29] Die Gesamtpreissumme, welche auch den Aufwand der reduzierten Stufen berücksichtigt, muss voll ausbezahlt werden.

[30] Die Gesamtpreissumme ist durch die Auftraggeberin angemessen festzusetzen, Art. 44 Abs. 2 VöB; Art. 17.1 SIA 142. Vgl. dazu die SIA-Wegleitung 142i-103d «Bestimmung der Gesamtpreissumme für Architekturwettbewerbe»; Messerli, Planungs- und Gesamtleistungswettbewerb, S. 45.

[31] Art. 44 VöB; Esseiva, Concours et marchés publics, S. 219; Galli/Moser/Lang/Steiner, Praxis des öffentlichen Beschaffungsrechts, Rz. 990. Bei einem Projekt- oder Gesamtleistungswettbewerb ist somit der Wettbewerbswert mittels Addition von gesamter Preissumme und geschätztem Wert des Folgeauftrags zu ermitteln, während beim Ideenwettbewerb der Wettbewerbswert lediglich aus der Gesamtpreissumme besteht (VGer ZH VB.2001.00035 vom 13. Februar 2002 E. 3a «Planungswettbewerb im Einladungsverfahren» = BR/DC 2003, S. 150, Nr. 30, mit Anm. Esseiva); Rechsteiner, Die Wettbewerbe, S. 159.

[32] Z.B. gemäss Art. 14 BöB (vgl. auch Art. 18 E-BöB) oder Art. 12 Abs. 1 lit. a IVöB (vgl. auch Art. 18 E-IVöB).

[33] In Art. 6.2 SIA 142 wird mit der Zulassung geografischer Beschränkungen eine Regelung getroffen, welche für öffentliche Vergabevorhaben nicht zulässig ist. Sie gilt deshalb nur für private Auftraggeberinnen. Ulrich, SIA-Ordnung 142, S. 250.

3.19 **2.** Das **selektive Verfahren:** Mit dem selektiven Wettbewerbsverfahren gemäss Art. 7 SIA 142 kann die Auftraggeberin die Teilnehmerzahl an einem Planungswettbewerb beschränken, indem sie vorab eine Auswahl unter den interessierten Anbietern trifft. Die Auswahl hat dabei anhand der «Eignung» der Teilnehmer zu erfolgen, wobei der Auftraggeberin bei der Festlegung der «Eignungskriterien» ein erheblicher Ermessensspielraum zusteht.[34]

3.20 **3.** Das **Einladungsverfahren:** Im Einladungsverfahren gemäss Art. 8 SIA 142 bestimmt die Auftraggeberin, «welche Teilnehmer sie direkt zum Wettbewerb einladen will. Die Anzahl der Teilnehmer kann frei gewählt werden. Sie soll mit dem Ziel bestimmt werden, dass der Wettbewerb ein genügend breites Spektrum von Lösungsmöglichkeiten hervorbringt.» Das Einladungsverfahren kommt für öffentliche Auftraggeberinnen grundsätzlich nur bei Wettbewerbsaufgaben infrage, bei denen der Schwellenwert für die Durchführung des offenen oder selektiven Verfahrens nicht erreicht wird. So ist ein Einladungsverfahren bei Ideenwettbewerben denkbar, bei welchen gemäss Art. 27.1 lit. a SIA 142 kein Folgeauftrag in Aussicht steht und deshalb die Vergabesumme gerade der Gesamtpreissumme entspricht (Rz. 3.108).[35]

II. Der Wettbewerb nach öffentlichem Vergaberecht

3.21 Seit Inkrafttreten der Gesetzgebung über das öffentliche Beschaffungswesen sind öffentliche Auftraggeberinnen verpflichtet, neben den Aufträgen und Lieferungen im Baugewerbe auch die Beschaffung von Planungsdienstleistungen über einem gewissen Schwellenwert öffentlich auszuschreiben. Für die Auftraggeberinnen des Bundes und der Kantone bestehen jedoch unterschiedlich detaillierte Vorgaben (Rz. 3.25 ff.).

1. Vergaberechtliche Konzeption

3.22 **1.** In **vergaberechtlicher Hinsicht** handelt es sich beim Wettbewerb nicht um ein eigenständiges Verfahren, weil auch er in einem offenen, selektiven oder in einem Einladungsverfahren durchgeführt wird.[36] Der Wettbewerb liefert allerdings die Grundlage für eine «freihändige Vergabe» an den Gewinner, soweit das vorausgehende Wettbewerbsverfahren die notwendigen Voraussetzungen der Nichtdiskriminierung, Transparenz und der Gleichbehandlung erfüllt.[37]

3.23 **2.** Die **Eingliederung** des Wettbewerbs **in die vergaberechtlichen Rahmenordnungen** (Rz. 2.33 ff.) ist unübersichtlich:

---

[34] SIA-Wegleitung 142i–601d «Selektive Verfahren».

[35] D.h. aus der Summe aller Preise, Ankäufe und Entschädigungen.

[36] Art. 43 VöB; Art. 6 ff. SIA 142; Leuthold, Verhandlungen und der neue «Dialog», Rz. 734 ff.

[37] Galli/Moser/Lang/Steiner, Praxis des öffentlichen Beschaffungsrechts, Rz. 988.

a. Das GATT/WTO-Übereinkommen über das öffentliche Beschaffungswesen (GPA)[38] sieht in Art. XV Ziff. 1 lit. j vor, dass eine freihändige Vergabe an den Gewinner eines Wettbewerbs zulässig ist, vorausgesetzt, die Organisation des Wettbewerbs entspricht den Grundsätzen des Übereinkommens, insbesondere hinsichtlich der Veröffentlichung der Ausschreibung (Rz. 3.44). Erforderlich ist zudem, dass eine unabhängige Jury eingesetzt wird und den Gewinnern Verträge in Aussicht gestellt werden.[39] 3.24

b. Diese staatsvertragsrechtliche Vorgabe wurde vom Bund und von den Kantonen je unterschiedlich detailliert umgesetzt: 3.25

- Im Bundesvergaberecht finden sich in den Art. 40 ff. VöB detaillierte Bestimmungen über die Planungs- und Gesamtleistungswettbewerbe,[40] wobei es der Auftraggeberin aber gemäss Art. 41 VöB freigestellt ist, das Wettbewerbsverfahren im Einzelfall auch anders zu regeln: «Sie kann dabei ganz oder teilweise auf einschlägige Bestimmungen von Fachverbänden verweisen, soweit solche Bestimmungen nicht denjenigen dieser Verordnung widersprechen». Im Vordergrund steht hier die SIA-Ordnung 142. 3.26

---

38 Das Abkommen zur Errichtung der Welthandelsorganisation (WTO) beinhaltet das 1994 abgeschlossene Übereinkommen über das öffentliche Beschaffungswesen vom 15. April 1996 (Government Procurement Agreement, GPA). 2012 wurde in Genf eine Totalrevision des GPA angenommen. Der Bundesrat beantragte im Februar 2017 dem Parlament, das Protokoll zu dieser Revision zu genehmigen (Botschaft zur Genehmigung des Protokolls zur Änderung des WTO-Übereinkommens über das öffentliche Beschaffungswesen von 2017, BBl 2017, S. 2053 ff.). Der Bundesrat wird mit der Ratifikation des Protokolls zuwarten, bis das revidierte Bundesgesetz über das öffentliche Beschaffungswesen (E-BöB) vom eidgenössischen Parlament und die revidierte Interkantonale Vereinbarung über das öffentliche Beschaffungswesen (E-IVöB) vom Interkantonalen Organ für das öffentliche Beschaffungswesen (InöB) verabschiedet worden sind. Im revidierten GPA findet sich der angesprochene (gleichlautend gebliebene) Freihandtatbestand in Art. XIII Ziff. 1 lit. h.

39 Dubey, Concours, Rz. 62 ff.; Messerli, Planungs- und Gesamtleistungswettbewerb, S. 29 ff.

40 Art. 13 Abs. 3 BöB (vgl. auch Art. 22 Abs. 2 E-BöB) bzw. Art. 40 ff. VöB; Dubey, Concours, Rz. 84 ff.; Messerli, Planungs- und Gesamtleistungswettbewerb, S. 34. In der Vorlage zur Totalrevision des Bundesgesetzes über das öffentliche Beschaffungswesen wird in Art. 22 Abs. 2 E-BöB unter der Marginalie «Planungs- und Gesamtleistungswettbewerb sowie Studienaufträge» vorgesehen, dass der Bundesrat in einer Verordnung die folgenden Aspekte regelt: a. die Wettbewerbsarten sowie die Modalitäten der Studienaufträge; b. welche Verfahrensarten anzuwenden sind; c. die Anforderungen an die Vorbereitungsarbeiten; d. die Modalitäten der technischen Vorprüfung der Wettbewerbsbeiträge vor deren Bewertung durch das Expertengremium; e. die besonderen Modalitäten für Studienaufträge und Wettbewerbe zur Beschaffung von Leistungen im Bereich der Informations- und Kommunikationstechnologie; f. Zusammensetzung des Expertengremiums und die Anforderungen an die Unabhängigkeit seiner Mitglieder; g. die Aufgaben des Expertengremiums; h. unter welchen Voraussetzungen das Expertengremium Ankäufe beschliessen kann; i. unter welchen Voraussetzungen das Expertengremium für Wettbewerbsbeiträge, die von den Bestimmungen des Wettbewerbsprogramms abweichen, eine Rangierung vornehmen kann; j. in welcher Art Preise vergeben werden können sowie die Ansprüche, welche die Gewinnerinnen je nach Wettbewerbsart geltend machen können; k. die Abgeltungen für die Urheber prämierter Wettbewerbsbeiträge in Fällen, in denen die Auftraggeberin der Empfehlung des Expertengremiums nicht folgt.

3.27 – Das Konkordat der Kantone[41] enthält in Art. 12 Abs. 3 IVöB eine Bestimmung, wonach bei der Veranstaltung von Planungs- oder Gesamtleistungswettbewerben «ganz oder teilweise auf einschlägige Bestimmungen von Fachverbänden» verwiesen werden kann.[42] Weitere Regeln zum Wettbewerb enthält das Konkordat nicht.

3.28 **c.** Im Gemeinschaftsrecht der EU wird das Wettbewerbsverfahren ausdrücklich für die Vergabe von Dienstleistungen vorbehalten. Nicht erfasst sind Lieferungen und Bauleistungen, also Leistungen, die bei einem Gesamtleistungswettbewerb nachgefragt werden.[43] Der Rechtsrahmen für den Wettbewerb in der EU ist folglich enger als derjenige, der den verschiedenen Wettbewerbsarten vom Schweizer Recht zugesprochen wird. Die Europäischen Richtlinien schreiben für den Wettbewerb vor, dass die Beiträge der Teilnehmer anonym von einer von der Vergabestelle unabhängigen Jury beurteilt werden müssen. Darüber hinaus legen sie aber keine verschiedenen Wettbewerbsarten fest, sondern überlassen den Mitgliedstaaten die Möglichkeit, Wettbewerbe hinsichtlich Folgeaufträge, Preise und Rechtswirkung über die Empfehlungen des Preisgerichts zu regeln.[44]

3.29 **3.** Während die dem öffentlichen Vergaberecht unterstellten Auftraggeberinnen **vorrangig zur SIA-Ordnung 142** die jeweils anwendbare Submissionsgesetzgebung zu beachten haben (vgl. Rz. 4.14),[45] unterstehen private Auftraggeberinnen bei der Suche nach einem Vertragspartner für Planerleistungen keinen zwingenden gesetzlichen Vorschriften.[46] Im Unterschied zu den von privaten Auftraggeberinnen durchgeführten Wettbewerben stehen den Teilnehmern bei Verfahren von öffentlichen Auftraggeberinnen, die dem Vergaberecht unterstellt sind, Rechtsmittel gegen die Zuschlagserteilung an einen Konkur-

---

41 Dubey, Concours, Rz. 87 ff.

42 Detaillierte Regelungen in teilweise deutlicher Anlehnung an die VöB kennen aktuell zum Beispiel die Kantone Wallis, Neuenburg, Luzern und Solothurn. Im Kanton Aargau wird auf das Bundesrecht verwiesen. Galli/Moser/Lang/Steiner, Praxis des öffentlichen Beschaffungsrechts, Rz. 1008 ff.

43 Schneider Heusi/Scherler, Wettbewerbe und Studienaufträge, S. 220.

44 Vgl. Richtlinie 2004/18/EG des europäischen Parlaments und des Rates vom 31. März 2004 über die Koordinierung der Verfahren zur Vergabe öffentlicher Bauaufträge, Lieferaufträge und Dienstleistungsaufträge, Art. 1 Abs. 11 lit. e und Art. 66 ff.; Messerli, Planungs- und Gesamtleistungswettbewerb, S. 41.

45 Vgl. dazu Galli/Moser/Lang/Steiner, Praxis des öffentlichen Beschaffungsrechts, Rz. 1010 f.; Schneider Heusi/Scherler, Wettbewerbe und Studienaufträge, S. 225 f.

46 Zu prüfen sind im Einzelfall Ansprüche auf der Grundlage von Art. 8 OR, Urheber,- Wettbewerbs- und Lauterkeitsrecht sowie Vertrauenshaftung. Vgl. aber KGer LU 7H 15 313 vom 15. November 2016: Die auf ein Bau- und Zonenreglement gestützte Pflicht eines Grundeigentümers, bei baulichen Veränderungen seines Grundstücks ein Konkurrenzverfahren resp. einen Architekturwettbewerb durchführen zu lassen, tangiert die Baufreiheit und stellt hohe Anforderungen an die Begründungsdichte (E. 3.3). Die Pflicht, ein Konkurrenzverfahren durchzuführen, muss hinreichend spezifiziert sein, damit sich die betroffenen Grundeigentümer ein Bild über die Tragweite und den Inhalt dieser Pflicht machen können. Der blosse Verweis auf die SIA-Ordnung 142 für Architektur- und Ingenieurwettbewerbe genügte nicht, da diese mehrere Wettbewerbsarten und -verfahren kennt (E. 3.4.3).

renten, den Ausschluss ihres Wettbewerbsbeitrags oder gegen den Verfahrensabbruch zur Verfügung.[47]

4. Die **Anwendbarkeit des öffentlichen Rechts** im Vergabeverfahren muss privatrechtliche Behelfe nicht gänzlich ausschliessen, insbesondere mit Blick auf die Haftung der öffentlichen Vergabestelle.[48] Bisher wurde nicht entschieden, ob Teilnehmer bei Wettbewerben von öffentlichen Auftraggeberinnen bei entsprechenden Pflichtverletzungen auch auf zivilrechtlichem Weg Ansprüche geltend machen können.[49] Wenn Wettbewerbsverfahren nach Art. 30 VöB abgebrochen werden, ist das gerechtfertigt und deshalb submissionsrechtlich unangreifbar. Es ist deshalb zum Schutz der Teilnehmer von einem Nebeneinander der vergabe- und privatrechtlichen Ansprüche auszugehen.[50] 3.30

2. Abgrenzung zum Preisausschreiben (Art. 8 OR)

1. Während in konventionellen Vergabeverfahren mit Honorarofferte lediglich eine Einladung zur Einreichung von Planer- oder Unternehmerofferten erfolgt, welche für die Vergabestelle als Auftraggeberin vertragsrechtlich nicht verbindlich ist,[51] handelt es sich beim «echten, offenen» Wettbewerb um ein **Preisausschreiben** im Sinne von Art. 8 OR.[52] Dabei entsteht dem Leistenden durch einseitiges Rechtsgeschäft eine bedingte Forderung auf Ausrichtung der ausgelobten Belohnung. Die Auftraggeberin ist an ihr Preisversprechen gebunden.[53] 3.31

Art. 8 OR setzt voraus, dass die Auskündigung **offen** ist. Davon ist nur auszugehen, wenn sich der Wettbewerb an jeden bzw. an unbestimmte Personen eines bestimmten Kreises richtet.[54] Soweit sich die Auskündigung – wie zum Beispiel im Einladungsverfahren (Rz. 3.20) – lediglich an einen bestimmten Teilnehmerkreis richtet, ist das Preisausschreiben ein «unechtes» und fällt damit nicht unter Art. 8 OR. 3.32

2. Für die Auftraggeberin ergibt sich aus Art. 8 Abs. 2 OR ein **Widerrufsrecht,** das so lange ausgeübt werden kann, wie die Leistung, für welche der Preis ausgesetzt wurde, noch nicht erfolgt ist. Auf dieses Recht kann verzichtet werden.[55] Ein solcher Verzicht ist 3.33

---

47 Art. 29 BöB (vgl. auch Art. 53 E-BöB) und Art. 15 Abs. 1bis IVöB (vgl. auch Art. 53 E-IVöB).

48 Gauch, Das neue Beschaffungsgesetz, S. 334 f.; ausführlich Stöckli/Beyeler, Vergaberecht, S. 638 ff.

49 Rechsteiner, Die Wettbewerbe, S. 154.

50 Rechsteiner, Die Wettbewerbe, S. 154.

51 BGE 46 II 369/371 E. 2; Gauch, Werkvertrag, Rz. 458.

52 Gauch, Werkvertrag, Rz. 514; Leuthold, Verhandlungen und der neue «Dialog», Rz. 730.

53 Koller A., Architektenrecht 1995, Rz. 233.

54 Vgl. Art. 6 SIA 142.

55 Koller A., Architektenrecht 1995, Rz. 237; zur Beweislast vgl. Zellweger-Gutknecht/Bucher, Basler Kommentar, N 39 zu Art. 8 OR.

unter anderem anzunehmen, wenn die Auftraggeberin für die Leistungserbringung eine Frist setzt.[56]

3.34 Die Widerrufserklärung ist grundsätzlich formfrei gültig, muss jedoch mit den gleichen Mitteln erfolgen wie die Auskündigung, da sich Gutgläubige ansonsten den Widerruf nicht entgegenhalten lassen müssen. Wer von seinem Widerrufsrecht Gebrauch macht, wird unter den Voraussetzungen und nach Massgabe von Art. 8 Abs. 2 OR **schadenersatzpflichtig.** Der Teilnehmer hat Anspruch auf Ersatz der Aufwendungen, die er in Kenntnis des Preisausschreibens in gutem Glauben und bis zum Widerruf getätigt hat (negatives Vertragsinteresse analog Art. 404 Abs. 2 OR). Dabei gilt als Obergrenze der Betrag der ausgesetzten Belohnung (Art. 8 Abs. 2 OR); hat diese keinen materiellen Wert, entfällt der Ersatzanspruch gänzlich. Keinen Anspruch auf Ersatz hat derjenige Teilnehmer, dessen Aufwendungen offenkundig zu keinem Erfolg geführt hätten.[57]

3. Anonymität des Wettbewerbsverfahrens

3.35 **1.** Die **Anonymität** im Wettbewerbsverfahren gewährleistet die Gleichbehandlung der Teilnehmer und begünstigt objektive Preisgerichtsentscheide.[58] Zudem soll damit erreicht werden, dass das konkrete Projekt und nicht der bisherige Leistungsausweis oder die Reputation des Teilnehmers den Entscheid beeinflusst.[59] In der praktischen Umsetzung bedeutet dies, dass die Teilnehmer ihre Wettbewerbsbeiträge so eingeben müssen, dass sich aus den eingereichten Beiträgen keine direkten Hinweise auf die Identität der Verfasser ergeben (Rz. 3.54). In einigen Verfahren werden zur Sicherstellung der Anonymität unabhängige externe Personen (z.B. Treuhänder, Notare oder Rechtsanwälte) eingesetzt.[60]

3.36 **2.** Im Bundesvergaberecht wird die Anonymität des Wettbewerbsverfahrens in Art. 48 VöB ausdrücklich statuiert. Obgleich eine entsprechende Bestimmung in vielen Kantonen fehlt, wird die Anonymität nach kantonaler Rechtsprechungspraxis teilweise als unerlässliches Merkmal des Planungs- und Gesamtleistungswettbewerbs erachtet.[61] **Fehlt die Anonymität** im Verfahren, handelt es sich nicht um einen Wettbewerb, sondern um

---

56 Koller A., Architektenrecht 1995, Rz. 237.

57 Zellweger-Gutknecht/Bucher, Basler Kommentar, N 39f. zu Art. 8 OR.

58 Ulrich, SIA-Ordnung 142, S. 252.

59 Koller A., Architektenrecht 1995, Rz. 222; Schneider Heusi/Scherler, Wettbewerbe und Studienaufträge, S. 222; für das selektive Verfahren vgl. Rz. 3.55.

60 Ulrich, SIA-Ordnung 142, S. 252.

61 Galli/Moser/Lang/Steiner, Praxis des öffentlichen Beschaffungsrechts, Rz. 1013; VGer ZH VB.2002.00044 vom 9. Juli 2003 E. 2c/dd (= BR/DC 2003, S. 150, Nr. 29, mit Anm. Stöckli). Anders entschied das Kantonsgericht Freiburg, welches nicht die Anonymität des Verfahrens, sondern die Unabhängigkeit des Preisgerichts für die Freihandvergabe als Voraussetzung bezeichnet (KGer FR 602 2012-77 vom 31. August 2012; vgl. dazu auch VGer VD MPU.2010.0019 vom 14. April 2011 E. 4a (= BR/DC 2011, S. 231, Nr. 70, mit Anm. Dubey). Vgl. auch Rz. 4.95.

ein konventionelles Vergabeverfahren, das nach den jeweils anwendbaren vergaberechtlichen Bestimmungen durchzuführen ist.

3. Soweit ein Wettbewerb der SIA-Ordnung 142 untersteht, kommt der Anonymitätsgrundsatz nach Art. 1.4 SIA 142 zur Anwendung. Die Auftraggeberin, die Teilnehmer und die beteiligten Fachleute haben demzufolge die Anonymität der Wettbewerbsbeiträge zu sichern, bis das Preisgericht diese beurteilt, rangiert und die Preise zugesprochen sowie eine Empfehlung für das weitere Vorgehen abgegeben hat. Teilnehmer, die gegen das Anonymitätsgebot verstossen, werden vom Verfahren ausgeschlossen.[62] Für selektive Wettbewerbe im Sinne von Art. 7 SIA 142 (Rz. 3.19) gilt das Anonymitätsgebot selbstredend erst nach der Präqualifikation der Teilnehmer. 3.37

4. Folgebeauftragung des Wettbewerbsgewinners

Für die vergaberechtliche und die vertragsrechtliche Qualifikation des Wettbewerbs ist es bedeutend, ob mit dem Verfahren ein Folgeauftrag in Aussicht gestellt wird oder nicht: 3.38

1. Wettbewerbsverfahren **ohne Folgeauftrag** werden mit der Abgabe der Lösungsvorschläge und – soweit vorgesehen – der Beurteilung dieser Vorschläge durch das Preisgericht abgeschlossen. 3.39

Beim Ideenwettbewerb sind die **Prämierung** und die Ausrichtung einer allfälligen **Entschädigung** für die Weiterverwendung des Lösungsvorschlags[63] als Zuschlag zu betrachten. Im Vergleich zu den konventionellen Vergabeverfahren ergibt sich damit die Besonderheit, dass die zu beschaffende Leistung (der Lösungsvorschlag) bereits vor der Zuschlagserteilung erbracht wurde.[64] 3.40

2. In Wettbewerbsverfahren **mit Folgeauftrag** haben die Wettbewerbsteilnehmer zusätzlich zu ihrem Lösungsvorschlag verbindliche Offerten für weitere planerische Leistungen, beim Gesamtleistungswettbewerb (Rz. 3.11) zudem für Bauausführungsleistungen einzureichen. Wie beim konventionellen Vergabeverfahren liegen der Vergabestelle also auch bei einem Wettbewerbsverfahren mit Folgeauftrag im Ergebnis Offerten vor. In ver- 3.41

---

62 Art. 19.1 SIA 142. Vgl. aber VGer SG B 2015/133 vom 17. Dezember 2015 (= BR/DC 2016, S. 243, Nr. 404, mit Anm. Scherler): Die Vergabebehörde schloss einen Teilnehmer mit der Begründung vom Wettbewerb aus, dieser hätte auf der «Einsendeverpackung» seines Wettbewerbsbeitrags seinen Absender namentlich aufgeführt und damit gegen das Anonymitätsgebot verstossen. Im konkreten Fall wurde das Anonymitätsgebot jedoch nicht verletzt. Auf dem Paket fand sich zwar eine Absenderadresse, diese liess jedoch keine Rückschlüsse auf den Teilnehmer zu, weil sie von einer unbeteiligten Drittperson stammte. Der Teilnehmer wurde zwar zu Unrecht ausgeschlossen, dies konnte jedoch nur noch festgestellt werden. Die im Beschwerdeverfahren beantragte Neubeurteilung unter Einbezug aller Projekte konnte nicht mehr erfolgen, nachdem die übrigen Wettbewerbsbeiträge bereits rangiert und den Verfassern zugeordnet waren.

63 Vgl. auch Art. 55 Abs. 2 lit. b VöB.

64 Leuthold, Verhandlungen und der neue «Dialog», Rz. 735.

tragsrechtlicher Hinsicht unterscheidet sich das Wettbewerbsverfahren dadurch, dass die Teilnehmer ihre Offerten im Rahmen eines Vertragsverhältnisses einreichen und nicht wie im konventionellen Vergabeverfahren im Rahmen eines Vertragsverhandlungsverhältnisses.[65]

3.42 **3.** Die Vergabestelle darf den Zuschlag für den **Folgeauftrag direkt an den Gewinner** erteilen, soweit der Wettbewerb nach den anwendbaren vergaberechtlichen Grundsätzen durchgeführt wurde.[66] Im Anwendungsbereich der SIA-Ordnung 142 und der VöB ist allerdings fraglich, was unter der Bezeichnung «Gewinner» zu verstehen ist. Der Preisgerichtsentscheid setzt sich aus verschiedenen Elementen zusammen, nämlich aus der Festlegung der Rangfolge,[67] der Zusprechung der Preise und Ankäufe[68] sowie der Empfehlung.[69] Nur wenn ein Wettbewerbsbeitrag bei allen drei Elementen obsiegt, steht der Gewinner eindeutig fest.[70]

III. Die Phasen eines Wettbewerbs

3.43 Der typische Wettbewerb wird in drei Phasen durchgeführt: In der ersten Phase eröffnen und bearbeiten die Teilnehmer die Aufgabe, in der zweiten Phase reichen sie die Projekte ein und in der dritten Phase werden die Projekte beurteilt sowie die Preise zuerkannt. Abgeschlossen ist das Verfahren mit der «Entscheidung über die Auftragsvergabe»[71] bzw. der Mitteilung des Wettbewerbsergebnisses und der Ausrichtung der zuerkannten Preise.

1. Eröffnung des Wettbewerbs und Bearbeitung der Aufgabe

3.44 **1.** Der Wettbewerb wird dadurch **eröffnet,** dass eine Auftraggeberin Planer einlädt, auf der Grundlage eines Wettbewerbsprogramms Lösungsvorschläge einzureichen, «die den konzeptionellen, gestalterischen, gesellschaftlichen, ökologischen, ökonomischen und technischen Anforderungen am besten entsprechen».[72] Die «Einladung» kann sich an

---

65 LEUTHOLD, Verhandlungen und der neue «Dialog», Rz. 733.

66 LEUTHOLD, Verhandlungen und der neue «Dialog», Rz. 736 ff.: Gemäss Anhang 6 Abs. 1 VöB dient die Ausschreibung von Wettbewerben «zur Bestellung eines Wettbewerbsprogramms und zur Teilnahme an einem Auswahlverfahren».

67 Art. 21 SIA 142; Art. 51 Abs. 1 und Art. 52 Abs. 1 VöB.

68 Art. 22 SIA 142; Art. 51 Abs. 1 und Art. 52 Abs. 3 VöB.

69 Art. 23 SIA 142; Art. 51 Abs. 2 VöB.

70 VGer ZH VB.2003.00234 vom 28. Januar 2004 E. 2.2.

71 KOLLER A., Architektenrecht 1995, Rz. 208; ULRICH, Architekturwettbewerb, S. 33 und 39 ff.; vgl. SIA-Wegleitung 142i–101d «Programme für Wettbewerbe und Studienaufträge» (in Überarbeitung 2018).

72 Präambel SIA 142.

von der Auftraggeberin individuell bestimmte Planer oder mittels Ausschreibung an einen offenen Kreis richten.[73]

2. Wettbewerbsprogramm und Wettbewerbsaufgabe: Gemäss Art. 13.3 SIA 142 enthält das Wettbewerbsprogramm Bestimmungen zur Durchführung des Verfahrens und zur Aufgabenstellung. 3.45

a. Für die öffentlichen Auftraggeberinnen sind hinsichtlich des verfahrensrechtlichen Ablaufs die Bestimmungen der jeweiligen Submissionserlasse anwendbar (Rz. 3.21). Ergänzend ergibt sich aus dem **Wettbewerbsprogramm** (i) die Bezeichnung der Auftraggeberin und (ii) die Angaben zur Art des Wettbewerbs und des Verfahrens, (iii) Hinweise auf massgebende öffentliche Vorschriften zum Wettbewerb, (iv) Bestimmungen über die Teilnahmeberechtigung, (v) der Stichtag für die Erfüllung der Bedingungen, (vi) die Gesamtsumme für Auszeichnungen (Preise und allfällige Maximalsumme sowie Bedingungen für Ankäufe), (vii) die Absichtserklärung der Auftraggeberin betreffend das weitere Vorgehen sowie (viii) die Art und den Umfang des vorgesehenen Auftrags bzw. der Aufträge bei Teambildung. Sodann werden (ix) die Namen der Preisrichter, der Ersatzpreisrichter sowie der bereits bekannten Experten angeführt und (x) die Beurteilungskriterien aufgeführt.[74] 3.46

b. Die **Wettbewerbsaufgabe** wird je nach Wettbewerbsart im Programm von Ideenwettbewerben oder bei Projekt- und Gesamtleistungswettbewerben mehr oder weniger detailliert angegeben: 3.47

- Beim Ideenwettbewerb wird die Aufgabe naturgemäss «nur [...] allgemein umschrieben und abgegrenzt».[75] 3.48
- Demgegenüber liegt beim Projekt- und beim Gesamtleistungswettbewerb eine «klar umschriebene Aufgabe» vor.[76] 3.49

Neben der Angabe der zu bearbeitenden Fachgebiete ist die «Bezeichnung der Rahmenbedingungen, die unbedingt einzuhalten sind, und solcher, deren Erfüllung wünschenswert ist»,[77] von Bedeutung. 3.50

3. Gemäss Art. 14 SIA 142 können die Teilnehmer innerhalb einer angemessenen Frist schriftlich **Fragen** zum Wettbewerbsprogramm stellen. Im Namen der Auftraggeberin beantwortet das Preisgericht die Fragen ebenfalls in Schriftform, stellt sämtliche Fragen 3.51

[73] Die Auftraggeberin kann die Wettbewerbsteilnahme von einer Anmeldung abhängig machen. Der Zweck eines solchen Erfordernisses besteht regelmässig darin, der Auftraggeberin Aufschluss über die mutmassliche Anzahl der Teilnehmer zu geben.

[74] Vgl. die Liste und Aufzählung in Art. 13.3 SIA 142.

[75] Art. 3.2 SIA 142; Messerli, Planungs- und Gesamtleistungswettbewerb, S. 102.

[76] Art. 3.3 SIA 142.

[77] Art. 13.3 lit. s SIA 142.

und Antworten in einem Dokument zusammen und lässt diese Zusammenstellung allen Teilnehmern rechtzeitig zukommen.[78]

3.52 Bei einer Änderung des Wettbewerbsprogramms aufgrund der Fragenbeantwortung muss die Bearbeitungsfrist angemessen verlängert werden (Art. 14.3 SIA 142). Die Fragenbeantwortung hat im Wettbewerbsverfahren eine zweifache Bedeutung: Einerseits wird sie zusammen mit der SIA-Ordnung 142 und dem Wettbewerbsprogramm «Bestandteil des Vertrages» (Art. 2.2 SIA 142) zwischen der Auftraggeberin und den einzelnen Teilnehmern. Andererseits ist sie vom Preisgericht bei der Beurteilung der Wettbewerbsbeiträge zu beachten (Art. 20.1 SIA 142).

3.53 Die Auftraggeberin kann externe Experten und Fachstellen bestimmen, die den Teilnehmern für Abklärungen – unter Wahrung der Anonymität – zur Verfügung stehen. Deren Auskünfte sollen objektiv sein und durch ihre Beratungstätigkeit darf kein Ideentransfer stattfinden. Die Experten überlassen dem Preisgericht einen schriftlichen Bericht, in dem sie die Erkenntnisse festhalten, welche sich bei der Prüfung der einzuhaltenden Anforderungen ergaben.

2. Einreichung der Teilnahmeanträge und der Wettbewerbsbeiträge sowie Vorprüfung

3.54 **1.** Mit der fristgerechten **Einreichung der Teilnahmeanträge** oder der **Wettbewerbsbeiträge** beginnt die zweite Phase des Wettbewerbs. Die Einreichung der Wettbewerbsbeiträge hat im offenen und im selektiven Verfahren anonym zu erfolgen. Die erwarteten Pläne, Modelle usw. sind mit einem Kennwort (oder einer Kennziffer) zu versehen, nicht aber mit dem Namen oder einem sonstigen Zeichen, das die Identifikation des Projektverfassers erlaubt. Zur späteren Identifizierung der Projektverfasser haben diese in einem verschlossenen, mit dem Kennwort oder der Kennziffer versehenen Briefumschlag Name und Adresse anzugeben (Verfassercouvert).[79] Teilnahmeanträge (Anmeldungen) bzw. Wettbewerbsbeiträge, die nicht termingerecht am im Wettbewerbsprogramm angegebenen Ort vorliegen, werden von der Beurteilung ausgeschlossen (Art. 19.1 lit. a SIA 142).

3.55 **2.** Nicht geregelt ist in der SIA-Ordnung 142, wer die **Auswahl der Teilnehmer** im selektiven Verfahren (Präqualifikation) zu treffen hat. Gemäss Art. 45 Abs. 3 lit. e VöB ist dies Sache der Auftraggeberin. Gelegentlich erfolgt in der Praxis eine Delegation dieser Aufgabe an das Preisgericht.[80] Die Mitteilung bezüglich des Präqualifikationsergebnisses erfolgt im Vergabeverfahren öffentlicher Auftraggeberinnen mittels Verfügung.[81]

---

[78] Art. 14 i.V.m. Art. 10.2 SIA 142; Messerli, Planungs- und Gesamtleistungswettbewerb, S. 132.

[79] Art. 13.3 lit. n SIA 142.

[80] Messerli, Planungs- und Gesamtleistungswettbewerb, S. 97 f.

[81] Art. 29 BöB (vgl. auch Art. 53 E-BöB); Art. 15 Abs. 1bis lit. c IVöB (vgl. auch Art. 53 E-IVöB). Vgl. dazu hinsichtlich der Begründung des bzw. der Präqualifikationsentscheide VGer ZH VB.2016.00793 vom 23. März 2017 E. 4.2 (= BR/DC 2018, S. 62, Nr. 93, mit Anm. Scherler).

3. In Abweichung von Art. 49 VöB enthält Art. 15.1 SIA 142 hinsichtlich der **Vorprüfung** der Wettbewerbsbeiträge durch die Auftraggeberin eine relativ offene Regelung (Art. 9.1 und Art. 15.1 SIA 142): Sie ist nicht als «technische» Vorprüfung, sondern als Vorprüfung, die «sich auf die Erfüllung der Programmbestimmungen erstreckt», definiert. Im Übrigen lässt Art. 15.2 SIA 142 zu, dass die Vorprüfung im Einvernehmen mit dem Preisgericht während der Beurteilung stufenweise vertieft werden kann. Das Ergebnis ist gemäss Art. 15.1 letzter Satz SIA 142 in einem **Bericht** festzuhalten. 3.56

3. Beurteilung, Preisentscheid und Empfehlung

1. Die dritte und letzte Phase des Wettbewerbs stellt die Beurteilung der Projekte mit der Preisentscheidung und der Empfehlung dar. Die Entscheidung darüber, wer die Wettbewerbsaufgabe am besten gelöst hat, obliegt dem **Preisgericht** (Art. 10.1 SIA 142). 3.57

2. Aus Art. 18 SIA 142 ergibt sich der Grundsatz, dass das Preisgericht in «voller» (recte: vollständiger) **Besetzung** zu tagen hat. Für den Fall, dass ordentliche Preisrichter verhindert sind, werden gemäss Art. 10.6 SIA 142 ein oder mehrere bereits im Wettbewerbsprogramm angekündigte Ersatzpreisrichter beigezogen. 3.58

3. Nach welchen **Kriterien** die Wettbewerbsbeiträge zu beurteilen sind, ist in den Wettbewerbsprogrammen meist nicht ausdrücklich geregelt, obschon gerade öffentliche Auftraggeberinnen aufgrund des Transparenzprinzips im Vergaberecht zur Offenlegung verpflichtet sind.[82] Häufig ergeben sich aus den programmgemässen Projektanforderungen die Kriterien, die das Preisgericht bei der Beurteilung der Wettbewerbsbeiträge berücksichtigt. 3.59

4. Das Preisgericht entscheidet über die **Rangierung** (Rz. 3.105)[83], die Zusprechung der **Preise** (Rz. 3.61) und allfällige **Ankäufe** (Rz. 3.62).[84] Gemäss Art. 17 SIA 142 ist im Wettbewerbsprogramm eine Gesamtpreissumme[85] für Preise, Ankäufe und Entschädigungen zu bestimmen. Über diese Instrumente wird die Arbeit der Teilnehmer gewürdigt,[86] hingegen werden damit nicht die Teilleistungen des späteren Auftragsverhältnisses entschä- 3.60

---

82 Vgl. bezüglich des Ablaufs der Beurteilung Art. 20 ff. SIA 142. Spielraum besteht etwa betreffend Anzahl Rundgänge, Einzelauswertung durch die Preisrichter, Führen von Debatten, Entscheidfindung durch einfaches oder qualifiziertes Mehr etc.; siehe dazu Messerli, Planungs- und Gesamtleistungswettbewerb, S. 144 ff.

83 Art. 21 SIA 142; Art. 52 Abs. 1 VöB.

84 Art. 22 SIA 142; Art. 52 Abs. 3 VöB; Ulrich, SIA-Ordnung 142, S. 254.

85 Unverändert geblieben ist die Höhe der auszurichtenden Gesamtpreissumme. Art. 44 Abs. 2 VöB; Art. 17.1 SIA 142; vgl. dazu die SIA-Wegleitung 142i–103d «Bestimmung der Gesamtpreissumme für Architekturwettbewerbe».

86 Unter gewissen Voraussetzungen ist es möglich, die Gesamtpreissumme und die Anzahl Preise zu reduzieren, vgl. Art. 17.3 SIA 142.

digt. Preise, Entschädigungen und Ankäufe sind demzufolge kein Bestandteil eines späteren Honorars.[87]

3.61 Die Preissumme beträgt beim Ideenwettbewerb das Dreifache der ordentlichen Vergütung für gleichartige Leistungen im Werkvertragsverhältnis, beim Projektwettbewerb das Zweifache, beim Gesamtleistungswettbewerb das Anderthalbfache. Die zugrunde gelegte ordentliche Vergütung berücksichtigt alle im Programm geforderten Leistungen. Beim Projektwettbewerb wird für die Bestimmung der Preissumme von einem in Aussicht gestellten Auftrag von hundert Teilleistungsprozenten gemäss den SIA-Honorarordnungen ausgegangen. Bei einer Reduktion der Teilleistungen erhält der Gewinner zusätzlich zum Preisgeld bzw. Ankauf eine Entschädigung, die dem gleichen Prozentsatz der Gesamtpreissumme entspricht, um den die Teilleistungen reduziert wurden (Art. 17.1 SIA 142). Wenn die Teilnehmerzahl unerwartet gleich oder kleiner ausfällt als die Anzahl der vorgesehenen Preise, kann das Preisgericht die Gesamtpreissumme und die Anzahl Preise angemessen reduzieren. Die Reduktion der Gesamtpreissumme beträgt maximal die Hälfte und es müssen mindestens drei Preise vergeben werden (Art. 17.3 SIA 142).[88]

3.62 Gemäss Art. 19.1 SIA 142 dürfen nur diejenigen Wettbewerbsarbeiten rangiert und mit Preisen gewürdigt werden, welche die Wettbewerbsbedingungen in formeller und materieller Hinsicht einhalten. Bei Planungs- und Gesamtleistungswettbewerben können allerdings gemäss Art. 22.2 SIA 142 «hervorragende Wettbewerbsbeiträge, die wegen wesentlichen Verstössen gegen die Programmbestimmungen von der Preiserteilung ausgeschlossen wurden, angekauft werden». Angekaufte Wettbewerbsbeiträge darf das Preisgericht ebenfalls rangieren und denjenigen im ersten Rang zur Weiterbearbeitung empfehlen. Dies gilt aber nur, soweit diese Vorgehensmöglichkeit im Wettbewerbsprogramm ausdrücklich vorgesehen ist und ein Beschluss des Preisgerichts mit einer Mehrheit von mindestens drei Vierteln der Stimmen und die Zustimmung aller Vertreter der Auftraggeberin vorliegt (Art. 22.3 SIA 142).[89]

3.63 **5.** Nach dem Abschluss der Beurteilung, d.h. dem Entscheid über die Rangierung sowie die Zusprechung der Preise und allfälliger Ankäufe, muss das Preisgericht zuhanden der Auftraggeberin einen **Wettbewerbsbericht**[90] verfassen und eine **Empfehlung** ausspre-

---

[87] Art. 17.6 SIA 142; DEURING, Kreative Lösungen, S. 155ff.; RECHSTEINER, Die Wettbewerbe, S. 164ff.; SCHNEIDER HEUSI, SIA-Ordnung 142/2009, S. 7; SCHNEIDER HEUSI/SCHERLER, Wettbewerbe und Studienaufträge, S. 235f.

[88] Vgl. SIA-Wegleitung 142i–103d «Bestimmung der Gesamtpreissumme für Architekturwettbewerbe».

[89] Vgl. aber bezüglich der Zulässigkeit des Ankaufs in Wettbewerbsverfahren von kantonalen Vergabestellen VGer SG B 2017/5 vom 19. Januar 2017 (= BR/DC 2017, S. 245, Nr. 538, mit Anm. SCHERLER); B 2010/156 vom 14. Oktober 2010 (= BR/DC 2011, S. 110, Nr. 11, mit Anm. SCHERLER). Im November 2011 hat die SIA-Kommission 142/143 eine Wegleitung verabschiedet (SIA-Wegleitung 142i–404d, «Ankauf»). Die Kommission erachtet den Ankauf als «Bestandteil der Wettbewerbskultur» für sinnvoll. Sie empfiehlt jedoch auch, die zwingend einzuhaltenden Rahmenbedingungen «auf das absolut Notwendige» zu beschränken.

[90] Bericht des Preisgerichts oder Jurybericht.

chen.[91] Die Empfehlung lautet auf Erteilung des Zuschlags für den in Aussicht gestellten Folgeauftrag. Beim Ideenwettbewerb (Rz. 3.9), der in der Regel keine Folgeauftragsoption enthält, wird auf eine Empfehlung verzichtet. In begründeten Fällen drängt sich eine Empfehlung für das «weitere Vorgehen»[92] auf, indem zum Beispiel eine (teilweise) Überarbeitung der Wettbewerbsarbeiten empfohlen wird.

6. Mit dem Preisentscheid, der Empfehlung und der Unterzeichnung des Berichts durch das Preisgericht entfällt der Grund, die Projektverfasser geheim zu halten. **Die Anonymität ist aufzuheben** und die Verfassercouverts sind zu öffnen, um die Gewinner zu ermitteln (Art. 24.2 SIA 142).[93] Hierauf ist zu prüfen, ob die Preisgewinner zur Teilnahme am Wettbewerb berechtigt waren. Falls der für die Ausführung beantragte Wettbewerbsbeitrag ausscheidet, weil etwa dessen Verfasser nicht teilnahmeberechtigt war, so bestimmt das Preisgericht vor Ermittlung des nächsten Verfassers, ob sich ein anderer Wettbewerbsbeitrag zur Ausführung eignet. In diesem Fall liegt es im Ermessen des Preisgerichts, die Rangierung und die Preisabstufung zu ändern (Art. 24.3 SIA 142). 3.64

7. Die Empfehlung bzw. die **Empfehlungen für die Erteilung eines Folgeauftrags** sind bei Projektwettbewerben und Gesamtleistungswettbewerben öffentlicher Auftraggeberinnen im Sinne von Art. 53 VöB bindend.[94] In der SIA-Ordnung 142 ergibt sich eine solche Bindung aus dem Wettbewerbsprogramm gemäss Art. 13.3 lit. g sowie indirekt aus Art. 27 SIA 142. 3.65

8. Stellt das Preisgericht fest, dass aus dem Wettbewerb keine bewertbaren Wettbewerbsbeiträge (**«kein brauchbares Ergebnis»**) hervorgegangen sind (Art. 23.2 SIA 142), hält es dies in seinem Bericht fest. Die Auftraggeberin wird alsdann gemäss Art. 23.2 SIA 142 «für die Weiterbearbeitung der Aufgabe von jeder Verpflichtung aus dem Wettbewerb befreit». In vergaberechtlicher Hinsicht ist in diesem Fall das Wettbewerbsverfahren durch die Auftraggeberin formell abzubrechen.[95] Diese Pflicht ergibt sich aus dem allgemeinen vergaberechtlichen Grundsatz, wonach Vergabeverfahren abzubrechen sind, 3.66

---

[91] Art. 51 Abs. 2 VöB; Art. 16, Art. 23 und Art. 24 SIA 142.

[92] Art. 23.1 SIA 142.

[93] Der Vergabestelle ist es indes nicht verwehrt, auch im Rahmen eines Ideenwettbewerbs einen Folgeauftrag an den Gewinner zu versprechen (vgl. DUBEY, Concours, Rz. 349; MESSERLI, Planungs- und Gesamtleistungswettbewerb, S. 74 f.). Ein so ausgestalteter Ideenwettbewerb kommt aber inhaltlich einem Projektwettbewerb sehr nahe oder unterscheidet sich überhaupt nicht von Letzterem (MESSERLI, Planungs- und Gesamtleistungswettbewerb, S. 77). Vorliegend wird daher unter Ideenwettbewerb jeweils ein Verfahren verstanden, in dessen Rahmen kein Folgeauftrag in Aussicht gestellt wird.

[94] Bei Gesamtleistungswettbewerben mit einer Empfehlung für die Erteilung des Planungs- und Realisierungsauftrags; GALLI/MOSER/LANG/STEINER, Praxis des öffentlichen Beschaffungsrechts, Rz. 990 und 1003.

[95] Art. 1.4 i.V.m. Art. 24 SIA 142; SCHNEIDER HEUSI/SCHERLER, Wettbewerbe und Studienaufträge, S. 234 f.

wenn kein Angebot die geforderten Kriterien und technischen Anforderungen erfüllt.[96] Sofern die Ergebnislosigkeit nicht von der Auftraggeberin oder vom Preisgericht zu verantworten ist, sondern allein in den nicht bewertbaren Projekteingaben begründet liegt, muss im Anschluss an den Abbruch kein neues Wettbewerbsverfahren eingeleitet werden.[97] Vielmehr darf die Auftraggeberin einen Planungsauftrag «freihändig» erteilen und auf eine Wiederholung oder eine Neuauflage des Verfahrens verzichten.[98]

4. Vorgehen nach Abschluss des Wettbewerbs

3.67 **1.** Mit der Mitteilung des Wettbewerbsergebnisses an die Teilnehmer und der Ausrichtung der zuerkannten Preise ist der Wettbewerb abgeschlossen (Rz. 3.63).

3.68 **2.** Die Preisentscheidung wird für die Auftraggeberin nach Abschluss der Beurteilung mit der schriftlichen Mitteilung an die Teilnehmer grundsätzlich verbindlich.[99] Sie kann nicht mehr von sich aus auf den Entscheid zurückkommen und eine andere Preisverteilung vornehmen.[100] Dies gilt für öffentliche und private Auftraggeberinnen gleichermassen.

3.69 Das Ausscheiden eines Preisgewinners führt nicht zu einer Neubeurteilung der Wettbewerbsbeiträge. Ebenso wenig ist eine neue Preisverteilung vorzunehmen. Vielmehr rückt der Verfasser des nächstbestqualifizierten Projekts nach (Rz. 3.64).[101]

---

96 § 37 Abs. 1 lit. a SVO ZH; Art. 30 Abs. 2 lit. a VöB. Die Teilnehmer haben grundsätzlich Anspruch darauf, dass einem von ihnen der mit der Ausschreibung in Aussicht gestellte Folgeauftrag vergeben wird; wird aus wichtigen Gründen kein Zuschlag erteilt, ist das Verfahren förmlich abzubrechen.

97 Haben die Auftraggeberin (bei Mängeln in der Ausschreibung oder im Wettbewerbsprogramm) oder das Preisgericht (infolge mangelhafter Jurierung) den ergebnislosen Wettbewerb zu verantworten, ist der Wettbewerb zu wiederholen oder sind die Planungsleistungen in einem konventionellen leistungsorientierten Vergabeverfahren mit Honorarofferten zu vergeben.

98 Art. 13 Abs. 1 lit. a und b VöB; § 10 Abs. 1 lit. a und b SVO-ZH; § 8 Abs. 3 lit. c SubmD-AG. Fraglich ist, ob hierfür Planer beauftragt werden dürfen, die bereits am ergebnislosen Wettbewerb teilnahmen.

99 Die Preisgewinner haben nun einen klagbaren Anspruch auf Entrichtung der Preise. Ist dem Sieger die Weiterbearbeitung der Bauaufgabe (Abschluss eines Planungsvertrags) versprochen, so kann bei Weigerung der Auftraggeberin, den Vertrag zu schliessen, die fehlende Willenserklärung durch Urteil des Richters ersetzt werden (BGE 97 II 51). Dem Gewinner wird dadurch in der Regel nicht geholfen sein, da die Auftraggeberin vom Planungsvertrag jederzeit zurücktreten kann; dem Gewinner verbleibt dann nur ein Schadenersatzanspruch nach Art. 377 OR, wenn es sich beim konkreten Planungsvertrag um einen Werkvertrag handelt, nach Art. 404 OR, wenn es sich um einen Auftrag handelt. Ob sich mit Rücksicht darauf, dass die Auftraggeberin eine allfällig bestehende Kontrahierungspflicht jederzeit in eine Schadenersatzpflicht «umwandeln» kann, die Annahme rechtfertigt, eine Klage auf Vertragsabschluss sei ausgeschlossen, es könne vielmehr nur auf Schadenersatz geklagt werden, bleibe dahingestellt.

100 Eine andere Frage ist, ob der Entscheid, auf Klage von Konkurrenten hin, aufgehoben werden kann.

101 Messerli, Planungs- und Gesamtleistungswettbewerb, S. 164.

Gemäss Art. 25.1 SIA 142 sind die Wettbewerbsergebnisse in der Presse «angemessen» zu veröffentlichen. Die Wettbewerbsbeiträge sind mit der Veröffentlichung des Entscheids während mindestens 10 Tagen öffentlich auszustellen.[102] 3.70

3. Die Veranstalterin eines Wettbewerbs ist nicht verpflichtet, eines der eingereichten Projekte zur Ausführung zu bringen, auch nicht das erstprämierte (Rz. 2.59). Sie kann auf die Erteilung eines Folgeauftrags zur Realisierung des Bauvorhabens verzichten oder ein anderes Projekt ausführen lassen. Vorbehalten sind anderslautende Bestimmungen im Wettbewerbsprogramm. 3.71

4. In der Praxis behalten sich private Auftraggeberinnen häufig das Recht vor, über die Weiterbearbeitung der Projekte nach Abschluss des Wettbewerbs selbständig zu entscheiden, ohne sich schon vorher auf ein bestimmtes Projekt (z.B. dasjenige des Preisgewinners) festzulegen. Die Auftraggeberin bleibt so frei, einen andern Planer direkt zu beauftragen. 3.72

IV. Die am Wettbewerb Beteiligten und ihre Rechtsbeziehungen

Über **Zuständigkeiten** bzw. **Verantwortlichkeiten** der Beteiligten finden sich in der SIA-Ordnung 142 verschiedene Regeln. 3.73

1. Die am Wettbewerb Beteiligten

A. Die Auftraggeberin

1. Die Aufgaben und Pflichten der Auftraggeberin werden in Art. 9.1 ff. SIA 142 festgelegt:[103] Sie hat die geeignete **Verfahrensart** zu wählen und das Verfahren so durchzuführen, «dass eine angestrebte Auftragserteilung an den Gewinner zulässig ist und das Vorhaben umgesetzt werden kann». Bei öffentlichen Auftraggeberinnen, die dem Vergaberecht unterstellt sind, ist der Wettbewerb gemäss den anwendbaren Schwellenwerten entweder im Einladungs- oder im offenen bzw. selektiven Verfahren durchzuführen.[104] 3.74

---

102 In begründeten Fällen kann unter Wahrung der Interessen der Teilnehmer auf eine Veröffentlichung und/oder eine öffentliche Ausstellung verzichtet werden. Dies ist im Wettbewerbsprogramm anzuzeigen (Art. 25.2 SIA 142).

103 Vgl. dazu auch Art. 45 und Art. 50 f. VöB; Rechsteiner, Die Wettbewerbe, S. 160; Schneider Heusi/Scherler, Wettbewerbe und Studienaufträge, S. 225 ff.

104 SIA-Wegleitung 142i–401d «Aufgaben und Verantwortung der Jurymitglieder», S. 5 (in Überarbeitung 2018): Die Auftraggeberin ist verantwortlich für die notwendigen Vorabklärungen, um die Machbarkeit der Aufgabe, insbesondere die Finanzierbarkeit, zu sichern.

3.75 **2.** Die Auftraggeberin hat das Verfahren einer **Wettbewerbsform**, d.h. entweder der Kategorie anonymer Wettbewerb oder der Kategorie nicht anonymer Studienauftrag (Rz. 4.12), zuzuordnen. Eine Kombination von Wettbewerb und Studienauftrag ist aufgrund des Vorbehalts anonym durchzuführender Wettbewerbe nicht zulässig. Werden im Rahmen einer Projektentwicklung beide Vergabeformen, Wettbewerb und Studienauftrag (ohne Folgeauftrag), angewendet, so sind diese als in sich abgeschlossene Schritte durchzuführen.

3.76 **3.** Die Auftraggeberin ist für die Erstellung, die Publikation und den Versand des **Wettbewerbsprogramms** verantwortlich. Die Auftraggeberin ist verpflichtet, den Wettbewerb von Anfang bis Ende so durchzuführen, wie es im Wettbewerbsprogramm (Rz. 3.46) vorgesehen ist. Nach Eröffnung des Wettbewerbs darf sie keine Programmänderungen mehr vornehmen, es sei denn, dass sie ausdrücklich vorbehalten sind, dass sie sich aus der Fragebeantwortung ergeben oder dass alle Teilnehmer damit einverstanden sind. Insbesondere darf sie das Programm nicht zum Nachteil der Teilnehmer – zum Beispiel durch Verkürzung der Eingabefrist – abändern. Die Teilnehmer, die im Vertrauen auf das Wettbewerbsprogramm an die Lösung herangegangen sind, dürfen in diesem Vertrauen nicht nachträglich enttäuscht werden.

3.77 **4.** Die **Besetzung des Preisgerichts** bzw. der Experten ist ebenfalls Aufgabe der Auftraggeberin. Unter Beachtung bestimmter Schranken der personellen Zusammensetzung hat die Auftraggeberin bei der Bestellung der Preisrichter und Experten freie Hand.[105]

3.78 **5.** Die Auftraggeberin lässt durch das Preisgericht **Fragen** der Teilnehmer beantworten (Rz. 3.51). Nach Eingang der Wettbewerbsarbeiten ist sie für die **Vorprüfung** der Erfüllung der Programmbestimmungen durch die eingereichten Wettbewerbsbeiträge sowie für die Erstellung eines Vorprüfungsberichts zuhanden des Preisgerichts besorgt.[106]

3.79 **6.** Mit dem Abschluss des Verfahrens trifft die Auftraggeberin die Pflicht zu einer angemessenen **Bekanntmachung** des Wettbewerbsergebnisses in den Medien und einer **öffentlichen Ausstellung** der Wettbewerbsbeiträge.[107] Öffentliche Auftraggeberinnen teilen das Wettbewerbsergebnis den Teilnehmern durch Verfügung mit.[108]

B. Das Preisgericht

3.80 **1. Zusammensetzung:** Gemäss Art. 10.3 SIA 142 setzt sich das Preisgericht aus «qualifizierten Fachleuten aus den massgeblichen Fachgebieten, in denen der Wettbewerb ausgeschrieben wurde», zusammen. Die **Fachpreisrichter** müssen in ihrem Fachgebiet min-

---

[105] Präambel SIA 142.

[106] Art. 49 VöB; Art. 9.1 und Art. 15 SIA 142; Messerli, Planungs- und Gesamtleistungswettbewerb, S. 67 und 124 f.; vgl. SIA-Wegleitung 142i–102d «Begleitung von Wettbewerben und Studienaufträgen».

[107] Art. 57 VöB; Art. 25 SIA 142.

[108] Schneider Heusi, SIA-Ordnung 142/2009, S. 7.

destens über dieselben Qualifikationen verfügen, die auch von den Teilnehmern gefordert werden. Bei Wettbewerben unter interdisziplinären Teams wird bei der Zusammensetzung des Preisgerichts eine gesamtheitliche Beurteilung durch den Einsatz von Generalisten, unterstützt durch Experten der untergeordneten Fachgebiete, sichergestellt.[109] Neben den Fachpreisrichtern können weitere «von der Auftraggeberin frei bestimmte Personen», sogenannte **Sachpreisrichter,** im Preisgericht Einsitz nehmen.

2. Ein Qualifikationsmerkmal eines Wettbewerbs ist die **Unabhängigkeit** des Preisge- 3.81
richts.[110] Zu unterscheiden ist zwischen der Unabhängigkeit des Preisgerichts von der Auftraggeberin und der Unabhängigkeit von den Teilnehmern: Hinsichtlich der Auftraggeberin reicht es aus, wenn die Hälfte der Fachpreisrichter von ihr unabhängig ist. Demgegenüber ist die Unabhängigkeit gegenüber den Teilnehmern zwingend zu beachten. Die Mitglieder eines Preisgerichts unterliegen bei öffentlichen Auftragsvergaben genauso wie die Behördenmitglieder den Regeln über den Ausstand, weil sie den Vergabeentscheid der öffentlichen Auftraggeberin massgeblich vorbereiten. Der Grundsatz der Anonymität, der dafür sorgt, dass die Jurymitglieder die Identität der Urheber der Wettbewerbsbeiträge nicht kennen, ändert hieran nichts, weil schon der Anschein einer Befangenheit eine Ausstandspflicht begründet, hierfür also kein Nachweis einer tatsächlichen Befangenheit oder gar einer Beeinflussung des Verfahrensausgangs erforderlich ist. Dementsprechend ist Art. 12.2 Abs. 1 lit. b SIA 142 im Rahmen eines öffentlichen Vergabeverfahrens nicht zu beachten: Es ist nicht die Wettbewerbsteilnehmerin auszuschliessen, welche in einem Näheverhältnis zu einem Jurymitglied steht; vielmehr hat das betroffene Jurymitglied bei Erfüllung der entsprechenden gesetzlichen Voraussetzungen in den Ausstand zu treten.[111]

3. Das Preisgericht bestimmt vorgängig, welche technischen Fachgebiete für die Lösung 3.82
der Wettbewerbsaufgabe erforderlich sind. Es **genehmigt** das Wettbewerbsprogramm und damit auch die Beurteilungskriterien und es **beantwortet** die Fragen der Teilnehmer.

---

[109] Vgl. auch Art. 50 Abs. 2 VöB; Messerli, Planungs- und Gesamtleistungswettbewerb, S. 130 ff.; Schneider Heusi/Scherler, Wettbewerbe und Studienaufträge, S. 228 f.; vgl. dazu die SIA-Wegleitung 142i–401d «Aufgaben und Verantwortung der Jurymitglieder», S. 5 (in Überarbeitung 2018): «Jurymitglieder tragen Verantwortung gegenüber dem Auftraggeber, den Teilnehmern und als SIA-Mitglieder auch gegenüber dem SIA. Verantwortung gegenüber dem Auftraggeber: Jurymitglieder gehen mit dem Auftraggeber einen Vertrag ein und unterstehen der Treue- und Sorgfaltspflicht. Sie verpflichten sich, den Vertrag nach Treu und Glauben zu erfüllen. Insbesondere die Fachjuroren stellen ihre Fachkompetenz zur Verfügung, um das im Programm formulierte Ziel zu erreichen und haben die Pflicht, den Auftraggeber nach bestem Wissen und Gewissen zu beraten.». Und: «Jurymitglieder übernehmen gegenüber den Teilnehmern eine ethische und fachliche Verantwortung. Sie verpflichten sich zur Gleichbehandlung der Teilnehmer und zum fairen Wettbewerb.»

[110] Art. XV Ziff. 1 lit. j GPA; Art. 50 VöB; kantonale Erlasse, z.B. § 10 Abs. 1 lit. i SVO-ZH.

[111] KGer GE ATA/6/2015 vom 6. Januar 2015 E. 7 ff. (= BR/DC 2015, S. 227, Nr. 310, mit Anm. Zufferey); Art. 50 Abs. 4 Satz 3 VöB; Art. 10.4 SIA 142; zu einem vielbeachteten Entscheid vgl. VGer LU V 03 308 vom 7. Januar 2004 E. 10 f. «Planungswettbewerb Neubau Universität Luzern» (= BR/DC 2004, S. 60, Nr. 1, mit Anm. Esseiva); vgl. SIA-Wegleitung 142i–202d «Befangenheit und Ausstandsgründe».

Hauptaufgabe ist die **Beurteilung der Wettbewerbsbeiträge,** der Entscheid über die **Rangierung** sowie die Zusprechung der **Preise** und allfälliger **Ankäufe.**[112] Schliesslich ist der **Beurteilungsbericht** zu verfassen und eine **Empfehlung** für das weitere Vorgehen auszusprechen.[113]

C. Die Experten

3.83 **1.** Bei interdisziplinären Wettbewerben oder bei Wettbewerben, bei denen Problemstellungen für Fachplaner ein zusätzliches Gewicht erhalten, werden gewisse **Spezialfragen** in den eingereichten Projekten durch unabhängige Experten geprüft. In der Regel stehen diese Experten den Teilnehmern auch im Rahmen der Fragenbeantwortung für detaillierte Abklärungen zur Verfügung.[114]

3.84 **2.** Experten kommt bei komplexen Wettbewerbsaufgaben eine bedeutende Stellung zu.[115] Ihre **Auskünfte** und Feststellungen im **Vorprüfungsbericht** und in der **Fragenbeantwortung** beeinflussen sowohl die Teilnehmer bei der Erarbeitung der Projekte als auch das Preisgericht bei dessen Beurteilung in der Regel massgeblich. Externe Experten haben zwar Verhaltensregeln zu beachten (Art. 14.2 SIA 142), verfügen aber über kein Stimmrecht im Preisgericht.[116]

D. Die Teilnehmer

3.85 **1.** Die Teilnehmer sind die **zentralen Akteure** im Wettbewerbsverfahren – ihre Stellung ist in der SIA-Ordnung 142 jedoch vergleichsweise knapp geregelt (vgl. Art. 12 SIA 142). Gemäss Art. 12.1 SIA 142 können Einzelplaner, mehrere Planer oder eine Kombination von Planern und Unternehmern am Wettbewerb teilnehmen.[117]

---

112 Vgl. Art. 21 und Art. 22 SIA 142; Art. 52 VöB.

113 Art. 51 Abs. 2 VöB; Art. 16, Art. 23 und Art. 24 SIA 142; SIA-Wegleitung 142i-401d «Aufgaben und Verantwortung der Jurymitglieder», S. 5 (in Überarbeitung 2018): «Mitglieder des SIA sind gemäss den Statuten des SIA verpflichtet, sich an die technischen Normen, Ordnungen, Richtlinien und Empfehlungen des SIA zu halten. Für Handlungen von Jurymitgliedern, die mit Grundsätzen der Berufsausübung im Widerspruch stehen, sind die jeweiligen Standeskommissionen zuständig. Diese können im Fall des standesunwürdigen Verhaltens eines Mitglieds unter bestimmten Bedingungen Sanktionen und gegebenenfalls auch den Ausschluss aus dem Verein verfügen».

114 SIA-Wegleitung 142i-102d «Begleitung von Wettbewerben und Studienaufträgen».

115 Ulrich, SIA-Ordnung 142, S. 251.

116 Art. 50 Abs. 3 VöB; Art. 11.1 SIA 142. Wichtig ist dabei festzustellen, dass diese nur in Bezug auf die ihnen gestellten Spezialfragen beratende Funktion haben. Art. 11 Satz 2 SIA 142 muss somit eng ausgelegt werden.

117 Vgl. dazu SIA-Wegleitung 142i-201d «Teambildungen bei Projektwettbewerben»; VGer ZH VB.2005.00153 vom 25. Januar 2006; Deuring, Kreative Lösungen, S. 155 ff.; Dubey, Concours, Rz. 651 ff.; Schneider Heusi/Scherler, Wettbewerbe und Studienaufträge, S. 229 f.

2. Aus Art. 12.2 SIA 142 ergibt sich, dass am Wettbewerb **nicht teilnehmen** darf, «a) wer bei der Auftraggeberin, einem Preisrichter oder einem im Wettbewerbsprogramm aufgeführten Experten angestellt ist, b) wer mit einem Preisrichter oder einem im Wettbewerbsprogramm aufgeführten Experten nahe verwandt ist oder in einem beruflichen Abhängigkeits- oder Zusammengehörigkeitsverhältnis steht oder c) wer den Wettbewerb begleitet». In Art. 12.3 SIA 142 wird zudem festgehalten, dass die «Kontaktaufnahme eines Teilnehmers mit der Auftraggeberin, dem Preisgericht oder einem Experten in Fragen, die den Wettbewerb betreffen», vor dem Preisgerichtsentscheid untersagt ist. 3.86

Am Wettbewerb darf hingegen teilnehmen, wer Vorleistungen vor Beginn des Wettbewerbs erbracht hat, sofern ihm gemäss Preisgericht aus seiner bisherigen Tätigkeit **keine unzulässigen Wettbewerbsvorteile** erwachsen. Vorleistungen und deren Verfasser sind im Programm zu nennen, und es sind deren Ergebnisse allen Teilnehmern zur Verfügung zu stellen. Damit wird die bundesgerichtliche Definition der Vorbefassung aus dem öffentlichen Vergaberecht übernommen.[118] 3.87

Vor der Beurteilung der Wettbewerbsbeiträge hat das Preisgericht darüber zu befinden, ob einem Teilnehmer aus seiner bisherigen Tätigkeit ein unzulässiger Wettbewerbsvorteil zukommt.[119] Konsequenterweise sind Ausschlüsse von Teilnehmern durch öffentliche Auftraggeberinnen mit Verfügung zu eröffnen.[120] 3.88

3. Unklar und wohl ohne praktische Bedeutung bezüglich Inhalt und Tragweite ist die Bestimmung von **Art. 12.4 SIA 142,** wonach «Bemühungen eines Teilnehmers um einen Auftrag, der mit der Empfehlung des Preisgerichts in Widerspruch steht», unzulässig sind. 3.89

2. Die Rechtsbeziehungen

A. Die Verträge der Beteiligten während des Wettbewerbsverfahrens im Überblick

Im Wettbewerbsverfahren bestehen bis zu dessen Abschluss verschiedene Vertragsverhältnisse zwischen den folgenden Beteiligten:[121] 3.90

- zwischen der Auftraggeberin und den intern oder extern beigezogenen Mitgliedern des Preisgerichts bzw. den einzelnen Experten, 3.91
- zwischen der Auftraggeberin und den einzelnen Teilnehmern. 3.92

[118] Vgl. dazu BGer 2P.164/2004 vom 25. Januar 2005 E. 3 f. (= BR/DC 2005, S. 76, Nr. 19, mit Anm. Esseiva); Jäger, Die Vorbefassung des Anbieters, S. 63 ff.

[119] Galli/Moser/Lang/Steiner, Praxis des öffentlichen Beschaffungsrechts, Rz. 1053.

[120] Galli/Moser/Lang/Steiner, Praxis des öffentlichen Beschaffungsrechts, Rz. 1031.

[121] Ulrich, Architekturwettbewerb, S. 78 ff.

B. Der Vertrag zwischen Auftraggeberin und Preisrichter oder Experte

3.93 **1.** Die vertraglichen Beziehungen zwischen der Auftraggeberin und den extern beigezogenen einzelnen Mitgliedern des Preisgerichts bzw. den einzelnen Experten sind als **einfache Aufträge** im Sinn der Art. 394 ff. OR zu qualifizieren.[122] Eine solidarische Haftung der Preisrichter gemäss Art. 403 Abs. 2 OR besteht insofern nicht, als es in der Praxis stets an einer entsprechenden Willensübereinstimmung der Beteiligten zur gemeinschaftlichen Mandatsübernahme mangelt (Rz. 4.52).[123]

3.94 **2.** Mit der Zustimmung, als Mitglied eines Preisgerichts oder als Experte tätig zu sein bzw. durch die Unterzeichnung des Wettbewerbsprogramms, das die SIA-Ordnung 142 für anwendbar erklärt, werden deren Bestimmungen von den Vertragspartnern als **Allgemeine Geschäftsbedingungen** übernommen.[124] Wirksam als Vertragsinhalt ist zudem das Wettbewerbsprogramm, soweit es Rechte, Pflichten sowie Verfahrensregeln für das Preisgericht und/oder für Experten enthält (Art. 10.1 SIA 142).

3.95 **3.** Im Verhältnis zu den Teilnehmern bleibt die Auftraggeberin für das Verhalten der Preisrichter verantwortlich. Sie hat die Verantwortung für die unsorgfältige Auftragserledigung durch die Mitglieder des Preisgerichts und/oder Experten als **Hilfspersonen** gemäss Art. 101 OR zu tragen. Ob sie wiederum Mitglieder des Preisgerichts und/oder der Experten gestützt auf Art. 398 OR und auf die übernommenen Pflichten gemäss Art. 10 SIA 142 haftbar machen kann, ist im Einzelfall zu beurteilen. Die Haftung eines oder mehrerer Mitglieder des Preisgerichts wird im Wesentlichen davon abhängen, inwiefern sie eine ihnen im Rahmen der Verfahrensdurchführung obliegende Pflicht verletzt oder dazu beigetragen haben, dass ein fehlerhafter Entscheid gefällt wurde (Rz. 4.55).[125]

C. Der Vertrag zwischen Auftraggeberin und Teilnehmern

3.96 **1.** Die Rechtswirkung des Wettbewerbs erschöpft sich (auch ausserhalb des Anwendungsbereichs der SIA-Ordnung 142) nicht in der Verpflichtung der Auftraggeberin, die (fristgemäss eingereichten) Projekte zu beurteilen, die Gewinner zu ermitteln und die ausgesetzten Preise auszurichten.[126] Vielmehr entstehen zulasten der Auftraggeberin einklagbare Vorbereitungspflichten.[127] Im Vordergrund stehen Versprechen der Auftrag-

[122] ULRICH, Architekturwettbewerb, S. 85.

[123] BGE 124 III 363/368 E. II/5a.

[124] Vgl. zur dieser Qualifikation als Allgemeine Geschäftsbedingungen ULRICH, Architekturwettbewerb, S. 24.

[125] Es fallen diesbezüglich vor allem Verfahrensfehler oder inhaltlich fehlerhafte Entscheide in Betracht, die zu einem Konflikt mit dem öffentlichen Vergaberecht führen; vgl. Rz. 3.29.

[126] Demgegenüber können programmwidrige Projekte unter Umständen vom Wettbewerb ausgeschlossen werden; vgl. Rz. 3.54.

[127] Diese können sich einerseits aus dem Wettbewerbsprogramm und andererseits unmittelbar aus Art. 2 ZGB ergeben. KOLLER A., Architektenrecht 1995, Rz. 239 ff.; zu den Wettbewerbsbedingungen vgl. Rz. 3.46.

geberin, die ihre Grundlage im Wettbewerbsprogramm haben. Das Programm bindet die Auftraggeberin, sobald sie es den Teilnehmern gegenüber für anwendbar erklärt hat (Rz. 3.76). Bei den Bedingungen, welche die Auftraggeberin in ihr Wettbewerbsprogramm aufnimmt und sie so für anwendbar erklärt,[128] handelt es sich um Bestimmungen bzw. **Abreden,** welche die Grundlagen für das Rechtsverhältnis zwischen der Auftraggeberin und den Teilnehmern durch die Wettbewerbseröffnung (Wettbewerbsverhältnis) bilden. Sie werden zum **Vertragsinhalt.**[129] Ein Teil der Bedingungen muss jeweils für den konkreten Wettbewerb individuell ausgearbeitet werden (z.B. die Angaben über die Projektierungsaufgabe, über Ort und Zeitpunkt der Projektabgabe etc.). Andere Bedingungen (z.B. hinsichtlich der Eigentumsverhältnisse an den eingereichten Projekten) können für eine Vielzahl von Wettbewerben vorformuliert sein und fallweise von der Auftraggeberin übernommen werden.[130]

2. Die Auftraggeberin offeriert mit der (Preis-)Ausschreibung[131] einem noch zu bestim- 3.97
menden Kreis von zu prämierenden Teilnehmern die Ausrichtung von Preisgeldern bzw. die Erteilung eines (Folge-)Auftrags bei Einreichung von Wettbewerbsbeiträgen.[132] Dem leistenden Teilnehmer entsteht durch ein einseitiges Rechtsgeschäft eine bedingte Forderung auf Ausrichtung der **ausgelobten Belohnung,** sofern sein Wettbewerbsbeitrag rangiert wird.

3. Demgegenüber nimmt nach der Konzeption des Art. 2.2 SIA 142 der Teilnehmer mit 3.98
seiner Teilnahme den «Antrag zum Abschluss eines Vertrages» an und «schliesst den Vertrag ab». Als «Bestandteile des Vertrages» gelten die SIA-Ordnung 142, das Wettbewerbsprogramm und die Fragenbeantwortung. Aus rechtlicher Sicht stellt sich die Frage, inwiefern sich aus dieser Formulierung eine vertragliche **Pflicht zur Abgabe eines Wettbewerbsbeitrags** durch die Teilnehmer ergibt.[133] Ob eine solche zu bejahen ist, ist im Einzelfall aufgrund der zwischen Auftraggeberin und Teilnehmern getroffenen Abrede zu klären.

a. Im **Einladungsverfahren** (Rz. 3.20) bestimmt die Auftraggeberin, welche Teilnehmer 3.99
sie direkt zum Wettbewerb einladen will (Art. 8.1 SIA 142). Die Anzahl der Teilnehmer kann frei gewählt werden. Sie soll mit dem Ziel bestimmt werden, dass der Wettbewerb ein genügend breites Spektrum von Lösungsmöglichkeiten hervorbringt. Als Vertragsabschluss eignet sich in diesem Verfahren der Zeitpunkt, in dem die Teilnehmer die Einladung zum Wettbewerb annehmen.

---

[128] Schneider Heusi, SIA-Ordnung 142/2009, S. 7.

[129] Gauch/Schluep/Schmid, OR AT, Rz. 1055; vgl. Art. 2.2 SIA 142.

[130] Unter den vorformulierten Wettbewerbsbedingungen stehen diejenigen der SIA-Ordnung 142 im Vordergrund.

[131] Oder mit der Einladung, falls keine Ausschreibung erfolgt oder falls im Zeitpunkt der Ausschreibung das Programm noch nicht feststeht.

[132] Ulrich, Architekturwettbewerb, S. 110.

[133] Koller A., Architektenrecht 1995, Rz. 210; Ulrich, Architekturwettbewerb, S. 111.

3.100 **b.** Im **selektiven Verfahren** reichen die Teilnehmer zuerst einen «Antrag auf Teilnahme» mit den geforderten Qualifikationsunterlagen ein (Art. 7.1 SIA 142). Die Auswahl erfolgt durch eine Mitteilung der Auftraggeberin an die ausgewählten Teilnehmer. Eine mit der Einreichung der Qualifikationsunterlagen erklärte Zustimmung eines Teilnehmers zum Vertragsabschluss mit der Auftraggeberin, der die Durchführung des Verfahrens bis zum Wettbewerbsende regelt, kann stets nur unter der Bedingung ergehen, dass der Teilnehmer von der Auftraggeberin überhaupt zur Teilnahme am Wettbewerb auf der zweiten Stufe zugelassen (präqualifiziert) wurde. Andererseits setzt ein Vertragsabschluss im Zeitpunkt der Einreichung dieser Unterlagen voraus, dass das folgende Verfahren mit den Wettbewerbsbedingungen sowie die Wettbewerbsaufgabe bereits hinreichend bestimmt sind. Vorausgesetzt, dass die Teilnehmer das Wettbewerbsprogramm kennen, kann zwischen der Auftraggeberin und jedem der Teilnehmer ab dem Zeitpunkt, in dem dieser mit der Zustellung der Präqualifikationsunterlagen die Teilnahme am Verfahren ausdrücklich oder konkludent erklärt, je ein bedingtes Vertragsverhältnis bestehen.[134] Andernfalls ist ein Vertragsabschluss erst zum Zeitpunkt möglich, in dem die Teilnehmer die Mitteilung der Präqualifikation erhalten haben und sie über die notwendigen Unterlagen für die Anhandnahme der Wettbewerbsaufgabe auf der zweiten Stufe verfügen.

3.101 **c.** Im **offenen Verfahren** akzeptiert der Teilnehmer mit einer vorbehaltslosen Eingabe seines Beitrags die ihm ausgehändigten Bedingungen im Wettbewerbsprogramm.[135] Ob sich im offenen Verfahren tatsächlich eine vertragliche Pflicht zur Abgabe bzw. Überarbeitung eines Wettbewerbsbeitrags für die unbestimmte Zahl von Teilnehmern ergibt, ist im Einzelfall zu klären. Die einseitige Befreiungsmöglichkeit des Interessenten ist eine notwendige Folge der Tatsache, dass die Auftraggeberin ihrerseits ja auch nicht eine fixe Leistung, sondern nur eine Chance auf den Wettbewerbssieg bietet.[136]

3.102 **4.** Die **Wettbewerbsaufgabe** ist mit Blick auf die Bedürfnisse der Auftraggeberin festzulegen.[137] Mit der Herstellung von Plänen, Skizzen und allenfalls Konzepten schuldet der Teilnehmer einen Arbeitserfolg. Die von den Teilnehmern zu erbringenden Leistungen sind somit werkvertraglicher Natur. Das Vertragsverhältnis zwischen der Auftraggeberin und dem einzelnen Teilnehmer ist bei Betrachtung der geschuldeten Leistung als **werkvertragsähnlicher Innominatkontrakt** zu qualifizieren.[138]

3.103 **5.** Kommt der Teilnehmer der Verpflichtung zur Abgabe eines Wettbewerbsbeitrags nicht nach, gerät er in **Verzug** und die Auftraggeberin kann gemäss den allgemeinen Verzugs-

134 Art. 151 OR.

135 Ulrich, Architekturwettbewerb, S. 80 f.

136 Ulrich, Architekturwettbewerb, S. 65 ff.

137 Art. 3.3 SIA 142. Siehe auch «Projektwettbewerb/Gesamtleistungswettbewerb» gemäss Begriffe SIA 142.

138 A. M. Messerli, Planungs- und Gesamtleistungswettbewerb, S. 51; Ulrich, SIA-Ordnung 142, S. 245; ders., Architekturwettbewerb, S. 110, die sie als Werkverträge qualifizieren. Vgl. zur Qualifikation des reinen Planungsvertrags Rz. 1.30.

regeln vorgehen.[139] Eine Nachfristansetzung zur Einreichung eines Wettbewerbsbeitrags ist bei öffentlichen Auftraggeberinnen bereits vor dem Hintergrund des Gleichbehandlungsgrundsatzes nicht zulässig (Rz. 3.22). Die Auftraggeberin kann nach Massgabe der Art. 107 ff. OR entweder Schadenersatz wegen Nichterfüllung verlangen oder vom Vertrag zurücktreten und Schadenersatz im Rahmen des negativen Vertragsinteresses geltend machen. Sie ist in einem solchen Fall nicht verpflichtet, eine Entschädigung zu leisten.

In der Praxis teilt der säumige Teilnehmer häufig bereits vor Ablauf der Frist zur Einrei- 3.104
chung der Wettbewerbsbeiträge der Auftraggeberin mit, dass er an der fristgerechten Einreichung des Wettbewerbsbeitrags verhindert ist. Oft erklärt sich die Auftraggeberin in solchen Fällen mit einer Vertragsauflösung einverstanden und gibt damit konkludent zum Ausdruck, dass sie weder auf der Leistung durch den Teilnehmer noch auf ihrem Schadenersatzanspruch besteht.

D. Rangierung und Ausschluss

1. Rangierung: Gemäss Art. 21.3 SIA 142 prüft das Preisgericht «die in der engeren Wahl 3.105
verbleibenden Wettbewerbsbeiträge und legt deren Rangfolge fest. Es differenziert zwischen der Klassierung von Rängen und der Klassierung von Preisen und Ankäufen». Nach der Konzeption der SIA-Ordnung 142 werden die Preise jedoch nur an diejenigen Teilnehmer entsprechend der festgelegten Rangfolge zugesprochen, die mit ihrem Wettbewerbsbeitrag weder aus formellen noch aus materiellen Gründen ausgeschlossen worden sind (Art. 19.1 SIA 142).

2. Welche Folgen ein **Verstoss gegen das Wettbewerbsprogramm** nach sich zieht, 3.106
bestimmt sich in erster Linie nach den darin formulierten Bestimmungen bzw. nach dem anwendbaren Vergaberecht. Die Auftraggeberin ist grundsätzlich frei, welche Sanktionen sie für den Fall von Programmwidrigkeiten vorsehen will. Sie kann zum Beispiel bestimmen, dass Beilagen (Fotos, Zeichnungen usw.), die dem Wettbewerbsbeitrag programmwidrig beigelegt werden, zu entfernen und bei der Projektbeurteilung nicht zu berücksichtigen sind. Pläne, die nicht im vorgeschriebenen Massstab angefertigt wurden, können zur Verbesserung zurückgewiesen werden.

Ausschluss: Die SIA-Ordnung 142 unterscheidet in Art. 19 zwischen dem «Ausschluss 3.107
von der Beurteilung» und dem «Ausschluss von der Preiserteilung». In beiden Fällen entfällt ein Preisanspruch. Die SIA-Ordnung 142 schränkt den **Ausschluss von der Beurteilung** auf unverständliche oder in wesentlichen Belangen unvollständige Wettbewerbsbeiträge ein. Offen bleibt, ob bei zwar verständlichen, von der Auftraggeberin aber sonst als mangelhaft beurteilten Wettbewerbsbeiträgen eine Preiserteilung gleichwohl zulässig ist. Es ist jedoch fraglich, inwiefern ein Wettbewerbsbeitrag in diesem frühen Verfahrens-

[139] Art. 107 ff. und Art. 366 OR. Im Programm kann eine anderslautende, vorrangige Regelung getroffen werden.

stadium nebst den beiden Fällen von Unvollständigkeit und Unbrauchbarkeit überhaupt als mangelhaft qualifiziert werden kann. Sodann fehlt es zumindest bei öffentlichen Auftraggeberinnen an der Möglichkeit, den Teilnehmer zur Nachbesserung zuzulassen, da dies mit dem Grundsatz der Gleichbehandlung im Vergaberecht unvereinbar wäre. Neben den genannten Ausschlussgründen von Art. 19 SIA 142 können bei Verfahren von öffentlichen Auftraggeberinnen weitere Ausschlussgründe erfüllt sein, die vorrangig zu beachten sind.[140]

3.108 **3.** Die Auftraggeberin ist zur «vollen» **Ausrichtung der Gesamtpreissumme**[141] gemäss der im Wettbewerbsprogramm festgelegten Regeln an die Teilnehmer verpflichtet. Wird die SIA-Ordnung 142 als anwendbar erklärt, bemisst sich die Höhe der Summe nach den darin festgelegten Regelungen (Art. 17.1 SIA 142).[142] Die Auftraggeberin legt bereits im Programm die Höhe der Preissumme und die ungefähre Zahl der Preise fest (Art. 13.3 lit. f SIA 142). Die Zahl der Preise bewegt sich zwischen drei bei kleinen und zwölf bei grossen Gesamtpreissummen (Art. 17.2 SIA 142). Bei mehrstufigen Wettbewerben sind die geforderten Leistungen jeder Stufe bei der Ermittlung der Gesamtpreissumme zu berücksichtigen. Gemäss Art. 17.3 SIA 142 fallen höchstens 40% der Gesamtpreissumme für allfällige Ankäufe in Betracht.[143]

3.109 Die **Entschädigung** einer optionalen Bereinigungsstufe wird nicht in der Gesamtpreissumme berücksichtigt, sondern nach Bedarf am Ende der letzten ordentlichen Stufe bestimmt. Jeder Teilnehmer der optionalen Stufe erhält die ordentliche Vergütung für gleichartige Leistungen im Auftragsverhältnis. Bei Wettbewerben unter selektionierten und/oder eingeladenen Teilnehmern kann zudem ein angemessener Teil der Gesamtpreissumme als Entschädigung gleichmässig unter die Teilnehmer, deren Arbeiten zur Beurteilung zugelassen werden, verteilt werden (Art. 17.4 SIA 142).

E. Folgeaufträge im Regelfall, Abgeltungen im Ausnahmefall

3.110 **1.** Neben den Ansprüchen auf das Preisgeld stellt sich für die Wettbewerbsgewinner regelmässig die Frage, welche weiteren **Ansprüche** und Folgeaufträge aus Wettbewerben resultieren. Zu unterscheiden sind:

---

140 Vgl. VGer SG B 2010/156 vom 14. Oktober 2010 E. 3.2 (= BR/DC 2017, S. 245, Nr. 538, mit Anm. Scherler).

141 SIA-Wegleitung 142i–101d «Programme für Wettbewerbe und Studienaufträge», Anhang C (in Überarbeitung 2018).

142 Möglich sind anderslautende, vorrangige Regelungen. Bei fehlender Erklärung der Anwendbarkeit der SIA-Ordnung 142 hat die Festsetzung nach dem Wert der Arbeit und dem Aufwand zu erfolgen (Art. 374 OR).

143 SIA-Wegleitung 142i–101d «Programme für Wettbewerbe und Studienaufträge», Anhang C (in Überarbeitung 2018); SIA-Wegleitung 142–501d «Ansprüche aus Wettbewerben und Studienaufträgen».

- die Ansprüche aus Wettbewerben im Sinne von **Folgeaufträgen** gemäss Art. 27.1 SIA 142 als Regelfall und 3.111

- die **Abgeltungen** gemäss Art. 27.2 und Art. 27.3 SIA 142 als Ausnahmefälle.[144] 3.112

2. Beim **Ideenwettbewerb** (Rz. 3.9) gibt es in der Regel keinen Folgeauftrag (Art. 3.2 SIA 142). In Art. 27.1 lit. a SIA 142 wird präzisiert, dass der Gewinner dann Anspruch auf einen planerischen Auftrag hat, wenn ein solcher im Programm in Aussicht gestellt wird. Öffentliche Auftraggeberinnen haben deshalb im Programm die Voraussetzungen und Kriterien festzulegen, damit die vergaberechtlichen Vorgaben für eine solche Zuschlagserteilung erfüllt sind. Wenn kein bzw. kein substanzieller Auftrag versprochen wurde, hat der Gewinner zusätzlich zum Preisgeld gemäss Art. 17.1 SIA 142 Anspruch auf eine Entschädigung.[145] 3.113

Der Gewinner im **Projektwettbewerb** (Rz. 3.10) hat gemäss Art. 27.1 lit. b SIA 142 Anspruch auf den Auftrag, wie er im Wettbewerbsprogramm formuliert ist. Hierzu wird ausdrücklich festgehalten, dass in der Regel der volle Auftrag (100 Teilleistungsprozente gemäss SIA-Honorarordnungen) in Aussicht gestellt wird und bei Reduktion der Teilleistungen der Gewinner zusätzlich zum Preisgeld bzw. Ankauf eine Entschädigung erhält, die dem gleichen Prozentsatz der Gesamtpreissumme entspricht, um den die Teilleistungen reduziert wurden. Damit soll insbesondere die Reduktion bei einer späteren Generalunternehmerausschreibung abgegolten werden.[146] 3.114

Hinsichtlich der Folgeaufträge beim **Gesamtleistungswettbewerb** (Rz. 3.11 f.) besagt Art. 27.1 lit. c SIA 142, dass der Gewinner den Folgeauftrag für die Planungs- und die Bauleistungen erhält. 3.115

3. In Art. 27.2 SIA 142 werden zwei mögliche Fälle und die Voraussetzungen genannt, nach denen ein Gewinner, der keinen Folgeauftrag erhält, zusätzlich zu den Preisgeldern gemäss Art. 17 SIA 142 Anspruch auf eine **Abgeltung** der Urheberrechte geltend machen kann.[147] 3.116

Eine wichtige Bestimmung findet sich sodann in Art. 27.3 SIA 142: **Verzichtet** die Auftraggeberin innerhalb von drei Jahren nach dem Preisgerichtsentscheid auf eine Realisierung des Vorhabens definitiv und erteilt sie den Auftrag für die ausgeschriebenen Leistungen nicht, kann eine **Abgeltung** verlangt werden. Dies gilt auch bei einem recht- 3.117

---

[144] Schneider Heusi, SIA-Ordnung 142/2009, S. 7; Schneider Heusi/Scherler, Wettbewerbe und Studienaufträge, S. 235 f.

[145] Der Begriff des substanziellen Auftrags wird noch zu klären sein. Auszugehen ist im Minimum von den Teilleistungen für die Phasen Vorprojekt, Bauprojekt und Bewilligungsverfahren; Schneider Heusi, SIA-Ordnung 142/2009, S. 8.

[146] Vgl. auch Art. 17.1 SIA 142; Messerli, Planungs- und Gesamtleistungswettbewerb, S. 91 f.

[147] Mit der präzisierten Formulierung im Vergleich zur bisherigen Fassung ist nun verdeutlicht, dass die Abgeltungen nicht die Unrechtmässigkeit des Auftragsentzugs voraussetzen. Eine Entschädigung ist unabhängig davon geschuldet, ob die Empfehlung des Preisgerichts rechtskonform erfolgt ist oder nicht; vgl. Messerli, Planungs- und Gesamtleistungswettbewerb, S. 44 und 83.

mässigen Verzicht der Auftraggeberin und unabhängig von den Gründen, die sie zu diesem Schritt bewogen haben.[148] Mit dieser Bestimmung wird dem Umstand Rechnung getragen, dass die Auftraggeberin nicht gegen ihren Willen dazu gezwungen werden kann, dem Wettbewerbsgewinner den Zuschlag und einen Folgeauftrag zu erteilen (Rz. 2.59). Dem Entscheid des Preisgerichts kommt gemäss Rechtsprechung lediglich eine negative Bindungswirkung zu. Dies bedeutet, dass die dem öffentlichen Vergaberecht unterstellte Auftraggeberin nicht eine freihändige Vergabe an einen anderen Anbieter als den Wettbewerbsgewinner vornehmen kann,[149] wobei der Vertragsabschluss aber vom Wettbewerbsgewinner seinerseits nicht durchgesetzt werden kann.[150]

3.118 Vom definitiven Verzicht ist der Fall zu unterscheiden, bei dem das Vorhaben zumindest teilweise weiterverfolgt bzw. eine neue Ausschreibung vorgenommen wird. Beabsichtigt eine öffentliche Auftraggeberin, ein neues Vergabeverfahren für dieselbe Beschaffung oder eine solche mit vergleichbarem Zweck durchzuführen, so ist dies nur möglich, wenn der bestehende Zuschlag vorgängig rechtswirksam widerrufen wird, wofür wichtige Gründe vorliegen müssen.[151] Die Geltendmachung einer Abgeltung gemäss Art. 27.3 SIA 142 ist unabhängig davon möglich.

F. Verhandlungen über die Wettbewerbsbeiträge

3.119 **1.** Der Auftraggeberin bzw. dem Preisgericht liegen nach Ablauf der Eingabefrist und durchgeführter Vorprüfung Angebote vor, über die theoretisch verhandelt werden könnte. Solche **Offertverhandlungen** sind jedoch aus vertragsrechtlicher und vergaberechtlicher Sicht nicht zulässig: Aus vertragsrechtlicher Sicht sind sie ausgeschlossen, weil die Vergabestelle an das bekannt gegebene Wettbewerbsprogramm gebunden ist.[152] Würde sie im Vorfeld zum Eingabetermin ein «Gegenangebot» eines Wettbewerbsteilnehmers akzeptieren, bestünde die Situation, dass gegenüber diesem Wettbewerbsteilnehmer andere Wettbewerbsbedingungen gelten würden als gegenüber den übrigen (potenziellen) Wettbewerbsteilnehmern. Diese Situation wäre mit dem Grundsatz von Treu und Glauben, der die Gleichbehandlung aller Teilnehmer gebietet, nicht vereinbar. In vergaberechtlicher Hinsicht führt sie zu einer Verletzung des Gleichbehandlungsprinzips. Diese Situation kann die Vergabestelle auch nicht verhindern, indem sie das Wettbewerbsprogramm gegenüber allen (potenziellen) Wettbewerbsteilnehmern ändert. Denn nach der Eröffnung des Wettbewerbs kann ohne Einverständnis aller (potenziellen) Teilnehmer keine Programmänderung mehr vorgenommen werden: Gegenüber den

---

148 Schneider Heusi/Scherler, Wettbewerbe und Studienaufträge, S. 238.

149 VGer ZH VB.2004.00078 vom 17. März 2004 E. 1.1; VB.2003.00234 vom 28. Januar 2004 E. 2.3.

150 BGE 129 I 410/416 E. 3.4 (= BR/DC 2004, S. 73, Nr. S43, mit Anm. Stöckli); VGer ZH VB.2005.00068 vom 20. April 2005 E. 3.2.

151 VGer ZH VB.2005.0068 vom 20. April 2005 E. 3.4.

152 Vgl. z.B. Art. 13 SIA 142.

(potenziellen) Anbietern kann die Vergabestelle das als Offerte zu qualifizierende Wettbewerbsprogramm nicht einseitig ändern.[153]

2. Vor der Empfehlung des Preisgerichts[154] sind jegliche Verhandlungen auch in Wettbewerbsverfahren **ohne Folgeauftrag unzulässig.** Denn die Anonymität ist zu wahren, bis das Preisgericht die Wettbewerbsbeiträge beurteilt, rangiert und die Preise zugesprochen hat.[155] Vertragsverhandlungen sind mit dem Anonymitätsgrundsatz nicht vereinbar. Denn nach diesem Grundsatz müssen die Kenntnis über die Lösungsvorschläge einerseits und die Kenntnis über deren Verfasser andererseits konsequent auseinandergehalten werden.[156] Diese Trennung ist im Rahmen einer Vertragsverhandlung nicht möglich, bilden doch die Lösungsvorschläge regelmässig den Gegenstand des Angebots, über das mit den jeweiligen Verfassern verhandelt werden soll.[157] 3.120

3. In der Phase nach der Auswahl des für den Folgeauftrag zu berücksichtigenden Angebots sind **Verhandlungen über den Folgeauftrag** denkbar: Im Regelfall spricht das Preisgericht eine Empfehlung zuhanden der Vergabestelle für die Erteilung eines weiteren planerischen Auftrags oder eines Zuschlags aus.[158] Den Zuschlag selbst erteilt indes die Vergabestelle.[159] Dabei ist sie grundsätzlich an die Empfehlung des Preisgerichts gebunden, ein beliebiges Abweichen davon ist nicht zulässig.[160] Die Vergabestelle darf deshalb den Folgeauftrag nur dem empfohlenen Wettbewerbsteilnehmer und entsprechend dem vom Preisgericht vorgelegten Beitrag vergeben. Der Folgeauftrag hat ferner grundsätzlich der Wettbewerbsausschreibung oder dem -programm zu entsprechen.[161] In Bezug auf das **Änderungsverbot** in der Phase nach der Empfehlung des Preisgerichts ist die Rechtslage vergleichbar mit derjenigen nach der Erteilung des Zuschlags im «leistungsorientierten» Vergabeverfahren (Honorarsubmission; Rz. 4.21). Hier wie dort darf die Vergabestelle den Beschaffungsvertrag nur im Rahmen der Abschlusserlaubnis abschliessen. Im Gegensatz zum konventionellen und gesetzlich detailliert geregelten 3.121

---

153 Art. 3 Abs. 1 und Art. 5 Abs. 1 OR.

154 Art. 53 VöB; Art. 23 SIA 142.

155 Art. 48 VöB; Art. 1.4 SIA 142.

156 Siehe «Anonymität» gemäss Begriffe SIA 142.

157 LEUTHOLD, Verhandlungen und der neue «Dialog», Rz. 742 f.

158 Art. 51 Abs. 2 VöB; Art. 23.1 SIA 142.

159 Art. 51 Abs. 2 VöB und Art. 23.1 SIA 142 unterscheiden zwischen «Empfehlung […] für die Erteilung eines weiteren planerischen Auftrages» und «Empfehlung für die Erteilung […] eines Zuschlages». Diese Unterscheidung ist im Zusammenhang mit der Unterscheidung zwischen Projekt- und Gesamtleistungswettbewerb zu verstehen: Der Gewinner eines Projektwettbewerbs hat in der Regel Anspruch auf einen weiteren planerischen Auftrag (Art. 55 Abs. 1 lit. b VöB) und der Gewinner eines Gesamtleistungswettbewerbs erhält in der Regel den Zuschlag (Art. 55 Abs. 1 lit. c VöB). Vergaberechtlich gesehen handelt es sich aber bei beiden Varianten um die Erteilung des Zuschlags für den Folgeauftrag (vgl. MESSERLI, Planungs- und Gesamtleistungswettbewerb, S. 76).

160 Art. 53 VöB.

161 LEUTHOLD, Verhandlungen und der neue «Dialog», Rz. 752 f.

Ausschreibungsverfahren ergibt sich die Abschlusserlaubnis beim Projekt- oder Gesamtleistungswettbewerb aber nicht aus dem Zuschlag, sondern aus der Empfehlung des Preisgerichts: Mit der Empfehlung erlaubt das Preisgericht der Vergabestelle, den ausgeschriebenen Folgeauftrag mit dem ausgewählten Wettbewerbsteilnehmer freihändig zu vergeben.[162]

3.122 **4.** Wie in der Abschlussphase beim konventionellen leistungsorientierten Vergabeverfahren mit Honorarofferte drängen sich auch im Wettbewerbsverfahren nach der Empfehlung des Preisgerichts oft noch **Änderungen und Ergänzungen der Anbieter- und Auftraggeberparameter** auf. Auch in dieser Hinsicht ist die Situation vergleichbar mit dem konventionellen Vergabeverfahren. Es rechtfertigt sich daher, Offertverhandlungen im gleichen Umfang und nach den gleichen Regeln zuzulassen wie in der Abschlussphase beim konventionellen Vergabeverfahren. In der Phase nach der Empfehlung des Preisgerichts sind somit Offertverhandlungen nach den Verhandlungsregeln in der Abschlussphase zu führen. Danach dürfen die Offertverhandlungen im Ergebnis zu geringfügigen Änderungen der angebotenen Anbieter- und Auftraggeberparameter führen, soweit mit diesen Änderungen nicht die Gefahr einer Verfälschung des Wettbewerbsergebnisses einhergeht. Von einer solchen Verfälschung ist dann auszugehen, wenn die beabsichtigten Änderungen Rückwirkungen auf die Rangierung der Wettbewerbsbeiträge zeitigen könnten und damit wettbewerbsrelevant sind.[163]

3. Sonderfrage: Der fehlerhafte Preisentscheid

3.123 **1.** Mit dem Preisentscheid wird darüber befunden, welche Wettbewerbsbeiträge preiswürdig sind. Die Preisentscheidung wird mit der Mitteilung an die Teilnehmer für die Auftraggeberin verbindlich. Das schliesst jedoch eine **Anfechtung** durch die Teilnehmer nicht aus: Deren Anspruch auf Einhaltung der Wettbewerbsbedingungen schliesst auch den Anspruch auf Behebung von Fehlern des Preisentscheids ein. Bei öffentlichen Auftraggeberinnen obliegt diese Überprüfung den Beschwerdeinstanzen (Rz. 3.29).[164]

3.124 **a.** Im Anwendungsbereich der SIA-Ordnung 142 ist zwischen dem ungerechtfertigten Ausschluss von der Beurteilung einerseits und der Preiserteilung andererseits zu unterscheiden. Im einen wie im andern Fall wird der Wettbewerbsbeitrag nicht auf seine Preiswürdigkeit untersucht; er ist somit von der Preisentscheidung im hier verstandenen Sinne ausgeschlossen.

3.125 **b.** Die Feststellung der Fehlertatbestände kann Schwierigkeiten bereiten. Das gilt namentlich für Tatbestände, die einen Ermessensfehler voraussetzen. Ein solcher Fehler liegt nur vor, wenn der Spielraum verlassen, die Freiheit – das Ermessen – missbraucht

---

162 Leuthold, Verhandlungen und der neue «Dialog», Rz. 755.

163 Leuthold, Verhandlungen und der neue «Dialog», Rz. 756.

164 Koller A., Architektenrecht 1995, Rz. 267 ff.; Ulrich, Architekturwettbewerb, S. 125 ff.

wird.[165] Den Ermessensspielraum abzustecken, fällt nicht leicht. Die Gerichte sind zurückhaltend mit der Annahme, er sei nicht eingehalten; dies vor allem in ästhetischen und fachlichen Fragen, bei denen der Ermessensspielraum des Preisgerichts am grössten ist.[166]

2. Wird der Anspruch auf Fehlerbeseitigung klageweise geltend gemacht und ist nicht öffentliches Vergaberecht anwendbar, so stellt sich die Frage, wer für die **Korrektur** zuständig ist: das staatliche Zivilgericht oder aber das Preisgericht. Eine eigentliche Korrektur des Beschlusses müssen sich die Teilnehmer grundsätzlich nicht gefallen lassen, da sie gemäss Wettbewerbsbedingungen mit dem Preisentscheid des Preisgerichts rechnen, nicht jedoch mit einem richterlichen «Ersatz-Entscheid».[167] 3.126

3. Sofern die Behebung eines Fehlers praktisch nicht mehr möglich ist, wandelt sich der Anspruch auf Fehlerbehebung nach Massgabe der Art. 97 ff. OR in einen **Schadenersatzanspruch** um.[168] Für eine fehlerhafte Preisentscheidung haftet die Auftraggeberin jedoch nur dann, wenn sie ein Verschulden trifft. Ein solches wird dort, wo die Preisentscheidung einem Preisgericht übertragen wurde, kaum je vorliegen.[169] In den Vordergrund rückt daher die Frage, unter welchen Voraussetzungen die Auftraggeberin für das Verhalten des Preisgerichts einzustehen hat. In dieser Hinsicht gilt Art. 101 OR.[170] 3.127

4. Zur Anfechtung eines (fehlerhaften) Preisentscheids sind nur Teilnehmer **legitimiert,** für die sich die Behebung des Mangels vorteilhaft auswirken kann. Daher haben zum Bei- 3.128

---

165 Ein offensichtlicher Missbrauch ist nicht vorausgesetzt. Ein «blosser» Missbrauch genügt. Hingegen ist ein solcher nur anzunehmen, wenn vom «durchschnittlichen Empfinden» offensichtlich abgewichen wurde; Koller A., Architektenrecht 1995, Rz. 277.

166 Koller A., Architektenrecht 1995, Rz. 277.

167 Am Gesagten ändert nichts, dass der Richter mangels Sachverstand den fehlerhaften Preisentscheid regelmässig nicht selbst korrigieren, sondern damit Experten betrauen würde. Tragender Gedanke für den Ausschluss einer richterlichen Fehlerkorrektur ist ja das Vertrauen der Teilnehmer auf eine Preisentscheidung durch ein bestimmtes Preisgericht. Dieser Gedanke aber greift unabhängig davon durch, ob sich der Richter selbst an die Preisentscheidung wagt oder diese durch Experten vornehmen lässt. Aus der gleichen Überlegung darf die Fehlerkorrektur grundsätzlich auch keinem Ersatzpreisgericht übertragen werden. Immerhin mag «eine erneute Beurteilung der Wettbewerbsarbeiten durch ein Ersatzpreisgericht ausnahmsweise zulässig sein»; Ulrich, Architekturwettbewerb, S. 185.

168 Die Anwendbarkeit von Art. 97 ff. OR versteht sich von selbst für den Fall, dass zwischen Auftraggeberinnen und Teilnehmern ein Vertragsverhältnis besteht; Koller A., Architektenrecht 1995, Rz. 288.

169 Ausgeschlossen ist ein Verschulden freilich nicht. Culpa in eligendo fällt in Betracht, aber auch (z.B. verlängert die Auftraggeberin die Eingabefrist, ohne dem Preisgericht davon Kenntnis zu geben; in der Folge schliesst das Preisgericht einen Teilnehmer, der sich nicht an die im Programm angegebene Frist hält – zu Unrecht – vom Wettbewerb aus) culpa in instruendo.

170 Abzulehnen ist somit die Ansicht, die Pflicht der Auftraggeberin «erschöpfe sich darin, dem Spruche des Preisgerichts entsprechend die versprochenen Leistungen zu erbringen», weshalb die Auftraggeberin «allein für gehörige Sorgfalt bei Wahl und Instruktion» des Preisgerichts haftbar gemacht werden könne; Koller A., Architektenrecht 1995, Rz. 289.

spiel Teilnehmer, welche die Eingabefrist verpasst haben und aus diesem Grunde zu Recht vom Wettbewerb ausgeschlossen wurden, keinen Anspruch auf Korrektur eines fehlerhaften Preisentscheids (Rz. 3.54).

3.129 Soweit ein Anspruch auf Korrektur einer Preisentscheidung gegeben ist, besteht er nicht dem Preisgericht, sondern der Auftraggeberin gegenüber.[171] Denn nur diese treffen die Verpflichtungen aus dem Wettbewerbsverhältnis. Gegebenenfalls ist daher der Anspruch auf Fehlerbeseitigung in der Weise durchzusetzen, dass die Auftraggeberin verpflichtet wird, eine neue Beurteilung durch das Preisgericht zu veranlassen.[172]

171 Ulrich, Architekturwettbewerb, S. 149 f.

172 Ob das Preisgericht der Auftraggeberin gegenüber zu einer Neubeurteilung verpflichtet ist, ist eine hier nicht näher interessierende Frage. In einem von Ulrich, Architekturwettbewerb, S. 181, referierten Fall weigerte sich das Preisgericht, gemäss dem Entscheid der Wettbewerbskommission des SIA eine Neubeurteilung vorzunehmen.

§ 4 Der Studienauftrag nach der SIA-Ordnung 143

Claudia Schneider Heusi

Inhaltsverzeichnis

I. Einleitung

4.1 **1.** Der Studienauftrag wird herkömmlicherweise als eine Form der Konkurrenz verstanden. Dabei erteilt eine Auftraggeberin «Studienaufträge» für dieselbe Aufgabe gleichzeitig an mehrere Bewerber, um für die spätere Planung eines Vorhabens verschiedene Lösungsvorschläge zu erhalten.[1]

4.2 **2.** Der **Begriff des Studienauftrags** wird in zweifacher Weise verwendet: Zum einen wird damit eine *Verfahrensart* wie der Wettbewerb oder andere Formen der Planerauswahl *mit mehreren Teilnehmern* bezeichnet. Zum anderen wird darunter gleichzeitig das vom Veranstalter beim einzelnen Teilnehmer verlangte *Leistungsergebnis* (die Studie selber) verstanden.

4.3 **3.** Der Studienauftrag wird nachfolgend als Verfahrensart **insbesondere in Abgrenzung zum Wettbewerb** (Rz. 3.5) geschildert, fokussiert auf die SIA-Ordnung 143 für Architektur- und Ingenieurstudienaufträge (Rz. 4.11). Der Wettbewerb und der Studienauftrag sind seit 2009 in zwei verschiedenen Ordnungen geregelt.[2] Die SIA-Ordnung 143 für Studienaufträge orientiert sich in weiten Teilen an ihrer «Schwester-Ordnung» SIA 142 für Wettbewerbe (dazu Rz. 3.1 ff.). Sie wendet deren Vorgaben analog auf den *ausschliesslich nicht anonymen Studienauftrag* an.[3] Entsprechend werden im folgenden Beitrag vor allem die Unterschiede zum in vielen Bereichen ähnlichen Wettbewerb herausgearbeitet. Auf eine wiederholende Darstellung wird verzichtet.

---

1 Dubey, Concours, Rz. 429; ders., SIA-142 et 143, S. 173; Esseiva, Concours et marchés publics, S. 207.

2 Zuvor waren nur die Grundprinzipien für die Durchführung von Studienaufträgen in der SIA-Ordnung 142 für Architektur- und Ingenieurwettbewerbe (1998) beschrieben worden; Dubey, Concours, Rz. 420.

3 Vgl. zur Darstellung der SIA-Ordnung 143 Dubey, Mandats d'étude parallèles, S. 140 ff.

II. Grundlagen

1. Die Erscheinungsformen in der Praxis

1. Seit jeher wird eine Vielzahl *von unterschiedlichen Verfahren* als Studienaufträge bezeichnet. Es handelt sich um eine gewachsene Form der Auftragsvergabe,[4] die schon lange vor der Reglementierung der öffentlichen Vergaben eingesetzt wurde. 4.4

2. Studienaufträge decken alternativ im Wesentlichen folgende Bedürfnisse: 4.5

- Die Prüfung grundlegender Fragen zur möglichen weiteren Entwicklung und Nutzung einzelner oder mehrerer Parzellen bzw. grösserer Gebiete. 4.6
- Die Erarbeitung von Grundlagen für die Erstellung von planungs- und nutzungsrechtlichen Instrumenten. 4.7
- Die Durchführung einer weiteren Projektentwicklung, zum Beispiel im Rahmen eines Wettbewerbs, gestützt auf die Ergebnisse aus dem Studienauftrag. 4.8
- Auf der Basis des Studienauftrags sollen weitere Planeraufträge für die Projektierung eines Vorhabens ohne erneute Ausschreibung erteilt werden können. 4.9

3. Grössere öffentliche Bauherren setzten den Studienauftrag bis zum wegweisenden Entscheid «Cornavin»[5] insbesondere dort ein, wo die Notwendigkeit bestand, mit den Teilnehmern Zwischenergebnisse zu besprechen und die Fragestellungen zu einem umfangreichen und komplexen Vorhaben in einem nicht anonymen Verfahren klären zu können. Der Studienauftrag erwies sich indessen zusehends als ein Sammelbecken für alle möglichen Arten von Verfahren für kleinere und weniger anspruchsvolle Aufgabenstellungen, bei denen die Auftraggeberinnen, vor allem kleinere Gemeinwesen, *keinen anonymen* Wettbewerb gemäss der SIA-Ordnung 142/1998 durchführen wollten.[6] 4.10

2. Die SIA-Ordnung 143 und ihr Anwendungsbereich

1. Vor diesem Hintergrund beschloss der SIA, für den nicht anonymen Studienauftrag eine eigene Ordnung zu schaffen. Diese SIA-Ordnung 143 für Architektur- und Ingenieurstudienaufträge regelt die Durchführung von Studienaufträgen zur Vergabe von Architektur- und Ingenieurleistungen und legt Rechte und Pflichten von Auftraggeberin, Preisrichtern, Experten und Teilnehmern fest. 4.11

2. Auftraggeberinnen sollen durch die Regelung in zwei verschiedenen Ordnungen dazu angehalten werden, die Verfahren entweder dem Regelfall anonymer Wettbewerb oder dem Ausnahmefall nicht anonymer Studienauftrag zuzuordnen. Eine Kombination von 4.12

---

4 Ulrich, Architekturwettbewerb, S. 110.

5 BRK 2004-017 vom 8. September 2005 «Studienauftrag SBB Bahnhof Genf/Cornavin».

6 Dubey, Concours, Rz. 420 ff.

Wettbewerb und Studienauftrag wird in beiden Ordnungen als unzulässig erklärt (Rz. 3.5).[7] Als Grund wird genannt, dass bei einer Kombination die Anonymität im gesamten Verfahren nicht gewährleistet werden könne. Die klare Trennung ist indessen in erster Linie vergaberechtlich geboten (Rz. 4.29).

A. Die öffentliche Auftraggeberin

4.13 **1.** Wie die SIA-Ordnung 142 kann die SIA-Ordnung 143 von privaten und öffentlichen Auftraggeberinnen als anwendbar erklärt werden. Das setzt eine **ausdrückliche Nennung im Programm** voraus. Bei ihrer Übernahme bilden sie auch für eine öffentliche Auftraggeberin verbindliche Allgemeine Geschäftsbedingungen.[8]

4.14 **2.** Verfahren in Anwendung der SIA-Ordnungen werden mehrheitlich von der öffentlichen Hand durchgeführt, welche die Bestimmungen des **öffentlichen Vergaberechts**[9] vorrangig zu beachten hat (Rz. 3.21 ff.).[10] Die SIA-Ordnung 142 wird insbesondere in Entscheiden zu Submissionsbeschwerden von kantonalen Verwaltungsgerichten als subsidiäres öffentliches Recht bezeichnet. Gemäss dieser Rechtsprechung erlangt sie kraft des Verweises im Programm öffentlich-rechtlichen Charakter, soweit sie nicht dem vorrangigen öffentlichen Vergaberecht widerspricht.[11] Die SIA-Ordnung 143 war bislang nicht Gegenstand von Gerichtsentscheiden.

4.15 **3.** Die Vergaberechtserlasse des Bundes und der Kantone werden derzeit revidiert und mit ihnen das GPA 2012[12] umgesetzt. Nachfolgend nehme ich Bezug auf die neu vorgesehenen Regelungen zum Studienauftrag in den Revisionsvorlagen zum Bundesgesetz

---

7 Präambeln SIA 142/143

8 Dubey, Mandats d'étude parallèles, S. 140; Schneider Heusi, Die SIA-Ordnung 142/2009, S. 4.

9 Zu den vergaberechtlichen Grundlagen Rz. 3.21 ff.

10 Zum Vorrang der gesetzlichen Vorschriften vgl. VGer SG B 2017/5 Präsidialverfügung vom 19. Januar 2017 E. 2.2.2 (= BR/DC 2017, S. 245, Nr. 538, mit Anm. Scherler); B 2016/10 vom 23. August 2016 E. 2 in fine (= BR/DC 256, Nr. 586, mit Anm. Scherler); VGer ZH VB.2012.00861 vom 12. Juni 2013 E. 4.1 (= BR/DC 2014, S. 30, Nr. 14, mit Anm. Scherler); VGer SG B 2010/156 vom 14. Oktober 2010 E. 2.4 (= BR/DC 2011, S. 110, Nr. 11, mit Anm. Scherler).

11 BRK 2004-017 vom 8. September 2005 «Studienauftrag SBB Bahnhof Genf/Cornavin»; VGer SG B 2016/10 vom 23. August 2016 E. 2 in fine (= BR/DC 256, Nr. 586, mit Anm. Scherler); VGer ZH VB.2012.00861 vom 12. Juni 2013 E. 4.1 (= BR/DC 2014, S. 30, Nr. 14, mit Anm. Scherler); VGer SG B 2010/156 vom 14. Oktober 2010 E. 2.4 (= BR/DC 2011, S. 110, Nr. 11, mit Anm. Scherler); Galli/Moser/Lang/Steiner, Praxis des öffentlichen Beschaffungsrechts, Rz. 1010.

12 Revidiertes WTO-Übereinkommen über das öffentliche Beschaffungswesen vom 30. März 2012 (revGPA), in Kraft getreten am 6. April 2014. Die Schweiz hat das Übereinkommen noch nicht ratifiziert; der Bundesrat will damit zuwarten, bis die Revision der innerstaatlichen Rechtsgrundlagen des öffentlichen Vergaberechts (vor allem BöB und IVöB) abgeschlossen ist; siehe dazu Botschaft zur Genehmigung des Protokolls zur Änderung des WTO-Übereinkommens über das öffentliche Beschaffungswesen von 2017, BBl 2017, S. 2053 ff.

über das öffentliche Beschaffungswesen (E-BöB)[13] sowie der Interkantonalen Vereinbarung über das öffentliche Beschaffungswesen (E-IVöB).[14] Noch ist offen, wie die definitiven Gesetzestexte lauten werden.

B. Die private Auftraggeberin

Die private Auftraggeberin untersteht keinen vergaberechtlichen Vorschriften. Private Bauherren erklären in den Fällen, in denen sie Studienaufträge durchführen, in der Regel nicht oder nur auszugsweise Verbandsregelungen wie die SIA-Ordnung 143 als anwendbar. Rechte und Pflichten der Beteiligten ergeben sich entsprechend aus den von der privaten Auftraggeberin festgelegten individuellen Programmbestimmungen.[15] 4.16

3. Die Arten von Studienaufträgen

1. In der SIA-Ordnung 143 wird zwischen Planungs- und Gesamtleistungsstudien unterschieden (Art. 3 f. SIA 143). Als Planungsstudien gelten die Idee- und die Projektstudie (Art. 3.1 SIA 143). 4.17

a. Ideenstudien sollen ähnlich dem Ideenwettbewerb (vgl. Rz. 3.9) *Vorschläge* bringen für konzeptionelle Entscheide oder für die Lösung von komplexen Aufgaben, die nur allgemein umschrieben und abgegrenzt sind. In der Regel steht kein Folgeauftrag in Aussicht. Ideenstudien können zum Beispiel Testplanungen umfassen (Art. 3.2 SIA 143).[16] 4.18

b. Bedeutsamer sind **Projektstudien** (zum Projektwettbewerb vgl. Rz. 3.10), welche zur Lösung komplexer Aufgaben beitragen, deren Ergebnis zur Realisierung vorgesehen ist, und die der Ermittlung von Fachleuten dienen. Der Vertiefungsgrad der Projektstudie kann frei gewählt werden und ist im Gegenzug angemessen zu entschädigen (Art. 3.3 SIA 143). Ein Folgeauftrag kann, muss aber nicht, vorgesehen sein. Je nachdem, ob ein solcher Folgeauftrag vorgesehen ist oder nicht, läuft das Verfahren anders ab. 4.19

2. Die **Gesamtleistungsstudie** ist das «Spiegelbild» des Gesamtleistungswettbewerbs (vgl. Rz. 3.11 f.). Ähnlich wie dieser bedarf sie einer eingehenden, vorgängig definierten, möglicherweise funktionalen, sorgfältigen Leistungsbeschreibung und ist entsprechend zeit- und kostenaufwendig. 4.20

[13] Botschaft zur Totalrevision des Bundesgesetzes über das öffentliche Beschaffungswesen von 2017, BBl 2017, S. 1851 ff.

[14] Vgl. zur Vorlage Bau-, Planungs- und Umweltdirektoren-Konferenz (BPUK), abrufbar unter: <www.dtap.ch/de/bpuk/konkordate/ivoeb/e-ivoeb/> (besucht am 18. März 2018).

[15] Im Einzelfall sind Anspruchsgrundlagen gemäss Art. 8 OR, Urheber-, Wettbewerbs- und Lauterkeitsrecht sowie die culpa in contrahendo zu prüfen.

[16] Dubey, SIA-142 et 143, S. 197.

4. Die wesentlichen Unterschiede zum Wettbewerb

4.21 **1.** Die SIA-Ordnungen 142 und 143 unterscheiden in Abgrenzung zur SIA-Ordnung 144[17] grundlegend zwischen einer Beschaffung mittels eines leistungsorientierten Verfahrens, bei dem regelmässig ein Preisangebot zu unterbreiten ist und das deshalb in der Praxis häufig als *Honorarsubmission* bezeichnet wird, und der Beschaffung mittels eines *Wettbewerbs oder eines Studienauftrags.*[18] Dem Wettbewerb und dem Studienauftrag ist in Abgrenzung zum leistungsorientierten Verfahren **gemeinsam,** dass die Evaluation nicht aufgrund des offerierten Honorars und somit nicht mittels des Kriteriums Preis[19] erfolgt. Auch wird sowohl beim Wettbewerb als auch beim Studienauftrag ein unabhängiges Gremium[20] eingesetzt, dessen Entscheid für die Auftraggeberin verbindlich ist. Schliesslich erhält die Auftraggeberin beim Wettbewerb und beim Studienauftrag mehrere Lösungsvorschläge für eine bestimmte planerisch offene Ausgangslage.[21]

4.22 **2. Unterschiede bestehen** in erster Linie beim **Verfahren** des Studienauftrags:

4.23 – Die Auftraggeberin erteilt für die Erarbeitung von Lösungsvorschlägen parallel identische, entgeltliche Aufträge an verschiedene Planer.

4.24 – Der Studienauftrag wird nicht anonym durchgeführt. Die Anonymität ist definiert als «die konsequente Trennung zwischen der Kenntnis des Lösungsvorschlags einerseits und des Verfassers andererseits».[22] Bei einem nicht anonymen Verfahren haben Auftraggeberin, Beurteilungsgremium und Experten Kenntnis von der Identität der Teilnehmer.

4.25 – Der Studienauftrag erfolgt in der Regel nicht in einem offenen, sondern nur in einem selektiven oder im Einladungsverfahren (Art. 6 SIA 143).[23]

4.26 – Es wird ein Dialog zwischen dem Beurteilungsgremium und den Teilnehmern durchgeführt.

4.27 – Die Teilnehmer werden alle gleich honoriert. Preise werden nicht vergeben und eine Rangierung der Beiträge ist nicht vorgesehen. Die Teilnehmer konkurrenzieren sich nicht in Bezug auf ihre Entschädigung.

---

17 Vgl. dazu Rz. 5.1 ff.

18 Vgl. zum Unterschied zwischen leistungs- und lösungsorientierter Beschaffung Rz. 3.6 sowie Schneider Heusi/Scherler, Wettbewerbe und Studienaufträge, S. 212.

19 Anders bei Gesamtleistungswettbewerben/-studienaufträgen; vgl. Rz. 3.11.

20 Beim Wettbewerb wird dieses Gremium als Preisgericht (Rz. 3.80) und beim Studienauftrag als Beurteilungsgremium bezeichnet. Gemäss den Revisionsvorlagen soll für beide Verfahren der Begriff «Expertengremium» verwendet werden; vgl. dazu Rz. 4.40.

21 Dubey, SIA-142 et 143, S. 175.

22 Siehe «Anonymität» gemäss Begriffe SIA 142/143.

23 Vorrangig zu dieser Bestimmung sind die vergaberechtlichen Vorschriften zur Verfahrenswahl sowie zur Auftragswertberechnung; vgl. auch Rz. 4.14.

3. Die Meinung, dass sich mit einem Studienauftrag etwas einfacher das gleiche Resultat wie mit einem anonymen Wettbewerbsverfahren erreichen liesse, ist verbreitet, aber unzutreffend,[24] wie die folgenden Überlegungen zeigen: 4.28

a. Vorab sind die **vergaberechtlichen Folgen** je nach Qualifikation des durchgeführten Verfahrens unterschiedlich und von den öffentlichen Auftraggeberinnen zu beachten. Eine Zuschlagserteilung im Anschluss an ein nicht anonymes Verfahren ist nur unter engen Voraussetzungen zulässig (Rz. 4.164 ff.). Die Auftraggeberin verfügt im Ergebnis für die von ihr angestrebte Zuschlagserteilung für eine weitere Projektierung möglicherweise also nicht über eine rechtmässige vergaberechtliche Grundlage. Diese Themen werde ich nachfolgend vertieft erörtern (Rz. 4.164 ff.). 4.29

b. Das nicht anonyme Verfahren sowie die Durchführung des Dialogs stellen **erhöhte Anforderungen**[25] an die Auftraggeberin und die Mitglieder des Beurteilungsgremiums. Die SIA-Ordnung 143 sagt dazu lediglich: «Die Durchführung eines nicht anonymen Verfahrens stellt hohe Anforderungen an die Unabhängigkeit und die Integrität der Beteiligten.»[26] Entscheidend ist, dass die Gleichbehandlung der Wettbewerbsteilnehmer trotz fehlender Anonymität gewährleistet ist. Auch darauf gehe ich nachfolgend näher ein (Rz. 4.146 ff.). 4.30

c. Gemäss der SIA-Ordnung 143 eignet sich der Studienauftrag nur für **komplexe Aufgaben,** die aus fachlicher Sicht einen **direkten Dialog** zwischen dem Beurteilungsgremium und den Teilnehmern während der Projektentwicklung erfordern.[27] Die Auftraggeberin hat die Notwendigkeit des Dialogs im Programm des Studienauftrags zu begründen.[28] Als mögliche Gründe, die im folgenden Beitrag noch im Detail und kritisch betrachtet werden (Rz. 4.114 ff.), nennt die SIA-Ordnung 143: 4.31

- Die Aufgaben können nicht im Voraus klar definiert werden, und die Projektierung soll als aktiver Lernprozess dienen; oder 4.32
- verschiedene Randbedingungen sollen während der Projektierung getestet werden (Art. 1.2 SIA 143). 4.33

4. Den nachfolgenden Ausführungen wird die Definition der SIA-Ordnung 143 des Studienauftrags als *nicht anonymes, lösungsorientiertes Verfahren für komplexe Aufgaben* zugrunde gelegt. Davon zu unterscheiden ist die vergabe- wie vertragsrechtlich (Rz. 4.63) zum Teil umstrittene Qualifikation des Studienauftrags sowie die bereits erwähnte Frage, ob die öffentliche Auftraggeberin befugt ist, mögliche Folgeaufträge zu erteilen (Rz. 4.164 ff.). 4.34

---

24 Vgl. Rechsteiner, Die Wettbewerbe, S. 174.
25 Präambel SIA 143.
26 Präambel SIA 143.
27 Präambel und Art. 13.3 lit. b SIA 143.
28 Präambel und Art. 1.2 SIA 143.

III. Die Beteiligten und ihre Rechtsbeziehungen

1. Stellung, Aufgaben und Pflichten der Beteiligten

A. Die Auftraggeberin

4.35 **1.** Die Stellung, die Zuständigkeiten sowie die Aufgaben der Auftraggeberin entsprechen im Wesentlichen denjenigen beim Wettbewerb.[29] Noch ausgeprägter als beim Wettbewerb ist beim Studienauftrag die Verantwortung der Auftraggeberin für die **Verfahrenswahl.** Die Auftraggeberin ist zuständig für die Wahl des geeigneten Verfahrens und die Art des Studienauftrags (Art. 9.1 SIA 143) und hat im Einzelfall die für diese Wahl notwendigen vergaberechtlichen Abklärungen zu veranlassen.

4.36 **2.** Die SIA-Ordnung 143 erklärt die Auftraggeberin als zuständig für die **Einhaltung der Regeln des Dialogs** (Art. 9.1 SIA 143). Wie sie diese Pflicht wahrzunehmen hat, lässt die SIA-Ordnung 143 offen. Sie weist gleichzeitig den Mitgliedern des Beurteilungsgremiums dafür die Verantwortung zu, dass der Studienauftrag ordnungsgemäss durchgeführt wird (Art. 10.1 SIA 143) und der Dialog korrekt abläuft (Art. 10.2 und Art. 14.1 SIA 143). Damit trifft die Auftraggeberin vor allem die Pflicht, im Programm die Regeln des Dialogs festzusetzen. Die Durchführung des Dialogs (die Federführung, so Art. 14.1 SIA 143) aber obliegt dem Beurteilungsgremium.

4.37 **3.** Die öffentliche Auftraggeberin hat angesichts der fehlenden Anonymität des Verfahrens vorrangig dafür besorgt zu sein, dass die Gleichbehandlung der Teilnehmer gewährleistet ist. Ihr kommt die Pflicht zu, mit klaren Regelungen *im Programm* transparent offenzulegen, wie das Verfahren abgewickelt wird. Sie hat sodann die massgebenden Beurteilungskriterien[30] detailliert und die Einzelheiten zum Dialogverfahren (Anzahl, Zeitpunkt und Modalitäten der Besprechungen) umfassend bekannt zu geben.

B. Die Teilnehmer

4.38 **1.** Die wenigen Bestimmungen zu den Teilnehmern in den beiden SIA-Ordnungen 142 und 143 sind mit Ausnahme des Hinweises auf die Regeln des Dialogs beim Studienauftrag identisch.[31]

4.39 **2.** Allerdings ist beim Studienauftragsvertrag die **vertragsrechtliche Stellung** der Teilnehmer eine andere. Darauf komme ich zurück (Rz. 4.65 und 4.70).

---

[29] Art. 9 SIA 142/143; vgl. Rz. 3.74 ff.

[30] In der Praxis anzutreffen sind häufig allgemein gehaltene Kriterien wie Städtebau, Architektur, Aussenraum, Funktionalität, Wirtschaftlichkeit und ökologische Nachhaltigkeit.

[31] Art. 12 SIA 142/143; vgl. Rz. 3.85 ff.

C. Das Beurteilungsgremium

1. Anstelle eines Preisgerichts wird ein *Beurteilungsgremium*[32] eingesetzt, das nach denselben Regeln wie beim Wettbewerb zusammengesetzt ist. Eine Ausnahme besteht beim Studienauftrag ohne Folgeauftrag, bei dem nicht die Mehrheit, sondern nur zwei Fachleute[33] von der Auftraggeberin unabhängig[34] sein müssen (Art. 10.4. SIA 143). 4.40

2. Die Aufgaben eines Beurteilungsgremiums sind mit Ausnahme des zusätzlichen Dialogverfahrens dieselben wie die des Preisgerichts beim Wettbewerb. Das Beurteilungsgremium «moderiert den Studienauftrag, beurteilt die Vorschläge, hält die Ergebnisse des Dialogs fest und formuliert Schlussfolgerungen sowie eine Empfehlung für das weitere Vorgehen».[35] 4.41

3. Im Vordergrund steht somit die **Durchführung des Studienauftrags,** bei dem die Mitglieder des Beurteilungsgremiums wegen des Dialogverfahrens sowie der fehlenden Anonymität im Vergleich zum Wettbewerb besonders darauf achten müssen, dass keine Ausstands- und/oder Ablehnungsgründe vorliegen (Rz. 4.108). Das Beurteilungsgremium ist ebenfalls zuständig für die Erstellung von Protokollen nach den Zwischenbesprechungen (Art. 16 SIA 143). Es beurteilt zum Schluss des Verfahrens die Beiträge der Teilnehmer und gibt eine Empfehlung ab. Darauf gehe ich noch vertieft ein (Rz. 4.151 ff.). 4.42

4. Die SIA-Ordnung 143 weist den Mitgliedern des Beurteilungsgremiums die **Verantwortung** dafür zu, dass der **Studienauftrag ordnungsgemäss durchgeführt** wird. Sie verpflichtet die Mitglieder insbesondere dazu, die Transparenz während der Durchführung des Verfahrens und die Gleichbehandlung der Teilnehmer sicherzustellen (Art. 10.1 und Art. 10.5 SIA 143). Diese Pflichten gehen weit (Rz. 4.54) und setzen voraus, dass die Mitglieder des Beurteilungsgremiums über die notwendigen Kenntnisse im zu beurteilenden Fachgebiet und in der Durchführung von Wettbewerben sowie Studienaufträgen verfügen. Dabei handelt es sich nicht nur um fachliche Qualifikationen im Bereich der von den Teilnehmern geforderten Beiträge (Art. 9.2 und Art. 10.3 SIA 143), sondern auch um fundiertes Fachwissen zum Inhalt der SIA-Ordnung 143 und der dazugehörigen Praxis. Da sie mit ihren Entscheiden die Grundlagen für Verfügungen von öffentlichen Vergabestellen schaffen und gegenüber der Auftraggeberin in der Verantwortung stehen, haben die Mitglieder zudem mit den den Studienauftrag betreffenden, vergaberechtlich relevanten Themen vertraut zu sein. Dazu gehören beispielsweise die aus dem Gleichbehandlungsgebot fliessenden Verbote von Überarbeitungen, unzulässigen Änderungen 4.43

32 In Art. 21 Abs. 2 lit. i E-BöB wird der Begriff «Expertengremium» für den Wettbewerb und den Studienauftrag vorgesehen. Diese Begriffswahl ist unglücklich: Experten kommt in den SIA-Ordnungen 142/143 in der Praxis eine andere Funktion zu.

33 In der SIA-Ordnung 143 wird der Begriff «Fachleute» verwendet; er entspricht demjenigen des «Fachpreisrichters» in der SIA-Ordnung 142.

34 Zur Unabhängigkeit vgl. Rz. 3.81 und 4.108.

35 Präambel SIA 143.

von wesentlichen Rahmenbedingungen und der Erteilung von Folgeaufträgen an programmwidrig beurteilte Beiträge.

4.44 **5.** Hat die Auftraggeberin die SIA-Ordnung 143 nicht als anwendbar erklärt, ist sie frei, wie sie die Zusammensetzung und die Aufgaben des Beurteilungsgremiums im Programm organisieren will. Während private Veranstalter von Studienaufträgen hier keine Vorgaben zu beachten haben, ist bei öffentlichen Auftraggeberinnen wiederum die jeweilige Vergabegesetzgebung mit ihren Anforderungen an die Unabhängigkeit des Beurteilungsgremiums vorrangig.[36]

D. Die Experten und Fachstellen

4.45 **1.** Wie beim Wettbewerb (Rz. 3.83 f.) kann das Beurteilungsgremium zur Beurteilung spezifischer Fragen von der Auftraggeberin bestimmte Experten und Fachstellen konsultieren (Art. 11.1 SIA 143). Diese sind dabei den Interessen der Auftraggeberin als ihrer Vertragspartnerin verpflichtet (Art. 9.1 SIA 143).[37] Sie haben zum Beurteilungsgremium keine vertragliche Beziehung.

4.46 **2.** Die Auftraggeberin kann bestimmen, dass Experten und Fachstellen während des Dialogverfahrens auch den Teilnehmern für Beratungen zur Verfügung stehen. Die Experten und Fachstellen haben objektive Auskünfte zu erteilen, Informationen vertraulich zu behandeln und dafür zu sorgen, dass durch ihre Beratung kein Ideentransfer möglicher Lösungsansätze zwischen den Teilnehmern stattfindet (Art. 14.2 SIA 143). Anders als beim Wettbewerb können diese Experten oder Vertreter von Fachstellen, die den Teilnehmern für Beratungen zur Verfügung gestanden haben, auch an den Sitzungen des Beurteilungsgremiums teilnehmen.[38] Sie haben dabei eine beratende Funktion, jedoch kein Stimmrecht (Art. 11.1 SIA 143). Konkrete Verhaltensregeln in der SIA-Ordnung 143 zur wichtigen Expertentätigkeit fehlen. Angesichts der in der Praxis grossen Bedeutung der Expertenauskünfte für die Teilnehmer ist den Auftraggeberinnen zu empfehlen, mit diesen Experten neben der Honorarabrede ebenfalls die Aufgaben und Pflichten detailliert zu vereinbaren und diese gegenüber den Teilnehmern offenzulegen.

---

[36] Art. 50 und Art. 13 Abs. 1 lit. l VöB; § 10 Abs. 1 lit. i ZH-SVO; neu Art. 21 Abs. 2 lit. i E-BöB; Art. 21 Abs. 2 lit. i IVöB; vgl. auch Rz. 3.81.

[37] Dubey, SIA-142 et 143, S. 199.

[38] Vgl. Art. 14.2 letzter Satz SIA 142, wonach die Experten, die den Teilnehmern für Abklärungen zur Verfügung gestanden haben, nicht an der Beurteilung des Preisgerichts teilnehmen. Damit soll die Anonymität des Verfahrens sichergestellt werden.

2. Die Qualifikation der Vertragsverhältnisse während des Verfahrens und die Rechtsfolgen

A. Die Verträge im Überblick

1. Beim Studienauftrag bestehen bis zu dessen Abschluss, wie beim Wettbewerb, **verschiedene Vertragsverhältnisse** zwischen den folgenden Beteiligten: 4.47

- zwischen der Auftraggeberin und jedem einzelnen der extern beigezogenen Mitglieder des Beurteilungsgremiums; 4.48
- zwischen der Auftraggeberin und jedem einzelnen Teilnehmer; 4.49
- zwischen der Auftraggeberin und den einzelnen Experten/Fachstellen.[39] 4.50

2. Keine Unterschiede zum Wettbewerb (Rz. 3.93ff.) ergeben sich hinsichtlich der Qualifikation der vertraglichen Beziehung zwischen **der Auftraggeberin und den Mitgliedern des Beurteilungsgremiums.**[40] 4.51

a. Die entsprechenden Verträge sind in Bezug auf die im externen Verhältnis beigezogenen Fachleute als Aufträge gemäss Art. 394ff. OR zu qualifizieren.[41] Die Leistungserbringung erfolgt durch jedes Mitglied des Gremiums einzeln; Art. 403 Abs. 2 OR gelangt nicht zur Anwendung (Rz. 3.93). 4.52

b. Mit der Erklärung über die Anwendbarkeit der SIA-Ordnung 143 im Studienauftragsprogramm und dem nach entsprechender Anfrage durch die Auftraggeberin erfolgten Akzept, als Mitglied eines Beurteilungsgremiums tätig zu sein, werden die entsprechenden Regelungen der SIA-Ordnung 143 (als Allgemeine Geschäftsbedingungen)[42] in den Vertrag übernommen (Rz. 3.94). Dies gilt auch für die Bestimmungen des Programms, soweit sie Rechte und Pflichten (namentlich bezüglich der Verfahrensregeln) für das Beurteilungsgremium enthalten. Hinzu kommt die individuelle Festlegung der Entschädigung[43] für die Tätigkeit als Mitglied des Gremiums. 4.53

3. Die in der SIA-Ordnung 143 genannten Verpflichtungen der Mitglieder des Beurteilungsgremiums gehen weit. So wird ihnen vor allem die Verantwortung für die ordnungsgemässe Durchführung des Studienauftrags zugewiesen. Dabei haben sie die Transparenz des Verfahrens sowie die Gleichbehandlung der Teilnehmer sicherzustellen (Rz. 4.130).[44] 4.54

---

[39] Keine vertraglichen Beziehungen bestehen in der Regel zu hoheitlich tätigen Fachstellen wie beispielsweise Baubewilligungsbehörden.

[40] Wie beim Wettbewerb (Rz. 3.93) ist sodann das Vertragsverhältnis zwischen der Auftraggeberin und den Experten auch hier als Auftragsverhältnis zu qualifizieren.

[41] Ein Teil der Mitglieder des Beurteilungsgremiums steht zur Auftraggeberin in einem arbeitsvertraglichen Verhältnis.

[42] Vgl. dazu Ulrich, Architekturwettbewerb, S. 24.

[43] So werden in der Regel nur die extern beigezogenen Fachleute entschädigt.

[44] Vgl. Art. 10.1 und Art. 10.5 SIA 143.

4.55 **4.** Die Auftraggeberin haftet im Verhältnis zu den Teilnehmern für die Folgen einer unsorgfältigen Auftragserledigung durch die Mitglieder des Beurteilungsgremiums, die ihre Hilfspersonen sind (Art. 101 OR).[45] Es ist im Einzelfall zu prüfen, ob die Auftraggeberin gegen einzelne oder alle Mitglieder des Beurteilungsgremium gestützt auf Art. 398 OR und auf die übernommenen Pflichten gemäss Art. 10 SIA 143 Ansprüche geltend machen kann. Relevant ist dabei, ob eines, mehrere oder alle Mitglieder des Beurteilungsgremiums eine ihnen im *Rahmen der Durchführung des Verfahrens* obliegende Pflicht verletzten. Im Vordergrund stehen insbesondere Verfahrensfehler oder inhaltlich fehlerhafte Entscheide, die mit dem öffentlichen Vergaberecht kollidieren. Im Beurteilungsgremium befinden sich regelmässig Vertreter der Auftraggeberin. Diese Vertreter verfügen allenfalls über die Möglichkeiten und Ressourcen, heikle Fragen inhaltlicher oder rechtlicher Natur rechtzeitig (und auf Kosten der Auftraggeberin) abklären zu lassen. Die extern beigezogenen Mitglieder verfügen in der Regel jedoch über das spezialisiertere Wissen und über grössere Erfahrungen mit der Durchführung von Wettbewerben und Studienaufträgen. Sie trifft insbesondere die Pflicht, die nicht sachkundige Auftraggeberin auf mögliche rechtswidrige Vorgehensweisen während des Verfahrens aufmerksam zu machen und abzumahnen.

B. Die Verträge zwischen der Auftraggeberin und den Teilnehmern

4.56 **1.** Die SIA-Ordnung 143 führt zum Vertragsabschluss zwischen der Auftraggeberin und den Teilnehmern Folgendes aus: «Die Ausschreibung eines Studienauftrags ist ein Antrag zum Abschluss eines Vertrags. Mit seiner Teilnahme nimmt der Teilnehmer den Antrag an und schliesst den Vertrag ab» (Art. 2.2 SIA 143). Diese Bestimmung wirft Fragen auf.

4.57 **2.** So stellt sich zuerst die Frage nach dem **Inhalt dieses Vertrags.** Dieser ergibt sich sinngemäss aus Art. 2.1 SIA 143 und beschlägt wie beim Wettbewerb die Regelung der Durchführung des Verfahrens sowie die Festlegung der Rechte und Pflichten der Beteiligten, d.h. des Auftraggebers, der Mitglieder des Beurteilungsgremiums, der Experten und der Teilnehmer.[46]

4.58 **3.** Unklar ist, **in welchem Zeitpunkt der Vertrag zustande kommt.** Der Begriff der in Art. 2.2 SIA 143 erwähnten «Teilnahme» lässt dies offen.

4.59 **a.** Die Auswahl der Teilnehmer durch die Auftraggeberin erfolgt beim Studienauftrag in der Regel nicht in einem offenen, sondern in einem selektiven Verfahren.[47] Die Teilnehmer reichen dabei zuerst einen «Antrag auf Teilnahme mit den geforderten Qualifikationsunterlagen» (Art. 7.1 SIA 143) ein. Die anschliessende Auswahl erfolgt durch eine Mitteilung der Auftraggeberin an die ausgewählten Teilnehmer. Diese äussern sich in der Folge in der Regel nicht und geben keine weitere Erklärung «zur Teilnahme» ab.

[45] Nach Massgabe von Art. 101 OR.

[46] Vgl. auch Art. 2.1 SIA 142 sowie Rz. 3.96.

[47] Oder auf Einladung, Art. 7 und Art. 8 SIA 143. Zum selektiven Verfahren als Regelfall vgl. Rz. 4.101.

b. Eine mit der Einreichung der Qualifikationsunterlagen erklärte Zustimmung eines Teilnehmers zum Abschluss des Vertrags mit der Auftraggeberin, mit dem die Durchführung des Verfahrens bis zum Abschluss des Studienauftrags geregelt wird, kann, wenn überhaupt, nur unter der *Bedingung* erfolgen, dass er von der Auftraggeberin zur Teilnahme selektioniert wird. 4.60

c. Ein Vertragsabschluss setzt im Zeitpunkt der Einreichung dieser Unterlagen durch die Teilnehmer voraus, dass das spätere Verfahren und der Gegenstand der einzureichenden Beiträge ausreichend bestimmt sind. In der Regel hat die Auftraggeberin im Zeitpunkt der Ausschreibung bereits ein weitgehend bestimmtes Programm ausgearbeitet und wird dieses, um möglichst viele Teilnehmer anzusprechen, aus eigenem Interesse zu diesem Zeitpunkt veröffentlichen. 4.61

d. Unter der Voraussetzung, dass die Teilnehmer Kenntnis vom Programm der Auftraggeberin haben, kann zwischen der Auftraggeberin und jedem der Teilnehmer ab dem Zeitpunkt, da diese mit der Zustellung der Qualifikationsunterlagen die Teilnahme am Verfahren (ausdrücklich oder konkludent) erklären, **je ein bedingtes Vertragsverhältnis** bestehen.[48] Andernfalls ist ein Vertragsabschluss überhaupt erst im Zeitpunkt möglich, in dem die Teilnehmer die Mitteilung der Selektion erhalten haben. Ob dabei allerdings das blosse Schweigen eines Teilnehmers, der sich nicht mit der Teilnahme einverstanden erklärt, als Zustimmung qualifiziert werden kann,[49] ist im Einzelfall zu klären. Dies gilt auch, wenn der Studienauftrag gar nicht ausgeschrieben wird, sondern bloss auf **Einladung** erfolgt. 4.62

4. Schliesslich stellt sich die Frage nach der **vertragsrechtlichen Qualifikation.** Die Auftraggeberin offeriert mit der Ausschreibung[50] den durch die Präqualifikation noch zu bestimmenden Teilnehmern die Vergütung zu identischen Konditionen für die von diesen zu erstellenden Studien, welche in der Regel **Pläne** darstellen.[51] 4.63

a. Der **Vertiefungsgrad** der abzugebenden Pläne ist von der Auftraggeberin je nach Aufgabe festzulegen. So können zum Beispiel Lösungsvorschläge, ein Vorprojekt oder ein detailliertes Projekt gefordert werden.[52] Die Auftraggeberin verpflichtet sich demgegenüber, diese Studien mit einer **Entschädigung** pro Teilnehmer zu vergüten (Art. 17 SIA 143). Wird die SIA-Ordnung 143 übernommen, hat die Auftraggeberin im Programm die Entschädigungssumme festzulegen, mit der jeder Teilnehmer pauschal entschädigt wird.[53] 4.64

---

48 Art. 151 OR.

49 Vgl. Art. 6 OR.

50 Falls keine Ausschreibung erfolgt oder im Zeitpunkt der Ausschreibung das Programm noch nicht feststeht, erfolgt dieses Angebot erst mit der Einladung zur Einreichung der Studien.

51 Ulrich, Architekturwettbewerb, S. 110.

52 Siehe Art. 3.3 und «Vertiefungsgrad» gemäss Begriffe SIA 143.

53 Zu den Fällen, bei denen diese Entschädigung nicht zu leisten ist, vgl. Rz. 4.74 ff.

4.65 **b.** Mit der Herstellung von Plänen, Skizzen oder Konzepten schuldet der Teilnehmer einen Arbeitserfolg, der im Unterschied zum Wettbewerb entschädigt wird. Die von den Teilnehmern zu erbringenden Leistungen sind werkvertraglicher Natur und legen eine Qualifikation als Werkvertrag gemäss Art. 363 ff. OR nahe.[54] Zu bedenken ist aber, dass beim Studienauftrag über die Erstellung von Plänen und deren Vergütung hinaus weitere Vereinbarungen zwischen der Auftraggeberin und den einzelnen Teilnehmern getroffen werden. Die im Programm sowie bei einer Übernahme der SIA-Ordnung 143 darin festgelegten Verhaltensregeln sowie Rechte und Pflichten der Beteiligten werden (als Allgemeine Geschäftsbedingungen) zum Vertragsinhalt. Dazu gehört wie beim Wettbewerb die Verpflichtung der Auftraggeberin, den Studienauftrag programmgemäss durchzuführen und, bei Studienaufträgen mit Folgeaufträgen, den Gewinner durch das Beurteilungsgremium ermitteln zu lassen. Diese Verhaltensregeln sowie die Rechte und Pflichten aller Beteiligten gehen weit über das hinaus, was in einem reinen Planungsvertrag typischerweise geregelt wird. Das Vertragsverhältnis zwischen der Auftraggeberin und dem einzelnen Teilnehmer ist mit Blick auf diesen zusätzlichen Vertragsinhalt im Ergebnis somit als **werkvertragsähnlicher Innominatkontrakt**[55] zu qualifizieren.[56]

4.66 **5.** Ob eine vertragliche Verpflichtung zur **Abgabe der Studie** besteht, ist im Einzelfall aufgrund der zwischen der Auftraggeberin und den Teilnehmern getroffenen Abrede zu klären. Bei einer Übernahme der SIA-Ordnung 143 ist eine solche Pflicht zur Abgabe zu bejahen.[57] Der Teilnehmer geht nach der vertraglichen Konzeption der SIA-Ordnung 143 die Verpflichtung ein, am Studienauftrag teilzunehmen und diese Pläne gemäss den Bedingungen des Studienauftragsprogramms herzustellen und abzuliefern. Voraussetzung dafür ist, dass er im Präqualifikationsverfahren überhaupt selektioniert wird.[58]

4.67 **a.** Reicht der Teilnehmer nicht fristgerecht eine Studie ein, gerät er in Verzug, und die Auftraggeberin kann gemäss den allgemeinen Verzugsregeln[59] vorgehen. Eine Nachfristansetzung zur Einreichung der Studie verstösst bei einer öffentlichen Auftraggeberin gegen den Gleichbehandlungsgrundsatz. Die Auftraggeberin kann nur entweder Schadenersatz wegen Nichterfüllung verlangen oder vom Vertrag zurücktreten und Schadenersatz im Rahmen des negativen Vertragsinteresses geltend machen (vgl. Art. 107 bis Art. 109 OR).

4.68 **b.** Säumige Teilnehmer teilen der Auftraggeberin meist vor Ablauf der Frist zur Einreichung der Beiträge mit, dass sie keine Studie einreichen können. Die Auftraggeberin

---

54 Zur Qualifikation des reinen Planungsvertrags, vgl. Rz. 1.30.

55 Zum werkvertragsähnlichen Innominatkontrakt, vgl. Rz. 1.34.

56 A.M. Messerli, Planungs- und Gesamtleistungswettbewerb; Ulrich, SIA-Ordnung 142, S. 245; ders., Architekturwettbewerb, S. 110, S. 51, die sie als Werkverträge qualifizieren.

57 Koller A., Architekturwettbewerb 1995, Rz. 210; Ulrich, Architekturwettbewerb, S. 111 und 294; anders beim im offenen Verfahren durchgeführten Wettbewerb, vgl. Rz. 3.101.

58 Koller A., Architektenrecht 1995, Rz. 210.

59 Art. 107 und Art. 366 OR. Im Programm kann eine anderslautende, vorrangige Regelung getroffen werden.

erklärt sich in der Praxis häufig stillschweigend damit einverstanden und bringt damit zum Ausdruck, dass sie nicht auf der Leistungserbringung oder auf Schadenersatz besteht und mit der Vertragsauflösung einverstanden ist.

6. Bei Abgabe der Studie[60] wird die **Entschädigung** gemäss den im Programm festgelegten Regeln fällig, und die Auftraggeberin ist zur Leistung an jeden Teilnehmer verpflichtet. Wird die SIA-Ordnung 143 als anwendbar erklärt, bemisst sich die Höhe der Pauschalentschädigungen nach den darin statuierten Regelungen (Art. 17.1 SIA 143).[61] 4.69

a. Nach der Konzeption der SIA-Ordnung 143 werden alle Teilnehmer mit **Pauschalen** in gleicher Höhe entschädigt (Art. 17 SIA 143). Darin unterscheidet sich der Studienauftrag grundlegend vom Wettbewerb, bei dem Preise nur an bestimmte Teilnehmer entsprechend der Rangfolge zugesprochen werden (Rz. 3.108). 4.70

b. Die Auftraggeberin legt bereits im Programm die Höhe dieser Entschädigung fest (Art. 13.3 lit. f SIA 143). Sie ist gemäss der SIA-Ordnung 143 von der Auftraggeberin vorgängig anhand des geschätzten Aufwands der Teilnehmer für die Herstellung der Beiträge unter Berücksichtigung sämtlicher zu erbringenden Leistungen aller Fachgebiete zu bestimmen (Art. 17.1 SIA 143). Hat die Auftraggeberin die Leistungen eines Teams mit verschiedenen Planern ausgeschrieben, ist die Pauschalentschädigung entsprechend der geforderten Leistung aller Teammitglieder zu bemessen (Art. 17.3 SIA 143). Die im Programm von der Auftraggeberin festgelegte Entschädigung ist fest, unabhängig davon, ob die Auftraggeberin den Aufwand realistisch und richtig einschätzte. Verlangt die Auftraggeberin nach Ablieferung der Studie weitere Leistungen oder eine Überarbeitung, so sind diese zusätzlich zu entschädigen. 4.71

c. Bei Studienaufträgen, bei denen die spätere Erteilung eines Folgeauftrags vorgesehen ist, beträgt die Entschädigung 80% des geschätzten Aufwands.[62] Erteilt die Auftraggeberin später den vorgesehenen Folgeauftrag, kann sie einen Teil dieser bereits an den Teilnehmer ausgerichteten Pauschalentschädigung, höchstens die Hälfte, als Akontozahlung an das Honorar für diesen Folgeauftrag anrechnen (Art. 17.1 lit. a SIA 143). Dies setzt voraus, dass die Auftraggeberin diese Möglichkeit bereits im Programm ankündigte. Die SIA-Ordnung 143 nennt als weitere Voraussetzungen, dass der Folgeauftrag substanziell[63] ist und die Auftraggeberin keine grundlegenden Änderungen an der Aufgabenstellung vornimmt (Art. 17.1 lit. a SIA 143). 4.72

d. Bei Studienaufträgen ohne Folgeauftrag ist gemäss der SIA-Ordnung 143 die zu leistende Pauschalentschädigung anhand des geschätzten *vollen Aufwands* ebenfalls vorgän- 4.73

---

60 Zu den Ausnahmen, wann die Entschädigung nicht geschuldet ist, vgl. Rz. 4.74 ff.

61 Möglich sind anderslautende, vorrangige Regelungen im Programm. Bei fehlender Erklärung der Anwendbarkeit der SIA-Ordnung 143 hat die Festsetzung nach dem Wert der Arbeit und dem Aufwand zu erfolgen (Art. 374 OR).

62 Bei Planungsstudien; bei den seltenen Gesamtleistungsstudien nur 50% (Art. 17.1 lit. a SIA 143).

63 Wobei nicht näher definiert wird, was ein substanzieller Beitrag ist. Vgl. dazu SCHNEIDER HEUSI/SCHERLER, Wettbewerbe und Studienaufträge, S. 246.

gig festzulegen (Art. 17.1 lit. b SIA 143). Mit dieser höheren Entschädigung wird berücksichtigt, dass die Teilnehmer kein Honorar für einen Folgeauftrag erlangen können.

4.74 **7.** Ist die Schlussabgabe der Studien termingerecht sowie vollständig erfolgt und werden die Projekte zur Beurteilung zugelassen, hat die Auftraggeberin gemäss Art. 17.2 SIA 143 die Pauschalentschädigung auszurichten (Art. 17.2 und Art. 19.1 SIA 143). Damit geht die SIA-Ordnung 143 davon aus, dass *nur in ganz bestimmten Ausnahmefällen,* die abhängig sind von berechtigten Ausschlüssen, die Entschädigung nicht geschuldet ist.

4.75 **a.** Art. 19 SIA 143 beschränkt den *Ausschluss von der Beurteilung* von Beiträgen auf wenige Fälle:

4.76 – Nicht rechtzeitige Einreichung,

4.77 – Unvollständigkeit in wesentlichen Belangen,

4.78 – Unverständlichkeit des Beitrags,

4.79 – unlauteres Handeln des Verfassers (Art. 19 SIA 143).[64]

4.80 **b.** Es stellt sich die Frage, ob die Entschädigung auszurichten ist, wenn die Auftraggeberin das Ergebnis aus anderen Gründen nicht verwenden kann oder als unzureichend beurteilt. Nebst den Ausschlussgründen von Art. 19 SIA 143 können bei einem Studienauftrag einer öffentlichen Auftraggeberin weitere Ausschlussgründe erfüllt sein, die diese vorrangig zu beachten hat.[65] Zwar sieht Art. 22 SIA 143 vor, dass hervorragende Beiträge, die *wesentliche Verstösse gegen die Programmbestimmungen* aufweisen, zur Weiterbearbeitung empfohlen werden dürfen. Bei kantonalen öffentlichen Auftraggeberinnen ist eine solche Zuschlagserteilung an den Verfasser eines programmwidrigen Beitrags mangels vergaberechtlicher Spezialregelung allerdings unzulässig.[66] Sie verstösst gegen den Grundsatz der Gleichbehandlung der Anbieter. Die vorgängige Ankündigung dieses Vorgehens im Programm (Art. 22.2. SIA 143) bedeutet nicht, dass die Teilnehmer damit ihr Einverständnis erteilt haben und eine spätere Zuschlagserteilung der Auftraggeberin an den Verfasser eines programmwidrigen Projekts nicht mehr anfechten könnten.[67]

4.81 **c.** Solche vergaberechtlich gebotenen Ausschlüsse, wie beispielsweise bei einer Verletzung wesentlicher von der Auftraggeberin vorgegebener Rahmenbedingungen und bei Pro-

---

[64] Unlauteres Handeln des Teilnehmers wird beispielsweise in Art. 12.3 und Art. 12.4 SIA 143 umschrieben.

[65] Vgl. Rz. 3.107 sowie VGer SG B 2010/156 vom 14. Oktober 2010 E. 2.2 (= BR/DC 2011, S. 110, Nr. 11, mit Anm. Scherler).

[66] Art. 52 VöB enthält – allerdings nur auf Verordnungsstufe – eine Regelung zur Rangierung von angekauften Projekten; bei Wettbewerben vgl. BGer 2C_46/2011 vom 7. Juni 2011 E. 5 (= BR/DC 2011, S. 248, Nr. 96, mit Anm. Dubey).

[67] Art. 22.1 SIA 143 widerspricht dem übergeordneten kantonalen Vergaberecht (dazu Rz. 4.14). Vgl. VGer ZH VB.2012.00861 vom 12. Juni 2013 E. 4.1 (= BR/DC 2014, S. 30, Nr. 14, mit Anm. Scherler); VGer SG B 2010/156 vom 14. Oktober 2010 E. 2.4 in fine (= BR/DC 2011, S. 110, Nr. 11, mit Anm. Scherler).

grammverstössen, können im Einzelfall die Auftraggeberin ebenfalls vertragsrechtlich dazu berechtigen, auf die Ausrichtung der Pauschalentschädigung an den Verfasser des ausgeschlossenen Beitrags zu verzichten. Voraussetzung dafür ist, dass die Auftraggeberin den ausgeschlossenen Beitrag nicht verwenden kann und der Ausschluss im Verhalten des Teilnehmers begründet ist.

d. Die SIA-Ordnung 143 beschränkt weiter den Ausschluss auf unverständliche Beiträge und deren Unvollständigkeit in wesentlichen Belangen (Art. 19.1 SIA 143). Es stellt sich die Frage, ob bei zwar verständlichen, von der Auftraggeberin aber sonst als mangelhaft beurteilten Beiträgen eine Minderung der Entschädigung entgegen der Regelung gemäss Art. 17.2 SIA 143 gleichwohl zulässig ist. Inwiefern ein Beitrag in diesem frühen Verfahrensstadium nebst den beiden Fällen Unvollständigkeit und Unbrauchbarkeit überhaupt als mangelhaft qualifiziert werden kann, ist fraglich. Bei einer öffentlichen Auftraggeberin ist es nicht möglich, dass der Teilnehmer ein Nachbesserungsrecht überhaupt ausüben könnte. Dies wäre mit dem Grundsatz der Gleichbehandlung nicht vereinbar. 4.82

e. Die werkvertraglichen Bestimmungen zur Mängelhaftung[68] sind somit nicht auf den Studienauftrag zugeschnitten und gelangen nicht zur Anwendung. Denkbar ist aber eine Schadenersatzpflicht bei Verschulden eines Teilnehmers,[69] zum Beispiel in Fällen, bei denen sich ein Teilnehmer unlauter verhält[70] und dadurch das Vorhaben verzögert wird. 4.83

3. Der Studienauftrag als Instrument zur Anbahnung von Folgeaufträgen

1. Der Studienauftrag kann nebst dem Vertrags- **auch ein Vergabeverhältnis** und damit eine Form der Vertragsanbahnung sein, das der Ermittlung des Planers und späteren Vertragspartners nach Abschluss des Verfahrens dient. Beide SIA-Ordnungen 142 und 143 bezeichnen die lösungsorientierten Verfahren Wettbewerb und Studienauftrag als Formen der Beschaffung.[71] 4.84

2. Für die Teilnehmer stellt die Teilnahme an einem Wettbewerb oder an einem Studienauftrag eine wichtige Möglichkeit dar, Aufträge für grössere und renommierte Vorhaben zu erlangen. Für die Teilnehmer und die Auftraggeberin ist zentral, welche Ansprüche und Folgeaufträge aus solchen Verfahren resultieren, unter welchen Voraussetzungen die öffentliche Auftraggeberin einen Zuschlag erteilen kann und inwiefern sie an den Entscheid des Beurteilungsgremiums gebunden ist. 4.85

---

68 Art. 367 ff. OR.

69 Art. 97 Abs. 1 OR.

70 Indem er beispielsweise Ideen eines Konkurrenten ohne dessen Zustimmung verwendet, vgl. auch Art. 12.3 und Art. 12.4 SIA 143.

71 So heben bereits die Präambeln der SIA-Ordnungen 142 und 143 die Wahl der Beschaffungsform hervor.

4.86 **3.** Die private Veranstalterin von Wettbewerben und Studienaufträgen untersteht bei der Suche nach einem Vertragspartner für Planerleistungen den allgemeinen Regeln,[72] während die dem Vergaberecht unterstellte Auftraggeberin vorrangig zur SIA-Ordnung 143 die jeweils anwendbare Vergabegesetzgebung zu beachten hat.[73] Im Unterschied zu den von privaten Auftraggeberinnen durchgeführten Verfahren verfügen die Teilnehmer eines Studienauftrags wie beim Wettbewerb über die Möglichkeit, sich mit vergaberechtlichen Rechtsmitteln gegen Verfügungen der öffentlichen Auftraggeberin zur Wehr zu setzen und beispielsweise eine Zuschlagserteilung an einen Konkurrenten, einen Ausschluss ihres Beitrags oder einen Verfahrensabbruch anzufechten.

4.87 **4.** Das GPA sieht in Art. XV Ziff. 1 lit. j[74] vor, dass eine freihändige Vergabe an den *Gewinner eines Wettbewerbs* zulässig ist, vorausgesetzt, die Organisation des Wettbewerbs entspricht den Grundsätzen des Übereinkommens, insbesondere hinsichtlich der Veröffentlichung der Ausschreibung. Erforderlich ist zudem, dass eine unabhängige Jury eingesetzt wird und den Gewinnern Verträge in Aussicht gestellt werden.[75]

4.88 **a.** Diese staatsvertragsrechtliche Bestimmung wurde von Bund und Kantonen unterschiedlich ausführlich umgesetzt: Im für Auftraggeberinnen des Bundes noch massgebenden Recht, insbesondere in Art. 13 Abs. 3 BöB und Art. 40 ff. VöB, wurden detaillierte, aber nicht abschliessende Bestimmungen über Planungs- und Gesamtleistungswettbewerbe erlassen.[76] Die Revisionsvorlage auf Bundesebene sieht ebenfalls detaillierte Bestimmungen vor, mit einer ausdrücklichen Erwähnung des Studienauftrags bereits auf Gesetzesstufe als Instrument zur Beschaffung von intellektuellen und innovativen Dienstleistungen.[77]

4.89 **b.** Gemäss Art. 12 Abs. 3 IVöB,[78] der für die Kantone derzeit noch massgebend ist, kann die öffentliche Auftraggeberin bei der Veranstaltung von Planungs- oder Gesamtleistungswettbewerben ganz oder teilweise auf «einschlägige Bestimmungen von Fachverbänden» verweisen. Die Umsetzung in den kantonalen Erlassen erfolgte wiederum meist rudimentär und nur vereinzelt eingehend.[79] Die revidierte IVöB bleibt bei diesem Konzept und sieht von detaillierten Regelungen auf Konkordatsstufe ab.[80]

---

[72] Zu prüfen sind im Einzelfall Ansprüche auf der Grundlage von Art. 8 OR, Urheber-, Wettbewerbs- und Lauterkeitsrecht sowie der culpa in contrahendo.

[73] Vgl. dazu Galli/Moser/Lang/Steiner, Praxis des öffentlichen Beschaffungsrechts, Rz. 992; zur Darstellung der gesetzlichen Grundlagen und den vergaberechtlichen Mindestanforderungen im Detail Schneider Heusi/Scherler, Wettbewerbe und Studienaufträge, S. 225 f.

[74] Gleichlautend Art. XIII Ziff. 1 lit. h revGPA 2012.

[75] Dubey, Concours, Rz. 62 ff.; Messerli, Planungs- und Gesamtleistungswettbewerb, S. 29 ff.

[76] Dubey, Concours, Rz. 84 ff.; Messerli, Planungs- und Gesamtleistungswettbewerb, S. 34.

[77] Art. 22 E-BöB.

[78] Dubey, Concours, Rz. 87 ff.

[79] Detaillierte Regelungen in teilweise deutlicher Anlehnung an die VöB kennen zum Beispiel die Kantone Wallis, Neuenburg, Luzern und Solothurn. Im Kanton Aargau wird auf das Bundesrecht verwiesen. Vgl. Schneider Heusi/Scherler, Wettbewerbe und Studienaufträge, S. 218.

[80] Art. 22 E-IVöB.

5. In den bestehenden Regelungen zum Wettbewerbsverfahren ist der Studienauftrag noch nirgends geregelt. Die folgenden, derzeit noch massgebenden Bestimmungen erwähnen ihn in beschränktem Umfang: 4.90

a. Anhang 1 zur VöB führt in Ziff. 13 unter den dem Gesetz unterstellten Dienstleistungen den Studienauftrag auf und definiert ihn als «Vergabe identischer Aufträge an mehrere Anbieter und Anbieterinnen zwecks Erarbeitung von Lösungsvorschlägen». Ähnliche Bestimmungen finden sich in den kantonalen Erlassen. 4.91

b. Mit Art. 13 Abs. 1 lit. l VöB wurde 2010 für Beschaffungen der dem Bundesrecht unterstellten Auftraggeberinnen auf Verordnungsstufe eine Grundlage geschaffen, wonach für Planerleistungen nach nicht anonymen Verfahren eine freihändige Auftragserteilung unter bestimmten *kumulativen Voraussetzungen* zulässig ist.[81] 4.92

6. Das Verfahren zum Studienauftrag selber ist bisher vergaberechtlich nicht geregelt, und seine vergaberechtliche Qualifikation war nicht geklärt. Dazu die folgenden Überlegungen: 4.93

a. Nach der vergaberechtlichen Konzeption bildet der Wettbewerb die Grundlage für eine freihändige Vergabe an den Gewinner des Wettbewerbs, soweit das vorausgehende Wettbewerbsverfahren wesentliche formelle Voraussetzungen erfüllt (Rz. 3.22). 4.94

b. Die von der öffentlichen Auftraggeberin angestrebte freihändige Vergabe an den Gewinner setzte gemäss Rechtsprechung der damaligen Rekurskommission (der Vorgängerin des Bundesverwaltungsgerichts) sowie des Verwaltungsgerichts des Kantons Zürich insbesondere voraus, dass dieser anonym durchgeführt und ein unabhängiges Preisgericht eingesetzt wurde. Der nicht anonyme Studienauftrag wurde entweder als per se unzulässiges, weil vom Gesetzgeber nicht vorgesehenes Verfahren oder bestenfalls noch als «normales» Ausschreibungsverfahren qualifiziert.[82] Anders entschied das Kantonsgericht Freiburg, das für eine Freihandvergabe nicht die Anonymität des Verfahrens, sondern die Unabhängigkeit des Preisgerichts voraussetzte.[83] 4.95

c. Diese Rechtsprechung war neben Anderem der Anlass dafür, weshalb der SIA den nicht anonymen Studienauftrag in einer eigenen Ordnung regelte und gleichzeitig eine enge Begriffsdefinition festlegte. Bis zum Inkrafttreten von Art. 13 Abs. 1 lit. l VöB am 1. Januar 2010 sowie der SIA-Ordnung 143 mussten die öffentlichen Auftraggeberinnen davon ausgehen, dass sie bei der Durchführung von nicht anonymen Verfahren die stren- 4.96

---

81 Zu diesen Voraussetzungen vgl. Rz. 4.166.

82 Vgl. Schneider Heusi/Scherler, Wettbewerbe und Studienaufträge, S. 212 und 223; BRK 2004-017 vom 8. September 2005 «Studienauftrag SBB Bahnhof Genf/Cornavin» und BRK 2005-025 vom 18. Mai 2006 (Gesamtleistungswettbewerb EAWAG Dübendorf); VGer ZH VB.2013.00393 vom 16. Januar 2014 E. 5; VB.2002.00044 vom 9. Juli 2003 E. 2c; VB.2001.00035 vom 13. Februar 2002 E. 3a/bb «Planungswettbewerb im Einladungsverfahren» (= BR/DC 2003, S. 150, Nr. 30, mit Anm. Esseiva); VB 2000.00261 vom 10. Mai 2001 E. 2a (= RB 2001, Nr. 46, S. 96).

83 KGer FR 602 2012-77 vom 31. August 2012 E. 3b in fine (= BR/DC 2013, S. 199, Nr. 249, mit Anm. Zufferey); sodann VGer VD MPU.2010.0019 vom 14. April 2011 E. 4a in fine (= BR/DC 2011, S. 231, Nr. 70, mit Anm. Dubey).

geren Vorschriften zum konventionellen und gesetzlich detailliert geregelten Ausschreibungsverfahren der «Honorarsubmission» zu beachten hatten.[84] Bei solchen Verfahren ist insbesondere dem Kriterium Preis eine Mindestgewichtung einzuräumen.[85] Zudem verfügt das Beurteilungsgremium nicht mehr über den gewünschten Spielraum bei der Beurteilung der Projekte, und die getroffene Projektauswahl ist mit erheblich grösserem Aufwand zu begründen.[86] Die Konsequenzen der Verfahrenswahl sind entscheidend: Je nach eingeschlagenem Weg – leistungsorientiertes Vergabeverfahren mit Einholung einer Honorarofferte oder Wettbewerb bzw. Studienauftrag – gelten unterschiedliche vergaberechtliche Vorschriften und sind andere Voraussetzungen zu erfüllen.[87]

4.97 **d.** Art. 13 Abs. 1 lit. l VöB wies für den nicht anonymen Studienauftrag den Weg zur vergaberechtlichen Konzeption, wonach dieser nicht ein Vergabeverfahren, sondern wie der Wettbewerb *die Grundlage* für die anschliessende *freihändige Vergabe* aufgrund des abgeschlossenen Studienauftrags darstellen kann.[88] Der von einem Teilnehmer eingereichte Beitrag im Rahmen des Studienauftrags ist dabei nicht ein entgeltliches Angebot, dem der Zuschlag erteilt wird.[89] Die Revisionsvorlagen sehen nun eine entsprechende Regelung bereits auf Gesetzesstufe vor.

4.98 **7.** Unter welchen Voraussetzungen nach Abschluss des Studienauftrags der in Aussicht gestellte Folgeauftrag freihändig zugeschlagen werden kann, stelle ich nachfolgend dar (Rz. 4.164 ff.).

IV. Die Vorbereitung und Durchführung des Studienauftrags

1. Die Verfahrenswahl

A. Das selektive und einstufige Verfahren als Regelfall

4.99 **1.** Für die öffentlichen Auftraggeberinnen sind die Vorschriften des Vergaberechts bei der Bestimmung der Verfahrenswahl vorrangig. Entscheidend ist der Auftragswert, der sich aus der Gesamtsumme der Pauschalentschädigungen (Art. 17.1 SIA 143) und dem

---

[84] Zum Begriff der «Honorarsubmission» vgl. Rz. 4.21 und zur SIA-Ordnung 144 Rz. 5.14. Ein Beispiel für ein solches Verfahren mit dem Kriterium «Zugang zur Aufgabe» über eine Skizze findet sich in VGer ZH VB.2011.00322 vom 28. September 2001 (= BR/DC 2012, S. 273, Nr. 186, mit Anm. Scherler).

[85] Wobei die untere Grenze der Mindestgewichtung des Kriteriums Preis bei 20% liegt (BGE 143 II 553/559 E. 6.4 = BR/DC 2018, S. 70, Nr. 111, mit Anm. Beyeler).

[86] Schneider Heusi/Scherler, Wettbewerbe und Studienaufträge, S. 213; VGer TG vom 14. April 2010 (= TVR 2010, Nr. 14 = BR/DC 2011, S. 240, Nr. 82, mit Anm. Scherler).

[87] Vgl. dazu Schneider Heusi/Scherler, Wettbewerbe und Studienaufträge, S. 212.

[88] Art. 21 Abs. 2 lit. i E-BöB; Art. 21 Abs. 2 lit. i E-IVöB.

[89] Dubey, Mandats d'étude parallèles, S. 140; a.M. Messerli, Planungs- und Gesamtleistungswettbewerb, S. 51.

geschätzten Wert eines allfälligen Folgeauftrags zusammensetzt.[90] Bis zu einem gewissen Schwellenwert[91] darf der Studienauftrag im Einladungsverfahren durchgeführt werden.[92]

2. Private Auftraggeberinnen können demgegenüber frei diejenigen Teilnehmer bestimmen, die sie direkt zum Studienauftrag einladen möchten (Art. 8 SIA 143). 4.100

3. Im Vordergrund stehen beim Studienauftrag entweder **selektive Verfahren oder Einladungsverfahren.** Gemäss der Präambel der SIA-Ordnung 143 eignen sich für die Durchführung von Studienaufträgen nur *selektive Verfahren* bzw. solche *auf Einladung.*[93] Angesichts der hohen Aufwendungen, die bei einem Dialogverfahren[94] sowohl bei der Auftraggeberin als auch den Teilnehmern anfallen, ist bei Studienaufträgen dem selektiven (bzw. sofern vergaberechtlich zulässig, dem Einladungsverfahren) im Vergleich zu einem offenen Verfahren der Vorzug zu geben.[95] 4.101

a. Beim **selektiven Verfahren** schreibt die Auftraggeberin den Studienauftrag öffentlich aus. Durch das dem Studienauftrag vorgelagerte Präqualifikationsverfahren werden geeignete Bewerber selektioniert (Art. 7 SIA 143); die Auftraggeberin kann so die Teilnehmerzahl beschränken, indem sie vorab eine Auswahl unter den an der Teilnahme interessierten Anbietern trifft. Die Auswahl der Teilnehmer durch ein selektives Verfahren ist bei öffentlichen Auftraggeberinnen abschliessend vergaberechtlich geregelt. 4.102

b. Beim **Einladungsverfahren** bestimmt die Auftraggeberin, welche Teilnehmer sie direkt einladen will. Sie nimmt keine Ausschreibung vor, und die Präqualifikation entfällt. 4.103

4. Gemäss der SIA-Ordnung 143 bildet das selektive Verfahren noch keine Stufe des Studienauftrags selber (Art. 5.1 SIA 143). In der Regel erfolgt der im Anschluss an die Präqualifikation durchgeführte Studienauftrag einstufig in einem Verfahrensschritt.[96] Die SIA-Ordnung 143 sieht ähnlich dem Wettbewerb für den Studienauftrag die Möglichkeit vor, dass **mehrstufige Verfahren** durchgeführt werden können (Art. 5.1–5.6 SIA 143).[97] Dabei verkleinert das Beurteilungsgremium die Zahl der Teilnehmer sukzessive. 4.104

---

90 Analog der Auftragswertbestimmung beim Wettbewerb, vgl. dazu SCHNEIDER HEUSI/SCHERLER, Wettbewerbe und Studienaufträge, S. 231.

91 Derzeit im Bund: CHF 230 000.– bei Planungs- bzw. CHF 2 Mio. bei Gesamtleistungswettbewerben (Art. 6 Abs. 1 BöB; Art. 43 Abs. 1 VöB). In den Kantonen: CHF 250 000.– bei Planungs- und CHF 500 000.– bei Gesamtleistungswettbewerben (Anhang 2 IVöB).

92 VGer ZH VB.2001.00035 vom 13. Februar 2002 E. 3a «Planungswettbewerb im Einladungsverfahren» (= BR/DC 2003, S. 150, Nr. 30, mit Anm. ESSEIVA).

93 Vgl. auch Art. 6.1 SIA 143.

94 Vgl. zum Begriff und dem Verfahren Rz. 4.133 ff.

95 Erläuternder Bericht zur Änderung der Verordnung über das öffentliche Beschaffungswesen vom 1. Januar 2010, Art. 26a VöB, S. 17 f.; DUBEY, SIA-142 et 143, S. 178.

96 Die in der Praxis selten durchgeführten Gesamtleistungsstudienaufträge müssen nach Art. 5.1 SIA 143 zweistufig durchgeführt werden.

97 Anders als beim Wettbewerb schreibt Art. 5.6 SIA 143 eine Mindestteilnehmerzahl von 20 Teilnehmern für die erste Stufe vor; im Übrigen Rz. 3.14.

Es kann dabei gemäss der SIA-Ordnung 143 die Aufgabenstellung modifizieren und konkretisieren (Art. 5.1 SIA 143). Massgebend für das Gesamtverfahren ist dabei erst die letzte Stufe mit den verbleibenden Teilnehmern (Art. 5.1 SIA 143). Die vorgeschalteten Stufen dienen somit der Reduktion der Lösungsvarianten und der Teilnehmer. Dieses Vorgehen und insbesondere die Möglichkeit, dass das Beurteilungsgremium die Aufgabenstellung ändern kann, sind vor dem Hintergrund des Gleichbehandlungsgebots vergaberechtlich problematisch.[98] Der dem Vergaberecht unterstellten Auftraggeberin ist zu empfehlen, im Regelfall Studienaufträge einstufig durchzuführen[99] und bei ausnahmsweise mehrstufigen Verfahren darauf zu verzichten, die Aufgabenstellung und das Programm grundlegend zu ändern.

4.105 **5.** Vorgesehen sind ebenfalls optionale Bereinigungsstufen (Art. 5.4 SIA 143; Rz. 3.15). Sie kollidieren bei öffentlichen Auftraggeberinnen mit dem Verhandlungsverbot und dem Grundsatz der Unabänderlichkeit von Angeboten. Auf ihre Durchführung ist deshalb zu verzichten, zumal sie beim Studienauftrag nicht notwendig sind. Da das Beurteilungsgremium und die Teilnehmer miteinander bereits im Dialog stehen, besteht kein Bedarf für solche Bereinigungsstufen.

B. Der Studienauftrag als nicht anonymes Verfahren

4.106 **1.** Der Studienauftrag ist das nicht anonyme Verfahren für komplexe Vorhaben.[100] Dabei hat das Beurteilungsgremium und damit die Auftraggeberin **Kenntnis von der Identität der Verfasser der Teilnehmerbeiträge.**

4.107 **2.** Bei einem anonymen Verfahren sind nicht der bisherige Leistungsausweis oder die Reputation eines Wettbewerbsteilnehmers ausschlaggebend, sondern allein der eingereichte Beitrag.[101] Umso mehr besteht das Risiko, dass bei Kenntnis der Teilnehmer andere, nicht objektive Beurteilungsmassstäbe, wie beispielsweise die Person des Teilnehmers und sein Bekanntheitsgrad, als die im Programm zur Beurteilung der Beiträge genannten Kriterien einfliessen. Die fehlende Anonymität beim Studienauftrag verlangt, dass die Auftraggeberin, die Mitglieder des Beurteilungsgremiums sowie die beauftragten Experten dem Grundsatz der Gleichbehandlung der Teilnehmer grosse Aufmerksamkeit schenken. Die SIA-Ordnung 143 konkretisiert diese Grundsätze allerdings nicht näher. Den folgenden Themen ist deshalb Rechnung zu tragen:

4.108 **a.** Den Ausstandsregeln kommt im Vergleich zum Wettbewerb erhöhte Bedeutung zu. Art. 12.2 SIA 143 nennt die Gründe, wonach eine Teilnahme am Studienauftrag nicht erlaubt ist. Bei öffentlichen Auftraggeberinnen gehen die jeweiligen **gesetzlichen**

---

[98] Im Detail dazu die Ausführungen bei Rz. 3.14 und Messerli, Planungs- und Gesamtleistungswettbewerb, S. 82.

[99] So auch die Empfehlung von Art. 5.1 SIA 143, wonach Planungsstudienaufträge in der Regel einstufig und Gesamtleistungsstudienaufträge zweistufig durchgeführt werden sollen.

[100] Zur Komplexität der Vorhaben vgl. Rz. 4.125.

[101] Jost/Schneider Heusi, Architekturwettbewerbe im Submissionsrecht, S. 352.

Ausstandsregelungen indessen vor.[102] Mitglieder des Beurteilungsgremiums,[103] die mit einem Teilnehmer besonders befreundet oder persönlich verfeindet sind oder die zu ihm in einem besonderen Pflicht- oder Abhängigkeitsverhältnis stehen, können demzufolge abgelehnt werden bzw. müssen von sich aus in den Ausstand treten.[104]

b. Die **Auftraggeberin** hat darüber hinaus dafür besorgt zu sein, dass die einzelnen Verfahrensschritte sowie die für die Beurteilung massgebenden Kriterien im Studienauftragsprogramm detailliert offengelegt werden (Rz. 4.130). 4.109

c. Das **Beurteilungsgremium** hat die Beiträge der Teilnehmer objektiv zu beurteilen. Die Reputation des einzelnen Teilnehmers hat es nicht zu beachten.[105] 4.110

d. Die öffentliche Auftraggeberin muss in der Lage sein, einen **Vergabeentscheid** zur Erteilung des Folgeauftrags an einen Gewinner gestützt auf die Empfehlung des Beurteilungsgremiums inhaltlich eigenständig begründen zu können. Sie kann sich im vergaberechtlichen Beschwerdefall nicht mit dem Verweis auf den Bericht des Beurteilungsgremiums begnügen.[106] 4.111

e. Die **Teilnehmer** unterwerfen sich durch Einreichung des Teilnahmeantrags[107] den im Programm definierten Regeln. Art. 12.4 SIA 143 verbietet ihnen ausserhalb des Dialogs eine Kontaktnahme mit der Auftraggeberin, dem Beurteilungsgremium sowie den Experten in Fragen, die den Studienauftrag betreffen.[108] 4.112

---

[102] Unpräzis ist Art. 1 SIA-Wegleitung 142i–202d «Befangenheit und Ausstandsgründe».

[103] Gemäss Art. 10.5 SIA 143 haben die Mitglieder des Beurteilungsgremiums alle Tatsachen offenzulegen, die auf eine Befangenheit hinweisen könnten.

[104] Vgl. dazu VGer LU V 03 308 vom 7. Januar 2004 E. 10 f. «Planungswettbewerb Neubau Universität Luzern» (= BR/DC 2004, S. 60, Nr. 1, mit Anm. Esseiva) sowie Jost/Schneider Heusi, Architekturwettbewerbe im Submissionsrecht, S. 357 f.; zur Ausstandspflicht von Jurymitgliedern und Behördenmitgliedern im Rahmen des späteren Baubewilligungs- und Einspracheverfahrens, vgl. BGE 140 I 326 (= BR/DC 2015, S. 283, Nr. 432, mit Anm. Hänni); weiter zur Teilnahme am Wettbewerb und verneinter Vorbefassung bei einer nachfolgenden Fachplanerausschreibung für dasselbe Vorhaben, vgl. VGer SG B 2010/269 vom 12. April 2011 (= BR/DC 2011, S. 255, Nr. 111, mit Anm. Scherler).

[105] Die Auswahl im Rahmen der Präqualifikation erfolgt demgegenüber mittels der Beurteilung der Bewerbungen aufgrund der vorgängig festgelegten Eignungskriterien. Dabei wird schwergewichtig auf Referenzobjekte der Teilnehmer abgestellt. Mit erfolgter Auswahl und Zulassung zur Teilnahme am Studienauftrag ist diese Prüfung abgeschlossen.

[106] Ein blosser Verweis auf von einem Beurteilungsgremium erteilte Punkte oder Noten ist unzureichend, vgl. VGer ZH VB.2009.00393 vom 8. September 2010 E. 6.2 (= BR/DC 2011, S. 119, Nr. 29, mit Anm. Scherler).

[107] Zum Zeitpunkt, in dem sich die Teilnehmer verpflichten, vgl. Rz. 4.66.

[108] Ob eine unzulässige Kontaktnahme zu einem Ausschluss führt, ist bei öffentlichen Auftraggeberinnen vorrangig nach Art. 19 SIA 143 anhand der in der jeweils anwendbaren Vergabegesetzgebung geregelten Ausschlussgründe zu prüfen.

4.113 **3.** Das nicht anonyme Verfahren soll bereits vor diesem Hintergrund die Ausnahme bleiben. Es ist nur dann zu wählen, wenn ein **Dialog** zwischen dem Beurteilungsgremium und den Teilnehmern notwendig ist.

C. Die Notwendigkeit des Dialogs und die Komplexität der Vorhaben

4.114 **1.** Die Notwendigkeit des Dialogs ist nach der SIA-Ordnung 143 bereits im Programm selber zu begründen (Art. 13.3 lit. b SIA 143). Zum Erfordernis dieser Notwendigkeit finden sich in der SIA-Ordnung 143[109] selber an verschiedenen Stellen Aussagen, die allerdings unpräzis und uneinheitlich sind. Genannt werden dort etwa:

4.115 – die Komplexität der Aufgabenstellung, deren Randbedingungen im Voraus nicht genügend und abschliessend bestimmt werden können (Präambel SIA 143),

4.116 – die Aufgaben können nicht im Voraus klar definiert werden und die Projektierung soll als aktiver Lernprozess dienen (Art. 1.2 SIA 143),

4.117 – verschiedene Randbedingungen während der Projektierung sollen getestet werden (Art. 1.2 SIA 143),

4.118 – die Randbedingungen müssen flexibel gehandhabt werden und die Durchführung des Studienauftrags soll als interaktiver Lernprozess dienen (Präambel SIA 143),

4.119 – der Studienauftrag ist gekennzeichnet durch offene Aufgabenstellungen und interaktive Prozesse (Präambel SIA 143),

4.120 – die Auftraggeberin soll während der Projektentwicklung Einfluss nehmen können (Art. 3.3 SIA 143).

4.121 **2.** Nicht alle der oben genannten Gründe sind vergaberechtlich zulässig. Sie sind zudem zu unbestimmt. Will eine öffentliche Auftraggeberin aufgrund eines Studienauftrags einen Folgeauftrag vergeben, so kann sie sich nicht mit einem Verweis auf die SIA-Ordnung 143 begnügen. Sie hat der **Begründungspflicht erhöhte Aufmerksamkeit** zu schenken, wobei folgende Themen wichtig sind:

4.122 **a.** Ungeklärt ist, ob eine Auftragserteilung aufgrund eines nicht anonymen Verfahrens bei den dem kantonalen Recht unterstellten Auftraggeberinnen ohne entsprechend gesetzliche Grundlagen zulässig ist (Rz. 4.178).

4.123 **b.** Die öffentliche Auftraggeberin kann die Wahl des Dialogverfahrens nicht damit begründen, dass sie ihren Einfluss auf die Teilnehmer und deren Beiträge wahrnehmen will. Sodann kann sie Änderungen der Rahmenbedingungen[110] und der Aufgabenstellung nur untergeordnet im Sinne von Präzisierungen vornehmen.

---

[109] Die SIA-Wegleitung 142i–101d «Programme von Wettbewerben und Studienaufträgen» (in Überarbeitung 2018) enthält keine weitergehenden Erläuterungen oder Beispiele.

[110] Die SIA-Ordnung 143 verwendet die Begriffe Rand- und Rahmenbedingungen uneinheitlich und definiert diese nicht. Vorliegend wird der Begriff «Rahmenbedingung» verwendet.

c. Umso mehr hat die öffentliche Auftraggeberin die Kriterien für die Notwendigkeit des Dialogs in Bezug auf das konkrete Vorhaben zu definieren.[111] Eine blosse Wiederholung der in der SIA-Ordnung 143 aufgeführten Gründe, die in sich selber nicht kongruent sind, vermag nicht zu genügen. 4.124

d. Angesichts der sehr anspruchsvollen Betriebsabläufe können zum Beispiel Spitalbauten komplex sein, weiter auch Vorhaben, die auf einen längeren Zeithorizont ausgerichtet sind (wie PPP- oder Investorenausschreibungen). Nebst dem Kriterium der Komplexität der Aufgabenstellung, das in jedem Fall eng zu fassen ist, hat die Auftraggeberin im Programm darzulegen, weshalb sie objektiv nicht in der Lage ist, zum Zeitpunkt der Einleitung des Verfahrens selber sämtliche Rahmenbedingungen der Aufgabenstellung festzulegen, und sie deshalb den gemeinsamen Austausch mit den Teilnehmern benötigt. Sie hat ebenfalls zu deklarieren, welche Programmbestimmungen durch diesen Dialogprozess wann und in welchem Umfang präzisiert werden sollen. 4.125

2. Der Verfahrensablauf

A. Das Programm des Studienauftrags

1. Wie beim Wettbewerbsverfahren kommt der Auftraggeberin die Aufgabe zu, das Programm des Studienauftrags zu formulieren. Die Rahmenbedingungen sowie die von den Teilnehmern zu erbringenden Leistungen sind bereits vor der Ausschreibung und der Erstellung des Programms sorgfältig zu klären. Um einen hohen, durch die Entschädigung nicht abgedeckten Aufwand der Teilnehmer zu vermeiden, soll die Auftraggeberin von den Teilnehmern nur so viel verlangen, wie zur Beurteilung der Beiträge durch das Beurteilungsgremium notwendig und relevant ist (Art. 13.1 SIA 143).[112] 4.126

2. Im Unterschied zum Wettbewerb sind im Programm zusätzlich aufzuführen: die Begründung zur Notwendigkeit des Dialogs (Art. 13.3 lit. b SIA 143), der Terminplan für die Abwicklung des Studienauftrags (Art. 13.3 lit. k SIA 143), die Angaben für die Zwischen- und Schlussbesprechung (Art. 13.3 lit. m und n SIA 143) sowie der Hinweis, ob die Öffentlichkeit einbezogen wird (Art. 13.3 lit. o SIA 143). Ein solcher Einbezug der Öffentlichkeit ist nur in «begründeten Fällen» bei Studienaufträgen ohne Folgeauftrag möglich (Art. 14.3 und Art. 20.3 SIA 143).[113] 4.127

3. Wie dargelegt, ist es empfehlenswert, das Programm bereits bei der Ausschreibung zu veröffentlichen und nach der Auswahl der Teilnehmer höchstens noch geringfügig anzu- 4.128

[111] Zur heutigen Regelung auf Bundesebene vgl. Art. 26a VöB sowie Erläuternder Bericht zur Änderung der Verordnung über das öffentliche Beschaffungswesen vom 1. Januar 2010, zur Revisionsvorlage vgl. Art. 24 E-BöB.

[112] Die Auftraggeberin riskiert bei einer zu tief von ihr festgelegten Entschädigung, dass potenzielle und auch renommierte Planer von vornherein auf eine Teilnahme verzichten.

[113] Vgl. Rz. 4.139.

passen. Zu einer solchen Anpassung gehören beispielsweise die Namen der selektionierten Teilnehmer (Art. 13.3 lit. j SIA 143).

4.129 **4.** Die Auftraggeberin kann im Programm erklären, ob Lösungsvarianten möglich sind (Art. 13.3 lit. t SIA 143). Was Lösungsvarianten sind, wird weder für den Wettbewerb noch für den Studienauftrag definiert. Angesichts der beim Studienauftrag verhältnismässig offenen Aufgabenstellung ist es ohnehin fraglich, wo die Grenze zwischen den Beiträgen gemäss der im Programm definierten Aufgabenstellung und solchen Lösungsvarianten zu ziehen wäre. Keine zulässigen Varianten sind jedenfalls Beiträge, die sich über die von der Auftraggeberin festgelegten Rahmenbedingungen hinwegsetzen.[114]

4.130 **5.** Nach der SIA-Ordnung 143 ist das Verfahren unter Federführung des Beurteilungsgremiums durchzuführen. Im Verhältnis zu den Teilnehmern steht jedoch die Auftraggeberin in der vertraglichen und bei öffentlichen Vergabestellen zudem vergaberechtlichen Verantwortung für rechtswidrige Entscheide, die das Beurteilungsgremium fällt. Gerade angesichts der fehlenden Anonymität des Verfahrens hat die öffentliche Auftraggeberin selber umso mehr dafür besorgt zu sein, dass die Gleichbehandlung der Teilnehmer gewährleistet ist. Die Auftraggeberin hat deshalb bereits *im Programm* möglichst umfassend die **Einzelheiten zum Dialogverfahren** bekannt zu geben (Anzahl, Zeitpunkt und Modalitäten der Besprechungen) und sie hat die Mitglieder des Beurteilungsgremiums zu verpflichten, die Ergebnisse der Präsentationen und Besprechungen umgehend und detailliert mit **Protokollen** zu dokumentieren (Art. 14.2 SIA 143).

4.131 **6.** Grundlegende Änderungen der Aufgabenstellung und der Rahmenbedingungen verletzen das vergaberechtliche Gleichbehandlungsgebot und sind bei der öffentlichen Auftraggeberin unzulässig.[115]

B. Die Durchführung des Dialogs

4.132 **1.** Entscheidender Unterschied zum im Übrigen beim Verfahrensablauf weitgehend gleich konzipierten Wettbewerbsverfahren ist der Dialog. Die SIA-Ordnung 143 definiert ihn als «die geregelte, nicht anonyme, mündliche Kommunikation zwischen dem Beurteilungsgremium und den Teilnehmenden».[116]

4.133 Der Dialog zeichnet sich gemäss Art. 14 SIA 143 durch die folgenden **Merkmale** aus:

4.134 **a.** Die Beteiligten: Ungenau ist Art. 14.1 SIA 143, der als «Beteiligte, die auf den Studienauftrag Einfluss nehmen können», nennt: «Die Auftraggeberin, das Beurteilungsgremium sowie Vertretungen der Eigentümer, der Nutzer oder der Öffentlichkeit. Das Beurteilungsgremium hat die Federführung während des ganzen Studienauftrags.» Der

[114] Zum Vorgehen bei Programmverstössen, vgl. Rz. 4.80 f.

[115] Vgl. VGer ZH VB.2012.00861 vom 12. Juni 2013 E. 4.1 (= BR/DC 2014, S. 30, Nr. 14, mit Anm. SCHERLER); VGer SG B 2010/156 vom 14. Oktober 2010 E. 3.2 (= BR/DC 2011, S. 110, Nr. 11, mit Anm. SCHERLER).

[116] Begriffe SIA 143.

Dialog selber findet nur[117] zwischen dem Beurteilungsgremium und den Teilnehmern statt, nicht aber mit der Auftraggeberin.[118] Die Auftraggeberin kann externe Experten und Fachstellen bestimmen, die den Teilnehmern für Beratungen zur Verfügung stehen (Art. 14.2 SIA 143) und mit beratender Funktion, nicht jedoch mit Stimmrecht an den Sitzungen des Beurteilungsgremiums teilnehmen können.[119] Sie kann weiter eine von allen am Studienauftrag Beteiligten unabhängige Person bestimmen, die für den korrekten Ablauf des Dialogs zuständig ist.

b. Das Verfahren: Durchgeführt werden eine schriftliche Fragerunde und nach Einreichung der Beiträge der Teilnehmer mindestens eine Zwischen- und eine Schlussbesprechung (Art. 14.2 SIA 143). Die Teilnehmer haben ihre Beiträge im Rahmen der Zwischen- und Schlussbesprechungen zu präsentieren (Art. 14.3 und Art. 14.4 SIA 143). Das Beurteilungsgremium verfasst nach jeder Besprechung ein Protokoll, das die Beurteilung der Beiträge, die Erkenntnisse und die verbindlichen Empfehlungen zur weiteren Bearbeitung enthält (Art. 14.2 SIA 143). Die Teilnehmer erhalten aufgrund dieser Protokolle die Möglichkeit, ihre Beiträge anzupassen. Diese überarbeiteten Beiträge werden nach Abschluss des Dialogs vom Beurteilungsgremium bewertet. Ausserhalb dieser Besprechungen dürfen keine weiteren Kontakte zwischen den am Studienauftrag Beteiligten stattfinden (Art. 14.2 SIA 143). 4.135

c. Der Inhalt: Die SIA-Ordnung 143 äussert sich nicht zum in der Praxis wichtigen Inhalt der Präsentationen der Teilnehmer und der Besprechungen zwischen den Teilnehmern und dem Beurteilungsgremium. Die Auftraggeberin hat deshalb ausgehend vom Vorhaben und von dessen Komplexität im Programm selber festzulegen, welche Aussagen von den Teilnehmern an den Präsentationen erwartet werden und zu welchen Themen sich das Beurteilungsgremium bei den Zwischen- und Schlussbesprechungen zu äussern hat. Öffentliche Auftraggeberinnen haben zu beachten, dass Präsentationen kein zulässiges eigenständiges Beurteilungskriterium bilden.[120] 4.136

2. Die SIA-Ordnung 143 unterscheidet beim Verfahren ebenfalls zwischen dem Studienauftrag *mit Folgeauftrag und ohne Folgeauftrag:* 4.137

- Beim Studienauftrag *mit Folgeauftrag* werden die Präsentationen der Beiträge der Zwischen- und Schlussbesprechungen mit den Teilnehmern je einzeln durchgeführt. Das Beurteilungsgremium berät in Abwesenheit der Teilnehmer und ohne Mitwirkung der Öffentlichkeit. Die Protokolle zu projektspezifischen Fragen werden nur den betroffenen Teilnehmern zugestellt (Art. 14.3 SIA 143). 4.138

[117] Siehe «Dialog» gemäss Begriffe SIA 144.

[118] Die immerhin im Beurteilungsgremium vertreten ist.

[119] Vgl. Rz. 4.46. Die bereits bekannten Experten sind im Programm zu nennen (Art. 13.3. lit. i SIA 143; ein späterer Beizug von Experten zur Beurteilung fachspezifischer Fragen, insbesondere während der Durchführung des Dialogverfahrens, ist zulässig).

[120] Lutz, Fachgerechte Auswertung von Offerten, S. 245.

4.139 – Beim Studienauftrag *ohne bzw. ohne substanziellen Folgeauftrag:* Die Präsentationen der Beiträge der Zwischen- und Schlussbesprechungen können in Anwesenheit aller Teilnehmer durchgeführt werden. Das Beurteilungsgremium kann in Anwesenheit oder Abwesenheit der Teilnehmer beraten. In begründeten Fällen kann die Meinung der Öffentlichkeit während der Durchführung eingeholt werden (Art. 14.4 SIA 143). Was ein begründeter Fall ist und wie dieses Verfahren durchzuführen ist, regelt die SIA-Ordnung 143 nicht. Öffentliche Auftraggeberinnen haben dabei Verfahrensregeln festzulegen, die die Gleichbehandlung der Teilnehmer sowie die Transparenz sicherstellen. Bei Vorhaben, die einer späteren Volksabstimmung unterstehen, ist das Kriterium «Public Voting» in untergeordnetem Rahmen zulässig.[121] Gemäss Rechtsprechung hat ein solcher Einbezug der Öffentlichkeit den Charakter eines Mitwirkungsverfahrens für die Bevölkerung. Damit ein solches Vorgehen zulässig ist, hat die Auftraggeberin den Einbezug so auszugestalten, dass die freie und unbeeinflusste Äusserung der Stimmberechtigten gewährleistet ist.[122]

4.140 **3.** Damit der in Art. 14 SIA 143 geregelte Dialog den Anforderungen des Vergaberechts genügt, ist Folgendes zu beachten:[123]

4.141 **a.** Mit der Revision der Verordnung über das öffentliche Beschaffungswesen wurde kurz nach Inkrafttreten der SIA-Ordnung 143 für Beschaffungen auf Bundesebene ebenfalls ein Dialog[124] als Verfahrenselement eingeführt. Zumindest für die dem Vergaberecht des Bundes unterstellte Auftraggeberin besteht somit eine **Grundlage** zur Durchführung eines Dialogverfahrens auf Verordnungsstufe. Mit der geplanten Revision soll der Dialog als Instrument auf Gesetzesebene eingeführt werden.[125]

4.142 **b.** Das Verfahren unterscheidet sich allerdings in einigen Punkten vom detaillierter geregelten Dialogverfahren der SIA-Ordnung 143. Beim Verfahren gemäss Art. 26a VöB[126] wählt die Auftraggeberin diejenigen Anbieter aus, mit denen sie den Dialog durchführen will. Art. 24 Abs. 4 E-BöB sieht ebenfalls vor, dass die Auftraggeberin die Zahl der teilnehmenden Anbieterinnen nach sachlichen und transparenten Kriterien reduzieren kann.

4.143 **c.** Beim Studienauftrag gemäss der SIA-Ordnung 143 wird der Dialog – im Unterschied zum vergaberechtlichen Dialogverfahren gemäss Art. 26a VöB und neu Art. 24 Abs. 4 E-BöB – **mit allen Teilnehmern** durchgeführt. Damit wird dem vergaberechtlich zentralen Grundsatz der Gleichbehandlung der Anbieter Rechnung getragen; unter diesem Aspekt ist das Dialogverfahren zulässig.

---

121 Zur Zulässigkeit von «Public Voting» als Kriterium im Umfang von 10%, vgl. BGE 138 I 143/152 E. 4.4.

122 BGE 138 I 143/152 E. 4.4; VGer ZH VB.2012.00074 vom 28. März 2012 E. 3.2.2.

123 Schneider Heusi/Scherler, Wettbewerbe und Studienaufträge, S. 250.

124 Art. 26a VöB, in Kraft seit 1. Januar 2010.

125 Art. 24 E-BöB.

126 Zum Dialogverfahren gemäss Art. 26a VöB, vgl. Leuthold, Verhandlungen und der neue «Dialog», S. 283 ff.

d. Die SIA-Ordnung 143 sieht vor, dass das Verfahren **flexibel** gestaltet werden kann und sowohl die Rahmenbedingungen[127] des Studienauftrags als auch die Anforderungen an die Teilnehmer entsprechend den Erkenntnissen während der Durchführung angepasst werden können.[128] Vergaberechtlich unzulässig sind die **grundlegende Änderung oder Anpassung der Aufgabenstellung und der Rahmenbedingungen** während des laufenden Verfahrens. Ebenfalls nicht zulässig ist, die Anforderungen an die Teilnehmer anzupassen oder Änderungen bei der Zusammensetzung der Teilnehmer zuzulassen. Weiter sind Verhandlungen zwischen der Auftraggeberin und den Teilnehmern nicht statthaft und eine Einflussnahme der Auftraggeberin hat zu unterbleiben. 4.144

e. Im Vergaberecht der Kantone fehlt bis heute eine gesetzliche Regelung von Dialogverfahren. Mit Art. 26 E-IVöB soll künftig eine solche Grundlage geschaffen werden. Bis sie in Kraft ist, können Auftraggeberinnen, die dem kantonalen Recht unterstellt sind, nicht innerhalb ihrer Vergabeverfahren in einen Dialog mit den Anbietern treten. Offen bleibt, inwiefern die öffentlichen Auftraggeberinnen ohne eine explizite gesetzliche Grundlage *im Rahmen eines Studienauftrags* gleichwohl bereits heute ein Dialogverfahren durchführen dürfen. Der Studienauftrag ist in den kantonalen Erlassen zwar noch nicht geregelt. Gemäss Art. 12 Abs. 3 IVöB können die Veranstalter von Wettbewerbsverfahren aber auf einschlägige Bestimmungen von Fachverbänden verweisen. Dazu gehören die SIA-Ordnung 143 und das darin geregelte Dialogverfahren. Weiter findet das Dialogverfahren nicht mit der Auftraggeberin, sondern mit dem Beurteilungsgremium und noch nicht im Rahmen eines Vergabeverfahrens statt. Vor diesem Hintergrund ist die Durchführung von Dialogverfahren bei mit der SIA-Ordnung 143 konformen Studienaufträgen – mit den oben erwähnten Einschränkungen (Rz. 4.140 ff.) – bereits heute zulässig.[129] 4.145

4. Insbesondere bei Studienaufträgen, bei denen Folgeaufträge in Aussicht gestellt werden, stellt sich die Frage, wie ein **Ideentransfer** unter den Teilnehmern verhindert wird und wie das Beurteilungsgremium Empfehlungen für die Weiterbearbeitung vornehmen kann, ohne dabei Hinweise auf andere Teilnehmerbeiträge zu geben.[130] 4.146

a. Unzulässig ist ein eigentliches «Cherry-Picking»,[131] bei der das Beurteilungsgremium und später allenfalls die Auftraggeberin aus den einzelnen Beiträgen der Teilnehmer die besten Elemente herauspflücken und an die anderen Teilnehmer weitergeben.[132] Bei öffentlichen Auftraggeberinnen resultiert ein solches Verbot bereits aus dem Grundsatz der Vertraulichkeit.[133] Eine private oder öffentliche Auftraggeberin, die einen Beitrag 4.147

---

[127] Die SIA-Ordnung 143 verwendet die Begriffe Rand- und Rahmenbedingungen uneinheitlich und definiert diese nicht. Vorliegend wird der Begriff «Rahmenbedingung» verwendet.

[128] Siehe «Flexibilität» gemäss Begriffe SIA 143.

[129] Eine klare gesetzliche Grundlage wäre zu begrüssen; sie ist mit Art. 26 E-IVöB vorgesehen.

[130] Leuthold, Verhandlungen und der neue «Dialog», S. 297.

[131] Oder «Best-of-best-Lösung».

[132] Leuthold, Verhandlungen und der neue «Dialog», S. 297.

[133] Art. 8 Abs. 1 lit. d BöB; Art. 11 lit. g IVöB.

eines Teilnehmers unbefugt verwertet, handelt möglicherweise unlauter[134] und verletzt allfällige Urheberrechte.

4.148 **b.** Weiter sind auch **Massnahmen der Auftraggeberin** zur Verhinderung des Ideentransfers notwendig, ansonsten die Teilnehmer nicht mehr bereit wären, ihr ganzes Know-how und ihre projektbezogenen Ideen einzubringen. Die Auftraggeberin hat demnach bereits *im Programm* das Dialogverfahren detailliert darzulegen, und sie hat bei Studienaufträgen mit der möglichen späteren Erteilung von Folgeaufträgen zu regeln, dass die Besprechungen und Präsentationen mit dem Beurteilungsgremium je einzeln stattzufinden haben (Art. 14.3 SIA 143).

4.149 **c.** Ein Dialog darf nicht zur Folge haben, dass die Empfehlungen des Beurteilungsgremiums zum weiteren Vorgehen auf einen Teilnehmerbeitrag zugeschnitten werden.[135]

4.150 **d.** Die Mitglieder des Beurteilungsgremiums sind im Rahmen ihres Auftragsverhältnisses zur Auftraggeberin dafür verantwortlich, dass die oben genannten Regeln eingehalten werden.

3. Das Ergebnis des Studienauftrags

A. Der Schlussbericht und die Empfehlung des Beurteilungsgremiums

4.151 **1.** Der Ablauf der Bewertung der Studien gleicht mit Ausnahme des Dialogs dem Wettbewerb. Das Beurteilungsgremium ist im Anschluss an das Dialogverfahren zuständig für die Schlussbeurteilung und erstellt einen Beurteilungsbericht (Art. 20 SIA 143). Im Unterschied zum Wettbewerb nimmt es **keine Rangierung vor und spricht keine Preise** zu (Art. 21 SIA 143; vgl. Rz. 4.27).

4.152 **a.** Bei einem Studienauftrag *mit Folgeauftrag* wählt das Beurteilungsgremium den besten Beitrag aus und empfiehlt diesen zur Weiterbearbeitung (Art. 21.1 lit. a und Art. 23.1 lit. a SIA 143). Auch ohne Rangierung kann das Beurteilungsgremium einen **Gewinner** bestimmen.[136]

4.153 Die Auftraggeberin ist wie bei einem Wettbewerbsverfahren an diese Empfehlung gebunden (Rz. 3.65 und 3.117).[137] Der Umfang des Folgeauftrags richtet sich dabei nach den im Programm in Aussicht gestellten Teilleistungen.

4.154 **b.** Wurde ein Studienauftrag *ohne Folgeauftrag* ausgeschrieben, bestimmt das Beurteilungsgremium keinen Gewinner. Es formuliert einen Synthesisbericht mit Schlussfolgerungen zur Aufgabenstellung und gibt Empfehlungen für das weitere Vorgehen ab

[134] Art. 5 lit. a UWG.

[135] LEUTHOLD, Verhandlungen und der neue «Dialog», S. 297.

[136] Die SIA-Ordnung 143 ist allerdings nicht präzise: Der Begriff des Gewinners erscheint mehr zufällig in Art. 24.1 lit. a, nicht jedoch in Art. 16.1 lit. d sowie Art. 21.1 SIA 143.

[137] Vgl. JOST/SCHNEIDER HEUSI, Architekturwettbewerbe im Submissionsrecht, S. 370.

(Art. 21.1 lit. b und Art. 23.1 lit. b SIA 143). Was unter dem Synthesisbericht zu verstehen ist und was Inhalt der abzugebenden Empfehlungen ist, definiert die SIA-Ordnung 143 nicht näher. Sie überlässt dies den Mitgliedern des Beurteilungsgremiums. Die Auftraggeberin und die Mitglieder des Beurteilungsgremiums treffen deshalb sinnvollerweise zusätzliche Abmachungen zum Inhalt und Umfang des Berichts.

2. Stellt das Beurteilungsgremium fest, dass aus dem Studienauftrag **kein brauchbares Ergebnis** (Art. 23.2 SIA 143)[138] hervorgegangen ist, muss es zuhanden der Auftraggeberin die Gründe des Scheiterns im Bericht analysieren und Schlussfolgerungen formulieren. Welche diese Schlussfolgerungen sind, lässt die SIA-Ordnung 143 offen. Denkbar sind Hinweise dazu, welche Schritte die Auftraggeberin einzuleiten hat, um die Grundlagen für die weitere Planung zu schaffen, oder inwiefern sie die Aufgabenstellung und die Rahmenbedingungen zu überprüfen hat. 4.155

a. Art. 23.2 SIA 143 legt für den Fall, dass das Verfahren kein brauchbares Ergebnis erzielte, fest, dass die Auftraggeberin für die Weiterbearbeitung der Aufgabe von jeder Verpflichtung aus dem Verfahren befreit wird. Diese Formulierung ist missverständlich. Gemeint ist, dass die Teilnehmer aus einem solchen Verfahren keine Ansprüche gemäss Art. 27 SIA 143 geltend machen können. Die Auftraggeberin bleibt beim ergebnislosen Studienauftrag grundsätzlich verpflichtet, die Pauschalentschädigungen zu vergüten (Art. 23.2 SIA 143).[139] Sie darf vorbehältlich einer anderen Regelung im Programm die Beiträge der Teilnehmer nicht weiter verwenden. 4.156

b. Der ergebnislose Studienauftrag ist zu unterscheiden vom Fall, dass ein oder mehrere (aber nicht alle) Teilnehmer einen fehlerhaften, ungenügenden oder unvollständigen Beitrag einreichen. Diese Beiträge sind von der Beurteilung auszuschliessen und nicht zu entschädigen (Rz. 4.74 ff.). 4.157

3. Ein Studienauftrag ist dann **abgeschlossen,** wenn das Beurteilungsgremium bei einem Verfahren mit Folgeauftrag den besten Beitrag und damit den Gewinner bestimmt. Das Verfahren ohne Folgeauftrag ist dann beendet, wenn das Beurteilungsgremium den Synthesisbericht mit den Schlussfolgerungen sowie den Empfehlungen zum weiteren Vorgehen unterzeichnet hat (Art. 24.1 SIA 143). Wie beim Wettbewerb teilt die Auftraggeberin nach Abschluss der Beurteilung den Teilnehmern den Entscheid des Beurteilungsgremiums mit und sorgt für eine angemessene Veröffentlichung in der Presse (Art. 25 SIA 143).[140] 4.158

4. Die **Verbindlichkeit der Empfehlung des Beurteilungsgremiums** unterscheidet sich nicht von derjenigen des Preisgerichts beim Wettbewerb (Rz. 3.65 und 3.117). 4.159

---

[138] Zum Begriff des unbrauchbaren Ergebnisses, vgl. Rz. 3.66.

[139] Zu den Fällen, bei denen die Pauschalentschädigung nicht zu leisten ist, vgl. Rz. 4.74 ff.

[140] Die Mitteilung in der Presse erfolgt unabhängig davon, ob bereits während des Verfahrens ein Einbezug der Öffentlichkeit stattgefunden hat. Die SIA-Ordnung klärt den Begriff der «Presse» nicht. Ausschlaggebend ist, dass insbesondere die Öffentlichkeit und die Fachwelt mit der Publikation erreicht und damit Transparenz geschaffen wird.

B. Die Vergütung der Studien

4.160 Die Vergütung der Studien ist nebst der korrekten Durchführung des Verfahrens ein wesentliches Element der vertraglichen Beziehungen zwischen der Auftraggeberin und den Teilnehmern. Wie die Entschädigung festzusetzen ist und welches die Voraussetzungen sind, damit die Auftraggeberin sie auszurichten hat, habe ich bereits beschrieben (Rz. 4.69).

C. Die weitere Verwendung der Ergebnisse

4.161 **1.** Die Auftraggeberin legt bereits im Programm entsprechend ihren Bedürfnissen (Rz. 4.5 ff.) die Ziele des Verfahrens sowie die weitere Verwendung der Studien und insbesondere die möglichen Folgeaufträge fest (vgl. Art 27.1 SIA 143). Dabei sind je nach Ausgangslage verschiedene Szenarien und Verfahren denkbar (Rz. 4.17).

4.162 **2.** Soll der Studienauftrag die Grundlage für eine **weitere Projektentwicklung im Rahmen eines Wettbewerbs** bilden, sind der Studienauftrag und der Wettbewerb als in sich abgeschlossene Schritte durchzuführen; eine Kombination ist nicht zulässig.[141] Denkbar ist zum Beispiel, dass für eine komplexe Aufgabe, wie die Umnutzung einer Industriebrache in städtischem Umfeld, mit einem Studienauftrag die städtebaulichen Rahmenbedingungen festgelegt werden. Das Ergebnis des Studienauftrags kann ein Gestaltungs- oder Bebauungsplan sein, auf dessen Grundlage dann in einem neuen Verfahren ein oder mehrere Wettbewerbe mit Folgeaufträgen zur Projektierung und Ausführung zu einzelnen Teilgebieten durchgeführt werden.

4.163 **3.** Wie die Auftraggeberin die von den Teilnehmern eingereichten Studien weiterverwenden darf, hängt von der Festlegung im Programm und der Übernahme der SIA-Ordnung 143 ab. Hält sich die Auftraggeberin nicht an diese von ihr definierten Verpflichtungen oder verletzt sie vergaberechtliche Bestimmungen, können die Teilnehmer sich zur Wehr setzen. Im Vordergrund steht dabei meistens der Wunsch, dieses Vorgehen unterbinden zu können. Im Einzelfall ist zu prüfen, ob ein siegreicher Teilnehmer gestützt auf eine vergaberechtliche Grundlage vorgehen und beispielsweise eine Auftragserteilung anfechten kann, wenn die öffentliche Auftraggeberin die Empfehlung des Beurteilungsgremiums zur weiteren Bearbeitung missachtet oder Verfahrensregeln verletzt. Denkbar ist ebenfalls, dass eine Ausschreibung einer öffentlichen Auftraggeberin angefochten wird, mit dem Argument, dass ein früher durchgeführtes Verfahren nie abgebrochen wurde und nun unter Verwendung der seinerzeitigen Beiträge ausgeschrieben wird. Erst in zweiter Linie wird die Geltendmachung von Schadenersatzansprüchen zum Thema.[142]

[141] Präambel SIA 142; vgl. Rz. 3.5 und 4.12.

[142] Anspruchsgrundlage bildet Art. 27.2 SIA 143, sofern vereinbart (Rz. 4.183).

D. Die Zulässigkeit der Erteilung von Folgeaufträgen

1. Zentral für die Teilnehmer und die Auftraggeberin ist wie beim Wettbewerb, welche **Ansprüche und Folgeaufträge aus einem Studienauftrag** resultieren, unter welchen Voraussetzungen die öffentliche Auftraggeberin eine Zuschlagserteilung an den Verfasser des siegreichen Projekts vornehmen kann und inwiefern sie an den Entscheid des Beurteilungsgremiums gebunden ist (Rz. 3.110 ff.). Zu unterscheiden sind nach dem Konzept der SIA-Ordnung 143 die Ansprüche aus einem Studienauftrag im Sinne von Folgeaufträgen gemäss Art. 27.1 als Regelfall und die Abgeltungen gemäss Art. 27.2 und Art. 27.3 als Ausnahmefälle. 4.164

2. Bereits dargelegt habe ich, unter welchen Voraussetzungen die öffentliche Auftraggeberin einen Dialog durchführen kann (Rz. 4.140 ff.). Die Zulässigkeit der Zuschlagserteilung selber ist auf den folgenden Grundlagen zu beurteilen: 4.165

a. Mit dem bis zum Inkrafttreten der Revisionsvorlage geltenden Art. 13 Abs. 1 lit. l VöB besteht für Beschaffungen auf Bundesebene eine Grundlage, wonach für Planerleistungen nach nicht anonymen Verfahren eine freihändige Auftragserteilung unter bestimmten kumulativen Voraussetzungen zulässig ist: «[D]as vorausgehende Verfahren wurde in Übereinstimmung mit den Bestimmungen des Gesetzes durchgeführt; die Lösungsvorschläge wurden von einem mehrheitlich unabhängigen Gremium beurteilt und die Auftraggeberin hat sich in der Ausschreibung vorbehalten, die Folgeplanung oder die Koordination freihändig zu vergeben.» 4.166

b. Bis heute noch nicht gesetzlich geregelt ist das Verfahren zum nicht anonymen Studienauftrag an sich. Dieses wird in den Bestimmungen zum anonymen Planungs- und Gesamtleistungswettbewerb gemäss dem 4. Kapitel der VöB nicht erwähnt. Neu nennen Art. 21 und Art. 22 E-BöB explizit neben dem Wettbewerb ebenfalls die Studienaufträge, und Art. 21 Abs. 1 lit. i E-BöB regelt, dass ein freihändiger Folgeauftrag an die Gewinnerin eines Planungs- oder Gesamtleistungswettbewerbs oder eines Auswahlverfahrens zu Planungs- oder Gesamtleistungsstudien erteilt werden kann. 4.167

c. Die Anforderungen, nach denen Art. 13 Abs. 1 lit. l VöB und neu dann Art. 21 Abs. 1 lit. i E-BöB eine freihändige Zuschlagserteilung im Anschluss an einen nicht anonymen Studienauftrag erlaubt, bleiben mit dem Verweis auf eine «Durchführung in Übereinstimmung mit den Bestimmungen des Gesetzes» allerdings vage. Sie sind zu konkretisieren. 4.168

d. Erklärt die Auftraggeberin die SIA-Ordnung 143 als anwendbar, bestehen für die Durchführung des Verfahrens und des Dialogs zumindest transparente Regeln. Gleichwohl sind überdies die aus der Rechtsprechung entwickelten vergaberechtlichen Mindestanforderungen bei Wettbewerben beizuziehen (Rz. 3.22 ff., 3.42, 3.59 und 3.62). 4.169

3. Damit vergaberechtlich eine Zuschlagserteilung zulässig ist, sind *über die Regelung der SIA-Ordnung 143 hinaus* die folgenden Punkte zu beachten: 4.170

4.171 – Das Verfahren ist nach Massgabe des Auftragswerts und oberhalb der massgebenden Schwellenwerte öffentlich auszuschreiben.

4.172 – Die Auftraggeberin begründet im Programm die Verfahrenswahl ausreichend sowie die Notwendigkeit des Dialogs bezogen auf die Komplexität des Vorhabens (Rz. 4.121).

4.173 – Sie setzt ein mehrheitlich unabhängiges Beurteilungsgremium ein und erklärt im Programm dessen Entscheid als verbindlich (Rz. 4.159).[143]

4.174 – Die Folgeaufträge, die nach Abschluss des Studienauftrags erteilt werden sollen, werden im Programm bezeichnet (Inhalt und Umfang der Teilleistungsprozente; Rz. 4.153).[144]

4.175 – Das Dialogverfahren wird bereits im Programm detailliert beschrieben und die Bestimmungen und ihr Umfang, die durch den Dialog präzisiert werden sollen, werden bereits im Programm gekennzeichnet (Rz. 4.124f.).

4.176 – Grundlegende Änderungen der Aufgabenstellung, der Rahmenbedingungen und der an die Teilnehmer gestellten Anforderungen sind zu unterlassen (Rz. 4.123).

4.177 – Das Beurteilungsgremium legt einen Gewinner in dem Sinne fest, als es ohne Rangierung die Studie bestimmt, die die Beurteilungskriterien am besten erfüllt. Vorgängig hat es zu prüfen, ob kein vergaberechtlich relevanter Ausschlussgrund gegeben oder ein Beitrag von der Beurteilung auszuschliessen ist (Rz. 4.74ff.).

4.178 **4.** Noch offen ist, wann die *kantonalen Gesetzesgrundlagen* angeglichen werden und insbesondere mit Art. 21 Abs. 2 lit i E-IVöB die gesetzliche Grundlage für eine freihändige Zuschlagserteilung im Anschluss an die Durchführung einer Planungs- oder Gesamtleistungsstudie geschaffen wird. Bis dann gilt, dass eine Zuschlagserteilung nach einem Studienauftrag jedenfalls nur dann möglich ist, wenn in den gesetzlichen Grundlagen die Anonymität *nicht* als Voraussetzung für die Zuschlagserteilung genannt wird und das Verfahren gemäss der SIA-Ordnung 143 mit den oben genannten zusätzlichen Anforderungen durchgeführt wurde.

4. Urheberrecht und Ansprüche aus dem Studienauftrag

A. Die Regelung des Urheberrechts beim Studienauftrag

4.179 Die SIA-Ordnung 143 sieht vor, dass das Urheberrecht an den Studien bei den Teilnehmern verbleibt (Art. 26.1 SIA 143). Im Unterschied zum Wettbewerbsverfahren können die Ergebnisse des Studienauftrags bei bestimmten, von der SIA-Ordnung als **prozessorientiert** bezeichneten **Planungsstudien** auch durch Dritte verwendet werden (Art. 26.3 SIA 143). Solche Studien bilden die Grundlage für weitere Planungsschritte. Dabei wird

[143] Art. 53 VöB.
[144] Art. 55 und Art. 13.3. lit. g VöB.

nicht das Urheberrecht an die Auftraggeberin abgetreten, sondern es wird bereits im Programm die weitere Nutzung der Studien im nachfolgenden, separat einzuleitenden Verfahren geregelt. Die Auftraggeberin ist dabei darauf angewiesen, in einem solchen Fall die Ergebnisse aus den Studien im Rahmen eines Prozesses weiterverwenden zu können, ansonsten das durchgeführte Verfahren für sie nutzlos wäre. Eine zusätzliche Entschädigung für diese Nutzung ist in der SIA-Ordnung 143 nicht vorgesehen.

B. Die Ansprüche der Teilnehmer

Bereits erwähnt wurden die von der Auftraggeberin zu leistenden Pauschalentschädigungen (Rz. 4.70). Sie sind zu unterscheiden von den Ansprüchen gemäss Art. 27 SIA 143. Dabei wird zwischen einem Regelfall gemäss Art. 27.1 und den Abgeltungen gemäss Art. 27.2 und Art. 27.3 SIA 143 als Ausnahmefälle differenziert. 4.180

a. Der Regelfall (Art. 27.1 SIA 143)

1. Art. 27.1 SIA 143 statuiert bei einem Studienauftrag *mit Folgeauftrag* einen Anspruch auf einen Auftrag gemäss den Programmbestimmungen. Ob aus dieser Bestimmung eine Kontrahierungspflicht abgeleitet werden kann, ist umstritten.[145] 4.181

2. Beim Studienauftrag *ohne Folgeauftrag* steht der Auftraggeberin nach Entrichtung der im Programm aufgeführten Pauschalentschädigung das Recht zu, die Arbeitsergebnisse zu verwenden. Zusätzliche Entschädigungsansprüche stehen dem Teilnehmer im Unterschied zum Wettbewerb[146] nicht zu (Rz. 3.113). Vorbehalten bleiben die Bestimmungen über das Urheberrecht, das bei den Teilnehmern verbleibt. 4.182

b. Die Abgeltung des Gewinners bei einer weiteren Verwendung seines Beitrags

1. Art. 27.2 SIA 143 nennt zwei mögliche Fälle und die Voraussetzungen, nach denen der Gewinner bei einem Studienauftrag *mit Folgeauftrag* zusätzlich zur Pauschalentschädigung Anspruch auf eine Abgeltung geltend machen kann. Dies ist der Fall, wenn: 4.183

- das Beurteilungsgremium empfohlen hat, dem Gewinner den ausgeschriebenen Folgeauftrag oder den Zuschlag zu erteilen, diesen jedoch ohne Verwendung des Gewinnerprojekts an Dritte vergeben wird, oder 4.184
- die Auftraggeberin einen im Rahmen des Studienauftrags geleisteten Beitrag mit dem nachträglichen Einverständnis des Gewinners weiterverwendet, ohne diesem den ausgeschriebenen Folgeauftrag zu erteilen. 4.185

[145] Zu dieser grundsätzlichen Fragestellung, vgl. Rz. 2.58 und 3.117.

[146] Vgl. Art. 27.1 SIA 142.

4.186 **2.** Abgeltungen gemäss den beiden alternativen Fällen von Art. 27.2 lit. a und b SIA 143 können kumuliert werden, sofern die Voraussetzungen erfüllt sind.[147]

4.187 **3.** Beide Bestimmungen setzen voraus, dass die Auftraggeberin nicht bereits im Programm eine Abtretung des Urheberrechts vorgeschrieben hatte.[148]

c. Der Verzicht auf die Realisierung des Vorhabens

4.188 **1.** Wie beim Wettbewerb kann beim Studienauftrag *mit Folgeauftrag* der siegreiche Gewinner beim definitiven Verzicht der Auftraggeberin auf Realisierung innerhalb von drei Jahren nach dem Entscheid des Beurteilungsgremiums eine zusätzliche Entschädigung geltend machen (Rz. 3.117). Erteilt die Auftraggeberin keinen Folgeauftrag für die ausgeschriebenen Leistungen, hat der Gewinner des Studienauftrags bei einem solchen Verzicht Anspruch auf die restliche Entschädigung des im Studienauftrag erbrachten Aufwands (Art. 27.3 SIA 143). Dabei handelt es sich um den Aufwand, der nicht mit der bereits geschuldeten und in aller Regel ausgerichteten Pauschalentschädigung abgedeckt wird.

4.189 **2.** Anders als beim Wettbewerb steht dem Gewinner gemäss Art. 27.3 SIA 143 für den Fall des nachträglichen Verzichts aber keine feste Entschädigung (Art. 27.3 SIA 142) zu. Er hat vielmehr seinen Aufwand nachzuweisen.

---

147 Mit dieser im Vergleich zur bisherigen Fassung präzisierten Formulierung wurde verdeutlicht, dass die Abgeltungen nicht die Unrechtmässigkeit des Auftragsentzugs voraussetzen. Eine Entschädigung ist unabhängig davon geschuldet, ob die Empfehlung des Beurteilungsgremiums rechtskonform erfolgt ist oder nicht. Vgl. JOST/SCHNEIDER HEUSI, Architekturwettbewerbe im Submissionsrecht, S. 371, Fn. 159.

148 Vgl. SCHNEIDER HEUSI/SCHERLER, Wettbewerbe und Studienaufträge, S. 237.

§ 5 Ingenieur- und Architekturleistungsofferten nach der SIA-Ordnung 144

Annette Lenzlinger

Inhaltsverzeichnis

I. Einleitung

1. Im Bereich der Architektur- und der Ingenieurleistungen spielen für die Beurteilung der Angebote neben dem Preis für die angebotenen Leistungen oftmals qualitative Kriterien eine bedeutende Rolle. Trotzdem bleibt in der Praxis der Preis vielfach ausschlaggebend, während qualitativen Kriterien nicht die (insbesondere von den Anbietern) gewünschte Bedeutung zugemessen wird.[1] Die reine Preisvergabe ist allerdings bei der 5.1

[1] Vogel, Marchés publics, S. 21.

Vergabe intellektueller Dienstleistungen nicht statthaft.[2] Besonders deutlich wird dieses Phänomen bei Honorarsubmissionen im klassischen Sinn. Wo für die Beschaffung von Planerleistungen *Qualität und Lösungsfindung* im Vordergrund stehen, bietet sich die Durchführung von *Wettbewerben und Studienaufträgen* an. Der SIA hat dazu bereits 2009 die Ordnungen 142 und 143 für Wettbewerbe bzw. Studienaufträge[3] herausgegeben. Im Nachgang dazu schuf er 2013 die hier besprochene *Ordnung 144 für Ingenieur- und Architekturleistungsofferten*. Das Hauptanliegen ist auch hier, dass bei der Bewertung der Angebote die qualitativen Kriterien deutlich stärker gewichtet werden als der Preis.

5.2 **2.** In diesem Beitrag werden schwergewichtig die Charakterisierung und die Zielsetzungen der SIA-Ordnung 144, deren Abgrenzung von den SIA-Ordnungen 142 und 143 sowie deren Besonderheiten anhand ausgewählter Beispiele erörtert.

II. Zielsetzung und Gliederung der SIA-Ordnung 144

5.3 **1.** Die SIA-Ordnung 144 will «Regeln für **leistungsorientierte Beschaffungsformen**» festlegen.[4] Die Leistungsbeschreibung kann dabei durch Vorgabe eines bestimmten Ziels (funktionale Beschreibung), eines detaillierten Pflichtenhefts (Vorgabe der Leistung) oder in einer Mischform erfolgen (Art. 3.2. SIA 144). Die SIA-Ordnung 144 soll zur Anwendung kommen, wo «*die beste Leistung für eine klar umschriebene Aufgabe zu finden» ist* und wo «*keine planerischen Lösungsansätze des Anbieters notwendig sind, um das Ziel der Beschaffung zu erreichen*».[5] Diese Formulierung in der Präambel der SIA-Ordnung 144 wirft allerdings Fragen auf. Der Beschaffung von Planerleistungen ist es immanent, dass planerische Lösungsansätze des Anbieters zum nachgefragten Leistungsumfang gehören, weshalb sie auch zur Zielerreichung regelmässig notwendig sind. Vom Wortlaut der SIA-Ordnung 144 her geschlossen, wären nur die Beschaffung rein organisatorischer Planerleistungen (wie Bauleitung oder Kalkulation) Regelungsgegenstand der Ordnung. Nach der einschlägigen Wegleitung ist die Ordnung allerdings auch dort anwendbar, wo für die «Erbringung einer *intellektuellen Dienstleistung*» das «am besten geeignete Team gefunden und beauftragt werden soll». Mit der neuen Ordnung sollen die im Rahmen der Beschaffung notwendigen Entscheide sichergestellt sowie die Transparenz des Verfahrens und die Gleichbehandlung der Anbieter gewährleistet werden.[6] Diese Umschreibung steht im Gegensatz zur Präambel der Norm, gibt aber den tatsächlichen Vorgang bei Leistungsausschreibungen zutreffend wieder. Auch im Rahmen einer

---

2 Stöckli/Beyeler, Debatte um die Planerhonorare, S. 19.

3 Die SIA-Ordnung 143 erschien erstmals im Jahr 2009, während die SIA-Ordnung 142 in einer ersten Fassung bereits im Jahr 1998 publiziert wurde und dabei auch (rudimentäre) Regeln zum Studienauftrag enthielt.

4 Entwicklung der Ordnungen und Art. 2.1 SIA 144.

5 Präambel SIA 144.

6 Wegleitung zur SIA-Ordnung 144, S. 5.

leistungsorientierten Beschaffung werden vom Anbieter eine intellektuelle Dienstleistung und damit die Lösungsfindung bzw. planerische Leistungen erwartet. Anders als bei Wettbewerbsverfahren und Studienaufträgen will die Auftraggeberin aber nicht zwischen verschiedenen Lösungen verschiedener Anbieter auswählen können.

2. Die SIA-Ordnung 144 ist **wie folgt gegliedert**: 5.4

- *Grundsätze* zur leistungsorientierten Beschaffung (Art. 1 f. SIA 144), 5.5
- Erläuterung der dazu geeigneten *Arten von Leistungsbeschreibungen* (Art. 3 ff. SIA 144), 5.6
- *Verfahrensarten* im Rahmen einer öffentlichen Beschaffung (Art. 6 ff. SIA 144), 5.7
- *Aufgaben, Rechte und Pflichten der am Verfahren Beteiligten* (Art. 11 ff. SIA 144 für die Auftraggeberin, das Bewertungsgremium, die Experten und die Anbieter), 5.8
- Hinweise zu den *Kriterien zur Bewertung der Angebote* (Art. 18 ff. SIA 144), 5.9
- Umschreibung des *Verfahrens der leistungsorientierten Beschaffung* (Art. 15 ff. und Art. 22 ff. SIA 144), 5.10
- *Urheberrechte und Ansprüche aus leistungsorientierten Beschaffungen* (Art. 27 ff. SIA 144), 5.11
- *Schlussbestimmungen* zur Auslegung und Anpassung der Norm (Art. 30 SIA 144). 5.12

In ihren **Anhängen** geht die SIA-Ordnung 144 dann noch auf *Eignungs- und Zuschlagskriterien*, die *Gewichtung des Preiskriteriums* bei funktionalen Leistungsausschreibungen sowie Beschaffungsformen und Verfahrensarten ein. 5.13

III. Anwendungsbereich der SIA-Ordnung 144

1. Grundsätzliches

1. Die SIA-Ordnung 144 sieht ihren Anwendungsbereich **einzig im Rahmen leistungsorientierter Beschaffungen** (Rz. 5.29). Entsprechend sollen in der Offerte nur der Angebotspreis, Angaben zum Anbieter und Angaben zu dessen Zugang zur Aufgabe enthalten sein,[7] während *keinerlei planerische Leistungen (wie Skizzen oder Entwürfe) erfragt oder eingereicht werden.*[8] 5.14

---

[7] Präambel SIA 144.

[8] Siehe «Zugang zur Aufgabe» gemäss Begriffe SIA 144. Das Zürcher Verwaltungsgericht beurteilte es als zulässig, im Rahmen einer leistungsorientierten Ausschreibung von den Anbietern Projektskizzen (nicht ausgearbeitete Projektvorschläge) für einen Teilaspekt zu verlangen, um damit eine qualitative Beurteilung des Angebots (Zugang zur Arbeit) vorzunehmen (VGer ZH VB.2011.00322 vom 8. September 2011 E. 9.2 = BR/DC 2012, S. 273, Nr. 186, mit Anm. SCHERLER). Vergaberechtlich

5.15 **2.** Konzipiert ist die SIA-Ordnung 144 für eine Anwendung sowohl in öffentlichen Vergabeverfahren als auch durch private Nachfragerinnen von Planerleistungen.

2. In öffentlichen Vergabeverfahren

5.16 Der SIA erklärt zutreffend, dass die SIA-Ordnung 144 **subsidiär zum öffentlichen Vergaberecht** ist, und versteht die Ordnung als Ergänzung und im Einklang dazu.[9] Diese Selbstdeklaration schützt allerdings nicht davor, dass einzelne Bestimmungen dem öffentlichen Vergaberecht widersprechen[10] und deshalb bei öffentlichen Vergaben nicht anwendbar sind. Wo Leistungsofferten aufgrund eines detaillierten Pflichtenhefts gefragt sind, ist es im Rahmen der öffentlichen Vergabe zwingend, das gesetzlich ausführlich geregelte, konventionelle Verfahren für Honorarsubmissionen durchzuführen. Wettbewerbsausschreibungen oder Studienaufträge sind in diesen Fällen nicht statthaft.[11]

3. Bei privaten Beschaffungen

5.17 **1.** Private Nachfragerinnen von Planungsleistungen haben die Regeln des öffentlichen Vergaberechts nicht einzuhalten. Es steht ihnen – wie den öffentlichen Auftraggeberinnen – frei, die SIA-Ordnung 144 bei ihren Ausschreibungen entweder integral, bloss als Informationsquelle oder Checkliste oder aber überhaupt nicht zu verwenden. Die Anwendung der SIA-Ordnung 144 auf die Vertragsanbahnung ist von der Auftraggeberin in den Ausschreibungsunterlagen anzukündigen (Art. 2.3 SIA 144), wobei sie aber auch nur Teile der Ordnung übernehmen kann.

5.18 **2.** Soweit sich eine private Auftraggeberin in ihren Ausschreibungsunterlagen allerdings auf die Anwendung der SIA-Ordnung 144 festlegt, hat sie sich in der Folge gegenüber den Anbietern daran zu halten.[12] Dies bedeutet für die Auftraggeberin, dass sie einen umfangreichen Katalog recht **gewichtiger Einschränkungen** zu beachten hat; im Vordergrund stehen die folgenden:

5.19 **a.** Der Anbieter des bestbewerteten Angebots hat Anspruch darauf, dass die Auftraggeberin ihm den Zuschlag erteilt (Art. 28.2 SIA 144). Die Auftraggeberin geht damit eine **Kontrahierungspflicht** zugunsten des bestbewerteten Angebots ein, wobei diese Pflicht

---

problematisch wäre es hingegen, im Rahmen einer Leistungsausschreibung eine eigentliche Projektierung als Bestandteil des Angebots zu verlangen. Die Evaluation von Lösungen bzw. von offenen Fragestellungen hat vorzugsweise im Rahmen von Wettbewerben oder Studienaufträgen zu erfolgen. Zudem können planerische Vorleistungen im Rahmen der Leistungsausschreibung vergütungspflichtig sein (Art. 23 Abs. 3 und Art. 40 VöB).

9 Präambel SIA 144.

10 Vgl. dazu Rz. 5.53 und 5.55.

11 Schneider Heusi/Scherler, Wettbewerbe und Studienaufträge, S. 212.

12 Zur vertragsrechtlichen Qualifikation der SIA-Ordnung 144 siehe Rz. 5.33 f.

aber unter der Bedingung steht, dass überhaupt ein Planervertrag abgeschlossen wird. Letzteres ergibt sich aus Art. 28.3 SIA 144, nach dem die Auftraggeberin selbst dem Anbieter des bestbewerteten Angebots keine Entschädigung zu leisten hat, wenn sie auf die Beschaffung verzichtet. Damit ist klar, dass die Auftraggeberin auch dann nicht unbedingt verpflichtet ist, einen Planervertrag abzuschliessen, wenn sie ein Verfahren nach der SIA-Ordnung 144 einschlägt.

b. Bei Verfahren mit funktionaler Ausschreibung, bei der die erfolgreichen Leistungen nicht detailliert umschrieben, sondern lediglich die zu erreichenden Ziele vorgegeben werden, sieht die Ordnung vor, dass der **Preis** «in der Regel [mit] maximal 25%» zu gewichten ist (Art. 21.2. und Anhang 3 SIA 144). In Abhängigkeit von der Komplexität des Projekts ist auch eine tiefere Gewichtung möglich.[13] Der Ordnung ist nicht zu entnehmen, worin der von ihr angesprochene Regelfall besteht, was der Auftraggeberin Spielraum verschafft, um von der empfohlenen Gewichtung abzuweichen. Soweit die Ausschreibungsunterlagen aber eine andere Gewichtung vorsehen als jene, die von der Ordnung anvisiert wird, geht diese Gewichtung ohnehin vor. 5.20

3. Weitere Einschränkungen sind: 5.21

a. In die Ausschreibungsunterlagen sind «alle relevanten Elemente der **zukünftigen vertraglichen Vereinbarung**» aufzunehmen (Art. 23.1.1 SIA 144). Offengelassen und damit unklar bleibt, welche künftige Vertragsabreden als genügend relevant zu betrachten sind, damit sie im Voraus bekannt gegeben werden müssen. 5.22

b. Weiter hat die Auftraggeberin in den Ausschreibungsunterlagen die **Zuschlagskriterien** sowie deren Rangordnung oder Gewichtung zu nennen (Art. 18 SIA 144) und sich ohne abweichende Angabe bei der Vergabe an die bekannt gegebene Ordnung zu halten. Dies schafft für die Anbieter zwar diesbezüglich Transparenz und die Möglichkeit, sich bei der Ausarbeitung ihrer Angebote an den bekannt gegebenen Kriterien zu orientieren. Umgekehrt kann die Erarbeitung von Vergabekriterien mit erheblichem Aufwand verbunden sein, der von der Auftraggeberin zu leisten ist. Zudem ist die Auftraggeberin in der Folge an ihre Kriterien gebunden, was ihre Entscheidungsfreiheit beschränkt und sie daran hindert, im laufenden Verfahren bessere Erkenntnisse einzubringen, wenn damit eine Veränderung der Kriterien verbunden wäre. Hinzu kommt, dass die SIA-Ordnung 144 die Auftraggeberin bei der Festlegung und Gewichtung der Zuschlagkriterien kaum unterstützt, auch nicht durch ihren Anhang 2, der nicht über Allgemeines hinausgeht. Das ist allerdings nicht überraschend, verhält es sich doch so, dass die Vergabekriterien auf den jeweiligen Vertragsgegenstand auszurichten sind, sodass sie sich insoweit einer Normierung entziehen.[14] 5.23

c. Die **Begründung des Zuschlags** kann zwar summarisch gehalten werden. Immerhin ist die Auftraggeberin verpflichtet, allen Anbietern das berücksichtigte Angebot mitsamt 5.24

---

13 Zur Untergrenze der Gewichtung des Preises in öffentlichen Vergabeverfahren siehe Rz. 5.42 ff.

14 Vgl. dazu Rz. 5.38 f.

Angebotspreis bekannt zu geben (Art. 26.2 SIA 144). Weitere Elemente, die in die Begründung aufzunehmen wären, nennt die SIA-Ordnung 144 nicht. Mit der Begründungspflicht ist für die Auftraggeberin nicht nur zusätzlicher administrativer Aufwand verbunden, sie hat sich gegenüber den Anbietern auch auszusetzen, was unter Umständen unerwünscht ist. Die Vorgehensweise bei der Vergabe und die Bewertung der Angebote sind aus der Begründung des Zuschlags zumindest teilweise rekonstruierbar, was ja an sich auch deren Sinn ist und für die Anbieter Transparenz schafft. Allerdings ergeben sich so allenfalls Angriffsflächen, die ohne Anwendung der SIA-Ordnung 144 nicht bestehen würden.

5.25 **d.** Die Auftraggeberin ist gehalten, für die **Gleichbehandlung der Anbieter** zu sorgen (Art. 12.4 und Art. 14.4 SIA 144). Beispielsweise hat sie alle Anbieter auf demselben Informationsstand zu halten. Dazu gehört auch, die Fragen der Anbieter und die Antworten dazu allen Anbietern anonymisiert zuzustellen (Art. 16 SIA 144). Die Auftraggeberin hat somit nicht nur für die korrekte Weitergabe der Informationen zu sorgen, sondern es ist ihr auch untersagt, einzelne Anbieter im Verhältnis zu den übrigen zu favorisieren.

5.26 **e.** Wenn es in den Ausschreibungsunterlagen nicht offengelegt wird, darf die Auftraggeberin keine Anbieter offerieren lassen, die an der **Vorbereitung der Beschaffung mitgewirkt haben** (Art. 14.3 f. SIA 144). Diese Pflicht, jene Anbieter, die an der Vorbereitung beteiligt waren, allen übrigen Anbietern bekannt zu geben, schafft zwar Transparenz. Sie könnte aber dazu führen, dass Anbieter auf ein Angebot verzichten und so die Auswahl der Angebote für die Auftraggeberin unerwünscht beschränkt wird. Gleichzeitig wird damit auch das Risiko von Absprachen unter den Anbietern erhöht, da den Anbietern dann zumindest ein potenzieller anderer Anbieter bekannt ist.

5.27 **f.** Die Auftraggeberin hat ein **Bewertungsgremium** einzusetzen, das für die fachliche Beurteilung der Angebote zuständig ist (Art. 12.3 SIA 144). Das Gremium ist mit mindestens drei für die Beurteilung fachlich kompetenten Personen zu besetzen (Art. 12.3 SIA 144), wobei mindestens ein Mitglied des Bewertungsgremiums von der Auftraggeberin unabhängig zu sein hat (Art. 12.5 SIA 144).[15] Die Mitglieder des Bewertungsgremiums sind in den Ausschreibungsunterlagen zu nennen (Art. 12.4 SIA 144).[16] Damit wird zwar die Qualität der Beurteilung gesteigert und steigen auch die Chancen dafür, dass sich qualitativ gute Anbieter an der Ausschreibung beteiligen. Nach dem Modell der SIA-Ordnung 142 ist die Auftraggeberin aber nicht frei, die Beurteilung der Angebote anhand der qualitativen Kriterien selber vorzunehmen. Auch kann sie das Bewertungsgremium nach der Ausschreibung nicht mehr auswechseln und hat zudem die Kosten für die Arbeit des Bewertungsgremiums zu tragen.

5.28 **4.** Indem sich eine private Auftraggeberin selber der SIA-Ordnung 144 unterstellt, begibt sie sich für ihre Beschaffung somit *auf ein Terrain, das jenem öffentlicher Vergabeverfahren sehr ähnlich ist.* Offenkundig schränkt sie damit ihre Bewegungsfreiheit ein, die sie

[15] Vgl. dazu Rz. 5.40 f.

[16] Vgl. dazu Rz. 5.40 f.

ohne Übernahme der SIA-Ordnung 144 hätte. Die Einschränkungen, die mit der Verwendung der SIA-Ordnung 144 einhergehen, dürften auch ausschlaggebend dafür sein, dass die SIA-Ordnung 144 bei privaten Beschaffungen bisher nicht die ihr zugedachte praktische Beachtung erlangen konnte (vgl. Rz. 5.52).[17] Da diese Einschränkungen zahlreich und gewichtig sind, bietet sich auch die teilweise Übernahme der Ordnung oder deren Abänderung praktisch nicht an. Eine Auftraggeberin, die ihre Bewegungsfreiheit bewahren wollte, hätte derart viel von der SIA-Ordnung 144 wegzubedingen und abweichend zu regeln, dass die Ordnung damit praktisch ihres Sinngehalts entleert würde. Allerdings werden auch private Wettbewerbs- und Studienauftragsverfahren kaum unter Anwendung der dafür einschlägigen SIA-Ordnungen 142 bzw. 143 durchgeführt.[18]

4. Gegenüberstellung der SIA-Ordnungen 142, 143 und 144

1. Die SIA-Ordnungen 142, 143 und 144, deren Einsatzgebiet die Beschaffung von Planerleistungen ist, unterscheiden zwischen **leistungs- und lösungsorientierten Beschaffungen** (Rz. 5.1). Wo nach der besten Lösung für eine vorgegebene Aufgabe gesucht wird und regelmässig mit deren Urheber ein Planervertrag abgeschlossen werden soll, sind der **Wettbewerb** (SIA-Ordnung 142) oder allenfalls der **Studienauftrag** (SIA-Ordnung 143) die geeignete Beschaffungsform. Ist hingegen die beste Leistung für eine klar umschriebene Aufgabe gesucht, steht die konventionelle **Honorarsubmission** bzw. die leistungsorientierte Beschaffung im Vordergrund. Letztere ist Gegenstand der SIA-Ordnung 144. 5.29

2. Zu Beginn des Vergabeprozesses stellt sich somit stets die Frage nach der Aufgabe, die es in diesem Prozess zu lösen gilt. Von der Antwort hängt es ab, welches Verfahren einzuschlagen ist. **Wettbewerb und Studienauftrag sind keine förmlichen Vergabeverfahren**, sondern folgen einer eigenen gesetzlichen bzw. durch die Rechtsprechung entwickelten Regelung, die allerdings noch empfindliche Lücken aufweist.[19] Die Vergabestelle legt dabei das von ihr anzuwendende Verfahren im Einzelfall fest.[20] Wettbewerbe und Studienaufträge kommen zur Anwendung, wenn die Ausschreibung einer klar umschriebenen Aufgabe «das Bedürfnis der Auftraggeberin nach einer Evaluation verschiedener Lösungsansätze nicht abzudecken» vermag.[21] Bei Wettbewerben erfolgt die Beurteilung anonym, bei Studienaufträgen und bei Honorarsubmissionen hingegen nicht. Studienaufträge sind den besonders komplexen Aufgabenstellungen vorbehalten und ermöglichen den Dialog zwischen der Vergabebehörde und dem Anbieter. 5.30

3. Gemeinsames Merkmal von Wettbewerb und Studienauftrag ist, dass der **Preis** der Planerleistung allein kein Entscheidungskriterium, sondern von untergeordneter Bedeu- 5.31

[17] Vgl. dazu STEIGER, Beschaffung intellektueller Dienstleistungen, S. 18.

[18] Vgl. dazu auch SCHNEIDER HEUSI/SCHERLER, Wettbewerbe und Studienaufträge, S. 211.

[19] SCHNEIDER HEUSI/SCHERLER, Wettbewerbe und Studienaufträge, S. 221 und 240.

[20] SCHNEIDER HEUSI/SCHERLER, Wettbewerbe und Studienaufträge, S. 221 ff.

[21] SCHNEIDER HEUSI/SCHERLER, Wettbewerbe und Studienaufträge, S. 213.

tung ist.[22] Dies steht im deutlichen Gegensatz zur leistungsorientierten Vergabe, bei der die Vergabe direkt an das wirtschaftlich günstigste Angebot erfolgt, bei dessen Ermittlung der Preis der Planerleistung eine massgebliche Rolle spielen muss (Rz. 5.42 ff.).

5.32 **4.** Die Honorarsubmission, d.h. die leistungsorientierte Beschaffung, führt zur **direkten Vergabe** der ausgeschriebenen Leistung aufgrund der Offerten. Im Rahmen von Studienaufträgen ist die Zulässigkeit der freihändigen Vergabe von Folgeaufträgen umstritten.[23] Bei anonym durchgeführten Wettbewerben ist die freihändige Vergabe von Folgeaufträgen, gestützt auf die Evaluation eines unabhängigen Preisgerichts, hingegen anerkanntermassen zulässig.

IV. Rechtliche Einbettung der SIA-Ordnung 144

5.33 **1.** Die SIA-Ordnung 144 will «Regeln für leistungsorientierte Beschaffungsformen» festlegen.[24] Sie beschreibt Regeln für die **Phase der Vertragsanbahnung.**[25] Auf die vorvertraglichen Beziehungen zwischen der Auftraggeberin und dem Planer kommt sie allerdings nur zur Anwendung, wenn die Auftraggeberin sie gegenüber den Anbietern als anwendbar erklärt. Art. 2.3. SIA 144 hält dazu fest, dass ihre Geltung in den Ausschreibungsunterlagen festzuhalten sei. Wird die SIA-Ordnung 144 lediglich als internes Arbeitsinstrument in Sinne einer Anleitung oder einer Checkliste benutzt, bleibt sie rechtlich bedeutungslos. Mit ihrer Aufnahme in die Ausschreibungsunterlagen aber verpflichtet sich die Auftraggeberin, sich bei der Vergabe nach ihr zu richten, soweit sie keine Vorbehalte anbringt, die der SIA-Ordnung 144 wiederum vorgehen.[26]

5.34 **2.** Die SIA-Ordnung 144 regelt somit den **vorvertraglichen Vergabeprozess**, nicht aber den im Anschluss daran abgeschlossenen Vertrag über die ausgeschriebenen Leistungen. Die SIA-Ordnung 144 enthält deshalb auch nicht etwa Allgemeine Geschäftsbedingungen für Planerverträge. Entgegen der missverständlichen Formulierung in Art. 2.2. SIA 144 darf der Anbieter es gerade nicht als Offerte für den Vertragsschluss verstehen, wenn die Auftraggeberin zur Offertstellung einlädt.[27] Denn wäre dem so, würde damit

---

[22] Vgl. zur Abgrenzung des Wettbewerbs und Studienauftrag ausführlich SCHNEIDER HEUSI/SCHERLER, Wettbewerbe und Studienaufträge, S. 213 ff.

[23] SCHNEIDER HEUSI/SCHERLER, Wettbewerbe und Studienaufträge, S. 215 und 242 ff., welche den Vertrag zwischen der Vergabestelle und den einzelnen Teilnehmenden am Studienauftrag als Werkvertrag qualifizieren und sich unter bestimmten Voraussetzungen für die Zulässigkeit der freihändigen Vergabe von Folgeaufträgen aussprechen.

[24] Entwicklung der Ordnungen und Art. 2.1 SIA 144.

[25] Vgl. dazu SCHNEIDER HEUSI, SIA-Ordnung 144/2013, S. 74; GAUCH/SCHLUEP/SCHMID, OR AT, Rz. 1056a ff.

[26] Vgl. dazu GAUCH/SCHLUEP/SCHMID, OR AT, Rz. 1061.

[27] Vgl. dazu Art. 2.2 SIA 142 und Art. 2.2 SIA 143, bei welchen es sich tatsächlich um eine Offerte zum Vertragsschluss handelt; siehe zur SIA-Ordnung 142 Rz. 3.98 und zur SIA-Ordnung 143 Rz. 4.56 ff.

dem gesamten übrigen System der Norm widersprochen, wonach die Auftraggeberin zunächst zur Offertstellung einlädt, danach die eingegangenen Angebote bewertet und erst daraufhin mit dem Anbieter des bestbewerteten Angebots den Planervertrag abschliesst. Ein Vertrag zwischen den Parteien kommt erst mit der Annahme eines Angebots durch die Auftraggeberin zustande.

3. Für alle Anbieter – insbesondere für die nicht berücksichtigten Anbieter – kann die SIA-Ordnung 144 nur als vorvertragliche Regelung Bedeutung erlangen. Widersprüchlich ist in Art. 28.2 f. SIA 144 festgehalten, dass der Anbieter des bestbewerteten Angebots einen **Anspruch auf den Vertragsschluss** habe, aber keine Entschädigung für die Aufwände im Rahmen des Offertverfahrens geltend machen könne, wenn die Auftraggeberin auf die Beschaffung verzichtet. Wenn es aber einen Anspruch auf Annahme der bestbewerteten Offerte geben soll, kann die Auftraggeberin nicht mehr ohne Weiteres auf die Beschaffung verzichten. Eine Verpflichtung zum Vertragsschluss mit dem Anbieter des bestbewerteten Angebots widerspricht allerdings dem öffentlichen Vergaberecht[28] und läuft auch der privatrechtlichen Abschlussfreiheit, die eine Facette der Vertragsfreiheit ist, zuwider. Art. 28.2 SIA 144 kann im Kontext von Art. 28.3 SIA 144 und der (privatrechtlich allerdings abänderbaren) Rechtslage nur so verstanden werden, dass sich die Auftraggeberin *für den Fall, dass sie die ausgeschriebene Beschaffung aufgrund der eingegangenen Offerten tatsächlich tätigt*, dazu verpflichtet, dabei das bestbewertete Angebot zu berücksichtigen. Will die Auftraggeberin aber die ausgeschriebene Leistung nicht oder abweichend von der Ausschreibung beschaffen, kann sie nicht zum Vertragsschluss über die ursprünglich ausgeschriebene Leistung gezwungen werden.[29] 5.35

4. Im öffentlichen Vergaberecht steht den nicht berücksichtigten Anbietern der dort vorgesehene **Rechtsweg** offen. Dabei kann auch die Verletzung der SIA-Ordnung 144 gerügt werden. Für private Beschaffungsverfahren hält Art. 29.2 SIA 144 fest, dass der Anbieter bei Verletzungen der in der Ausschreibung genannten Bedingungen Klage bei den zuständigen Gerichten einreichen könne. Dieser Rechtsschutz besteht allerdings unabhängig von der SIA-Ordnung 144.[30] 5.36

---

[28] Ob ein öffentliches Vergabeverfahren abgebrochen werden darf, bestimmt sich nach den Regeln des jeweiligen Vergabeverfahrens; vgl. dazu Schneider Heusi, SIA-Ordnung 144/2013, S. 74, Fn 33. Gleichzeitig sind bei Abbruch des Vergabeverfahrens auch die privatrechtlichen Ansprüche des Anbieters zu prüfen, vgl. dazu die Anm. von Beyeler zu BVGer B-1284/2017 vom 6. Juni 2017 (= BR/DC 2018, S. 61, Nr. 90).

[29] Zur Kontrahierungspflicht bei Ausschreibungen vgl. Gauch/Schluep/Schmid, OR AT, Rz. 1064.

[30] Zur Haftung bei Ausschreibungen und Vertragsverhandlungen vgl. Gauch/Schluep/Schmid, OR AT, Rz. 946 ff. und 1062.

V. Schwerpunkte der SIA-Ordnung 144

1. Allgemeines

5.37 Mit der SIA-Ordnung 144 soll der Baupraxis für die leistungsorientierte Beschaffung ein griffiges Arbeitsinstrument zur Verfügung gestellt werden. Unübersehbar ist dabei das Bestreben, qualitativen Kriterien gegenüber dem Preis massgebliches Gewicht zu verleihen. Nachfolgend werden diese Zielsetzungen anhand ausgewählter Beispiele überprüft.

2. Arbeitsinstrument für die Leistungsbeschreibung und deren Beurteilung

5.38 **1.** Sollen Angebote schwergewichtig qualitativ beurteilt werden, hat sich die Auftraggeberin Gedanken darüber zu machen, welche Aussagen die Angebote zur **erwarteten Qualität** zu enthalten haben und wie diese bewertet werden. Die SIA-Ordnung 144 schlägt dazu insbesondere die *funktionale Leistungsausschreibung* vor (Art. 3.3 SIA 144). Sie soll angewendet werden, wenn kein detailliertes Pflichtenheft vorgegeben wird, sondern die «festgelegten Ziele der zu beschaffenden Leistung mit verschiedenen Methoden bzw. Vorgehensweisen erreicht werden können» (Art. 4 SIA 144). Die qualitativen Kriterien sollen im Rahmen der funktionalen Ausschreibung in der Regel mit mindestens 75% und der Preis mit maximal 25% gewichtet werden (Art. 21.2 SIA 144).[31] Konkrete Angaben zur Gestaltung von funktionalen Ausschreibungen und zur Abgrenzung von Studienaufträgen sucht man in der SIA-Ordnung 144 allerdings vergeblich. Den im Anhang 2 SIA 144 genannten Beispielen für Vergabekriterien lassen sich gewisse Hinweise darauf entnehmen, die allerdings sehr allgemein gehalten sind. Als Beispiele für Vergabekriterien bezüglich der angebotenen Qualität nennt der Anhang 2[32] die *Auftragsanalyse, Angaben zum Zugang zur Aufgabe,*[33] *die Vorgehensweise, die Umsetzung der massgebenden Aspekte einer nachhaltigen Entwicklung, die Projektorganisation und das Qualitätsmanagement-Konzept.*[34] Planerische Lösungsansätze im Sinne von Projektentwürfen und Ideenskizzen dürfen jedenfalls mit dem Angebot nicht verlangt werden (Art. 1.8 und Art. 24.2 SIA 144). Im Rahmen einer öffentlichen Vergabe wären die im Anhang 2 SIA

---

[31] Vgl. zur Zulässigkeit dieser Obergrenze Rz. 5.53 f.

[32] Anhang 1 SIA 144 definiert Eignungskriterien und enthält Hinweise und Beispiele dazu.

[33] Vgl. dazu wenig ergiebig Begriffe SIA 144: Unter «Zugang zur Aufgabe» sind Beiträge der Anbieter zum Verständnis der Aufgabenstellung, wie Auftragsanalysen, Vorschläge zur Vorgehensweise oder Projektorganisation genannt. Die Darstellung hat schriftlich, allenfalls mit erläuternden Schemas oder Diagrammen, jedenfalls aber ohne planerische Lösungsansätze zu erfolgen.

[34] Neben den genannten Kriterien für die Beurteilung der Qualität sind in Anhang 2 SIA 144 weitere Beispiele für Zuschlagskriterien genannt: Unterhalts- und Betriebskosten, Preis, Qualifikation des Schlüsselpersonals, Präsentation des Angebots (vgl. zu den Anforderungen der Gleichbehandlung im Rahmen von Präsentationen VGer ZH VB 2012.00657 vom 13. März 2013 E. 4 = BR/DC 2014, S. 42, Nr. 30, mit. Anm. Scherler).

144 genannten Kriterien und deren Bewertung näher zu umschreiben, und die dafür notwendigen Nachweise in den Angeboten wären zu bezeichnen.[35]

2. Die *SIA-Ordnung 144* begründet den Vorrang der qualitativen Kriterien, ohne diese aber zu umschreiben. Diesbezüglich bietet sie also dem *Ersteller der Ausschreibung keine Hilfe*. Damit ist allerdings auch die gewünschte Fokussierung auf die Qualität durch die SIA-Ordnung 144 nicht gesichert. Hilfreich für die Praxis wären Beispiele für funktionale Ausschreibungen mit Definitionen der qualitativen Kriterien sowie Angaben zu sachgerechten Bewertungsparametern und zu deren Gewichtung. Nützlich wären auch konkrete Angaben zu den von den Anbietern einzureichenden Dokumenten. Denkbar wären zudem eine Beschreibung oder eine Checkliste für die Grundlagen und Rahmenbedingungen des Bauvorhabens, auf deren Basis die Angebote eine Beschreibung (ohne Pläne und Skizzen) des möglichen Raumprogramms aufzuzeigen haben.[36] Die Beurteilung der angebotenen Qualität von Planungsarbeit *ohne Beurteilung planerischer* Lösungsan*sätze* ist anspruchsvoll und in ihrer Aussagekraft begrenzt. Rein sprachliche Umschreibungen reichen nicht aus, um planerische Qualität einschätzen zu können. Die hohe Gewichtung der qualitativen Kriterien bei funktionalen Ausschreibungen im Rahmen der SIA-Ordnung 144 widerspricht deshalb zumindest teilweise dem Gebot, keine planerischen Lösungsansätze ins Angebot aufzunehmen. Wo Qualität verlangt wird, sind auch die nötigen Voraussetzungen dafür zu schaffen, dass diese beurteilt werden können. Indem die SIA-Ordnung 144 es aber nicht zulässt, dass planerische Lösungen angeboten werden, bietet sie diese Rahmenbedingungen gerade nicht an. Die Fokussierung auf Qualität, ohne dass planerische Ansätze im Angebot zugelassen wären, führt in der Tendenz zu Ausschreibungsverfahren, bei denen die Vergabekriterien kaum fassbar und deshalb schwerlich beurteilbar sind – dies auch ganz unabhängig von der Anwendung der SIA-Ordnung 144. 5.39

3. Bewertungsgremium für qualitative Kriterien

1. Für die **Beurteilung von qualitativen Kriterien** schreibt die SIA-Ordnung 144 den Einsatz eines «*Bewertungsgremiums unter der Beteiligung von Fachleuten*» vor. Bei funktionalen Ausschreibungen ist immer ein Bewertungsgremium einzusetzen (Art. 12.1 SIA 144). Dieses Gremium soll die Auftraggeberin bei der Festlegung des Inhalts der Ausschreibungsunterlagen beraten, wobei es bei dieser Tätigkeit gerade nicht auf die SIA-Ordnung 144 abstellen kann, da diese Ordnung dazu keine Aussagen macht. Die von der Auftraggeberin einzusetzende Jury hat aus mindestens drei Personen zu bestehen, die 5.40

[35] Schneider Heusi, SIA-Ordnung 144/2013, S. 75.

[36] Vgl. dazu KBOB-Beschaffungsleitfaden, welcher anschaulich eine Checkliste für Eignungs- und Vergabekriterien und deren Gewichtung und Beurteilung bietet (Ziff. 3.5 und Ziff. 5), aber ebenfalls keine konkreten Angaben für funktionale Ausschreibungen enthält und für Fälle, in welchen die Aufgabe nicht genügend umschrieben werden kann, die Durchführung von Studienaufträgen empfiehlt (Ziff. 3.3.2).

eine fachlich kompetente Beurteilung der Angebote gewährleisten müssen und den Anbietern nicht nahestehen dürfen. Sie berät die Auftraggeberin bei der Erstellung der Ausschreibungsunterlagen und der Festlegung der Vergabekriterien und ist bei der Beantwortung von Fragen der Anbieter beizuziehen. Mindestens eines seiner Mitglieder hat unabhängig von der Auftraggeberin zu sein. Sie stellt der Auftraggeberin im selektiven Verfahren und im Einladungsverfahren Antrag für die Auswahl der Anbieter und generell für die Erteilung des Zuschlags (Art. 12.2–12.7 SIA 144). Der Antrag für die Auswahl der Anbieter ist nicht zu begründen. Hingegen ist die Auftragsvergabe von der Auftraggeberin summarisch zu begründen und ein Bericht zur Bewertung der Angebote zu erstellen (Art. 25.8 und Art. 26.2. SIA 144).

5.41 **2.** Transparenz und Gleichbehandlung verlangen nach messbaren Vergabekriterien. Gleichzeitig sind aber die letztlich nicht objektiv messbaren Kriterien Qualität oder Ästhetik explizit zulässig. Sie sind allerdings weder in der SIA-Ordnung 144 noch in der Gesetzgebung zum öffentlichen Vergaberecht näher konkretisiert (Art. 21 Abs. 1 BöB; Art. 27 Abs. 2 VöB). Die SIA-Ordnung 144 delegiert die Beurteilung der angebotenen Qualität an ein Beurteilungsgremium, ohne aber die Beurteilungskriterien zu umschreiben. Damit ist der (ohnehin schwer erreichbare) Anspruch, Qualität objektiv zu beurteilen, jedoch nicht einzulösen. Qualität wird durch den Einsatz eines Bewertungsgremiums per se nicht grundsätzlich objektiv und transparent beurteilbar. Im System der SIA-Ordnung 144 sind die Definition und die Beurteilung der Qualität einem fachlich ausgewiesenen Beurteilungsgremium übertragen. Vereinfacht gesagt, gilt damit als gute Qualität, was das Bewertungsgremium als gut betrachtet. Diese Mechanik ist auch vergaberechtlich problematisch, weil messbare Vergabekriterien fehlen. Doch ist es vielleicht auch einfach die Kapitulation vor der Schwierigkeit, qualitative Kriterien objektiv zu messen.

4. Gewichtung des Kriteriums Preis

5.42 **1.** Die SIA-Ordnung 144 verfolgt das Ziel, den *qualitativen Vergabekriterien ein hohes Gewicht* und den *Vorrang gegenüber dem Preis* der ausgeschriebenen Leistung zu verschaffen. Diese Stossrichtung zeigt sich insbesondere in folgenden Regelungen:

5.43 **a.** Grundsätzlich ist die Gewichtung des Preises bei allen Leistungsausschreibungen in Abhängigkeit der Komplexität der Aufgabe festzulegen (Art. 21.2. SIA 144). Erfolgt die Ausschreibung aufgrund eines detaillierten Pflichtenhefts, sind der SIA-Ordnung 144 neben dieser allgemeinen Regel keine Angaben zur Gewichtung des Preises zu entnehmen. Bei funktionalen Ausschreibungen mit einfachen Aufgaben soll der Preis in der Regel mit maximal 25% gewichtet werden, bei Aufgaben mit durchschnittlichem Schwierigkeitsgrad noch mit 12.5%. Für komplexe Aufgaben im Rahmen von funktionalen Ausschreibungen ist der Preis noch deutlich tiefer zu gewichten oder überhaupt nicht mehr zu berücksichtigen. Bei öffentlichen Ausschreibungen ist allerdings immer die einschlägige Rechtsprechung zur Gewichtung des Preises zu beachten (Anhang 3 SIA 144).

b. Die Bandbreite der Notenskala der qualitativen Kriterien darf nicht kleiner sein als diejenige des Preises (Art. 25.7 und Anhang 3 SIA 144). Damit wird erreicht, dass die Gewichtung der Kriterien durch die Notenskala nicht verfälscht werden kann. 5.44

2. Weitere Massnahmen zur Fokussierung auf die Qualität des Angebots sind: 5.45

- Bei der leistungsorientierten Beschaffung stehen die Qualität der Leistung und die Ermittlung des qualitativ besten Angebots im Vordergrund (Art. 1.1 und Art. 1.2 SIA 144). Diese gleich am Anfang der Ordnung platzierte Botschaft zeigt deren Stossrichtung: Qualität steht über dem Preis oder der Wirtschaftlichkeit. 5.46
- Leistungsofferten haben definitionsgemäss auch Angaben zu qualitativen Aspekten zu enthalten.[37] Es ist somit nach der SIA-Ordnung 144 nicht zulässig, den Preis als einziges Vergabekriterium zu verwenden. 5.47
- Die Leistungsbeschreibung hat nach den Vorgaben der SIA-Ordnungen 102 ff. zu erfolgen (Art. 3.3 SIA 144). Damit ist der vom SIA definierte Leistungsumfang zu berücksichtigen, und es darf insbesondere kein qualitativ tieferes Leistungsniveau verlangt werden. 5.48
- Für die Bewertung qualitativer Kriterien ist ein fachlich kompetentes Beurteilungsgremium einzusetzen (Art. 12 SIA 144).[38] Da dieses Beurteilungsgremium die Auftraggeberin bei der Festlegung der Vergabekriterien, der Ausschreibung und der Beurteilung berät, sollte diese Massnahme dazu beitragen, dass qualitative Kriterien auch tatsächlich den Ausschlag geben. 5.49
- Die Ausschreibungsunterlagen können vorsehen, dass Angebote in zwei Couverts einzureichen sind, ein Couvert mit den qualitativen Angaben und ein zweites mit dem Preis (Art. 15 ff. SIA 144).[39] 5.50
- Art. 21.2 SIA 144 enthält neben dem Grundsatz, dass der Preis in Abhängigkeit der Komplexität der Aufgabe festzulegen ist, eine eigentliche Warnung vor den Folgen tiefer Angebote: So sei «zu beachten, dass die Kosten der Planungsleistungen in der Regel nur einem relativ geringen Anteil an den Gesamtkosten entsprechen, ein zu tiefes Angebot aber unvollständig ausgeführte Planerleistungen zur Folge haben kann, die sich negativ auf die Gesamtkosten auswirken»[40]. 5.51

3. Im Rahmen der leistungsorientierten Vergaben ist die **private Auftraggeberin** nicht verpflichtet, Vergabekriterien bekannt zu geben, und tut dies in der Praxis regelmässig auch nicht. Weiter braucht sie sich bei der Vergabe auch nicht an die ausgeschriebene Leistung zu halten und kann diese mit den Anbietern frei verhandeln und entwickeln. 5.52

---

[37] Siehe «Leistungsofferte» gemäss Begriffe SIA 144.

[38] Vgl. dazu Rz. 5.40 f.

[39] Vgl. dazu Rz. 5.54 f.

[40] Wiederholt und verdeutlicht wird dieser Hinweis im Anhang 3 SIA 144, wonach der Umfang und die Qualität der Leistungen der Planer vom verfügbaren Honorar abhängen; vgl. dazu Rz. 5.43 f.

Gleichzeitig ist sie damit frei in der Gewichtung des Preises und wird diese an ihren eigenen Interessen ausrichten, wie beispielsweise an ihren Nutzungsbedürfnissen, ihren Beziehungen zu Geschäftspartnern, der Wirtschaftlichkeit oder dem Prestige der Beschaffung. Die private Auftraggeberin kann sich damit flexibler auf die Angebote einlassen und ihr Bauvorhaben freier entwickeln, als dies im Rahmen der öffentlichen Vergaben zulässig ist.[41]

5.53 **4.** Bei öffentlichen Vergaben gilt es, das wirtschaftlich günstigste Angebot anhand von zum Voraus definierten Kriterien zu ermitteln (Art. 21 Abs. 1 BöB; Art. 27 VöB). Neben dem Preis sind dabei weitere Zuschlagskriterien zu berücksichtigen. Das wirtschaftlich günstigste Angebot definiert sich somit nicht ausschliesslich über den Preis.[42] Der Vergabebehörde steht bei der Festlegung und Gewichtung der Vergabekriterien ein weites Ermessen zu. Dies gilt zumindest solange, wie die Zuschlagskriterien einen direkten, sachlichen Bezug zur nachgefragten Leistung aufweisen.[43] Der Preis stellt dabei ein zwingendes Kriterium dar und ist in der Regel mit mindestens 20% zu gewichten.[44] Da im Anhang 3 SIA 144 für funktionale Ausschreibungen eine Gewichtung des Preises von 0–25% vorgeschrieben ist, erfüllt die SIA-Ordnung 144 diese Anforderung nur für Ausschreibungen mit detailliertem Pflichtenheft. Problematisch erscheint auch die in Art. 21.2 SIA 144 enthaltene Aussage, dass ein preislich zu tiefes Angebot des Planers zu unvollständigen Planerleistungen führen kann.[45] Zumindest ist die Abhängigkeit der Leistungsmotivation vom gebotenen Entgelt nicht nur bei Planerverträgen zu beobachten. Wettbewerbsdruck stellt eine gewollte und zwingende Folge von Leistungsausschreibungen dar. Die nach dem Planervertrag geschuldete Leistung misst sich allerdings nicht an der Höhe des Honorars, sondern am vereinbarten Vertragsinhalt.[46]

5. Zweicouvertmethode

5.54 **1.** Die SIA-Ordnung 144 beschreibt in Art. 15 eine Form der **Zweicouvertmethode**. Empfohlen wird deren Anwendung bei funktionaler Ausschreibung und bei Mischformen innerhalb der leistungsorientierten Beschaffung. Das erste Couvert enthält die Qualifikationsdaten, die Beschreibung der angebotenen Leistungen sowie allfällige Auftragsanalysen und Angaben zur Vorgehensweise. Das zweite Couvert enthält den Preis. Das zweite Couvert wird erst geöffnet, wenn die qualitative Bewertung und Rangierung der

[41] Zu den Pflichten der Parteien im Rahmen von Vertragsverhandlungen vgl. Gauch/Schluep/Schmid, OR AT, Rz. 946a ff.

[42] BGE 138 I 143/151 E. 4.2.

[43] BGE 143 II 553/558 f. E. 6.3.2 (= BR/DC 2018, S. 70, Nr. 111, mit Anm. Beyeler).

[44] BGE 143 II 553/559 E. 6.4 (= BR/DC 2018, S. 70, Nr. 111, mit Anm. Beyeler); 130 I 241/250 ff. E. 6.1 ff.; 129 I 313/327 f. E. 9.2 (= BR/DC 2004, S. 68, Nr. 29, mit Anm. Esseiva).

[45] Art. 21.2 und Anhang 3 SIA 144.

[46] Vgl. dazu BGE 143 II 553/563 f. E. 7.4.3 (= BR/DC 2018, S. 70, Nr. 111, mit Anm. Beyeler), wonach es im Rahmen öffentlicher Vergabeverfahren durchaus zulässig ist, ausserhalb des Kriteriums des Preises den vom Anbieter geschätzten Aufwand nachvollziehbar zu plausibilisieren und zu bewerten.

Angebote erfolgt ist und in einem Zwischenbericht Eingang gefunden hat (Art. 15.3 SIA 144). Damit wird erreicht, dass die Beurteilung der Qualität des Angebots nicht durch den Preis beeinflusst wird. Als Besonderheit lässt die SIA-Ordnung 144 zu, dass nicht alle zweiten Couverts geöffnet werden – dies allerdings nur, wenn die Anzahl der zweiten Couverts, die geöffnet werden, in den Ausschreibungsunterlagen angegeben wird (Art. 15.4 SIA 144). Mit dieser Einschränkung sichert die Norm das gewünschte Niveau der Qualität. Schlechte Qualität soll nicht beliebig mit einem tiefen Preis kompensiert werden können. Weitere Vorgaben zur Zweicouvertmethode macht die Ordnung nicht.

2. Im Rahmen privater, aber auch bei öffentlichen Vergaben ist gegen diese selbstauferlegte Fokussierung auf die Qualität grundsätzlich nichts einzuwenden, wenn das Verfahren in den Ausschreibungsunterlagen angekündigt wird.[47] Die Zweicouvertmethode erscheint allerdings im Rahmen der öffentlichen Vergabe dann problematisch, wenn nicht *alle* zweiten Couverts geöffnet werden. Bleiben Couverts mit den Preisangaben verschlossen, werden damit die betroffenen Angebote beurteilt und ausgeschlossen, *ohne dass deren Preis berücksichtigt wird.* Im Rahmen der leistungsorientierten öffentlichen Vergabe ist der Preis des Angebots jedoch in der Regel mit einem minimalen Gewicht von 20% bei der Vergabe zu berücksichtigen (vgl. dazu Rz. 5.53). Bei der Vergabe ist eine Gesamtbeurteilung vorzunehmen, welche die qualitativen Kriterien und den Preis berücksichtigt. Solange die Qualität eines Angebots als (gerade noch) ausreichend beurteilt wird, darf es deshalb nicht ohne Einbezug des Preises ausgeschlossen werden. 5.55

6. Kein Dialog im Sinne von Art. 26a VöB

1. Art. 26a VöB erlaubt es, bei «komplexen Beschaffungen oder bei der Beschaffung intellektueller Dienstleistungen die von den Anbietern und Anbieterinnen vorgeschlagenen Lösungswege oder Vorgehensweisen im Dialog» weiterzuentwickeln. Die **Möglichkeit und das Verfahren des Dialogs** sind in den Ausschreibungsunterlagen festzulegen, wobei die gesetzliche Regelung in Art. 26a VöB dazu keine genaueren Richtlinien bietet.[48] Immerhin ist Absatz 3 der Bestimmung zu entnehmen, dass es zulässig ist, den Dialog nur mit ausgewählten Anbietern durchzuführen. Nach dem Gesagten ist der Dialog *sowohl bei der leistungsorientierten Beschaffung als auch im Rahmen von Studienaufträgen erlaubt*, setzt aber eine *gewisse Komplexität* der Beschaffung voraus. 5.56

---

[47] Im öffentlichen Vergaberecht sind Zeit und Ort der Offertöffnung in den Ausschreibungsunterlagen bekannt zu geben (für den Bund Art. 24 Abs. 2 lit. a VöB). Nicht vorgeschrieben und somit zulässig ist dabei, ob bei der Offertöffnung die Angebote vollständig (beide Couverts gleichzeitig) oder in Stufen (Zweicouvertmethode) zu öffnen sind. Vgl. dazu Ziff. 4.3 KBOB-Beschaffungsleitfaden; a.M. Schneider Heusi, SIA-Ordnung 144/2013, S. 75.

[48] Eine wesentlich detailliertere und damit transparentere Regelung des Dialogs ist für den Studienauftrag in Art. 14 SIA 143 enthalten, vgl. dazu im Detail Schneider Heusi/Scherler, Wettbewerbe und Studienaufträge, S. 240 ff.

5.57 **2.** Die SIA-Ordnung 144 demgegenüber sieht im kurz gefassten Art. 16 lediglich vor, dass **Fragen der Anbieter** an die Vergabestelle möglich sein müssen, dass die Modalitäten dazu in den Ausschreibungsunterlagen zu regeln sind und dass ein allfälliges Bewertungsgremium bei der Beantwortung der Fragen einzubeziehen ist. Alle Fragen und Antworten sind den Anbietern in anonymisierter Form zur Verfügung zu stellen (Art. 16 Abs. 2 SIA 144). Weiter haben die Ausschreibungsunterlagen «alle relevanten Elemente der zukünftigen vertraglichen Vereinbarung» zu enthalten (Art. 23.1 SIA 144). Die *SIA-Ordnung 144 geht somit nicht davon aus, dass bei leistungsorientierter Beschaffung ein Dialog zur Entwicklung der gesuchten Lösung stattfinden soll.*[49] Diese Regelung folgt konsequent dem Konzept, dass klare Aufgaben leistungsorientiert zu beschaffen sind. Sie steht allerdings in einem gewissen Widerspruch dazu, dass qualitative Kriterien gegenüber dem Preiskriterium bei der Vergabe von Planerleistungen in jedem Fall im Vordergrund zu halten sind. Gerade der Dialog eignet sich dazu, qualitative Kriterien gemeinsam zu entwickeln. In Fällen, in denen mittels eines Dialogs im Sinne von Art. 26a VöB aber die Lösung für das künftige Bauwerk definiert werden soll, ist sowohl nach dem Konzept des SIA wie auch nach demjenigen des Art. 26a VöB die Durchführung eines Studienauftrags die adäquate Beschaffungsform, nicht eine leistungsorientierte Beschaffung. Umgekehrt dürfen in leistungsorientierten Beschaffungsverfahren Dialoge nur für die Definition der zu beschaffenden Planerleistung durchgeführt werden, nicht aber für die Definition des Bauwerks.[50]

VI. Fazit

5.58 Die zentrale Stossrichtung der SIA-Ordnung 144 besteht (wie schon mehrfach ausgeführt) darin, den qualitativen Vergabekriterien im Rahmen der leistungsorientierten Vergabe ein deutliches Übergewicht einzuräumen und ihnen so den Vorrang vor dem Preis zu sichern. Die Ordnung versucht dies insbesondere mit der Festlegung von Verfahrensregeln und indem sie für die Vergabe von funktionalen Ausschreibungen das maximale Gewicht des Preises bei 25% festsetzt. Wer aber der Ordnung entnehmen will, nach welchen Kriterien und Massstäben die Qualität von Angeboten gemessen werden kann, wird von ihr enttäuscht. Die blosse Übernahme der SIA-Ordnung 144 in die Bedingungen einer Leistungsausschreibung führt deshalb nicht dazu, dass Qualität den Vorrang ge-

[49] Anders die KBOB, die bei funktionalen und komplexen Ausschreibungen im Dialog im Sinne von Art. 26a VöB ein geeignetes Mittel sieht, wenn die «zur Erreichung der vorgegebenen Ziele notwendigen Leistungen vom Bauherrn noch nicht detailliert beschrieben werden können» (Ziff. 2.3 KBOB-Beschaffungsleitfaden); vgl. dazu auch den KBOB-Leitfaden «Öffentliche Beschaffung mit Dialog» (Stand Mai 2012) und die dort enthaltene Abgrenzung zu Verhandlungen, Wettbewerben und Studienaufträgen (S. 5).

[50] Es ist deshalb zum Beispiel nicht zulässig, in leistungsorientierten Beschaffungsverfahren Planskizzen für das zu beschaffende Bauwerk von den Anbietern zu verlangen; vgl. Rz. 5.38 und Beyeler, Wir sollten über Zuschlagskriterien nachdenken, S. 18.

niesst. Doch ist auch zuzugeben, dass man dort, wo Qualität zu beurteilen ist, zwangsläufig Unschärfen in Kauf zu nehmen hat. Man kann nicht qualitative Vergabekriterien stark favorisieren und gleichzeitig strikte Nachvollziehbarkeit fordern. Der Fokus auf Qualität bei der Vergabe von Planerleistungen bedingt einen nicht ins Letzte regulierten Spielraum bei deren Beurteilung.

§ 6 Die Vollmacht des Planers

RUDOLF SCHWAGER / VALENTIN MONN*

Inhaltsverzeichnis

I. Grundsätzliches

Die Bezeichnung «Planer» wird in diesem Buch verwendet als Oberbegriff für Architekten und Ingenieure (Bauingenieure und Fachingenieure für Gebäudeinstallationen). Diese Terminologie darf indessen nicht darüber hinwegtäuschen, dass eine Vollmacht, den Bauherrn bei bestimmten Rechtshandlungen zu vertreten, diesen Personen gerade 6.1

* Anpassung des in der Erstauflage publizierten Textes an die SIA-Ordnungen von 2014 durch MLaw SERAFIN RITSCHER.

nicht im Zusammenhang mit der Planung eines Bauwerks erteilt wird, sondern ihnen in den meisten Anwendungsfällen aufgrund der Übertragung der Bauleitung bei der Ausführung des Werks zusteht.

1. Die juristische und praktische Bedeutung der Vollmacht

6.2 **1.** Vollmacht ist die durch eine Willenserklärung des Vertretenen eingeräumte **Vertretungsmacht.**[1] Vertretung ist eine Modalität des Handelns, bei welcher die Rechtswirkungen des Handelns nicht beim Handelnden selbst, sondern direkt beim Vertretenen eintreten.[2] Voraussetzung dafür ist, dass der Handelnde in fremdem Namen handelt und zum Handeln namens des Vertretenen ermächtigt ist (Art. 32 Abs. 1 OR).

6.3 Zieht ein Bauherr für die Verwirklichung eines Bauvorhabens einen Architekten, Ingenieur oder anderen Planer bei, so stellt sich bei der damit geschaffenen Drei-Personen-Situation sofort die Frage, ob und inwieweit der Planer ermächtigt ist, für den Bauherrn direkt Rechtswirkungen zu erzeugen in dessen Verhältnis zu den übrigen Beteiligten (Unternehmer etc.). Im Zentrum dieser vertretungsrechtlichen Problematik steht dabei die Frage nach dem Bestand und Umfang der Vertretungsmacht[3] des Planers. Sie ist notwendige *Voraussetzung der Vertretungswirkung,* d.h. für die Erzeugung von Rechtswirkungen in der Person des Bauherrn durch das rechtsgeschäftliche Handeln des Planers. Für den Eintritt der Vertretungswirkung muss als weitere Voraussetzung allerdings auch noch hinzukommen, dass der Planer in fremdem Namen handelt (Rz. 6.11).

6.4 Die Besonderheit der vertretungsrechtlichen Probleme im Beziehungsfeld Bauherr – Planer – Unternehmer besteht darin, dass sich die Vertretung des Bauherrn durch den Planer nicht nur (und in erster Linie gerade nicht) auf den Abschluss von Verträgen mit den Unternehmern bezieht (Rz. 6.80 ff.),[4] sondern auf sehr unterschiedliche Willenserklärungen im Zusammenhang mit der beidseitigen Leistungserbringung von Bauherr und

1 Das Wort «Vollmacht» wird (ähnlich wie das Wort «Vertrag») im allgemeinen Sprachgebrauch mit einer dreifachen Bedeutung verwendet: Es bezeichnet sowohl das Rechtsgeschäft (Bevollmächtigung) als auch die dadurch erzeugte Rechtswirkung (Vollmacht) und die dem Nachweis dieser Rechtswirkung dienende Urkunde (Vollmachtsurkunde). In der vorliegenden Abhandlung wird es nur mit der zweiten Wortbedeutung verwendet.

2 Dies gilt nur für die direkte (echte) Stellvertretung. Bei der indirekten (unechten) Stellvertretung handelt der Vertreter in eigenem Namen, aber auf Rechnung eines Dritten. Die Rechtswirkungen treten dabei in der Person des Handelnden ein. Vgl. ZÄCH/KÜNZLER, Berner Kommentar, N 5 der Vorbem. zu Art. 32–40 OR, N 5 und 175 zu Art. 32 OR.

3 Die anderen nebst einer Vollmacht möglichen Rechtsgründe für den Bestand von Vertretungsmacht, nämlich die Stellung als Organ oder als gesetzlicher Vertreter, bleiben hier ausser Betracht, da ihnen bei der Vertretung des Bauherrn durch einen Planer nur geringe praktische Bedeutung zukommt. Selbst wenn ausnahmsweise einmal ein Planer Organ oder gesetzlicher Vertreter des Bauherrn ist, erbringt er seine Planerleistungen meistens gestützt auf einen separaten Planervertrag mit entsprechender, rechtsgeschäftlich eingeräumter Vertretungsmacht.

4 Der Unternehmer wird hier jeweils erwähnt als Hauptfall des betroffenen Dritten.

Unternehmer im Rahmen eines zwischen ihnen bestehenden Vertragsverhältnisses. Für jede dieser verschiedenen Erklärungen stellt sich gesondert die Frage, ob der Planer sie mit verpflichtender Wirkung für den Bauherrn abgeben kann (aktive Vertretung). Analoges gilt für die Entgegennahme der vom Unternehmer in Zusammenhang mit der Leistungserbringung abgegebenen Willenserklärungen (passive Vertretung).

Das *Gesetz* spricht nur von der Vertretung beim Abschluss eines Vertrags. Besteht dazu eine Vollmacht, so erstreckt sich diese nach Lehre und Rechtsprechung im Sinne eines stillschweigend mitenthaltenen Sinngehaltes[5] häufig auch auf einzelne im Zusammenhang mit der Erfüllung stehende Willenserklärungen der Vertragsparteien.[6] Das Werkvertragsverhältnis ist besonders reich an solchen Willenserklärungen im Zusammenhang mit der beidseitigen Leistungserbringung (z.B. Fristansetzung, Mängelrüge, Abmahnung, Genehmigung des Werks, Anerkennung der Rechnung etc.). Kann nicht einfach nach dem Grundsatz «in maiore minus» auf eine Vollmacht zum Vertragsabschluss zurückgegriffen werden, so muss für jede dieser Willenserklärungen gesondert das Vorliegen einer Vertretungsmacht geprüft werden.[7] 6.5

2. Die praktische Bedeutung[8] der Vollmacht ist für die einzelnen am Bauvorhaben Beteiligten verschieden, da sie aus einer unterschiedlichen Ausgangslage mit der Frage nach dem Bestand der Vollmacht konfrontiert werden: 6.6

– Für den *Bauherrn* ist die Vollmacht massgeblich für die Beantwortung der Frage, inwieweit er durch die rechtsgeschäftlichen Erklärungen des Planers berechtigt und verpflichtet wird. Fehlt die Vollmacht, so kann er das Handeln jedoch immer noch nachträglich genehmigen, was er vor allem bei Handlungen tun wird, die er als in seinem Interesse liegend betrachtet. Die Frage nach der Vollmacht des Planers stellt sich für ihn auch meistens erst nachträglich, einige Zeit nach Vornahme der entsprechenden Handlungen durch diesen. 6.7

---

[5] Vgl. Jäggi/Gauch/Hartmann, Zürcher Kommentar, N 347 zu Art. 18 OR.

[6] Vgl. BGer 4D_14/2008 vom 31. März 2008 E. 2.1; Bucher, OR AT, S. 607, Gauch/Schluep/Schmid, OR AT, Rz. 1311 f.; Watter, Basler Kommentar, N 21 zu Art. 33 OR; BGE 31 II 118 (Vollmacht für die Handlungen, die nach dem Vertragsabschluss notwendig werden oder auf die Ausgleichung von Schwierigkeiten bei der Ausführung abzielen).

[7] Die sich häufig in der älteren Literatur findende generelle und abstrakte Fragestellung, ob der Architekt Vertreter des Bauherrn sei oder nicht, wird deshalb dem Problem nicht gerecht. So aber z.B. Bollag, Die kontraktliche Haftung, S. 110 ff.; Kreis, Der Architektenvertrag, S. 125 ff.; Sauter, Zwischen Bauherrn und Architekten, S. 44 ff.

[8] Nicht geteilt werden kann die Auffassung von Reber, Rechtshandbuch, S. 266, dass Streitigkeiten, welche die Vollmacht eines Architekten betreffen, verhältnismässig selten sind. Die Zahl der in den letzten Jahren dazu publizierten Gerichtsentscheide spricht dagegen. Hinzu kommt, dass die Bauherren häufig resignieren und zum Beispiel Arbeiten, die vom Planer ohne Vollmacht vergeben wurden und mit deren Ausführung schon begonnen wurde, im Interesse des Baufortschrittes nachträglich genehmigen.

6.8 – Für den *Planer* steht der Auftrag im Vordergrund, im Interesse des Bauherrn an der Verwirklichung eines Bauvorhabens mitzuwirken. Die Frage nach seiner eigenen Vollmacht stellt sich ihm, wenn er bestimmte Handlungen im Interesse des Bauherrn als geboten oder nützlich erachtet: Je nachdem, kann er die entsprechende Erklärung als Vertreter des Bauherrn selbst abgeben oder muss er den Bauherrn veranlassen, diese Handlung persönlich vorzunehmen (oder ihm dazu eine Vollmacht zu erteilen). Handelt er im Zweifelsfall, so riskiert er eine Vollmachtsüberschreitung; handelt er nicht, so setzt er sich der Gefahr einer Verletzung seiner auftragsrechtlichen Sorgfaltspflicht aus.[9]

6.9 – Für den *Unternehmer* stellt sich nach Abschluss des Vertrags insbesondere die Frage, inwieweit er sich auf Willenserklärungen des Planers verlassen darf bzw. einlassen muss. Nimmt er zu Unrecht das Vorliegen einer Vollmacht an, so hat dies für ihn nachteilige Auswirkungen, wenn der Bauherr das Handeln des Planers nachträglich nicht genehmigt. Betrachtet er hingegen fälschlicherweise das Handeln des Planers (z.B. eine Ausführungsweisung oder eine Bestellungsänderung) als unbeachtlich, so kann dies eine Verletzung seiner vertraglichen Verpflichtungen gegenüber dem Bauherrn bedeuten. Häufig ist der Bauherr nicht sofort erreichbar, um von ihm eine Klarstellung zu erlangen.

6.10 3. **Die Interessenlage** ist somit bei Rechtshandlungen, welche im Rahmen eines bestehenden Vertragsverhältnisses von einem Vertreter namens einer Vertragspartei vorgenommen werden, viel komplexer als im Falle der Vertretung beim Vertragsabschluss. Dort ist der Dritte, gegenüber welchem der Vertreter als solcher auftritt, einfach frei, im Zweifelsfalle auf den Vertragsabschluss zu verzichten. Bezieht sich eine vertretungsrechtliche Auseinandersetzung hingegen auf Rechtshandlungen innerhalb eines bestehenden Vertragsverhältnisses, so muss berücksichtigt werden, dass sich sowohl der Vertreter (Planer) wie auch der Dritte (Unternehmer) häufig im dargestellten Sinn zwischen Scylla und Charybdis befinden.

2. Das Handeln in fremdem Namen

6.11 **1.** Das Handeln des Planers erzeugt nur dann Rechtswirkungen für den Bauherrn, wenn der Planer auch in dessen Namen handelt. Zum **Handeln in fremdem Namen** gehört der Wille des Handelnden, dass die Rechtswirkungen seines Tuns nicht seinen eigenen Rechtsbereich treffen, sondern im Rechtsbereich des Vertretenen eintreten sollen.[10] Dieser innere Wille zur Fremdwirkung muss entweder dem Vertragspartner erklärt werden oder sich aus den Umständen ergeben, oder es muss dem Vertragspartner gleichgültig

---

9 Ähnliche Probleme ergeben sich z.B. auch bei der Bankvollmacht.

10 BGE 126 III 59/64 E. 1b; BGer 4C.134/2005 vom 13. September 2005 E. 2.2 (= BR/DC 2006, S. 65, Nr. 206, mit Anm. PICHONNAZ); GAUCH/SCHLUEP/SCHMID, OR AT, Rz. 1327 ff.; WATTER, Basler Kommentar, N 16 zu Art. 32 OR; ZÄCH/KÜNZLER, Berner Kommentar, N 28 zu Art. 32 OR.

sein, mit wem er den Vertrag abschliesst (Art. 32 Abs. 2 OR).[11] Ob jemand in eigenem oder in fremdem Namen handelt, ist eine tatsächliche Frage, die von derjenigen nach dem Bestand einer Ermächtigung zum Handeln in fremdem Namen unterschieden werden muss.

2. Ist mit dem «Planer» jene Person gemeint, die bei der Verwirklichung des Bauvorhabens eines Dritten (nur) Leistungen im Bereich der Planung und Bauleitung erbringt (Rz. 1.47),[12] so besteht die natürliche Vermutung, dass sie gegenüber den anderen Beteiligten in fremdem Namen handelt.[13] Dieses Handeln im Namen des Bauherrn ist auch ohne ausdrückliche Erklärung aus den Umständen ersichtlich, wenn die Anordnungen und Willenserklärungen sich auf einen bereits bestehenden Werkvertrag zwischen dem Bauherrn und dem Unternehmer beziehen. **Unklarheit,** ob ein Handeln in eigenem oder in fremdem Namen vorliege, kann hingegen bei der Vergabe von Bauarbeiten bestehen, d.h. beim Abschluss von Werkverträgen mit Unternehmern.[14] Der Unternehmer hat keine zuverlässige Kenntnis von den Rechtsbeziehungen zwischen derjenigen Person, die ihm gegenüber handelnd auftritt, und dem Bauherrn. Auch einer Person, welche die Berufsbezeichnung «Architekt» oder «Ingenieur» trägt und normalerweise Planerleistungen erbringt, ist es nicht verwehrt, die Ausführung von Bauten als Totalunternehmer[15] zu übernehmen und dann die Werkverträge mit den Subunternehmern in eigenem Namen abzuschliessen.[16] Ob der Vertragsabschluss in eigenem oder in fremdem Namen erfolgte, ist aufgrund des sich gegen aussen manifestierenden Verhaltens des Planers und der dem Unternehmer erkennbaren Umstände zu entscheiden. Dabei ist auch zu berücksichtigen, ob dem Unternehmer bekannt oder erkennbar war, dass der Handelnde in seinem Verhältnis zum Bauherrn die Funktion eines Total- bzw. Generalunternehmers oder diejenige eines Planers hatte:[17] Da ein General- oder Totalunternehmer im Bereich, welcher vom General- bzw. Totalunternehmervertrag erfasst wird, nie ermächtigt ist, als 6.12

---

[11] BGE 99 II 39/41 E. 1; BGer 4P.109/2004 vom 11. Januar 2005 E. 5.2.2.1; GAUCH/SCHLUEP/SCHMID, OR AT, Rz. 1329 ff.; WATTER, Basler Kommentar, N 20 ff. zu Art. 32 OR.

[12] In diesem Sinne verwendet auch Art. 371 Abs. 2 OR die Begriffe des Architekten und des Ingenieurs.

[13] BGer vom 6. Juli 1987 (= SJ 1988, S. 26 = BR/DC 1989, S. 17, Nr. 9, mit Anm. SCHMID); WATTER, Basler Kommentar, N 17 zu Art. 32 OR. Auch die Tatsache, dass der Bauherr nicht namentlich genannt wird, schliesst das Handeln in fremdem Namen («für wen es angeht») nicht aus; dazu STIERLI, Die Architektenvollmacht, S. 7; allgemein ZÄCH/KÜNZLER, Berner Kommentar, N 32 ff. zu Art. 32 OR.

[14] Vgl. dazu BGE 97 II 66; BGer vom 6. Juli 1987 (= SJ 1988, S. 26 = BR/DC 1989, S. 17, Nr. 9, mit Anm. SCHMID); BGer vom 12. Mai 1981 (= Rep 1982, S. 35 = BR/DC 1983, S. 54, Nr. 36, mit Anm. TERCIER); KGer VS vom 28. November 1997 (= ZWR 1998, S. 132 = BR/DC 1998, S. 133, Nr. 350, mit Anm. AEPLI).

[15] Im Sinne eines Generalunternehmers, der auch die Projektierung und Bauleitung selbst besorgt; vgl. dazu CARRON, Le mandataire, S. 172 f.; GAUCH, Werkvertrag, Nr. 233 f.; REBER, Rechtshandbuch, S. 267 ff.; BGer 4C.347/2003 vom 1. April 2004 E. 2.2; 4C.85/2003 vom 25. August 2003 E. 4.3.1.

[16] Eine Vergabe von Arbeiten durch den Planer in eigenem Namen kann auch aktuell werden, wenn diese der Behebung eigener Fehler dienen; vgl. STIERLI, Die Architektenvollmacht, S. 52.

[17] Vgl. dazu SCHWAGER, Vertreter, S. 21.

Vertreter des Bauherrn zu handeln,[18] ist die Kenntnis dieser Innenbeziehung für den Dritten im Zweifelsfall zumindest ein klares Indiz für ein Handeln des andern in eigenem Namen.

6.13 **3.** Eine besondere Konstellation liegt vor, wenn ein Planer Mitglied eines als Bauherrschaft fungierenden **Baukonsortiums** (einfache Gesellschaft; Rz. 16.14) ist. Der einfachen Gesellschaft kommt keine eigene Rechtspersönlichkeit zu, sodass deren Mitglieder zur gesamten Hand berechtigt und solidarisch verpflichtet werden.[19] Vertritt der Planer – aufgrund seiner Stellung als Gesellschafter oder aufgrund eines eigentlichen Auftragsverhältnisses für Planung und Bauleitung – das Baukonsortium, so verpflichtet er damit sich selbst und die übrigen Mitglieder des Konsortiums. Voraussetzung ist nebst dem Erfordernis der Ermächtigung[20] auch hier, dass der Gesellschafter (Planer) im Namen der Gesellschaft oder sämtlicher Gesellschafter handelt (Art. 543 Abs. 2 OR;

---

[18] Vgl. Gauch, Werkvertrag, Rz. 241; Reber, Rechtshandbuch, S. 267; Schwager, Vertreter, S. 19 f.; Zäch/Künzler, Berner Kommentar, N 94 zu Art. 33 OR; BGE 97 II 66/70 E. 2 sowie die in Rz. 6.12, Fn. 14 zit. Entscheide.

[19] Gauch, Vertragsrecht, S. 26 f.; ders., Werkvertrag, Rz. 243 und 247 ff.; Guhl/Druey, Das Schweizerische Obligationenrecht, § 61 Rz. 18; Handschin/Vonzun, Zürcher Kommentar, N 10 ff. und 44 zu Art. 544 OR; Pestalozzi/Vogt, Basler Kommentar, N 3 und 14 ff. zu Art. 544 OR; Peter, Des groupements d'entreprises, S. 42 f.

[20] Die Ermächtigung zur Vertretung der Gesellschaft bzw. sämtlicher Gesellschafter kann sich aus dem Gesellschaftsvertrag, einem Gesellschaftsbeschluss oder einem konkludenten Verhalten sämtlicher Mitglieder ergeben; Handschin/Vonzun, Zürcher Kommentar, N 52 zu Art. 543 OR; Pestalozzi/Vogt, Basler Kommentar, N 8 zu Art. 543 OR; Schulin, Das Baukonsortium, S. 189; ausführlich Reichmuth Pfammatter, Einfache Gesellschaft, S. 122 ff. Gemäss Art. 543 Abs. 3 OR wird eine Ermächtigung des einzelnen Gesellschafters vermutet, sobald ihm die Geschäftsführung überlassen ist. Massgeblich ist auch dafür in erster Linie die interne Regelung gemäss dem Gesellschaftsvertrag und den Gesellschaftsbeschlüssen. Im Umfang, welcher der Geschäftsführungsbefugnis entspricht, gilt gegenüber gutgläubigen Dritten die unwiderlegbare Vermutung des Art. 543 Abs. 3 OR. Fehlt eine interne Regelung über die Geschäftsführung, so steht diese nach der subsidiären gesetzlichen Regelung (Art. 535 Abs. 1 OR) für die Geschäfte, die zum gewöhnlichen Betrieb gehören, allen Gesellschaftern einzeln zu. Ist diese subsidiäre gesetzliche Regelung anwendbar, wird auch damit die Vollmachtsvermutung von Art. 543 Abs. 3 OR begründet. Eine interne Regelung, nach welcher einem bestimmten Mitglied die Einzelgeschäftsführungsbefugnis fehlt, verdrängt hingegen die subsidiäre gesetzliche Regelung von Art. 535 Abs. 1 OR, sodass dann auch keine Vollmachtsvermutung gilt. Vgl. BGE 124 III 355/359 E. 4a; 118 II 313/318 E. 3b (= BR/DC 1993, S. 100, Nr. 209, mit Anm. Gauch); BGer 4C.217/2006 vom 15. August 2007 E. 5.1; 4C.16/2006 vom 17. November 2006 E. 7.2 (= BR/DC 2007, S. 61, Nr. 201, mit Anm. Stöckli); 4C.339/2004 vom 12. Januar 2005 E. 3.2; KGer VS vom 27. Mai 1998 (= ZWR 1998, S. 253); Guhl/Druey, Das Schweizerische Obligationenrecht, § 61 Rz. 39 ff.; Scherrer, Freuden und Leiden, S. 99; Schulin, Das Baukonsortium, S. 190 f.; Tercier/Bieri/Carron, Les contrats spéciaux, Rz. 7027; anders Reichmuth Pfammatter, Einfache Gesellschaft, S. 157 ff., nach deren Ansicht Art. 543 Abs. 3 OR gegenüber gutgläubigen Dritten keine unwiderlegbare Vermutung begründet; kritisch auch Handschin/Vonzun, Zürcher Kommentar, N 41 ff. zu Art. 543 OR.

vgl. auch Rz. 16.106).[21] Das Handeln als Mitgesellschafter eines Baukonsortiums bleibt im Folgenden ausgeklammert.[22] Besteht zwischen dem Konsortium und dem ihm angehörenden Planer ein eigentliches Vertragsverhältnis für die Planung und Bauleitung, so gelten dafür die gleichen Grundsätze wie beim Handeln für einen fremden Bauherrn.[23] Dass der Planer zugleich Gesellschafter des Baukonsortiums ist, spielt dabei keine Rolle.

3. Die Unerheblichkeit der Qualifikation des Grundverhältnisses

1. Nach heute vorherrschender Auffassung ist der **reine Planungsvertrag** (Ausarbeitung von Plänen etc., ebenso Erstellung eines Kostenvoranschlags) ein Werkvertrag (Rz. 1.31 ff.).[24] Vollmachtsfragen stellen sich dabei höchstens beim Beizug von Spezialplanern. Will der vom Bauherrn beigezogene Planer dies derart tun, dass daraus der Bauherr verpflichtet wird, muss er in dessen Namen handeln und bedarf er dazu einer Vollmacht. Letztere untersteht den Regeln von Art. 32 ff. OR. Sie lässt sich, da ein Werkvertrag und kein einfacher Auftrag vorliegt, von vornherein nicht aus dem Grundverhältnis ableiten. Unumstritten ist weiter, dass der **reine Bauleitungsvertrag** einen einfachen Auftrag darstellt (Rz. 1.47 f. und 10.25),[25] womit die Vollmacht zu bestimmten Rechtshandlungen namens des Bauherrn gemäss Art. 396 Abs. 2 OR aus dem Inhalt des Auftrags abgeleitet werden kann (vgl. Rz. 6.19 f.). 6.14

2. Unterschiedlich sind die Auffassungen bezüglich des **Gesamtvertrags** des Planers (Planung und Bauleitung), der als einheitlicher einfacher Auftrag (Rz. 1.50)[26] oder (entsprechend der Auffassung des Bundesgerichts[27]) als gemischter Vertrag (Innominatvertrag) betrachtet wird (Rz. 1.49). Die für eine Vertretung des Bauherrn erforderliche Voll- 6.15

[21] In casu verneint in BGE 118 II 313/318 E. 3 (= BR/DC 1993, S. 100, Nr. 209, mit Anm. Gauch); vgl. auch BGer 4C.217/2006 vom 15. August 2007 E. 5.1; Reichmuth Pfammatter, Einfache Gesellschaft, S. 115 ff.

[22] Vgl. dazu Scherrer, Freuden und Leiden, S. 99 ff.; allgemein zur Vertretung in der einfachen Gesellschaft Handschin/Vonzun, Zürcher Kommentar, N 1 ff. zu Art. 543 OR; Reichmuth Pfammatter, Einfache Gesellschaft, S. 116 f.

[23] Die Vertretungsmacht des Planers kann sich dann also entweder aus diesem Auftragsverhältnis oder aus dem Gesellschaftsverhältnis ergeben; vgl. BGE 118 II 313 (= BR/DC 1993, S. 100, Nr. 209, mit Anm. Gauch).

[24] Statt vieler Gauch, Werkvertrag, Rz. 49 ff.; BGE 109 II 462/464 E. 3b, bestätigt in 130 III 362/365 E. 4.1 (= BR/DC 2004, S. 179, Nr. 482, mit Anm. Werro/Pichonnaz); kritisch dazu Spiess/Huser, Bau-Werkvertrag, Rz. 77.

[25] Gauch, Werkvertrag, Rz. 55 f.; BGE 114 II 53/56 E. 2a (= BR/DC 1989, S. 16, Nr. 6, mit Anm. Gauch); 109 II 462/465 E. 3c in fine; BGer 4A_252/2010 vom 25. November 2010 E. 4.1.

[26] So Gauch, Werkvertrag, Rz. 57 ff.

[27] BGE 134 III 361/363 5.1 (= BR/DC 2009, S. 59, Nr. 124, mit Anm. Werro); 127 III 543/545 E. 2a (= BR/DC 2002, S. 90, Nr. 212, mit Anm. Werro); 114 II 53/55 f. E. 2b (= BR/DC 1989, S. 16, Nr. 6, mit Anm. Gauch); 109 II 462/465 f. E. 3d.

macht ist ohnehin vom Grundverhältnis zwischen Vertreter und Vertretenem unabhängig; sie hat ihr eigenes rechtliches Schicksal und kann auch ohne gleichzeitigen Bestand eines solchen Grundverhältnisses vorliegen. Das Grundverhältnis regelt lediglich die Pflichtbindung des Vertreters, d.h. die Frage, ob und in welcher Weise er von seiner Vertretungsmacht Gebrauch machen darf und soll. Dafür ist ohne Bedeutung, wie das Grundverhältnis qualifiziert wird. Auch bei der Annahme eines gemischten Vertrags findet bei den auftragsrechtlichen Elementen (Bauleitung) Art. 396 Abs. 2 OR Anwendung.[28]

II. Die Grundlagen für Bestand und Umfang der Vollmacht

1. Der individuelle Wille des Bauherrn

6.16 **1.** Die Bevollmächtigung (Vollmachterteilung) ist ein **einseitiges Rechtsgeschäft** des Vollmachtgebers.[29] Auch der Planer erlangt somit nur insoweit Vollmacht zur Vertretung des Bauherrn, als dieser ausdrücklich oder stillschweigend einen entsprechenden Willen äussert. Adressat dieser Willenserklärung ist der Vertreter (Planer) selbst.[30] Für den Unternehmer, gegenüber welchem der Planer dann in einem bereits bestehenden Vertragsverhältnis als Vertreter des Bauherrn auftritt, ergibt sich daraus die bereits geschilderte Problematik (vgl. Rz. 6.9).

6.17 Der *Umfang der Vollmacht* des Planers kann vom Bauherrn nach Belieben abgestuft werden.[31] So kann er einem Architekten Vollmacht erteilen für alle Arten von Willenserklärungen im Zusammenhang mit dem Bauvorhaben vom Vertragsabschluss bis zur Schlussrechnung gegenüber allen Beteiligten. In der Praxis kommt jedoch eine solche Generalvollmacht nur selten vor. Häufiger ist eine blosse Gattungsvollmacht, mit welcher die Planer für bestimmte Typen von Rechtshandlungen (z.B. Ausführungsweisungen, Mängelrügen, Anerkennung von Regierapporten etc.) oder zu solchen Rechtshandlungen gegenüber bestimmten Unternehmern bevollmächtigt werden. Schliesslich ergeben sich auch immer wieder punktuelle Bevollmächtigungen (Spezialvollmachten), indem der Bauherr den Planer nur von Fall zu Fall bei unmittelbarem Bedarf ermächtigt, in sei-

---

28 BGE 118 II 313/315 E. 2 (= BR/DC 1993, S. 100, Nr. 209, mit Anm. Gauch).

29 Gauch/Schluep/Schmid, OR AT, Rz. 1344 ff.; Watter, Basler Kommentar, N 8 zu Art. 33 OR; Zäch/Künzler, Berner Kommentar, N 28 zu Art. 33 OR; BGE 78 II 372; KGer VS vom 28. November 1997 (= ZWR 1998, S. 132 = BR/DC 1998, S. 133, Nr. 350, mit Anm. Aepli).

30 Vgl. Engel, Traité des obligations, S. 382; Gauch/Schluep/Schmid, OR AT, Rz. 1343; von Tuhr/Peter, OR AT I, S. 355; Zäch/Künzler, Berner Kommentar, N 32 zu Art. 33 OR; teilweise abweichend Bucher, OR AT, S. 601, Fn. 20 und S. 602. In BGE 101 II 117/119 E. 4 wird die Frage entgegen BGE 99 II 39/42 E. 1 in einem obiter dictum offengelassen.

31 BGE 99 II 39/43 E. 2; Scherrer, Bestellungsänderungen, S. 81; Watter, Basler Kommentar, N 22 ff. zu Art. 33 OR.

nem Namen bestimmte einzelne Rechtshandlungen vorzunehmen (z.B. Vertragsabschluss für eine Gattung von Arbeiten mit einem bestimmten Unternehmer zu einem bestimmten Preis).

Ausdrückliche Erklärungen des Bauherrn an einen Planer, die dessen Vertretungsmacht grundsätzlich für das ganze Bauvorhaben regeln, sind in der Praxis eher selten.[32] Manchmal erfolgt die ausdrückliche Bevollmächtigung in verschiedenen Etappen im Zug der Verwirklichung des Bauvorhabens. Eine *stillschweigende* Bevollmächtigung liegt vor, wenn sich der Wille zur Vollmachtserteilung aus dem mitverstandenen Sinngehalt einer ausdrücklichen Erklärung des Vollmachtgebers (vgl. Rz. 6.5)[33] oder aus seinem sonstigen tatsächlichen Verhalten gegenüber dem Bevollmächtigten ergibt.[34] So darf je nach den näheren Umständen eine stillschweigende Bevollmächtigung zur entsprechenden Bestellung angenommen werden, wenn zum Beispiel der Bauherr dem Architekten für die Lampen den Prospekt eines bestimmten Lieferanten mit Preisangaben übergibt und erklärt, er möchte diese Lampen in bestimmten Zimmern installieren lassen. 6.18

2. Die Bevollmächtigung kann sich auch aus dem Grundverhältnis zwischen dem Vertretenen und dem Vertreter ergeben. Gemäss **Art. 396 Abs. 2 OR** ist im Auftrag auch die Ermächtigung zu den Rechtshandlungen enthalten, die zu dessen Ausführung gehören.[35] Der Auftrag, im Namen des Bauherrn mit einem Unternehmer einen bestimmten Vertrag abzuschliessen, enthält auch die Vollmacht dazu. Die richtige Erfüllung der einem Planer übertragenen Bauleitung setzt ebenfalls voraus, dass der Planer ermächtigt ist, den Unternehmern Weisungen zu erteilen und Mängel in der Arbeitsausführung zu rügen. Ist der Umfang des Auftrags von den Parteien nicht ausdrücklich bezeichnet worden, so bestimmt er sich nach der Natur des zu besorgenden Geschäfts (Art. 396 Abs. 1 OR). Für dessen genaue Bestimmung müssen häufig auch die Handelsübung, Gewohnheiten und bekannten Verhältnisse herangezogen werden.[36] Daraus darf aber nicht etwa als Vereinfachung abgeleitet werden, die Vollmacht des Architekten oder Ingenieurs bestimme sich 6.19

[32] Eine Ausnahme stellen die Allgemeinen Vertragsbedingungen der KBOB für Planerleistungen (KBOB-AVB) dar. Ziff. 5 dieser Bedingungen regelt den Inhalt und den Umfang der Vertretungsmacht des Planers auch für die Realisierungsphase und setzt den Befugnissen des Beauftragten sehr enge Grenzen (dazu Rz. 6.46 ff.).

[33] Für weitere Rechtshandlungen, die in der Vollmacht zum Vertragsabschluss enthalten sind, vgl. Rz. 6.94 ff.

[34] Vgl. Bucher, OR AT, S. 602; Engel, Traité des obligations, S. 384; von Tuhr/Peter, OR AT I, S. 356; Zäch/Künzler, Berner Kommentar, N 36 ff. zu Art. 33 OR.

[35] Vgl. Bucher, OR AT, S. 616, Fn. 49; Engel, Traité des obligations, S. 386 f.; Fellmann, Berner Kommentar, N 48 ff. zu Art. 396 OR; Gauch, Werkvertrag, Rz. 400; Gautschi G., Berner Kommentar, N 27 zu Art. 396 OR; Hofstetter, SPR VII/6, S. 47 f.; von Tuhr/Peter, OR AT I, S. 356; Weber, Basler Kommentar, N 8 ff. zu Art. 396 OR.

[36] Reber, Rechtshandbuch, S. 259; Tercier/Bieri/Carron, Les contrats spéciaux, Rz. 4398 und 4403 ff.; OGer AG vom 23. April 1976 (= AGVE 1976, Nr. 19, S. 84); BJM 1954, S. 41 f.

im Einzelfall nach dem üblichen Umfang statt nach dem individuellen Willen des Bauherrn (Rz. 6.40 ff.).[37]

6.20 Wichtigste Quelle für die Abgrenzung des Umfangs der Vollmacht des Planers ist somit der zum Planervertrag gehörende Leistungsbeschrieb.[38] Soweit dieser nicht klarstellt, inwieweit der Planer für den Bauherrn Rechtshandlungen vorzunehmen hat, ist davon auszugehen, dass der Planer normalerweise zugezogen wird als Fachmann für die Planung und Projektierung sowie für die Leitung und Überwachung der Bauausführung durch die Unternehmer. Handlungen, welche direkt finanzielle Verpflichtungen begründen, behält sich der Bauherr im Normalfall selbst vor; dafür ist auch nicht das besondere Fachwissen des Planers erforderlich. Demgemäss lässt sich aus dem Auftrag zur Erbringung von Planerleistungen gemäss Art. 396 Abs. 2 OR keine Ermächtigung des Planers zu rechtsgeschäftlichen Erklärungen im Namen des Bauherrn ableiten, die für diesen erhebliche finanzielle Verpflichtungen begründen[39] oder einen erheblichen Rechtsverlust zur Folge haben.[40] Dem Planer ist auch keine allgemeine Wahrung der Vermögensinteressen des Bauherrn übertragen.[41] Handlungen im Interesse des Bauherrn ohne unmittel-

---

[37] Vgl. FELLMANN, Berner Kommentar, N 25 ff. und 70 ff. zu Art. 396 OR; KOLLER A., Der gute und der böse Glaube, S. 78;. Missverständlich deshalb OGer BL vom 10. Mai 1983 (= BJM 1985, S. 23 = BR/DC 1984, S. 52, Nr. 59, mit Anm. GAUCH); mit zu starker Betonung der objektiven Kriterien STIERLI, Die Architektenvollmacht, S. 55, sowie HESS, KommSIA 102/103/108, N 39 zu Art. 1.4. SIA 102.

[38] KRAUSKOPF-FORERO/SIEGENTHALER, Architektur- und Bauingenieurverträge, S. 308; STIERLI, Die Architektenvollmacht, S. 49 ff.

[39] So GAUCH, Werkvertrag, Rz. 400 in fine und 1267 in fine; KRAUSKOPF-FORERO/SIEGENTHALER, Architektur- und Bauingenieurverträge, S. 308; REBER, Rechtshandbuch, S. 259 f. und 261; STIERLI, Die Architektenvollmacht, S. 51; TERCIER/BIERI/CARRON, Les contrats spéciaux, Rz. 4406; ZÄCH/KÜNZLER, Berner Kommentar, N 94 zu Art. 33 OR; BGE 118 II 313/315 E. 2a (= BR/DC 1993, S. 100, Nr. 209, mit Anm. GAUCH); 109 II 452/459 E. 5b (= BR/DC 1985, S. 16, Nr. 8, mit Anm. GAUCH); BGer 4C.85/2003 vom 25. August 2003 E. 5.2; BGer vom 10. April 1987 (= Rep 1989, S. 185 = BR/DC 1991, S. 41, Nr. 57, mit Anm. TERCIER); KGer VS vom 20. Dezember 1999 (= ZWR 2000, S. 278 f. = BR/DC 2001, S. 80, Nr. 260, mit Anm. AEPLI); KGer VS vom 28. November 1997 (= ZWR 1998, S. 132 = BR/DC 1998, S. 133, Nr. 350, mit Anm. AEPLI); KGer GR vom 10. Oktober 1989 (= PKG 1989, Nr. 32, S. 138 = BR/DC 1991, S. 41, Nr. 58, mit Anm. GAUCH); OGer BL vom 10. Mai 1983 (= BJM 1985, S. 24 = BR/DC 1984, S. 52, Nr. 59, mit Anm. GAUCH); a.M. HESS, KommSIA 102/103/108, N 38, 45 und 56 zu Art. 1.4 SIA 102, der «in der Praxis» bereits aufgrund von Art. 396 Abs. 2 OR eine recht umfassende Vollmacht des Architekten oder Ingenieurs ohne Rücksicht auf die finanzielle Tragweite bejaht für alle Handlungen, die vernünftigerweise mit der Erfüllung seines Auftrags zusammenhängen (N 61 und 68 zu Art. 1.4 SIA 102). Die in BGE 109 II 452/459 f. E. 5b f. (= BR/DC 1985, S. 16, Nr. 8, mit Anm. GAUCH) verwendete Wendung, für eine bestimmte Handlung sei eine ausdrückliche bzw. besondere Vollmacht erforderlich, bedeutet, dass sich die Ermächtigung nicht bereits gemäss Art. 396 Abs. 2 OR aus dem Auftrag zur Erbringung von Planerleistungen ableiten lässt.

[40] KRAUSKOPF-FORERO/SIEGENTHALER, Architektur- und Bauingenieurverträge, S. 308; STIERLI, Die Architektenvollmacht, S. 51.

[41] STIERLI, Die Architektenvollmacht, S. 104.

bare finanzielle Verpflichtungen sind demgegenüber weitgehend durch Art. 396 Abs. 2 OR abgedeckt. Dazu gehören insbesondere Rechtshandlungen im Hinblick auf eine vertragsgemässe (mängelfreie) Werkausführung durch die übrigen Baubeteiligten, soweit damit nicht der Verlust bestimmter Rechtsansprüche verbunden ist.[42] Die Dringlichkeit oder Notwendigkeit einer Handlung begründet hingegen für sich allein noch keine Vollmacht zu deren Vornahme, ist aber bei der Ermittlung des Umfangs der übertragenen Aufgaben zu berücksichtigen.[43] Für rechtsgeschäftliche Erklärungen im Rahmen eines bestehenden Vertragsverhältnisses ist im Übrigen, soweit die entsprechenden Handlungen zur Erfüllung des Auftrags gehören, der Schluss auf eine entsprechende Vollmacht zwingend, da das vom Auftrag her gebotene Ergebnis nur durch das Handeln als direkter Vertreter und nicht auch auf dem Weg der indirekten Vertretung erzielt werden kann.[44]

3. Keinerlei Vollmacht lässt sich hingegen gemäss Art. 396 Abs. 2 OR aus dem Grundverhältnis ableiten, wenn ein «Architekt» oder «Ingenieur» die Ausführung eines Bauwerks als **Totalunternehmer** übernimmt. Da der Totalunternehmer das Werk selbst als Inhalt seiner eigenen vertraglichen Leistungspflicht schuldet, ist er nicht ermächtigt, Arbeiten zu dessen Ausführung im Namen des Bauherrn zu vergeben.[45] 6.21

2. Die SIA-Ordnungen 102 und 103

1. Die SIA-Ordnungen gelten immer nur, wenn und soweit sie von den Vertragsparteien durch **Übernahme** zum Vertragsinhalt erhoben worden sind (Rz. 1.85).[46] Wird im Ver- 6.22

---

42 Vgl. die Zusammenstellung bei Stierli, Die Architektenvollmacht, S. 103 f.

43 Weitergehend Stierli, Die Architektenvollmacht, S. 51 ff. Zur Geschäftsführung ohne Auftrag Rz. 6.128.

44 Es muss deshalb hier nicht Stellung genommen werden zur Kontroverse, ob Art. 396 Abs. 2 OR eine Vermutung für die Ausführung des Auftrags in direkter Stellvertretung enthalte, wenn diese auch in indirekter Vertretung möglich ist. Vgl. dazu Engel, Traité des obligations, S. 386 f.; Fellmann, Berner Kommentar, N 48 ff. zu Art. 396 OR; Gautschi G., Berner Kommentar, N 12b zu Art. 396 OR; Hofstetter, SPR VII/6, S. 47 f.; Stierli, Die Architektenvollmacht, S. 48; von Tuhr/Peter, OR AT I, S. 356, Fn. 14.

45 Vgl. Gauch, Werkvertrag, Rz. 241; Reber, Rechtshandbuch, S. 267; Schwager, Vertreter, S. 19 f.; Zäch/Künzler, Berner Kommentar, N 94 zu Art. 33 OR; BGE 97 II 66/70 E. 2 sowie die in Rz. 6.12, Fn. 14 zit. Entscheide.

46 Egli A., Revidierte SIA-Ordnungen, S. 47; Gauch, Werkvertrag, Rz. 283 (mit Bezug auf Inhaltsbestimmungen der SIA-Norm 118); BGE 117 II 282/284 E. 4b; BGer 4A_393/2007 vom 3. Dezember 2007 E. 2.1 (= BR/DC 2008, S. 67, Nr. 126, mit Anm. Stöckli); 4C.371/2006 vom 19. Januar 2007 E. 4 (= BR/DC 2007, S. 167, Nr. 363, mit Anm. Pichonnaz); 4C.261/2005 vom 9. Dezember 2005 E. 2.3 f. (= BR/DC 2006, S. 67, Nr. 213, mit Anm. Gauch); 4C.347/2003 vom 1. April 2004 E. 3.1.2; vgl. auch 4C.158/2001 vom 15. Oktober 2001 E. 1c (= BR/DC 2002, S. 89, Nr. 211, mit Anm. Werro); KGer SG vom 25. Juni 2002 (= GVP SG 2002, Nr. 54, S. 163 f. = BR/DC 2003, S. 164, Nr. 419, mit Anm. Aepli); KGer VS vom 12. Oktober 2000 (= ZWR 2001, S. 194 = BR/DC 2001, S. 169, Nr. 463, mit Anm. Aepli); vgl. dazu die Anm. von Werro zu KGer VD vom 18. Dezember 1996 (= BR/DC 1998, S. 132, Nr. 348).

trag zwischen Bauherr und Planer eine der SIA-Ordnungen für Architekten oder Ingenieure übernommen, so ist letztlich ebenfalls der Wille des Bauherrn Geltungsgrund für die in dieser Ordnung umschriebene und mit der Übernahme begründete Vollmacht des Planers.

6.23 Die Ausgabe 2014 der *SIA-Ordnung 102* für Leistungen und Honorare der Architektinnen und Architekten enthält unter Art. 1 «Allgemeine Vertragsbedingungen» die nachstehenden Bestimmungen:

6.24 «1.2.3 Vertretung des Auftraggebers

1.2.31 Inhalt und Umfang der Vertretungsbefugnisse des Beauftragten richten sich nach dem Vertrag.

1.2.32 Im Zweifelsfall hat der Beauftragte die Weisung des Auftraggebers einzuholen für alle rechtsgeschäftlichen Vorkehren sowie für Anordnungen, die terminlich, qualitativ oder finanziell wesentlich sind.

1.2.33 Gegenüber Dritten, wie Behörden, Unternehmern, Lieferanten und weiteren Beauftragten, vertritt der Beauftragte den Auftraggeber rechtsverbindlich, soweit es sich um Tätigkeiten handelt, die mit der Auftragserledigung üblicherweise direkt zusammenhängen. Sämtliche mündlichen und schriftlichen Abmahnungen sind umgehend in schriftlicher Form an den Auftraggeber weiterzuleiten.

1.2.34 Zur Abwehr von Schaden und Gefahr ist der Beauftragte, in dringlichen Fällen auch ohne Einholung des Einverständnisses des Auftraggebers, befugt und verpflichtet, sämtliche angemessenen Massnahmen zu ergreifen bzw. anzuordnen.»

6.25 Die *SIA-Ordnung 103* für Leistungen und Honorare der Bauingenieure und Bauingenieurinnen enthält ebenfalls unter Art. 1.2.3 wörtlich übereinstimmende Bestimmungen. Dies gilt auch für die weiteren auf die Leistungen von Planern ausgerichteten Ordnungen, nämlich

6.26 – die *SIA-Ordnung 105* für Leistungen und Honorare der Landschaftsarchitektinnen und Landschaftsarchitekten

6.27 – die *SIA-Ordnung 108* für Leistungen und Honorare der Ingenieurinnen und Ingenieure der Bereiche Gebäudetechnik, Maschinenbau und Elektrotechnik.

6.28 Die SIA-Ordnungen 102, 103, 105 und 108 sind somit hinsichtlich der allgemeinen Bestimmungen zur Regelung der Vertretung des Auftraggebers durch die Planer vollständig harmonisiert. Im Folgenden wird der Übersichtlichkeit halber nur noch auf die SIA-Ordnungen 102 und 103 verwiesen.

6.29 **2.** Der in **Art. 1.2.31 SIA 102/103** (Rz. 6.24) enthaltene Hinweis auf den (individuellen) Vertrag ist ein *blosser Verweis ohne eigenen Regelungsgehalt.*[47] Das *SIA-Vertragsformular*

---

[47] Vgl. SCHUMACHER, Die revidierten SIA-Honorarordnungen 102 und 103, S. 78 f. Zu beanstanden ist im Übrigen das Wort «Vertrag», da die Bevollmächtigung ein einseitiges Rechtsgeschäft ist. Nach

1001/1 («Planer-/Bauleitungsvertrag») der überarbeiteten 2. Ausgabe 2014 enthält unter Ziff. 9.2 einen Abschnitt «Stellvertretung und Vollmacht», in welchem die Parteien individuelle Regelungen treffen können. Gewählt werden kann dabei die Ermächtigung,

- Abschlüsse und Änderungen von Verträgen mit Dritten vorzunehmen, 6.30
- Weisungen an Dritte zu erteilen, 6.31
- mit Behörden zu verhandeln und Anträge an diese zu richten. 6.32

Für die zwei erstgenannten Bereiche ist vorgesehen, dass die Parteien eine betragsmässige Begrenzung pro Einzelfall und einen Höchstbetrag insgesamt festlegen.[48] 6.33

Damit wird die Frage der Vollmacht des Planers zur Vertretung des Bauherrn allerdings *nur teilweise geklärt.* In Ziff. 9.2 des SIA-Vertragsformulars 1001/1 sind nur einzelne Bereiche, in welchen eine solche Vollmacht in Betracht kommt, ausdrücklich aufgeführt. Es stellt sich deshalb die Frage nach dem Verhältnis zwischen der hier festgelegten Regelung und der Umschreibung der Aufgaben des Planers in den SIA-Ordnungen 102, 103, 105 und 108, die in Ziff. 2.1 des SIA-Vertragsformulars 1001/1 zu Vertragsbestandteilen erklärt werden und aus denen sich gemäss Art. 396 Abs. 2 OR eine entsprechende Vollmacht ergibt (vgl. Rz. 6.19). Dabei ist zu unterscheiden zwischen Rechtshandlungen, die in Ziff. 9.2 des SIA-Vertragsformulars 1001/1 ebenfalls aufgeführt sind (so die Weisungen an Unternehmer), und dort nicht erwähnten Bereichen (z.B. Mängelrügen). Massgeblich ist in erster Linie der nach den Grundsätzen der Vertragsauslegung zu ermittelnde Wille der Parteien. Kommt das Vertrauensprinzip zum Tragen, kann wie folgt differenziert werden: 6.34

- Sind in Ziff. 9.2 des SIA-Vertragsformulars 1001/1 alle Bereiche angekreuzt, so darf wohl angenommen werden, dass ergänzend dazu auch die Vollmacht zu Rechtshandlungen gemäss der massgeblichen SIA-Ordnung besteht. 6.35
- Sind in Ziff. 9.2 des SIA-Vertragsformulars 1001/1 einzelne Bereiche angekreuzt, andere nicht, so gilt der Ausschluss einer Vollmacht in den nicht angekreuzten Bereichen, auch wenn dafür nach der massgeblichen SIA-Ordnung eine Vollmacht bestehen würde (z.B. Weisungen an Unternehmer). Bei den in Ziff. 9.2 nicht aufgeführten Bereichen ist aufgrund des Willens bezüglich der aufgeführten Bereiche zu prüfen, ob ergänzend auch eine Vollmacht zu Rechtshandlungen nach Massgabe der einschlägigen SIA-Ordnung besteht. 6.36
- Ist Ziff. 9.2 des SIA-Vertragsformulars 1001/1 überhaupt nicht ausgefüllt, so stellt sich die Frage, ob dies nach dem Willen der Parteien einen Ausschluss jeglicher Vollmacht des Planers zur Vertretung des Bauherrn bedeutet oder ob eine Nicht-Äusserung vor- 6.37

Stierli, Die Architektenvollmacht, S. 139, sind damit die individuellen Vereinbarungen und die vorgehenden Allgemeinen Geschäftsbedingungen gemeint. Der Architekturvertrag ist hingegen indirekt über Art. 396 Abs. 2 OR von Bedeutung.

[48] Vgl. dazu kritisch Egli, Revidierte SIA-Ordnungen, S. 69.

liegt. Im letztgenannten Fall besteht dann eine Vollmacht, soweit sich eine solche aus der massgeblichen SIA-Ordnung ergibt.

6.38 **3.** Die in **Art. 1.2.32 SIA 102/103** (Rz. 6.24) statuierte Verpflichtung, in bestimmten Fällen die Weisung des Auftraggebers einzuholen, *sagt direkt nichts aus über den Umfang der Vollmacht* des Planers, da diese die Frage betrifft, wie weit der Planer gegen aussen zum Handeln als Vertreter ermächtigt ist.[49] Die Bestimmung könnte zum Schluss verleiten, «im Zweifelsfall» sei der Bestand der Vertretungsmacht des Planers von der Einholung einer speziellen Weisung des Auftraggebers abhängig.[50] Diese Auslegung stünde jedoch im Widerspruch zu den Grundsätzen des Stellvertretungsrechts: Massgeblich ist, ob der Auftraggeber durch seine Willensäusserungen für eine bestimmte Rechtshandlung eine Vollmacht erteilt hat oder nicht. Ergibt sich bei der Auslegung dieser Willenserklärungen nach dem Vertrauensprinzip aus der Sicht des Planers eine solche Vollmacht, so wird diese nicht später zunichte gemacht durch den Umstand, dass über deren Bestand im Verhältnis zwischen Bauherr und Planer Zweifel auftauchen. Für das Verhältnis gegenüber dem Unternehmer ist allein massgeblich, ob in diesem Sinne eine Vollmacht erteilt wurde. Die Verpflichtung, im Zweifelsfall die Weisung des Auftraggebers einzuholen, kann sich deshalb nur auf das Innenverhältnis zwischen Planer und Auftraggeber beziehen.[51] Sie kann auch bedeutsam werden im Hinblick auf die Frage des Verschuldens beim vollmachtslosen Handeln (vgl. Rz. 6.121 f.).

6.39 Unklar ist in Art. 1.2.32 SIA 102/103 auch die Abgrenzung zwischen den «rechtsgeschäftlichen Vorkehren» und den «Anordnungen, die terminlich, qualitativ oder finanziell wesentlich sind». Bei der zweiten Kategorie handelt es sich häufig ebenfalls um Willenserklärungen im Sinne der Rechtsgeschäftslehre.[52]

6.40 **4.** Die in **Art. 1.2.33 SIA 102/103** (Rz. 6.24) enthaltene Regelung *weicht erheblich von Art. 396 Abs. 2 OR ab.*[53] Dass als Gegenstand der Ermächtigung «Tätigkeiten» und nicht wie im Gesetz «Rechtshandlungen» genannt werden, ist wohl juristisch unpräzis, aber ohne sachliche Bedeutung. Bedeutsam ist aber, dass nicht auf den notwendigen Zusammenhang mit der Auftragserledigung abgestellt wird, sondern darauf, dass ein solcher direkter Zusammenhang «üblicherweise» besteht. Mit dieser Formulierung wird ein Bauherr, der die Anwendbarkeit der SIA-Ordnung akzeptiert, dazu angehalten, sich bezüg-

---

[49] Pichonnaz, Les règlements SIA 102/103/108, 112, S. 70.

[50] Abzulehnen ist die Auffassung von Stierli, Die Architektenvollmacht, S. 142 f., wonach im Zweifel die Vermutung gilt, dass keine Vollmacht besteht. Hess, KommSIA 102/103/108, N 69 zu Art. 1.4 SIA 102, erblickt in Abs. 2 nur eine (das Aussenverhältnis nicht berührende) Einschränkung der Vertretungsbefugnis.

[51] Pichonnaz, Les règlements SIA 102/103/108, 112, S. 70.

[52] Gemäss Schumacher, Die revidierten SIA-Honorarordnungen 102 und 103, S. 79, fallen alle rechtsgeschäftlichen Erklärungen unter die Kategorie, für welche im Zweifelsfall eine Weisung eingeholt werden muss, auch wenn es sich um Anordnungen terminlicher, qualitativer oder finanzieller Art handelt. Für den Versuch einer Abgrenzung vgl. Stierli, Die Architektenvollmacht, S. 144 f.

[53] Pichonnaz, Les règlements SIA 102/103/108, 112, S. 70.

lich des Umfanges der eingeräumten Vollmacht dem Üblichen zu unterwerfen. Sollte sich zum Beispiel herausstellen, dass ein Architekt, der mit der Bauleitung beauftragt ist, üblicherweise ermächtigt ist, Regiearbeiten anzuordnen und namens des Bauherrn den damit zusammenhängenden Aufwand anzuerkennen, so würde dies für jeden Bauherrn gelten, der die Anwendbarkeit der SIA-Ordnung 102 akzeptiert und diesbezüglich nicht ausdrücklich etwas anderes erklärt.

Es ist *unklar,* ob diese Abweichung von Art. 396 Abs. 2 OR gewollt ist oder auf der irr- 6.41
tümlichen Auffassung beruht, mit dem gewählten Wortlaut sei inhaltlich jene Regelung übernommen worden.[54] Von der Sache her ist eine Abweichung sicher nicht gerechtfertigt.[55] Wenn Allgemeine Geschäftsbedingungen statt einer eigenen inhaltlichen Regelung bloss auf das Übliche verweisen, ist unter dem Gesichtspunkt der Klarstellung der gegenseitigen Rechte und Pflichten nicht viel gewonnen. Was bezüglich des Umfangs der Vollmacht des Planers «üblich» ist, ist dem Bauherrn bei Übernahme der entsprechenden SIA-Ordnung meistens nicht im Einzelnen bekannt. Die undankbare Aufgabe zu bestimmen, was im Einzelnen «üblicherweise» darunter fällt, würde damit den Gerichten zufallen, nachdem der SIA als Fachverband sich dieser Aufgabe entzogen hat.

Der Verweis auf das Übliche in Art. 1.2.33 SIA 102/103 *widerspricht auch dem vorbehalt-* 6.42
losen Verweis auf den Vertrag, d.h. auf den Willen des Auftraggebers, in Art. 1.2.31 SIA 102/103/105/108. Nach dem Vertrauensprinzip ist dieser Widerspruch derart zu lösen, dass Art. 1.2.31 SIA 102/103/105/108 den Vorrang geniesst,[56] womit Art. 1.2.33 SIA 102/103/105/108 im Sinne von Art. 396 Abs. 2 OR auszulegen ist.[57]

Für die Bestimmung dessen, was üblicherweise mit der Auftragserledigung direkt zu- 6.43
sammenhängt, wäre im Übrigen der Leistungsbeschrieb im jeweiligen *Art. 4 SIA 102/103/105/108* von Bedeutung.[58] Dieser unterscheidet konsequent zwischen Grundleistungen und besonders zu vereinbarenden Leistungen. Die Grundleistungen umfassen

---

54 Hess, KommSIA 102/103/108, N 59 ff. zu Art. 1.4 SIA 102, erblickt in der Bestimmung überhaupt nur einen Verweis auf die sich bereits aus Art. 396 Abs. 2 OR ergebende Regelung; Stierli, Die Architektenvollmacht, S. 134 ff., legt die SIA-Bestimmung so aus, dass sie im Ergebnis weitgehend Art. 396 Abs. 2 OR angeglichen wird.

55 Wegen der Problematik haben auch einzelne Gruppen von Bauherren (wie z.B. die Grossbanken) in Zusatzbedingungen zur SIA-Ordnung 102 eine abweichende Vertretungsregelung geschaffen; vgl. Derendinger, Ergänzungen und Änderungen, S. 46. Kritisch auch Scherrer, Bestellungsänderungen, S. 83.

56 Vgl. auch Gauch, Werkvertrag, Rz. 401; Schumacher, Die revidierten SIA-Honorarordnungen 102 und 103, S. 80 f.

57 So im Ergebnis auch Scherrer, Bestellungsänderungen, S. 83; Schumacher, Die revidierten SIA-Honorarordnungen 102 und 103, S. 81; Stierli, Die Architektenvollmacht, S. 134 ff.; anders Pichonnaz, Les règlements SIA 102/103/108, 112, S. 70, nach dessen Ansicht Art. 1.3.33 SIA 102 (2003) «constitue bel et bien une extension des pouvoirs de l'architecte par rapport au régime légal ordinaire».

58 Für Widersprüche zwischen Art. 1.4.3 Abs. 3 und Art. 4 SIA 102 (1984) vgl. Stierli, Die Architektenvollmacht, S. 138 und 173 f.

diejenigen Leistungen, die zur ordnungsgemässen Erfüllung eines Auftrags im Allgemeinen erforderlich und ausreichend sind (Art. 3.3.3 SIA 102/103/105/108). Gestützt auf Art. 396 Abs. 2 OR lässt sich aus der Vereinbarung über die so verstandenen Grundleistungen eine Ermächtigung des Planers zu den entsprechenden Rechtshandlungen gegenüber den Unternehmern ableiten. Wenn zum Beispiel Art. 4.52 SIA 102 die Ausmassarbeiten unter den Grundleistungen des Architekten aufführt, bedeutet dies, dass das vom Architekten mit dem Unternehmer aufgenommene Ausmass für den Bauherrn verbindlich ist. Ebenfalls aufgeführt sind im Leistungsbeschrieb unter Art. 4 der SIA-Ordnungen Entscheide, die dem Auftraggeber vorbehalten sind (z.B. Art. 4.3.52 SIA 103: Genehmigen von Nachträgen). Für solche Rechtshandlungen fehlt dem Planer somit eine Vollmacht. Die Aufzählung der dem Auftraggeber vorbehaltenen Entscheide ist indessen sehr lückenhaft. Verfehlt wäre deshalb der Umkehrschluss, dass für alle Rechtshandlungen, die nicht in dieser Rubrik aufgeführt sind, der Planer bevollmächtigt sei. Dagegen spricht oft auch die jeweilige Umschreibung der einzelnen Grundleistungen des Planers (z.B. Art. 4.52 SIA 102: Kontrolle von Leistungsaufstellungen und Rechnungen, Zahlungsanweisungen und Abschluss der Unternehmer- und Lieferantenrechnungen; nicht zur Grundleistung gehört damit die rechtsverbindliche Genehmigung der Rechnungen). Werden Zusatzleistungen zwischen den Parteien vereinbart (Art. 3.3.4 SIA 102/103/105/108), so ist damit auch die Vollmacht zu den Rechtshandlungen verbunden, die zu deren Erfüllung gehören.

6.44 **5. Art. 1.2.34 SIA 102/103/105/108** (Rz. 6.24) ermächtigt den Planer, in dringlichen Fällen alle Rechtshandlungen im Namen des Bauherrn vorzunehmen, die zur Abwehr von Schaden und Gefahr als geboten erscheinen. Von eigenständiger Bedeutung ist diese Bestimmung, wenn es sich dabei um Rechtshandlungen handelt, die ausserhalb des Vollmachtsbereichs gemäss Art. 1.2.31 und Art. 1.2.33 SIA 102/103/105/108 liegen. Ob die Voraussetzungen für eine solche Ausnahmevollmacht vorgelegen haben, ist nach der Situation zu beurteilen, wie sie dem Planer im Zeitpunkt seines Handelns vorgelegen hat. Dringlichkeit ist gegeben, wenn die Zeit nicht reichte, dass der Auftraggeber selbst sachgerecht hätte handeln oder der Planer eine ausdrückliche Ermächtigung des Auftraggebers hätte einholen können.[59] Die vom Planer im Namen des Auftraggebers vorgenommene Rechtshandlung kann zum Beispiel im Beizug eines Spezialisten oder in der Vergabe bestimmter in den Werkverträgen nicht vorgesehener Arbeiten bestehen.

59 Vgl. Art. 397 Abs. 1 OR für die Abweichung von Weisungen des Auftraggebers wegen Dringlichkeit. Eine Vollmacht zum Handeln als Vertreter des Auftraggebers lässt sich aber entgegen der Auffassung von Pedrazzini F., KBOB, S. 203 f., nicht aus Art. 397 Abs. 1 OR ableiten. Hingegen ergibt sich aus den Bestimmungen über die Geschäftsführung ohne Auftrag (Art. 422 OR) ein Anspruch des ohne Vollmacht Handelnden gegenüber dem Geschäftsherrn auf Befreiung von seinen Verpflichtungen (vgl. Rz. 6.128).

6. Art. 3.4.1 SIA 102/105/108 führt «die Vertretung des Auftraggebers gegenüber Dritten im vereinbarten Rahmen»[60] noch einmal als Teil der Gesamtleitung auf, welche in den einzelnen Grundleistungen enthalten ist. Die Zuordnung der Vertretung zur Funktion der Gesamtleitung ist ohne stellvertretungsrechtliche Relevanz und bedeutet nur, dass dafür kein besonderes Entgelt geschuldet ist. Der Verweis auf den «vereinbarten Rahmen»[61] übernimmt die Regelung von Art. 1.2.31 SIA 102/103/105/108. Selbst dort, wo dem Planer durch ausdrückliche Willenserklärung eine Vertretungsmacht erteilt wird, die über den üblichen Rahmen hinausgeht, gehört deren Ausübung im genannten Sinn zur Gesamtleitung. 6.45

3. Allgemeine Vertragsbedingungen KBOB

1. Die Allgemeinen Vertragsbedingungen KBOB für Planerleistungen[62] (Ausgabe 2018) enthalten in Ziff. 5 ausdrückliche Bestimmungen über den «Inhalt und Umfang der Vertretungsbefugnisse des Beauftragten». Die Regelung ist sehr restriktiv.[63] Der Beauftragte ist **grundsätzlich nicht befugt,** gegenüber Dritten für den Auftraggeber verbindliche rechtsgeschäftliche Erklärungen abzugeben (Ziff. 5.1 Abs. 1 KBOB-AVB).[64] 6.46

2. Als **Ausnahme** von diesem Grundsatz verleiht die Vertragsbestimmung dem Planer in zwei Bereichen ausdrücklich eine Vollmacht zum verbindlichen Handeln für den Bauherrn: 6.47

a. Der Planer ist befugt, einmalige und in sich abgeschlossene Leistungen und Lieferungen im Rahmen des Kostenvoranschlags bis zu CHF 5000.– im Einzelfall selbständig zu vergeben (Ziff. 5.1 Abs. 2 KBOB-AVB). 6.48

b. Soweit dem Planer die Bauleitung übertragen ist, verweist Ziff. 5.2 Abs. 1 KBOB-AVB auf Art. 33 ff. SIA 118. Gemäss Art. 33 Abs. 2 SIA 118 sind alle Willensäusserungen der Bauleitung, die das Werk betreffen, für den Bauherrn rechtsverbindlich (Rz. 6.64 ff.). Ausdrücklich davon ausgenommen sind in Ziff. 5.2 Abs. 1 KBOB-AVB hingegen die nachstehenden Rechtshandlungen, welche sich der Auftraggeber selbst vorbehält: 6.49

---

60 In der SIA-Ordnung 103 findet sich das in Art. 4.2.2: «Der Gesamtleiter hat in jeder Teilphase in der Regel folgende allgemeinen Leistungen zu erbringen […] die Vertretung des Auftraggebers gegenüber Dritten.»

61 In Art. 3.3.1 der SIA 102 (1984) war demgegenüber vom «üblichen Rahmen» die Rede. Diese Formulierung verwies auf Art. 1.4.3 Abs. 3 SIA 102 (1984); vgl. Stierli, Die Architektenvollmacht, S. 147 f.

62 Vgl. dazu den Überblick von Stöckli, KBOB-Werkvertrag – Mustervertrag für Einzelleistungen (= BR/DC 2008, S. 4 ff.).

63 So auch Pedrazzini F., KBOB, S. 203.

64 Nach Pedrazzini F., KBOB, S. 203 f., verfügt der Beauftrage trotz dieses grundsätzlichen Ausschlusses jeglicher Vertretungsbefugnisse gestützt auf das subsidiär anwendbare Obligationenrecht (Art. 397 Abs. 1 und Art. 419 OR) über eine Vollmacht in Notfällen (vgl. auch Art. 1.2.34 SIA 102/103/105/108). Die Dringlichkeitssituation vermag indessen den für eine Vollmacht erforderlichen Willen des Beauftragten nicht zu ersetzen (vgl. Rz. 6.44, Fn. 59).

6.50 – Vertragsänderungen, die keine Bestellungsänderungen sind;

6.51 – Bestellungsänderungen, die in terminlicher, qualitativer sowie finanzieller Hinsicht wesentlich sind;

6.52 – Erklärungen über das Vorliegen von Mängeln im Zusammenhang mit Abnahmen und Teilabnahmen;

6.53 – abschliessende Anerkennung von Ausmassen, Regierapporten sowie Genehmigung der Schlussabrechnung nach Prüfung durch die Bauleitung;

6.54 – Einforderung und Inanspruchnahme von Sicherheitsleistungen und Konventionalstrafen.

6.55 **3.** Der Beauftragte wird auch angewiesen, diese Zuständigkeitsordnung in die von ihm vorbereiteten **Werkverträge zu integrieren** (Ziff. 5.2 Abs. 2 KBOB-AVB). Damit soll gewährleistet werden, dass die Kundgabe gegenüber dem Dritten mit der Regelung übereinstimmt, wie sie zwischen dem Auftraggeber und dem Planer gilt.[65]

6.56 **4.** Indirekt geregelt ist in den Allgemeinen Vertragsbedingungen KBOB die **passive Vertretung** des Bauherrn durch den Beauftragten, d.h. die Vollmacht des Planers zur Entgegennahme rechtsgeschäftlicher Erklärungen Dritter (Rz. 6.94f.). Ziff. 5.1 Abs. 3 KBOB-AVB verpflichtet den Beauftragten, Mitteilungen und Erklärungen Dritter (Behörden, Unternehmer, Spezialisten usw.), die das Auftragsziel tangieren, unverzüglich an den Auftraggeber weiterzuleiten. Daraus ist eine generelle passive Vertretungsmacht des Beauftragten abzuleiten.

4. Gutglaubensschutz infolge Kundgabe durch den Bauherrn

6.57 **1.** Teilt der Vollmachtgeber eine Ermächtigung einem Dritten mit, so beurteilt sich ihr Umfang diesem gegenüber gemäss **Art. 33 Abs. 3 OR** nach Massgabe der erfolgten Kundgabe. Diese Bestimmung findet auch Anwendung, wenn der Vertretene[66] nach aussen eine Vollmacht kundgibt, obwohl im Innenverhältnis zwischen ihm und dem Vertreter überhaupt keine Vollmacht besteht.[67] Der Eintritt der Vertretungswirkung nach Massgabe der erfolgten Kundgabe (Art. 33 Abs. 3 OR) setzt aber voraus, dass der Dritte im

---

65 So auch PEDRAZZINI F., KBOB, S. 203.

66 BUCHER, OR AT, S. 613; KOLLER A., Der gute und der böse Glaube, S. 62; STIERLI, Die Architektenvollmacht, S. 177f.; ZÄCH/KÜNZLER, Berner Kommentar, N 131 zu Art. 33 OR.

67 Vgl. BUCHER, OR AT, S. 606f.; DANUSER, Die Anscheinsvollmacht, passim ; ENGEL, Traité des obligations, S. 384f.; GAUCH/SCHLUEP/SCHMID, OR AT, Rz. 1396; GUHL/KOLLER A., Das Schweizerische Obligationenrecht, § 21 Rz. 6ff.; ISENRING, Falsus procurator, S. 102; KELLER/SCHÖBI, Schweizerisches Schuldrecht IV, S. 72ff.; VON TUHR/PETER, OR AT I, S. 357ff. Eine fundierte Auseinandersetzung mit den Problemen von Art. 33 Abs. 3 OR findet sich insb. bei KOLLER A., Der gute und der böse Glaube, S. 53–94; zu den einzelnen Begriffselementen auch STIERLI, Die Architektenvollmacht, S. 190ff.

Vertrauen auf die Kundgabe gutgläubig ist, d.h., das Fehlen einer Vollmacht bzw. ihren engeren Umfang nicht kennt und nach den Umständen auch nicht kennen musste (Art. 3 Abs. 2 ZGB).[68] So fehlt beispielsweise dem Dritten, der um die einschränkenden internen Weisungen des Vollmachtgebers weiss oder bei zumutbarer Aufmerksamkeit wissen muss, der gute Glaube. Gemäss Art. 3 Abs. 1 ZGB wird der gute Glaube vermutet, sodass der Bauherr den Beweis der Bösgläubigkeit (Beweis des Gegenteils) zu erbringen hat.[69] Die herrschende Lehre[70] und die neuere Rechtsprechung des Bundesgerichts[71] betrachten Art. 33 Abs. 3 OR als Anwendungsfall des Gutglaubensschutzes.[72] Ob bzw. mit welchem Umfang vom Vertretenen eine Vollmacht kundgegeben wird, beurteilt sich nach dem Vertrauensprinzip aus der Sicht des Dritten. Ist indessen nachweisbar, dass der Vertretene und der Dritte tatsächlich übereinstimmend von demselben Umfang der Vollmacht ausgegangen sind, so gilt die Vollmacht in diesem Umfang und es bleibt kein Raum für eine Auslegung der extern kundgegebenen Vollmacht nach dem Vertrauensprinzip.[73]

Die Kundgabe durch den Vertretenen kann insbesondere auch durch die Übernahme von *Allgemeinen Geschäftsbedingungen* im Vertrag zwischen dem Vertretenen und dem Dritten erfolgen.[74] Damit kann zwar für den Abschluss dieses Vertrags selbst keine Vertretungsmacht mehr begründet werden; hingegen sind die darin enthaltenen Kundgabe- 6.58

---

68 Das Erfordernis der Gutgläubigkeit wird im Wortlaut des Gesetzes nicht ausdrücklich genannt. Lehre und Rechtsprechung haben jedoch Art. 33 Abs. 3 OR immer in diesem Sinne verstanden; vgl. Gauch/Schluep/Schmid, OR AT, Rz. 1390ff.; Watter, Basler Kommentar, N 29f. zu Art. 33 OR; Zäch/Künzler, Berner Kommentar, N 15 zu Art. 33 OR; sowie die in Rz. 6.57, Fn. 67 zitierten Autoren, insb. Koller A., Der gute und der böse Glaube, S. 59f. und 89. Ebenso BGE 131 III 511/519 E. 3.2.2; 120 II 197/202 E. 2b/cc; 99 II 39/42 E. 1; 77 II 138/141 E. 1f.

69 BGE 131 III 511/519 E. 3.2.2.

70 Bucher, OR AT, S. 602 und 606f.; Chappuis C., Commentaire romand, N 19ff. zu Art. 33 OR; Fellmann, Berner Kommentar, N 85 zu Art. 396 OR; Gauch/Schluep/Schmid, OR AT, Rz. 1406ff.; Koller A., Der gute und der böse Glaube, S. 66; Stierli, Die Architektenvollmacht, S. 180; von Tuhr/Peter, OR AT I, S. 358; Watter, Basler Kommentar, N 30 zu Art. 33 OR; Zäch/Künzler, Berner Kommentar, N 128ff. zu Art. 33 OR.

71 BGE 131 III 511/518 E. 3.2; BGer 4A_19/2013 vom 30. April 2013 E. 3.1.1; 5A_136/2008 vom 25. September 2008 E. 4; 4C.232/2006 vom 4. Januar 2007 E. 3.1.2.2 (= BR/DC 2007, S. 165, Nr. 358, mit Anm. Pichonnaz), 4C.299/2005 vom 19. Dezember 2005 E. 4.1; 4C.72/2005 vom 23. Februar 2005 E. 3.2; 4C.127/2001 vom 22. August 2001 E. 2; 4C.377/2000 vom 8. März 2001 E. 1a. In BGE 120 II 197/199 E. 2a spricht das Bundesgericht von der normativ zurechenbaren, auf Rechtsschein beruhenden Vollmacht.

72 Anders noch Schwager, Architektenrecht 1995, S. 266, wo vom Handeln des Vertretenen ausgegangen und angenommen wurde, dass die Kundgabe seitens des Vertretenen bei gutem Glauben des Dritten auch ohne entsprechenden Willen Vertretungsmacht begründet. In der praktischen Anwendung führen beide Konzepte zu gleichen Ergebnissen. Bei von Tuhr/Peter, OR AT I, S. 357ff. und Bucher, OR AT, S. 606f. ist unklar, von welchem theoretischen Konzept sie ausgehen.

73 BGer 4C.299/2005 vom 19.Dezember 2005 E. 4.1.

74 Briner, Architektenverträge, S. 34f.; Gauch/Schluep/Schmid, OR AT, Rz. 1394; Koller A., Der gute und der böse Glaube, S. 84; Stierli, Die Architektenvollmacht, S. 202ff.; Zäch/Künzler, Berner Kommentar, N 147ff. zu Art. 33 OR.

klauseln relevant für die weiteren Willenserklärungen im Verlauf der Abwicklung des Vertrags. Wichtigster Anwendungsfall im Bereich des Bauvertragsrechts ist Art. 33 Abs. 2 SIA 118 (vgl. Rz. 6.64 ff.).

6.59 Lehre und Rechtsprechung verwenden ausserdem die Begriffe der *Duldungsvollmacht und Anscheinsvollmacht,* wenn ein vom Vertreter abgeschlossenes Geschäft für den Vertretenen verbindlich sein soll, ohne dass seinerseits eine Bevollmächtigung an den Vertreter vorliegt.[75] Bei der Duldungsvollmacht hat der Vertretene vom Auftreten eines nicht ermächtigten Dritten als sein Vertreter Kenntnis und unternimmt trotz Fehlen einer Ermächtigung dagegen keine Schritte; bei der Anscheinsvollmacht fehlt eine solche Kenntnis des Vertretenen, jedoch hätte dieser das Handeln des nicht ermächtigten Vertreters bei pflichtgemässer Sorgfalt erkennen müssen und verhindern können.[76] Duldungs- und Anscheinsvollmacht sind indessen keine selbständigen Rechtsinstitute. Die rechtliche Grundlage für die Begründung der Verbindlichkeit des Handelns des vollmachtslosen Vertreters für den Vertretenen bietet wiederum einzig Art. 33 Abs. 3 OR.[77] Das Verhalten muss also im einen wie im andern Fall die Voraussetzung einer Kundgabe der Ermächtigung durch den Vertretenen gegenüber dem bestimmten Dritten erfüllen, damit das Handeln des Vertreters für den Vertretenen verbindlich ist.[78] Zudem ist der gute Glaube des Dritten erforderlich.

6.60 **2.** Für das **Verhältnis Bauherr – Planer – Unternehmer** ist in diesem Zusammenhang die grundlegende Feststellung zu machen, dass allein *die Tatsache des Beizugs eines Planers* durch den Bauherrn noch keine Kundgabe einer Ermächtigung zu dessen Vertretung im Sinne von Art. 33 Abs. 3 OR bedeutet.[79] Auch wenn der Planer im Werkvertrag mit

---

75 Vgl. Bucher, OR AT, S. 612 ff.; Gauch/Schluep/Schmid, OR AT, Rz. 1409 ff.; Guhl/Koller A., Das Schweizerische Obligationenrecht, § 21 Rz. 10; von Tuhr/Peter, OR AT I, S. 357, Fn. 17; sowie Danuser, Die Anscheinsvollmacht, passim; ebenso BGE 107 II 105/115 E. 6a; Watter, Basler Kommentar, N 16 zu Art. 33 OR; Zäch/Künzler, Berner Kommentar, N 46 ff. zu Art. 33 OR, verwenden demgegenüber die Begriffe für besondere Tatbestände der Bevollmächtigung des Vertreters i.S.v. Art. 33 Abs. 2 OR.

76 BGer 5C.244/2002 vom 20. Januar 2003 E. 3.2; Gauch/Schluep/Schmid, OR AT, Rz. 1411 f.; Isenring, Falsus procurator, S. 99 f.; vgl. auch BGer 4C.12/2002 vom 14. Mai 2002 E. 3.2 (= BR/DC 2002, S. 177, Nr. 416, mit Anm. Aepli); 4C.287/2005 vom 15. Dezember 2005 E. 4; KGer SG BZ.2007.70 vom 7. April 2008 E. 4b/bb.

77 Vgl. Bucher, OR AT, S. 613; Koller A., Der gute und der böse Glaube, S. 70 f.; BGE 131 III 511/518 E. 3.2; 124 III 418/421 f.; 120 II 197/199 E. 2a. Missverständlich war deshalb BGE 118 II 313/316 f. E. 2b (= BR/DC 1993, S. 100, Nr. 209, mit Anm. Gauch), wo der Eindruck erweckt wurde, unter besonderen Umständen sei aufgrund eines «vertrauensbegründenden Tatbestandes» auch ohne Vollmachtskundgabe eine Duldungs- oder Anscheinsvollmacht anzunehmen.

78 Vgl. zum Ganzen BGer 5C.244/2002 vom 20. Januar 2003 E. 3.2.

79 Bucher, OR AT, S. 614; Fellmann, Berner Kommentar, N 60 zu Art. 396 OR; Gauch, Werkvertrag, Rz. 400; Koller A., Der gute und der böse Glaube, S. 78 f.; Stierli, Die Architektenvollmacht, S. 184 ff.; KGer VS vom 28. November 1997 (= ZWR 1998, S. 132 f. = BR/DC 1998, S. 133, Nr. 350, mit Anm. Aepli); unzutreffend KGer VD vom 9. Dezember 1973 (= SJZ 1974, Nr. 93, S. 334).

dem Unternehmer als *«Vertreter des Bauherrn»* bezeichnet wird, ist dies noch keine Kundgabe von Vertretungsmacht. Eine solche Kundgabe müsste sich auf einen bestimmten Umfang der Vertretungsmacht beziehen,[80] was bei dieser bloss generellen Bezeichnung gerade nicht zutrifft. Diese darf auch nicht als Kundgabe einer Generalvollmacht im Zusammenhang mit dem Bauvorhaben verstanden werden.[81] Wird der Nennung des Planers im Werkvertrag mit dem Unternehmer oder auf der Bautafel hingegen beigefügt, dass ihm die *Bauleitung* übertragen ist, so bedeutet dies eine Kundgabe von Vertretungsmacht in dem Umfang, als eine solche mit der angegebenen Aufgabe zusammenhängt.[82] Die Anrufung des Gutglaubensschutzes infolge Kundgabe (vgl. Rz. 6.57 f.) ist jedoch nur erforderlich, wenn diese Aufgabe dem Planer in Wirklichkeit nicht übertragen wurde; andernfalls ist bereits die Vertretungsmacht aufgrund des erteilten Auftrags (Art. 396 Abs. 2 OR) gegeben.

Die Bezeichnung als Vertreter des Bauherrn und als Bauleitung genügt insbesondere nicht für die Annahme einer Ermächtigung des Planers zur *Vergabe von Bauleistungen* an Unternehmer.[83] Selbst die Tatsache, dass der Planer namens des Bauherrn mit den Unternehmern Verhandlungen über den künftigen Vertragsabschluss führt, bedeutet noch keine Kundgabe einer Vollmacht zum Vertragsabschluss selbst.[84] Auch der Umstand, dass Verträge mit anderen Unternehmern vom Planer namens des Bauherrn abgeschlossen und vom Bauherrn dann auch honoriert wurden, genügt nicht als Grundlage für eine sogenannte Anscheinsvollmacht für den Abschluss eines Vertrags mit einem anderen Unternehmer: Rechtswirkungen aus der Kundgabe kann nur derjenige für sich ableiten, an den sie gerichtet war.[85] Aktuell werden kann der Gutglaubensschutz infolge Kundgabe 6.61

---

[80] Art. 33 Abs. 3 OR verlangt die Kundgabe einer Vollmacht, wozu auch ein bestimmter Inhalt gehört. Nur in diesem Fall kann sich überhaupt eine Diskrepanz zwischen dem Umfang der Kundgabe und dem Umfang der Vollmacht ergeben, worauf die Bestimmung nach dem Wortlaut zugeschnitten ist. Vgl. Bucher, OR AT, S. 613; Fellmann, Berner Kommentar, N 60 und 87 zu Art. 396 OR; Koller A., Der gute und der böse Glaube, S. 61. Es genügt deshalb nicht, dass der Umfang der kundgegebenen Vollmacht durch Auslegung zu ermitteln sei (so Stierli, Die Architektenvollmacht, S. 201).

[81] Vgl. Fellmann, Berner Kommentar, N 80 zu Art. 396 OR; Gauch, Werkvertrag, Rz. 400; Schwager, Vertreter, S. 23 f.; Stierli, Die Architektenvollmacht, S. 186; BGE 109 II 452/459 E. 5b (= BR/DC 1985, S. 16, Nr. 8, mit Anm. Gauch); OGer BL vom 25. März 1975 (= SJZ 1977, Nr. 31, S. 82 = BR/DC 1979, S. 10, Nr. 1, mit Anm. Gauch); Zäch/Künzler, Berner Kommentar, N 161 zu Art. 33 OR, empfehlen generell grosse Zurückhaltung bei der Annahme einer Anscheinsvollmacht eines Planers.

[82] Stierli, Die Architektenvollmacht, S. 188 ff., 200 und 202.

[83] OGer BL vom 10. Mai 1983 (= BJM 1985, S. 24 = BR/DC 1984, S. 52, Nr. 59, mit Anm. Gauch); OGer BL vom 25. März 1975 (= SJZ 1977, Nr. 31, S. 82 = BR/DC 1979, S. 10, Nr. 1, mit Anm. Gauch); GVP SG 1961, Nr. 11, S. 34 (= SJZ 1963, Nr. 100, S. 188).

[84] KGer VS vom 28. November 1997 (= ZWR 1998, S. 132 = BR/DC 1998, S. 133, Nr. 350, mit Anm. Aepli); GVP SG 1961, Nr. 11, S. 34 (= SJZ 1963, Nr. 100, S. 188).

[85] Vgl. Gauch/Schluep/Schmid, OR AT, Rz. 1391 und 1412; Koller A., Der gute und der böse Glaube, S. 67; Zäch/Künzler, Berner Kommentar, N 132 und 154 zu Art. 33 OR; vgl. auch Hürlimann, Kommentar SIA 118, Art. 33/Rz. 5.1 f. Diese klare Voraussetzung wird in der Recht-

vor allem bei der Übertragung von *Zusatzarbeiten:* Anerkennt der Bauherr Zusatzarbeiten, die der Planer in früheren Phasen der Bauverwirklichung selbständig vergeben hat, so kann dies für die Vergabe späterer Zusatzarbeiten durch den Planer gegenüber dem gleichen Unternehmer eine Kundgabe der Ermächtigung gemäss Art. 33 Abs. 3 OR bedeuten.

6.62 Kein Raum für die Anwendung von Art. 33 Abs. 3 OR besteht mit Bezug auf die Anerkennung von *Regierapporten und der Schlussrechnung* durch den Planer.[86] Zahlt der Bauherr Rechnungen anderer Unternehmer, die vom Planer anerkannt wurden, so ist dies nicht ein Verhalten gegenüber dem späteren Unternehmer, der sich darauf berufen will.[87] Ausserdem bedeutet die Bezahlung einer vom Planer akzeptierten Schlussrechnung nach den Umständen nicht ohne Weiteres, dass der Bauherr die Beurteilung der Schlussrechnung als für sich verbindlich anerkannt hat.[88] Die gleichen Überlegungen gelten auch bezüglich der Bezahlung von Regierechnungen durch den Bauherrn aufgrund von Regierapporten, die vom Planer in seinem Namen anerkannt wurden.[89] Vom Sachverhalt her ist es dort hingegen wie bei Zusatzarbeiten (vgl. Rz. 6.61) möglich, dass das frühere Verhalten des Bauherrn gegenüber dem gleichen Unternehmer für spätere Regiearbeiten als Kundgabe einer diesbezüglichen Vertretungsmacht des Planers gewertet wird.

5. Die Bedeutung der SIA-Norm 118

6.63 **1.** Die SIA-Norm 118 «Allgemeine Bedingungen für Bauarbeiten» bezieht sich auf das Werkvertragsverhältnis zwischen dem Bauherrn und einem Unternehmer und enthält auch Bestimmungen über die **Vertretung des Bauherrn** im Zusammenhang mit diesem

sprechung häufig verwischt, indem darauf abgestellt wird, wie die Dritten (les tiers) das Verhalten des Vertreters nach Treu und Glauben verstehen mussten; so z.B. KGer TI vom 21. März 1980 (= Rep 1981, S. 185 = BR/DC 1982, S. 13, Nr. 3, mit Anm. Tercier). Vgl. BGE 131 III 511/518 E. 3.2.1; Watter, Basler Kommentar, N 31 zu Art. 33 OR. Diese generalisierende Betrachtungsweise aus dem Bereich der kaufmännischen Vertretung (vgl. BGE 120 II 197/204 f. E. 3b) darf nicht einfach auf die Vertretung des Bauherrn durch den Planer übertragen werden.

86 Vgl. OGer AG vom 23. April 1976 (= AGVE 1976, Nr. 19, S. 85 f.); BJM 1957, S. 40 ff. Zur Regelung im Geltungsbereich der SIA-Norm 118 vgl. Rz. 6.90 und 6.108 f.

87 Vgl. Rz. 6.61, Fn. 85.

88 Vgl. Schwager, Vertreter, S. 25.

89 Hier geht es um eine eigentliche Anerkennung der Regiearbeiten durch die Bauleitung im Namen des Bauherrn. Dieser Fall ist im Kontext der SIA-Norm 118 atypisch: Die Unterzeichnung von Regierapporten gemäss Art. 47 Abs. 2 SIA 118 ist eine Pflicht gegenüber dem Unternehmer, welche die Bauleitung anstelle der Bauherrschaft zu erfüllen hat. Ein von der Bauleitung unterzeichneter Regierapport begründet eine tatsächliche (natürliche) Vermutung dafür, dass der Inhalt des Rapports der Wahrheit entspricht (Gauch, Werkvertrag, Rz. 1028). Der Besteller (Bauherr) bleibt indessen frei, seine Vergütungspflicht trotz unterschriebenen Regierapports auch grundsätzlich (dem Bestande nach) zu bestreiten (Gauch, Werkvertrag, Rz. 1028). Mit anderen Worten: Die Unterzeichnung eines Regierapports gemäss Art. 47 Abs. 2 SIA 118 durch die Bauleitung bedeutet nach dem System der SIA-Norm 118 noch keine für den Bauherrn verbindliche Anerkennung.

Vertragsverhältnis durch die Bauleitung. Soweit einem Planer (Architekt, Ingenieur) die Bauleitung übertragen ist, sind diese Bestimmungen damit ebenfalls relevant für dessen Vollmacht zur Vertretung des Bauherrn. Auch die SIA-Norm 118 gilt im Verhältnis zwischen dem Bauherrn und dem Unternehmer nur, wenn sie von den Vertragsparteien durch *Übernahme* zum Vertragsinhalt erhoben worden ist.[90] Dies trifft für eine grosse Zahl von Werkverträgen für Bauleistungen zu. Im SIA-Vertragsformular 1023 für den Werkvertrag wird unter Ziff. 1.5 die SIA-Norm 118 ausdrücklich als anwendbar erklärt. Auch die meisten privaten Vertragsformulare, welche von den Planern für die von ihnen vorbereiteten Werkverträge verwendet werden, enthalten eine entsprechende Übernahmeklausel. Probleme ergeben sich daraus, dass die Bestimmungen der SIA-Norm 118 über die Vertretung des Bauherrn durch die Bauleitung nicht vollständig mit denjenigen in den SIA-Ordnungen 102, 103, 105 und 108 über die Vertretung des Auftraggebers durch den jeweiligen Planer koordiniert sind.[91]

a. *In Art. 33 Abs. 2 SIA 118* findet sich im Abschnitt über die «Vertretung der Vertragsparteien» die folgende Bestimmung: 6.64

«Soweit die Vollmacht der Bauleitung in der Vertragsurkunde nicht beschränkt wird, vertritt die Bauleitung den Bauherrn gegenüber dem Unternehmer; alle Willensäusserungen der Bauleitung, die das Werk betreffen, sind für den Bauherrn rechtsverbindlich, insbesondere Weisungen, Bestellungen, Bestätigungen und Planlieferungen; auch nimmt die Bauleitung Mitteilungen und Willensäusserungen des Unternehmers, die das Werk betreffen, für den Bauherrn rechtsverbindlich entgegen.» 6.65

Diese Kundgabeklausel, mit der der Bauherr dem Unternehmer die darin umschriebene Vollmacht der Bauleitung kundgibt,[92] entfaltet grundsätzlich die Rechtswirkungen gemäss Art. 33 Abs. 3 OR (Rz. 6.57 f.).[93] Auslegungsbedürftig ist dabei, was zu den «Willens- 6.66

---

[90] BGE 118 II 295/296 E. 2a; BGer 4A_393/2007 vom 3. Dezember 2007 E. 2.1 (= BR/DC 2008, S. 67, Nr. 126, mit Anm. Stöckli); 4C.261/2005 vom 9. Dezember 2005 E. 2.3 f. (= BR/DC 2006, S. 67, Nr. 213, mit Anm. Gauch); Gauch, Werkvertrag, Rz. 282 ff.; Stöckli, Kommentar SIA 118, Einl./Rz. 24 f. Nicht erforderlich ist hingegen, dass bereits im Planervertrag auf die Geltung der SIA-Norm 118 für die Werkverträge hingewiesen wird; missverständlich deshalb KGer GR vom 10. Oktober 1989 (= PKG 1989, Nr. 32, S. 138 = BR/DC 1991, S. 41, Nr. 58, mit Anm. Gauch).

[91] Vgl. zur Vollmacht für die einzelnen Rechtshandlungen Rz. 6.76 ff.

[92] Gauch, Werkvertrag, Rz. 297.

[93] Weiter Gauch, Werkvertrag, Rz. 299 ff.; Hürlimann, Kommentar SIA 118, Vorbem. zu Art. 33–36/Rz. 5; Krauskopf-Forero/Siegenthaler, Architektur- und Bauingenieurverträge, S. 309 f.; Schenker, Der Architekt als Hilfsperson des Bauherrn, S. 20; und die in Rz. 6.58, Fn. 74 zit. Autoren. Ebenso BGE 118 II 313/316 E. 2a (= BR/DC 1993, S. 100, Nr. 209, mit Anm. Gauch); OGer LU vom 21. Mai 2003 (= LGVE 2003 I, Nr. 19, S. 30 = BR/DC 2004, S. 180, Nr. 483, mit Anm. Aepli); KGer GR vom 10. Oktober 1989 (= PKG 1989, Nr. 32, S. 138 = BR/DC 1991, S. 41, Nr. 58, mit Anm. Gauch); OGer ZH vom 29. Januar 1988 (= ZR 1988, Nr. 135, S. 317 f. = BR/DC 1989, S. 93, Nr. 113, mit Anm. Gauch); sowohl auch BGer 4C.232/2006 vom 4. Januar 2007 E. 3.1.2.2 (= BR/DC 2007, S. 165, Nr. 358, mit Anm. Pichonnaz). Auch dem Entscheid BGE 109 II 452 (= BR/DC 1985, S. 16, Nr. 8, mit Anm. Gauch) liegt die Anwendung von Art. 33 Abs. 3 OR

äusserungen der Bauleitung, die das Werk betreffen», zählt.[94] Unmittelbar auf das Werk bezogen sind Weisungen für die Ausführung sowie deren Darstellung in Plänen. Erwähnt werden aber auch Bestellungen; aus diesen ergeben sich direkt finanzielle Verpflichtungen für den Bauherrn. Da die Anwendbarkeit der SIA-Norm 118 einen bereits abgeschlossenen Werkvertrag zwischen dem Bauherrn und dem Unternehmer mit einer entsprechenden Übernahmeklausel voraussetzt,[95] ist der Einbezug von Bestellungen vor allem bei Zusatzleistungen, Bestellungsänderungen[96] und Regiearbeiten aktuell. Mit der Übernahme der SIA-Norm 118 wird somit eine Stellung der Bauleitung kundgegeben, die ab dem Zeitpunkt des Vertragsabschlusses mit dem einzelnen Unternehmer beinahe einer Generalvollmacht für jegliche Rechtshandlungen im Zusammenhang mit dem bestimmten Bauvorhaben gleichkommt. Art. 33 Abs. 2 SIA 118 geht damit weit über den Umfang der Vollmacht hinaus, welche die SIA-Ordnungen 102, 103, 105 und 108 dem jeweiligen Planer einräumen (vgl. Rz. 6.22 ff.).[97] Durch die SIA-Norm 118 selbst eingeschränkt wird die Kundgabeklausel in Art. 33 Abs. 2 indessen durch Bestimmungen der Norm, welche für bestimmte einzelne Rechtshandlungen[98] das eigene Handeln des Bauherrn voraussetzen oder verlangen. Diese spezielleren Bestimmungen haben vor der generellen Umschreibung in Art. 33 Abs. 2 den Vorrang.[99]

6.67 Der letzte Satzteil von Art. 33 Abs. 2 SIA 118 bezeichnet die Bauleitung generell als Vertreter des Bauherrn für die *Entgegennahme von Willenserklärungen* des Unternehmers, die das Werk betreffen. Damit wird im Sinne von Art. 33 Abs. 3 OR eine generelle Vollmacht der Bauleitung zur sogenannten passiven Vertretung des Bauherrn kundgegeben.[100] Dass die Bauleitung Mitteilungen und Willensäusserungen «für den Bauherrn

---

zugrunde, obwohl nirgends ausdrücklich auf diese Gesetzesbestimmung Bezug genommen wird und einzelne Formulierungen missverständlich sind. Dies zu betonen, erscheint nicht als überflüssig, da in verschiedenen kantonalen Gerichtsentscheiden argumentiert wird, wie wenn die SIA-Norm 118 selbst das Vollmachtsverhältnis zwischen Bauherr und Planer regeln würde. Z.B. OGer ZH vom 17. Dezember 1982 (= ZR 1984, Nr. 16, S. 50 f.); OGer ZH vom 28. September 1979 (= ZR 1980, Nr. 118, S. 252).

94 Vgl. dazu Hürlimann, Kommentar SIA 118, Art. 33/Rz. 7.1 ff.

95 Gauch, Werkvertrag, Rz. 279 und 402; Hürlimann, Kommentar SIA 118, Art. 33/Rz. 11.1 f.; Stierli, Die Architektenvollmacht, S. 211.

96 Dazu Scherrer, Bestellungsänderungen, S. 85 ff.

97 Eine detaillierte Gegenüberstellung findet sich bei Stierli, Die Architektenvollmacht, S. 210 ff. und 234 f.; ebenso Briner, Architektenverträge, S. 35; Schenker, Der Architekt als Hilfsperson des Bauherrn, S. 20 f.; Scherrer, Bestellungsänderungen, S. 83. Unproblematisch sind demgegenüber die Fälle, wo die Kundgabe (SIA-Norm 118) weniger weit geht als die interne Regelung (Art. 396 Abs. 2 OR bzw. SIA-Ordnung 102): Die dem Planer erteilte Vollmacht gilt, auch wenn sie gegen aussen nicht kundgegeben oder sogar verneint wird; vgl. Watter, Basler Kommentar, N 32 zu Art. 33 OR; Zäch/Künzler, Berner Kommentar, N 43 zu Art. 33 OR.

98 So die Auslegung von Stierli, Die Architektenvollmacht, S. 212 f., von Art. 84 SIA 118 (Bestellungsänderung); anders Rz. 6.88.

99 Ebenso Stierli, Die Architektenvollmacht, S. 138 und 213.

100 Hürlimann, Kommentar SIA 118, Art. 33/Rz. 14.1 f.; Stierli, Die Architektenvollmacht, S. 217.

rechtsverbindlich entgegennimmt», bedeutet, dass diese mit dem Zugang bei der Bauleitung als dem Bauherrn selbst zugegangen gelten. Gemäss Art. 35 Abs. 2 SIA 118 fallen insbesondere auch Abmahnungen darunter.[101] Keine das Werk betreffende Willenserklärungen sind hingegen Mahnungen für Zahlungen.[102]

b. Nebst der Umschreibung der Vollmacht der Bauleitung in Art. 33 Abs. 2 findet sich in *Art. 34 SIA 118* auch eine Umschreibung der Aufgaben der Bauleitung, obwohl diese Aufgaben gar nicht Gegenstand des Vertragsverhältnisses zwischen dem Bauherrn und dem Unternehmer sein können, sondern im Vertrag zwischen dem Bauherrn und dem Planer geregelt werden.[103] Auch in zahlreichen weiteren Bestimmungen der SIA-Norm 118 (vgl. z.B. Art. 45 Abs. 1 betreffend Regiearbeiten, Art. 94 Abs. 1 betreffend zusätzliche Vorkehren zur Einhaltung der Fristen und Art. 140 Abs. 1 betreffend Materialvorräte) ist von der Bauleitung die Rede, insbesondere hinsichtlich der Entgegennahme von Erklärungen des Unternehmers.[104] Es stellt sich deshalb die Frage, ob solche Bestimmungen der SIA-Norm 118 ebenfalls eine Kundgabe von Vertretungsmacht des Planers zur Vertretung des Bauherrn bei den entsprechenden Rechtshandlungen enthalten. 6.68

Dazu ist vorerst festzuhalten, dass die Norm in der Terminologie inkonsequent ist.[105] Die Erwähnung der «Bauleitung» bedeutet in erster Linie, dass der Unternehmer kein Recht auf persönliches Handeln des Bauherrn hat.[106] Unter stellvertretungsrechtlichen Gesichtspunkten ist ausserdem zu beachten, dass diese Bestimmungen gegenüber dem Unternehmer nur über die Aufgabe des Planers eine Aussage machen. Sie beschreiben also nur den Inhalt des Auftragsverhältnisses zwischen ihm und dem Bauherrn und sagen nichts direkt über das Vertretungsverhältnis aus. In diesem Innenverhältnis ergibt sich aus dem Auftragsverhältnis allerdings auch die Vollmacht zur Vornahme der Rechtshandlungen, die zur Ausführung dieses Auftrags gehören (Art. 396 Abs. 2 OR). Für das Aussenverhältnis stellt sich deshalb die Frage, ob auch die Bekanntgabe eines Auftrags gegenüber einem Dritten den Gutglaubensschutz gemäss Art. 33 Abs. 3 OR auslösen kann.[107] Sicher ist dies 6.69

---

[101] Hürlimann, Kommentar SIA 118, Art. 33/Rz. 14.3; Stierli, Die Architektenvollmacht, S. 217 f.

[102] Vgl. Hürlimann, Kommentar SIA 118, Art. 33/Rz. 15.

[103] Die Kundgabe einer Aufgabe wird in der Lehre verschiedentlich als mittelbare Vollmachtskundgabe bezeichnet; so Hürlimann, Kommentar SIA 118, Art. 34/Rz. 2 und 6; Stierli, Die Architektenvollmacht, S. 205.

[104] Stierli, Die Architektenvollmacht, S. 217 f.

[105] Entgegen Stierli, Die Architektenvollmacht, S. 206, ist diese Inkonsequenz auch bei einer Auslegung nach dem Vertrauensprinzip relevant und erschwert sie.

[106] Vgl. Gauch, Gedächtnisschrift, S. 210 f. (insb. Fn. 18); Hürlimann, Kommentar SIA 118, Art. 33/Rz. 3.5, mit Hinweis auf einzelne Bestimmungen; Schwager, Vertreter, S. 24.

[107] Ohne dies ausdrücklich zu verneinen, beschränkt Koller A., Der gute und der böse Glaube, S. 74 ff., den Tatbestand der Vollmachtsmitteilung konsequent auf die ausdrückliche oder stillschweigende Kundgabe einer Vollmacht. Die Frage bejahend auch Tercier/Bieri/Carron, Les contrats spéciaux, Rz. 4405; wohl auch Werro, Commentaire romand, N 9 zu Art. 396 OR. Kein Problem ist die aufgeworfene Frage für jene Auffassungen, die Art. 33 Abs. 3 OR ohne klare Kriterien einfach immer dann anwenden, wenn der Vertretene dem als Vertreter Handelnden «eine Stellung einräumte, mit der üblicherweise eine Ermächtigung verbunden ist». Vgl. dazu die Kritik bei Bucher,

zu verneinen, wenn der bekannt gegebene Auftrag sowohl in direkter als auch in indirekter Vertretung erfüllt werden kann.

6.70 Soweit in der SIA-Norm 118 Aufgaben der Bauleitung erwähnt werden, die sich auf ein bereits bestehendes Vertragsverhältnis zwischen dem Bauherrn und dem Unternehmer beziehen, besteht hingegen keine derartige Alternative bezüglich der Ausführungsart des Auftrags, sodass eine Gleichstellung mit einer direkten Kundgabe einer Vollmacht möglich ist. Ob mit der Erwähnung der Bauleitung in der SIA-Norm 118 auch tatsächlich eine Ermächtigung zum entsprechenden Handeln namens des Bauherrn kundgegeben werden will, muss dabei aber aufgrund der inkonsequenten Terminologie für jede einzelne Bestimmung gesondert geprüft werden.[108]

6.71 **c.** Das *SIA-Vertragsformular 1023* für den Werkvertrag enthält unter anderem eine Rubrik, in welcher der Name des beauftragten Planers einzusetzen ist und dieser als «Bauleitung (Art. 33 Norm SIA 118)» bezeichnet wird. Durch diesen Verweis auf die Vollmachtsregelung der SIA-Norm 118 wird somit auch mit der Bezeichnung des Planers im Vertragsformular dessen Bevollmächtigung im Umfang der genannten Bestimmung kundgetan. Da das Formular jedoch ohnehin die Übernahme der SIA-Norm 118 als Vertragsbestandteil vorsieht, bleibt diese Kundgabe ohne eigenständige Bedeutung.

6.72 **2.** Die Rechtswirkungen der Kundgabeklauseln in der SIA-Norm 118 unterstehen den **Beschränkungen,** die sich aus dem Stellvertretungsrecht und dem Recht der Allgemeinen Geschäftsbedingungen ergeben:

6.73 **a.** Die Kundgabe der Vertretungsmacht entfaltet *nur gegenüber dem gutgläubigen Dritten Rechtswirkungen* (vgl. Rz. 6.57 f.).[109] Dieser gute Glaube wird zerstört, wenn der Dritte, gegenüber welchem die Kundgabe erfolgt, weiss oder bei der nach den Umständen gebotenen Aufmerksamkeit wissen muss (Art. 3 Abs. 2 ZGB), dass die kundgegebene Vollmacht vom Vertretenen dem Vertreter gar nicht erteilt worden ist.[110] Ob der Dritte bezüglich der in Art. 33 Abs. 2 SIA 118 kundgegebenen Vertretungsmacht gutgläubig war, ist

---

OR AT, S. 613; Koller A., Der gute und der böse Glaube, S. 77 ff., sowie Schwager, Vertreter, S. 25; einschränkend auch BGE 120 II 197/204 f. E. 3b.

108 OGer SO vom 24. September 1991 (= SOG 1991, Nr. 5, S. 14 = BR/DC 1993, S. 45, Nr. 100, mit Anm. Gauch); Hürlimann, Kommentar SIA 118, Art. 33/Rz. 3.5; anders BGer 4C.232/2006 vom 4. Januar 2007 E. 3.1.2.2 (= BR/DC 2007, S. 165, Nr. 358, mit Anm. Pichonnaz) und Gauch, Werkvertrag, Rz. 278, wonach die Kundgabe einer Vollmacht i.S.v. Art. 33 Abs. 3 OR immer dann zu bejahen ist, wenn in der SIA-Norm 118 für eine bestimmte Tätigkeit gegenüber dem Unternehmer die Bauleitung erwähnt wird. Ebenso Stierli, Die Architektenvollmacht, S. 205 ff.

109 Vgl. auch (im Zusammenhang mit Art. 33 Abs. 2 SIA 118) Hürlimann, Kommentar SIA 118, Art. 33/Rz. 3.3; ders., Die SIA-Norm 118 – Lücken und Tücken, S. 51 f.; Krauskopf-Forero/Siegenthaler, Architektur- und Bauingenieurverträge, S. 309; Schenker, Der Architekt als Hilfsperson des Bauherrn, S. 21.

110 Vgl. Koller A., Der gute und der böse Glaube, S. 59 f. und 88 f.; Scherrer, Bestellungsänderungen, S. 84, sowie die vorne in Rz. 6.57, Fn. 67 und 68 zit. Autoren.

im konkreten Einzelfall je nach den Umständen zu entscheiden. GAUCH[111] verneint den guten Glauben des Unternehmers schon, wenn dieser weiss oder nach den Umständen annehmen muss, dass der Bauherr die SIA-Norm 118 oder zumindest die darin enthaltene Kundgabebestimmung bloss global, also ohne Kenntnis oder Verständnis ihres Inhaltes übernommen hat. Diese Auffassung stellt sehr strenge Anforderungen an die Aufmerksamkeit des Unternehmers,[112] die über das hinausgehen, was in anderen Bereichen unter dem Gesichtspunkt von Art. 3 Abs. 2 ZGB verlangt wird.[113] Zu verneinen ist der gute Glaube des Unternehmers aber auf alle Fälle dann, wenn der Unternehmer weiss oder aufgrund besonderer Anhaltspunkte wissen muss, dass im Verhältnis zwischen dem Bauherrn und dem Planer die SIA-Ordnung 102, 103, 105 bzw. 108 gilt,[114] und wenn es für ihn klar erkennbar ist, dass die fragliche Rechtshandlung über die dort festgelegte Vollmacht hinausgeht.

b. Da sich die Kundgabeklausel von Art. 33 Abs. 2 SIA 118 in Allgemeinen Geschäftsbe- 6.74
dingungen findet, gelangt gegebenenfalls auch die sogenannte *Ungewöhnlichkeitsregel* zur Anwendung (Rz. 1.106 ff.).[115] Das Bundesgericht hat zwar in BGE 109 II 452 festgehalten, dass auch einer mit der SIA-Norm 118 nicht vertrauten Vertragspartei allein schon bei der Durchsicht des Inhaltsverzeichnisses in die Augen springen müsse,[116] dass die Norm neben den Vorschriften über das Verhältnis zwischen Bauherr und Unternehmer auch Bestimmungen über die Vertretung des Bauherrn durch die Bauleitung umfasse. Aus den Art. 33–36 SIA 118, die im Inhaltsverzeichnis unter dem Titel «Vertretung der Vertrags-

---

111 GAUCH, Werkvertrag, Rz. 299; sowie seine Anm. zu BGE 109 II 452 (= BR/DC 1985, S. 16, Nr. 8, mit Anm. GAUCH). Vgl. auch KOLLER A., Der gute und der böse Glaube, S. 84, Fn. 333; so auch SCHENKER, Der Architekt als Hilfsperson des Bauherrn, S. 21; SCHERRER, Bestellungsänderungen, S. 84.

112 Diese strengen Anforderungen lassen sich rechtfertigen, da die Kundgabe durch die Übernahme von Allgemeinen Geschäftsbedingungen erfolgt. Dazu GAUCH, Zwei Entscheide, S. 33 sowie KOLLER A., Der gute und der böse Glaube, S. 84. Auch in BGE 107 II 105/116 f. E. 6b werden sehr strenge Anforderungen an den guten Glauben des Dritten gestellt.

113 Dazu HOFER, Berner Kommentar, N 113 ff. zu Art. 3 ZGB.

114 Solche Anhaltspunkte bestehen zum Beispiel, wenn der Planer sich ausdrücklich als «Architekt SIA» bezeichnet. Denn nach Art. 6 Abs. 2 SIA-Statuten sind die Mitglieder verpflichtet, «die vom Verein aufgestellten Ordnungen einzuhalten».

115 Weiter GAUCH/SCHLUEP/SCHMID, OR AT, Rz. 1394; HÜRLIMANN, Die SIA-Norm 118 – Lücken und Tücken, S. 52; KOLLER A., Der gute und der böse Glaube, S. 84; KRAUSKOPF-FORERO/SIEGENTHALER, Architektur- und Bauingenieurverträge, S. 310; ZÄCH/KÜNZLER, Berner Kommentar, N 149 zu Art. 33 OR; sowie OGer TG vom 25. Oktober 1996 (= RBOG TG 1996, S. 93 f. = BR/DC 1997, S. 127, Nr. 318, mit Anm. AEPLI); OGer LU vom 21. Mai 2003 (= LGVE 2003 I, Nr. 19, S. 31 = BR/DC 2004, S. 180, Nr. 483, mit Anm. AEPLI). Die Anwendbarkeit der Ungewöhnlichkeitsregel wurde in diesem Fall verneint.

116 BGE 109 II 452/461 f. E. 5e (= BR/DC 1985, S. 16, Nr. 8, mit Anm. GAUCH). Das Bundesgericht geht also auch hier unausgesprochen vom Erfordernis aus, dass eine global zustimmende Partei überhaupt die Möglichkeit haben musste, sich in zumutbarer Weise vom Inhalt der vorgeformten Bestimmungen Kenntnis zu verschaffen. Vgl. dazu Rz. 1.106; JÄGGI/GAUCH/HARTMANN, Zürcher Kommentar, N 531 zu Art. 18 OR; BGE 100 II 200/209 f. E. 5d.

parteien» aufgeführt werden, gehe allerdings nur hervor, dass die Bauleitung den Bauherrn bezüglich der Leitung und Überwachung der Bauausführung mit unbeschränkter Vollmacht vertrete. Hingegen liessen diese Bestimmungen nicht erkennen, dass die Bauleitung auch die Befugnis haben solle, den Bauherrn in finanzieller Hinsicht zu verpflichten.[117] Soweit sich aus anderen Bestimmungen der Norm eine Ermächtigung der Bauleitung ergebe für rechtsgeschäftliche Erklärungen im Namen des Bauherrn, die diesem erhebliche finanzielle Verpflichtungen auferlegen, seien diese als geschäftsfremd zu betrachten.[118] Für einen branchenunkundigen «einmaligen» Bauherrn, d.h. eine Partei ohne Bauerfahrung, sind solche Klauseln nach der Auffassung des Bundesgerichts ungewöhnlich,[119] weshalb sich daraus keine Rechtswirkungen zulasten des Bauherrn ergeben. Dies gilt, auch wenn beim Vertragsabschluss mit dem Unternehmer seitens des Bauherrn der Planer mitgewirkt hat.[120]

6.75 **3.** Die Übernahme der SIA-Norm 118 in die Verträge mit den einzelnen Unternehmern erfolgt meistens auf Veranlassung des Planers, der den Werkvertrag redigiert und in «seinen» Allgemeinen Werkvertragsbestimmungen deren Anwendbarkeit stipuliert. Meist wird die Werkvertragsurkunde auch **vom Bauherrn, Unternehmer und Planer unterzeichnet.** Damit enthält die Urkunde auch eine Willenserklärung des Vertretenen (Bauherrn) an den Vertreter (Planer), die eine eigentliche Bevollmächtigung im Sinne von Art. 33 Abs. 2 OR begründet.[121] Die im Innenverhältnis bestehende Vollmacht und die Kundgabe gegen aussen stimmen damit überein, sodass sich der Unternehmer auf die in

[117] A.M. Stierli, Die Architektenvollmacht, S. 208; kritisch auch Hürlimann, Kommentar SIA 118, Art. 33/Rz. 7.2 ff.

[118] BGE 109 II 452/459 E. 5b (= BR/DC 1985, S. 16, Nr. 8, mit Anm. Gauch). Der geschäftsfremde Charakter wird deshalb vom Bundesgericht bejaht für die sich aus Art. 154 und Art. 155 SIA 118 ergebende Ermächtigung des Planers zur Anerkennung der Schlussrechnung des Unternehmers; vgl. dazu Rz. 6.108 f.; Stierli, Die Architektenvollmacht, S. 209, erachtet demgegenüber vor allem die Ermächtigung zur Genehmigung des Werks als geschäftsfremd.

[119] BGE 109 II 462; vgl. auch OGer TG vom 25. Oktober 1996 (= RBOG TG 1996, S. 93 = BR/DC 1997, S. 127, Nr. 318, mit Anm. Aepli), in casu Branchenerfahrung bejaht; OGer SO vom 24. September 1991 (= SOG 1991, Nr. 5, S. 14 f. = BR/DC 1993, S. 45, Nr. 100, mit Anm. Gauch), in casu Branchenunkundigkeit verneint. Zu den besonderen Problemen, die sich bei der Anwendung der Ungewöhnlichkeitsregel auf Kundgabebestimmungen in Allgemeinen Geschäftsbedingungen ergeben, vgl. Gauch, Zwei Entscheide, S. 30 ff.; Zäch/Künzler, Berner Kommentar, N 146 ff. zu Art. 33 OR.

[120] Das Wissen des Planers ist hier dem Bauherrn nicht anzurechnen, da sich dies zugunsten des Planers auswirken würde und insoweit eine «Interessenkollision» vorliegt; a.M. Stierli, Die Architektenvollmacht, S. 209. Auch in BGE 109 II 452 (= BR/DC 1985, S. 16, Nr. 8, mit Anm. Gauch) war der Werkvertrag vom bauerfahrenen Architekten mitunterzeichnet. Vgl. auch OGer TG vom 25. Oktober 1996 (= RBOG TG 1996, S. 94 f. = BR/DC 1997, S. 127, Nr. 318, mit Anm. Aepli). Das Baukonsortium musste sich das Wissen des Architekten, der dem Baukonsortium angehörte, anrechnen lassen.

[121] Analog zur Übernahme der SIA-Ordnung 102, 103, 105 bzw. 108 im Planervertrag. Die so aus der Übernahme der SIA-Norm 118 abgeleitete Vollmacht gilt jedoch nur für Rechtshandlungen gegenüber dem betreffenden Unternehmer.

der SIA-Norm 118 niedergelegte Vertretungsmacht des Planers als Bauleitung berufen kann, ohne guten Glauben geltend machen zu müssen.[122] Hingegen untersteht auch diese Vollmacht den Beschränkungen, die sich aus dem Recht der Allgemeinen Geschäftsbedingungen ergeben (vgl. Rz. 6.74). Haben Bauherr und Planer im Planervertrag die SIA-Ordnung 102, 103, 105 oder 108 übernommen, so liegen einander widersprechende Erklärungen des Bauherrn gegenüber dem Planer über den Umfang der Vollmacht vor. Dieser Widerspruch ist nach dem Vertrauensprinzip zu lösen.[123] Wurde die SIA-Norm 118 in den Werkverträgen mit den Unternehmern nur global übernommen, so verdient die Vertretungsordnung in der SIA-Ordnung 102, 103, 105 oder 108 den Vorrang, da diese direkt auf das Verhältnis zwischen Bauherr und Planer ausgerichtet ist und der Bauherr somit für die Frage der Bevollmächtigung des Planers wohl dieser mehr Beachtung geschenkt hat als der für das Verhältnis zu den Unternehmern geltenden SIA-Norm 118.[124] Nicht beeinträchtigt wird damit die Wirkung der übernommenen SIA-Norm 118 gegenüber dem gutgläubigen Unternehmer als Kundgabe der Vertretungsmacht gemäss Art. 33 Abs. 3 OR.

III. Die Vollmacht für die einzelnen Rechtshandlungen

Da für den Bestand und Umfang der Vollmacht des Planers grundsätzlich der individuelle Wille des Bauherrn massgeblich ist (Rz. 6.16 ff.), können **keine allgemeingültigen Aussagen** darüber gemacht werden, ob nun der Planer zur Vornahme bestimmter Rechtshandlungen namens des Bauherrn ermächtigt sei oder nicht. Keiner näheren Erörterung bedürfen die Fälle, wo der Bauherr dem Planer ausdrücklich für bestimmte Rechtshandlungen Vollmacht erteilt oder eine solche ausgeschlossen hat. Solche ausdrücklichen Erklärungen finden sich in Ziff. 9.2 SIA-Vertragsformular 1001/1 (vgl. Rz. 6.29 ff.) und in Ziff. 5 KBOB-AVB (vgl. Rz. 6.46 ff.). Die nachstehenden Ausführungen beschränken sich deshalb jeweils auf die Prüfung der Frage, 6.76

- ob sich die Ermächtigung zu einer bestimmten Rechtshandlung gemäss Art. 396 Abs. 2 OR aus dem Auftrag des Planers ergibt, und 6.77
- ob die SIA-Bestimmungen für die einzelnen Rechtshandlungen eine Regelung vorsehen. 6.78

[122] OGer LU vom 21. Mai 2003 (= LGVE 2003 I, Nr. 19, S. 31 = BR/DC 2004, S. 180, Nr. 483, mit Anm. AEPLI).

[123] Das Vertrauensprinzip ist dem Grundsatz, dass die spätere Willenserklärung der früheren vorgeht, übergeordnet. Es erfolgt auch nicht einfach eine Kumulation der beiden Vertretungsordnungen.

[124] Vgl. JÄGGI/GAUCH/HARTMANN, Zürcher Kommentar, N 476 zu Art. 18 OR; sowie Rz. 6.74.

6.79 Beim erteilten Auftrag, der dieser Untersuchung zugrunde gelegt wird, soll dabei vom *Gesamtvertrag* entsprechend den Grundleistungen von Art. 4 SIA 102/103/105/108[125] ausgegangen werden. Die Grundleistungen sind dort nach den Teilphasen des Planungs- und Bauablaufs gegliedert. Umfasst der Auftrag des Planers nur einzelne Teilphasen, so besteht die Vollmacht für die einzelnen Rechtshandlungen nur, soweit sich diese aus den Grundleistungen der Teilphasen ergeben, welche der Auftrag umfasst.

1. Rechtshandlungen gegenüber den Unternehmern

6.80 **1.** Seit Jahren darf als allgemein anerkannt gelten, dass der Vertragsabschluss zur **Vergabe von Bauleistungen** an Unternehmer nicht zum Aufgabenbereich des Planers gehört, auch wenn ihm die Bauleitung übertragen ist. Der Architekt oder Ingenieur hat wohl die Unterlagen für den Kostenvoranschlag auszuarbeiten und soll auch als Berater des Bauherrn die Offerten der Unternehmer prüfen. Er ist auch ermächtigt, mit den Unternehmern Verhandlungen im Hinblick auf den Vertragsabschluss zu führen, und fertigt dann die Vertragsurkunden aus. Der Vertragsabschluss selbst bleibt jedoch dem Bauherrn vorbehalten. Dies gilt nicht bloss für den Entscheid, wem die Bauarbeiten zur Ausführung zu übertragen seien; vielmehr gibt auch der Bauherr selbst gegenüber dem Unternehmer die für den Abschluss des Vertrags massgebliche Willenserklärung ab. Äusseren Ausdruck findet dies darin, dass die schriftlich ausgefertigten Werkverträge (meist nebst dem Planer) vom Bauherrn selbst unterzeichnet werden. Aus dem normalen Planervertrag lässt sich also keine Vollmacht zu diesem Vertragsabschluss ableiten.[126] Das Fehlen einer solchen Vollmacht ergibt sich auch aus dem vom Bundesgericht anerkannten Grundsatz, wonach der Planer nicht ermächtigt ist, rechtsgeschäftliche Erklärungen im Namen des Bauherrn abzugeben, die für diesen erhebliche finanzielle Verpflichtungen begründen.[127]

---

125 Diese Umschreibung ist weitgehend Ausdruck der Verkehrsübung, welche Leistungen der Gesamtvertrag mit dem Planer umfasst, und somit auch wegleitend in Fällen, wo keine Übernahme der SIA-Ordnungen 102, 103, 105 bzw. 108 erfolgte; vgl. STIERLI, Die Architektenvollmacht, S. 22 und 125.

126 GAUCH, Werkvertrag, Rz. 400; STIERLI, Die Architektenvollmacht, S. 66 f.; ZÄCH/KÜNZLER, Berner Kommentar, N 94 zu Art. 33 OR; BGer 4C.85/2003 vom 25. August 2004 E. 5.2; OGer BL vom 10. Mai 1983 (= BJM 1985, S. 24 = BR/DC 1984, S. 52, Nr. 59, mit Anm. GAUCH); abweichend noch KGer FR vom 7. September 1978 (= FZR 1978, S. 57 = BR/DC 1980, S. 45, Nr. 24, mit Anm. TERCIER).

127 BGE 118 II 313/315 E. 2a (= BR/DC 1993, S. 100, Nr. 209, mit Anm. GAUCH); 109 II 452/459 f. E. 5c (= BR/DC 1985, S. 16, Nr. 8, mit Anm. GAUCH); bestätigt in BGer 4C.85/2003 vom 25. August 2004 E. 5.2; BRINER, Architektenverträge, S. 35; FELLMANN, Berner Kommentar, N 72 zu Art. 396 OR; HESS, KommSIA 102/103/108, N 10 zu Art. 1.4 SIA 102; REBER, Rechtshandbuch, S. 259; SCHWAGER, Umfang, S. 37; WEBER, Basler Kommentar, N 10 zu Art. 396 OR; ZÄCH/KÜNZLER, Berner Kommentar, N 94 zu Art. 33 OR; auf den konkreten Einzelfall verweisend GAUCH, Werkvertrag, Rz. 399 f.; vgl. auch BGer 4C.198/2001 vom 3. Dezember 2001 E. 5; KGer VS vom 20. Dezember 1999 (= ZWR 2000, S. 279 = BR/DC 2001, S. 80, Nr. 260, mit Anm. AEPLI).

In gleicher Weise fehlt dem Planer auch die Ermächtigung, *Zusatzarbeiten* an den Unternehmer zu vergeben, mit denen eine neue Leistungspflicht des Unternehmers gegen entsprechenden zusätzlichen Werklohn begründet wird.[128] Für die Anordnung von *Planänderungen* gegenüber den Unternehmern ist die Ermächtigung des Planers jedoch grundsätzlich zu bejahen, da es zu seiner Aufgabe gehört, das Bauwerk zu planen sowie die Konstruktion und die Ausführung festzulegen. Ein Vorbehalt muss allerdings angebracht werden für diejenigen Planänderungen, die bezogen auf das ganze Bauvorhaben den Charakter von Projektänderungen haben oder die (im Verhältnis zur Gesamtleistung des betreffenden Unternehmers) zu recht beträchtlichen Mehrkosten führen und dadurch den Charakter von Zusatzarbeiten annehmen.[129] Dafür ist die Genehmigung des Bauherrn erforderlich. 6.81

Auch die *SIA-Ordnung 102* ermächtigt den Architekten nicht zur Vergabe von Bauleistungen an Unternehmer.[130] Im Gegenteil wird im Leistungsbeschrieb mit aller wünschbaren Deutlichkeit klargestellt, dass der Architekt wohl die Verhandlungen mit den Unternehmern und Lieferanten führt sowie Vergabeanträge erstellt (Art. 4.41) und auch die Verträge ausfertigt (Art. 4.51), der Entscheid über die Vergabe der Arbeiten aber beim Auftraggeber liegt (Art. 4.41) und dieser auch die Verträge unterzeichnet (Art. 4.51). Mangels einer anderen Regelung gilt dies auch für Zusatzarbeiten. Für Ausführungsänderungen und deren Kosten verlangt Art. 4.52 die Genehmigung des Auftraggebers. Die Ermächtigung zu Planänderungen beschränkt sich damit auf untergeordnete Änderungen in der Ausführungsplanung (Art. 4.51), die zudem keine Kostenwirkungen haben. 6.82

---

128 OGer ZH vom 28. September 1979 (= ZR 1980, Nr. 118, S. 253 = BR/DC 1981, S. 53, Nr. 45, mit Anm. Gauch); Schwager, Umfang, S. 37 f.; Zäch/Künzler, Berner Kommentar, N 94 Art. 33 OR; Hess, KommSIA 102/103/108, N 45 zu Art. 1.4 SIA 102, bejaht demgegenüber eine praktisch umfassende Vollmacht für die Vergabe von Zusatzarbeiten aller Art unter Ausschluss eigentlicher Auftragserweiterungen; Stierli, Die Architektenvollmacht, S. 67 ff., betrachtet den Architekten als ermächtigt für die Vergabe von Zusatzarbeiten, die den Bauherrn nicht erheblich finanziell belasten, wobei die Limite recht grosszügig bei 10% Mehrkosten liegen soll. Der Hinweis von Reber, Rechtshandbuch, S. 263 f., dass die Unterzeichnung des ursprünglichen Vertrags durch den Bauherrn selbst einen allfälligen guten Glauben des Dritten an eine Vollmacht des Architekten zur Vergabe von Zusatzarbeiten zerstört, gilt nur insoweit, als die Kundgabe einer entsprechenden Vollmacht bereits vor der Unterzeichnung des ursprünglichen Vertrags erfolgt ist; bei einer späteren Kundgabe kann dieser Umstand allenfalls Anlass zu berechtigten Zweifeln sein, der vom Dritten weitere Abklärungen verlangt.

129 Vgl. Schwager, Umfang, S. 38. Abzulehnen ist der weitere Vorbehalt von Stierli, Die Architektenvollmacht, S. 71 ff., dass die Planänderungen nicht wegen eines eigenen Fehlverhaltens des Architekten notwendig werden dürfen, denn dies ist für den Dritten nicht überprüfbar. Zu weit gehend Hess, KommSIA 102/103/108, N 47 zu Art. 1.4 SIA 102, der die Vollmacht unabhängig von allen finanziellen Konsequenzen bejaht.

130 OGer BL vom 25. März 1975 (= SJZ 1977, Nr. 31, S. 82 = BR/DC 1979, S. 10, Nr. 1, mit Anm. Gauch); GVP ZG 1952, S. 55 f.; Schwager, Umfang, S. 37; Stierli, Die Architektenvollmacht, S. 154 ff.

6.83 Die *SIA-Ordnungen 103, 105 und 108* stimmen bezüglich der Vergabe von Bauleistungen etc. im Ergebnis mit der SIA-Ordnung 102 überein, auch wenn sich dort abweichende Umschreibungen der jeweiligen Grundleistungen finden. Die entsprechenden Grundleistungen und dem Auftraggeber vorbehaltenen Entscheide finden sich in

6.84 – SIA-Ordnung 103 in Art. 4.3.41, Art. 4.3.51 und Art. 4.3.52,

6.85 – SIA-Ordnung 105 in Art. 4.2.41,

6.86 – SIA-Ordnung 108 in Art. 4.41, Art. 4.51. und Art. 4.52.

6.87 Selbst aus der weit gefassten Kundgabeklausel in Art. 33 Abs. 2 SIA 118 lässt sich keine Vertretungsmacht des Planers zur Vergabe von Bauleistungen an Unternehmer ableiten,[131] auch wenn dort «Bestellungen» ausdrücklich genannt werden. Normalerweise wird diese Norm von den Vertragsparteien erst beim Abschluss des Werkvertrags mit dem Unternehmer als Vertragsinhalt übernommen. Eine darin enthaltene Bestimmung kann deshalb nicht schon selbst Grundlage sein für die Ermächtigung des Planers zu diesem Vertragsabschluss im Namen des Bauherrn. Selbst wenn die Norm ausnahmsweise bereits für die Vertragsverhandlungen als anwendbar erklärt wird,[132] bleibt zu beachten, dass Art. 33 Abs. 2 SIA 118 nach seiner systematischen Stellung erst auf die Zeit nach Abschluss des Bauwerkvertrags anwendbar ist. Für die Phase vor Abschluss des Werkvertrags gibt die Norm (anders als für die Phase nach Vertragsabschluss) somit keine Vollmacht der Bauleitung kund.[133] Für die Stellvertretungsvollmacht gelten vielmehr die allgemeinen Bestimmungen von Art. 33 ff. OR. Indessen zeigt die explizite Erwähnung in Art. 3 Abs. 3 SIA 118, dass die Vertretung beim Abschluss in der Praxis nichts Unübliches ist.

6.88 Die *Bestellungsänderungen* im Sinne von Art. 84 SIA 118 sind das Ergebnis von Weisungen oder Planänderungen. Nach der genannten Bestimmung steht das Änderungsrecht dem «Bauherrn» zu. Damit wird aber nur festgehalten, dass es sich um ein einseitiges Änderungsrecht handelt, für welches keine Zustimmung des Unternehmers erforderlich ist.[134] Gemäss Art. 33 Abs. 2 und Art. 35 SIA 118 ist die Bauleitung für die Erteilung von Weisungen an den Unternehmer zuständig; das Gleiche ergibt sich aus Art. 100 Abs. 1 SIA 118 für die Planänderung.[135] Den Bestellungsänderungen durch Weisungen und Planänderungen gleichgestellt wird in Art. 84 Abs. 1 SIA 118 auch die Auftragserteilung

---

[131] GAUCH, Werkvertrag, Rz. 402; HÜRLIMANN, Kommentar SIA 118, Art. 33/Rz. 11.1; DERS., Die SIA-Norm 118 – Lücken und Tücken, S. 52, Fn. 14; SCHWAGER, Umfang, S. 37; STIERLI, Die Architektenvollmacht, S. 211; SPIESS, Bauverträge, S. 82 f.

[132] Zu den Abschlussbestimmungen vgl. GAUCH, Werkvertrag, Rz. 295 ff.; HÜRLIMANN, Die SIA-Norm 118 – Lücken und Tücken, S. 50 ff.

[133] BGer 4A_580/2012 vom 18. Februar 2013 E. 5.2.2 (= BR/DC 2013, S. 327, Nr. 538, mit Anm. SIEGENTHALER) mit Verweis auf EGLI, Kommentar SIA 118, Art. 3/Rz. 6 und Art. 19/Rz. 2.5.

[134] Vgl. EGLI, Kommentar SIA 118, Art. 84/Rz. 2.1 ff.

[135] Ergibt sich daraus die Vereinbarung eines neuen oder die Anpassung eines vereinbarten Einheitspreises, so überträgt Art. 87 Abs. 4 SIA 118 ebenfalls der Bauleitung die Kompetenz, mangels Einigung darüber, die Arbeit in Regie ausführen zu lassen oder an einen Dritten zu vergeben (vgl. dazu EGLI, Kommentar SIA 118, Art. 87/Rz. 17.1 ff.).

für im Werkvertrag nicht vorgesehene Leistungen *(Zusatzarbeiten).* Für solche «Bestellungen»[136] wird in Art. 33 Abs. 2 SIA 118 in Abweichung von den SIA-Ordnungen 102, 103, 105 und 108 demnach eine uneingeschränkte Vollmacht der Bauleitung kundgegeben.[137]

2. Ebenfalls Zusatzarbeiten stellen die im Werkvertrag nicht vorgesehenen **Regiearbeiten** dar. Ihre Notwendigkeit ergibt sich aus der momentanen Situation im Verlauf der Bauausführung, weshalb sie auch häufig sofort angeordnet werden müssen, damit der Fortgang der übrigen Arbeiten nicht gehemmt wird. Die Ermächtigung des Planers zur Anordnung derartiger notwendiger Regiearbeiten ergibt sich deshalb aus seinem Auftrag.[138] Davon auszunehmen sind aber umfangreichere Regiearbeiten, für deren Anordnung es nach den Umständen möglich ist, eine Auftragserteilung durch den Bauherrn selbst abzuwarten.[139] 6.89

Die *SIA-Ordnungen 102, 103, 105 und 108* erwähnen die Anordnung der Regiearbeiten ausdrücklich unter den zur Bauleitung gehörenden Aufgaben (Art. 4.52 SIA 102; Art. 4.3.52 SIA 103; Art. 4.2.52 SIA 105; Art. 4.52 SIA 108).[140] Auch die *SIA-Norm 118* spricht bei der Anordnung von Regiearbeiten bzw. der Zustimmung zu deren Ausführung durchgehend von der «Bauleitung» (Art. 44 und Art. 45 SIA 118), sodass hier die Kundgabe mit der Vollmacht übereinstimmt. 6.90

3. Weder aus dem erteilten Auftrag noch aus den SIA-Bestimmungen ergibt sich eine Ermächtigung des Planers, mit den Unternehmern eine **Änderung der** im Werkvertrag festgelegten **Preise** zulasten des Bauherrn zu vereinbaren.[141] In gleicher Weise fehlt dem Planer auch die Ermächtigung, mit den Unternehmern eine Änderung des **Abrechnungs-** 6.91

---

136 Nach EGLI, Kommentar SIA 118, Art. 84/Rz. 1.4, können damit nur Bestellungsänderungen gemeint sein; nach HÜRLIMANN, Kommentar SIA 118, Art. 33/Rz. 11.1, bezieht sich der Ausdruck «Bestellungen» in einem untechnischen Sinne daneben auch auf den (blossen) Abruf bereits vereinbarter Leistungen (z.B. von Eventualpositionen).

137 So EGLI, Kommentar SIA 118, Art. 84/Rz. 1.3 ff.; HÜRLIMANN, Kommentar SIA 118, Art. 33/Rz. 11.2; DERS., Die SIA-Norm 118 – Lücken und Tücken, S. 52, Fn. 14. Für diese Abweichung von der SIA-Ordnung 102 kommt dem Erfordernis des guten Glaubens und dem Vorbehalt der Ungewöhnlichkeitsregel (Rz. 1.108) besondere Bedeutung zu (vgl. Rz. 6.73 f.); a.M. STIERLI, Die Architektenvollmacht, S. 212 f.; differenzierend SCHERRER, Bestellungsänderungen, S. 85 ff.

138 HÜRLIMANN, Kommentar SIA 118, Art. 33/Rz. 11.2. Dies gilt insbesondere, wenn im Werkvertrag bereits ein approximativer Betrag für Regiearbeiten eingesetzt ist. STIERLI, Die Architektenvollmacht, S. 67 ff., unterscheidet nicht zwischen der Anordnung von Regiearbeiten und anderen Zusatzarbeiten. Solche Regiearbeiten sind wohl auch gemeint mit den «kleineren Bauleistungen», für welche ZÄCH/KÜNZLER, Berner Kommentar, N 94 zu Art. 33 OR, eine Vollmacht bejaht.

139 BRINER, Architektenverträge, S. 35; SCHWAGER, Umfang, S. 38.

140 Zur Ausgabe 1984 der SIA-Ordnung 102 vgl. STIERLI, Die Architektenvollmacht, S. 159 f., der diese Vollmacht ebenfalls einschränkt auf Regiearbeiten von betragsmässig geringerem Umfang.

141 HESS, KommSIA 102/103/108, N 43 zu Art. 1.4 SIA 102; STIERLI, Die Architektenvollmacht, S. 73 f. und 162. Zur Ermächtigung bei der Anwendung von vertraglich vereinbarten Preisanpassungsklauseln vgl. SCHWAGER, Umfang, S. 39. Generell gegen eine Ermächtigung zu Vertragsänderungen SPIESS, Bauverträge, S. 82 f.

modus (z.B. Regiearbeit statt Einheitspreise) zu vereinbaren oder vertraglich festgelegte **Fristen** zu verändern.[142] Für Änderungen der Materialwahl sind die für Planänderungen aufgestellten Grundsätze sinngemäss anwendbar.[143] Bereits für die ursprüngliche Materialwahl sieht Art. 4.41 SIA 102 vor, dass diese mit dem Auftraggeber erfolgt.

6.92 **4.** Aufgrund des Auftragsverhältnisses zum Bauherrn obliegt dem Planer die Leitung, Beaufsichtigung und Koordination der Arbeitsausführung durch die verschiedenen Unternehmer. Er ist deshalb gemäss Art. 396 Abs. 2 OR ermächtigt, den Unternehmern namens des Bauherrn die erforderlichen **Weisungen** zu erteilen.[144] Diese Weisungen werden dem Bauherrn, namentlich unter dem Gesichtspunkt der Mängelhaftung und der Abmahnungspflicht des Unternehmers, als eigenes Handeln angerechnet (Art. 101 OR).[145] Ist im Werkvertrag für bestimmte Arbeiten die Ausführung in Regie vorgesehen, umfasst die Vollmacht des Planers zum Erteilen von Weisungen auch die nähere Bestimmung von Ausführungsart und Umfang dieser Arbeiten.

6.93 Die *SIA-Ordnungen 102, 103, 105 und 108* führen in der Teilphase Ausführung jeweils als Grundleistung des Planers die Bauleitung auf. Nach der dortigen Umschreibung gehören dazu die allgemeine Leitung, Koordination und Überwachung der Arbeiten auf der Baustelle sowie die Kontrolle der Materialien und Lieferungen (Art. 4.52 SIA 102; vgl. Art. 4.3.52 SIA 103; Art. 4.2.52 SIA 105; Art. 4.52 SIA 108). Diese Aufgabe umfasst auch die Erteilung von Weisungen an die Unternehmer und Lieferanten. Die *SIA-Norm 118* enthält in Art. 33 Abs. 2 die Kundgabe einer unbeschränkten Vollmacht der Bauleitung für alle Willensäusserungen, die das Werk betreffen, wozu auch die Erteilung von Weisungen gehört.[146]

6.94 **5.** Das Gegenstück der Erteilung von Weisungen ist die **Entgegennahme von Erklärungen** des Unternehmers **(passive Vertretung[147]).** In der Regel ist der zur Abgabe einer Willenserklärung ermächtigte Vertreter mindestens im gleichen Umfang auch ermächtigt, Willenserklärungen des Vertragspartners rechtsverbindlich entgegenzunehmen.[148] Die an den Planer gerichteten Erklärungen des Unternehmers im Zusammenhang mit der Arbeitsausführung (z.B. Mahnung wegen Arbeitsrückstand anderer Unternehmer)

---

142 Stierli, Die Architektenvollmacht, S. 73 f.; Zäch/Künzler, Berner Kommentar, N 94 zu Art. 33 OR.

143 Stierli, Die Architektenvollmacht, S. 161 f., verneint nach der SIA-Ordnung 102 eine Vollmacht zur Änderung des Qualitätsstandards; im Übrigen ordnet er die Materialwahl unter die Ausführungsweisungen ein (S. 75).

144 Briner, Architektenverträge, S. 35; Hess, KommSIA 102/103/108, N 44 zu Art. 1.4 SIA 102; Stierli, Die Architektenvollmacht, S. 75 ff.; Zäch/Künzler, Berner Kommentar, N 94 zu Art. 33 OR; vgl. auch Rz. 6.19 f.

145 Vgl. Gauch, Werkvertrag, Rz. 1922.

146 Hürlimann, Kommentar SIA 118, Art. 33/Rz. 10.

147 Vgl. dazu Gauch/Schluep/Schmid, OR AT, Rz. 1313 und 1358 f.; Zäch/Künzler, Berner Kommentar, N 3 der Vorbem. zu Art. 32–40 OR.

148 Bucher, OR AT, S. 607; von Tuhr/Peter, OR AT I, S. 363; Zäch/Künzler, Berner Kommentar, N 101 zu Art. 33 OR; detailliert Stierli, Die Architektenvollmacht, S. 79 ff.

gelten deshalb als gegenüber dem Bauherrn rechtswirksam abgegeben. Von besonderer Bedeutung ist die Abmahnung durch den Unternehmer gemäss Art. 369 OR. Auch dafür genügt die Abgabe der Erklärung gegenüber dem Planer, wobei sie jedoch an ihn persönlich zu richten ist und nicht etwa bloss an eine seiner Hilfspersonen wie zum Beispiel den örtlichen Bauführer.[149] Nicht ermächtigt ist der Planer hingegen zur Entgegennahme von Erklärungen des Unternehmers, welche die finanziellen Leistungspflichten des Bauherrn betreffen. Solche Erklärungen, insbesondere Mahnungen für Zahlungen, sind direkt an den Bauherrn zu richten.

Die Entgegennahme von Erklärungen der Unternehmer wird in den *SIA-Ordnungen 102,* 6.95
103, 105 und 108 nicht ausdrücklich genannt; sie ist in der allgemeinen Leitung der Arbeiten auf der Baustelle enthalten und bildet das Gegenstück zum Erteilen von Weisungen.[150] In Art. 33 Abs. 2 SIA 118 wird hingegen eine generelle passive Vertretungsmacht der Bauleitung zur Entgegennahme von Willenserklärungen der Unternehmer kundgegeben,[151] was grundsätzlich mit der sich im internen Verhältnis aus Art. 396 Abs. 2 OR ergebenden Regelung übereinstimmt. Gemäss Art. 35 Abs. 2 SIA 118 sind die von der Bauleitung dem Unternehmer bezeichneten Personen auch zur Entgegennahme von Anzeigen und Abmahnungen ermächtigt.[152]

6. Die **Abnahme** ist das Gegenstück zur Ablieferung und bedeutet: Entgegennahme des 6.96
vom Unternehmer in Erfüllungsabsicht angebotenen vollendeten Werks durch den Besteller.[153] Sie löst im Zusammenhang mit der Gewährleistung Fristen aus. Die Abnahme fällt im Rahmen der ihm übertragenen Bauleitung in den Aufgabenbereich des Planers. Auch die anschliessende *Prüfung* der Mängelfreiheit des Werks gemäss Art. 367 OR ist eine dem Planer obliegende fachtechnische Aufgabe. Dazu gehört auch die Erhebung von *Mängelrügen* gegenüber dem Unternehmer.[154]

---

[149] BGE 95 II 43/51 E. 3c; Gauch, Werkvertrag, Rz. 1942; Henninger, Unternehmerpflichten, S. 89; Hess, KommSIA 102/103/108, N 48 zu Art. 1.4 SIA 102; Stierli, Die Architektenvollmacht, S. 80; Zäch/Künzler, Berner Kommentar, N 94 zu Art. 33 OR. Nach Gauch, Werkvertrag, Rz. 1944, soll hingegen die Abmahnung gegenüber dem Architekten nicht genügen, wenn sich die Abmahnung auf Fehler bezieht, die dieser selbst begangen hat, und Grund zur Annahme besteht, dass er sich nur deswegen den vorgebrachten Bedenken verschliesst; so auch Henninger, Unternehmerpflichten, S. 90.

[150] Vgl. Stierli, Die Architektenvollmacht, S. 163, zur Ausgabe 1984 der SIA-Ordnung 102.

[151] Hürlimann, Kommentar SIA 118, Art. 33/Rz. 14.1. Bei vielen Einzelbestimmungen ist auch ausdrücklich geregelt, an wen bestimmte Erklärungen zu richten sind, vgl. Stierli, Die Architektenvollmacht, S. 217 f.

[152] Henninger, Unternehmerpflichten, S. 70 und 89; Hürlimann, Kommentar SIA 118, Art. 35/Rz. 12 f.

[153] Gauch, Werkvertrag, Rz. 97 ff.

[154] Vgl. Stierli, Die Architektenvollmacht, S. 85 f.; Hess, KommSIA 102/103/108, N 50 zu Art. 1.4 SIA 102; Schwager, Umfang, S. 39 f.; Zäch/Künzler, Berner Kommentar, N 94 zu Art. 33 OR; OGer AG vom 21. Dezember 1984 (= AGVE 1985, Nr. 6, S. 34 f. = BR/DC 1987, S. 17, Nr. 9, mit Anm. Gauch). Das Gleiche gilt auch für den ausdrücklichen Vorbehalt der Konventionalstrafe bei Terminverzögerung; a.M. hingegen Stierli, Die Architektenvollmacht, S. 84 f. und 165.

6.97 Die *SIA-Ordnungen 102, 103, 105 und 108* sind insoweit missverständlich, als sie die Abnahme des Bauwerks ausdrücklich als Entscheid des Auftraggebers aufführen (Art. 4.53 SIA 102; Art. 4.3.52 SIA 103; Art. 4.2.53 SIA 105; Art. 4.53 SIA 108), damit aber die Genehmigung des Werks meinen (vgl. Rz. 6.98 f.).[155] Zu den Aufgaben des Planers gehören nach diesen Bestimmungen hingegen die Prüfung des Werks «im Hinblick auf die Abnahme durch den Auftraggeber», das Feststellen von Mängeln und die Anordnung von Massnahmen und Fristen zu deren Behebung,[156] die Organisation der Abnahme durch den Bauherrn sowie das Erstellen der Abnahmeprotokolle (Art. 4.53 SIA 102). Die *SIA-Norm 118* weist demgegenüber alle Handlungen im Zusammenhang mit der Abnahme allein der Bauleitung zu.[157] Die Vollendung des Werks ist ihr anzuzeigen, worauf dessen Prüfung gemeinsam durch Bauleitung und Unternehmer erfolgt (Art. 158 SIA 118). Auch Art. 34 Abs. 1 SIA 118 erwähnt die Prüfung des Werks unter den Aufgaben der Bauleitung. Die Ingebrauchnahme des Bauwerks durch den Bauherrn ohne vorangegangene Vollendungsanzeige des Unternehmers bedeutet für sich noch keine Abnahme, sondern löst lediglich die Frist für die Durchführung der gemeinsamen Prüfung zwischen Bauleitung und Unternehmer aus (Art. 158 Abs. 1 SIA 118). Obliegt die Prüfung des Werks dem mit der Bauleitung betrauten Planer, so ist er auch zur Erhebung von Mängelrügen ermächtigt. Eine blosse Inkonsequenz der Terminologie liegt in Art. 160–162 SIA 118 vor, wo jeweils die Fristansetzung durch den «Bauherrn» erwähnt wird.

6.98 **7.** Von der Abnahme des Werks zu unterscheiden ist dessen **Genehmigung:** Sie ist eine Willenserklärung des Bauherrn an den Unternehmer, er sehe das abgelieferte Werk als vertragsgemäss und damit mängelfrei an.[158] Es ist nicht Aufgabe des Planers, durch eigene Willenserklärungen die Rechtsstellung des Bauherrn bezüglich vorhandener Mängel des Bauwerks zu dessen Nachteil zu verändern.[159] Er ist deshalb nicht ermächtigt, festge-

155 Diese Terminologie entspricht weder der Regelung nach Gesetz noch der Abnahme nach der SIA-Norm 118; vgl. Stierli, Die Architektenvollmacht, S. 163 f.

156 Nicht ausdrücklich erwähnt wird die Erhebung von Mängelrügen gegenüber den Unternehmern. Diese gehört zur Prüfung des Werks, womit auch dafür eine entsprechende Vollmacht des Planers gegeben ist. Die alte SIA-Ordnung 102 (1984) erwähnte demgegenüber in Art. 4.5.3 die «Mängelrügen des Auftraggebers» als Grundlagen der dem Architekten obliegenden Leitung der Garantiearbeiten. Entgegen der Vorauflage (Rz. 131) verneinte Stierli, Die Architektenvollmacht, S. 165 f., gestützt auf diese Bestimmung eine Vollmacht des Architekten zur Mängelrüge.

157 Die SIA-Norm 118 verwendet den Ausdruck «Abnahme» ebenfalls als Korrelat zur Ablieferung, weicht aber in der Abnahmeordnung (Art. 157–164) in verschiedener Hinsicht vom Gesetz ab. Vgl. Gauch/Stöckli, Kommentar SIA 118, Vorbem. zu Art. 157–164 und Art. 157/Rz. 10.

158 Gauch, Werkvertrag, Rz. 2070. Die Genehmigung kann entweder ausdrücklich oder stillschweigend erfolgen. Nach Massgabe von Art. 370 Abs. 2 OR wird die Genehmigung ausserdem fingiert, wenn der Besteller die gesetzlich vorgesehene Prüfung und Anzeige unterlässt.

159 BGE 89 II 232/234 f. E. 2; OGer AG vom 21. Dezember 1984 (= AGVE 1985, Nr. 6, S. 34 f. = BR/DC 1987, S. 17, Nr. 9, mit Anm. Gauch); GVP SG 1957, Nr. 15, S. 46 (= SJZ 1958, Nr. 122, S. 203 f.); Gauch, Werkvertrag, Rz. 2070; Schwager, Umfang, S. 40; eingehend Stierli, Die Architektenvollmacht, S. 89 ff.; Zäch/Künzler, Berner Kommentar, N 94 zu Art. 33 OR. Nicht aus der Aufgabe des Planers begründen lässt sich die Differenzierung von Hess, KommSIA 102/103/108, N 51 zu

stellte Mängel ausdrücklich zu genehmigen oder sonst irgendeine Willenserklärung abzugeben, welche die Verwirkung der Mängelrechte zur Folge hat. Auch die Untätigkeit des Planers (Unterlassen der Prüfung oder Unterlassen der Anzeige) kann für sich allein keine stillschweigende Genehmigung zulasten des Bauherrn bedeuten,[160] da innerhalb der Prüfungs- und Rügefrist immer noch die Möglichkeit der eigenen Wahrnehmung der Rechte durch den Bauherrn selbst besteht. Hingegen gelten die bei der Prüfung durch den Planer erkannten Mängel hinsichtlich der Fristauslösung für die Mängelrüge als vom Bauherrn erkannt.[161] Bei der späteren Entdeckung von Mängeln durch den Planer ist sein Wissen aber im Hinblick auf die Rügepflicht nur bei besonderen Voraussetzungen bereits dem Bauherrn anzurechnen.[162]

Die *SIA-Ordnungen 102, 103, 105 und 108* führen die Abnahme des Bauwerks ausdrücklich als Entscheid des Auftraggebers auf (Art. 4.53 SIA 102; Art. 4.3.52 SIA 103; Art. 4.2.53 SIA 105; Art. 4.53 SIA 108). «Abnahme» ist hier im Sinne von Genehmigung des Werks zu verstehen, während die Prüfungshandlungen zu den Aufgaben des Planers gehören. Im Widerspruch dazu steht die *SIA-Norm 118:* Nach Art. 163 SIA 118 wird im Falle einer gemeinsamen Prüfung durch Bauleitung und Unternehmer für die Genehmigung von Mängeln ausschliesslich auf das Verhalten der Bauleitung abgestellt.[163] Durch die Übernahme der SIA-Norm 118 im Werkvertrag wird also dem Unternehmer gemäss Art. 33 Abs. 3 OR eine im Innenverhältnis nicht bestehende diesbezügliche Vollmacht des Planers zur Genehmigung erkannter Mängel kundgegeben.[164] Diese Regelung ist als zu weit gehend und ungewöhnlich zu qualifizieren; im Streitfall ist deshalb anhand der konkreten Umstände sorgfältig zu prüfen, ob diese Kundgabe nicht wegen des fehlenden guten Glaubens oder aufgrund der Ungewöhnlichkeitsregel unwirksam ist (vgl. Rz. 6.72 ff.).[165] 6.99

8. Die **Wahl zwischen den Ansprüchen auf Nachbesserung, Wandelung oder Minderung** beim Vorliegen von Mängeln (Art. 368 OR) ist grundsätzlich allein Sache des Bauherrn.[166] Aufgrund des erteilten Auftrags, für eine mängelfreie Ausführung des Werks 6.100

Art. 1.4 SIA 102, wonach die Vollmacht zur Genehmigung des Endergebnisses fehlen, für Teilleistungen (Fundament, Unterputzleitungen, Armierungen) hingegen bestehen soll.

160 So auch Sauter, Zwischen Bauherrn und Architekten, S. 53 f.; OGer AG vom 21. Dezember 1984 (= AGVE 1985, Nr. 6, S. 34 f. = BR/DC 1987, S. 17, Nr. 9, mit Anm. Gauch); vgl. Rz. 6.96.

161 Vgl. Gauch, Werkvertrag, Rz. 2137, hinsichtlich der Prüfung durch einen sachverständigen Dritten im Sinne von Art. 367 Abs. 2 OR.

162 Zur Wissensanrechnung allgemein Rz. 6.112.

163 Vom Recht des Bauherrn, während der Garantiefrist Mängel jederzeit zu rügen (Art. 173 Abs. 1 SIA 118), sind die bei der gemeinsamen Prüfung festgestellten, aber nicht geltend gemachten Mängel a priori ausgenommen; vgl. Gauch/Stöckli, Kommentar SIA 118, Art. 173/Rz. 3. Entgegen der Auffassung von Stierli, Die Architektenvollmacht, S. 223, liegt somit kein Widerspruch zwischen Art. 173 Abs. 1 und Art. 163 Abs. 1 bzw. Art. 33 Abs. 2 SIA 118 vor.

164 Hürlimann, Kommentar SIA 118, Art. 33/Rz. 8.

165 Vgl. auch Gauch, Werkvertrag, Rz. 2634; Hürlimann, Kommentar SIA 118, Art. 34/Rz. 8; Schwager, Umfang, S. 40; Stierli, Die Architektenvollmacht, S. 227.

166 Hess, KommSIA 102/103/108, N 52 zu Art. 1.4 SIA 102; Stierli, Die Architektenvollmacht, S. 86 ff.; Zäch/Künzler, Berner Kommentar, N 94 zu Art. 33 OR.

durch die Unternehmer zu sorgen, ist der Planer aber ermächtigt, namens des Bauherrn die Nachbesserung zu verlangen.[167] Das Recht des Bauherrn auf Wandelung oder Minderung wird dadurch auch nicht definitiv ausgeschlossen, falls der Unternehmer der Pflicht zur Nachbesserung nicht oder nur ungenügend nachkommt. Im Falle der Minderung ist der Planer hingegen allein aufgrund seiner Aufgabe nicht ermächtigt, namens des Bauherrn mit dem Unternehmer für einen Mangel einen bestimmten Abzug von der Vergütung verbindlich zu vereinbaren.[168]

6.101 Gemäss den *SIA-Ordnungen 102, 103, 105 und 108* gehört nur die Anordnung von Massnahmen und Fristen zur Behebung von Mängeln zu den Aufgaben des mit der Bauleitung betrauten Planers (Art. 4.53 SIA 102; Art. 4.3.52 SIA 103; Art. 4.2.53 SIA 105; Art. 4.53 SIA 108).[169] Auch die *SIA-Norm 118* enthält keinen Hinweis auf eine Ermächtigung des Planers zur Wahl von Wandelung oder Minderung.[170] Aus der Ermächtigung zur Anerkennung der Schlussrechnung (Art. 154 SIA 118)[171] darf nicht auf eine Ermächtigung zur Vereinbarung eines Minderwertabzugs mit dem Unternehmer geschlossen werden, da eine solche Vereinbarung gleichzeitig eine Verfügung über die Mängelrechte des Bauherrn darstellt.

6.102 **9.** Die **Aufnahme des Ausmasses** mit den Unternehmern für die nach Einheitspreisen zu verrechnenden Arbeiten gehört zu den Aufgaben des Planers (Art. 141–143 SIA 118). Das gemeinsam aufgenommene Ausmass ist indessen generell nur ein Beweismittel für die tatsächlich gelieferten Mengen. Es kann vom Bauherrn durch andere Beweismittel, insbesondere durch die Aufnahme eines neuen Ausmasses entkräftet oder widerlegt werden.[172] Zur Entkräftung der tatsächlichen Vermutung der Richtigkeit des anerkannten Ausmasses genügt der Gegenbeweis, ohne dass der Beweis des Gegenteils erforderlich wäre.[173] Aus dem Auftrag des Planers lässt sich also keine Ermächtigung des Planers

---

167 Nach Stierli, Die Architektenvollmacht, S. 87, gilt dies nur, wenn der Anspruch des Bauherrn nach dem konkreten Werkvertrag primär auf die Nachbesserung beschränkt ist.

168 Vgl. Schwager, Umfang, S. 40 f. Für die analoge Frage bei einem Rechnungsabzug wegen verspäteter Arbeitsausführung im gleichen Sinne KGer VS vom 21. November 1979 (= ZWR 1980, S. 261 = BR/DC 1982, S. 14, Nr. 4, mit Anm. Tercier). In diesem Entscheid sowie in KGer VS vom 8. Februar 1979 (= ZWR 1979, S. 352) wird wegen des Charakters als aussergerichtlicher Vergleich auch eine «besondere Ermächtigung» gemäss Art. 396 Abs. 3 OR verlangt. Zur Geltendmachung des Mangelfolgeschadens vgl. Stierli, Die Architektenvollmacht, S. 88 f.

169 Stierli, Die Architektenvollmacht, S. 168, macht auch hier hinsichtlich der Ermächtigung, die Nachbesserung zu verlangen, den in Rz. 6.100, Fn. 167 erwähnten Vorbehalt.

170 Stierli, Die Architektenvollmacht, S. 225 f. Auch in der generellen Bestimmung von Art. 33 Abs. 2 SIA 118 wird keine solche Ermächtigung kundgegeben, vgl. Hürlimann, Kommentar SIA 118, Art. 33/Rz. 7.

171 Soweit diese überhaupt besteht; vgl. dazu Rz. 6.107 ff.

172 KGer VS vom 20. Dezember 1999 (= ZWR 2000, S. 278 = BR/DC 2001, S. 80, Nr. 260, mit Anm. Aepli); OGer ZH vom 21. Februar 1989 (= ZR 1990, Nr. 37, S. 65 f. = BR/DC 1991, S. 98, Nr. 158, mit Anm. Gauch); Stierli, Die Architektenvollmacht, S. 93 ff.

173 KGer VS vom 20. Dezember 1999 (= ZWR 2000, S. 278 = BR/DC 2001, S. 80, Nr. 260, mit Anm. Aepli); Gauch, Werkvertrag, Rz. 921. Es gilt diesbezüglich das Gleiche wie für die Regierapporte;

ableiten, in einer den Gegenbeweis ausschliessenden Weise die Mengen oder gar die nach Mengen und Einheitspreisen berechnete Vergütung zu anerkennen (Schuldanerkennung).[174]

Die *SIA-Ordnungen 102, 103, 105 und 108* erwähnen unter den Grundleistungen der Bauleitung «Ausmassarbeiten» (Art. 4.52 SIA 102; Art. 4.2.52 SIA 105), das «Ermitteln von Ausmassen gemeinsam mit dem Unternehmer» (Art. 4.3.52 SIA 103) bzw. die «Organisation und Kontrolle der Ausmassarbeiten» (Art. 4.52 SIA 108). Diese Terminologie unterstreicht den Charakter der Ausmassarbeiten als blosse Tathandlung.[175] Nach der *SIA-Norm 118* anerkennen Bauleitung und Unternehmer die Ausmasse gegenseitig in der Massurkunde (Art. 142 SIA 118). Auch diese Anerkennung ist nur eine Tatsachenfeststellung, gegen welche der Gegenbeweis offenbleibt.[176] Die Kundgabe stimmt somit insoweit mit der im internen Verhältnis bestehenden Vollmacht überein. Auch in den Fällen von Art. 142 Abs. 3 und Art. 143 Abs. 2 SIA 118, wo das einseitig aufgenommene Ausmass als «anerkannt» gilt, kommt diesem nur Beweisfunktion zu,[177] sodass die Wirksamkeit des Handelns des Planers für den Bauherrn nicht zu beanstanden ist. 6.103

10. Wie die Aufnahme des Ausmasses gehört auch die Überprüfung des Umfangs der geleisteten Regiearbeiten zur Aufgabe des mit der Bauleitung betrauten Planers. Dies geschieht normalerweise durch die laufende **Unterzeichnung von Regierapporten.** Wie das vom Planer anerkannte Ausmass ist auch der unterzeichnete Regierapport nur ein (widerlegbares) Beweismittel dafür, dass der entsprechende Arbeitsaufwand geleistet wurde und erforderlich war.[178] Für die Frage, ob diese Arbeit im vereinbarten Pauschal- 6.104

vgl. Rz. 6.104, Fn. 178. Abweichend HESS, KommSIA 102/103/108, N 54 zu Art. 1.4 SIA 102, der gegenüber dem gemeinsamen Ausmass nur noch die «gesetzes- oder vertragskonformen Einreden und Einwendungen» zulassen will.

[174] KGer VS vom 20. Dezember 1999 (= ZWR 2000, S. 278 = BR/DC 2001, S. 80, Nr. 260, mit Anm. AEPLI); GAUCH, Werkvertrag, Rz. 921 und 1264 f. Für eine Anerkennung der Vergütungspflicht hingegen HESS, KommSIA 102/103/108, N 54 zu Art. 1.4 SIA 102.

[175] STIERLI, Die Architektenvollmacht, S. 169 f., verneint die Vollmacht des Architekten zur Anerkennung der ermittelten Ausmasswerte.

[176] GAUCH, Werkvertrag, Rz. 923; SCHUMACHER/MONN, Kommentar SIA 118, Art. 142/Rz. 9.3 ff.; STIERLI, Die Architektenvollmacht, S. 229; BGer vom 27. Juli 1994 (= SJ 1995, S. 83 = BR/DC 1995, S. 39, Nr. 124, mit Anm. TERCIER); OGer AG vom 21. Dezember 1984 (= AGVE 1985, Nr. 16, S. 65 = BR/DC 1987, S. 17, Nr. 9, mit Anm. GAUCH). In HGer ZH vom 29. Mai 1985 (= ZR 1985, Nr. 103, S. 253 f. = BR/DC 1986, S. 62, Nr. 86, mit Anm. SCHWAGER), wird zu wenig klar zwischen der Anerkennung des Ausmasses und der Anerkennung der Rechnung des Unternehmers bzw. der Vergütungspflicht des Bauherrn unterschieden.

[177] SCHUMACHER/MONN, Kommentar SIA 118, Art. 142/Rz. 23 und Art. 143/Rz. 15; STIERLI, Die Architektenvollmacht, S. 229. In ähnlichem Sinn BGer vom 27. Juli 1994 (= SJ 1995, S. 83 = BR/DC 1995, S. 39, Nr. 124, mit Anm. TERCIER); HGer ZH vom 29. Mai 1985 (= ZR 1985, Nr. 103, S. 254 = BR/DC 1986, S. 62, Nr. 86, mit Anm. SCHWAGER).

[178] BGer 4C.227/2002 vom 24. Januar 2003 E. 4, bestätigt in 4C. 385/2005 vom 31. Januar 2006 E. 9; OGer AR vom 25. Februar 1997 (= ARGVP 1997, S. 95); OGer ZH vom 17. Dezember 1982 (= ZR 1984, Nr. 16, S. 49 = BR/DC 1984, S. 53, Nr. 62, mit Anm. GAUCH); KGer GR vom 6. Februar 1979

oder Globalpreis inbegriffen sei, kommt ihm nur die Bedeutung einer fachkundigen Meinungsäusserung des Planers zu, die den Bauherrn aber mangels Ermächtigung des Planers zur Anerkennung finanzieller Verpflichtungen nicht verpflichtet. Werden die unterzeichneten Regierapporte laufend oder periodisch dem Bauherrn zugestellt und erhebt er innert nützlicher Frist dagegen keine Einwände, so darf dann allerdings aus seinem Stillschweigen häufig auf eine Anerkennung der Vergütungspflicht geschlossen werden.

6.105 Die *SIA-Ordnungen 102, 103, 105 und 108* führen unter den zur Bauleitung gehörenden Aufgaben auch die Kontrolle der Regiearbeiten und der entsprechenden Rapporte auf (Art. 4.52 SIA 102; Art. 4.3.52 SIA 103; Art. 4.2.52 SIA 105; Art. 4.52 SIA 108). Daraus darf gemäss Art. 396 Abs. 2 OR aber noch keine Ermächtigung zur Anerkennung finanzieller Verpflichtungen im Zusammenhang mit den geleisteten Regiearbeiten abgeleitet werden. Die *SIA-Norm 118* sagt in Art. 47 direkt nichts aus über die rechtliche Tragweite der von der Bauleitung zu unterzeichnenden Regierapporte. Nach herrschender Auffassung[179] begründen auch sie nur eine natürliche Vermutung, die durch blossen Gegenbeweis entkräftet werden kann.

6.106 **11.** Der mit der Bauleitung betraute Planer ist zur Entgegennahme der **Rechnung** des Unternehmers ermächtigt. Deren Prüfung gehört zu den ihm aufgrund seines fachspezifischen Wissens übertragenen Aufgaben.[180] Daraus lässt sich jedoch keine Ermächtigung zur Anerkennung einer Forderung des Unternehmers namens des Bauherrn ableiten.[181]

(= PKG 1979, Nr. 8, S. 27 = BR/DC 1983, S. 56, Nr. 43, mit Anm. Gauch); KGer VS vom 27. Mai 1998 (= ZWR 1998, S. 252 f.); Gauch, Werkvertrag, Rz. 1019 f. und 1021 f.; Bühler T., Zürcher Kommentar, N 17 zu Art. 374 OR; Stierli, Die Architektenvollmacht, S. 97 f. und 170; Zindel/Pulver, Basler Kommentar, N 18 zu Art. 374 OR. Als Anerkennung der Vergütungspflicht unter Vorbehalt der «im Gesetz oder Werkvertrag vorgesehenen Einreden oder Einwendungen» Hess, KommSIA 102/103/108, N 53 zu Art. 1.4 SIA 102; für Ausschluss des Gegenbeweises HGer ZH vom 29. Mai 1985 (= ZR 1985, Nr. 103, S. 253 = BR/DC 1986, S. 62, Nr. 86, mit Anm. Schwager).

179 Gauch/Stöckli, Kommentar SIA 118, Art. 47/Rz. 15.1 ff.; Stierli, Die Architektenvollmacht, S. 230 f.; vgl. auch die in Rz. 6.104, Fn. 178 zit. Gerichtsentscheide.

180 KGer VS vom 20. Dezember 1999 (= ZWR 2000, S. 279 = BR/DC 2001, S. 80, Nr. 260, mit Anm. Aepli); OGer TG vom 25. Oktober 1996 (= RBOG TG 1996, S. 92 = BR/DC 1997, S. 127, Nr. 318, mit Anm. Aepli); Hess, KommSIA 102/103/108, N 55 zu Art. 1.4 SIA 102.

181 BGE 118 II 313/315 E. 2a (= BR/DC 1993, S. 100, Nr. 209, mit Anm. Gauch); KGer VS vom 20. Dezember 1999 (= ZWR 2000, S. 279 = BR/DC 2001, S. 80, Nr. 260, mit Anm. Aepli); OGer TG vom 25. Oktober 1996 (= RBOG TG 1996, S. 92 = BR/DC 1997, S. 127, Nr. 318, mit Anm. Aepli); ebenso Briner, Architektenverträge, S. 35; Stierli, Die Architektenvollmacht, S. 99 f.; Zäch/Künzler, Berner Kommentar, N 94 zu Art. 33 OR. Unzutreffend und ohne nähere Begründung für die gegenteilige Auffassung Hess, KommSIA 102/103/108, N 55 zu Art. 1.4 SIA 102; OGer ZH vom 17. Dezember 1982 (= ZR 1984, Nr. 16, S. 51 = BR/DC 1984, S. 53, Nr. 62, mit Anm. Gauch). Erst recht weit geht diese Auffassung dann, wenn wie im zitierten Entscheid unter besonderen Umständen schon das Stillschweigen des Planers auf die ihm zugestellte Schlussrechnung als Anerkennung behandelt wird. Entgegen dem Hinweis in OGer ZH vom 28. September 1979 (= ZR 1980, Nr. 118, S. 253 = BR/DC 1981, S. 53, Nr. 45, mit Anm. Gauch), wird die Ermächtigung der

Bereinigt der Planer in einer Besprechung mit dem Unternehmer dessen Rechnung oder übermittelt er ihm eine Zusammenstellung über das Ergebnis seiner Rechnungsprüfung, so bedeuten diese Handlungen und Erklärungen mangels einer entsprechenden Vollmacht keine für den Bauherrn verbindliche Schuldanerkennung, sondern nur eine fachkundige Meinungsäusserung.[182]

Die *SIA-Ordnungen 102, 103, 105 und 108* erwähnen unter den zur Bauleitung gehö- 6.107
renden Aufgaben die Kontrolle von Leistungsaufstellungen und Rechnungen sowie Zahlungsanweisungen und «Abschluss» der Unternehmer- und Lieferantenrechnungen (Art. 4.52 SIA 102; Art. 4.2.52 SIA 105; Art. 4.52 SIA 108; vgl. Art. 4.3.52 SIA 103[183]). Daraus lässt sich gemäss Art. 396 Abs. 2 OR keine Ermächtigung zur Anerkennung einer Forderung namens des Bauherrn ableiten.[184] Während die Kontrolle die fachtechnische Beurteilung umfasst, beziehen sich die erwähnten Zahlungsanweisungen nur auf die administrative Abwicklung des Zahlungsvorgangs. Die Genehmigung der Schlussabrechnung, welche jeweils als Entscheid des Auftraggebers aufgeführt wird (Art. 4.53 SIA 102; Art. 4.3.53 SIA 103; Art. 4.2.53 SIA 105; Art. 4.53 SIA 108), bezieht sich demgegenüber auf die Abrechnung über das gesamte Bauwerk.

Auch die *SIA-Norm 118* weist die Prüfung der Rechnung des Unternehmers der Baulei- 6.108
tung zu (Art. 154 Abs. 2). In Abweichung von den SIA-Ordnungen 102, 103, 105 und 108

Bauleitung zur Anerkennung der Schlussrechnung auch von Gauch, Gedächtnisschrift, S. 211, nicht etwa bejaht; die Voraussetzung der Ermächtigung wird dort überhaupt nicht geprüft. Auch wenn ein Planer als Bauleitung eingesetzt ist, verstösst es entgegen diesem Entscheid noch keineswegs gegen Treu und Glauben, wenn der Bauherr die Anerkennung der Schlussrechnung durch den Planer mangels entsprechender Vollmacht für sich nicht als verbindlich anerkennen will.

182 BGer vom 10. April 1987 (= Rep 1989, S. 185 = BR/DC 1991, S. 41, Nr. 57, mit Anm. Tercier); OGer TG vom 25. Oktober 1996 (= RBOG TG 1996, S. 92 = BR/DC 1997, S. 127, Nr. 318, mit Anm. Aepli); OGer BL vom 10. Mai 1983 (= BJM 1985, S. 24 = BR/DC 1984, S. 52, Nr. 59, mit Anm. Gauch); OGer AG vom 23. April 1976 (= AGVE 1976, Nr. 19, S. 85); OGer BL vom 25. März 1975 (= SJZ 1977, Nr. 31, S. 82 = BR/DC 1979, S. 10, Nr. 1, mit Anm. Gauch); BJM 1957, S. 41 f.; dazu auch BGE 23 I 223/230 ff. Zum Grundsatz, dass sich aus dem Architekturauftrag keine Ermächtigung zur finanziellen Verpflichtung des Bauherrn ergibt, vgl. BGE 118 II 313/315 E. 2a (= BR/DC 1993, S. 100, Nr. 209, mit Anm. Gauch), 109 II 452/459 E. 5b f. (= BR/DC 1985, S. 16, Nr. 8, mit Anm. Gauch) sowie die in Rz. 6.20, Fn. 39 zit. Autoren. Das Zürcher Handelsgericht erblickt in der Anerkennung der Rechnung durch den Architekten nur eine Tatsachenfeststellung HGer ZH vom 29. Mai 1985 (= ZR 1985, Nr. 103, S. 253 f. = BR/DC 1986, S. 62, Nr. 86, mit Anm. Schwager), während das Zürcher Obergericht sie als Schuldanerkennung versteht OGer ZH vom 29. Januar 1988 (= ZR 1988, Nr. 135, S. 317 = BR/DC 1989, S. 93, Nr. 113, mit Anm. Gauch).

183 Die Terminologie von Art. 4.3.52 SIA 103 ist nicht identisch. Es werden aber folgende Grundleistungen des Bauleiters genannt: «Laufendes Überwachen der Entwicklung der Baukosten […]» und «Aufstellen, Nachprüfen und Bereinigen der Schlussabrechnung gemäss vereinbarter Darstellung und Gliederung».

184 BGE 118 II 313/315 f. E. 2a (= BR/DC 1993, S. 100, Nr. 209, mit Anm. Gauch); Gauch, Werkvertrag, Rz. 1268a; Stierli, Die Architektenvollmacht, S. 170; vgl. auch OGer TG vom 25. Oktober 1996 (= RBOG TG 1996, S. 92 = BR/DC 1997, S. 127, Nr. 318, mit Anm. Aepli).

bestimmt jedoch *Art. 154 Abs. 3 SIA 118,* dass die Schlussrechnung mit dem Prüfungsentscheid der Bauleitung als beidseitig anerkannt gilt, falls sich bei der Prüfung keine Differenzen ergeben. Die damit kundgegebene Ermächtigung des Planers zur Anerkennung der sich aus der Schlussabrechnung[185] ergebenden Werklohnforderung[186] ist aussergewöhnlich.

6.109 In einem grundlegenden Entscheid (BGE 109 II 452) hat deshalb das Bundesgericht festgehalten, dass diese besondere Regelung einem Bauherrn ohne Bauerfahrung, der bei der Übernahme der SIA-Norm 118 nicht ausdrücklich darauf aufmerksam gemacht worden ist, nicht entgegengehalten werden kann.[187] Für die Anwendung der Ungewöhnlichkeitsregel (Rz. 6.74) spricht insbesondere der Umstand, dass Art. 154 Abs. 3 SIA 118 sowohl im Widerspruch steht zu Art. 34 der gleichen Norm, wo unter den Aufgaben der Bauleitung nur die Prüfung der Rechnungen erwähnt wird, wie auch zu den SIA-Ordnungen 102, 103, 105 und 108, in welchen das Rechtsverhältnis zwischen Bauherr und Planer selbst direkt geregelt wird. Die Kundgabe der Ermächtigung entfaltet nach allgemeiner Regel (Art. 33 Abs. 3 OR) auch keine Wirkungen, wenn der gute Glaube des betreffenden

185 Nach dem Wortlaut gilt die kundgegebene Ermächtigung nur für die Schlussabrechnung, nicht aber für die verschiedenen Einzelabrechnungen wie Regierechnungen, Abschlagsrechnungen und die Teuerungsabrechnung; vgl. Schumacher/Monn, Kommentar SIA 118, Art. 154/Rz. 22.1 ff.; Stierli, Die Architektenvollmacht, S. 232 f.; vgl. auch Gauch, Werkvertrag, Rz. 1268.

186 Vorbehalten bleiben die Anfechtungsmöglichkeiten wegen Willensmängeln; vgl. Schumacher/Monn, Kommentar SIA 118, Art. 154/Rz. 25.5. Für weiter gehende noch mögliche Einreden Stierli, Die Architektenvollmacht, S. 232, und HGer ZH vom 29. Mai 1985 (= ZR 1985, Nr. 103, S. 253 = BR/DC 1986, S. 62, Nr. 86, mit Anm. Schwager). Vgl. auch die in Rz. 6.66, Fn. 93 zit. Gerichtsentscheide. Aus BGE 119 IV 54/58 f. E. 2d geht nicht deutlich hervor, ob unter dem Gesichtspunkt der Falschbeurkundung die Garantenstellung des die Schlussabrechnung anerkennenden Architekten allein aus Art. 154 Abs. 3 SIA 118 abgeleitet wird. Nach den SIA-Ordnungen 102, 103, 105 bzw. 108 und der sich aus Art. 396 Abs. 2 OR ergebenden Regelung fehlt dem Planer gerade eine entsprechende Vollmacht (vgl. Rz. 6.107).

187 Vgl. BGer 4A_538/2011 vom 9. März 2012 E. 2.4 f. (= BR/DC 2012, S. 59, Nr. 168, mit Anm. Stöckli); OGer TG vom 25. Oktober 1996 (= RBOG TG 1996, S. 93 f. = BR/DC 1997, S. 127, Nr. 318, mit Anm. Aepli); sowie die Anm. von Gauch zu BGE 109 II 452 (= BR/DC 1985, S. 16, Nr. 8); Gauch, Werkvertrag, Rz. 297 und 1268a; Hürlimann, Die SIA-Norm 118 – Lücken und Tücken, S. 52; ders., Kommentar SIA 118, Art. 34/Rz. 7.4; Schwager, Umfang, S. 42; Stierli, Die Architektenvollmacht, S. 232 f. Zu eng ist die Begründung von Reber, Rechtshandbuch, S. 261 f., mit dem Vorrang des abgeschlossenen Werkvertrags; dem Planer fehlt die Ermächtigung auch, wenn die anerkannte Rechnung dem Werkvertrag entspricht. Abweichend hingegen die Zürcher Praxis, HGer ZH vom 29. Mai 1985 (= ZR 1985, Nr. 103, S. 253 = BR/DC 1986, S. 62, Nr. 86, mit Anm. Schwager); OGer ZH vom 17. Dezember 1982 (= ZR 1984, Nr. 16, S. 51 = BR/DC 1984, S. 53, Nr. 62, mit Anm. Gauch); OGer ZH vom 28. September 1979 (= ZR 1980, Nr. 118, S. 252 = BR/DC 1981, S. 53, Nr. 45, mit Anm. Gauch), die gemäss dem erstgenannten Entscheid aber doch verschiedene Einreden zulässt. In OGer ZH vom 29. Januar 1988 (= ZR 1988, Nr. 135, S. 317 = BR/DC 1989, S. 93, Nr. 113, mit Anm. Gauch) werden auch die Voraussetzungen für eine Berufung auf Ungewöhnlichkeit verneint.

Unternehmers fehlt (Rz. 6.73).[188] Selbst wenn sie grundsätzlich wirksam ist, bleibt jeweils im Einzelfall zu prüfen, ob der Planer mit der Mitteilung des Ergebnisses seiner Prüfung der Schlussabrechnung an den Unternehmer tatsächlich im Sinne von Art. 154 Abs. 3 SIA 118 die sich ergebende Werklohnforderung namens des Bauherrn anerkennen wollte.[189] Vorbehalten bleibt im Übrigen auch die Anfechtung seiner Anerkennungserklärung wegen Willensmängeln.[190]

2. Rechtshandlungen gegenüber anderen Planern und Spezialisten

1. Bauingenieure, Fachingenieure für die Gebäudeinstallationen und Spezialisten (Bauphysiker, Geologen etc.) erfüllen wie der Architekt Planungs- und Projektierungsaufgaben oder haben beratende Funktion. In der Regel wird dafür ein direktes Vertragsverhältnis zwischen dem Bauherrn und diesen Planern bzw. Spezialisten begründet, womit dokumentiert wird, dass deren Tätigkeitsbereich grundsätzlich nicht mehr zum Aufgabenbereich des Architekten gehört. Aus dem Auftrag des Architekten lässt sich **normalerweise keine Vollmacht** ableiten, entsprechende Verträge namens des Bauherrn abzuschliessen.[191] Nach einer verschiedentlich vertretenen Auffassung kann eine solche höchstens für umfangmässig geringfügige Ingenieurarbeiten (z.B. Beizug für die Ausarbeitung der Ausschreibungsunterlagen bei kleineren Bauvorhaben) bejaht werden.[192] 6.110

[188] Dieser gute Glaube wird insbesondere zerstört durch einen ausdrücklichen Hinweis auf die fehlende Vollmacht durch den anerkennenden Planer; vgl. SCHUMACHER/MONN, Kommentar SIA 118, Art. 154/Rz. 24.4 f.

[189] Wurde aufgrund der konkreten Umstände verneint in BGE 118 II 313/317 E. 2b (= BR/DC 1993, S. 100, Nr. 209, mit Anm. GAUCH); vgl. auch STIERLI, Die Architektenvollmacht, S. 101 f.

[190] SCHUMACHER/MONN, Kommentar SIA 118, Art. 154/25.5; STIERLI, Die Architektenvollmacht, S. 232.

[191] Vgl. SCHWAGER, Umfang, S. 38; ebenso mit Zulassung einzelner Ausnahmen STIERLI, Die Architektenvollmacht, S. 62 ff. und 152 ff. Nach der Auffassung von REBER, Rechtshandbuch, S. 265, soll dies nach den konkreten Umständen von Fall zu Fall entschieden werden. Grundsätzlich verneint wird die Vollmacht auch in OGer BL vom 10. Mai 1983 (= BJM 1985, S. 25 = BR/DC 1984, S. 52, Nr. 59, mit Anm. GAUCH); bejahend hingegen KGer TI vom 21. März 1980 (= Rep 1981, S. 185 = BR/DC 1982, S. 13, Nr. 3, mit Anm. TERCIER); KGer FR vom 7. September 1978 (= FZR 1978, S. 57 f. = BR/DC 1980, S. 45, Nr. 24, mit Anm. TERCIER); GVP SG 1961, Nr. 12, S. 35 f. (= SJZ 1963, Nr. 101, S. 88 f.); vgl. dazu die ausführliche Kritik bei KOLLER A., Der gute und der böse Glaube, S. 78.

[192] Vgl. SCHWAGER, Umfang, S. 38; ZÄCH/KÜNZLER, Berner Kommentar, N 94 zu Art. 33 OR. Die Begründung für diese Ausnahme kann darin gefunden werden, dass in diesen Fällen die dem Architekten übertragene Aufgabe auch diesen untergeordneten Teilbereich, der von einem Ingenieur auszuführen ist, mit umfasst, während sich das vereinbarte Honorar des Architekten nur auf seine eigenen Leistungen bezieht. Zur Geringfügigkeit vgl. OGer BL vom 10. Mai 1983 (= BJM 1985, S. 25 = BR/DC 1984, S. 52, Nr. 59, mit Anm. GAUCH). Die fehlende eigene Fachkenntnis des Architekten für einen Teilaspekt der übertragenen Aufgabe ist entgegen der Auffassung von STIERLI, Die Architektenvollmacht, S. 64 f. noch kein genügender Grund, um eine Vollmacht anzunehmen, wonach der Architekt dessen Bearbeitung im Namen des Bauherrn weitervergeben kann. Zur Sub-

6.111 2. Die **SIA-Ordnungen 102, 103, 105 und 108** erwähnen unter den Aufgaben der Gesamtleitung (Art. 3.4 SIA 102/108; Art. 4.2.2 SIA 103; Art. 3.4.1 SIA 105) die Koordination der Leistungen aller Beteiligten, die fachliche und administrative Leistung des Planerteams und die Zuteilung von Aufgaben im Planerteam. Das Planerteam wird gebildet entweder durch Einzelbeauftragung des Gesamtleiters und der verschiedenen Spezialisten, durch Gesamtbeauftragung einer Planergemeinschaft oder durch Gesamtbeauftragung eines Planers, der die entsprechenden Leistungen selbst erbringt oder teilweise an Spezialisten weitervergibt (Art. 3.5 SIA 102/103/105/108). Damit wird die Art der Vertragsstruktur offengelassen. Bei keiner der drei erwähnten Gestaltungsarten ergibt sich hingegen eine Ermächtigung des Gesamtleiters, im Namen des Bauherrn Verträge mit anderen Planern abzuschliessen. Auch bei der Gesamtbeauftragung eines Planers hat dieser die Leistungen, die er nicht selbst erbringt, als Auftraggeber in eigenem Namen (und nicht im Namen des Bauherrn) an die Subplaner weiterzuvergeben (vgl. Rz. 6.21). In den genannten Bestimmungen der SIA-Ordnungen wird schliesslich noch erwähnt, dass zusätzlich in besonderen Bereichen Berater eingesetzt werden können, wenn die Art der Aufgabe es verlangt (Art. 3.5.4 SIA 102/103/105/108). Auch diesbezüglich besteht keine Ermächtigung des mit der Gesamtleitung betrauten Planers, im Namen des Bauherrn solche Berater beizuziehen. Dieser Regelung entspricht auch die Umschreibung der Grundleistungen des Planers in den einzelnen Phasen des Planungs- und Bauablaufs. So hat der Planer lediglich Vorschläge zum Einsatz von Spezialisten und Beratern zu unterbreiten, während der Entscheid über den Einsatz dieser Personen ausdrücklich dem Bauherrn vorbehalten bleibt (Art. 4.31 SIA 102; Art. 4.1.11 SIA 105; Art. 4.31 SIA 108). Überhaupt ist fraglich, wie weit die Grundleistungen des Gesamtleiters bei der Ausschreibung von Fachplaneraufträgen und dem Vertragsabschluss mit Fachplanern gehen: Die Ausschreibung von Fachplaneraufträgen wird nicht explizit als Grundleistung genannt. Art. 3.4 SIA 102 erwähnt allgemein die «Sicherstellung des Submissionswesens» und in Art. 4.2.2 SIA 103 ist die «Organisation, Überwachung und Steuerung: […] des Beschaffungswesens mit der Zuteilung der Aufgaben zwischen den verschiedenen Auftragnehmern» festgehalten. Was die Ausarbeitung der Verträge betrifft, ist jedenfalls nur die Erstellung der «Verträge mit den Unternehmern und Lieferanten» (Art. 4.51 SIA 102; vgl. Art. 4.3.41 SIA 103) eine Grundleistung.

3. Die Anrechnung des Wissens

6.112 In verschiedenen Belangen ist das Wissen einer Vertragspartei rechtlich von Bedeutung (z.B. Willensmängel und guter Glaube). Die Rechtsordnung rechnet dabei das Wissen einer anderen Person nicht nur an (sog. Wissensvertretung), wenn zwischen dieser und der Vertragspartei ein Vertretungsverhältnis für das betreffende Rechtsgeschäft besteht, sondern auch bei indirekter Vertretung oder sogar allein aufgrund der Zugehörigkeit

---

stitutionsbefugnis vgl. Fellmann, Berner Kommentar, N 567 ff. zu Art. 398 OR; Stierli, Die Architektenvollmacht, S. 65 f.

zum Geschäftsbetrieb des andern, sofern sie am Tatbestand beteiligt war oder hätte beteiligt sein sollen.[193] Die Tatsache, dass der Planer selbst normalerweise keine Vertretungsmacht zum Abschluss von Werkverträgen mit den Unternehmern hat, schliesst deshalb die Anrechnung seines Wissens gegenüber dem Bauherrn nicht aus. Keine eigentliche Wissensvertretung liegt vor bei der Berücksichtigung des Fachwissens im Zusammenhang mit der Abmahnungspflicht des Unternehmers gegenüber Weisungen des Bauherrn. Erteilt der Planer namens des Bauherrn Weisungen, so ist sein Fachwissen ebenfalls zulasten des Bauherrn zu berücksichtigen.[194] Das Gleiche gilt auch, wenn der Planer die Ausschreibungsunterlagen ausarbeitet und die Analyse der Angebote der Unternehmer besorgt (Art. 4.41 SIA 102; Art. 4.3.41 SIA 103; Art. 4/Teilphasen F SIA 105; Art. 4.41 SIA 108).

4. Vertretung gegenüber den Behörden

1. Inwieweit in einem Verwaltungsverfahren (z.B. zur Erlangung der Baubewilligung) eine Vertretung **zulässig** ist, bestimmt sich nach *öffentlichem Recht.*[195] So bestimmen häufig die Baureglemente, dass ein Baugesuch vom Bauherrn, vom Projektverfasser und vom Grundeigentümer zu unterzeichnen sei. Es ist dann Auslegungsfrage, ob damit eine Vertretung des Bauherrn durch den Planer für diesen Akt im Sinne seines alleinigen Handelns ausgeschlossen werden soll.[196] Abgesehen davon wird die Vertretung des Bauherrn im Bewilligungsverfahren jedoch allgemein zugelassen.[197] Erklärungen des Planers haben, soweit er dazu ermächtigt ist, die gleichen Rechtswirkungen wie entsprechende Erklärungen des Bauherrn selbst. Da die Behörden an das Gesetz gebunden sind, erzeu- 6.113

193 Vgl. dazu Abegglen, Wissenszurechnung, S. 11 ff.; Chou, Wissen und Vergessen, S. 28 ff.; Hofer, Berner Kommentar, N 137 ff. zu Art. 3 ZGB; von Tuhr/Peter, OR AT I, S. 351; Walter M., Wissenszurechnung, S. 167 ff.; BGE 109 II 338/341 f. E. 2b; BGer 4A_303/2007 vom 29. November 2007 E. 3.4.3; 4C.332/2005 vom 27. Januar 2006 E. 3.3; BGer vom 26. März 1996 (= SJ 1996, S. 560); OGer ZH vom 23. April 1970 (= ZR 1971, Nr. 117, S. 319. Wissen des Architekten um eine Haftungsbeschränkung in übernommenen Allgemeinen Geschäftsbedingungen). Für die Anrechnung des Wissens des Architekten im Hinblick auf das absichtliche Verschweigen von Mängeln (Art. 370 Abs. 1 OR) vgl. auch BGer 4A_27/2008 vom 9. Mai 2008 E. 2.3 f.

194 Gauch, Werkvertrag, Rz. 1923 ff. und 1956; vgl. auch BGE 130 III 591/605 f. E. 5.5.4 (= BR/DC 2005, S. 87, Nr. 169, mit Anm. Aepli); Chou, Wissen und Vergessen, S. 30 f.

195 Vgl. Häfelin/Müller/Uhlmann, Allgemeines Verwaltungsrecht, Rz. 836 ff.; Imboden/Rhinow, Schweizerische Verwaltungsrechtsprechung, S. 179; Zäch/Künzler, Berner Kommentar, N 95 der Vorbem. zu Art. 32–40 OR; vgl. auch BGE 132 V 166/176 E. 8.5.1. Das öffentliche Recht kann auch, wie in einigen Kantonen vor allem der Westschweiz, die Vertretung des Bauherrn auf Architekten beschränken, die in einem staatlichen Register eingetragen sind, oder einen Vertretungszwang statuieren. Vgl. dazu Rz. 20.38 ff.; Stierli, Die Architektenvollmacht, S. 58 ff.

196 Vgl. die Anm. von Gauch zu KGer FR vom 25. Oktober 1976 (= BR/DC 1979, S. 10, Nr. 2), wo es nicht zulässig war, dass der Architekt anstelle des Bauherrn die Pläne unterzeichnete.

197 Für die Vertretung in einem Rechtsmittelverfahren gelten dann die Beschränkungen bezüglich der entgeltlichen Rechtsvertretung.

gen Erklärungen des Privaten in einem Verwaltungsverfahren nicht per se entsprechende Rechtswirkungen.

6.114 **2.** Die **Ermächtigung** zum Handeln als Vertreter des Bauherrn gegenüber den Behörden gehört jedoch zum *privatrechtlichen Verhältnis* zwischen Bauherrn und Planer. Wie bei der Vollmacht für privatrechtliche Rechtsgeschäfte ist der individuelle Wille des Bauherrn dafür massgeblich, ob eine solche Ermächtigung besteht. Die Ermächtigung zur Vertretung im Bewilligungsverfahren für das Bauvorhaben ergibt sich meistens gemäss Art. 396 Abs. 2 OR aus dem erteilten Auftrag. Im Bewilligungsverfahren ist vor allem das spezifische Fachwissen des Planers, seine detaillierte Kenntnis des vorgelegten Projekts sowie die Fähigkeit, nötigenfalls Anpassungen des Projekts vorzunehmen, von Bedeutung.[198] Die *SIA-Ordnungen 102, 103 und 105* führen deshalb unter den Grundleistungen des Planers in der Projektphase auch ausdrücklich die Erstellung der Bewilligungsunterlagen, die Verhandlung mit Behörden sowie die Anpassung des Projekts an Folgen von behördlichen Auflagen unter den Grundleistungen auf (Art. 4.32 und Art. 4.33 SIA 102; Art. 4.2.32 und Art. 4.2.33 SIA 105; vgl. Art. 4.3.33 SIA 103). Art. 4.33 SIA 108 erwähnt demgegenüber nur das «Begleiten» des Baubewilligungsverfahrens. Projektänderungen bedürfen indessen der Zustimmung des Bauherrn.

IV. Die Folgen des Fehlens der Vollmacht

1. Die Möglichkeit der Genehmigung

6.115 **1.** Ausser bei der Kundgabe einer Vollmacht durch den Vertretenen (Art. 33 Abs. 3 OR; vgl. Rz. 6.57 f.) ist der gute Glaube des Dritten in den Bestand einer (in Tat und Wahrheit fehlenden) Vollmacht nicht geschützt. Fehlt dem handelnden Planer für eine Rechtshandlung im Namen des Bauherrn die nötige Vertretungsmacht, so wird diese Handlung für den Bauherrn nach **Art. 38 Abs. 1 OR** nur verbindlich, wenn er sie nachträglich genehmigt.[199] Bis zu seinem Entscheid über die Genehmigung ist das Geschäft für ihn schwebend unwirksam.[200] Auf das Fehlen der Vertretungsmacht kann sich jedoch nur der Vertretene berufen. Ist das ermächtigungslos abgeschlossene Geschäft ein Vertrag, so ist also der Vertragspartner bis zum Entscheid des Vertretenen über die Genehmigung an diesen gebunden, und es besteht somit ein Schwebezustand.[201] Vom vollmachtslosen Handeln sind die Fälle zu unterscheiden, in denen die Handlungen des Planers von der

198 Nach Stierli, Die Architektenvollmacht, S. 61 und 152, besteht die Vollmacht nur zur Entgegennahme von Erklärungen der Behörden, nicht aber für die Zustimmung zu Projektänderungen.

199 Dazu statt vieler Zäch/Künzler, Berner Kommentar, N 45 ff. zu Art. 38 OR.

200 Gauch/Schluep/Schmid, OR AT, Rz. 1383; Watter, Basler Kommentar, N 4 zu Art. 38 OR; ausführlich Zäch/Künzler, Berner Kommentar, N 33 ff. zu Art. 38 OR; BGE 101 II 222/229 f. E. 6b/aa; BGer 4A_239/2007 vom 9. Oktober 2007 E. 5.

201 Statt vieler Watter, Basler Kommentar, N 4 zu Art. 38 OR; BGE 107 II 105/109 E. 3.

Vollmacht zwar formell gedeckt sind, jedoch in einer Weise gegen interne Regeln verstossen, die eine Berufung auf die Vollmacht als missbräuchlich erscheinen lässt.[202] Ein Vollmachtsmissbrauch liegt insbesondere bei Kollusion vor, wenn also der Planer mit dem Dritten einvernehmlich zusammenwirkt, um den Bauherrn absichtlich zu schädigen, indem er beispielsweise eine offensichtlich fragwürdige Schlussabrechnung anerkennt.[203] Trotz Bestand einer Vollmacht ist in solchen Fällen das Handeln des Vertreters für den Vertretenen nicht verbindlich. Die Frage einer Genehmigung stellt sich bei diesem Sachverhalt nicht.

2. Die **Genehmigung** durch den Vertretenen kann sowohl gegenüber dem Vertreter als auch gegenüber dem Dritten[204] erklärt werden; sie kann auch stillschweigend oder durch konkludentes Handeln erfolgen.[205] Äusserungen und Verhaltensweisen des Vertretenen sind dabei im Streitfall aus der Sicht des Adressaten (des Vertreters oder des Dritten) nach dem Vertrauensprinzip zu würdigen.[206] Eine konkludente Genehmigung liegt zum Beispiel vor bei vorbehaltloser Entgegennahme der Leistung aus dem vom Vertreter ohne Vollmacht abgeschlossenen Vertrag.[207] Vergibt also der Planer unbefugterweise Bauarbeiten und stellt der Bauherr deren Ausführung fest, ohne Widerspruch zu erheben, so genehmigt er damit den vom Planer abgeschlossenen Vertrag.[208] Er kann dann auch nicht etwa bei der Rechnungsstellung die vom Planer vereinbarten Preise gegenüber dem Unternehmer infrage stellen. Denn die Genehmigung erfasst den Vertrag in seinem vollen Umfang so, wie er vom vollmachtslosen Vertreter abgeschlossen worden ist.[209] Für die Annahme einer Genehmigung ist auch nicht vorausgesetzt, dass der genehmigende Ver- 6.116

---

202 BGer 4C.243/2004 vom 30. März 2005 E. 2.1; ZÄCH/KÜNZLER, Berner Kommentar, N 14 zu Art. 38 OR.

203 BGer 4C.243/2004 vom 30. März 2005 E. 2, wo der Missbrauch aber verneint wurde; REICHMUTH PFAMMATTER, Einfache Gesellschaft, S. 263 f. und 272 f.; VON TUHR/PETER, OR AT I, S. 362 f.; ZÄCH/KÜNZLER, Berner Kommentar, N 14 und 18 zu Art. 38 OR.

204 BGE 93 II 302/307 E. 4.

205 ZÄCH/KÜNZLER, Berner Kommentar, N 53 ff. zu Art. 38 OR; BGE 124 III 355/361 E. 5a; 101 II 222/230 E. 6b/bb; BGer 4A_239/2007 vom 9. Oktober 2007 E. 4; 4C.420/2006 vom 3. August 2007 E. 5; 4C.57/1999 vom 15. Mai 2000 E. 4.

206 BGer 4C.293/2006 vom 17. November 2006 E. 3.1; 4C.147/2000 vom 23. August 2000 E. 2a/aa; CHAPPUIS C., Commentaire romand, N 8 zu Art. 38 OR.

207 Vgl. VON TUHR/PETER, OR AT I, S. 404, Fn. 39; BGE 93 II 302/308 E. 4; 75 II 337/342 E. 1; ZR 1910, Nr. 88, S. 143 f. Zur Genehmigung eines vom Architekten vereinbarten Pauschalabzugs für Verspätungsschaden KGer VS vom 21. November 1979 (= ZWR 1980, S. 261 = BR/DC 1982, S. 14, Nr. 4, mit Anm. TERCIER).

208 JdT 1935, I, S. 431. Vgl. dazu auch SCHWAGER, Vertreter, S. 25; STIERLI, Die Architektenvollmacht, S. 252 f. Für eine Genehmigung von Zusatzarbeiten muss aber auch ersichtlich sein, dass es sich um nicht im Vertrag enthaltene Zusatzleistungen handelt. Vgl. auch BGer 4C.420/2006 vom 3. August 2007 E. 5: Gewisse Zusatzarbeiten, welche die Bauleitung nicht hätte autorisieren dürfen, genehmigte der Bauherr dadurch, dass er an den entsprechenden Bausitzungen regelmässig zusammen mit dem Architekt anwesend war und der Ausführung dieser Arbeiten nicht widersprach.

209 ENGEL, Traité des obligations, S. 404; VIOLAND, Stellvertretung ohne Ermächtigung, S. 135; ZÄCH/KÜNZLER, Berner Kommentar, N 52 zu Art. 38 OR; BGE 93 II 302/307 E. 4.

tretene den ganzen Inhalt des in seinem Namen abgeschlossenen Vertrags kennt.[210] Die Genehmigung des Bauherrn gegenüber dem Unternehmer schliesst indessen Schadenersatzansprüche des Bauherrn gegen den Planer wegen dessen unbefugten Eingriffs in seine Rechtssphäre nicht von vornherein aus.[211]

6.117 **3. Lehnt** der Bauherr die **Genehmigung ab,** so hat der Dritte aus dem ohne Vollmacht abgeschlossenen Vertrag keine Ansprüche gegenüber dem Bauherrn. Vorbehalten bleiben die Ansprüche aus ungerechtfertigter Bereicherung oder verwandten Rechtstiteln (vgl. Rz. 6.129 f.).

2. Die Schadenersatzpflicht des Planers bei Nichtgenehmigung

6.118 **1.** Lehnt der ohne Vollmacht Vertretene die Genehmigung ab, so kommt der Vertrag auch nicht in der Person des vollmachtslosen Vertreters zustande;[212] hingegen ist dieser gegenüber dem Dritten **gemäss Art. 39 OR zu Schadenersatz verpflichtet.**[213] Voraussetzung dieser Schadenersatzpflicht ist, dass er ohne Ermächtigung gegenüber dem Dritten als Vertreter gehandelt und dass der Vertretene eine Genehmigung abgelehnt hat.[214] Der vom Dritten in Anspruch genommene Vertreter kann deshalb bestreiten, dass er ohne Vollmacht gehandelt hat, indem er seine tatsächlich bestehende Vollmacht im Schadenersatzprozess nachweist. Auch wenn der Dritte zuvor bereits erfolglos gegenüber dem Vertretenen auf Erfüllung geklagt hat, ist jenes Urteil für den Vertreter bei der Schadenersatzklage des Dritten gegen ihn nicht verbindlich.[215] Der Vertreter kann seine Haftung auch abwenden mit dem Nachweis, dass der Vertretene das ohne Vollmacht abgeschlossene Geschäft nachträglich genehmigt hat (vgl. Rz. 6.115). Dies ist insofern von Bedeutung, als auch eine Genehmigung gegenüber dem Vertreter, von welcher der Dritte allenfalls keine Kenntnis hatte, die Wirksamkeit des Vertretergeschäfts bewirkt und damit eine

---

210 Vorbehalten bleibt die Anfechtung der Genehmigung wegen Willensmangels bei Unkenntnis wichtiger Bestimmungen.

211 Gauch/Schluep/Schmid, OR AT, Rz. 1422 f.; Schmid, Geschäftsführung ohne Auftrag, Rz. 642 ff., 660 ff. und 707 ff.; Stierli, Die Architektenvollmacht, S. 270 f.; Violand, Stellvertretung ohne Ermächtigung, S. 139 f.; Zäch/Künzler, Berner Kommentar, N 78 ff. zu Art. 38 OR; anders Watter, Basler Kommentar, N 8 zu Art. 38 OR.

212 So BGer vom 2. Juli 1985 (= Rep 1986, S. 23 = BR/DC 1987, S. 65, Nr. 72, mit Anm. Tercier). Unklar ist deshalb, wie es gemäss KGer FR vom 7. September 1978 (= FZR 1978, S. 57 f. = BR/DC 1980, S. 45, Nr. 24, mit Anm. Tercier) dazu kommen soll, dass der Architekt, der ohne Vollmacht im Namen des Bauherrn einen Ingenieur beigezogen hatte, das (von ihm gar nicht geschuldete) Ingenieurhonorar einfach in sein eigenes Architektenhonorar soll einschliessen können.

213 Gauch/Schluep/Schmid, OR AT, Rz. 1420; Koller A., Der gute und der böse Glaube, S. 116 ff.; Watter, Basler Kommentar, N 1 ff. zu Art. 39 OR.

214 Zäch/Künzler, Berner Kommentar, N 7 ff. zu Art. 39 OR.

215 Für die Wirkungen einer Streitverkündung gegenüber dem Planer im Prozess des Dritten gegen den Vertretenen vgl. Guldener, Zivilprozessrecht, S. 312 ff.; Habscheid, Zivilprozessrecht, S. 181 f.; Spühler/Dolge/Gehri, Schweizerisches Zivilprozessrecht, S. 80.

Haftung des Vertreters ausschliesst.[216] Nach neuerer Auffassung kann sich der vollmachtslose Vertreter schliesslich auch mit dem Nachweis befreien, dass das Geschäft wirksam ist, weil der Vertretene gegenüber dem Dritten eine entsprechende Vollmacht gemäss Art. 33 Abs. 3 OR kundgegeben hatte und dieser gutgläubig war.[217]

2. Die Haftung des vollmachtslosen Vertreters gegenüber dem Dritten setzt gemäss Art. 39 Abs. 1 OR voraus, dass der andere **den Mangel der Vollmacht nicht kannte oder nicht hätte kennen müssen.** Für das Kennenmüssen (Art. 3 Abs. 2 ZGB) ist auf die verkehrsübliche Sorgfalt abzustellen, die nach den Umständen verlangt werden darf.[218] Dabei ist davon auszugehen, dass keine allgemeine Erkundigungs- und Nachprüfungspflicht besteht; nur wer konkrete Anhaltspunkte für einen Verdacht hat, muss sich erkundigen.[219] So wird der gute Glaube zerstört durch frühere klare Äusserungen des Bauherrn über die fehlende Vertretungsmacht des Planers.[220] Ein konkreter Anhaltspunkt für einen Verdacht kann zum Beispiel auch die Kenntnis sein, dass der Planer Mitglied des SIA ist, dass er aufgrund der Statuten[221] zur Einhaltung der vom Verein aufgestellten Ordnungen verpflichtet ist und dass die einschlägige SIA-Ordnung 102, 103, 105 oder 108 dem Planer für die betreffende Handlung keine Vertretungsmacht zuerkennt. Unter diesem Gesichtspunkt kann also die ausdrückliche Bezeichnung als «Architekt SIA» oder «Ingenieur SIA» stellvertretungsrechtliche Bedeutung erlangen.[222] Die blosse Tatsache, dass für bestimmte Handlungen (z.B. die Vergabe von Bauarbeiten) eine Vollmacht des Planers nicht üblich ist, begründet für sich allein aber noch keinen Verdacht, der weitere Abklärungen seitens des Dritten (Unternehmer) verlangen würde. Der gute Glaube des Dritten ist in Art. 39 Abs. 1 OR im Übrigen der Gleiche wie in Art. 33 Abs. 3 OR und bezieht sich wie dieser auf den Zeitpunkt des Handelns des Vertreters.[223] Wird der gute Glaube unter dem Gesichtspunkt des Gutglaubensschutzes zulasten des Vertretenen infolge Kundgabe der Vollmacht durch ihn verneint, so ist er auch zu verneinen im Hinblick auf die Haftung des Vertreters für vollmachtloses Handeln.[224] 6.119

216 Zur Problematik vgl. ZÄCH/KÜNZLER, Berner Kommentar, N 58 ff. zu Art. 38 OR; BGE 93 II 302/307 E. 4; 41 II 268/273 E. 4c.

217 Vgl. KOLLER A., Der gute und der böse Glaube, S. 94; ZÄCH/KÜNZLER, Berner Kommentar, N 9 zu Art. 39 OR.

218 HOFER, Berner Kommentar, N 113 und 117 ff. zu Art. 3 ZGB; ZÄCH/KÜNZLER, Berner Kommentar, N 19 zu Art. 39 OR; BGE 116 II 689/692 f. E. 3c/aa.

219 HOFER, Berner Kommentar, N. 122 zu Art. 3 ZGB; ZÄCH/KÜNZLER, Berner Kommentar, N 19 zu Art. 33 OR.

220 Vgl. STIERLI, Die Architektenvollmacht, S. 266; sowie Rz. 6.81, Fn. 128.

221 Art. 7 Abs. 2 SIA-Statuten.

222 Vgl. auch Rz. 6.73 betreffend den guten Glauben bei der Kundgabe von Vertretungsmacht.

223 Der Umstand, dass der gute Glaube des Dritten erst nach Vertragsabschluss zerstört wird, schliesst eine Haftung nach Art. 39 OR nicht aus, kann aber zur Haftungsreduktion führen, vgl. KOLLER A., Der gute und der böse Glaube, S. 119.

224 Vgl. Rz. 6.118 in fine sowie KOLLER A., Der gute und der böse Glaube, S. 94; ZÄCH/KÜNZLER, Berner Kommentar, N 9 zu Art. 39 OR.

6.120 Nach der Rechtsprechung des Bundesgerichts[225] vermag allerdings nicht jede als Sorgfaltspflichtverletzung zu wertende Unaufmerksamkeit des Dritten eine Haftungsbefreiung des vollmachtslosen Vertreters zu begründen. Beim gleichzeitigen Verschulden seinerseits[226] ist vielmehr in analoger Anwendung von Art. 44 OR das Mass der Haftung in Abwägung der gegenseitig zu vertretenden Umstände festzulegen, d.h., anstelle eines gänzlichen Haftungsausschlusses ist allenfalls eine wegen Selbstverschuldens reduzierte Haftung anzunehmen.[227]

6.121 **3.** Das Mass der Haftung des vollmachtslosen Vertreters ist **abhängig von seinem Verschulden:** Trifft ihn kein Verschulden, so haftet er gemäss Art. 39 Abs. 1 OR nur für *das negative Vertragsinteresse.*[228] Im Falle eines Verschuldens hat er hingegen gemäss Art. 39 Abs. 2 OR nach Billigkeitsermessen des Richters auch *den weiteren Schaden* zu ersetzen, worunter allgemein das positive Vertragsinteresse verstanden wird.[229]

6.122 Ein Verschulden des vollmachtslosen Vertreters, das vom Dritten nachzuweisen ist, liegt vor, wenn er das Fehlen der Vollmacht im Zeitpunkt seines Handelns selbst kannte oder hätte kennen sollen (vgl. Rz. 6.119). Bei Unklarheit, ob der Bauherr den Planer zum Handeln in seinem Namen ermächtigt hat, darf von Letzterem verlangt werden, dass er sich zuerst über den Bestand der Vollmacht vergewissert, bevor er gegenüber Dritten als Vertreter des Bauherrn rechtliche Verpflichtungen eingeht. Die *SIA-Ordnungen 102, 103, 105 und 108* halten dies in Art. 1.2.32 auch ausdrücklich fest (vgl. Rz. 6.38). Ein Verschulden fehlt hingegen meistens, wenn ein Vertreter von einem Mangel der ihm erteilten Vollmacht keine Kenntnis hat.

6.123 **4.** Das **negative Vertragsinteresse,** das der vollmachtslose Vertreter bei fehlendem Verschulden dem Dritten schuldet, umfasst insbesondere dessen Aufwendungen im Hinblick auf den Vertragsabschluss und die Vertragserfüllung.[230] Vergibt ein Planer ohne Vollmacht Bauarbeiten und lehnt der Bauherr die Genehmigung des Vertragsabschlusses ab, so können dem Unternehmer bis dahin schon erhebliche Aufwendungen entstanden sein (z.B. Einkauf oder Zuschneiden von Material, das nur schwer anderweitig verwertet wer-

225 BGE 116 II 689/692 ff. E. 3c mit Hinweisen auf die kontroversen Auffassungen in der Lehre.

226 Zum Verschulden des vollmachtslosen Vertreters vgl. Rz. 6.121 f.

227 In BGE 116 II 689/692 ff. E. 3c in fine führte die leichte Fahrlässigkeit des Dritten gegenüber einem vorsätzlichen Handeln des vollmachtslosen Vertreters zu einer reduzierten Haftung des Letzteren für zwei Drittel des Schadens.

228 Statt vieler BGE 123 III 24/28 E. 2d; Watter, Basler Kommentar, N 6 zu Art. 39 OR.

229 Bucher, OR AT, S. 644; Engel, Traité des obligations, S. 405 f.; Gauch/Schluep/Schmid, OR AT, Rz. 1420 f.; von Tuhr/Peter, OR AT I, S. 403; Zäch/Künzler, Berner Kommentar, N 60 zu Art. 39 OR; BGE 116 II 689/690 E. 3a; 106 II 131/132 E. 5.

230 Bucher, OR AT, S. 342; Engel, Traité des obligations, S. 734 ff.; Violand, Stellvertretung ohne Ermächtigung, S. 182 f.; Watter, Basler Kommentar, N 6 zu Art. 39 OR; von Tuhr/Peter, OR AT I, S. 86 f.; Zäch/Künzler, Berner Kommentar, N 59 zu Art. 39 OR.

den kann). Alle derartigen Aufwendungen im Hinblick auf die eigene Vertragserfüllung gehören ebenfalls zum negativen Vertragsinteresse.[231]

Haftet der Planer infolge des Verschuldens auf das **positive Vertragsinteresse** (auf den «Ersatz weitern Schadens» nach Art. 39 Abs. 2 OR), so ist der Dritte finanziell so zu stellen, wie wenn der Vertrag mit dem Bauherrn ordnungsgemäss erfüllt worden wäre.[232] Auch in diesem Falle hat der Unternehmer jedoch keinen Anspruch darauf, dass er die ihm ohne Vollmacht vergebenen Arbeiten am Bau tatsächlich ausführen kann, da der Bauherr diesen Eingriff in sein Eigentum nicht zu dulden braucht. Der vom vollmachtslosen Planer in Geld zu leistende Schadenersatz ist nach der sogenannten Additionsmethode[233] zu ermitteln. Zu vergüten sind dabei nicht nur der entgangene Gewinn aus dem nicht zustande gekommenen Vertragsabschluss, sondern auch die Aufwendungen für freigewordene Arbeitskräfte, Maschinen etc., die der Unternehmer während der geplanten Ausführungszeit nicht anderweitig verwenden kann.[234] 6.124

Grosse Schwierigkeiten ergeben sich bei der Ermittlung des negativen und positiven Interesses, wenn die vollmachtslose Handlung nicht im Abschluss eines Vertrags, sondern in anderen Rechtshandlungen besteht (z.B. Ausübung des Wahlrechts bei Gewährleistungsansprüchen, Verzicht auf Mängelrechte, Anerkennung der Schlussrechnung etc.). 6.125

5. Der Schadenersatzanspruch des Dritten gegenüber dem vollmachtslosen Vertreter **verjährt** gemäss Art. 60 OR innert einem Jahr ab Kenntnis des Schadens.[235] Massgeblich ist dabei der Zeitpunkt, in welchem der Dritte von der Nichtgenehmigung durch den Vertretenen Kenntnis erlangt.[236] 6.126

Die Haftung des Planers als vollmachtsloser Vertreter gemäss Art. 39 OR ist eine Haftung für **reinen Vermögensschaden.** In der Berufshaftpflichtversicherung besteht deshalb 6.127

---

231 Weitere Beispiele bei Stierli, Die Architektenvollmacht, S. 268. Für das bereits eingebaute Material besteht der Ersatzanspruch gegenüber dem Grundeigentümer gemäss Art. 672 ZGB; vgl. Rz. 6.130, Fn. 245.

232 BGE 106 II 131/132 E. 5; Koller A., Der gute und der böse Glaube, S. 130; Watter, Basler Kommentar, N 9 zu Art. 39 OR.

233 Gauch, Werkvertrag, Rz. 546 ff.

234 Zur Berechnung des positiven Vertragsinteresses generell vgl. Bucher, OR AT, S. 342 f.; Engel, Traité des obligations, S. 717 f.; Gauch/Schluep/Emmenegger, OR AT, Rz. 2898; von Tuhr/Peter, OR AT I, S. 86; Wiegand, Basler Kommentar, N 38 zu Art. 97 OR.

235 BGE 104 II 94 E. 3a; Gauch/Schluep/Schmid, OR AT, Rz. 1421; Stierli, Die Architektenvollmacht, S. 269; Violand, Stellvertretung ohne Ermächtigung, S. 160 ff. Abweichend für die Anwendung der 10-jährigen Frist gemäss Art. 127 OR Bucher, OR AT, S. 645; Koller A., Der gute und der böse Glaube, S. 128; von Tuhr/Peter, OR AT I, S. 404; Zäch/Künzler, Berner Kommentar, N 42 ff. zu Art. 39 OR.

236 Wenn die Genehmigung ausbleibt, ohne dass der vertretene Bauherr die Nichtgenehmigung ausdrücklich erklärt, kommt es gemäss Art. 38 Abs. 2 OR auf den Zeitpunkt an, in welchem der Unternehmer die Genehmigung hätte erwarten können oder in welchem die Frist, die der Unternehmer dem Bauherrn zur Genehmigung gesetzt hatte, unbenutzt abgelaufen ist.

dafür oft keine Deckung (vgl. Rz. 18.130). Auch bei Bestand einer solchen Deckung gilt meistens ein umfangreicher Katalog von Ausschlüssen.[237]

6.128 **6.** War das vollmachtslose Handeln des Vertreters durch das Interesse des Geschäftsherrn geboten, so hat der Vertreter als **Geschäftsführer ohne Auftrag** zwar keinen Anspruch darauf, dass der Vertretene das Geschäft genehmigt.[238] Bei fehlender Genehmigung steht dem Vertreter nach Art. 422 OR hingegen für den Schadenersatz, den er dem Dritten aufgrund von Art. 39 OR leisten muss, ein Regressanspruch gegenüber dem Vertretenen zu.[239] Der Handelnde kann sich jedoch auf diese Bestimmung nur berufen, wenn sein Eingreifen dringlich war.[240]

3. Ansprüche aus ungerechtfertigter Bereicherung

6.129 Bei vollmachtslosem Handeln eines Vertreters und Ausbleiben der Genehmigung durch den Vertretenen bleiben die Ansprüche aus ungerechtfertigter Bereicherung in allen Fällen vorbehalten (Art. 39 Abs. 3 OR). Diese Ansprüche des Dritten können sich grundsätzlich gegen den Vertreter oder den Vertretenen richten;[241] im Unterschied zum Schadenersatzanspruch sind sie auch nicht vom guten Glauben des Dritten abhängig.[242]

6.130 Diese Grundsätze gelten auch für Bauleistungen, die ein Unternehmer aufgrund eines vom Planer ohne Vollmacht im Namen des Bauherrn abgeschlossenen Vertrags erbringt, falls dieser die Genehmigung verweigert. Keine ungerechtfertigte Bereicherung tritt hingegen beim Vertretenen ein, wenn der Leistung des Dritten an ihn ein eigener Anspruch des Vertretenen gegenüber dem Vertreter aus deren Innenverhältnis entspricht.[243] Diese Situation ist insbesondere gegeben, wenn ein Generalunternehmer Verträge mit den Unternehmern statt in eigenem Namen als vollmachtsloser Vertreter im Namen des Bau-

---

237 Vgl. zum Begriff des Ausschlusses Monn, Von ausgeschlossenen Verhaltensweisen, S. 94 f.

238 Ott, Stellvertretung ohne Vollmacht, S. 290; Violand, Stellvertretung ohne Ermächtigung, S. 96 ff.; von Tuhr/Peter, OR AT I, S. 401; Zäch/Künzler, Berner Kommentar, N 62 und 64 zu Art. 38 OR.

239 Vgl. Ott, Stellvertretung ohne Vollmacht, S. 289 f.; Violand, Stellvertretung ohne Ermächtigung, S. 97; Zäch/Künzler, Berner Kommentar, N 63 ff. zu Art. 38 OR und N 17 zu Art. 39 OR; Schmid, Geschäftsführung ohne Auftrag, Rz. 507 ff., leitet demgegenüber aus dem Befreiungsanspruch unmittelbar einen Genehmigungsanspruch des Geschäftsführers ab. Vgl. auch BGer vom 2. Juli 1985 (= Rep 1986, S. 23 = BR/DC 1987, S. 65, Nr. 72, mit Anm. Tercier).

240 Vgl. Hofstetter, SPR VII/2, S. 260 f.; Weber, Basler Kommentar, N 13 zu Art. 419 OR; BGE 95 II 93/103 f. E. II/2; Stierli, Die Architektenvollmacht, S. 271, bejaht stattdessen in solchen Fällen das Vorliegen einer Vollmacht.

241 BGE 116 II 689/691 E. 3b; Violand, Stellvertretung ohne Ermächtigung, S. 144 ff., Watter, Basler Kommentar, N 11 zu Art. 39 OR; Zäch/Künzler, Berner Kommentar, N 77 ff. zu Art. 39 OR.

242 BGE 116 II 689/691 E. 3b/aa; 90 II 404/413 f. E. 5b und 5c.

243 BGE 99 II 131/134 f. E. 2; 97 II 66/71 E. 4. Ebenso bei der Gesamtbeauftragung eines Planers; vgl. Rz. 6.111.

herrn abschliesst.[244] In solchen Fällen verbleiben dem Dritten für die bereits ausgeführten Arbeiten (nebst dem Schadenersatzanspruch gegenüber dem Vertreter) gegenüber dem Bauherrn einzig die Ansprüche gemäss Art. 672 ZGB für die Verwendung von Material auf fremdem Boden.[245] Diese Ansprüche bestehen nebst dem Bereicherungsanspruch auch in anderen Fällen, wo ein Unternehmer aufgrund eines vom Planer ohne Vollmacht abgeschlossenen Vertrags Leistungen erbracht hat und die Genehmigung durch den Bauherrn verweigert wird.[246]

---

244 STIERLI, Die Architektenvollmacht, S. 245; ZÄCH/KÜNZLER, Berner Kommentar, N 81 zu Art. 39 OR.

245 Vgl. BGE 105 II 92/94 ff. E. 2 f.; 103 II 227/239 f. E. 5; 99 II 131/142 ff. E. 5 f.; 95 II 221/225 ff. E. 2; KGer TI vom 25. März 1984 (= Rep 1984, S. 357 = BR/DC 1985, S. 60, Nr. 51, mit Anm. TERCIER); ebenso SCHMID, Geschäftsführung ohne Auftrag, Rz. 1415 ff.

246 STIERLI, Die Architektenvollmacht, S. 244 f.

§ 7 Die Nutzungsvereinbarung

Adrian Murer / Mario Marti

Inhaltsverzeichnis

I. Einleitung

7.1 Jede erfolgreiche Werksplanung beginnt mit einer systematischen Erfassung aller wesentlichen Anforderungen an das Werk. Deswegen hatte der SIA schon vor Jahrzehnten den Planern von Tragwerken im Rahmen der Vorprojektierung zwei Dokumente als Projektierungsinstrumente vorgeschrieben: Den «Sicherheitsplan» als Erfassung der Gefährdungsbilder und den «Nutzungsplan» als Erfassung der wesentlichen Anforderungen an die Tragwerke; die Pläne sollten «fachbezogen» sein und die Gefährdungsbilder und Anforderungen technisch, in der Sprache der Ingenieure, erfassen. Das Erarbeiten dieser zwei Dokumente gehörte seither zu den Regeln der Bautechnik. Der SIA gab im Jahre 2003 mit der grundlegenden Neuformulierung der Tragwerksnormen (SIA-Normen 260–267) den Nutzungs- und Sicherheitsplan auf und schrieb zwei neue Dokumente als Projektierungsinstrumente vor: die «Nutzungsvereinbarung» und die «Projektbasis». Diese Normen wurden 2013 revidiert und gehören heute nach wie vor zu den Regeln der Bautechnik.[1]

7.2 – Die **Nutzungsvereinbarung** erfasst die Nutzungs- und Schutzziele des Bauherrn sowie die grundlegenden Bedingungen, Anforderungen und Vorschriften der Projektierung, Ausführung und Nutzung des Bauwerks. Die Nutzungsvereinbarung muss in einer dem Bauherrn verständlichen Sprache, gegebenenfalls also in der Sprache eines bautechnischen Laien, formuliert sein. Die Tragwerksnormen nehmen generell als

1 Die ursprünglichen SIA-Normen 160, 161, 162, 164 und 177 (1993) wurden per 30. Juni 2004 von den SIA-Tragwerksnormen 260–267 sowie den ergänzenden Festlegungen (SIA 261/1–267/1) abgelöst. Diese Normen wurden wiederum im Jahr 2013 revidiert; vgl. dazu Brühwiler/Fischer, Revidierte Norm SIA 260, S. 28 f. Wenn in diesem Beitrag von den SIA-Tragwerksnormen bzw. den SIA-Normen 260–267 die Rede ist, ist jeweils die neuste Normengeneration aus dem Jahr 2013 gemeint.

Verfasser der Nutzungsvereinbarung(en) den Planer an. Das gilt indes nur eingeschränkt: Der Bauherr will meistens selbst zumindest seine Nutzungs- und Schutzziele formulieren, und er will oft auch etwas zu den Bedingungen, Anforderungen und Vorschriften der Projektierung, Ausführung und Nutzung des Bauwerks sagen. Der Bauherr ist insofern regelmässig Mitverfasser. Nach der Formulierung müssen Bauherr und Planer die Nutzungsvereinbarung «unterzeichnen» und damit vereinbaren.

- Die **Projektbasis** umfasst die bauwerksspezifische Umsetzung der Nutzungsvereinbarung. Die Projektbasis soll wiederum fachbezogen, in der Sprache der Ingenieure formuliert sein. Die Tragwerksnormen nehmen als Verfasser den Planer an; das dürfte uneingeschränkt gelten. 7.3

Die unterzeichnete Nutzungsvereinbarung enthält eine Einigung über die weitere Planung und damit über das gesamte weitere Verhältnis zwischen Bauherr und Planer. Die Nutzungsvereinbarung hat deswegen zentrale Bedeutung. Viele Planer ausserhalb der Tragwerksplanung, im Wesentlichen Architekten und Fachplaner, haben diese Bedeutung erfasst und arbeiten ebenfalls mit Nutzungsvereinbarungen.[2] Es stellt sich somit die Frage, welche Rechte und Pflichten sich aus der Nutzungsvereinbarung für Bauherrn und Planer in der Tragwerksplanung und in der sonstigen Planung ergeben.[3] 7.4

II. Die Nutzungsvereinbarung: Begriff

1. Im Anwendungsbereich der SIA-Tragwerksnormen

1. Die **Nutzungsvereinbarung** im engeren Sinn ist eine begriffliche Schöpfung der SIA-Tragwerksnormen (SIA-Normen 260–267) aus dem Jahre 2003;[4] die Begrifflichkeit wurde mit der jüngsten Revision 2013 nicht verändert. Die Einführung der Nutzungsvereinbarung erfolgte – zusammen mit weiteren Begriffen – durch die Ablösung und Aufteilung der SIA-Norm 160 (1989) in die Ausgabe 2003 der SIA-Normen 260 «Grundlagen der Projektierung von Tragwerken» und 261 «Einwirkungen auf Tragwerke». Im Anwen- 7.5

---

[2] MÜLLER T., Generalisten, S. 34.

[3] Die Verantwortlichkeit des Planers im Zusammenhang mit der Nutzungsvereinbarung ergibt sich in der Regel aus privatrechtlichem Vertrag. Die Behandlung der Haftung wird in diesem Beitrag wie folgt abgegrenzt und eingeschränkt: Nicht behandelt wird die privatrechtliche Haftung, welche sich allenfalls aus unerlaubter Handlung gemäss Art. 41 ff. OR ergeben kann. Ausgeklammert bleibt auch die Haftung des Planers, welcher sich zur Leistung von Bauarbeiten (dazu GAUCH, Werkvertrag, Rz. 240 ff.) in einem Konsortium (dazu DERS., Werkvertrag, Rz. 243 ff.) oder als General- oder Totalunternehmer (dazu DERS., Werkvertrag, Rz. 222 ff./233 ff.) verpflichtet hat. Nicht behandelt wird zudem die strafrechtliche Verantwortlichkeit des Planers (dazu Rz. 21.1 ff.), welche sich aufgrund von Art. 227 StGB «Verursachung eines Einsturzes» und von Art. 229 StGB «Verletzung der Regeln der Bautechnik» ergeben kann.

[4] Vor Einführung der SIA-Norm 260 im Jahr 2003 wurden die Nutzungsanforderungen im sogenannten Nutzungsplan festgelegt, vgl. SIA-Norm 160 (1989).

dungsbereich der SIA-Tragwerksnormen ersetzten die Begriffe *Nutzungsvereinbarung und Projektbasis* den «*Nutzungs- und Sicherheitsplan*» der ursprünglichen SIA-Normengeneration von 1990 (Rz. 7.43).[5] Die Nutzungsvereinbarung wird im Rahmen des (Tragwerk-)Entwurfs erarbeitet. Als Entwurf wird die «Gesamtheit der von den Nutzungsanforderungen zum Tragwerkskonzept[6] führenden Tätigkeiten und Entwicklungen sowie deren Ergebnis» bezeichnet.[7] Die Nutzungsvereinbarung steht auf der obersten Stufe der sogenannten **Bauwerksakten** und stellt – wie die Projektbasis – ein Grundlagendokument dar.[8] Die SIA-Norm 112 («Modell Bauplanung, Verständigungsnorm») nahm in ihrer Revision 2014 den Begriff der Nutzungsvereinbarung ebenfalls – und deckungsgleich zur SIA-Norm 260 – auf. Sie präzisiert, dass die Nutzungsvereinbarung Teil des Projektpflichtenhefts ist.[9]

7.6 **2.** Die Nutzungsvereinbarung **hält die Nutzungsanforderungen** fest (Art. 2.1.2 SIA 260). Die Nutzungsanforderungen umfassen nutzungs- und sicherheitsrelevante Aspekte, d.h. Anforderungen bezüglich *Gebrauchstauglichkeit und Tragsicherheit.* Art. 2.2 SIA 260 legt fest:

7.7 «2.2.1 Die Nutzungsvereinbarung ist aufgrund eines Dialogs zwischen Bauherrschaft und Projektverfassenden zu erstellen.

2.2.2 Die Nutzungsvereinbarung umschreibt:
- allgemeine Ziele für die Nutzung (Nutzungszustände und Nutzungsdauer) des Bauwerks
- Umfeld und Drittanforderungen
- Bedürfnisse des Betriebs und des Unterhalts
- besondere Vorgaben der Bauherrschaft
- Schutzziele und Sonderrisiken
- normbezogene Bestimmungen

2.2.3 Die Schutzziele und der Schutzgrad sind aufgrund einer Risikobewertung festzulegen.»

---

5 Der Nutzungs- und Sicherheitsplan hatte sich nicht restlos bewährt, insbesondere da er für den Bauherrn teilweise schwer verständliche technische Elemente enthielt. Gemäss Dupraz, Grundlagen, S. 7, ist die SIA-Norm 260 ein strategisches Dokument, welches «material-unabhängig» und übergeordnet die Prinzipien und Anforderungen für Sicherheit, Gebrauchstauglichkeit und Dauerhaftigkeit von Tragwerken festlegt. Die SIA-Norm 260 gilt aufgrund ihrer «Material-Unabhängigkeit» in Verbindung mit SIA-Norm 261 «Einwirkungen auf Tragwerke», SIA-Norm 261/1 «Einwirkungen auf Tragwerke – Ergänzende Festlegungen», SIA-Norm 262 «Betonbau», SIA-Norm 263 «Stahlbau», SIA-Norm 265 «Holzbau», SIA-Norm 266 «Mauerwerk», SIA-Norm 266/1 «Mauerwerk – Ergänzende Festlegungen» sowie SIA-Norm 267 «Geotechnik».

6 Der Begriff «Tragwerkskonzept» beinhaltet die «projektbestimmende Grundidee hinsichtlich des Tragwerks» (siehe Begriffe SIA 260); Art. 2.3.1 SIA 260 umschreibt die grundlegenden Anforderungen an ein Tragwerk: «Ein Tragwerk soll bei angemessener Einpassung, Gestaltung und Zuverlässigkeit wirtschaftlich, robust und dauerhaft sein.»

7 «Entwurf» gemäss Begriffe SIA 260.

8 Vgl. die übersichtliche Darstellung in Figur 1 SIA 260.

9 «Nutzungsvereinbarung» gemäss Begriffe SIA 112 (vgl. auch Erläuterungen zum Modell Bauplanung SIA 112).

2. Abgrenzung zur Projektbasis

Nutzungsvereinbarung und Projektbasis zusammen enthalten die notwendigen Informationen über die Belastungsannahmen sowie andere Ausgangsparameter des Tragwerks und stellen die Bemessungsbasis[10] für den Tragwerksplaner dar. Die Projektbasis[11] enthält *ingenieurtechnische, tragwerksspezifische Festlegungen* und stellt damit die fachbezogene Beschreibung der bauwerksspezifischen Umsetzung der Nutzungsvereinbarung dar.[12] Die nachstehende Tabelle zeigt die Unterschiede, aber auch den Zusammenhang zwischen der Nutzungsvereinbarung und der Projektbasis:[13] 7.8

7.9

Nutzungsvereinbarung (Art. 2.2 SIA 260)	**Projektbasis (Art. 2.5.2 SIA 260)**
Beschreibt die Nutzungs- und Schutzziele des Bauherrn sowie die Anforderungen und Vorgaben des Bauherrn für die Projektierung, Ausführung, Nutzung und Erhaltung des Bauwerks.	Enthält die fachbezogene (ingenieurtechnische, tragwerksspezifische) Beschreibung der Umsetzung der Nutzungsvereinbarung (Umschreibung von Nutzungsdauer, Nutzungszuständen, Gefährdungsbildern, Tragsicherheit, Gebrauchstauglichkeit, Dauerhaftigkeit der vorgesehenen Massnahmen, akzeptierte Risiken, etc.).
Die Schutzziele und der Schutzgrad sind aufgrund einer Risikobewertung festzulegen.	Umfang und Inhalt der Projektbasis sind auf die Bedeutung und die Gefährdung des Bauwerks sowie auf dessen Risiken für die Umwelt abzustimmen.

[10] D.h. die Grundlage der statischen Berechnungen.

[11] Art. 2.5.2 SIA 260: «Die Projektbasis umschreibt: die betrachteten Gefährdungsbilder, die Anforderungen an Tragsicherheit, Gebrauchstauglichkeit und Dauerhaftigkeit sowie die zu deren Gewährleistung vorgesehenen Massnahmen inklusive Verantwortlichkeiten, Abläufen, Kontrollen und Korrekturmechanismen, die angenommenen Baugrundverhältnisse, die wesentlichen Annahmen für die Tragwerks- und Berechnungsmodelle, die akzeptierten Risiken, weitere projektrelevante Bedingungen.»

[12] Die Erarbeitung der Nutzungsvereinbarung (wie auch der Projektbasis) gehört zum Vorprojekt. Die Nutzungsvereinbarung und die Projektbasis zusammen enthalten die notwendigen Informationen über die Belastungsannahmen und die anderen Ausgangsparameter eines Tragwerkprojekts (vgl. die Beispiele in der SIA-Dokumentation D 0191).

[13] Bei späteren Änderungen der Nutzung oder Konstruktion sowie zur Erstellung des Kontrollplans liefert die Projektbasis in der Regel die für den Planer notwendigen Angaben.

3. Ausserhalb der SIA-Tragwerksnormen

7.10 Die Erarbeitung einer Nutzungsvereinbarung findet auch in Planungen Anwendung, in welchen der Begriff «Nutzungsvereinbarung» in den massgeblichen Normen und Ordnungen keinen Eingang gefunden hat.[14] Der Begriff wird nicht einheitlich verwendet.

7.11 Unabhängig von der Planerdisziplin – und analog zur Definition in den SIA-Tragwerksnormen[15] – wird vorliegend die Nutzungsvereinbarung im weiteren Sinn verstanden als *jede Vereinbarung, in welcher zwischen Planer und Bauherr die Nutzungs- und Schutzziele sowie die grundlegenden Bedingungen, Anforderungen und Vorschriften für die Projektierung, Ausführung und Nutzung des Bauwerks festgelegt sind.*

III. Inhalt und Form der Nutzungsvereinbarung

1. Inhalt

7.12 **1.** Planer und Bauherr können den Inhalt der zu erarbeitenden Nutzungsvereinbarung grundsätzlich frei festlegen.[16] Die Nutzungsvereinbarung legt – abweichende Vereinbarungen zwischen Bauherr und Planer vorbehalten – die **Anforderungen im Endzustand** (des Bauwerks) fest.[17] In der Praxis anzutreffen sind insbesondere die folgenden Festlegungen:[18]

7.13 – Grundlagen mittels Plänen, Berichten, Protokollen etc.;

7.14 – allgemeine Ziele für die Nutzung mittels Baubeschrieb, Skizzen etc.;

7.15 – Festlegung der Lebens-/Nutzungsdauer einzelner Bauwerksteile;[19]

---

[14] Der Begriff «Nutzungsvereinbarung» findet sich nicht nur in den SIA-Tragwerksnormen (SIA-Normen 260–267), sondern auch in weiteren, seit 2003 verfassten oder überarbeiteten Normen: SIA-Norm 118/198 «Allgemeine Bedingungen für Untertagebau», SIA-Norm 118/262 «Allgemeine Bedingungen für Betonbau», SIA-Norm 118/263 «Allgemeine Bedingungen für Stahlbau», SIA-Norm 118/265 «Allgemeine Bedingungen für Holzbau», SIA-Norm 118/266-1 «Allgemeine Bedingungen für Mauerwerk», SIA-Norm 118/267 «Allgemeine Bedingungen für geotechnische Arbeiten», SIA-Norm 166 «Klebebewehrungen», SIA-Norm 197 «Projektierung Tunnel», SIA-Norm 197/1 «Projektierung Tunnel – Bahntunnel», SIA-Norm 197/2 «Projektierung Tunnel – Strassentunnel», SIA-Norm 198 «Untertagbau Ausführung».

[15] Vgl. «Nutzungsvereinbarung» gemäss Begriffe SIA 260.

[16] Zu den Inhaltsschranken vgl. Rz. 7.68.

[17] Vereinbarungen, die lediglich den Bauzustand betreffen, sind in der Nutzungsvereinbarung als Randbedingungen für die Bauausführung zu formulieren.

[18] Der Inhalt und die Gliederung der Nutzungsvereinbarung im Bereich der Tragwerksnormen (SIA-Normen 260–267) richten sich nach Art. 2.2.2 SIA 260.

[19] Die Lebensdauer des Tragwerks hat unter Umständen Einfluss auf die Installation anderer Gewerke, wie zum Beispiel die Haustechnik. Ebenfalls können sich aufgrund der vereinbarten (minimalen) Lebensdauer Auswirkungen auf den Unterhaltsplan ergeben.

- Umfeld und Drittanforderungen: Erschliessung, Baustellenverkehr, Befahrbarkeit, Immissions- und Umweltschutz, Gefährdungszonen etc.; 7.16
- Anforderungen an Betrieb und Unterhalt: Zugänglichkeit des Tragwerks, Unterhaltsanforderungen einer Struktur etc.; 7.17
- Nutzlasten: Lastenannahmen einzelner Bauwerkteile etc.;[20] 7.18
- Schnee- und andere Lasten: charakteristische Normwerte, abweichende Werte[21] etc.; 7.19
- Gebrauchstauglichkeit: Verformungs- und Schwingungsverhalten von Bauteilen etc.,[22] 7.20
- besondere Vorgaben der Bauherrschaft: Ästhetik, Zugänglichkeit, Termine, Materialien etc.; 7.21
- aussergewöhnliche Einwirkungen und Schutzziele[23]/Sonderrisiken: Erdbebensicherheit, Brandschutz, Hochwasserschutz, Anpralllasten auf Stützen, Einwirkungen von Lawinenniedergängen, Schallschutz etc.; 7.22
- normbezogene Bestimmungen: Anwendbarkeit von Normen und Richtlinien, Abweichungen von Normen, spezielle Bestimmungen und Reduktionsbeiwerte. 7.23

2. Konkrete **Anwendungsbeispiele** zur Illustration:[24] 7.24

Nutzungsvereinbarung im engeren Sinn: Nutzung des Dachs einer Einstellhalle 7.25

Bauherr und Planer vereinbaren, wie der erdüberdeckte Teil einer Einstellhalle genutzt werden soll. Sie vereinbaren die Aufbringung einer 50 cm dicken Erdschicht und die Bepflanzung. Der Platz soll als Kinderspielplatz genutzt werden. Die Nutzungsvereinbarung hält fest, dass die Decke nicht mit Fahrzeugen über 2 Tonnen befahren werden darf.

Nutzungsvereinbarung im engeren Sinn: Schutz vor Hochwasser 7.26

Bei der Erstellung eines Bauwerks gilt die SIA-Norm 261 (Einwirkungen auf Tragwerke) in Verbindung mit der SIA-Norm 261/1 (Einwirkungen auf Tragwerke – Ergänzende Festlegungen). In der SIA-Norm 261/1 werden verschiedene Naturgefahrenarten behandelt und klassiert.[25] Bauherr und

---

20 Der Tragwerksplaner setzt diese Festlegung in der Projektbasis in «normgerechte» Einheiten um.

21 Beispielsweise, um eine wirtschaftlichere Lösung zu ermöglichen. Sich daraus ergebende Konsequenzen (etwa Festlegen der Grenzbelastung, Prozeduren zur Schneeentfernung, Messen der Schneelast) sind vom Planer in Nutzungsanweisungen festzuhalten.

22 Vereinbarungen bezüglich der Gebrauchstauglichkeit betreffen meist das Verformungs- und Schwingungsverhalten von Bauteilen.

23 Die Schutzziele werden vom Planer in Schutzgrade umgesetzt: «Mass für die materielle Umsetzung von Schutzzielen (z.B. bei Brand die Einteilung in Feuerwiderstandsklassen, bei Erdbeben die Zuordnung zu Bauwerksklassen)», vgl. «Schutzgrad» gemäss Begriffe SIA 260.

24 Beispiele von Nutzungsvereinbarungen finden sich in der SIA-Dokumentation D 0181 oder bei der usic-Stiftung, abrufbar unter: <www.usic-stiftung.ch/de/Dokumente/attention/attention-2010-12-Nutzungsvereinbarung-Tragwerke> (besucht am 2. Juli 2018).

25 «Rutschungen, Murgänge und Hochwasser» in Art. 4 SIA 261/1, «Schnee- und Lawinendruck» in Art. 5 SIA 261/1, «Hagel» in Art. 6 SIA 261/1 und « Stein-, Block- und Eisschlag» in Art. 7 SIA 261/1.

Planer vereinbaren folgendes Schutzziel: Als Schutzziel wird ein 300-jährliches Ereignis vereinbart. Eine Überschwemmungshöhe von 0,5 m darf keine Schäden am Gebäude verursachen.[26]

7.27 *Nutzungsvereinbarung im weiteren Sinn: Energie- und Gebäudetechnik*

Planer und Bauherr halten in einer Nutzungsvereinbarung fest, dass einzelne Räume lediglich als Abstellräume genutzt werden und daher sowohl mit Blick auf die Baukosten als auch im Hinblick auf einen ökonomisch und ökologisch optimierten Betrieb nicht den für die übrigen Räume – ebenfalls in der Nutzungsvereinbarung – festgelegten Anforderungen an Raumklima und Minimaltemperaturen zu genügen haben.

2. Form

7.28 Die SIA-Ordnungen und -Normen verstehen die Nutzungsvereinbarung *im engeren Sinn* als Teil der Bauwerksakten. Damit nehmen die SIA-Ordnungen und -Normen stets die **einfache Schriftlichkeit** der Nutzungsvereinbarung an.[27]

7.29 Eine Nutzungsvereinbarung kann jedoch grundsätzlich **in jeder Form,** auch mündlich, abgeschlossen werden (Art. 11 Abs. 1 OR).

IV. Die Nutzungsvereinbarung im Gesamtkontext der Leistungen des Planers

1. Der hybride Charakter der Nutzungsvereinbarung

7.30 **1.** Die Nutzungsvereinbarung stellt eine durch den Planer zu erbringende Leistung (Rz. 7.40) im Rahmen der Erstellung der Bauwerksakten und damit *Bestandteil der geschuldeten Projektierungsarbeit* dar. Die Nutzungsvereinbarung ist jedoch kein isolierter Bestandteil der Leistung des Planers, sondern dient der weiteren Planung. Mit der Nutzungsvereinbarung werden wesentliche Festlegungen des Inhalts der weiteren Leistungen des Planers getroffen. Insofern ist die Nutzungsvereinbarung *eine Vereinbarung über die weitere Planung,* mithin eine Teilvereinbarung des Planervertrags.

7.31 **2.** Die Nutzungsvereinbarung weist daher einen **hybriden Charakter** auf, nämlich einerseits als eine vom Planer *im Rahmen der Projektierung zu erbringende Leistung,* andererseits als *Bestandteil des Planervertrags* zwischen Bauherr und Planer.[28] Oder

---

[26] Vgl. EGLI, Tragwerke, S. 117.

[27] Vgl. bspw. Art. 2.1.2 SIA 260: «Die Nutzungsanforderungen sind in der Nutzungsvereinbarung festzuhalten» oder Art. 4.3.31 SIA 103: «Fachplaner – Projektgrundlagen: Erarbeiten der Nutzungsvereinbarung».

[28] Dies kann – nebst der Tatsache, dass es «die Nutzungsvereinbarung» im Sinne einer Vereinbarung mit immer gleichem Inhalt aufgrund der Vertragsfreiheit der Parteien nicht gibt – zu heiklen Abgrenzungsfragen führen; der Begriff «hybrid» orientiert sich an SCHUMACHER, Sicherheit, S. 792,

anders formuliert: Erst schuldet der Planer die Erarbeitung der Nutzungsvereinbarung; dann vereinbaren Planer und Bauherr die (allenfalls modifizierte, überarbeitete) Nutzungsvereinbarung als Grundlage der weiteren Planung.

2. Qualifikation

1. Beschränken sich die Leistungen des Planers auf die **Erarbeitung einer Nutzungsvereinbarung** und auf weitere Planungsleistungen, ist der Vertrag *als Werkvertrag* (Art. 363 ff. OR) zu qualifizieren (Rz. 1.31).[29] Inhalt des Werkvertrags ist also die Herstellung des Planwerks, dessen Bestandteil die Nutzungsvereinbarung darstellt.[30] 7.32

2. Verpflichtet sich der Planer nebst der Projektierung und der damit verbundenen Erarbeitung der Nutzungsvereinbarung auch zur Leitung der Bauausführung (vgl. Art. 2.1 SIA 102/103) oder ist der Planer für ein gesamtes Bauwerk verantwortlich (Gesamtleiter,[31] vgl. Art. 2.3 SIA 102/103), so liegt ein **Gesamtvertrag** («contrat complet») vor.[32] Gemäss Auffassung des Bundesgerichts handelt es sich bei einem solchen Gesamtvertrag um ein aus Werkvertrag und Auftrag gemischtes Vertragsverhältnis (mischvertragliche Konzeption), was eine Spaltung der Rechtsfolgen zur Folge haben kann (vgl. Rz. 1.49). Ob die Haftung des Gesamtplaners – auch im Zusammenhang mit seinen Pflichten hinsichtlich der Nutzungsvereinbarung – in Zukunft einheitlich nach Auftragsrecht zu beurteilen sein wird (vgl. Rz. 1.50), wird sich weisen.[33] Jedenfalls liessen sich damit die unpassenden werkvertraglichen Verwirkungsregeln ausschalten. 7.33

welcher die Bauarbeitenverordnung (BauAV) als hybride Norm mit dem Charakter von Vertragsnormen und technischer (Bau-)Norm bezeichnet.

29 Zur Qualifikation der Erstellung von Nutzungs- und Sicherheitsplan nach ursprünglicher SIA-Norm 160 als Werkvertrag vgl. BRINER, Nutzungsplan, S. 527.

30 Mängel einer Nutzungsvereinbarung (als Planwerk) zeigen sich unter Umständen erst an der mangelhaften Gebrauchstauglichkeit oder der ungenügenden Sicherheit des Bauwerks.

31 Zu den Aufgaben eines Gesamtleiters vgl. «Gesamtleiter» gemäss Begriffe SIA 112: «Die Gesamtleitung besteht in der Leitung und Koordination des Planerteams sowie in der Gewährleistung der Kommunikation mit dem Auftraggeber, weiteren Baubeteiligten und Dritten». Für die phasenübergreifenden Planerleistungen wird auf die SIA-Ordnungen 102, 103, 104, 105 und 108 verwiesen (vgl. insbesondere die dortigen Art. 3.4). Zur Regelung der Beziehung zwischen dem Auftraggeber und dem Planerteam bzw. dem Gesamtleiter steht zudem der Formularvertrag des SIA zur Verfügung (SIA-Vertragsformular 1001/1).

32 BGE 127 III 543/545 E. 2a (= BR/DC 2002, S. 90, Nr. 212, mit Anm. WERRO).

33 So der Entscheid des HGer SG HG.2008.127 vom 23. März 2010 (= BR/DC 2010, S. 58, Nr. 129, mit Anm. STÖCKLI); ablehnend jedoch BGer 4A_53/2012 vom 31. Juli 2012 (= BR/DC 2012, S. 192, mit Anm. SIEGENTHALER).

3. Nachführung der Nutzungsvereinbarung und Widersprüche zu anderen Dokumenten

7.34 **1.** Die Nutzungsvereinbarung wird von den Planern als ein *«rollendes Planungsinstrument»* verstanden. «Rollendes Planungsinstrument» meint, dass die Nutzungsvereinbarung (und die Projektbasis) im Laufe der weiteren Projektierung vom Planer nachzuführen ist.[34] Diese Auffassung steht in Übereinstimmung mit dem Wortlaut der SIA-Ordnung 103,[35] welche die Nachführung der Nutzungsvereinbarung als Leistung des Planers festlegen. Zeigen sich zwischen den in der Nutzungsvereinbarung festgelegten Anforderungen und den Festlegungen in anderen Bauwerksakten (Dokumenten, Plänen und dgl.) Widersprüche, stellt sich die Frage, inwiefern und inwieweit den in der Nutzungsvereinbarung getroffenen Festlegungen **Vorrang vor den Festlegungen zukommt,** welche (in der Regel in zeitlich späteren und detaillierteren) Dokumenten getroffen werden. Geht die Nutzungsvereinbarung den späteren Dokumenten vor und sind spätere Dokumente, welche die Nutzungsvereinbarung widersprüchlich oder unvollständig konkretisieren, deswegen mangelhaft oder geht die spätere Dokumentation (z.B. Ausführungspläne) der Nutzungsvereinbarung vor?

7.35 Beispiel: In der Nutzungsvereinbarung halten die Parteien fest, das Bauwerk solle als Halle für Fahrzeuge mit einer Höhe von 2,7 m dienen. Der Planer erstellt und der Bauherr unterzeichnet in der Folge Ausführungspläne, welche eine betonierte Deckenhöhe von 2,7 m aufzeigen. Durch die Installation von Deckenleitungen, Garagentorantrieben und Isolationsmaterial erweist sich später die tatsächliche (lichte) Hallenhöhe von stellenweise bloss 2,5 m als nicht ausreichend, um ein unbehindertes Rangieren der Fahrzeuge zu gestatten.

7.36 **2. Vorrangig vor anderen Dokumenten** hält die Nutzungsvereinbarung die Anforderungen des Bauherrn fest. Die vereinbarten Anforderungen sind vom Planer *umfassend* in der weiteren Projektierung zu berücksichtigen.

7.37 **3.** Eine **Änderung der Festlegungen der Nutzungsvereinbarung** *durch den Planer* bedarf eines eindeutigen und unmissverständlichen Hinweises an den Bauherrn und seiner Zustimmung[36] (vgl. Art. 4.3.32 SIA 103: «Genehmigung der Nutzungsvereinbarung» als Leistung und Entscheid des Auftraggebers). Ein Konsens, dass der Inhalt der Nutzungsvereinbarung abgeändert werden soll oder von der Nutzungsvereinbarung abweichende Festlegungen getroffen werden sollen, ist vom Planer nicht leichthin anzunehmen, auch nicht durch Genehmigung der Ausführungspläne.[37] Ob der Planer von einer

---

[34] Dietsche/van Rooden, Schwingende Tribünen, S. 32.

[35] Vgl. dazu Art. 4.3.32 SIA 103, welcher als Auftragsgegenstand des Ingenieurs als Gesamtleiter das «Aktualisieren der Vorgaben zur fachübergreifenden Nutzungsvereinbarung» bezeichnet und dem Fachplaner die «Aktualisierung der Nutzungsvereinbarung» auferlegt.

[36] Währenddessen die blosse Konkretisierung der in der Nutzungsvereinbarung festgehaltenen Anforderungen gerade zur Hauptaufgabe des Planers gehört und keines Hinweises bedarf.

[37] Zum Zeitpunkt des Abschlusses einer Nutzungsvereinbarung steht meist eine Reihe von Parametern noch nicht fest. Auf gewisse Parameter hat der Planer zudem nur beschränkt Einfluss. Teilweise hängen sie von Planungsleistungen anderer Planer(-Disziplinen) ab. Der verantwortliche Planer ist gut

(stillschweigenden) Änderung der Festlegungen der Nutzungsvereinbarung ausgehen darf, ist anhand der Umstände des Einzelfalls zu entscheiden. Wesentlich ist, ob der Bauherr auf die Abweichung gegenüber der Nutzungsvereinbarung aufmerksam gemacht wurde oder ob er eine abweichende Festlegung ohne Weiteres hätte erkennen müssen. Im letzteren Fall ist wesentlich, ob der Bauherr selbst sachkundig ist.[38]

Ein anderes Verständnis, nämlich eine eigentliche, einseitige Änderung des Inhalts der Nutzungsvereinbarung durch den Planer ohne einen (erneuten) Konsens zwischen Planer und Bauherr ist nicht mit dem Grundsatz der Vertragstreue (pacta sunt servanda) vereinbar.[39] Die in der Nutzungsvereinbarung festgehaltenen Anforderungen des Bauherrn sind durch den Planer einzuhalten.[40] 7.38

4. Das **Bestellungsänderungsrecht des Bauherrn** beinhaltet das Recht, die Anforderungen an das Bauwerk und damit den Inhalt der Nutzungsvereinbarung (neu) festzulegen. Die Nutzungsvereinbarung ist somit auf Verlangen des Bauherrn anzupassen. Zwar steht dem Bauherrn im Werkvertragsrecht nach Art. 363 ff. OR kein allgemeines Bestellungsänderungsrecht zu, doch dürfte ein solches Recht mangels Vereinbarung im Normalfall dem hypothetischen Parteiwillen entsprechen.[41] Ein einseitiges Recht des Bauherrn auf Bestellungsänderung (unabhängig von der Qualifikation des Vertragsverhältnisses) sehen die SIA-Ordnungen 102 und 103 vor. Auch nach Auftragsrecht steht dem *Auftraggeber das allgemeine Recht* zu, die Anforderungen und damit die Aufgaben des Planers durch einseitige Weisungen zu ändern (Art. 397 OR). 7.39

---

beraten, in der Nutzungsvereinbarung festzuhalten, unter welchen Bedingungen und Voraussetzungen die festgelegten Anforderungen einzuhalten sind.

[38] Oder sachkundig vertreten war, beispielsweise durch einen Bauherrenvertreter. Andernfalls stellt die Nutzungsvereinbarung oft das einzige Dokument dar, welches für den Bauherrn aufgrund der nicht technischen Sprache verständlich ist.

[39] Stauder, Pacta sunt servanda, S. 481.

[40] Positive gesetzliche Anpassungsregeln sehen die Vertragsanpassung an veränderte Verhältnisse vor und weichen somit vom Grundsatz der Vertragstreue ab. Zu den positiven Anpassungsregeln gehören diejenigen Bestimmungen des OR, die eine Vertragsanpassung aus wichtigen Gründen und die Vertragsanpassung bei ausserordentlichen Umständen (z.B. Art. 373 Abs. 2 OR) vorsehen. Eine Anpassung der Nutzungsvereinbarung an veränderte Verhältnisse, welche unter dem Stichwort «clausula rebus sic stantibus» bekannt ist, ist möglich. Es besteht jedoch eine gewisse Resistenz der Nutzungsvereinbarung gegenüber der Veränderung der Verhältnisse (vgl. Gauch/Schluep/Schmid, OR AT, Rz. 1280 ff.).

[41] Egli, Architektenrecht 1995, Rz. 1076, Fn. 201.

V. Nutzungsvereinbarung und die Leistungen des Planers

1. Nutzungsvereinbarung als zu vereinbarende Leistung

7.40 **1.** Planer und Bauherr können allfällige Pflichten der Parteien zur Erarbeitung einer Nutzungsvereinbarung frei vereinbaren.[42] Ohne Vereinbarung besteht grundsätzlich **keine Pflicht** des Planers zur Erarbeitung einer Nutzungsvereinbarung. Aus der Einhaltung der allgemeinen Sorgfalts- und Treuepflichten, insbesondere aus der Einhaltung der anerkannten Regeln der Bautechnik, können sich für den Planer allerdings Pflichten zur Erarbeitung einer Nutzungsvereinbarung ergeben (vgl. Rz. 7.66).

7.41 **2.** Das Festhalten der Nutzungsanforderungen in einer Nutzungsvereinbarung – entsprechend der Art, Grösse und Bedeutung des zu erstellenden Bauwerks – kann sinnvoll sein, selbst wenn zwischen den Parteien keine konkreten Leistungen vereinbart wurden und sich diesbezügliche Pflichten des Planers nicht durch die Einhaltung der anerkannten Regeln der Bautechnik ergeben. Dies insbesondere aus folgendem Grund: Mit der Nutzungsvereinbarung steht dem Bauherrn und dem Planer ein Instrument zur Verfügung, die Pflichten des Planers zu konkretisieren und die Anforderungen des Bauherrn an das Werk zu dokumentieren. Es wird ein **Beweismittel** geschaffen: Mithilfe der Nutzungsvereinbarung kann dem Bauherrn beispielsweise der Beweis gelingen, dass der Eintritt einer bestimmten Tatsache als (objektive) Vertragsverletzung zu qualifizieren ist.[43] Andererseits kann die Nutzungsvereinbarung den Planer vor nicht vereinbarten Ansprüchen des Bauherrn schützen und dem Planer den Gegenbeweis ermöglichen, dass er die Anforderungen an das Werk erfüllt und damit die erforderliche (subjektive) Sorgfalt aufgebracht hat.[44]

7.42 Um sicherzustellen, dass ein Beweismittel auch für die mit der Projektbasis vorzunehmenden Konkretisierungen vorliegt, kann der Planer dem sachkundigen Bauherrn (oder seinem sachkundigen Vertreter)[45] auch die Projektbasis erläutern und darin festhalten, dass der Bauherr auch mit der Projektbasis und den darin enthaltenen Festlegungen einverstanden ist.

---

42 Im Rahmen der in der Privatautonomie begründeten Vertragsfreiheit und in den Schranken der Rechtsordnung (Art. 19 f. OR; Art. 27 ZGB; vgl. Gauch/Schluep/Schmid, OR AT, Rz. 629 ff.).

43 Beispielsweise vermag der Bauherr mittels einer Nutzungsvereinbarung zu beweisen, dass mit dem Planer gegenüber den «praxisüblichen» Festlegungen höhere Anforderungen an das Bauwerk vereinbart wurden.

44 Womit den Planer kein Verschulden trifft. Zur Vertragsverletzung und zum Verschulden des Planers vgl. Rz. 7.79 ff.; zufolge der «Objektivierung» und der Vermutung des Verschuldens gelingt es dem Planer allerdings selten, zu beweisen, dass kein Verschulden vorliegt, wenn vom Bauherrn eine Vertragsverletzung nachgewiesen wird. Die Tatsache, dass eine Nutzungsvereinbarung vorliegt, kann allerdings Hinweise auf die Erfüllung der Sorgfaltspflichten des Planers geben (Informations-, Aufklärungs-, Beratungspflichten etc.; dazu Rz. 7.62 ff.).

45 Sachkunde ist notwendig, da die Projektbasis in einer technischen Sprache verfasst ist (vgl. Rz. 7.8).

2. Leistungen des Planers gemäss SIA-Ordnungen 102 und 103

A. Nutzungsvereinbarung und Projektbasis statt Nutzungs- und Sicherheitsplan

Um eine klare Verteilung von Rechten und Pflichten zu erreichen, können von den Parteien **vorformulierte Vertragsbedingungen,** welche die Parteien zu Vertragsbestandteilen erklären, in den Planervertrag übernommen werden.[46] Zu solch vorformulierten Vertragsbedingungen gehören insbesondere die SIA-Ordnungen 102 und 103 als Allgemeine Geschäftsbedingungen für Architekten- bzw. Ingenieurverträge.[47] Die früheren Ausgaben 2003 der SIA-Ordnungen 102 und 103 enthielten den Begriff der Nutzungsvereinbarung nicht; die Ordnungen sprachen unverändert vom «Nutzungs- und Sicherheitsplan» und meinen im Wesentlichen dasselbe wie die Nutzungsvereinbarung und die Projektbasis.[48] In den totalrevidierten Fassungen 2014 der **SIA-Ordnungen 102 und 103** wurde die Begrifflichkeit angepasst: Die SIA-Ordnung 103 kennt nun ebenfalls den Begriff der «Nutzungsvereinbarung» (Art. 4.3.31, Art. 4.3.32, Art. 4.3.33, Art. 4.3.51, Art. 4.3.53, Art. 4.3.62 und Art. 4.3.63). Die SIA-Ordnung 102 demgegenüber spricht das Thema der Nutzungsvereinbarung nicht mehr direkt an, sie erwähnt aber das «Projektpflichtenheft». 7.43

B. Leistungen gemäss SIA-Ordnung 102

Die SIA-Ordnung 102 sieht im Rahmen der Vorstudien als **besonders zu vereinbarende Leistung** die «Mithilfe bei der Erstellung der Projektdefinition und des Projektpflichtenhefts» (Art. 4.21) vor. Ab der Planungsphase gilt das «Nachführen des Projektpflichtenhefts» als **Grundleistung** (Art. 4.31, Art. 4.32, Art. 4.33, Art. 4.41, Art. 4.51, Art. 4.52 und Art. 4.53). Die SIA-Norm 112 bezeichnet die Nutzungsvereinbarung als Teil des Pflichtenhefts.[49] Das Projektpflichtenheft wird im Rahmen der Vorstudie grundsätzlich 7.44

---

[46] Zur eingebürgerten Unterscheidung zwischen technischen Normen und Vertragsnormen, vgl. Stöckli, Private Baunormung, S. 3 f., der zudem festhält, dass die Unterscheidung von technischen Normen und Vertragsnormen insoweit ungenau ist, als selbstverständlich auch technische Normen zum Inhalt von Verträgen werden können.

[47] Rechtserheblich sind solche Vertragsbedingungen nur insoweit, als sie von den Parteien einzelvertraglich übernommen werden; siehe auch BGE 118 II 295/296 E. 2a (= BR/DC 1993, S. 103, Nr. 216, mit Anm. Gauch); 107 II 172/178 E. 1c (= BR/DC 1982, S. 17, Nr. 14, mit Anm. Gauch).

[48] Gemäss SIA-Norm 160 wurden die Nutzungsanforderungen respektive die konkreten Nutzungszustände im Nutzungsplan festgehalten. Basierend darauf erstellte der Planer die Gefährdungsbilder, welche im Sicherheitsplan festgehalten wurden. Der Sicherheitsplan diente unter anderem für die Berechnung und Bemessung. Darüber hinaus diente der Sicherheitsplan als Grundlage für den Kontrollplan und die Nutzungsanweisungen. Eine Anpassung der Terminologien in den SIA-Ordnungen 102 und 103 ist seit Einführung der SIA-Tragwerksnormen im Jahre 2003 noch nicht erfolgt.

[49] «Projektpflichtenheft» gemäss Begriffe SIA 112: «Das Projektpflichtenheft beinhaltet die Funktionen und Eigenschaften des Bauwerks zur Erreichung der in der Projektdefinition festgelegten Zielgrössen sowie die Aufbau- und Ablauforganisation des Projekts. Die Erstellung des Projektpflichtenhefts erfolgt in der Phase 2 Vorstudien durch den Auftraggeber oder in seinem Auftrag. Das Projektpflich-

durch den Auftraggeber vorgegeben; er kann die Erarbeitung des Projektpflichtenhefts dem Architekten in Auftrag geben. Das einmal erstellte Projektpflichtenheft ist danach vom Architekten nachzuführen. In Bezug auf die Nutzungsvereinbarung wird es sich hierbei in erster Linie um eine koordinierende Tätigkeit im Zusammenspiel mit dem Ingenieur und den Fachplanern handeln.

C. Leistungen gemäss SIA-Ordnung 103

7.45 Abhängig davon, ob der Bauingenieur als *Gesamtleiter* (vgl. Art. 2.3 SIA 103) oder als *Fachplaner* (vgl. Art. 2.4 SIA 103) tätig ist, sieht die SIA-Ordnung 103 für den Bauingenieur einen unterschiedlichen Leistungsumfang vor.[50]

7.46 Die Leistungen des Bauingenieurs in Bezug auf die Nutzungsvereinbarung gehören gemäss der SIA-Ordnung 103 grundsätzlich[51] zu den **Grundleistungen.**[52]

a. Leistungen des Bauingenieurs als Gesamtleiter

7.47 – Nach Art 4.3.31 SIA 103 erarbeitet der Bauingenieur im Rahmen der Projektierung (Vorprojekt) die Grundlagen für die Nutzungsvereinbarung und die Vorgaben der fachübergreifenden Nutzungsvereinbarung.

7.48 – Gemäss Art. 4.3.32 SIA 103 hat der Bauingenieur im Rahmen der Projektierung (Bauprojekt) unter dem Titel «Gesamtleitung» die Vorgaben zur fachübergreifenden Nutzungsvereinbarung zu aktualisieren.

7.49 – Nach Art. 4.3.33 SIA 103 aktualisiert der Bauingenieur im Rahmen der Projektierung (Bewilligungsverfahren/Auflageprojekt) unter dem Titel «Gesamtleitung» die Vorgaben zur fachübergreifenden Nutzungsvereinbarung.

---

tenheft wird beim Abschluss jeder Teilphase aufgrund der Ergebnisse durch den Gesamtleiter und den Auftraggeber stufengerecht nachgeführt.» Zu diesen mit der Revision 2014 der LHO eingeführten Präzisierungen vgl. den Kommentar des SIA vom 17. Dezember 2014, abrufbar unter: <http://www.sia.ch/de/dienstleistungen/artikelbeitraege/detail/article/revision-der-leistungs-und-honorar ordnungen-des-s/> (besucht am 16. August 2018).

[50] Die SIA-Ordnung 103 unterscheidet zwischen den vom Bauingenieur als Gesamtleiter, der «die Verantwortung für die zielkonforme Planung und Realisierung des Vorhabens» übernimmt (Art. 2.3.1 SIA 103), und den vom Bauingenieur als Fachplaner, der «die funktionale und konstruktive Gestaltung des Bauwerks oder Teile davon» übernimmt (Art. 2.4.1 SIA 103), zu erbringenden Leistungen.

[51] Die Ausnahme bilden die besonders zu vereinbarenden Leistungen im Rahmen der Bewirtschaftung; vgl. Art. 4.3.62 und Art. 4.3.63 SIA 103.

[52] Die vom Planer zu erbringenden Leistungen werden in Grundleistungen und besonders zu vereinbarende Leistungen (Zusatzleistungen) gegliedert. Grundleistungen umfassen jene Leistungen, die zur ordnungsgemässen Erfüllung eines Auftrags in der Regel erforderlich und ausreichend sind. Je nach Aufgabe des Planers können einzelne Grundleistungen wegfallen, ohne dass dadurch die Qualität der Ergebnisse vermindert wird (Art. 3.3.3 SIA 103). Sofern zwischen Planer und Bauherr vereinbart, treten zu den Grundleistungen besonders zu vereinbarende Leistungen hinzu (Art. 3.3.4 SIA 103).

- Gemäss Art. 4.3.51 SIA 103 hat der Bauingenieur bei der Realisierung des Ausführungsprojekts die Vorgaben zur fachübergreifenden Nutzungsvereinbarung zu aktualisieren. 7.50

b. Leistungen des Bauingenieurs als Fachplaner

- Nach Art 4.3.31 SIA 103 erarbeitet der Bauingenieur als Fachplaner im Rahmen der Projektierung (Vorprojekt) die Nutzungsvereinbarung. 7.51
- Gemäss Art 4.3.32 SIA 103 aktualisiert der Bauingenieur als Fachplaner im Rahmen der Projektierung (Bauprojekt) die Nutzungsvereinbarung. 7.52
- Gemäss Art 4.3.33 SIA 103 hat der Bauingenieur als Fachplaner im Rahmen der Projektierung (Bewilligungsverfahren/Auflageprojekt) die Nutzungsvereinbarung zu aktualisieren. 7.53
- Nach Art 4.3.51 SIA 103 aktualisiert der Bauingenieur als Fachplaner im Rahmen der Realisierung des Ausführungsprojekts die Nutzungsvereinbarung. 7.54
- Schliesslich führt der Bauingenieur als Fachplaner im Rahmen der Realisierung (Inbetriebnahme/Abschluss) die Nutzungsvereinbarung und die Projektbasis nach (Art. 4.3.53 SIA 103). 7.55

D. Die Nutzungsvereinbarung in der SIA-Norm 112 (Modell Bauplanung)

Die SIA-Norm 112 «Modell Bauplanung» bildet eine einheitliche Grundstruktur der in den SIA-Ordnungen 102, 103, 104, 105 und 108 dargestellten Leistungen. Sie hält unter den «Leitgedanken» fest: «Die Nutzungsvereinbarung, die als Instrument im Rahmen des Ingenieurbaus entwickelt wurde, bildet einen Teil des Projektpflichtenhefts». Eine mit der SIA-Norm 260 übereinstimmende Definition der Nutzungsvereinbarung findet sich in der Begriffssammlung unter dem Titel «Umfassende Tätigkeiten und Führungsinstrumente». In Bezug auf die Leistungen der Planer hält die SIA-Norm 112 in der Nutzungsvereinbarung im Weiteren fest: 7.56

- Ziff. 312.4 SIA 112 definiert die Erstellung der notwendigen Dokumente, Berichte und Nachweise als Modulinhalt bzw. als eine von den Planern im Rahmen der Projektierung (Rahmen Vorprojekt) zu erbringende Leistung. Als erwartetes Ergebnis (Dokument) der Konzeption und der Optimierung der Wirtschaftlichkeit wird unter anderem die *Nutzungsvereinbarung* genannt. Unter Ziff. 312.5 SIA 112 wird im gleichen Rahmen die Erstellung der *Detail-Nutzungsplanung* erwähnt. 7.57
- Ziff. 322.3 SIA 112 hält fest, dass der Planer im Rahmen des Bauprojekts die Konzepte bereinigen, das Bauprojekt mit den notwendigen Dokumenten, Berichten und Nachweisen sowie die Detailpläne, soweit für das Bauprojekt erforderlich, erstellen muss. Als Ergebnis (Dokument) wird die *Nachführung Nutzungsvereinbarung* aufgeführt. 7.58

3. Nutzungsvereinbarung und Sorgfalts- und Treuepflichten des Planers

7.59 **1.** Der Planer kann die im Zusammenhang mit der Nutzungsvereinbarung stehenden Pflichten dadurch verletzen, dass er den vertraglich festgelegten Leistungen und den abgegebenen Zusicherungen nicht nachkommt. Eine Vertragsverletzung kann weiter dadurch erfolgen, dass der Planer die **vertraglich geschuldete «getreue und sorgfältige» Leistungserbringung** missachtet.[53] Unabhängig davon, ob die Pflichten des Planers im Zusammenhang mit der Erarbeitung einer Nutzungsvereinbarung nach Auftrags- oder Werkvertragsrecht zu beurteilen sind, hat der Planer die notwendige Sorgfalt anzuwenden und die berechtigten Interessen der Bauherrschaft in guten Treuen zu wahren (Art. 364 Abs. 1 und Art. 398 OR).[54]

7.60 **2.** Massgebend für die Beurteilung der bei der Erarbeitung und Prüfung der Nutzungsvereinbarung geschuldeten Sorgfalt des Planers ist ein **abstrakter Sorgfaltsmassstab,** gemessen an einem berufsspezifischen Durchschnittsverhalten (Rz. 9.40 ff.). Für verschiedene Spezialisierungstiefen (allgemeine Planer, Architekten, Tragwerksplaner etc.) ist ein unterschiedlicher Massstab anzulegen.[55] Die geschuldeten Sorgfalts- und Treuepflichten bei der Erarbeitung der Nutzungsvereinbarung verlangen insbesondere die Einhaltung der folgenden Pflichten des Planers:

A. Klärung der Anforderungen des Bauherrn

7.61 Der Planer hat sich über die (Nutzungs-)Anforderungen und Vorstellungen des Bauherrn an das Werk zu informieren. Konkret erforderlich ist die **Beschreibung und Quantifizierung der Anforderungen des Bauherrn.**[56] Dies setzt voraus, dass sich der Planer

---

[53] Vgl. auch Art. 1.2.1 SIA 102/103: «Sorgfaltspflicht: Der Beauftragte wahrt die Interessen des Auftraggebers, insbesondere die Erreichung seiner Ziele, nach bestem Wissen und Können und erbringt die vertraglich vereinbarten Leistungen unter Beachtung der allgemeinen anerkannten Regeln seines Fachgebietes.» Gemäss Art. 1.7.11 SIA 102/103 haftet der Planer «[...] insbesondere bei Verletzung seiner Sorgfalts- und Treuepflicht, bei Nichtbeachtung oder Verletzung anerkannter Regeln seines Fachgebietes, bei mangelnder Koordination oder Beaufsichtigung, bei Nichteinhaltung von vereinbarten Fristen oder Terminen sowie bei ungenügender Kosteninformation.»

[54] Vgl. BGer 4C.284/2006 vom 7. November 2006 (= BR/DC 2007, S. 61, Nr. 202, mit Anm. Stöckli).

[55] Scherler, Haftung für mangelnde Erdbebensicherheit, S. 44, weist auf die kaskadenartige Betrachtungsweise des Bundesgerichts bei der Beurteilung der Sorgfalt des Planers hin, welches auf einer ersten Stufe von der nach objektiven Kriterien zu bestimmenden Sorgfalt eines gewissenhaften Beauftragen ausgeht, alsdann auf einer zweiten Stufe die berufstypischen Verhaltensregeln und Usanzen heranzieht, und schliesslich auf einer dritten Stufe die Beurteilung an den besonderen Grundlagen des Einzelfalles sowie der Art des Auftrags verfeinert; zum sogenannten Übernahmeverschulden vgl. Fellmann, Haftung für Werkmängel, S. 111: Der Planer vermag sich durch die Geltendmachung fehlender Ausbildung, von Unerfahrenheit, von Zeitmangel oder dergleichen nicht zu entlasten, im Gegenteil, gerade die eigene Unfähigkeit gereicht dem Planer zum Verschulden.

[56] Löffelmann/Fleischmann, Architektenrecht, Rz. 61.

durch gezielte und strukturierte Fragestellungen in die Lage versetzt, die Vorstellungen des Bauherrn bezüglich Nutzung, Nutzungsdauer, Gebrauchstauglichkeit, usw. korrekt zu erfassen. Unklarheiten müssen durch den Planer geklärt werden. Demgegenüber obliegt es dem Bauherrn, seine eigenen Bedürfnisse abzuklären und diese dem Planer mitzuteilen.

B. Informations-, Aufklärungs- und Beratungspflicht

1. Aus dem Zweck der Nutzungsvereinbarung ergibt sich, dass der Bauherr deren Inhalt verstehen muss, diese somit in einer für den Bauherrn verständlichen Sprache abgefasst sein muss.[57] Die Intensität von Dialog und Beratung durch den Planer richtet sich nach den für den Planer erkennbaren Bedürfnissen des Bauherrn, mithin nach dem Sachverstand des Bauherrn oder seiner Hilfspersonen.[58] Der Planer hat den Bauherrn über alles zu **informieren** und ihm von sich aus die notwendigen Hilfestellungen zu geben, um ihn in die Lage zu versetzen, seine Anforderungen zu formulieren.[59] Darüber hinausgehende Informationen oder Informationen, welche der Bauherr zur Formulierung seiner Anforderungen bereits kennt oder entsprechend seinem Sachverstand kennen müsste, sind nicht geschuldet. 7.62

2. Nebst der Informationspflicht trifft den Planer eine **Aufklärungspflicht**. Diese reicht weiter als die blosse Information, indem der Bauherr nicht nur zu informieren, sondern ihm die Festlegungen in der Nutzungsvereinbarung – soweit erforderlich – auch zu erklären sind.[60] Im Hinblick auf die Nutzungsanforderungen hat der Planer denn auch bereits im Stadium des Vorprojekts den Bauherrn im Sinne eines Grobfilters auf die Vor- und Nachteile seiner Festlegungen aufmerksam zu machen. Der Planer muss den Bauherrn über die Konsequenzen der in der Nutzungsvereinbarung getroffenen Anforderungen und deren Tragweite *belehren*.[61] Dies insofern und soweit, als dem (sachverständigen) Bauherrn die Konsequenzen seiner Anforderungen nicht bereits bekannt sind oder bekannt sein müssten. Der Planer hat den Bauherrn sofort zu informieren, sollten dessen Anforderungen nicht wie erwartet umgesetzt werden können.[62] 7.63

---

[57] Art. 2.2.1 SIA 260: «Die Nutzungsvereinbarung ist aufgrund eines Dialogs zwischen Bauherrschaft und Projektverfassenden zu erstellen.»

[58] Vgl. Krauskopf-Forero/Siegenthaler, Architektur- und Bauingenieurverträge, S. 300; mit Hinweis auf Briner, Architektenverträge, S. 31 f.; Schumacher, Architektenrecht 1995, Rz. 441 und 456.

[59] Grundsätzlich hat der Planer als Ausfluss seiner Sorgfalts- und Treuepflicht den Bauherrn über alles zu informieren, was für dessen Rechtsausübung und Rechtsstellung wichtig ist (Schumacher, Architektenrecht 1995, Rz. 441; Rz. 9.119 ff.).

[60] Krauskopf-Forero/Siegenthaler, Architektur- und Bauingenieurverträge, S. 301; Schumacher, Architektenrecht 1995, Rz. 442.

[61] Der Bauherr muss vom Planer beispielsweise in die Lage versetzt werden, rechtzeitig sämtliche Folgen seiner Anforderungen zu erkennen, beispielsweise bezüglich Schwingungen, Verformungen, Raumklima, Akustik, usw. (vgl. Schumacher, Architektenrecht 1995, Rz. 442).

[62] Briner, Architektenverträge, S. 31; Löffelmann/Fleischmann, Architektenrecht, Rz. 61.

7.64 **3.** In Bezug auf die Erarbeitung der Nutzungsvereinbarung trifft den Planer zusätzlich die noch anspruchsvollere **Beratungspflicht**, die über die blosse Aufklärung hinausgeht.[63] Der Planer hat dem Bauherrn Empfehlungen abzugeben und insbesondere Vorschläge zu den festzulegenden Anforderungen zu unterbreiten. Der Planer hat sicherzustellen, dass der Bauherr seine Anforderungen[64] aufgrund realistischer Vorstellungen und Kenntnisse von den das Bauvorhaben betreffenden Rahmenbedingungen, Risiken und (technischen und ökonomischen) Möglichkeiten formulieren kann.[65]

C. Abmahnungspflicht

7.65 Der Planer hat **unzweckmässige oder gefährliche Festlegungen** des Bauherrn abzumahnen (Rz. 9.135).[66] Eine schriftliche Enthaftungserklärung, worin der Planer seine Verantwortung ablehnt, ist rechtlich nicht zwingend.[67] Es genügt eine mündliche Abmahnung.[68] Im Rahmen der Erarbeitung der Nutzungsvereinbarung empfiehlt es sich jedoch, in beweissichernder Form, am besten in der Nutzungsvereinbarung selbst, abzumahnen. Hält der Bauherr trotz Abmahnung an seinen Festlegungen in der Nutzungsvereinbarung fest oder verschuldet er auf andere Weise selbst Mängel, fallen die ihm bei einer Mangelhaftigkeit des Werks gegebenen Rechte dahin (Art. 369 OR).

4. Nutzungsvereinbarung und anerkannte Regeln der Bautechnik

7.66 Es besteht eine natürliche Vermutung, dass die technischen Normen der SIA im Zeitpunkt ihrer Veröffentlichung die anerkannten Regeln der Bautechnik[69] zum Ausdruck

---

63 Vgl. SCHUMACHER, Architektenrecht 1995, Rz. 443.

64 Definition Nutzungsanforderungen: «Aus der vereinbarten Nutzung resultierende Anforderungen an die Eigenschaften und das Verhalten eines Bauwerks» (vgl. «Nutzungsanforderungen» gemäss Begriffe SIA 260).

65 Vgl. Art. 2.2.1 SIA 260: «Die Nutzungsvereinbarung ist aufgrund eines Dialogs zwischen Bauherrschaft und Projektverfassenden zu erstellen».

66 Vgl. BGE 115 II 62/65 f. E. 3a; KRAUSKOPF-FORERO/SIEGENTHALER, Architektur- und Bauingenieurverträge, S. 301; SCHUMACHER, Architektenrecht 1995, Rz. 449; ungünstige Anforderungen können unter dem Gesichtspunkt von Bautechnik, Wirtschaftlichkeit und anderen Umständen vorliegen.

67 KRAUSKOPF-FORERO/SIEGENTHALER, Architektur- und Bauingenieurverträge, S. 301; wie Abmahnung vom Bauherrn bzw. vom Dritten empfangen werden, vgl. BGE 116 II 305/308 E. 2c/bb (= BR/DC 1991, S. 44, Nr. 66, mit Anm. GAUCH).

68 Vgl. SCHUMACHER, Architektenrecht 1995, Rz. 450; vgl. auch Art. 1.2.6 SIA 102/103. Mündlichkeit genügt auch für die Abmahnungen des Unternehmers gemäss Art. 25 SIA 118; gemäss Art. 25 Abs. 2 SIA 118 ist Schriftlichkeit jedoch empfohlen (vgl. HÜRLIMANN, Kommentar SIA 118, Art. 25/Rz. 10.1 ff.).

69 Es existiert keine Legaldefinition der anerkannten Regeln der Bautechnik. Zum Begriff vgl. GAUCH, Werkvertrag, Rz. 845 ff.; auch BGer 4A_458/2008 vom 21. Januar 2009 E. 3.3.

bringen.[70] Die Sorgfaltspflichten und die Wahrung der berechtigten Interessen des Bauherrn[71] erfüllt der Planer bestmöglich dann, wenn er die allgemein anerkannten Regeln der Bautechnik einhält. Bezüglich Nutzungsvereinbarung gilt dabei Folgendes:

A. Tragwerksplanung: Nutzungsvereinbarung als anerkannte Regel der Bautechnik

Durch die SIA-Tragwerksnormen (SIA-Normen 260–267) werden im Bereich der Tragwerksplanung die Pflichten des Planers im Zusammenhang mit der Nutzungsvereinbarung als Regeln der Bautechnik fixiert.[72] Es muss eine Nutzungsvereinbarung erarbeitet werden, und der Planer hat bei der Erarbeitung der Nutzungsvereinbarung mitzuwirken (vgl. auch Art. 2.2.1 SIA 260).[73] Ob der Planer oder der Bauherr die Nutzungsvereinbarung zu erarbeiten hat, lassen die SIA-Tragwerksnormen offen. In der Regel wird die Pflicht zur Erstellung der Nutzungsvereinbarung im konkreten Planervertrag dem Planer zugewiesen, allenfalls sind die Pflichten des Planers durch Auslegung zu ermitteln.[74] 7.67

B. Inhaltsschranken der Nutzungsvereinbarung

Selbstverständlich können in einer Nutzungsvereinbarung ohne Weiteres Anforderungen festgelegt werden, welche **über die anerkannten Regeln der Bautechnik hinausgehen** bzw. weiter gehen, als nach den Vorgaben der SIA-Norm 260 gefordert ist. Es stellt sich jedoch die Frage, inwiefern mittels einer Nutzungsvereinbarung zwischen Bauherr und Planer weniger weit gehende Anforderungen und Vorgaben vereinbart werden dürfen. Klar scheint zunächst lediglich, dass Festlegungen, die Leib und Leben von Mitmenschen in unerlaubter Weise gefährden, wegen deren *Rechts- und Sittenwidrigkeit* ungültig wären.[75] Die SIA-Norm 260 behandelt die Sicherheit[76] (Art. 4.4.3 SIA 260) getrennt von 7.68

---

70 Stöckli, Private Baunormung, S. 14 f.; SIA-Normen können, müssen aber nicht, «anerkannte Regeln der Technik» enthalten (Gauch, Werkvertrag, Rz. 850 f.).

71 Vgl. Art. 398 Abs. 1 und 2 bzw. Art. 364 Abs. 1 OR.

72 Zur SIA-Norm 260 als «Stand der Technik» vgl. BGer 1C.183/2008 vom 23. Mai 2008 E. 6.1; zur Zulässigkeit von Abweichungen von den SIA Normen vgl. die Bestimmungen in den Normen selbst, beispielsweise Art. 0.3.1 SIA 262: «Ausnahmen von der vorliegenden Norm sind zulässig, wenn sie durch Theorie oder Versuche ausreichend begründet werden oder wenn neue Entwicklungen und Erkenntnisse dies rechtfertigen.»

73 Zudem sind «Schutzziele und Schutzgrad» aufgrund einer Risikobewertung festzulegen (Art. 2.2.3 SIA 260).

74 Gerade beim Vorliegen mehrerer Planerverträge ist die Abgrenzung der Pflichten der Planer teils nur durch Auslegung des vereinbarten Leistungsinhalts festzustellen.

75 Vgl. Scherler, Haftung für mangelnde Erdbebensicherheit, S. 44.

76 Genauer die Tragsicherheit: «Fähigkeit eines Tragwerks und seiner Bauteile, die Gesamtstabilität sowie einen für die anzunehmenden Einwirkungen ausreichenden Tragwiderstand (einschliesslich der Ermüdungsfestigkeit) entsprechend einer festgelegten, erforderlichen Zuverlässigkeit zu gewährleisten.» («Tragsicherheit» gemäss Begriffe SIA 260).

der Gebrauchstauglichkeit (Art. 4.4.4 SIA 260).[77] Entsprechend zu differenzieren ist auch hinsichtlich der Zulässigkeit von Festlegungen in einer Nutzungsvereinbarung.[78]

a. Gebrauchstauglichkeit

7.69 **1.** Der Planer hat im Rahmen seiner Zuständigkeit zu gewährleisten, dass seine Planung bei richtiger Umsetzung zu einem gebrauchstauglichen Bauwerk führt.[79] Im Bereich der Tragwerksplanung ist die Gebrauchstauglichkeit definiert als «die **Fähigkeit eines Tragwerks** und seiner Bauteile, die Funktionstüchtigkeit und das Aussehen des Bauwerks sowie den Komfort der das Bauwerk nutzenden Personen entsprechend den Gebrauchsgrenzen zu gewährleisten».[80]

7.70 **2.** Durch die in den SIA-Normen enthaltenen numerischen Richtwerte bezüglich Funktionstüchtigkeit, Aussehen und Komfort[81] wird der **Begriff der Gebrauchstauglichkeit objektiviert**. Ein (zwischen Planer und Bauherr in der Nutzungsvereinbarung oder in einem anderen Vertragsbestandteil) nicht vereinbartes Abweichen von den Richtwerten hat daher zur Folge, dass das Bauwerk nicht die Gebrauchstauglichkeit aufweist, die der Bauherr voraussetzen bzw. erwarten durfte und damit mangelhaft ist.[82]

7.71 **3.** Da es sich bei den Werten zur Gebrauchstauglichkeit lediglich um Richtwerte handelt, sind diese mittels **Festlegungen in der Nutzungsvereinbarung** einer vertraglichen Abänderung zugänglich. Planer und Bauherrn steht es frei, höhere oder tiefere Anforderungen

---

77 Währenddessen ansonsten im Baurecht in der Regel die Sicherheit als Teilaspekt der Gebrauchstauglichkeit behandelt wird (vgl. HESS-ODONI, Das Tragwerk, S. 4); gemäss GAUCH, Werkvertrag, Rz. 1423, darf der «Besteller erwarten, dass ein bewegliches oder unbewegliches Werk, wenn es bestimmungsgemäss gebraucht wird, keine Gefahren für Leib und Leben des Benützers oder Dritter schafft, die mit dem Gebrauch des Werks der betreffenden Art nicht schon an sich und unvermeidbar verbunden sind». Im Falle der Tragwerksbemessung sieht die SIA-Norm 260 die Betrachtung von Grenzzuständen vor. Dabei wird zwischen Tragsicherheit und Gebrauchstauglichkeit unterschieden.

78 Die Unterscheidung zwischen Gebrauchstauglichkeit und Sicherheit findet sich auch in den SIA-Tragwerksnormen; beispielsweise sieht Art. 4.3.1.4 SIA 261 (Einwirkungen auf Tragwerke) vor, dass je nach Tragwerksverhalten und Bemessungssituation für die Nachweise der Tragsicherheit und der Gebrauchstauglichkeit unterschiedliche Erddrücke massgebend werden können.

79 Vgl. Art. 2.4.7 SIA 260: «Die vorhersehbaren Nutzungszustände sind durchzudenken und entsprechende Massnahmen zur Gewährleistung der Gebrauchstauglichkeit sind festzulegen.»

80 Definition der «Gebrauchstauglichkeit» gemäss Begriffe SIA 260. Die rechtlich unbestimmten Begriffe werden gemessen an Kriterien wie Schwingungsverhalten, Rissbildungen, Verformungen etc.

81 Die SIA-Norm 260 enthält weiter Grenzwerte für die Durchbiegung und das Schwingungsverhalten von Decken und Balken sowie für die horizontale Auslenkung von Wänden, Rahmen und Stützen.

82 Ein Abweichen von den Richtwerten bedeutet, dass das Bauwerk nicht das gewünschte Niveau an Funktionstüchtigkeit, Aussehen oder Komfort erreicht.

als in den Richtwerten vorgegeben zu vereinbaren.[83] Beispielsweise können in der Nutzungsvereinbarung zugunsten einer besseren Wirtschaftlichkeit Einschränkungen bei Aussehen und Komfort festgelegt werden, oder Bauherr und Planer können festlegen, dass bei bestimmten Ereignissen ein gewisses Mass an Schäden akzeptiert wird.

Dies unter der Voraussetzung, dass die Sicherheit nicht gefährdet wird bzw. dass keine Einsturzgefahr besteht. Für Erdbebenereignisse ist die Verifizierung der in der Nutzungsvereinbarung festgelegten Anforderungen an die Gebrauchstauglichkeit für Bauwerke der Bauwerksklasse III vorgeschrieben.[84] 7.72

Die Einhaltung der Sorgfaltspflichten verlangt vom Planer gerade, dass die Richtwerte zur Gebrauchstauglichkeit projektspezifisch den Anforderungen des Bauherrn angepasst werden. Der Planer ist verpflichtet, die Richtwerte situativ relativiert oder fallweise auch verschärft anzuwenden.[85] Jedenfalls hat der Planer den Bauherrn auf die Tragweite seiner Anforderungen – ob den Richtwerten entsprechend oder von diesen abweichend – aufmerksam zu machen.[86] 7.73

4. Soweit die Gebrauchstauglichkeit betroffen ist, können die Vertragsparteien vereinbaren, auf die Erarbeitung einer Nutzungsvereinbarung – entgegen den anerkannten Regeln der Bautechnik – *zu verzichten.* Ein solcher **Verzicht** ist zulässig, aber nicht leichthin zu vermuten.[87] 7.74

---

83 Vgl. z.B. Anhang D Tabelle 12 und Anhang E Tabelle 14 SIA 260: «Die Verformungen sind gemäss den Normen SIA 262 bis 266 zu bestimmen. Abweichende Gebrauchsgrenzen können in Absprache mit der Aufsichtsbehörde festgelegt werden und sind in der Nutzungsvereinbarung festzuhalten. Für sekundäre Bauteile und besondere Strecken wie Anschluss- und Mehrschienengleise können reduzierte Anforderungen gelten.»

84 Art. 16.1.5 SIA 261 (Einwirkungen auf Tragwerke): «Der Nachweis der Tragsicherheit ist für alle Bauwerksklassen zu erbringen, der Nachweis der Gebrauchstauglichkeit nur für die Bauwerksklasse III»; vgl. auch Art. 4.4.4.1 SIA 260: «Nachweise der Gebrauchstauglichkeit sind für andauernde und vorübergehende Bemessungssituationen zu führen, in Ausnahmefällen auch für aussergewöhnliche Bemessungssituationen (z.B. Erdbeben für Bauwerksklasse III gemäss Norm SIA 261).»

85 Dies insbesondere im Hinblick auf ein kostenoptimiertes Projekt. Anspruchsvoll ist die Arbeit des Planers bei der Erarbeitung der Nutzungsvereinbarung insbesondere dann, wenn die anerkannten Regeln der Bautechnik keine oder aber nur sehr strenge Kriterien zur Erfüllung der Gebrauchstauglichkeit enthalten.

86 Die Sorgfaltspflichten des Planers gebieten es unter Umständen, mehrere Varianten mit unterschiedlichen Anforderungen zu studieren und mit dem Bauherrn zu diskutieren.

87 Ziff. 0.4.1 SIA 198 (Bauwesen, Untertagbau) hält zu Abweichungen von der Norm beispielsweise fest: «Objektspezifisch begründete Abweichungen von der vorliegenden Norm sind zulässig, wenn die vorhandenen Randbedingungen oder neue Entwicklungen und Erkenntnisse diese rechtfertigen.» Und Ziff. 0.4.2: «Die Abweichungen sind in der Nutzungsvereinbarung darzulegen und zu begründen sowie in der Projektbasis zu dokumentieren.»

b. Sicherheit

7.75 **1.** Im Bereich der Anwendbarkeit der SIA-Tragwerksnormen haben die Parteien die Sicherheitsanforderungen in einer Nutzungsvereinbarung festzulegen. Die Gefährdungen[88] sind auf jeden Fall unter Kontrolle zu halten oder auf ein akzeptierbar kleines Mass zu beschränken.[89] Bezüglich Sicherheit sind den Parteien Festlegungen in einer Nutzungsvereinbarung daher *teilweise entzogen* (vgl. zur Beschreibung der «akzeptierten Risiken» in der Projektbasis Art. 2.5.2 SIA 260).

7.76 Beispielsweise hat der Planer bei der Erdbebenbemessung von Gebäuden die SIA-Tragwerksnormen anzuwenden und einzuhalten.[90] Die SIA-Norm 260 schreibt für Neubauten bestimmte Annahmen für Erdbebeneinwirkungen[91] vor.[92]

7.77 **2.** Sollte der Bauherr in Bezug auf die Sicherheit ungenügende Festlegungen in der Nutzungsvereinbarung vornehmen wollen, hat der Planer sowohl bei Umbauten als auch bei Neubauten abzumahnen.[93]

7.78 **3.** Grössere Sicherheiten, als sie nach den Vorgaben der SIA gefordert werden, können zwischen Planer und Bauherr in der Nutzungsvereinbarung vereinbart werden.[94] Die Parteien können beispielsweise die Anwendung von Baumethoden vereinbaren, die eine grössere Erdbebensicherheit versprechen.[95]

---

88 Definition Gefährdung: «Die Tragsicherheit in Frage stellender Umstand» («Gefährdung» gemäss Begriffe SIA 260).

89 Vgl. Art. 2.4.4 SIA 260: «Mögliche Gefährdungsbilder sind durchzudenken und geeignete Massnahmen sind festzulegen, um die Gefährdungen unter Kontrolle zu halten oder auf ein akzeptierbar kleines Mass zu beschränken.»

90 Dazio, Erdbebengefährdung, S. 9.

91 Vgl. zum Begriff «Erdbebenwirkung» Art. 16.2 SIA 261 (Einwirkungen auf Tragwerke).

92 Die SIA-Norm 260 schreibt für Neubauten wesentlich höhere Erdbebeneinwirkungen als die frühere SIA-Norm 160 vor (vgl. Scherler, Haftung für mangelnde Erdbebensicherheit, S. 43). Erdbebenvorschriften finden sich in den SIA-Tragwerksnormen (SIA-Normen 260–267) und in den SIA-Dokumentationen D 0181, D 0182, D 0191, D 0237 und D 0231; vgl. Schumacher, SIA-Erdbebennormen, S. 13; zur Überprüfung bestehender Gebäude bezüglich Erdbeben siehe SIA-Norm 269/8 (Erhaltung von Tragwerken – Erdbeben).

93 Zur Abmahnungs- und Anzeigepflicht des Planers bei ungenügender Erdbebensicherheit, vgl. Maffioletti, Regeln anerkennen, S. 25.

94 Scherler, Haftung für mangelnde Erdbebensicherheit, S. 44; mit Hinweis auf Schumacher, Erdbebensicherung, S. 105.

95 Dabei kann es sich um konstruktive Vorschriften handeln, die strenger sind als die zurzeit geltenden Regeln der Technik, jedoch noch nicht anerkannt sind, oder um Vorschriften zur Erdbebenvorsorge für spezielle Bauwerke (Schumacher, Erdbebensicherung, S. 114).

VI. Nutzungsvereinbarung und die Haftung des Planers aus Vertrag

1. Auftragsrechtliche Haftung

1. Unterliegt die Haftung des Planers im Zusammenhang mit der Nutzungsvereinbarung dem Auftragsrecht (Rz. 7.33), leitet sich die Haftung aus den **Pflichtverletzungen** ab, welche dem Planer vorzuwerfen sind. Der Planer hat für sein pflichtwidriges Verhalten einzustehen, insbesondere für *die Nichterfüllung* und für die *fehlerhafte Erfüllung* seiner Pflichten im Zusammenhang mit der Nutzungsvereinbarung (Art. 97 ff. OR). 7.79

2. Die **Vertragsverletzung** kann darin bestehen, dass der zuständige Planer den *vertraglich festgelegten oder den sich aus den anerkannten Regeln der Bautechnik*[96] *ergebenden Pflichten zur Erarbeitung* der Nutzungsvereinbarung nicht nachkommt und keine Nutzungsvereinbarung erstellt.[97] Eine Pflichtverletzung liegt weiter dann vor, wenn der Planer seine Sorgfaltspflichten bei der Erstellung der Nutzungsvereinbarung nicht einhält oder wenn er gegen die *allgemeinen Verhaltenspflichten,* die sich aus der Treue- und Sorgfaltspflicht des Planers ableiten, verstösst.[98] Der Bauherr darf erwarten, dass im Rahmen der Erarbeitung der Nutzungsvereinbarung die wesentlichen zu diesem Zeitpunkt zu treffenden Festlegungen (da Grundlage der weiteren Planung darstellend) vom Planer erörtert und in der Nutzungsvereinbarung festgehalten werden. 7.80

3. Für die (behauptete) Verletzung der vertraglichen Pflichten des Planers ist der Bauherr beweisbelastet (Art. 8 ZGB). Dem Bauherrn obliegt eine **doppelte Beweislast,**[99] nämlich einerseits der *Beweis der Existenz* der angeblich verletzten Pflicht. Dies erfordert den Beweis der Begründung der betreffenden Pflicht durch Vertragsschluss. Der Bauherr hat andererseits die *Verletzung* der nachgewiesenen Pflicht des Planers zu beweisen. Dieser Beweis kann durch den direkten Beweis der Verletzung der anerkannten Regeln der Bautechnik oder – falls der direkte Beweis nicht möglich oder unzumutbar ist – durch Wahrscheinlichkeitsbeweis erfolgen.[100] 7.81

---

[96] Die Nichtbeachtung einer Regel der Bautechnik bedeutet eine Pflichtverletzung des Planers. Eine Pflichtverletzung ist insbesondere dann anzunehmen, wenn das Arbeitsergebnis öffentlich-rechtlichen Bestimmungen widerspricht, zu denen auch die technischen Bauvorschriften gehören (vgl. SCHUMACHER, Erdbebensicherung, S. 113).

[97] So auch HESS-ODONI, Das Tragwerk, S. 4; anders BRINER, Nutzungsplan, S. 633, welcher in Bezug auf die Erstellung des Sicherheits- und Nutzungsplans gemäss der alten SIA-Norm 160 in der Frage der Pflichtverletzung nicht auf die formal korrekte Erstellung, sondern auf die generelle Einhaltung der Sorgfaltspflichten des Planers abstellen will.

[98] Vgl. SCHERLER, Haftung für mangelnde Erdbebensicherheit, S. 44.

[99] Vgl. zur Beweislast BÜHLER A., Von der Beweislast, S. 295 f.

[100] Vgl. SCHUMACHER, Architektenrecht 1995, Rz. 430 ff.

7.82 **4.** Bei einer Vertragsverletzung wird das **Verschulden** des Planers vermutet (Art. 97 Abs. 1 OR).[101] Der Planer hat das Gegenteil zu beweisen, dass er die erforderliche Sorgfalt aufgebracht hat und ihn deshalb kein Verschulden trifft.[102] Der Planer muss sich fortbilden und sich über seine Pflichten im Zusammenhang mit der Nutzungsvereinbarung auf dem Laufenden halten. Auch der Gesamtleiter, den die Pflichten im Zusammenhang mit der Nutzungsvereinbarung hauptsächlich treffen (vgl. Rz. 7.47 ff.), muss in der Lage sein, die übernommene Aufgabe zu bewältigen. Ist er dazu ganz oder teilweise nicht in der Lage, hat der Planer dem Bauherrn den Beizug von Spezialisten (z.B. von Tragwerksplanern) vorzuschlagen. Andernfalls haftet der Planer aus Übernahmeverschulden.[103]

7.83 **5.** Voraussetzung der Haftung des Planers ist weiter, dass dem Bauherrn ein **Schaden**[104] entstanden ist. Der Schaden im Zusammenhang mit den Pflichten des Planers (Rz. 7.40 ff.) bei der Erstellung der Nutzungsvereinbarung ist in der Regel ein Vertrauensschaden.[105] Der Bauherr ist insoweit geschädigt, als er bei einer sorgfältigen Erfüllung der Pflichten des Planers im Zusammenhang mit der Nutzungsvereinbarung anderweitige Anforderungen an das Werk festgelegt hätte und der durch die (überhöhten) Anforderungen entstandene Mehrwert für ihn nutzlos ist (etwa durch unnötige Überdimensionierungen) oder seine wirtschaftlichen Möglichkeiten übersteigt.[106] Da ein durch ungeeignete Festlegungen der Anforderungen geschaffener Mehrwert dem Bauherrn insoweit als Vorteil anzurechnen ist, als er ein persönliches Interesse daran hat, kann der massgebliche Schaden als Differenz zwischen dem objektiven Wert der Baute und dem subjektiven Nutzen des Bauherrn daran umschrieben werden. Hat der Planer durch unsorgfältige Erarbeitung oder durch eine fehlende Nutzungsvereinbarung den daraus entstehenden Schaden schuldhaft zu vertreten, haftet er dem Bauherrn.[107] Dieser ist so zu stellen, wie wenn der

---

101 Vgl. Schumacher, Architektenrecht 1995, Rz. 583 ff.; zu beachten ist auch Folgendes: Setzt der Planer bei der Erfüllung des Planervertrags Hilfspersonen ein, haftet er nach Art. 101 Abs. 1 OR für deren schädigendes Verhalten «in Ausübung ihrer Verrichtungen» kausal, d.h. ohne eigenes Verschulden (vgl. Schumacher, Architektenrecht 1995, Rz. 587).

102 Der Planer trägt die Folgen der Beweislosigkeit, wenn der Richter weder von seinem Verschulden noch von der Behauptung, er habe die erforderliche Sorgfalt angewendet, überzeugt ist (Schumacher, Architektenrecht 1995, Rz. 583).

103 Vgl. Schumacher, Architektenrecht 1995, Rz. 577; der Planer kann sich nicht mit mangelnder Ausbildung oder ungenügender Erfahrung entlasten (vgl. Schumacher, Architektenrecht 1995, Rz. 488).

104 Als Schaden wird eine unfreiwillige Vermögensverminderung, welche in einer Verminderung der Aktiven, einer Vermehrung der Passiven oder in einem entgangenen Gewinn bestehen kann, bezeichnet (Gauch/Schluep/Emmenegger, OR AT, Rz. 2620).

105 Vgl. BGE 122 III 61 (= BR/DC 1996, S. 115, Nr. 236, mit Anm. Schumacher) sowie 119 II 249 (= BR/DC 1994, S. 48, Nr. 89, mit Anm. Gauch).

106 Bezüglich des für den Vertrauensschaden erforderlichen hypothetischen alternativen Verhaltens des Bauherrn, vgl. BGer 4A_187/2009 vom 14. Juli 2009 E. 4.1 und 5.1 (= BR/DC 2009, S. 156, Nr. 164, mit Anm. Stöckli). Dieses Urteil äussert sich zum Vertrauensschaden infolge Verletzung der Pflicht des Planers zur Kostenüberwachung.

107 Krauskopf-Forero/Siegenthaler, Architektur- und Bauingenieurverträge, S. 323.

Planer seinen Pflichten im Zusammenhang mit der Nutzungsvereinbarung korrekt nachgekommen wäre.

6. Die Haftung des Planers erstreckt sich nur auf Schäden, welche in einem **Kausalzusammenhang** mit der betreffenden Vertragsverletzung stehen.[108] Die Pflichtverletzung des Planers muss für den Eintritt des Schadens somit ursächlich sein.[109] Der Fehler des Planers im Zusammenhang mit der Nutzungsvereinbarung muss als natürliche Ursache des Schadens erscheinen und nach dem gewöhnlichen Lauf der Dinge und der allgemeinen Lebenserfahrung geeignet sein, den Schadenseintritt herbeizuführen oder ihn allenfalls zu begünstigen.[110] Der *Beweis des Schadens und des natürlichen Kausalzusammenhangs* obliegt dem Bauherrn, der Schadenersatz beansprucht.[111] 7.84

7. Befindet sich der Planer mit der Erstellung der Nutzungsvereinbarung in **Verzug,** wird die Haftung des Planers wegen verspäteter Leistung durch die Art. 102–109 OR geregelt.[112] Die Bestimmung der Erfüllungszeit der Nutzungsvereinbarung erfolgt im Regelfall *durch vertragliche Abmachung.* Fehlt eine solche, gilt Art. 75 OR; die Fälligkeit und Erfüllbarkeit richtet sich nach der Natur des Vertrags.[113] Versäumt der Planer die Ablieferung der Nutzungsvereinbarung bei Fälligkeit, gerät er durch Mahnung (vgl. Art. 102 Abs. 1 OR) des Bauherrn in Verzug. Eine Mahnung erübrigt sich, wenn ein Verfalltag vereinbart wurde (vgl. Art. 102 Abs. 2 OR). Befindet sich der Planer mit der Erarbeitung der Nutzungsvereinbarung verschuldeterweise, d.h. vorwerfbar, in Verzug, hat er dem Bauherrn den Schaden (Verspätungsschaden) zu ersetzen, der diesem durch die Verspätung adäquat kausal entstanden ist (vgl. Art. 103 und Art. 106 OR).[114] 7.85

8. Zur Durchsetzung der Haftungsansprüche gegenüber dem Planer darf die fehlerhafte Leistung des Planers, die zu einem Schaden im Zusammenhang mit der Nutzungsvereinbarung geführt hat, nicht **verjährt** sein. Für Pflichtverletzungen, welche dem Planer im Zusammenhang mit der Nutzungsvereinbarung vorzuwerfen sind, findet die ordentliche zehnjährige Verjährungsfrist des Art. 127 OR Anwendung.[115] 7.86

---

108 Vgl. Schumacher, Erdbebensicherung, S. 113.

109 Fellmann, Haftung für Werkmängel, S. 99.

110 Vgl. Scherler, Haftung für mangelnde Erdbebensicherheit, S. 45, mit Hinweis auf Fellmann, Haftung für Werkmängel, S. 99.

111 BGer 4A_38/2008 vom 21. April 2008 (= BR/DC 2008, S. 169, Nr. 316, mit Anm. Werro).

112 Sofern nicht die spezielle Verzugsregel des Art. 366 Abs. 1 OR anwendbar ist (vgl. Schumacher, Architektenrecht 1995, Rz. 396).

113 Gauch/Schluep/Schmid, OR AT, Rz. 2194 f.

114 Zum Verspätungsschaden vgl. BGE 106 II 441.

115 Bei der Anwendung der SIA-Ordnungen 102/103 ergibt sich die gleiche Regelung kraft Verweises in Art. 1.9.3. Vorbehalten bleibt die fünfjährige Verjährungsfrist nach Art. 1.9.1 SIA 102/103, wenn eine Pflichtverletzung des Planers zu einem Mangel am unbeweglichen Werk führt.

2. Werkvertragliche Kausalhaftung

7.87 **1.** Ist Werkvertragsrecht anwendbar (Rz. 7.32), tritt die besondere **werkvertragliche Haftungsordnung** (Art. 367 ff. OR) an die Stelle der allgemeinen Haftungsordnung (Art. 97 ff. OR).[116] Die Nutzungsvereinbarung ist mangelhaft, wenn ihr eine nach Vertrag vereinbarte oder eine vom Bauherrn nach Treu und Glauben erwartete Eigenschaft fehlt.[117] Die Nutzungsvereinbarung ist insbesondere dann mangelhaft, wenn sie die anerkannten Regeln der Bautechnik verletzt oder wenn die Anforderungen des Bauherrn bei der Erarbeitung der Nutzungsvereinbarung vom Planer nicht oder nur unvollständig berücksichtigt oder eingeholt wurden.[118]

7.88 **2.** Wandelungs-, Minderungs- und Nachbesserungsrecht des Bauherrn setzen kein Verschulden des Planers voraus (Art. 368 OR). Bei einer mangelhaften Nutzungsvereinbarung (einem mangelhaften Planwerk, Rz. 7.32) stehen dem Bauherrn diese Rechte also auch dann zu, wenn den Planer kein **Verschulden** trifft. Insoweit haftet der Planer kausal.[119]

7.89 **3.** Die mangelhafte Nutzungsvereinbarung kann zu einem mangelhaft ausgeführten Bauwerk führen. Es handelt sich in diesem Fall um einen **Mangelfolgeschaden.** Für Mangelfolgeschäden nach Art. 368 OR haftet der Planer nur, wenn ihn ein *Verschulden oder eine Hilfspersonenhaftung* (Art. 101 OR) trifft.

7.90 **4.** Zur Wahrung der werkvertraglichen Mängelrechte muss der Bauherr die Prüfungs- und Rügebestimmungen (Art. 367–370 OR) beachten. Erarbeitet der Planer eine Nutzungsvereinbarung, trifft den Bauherrn die Obliegenheit, diese zu prüfen und offene[120] Mängel sofort, geheime[121] Mängel direkt[122] nach der späteren Entdeckung zu rügen.[123] Es kann vom Bauherrn zumindest die Überprüfung, ob die Festlegungen in der Nutzungsvereinbarung seine Anforderungen an das Werk in quantitativer und qualitativer Hinsicht korrekt wiedergeben, erwartet werden. Der Bauherr verwirkt seine Mängelrechte für offensichtliche oder erkennbare Mängel durch **Genehmigung** (Unterzeichnung) der Nutzungsvereinbarung. Gemäss den Verwirkungsregeln (Art. 367 und Art. 370 OR) ver-

---

116 Krauskopf-Forero/Siegenthaler, Architektur- und Bauingenieurverträge, S. 322.

117 Fellmann, Haftung für Werkmängel, S. 108; Gauch, Werkvertrag, Rz. 1353 ff.

118 Vgl. auch Schumacher, Architektenrecht 1995, Rz. 552.

119 Vgl. Gauch, Werkvertrag, Rz. 1503 f.; Krauskopf-Forero/Siegenthaler, Architektur- und Bauingenieurverträge, S. 322; Schumacher, Architektenrecht 1995, Rz. 554 und 591.

120 Vgl. Gauch, Werkvertrag, Rz. 2074.

121 Vgl. Gauch, Werkvertrag, Rz. 2075 ff.

122 D.h. unverzüglich, vgl. BGE 118 II 142/148 f. E. 3b (= BR/DC 1993, S. 47, Nr. 108, mit Anm. Gauch); 117 II 425/427 f. E. 2 (= BR/DC 1992, S. 95, Nr. 158, mit Anm. Gauch); 107 II 172/175 E. 1a f. (= BR/DC 1982, S. 17, Nr. 14, mit Anm. Gauch).

123 Wird die Nutzungsvereinbarung ausdrücklich oder stillschweigend genehmigt, ist der Planer nach Art. 370 Abs. 1 OR «von seiner Haftpflicht befreit, soweit es sich nicht um Mängel handelt, die bei der Abnahme und ordnungsgemässen Prüfung nicht erkennbar waren oder vom Unternehmer absichtlich verschwiegen wurden».

liert der Bauherr durch die Genehmigung den betreffenden Haftungsanspruch und auch das Recht auf Ersatz des Mangelfolgeschadens.[124]

5. Ansprüche des Bauherrn wegen Mängeln der Nutzungsvereinbarung (d.h. aus *Mängelhaftung des Planwerks*) **verjähren** nach Art. 371 Abs. 1 i.V.m. Art. 210 OR in zwei Jahren seit Ablieferung der Nutzungsvereinbarung. Sofern die mangelhafte Nutzungsvereinbarung allerdings zu einem Mangel an einem unbeweglichen Werk führt, gilt nach Art. 371 Abs. 2 OR[125] eine Verjährungsfrist von 5 Jahren, beginnend mit der Abnahme (Ablieferung) des unbeweglichen Werks.[126] Die Verjährungsfrist kann vertraglich verlängert werden, jedoch nicht über die Höchstdauer von 10 Jahren hinaus.[127] Im Falle der absichtlichen Verschweigung eines Mangels durch den Planer beträgt die Verjährungsfrist nach Art. 371 i.V.m. Art. 210 Abs. 3 OR zehn Jahre seit Ablieferung des Werks.[128] 7.91

VII. Nutzungsvereinbarung und das Honorar des Planers

1. Grundsatz: Erarbeitung der Nutzungsvereinbarung ist zu vergüten

1. Ob der Bauherr dem Planer für die Erarbeitung einer Nutzungsvereinbarung eine (separate) Vergütung schuldet und – falls ja – in welcher Höhe, bestimmt sich in erster Linie nach der **getroffenen Vereinbarung.** Auch in der Festsetzung der Höhe des für die Erarbeitung der Nutzungsvereinbarung geschuldeten Honorars sind die Parteien frei. 7.92

2. Grundsätzlich ist die *Erarbeitung der Nutzungsvereinbarung vom Bauherrn* **zu vergüten.** Die (stillschweigende) Vereinbarung einer Vergütung wird im Werkvertrag vermutet, wenn sie vom Planer im Rahmen seiner Berufsausübung erbracht wird.[129] Falls der Bauherr geltend machen wollte, es sei keine Vergütung geschuldet, würde ihn dafür die Beweislast treffen. Auch bei Anwendbarkeit des Auftragsrechts sind die Leistungen des Planers zur Erarbeitung der Nutzungsvereinbarung grundsätzlich zu vergüten, da es sich um eine Leistung des Planers handelt, deren Vergütung üblich ist (Art. 394 Abs. 3 OR).[130] 7.93

---

124 Schumacher, Architektenrecht 1995, Rz. 628.

125 Siehe auch Art. 1.9.1 SIA 102/103.

126 BGE 130 III 362/365 E. 4.2 (= BR/DC 2004, S. 179, Nr. 482, mit Anm. Werro/Pichonnaz); vgl. Gauch, Werkvertrag, Rz. 2215; Schumacher, Architektenrecht 1995, Rz. 638 ff.; auch nach Ablauf der fünfjährigen Verjährungsfrist kann der Planer ausservertraglich haftbar gemacht werden.

127 Art. 60 Abs. 1 OR.

128 Art. 371 Abs. 1 i.V.m. Art. 210 Abs. 3 OR; Gauch, Werkvertrag, Rz. 2276; vgl. Schumacher, Erdbebensicherung, S. 113.

129 Egli A., Architektenrecht 1995, Rz. 887.

130 Wobei die SIA-Ordnung 102 bei der Frage der Vergütung der Planerleistung nicht Ausdruck der Verkehrsübung darstellt; vgl. BGer 4C.58/2001 vom 30. Mai 2001.

2. Honorierung nach den SIA-Ordnungen 102 und 103

7.94 **1.** Die SIA-Ordnungen 102 und 103 enthalten **Vertragsbestimmungen zur Bemessung der Honorare** (Rz. 8.52 ff.). Für die Honorierung des Planers bestehen gemäss Art. 5.3 SIA 102/103 folgende Honorierungsarten: Nach effektivem Zeitaufwand, nach den aufwandbestimmenden Baukosten, als Pauschale (ohne Berücksichtigung der Teuerung) oder als Globale (mit Berücksichtigung der Teuerung).

7.95 **2.** Im Zusammenhang mit der Erarbeitung der Nutzungsvereinbarung stellen sich in erster Linie Fragen, falls zwischen Planer und Bauherr eine **Honorarberechnung nach den aufwandbestimmenden Baukosten** vereinbart wurde.[131] Gemäss Art. 7.1.6 SIA 102-K ist die Vergütung des *Architekten* für die allfälligen Leistungen im Zusammenhang mit der Erarbeitung der Nutzungsvereinbarung im Honorar grundsätzlich *nicht* bereits inbegriffen, da es sich um besonders zu vereinbarende Leistungen handelt.[132] Mangels anderslautender Vereinbarung sind diese Leistungen gemäss Art. 7.11.1 SIA 102-K vom Bauherrn nach dem effektiven Zeitaufwand (Art. 6 SIA 102-K) zu vergüten. Eine zusätzliche Vergütung wäre dann nicht geschuldet, falls die Nutzungsvereinbarung als Grundleistung vereinbart wird.

7.96 **3.** Soweit es sich bei den *Leistungen des Ingenieurs* im Zusammenhang mit der Erarbeitung der Nutzungsvereinbarung um **Grundleistungen** (Rz. 7.46 und 8.86) handelt, sind diese nach Art. 7.1.3 SIA 103-K im Honorar enthalten. Art. 7.1.3 SIA 103-K hält weiter fest, dass besonders zu vereinbarende Leistungen im Honorar des Ingenieurs nicht inbegriffen sind. Soweit es sich also im Zusammenhang mit der Nutzungsvereinbarung nicht um Grundleistungen, sondern um besonders zu vereinbarende Leistungen handelt, hat der Ingenieur Anspruch auf eine zusätzliche Vergütung.

3. Änderung der Leistungen des Planers nach Vertragsabschluss

7.97 **1.** Ändern die Parteien die Leistungen bezüglich Nutzungsvereinbarung[133] im Laufe der Projektierung, stellt sich die Frage, ob das vereinbarte Planerhonorar eine Anpassung erfährt. Die Antwort darauf ergibt sich möglicherweise bereits aus dem abgeschlossenen Vertrag, wenn die Parteien darin **positive oder negative Anpassungsregeln** vereinbart haben.[134]

---

[131] Für die Fragen im Zusammenhang mit einer Honorierung nach effektivem Zeitaufwand vgl. eingehend Rz. 8.65 ff.

[132] Art. 7.1.6 SIA 102-K: «Die Entschädigung für besonders zu vereinbarende Leistungen gemäss Art. 4 ist im Honorar gemäss Art. 7.4 nicht inbegriffen.»; dazu Rz. 8.86 ff.

[133] Keine Änderung liegt dann vor, wenn die hinsichtlich Nutzungsvereinbarung zu erbringende Leistung lediglich konkretisiert wird oder wenn eine Weisung des Bauherrn lediglich zum Ziel hat, den Planer zur Erbringung der vertraglich geschuldeten Leistung oder zur Einhaltung der Regeln der Bautechnik anzuhalten (vgl. Egli A., Architektenrecht 1995, Rz. 1076, Fn. 202).

[134] Gauch/Schluep/Schmid, OR AT, Rz. 1280 ff., insb. 1284.

2. Gemäss Werkvertragsrecht liegt eine Änderung des Leistungsinhaltes dann vor, wenn der Planer gegenüber dem abgeschlossenen Vertrag *andere Leistungen, zusätzliche oder weniger Leistungen oder Leistungen unter veränderten Ausführungsvoraussetzungen* erbringen muss.[135] Haben die Parteien das Honorar zum Voraus vereinbart und hat der Planer gegenüber dem vereinbarten Leistungsinhalt **Mehr- oder Minderleistungen** zu erbringen (beispielsweise soll er entgegen der ursprünglichen Vereinbarung nun doch nicht bei der Erarbeitung der Nutzungsvereinbarung mitwirken), ist das Planerhonorar an den nun grösser oder kleiner gewordenen Aufwand anzupassen. 7.98

Bei der Honorierung nach aufwandbestimmenden Baukosten führt eine vertraglich vereinbarte Kürzung der Leistungen im Zusammenhang mit der Erarbeitung der Nutzungsvereinbarung nach der SIA-Ordnung 103 und der ihr zugehörigen «Kalkulationshilfe» zur Anwendung der Regeln von Art. 7.5.19 SIA 103-K. Danach sind für die noch zu erbringenden Leistungen die verminderten oder erweiterten Baukosten massgebend. Ändern sich die Baukosten nicht, bleibt auch das Honorar unverändert. 7.99

Anders bei der Erbringung von Leistungen des Architekten im Zusammenhang mit der Nutzungsvereinbarung nach der SIA-Ordnung 102 und der ihr zugehörigen «Kalkulationshilfe». Da es sich bei den Leistungen im Zusammenhang mit der Nutzungsvereinbarung um besonders zu vereinbarende Leistungen handelt (welche gemäss Art. 6 SIA 102-K und mangels anderslautender Vereinbarung nach dem effektiven Zeitaufwand zu vergüten sind), führt ein Wegfall von Leistungen (automatisch) zu einer Honoraranpassung. 7.100

135 Vgl. Gauch, Werkvertrag, Rz. 768.

§ 8 Das Planerhonorar

Anton Egli / Hubert Stöckli*

Inhaltsverzeichnis

* Grundlage dieses Beitrags ist der Text von Anton Egli, der seinerzeit unter dem Titel «Das Architektenhonorar» erschienen ist in: Gauch/Tercier (Hrsg.), Das Architektenrecht, 3. Aufl., Zürich 1995, S. 295 ff. Hubert Stöckli hat jenen Text bereits für die Vorauflage des vorliegenden Buchs frei überarbeitet und ergänzt. Herr Sven Schöpfer, Rechtsanwalt und Doktorand an der Universität Freiburg, hat diesen Text sorgfältig korrigiert und mit grosser Sachkunde kritisiert, wofür wir ihm dankbar sind.

Zur Übergangslösung für die Honorarberechnung nach den SIA-Ordnungen 102 und 103 siehe Rz. 8.148 ff.

Zur Übergangslösung für die Honorarberechnung nach den SIA-Ordnungen 102 und 103 siehe Rz. 8.148 ff.

Vorbemerkungen

1. Die Vergütung, mit der sich Planer für ihre Bemühungen entschädigen lassen, wird in der Alltagssprache als Honorar bezeichnet. Diese Ausdrucksweise, der sich auch die einschlägigen SIA-Ordnungen bedienen («Ordnung für Leistungen und Honorare […]»; «Règlement concernant les prestations et honoraires […]»; «Regolamento per le prestazioni e gli onorari […]»), ist so üblich, dass wir sie hier übernehmen. Doch sei festgehalten, dass der Ausdruck weder im gesetzlichen Werkvertrags- noch im Auftragsrecht verwendet wird. Dort ist jeweils von der «Vergütung» (vgl. Art. 363 und Art. 394 Abs. 3 OR) die Rede, wo es um die Gegenleistung geht, die der Besteller und der Auftraggeber dem Planer zu erbringen haben.[1] 8.1

2. Die Regeln, die vom SIA und von der KBOB geschaffen wurden, um die Vergütung der Planer zu ordnen, sind nach entsprechenden Interventionen der Wettbewerbsbehörde ins Wanken geraten. Neues wird kommen, doch ist heute, da wir diesen Beitrag verfassen, noch nicht klar erkennbar, welche Gestalt das Neue annehmen wird. Immerhin lassen wir die Übergangslösung in unsere Darstellung einfliessen (Rz. 8.148 ff.), die bis Ende 2019 sicherstellen soll, dass die Planerhonorare weiterhin nach den SIA-Ordnungen berechnet werden können, wobei einige Modifikationen zu beachten sind und sich die Art. 6 und Art. 7 formell in neuen Ordnungen (den SIA-Ordnungen 102-K und 103-K) finden, die ausdrücklich als «Kalkulationshilfen» daherkommen. Dass die KBOB (jedenfalls vorderhand) keine Honoraransätze für freihändige Beschaffungen von Planerleistungen mehr publiziert, wird zum Teil als Verlust empfunden. Sicher ist, dass die Ansätze von grosser praktischer Bedeutung waren und in vielen Fällen daran Mass 8.2

---

1 Der Ausdruck «Honorar» findet sich aber etwa in den gesetzlichen Regeln über den Verlagsvertrag (siehe Art. 388 OR).

Zur Übergangslösung für die Honorarberechnung nach den SIA-Ordnungen 102 und 103 siehe Rz. 8.148 ff.

genommen wurde, wenn es darum ging, ein Planerhonorar zu ermitteln. Inzwischen haben es Vergabestellen selber übernommen, für ihren jeweiligen Wirkungsbereich – und damit weniger zentralistisch – entsprechende Ansätze festzulegen und zu veröffentlichen. Klar ist schliesslich auch, dass der SIA die für die Honorierung nach Baukosten zentralen Z-Werte auch weiterhin ermitteln und (als Teil seines neuen Kalkulationstools und dort unter Angabe weiterer Quantilen, dazu Rz. 8.113) publizieren wird, wobei aber der Verband dem Vernehmen nach an einem Modell arbeitet, in dem die Relation zwischen Baukosten und Planeraufwand genauer zum Ausdruck kommt als in den bisherigen Werten.

8.3 **3.** Für eine Einschätzung dieser Entwicklungen ist es zu früh. Zu beantworten aber ist die Frage, wie unser Beitrag auf sie reagieren soll. Wir haben uns entschieden, unsere Ausführungen vorderhand nachzuführen, indem wir sie auf den Stand der SIA-Ordnungen 102 und 103 aus dem Jahr 2014 bringen, und zudem die Übergangslösung einzuarbeiten (siehe auch Rz. 8.53). Dabei ist aber im Auge zu behalten, dass die Entwicklung nicht abgeschlossen ist, was uns dazu bringen wird, den Beitrag dereinst erneut zu überarbeiten. Die gesetzlichen Regeln, in denen es um die Vergütung von Planerleistungen geht, sind von alledem nicht betroffen und bleiben – soweit wir das zu überblicken vermögen – stabil: von Revisionsarbeiten wüssten wir nichts.

I. Der Anspruch auf ein Honorar

8.4 **1.** Die Leistungen von Planern sind nicht notwendigerweise (ihrer «Natur» nach) entgeltlich; vielmehr können sie auch unentgeltlich erbracht werden. Das ist klar. Auf die Frage, wann Entgeltlichkeit anzunehmen ist, gehen schon die Beiträge von GAUCH/MIDDENDORF (Rz. 1.12 ff.) und STÖCKLI (Rz. 2.20 ff. und 2.48 ff.) ein, weshalb wir uns hier darauf beschränken, die wesentlichen **Grundsätze** in Erinnerung zu rufen:

8.5 – Unterstehen die Planerleistungen dem *Auftragsrecht* (Art. 394 ff. OR; Rz. 1.28 ff.), hat der Planer Anspruch auf eine Vergütung, wenn dies entweder verabredet oder üblich ist (Art. 394 Abs. 3 OR). Haben die Parteien keine Vereinbarung getroffen, gibt die Verkehrsübung den Ausschlag (Rz. 1.15 ff.). Werden Dienstleistungen im Rahmen einer Berufstätigkeit erbracht, sind sie üblicherweise zu vergüten,[2] was auch für die Dienstleistungen von Planern gilt. Natürlich können die Parteien auch vereinbaren, dass die Planerleistungen unentgeltlich (honorarfrei) erbracht werden. Diese Verein-

[2] Zum Arztvertrag BGE 82 IV 145/147 E. I/2a; zum Elektroplanungsvertrag BGer 4C.261/2005 vom 9. Dezember 2005 E. 2.1 (= BR/DC 2006, S. 64, Nr. 205, mit Anm. GAUCH); zum Architektenvertrag BGer 4C.353/2000 vom 22. Februar 2001 E. 1b.

Zur Übergangslösung für die Honorarberechnung nach den SIA-Ordnungen 102 und 103 siehe Rz. 8.148 ff.

barung hat im Regelfall der Bauherr zu beweisen, der sich auf die Unentgeltlichkeit beruft.[3] Die Rechtsprechung nimmt dies nur zurückhaltend an.[4]

- Unterstehen die Planerleistungen hingegen dem *Werkvertragsrecht* (Art. 363 ff. OR; Rz. 1.31 ff.), verweist das Gesetz zwar für die Vergütung (anders als das Auftragsrecht in Art. 394 Abs. 3 OR) nicht auf die Verkehrsübung, weshalb die Übung nicht unmittelbar massgeblich ist. Indessen wird die stillschweigende Vereinbarung einer Vergütung vermutet, wenn der Planer die werkvertraglichen Planerleistungen im Rahmen seiner Berufsausübung erbringt.[5] Gegenüber dieser natürlichen Vermutung steht dem Bauherrn der Gegenbeweis offen, der schon dann erbracht ist, wenn er beim Gericht Zweifel an der Richtigkeit des Vermuteten streut (Rz. 1.22).[6] Kommen entsprechende Zweifel auf, ist die Vermutung nicht weiter bedeutsam, weshalb der Planer jetzt den Vollbeweis zu führen hat.[7] 8.6

2. Strittiger als diese Grundsätze sind die Fragen, welche die Bemessung des Planerhonorars betreffen. Was vorab die **Terminologie** anbelangt, das Folgende: 8.7

- Bei den sogenannten freien Berufen spricht man zum einen vom Honorar (also von der Vergütung),[8] zum andern vom Ersatz der *Auslagen und Verwendungen.*[9] An diese Unterscheidung halten sich der Sache nach auch die SIA-Ordnungen 102 und 103, wo die Auslagen als Teil der «Zusätzlichen Kostenelemente» figurieren, bei denen die 8.8

---

3 Denkbar ist, dass der Planer die Unentgeltlichkeit behauptet, um daraus eine Haftungsmilderung abzuleiten (Art. 99 Abs. 2 OR). Diese Konstellation ist aber so ungewöhnlich, dass wir sie nicht weiter erörtern. Siehe aber den unveröffentlichten Entscheid des BGer vom 29. Oktober 1997 (= BR/DC 1998, S. 54, Nr. 182, mit Anm. Werro).

4 Gestützt auf Weber, Basler Kommentar, N 16 zu Art. 394 OR; HGer ZH vom 4. Mai 2009 E. 1.2.2.1 (= ZR 2009, Nr. 48, S. 205 = BR/DC 2010, S. 71, Nr. 142, mit Anm. Stöckli). Im Urteil ist zwar die Rede von der Gefälligkeit, wobei aber festzuhalten ist, dass das Gegenstück zum entgeltlichen Vertrag nicht die Gefälligkeit, sondern der unentgeltliche Vertrag ist.

5 BGE 119 II 40/44 E. 2d; BGer 4C.421/2006 vom 4. April 2007 E. 2.1 (= BR/DC 2007, S. 166, Nr. 361, mit Anm. Werro); 4C.285/2006 vom 2. Februar 2007 E. 2.2 (= BR/DC 2007, S. 169, Nr. 367, mit Anm. Pichonnaz); KGer SG BZ.2005.104 vom 29. Oktober 2007 E. 3a.

6 Zum Gegenbeweis BGer 4C.421/2006 vom 4. April 2007 E. 2.1 (= BR/DC 2007, S. 166, Nr. 361, mit Anm. Werro); Walter H. P., Berner Kommentar, N 476 zu Art. 8 ZGB; zum Beweismass BGer 4C.285/2006 vom 2. Februar 2007 E. 2.2 (= BR/DC 2007, S. 169, Nr. 367, mit Anm. Pichonnaz).

7 Reetz, Der Bauprozess: er steht und fällt mit dem Beweis, S. 152; Walter H. P., Berner Kommentar, N 476 zu Art. 8 ZGB.

8 Vom «Honorar» spricht man in der Bausprache auch dann, wenn die Planerleistung im konkreten Fall dem Werkvertragsrecht untersteht. Gmür, Die Vergütung, S. 34, Fn. 3.

9 Fellmann, Berner Kommentar, N 387 zu Art. 394 und N 11 ff. zu Art. 402 OR; Gmür, Die Vergütung, Rz. 112 ff.; Krauskopf-Forero/Siegenthaler, Architektur- und Bauingenieurverträge, Rz. 8.48; Weber, Basler Kommentar, N 36 zu Art. 394 OR; Werro, Commentaire romand, N 5 zu Art. 402 OR.

Zur Übergangslösung für die Honorarberechnung nach den SIA-Ordnungen 102 und 103 siehe Rz. 8.148 ff.

Ordnungen zwischen «Nebenkosten» und «Drittleistungen» unterscheiden (Art. 5.4 SIA 102/103).

8.9 – Im Werkvertragsrecht dagegen spricht man nicht von Auslagen und Verwendungen, sondern einzig von der Vergütung, die gleichzeitig den «Wert der Arbeit und die Aufwendungen» (so die Ausdrucksweise in Art. 374 OR) abdeckt. Der Begriff «Aufwendungen» in Art. 374 OR ist allerdings weiter gefasst als derjenige der «Auslagen und Verwendungen» in Art. 402 Abs. 1 OR. Er umfasst alle Personal-, Sach- und übrigen Kosten,[10] während der auftragsrechtliche Begriff der «Auslagen» namentlich die Personal- und die Gemeinkosten nicht umfasst; letztere sind ein Faktor, der bei der Bestimmung der Vergütung (des Honorars) in Rechnung zu stellen ist.[11]

8.10 Wichtiger als diese terminologischen Unterscheidungen sind indes die Methode und die Faktoren, nach denen das Planerhonorar bemessen wird.

8.11 **3.** Im Folgenden unterscheiden wir – ohne Rücksicht auf die rechtliche Qualifikation des Planervertrags im konkreten Fall – zwischen dem *Honorar* für die Planerleistungen einerseits (Rz. 8.12 ff.) und dem *Auslagenersatz* andererseits (Rz. 8.172 ff.). Das Honorar bemisst sich nach den Regeln des Obligationenrechts, wenn die Parteien keine davon abweichende Regelung treffen, indem sie zum Beispiel das System übernehmen, das durch die SIA-Ordnungen 102 und 103 und die diesen Regelwerken zugehörigen Kalkulationshilfen 102-K und 103-K geschaffen wird (Rz. 8.35 ff. und 8.52 ff.).

II. Die Bemessung des Honorars

8.12 Soweit die Parteien eines Planervertrags die Höhe des geschuldeten Honorars geregelt haben, gilt die entsprechende Abrede (Rz. 8.13 ff.). Fehlt im Vertrag eine Regelung, kommen die gesetzlichen Bestimmungen zum Tragen (Art. 374 und Art. 394 Abs. 3 OR; Rz. 8.40 ff.).

---

[10] Vgl. Gauch, Werkvertrag, Rz. 948; Gautschi G., Berner Kommentar, N 5a ff. zu Art. 374 OR; Hürlimann/Siegenthaler, Handkommentar Privatrecht, N 3 zu Art. 374 OR; Koller A., Werkvertragsrecht, Rz. 193.

[11] Fellmann, Berner Kommentar, N 26 ff. zu Art. 402 OR; Weber, Basler Kommentar, N 5 zu Art. 402 OR; Werro, Commentaire romand, N 6 zu Art. 402 OR.

Zur Übergangslösung für die Honorarberechnung nach den SIA-Ordnungen 102 und 103 siehe Rz. 8.148 ff.

1. Die Höhe des Honorars wird vereinbart

A. Allgemeines

1. Aus dem Grundsatz von Treu und Glauben ergibt sich – unabhängig von der Qualifikation des Planervertrags – die **Pflicht des Planers,** zumindest einen in Baufragen unerfahrenen Bauherrn vor Aufnahme seiner Arbeiten über die Höhe des zu erwartenden Honorars **aufzuklären.**[12] Entsprechend hielt Art. 5.1.2 SIA 102/103 in der Fassung aus dem Jahr 2003 (anders als die aktuelle Fassung) fest, dass der Planer verpflichtet ist, «dem Auftraggeber einen Vorschlag über die geeignete Honorierungsart zu machen und ihn über die voraussichtliche Höhe seines Honorars sowie der anfallenden zusätzlichen Kostenelemente und der Kosten der beizuziehenden Spezialisten und Berater zu orientieren». Eine dem Bauherrn mitgeteilte Schätzung stellt aber in der Regel «keine Willenserklärung dar, sondern eine Vorstellungsäusserung des Architekten [allgemeiner: des Planers], die seinen Vertragspartner über den mutmasslichen Preis der eigenen Arbeiten informiert (ohne ihn verbindlich festzulegen)»[13]. Nur unter besonderen Umständen darf der Bauherr die Mitteilung so verstehen, dass der Planer sich damit auf eine Höchstsumme festlegen will, die seinen Honoraranspruch nach oben hin begrenzt (Rz. 8.27). 8.13

2. Wie der Planervertrag als Ganzes (Rz. 2.43 ff.) kann die *Höhe* des Honorars ausdrücklich (schriftlich oder mündlich) oder stillschweigend (namentlich konkludent) vereinbart werden, wobei aber mit einer bloss stillschweigenden Vereinbarung Beweisschwierigkeiten verbunden sein können. In der Festsetzung der Höhe des Honorars sind die Parteien frei. Diese Freiheit wird durch allfällige Honorarempfehlungen staatlicher Vergabestellen nicht eingeschränkt, weshalb eine Honorarabrede, die – nach unten oder nach oben – von den empfohlenen Ansätzen abweicht, vertragsrechtlich nicht zu beanstanden ist. Stets aber ist möglich, dass sich eine Honorarabrede nach den allgemeinen Regeln – namentlich infolge eines Willensmangels (Art. 23 ff. OR) oder auch Übervorteilung (Art. 21 OR) – als ungültig erweist. 8.14

---

12 KGer VS vom 12. Oktober 2000 E. 6c/cc (= BR/DC 2001, S. 169, Nr. 463, mit Anm. Aepli); vgl. Fellmann, Berner Kommentar, N 151 zu Art. 398 OR; Gauch, Werkvertrag, Rz. 437; Gauch/Schluep/Schmid, OR AT, Rz. 956 ff.; Koller A., OR AT, Rz. 14.108; siehe die Anm. von Werro zu BGE 119 II 456 (= BR/DC 1994, S. 106, Nr. 215); OGer ZH vom 25. Januar 1994 (= ZR 1994, Nr. 86, S. 264); zur Rechtsprechung des BGer auch Stehle, Präjudizienbuch, N 8 zu Art. 28 OR. Zu vorvertraglichen Treuepflichten auch Rz. 2.10 ff.

13 Zehnder, Haftung des Architekten, Rz. 61. Allenfalls verfänglich ist daher Ziff. 4.1 des SIA-Vertragsformulars 1001/1 («Art und Höhe der Vergütungen»), wo eine «Totalvergütung inkl. MWST, CHF: [...]» ziffernmässig ausgewiesen wird, obschon die schlussendlich geschuldete Honorarsumme – die Vereinbarung eines «Festhonorars» vorbehalten – regelmässig von Faktoren abhängt, die sich bei Vertragsschluss noch nicht beziffern lassen (wie die Baukosten nach Massgabe der Schlussabrechnungen oder auch der Zeitaufwand).

Zur Übergangslösung für die Honorarberechnung nach den SIA-Ordnungen 102 und 103 siehe Rz. 8.148 ff.

8.15 **3.** Die SIA-Ordnungen geben für die Honorarabrede Folgendes vor: «Die Honorierungsart und die Höhe des Architektenhonorars [des Ingenieurhonorars] und der zusätzlichen Kostenelemente sind vor Arbeitsbeginn zwischen dem Auftraggeber und dem Architekten [dem Ingenieur] zu vereinbaren» (Art. 5.1.2 SIA 102/103). Darin liegt keine Abrede, die durch Übernahme der SIA-Ordnungen, die sie enthalten, zum Vertragsinhalt würde, sondern ein kluger Ratschlag. Wird der Ratschlag nicht befolgt und lässt sich dem Vertrag nicht entnehmen, wie es mit der Honorierung und dem Auslagenersatz zu halten ist, hat man sich an die gesetzlichen Vorgaben zu halten (Rz. 8.40 ff.). Doch lohnt es sich, noch einen Moment beim Ratschlag zu verweilen. Anzumerken ist nämlich ein Zweifaches:

8.16 **a.** Der Ratschlag geht dahin, Honorierung und Auslagenersatz «vor Arbeitsbeginn» zu regeln. Soweit es sich dabei um (objektiv oder subjektiv) wesentliche Punkte handelt (Rz. 2.44 ff.), kommt der Vertrag ohne entsprechende Einigung gar nicht zustande. Wo das aber nicht der Fall ist und der Vertrag auch ohne entsprechende Einigung zustande gekommen ist (siehe Art. 394 Abs. 3 OR), steht es den Parteien, die den Vertrag abgeschlossen haben, ohne auch Honorierung und Auslagenersatz zu regeln, frei, die Frage nachträglich (also nach Vertragsschluss) aufzunehmen und sie einvernehmlich zu regeln. Damit ändern sie ihren Vertrag ab, wogegen es an sich keine Einwände gibt. Eindeutig besser wäre es allerdings, den Parteien würde geraten, die Fragen der Honorierung und des Auslagenersatzes nicht aufzuschieben, sondern sie schon ganz am Anfang aufzunehmen, zu verhandeln und bei Vertragsschluss (und nicht erst «vor Arbeitsbeginn») zu regeln.

8.17 **b.** Was den Umgang mit den «zusätzlichen Kostenelementen» angeht, wird hier dazu geraten, deren «Höhe [...] zu vereinbaren». Das ist aber nicht möglich, zumal nicht «vor Arbeitsbeginn», geht es doch um Auslagen des Planers, die erst nach Arbeitsbeginn anfallen. Möglich ist es aber, die «Art der Vergütung [...] vorgängig zu vereinbaren», sich also auf die anwendbaren Ansätze zu verständigen, was Art. 5.4.2 SIA 102/103, der als Teil der Übergangslösung (Rz. 2.114 und 8.156) aufgehoben wurde, den Parteien denn auch empfohlen hatte.

B. Drei Arten von Honorarabreden

8.18 Entweder gibt die von den Parteien getroffene Honorarabrede die Höhe des Honorars mit einem festen Geldbetrag an (Rz. 8.19 ff.) oder sie beschränkt sich darauf, die Faktoren festzulegen, nach denen die Vergütung zu einem späteren Zeitpunkt masslich bestimmt werden soll.[14] Als Faktoren werden meist der Zeitaufwand mit zugehörigen Stundenansätzen (Rz. 8.25 ff.) oder ein Interessenwert (Rz. 8.33 f.) vereinbart. Diese Faktoren lassen sich auch kombinieren.

---

[14] Gauch/Schluep/Schmid, OR AT, Rz. 344 ff.

Zur Übergangslösung für die Honorarberechnung nach den SIA-Ordnungen 102 und 103 siehe Rz. 8.148 ff.

a. Festpreis («Pauschal- oder Globalhonorar»)

1. Die Vereinbarung eines Pauschalhonorars[15] liegt dann vor, wenn die Parteien die Geldsumme, die der Bauherr dem Planer für die von diesem zu erbringenden Leistungen zu zahlen hat, **zum Voraus genau bestimmen** (Festpreis).[16] Zwar wird der Planer, der ein Pauschalhonorar offeriert, zunächst den von ihm zu betreibenden Aufwand abschätzen, wobei aber grundsätzlich keine nachträgliche Korrektur erfolgt, wenn er sich dabei verschätzt (verkalkuliert) hat. Belanglos ist also, welcher Aufwand bei der Ausführung effektiv anfällt.[17] Die Parteien sind frei, eine solche Abrede auch dann zu treffen, wenn sich der nötige Aufwand entweder gar nicht oder bloss grob schätzen lässt.[18] Dem Inhalt nach fällt die Vereinbarung eines Pauschalhonorars unter Art. 373 OR, der an sich dem Werkvertragsrecht zugehört, auf die Vereinbarung aber auch dann anzuwenden ist, wenn der Planervertrag als einfacher Auftrag oder als gemischter Vertrag (Rz. 1.49 ff.) zu qualifizieren ist.[19] Damit gilt bei Vereinbarung eines Pauschalpreises auch Art. 373 Abs. 2 OR, wonach das Gericht dessen Erhöhung oder die Vertragsauflösung bewilligen kann, wenn ausserordentliche Umstände, die nicht vorausgesehen werden konnten oder die nach den von beiden Beteiligten angenommenen Voraussetzungen ausgeschlossen waren, die «Fertigstellung» – hier die Erbringung der vereinbarten Planerleistung – hindern oder zumindest übermässig erschweren (Rz. 8.164 ff.).[20] Die Beweislast dafür, dass ein Pauschalhonorar vereinbart wurde, trifft jene Partei, die sich darauf beruft;[21] zu vermuten ist eine entsprechende Vereinbarung nicht.[22] 8.19

---

15 Der Einfachheit halber sprechen wir zunächst nur vom Pauschalhonorar, das sich vom Globalhonorar dadurch unterscheidet, dass eine allfällige Teuerung nicht zu berücksichtigen ist (Rz. 8.23).

16 Zur Auslegung einer Vereinbarung «Pauschale gemäss Kostenvoranschlag» BGer 4A_502/2016 vom 6. Februar 2017 E. 4 (= BR/DC 2017, S. 380, Nr. 804, mit Anm. Siegenthaler).

17 Vgl. BGer 4C.203/2005 vom 9. Januar 2006 E. 4.1 (= BR/DC 2006, S. 66, Nr. 211, mit Anm. Pichonnaz); 4C.23/2004 vom 14. Dezember 2004 E. 3.1; 4C.172/2001 vom 8. August 2001 E. 3b; KGer GR ZF 08 56 vom 18. November 2008 E. 3b (= BR/DC 2010, S. 73, Nr. 155, mit Anm. Stöckli); Fellmann, Berner Kommentar, N 430 und 441 ff. zu Art. 394 OR; Werro, Commentaire romand, N 48 zu Art. 394 OR; Zindel/Pulver/Schott, Basler Kommentar, N 6 zu Art. 373 OR.

18 Vgl. BGer 4C.23/2004 vom 14. Dezember 2004 E. 3.1.

19 Selbst wenn man es ablehnte, Art. 373 Abs. 2 OR analog im Auftragsrecht anzuwenden, könnte der Planer auch bei einem auftragsrechtlichen Verhältnis gestützt auf die sogenannte clausula rebus sic stantibus das Gericht zur Lückenfüllung anrufen. Zur Anpassung an veränderte Verhältnisse Gauch/Schluep/Schmid, OR AT, Rz. 1280 ff.; Koller A., OR AT, Rz. 29.30 ff.; zur Rechtsprechung Stehle, Präjudizienbuch, N 65 zu Art. 18 OR; zum blossen Teuerungsausgleich vgl. Rz. 8.23.

20 So auch: Fellmann, Berner Kommentar, N 445 zu Art. 394 OR; Gmür, Die Vergütung, Rz. 173; Werro, Commentaire romand, N 48 zu Art. 394 OR.

21 BGer 4C.203/2005 vom 9. Januar 2006 E. 4.1 (= BR/DC 2006, S. 66, Nr. 211, mit Anm. Pichonnaz); 4C.23/2004 vom 14. Dezember 2004 E. 3.1.

22 BGer 4C.23/2004 vom 14. Dezember 2004 E. 3.1; auch Aebi-Mabillard, La rémunération, Rz. 783.

Zur Übergangslösung für die Honorarberechnung nach den SIA-Ordnungen 102 und 103 siehe Rz. 8.148 ff.

8.20 **a.** Pauschaliert wird meist *nur das Honorar*, nicht auch die Gegenleistung, die der Planer zu erbringen hat, um sich das Honorar zu verdienen. Mitunter kommt es aber doch vor, dass die Parteien nicht bloss das Honorar, sondern mittels einer Vollständigkeitsklausel auch die vom Planer für die Erreichung des vereinbarten Ziels zu erbringenden Leistungen pauschalieren. Welche Leistungen durch die Pauschale abgegolten werden, ist im Streitfall durch Auslegung zu ermitteln.[23] Um einen Streit darüber zu vermeiden und Beweisschwierigkeiten vorzubeugen, hält Art. 5.3.4 SIA 102/103 hinsichtlich der Vereinbarung von Festpreisen fest, dass die «Honorierung [...] eine klare gegenseitige Abstimmung über die Ziele, die erwarteten Ergebnisse und damit die zu erbringenden Leistungen» voraussetzt.[24] Das ist indes lediglich eine Empfehlung, keine Voraussetzung im rechtlichen Sinn, sodass die Parteien einen Festpreis gültig vereinbaren können, ohne die empfohlene Abstimmung vorzunehmen. Welche Gegenleistung der Planer schuldet, ist alsdann – weil es an einer ausreichend konkretisierenden Parteiabrede fehlt – durch gerichtliche Vertragsergänzung zu bestimmen.

8.21 **b.** Durch Auslegung ist zu ermitteln, ob nach dem Willen der Parteien auch die Auslagen im Pauschalhonorar inbegriffen oder vom Bauherrn zusätzlich (nach effektiven Kosten) zu vergüten sind.[25] Die MWST aber ist im Pauschalhonorar eingeschlossen, wenn die Parteien dies nicht anders vereinbaren.[26] Eine solche Vereinbarung treffen die Parteien insbesondere dann, wenn sie die SIA-Ordnungen 102 und 103 vorbehaltlos übernehmen, indem dort in Art. 5.1.3 festgehalten wird, dass die «MWST [...] in den Honoraren und den zusätzlichen Kostenelementen nicht inbegriffen» ist.[27]

8.22 **c.** Ändern die Parteien ihren Vertrag nachträglich ab (Rz. 2.69 ff.), indem sich der Planer zu zusätzlichen Leistungen verpflichtet oder der Leistungsumfang reduziert wird, zieht dies, wenn die Parteien nichts anderes vereinbaren, eine entsprechende Erhöhung bzw. Reduktion des Pauschalhonorars nach sich (Rz. 8.169 ff.).[28]

8.23 **2.** Bezüglich einer allfälligen **Teuerung** haben die Parteien zu vereinbaren, ob sie zu berücksichtigen ist oder nicht. Soll die Teuerung in Anschlag gebracht werden, sprechen

---

23 Gauch/Stöckli, Kommentar SIA 118, Art. 40/Rz. 6.1 und Art. 41/Rz. 2.1.

24 Das gilt nicht nur für die in Art. 5.3.4 SIA 102/103 genannten Preisarten, sondern auch in jenen Fällen, in denen die Parteien die Honorarhöhe mit den Baukosten verknüpfen.

25 Untersteht der Vertrag dem Auftragsrecht, so spricht Art. 402 Abs. 1 OR dafür, dass der Auftraggeber diese Kosten separat zu ersetzen hat. Fellmann, Berner Kommentar, N 447 zu Art. 394 OR. Vgl. auch Gmür, Die Vergütung, Rz. 169.

26 Aebi-Mabillard, La rémunération, Rz. 871 f.; Gauch, Werkvertrag, Rz. 1225. Die Preisbekanntgabeverordnung (PBV; SR 942.211) steht einer Abrede, nach der die MWST separat gefordert werden kann, nicht entgegen, weil die Leistungen der Planer im Katalog der unterstellten Dienstleistungen (Art. 10 PBV) nicht aufgeführt werden.

27 Siehe auch Art. 1.8 SIA 102/103, wonach die MWST «in allen Abrechnungen offen auszuweisen» ist.

28 KGer GR ZF 08 56 vom 18. November 2008 E. 3b (= BR/DC 2010, S. 73, Nr. 155, mit Anm. Stöckli).

Zur Übergangslösung für die Honorarberechnung nach den SIA-Ordnungen 102 und 103 siehe Rz. 8.148 ff.

die SIA-Ordnungen 102 und 103 von einer Globalen, während die Teuerung bei einer Pauschalen unberücksichtigt bleibt (Art. 5.3.1 SIA 102/103).[29] Einigen die Parteien sich auf eine Globale, versäumen es aber, das Verfahren festzulegen, in dem die Teuerung zu berechnen ist (Rz. 8.167 f.), ist ihre Honorarabrede lückenhaft und alsdann nach Massgabe des hypothetischen Parteiwillens zu ergänzen. Die KBOB empfiehlt zwar (indirekt)[30] die Anwendung der Gleitpreisformel, was für ein vertragsergänzendes Gericht indes nicht verbindlich ist.

3. Nicht zu verwechseln sind Pauschal- und Globalhonorar mit einem ungefähren Kostenansatz[31] bei der Vergütung nach Zeitaufwand, mit dem der Planer den Bauherrn über das zu erwartende Honorar orientiert (Rz. 8.28). So ist der Planer hier nicht verpflichtet, seine Leistungen zum genannten Betrag zu erbringen. Umgekehrt hat er nicht Anspruch auf den dem Bauherrn genannten Betrag, wenn der erforderliche Aufwand unter seinen Erwartungen bleibt. 8.24

b. Abhängig vom Zeitaufwand

1. Beim Zeithonorar vereinbaren die Parteien, dass die **Vergütung des Planers nach Massgabe des effektiven Zeitaufwands,** den der Planer und seine Hilfspersonen für das Projekt betreiben, berechnet wird.[32] In der Regel legen sie auch die einzelnen Stundenansätze fest, die sie gegebenenfalls nach Aufgabenbereichen und der damit korrespondierenden Verantwortung abstufen. Bei der Festlegung der Stundenansätze können etwa die Ausbildung und die Erfahrung der Sachbearbeiter, die zeitliche Dringlichkeit, die Schwierigkeit der Aufgabe, aber auch weitere Kriterien berücksichtigt werden. Wie bei den Regieansätzen nach SIA-Norm 118 (Art. 50 Abs. 1) gelten nebst dem Wert der eigentlichen Arbeitsleistung namentlich auch die Generalunkosten und der Unternehmergewinn des Planers als in die Ansätze eingerechnet.[33] 8.25

2. Die Vereinbarung eines Zeithonorars birgt das Risiko, dass mit dem Zeitaufwand auch das Honorar in unerwartete Höhen steigt. Um diese Gefahr zu bannen, wird häufig ein **Kostendach** vereinbart. Was unter einem Kostendach zu verstehen ist, lässt sich nicht 8.26

[29] Zu dieser Begrifflichkeit auch Art. 40 f. SIA 118.

[30] Siehe KBOB-Honorarempfehlung, Ziff. 6 (S. 10), wo die Anwendung der SIA-Norm 126 empfohlen wird, die ihrerseits das «Verfahren Gleitpreisformel Planer» umsetzt. Zu beachten ist, dass auch diese Norm nur insoweit rechtsverbindlich ist, als sie von den Parteien in den Planervertrag integriert wird.

[31] Vgl. Gauch, Werkvertrag, Rz. 937 ff.

[32] Vgl. auch Fellmann, Berner Kommentar, N 451 f. zu Art. 394 OR; Gmür, Die Vergütung, Rz. 174 ff.

[33] Vgl. Gauch, Werkvertrag, Rz. 953.

Zur Übergangslösung für die Honorarberechnung nach den SIA-Ordnungen 102 und 103 siehe Rz. 8.148 ff.

generell sagen, sondern ist im konkreten Fall durch Vertragsauslegung zu ermitteln.[34] Infrage kommen:

8.27 – Das Kostendach als *Maximalhonorar:* Diese Bedeutung steht praktisch im Vordergrund.[35] Die Parteien vereinbaren zwar eine Vergütung nach Zeitaufwand, legen jedoch einen reinen Höchstpreis[36] fest, sodass der Bauherr auch bei grösseren Arbeitsaufwendungen des Planers nicht mehr als den vereinbarten Betrag schuldet.[37] Mit der Vereinbarung eines Maximalhonorars kann auch die Abrede verbunden sein, dass der Planer finanziell partizipiert, wenn sein Aufwand unter dem Kostendach bleibt.

8.28 – Das Kostendach als *einseitige Honorarschätzung* des Planers: Der Planer ist an den prognostizierten Betrag nicht gebunden.[38] Ist absehbar, dass der Betrag überschritten wird, hat der Planer dies dem Bauherrn anzuzeigen und ihn so in die Lage zu versetzen, seine weiteren Dispositionen zu überprüfen.[39]

8.29 – Allenfalls kann der Bauherr den Vertrag gestützt auf Art. 375 OR auflösen. Diese Gesetzesbestimmung, die einen Fall des Grundlagenirrtums (Art. 24 Abs. 1 Ziff. 4 OR) speziell regelt,[40] gehört zwar ins Werkvertragsrecht, lässt sich aber analog auf andere Verträge anwenden. Alternativ kann sich der Bauherr, der den Planervertrag auflösen will, auch auf Art. 404 Abs. 1 OR stützen, soweit diese Bestimmung auf den konkreten Planervertrag anwendbar ist (Rz. 2.97 und 2.107). War der Planer bei der Prognose unsorgfältig, kann der Bauherr zudem Schadenersatz verlangen, wenn die weiteren Voraussetzungen erfüllt sind.

8.30 – Das Kostendach als reines *Warnungsdach:* Danach ist der Planer bloss verpflichtet, dem Bauherrn rechtzeitig anzuzeigen, dass er so viel Zeit aufgewendet hat, dass der Betrag des Kostendachs erreicht ist. Weitergehende, honorarbegrenzende Wirkung hat der Betrag in diesem Fall nicht.

---

[34] Egli, Revidierte SIA-Ordnungen, S. 63. Siehe auch BGer 4A_187/2009 vom 14. Juli 2009, wo von einem «Kostendach» die Rede, aber eine Bausummengarantie gemeint ist, so das Verständnis von Stöckli in seiner Anm. zu BGer 4A_187/2009 vom 14. Juli 2009 (= BR/DC 2009, S. 156, Nr. 164); dazu BGer 4C.424/2004 vom 15. März 2005 E. 3.3.

[35] Gauch, Werkvertrag, Rz. 1040 und 1036 ff. Für einen Anwendungsfall siehe Ziff. 9.2 KBOB-AVB: «Die Überschreitung eines vereinbarten Kostendaches geht zu Lasten des Beauftragten [...]».

[36] Zum reinen Höchstpreis Gauch, Werkvertrag, Rz. 1036 ff.

[37] Zum Kostendach in diesem Sinne VGer SZ vom 22. Juni 1995 (= EGV SZ 1995, Nr. 10, S. 43 = BR/DC 1997, S. 52, Nr. 131, mit Anm. Gauch); Ziff. 9.2 KBOB-AVB.

[38] Gauch, Werkvertrag, Rz. 937 ff.

[39] Vgl. BGer 4C.424/2004 vom 15. März 2005 E. 3.3 (herangezogen in der Anm. von Stöckli zu BGer 4A_187/2009 vom 14. Juli 2009 = BR/DC 2009, S. 156, Nr. 164).

[40] Vgl. BGE 115 II 460/461 E. 3 (= BR/DC 1990, S. 101, Nr. 136, mit Anm. Gauch); BGer 4A_15/2011 vom 3. Mai 2011 E. 3.2.1 (= BR/DC 2011, S. 190, Nr. 425, mit Anm. Stöckli).

Einigen sich die Parteien auf ein Kostendach als Maximalhonorar oder als Kostenschätzung, haben sie auch zu entscheiden, welche Planerleistungen mit dem entsprechenden Betrag korrespondieren. Vergrössert sich bei einem an sich vereinbarten Maximalhonorar der Leistungsumfang gegenüber dem, was bei Festsetzung des Maximalhonorars vereinbart wurde, zieht das im Regelfall auch eine honorarseitige Anpassung nach sich. 8.31

3. Unnötiger Aufwand ist nicht zu vergüten.[41] Stellt sich der Bauherr auf den Standpunkt, eine bestimmte Tätigkeit des Planers sei unnötig gewesen, hat der Planer deren Erforderlichkeit nachzuweisen, da er es ist, der für die richtige Erfüllung beweisbelastet ist.[42] 8.32

c. Das Prozenthonorar

1. Beim Prozenthonorar vereinbaren die Parteien, die Vergütung des Planers **in Prozenten des Interessenwerts** zu berechnen. Als Interessenwert, der hier in Anschlag gebracht werden kann, bieten sich in erster Linie die Baukosten an. Die Festsetzung von Interessenwert und Prozentsatz ist indes schwierig, da es für die Angemessenheit des Honorars an objektiven Kriterien weitgehend fehlt. Sind die Faktoren aber einmal festgelegt, ist die Vereinbarung eines Prozenthonorars in der praktischen Handhabung einfach. 8.33

2. Die Rechtsprechung stellt sich auf den Standpunkt, dass eine allein am Interessenwert orientierte Honorierung «in der Regel keine angemessene, der Billigkeit entsprechende Vergütung für Arbeit und Verantwortung» darstellt.[43] Wenn sie nicht vereinbart, üblich[44] oder vom Gesetz ausdrücklich zugelassen wird,[45] soll sie vom Gericht nur dann ange- 8.34

[41] Derendinger, Nichterfüllung, Rz. 424; Fellmann, Berner Kommentar, N 451 zu Art. 394 OR; Gauch, Werkvertrag, Rz. 964; Weber, Basler Kommentar, N 6 zu Art. 402 OR; Werro, Commentaire romand, N 7 zu Art. 402 OR.

[42] BGer 4A_183/2010 vom 27. Mai 2010 E. 3.2 (= BR/DC 2010, S. 189, Nr. 346, mit Anm. Pichonnaz); Gauch, Werkvertrag, Rz. 1021; Siegenthaler, Präjudizienbuch, N 4 zu Art. 374 OR; siehe zum Erfüllungsbeweis allgemein Walter H. P., Berner Kommentar, N 542 zu Art. 8 ZGB. Anders Hürlimann/Siegenthaler, Handkommentar Privatrecht, N 4 zu Art. 374 OR, nach denen die Beweislast beim Bauherrn liegt, da es um den Nachweis einer positiven Vertragsverletzung gehe. Wir teilen diese Meinung nicht, weil wir keine Vertragsverletzung darin erblicken, dass der Planer unnötigen Aufwand betreibt, weshalb es hier auch nicht auf sein Verschulden ankommt oder ein Schaden vorausgesetzt wäre. Eine Vertragsverletzung aber liegt dann vor, wenn der Planer den Umstand, dass er unnötigen Aufwand betrieben hat, verschleiert und der Bauherr dadurch zu Schaden kommt.

[43] BGE 78 II 123/127 E. 2; auch 101 II 109/111 E. 2.

[44] Gmür, Die Vergütung, Rz. 182 f.

[45] So bei den Provisionen für Mäkler und Agenten und bei der Vergütung der Rechtsanwälte für die Vertretung in zivilprozessualen Verfahren.

Zur Übergangslösung für die Honorarberechnung nach den SIA-Ordnungen 102 und 103 siehe Rz. 8.148 ff.

wandt werden, wenn besondere Umstände dies rechtfertigen.[46] Was die Üblichkeit dieser Berechnungsart anbelangt, ist daran zu erinnern, dass die SIA-Ordnungen nicht per se die einschlägige Verkehrsübung abbilden (Rz. 8.43),[47] weshalb auch der Schluss zu weit ginge, die dort eingehend geregelte Honorarberechnung nach den Baukosten (Art. 7 SIA 102/103-K ≈ *a*Art. 7 SIA 102/103) entspreche der massgeblichen Verkehrsübung.

C. Übernahme einer SIA-Ordnung

8.35 **1.** Statt die Honorarbemessung in allen Einzelheiten individuell auszuhandeln, übernehmen Parteien häufig eine der einschlägigen SIA-Ordnungen als vorformulierten Vertragsinhalt (Rz. 1.89 und 2.54). Eine solche Übernahme erfolgt **gemeinhin durch Verweis.** Häufig liegt dann eine mittelbare Übernahme vor (Rz. 1.89), indem die Parteien einen vorformulierten Vertragstext (z.B. des vom SIA separat herausgegebenen Vertragsformulars für den «Planer-/Bauleitungsvertrag»[48]) verwenden, der seinerseits auf eine einschlägige SIA-Ordnung weiterverweist.

8.36 **2.** Bei einem blossen Verweis auf die SIA-Ordnungen 102 oder 103 – oder auf die ihnen angehängten SIA-Kalkulationshilfen 102-K und 103-K – ist der Streit über die Höhe des Honorars allerdings so gut wie vorprogrammiert. Zwar enthalten diese SIA-Ordnungen zahlreiche Regeln darüber, was mangels individueller Absprache als vereinbart gilt.[49] Gleichzeitig aber lassen sie etliche Fragen offen. Was die Honorierung angeht, findet sich in Art. 5.8 SIA 102/103 eine Auffangregel, nach der in Fällen, in denen «zwischen dem Auftraggeber und dem Architekten (Ingenieur) vorgängig die Art der Vergütung nicht festgelegt wurde, [...] die Leistungen nach dem effektiven Zeitaufwand zu vergüten» sind. Abgesehen davon, dass Art. 6 SIA 102/103-K (≈ *a*Art. 6 SIA 102/103), dessen Gegenstand die Honorarberechnung nach dem effektiven Zeitaufwand ist, nicht nur eine, sondern gerade drei Methoden bereitstellt, bleibt offen, zu welchem (Stunden-)Ansatz der Zeitaufwand abzurechnen ist (Rz. 8.67). Die SIA-Ordnungen schweigen sich dazu – richtiger-

---

46 BGE 101 II 109/112 E. 2 in fine; Fellmann, Berner Kommentar, N 448 f. zu Art. 394 OR; Werro, Commentaire romand, N 47 zu Art. 394 OR.

47 Zu Art. 394 Abs. 3 OR siehe BGer 4A_230/2013 vom 17. September 2013 E. 2 (= BR/DC 2014, S. 154, Nr. 263, mit Anm. Werro).

48 Siehe dazu Ziff. 2.1 SIA-Vertragsformular 1001/1.

49 Beispielsweise ergibt sich aus Art. 3.1.5 SIA 102 (nicht jedoch aus Art. 3.1.5 SIA 103!), dass der Auftrag alle die in Art. 4 SIA 102 aufgeführten Grundleistungen umfasst; nach Art. 5.4 SIA 102/103 sind die zusätzlichen Kostenelemente gesondert zu vergüten und werden dabei die effektiven Aufwendungen verrechnet; und nach *a*Art. 7.11 SIA 102 (= Art. 7.11 SIA 102-K) werden besonders zu vereinbarende Leistungen mangels anderer Vereinbarung nach dem effektiven Zeitaufwand honoriert – wobei zu dieser Auffangregel aber kritisch anzumerken ist, dass die Honorarberechnung nach effektivem Zeitaufwand mithilfe dreier unterschiedlicher Methoden erfolgen kann (Rz. 8.72 ff.) und die Auffangregel nicht festlegt, nach welcher Methode zu verfahren ist.

Zur Übergangslösung für die Honorarberechnung nach den SIA-Ordnungen 102 und 103 siehe Rz. 8.148 ff.

weise – aus. Mithin wäre es ein Trugschluss, zu glauben, dass sich die Honorierung mit der schlichten Übernahme einer SIA-Ordnung ausreichend regeln liesse.[50]

3. Dazu kommt, dass in Fällen, in denen ein branchenunkundiger Bauherr die SIA-Ordnungen 102 und 103 nur global übernimmt (Rz. 1.89), die vertragliche Geltung in Anbetracht der Komplexität der Honorarberechnung, die dort erzeugt wird, keineswegs gesichert ist. 8.37

2. Die Höhe des Honorars wurde nicht vereinbart

A. Allgemeines

1. Haben die Parteien keine oder eine bloss lückenhafte Vereinbarung über die Höhe des Planerhonorars getroffen, so wird der Planer die Höhe seines Honoraranspruchs nach eigenem Gutdünken festsetzen und dem Bauherrn alsdann eine **Rechnung** präsentieren.[51] «Genehmigt» der Bauherr die gestellte Rechnung, so anerkennt er zwar, den in Rechnung gestellten Betrag zu schulden, beraubt sich indessen nicht des Rechts, dem Planer sämtliche Einreden aus dem Grundverhältnis entgegenzuhalten, auf die er (ungeachtet der Genehmigung, die sich nur auf den Rechnungsbetrag bezieht) nicht verzichtet hat. Schweigt der Bauherr, so darf dies «nur unter ganz besonderen Umständen (praktisch nur gestützt auf eine vorangehende Abrede) als Schuldanerkennung oder als Einredeverzicht aufgefasst werden»[52].[53] Hat der Bauherr die Rechnung bezahlt, so kann er das allenfalls zu viel Bezahlte nach den Grundsätzen über die ungerechtfertigte Bereicherung (Art. 62 ff. OR) zurückverlangen.[54] 8.38

---

[50] Pichonnaz, Les règlements SIA 102/103/108, 112, S. 78.

[51] Vgl. Gauch, Werkvertrag, Rz. 1258.

[52] OGer LU vom 9. Mai 1979 (= LGVE 1979 I, Nr. 489, S. 551 = BR/DC 1982, S. 14, Nr. 6, mit Anm. Gauch).

[53] Anerkennung der Rechnung durch Schweigen des Empfängers KGer GR vom 30. August 1994 (= BR/DC 1996, S. 47, Nr. 99, mit Anm. Gauch).

[54] BGE 130 III 504/510 E. 6.2; 127 III 421/426 E. 3c/bb. Alsdann beträgt die relative Verjährungsfrist gemäss Art. 67 OR ein Jahr; BGE 107 II 220 (= BR/DC 1982, S. 58, Nr. 53, mit Anm. Gauch). Hat der Bauherr demgegenüber Abschlags- oder Akontozahlungen geleistet, so beruht die Rückforderung auf Vertrag; BGE 130 III 504/512 E. 6.4; 126 III 119/123 E. 3e; BGer 4A_89/2012 vom 17. Juli 2012 E. 3.2.2; 4C.267/2001 vom 19. Dezember 2001 E. 1, weshalb die Verjährungsfrist gemäss Art. 127 OR zehn Jahre beträgt; Bucher, Hundert Jahre schweizerisches Obligationenrecht, S. 331; Gauch/Schluep/Schmid, OR AT, Rz. 1508; siehe die Anm. von Gauch zu KGer GR vom 8. Januar 1990 (= BR/DC 1992, S. 38, Nr. 72).

Zur Übergangslösung für die Honorarberechnung nach den SIA-Ordnungen 102 und 103 siehe Rz. 8.148 ff.

8.39 **2.** Zwar ist die Höhe der geschuldeten Vergütung weder im Werkvertragsrecht[55] (Art. 374 OR) noch im Auftragsrecht (Art. 394 Abs. 3 OR) ein objektiv wesentlicher Vertragspunkt, dessen Regelung für das Zustandekommen des Vertrags erforderlich wäre (Rz. 2.8).[56] Ist aber im konkreten Fall die Höhe des Honorars für eine Partei ein **subjektiv wesentlicher Vertragspunkt** (eine «condicio sine qua non» für den Abschluss; vgl. Rz. 2.9)[57] und haben die Parteien darüber keine Einigung erzielt, so ist ein Planervertrag mangels Konsenses gar nicht zustande gekommen.[58] Doch kann es sein, dass die subjektive Wesentlichkeit nur im Zeitpunkt des Vertragsschlusses gegeben war und im Lauf der Vertragsabwicklung entfällt, wenn die betroffene Partei nicht mehr darauf beharrt. Alsdann steht einer gerichtlichen Ergänzung des lückenhaften Vertrags nichts entgegen.

B. Gesetzliche Regelung

8.40 **1.** Untersteht der Planervertrag dem **Auftragsrecht** (Rz. 1.44 ff.), enthält das Gesetz über die Höhe der Vergütung (im Gegensatz zum Auslagenersatz) keine eindeutige Regelung.[59] Doch rechtfertigt es sich, den Verweis von Art. 394 Abs. 3 OR nicht bloss auf die Entgeltlichkeit als solche, sondern auch auf die Höhe der Vergütung zu beziehen (Rz. 1.17).[60] So kann auch für die Honorarbemessung auf eine allenfalls vorhandene Verkehrsübung abgestellt werden. «Verkehrsübung (auch Verkehrssitte genannt) ist die Tatsache, dass sich die jeweils Beteiligten in Einzelfällen bestimmter Art (z.B. bei Abwicklung von Verträgen bestimmten Inhalts) durchwegs in gleicher Weise verhalten. […] Zur Bildung einer Verkehrsübung ‹bedarf es eines gewissen Zeitraums, einheitlicher Auffassung aller Beteiligten und allgemeiner tatsächlicher Übung›».[61] Wer sich im Streitfall auf eine Verkehrsübung beruft, hat diese zu beweisen.[62] Fragen mag man sich, ob die Stundenansätze, die heute von staatlichen Vergabestellen – und ehemals von der KBOB – für

---

55 KGer SG BZ.2005.104 vom 29. Oktober 2007 E. 3a; OGer ZH vom 18. Juni 1993 (= BR/DC 1996, S. 120, Nr. 244, mit Anm. Gauch); Gauch, Werkvertrag, Rz. 110.

56 Allgemein Gauch/Schluep/Schmid, OR AT, Rz. 338; Koller A., OR AT, Rz. 6.36.

57 Auch Aebi-Mabillard, La rémunération, Rz. 185.

58 Als «irrelevant» wurde ein entsprechender Einwand in KGer SG BZ.2005.104 vom 29. Oktober 2007 E. 3c betrachtet, weil die betreffende Partei «trotz fehlender Einigung über die Höhe des Honorars mit der Bearbeitung des Projekts durch die Klägerin einverstanden war».

59 Fellmann, Berner Kommentar, N 397 zu Art. 394 OR.

60 BGE 135 III 259/262 E. 2.2; 101 II 109/111 E. 2; BGer 4C.261/2005 vom 9. Dezember 2005 E. 2.1 (= BR/DC 2006, S. 64, Nr. 205, mit Anm. Gauch); Gmür, Die Vergütung, Rz. 325 ff.; Tercier/Bieri/Carron, Les contrats spéciaux, Rz. 4596 ff.; Weber, Basler Kommentar, N 39 zu Art. 394 OR. Anders Fellmann, Berner Kommentar, N 395 ff. zu Art. 394 OR.

61 Jäggi/Gauch/Hartmann, Zürcher Kommentar, N 423 zu Art. 18 OR.

62 BGE 127 III 519/524 E. 2d (= BR/DC 2004, S. 80, Nr. 191, mit Anm. Pichonnaz); Fellmann, Berner Kommentar, N 382 zu Art. 394 OR; Gauch, Werkvertrag, Rz. 191; Tercier/Bieri/Carron, Les contrats spéciaux, Rz. 4599; Walter H. P., Berner Kommentar, N 111 zu Art. 8 ZGB; Weber, Basler Kommentar, N 41 zu Art. 394 OR.

Zur Übergangslösung für die Honorarberechnung nach den SIA-Ordnungen 102 und 103 siehe Rz. 8.148 ff.

die freihändige Beschaffung von Planerleistungen festgesetzt und publiziert werden, eine entsprechende Verkehrsübung begründen (Rz. 8.63). Wie es sich damit verhält, ist eine Beweisfrage, der sich jene Partei anzunehmen hat, die sich auf diese Ansätze beruft. Misslingt der Beweis und lässt sich auch sonst keine Übung nachweisen, hat das Gericht die Höhe des Honorars vertragsergänzend festzusetzen (Rz. 8.46 ff.).

2. Untersteht der Planervertrag dem **Werkvertragsrecht** (Rz. 1.31 ff. und 2.3), bemisst sich die Vergütung nach Massgabe des Werts der Arbeit und der Aufwendungen des Planers (Art. 374 OR; Rz. 1.22).[63] Nicht relevant ist dagegen der Wert des vollendeten Werks, der im Einzelfall durch andere Faktoren als durch den Aufwand bestimmt wird.[64] 8.41

3. Wie verhält es sich im Falle eines **Gesamtvertrags?** Ihn weist das Bundesgericht (mit seiner Spaltungstheorie) je nach Leistungsteil, der gerade strittig ist, dem Werkvertrags- oder dem Auftragsrecht zu (Rz. 1.49). Für die Beendigung aber sieht es von einer Spaltung ab und erklärt Art. 404 OR unabhängig davon, in welcher Phase der Vertrag beendet wird, für anwendbar (Rz. 1.52 und 2.107). Auch was die Honorierung angeht, hat das Gericht den Schritt vollzogen, den Gesamtvertrag nicht aufzuspalten, sondern die Frage nach Massgabe des Auftragsrechts (Art. 394 Abs. 3 OR; Rz. 8.40) zu lösen.[65] Denn eine Spaltung ist schon bei den Haftungsfolgen, für die das Bundesgericht sie praktiziert, mit erheblichen Schwierigkeiten verbunden und wäre in Vergütungsfragen schlicht undurchführbar. In der Vorauflage hielten wir dafür, die Frage sei von geringer Bedeutung, da auch eine werkvertragliche Anknüpfung praktisch zu keinem anderen Ergebnis führe. Nach erneuter Prüfung der Frage anerkennen wir aber,[66] dass auftragsrechtlich «Auslagen und Verwendungen» des Planers nicht in das Honorar einfliessen, sondern separat zu ersetzen sind (Art. 402 Abs. 1 OR), während werkvertraglich der Aufwand des Planers im Prinzip ungeteilt honorarwirksam ist (Art. 374 OR). 8.42

C. Die SIA-Ordnungen 102/103 und die Verkehrsübung

1. Die Frage, ob die SIA-Ordnungen für Planerverträge a priori Ausdruck der Verkehrsübung seien, ist **zu verneinen,** dies in Einklang mit der bundesgerichtlichen Praxis (vgl. Rz. 1.97).[67] Zwar ist die Honorarbemessung entweder nach Aufwand oder nach Interes- 8.43

---

[63] BGE 119 II 40/46 E. 3; Vergütung ist aufwand- und nicht ergebnisbezogen (KGer VS vom 12. Oktober 2000 E. 6a = BR/DC 2001, S. 169, Nr. 463, mit Anm. Aepli); Hürlimann/Siegenthaler, Handkommentar Privatrecht, N 3 zu Art. 374 OR.

[64] Gauch, Werkvertrag, Rz. 947; Hürlimann/Siegenthaler, Handkommentar Privatrecht, N 3 zu Art. 374 OR.

[65] BGer 4A_230/2013 vom 17. September 2013 E. 2 (= BR/DC 2014, S. 154, Nr. 263, mit Anm. Werro); KGer VD HC/2017/281 vom 11. April 2017 (= BR/DC 2017, S. 380, Nr. 805, mit Anm. Werro).

[66] Dies im Anschluss an Gauch, Erneut zum Gesamtvertrag, S. 70; Werro/Tolou, quoi de neuf?, S. 26.

[67] BGE 118 II 295/296 E. 2a (= BR/DC 1993, S. 103, Nr. 216, mit Anm. Gauch); 117 II 282/284 (= BR/DC 1992, S. 93, Nr. 153, mit Anm. Gauch); BGer 4A_230/2013 vom 17. September 2013 E. 2

Zur Übergangslösung für die Honorarberechnung nach den SIA-Ordnungen 102 und 103 siehe Rz. 8.148 ff.

senwert in der Branche verbreitet. Trotzdem lässt sich weder vom Zeit- noch vom Kostenhonorar ohne Weiteres sagen, dass es in der Ausgestaltung, die es in den SIA-Ordnungen erfahren hat, einer gefestigten Verkehrsübung entspricht. Dazu kommt, dass die SIA-Ordnungen von einem Branchenverband aufgestellt wurden,[68] was die Vermutung nahelegt, dass sie zumindest in der Tendenz einseitig sind. Ihre Einseitigkeit allein spricht allerdings noch nicht gegen ihre Verkehrsüblichkeit.[69] So soll es sogar angehen, sich an diesen Ordnungen zu orientieren, wo die Parteien das Honorar nicht selber geregelt haben.[70] Ins Gewicht aber fällt, dass die KBOB für die öffentlichen Bauherren einen Planervertrag mitsamt zugehörigen Allgemeinen Vertragsbedingungen für Planerleistungen geschaffen hat, der mit Bezug auf die Vergütung ohne die SIA-Ordnungen 102 und 103 auskommt. Aber auch andere Grossbauherren haben Allgemeine Geschäftsbedingungen und Vertragsformulare geschaffen, welche die SIA-Ordnungen 102 und 103 in wesentlichen Punkten aufheben, abändern oder ergänzen. All dies sind Indizien, die gegen die Verkehrsüblichkeit der SIA-Ordnungen sprechen.

8.44 Selbst wenn man aber den SIA-Ordnungen zugestehen wollte, dass sie die Verkehrsübung abbilden (was wir ablehnen), so ist zu beachten, dass sie keinen «SIA-Tarif» enthalten.[71] Sie geben die Stundenansätze, die sowohl beim Kosten- als auch beim Zeithonorar zen-

---

(= BR/DC 2014, S. 154, Nr. 263, mit Anm. Werro); 4A_86/2011 vom 28. April 2011 E. 6.1; 4A_393/2007 vom 3. Dezember 2007 E. 2.1 (= BR/DC 2008, S. 67, Nr. 126, mit Anm. Stöckli); 4C.261/2005 vom 9. Dezember 2005 E. 2.3 (= BR/DC 2006, S. 64, Nr. 205, mit Anm. Gauch); auch KGer SG vom 25. Juni 2002 E. 4c/aa (= BR/DC 2003, S. 164, Nr. 419, mit Anm. Aepli); KGer GR vom 7. Juni 1994 (= BR/DC 1996, S. 46, Nr. 98, mit Anm. Gauch); KGer VS C1 09 83 vom 4. November 2010 E. 5a (= BR/DC 2012, S. 244, Nr. 413, mit Anm. Stöckli). Ferner Aebi-Mabillard, La rémunération, Rz. 132 ff.; Krauskopf-Forero/Siegenthaler, Architektur- und Bauingenieurverträge, Rz. 8.52; Tercier, La concurrence, S. 64 und seine Anm. zu KGer VS vom 28. Januar 1992 (= BR/DC 1994, S. 47, Nr. 86). Anders HGer ZH HG140008 vom 15. Dezember 2014 E. 3 (= BR/DC 2015, S. 351, Nr. 580, mit Anm. Stöckli); siehe auch die Anm. von Gauch zu OGer BL vom 6. Februar 1990 (= BR/DC 1992, S. 36, Nr. 67) sowie die Anm. von Tercier zu KGer NE vom 1. Juli 1991 (= BR/DC 1993, S. 44, Nr. 98), wo sich die Parteien offenbar trotz fehlender ursprünglicher Übernahme der SIA-Ordnung 102 vor Gericht auf diese Ordnung berufen haben, worin eine nachträglich konkludente Übernahme zu erblicken ist. Klar ist, dass den SIA-Normen auch die Qualität von Rechtsnormen abgeht (BGE 132 III 285/288 E. 1.3).

68 Der Schlussformel zufolge waren an der Schaffung der SIA-Ordnung 102 (2014) auch Vertreter des Bundes Schweizer Architekten (BSA) beteiligt.

69 Vgl. Gauch, Werkvertrag, Rz. 191.

70 BGer 4C.336/2001 vom 22. Januar 2002 E. 3a, wo das Gericht festhält, «le fait de s'inspirer de la norme SIA» verstosse nicht gegen Bundesrecht; zu den Tarifen nach SIA-Ordnung 102 (1984) OGer ZH vom 18. Juni 1993 (= BR/DC 1996, S. 117, Nr. 238, mit kritischer Anm. Gauch).

71 Vgl. Egli, Revidierte SIA-Ordnungen, S. 59, der schon für die SIA-Ordnung 102 aus dem Jahr 2003 konstatiert, dass sie im Vergleich zur SIA-Ordnung 102 (1984) weitestgehend von «Automatismen» befreit ist.

Zur Übergangslösung für die Honorarberechnung nach den SIA-Ordnungen 102 und 103 siehe Rz. 8.148 ff.

trale Grössen sind, vorab aus kartellrechtlichen Gründen nicht vor,[72] weshalb sich ihnen auch nicht ablesen lässt, wie hoch ein Honorar im konkreten Fall zu sein hat. Aber auch früher gab es keinen SIA-Tarif schlechthin. Vielmehr enthielten die damaligen SIA-Ordnungen verschiedene Tarife und innerhalb der einzelnen Tarife verschiedene Berechnungselemente, die erhebliche Ermessensspielräume offenliessen, die von den Parteien denn auch unterschiedlich genutzt wurden.

2. Nach einer Rechtsprechung soll es allerdings zulässig sein, die SIA-Ordnungen 102 und 103 «als Richtlinie für die Bewertung der Leistungen des Architekten heranzuziehen».[73] Heute (und das schon seit den Ordnungen aus dem Jahr 2003) ist es aber, wie erwähnt, ohnehin so, dass weder die SIA-Ordnungen noch die ihnen zugeordneten Kalkulationshilfen Stundenansätze enthalten, weshalb sie auch als Richtlinie dafür, welcher Stundenansatz einer bestimmten Leistung angemessen ist, nicht mehr taugen. Die entsprechende Diskussion ist mithin überholt.[74] 8.45

D. Festsetzung des Honorars durch das Gericht

1. Haben die Parteien die Höhe der Vergütung nicht oder nur lückenhaft vereinbart, so hat im Streitfall das Gericht über diese zu entscheiden.[75] Dazu muss der Planer zunächst die Tatbestandselemente, die für die Bemessung des Honorars wesentlich sind, darlegen 8.46

[72] Vgl. Egli, Revidierte SIA-Ordnungen, S. 45. Bekanntmachung der Wettbewerbskommission betreffend die Voraussetzungen für die kartellgesetzliche Zulässigkeit von Abreden über die Verwendung von Kalkulationshilfen von 1998, BBl 1998, S. 3936.

[73] So KGer SG vom 25. Juni 2002 E. 4c/bb (= BR/DC 2003, S. 164, Nr. 419, mit Anm. Aepli). In diesem Sinne auch BGer 4C.336/2001 vom 22. Januar 2002 E. 3a; zur analogen Anwendung der SIA-Ordnung 102 (1984) KGer VD vom 18. Dezember 1996 (= BR/DC 1998, S. 132, Nr. 348, mit Anm. Werro); zur Orientierung an der SIA-Ordnung 102 (1984) trotz Ablehnung ihrer Anwendbarkeit KGer VS vom 12. Oktober 2000 E. 6c (= BR/DC 2001, S. 169, Nr. 463, mit Anm. Aepli); zur SIA-Ordnung 102 (1984) als «Ausdruck der in dieser Branche üblichen Massstäbe und Richtlinien» OGer ZH vom 18. Juni 1993 (= BR/DC 1996, S. 117, Nr. 238, mit Anm. Werro).

[74] So zutreffend schon KGer SG BZ.2010.4 vom 16. Dezember 2010 E. III/1d/aa (= BR/DC 2011, S. 63, Nr. 181, mit Anm. Stöckli). Wenn das St. Galler Kantonsgericht dann aber festhält, die auf statistischen Daten basierende Berechnungsmethode erscheine «als taugliches Mittel, um den angemessenen Zeitaufwand für ein Bauprojekt abzuschätzen, selbst wenn die Parteien wie im vorliegenden Fall die SIA-Ordnung 102 nicht übernommen haben», ist kritisch nachzufragen, warum es dem Planer erlaubt sein soll, seinen Aufwand mittels einer Statistik nachzuweisen, die der SIA in die Welt gesetzt hat. Soll es aber nur darum gehen, den vom Planer nachgewiesenen Aufwand auf seine Angemessenheit zu kontrollieren, mag die Statistik beachtenswerte Anhaltspunkte liefern, die aber nicht sklavisch übernommen werden dürfen.

[75] BGE 120 V 515/519 E. 4b/bb (= BR/DC 1995, S. 92, Nr. 242, mit Anm. Werro); 101 II 109/111 E. 2; BGer 4C.261/2005 vom 9. Dezember 2005 E. 2.1 (= BR/DC 2006, S. 64, Nr. 205, mit Anm. Gauch).

Zur Übergangslösung für die Honorarberechnung nach den SIA-Ordnungen 102 und 103 siehe Rz. 8.148 ff.

und beweisen, was sich unter Umständen nur mittels eines Honorargutachtens bewerkstelligen lässt.[76] In materieller Hinsicht ist zu beachten:

8.47 **a.** Untersteht der Planervertrag dem **Werkvertragsrecht** (Rz. 1.31 ff.), setzt das Gericht die Vergütung nach Massgabe des Werts der Arbeit und der Aufwendungen (Art. 374 OR) fest.[77] Dies setzt voraus, dass die Entgeltlichkeit an sich – also die Frage, ob die Planerleistungen überhaupt zu vergüten sind – zu bejahen ist, wofür es in erster Linie auf die Vereinbarung ankommt. Nach unserer Meinung kann bei der Lückenfüllung auch eine Übung herangezogen werden, dies in analoger Anwendung von Art. 394 Abs. 3 OR.[78] Was die Höhe angeht, kommt es nach Art. 374 OR auf die nachgewiesenen, objektiv erforderlichen Selbstkosten (hauptsächlich Personal- und Sachaufwand, Gemeinkosten sowie Kosten allfälliger Drittleistungen) des Planers an, zu denen ein angemessener, prozentualer Zuschlag für Risiko und Gewinn kommt.[79]

8.48 **b.** Untersteht das Vertragsverhältnis dagegen dem **Auftragsrecht** (Rz. 1.44 ff.) oder handelt es sich um einen Gesamtvertrag, den die Rechtsprechung als **Innominatvertrag** qualifiziert (Rz. 1.49), hat das Gericht, wo sich keine massgebliche Verkehrsübung (Art. 394 Abs. 3 OR) ausmachen lässt, den Vertrag in Bezug auf die Höhe der Vergütung zu ergänzen, ohne dabei auf eine gesetzliche Bestimmung abstellen zu können, wie das Werkvertragsrecht sie mit Art. 374 OR kennt. Nach unserem Dafürhalten liegt es bei diesem Stand der Dinge allerdings nahe, dass sich das Gericht von den Überlegungen leiten lässt, die es auch in Anwendung von Art. 374 OR anzustellen hätte. Wesentliche, teleologisch zu begründende Unterschiede, die eine andere Vorgehensweise erzwingen würden, sind hier nämlich – mit einem Vorbehalt (Rz. 8.49) – nicht auszumachen. Alsdann kommt es auch für das Honorar des Planers auf die nachgewiesenen, objektiv erforderlichen Selbstkosten an,[80] zu denen neben dem Lohn- und den Lohnnebenkosten sowie dem Sachaufwand[81] auch die Gemeinkosten gehören. Letztere entsprechen den Aufwendungen, die der Planer tätigen muss, um überhaupt ein Büro betreiben und Planerleistungen erbringen zu können.[82] Zu denken ist an Miete und Unterhalt von Büroräumen, die Büroeinrichtung,

---

76 BGer 4A_146/2015 vom 19. August 2015 E. 4.2 (= BR/DC 2015, S. 341, Nr. 566, mit Anm. Heinzmann/Demierre); siehe auch 4A_219/2009 vom 25. September 2009 E. 4; für einen Anwendungsfall KGer BL 400 16 38 vom 14. Juni 2016 E. 2.

77 BGer 4C.261/2005 vom 9. Dezember 2005 E. 2.1 (= BR/DC 2006, S. 64, Nr. 205, mit Anm. Gauch).

78 Anderer Ansicht aber Gauch, Werkvertrag, Rz. 111a.

79 BGer 4A_271/2013 vom 26. September 2013 E. 7.3 (= BR/DC 2014, S. 149, Nr. 255, mit Anm. Siegenthaler).

80 BGer 4A_271/2013 vom 26. September 2013 E. 7.3 (= BR/DC 2014, S. 149, Nr. 255, mit Anm. Siegenthaler); 4A_86/2011 vom 28. April 2011 E. 6.2.

81 Gemeint sind Sachkosten, die der Planer nicht gestützt auf Art. 402 Abs. 1 OR in Rechnung stellen kann.

82 Fellmann, Berner Kommentar, N 26 f. zu Art. 402 OR; Gauch, Werkvertrag, Rz. 948; Gmür, Die Vergütung, Rz. 115 und 381; Werro, Commentaire romand, N 6 zu Art. 402 OR.

Zur Übergangslösung für die Honorarberechnung nach den SIA-Ordnungen 102 und 103 siehe Rz. 8.148 ff.

Kosten der beruflichen Hilfsmittel (Büroapparate, technische Einrichtungen, insbesondere IT und Bibliothek, die auch juristische Bücher enthalten darf) und deren Amortisation sowie sonstige, in den Lohnkosten und Auslagen nicht enthaltene Aufwendungen (Akquisition, Weiterbildung, Teilnahme an Wettbewerben). Die Generalunkosten sind ins Verhältnis zum konkreten Vertragsobjekt zu setzen. Das kann mittels des Zeitaufwands oder der Bruttohonorarsumme einer Kalenderperiode geschehen.[83] Dazu kommt ein Zuschlag für Risiko und Gewinn.

c. Der erwähnte Vorbehalt (Rz. 8.48) bezieht sich auf die «Auslagen und Verwendungen» des Planers, die nach auftragsrechtlicher Konzeption nicht Teil der Vergütung, sondern vom Auftraggeber separat zu ersetzen sind (Art. 402 Abs. 1 OR). Daraus ergibt sich ein separater Begründungsstrang, der aus materiellrechtlichem Grund neben dem Honoraranspruch herläuft.[84] Doch ist zu beachten, dass nicht jegliche «Auslagen und Verwendungen» ersatzfähig sind. Das ergibt sich schon aus der gesetzlichen Bestimmung, die voraussetzt, dass der Planer sie «in richtiger Ausführung des Auftrages gemacht hat» (Art. 402 Abs. 1 OR), was dem Ersatz unnötiger Aufwandposten entgegensteht und der Sache nach dann doch wieder für einen Gleichlauf mit Art. 374 OR sorgt. 8.49

d. Mit der Meinung, dass auch im Auftragsrecht auf Überlegungen abzustellen ist, zu denen der werkvertragliche Art. 374 OR Veranlassung gibt, setzen wir uns womöglich in einen gewissen Gegensatz zur bundesgerichtlichen Rechtsprechung, nach der das festzusetzende Honorar – wo es an einer Übung fehlt – «den geleisteten Diensten entsprechen, ihnen objektiv angemessen sein» soll; dies und die dabei anzuwendenden Kriterien richten sich nach den «Umständen des Einzelfalls, namentlich nach der Art und Dauer des Auftrages, der übernommenen Verantwortung sowie der beruflichen Tätigkeit und Stellung des Beauftragten»[85]. Wir halten dafür, dass eine Honorarbemessung, der die Kosten zugrunde gelegt werden, berechen- und damit nachvollziehbarer ist als eine Methode, die auf die Umstände des Einzelfalls abhebt. Gleichzeitig findet sich selbst in der bundesgerichtlichen Rechtsprechung die Aussage, dass sowohl «beim Werkvertrag als auch beim Auftrag […] die zur Erbringung der vereinbarten Leistung erforderlichen Personal- und Sach- und General- oder Gemeinkosten die Hauptkriterien für die Bewertung der Arbeit» seien.[86] Für die Berücksichtigung der (materiellen oder immateriellen) Bedeutung der erbrachten Leistung bzw. den Interessenwert für den Auftraggeber bleibt bei dieser 8.50

[83] Gautschi G., Berner Kommentar, N 76g zu Art. 394 OR.

[84] Dazu Gauch, Erneut zum Gesamtvertrag, S. 70.

[85] BGE 117 II 282/284 E. 4c (= BR/DC 1992, S. 93, Nr. 153, mit Anm. Gauch); 101 II 109/111 E. 2; vgl. weiter 120 V 515/519 E. 4b/bb (= BR/DC 1995, S. 92, Nr. 242, mit Anm. Werro); BGer 4A_230/2013 vom 17. September 2013 E. 2 (= BR/DC 2014, S. 154, Nr. 263, mit Anm. Werro). Auch Fellmann, Berner Kommentar, N 411, 420 und 425 zu Art. 394 OR; Gmür, Die Vergütung, Rz. 363; Werro, Commentaire romand, N 47 zu Art. 394 OR.

[86] BGer 4A_271/2013 vom 26. September 2013 E. 7.3 (= BR/DC 2014, S. 149, Nr. 255, mit Anm. Siegenthaler).

Zur Übergangslösung für die Honorarberechnung nach den SIA-Ordnungen 102 und 103 siehe Rz. 8.148 ff.

Betrachtungsweise kein Platz.[87] Bei alledem ist nicht zu verkennen, dass in den Kosten, die wir in den Vordergrund rücken, durchaus auch etwa die «berufliche Tätigkeit und Stellung des Beauftragten» reflektiert wird, dies beispielsweise in der Weise, dass grössere Erfahrung des Planers mit höheren Lohnkosten einhergeht. So mag es sein, dass sich die beiden Wege in den Ergebnissen nicht spürbar unterscheiden.

8.51 **2.** Sollte ein Gericht der Versuchung erliegen, die heute von Vergabestellen – und ehemals von der KBOB – publizierten Stundenansätze als Anhaltspunkt und Hilfsgrösse für seine von ihm vorzunehmende Honorarbemessung heranzuziehen, so hat es die Besonderheiten dieser (von staatlichen Stellen herausgegebenen) Ansätze zu berücksichtigen und sollte sich nur zurückhaltend an ihnen orientieren.[88] Sicherlich sind diese Ansätze nicht schlechthin ausgewogen, bloss weil staatliche Stellen sie für ihre eigenen Zwecke publizieren.[89] Immerhin kann es sein, dass sich der Nachweis führen lässt, dass sich die entsprechenden Ansätze zur Übung verdichtet haben, der dann aber schon in Art. 394 Abs. 3 OR Rechnung zu tragen wäre.

III. Die Honorarberechnung nach den SIA-Ordnungen 102/103

8.52 **1.** Das System, das den aktuellen SIA-Ordnungen 102 und 103 zugrunde liegt, ist vor allem davon geprägt, dass planerische Leistungen nicht mittels standardisierter Stundenansätze (also mit Tarifen), sondern auf der Grundlage individueller, bürospezifischer

---

[87] Als Hilfskriterien abgelehnt in BGE 101 II 109/113 E. 3a; 78 II 123/127 E. 2; Merz, Die privatrechtliche Rechtsprechung 1966, S. 54 f. Bejaht jedoch in BGE 119 III 68/69 E. 3b für das Anwaltshonorar; Fellmann, Berner Kommentar, N 414 zu Art. 394 OR; Gmür, Die Vergütung, Rz. 400 ff.; Weber, Basler Kommentar, N 39 zu Art. 394 OR. Nach Fellmann wirkt sich die Interessenhöhe indirekt über das Kriterium «übernommene Verantwortung» (das Gmür, Die Vergütung, Rz. 409, mit guten Gründen verwirft) auf den Honoraransatz aus. Nach Werro, Commentaire romand, N 47 zu Art. 394 OR, ist der Interessenwert nur unter ausserordentlichen Umständen in Anschlag zu bringen.

[88] So schon die SIA-Ordnungen 102 und 103 in der Fassung 2003, während für die Honorarberechnung nach der SIA-Ordnung 102 aus dem Jahr 1984 noch auf eine vom SIA publizierte «Honorarprozenttabelle» abzustellen und dieser Tabelle der «Honorar-Grundprozentsatz» zu entnehmen war (vgl. dazu Art. 8 SIA 102 [1984]).

[89] Anders KGer SG BZ.2010.4 vom 16. Dezember 2010 E. III/1 (= BR/DC 2011, S. 63, Nr. 181, mit Anm. Stöckli): «Für den Stundensatz kann auf die Empfehlungen der Koordination der Bau- und Liegenschaftsorgane des Bundes (KBOB) abgestellt werden. Da der Bund diese Sätze anwendet, wenn er selbst als Bauherr auftritt, ist davon auszugehen, dass sie angemessen sind.» Zu beachten ist, dass die KBOB selber derzeit keine Ansätze mehr empfiehlt, wobei es heute die Vergabestellen sind, die entsprechende Ansätze festsetzen und publizieren.

Zur Übergangslösung für die Honorarberechnung nach den SIA-Ordnungen 102 und 103 siehe Rz. 8.148 ff.

Ansätze zu offerieren sind.[90] Das gilt sowohl für die Honorarberechnung nach dem effektiven Zeitaufwand als auch für die Honorarberechnung nach den Baukosten. Beide Methoden stellen auf den Arbeitsaufwand ab, doch ist die Vergütung nur nach der ersten Methode vom effektiven Zeitaufwand abhängig, während sie bei der Abrechnung nach Baukosten vom effektiven Aufwand (von den Gestehungskosten) unabhängig ist. Hier steht sie in einem bestimmten Verhältnis zu den (veranschlagten oder abgerechneten; Rz. 8.109) Baukosten und ist in diesem Sinn fest (Festpreis). Die Vereinfachung, die mit der Vereinbarung eines Kostenhonorars nach SIA-Ordnungen verbunden ist, besteht darin, dass die Korrelation zwischen Baukosten und Planeraufwand in einer Formel ausgedrückt wird, die auf statistischen Erhebungen des SIA beruht. Damit ist der Planer beim Kostenhonorar davon entbunden, seinen effektiven Zeitaufwand nachweisen zu müssen. Auch hier aber hat er zu belegen, welche Leistungen er erbracht hat, um seinen Honoraranspruch durchsetzen zu können.

2. In die Honorarberechnung ist Bewegung gekommen (Rz. 8.148 ff.). Im Februar 2017 eröffnete das **Sekretariat der Wettbewerbskommission** eine Vorabklärung (Art. 26 KG), deren Ziel es unter anderem war, abzuklären, ob Anhaltspunkte dafür bestehen, dass Teile der SIA-Honorarordnungen dem Kartellgesetz zuwiderlaufen, und eine Untersuchung (Art. 27 KG) zu eröffnen sei. Im Herbst 2017 orientierte der SIA seine Mitglieder, sie seien in der Honorarberechnung frei und würden sich «kartellrechtlich problematisch verhalten, wenn sie die geltenden LHO anwenden»[91]. Hier ist nicht der Ort, die kartellrechtlich gelagerte Auseinandersetzung nachzuzeichnen. Hinzuweisen ist aber doch auf Folgendes: Die Interventionen des Weko-Sekretariats haben dazu geführt, dass der SIA eine Übergangslösung getroffen und die Überarbeitung seiner Honorarordnungen an die Hand genommen hat. Eine offensichtliche Neuerung besteht in der Auslagerung der bisherigen Art. 6 und Art. 7 in die neuen SIA-Ordnungen 102-K und 103-K. Zum Teil wurden die Regeln dabei materiell verändert, wenn auch nur moderat. **Die einzelnen materiellen Änderungen, die Teil der Übergangslösung sind, haben wir schon weitgehend in den Text eingearbeitet,** wobei wir jeweils auch auf die bisherigen Regeln verweisen, die entweder identisch (=), ähnlich (≈) oder abweichend (≠) sind. **Unter Rz. 8.148 ff. werden diese Änderungen noch einmal in konzentrierter Form präsentiert.** Zu merken ist, dass die bisherigen Regeln für Verträge, in die sie übernommen wurden, selbst dann relevant bleiben, wenn sie von den neuen Regeln abweichen. 8.53

1. Überblick

1. Die SIA-Ordnungen 102 und 103 sehen **drei Honorierungsarten** vor (Art. 5.3), die unabhängig davon vereinbart werden können, wie der Planervertrag im konkreten Fall 8.54

---

[90] Gmür, Die Vergütung, Rz. 382.

[91] Zitat aus einer Mitteilung des SIA vom November 2017.

Zur Übergangslösung für die Honorarberechnung nach den SIA-Ordnungen 102 und 103 siehe Rz. 8.148 ff.

rechtlich zu qualifizieren ist. Mithin spielt es hier keine Rolle, ob der Vertrag seinem Inhalt nach dem Auftrags- oder dem Werkvertragsrecht zugeschlagen wird oder ein gemischter Vertrag ist (Rz. 1.49). Nach dem Konzept der SIA-Ordnungen einigen sich die Parteien:

8.55 – entweder auf eine Honorarberechnung «*nach dem effektiven Zeitaufwand*» (Art. 6 SIA 102/103-K ≈ *a*Art. SIA 102/103; Rz. 8.65 ff.),

8.56 – auf die Honorarberechnung «*nach den aufwandbestimmenden Baukosten*» (Art. 7 SIA 102/103-K ≈ *a*Art. 7 SIA 102/103; Rz. 8.85 ff.) oder

8.57 – auf ein *Pauschal- oder ein Globalhonorar* (Rz. 8.60).

8.58 Dazu kommt eine *vierte* Honorierungsart, nämlich die «*Honorierung nach Leistungseinheiten*» (Rz. 8.61). Sie findet sich nur in der SIA-Ordnung 103 (Art. 5.3.5), nicht auch in der SIA-Ordnung 102, wobei es aber den Parteien eines Architektenvertrags freisteht, diese (gute) Idee zu übernehmen und so für eine bessere Nachvollziehbarkeit der Honorarberechnung zu sorgen.

8.59 **a.** Bei den **Stundenaufwandmodellen** (Honorar nach Zeitaufwand oder Baukosten) werden – ähnlich wie bei einem Werkvertrag mit Einheitspreisen – lediglich gewisse Einheiten (Stundenansätze, Berechnungselemente) vereinbart, während die definitive Honorarberechnung entweder vom effektiven Zeitaufwand oder vom Zeitaufwand abhängig ist, der sich gestützt auf die «wirklichen Kosten des ausgeführten Bauwerks gemäss Schlussabrechnung» (Art. 7.5.11 SIA 102-K = *a*Art. 7.5.11 SIA 102) bzw. «sämtliche finanziellen Aufwendungen für die vom Ingenieur bearbeiteten Bauteile» (Art. 7.5.11 SIA 103-K = *a*Art. 7.5.11 SIA 103) ermittelt (Rz. 8.106)[92] und vom effektiven Zeitaufwand unabhängig ist. Von «Kostentarif» und «Volumentarif» ist seit der Revision der Ordnungen im Jahr 2003 nicht mehr die Rede.[93] Dies ist eine Folge davon, dass der SIA seither keine Tarife, sondern nur noch «Kalkulationshilfen» publiziert, was namentlich in den Einleitungen zu den SIA-Ordnungen 102 und 103 zum Ausdruck kommt und zur Publikation eigenständiger Regelwerke (den SIA-Kalkulationshilfen 102-K und 103-K) geführt hat. Anzumerken ist freilich, dass auch die Festlegung der für das Kostenhonorar zentralen Z-Werte durch den SIA nichts anderes ist als eine branchenweite Standardi-

[92] Die Koppelung von Baukosten und Honorarhöhe, die auch der SIA-Ordnung 102 (1984) zugrunde lag, ist unverändert kritisch zu beurteilen, da diese den Planer dazu verleiten kann, die Baukosten eher anzutreiben als sie einzudämmen. Dazu ist er zwar nicht berechtigt, weil er damit gegen seine Pflicht verstösst, die Interessen des Bauherrn zu wahren. Da die Pflichtverletzung aber vom Bauherrn zu beweisen ist und dieser Beweis nicht einfach zu führen ist, befindet sich der Planer in einer stärkeren Position. Abhilfe lässt sich schaffen etwa mit der Vereinbarung einer Honorarobergrenze oder auch nach Massgabe des vom Planer angefertigten Kostenvoranschlags, für dessen Überschreiten der Planer allenfalls schadenersatzpflichtig wird.

[93] Zur Abschaffung des Volumentarifs Egli, Revidierte SIA-Ordnungen, S. 59; Pichonnaz, Les règlements SIA 102/103/108, 112, S. 77.

Zur Übergangslösung für die Honorarberechnung nach den SIA-Ordnungen 102 und 103 siehe Rz. 8.148 ff.

sierung eines zentralen Berechnungsfaktors, was in jüngster Zeit auch die Wettbewerbsbehörde auf den Plan gerufen hat (Rz. 8.148 ff.).

b. Vereinbaren die Parteien ein **Pauschal- oder Globalhonorar** (Art. 5.3.4 SIA 102/103), ist die Honorarberechnung unabhängig vom Zeitaufwand, den der Planer zu treiben hat. Ungesagt bleibt, nach welchen Kriterien und ab wann bei einem Globalhonorar («Honorierung [...] mit Berücksichtigung der Teuerung», so Art. 5.3.1 SIA 102/103) die Teuerung aufgerechnet werden soll.[94] Eine Analogie zur SIA-Norm 118 ist hier nicht möglich, da dort die Indexverfahren nur bei entsprechender Vereinbarung anwendbar sind und das subsidiär zu befolgende «Mengennachweisverfahren» (Art. 65 SIA 118)[95] für Planerleistungen nicht geeignet ist. Den Parteien steht es aber frei, die SIA-Norm 126 («Preisänderungen infolge Teuerung bei Planerleistungen») in ihren Vertrag zu übernehmen. Einen insoweit aber lückenhaften Planervertrag hat das Gericht nach Massgabe des hypothetischen Parteiwillens zu ergänzen. Dabei kann es sachgerecht sein, anzunehmen, dass die Parteien, hätten sie die Frage bei Vertragsschluss bedacht, die erwähnte SIA-Norm 126 – wie Art. 0.1.2 SIA 126 es ihnen nahelegt – «als Vertragsbestandteil» bezeichnet hätten. 8.60

c. Bei der **«Honorierung nach Leistungseinheiten»,** die (wie schon ausgeführt; Rz. 8.58) lediglich in der SIA-Ordnung 103 zu finden ist, geht es darum, dass «wiederkehrende und definierbare Teilleistungen wie Sitzungen, Statusberichte, Baustellenbegehungen» (Art. 5.3.5 SIA 103) je als eine Leistungseinheit verstanden werden, für die ein fester Preis – Art. 5.3.5 SIA 103 spricht von «Pauschale oder Globale», wobei man auch an Einheitspreise denken könnte – vereinbart wird. Darin liegt eine eher unauffällige Innovation gegenüber der Vorgängernorm aus dem Jahr 2003, wobei dieser methodische Ansatz ruhig Schule machen dürfte: Dies zunächst in der Hinsicht, als die Leistungen der Ingenieure konsequent – und soweit möglich – in «wiederkehrende und definierbare Teilleistungen» aufgegliedert, erfasst und transparent in Rechnung gestellt werden. Zudem könnte der Ansatz auch bei Verträgen mit Architekten sinnvoll sein; jedenfalls gibt es keinen Grund anzunehmen, eine Aufgliederung nach Leistungseinheiten sei mit Blick auf die Natur der Leistungen, die von Architekten erbracht werden, von vornherein ausgeschlossen – zumindest für Bauleitungsaufgaben dürfte sich die Aufgliederung sogar aufdrängen. 8.61

2. Die Parteien können in ein und demselben Planervertrag **verschiedene Honorierungsarten** vereinbaren. Beschränken sie sich darauf, die SIA-Ordnung 102 oder 103 zu übernehmen, ohne zu vereinbaren, nach welcher Methode das Honorar zu bemessen ist, stellt sich die Frage, ob dies ausreiche. Bei der Beantwortung ist zu differenzieren. Die SIA-Ordnungen 102 und 103 listen in ihren Art. 5.3 zwar Honorierungsarten auf, die sie 8.62

---

[94] Auch Aebi-Mabillard, La rémunération, Rz. 992.

[95] Dazu eingehend Prader/Stöckli, Kommentar SIA 118, Art. 65/Rz. 4.1 ff.

Zur Übergangslösung für die Honorarberechnung nach den SIA-Ordnungen 102 und 103 siehe Rz. 8.148 ff.

aber nicht mehr näher ausgestalten. Als Teil der Übergangslösung (Rz. 8.148 ff.) wurden Art. 6 und Art. 7 in die SIA-Ordnungen 102-K und 103-K verschoben. Auch diese Regelwerke gelten offensichtlich nur dann, wenn die Parteien sie in den Vertrag übernommen haben. Ist dies aber der Fall, findet man dort das Folgende: Haben die Parteien die «Honorarberechnung nach den [aufwandbestimmenden; so die SIA-Kalkulationshilfe 102-K] Baukosten» vereinbart, gilt diese Vereinbarung lediglich für die «Grundleistungen [...] in den Phasen 3 bis 5 gemäss Art. 4» (Art. 7.1.1 SIA 102/103-K = *a*Art. 7.1.1 SIA 102/103)[96] nicht auch für «besonders zu vereinbarende Leistungen» (Art. 7.1.6 SIA 102-K = *a*Art. 7.1.6 SIA 102, Art. 7.1.3 SIA 103-K = *a*Art. 7.1.3 SIA 103), die «mangels anderer Vereinbarung [...] nach dem effektiven Zeitaufwand [...] honoriert» werden (so nur in Art. 7.11.1 SIA 102-K = *a*Art. 7.11.1 SIA 102, während die SIA-Kalkulationshilfe 103-K keine entsprechende Regel enthält).[97] Letzteres soll nach Art. 5.8 SIA 102/103 in den Fassungen aus dem Jahr 2014 in allgemeiner Weise gelten, «sofern zwischen dem Auftraggeber und dem Architekten [dem Ingenieur] vorgängig die Art der Vergütung nicht festgelegt wurde», indem die Regel vorsieht, dass die «Leistungen nach dem effektiven Zeitaufwand zu vergüten sind». Ob dies als Verweis auf die Berechnungsmethode zu verstehen ist, die bisher in den SIA-Ordnungen 102 und 103 in Art. 6 und neu in Art. 6 SIA 102/103-K geregelt wird («Honorarberechnung nach dem effektiven Zeitaufwand»), muss im konkreten Fall durch Auslegung ermittelt werden. Wird die Frage bejaht, ist noch immer zu klären, nach welcher der drei Untermethoden, die Art. 6 eigen sind, das Honorar zu berechnen ist (Rz. 8.67).[98] So oder anders bleibt Art. 5.8 SIA 102/103 auf halbem Weg stehen, da für eine Honorarberechnung, die auf den Zeitaufwand abstellt, überdies zu ermitteln ist, mit welchen Ansätzen der Zeitaufwand zu multiplizieren ist. Diese Frage vermögen die SIA-Ordnungen 102 und 103 naturgemäss nicht zu regeln, weshalb es weiterhin erforderlich bleibt, den Vertrag nach Massgabe einer einschlägigen Verkehrsübung oder aber nach gerichtlicher Einschätzung um die Ansätze zu ergänzen.

8.63 **3.** Den aktuellen Ordnungen liegen keine Verbandstarife für Planerleistungen zugrunde.[99] Noch immer aber nimmt der SIA Einfluss auf die Honorierung von Planerleistun-

---

96 Gemeint sind die Phasen Projektierung, Ausschreibung und Realisierung.

97 Die Vergütung besonders zu vereinbarender Leistungen ist bei einer Honorarberechnung nach den Baukosten zwar auch nach der SIA-Ordnung 103 nicht eingeschlossen und deshalb separat zu vereinbaren (*a*Art. 7.11 SIA 103), wobei sich aber kein Verweis darauf findet, dass für die Vergütung der effektive Zeitaufwand massgebend ist (anders Art. 7.11 SIA 102-K = *a*Art. 7.11 SIA 102). Immerhin wird die Honorierung nach Qualifikationskategorien, die eine Ausprägung der Abrechnung nach Zeitaufwand ist, unter anderem für besonders zu vereinbarende Leistungen empfohlen (Art. 6.2.1 SIA 103-K; siehe auch Art. 6.2.1 SIA 102-K = *a*Art. 6.2.1 SIA 102).

98 Aebi-Mabillard, La rémunération, Rz. 939.

99 So verhält es sich schon seit 2003. Nach der SIA-Ordnung 102 (1984) war es noch so, dass bei der «Honorarberechnung nach dem Zeitaufwand» neben den Honorarkategorien die den «Honorarkategorien entsprechenden Stundenansätze [...] jährlich als Gabel- und Mittelwerte vom SIA publiziert» wurden, wobei «ohne besondere Vereinbarung [...] der Mittelwert anzuwenden» war

Zur Übergangslösung für die Honorarberechnung nach den SIA-Ordnungen 102 und 103 siehe Rz. 8.148 ff.

gen, dies schon dadurch, dass er entsprechende Berechnungsformeln publiziert. Grossen Einfluss auf die Planerhonorare haben aber auch die staatlichen Vergabestellen, die – in Ablösung der ehemaligen KBOB-Ansätze – für ihren Wirkungsbereich frankenmässige Honoraransätze für freihändige Verfahren festsetzen und publizieren (Rz. 8.14). Zwar handelt es sich bei diesen Ansätzen nicht um branchenweit verbindliche Vorgaben und auch nicht a priori um den Ausdruck einer allenfalls zu beachtenden Verkehrsübung (Rz. 8.40). Praktisch erfüllen diese Ansätze aber doch eine bestimmende Orientierungsfunktion (Rz. 8.76). Anders verhält es sich in Deutschland, wo in Form der HOAI eine staatliche Verordnung die Mindest- und Höchstansätze für bestimmte Planerleistungen im Grundsatz verbindlich vorschreibt (siehe § 7 HOAI), was der «Vermeidung eines ruinösen Preiswettbewerbs zwischen Architekten/Architektinnen, der die Qualität der Planungstätigkeit gefährden würde»[100], dient.[101]

4. Das Umfeld der Planerverträge hat sich mit dem GATT/WTO-Übereinkommen[102] 8.64
und den Regeln des öffentlichen Vergaberechts, mit denen die Schweiz dieses Übereinkommen umgesetzt, die öffentlichen Vergaben aber auch sonst in rechtliche Bahnen gelenkt hat, stark verändert. So spielt bei der Beurteilung von Planerofferten heute häufig die offerierte Honorarsumme eine überragende Rolle. Der Preisdruck ist eine Realität, obschon auch die öffentliche Hand konstatiert, dass die «Planerleistung oft eine kostenmässig relativ kleine Teilleistung im Rahmen der Realisierung eines Projekts darstellt» und zudem die «separate Minimierung des Planerpreises [...] bezogen auf die Kosten des Gesamtwerkes kontraproduktiv sein» kann.[103] Der Druck ist aber nicht nur eine Folge der Vergabe öffentlicher Aufträge unter Konkurrenz, sondern auch des Umstands, dass vor allem grössere Bauherren jenen Organisationsformen, bei denen die Leistungsträger zusammengefasst werden (Generalplaner, Total- und Generalunternehmer), heute regelmässig den Vorzug geben.[104]

(Art. 6.3 SIA 102 [1984]). Daran liess sich aus kartellrechtlichen Gründen nicht länger festhalten; dazu Aebi-Mabillard, La rémunération, Rz. 970.

[100] Deutscher Bundesrat, Drucksache 395/09 vom 30. April 2009, S. 150.

[101] Für eine Einführung siehe Koeble, HOAI-Kommentar, N 1 ff. der Einl. Die Frage, ob die HOAI in Teilen die Dienstleistungsfreiheit verletzte, ist Gegenstand eines hängigen Verfahrens vor dem Europäischen Gerichtshof (Rs. C-377/17), in dem es noch um weitere Regelungen zur Vergütung freier Berufe geht; siehe Koeble, HOAI-Kommentar, N 41 ff. zu § 1 HOAI.

[102] Das Übereinkommen wurde 2012 revidiert, durch die Schweiz aber noch nicht ratifiziert. Der Bundesrat will damit zuwarten, bis die Revision von BöB und IVöB abgeschlossen ist (siehe die Botschaft zur Genehmigung des Protokolls zur Änderung des WTO-Übereinkommen über das öffentliche Beschaffungswesen von 2017, BBl 2017, S. 2053 ff.).

[103] Ziff. 3.5.4 KBOB-Beschaffungsleitfaden, S. 14 f.

[104] Egli, Revidierte SIA-Ordnungen, S. 45.

Zur Übergangslösung für die Honorarberechnung nach den SIA-Ordnungen 102 und 103 siehe Rz. 8.148 ff.

2. Honorarberechnung nach Zeitaufwand («Zeithonorar»)

A. Überblick

8.65 **1.** Die «Honorarberechnung nach dem effektiven Zeitaufwand» knüpft beim alten «Zeittarif» an, der sich in der Ausgabe 1984 der SIA-Ordnungen 102 und 103 fand und seinerseits den «Tarif B» abgelöst hatte.[105] Der Planer wird nach seinem Zeitaufwand vergütet. Die Grundzüge:

8.66 – «Grundlagen für die Honorarberechnung [...] bilden der Zeitaufwand aller direkt am Auftrag eingesetzten Mitarbeiter und die entsprechenden angebotenen Stundenansätze» (Art. 6.1.2 SIA 102/103-K = *a*Art. 6.1.2 SIA 102/103).

8.67 – Unterschieden werden drei Methoden der Honorarberechnung (Art. 6.1.1 SIA 102/103-K = *a*Art. 6.1.1 SIA 102/103): die Berechnung nach Qualifikationskategorien, die Berechnung nach mittleren Stundenansätzen und die Berechnung nach Gehältern. Welche Methode im konkreten Fall zur Anwendung kommt, bestimmt sich nach dem Vertrag, ist also zu vereinbaren. Keine der drei Methoden geniesst den Vorrang in dem Sinne, dass bei fehlender Vereinbarung nach einer bestimmten Methode zu verfahren wäre.

8.68 – Nebenkosten und Drittleistungen waren bislang separat zu vergüten (*a*Art. 6.1.4 SIA 102/103), was auch bei einem Vertrag galt, der unter das Werkvertragsrecht fällt (Rz. 8.54). Diese Regel wurde inzwischen aufgehoben und fand nicht Eingang in die SIA-Ordnungen 102/103-K. Entsprechend ist die Frage jetzt von den Parteien individuell zu regeln oder – wo es an einer Abrede fehlt – nach gesetzlicher Massgabe zu entscheiden.

8.69 – Ein Anspruch auf Teuerungsausgleich besteht nur bei entsprechender Vereinbarung (Art. 5.7 SIA 102/103). Für die Teuerungsabrechnung steht den Parteien die SIA-Norm 126 aus dem Jahr 2014 zur Verfügung, die ihrem Titel zufolge «Preisänderungen infolge Teuerung bei Planerleistungen» zum Gegenstand hat (Rz. 8.60); verbindlich wird diese Norm im Grundsatz nur dann, wenn die Parteien sie in ihren Vertrag übernehmen (Art. 0.1.3 SIA 126), wobei sie aber unter Umständen auch im Wege der gerichtlichen Ergänzung eines lückenhaften Planervertrags Vertragsgeltung erlangen kann.[106]

8.70 **2.** Gestützt auf diese Elemente sowie eine Schätzung des gesamten Stundenaufwands der Mitarbeiter des Planungsteams und der «zusätzlichen Kostenelemente» (Art. 6.5.2

---

105 Egli, Revidierte SIA-Ordnungen, S. 59; eingehend zu dieser Berechnungsmethode Aebi-Mabillard, La rémunération, Rz. 994 ff.

106 Vorgespurt wird der Anwendung dieser Teuerungsnorm auch in Ziff. 2.1 SIA-Vertragsformular 1001/1.

Zur Übergangslösung für die Honorarberechnung nach den SIA-Ordnungen 102 und 103 siehe Rz. 8.148 ff.

SIA 102-K = *a*Art. 6.5.2 SIA 102) legen die Parteien, wenn sie der Empfehlung in der SIA-Ordnung 102 folgen, einen **Richtpreis** fest. Der Richtpreis «beinhaltet sowohl die Honorare für Arbeitsleistungen als auch die zusätzlichen Kostenelemente» (Art. 6.5.2 SIA 102-K = *a*Art. 6.5.2 SIA 102). Zuweilen wird der Richtpreis mit einem Kostendach (Rz. 8.26) gleichgesetzt.[107] Diese Gleichsetzung ist jedenfalls dann falsch, wenn man das Kostendach als maximale Obergrenze der Planervergütung ansieht (Rz. 8.27). Diese Bedeutung hat ein Richtpreis gerade nicht. Dem (Art. 56 SIA 118 entnommenen)[108] Wortlaut nach zu schliessen, handelt es sich dabei nur um einen ungefähren Ansatz (i.S.v. Art. 375 Abs. 1 OR).[109] Mit dem Richtpreis wird das Honorar somit bloss ungefähr und nicht fest bestimmt. Die SIA-Kalkulationshilfe 102-K sieht vor, dass der Planer den «Auftraggeber so rasch als möglich zu informieren hat, wenn infolge Auftragserweiterungen oder Änderung der Randbedingungen absehbar wird, dass der vereinbarte Richtpreis überschritten wird» (Art. 6.5.4 SIA 102-K = *a*Art. 6.5.4 SIA 102). Diese Anzeigepflicht greift schon, wenn die Überschreitung absehbar ist, weshalb eine Anzeige, die erst im Zeitpunkt der Überschreitung erfolgt, im Regelfall verspätet ist. Im Unterschied zur SIA-Kalkulationshilfe 102-K spricht die SIA-Kalkulationshilfe 103-K nicht ausdrücklich von einem Richtpreis. Doch legt sie den Parteien nahe, «vor Beginn der Arbeiten eine Aufwandschätzung [...] zu vereinbaren» (Art. 6.1.5 SIA 103-K). Eine entsprechende Vereinbarung ist nach Treu und Glauben auszulegen, wenn deren Gehalt streitig wird. Dabei ist zu beachten, dass auf einen Richtpreis (mit entsprechenden Folgen) auch dann geschlossen werden kann, wenn die Parteien das Wort «Richtpreis» nicht verwenden. Dies dürfte – besondere Umstände vorbehalten – namentlich dann der zutreffende Schluss sein, wenn die Parteien eine «Aufwandschätzung [...] vereinbaren» (Art. 6.1.5 SIA 103-K), da nicht recht zu sehen ist, welche andere, sinnvolle Funktion eine «vereinbarte» Aufwandschätzung sonst noch haben könnte.

3. Die SIA-Ordnungen 102 und 103 äussern sich dazu, für welche Fälle sich eine Hono- 8.71
rarberechnung nach Zeitaufwand eignet. Empfohlen wird sie vor allem «für Leistungen, deren Zeitaufwand im Voraus nicht oder nur schwer abschätzbar ist» (Art. 5.3.2 SIA 102/103). Weitere Empfehlungen finden sich hinsichtlich der drei Berechnungsarten, wobei diese Empfehlungen deklaratorisch sind und die Parteien in der Wahl der Methode nicht einschränken. Massgeblich ist die getroffene Vereinbarung.

[107] So Ziff. 3.4.2 KBOB-Beschaffungsleitfaden, S. 9.
[108] Dazu Gauch/Stöckli, Kommentar SIA 118, Art. 56/Rz. 1 ff.
[109] Anders noch Art. 6.5.1 SIA 103 (2003).

Zur Übergangslösung für die Honorarberechnung nach den SIA-Ordnungen 102 und 103 siehe Rz. 8.148 ff.

B. Die drei Berechnungsmethoden beim Zeithonorar

a. Die Berechnung nach Qualifikationskategorien

8.72 **1.** Vereinbaren die Parteien die Honorarberechnung nach Qualifikationskategorien, bleibt es zwar dabei, dass sich die geschuldete Vergütung nach dem effektiven Zeitaufwand bemisst. Indes sieht das vereinbarte System unterschiedliche Stundenansätze vor, die im Vertrag je nach Anforderungen an die Funktion sowie die Erfahrung und das Können des jeweiligen Funktionsträgers abgestuft sind. Die entsprechenden Ansätze sind nicht auf bestimmte Personen zugeschnitten (im Unterschied zur Honorarberechnung nach Gehältern, Rz. 8.83), sondern werden gewissermassen **abstrakt** festgelegt, sodass die Leistungen irgendeines Planers zu jenem Stundenansatz abgerechnet werden können, der für seine Qualifikationskategorie vereinbart wurde. Durch Auslegung ist zu ermitteln, welche Anforderungen mit welcher Qualifikationskategorie verknüpft sind, während die Beweislast dafür, dass der konkrete Planer die entsprechenden Anforderungen erfüllt, beim Planer liegt, der das Honorar zum Stundenansatz einer bestimmten Qualifikationskategorie berechnen will.

8.73 **2.** Bei dieser Methode der Honorarberechnung sind drei **Elemente** massgeblich:

8.74 **a.** Der *Zeitaufwand.* Massgeblich ist zunächst der Aufwand an Stunden, die der Planer und seine Angestellten für die vereinbarten Planerleistungen benötigt haben. Ob die effektiv eingesetzte Stundenzahl auch nötig war, beurteilt sich im Streitfall nach einem objektiven (durchschnittlichen) Massstab und ist dann zu klären, wenn der Bauherr unnötigen Aufwand behauptet, den er nicht zu entschädigen hat. Was im Besonderen die Reisezeit anbelangt, war sie «in der Regel […] als Arbeitszeit zu vergüten» (Art. 5.5.2 SIA 102/103), was aber nur dann gelten konnte, wenn der Planer während der Reisezeit nicht für ein anderes Projekt tätig war. Mit der Weko-induzierten Revision wurde diese Vorgabe aufgehoben, wobei sich aber natürlich die Frage, wie mit Reisezeit umgegangen werden soll, gleichwohl stellen kann (Rz. 8.157).

8.75 **b.** Die *Qualifikationskategorien.* Massgeblich ist ferner, wer für das Vertragsobjekt gearbeitet hat. Dabei kommt es nicht auf die Person und auch nicht auf ihre hierarchische Stellung im Planerbüro (Art. 6.2.4 SIA 102/103-K = *a*Art. 6.2.4 SIA 102/103), sondern auf die Aufgabe an, die sie im Hinblick auf die Vertragserfüllung verrichtet hat. Die SIA-Kalkulationshilfen 102-K und 103-K operieren in Art. 6.2.5 (= *a*Art. 6.2.5 SIA 102/103) mit zahlreichen Funktionen (vom Chefarchitekten/Chefingenieur bis hinunter zum Lehrling bzw. zum Hilfspersonal), mit drei Stufen (1 als niedrigste, 3 als höchste Stufe), die der Gewichtung von Erfahrung und Können dienen, und mit sieben Qualifikationskategorien (A als höchste, G als niedrigste Kategorie). Jeder Funktion sind zwei oder drei Kategorien zugeordnet. Wer schlussendlich in welche Qualifikationskategorie fällt, hängt zunächst von der Funktion und dann innerhalb der Funktion davon ab, wie Erfahrung und Können des konkreten Funktionsträgers zu gewichten sind. Die Qualifikationskate-

Zur Übergangslösung für die Honorarberechnung nach den SIA-Ordnungen 102 und 103 siehe Rz. 8.148 ff.

gorie ergibt sich also aus den drei Determinanten Funktion, Erfahrung und Können. So stehen etwa für die Funktion eines leitenden Ingenieurs abstrakt die Qualifikationskategorien C und B offen, während über die Zuordnung zur einen oder zur anderen Kategorie (C oder B) entscheidet, ob Erfahrung und Können des Funktionsträgers mit 2 oder mit 3 zu gewichten sind. Eine Gewichtung mit 2 führt in die Kategorie C, eine Gewichtung mit 3 in die (höhere) Kategorie B. Mit der Übernahme der SIA-Kalkulationshilfen 102-K oder 103-K wird nicht die Zuordnung konkreter Planer vorgenommen, sondern das System vereinbart, das – soweit diese Ordnungen dazu überhaupt Aussagen enthalten – alsdann der Honorarberechnung zugrunde zu legen ist. Von Bedeutung ist, dass auch die administrative Tätigkeit (Sekretariat) als separate Funktion gilt und dementsprechend separat zu vergüten ist. Sie ist somit nicht in den Honorarkategorien der technischen Angestellten inbegriffen. Arbeiten, die von einem dafür überqualifizierten Planer geleistet werden, hat der Bauherr nicht nach der höheren, sondern nach Massgabe jener Qualifikationskategorie zu vergüten, die zu den geleisteten Arbeiten passt. Dies ergibt sich aus dem Grundsatz, dass unnötiger Aufwand nicht zu vergüten ist.

c. Die *Stundenansätze.* Anders als nach den SIA-Ordnungen aus dem Jahr 1984, unter denen der SIA die anwendbaren Stundenansätze als «Gabel- und Mittelwerte» auf seinem Tarifblatt bekannt gab, sind die Stundenansätze für die jeweiligen Qualifikationskategorien von den Parteien zu vereinbaren und in diesem Sinne objektspezifisch. Praktisch spielen hier aber die von staatlichen Vergabestellen festgesetzten und publizierten Honoraransätze für Vergaben im freihändigen Verfahren eine nicht zu vernachlässigende Rolle (Rz. 8.63). Die MWST ist in diesen Ansätzen nicht enthalten (Art. 5.1.3 SIA 102/103). 8.76

b. Die Berechnung nach mittleren Ansätzen

1. Bei dieser Berechnungsart handelt es sich um eine Fortentwicklung der Idee eines «Zeit-Mitteltarifs», den der SIA im Jahr 1992 als weitere Tarifart in der Empfehlung 111/2 und im SIA-Vertragsformular 1011/2 (1990/1995) vorgeschlagen hatte. Diese Vorschläge wurden in die SIA-Ordnungen integriert und in die SIA-Kalkulationshilfen überführt. Heute beruht die Honorarberechnung jedoch nicht länger auf einem Tarif, weshalb es im Grunde genommen ungenau ist, wenn hier in der Praxis zuweilen weiterhin vom Zeitmitteltarif die Rede ist. Geblieben ist die Idee, das Honorar nicht nach dem jeweiligen Zeitaufwand der verschiedenen Planer und den ihnen zugeordneten Qualifikationskategorien, sondern nach dem Zeitaufwand eines für den konkreten Planungsauftrag individuell zusammengestellten **Planerteams** (Planungsgruppen) zu berechnen. So wird für alle *Mitarbeiter* des Planerteams ein *einheitlicher Stundenansatz* vereinbart und in Folge in Rechnung gestellt. Nach Art. 6.3.1 SIA 102/103-K (= *a*Art. 6.3.1 SIA 102/103) eignet sich diese Berechnungsart für Fälle, in denen der Bauherr Ziel und Zweck der zu bearbeitenden Etappe, der Phase oder des zu bearbeitenden Gesamtauftrags und damit die zu erwartenden Ergebnisse sowie die Art deren Präsentation weitgehend definieren kann 8.77

Zur Übergangslösung für die Honorarberechnung nach den SIA-Ordnungen 102 und 103 siehe Rz. 8.148 ff.

und zwischen Bauherr und Planer Einigkeit über die Aufgabenstellung und die Anforderungen besteht. Mit anderen Worten: Der Planer muss möglichst genau abschätzen können, welche Leistungen erforderlich sind, weil er nur so das Planerteam punktgenau zusammenstellen und einen einheitlichen, ausgemittelten Stundenansatz errechnen kann.

8.78 **2.** Bei dieser Methode der Honorarberechnung sind folgende **Elemente** massgeblich (siehe Art. 6.3.2 SIA 102/103-K ≈ *a*Art. 6.3.2 SIA 102/103):

8.79 **a.** Der *Zeitaufwand.*

8.80 **b.** Der *Stundenansatz.* Dieser ist für alle Mitarbeiter des Planungsteams (ob leitende Planerin, Bautechniker, Zeichner oder Sekretärin) gleich hoch. Er wird nur dann der Teuerung angepasst, wenn dies vereinbart wurde (Rz. 8.168), und ist ansonsten fest (Art. 5.7 SIA 102/103). Die MWST ist nicht inbegriffen (Art. 5.1.3 SIA 102/103).

8.81 **c.** Der *Anforderungsfaktor «a».* Dieser Faktor ist das Herzstück der Honorarberechnung nach mittleren Stundenansätzen. Im Zug der Übergangslösung kam es hier zu einem Kahlschlag (Rz. 8.159). Bis dahin war der Faktor «Ausdruck der für die Bearbeitung der gestellten Aufgabe erforderlichen Qualifikation der einzusetzenden Mitarbeiter» (*a*Art. 6.3.4 SIA 102/103 ≠ Art. 6.3.4 SIA 102/103-K). Je anspruchsvoller die Planerleistung war, desto höher war der Faktor. Die SIA-Ordnungen 102 und 103 enthielten Richtwerte für dessen Festlegung, die allerdings keine verbindliche Vorgabe, sondern bloss ein an die Parteien gerichteter Vorschlag waren, was mit dem Anforderungsfaktor (a) auch noch berücksichtigt werden konnte. Diese Richtwerte waren aufgabenbezogen (so galt für eine multidisziplinäre Expertise der Faktor 1,3 und für die Bauleitung eines einfachen Bauvorhabens der Faktor 0,8). Die Empfehlungen für öffentliche Vergaben sind teilweise unbestimmter als die SIA-Ordnungen 102 und 103 in ihren bisherigen Fassungen, indem sie für den Faktor «a» Bereiche vorgeben (z.B. für Vorstudien den Bereich 0,95<a<1,10), innerhalb derer im konkreten Fall der anzuwendende Faktor festzulegen ist.[110] Dem Faktor «a» lag «die normale Büroausrüstung» zugrunde. Dem Einsatz spezieller Geräte und Programme, der «über die normale Arbeitsplatzausrüstung hinausgeht und effizienzsteigernd wirkt», liess sich je nach Fall durch eine Erhöhung des Anforderungsfaktors um 0,05–0,30 oder durch einen «Mengenpreis oder eine Pauschale» Rechnung tragen (*a*Art. 6.3.9 SIA 102 ≠ Art. 6.3.9 SIA 102-K).

8.82 **3.** In vielen Fällen werden Planerleistungen durch ein Team mehrerer Planer mit unterschiedlichem Ausbildungs- und Erfahrungsgrad erbracht. Der für alle Mitarbeiter einheitliche Stundenansatz erleichtert hier die Abrechnung. Er kann den Büroinhaber dazu motivieren, seine Angestellten flexibler einzusetzen und sie durch das Arbeiten im Team beruflich zu fördern, wovon er langfristig selber einen Vorteil zieht. Die Einschätzung des Anforderungsfaktors «a», der Zusammensetzung der Planungsgruppe sowie des angebo-

110 Vgl. etwa die Verlautbarung über Maximale Honoraransätze für Aufträge des Tiefbauamts Graubünden vom 10. Januar 2018, S. 2.

Zur Übergangslösung für die Honorarberechnung nach den SIA-Ordnungen 102 und 103 siehe Rz. 8.148 ff.

tenen mittleren Stundenansatzes setzt aufseiten des Bauherrn entsprechende Fachkunde und Erfahrung voraus. Dem unbeschlagenen Einmalbauherrn gehen die erforderlichen Kenntnisse in der Regel ab. Anders als früher lässt sich die Angemessenheit des Ansatzes auch nicht mehr durch eine Vergleichsrechnung anhand des üblichen Zeittarifs abschätzen, da es den Zeittarif gar nicht mehr gibt. Umso grösser ist die Bedeutung der Auftragsvergabe in Konkurrenz, die einen direkten Vergleich zumindest der Angebotspreise zulässt.

c. Die Berechnung nach Gehältern

Die Berechnung nach Gehältern kann nach Art. 6.4.1 SIA 102/103-K (= *a*Art. 6.4.1 SIA 102/103) «vereinbart werden, wenn für Aufgaben, wie sie in Art. 6.2.1 aufgeführt sind, aus speziellen Gründen einzelne persönlich genannte Mitarbeiter zum Einsatz kommen sollen». Diese Berechnungsart muss – wie jede andere auch – besonders vereinbart werden; es reicht nicht aus, die SIA-Ordnungen 102 und 103 und die ihnen zugeordneten Kalkulationshilfen zu übernehmen. Zugeschnitten ist sie auf den Fall, dass zwischen dem Bauherrn und dem Planer der Einsatz eines bestimmten Mitarbeiters vereinbart wird. Dieser Mitarbeiter wird meist neben anderen Mitarbeitern eingesetzt, für die nach Qualifikationskategorien abgerechnet wird. Hier bestimmt sich der Stundenansatz nicht nach Kategorien; auszugehen ist vielmehr von der «AHV-pflichtigen Jahreslohnsumme mit einem bürospezifischen Zuschlag in Prozenten für Gemeinkosten, Risiko und Gewinn» (Art. 6.4.2 SIA 102/103-K = *a*Art. 6.4.2 SIA 102/103). Dies ist die «Grundlage für die Berechnung des Stundenansatzes», wie sich die SIA-Kalkulationshilfen ausdrücken. Ob es reicht, im Planervertrag lediglich die Jahreslohnsumme mitsamt prozentualem Zuschlag festzulegen, ist zweifelhaft. Sicher ist, dass sich aus der Jahreslohnsumme nur dann ein Stundenansatz ableiten lässt, wenn nicht nur die Lohnsumme, sondern auch die zugehörige, arbeitsvertraglich geschuldete Jahresarbeitszeit feststeht. Ein Vertrag, der nicht beide Werte enthält, ist insoweit lückenhaft und muss ergänzt werden. Praktisch empfiehlt es sich deshalb, im Planervertrag den Stundenansatz festzuschreiben, zu dem die Leistungen des betroffenen Mitarbeiters in Rechnung gestellt werden können. 8.83

C. Würdigung

Die Honorarberechnung nach dem effektiven Zeitaufwand ist nicht ohne ihre Tücken. 8.84
Zumindest für Branchenunkundige ist es schwierig, die Methoden zu überblicken und die Angemessenheit der verschiedenen Faktoren, zu denen stets auch die Stundenansätze gehören, einzuschätzen.[111] Zudem besteht gerade bei langandauernden und grossen Bauvorhaben die Gefahr, dass der Führungs- und Organisationswille des Planers nicht gleich intensiv ist wie beim Kostenhonorar, weil ohnehin jede Arbeitsstunde in Rechnung

[111] So auch Aebi-Mabillard, La rémunération, Rz. 1018.

Zur Übergangslösung für die Honorarberechnung nach den SIA-Ordnungen 102 und 103 siehe Rz. 8.148 ff.

gestellt werden kann. Umgekehrt gehört es – aus Sicht des Bauherrn – zu den Vorzügen des Zeithonorars, dass der Planer über seine Leistungen detaillierten Aufschluss zu geben hat, was die Transparenz seiner Honorarermittlung steigert.

3. Honorarberechnung nach Baukosten («Kostenhonorar»)

A. Überblick

8.85 **1.** Die Honorarberechnung nach den Baukosten ersetzte den alten «Kostentarif», der sich in der Ausgabe 1984 der SIA-Ordnungen 102 und 103 fand und seinerseits den «Tarif A» abgelöst hatte.[112] Anders als früher besteht der relevante Zusammenhang nicht mehr zwischen den Baukosten und einem vom SIA aufgestellten Tarif. Ausgangspunkt der Honorarberechnung ist vielmehr die **Relation zwischen Baukosten und Aufwand.** Was den Anwendungsbereich dieser Berechnungsmethode anbelangt, findet sich – soweit ersichtlich – lediglich in der SIA-Ordnung 103 der Hinweis, wonach sich die Methode eigne für «Leistungen bei standardisierten Bauwerken mit wenigen Schnittstellen und Beteiligten» (Art. 5.3.3 SIA 103). Demgegenüber begnügt sich die SIA-Ordnung 102 mit der These, dass «zwischen den aufwandbestimmenden Baukosten eines Objektes und dem erforderlichen Zeitaufwand des Architekten für die Erbringung der Grundleistungen […] erfahrungsgemäss ein Zusammenhang» besteht (Art. 5.3.3 SIA 102); dieser Zusammenhang erlaube es, «den angemessenen durchschnittlichen Zeitaufwand (T_m) in Bezug zu den aufwandbestimmenden Baukosten zu bestimmen» (Art. 5.3.3 SIA 102) – zu beachten ist, dass in den zugehörigen Kalkulationshilfen (SIA-Kalkulationshilfen 102/103-K) hier nicht länger vom «durchschnittlichen Zeitaufwand», sondern von der «Quantile […] des Zeitaufwands» die Rede ist (Rz. 8.104). Mittels der Formeln, die diese Relation abbilden, schaffen die Ordnungen eine Grundlage, auf der sich das Planerhonorar berechnen lässt. Dienlich sind die Formeln aber auch für die «Herleitung oder Überprüfung von Pauschal- und Globalangeboten» (Art. 5.3.3 SIA 102). In der Praxis steht letztere Anwendung häufig im Vordergrund, wenn dort gesagt wird, diese Formeln sollen «nur noch zur Überprüfung der Plausibilität von Honorarangeboten verwendet werden»[113]. Wird aber das Honorar nach dieser Methode berechnet, vereinbaren die Parteien damit für die Planerleistungen einen Preis, dessen Höhe vorerst zwar nur bestimmbar und noch nicht bestimmt ist,[114] für den im Übrigen aber feststeht, dass bei seiner

---

[112] Egli, Revidierte SIA-Ordnungen, S. 59; eingehend zum alten Kostentarif Egli, Die revidierten SIA-Honorarordnungen 102 und 103, S. 106 ff.; zur aktuellen Methode Aebi-Mabillard, La rémunération, Rz. 1019 ff.

[113] Aus einem Rundschreiben des Kantons Freiburg vom Februar 2012, S. 1. Auf diese Funktion weist auch Art. 5.3.3 SIA 102 hin.

[114] Bestimmt (nicht bloss bestimmbar) ist der Preis dann, wenn auf den Kostenvoranschlag abgestellt wird.

Zur Übergangslösung für die Honorarberechnung nach den SIA-Ordnungen 102 und 103 siehe Rz. 8.148 ff.

Berechnung der effektive Zeitaufwand des Planers keine Rolle spielt. In diesem Sinne einigen sich die Parteien auf einen **Festpreis.** Was die These anbelangt, dass Baukosten und Planeraufwand korrelieren, ist zu vermerken, dass der SIA sich dabei auf statistische Untersuchungen stützt, die diese Korrelation offenbar belegen – was sich hier nicht nachprüfen lässt. Zudem können die Verhältnisse im konkreten Fall vom statistischen Mittel abweichen, was die Berechnungsformeln durch den Einbezug individualisierender Faktoren zu berücksichtigen suchen. Wichtig ist die Feststellung, dass die statistisch unterfütterte Baukosten-Aufwand-Relation den Verhandlungsspielraum der Parteien in keiner Weise beschränkt. Anzumerken ist auch, dass der SIA derzeit Anstrengungen unternimmt, ein Modell zu entwickeln, das die Relation zwischen Baukosten und Planeraufwand differenzierter und damit überzeugender belegt. Als Neuerung legt der SIA schon im Zuge der Übergangslösung den Streubereich der erhobenen Daten genauer offen, indem er beim Zeitaufwand nicht nur den Median, sondern weitere Quantilen angibt (Rz. 8.113).

2. Gestützt auf die Berechnung nach Baukosten werden nur die **Grundleistungen** abgegolten, während die sogenannten «besonders zu vereinbarenden Leistungen» (nachfolgend auch als «Zusatzleistungen» bezeichnet)[115] zusätzlich zu vergüten sind (Art. 7.1.6 SIA 102-K = *a*Art. 7.1.6 SIA 102; Art. 7.1.3 SIA 103-K = *a*Art. 7.1.3 SIA 103). Was die hier bedeutsame Abgrenzung zwischen Grund- und Zusatzleistungen anbelangt, sei das Folgende angemerkt: 8.86

a. Die SIA-Ordnungen 102 und 103 enthalten je eine detaillierte Beschreibung der Planerleistungen, die dem üblichen chronologischen «Planungs- und Bauablauf» (Art. 3.2 SIA 102/103) folgt. Dieser sogenannte *Leistungsbeschrieb* (Art. 4 SIA 102/103) umfasst: 8.87

- Eine *Tabelle* der für die Planung und Ausführung erforderlichen Leistungen. Diese Leistungen werden auf sechs Phasen verteilt und dort weiter in Teilleistungen aufgegliedert. Die in den Phasen 3 bis 5 erforderlichen Grundleistungen werden im Verhältnis zur Gesamtleistung (100%) nach Prozenten gewichtet und ergeben das Berechnungselement «Leistungsanteil q» (Art. 7.2.1 und Art. 7.7 SIA 102/103-K ≈ *a*Art. 7.2.1 und *a*Art. 7.7 SIA 102/103). 8.88
- Eine *Umschreibung der Teilleistungen* nach Zielen, Grundlagen, Grund- und Zusatzleistungen derselben sowie eine Angabe darüber, welche Entscheide dem Bauherrn vorzulegen sind. 8.89

[115] Dieser Ausdruck stammt aus der SIA-Ordnung 102 (1984); siehe Egli, Die revidierten SIA-Honorarordnungen 102 und 103, S. 99. In den aktuellen Ordnungen wird diese praktische Kurzbezeichnung kaum mehr verwendet (siehe immerhin Art. 4.32 SIA 102), was uns nicht daran hindern soll, von ihr Gebrauch zu machen. Unverändert ist es so, dass diese Leistungen vereinbart werden müssen, damit der Planer sie schuldet – was allerdings nicht nur für die besonders zu vereinbarenden Leistungen, sondern auch für die Grundleistungen gilt.

Zur Übergangslösung für die Honorarberechnung nach den SIA-Ordnungen 102 und 103 siehe Rz. 8.148 ff.

8.90 **b.** Bei jeder Teilleistung werden Grund- und Zusatzleistungen aufgeführt. *Grundleistungen* umfassen jene «Leistungen, die zur ordnungsgemässen Erfüllung eines Auftrags im Allgemeinen erforderlich und ausreichend sind» (Art. 3.3.3 SIA 102/103). Die *Zusatzleistungen* «können zu den Grundleistungen hinzutreten, wenn die Art der Aufgabe dies erfordert oder wenn sie der Auftraggeber wünscht» (Art. 3.3.4 SIA 102/103). Sie werden im Leistungsbeschrieb nicht abschliessend aufgezählt. Dieser Aufteilung der Planerleistungen in Grund- und in Zusatzleistungen haftet zwangsläufig etwas Schematisches an. Der Hauptzweck dieser Aufteilung besteht nicht darin, den Ablauf der Planerarbeiten sachlich zu strukturieren, sondern liegt in der Honorarberechnung. So umfasst die Honorierung nach den Baukosten (wie schon ausgeführt; Rz. 8.86) lediglich die Grundleistungen, nicht auch die besonders zu vereinbarenden Leistungen. Der Bauherr ist insofern geschützt, als die Ausführung von Zusatzleistungen vorgängig zu vereinbaren ist (Art. 3.3.4 SIA 102/103). Für die entsprechende Abrede beweispflichtig ist der Planer, der ein entsprechendes Zusatzhonorar verlangt. Wird nicht vereinbart, wie Zusatzleistungen zu vergüten sind, hält Art. 7.11.1 SIA 102-K (= *a*Art. 7.11.1 SIA 102) fest, dass Zusatzleistungen «mangels anderer Vereinbarung […] nach dem effektiven Zeitaufwand (Art. 6 [SIA 102-K]) honoriert» werden. Für die Verträge mit Ingenieuren fehlt es an einer entsprechenden Auffangregel (siehe Art. 7.11 SIA 103-K). Doch ist auch die Regel in der SIA-Kalkulationshilfe 102-K unvollständig, weil mit dem Verweis auf das Zeithonorar noch nicht gesagt ist, nach welcher der drei in der Ordnung vorgesehenen Berechnungsmethoden (Rz. 8.72 ff.) zu verfahren ist. Dies bedarf einer nachträglichen Vereinbarung oder im Streitfall der gerichtlichen Lückenfüllung.

8.91 **c.** Wenn einerseits besonders zu vereinbarende Leistungen zusätzlich zu vergüten sind (Rz. 8.86), so fragt sich, ob anderseits der durch das konkrete Bauobjekt bedingte Wegfall von Grundleistungen zu einer Reduktion des Kostenhonorars führt. Erkennen die Parteien die Problematik bei Vertragsschluss, so können sie ihr dadurch Rechnung tragen, dass sie eine entsprechend tiefere Baukategorie oder eine Reduktion mittels des Korrekturfaktors vereinbaren oder die Teilleistungsprozente (Leistungsanteil q) reduzieren. Erkennen sie die Problematik bei Vertragsabschluss nicht oder fallen einzelne Grundleistungen, die vereinbart wurden, erst im Verlauf der Ausführung weg, so kommt in Verträgen, für welche die SIA-Kalkulationshilfe 102-K gilt, deren Art. 7.1.5 (= *a*Art. 7.1.5 SIA 102) zum Zug, wonach der «aufgabenbedingte Wegfall[116] von Grundleistungen […] keine Minderung des Honorars zur Folge [hat], sofern das vereinbarte Ziel der Teilphase ohne Qualitätseinbusse erreicht wird». Beurteilungskriterium dafür, ob eine Honorarreduktion eintritt, ist nach dieser Bestimmung, ob das Ziel der Teilphase ohne Qualitätseinbusse erreicht wurde, obwohl Grundleistungen entfielen – oder anders ausgedrückt – obschon der Planer von ihm versprochene Grundleistungen gar nicht erbrachte. Je nach Art und Umfang der weggefallenen Teilleistung kann diese Regel richtig oder falsch sein.

[116] Darunter ist wohl der durch das konkrete Projekt bedingte Wegfall zu verstehen.

Zur Übergangslösung für die Honorarberechnung nach den SIA-Ordnungen 102 und 103 siehe Rz. 8.148 ff.

Das Ziel einer Teilleistung kann durchaus erreicht werden, obwohl nicht alle im Leistungsbeschrieb aufgeführten und nach SIA-Ordnung 102 zu honorierenden Grundleistungen erforderlich waren. Entscheidend ist jedoch das Ausmass der weggefallenen Grundleistung. Hat der Architekt wesentliche Leistungen einsparen können und soll er dennoch 100% des Honorars fordern können, so führt dies die Honorierung nach den aufwandbestimmenden Baukosten ad absurdum, da die dieser Methode zugrunde liegende Korrelation im konkreten Fall gerade nicht besteht; auch verlieren die in Art. 7.7 SIA 102-K (= *a*Art. 7.7 SIA 102) aufgeführte Leistungstabelle und die darin je Teilleistung aufgestellten Prozentwerte ihren Sinn. Je nach Umfang der weggefallenen Leistungen kann sich somit auch Art. 7.1.5 SIA 102-K (= *a*Art. 7.1.5 SIA 102) als ungewöhnlich und damit (im Falle einer Globalübernahme) als rechtlich unwirksam erweisen (Rz. 1.108). Die Bestimmung kann zudem die gerade von Planern vielgescholtene Spekulation begünstigen, indem ein Planer mit einem Dumping-Angebot antritt und dabei auf die Hoffnung baut, er müsse gewisse Grundleistungen gar nicht erbringen und könne gleichwohl das volle Honorar einstreichen. Vielsagend ist, dass die SIA-Ordnung 103 und die zugehörige Kalkulationshilfe keine entsprechende Bestimmung aufweisen.

Zu unterscheiden ist der aufgabenbedingte Wegfall von Grundleistungen vom Fall, da der Architekt eine Grundleistung, die für die richtige Vertragserfüllung erforderlich wäre, nicht, nur teilweise oder fehlerhaft erbringt. Dann hat er den Vertrag nicht richtig erfüllt, was Haftungsfolgen nach sich ziehen kann (Rz. 9.47 ff.). 8.92

B. Die Formeln

1. Die Honorarberechnung nach den Baukosten erfolgt anhand einer Reihe von Formeln, deren Gehalt sich jedenfalls dem Branchenunkundigen kaum im Einzelnen erschliesst. Unzutreffend ist die Vorstellung, dass sich anhand dieser Formeln das Honorar sozusagen automatisch errechnen lasse. Richtig ist vielmehr, dass die Formeln in all ihren Teilen erheblichen Spielraum gewähren, der sich in Offertverhandlungen nutzen lässt. Das gilt namentlich für den Stundenansatz, der für die Honorarberechnung eine zentrale Grösse ist und der nicht (mehr) auf einem Verbandstarif beruht,[117] sondern (nach dem System der SIA-Ordnungen) vom Planer bürospezifisch zu ermitteln und anzubieten ist. 8.93

2. Grundlagen für die Honorarberechnung nach den Baukosten sind nach Art. 7.1.2 SIA 102/103-K (= *a*Art. 7.1.2 SIA 102/103) die aufwandbestimmenden Baukosten, die aus statistischen Reihen abgeleiteten Koeffizienten Z1 und Z2 für den Stundenaufwand, 8.94

---

117 Nach § 7 Abs. 1 der deutschen HOAI richtet sich das «Honorar nach […] den durch diese Verordnung festgesetzten Mindest- und Höchstsätzen». Diese Vorgabe gilt indes nicht für sämtliche Planerleistungen; bestimmte Ingenieurleistungen etwa sind davon nicht länger erfasst (vgl. § 3 Abs. 1 HOAI), sondern wurden dereguliert; dazu Koeble, HOAI-Kommentar, N 6 zu § 3 HOAI.

Zur Übergangslösung für die Honorarberechnung nach den SIA-Ordnungen 102 und 103 siehe Rz. 8.148 ff.

die Baukategorie bzw. der Schwierigkeitsgrad, der Umfang der zu erbringenden Leistungen (in Prozenten), ein allfälliger Korrekturfaktor (Anpassung an den konkreten Auftrag), der Teamfaktor (Eigenschaften und Zusammensetzung des eingesetzten Teams), Sonderleistungen (mehrwertbringend oder kostensenkend) sowie der Stundenansatz. Die Formeln, die diese Faktoren aufnehmen, bauen aufeinander auf. Bei unserer Darstellung beginnen wir am Ende, indem wir zunächst die Formel erläutern, mittels der sich das Honorar in Franken ermittelt. Dann erläutern wir die vorgelagerten Formeln, die der Ermittlung einzelner Faktoren dienen.

a. Formel für die Berechnung des Honorars (H)

8.95 **1.** Die Formel für die Berechnung des Honorars in Franken (H) – ohne MWST – lautet (Art. 7.4 SIA 102/103-K = *a*Art. 7.4 SIA 102/103):

$$H = T_P \times s \times h$$

8.96 **2.** Die Faktoren sind:

8.97 **a.** Der prognostizierte Zeitaufwand in Stunden (T_P). Dazu Rz. 8.100.

8.98 **b.** Der Faktor für **Sonderleistungen (s):** Dabei handelt es sich um Leistungen des Planers, die im Einzelnen zu vereinbaren sind und die dem Bauherrn «grosse wirtschaftliche oder funktionale Vorteile» bringen (Art. 7.10.1 SIA 102/103-K = *a*Art. 7.10.1 SIA 102/103).[118] Dieser Faktor erlaubt es den Parteien, den Planer am Nutzen seiner Leistung partizipieren zu lassen, wobei er dem Vernehmen nach aber kaum je zur Anwendung kommt. Im Unterschied zur SIA-Kalkulationshilfe 103-K (vgl. *a*Art. 7.10 SIA 103) sieht die SIA-Kalkulationshilfe 102-K eine entsprechende Beteiligung auch dann vor, wenn die Arbeiten des Architekten «besondere Kenntnisse voraussetzen» oder «einen wesentlichen kulturellen Beitrag erbringen» (Art. 7.10.1 SIA 102-K = *a*Art. 7.10.1 SIA 102). Entsprechende Überlegungen können indes auch in den Stundenansatz einfliessen, den der Planer zu offerieren hat.[119] Zudem beeinflusst der spezifische Schwierigkeitsgrad der Planerleistungen, die sich unter Umständen nur mit besonderen Kenntnissen bewältigen lassen, die Honorarberechnung schon über den Faktor (n), was Abgrenzungsprobleme schafft. Dass die Sonderleistungen gleichwohl in Form eines eigenen Faktors erscheinen, versteht nur, wer sich das alte System vor Augen führt, in dem nicht auf bürospezifische Stundenansätze, sondern auf einen Verbandstarif abgestellt wurde. Die SIA-Kalkulationshilfen 102-K und 103-K führen aus, der Architekt bzw. der Ingenieur könne bei ent-

[118] Sie sind von den besonders zu vereinbarenden Leistungen (dazu Art. 4 SIA 102/103) zu unterscheiden. Bei den Sonderleistungen handelt es sich nicht um Leistungen, die zu den Grundleistungen hinzutreten. Vielmehr sind es Grundleistungen, die für den Bauherrn aber (aus verschiedensten Gründen) von besonderer Bedeutung sind.

[119] Auch Aebi-Mabillard, La rémunération, Rz. 1035.

Zur Übergangslösung für die Honorarberechnung nach den SIA-Ordnungen 102 und 103 siehe Rz. 8.148 ff.

sprechenden Voraussetzungen «ein der Bedeutung seiner Leistung angemessenes, höheres Honorar vereinbaren» (Art. 7.10.1 SIA 102/103-K = *a*Art. 7.10.1 SIA 102/103). Dazu ist hier lediglich anzumerken, dass das Honorar in jedem Fall zu vereinbaren ist und sich in keinem Fall automatisch aus den Ordnungen ergibt. Dass der Planer ein höheres Honorar vereinbaren könne, ist damit sicher missverständlich ausgedrückt; freilich kann er aber in seiner Honorarofferte Sonderleistungen geltend machen und diese mit dem Faktor ($s > 1$) ansatzerhöhend in die Vertragsverhandlungen einbringen.

c. Der angebotene **Stundenansatz (h):** Die Stundenansätze sind bekanntlich schon länger nicht mehr tarifiert. Einzusetzen ist denn auch der vom Planer offerierte Ansatz, der bürospezifisch – und sicher auch mit Blick auf die Konkurrenzsituation – kalkuliert wird. Ungeachtet der Klage über Preisdumping gibt es Unterangebote, die von vornherein unzulässig wären, im vergaberechtlichen Sinne nicht; immerhin hat eine öffentliche Auftraggeberin bei einem ungewöhnlich tiefen Angebot aber der Frage nachzugehen, wie es um die Eignung des offerierenden Planers steht (siehe Art. XIII Ziff. 4 lit. a GPA; Art. 25 Abs. 4 VöB). Zudem stellt sich die Frage, ob in einem solchen Fall nicht auch der Tatbestand von Art. 3 lit. f UWG erfüllt sei, nach dem wiederholte Angebote unter Einstandspreisen unlauter sind, wenn der Anbieter damit «den Kunden über die eigene oder die Leistungsfähigkeit von Mitbewerbern täuscht». 8.99

b. Formel für die Prognose des Zeitaufwands (T_p)

1. Die Honorarberechnung beruht auf der vom SIA geltend gemachten Relation zwischen den Baukosten und dem Aufwand des Planers, der bei der Erbringung der Grundleistungen in den Phasen 3 bis 5 gemäss Art. 4 SIA 102/103 anfällt. Die Rede ist von «aufwandbestimmenden Baukosten». Der geschätzte Stundenaufwand wird im Faktor (T_m) ausgedrückt, der im konkreten Fall durch den Teamfaktor (i) modifiziert wird. Erst daraus ergibt sich der auftragsspezifisch prognostizierte Zeitaufwand (T_p). Der prognostizierte Zeitaufwand in Stunden (T_p) ermittelt sich nach der Formel (Art. 7.3 SIA 102/103-K = *a*Art. 7.3 SIA 102/103): 8.100

$$T_p = T_m \times i$$

2. Die Faktoren sind: 8.101

a. Der **Quantile des Zeitaufwands (T_m):** Dieser Faktor ist das Kernstück der Honorarberechnung nach den Baukosten, da er die Relation zwischen Baukosten und Zeitaufwand in operabler Form darstellt. Umso bedeutsamer sind die Überlegungen, die in den SIA-Kalkulationshilfen 102-K und 103-K zur Ermittlung dieses Faktors angestellt werden. Von ihnen ist gleich nachstehend die Rede (Rz. 8.104 ff.). 8.102

b. Der **Teamfaktor (i):** Mit diesem Faktor wird «die teamspezifische Abweichung vom geschätzten aufzuwendenden Zeitaufwand für das Erbringen der vereinbarten Leistung 8.103

Zur Übergangslösung für die Honorarberechnung nach den SIA-Ordnungen 102 und 103 siehe Rz. 8.148 ff.

prognostiziert» (Art. 7.9.1 SIA 102/103-K ≈ *a*Art. 7.9.1 SIA 102/103), die sich mit Rücksicht auf die «Eigenschaften und Zusammensetzung des eingesetzten Teams» allenfalls ergeben kann (Art. 7.1 SIA 102/103-K = *a*Art. 7.1 SIA 102/103). In der Festsetzung des Teamfaktors sind die Parteien – wie bei allen anderen Faktoren auch – frei. Ein Teamfaktor < 1 bedeutet, dass der prognostizierte Zeitaufwand teambedingt unter dem statistisch ermittelten Zeitaufwand liegt, während ein Teamfaktor > 1 für einen grösseren Aufwand steht. Bleibt es im konkreten Fall bei Teamfaktor 1, wird nicht angepasst, und der auftragsspezifisch prognostizierte Zeitaufwand (T_p) entspricht der geschätzten Quantile des Zeitaufwands (T_m). Die SIA-Ordnungen 102 und 103 sahen bislang vor, «ohne besondere Vereinbarung [gelte] der Teamfaktor 1.0» (*a*Art. 7.9.2); diese Annahme wird von den Kalkulationshilfen übernommen (Art. 7.9.2 SIA 102/103-K). Der Teamfaktor lässt sich nicht abstrakt bestimmen, sondern ist von den konkreten Gegebenheiten abhängig. Deshalb ist es sinnvoll, dass die Annahme 1.0 in die Formel einfliesst, der Teamfaktor auf diese Weise neutralisiert wird und so nicht in die Standard-Ermittlung der Quantile des Zeitaufwands einfliesst. Den Verwendern der Formel steht es frei, den Wert abzuändern und so einem teambedingten Mehr- oder Minderaufwand Rechnung zu tragen.

c. Formel für die Ermittlung der Quantile des Zeitaufwands (T_m)

8.104 **1.** Der für die Honorarberechnung relevante Zeitaufwand in Stunden (T_m) ergibt sich aus einer Formel, die in den beiden SIA-Kalkulationshilfen 102-K und 103-K weitgehend identisch, aber nicht völlig deckungsgleich ist. So führt nur die SIA-Kalkulationshilfe 102-K einen Faktor U ein, der für «Umbau, Unterhalt, Denkmalpflege» steht (Art. 7.14 SIA 102-K ≈ *a*Art. 7.14 SIA 102). Den Kalkulationshilfen zufolge werden mit den Formeln «verschiedene Quantile (insbesondere der Median) des Zeitaufwands geschätzt» (Art. 7.2.1 SIA 102/103-K). Neu ist, dass die Formeln keinen fixen Zeitaufwand mehr angeben, sondern vielmehr eine Bandbreite, von der einzelne Punkte mittels Quantilen sichtbar gemacht werden – Quantilen sind «Punkte einer statistischen Verteilung, wenn man die Datenwerte der Größe nach sortiert» (aus den Erläuterungen zum SIA-Kalkulationstool), wobei der Median, der auch ein Quantil ist, die «Grenze zwischen den zwei Hälften der Werte [bezeichnet]: Ein Projekt mit denselben Werten für B, n, q und r verursacht in 50% der Fälle einen Stundenaufwand, der kleiner (resp. grösser) oder gleich wie die geschätzte Zahl ist» (Art. 7.2.1 SIA 102/103-K). Uns scheint, dass nicht die Quantile geschätzt wird, sondern die normierten Angaben dazu dem Verwender der Formel als Grundlage für eine auf statistischen Reihen abgestützte Schätzung des im konkreten Fall erforderlichen Zeitaufwands dient. Im SIA-Kalkulationstool ist in diesem Zusammenhang die Rede von «Mein geschätzter Zeitaufwand», der einzutragen und dann unter anderem mit dem eigenen Stundenansatz zu multiplizieren ist. Wichtiger aber ist die Feststellung, dass das aktuelle System für eine stärkere Individualisierung dieser Schät-

Zur Übergangslösung für die Honorarberechnung nach den SIA-Ordnungen 102 und 103 siehe Rz. 8.148 ff.

zungen sorgt und damit in markanter Weise vom bisherigen abweicht.[120] Die Formeln lauten wie folgt:

$T_m = B \times p/100 \times n \times q/100 \times r \times U$ (Art. 7.2.1 SIA 102-K = *a*Art. 7.2.1 SIA 102) bzw.

$T_m = B_a \times p/100 \times n \times q/100 \times r$ (Art. 7.2.1 SIA 103-K = *a*Art. 7.2.1 SIA 103)

2. Unter den hier massgeblichen Faktoren sticht der Faktor der **aufwandbestimmenden Baukosten in Franken (B)** hervor: 8.105

a. Aufwandbestimmend sind im Grundmodell (siehe aber Rz. 8.109 und 8.111) die «wirklichen Kosten des ausgeführten Bauwerks gemäss Schlussabrechnung, nach Abzug der vertraglich vereinbarten Rabatte (exkl. MWST)» (Art. 7.5.11 SIA 102-K = *a*Art. 7.5.11 SIA 102) bzw. «sämtliche finanziellen Aufwendungen für die vom Ingenieur bearbeiteten Bauteile nach Abzug der vertraglich vereinbarten Rabatte (exkl. MWST)» (Art. 7.5.11 SIA 103-K = *a*Art. 7.5.11 SIA 103). Um Skontoabzüge können (anders als nach den SIA-Ordnungen von 1984) die Kosten nicht mehr reduziert werden. Nicht einzurechnen ist die MWST, wobei sich diese hier auf die Unternehmer- und Lieferantenrechnungen bezieht, nicht auf den Honoraranspruch des Planers. Dieser Vorbehalt der MWST ist richtig, da es sich dabei um einen Posten handelt, der den Aufwand des Planers nicht beeinflusst. Mit anderen Worten: Für diese Kosten lässt sich nicht behaupten (geschweige denn belegen), dass sie auf den Aufwand des Planers durchschlagen. Nicht aufwandbestimmend sind namentlich auch (Beispiele gemäss Art. 7.5.15 SIA 102-K [= *a*Art. 7.5.15 SIA 102] und Art. 7.5.14 SIA 103-K [= *a*Art. 7.5.14 SIA 103]): Honorare, zusätzliche Kostenelemente und Reisezeitvergütungen des Planers und der an der Projektierung und Ausführung beteiligten Spezialisten und Berater, Kosten aus dem Erwerb von Grundstücken und Rechten, die Finanzierungskosten, öffentliche Gebühren, Versicherungsprämien, die Kosten von Architektur-, Ingenieur-, Kunst- und anderen Wettbewerben sowie Anwalts- und Gerichtskosten. Umgekehrt werden den aufwandbestimmenden Baukosten etwa die Energiekosten und die Eigenleistungen des Bauherrn zugerechnet (siehe Art. 7.5.13 SIA 102-K = *a*Art. 7.5.13 SIA 102). Die Zuordnung ist nicht immer eindeutig. Dazu sagt Art. 7.1.4 SIA 102-K (= *a*Art. 7.1.4 SIA 102): «Das Honorar ist als gewogenes Mittel zu verstehen und bezieht sich auf die Gesamtbaukosten, einschliesslich der Bauwerksteile, deren Betreuung teilweise bei den an der Planung beteiligten Fachplanern liegt». Damit erweist sich die Honorarberechnung jedenfalls nicht als dermassen exakt und zwingend, wie man aufgrund der mathematischen Darstellungsweise womöglich annehmen könnte. 8.106

[120] Nur der Faktor «U» ist neu, nicht auch das Anliegen, einen in solchen Konstellationen offenbar anfallenden Zusatzaufwand mittels eines «Aufwandzuschlags» in die Honorarberechnung einfliessen zu lassen. Siehe dazu Art. 7.16 SIA 102 (2003).

Zur Übergangslösung für die Honorarberechnung nach den SIA-Ordnungen 102 und 103 siehe Rz. 8.148 ff.

8.107 Um einem Auslegungsstreit vorzubeugen, empfiehlt es sich, im Planervertrag klar festzuhalten, welche Kostenelemente in die Ermittlung des für die Honorarberechnung relevanten Zeitaufwands einfliessen können und welche Kostenelemente dabei ausgespart bleiben, weil für sie feststeht, dass der Aufwand des Planers dadurch weder grösser noch geringer wird. Dass die SIA-Kalkulationshilfen 102-K und 103-K diese Klarstellung nicht selber vornehmen, sondern eher noch Verwirrung stiften, ist eine ihrer kritikwürdigen Schwächen.

8.108 **b.** Eine spezifische Einschränkung findet sich indes auch in der SIA-Kalkulationshilfe 103-K, indem nur jene Baukosten honorarwirksam sind, die bezüglich den «vom Ingenieur bearbeiteten Bauteilen» anfallen (Art. 7.5.11 SIA 103-K). Diese Einschränkung erklärt sich daraus, dass die Ingenieure meist Teilprojekte betreuen und nicht für das Gesamtprojekt zuständig sind. Hinsichtlich der Architekten beruht die SIA-Kalkulationshilfe 102-K auf einer anderen Vorstellung, indem dort festgehalten wird, die Honorarberechnung nach den Baukosten gehe davon aus, «dass der Architekt die Gesamtleitung ausübt» (Art. 7.1.3 SIA 102-K = *a*Art. 7.1.3 SIA 102). Ist dies nicht der Fall und auch ein Architekt lediglich für ein Teilprojekt zuständig, schlägt dies auf die aufwandbestimmenden Baukosten durch, die entsprechend einzugrenzen sind. Festzuhalten ist dabei, dass der Architekt nach Art. 2.3 SIA 102 Gesamtleiter für den Bau ist und seine entsprechenden Bemühungen nicht gesondert in Rechnung stellen kann. Erst wenn er die «Funktion einer übergeordneten Gesamtleitung» (Art. 3.4.3 SIA 102) übernimmt, stellt sich die Frage einer zusätzlichen Vergütung.

8.109 **c.** Hier ist auf einen weiteren Unterschied zwischen der SIA-Kalkulationshilfe 102-K und der SIA-Kalkulationshilfe 103-K einzugehen. Er betrifft die Erwahrung der aufwandbestimmenden Baukosten. Die SIA-Kalkulationshilfe 102-K erklärt, aufwandbestimmend seien die «wirklichen Kosten des ausgeführten Bauwerks gemäss Schlussabrechnung» (Art. 7.5.11 SIA 102-K = *a*Art. 7.5.11 SIA 102). Anders die SIA-Kalkulationshilfe 103-K, nach der es auf «sämtliche finanziellen Aufwendungen für die vom Ingenieur bearbeiteten Bauteile» ankommen soll (Art. 7.5.11 SIA 103-K). Beide Kalkulationshilfen sehen indes vor, dass «im Vertrag» (zum Beispiel in der Vertragsurkunde, wobei das einschlägige SIA-Formular eine entsprechende Rubrik vorsieht) zu klären ist, «ob die aufwandbestimmenden Baukosten aufgrund eines genehmigten Kostenvoranschlags oder der Schlussabrechnung festgelegt werden» (Art. 7.5.16 SIA 102-K; Art. 7.5.18 SIA 103-K). Den Parteien steht es frei, die eine oder die andere (oder allenfalls auch eine dritte) Bezugsgrösse zu vereinbaren; das einschlägige SIA-Vertragsformular (Ziff. 4.3.1 SIA-Vertragsformular 1001/1) ist entsprechend eingerichtet. Bei der Wahl des Kostenvoranschlags kann sich indes das Problem stellen, ob diese Bezugsgrösse auch dann gelten soll, wenn der Planervertrag in der Folge aufgelöst und ein kostengünstigeres Projekt ausgeführt wird.[121] Unklar ist, was gelten soll, wenn die Parteien es unterlassen haben, sich

[121] Zu dieser Frage BGer 4A_136/2014 vom 28. August 2014 E. 3 (= BR/DC 2015, S. 179, Nr. 270, mit Anm. Werro), wo das Bundesgericht vor dem Hintergrund von Art. 7.5.6 SIA 102 aus dem

Zur Übergangslösung für die Honorarberechnung nach den SIA-Ordnungen 102 und 103 siehe Rz. 8.148 ff.

im Planervertrag über die massgebliche Bezugsgrösse auszusprechen. Die beiden Kalkulationshilfen regeln diesen zentralen Punkt – wie schon die *a*SIA-Ordnungen 102 und 103, was in der Vorauflage dieses Buches für die *a*SIA-Ordnung 102 übersehen wurde – nicht. Aus unserer Sicht sollte in den Fällen, in denen die Parteien die Frage offengelassen haben, auf die Schlussabrechnung abgestellt werden, da hier die tatsächlichen und nicht die bloss geschätzten Baukosten zum Ausdruck kommen, was der Sache nach besser zu dieser Berechnungsmethode passt. Das Argument, dass Art. 7.5.11 SIA 102-K die «Schlussabrechnung» für den Regelfall ausdrücklich erwähnt, kann hilfsweise herangezogen werden, wobei das Argument aber bei der SIA-Kalkulationshilfe 103-K nicht zieht und es sich zudem so verhält, dass beide Kalkulationshilfen an sich eine vertragliche Festlegung der Bezugsgrösse voraussetzen.

d. Im Übrigen ist zu fragen, was überhaupt gemeint ist, wenn in den SIA-Kalkula- 8.110
tionshilfen 102-K und 103-K von der **«Schlussabrechnung»** (Art. 7.5.11 und Art. 7.5.16 SIA 102-K = *a*Art. 7.5.11 und *a*Art. 7.5.16 SIA 102; Art. 7.5.18 SIA 103-K = *a*Art. 7.5.18 SIA 103) die Rede ist. Lässt man sich auf diese Frage ein, hat man zunächst festzuhalten, dass es bei diesen Rechnungen um Unternehmer- und Lieferantenrechnungen geht, nicht um die Rechnungen des am Planervertrag beteiligten Planers. Dies versteht sich eigentlich von selbst, da es ja gerade darum geht, den in die Rechnung des Planers einzusetzenden Betrag zu ermitteln. Bestätigt wird dies durch den Ausnahmekatalog, von dem schon die Rede war und wo festgehalten wird, dass die Planerhonorare nicht zu den aufwandbestimmenden Baukosten zählen. Alsdann hat man zu konstatieren, dass zum einen die SIA-Ordnungen 102 und 103 selber von der «Schlussabrechnung» sprechen (Art. 4.53 SIA 102; Art. 4.3.53 SIA 103). Etwas ausführlicher ist dabei allerdings nur die SIA-Ordnung 102, wenn sie das «Aufstellen, Nachprüfen und Bereinigen der Schlussabrechnung gemäss vereinbarter Darstellungsart und Gliederung» als eine der Grundleistungen benennt, die in der Realisierungsphase zu erbringen sind (Art. 4.53 SIA 102). Zum andern ist die SIA-Norm 118 zu erwähnen, nach deren Art. 153 die Schlussabrechnung (des Unternehmers!) Regiearbeiten und Teuerungsabrechnung nicht erfasst.[122] Der Begriff der Schlussabrechnung ist in der SIA-Norm 118 also enger, wobei dieser Begriff bei der Ermittlung der aufwandbestimmenden Baukosten offensichtlich nicht passt: Die SIA-Kalkulationshilfen 102-K und 103-K erwähnen zwar die «Schlussabrechnung», stellen aber gleichzeitig klar, dass es für die Herleitung des Honorars auf die «wirklichen Kosten

Jahr 2003 (= Art. 7.5.17 SIA 102-K) zum Schluss kommt, dass für die Honorarberechnung auf den letzten Kostenvoranschlag abzustellen ist, auch wenn die Kosten für das schlussendlich ausgeführte Projekt deutlich tiefer lagen. In der Tat sieht Art. 7.5.17 SIA 102-K vor, dass «aufgrund der letzten Kostenermittlung» zu rechnen ist, während Art. 7.5.19 SIA 103-K für den Fall, dass ein Projekt «nicht ausgeführt wird», augenscheinlich auf die «ursprünglich ermittelten Baukosten» abstellen will. Die Lösungen sind nicht deckungsgleich, ohne dass aber ersichtlich ist, weshalb hier je nach Fachrichtung verschiedenartige Lösungen greifen.

[122] Dazu SCHUMACHER/MONN, Kommentar SIA 118, Art. 153/Rz. 10.

Zur Übergangslösung für die Honorarberechnung nach den SIA-Ordnungen 102 und 103 siehe Rz. 8.148 ff.

des ausgeführten Bauwerks» (Art. 7.5.11 SIA 102-K = *a*Art. 7.5.11 SIA 102) bzw. «sämtliche finanziellen Aufwendungen» (Art. 7.5.11 SIA 103-K = *a*Art. 7.5.11 SIA 103) ankommt.[123]

8.111 **e.** Obschon Art. 7.5.11 SIA 102-K lediglich die «Schlussabrechnung» erwähnt und damit ein Zeichen setzt, steht es den Parteien auch bei einem Architektenvertrag frei, stattdessen auf den «genehmigten Kostenvoranschlag» abzustellen,[124] zumal in beiden Kalkulationshilfen auf diese Alternative hingewiesen wird (Art. 7.5.16 SIA 102-K und Art. 7.5.18 SIA 103-K). Dass die Parteien auch eine andere, dritte Bezugsgrösse wählen können, ist ebenso klar, wird aber lediglich im SIA-Vertragsformular 1001/1 (Ziff. 4.3.1) erwähnt. Welche Bezugsgrösse soll man als Bauherr hier wählen? Auf diese Frage gibt es keine eindeutige Antwort. Wählt der Bauherr den Kostenvoranschlag, läuft er Gefahr, dass der Planer den Kostenvoranschlag aufbläht, da sich dies honorartreibend auswirkt. Darin liegt zwar eine Verletzung des Planervertrags, die der Bauherr indes nachzuweisen hat (Art. 97 Abs. 1 und Art. 101 Abs. 1 OR),[125] wenn er sich beim Planer schadlos halten und das Honorar mindern will. Immerhin lässt sich so verhindern, dass er dem Planer auf Kostenüberschreitungen ein Honorar schuldet. Strittig kann werden, ob die Ausschöpfung einer beim Kostenvoranschlag vereinbarten Toleranzgrenze (z.B. von ± 10%) Auswirkungen auf die Honorarberechnung haben soll. Dies entscheidet sich in erster Linie nach Massgabe der Vereinbarung. Sonst aber wird es sich im Regelfall rechtfertigen, für die Honorarberechnung beim effektiven Kostenstand anzuknüpfen, solange dieser sich innerhalb der vereinbarten Toleranzgrenze bewegt.[126] Im Ergebnis wirkt sich die Vereinbarung eines Kostenhonorars auf der Grundlage eines Kostenvoranschlags ähnlich wie ein Pauschalhonorar aus. Fallen aufgrund von Bestellungsänderungen vom Kostenvoranschlag erfasste Baukosten dahin, reduziert sich die honorarbestimmende Bausumme um den im Kostenvoranschlag für die abbestellte Bauleistung eingesetzten Betrag, soweit der Planer die damit korrespondierende planerische Leistung nicht schon erbracht hat. Kommen indes Baukosten hinzu, so erhöht sich die honorarbestimmende Bausumme um diesen Betrag (sofern für die bestellte Zusatzleistung ebenfalls ein Kostenvoranschlag eingeholt wird, ist dieser massgebend, sonst die effektiven Mehrkosten der Ausführung). Wählt der Bauherr umgekehrt die «Bauabrechnung», ist nicht ausgeschlossen, dass der Planer für überhöhte Baukosten und damit für ein höheres Honorar sorgt. Das ist wiede-

---

[123] Dazu kommt, dass auch die mit Lieferungen verbundenen Kosten offensichtlich zu den aufwandbestimmenden Baukosten gehören, auf die aber die SIA-Norm 118 gar nicht anwendbar ist, weshalb auch bezüglich der Lieferungsverträge der Ausdruck «Schlussabrechnung» nicht im Sinne der SIA-Norm 118 auszulegen ist.

[124] Zur SIA-Ordnung 102 (1984) Egli, Die revidierten SIA-Honorarordnungen 102 und 103, S. 108.

[125] Jungo, Zürcher Kommentar, N 451 zu Art. 8 ZGB; Walter H. P., Berner Kommentar, N 551 zu Art. 8 ZGB.

[126] Jetzt auch Aebi-Mabillard, La rémunération, Rz. 1048; offengelassen bei Egli, Die revidierten SIA-Honorarordnungen 102 und 103, S. 108.

Zur Übergangslösung für die Honorarberechnung nach den SIA-Ordnungen 102 und 103 siehe Rz. 8.148 ff.

rum eine vom Bauherrn nachzuweisende Vertragsverletzung; zudem liegt darin einer der Hauptkritikpunkte am alten Kostentarif, der sich dadurch, dass der SIA nicht länger Tarife, sondern den durchschnittlichen honorarwirksamen Aufwand publiziert, natürlich nicht beseitigen liess. Der Bauherr ist in einem Dilemma, aus dem er herausfindet, indem er sich ausserhalb der Honorarabrechnung nach den Baukosten nach Modellen umsieht, die den Planer an einer von ihm bewirkten Einsparung partizipieren lassen.

3. Weitere Faktoren sind hier: 8.112

a. Der **Grundfaktor für den Stundenaufwand (p):** Mit der Formel, die der Ermittlung 8.113 des Grundfaktors (p) dient, unternimmt es der SIA, den von ihm geltend gemachten Zusammenhang zwischen Baukosten und Zeitaufwand in einer mathematischen Formel auszudrücken. Dabei verhält es sich so, dass mit den Baukosten unweigerlich auch der Stundenaufwand zunimmt. Offenbar wird dabei zwar so gerechnet, dass die Zunahme nicht linear, sondern degressiv verläuft. Doch bleibt es dabei, dass der formelmässig ermittelte Aufwand vom effektiven Aufwand unabhängig ist – was in der Verlängerung auch für das Honorar gilt, das keinen Bezug zu den effektiven Gestehungskosten hat. Diese Formel ist – neben den aufwandbestimmenden Baukosten – der wichtigste Parameter für die Berechnung des Planerhonorars. Die heute aktuelle Formel hat die Nachfolge jener Formel angetreten, anhand der unter der Herrschaft der SIA-Ordnung 102 (1984) der Honorar-Grundprozentsatz zu errechnen war (Art. 8.1.2 SIA 102 [1984]), ohne aber an Klarheit zugelegt zu haben. Die SIA-Kalkulationshilfen 102-K und 103-K halten sich bedeckt, was auch hinsichtlich der Koeffizienten Z1 und Z2 gilt, die der SIA – auch als Teil der Übergangslösung – «aus statistischen Reihen» ableitet und periodisch (heute in seinem Kalkulationstool) veröffentlicht (Art. 7.2.2 SIA 102/103-K = *a*Art. 7.2.2 SIA 102/103). Ohne Erläuterungen ist zumindest der branchenunkundige Bauherr nicht in der Lage, dieser Formel etwas abzugewinnen und ihre Tragweite zu erkennen. Diese Frage hat es in sich, da die Honorarberechnung nach den Baukosten ohne die Formel nicht möglich ist. Was den praktischen Umgang mit den Z-Werten angeht, das Folgende: Diese Werte werden «durch den SIA periodisch veröffentlicht» (Art. 7.2.2 SIA 102/103-K = *a*Art. 7.2.2 SIA 102/103), können sich also (auch abhängig von einer allfälligen Bauteuerung) verändern. Im neuen Kalkulationstool des SIA, das die Honorarberechnung unterstützen soll, werden neben dem Median für den Zeitaufwand T_m noch weitere Quantilen angeführt, die näheren Aufschluss über die Lage der nachkalkulierten Angebote (den Streubereich) geben, die zur Ermittlung der Z-Werte erhoben wurden. Es ist klar, dass es sich dabei nicht um Grössen handelt, die (als weitere Variablen) von den Parteien angesteuert und beeinflusst werden könnten. Doch führen die Angaben in gewisser Weise zu einer Dynamisierung der Honorarberechnung, weil in den Vertragsverhandlungen nun auch zum Beispiel erörtert werden kann, warum der Planer angesichts der konkreten Aufgabe einen besonders hohen Zeitaufwand erwartet, der deutlich über dem Mittelwert liegt, wie er im Median zum Ausdruck kommt.

Zur Übergangslösung für die Honorarberechnung nach den SIA-Ordnungen 102 und 103 siehe Rz. 8.148 ff.

8.114 **b.** Der **Schwierigkeitsgrad gemäss Einteilung in Baukategorien (n):** Die Höhe des Planerhonorars wird ferner in plausibler Weise von der Schwierigkeit der dem Planer gestellten Aufgabe abhängig gemacht. In den neu eingefügten Art. 7.6.5 SIA 102-K und Art. 7.6.2 SIA 103-K wird der Schwierigkeitsgrad (n) mit 1.0 veranschlagt, also nicht beachtet. Beide Regelwerke behalten eine «besondere Vereinbarung» vor, was aber lediglich bedeutet, dass die Parteien frei sind, der Honorarberechnung einen Schwierigkeitsgrad in beliebiger Höhe einzubeziehen oder auch davon abzusehen, dem Aspekt durch einen besonderen Faktor Rechnung zu tragen. Für letztere Option könnten sie sich zum Beispiel deshalb entscheiden, weil sie der Komplexität der planerischen Aufgabe schon durch die Festsetzung des Stundenansatzes Rechnung tragen. In Art. 7.6.5 SIA 102-K (irrtümlich so nummeriert, eigentlich müsste es Art. 7.6.7 SIA 102-K heissen = *a*Art. 7.6.5 SIA 102) werden beispielhaft Bauwerke und die für sie infrage kommenden (insgesamt sieben) Baukategorien aufgelistet. Natürlich liessen sich weitere Baukategorien denken, wobei die mit sieben Kategorien verbundene Abstrahierung die Handhabung des Faktors vereinfacht. Mit der Festlegung der Baukategorien bzw. des Schwierigkeitsgrads soll dem voraussichtlichen Umfang «der gestalterischen, technischen und organisatorischen Leistung des Architekten und der ihm daraus erwachsenden Verantwortung» Rechnung getragen werden (Art. 7.6.1 SIA 102-K = *a*Art. 7.6.1 SIA 102). Diese Liste «kann weder vollständig noch allein massgebend sein. Sie soll für übliche Fälle den Weg weisen» (Art. 7.6.2 SIA 102-K = *a*Art. 7.6.2 SIA 102) – ist also bloss deklaratorisch, nicht verbindlich. Die Spannbreite zwischen Kategorie I–VII lag bis anhin zwischen 70% und 130% (*a*Art. 7.2.1 SIA 102 ≠ Art. 7.2.1 SIA 102-K, dazu Rz. 8.162); die Kategorie I erfasst anspruchslose, die Kategorie IV mittlere und die Kategorie VII aussergewöhnliche Bauaufgaben (Art. 7.6.1 SIA 102-K = *a*Art. 7.6.1 SIA 102). Die neue SIA-Kalkulationshilfe 102-K berichtet von einer empirisch erhobenen Bandbreite der «Minimal- und Maximalwerte des Schwierigkeitsgrads» zwischen 0.7 und 1.3 (Art. 7.6.6 SIA 102-K), während die SIA-Kalkulationshilfe 103-K, die sich mit den «drei Kategorien I–III» behilft, eine entsprechende Bandbreite von 0.8 bis 1.2 anführt (Art. 7.6.2 SIA 103-K). Was die Werte angeht, hat sich nichts verändert; bloss deren Grundlage wird nun als empirische deklariert.

8.115 **c.** Der **Leistungsanteil in Prozenten (q):** In den Tabellen zum Leistungsbeschrieb (Art. 7.7 SIA 102/103-K = *a*Art. 7.7 SIA 102/103) wird der «geschätzte Zeitaufwand für die Grundleistungen gemäss Art. 4 [bzw. Art. 4.3]» für den Regelfall «auf die einzelnen Phasen und Teilphasen aufgeteilt» und darob im Verhältnis zur Gesamtleistung in Prozenten gewichtet. Werden alle Grundleistungen von der Projektierungs- über die Ausschreibungs- zur Realisierungsphase (Phasen 3 bis 5) erbracht, so liegt eine Gesamtleistung (100%) vor. Werden nur einzelne Grundleistungen erbracht, so liegt ein Leistungsanteil (q) vor, weshalb der Bauherr nur einen Teilprozentsatz zu bezahlen hat. Hat zum Beispiel ein Planer lediglich ein Vorprojekt zu erstellen, so beträgt der einschlägigen Tabelle zufolge der Faktor (q) = 9%. Die Tabelle ist nicht allgemeinverbindlich, sondern enthält lediglich Indikatoren, von denen die Parteien im konkreten Fall auch abweichen

Zur Übergangslösung für die Honorarberechnung nach den SIA-Ordnungen 102 und 103 siehe Rz. 8.148 ff.

können. Die Unterteilung der Leistungstabelle in Phasen und Teilleistungen ist unterschiedlich feingliedrig und die prozentuale Gewichtung der einzelnen Teilleistungen ausserordentlich grobmaschig. Hat der Planer nur einen Teil einer Teilleistung zu erbringen (weil der Bauherr Spezialisten beizieht, die teilweise Aufgaben des Planers übernehmen, weil er objektbezogen nur einen Teil der Grundleistungen erbracht haben will oder weil gar nicht alle Grundleistungen erforderlich sind), so ist es sehr schwierig, die einzelnen Teilleistungen sachgerecht aufzuschlüsseln und unter die beteiligten Planer aufzuteilen. Es empfiehlt sich daher, diese Aufteilung anhand des Leistungsbeschriebs und nicht bloss anhand der Teilleistungsprozente vorzunehmen und sie, wenn immer möglich, vorgängig zur Auftragserteilung an den Planer mit allen Beteiligten abzusprechen. Vor allem bei Grossbauprojekten und bei Planungsaufträgen der öffentlichen Hand ist die gestaffelte Auftragserteilung je für eine einzelne Phase (nicht zuletzt aus kreditrechtlichen Gründen) verbreitet. Das ermöglicht auch eine laufende Überprüfung der vorhandenen Grundlagen und der anzustrebenden Ziele der nächsten Planungsphase. Nebst der Auftragserteilung für eine einzelne Planungsphase kann es sich planerisch und finanziell lohnen, den Leistungsanteil einer einzelnen Phase aufgrund der bereits vorhandenen Arbeitsunterlagen und der vom Bauherrn angestrebten Ziele je nach Objekt individuell festzulegen. Kritisch ist die Tendenz zu beurteilen, dass aus Standesinteressen die eigentlichen Planungsleistungen gegenüber der Ausführung stärker gewichtet werden; eine Untergewichtung der wichtigen Teilleistungen Bauleitung und Kostenkontrolle wirkt sich jedenfalls fatal auf den (technischen und finanziellen) Erfolg eines Bauvorhabens aus.

d. Der **Anpassungsfaktor (r):** Anders als beim Faktor (s), mit dem sich Sonderleistungen 8.116
des Planers berücksichtigen lassen (Rz. 8.98), geht es beim Anpassungsfaktor (r) um äussere (nicht um innere) Einflüsse, die in den SIA-Ordnungen 102-K und 103-K den Kategorien «Lokale Einflüsse», «Organisatorische Einflüsse», «Einflüsse des Programms» und «Bearbeitungsaufwand» zugewiesen wurden (Art. 7.8.1 SIA 102/103-K = *a*Art. 7.8.1 SIA 102/103). Die massgebenden Einflüsse können lokaler oder organisatorischer Natur sein oder mit dem Programm in Zusammenhang stehen. Sie können auch dazu führen, dass eine Anpassung nach unten vorzunehmen ist, weil die Arbeiten «durch besondere Einflüsse vereinfacht» werden (Art. 7.8.1 SIA 102-K), wobei die Beispiele aber zeigen, dass es sich in der Sache eher um einen Honorarerhöhungs- als um einen Reduktionsfaktor handelt. Beide Kalkulationshilfen enthalten die Regel, nach der «ohne besondere Vereinbarung […] der Anpassungsfaktor (r) 1,0 [gilt]. Dieser ist in jedem Fall angebracht, wenn ein Bauvorhaben in der Planung und Ausführung normal zu verlaufen verspricht» (Art. 7.8.2 SIA 102/103-K = *a*Art. 7.8.2 SIA 102/103). Bei einem Faktor (r) 1,0 erfolgt keine Korrektur des für die Honorarberechnung relevanten Zeitaufwands; die empirisch erhobene Bandbreite liegt bei Architekturverträgen zwischen 0.8 und 1.2, bei Ingenieurverträgen bei 0.75 und 1.25. Art. 7.8.4 SIA 102-K (= *a*Art. 7.8.4 SIA 102) sieht vor, dass die Parteien den Anpassungsfaktor für verbleibende Leistungen ändern können, wenn sich die äusseren Umstände im Laufe der Auftragserfüllung ändern. Diese Bestimmung

Zur Übergangslösung für die Honorarberechnung nach den SIA-Ordnungen 102 und 103 siehe Rz. 8.148 ff.

ist deklaratorisch und auch bei Übernahme der SIA-Kalkulationshilfe 102-K unverbindlich (Rz. 8.170). Mangels anderer Vereinbarungen gilt also hinsichtlich der in den erwähnten Kategorien aufgeführten Gegebenheiten, dass diese bei der Honorarberechnung nicht speziell zu berücksichtigen sind. Selbstredend steht es dem Planer frei, entsprechende Einflüsse an anderen Orten einzurechnen, namentlich bei der Kalkulation seines Stundenansatzes. Machen sich die äusseren Einflüsse, von denen in den SIA-Kalkulationshilfen die Rede ist, erst nach Vertragsschluss in der Weise bemerkbar, dass der Aufwand des Planers viel grösser ist als erwartet, oder treten weitere Umstände mit gleicher Wirkung auf, ist es denkbar, dass der Planer unter Anrufung des Art. 373 Abs. 2 OR auf eine Nachforderung dringen kann. Nachdem die besonderen Einflüsse bei Ausführung eines Planervertrags auf verschiedene Weise (Schwierigkeitsgrad, separat zu vergütende Zusatzleistungen, Festsetzung der Leistungsanteile z.B. bei Eigenleistungen des Bauherrn etc.) berücksichtigt werden, ist die Notwendigkeit dieses Anpassungsfaktors nicht einzusehen. Die Honorarberechnung ist auch ohne ihn verwickelt genug.

8.117 **e.** Der **Umbaufaktor (U),** mit vollem Namen «Faktor für Umbau, Unterhalt, Denkmalpflege»: Dieser für den Aufwand des Planers relevante Aspekt wurde in der SIA-Ordnung 102 (2003) als «Aufwandzuschlag» empfohlen (Art. 7.16 SIA 102 [2003]) und noch nicht als Faktor abgebildet. In Art. 7.14.1 SIA 102-K (= *a*Art. 7.14.1 SIA 102) ist davon die Rede, dass in diesem Bereich «erhöhter Aufwand» anfalle, wobei aber der Zuschlag gleichenorts damit erklärt wird, dass sich der Architekt bei Umbauten auch mit «bestehenden Baustrukturen [...] zu befassen» habe, «welche nicht Bestandteil der aufwandbestimmenden Baukosten sind». Die Überlegungen, die hinter dem Faktor (U) stehen, werden in Art. 7.14 SIA 102-K (≈ *a*Art. 7.14 SIA 102) in aller Ausführlichkeit umschrieben; kondensierend kann man vielleicht sagen, dass auch dieser Faktor Verhandlungsmasse ist. Ziffernscharfe Richtwerte wurden als Teil der Übergangslösung aufgehoben. Art. 7.14.2 SIA 102-K sieht den Wert von 1.0 vor, was den Faktor neutralisiert, stellt aber auch klar, dass sie einer projektspezifischen Festlegung nicht im Weg steht.

C. Würdigung

8.118 **1.** Die Honorarberechnung nach den Baukosten ist nicht leicht fassbar, da sie sich aus zahlreichen Elementen zusammensetzt. Überdies erwecken die mathematischen Formeln, auf denen sie aufbaut, womöglich den Eindruck, die Honorarberechnung sei eine exakte Wissenschaft. Der Eindruck täuscht, da praktisch für jedes einzelne, eben dargelegte Berechnungselement eine sorgfältige Abwägung im Hinblick auf die konkrete Bauaufgabe erforderlich ist.[127] Zumindest der Branchenunkundige wird damit nicht selten überfordert sein. Diese kritische Sichtweise ist aber etwas zu relativieren: Die einzelnen Faktoren sind in erster Linie darauf angelegt, den Planer bei der Kalkulation seiner Hono-

---

[127] Auch Aebi-Mabillard, La rémunération, Rz. 1056.

Zur Übergangslösung für die Honorarberechnung nach den SIA-Ordnungen 102 und 103 siehe Rz. 8.148 ff.

rarofferte anzuleiten.[128] Würde man für Bauwerkverträge entsprechende Kalkulationshilfen in der SIA-Norm 118 verankern, entstünde ein ähnliches Bild, da auch die Überlegungen, die in die Kalkulation eines Werkpreises einfliessen, nicht einfach, sondern komplex sind. Indem die SIA-Ordnungen 102 und 103 und die zugehörigen Kalkulationshilfen SIA 102-K und 103-K die einzelnen Faktoren offenlegen und sie so auch zur Disposition stellen, sorgen sie für ein Mass an Transparenz der Honorarkalkulation, welches das Mass bei Bauwerkverträgen deutlich übertrifft.

2. Zugleich lässt es sich nicht wegreden, dass es falsche Anreize setzt, wenn höhere Baukosten dem Planer einfach deshalb ein höheres Honorar eintragen, weil sie höher sind. 8.119
Dazu kommt die offene Frage, ob die Z-Werte, die bei der Honorarberechnung eine so zentrale Rolle spielen, angemessen seien. Irritierend ist jedenfalls, dass die Methodik, welcher der SIA bei der Ermittlung dieser Werte folgt, nicht öffentlich zugänglich und damit nicht überprüfbar ist, ob seine Erhebungen repräsentativ sind und ob sie in einer Formel abgebildet werden, die plausibel ist und Ausreisser neutralisiert.[129] Zu hoffen ist, dass es Früchte trägt, wenn der SIA neue Modelle erarbeiten lässt, welche die Relation zwischen Baukosten und Planeraufwand differenzierter abbilden als die bislang gebräuchlichen Z-Werte.

4. Wichtige Einzelheiten zum Kostenhonorar

Zu den Überlegungen, die im Zusammenhang mit den für das Kostenhonorar relevanten Faktoren anzustellen sind, kommen verschiedene Einzelfragen, welche auf die Höhe des Honorars durchschlagen können. Im Folgenden ist die Rede von der Honorierung für die Gesamtleitung (Rz. 8.121 f.), von Honorarfragen im Zusammenhang mit dem Einsatz als Fachplaner oder Spezialist (Rz. 8.123 ff.), von der Honorierung eines Generalplaners (Rz. 8.130 ff.) und vom Honorar in Fällen, in denen Funktionen im Bereich des BIM übernommen werden (Rz. 8.133 ff.). Dazu kommt die Honorierung von Leistungen des Planers im Zusammenhang mit Varianten und Projektänderungen (Rz. 8.136 ff.). 8.120

A. Gesamtleitung und Sonderformen der Beauftragung

a. Zur Honorierung für die Gesamtleitung

1. Nach Art. 7.1.3 SIA 102-K (= *a*Art. 7.1.3 SIA 102) gilt, dass der Aufwand für die Gesamtleitung im Kostenhonorar des Architekten eingeschlossen ist, für die Gesamtleitung mithin kein zusätzliches Honorar zu leisten ist. Zur Frage, ob das Honorar zu kürzen ist, wenn der Architekt Fachplaner, nicht Gesamtleiter ist, siehe bei Rz. 8.123. 8.121

[128] Siehe auch Werro, Révision des Règlements SIA, S. 54.

[129] Schon Pichonnaz, Les règlements SIA 102/103/108, 112, S. 79 (zu den K-Werten).

Zur Übergangslösung für die Honorarberechnung nach den SIA-Ordnungen 102 und 103 siehe Rz. 8.148 ff.

8.122 **2.** Auch der Ingenieur kann mit der Funktion der Gesamtleitung betraut werden, was die SIA-Ordnung 103 bei «Infrastrukturprojekten» ausdrücklich vorsieht (Art. 2.1.4 SIA 103). Hinsichtlich der Vergütung der damit verbundenen Leistungen empfiehlt Art. 6.2.1 SIA 103-K (= *a*Art. 6.2.1 SIA 103) eine Honorarberechnung nach dem effektiven Zeitaufwand und hier nach Qualifikationskategorien. Mit dieser Empfehlung korrespondiert Art. 7.7.6 SIA 103-K (= *a*Art. 7.7.6 SIA 103), nach dem die «Leistungen der Gesamtleitung inkl. Oberbauleitung [...] in der Regel nach Aufwand zu vergüten» sind. Wenn ihr Umfang dort mit «zirka 10% der Leistungsanteile (q) der Fachplanung/Bauleitung» veranschlagt wird, heisst das nicht, dass sich entsprechend auch das Honorar für die Gesamtleitung auf «zirka 10%» des auf «Fachplanung/Bauleitung» entfallenden Kostenhonorars beläuft. Das lässt sich zwar so vereinbaren, entspricht aber nicht der Vorstellung der SIA-Kalkulationshilfe 103-K, die (wie erwähnt) eine Aufwandvergütung empfiehlt.

b. Einsatz als Fachplaner oder Spezialist

8.123 **1.** Wird ein Architekt nicht als Gesamtplaner, sondern lediglich als Fachplaner eingesetzt (Art. 2.4 SIA 102), stellt sich die Frage, wie dies auf das Kostenhonorar durchschlägt. Anzusetzen ist bei der Beobachtung, dass die SIA-Ordnung 102 selber davon ausgeht, dass die «Gesamtleitung [...] in der Regel in den Grundleistungen des Architekten enthalten» (Art. 3.4.3 SIA 102) und der Aufwand für die Gesamtleitung «im Honorar inbegriffen» ist (Art. 7.1.3 SIA 102-K = *a*Art. 7.1.3 SIA 102). Gleichzeitig hält die SIA-Kalkulationshilfe 102-K nicht eben uneigennützig fest, dass der «aufgabenbedingte Wegfall von Grundleistungen [...] keine Minderung des Honorars zur Folge» haben soll (Art. 7.1.5 SIA 102-K = *a*Art. 7.1.5 SIA 102). Klar ist, dass der Aufwand eines Architekten, dem nicht die Gesamtleitung obliegt, nur reduziert ist und nicht in gleicher Weise mit den Baukosten korrelieren kann wie der Aufwand, den der Architekt für die Grundleistungen mitsamt Gesamtleitung zu betreiben hätte. In der SIA-Kalkulationshilfe 102-K selber findet sich indes kein Reduktionsfaktor, mit dem sich den Fällen Rechnung tragen liesse, dass die Aufgaben der Gesamtleitung nicht beim Architekten, sondern bei einem anderen Mitglied des Planerteams anfallen. Entsprechend ist die Reduktion individuell zu vereinbaren. Für eine Grössenordnung kann man sich an Art. 7.7.6 SIA 103-K (= *a*Art. 7.7.6 SIA 103) orientieren, der einen Wert von 10% in die Welt setzt. Man könnte der Meinung, hier sei eine Reduktion angebracht, entgegenhalten, Art. 7.15.1 SIA 102-K (= *a*Art. 7.15.1 SIA 102) schliesse eine Reduktion bei «Einzelbeauftragung der Fachplaner» aus, «sofern der Architekt die ihm obliegenden Grundleistungen erfüllt». Der Text ist hier allerdings unklar. Womöglich bringt er einfach zum Ausdruck, dass eine Reduktion unerwünscht ist, was aber nichts daran ändert, dass der Aufwand des Architekten ohne Gesamtleitungsfunktion geringer ist als wenn er die Funktion innehat. Aus unserer Sicht ist dies Grund genug, das formelhaft errechnete Honorar entsprechend zu kürzen.[130]

[130] Offengelassen bei Aebi-Mabillard, La rémunération, Rz. 1020.

Zur Übergangslösung für die Honorarberechnung nach den SIA-Ordnungen 102 und 103 siehe Rz. 8.148 ff.

2. Im System der SIA-Ordnungen 102 und 103, dem wir auch die entsprechenden Kalkulationshilfen zurechnen, deckt das Kostenhonorar all jene Planerleistungen ab, die in den jeweiligen Art. 4 unter den «Grundleistungen» aufgeführt werden. In diesem Sinne sind diese Listen abschliessend. Ganz offensichtlich umschreiben sie aber nicht, welche Planerleistungen im Zusammenhang mit dem konkreten Bauvorhaben insgesamt erforderlich sind; zudem zählen sie auch die Leistungen, zu denen sich Architekten und Ingenieure vertraglich verpflichten können, offensichtlich nicht vollständig auf. 8.124

a. Es ist ihnen völlig unbenommen, sich auch zu Planerleistungen zu verpflichten, die ausserhalb des auf sie zugeschnittenen Katalogs der Grundleistungen stehen. Dazu gehören schon die besonders zu vereinbarenden Leistungen, die in den jeweiligen Art. 4 SIA 102/103 den Grundleistungen gegenübergestellt werden, deren Besonderheit aber nicht im Inhalt der Leistung, sondern einzig darin besteht, dass sie (im System der SIA-Ordnungen 102 und 103) vom Kostenhonorar nicht erfasst werden (Art. 7.1.1 SIA 102/103-K = *a*Art. 7.1.1 SIA 102). Dazu kommt, dass ein Architekt oder ein Ingenieur Leistungen übernehmen kann, die nach der Funktionsteilung, die den SIA-Ordnungen zugrunde liegt, ausserhalb seines Aufgabenbereichs liegen. 8.125

b. Auf diesen Fall geht nur die SIA-Kalkulationshilfe 102-K, nicht auch die SIA-Kalkulationshilfe 103-K ein, wobei aber ohnehin die gleichen Überlegungen anzustellen sind: 8.126

- Für den Fall, dass ein Architekt Leistungen übernimmt, die ausserhalb seines Leistungsbeschriebs stehen, sich aber im Leistungsbeschrieb eines anderen Planers finden und in diesem Sinne dem «Aufgabenbereich von Fachplanern zuzuordnen sind», sieht Art. 7.15.2 SIA 102-K (= *a*Art. 7.15.2 SIA 102) vor, dass der Architekt «an deren Stelle auf ihre entsprechenden Fachhonorare Anspruch» hat. Die Regel will erreichen, dass entsprechende Leistungen des Architekten zusätzlich (über sein Kostenhonorar hinaus) vergütet werden. Dagegen ist im Grundsatz nichts einzuwenden. Zu beachten ist aber, dass Art. 7.15.2 SIA 102-K (= *a*Art. 7.15.2 SIA 102) keinen Einfluss auf die Verträge mit den Fachplanern hat, weshalb die Bestimmung es auch nicht vermag, dort unmittelbar für eine Reduktion des Honorars zu sorgen. Vielmehr ist die Reduktion – wenn überhaupt – mit den betroffenen Fachplanern zu vereinbaren. Zudem ist der praktische Nutzen von Art. 7.15.2 SIA 102-K (= *a*Art. 7.15.2 SIA 102) beschränkt. Zwar scheint er eine Lösung für den Fall vorzuhalten, dass die Parteien es hier unterlassen haben, die Honorarfrage zu regeln. Doch ist offensichtlich, dass sich allein damit nicht entscheiden lässt, in welcher Weise das Zusatzhonorar herzuleiten ist. Vereinbaren die Parteien keine eingehendere Regel, ist es deshalb so zu halten, wie überhaupt nichts vereinbart wurde, und die Vertragslücke nach den allgemeinen Grundsätzen zu füllen (Rz. 8.38 ff.). 8.127
- Übernimmt der Architekt Leistungen, die weder in seinem eigenen Leistungsbeschrieb noch im Leistungsbeschrieb eines anderen Planers zu finden sind, ist lediglich klar, dass diese Leistungen vom Kostenhonorar nicht erfasst werden. Art. 7.15.3 8.128

Zur Übergangslösung für die Honorarberechnung nach den SIA-Ordnungen 102 und 103 siehe Rz. 8.148 ff.

SIA 102-K (= *a*Art. 7.15.3 SIA 102) führt dazu bloss aus, dass die «Aufwendungen für Honorare der Spezialisten [...] nach vorgängiger Vereinbarung zwischen Auftraggeber und Architekt aufzuteilen» sind. Das hilft nicht viel weiter, ist aber doch richtig, insoweit die Klausel betont, dass sie auf eine eigene Aussage verzichtet und alles auf die «Vereinbarung» ankommt.

8.129 **3.** Ein Nachtrag noch zur Terminologie, die in Art. 7.15 SIA 102-K (= *a*Art. 7.15 SIA 102) verwendet wird. Die Bestimmung spricht von «Fachplanern» und von «Spezialisten». Wer nun wissen möchte, was darunter zu verstehen ist, wird sich vielleicht in der SIA-Norm 112 umsehen, die als Verständigungsnorm auf die Klärung solcher Fragen angelegt ist. Als «Fachplaner» werden dort «Planer bezeichnet, die nicht die Gesamtleitung ausüben» (Begriffe SIA 112). Und als «Spezialist» wird eine «Fachperson bezeichnet, die für das Planerteam spezielle Aspekte des Bauwerkes bearbeitet» (Begriffe SIA 112). Diese Definitionen können durchaus nützlich sein, wobei aber zu beachten ist, dass die Parteien ihnen im konkreten Fall nicht zu folgen brauchen, weshalb es auch sein kann, dass sie von anderen Bedeutungen ausgehen. Das gilt aber auch für Art. 7.15.2 SIA 102-K (= *a*Art. 7.15.2 SIA 102): Wenn hier der Architekt den «Fachplanern» gegenübergestellt wird, so hat das (anders als in der SIA-Norm 112) nichts damit zu tun, ob der Architekt die Gesamtleitung innehat oder nicht; einzig relevant ist vielmehr, ob er sich zu Leistungen verpflichtet, die im System der SIA-Leistungsbeschriebe an sich in den «Aufgabenbereich» eines anderen Planers fielen.

c. Zur Honorierung eines Generalplaners

8.130 **1.** Übernimmt der Planer «vertraglich alle Leistungen des Planerteams»[131], so ist er ein Generalplaner (Begriffe SIA 112). Sowohl die SIA-Ordnung 102 als auch die SIA-Ordnung 103 rechnen (selbstverständlich) mit dieser Möglichkeit, indem sie die «Gesamtbeauftragung des Architekten [bzw. des Ingenieurs] für sämtliche Planungsleistungen» als Alternative zur «Einzelbeauftragung des Gesamtleiters und der verschiedenen Fachplaner» aufführen (Art. 3.5.2 SIA 102/103). Allenfalls lässt der Generalplaner «die Leistungen der Fachplaner und der Spezialisten durch Dritte, die mit ihm einen Vertrag haben, erbringen» (Begriffe SIA 112), was aber weder begriffsnotwendig noch in jedem Fall zulässig ist, kann es doch auch sein, dass der Generalplanervertrag dem Generalplaner die Weitervergabe übernommener Arbeiten an Subplaner verbietet. So oder anders stellt sich die Frage, was die SIA-Ordnungen 102 und 103 hinsichtlich der Honorierung

---

131 Das «Planerteam» steht in der Begriffswelt des SIA nicht für die Planergemeinschaft, sondern für die funktionale (also nicht rechtliche) Einheit von «Gesamtleiter, den Fachplanern und den Spezialisten» (siehe «Planerteam» gemäss Begriffe SIA 112; auch Art. 3.5.1 SIA 102/103: «Die am gleichen Vorhaben beteiligten Fachleute werden gesamthaft als Planerteam bezeichnet.» Anders noch Art. 3.5.1 SIA 102 (2003), wo mit «Planerteam» offensichtlich die «Planergemeinschaft» gemeint war. Wofür der Ausdruck im konkreten Fall steht, ist nötigenfalls durch Auslegung zu ermitteln.

Zur Übergangslösung für die Honorarberechnung nach den SIA-Ordnungen 102 und 103 siehe Rz. 8.148 ff.

eines Generalplaners vorsehen. Nicht viel zwar, aber doch dies: «Die Funktion eines Generalplaners ist durch den Auftraggeber besonders zu vereinbaren. Eine zusätzliche Honorierung ist zu prüfen» (Art. 3.5.2 SIA 102/103). Die erste Teilaussage hilft nicht weiter, weil ohnehin feststeht, dass ein Planer nicht ohne Weiteres, sondern nur dann «sämtliche Planungsleistungen» übernimmt und so zum Generalplaner wird, wenn die Parteien sich vertraglich darauf verständigen.

2. Was die zweite Teilaussage anbelangt, so ist es eine Frage der Vertragsverhandlungen, 8.131 ob und in welchem Umfang der Gesamtplaner zusätzlich zu honorieren ist, weshalb auch diese Aussage wenig hilfreich ist. Handgreiflicher wurden die SIA-Ordnungen 102 und 103 etwas später: «Verlangt der Auftraggeber eine Generalplanerfunktion, ist eine Erhöhung des Honorars zu vereinbaren, die in der Regel 5% des Honorars des Gesamtauftrages beträgt» (*a*Art. 5.10 SIA 102/103)[132] – eine Vorgabe, die als Teil der Übergangslösung aufzugeben war (Rz. 8.158). Gegenwärtig sieht Art. 5.10 SIA 102/103 bloss noch vor, dass eine Erhöhung zu «prüfen» sei (Rz. 8.132). Ohne dass die SIA-Ordnungen dies näher entwickelt hätten, gingen sie augenscheinlich davon aus, dass das Honorar des Generalplaners der um einen prozentualen Zuschlag erhöhten Gesamtsumme der Honorare entsprach, die bei einer Einzelbeauftragung auf den Gesamtleiter und die verschiedenen Fachplaner entfielen. Darauf jedenfalls musste schliessen, wer sich daran erinnerte, was noch die SIA-Ordnung 102 (2003) dazu ausführte: «Bei Gesamtbeauftragung des Architekten [...] setzt sich sein Gesamthonorar zusammen aus den Honoraren des Architekten und aller Spezialisten ohne Reduktion, jedoch mit einem Zuschlag», wobei sich dort auch noch eine Erklärung für den Zuschlag fand: «Übernahme der Gesamtverantwortung» durch den Generalplaner (Art. 7.19 SIA 102 [2003]). Was die SIA-Ordnungen 102 und 103 zur Frage enthalten, wie das Honorar eines Generalplaners zu ermitteln war, dient lediglich als Anregung; rechtlichen Gehalt hat es nicht, was auch für den Zuschlag galt, der sich nach *a*Art. 5.10 SIA 102 «in der Regel [auf] 5%» belaufen sollte. Kritisch ist anzumerken, dass die empfohlene Honorarregelung zu einer Kumulation von Honoraren führt, welche die Synergien, die sich aus einer Gesamtbeauftragung ergeben, völlig ausser Acht lässt.

3. Mit der Weko-induzierten Revision der SIA-Ordnungen 102 und 103 entfiel (wie ge- 8.132 sagt) die Vorgabe, dass mit der Übernahme der Generalplanerfunktion auch eine Anhebung des Honorars verbunden ist (Rz. 8.131). Neu wird bloss noch angeregt, eine solche Anhebung zu «prüfen». Welchen Gehalt diese Anregung hat, ist aus vertragsrechtlicher Warte ungewiss. Vorderhand halten wir dafür, dass es sich dabei um eine Empfehlung handelt, die sich an Parteien richtet, die über den Abschluss eines Generalplanervertrags verhandeln, aber eben bloss um eine Empfehlung, der jegliche rechtliche Verbindlichkeit

[132] In der SIA-Ordnung 102 (2003) wurde die «Gesamtbeauftragung» unter den organisatorischen Einflüssen aufgezählt, die mittels des Anpassungsfaktors (r) bei der Honorarberechnung zu berücksichtigen waren (siehe auch Art. 7.19 SIA 102 [2003]).

Zur Übergangslösung für die Honorarberechnung nach den SIA-Ordnungen 102 und 103 siehe Rz. 8.148 ff.

abgeht. Damit ist der neue Art. 5.10 SIA 102 zwar jetzt zurückhaltender formuliert als noch sein Vorgänger, wobei schon sein Vorgänger nicht die rechtliche Durchschlagskraft hatte, die man ihm auf den ersten Blick vielleicht hätte beilegen wollen.

B. Übernahme von BIM-Funktionen

8.133 **1.** Offensichtlich sind auch Planerleistungen, die sich dem weitläufigen Bereich des Building Information Modellings zuordnen lassen, im Grundsatz zu vergüten. BIM-bezogene Leistungen mögen ihrem Inhalt nach Besonderheiten aufweisen, während sie sich aber hinsichtlich ihrer Entgeltlichkeit gleich verhalten wie andere Leistungen auch (Rz. 15.158). In den bestehenden SIA-Ordnungen finden sich noch keine Hinweise auf BIM, auch nicht in Art. 4 SIA 102/103, der einen in Grundleistungen und besonders zu vereinbarenden Leistungen aufgegliederten Leistungsbeschrieb enthält.

8.134 **2.** An dieser Rechtslage ändert auch die Zusatzvereinbarung BIM (SIA 1001/11), die der SIA im Jahre 2018 publizierte,[133] nichts. In Ziff. 2.4 der Zusatzvereinbarung werden den Parteien zwei Abrechnungsmodalitäten vorgeschlagen, nämlich die Vergütung nach «effektivem Aufwand» und der Pauschalpreis, bei dem die Vergütung vom effektiven Aufwand abgekoppelt ist. Die Parteien sind nicht nur in der Wahl zwischen diesen beiden Vergütungsmodellen, sondern überhaupt gänzlich frei, für die Vergütung Regeln nach eigenem Gutdünken festzusetzen.

8.135 **3.** Wo die Parteien es versäumen, die Vergütung zu regeln, kommen die gesetzlichen Bestimmungen zur Anwendung. Das Bundesgericht hat seine Spaltungstheorie bei der Haftung, nicht aber bei der Honorarberechnung zum Tragen gebracht und entschieden, dass es auch beim Gesamtvertrag so zu halten ist, dass sich die Honorarberechnung nach Auftragsrecht richtet (Rz. 8.42). Sieht man von den eigentlichen Planungsleistungen ab, die mittels der BIM-Methodik erbracht werden, handelt es sich bei den «BIM-spezifischen Leistungen» (Ziff. 2.3 SIA 1001/11) aber ohnehin regelmässig um Leistungen, die auch das Bundesgericht dem Auftragsrecht zuschlagen würde, weshalb sich die Vergütung schon deshalb nach Art. 394 Abs. 3 OR richtete.

C. Varianten und Änderungsleistungen

a. Der Unterschied

8.136 Das Planen ist ein schöpferischer Prozess und ruft zwangsläufig nach verschiedenen Darstellungsweisen, nach Abänderungen von Plänen und Planunterlagen. Die SIA-Kalkulationshilfe 102-K unterscheidet zwischen Projektvarianten und Änderungsleistungen (Art. 7.11.3 und Art. 7.11.4 SIA 102-K = *a*Art. 7.11.3 und *a*Art. 7.11.4 SIA 102), enthält

133 Dazu Marti, SIA-Zusatzvereinbarung BIM, S. 221 ff.

Zur Übergangslösung für die Honorarberechnung nach den SIA-Ordnungen 102 und 103 siehe Rz. 8.148 ff.

aber keine Definitionen. Im Grunde handelt es sich bei beiden Vorgängen um Abänderungen bereits bestehender Pläne und Unterlagen. Unterschiede bestehen bezüglich dem Zeitpunkt und dem Ausmass der Abänderung:

- Unter einer *Variante* ist die Darstellung einer anderen Lösungsmöglichkeit oder eine Abwandlung eines bereits bestehenden Entwurfs zu verstehen. Die Änderung bezieht sich auf das Projekt als Ganzes und erfolgt im Entwurfsstadium. 8.137
- Die *Änderungsleistung* geht materiell weniger weit. Sie berührt nicht das ganze Projekt mit seinen Grundbedingungen, sondern bezieht sich mehr auf Teile desselben. Sie kann sowohl im Entwurfs- als auch im Ausführungsstadium erfolgen. 8.138

Letztlich ist diese Abgrenzung aber nicht scharf, sondern eine Frage des Ermessens. Sie hat ihre Bedeutung für die Honorierung. Je nachdem sind die betreffenden Leistungen in den Grundleistungen inbegriffen oder zusätzlich zu honorieren. 8.139

b. Varianten

1. Bei der Teilleistung «Studium von Lösungsmöglichkeiten» (Art. 4.31 SIA 102) gehört das Erarbeiten einer oder mehrerer Lösungen für das Vorprojekt zu den Grundleistungen. Bei den Teilleistungen «Vorprojekt» (Art. 4.31 SIA 102) und «Bauprojekt» (Art. 4.32 SIA 102) ist in den Grundleistungen nur *ein* fertig ausgearbeitetes Projekt enthalten. Bei allen drei Teilleistungen wird die Ausarbeitung von Varianten dann als Zusatzleistung qualifiziert, wenn sie «aufgrund wesentlich abweichender Grundlagen oder Anforderungen» erfolgt. 8.140

a. Daraus ergibt sich, dass in diesen drei Planungsstadien Varianten aufgrund *gleicher oder nur unwesentlich abweichender Grundlagen* oder Anforderungen zu den Grundleistungen zu zählen und damit nicht zusätzlich zu vergüten sind. Abgrenzungskriterien sind also die «wesentlich abweichenden Grundlagen oder Anforderungen».[134] Im Einzelfall kann die Abgrenzung schwierig sein. Allgemein lässt sich Folgendes sagen: Ob eine (zusätzlich zu honorierende) Zusatzleistung vorliegt, ist zunächst anhand der Grundlagen und Anforderungen, die der Bauherr dem Planer bekannt gegeben hat, dann anhand dessen, was er an Leistungen bereits genehmigt hat, und schliesslich anhand der von ihm 8.141

[134] In Art. 7.11.3 SIA 102-K (= aArt. 7.11.3 SIA 102) ist die Rede von Varianten, die aufgrund von geänderten Anforderungen wesentlich vom Basisprojekt abweichen. Die Art. 4.31 und Art. 4.32 SIA 102 sprechen jedoch von den Varianten «aufgrund wesentlich abweichender Grundlagen oder Anforderungen». Bei dieser unterschiedlichen Definition muss es sich um ein redaktionelles Versehen handeln. Denn eine Variante aufgrund wesentlich abweichender Grundlagen oder Anforderungen wird zwangsläufig zu einer Variante führen, die vom Basisprojekt wesentlich abweicht. Ändern sich die Grundlagen oder Anforderungen nicht wesentlich und kreiert der Architekt trotzdem ein völlig anderes Bauprojekt, so hat der Bauherr dies gar nicht bestellt. Der Architekt hat seinen allfälligen Mehraufwand – nur der kann ein Zusatzhonorar rechtfertigen – sich selbst zuzuschreiben.

Zur Übergangslösung für die Honorarberechnung nach den SIA-Ordnungen 102 und 103 siehe Rz. 8.148 ff.

verlangten Änderungen zu beurteilen. Diese Änderungen müssen gegenüber den bisherigen Grundlagen oder Anforderungen *wesentlich* sein. Eine Zusatzleistung wird zu bejahen sein, wenn der Bauherr seine Zielvorstellungen, die Zweckbestimmung, das Raumprogramm oder das Konzept völlig oder ganz erheblich umgestaltet haben will und der Planer in Bezug auf das Basisprojekt neue geistige Arbeit leisten muss.[135] Von vornherein keine Zusatzleistung stellt die einfache Verbesserung oder die Beseitigung von Planungsmängeln dar.

8.142 **b.** Nachzutragen ist, dass die Variante, für die der Planer eine besondere Vergütung beansprucht, immer einen entsprechenden Auftrag des Bauherrn voraussetzt.[136] Das ergibt sich daraus, dass die «Ausführung von besonders zu vereinbarenden Leistungen [...] vorgängig gemeinsam festzulegen» ist (Art. 3.3.4 SIA 102).

8.143 **2.** Ist eine Variante als zusätzlich zu honorierende Zusatzleistung zu qualifizieren, so stellt sich die Frage, wie das Zusatzhonorar zu berechnen ist. Die SIA-Ordnung 102 unterscheidet nach dem Zeitpunkt wie folgt:

8.144 – Das Studium von Varianten (aufgrund wesentlich abweichender Grundlagen oder Anforderungen) bei der Teilleistung «Studium von Lösungsmöglichkeiten» (Art. 4.31 SIA 102) ist mangels anderer Vereinbarung nach dem effektiven Zeitaufwand zu vergüten (Art. 7.11.1 SIA 102-K = *a*Art. 7.11.1 SIA 102; Rz. 8.65 ff.).

8.145 – Hat der Planer zum Vorprojekt (Art. 4.31 SIA 102) oder zum Bauprojekt (Art. 4.32 SIA 102) eine oder mehrere Varianten auszuarbeiten, so ist deren Vergütung aufgrund der Baukosten desjenigen Bauprojekts, das nicht mehr weiterbearbeitet wurde, zu berechnen und dann eine Reduktion vorzunehmen, wobei die SIA-Ordnungen als Teil der Übergangslösung davon Abstand genommen haben, das Mass der Reduktion (früher 50%) vorzugeben (*a*Art. 7.11.3 SIA 102 ≠ Art. 7.11.3 SIA 102-K). Die aufwandbestimmenden Baukosten wird man meistens schätzen müssen.[137]

---

135 Vgl. KGer SG vom 4. Juni 1984 (= BR/DC 1986, S. 14, Nr. 3, mit Anm. Gauch): Der Bauherr verlangte für den Warenlift einen neuen Standort. Da sich die Geschossverhältnisse verändert präsentierten, ergaben sich wesentliche Abänderungen vom ursprünglichen Projekt (u.a. wurde zusätzlich eine Laderampe mit Hebebühne vorgesehen). Das Vorliegen einer Variante wurde daher bejaht (im Gegensatz zur Auffassung des Architekten, der das ursprüngliche Projekt und dessen Abänderung als je separat und voll zu entschädigendes Bauprojekt betrachtete).

136 Die Terminologie ist allerdings auch hier nicht einheitlich. Gemäss Art. 3.3.4 SIA 102 sind Varianten als Zusatzleistung vorgängig zu vereinbaren. Art. 7.11.3 SIA 102-K (= *a*Art. 7.11.3 SIA 102) spricht von Veranlassung oder Einverständnis des Bauherrn. In beiden Fällen bedarf es eines entweder ausdrücklichen oder konkludenten Auftrags des Bauherrn, den der Architekt zu beweisen hat.

137 Zum Zeitpunkt, zu dem die für die Honorarberechnung massgeblichen Baukosten zu erwahren sind, schweigt sich die SIA-Ordnung 102 aus. Unseres Erachtens ist vom Zeitpunkt der Ausarbeitung der Variante auszugehen.

Zur Übergangslösung für die Honorarberechnung nach den SIA-Ordnungen 102 und 103 siehe Rz. 8.148 ff.

- Werden Varianten zum Vor- und Bauprojekt nach Art. 7.11.3 SIA 102-K (≈ *a*Art. 7.11.3 SIA 102) vergütet, so entfällt die Berechnung nach dem effektiven Zeitaufwand. Haben die Parteien ein Pauschal- oder Globalhonorar vereinbart und liegt dafür keine Preisanalyse vor, so ist die Honorarberechnung anhand der Baukosten, wie dies Art. 7.11.3 SIA 102-K vorsieht (Rz. 8.145), kaum möglich. 8.146

c. Änderungsleistungen

Änderungen an Plänen und andern Unterlagen sind nur dann zusätzlich zu honorieren, wenn die Änderung erheblich ist, der Bauherr sie ausdrücklich oder konkludent in Auftrag gibt (vgl. dazu Rz. 8.142) oder sie «aus anderen zwingenden Gründen» erforderlich ist (Art. 7.11.4 SIA 102-K = *a*Art. 7.11.4 SIA 102). Alleiniges Kriterium für die Erheblichkeit ist der mit der Abänderung verbundene Mehraufwand des Planers, nicht etwa deren ästhetischer oder wirtschaftlicher Wert. Kein Zusatzhonorar ist geschuldet, wenn die Änderung auf einen Fehler des Planers zurückzuführen ist. 8.147

IV. Die Honorarberechnung in der Übergangsphase

1. Allgemeines

1. Bekanntlich hat das Sekretariat der Wettbewerbskommission im Jahr 2017 durch eine Vorabklärung eine Entwicklung losgetreten, die dazu geführt hat, dass der SIA (i) einzelne Elemente seiner Formeln zur Honorarberechnung aufgegeben, (ii) in Übernahme der Vorgaben, die ihm vom Sekretariat der Weko gemacht worden sind, eine Lösung für eine Übergangsphase getroffen und (iii) zudem beschlossen hat, die Honorarberechnung nach Baukosten auf eine neue Grundlage zu stellen (Rz. 8.119). Aus vertragsrechtlicher Sicht ist anzumerken, dass diese Entwicklung keine Veränderung mit sich bringt, als schon bisher die vergütungsbezogenen Regeln der SIA-Ordnungen nur insoweit verbindlich waren, als sie von den Parteien in den konkreten Planervertrag übernommen wurden. Von diesen Regeln ging also kein wie auch immer gearteter Rechtszwang aus, der ihnen unabhängig von einer konsensuellen Übernahme irgendwelche Geltung verschafft hätte. Dazu kommt, dass auch weiterhin (wie schon bis anhin) die einzelnen Regeln häufig gar nicht geeignet sind, als Vertragsabreden zu funktionieren, weil sie lediglich als Empfehlungen und Ratschläge formuliert sind – was gerade auch für die neuen SIA-Kalkulationshilfen 102-K und 103-K gilt. 8.148

2. Was die erwähnte **Übergangslösung** anbelangt, sei schon hier auf ein Dreifaches hingewiesen: 8.149

a. Sie erlaubt es, für eine begrenzte Zeit (offenbar bis Ende 2019) die bisherigen, leicht modifizierten Modelle zu verwenden. Was die inhaltlichen Modifikationen angeht, ist 8.150

Zur Übergangslösung für die Honorarberechnung nach den SIA-Ordnungen 102 und 103 siehe Rz. 8.148 ff.

festzustellen, dass sie sich in engen Grenzen halten und eigentlich nur punktuell erfolgten. Auf sie werden wir nachstehend eingehen.

8.151 **b.** In *formeller Hinsicht* besteht die Übergangslösung darin, dass die beiden Kernbestimmungen zur Honorarberechnung (Art. 6 zum Zeithonorar und Art. 7 zum Kostenhonorar) nicht länger in den SIA-Ordnungen selber zu finden sind, sondern in eigenständige, inhaltlich aber natürlich konnexe Dokumente ausgelagert wurden, die nun als «Kalkulationshilfe zur SIA-Ordnung 102» («SIA 102-K») bzw. als «Kalkulationshilfe zur SIA-Ordnung 103» («SIA 103-K») bezeichnet werden. Die Nummerierung der beiden Kernbestimmungen wurde bei der Auslagerung nicht verändert, weshalb sie auch in den neuen Dokumenten je als Art. 6 und als Art. 7 figurieren. Mit dieser formellen Massnahme soll augenscheinlich die «periodische Anpassung der Kalkulationshilfe aufgrund statistisch ausgewerteter Erhebungsdaten» (Vorwort SIA 102-K) ermöglicht werden, was wohl bedeutet, dass die SIA-Ordnungen von einer entsprechenden Anpassung nicht tangiert werden.

8.152 **c.** Die neuen Dokumente tragen das Wort «Kalkulationshilfe» schon im Titel. Schon bisher fand das Wort Verwendung, und zwar in den Einleitungen zu den SIA-Ordnungen 102 und 103, wo darauf hingewiesen wurde, dass sie den «Charakter von Empfehlungen» hätten und «für die Vertragsparteien verbindlich [seien], wenn sie im Vertrag vereinbart sind». Dort (in den Einleitungen) war aber zudem die Rede davon, dass die SIA-Honorarordnungen die «Grundlagen zur Ermittlung einer angemessenen Honorierung (Art. 5–7)» enthielten. An dieser Sicht der Dinge hält der SIA auch in der Übergangslösung fest; sicher kann man sich fragen, ob das mit dem vorhandenen Instrumentarium überhaupt gelingt, wenn gemeint ist, dass die Honorierung auskömmlich sein soll.

8.153 **3.** Der SIA nutzt die Übergangszeit, um die Honorarberechnung nach Baukosten auf eine neue Basis zu stellen, indem er sie statistisch unterfüttert. Zur Lösung, welche an die Stelle der Übergangslösung treten wird, lässt sich aus rechtlicher Warte noch kaum etwas sagen, weshalb wir in diesem Buch darauf noch nicht näher eingehen.

2. Die Änderungen im Grundsätzlichen (Art. 5 SIA 102/103)

8.154 **1.** In Art. 5 SIA 102/103 finden sich die «Grundsätze der Vergütung von Architektenleistungen» bzw. «von Ingenieurleistungen». Sie sind in den beiden Ordnungen weitgehend identisch, und identisch sind auch die materiellen Änderungen, denen die Grundsätze als Teil der Übergangslösung unterzogen wurden.

8.155 **2.** Was **materiell geändert** wurde:

8.156 **a.** Art. 5.4 SIA 102/103 gibt nicht länger vor, dass die *zusätzlichen Kostenelemente* «in den Honoraren nicht inbegriffen und daher gesondert zu vergüten» sind, bleibt aber dabei, dass «[o]hne besondere Vereinbarung […] die effektiven Aufwendungen verrechnet wer-

Zur Übergangslösung für die Honorarberechnung nach den SIA-Ordnungen 102 und 103 siehe Rz. 8.148 ff.

den» (Art. 5.4.3 SIA 102/103; Rz. 2.114). Uns scheint, dass damit der Sache nach alles beim Alten geblieben ist, indem «Nebenkosten und Drittleistungen» (also die «zusätzlichen Kostenelemente», wie sie in Art. 5.4 SIA 102/103 näher definiert werden) auch weiterhin gesondert zu vergüten sind, wenn die Parteien die Frage nicht anders geregelt haben. Diese Rechtslage entspricht jener, die sich aus Art. 402 Abs. 1 OR ergibt, der für den Auftrag die Vergütung vom Auslagenersatz trennt und den Auftraggeber (also den Bauherrn) dazu verpflichtet, den Auslagenersatz zusätzlich zur Vergütung zu leisten, weshalb wir gegen Art. 5.4.3 SIA 102/103 nichts einzuwenden haben. Wir halten also dafür, dass es in diesem Punkt nicht darauf ankommt, wie der Planervertrag im konkreten Fall zu qualifizieren ist. Auch wenn er seinem Inhalt unter das Werkvertragsrecht fällt, richtet sich die Übernahme zusätzlicher Kostenelemente nach Art. 5.4.3 SIA 102/103 mit der Folge, dass der Planer seine «effektiven Aufwendungen» in Rechnung stellen kann.

b. Die Regel über die Vergütung der *Reisezeit* ist neu, indem sie bloss noch vorgibt, dass eine «Entschädigung des Zeitaufwands für Reisen [...] samt Art der Vergütung zu prüfen» sei (Art. 5.5.1 SIA 102/103). Der Grundsatz ist also nicht länger, dass der «Zeitaufwand für Reisen [...] zu entschädigen» ist. Das ist eine vernünftige Änderung, da sie die Parteien dazu anhält, im Zuge ihrer Vertragsverhandlungen auch diese Frage anzusprechen und zu klären, wie sie im Rahmen des zu vereinbarenden Vergütungsmodells (z.B. Zeit- oder Kostenhonorar) zu lösen ist. Nichts hindert die Parteien daran, zu vereinbaren, dass der «Zeitaufwand für Reisen» gesondert zu entschädigen ist. Treffen sie in dieser Hinsicht aber keine ausdrückliche Abrede, kann es noch immer sein, dass nach richtiger Auslegung der entsprechende Zeitaufwand in einem vereinbarten Festpreis (wie z.B. beim Kostenhonorar) inbegriffen ist. Sieht der Vertrag aber vor, dass für die Vergütung auf den effektiven Zeitaufwand abzustellen ist, so liegt es nahe, auch den Zeitaufwand für Reisen, die im Interesse des Bauherrn liegen, entsprechend zu vergüten. Dies rechtfertigt sich in jedem Fall dann, wenn der Planer während der Reisezeit Planerleistungen erbringt, zu denen er sich nach dem Vertrag verpflichtet hat. Aber auch wenn ein Planer sinnend die Landschaft an sich vorbeiziehen lässt, ist das noch kein Grund, ihm für die aufgewendete Zeit keine Vergütung zu leisten. Wendet er die Zeit aber auf, um an anderen Projekten zu arbeiten, hat der Bauherr die Reisezeit nur insoweit als Aufwand zu vergüten, als der Planer in zeitlicher Hinsicht einen Mehraufwand gerade deshalb hatte, weil er sich von einem Ort zu einem anderen verschieben musste (z.B. Weg zum Bahnhof und Wartezeiten). Klar ist bei alledem, dass notwendige «Reisespesen» nach wie vor als Nebenkosten in Rechnung gestellt werden können (Art. 5.4.4 SIA 102/103). 8.157

c. Mit den übrigen Änderungen in Art. 5 SIA 102/103 setzte der SIA die wettbewerbsbehördliche Vorgabe um, er müsse auf «*Konkrete Honorarerhöhungsempfehlungen*» (aus dem «Vorwort zur Übergangslösung» in den SIA-Kalkulationshilfen 102-K und 103-K) verzichten. Nicht länger ist für «Nacht- und Sonntagsarbeit», für den «Pikettdienst», bei der «Bildung einer Planergemeinschaft», bei der «Generalplanerfunktion» und bei der aufgedrängten «Integration eines Subplaners in den Auftrag» (alles in Art. 5 SIA 102/103) 8.158

Zur Übergangslösung für die Honorarberechnung nach den SIA-Ordnungen 102 und 103 siehe Rz. 8.148 ff.

nach Massgabe der Ordnungen sozusagen automatisch eine Vergütung zu leisten, sondern ist die Erhöhung des Honorars lediglich noch zu «prüfen». Den Parteien steht es mithin frei zu vereinbaren, dass die entsprechenden Kosten und Leistungen auf das Honorar durchschlagen, oder auch übereinzukommen, dass sich das Honorar nicht verändert. Über diese Freiheit verfügten die Parteien auch bis anhin schon, wobei dies aber in der geänderten Fassung noch etwas deutlicher zum Ausdruck kommt. Ist nach der Vereinbarung etwa ein Pikettdienst zu organisieren, richtet sich die Vergütung nach gesetzlicher Regel (Art. 394 Abs. 3 OR), wenn die Parteien es versäumen, die Frage selber zu regeln.

3. Die Änderungen beim Zeithonorar (Art. 6 SIA 102/103-K)

8.159 **1.** Hier fällt ins Gewicht, dass bei der «Honorarberechnung nach mittleren Stundenansätzen» der **Anforderungsfaktor (a)** entfallen ist (Art. 6.3 SIA 102/103-K). Wie schon ausgeführt (Rz. 8.81), war dieser Faktor darauf angelegt, die für die «Bearbeitung der gestellten Aufgabe erforderlichen Qualifikation der einzusetzenden Mitarbeiter» auszudrücken (*a*Art. 6.3.4 SIA 102/103). Das Modell sah demnach eine Erhöhung des mittleren Ansatzes vor, dies nach standardisierten Vorgaben, welche die SIA-Ordnungen als «Richtwerte» bezeichneten, und ohne Rücksicht auf die spezifischen Gestehungskosten der einzelnen Anbieter.

8.160 **2.** Doch kann bei der Honorarberechnung auch weiterhin mit mittleren Stundenansätzen operiert werden. Die Anbieter werden die Komplexität der Aufgabe (bzw. deren Einfachheit) schon in den «einheitliche[n] Honoraransatz für die Mitarbeiterstunde» einpreisen (Art. 6.3.2 SIA 102/103-K), diesen Ansatz also von Beginn weg so ansetzen, dass die Mitarbeiter, die über die für die gestellte Aufgabe erforderlichen Qualifikationen verfügen, eingesetzt werden können. Dagegen lässt sich auch aus wettbewerbsrechtlicher Sicht nichts einwenden.

4. Die Änderungen beim Kostenhonorar (Art. 7 SIA 102/103-K)

8.161 **1.** Im Kern sieht dieses Modell vor, dass die Baukosten den Stundenaufwand bestimmen, wobei dieser Zusammenhang in einer Formel zum Ausdruck kommt, die den honorarwirksamen Aufwand ohne Rücksicht auf den effektiven Aufwand des Planers bestimmt (Rz. 8.85 ff.). Die Gestehungskosten des Planers spielen hier keine Rolle, wenn davon abgesehen wird, dass der in standardisierter Weise ermittelte Aufwand mit dem anbieterspezifischen Stundenansatz («h», dazu Rz. 8.99) multipliziert wird. Ob der Zusammenhang zwischen Baukosten und erforderlichem Aufwand statistisch ausreichend untermauert ist, lässt sich von aussen nicht beurteilen. Die Übergangslösung soll aber bis Ende 2019 von einem Modell abgelöst werden, das diesen Zusammenhang überzeugender belegt, was uns darauf schliessen lässt, dass die heutige Methode ihre Schwächen hat.

Zur Übergangslösung für die Honorarberechnung nach den SIA-Ordnungen 102 und 103 siehe Rz. 8.148 ff.

2. Zur Übergangslösung gehört es, dass der SIA auf die «*Zuweisung numerischer Werte für die Variablen* in den Berechnungsformeln in Art. 7, falls sie sich nicht auf statistische Erhebungen stützen können» (Vorwort zu SIA 102/103-K), verzichtet. Nach unserem Verständnis hindert das nicht daran, im Sinne einer Auffanglösung den Wert 1.0 einzusetzen, da damit der Faktor, den dies betrifft, neutralisiert wird. So liegt der Teamfaktor (i) bei 1.0, wenn die Parteien nichts anderes vereinbaren. So verhält es sich auch beim Schwierigkeitsgrad (n) und beim Anpassungsfaktor (r), wobei aber die Parteien hier von den SIA-Kalkulationshilfen auf Bandbreiten hingewiesen werden, die empirisch erhoben worden sind. Die Werte, die in diesen Bandbreiten zum Ausdruck kommen, sind auch heute nicht verbindlich, können aber für die Parteien bei den Honorarverhandlungen eine Hilfe sein. 8.162

3. Im neuen Kalkulationstool, das der SIA zur Honorarberechnung geschaffen hat, sind die erwähnten Variablen in der Grundeinstellung auf 1.0 gesetzt und damit so ausgestaltet, dass sie keinen Einfluss auf die Honorarberechnung haben. Neu werden in diesem Kalkulationstool neben dem Median weitere Quantilen angegeben, die über die statistische Verteilung der erhobenen Nachkalkulationen Aufschluss geben (Rz. 8.113). 8.163

V. Die Anpassung des Honorars bei veränderten Verhältnissen

1. Allgemeines

Haben die Parteien die Höhe des Honorars zum Voraus fest vereinbart, so stellt sich die Frage, ob das Honorar an später eintretende, veränderte Verhältnisse angepasst werden könne. Die Antwort darauf ergibt sich möglicherweise bereits aus dem abgeschlossenen Vertrag, falls die Parteien Anpassungsregeln vereinbart haben (Rz. 2.69).[138] Solche Regeln sind entweder positiv (und besagen, wann und wie die Anpassung zu erfolgen hat) oder negativ (und schliessen Anpassungen aus). Selbstverständlich können die Parteien auch erst bei Eintreten veränderter Verhältnisse eine Vereinbarung treffen. Kommt keine Einigung zustande, so ist zu prüfen, worin diese Veränderung der Verhältnisse besteht. Abgesehen vom Fall der Änderung des Leistungsinhalts gilt allgemein Folgendes: 8.164

- Unterliegt der Planervertrag dem *Werkvertragsrecht* und wurde die Höhe des Honorars fest vereinbart, so kommt Art. 373 Abs. 2 OR zur Anwendung.[139] Die Hürden, die 8.165

[138] Zu den vertraglichen Anpassungsregeln überhaupt Jäggi/Gauch/Hartmann, Zürcher Kommentar, N 656 ff. zu Art. 18 OR.

[139] Gauch, Werkvertrag, Rz. 1044 ff.; BGE 109 II 333/335 f. E. 2 und 3 (= BR/DC 1985, S. 59, Nr. 47, mit Anm. Gauch); 113 II 513/516 E. 3b (= BR/DC 1989, S. 71, Nr. 104, mit Anm. Gauch); BGer 4C.385/2005 vom 31. Januar 2006 E. 5; 4C.203/2005 vom 9. Januar 2006 E. 4.1 (= BR/DC 2006, S. 66,

Zur Übergangslösung für die Honorarberechnung nach den SIA-Ordnungen 102 und 103 siehe Rz. 8.148 ff.

der eine Mehrvergütung fordernde Planer zu überwinden hat, sind erheblich. Zu beachten ist namentlich, dass es dem Planer obliegt, «alles in seiner Macht Stehende zu tun, um sich über sämtliche die [Kosten] beeinflussende Verhältnisse genau ins Bild zu setzen, weil es an ihm ist, den Preis seiner Arbeit zu bestimmen. Mangelnde Sorgfalt bei der Ausarbeitung der Offerte verschliesst dem Unternehmer das Recht, Art. 373 Abs. 2 OR anzurufen».[140]

8.166 – Für das *Auftragsrecht* enthält das Gesetz keine Regel über die Anpassung. Haben die Parteien keine Anpassungsregel vereinbart, so hat das Gericht die Lücke nach Massgabe von Treu und Glauben zu schliessen.[141] Eine Vertragsanpassung setzt jedoch in jedem Falle ein erhebliches Missverhältnis zwischen der Planerleistung und dem dafür vereinbarten Honorar voraus, das so erheblich ist, dass dem Planer die Weiterführung des Vertrags zu den vereinbarten Konditionen nicht zumutbar ist.[142] In diesem Zusammenhang ist an die Handlungsoption des Planers zu erinnern, den Vertrag gestützt auf Art. 404 Abs. 1 OR aufzulösen (Rz. 2.97).

2. Anpassung des Honorars wegen veränderter Kostengrundlagen

8.167 **1.** Die Honorarvereinbarung erfolgt zum Teil aufgrund bestimmter, objektiver, vom Ermessen unabhängiger Grundlagen, die den Kostenaufwand des Planers mitbestimmen.[143] Im Vordergrund stehen die Personal- und Gemeinkosten. Alsdann stellt sich die Frage nach dem Teuerungsausgleich. Der Zweck des Teuerungsausgleichs besteht darin, den wirtschaftlichen Wert der vereinbarten Vergütung zu verfestigen, indem die Vergütung an die (inflationären oder deflationären) Bewegungen des massgeblichen Preisniveaus[144] gekoppelt wird.[145] Eine Anpassung des Honorars wegen veränderter Kostengrundlagen erfolgt – vorbehältlich einer individuellen Vereinbarung – nur unter den strengen Voraussetzungen von Art. 373 Abs. 2 OR (Rz. 8.19).

8.168 **2.** Haben die Parteien unter der Herrschaft der SIA-Ordnungen 102 und 103 nicht ein Pauschal-, sondern ein Globalhonorar vereinbart, steht zwar fest, dass eine Anpassung

Nr. 211, mit Anm. Pichonnaz); 4C.23/2004 vom 14. Dezember 2004 E. 4.1; 4C.292/2002 vom 20. November 2003 E. 3.1.

140 BGer 4C.292/2002 vom 20. November 2003 E. 3.1.

141 Gauch/Schluep/Schmid, OR AT, Rz. 1280 ff.; Koller A., OR AT, Rz. 29.30 ff.; Jäggi/Gauch/Hartmann, Zürcher Kommentar, N 712 ff. zu Art. 18 OR.

142 BGE 104 II 317 (= BR/DC 1980, S. 28, Nr. 9, mit Anm. Tercier); Gauch/Schluep/Schmid, OR AT, Rz. 1300.

143 Prader/Stöckli, Kommentar SIA 118, Vorbem. zu Art. 62–63/Rz. 2.

144 Welches Preisniveau massgeblich ist, hängt von der Abrede ab, mit der die Parteien den Teuerungsausgleich regeln – namentlich von ihrer Wahl des Index.

145 BGer 4A_294/2012 vom 8. Oktober 2012 E. 4 (= BR/DC 2013, S. 120, Nr. 201, mit Anm. Werro).

des Honorars an eine allfällige Teuerung zu erfolgen hat (Art. 5.3.1 SIA 102/103). Über die Einzelheiten aber schweigen die Ordnungen sich aus. Nicht weiter hilft der Hinweis, dass die «Anpassung der Vergütung an die Teuerung [...] vertraglich vereinbart werden» müsse (Art. 5.7 SIA 102/103). Haben die Parteien es unterlassen, die Einzelheiten der Teuerungsabrechnung (durch eigene Regeln oder unter Verwendung eines Regelwerks wie z.B. der SIA-Norm 126; Rz. 8.60) zu regeln, hat das Gericht den lückenhaften Vertrag zu ergänzen. Die Übernahme der einschlägigen SIA-Norm 126 («Preisänderungen infolge Teuerung bei Planerleistungen») führt nicht dazu, dass die Teuerung auszugleichen ist, sondern vermittelt lediglich eine Methode, mittels der sich ein entsprechender Anspruch – wenn er denn überhaupt besteht – herleiten lässt. Unter diesem Vorbehalt ist denn auch Art. 0.2.2 SIA 126 zu lesen, nach dem «Preisänderungen für Leistungen, welche nach dem effektiven Zeitaufwand, mittels Globale oder nach Baukosten erbracht werden, [...] nach dem in dieser Norm festgelegten Verfahren zu berechnen sind».

3. Änderung des Vertrags nach Vertragsabschluss

1. Ein Sonderfall «veränderter Verhältnisse» liegt bei einer «rechtsgeschäftlichen Ände- 8.169
rung des vertraglichen Leistungsinhaltes» vor; im Werkvertragsrecht wird dieser Sachverhalt gemeinhin als Bestellungsänderung bezeichnet.[146] Sie kann entweder, wenn der Planervertrag dies zulässt, vom Bauherrn einseitig angeordnet oder von den Parteien nachträglich vereinbart werden (Rz. 2.69). Eine Änderung des Auftrags liegt in jedem Fall vor, wenn der Planer gegenüber dem abgeschlossenen Vertrag andere Leistungen (ein wesentlich anderes Bauprojekt), zusätzliche oder weniger Leistungen oder dieselben Leistungen unter veränderten Ausführungsvoraussetzungen (z.B. nachträgliche Anordnung oder Herabsetzung einer vereinbarten Baukostenlimite) erbringen muss.[147] Weil der Inhalt der vom Planer zu erbringenden Leistungen durch eine (einseitige oder einvernehmliche) Auftragsänderung verändert wird, hat der Planer bei Mehrleistungen nicht bloss eine Mehrvergütung nach Massgabe des restriktiven Art. 373 Abs. 2 OR zugute. Vielmehr richtet sich die Anpassung der Vergütung nach den Regeln, welche die Parteien vereinbarten. Fehlen solche Regeln, lässt sich die Anpassung nicht immer einfach bewerkstelligen. Haben die Parteien ein Pauschal- oder Globalhonorar vereinbart, so kann die Anpassung allenfalls anhand der Leistungstabelle und der Prozentwerte von Art. 7.7 SIA 102/103-K (= *a*Art. 7.7 SIA 102/103) ermittelt werden. Mangels einer Vereinbarung

---

146 Eingehend Gauch, Werkvertrag, Rz. 768 ff.

147 Keine Auftragsänderung liegt vor, wenn eine Weisung des Bauherrn lediglich zum Ziel hat, den Planer zur Erbringung der vertraglich geschuldeten Leistung oder zur Einhaltung von vereinbarten (technischen) Vorschriften anzuhalten, oder wenn die Weisung lediglich darauf abzielt, die nicht abschliessend geregelte Leistung nachträglich zu konkretisieren. Vgl. dazu Egli, Kommentar SIA 118, Vorbem. zu Art. 84–91/Rz. 8 ff.; Gauch, Werkvertrag, Rz. 768.

Zur Übergangslösung für die Honorarberechnung nach den SIA-Ordnungen 102 und 103 siehe Rz. 8.148 ff.

richtet sich eine Mehrvergütung nach dem Mehraufwand (Art. 374 und Art. 394 Abs. 3 OR),[148] für den alsdann der Planer beweispflichtig ist.

8.170 **2.** Die **SIA-Ordnungen 102 und 103** enthalten zahlreiche Anpassungsregeln, nach denen der Planer bei bestimmten Arten von Auftragsänderungen einen Anspruch auf ein zusätzliches Honorar hat: so namentlich bei erforderlichen Zusatzleistungen im Nachgang zu einem Arbeitsunterbruch (Art. 1.7.43 SIA 102/103); bei besonders zu vereinbarenden Leistungen zum Kostenhonorar (Art. 7.1.6 und Art. 7.11.1 SIA 102-K = *a*Art. 7.1.6 und *a*Art. 7.11.1 SIA 102; Art. 7.1.3 und Art. 7.11 SIA 103-K = *a*Art. 7.1.3 und *a*Art. 7.11 SIA 103; dazu Rz. 8.90); bei Projektvarianten (Art. 7.11.3 SIA 102-K ≈ *a*Art. 7.11.3 SIA 102; dazu Rz. 8.140 ff.); bei Änderungsleistungen (Art. 7.11.4 SIA 102-K = *a*Art. 7.11.4 SIA 102; dazu Rz. 8.147); bei Leistungen des Planers aus dem Aufgabenbereich von Fachplanern (Art. 7.15.2 SIA 102-K = *a*Art. 7.15.2 SIA 102; Rz. 8.123 f.). Unverbindlich (weil deklaratorisch) ist indes Art. 7.8.4 SIA 102-K (= *a*Art. 7.8.4 SIA 102) über die Änderung des Anpassungsfaktors für den Fall, dass sich die äusseren Umstände im Laufe der Auftragserfüllung ändern (Rz. 8.116).

8.171 **3.** Eine «Änderung der vereinbarten Leistung» hat «in der Regel eine Anpassung der Vergütung zur Folge», wie **Art. 5.2 SIA 102/103** festhält. Wie es sich damit im konkreten Fall verhält, lässt die Bestimmung offen, weshalb sie nicht mehr ist als eine Empfehlung oder aber Ausdruck dessen, was sich auch sonst ergeben würde, wenn der Bauherr zusätzliche Planerleistungen bestellt. Bindend aber ist, dass der Planer den Bauherrn «umgehend zu informieren und [ihm] einen Vorschlag zur vertraglichen Anpassung zu unterbreiten hat», wenn sich die Vertragsanpassung aufdrängt, weil sich «Veränderungen» hinsichtlich «Grundlagen, Termine, Anforderungen» ergeben (Art. 5.2 SIA 102/103). Die Stossrichtung der Bestimmung ist nicht ohne Weiteres klar.[149] Systematisch wurde sie an einem Ort installiert, in dem es eigentlich um die «Grundsätze der Vergütung» geht; sie besagt ja dann auch, dass sich eine Veränderung der Leistung regelmässig auch auf der Vergütungsseite auswirkt. Daneben aber erwähnt sie auch eine vertragliche Informationspflicht des Planers, für die der Bezug zur Vergütung erst noch herzustellen ist. Richtig ausgelegt, geht es bei dieser Informationspflicht darum, dass der Planer die Auswirkungen von «Veränderungen» auf die Vergütung anzuzeigen hat. Inhalt dieser Anzeige ist also, dass der zusätzliche Aufwand von der vertraglichen Honorarabrede nicht mehr gedeckt ist und deshalb über eine entsprechende Anpassung gesprochen werden muss. Unterlässt er diese Information, bedeutet dies nicht, dass seine Nachtragsforderung deshalb verwirkt. Allenfalls ist sein Stillschweigen aber als Verzicht auszulegen.[150] Unab-

---

148 BGer 4A_183/2010 vom 27. Mai 2010 E. 3.2 (= BR/DC 2010, S. 189, Nr. 346, mit Anm. Pichonnaz); 4C.23/2004 vom 14. Dezember 2004 E. 4.1. Anders aber Egli, Architektenrecht 1995, Rz. 1076.

149 Klar ist, dass Art. 5.2 SIA 102/103 kein Recht des Bauherrn begründet, den Vertrag einseitig (durch Ausübung eines entsprechenden Gestaltungsrechts) abzuändern.

150 Auch Siegenthaler, Neue SIA-Ordnungen 102/103, S. 45.

Zur Übergangslösung für die Honorarberechnung nach den SIA-Ordnungen 102 und 103 siehe Rz. 8.148 ff.

hängig davon ist es möglich, dass der Planer seine Vertragspflichten verletzt, wenn er den Bauherrn nicht ungesäumt über Ereignisse orientiert, die das Projekt beeinträchtigen können – was aber nicht Gegenstand des Art. 5.2 SIA 102/103 ist.

VI. Der Ersatz der Auslagen

1. Der Begriff der Auslagen

Im Auftragsrecht schuldet der Auftraggeber dem Auftragnehmer den Ersatz von Auslagen und Verwendungen (Art. 402 Abs. 1 OR), selbst wenn die Parteien dies nicht vereinbart haben (Rz. 1.20).[151] Es genügt schon, dass der Beauftragte sie «in richtiger Ausführung des Auftrages gemacht hat».[152] Gleiches gilt im Werkvertragsrecht nach Art. 374 OR (Rz. 8.9), wenn die Parteien nicht einen Festpreis vereinbart haben, der auch Auslagen und Verwendungen des Planers einschliesst. Unabhängig von der rechtlichen Einordnung des Planervertrags weist der Planer die Auslagen in seiner Rechnung meist separat aus. Man versteht darunter den **Geldaufwand** des Beauftragten.[153] Die Terminologie ist uneinheitlich: Barauslagen, Spesen, Unkosten, Nebenkosten, Verwendungen,[154] Aufwendungen, «zusätzliche Kostenelemente» (Art. 5.1 SIA 102/103) etc.; die Gemeinkosten aber gehören nicht dazu.[155] Gemeint sind Kosten insbesondere für:[156] Plotterausdrucke und Fotokopien, Modelle, Porti, Telefon- und Reisespesen, öffentlich-rechtliche Gebühren, Kosten für Leistungen Dritter, die der Planer als Substitut (i.S.v. Art. 398 Abs. 3 OR)[157] und als Stellvertreter des Bauherrn[158] in Auftrag gegeben und vorfinanziert hat (z.B. Untersuchungen durch Materialprüfungsanstalten, Expertisen etc.). Die SIA-Ordnungen 102 und 103 führen als Auslagen etwa auch die Kosten für den «Einsatz von Spezialgeräten», «spezielle EDV-Anwendungen», «Gebühren und spezielle Versicherungen» und die «Kosten für Baustellenbüros» (Art. 5.4.4 SIA 102/103) auf. 8.172

---

[151] Die Bestimmung ist dispositiv, weshalb die Parteien vertraglich von ihr abweichen können, siehe BGer 4A_294/2012 vom 8.Oktober 2012 E. 6 (= BR/DC 2013, S. 120, Nr. 201, mit Anm. Werro).

[152] Gmür, Die Vergütung, Rz. 103.

[153] Fellmann, Berner Kommentar, N 15 und 19f. zu Art. 402 OR; Gmür, Die Vergütung, Rz. 112ff.; Weber, Basler Kommentar, N 4 zu Art. 402 OR.

[154] Im strengen Sinne versteht man darunter den Verbrauch von Sachen, der keinen Geldaufwand darstellt und dem die übermässige Abnutzung gleichgestellt wird; Fellmann, Berner Kommentar, N 16f. zu Art. 402 OR.

[155] Fellmann, Berner Kommentar, N 26ff. zu Art. 402 OR; Gmür, Die Vergütung, Rz. 115; Weber, Basler Kommentar, N 5 zu Art. 402 OR; Werro, Commentaire romand, N 6 zu Art. 402 OR.

[156] Vgl. dazu auch Art. 5.4.4 SIA 102.

[157] Vgl. Gmür, Die Vergütung, Rz. 116ff.

[158] Zur Vollmacht des Planers für den Beizug Dritter vgl. Rz. 6.114.

Zur Übergangslösung für die Honorarberechnung nach den SIA-Ordnungen 102 und 103 siehe Rz. 8.148ff.

2. Die Höhe des Auslagenersatzes

8.173 **1.** Der Bauherr schuldet dem Planer die Vergütung derjenigen Auslagen, die ihm bei der Erfüllung seiner vertraglichen Aufgaben effektiv entstanden sind.[159] Seine **effektiven Aufwendungen** (Art. 5.4.3 SIA 102/103) bestimmen auch die Höhe des Ersatzes. Der Planer hat keinen Anspruch auf einen Gewinn, wohl aber auf Verzinsung ab dem Zeitpunkt der Verwendung.[160]

8.174 Dabei sind aber nur jene Auslagen zu ersetzen, die der Planer in richtiger Ausführung des Auftrags getätigt hat (siehe Art. 402 Abs. 1 OR), also nur Auslagen, die nach den Umständen erforderlich, objektiv sinnvoll und angemessen waren.[161] Das gilt auch, wenn der Planervertrag dem Werkvertragsrecht untersteht.[162] Übertriebener oder unnötiger Aufwand ist in keinem Fall zu ersetzen.

8.175 **2.** Im Streitfall hat der Planer die Auslagen, für die er vom Bauherrn Ersatz verlangt, nachzuweisen.[163] An den Nachweis für Porti, Telefonspesen, Fotokopien etc. dürfen jedoch keine allzu strengen Anforderungen gestellt werden, da dies den Planer unverhältnismässig belasten würde. Immerhin müssen die Auslagen so detailliert ausgewiesen werden, dass eine Plausibilitätsprüfung möglich ist. Nicht erforderlich ist der Nachweis dann, wenn die Parteien sich auf eine pauschale Abgeltung der Auslagen verständigt haben, was indes immer auch bedeutet, dass der Planer im Grundsatz auch dann keinen höheren Ersatz fordern kann, wenn sich zeigt, dass seine effektiven Auslagen von der Pauschale nicht vollständig gedeckt werden.

VII. Einzelfragen

1. Das Honorar bei vorzeitiger Vertragsauflösung

8.176 Wird der Planervertrag vorzeitig aufgelöst, so hat der Bauherr den Planer für die richtig erbrachten Leistungen grundsätzlich voll zu vergüten (Rz. 2.109 ff.). Dies gilt auch dann, wenn die Vertragsauflösung vom Planer ausgeht. Unterliegt der Vertrag dem *Auftragsrecht* und erfolgt der Widerruf zur Unzeit, so hat der auflösende Teil dem anderen überdies den verursachten Schaden im Umfang des negativen Interesses (nicht aber das Erfül-

[159] FELLMANN, Berner Kommentar, N 11 und 48 zu Art. 402 OR; GMÜR, Die Vergütung, Rz. 114.
[160] FELLMANN, Berner Kommentar, N 51 zu Art. 402 OR; WEBER, Basler Kommentar, N 7 zu Art. 402 OR; WERRO, Commentaire romand, N 9 zu Art. 402 OR.
[161] FELLMANN, Berner Kommentar, N 37 ff. und 75 ff. zu Art. 402 OR; GMÜR, Die Vergütung, Rz. 133 ff.; WEBER, Basler Kommentar, N 6 zu Art. 402 OR; WERRO, Commentaire romand, N 7 zu Art. 402 OR.
[162] GAUCH, Werkvertrag, Rz. 964.
[163] FELLMANN, Berner Kommentar, N 50 zu Art. 402 OR.

lungsinteresse; vgl. aber Rz. 2.119) zu ersetzen (Art. 404 Abs. 2 OR). Beim Planungsvertrag (der dem *Werkvertragsrecht* untersteht) hat der Bauherr den Planer vollumfänglich schadlos zu halten (Art. 377 OR). Überlegungen dazu werden auch im Beitrag Stöckli dargelegt (Rz. 2.110 ff.).

2. Honorarminderung bei Schlechterfüllung des Vertrags

Erfüllt der Planer seinen Vertrag schlecht (unvollständige, fehlerhafte Leistungen) und unterliegt der Vertrag dem *Auftragsrecht,* so ist sein Honorar nach dem Äquivalenzprinzip herabzusetzen[164] oder aber ihm gänzlich abzusprechen, wenn das «Ergebnis des unsorgfältigen Beauftragten für den Auftraggeber vollständig unbrauchbar ist».[165] Kommt *Werkvertragsrecht* zur Anwendung und erbringt der Planer seine Leistung nur unvollständig, so kann der Bauherr die Bezahlung des Honorars verweigern.[166] Ist seine Leistung zwar vollständig, aber fehlerhaft, so hat er – falls der Bauherr nicht Wandelung erklären kann – Anspruch auf das volle Honorar, das aber der Minderung unterliegt (Art. 368 Abs. 2 OR). Allenfalls hat der Planer mangelhafte Pläne oder sonstige Unterlagen nachzubessern.[167] Zu einer Spaltung der Rechtsfolgen, die das Bundesgericht für den Gesamtvertrag propagiert (Rz. 1.49 und 2.3), kann es hinsichtlich der Honorarminderung im Grundsatz nicht kommen, da sie sowohl bei den auftrags- als auch den werkvertragsrechtlichen Leistungsteilen greifen kann. Was aber deren Voraussetzungen angeht, wird man beim heutigen Stand der bundesgerichtlichen Rechtsprechung davon ausgehen müssen, dass eine Minderung bei werkvertraglichen Leistungen zwar mög- 8.177

[164] Jetzt auch und ausführlicher Aebi-Mabillard, La rémunération, Rz. 1137 und 1147 ff.; grundlegend Stöckli, Synallagma, Rz. 530 ff.; ders., Sorgfaltsmangel und Vergütung, S. 931 ff.; anders Wäger, Das Minderungsrecht, Rz. 281 ff.

[165] BGer 4A_89/2012 vom 17. Juli 2012 E. 3.1; 4A_34/2011 vom 10. Mai 2011 E. 3; siehe auch das Leiturteil BGE 124 III 423/427 E. 4a (= BR/DC 1999, S. 48, Nr. 79, mit Anm. Werro); bestätigt durch BGer 4A_89/2017 vom 2. Oktober 2017 E. 5.2.2 (= BR/DC 2018, S. 186, Nr. 295, mit Anm. Werro); zur Frage auch Stöckli, Sorgfaltsmangel und Vergütung, S. 932 ff.; KGer VD HC/2013/835 vom 28. Januar 2014 (= BR/DC 2014, S. 312, Nr. 627, mit Anm. Werro); KGer VD vom 5. Februar 1997 (= BR/DC 1998, S. 134, Nr. 352, mit Anm. Werro). Zum Ganzen Derendinger, Nichterfüllung, Rz. 370 ff., Fellmann, Berner Kommentar, N 496 ff. und 488 ff. (Beweislast) zu Art. 394 OR sowie N 76 ff. zu Art. 402 OR; Gmür, Die Vergütung, Rz. 453 ff.; Krauskopf-Forero/Siegenthaler, Architektur- und Bauingenieurverträge, Rz. 8.63; Tercier/Bieri/Carron, Les contrats spéciaux, Rz. 4589 ff.; Weber, Basler Kommentar, N 43 zu Art. 394 OR; Zehnder, Haftung des Architekten, Rz. 72 ff. und 357 ff. Kritisch, was das Kriterium der «Brauchbarkeit» anbelangt, Werro, Commentaire romand, N 35 zu Art. 398 OR; Ders. in seiner Anm. zu BGer 4A_34/2011 vom 10. Mai 2011 (= BR/DC 2011, S. 208, Nr. 445). Siehe zudem Wäger, Das Minderungsrecht, Rz. 274 ff., der ein Minderungsrecht bei «Geschäftsbesorgungsverträgen» ablehnt.

[166] Gauch, Werkvertrag, Rz. 1447.

[167] Zu den einzelnen Mängelrechten siehe Gauch, Werkvertrag, Rz. 1487 ff. und 1527 ff.

Zur Übergangslösung für die Honorarberechnung nach den SIA-Ordnungen 102 und 103 siehe Rz. 8.148 ff.

lich, indes davon abhängig ist, dass der Bauherr den Mangel, auf den er sich für die Minderung beruft, wirksam gerügt hat. Nebst der Minderung des Honorars stellt sich zusätzlich die Frage nach der Schadenersatzpflicht des Planers, die in ihrer praktischen Bedeutung sicher über dem Minderungsanspruch steht, dessen Durchsetzung schon deshalb schwierig ist, weil der Minderwert der mangelhaften Planungsleistungen ermittelt werden müsste.[168] Auf die Ersatzpflicht des Planers gehen DENZLER/HOCHSTRASSER ein (Rz. 9.158 ff.).

3. Die Zahlungsmodalitäten

A. Keine Vereinbarung zur Fälligkeit

8.178 **1.** Beim Planungsvertrag, der dem *Werkvertragsrecht* untersteht, wird die Vergütung mangels anderer Abrede mit der Ablieferung (Abnahme) des vollendeten Werks fällig (Art. 372 Abs. 1 OR).[169]

8.179 **2.** Bei Planerleistungen, die dem *Auftragsrecht* unterstehen, ist zwischen Auslagenersatz und Honoraranspruch zu unterscheiden:

8.180 – Die *Auslagen* sind zur Zahlung fällig, sobald der Planer sie getätigt hat.[170] Ab diesem Zeitpunkt beginnen zulasten des Bauherrn Verwendungszinsen zu laufen.[171]

8.181 – Das Gesetz enthält keine Bestimmung über die Fälligkeit des *Honorars*. Nach Lehre und Rechtsprechung tritt sie erst ein, wenn der Beauftragte die *letzte* unter einen bestimmten Auftrag fallende *Leistung abgeschlossen* hat.[172] Der Beauftragte ist also grundsätzlich vorleistungspflichtig.[173]

8.182 **3.** Wurde ein Planer mit allen Leistungen für ein Bauwerk oder mit der Leitung der Ausführung beauftragt, so stellt sich die *Frage, wann* seine *Leistungen abgeschlossen* sind und damit sein Honorar fällig wird. Ist dies bei der Fertigstellung des Bauwerks, bei Abgabe der Schlussabrechnung oder nach Behebung sämtlicher Mängel der Fall?

---

168 BGE 124 III 423/426 E. 3c (= BR/DC 1999, S. 48, Nr. 79, mit Anm. WERRO).

169 AEBI-MABILLARD, La rémunération, Rz. 1308; GAUCH, Werkvertrag, Rz. 1151 ff.; HÜRLIMANN/SIEGENTHALER, Handkommentar Privatrecht, N 3 zu Art. 372 OR.

170 FELLMANN, Berner Kommentar, N 52 zu Art. 402 OR; GMÜR, Die Vergütung, Rz. 306 ff.; WEBER, Basler Kommentar, N 7 zu Art. 402 OR; WERRO, Commentaire romand, N 9 zu Art. 402 OR.

171 FELLMANN, Berner Kommentar, N 51 zu Art. 402 OR; WEBER, Basler Kommentar, N 7 zu Art. 402 OR; WERRO, Commentaire romand, N 9 zu Art. 402 OR.

172 Zur Rechtsprechung KRAUSKOPF, Präjudizienbuch, N 20 zu Art. 394 OR. Weiter FELLMANN, Berner Kommentar, N 469 zu Art. 394 OR; GMÜR, Die Vergütung, Rz. 268; KRAUSKOPF-FORERO/SIEGENTHALER, Architektur- und Bauingenieurverträge, Rz. 8.65; WEBER, Basler Kommentar, N 40 zu Art. 394 OR; WERRO, Commentaire romand, N 50 zu Art. 394 OR.

173 GMÜR, Die Vergütung, Rz. 263.

Zur Übergangslösung für die Honorarberechnung nach den SIA-Ordnungen 102 und 103 siehe Rz. 8.148 ff.

a. Es entspricht allgemeiner Lebenserfahrung, dass praktisch jedes Bauwerk bei seiner Fertigstellung offene Mängel aufweist und zudem mit der Ingebrauchnahme neue Mängel zutage treten. Der Bauherr ist sowohl bei der Prüfung und Beurteilung von Baumängeln und der daran anschliessenden Ausübung seiner Mängelrechte (sofern ihm ein Wahlrecht zusteht) als auch bei der Anordnung, Überwachung und Abnahme der Nachbesserungen auf die Unterstützung seines Planers angewiesen. Er wird diese Unterstützung, unabhängig von der Frage eines allfälligen Mitverschuldens, als selbstverständlich und als zu den übrigen Leistungen gehörend betrachten. So stellt denn auch nach der SIA-Ordnung 102 die Leitung der Garantiearbeiten einen Teil der Grundleistungen des Architekten dar (Art. 4.53 SIA 102; eingeschränkter Art. 4.3.53 SIA 103). Würde man sich diese Sicht zu eigen machen, würde das ganze Honorar des Planers erst fällig, wenn die letzte Nachbesserungsarbeit eines am Bau beteiligten Unternehmers abgenommen ist. Gegebenenfalls hätte der Planer so bis fünf Jahre oder mehr nach Fertigstellung eines Bauwerks auf sein ganzes Honorar zu warten. Ein solches Ergebnis aber wäre stossend, umso mehr, als die Leitung der Garantiearbeiten für den Bauherrn zwar von grosser Wichtigkeit, gemessen an den Gesamtleistungen des Planers aber doch von verhältnismässig geringem Gewicht ist.[174] Zu einem anderen, sachgerechteren Ergebnis gelangt man, wenn man sich von folgenden Überlegungen leiten lässt: 8.183

b. Nach Art. 75 OR bestimmt sich die Fälligkeit bei fehlender Vereinbarung zunächst nach der Natur des Rechtsverhältnisses.[175] Bei zwar befristeten, aber langfristigen Verträgen, die zudem inhaltlich unterschiedliche Leistungen zum Gegenstand haben, entspricht es der Natur des Rechtsverhältnisses, dass die Fälligkeit des Honorars dann eintritt, wenn der Beauftragte seine *Hauptarbeit abgeschlossen* und damit den Vertrag im Wesentlichen erfüllt hat.[176] Die Fälligkeit des Planerhonorars richtet sich demnach nach der Hauptarbeit des dem Planer erteilten Auftrags. Hatte er einen Gesamtvertrag (Planung und Bauleitung), so tritt die Fälligkeit des Honorars mit Abgabe der Schlussabrechnungen ein.[177] Wurde das Rechnungswesen einem Kostenplaner übertragen oder von einem Generalunternehmer übernommen, so wird das Planerhonorar mit der Ablieferung des Bauwerks bzw. Bauwerkteils an den Bauherrn fällig. Diese Grundsätze hindern einen Bauherrn nicht daran, bei gegebenen Voraussetzungen einem Planer, der das 8.184

---

174 Nach Art. 7.7 SIA 102-K (= *a*Art. 7.7 SIA 102) beträgt der Leistungsanteil 1,5% (was allenfalls unterbewertet ist).

175 Weber, Berner Kommentar, N 88 zu Art. 75 OR.

176 So auch Aebi-Mabillard, La rémunération, Rz. 1316; Fellmann, Berner Kommentar, N 473 zu Art. 394 OR; Gmür, Die Vergütung, Rz. 269.

177 Diese stellt eine wichtige Leistung des Planers dar, weil Planer und Bauherr erst nach deren Vorliegen wissen, wie viel das Bauwerk gekostet hat und ob allfällige Vorgaben des Bauherrn eingehalten worden sind. Die Abgabe der Schlussabrechnungen ist nicht zu verwechseln mit der Rechenschaftsablegung des Planers über seine eigenen Leistungen und seine eigene Honorarabrechnung. Vgl. dazu Art. 400 Abs. 1 OR.

Zur Übergangslösung für die Honorarberechnung nach den SIA-Ordnungen 102 und 103 siehe Rz. 8.148 ff.

ganze Honorar einfordert, das Rückbehaltungsrecht nach Art. 82 OR entgegenzuhalten (Rz. 8.190 ff.).

8.185 **c.** Hat der Planer den Auftrag zwar vollständig, aber nicht richtig, sondern schlecht erfüllt, so wird nach verbreiteter Auffassung[178] mit Abschluss der Hauptarbeiten das Honorar gleichwohl fällig. Indes kann der Bauherr, indem er die Vergütung mindert, die Zahlung des Honorars im Umfang der Minderung verweigern (vgl. Rz. 8.177). Die geminderte Vergütung aber kann er nicht zurückbehalten,[179] es sei denn, er habe bereits das Nachbesserungsrecht ausgeübt (Rz. 9.192).[180] Dies gilt auch, wenn die Parteien die SIA-Ordnung 102 übernommen haben.

B. Vereinbarungen über die Fälligkeit

8.186 **1.** Die gesetzlichen Regeln über die Fälligkeit des Honorars sind für den Planer ungünstig. Deshalb treffen die Parteien häufig davon *abweichende Vereinbarungen.* Darin sind sie frei. So vereinbaren sie etwa:[181]

8.187 – *Honorarvorschüsse:*[182] Das Honorar wird fällig, bevor der Planer mit der Arbeit begonnen (allenfalls bevor er seine Leistungen vollständig erbracht) hat.

8.188 – *Abschlagszahlungen:*[183] Das Honorar ist in Teilbeträgen nach Massgabe der bereits erbrachten Leistungen (also nicht erst nach Abschluss der Hauptarbeiten) zur Zahlung fällig. Der Planer ist zwar vorleistungspflichtig, dies aber nicht bezogen auf seine ganze Leistung. Die einzelnen Fälligkeitstermine werden im Vertrag entsprechend der Stadien der Planung bzw. des Baufortschritts festgelegt. Möglich ist aber auch, dass der Planer nach dem Vertrag berechtigt ist, durch Einreichung eines Zahlungsbegehrens die Fälligkeit der Abschlagszahlung herbeizuführen. Die Höhe der Abschlagszahlungen richtet sich nach dem Umfang der bereits vertragsgemäss erbrachten Leistungen. In beiden Fällen erfolgen die Zahlungen unter Vorbehalt der Schlussab-

---

178 Siehe die Anm. von Gauch zu KGer VS vom 21. Januar 1988 (= BR/DC 1989, S. 94, Nr. 114); Fellmann, Berner Kommentar, N 471 zu Art. 394 OR; Gmür, Die Vergütung, Rz. 273 ff., mit Verweis auf Schenker, Der Architekt als Hilfsperson des Bauherrn, Rz. 241 ff.; Koller A., Das Nachbesserungsrecht, Rz. 280 ff.

179 Gmür, Die Vergütung, Rz. 302.

180 Siehe die Anm. von Gauch zu KGer VS vom 21. Januar 1988 (= BR/DC 1989, S. 94, Nr. 114).

181 Gmür, Die Vergütung, Rz. 276 ff. Als weitere Fälligkeitsabrede nennt er (Rz. 292 ff.) die Teilzahlungen. Danach wird die Zahlung mit Abschluss eines im Vertrag konkret umschriebenen Auftragsteils fällig, mit der Besonderheit, dass die Teilzahlung (anders als bei den Abschlags- und Akontozahlungen) endgültig und nicht unter Vorbehalt der Schlussabrechnung erfolgt. Eine solche Abrede dürfte beim Architektenvertrag selten sein.

182 Zur Rechtsnatur vgl. Fellmann, Berner Kommentar, N 476 zu Art. 394 OR.

183 Zum Teil ist auch von Akontozahlungen die Rede, wobei in der Regel das Gleiche gemeint ist. Zu den Abschlags- und Akontozahlungen vgl. ferner Gauch, Werkvertrag, Rz. 1163.

Zur Übergangslösung für die Honorarberechnung nach den SIA-Ordnungen 102 und 103 siehe Rz. 8.148 ff.

rechnung und einer allfälligen vertraglichen Rückforderung seitens des Bauherrn.[184] Von Abschlagszahlungen handelt auch Art. 1.3.4 SIA 102/103, der vorsieht, dass der Planer «Anspruch auf Abschlagszahlungen von mindestens 90% der vertragsgemäss erbrachten Leistungen» hat.

2. Fehlt es an einer entsprechenden Vereinbarung, ist der Bauherr nicht verpflichtet, dem Planer Honorarvorschüsse, Abschlagszahlungen oder sonstige Sicherstellung zu leisten.[185] 8.189

C. Das Rückbehaltungsrecht des Bauherrn

a. Überblick

1. Die Frage, ob der Bauherr die Bezahlung von Honorar und Auslagenersatz zurückbehalten darf, stellt sich nur dann, wenn der Anspruch des Planers überhaupt fällig ist. Haben die Parteien keine Vereinbarung über die Fälligkeit des Honorars getroffen, so wird der Anspruch erst mit Abschluss der Hauptarbeiten fällig (Rz. 8.184). Haben die Parteien Abschlagszahlungen vereinbart, so ist die Vergütung bis zum Abschluss derjenigen Leistungen, für die sie eine Abschlagszahlung vereinbart haben, nicht fällig. Solange das Planerhonorar nicht fällig ist, kann sich der Bauherr auf die Vorleistungspflicht des Planers berufen und die Zahlung verweigern.[186] Er benötigt dafür kein besonderes Rückbehaltungsrecht. Ist umgekehrt der Bauherr vorleistungspflichtig (bei vereinbarten Vorauszahlungen), bleibt für ein Rückbehaltungsrecht kein Raum; vielmehr kann der Planer seine Leistung verweigern, bis der Bauherr bezahlt oder Bezahlung angeboten hat. 8.190

2. Das Rückbehaltungsrecht des Bauherrn wird daher nur **in vier Fällen** aktuell: 8.191

a. Bei erbrachter Hauptleistung, aber *ausstehenden Dokumentations- und Garantiearbeiten:* Haben die Parteien keine Vereinbarung über die Fälligkeit des Honorars getroffen, wird das ganze Honorar mit Ablieferung bzw. Abschluss der Hauptarbeiten (Rz. 8.184) zur Zahlung fällig, auch wenn die «Dokumentation über das Bauwerk» noch nicht erstellt ist und die «Leitung der Garantiearbeiten» noch aussteht (Grundleistungen nach Art. 4.53 SIA 102).[187] Trotz Fälligkeit darf der Bauherr einen angemessenen Teil des Honorars nach 8.192

[184] Diese beruht auf Vertrag und nicht auf ungerechtfertigter Bereicherung; BGE 130 III 504/512 E. 6.4; 126 III 119/123 E. 3e; BGer 4A_89/2012 vom 17. Juli 2012 E. 3.2.2; 4C.267/2001 vom 19. Dezember 2001 E. 1; siehe die Anm. von Gauch zu KGer GR vom 8. Januar 1990 (= BR/DC 1992, S. 38, Nr. 72) sowie zu BGE 107 II 220 (= BR/DC 1982, S. 58, Nr. 53); Gauch/Schluep/Schmid, OR AT, Rz. 1508.

[185] Fellmann, Berner Kommentar, N 480 zu Art. 394 OR; vgl. Gauch, Werkvertrag, Rz. 1162 ff.; Krauskopf-Forero/Siegenthaler, Architektur- und Bauingenieurverträge, Rz. 8.66; Weber, Basler Kommentar, N 10 zu Art. 402 OR; Werro, Commentaire romand, N 8 zu Art. 402 OR.

[186] Weber, Berner Kommentar, N 150 zu Art. 82 OR.

[187] Haben die Parteien die SIA-Ordnung 102 übernommen, so sind allerdings 1,5% des Honorars noch nicht zur Zahlung fällig. Vgl. Rz. 8.183, Fn. 174.

Zur Übergangslösung für die Honorarberechnung nach den SIA-Ordnungen 102 und 103 siehe Rz. 8.148 ff.

Art. 82 OR zurückbehalten, wenn ihm die Dokumentation über das Bauwerk noch nicht übergeben wurde oder wenn er gegenüber dem Planer bereits einen Anspruch auf Leitung der Nachbesserungsarbeiten hat und dieser Anspruch fällig ist.[188] Die blosse Möglichkeit, dass Mängel am Bauwerk eintreten könnten, die ein Mitwirken des Planers bei deren Behebung erforderlich machen würden, begründet noch kein Rückbehaltungsrecht.

8.193 **b.** Bei Weigerung des Planers, *Rechenschaft* abzulegen:[189] Meistens geht es dabei um die Vorlage einer detaillierten und prüfbaren Honorarrechnung inklusive einer Rechnung für Auslagenersatz.[190] Hat der Bauherr dem Planer (nebst Abschlagszahlungen für das Honorar) für die Erfüllung des Auftrags Geld übergeben oder hat der Planer im Rahmen seines Auftrags auf Rechnung des Bauherrn Geld einzunehmen oder auszugeben, muss der Planer darüber abrechnen.[191] Kommt der Planer seiner Pflicht zur Rechenschaftsablegung – hinsichtlich der er vorleistungspflichtig ist[192] – nicht nach, so steht dem Bauherrn ein Rückbehaltungsrecht zu. Dieses stützt sich wegen des fehlenden Austauschverhältnisses nicht auf Art. 82 OR, sondern auf das allgemeine, obligatorische Rückbehaltungsrecht (Retentionsrecht).[193]

8.194 **c.** Bei Weigerung des Planers, die ihm zugekommenen und von ihm geschaffenen *Gegenstände herauszugeben:* Der Planer ist zur Herausgabe der ihm in Ausführung des Auftrags zugekommenen Unterlagen (z.B: Regierapporte) und Pläne (der Spezialisten, der Unternehmer) und der von ihm in Erfüllung des Auftrags geschaffenen Gegenstände (Kopien der von ihm geschaffenen Pläne,[194] Kostenvoranschlag, Ausmassprotokolle, Revisionspläne usw.) verpflichtet.[195] Handelt es sich bei den vom Planer geschaffenen Gegenständen um Ergebnisse seiner Hauptleistungspflicht (so beim Planungsvertrag das Vorprojekt und das Bauprojekt), zählt die Übergabe der entsprechenden Unterlagen zur Hauptleistungspflicht, hinsichtlich welcher der Planer ohnehin vorleistungspflichtig ist,[196] weshalb das Honorar vor der Übergabe dieser Unterlagen gar nicht zur Zahlung fällig ist.[197] Die Frage des Rückbehaltungsrechts stellt sich somit nur für die Herausgabe derjenigen Unterlagen, die das Ergebnis einer Nebenleistungspflicht sind. Dann aber steht es dem Bauherrn gestützt auf das obligatorische Rückbehaltungsrecht (Retentionsrecht) zu.[198]

---

[188] Aebi-Mabillard, La rémunération, Rz. 1352 ff.; Weber, Berner Kommentar, N 127 ff. zu Art. 82 OR; Simmen, Einrede des nicht erfüllten Vertrags, S. 50 ff.

[189] Fellmann, Berner Kommentar, N 13 ff. zu Art. 400 OR.

[190] Fellmann, Berner Kommentar, N 50 ff. zu Art. 400 OR; Hess, KommSIA 102/103/108, N 5 ff. zu Art. 1.13; Weber, Basler Kommentar, N 7 f. zu Art. 400 OR.

[191] Fellmann, Berner Kommentar, N 35 ff. zu Art. 400 OR.

[192] Fellmann, Berner Kommentar, N 60 ff. zu Art. 400 OR.

[193] Fellmann, Berner Kommentar, N 485 zu Art. 394 OR und N 186 ff. zu Art. 400 OR.

[194] Zum Eigentumsrecht daran vgl. Rz. 19.12 ff.

[195] Fellmann, Berner Kommentar, N 113 ff. zu Art. 400 OR.

[196] Fellmann, Berner Kommentar, N 190 zu Art. 400 OR.

[197] So auch in Bezug auf Leistungen, die Gegenstand von Akontozahlungen sind.

[198] Fellmann, Berner Kommentar, N 485 zu Art. 493 OR und N 186 ff. zu Art. 400 OR.

Zur Übergangslösung für die Honorarberechnung nach den SIA-Ordnungen 102 und 103 siehe Rz. 8.148 ff.

d. Ist die Planung mangelhaft und verlangt der Bauherr vom Planer deren *Verbesserung,* so ist der Bauherr berechtigt, einen Teil der Vergütung zurückzubehalten. Grundlage ist Art. 82 OR, weil zwischen dem Nachbesserungsanspruch des Bauherrn und dem Vergütungsanspruch des Planers ein Austauschverhältnis besteht.[199] Verzichtet der Bauherr auf Nachbesserung (weil die Schlechterfüllung durch Nachbesserung überhaupt nicht oder nicht mehr zeitgerecht behoben werden könnte) oder kommt der Planer seiner Nachbesserungspflicht nicht nach und ist er dazu auch nicht verpflichtet (weil die Nachbesserung unverhältnismässig wäre oder weil die fragliche Leistung dem Auftrags- und nicht dem Werkvertragsrecht untersteht), entfällt ein Rückbehaltungsrecht des Bauherrn. Hingegen kann er wegen dieser Schlechterfüllung das Honorar mindern (Rz. 8.177) oder – wenn er schon zu viel Honorar bezahlt hat – den Überschuss zurückverlangen.[200] 8.195

b. Schranken des Rückbehaltungsrechts

1. Das Rückbehaltungsrecht des Bauherrn wird durch den **Grundsatz von Treu und Glauben** beschränkt.[201] Dieser Grundsatz bezieht sich sowohl auf das Verhalten des Bauherrn als auch auf dasjenige der Unternehmer und anderer am Bau beteiligter Dritter. Verweigert ein Unternehmer die Nachbesserung, zieht sich die Nachbesserung in die Länge, tauchen nach der Garantieabnahme der offenen Mängel versteckte Mängel auf usw., so bleibt für das Rückbehaltungsrecht nach Art. 82 OR kein Platz, es sei denn, es treffe den Planer ein Mitverschulden. Von Bedeutung ist der Grundsatz von Treu und Glauben auch in Bezug auf die *Höhe* des zurückzubehaltenden Betrags. Der Bauherr darf nur so viel zurückbehalten, als erforderlich ist, um das Tätigwerden des Planers «ausgiebig zu sichern und darüber hinaus angemessenen Druck» auszuüben.[202] Wie die Praxis zeigt, ist das Rückbehaltungsrecht vor allem in Bezug auf die Nachbesserung von grosser Bedeutung, weil das Interesse von Planern an der Leitung der oft unangenehmen Garantiearbeiten zuweilen nur noch schwach ausgebildet ist. 8.196

2. Eine weitere Schranke ergibt sich aus **Art. 1.4.1 SIA 102/103.** Dieser Bestimmung zufolge ist der Bauherr, der von seinem Planer Schadenersatz verlangt, nicht berechtigt, die «Bezahlung von Rechnungen des Beauftragten zu verweigern oder die entsprechenden Forderungen mit den Forderungen des Beauftragten zu verrechnen» – dies unter der Bedingung, dass der Planer die «Forderung des Auftraggebers sicherstellt» (Art. 1.4.1 SIA 102/103). Die Einschränkung greift namentlich dann, wenn der Bauherr bei seinem Planer, der durch einen Planungs- oder einen Bauleitungsfehler einen Mangel am Bauwerk verursacht hat, auf Ersatz eines Mangelfolgeschadens dringt.[203] 8.197

---

199 Gauch, Werkvertrag, Rz. 2366 ff.; Weber, Berner Kommentar, N 98 zu Art. 82 OR.

200 Gmür, Die Vergütung, Rz. 302.

201 Weber, Berner Kommentar, N 192 ff. zu Art. 82 OR.

202 Gauch, Werkvertrag, Rz. 2387 ff.; Weber, Berner Kommentar, N 8 f. zu Art. 82 OR. Zur Höhe des Betrags vgl. auch Koller A., Das Nachbesserungsrecht, Rz. 317 f.

203 Siegenthaler, Neue SIA-Ordnungen 102/103, S. 34.

Zur Übergangslösung für die Honorarberechnung nach den SIA-Ordnungen 102 und 103 siehe Rz. 8.148 ff.

c. Rückbehaltungsrecht und vorzeitige Vertragsauflösung

8.198 **1.** Kein Austauschverhältnis im strengen Sinne liegt zwar vor, wenn der Austausch der Leistungen nicht mehr im Hinblick auf die Erfüllung, sondern (zu Liquidationszwecken) im Anschluss an eine vorzeitige Auflösung des Planervertrags erfolgt. Nach herrschender Lehre aber ist **Art. 82 OR** auf Abwicklungsverhältnisse **analog anzuwenden.**[204] Mit der Vertragsauflösung erlischt die Vorleistungspflicht des Planers, sodass die beidseitigen Leistungen Zug um Zug, d.h. *gleichzeitig,* zu erfüllen sind. Der Bauherr kann seinen Anspruch auf Herausgabe der vom Planer geschaffenen Unterlagen und Plankopien und der ihm übergebenen Akten (Unternehmerofferten, Rechnungen) nicht durchsetzen, ohne die Vergütung zu bezahlen. Umgekehrt kann der Planer die Bezahlung der Vergütung nicht verlangen, ohne die Gegenleistungen zu erbringen.[205] Vergütung und Herausgabe stehen in einem Austauschverhältnis.

8.199 **2.** Kann der Bauherr wegen der Schlechterfüllung durch den Planer das *Honorar mindern* (Rz. 8.177) und/oder steht ihm *Schadenersatz* (Rz. 9.158 ff.) zu, kann er unter den Voraussetzungen der Art. 120 ff. OR *verrechnen.*[206] In diesem Falle besteht das Austauschverhältnis (mit dem daraus fliessenden Zug-um-Zug-Prinzip) zwischen der Herausgabepflicht des Planers einerseits und der durch Verrechnung reduzierten Vergütungspflicht des Bauherrn anderseits. Reduziert sich die Vergütungspflicht infolge der Verrechnung auf null, so entfällt die Einrede des Planers, da seiner Herausgabepflicht keine Vergütungspflicht mehr gegenübersteht. Zu beachten ist, dass Art. 1.4.1 SIA 102/103 dem Bauherrn ein Verrechnungsverbot auferlegt, wenn der Planer die «Forderung des Auftraggebers sicherstellt». Die Bestimmung ist so auszulegen, dass dem Planer nur eine kurze Frist bleibt, um die nötige Sicherstellung zu leisten, ansonsten der Bauherr ungeachtet des Art. 1.4.1 SIA 102/103 zur Verrechnung befugt ist.

8.200 **3.** Ob sich der Herausgabeanspruch des Bauherrn im Verfahren für Rechtsschutz in klaren Fällen (Art. 257 ZPO) durchsetzen lässt, hängt von den Umständen ab. Sind die Verhältnisse nicht ausreichend liquid, so besteht eine Vermittlungslösung darin, dass der Bauherr für den behaupteten Vergütungsanspruch des Planers Sicherheit leistet. Dies ist eine praktische Lösung, die den Interessen beider Parteien Rechnung trägt, einen Verspätungsschaden verhindern kann und beiden Parteien Zeit für die Bereinigung der gegenseitigen Geldforderungen lässt.[207]

---

[204] BGE 111 II 195/197 E. 3; 94 II 263/267 E. 3a; FELLMANN, Berner Kommentar, N 485 zu Art. 394 OR und N 186 ff. zu Art. 400 OR; GAUCH/SCHLUEP/EMMENEGGER, OR AT, Rz. 2219; SIMMEN, Einrede des nicht erfüllten Vertrags, S. 41 und 116; WEBER, Berner Kommentar, N 15 zu Art. 82 OR.

[205] BGE 94 II 263/267 E. 3a.

[206] Vgl. GAUCH, Werkvertrag, Rz. 2371.

[207] Mit Bedenken SIMMEN, Einrede des nicht erfüllten Vertrags, S. 112.

Zur Übergangslösung für die Honorarberechnung nach den SIA-Ordnungen 102 und 103 siehe Rz. 8.148 ff.

D. Die Zahlungsmodalitäten nach den SIA-Ordnungen 102/103

Die SIA-Ordnungen 102 und 103 enthalten einige wenige Bestimmungen über die Zahlungsbedingungen und die Abrechnung der Vergütung. Sie gelten sowohl für das Honorar als auch für den Ersatz der Auslagen (also der «zusätzlichen Kostenelemente»).[208] 8.201

a. Anspruch auf Abschlagszahlungen und deren Fälligkeit

1. Der Planer hat nach Art. 1.3.4 SIA 102/103 Anspruch auf Abschlagszahlungen. 8.202 Obwohl von der Fälligkeit nicht ausdrücklich die Rede ist,[209] begründet diese Bestimmung auch das Recht des Planers, durch einseitige Erklärung die Fälligkeit der entsprechenden Forderung herbeizuführen.[210] So wird seine Forderung **mit Eingang des Zahlungsbegehrens** beim Bauherrn **fällig.**[211] Alsdann hat die Zahlung «innerhalb von dreissig Tagen nach Erhalt» der Rechnungen zu erfolgen (Art. 1.4.1 SIA 102/103). Diese Bestimmung schiebt die Fälligkeit nicht hinaus, berechtigt aber den Bauherrn, die «an sich» fällige Zahlung bis zum Ablauf der Frist einredeweise zu verweigern.[212] Damit wird auch der Verjährungsbeginn bis zum Ablauf der Zahlungsfrist aufgeschoben (Rz. 8.208).[213] Die Bestimmung stellt gleichzeitig klar, bis zu welchem Tag der Bauherr die Rechnung spätestens zu bezahlen hat. Das Ende der 30-tägigen Zahlungsfrist stellt somit einen *Verfalltag* gemäss Art. 102 Abs. 2 OR dar,[214] sodass der Bauherr mit Ablauf der Frist (also ohne Mahnung) in Verzug gerät, wenn er nicht fristgerecht bezahlt hat. Ob diese Regel für eine nur global zustimmende und erst noch rechtsunkundige Partei verbindlich ist, lässt sich hier nicht klären (Rz. 1.108).

2. Der Eintritt der Fälligkeit bei der Abschlagszahlung wird insoweit objektiviert, als das 8.203 Zahlungsbegehren des Planers voraussetzt, dass er bereits Leistungen erbracht hat. Dann aber soll er berechtigt sein, für mehr als 90% der erbrachten Leistungen Abschlagszahlungen zu verlangen, indem Art. 1.3.4 SIA 102/103 von «mindestens 90%» spricht.[215] Im Gegensatz zur SIA-Norm 118 (Art. 144 Abs. 1) wird das Zahlungsbegehren zeitlich nicht

[208] Wie aus Art. 5.1.2 SIA 102/103 hervorgeht; so auch Hess, KommSIA 102/103/108, N 1 zu Art. 1.13.
[209] Im Gegensatz zu Art. 190 SIA 118.
[210] Weber, Berner Kommentar, N 68 zu Art. 75 OR.
[211] Anders Aebi-Mabillard, La rémunération, Rz. 1328.
[212] Vgl. Gauch, Werkvertrag, Rz. 1179 (zur SIA-Norm 118).
[213] Vgl. Gauch, Werkvertrag, Rz. 1179 und 1166 sowie seine Anm. zu KGer SG vom 9. März 1984 (= BR/DC 1986, S. 13, Nr. 2).
[214] Schenker, Der Architekt als Hilfsperson des Bauherrn, Rz. 75f. und 175, vgl. auch Rz. 168; a.M. Hess, KommSIA 102/103/108, N 4 zu Art. 1.13.
[215] Nach Hess, KommSIA 102/103/108, N 18 zu Art. 1.13, sind Akontozahlungen von mehr als 90% «absolut unüblich», sodass der Planer grundsätzlich nur Akontozahlungen von maximal 90% verlangen dürfe.

Zur Übergangslösung für die Honorarberechnung nach den SIA-Ordnungen 102 und 103 siehe Rz. 8.148ff.

näher (z.B. nach Monaten oder anderen Perioden) bestimmt, sondern in das Belieben des Planers gestellt, der sich dabei aber an Treu und Glauben auszurichten hat.[216]

8.204 **3.** Die dargestellte Regelung über Fälligkeit und Verfalltag gilt nicht nur für Abschlagszahlungen, sondern für alle Rechnungen des Planers. Was das nach Leistung von Abschlagszahlungen verbleibende «restliche Honorar» anbelangt, so wird dieses mit dem «Eintreffen der Schlussabrechnung» beim Bauherrn fällig (Art. 1.3.4 SIA 102/103), womit der Planer es in der Hand hat, diesen Fälligkeitstermin herbeizuführen.

b. Sicherstellung und Vorauszahlung

8.205 Nach Art. 1.4.4 SIA 102/103 (2003) konnte der Planer noch «Sicherstellung seines Honorars oder angemessene Vorauszahlung verlangen». In Abweichung vom Gesetz hatte er darauf einen vertraglichen Anspruch.[217] In den aktuellen SIA-Ordnungen 102 und 103 ist davon nicht länger die Rede, weshalb auch kein Anspruch mehr besteht – und dies, obschon der Titel zu Art. 1.3.4 SIA 102/103 unverändert eine Regel zu «Abschlagszahlungen, Sicherstellung, Vorauszahlung» ankündigt.

c. Arbeitseinstellung bei Zahlungsverweigerung

8.206 Nach Art. 1.3.5 SIA 102/103 kann der Planer die Arbeiten einstellen, solange der Auftraggeber Zahlungen vertragswidrig nicht leistet. Mit dieser Regel nehmen die SIA-Ordnungen 102 und 103 einen Gedanken auf, der schon aufgrund des Art. 82 OR zum Tragen kommen würde.[218]

d. Fälligkeit und Garantiearbeiten

8.207 Die Leitung der Garantiearbeiten *vor Ablauf der zweijährigen Rügefrist* zählt nach dem Leistungsbeschrieb zu den Grundleistungen und macht 1,5% der Gesamtleistungen aus (Art. 4.53 SIA 102 und Art. 7.7 SIA 102-K [= *a*Art. 7.7 SIA 102]). Das Honorar für diese Teilleistung ist erst dann fällig, wenn sie tatsächlich erbracht worden ist (Art. 1.3.4 SIA 102/103).[219]

---

216 Gmür, Die Vergütung, Rz. 289 mit Verweis auf Weber, Berner Kommentar, N 75 zu Art. 75 OR.

217 Nach Hess, KommSIA 102/103/108, N 27 zu Art 1.13, vermag diese Bestimmung aus sich heraus kein Recht zu begründen, Sicherstellung oder Vorauszahlung zu verlangen.

218 Siegenthaler, Neue SIA-Ordnungen 102/103, S. 32.

219 Egli, Revidierte SIA-Ordnungen, S. 70. Unter der SIA-Ordnung 102 (1984) war die Fälligkeit von 10,9% des Honorars entsprechend aufgeschoben, sofern sich die Akontozahlungen an den Planer auf 90% beliefen; dazu: Egli, Die revidierten SIA-Honorarordnungen 102 und 103, S. 114; ders., Architektenrecht 1995, Rz. 1121 f.; Hess, KommSIA 102/103/108, N 22 zu Art. 1.13.

Zur Übergangslösung für die Honorarberechnung nach den SIA-Ordnungen 102 und 103 siehe Rz. 8.148 ff.

4. Die Verjährung

Der Anspruch des Planers auf Honorar und Auslagenersatz verjährt mit Ablauf von 10 Jahren ab Fälligkeit (vgl. Rz. 8.178 ff.).[220] Das gilt auch für den werkvertraglich verorteten Planungsvertrag und bei einem Gesamtvertrag.[221] Werden verschiedene Teile der geschuldeten Vergütung aufgrund von Vereinbarungen zu verschiedenen Zeiten fällig (bei Voraus-, Teil- oder Abschlagszahlungen), so läuft die 10-jährige Verjährung für jeden Vergütungsteil ab Eintritt seiner Fälligkeit,[222] bei Übernahme der SIA-Ordnungen 102 und 103 mit Ablauf von 30 Tagen ab Erhalt der entsprechenden Rechnung.[223] 8.208

220 BGE 98 II 184; siehe auch die Anm. von Gauch zu KGer SG vom 9. März 1984 (= BR/DC 1986, S. 13, Nr. 2); Aebi-Mabillard, La rémunération, Rz. 1368 und 1383.

221 Gauch, Werkvertrag, Rz. 1284 und 1298; Hürlimann/Siegenthaler, Handkommentar Privatrecht, N 10 zu Art. 372 OR.

222 Gauch, Werkvertrag, Rz. 1298a.

223 Art. 1.4.1 SIA 102/103. Vgl. zur SIA-Norm 118: Gauch, Werkvertrag, Rz. 1179, 1166; a.M. Hess, KommSIA 102/103/108, N 13 zu Art. 1.8.

Zur Übergangslösung für die Honorarberechnung nach den SIA-Ordnungen 102 und 103 siehe Rz. 8.148 ff.

§ 9 Die Haftung für die Planung

Beat Denzler / Michael Hochstrasser

Inhaltsverzeichnis

I. Einleitung[1]

1. Inhalt der Planungsleistungen

9.1 **1.** Welche Leistungen der Planer erbringen muss, ergibt sich aus dem konkreten Vertrag (Rz. 1.30). Der Planer kann sich zum Beispiel verpflichten, lediglich die Statik eines Bauvorhabens zu prüfen, die Pläne für ein Baugesuch zu zeichnen oder auch die Gesamtplanung eines komplexen Projekts zu übernehmen. Die einzelnen Leistungen sind deshalb im Vertrag festzulegen, sei es individuell oder in Allgemeinen Geschäftsbedingungen.

9.2 **2.** Dem Planervertrag werden häufig die SIA-Ordnungen 102 (Architektinnen und Architekten) und 103 (Bauingenieure und Bauingenieurinnen) zugrunde gelegt,[2] die folgende Phasen vorsehen:

9.3 – Die **strategische Planung** (Phase 1) soll die Bedürfnisse, Ziele und Rahmenbedingungen definieren und Lösungsstrategien festlegen. Der Planer klärt die Bedürfnisse des Bauherrn und analysiert die Problemstellung; er tätigt unter anderem Vorabklärungen bei Behörden, zeigt Risiken und alternative Vorgehensweisen auf.

9.4 – Im Rahmen der **Vorstudien** (Phase 2) geht es zunächst darum, das Vorgehen und die Organisation festzulegen sowie die Machbarkeit nachzuweisen (Teilphase 21). In einer zweiten Teilphase (22) soll der Anbieter bzw. das Projekt ausgewählt werden, das den Anforderungen am besten entspricht. Der Planer beschafft in Phase 2 die notwendigen Daten und führt Machbarkeitsstudien durch.

9.5 – Die **Projektierung** (Phase 3) umfasst die Teilphasen Vorprojekt (31; der Planer entwickelt Konzepte und Lösungen, er klärt die Kosten ab, stellt Zeitpläne auf und entwirft Pläne), Bauprojekt (32; Konzepte bereinigen, Pläne im vorgeschriebenen Massstab ausarbeiten) und Bewilligungsverfahren (33; Unterlagen für das Baugesuch erstellen, Kosten und Termine bereinigen).

9.6 – Bei der **Ausschreibung** (Phase 4) erstellt der Planer unter anderem die Ausschreibungsunterlagen, vergleicht und bereinigt die Angebote und erstellt den Vergabeantrag.

---

1 Der vorliegende Beitrag ist ausgerichtet auf Architekten und Ingenieure, die Leistungen im Umfeld eines Bauprojekts erbringen. Aus diesem Grund wird der Vertragspartner des Planers als «Bauherr», das Projekt als «Bauwerk» bezeichnet. Die Ausführungen in diesem Beitrag gelten indessen auch für andere Planer, zum Beispiel Maschineningenieure etc.
Wir haben uns bemüht, die Thematik eigenständig darzustellen, namentlich auch für Leserinnen und Leser ohne juristischen Hintergrund. Für eine vertiefte Auseinandersetzung mit juristischen und dogmatischen Fragen lohnt sich weiterhin ein Blick in die Abhandlung bei SCHUMACHER, Architektenrecht 1995, S. 113 ff.

2 Vgl. im Übrigen die Leistungsbeschriebe in den SIA-Ordnungen 105 (Landschaftsarchitektinnen und Landschaftsarchitekten), 108 (Ingenieurinnen und Ingenieure der Bereiche Gebäudetechnik, Maschinenbau und Elektrotechnik) und 110 (Raumplanerinnen und Raumplaner). Die SIA-Ordnungen sind allgemeine Geschäftsbedingungen (BGer 4A_86/2011 vom 28. April 2011 E. 6.1).

- Von der **Realisierung** (Phase 5) gehört die Ausführungsplanung (Teilphase 51) noch zu den Planungsleistungen. Dabei überprüft der Planer insbesondere die Pläne der Unternehmer; er stellt den Zahlungsplan und den definitiven Terminplan auf und verfasst allenfalls die Verträge mit den Unternehmern. Auch einzelne Elemente der gestalterischen Leitung (als Teil der Ausführung, Teilphase 52) lassen sich noch zur Planung zählen. 9.7

3. Unterteilt man den ganzen Planungs- und Bauablauf in Planung einerseits und Bauleitung andererseits, lassen sich die Planungsleistungen negativ definieren als alle jene Leistungen des Architekten oder Ingenieurs, die nicht zur Bauleitung gehören. In unserem Beitrag behandeln wir die Haftung für Planungsleistungen. Die Haftung für fehlerhafte Bauleitung wird im Beitrag von LOCHER (Rz. 10.164 ff.), die Haftung für unzureichende Kosteninformation in jenem von SIEGENTHALER (Rz. 11.35 ff.) behandelt. Von der Haftung, die den Planer in seiner Funktion als Sachverständigen treffen kann, ist bei HÜRLIMANN die Rede (Rz. 14.168 ff. und 14.235 ff.). 9.8

2. Auf die Planungsleistungen anwendbares Recht

A. Im Allgemeinen

1. Ob der Planervertrag rechtlich als **Werkvertrag** oder als **Auftrag** zu qualifizieren ist, wird im Schrifttum heftig und kontrovers diskutiert. Nicht-Juristen mag erstaunen, dass Planer-«Aufträge» nicht automatisch dem Auftragsrecht unterstehen. Sie müssen sich mit der juristischen Figur des «*Geist-Werkvertrags*» vertraut machen (Rz. 1.31).[3] Das Bundesgericht hat sich für folgenden Ansatz entschieden: Wer Pläne oder Submissionsunterlagen erstellt oder wer projektiert, erbringt werkvertragliche Leistungen. Wer hingegen die Bauleitung übernimmt, Arbeiten vergibt, Bauwerke prüft oder die Mängelbeseitigung überwacht, soll dem Auftragsrecht unterstehen (Rz. 1.44 ff., 1.47 f. sowie 10.24 f.).[4] Auch die Ausarbeitung eines Kostenvoranschlags qualifiziert das Bundesgericht heute als Auf- 9.9

3 Gegenstand eines Werkvertrags können nicht nur körperliche, sondern auch unkörperliche – geistige – Werke (z.B. wissenschaftliche oder künstlerische Leistungen) sein. Eingehend GAUCH, Werkvertrag, Rz. 25 ff.

4 BGE 134 III 361/363 E. 5.1 (= BR/DC 2009, S. 58, Nr. 123, mit Anm. STÖCKLI); 130 III 362/365 E. 4.1 (= BR/DC 2004, S. 179, Nr. 482, mit Anm. WERRO/PICHONNAZ); 127 III 543/545 E. 2a (= BR/DC 2002, S. 90, Nr. 212, mit Anm. WERRO); 114 II 53/55 E. 2b (= BR/DC 1989, S. 16, Nr. 6, mit Anm. GAUCH); 110 II 380/382 E. 2 (= BR/DC 1985, S. 56, Nr. 42, mit Anm. GAUCH); 109 II 462/464 E. 3b (= BR/DC 1985, S. 14, Nr. 3, mit Anm. GAUCH); vgl. auch die Zusammenstellung bei ZINDEL/PULVER/SCHOTT, Basler Kommentar, N 17 zu Art. 363 OR. Nach HGer ZH HG120223 vom 27. August 2015 E. 5.3.6.1 (= BR/DC 2016, S. 357, Nr. 658, mit Anm. SIEGENTHALER) sind die Leistungen gemäss Art. 4.51 SIA 102 (Teilphase «Ausführungsplanung») zum Teil werkvertraglicher (insb. Erstellen von Werk- und Detailplänen) und zum Teil auftragsrechtlicher Natur (insb. die Auswahl der Materialien und Konstruktionen mit dem Bauherrn).

trag, nachdem es früher noch einen Werkvertrag angenommen hatte (Rz. 1.35).[5] Den Gesamtvertrag qualifiziert das Bundesgericht als gemischten Vertrag (Rz. 1.49 und 9.17 ff.).

9.10 **2.** Schon diese knappe Aufzählung zeigt, dass es keine gleichsam mathematischen Kriterien gibt, Planungsleistungen der einen oder anderen Vertragskategorie zuzuordnen. Als Faustregel mag gelten, dass jene Leistungen werkvertraglich sind, deren Resultat klar fassbar ist (z.B. das Zeichnen eines Bauplans), während dem Auftragsrecht konzeptionelle Arbeiten zuzuordnen sind, die sich an einem Ziel ausrichten, sich aber nicht planscharf erfassen lassen (z.B. die Projektleitung).

9.11 An sich könnte man sich sehr wohl fragen, ob es klug (und richtig) ist, Planerverträge je nach Ausprägung Werkvertragsrecht oder Auftragsrecht oder mitunter gar beiden Vertragstypen zu unterstellen. Unseres Erachtens wäre es mehr als nur vertretbar und gewiss auch der Rechtssicherheit zuträglich, die Planerverträge generell dem Auftragsrecht zu unterstellen.[6] Der «Geist-Werkvertrag» bleibt eben im Grunde ein juristischer Homunkulus. Das Bundesgericht wird seine Praxis wohl vor allem deshalb nicht ändern, weil es das Recht, den Auftrag jederzeit aufzulösen (Art. 404 Abs. 1 OR), für zwingend erachtet (Rz. 2.101 ff.).[7] Gäbe es diese Praxis auf, könnte man den «Geist-Werkvertrag» getrost begraben, könnte das Werkvertragsrecht auf körperliche Werke und das Auftragsrecht auf Dienstleistungen, mithin auf sämtliche Planungsleistungen angewendet werden.[8]

9.12 **3.** Das Problem der rechtlichen Qualifizierung der Planerverträge soll an dieser Stelle nicht weiter vertieft werden. Genüge es, festzuhalten, dass auf einen Grossteil der Planungsleistungen gemäss der bundesgerichtlichen Rechtsprechung grundsätzlich Werkvertragsrecht anzuwenden ist. Dies gilt auch für die Haftung. In den nachstehenden Aus-

---

5 BGE 134 III 361/365 E. 6.2.3 f. (= BR/DC 2009, S. 58, Nr. 123, mit Anm. Stöckli); BGer 4A_89/2017 vom 2. Oktober 2017 E. 4 (= BR/DC 2018, S. 186, Nr. 295, mit Anm. Werro); anders noch BGE 114 II 53/55 E. 2b (= BR/DC 1989, S. 16, Nr. 6, mit Anm. Gauch); 110 II 380/382 E. 2 (= BR/DC 1985, S. 56, Nr. 42, mit Anm. Gauch).

6 Für die ausschliessliche Anwendung von Auftragsrecht auch Hess-Odoni, Bauhaftpflicht, Rz. 580 ff. Vgl. auch HGer SG HG.2008.127 vom 23. März 2010 (= BR/DC 2010, S. 58, Nr. 129, mit Anm. Stöckli). Das Handelsgericht beurteilte die Haftungsfragen bei einem Gesamtvertrag mit einem Ingenieur einheitlich nach Auftragsrecht. Erwägung 10 enthält Gedanken, die unseres Erachtens auch für den Planer, der lediglich Planungsleistungen erbringt, zutreffen: «Indessen ist der Kern der geistigen Arbeits- bzw. Dienstleistung des Ingenieurs als solcher nicht das Resultat, das im Plan verkörpert ist, sondern die fachlich saubere Beurteilung der bauphysikalischen Verhältnisse von den bodenmechanischen Verhältnissen bis zur eigentlichen Tragkonstruktion. Hier drängt sich – zumal angesichts zahlreicher Unwägbarkeiten – gerade auch bei der Bodenmechanik, dem Baumaterial, den Witterungseinflüssen u.a.m. als Beurteilungskriterium eher die Sorgfalt der Abklärung und der gedanklichen Durchdringung denn die Garantie eines Ergebnisses auf.»

7 BGE 115 II 464/466 E. 2a (= BR/DC 1990, S. 99, Nr. 129, mit Anm. Gauch); 109 II 462/465 E. 3d (= BR/DC 1985, S. 14, Nr. 3, mit Anm. Gauch); BGer 4A_141/2011 vom 6. Juli 2011 E. 2.2.

8 Immer noch grundlegend und überzeugend von Büren, OR BT, S. 123 ff.

führungen behandeln wir die Haftung des Planers daher **primär nach werkvertraglichen Regeln,** weisen aber jeweils auf abweichende Grundsätze des Auftragsrechts hin.

4. Anzumerken ist freilich, dass die **Unterschiede** zwischen dem Auftragsrecht und dem Werkvertragsrecht in Bezug auf die Haftung **nicht derart fundamental** sind, wie man angesichts der lebhaften Diskussionen über die Vertragsqualifikation annehmen könnte:[9] 9.13

a. Zwar wird immer wieder betont, beim Werkvertrag sei ein Erfolg geschuldet, beim Auftrag lediglich sorgfältiges Tätigwerden.[10] Allerdings kennt auch das Werkvertragsrecht eine allgemeine Sorgfaltspflicht (Art. 364 Abs. 1 OR), und auch der Beauftragte muss mit seinem Wissen und Können auf den erwünschten Erfolg hinwirken.[11] Ein Schadenersatzanspruch setzt ferner sowohl nach Auftrags- (Art. 97 Abs. 1 i.V.m. Art. 398 Abs. 2 OR) wie nach Werkvertragsrecht (Art. 368 Abs. 1 und 2 OR) ein Verschulden des Planers voraus; und die verschuldensunabhängigen Rechtsbehelfe des Werkvertragsrechts (Nachbesserung, Minderung und Wandelung) wollen auf den «Geist-Werkvertrag» oft nicht recht passen. 9.14

b. Relevante Unterschiede bestehen vor allem hinsichtlich der strengen Prüfungs- und Rügeobliegenheit im Werkvertragsrecht (Art. 367 Abs. 1 und Art. 370 OR).[12] Ein Unterschied besteht auch bei der Verjährung der Haftungsansprüche: Werkvertragliche Ansprüche verjähren grundsätzlich nach zwei Jahren (Art. 371 Abs. 1 OR), auftragsrechtliche Ansprüche nach zehn Jahren (Art. 127 OR). Bei unbeweglichen Werken freilich verjähren die Ansprüche gemäss Art. 371 Abs. 2 OR nach fünf Jahren, unabhängig davon, ob der Planervertrag dem Werkvertrags- oder dem Auftragsrecht untersteht (Rz. 9.238). 9.15

5. Aufgrund der stets verbleibenden Unsicherheit, ob eine Leistung des Planers der werkvertraglichen oder der auftragsrechtlichen Haftung unterliegt, bleibt den **Parteien** im Grunde nichts anderes übrig, als sich stets **auf den ungünstigsten Vertragstypus auszurichten.** In Bezug auf die Haftung ist der Werkvertrag hinsichtlich der Verjährung und der Verwirkung für den Planer vorteilhaft. Der Bauherr wird daher gut beraten sein, die Arbeitsergebnisse des Planers stets zu prüfen und allfällige festgestellte Mängel umgehend und substanziert zu rügen. Weiter wird sich der kluge Bauherr auf die kürzeste der denkbaren Verjährungsfristen einrichten und vor Ablauf dieser Frist für eine Unterbrechung der Verjährung sorgen. 9.16

---

[9] Zum Ganzen auch SCHUMACHER, Architektenrecht 1995, Rz. 554, 424 und 435.

[10] Statt vieler HUGUENIN, OR AT und BT, Rz. 3133.

[11] BGE 144 III 43/47 ff. E. 3.1.2 und 3.4.3; 120 Ib 411/412 f. E. 4a; VON BÜREN, OR BT, S. 124.

[12] Zur Prüfungs- und Rügeobliegenheit gemäss Art. 367 Abs. 1 OR Rz. 9.208 ff. und 9.212 ff.

B. Bei Vorliegen eines Gesamtvertrags im Besonderen

9.17 **1.** Den **Gesamtvertrag,** der die Planung, die Erstellung des Kostenvoranschlags sowie die Bauleitung umfasst, qualifiziert das Bundesgericht als **gemischten Vertrag** mit auftragsrechtlichen und werkvertraglichen Elementen (Rz. 1.49 ff.).[13]

9.18 **2.** Damit stellt sich die Frage, welchen Regeln die Haftung für Planungsleistungen im Rahmen eines Gesamtvertrags folgt. Ein gewichtiger Teil der Lehre befürwortet die Anwendung von Auftragsrecht (Rz. 1.50 ff.).[14] Nach dem Bundesgericht ist eine Spaltung der Rechtsfolgen möglich. Zum Beispiel könne sich die Haftung für Planungsfehler nach Werkvertrag und die Haftung für eine unsorgfältige Bauleitung nach Auftrag richten.[15] Die Beendigung des Vertrags und die Vergütung will das Bundesgericht jedoch einheitlich nach Auftragsrecht beurteilen.[16]

9.19 **a.** Eine **Spaltung der Rechtsfolgen** kann zwar praktische Probleme mit sich bringen.[17] Entscheidet man sich aber mit dem Bundesgericht dafür, einen gemischten Vertrag anzunehmen, ist es nur konsequent, die Haftung je nach Leistungsteil des Gesamtvertrags den entsprechenden Haftungsbestimmungen zu unterstellen. Die Haftung für fehlerhafte Planungsleistungen richtet sich deshalb grundsätzlich nach Werkvertragsrecht (Art. 367 ff. OR).[18]

---

13 So im Leitentscheid BGE 109 II 462/464 E. 3b (= BR/DC 1985, S. 14, Nr. 3, mit Anm. GAUCH); bestätigt in BGE 134 III 361/363 E. 5.1 (= BR/DC 2009, S. 58, Nr. 123, mit Anm. STÖCKLI); 127 III 543/545 E. 2a (= BR/DC 2002, S. 90, Nr. 212, mit Anm. WERRO); 114 II 53/55 E. 2b (= BR/DC 1989, S. 16, Nr. 6, mit Anm. GAUCH); 110 II 380/382 E. 2 (= BR/DC 1985, S. 56, Nr. 42, mit Anm. GAUCH); BGer 4A_89/2017 vom 2. Oktober 2017 E. 4 (= BR/DC 2018, S. 186, Nr. 295, mit Anm. WERRO); 4A_514/2016 vom 6. April 2017 E. 3.1.1 (= BR/DC 2017, S. 381, Nr. 806, mit. Anm. WERRO); 4C.18/2005 vom 30. Mai 2005 E. 2.1 (= BR/DC 2006 S. 67, Nr. 212, mit Anm. WERRO). Ebenfalls für die Annahme eines gemischten Vertrags ZINDEL/PULVER/SCHOTT, Basler Kommentar, N 18 zu Art. 363 OR.

14 GAUCH, Werkvertrag, Rz. 57 ff.; vgl. auch SCHUMACHER, Architektenrecht 1995, Rz. 397, Fn. 58; HGer SG HG.2008.127 vom 23. März 2010 (= BR/DC 2010, S. 58, Nr. 129, mit Anm. STÖCKLI).

15 BGE 134 III 361/363 E. 5.1 (= BR/DC 2009, S. 58, Nr. 123, mit Anm. STÖCKLI): «è possibile un'applicazione differenziata del diritto a seconda dell'oggetto del litigio»; 109 II 462/465 E. 3d (= BR/DC 1985, S. 14, Nr. 3, mit Anm. GAUCH); BGer 4A_90/2013 vom 10. Juni 2013 E. 3; 4A_55/2012 vom 31. Juli 2012 E. 4.4 (= BR/DC 2012, S. 213, Nr. 396, mit Anm. STÖCKLI); 4A_53/2012 vom 31. Juli 2012 E. 3.4 (= BR/DC 2012, S. 192, mit Anm. SIEGENTHALER); 4A_252/2010 vom 25. November 2010 E. 4.1. Frage offengelassen in BGE 127 III 543/545 E. 2a (= BR/DC 2002, S. 90, Nr. 212, mit Anm. WERRO).

16 BGer 4A_89/2017 vom 2. Oktober 2017 E. 4 (= BR/DC 2018, S. 186, Nr. 295, mit Anm. WERRO); 4A_230/2013 vom 17. September 2013 E. 2; zustimmend GAUCH, Erneut zum Gesamtvertrag, S. 70.

17 GAUCH, Architektenrecht 1995, Rz. 41; DERS., Werkvertrag, Rz. 60; SCHUMACHER, Architektenrecht 1995, Rz. 397, Fn. 58.

18 Vgl. BGer 4A_252/2010 vom 25. November 2010 E. 4.3 in fine, wo das Bundesgericht erwägt, «aus Gründen der Koordination zwischen Ingenieur- und Bauleistung» von einer Spaltung der Rechtsfolgen abzusehen und einheitlich Werkvertragsrecht anzuwenden, «allerdings nur, soweit die An-

b. Dagegen wird eingewendet, es sei dem Bauherrn nicht zuzumuten, bei einer Schlechterfüllung des Planers abzuschätzen, ob sich die Haftung nach Werkvertragsrecht oder Auftragsrecht richte. Auch könne der gleiche Fehler bereits bei der Planung erfolgen und in der Phase der Bauleitung zum Beispiel als Ausführungsanweisung wiederholt werden.[19] Die Einwände verlangen indes nicht, von einer Anwendung des Werkvertragsrechts abzusehen. Der Bauherr ist ohnehin gut beraten, die strengeren Vorgaben des Werkvertragsrechts zu befolgen (Rz. 9.15 f.). 9.20

c. Ein echter juristischer Befreiungsschlag wäre nur zu erreichen, wenn man erstens die Figur des «Geist-Werkvertrags» aufgeben und zweitens die zwingende Natur von Art. 404 Abs. 1 OR auf jene Aufträge beschränken würde, welche (wie z.B. Mandate an Ärzte oder Rechtsanwälte) ein besonderes und persönliches Vertrauensverhältnis voraussetzen.[20] Dann könnten die Planerverträge einheitlich nach Auftragsrecht beurteilt werden. Dazu scheint die Zeit (immer noch) nicht reif. 9.21

3. Begriff der «Haftung»

«Haftung» bedeutet allgemein, dass der Schuldner für die Erfüllung seiner Schuld einstehen muss.[21] Bei der Haftung für die Planung geht es um die Verantwortlichkeit des Planers für Planungsfehler und den dem Bauherrn dadurch verursachten Schaden. Praktisch steht die Schadenersatzpflicht im Vordergrund. 9.22

II. Voraussetzungen der Haftung

1. Werkvertragliche Rechtsbehelfe

Auf die Planungsleistungen ist nach der eben dargestellten bundesgerichtlichen Rechtsprechung Werkvertragsrecht anzuwenden. Ist die Planung mangelhaft, kann der Bauherr die werkvertraglichen Mängelrechte Nachbesserung, Minderung und Wandlung geltend machen (Rz. 9.188 ff.). Diese Rechtsbehelfe bestehen auch ohne Verschulden des Planers. Sie können mit einem Schadenersatzanspruch kombiniert werden, der jedoch wie im Auftragsrecht ein Verschulden des Planers voraussetzt (sogleich Rz. 9.24 ff.). Für die werkvertraglichen Rechtsbehelfe sind die zusätzlichen (negativen) Voraussetzungen der Verwirkung (Rz. 9.200 ff.) und der Verjährung (Rz. 9.229 ff.) zu beachten. 9.23

---

wendung der werkvertraglichen Gewährleistungsregeln mit den strengen Prüfungs- und Rügeobliegenheiten (Art. 367 ff. OR) nicht als unsachgerecht erscheint.»

[19] Schumacher, Architektenrecht 1995, Rz. 397, Fn. 58.

[20] Oder wenn man (noch weitergehend) die zwingende Natur von Art. 404 Abs. 1 OR überhaupt verneinen würde.

[21] Gauch/Schluep/Schmid, OR AT, Rz. 105 ff.

2. Allgemeine Voraussetzungen des Schadenersatzanspruchs

A. Übersicht

9.24 **1.** Nachstehend stellen wir die allgemeinen Voraussetzungen der vertraglichen Schadenersatzpflicht dar. Diese Voraussetzungen gelten grundsätzlich unabhängig davon, ob der Planer für eine Planungsleistung, für die Bauleitung oder für Kosteninformationen haftet. Je nach Anspruchsgrundlage kommen weitere Voraussetzungen hinzu.

9.25 **2.** Der Bauherr hat Anspruch auf Schadenersatz, wenn folgende **Voraussetzungen** kumulativ erfüllt sind:

9.26 – Der Planer verhält sich vertragswidrig (Vertragsverletzung);

9.27 – der Bauherr erleidet einen Schaden;

9.28 – zwischen der Vertragsverletzung und dem eingetretenen Schaden besteht ein (natürlicher und adäquater) Kausalzusammenhang;

9.29 – der Planer ist für den Schaden verantwortlich (in der Regel aus Verschulden).

9.30 **3.** Der Bauherr trägt die **Beweislast** für die Vertragsverletzung (und zwar sowohl für das Bestehen der vertraglichen Pflicht als auch für deren Verletzung), den Schaden und den (natürlichen) Kausalzusammenhang (Art. 8 ZGB).[22] Die Beweislast für das Verschulden ist umgekehrt. Das Verschulden wird vermutet und der Planer muss beweisen, dass ihn kein Verschulden trifft (Art. 97 Abs. 1 OR).

B. Vertragsverletzung

9.31 **1.** Ist Werkvertragsrecht anzuwenden, muss der Planer für den Erfolg der versprochenen Planungsleistung einstehen. Ist Auftragsrecht anwendbar, haftet er nicht für den Erfolg, muss aber immerhin mit seinem Wissen und Können fachgerecht auf den Erfolg hinwirken.[23] Die Unterscheidung Werkvertrag/Auftrag ist damit für die Vertragsverletzung ohne grosse Bedeutung.[24] Die Haftung setzt in beiden Fällen voraus, dass der Planer eine vertragliche Pflicht nicht oder nicht richtig erfüllt hat.

9.32 **2.** Die Vertragsverletzung kann etwa in einer Fehlplanung (insb. der Verletzung der Regeln der Baukunde), der Missachtung einer Weisung des Bauherrn, einer unsorgfältigen Bauleitung, der Missachtung der allgemeinen Sorgfalts- und Treuepflicht oder einer fehlerhaften Berechnung oder Kontrolle der Kosten liegen.

---

22 Zur Beweislast ausführlich SCHUMACHER, Architektenrecht 1995, Rz. 430 ff., 570 f., 573 f. und 583 f.

23 BGE 120 Ib 411/412 f. E. 4a.

24 Vgl. SCHUMACHER, Architektenrecht 1995, Rz. 554, 424 und 435.

C. Schaden

1. Der Schaden ist rechtlich eine unfreiwillige Vermögensverminderung. Er kann in einer Abnahme der Aktiven, in einer Zunahme der Passiven oder in einem entgangenen Gewinn bestehen. Der Schaden entspricht der Differenz zwischen dem gegenwärtigen Vermögensstand und dem Stand, den das Vermögen ohne das schädigende Ereignis hätte (Differenztheorie).[25] 9.33

2. Nach der Differenztheorie sind Schadensposten, die sich nicht in einer Verminderung des Nettovermögens niederschlagen, nicht ersatzfähig. Grundsätzlich keinen ersatzfähigen Schaden stellt daher eine entgangene Nutzungsmöglichkeit oder ein reines Affektionsinteresse dar (Rz. 9.109 ff.). 9.34

3. Zu ersetzen sind alle Schadensarten: reine Vermögensschäden ebenso wie Personen- und Sachschäden. 9.35

D. Kausalzusammenhang

1. Zwischen der Vertragsverletzung und dem Schaden muss ein *natürlicher Kausalzusammenhang* bestehen. Die Vertragsverletzung darf nicht weggedacht werden können, ohne dass auch der eingetretene Erfolg entfiele.[26] 9.36

2. Zudem muss die Vertragsverletzung nach dem gewöhnlichen Lauf der Dinge und nach der allgemeinen Lebenserfahrung geeignet sein, einen Erfolg von der Art des eingetretenen herbeizuführen *(adäquater Kausalzusammenhang)*.[27] Die Adäquanz-Formel ist ein Werturteil. Sie dient dazu, die Haftung auf ein vernünftiges Mass zu begrenzen. Unter allen natürlichen Ursachen gilt es, jene herauszufiltern, die dem Haftpflichtigen fairerweise zuzurechnen sind.[28] 9.37

3. Im Falle einer Unterlassung des Planers ist der hypothetische Kausalverlauf festzustellen. Es ist zu fragen, ob der eingetretene Schaden nach dem gewöhnlichen Lauf der Dinge und der allgemeinen Lebenserfahrung hätte vermieden werden können, wenn die rechtmässige Handlung vorgenommen worden wäre.[29] Bei der Feststellung des hypothetischen Kausalverlaufs fliessen bereits wertende Gesichtspunkte ein, sodass es sich erübrigt, die Adäquanz separat zu prüfen.[30] 9.38

---

[25] BGE 132 III 359/366 E. 4; 129 III 331/332 E. 2.1; 116 II 441/444 E. 3a/aa; Gauch/Schluep/Emmenegger, OR AT, Rz. 2848 f.

[26] BGE 128 III 174/177 E. 2b in fine; Gauch/Schluep/Emmenegger, OR AT, Rz. 2947.

[27] BGE 123 III 110/112 f. E. 3a; BGer 4C.103/2005 vom 1. Juni 2005 E. 5.1; Gauch/Schluep/Emmenegger, OR AT, Rz. 2949.

[28] Gauch/Schluep/Emmenegger, OR AT, Rz. 2948 f.; Huguenin, OR AT und BT, Rz. 889.

[29] Vgl. BGE 132 III 715/718 f. E. 2.3.

[30] BGer 4C.284/2006 vom 7. November 2006 E. 4.4 (= BR/DC 2007, S. 62, Nr. 204, mit Anm. Stöckli); 4C.459/2004 vom 2. Mai 2005 E. 2.1.

9.39 **4.** In der Praxis scheitert die Haftung (bei festgestellter Vertragsverletzung) nur selten am Kausalzusammenhang. Auch das Verhalten des Geschädigten oder eines Dritten vermag den Kausalzusammenhang in der Regel nicht zu beseitigen, mitunter selbst dann nicht, wenn das Verschulden des Geschädigten oder Dritten jenes des Planers übersteigt.[31]

E. Verschulden

9.40 **1.** Der Planer hat den Schaden nur zu ersetzen, wenn ihm die Vertragsverletzung vorzuwerfen ist. Der Schadenersatzanspruch des Bauherrn setzt daher grundsätzlich ein Verschulden des Planers voraus (vgl. Art. 368 Abs. 1 und 2 sowie Art. 97 Abs. 1 OR). Kein (eigenes) Verschulden des Planers ist erforderlich bei der Haftung für seine Hilfspersonen nach Art. 101 OR.[32]

9.41 **2.** Der Planer handelt schuldhaft, wenn sein Verhalten von dem den Umständen angemessenen Durchschnittsverhalten negativ abweicht.[33] Der Schaden als Folge des vertragsverletzenden Verhaltens kann gewollt (Vorsatz, Absicht), in Kauf genommen (Eventualvorsatz) oder sorgfaltswidrig (Fahrlässigkeit) sein;[34] der Planer haftet für jedes Verschulden (Art. 99 Abs. 1 OR).

9.42 **a.** *Praktisch* steht die *Fahrlässigkeit* im Vordergrund. Der fahrlässig handelnde Planer ist sich nicht bewusst, dass er eine Vertragsverletzung begeht und den Bauherrn dadurch (möglicherweise) schädigt. Entweder kennt er die Verhaltenspflicht nicht, gegen die er verstösst (z.B. eine Regel der Baukunde), oder er kennt sie, aber er nimmt nicht wahr, dass er dagegen verstösst (z.B. weil er unaufmerksam ist).[35] Dem Planer ist vorzuwerfen, dass er die nach den Umständen gebotene Aufmerksamkeit nicht beachtet hat und er den Schaden – bei pflichtgemässer Aufmerksamkeit – hätte voraussehen und vermeiden können.[36] Je nach Schweregrad des Verschuldens werden leichte, mittlere und grobe Fahrlässigkeit unterschieden.[37]

---

31 Gauch/Schluep/Emmenegger, OR AT, Rz. 2949. Vgl. aber BGer 4C.284/2006 vom 7. November 2006 E. 4.1 und 4.4 (= BR/DC 2007, S. 61, Nr. 202, mit Anm. Stöckli), in welchem das Bundesgericht die Ausführungen der Vorinstanz schützte, wonach eine ungenügende Abklärung der Bodenbeschaffenheit durch den Planer nicht adäquat kausale Ursache des Schadens gewesen sei, weil eine Rutschung des Hanges bei einer aufmerksamen Bauleitung (die nicht dem Planer oblag) hätte verhindert werden können.

32 Zur Haftung für Hilfspersonen Rz. 9.182 ff. Ebenfalls ohne Verschulden haftet der Planer als Geschäftsherr gemäss Art. 55 OR (Rz. 9.279).

33 Der Vollständigkeit halber sei erwähnt, dass schuldhaft nur handeln kann, wer überhaupt urteilsfähig ist; d.h., das Verschulden hat auch eine subjektive Komponente. Im Bereich des Planervertrags ist diese Thematik freilich kaum je relevant.

34 Gauch/Schluep/Emmenegger, OR AT, Rz. 2963 ff.; Huguenin, OR AT und BT, Rz. 896 ff.

35 Schumacher, Architektenrecht 1995, Rz. 577.

36 Oftinger, Haftpflichtrecht I, § 5 Rz. 48 ff.; BGE 113 II 52/56 E. 3a; 89 II 239/253 E. 10.

37 Statt vieler Gauch/Schluep/Emmenegger, OR AT, Rz. 2969 ff.

b. Die Fahrlässigkeit ist im Zivilrecht *objektiviert.* Persönliche Umstände (z.B. Arbeitsbelastung, Müdigkeit) sind nicht zu beachten. Es geht einzig darum, zu beurteilen, wie sich eine «vernünftige Person» mit entsprechender Ausbildung in derselben Situation verhalten hätte.[38] Der Planer kann sich nicht mit dem Argument entlasten, er habe nicht über die nötigen Kenntnisse verfügt. Verpflichtet sich der Planer zu einer Leistung, obwohl er weiss oder wissen müsste, dass er nicht über das nötige Fachwissen verfügt, trifft ihn ein *Übernahmeverschulden.*[39] 9.43

c. An die Sorgfalt des Planers sind hohe Anforderungen zu stellen.[40] Der Planer muss seine eigenen Fähigkeiten kritisch einschätzen. Verfügt er selber nicht über die erforderlichen Kenntnisse, muss er einen Spezialisten beiziehen.[41] Der Bauherr darf grundsätzlich davon ausgehen, dass der Planer über das nötige Fachwissen verfügt und seine Pflichten nicht vernachlässigt.[42] Die Anforderungen an die Sorgfalt des Planers dürfen indessen nicht überspannt werden. Erteilt ein erfahrener Bauherr sachverständige Weisungen, kann dies den Planer bis zu einem gewissen Grad von seinen Pflichten entbinden (Rz. 9.142).[43] Das Verschulden ist aufgrund der gesamten Umstände des Einzelfalls zu beurteilen. 9.44

3. Das Verschulden und die Vertragsverletzung (Pflichtwidrigkeit) überlagern sich beim Planervertrag und lassen sich praktisch kaum unterscheiden.[44] So ist insbesondere die Sorgfalt sowohl bei der Vertragsverletzung[45] als auch beim Verschulden zu prüfen.[46] Rechnet zum Beispiel ein Statiker nachlässig, verletzt er den Vertrag; sein Verhalten ist aber auch fahrlässig und daher schuldhaft. Im Prozess hat der Bauherr die Vertragsverletzung zu beweisen. Gelingt ihm dies, wird es dem Planer nur ganz ausnahmsweise möglich sein, zu beweisen, dass ihn trotzdem kein Verschulden treffe. 9.45

4. Auch Art. 1.7.11 SIA 102/103 setzt ein Verschulden voraus: Der Planer hat den bei «verschuldet fehlerhafter Auftragserfüllung» entstandenen Schaden zu ersetzen. Die SIA-Ordnungen entsprechen der werkvertraglichen Schadenersatzregelung. Die übrigen Gewährleistungsansprüche des Werkvertragsrechts (Wandelung, Minderung und Nachbesserung) werden von Art. 1.7.11 SIA 102/103 nicht erfasst; sie stehen dem Bauherrn 9.46

---

[38] Gauch/Schluep/Emmenegger, OR AT, Rz. 2984 ff.; Huguenin, OR AT und BT, Rz. 898 ff.

[39] BGE 124 III 155/164 E. 3b; BGer 4C.126/2004 vom 15. September 2004 E. 2.2; Weber, Berner Kommentar, N 100 zu Art. 99 OR.

[40] Gauch/Schluep/Emmenegger, OR AT, Rz. 2993; Schumacher, Architektenrecht 1995, Rz. 580.

[41] BGE 93 II 311/314 E. 2a; BGer 4C.284/2006 vom 7. November 2006 E. 4.4 (= BR/DC 2007, S. 61, Nr. 203, mit Anm. Stöckli); Oftinger, Haftpflichtrecht I, § 5 Rz. 86, Fn. 89.

[42] Vgl. Schumacher, Architektenrecht 1995, Rz. 577 f.

[43] Sehr streng hinsichtlich der Anforderungen an den Planer ist demgegenüber Schumacher, Architektenrecht 1995, Rz. 577 ff. (insb. 580).

[44] Oft ist es auch schwierig, das Verschulden vom Kausalzusammenhang abzugrenzen.

[45] Vgl. Art. 364 Abs. 1 und Art. 398 Abs. 2 OR.

[46] Zum Ganzen Gauch/Schluep/Emmenegger, OR AT, Rz. 2997 ff.; vgl. auch Trümpy, Architektenvertragstypen, S. 60.

damit auch im Anwendungsbereich der SIA-Ordnungen 102 und 103 verschuldensunabhängig zur Verfügung.[47]

III. Fallgruppen zur Haftung für Planungsleistungen

1. Übersicht

9.47 **1.** Das theoretische Gerüst der Haftung wird dem Praktiker nicht immer helfen, seine Fälle juristisch zu entwirren. Die Übertragung der dogmatischen Prinzipien auf den Bau- und Planeralltag ist mitunter knifflig. Wir erachten es daher als zweckmässig, Fallgruppen zu bilden, die sich nicht an der Dogmatik, sondern an der Praxis ausrichten.

9.48 **2.** Die erste Fallgruppe umfasst die eigentliche Fehlplanung (Rz. 9.49 ff.). Die zweite Fallgruppe umfasst generelle Verletzungen der Sorgfalts- und Treuepflicht (Rz. 9.115 ff.). Die dritte Fallgruppe umfasst weitere Vertragsverletzungen, die sich weder der einen noch der anderen Kategorie zuordnen lassen (Rz. 9.149 ff.). Innerhalb dieser Fallgruppen werden wir die wichtigsten Szenarien beleuchten.

2. Fehlplanung

A. Erscheinungsformen

a. Allgemein: Verstoss gegen vereinbarte Pflichten

9.49 **1.** Der Planer kann sich zu einer ganzen Reihe verschiedener **Planungsleistungen** verpflichten (Rz. 9.1 ff.). Die einzelnen Leistungen können *ausdrücklich* (schriftlich oder mündlich), aber auch *stillschweigend vereinbart* werden. Häufig hat der Bauherr, insbesondere ein unerfahrener, jedoch nur ein bestimmtes Ziel (z.B. Aussehen, Kosten, Zeit und Qualität) vor Augen. Die Realisierung des Ziels überlässt er dem Planer, ohne die einzelnen Leistungen im Vertrag zu konkretisieren.[48]

9.50 **2.** Jeder **Verstoss gegen eine vereinbarte Pflicht** stellt eine Vertragsverletzung dar und ist grundsätzlich geeignet, eine Haftung des Planers zu begründen. Die Fehlplanung kann zunächst einmal darin liegen, dass der Planer einen mangelhaften Plan erstellt oder sonst eine Leistung schlecht erbringt. Sie kann weiter darin liegen, dass der Planer öffentlich-rechtliche Bauvorschriften nicht kennt oder nicht beachtet und das Bauprojekt des-

---

[47] Voraussetzung ist, dass die Planungsleistung dem Werkvertragsrecht untersteht. Vgl. BGE 134 III 361 (= BR/DC 2009, S. 58, Nr. 123, mit Anm. Stöckli); im Übrigen auch Schumacher, Architektenrecht 1995, Rz. 586.

[48] Schumacher, Architektenrecht 1995, Rz. 461 ff.

halb nicht bewilligungsfähig ist.[49] Möglich ist auch, dass der Planer Abklärungen nicht sorgfältig tätigt (z.B. wenn er sich im konkreten Fall verpflichtet hat, die Bodenbeschaffenheit zu prüfen), Sicherheitsvorschriften nicht beachtet oder Ausschreibungsunterlagen und Verträge mit Unternehmern, Lieferanten und Spezialisten fehlerhaft ausarbeitet.[50]

3. Der Planer verletzt den Vertrag auch, wenn er **Weisungen** des Bauherrn zuwiderhandelt. Mittels Weisungen kann der Bauherr verbindlich vorschreiben, wie der Planer seine Leistungen auszuführen hat (vgl. Art. 369 OR; Art. 1.5.1 SIA 102/103). Die Weisung kann sich zum Beispiel auf die Konstruktionsweise, das zu verwendende Material, die Reihenfolge der Arbeiten oder den Beizug von Spezialisten, Unternehmern etc. beziehen.[51] Der Planer haftet, wenn er die Weisungen überhaupt nicht beachtet oder davon abweicht.[52] Er haftet aber auch dann, wenn er Weisungen pflichtwidrig nicht einholt,[53] ebenso, wenn er unzweckmässige oder gefährliche Weisungen des Bauherrn nicht abmahnt (Rz. 9.135 ff.). 9.51

4. Ein Spezialfall liegt vor, wenn der Bauherr und der Planer eine **Nutzungsvereinbarung** treffen (vgl. Rz. 7.79 ff.). Der Fehler des Planers kann zum einen darin liegen, dass er sich nicht an die Nutzungsvereinbarung hält. Zum anderen kann eine Pflichtverletzung aber auch vorliegen, wenn der Planer sich zwar an die Nutzungsvereinbarung hält, diese aber nicht dem Interesse des Bauherrn entspricht und der Planer aufgrund seiner Sorgfalts- und Treuepflicht gehalten gewesen wäre, den Bauherrn (insb. den nicht sachverständigen) bei der Ausarbeitung der Nutzungsvereinbarung darauf hinzuweisen.[54] 9.52

b. Insbesondere: Verletzung der anerkannten Regeln der Baukunde

1. Die Ursache der Fehlplanung liegt häufig in der Verletzung einer **anerkannten Regel der Baukunde** (z.B. Regeln über die Konstruktion; Rz. 1.98 und 10.41). Die Pflicht zur Beachtung der Regeln der Baukunde ist in Art. 1.2.1 SIA 102/103 ausdrücklich erwähnt.[55] 9.53

---

49 Eine Ausnahme besteht dann, wenn der Bauherr weiss, dass eine Planung gegen die Bauvorschriften verstösst und ein Projekt ausarbeiten lässt, im Wissen darum, dass die Bewilligung unwahrscheinlich ist (vgl. Reber, Rechtshandbuch, S. 293).

50 Zum Ganzen ausführlich Schumacher, Architektenrecht 1995, Rz. 484 f., 486 f., 493 f. und 495 ff. Zu den Leistungspflichten des bauleitenden Planers nach den SIA-Ordnungen 102/103 Rz. 10.61 ff.; zu seiner Haftung Rz. 10.164 ff.

51 Ausführlich zum Weisungsrecht des Bestellers Gauch, Werkvertrag, Rz. 1927 ff.

52 Vgl. OGer ZH vom 25. November 1983 (= ZR 1984, Nr. 91, S. 231) zu einem Auftragsverhältnis – Entsprechendes gilt im Werkvertragsrecht.

53 Schumacher, Architektenrecht 1995, Rz. 478.

54 Nur die erste Art Fehler stellt eine Fehlplanung dar; die zweite Variante ist ein Anwendungsfall der Sorgfalts- und Treuepflicht (dazu Rz. 9.118 ff.).

55 Entsprechend Art. 1.2.1 SIA 108; Art. 1.3.1 SIA 110; sowie Ziff. 1.1 KBOB-AVB.

Der Planer ist aber auch ohne ausdrückliche Abrede verpflichtet, die Regeln der Baukunde zu beachten.[56]

9.54 **2.** *Anerkannt* sind die Regeln der Baukunde, wenn sie erstens von der Wissenschaft für theoretisch richtig befunden wurden, sie zweitens etabliert sind und sie sich drittens gemäss der klaren Mehrheit der sie anwendenden Fachleute in der Praxis bewährt haben.[57] Namentlich die technischen SIA-Normen können anerkannte Regeln der Baukunde darstellen.[58] Jedoch bedeutet die Tatsache, dass ein Hinweis in den SIA-Regelwerken fehlt, nicht automatisch, dass keine Regeln der Baukunde zu beachten sind.[59] Überhaupt ist nicht erforderlich, dass die Regeln der Baukunde niedergeschrieben sind.[60]

9.55 **3.** Die anerkannten Regeln der Baukunde können aufgrund der *technischen Entwicklung* ändern.[61] Der Planer muss mit dieser Entwicklung Schritt halten und sich laufend fortbilden. Soweit er nicht selber über die erforderlichen Kenntnisse und Fähigkeiten verfügt, muss er Spezialisten und Berater (z.B. Geologen, Landschaftsplaner, Bauphysiker, Akustiker) beiziehen.[62]

9.56 **4.** Verlangt ist jedoch nicht, dass die vom Planer gewählte Vorgehensweise in jeder Hinsicht korrekt ist oder dass er künftige Entwicklungen gleich einem Propheten voraussehen müsste. Dem Planer stehen in der Regel verschiedene Möglichkeiten zur Verfügung; bei der Auswahl steht ihm ein *Ermessensspielraum* zu. Er haftet nicht, wenn er bei einer nachträglichen Betrachtung nicht die objektiv beste, wohl aber eine nach dem allgemeinen fachlichen Wissensstand *vertretbare Lösung* gewählt hat.[63] Das zu beurteilen, ist keine einfache Aufgabe für die Gerichte. Der Planer muss, oft unter Zeitdruck, künftige Risiken abwägen. Er kann einen vertretbaren Entscheid treffen, der sich später als falsch

---

56 BGE 93 II 311/314 f. E. 2b; BGer 4A_428/2007 vom 2. Dezember 2008 E. 3.1 (= BR/DC 2009, S. 57, Nr. 119 mit Anm. PICHONNAZ); BÜHLER T., Zürcher Kommentar, N 37 zu Art. 364 OR; SCHUMACHER, Architektenrecht 1995, Rz. 488; SIEGENTHALER/SCHERLER, Mangelhafte Erdbebensicherheit, S. 4 f.

57 BGer 4A_428/2007 vom 2. Dezember 2008 E. 3.1 (= BR/DC 2009, S. 57, Nr. 119 mit Anm. PICHONNAZ); vgl. auch BÜHLER T., Zürcher Kommentar, N 37 zu Art. 364 OR, nach welchem entscheidend ist, dass die betreffende Regel «nach dem Stand des Erfahrungswissens feststeht, d.h., unbestritten ist» und mit Hinweisen auf die Rechtslage in der EU; a.M. ZINDEL/PULVER/SCHOTT, Basler Kommentar, N 8 zu Art. 364 OR, die nicht für erforderlich halten, «dass die Regel völlig unangefochten ist»; ebenso GAUCH, Werkvertrag, Rz. 846.

58 BGer 4A_428/2007 vom 2. Dezember 2008 E. 3.1 (= BR/DC 2009, S. 57, Nr. 119 mit Anm. PICHONNAZ); BACHMANN, Haftungsfolgen, S. 186.

59 Siehe die Anm. von PICHONNAZ zu BGer 4A_428/2007 vom 2. Dezember 2008 (= BR/DC 2009, S. 57, Nr. 119).

60 ZINDEL/PULVER/SCHOTT, Basler Kommentar, N 8 zu Art. 364 OR.

61 KOLLER A., Berner Kommentar, N 271 zu Art. 363 OR.

62 BGE 93 II 311/314 E. 2a; SCHUMACHER, Architektenrecht 1995, Rz. 488.

63 KGer SZ ZK1 2013 11 vom 6. Oktober 2014 (= BR/DC 2015, S. 180, Nr. 273, mit Anm. SIEGENTHALER); vgl. BGE 120 Ib 411/412 f. E. 4a zur ärztlichen Kunst (Auftrag), jedoch auf den dem Werkvertragsrecht unterstehenden Planervertrag übertragbar.

erweist. Die Gerichte hingegen kennen die (negativen) Folgen des (vertretbaren) Entscheids. Sie könnten daher dazu neigen, zu strenge Anforderungen an die Sorgfalt der Planer zu stellen. Umsichtige Gerichte werden daher nicht automatisch auf eine Verletzung der Baukunde schliessen, wenn ein Projekt misslungen ist.[64]

c. Insbesondere: Fehlerhafte Ausschreibung

1. Der Planer kann auch im Zusammenhang mit der **Ausschreibung** von Leistungen haftbar werden. Gemäss Art. 4.41 der SIA 102 muss der Planer die Ausschreibung der einzelnen Arbeiten vorbereiten, die Angebote auswerten und dem Bauherrn einen Vergabeantrag stellen.[65] 9.57

2. Namentlich bei Projekten der öffentlichen Hand genügt es nicht, sorgfältige Pläne, Devis etc. auszuarbeiten. Vielmehr muss der Planer die Rahmenbedingungen des Submissionsrechts[66] beachten. Die *Verrechtlichung* des Vergabewesens führt zu zusätzlichen Risiken. Genügte es früher, die Unterlagen sorgfältig zu erstellen und die Angebote ebenso auszuwerten, wird der Planer heute vermehrt auch darauf achten müssen, keine juristisch anfechtbaren Ausschreibungsunterlagen zu erstellen (z.B. durch Vermengung von Eignungs- und Zuschlagskriterien) und bei der Auswertung die strengen submissionsrechtlichen Rahmenbedingungen einzuhalten (insb. Transparenz, Gleichbehandlung, Zuschlag auf das wirtschaftlich günstigste Angebot). Nun wird man jedoch den Bogen nicht überspannen dürfen. Der Bauherr darf nicht erwarten, vom Planer umfassend rechtlich beraten zu werden. Dafür ist der Planer weder ausgebildet noch bezahlt. Immerhin ist der Planer aber gehalten, dem Bauherrn – sofern dieser nicht über eigene Rechtskenntnisse verfügt – zu empfehlen, die rechtlichen Aspekte der Ausschreibung durch einen Juristen betreuen zu lassen. 9.58

In der Praxis scheinen die Planer den Gang zum Juristen zu fürchten und ihn tendenziell eher zu spät als zu früh anzutreten. Die Rechtsfragen scheinen (im Vergleich zu den umfangreichen Planungsarbeiten) eher nebensächlich; und man kann ja auf «bewährte» Muster zurückgreifen. Freilich: Copy/Paste ist im Submissionsrecht eine überaus riskante Methode. Und so wenig der Jurist dem Planer in statischen, geologischen oder sonstigen planerischen Fragen Rat erteilen sollte, so wenig sollte der Planer sich zutrauen, das Recht gleichsam nebenbei auch noch zu beherrschen. Tut er es dennoch, riskiert er nicht nur 9.59

---

64 Die Problematik, dass aus einem Schaden (zu) leicht auf einen Haftpflichtigen geschlossen wird, ist nicht auf den Planervertrag beschränkt. Gelegentlich täte es gut, sich den Grundsatz casum sentit dominus (der Eigentümer muss einen Schaden grundsätzlich selber tragen) in Erinnerung zu rufen.

65 Ob man diese Leistungen eher der «Planung» oder der «Bauleitung» zurechnen will, mag dahingestellt bleiben.

66 Insbesondere das Bundesgesetz über das öffentliche Beschaffungswesen (BöB) bei Vergaben eidgenössischer Stellen und die Interkantonale Vereinbarung über das öffentliche Beschaffungswesen (IVöB) sowie die diese ergänzenden kantonalen Submissionsverordnungen bei Vergaben kantonaler und kommunaler Stellen.

Verzögerungen des von ihm betreuten Projekts (z.B. durch Submissionsbeschwerden mit aufschiebender Wirkung), sondern auch eine persönliche Haftung (z.B. für Mehrkosten aufgrund fehlerhafter Ausschreibungsunterlagen).

B. Kasuistik

9.60 Eine Fehlplanung liegt in folgenden Fällen vor:

9.61 – Der Architekt, der eine bestimmte Konstruktionsweise vorschlägt, ist dafür verantwortlich, dass diese den anerkannten Regeln der Baukunde entspricht und zum beabsichtigten Erfolg führt. Die Pläne sind fehlerhaft, wenn sie eine ungenügende Schräge des Dachs vorsehen, die dazu führt, dass das Dach undicht ist.[67]

9.62 – Der Architekt und der Ingenieur müssen geeignete Massnahmen zur Sicherung der Baugrube treffen. Die Planung ist fehlerhaft, wenn der Planer beim Bau eines viergeschossigen Hauses in einer Hanglage eine Baugrube ausheben lässt, ohne vorgängig abzuklären, ob der Hang rutschen könnte.[68]

9.63 – Der Ingenieur, der zur Projektierung einer Baugrube und zur Baugrubensicherung verpflichtet ist, muss – soweit für die korrekte Erfüllung seiner Aufgabe nötig – die Bodenbeschaffenheit prüfen. Kann er die erforderlichen Abklärungen nicht selber durchführen, muss er dem Bauherrn den Beizug von Fachleuten (z.B. eines Geologen) empfehlen und ihn im Weigerungsfall abmahnen.[69]

9.64 – Der Architekt zeichnet fehlerhafte Pläne. Diese sind mitursächlich dafür, dass das Gebäude nicht dicht ist und an zahlreichen Stellen im Mauerwerk und in den Böden Wasser eindringt.[70]

9.65 – Der Architekt verletzt den Vertrag, wenn er die örtlichen Gegebenheiten nicht sorgfältig abklärt und keine Massnahmen gegen eindringendes Wasser ergreift.[71]

9.66 – Ein Verstoss gegen die Regeln der Baukunde liegt vor, wenn die Kelleraussenwände nicht bituminös abgedichtet werden.[72] Für den durch eindringendes Wasser verursachten Schaden kann der Planer dem Bauherrn haftbar werden, wenn er nicht dafür sorgt, dass der Unternehmer die Wände abdichtet.

---

67 BGE 93 II 311.

68 Teilweise wiedergegeben in BGE 111 II 72 (= BR/DC 1986, S. 70, Nr. 100, mit Anm. Vogel).

69 BGer 4C.284/2006 vom 7. November 2006 E. 4.4 (= BR/DC 2007, S. 61, Nr. 203, mit Anm. Stöckli).

70 BGE 130 III 362 (= BR/DC 2004, S. 179, Nr. 482, mit Anm. Werro/Pichonnaz).

71 BGE 89 II 405.

72 BGer 4A_428/2007 vom 2. Dezember 2008 E. 3.1 (= BR/DC 2009, S. 57, Nr. 119 mit Anm. Pichonnaz). In diesem Entscheid ging es um einen Generalunternehmervertrag. Der beigezogene Experte sah einen (schweren) Verstoss gegen die Regeln der Baukunde darin, dass der Unternehmer die Grundmauern nicht abdichtete. Diese Feststellung dürfte auch für Planer relevant sein (vgl. auch BGE 93 II 311/314 E. 2b).

- Der Architekt begeht eine Fehlplanung, wenn er die SIA-Norm 358 betreffend Geländer und Brüstungen nicht befolgt. Er haftet, wenn ein Kind durch die Öffnung in einem Balkongeländer hindurchrutscht und sich beim Sturz tödlich verletzt.[73] 9.67
- Der Architekt verletzt den Vertrag, wenn er es bei der Planung unterlässt, die nötigen Sicherheitsvorkehrungen zu treffen.[74] 9.68
- Der Planer haftet für die Mehrkosten, die dem Bauherrn aufgrund einer unwirtschaftlichen oder fehlerhaften Planung, durch ungünstige Vergabe oder unrichtige Weisungen entstehen.[75] 9.69
- Der Planer begeht eine Vertragsverletzung, wenn er bei der Projektierung und Realisierung eines Bauwerks die Erdbebensicherheit ausser Acht lässt. Fehlerhaft ist die Planung insbesondere, wenn er die möglichen Gefahrenbilder nicht erarbeitet und (soweit ihm die Fachbauleitung übertragen ist) nicht dafür sorgt, dass die erforderlichen Sicherheitsdispositionen getroffen werden.[76] 9.70
- Der Planer verletzt den Vertrag, wenn das von ihm erarbeitete Bauprojekt nicht bewilligungsfähig ist, weil es zum Beispiel nicht zonenkonform ist oder den baupolizeilichen Vorschriften nicht entspricht.[77] Allerdings kann aus der Tatsache allein, dass ein Bauprojekt nicht bewilligt wurde, nicht zwingend geschlossen werden, dass die Pläne mangelhaft waren.[78] Ist unsicher, ob ein Projekt bewilligungsfähig ist, muss der Planer den Bauherrn darüber aufklären.[79] 9.71

---

[73] Unveröffentlichter Entscheid des BGer C.420/83 vom 19. Juni 1984, zit. nach SCHUMACHER, Architektenrecht 1995, Rz. 494.

[74] BGE 95 II 93, in dem ein Architekt (allerdings in der Funktion eines Generalunternehmers) gegenüber einem Bauarbeiter haftete, der in einen offenen Treppenschacht fiel und sich verletzte, weil die nötigen Abschrankungen fehlten. Nicht nur der Unternehmer, auch der Planer kann haftbar werden, wenn er im Rahmen der Planung (oder der Bauleitung) erforderliche Sicherheitsmassnahmen unterlässt. Er haftet dem Bauherrn, wenn dieser sich selber verletzt oder einem Dritten schadenersatzpflichtig wird (z.B. aus Art. 58 OR).

[75] BGE 122 III 61/62 E. 2a (= BR/DC 1996, S. 114, Nr. 234, mit Anm. SCHUMACHER); BGer 4C.424/2004 vom 15 März 2005 E. 3.1; KGer GE vom 10. Oktober 1997 (= BR/DC 1998, S. 133, Nr. 351, mit Anm. WERRO). Diese vertragswidrig verursachten Zusatzkosten sind zu unterscheiden von der Haftung für die Überschreitung des Kostenvoranschlags (BGer 4C.424/2004 vom 15. März 2005 E. 3.1); eingehend dazu Rz. 11.44 ff.; SCHUMACHER, Architektenrecht 1995, Rz. 761.

[76] Vgl. die SIA-Dokumentationen D 097 («Verstärkungsmassnahmen für erdbebengefährdete Bauwerke»), D 0145 («Erdbebensicherung bestehender Bauwerke und aktuelle Fragen der Baudynamik»), D 0150 («Handlungsbedarf von Behörden, Hochschulen, Industrie und Privaten zur Erdbebensicherung der Bauwerke in der Schweiz»), D 0227 («Erdbebensicherheit von Gebäuden – Rechts- und Haftungsfragen»), D 0231 («Erdbeben und Mauerwerk»), D 0237 («Beurteilung von Mauerwerksgebäuden bezüglich Erdbeben») sowie D 0255 («Erdbeben und bestehende Bauten»). Zur Erdbebenertüchtigung bestehender Bauten vgl. auch WENK, Erdbebenertüchtigung, passim.

[77] KGer VS C1 09 83 vom 4. November 2010 E. 7: Strassenabstände und Dachneigung verstiessen gegen das kommunale Baureglement; vgl. auch REBER, Rechtshandbuch, S. 292 f.; TRÜMPY, Architektenvertragstypen, S. 66 f.

[78] BGer 4C.421/2006 vom 4. April 2007 E. 5.2 (= BR/DC 2007, S: 166, Nr. 361, mit Anm. WERRO).

[79] Zur Haftung wegen der Verletzung der Aufklärungspflicht Rz. 9.122 ff.

9.72 – Der Planer verletzt den Vertrag, wenn er Ausschreibungsunterlagen fehlerhaft erstellt (z.B. unvollständiges Leistungsverzeichnis, falsche Zeitpläne).

9.73 – Der Ingenieur verfasste einen Bericht über den Zustand einer Kanalisationsleitung. Der Bericht sollte als Grundlage für den Entscheid der Sanierungsmethode (Einzug eines sog. Inliners oder lediglich punktuelle Sanierung) dienen. Der Bericht hielt fälschlicherweise fest, der Kanal befinde sich nach der Behebung einzelner Undichtheiten in gutem Zustand. Nach der gestützt auf den Bericht vorgenommenen punktuellen Sanierung wies der Kanal weiterhin einen erheblichen Wasserverlust auf. Der Planer haftete der Bauherrin für die unnütz aufgewendeten Mittel.[80]

9.74 – Erstellt der Planer fehlerhafte Zeitpläne (zum Beispiel, weil er wesentliche Arbeitsschritte nicht aufführt oder verschiedene Arbeiten nicht miteinander koordiniert), haftet er dem Bauherrn für die dadurch verursachten Mehrkosten.

9.75 – Eine Fehlplanung liegt auch vor, wenn der Planer eine Weisung des Bauherrn nicht beachtet (oder nicht einholt) und das Werk deshalb den Wünschen des Bauherrn nicht entspricht.[81]

9.76 – Der Planer verletzt den Vertrag, wenn er die vom Bauherrn gesetzte Kostenlimite pflichtwidrig überschreitet.[82]

9.77 – Die Planung eines öffentlichen Platzes ist fehlerhaft, wenn bei einem Springbrunnen Wasser in die Scheinwerfer läuft und die Gefahr eines Kurzschlusses besteht.[83]

9.78 – Eine Fehlplanung beging der Ingenieur, der beim Bau eines Schwimmbads Rammpfähle (pieux battus) von 12 m Länge empfahl (obwohl ein Geotechniker 35 m lange Pfähle empfohlen hatte), die sich als zu kurz erwiesen und zu einer Absenkung des Schwimmbads führten.[84]

---

80 BGer 4C.165/2005 vom 22. Juli 2005 (= BR/DC 2006, S. 64, Nr. 204, mit Anm. Gauch).

81 Der Planer haftet dem Bauherrn unter Umständen auch dann, wenn das Bauwerk keine objektiven Mängel aufweist. Schwierigkeiten kann in diesem Fall die Haftungsvoraussetzung des Schadens bereiten (dazu Rz. 9.115 ff.).

82 Zur Haftung für die Nichteinhaltung einer Kostenlimite vgl. den Beitrag von Siegenthaler, insb. Rz. 11.109 ff. Ist das Projekt für den Bauherrn aufgrund der Überschreitung der Kostenlimite nicht finanzierbar, ist eine Wandelung des Planervertrags möglich (Rz. 9.190).

83 BGer 4A_514/2016 vom 6. April 2017 (= BR/DC 2017, S. 381, Nr. 806, mit. Anm. Werro).

84 BGer 4A_541/2014 vom 1. April 2015 (= BR/DC 2015, S. 351, Nr. 582, mit Anm. Werro).

C. Schaden aus Fehlplanung

a. Übersicht

1. Der Planer haftet für allen Schaden, der dem Bauherrn durch die schuldhaft begangene Vertragsverletzung entstanden ist. Der mangelhafte Plan selber stellt noch keinen Schaden dar. Zu ersetzen ist ein **Mangelfolgeschaden.**[85] 9.79

2. Häufig liegt folgende Kausalkette vor: Die mangelhafte Planung führt zu einem Mangel am Bauwerk (der Schaden kann z.B. in den Kosten der Verbesserung durch einen Dritten oder einem merkantilen Minderwert[86] bestehen) und das mangelhafte Bauwerk zu weiterem Schaden (z.B. weil der Bauherr als Grund- oder Werkeigentümer einem Dritten haftbar wird).[87] 9.80

In den erwähnten Fällen erleidet der Bauherr gewöhnlich einen reinen Vermögensschaden (Rz. 18.130 ff.). Wenn der Bauherr durch das Verhalten des Planers verletzt (Personenschaden) oder sein Eigentum beschädigt (Sachschaden) wird, hat der Planer auch diesen Schaden zu ersetzen. Führt zum Beispiel die fehlerhafte Planung dazu, dass ein Kran umstürzt und Eigentum des Bauherrn beschädigt, hat dieser einen Anspruch auf Ersatz des Schadens gegenüber dem fehlbaren Planer.[88] 9.81

b. Mangel an den Plänen

Durch den mangelhaften Plan selber erleidet der Bauherr keinen Schaden. Entsprechend kann er für den fehlerhaften Plan keinen Schadenersatz verlangen.[89] Der Bauherr könnte einzig Nachbesserung des mangelhaften Plans oder Minderung bzw. Wandelung verlangen.[90] In der Praxis spielen diese Ansprüche jedoch eine weitaus geringere Rolle als der Ersatz des Mangelfolgeschadens. 9.82

---

[85] BGer 4A_514/2016 vom 6. April 2017 E. 3.2.2 (= BR/DC 2017, S. 381, Nr. 806, mit. Anm. Werro). Zum Begriff des Mangelfolgeschadens und dessen Unterscheidung vom Mangel vgl. Gauch, Werkvertrag, Rz. 1853 ff. (insb. 1864).

[86] Zum merkantilen Minderwert Rz. 9.88.

[87] Die von Schumacher, Architektenrecht 1995, Rz. 538 ff., getroffene begriffliche Unterscheidung zwischen Planmangel (mangelhafter Plan), Baumangel (Mangel am Bauwerk) und reinem Architektenmangel (nachteilige körperliche Beschaffenheit des Bauwerks infolge einer Weisungsverletzung, ohne dass ein Mangel am Bauwerk vorliegt) wird in diesem Beitrag nicht verwendet (kritisch zur Unterscheidung auch Trümpy, Architektenvertragstypen, S. 69).

[88] Vgl. mit leicht anders gelagertem Sachverhalt BGE 111 II 170/171 E. 2 (= BR/DC 1986, S. 63, Nr. 87, mit Anm. Tercier).

[89] BGer 4A_514/2016 vom 6. April 2017 E. 3.2.2.4 (= BR/DC 2017, S. 381, Nr. 806, mit. Anm. Werro); C.297/2003 vom 20. Februar 2004 E. 2.1. Der Minderwert des Plans ist nicht als Schadenersatz, sondern als Minderung (des Honorars des Planers) geltend zu machen.

[90] Zur Vergütung des Planers und einer allfälligen Minderung vgl. Rz. 8.177.

c. Mangel am Bauwerk

9.83 **1.** Führt die Fehlplanung zu einem Mangel am Bauwerk, hat der Bauherr Anspruch auf Ersatz des Schadens. Dabei stehen die **Kosten der Verbesserung** im Vordergrund; der Schaden kann aber auch in einem Umsatzausfall bestehen. Bei den Kosten der Verbesserung geht es, wohlgemerkt, um die Kosten der Zusatzarbeiten eines Dritten (insb. des Unternehmers) – nicht des Planers selbst[91] –, die durch die Fehlplanung nötig werden. Ausserdem trägt der Planer die Kosten der zusätzlichen Planungsarbeiten, die bei der Verbesserung anfallen. Die Kosten der Verbesserung sind ungeachtet dessen zu ersetzen, ob der Bauherr den Mangel am Bauwerk beheben lässt oder nicht.[92]

9.84 **a.** Zu den Kosten der Verbesserung gehören auch alle weiteren Kosten, die bei den Vorbereitungs- und Wiederherstellungsarbeiten anfallen (sog. *Begleitkosten*). Zu ersetzen sind etwa:

9.85 – die Transportkosten;

9.86 – die Kosten eines Ausweichquartiers für die Unterbringung des Bauherrn und seiner Familie während der Verbesserung.[93]

9.87 **b.** Grundsätzlich stellen die Kosten der Verbesserung durch einen Dritten auch dann einen Schaden des Bauherrn dar, wenn sie gemessen am Interesse des Bauherrn hoch sind. Es widerspräche allerdings dem Grundsatz von Treu und Glauben (Art. 2 ZGB), wenn der Bauherr eine Behebung der Mängel verlangen könnte, obwohl der Nutzen, den die Mängelbeseitigung für ihn bringt, in einem Missverhältnis zu den Nachbesserungskosten steht, die der Planer als Schaden zu tragen hat (Art. 368 Abs. 2 OR analog). In einem solchen Fall kann der Bauherr daher nur Ersatz des Minderwerts oder Ersatz der Kosten einer zumutbaren Behelfslösung verlangen.[94]

9.88 **2.** Weist das Bauwerk einen **Minderwert** auf, weil ein Mangel nicht (gar nicht oder nur teilweise) behebbar oder eine Verbesserung nicht zumutbar ist, hat der Bauherr Anspruch auf Schadenersatz.[95] Möglich ist aber auch, dass das Bauwerk nur zu einem niedrigeren Preis verkauft werden kann, obwohl die Mängel vollständig behoben wurden. Liegt ein solcher sogenannter *merkantiler Minderwert* vor, ist er vom Planer ebenfalls zu erset-

---

91 Der Planer muss das Bauwerk nicht nachbessern, da er nicht zu dessen Erstellung verpflichtet war (Gauch, Werkvertrag, Rz. 2739; Trümpy, Architektenvertragstypen, S. 59 f.).

92 Schumacher, Architektenrecht 1995, Rz. 541. Ob der Bauherr den Mangel beheben lässt, spielt keine Rolle. Der Schaden muss sich nicht in seinem Barvermögen niederschlagen, es genügt, wenn sein Bilanzvermögen (Wert des Bauwerks als Aktivum) beeinträchtigt ist (BGE 116 II 441/444 f. E. 3; 64 II 137/138 E. 3).

93 Vgl. zur Nachbesserung durch den Vertragspartner BGE 111 II 173/174 E. 5 (= BR/DC 1986, S. 65, Nr. 90, mit Anm. Gauch). Entsprechendes gilt für die Verbesserung durch einen Dritten.

94 Schumacher, Architektenrecht 1995, Rz. 542; einlässlich auch Trümpy, Architektenvertragstypen, S. 68 ff.

95 Schumacher, Architektenrecht 1995, Rz. 542; vgl. auch die Hinweise bei Reber, Rechtshandbuch, S. 291 in fine.

zen.[96] Der Planer haftet zum Beispiel für den Minderwert, wenn dem Bauwerk der Ruf eines Pfuschwerks anhaftet und es trotz vollständiger Behebung der Mängel nur zu einem tieferen Preis verkauft werden kann.[97] Der merkantile Minderwert entsteht, wenn überhaupt, erst nach der durchgeführten Reparatur; der Bauherr kann ihn zusätzlich zu den Reparaturkosten fordern.[98]

d. Weiterer Schaden

1. Zum weiteren Schaden zählen die **Kosten** und **Aufwendungen,** die dem Bauherrn aufgrund der Fehlplanung entstehen. Neben den zuvor erwähnten Kosten im Zusammenhang mit der Verbesserung des Bauwerks kann der Schaden namentlich in **unnötigen Mehrkosten (Baukosten)** bestehen. 9.89

- Der Planer haftet dem Bauherrn für unnötige Baukosten, die durch die fehlerhafte oder unwirtschaftliche Planung entstanden sind.[99] 9.90
- Der Planer haftet für eine Mehrvergütung an den Unternehmer, die fällig wird, weil sich infolge der Fehlplanung die Ausführungskosten erhöhen.[100] Zum Schaden gehören auch die Kosten eines allfälligen, mit der Mehrvergütung zusammenhängenden Prozesses mit dem Unternehmer. 9.91

2. Der **Bauherr** erleidet einen Schaden, wenn er aufgrund der Fehlplanung seinerseits **Dritten gegenüber haftpflichtig** wird. Für diese Haftungssumme hat der Planer aufzukommen; ebenso für die Kosten der Auseinandersetzung mit dem Dritten (z.B. Gerichtskosten, Anwaltskosten). 9.92

- Der Planer haftet dem Bauherrn für den Verspätungsschaden, der aufgrund der Fehlplanung (z.B. Säumnis) entsteht. Er hat den Schadenersatz und eine allfällige Konventionalstrafe zu ersetzen, die der Bauherr einem Dritten bezahlen muss.[101] 9.93
- Der Bauherr wurde von einem Nachbarn, dessen Haus beschädigt wurde, gestützt auf Art. 679 ZGB haftbar gemacht, als der Hang ins Rutschen kam. Ursachen des Hangrutsches waren eine fehlerhafte Planung der Baugrube und eine fehlerhafte Bauleitung 9.94

---

[96] Zum merkantilen Minderwert BGer 4A_113/2017 vom 6. September 2017 E. 4.3 (= BR/DC 2018, S. 165, Nr. 281, mit Anm. Siegenthaler); Gauch, Werkvertrag, Rz. 1633 ff., mit dem Hinweis darauf, dass der merkantile Minderwert einen Mangelfolgeschaden darstellt und nicht zum Bereich der Minderung gehört; vgl. auch Oftinger, Haftpflichtrecht I, § 6 Rz. 370 (zu einem Unfallauto).

[97] Schumacher, Architektenrecht 1995, Rz. 561.

[98] BGer 4A_113/2017 vom 6. September 2017 E. 4.3.3.2 (= BR/DC 2018, S. 165, Nr. 281, mit Anm. Siegenthaler).

[99] BGer 4C.424/2004 vom 15. März 2005 E. 3.1.

[100] Vgl. Schumacher, Architektenrecht 1995, Rz. 560.

[101] BGE 116 II 441/443 f. E. 2.

beim Aushub. Der Bauherr nahm für den Schadenersatz und die Kosten des Prozesses mit dem Nachbarn Regress auf den Architekten und den Ingenieur.[102]

9.95 – Wird der Bauherr von Dritten haftbar gemacht, die durch einen umstürzenden Kran verletzt wurden, kann er auf den Planer, dessen fehlerhafte Planung ursächlich für die instabile Montage des Krans war, Rückgriff nehmen.[103]

9.96 – Tritt der Bauherr auf die Offerte eines Unternehmers nicht ein, weil die Ausschreibungsbedingungen mangelhaft waren, kann er dem Unternehmer für den Aufwand der Offertstellung haftbar werden (aus culpa in contrahendo). Der Bauherr kann auf den Planer Rückgriff nehmen, der die Ausschreibungsunterlagen fehlerhaft erstellte.[104]

9.97 Zum Schaden gehören auch die Kosten für Gutachter sowie gegebenenfalls die vorprozessualen Anwaltskosten.[105] Zu ersetzen sind jene Kosten, die gerechtfertigt, nötig und verhältnismässig sind.[106] Keinen Schaden stellen dagegen die Kosten im Prozess des Bauherrn gegen den Planer dar. Diese sind bereits nach Art. 106 Abs. 1 ZPO der unterliegenden Partei aufzuerlegen.[107]

9.98 **3.** Zu ersetzen ist sodann der **entgangene Gewinn.**

9.99 – Das mangelhafte Bauwerk oder die Behebung des Mangels führt dazu, dass eine Fabrik geschlossen werden muss. Der Planer haftet für den Ertragsausfall.[108]

9.100 – Könnte der Bauherr das Bauwerk zu einem höheren Preis weiterverkaufen, doch scheitert der Weiterverkauf daran, dass der Planer das Bauwerk nicht oder nicht rechtzeitig abliefert, entgeht dem Bauherrn ein Gewinn. Der Planer hat dem Bauherrn die Differenz zwischen der Vergütung und dem (hypothetischen) Verkaufspreis zu ersetzen.[109]

9.101 – Der Planer haftet dem Bauherrn für entgangene (höhere) Mietzinseinnahmen, wenn er ihn nicht richtig über die Baukosten orientiert und der Bauherr es daher unterlässt, Mietverträge mit höheren Erträgen abzuschliessen.[110]

---

[102] Teilweise wiedergegeben in BGE 111 II 72 (= BR/DC 1986, S. 70, Nr. 100, mit Anm. Vogel); vgl. auch BGer 4C.284/2006 vom 7. November 2006 E. 4.4 (= BR/DC 2007, S. 61, Nr. 203, mit Anm. Stöckli).

[103] Vgl. mit leicht anders gelagertem Sachverhalt BGE 111 II 170/171 E. 2 (= BR/DC 1986, S. 63, Nr. 87, mit Anm. Tercier).

[104] Vgl. Trümpy, Architektenvertragstypen, S. 145 f.

[105] BGE 126 III 388/392 E. 10b (= BR/DC 2001, S. 78, Nr. 258, mit Anm. Werro); BGer 4A_83/2009 vom 6. Mai 2009 E. 4.2 (= BR/DC 2009, S. 154, Nr. 158, mit Anm. Pichonnaz); KGer VS vom 9. Juli 1997 (= BR/DC 1998, S. 53, Nr. 181, mit Anm. Werro).

[106] KGer VS vom 9. Juli 1997 (= BR/DC 1998, S. 53, Nr. 181, mit Anm. Werro).

[107] Art. 106 ZPO.

[108] Vgl. Schumacher, Architektenrecht 1995, Rz. 562.

[109] BGE 120 II 296/300 E. 3b; 104 II 198/201 E. b.

[110] Schumacher, Architektenrecht 1995, Rz. 562.

4. Zum Schaden zählen grundsätzlich auch die **nutzlosen Aufwendungen.**[111] 9.102

- Gestützt auf einen fehlerhaften Bericht entschied sich der Bauherr für eine punktuelle Sanierung einer Kanalisationsleitung. Die punktuelle Sanierung erwies sich als ungenügend, die Kanalisation wies weiterhin einen erheblichen Wasserverlust auf und musste noch einmal saniert werden. Der Planer haftete der Bauherrin für die unnütz aufgewendeten Mittel der punktuellen Sanierung.[112] 9.103
- Der Planungsfehler führt dazu, dass das Bauwerk erst vier Monate später als geplant bezugsbereit ist. Die Zinsen, die der Bauherr während dieser Zeit für das Eigen- und Fremdkapital (für Land und Gebäude) bezahlen muss, sind nutzlos. Der Architekt haftet für die unnötigen Mehrkosten.[113] 9.104
- Der Architekt, der seine Haftung gegenüber dem Bauherrn zu Unrecht bestreitet und diesen dadurch zum Prozess gegen den Unternehmer veranlasst, haftet dem Bauherrn für die Kosten des (verlorenen) Prozesses gegen den Unternehmer.[114] 9.105

Die Haftung für die durch die Fehlplanung entstandenen Mehrkosten und nutzlosen Aufwendungen ist zu unterscheiden von der Haftung für unzutreffende Kosteninformationen (Rz. 11.38 ff.). 9.106

5. Keinen ersatzfähigen Schaden stellen entgangene Nutzungsmöglichkeiten oder ein blosses Affektionsinteresse des Bauherrn dar: 9.107

a. Das Bundesgericht verneinte eine Schadenersatzpflicht des Architekten für die **entgangene Nutzungsmöglichkeit** eines Teils einer Villa, in der an verschiedenen Orten Wasser eindrang. Es begründete dieses Ergebnis damit, dass kein ersatzfähiger, rechtlich anerkannter Schaden (im Sinne der Differenztheorie) vorliege.[115] Allerdings könne die entgangene Nutzungsmöglichkeit im Einzelfall eine Genugtuung nach Art. 49 OR rechtfertigen.[116] Die erforderliche Schwere der Persönlichkeitsverletzung dürfte indessen selten gegeben sein. 9.108

b. Auch die Beeinträchtigung eines blossen **Affektionsinteresses**, d.h. des Wertes, den der Bauherr dem Bauwerk aufgrund nichtwirtschaftlicher Überlegungen beimisst, berechtigt nicht zu Schadenersatz. Beispiel: Ein Walliser Chalet musste als Folge einer Fehlplanung des Architekten mit einem Dach auf zwei Niveaus (anstelle wie geplant auf 9.109

---

111 Schumacher, Architektenrecht 1995, Rz. 563; vgl. auch Gauch, Werkvertrag, Rz. 1866.

112 BGer 4C.165/2005 vom 22. Juli 2005 (= BR/DC 2006, S. 64, Nr. 204, mit Anm. Gauch).

113 Schumacher, Architektenrecht 1995, Rz. 563.

114 Schumacher, Architektenrecht 1995, Rz. 560.

115 BGE 126 III 388/392 E. 10b (= BR/DC 2001, S. 78, Nr. 258, mit Anm. Werro). Zu ersetzen ist demgegenüber der Gewinn, der dem Bauherrn entgeht, weil er das Bauwerk (z.B. ein Schwimmbad) nicht nutzen kann (vgl. BGer 4A_541/2014 vom 1. April 2015 = BR/DC 2015, S. 351, Nr. 582, mit Anm. Werro). Anders als die entgangene Nutzungsmöglichkeit schlägt der entgangene Gewinn sich im Vermögen des Bauherrn nieder, weshalb ein Schaden im Sinne der Differenztheorie vorliegt.

116 BGE 126 III 388/394 E. 11c (= BR/DC 2001, S. 78, Nr. 258, mit Anm. Werro), im betreffenden Fall verneint.

einem) gebaut werden, um die zulässige Höhe nicht zu überschreiten. Ein Gutachten stellte fest, dass es sich um ein rein ästhetisches Defizit handle und sich der Fehler nicht auf den Verkaufswert des Chalets auswirke. Mangels einer Vermögensverminderung verneinte das Kantonsgericht Wallis einen Schadenersatzanspruch des Bauherrn.[117]

9.110 Der Entscheid des Kantonsgerichts Wallis ist richtig, da es an einem rechtlich anerkannten Schaden fehlte. Infolge der Fehlplanung wäre allenfalls das Honorar des Architekten zu kürzen gewesen (Minderung).[118] Anders hätte der Entscheid freilich dann ausfallen müssen, wenn sich der ästhetische Mangel in einem Minderwert des Bauwerks niedergeschlagen hätte.[119]

9.111 **6.** Nicht zu ersetzen sind im Übrigen die Ohnehin-Kosten (siehe die Beispiele in Rz. 9.169 ff.), die dem Bauherrn auch bei richtiger Planung entstanden wären.

e. Exkurs: Schaden beim anderen und beim wertvolleren Bauwerk

9.112 **1.** Weicht der Planer von einer Weisung des Bauherrn ab oder holt er eine solche pflichtwidrig nicht ein, so verletzt der Planer den Vertrag – und zwar auch dann, wenn das Bauwerk objektiv betrachtet keinen Mangel aufweist. Plant er zum Beispiel mit einem anderen (gleichwertigen) Fassadenanstrich oder anderen Badezimmerplatten als vom Bauherrn gewünscht, liegt darin eine Vertragsverletzung. Der Bauherr hat grundsätzlich die gleichen Rechte, wie wenn die Fehlplanung zu einem Mangel am Bauwerk führt. Er kann insbesondere Nachbesserung, Minderung oder Schadenersatz verlangen.[120] Schadenersatz steht dem Bauherrn freilich nur zu, wenn er eine Vermögenseinbusse (z.B. Mehrkosten) erleidet; das blosse Affektionsinteresse (Rz. 9.109) ist nicht zu ersetzen.

9.113 **2.** Die Abweichung von einer Weisung kann auch zu einem wertvolleren Bauwerk (z.B. Parkettboden statt Laminat) führen. In diesem Fall steht den Mehrkosten ein Mehrwert des Bauwerks gegenüber. Der Mehrwert ist allerdings unter Umständen vom Bauherrn nicht gewünscht und ihm insofern aufgedrängt. Der Planer haftet grundsätzlich für die Mehrkosten; der Schaden entspricht aber nicht einfach den Mehrkosten, vielmehr ist der Mehrwert bzw. Nutzen für den Bauherrn zu berücksichtigen.[121]

---

[117] Unveröffentlichtes Urteil des KGer VS vom 9. Juli 1997 (= BR/DC 1998, S. 53, Nr. 181, mit Anm. Werro).

[118] Siehe dazu die Anm. von Werro zu KGer VS vom 9. Juli 1997 (= BR/DC 1998, S. 53, Nr. 181); vgl. auch Stöckli, Sorgfaltsmangel und Vergütung, S. 931 ff.

[119] KGer TI vom 26. August 1997 (= BR/DC 1999, S. 47, Nr. 75, mit Anm. Tercier).

[120] So auch Schumacher, Architektenrecht 1995, Rz. 546 und 548.

[121] Vgl. bezüglich einer falschen Kostenschätzung BGE 122 III 61/64 E. 2c/aa (= BR/DC 1996, S. 114, Nr. 234, mit Anm. Schumacher): «Der Kläger ist als Bauherr insoweit geschädigt, als er bei Kenntnis der Unrichtigkeit des Kostenvoranschlags über seine finanziellen Mittel anders disponiert hätte und der – aufgedrängte – Mehrwert des Hauses für ihn nutzlos ist oder die Investition gar seine wirtschaftlichen Möglichkeiten übersteigt. Da der Mehrwert dem Bauherrn insoweit als Vorteil anzurechnen ist, als er ein persönliches Interesse daran hat, kann der massgebliche Schaden als Differenz zwischen dem objektiven Wert der Baute und dem subjektiven Nutzen des Bauherrn daran umschrie-

3. Schliesslich kann der Planer so stark von den Weisungen des Bauherrn abweichen, dass die erbrachte Planungsleistung eine völlig andere Leistung als die in Auftrag gegebene ist. Rechtlich handelt es sich in diesem Fall nicht um eine mangelhafte Leistung, sondern um eine Nichterfüllung (sog. *aliud*). Es kommen die allgemeinen Regeln über die Nichterfüllung zur Anwendung.[122] Ist die Leistung noch möglich, gerät der Planer nach Art. 102 ff. OR (grundsätzlich nach erfolgter Mahnung und Ansetzung einer Nachfrist) in Verzug; andernfalls richten sich die Rechtsfolgen nach Art. 97 Abs. 1 OR (wenn der Planer die Unmöglichkeit zu vertreten hat) bzw. Art. 119 OR (wenn er sie nicht zu vertreten hat). 9.114

3. Verletzung der Sorgfalts- und Treuepflicht

A. Bedeutung und Inhalt der Sorgfalts- und Treuepflicht

1. Die allgemeine Sorgfalts- und Treuepflicht ergibt sich beim Werkvertrag aus Art. 364 Abs. 1 OR.[123] Untersteht der Planervertrag den SIA-Ordnungen 102 und 103, hält deren Art. 1.7.11 fest, dass der Planer für jede Vertragsverletzung haftet, auch und «insbesondere bei Verletzung seiner Sorgfalts- und Treuepflicht».[124] Die *Sorgfalt* bezieht sich auf die Pflicht zum allgemeinen Richtigverhalten, die *Treue* darauf, dass der Planer sein Verhalten nach den Interessen des Bauherrn zu richten hat.[125] 9.115

2. Die allgemeine Sorgfalts- und Treuepflicht ist eine *Nebenpflicht*. Wie alle Nebenpflichten dient auch sie der richtigen Erfüllung der Hauptleistung und der Verwirklichung des beabsichtigten Erfolgs. Sie ist nicht Selbstzweck und erweitert den Inhalt der Hauptpflicht nicht.[126] Führt die Verletzung der Sorgfalts- und Treuepflicht zu einem Mangel am abgelieferten Bauwerk, wird sie von der Mängelhaftung «absorbiert» (Rz. 9.161). 9.116

3. Das Gesetz verweist für das Mass der anzuwendenden Sorgfalt auf den Arbeitsvertrag (Art. 364 Abs. 1 OR). Regelmässig – aber nicht immer – ist der Planer die sachkundig(er)e Partei des Planervertrags. Grundsätzlich sind daher an die Sorgfalts- und Treuepflicht des 9.117

---

ben werden». Mit Verweis auf BGE 119 II 249/253 E. 3b/bb (= BR/DC 1994, S. 47, Nr. 87, mit Anm. Gauch). Vgl. demgegenüber das KGer GE, nach welchem die Mehrkosten, die einen Gegenwert im objektiven Mehrwert des Bauwerks aufweisen, keinen Schaden darstellen; im Übrigen erwog das Gericht, dass der Bauherr das Werk auf die gleiche Art und zum gleichen Preis hätte bauen lassen, wenn er richtig informiert worden wäre KGer GE vom 10. Oktober 1997 (= BR/DC 1998, S. 133, Nr. 351, mit Anm. Werro), womit die Vertragsverletzung auch nicht kausal war. Zur Haftung für unzutreffende Kosteninformation ausführlich Rz. 11.38 ff.

[122] Vgl. zum völlig anderen Werk Gauch, Werkvertrag, Rz. 1443 ff.

[123] Vgl. Gauch, Werkvertrag, Rz. 817 und 822 ff. Im Auftragsrecht ergibt sich die Sorgfalts- und Treuepflicht aus Art. 398 Abs. 2 OR. Vgl. auch Art. 23 Abs. 1 SIA 118: «Mit dem Abschluss des Werkvertrags werden Bauherr und Unternehmer verpflichtet, den Vertrag gewissenhaft zu erfüllen».

[124] Ebenso Art. 1.7.11 SIA 108 und Art. 1.9.11 SIA 110 sowie Ziff. 13.1 KBOB-AVB.

[125] Schumacher, Architektenrecht 1995, Rz. 437 f.

[126] Merz, Berner Kommentar, N 260 zu Art. 2 ZGB.

Planers höhere Anforderungen zu stellen als an jene des Arbeitnehmers.[127] Der Bauherr darf erwarten, dass der als Spezialist beigezogene Planer seine Pflichten vollständig, sorgfältig und rechtzeitig erfüllt.[128] Der Planer muss wenigstens die Sorgfalt aufwenden, die nach der Verkehrsanschauung von einem gewissenhaften Vertragspartner erwartet wird, der sich zur Planung eines Bauwerks wie dem vorliegenden verpflichtet.[129] Die Anforderungen dürfen andererseits nicht unzumutbar hoch geschraubt werden (Rz. 9.44 und 9.144).[130] Für die Sorgfalt ist immer auf die konkreten Umstände abzustellen.[131]

B. Erscheinungsformen

9.118 Aufgrund der Sorgfalts- und Treuepflicht muss der Planer dem Bauherrn alle erforderlichen Informationen erteilen, ihn über Zusammenhänge und Risiken aufklären, Empfehlungen abgeben und ihn abmahnen, wenn die Weisungen des Bauherrn unzweckmässig oder gefährlich sind. Im Folgenden werden einzelne Erscheinungsformen der Sorgfalts- und Treuepflicht unterschieden.[132] Diese Einteilung dient der Übersichtlichkeit; die Rechtsfolgen bei einem Verstoss sind jeweils dieselben.

a. Informationspflicht

9.119 Der Planer muss den Bauherrn laufend informieren (Rz. 10.27). Er muss von sich aus oder auf Anfrage alle Auskünfte erteilen, die für den Bauherrn objektiv oder subjektiv wichtig sind. Der Bauherr ist der «Herr des Bauens». Er soll seine Entscheidungen in voller Kenntnis der Sachlage treffen können. Der Planer muss dem Bauherrn daher alle Informationen liefern, die dieser braucht, um Grundsatzfragen zu entscheiden, um Weisungen zu erteilen und seine Rechte auszuüben.[133]

9.120 – Der Planer muss den Bauherrn informieren, wie lange ein Bauprojekt dauert und welche Kosten dabei voraussichtlich anfallen.

9.121 – Im Zusammenhang mit den Kosten muss der Planer dem Bauherrn alle nötigen Informationen geben, auch zur Genauigkeit des Kostenvoranschlags. Zudem muss der Planer umgehend über mögliche Kostenüberschreitungen informieren.[134]

---

127 Gauch, Werkvertrag, Rz. 840; Schumacher, Architektenrecht 1995, Rz. 436.

128 BGer 4C.424/2004 vom 15. März 2005 E. 3.2.1.

129 Zum Ganzen Gauch, Werkvertrag, Rz. 841.

130 Vgl. ZR 1938, Nr. 95, S. 203; Gauch, Werkvertrag, Rz. 841.

131 Vgl. zur ärztlichen Sorgfaltspflicht BGE 113 II 429/432 E. 3 (sinngemäss auf den Werkvertrag übertragbar).

132 Die Unterscheidung folgt im Wesentlichen der Einteilung von Schumacher, Architektenrecht 1995, Rz. 440 ff.

133 Schumacher, Architektenrecht 1995, Rz. 441.

134 BGer 4A_89/2017 vom 2. Oktober 2017 E. 5.1 (= BR/DC 2018, S. 186, Nr. 295, mit Anm. Werro); zur Kostengenauigkeit vgl. z.B. Art. 4.31 und Art. 4.32 SIA 102.

b. Aufklärungspflicht

1. Die Aufklärungspflicht geht weiter als die Informationspflicht (Rz. 9.119 ff.). Der Planer muss den Bauherrn über Zusammenhänge und über die Auswirkungen einer bestimmten Vorgehensweise aufklären (Rz. 10.28). Er muss ihn auf die Folgen seiner Weisungen, insbesondere hinsichtlich «Terminen, Qualität und Kosten», aufmerksam machen.[135] Nach SCHUMACHER ist der Planer der «Dolmetscher», der dem Bauherrn die Pläne und die Fachausdrücke erklärt, die dieser als Laie in Baufragen oder in baulichen Spezialgebieten sonst nicht verstehen würde.[136] 9.122

Der Planer muss den Bauherrn insbesondere auf allfällige Risiken hinweisen, wenn dieser sie nicht selber erkennen kann.[137] Unterlässt der Planer die Aufklärung über bestimmte Risiken, erweckt er grundsätzlich den Eindruck (und damit das Vertrauen des Bauherrn), diese Risiken bestünden nicht.[138] Die Aufklärungspflicht ist jedoch ihrem Umfang nach beschränkt; der Bauherr trägt insbesondere dann eine Mitverantwortung, wenn er selber über Fachwissen verfügt oder Fachleute zur Baubegleitung beigezogen hat.[139] 9.123

- Der Ingenieur begeht eine Vertragsverletzung, wenn er erkennt oder mit seinem Fachwissen ohne Weiteres erkennen könnte, dass eine Unternehmervariante mit besonderen Risiken verbunden ist, und er den Bauherrn nicht darauf aufmerksam macht.[140] 9.124
- Der Planer muss den Bauherrn über wesentliche Punkte in den Verträgen mit den Unternehmern aufklären (z.B. in Bezug auf Haftungsrisiken). Zwar ist er nicht der Rechtsberater des Bauherrn; soweit er diesen bei den Vertragsverhandlungen begleitet und selber Verträge mit Unternehmern verfasst, muss er aber über die erforderlichen juristischen Kenntnisse verfügen.[141] 9.125
- Sieht die Planung die Verwendung eines neu entwickelten, noch nicht erprobten Baustoffs vor, muss der Planer den Bauherrn auf die damit verbundenen Risiken hinweisen. Tut er dies nicht, verletzt er seine Aufklärungspflicht.[142] 9.126

---

135 So ausdrücklich Art. 1.2.61 SIA 102/103.

136 SCHUMACHER, Architektenrecht 1995, Rz. 442.

137 Vgl. zur Aufklärungspflicht eines Anwalts BGE 127 III 357/360 E. 1d; eines Arztes 119 II 456/458 E. 2 (= BR/DC 1994, S. 106, Nr. 215, mit Anm. WERRO); eines Planers KGer SZ ZK1 2013 11 vom 6. Oktober 2014 (= BR/DC 2015, S. 180, Nr. 273, mit Anm. SIEGENTHALER).

138 BGer 4C.424/2004 vom 15. März 2005 E. 3.2.1.

139 Zum Umfang der Aufklärungspflicht Rz. 9.144 ff.

140 BGer 4C.284/2006 vom 7. November 2006 E. 2.3 (= BR/DC 2007, S. 61, Nr. 202, mit Anm. STÖCKLI). Der Planer kann mit der fachlichen oder rechnerischen Überprüfung von Unternehmervarianten ausdrücklich beauftragt werden (vgl. Art. 4.41 SIA 102; Art. 4.3.41 SIA 103). Auch ohne spezielle Vereinbarung, jedoch aufgrund der allgemeinen Sorgfalts- und Treuepflicht, kann der Planer haftbar werden, wenn die Untauglichkeit der Unternehmervariante für ihn offensichtlich ist.

141 Vgl. SCHUMACHER, Architektenrecht 1995, Rz. 447; vgl. auch Art. 4.51 SIA 102.

142 REBER, Rechtshandbuch, S. 292 und 323 f.

9.127 **2.** Der Planer muss die Interessen des Bauherrn umfassend wahren. Die herrschende Lehre zum Auftragsrecht leitet daraus eine *Pflicht* des Planers *zur Selbstanzeige* ab. Wenn der Planer feststellt, dass ein Mangel durch seinen Fehler verursacht oder mitverursacht wurde, müsse er dies (nach dieser Meinung) dem Bauherrn mitteilen und diesem so ermöglichen, Schadenersatzansprüche (auch) gegen ihn geltend zu machen.[143] Orientiert der Planer den Bauherrn nicht über seinen Fehler, soll er eine zweite Vertragsverletzung begehen. Eine zweite Vertragsverletzung soll auch vorliegen, wenn der Planer den eigenen, allenfalls befürchteten Fehler nicht entdeckt, weil er die Ursache des Mangels nicht oder nicht sorgfältig abklärt.[144] Eine derart verstandene Treuepflicht geht schon im Auftragsrecht sehr weit (zu weit). Umso mehr erscheint fraglich, ob sie auf den Werkvertrag ausgedehnt werden soll. Eine Pflicht zur Selbstanzeige kann jedenfalls dann nicht mehr bestehen, wenn die beiderseitigen Leistungen erbracht wurden. Andernfalls würde die gesetzliche Verjährungsordnung ausgehebelt.[145] Der Bauherr ist für die erste und die zweite Vertragsverletzung beweispflichtig; da es ihm aber insbesondere schwerfällt, zu beweisen, dass der Planer seinen Fehler entdeckt hat, spielt die Pflicht zur Selbstanzeige in der Praxis nur eine untergeordnete Rolle.

9.128 **3.** Die Verletzung der Aufklärungspflicht ist jedoch nicht kausal für den Schadenseintritt, wenn der Bauherr die betreffende Tatsache schon kannte oder wenn er sein Verhalten bei erfolgter Aufklärung nicht danach ausgerichtet hätte.[146]

c. Beratungspflicht

9.129 **1.** Den Planer trifft ferner eine umfassende Beratungspflicht (Rz. 10.29 ff.).[147] Er muss die Bedürfnisse, Ideen und Wünsche des Bauherrn erfassen, analysieren und umsetzen. Er muss sich hierfür laufend mit dem Bauherrn austauschen und gleichzeitig den Überblick über das ganze Projekt behalten.[148]

9.130 **2.** Die Entscheidungen fällt letztlich der Bauherr (z.B., ob er eine Versicherung abschliessen will). Um seine Entscheidungen treffen zu können, muss der Bauherr aber die Sachlage (z.B. ein Risiko) und die Konsequenzen (z.B. der möglichen Folgen, wenn das Risiko sich verwirklicht) kennen. Er ist zudem auf die Empfehlungen und Vorschläge des Pla-

---

143 FELLMANN, Berner Kommentar, N 169 f. zu Art. 398 OR (zum Auftrag); ROGGO/STAFFELBACH, Offenbarung von Behandlungsfehlern, S. 421 f.; SCHUMACHER, Architektenrecht 1995, Rz. 523; a.M. WIEGAND, Haftung für Dienstleistungen, S. 134, 138 f. und 143.

144 SCHUMACHER, Architektenrecht 1995, Rz. 523 f.

145 SIEGENTHALER/SCHERLER, Mangelhafte Erdbebensicherheit, S. 7.

146 GAUCH, Werkvertrag, Rz. 832; KOLLER A., Berner Kommentar, N 71 zu Art. 365 OR; OGer GR ZK2 14 5 vom 6. November 2017 (= BR/DC 2018, S. 160, Nr. 279, mit Anm. STÖCKLI); vgl. auch BGE 111 II 72/74 E. 3d (= BR/DC 1986, S. 70, Nr. 100, mit Anm. VOGEL) und HÜRLIMANN, Kommentar SIA 118, Art. 25/Rz. 8.1.

147 Die Pflicht zur Beratung des Bauherrn ist auch in den Art. 2.1 und Art. 3.4.1 SIA 102 und in Art. 4.2.3 SIA 103 statuiert.

148 SCHUMACHER, Architektenrecht 1995, Rz. 443.

ners angewiesen.[149] Wie weit die Beratungspflicht geht, bestimmt sich aufgrund der Umstände des Einzelfalls, insbesondere der Kenntnisse und Erfahrung des Bauherrn (Rz. 9.144).

3. Beispiele: 9.131

- Der Planer muss den Bauherrn hinsichtlich der Kosten des in Aussicht genommenen Projekts beraten (wirtschaftliche Beratungspflicht).[150] 9.132
- Der Architekt muss den Bauherrn auf die Risiken des Bauens in steilem Gelände hinweisen und ihm empfehlen, eine Bauherrenhaftpflichtversicherung abzuschliessen.[151] 9.133
- Der Architekt muss den Bauherrn auf Risiken bei komplexen Bauvorhaben aufmerksam machen. Er muss ihn auf die Möglichkeit hinweisen, eine Bauwesenversicherung abzuschliessen und ihm gegebenenfalls den Abschluss einer solchen empfehlen.[152] 9.134

d. Abmahnungspflicht

1. Der Planer muss den Bauherrn unaufgefordert abmahnen, wenn dieser ihm **unzweckmässige oder gefährliche Weisungen** erteilt (Rz. 10.32 ff.).[153] Mit der Abmahnung muss der Planer mitteilen, inwiefern die Weisung fehlerhaft ist, und dem Bauherrn davon abraten. 9.135

2. Beispiele: 9.136

- Der Bauherr wies den Planer an, einen bestimmten Unternehmer mit den Montagearbeiten zu beauftragen. Der Planer war der Ansicht, der betreffende Unternehmer verfüge nicht über genügend Erfahrung, Branchenkenntnis und personelle bzw. maschinentechnische Kapazität, um die Arbeiten auszuführen. Er hätte den Bauherrn daher abmahnen müssen.[154] 9.137
- Der Planer muss den Bauherrn abmahnen, wenn die Weisung betreffend die Konstruktion der Bodenbeläge in einem Geschäftshaus verfehlt (in jenem Fall: der Zementüberzug zu wenig dick) ist.[155] 9.138

---

149 Vgl. Fellmann, Berner Kommentar, N 167 zu Art. 398 OR; Schumacher, Architektenrecht 1995, Rz. 444.

150 BGE 119 II 456/458 E. 2 (= BR/DC 1994, S. 106, Nr. 215, mit Anm. Werro); zuvor schon als obiter dictum in BGE 114 Ia 350/358 E. 6 und 116 II 519/521 E. 3b ff.; vgl. die Leistungsbeschriebe in den SIA-Ordnungen 102/103 (vorn Rz. 9.2 ff.), insb. die Phasen 2 (Vorstudien; Rz. 9.4) und 3 (Projektierung; Rz. 9.5).

151 BGE 111 II 72/74 E. 3d (= BR/DC 1986, S. 70, Nr. 100, mit Anm. Vogel); dazu kritisch Wiegand, Haftung für Dienstleistungen, S. 139.

152 Schumacher, Architektenrecht 1995, Rz. 446.

153 Gauch, Werkvertrag, Rz. 1937 ff.; Schumacher, Architektenrecht 1995, Rz. 449; vgl. auch Art. 1.2.61 SIA 102/103.

154 BGE 116 II 305/309 E. 2c/bb (= BR/DC 1991, S. 43, Nr. 65 f., mit Anm. Gauch).

155 BGE 95 II 43.

9.139 – Der Ingenieur, der dem Bauherrn nahelegt, zur Prüfung der Bodenbeschaffenheit einen Fachmann (Geologen) beizuziehen, muss den Bauherrn im Weigerungsfall abmahnen.[156]

9.140 **3.** Die Abmahnung muss ausdrücklich erfolgen, sie muss bestimmt, klar und deutlich sein.[157] Der Planer muss damit *unmissverständlich zum Ausdruck* bringen, dass die erteilte Weisung seines Erachtens zu einem Werkmangel oder einem anderen Nachteil führen könnte und dass er deswegen seine Verantwortung für die Ausführung des Werks ablehne.[158] Keine genügende Abmahnung liegt vor, wenn der Planer allgemein mitteilt, er würde einen anderen Subunternehmer vorziehen.[159] Die Abmahnung hat sodann gegenüber dem Bauherrn oder einem entsprechend bevollmächtigten Vertreter zu erfolgen.[160]

9.141 Hält der Bauherr an seiner Weisung fest, ist der Planer verpflichtet, diese zu befolgen.[161] Die ausdrückliche Abmahnung befreit den Planer von seiner Haftung (Art. 369 OR).[162] Die Befreiung gilt freilich nur für den durch die abgemahnte Weisung verursachten Schaden, nicht für allfällige Fehler des Planers. Kann der Planer die Weisung nicht befolgen, weil sie zum Beispiel gegen die Regeln der Baukunde verstiesse oder gefährlich wäre, muss er das Vertragsverhältnis beenden.[163]

9.142 **4.** Ist im Einzelfall – entgegen der gesetzgeberischen Vorstellung[164] – der Bauherr sachverständig (sei es, dass er selber sachverständig ist oder sich fachmännisch beraten lässt), darf sich der Planer freilich darauf verlassen, dass die Weisungen durchdacht sind. Der Planer haftet in diesem Fall nicht, wenn er eine Abmahnung unterlässt, es sei denn, er habe die Fehlerhaftigkeit der Weisung erkannt hat oder er hätte sie erkennen müssen.[165] Eine Abmahnung ist ferner erforderlich, wenn die Weisung Bereiche betrifft, die der (im Übrigen) fachkundige Bauherr nicht kennt, wohl aber der Planer.

156 BGer 4C.284/2006 vom 7. November 2006 E. 4.4 (= BR/DC 2007, S. 61, Nr. 203, mit Anm. Stöckli).

157 BGE 95 II 43/50 E. 3c.

158 BGE 116 II 305/308 E. 2c/bb (= BR/DC 1991, S. 43, Nr. 65 f., mit Anm. Gauch); 95 II 43/50 E. 3c; BGer 4C.217/2005 vom 20. Februar 2006 E. 3.2.1. Die zweite Voraussetzung (Ablehnung der Verantwortung) wird in der Lehre mitunter kritisiert (Gauch, Werkvertrag, Rz. 1941; vgl. auch die Übersicht bei Zindel/Pulver/Schott, Basler Kommentar, N 10 zu Art. 369 OR).

159 BGE 116 II 305/308 E. 2c/bb (= BR/DC 1991, S. 43, Nr. 65 f., mit Anm. Gauch); Gauch, Werkvertrag, Rz. 1940.

160 Ungenügend ist die Abmahnung, wenn sie an dessen Monteur gerichtet ist (vgl. die Anm. von Stöckli zu 4A_271/2008 = BR/DC 2009, S. 56, Nr. 116).

161 Schumacher, Architektenrecht 1995, Rz. 449.

162 Ebenso Art. 1.5.1 SIA 102/103.

163 Gauch, Werkvertrag, Rz. 598, gesteht dem Planer in diesem Fall ein Auflösungsrecht aus wichtigem Grund zu. Vgl. auch Bachmann, Haftungsfolgen, S. 186, zum Fall, da der Bauherr die Ratschläge zur Erdbebensicherheit nicht befolgt.

164 Zum Umfang der Sorgfalts- und Treuepflicht bei einem sachverständigen Bauherrn Rz. 9.144 ff.

165 BGE 116 II 454/456 E. 2c/aa; BGer 4A_166/2008 vom 7. August 2008 E. 2.1 (= BR/DC 2008, S. 166, Nr. 308, mit Anm. Stöckli).

5. Die Abmahnung bedarf *keiner besonderen Form.*[166] Auch die mündliche Abmahnung ist grundsätzlich wirksam. Da der Planer die Beweislast für die genügende Abmahnung trägt, ist ihm aber zu empfehlen, auf jeden Fall schriftlich abzumahnen. Will der Bauherr die erforderlichen Massnahmen nicht ergreifen, sollte der Planer eine Bestätigung einholen, dass der Bauherr von ihm ausreichend informiert wurde und er sich der Tragweite seines Entscheids bewusst ist. Weigert sich der Bauherr, eine solche Bestätigung abzugeben, sollte der Planer schriftlich (eingeschrieben) abmahnen oder sich allenfalls überlegen, den Vertrag aufzulösen.[167] 9.143

C. Umfang und Zeitpunkt

1. Die gesetzliche Regelung beruht auf der **Vorstellung,** dass der **Planer sachverständig** ist und der **Bauherr nicht.** Die Pflicht des Planers, den Bauherrn zu informieren, ihn aufzuklären, zu beraten und abzumahnen ist deshalb immer dann einzuschränken, wenn die konkreten Verhältnisse von der gesetzgeberischen Vorstellung abweichen.[168] Dies ist der Fall, wenn der Bauherr seinerseits sachverständig ist, sei es, dass er selber über die fachlichen Kenntnisse verfügt oder dass er sich fachmännisch beraten lässt (wie z.B. grössere private Unternehmen oder Gemeinwesen). Dem Bauherrn ist der Sachverstand seiner Berater anzurechnen.[169] Im Übrigen ist der Planer jedoch weiterhin zur Sorgfalt und Treue verpflichtet. 9.144

a. Die in der Literatur mitunter erhobene Forderung, der Planer müsse den Bauherrn vollständig, umfassend und klar informieren, aufklären und beraten, *geht unseres Erachtens in dieser allgemeinen Form zu weit.* Der Planer ist keine «Kasko-Versicherung» für alle nur erdenklichen Pflichten. Vielmehr ist das Mass der Nebenpflichten auch, und vor allem, davon abhängig, über welche Kenntnisse und Erfahrungen der Bauherr verfügt.[170] SCHUMACHER weist darauf hin, dass die Bedürfnisse der Bauherren unterschiedlich sind. Während der eine wünschen mag, über alle Details orientiert zu werden, möchte ein anderer nur über die wesentlichen Belange Bescheid wissen. Eine Überinformation kann den Bauherrn auch desinformieren. Die Information hat eben nicht «erschöpfend» im anderen Sinne des Wortes zu sein. Ziel der Information, Aufklärung und Beratung muss sein, dass der Bauherr seine Entscheide in Kenntnis der Sachlage und der Konsequenzen 9.145

---

[166] BGE 95 II 43/47 E. 2a.

[167] Vgl. auch BACHMANN, Haftungsfolgen, S. 186.

[168] BGE 116 II 454/456 E. 2c/aa (= BR/DC 1991, S. 97, Nr. 155, mit Anm. GAUCH); 116 II 305/309 E. 2c/bb (= BR/DC 1991, S. 43, Nr. 65 f., mit Anm. GAUCH); BGer 4A_166/2008 vom 7. August 2008 E. 2.1 (= BR/DC 2008, S. 166, Nr. 308, mit Anm. STÖCKLI); KGer SZ ZK1 2013 11 vom 6. Oktober 2014 (= BR/DC 2015, S. 180, Nr. 273, mit Anm. SIEGENTHALER).

[169] BGE 116 II 454/456 E. 2c/aa (= BR/DC 1991, S. 97, Nr. 155, mit Anm. GAUCH); BGer 4A_166/2008 vom 7. August 2008 E. 2.1 f. (= BR/DC 2008, S. 166, Nr. 308, mit Anm. STÖCKLI); beide Entscheide zur Abmahnung lassen sich unseres Erachtens allgemein für den Umfang der Sorgfalts- und Treuepflicht heranziehen.

[170] BGE 119 II 333/335 E. 5a.

fällen kann.[171] Nicht mehr und nicht weniger. Ob die Information ausreichend war, ist aber immer im Einzelfall zu beurteilen.

9.146 **b.** WIEGAND stellt eine Tendenz zur Ausweitung der Verhaltenspflichten fest. Er weist zu Recht darauf hin, dass die Ausdehnung der Verhaltenspflichten lediglich das dogmatische Instrumentarium ist, das beim Planervertrag zur Verlagerung des Risikos auf den Planer führt. Die eigentliche Frage ist eine rechtspolitische Wertung (oder müsste es jedenfalls sein): Es geht darum, wer den Schaden tragen soll.[172] Und hier wird man – etwas gegen den Zeitgeist – daran erinnern dürfen, dass eine Möglichkeit immer auch ist, dass der Bauherr den Schaden selbst zu tragen hat.[173] Wenn immer mehr Risiken auf den Planer überwälzt werden, führt dies nicht zu besseren, sondern zu teureren Verträgen.[174]

9.147 **2.** Die Information und Aufklärung, die Empfehlungen und Vorschläge hat der Planer so **frühzeitig** abzugeben, dass der Bauherr seine Entscheide rechtzeitig fällen kann.[175] Zu spät erfolgt die Orientierung, wenn der Bauherr praktisch vor vollendete Tatsachen gestellt wird. Dies ist zum Beispiel der Fall, wenn eine von zwei Varianten aus zeitlichen Gründen nicht mehr oder nur noch mit hoher Kostenfolge gewählt werden kann. Der Planer hat deshalb auch unaufgefordert zu informieren, aufzuklären und zu beraten.[176]

D. Schaden aus der Verletzung der Sorgfalts- und Treuepflicht

9.148 Führt die Verletzung der Sorgfalts- und Treuepflicht zu einer Fehlplanung und zu einem Mangel am Bauwerk, «absorbiert» die Mängelhaftung und deren Schadenersatz gewissermassen die Sorgfaltshaftung.[177] Für den zu ersetzenden Schaden kann auf die Ausführungen bei der Fehlplanung verwiesen werden (Rz. 9.79 ff.); es gelten die werkvertraglichen Verwirkungs- und Verjährungsbestimmungen (Rz. 9.200 ff. und 9.229 ff.). Mitunter führt die Verletzung der Sorgfalts- und Treuepflicht jedoch auch nicht zu einem Mangel am

---

[171] SCHUMACHER, Architektenrecht 1995, Rz. 456; KGer SZ ZK1 2013 11 vom 6. Oktober 2014 (= BR/DC 2015, S. 180, Nr. 273, mit Anm. SIEGENTHALER).

[172] WIEGAND, Haftung für Dienstleistungen, S. 138 f. und 143.

[173] Vgl. auch die von REBER aufgezeigte Wandlung der SIA-Ordnung 103: Die Ausgabe 1962 sah eine Beschränkung der Haftung des Ingenieurs auf den Honorarbetrag vor; nach Ausgabe 1969 musste die Haftung noch «in einem angemessenen Verhältnis zum Honorar» stehen; die nächste Ausgabe enthielt bereits keine summenmässige Beschränkung mehr (REBER, Rechtshandbuch, S. 326). Auch insofern ist eine Verlagerung des Risikos auf den Planer zu beobachten.

[174] Mit dem Haftungsrisiko steigen die Versicherungsprämien, die der Planer bezahlen muss. Der Planer wird versucht sein, aus betriebswirtschaftlichen Gründen gar gezwungen, die Prämien auf den Bauherrn zu überwälzen. Höhere Haftungsrisiken können den Planer ausserdem dazu bewegen, seine Haftung vertraglich zu beschränken. Auch eine solche Freizeichnung schlägt letztlich auf den Bauherrn zurück.

[175] SCHUMACHER, Architektenrecht 1995, Rz. 457.

[176] BGE 115 II 62/65 E. 3a.

[177] BGE 111 II 170/172 E. 2 (= BR/DC 1986, S. 63, Nr. 87, mit Anm. TERCIER); GAUCH, Werkvertrag, Rz. 853.

Bauwerk. Alsdann richtet sich die Haftung des Planers nach den Art. 97 Abs. 1 i.V.m. Art. 364 Abs. 1 OR, allenfalls i.V.m. Art. 101 Abs. 1 OR, ohne dass die werkvertraglichen Verwirkungs- und Verjährungsbestimmungen zu beachten sind.[178]

4. Weitere Pflichtverletzungen

A. Verletzung vertraglicher Nebenpflichten

1. Die Verletzung einer vertraglichen Nebenpflicht stellt eine sogenannte positive Vertragsverletzung dar. Einzelne vertragliche Nebenpflichten sind selbständig einklagbar (z.B. Einhaltung eines Konkurrenzverbots). Andere führen nur zu einem Schadenersatzanspruch nach Art. 97 Abs. 1 oder Art. 101 Abs. 1 OR.[179] 9.149

2. Ein Teil der allgemeinen Nebenpflichten wurde bereits im Rahmen der Verletzung der Sorgfalts- und Treuepflicht behandelt (z.B. Aufklärungspflicht). Weitere Nebenpflichten sind insbesondere: 9.150

a. Der Planer hat *Interessenkollisionen* zu *vermeiden.* Er darf zwar Doppelaufträge annehmen (der Bau mehrerer Häuser einer Siedlung kann zu Synergien führen, die im Interesse der Bauherren liegen). Wenn zwischen den einzelnen Bauherren Streit entsteht, muss der Planer aber neutral bleiben und darf nicht zugunsten eines Bauherrn Partei ergreifen.[180] 9.151

b. Die Treuepflicht zum Bauherrn verbietet dem Planer, von Dritten *persönliche Vergünstigungen* (z.B. Geschenke von Unternehmern) entgegenzunehmen.[181] In extremen Fällen könnte sich der Planer sogar nach Art. 4a Abs. 1 lit. b i.V.m. Art. 23 UWG (Privatbestechung) strafbar machen. Umgekehrt darf der Planer einen ihm nahestehenden Unternehmer nicht begünstigen. 9.152

c. Der Planer ist zur *Verschwiegenheit* verpflichtet. Persönliche Verhältnisse des Bauherrn (z.B. Einkommens- und Vermögensverhältnisse), von denen er Kenntnis erlangt, muss er vertraulich behandeln.[182] Die Pflicht zur Verschwiegenheit kann je nach den Umständen des Einzelfalls unterschiedlich weit gehen.[183] Sie besteht über die Zeit der Vertragserfüllung hinaus.[184] 9.153

---

[178] BGE 113 II 421/422 E. 2 (= BR/DC 1989, S. 17, Nr. 10, mit Anm. TERCIER).

[179] GAUCH/SCHLUEP/EMMENEGGER, OR AT, Rz. 2638; HUGUENIN, OR AT und BT, Rz. 852 ff.

[180] SCHUMACHER, Architektenrecht 1995, Rz. 454.

[181] Art. 1.2.2 SIA 102/103; GAUCH, Werkvertrag, Rz. 1248.

[182] Art. 1.2.2 SIA 102/103.

[183] Vgl. auch Art. 1.3.2 SIA 102/103, wonach der Planer das Werk veröffentlichen kann, jedoch unter Wahrung der Interessen des Auftraggebers.

[184] Ausführlich zur Diskretions- und Geheimhaltungspflicht FELLMANN, Berner Kommentar, N 39 ff. zu Art. 398 OR (zum Auftrag).

9.154 **d.** Der Planer ist verpflichtet, die Arbeitsergebnisse (z.B. Pläne, Baujournale, Machbarkeitsstudien) zehn Jahre über die Beendigung des Planervertrags hinaus *aufzubewahren.*[185]

B. Verzug

9.155 Hält der Planer den Zeitplan nicht ein (z.B. indem er Pläne zu spät liefert) oder erfüllt er andere Pflichten nicht rechtzeitig, gerät er nach Massgabe von Art. 102 ff. OR in Schuldnerverzug.

C. Unmöglichkeit

9.156 Die Leistung des Planers kann unmöglich sein oder werden. An dieser Stelle interessiert vor allem der Fall der nachträglichen objektiven Unmöglichkeit.[186] Denkbar ist zum Beispiel, dass das umzubauende Haus durch einen Brand zerstört wird oder dass das Baugrundstück ausgezont wird.[187] Der Planer haftet, wenn er die Unmöglichkeit zu vertreten hat (Rz. 9.199).

D. Abgrenzung: Haftung für Kosteninformationen und Haftung für Bauleitung

9.157 Der Planer verletzt den Vertrag auch dann, wenn er Kosteninformationen unterlässt oder sie falsch sind, ferner, wenn er vereinbarte Kostenlimiten nicht einhält. Der Fehler des Planers kann sich ausserdem im Rahmen der Bauleitung ereignen. Die Haftung für unzutreffende Kosteninformationen (Rz. 11.38 ff.) und die Haftung für Bauleitung (Rz. 10.164 ff.) werden in separaten Beiträgen behandelt.

---

[185] So ausdrücklich Art. 1.2.9 SIA 102/103. Zu den Vorschriften über die kaufmännische Buchführung, insbesondere zur Aufbewahrung der Geschäftsbücher vgl. Art. 958f OR.

[186] Die Leistung kann aber auch anfänglich unmöglich sein (Art. 20 Abs. 1 OR). Sie kann ausserdem nachträglich subjektiv unmöglich sein in dem Sinne, dass zwar der betreffende Planer sie nicht mehr erbringen kann, ein anderer Planer jedoch noch leisten könnte (zur nachträglichen subjektiven Unmöglichkeit statt vieler HUGUENIN, OR AT und BT, Rz. 817 f. und 833 ff.).

[187] Beispiele nach SCHUMACHER, Architektenrecht 1995, Rz. 381.

IV. Rechtsfolgen

1. Schadenersatz

A. Haftung für eigenes Fehlverhalten

a. Rechtsfolge der Haftung: Schadenersatz

1. Haftet der Planer aus der Verletzung des Planervertrags, so hat er dem Bauherrn den entstandenen Schaden zu ersetzen. 9.158

a. Grundlage des Schadenersatzanspruchs ist im Werkvertragsrecht[188] Art. 368 OR, soweit der Schaden die Folge einer mangelhaften Planung ist.[189] Der Schadenersatzanspruch nach Art. 368 OR setzt (im Gegensatz zu jenem nach Art. 97 ff. OR) grundsätzlich voraus, dass der Bauherr die Planungsleistung prüft und bei der Prüfung entdeckte Mängel umgehend rügt (Rz. 9.212 ff.).[190] 9.159

Der Schadenersatzanspruch tritt im Werkvertragsrecht kumulativ zu den anderen Mängelrechten (Wandelung, Minderung, Nachbesserung)[191] hinzu. Der Bauherr ist nicht verpflichtet, eines der anderen Mängelrechte tatsächlich auszuüben.[192] Einen allfälligen Minderwert der Planungsleistung kann er allerdings nicht als Schadenersatz geltend machen, sondern muss dafür (allenfalls kumulativ) Minderung verlangen.[193] Der Schadenersatz betrifft immer einen Mangelfolgeschaden (Rz. 9.79 f.). 9.160

b. Resultiert der Schaden aus der Verletzung der allgemeinen Sorgfalts- und Treuepflicht, so hat der Planer für seine Vertragsverletzung nach den Grundsätzen der Art. 97 ff. 9.161

---

188 Das Bundesgericht unterstellt die Haftung für Planungsleistungen (also den reinen Planungsvertrag) dem Werkvertragsrecht (Rz. 1.31 ff.). Kritisch dazu Rz. 9.11.

189 Anders als im Kaufrecht ist die alternative Anwendung von Art. 97 Abs. 1 OR neben der werkvertraglichen Gewährleistung ausgeschlossen (BGE 100 II 30/32 E. 2; Gauch, Werkvertrag, Rz. 2326 und 2328; Zindel/Pulver/Schott, Basler Kommentar, N 78 zu Art. 368 OR).

190 Überdies darf der Anspruch nicht verjährt sein (Rz. 9.229 ff.), und es darf kein Ausschluss der Sachgewährleistung (z.B. Genehmigung, Verschulden durch Weisung etc.) vorliegen (Rz. 9.200 ff.).

191 Zur Wandelung, Minderung und Nachbesserung vgl. Rz. 9.187 ff. Auch wenn Auftragsrecht anwendbar ist, kann der Bauherr Schadenersatz kumulativ zur Minderung oder zum Wegfall des Honorars fordern (BGer 4A_89/2017 vom 2. Oktober 2017 E. 5.2.2 und 5.2.3 = BR/DC 2018, S. 186, Nr. 295, mit Anm. Werro).

192 BGer 4A_514/2016 vom 6. April 2017 E. 3.2.2 (= BR/DC 2017, S. 381, Nr. 806, mit. Anm. Werro); 4A_90/2013 vom 10. Juni 2013 E. 4.2. Zu beachten ist jedoch, dass der Besteller, der ohne eines der übrigen Mängelrechte geltend zu machen einzig Schadenersatz verlangt, nach dem Bundesgericht die übrigen Mängelrechte verliert (BGer 4C.297/2003 vom 20. Februar 2004 E. 2.1). Vgl. auch Gauch, Werkvertrag, Rz. 1851; Hürlimann/Siegenthaler, Handkommentar Privatrecht, N 14 zu Art. 368 OR.

193 BGer 4C.297/2003 vom 20. Februar 2004 E. 2.1. Vgl. dagegen, wenn das (vom Unternehmer hergestellte) Bauwerk einen Minderwert aufweist, Rz. 9.88.

und Art. 364 Abs. 1 OR einzustehen.[194] Führt die Verletzung der allgemeinen Sorgfalts- und Treuepflicht zu einem Mangel der Planungsleistung, sind jedoch in jedem Fall die Regeln der Mängelhaftung (Art. 367–371 OR) anwendbar. Die Mängelhaftung «absorbiert» gewissermassen die Sorgfaltshaftung.[195]

9.162 **c.** Im Anwendungsbereich des Auftragsrechts ergibt sich die Schadenersatzpflicht aus Art. 97 ff. i.V.m. Art. 398 Abs. 2 OR.

9.163 **2.** Nach Art. 43 Abs. 1 i.V.m. Art. 99 Abs. 3 OR könnte das Gericht statt auf Schadenersatz in Geld auch auf eine andere Art des Ersatzes, insbesondere eine Beseitigung des Mangels am Bauwerk, erkennen. Da der Planer das Bauwerk nicht selber herstellt, ist indes ein solcher Naturalersatz kaum je sinnvoll.

b. Schadensberechnung

9.164 **1.** Der Schaden ist konkret zu berechnen.[196] Zu ersetzen ist in erster Linie das **positive Interesse.** Der Bauherr ist so zu stellen, wie wenn der Vertrag richtig erfüllt worden wäre.[197]

9.165 Führt insbesondere eine Verletzung der Informations- oder Aufklärungspflicht (z.B. über die Kosten eines Bauprojekts) dazu, dass der Bauherr im Vertrauen auf die Richtigkeit der Information Dispositionen tätigt, die er sonst nicht getätigt hätte, ist der sogenannte **Vertrauensschaden** zu ersetzen.[198] Bei der Berechnung des Vertrauensschadens geht es darum, die Aufwendungen zu ermitteln, die der Bauherr nicht getätigt hätte, wenn die Information richtig gewesen wäre und er die tatsächlichen Kosten gekannt hätte.[199] Ebenso sind die Dispositionen zu ermitteln, die der Bauherr im Vertrauen auf die falsche Information unterliess, die er jedoch bei richtiger Information getätigt hätte (z.B., wenn der Bauherr, hätte der Planer die Kosten nicht zu hoch geschätzt, zusätzliche Investitionen getätigt hätte und einen höheren Gewinn hätte erzielen können). Der Vertrauensschaden entspricht der Differenz zwischen dem aktuellen Vermögensstand und dem Stand, den das Vermögen hätte, wenn der Planer richtig informiert und aufgeklärt hätte.

---

194 BGE 111 II 170/172 E. 2 (= BR/DC 1986, S. 63, Nr. 87, mit Anm. TERCIER); GAUCH, Werkvertrag, Rz. 853; TRÜMPY, Architektenvertragstypen, S. 60.

195 BGE 111 II 170/172 E. 2 (= BR/DC 1986, S. 63, Nr. 87, mit Anm. TERCIER); GAUCH, Werkvertrag, Rz. 853.

196 Vgl. BGE 119 II 249/252 E. 3b/bb (= BR/DC 1994, S. 47, Nr. 87, mit Anm. GAUCH); SCHUMACHER, Architektenrecht 1995, Rz. 570.

197 Vgl. GAUCH/SCHLUEP/EMMENEGGER, OR AT, Rz. 2898 und 2900.

198 Vgl. BGE 119 II 249/252 E. 3b/aa (= BR/DC 1994, S. 47, Nr. 87, mit Anm. GAUCH). Der Vertrauensschaden wird mitunter auch als negatives Interesse bezeichnet, wobei die Terminologie in der Lehre jedoch uneinheitlich ist (vgl. GAUCH/SCHLUEP/EMMENEGGER, OR AT, Rz. 2899).

199 Vgl. zur Weisungsabweichung, die zu einem wertvolleren Bauwerk führt, auch Rz. 9.115 ff.; zur Haftung für unzutreffende Kosteninformationen ausführlich Rz. 11.38 ff.

2. Allfällige **Vorteile,** die dem Bauherrn aus der Vertragsverletzung entstehen, sind auszugleichen. Vorauszusetzen ist ein innerer Zusammenhang der Vor- und Nachteile unter sich und mit der entsprechenden Vertragsverletzung.[200] Beispiele:[201] 9.166

- Haftet der Planer, weil er den Bauherrn nicht über mögliche Versicherungen beraten hat, sind die eingesparten Versicherungsprämien vom Schaden abzuziehen. 9.167
- Erhöht sich der Schaden durch die Mehrwertsteuer, ist ein allfälliger Vorsteuerabzug anzurechnen. 9.168

3. Sogenannte **Ohnehin-Kosten** (auch: Sowieso-Kosten), die dem Bauherrn auch dann entstanden wären, wenn der Planer den Vertrag richtig erfüllt hätte, sind nicht zu ersetzen.[202] Der Bauherr soll durch die fehlerhafte Planungsleistung nicht bessergestellt werden. Hätte ihn die korrekt erbrachte Vertragsleistung mehr gekostet als die fehlerhafte, muss er sich die Differenz auf den Schaden anrechnen lassen. Zum Beispiel: 9.169

- Fehlt in den Plänen ein Wasseranschluss und muss der Sanitär deshalb nachträglich nochmals bestellt werden, geht der zusätzliche Weg und der zusätzliche Aufwand (aufspitzen der bereits verputzten Wand) zulasten des Planers – die eigentliche Arbeit (Wasseranschluss verlegen) und das Material muss er dem Bauherrn jedoch nicht ersetzen. 9.170
- Ein Schwimmbad wurde auf 200 Rammpfählen (pieux battus) errichtet. Die vom Ingenieur empfohlene Pfahllänge von 12 m erwies sich als ungenügend, das Schwimmbad senkte sich ab. Der Ingenieur war für den Mangel haftbar; die Bauherrin musste sich jedoch anrechnen lassen, was die vom Gutachter empfohlenen, 35 m langen Pfähle gekostet hätten. Da die Mehrkosten bei korrekter Bauweise (CHF 500 000.–) die Kosten der Mangelbehebung (CHF 378 947.85) überstiegen hätten, erlitt die Bauherrin bemerkenswerterweise keinen Schaden.[203] 9.171

c. Schadenersatzbemessung

1. Bei der Schadenersatzbemessung ist zu entscheiden, ob der ziffernmässig nachgewiesene oder richterlich abgeschätzte Schaden (Art. 42 Abs. 2 OR) im vollen Umfang oder nur zu einem Teil zu ersetzen ist. Für die Schadenersatzbemessung gelten die Art. 43 f. OR, auf welche Art. 99 Abs. 3 OR verweist. 9.172

---

[200] Vgl. BGE 71 II 86/88 E. 4.

[201] Beispiele nach SCHUMACHER, Architektenrecht 1995, Rz. 569.

[202] BGer 4A_541/2014 vom 1. April 2015 E. 3.1 (= BR/DC 2015, S. 351, Nr. 582, mit Anm. WERRO). Zu den Ohnehin-Kosten auch GAUCH, Werkvertrag, Rz. 1728; vgl. im Übrigen Art. 170 Abs. 2 SIA 118: «Kosten [der Nachbesserung], die dem Bauherrn auch bei ursprünglich mängelfreier Ausführung entstanden wären, trägt der Bauherr.»

[203] BGer 4A_541/2014 vom 1. April 2015 (= BR/DC 2015, S. 351, Nr. 582, mit Anm. WERRO); KGer VD HC/2014/72 vom 12. März 2014 (= BR/DC 2014, S. 312, Nr. 628, mit Anm. WERRO).

9.173 **2.** Bei der Bemessung des Ersatzes ist unter anderem die Grösse des Verschuldens zu berücksichtigen (Art. 43 Abs. 1 OR). Trifft den Planer nur eine leichte Fahrlässigkeit, kann dies zu einer Herabsetzung des Schadenersatzanspruchs führen.[204] Zu einer Reduktion des Schadenersatzes führt auch ein Selbstverschulden des Bauherrn (Art. 44 Abs. 1 OR).[205] Dabei ist dem Bauherrn das Verhalten, aber auch der Sachverstand seiner Hilfspersonen anzurechnen.[206]

9.174 **3.** Der Schadenersatz ist vom Zeitpunkt des Schadenseintritts bis zur Bezahlung mit 5% zu verzinsen. Der Nachweis eines höheren Schadens bleibt vorbehalten.[207]

d. Freizeichnung

9.175 **1.** Die Vertragsfreiheit erlaubt den Parteien, die gesetzlichen Haftungsregeln zu modifizieren. Die Parteien können die Voraussetzungen der Haftung definieren oder die Folgen regeln; sie können die gesetzliche Haftung verschärfen, beschränken oder ausschliessen. Für die beiden letzteren Fälle hat sich der Oberbegriff «Freizeichnung» eingebürgert.

9.176 **2.** Für eine Freizeichnung des Planers (z.B. eine betragsmässige Beschränkung) kann es im Einzelfall gute Gründe geben. Der Planer hat ein berechtigtes Interesse daran, sein Haftungsrisiko zu begrenzen, um seine wirtschaftliche Existenz nicht zu gefährden. Durch die Kalkulierung des Risikos kann er seine Leistung zu einem niedrigeren Preis anbieten, was wiederum dem Bauherrn zugute kommt. Sinnvoll kann es zum Beispiel sein, die Haftung des Planers auf die Versicherungssumme zu beschränken. Eine Haftung, die höher ist, hat für den Bauherrn wenig praktischen Nutzen, wenn beim Planer nichts zu holen ist; die Vernichtung von Existenzen ist auch gesamtwirtschaftlich nicht erstrebenswert. Sinnvoll ist eine Freizeichnung auch dann, wenn sich der Bauherr einfach(er) Versicherungsschutz verschaffen kann als der Planer. Problematisch sind Freizeichnungen hingegen, wenn sich ungleich starke Vertragspartner gegenüberstehen.

9.177 **3.** Wie weit die Freizeichnung geht, ist durch Auslegung zu ermitteln.[208] Der Zulässigkeit der Freizeichnung sind Grenzen gesetzt.

---

[204] BGE 92 II 234/240 E. 3b; 91 II 291/297 E. 4; gl.M. Schnyder, Basler Kommentar, N 8 zu Art. 43 OR.

[205] Auch das Festhalten an einer unzweckmässigen Weisung trotz Abmahnung durch den Planer stellt ein Selbstverschulden dar; es führt dazu, dass der Bauherr seinen Anspruch verliert (Art. 369 OR).

[206] Architekt als Hilfsperson in BGE 130 III 591/606 E. 5.5.4 (= BR/DC 2005, S. 86, Nr. 168, mit Anm. Aepli); im Übrigen auch BGE 95 II 43/53 E. 4c.

[207] BGE 131 III 12/24 f. E. 9.4; Brehm, Berner Kommentar, N 97 ff. zu Art. 41 OR (insb. N 99 und 101). Es handelt sich um Schadenszins, nicht um Verzugszins. Ein Teil der (vor allem älteren) Lehre spricht sich dafür aus, den Schadenszins nach den konkreten Verhältnissen auf dem Kapitalmarkt zu berechnen, was zu höheren oder (aktuell) zu tieferen Zinsen führen könnte (vgl. die Hinweise bei Gauch, Werkvertrag, Rz. 1901).

[208] BGE 118 II 142/143 f. E. 1a (= BR/DC 1993, S. 47, Nr. 108, mit Anm. Gauch); Gauch, Werkvertrag, Rz. 2552; vgl. auch BGer vom 21. November 1971 (= ZR 1971, Nr. 117, S. 317).

a. So ist eine Freizeichnung für vorsätzliche oder grobfahrlässige Schädigung nach Art. 100 Abs. 1 OR nichtig. Gemäss Art. 100 Abs. 2 OR kann das Gericht bei obrigkeitlich konzessionierten Gewerben auch die Freizeichnung von leichter Fahrlässigkeit für nichtig erklären. Umstritten ist, ob die sogenannten freien Berufe, die einer Polizeierlaubnis bedürfen, unter diese Bestimmung fallen.[209] Zu weit geht es unseres Erachtens, wenn ein Teil der Lehre Planer, die ihren Beruf nur gestützt auf ein staatliches Fähigkeitszeugnis ausüben dürfen,[210] ebenfalls darunter subsumieren will.[211] 9.178

b. Im Schrifttum wird vertreten, eine Freizeichnung für Körperschäden sei nichtig (Art. 27 Abs. 2 ZGB i.V.m. Art. 20 OR).[212] Ein generelles Verbot geht zu weit. Das Gesetz zieht die Grenze nicht bei der Schadensart, sondern beim Verschulden (Art. 100 OR). Auch ist es falsch, Körperverletzungen per se als gravierender einzustufen als Vermögensschäden. Vor allem aber kann man in eine Verletzung einwilligen; umso mehr muss es zulässig sein, die Folgen einer Verletzung vertraglich zu regeln und ein Risiko selber zu tragen.[213] Zwar ist eine gewisse Zurückhaltung angebracht, wenn die Freizeichnung unausgewogen ist. Eine differenzierte Betrachtung ist indessen angezeigt, wenn zum Beispiel der Bauherr über eine entsprechende Versicherungsdeckung verfügt und der Preis für die Planungsleistung der Freizeichnung Rechnung trägt. Auch wenn der Bauherr eine neuartige Konstruktion oder ein unerprobtes Baumaterial wünscht, erscheint eine Freizeichnung keineswegs unangemessen. In einem auf Freiheit basierenden Rechtssystem muss auch die Freiheit geschützt sein, ein Risiko selber tragen zu wollen. 9.179

c. Sind Freizeichnungen in Allgemeinen Vertragsbedingungen (AGB) enthalten, gelten zusätzliche Einschränkungen: Ungewöhnliche Klauseln, mit denen der Vertragspartner nicht gerechnet hat und nicht rechnen musste, erlangen keine Geltung, wenn sie global übernommen wurden.[214] Der Verwender einer unklaren Klausel muss sich nach der sogenannten Unklarheitsregel die für ihn ungünstigere Auslegungsvariante entgegenhalten lassen.[215] Und schliesslich sind im Verhältnis zu Konsumenten AGB, die in Treu und 9.180

---

[209] Vgl. die Übersicht bei Weber, Berner Kommentar, N 116 ff. zu Art. 100 OR.

[210] Knapp, Architektenrecht 1995, Rz. 1653 ff.

[211] So aber Schumacher, Architektenrecht 1995, Rz. 405; kritisch auch Wiegand, Basler Kommentar, N 10 f. zu Art. 100 OR.

[212] Gauch, Werkvertrag, Rz. 2573; Huguenin/Meise, Basler Kommentar, N 44 zu Art. 19/20 OR; Kramer, Berner Kommentar, N 212 zu Art. 19–20 OR; Schumacher, Architektenrecht 1995, Rz. 403; Schwenzer, OR AT, N 24.14. Für eine (beschränkte) Zulässigkeit demgegenüber Hochstrasser, Freizeichnung von der Haftung für Personenschäden, S. 910 ff.; von Büren, OR AT, S. 407, Fn. 214; Weber, Berner Kommentar, N 34 zu Art. 100 OR. Das Bundesgericht hat bis heute nicht klar Stellung genommen.

[213] Vgl. Hochstrasser, Freizeichnung von der Haftung für Personenschäden, S. 913 f.

[214] BGE 109 II 452 «Hühnerstall-Fall» (= BR/DC 1985, S. 16, Nr. 8, mit Anm. Gauch). Die Art. 154 Abs. 3 und Art. 155 Abs. 1 SIA 118, welche die Bauleitung ermächtigen, die Schlussrechnung des Unternehmers zu genehmigen, sind für einen branchenfremden, einmaligen Bauherrn ungewöhnlich; BGE 119 II 443/445 f. E. 1a; Gauch/Schluep/Schmid, OR AT, Rz. 1136 ff.

[215] BGE 124 III 155/158 E. 1b; BGer 4C.215/2002 vom 11. November 2002 E. 2.4.

Glauben verletzender Weise ein erhebliches und ungerechtfertigtes Missverhältnis der vertraglichen Rechte und Pflichten vorsehen, nach Art. 8 UWG unlauter und damit nichtig. Nach der herrschenden Lehre ist Art. 8 UWG auch auf nicht-alltägliche Geschäfte anwendbar.[216] Somit kann sich auch ein privater Bauherr auf Art. 8 UWG berufen.

B. Haftung für Hilfspersonen und Substituten

9.181 **1.** Zieht der Planer für die Erfüllung des Vertrags Hilfspersonen bei, haftet er für den Schaden, den diese in Ausübung ihrer Verrichtungen verursachen (Art. 101 Abs. 1 OR). Der Planer haftet dabei nicht für das eigene, sondern für fremdes Verhalten. Er haftet, wenn ihm die Handlung der Hilfsperson vorzuwerfen wäre, hätte er sie selbst vorgenommen (hypothetische Vorwerfbarkeit). Er kann sich von der Haftung nur befreien, wenn er beweist, dass die Hilfsperson alle Sorgfalt angewendet hat, die von ihm (dem Planer) selber zu erwarten war.[217]

9.182 **2.** Als Hilfspersonen im Sinne von Art. 101 OR sind insbesondere die Arbeitnehmer des Planers und seine Subplaner zu qualifizieren.[218]

9.183 **3.** Der Beizug eines Subplaners setzt voraus, dass der Planer hierzu berechtigt ist. Grundsätzlich ist der Planer verpflichtet, die Planungsleistung persönlich zu erbringen oder unter seiner persönlichen Leitung ausführen zu lassen (Art. 364 Abs. 2 OR). Dass es auf die «persönliche[n] Eigenschaften» des Planers nicht ankommt und der Beizug eines Subplaners demzufolge von Gesetzes wegen erlaubt wäre, wird selten zutreffen. Der Beizug eines Subplaners setzt daher voraus, dass der Bauherr dem zustimmt (sei es aufgrund einer Vereinbarung im Planervertrag oder aufgrund einer nachträglichen Erlaubnis). So erlaubt namentlich Art. 1.3.3 SIA 102/103 den Beizug von Dritten zur Vertragserfüllung. Ist der Beizug eines Subplaners dagegen nicht erlaubt und zieht der Planer trotzdem einen solchen bei, liegt darin eine Vertragsverletzung, für welche der Planer nach Art. 97 Abs. 1 OR haftet.[219]

9.184 **4.** Ist Auftragsrecht auf die Leistung des Planers anwendbar, gilt für den Planer ein Haftungsprivileg, wenn er die Besorgung des Geschäfts befugterweise einem Dritten übertragen hat (Art. 399 Abs. 1 OR). Dieser geschäftsbesorgende Dritte wird im Auftragsrecht **Substitut** genannt. Nach Art. 399 Abs. 2 OR haftet der Planer nur für die gehörige Sorgfalt bei der Wahl und Instruktion des Substituten.[220] Ein Haftungsprivileg enthält ausser-

[216] Ferrari Hofer/Vasella, Handkommentar Privatrecht, N 3 zu Art. 8 UWG; Stöckli, Der neue Art. 8 UWG, S. 186.

[217] Gauch, Werkvertrag, Rz. 1893 ff. (insb. 1895); allgemein zur Hilfspersonenhaftung Gauch/Schluep/Emmenegger, OR AT, Rz. 3013 ff.

[218] Vgl. Gauch, Werkvertrag, Rz. 177; zur Haftung für den Subunternehmer BGE 116 II 305/307 E. 2c (= BR/DC 1991, S. 42, Nr. 63, mit Anm. Gauch).

[219] Gauch, Werkvertrag, Rz. 177.

[220] Auch unter dem Auftragsrecht muss der Planer seine Leistung grundsätzlich persönlich erbringen (Art. 398 Abs. 3 OR). Aufgrund des erwähnten Haftungsprivilegs ist erst recht eine Zustimmung des Bauherrn zum Beizug eines Substituten erforderlich.

dem Art. 1.7.13 SIA 102/103: Der Planer haftet auch ohne Abmahnung nur für gehörige Instruktion und Überwachung des Dritten, wenn ein sachverständiger Bauherr den Beizug eines bestimmten Dritten im Namen und auf Rechnung des Planers verlangt.[221]

2. Genugtuung

Ein Anspruch auf Genugtuung kann bestehen, wenn der Bauherr (oder ein Angehöriger des Bauherrn) wegen eines Planungsfehlers getötet oder verletzt wird (Art. 47 i.V.m. Art. 99 Abs. 3 OR). Ausserdem kommt ein Anspruch nach Art. 49 i.V.m. Art. 99 Abs. 3 OR infrage, wenn der Bauherr in seiner Persönlichkeit schwer verletzt wird. Denkbar wäre dies allenfalls, wenn krasse Planungsfehler dazu führen, dass die Lebensqualität des Bauherrn während längerer Zeit erheblich beeinträchtigt wird.[222] 9.185

3. Weitere Ansprüche des Bauherrn

Je nachdem, welche Pflicht der Planer verletzt, kann der Bauherr auch andere Ansprüche geltend machen. Diese weiteren Rechtsbehelfe sollen hier nur kurz und mit dem Fokus auf die Rechtslage beim Werkvertrag[223] dargestellt werden. Im Übrigen sei auf die Spezialliteratur zum Werkvertrag verwiesen. 9.186

A. Im Falle der Mangelhaftigkeit

1. Gegenstand des vorliegenden Beitrags ist die *Haftung* des Planers. Als Haftungsfolge steht bei Planungsfehlern der Schadenersatz im Vordergrund. Führt ein Planungsfehler zu einem Mangel an einem Bauwerk, ist dem Bauherrn mit einer Nachbesserung des Plans in der Regel nicht gedient, da der verbesserte Plan den Mangel am Bauwerk nicht beseitigt. Der Bauherr kann aber, wenn er dies wünscht, grundsätzlich alle Sachgewährleistungsrechte von Art. 368 OR ausüben.[224] 9.187

---

221 Bemerkenswert ist zum einen, dass das Haftungsprivileg nicht davon abhängt, dass der Planer den Beizug des Dritten abmahnte (so auch Art. 399 Abs. 2 OR; demgegenüber setzte Art. 1.9.15 SIA 102/103 [2003] eine Abmahnung voraus). Zum anderen haftet der Planer auch für gehörige Überwachung, was insofern bemerkenswert ist, als ja der Bauherr den Planer anweist, den Dritten beizuziehen (vgl. DENZLER/HOCHSTRASSER, Haftung nach SIA 102/103, S. 261 f.).

222 SCHUMACHER, Architektenrecht 1995, Rz. 600. Ein blosses Affektionsinteresse ist dagegen nicht zu ersetzen (Rz. 9.109 f.).

223 Zum auf die Haftung für Planungsleistungen anwendbaren Recht Rz. 9.9 ff.

224 Bei einem Gesamtvertrag richtet sich die Vergütung gemäss dem Bundesgericht nach Auftragsrecht (Rz. 8.42). Im Ergebnis ändert nichts: Auch im Auftragsrecht wird das Honorar gemindert, wenn die Leistung mangelhaft ist und entfällt der Honoraranspruch, wenn die Leistung vollständig unbrauchbar ist.

9.188 **2.** Voraussetzung der Sachgewährleistungsrechte ist, dass der Bauherr die Planungsleistung rechtzeitig geprüft und bei der Prüfung entdeckte Mängel umgehend gerügt hat (Rz. 9.203 ff.). Im Gegensatz zum Schadenersatzanspruch setzen Wandelung, Minderung und Nachbesserung kein Verschulden des Planers voraus.

a. Wandelung

9.189 Ist die Planungsleistung so fehlerhaft, dass sie für den Bauherrn unbrauchbar ist oder ihm die Annahme nicht zugemutet werden kann, kann er den Planervertrag aufheben und – soweit schon bezahlt – das Honorar zurückfordern (Art. 368 Abs. 1 OR).[225]

9.190 – Hält sich der Planer nicht an die vereinbarte Kostenlimite und ist das Projekt für den Bauherrn daher nicht finanzierbar, ist die Planungsleistung gänzlich unbrauchbar.[226]

b. Minderung

9.191 Bei einer mangelhaften Planung kann der Bauherr sodann eine Minderung des Honorars verlangen (Art. 368 Abs. 2 OR).[227] Im Gegensatz zur Wandelung ist Minderung auch bei weniger schwerwiegenden Mängeln möglich. In der Praxis ist die Bemessung des Minderwerts allerdings schwierig bis unmöglich.

c. Nachbesserung

9.192 **1.** Gestützt auf Art. 368 Abs. 2 OR kann der Bauherr auch die Nachbesserung der mangelhaften Leistung (z.B. eines mangelhaften Plans[228] oder einer fehlerhaften Machbarkeitsstudie) verlangen. Die Nachbesserung ist jedoch ausgeschlossen, wenn sie übermässige Kosten verursacht.[229]

9.193 **2.** Der Planer schuldet die Planungsleistung, nicht die Herstellung des Bauwerks. Das Nachbesserungsrecht bezieht sich immer auf den fehlerhaften Plan. Der Planer ist nicht verpflichtet, den Mangel am Bauwerk zu beseitigen.[230] Eine Nachbesserung des fehlerhaften Plans ist vor allem dann sinnvoll, wenn das Bauwerk noch nicht erstellt ist. Ist das

---

225 Zu den Rückleistungspflichten ausführlich Gauch, Werkvertrag, Rz. 1538 ff. Auch im Auftragsrecht entfällt der Honoraranspruch, wenn die Leistung des Planers vollständig unbrauchbar ist (BGer 4A_89/2017 vom 2. Oktober 2017 E. 5.2.3).

226 BGE 108 II 197/198 E. 1b (= BR/DC 1983, S. 53, Nr. 35, mit Anm. Gauch); OGer ZH LB110050 vom 14. Mai 2012 E. III/1 Absatz 3 (zum Auftragsrecht).

227 Zur Minderung des Honorars Rz. 8.177; gleich verhält es sich, wenn Auftragsrecht anwendbar ist; BGer 4A_89/2017 vom 2. Oktober 2017 E. 5.2 (= BR/DC 2018, S. 186, Nr. 295, mit Anm. Werro); KGer VD VD.2012/154 vom 27. März 2012 (= BR/DC 2013, S. 145, Nr. 214, mit Anm. Pichonnaz).

228 BGer 4A_90/2013 vom 10. Juni 2013 E. 4.2 und 4.4.2: Mangel im Entwässerungskonzept.

229 Art. 368 Abs. 2 OR; BGer 4A_514/2016 vom 6. April 2017 E. 3.2.2 (= BR/DC 2017, S. 381, Nr. 806, mit. Anm. Werro).

230 Trümpy, Architektenvertragstypen, S. 59 f.

Bauwerk erstellt (und infolge der fehlerhaften Planung mangelhaft), bringt dem Bauherrn die Nachbesserung des Plans meist nichts mehr;[231] eine Nachbesserung würde übermässige Kosten verursachen.[232] Führt die Verbesserung des Bauwerks durch den Unternehmer zu Mehrkosten des Bauherrn, kann er für diese Schadenersatz vom Planer verlangen (Rz. 9.83).

3. Weigert sich der Planer, die Planungsleistung zu verbessern, stehen dem Bauherrn die Wahlrechte von Art. 107 Abs. 2 und Art. 366 Abs. 2 OR (analog) zu. Insbesondere kann er eine Frist zur Nachbesserung ansetzen und nach deren Ablauf gestützt auf Art. 107 Abs. 2 OR, wenn er es unverzüglich erklärt, auf die nachträgliche Leistung verzichten und Ersatz des aus der Nichterfüllung entstandenen Schadens verlangen. Auf diese Weise kann der Bauherr neue Pläne durch einen anderen Planer erstellen lassen und die Kosten auf den Planer überwälzen.[233] 9.194

d. Verhältnis der Ansprüche zueinander

Der Bauherr kann zwischen Nachbesserung, Wandelung und Minderung frei wählen, mit den erwähnten Einschränkungen, dass die Wandelung einen qualifiziert erheblichen Mangel voraussetzt und die Nachbesserung keine übermässigen Kosten verursachen darf. Kumulativ hat er Anspruch auf Schadenersatz (Rz. 9.160). 9.195

e. Ersatzvornahme

Lässt sich bereits während der Ausführung bestimmt voraussehen, dass die Planungsleistung mangelhaft ist, kann der Bauherr eine angemessene Frist zur Abhilfe ansetzen und im Unterlassungsfall die Verbesserung oder die Fortführung[234] der Arbeiten auf Gefahr und Kosten des Planers einem Dritten übertragen (Art. 366 Abs. 2 OR). 9.196

---

[231] BGer 4A_514/2016 vom 6. April 2017 E. 3.2.2 (= BR/DC 2017, S. 381, Nr. 806, mit. Anm. WERRO). Vgl. aber BGer 4A_90/2013 vom 10. Juni 2013, insb. E. 4.2 und 4.4.2: Infolge eines fehlerhaften Entwässerungskonzepts floss Wasser auf das Nachbargrundstück, welches dadurch versumpfte. Um diesen Fehler zu beheben, war ein neues Entwässerungskonzept nötig. Die Kosten des neuen Entwässerungskonzepts konnte der Bauherr gemäss dem Bundesgericht nur über den Nachbesserungsanspruch, nicht aber als Mangelfolgeschaden geltend machen.

[232] Übermässige Kosten liegen gemäss BGer 4C.258/2001 vom 5. September 2002 E. 4.1.3 vor, «wenn ein Missverhältnis zwischen den voraussichtlichen Nachbesserungskosten und dem Nutzen besteht, den die Mängelbeseitigung dem Besteller [Bauherrn] bringt. Das Verhältnis der Nachbesserungskosten zu den Baukosten bzw. zum Werklohn [Honorar des Planers] ist nicht massgebend. Bei der Abwägung von Kosten und Nutzen können aufseiten des Bestellers [Bauherrn] nicht nur wirtschaftliche, sondern auch nichtwirtschaftliche Interessen berücksichtigt werden» (= BR/DC 2004, S. 79, Nr. 187, mit Anm. AEPLI). Vgl. auch TERCIER/STÖCKLI, La garantie pour les défauts, S. 54.

[233] BGE 136 III 273/275 E. 2.3 f.; 126 III 230/232 f. E. 7a; BGer 4A_514/2016 vom 6. April 2017 E. 3.2.2 (= BR/DC 2017, S. 381, Nr. 806, mit. Anm. WERRO).

[234] Nicht aber die ganze Werkausführung (KOLLER A., Berner Kommentar, N 536 zu Art. 366 OR).

B. Im Falle des Verzugs

9.197 **1.** Ist der Planer mit seiner Leistung im Verzug, erlaubt Art. 366 Abs. 1 OR dem Bauherrn, schon vor dem Lieferungstermin vom Vertrag zurückzutreten. Voraussetzung ist, dass der Planer die Leistungen nicht rechtzeitig erbringt, er die Ausführung in vertragswidriger Weise verzögert oder damit ohne Schuld des Bauherrn so sehr im Rückstand ist, dass die rechtzeitige Vollendung nicht mehr vorauszusehen ist. Mit dem Rücktritt kann der Bauherr die Vergütung verweigern und ein allenfalls schon geleistetes Honorar zurückfordern. Er hat Anspruch auf Schadenersatz nach Massgabe von Art. 109 Abs. 2 OR, verliert aber andererseits seinen Anspruch auf die Leistung des Planers.

9.198 **2.** Art. 366 Abs. 1 OR ist durch die allgemeinen Vorschriften über den Verzug in den Art. 102–109 OR zu ergänzen. Der Bauherr kann demnach alle Wahlrechte des Schuldnerverzugs nach Art. 107 Abs. 2 OR ausüben.[235] Statt vom Vertrag zurückzutreten, kann er zum einen an der Leistung festhalten und Schadenersatz wegen der Verspätung verlangen oder zum anderen auf die Leistung verzichten und Schadenersatz wegen Nichterfüllung verlangen.

C. Im Falle der Unmöglichkeit

9.199 Wird die Leistung des Planers (nachträglich objektiv) unmöglich, ist für die Rechtsfolgen zu unterscheiden: Hat der Planer die Unmöglichkeit *nicht zu vertreten,* wird er von seiner Leistungspflicht befreit (Art. 119 Abs. 1 OR). Andererseits verliert er seinen Anspruch auf die vertraglich vereinbarte Vergütung (Art. 119 Abs. 2 OR). Hat der Planer die Unmöglichkeit dagegen *zu vertreten,* muss er dem Bauherrn den entstandenen Schaden ersetzen (Art. 97 Abs. 1 OR). Der Planer behält – anders als nach Art. 119 Abs. 2 OR – seinen Anspruch auf die Vergütung.[236]

V. Verwirkung

1. Grundsätzliches

9.200 **1.** Der Bauherr kann seine Haftungsansprüche gegenüber dem Planer verwirken, wenn er die Planungsleistung **genehmigt**.[237]

---

235 BGer 4A_2011/2011 vom 20. September 2011 E. 4.3; Gauch, Werkvertrag, Rz. 675; Zindel/Pulver/Schott, Basler Kommentar, N 19 ff. zu Art. 366 OR.

236 Gauch/Schluep/Emmenegger, OR AT, Rz. 2589.

237 Die Haftung für Planungsleistungen richtet sich gemäss dem Bundesgericht grundsätzlich nach Werkvertragsrecht (Rz. 1.31 ff.; kritisch dazu Rz. 9.11). Eine Prüfungs- und Rügeobliegenheit besteht nicht, wenn die Haftung Auftragsrecht untersteht (Rz. 9.15).

a. Der Bauherr kann die Planungsleistung *ausdrücklich* genehmigen (vgl. Art. 370 Abs. 1 OR). Er kann sie indessen auch *stillschweigend genehmigen,* indem er die Leistung etwa vorbehaltlos bezahlt[238] oder sie vorbehaltlos entgegennimmt und darüber verfügt.[239] 9.201

b. Praktisch muss der Bauherr vor allem darauf achten, dass er seine Rechte nicht verliert, weil er (zu lange) untätig bleibt. Das Gesetz nimmt eine stillschweigende Genehmigung an, wenn der Bauherr die gesetzlich vorgesehene Prüfung unterlässt (Art. 370 Abs. 2 und Abs. 3 OR). Die Genehmigung wird hier fingiert, sodass die Verwirkung eintreten kann, ohne dass der Bauherr dies will. Ein gegenteiliger Beweis ist ausgeschlossen.[240] 9.202

2. Um seine Haftungsansprüche zu wahren, muss der Bauherr: 9.203

- die Planungsleistung rechtzeitig prüfen (Prüfungsobliegenheit); 9.204
- dem Planer allfällige Mängel umgehend[241] anzeigen (Rügeobliegenheit); 9.205
- und beides innerhalb der absoluten Rügefrist tun, die sich nach der massgeblichen Verjährungsfrist (Rz. 9.229 ff.) richtet.[242] 9.206

3. Sowohl die Prüfung als auch die Rüge stellen rechtlich keine Pflichten des Bauherrn dar, sondern *Obliegenheiten.*[243] Der Planer kann den Bauherrn weder zur Prüfung bzw. zur Rüge zwingen noch hat er einen Schadenersatzanspruch, wenn der Bauherr diese unterlässt. Kommt der Bauherr seinen Obliegenheiten nicht nach (weil er z.B. die Rüge versäumt), verliert er vielmehr seine Rechte. 9.207

2. Prüfungsobliegenheit (Art. 367 Abs. 1 OR)

1. Grundsätzlich muss der Bauherr die Planungsleistung nach erfolgter Ablieferung prüfen, *«sobald es nach dem üblichen Geschäftsgange tunlich ist»* (Art. 367 Abs. 1 OR). 9.208

2. Ziel der Prüfung ist es, herauszufinden, ob die Pläne die zugesicherten und die vorausgesetzten Eigenschaften aufweisen. Der Bauherr muss daher sorgfältig prüfen, ob die Leistung des Planers Mängel aufweist.[244] Der Bauherr muss dabei denjenigen Aufwand betreiben, der ihm nach den Umständen vernünftigerweise zumutbar ist. Jedoch ist er 9.209

---

238 BGer 4C.231/2004 vom 8. Oktober 2004 E. 2.2; ZINDEL/PULVER/SCHOTT, Basler Kommentar, N 11 zu Art. 370 OR.

239 BÜHLER T., Zürcher Kommentar, N 14 zu Art. 370 OR; ZINDEL/PULVER/SCHOTT, Basler Kommentar, N 11 zu Art. 370 OR.

240 GAUCH, Werkvertrag, Rz. 2106; ZINDEL/PULVER/SCHOTT, Basler Kommentar, N 13 zu Art. 370 OR.

241 Umgehend nach der Prüfung (Art. 367 Abs. 1 OR) bzw. bei versteckten Mängeln nach deren Entdeckung (Art. 370 Abs. 3 OR).

242 Zur Verjährungsfrist als absoluter Rügefrist BGE 130 III 362/367 E. 4.2 (= BR/DC 2004, S. 179, Nr. 482, mit Anm. WERRO/PICHONNAZ); GAUCH, Werkvertrag, Rz. 2295.

243 BÜHLER T., Zürcher Kommentar, N 25 zu Art. 367 OR; GAUCH, Werkvertrag, Rz. 2108.

244 Vgl. GAUCH, Werkvertrag, Rz. 2119 f.; BGE 96 II 58/60 E. 1.

grundsätzlich nicht gehalten, die Leistung des Planers durch Sachverständige begutachten zu lassen.[245]

9.210 **a.** Zu berücksichtigen ist, dass dem Bauherrn die fachlichen Kenntnisse, um die Pläne zu überprüfen, regelmässig abgehen.[246] Praktisch wird ein Mangel oft erst während der Ausführung der Bauarbeiten oder sogar noch später (z.B. im Prozess des Bauherrn gegen den Unternehmer) entdeckt. An die Prüfungsobliegenheit des Bauherrn dürfen deshalb keine überzogenen Anforderungen gestellt werden. Kaum ein Bauherr ist mit der Figur des Geist-Werkvertrags vertraut; kaum ein Bauherr wird damit rechnen, seine Schadenersatzansprüche zu verlieren, nur weil er sich auf den Rat des Planers verlassen hat.

9.211 **b.** Nach SCHUMACHER soll dies auch für den sachverständigen Bauherrn gelten. Auch der sachverständige Bauherr soll nicht die ganzen Pläne nachvollziehen müssen. Ansonsten sei der Beizug eines Planers unnötig. Konsequenterweise dürfe daher vom Bauherrn meistens gar keine Prüfung verlangt werden.[247] Der sachverständige Bauherr ist zwar stärker in die Pflicht zu nehmen als ein Laie. Der Beizug des Planers bleibt auch dann sinnvoll, wenn der sachverständige Bauherr die ganze Arbeit oder einen wesentlichen Teil überprüft (die Planung ist arbeitsintensiver als die Prüfung). Auch hier dürfen aber die Anforderungen nicht überspannt werden. Die Prüfungsobliegenheit geht jedenfalls nicht so weit, dass der Bauherr einen zweiten Planer beiziehen muss, um die Pläne des ersten zu überprüfen.

3. Rügeobliegenheit (Art. 367 Abs. 1 OR)

9.212 **1.** Mängel, die der Bauherr bei der Prüfung entdeckt, hat er *umgehend*[248] zu rügen (Art. 367 Abs. 1 und Art. 370 Abs. 2 OR). Versteckte Mängel, die er bei einer ordnungsgemässen Prüfung nicht erkennen konnte, muss er sofort[249] nach der Entdeckung rügen (Art. 370 Abs. 3 OR). Ein während der Prüfung erst im Keim angelegter und anschliessend allmählich zutage tretender Mangel (z.B. wachsende Mauerrisse[250]) gilt als entdeckt,

245 BGE 107 II 172/176 E. 1a (= BR/DC 1982, S. 17, Nr. 14, mit Anm. GAUCH); 46 II 31/37 E. 1; BÜHLER T., Zürcher Kommentar, N 50 und 55 zu Art. 367 OR; GAUCH, Werkvertrag, Rz. 2124.

246 BÜHLER T., Zürcher Kommentar, N 55 zu Art. 367 OR; vgl. auch BGE 119 IV 54/58 E. 2d/dd.

247 SCHUMACHER, Architektenrecht 1995, Rz. 627.

248 ZINDEL/PULVER/SCHOTT, Basler Kommentar, N 20 zu Art. 367 OR.

249 Nach BGer 4A_53/2012 vom 31. Juli 2012 E. 6.2 (= BR/DC 2012, S. 192, mit Anm. SIEGENTHALER) und 4A_55/2012 vom 31. Juli 2012 E. 7.2 (= BR/DC 2012, S. 213, Nr. 396, mit Anm. STÖCKLI) ist die Rechtzeitigkeit der Mängelrüge aufgrund der konkreten Umstände zu beurteilen. Grundsätzlich erachtet das BGer eine siebentätige Rügefrist für angemessen; besteht die Gefahr, dass ein Zuwarten zu einem grösseren Schaden führt, ist die Rügefrist kürzer zu bemessen.

250 BGE 117 II 425/427 E. 2 (= BR/DC 1992, S. 95, Nr. 158, mit Anm. GAUCH).

wenn er zweifelsfrei festgestellt ist und mit einer gewissen Präzision umschrieben werden kann.[251]

2. Die Rügeobliegenheit verlangt zum einen, dass der Bauherr den Planer von den festgestellten Mängeln in Kenntnis setzt, und zum anderen, dass der Bauherr zum Ausdruck bringt, dass er die Leistung nicht als vertragsgemäss anerkennt und den Planer dafür haftbar macht.[252] Die Rüge muss so konkret substanziiert sein, dass der Planer weiss, um welchen Mangel es geht. Es genügt nicht, allgemein zu erklären, dass die Leistung nicht in Ordnung sei oder dass man auf die Angelegenheit zurückkommen werde.[253] 9.213

3. Hat der Planer die Mängel absichtlich verschwiegen, verwirken die Rechte des Bauherrn nicht (Art. 370 Abs. 1 OR). 9.214

4. Die Verwirkung im Auftragsrecht, bei Verletzung der Sorgfalts- und Treuepflicht sowie bei Vorliegen eines Gesamtvertrags

1. Das Problem der Verwirkung stellt sich im Bereich der werkvertraglichen Mängelhaftung (Art. 367–371 OR). Das Auftragsrecht kennt keine Prüfungs- und Rügeobliegenheiten.[254] Immerhin trifft den Bauherrn (wie beim Werkvertrag) eine Schadensminderungspflicht. Er muss dem Planer Mängel anzeigen, wenn dadurch (weiterer) Schaden verhindert werden kann. Tut der Bauherr dies nicht, hat er den (weiteren) Schaden selber zu tragen.[255] 9.215

2. Eine Verwirkung tritt ebenfalls nicht ein, wenn der Planervertrag zwar dem Werkvertragsrecht untersteht, der Schadenersatzanspruch jedoch nicht auf einen Mangel zurückzuführen ist, sondern einzig aus der Verletzung der allgemeinen Sorgfalts- und Treuepflicht (Art. 97 ff. i.V.m. Art. 364 Abs. 1 OR) resultiert. 9.216

3. Bei einem Gesamtvertrag untersteht die Haftung für fehlerhafte Planungsleistungen nach der Rechtsprechung dem Werkvertragsrecht (Rz. 9.19; vgl. aber Rz. 1.50). Entspre- 9.217

---

251 BGer 4A_297/2008 vom 6. Oktober 2008 E. 4.2 (= BR/DC 2009, S. 57, Nr. 118, mit Anm. Pichonnaz); 4A_83/2009 vom 6. Mai 2009 E. 3.2.1 sog. «défaut évolutif» (= BR/DC 2009, S. 154, Nr. 158, mit Anm. Pichonnaz).

252 BGE 107 II 172/175 E. 1a (= BR/DC 1982, S. 17, Nr. 14, mit Anm. Gauch); BGer 4C.421/2006 vom 4. April 2007 E. 5.2 (= BR/DC 2007, S. 166, Nr. 361, mit Anm. Werro); Gauch, Werkvertrag, Rz. 2129 ff.

253 BGE 107 II 172/175 E. 1a (= BR/DC 1982, S. 17, Nr. 14, mit Anm. Gauch). Zu streng aber BGer 4D_25/2010 vom 29. Juni 2010 E. 3 und 4D_4/2011 vom 1. April 2011 E. 4.1, welche die kommentarlose Zusendung eines Gutachtens respektive von Fotos für ungenügend erachten. Doch wie anders, als dass der Vertragspartner haftbar gemacht werden soll, ist die Zusendung eines Gutachtens nach Treu und Glauben zu verstehen?

254 Eine Genehmigungsfiktion bei verletzter Prüfungs- oder Rügeobliegenheit würde sich mit dem Auftragsrecht nicht vertragen (OGer ZH NP130007 vom 10. Dezember 2013 E. II/4b).

255 Vgl. Schumacher, Architektenrecht 1995, Rz. 633; vgl. auch BGE 107 Ib 155/158 E. 2a; HGer ZH vom 9. Dezember 1988 E. 2 (= ZR 1989, Nr. 48, S. 158).

chend sind die werkvertraglichen Prüfungs- und Rügeobliegenheiten einzuhalten, wenn der Mangel die Planung betrifft – nicht dagegen, wenn der Mangel die (dem Auftragsrecht unterliegende) Bauleitung betrifft.

5. Vertragliche Änderung der gesetzlichen Bestimmungen

9.218 **1.** Art. 367 OR ist nicht zwingendes Recht. Die Parteien sind frei, von der gesetzlichen Ordnung abweichende Vereinbarungen zu treffen.[256]

9.219 **2.** Häufig vereinbaren die Parteien eine sogenannte «Garantiefrist» oder eine «Garantiezeit». Dabei ist durch Auslegung zu ermitteln, ob die Parteien die Frist für die Prüfung und Rüge oder die Verjährungsfrist oder den Beginn der Verjährung modifizieren wollten.[257] Das Bundesgericht nahm in einem älteren Entscheid an, dass sich die vertragliche Regelung «im Zweifel» nur auf die Verjährungsfrist beziehe.[258]

6. Rügevorschriften gemäss SIA-Ordnungen 102/103

9.220 **1.** Gemäss Art. 1.9.4 SIA 102/103[259] kann der Bauherr «**Plan- und Berechnungsmängel, die zu einem Mangel eines unbeweglichen Werks bzw. eines Werkteils**»[260] führen, während der ersten **zwei Jahre** nach dessen Abnahme jederzeit **rügen**. Einen allfälligen aus der verzögerten Rüge entstehenden Schaden hat der Bauherr zu tragen.

9.221 **a.** Mit der Möglichkeit, Mängel während der ersten zwei Jahre nach der Abnahme des Bauwerks jederzeit zu rügen, weichen die SIA-Ordnungen 102/103 von der gesetzlichen

---

256 Gauch, Werkvertrag, Rz. 2463; BGE 63 II 180; 91 II 348 (zum Kaufrecht).

257 Gauch, Werkvertrag, Rz. 2478 ff. (insb. 2483) sowie 2485 ff. (insb. 2496); Zindel/Pulver/Schott, Basler Kommentar, N 41 zu Art. 371 OR; vgl. auch Tercier/Stöckli, La garantie pour les défauts, S. 11 f.

258 BGE 63 II 180; BGer 4C.258/2001 vom 5. September 2001 E. 4.1.2 f. (= BR/DC 2004, S. 79, Nr. 187, mit Anm. Aepli).

259 Ebenso Art. 1.9.4 SIA 108 und Ziff. 15.3 KBOB-AVB. Im KBOB-Planervertrag fehlt der Hinweis darauf, dass der Bauherr den aus der verzögerten Rüge entstehenden Schaden selber trägt. Da sich diese Rechtsfolge bereits aus der Schadensminderungspflicht ergibt, besteht kein Unterschied zu den genannten SIA-Ordnungen; vielmehr dient der Hinweis in den SIA-Ordnungen lediglich der Klarstellung. Keine entsprechende Regelung enthält die SIA-Ordnung 110 (Raumplaner); für die Verjährung verweist Art. 1.11.2 SIA 110 auf das OR, das mangels einer anderen Regelung auch für die Rüge massgebend ist.

260 Art. 1.11.21 SIA 102/103 (2003) bezog sich demgegenüber auf «Mängel des Bauwerks». Bei dieser Formulierung war insbesondere nach den «Sennhof»-Urteilen des Bundesgerichts unklar, ob Mängel, die sich allein in den Plänen manifestierten, jedoch nicht zu einem Mangel am Bauwerk führten, darunter fallen oder nach Art. 367 Abs. 1 und Art. 370 Abs. 2 OR umgehend zu rügen sind. Vgl. zu den Rügevorschriften nach den SIA-Ordnungen 102/103 (2003) in der Vorauflage dieses Buches, Rz. 8.213 ff.

Regelung ab.[261] Damit entschärfen sie die problematischen Folgen des Geist-Werkvertrags. Für die fehlerhafte Planung, die zu einem Mangel am Bauwerk führt, gilt somit eine zweijährige Rügefrist. Fragen kann man sich, ob bei der Anzeige von Mängeln am Bauwerk allfällige Planmängel als mitgerügt gelten oder ob für diese eine separate Rüge erforderlich ist.[262] Hierfür ist die Anzeige auszulegen; nach dem Vertrauensprinzip wird sie der Planer häufig so verstehen müssen, dass die fehlerhafte Planung mitgerügt ist. Der vorsichtige Bauherr wird die fehlerhafte Planung dennoch separat rügen (lieber einmal zu viel als einmal zu wenig).

b. Eine verzögerte Rüge während der ersten zwei Jahre führt zwar nicht zum Rechtsverlust. Der Bauherr hat jedoch den durch die Verzögerung bewirkten Schaden selber zu tragen. Diese Regelung ist klar und ausgewogen und hat unseres Erachtens auch vor dem Hintergrund der «Sennhof»-Urteile[263] Bestand. 9.222

c. Nach Ablauf der Zweijahresfrist entdeckte Mängel waren nach Art. 1.11.21 SIA 102/103 (2003) sofort zu rügen. Neu sind solche Mängel gemäss dem ersten Absatz von Art. 1.9.4 SIA 102/103 innert 60 Tagen nach der Entdeckung zu rügen.[264] Erfolgt die Rüge nicht innerhalb dieser 60 Tage, führt dies zum Rechtsverlust. 9.223

2. Alle **anderen Mängel** – also insbesondere solche, die nicht zu einem Mangel am unbeweglichen Werk führen – sind innert 60 Tagen seit der Entdeckung zu rügen (Art. 1.9.4 SIA 102/103). Diese neue Bestimmung stellt eine Reaktion auf die «Sennhof»-Urteile des Bundesgerichts dar.[265] Das Risiko des Bauherrn, dass er entdeckte Planungsfehler nicht rechtzeitig (sofort) rügt, wird dadurch gemildert. Nicht zu verkennen ist aber, dass die 60-tägige Frist im Einzelfall immer noch kurz sein kann. Es ist daher zu bedauern, dass die im zweiten Absatz enthaltene Regel (jederzeitige Rüge während zwei Jahren, aber Tragung des Schadens aus der verzögerten Rüge) nicht verallgemeinert wurde.[266] 9.224

3. Anzumerken ist, dass Art. 1.9 SIA 102/103 keine Prüfungspflicht des Bauherrn vorsieht. Umgekehrt entbindet er aber auch nicht davon.[267] Der Bauherr muss die Planungsleistung nach erfolgter Ablieferung daher grundsätzlich prüfen, sobald es nach dem üblichen Geschäftsgang tunlich ist (Art. 367 Abs. 1 OR; zur Prüfungsobliegenheit Rz. 9.208 f.). 9.225

---

261 Eine entsprechende Regelung war bereits in Art. 1.11.21 SIA 102/103 (2003) enthalten. Die frühere Fassung folgte hingegen dem Gesetz: Nach Art. 1.8.2 SIA 102 (1984) waren Mängel des (unbeweglichen) Bauwerks «unverzüglich zu rügen». Zur damaligen Rechtslage SCHUMACHER, Architektenrecht 1995, Rz. 634 ff.

262 ULRICH, Mängelrüge bei Planmängeln, S. 184.

263 BGer 4A_53/2012 vom 31. Juli 2012 E. 5 (= BR/DC 2012, S. 192, mit Anm. SIEGENTHALER); 4A_55/2012 vom 31. Juli 2012 E. 6 (= BR/DC 2012, S. 213, Nr. 396, mit Anm. STÖCKLI).

264 WERRO, Révision des Règlements SIA, S. 49.

265 Vgl. auch SIEGENTHALER, Neue SIA-Ordnungen 102/103, S. 39.

266 HÜRLIMANN/VETTERLI, SIA LHO 102 und 103, S. 265. Es hätte genügt, den zweiten Satz in Absatz 2 von Art. 1.9.4 SIA 102/103 zum Absatz 3 zu machen.

267 So schon die früheren Fassungen der SIA-Ordnungen 102/103; vgl. auch SCHUMACHER, Architektenrecht 1995, Rz. 636.

9.226 **4.** Art. 1.9.4 SIA 102/103 gilt an sich unabhängig davon, ob der Planervertrag als Werkvertrag oder als Auftrag zu qualifizieren ist. Gleichwohl sorgt die Bestimmung nur scheinbar für Klarheit; denn sie ist auf Mängel ausgerichtet, und eine Mängelhaftung gibt es nur im Werkvertrag, nicht beim Auftrag. Die Rügeobliegenheit entfällt daher immer dann, wenn ein Vertrag dem Auftragsrecht untersteht (wie z.B. bei der Bauleitung).[268] Der vorsichtige Bauherr wird jedoch lieber einmal zu viel als einmal zu wenig rügen.

9.227 **5.** Wie diese Ausführungen zeigen, behebt Art. 1.9.4 SIA 102/103 zwar einen Teil der Probleme der gesetzlichen Regelung und der «Sennhof»-Urteile; es bestehen aber weiterhin Unklarheiten. Dem Bauherr ist daher zu empfehlen, sich nicht mit einem Verweis auf die SIA-Ordnungen 102 und 103 zu begnügen, sondern in den Vertrag eine explizite Regelung aufzunehmen, wonach erstens *alle Mängel* während einer bestimmten Frist jederzeit gerügt werden können und wonach zweitens eine Rüge nach Ablauf dieser Frist lediglich zu einer Reduktion (Reduktion im Umfang des Schadens, der bei einer unverzüglichen Rüge vermieden worden wäre), nicht zum Wegfall von Schadenersatzansprüchen führt.

7. Rechtsfolgen der Verwirkung

9.228 Mit der Verwirkung gehen die Sachgewährleistungsrechte des Bauherrn und mit ihnen die Ansprüche auf Ersatz der Mangelfolgeschäden unter. Verwirkte Rechte sind erloschen.[269]

VI. Verjährung

1. Zweck der Verjährung und Übersicht

9.229 **1.** Die Verjährung dient der Rechtssicherheit und dem Rechtsfrieden.[270] Der Gläubiger soll seine Forderungen innert einer vernünftigen Frist geltend machen. Nach Ablauf dieser Frist soll die Ungewissheit des Schuldners, allenfalls belangt zu werden, beendet sein.

---

268 A.M. wohl Werro, Révision des Règlements SIA, S. 46, der die Rügeobliegenheit auch auf auftragsrechtliche Pflichtverletzungen anzuwenden scheint. Bei einer solchen Interpretation verschlechtern die SIA-Ordnungen 102/103 die Stellung des Bauherrn, der nach dem Auftragsrecht keiner Rügeobliegenheit unterläge. Werro erachtet Art. 1.9.4 SIA 102/103 deshalb für ungewöhnlich und nur dann für wirksam, wenn der Bauherr besonders darauf aufmerksam gemacht wurde.

269 Statt vieler Gauch, Werkvertrag, Rz. 2069 und 2195; Gauch/Schluep/Emmenegger, OR AT, Rz. 3386 f. Die Verwirkung ist von der Verjährung zu unterscheiden, bei der lediglich die Klagbarkeit der Forderung entfällt.

270 BGE 90 II 428/437 E. 7 f.

2. Auf Planungsleistungen ist je nach Fall eine von drei Verjährungsfristen anwendbar: zwei, fünf oder zehn Jahre. Im Folgenden wird zunächst die gesetzliche Regelung (mit Schwerpunkt auf dem Werkvertrag[271]) dargestellt, anschliessend werden die Konsequenzen für den Planervertrag zusammengefasst. An dieser Stelle kann nur ein kurzer Überblick über das System der Verjährung gegeben werden; im Übrigen sei auf die ausführliche Abhandlung von GAUCH verwiesen.[272] 9.230

2. Gesetzliche Verjährungsfristen

A. Zweijährige Verjährungsfrist (Art. 371 Abs. 1 OR)

1. In zwei Jahren verjährt die Haftung des Planers, wenn der fehlerhafte Plan zu einem **Mangel** an einem **beweglichen Werk** führt oder wenn sich der Mangel auf den Plan beschränkt, ohne einen Mangel an einem Werk nach sich zu ziehen (Art. 371 Abs. 1 OR).[273] 9.231

2. Art. 371 Abs. 1 OR verkürzt die ordentliche Verjährungsfrist, um die werkvertragliche Verjährung mit anderen Verjährungsbestimmungen zu koordinieren.[274] Für bewegliche Werke soll der Unternehmer nur so lange haften, wie er auf Materiallieferanten und andere Gewährsleute *zurückgreifen* kann (Art. 371 Abs. 1 OR). 9.232

Für den Planer gilt die zweijährige Verjährungsfrist, wenn der Planervertrag dem Werkvertragsrecht untersteht. Nach einem Teil der Lehre soll die zweijährige Verjährungsfrist von Art. 371 Abs. 1 OR (entsprechend dem Zweck von Art. 371 Abs. 2 OR, den Regress auf den Lieferanten zu sichern) für Architekten und Ingenieure auch dann gelten, wenn der Planervertrag dem Auftragsrecht untersteht;[275] im Gesetz findet dies freilich keine Stütze. 9.233

---

[271] Die Haftung für Planungsleistungen richtet sich gemäss dem Bundesgericht grundsätzlich nach Werkvertragsrecht (kritisch dazu Rz. 9.11). Die nachstehenden Ausführungen zum Werkvertragsrecht sind auf den Planervertrag zugeschnitten; soweit sie allgemein für den Werkvertrag gelten und nicht besonders auf den Planervertrag zutreffen, wird auch die werkvertragliche Terminologie verwendet («Besteller» statt «Bauherr», «Unternehmer» statt «Planer» sowie allgemein «Werk» statt «Planungsleistung» bzw. «Bauprojekt»).

[272] GAUCH, Werkvertrag, Rz. 2195 ff.

[273] Vgl. betreffend die Erstellung eines Lehrgerüsts für den Bau einer Betonbrücke BGE 113 II 264 (= BR/DC 1988, S. 66, Nr. 67, mit Anm. MERZ).

[274] Vgl. ZINDEL/PULVER/SCHOTT, Basler Kommentar, N 4 zu Art. 371 OR.

[275] Vgl. BÜHLER T., Zürcher Kommentar, N 33 zu Art. 371 OR; SCHUMACHER, Architektenrecht 1995, Rz. 645 und 662; GAUCH, Werkvertrag, Rz. 2308 (gegenüber der Vorauflage geänderte Meinung).

9.234 **3.** Die Frist *beginnt* mit der Ablieferung des Werks zu laufen (Art. 371 Abs. 1 OR).[276]

9.235 **4.** Vor dem Inkrafttreten der am 16. März 2012 vom Parlament beschlossenen zweijährigen Frist verjährten die Ansprüche des Bauherrn nach Art. 371 Abs. 1 OR in einem Jahr. In einem Jahr verjähren auch heute noch die *ausservertraglichen* Haftpflichtansprüche des Bauherrn (Art. 60 Abs. 1 OR); diese Frist soll auf drei Jahre verlängert werden.[277] Die Frist beginnt hier erst mit der Kenntnis vom Schaden und vom Haftpflichtigen zu laufen. Allerdings gilt eine absolute Verjährungsfrist von zehn Jahren. Eine Ausnahme gilt für strafbare Handlungen, bei denen eine allfällige längere strafrechtliche Verjährungsfrist auch für die Zivilansprüche gilt (Art. 60 Abs. 2 OR). Im Bereich der Planungsleistungen ist namentlich Art. 229 StGB zu beachten, der die vorsätzliche oder fahrlässige Gefährdung durch Verletzung der Regeln der Baukunde unter Strafe stellt.[278]

B. Fünfjährige Verjährungsfrist (Art. 371 Abs. 2 OR)

9.236 **1.** Die Ansprüche aus **Mängeln** an einem **unbeweglichen Werk** verjähren nach fünf Jahren (Art. 371 Abs. 2 OR). Der Gesetzgeber liess sich dabei vom Gedanken leiten, dass Mängel an unbeweglichen Werken oft erst nach längerer Zeit erkennbar werden.[279]

9.237 **2.** Die fünfjährige Frist gilt auch für *Architekten und Ingenieure* (Art. 371 Abs. 2 OR), und zwar ungeachtet der Qualifikation des Planervertrags. Der Architekt oder Ingenieur soll dem Bauherrn nur so lange haften, wie er seinerseits auf den Unternehmer zurückgreifen kann. Dadurch soll verhindert werden, dass der Planer dem Bauherrn Schadenersatz bezahlen muss, ohne seinerseits auf den Unternehmer zurückgreifen zu können.[280]

---

276 Leistet der Planer Arbeit im Hinblick auf ein bewegliches Werk (z.B. Pläne für eine Maschine), erscheint fraglich, ob analog zur Rechtslage beim unbeweglichen Werk (Art. 371 Abs. 2 OR; vgl. Rz. 9.236 ff.) die Frist erst im Zeitpunkt, in dem das bewegliche Werk (die Maschine) abgenommen wird – und nicht schon im Zeitpunkt der Fehlplanung oder der Ablieferung der Pläne –, zu laufen beginnt; anders noch in der Vorauflage.

277 Der Nationalrat und der Ständerat haben am 15. Juni 2018 eine entsprechende Änderung beschlossen; die Referendumsfrist lief im Zeitpunkt der Abgabe dieses Beitrags noch; vgl. auch die Botschaft zur Änderung des Obligationenrechts (Verjährungsrecht) von 2013, BBl 2014, S. 235 ff.

278 Siegenthaler/Scherler, Mangelhafte Erdbebensicherheit, S. 7.

279 BGE 93 II 242/245 E. 2a.

280 BGE 115 II 456/457 E. 2 (= BR/DC 1990, S. 98, Nr. 128, mit Anm. Gauch); 102 II 413/418 E. 3 (= BR/DC 1979, S. 12, Nr. 17, mit Anm. Tercier); Zindel/Pulver/Schott, Basler Kommentar, N 4 zu Art. 371 OR. Die gesetzliche Regelung vermochte unbefriedigende Ergebnisse nicht ganz zu vermeiden; namentlich wenn der Unternehmer sein Werk nicht selbst einbaute und deshalb einer kürzeren Verjährungsfrist unterlag, konnte es geschehen, dass der Planer nicht mehr auf den Bauherrn Rückgriff nehmen konnte (vgl. BGE 120 II 214/220 E. 3d = BR/DC 1995, S. 38, Nr. 120, mit Anm. Tercier). Das Bundesgericht hat das Problem entschärft, indem es in BGE 133 III 6 dem Haftpflichtigen erlaubt hat, trotz Verjährung der Forderung des Geschädigten auf einen Mithaftpflichtigen Regress zu nehmen, sofern er ihm so bald wie möglich anzeigt, dass er ihn für mithaftpflichtig hält. Vgl. zum Rückgriff des Planers auf den Unternehmer Krauskopf/Siegenthaler, Der Rückgriff, S. 53 ff.; siehe auch Rz. 17.99 ff.).

Ob im konkreten Fall tatsächlich ein Regressrecht besteht, ist unerheblich.[281] Die Begriffe «Architekt» und «Ingenieur» sind in einem weiten Sinn zu verstehen. Unter Art. 371 Abs. 2 OR fällt nicht nur der eigentliche Bauingenieur, sondern auch der Elektroingenieur, der Maschineningenieur, der Geotechniker und sogar der Geologe.[282] Entscheidend ist die Funktion und nicht der formelle Titel.[283]

3. Art. 371 Abs. 2 OR kommt nur zur Anwendung auf Ansprüche des Bauherrn aus Mängeln eines *unbeweglichen Werks*. Die frühere Fassung von Art. 371 Abs. 2 OR sprach demgegenüber von einem «unbeweglichen *Bau*werk».[284] Als solches galt eine durch Verwendung von Material und Arbeit hergestellte Sache, die dauerhaft (unmittelbar oder mittelbar) mit dem Erdboden verbunden ist.[285] Das Bundesgericht ging von den gleichen Kriterien aus, stellte jedoch entsprechend dem Gesetzeszweck eine weitere Voraussetzung in den Vordergrund: die besondere Natur des Werks und der Mängel, die es aufweisen kann. Bei einem unbeweglichen Bauwerk ist erst nach längerer Zeit feststellbar, ob es mit der notwendigen Festigkeit erstellt wurde oder den geologischen und atmosphärischen Bedingungen standhält.[286] Entscheidend war somit das *Risiko spät erkennbarer Mängel.*[287] 9.238

a. Die Praxis wird dem Begriff des «unbeweglichen Werks» erst Konturen geben müssen. Klar scheint jedoch bereits heute: Der Begriff des unbeweglichen Werks ist weiter als jener des unbeweglichen Bauwerks. Was früher als unbewegliches Bauwerk galt, ist zweifellos auch ein unbewegliches Werk. Neu könnten nun aber weitere Werke als unbewegliche Werke qualifiziert werden. Es scheint sodann, dass sich das vom Bundesgericht ver- 9.239

[281] BGE 115 II 456/458 E. 2 (= BR/DC 1990, S. 98, Nr. 128, mit Anm. Gauch); Gauch, Werkvertrag, Rz. 2300.

[282] Gauch, Werkvertrag, Rz. 2299.

[283] Bühler T., Zürcher Kommentar, N 70 zu Art. 371 OR.

[284] Lehre und Rechtsprechung nahmen unbewegliche Bauwerke nur mit Zurückhaltung an. Sie fassten den Begriff enger als jenen der «Bauten oder anderen Werke auf einem Grundstück» gemäss den Bestimmungen zum Bauhandwerkerpfandrecht nach Art. 837 Abs. 1 Ziff. 1 ZGB (BGE 120 II 214/216 E. 3a = BR/DC 1995, S. 38, Nr. 120, mit Anm. Tercier; 109 II 34/39 E. 4b = BR/DC 1984, S. 14, Nr. 6, mit Anm. Gauch; 93 II 242/245 E. 2a; Zindel/Pulver/Schott, Basler Kommentar, N 19 zu Art. 371 OR; a.M. Gautschi G., Berner Kommentar, N 12a und 12b zu Art. 371 OR).

[285] BGer 4A_235/2008 vom 23. Juli 2008 E. 5.5 (= BR/DC 2008, S. 167, Nr. 309, mit Anm. Stöckli); Bühler T., Zürcher Kommentar, N 40 zu Art. 371 OR; Gauch, Werkvertrag, Rz. 2222; Koller A., Das Nachbesserungsrecht, Rz. 413. Diese Definition ist herrschend, jedoch nicht unumstritten (vgl. die Übersicht bei Bühler T., Zürcher Kommentar, N 47 zu Art. 371 OR).

[286] BGE 120 II 214/216 E. 3a (= BR/DC 1995, S. 38, Nr. 120, mit Anm. Tercier); 93 II 242/245 E. 2a; BGer 4A_235/2008 vom 23. Juli 2008 E. 5.5 (= BR/DC 2008, S. 167, Nr. 309, mit Anm. Stöckli). Nach dem letztgenannten Entscheid soll sodann ein vorfabriziertes Serienprodukt kein unbewegliches Bauwerk darstellen können.

[287] Gauch, Werkvertrag, Rz. 2225; a.M. Koller A., der das Risiko der Späterkennbarkeit für unpraktikabel hält und stattdessen verlangt, dass das unbewegliche Bauwerk eine gewisse technische und baukonstruktive Komplexität aufweist (Koller A., Das Nachbesserungsrecht, Rz. 413, 418 f. und 423).

wendete Kriterium der spät erkennbaren Mängel unter der neuen Fassung von Art. 371 Abs. 2 OR aufrechterhalten lässt.[288]

9.240 **b.** Oft besteht das unbewegliche Werk in einem Neubau. Doch auch Umbau-, Renovations- und Unterhaltsarbeiten können unter Art. 371 Abs. 2 OR fallen. Bei solchen Arbeiten ist im Einzelfall zu entscheiden, ob die betreffende Arbeit *selber* als unbewegliches Werk qualifiziert werden kann.[289] Erforderlich ist eine wesentliche Bedeutung für das schon bestehende Werk.[290] Nicht unter Art. 371 Abs. 2 OR fällt zum Beispiel die Vermessung eines Grundstücks und die Eintragung in einen Situationsplan durch einen Geometer, da die Vermessungsarbeiten selber kein unbewegliches Werk zum Gegenstand haben.[291] Anders würde es sich verhalten, wenn die Vermessung der Überbauung des Grundstücks diente, da der Geometer in diesem Fall Arbeit zur Erstellung eines unbeweglichen Werks leistete.

9.241 **c.** Unbewegliche Werke sind zum Beispiel:[292]

9.242 – Häuser und andere Hochbauten;

9.243 – Strassen, Wege, Tunnels und Brücken;[293]

9.244 – eine Gleisanlage;[294]

9.245 – eine im Boden verlegte Wasserleitung;[295]

9.246 – Sanitäranlagen;[296]

9.247 – Verputzarbeiten und Gipserarbeiten an Neubauten;[297]

9.248 – die Asphaltierung eines Vorplatzes;[298]

9.249 – Malerarbeiten an einem bereits bewohnten Wohnhaus.[299]

---

288 Gl.M. Frey/Siegenthaler, Unbewegliches Werk, S.176.

289 BGE 120 II 214/216 E. 3a (= BR/DC 1995, S. 38, Nr. 120, mit Anm. Tercier); 109 II 34/39 E. 4b (= BR/DC 1984, S. 14, Nr. 6, mit Anm. Gauch); 93 II 242/246 E. 2b.

290 Gauch, Werkvertrag, Rz. 2234; Zindel/Pulver/Schott, Basler Kommentar, N 27 zu Art. 371 OR.

291 BGE 109 II 34/39 E. 4b (= BR/DC 1984, S. 14, Nr. 6, mit Anm. Gauch).

292 Vgl. im Übrigen die umfangreiche Kasuistik bei Bühler T., Zürcher Kommentar, N 48 f., 51 f. und 61 f. zu Art. 371 OR.

293 Bühler T., Zürcher Kommentar, N 48 zu Art. 371 OR; Gautschi G., Berner Kommentar, N 10b zu Art. 371 OR.

294 Gauch, Werkvertrag, Rz. 2232.

295 Bühler T., Zürcher Kommentar, N 48 zu Art. 371 OR; Gauch, Werkvertrag, Rz. 2232.

296 OGer ZH vom 22. November 1977 (= ZR 1979, Nr. 61, S. 126).

297 BGE 117 II 425/428 E. 3 (= BR/DC 1992, S. 95, Nr. 158, mit Anm. Gauch).

298 Dagegen stellte die Asphaltierung eines Vorplatzes kein unbewegliches Bauwerk dar (Bühler T., Zürcher Kommentar, N 62 zu Art. 371 OR mit Hinweisen auf a.M.).

299 Dagegen stellten die Malerarbeiten an einem bereits bewohnten Wohnhaus kein unbewegliches Bauwerk dar (BGE 93 II 242).

Dagegen sind folgende Werke als beweglich zu qualifizieren: 9.250

- das Lehrgerüst für den Bau einer Brücke;[300] 9.251
- ein Silo zur Einlagerung von Feuchtgetreide;[301] 9.252
- eine mit dem Boden verbundene Kegelbahn.[302] 9.253

4. Die Frist *beginnt* mit der Ablieferung des Werks zu laufen (Art. 371 Abs. 2 OR) bzw. mit der Ablieferung desjenigen Teils eines unbeweglichen Werks, auf den sich die mangelhaften Planungsarbeiten beziehen.[303] Massgebend ist also nicht der Zeitpunkt, in dem die Fehlplanung stattfindet oder in dem der Planer seine Leistung vollendet bzw. die Pläne dem Bauherrn übergibt. Entscheidend ist der Zeitpunkt, in dem das Werk des Unternehmers abgenommen wird.[304] 9.254

Die Verjährungsfrist läuft unabhängig davon, ob der Bauherr vom Mangel Kenntnis hat oder nicht.[305] Es ist daher möglich, dass die Ansprüche des Bauherrn verjähren, bevor er den Mangel entdeckt. Die Lehre hat diese Rechtsfolge kritisiert und verlangt, dass die Verjährungsfrist für Forderungen aus einem Mangelfolgeschaden so lange ruhen, als der Mangel noch nicht eingetreten sei.[306] Das Bundesgericht hat diesen Lösungsansatz indessen mit Verweis auf den Willen des Gesetzgebers abgelehnt.[307] Die Verjährungsfristen von Art. 371 OR können gemäss Art. 134 ff. OR gehemmt und unterbrochen werden. 9.255

C. Zehnjährige Verjährungsfrist (Art. 127 OR)

1. Wenn die Haftung des Planers **nicht** auf einen **Mangel** – sei es des beweglichen oder des unbeweglichen Werks – zurückzuführen ist, unterliegt der Schadenersatzanspruch 9.256

---

300 BGE 113 II 264/267 E. 2c (= BR/DC 1988, S. 66, Nr. 67, mit Anm. Merz): Das Lehrgerüst wurde für eine planmässige Dauer von drei Monaten für den Bau einer Brücke benötigt. Dem Lehrgerüst weist keine dauerhafte Verbindung mit dem Erdboden auf.

301 BGer 4A_235/2008 vom 23. Juli 2008 E. 5.5 (= BR/DC 2008, S. 167, Nr. 309, mit Anm. Stöckli): Das Silo lasse sich einfach und ohne erheblichen Wertverlust abmontieren und andernorts wieder aufbauen.

302 BGE 96 II 181/183 E. 3a: Die Kegelbahn sei «une construction légère, facilement amovible»; Bühler T., Zürcher Kommentar, N 49 zu Art. 371 OR.

303 BGE 130 III 362/366 E. 4.2 (= BR/DC 2004, S. 179, Nr. 482, mit Anm. Werro/Pichonnaz).

304 Schumacher, Architektenrecht 1995, Rz. 649.

305 BGE 130 III 362/366 E. 4.2 (= BR/DC 2004, S. 179, Nr. 482, mit Anm. Werro/Pichonnaz); 106 II 134/138 E. 2c f.

306 Zindel/Pulver/Schott, Basler Kommentar, N 15 zu Art. 371 OR; vgl. auch Bühler T., Zürcher Kommentar, N 29 zu Art. 371 OR; ablehnend Gauch, Werkvertrag, Rz. 2259 ff. (gegenüber 4. Aufl. geänderte Meinung).

307 BGE 130 III 362/366 E. 4.2 (= BR/DC 2004, S. 179, Nr. 482, mit Anm. Werro/Pichonnaz).

des Bauherrn (auch im Werkvertragsrecht) der allgemeinen zehnjährigen Verjährungsfrist von Art. 127 OR.[308]

9.257 **a.** Nach zehn Jahren verjähren damit sowohl die Ansprüche aus der Verletzung der Sorgfalts- und Treuepflicht als auch der blossen Abweichung von einer Weisung des Bauherrn (Haftung aus Art. 97 ff. i.V.m. Art. 364 Abs. 1 OR) – in beiden Fällen vorausgesetzt, dass die Vertragsverletzung zu keinem Mangel am Werk führt.[309] Dasselbe gilt, wenn der Fehler des Planers lediglich zu einer Verzögerung im Bauprogramm führt.

9.258 **b.** Da das Auftragsrecht keine speziellen Verjährungsfristen enthält, verjähren die Leistungen des Planers sodann grundsätzlich nach zehn Jahren, wenn auf sie Auftragsrecht anwendbar ist.[310] Dies gilt freilich nur, soweit Haftungsansprüche aus Auftrag nicht nach Art. 371 Abs. 2 OR verjähren (Rz. 9.236).

9.259 **2.** Die Verjährungsfrist *beginnt* gemäss Art. 130 Abs. 1 OR grundsätzlich mit der Fälligkeit der Forderung (anders als bei der Regelung nach Art. 371 OR, wonach die Ablieferung massgebend ist, Rz. 9.254). Bei einer Schlechterfüllung ist dies im Zeitpunkt der Vertragsverletzung der Fall.[311] Die Verjährung beginnt unabhängig davon zu laufen, ob der Gläubiger von seiner Forderung oder deren Fälligkeit weiss.[312]

9.260 **3.** Auch Ansprüche aus Werkvertrag verjähren erst nach zehn Jahren, wenn der Planer *absichtlich* über ihr Vorliegen *täuscht* (Art. 371 Abs. 3 i.V.m. Art. 210 Abs. 6 OR). Voraussetzung ist, dass der Planer die Mängel kennt und sie bewusst verschweigt.

D. Konsequenzen für den Planervertrag

9.261 **1.** Zusammengefasst gelten für Planungsleistungen folgende Verjährungsfristen:[313]

9.262 – Die **zweijährige Verjährungsfrist** (Art. 371 Abs. 1 OR) gilt, wenn die Fehlplanung zu einem Mangel an einem beweglichen Werk führt oder wenn der Mangel sich auf den Plan beschränkt.

9.263 – Die **fünfjährige** Verjährungsfrist (Art. 371 Abs. 2 OR) gilt, wenn der mangelhafte Plan zu einem Mangel an einem unbeweglichen Werk führt. Die Verjährungsfrist gilt für alle damit zusammenhängenden Schadensposten.

---

308 BGE 134 III 361/363 E. 5.2 (= BR/DC 2009, S. 58, Nr. 123, mit Anm. Stöckli); 102 II 413/419 E. 3 (= BR/DC 1979, S. 12, Nr. 17, mit Anm. Tercier); Gautschi G., Berner Kommentar, N 22 zu Art. 371 OR.

309 Vgl. Schumacher, Architektenrecht 1995, Rz. 657; BGE 111 II 170/172 E. 2 (= BR/DC 1986, S. 63, Nr. 87, mit Anm. Tercier).

310 Die zehnjährige Frist ist damit insbesondere relevant für die Leistungen der Planer im Bereich der Bauleitung (dazu Rz. 10.166); vgl. zur Haftung für Kosteninformationen Rz. 11.38 ff.

311 Däppen, Basler Kommentar, N 11a zu Art. 130 OR.

312 BGE 119 II 216/219 E. 4a/aa (= BR/DC 1994, S. 58, Nr. 122, mit Anm. Schmid).

313 BGE 134 III 361/363 E. 5.2 (= BR/DC 2009, S. 58, Nr. 123, mit Anm. Stöckli); 130 III 362/365 E. 4.2 (= BR/DC 2004, S. 179, Nr. 482, mit Anm. Werro/Pichonnaz).

- Die **zehnjährige** Verjährungsfrist (Art. 127 OR) gilt für alle anderen Fehler des Planers (insb. wenn die Fehlplanung oder die Verletzung der Sorgfalts- und Treuepflicht zu keinem Mangel an einem Bauwerk führt). 9.264

2. Bei einem **Gesamtvertrag** untersteht die Haftung für fehlerhafte Planungsleistungen nach der herrschenden Ansicht dem Werkvertragsrecht (Rz. 9.19; vgl. aber Rz. 1.50 ff.). Entsprechend verjähren die Ansprüche des Bauherrn nach den werkvertraglichen Bestimmungen. Begeht der Planer einen Fehler sowohl in der Planungsphase als auch im Rahmen der Bauleitung, ist es möglich, dass die Ansprüche verschiedenen Verjährungsbestimmungen unterliegen. Zu einer gewissen Vereinheitlichung führt Art. 371 Abs. 2 OR, welcher die Leistungen der Planer, die zu einem Mangel an einem unbeweglichen Werk führen, unabhängig von der Qualifikation des Planervertrags, der fünfjährigen Verjährung unterstellt. 9.265

3. Der Einordnung, ob ein bewegliches oder ein unbewegliches Werk vorliegt, kommt grosse Bedeutung zu. In der Praxis kann aber gerade diese Unterscheidung Schwierigkeiten bereiten. Für den Bauherrn besteht ein (im Einzelfall unterschiedlich grosses) Risiko, dass seine Ansprüche schon zwei Jahre nach der Ablieferung der Planungsleistung verjähren. Er ist daher in jedem Fall gut beraten, sich rechtzeitig um verjährungsunterbrechende Massnahmen (z.B. Schuldbetreibung, Klage, Verjährungsverzicht) zu kümmern. In diesem Zusammenhang ist darauf hinzuweisen, dass das Bundesgericht der Ansicht ist, die Schuldbetreibung vermöge die Verjährung des Nachbesserungsrechts nicht zu unterbrechen, weil dieses nicht auf dem Betreibungsweg durchgesetzt werden könne.[314] 9.266

3. Vertragliche Änderung der gesetzlichen Bestimmungen

1. Art. 371 OR ist dispositiv. Das heisst, die Parteien können die Verjährungsfrist verlängern oder verkürzen.[315] Dabei sind ihnen gewisse Grenzen gesetzt: So können sie erstens die Verjährungsfrist nur so weit verkürzen, als dadurch die Rechtsverfolgung nicht in unbilliger Weise erschwert wird.[316] Zweitens ist die Verlängerung auf zehn Jahre seit der Ablieferung des Werks begrenzt.[317] Drittens ist die zehnjährige Verjährungsfrist im Falle 9.267

---

314 BGer 4C.258/2001 vom 5. September 2002 E. 4.1.2 (= BR/DC 2004, S. 79, Nr. 187, mit Anm. Aepli); gl.M. Koller A., Das Nachbesserungsrecht, Rz. 427; kritisch demgegenüber Gauch, Werkvertrag, Rz. 2272a; Tercier/Stöckli, La garantie pour les défauts, S. 13; Zindel/Pulver/Schott, Basler Kommentar, N 14 zu Art. 371 OR.

315 BGE 120 II 214/220 E. 3d (= BR/DC 1995, S. 38, Nr. 120, mit Anm. Tercier); 108 II 194/196 E. 4b (= BR/DC 1983, S. 54, Nr. 37, mit Anm. Gauch); 63 II 180; Gauch, Werkvertrag, Rz. 2489 ff.; Gautschi G., Berner Kommentar, N 5b zu Art. 371 OR.

316 BGE 108 II 194/196 E. 4b (= BR/DC 1983, S. 54, Nr. 37, mit Anm. Gauch); Gauch, Werkvertrag, Rz. 2494 f.; Koller A., Das Nachbesserungsrecht, Rz. 461 f.

317 BGE 99 II 185/189 E. 2a; Gauch, Werkvertrag, Rz. 2490; Koller A., Das Nachbesserungsrecht, Rz. 460.

der absichtlichen Täuschung (Art. 371 Abs. 3 i.V.m. Art. 210 Abs. 6 OR) zwingend.[318] Und viertens darf von der zehnjährigen Verjährungsfrist gemäss Art. 127 OR nicht abgewichen werden (Art. 129 OR). In all diesen Fällen kann der Planer aber nach bereits abgelaufener Frist darauf verzichten, die Verjährung geltend zu machen. Fünftens verbietet Art. 371 Abs. 3 i.V.m. Art. 210 Abs. 4 OR eine Verkürzung der Verjährung bei Konsumentenverträgen. Die Praxis wird weisen müssen, ob auch die Planerverträge mit privaten Bauherren unter diese Bestimmung fallen.[319]

9.268 **2.** Zur Bedeutung der praktisch häufig vorkommenden «Garantiefrist» siehe Rz. 9.219.

4. Verjährungsvorschriften gemäss SIA-Ordnungen 102/103

9.269 **1.** Nach Art. 1.9.1 SIA 102/103 verjähren Ansprüche gegenüber dem Planer «aus **Mängeln eines unbeweglichen Werks** innert fünf Jahren.[320] Die Frist beginnt mit der Abnahme des unbeweglichen Werks bzw. des Werkteils zu laufen.»

9.270 Die Formulierung «aus Mängeln eines unbeweglichen Werkes» ist missverständlich. Der Planer liefert ja keine Backsteine, sondern in Plänen gefasste Ideen. Gemeint sind Planungsfehler, die sich in Mängeln eines unbeweglichen Bauwerks auswirken. Im Gegensatz zur Fassung von 2003[321] gilt Art. 1.9.1 SIA 102/103 nicht mehr für Ansprüche des Planers oder für Planungsfehler, die sich in Mängeln eines beweglichen Werks niederschlagen.[322]

9.271 **2.** Bei «anderen Ansprüchen des Auftraggebers» gelten gemäss Art. 1.9.3 SIA 102/103 die gesetzlichen Regeln (siehe hierzu Rz. 9.231 ff.). Art. 1.9.3 SIA 102/103 kommt – gleich wie bei der gesetzlichen Verjährungsordnung – unter anderem zur Anwendung, wenn die Fehlplanung oder die Verletzung der Sorgfalts- und Treuepflicht zu keinem Mangel an einem Werk führt.

9.272 **3.** Art. 1.9 SIA 102/103 ist kein Beispiel übersichtlicher Vertragsredaktion. Eine einheitliche(re) Regelung der Verjährung wäre zu wünschen.[323] Sie war in den SIA-Ordnungen jedoch kaum umsetzbar, weil der Planervertrag je nach Inhalt dem Werkver-

---

318 Koller A., Das Nachbesserungsrecht, Rz. 382 und 464; Gautschi G., Berner Kommentar, N 5c zu Art. 371 OR.

319 Art. 210 Abs. 4 lit. b OR setzt voraus, dass die Leistung für den persönlichen oder familiären Gebrauch bestimmt ist – anders als Art. 32 Abs. 2 ZPO jedoch nicht, dass sie zum üblichen Verbrauch gehört. Art. 8 UWG umfasst nach der herrschenden Lehre auch nicht alltägliche Geschäfte (Rz. 9.180). Versteht man Art. 210 Abs. 4 OR gleich, fallen die Planerverträge mit privaten Bauherren darunter.

320 Ebenso Art. 1.9.1 SIA 108 und Ziff. 15.2 KBOB-AVB. Die SIA-Ordnung 110 (Raumplaner) verweist für die Verjährung von Plänen und anderen Unterlagen zum Ergebnis der Planung auf das OR (Art. 1.11.2 SIA 110).

321 Art. 1.11.21 SIA 102/103 (2003) erfasste «Ansprüche aus Mängeln des Bauwerkes».

322 Werro, Révision des Règlements SIA, S. 45 f.

323 Art. 1.9.2 SIA 102/103 verweist für die Verjährung bei Gutachten auf das OR.

trags- oder dem Auftragsrecht oder beiden untersteht und das Gesetz sowohl für Werkvertrag und Auftrag als auch für bewegliche und unbewegliche Werke unterschiedliche Verjährungsfristen aufstellt – und wenigstens die zehnjährige Regelverjährung nicht abänderbar ist (Art. 129 OR). Eine Vereinheitlichung wäre daher nur möglich, wenn die SIA-Ordnungen sämtliche Ansprüche in zehn Jahren verjähren liessen; das aber wäre zum (erheblichen) Nachteil des Planers.[324]

5. Rechtsfolgen der Verjährung

1. Mit dem Eintritt der Verjährung sind die Forderungen nicht mehr klagbar.[325] Der Bauherr kann sie Ansprüchen des Planers jedoch weiterhin einredeweise entgegenhalten und zum Beispiel die Zahlung verweigern oder Verrechnung erklären.[326] Voraussetzung hierfür ist, dass der Bauherr die Mängel rechtzeitig und auf jeden Fall vor Ablauf der Verjährungsfrist gerügt hat (Art. 371 Abs. 3 i.V.m. Art. 210 Abs. 5 OR).[327] 9.273

2. Schwierige Fragen können sich stellen, wenn einem Bauherrn mehrere Haftpflichtige (in der Regel unecht) solidarisch haften und die Haftung eines Teils der Haftpflichtigen verjährt ist. Sie werden im Beitrag von Krauskopf vertieft (Rz. 17.118 ff.). 9.274

VII. Ausservertragliche Haftung

1. Gegenüber dem Bauherrn

A. Unerlaubte Handlung (Art. 41 ff. OR)

1. Die Fehlplanung kann nicht nur eine Vertragsverletzung darstellen. In ihr kann zugleich eine unerlaubte Handlung liegen. Der Bauherr kann sich alternativ auf die vertraglichen und die ausservertraglichen Schadenersatzansprüche berufen.[328] 9.275

2. Im Unterschied zur vertraglichen Haftung muss das Verhalten des Planers widerrechtlich sein (Art. 41 Abs. 1 OR). Diese Voraussetzung ist erfüllt, wenn der Planer die körperliche Integrität des Bauherrn verletzt oder dessen Eigentum beschädigt (z.B. wenn das Dach infolge der Fehlplanung undicht ist und eindringendes Wasser die Möbel des 9.276

[324] Siegenthaler, Neue SIA-Ordnungen 102/103, S. 38.

[325] Däppen, Basler Kommentar, N 22 zu Art. 127 OR; Gauch, Werkvertrag, Rz. 2280. Anders als bei der Verwirkung gehen die Forderungen nicht unter.

[326] Vgl. BGE 107 II 50/54 E. 2b (= BR/DC 1982, S. 18, Nr. 17, mit Anm. Gauch); Gauch, Werkvertrag, Rz. 2288.

[327] BGE 130 III 362/367 E. 4.2 (= BR/DC 2004, S. 179, Nr. 482, mit Anm. Werro/Pichonnaz). Die Frage der Verjährung stellt sich rechtslogisch nur für jene Mängelrechte, die nicht verwirkt sind (vgl. Gauch, Werkvertrag, Rz. 2195).

[328] BGE 120 II 58/61 E. 3a; 113 II 246/247 E. 3.

Bauherrn zerstört). Der Bauherr ist kraft des Akzessionsprinzips (Art. 667 Abs. 2 ZGB) in der Regel Eigentümer des unvollendeten Bauwerks.[329]

9.277 Die schweizerische Praxis und Lehre machen aber folgende Einschränkung: Die Mangelhaftigkeit eines abgelieferten Werks allein stellt noch keine Eigentumsverletzung dar. Dies selbst dann nicht, wenn sich der Mangel im Werk, das nunmehr dem Bauherrn gehört, «weiterfrisst».[330] Für den Planervertrag ist diese Einschränkung indessen nicht von grosser Bedeutung. Das Werk ist die Planungsleistung. Inwiefern sich ein Mangel innerhalb der Planungsleistung weiterfressen könnte, ist nicht ersichtlich. Und sobald die Fehlplanung zu einem Mangel am Bauwerk führt, resultiert automatisch ein Mangelfolgeschaden, der grundsätzlich zu ersetzen ist.

9.278 **3.** Anders als bei der vertraglichen Mängelhaftung gelten die Prüfungs- und die Rügeobliegenheit für den Anspruch aus unerlaubter Handlung nicht. Ob sich eine Freizeichnung auch auf den Anspruch aus unerlaubter Handlung bezieht, ist durch Auslegung im Einzelfall zu entscheiden.[331]

B. Geschäftsherrenhaftung (Art. 55 OR)

9.279 Für den Schaden, den seine Arbeitnehmer oder andere Hilfspersonen in Ausübung ihrer dienstlichen oder geschäftlichen Verrichtungen verursachen, haftet der Planer nach Art. 55 OR.

C. Überwälzung der Mängelbeseitigungskosten (Art. 422 Abs. 1 OR)

9.280 **1.** Wenn die werkvertraglichen Mängelrechte verjährt oder verwirkt sind, stellt sich für den Bauherrn die Frage, ob er noch verlangen kann, dass der Planer die Mängel beseitigt oder die Kosten der Mangelbeseitigung übernimmt. Das Bundesgericht verneinte eine auf Art. 41 Abs. 1 OR gestützte Ersatzpflicht.[332] Nach einer neueren Lehrmeinung soll der Bauherr jedoch vom Planer verlangen können, die durch die Fehlplanung verursachte Gefahr zu beseitigen. Kommt der Planer dieser Aufforderung nicht nach, soll der Bauherr selber die erforderlichen Massnahmen treffen und die Kosten nach den Regeln der Geschäftsführung ohne Auftrag auf den Planer überwälzen können.[333] Folgt man dieser Ansicht, sind alle notwendigen oder nützlichen und den Verhältnissen angemessenen Verwendungen zu ersetzen (Art. 422 Abs. 1 OR).

---

329 Vgl. auch Gauch, Der Untergang, S. 43.

330 Gauch, Werkvertrag, Rz. 2345; Werro, Responsabilité pour faute, S. 66.

331 Oesch, Die Freizeichnung, S. 173 f.

332 BGE 117 II 259/269 E. 3 (= BR/DC 1992, S. 96, Nr. 160, mit Anm. Gauch) bezüglich der Ersatzpflicht der Kosten der zur Gefahrenabwehr (drohende Rutschung einer Böschung) selbst vorgenommenen Massnahmen. Vgl. auch Gauch, Grundbegriffe, S. 233, der die Folgen der Rechtsprechung als stossend bezeichnet.

333 Koller A., Ausservertragliche Haftung, Rz. 4 ff.

2. Diese neuere Lehrmeinung ist unseres Erachtens abzulehnen. Zum einen ergibt sich aus dem Gefahrensatz keine Pflicht, die Gefahr gänzlich zu beseitigen, sondern lediglich die Pflicht, den Eintritt eines Schadens zu verhindern.[334] Zum anderen ist fraglich, ob die Geschäftsführung ohne Auftrag die richtige Anspruchsgrundlage ist. Anders als bei der Geschäftsführung ohne Auftrag besteht ein Vertragsverhältnis zwischen Bauherr und Planer. Nur weil die Mängelrechte verwirkt sind, besteht noch kein Zustand der Auftragslosigkeit. Vielmehr würde eine Überwälzung der Mängelbeseitigungskosten nach den Regeln der Geschäftsführung ohne Auftrag dazu führen, dass die werkvertragliche Verjährungs- und Verwirkungsordnung ausgehebelt wird. Das ist abzulehnen. 9.281

D. Exkurs: Haftung der Subplaner und anderer Hilfspersonen des Planers

Der Bauherr kann allenfalls auf Subplaner und andere Hilfspersonen des Planers zurückgreifen. Im Auftragsrecht hat der Bauherr einen direkten Anspruch gegen den Substituten (Art. 399 Abs. 3 OR). Im Werkvertragsrecht (sowie im Auftragsrecht gegen Hilfspersonen, die keine Substituten sind) muss der Bauherr seine Haftungsansprüche mangels eines Vertrags mit den Subplanern und Hilfspersonen auf die Regeln der unerlaubten Handlung (Art. 41 Abs. 1 OR) stützen. Möglich ist ferner, dass der Planer, der dem Bauherrn nach Art. 101 OR haftet, auf die Hilfspersonen Rückgriff nimmt. 9.282

2. Gegenüber dem Unternehmer und gegenüber anderen Planern

1. Der Planer hat in der Regel keinen Vertrag mit dem Unternehmer oder mit anderen Planern. Folglich wird er diesen gegenüber nicht vertraglich haftbar. Denkbar ist jedoch eine Haftung aus unerlaubter Handlung (Art. 41 ff. OR) oder allenfalls eine Geschäftsherrenhaftung (Art. 55 OR). 9.283

2. Aus unerlaubter Handlung haftet der Planer, wenn die fehlerhafte Planung das Eigentum (z.B. Werkzeuge oder Maschinen) oder die körperliche Integrität der Unternehmer oder der anderen Planer verletzt.[335] Mit der Verletzung des absolut geschützten Rechtsguts ist die Widerrechtlichkeit gegeben. 9.284

3. Eine Fehlplanung kann auch dazu führen, dass einem Unternehmer oder einem anderen Planer «nur» ein reiner Vermögensschaden entsteht. In diesem Fall fehlt es grundsätzlich an der die Haftpflicht des Planers begründenden Widerrechtlichkeit. Dennoch ist es unter Umständen möglich, den Planer verantwortlich zu machen: 9.285

a. In BGE 119 II 127 führte die fehlerhafte Projektierung eines Ingenieurs zum Einsturz eines (zu erstellenden) Zwischengeschosses. Zwar kamen dabei weder Personen noch Sachen zu Schaden, jedoch führte die Neuerstellung zu beträchtlichen Mehrkosten des 9.286

---

[334] So auch BGE 123 III 306/312 E. 4a, auf den sich Koller A. (Rz. 9.280, Fn. 333) bezieht: «afin d'empêcher un dommage de se produire».

[335] Vgl. BGE 119 II 127/129 E. 3.

Unternehmers. Ein Anspruch des Unternehmers gegen den Ingenieur aus unerlaubter Handlung (Art. 41 OR) scheiterte an der fehlenden Widerrechtlichkeit.[336] Der Unternehmer hätte allerdings vom Bauherrn eine zusätzliche Vergütung verlangen können, da der Ingenieur im Verhältnis zum Unternehmer Hilfsperson des Bauherrn war.[337] Der Bauherr wiederum hätte vom Ingenieur wegen der Fehlplanung Schadenersatz für die Mehrkosten verlangen können.

9.287 **b.** Das Bundesgericht liess im erwähnten Entscheid in sinngemässer Anwendung von Art. 51 OR einen Rückgriff des Unternehmers auf den Ingenieur zu (und dies «direkt», ohne dass der Ingenieur Schadenersatz an den Bauherrn zahlte), was in der Lehre auf Kritik stiess.[338]

3. Gegenüber Dritten

9.288 Gegenüber Nachbarn, Passanten, späteren Mietern des geplanten Wohngebäudes oder anderen Dritten besteht keine Vertragsbeziehung des Planers. Der Planer haftet deshalb ausschliesslich nach ausservertraglichen Regeln, insbesondere aufgrund unerlaubter Handlung (Art. 41 ff. OR). Allenfalls denkbar ist eine Haftung nach Art. 55 OR für seine Arbeitnehmer.

VIII. Schlussbemerkungen

9.289 **1.** Der Planer hat erhebliche Haftungsrisiken, mit zunehmender Tendenz. Es gilt, Sorge zu tragen, dass die Anforderungen an die Planer nicht ausufern, sondern vielmehr eine Balance zwischen den Interessen des Bauherrn und jenen der Planer gefunden werden kann. Der Bauherr darf einwandfreie Arbeit des Planers erwarten, hat Anrecht auf kundige Beratung. Er ist aber gehalten, seinerseits mitzudenken und namentlich dann, wenn er selbst fachkundig ist, Mitverantwortung zu tragen. Geht das Augenmass bei der Haftung verloren, drohen «amerikanische» Verhältnisse, von denen weder Bauherr noch Planer profitieren.

9.290 **2.** Und ganz praktisch: Solange man beim Planervertrag nie ganz sicher sein kann, ob nun ein Auftrag oder Werkvertrag vorliegt, werden Planer und Bauherr gut beraten sein, jeweils auch die Vorschriften des für sie ungünstigeren Vertragsmodells zu beachten.

---

336 BGE 119 II 127/129 E. 3, wonach Art. 229 StGB (Gefährdung durch Verletzung der Regeln der Baukunde) nur das absolute Recht auf körperliche Integrität schützt, jedoch nicht das Vermögen.

337 BGE 119 II 127/130 E. 4; kritisch Gauch, Der Untergang, S. 44.

338 BGE 119 II 127/130 E. 4; kritisch dazu Gauch, Der Untergang, S. 44 ff. Vgl. im Übrigen zur Haftung mehrerer Rz. 17.1 ff.

§ 10 Die Bauleitung

Christoph Locher

Inhaltsverzeichnis

I. Einleitung

1. Grundlagen und Abgrenzung

Der vorliegende Beitrag befasst sich mit dem Leistungsbild der Bauleitung, der im Baugeschehen eine zentrale Rolle zukommt. Dabei geht es um vertragliche Leistungen der selbständigen, also freiberuflichen Bauleitung, die dem Bauherrn in der Phase der Bauausführung eine Dienstleistung erbringt, ohne selber das Bauwerk erstellen zu müssen. Nicht zur Sprache kommt die ausservertragliche Haftung (Art. 41 ff. OR), die gegebenenfalls konkurrierend zur Vertragshaftung hinzutreten kann (Rz. 9.275 ff.).[1] Ausgeklammert bleiben zudem die strafrechtliche Verantwortlichkeit sowie Fragen der Haftung aus öffentlichem Recht. 10.1

2. Der Begriff der Bauleitung

A. Die Bedeutung der Parteivereinbarung

1. Der Begriff der **Bauleitung** ist in keinem Gesetz definiert. Soweit die Parteien des Bauleitungsvertrags (der Bauherr als Auftraggeber und die Bauleitung als Beauftragte[2]) im Bauleitungsvertrag, den sie mündlich oder schriftlich schliessen können (Art. 11 Abs. 1 OR), die zu erbringenden Leistungen nicht beschreiben, ist nicht ohne Weiteres klar, was unter Bauleitung zu verstehen ist.[3] 10.2

2. Nach Art. 18 Abs. 1 OR ist für die Bestimmung des Inhalts eines Vertrags der wirkliche Wille und nicht die unrichtige Bezeichnung oder Ausdrucksweise massgebend (subjektive Vertragsauslegung). Soweit sich dieser wirkliche Wille der Parteien feststellen lässt, bleibt kein Raum für Interpretationen. In diesem Sinne hat die subjektive Auslegung 10.3

[1] Zur Haftungskonkurrenz SCHUMACHER, Architektenrecht 1995, Rz. 372 f.
[2] Zur rechtlichen Qualifikation des Bauleitungsvertrags Rz. 1.47 und 10.25.
[3] GAUCH, Die Bauleitung, S. 6; TRÜMPY, Architektenvertragstypen, S. 79.

den Vorrang vor der objektivierten Auslegung. Der wirkliche Wille kann mit allen zulässigen Beweismitteln bewiesen werden. Wenn eine tatsächliche Willensübereinstimmung nicht gegeben ist oder unbewiesen bleibt, sind die Erklärungen der Parteien aufgrund des Vertrauensprinzips so auszulegen, wie sie nach Treu und Glauben verstanden werden durften und mussten (objektivierte Auslegung).[4]

10.4 **3.** Wenn es um die Ermittlung des Sinns eines Worts geht, das die Parteien verwendet haben, ist zunächst darauf abzustellen, wie dieses Wort in der Umgangssprache verstanden wird.[5] Zur Ermittlung dieses Wortsinns können neben der allgemeinen Lebenserfahrung auch Hilfsmittel wie Lexika herbeigezogen werden.[6] Wenn die Parteien einen individuellen Sprachgebrauch verwendet haben, so geht dieser dem allgemeinen Sprachgebrauch vor. Das ist etwa dann der Fall, wenn sie im Vertrag Begriffe definiert haben.[7] Gleiches gilt, wenn sich die Parteien einer Fachsprache bedienen und beide Parteien diese Fachsprache kennen (so etwa eine technische oder eine branchenspezifische Ausdrucksweise).[8] Dabei ist zu berücksichtigen, was sachgerecht ist, weil nicht anzunehmen ist, dass die Parteien eine unangemessene Lösung gewollt haben.[9]

B. Der Begriff im allgemeinen Sprachgebrauch

10.5 **1.** Unter Bauleitung versteht man im allgemeinen Sprachgebrauch die *Leitung der Ausführung eines Baus* (d.h. die Tätigkeit) und *den Kreis von Personen, die mit der Ausführung eines Baus beauftragt sind.*[10] Der Begriff hat somit zwei Bedeutungen: eine Tätigkeit sowie eine Person, der diese Tätigkeit übertragen wurde.[11]

10.6 **2.** Bei der Bauleitung als Tätigkeit geht es also darum, dass die *Ausführung,* d.h. die Realisierung des Baus geleitet, überwacht und koordiniert wird.[12] Der Ausführung vorgela-

---

[4] BGer 4C.128/2005 vom 4. Mai 2006 E. 2.2; 4C.301/2004 vom 9. Dezember 2004 E. 2; Gauch/Schluep/Schmid, OR AT, Rz. 207 ff.; Schumacher, Vertragsgestaltung, Rz. 152.

[5] Kramer, Berner Kommentar, N 22 ff. zu Art. 18 OR; Wiegand, Basler Kommentar, N 19 zu Art. 18 OR; BGer 5C.179/2006 vom 16. November 2006 E. 2.4.2; 5C.87/2002 vom 24. Oktober 2002 E. 2.3.1.

[6] Wiegand, Basler Kommentar, N 19 zu Art. 18 OR; siehe die Beispiele bei BGE 138 III 641/644 E. 4.3; 137 III 444/448 E. 3.2 (= BR/DC 2012, S. 95, Nr. 211, mit Anm. Schmid); 133 III 257/266 E. 2.5.1; 116 II 189/190 E. 2b; 115 II 264/269 E. 5b; BGer 5C.179/2006 vom 16. November 2006 E. 2.4.2.

[7] Kramer, Berner Kommentar, N 25 zu Art. 18 OR; Wiegand, Basler Kommentar, N 20 zu Art. 18 OR.

[8] Kramer, Berner Kommentar, N 23 zu Art. 18 OR; Wiegand, Basler Kommentar, N 22 f. zu Art. 18 OR.

[9] BGE 119 II 368/372 E. 4b; 116 II 259/263 E. 5a; 115 II 264/268 E. 5a; BGer 4A_82/2008 vom 29. April 2009 E. 4.3.

[10] Duden, Deutsches Universalwörterbuch (8. Aufl., Berlin 2015), S. 262.

[11] Trümpy, Architektenvertragstypen, S. 79.

[12] Chaix, Commentaire Romand, N 28 zu Art. 363 OR; Tercier/Bieri/Carron, Les contrats spéciaux, Rz. 4689.

gert ist die Planung des Baus, die somit nicht zur Bauleitung gehört.[13] Die mit der Bauleitung betraute Person setzt somit das Projekt um, das vorher geplant wurde. Sie tut dies nicht selber (im Sinne eines Generalunternehmers), sondern sie leitet die Unternehmer an, welche die einzelnen Bauleistungen erbringen.[14] Ziel dieser Bemühungen ist es, dafür zu sorgen, dass die Unternehmer das Projekt, so wie es geplant wurde, realisieren.

3. Die Bauleitung setzt ein, wenn die Planung einen solchen Stand erreicht hat, dass sie 10.7
umgesetzt werden kann. Wer mit dieser Aufgabe betraut wird, muss die Unternehmer koordinieren, muss sie auf der Baustelle überwachen und muss laufend kontrollieren, ob die Planungsvorgaben richtig umgesetzt werden. Welche einzelnen Tätigkeiten dies umfasst, lässt sich aus dem allgemeinen Sprachgebrauch kaum ableiten.[15] Insbesondere gibt es Tätigkeiten, welche allein aufgrund des Sprachgebrauchs nicht immer eindeutig der Planung oder der Bauleitung zugeordnet werden können (z.B. die Erstellung der Werkverträge oder der Ausführungspläne). Tendenziell wird man sagen dürfen, dass die Bauleitung im allgemeinen Sprachgebrauch darin besteht, mit den vorhandenen Plänen, anhand der vorliegenden Werkverträge, im vorgegebenen Terminprogramm, auf dem angewiesenen Grundstück, die Erstellung des Bauwerks zu koordinieren und zu begleiten, bis dieses vollendet ist.[16]

C. Der Begriff der Bauleitung im SIA-Regelwerk

a. Nach der SIA-Ordnung 102

1. In der SIA-Ordnung 102 findet sich der Begriff «Bauleitung» in Art. 4.52 «Ausfüh- 10.8
rung». Es wird unterschieden zwischen der «gestalterischen Leitung» und der «Bauleitung». Mit der Bauleitung ist die Bauleitung im engeren Sinne gemeint, d.h. die Leitung der Baustelle während der Erstellung des Bauwerks.

2. Die Bauleitung (als beauftragte Person) wird – auch wenn sie ausschliesslich mit der 10.9
Bauleitung (im Sinne der Tätigkeit) beauftragt wird, also die Bauleitung nicht im Rahmen eines Gesamtvertrags übernimmt – regelmässig mit weiteren Leistungen als jenen gemäss dem Unterkapitel Bauleitung in Art. 4.52 SIA 102 betraut. Meist übernimmt sie auch die Teilleistungen gemäss Art. 4.53 SIA 102 Inbetriebnahme, Abschluss: «Inbetriebnahme», «Dokumentation über das Bauwerk» und «Leitung der Garantiearbeiten».

[13] Tercier, Direction des travaux, S. 6.

[14] Gauch, Architektenrecht 1995, Rz. 36f.; Michel, Architektenrecht 1995, Rz. 2004; Tercier, Direction des travaux, S. 6.

[15] So auch Scherrer, Nebenunternehmer, Rz. 107 für den mit der Bauleitung betrauten Nebenunternehmer.

[16] Schumacher, Architektenrecht 1995, Rz. 499f.

b. Nach den SIA-Ordnungen 103 und 108

10.10 **1.** Die SIA-Ordnung 103 unterscheidet zwei Konstellationen:

10.11 **a.** Der Ingenieur kann als **Gesamtleiter** eingesetzt werden. Ihm kommen dann vergleichbare Aufgaben zu, wie sie die SIA-Ordnung 102 für den Architekten vorsieht. Bei technischen Bauwerken, bei denen technisch-konstruktive Berechnungen oder die Statik im Vordergrund stehen, wird meist ein Ingenieur als Gesamtleiter eingesetzt. Die entsprechenden Bauleitungs-Leistungen finden sich in Art. 4.2.2, Art. 4.3.52 und Art. 4.3.53 SIA 103.

10.12 **b.** Der Ingenieur kann aber auch als **Fachplaner** (in der Terminologie der SIA-Ordnung 103 [2003]: Spezialist) beigezogen werden. Dann erbringt er seine Leistungen neben einem Architekten (oder neben einem Ingenieur), der als Gesamtleiter tätig ist. Die entsprechenden Bauleitungs-Leistungen sind in Art. 4.3.52 und Art. 4.3.53 SIA 103 erwähnt.

10.13 **2.** Auch die Maschinen- und Elektroingenieure sowie die Fachingenieure für Gebäudeinstallationen können als Gesamtleiter oder als Fachplaner (auch die SIA-Ordnung 108 hat den Begriff «Spezialist» durch «Fachplaner» ersetzt) eingesetzt werden. Im Baubereich im engeren Sinne (Hoch- und Tiefbau) werden diese Ingenieure als Fachplaner unter der Führung eines anderen Gesamtleiters (Bauingenieur oder Architekt) eingesetzt. Die Bauleitungs-Leistungen werden in Art. 4.52 und Art. 4.53 SIA 108 beschrieben.

10.14 **3.** In der Baupraxis werden neben dem Begriff der Bauleitung auch die Begriffe «Oberbauleitung» und «örtliche Bauleitung» verwendet. Diese Begriffe werden in der neuen SIA-Ordnung 102 nicht mehr verwendet.[17] Die SIA-Ordnung 103 verwendet den Begriff der «Oberbauleitung» nach wie vor, nicht aber jenen der «örtlichen Bauleitung». Die «Bauleitung», die nach der SIA-Ordnung 103 beauftragt werden kann, entspricht indessen in etwa der «örtlichen Bauleitung», weil sie im Wesentlichen die Leitung der Bauarbeiten vor Ort umfasst (vgl. Art. 4.3.52 «Ausführung [2]»). Demgegenüber wird die Überwachung der Arbeiten vor Ort durch den Fachplaner als «Baukontrolle» bezeichnet (Art. 4.3.52 «Ausführung [5]», [Rz. 10.129 und 10.141]).

c. Nach der SIA-Norm 118

10.15 **1.** Die SIA-Norm 118 regelt die gegenseitigen Rechte und Pflichten des Unternehmers und des Bauherrn.[18] Sie enthält auch Mitwirkungsobliegenheiten und -pflichten des Bauherrn. Ohne die Mitwirkung des Bauherrn ist es dem Unternehmer bei komplexeren Bauvorhaben gar nicht möglich, seine Leistung zu erbringen. Die seit 2004 in loser Folge publizierten sogenannten «Allgemeinen Bedingungen Bau» (ABB) sind Zusatzbedingungen zur SIA-Norm 118 für einzelne Gewerke. Daher werden sie auch mit dem Zusatz der entsprechenden Fachnorm versehen (z.B. SIA-Norm 118/240, die ABB für Metallbau-

---

17 Siehe zur SIA-Ordnung 102 (1984) Gauch, Die Bauleitung, S. 6.

18 Spiess/Huser, Handkommentar SIA 118, N 19 der Einl.

arbeiten). Sie regeln teilweise in Abänderung der SIA-Norm 118, teilweise in Ergänzung dazu für ein bestimmtes Gewerk Rechte und Pflichten der involvierten Planer und Unternehmer (vgl. jeweils das Vorwort). Wichtig ist, dass der Hinweis im jeweiligen Kapitel 02 der ABB beachtet wird. Diese ABB gehören in der Rangordnung gemäss Art. 7 und Art. 21 SIA 118 zu den «übrigen Normen des SIA» und gehen demnach der SIA-Norm 118 nach, was an sich widersinnig ist, weil sie ja mit dem Zweck geschaffen wurden, die SIA-Norm 118 (die im Wesentlichen eine Baumeisternorm ist) an die Bedürfnisse anderer Gewerke anzupassen bzw. zu präzisieren. Der SIA geht offenbar davon aus, dass – will man erreichen, dass die ABB auch in jenen Bereichen gelten, wo sie von der SIA-Norm 118 abweichen – dies in der Vertragsurkunde ausdrücklich vereinbart werden muss. Jedenfalls enthalten die ABB einen entsprechenden Formulierungsvorschlag, der jeweils auf die entsprechende Ziffer der ABB verweist, in welcher die Änderungen gegenüber der SIA-Norm 118 zusammenfassend aufgezählt sind. Bedauerlicherweise gibt auch die neuste Werkvertragsvorlage des SIA keine Hilfestellung zu diesem Thema, womit die Gefahr, dass entsprechende Vereinbarungen keinen Eingang in die Vertragsurkunden finden, gross bleibt. Bei vernünftiger Betrachtung muss man aber wohl davon ausgehen, dass die ABB auch ohne diesen Passus gelten, denn es ist nicht davon auszugehen, dass die Parteien, die die ABB neben der SIA-Norm 118 als anwendbar vereinbaren, jene Bestimmungen der ABB nicht anwendbar erklären wollen, die von der SIA-Norm 118 abweichen. Vielmehr dürfte man nach Treu und Glauben wohl davon ausgehen, dass die ABB der SIA-Norm 118 immer vorgehen, wenn sie als anwendbar erklärt werden.

2. Wenn die SIA-Norm 118 die Bauleitung erwähnt, so ist damit in vertraglicher Hin- 10.16
sicht eigentlich der Bauherr gemeint. Das ergibt sich aus Art. 33 Abs. 3 SIA 118, der bestimmt, dass der Bauherr selbst gemeint sei, wenn er keine Bauleitung einsetzt.[19] Im Rahmen der SIA-Norm 118 ist daher die Bauleitung die Stellvertretung bzw. die Hilfsperson des Bauherrn.[20] Der Unternehmer, der mit dem Bauherrn einen Werkvertrag schliesst und dabei die SIA-Norm 118 übernimmt, hat gegenüber dem Bauherrn (seinem Vertragspartner) Anspruch darauf, dass die Bauleitung bzw. der Bauherr die Aufgaben übernimmt, die die SIA-Norm 118 der Bauleitung zuweist.

3. Da die Bauleitungsaufgaben, die die SIA-Norm 118 beschreibt, nicht identisch sind 10.17
mit den in den SIA-Ordnungen 102, 103 und 108 definierten Bauleitungsaufgaben, kann der Bauherr von seiner Bauleitung nach den SIA-Ordnungen a priori nicht das Gleiche verlangen, was er dem Unternehmer nach der SIA-Norm 118 schuldet.[21] Nach der hier vertretenen Ansicht hat die Bauleitung aber zumindest dann auch die Aufgaben zu übernehmen, welche die SIA-Norm 118 der «Bauleitung» zuweist, wenn sie dem Bauherrn den Abschluss von Werkverträgen nach der SIA-Norm 118 selber vorschlägt und entspre-

---

[19] Schumacher, Architektenrecht 1995, Rz. 498; Stöckli, Kommentar SIA 118, Einl./Rz. 13.

[20] Spiess/Huser, Handkommentar SIA 118, N 13f. zu Art. 33 SIA 118.

[21] Gauch, Die Bauleitung, S. 6.

chende Vertragsurkunden vorbereitet[22] – was zu den Aufgaben des Planers nach Art. 4.51 SIA 102 und Art. 4.3.52 SIA 103 (Bauingenieur als Oberbauleiter) sowie Art. 4.51 SIA 108 (nicht aber im Bereich der SIA-Ordnung 103, sofern der Bauingenieur als Fachplaner eingesetzt wird) gehört.[23]

10.18 **4.** Damit verbleibt die Frage, wie es sich verhält, wenn der Bauleitung die Erstellung der Werkverträge im Sinne von Art. 4.51 SIA 102 (bzw. der entsprechenden Bestimmungen in den SIA-Ordnungen 103 und 108) nicht übertragen wurde (was z.B. im Geltungsbereich der SIA-Ordnung 103 zutrifft, wenn der Ingenieur als Fachplaner eingesetzt wird), wenn also ein anderer Planer/Gesamtleiter oder der Bauherr selbst die Werkverträge vorbereitet. Man kann diesbezüglich argumentieren, dass die SIA-Norm 118 dem Bauleiter zeige, wozu der Bauherr in den Bauwerksverträgen verpflichtet wird und was der Bauherr entsprechend von seiner Bauleitung erwarte.[24] Zumindest wenn die Bauleitung in einem «von den SIA-Normen geprägten Umfeld»[25] erfolgt, muss man so entscheiden, als hätte die Bauleitung die Werkverträge selber entworfen: Die Bauleitung, die die SIA-Norm 118 dem Unternehmer gegenüber durchzusetzen hat, weil sie Bestandteil der Werkverträge ist, deren Umsetzung ihre Aufgabe ist, muss diese Norm kennen und muss daher auch wissen, was die Bauherrschaft aufgrund dieser Bestimmungen ihrem Unternehmer schuldet und damit von ihrer Bauleitung erwartet. Wenn sie die Ansicht vertreten sollte, dass sie diese Aufgaben nicht oder nicht vollumfänglich erbringen kann oder muss (etwa weil sie vom Bauherrn einen beschränkteren Bauleitungsauftrag erhalten hat), muss sie den Bauherrn entsprechend aufklären.[26] Das wird im Grundsatz auch für Aufgaben gelten müssen, die nicht die SIA-Norm 118, sondern ABB vorsehen, welche zu Vertragsbestandteilen erklärt worden sind. In diesen ABB werden bisweilen die Leistungen der Planer sehr umfassend geregelt (vgl. z.B. SIA-Norm 118/380, welche sehr detaillierte Vorgaben für die Ausschreibung, die allgemeinen Pflichten des Bauherrn und für die Prüfungen während und nach der der Ausführung enthält, an welche sich auch die Planer, insbesondere die Fachplaner, halten müssen). Wenn ABB zur Anwendung kommen sollen, muss indessen der Planer, der den Werkvertrag erstellt, die übrigen Planer (insbesondere die Fachplaner) darüber informieren, dass und welche ABB anwendbar sind, soweit der Fachplaner den entsprechenden Werkvertrag nicht mitunterzeichnet oder es sogar der Fachplaner war, der die Anwendung von ABB durch entsprechenden Hinweis im Leistungsverzeichnis, das er erstellt hat, vorgeschlagen hat.

10.19 **5.** Anders wäre nur dann zu entscheiden, wenn etwa ein professioneller Bauherr die Werkverträge selber erstellt, darin die SIA-Norm 118 (und allenfalls auch ABB) aufnimmt und dann der Bauleitung ein sehr eingeschränktes Mandat erteilt, das nicht all die

22 Hürlimann, Kommentar SIA 118, Art. 33/Rz. 17.1; Schumacher, Architektenrecht 1995, Rz. 468.

23 Schumacher, Architektenrecht 1995, Rz. 468.

24 Vgl. Schumacher, Sicheres Bauen, Rz. 309.

25 Siegenthaler, Haftung der Bauleitung, Rz. 7.

26 Schumacher, Architektenrecht 1995, Rz. 468; a.M. Hürlimann, Kommentar SIA 118, Art. 33/Rz. 17.1.

Leistungen umfasst, die die SIA-Norm 118 (und die ABB) der Bauleitung zuweist. Ein solcher Bauherr muss sich bewusst sein, dass er eine Reihe von Bauleitungsaufgaben gemäss der SIA-Norm 118 und den ABB selber übernehmen oder an Dritte vergeben muss.

3. Bedeutung und Auslegung des Bauleitungsvertrags

1. Aus dem Umstand, dass der Begriff der Bauleitung bzw. der Katalog der Aufgaben, die der Bauleitung zufallen, nicht fest umrissen ist, kommt der konkreten Vereinbarung zwischen Bauherr und Bauleitung zentrale Bedeutung zu. Einigen sich die Parteien des Bauleitungsvertrags lediglich darauf, dass die «Bauleitung» zu erbringen sei, ist durch Auslegung zu ermitteln, welche Aufgaben damit übertragen werden. Dabei kommt auf den Bauleitungsauftrag, der ein Auftrag im Sinne der Art. 394 ff. OR ist (Rz. 1.47 ff. und 10.25), Art. 396 OR zur Anwendung. Nach dieser Bestimmung richtet sich der Umfang des Auftrags, sofern er nicht ausdrücklich bezeichnet worden ist, nach der Natur des zu besorgenden Geschäfts.[27] Geschuldet sind von der Bauleitung alle Leistungen, die *nötig* sind, um den Leistungserfolg (d.h. die Erstellung des Bauwerks) zu erzielen.[28] Im Zweifel muss die Bauleitung als fachkundige Partei selber definieren, was dazu nötig ist, d.h., sie muss ihren Auftrag pflichtgemäss interpretieren und gegebenenfalls mit dem Bauherrn Rücksprache nehmen.[29] Im Streitfall entscheidet über den Inhalt des Bauleitungsvertrags der Richter.[30] 10.20

2. Dem Risiko der richterlichen Fremdbestimmung kann durch eine sorgfältige Vertragsgestaltung begegnet werden.[31] Will ein Bauherr einem Planer (sei das ein Architekt oder ein Ingenieur) die Bauleitung übertragen, liegt es in seinem eigenen Interesse, mit dem Planer den Inhalt der gewünschten Leistungen sorgfältig zu vereinbaren. Aber auch der Planer, der eine Bauleitungsaufgabe übernimmt, muss daran interessiert sein, die Leistungen, die er zu erbringen bereit und in der Lage ist, mit dem Bauherrn sorgfältig und vollständig zu vereinbaren. 10.21

3. Die Parteien können entweder die Bauleitungsaufgaben, die zu erfüllen sind, selber formulieren oder sie können sich an bestehenden Regelwerken, namentlich an den SIA-Ordnungen 102, 103 und 108 orientieren, d.h., sie können diese Ordnungen zu Bestandteilen des Bauleitungsvertrags erklären. Wenn sie aus den in den Ordnungen enthaltenen Leistungskatalogen die gewünschten Leistungen bestimmen, sind die ausgewählten Leistungen vertraglich geschuldet.[32] 10.22

---

[27] Fellmann, Berner Kommentar, N 241 f. zu Art. 394 OR.

[28] Fellmann, Berner Kommentar, N 234 f. zu Art. 394 OR.

[29] Fellmann, Berner Kommentar, N 237 ff. zu Art. 394 OR.

[30] Schumacher, Vertragsgestaltung, Rz. 151 f.

[31] Schumacher, Vertragsgestaltung, Rz. 159.

[32] Gauch, Architektenrecht 1995, Rz. 61 ff.

10.23 **4.** Wenn es die Parteien unterlassen, die Bauleitungsleistungen im Vertrag klar zu regeln, hat der Richter zu ergründen, was in der Fachsprache der Baubranche unter «Bauleitung» verstanden wird. Das Bundesgericht hat entschieden, dass es zumindest in einem «von den SIA-Normen geprägten Umfeld»[33] nicht bundesrechtswidrig sei, wenn sich das Gericht von der SIA-Ordnung 102 inspirieren lasse, um zu ermitteln, welche Leistungen geschuldet seien.[34] Das entspricht dem Grundsatz, dass die branchenkundigen Parteien vermutungsweise Begriffe im branchenüblichen Sinne verwendet haben wollen.[35]

4. Der Bauleitungsvertrag als einfacher Auftrag (Art. 394 ff. OR)

A. Allgemeines

10.24 **1.** Die Bauleitung kann die alleinige Leistung sein, die ein Planer im konkreten Fall zu erbringen hat; sie kann indessen auch eine Teilleistung in einem umfassenderen Planervertrag darstellen.[36]

10.25 **2.** Die Bauleitung und die Vergabe von Arbeiten gelten nach der Rechtsprechung des Bundesgerichts als Leistungen mit auftragsrechtlichem Charakter.[37] Der (reine) Bauleitungsvertrag wird demnach als Auftrag im Sinne von Art. 394 ff. OR qualifiziert (Rz. 1.47).[38] Auch wenn ein Planer im Rahmen eines Gesamtvertrags sowohl Leistungen mit werkvertragsrechtlichem Charakter (insbesondere Erstellung von Plänen) als auch Bauleitungsaufgaben zu erbringen hat, können nach der Rechtsprechung des Bundesgerichts, welche eine Spaltung der Rechtsfolgen als denkbar erachtet,[39] bezüglich der

33 SIEGENTHALER, Haftung der Bauleitung, Rz. 7.

34 BGer 4A_242/2008 vom 2. Oktober 2008 E. 2.2 (= BR/DC 2009, S. 58, Nr. 122, mit Anm. WERRO).

35 WIEGAND, Basler Kommentar, N 31 zu Art. 18 OR.

36 Zur rechtlichen Qualifikation des Gesamtvertrags Rz. 1.49 ff.

37 BGE 134 III 361/363 E. 5.1 (= BR/DC 2009, S. 58, Nr. 123, mit Anm. STÖCKLI); 127 III 543/545 E. 2a (= BR/DC 2002, S. 90, Nr. 212, mit Anm. WERRO); 114 II 53/56 E. 2b (= BR/DC 1989, S. 16, Nr. 6, mit Anm. GAUCH); 110 II 380/382 E. 2 (= BR/DC 1985, S. 56, Nr. 42, mit Anm. GAUCH); 109 II 462/465 E. 3c f. (= BR/DC 1985, S. 14, Nr. 2, mit Anm. GAUCH); BGer 4A_146/2015 vom 19. August 2015 E. 4.1 (= BR/DC 2015, S. 341, Nr. 566, mit Anm. HEINZMANN/DEMIERRE); 4A_252/2010 vom 25. November 2010 E. 4.1.

38 BÜHLER T., Zürcher Kommentar, N 170 zu Art. 363 OR; CHAIX, Commentaire Romand, N 28 zu Art. 363 OR; FELLMANN, Berner Kommentar, N 181 zu Art. 394 OR; GAUCH, Architektenrecht 1995, Rz. 36; DERS., Die Bauleitung, S. 9; KOLLER A., Berner Kommentar, N 196 zu Art. 363 OR; TERCIER, Direction des travaux, S. 13; TERCIER/BIERI/CARRON, Les contrats spéciaux, Rz. 4689 ff.; TRÜMPY, Architektenvertragstypen, S. 81 ff.; WEBER, Basler Kommentar, N 31 zu Art. 394 OR.

39 BGE 134 III 361/363 E. 5.1 (= BR/DC 2009, S. 58, Nr. 123, mit Anm. STÖCKLI); 109 II 462/466 E. 3d (= BR/DC 1985, S. 14, Nr. 2, mit Anm. GAUCH); BGer 4A_90/2013 vom 10. Juni 2013 E. 3 (= BR/DC 2013, S. 312, Nr. 527, mit Anm. SIEGENTHALER); 4A_53/2012 vom 31. Juli 2012 E. 3.4 (= BR/DC 2012, S. 192, mit Anm. SIEGENTHALER); 4A_252/2010 vom 25. November 2010 E. 4.1; KOLLER A., Berner Kommentar, N 197 zu Art. 363 OR; ZINDEL/PULVER/SCHOTT, Basler Kommentar, N 18 zu Art. 363 OR.

Haftung für einzelne Bauleitungsaufgaben die Regeln des Auftragsrechts angewendet werden.[40] Das bedeutet, dass für Bauleitungsaufgaben die auftragsrechtliche Sorgfalts- und Treuepflicht gilt und dass sich die Haftung nach auftragsrechtlichen Kriterien richtet (Art. 398 OR). Das scheint unbestritten, denn jene Teile der Lehre, die die Spaltung der Rechtsfolgen beim Gesamtvertrag – nach der hier vertretenen Ansicht zu Recht – ablehnen, plädieren für eine einheitliche Unterstellung des Gesamtvertrags unter die Regeln des Auftragsrechts (Rz. 1.50).

B. Allgemeine Aufgaben der Bauleitung

Aus der Natur der Bauleitung als Leistung mit auftragsrechtlichem Charakter lassen sich Aufgaben allgemeiner Art ableiten, die die Bauleitung bewältigen muss, auch wenn dies nicht explizit vereinbart ist. Gemeint sind die Aufgaben, die «geeignet und zweckmässig sind, den Auftragserfolg herbeizuführen» und die somit auch dann zu erfüllen sind, wenn sie nicht ausdrücklich festgelegt wurden, weil sie sich aus der Pflicht ergeben, den Auftrag sorgfältig und getreu zu erfüllen.[41] 10.26

a. Die Informationspflicht

Die Bauleitung ist verpflichtet, den Bauherrn unaufgefordert über alle wesentlichen Vorgänge auf der Baustelle zu informieren, namentlich über den Baufortschritt und über allfällige Probleme, die sich ergeben, wie auch über die Gegenmassnahmen, die getroffen wurden oder zu treffen sind (Rz. 9.119).[42] Diese Information hat frühzeitig zu erfolgen, sodass der Bauherr seine Entscheide noch zeitgerecht fällen kann.[43] 10.27

b. Die Aufklärungspflicht

Weiter ist die Bauleitung verpflichtet, den Bauherrn über alle wesentlichen Vorgänge und Zusammenhänge aufzuklären (Rz. 9.122). Das geht weiter als eine blosse Information. Die Bauleitung muss Klarheit schaffen und dem Bauherrn Zusammenhänge, Risiken und Konsequenzen erläutern.[44] Der Umfang dieser Aufklärungspflicht ist auch davon abhän- 10.28

---

[40] Das Bundesgericht spricht seit BGE 109 II 423/426 davon, dass diese Lösung «denkbar» sei, doch wendet es seither diese Spaltung regelmässig an, allerdings – wie STÖCKLI in seiner Anm. zu BGer 4A_53/2012 und 4A_55/2012 vom 31. Juli 2012 (BR/DC 2012, S. 213, Nr. 396) zu Recht ausführt – ohne je eine Silbe darüber zu verlieren, warum es im konkreten Einzelfall eine «sachgerechte Lösung» sei, «den Planer hinsichtlich seiner werkvertraglichen Leistungen zu schützen, indem man dem Bauherrn eine rechtzeitige Mängelrüge abverlangt, während der gleiche Planer im gleichen Vertrag hinsichtlich seiner auftragsrechtlichen Leistungen ohne diesen Schutz auszukommen hat.»

[41] FELLMANN, Berner Kommentar, N 368 zu Art. 398 OR.

[42] SCHUMACHER, Architektenrecht 1995, Rz. 441; vgl. TERCIER/BIERI/CARRON, Les contrats spéciaux, Rz. 4466; WERRO, Commentaire Romand, N 17 zu Art. 398 OR.

[43] BGer 4C.273/1999 vom 2. März 2000 E. 2c; SCHUMACHER, Architektenrecht 1995, Rz. 457.

[44] SCHUMACHER, Architektenrecht 1995, Rz. 442.

gig, inwiefern der Bauherr einer solchen überhaupt bedarf, d.h., inwiefern er selber fach- und sachkundig ist.

c. Die Beratungspflicht

10.29 **1.** Im Rahmen der Gesamtleitung muss der Planer den Überblick über das Geschehen bei der Erstellung der Baute haben, und er muss den Bauherrn in allen Fragen, die dieser zu entscheiden hat, fachkundig beraten (Rz. 9.129).[45] Dies beinhaltet auch eine Pflicht, den Bauherrn auf Risiken hinzuweisen (Warnpflicht).[46] Die Beratungspflicht ist allerdings bei einem sachkundigen und erfahrenen Bauherrn zu relativieren.[47]

10.30 **2.** Wenn Planung und Bauleitung verschiedenen Planern übertragen wird, ist zu prüfen, in welchen Fragen der Planer und in welchen die Bauleitung den Bauherrn beraten muss. Einfach ist der Entscheid dort, wo der Problemkreis, zu dem der Bauherr eine Beratung braucht, einen klaren Zusammenhang mit den Kernaufgaben des Planers oder der Bauleitung hat.

10.31 **3.** Aber es gibt Problemkreise, die sich unter Umständen nicht eindeutig dem einen oder anderen Aufgabenbereich zuordnen lassen. Hier besteht dann das Risiko, dass keiner der involvierten Planer einen Anlass sieht, den Bauherrn zu beraten. Zu denken ist zum Beispiel an die Pflicht des Planers, den Bauherrn auf die Notwendigkeit von Versicherungen hinzuweisen. Will man mit dem Bundesgericht[48] und trotz kritischer Stimmen dazu[49] eine entsprechende Beratungspflicht annehmen, so ist ein Zusammenhang am ehesten mit der Ausschreibung zu sehen. Derjenige Planer, welchem die Aufgabe zufällt, alle für die Realisierung des Bauwerks nötigen Leistungen zu identifizieren und auszuschreiben, muss sich auch die Frage stellen, welche Versicherungen abzuschliessen sind. Entsprechend ist es auch seine Aufgabe, den Bauherrn darauf anzusprechen. Dies schon deshalb, weil die Kosten der Versicherungen eine Position im BKP sind und daher in den Kostenvoranschlag aufgenommen werden müssen.[50]

---

45 So ausdrücklich im Geltungsbereich der SIA-Ordnung 102 (siehe Art. 3.4.1 SIA 102); SCHUMACHER, Architektenrecht 1995, Rz. 443; vgl. auch TERCIER/BIERI/CARRON, Les contrats spéciaux, Rz. 4469.

46 WERRO, Commentaire romand, N 18 zu Art. 398 OR.

47 GEHRER CORDEY/GIGER, Handkommentar Privatrecht, N 6 zu Art. 398 OR.

48 BGE 111 II 72/74 E. 3d (= BR/DC 1986, S. 70, Nr. 100, mit Anm. VOGEL); BGer 4C.14/2002 vom 5. Juli 2002 E. 5.2.

49 WIEGAND, Haftung für Dienstleistungen, S. 139 und Versicherungs-Kurier 1985, S. 141 ff. zit. bei SCHUMACHER, Architektenrecht 1995, Rz. 446.

50 BKP 53 «Versicherungen».

d. Die Abmahnungspflicht

1. Eine weitere Aufgabe der Bauleitung ist die **Abmahnung** des Bauherrn, falls dieser unzweckmässige oder unerfüllbare Weisungen erteilt (Rz. 9.135).[51] Die Bauleitung als Beauftragte untersteht dem Weisungsrecht des Bauherrn (Art. 397 Abs. 1 OR[52]). Sie muss zudem überall dort, wo Entscheidungen zu treffen sind, bei denen der Bauherr ein erkennbares Interesse an einer Mitbestimmung hat,[53] unaufgefordert Weisungen des Bauherrn einholen.[54] 10.32

2. Allerdings muss sie Weisungen, die sie empfängt, kritisch hinterfragen und den Bauherrn über die Folgen seiner Weisungen, insbesondere hinsichtlich Termin, Qualität und Kosten aufklären (Art. 1.2.61 SIA 102).[55] Wenn die Bauleitung erkennen kann oder mit pflichtgemässer Sorgfalt erkennen müsste, dass sich die Umsetzung dieser Weisungen für den Bauherrn nachteilig auswirkt, so hat sie den Bauherrn abzumahnen. Sie muss ihm abraten, die Weisung umzusetzen bzw. ihm beliebt machen, die Weisung zurückzunehmen oder zu ändern.[56] 10.33

3. Diese Abmahnung muss die Bauleitung fachtechnisch begründen. Die Abmahnung ist ausdrücklich und selbstverständlich zu formulieren, sodass für den Bauherrn klar ist, dass und weshalb die Bauleitung ihm abrät, in der gewünschten Art vorzugehen, und dass die Bauleitung die Verantwortung für die Ausführung der Weisung ablehnt.[57] Aus Beweisgründen empfiehlt sich eine schriftliche Abmahnung.[58] 10.34

C. Die Sorgfaltspflichten der Bauleitung

a. Allgemeines

1. Die Bauleitung schuldet die vereinbarten Teilleistungen. Diese Dienstleistungen sind die Hauptpflichten der Bauleitung. Die Bauleitung ist sodann verpflichtet, diese Dienstleistungen *sorgfältig* zu erbringen. Während also der Leistungskatalog etwas darüber aussagt, *was* die Bauleitung zu tun hat, ergibt sich aus der Sorgfaltspflicht, *wie* die Dienstleis- 10.35

---

51 BGE 108 II 197/198 E. 2a (= BR/DC 1983, S. 53, Nr. 35, mit Anm. Gauch).

52 Fellmann, Berner Kommentar, N 13 ff. zu Art. 397; Schumacher, Architektenrecht 1995, Rz. 470 ff.

53 Zur Abgrenzung des weisungsfreien Bereichs vgl. Schumacher, Architektenrecht 1995, Rz. 482.

54 Schumacher, Architektenrecht 1995, Rz. 478 ff.

55 Vgl. Hess, Komm SIA 102/103/108, N 6 zu Art. 1.4.1 und N 77 ff. zu Art. 1.4.4.

56 Schumacher, Architektenrecht 1995, Rz. 449.

57 Analog betr. Art. 369 OR BGE 116 II 305/308 E. 2c/bb (= BR/DC 1991, S. 43, Nr. 65 f., mit Anm. Gauch); BGer 4C.452/1999 vom 27. März 2000 E. 2a; Bühler T., Zürcher Kommentar, N 42 zu Art. 369 OR.

58 Schumacher, Architektenrecht 1995, Rz. 450; Art. 1.2.33 SIA 102; Hess, KommSIA 102/103/108, N 82 zu Art. 1.4.4.

tung zu erbringen ist.[59] Sorgfalt hat daher etwas mit der Qualität der Dienstleistung zu tun.[60]

10.36 **2.** Von Sorgfalt wird indessen auch im Zusammenhang mit dem Verschulden gesprochen. Der Begriff der Sorgfaltspflichtverletzung bezeichnet also zum einen den Verstoss gegen vertraglich geschuldete Verhaltenspflichten (Vertragsverletzung) und zum andern den Verstoss gegen ein Verhaltensgebot (Fahrlässigkeit).[61] Während der Auftraggeber, der Schadenersatz wegen Schlechterfüllung des Vertrags verlangt, die Vertragsverletzung (und damit z.B. das *unsorgfältige* – im Sinne von qualitativ ungenügende – Vorgehen der Bauleitung) beweisen muss, wird das Verschulden vermutet, und es liegt am Beauftragten, den Exkulpationsbeweis anzutreten (Art. 97 OR).

10.37 **3.** Der Auftraggeber kann die Vertragsverletzung somit dadurch beweisen, dass er darlegt, was einem «berufsspezifischen Durchschnittsverhalten»[62] entsprechen würde, und dass der konkrete Beauftragte diesem Massstab nicht genügte. Zwar wird auch im Rahmen des Verschuldens von einem objektiven Sorgfaltsmassstab ausgegangen,[63] aber das Verschulden ist immer subjektiv, d.h. auf die konkrete Person bezogen.[64] Es geht einesteils also um den Massstab und andernteils um den Vorwurf.[65]

10.38 **4.** Der Verweis auf den Sorgfaltsmassstab beim Einzelarbeitsvertrag in Art. 398 Abs. 1 OR ist irreführend.[66] Zumindest an den Beauftragten, der seine Dienste berufsmässig anbietet, sind höhere Anforderungen zu stellen als an einen Arbeitnehmer.[67] Massgebend ist ein bereichs- oder berufsspezifischer Sorgfaltsmassstab.

10.39 **5.** Vom Beauftragten kann im Grundsatz das verlangt werden, was von einem sorgfältigen Durchschnittsfachmann seines Gebietes erwartet werden kann (berufsspezifischer Sorgfaltsmassstab).[68] Wählt der Auftraggeber indessen einen Spezialisten seines Fachgebiets aus, so sind an diesen erhöhte Anforderungen zu stellen.[69] Umgekehrt gilt, dass

---

59 Fellmann, Berner Kommentar, N 16 ff. zu Art. 398 OR; im Ergebnis gleich Schumacher, Architektenrecht 1995, Rz. 439.

60 Fellmann, Berner Kommentar, N 343 zu Art. 398 OR.

61 Fellmann, Berner Kommentar, N 352 zu Art. 398 OR.

62 Fellmann, Berner Kommentar, N 355 zu Art. 398 OR; Weber, Basler Kommentar, N 27 zu Art. 398 OR.

63 Fellmann, Berner Kommentar, N 464 zu Art. 398 OR; Weber, Basler Kommentar, N 24 zu Art. 398 OR.

64 Fellmann, Berner Kommentar, N 465 zu Art. 398 OR.

65 Fellmann, Berner Kommentar, N 465 zu Art. 398 OR.

66 Fellmann, Berner Kommentar, N 480 zu Art. 398 OR; Schumacher, Architektenrecht 1995, Rz. 436.

67 Fellmann, Berner Kommentar, N 484 f. zu Art. 398 OR; Schumacher, Architektenrecht 1995, Rz. 436; Weber, Basler Kommentar, N 23 zu Art. 398 OR.

68 Fellmann, Berner Kommentar, N 355 und 486 zu Art. 398 OR; Gehrer Cordey/Giger, Handkommentar Privatrecht, N 9 zu Art. 398 OR; Weber, Basler Kommentar, N 22 zu Art. 398 OR.

69 Fellmann, Berner Kommentar, N 355 zu Art. 398 OR; Weber, Basler Kommentar, N 23 zu Art. 398 OR.

reduzierte Anforderungen an den Beauftragten zu stellen sind, wenn dem Auftraggeber bei der Mandatierung bewusst ist, dass der Beauftragte bloss über unterdurchschnittliche Fähigkeiten verfügt.[70]

6. Primär ist es aber Sache des Beauftragten, vor der Mandatsannahme zu prüfen, ob er über die für den konkreten Auftrag notwendigen Fähigkeiten verfügt. Unterlässt er das oder übernimmt er dennoch ein Mandat, das ihn fachlich überfordert, so wird er gleichwohl am Durchschnittsmassstab gemessen, und er kann sich nicht mit seinem Unwissen entschuldigen. Es trifft ihn ein Übernahmeverschulden.[71] 10.40

b. Die Beachtung der anerkannten Regeln der Baukunde

1. Zur geschuldeten Sorgfalt oder eben Qualität der Leistungen der Bauleitung gehört insbesondere, dass die Bauleitung die **anerkannten Regeln der Baukunde** kennt und im Rahmen ihrer Tätigkeit umsetzt (Rz. 1.98 und 9.53).[72] 10.41

a. Als anerkannte Regeln der Baukunde gelten nach der Rechtsprechung des Bundesgerichts Regeln, die «von der Wissenschaft als theoretisch richtig anerkannt wurden, feststehen und sich nach einer klaren Mehrheitsmeinung der fachkompetenten Anwender in der Praxis bewährt haben».[73] Welches der Inhalt dieser Regeln ist, muss im Streitfall durch eine gerichtliche Expertise ermittelt werden. Dabei unterstellt das Bundesgericht, dass im Bauwesen vermutungsweise die Empfehlungen und Normen des SIA grundsätzlich die anerkannten Regeln der Baukunde wiedergeben.[74] Das heisst aber nicht, dass daraus der Umkehrschluss gezogen werden dürfte, dass alles, was nicht in diesen Empfehlungen und Normen steht, nicht anerkannten Regeln der Baukunde entspreche.[75] Ein Gerichtsexperte kann daher sehr wohl auch bestimmte bauliche Massnahmen zu den anerkannten Regeln der Baukunde zählen, die in keiner Norm oder Empfehlung des SIA enthalten sind, denn die Bauleitung muss die Entwicklung in ihrem Fachgebiet kennen. Es kann namentlich erwartet werden, dass die Bauleitung die schweizerischen Fachpublikationen kennt und weiss, was an Weiterbildungsveranstaltungen in der Schweiz gelehrt wird.[76] 10.42

---

[70] Fellmann, Berner Kommentar, N 490 zu Art. 398 OR.

[71] Fellmann, Berner Kommentar, N 474 zu Art. 398 OR; Gehrer Cordey/Giger, Handkommentar Privatrecht, N 10 zu Art. 398 OR; Hess, KommSIA 102/103/108, N 10 zu Art. 1.4.1; Weber, Basler Kommentar, N 28 zu Art. 398 OR.

[72] Fellmann, Berner Kommentar, N 369 zu Art. 398 OR; Gauch, Die Bauleitung, S. 11; Schumacher, Architektenrecht 1995, Rz. 488 ff.; vgl. Tercier/Bieri/Carron, Les contrats spéciaux, Rz. 4444.

[73] Zindel/Pulver/Schott, Basler Kommentar, N 8 zu Art. 364 OR.

[74] BGer 4A_428/2007 vom 2. Dezember 2008 E. 3.1 in fine (= BR/DC 2009, S. 59, Nr. 119, mit Anm. Pichonnaz); vgl. dazu Gauch, Werkvertrag, Rz. 850 f.; Schumacher, Architektenrecht 1995, Rz. 488 ff.

[75] BGer 4A_428/2007 vom 2. Dezember 2008 E. 3.2. Ausführlich dazu die Anm. von Pichonnaz (= BR/DC 2009, S. 150 ff.).

[76] Hess, KommSIA 102/103/108, N 11 zu Art. 1.4.1.

10.43 **b.** Soweit bestimmte bauliche Massnahmen in Normen oder Empfehlungen des SIA beschrieben sind, fällt der Beweis der anerkannten Regeln der Baukunde relativ leicht. Die beweisbelastete Partei kann sich auf diese Normen/Empfehlungen berufen (muss sie im Gerichtsverfahren dem Gericht als Urkunde einreichen, weil sie nicht gerichtsnotorisch sind[77]), und die Gegenpartei kann versuchen, den Gegenbeweis zu erbringen, nämlich, dass es anerkannt sei, dass diese Normen/Empfehlungen nicht (mehr) oder noch nicht dem heutigen Stand entsprechen.

10.44 **c.** Wenn indessen zu einer Frage keine Normen oder Empfehlungen des SIA bestehen, kommt dem Ermessen des beigezogenen Experten grosse Bedeutung zu. Oft sind Gerichtsexperten nicht in der Lage, mit Hinweisen auf die Fachliteratur darzulegen, dass ihre persönliche Meinung «von der Wissenschaft als theoretisch richtig anerkannt wird, feststeht und sich nach einer klaren Mehrheitsmeinung der fachkompetenten Anwender in der Praxis bewährt hat». Sie führen einfach aus, nach ihrer Erfahrung «mache man das so» und die vorgetragene Lösung habe sich «in der Praxis bewährt». Ein solches Gutachten ist indessen nicht nachvollziehbar bzw. nicht hinreichend belegt und damit im Sinne von Art. 188 Abs. 2 ZPO «nicht gehörig begründet». Entsprechend muss das Gericht den Sachverständigen zur Ergänzung oder Erläuterung anhalten (Art. 188 Abs. 2 ZPO; Rz. 14.112).

10.45 **d.** Noch schwieriger ist die Rechtslage dann, wenn neuartige Konstruktionen oder Materialien zum Einsatz gelangen sollen. Dafür gibt es naturgemäss keine in der Praxis bewährten Regeln der Baukunde. Entscheidet sich die Bauleitung für solche neuen Konstruktionen oder Materialien, hat sie aufgrund ihrer Aufklärungspflicht (Rz. 10.28) gegenüber dem Bauherrn diesen auf die möglichen Risiken hinzuweisen und darzulegen, dass man «Neuland» betritt.[78] Dabei sind auch die Risiken zu beschreiben, die damit verbunden sind. Es liegt dann am Bauherrn, zu entscheiden, ob er solche Risiken eingehen will.

10.46 **2.** Die anerkannten Regeln der Baukunde befassen sich mit technischen Fragen, d.h. mit der Frage, wie eine bestimmte Bauaufgabe technisch zu lösen ist. Für die Bauleitung stellen sich aber nicht nur technische, sondern auch **organisatorische Fragen.** So muss sie namentlich den Bauablauf organisieren. Die Organisation eines Bauvorhabens und namentlich auch die Koordinations- und Kontrollpflichten der Baubeteiligten ergeben sich nicht aus den anerkannten Regeln der Baukunde, sondern aus den vertraglich geschuldeten Sorgfaltspflichten der Baubeteiligten. Dabei haben sich die Handlungen des Bauleiters nach einem «berufsspezifischen Durchschnittsverhalten» zu richten.[79] Soweit für Bauleiter allgemein befolgte Verhaltensregeln und Usanzen bestehen, können sie bei

---

[77] BGer 4A_428/2007 vom 2. Dezember 2008 E. 3.1 in fine (= BR/DC 2009, S. 59, Nr. 119, mit Anm. Pichonnaz).

[78] Hess, KommSIA 102/103/108, N 14 zu Art. 1.4.1; Reber, Rechtshandbuch, S. 323 f.

[79] Fellmann, Berner Kommentar, N 355 zu Art. 398 OR; Weber, Basler Kommentar, N 27 zu Art. 398 OR.

der Bestimmung des Sorgfaltsmasses herangezogen werden.[80] Dabei ist zu berücksichtigen, dass der Bauleiter nicht für jede Massnahme oder Unterlassung allein schon deshalb einzustehen hat, weil sich aus nachträglicher Betrachtung zeigt, dass sie den Schaden bewirkt oder vermieden hätte.[81]

3. Wenn vor Gericht streitig ist, was im Bereich der Bauleitung zum «berufsspezifischen Durchschnittsverhalten» und zu den «allgemein befolgten Verhaltensregeln und Usanzen» gehört, muss allenfalls ein Gerichtsgutachter beigezogen werden. Um den Anforderungen von Art. 188 Abs. 2 ZPO zu genügen, muss der Gutachter dabei nachvollziehbar darlegen und belegen, auf welcher Basis er zu Aussagen über das «berufsspezifische Durchschnittsverhalten» bzw. die «allgemein befolgten Verhaltensregeln und Usanzen» kommt. Eine mögliche Basis ist insbesondere die Fachliteratur, namentlich solche, welche bei entsprechenden Lehrveranstaltungen der Fachhochschulen, der ETH und im Rahmen der Kurse zur Erlangung des Diploms für die «Höhere Fachprüfung im Ingenieur- und Architekturwesen» (HFP) verwendet wird. 10.47

D. Die Treuepflicht der Bauleitung

a. Allgemeines

1. Die Bauleitung wahrt fremde Interessen, nämlich jene des Bauherrn.[82] Das bedeutet, dass die Bauleitung ihre eigenen Interessen jenen des Bauherrn unterzuordnen hat.[83] 10.48

2. Die Bauleitung hat ihr Verhalten und Handeln auf den nach dem Vertrauensprinzip zu bestimmenden Leistungszweck auszurichten,[84] der regelmässig darin besteht, das geplante Bauvorhaben für den Bauherrn bestmöglich zu realisieren. Die Treuepflicht gehört zu den Nebenpflichten des Beauftragten.[85] Sie tritt also bei der Bauleitung neben die Hauptpflicht, die Bauausführung zu leiten. Dabei sind die Treuepflichten im Einzelfall zu bestimmen. Inhalt und Umfang dieser Pflichten richten sich vor allem nach dem Mass des Vertrauens, das der Auftraggeber dem Beauftragten entgegenbringt.[86] Bei der Bestimmung der entsprechenden Verhaltenspflichten kommt dem Grundsatz von Treu und Glauben massgebende Bedeutung zu.[87] 10.49

---

80 BGE 127 III 328/331 E. 3 (= BR/DC 2002, S. 89, Nr. 209, mit Anm. Aepli); 115 II 62/64 E. 3a; BGer 4A_140/2011 vom 27. Juni 2011 E. 2.1; 4C.158/2006 vom 10. November 2006 E. 3.1; 4C.18/2004 vom 3. Dezember 2004 E. 1.1; Weber, Basler Kommentar, N 27 zu Art. 398 OR.

81 Vgl. BGE 134 III 534/537 E. 3.2.2; 127 III 357/359 E. 1b; 108 II 197/198 E. 2a (= BR/DC 1983, S. 53, Nr. 35, mit Anm. Gauch); BGer 4A_280/2016 vom 10. Oktober 2016 E. 4.1.

82 Fellmann, Berner Kommentar, N 251 zu Art. 394 OR und N 23 ff. zu Art. 398 OR; ferner Schumacher, Architektenrecht 1995, Rz. 435.

83 Fellmann, Berner Kommentar, N 25 zu Art. 398 OR; Schumacher, Architektenrecht 1995, Rz. 438; Weber, Basler Kommentar, N 8 zu Art. 398 OR.

84 Fellmann, Berner Kommentar, N 24 zu Art. 398 OR.

85 Fellmann, Berner Kommentar, N 28 zu Art. 398 OR.

86 Fellmann, Berner Kommentar, N 26 zu Art. 398 OR.

87 Fellmann, Berner Kommentar, N 30 zu Art. 398 OR.

10.50 **3.** In der Lehre werden drei Gruppen von Treuepflichten unterschieden:

10.51 **a.** Eine erste Gruppe befasst sich mit Treuepflichten, die unmittelbar der Hauptpflicht zugeordnet sind, und besagt im Kern, dass der Beauftragte alles zu unterlassen hat, was die vertraglich geschuldete Leistung oder die Erreichung des Ziels beeinträchtigen könnte. Dazu gehört zum Beispiel das Gebot, Interessenkollisionen zu vermeiden.[88]

10.52 **b.** Eine zweite Gruppe befasst sich mit Hilfspflichten, die dazu dienen, die Hauptleistung zu unterstützen. Als Beispiel gilt die Informationspflicht.[89]

10.53 **c.** Die dritte Gruppe befasst sich mit den Obhuts- und Schutzpflichten, die darauf ausgerichtet sind, die Rechtsgüter des Auftraggebers nicht zu gefährden. Sie sind daher unabhängig von der primären Leistungspflicht (bei der Bauleitung: die Leitung des Bauvorhabens).[90]

10.54 **4.** Die meisten Treuepflichten sind nicht mittels Leistungsklage einklagbar. Sie sind somit Nebenpflichten, deren Verletzung zu einem Schadenersatzanspruch des Bauherrn führt. Ist ausnahmsweise ein Leistungsanspruch zu bejahen, so liegt eine sogenannte Nebenleistungspflicht vor, die klagbar ist.

10.55 **5.** Obwohl – wie erwähnt – der Inhalt und das Ausmass der aus der Treuepflicht abzuleitenden Verhaltensweisen des Beauftragten nur im Einzelfall aufgrund einer Gesamtwürdigung bestimmt werden kann, lassen sich doch Fallgruppen bilden.[91] Die Reihe der nachfolgenden Fallgruppen ist jedoch nicht abschliessend.

b. Die Diskretions- und Geheimhaltungspflicht

10.56 Aus der auftragsrechtlichen Treuepflicht wird die Diskretions- und Geheimhaltungspflicht der Bauleitung abgeleitet.[92] Der Bauherr muss sich darauf verlassen können, dass Informationen, die er der Bauleitung gibt, nicht ohne sachlichen Grund Dritten weitergegeben werden.[93] Davon ausgenommen sind selbstredend alle Informationen, die die Bauleitung den am Bau Beteiligten offenbaren muss, damit diese ihre Arbeit erfüllen können. Wie weit diese Pflichten gehen, ist im Einzelfall aufgrund getroffener Vereinbarung oder aus den Umständen abzuleiten.[94]

---

88 Fellmann, Berner Kommentar, N 33 f. zu Art. 398 OR.

89 Fellmann, Berner Kommentar, N 35 zu Art. 398 OR.

90 Fellmann, Berner Kommentar, N 36 und 132 ff. zu Art. 398 OR.

91 Fellmann, Berner Kommentar, N 38 zu Art. 398 OR; Schumacher, Architektenrecht 1995, Rz. 440.

92 Gehrer Cordey/Giger, Handkommentar Privatrecht, N 4 zu Art. 398 OR.

93 Tercier/Bieri/Carron, Les contrats spéciaux, Rz. 4477.

94 Schumacher, Architektenrecht 1995, Rz. 452 f.; ausführlich Fellmann, Berner Kommentar, N 39 ff. zu Art. 398 OR; Weber, Basler Kommentar, N 11 ff. zu Art. 398 OR.

c. Die Pflicht zur Vermeidung von Interessenkollisionen

1. Ein weiterer Ausfluss der Treuepflicht ist die Pflicht der Bauleitung zur Vermeidung von Interessenkollisionen.[95] Interessenkollisionen können sich im Bereich der Bauleitung etwa dann ergeben, wenn ein und dieselbe Bauleitung von zwei Bauherren mandatiert wird, die als Nachbarn im Konflikt liegen. 10.57

2. Während Fellmann die Vertretung zweier Auftraggeber mit entgegengesetzten Interessen der Doppelvertretung gleichstellt, womit sie unstatthaft ist,[96] plädiert Schumacher dafür, dass der Architekt in einer solchen Situation neutral bleibt und nicht Partei zugunsten des einen oder anderen Bauherrn ergreift.[97] Richtig dürfte sein, dass eine Bauleitung durchaus auch dann Aufträge von zwei Bauherren übernehmen darf, wenn sich diese in einer Konfliktsituation befinden, vorausgesetzt, dass diese Konfliktsituation nichts mit den Bauprojekten der beiden Auftraggeber zu tun hat. Die Bauleitung wird aber zumindest eines der beiden Mandate niederlegen müssen, wenn sich der Konflikt unmittelbar auf ihre Aufgabe auswirkt, etwa wenn die Bauherren benachbart sind und sich nicht über die Platzierung von Baustelleninstallationen im Grenzbereich einigen können. 10.58

d. Das Verbot ungetreuer Geschäftsführung

1. Aus dem Verbot der ungetreuen Geschäftsführung ist abzuleiten, dass es der Bauleitung untersagt ist, von am Bau Beteiligten Vergünstigungen entgegenzunehmen (Schmiergelder etc.),[98] egal ob die Bauleitung im Gegenzug den entsprechenden Spender zum Nachteil des Bauherrn begünstigt oder nicht. Die Bauleitung muss im Interesse des Bauherrn unabhängig bleiben. 10.59

2. Hier eröffnet sich ein anspruchsvolles Spannungsfeld. Bauleiter entwickeln mit der Zeit persönliche Beziehungen zu Anbietern im Baubereich. Das hat durchaus etwas Positives für den Bauherrn, weil ein eingespieltes Team besser arbeitet. Die Grenze liegt aber da, wo sich dieses Team gegen den Bauherrn verbündet. Solche Machenschaften sind klar unzulässig. Ein Verstoss gegen das Gebot der getreuen Geschäftsführung ist eine Vertragsverletzung und führt gegebenenfalls zu einem Schadenersatzanspruch des Bauherrn. 10.60

---

95 Tercier/Bieri/Carron, Les contrats spéciaux, Rz. 4470; Werro, Commentaire romand, N 29 zu Art. 398 OR.

96 Fellmann, Berner Kommentar, N 108 f. zu Art. 398 OR.

97 Schumacher, Architektenrecht 1995, Rz. 454.

98 Hess, KommSIA 102/103/108, N 22 ff. zu Art. 1.4.2; Schumacher, Architektenrecht 1995, Rz. 455.

II. Das Leistungsbild im SIA-Regelwerk

1. Allgemeines

10.61 **1.** Ob eine Vertragsverletzung gegeben ist, hängt davon ab, welche Leistung die Bauleitung nach Vertrag schuldet.[99] Daher soll zunächst umschrieben werden, was die Bauleitung nach den einzelnen Bestimmungen des SIA-Regelwerks schuldet. Erbringt die Bauleitung diese Leistungen nicht oder schlecht, so hat sie den Vertrag verletzt und wird haftbar, wenn auch die weiteren Haftungsvoraussetzungen erfüllt sind.

10.62 **2.** Die nachfolgenden Ausführungen beschränken sich auf die Teilleistungen «Gestalterische Leitung» und «Bauleitung» gemäss Art. 4.52 SIA 102 sowie auf die «Inbetriebnahme», «Dokumentation über das Bauwerk» und «Leitung der Garantiearbeiten» gemäss Art. 4.53 dieser Ordnung. Dieses Vorgehen impliziert aber keineswegs, dass ausschliesslich diese Leistungen von der Bauleitung geschuldet sind. Massgebend ist immer, was vertraglich vereinbart wurde.

10.63 **3.** Im Regelwerk des SIA werden die Aufgaben der Bauleitung allgemein und stichwortartig umschrieben. Nach den SIA-Ordnungen 102, 103 und 108 umfassen die Grundleistungen (Art. 4) jene Leistungen, «die zur ordnungsgemässen Erfüllung eines Auftrags im Allgemeinen erforderlich und ausreichend sind. Je nach Aufgabe können Grundleistungen wegfallen oder in ihrer Bedeutung variieren, ohne dass dadurch die Qualität der Ergebnisse vermindert wird» (Art. 3.3.3). Soweit die Grundleistungen zur richtigen Vertragserfüllung *erforderlich* sind, begeht der Planer eine Vertragsverletzung, wenn er eine solche Grundleistung nicht oder nicht richtig erfüllt.[100] Leistungen, die in den SIA-Ordnungen 102, 103 und 108 als «besonders zu vereinbarende Leistungen» bezeichnet werden, «können zu den Grundleistungen hinzutreten, wenn die Art der Aufgabe dies erfordert oder wenn sie der Auftraggeber wünscht» (Art. 3.3.4). Der Katalog dieser besonders zu vereinbarenden Leistungen ist nicht abschliessend. Deren Ausführung «ist vorgängig gemeinsam festzulegen» (Art. 3.3.4).

10.64 **4.** Die Leistungsbeschreibungen in den Normen und Ordnungen des SIA sind immer mit Rücksicht auf das konkrete Projekt zu lesen. So lässt der blosse Umstand, dass eine Bauleitung eine bestimmte Teilleistung nicht erbracht hat, die in einer Norm oder Ordnung enthalten ist, nicht automatisch auf eine Vertragsverletzung schliessen. Immerhin ist von der Bauleitung zu verlangen, dass sie dann, wenn sie ganze Teilleistungen nicht erbringen will (weil sie der Ansicht ist, sie seien nicht nötig), dies dem Bauherrn mitteilt und begründet, sodass dieser intervenieren könnte, falls er an der Teilleistung festhalten möchte. Zudem kann die Bauleitung das gemäss der entsprechenden SIA-Ordnung auf die nicht erbrachte Teilleistung entfallende Honorar nicht verlangen. Umgekehrt kann sich die Bauleitung auch nicht darauf berufen, alle Grundleistungen erbracht zu haben

[99] SCHUMACHER, Architektenrecht 1995, Rz. 425 ff.

[100] SCHUMACHER, Architektenrecht 1995, Rz. 464.

und *daher* den Vertrag korrekt erfüllt zu haben. Wenn «die Art der Aufgabe dies erfordert», müssen auch besonders zu vereinbarende Leistungen erbracht werden. Ob die Art der Aufgabe Leistungen der Bauleitung erfordert, die über die Grundleistungen hinausgehen, kann der Bauherr häufig nicht beurteilen. Als Fachkundiger hat der Bauleiter in diesem Fall dem Bauherrn vorerst die Problemstellung darzulegen und ihm zu empfehlen, solche besonders zu vereinbarenden Leistungen zu bestellen und dem Bauherrn aufzuzeigen, welche Risiken entstehen, wenn er darauf verzichtet.[101]

5. Es muss also immer im Einzelfall geprüft werden, ob eine bestimmte Leistung, die an sich im Leistungsbeschrieb enthalten ist, im konkreten Projekt nötig war. Diese Prüfung muss indessen dann nicht erfolgen, wenn der Bauherr mit der Bauleitung explizit (und nicht nur unter Verweisung auf die flexiblen SIA-Ordnungen 102, 103 und 108) vereinbart hat, dass bestimmte Leistungen zu erbringen sind. In diesem Falle kann der Bauherr diese Leistungen einfordern, egal, ob diese nun nötig sind oder nicht. 10.65

6. Die SIA-Ordnungen 102, 103 und 108 sehen jeweils in Art. 1.2.1 und Art. 1.2.2 eine umfassende Sorgfalts- und Treuepflicht des Architekten bzw. des Ingenieurs (und damit auch der Bauleitung vor). Diese Sorgfalts- und Treuepflicht ist für den einfachen Auftrag, aber auch für den Werkvertrag charakteristisch. Die SIA-Ordnungen beschreiben daher ausdrücklich, was Lehre und Rechtsprechung aus Art. 398 OR ableiten (Rz. 10.35 ff.). Die Bauleitung hat demnach die Interessen des Bauherrn umfassend zu wahren. Sie hat ihn über alle für das Gelingen des Bauvorhabens kritischen Feststellungen zu informieren und hat sich seinen Weisungen zu unterziehen.[102] Im Zweifel muss sie die Weisungen bzw. Entscheidungen des Bauherrn von sich aus einholen. 10.66

7. Aus dieser Sorgfalts- und Treuepflicht hat das Bundesgericht etwa abgeleitet, dass ein Ingenieur den Bauherrn auf die Risiken einer ihm bekannten Unternehmervariante selbst dann hinzuweisen hat, wenn er keinen Zusatzauftrag zur Prüfung dieser Unternehmervariante erhalten hat, soweit er eben die Untauglichkeit dieser Unternehmervariante tatsächlich erkannt hat.[103] 10.67

8. Nach der hier vertretenen Ansicht muss der Ingenieur aber nicht nur dann aktiv werden, wenn er tatsächlich erkennt, dass eine Unternehmervariante untauglich ist. Vielmehr muss er den Bauherrn als Ausfluss seiner Aufklärungs- (Rz. 10.28) und Beratungspflicht (Rz. 10.29) darauf hinweisen, dass er die Variante ohne entsprechenden Zusatzauftrag nicht prüfen werde und demnach offen sei, ob es sich empfehle, die Variante ausführen zu lassen. Ausserdem muss er gegenüber dem Bauherrn klären, inwiefern die Unternehmervariante seine eigenen Leistungspflichten ändert – namentlich inwiefern er in Bezug auf die von der Unternehmervariante betroffenen Arbeiten noch Kontroll- und Koordinationsaufgaben wahrnehmen kann und soll bzw. wer diese Arbeiten an seiner Stelle ausführen wird. 10.68

---

[101] Vgl. Fellmann, Berner Kommentar, N 156 zu Art. 398 OR.

[102] Hess, KommSIA 102/103/108, N 74 ff. zu Art. 1.4.4.

[103] BGer 4C.284/2006 vom 7. November 2006 E. 2.3 (= BR/DC 2007, S. 61, Nr. 202, mit Anm. Stöckli).

10.69 **9.** Die Koordinationskonferenz der Bau- und Liegenschaftsorgane der öffentlichen Bauherren (KBOB) hat eigene Muster für Planerverträge erstellt. Gemäss dem Dokument «Unterschiede Planervertrag KBOB und Planervertrag SIA (LHO 2014)» deckt sich jedoch der Leistungsbeschrieb im KBOB-Planervertrag mit jenem der SIA-Ordnungen, was sich daraus ergibt, dass in Ziff. 3.2 KBOB-Planervertrag auf die Teilleistungen der SIA-Ordnung 102 verwiesen wird, die die Parteien ankreuzen können.[104] Daher drängen sich dazu hier keine weiteren Bemerkungen auf. Bei der Vollmachtsregelung und bei der Haftung weicht der KBOB-Planervertrag indessen von den SIA-Verträgen ab. So wird der Verfasser des KBOB-Vertrags angehalten, die abweichenden Vollmachtsbestimmungen für die Bauleitung des KBOB-Planervertrags in die Werkverträge mit den Unternehmern zu übernehmen. Schliesslich übernimmt der KBOB-Planervertrag die im SIA-Planervertrag (SIA-Vertragsformular 1001/1) als «Normalfall» vorgesehene Haftungsbeschränkung nicht.

10.70 Seit der Herausgabe der ersten Auflage des vorliegenden Werks wurden die Honorarordnungen des SIA überarbeitet, es wurden die Fassungen von 2014 publiziert. Soweit sich die vorgenommenen Änderungen auf die Bauleitung auswirken, werden sie hier beschrieben.[105]

2. Das Leistungsbild in der SIA-Ordnung 102

10.71 Wie angekündigt (Rz. 10.61), werden nun nachfolgend die Teilleistungen «Gestalterische Leitung» und «Bauleitung» gemäss Art. 4.52 SIA 102 sowie «Inbetriebnahme», «Dokumentation über das Bauwerk» und «Leitung der Garantiearbeiten» gemäss Art. 4.53 SIA 102 aufgegriffen. Vorweg ist indessen auf den Katalog der phasenübergreifenden Leistungen in Art. 3.4 SIA 102 hinzuweisen, welcher auch die Bauleitung betrifft, sofern der Gesamtleiter auch die Bauleitung übernommen hat (was häufig zutrifft).

A. Die gestalterische Leitung

10.72 **1.** Die gestalterische Leitung umfasst nach der Beschreibung in der SIA-Ordnung 102[106] Leistungen, die im Falle der Aufteilung von Planung und Bauleitung auf zwei verschiedene Planer teilweise dem planenden Architekten und teilweise der Bauleitung übertragen werden.

10.73 **2.** Geschuldet ist zunächst das «Leiten und Überprüfen der Ausführung durch den entwerfenden Architekten im Hinblick auf ihre Übereinstimmung mit dem gestalterischen

104 KBOB, Die Unterschiede zwischen dem Planervertrag KBOB und dem Planervertrag SIA (LHO 102/103/105/108 [2014]), Ziff. 1.2 Abs. 2, abrufbar unter: <www.kbob.admin.ch/kbob/de/home/publikationen/dienstleistungen-planer/der-kbob-planervertrag.html> (besucht am 16. August 2018).

105 Einen guten Überblick über die Änderungen gibt der Beitrag von SIEGENTHALER, Neue SIA-Ordnungen 102/103, S. 27 ff.

106 Art. 4.52 SIA 102.

Grundkonzept» sowie die «Angabe der in den Ausführungsunterlagen nicht festlegbaren Gestaltungselemente». Das sind definitionsgemäss Aufgaben, die der planende Architekt übernehmen muss, denn er ist für die Gestaltung insgesamt verantwortlich und hat in diesem Sinne die Bauleitung zu überwachen. Es geht darum, dass das gestalterische Grundkonzept, das der entwerfende Architekt seinem Projekt zugrunde gelegt hat, in der konkreten Umsetzung auf der Baustelle befolgt wird. Die Bauleitung hat dabei die Aufgabe, rechtzeitig den Rat bzw. die Weisung des entwerfenden Architekten einzuholen. Sie darf die Details der Umsetzung nicht vernachlässigen und nicht einfach den Weg des geringsten Widerstands beschreiten.

3. Während die Bauleitung auf effiziente und kostengünstige Umsetzung achtet (und 10.74
achten muss), wacht der entwerfende Architekt darüber, dass seine Gestaltung nicht aus Kosten- oder Effizienzgründen oder gar Gleichgültigkeit über den Haufen geworfen wird. Hier gilt es, einen Zielkonflikt zwischen Gestaltung einerseits und Kosten bzw. Effizienz andererseits zu lösen. «Schiedsrichter» ist bei Uneinigkeit zwischen entwerfendem Architekten und Bauleitung der Bauherr. Die involvierten Planer haben bei Uneinigkeit dem Bauherrn ihre Differenz anzuzeigen, und dieser wird dann entsprechende Weisungen erteilen. Es ist indessen nicht Aufgabe der Bauleitung, eine vom Bauherrn genehmigte Planung aus Kosten- und Effizienzgründen nachträglich generell infrage zu stellen.

4. Zur gestalterischen Leitung gehört sodann die *Bemusterung.* Das bedeutet, dass die 10.75
Bauleitung vom Bauherrn rechtzeitig die Entscheidung über die Auswahl von Materialien herbeiführen muss, die in den werkvertraglichen Unterlagen nicht definiert sind. In diesem Zusammenhang ist die Rechtzeitigkeit besonders hervorzuheben. Dem Bauherrn muss genügend Zeit eingeräumt werden, sich zu den entsprechenden Lieferanten zu begeben, um sich die Palette der möglichen Materialien und Geräte etc. vorstellen zu lassen. Zur Bemusterung gehört auch eine gewisse Beratung des Bauherrn durch die Bauleitung, soweit eine solche durch die Lieferanten nicht angeboten wird oder der Lieferant nicht produktunabhängig ist. Die Bauleitung muss sich daher mit den Bedürfnissen und Vorlieben des Bauherrn auseinandersetzen, um ihm einen sinnvollen Rat geben zu können. Sie muss abraten, wenn ein Lieferant Materialien, die offensichtlich nicht geeignet sind für den vorgesehenen Einsatz, oder Geräte empfiehlt, die den Bedürfnissen des Bauherrn nicht entsprechen. Im Rahmen der Bemusterung hat die Bauleitung zudem eine Ab- und Aufklärungspflicht mit Bezug auf die Kosten. Falls sie nicht ohnehin für das Kostenmanagement verantwortlich ist, muss sie sich vor der Bemusterung vom zuständigen Planer den Kostenrahmen vorgeben lassen und den Bauherrn bei der Bemusterung auf allfällige Kostenüberschreitungen hinweisen (Rz. 11.37). Schliesslich erwähnt die SIA-Ordnung 102 das «Beraten des Auftraggebers bei der Wahl und Anordnung des Mobiliars und von Einrichtungen» (Art. 4.52 SIA 102). Diese Teilleistung wird die Bauleitung oft nur auf Wunsch des Bauherrn erbringen. Immerhin muss sich die Bauleitung bis zu einem gewissen Grad für die geplante Einrichtung des Objektes interessieren, denn diese bedingt allenfalls bestimmte Installationen (z.B. Steckdosen).

B. Die Bauleitung im engeren Sinne

10.76 Die Bauleitung im Sinne von Art. 4.52 SIA 102 umfasst die Bauleitungsaufgaben im engeren Sinne. Gemeint sind alle jene Aufgaben, die sich unmittelbar auf die Baustelle (sowohl Hoch- als auch Tiefbau) beziehen.

a. Kontroll- und Überwachungsaufgaben

10.77 **1.** Die SIA-Ordnung 102 erwähnt in Art. 4.52 zunächst *die «Allgemeine Leitung und Überwachung der Arbeiten auf der Baustelle»*. Dabei geht es im Wesentlichen um die Umsetzung der Ausführungsplanung auf der Baustelle, die ihren Niederschlag in den Ausführungsplänen, im definitiven Terminplan und in den Werkverträgen gefunden hat.

10.78 **2.** In der Rubrik «Organisation» nennt Art. 4.52 SIA 102 das *Einsetzen und Leiten der Fachplaner, Unternehmer und Lieferanten* sowie die *Koordination ihrer Tätigkeiten und das Nachführen des Projektpflichtenhefts.* Die Bauleitung hat die Leistungserbringung durch Fachplaner, Unternehmer und Lieferanten so zu planen, dass diese zeitgerecht erfolgt, d.h. in der richtigen Reihenfolge, termingemäss und fachlich korrekt.[107] Das setzt voraus, dass die Bauleitung weiss, welche Dritten bereits vertraglich gebunden sind und welche Leistungen mit ihnen vereinbart wurden. Stellt sie fest, dass es weitere Unternehmer oder Fachplaner braucht, um eine fachgerechte Bauleistung zu erbringen, muss sie der Bauherrschaft deren Beizug beantragen[108] – allenfalls nach Rücksprache mit dem Planer, der für die Ausführungsplanung zuständig war.

10.79 **3.** Die **Unternehmer** haben gegenüber dem Bauherrn und der Bauleitung keinen gesetzlichen Anspruch auf Überwachung.[109] Sie können sich daher im Falle von Mängeln nicht darauf berufen, die Bauleitung hätte erkennen können und müssen, dass sie sich anschicken, ein mangelhaftes Werk zu erstellen, weshalb den Bauherrn ein Mitverschulden treffe.[110] Demgegenüber hat der **Bauherr** gegenüber der Bauleitung einen Anspruch darauf, dass diese die Arbeiten auf der Baustelle überwacht. Entsteht dem Bauherrn ein Schaden aus unterlassener Überwachung, so kann die Bauleitung schadenersatzpflichtig werden (Rz. 10.164). Dadurch, dass dem Bauherrn gegenüber zunächst der Unternehmer für die Qualität seiner Leistung einstehen und sodann die Bauleitung die Leistung des Unternehmers überwachen muss, entsteht ein «Mehrfachsicherungssystem», mit dem Mängel zuverlässiger vermieden werden können als mit einer bloss einfachen Sicherung.[111]

---

[107] Schumacher, Architektenrecht 1995, Rz. 500 und eingehend zu den verschiedenen Kontrollen Rz. 501 ff.

[108] BGer 4C.284/2006 vom 7. November 2006 E. 4.4 (= BR/DC 2007, S. 61, Nr. 203, mit Anm. Stöckli).

[109] BGer 4C.16/2003 vom 24. Juni 2003 E. 2.2; Gauch, Werkvertrag, Rz. 1346 und 2057.

[110] Bühler T., Zürcher Kommentar, N 21 zu Art. 369 OR; Gauch, Werkvertrag, Rz. 2057; Schumacher, Architektenrecht 1995, Rz. 502; Zindel/Pulver/Schott, Basler Kommentar, N 4 zu Art. 369 OR.

[111] Schumacher, Architektenrecht 1995, Rz. 505.

4. Wie weit diese Überwachung gehen muss, hängt vom konkreten Bauprojekt ab (Rz. 21.132). Man kann aber allgemein festhalten, dass es nicht Aufgabe der Bauleitung sein kann, *dauernd* auf der Baustelle anwesend zu sein und *sämtliche* Arbeitsschritte der involvierten Unternehmer permanent zu überwachen. Die Anforderungen an die Bauaufsicht dürfen in zeitlicher und fachtechnischer Hinsicht nicht überspannt werden.[112] Die Bauaufsicht findet ihre Grenze am (vorausgesetzten) Fachwissen des Bauleiters. Der Bauleiter muss weder die gesamte Planung von Grund auf nachvollziehen, noch kann von ihm erwartet werden, dass er über das gleiche technische und handwerkliche Wissen verfügt wie die beigezogenen Fachpersonen.[113] Andererseits kann aber von der Bauleitung erwartet werden, dass sie die wichtigsten Bauabschnitte, von denen das Gelingen des gesamten Werks abhängt, überwacht und sich nach der Ausführung von deren Ordnungsmässigkeit überzeugt.[114] Bei der Bauaufsicht muss der Bauleiter den typischen Gefahrenquellen, neuen Baumaterialien oder -methoden und unvorhergesehenen Schwierigkeiten seine erhöhte Aufmerksamkeit schenken.[115] Dazu gehören anspruchsvolle oder bedeutende Arbeiten, deren unsorgfältige Ausführung wesentliche Schäden bewirken können, wie zum Beispiel Abdichtungen. Gleiches gilt, wenn durch das im Bau befindliche Werk Menschen oder Sachen gefährdet werden können.[116] Ferner gehören Phasen dazu, wo es wichtig ist, dass das Bauwerk besonders sorgfältig vor Witterungseinflüssen geschützt wird (etwa die Abdeckung des offenen Dachs bei einem Umbau). Wo mit starken Witterungseinflüssen zu rechnen ist, müssen die entsprechenden Vorsorgemassnahmen getroffen werden. In diesen Phasen hat die Bauleitung nicht permanent, aber doch regelmässig persönlich vor Ort zu sein und hat sich zu versichern, dass zuverlässige Arbeiter am Werk sind, die die nötige Sensibilität für die Problematik haben. Der Bauherr hat ein Interesse daran, dass Mängel möglichst vermieden, zumindest aber sofort erkannt und behoben werden, nicht erst bei der Abnahme. Je früher Mängel beseitigt werden, desto geringer sind erfahrungsgemäss der erforderliche Aufwand und das Risiko von Mangelfolgeschäden.[117] Diesem Ziel dient die Überwachung der Arbeiten durch die Bauleitung. 10.80

5. Besonderes Augenmerk ist weiter den Phasen zu widmen, wo ein Unternehmer seine Arbeit beendet und ein nachfolgender Unternehmer auf den Vorzustand aufsetzt. Hier muss die Bauleitung dafür sorgen, dass das Werk des Vorunternehmers geprüft wird, 10.81

---

112 Schumacher, Architektenrecht 1995, Rz. 506. Ferner für das deutsche Recht OLG Köln 11 U 116/13 vom 20. Januar 2014 (= NJW Spezial 2014, S. 238), wo ausgeführt wurde, dass die Bauleitung nicht verpflichtet sei, sich ständig auf der Baustelle aufzuhalten. Sie müsse jedoch die Arbeit in angemessener und zumutbarer Weise überwachen und sich durch häufige Kontrollen vergewissern, dass ihre Anweisungen sachgerecht erledigt werden.

113 Schumacher, Architektenrecht 1995, Rz. 507.

114 OLG München 24 U 831/86 vom 19. November 1987 (= NJW-RR 188, S. 336); Schumacher, Architektenrecht 1995, Rz. 506.

115 Schumacher, Architektenrecht 1995, Rz. 506.

116 Fellmann, Haftung für Werkmängel, S. 91.

117 Schumacher, Architektenrecht 1995, Rz. 505.

bevor der Nachunternehmer daran weiterarbeitet, weil eine nachfolgende Prüfung eventuell nicht mehr möglich ist.[118] Hinzu kommt in der Praxis häufig das Problem, dass der Nachunternehmer dann von sich aus Nachbesserungen am Werk des Vorunternehmers vornimmt, weil sonst seine Arbeit nicht richtig ausgeführt werden kann (der Plattenleger gleicht z.B. Unregelmässigkeiten im Unterlagsboden aus). Diese Arbeiten möchte der Nachunternehmer dann regelmässig zusätzlich vergütet haben, was der Bauherr ablehnt mit dem Hinweis darauf, dass er keine Möglichkeit gehabt habe, die Mängel vom Vorunternehmer nachbessern zu lassen. Natürlich steht hier auch die Anzeigeobliegenheit des Unternehmers nach Art. 365 Abs. 3 OR bzw. Art. 25 SIA 118 im Raume. Durch eine pflichtgemässe Prüfung des Werks des Vorunternehmers (vgl. Abnahmeprüfung nach Art. 157 SIA 118) leistet die Bauleitung einen wesentlichen Beitrag zur Vermeidung solcher Diskussionen (vgl. aber Rz. 10.107).

10.82 **6.** Der Unternehmer hat Anspruch darauf, dass die Bauleitung die Nebenunternehmer koordiniert und entsprechend auch auf deren Kontrolle (Art. 34 Abs. 3 SIA 118). In dieser Funktion ist die Bauleitung Hilfsperson des Bauherrn. Soweit die Bauleitung die Koordination vernachlässigt und damit einen Schaden verursacht (z.B. einen Mangel), handelt sie als Hilfsperson des Bauherrn, was im Verhältnis zum Unternehmer ein (volles oder beschränktes) Selbstverschulden bedeuten kann, weil dem Bauherrn nicht nur das Verhalten der Hilfsperson anzurechnen ist, sondern auch deren Sachverstand.[119] Der Bauherr hat in solchen Fällen einen Schadenersatzanspruch gegenüber der Bauleitung.[120]

10.83 **7.** Eine aufmerksame Bauleitung kann mit entsprechenden Weisungen an die Unternehmer den Bauherrn aber auch in anderen Bereichen vor Schäden bewahren. Dies gilt namentlich in Bereichen, wo sich erfahrungsgemäss keiner der Unternehmer für zuständig hält.[121]

b. Werkstatt- und Materialkontrollen

10.84 **1.** Die SIA-Ordnung 102 nennt weiter «Werkstattkontrollen», «Kontrolle der Materialien und Lieferungen» sowie «Beantragen und Überwachen von Materialuntersuchungen». Auch hier geht es im weiteren Sinne um die Überwachung der eingesetzten Lieferanten und Unternehmer (Rz. 10.77).

---

118 Zudem wird der Weiterbau im Anwendungsbereich der SIA-Norm 118 der Anzeige der Vollendung gleichgestellt (Art. 158 Abs. 1 letzter Satz SIA 118) und lässt die Monatsfrist nach Art. 158 Abs. 2 SIA 118 laufen. Unterbleibt danach die Prüfung innert Monatsfrist, so gilt das Werk als abgenommen (Art. 164 Abs. 1 SIA 118).

119 BGE 130 III 591/606 E. 5.5.4 (= BR/DC 2005, S. 87, Nr. 169, mit Anm. Aepli).

120 Schumacher, Architektenrecht 1995, Rz. 503.

121 Zu denken ist an eine Anordnung, nach der Räume zur Vermeidung von Schimmelbildung zu lüften oder zur Vermeidung von Diebstählen abzuschliessen sind.

2. Werkstattkontrollen werden sich nur da aufdrängen, wo ein Unternehmer Bauteile in seiner Werkstatt vorfabriziert (Metall- oder Stahlbau oder Elementbau). Dort kann es angezeigt sein, frühzeitig solche Werkstattkontrollen durchzuführen. 10.85

3. Materialien und Lieferungen sind in der Regel nur dann durch die Bauleitung zu kontrollieren, wenn sie der Bauherr selber bestellt hat und dem Unternehmer zur Verfügung stellt. Für diesen Stoff ist grundsätzlich der Bauherr verantwortlich. Führt mangelhafter Werkstoff zu einem Baumangel, so hat der Bauherr (im Verhältnis zum Unternehmer) diesen Mangel grundsätzlich selber verschuldet.[122] Für den entsprechend vom Bauherrn gekauften Werkstoff hat dieser gegenüber dem Lieferanten die kauf-, allenfalls werkvertragsrechtliche Prüfungs- und Rügeobliegenheit. Diese sind durch die Bauleitung wahrzunehmen, damit der Bauherr seine Mängelrechte gegenüber seinen Lieferanten nicht verwirkt.[123] Demgegenüber muss die Bauleitung die Materialien und Lieferungen, welche die Unternehmer bestellt haben, nicht kontrollieren, weil hier die Qualitätskontrolle dem Unternehmer obliegt.[124] Materialuntersuchungen durch externe Prüfanstalten hat die Bauleitung nur bei Bauteilen anzuordnen, wo die Qualität von besonderer Bedeutung ist, wo ein Verdacht besteht, dass vereinbarte Qualitäten nicht eingehalten sind oder wo dies üblich ist. 10.86

c. Die Organisation von Bemusterungen

Das «Veranlassen von Bemusterungen» (im Rahmen der Gestalterischen Leitung) unterscheidet sich kaum wesentlich vom «Organisieren von Bemusterungen» (im Rahmen der Bauleitung, Art. 4.52 SIA 102). Im ersten Fall hält sie den Bauherrn an, die Bemusterung durchzuführen, im zweiten Fall spricht die Bauleitung den Bemusterungstermin mit dem Bauherrn und dem Lieferanten ab. Im Regelfall wird man davon auszugehen haben, dass die Bauleitung die Bemusterung organisiert und den Bauherrn dabei begleitet und berät. 10.87

d. Anordnung und Kontrolle von Regiearbeiten

1. Eine wesentliche Bauleitungsaufgabe ist die Anordnung und Kontrolle der Regiearbeiten und der entsprechenden Rapporte. Ordnet die Bauleitung Regiearbeiten an, so muss sie vorgängig klären, ob sie über ein entsprechendes Budget verfügt und ob sie vom Bauherrn entsprechend bevollmächtigt wurde (Rz. 6.93 und 10.162). 10.88

2. Kommt im Verhältnis zwischen Bauherrn und Unternehmer, der die Regiearbeiten ausführt, die SIA-Norm 118 zur Anwendung, so kann sich der Unternehmer gegenüber 10.89

---

122 Gauch, Werkvertrag Rz. 1979; vgl. aber die Obliegenheit des Unternehmers bei Mängeln des vom Bauherrn gelieferten Stoffs in Art. 365 Abs. 3 OR (Anzeige); dazu Bühler T., Zürcher Kommentar, N 64 ff. zu Art. 365 OR; Koller A., Berner Kommentar, N 57 ff. zu Art. 365 OR; Zindel/Pulver/Schott, Basler Kommentar, N 17 ff. zu Art. 365 OR.

123 Trümpy, Architektenvertragstypen, S. 98 ff.

124 Art. 365 Abs. 1 OR; Zindel/Pulver/Schott, Basler Kommentar, N 5 ff. zu Art. 365 OR.

dem Bauherrn auf die Regelung von Art. 33 Abs. 2, Art. 44 Abs. 2 sowie Art. 87 Abs. 4 und Art. 88 Abs. 2 SIA 118 berufen. Wenn diese Voraussetzungen erfüllt sind, muss der Bauherr für die entsprechenden Werklöhne aufkommen, auch wenn die Bauleitung die interne Vollmacht überschritten hat.

10.90 **3.** Werden Regiearbeiten ausgeführt und kommt im Verhältnis zum Unternehmer die SIA-Norm 118 zur Anwendung, so trifft den Unternehmer eine Rapportpflicht und die Bauleitung die Pflicht, die Rapporte *unverzüglich* zu prüfen und innerhalb von sieben Tagen unterzeichnet (allenfalls mit Beanstandungen versehen) zurückzugeben.[125] In diesem Zusammenhang versuchen Bauleitungen bisweilen, mit eigenen allgemeinen Vertragsbedingungen zusätzliche Regelungen in die Werkverträge zu integrieren. Das ist grundsätzlich zulässig, doch müssen rechtliche Grenzen beachtet werden. Eine Regel, wonach der Unternehmer Regierapporte innerhalb einer bestimmten Frist vorlegen muss und nachträglich vorgelegte Regierapporte nicht mehr akzeptiert werden, ist rechtlich zulässig. Sie macht auch sachlich Sinn, weil Regiearbeiten längere Zeit später oft nicht mehr zuverlässig geprüft werden können. Dabei müsste präzisiert werden, ob die Meinung dahin geht, dass bei verspätet vorgelegten Regierapporten bloss die Funktion der Beweissicherung entfällt (der Unternehmer den Beweis für die Ausführung der Arbeiten aber anderweitig erbringen könnte) oder ob der Unternehmer in diesen Fällen generell keinen Vergütungsanspruch mehr hat (was deutlich weiter geht, im Zweifel nicht anzunehmen ist und daher explizit vereinbart werden müsste). Unzulässig wäre jedoch eine Regelung, wonach Regiearbeiten nur dann bezahlt werden, wenn die entsprechenden Regierapporte innerhalb bestimmter Frist von der Bauleitung visiert worden sind. Diese Regelung setzt den Unternehmer der Willkür der Bauleitung aus, weil sie den Zeitpunkt der Visierung bestimmt und verstösst daher gegen Art. 27 Abs. 2 ZGB.[126]

10.91 **4.** Um dieser Mitwirkungsobliegenheit genügen zu können, muss die Bauleitung zumindest täglich, allenfalls mehrmals täglich auf der Baustelle anwesend sein, um überhaupt prüfen zu können, ob die Rapporte inhaltlich zutreffen.

10.92 **5.** Die Bauleitung darf Regierapporte nicht leichtfertig oder gar unbesehen visieren. Immerhin ist mit unterzeichneten Regierapporten die tatsächliche Vermutung verbunden, dass deren Inhalt richtig ist und dass der darin ausgewiesene Aufwand nötig war.[127] Der Bauherr muss daher den Gegenbeweis antreten, falls er später diese tatsächliche Vermutung widerlegen und behaupten will, dass die rapportierten Arbeiten nicht erbracht worden sind oder unnötig waren.[128]

---

125 Art. 47 SIA 118; SCHUMACHER, Architektenrecht 1995, Rz. 512. Nach SPIESS/HUSER, Handkommentar SIA 118, N 13 zu Art. 47 SIA 118, bewirkt Stillschweigen auf abgegebene Regierapporte deren Anerkennung.

126 BGer 4C.227/2002 vom 24. Januar 2003 E. 4.

127 BGer 4C.227/2002 vom 24. Januar 2003 E. 4; GAUCH, Werkvertrag, Rz. 1020 und 1022.

128 GAUCH, Werkvertrag. Rz. 1020 und 1028.

e. Die Prüfung von Ausmassarbeiten

1. Eine ähnlich grosse Verantwortung trifft die Bauleitung bei den Ausmassarbeiten.[129] Auch hier geht es um finanzielle Interessen des Bauherrn. Die Bauleitung muss in der Lage sein, für die Bauleistungen, die nach Einheitspreisen abzurechnen sind, Ausmass zu nehmen. Sie muss daher die Ausmassvorschriften der einzelnen Arbeitsgattungen kennen. 10.93

2. Wichtig ist in diesem Zusammenhang, dass die Ausmasse – soweit sie am Bau zu nehmen sind – zeitnah, also in einem Stadium, wo die Bauleistung noch erkennbar und messbar ist, ermittelt werden. Im Anwendungsbereich der SIA-Norm 118 ergibt sich die Pflicht der Bauleitung, Ausmasse zusammen mit dem Unternehmer fortlaufend und zeitgerecht aufzunehmen, aus Art. 142 Abs. 1 dieser Norm. Ergänzend hält Art. 142 Abs. 2 SIA 118 fest, dass Ausmasse, die nach dem Fortschreiten des Baus nicht mehr festgestellt werden können, sofort aufzunehmen sind. 10.94

f. Laufende Aufnahmen

1. Die nächstfolgende Leistung im Katalog von Art. 4.52 SIA 102 umfasst zwei Teilleistungen, die separat behandelt werden müssen. 10.95

2. Zunächst geht es um die *laufende Aufnahme von eingetretenen Änderungen.* Gemeint sind Änderungen gegenüber dem ursprünglichen Bauprojekt, so wie es in den Vertragsplänen und Leistungsbeschreibungen mit den Unternehmern definiert ist. 10.96

a. Diese Aufgabe hat zwei Aspekte: Zum einen müssen die Pläne nachgeführt werden, damit am Ende ein aktualisierter Satz Baupläne (Revisionspläne) an die Bauherrschaft übergeben werden kann (Rz. 10.111). Diese Informationen gibt die Bauleitung dem Planer weiter, der die Ausführungspläne erstellt hat, soweit das nicht die Bauleitung selber ist. 10.97

b. Zum andern geht es um die Dokumentation der Leistungsänderungen, um die Kostenkontrolle zu ermöglichen. Denkbar sind Bestellungsänderungen seitens des Bauherrn. Hier hat die Bauleitung das «change management» zu besorgen, d.h. dafür zu sorgen, dass der betroffene Unternehmer eine Nachtragsofferte erstellt und der Bauherr die Zusatzleistungen bestellt, sodass klare Grundlagen für die Abrechnung dieser Bestellungsänderung gegeben sind. Soweit im Verhältnis zum Unternehmer die SIA-Norm 118 gilt, hat sich die Bauleitung an die Regeln von Art. 84 ff. dieser Norm zu halten. Vonseiten der Unternehmer und der Bauleitungen wird hier oft mit dem Zeitdruck argumentiert, der es nicht erlaube, zeitaufwendige Offerten und Bestellungen auszutauschen. Die Bauleitung muss in solchen Situationen gegenüber der Bauherrschaft kommunizieren, dass man entweder daran festhalten kann, dass die Bestellungsänderung formell korrekt dokumentiert wird (was aber zu Terminverschiebungen und entsprechenden Kosten führen kann) oder 10.98

---

[129] SCHUMACHER/MONN, Kommentar SIA 118, Art. 141/Rz. 1 ff.

dass man die Einigung über die Nachtragspreise auf später verschieben kann, was aber das Risiko in sich birgt, dass darüber später ein Abrechnungsstreit entsteht. Unter Umständen kann eine Bestellungsänderung auch handschriftlich oder in einem Baustellenprotokoll dokumentiert werden, womit klare Verhältnisse geschaffen werden, ohne dass eine Terminverzögerung entsteht.

10.99 **3.** Sodann geht es um die *laufende Aufnahme von nachträglich nicht mehr kontrollierbaren Arbeiten.* Das können Regiearbeiten oder Ausmassarbeiten sein. Diesbezüglich hat diese Teilleistung keine selbständige Bedeutung. Es kann auf die Ausführungen zu den Regiearbeiten (Rz. 10.88) bzw. den Ausmassarbeiten (Rz. 10.93) verwiesen werden.

g. Gesuche um offizielle Kontrollen

10.100 **1.** Der Bauleitung obliegt es sodann, bei der Amtsstelle um die gebotenen amtlichen Kontrollen nachzusuchen. Es ist Sache der Bauleitung, zu klären, welche Kontrollen bezüglich des konkreten Bauprojekts erforderlich sind. Dies geschieht einerseits durch Einblick in die Baubewilligung (sofern ein bewilligungspflichtiges Bauvorhaben vorliegt) und andererseits durch Nachfrage bei der Baubewilligungsbehörde und anderen Behörden (z.B. betreffend Betriebsbewilligungen oder brandschutztechnischer Abnahmen).

10.101 **2.** Die Bauherrschaft trifft hier in dem Sinne eine Mitwirkungsobliegenheit, als sie zumindest auf Verlangen die entsprechenden Unterlagen herausgibt. Dort, wo es um nötige Spezialkontrollen geht, von denen eine normale Bauleitung keine Kenntnis haben kann, ist die Bauherrschaft gehalten, von sich aus die Bauleitung zu informieren.

h. Überwachungsaufgaben bei Auflagen

10.102 Die Bauleitung hat ferner die Einhaltung von Auflagen zu überwachen. Gemeint sind Auflagen der Baubewilligungsbehörden. Die Bauleitung muss sich daher von sich aus kundig machen und die Baubewilligung bei der Bauherrschaft anfordern, um diese Leistung erbringen zu können. Sie hat dafür zu sorgen, dass auch die Unternehmer sich an die Auflagen halten (z.B. kein Bauabwasser in öffentliche Gewässer leiten, den öffentlichen Grund nicht für Bauinstallationen benützen, öffentliche Strassen nicht durch Baustellenfahrzeuge verschmutzen etc.). Sie überwacht dies vor Ort und gibt den Unternehmern entsprechende Weisungen.

i. Aufgaben im Zusammenhang mit Berichten, Protokollen und dem Baujournal

10.103 **1.** Schliesslich obliegt der Bauleitung, das «periodische Erstellen von Berichten» (Art. 4.52 SIA 102). Schriftliche Berichte an die Bauherrschaft sind nur bei grossen oder besonders komplexen Bauvorhaben erforderlich. Bei den übrigen Bauvorhaben genügt eine mündliche Orientierung im Rahmen der Bausitzungen, die protokolliert werden.

2. Unter der Rubrik «Administration» erwähnt Art. 4.52 SIA 102 als weitere Leistung der Bauleitung das Erstellen der Protokolle der Bauplatzsitzungen und das Führen des Baujournals sowie das Nachführen der Pendenzenlisten. Beide Aufgaben sind für den Bauherrn von grosser Bedeutung, weil sie wesentliche Beweismittel darstellen. Wenn eine Bauleitung die Protokollierung vertragswidrig unterlässt, verschlechtert sie die Beweislage des Bauherrn – und zwar insbesondere auch im Falle von Differenzen zwischen der Bauherrschaft und der Bauleitung. Dem ist im Falle eines Zivilprozesses zwischen der Bauleitung und der Bauherrschaft dadurch Rechnung zu tragen, dass der Bauherrschaft Beweiserleichterungen gewährt werden.[130] Das Baujournal dient aber durchaus auch den Interessen der Bauleitung selber, kann sie damit doch später aufzeigen, dass und was sie kontrolliert hat. Wie detailliert ein Baujournal aussehen soll, hängt vom Bauprojekt und der relevanten Phase ab. Es sollen darin die für die aktuelle Bauphase relevanten Werte enthalten sein. So spielen die Aussentemperatur oder die Witterung für gewisse Bauarbeiten eine Rolle, oder es ist wichtig, festzuhalten, welche Unternehmer zeitgleich auf der Baustelle anwesend sind, dass ein Fachplaner vor Ort war oder dass gegenüber einem bestimmten Unternehmer Massnahmen angeordnet wurden. Aus dem Baujournal sollten sich sodann der Bauablauf mit den relevanten Kennwerten, aber auch Leistungsstörungen und die Massnahmen zu deren Begegnung ablesen lassen. Selbstredend muss das Baujournal fortlaufend geführt werden und nicht Tage später. Regelmässig werden heute dem Baujournal auch Fotos beigefügt. 10.104

C. Die Inbetriebnahme des Bauwerks

1. Art. 4.53 SIA 102 beschreibt die Leistungen im Zusammenhang mit der Inbetriebnahme des Bauwerks. Zu diesen Leistungen gehören zusammengefasst die Abnahmeprüfung, das Feststellen von Mängeln bei dieser Prüfung (verbunden mit der Anordnung von Massnahmen und Fristen zu deren Behebung) und die Erstellung des Abnahmeprotokolls. 10.105

2. In diesem Zusammenhang muss die Bauleitung die Unterschiede zwischen einer Abnahme nach OR[131] und einer Abnahme nach der SIA-Norm 118[132] kennen. Dabei sind die Regeln des OR für den Bauherrn deutlich ungünstiger als jene der SIA-Norm 118. Übergibt der Unternehmer unter der Herrschaft des gesetzlichen Werkvertragsrechts der Bauherrschaft das vollendete Bauwerk, so trifft den Bauherrn die Obliegenheit, das Werk «sobald es nach dem üblichen Geschäftsgang tunlich ist» zu prüfen und allfällig entdeckte Mängel sofort zu rügen.[133] Dabei wird dem Bauherrn für die Prüfung des Werks eine den 10.106

[130] Vgl. analog im Arzt-Haftpflichtrecht BGer 4C.378/1999 vom 23. November 2004 E. 3.2. Ausserdem gilt der Prozessgrundsatz, wonach bei vorprozessual (oder während des Prozesses) erfolgter Beweisvereitelung das Regelbeweismass erheblich herabgesetzt werden kann (E. 3.2); dazu auch BGer 2A_103/1991 vom 13. März 1992 E. 5c.

[131] Insb. Art. 363 ff. OR über den Werkvertrag.

[132] Art. 157 ff. SIA 118.

[133] Art. 367 Abs. 1 OR.

Umständen angepasste Zeitspanne zugebilligt, während die Rüge nach erfolgter Prüfung nach der Rechtsprechung des Bundesgerichts innerhalb sehr kurzer Frist erfolgen muss.[134] Unterbleiben rechtzeitige Prüfung oder Rüge, so gilt das Werk hinsichtlich erkennbarer Mängel als genehmigt.[135] Diese Regelung ist für den Bauherrn fatal. Sie kann eintreten, wenn er das Bauwerk ungeprüft zur weiteren Bearbeitung übernimmt oder wenn er das gänzlich vollendete Bauwerk ungeprüft in Gebrauch nimmt. Es liegt an der Bauleitung, dafür zu sorgen, dass die Bauherrschaft vor diesen fatalen Folgen verschont bleibt, indem sie die Prüfung des Bauwerks zeitgerecht vornimmt (die nach den Regeln des OR allein von der Bauherrschaft auszuführen ist, also nicht in Zusammenarbeit mit dem Unternehmer). Ausserdem sollte die Bauleitung, sofern sie Einfluss auf die Gestaltung der Werkverträge hat, darauf drängen, dass die Rügeobliegenheiten des Bauherrn weniger rigide ausgestaltet werden, als das Gesetz dies vorsieht.

10.107 **3.** Die Regeln der SIA-Norm 118 über die Abnahme finden sich in Art. 157 ff. dieser Norm. Sie geben dem Bauherrn etwas mehr zeitlichen Spielraum und erweisen sich für ihn auch bei gänzlicher Passivität nicht als derart fatal wie die Regelung nach OR: Zunächst leitet der Unternehmer die Abnahme seines Werks (seiner vertraglichen Arbeiten) durch die Vollendungsanzeige ein.[136] Der Vollendungsanzeige gleichgestellt ist die Ingebrauchnahme des vollendeten Werks durch den Bauherrn, zum Beispiel durch Weiterbau. Ab Vollendungsanzeige bzw. Ingebrauchnahme läuft eine Monatsfrist, innerhalb deren Bauherr und Unternehmer die Abnahmeprüfung durchführen sollen.[137] Diese Monatsfrist ist länger und zudem klarer als die nach Massgabe des «üblichen Geschäftsganges» zu bemessende gesetzliche Prüfungsfrist, die zwar nach der Lehre und Rechtsprechung eher grosszügig auszulegen ist, aber doch Ungewissheit erzeugt.[138] Unterlässt es die Bauleitung, innerhalb dieser Monatsfrist die gemeinsame Prüfung mit dem Unternehmer zu verlangen oder verweigert sie gar die Mitwirkung bei der durch den Unternehmer angeregten Prüfung, so gilt das Werk auch ohne Prüfung als abgenommen.[139] Entgegen der in der Vorauflage hier vertretenen Ansicht bewirkt indessen diese Abnahme nicht, dass das Werk hinsichtlich der bei einer Prüfung erkennbaren Mängel als genehmigt gilt. Das ergibt sich schon daraus, dass die Genehmigungsfiktion des Art. 163 Abs. 2 SIA 118 für Mängel, «die bei der gemeinsamen Prüfung offensichtlich waren, jedoch nicht geltend gemacht wurden» nur bei der Durchführung einer gemeinsamen Prüfung

---

[134] Zindel/Pulver/Schott, Basler Kommentar, N 6 und 17 zu Art. 367 OR; BGer 4A_51/2007 vom 11. September 2007 E. 4.5; zur siebentägigen Rügefrist BGer 4A_336/2007 vom 31. Oktober 2007 E. 4.4; 4C.130/2006 vom 8. Mai 2007 E. 4.2.2 (= BR/DC 2007, S. 167, Nr. 362, mit Anm. Pichonnaz).

[135] Art. 370 Abs. 2 OR; vgl. zum Ganzen Bühler T., Zürcher Kommentar, N 26 und 39 zu Art. 370 OR; Gauch, Werkvertrag, Rz. 2080 ff. (insb. 2082); Zindel/Pulver/Schott, Basler Kommentar, N 13 zu Art. 370 OR.

[136] Art. 158 Abs. 1 SIA 118; Spiess/Huser, Handkommentar SIA 118, N 9 zu Art. 158 SIA 118.

[137] Art. 158 Abs. 2 SIA 118.

[138] Rz. 10.106, Fn. 134.

[139] Art. 164 Abs. 1 SIA 118; Gauch/Stöckli, Kommentar SIA 118, Art. 164/Rz. 12; Spiess/Huser, Handkommentar SIA 118, N 10 zu Art. 164 SIA 118.

zur Anwendung kommt. Vielmehr kann der Bauherr in diesem Falle Mängel bis zum Ablauf der zweijährigen Garantie- oder Rügefrist jederzeit rügen.[140] Gerade in Anbetracht der recht strengen Anforderungen, die das Bundesgericht mit Bezug auf die Tiefe und Sorgfalt bei der gemeinsamen Prüfung stellt,[141] kann es in der Tat für den Bauherrn vorteilhafter sein, die Mitwirkung bei der Prüfung zu verweigern, um sich der Genehmigungsfiktion für «offensichtliche Mängel» zu entziehen.[142] Auch die Bauleitung könnte geneigt sein, auf gemeinsame Prüfungen zu verzichten, um eine Haftung wegen ungenügender Prüfung zu vermeiden. Bleiben also Bauherr oder Bauleitung (aus Nachlässigkeit oder Kalkül) passiv, indem sie nicht bei der gemeinsamen Prüfung mitwirken, so sind sie dennoch gut beraten, das vollendete Werk allein zu prüfen und allfällige Mängel anzuzeigen. Dies gilt insbesondere dann, wenn auf das Werk weitergebaut wird. Dann ist der Bauherr daran interessiert, dass Mängel entdeckt werden, bevor sie durch den Nachunternehmer «überdeckt» werden und dass der Vorunternehmer allfällige Mängel beseitigt, damit nicht das nachfolgende Werk ebenfalls mangelhaft wird oder der Nachunternehmer sich veranlasst sieht, die Mängel des Vorunternehmers (wenn möglich in Regie) auszubessern. Diese – in der Praxis nicht selten anzutreffende Konstellation – hat für den Bauherrn den Nachteil, dass der Anspruch auf Nachbesserung gegenüber dem Vorunternehmer untergegangen ist (Art. 169 Abs. 1 SIA 118: Vorrang der Nachbesserung bzw. Recht des Unternehmers auf Nachbesserung)[143]. Zudem entstehen regelmässig Diskussionen mit dem Nachunternehmer über die Entschädigungspflicht für solche Nachbesserungen.

4. Die Bauleitung kann das Abnahme-Formular verwenden, das der SIA zur Verfügung stellt (SIA-Vertragsformular 1029). Dabei ist dafür zu sorgen, dass das Formular auch dann unterzeichnet wird, wenn die Abnahme zurückgestellt wird, weil wesentliche Mängel festgestellt wurden. Die Unterzeichnung des Abnahmeprotokolls dokumentiert in erster Linie, dass die von der SIA-Norm 118 vorgesehene Abnahmeprüfung durchgeführt wurde, womit keine Abnahme ohne Prüfung gemäss Art. 164 SIA 118 stattfindet. Das Abnahmeprotokoll dokumentiert sodann, ob die Abnahme erfolgt ist oder zurückgestellt wurde. Und schliesslich dokumentiert das vom Unternehmer mitunterzeichnete Abnahmeprotokoll dessen Anerkennung der festgestellten Tatsachen als Mängel, soweit der Unternehmer diesbezüglich keinen Vorbehalt vermerkt hat (z.B. «bestritten»). 10.108

5. Ist zwischen Bauleitung und Unternehmer umstritten, ob eine bestimmte Beanstandung der Bauleitung ein Mangel im Rechtssinne (d.h. eine Vertragsabweichung) ist, so ist nach der hier vertretenen Ansicht zu raten, die Beanstandung gleichwohl aufzuführen, aber mit dem Hinweis zu versehen, dass der Unternehmer das Vorliegen eines Mangels bestreitet. 10.109

---

[140] Art. 179 Abs. 4 SIA 118; Gauch, Werkvertrag, Rz. 2640.

[141] BGer 4A_646/2016 vom 8. März 2016 (= BR/DC 2017, S. 361, Nr. 787, mit Anm. Siegenthaler), wo es um die Frage ging, ob ein Mangel offensichtlich war oder nicht.

[142] Gauch/Stöckli, Kommentar SIA 118, Art. 164/Rz. 12.4.

[143] Spiess/Huser, Handkommentar SIA 118, N 2 zu Art. 169 SIA 118.

10.110 **6.** Schliesslich gehören die Übergabe des Bauwerks oder von Bauwerksteilen an den Auftraggeber (Bauherrn) zu den Aufgaben der Bauleitung im Zusammenhang mit der Inbetriebnahme.[144]

D. Die Dokumentation über das Bauwerk

10.111 **1.** Die Leistungen im Zusammenhang mit der Dokumentation über das Bauwerk umfassen das *Eintragen der während der Bauausführung vorgenommenen Änderungen in die wichtigsten Baupläne.* Hat die Bauleitung diese Pläne nicht selber erstellt, so wird sie die entsprechenden Informationen laufend dem Planer übermitteln, der diese Pläne erstellt hat und demnach nachführt. Ziel muss sein, dass der Bauherr bei Bauvollendung einen Satz sogenannter Revisionspläne erhält, die den tatsächlich ausgeführten Zustand zeigen. Zur Baudokumentation gehört ferner eine Liste mit den Adressen aller involvierten Unternehmer und eine Liste, aus der die Fristen (zweijährige Rügefrist und fünfjährige Verjährungsfrist, allenfalls abweichende Fristen) für jede Teilleistung am Bau hervorgehen.

10.112 **2.** Weiter obliegt der Bauleitung das *Einholen der von den Fachplanern nachgeführten Pläne, von Schemenplänen, Gebrauchs-, Wartungs- und anderen Anweisungen von Unternehmern und Lieferanten.* Hier geht es um Elektro-, Sanitär- und Heizungs-/Lüftungspläne, die entweder der Fachplaner oder der Unternehmer erstellt und nachführt. Auch hier muss der tatsächlich ausgeführte Zustand dokumentiert sein. Für Gebäudeinstallationen wie Heizung, Lüftung und Klimaanlagen wird es Gebrauchs- und Wartungsanleitungen geben, die von den Unternehmern oder Lieferanten zur Verfügung gestellt werden müssen.[145] Gleiches gilt für sonstige Geräte.

10.113 **3.** Diese Unterlagen sind für den Bauherrn wichtig, damit er erkennen kann, wie die Installationen und Geräte zu bedienen sind und welche Wartungsarbeiten in welchen Intervallen durchgeführt werden müssen. Zudem geht aus diesen Unterlagen regelmässig hervor, an wen sich der Bauherr bei Defekten zu wenden hat (namentlich nach Ablauf der Garantiefrist). Wo nötig und sinnvoll muss die Bauleitung eine Instruktion des Bauherrn durch den zuständigen Unternehmer oder Lieferanten veranlassen (so etwa mit Bezug auf die Hausinstallationen).

10.114 **4.** Schliesslich hat die Bauleitung eine *Dokumentation des Bauwerks* zu erstellen. Diese Dokumentation enthält die Pläne und Unterlagen gemäss den vorstehenden beiden Abschnitten. Darüber hinaus soll sie eine Anleitung an den Bauherrn enthalten, aus der die wesentlichsten Wartungsarbeiten hervorgehen, die periodisch auszuführen sind. Dazu gehören die periodische Spülung von Drainage- und Sickerleitungen mit der Angabe darüber, wo sich die Spülstutzen befinden, der Hinweis über die periodische Erneuerung von plastischen Fugen mit Angabe, wo sich solche befinden und Ähnliches.

---

[144] Sogenannte «Architektenabnahme», die aber im Verhältnis zwischen Bauherrn und Unternehmer nicht die Wirkungen der Abnahme gemäss Art. 367 Abs. 1 OR bzw. Art. 157 ff. SIA 118 entfaltet.

[145] Vgl. BGer 4C.106/2005 vom 7. Oktober 2005 E. 5.4.

E. Die Leitung der Garantiearbeiten

Im letzten hier zu behandelnden Leistungspaket, der Leitung der Garantiearbeiten, geht es um die Wahrung der Mängelrechte des Bauherrn gegenüber den Unternehmern und Lieferanten. Das bedingt, dass die Bauleitung mit den entsprechenden Regeln des OR bzw. der SIA-Norm 118 (soweit anwendbar) vertraut ist, namentlich die Unterschiede zwischen diesen beiden Regelwerken kennt.[146] Die Bauleitung muss zudem die Bedeutung der Verwirkung der Mängelrechte zufolge unterlassener oder verspäteter Prüfung und Rüge und die Bedeutung der Verjährung der Mängelrechte kennen.[147] 10.115

a. Die Mängelaufnahme während der «Garantiefrist (Rügefrist)»

1. Die erste Teilleistung in diesem Zusammenhang wird umschrieben mit «Einsammeln bzw. Aufstellen und Nachführen der Listen von Mängeln, die bis zum Ablauf der zweijährigen Rügefristen aufgetreten sind». Die Bauleitung muss diese Aufgabe rechtzeitig an die Hand nehmen. Das bedingt, dass sie sich über den Lauf der Fristen, den sie zuhanden des Bauherrn zu dokumentieren hat, im Klaren ist. 10.116

2. Der Ablauf der zweijährigen Rügefrist (gemäss Art. 172 SIA 118) kann für die unterschiedlichen Leistungen am Bau gerade bei einem grossen Bauwerk erheblich auseinanderliegen. Unter Umständen muss daher die Bauleitung zu verschiedenen Zeitpunkten mit dem Einsammeln bzw. Nachführen der Mängellisten beginnen. In der Praxis geschieht dieses Einsammeln/Nachführen der Mängellisten häufig so, dass die Bauleitung zusammen mit dem Bauherrn einen Rundgang am Bau macht und allfällige Mängel dokumentiert. Zeichnet sich ab, dass es nur wenige Mängel sind oder dass nur einzelne wenige Unternehmer betroffen sind, so können die betroffenen Unternehmer zu diesem Rundgang eingeladen werden. Die Mängel sind so zu dokumentieren, dass eine gehörige Mängelrüge erhoben werden kann, d.h., der Mangel ist in seiner erkennbaren Erscheinungsform zu beschreiben.[148] 10.117

3. Die SIA-Ordnung 102 erwähnt nur die Mängel, die *bis zum Ablauf der zweijährigen Rügefristen aufgetreten* sind. Sie unterstellt damit die Anwendung der SIA-Norm 118. Die Bauleitung muss indessen die Garantiearbeiten auch dann leiten, wenn die Werkverträge mit den betroffenen Unternehmern nicht der SIA-Norm 118 unterstellt worden sind. Diesfalls muss sie die Mängel gegenüber den Unternehmern fortlaufend und sofort nach deren Entdeckung rügen. 10.118

4. Aus dem Umstand, dass Leistungen nach Ablauf der zweijährigen Rügefristen besonders zu vereinbarende Leistungen (vgl. Rz. 10.63) sind, kann jedoch geschlossen werden, 10.119

---

[146] Fellmann, Haftung für Werkmängel, S. 95.

[147] Engeler, Rechtsaspekte, S. 60 ff.

[148] Vgl. Bühler T., Zürcher Kommentar, N 54 zu Art. 367 OR; Gauch, Werkvertrag, Rz. 2130; Zindel/Pulver/Schott, Basler Kommentar, N 18 zu Art. 367 OR; ferner BGer 4C.395/2001 vom 28. Mai 2002 E. 2.1.1.

dass die entsprechenden Leistungen der Bauleitung ohne Zusatzvereinbarung nur während zweier Jahre ab Abnahme zu erbringen sind. In diesen Fällen obliegt es aber der Bauleitung, den Bauherrn nach Ablauf der zwei Jahre darauf hinzuweisen, dass er ohne Zusatzvereinbarung (und Zusatzhonorar) fortan die Leitung der Garantiearbeiten und somit auch die Überwachung der Fristen selber übernehmen muss. Zudem muss die Bauleitung den Bauherrn darauf hinweisen, dass er fortan Mängel sofort rügen muss,[149] ansonsten er seine Mängelrechte verwirkt, und dass er die fünfjährige Verjährungsfrist (die für jeden Unternehmer separat zu berechnen ist) zu wahren hat.

b. Die Anordnung der Mängelbeseitigung

10.120 **1.** Die nächsten Teilleistungen umfassen das *Organisieren der Mängelbehebungen in Zusammenarbeit mit Fachplanern* und das *Aufbieten der Unternehmer und Lieferanten zur Mängelbehebung, und das Überwachen dieser Arbeiten.* Dies wird durch Zustellung der Mängelrügen an die betroffenen Unternehmer eingeleitet. Zeigt sich, dass nicht nur Ausführungsmängel (für die der Unternehmer verantwortlich ist), sondern auch Planungsmängel (für die ein Planer verantwortlich ist) vorliegen, so müssen Rügen auch an die Planer versandt werden, denn solange die Rechtsprechung daran festhält, dass gewisse Planerleistungen dem Werkvertragsrecht unterstehen (vgl. Rz. 1.28ff.), besteht auch gegenüber den Planern eine Rügeobliegenheit. Die Zustellung muss schriftlich, im Regelfall mit eingeschriebenem Brief erfolgen, weil die Mängelrüge eine rechtswahrende Erklärung des Bauherrn darstellt. Eine verspätete Mängelrüge hat für den Bauherrn einen Rechtsverlust zur Folge, wenn sich der Unternehmer strikt an die gesetzlichen Regeln hält. Die Bauleitung muss daher im Streitfall nachweisen können, dass sie rechtzeitig, d.h. vor Ablauf der Zweijahresfrist (im Anwendungsbereich der SIA-Norm 118) bzw. sofort nach Entdeckung (im Anwendungsbereich des OR) gerügt hat.

10.121 **2.** Zusammen mit der Mängelrüge setzt die Bauleitung dem Unternehmer eine angemessene Frist zur Mängelbehebung. Was angemessen ist, beurteilt sich aus dem Gesamtzusammenhang. Abzustellen ist dabei auf die Art und den Umfang der Arbeiten, allenfalls auch auf die äusseren Rahmenbedingungen, die für eine einwandfreie Arbeitsausführung herrschen müssen (Temperaturen, Witterung). Falls unsicher ist, ob der Unternehmer überhaupt bereit ist, die Nachbesserung vorzunehmen, oder wenn für die Ausführung umfassender Nachbesserungsarbeiten lange Fristen angemessen sind, kann dem Unternehmer eine erste, relativ kurze Frist zur Erklärung der Leistungsbereitschaft angesetzt werden.[150] Somit muss die Bauherrschaft nicht während einer angemessenen Nachbesserungsfrist warten, bis feststeht, ob der Unternehmer grundsätzlich zur Nachbesserung bereit ist. Denkbar ist auch, dass die Bauleitung den Unternehmer anhält, selber zu sagen, wieviel Zeit er für die Nachbesserung benötigt und dann diesen Zeitraum – falls akzeptabel – als Nachbesserungsfrist ansetzt. Damit kann dem Einwand begegnet werden, die Nachbesserungsfrist sei unangemessen.

149 Art. 179 Abs. 2 SIA 118.

150 BGer 4C.433/2005 vom 20. April 2006 E. 2.2.2.

3. Im Anwendungsbereich des OR kann der Bauherr wählen, ob er Nachbesserung oder Preisminderung wünscht, während er im Anwendungsbereich der SIA-Norm 118 zunächst nur Nachbesserung verlangen kann.[151] Folgt der Unternehmer der Aufforderung zur Mängelbehebung, so organisiert die Bauleitung den Zeitpunkt der Arbeiten und koordiniert sie mit anderen Mängelbehebungen und Anschlussarbeiten. Die Bauleitung spricht diese Arbeiten mit dem Bauherrn ab. Auf dessen Bedürfnisse ist in gleicher Weise Rücksicht zu nehmen wie auf die Möglichkeiten der betroffenen Unternehmer. 10.122

4. Zum Überwachen gehört, dass die Bauleitung prüft, ob überhaupt nachgebessert wird, und wenn ja, ob die Nachbesserung rechtzeitig und fachlich richtig erfolgt. Wenn dem nicht so ist, muss die Bauleitung beim Unternehmer intervenieren. Falls für die Beurteilung, ob die Nachbesserung fachgerecht erfolgt ist, Spezialwissen nötig ist, kann die Bauleitung den entsprechenden Fachplaner beiziehen. Dabei klärt sie indessen vorgängig ab, ob dieser Beizug für den Bauherrn mit Kosten verbunden ist oder ob der Fachplaner gemäss seinem Vertrag auch ohne Zusatzentgelt mitwirken muss. Falls Kosten für den Bauherrn anfallen, holt die Bauleitung vorweg vom Bauherrn die Kompetenz ein, den Fachplaner auf Kosten des Bauherrn beizuziehen. 10.123

5. Es bleibt die Frage, wie weit die Bauleitung gehen muss, wenn sich ein Unternehmer auf den Standpunkt stellt, er sei nicht nachbesserungspflichtig – sei es, dass er das Vorhandensein eines Mangels im Grundsatz bestreitet oder die Ansicht vertritt, die Nachbesserung sei unverhältnismässig, oder die Mängelrechte seien verwirkt oder verjährt. Nach der hier vertretenen Ansicht ist die Bauleitung nur – aber immerhin – gehalten, die Handwerker aufzubieten und gegebenenfalls zu mahnen, sollte der Handwerker der Aufforderung zur Mängelbeseitigung nicht freiwillig nachkommen. 10.124

6. Stösst die Bauleitung auf Widerstand, so informiert sie den Bauherrn. Danach liegt es am Bauherrn, gegebenenfalls rechtliche Schritte einzuleiten. Gleiches gilt, falls der Bauherr nicht länger Nachbesserung, sondern allenfalls Preisminderung und überdies Schadenersatz verlangen will. Solche Ansprüche muss der Bauherr selber durchsetzen. Die Bauleitung hat dabei den Bauherrn bzw. seinen Rechtsvertreter nur noch fachtechnisch zu unterstützen, soweit sie dazu in der Lage ist. Was das im Einzelnen umfasst, lässt sich allgemein nicht abschliessend festlegen. Immerhin ist aus dem Umstand, dass *Mehrleistungen infolge umfangreicherer Garantiearbeiten, die der Architekt nicht zu verantworten hat*, eine besonders zu vereinbarende Leistung sind,[152] zu schliessen, dass die Bauleitung nicht beliebigen Aufwand ohne Zusatzentgelt leisten muss, soweit sie den entsprechenden Mangel nicht (mit-) zu verantworten hat. 10.125

[151] Art. 368 Abs. 2 OR bzw. Art. 169 SIA 118.
[152] Art. 4.53 SIA 102.

3. Das Leistungsbild in den SIA-Ordnungen 103 und 108

A. Allgemeines

10.126 Der Aufbau der SIA-Ordnung 103 übernimmt, was die Phasen des Planungs- und Bauablaufs anbetrifft, die Gliederung der SIA-Ordnung 102.[153] Für diverse Teilleistungen des Ingenieurs kann daher auf die Anmerkungen zu den entsprechenden Teilleistungen der SIA-Ordnung 102 verwiesen werden. Während in der SIA-Ordnung 103 (2003) in Art. 4.1 die Leistungen des Ingenieurs als Gesamtleiter und in Art. 4.2 die Leistungen des Ingenieurs als Spezialist beschrieben wurden, listet die SIA-Norm 103 (2014) diese beiden Konstellationen in Art. 4.3 konsolidiert auf. Für jede Teilphase werden die Leistungen des Ingenieurs aufgeführt, die er als Gesamtleiter zu erbringen hat (wenn ihm diese Aufgabe übertragen wurde) und jene, die er als Fachplaner (alte Terminologie «Spezialist») zu erbringen hat, sofern ihm nur diese Leistungen übertragen wurden. Nach Art. 3.4 SIA 103 wird zudem nicht nur zwischen Gesamtleiter- und Fachplaner-Funktion unterschieden, sondern separat auch noch die Bauleitung erwähnt.[154] Die Matrix in Art. 4.3 SIA 103 beschreibt diese drei Teilbereiche, führt dann aber auch noch die Funktion des Oberbauleiters ein, der neben den Bauleiter tritt und ferner jene der technischen Bauleitung und der Baukontrolle. Für den Gesamtleiter und den Fachplaner werden in Art. 4.2 SIA 103 phasenübergreifend bestimmte allgemeine Leistungen aufgelistet.[155] In Art. 7.7 SIA 103 wird eine Leistungstabelle mit den Prozentwerten, die den einzelnen Aufgaben in den verschiedenen Teilphasen zugeordnet sind, zur Verfügung gestellt. Im Vertragsmuster, das der SIA für Planerverträge zur Verfügung stellt (SIA-Vertragsformular 1001/1), ist in der Beilage 1 Ziff. 2 einzutragen, welche Teilleistungen beauftragt werden sollen. Übernimmt ein Ingenieur das umfassende Mandat als Gesamtleiter einschliesslich der Aufgaben der Bauleitung und der Fachplanung, so werden ihm ca. 110 Teilprozente übertragen, allenfalls zuzüglich 30% für die Tragkonstruktion. Dem Ingenieur, der nur als Fachplaner ohne Bauleitungsaufgabe (die im Hochbau regelmässig der Architekt übernimmt), aber mit Baukontrolle eingesetzt wird, werden 70 Teilprozente, allenfalls zuzüglich 30 Teilprozente für die Tragkonstruktion übertragen.

B. Der Ingenieur als Gesamtleiter (SIA-Ordnung 103)

10.127 Während die **Gesamtleitung** nach dem Verständnis der SIA-Ordnung 103 (2003) ein umfassendes Mandat war, das – analog dem Architekten mit Gesamtvertrag – die Gesamtkoordination des Bauvorhabens einschliesslich Bauleitung und fachspezifischen Aufgaben (Statik, Ausführungsplanung etc.) umfasste, wird die Gesamtleitung in der SIA-Ordnung 103 (2014) nur noch als Zusatzaufgabe beschrieben. Soll der Ingenieur als

[153] Art. 3.2 SIA 103 enthält eine Gliederung, die mit jener in Art. 3.2 SIA 102 identisch ist.

[154] Vgl. auch Siegenthaler, Neue SIA-Ordnungen 102/103, S. 48; ferner Marti/Flückiger, Revision der SIA-Planerordnungen, S. 15 ff.

[155] Vgl. auch Siegenthaler, Neue SIA-Ordnungen 102/103, S. 50 f.

umfassender Gesamtleiter eingesetzt werden, so müssen ihm die weiteren Aufgaben wie Fachplanung und Bauleitung ebenfalls übertragen werden.

Dem Gesamtleiter obliegen in den hier interessierenden Teilphasen «Ausführung» und «Inbetriebnahme» (Art. 4.3.52 und Art. 4.3.53 SIA 103), in welche die Bauleitung gehört, die Aufgabe des «Einholens von erforderlichen definitiven Bewilligungen», das «Planen, Organisieren und Begleiten der Inbetriebnahme des Bauwerks oder von Bauwerksteilen», das «Koordinieren der Erstellung der Bauwerksakten», «Beschaffen und Nachführenlassen der Bauwerksakten und Unterhaltspläne», «Übergabe der Bauwerksakten an den Auftraggeber» sowie das «Gegenüberstellen der Schlussabrechnung über das gesamte Bauwerk mit dem Kostenvoranschlag», «Erstellen eines Terminplans für die Inbetriebnahme» und schliesslich das «Beschaffen und Nachführenlassen der für Betrieb, Überwachung und Unterhalt erforderlichen Dokumente wie Pläne und Unterlagen des ausgeführten Bauwerks, Betriebshandbuch» und «Archivieren der von der Gesamtleitung bzw. Oberbauleitung erstellten Bauwerksakten in gebrauchsfähiger Form während zehn Jahren ab Beendigung des Auftrags». Diese Aufgaben sind im Wesentlichen administrativer Art und sind selbsterklärend beschrieben, weshalb hier auf nähere Erläuterungen verzichtet werden kann. Alle übrigen Aufgaben obliegen der Oberbauleitung, der Bauleitung und dem Fachplaner. 10.128

C. Die Oberbauleitung

a. Allgemeines

Die **Oberbauleitung** im Verständnis der SIA-Ordnung 103 wird typischerweise vom Gesamtleiter erbracht. Sie ist demzufolge auch in den 10 Teilprozenten enthalten, die für die Gesamtleitung ausgesetzt sind (Art. 7.7 SIA 103-K). Der Oberbauleitung sind im Wesentlichen administrative und koordinierende Aufgaben übertragen. Es sollen hier bloss einige Teilleistungen aus dem umfangreichen Katalog an Arbeiten näher beleuchtet werden. 10.129

b. Die Ausfertigung der Werkverträge

1. Gemäss Art. 4.3.41 SIA 103 (also noch in der hier nicht näher besprochenen Teilphase der «Ausschreibung») ist das «Ausfertigen der Werk- und Lieferverträge auf der Basis der Norm SIA 118 und gängiger Standardverträge» eine Aufgabe der Oberbauleitung.[156] Im 10.130

[156] In der SIA-Ordnung 103 (2003) war in Art. 4.1.52 noch die Rede von «Ausfertigen der Werkverträge». Die Präzisierung in der Ausgabe 2014, wonach nur noch die Ausfertigung der Werkverträge auf der Basis von Standardverträgen eine Grundleistung darstellt, dürfte ein wesentlicher Unterschied zur alten Ordnung sein. Sie trägt auch dem Umstand Rechnung, dass ein Ingenieur eben kein Jurist ist. Demgegenüber spricht die SIA-Ordnung 102 in der überarbeiteten Ausgabe 2014 in Art. 4.51 nach wie vor von «Aufstellen der Verträge mit den Unternehmern und Lieferanten», schränkt also nicht auf die Standardverträge und die Anwendung der SIA-Norm 118 ein.

Zusammenhang mit der Vertragsredaktion sind zwei Bereiche auseinanderzuhalten: Der Werkvertrag mit dem Unternehmer umfasst in der Regel die Ausschreibungsunterlagen, insbesondere das Leistungsverzeichnis und die Ausführungspläne.[157] Die Erstellung dieser Unterlagen fällt in die Kernkompetenz der Planer, welche bei der Erstellung jene Sorgfalt aufzuwenden haben, welche von ihnen als Fachperson erwartet werden kann.[158] Die Abfassung der eigentlichen Vertragsurkunde fällt dagegen eher in den juristischen Fachbereich – ebenso wie die Vereinbarung allgemeiner Vertragsbedingungen (wie namentlich der SIA-Norm 118 und allfälliger Abweichungen dazu sowie gegebenenfalls der ABB, vgl. dazu Rz. 10.15). Diesbezüglich kann vom Planer nicht die gleiche Fachkompetenz erwartet werden wie von einem Rechtsanwalt – jedenfalls keine weitreichende Kenntnis der Rechtsprechung und auch keine vertieften Kenntnisse der Lehrmeinungen. Erwartet werden können indessen jene Kenntnisse, welche für die Berufspraxis eines Planers erforderlich sind, also namentlich,[159] dass der Planer die gängigen Vertragsformulare (z.B. SIA-Vertragsformular 1023 bzw. 1024; nur diese braucht der Ingenieur nach der neuen Ordnung im Rahmen der Grundleistungen zu verwenden) korrekt verwenden kann und er sich in den Grundzügen des Werkvertragsrechts und der SIA-Norm 118 auskennt.[160] Dazu gehört auch, dass er im Vertrag in jenen Punkten eine Regelung vorsieht, zu denen die SIA-Norm 118 die Parteien einlädt, eine Regelung zu treffen, soweit in den gängigen Standardverträgen eine entsprechende Rubrik vorhanden ist.[161] In wessen Aufgabenbereich die Ausfertigung der Planerverträge mit den Fachplanern fällt, wird in der SIA-Ordnung 103 nicht geregelt. In der SIA-Ordnung 102 gehört demgegenüber die «Durchsicht und ggf. Ergänzung der durch die Fachplaner vorbereiteten Verträge» zu den Grundleistungen des Architekten (Art. 4.51). Der SIA geht offenbar davon aus, dass die Fachplaner ihre Verträge selber vorbereiten (so wie der Architekt seinen Vertrag auch selber vorbereitet und dem Bauherrn vorlegt). Im Anwendungsbereich der SIA-Ordnung 103 gehört jedoch die Durchsicht und Ergänzung der Fachplanerverträge nicht zu den Grundleistungen des Ingenieurs (Oberbauleiters).

10.131 **2.** Soweit der Planer (ausserhalb seiner Grundleistungen) kein Vertragsformular verwendet, darf erwartet werden, dass er bei der Abfassung der Werkverträge zumindest die Vertragsparteien richtig benennt sowie die zu erbringende Leistung und den dafür geschuldeten Preis hinreichend eindeutig definiert. Der Planer ist im Rahmen der Grundleistungen gehalten, in jedem Vertrag die SIA-Norm 118 als Vertragsbestandteil vorzusehen. Wenn die SIA-Norm 118 nicht Vertragsbestandteil wird, darf vom Planer aber erwartet werden, dass er eine Vertragsklausel vorsieht, welche zugunsten des Bestellers

---

157 Vgl. Art. 4.3.41 SIA 103.

158 Zur Haftung für fehlerhafte Leistungsverzeichnisse vgl. Siegenthaler, Mangelhafte Leistungsverzeichnisse, S. 163 ff. (insb. 173 f.).

159 BGer 4C.14/2002 vom 5. Juli 2002 E. 5.2.

160 Vgl. Schumacher, Architektenrecht 1995, Rz. 497; ders., Schwierige Haftungsfragen, S. 10; a.M. Fellmann, Haftung für Werkmängel, S. 77 ff. (insb. 92).

161 Z.B. Art. 11, Art. 27 Abs. 2, Art. 37 Abs. 2, Art. 44 Abs. 1, Art. 92, Art. 98 Abs. 1, Art. 107, Art. 141, Art. 147, Art. 149 Abs. 3, Art. 151 und Art. 182 SIA 118.

die gesetzliche Obliegenheit zur sofortigen Mängelrüge lockert (beispielsweise durch eine Vereinbarung analog Art. 172 f. SIA 118). Vom Planer als Baufachmann darf jedenfalls erwartet werden, dass er diese gesetzliche Regel kennt und ihm auch bekannt ist, dass diese Regelung den Besteller stark benachteiligt.

3. Vom Planer kann indessen nicht generell erwartet werden, dass er alle «Lücken und Tücken»[162] der SIA-Norm 118 und des Obligationenrechts kennt; es sollte ihm aber zumindest dem Grunde nach bekannt sein, dass es solche gibt. Vom Planer, der keine umfassenden Kenntnisse des Werkvertragsrechts und der SIA-Norm 118 hat, ist zudem Zurückhaltung bei der Abweichung von den in diesen Regelwerken vorgesehenen Bestimmungen zu erwarten, weil durch unbedachte Eingriffe in diese Regelwerke Lücken und Widersprüche entstehen können, die im Streit gegen den Bauherrn (als Verfasser der Vertragsdokumente) ausgelegt werden (solche Abweichungen werden im Rahmen der Grundleistungen auch nicht erwartet). Das gilt auch und insbesondere dann, wenn der Planer eigene allgemeine Vertragsbedingungen zu Vertragsbestandteilen erklärt, durch die vom OR und/oder von der SIA-Norm 118 abgewichen wird. Der Planer darf zudem im Werkvertrag oder den Bestandteilen dazu keine Regeln vorsehen, durch die zu seinen Gunsten und zulasten des Bauherrn von den Bestimmungen des OR oder der SIA-Norm 118 abgewichen wird. Schliesslich kann vorausgesetzt werden, dass dem Planer bekannt ist, dass gerade bei grösseren Projekten die für den Besteller bestehende Gefahr, mit nicht vorhergesehenen Nachtragsforderungen konfrontiert zu werden, mit Mitteln der Vertragsgestaltung reduziert werden kann (z.B. mit sog. Vollständigkeitsklauseln, Klauseln betr. «No-damage-for-delay» etc.). Bei Werkverträgen über umfangreiche Bauarbeiten sollte der Planer dem Bauherrn daher empfehlen, sich von einem Baujuristen entsprechend beraten zu lassen.[163] 10.132

4. Sofern der Planer sich umfassende Baurechtskenntnisse zumutet – namentlich indem er Formulierungsvorschläge unterbreitet, welche wesentlich vom Gesetz oder von der SIA-Norm 118 abweichen – muss er für diese in gleicher Weise einstehen, wie ein Jurist dafür einstehen müsste.[164] 10.133

5. Der Werkvertrag enthält zudem rechtliche Bestimmungen. Oft werden darin die SIA-Norm 118 und ABB dazu als anwendbar erklärt (was im Rahmen der Grundleistungen vom Ingenieur erwartet wird), und es werden allenfalls sonstige Vereinbarungen rechtlicher Natur getroffen (Abweichungen von der SIA-Norm 118, Regelungen über Sicherstellungen etc., die vom Ingenieur im Rahmen der Grundleistungen aber nicht erwartet werden). Diese Thematik gehört im Regelfall nicht zur Kernkompetenz einer Bauleitung. Ein Bauherr muss sich bewusst sein, dass er von einer Bauleitung nicht die gleiche juristische Kompetenz erwarten kann wie von einem erfahrenen Baujuristen. Nach der hier vertretenen Ansicht kann deshalb von einer Bauleitung kein juristisches Spezialwissen 10.134

---

[162] Vgl. Hürlimann, Die SIA-Norm 118 – Lücken und Tücken, S. 47 ff.

[163] Vgl. Schumacher, Schwierige Haftungsfragen, S. 11.

[164] Schumacher, Schwierige Haftungsfragen, S. 11.

erwartet werden, was allerdings bei der Verwendung der gängigen Standardverträge beim Ingenieur auch nicht notwendig ist. Die Problematik mit der Einordnung der ABB in der Reihenfolge der Vertragsbestandteile wurde bereits dargestellt (Rz. 10.15).

10.135 **6.** Inhaltlich kommt neben der Beschreibung von Sachleistung und Geldleistung auch der Terminierung der Arbeiten im Rahmen des Werkvertrags grosse Bedeutung zu. Das ergibt sich aus der Aufgabe der Bauleitung, die verschiedenen Arbeitsgattungen zu koordinieren. Wird im Werkvertrag kein konkreter Ausführungstermin vereinbart (etwa mit dem Hinweis «nach Baufortschritt» in der entsprechenden Rubrik), muss der Ausführungstermin danach mit dem Unternehmer vereinbart werden. Die Bauleitung ist nicht berechtigt, den Termin dann später einseitig anzuordnen. Das erschwert indessen die Koordination der Arbeiten, weil dem Wunsch der Bauleitung die allenfalls fehlende Bereitschaft oder Kapazität des Unternehmers gegenübersteht, womit Terminprobleme programmiert sind.

c. Die Auslösung grundsätzlicher Entscheide

10.136 Mit der Teilleistung *Herbeiführen grundsätzlicher Entscheide* (Art. 4.3.52 SIA 103) sind die Entscheide des Bauherrn gemeint. Zu ergänzen ist, dass die Bauleitung diese Entscheide rechtzeitig beim Bauherrn abrufen und ihn wo nötig beraten muss. Gegebenenfalls muss sie abmahnen, sollte der Bauherr einen unzweckmässigen oder unerfüllbaren Entscheid treffen oder Entscheide in einer den Baufortschritt hemmenden Weise verzögern.[165]

d. Die Kontrolle der Arbeiten auf Platz

10.137 Die Oberbauleitung *kontrolliert* sodann *periodisch die Arbeiten auf Platz* (auch wenn sie dafür eine örtliche Bauleitung eingesetzt hat) und *ordnet* die nötigen *Massnahmen bei Abweichungen* an. Damit soll erreicht werden, dass das Projekt wieder «auf Kurs» kommt, wenn sich Probleme abzeichnen. Sofern sich als entsprechende Massnahme ein Rücktritt vom Werkvertrag bzw. die Einsetzung eines Ersatzunternehmers abzeichnet, achtet die Oberbauleitung darauf, dass die formellen Voraussetzungen eingehalten werden (Art. 366 OR). Vergleicht man diese Aufgaben mit jenen der Bauleitung, so wird klar, dass bei der Oberbauleitung wohl nicht die gleiche Präsenz erwartet werden kann wie bei der Bauleitung. Die Oberbauleitung ist «periodisch» auf Platz. Die engmaschigere Beaufsichtigung der Unternehmer ist Sache der Bauleitung.

e. Die Abwicklung des Zahlungsverkehrs

10.138 Der Oberbauleitung obliegt sodann die *Abwicklung des Zahlungsverkehrs.* Gemeint ist damit wohl nicht die Prüfung der eingehenden Rechnungen (die der Bauleitung obliegt),

---

165 BGE 108 II 197/198 E. 2a (= BR/DC 1983, S. 53, Nr. 35, mit Anm. Gauch).

sondern die Vorbereitung der Zahlungsaufträge zuhanden des Bauherrn. Ebenfalls in den Bereich der Finanzen gehört die Aufgabe der Überwachung der Gesamtkosten der Ausführung und das Veranlassen von Freigaben, Verlängerung oder Beanspruchung von Garantien.

f. Das Einholen von Garantieverpflichtungen

Weiter wird das *Einholen von Garantieverpflichtungen* als Leistung der Oberbauleitung erwähnt. Die Bauleitung muss sich anhand der Werkverträge bzw. der SIA-Norm 118 vergewissern, in welchen Konstellationen und in welchem Umfang ein Unternehmer Garantieverpflichtungen erbringen muss (z.B. Anzahlungsgarantien, Erfüllungsgarantien, Solidarbürgschaft für die Verpflichtungen des Unternehmers im Zusammenhang mit den Mängeln). Dazu muss die Oberbauleitung die Unterschiede zwischen einer Bürgschaft und einer Garantie kennen, denn diese bringen für den Bauherrn in ganz unterschiedlichem Masse Sicherheit. Schliesslich muss die Bauleitung diese Garantieverpflichtungen nicht bloss einholen, sondern bei ihrem Eingang auch auf Vertragskonformität und (soweit anwendbar) auf Übereinstimmung mit den Vorgaben der SIA-Norm 118 prüfen. Hier hilft das SIA-Merkblatt 2020, welches nützliche Erläuterungen zu den verschiedenen Arten von Sicherheitsleistungen enthält. Zudem findet sich in Ziff. 7.2 dieses Merkblatts ein Mustertext für eine Solidarbürgschaft nach Art. 181 SIA 118. 10.139

g. Die Massnahmen zur Mängelbeseitigung

Schliesslich obliegt der Oberbauleitung die Festlegung der Massnahmen zur Mängelbeseitigung in Absprache mit der Bauleitung, welche dann diese Massnahmen anordnet und überwacht. 10.140

D. Die Bauleitung

a. Allgemeines

Der **Bauleitung** obliegt gemäss Art. 4.3.52 und Art. 4.3.53 SIA 103 eine grosse Zahl von Einzelaufgaben, die teilweise auch von der Architekten-Bauleitung zu erbringen sind und hier daher nicht nochmals besprochen werden. Besonders hervorzuheben sind hier die nachfolgenden, ingenieurspezifischen Leistungen. 10.141

b. Die Kontrolle des Baugrunds

Der Bauleitung obliegt im Rahmen der technischen Bauleitung (die zur Bauleitung im weiteren Sinne gehört, vgl. Art. 7.7 SIA 103, Teilphase 52, welche unter dem Überbegriff «Bauleitung» die «allgemeine Bauleitung» und die «technische Bauleitung» erwähnt) das *Veranlassen der Kontrolle und der Beurteilung des Baugrundes durch den zuständigen Fachplaner.* Es geht hier – anders als noch in der SIA-Ordnung 103 (2003) – nicht um die 10.142

Durchführung der Kontrolle durch den Ingenieur selber, sondern um den Beizug des entsprechenden Fachplaners (Geotechnik-Ingenieur), welcher kontrolliert, ob der Baugrund den in der Planungsphase erfolgten Baugrundabklärungen entspricht – zumal trotz Einsatz der verschiedenen Methoden der Baugrunderkundung ein grosser Teil der aus baulicher Perspektive massgebenden Fragen zur Geologie nur ungenau und generell beantwortet werden kann.[166]

c. Baukontrollen durch Fachplaner und Behörden

10.143 Das Veranlassen von *Baukontrollen durch den Fachplaner und die Behörden* dient dazu, diesen Instanzen rechtzeitig die Möglichkeit einer Intervention zu geben, um Abweichungen vom Sollzustand zu vermeiden. Es liegt also an der Bauleitung, zu entscheiden, wann und wie oft sie solche Baukontrollen veranlassen soll.

d. Die Veranlassung der Übertragung der projektdefinierenden Hauptpunkte, Achsen und Höhenfixpunkte ins Gelände

10.144 Eine weitere Aufgabe des Ingenieurs ist gemäss Art. 4.3.52 SIA 103 das «Veranlassen der Übertragung der projektdefinierenden Hauptpunkte, Achsen und der Höhenfixpunkte ins Gelände bzw. auf der Baustelle sowie ggf. die Veranlassung ihrer Versicherung». Auch hier überträgt die SIA-Norm 103 dem Ingenieur als Bauleiter nicht mehr die Übertragung als solche, sondern nur noch die Veranlassung der Übertragung durch einen fachkundigen Dritten. Oft wird diese Aufgabe durch die Baubewilligungsbehörde oder einem von dieser mandatierten Geometer vorgenommen. Dann muss die Bauleitung diese Vermessung (Schnurgerüst) rechtzeitig initialisieren. Damit wird die Übereinstimmung zur Baubewilligung hergestellt und es werden vermeidbare Zusatzkosten (z.B. für zu grossen Aushub) vermieden.

e. Periodisches Kontrollieren von Auswirkungen auf die Umgebung

10.145 **1.** Ingenieur-spezifisch ist das *periodische Kontrollieren von Auswirkungen auf die Umgebung.* Das ist namentlich in der Phase des Aushubes oder bei anderen Arbeiten, die die Nachbarschaft beeinträchtigen können (Vibrationen etc.) ein zentrales Thema. Es gilt dabei, negative Einflüsse auf die Umgebung zu verhindern bzw. so rasch als möglich festzustellen, um Massnahmen treffen zu können.

10.146 **2.** Die übrigen Leistungen der Bauleitung, die in Art. 4.3.52 und Art. 4.3.53 SIA 103 beschrieben sind, lehnen sich eng an die entsprechenden Teilleistungen in der SIA-Ordnung 102 an.

---

166 Egli, Kommentar SIA 118, Art. 5/Rz. 7.

E. Der Ingenieur als Fachplaner (SIA-Ordnung 103)

a. Allgemeines

Wird der Ingenieur als **Fachplaner** beigezogen, so ist der Leistungsumfang gemäss der SIA-Ordnung 103 gegenüber jenem des Ingenieurs als Gesamtleiter, Oberbauleiter und Bauleiter deutlich reduziert. Als Fachplaner wird der Ingenieur typischerweise im konventionellen Hochbau beigezogen und arbeitet dann unter der Leitung eines Architekten, dem die Gesamtleitung obliegt. 10.147

b. Die Baukontrolle

1. In Art. 4.3.52 SIA 103 wird die «Baukontrolle (über die vom Fachplaner bearbeiteten Bauteile)» beschrieben. Der Ingenieur überwacht periodisch die von ihm bearbeiteten Bauteile (z.B. die Baugrube oder das Tragwerk etc.). Aus der allgemeinen Sorgfalts- und Treuepflicht des Planers (Art. 1.2.1 und Art. 1.2.2 SIA 103) ergibt sich indessen, dass der Ingenieur als Fachplaner auch ohne Zusatzauftrag jene Gefahren und Risiken, die er im Rahmen seiner Aktivitäten tatsächlich erkannt hat, dem Bauherrn anzeigen muss – auch wenn es nicht zu seinem vertraglichen Aufgabenbereich gehört, aktiv nach solche Gefahren und Risiken zu suchen.[167] 10.148

2. Da der Ingenieur als Fachplaner nicht permanent auf der Baustelle ist, ist es Teil der Koordinationspflicht der Bauleitung, ihn aufzubieten, wenn der Baufortschritt eine Kontrolle durch den Fachplaner erfordert. Wenn der Fachplaner aber feststellen muss, dass die Bauleitung diese Koordinationspflicht nicht hinreichend wahrnimmt (z.B. indem er feststellt, dass er während überlanger Zeit nicht aufgeboten wurde), hat er sich bei der Bauleitung nach dem Baufortschritt zu erkundigen. 10.149

c. Die Beratung der technischen Bauleitung und der Bauleitung

Auch die *Beratung der technischen Bauleitung und der Bauleitung und die Mitwirkung bei der Festlegung des Bauvorgangs* wird der Ingenieur als Fachplaner in der Regel auf Anforderung durch die Bauleitung erbringen. Anders ist die Sache dann zu beurteilen, wenn der Ingenieur erkennt oder erkennen könnte, dass die Bauleitung überfordert ist und gar nicht auf die Idee kommt, die Unterstützung durch den Ingenieur anzufordern. 10.150

F. Die Bauleitung nach der SIA-Ordnung 108

a. Allgemeines

1. Auch die **SIA-Ordnung 108** beruht auf dem Grundgedanken, dass dem Ingenieur im Regelfall die Gesamtleitung nicht übertragen wird und dass die Aufgaben dieser Gesamt- 10.151

[167] Vgl. BGer 4C.284/2006 vom 7. November 2006 E. 2.3 (= BR/DC 2007, S. 61, Nr. 202, mit Anm. Stöckli).

leitung demnach nicht in den Grundleistungen gemäss dem Leistungsbeschrieb in Art. 4 enthalten, sondern separat zu vereinbaren sind.[168] Im Baubereich arbeitet der Maschinen- oder Elektroingenieur sowie der Ingenieur für Heizung, Kälte, Lüftung, Klima, Sanitär und Gebäudeautomation daher regelmässig als Fachplaner. Er arbeitet in dieser Funktion mit dem Gesamtleiter oder der Fachkoordination zusammen (Planerteam) und erbringt die Beiträge aus seinem Fachgebiet, sei es im Rahmen einer Einzelbeauftragung oder im Rahmen eines Gesamtplanerauftrags.[169]

10.152 **2.** Die Bauleitungs-Aufgaben, die in Art. 4.52 SIA 108 unter dem Titel «Fachbauleitung» erwähnt werden, entsprechen im Wesentlichen dem Aufgabenkatalog der SIA-Ordnung 103, angepasst auf das vom Fachingenieur betreute Gebiet. Der Fachingenieur unterstützt dabei mit Bezug auf sein Bauteil die Gesamtleitung (Ingenieur als Gesamtleiter oder Architekt).

b. Die Inbetriebnahme des Werks

10.153 Unter der Inbetriebnahme werden folgende Leistungen aufgezählt: *Das Mitwirken bei der einmaligen Instruktion des Bedienerpersonals, die Mitwirkung beim Einholen der definitiven Betriebsbewilligung* und *das Mitwirken bei integralen Tests, die im Zusammenhang mit der Bezugsbewilligung stehen.* Demgegenüber ist die Planung, Organisation und Überwachung integraler Tests in der SIA-Ordnung 108 (anders als in der Vorgängernorm) eine besonders zu vereinbarende Leistung. Das sind Leistungen, die sich im Zusammenhang mit der Gebäudetechnik speziell aufdrängen und bei grösseren Bauvorhaben auch regelmässig nötig sind. Die Neuregelung der SIA-Ordnung 108, welche die Planung, Organisation und Überwachung der integralen Tests zu besonders zu vereinbarenden Leistungen erklärt, führt dazu, dass ohne entsprechende Vereinbarung niemand für diese wichtige Leistung zuständig ist. Daher ist der Fachplaner ohne Zweifel gehalten, dem Bauherrn eine entsprechende Zusatzbeauftragung beliebt zu machen, zumal diese Leistung nicht etwa vom Architekten geschuldet ist. Wichtig für den Bauherrn ist schliesslich das *Einholen und überprüfen der von Lieferanten und Unternehmern erstellten Betriebsinstruktionen* und *nachgeführten Ausführungsunterlagen.* Auch hier ist das fachtechnische Wissen des Installationsplaners gefordert.

4. Die Bauleitung in der SIA-Norm 118

A. Allgemeines

10.154 Die SIA-Norm 118 erwähnt die Bauleitung an über 80 Stellen. Die Aufgaben, die sie der Bauleitung dabei zuordnet, lassen sich in folgende Gruppen einteilen: (i) Die Bauleitung als Empfänger von Mitteilungen und Willenserklärungen der Unternehmer; (ii) die Bau-

[168] Art. 3.43 SIA 108.
[169] Art. 3.5 SIA 108.

leitung als Koordinator und Organisator des Bauablaufe; (iii) die Bauleitung als Erbringer von Vorleistungen für den Unternehmer oder von Mitwirkungshandlungen, die der Bauherr schuldet; (iv) die Bauleitung als «Sprachrohr» des Bauherrn, der Entscheidungen zu treffen hat. Nachfolgend werden diese vier Gruppen von Aufgaben besprochen, ohne auf jede einzelne Aufgabe im Einzelnen einzugehen. Diesbezüglich kann auf die Kommentare zur SIA-Norm 118 verwiesen werden.[170]

B. Die Bauleitung als Adressatin von Mitteilungen

Die Bauleitung ist zunächst *Adressat einer Reihe von Mitteilungen,* die der Unternehmer bei besonderen Gelegenheiten abgeben muss, um sich einer Haftung zu entschlagen.[171] Die Bauleitung muss nach Empfang der Mitteilung die notwendigen Massnahmen treffen, um die Interessen des Bauherrn zu wahren. Gegebenenfalls muss sie daher mit dem Bauherrn in Kontakt treten und von ihm Entscheidungen verlangen, namentlich wenn sich Terminverzögerungen oder Kostenfolgen abzeichnen. Diese Aufgabe ist dann heikel, wenn sich Mitteilungen des Unternehmers gegen die Bauleitung selber richten, so etwa die Abmahnung des Unternehmers gegen – nach seiner Ansicht fehlerhafte – Weisungen der Bauleitung.[172] Die Bauleitung hat dennoch die Pflicht, dies dem Bauherrn anzuzeigen. Nach SCHUMACHER trifft den Planer generell eine Pflicht zur «Selbstanzeige». Orientiert der Planer den Bauherrn nicht über seine eigenen Fehler, begeht er zusätzlich zum ursprünglichen Fehler eine weitere Vertragsverletzung.[173] 10.155

C. Die Koordinations- und Organisationsaufgaben der Bauleitung

1. Die SIA-Norm 118 überträgt der Bauleitung sodann eine ganze Reihe von *Koordinations- und Organisationsaufgaben.*[174] Diese lehnen sich an die Leistungen an, die auch die SIA-Ordnungen 102, 103 und 108 der Bauleitung überbinden.[175] Es kann diesbezüglich auf jene Ausführungen verwiesen werden. 10.156

2. Besonders zu erwähnen ist hier, dass die SIA-Norm 118 von der Bauleitung eine *rechtzeitige* Koordination aller am Bauwerk beteiligten Unternehmer *unter Berücksichtigung der von ihnen benötigten Vorbereitungszeit* verlangt.[176] 10.157

---

170 Ferner STÖCKLI, Merk-Würdiges, S. 1 ff. und insb. 9 ff.

171 Z.B. Art. 25 Abs. 1, Art. 25 Abs. 3 und 4, Art. 30 Abs. 4 und 5, Art. 33 Abs. 2, Art. 36 Abs. 1, Art. 44 Abs. 4, Art. 66, Art. 95 Abs. 2, Art. 96 Abs. 1, Art. 110 Abs. 2, Art. 116 Abs. 1, Art. 136 Abs. 2 und 3 und Art. 158 Abs. 1 SIA 118.

172 Art. 25 Abs. 4 SIA 118.

173 SCHUMACHER, Architektenrecht 1995, Rz. 523.

174 Z.B. Art. 34 Abs. 3, Art. 35 Abs. 1 und 2, Art. 36 Abs. 3, Art. 44 Abs. 3, Art. 53, Art. 55 Abs. 1, Art. 104, Art. 109 Abs. 1, Art. 111 Abs. 2 und 3, Art. 118 Abs. 1, 2 und 4, Art. 124 Abs. 2, Art. 125 Abs. 3, Art. 126 Abs. 1 und 3, Art. 128 Abs. 1 und 3, Art. 134 Abs. 1, Art. 136 Abs. 1, Art. 137 Abs. 2, Art. 138 Abs. 1, Art. 139 Abs. 1, Art. 143 Abs. 2, Art. 148 und Art. 154 Abs. 1 und 2 SIA 118.

175 Z.B. Art. 4.52 und Art. 4.53 SIA 102.

176 Art. 34 Abs. 3 SIA 118.

10.158 **3.** An sich ist diese Aufgabe Sache jenes Planers, der nach Art. 4.51 SIA 102[177] zuständig ist für das Erstellen des definitiven Terminplans, der dann in den Werkverträgen abgebildet werden muss, die ebenfalls vom entsprechenden Planer zu erstellen sind. Die Bauleitung muss daher jene Vorleistungen umsetzen, die ein anderer Planer erbracht hat (falls sie nicht selber für jene Leistungen zuständig war). Sollte sich zeigen, dass jene Aufgaben nicht oder mangelhaft erfüllt worden sind, etwa weil in den Werkverträgen in der Rubrik «Termine» der Hinweis «nach Baufortschritt» steht (was leider nicht selten angetroffen wird), so muss die Bauleitung hier korrigierend wirken. Sie muss dann notfalls selber einen Terminplan erstellen und mit den Unternehmern die definitiven Ausführungstermine und -zeiten *vereinbaren.* Solche Termine werden mit den Unternehmern *vereinbart* und nicht durch die Bauleitung *gesetzt.* Der Zeitpunkt, an dem der Unternehmer mit seiner Arbeit beginnen soll bzw. bis wann er sein Werk zu vollenden hat, sind wesentliche Elemente des Werkvertrags, die zu vereinbaren sind. Es ist (ausser bei kleineren Arbeiten) nicht zulässig, diesbezüglich der Bauleitung ein Recht zur einseitigen Festsetzung einzuräumen. Damit würde sich der Unternehmer der Willkür und dem Belieben der Bauleitung aussetzen, was gegen Art. 27 Abs. 2 ZGB verstösst. Der Unternehmer hat ein Recht darauf, dass seinen Interessen bei der Terminvereinbarung ebenfalls Rechnung getragen wird.

10.159 **4.** Dasselbe gilt entsprechend auch gegenüber jenen Personen, welche für die Erstellung der Ausführungsplanung verantwortlich sind: Das Planlieferungsprogramm ist mit dem zuständigen Planer zu vereinbaren und kann von der Bauleitung bzw. dem Bauherrn nicht einseitig verfügt werden. Dies ist für die Bauleitung insofern von Bedeutung, als ihr nach Art. 34 Abs. 1 SIA 118 die «Beschaffung der Pläne» obliegt und sie diese (und andere Ausführungsunterlagen) dem Unternehmer so frühzeitig zur Verfügung stellen muss, dass dieser die vertraglichen Fristen einhalten kann (Art. 94 Abs. 1 SIA 118). Diese Pflicht kann die Bauleitung nur erfüllen, wenn die vereinbarten Terminprogramme des Unternehmers und des zuständigen Planers koordiniert sind. Diese Koordinationsaufgabe obliegt jenem Planer, der nach Art. 4.51 SIA 102[178] zuständig ist für das Erstellen des definitiven Terminplans.

D. Vorleistungen und Mitwirkungshandlungen

10.160 **1.** Die SIA-Norm 118 erklärt die Bauleitung sodann als zuständig für eine Reihe von *Vorleistungen für den Unternehmer oder von Mitwirkungshandlungen,* die der Bauherr schuldet.[179] Weitere, gewerkespezifische Vorleistungen der Planer sehen die ABB vor. Immer wieder betont die SIA-Norm 118, dass diese Leistungen *rechtzeitig* zu erbringen sind, um dem Unternehmer zu ermöglichen, die mit ihm vereinbarten Termine und Fristen zu hal-

---

177 Bzw. Art. 4.3.51 und Art. 4.3.53 SIA 103; Art. 4.51 SIA 108.

178 Bzw. Art. 4.3.51 und Art. 4.3.53 SIA 103; Art. 4.51 SIA 108.

179 Z.B. Art. 34 Abs. 1, Art. 85 Abs. 2, Art. 94 Abs. 1, Art. 99, Art. 100 Abs. 1, Art. 114 Abs. 1 und 2, Art. 115 Abs. 3, Art. 142 Abs. 1, Art. 144 Abs. 3 und Art. 158 Abs. 2 SIA 118.

ten. Wird der Unternehmer in der Ausführung des Werks behindert, weil die Bauleitung eine dem Bauherrn obliegende Mitwirkungshandlung pflichtwidrig unterlässt oder verzögert, so kann der Bauherr gegenüber dem Unternehmer zum Ersatz des dadurch entstandenen Mehraufwands und – im Anwendungsbereich der SIA-Norm 118 – möglicherweise gar zur Leistung von Schadenersatz verpflichtet werden.[180] Der Bauherr kann dafür bei gegebenen Voraussetzungen auf die Bauleitung regressieren.

2. Zur Vermeidung des Verzugs bei den Mitwirkungshandlungen hat die Bauleitung gegenüber den Fachplanern und Vorunternehmern, soweit es nach deren Verträgen möglich ist, entsprechende zeitliche Vorgaben zu machen und deren Einhaltung aktiv einzufordern. Die Bauleitung sollte zudem die Bauherrschaft darauf hinweisen, welche Auswirkungen verzögerte Bauherrenentscheide haben können. 10.161

E. Die Bauleitung als Sprachrohr des Bauherrn

1. Schliesslich ernennt die SIA-Norm 118 die Bauleitung zum «Sprachrohr» des Bauherrn, der in gewissen Situationen Entscheidungen zu treffen hat.[181] Damit wird die Bauleitung zum Stellvertreter des Bauherrn. Im Verhältnis zum Unternehmer sind die Erklärungen, die die Bauleitung abgibt, für den Bauherrn verbindlich. Ob die Bauleitung zur Abgabe solcher Erklärungen an die Adresse des Unternehmers ohne Rücksprache mit dem Bauherrn befugt ist, ist eine Frage des Umfanges der Vollmacht, die der Bauherr der Bauleitung erteilt hat.[182] 10.162

2. Insbesondere bei jenen Erklärungen, die für den Bauherrn nachteilige finanzielle Folgen nach sich ziehen oder dessen Rechtsposition gegenüber dem Unternehmer verschlechtern, ist die Bauleitung gehalten, den Umfang ihrer Vollmacht vorgängig zu prüfen und im Zweifel mit dem Bauherrn Rücksprache zu nehmen. Gerade in diesem Bereich wirkt sich das Fehlen einer Koordination der Vollmachtsregelungen in den SIA-Ordnungen 102, 103 und 108 mit jenen in der SIA-Norm 118 negativ und konfliktträchtig aus.[183] 10.163

---

180 Vgl. dazu im Einzelnen GAUCH, Werkvertrag, Rz. 1335 ff.; HENNINGER, Bauverzögerungen und ihre Folgen, S. 237 ff.

181 Z.B. Art. 45 Abs. 1 und 2, Art. 47 Abs. 1 und 2, Art. 51 Abs. 2, Art. 94 Abs. 2, Art. 95 Abs. 2 und 3, Art. 101 Abs. 2 und 3, Art. 102, Art. 109 Abs. 1 und 2, Art. 112 Abs. 2, Art. 115 Abs. 1, Art. 122 Abs. 1, Art. 125 Abs. 2, Art. 128 Abs. 2, Art. 140 Abs. 1, Art. 154 Abs. 3, Art. 158 Abs. 3 und Art. 163 Abs. 1 SIA 118.

182 Ferner TRÜMPY, Architektenvertragstypen, S. 106 ff.

183 Vgl. etwa die Problematik, die in der Anerkennungswirkung des Prüfungsbescheids der Bauleitung nach Art. 154 Abs. 3 SIA 118 liegt, in SCHUMACHER/MONN, Kommentar SIA 118, Art. 154/Rz. 25 ff.

III. Die Haftung der Bauleitung

10.164 **1.** In den vorstehenden Kapiteln wurden die vertraglichen Pflichten der Bauleitung dargestellt, d.h., es wurde erläutert, welche Leistungen die Bauleitung zu erbringen hat. Zeigt sich, dass die Bauleitung diese Leistungen nicht oder schlecht erbracht hat, so liegt eine *Vertragsverletzung* vor (vgl. Rz. 9.23ff. und 21.122ff.). Die Vertragsverletzung muss – damit der Bauherr einen Schadenersatzanspruch gegenüber der Bauleitung hat – einen *Schaden* beim Bauherrn *verursacht* haben. Zwischen einem ziffernmässig nachgewiesenen oder allenfalls ermessensweise festzusetzenden (Art. 42 Abs. 2 OR) Schaden des Bauherrn und der Vertragsverletzung der Bauleitung muss demnach ein Kausalzusammenhang gegeben sein. Schliesslich muss die Bauleitung ein Verschulden treffen, wobei blosse Fahrlässigkeit genügt. Zudem wird das Verschulden vermutet, sodass die Bauleitung zu beweisen hat, dass der Schaden trotz Anwendung der gebotenen Sorgfalt eingetreten ist.[184] Die gesetzliche Haftung ist grundsätzlich betraglich nicht begrenzt. Der SIA versucht nun, mit seinem Planervertrag (Ziff. 8.2 SIA-Vertragsformular 1001/1) eine Haftungsbegrenzung für Fälle von einfacher Fahrlässigkeit zu erreichen. Zunächst werden drei Modelle angeboten: (i) insoweit seine Versicherung nicht zur Deckung des Schadens verpflichtet ist, haftet der Beauftragte für alle Schadenfälle insgesamt höchstens bis zu einem zu vereinbarenden Mehrfachen der Totalvergütung gemäss Ziff. 4.1 dieses Vertragsformulars, (ii) höchstens im Umfang eines einzusetzenden Betrags und (iii) betraglich unbeschränkt. Im folgenden Absatz wird dann bestimmt, dass ohne die Wahl eines dieser Modelle die Haftung – insoweit seine Versicherung nicht zur Deckung des Schadens verpflichtet ist – für alle Schadenfälle insgesamt auf den dreifachen Betrag der Totalvergütung gemäss Ziff. 4.1 SIA-Vertragsformular 1001/1 begrenzt ist. Damit trägt der SIA dem Umstand Rechnung, dass die Regelung, welche das SIA-Vertragsformular 1001/1 in seiner vorherigen Version vorgesehen hatte, zahlreiche Fragen aufgeworfen hat. Immerhin ist auch diese Auffanglösung für den Bauherrn schlechter als die gesetzliche Regelung mit der betraglich unbeschränkten Haftung.

10.165 **2.** Die Frage, ob eine Bauleitung haftet, stellt sich häufig in einem Kontext, in welchem auch die Haftpflicht anderer Baubeteiligter zur Diskussion steht, also im Rahmen einer Haftung mehrerer. Dazu sei auf den Beitrag von Krauskopf verwiesen (Rz. 17.151).

10.166 **3.** Sodann ist auf die verjährungsrechtliche Sonderstellung[185] zu verweisen, die der Haftung der Bauleitung zukommt. Die Ansprüche des Bauherrn gegen die Bauleitung aus Mängeln eines unbeweglichen Werks unterliegen nach Art. 371 Abs. 2 OR der fünfjährigen Verjährungsfrist.[186] Die übrigen Ansprüche fallen unter die allgemeine, zehnjährige

---

184 Gehrer Cordey/Giger, Handkommentar Privatrecht, N 28 zu Art. 398 OR.

185 Fellmann, Haftung für Werkmängel, S. 84f.

186 Daran hat sich durch die Revision des Obligationenrechts vom 16. März 2012 zumindest für die Haftung der Planer von Bauten nichts geändert (vgl. dazu Gauch, Revidierte Art. 210 und 371 OR, S. 124ff. und insb. 134, wo festgestellt wird, dass die gleiche Regel schon im bisherigen Art. 371 Abs. 2 OR mitenthalten gewesen ist). Die Erweiterung des Begriffs «unbewegliches Bauwerk» (im

Verjährungsfrist (Art. 127 OR), da es sich beim Bauleitungsvertrag um einen einfachen Auftrag handelt (Rz. 1.47 und 10.25).

alten Artikel) auf «unbewegliches Werk» in der revidierten Fassung dürfte für die Haftung der Bauleitung im Regelfall ohne Bedeutung sein, weil Bauleiter typischerweise die Erstellung unbeweglicher Bauwerke leiten.

§ 11 Die Kosteninformation

Thomas Siegenthaler*

Inhaltsverzeichnis

* Ich danke Prof. Dr. iur. Frédéric Krauskopf und Dr. iur. Hannes Zehnder für die kritische Durchsicht des Manuskripts und ihre wertvollen Hinweise.

I. Die Kosteninformationspflichten

1. Kosteninformationspflichten im Allgemeinen

11.1 **1.** Der Entscheid, ein Bauprojekt zu realisieren, ist ein Investitionsentscheid. Als Grundlage dient dabei eine Kostenprognose, welche vom Planer erstellt wird. Im Folgenden wird der Frage nachgegangen, inwiefern der Planer verpflichtet ist, die Bauherrschaft über die voraussichtlichen Kosten des Bauprojekts zu informieren, und welche Verlässlichkeit bei solchen Kostenprognosen erwartet werden darf.

11.2 **2.** Die Rechenschaftsablegung des Beauftragten nach Art. 400 Abs. 1 OR umfasst alle Informationen, die für die Rechtsstellung und die Rechtsausübung, namentlich die Geltendmachung des Weisungs- und Widerrufsrechts sowie des Rechts auf Schadenersatz, von Belang sind.[1] Der Beauftragte hat den Auftraggeber über alles zu informieren, was für ihn von Bedeutung sein kann.[2] Auch wenn der Auftraggeber nicht gezielte Fragen stellt, sondern nur allgemeine Auskünfte verlangt, muss die Information all jene Tatsachen enthalten, die der sorgfältige Beauftragte als für die Rechtsstellung und Rechtsausübung des Auftraggebers wesentlich erkennen muss.[3] Der Umfang der zu erteilenden Auskunft bestimmt sich nach dem Begehren des Auftraggebers,[4] aber auch nach seinen Kenntnissen und dem Stand seiner Erfahrung.[5] Die allgemeine Informationspflicht sowie die Pflicht zur Erteilung der vom Auftraggeber verlangten Einzelauskünfte umfasst auch die Aufklärung des Bauherrn über die finanziellen Konsequenzen des Bauvorhabens.[6]

11.3 **3.** Die allgemeine Pflicht der Planer, über die finanziellen Konsequenzen des Bauvorhabens zu orientieren, kann demnach grundsätzlich auf die aus Art. 400 Abs. 1 OR abgeleitete allgemeine Informationspflicht gestützt werden. Diese als Nebenleistungspflicht aus dem Gesetz abgeleitete allgemeine Informationspflicht wird der Realität des Bauens

---

1 Fellmann, Berner Kommentar, N 19 zu Art. 400 OR; Schumacher, Architektenrecht 1995, Rz. 441.

2 Fellmann, Berner Kommentar, N 19 zu Art. 400 OR; Schmid/Stöckli/Krauskopf, OR BT, Rz. 1912.

3 Fellmann, Berner Kommentar, N 20 zu Art. 400 OR.

4 Fellmann, Berner Kommentar, N 25 zu Art. 400 OR.

5 BGE 119 II 333/335 E. 5a; BGer 4A_140/2011 vom 27. Juni 2011 E. 3.1.

6 Schumacher, Architektenrecht 1995, Rz. 745 mit Verweis auf BGE 119 II 456/458 E. 2a (= BR/DC 1994, S. 106, Nr. 215, mit Anm. Werro).

indessen nicht gerecht: Die Kostenermittlung, die Kosteninformation und die Kostenkontrolle sind bei Bauprojekten meist **von ebenso zentraler Bedeutung** wie die übrigen Teilleistungen des Planers. Die Erarbeitung der Kostenprognosen[7] erfolgt parallel zur Erarbeitung des Bauprojektes; Bauprojekt und Kostenprognosen bedingen sich wechselseitig.[8] Die Kostenprognose ist in den meisten Fällen nicht einfach ein Nebenpunkt, sondern für die Bauherrschaft von gleicher Wichtigkeit wie die anderen Bestandteile des Projekts (Bauprojekt, Detailstudien, Baueingabepläne etc.). Auch die Kostenkontrolle ist für die Bauherrschaft in der Regel keine Nebensache, sondern steht auf der gleichen Stufe wie die Überwachung der Arbeiten auf der Baustelle. Bei der Kostenermittlung, der Kosteninformation und der Kostenkontrolle handelt es sich somit um Hauptleistungspflichten des Planers – nicht um Nebenleistungspflichten.

4. Eine **vorvertragliche Pflicht des Planers, über die zu erwartenden Kosten zu informieren, besteht nicht.**[9] Dies ergibt sich allein schon daraus, dass die Erarbeitung einer Kostenprognose eine vertragliche Hauptpflicht darstellt und zwangsläufig parallel zur Erarbeitung des Bauprojekts erfolgen muss. Eine vorvertragliche Kostenprognose ist meist gar nicht möglich, weil zuerst ein Projekt erarbeitet werden muss, dessen Kosten dann geschätzt werden können. 11.4

5. Der Planer haftet, wenn er es vertragswidrig unterlässt, die Kosten zu ermitteln und den Bauherrn darüber zu informieren. Im Einzelfall ist massgebend, welcher konkrete Anspruch auf Kosteninformationen bestand und ob dieser pflichtwidrig nicht erfüllt wurde: 11.5

a. Wie erwähnt, handelt es sich bei der Pflicht des Planers, Kosten zu ermitteln und darüber zu informieren, um eine Hauptleistungspflicht (Rz. 11.3). Die konkrete Ausgestaltung dieser Pflicht ist von den Vertragsparteien zu vereinbaren – zum Beispiel indem die entsprechende SIA-Honorarordnung (102, 103 oder 108) als Vertragsbestandteil vereinbart wird (Rz. 1.86). Eine entsprechende Vereinbarung kann auch nach Abschluss des Planervertrags erfolgen, zum Beispiel im Sinne der Vereinbarung einer Zusatzleistung.[10] 11.6

b. Nach Art. 400 Abs. 1 OR ist der Beauftragte dazu verpflichtet, dem Auftraggeber auf dessen Verlangen jederzeit Rechenschaft über seine Geschäftsführung abzulegen. Die Pflicht zur Rechenschaftsablegung erstreckt sich auf sämtliche, im Zusammenhang mit 11.7

---

[7] Die SIA-Ordnungen 102 und 103 unterscheiden zwischen der «Kostenschätzung» (im Vorprojekt), dem «Kostenvoranschlag» (bei der Projektierung) und, bei der Ausschreibung, der «Gesamtkostenübersicht» (gemäss Art. 4.41 SIA 102) bzw. der aktualisierten «Endkostenprognose» oder der revidierten «Kostenermittlung» (gemäss Art. 4.3.41 SIA 103). Der Ausdruck «Kostenprognose» wird im Folgenden als Oberbegriff für alle Arten von Angaben über künftig zu erwartende Kosten verwendet.

[8] Vgl. BGer 4A_86/2011 vom 28. April 2011 E. 3.2.

[9] Férolles, Le dépassement du devis, Rz. 702.

[10] Férolles, Le dépassement du devis, Rz. 715.

dem Auftrag vom Auftraggeber verlangten Einzelauskünfte.[11] Der Umfang der zu erteilenden Auskunft bestimmt sich dabei nach dem vertraglich Vereinbarten bzw. nach dem Begehren des Auftraggebers.[12] In Bezug auf die Kosteninformationen des Planers bedeutet das, dass der Planer die Bauherrschaft immer dann über die Kosten informieren muss, wenn es entweder vereinbart ist oder wenn der Planer von der Bauherrschaft dazu aufgefordert wird. Die Ermittlung künftiger oder bereits aufgelaufener Kosten und die Information darüber sind mit wesentlichem Arbeitsaufwand verbunden. Soweit und sofern ein Honorar üblich oder vereinbart ist, kann der Beauftragte für diese Bemühungen Rechnung stellen.[13] Gerade weil es sich zumeist um eine zu vergütende (Haupt-)Leistung des Planers handelt, ist den Vertragsparteien zu empfehlen, ausdrücklich zu vereinbaren, mit welcher Häufigkeit und mit welcher Genauigkeit der Planer die zu erwartenden oder die bereits aufgelaufenen Kosten ermitteln und darüber informieren soll.

11.8 **c.** Eine Pflicht, über die zu erwartenden Kosten zu informieren, kann sich indirekt auch aus der Pflicht ergeben, unzweckmässige Weisungen des Auftraggebers abzumahnen (Art. 397[14] bzw. Art. 369 OR; Art. 1.2.61 SIA 102): Zu Beginn der Projektierung eines Bauvorhabens äussert die Bauherrschaft ihre Absichten und Bedürfnisse bezüglich des Bauwerks und in der Regel zugleich auch eine Vorstellung über das dafür zur Verfügung stehende Budget. Falls sich die Bauherrschaft nicht zu ihrem Budget äussert, muss der Planer nachfragen und diese Weisung einholen.[15] Wenn sich im Verlaufe der Planung herausstellt, dass die Absichten und Bedürfnisse der Bauherrschaft mit dem in Aussicht genommenen Budget nicht verwirklicht werden können, so hat der Planer die Bauherrschaft auf die fehlende Realisierbarkeit hinzuweisen.[16] Der Planer muss also ermitteln, welche finanziellen Mittel für die Umsetzung der Absichten und Bedürfnisse der Bauherrschaft erforderlich sind, denn er hat möglichst frühzeitig Anzeige zu machen, wenn sich diese im Rahmen des Budgets der Bauherrschaft nicht realisieren lassen.

11.9 **d.** Aus Art. 400 Abs. 1 OR wird sodann eine allgemeine Informationspflicht des Planers abgeleitet, die unter anderem die Pflicht beinhaltet, über die finanziellen Konsequenzen des Bauvorhabens zu informieren. In der Rechtsprechung des Bundesgerichts wurde dies wie folgt konkretisiert: «Der beauftragte Architekt hat im Rahmen des ihm erteilten Auftrags, allgemein, d.h. auch ohne besondere Vereinbarungen über die Handhabung oder Begrenzung der Baukosten, unaufgefordert eine Kostenberechnung anzustellen und den Bauherrn über die zu erwartenden Kosten zu informieren. Namentlich hat er einen Kostenvoranschlag sorgfältig zu erstellen und die Baukosten ständig daraufhin zu überprü-

---

11 Fellmann, Berner Kommentar, N 23 zu Art. 400 OR.

12 Vgl. Fellmann, Berner Kommentar, N 25 zu Art. 400 OR; Férolles, Le dépassement du devis, Rz. 697.

13 Fellmann, Berner Kommentar, N 26 zu Art. 400 OR.

14 Fellmann, Berner Kommentar, N 106 zu Art. 397 OR; Férolles, Le dépassement du devis, Rz. 688; Schumacher, Architektenrecht 1995, Rz. 449.

15 Schumacher, Architektenrecht 1995, Rz. 478.

16 Schumacher, Architektenrecht 1995, Rz. 477.

fen, ob sie sich im Rahmen des Voranschlags halten.»[17] Nach dieser Rechtsprechung hat der Planer also auch ohne besondere Vereinbarung zumindest *eine* Kostenberechnung zu erstellen. Richtigerweise kann indessen nicht generell, sondern nur unter Würdigung der Umstände im Einzelfall beurteilt werden, ob es zu den Pflichten des Planers gehört, «unaufgefordert eine Kostenberechnung anzustellen»,[18] denn es ist Sache der Bauherrschaft (nicht der Rechtsprechung oder der Rechtslehre), darüber zu entscheiden, ob sie den Honoraraufwand der Erstellung eines Kostenvoranschlags[19] auf sich nehmen will.[20] Wenn aber ein Kostenvoranschlag abgegeben werden muss, ist dieser so darzustellen, dass sich auch eine unerfahrene Bauherrschaft ohne grossen Aufwand ein zuverlässiges Bild über die zu erwartenden Kosten machen kann.[21] Was dazu erforderlich ist, hängt vom Einzelfall ab – namentlich von der Art des Projekts, der Projektphase und der Fachkunde der Bauherrschaft.[22] In Ermangelung anderer Vereinbarungen der Parteien geht das Bundesgericht dabei für Neubauten von einer «Toleranzgrenze» (Genauigkeitsgrad) von 10% aus.[23] Nach Beginn der Arbeiten hat der Planer die Baukosten daraufhin zu überprüfen, ob sie sich im Rahmen des Kostenvoranschlags halten.[24] Soweit daran Zweifel bestehen, hat er dies dem Bauherrn mitzuteilen.[25]

---

17 BGer 4C.424/2004 vom 15. März 2005 E. 3 mit Verweis auf BGE 119 II 249/251 E. 3b (= BR/DC 1994, S. 47, Nr. 87, mit Anm. Gauch); 115 II 62/67 E. 3d; 108 II 197/198 E. 2a (= BR/DC 1983, S. 53, Nr. 35, mit Anm. Gauch) und auf Schumacher, Architektenrecht 1995, Rz. 749 ff.; vgl. die Anm. von Pichonnaz zu BGer 4C.424/2004 vom 15. März 2005 (= BR/DC 2006, S. 8 ff.); die Pflicht «unaufgefordert eine Kostenberechnung anzustellen» wurde bestätigt in BGer 4A_89/2017 vom 2. Oktober 2017 E. 5.1 (= BR/DC 2018, S. 186, Nr. 295, mit Anm. Werro); 4A_271/2013 vom 26. September 2013 E. 2.1 (= BR/DC 2014, S. 150, Nr. 255, mit Anm. Siegenthaler).

18 Siehe dazu die Anm. von Stöckli zu BGer 4A_159/2009 vom 8. September 2009 (= BR/DC 2010, S. 56, Nr. 127); a.M. Férolles, Le dépassement du devis, Rz. 717; vgl. auch die Anm. von Pichonnaz zu BGer 4C.424/2004 vom 15. März 2005 (= BR/DC 2006, S. 9); Schumacher, Haftung für Kosteninformationen, S. 131; Zehnder, Haftung des Architekten, Rz. 89.

19 Gemäss Art. 7.7 SIA 102-K sind dies vier Teilleistungsprozente.

20 A.M. Férolles, Le dépassement du devis, Rz. 717 ff., der die Erstellung eines Kostenvoranschlags für zwingend hält, weil dieser zur Erfüllung des Architektenvertrags «absolument nécessaire» sei. Dazu wäre zu bemerken, dass die SIA-Ordnung 102 die Möglichkeit vorsieht, auf einen Kostenvoranschlag zu verzichten und die Kosten stattdessen aufgrund der Unternehmerofferten zu ermitteln (vgl. Art. 4.41 SIA 102 mit der Grundleistung «Aufstellen einer Gesamtkostenübersicht, falls auf die Erstellung eines Kostenvoranschlags verzichtet wurde»).

21 Vgl. BGE 115 II 62/66 E. 3d; Férolles, Le dépassement du devis, Rz. 723; vgl. Schumacher, Haftung für Kosteninformationen, S. 131: «Die Information des Architekten muss eindeutig, bestimmt sowie klar und damit unmissverständlich sein.»

22 Férolles, Le dépassement du devis, Rz. 723; Pedrazzini F., Le dépassement du devis, S. 191.

23 BGer 4A_271/2013 vom 26. September 2013 E. 2.1 (= BR/DC 2014, S. 150, Nr. 255, mit Anm. Siegenthaler); 4C.424/2004 vom 15. März 2005 E. 3.2.2 (= BR/DC 2006, S. 8 ff., mit Anm. Pichonnaz).

24 BGE 119 II 249/251 E. 3b (= BR/DC 1994, S. 47, Nr. 87, mit Anm. Gauch).

25 BGer 4C.54/2006 vom 9. Mai 2006 E. 2.2.1 (= BR/DC 2006, S. 170, Nr. 438, mit Anm. Werro); Férolles, Le dépassement du devis, Rz. 746; Schumacher, Architektenrecht 1995, Rz. 747.

11.10 **6.** Nach der Rechtsprechung des Bundesgerichts ist also von Folgendem auszugehen: Auch ohne besondere Vereinbarung und ohne konkretes Auskunftsbegehren des Bauherrn ist der Planer verpflichtet, *eine* Kostenberechnung mit einer «Toleranzgrenze» von 10% zu erstellen. Zu beachten ist sodann, dass der Beauftragte den Auftraggeber über alles zu informieren hat, was für ihn von Bedeutung sein kann.[26] Auch wenn die Erstellung mehrerer Kostenberechnungen (z.B. zuerst einer Kostenschätzung in der Vorprojektphase und dann einer Kostenprognose bei Abschluss der Projektphase) nicht ausdrücklich vereinbart ist und die Bauherrschaft auch kein entsprechendes Auskunftsbegehren stellt, hat der Planer die Bauherrschaft darauf hinzuweisen, dass die Möglichkeit bestünde, bei Abschluss der Vorprojektphase eine solche Schätzung zu erstellen. Soweit die Bauherrschaft aber von dieser Möglichkeit bereits anderweitig Kenntnis hat, kann dieser Hinweis des Planers unterbleiben.

11.11 **7.** Der Beauftragte hat den Auftraggeber auch über die Folgen der Anordnungen des Auftraggebers aufzuklären.[27] Bei Bestellungsänderungen an den Unternehmer muss der Planer die Bauherrschaft darauf hinweisen, wenn diese mit Mehrkosten verbunden sind.[28] Wenn eine Bauherrschaft eine Änderung in Erwägung zieht, genügt der Planer seinen Pflichten, wenn er die Bauherrschaft in allgemeiner Weise auf Mehrkosten, die entstehen werden, aufmerksam macht – eine genaue Bezifferung ist nicht erforderlich und ohne wesentlichen Aufwand häufig auch nicht möglich. Falls die Bauherrschaft eine genaue Schätzung der entsprechenden Mehrkosten wünscht, kann sie vom Planer entsprechende Abklärungen verlangen, denn häufig ist es dem Planer überhaupt erst auf der Basis der Nachtragsofferten der Unternehmer möglich, die genauen Kostenfolgen anzugeben.[29] Soweit nicht ausdrücklich etwas anderes vereinbart wurde, kann aus den allgemeinen Informationspflichten des Auftragsrechts jedenfalls nicht abgeleitet werden, dass der Planer unaufgefordert die genaue Kostenfolge der Bestellungsänderungen zu ermitteln und darüber zu informieren hat.[30] Dies ergibt sich aus Art. 400 Abs. 1 OR, wonach die Rechenschaftsablegung alle Informationen, die für die Rechtsstellung und die Rechts-

---

26 FELLMANN, Berner Kommentar, N 19 zu Art. 400 OR.

27 FELLMANN, Berner Kommentar, N 164 zu Art. 398 OR.

28 FELLMANN, Berner Kommentar, N 163 zu Art. 398 OR; DERS., Haftung für falsche Kostenschätzung, S. 229; GAUCH, Notizen zur Vertragshaftung, S. 82; SCHUMACHER, Architektenrecht 1995, Rz. 753; ZEHNDER, Prognosen, S. 51.

29 Vgl. SCHUMACHER, Haftung für Kosteninformationen, S. 132.

30 Vgl. ZEHNDER, Prognosen, S. 52; a.M. FÉROLLES, Le dépassement du devis, Rz. 752 und 754, gestützt auf die Wiedergabe des vorinstanzlichen Urteils in BGer 4A_118/2007 vom 23. November 2007 (= BR/DC 2008, S. 70, Nr. 135, mit Anm. WERRO). Auch SCHUMACHER, Architektenrecht 1995, Rz. 753, fordert, dass der Bauherr vor der Bestellungsänderung «über deren Kostenfolgen» aufgeklärt werden muss. SCHUMACHER lässt damit aber offen, ob ein allgemeiner Hinweis genügt oder ob die Kostenfolgen genau zu beziffern sind. Andernorts (SCHUMACHER, Haftung für Kosteninformationen, S. 132) weist er darauf hin, dass die Kostenfolgen von Bestellungsänderungen häufig erst auf der Basis von Nachtragsofferten der Unternehmer bestimmt werden können. FELLMANN, Haftung für falsche Kostenschätzung, S. 229, verlangt ebenfalls, dass der Architekt seinen Auftraggeber «unverzüglich auf die finanziellen Folgen nachträglicher Sonder- und Änderungs-

ausübung für den Auftraggeber von Belang sind, umfasst: In einem ersten Schritt muss der Hinweis des Planers genügen, dass die von der Bauherrschaft in Erwägung gezogenen Bestellungsänderungen Mehrkosten verursachen könnten. Diese Information ermöglicht es der Bauherrschaft, ihre Rechte dann dahingehend auszuüben, dass sie eine konkrete Einzelauskunft verlangt, indem sie beim Unternehmer eine Nachtragsofferte einholt oder durch den Planer einholen lässt. Somit entscheidet die Bauherrschaft selber, ob und inwiefern sie eine Bezifferung der Mehrkosten möglicher Bestellungsänderungen wünscht – zumal die Ermittlung der Mehrkosten mit Mehraufwand verbunden sein kann, den die Bauherrschaft unter Umständen (d.h. je nach Art der Honorarabrede) vergüten muss.[31]

8. Bei der Arbeitsvergabe hat der Planer der Bauherrschaft aufzuzeigen, ob und in welchem Umfang der Vergabeentscheid der Bauherrschaft die Gesamtkosten beeinflusst – namentlich, ob der Vergabeentscheid zu einer Überschreitung des Kostenvoranschlags führen könnte.[32] Dies ergibt sich aus der vom Bundesgericht auch ohne besondere Vereinbarung vorausgesetzten Pflicht des Planers, die Baukosten ständig daraufhin zu überprüfen, ob sie sich im Rahmen des Voranschlags halten.[33] 11.12

9. Die Unternehmens- und Finanzanlageberatung gehört typischerweise nicht zu den Pflichten des Planers. Ohne besondere Vereinbarung[34] beschränkt sich seine Informationspflicht auf die mit der Erstellung des Bauwerks zusammenhängenden Kosten. Es ist Sache des derart informierten Bauherrn, abzuschätzen, ob ihm das geplante Bauwerk in wirtschaftlicher oder persönlicher Hinsicht jenen Nutzen bringen wird, den er sich von seiner Investition erhofft. In der Regel gehört es namentlich nicht zu den Informationspflichten des Planers, die Rentabilität von Bauprojekten zu schätzen.[35] 11.13

10. Im vorliegenden Beitrag geht es um Kosteninformationen. Nicht zu vergessen ist dabei, dass Planer die Kostenerwartung des Bauherrn auch in anderer Weise prägen: Planer erstellen die Leistungsverzeichnisse, welche mit den darin vorgegebenen Leistungspositionen und Vorausmassen zur Grundlage der Unternehmerofferten werden. Nach 11.14

---

wünsche hinzuweisen» habe. Auch seine Wortwahl lässt offen, wie genau diese Information sein muss und sein kann.

[31] Vgl. auch Férolles, Le dépassement du devis, Rz. 754.

[32] Schumacher, Architektenrecht 1995, Rz. 754.

[33] BGer 4A_457/2017 vom 3. April 2018 E. 4.2.1; 4C.424/2004 vom 15. März 2005 E. 3 (= BR/DC 2006, S. 8 ff., mit Anm. Pichonnaz) mit Verweis auf BGE 119 II 249/251 E. 3b (= BR/DC 1994, S. 47, Nr. 87, mit Anm. Gauch); 115 II 62/67 E. 3d; 108 II 197/198 E. 2a (= BR/DC 1983, S. 53, Nr. 35, mit Anm. Gauch) und auf Schumacher, Architektenrecht 1995, Rz. 749 ff.

[34] In Art. 4.31 SIA 102 werden «Finanzierungs- und Anlagestudien» als «besonders zu vereinbarende Leistungen» genannt. Besonders zu «vereinbarende Leistungen» sind gemäss Art. 4.3.31 und Art. 4.3.32 SIA 103 das «Erstellen von Wirtschaftlichkeitsberechnungen» und die «Mithilfe zur Lösungsfindung bei Finanzierungsproblemen». Auch Vorstudien sind nach Art. 4.2 SIA 102 und Art. 4.3.2 SIA 103 «besonders zu vereinbarende Leistungen».

[35] Krauskopf-Forero/Siegenthaler, Architektur- und Bauingenieurverträge, S. 305; Pedrazzini F., Le dépassement du devis, S. 192; a.M. Pistor/Schumacher, Realisierbarkeit, S. 64 ff.

Eingang der entsprechenden Offerten prägen die darin enthaltenen Angebotssummen die Kostenerwartung des Bauherrn.[36]

2. Kosteninformationspflichten nach den SIA-Ordnungen

11.15 **1.** Im Bereich der Kostenprognose ist die Praxis stark geprägt von der Regelung und der Terminologie der SIA-Ordnungen, namentlich der SIA-Ordnungen 102, 103 und 108. Im Rahmen des Vorprojekts sieht die **SIA-Ordnung 102** in Art. 4.31 als Grundleistung des Architekten unter der Überschrift «Kostenschätzung (Vorprojekt)» vor, dass eine Schätzung der Baukosten «unter Benützung der kubischen Berechnung, der Flächenberechnung, oder nach anderen Erfahrungswerten» zu erstellen ist, wobei der Genauigkeitsgrad «mangels anderer Vereinbarung ± 15%» betragen soll (Art. 4.31 SIA 102). In der Phase der Projektierung soll dann der sogenannte Kostenvoranschlag erstellt werden, und zwar «mit detaillierter Beschreibung der vorgesehenen Arbeiten und Lieferungen, Bezeichnung der gewählten Materialien, mit Ausmass und geschätzten Preisen» (Art. 4.32 SIA 102). Dieser Kostenvoranschlag sollte «mangels besonderer Vereinbarung» einen Genauigkeitsgrad von ± 10% haben, wobei Beträge für Unvorhergesehenes separat auszuweisen sind (Art. 4.32 SIA 102). Als «besonders zu vereinbarende Leistungen» gelten in dieser Phase das «Schätzen der Betriebs- und Unterhaltskosten, Rentabilitätsberechnungen», der «Baukostenvergleich grundsätzlich verschiedener Konstruktionsarten» und das «Erstellen eines Finanzierungsplans» (Art. 4.32 SIA 102). In der Phase der Ausschreibung ist sodann die Kostenermittlung aufgrund der Angebote zu revidieren und ein Vergleich mit dem Kostenvoranschlag zu erstellen (Art. 4.41 SIA 102). Als «besonders zu vereinbarende Leistung» gilt das Erstellen eines revidierten Kostenvoranschlags auf der Grundlage der eingegangenen Angebote (Art. 4.41 SIA 102).

11.16 **2.** Die **SIA-Ordnung 103** gleicht den Bestimmungen zu den Kostenprognosen der SIA-Ordnung 102 auch im Bereich der Kosteninformation. Allerdings unterscheidet sie zwischen dem Ingenieur als Gesamtleiter und dem Ingenieur als Fachplaner. Entsprechend beziehen sich die Bestimmungen über die Kosteninformation im Falle des Gesamtleiters auf das Gesamtwerk und im Falle des Fachplaners nur auf den von ihm betreuten Teil des Bauwerks («Fachbereich»). Wie die SIA-Ordnung 102 unterscheidet auch die SIA-Ordnung 103 zwischen Grundleistungen und «besonders zu vereinbarenden Leistungen»:

11.17 – Die «Strategische Planung», welche eine «besonders zu vereinbarende Leistung» ist, umfasst in Bezug auf die verschiedenen Lösungsstrategien auch eine «Aussage zu Kosten und Terminen» (Art. 4.3.11 SIA 103). Ebenfalls «besonders zu vereinbarende Leistungen» sind die Vorstudien. Zu diesen gehört beim Gesamtleiter auch ein «Bericht über die Machbarkeit (inkl. Kosten, […])» und beim Fachplaner das «Schätzen

[36] Zur Haftung für mangelhafte Leistungsverzeichnisse vgl. SIEGENTHALER, Mangelhafte Leistungsverzeichnisse, S. 163 ff.

der Kosten je Lösungsansatz» und auch das «Schätzen der voraussichtlichen Betriebs- und Unterhaltskosten je Lösungsansatz» (Art. 4.3.21 SIA 103).

- In der Vorprojektphase gehört das «Vorschlagen von Umfang, Methode und Genauigkeitsgrad der Kostenermittlung» zu den Grundleistungen des Gesamtleiters. Bezüglich des Genauigkeitsgrads wird sodann Folgendes festgehalten: «Genauigkeitsgrad mangels anderer Vereinbarung von ± 20% im Tiefbau und ± 15% im Hochbau». Eine Grundleistung des Fachplaners ist das «Erstellen der Kostenschätzung im Fachbereich nach den definierten Vorgaben. Genauigkeitsgrad mangels anderer Vereinbarung von ± 20% im Tiefbau und ± 15% im Hochbau». Das «Zusammenfassen der Kostenschätzungen der Fachplaner zum Kostenbericht» und das «Überprüfen der Kostenschätzungen aufgrund von Kostenkennwerten» ist dann eine Grundleistung des Gesamtleiters (Art. 4.3.31 SIA 103). Zu beachten ist, dass die Erstellung der Gesamtkostenschätzung zwar eine Aufgabe des Gesamtleiters ist, aber dass dessen Leistung sich auf das Zusammenfassen der Kostenschätzungen der Fachplaner und einer Plausibilisierung durch Kennwerte beschränkt. Nach Art. 1.2.71 SIA 103 gilt der Grundsatz, dass der Beauftragte (hier der Gesamtleiter) «sachverständig erstellte Arbeitsergebnisse von Dritten» nicht prüfen muss – ausser natürlich, dies sei anders vereinbart: Nach Art. 4.3.31 SIA 103 besteht zwar eine Pflicht zum «Überprüfen der Kostenschätzungen aufgrund von Kostenkennwerten». Zu einer weiter gehenden Prüfung ist der Gesamtleiter entsprechend Art. 1.2.71 SIA 103 nicht verpflichtet. 11.18
- In der Projektierungsphase gehört das «Vorschlagen von Umfang, Methode, Struktur und Genauigkeitsgrad (mangels besonderer Vereinbarung 10%) der Kosten» zu den Grundleistungen des Gesamtleiters. Der Fachplaner ist sodann zuständig für das «Erstellen eines Kostenvoranschlags mit detaillierter Beschreibung der vorgesehenen Arbeiten und Lieferungen, Bezeichnung der gewählten Materialien, mit Ausmass und geschätzten Preisen im Fachbereich nach den definierten Vorgaben». Der Gesamtleiter sorgt für das «Zusammenfassen der Kosten der Fachplaner» und das «Überprüfen der Plausibilität der Kostenermittlungen aufgrund von Erfahrungswerten» (Art. 4.3.32 SIA 103). Die Rolle der Gesamtleitung beschränkt sich also auf das Zusammenfassen der Kostenangaben der Fachplaner und auf eine Plausibilitätsprüfung. Nach Vorliegen der Baubewilligung erfolgt das Anpassen der Kostenangaben aufgrund der Auflagen aus dem Bewilligungsverfahren wobei der Fachplaner diese Anpassung für seinen Fachbereich vornimmt und der Gesamtleiter hinsichtlich der Kosten des Gesamtprojekts (Art. 4.3.33 SIA 103). 11.19
- Nach erfolgter Ausschreibung gehört gemäss Art. 4.3.41 SIA 103 Folgendes zu den Grundleistungen des Fachplaners: «Erstellen eines Berichts mit Vergleich der Angebote und einem Vergabeantrag für den Fachbereich», das «Revidieren der Kostenermittlung aufgrund der Angebote und Vergleichen mit bisheriger Kostenermittlung» und das «Begründen von Abweichungen gegenüber dem Kostenvoranschlag im Fachbereich». Eine Grundleistung des Gesamtleiters ist schliesslich das «Ermitteln und Begründen von Kostenabweichungen gegenüber dem Kostenvoranschlag aufgrund der Angebote» und das «Aktualisieren der Endkostenprognose». 11.20

11.21 **3.** Die **SIA-Ordnung 108** regelt die Kosteninformationspflicht für den Fachbereich des Gebäudetechnikplaners weitgehend gleich wie die SIA-Ordnung 102 und 103: Im Rahmen der «Vorstudien» (die eine «besonders zu vereinbarende Leistung» sind) ist das «Schätzen der Kosten der Gebäudetechnik (Umfang, Methode und Genauigkeit vereinbaren)» und das «Schätzen der Lebenszykluskosten» eine Leistung des Gebäudetechnikplaners (Art. 4.21 SIA 108). Im Vorprojekt ist folgende Grundleistung zu erbringen (Art. 4.31 SIA 108): «Erstellen der Kostenschätzung im Fachbereich in nachvollziehbarer Form unter Berücksichtigung von Kostenkennwerten». Dabei sind «Umfang, Methode und Genauigkeit» zu vereinbaren. Mangels anderer Vereinbarung gilt ein Genauigkeitsgrad von ± 15%. Zu ermitteln sind zudem auch die «voraussichtlichen Betriebs- und Instandhaltungskosten» sowie die «Kennzahlen». In der Phase «Bauprojekt» ist (gemäss Art. 4.32 SIA 108) der Kostenvoranschlag zu erstellen, und zwar «in nachvollziehbarer Form mit detaillierter Beschreibung der vorgesehenen fachspezifischen Arbeiten und Lieferungen» und mit Bezeichnung «der gewählten Anlagen und System, mit Ausmass und geschätzten Preisen». Ohne anderweitige Vereinbarung gilt ein Genauigkeitsgrad von ± 10%. Eine weitere Grundleistung ist sodann das «Ermitteln der voraussichtlichen Betriebs- und Instandhaltungskosten (fachspezifisch)». Im Baubewilligungsverfahren kann dann das «Anpassen der Kosten als Folge behördlicher Auflagen» nötig werden (Art. 4.33 SIA 108). Nach durchgeführter Ausschreibung und dem Vergleich der Angebote sind folgende Leistungen zu erbringen (Art. 4.41 SIA 108): «Revidieren der Kostenermittlung aufgrund der Angebote und Vergleich mit dem Kostenvoranschlag» und «Begründen von Abweichungen gegenüber dem Kostenvoranschlag im Fachbereich».

3. Rechtliche Einordnung

11.22 **1.** Kostenschätzungen und Kostenvoranschläge des Planers sind Prognosen darüber, was die Realisierung eines bestimmten Bauprojekts kosten wird. Es handelt sich also um Informationen, welche im Rahmen eines Planerauftrags erteilt werden. Für Informationen, welche im Rahmen eines Vertragsverhältnisses abgegeben werden, besteht – wenn die Informationen sorgfaltswidrig ermittelt wurden und falsch sind – grundsätzlich eine vertragliche Haftung.[37] Allerdings stellt sich die Frage, wie die Erteilung von Kosteninformationen im Rahmen eines konkreten Vertrags rechtlich zu qualifizieren ist:

11.23 **a. Kosteninformation als vertragliche Nebenpflicht:** Wenn die Parteien die Erteilung von Kosteninformationen ausnahmsweise nicht als Teil der vertraglichen Hauptleistungen vereinbart haben, besteht im Auftragsrecht, gestützt auf die vertragliche Treuepflicht sowie auf Art. 400 OR, eine vertragliche Nebenpflicht, den Auftraggeber über alles zu informieren, was für ihn von Bedeutung sein kann.[38] Soweit die Informations- und Aufklärungspflicht keine vertragliche Hauptpflicht ist, erübrigt sich die Frage nach der rechtlichen Qualifikation dieser Pflichten. Es handelt sich einfach um Nebenpflichten zu

[37] Vgl. BGE 112 II 347/350 E. 1a.

[38] Fellmann, Berner Kommentar, N 19 zu Art. 400 OR.

vertraglichen Hauptpflichten, wobei sich wiederum für diese Hauptpflichten die Frage der Vertragsqualifikation stellt.

b. Kosteninformation als vertragliche Hauptpflicht: Das Bundesgericht hatte in BGE 127 III 328 in Bezug auf die rechtliche Qualifikation von Gutachten festgehalten, dass technische Gutachten, welche nach objektiven Kriterien überprüft und als richtig oder falsch qualifiziert werden können, als objektiv gewährleistungsfähig gelten, sodass der Anwendung von Werkvertragsrecht nichts entgegenstehe. Wenn objektive Kriterien für die Beurteilung der Richtigkeit des Gutachterergebnisses fehlen, kann die objektive Richtigkeit des Resultats nicht gewährleistet werden. In diesen Fällen schuldet der Gutachter nicht die Richtigkeit des Resultats, sondern nur ein sorgfältiges Tätigwerden im Interesse des Vertragspartners und im Hinblick auf einen bestimmten Erfolg, dessen Eintritt jedoch nicht garantierbar ist.[39] Die bundesgerichtliche Rechtsprechung tendiert offenbar dazu, nur noch Leistungen, bei denen ein mess- und objektivierbarer Erfolg geschuldet ist, dem Werkvertragsrecht zu unterstellen.[40] In Bezug auf den Kostenvoranschlag eines Architekten hat das Bundesgericht in BGE 134 III 361[41] entschieden, dass der Kostenvoranschlag kein Werk im Sinne von Art. 363 ff. OR darstelle, weil der Architekt nicht in der Lage sei, bei der Erstellung des Kostenvoranschlags ein Resultat zu garantieren, das nach objektiven Kriterien messbar wäre, da immer eine grosse Unsicherheit verbleibe. Der Kostenvoranschlag sei eine Prognose und eine Schätzung, die der Planer mit höchster Sorgfalt auszuführen habe, wobei er nicht ein Resultat, sondern die Qualität seiner Arbeit schulde.[42] Die Erstellung von Kostenprognosen (Kostenschätzung und Kostenvoranschlag) falle demnach unter das Auftragsrecht (Art. 398 ff. OR). Dazu ist Folgendes kritisch anzumerken (Rz. 1.39 ff.): 11.24

---

39 BGE 127 III 328/330 E. 2c; kritisch dazu Gauch, Werkvertrag, Rz. 46a und 332a f.; Werro/Haas, Contrat d'expertise, S. 63 ff.

40 Vgl. BGer 4A_89/2017 vom 2. Oktober 2017 E. 4 (= BR/DC 2018, S. 186, Nr. 295, mit Anm. Werro); 4A_514/2016 vom 6. April 2017 E. 3.1.2 (= BR/DC 2016, S. 381, Nr. 806, mit Anm. Werro); 4A_252/2010 vom 25. November 2010 E. 4.1.

41 BGE 134 III 361/365 E. 6.2.3 f. (= BR/DC 2009, S. 58, Nr. 123, mit Anm. Stöckli).

42 Vgl. zudem BGer 4A_89/2017 vom 2. Oktober 2017 E. 4 und 5.1 (= BR/DC 2018, S. 186, Nr. 295, mit Anm. Werro); 4A_210/2015 vom 2. Oktober 2015 E. 4.1; 4A_271/2013 vom 26. September 2013 E. 2.1 (= BR/DC 2014, S. 150, Nr. 255, mit Anm. Siegenthaler); so auch Fellmann, Haftung für falsche Kostenschätzung, S. 227; Quinto/Maffioletti, Handbuch zum Bauwesen, Rz. 214; Trümpy, Architektenvertragstypen, S. 66; anders Gauch, Werkvertrag, Rz. 52; Krauskopf-Forero/Siegenthaler, Architektur- und Bauingenieurverträge, S. 292; Zehnder, Haftung des Architekten, Rz. 43, je mit Verweis auf BGE 114 II 53/56 E. 2b (= BR/DC 1989, S. 16, Nr. 6, mit Anm. Gauch), worin das Bundesgericht noch feststellte, dass die selbständige Erstellung von Kostenvoranschlägen durchaus Inhalt eines Werkvertrags sein könne (so auch Zehnder, Haftung des Architekten, Rz. 43). Auch im Entscheid 4A_252/2010 vom 25. November 2010 E. 4.1 erwähnte das Bundesgericht «das Verfassen von Plänen und Kostenvoranschlägen» als Beispiel einer werkvertraglichen Leistung. In BGer 4A_457/2017 vom 3. April 2018 E. 4.1 und 4A_86/2011 vom 28. April 2011 E. 3.2 wurde dann wieder festgehalten, dass die Haftung des Architekten für die Überschreitung des Kostenvoranschlags den Regeln über den Auftrag (Art. 398 OR) untersteht.

11.25 – In seinem Entscheid stellt das Bundesgericht darauf ab, dass bei der Erstellung des Kostenvoranschlags eine gewisse Unsicherheit verbleibe und kein nach objektiven Kriterien messbares Resultat garantiert werden könne. Kostenvoranschläge werden aber üblicherweise mit einem Genauigkeitsgrad von ± 10% erstellt (vgl. Art. 4.32 SIA 102). Weshalb ein Genauigkeitsgrad von ± 10% für eine Überprüfung «nach objektiven Kriterien» nicht ausreichen soll, ist nicht ohne Weiteres einleuchtend.[43] Nicht nur bei Kostenprognosen, sondern auch bei Bauwerken, sind Abweichungen von geplanten Grössen nicht zu vermeiden. Entsprechend existiert eine SIA-Norm über «Masstoleranzen im Hochbau» (SIA-Norm 414/2) und dennoch würde wohl niemand ernsthaft die Meinung vertreten, der Bau eines Mehrfamilienhauses sei angesichts der bestehenden Masstoleranzen kein Werk im Sinne von Art. 363 ff. OR.[44]

11.26 – Wenn Werkvertragsrecht auf die Erstellung von Kostenvoranschlägen zur Anwendung käme, würde dies a priori insbesondere dazu führen, dass bei Mängeln des Kostenvoranschlags die Rügeobliegenheiten (Art. 367 und Art. 370 OR) eingehalten werden müssten und dass die zweijährige Verjährungsfrist nach Art. 371 Abs. 1 OR gelten würde (sofern nicht etwas anderes vereinbart wäre).[45] Dies wird in Bezug auf Kostenprognosen offenbar nicht als sachgerecht betrachtet und soll durch eine Qualifikation als auftragsrechtliche Leistung vermieden werden. Die gesetzliche Haftungsordnung ist indessen kein rechtlich notwendiges Merkmal des Werkvertrags.[46] In Fällen, wo die Anwendung der Rügeobliegenheiten auf das konkrete Rechtsverhältnis klarerweise nicht «passt», kann sich der Schluss aufdrängen, dass die dispositive gesetzliche Haftungsordnung von den Parteien stillschweigend modifiziert und das Rügeerfordernis wegbedungen wurde.[47]

11.27 **2.** Die Argumentation des Bundesgerichts, welche auf die Erstellung von Kostenvoranschlägen Auftragsrecht statt Werkvertragsrecht zur Anwendung bringt, überzeugt meines Erachtens also nicht.[48] Angemessener wäre die Anwendung von Werkvertragsrecht –

---

43 Férolles, Le dépassement du devis, Rz. 231; Pedrazzini F., Le dépassement du devis, S. 182 und 187.

44 Vgl. Férolles, Le dépassement du devis, Rz. 232 und 237.

45 Vgl. zu Art. 1.11 SIA 102 (2003) aber BGer 4A_53/2012 vom 31. Juli 2012 E. 5.3 f. (= BR/DC 2012, S. 192 ff., mit Anm. Siegenthaler).

46 Férolles, Le dépassement du devis, Rz. 233; siehe dazu die Anm. von Stöckli zu HGer SG HG. 2008. 127 vom 23. März 2010 (= BR/DC 2010, S. 58, Nr. 129); vgl. Werro/Haas, Contrat d'expertise, S. 86; BGE 115 II 50/53 f. E. 2b (= BR/DC 1990, S. 42, Nr. 41, mit Anm. Tercier).

47 Vgl. Werro, Le mandat, S. 30 f.; vgl. BGer 4A_252/2010 vom 25. November 2010 E. 4.3, wo das Bundesgericht die Möglichkeit andeutet, die «werkvertraglichen Gewährleistungsregeln mit den strengen Prüfungs- und Rügeobliegenheiten (Art. 367 ff. OR)» nicht anzuwenden, wenn diese «unsachgerecht» wären.

48 Vgl. die Kritik bei Rz. 1.39 ff.; Werro/Haas, Contrat d'expertise, S. 85 f.; vgl. auch Férolles, Le dépassement du devis, Rz. 234 ff. und 1250 ff., sowie Pedrazzini F., Le dépassement du devis, S. 181 und 186 f., die auf Verträge, die sich auf die Erstellung einer Kostenprognose beschränken, Werkvertragsrecht anwenden wollen. Das Bundesgericht hat in BGer 4A_86/2011 vom 28. April 2011 E. 3.2 aber sogar einen auf die Planung und die Erstellung des Kostenvoranschlags beschränk-

jedoch ohne die hier nicht sachgerechten werkvertragsrechtlichen Gewährleistungsregeln, d.h. ohne die Prüfungs- und Rügeobliegenheiten (vgl. Rz. 1.39 ff.). Diese Meinung entspricht aber weder der herrschenden Lehre noch der Rechtsprechung. Entsprechend hätte es wenig Praxisnutzen, den vorliegenden Beitrag darauf aufzubauen. Im Folgenden wird daher auf die bundesgerichtliche Rechtsprechung abgestellt, wonach die Erstellung von Kostenvoranschlägen als auftragsrechtliche Leistung zu qualifizieren ist. Immerhin hat diese Rechtsprechung des Bundesgerichts für den Bauherrn in der Praxis den erheblichen Vorteil, dass die Anwendung der überaus strengen werkvertraglichen Prüfungs- und Rügeobliegenheiten (Art. 367 und Art. 370 OR) und der zweijährigen Verjährungsfrist (Art. 371 Abs. 1 OR) vermieden wird. Stattdessen gilt die Verjährungsfrist von 10 Jahren gemäss Art. 127 OR. Indem das Bundesgericht Auftragsrecht zur Anwendung bringt, besagt es auch, dass die Haftung des Planers für seinen Kostenvoranschlag eine auftragsrechtliche Haftung für die Einhaltung von Sorgfaltspflichten ist – nicht eine verschuldensunabhängige Mängelhaftung.

II. Die Kostenkontrolle

1. Nach der Rechtsprechung des Bundesgerichts

1. Nach der Rechtsprechung des Bundesgerichts hat «der beauftragte Architekt» im Rahmen des ihm erteilten Auftrags allgemein, d.h. auch ohne besondere Vereinbarung, den Bauherrn über die zu erwartenden Kosten zu informieren und dazu namentlich auch die Baukosten ständig daraufhin zu überprüfen, ob sie sich im Rahmen des Kostenvoranschlags halten (vgl. auch Rz. 18.140).[49] Die Kostenkontrolle erfordert einen laufenden Abgleich des Kostenvoranschlags mit den im Verlaufe der Realisierung beim Planer eingehenden Informationen zu den (voraussichtlichen) effektiven Kosten.[50] Ob dem Planer solche Informationen zu den effektiven Kosten vorliegen, hängt auch davon ab, dass die Unternehmer Regiearbeiten, Mehrmengen und andere Mehrkosten zeitnah abrechnen. 11.28

tes Vertragsverhältnis integral als Auftrag qualifiziert: «Le due attività sono strettamente connesse: i costi dipendono evidentemente dai piani dell'opera e influenzano a loro volta il tipo di progettazione. Per coerenza con la prassi riguardante l'attività dell'architetto, che svolge più mansioni di natura diversa, occorre pertanto sottoporre alle regole del mandato anche il contratto dell'architetto che allestisce piani e preventivi.»

[49] BGer 4C.424/2004 vom 15. März 2005 E. 3 (= BR/DC 2006, S. 8 ff., mit Anm. Pichonnaz) mit Verweis auf BGE 119 II 249/251 E. 3b (= BR/DC 1994, S. 47, Nr. 87, mit Anm. Gauch); 115 II 62/67 E. 3d; 108 II 197/198 E. 2a (= BR/DC 1983, S. 53, Nr. 35, mit Anm. Gauch); Schumacher, Haftung für Kosteninformationen, S. 130; BGer 4A_457/2017 vom 3. April 2018 E. 4.2.1; 4A_271/2013 vom 26. September 2013 E. 2.1 (= BR/DC 2014, S. 150, Nr. 255, mit Anm. Siegenthaler).

[50] Informationen zu den effektiven Kosten ergeben sich zum Beispiel aufgrund der Unternehmerofferten, der abgeschlossenen Werkverträge und der eingegangenen Rechnungen (Férolles, Le dépassement du devis, Rz. 745; Schumacher, Architektenrecht 1995, Rz. 747).

Im Rahmen der Kostenkontrolle kann es daher nötig sein, Informationen über die effektiven Kosten aktiv bei den Unternehmern einzufordern. Der Planer haftet indessen nicht für ein unkooperatives Verhalten Dritter: Insbesondere kann er die Unternehmer nicht zwingen, Nachtragsofferten, Regie-Abrechnungen etc. innert kurzer Fristen vorzulegen. Wenn der Planer bei der Kostenkontrolle Abweichungen zum Kostenvoranschlag feststellt oder wenn er solche ahnt, hat er dies der Bauherrschaft mitzuteilen.[51] Wenn er dies pflichtwidrig unterlässt, erfährt die Bauherrschaft erst später von der Kostenüberschreitung, als dies bei einer pflichtgemässen Kostenkontrolle der Fall gewesen wäre. Dies kann zur Folge haben, dass die Bauherrschaft (noch im Unwissen über die drohende Kostenüberschreitung und im Vertrauen auf die Einhaltung des Kostenvoranschlags) sich selber schädigt, indem sie über ihr Vermögen anders disponiert, als sie das getan hätte, wenn sie über die drohende Überschreitung des Kostenvoranschlags rechtzeitig informiert worden wäre.[52]

11.29 **2.** Soweit die Kostenkontrolle für einen bestimmten Fachbereich einem Fachplaner überlassen wurde, hat der für die Überwachung der Gesamtkosten zuständige Gesamtplaner den Fachplaner anzuhalten, ohne Verzug die Ausmassarbeiten durchzuführen und über die Kosten zu rapportieren. Falls der Gesamtplaner dies unterlässt, hat er seine Unkenntnis der bei den Fachplanern entstandenen Kostenüberschreitungen selber zu vertreten.[53] Dagegen haftet der Gesamtplaner nicht für die Richtigkeit der Kosteninformationen, die er vom Fachplaner erhält (ausser natürlich, wenn er deren Fehlerhaftigkeit erkannt hat oder hätte erkennen müssen).[54]

2. Nach den SIA-Ordnungen

11.30 **1.** An die Erstellung der Kostenprognosen in der Phase der Projektierung schliesst die Kostenkontrolle in der Ausführungsphase an. Auch bei der Kostenkontrolle ist die Praxis geprägt von den SIA-Ordnungen. In der **SIA-Ordnung 102** werden die unter dem Titel «Kostenkontrolle» als Grundleistungen zu verrichtenden Aufgaben wie folgt definiert: «Kontrolle von Leistungsaufstellungen und Rechnungen; Erstellen anteilmässiger Kostenverteiler; Zahlungsanweisungen und Abschluss der Unternehmer- und Lieferantenrechnungen; Führen der Baubuchhaltung, Gliederung in Übereinstimmung mit dem Kostenvoranschlag; Periodische Kostenrapporte, Vergleich von Zahlungen und Verpflich-

---

51 BGer 4C.54/2006 vom 9. Mai 2006 E. 2.2.1 (= BR/DC 2006, S. 170, Nr. 438, mit Anm. Werro); Férolles, Le dépassement du devis, Rz. 746 f.; Schumacher, Architektenrecht 1995, Rz. 747.

52 Eine solche Vermögensdisposition kann darin bestehen, dass die Bauherrschaft auf noch mögliche Einsparungen verzichtet oder dass Mehraufwendungen getätigt werden, die man andernfalls unterlassen hätte.

53 BGer 4A_187/2009 vom 14. Juli 2009 E. 3.3 (= BR/DC 2009, S. 156, Nr. 164, mit Anm. Stöckli); Férolles, Le dépassement du devis, Rz. 749 und 807; Quinto/Maffioletti, Handbuch zum Bauwesen, Rz. 219.

54 Férolles, Le dépassement du devis, Rz. 806 und 809.

tungen mit dem Kostenvoranschlag; Nachführen des generellen Zahlungsplanes; Einholen und Kontrollieren der Bank- oder gleichwertiger Garantien; Erstellen der Liste der Garantieverfalldaten» (Art. 4.52 SIA 102). Als «besonders zu vereinbarende Leistungen» gelten: «Aufstellen, Überwachen und Nachführen eines detaillierten Zahlungsplanes; Finanzverwaltung und -überwachung für eine Finanzierungsstelle» (Art. 4.52 SIA 102). Die Kostenkontrolle endet in der Abschlussphase mit dem Erstellen einer Abrechnung über die Gesamtkosten, was in Art. 4.53 SIA 102 wie folgt umschrieben wird: «Aufstellen, Nachprüfen und Bereinigen der Schlussabrechnung gemäss vereinbarter Darstellungsart und Gliederung; Gegenüberstellung mit dem Kostenvoranschlag; Bestimmen der sich aus den Gesamtkosten des Bauwerks ergebenden Kennwerte.»

2. Die **SIA-Ordnung 103** regelt die Kostenkontrolle während der Realisierung je für den 11.31
«Gesamtleiter», den «Fachplaner», die «Oberbauleitung» und die «Bauleitung»: Betreffend den Ingenieur als Gesamtleiter gilt bei der Erstellung des Ausführungsprojekts ein «Periodisches Überwachen und Nachführen der Entwicklung der Projektkosten» als Grundleistung (Art. 4.3.52 SIA 103). In der Ausführungsphase ist das «Überwachen der Gesamtkosten der Ausführung» eine Aufgabe der Oberbauleitung. Grundleistungen des Bauleiters sind das «Führen der Baubuchhaltung» und «Laufendes Überwachen der Entwicklung der Baukosten sowie Vorschlagen von Korrekturmassnahmen bei Abweichungen» und schliesslich das «Aufstellen, Nachprüfen und Bereinigen der Schlussabrechnung gemäss vereinbarter Darstellung und Gliederung» (Art. 4.3.52 SIA 103). In der Abschlussphase folgt dann folgende Aufgabe des Gesamtleiters: «Gegenüberstellung der Schlussabrechnung über das gesamte Bauwerk mit dem Kostenvoranschlag». Eine Aufgabe des Fachplaners ist dabei die «Mithilfe bei der Gegenüberstellung der Schlussabrechnung über das gesamte Bauwerk mit dem Kostenvoranschlag» (Art. 4.3.53 SIA 103). In der **SIA-Ordnung 108** sind die Aufgaben des Gebäudetechnikingenieurs etwas weniger detailliert geregelt: In der Ausführungsphase sind das «Führen der Kostenkontrolle» und das «Erstellen periodischer Kostenberichte» Grundleistungen. In der Phase «Inbetriebnahme, Abschluss» sind es das «Nachprüfen und Bereinigen der Schlussabrechnungen der Anlagen und Installationen» und das «Gegenüberstellen mit dem Kostenvoranschlag».

3. In den Leistungsbeschrieben der SIA-Ordnungen wird der Begriff der *Kostensteuerung* 11.32
nicht verwendet. Bei der Kostensteuerung geht es darum, die im Rahmen der Kostenkontrolle gewonnenen Informationen mit Blick auf die geplanten Gesamtkosten zu verwerten und Massnahmen zu erarbeiten, um korrigierend einzuwirken. Eine entsprechende Pflicht sieht nur die SIA-Ordnung 103 in Art. 4.3.52 beim Bauleiter vor («Laufendes Überwachen der Entwicklung der Baukosten sowie Vorschlagen von Korrekturmassnahmen bei Abweichungen»). In der SIA-Ordnung 102 findet sich keine analoge Pflicht des Architekten. Von einer Pflicht zur Kostensteuerung scheint das Bundesgericht[55] (Rz. 11.111) aber bei Vorliegen einer sogenannten *Kostenlimite* (Rz. 11.109 ff.) auszugehen.

---

[55] BGer 4C.424/2004 vom 15. März 2005 E. 3.3 (= BR/DC 2006, S. 8 ff., mit Anm. PICHONNAZ).

3. Rechtliche Einordnung

11.33 **1.** Aus den Umschreibungen der SIA-Ordnungen zu den kostenbezogenen Leistungen des Planers während der Realisierungsphase lässt sich zusammenfassen, dass die Pflicht zur Kostenkontrolle unter anderem darin besteht, die während der Ausführung eingehenden Rechnungen von Unternehmern und Lieferanten zu kontrollieren. Zudem geht es darum, die Baubuchhaltung zu führen, die Baukostenentwicklung zu überwachen und den Bauherrn über beides zu informieren. Diese Leistungen sind Teil der Pflichten des Planers während der Realisierungsphase (Bauleitung) und stellen keine Verpflichtung zur Herstellung eines Werks dar (Art. 363 OR). Sie fallen daher in den Anwendungsbereich des einfachen Auftrags (Art. 394 ff. OR).[56] Zu beachten ist, dass die SIA-Ordnungen davon ausgehen, dass auch in Bezug auf die Kostenkontrolle eine Arbeitsteilung stattfindet: So ist zum Beispiel nach Art. 4.3.52 SIA 103 das «Führen der Baubuchhaltung» und das laufende Überwachen der Entwicklung der Baukosten eine Grundleistung der Bauleitung. Das «Überwachen der Gesamtkosten der Ausführung» liegt dagegen bei der Oberbauleitung. Selbstverständlich ist auch, dass zum Beispiel ein Gebäudetechnikplaner nur für die Kostenkontrolle in seinem eigenen Fachbereich zuständig ist (vgl. Art. 4.3.52 SIA 108). Nur für diesen Bereich erstellt er periodische Kostenberichte. Auf diese Kostenberichte darf sich der Gesamtleiter (namentlich der Architekt) bei seiner Kontrolle der Gesamtkosten verlassen – ausser, es gäbe für ihn erkennbare Anhaltspunkte, die dem entgegenstehen.

11.34 **2.** Die Kostenkontrolle kann in Einzelfällen im Rahmen eines von der übrigen Bauleitung getrennten Baukostencontrollings erfolgen. Auch ein solches auf das Baukostencontrolling beschränktes Vertragsverhältnis wäre als einfacher Auftrag im Sinne von Art. 394 ff. OR zu qualifizieren. Einzelne Leistungen (wie z.B. das Erstellen der Schlussabrechnung) könnten bei einer isolierten Betrachtung zwar als Werk (i.S.v. Art. 363 ff. OR) gelten, diese Leistungen sind indessen nur ein unselbständiger Teil eines primär auf die umfassende Wahrung der finanziellen Interessen des Bauherrn ausgerichteten Vertragsverhältnisses und somit Teil einer auftragsrechtlichen Leistung (Art. 394 ff. OR).

III. Die Haftung für pflichtwidrig unterlassene Kosteninformationen

11.35 **1.** Wenn ein Planer den Bauherrn pflichtwidrig nicht über die zu erwartenden oder bereits entstandenen Kosten informiert, liegt eine Vertragsverletzung vor. Der Planer haftet dem Bauherrn für den daraus entstehenden Schaden. Dabei sind zwei Konstellationen zu unterscheiden:

---

[56] BGE 114 II 53/56 E. 2b (= BR/DC 1989, S. 16, Nr. 6, mit Anm. GAUCH); 110 II 380/382 E. 2 (= BR/DC 1985, S. 56, Nr. 42, mit Anm. GAUCH); 109 II 462/465 E. 3b f. (= BR/DC 1985, S. 14, Nr. 2, mit Anm. GAUCH); vgl. FELLMANN, Berner Kommentar, N 181 zu Art. 394 OR.

a. Die pflichtwidrige Unterlassung einer Kosteninformation kann bedeuten, dass dem Bauherrn überhaupt keine Kosteninformationen vorliegen. Dies ist beispielsweise der Fall, wenn der Planer entgegen einer im konkreten Fall bestehenden Pflicht in der Vorprojektphase keine Kostenschätzung vorlegt.[57] In solchen Fällen ist der Bauherr so zu stellen, wie wenn er pflichtgemäss über die Kosten informiert worden wäre.[58] 11.36

b. Wenn bereits eine Kosteninformation besteht, aber der Planer es dann pflichtwidrig unterlässt, darüber zu informieren, dass diese zwischenzeitlich nicht mehr gilt, führt das dazu, dass der Bauherr auf die Gültigkeit der vorgängig abgegebenen, von inzwischen eingetretenen Ereignissen seither aber überholten Kosteninformation vertraut.[59] Zu denken ist etwa an den Fall, in dem es der Planer bei Projektänderungen oder Bestellungsänderungen unterlässt, rechtzeitig auf die gegenüber vorgängigen Kostenprognosen zu erwartenden Mehrkosten hinzuweisen (und der Bauherr sich dieser Mehrkosten nicht ohnehin bewusst ist).[60] Auch in diesen Fällen ist der Bauherr grundsätzlich so zu stellen, wie wenn er pflichtgemäss über die Kosten informiert worden wäre.[61] Ausgangspunkt ist dabei jene vorgängige Kosteninformation, auf welche der Bauherr vertrauen durfte. 11.37

IV. Die Haftung für unzutreffende Kosteninformationen

1. Zur vertraglichen Haftung für falsche Informationen

1. Eine Kostenprognose ist eine Auskunft des Planers gegenüber seinem Auftraggeber.[62] Wer im Rahmen einer vertraglichen Leistungspflicht seinem Vertragspartner Informationen übergibt, haftet grundsätzlich für diese Informationen. Allerdings ist die Art der Haftung abhängig vom zugrunde liegenden Vertragsverhältnis: 11.38

- Werkvertrag: Die Information kann Teil eines Werks (z.B. eines technischen Gutachtens) sein, dessen objektive Richtigkeit geprüft werden kann. In diesen Fällen richtet sich die Haftung nach werkvertragsrechtlichen Grundsätzen (Art. 363 ff. OR), was bedeutet, dass der Besteller in Bezug auf den konkreten Mangel verschuldensunabhängige Mängelrechte (Nachbesserung, Minderung, Wandelung) geltend machen kann (Art. 368 OR). Für die Folgeschäden des Mangels besteht eine verschuldensabhängige Haftung (Art. 368 OR). 11.39

---

57 Also beispielsweise, wenn die SIA-Ordnung 102 auf das Vertragsverhältnis anwendbar ist. Art. 4.31 SIA 102 sieht vor, dass zum Vorprojekt eine Kostenschätzung mit einem Genauigkeitsgrad von ± 15% erstellt wird.

58 Férolles, Le dépassement du devis, Rz. 589 und 1374.

59 Vgl. BGer 4A_457/2017 vom 3. April 2018 E. 4.2.1.

60 Férolles, Le dépassement du devis, Rz. 1373.

61 Férolles, Le dépassement du devis, Rz. 1374; vgl. Gauch, Notizen zur Vertragshaftung, S. 82.

62 Férolles, Le dépassement du devis, Rz. 532; Gauch, Notizen zur Vertragshaftung, S. 81.

11.40 – Auftrag: Wenn die Information als Teil einer auftragsrechtlichen Leistungserbringung erfolgt, so besteht keine Haftung für die objektive Richtigkeit der Information, sondern nur eine Haftung dafür, dass der Beauftragte mit der vertraglich geschuldeten Sorgfalt informiert. Der Beauftragte schuldet dabei jene Sorgfalt, «welche ein gewissenhafter Beauftragter in der gleichen Lage bei der Besorgung der ihm übertragenen Geschäfte anzuwenden pflegt».[63] Der Beauftragte haftet, wenn er die von ihm aufzuwendende Sorgfalt verschuldet nicht angewandt hat.

11.41 **2.** Im Falle unrichtiger Informationen bemisst sich der Schaden an der hypothetischen Vermögenslage des Geschädigten bei richtiger Auskunft.[64] Zu ersetzen ist der Schaden, den der Empfänger einer Information erleidet, weil er im Vertrauen auf die Richtigkeit der (in Wahrheit falschen) Information nachteilige Dispositionen getroffen hat, die er bei richtiger Information unterlassen hätte, oder dass er vorteilhafte Dispositionen unterlässt, welche er bei richtiger Information vorgenommen hätte.[65] Nur wenn ein Garantievertrag vorliegt, mit dem die Richtigkeit der Information zugesichert wird, wäre der Empfänger so zu stellen, wie wenn die unrichtige Information richtig gewesen wäre. Wenn indessen keine solche Garantie vorliegt, darf bei der Schadensbemessung nicht auf den Zustand abgestellt werden, der bestünde, wenn die erteilte Information richtig gewesen wäre.[66]

2. Besonderheiten der Haftung für falsche Prognosen

11.42 **1.** Die Informationen, welche im Rahmen einer vertraglichen Leistungspflicht zu erarbeiten und dem Besteller abzugeben sind, können sich auch auf die Zukunft beziehen. Aussagen über die Zukunft sind typischerweise mit Unsicherheiten behaftet,[67] weil bei der Erarbeitung einer Prognose noch nicht alle Parameter feststehen: Das gilt für Kostenprognosen eines Planers genauso wie für Wetterprognosen einer Meteorologin oder für die Prozesschancenbeurteilung eines Rechtsanwalts. In manchen Fällen kann immerhin der Grad der Unsicherheit beziffert werden – zum Beispiel durch Angabe der prozentualen Zuverlässigkeit einer Wetterprognose.

11.43 **2.** Solche Prognosen können – im Zeitpunkt ihrer Abgabe – nicht nach objektiven Kriterien überprüft und somit nicht als richtig oder falsch qualifiziert werden. Die Anwendung der werkvertraglichen Gewährleistungsregeln ist daher nicht sachgerecht. Die Erstellung von Prognosen wird dementsprechend als auftragsrechtliche Leistung qualifiziert (kritisch Rz. 1.35 ff. und 11.24 ff.).[68] Damit ist auch gesagt, dass die Fachperson,

---

63 BGE 115 II 62/64 E. 3a; Fellmann, Berner Kommentar, N 355 zu Art. 398.

64 BGer 4D_131/2009 vom 16. Dezember 2009 E. 3.3.3 (= BR/DC 2010, S. 73, Nr. 158, mit Anm. Werro); 4C.366/2000 vom 19. Juni 2001 E. 3b/cc; Lüchinger, Schadenersatz im Vertragsrecht, S. 303.

65 Lüchinger, Schadenersatz im Vertragsrecht, S. 323.

66 Lüchinger, Schadenersatz im Vertragsrecht, S. 302.

67 Vgl. Zehnder, Haftung des Architekten, Rz. 31.

68 BGE 134 III 361/365 E. 6.2.3 f. (= BR/DC 2009, S. 58, Nr. 123, mit Anm. Stöckli); Fellmann, Haftung für falsche Kostenschätzung, S. 227.

welche eine Prognose abgibt, nicht für den Eintritt der Prognose, sondern lediglich für die fachgerechte Erstellung derselben nach den anerkannten Regeln des entsprechenden Fachgebiets haftet. Auch bei Prognosen darf unter dem Begriff der Pflichtverletzung nicht jede Massnahme oder Unterlassung verstanden werden, welche bei nachträglicher Betrachtung den Schaden bewirkt bzw. vermieden hätte.[69] Allein aus der Tatsache, dass der prognostizierte Zustand nicht eingetreten ist, ergibt sich nicht notwendigerweise eine Pflichtverletzung der Fachperson bei der Erstellung der Prognose. Es gilt auch hier der Grundsatz, dass das Vorliegen einer Sorgfaltspflichtverletzung nicht nach dem Sachverhalt beurteilt werden kann, welcher sich dem Gericht ex post darstellt.[70] Zu beachten ist zudem, dass auch die Erstellung von Kostenprognosen arbeitsteilig erfolgen kann: Der Bauingenieur als Gesamtleiter übernimmt nach der Konzeption der SIA-Ordnung 103 die Kostenvoranschläge der Fachplaner und fasst diese zu einem Kostenvoranschlag für das Gesamtprojekt zusammen (Art. 4.3.32 SIA 103). Er ist zwar verpflichtet, die Plausibilität der Kostenermittlungen aufgrund von Erfahrungswerten zu überprüfen. Soweit die Kostenvoranschläge der Fachplaner jedoch plausibel sind, haftet der als Gesamtleiter tätige Bauingenieur nicht für die von den Fachplanern übernommenen Kostenangaben – ausser natürlich, es sei anders vereinbart (z.B. wenn der Fachplaner und der Gesamtleiter Mitglieder einer Ingenieurgemeinschaft sind und dem Bauherrn gegenüber solidarisch haften).

3. Die Haftung für falsche Kostenprognosen

1. Die Haftung des Planers für falsche Kostenprognosen wird in der Praxis als Haftung 11.44
«für die Überschreitung des Kostenvoranschlags» bezeichnet (vgl. auch Rz. 18.140). Diese Bezeichnung könnte missverstanden werden und bedarf der Erläuterung: Der Planer haftet für die Überschreitung des Kostenvoranschlags wegen der Ungenauigkeit seiner Kostenprognose. Die Kostenüberschreitung wird nicht unmittelbar vom Planer *verursacht.*[71] Die Haftung für die Ungenauigkeit von Kostenprognosen ist somit abzugrenzen von der Haftung für Zusatzkosten, welche der Planer vertragswidrig verursacht hat (Rz. 11.67), beispielsweise durch unwirtschaftliche oder fehlerhafte Planung, ungünstige Vergabe oder unrichtige Weisungen.[72] Weil dem Planer im Rahmen seines Mandats in der Regel keine Verfügungsautonomie über das Vermögen des Bauherrn eingeräumt wird, ist eine Überschreitung der Kostenprognose auch nicht als strafrechtlich relevante ungetreue Geschäftsbesorgung zu qualifizieren.[73]

---

[69] BGE 120 Ib 411/413 E. 4a.

[70] BGer 4C.53/2000 vom 13. Juni 2000 E. 1c.

[71] Schon SCHUMACHER, Haftung für Kosteninformationen, S. 134, hat darauf hingewiesen, dass der Ausdruck «Haftung [...] für die Überschreitung des Kostenvoranschlags» missverständlich ist.

[72] GAUCH, Haftung des Architekten, S. 81, nennt dies das «Trennungsprinzip».

[73] OGer SO vom 13. Mai 1997 E. 8 (= SOG 1997, Nr. 13, S. 29).

11.45 **2.** Der Fehler einer Kostenprognose, für welchen der Planer haftet, kann sich aus dem Vergessen einzelner Positionen, aus Rechnungsfehlern, aus ungenügender Kenntnis des Baugrundes, aus der Falscheinschätzung der nötigen Ausführungsqualität, aus der Fehleinschätzung des Ausmasses der Regiearbeiten oder einer falschen Einschätzung der Preise ergeben.[74] Der Planer, der in Verletzung seiner Sorgfaltspflichten dem Bauherrn eine ungenaue Kostenprognose unterbreitet, gibt diesem eine unrichtige Auskunft über die zu erwartenden Baukosten, weshalb er den Vertrag nicht richtig erfüllt und bei gegebenem Verschulden haftet.[75] Zu ersetzen ist dabei der Vertrauensschaden, den die Bauherrschaft erlitten hat, weil sie auf die Kosteninformationen vertraut und entsprechende Dispositionen getroffen hat, d.h. nachteilige Vorkehren getroffen oder vorteilhafte unterlassen hat.[76] Ein Vertrauensschaden kann dabei von vornherein nur bestehen, soweit der Bauherr auf die Richtigkeit des Voranschlags überhaupt vertraut hat, was namentlich voraussetzt, dass er den Voranschlag überhaupt als solchen zur Kenntnis nahm und nicht um dessen Unrichtigkeit wusste.[77] Wenn in der Kosteninformation ein Genauigkeitsgrad («Toleranzgrenze») angegeben wurde oder der Bauherr anderweitig nur von einer relativen Richtigkeit der Kosteninformation ausgehen durfte, ist sein Vertrauen insoweit nicht zu schützen, als er von der toleranzgemässen Ungenauigkeit ausgehen musste. Geschützt wird also nur das relative Vertrauen darauf, dass die Baukosten die um den Genauigkeitsgrad erhöhte Summe der Kostenprognose nicht überschreiten.[78] In diesem Rahmen darf die Bauherrschaft indessen im Vertrauen darauf handeln, dass der von ihr zugezogene Planer seine Pflichten vollständig und sorgfältig erfüllt; er ist namentlich nicht gehalten und häufig auch nicht in der Lage, die Tätigkeit des Planers zu überwachen und die Kostenprognose auf ihre Richtigkeit hin zu überprüfen.[79]

---

74 BGer 4A_457/2017 vom 3. April 2018 E. 4.2.1; 4A_89/2017 vom 2. Oktober 2017 E. 5.1 (= BR/DC 2018, S. 186, Nr. 295, mit Anm. Werro); 4D_131/2009 vom 16. Dezember 2009 E. 3.3.3 (= BR/DC 2010, S. 73, Nr. 158, mit Anm. Werro).

75 Für das deutsche Recht wird indessen davon ausgegangen, dass ein Schadenersatzanspruch wegen Überschreitung des Kostenrahmens voraussetzt, dass die Vertragspartner den Kostenrahmen vereinbart haben (Schliemann, Architekten- und Ingenieurrecht, Rz. 391 mit Verweis auf BGH VII ZR 171/95 vom 23. Januar 1997 = NJW-RR 1997, S. 850).

76 BGE 122 III 61/64 E. 2c/aa (= BR/DC 1996, S. 115, Nr. 236, mit Anm. Schumacher); 119 II 249/252 E. 3b/aa (= BR/DC 1994, S. 48, Nr. 89, mit Anm. Gauch); BGer 4C.424/2004 vom 15. März 2005 E. 3.2 (= BR/DC 2006, S. 8 ff., mit Anm. Pichonnaz); vgl. Gauch, Notizen zur Vertragshaftung, S. 81; a.M. Honsell, Haftung des Architekten, S. 1261, welcher die Qualifizierung als Vertrauensschaden ablehnt und die Ansicht vertritt, der Bauherr sei so zu stellen, «wie wenn der Architekt seine Vertragspflicht ordentlich erfüllt hätte» – wobei er aber nicht erklärt, inwiefern dies zu einem anderen Resultat führen würde.

77 BGer 4C.424/2004 vom 15. März 2005 E. 3.2.1 (= BR/DC 2006, S. 8 ff., mit Anm. Pichonnaz); Gauch, Notizen zur Vertragshaftung, S. 82.

78 Zehnder, Prognosen, S. 52.

79 BGer 4C.424/2004 vom 15. März 2005 E. 3.2 (= BR/DC 2006, S. 8 ff., mit Anm. Pichonnaz); Schumacher, Architektenrecht 1995, Rz. 772.

3. Nach der Formulierung von Gauch wird «nicht das Vertrauen des Bauherrn in die absolute Richtigkeit des Kostenvoranschlags» geschützt, sondern nur sein Vertrauen darauf, dass sich der Voranschlag innerhalb der «Toleranzgrenze»[80] hält, diese Grenze also nicht überschritten wird.[81] Diese Formulierung ist insoweit etwas missverständlich, als sie zwischen der «absoluten Richtigkeit des Kostenvoranschlags» und der «Toleranzgrenze» (Genauigkeitsgrad) unterscheidet. Wenn zu einer Kostenprognose deren Genauigkeitsgrad angegeben ist, so ist diese Angabe integraler Bestandteil der Kosteninformation. Wenn also bei einer Kostenprognose die Genauigkeit zum Beispiel auf ± 10% beziffert wird und letztlich Kosten von 110% entstehen, dann war die Kostenprognose («absolut») *richtig* und es liegt keine Kostenüberschreitung vor, jedenfalls keine, welche zu einer Haftung wegen falscher Kosteninformation führen könnte. Die Bauherrschaft darf also durchaus auf die Richtigkeit der Kostenprognose vertrauen – allerdings nur auf die Richtigkeit der Gesamtheit aller mit dem Kostenvoranschlag abgegebenen Informationen.[82] Der Bauherr muss insbesondere auch damit rechnen, dass die Gesamtkosten am oberen Rand der in der Kostenprognose angegebenen Bandbreite (Genauigkeitsgrad) liegen werden.[83] Wenn die um den Genauigkeitsgrad erhöhte Summe nicht überschritten wird, gibt es keine «Überschreitung des Kostenvoranschlags» und damit auch keine Haftung des Planers.[84] Die Bauherrschaft darf sich also nicht ausschliesslich auf das in der Kostenprognose ausgewiesene Total der geschätzten Baukosten verlassen; sie hat auch alle weiteren in der Kostenprognose enthaltenen Angaben zu beachten (wie insb. eben die Angabe eines Genauigkeitsgrads oder andere Vorbehalte). Generell ist das Vertrauen der Bauherrschaft in die Richtigkeit der Kostenprognose nur insoweit berechtigt, als es nicht durch den Kontext der Abgabe der Kostenprognose oder durch das Vorwissen der Bauherrschaft relativiert werden muss. Beispielsweise muss sich eine in Bausachen erfahrene Bauherrschaft, auch ohne Angabe eines Genauigkeitsgrads im Kostenvoranschlag, entgegenhalten lassen, dass eine Kostenprognose immer mit einem Unsicherheitsfaktor behaftet ist. Soweit im vorliegenden Beitrag von der «richtigen» Kostenprognose die Rede ist, geht es daher immer darum, dass die Prognose insgesamt, d.h. unter Beachtung aller darin enthaltenen Informationen, als richtig erscheint. Es liegt auch erst dann eine Überschreitung einer Kostenprognose vor, wenn die im Einzelfall zu erwartende Ungenauigkeitsbandbreite (d.h. unter Berücksichtigung des Genauigkeitsgrads) überschritten wird. 11.46

4. In der Regel enthalten Kostenvoranschläge eine detaillierte Beschreibung der vorgesehenen Arbeiten und Lieferungen sowie die Bezeichnung der gewählten Materialien mit 11.47

---

[80] Zur Terminologie («Toleranzgrenze»/«Genauigkeitsgrad») vgl. Rz. 11.51.

[81] Gauch, Notizen zur Vertragshaftung, S. 81.

[82] Was von Gauch als «relative Richtigkeit» bezeichnet wird (vgl. Gauch, Notizen zur Vertragshaftung, S. 81; ders. Haftung des Architekten, S. 84).

[83] Schumacher, Haftung für Kosteninformationen, S. 137.

[84] BGer 4A_457/2017 vom 3. April 2018 E. 4.2.1; 4A_210/2015 vom 2. Oktober 2015 E. 4.2.2.2: «Si la marge de tolérance n'est pas dépassée, il est admis que l'architecte n'a pas violé la confiance placée en lui, qu'il n'a pas commis de violation contractuelle».

geschätzten Ausmassen und geschätzten Preisen.[85] Dies führt zur Frage, ob die Bauherrschaft darauf vertrauen darf, dass jede im Kostenvoranschlag genannte Kostenposition auch für sich allein genommen richtig geschätzt wurde, dass also der angegebene Einzelbetrag von der Realität nur im Rahmen des anwendbaren Genauigkeitsgrads abweichen wird.[86] Das Problem kann ohne praktische Bedeutung bleiben, wenn die Kostenüberschreitung in einer Position durch eine Kostenunterschreitung in anderen Positionen ausgeglichen wird und entsprechend das Vertrauen der Bauherrschaft in die relative Richtigkeit des Gesamttotals des Kostenvoranschlags nicht enttäuscht wird. Der Planer wird der Bauherrschaft in solchen Fällen entgegenhalten können, dass diese auf der Basis des Kostenvoranschlags bereit war, den Gesamtbetrag des Kostenvoranschlags zu bezahlen und dass sie letztlich auch nicht mehr bezahlt hat – entsprechend wäre die Bauherrschaft nicht geschädigt. Dennoch ist eine Schädigung denkbar, und zwar namentlich wenn die Bauherrschaft anders disponiert hätte, wenn sie die wahren Kosten einer vom Planer falsch geschätzten Einzelposition gekannt hätte: Es ist zum Beispiel möglich, dass eine Bauherrschaft im Verlaufe der Realisierung aufgrund der günstigen Kostenentwicklung bei zu hoch geschätzten Positionen den unzutreffenden Eindruck erhält, der Kostenvoranschlag enthalte erhebliche «Reserven», sodass die Kosten insgesamt unter dem Kostenvoranschlag zu liegen kommen werden. Dies kann die Bauherrschaft dazu verleiten, Bestellungsänderungen mit Mehrkosten vorzunehmen, die sie unterlassen hätte, wenn sie gewusst hätte, dass die Kosten in anderen Einzelposition zu tief geschätzt wurden und die Unterschreitung des Kostenvoranschlags in den einen Positionen durch Kostenüberschreitungen in den anderen Positionen kompensiert wird. Ob der Planer haftet, wenn die Bauherrschaft die Sachlage derart interpretiert, hängt stark davon ab, ob diese Fehlinterpretation für ihn erkennbar war (sodass er die Bauherrschaft hätte aufklären müssen).[87]

11.48 **5.** Die SIA-Honorarordnungen (102, 103 und 108) schaffen insofern Klarheit, als in Art. 1.7.11 Folgendes vorgesehen ist: «Bei Kosteninformationen darf der Auftraggeber unter Berücksichtigung des Genauigkeitsgrades auf die Richtigkeit der Gesamtsumme vertrauen, nicht aber auf die Richtigkeit einzelner Teilbeträge.» Wenn indessen die SIA-Honorarordnungen nicht Vertragsbestandteil sind, ist im Streitfall letztlich durch Auslegung und unter Berücksichtigung sämtlicher im Kostenvoranschlag enthaltenen Angaben und aller Umstände des Einzelfalls zu entscheiden, ob und inwiefern eine Bauherrschaft (unter Berücksichtigung des Genauigkeitsgrads) auf die Richtigkeit der einzelnen, im Kostenvoranschlag enthaltenen Positionen vertrauen durfte. Das Vertrauen in die Richtigkeit der einzelnen im Kostenvoranschlag enthaltenen Positionen ist jedenfalls nicht

85 Vgl. Art. 4.32 SIA 102: «Erstellen des Kostenvoranschlags mit detaillierter Beschreibung der vorgesehenen Arbeiten und Leistungen. Bezeichnen der gewählten Materialien, mit Ausmass und geschätzten Preisen».

86 Dagegen für Deutschland Löffelmann/Fleischmann/Ihle, Architektenrecht, Rz. 2152, wonach nur die tatsächliche Gesamtkostenbelastung für den Bauherrn von Interesse sei.

87 Vgl. Art. 1.2.61 SIA 102/103/108, wonach der Beauftragte unzweckmässige Anordnungen und Begehren des Auftraggebers abzumahnen hat.

a priori ausgeschlossen. Allerdings muss auch einer wenig erfahrenen Bauherrschaft bewusst sein, dass zwischen den einzelnen Positionen eines Kostenvoranschlags wechselseitige Abhängigkeiten bestehen, sodass im Einzelfall zum Beispiel eine Einsparung in einer Position zu Mehrkosten in einer anderen Position führen kann. Wenn Bestellungsänderungen mit Mehrkosten verbunden sind, muss der Planer die Bauherrschaft darauf hinweisen.[88] Dasselbe muss gelten, wenn Bestellungsänderungen zwar mit Minderkosten verbunden sind, aber diese nicht den Betrag erreichen, mit welchem die Bauherrschaft bei einer nicht fachkundigen Betrachtung des Kostenvoranschlags rechnen könnte.

6. Keine Haftung des Planers für falsche Kosteninformationen besteht, wenn der Fehler in der Kosteninformation dem Bauherrn selber zuzurechnen ist. Dies kann etwa der Fall sein, wenn ein als Hilfsperson des Bauherrn handelnder Fachplaner die Kosten eines Teilbereichs (z.B. die Kosten der Baugrubensicherung) falsch schätzt und der Gesamtleiter diese (falsche) Angabe in seine Kostenprognose integriert.[89] Nach Art. 4.3.32 SIA 103 ist es Sache des Fachplaners, für seinen Fachbereich einen Kostenvoranschlag zu erstellen. Der Gesamtleiter fasst dann die Kostenangaben der Fachplaner zu einem Kostenvoranschlag (Gesamtkosten) zusammen. Er hat die Kostenermittlungen allerdings «aufgrund von Erfahrungswerten» zu prüfen. Eine Haftung des Gesamtleiters besteht somit, wenn er die Fehlerhaftigkeit des Kostenvoranschlags des Fachplaners im Rahmen einer solchen Prüfung hätte erkennen müssen. 11.49

4. Die Genauigkeitsgrade bei Kostenprognosen

A. Rechtsprechung des Bundesgerichts

1. Der Planer hat den Bauherrn über den Genauigkeitsgrad seiner Kosteninformation aufzuklären.[90] Ist eine entsprechende Orientierung unterblieben, muss im Einzelfall festgestellt werden, welches konkrete Vertrauen der Bauherr nach Treu und Glauben in die Kosteninformationen des Architekten haben durfte.[91] Haben die Vertragsparteien über die Genauigkeit des Kostenvoranschlags keine besondere Vereinbarung getroffen, so be- 11.50

---

[88] FELLMANN, Berner Kommentar, N 163 zu Art. 398 OR; SCHUMACHER, Architektenrecht 1995, Rz. 753 ff.; vgl. Art. 1.2.61 SIA 102/103/108; vgl. auch FÉROLLES, Le dépassement du devis, Rz. 754, welcher die Meinung vertritt, der Planer müsse nicht nur unaufgefordert darüber informieren, dass die Bestellungsänderung Kostenfolgen hat, sondern diese Kostenfolgen auch unaufgefordert beziffern (vgl. dazu Rz. 11.11).

[89] FÉROLLES, Le dépassement du devis, Rz. 806; vgl. aber Rz. 11.29. Vgl. ZEHNDER, Haftung des Architekten, Rz. 183; DERS., Prognosen, S. 51.

[90] BGer 4A_89/2017 vom 2. Oktober 2017 E. 5.1 (= BR/DC 2018, S. 186, Nr. 295, mit Anm. WERRO); 4A_271/2013 vom 26. September 2013 E. 2.1 (= BR/DC 2014, S. 150, Nr. 255, mit Anm. SIEGENTHALER); 4C.424/2004 vom 15. März 2005 E. 3.2.1 (= BR/DC 2006, S. 8 ff., mit Anm. PICHONNAZ).

[91] BGer 4A_271/2013 vom 26. September 2013 E. 2.1 (= BR/DC 2014, S. 150, Nr. 255, mit Anm. SIEGENTHALER); 4C.424/2004 vom 15. März 2005 E. 3.2.2.2 in fine (= BR/DC 2006, S. 8 ff., mit Anm. PICHONNAZ).

steht nach der Rechtsprechung des Bundesgerichts beim **detaillierten Kostenvoranschlag für einen Neubau** eine sogenannte «Toleranzgrenze» von 10%.[92] «Mit dieser Toleranz soll den Unabwägbarkeiten, die mit der Kostenschätzung und der Verwirklichung eines Bauvorhabens verbunden sind, und den sich im Lauf der Realisierung allenfalls verändernden Verhältnissen Rechnung getragen werden».[93]

11.51 **2.** Bezüglich der **Terminologie** ist darauf hinzuweisen, dass das Bundesgericht und die Rechtslehre zum Teil den missverständlichen Ausdruck «Toleranzgrenze» verwenden: Der Ausdruck «Toleranzgrenze» suggeriert, der Bauherr habe Kostenüberschreitungen innerhalb gewisser Grenzen *generell* zu tolerieren.[94] Dieser Eindruck ist aber unzutreffend, wie das das Bundesgericht erläutern musste:

11.52 – «Mangels besonderer Absprache kann allerdings auch eine vereinbarte Toleranzgrenze nicht als Haftungsbeschränkungsklausel ausgelegt werden, die den [Planer] im Rahmen [dieser] ‹Toleranzgrenze› von der Haftung für Vertragsverletzungen befreien würde.»[95]

11.53 – «Die Toleranzgrenze schafft also, sofern sie nicht ausdrücklich als haftungsbeschränkender Genauigkeitsgrad für den Kostenvoranschlag festgelegt worden ist, nicht einen Bereich, innerhalb dessen Kostenüberschreitungen vom Bauherrn unter allen Umständen entschädigungslos hingenommen werden müssen und damit bei der Schadensberechnung ausser Betracht fallen. […] Beim direkten Beweis einer Vertragsverletzung kann sich der Architekt nicht auf eine Toleranzgrenze berufen, sondern hat für die daraus resultierende Kostenüberschreitung grundsätzlich einzustehen […]».[96]

11.54 **3.** Es geht demnach gerade *nicht* darum, dass der Bauherr irgendetwas zu «tolerieren» hätte. Der Bauherr muss namentlich keine Mehrkosten «tolerieren», welche vom Planer

---

92 BGer 4A_271/2013 vom 26. September 2013 E. 2.1 (= BR/DC 2014, S. 150, Nr. 255, mit Anm. Siegenthaler); 4C.424/2004 vom 15. März 2005 E. 3.2.2 (= BR/DC 2006, S. 8 ff., mit Anm. Pichonnaz); 4C.71/2003 vom 27. Mai 2003 E. 3.

93 BGer 4C.424/2004 vom 15. März 2005 E. 3.2.2 mit Verweis auf Fellmann, Haftung für falsche Kostenschätzung, S. 230 ff.; BGer 4C.287/1991 vom 22. Dezember 1992 E. 5a; Schumacher, Architektenrecht 1995, Rz. 760; vgl. Gauch, Notizen zur Vertragshaftung, S. 83; Zehnder, Haftung des Architekten, Rz. 189; vgl. auch BGer 4A_271/2013 vom 26. September 2013 E. 2.1 (= BR/DC 2014, S. 150, Nr. 255, mit Anm. Siegenthaler), wo nicht der Ausdruck «Toleranzgrenze» verwendet wird, sondern zutreffender von einer «Ungenauigkeit» von 10% die Rede ist.

94 In den juristischen Sprachgebrauch wurde dieser Ausdruck durch Gauch, Notizen zur Vertragshaftung, S. 81 ff., eingeführt, wobei in dieser Publikation aber nicht die Auffassung vertreten wurde, es sei im Rahmen der «Toleranzgrenze» eine Kostenüberschreitung generell, d.h. unabhängig von deren Ursache, zu tolerieren. Nach dem Wortgebrauch von Gauch geht es allein um eine «Marge, in deren Grenzen der Bauherr nach Rechtsprechung und Lehre eine Ungenauigkeit tolerieren muss» – es geht demzufolge um die Ungenauigkeit der Kosteninformation, also um einen Ungenauigkeitsgrad.

95 BGer 4C.424/2004 vom 15. März 2005 E. 3.2.2 (= BR/DC 2006, S. 8 ff., mit Anm. Pichonnaz).

96 BGer 4C.424/2004 vom 15. März 2005 E. 3.2.2.2 (= BR/DC 2006, S. 8 ff., mit Anm. Pichonnaz).

durch nicht richtige Erfüllung seines Vertrags verursacht wurden (z.B. durch ungünstige Vergabe, fehlerhafte Planung, Verzögerungen in der Planlieferung, ungenügende Bauaufsicht etc.). Mit dem Ausdruck «Toleranzgrenze» meint das Bundesgericht den *Genauigkeitsgrad* (bzw. den Ungenauigkeitsgrad) einer Kostenprognose. Es handelt sich um eine Angabe darüber, wie weit eine Kostenprognose verlässlich ist, d.h. um eine Information zur Verlässlichkeit der Kosteninformation. Diese Information ist integraler Bestandteil der Kosteninformation. In den SIA-Ordnungen 102, 103 und 108 wird entsprechend die Bezeichnung «Genauigkeitsgrad» gebraucht und nicht der missverständliche Ausdruck «Toleranzgrenze».[97] Noch treffender wäre das Wort «Ungenauigkeitsgrad».

4. Der Genauigkeitsgrad («Toleranzgrenze») gilt demnach nicht als Haftungsbeschränkung, innerhalb dessen Kostenüberschreitungen unter allen Umständen entschädigungslos hingenommen werden müssten. Nach der Rechtsprechung des Bundesgerichts kann sich der Planer beim direkten Beweis einer Vertragsverletzung nicht auf die «Toleranzgrenze» berufen. Der Bauherr kann demzufolge Kosten, welche vom Planer pflichtwidrig verursacht wurden (z.B. die Folgekosten einer fehlerhaften Planung), auch dann als Schaden geltend machen, wenn dadurch die «Toleranzgrenze» nicht überschritten wird. Der Bauherr kann solche Kosten sogar dann als Schaden fordern, wenn die Kostenprognose unterschritten wird. Dies folgt aus der Überlegung, dass solche pflichtwidrig verursachten Kosten mit dem Vertrauen in die relative Richtigkeit des Kostenvoranschlags nichts zu tun haben. Der Genauigkeitsgrad («Toleranzgrenze») ist zwar keine Haftungsbeschränkung, aber er ist eine *Vertrauensbeschränkung:* Selbst wenn der Bauherr dem Planer einen konkreten Fehler bei der Erstellung der Kostenprognose nachweisen kann (z.B. einen Additionsfehler oder eine vergessene Position), ändert dies nichts daran, dass der Bauherr nur in der Bandbreite des angegebenen Genauigkeitsgrads auf eine Kostenprognose vertrauen darf. Gerade weil der Bauherr weiss, dass die Kostenprognose im Rahmen des angegebenen Genauigkeitsgrads eine Ungenauigkeit beinhaltet, kann er nicht geltend machen, er habe darauf vertraut, dass es keine solche Ungenauigkeit gebe – und zwar auch dann nicht, wenn ein Fehler des Planers die Ursache der Ungenauigkeit ist (z.B. ein Additionsfehler). Der Vertrauensschutz, den die Kostenprognose begründet, lässt keine Differenzierung nach den Ursachen der Ungenauigkeit zu.[98] Allerdings: Der Umstand, dass ein solcher Fehler des Planers *keinen Vertrauensschaden* bewirkt (soweit der Genauigkeitsgrad eingehalten wird), bedeutet nicht den generellen Ausschluss der Haftung für diese Fehler. Der Bauherr könnte beispielsweise geltend machen, dass er ohne den entsprechenden Fehler (z.B. ohne Additionsfehler) einen insgesamt etwas höheren Kostenvoranschlag hätte erhalten müssen (z.B. 5%) und dass ihm, weil dies nicht der Fall war, ein bestimmter Nachteil entstanden oder ein Vorteil entgangen sei (z.B. eine günstigere 11.55

[97] Vgl. FÉROLLES, Le dépassement du devis, Rz. 886, der sich dieser Kritik am Ausdruck «Toleranzgrenze» anschliesst.

[98] FÉROLLES, Le dépassement du devis, Rz. 850 ff.; GAUCH, Notizen zur Vertragshaftung, S. 83; a.M. FELLMANN, Haftung für falsche Kostenschätzung, S. 232; SCHUMACHER, Architektenrecht 1995, Rz. 772; DERS., Haftung für Kosteninformationen, S. 132 und 136.

Finanzierung).[99] Lediglich eine Haftung wegen einer Überschreitung der Kostenprognose ist in solchen Fällen nicht denkbar, weil die obere Bandbreite der Kostenprognose (Genauigkeitsgrad) nicht überschritten ist. In den Worten des Bundesgerichts: «Si la marge de tolérance n'est pas dépassée, il est admis que l'architecte n'a pas violé la confiance placée en lui, qu'il n'a pas commis de violation contractuelle».[100]

11.56 **5.** Nach einem Teil der Lehre[101] und einem Bundesgerichtsentscheid[102] hat die «Toleranzgrenze» (Genauigkeitsgrad) die Funktion eines «doppelten Anscheinsbeweises»: «Kostenüberschreitungen, welche die Toleranzgrenze übersteigen, lassen dabei auf Pflichtverletzungen des Architekten schliessen, solche unterhalb dieser Grenze hingegen auf das Fehlen von Pflichtverletzungen. Dieser Anscheinsbeweis kann entkräftet werden, wenn die dadurch belastete Partei Tatsachen nachweist, die Zweifel an dieser Folgerung erwecken.»[103] Auch diese Wortwahl ist missverständlich, denn der sogenannte «doppelte Anscheinsbeweis» ist weder doppelt noch ein Beweis:[104] Es handelt sich vielmehr um eine widerlegbare *tatsächliche Vermutung,*[105] dass die Kostenprognose unsorgfältig erstellt wurde, wenn sich herausstellt, dass die tatsächlichen Baukosten höher liegen als gemäss des Genauigkeitsgrads der Kostenprognose maximal erwartet werden musste. Wenn die tatsächlichen Baukosten tiefer liegen, besteht diese Vermutung nicht.[106] Diese tatsächliche Vermutung kann indessen nur gelten, wenn der Ersteller der Kostenprognose auch an allen übrigen Phasen der Projektierung, Ausschreibung und Realisierung beteiligt war (Rz. 11.69).

---

99 Zutreffend ist daher, dass bei einer Unsorgfalt bei der Erstellung einer Kostenprognose der Hinweis auf die Toleranzgrenze nicht generell von jeglicher Haftung befreit (so Fellmann, Haftung für falsche Kostenschätzung, S. 231). Eine Haftung, welche darauf abstützt, dass der Bauherr auf die (relative) Richtigkeit der Kostenschätzung vertraut habe, kann aber nicht bestehen, weil dieses Vertrauen durch die mangelnde Sorgfalt des Planers insoweit nicht enttäuscht wird, als die Gesamtkosten im Rahmen des angegebenen Genauigkeitsgrads bleiben.

100 BGer 4A_457/2017 vom 3. April 2018 E. 4.2.1; 4A_210/2015 vom 2. Oktober 2015 E. 4.2.2.2.

101 Fellmann, Haftung für falsche Kostenschätzung, S. 231; Schumacher, Architektenrecht 1995, Rz. 759; ders., Haftung für Kosteninformationen, S. 133.

102 BGer 4C.424/2004 vom 15. März 2005 E. 3.2.2.1 (= BR/DC 2006, S. 8 ff., mit Anm. Pichonnaz).

103 BGer 4C.424/2004 vom 15. März 2005 E. 3.2.2.1 (= BR/DC 2006, S. 8 ff., mit Anm. Pichonnaz).

104 Zehnder, Prognosen, S. 50.

105 Fellmann, Haftung für falsche Kostenschätzung, S. 230; Férolles, Le dépassement du devis, Rz. 887 und 946 f.; vgl. Pedrazzini F., Le dépassement du devis, S. 197; dazu auch die Anm. von Pichonnaz zu BGer 4C.424/2004 vom 15. März 2005 (= BR/DC 2006, S. 9), welcher von einer «double présomption de fait» ausgeht. Vgl. aber BGer 4A_457/2017 vom 3. April 2018 E. 4.2.1 und 5.1 in fine; 4A_210/2015 vom 2. Oktober 2015 E. 4.2.2.3, wo nicht mit einer tatsächlichen Vermutung argumentiert wird: «En cas de dépassement de la marge de tolérance, il y a violation du devoir de diligence et l'architecte doit réparer le dommage résultant de la confiance déçue (Vertrauensschaden) qu'a subi le mandant en tenant l'estimation pour exacte et en prenant ses dispositions en conséquence.».

106 Vgl. BGer 4A_457/2017 vom 3. April 2018 E. 4.2.1; 4A_210/2015 vom 2. Oktober 2015 E. 4.2.2.2.

6. Angesichts der weitreichenden Aufklärungs- und Benachrichtigungspflichten eines Planers kann sich dieser nur dann uneingeschränkt auf die Geltung einer bestimmten «Toleranzgrenze» (Genauigkeitsgrad) berufen, wenn er den Bauherrn über das Bestehen einer solchen und über deren Tragweite rechtzeitig orientiert hat.[107] Der Planer darf sich namentlich nicht darauf verlassen, dass der Bauherr aus eigener Initiative die Angaben zu den Genauigkeitsgraden in den SIA-Ordnungen nachliest und versteht. Unterlässt der Architekt eine Aufklärung über Kostenrisiken, insbesondere über die Ungenauigkeit seiner Kostenprognosen, erweckt er grundsätzlich den Eindruck und damit das Vertrauen des Bauherrn, *besondere* Risiken bestünden nicht[108] – was aber nicht ausschliesst, dass die Bauherrschaft mit den üblichen Risiken dennoch zu rechnen hat.[109] Wenn also eine entsprechende Orientierung unterblieb, muss im Einzelfall festgestellt werden, welches konkrete Vertrauen der Bauherr nach Treu und Glauben in die Kosteninformation des Planers haben durfte[110] bzw. mit welchen Kostenrisiken die Bauherrschaft auch ohne Angabe zum Genauigkeitsgrad ohnehin rechnen musste: 11.57

a. Wenn es sich bei der Bauherrschaft um Baufachleute handelt, kann davon ausgegangen werden, dass diese die übliche «Toleranzgrenze» von 10% (Genauigkeitsgrad) kennen.[111] Von Baufachleuten mit Erfahrung in diesem Bereich kann zudem erwartet werden, dass sie Kenntnis der unterschiedlichen Genauigkeitsgrade entsprechend den einschlägigen SIA-Ordnungen haben bzw. diese bei Bedarf in den SIA-Ordnungen nachlesen. 11.58

b. Wenn es sich bei der Bauherrschaft um eine in Bausachen gänzlich unerfahrene Person handelt, ist meines Erachtens nicht ohne Weiteres anzunehmen, dass ihr die übliche «Toleranzgrenze» von 10% (Genauigkeitsgrad) bekannt ist. In solchen Fällen ist zu prüfen, mit welcher Genauigkeit diese Bauherrschaft konkret rechnen durfte und musste:[112] Wenn der Planer zum Beispiel den Ausdruck «Kostenschätzung» verwendet, ist schon 11.59

---

107 BGer 4C.424/2004 vom 15. März 2005 E. 3.2.2.2 (= BR/DC 2006, S. 8 ff., mit Anm. PICHONNAZ).

108 BGer 4C.424/2004 vom 15. März 2005 E. 3.2.1 (= BR/DC 2006, S. 8 ff., mit Anm. PICHONNAZ).

109 BGer 4A_271/2013 vom 26. September 2013 E. 2.5 (= BR/DC 2014, S. 150, Nr. 255, mit Anm. SIEGENTHALER); a.M. FÉROLLES, Le dépassement du devis, Rz. 888: «Il est donc juste de considérer qu'en absence d'information sur ce point, le maître de l'ouvrage est (en principe) en droit de s'attendre à ce que le montant indiqué dans le devis ne soit pas dépassé, car il donne l'impression, par son comportement, qu'il n'y a pas de risques liés au devis.» mit Verweis auf BGer 4C.424/2004 vom 15. März 2005 E. 3.2.1 (= BR/DC 2006, S. 8 ff., mit Anm. PICHONNAZ); vgl. PICHONNAZ, Dépassement des coûts, S. 492; ZEHNDER, Prognosen, S. 49.

110 BGer 4A_457/2017 vom 3. April 2018 E. 4.2.1; 4A_210/2015 vom 2. Oktober 2015 E. 4.2.2.1; 4A_271/2013 vom 26. September 2013 E. 2.5 (= BR/DC 2014, S. 150, Nr. 255, mit Anm. SIEGENTHALER); 4C.424/2004 vom 15. März 2005 E. 3.2.2.2 (= BR/DC 2006, S. 8 ff., mit Anm. PICHONNAZ) mit Verweis auf SCHUMACHER, Architektenrecht 1995, Rz. 775 und FELLMANN, Haftung für falsche Kostenschätzung, S. 237; vgl. SCHUMACHER, Haftung für Kosteninformationen, S. 136.

111 HGer ZH vom 8. April 2008 E. 8.2 (= ZR 2009, Nr. 31, S. 108). Dagegen ist FÉROLLES, Le dépassement du devis, Rz. 888, der Ansicht, dass selbst von erfahrenen Bauherren nicht erwartet werden könne, die Genauigkeitsgrade in der vereinbarten (!) SIA-Ordnung nachzulesen.

112 SCHUMACHER, Haftung für Kosteninformationen, S. 136.

der Wortbestandteil «Schätzung» ein Hinweis darauf, dass keine absolute Genauigkeit erwartet werden darf.[113]

11.60 **c.** Das Bundesgericht scheint in seiner neueren Rechtsprechung nicht zu differenzieren, ob eine Bauherrschaft Erfahrungen im Umgang mit Kostenprognosen hat. Es weist jedenfalls ohne entsprechende Differenzierung darauf hin, dass bei Fehlen einer besonderen Vereinbarung über die Genauigkeit eines detaillierten Kostenvoranschlags die Ungenauigkeit für einen Neubau nach allgemeiner Annahme 10% beträgt.[114]

11.61 **7.** Ob ein Kostenvoranschlag ungenau ist, beurteilt sich immer nur nach dem Gegenstand des konkreten Voranschlags. Worauf sich der Voranschlag bezieht, muss im Streitfall durch Auslegung ermittelt werden.[115] Soweit die Bauherrschaft den Kostenvoranschlag nicht gleich verstanden hat wie der Planer, kommt es darauf an, wie die Bauherrschaft ihn verstehen durfte und musste (Vertrauensprinzip).[116] Auch in Bezug auf die Angabe eines Genauigkeitsgrads kann zwischen dem Planer und der Bauherrschaft streitig sein, ob sich dieser auf sämtliche in der Kostenprognose enthaltenen Positionen bezieht oder nicht. Es kann fraglich sein, ob ein angegebener Genauigkeitsgrad auf die Gesamtsumme einer Kostenprognose bezogen ist oder ob er zum Beispiel auf eine «Reserve für Unvorhergesehenes» (BKP 583), die in der Gesamtsumme auch enthalten sein kann, keine Anwendung findet.[117] Die Auslegung kann *im Einzelfall* zum Resultat führen, dass sich die angegebene Kostengenauigkeit nur auf jene Kosten bezieht, welche durch die Bauleitung beeinflussbar sind – was aber nicht als allgemeingültiger Grundsatz gelten kann.[118]

---

[113] BGer 4A_271/2013 vom 26. September 2013 E. 2.5 (= BR/DC 2014, S. 150, Nr. 255, mit Anm. SIEGENTHALER); vgl. aber 4C.424/2004 vom 15. März 2005 E. 4.1 (= BR/DC 2006, S. 8 ff., mit Anm. PICHONNAZ), worin das Bundesgericht einen Entscheid des Kantonsgerichts Graubünden wie folgt wiedergab: «Allein der Umstand, dass die Beklagte die Kostenschätzung als «approximativ» bezeichnet habe, sei unter den vorliegend gegebenen Umständen nicht ausreichend gewesen, um das Vertrauen des Klägers in deren Genauigkeit zu zerstören.» Dass ein Bauherr bei einer als «approximativ» bezeichneten «Kostenschätzung» auf deren Genauigkeit (!) vertrauen durfte, kann wohl nur an den im konkreten Fall «gegebenen Umständen» gelegen haben und darf nicht verallgemeinert werden: Im Entscheid wird denn auch erwähnt, dass der Architekt dem Bauherrn mündlich eine Abweichung um höchstens 1–2% in Aussicht gestellt habe (vgl. dazu auch QUINTO/MAFFIOLETTI, Handbuch zum Bauwesen, Rz. 232).

[114] BGer 4A_457/2017 vom 3. April 2018 E. 4.2.1; 4A_210/2015 vom 2. Oktober 2015 E. 4.2.2.1; 4A_271/2013 vom 26. September 2013 E. 2.1 (= BR/DC 2014, S. 150, Nr. 255, mit Anm. SIEGENTHALER).

[115] GAUCH, Notizen zur Vertragshaftung, S. 80; ZEHNDER, Haftung des Architekten, Rz. 36.

[116] GAUCH, Notizen zur Vertragshaftung, S. 81; PEDRAZZINI F., Le dépassement du devis, S. 190; ZEHNDER, Haftung des Architekten, Rz. 40.

[117] Vgl. zur Position «Unvorhergesehenes» FÉROLLES, Le dépassement du devis, Rz. 905 ff., der die Position «Unvorhergesehenes» als Reserve für Baugrundrisiken versteht und die Meinung vertritt, dass sich der Genauigkeitsgrad auch auf die Position «Unvorhergesehenes» bezieht. Vgl. auch ZEHNDER, Haftung des Architekten, Rz. 213 ff.

[118] Anders HGer ZH vom 8. April 2008 (= ZR 2009, Nr. 31, S. 103 = BR/DC 2010, S. 57, Nr. 128, mit Anm. SIEGENTHALER).

8. Eine Selbstverständlichkeit ist sodann, dass die Kosten für Änderungswünsche, die der Bauherr erst im Nachhinein vorbringt, nicht in der Kostenprognose enthalten sein können.[119] Bei der Ermittlung einer Kostenüberschreitung sind solche Zusatzkosten daher vorab von den Gesamtkosten in Abzug zu bringen, und erst dann kann festgestellt werden, ob eine haftungsbegründende Überschreitung der Kostenprognose vorliegt.[120] 11.62

B. Die Genauigkeitsgrade nach den SIA-Ordnungen

1. Nach den SIA-Ordnungen variieren die Genauigkeitsgrade in Abhängigkeit von der Bearbeitungstiefe der einzelnen Projektphasen: 11.63

- *Vorprojekt:* Der Architekt erstellt in Bezug auf das Vorprojekt eine Kostenschätzung, welche mangels anderer Vereinbarung einen Genauigkeitsgrad von ± 15% aufweisen sollte (Art. 4.31 SIA 102). Ein als Gesamtleiter tätiger Ingenieur hat im Rahmen des Vorprojekts eine Kostenschätzung zu erstellen, welche «mangels anderer Vereinbarung» eine Genauigkeit von ± 20% im Tiefbau und ± 15% im Hochbau haben sollte (Art. 4.3.31 SIA 103). Dasselbe gilt sinngemäss für den Ingenieur als Fachplaner (Art. 4.3.31 SIA 103). Im Anwendungsbereich der SIA-Ordnung 108 gilt beim Vorprojekt in der Regel ein Genauigkeitsgrad von ± 15% (Art. 4.31 SIA 108). 11.64
- *Bauprojekt:* Beim Kostenvoranschlag des Architekten für das Bauprojekt soll der Genauigkeitsgrad ± 10% betragen, wobei Beträge für Unvorhergesehenes separat auszuweisen sind (Art. 4.32 SIA 102). Der gleiche Genauigkeitsgrad gilt auch beim Kostenvoranschlag des Ingenieurs (Art. 4.3.32 SIA 103; Art. 4.32 SIA 108), wobei aber festgehalten wird, dies gelte lediglich «mangels besonderer Vereinbarung» – primär sind Umfang, Methode und Genauigkeitsgrad zu vereinbaren. 11.65

2. Die SIA-Ordnungen sehen sodann vor, dass im Rahmen der Ausschreibung eine revidierte Kostenermittlung aufgrund der Angebote und ein Vergleich mit dem Kostenvoranschlag zu erstellen ist (Art. 4.41 SIA 102; vgl. Art. 4.3.41 SIA 103; Art. 4.41 SIA 108). Für diesen Kostenvergleich bzw. den revidierten Kostenvoranschlag sehen die SIA-Ordnungen keinen Genauigkeitsgrad vor. Dabei hängt die Genauigkeit dieser Kosteninformation stark von der Vollständigkeit und Verbindlichkeit der Angebote der Unternehmer ab. Es ist denkbar, dass zum Beispiel einzelne «Angebote» nur Aufwandschätzungen mit einem ungefähren Kostenansatz sind (Art. 375 OR) oder dass Offerten Leistungspositionen ohne Mengenangaben enthalten (sog. «Per-Positionen»), welche auf die Gesamtsumme der Offerte keine Auswirkung haben. Möglich ist auch, dass die Offerten auf Mengenangaben des Planers beruhen, die absichtlich etwas zu hoch angesetzt wurden («Mengenreserven»). Aus diesen Gründen kann es gerade auch bei Kosteninformationen, welche auf konkreten Offerten beruhen, notwendig sein, dass der Planer die Bauherrschaft auf verbleibende Unsicherheiten und Ungenauigkeiten hinweist – andernfalls 11.66

[119] GAUCH, Notizen zur Vertragshaftung, S. 81; ZEHNDER, Haftung des Architekten, Rz. 131.

[120] Siehe die Anm. von PICHONNAZ zu BGer 4C.424/2004 vom 15. März 2005 (= BR/DC 2006, S. 10); vgl. FELLMANN, Haftung für falsche Kostenschätzung, S. 232.

könnte bei ihr der Eindruck entstehen, sie könne sich auf die absolute Richtigkeit dieser Kosteninformation verlassen.

C. Entfallen der tatsächlichen Vermutung bei Aufteilung des Planerauftrags

11.67 **1.** Die Haftung für die Ungenauigkeit von Kostenprognosen ist abzugrenzen von der Haftung für Zusatzkosten, welche der Planer vertragswidrig verursacht hat, wie beispielsweise durch unwirtschaftliche oder fehlerhafte Planung, ungünstige Vergabe oder unrichtige Weisungen. Die Haftung für solche Zusatzkosten besteht unabhängig von der Erstellung einer Kostenprognose.[121]

11.68 **2.** Obschon die Haftung für vertragswidrig verursachte Zusatzkosten grundsätzlich mit der Haftung für die Ungenauigkeit von Kostenprognosen nichts zu tun hat, besteht bei der praktischen Durchsetzung entsprechender Haftungsansprüche der Bauherrschaft ein enger Zusammenhang: Der Bauherrschaft ist in der Praxis oft nicht bekannt, ob eine Überschreitung der Kostenprognose auf die Ungenauigkeit der Kostenprognose oder auf vom Planer vertragswidrig verursachte Zusatzkosten zurückgeht. In Ermangelung genauer Kenntnisse über die Ursachen der Kostenüberschreitung ist es für die Bauherrschaft naheliegend, sich auf die tatsächliche Vermutung zu stützen, dass die Kostenprognose unsorgfältig erstellt wurde, wenn die tatsächlichen Baukosten höher liegen als unter Einbezug des Genauigkeitsgrads der Kostenprognose maximal erwartet werden musste. Der Planer hat in solchen Fällen keinen Vorteil, wenn er geltend macht, die Überschreitung sei nicht auf eine Ungenauigkeit seiner Kostenprognose, sondern auf von ihm vertragswidrig verursachte Zusatzkosten zurückzuführen. Dies führt faktisch dazu, dass ein Teil jener Kostenüberschreitungen, welche eigentlich auf vertragswidrige verursachte Zusatzkosten zurückzuführen sind, im Rechtsalltag als Haftung für die Ungenauigkeit von Kostenprognosen abgewickelt werden.[122] Die Haftung für die Ungenauigkeit von Kostenprognosen hat demnach faktisch die Funktion eines Auffangtatbestands, wenn die Bauherrschaft nicht belegen kann, dass der Planer vertragswidrig Zusatzkosten verursacht hat. Das ist zwar juristisch-dogmatisch unbefriedigend, aber im Resultat für die Bauherrschaft trotzdem besser, als mit dem Anspruch aus vertragswidrigen Zusatzkosten an der Beweislast zu scheitern.[123]

---

[121] BGer 4A_89/2017 vom 2. Oktober 2017 E. 4 (= BR/DC 2018, S. 186, Nr. 295, mit Anm. Werro); 4A_457/2017 vom 3. April 2018 E. 4.1; 4D_131/2009 vom 16. Dezember 2009 E. 3.3.2 (= BR/DC 2010, S. 73, Nr. 158, mit Anm. Werro); 4C.424/2004 vom 15. März 2005 E. 3.1 (= BR/DC 2006, S. 8 ff., mit Anm. Pichonnaz); Fellmann, Haftung für falsche Kostenschätzung, S. 217; Pedrazzini F., Le dépassement du devis, S. 180; Schumacher, Architektenrecht 1995, Rz. 761; Zehnder, Haftung des Architekten, Rz. 133 und 149 ff.

[122] Vgl. Férolles, Le dépassement du devis, Rz. 629; Schumacher, Architektenrecht 1995, Rz. 761.

[123] Unbefriedigend bleibt dabei, dass der Planer, welcher gegenüber der Bauherrschaft seine vertragswidrig verursachten Zusatzkosen vertuscht hat, bei der Abwicklung über eine Haftung für die Ungenauigkeit von Kostenprognosen von der «Toleranzgrenze» (Genauigkeitsgrad) profitieren kann und zudem nur insoweit haftet, als ein Vertrauensschaden vorliegt.

3. Nicht haltbar wäre diese Praxis indessen, wenn die Kostenprognose und die vertragswidrig verursachten Zusatzkosten nicht von derselben Person zu verantworten sind.[124] Wenn ein Planer lediglich für die Erstellung des Kostenvoranschlags verantwortlich ist und die Ausschreibung und die Überwachung der Realisierung einem andern übertragen werden, würde die vorerwähnte Praxis zu unhaltbaren Resultaten führen: Der Ersteller der Kostenprognose müsste den Nachweis der Ursachen für die Kostenüberschreitung erbringen, obschon er in die Realisierungsphase nicht involviert war und entsprechend in Beweisnotstand geraten würde. Es ist nicht a priori wahrscheinlicher, dass eine Kostenüberschreitung auf die Ungenauigkeit des Kostenvoranschlags zurückgeht, als dass vertragswidrig verursachte Zusatzkosten oder von der Bauherrschaft selber verursachte Mehrkosten für die Kostenüberschreitung ursächlich sind. Wenn also der Ersteller des Kostenvoranschlags nicht an allen übrigen Phasen der Projektierung, Ausschreibung und Realisierung beteiligt war und wenn dann die tatsächlichen Baukosten höher liegen, als aufgrund des Genauigkeitsgrads der Kostenprognose maximal erwartet werden musste, so kann die Bauherrschaft, welche eine Haftung wegen ungenauer Kostenprognose geltend machen will, sich nicht auf eine tatsächliche Vermutung stützen, sondern sie hat den *direkten Nachweis* zu erbringen, dass die Ursache der Kostenüberschreitung eine Sorgfaltspflichtverletzung bei der Erstellung der Kostenprognose war. 11.69

V. Die ungenügende Kostenkontrolle

1. Im Rahmen der Bauleitung hat der Planer die Pflicht, die Bauherrschaft über die zu erwartenden Kosten zu informieren; namentlich muss er die Baukosten ständig daraufhin überprüfen, ob sie sich im Rahmen des Kostenvoranschlags halten.[125] Eine ungenügende Kostenkontrolle hat dabei zur Folge, dass die Entwicklung der Baukosten später erkannt wird, als dies bei einer pflichtgemässen Kostenkontrolle der Fall gewesen wäre. Wenn eine Bauleitung also während der Ausführungsphase die Kostenentwicklung nicht pflichtgemäss kontrolliert und entsprechend nicht bemerkt und auch nicht mitteilt, dass die Kostenentwicklung vom Kostenvoranschlag abweicht, liegt letztlich ein Fall fehlender Kosteninformation vor (vgl. Rz. 11.37). In der Regel wird die Bauherrschaft aus dem Schweigen der Bauleitung zur Kostenentwicklung nach dem Vertrauensprinzip den Schluss ziehen dürfen, dass der Kostenvoranschlag eingehalten werde.[126] Oder mit ande- 11.70

[124] Vgl. Férolles, Le dépassement du devis, Rz. 629.

[125] BGer 4A_89/2017 vom 2. Oktober 2017 E. 5.1 (= BR/DC 2018, S. 186, Nr. 295, mit Anm. Werro); 4A_210/2015 vom 2. Oktober 2015 E. 4.2; vgl. 4C.424/2004 vom 15. März 2005 E. 3 (= BR/DC 2006, S. 8 ff., mit Anm. Pichonnaz) mit Verweis auf BGE 119 II 249/251 E. 3b (= BR/DC 1994, S. 47, Nr. 87, mit Anm. Gauch); 115 II 62/67 E. 3d; 108 II 197/198 E. 2a (= BR/DC 1983, S. 53, Nr. 35, mit Anm. Gauch).

[126] BGer 4A_89/2017 vom 2. Oktober 2017 E. 5.1 (= BR/DC 2018, S. 186, Nr. 295, mit Anm. Werro); 4A_457/2017 vom 3. April 2018 E. 4.2.1; 4A_210/2015 vom 2. Oktober 2015 E. 4.2.1.2; 4A_187/2009 vom 14. Juli 2009 E. 4.1 (= BR/DC 2009, S. 156, Nr. 164, mit Anm. Stöckli).

ren Worten: Eine nicht pflichtgemässe Kostenkontrolle führt indirekt zu einer andauernden Bestätigung des Vertrauens des Bauherrn in die Einhaltung der letzten ihr vorliegenden Kostenprognose. Handelt es sich bei der letzten Kostenprognose um den Kostenvoranschlag, so kann der Bauherr erwarten, dass die Kosten im Rahmen des Genauigkeitsgrads des Kostenvoranschlags liegen werden. Eine pflichtwidrige Kostenkontrolle kann also dazu führen, dass der Bauleiter haftet, wenn das Vertrauen der Bauherrschaft in die Richtigkeit des Kostenvoranschlags enttäuscht wird (Rz. 11.72). Das gilt auch dann, wenn die Kostenkontrolle nicht durch jenen Planer erfolgt, der den Kostenvoranschlag erstellt hat.

11.71 **2.** Eine Haftung für ungenügende Kostenkontrolle kann auch bestehen, wenn der Kostenvoranschlag aus einem Grund überschritten wird, der keine Sorgfaltswidrigkeit des Erstellers des Kostenvoranschlags bedeutet: Im Rahmen der Kostenkontrolle hat der Planer auch Kosten festzustellen, welche im Kostenvoranschlag noch nicht enthalten waren – also namentlich auch Kosten, welche bei der Erstellung des Kostenvoranschlags noch nicht voraussehbar waren und somit auch nicht im Kostenvoranschlag enthalten sein konnten (z.B. Mehrkosten zufolge unerwarteter Baugrundverhältnisse oder Kosten von Bestellungsänderungen). Soweit die Bauleitung die Entstehung solcher Mehrkosten im Rahmen der Kostenkontrolle pflichtwidrig nicht feststellt und der Bauherrschaft nicht mitteilt, kann sie damit bei der Bauherrschaft den Eindruck erwecken, dass diese Kosten nicht existieren oder dass sie zumindest keine wesentlichen Auswirkungen auf die Gesamtkosten haben werden. Es ist im Einzelfall zu prüfen, ob und inwiefern ein solcher Eindruck bestand oder ob die Bauherrschaft aufgrund anderer Informationen nicht auf die Einhaltung des Kostenvoranschlags vertrauen durfte.

VI. Der Vertrauensschaden bei falschen, verspäteten oder unterlassenen Kosteninformationen

1. Grundgedanke

11.72 **1.** Die Haftung des Planers für ungenaue Kosteninformationen besteht in einer Haftung für falsche Auskunft. Der haftbare Planer muss den Schaden ersetzen, den die Bauherrschaft erleidet, weil sie berechtigterweise auf die Genauigkeit einer pflichtwidrig falschen Kosteninformation vertraut hat und im Vertrauen darauf Dispositionen getroffen hat, welche die Bauherrschaft nicht oder anders getätigt hätte, wenn sie rechtzeitig über die pflichtgemässe Kosteninformation verfügt hätte.

11.73 **2.** Bei der «pflichtgemässen Kosteninformation» handelt es sich um jene Kosteninformation, welche der Planer im geschuldeten Zeitpunkt bei einer sorgfältigen Schätzung bzw. bei einer sorgfältigen Erfassung der Kosten hätte abgeben müssen. Das bedeutet insbesondere, dass eine Kostenschätzung bzw. eine Kostenerfassung nicht schon deswegen nicht «pflichtgemäss» ist, weil die tatsächlichen Kosten letztlich davon abweichen, denn die Abweichung kann von Faktoren abhängen, welche mit der Sorgfalt bei der Schätzung bzw. Erfassung von Kosten nichts zu tun haben (z.B. unvorhersehbare Änderungen der Rohstoffpreise, unerwartete Änderungen von Normen, Bestellungsänderungen, unerwartete Baugrundverhältnisse).[127]

3. Der haftpflichtige Planer hat den Bauherrn so zu stellen, wie wenn dieser rechtzeitig die pflichtgemässe Kosteninformation erhalten hätte und entsprechend dieser richtigen Kosteninformation gehandelt hätte[128] – in den Worten des Bundesgerichts: «Zu ersetzen ist der Vertrauensschaden, den der Bauherr erlitten hat, weil er in die Verlässlichkeit der Kosteninformationen vertraut und dementsprechend seine Dispositionen getroffen hat, d.h. nachteilige Vorkehren getroffen und vorteilhafte unterlassen hat.»[129] Der Vertrauensschaden ist demnach die Differenz zwischen dem Vermögensstand der Bauherrschaft, welche auf die pflichtwidrig falsche Kosteninformation vertraut und entsprechend gehandelt hat und dem hypothetischen Vermögensstand dieser Bauherrschaft, wenn sie die pflichtgemässe Kosteninformation erhalten und ihre Entscheide darauf abgestützt hätte.[130] Es geht somit darum, durch Schadenersatz die Bauherrschaft wirtschaftlich so zu stellen, wie wenn der Vertrag korrekt erfüllt worden wäre, d.h. wenn sie die pflichtgemässe Kosteninformation erhalten hätte.[131] Der so verstandene *Vertrauensschaden* existiert in verschiedenen Ausprägungen: 11.74

a. Ein Vertrauensschaden kann dadurch entstehen, dass ein Bauherr im Vertrauen auf die Verlässlichkeit der Kosteninformation Dispositionen trifft, welche für ihn nachteilig sind, zum Beispiel indem er aufgrund einer ungenauen Kostenschätzung die Weiterführung der Planung eines Bauvorhabens veranlasst und dafür Planerhonorare zahlt, obschon er bei einer korrekten Schätzung die Projektierung abgebrochen hätte.[132] Die 11.75

---

[127] Zu solchen Gründen, die mit der Kostenschätzung nichts zu tun haben, PEDRAZZINI F., Le dépassement du devis, S. 189. Zu den Pflichten des Architekten bei der Erstellung eines Kostenvoranschlags FÉROLLES, Le dépassement du devis, Rz. 722: «Le devis de l'architecte planificateur et global doit être complet (1), établi avec soin (2) et accompagnée de l'indication concernant son degré de précision (3). En principe, l'architecte doit l'établir personnellement (4) et respecter les instructions du maître de l'ouvrage (5). Sauf exigences particulières découlant du contrat, le devis de l'architecte doit être établi conformément aux règles de l'art généralement reconnues dans sa profession (6).»

[128] Vgl. FELLMANN, Haftung für falsche Kostenschätzung, S. 233; GAUCH, Notizen zur Vertragshaftung, S. 81; LÜCHINGER, Schadenersatz im Vertragsrecht, S. 303 und 953; SCHUMACHER, Haftung für Kosteninformationen, S. 135.

[129] BGer 4C.424/2004 vom 15. März 2005 E. 3.2 (= BR/DC 2006, S. 8 ff., mit Anm. PICHONNAZ) mit Verweis auf BGE 122 III 61/64 E. 2c/aa (= BR/DC 1996, S. 115, Nr. 236, mit Anm. SCHUMACHER); 119 II 249/252 E. 3b/aa (= BR/DC 1994, S. 48, Nr. 89, mit Anm. GAUCH); vgl. zudem BGer 4A_210/2015 vom 2. Oktober 2015 E. 4.2.2.3.

[130] Vgl. ZEHNDER, Prognosen, S. 52.

[131] FÉROLLES, Le dépassement du devis, Rz. 1033.

[132] BGer 4A_271/2013 vom 26. September 2013 E. 5.1 (= BR/DC 2014, S. 150, Nr. 255, mit Anm. SIEGENTHALER); ausführlich zu dieser Konstellation FÉROLLES, Le dépassement du devis, Rz. 1040; ZEHNDER, Haftung des Architekten, Rz. 255 ff.; für das deutsche Recht vgl. LÖFFELMANN/FLEISCHMANN/IHLE, Architektenrecht, Rz. 2127.

Kosten der Weiterführung der Planung sind in solchen Fällen nutzlose Aufwendungen und stellen damit einen Schaden dar.

11.76 **b.** Die nachteiligen Dispositionen, welche ein vertrauender Bauherr trifft, müssen sich nicht notwendigerweise auf das Bauprojekt beziehen. Es ist auch denkbar, dass ein Bauherr im Vertrauen auf die Verlässlichkeit der Kosteninformation den Finanzbedarf des Projekts zu tief einschätzt und daher Ausgaben tätigt, welche er bei Kenntnis des wahren Finanzbedarfs vermieden oder aufgeschoben hätte (z.B. teure Ferien). Solche Ausgaben sind ebenfalls als Vertrauensschaden zu qualifizieren.

11.77 **c.** Ein Vertrauensschaden kann bei einem zu tiefen Kostenvoranschlag zum Beispiel entstehen, wenn zu tiefe Subventionen bei der kantonalen Denkmalpflege beantragt werden oder eine günstigere Finanzierung der Gesamtkosten verpasst wird.[133]

11.78 **d.** Ein Vertrauensschaden ist insbesondere auch der sogenannte «Ausführungsschaden», welcher dadurch entsteht, dass der Bauherr bei pflichtgemässer Information über die Baukosten das Bauwerk auf kostengünstigere Weise realisiert oder von der Realisierung überhaupt abgesehen hätte.[134]

11.79 **e.** Ein Vertrauensschaden ist auch bei einem zu hohen Kostenvoranschlag denkbar, zum Beispiel wenn die Bauherrschaft bei der Realisierung eines Bauprojekts bestimmte wertvermehrende bauliche Massnahmen unterlässt, weil sie aufgrund des zu hohen Kostenvoranschlags meint, sich diese nicht leisten zu können (und die nachträgliche Umsetzung dieser baulichen Massnahmen nicht möglich oder zu teuer ist).[135]

11.80 **2.** Die Haftung für die Ungenauigkeit von Kostenprognosen ist abzugrenzen von der Haftung für Zusatzkosten, welche der Planer vertragswidrig verursacht hat, wie beispielsweise durch unwirtschaftliche oder fehlerhafte Planung, ungünstige Vergabe oder unrichtige Weisungen. Die Haftung für solche Zusatzkosten besteht unabhängig von der Erstellung einer Kostenprognose.[136] Dennoch wird ein Teil jener Kostenüberschreitungen, welche eigentlich auf vertragswidrige verursachte Zusatzkosten zurückzuführen sind, im Rechtsalltag als Haftung für die Ungenauigkeit von Kostenprognosen abgewickelt (vgl. Rz. 11.68).

---

[133] Beispiele gemäss ZEHNDER, Prognosen, S. 53; vgl. PEDRAZZINI F., Le dépassement du devis, S. 201.

[134] FÉROLLES, Le dépassement du devis, Rz. 1044 ff.; GAUCH, Haftung des Architekten, S. 86; PEDRAZZINI F., Le dépassement du devis, S. 201; ZEHNDER, Prognosen, S. 53.

[135] PEDRAZZINI F., Le dépassement du devis, S. 188.

[136] BGer 4C.424/2004 vom 15. März 2005 E. 3.1 (= BR/DC 2006, S. 8 ff., mit Anm. PICHONNAZ); PEDRAZZINI F., Le dépassement du devis, S. 180; SCHUMACHER, Architektenrecht 1995, Rz. 761; ZEHNDER, Haftung des Architekten, Rz. 150 ff.

2. Kausalzusammenhang: Hypothetisches Alternativverhalten

1. Der Planer, welcher dem Bauherrn eine pflichtwidrig falsche Kosteninformation erteilt hat, hat den Bauherrn so zu stellen, wie wenn dieser rechtzeitig die pflichtgemässe Kosteninformation erhalten und entsprechend dieser Kosteninformation gehandelt hätte. Es geht also um die Frage nach dem mutmasslichen Verhalten des Bauherrn bei pflichtgemässer Kosteninformation, d.h. um sein hypothetisches Alternativverhalten. Massgebend ist dabei das Alternativverhalten des Bauherrn, das im Zeitpunkt der Vertragsverletzung des Planers möglich und wahrscheinlich gewesen wäre.[137] 11.81

2. Der Bauherr, der einen Schaden geltend macht, ist darlegungspflichtig und grundsätzlich auch beweispflichtig, dass er sein Verhalten bei einer pflichtgemässen Kosteninformation geändert hätte.[138] Weil es sich aber um eine Hypothese handelt, ist ein strikter Nachweis nicht möglich: «Es geht um einen hypothetischen Kausalverlauf, für den nach den Erfahrungen des Lebens und dem gewöhnlichen Lauf der Dinge eine überwiegende Wahrscheinlichkeit sprechen muss.»[139] Der Richter muss von jenem Verhalten ausgehen, welches ein Bauherr unter den gegebenen, konkreten Verhältnissen vernünftigerweise gewählt hätte.[140] Es muss daher grundsätzlich genügen, dass es aufgrund der Darlegung des Bauherrn und der konkreten Umstände als überwiegend wahrscheinlich erscheint, dass der Bauherr bestimmte Kosten hätte einsparen können.[141] Die Bauherrschaft hat 11.82

---

[137] Schumacher, Architektenrecht 1995, Rz. 768.

[138] BGer 4A_457/2017 vom 3. April 2018 E. 4.2.2; 4A_271/2013 vom 26. September 2013 E. 5.1 (= BR/DC 2014, S. 150, Nr. 255, mit Anm. Siegenthaler); 4D_131/2009 vom 16. Dezember 2009 E. 3.3.3 (= BR/DC 2010, S. 73, Nr. 158, mit Anm. Werro); 4C.71/2003 vom 25. Mai 2003 E. 3; KGer VD HC/2017/531 vom 4. Juli 2017 E. 3.2 in fine (= BR/DC 2017, S. 381, Nr. 807, mit Anm. Werro); Zehnder, Prognosen, S. 53; siehe auch die Anm. von Pichonnaz zu BGer 4C.424/2004 vom 15. März 2005 (= BR/DC 2006, S. 10).

[139] BGE 124 III 155/165 E. 3d; BGer 4A_271/2013 vom 26. September 2013 E. 5.1 (= BR/DC 2014, S. 150, Nr. 255, mit Anm. Siegenthaler); 4C.71/2003 vom 27. Mai 2003 E. 3; Férolles, Le dépassement du devis, Rz. 818 ff. und 950; Pedrazzini F., Le dépassement du devis, S. 198; Zehnder, Prognosen, S. 53; vgl. dagegen für das deutsche Recht Schliemann, Architekten- und Ingenieurrecht, Rz. 390 (mit Verweis auf BGH VII ZR 171/95 vom 23. Januar 1997 = BauR 1997, S. 494), wonach die Rechtsprechung zur Beweiserleichterung in diesen Fällen nicht greife, weil die Entscheidung des Bauherrn bei ordnungsgemässer Aufklärung des Architekten über die Baukosten derart von den persönlichen Wünschen und Vorstellungen sowie den finanziellen Möglichkeiten des Bauherrn abhänge, dass ein Erfahrungsurteil als Grundlage einer Vermutung nicht möglich sei.

[140] Vgl. Schumacher, Architektenrecht 1995, Rz. 768; Zehnder, Prognosen, S. 53; vgl. auch Fellmann, Haftung für falsche Kostenschätzung, S. 236: «Hat der Bauherr den Kostenvoranschlag akzeptiert, spricht allerdings eine natürliche Vermutung dafür, dass er Mehrkosten, soweit vermeidbar, vermieden und unvermeidbare Mehrkosten durch Kostensenkungsmassnahmen ausgeglichen hätte.»

[141] BGer 4A_457/2017 vom 3. April 2018 E. 4.2.2; 4A_210/2015 vom 2. Oktober 2015 E. 4.2.2.3; 4A_229/2012 vom 19. Juli 2012 E. 9 (= BR/DC 2012, S. 245, Nr. 415, mit Anm. Werro); 4D_131/2009 vom 16. Dezember 2009 E. 3.3.3 (= BR/DC 2010, S. 73, Nr. 158, mit Anm. Werro); 4C.71/2003 vom 27. Mai 2003 E. 3; vgl. Pedrazzini F., Le dépassement du devis, S. 198 und 200.

dabei auch aufzuzeigen, welche Kosten sie konkret eingespart hätten, wobei die Höhe dieser Kosten zu beweisen ist.[142]

11.83 **3.** Soweit im konkreten Fall aufgrund der Erfahrungen des Lebens und nach dem gewöhnlichen Lauf der Dinge der Bauherr bei richtiger Kosteninformation vernünftigerweise gewisse Kosten vermieden hätte, ist es Sache des Planers, den (Gegen-)Beweis anzutreten, dass sich der Bauherr im konkreten Einzelfall trotz richtiger und rechtzeitiger Kosteninformation dennoch nicht anders verhalten hätte.[143] Weil es sich auch bei diesem Gegenbeweis um eine Hypothese handelt, kann auch dafür kein strikter Nachweis gefordert werden.[144] Um den Gegenbeweis zu führen, hat der Planer daher Indizien zu belegen, welche aufzeigen, dass vom Bauherrn im konkreten Fall kein Verhalten zu erwarten gewesen wäre, welches vernünftig gewesen wäre und «den Erfahrungen des Lebens und dem gewöhnlichen Lauf der Dinge» entsprochen hätte. Er kann demzufolge nachweisen, dass der Bauherr die ihm noch nicht bekannten Kosten ohnehin in Kauf genommen hätte.[145] Dieser Gegenbeweis könnte beispielsweise gelingen, wenn der Planer nachweisen kann, dass für den Bauherrn beim konkreten Projekt die Kosten keine Rolle spielten.[146] Wenn ein Bauherr, welcher eine falsche Kostenprognose erhalten hat, während der Bauausführung mit Wissen um die Mehrkosten Projektänderungen vornimmt, kann meines Erachtens allein daraus nicht geschlossen werden, dass er keine Kosteneinsparungen vorgenommen hätte, wenn er eine richtige Kostenprognose erhalten hätte.[147]

11.84 **4.** Der Bauherr, welcher geltend macht, dass er sein Verhalten bei einer pflichtgemässen Kosteninformation geändert hätte, muss zudem die Möglichkeit zur tatsächlichen Änderung seines Verhaltens bei pflichtgemässer Kosteninformation darlegen. Insbesondere muss der Bauherr, welcher geltend machen will, er hätte kostengünstiger gebaut, aufzeigen, inwiefern er überhaupt hätte kostengünstiger bauen können.[148]

---

142 BGer 4A_457/2017 vom 3. April 2018 E. 5.2.2.

143 Fellmann, Haftung für falsche Kostenschätzung, S. 236; Férolles, Le dépassement du devis, Rz. 822; Gauch, Notizen zur Vertragshaftung, S. 82; Schumacher, Haftung für Kosteninformationen, S. 138.

144 Dagegen fordert Schumacher, Haftung für Kosteninformationen, S. 135 (ebenso ders., Architektenrecht 1995, Rz. 769 und 782), dass man es mit den Anforderungen an einen solchen Entlastungsbeweis «sehr streng» zu nehmen habe.

145 Vgl. Fellmann, Haftung für falsche Kostenschätzung, S. 242.

146 BGer 4A_457/2017 vom 3. April 2018 E. 4.2.2: «Il n'y a donc aucun dommage résultant de la confiance déçue s'il apparaît que le mandant aurait de toute manière, même s'il avait disposé d'une estimation exacte, fait exécuter l'ouvrage sans modification et en en assumant volontairement les coûts réels.»

147 In diese Richtung deutet aber BGer 4D_131/2009 vom 16. Dezember 2009 E. 3.3.4 (= BR/DC 2010, S. 73, Nr. 158, mit Anm. Werro): «On ne voit en particulier pas que la recourante ait pu prendre la décision de construire à moindre frais, puisqu'elle a, de son côté, imposé à l'architecte de nouvelles modifications coûteuses tout au long du chantier.»

148 Vgl. dazu Zehnder, Prognosen, S. 54.

5. Wenn der Bauherr im Verlaufe der Bauausführung von einer drohenden oder einsetzenden Überschreitung der Kostenprognose Kenntnis erhält und trotzdem nicht deutlich und nachdrücklich auf einer Einhaltung der ursprünglichen Kostenprognose besteht, so ist diese Gleichgültigkeit ein Faktor, der im Sinne eines Mitverschuldens (Art. 44 Abs. 1 OR) zur Kostenüberschreitung beiträgt[149] oder sogar den Kausalzusammenhang zwischen der falschen Kostenprognose und der Kostenüberschreitung durchbricht.[150] Soweit sich gar ergibt, dass der Bauherr die Überschreitung der Kostenprognose bewusst in Kauf genommen hat, entfällt die Schadenersatzpflicht gänzlich.[151] 11.85

3. Der Schaden

A. Der Schaden nach der Differenztheorie

1. Nach der konstant wiederholten Formulierung des Bundesgerichts,[152] der sich die überwiegende Lehre anschliesst,[153] entspricht der Schaden «der ungewollten Verminderung des Reinvermögens des Geschädigten, d.h. der Differenz zwischen dem gegenwärtigen Vermögensstand und dem Stand, den das Vermögen ohne das schädigende Ereignis hätte».[154] Dieser *klassische Schadensbegriff* beruht auf der Differenztheorie, indem er den Schaden als Gesamtvermögensdifferenz versteht.[155] 11.86

Die Praxis des Bundesgerichts betrachtet jene Kosten als Schaden, welche über der Summe der Kostenprognose liegen (zuzüglich eines allfälligen Toleranzbetrags) abzüglich eines gewissen Prozentsatzes für den anzurechnenden «objektiven Mehrwert».[156] Diese Abwei- 11.87

---

[149] GAUCH, Notizen zur Vertragshaftung, S. 85: «Einen Herabsetzungsgrund bildet der mögliche Umstand, dass der Bauherr seine Pflicht (Obliegenheit), den Schaden durch zumutbare Massnahmen zu verringern, verletzt hat. Schadenmindernde Massnahmen, die in Frage kommen, können z.B. im nachträglichen Verzicht auf die Ausführung einzelner Bauleistungen oder im Verkauf des Bauobjektes bestehen.»; KRAUSKOPF-FORERO/SIEGENTHALER, Architektur- und Bauingenieurverträge, S. 325 mit Verweis auf BGer 4C.82/1996 vom 11. Februar 1998 E. 5; PEDRAZZINI F., Le dépassement du devis, S. 203.

[150] FELLMANN, Haftung für falsche Kostenschätzung, S. 242; FÉROLLES, Le dépassement du devis, Rz. 826; PEDRAZZINI F., Le dépassement du devis, S. 196 und 198.

[151] GAUCH, Notizen zur Vertragshaftung, S. 83.

[152] BGE 136 III 322/332 E. 4.6; 132 III 564/575 f. E. 6.2; 132 III 359/366 E. 4; 132 III 321/323 E. 2.2.1; 129 III 331/332 E. 2.1; 129 III 18/23 E. 2.4; 127 III 403/405 E. 4a; 127 III 73/75 f. E. 4a; 126 III 388/393 E. 11a (= BR/DC 2001, S. 78, Nr. 258, mit Anm. WERRO); 120 II 296/298 E. 3b 120 II 423/424 E. 7a; 116 II 441/444 E. 3a/aa; 115 II 474/481 E. 3a.

[153] GAUCH/SCHLUEP/EMMENEGGER, OR AT, Rz. 2848 ff.; WERRO, Commentaire romand, N 7 zu Art. 41 OR; DERS., La responsabilité civile, S. 236 f.; WIEGAND, Basler Kommentar, N 53 zu Art. 97 OR.

[154] BGE 142 III 23/27 E. 4.1.

[155] LÜCHINGER, Schadenersatz im Vertragsrecht, S. 22.

[156] BGE 122 III 61/64 E. 2c/aa (= BR/DC 1996, S. 115, Nr. 236, mit Anm. SCHUMACHER); 119 II 249/252 E. 3b/bb (= BR/DC 1994, S. 49, Nr. 90, mit Anm. GAUCH); vgl. SCHUMACHER, Architektenrecht 1995, Rz. 777 ff.

chung vom klassischen Schadensbegriff ist indessen unbegründet. Die Haftung für pflichtwidrige Kosteninformationen lässt sich in den normalen Kategorien des Schadensrechts abwickeln und bedarf keiner Sonderregel.[157] Insbesondere lässt sich der (klassische) Schadensbegriff auch auf den Fall einer pflichtwidrig falschen Kosteninformation anwenden.[158] Zu diesem Zweck muss eine Hypothese darüber aufgestellt werden, wie sich die Situation bei pflichtgemässem Verhalten des Planers entwickelt hätte:[159] Ein Schaden des Bauherrn aus falscher Kosteninformation besteht in der Differenz zwischen dem gegenwärtigen Stand des Gesamtvermögens des Bauherrn und dem Stand, den es ohne sein enttäuschtes Vertrauen in die Richtigkeit des Kostenvoranschlags mutmasslich hätte.[160]

11.88 **2.** Wenn ein Bauherr aufgrund falscher Kosteninformationen Baukosten in Kauf nimmt, welche er bei einer richtigen Kosteninformation vermieden hätte, ist der Betrag jener Kosten, welche vermieden worden wären, längst nicht immer als Schaden im Sinne der Differenztheorie zu betrachten: Es ist denkbar, dass diesen Kosten ein entsprechender objektiver Wert (baulicher Gegenwert) gegenübersteht. In solchen Fällen gibt es nach der Differenztheorie keine Vermögenseinbusse und demnach auch keinen Schaden, weil den höheren Kosten ein entsprechend höherer objektiver Wert des Bauwerks gegenübersteht. Dies ist zu präzisieren:

11.89 **a.** Es gibt keine tatsächliche Vermutung, dass der objektive Wert eines Bauwerks den effektiven Kosten entspricht. Und erst recht gibt es keine tatsächliche Vermutung, dass der objektive Wert des Bauwerks den prognostizierten Kosten entspricht. Der objektive Wert eines Bauwerks (Verkehrswert) hängt von den Marktkräften ab – nicht von den Erstellungskosten und schon gar nicht von den Kostenprognosen. Allein aus der Tatsache, dass die effektiven Kosten höher sind als die prognostizierten Kosten, kann somit nicht geschlossen werden, dass der objektive Wert den effektiven Kosten entspricht (und somit kein Schaden im Sinne der Differenztheorie vorliegt). Umgekehrt gilt aber auch, dass allein aus der Tatsache, dass die effektiven Kosten (des unveränderten Bauprojekts) höher sind als die prognostizierten Kosten, nicht gefolgert werden kann, die gesamte Differenz sei Schaden im Sinne der Differenztheorie.

11.90 **b.** Um den Schaden im Sinne der Differenztheorie zu berechnen, muss also der *objektive Wert (Verkehrswert) des ausgeführten Bauwerks* geschätzt[161] und *mit dem Vermögensstand*

---

157 Vgl. zur Schadensberechnung bei Bausummenüberschreitungen nach deutschem Recht die Zusammenfassung von Férolles, Le dépassement du devis, Rz. 394 ff.

158 Vgl. Schumacher, Haftung für Kosteninformationen, S. 135.

159 Vgl. Lüchinger, Schadenersatz im Vertragsrecht, S. 269.

160 Fellmann, Haftung für falsche Kostenschätzung, S. 233; Gauch, Haftung des Architekten, S. 84; ders., Notizen zur Vertragshaftung, S. 82; vgl. dazu die Anm. von Werro zu KGer GE vom 10. Oktober 1997 (= BR/DC 1998, S. 133, Nr. 351); a.M. Honsell, Haftung des Architekten, S. 1261.

161 Löffelmann/Fleischmann/Ihle, Architektenrecht, Rz. 2162; vgl. dazu die Anm. von Werro, zu KGer NE vom 8. Mai 1995 (= BR/DC 1996, S. 117, Nr. 237), der ebenfalls auf den Verkehrswert abstellt – allerdings nur für den Fall, dass der Bauherr die Möglichkeit habe, das Bauwerk zu verkaufen. Anders Zehnder, Haftung des Architekten, Rz. 242, welcher befürwortet, bei der Festlegung des einschlägigen Wertes vollumfänglich auf die Erstellungskosten abzustellen.

verglichen werden, den der Bauherr hypothetisch hätte, wenn er vom Planer rechtzeitig die mit pflichtgemässer Sorgfalt ermittelte Kosteninformation erhalten hätte. Massgebend ist dabei der Zeitpunkt des Abschlusses der Bauarbeiten.[162] Der hypothetische Vermögensstand bei einer pflichtgemässen Kosteninformation ist davon abhängig, wie der Bauherr (hypothetisch) gehandelt hätte, wenn er die pflichtgemässe Kosteninformation erhalten hätte: Wenn der Bauherr auf die Ausführung des Bauwerks verzichtet hätte, ist auf den hypothetischen Vermögensstand abzustellen, welcher bestünde, wenn der Bauherr das Projekt nach Erhalt der pflichtgemässen Kosteninformation abgebrochen hätte.[163] Ist indessen davon auszugehen, dass der pflichtgemäss informierte Bauherr das Projekt zwar weiterverfolgt hätte, jedoch Einsparungen vorgenommen hätte, so ist zu schätzen, welchen objektiven Wert (Verkehrswert) das Bauwerk hätte, wenn die entsprechenden Einsparungen vorgenommen worden wären.

3. Die Differenztheorie stellt auf die *Gesamtvermögensdifferenz* ab. Es würde also zu kurz greifen, die Betrachtung ausschliesslich auf den Wert jener Leistungen zu fokussieren, welche bei einer pflichtgemässen Kosteninformation vom Bauherrn vermieden worden wären. Ein Beispiel: Ein privater Bauherr entschliesst sich aufgrund einer falschen Kosteninformation, seinen Garagenvorplatz statt mit einem Teerbelag mit einer (teureren) Pflästerung auszuführen (z.B. mit «Onsernone Rustico»). Bei der Schadensberechnung ist nun aber nicht der (Verkehrs-)Wert der Pflästerung massgebend, sondern das gesamte Vermögen des Bauherrn. Es geht demnach um die Frage, inwiefern der objektive Wert (Verkehrswert) der gesamten Liegenschaft durch die Tatsache, dass sie einen gepflasterten statt einen geteerten Garagenvorplatz aufweist, gesteigert wurde. Es ist denkbar, dass man dabei zum Schluss kommt, die Pflästerung des Garagenvorplatzes habe den Verkehrswert der Liegenschaft nicht (oder nur geringfügig) beeinflusst, weil bei der Bestimmung des Verkehrswerts andere Faktoren dominieren (insbes. die Lage). Es kann zum Beispiel sein, dass in wirtschaftlich schwächeren Regionen kaum ein Käufer bereit wäre, für einen luxuriösen Ausbau entsprechend mehr zu bezahlen. Wenn der Verkehrswert durch die teure Pflästerung nicht gesteigert wird, so bedeutet dies eine Verringerung des Vermögens des Bauherrn um den gesamten Betrag, um welchen die Pflästerung mehr kostete als der Teerbelag. Bei diesem Resultat wären demzufolge in Anwendung des 11.91

---

[162] LÖFFELMANN/FLEISCHMANN/IHLE, Architektenrecht, Rz. 2163.

[163] FÉROLLES, le dépassement du devis, Rz. 1091: «Le dommage en cas de renonciation totale à la construction […]. Dans cette hypothèse il est à notre avis juste de partir de la valeur (objective) vénale de la construction. Par conséquent, si le maître de l'ouvrage parvient à prouver qu'il aurait totalement renoncé à la réalisation de la construction s'il avait eu à temps une information correcte des coûts – c'est-à-dire lorsqu'il se retrouve avec un ouvrage dont la valeur marchande (prix du terrain et coûts de l'ouvrage) est inférieure aux coûts d'investissement – le dommage consiste dans la différence entre les coûts d'investissement et la valeur vénale.»; ZEHNDER, Prognosen, S. 54; anders FELLMANN, Haftung für falsche Kostenschätzung, S. 235: «Soweit der Architekt daher nicht nachweisen kann, dass der Bauherr das Bauvorhaben auch bei Kenntnis der Mehrkosten realisiert hätte, entspricht der Schaden in solchen Fällen regelmässig den Mehrkosten abzüglich der Toleranzmarge von 10% der veranschlagten Baukosten.»

Schadensbegriffs die gesamten Mehrkosten der Pflästerung als Schaden des Bauherrn zu qualifizieren.[164]

11.92 **4.** In der Rechtslehre wird argumentiert, dass ein «objektiver Mehrwert» eines Bauwerks, welcher aus «Mehrkosten» folge, im Sinne einer Vorteilsanrechnung gegenüber dem Schaden des Bauherrn in Abzug gebracht werden müsse.[165] Im Resultat ist damit wohl dasselbe gemeint wie die vorerwähnte Anwendung der Differenztheorie. Die verwendete Terminologie ist indessen missverständlich:

11.93 – Der Ausdruck «Mehrkosten» suggeriert, dass das erstellte Bauwerk mehr kostet, als es hätte kosten müssen – darum geht es aber eben gerade nicht. Vielmehr geht es um die pflichtwidrig zu tief ausgefallene Kostenprognose eines Projekts, welche die *unvermeidbaren* effektiven Kosten dieses Projekts nicht abdeckt. Die Umsetzung dieses Bauprojekts hätte also ohne Projektänderungen gar nicht weniger kosten können. «Mehrkosten» sind es nur insofern, als diese Kosten bei einer pflichtgemässen Kosteninformation durch eine Projektänderung hätten vermieden werden können.

11.94 – Aus falschen Kosteninformationen entsteht *kein* unmittelbarer «Mehrwert», denn ein Bauwerk hat keinen objektiv höheren Wert (Verkehrswert), nur weil es mehr kostet, als in der Kostenprognose vorgesehen war. Der objektive Wert (Verkehrswert) eines Bauwerks hat nur bedingt einen Zusammenhang mit den Erstellungskosten, sodass aus den Kosten einer Bauleistung auch nicht geschlossen werden kann, dass diesen ein objektiver (d.h. ein am Immobilienmarkt realisierbarer) baulicher Gegenwert der Liegenschaft gegenübersteht.

11.95 – Die Fokussierung auf «Mehrkosten» und einen entsprechenden «objektiven Mehrwert» kann dazu verführen, die Betrachtung auf den Wert jener Leistungen zu beschränken, welche bei einer korrekten Kosteninformation vermieden worden wären.[166] Nach dem Schadensbegriff (Differenztheorie) ist indessen die Gesamtvermögensdifferenz massgebend.

11.96 – Der missverständliche Ausdruck «Mehrwert» führt einzelne Autoren so weit, dass sie eine Vorteilsanrechnung überall dort ausschliessen wollen, wo die Überschreitung des

[164] Wenn indessen nicht auf den Verkehrswert der Liegenschaft abgestellt wird, sondern auf den «subjektiven Mehrwert» (vgl. dazu Rz. 11.98 ff.) der Pflästerung, wäre sogar denkbar, dass dem Bauherrn diesbezüglich ein gewisser «subjektiver Mehrwert» angerechnet wird. Damit wird von Löffelmann/Fleischmann/Ihle, Architektenrecht, Rz. 2157, für das deutsche Recht begründet, dass ein Augenmerk darauf zu richten sei, ob nicht auf den objektiven Wert, sondern auf den höheren (!) Gebrauchswert abzustellen sei. Das Abstellen auf den sogenannten «subjektiven Mehrwert» einzelner Bauleistungen (statt auf die Gesamtvermögensdifferenz) ist demzufolge für den Bauherrn längst nicht immer vorteilhaft.

[165] So z.B. Schumacher, Architektenrecht 1995, Rz. 779 ff.; vgl. auch die Anm. von Pichonnaz zu BGer 4C.424/2004 vom 15. März 2005 (= BR/DC 2006, S. 10).

[166] So z.B. bei Fellmann, Haftung für falsche Kostenschätzung, S. 238: «Einigkeit besteht darin, dass die Investitionen, die die Kostenüberschreitung bewirkt haben, zu einer Wertsteigerung des Grundstückes des Bauherrn führen können.»

Kostenvoranschlags auf Kalkulationsfehlern oder Fehlern im Kostenmanagement zurückzuführen ist, weil diesen «Mehrkosten» kein «Mehrwert» gegenüberstehe.[167] Das kann nicht sein: Der Kalkulationsfehler führt zu einer falschen Kosteninformation und diese verleitet den Bauherrn zu Ausgaben, welche er bei einer richtigen Kosteninformation unterlassen hätte. Diesen Ausgaben kann durchaus ein baulicher Gegenwert gegenüberstehen, welcher bei der Schadenberechnung nicht einfach übergangen werden darf. Mit anderen Worten: Auf die Ursache der Fehlerhaftigkeit der Kosteninformation kommt es bei der Ermittlung des Vertrauensschadens nicht an.[168]

5. Die Ausdrücke «Mehrkosten» und «objektiver Mehrwert» sind meines Erachtens also 11.97
zumindest missverständlich. Auch die Argumentation mit der Ausgleichung eines «Vorteils» wäre im Sinne einer einfacheren Verständlichkeit zu vermeiden. Abzustellen ist auf den Schaden, welcher in Anwendung des klassischen Schadenbegriffs (Differenztheorie) zu ermitteln ist. Die Existenz und die Höhe des Schadens sind vom Geschädigten zu beweisen (Art. 42 Abs. 2 OR), was grundsätzlich für sämtliche Elemente der Schadensberechnung gilt (bzw. für die Anhaltspunkte zur Schätzung des Schadens gemäss Art. 42 Abs. 2 OR). Zu beweisen ist sowohl der objektive Wert (Verkehrswert) des ausgeführten Bauwerks als auch der Vermögensstand, den der Bauherr hypothetisch hätte, wenn er vom Planer rechtzeitig die pflichtgemässe Kosteninformation erhalten hätte. Der Nachweis eines Mehrwerts entfällt, weil falsche Kosteninformationen a priori keinen Mehrwert schaffen.[169]

B. «Subjektiver Mehrwert»?

1. In der Rechtslehre wird vertreten, dass es unbillig sein könne, dem Bauherrn den 11.98
gesamten «objektiven Mehrwert» zuzurechnen, denn es handle sich um einen *aufgedrängten* Mehrwert.[170] Daher will die herrschende Rechtslehre im Falle pflichtwidriger Kosteninformationen dem Bauherrn nicht den «objektiven Mehrwert» anrechnen, sondern nur den «subjektiven Mehrwert» bzw. «subjektive Vermögensvorteile».[171] Dieser

---

[167] FELLMANN, Haftung für falsche Kostenschätzung, S. 241; SCHUMACHER, Architektenrecht 1995, Rz. 772; vgl. DERS., Haftung für Kosteninformationen, S. 137: «Weil jedoch viele (nicht prognostizierte) Mehrkosten (z.B. vergessene Positionen) zum vornherein nicht geeignet sind, dem Bauherrn einen Mehrwert zu verschaffen, dürfte die Vorteilsausgleichung in der Praxis eher die Ausnahme bilden.»

[168] Vgl. FÉROLLES, le dépassement du devis, Rz. 1097 und 1375.

[169] Somit erübrigt es sich auch, dem Planer die Beweislast für einen solchen Mehrwert aufzuerlegen. So aber ZEHNDER, Haftung des Architekten, Rz. 27.

[170] Vgl. z.B. die Anm. von SCHUMACHER zu BGE 122 III 61 (= BR/DC 1996, S. 115, Nr. 236); SCHUMACHER, Haftung für Kosteninformationen, S. 134.

[171] BGE 119 II 249/252 E. 3b/bb (= BR/DC 1994, S. 49, Nr. 90, mit Anm. GAUCH); vgl. FELLMANN, Haftung für falsche Kostenschätzung, S. 240; FÉROLLES, Le dépassement du devis, Rz. 1092 ff.; PEDRAZZINI F., Le dépassement du devis, S. 202; SCHUMACHER, Architektenrecht 1995, Rz. 779; DERS. in seiner Anm. zu BGE 122 III 61 (= BR/DC 1996, S. 116, Nr. 236); vgl. auch GAUCH, Notizen zur Vertragshaftung, S. 85, welcher auf den «subjektiven Wert des ausgeführten Bauwerks» abstellt, den der

«subjektive Mehrwert» bestimme sich danach, welche konkreten wirtschaftlichen Vorteile für diesen Bauherrn unter Berücksichtigung seiner Vermögensplanung im konkreten Einzelfall entstanden seien.[172] Es könne sich dabei nur um Vorteile handeln, welche der betreffende Bauherr im Rahmen der von ihm frei gewählten Zweckbestimmung (innerhalb seiner autonomen Vermögensplanung) unmittelbar wirtschaftlich realisieren kann. Der Wert liege im Nutzen, den eine Sache bringt, d.h. in ihrer Nützlichkeit (Nutzungswert) für den Bauherrn.[173] Diese Rechtslehre wurde in den Urteilsbegründungen des Bundesgerichts übernommen.[174] Praxistaugliche Kriterien, welche im Einzelfall eine einigermassen objektivierte Bemessung des «subjektiven Mehrwerts» gestatten würden, konnte die Rechtsprechung aber nicht schaffen.[175] Im Resultat läuft das darauf hinaus, dass der Planer einen nach dem Ermessen des Richters bestimmten Prozentsatz der Kostenüberschreitung übernehmen muss.[176] Man kann der herrschenden Lehre des «subjektiven Mehrwerts» somit zugutehalten, dass sie zugunsten des Bauherrn den Schadensnachweis erleichtert, indem sie die Schadenbemessung im Resultat einfach in das Ermessen des Richters stellt – letztlich also analog Art. 42 Abs. 2 OR.[177] Ein Blick auf die

---

Richter nach Art. 42 Abs. 2 OR abzuschätzen habe; a.M. Honsell, Haftung des Architekten, S. 1261; Werro, La responsabilité de l'architecte, S. 98 f. Eine Übersicht zum Stand der Rechtslehre findet sich bei Férolles, Le dépassement du devis, Rz. 1048 ff.

172 In den Worten des Bundesgerichts: «Il faut [...] partir de la valeur subjective que la construction représente pour le mandant, soit la valeur, supposée inférieure, que celui-ci aurait vraisemblablement acceptée si l'architecte l'avait renseigné exactement. La plus-value ne représentant un avantage que si le mandant y a un intérêt personnel, le dommage déterminant consiste dans la différence entre la valeur objective du bâtiment et son utilité subjective pour le mandant» (BGer 4A_457/2017 vom 3. April 2018 E 4.2.2).

173 Fellmann, Haftung für falsche Kostenschätzung, S. 239 f.; Férolles, Le dépassement du devis, Rz. 1098; Schumacher, Haftung für Kosteninformationen, S. 137; ebenso noch Krauskopf-Forero/Siegenthaler, Architektur- und Bauingenieurverträge, S. 324 f.

174 BGer 4A_457/2017 vom 3. April 2018 E. 4.2.2.

175 Was die Argumentation mit dem «subjektiven Mehrwert» in der Praxis bedeutet, zeigt sich zum Beispiel im Entscheid BGer 4A_22/2013 vom 31. Juli 2013 E. 2.6, wo das Bundesgericht urteilte, die Vorinstanz habe zu Recht nicht auf den durch höhere Erstellungskosten gesteigerten Verkaufswert abgestellt, weil die Mehrkosten ausschliesslich durch einen Bankkredit finanziert wurden. Daher müsste der erhöhte Verkaufswert im Falle des Verkaufs zur Rückzahlung des Bankkredits verwendet werden. Für die Bauherrschaft habe der höhere Verkaufswert somit keinen subjektiven Nutzen. Das Bundesgericht stützte in der Folge den Ermessensentscheid der Vorinstanz, wonach der Architekt in diesem Fall zwei Drittel der Kostenüberschreitung bezahlen müsse. Man könnte meines Erachtens (i) die Frage stellen, warum es zur Bestimmung der subjektiven Nützlichkeit auf die Art der Finanzierung ankommen soll und (ii) warum – wenn es doch angeblich am subjektiven Nutzen mangelt – dennoch ein Drittel der Kosten vom Bauherrn zu tragen ist. Das Urteil illustriert jedenfalls deutlich die Unbestimmtheit des Begriffs des «subjektiven Mehrwerts»; vgl. auch Koller T., Freipass, S. 168, welcher die Ausführungen zum subjektiven Mehrwert im Leitentscheid BGE 122 III 61/65 E. 2c/bb als «wirr formuliert und schwer verständlich» bezeichnete.

176 BGE 122 III 61/65 E. 2c/cc (= BR/DC 1996, S. 115, Nr. 236, mit Anm. Schumacher): 70% des «aufgedrängten Mehrwerts» als «subjektiver Mehrwert».

177 Pedrazzini F., Le dépassement du devis, S. 203.

Rechtslage in Deutschland[178] zeigt allerdings, dass man statt auf den nicht objektivierbaren Begriff des «subjektiven Mehrwerts» abzustellen, durch eine konsequente Anwendung des klassische Schadensbegriffs – namentlich durch die Betrachtung der Gesamtvermögensdifferenz (und damit des Verkehrswerts des gesamten Bauwerks) – auch ohne rechtsdogmatische Brüche zu Resultaten kommt, die nicht unbillig sind:

a. Zutreffend ist, dass Kosten, welche bei einer richtigen Kosteninformation vermieden worden wären, einen objektiven baulichen Gegenwert haben *können*. Dies ist indessen längst nicht immer der Fall, denn der bauliche Gegenwert – welchen sich der Bauherr entgegenhalten lassen muss – bestimmt sich nicht nach dem Wert der einzelnen Bauleistung, welche vermieden worden wäre, sondern nach dem Einfluss dieser einzelnen Bauleistung auf den Gesamtwert des Bauwerks. Das ergibt sich aus dem Grundsatz, dass nach der Differenztheorie die Gesamtvermögensdifferenz massgebend ist. Der gesamte, nach dem schädigenden Ereignis festgestellte Vermögensstand ist mit dem Stand des Gesamtvermögens ohne das schädigende Ereignis zu vergleichen.[179] Ob ein baulicher Gegenwert besteht, ist demzufolge aufgrund einer Schätzung des Werts der gesamten von der Bauleistung betroffenen Vermögenswerte des Bauherrn (i.d.R. also der gesamten Liegenschaft) festzustellen. Längst nicht alle Ausbauten, welche durch die individuellen Bedürfnisse und Vorstellungen der Bauherrschaft begründet sind, haben einen Einfluss auf den Verkehrswert des Gebäudes.[180] Auch wenn Baumassnahmen zu einer Wertsteigerung führen, kann diese Steigerung hinter den dafür aufgewendeten Baukosten zurückbleiben. Insoweit den Baukosten *kein* objektiver baulicher Gegenwert gegenübersteht, gibt es auch keinen «objektiven Mehrwert». 11.99

b. Soweit eine Bauleistung, welche bei einer richtigen Kosteninformation vermieden worden wäre, einen baulichen Gegenwert hat (d.h. zu einer entsprechenden Steigerung des Verkehrswert des Gesamtwerks führt), ist der Bauherr nicht geschädigt, weil sein Vermögen durch die Kosten dieser Bauleistung nicht verringert wurde. Allerdings ist es denkbar, dass der Bauherr zur Finanzierung der Kosten dieser (bei richtiger Kosteninformation vermiedenen) Bauleistung Fremdkapital aufnehmen muss. Der erforderliche Aufwand zur Beschaffung von Fremdkapital (also insb. der Zinsaufwand) verringert das Vermögen des Bauherrn und ist entsprechend ein Schaden im Sinne der Differenztheorie.[181] 11.100

c. Ein Teil der Rechtslehre will bei der Festlegung des einschlägigen Werts neu errichteter Bauten nicht auf deren Verkehrswert abstellen, sondern auf deren Erstellungskosten.[182] 11.101

[178] Vgl. dazu FÉROLLES, Le dépassement du devis, Rz. 394 ff.

[179] BGE 127 III 73/76 E. 4a; 120 II 423/424 E. 7a; 116 II 441/444 E. 3a/aa.

[180] Vgl. die Anm. von SCHUMACHER zu BGE 122 III 61 (= BR/DC 1996, S. 115, Nr. 236): «Investitionen, die kosten, schaffen nicht zwangsläufig objektive Werte. Der Bauherr darf ganz individuelle Wünsche befriedigen, deren Kosten ganz oder teilweise weder einen höheren Verkaufspreis noch einen höheren Mietertrag zu erzielen vermögen.»

[181] ZEHNDER, Haftung des Architekten, Rz. 265; vgl. FELLMANN, Haftung für falsche Kostenschätzung, S. 234; GAUCH, Notizen zur Vertragshaftung, S. 81; SCHUMACHER, Architektenrecht 1995, Rz. 771; DERS., Haftung für Kosteninformationen, S. 135; WERRO, La responsabilité de l'architecte, S. 99.

[182] ZEHNDER, Haftung des Architekten, Rz. 242 und 386.

Begründet wird dies mit dem Postulat einer praktikablen Rechtsanwendung und namentlich damit, dass bei öffentlichen Bauten die Erstellungskosten nicht immer dem Verkehrswert entsprechen. Dem ist zu entgegnen, dass es mit dem Schadensbegriff nicht zu vereinbaren ist, dem Bauherrn einen Wert zuzurechnen, welcher nicht seiner realen Vermögenslage entspricht. Primär ist also auf den Verkehrswert abzustellen – was aber nicht ausschliesst, dass es in Ermangelung hinreichender Anhaltspunkte zur Bestimmung eines Verkehrswerts im Einzelfall sachgerecht sein kann, den Wert einer Liegenschaft (und damit den Vermögensstand des Bauherrn) nach einem anderen Verfahren (z.B. Sachwertverfahren, Vergleichswertverfahren etc.) zu bestimmen.

11.102 **2.** Auch wenn – im Sinne der hier vertretenen Auffassung – bei der Bestimmung des baulichen Gegenwerts der wegen falscher Kosteninformationen nicht vermiedenen Baukosten (i) nicht auf die einzelne bauliche Leistung abgestellt, sondern konsequent die Gesamtvermögensdifferenz angewandt wird (vgl. Rz. 11.91) und (ii) die Finanzierungskosten in den Schaden einbezogen werden (Rz. 11.55, 11.77 und 11.100), können Fälle verbleiben, in welchen der Bauherr die zwar werthaltigen, aber unerwarteten Baukosten nicht finanzieren kann (weder mit Eigenkapital noch mit Fremdkapital). In solchen Fällen besteht zwar keine Verringerung des Vermögens (soweit und sofern den unerwarteten Baukosten eben ein objektiver baulicher Gegenwert gegenübersteht), der Bauherr verfügt jedoch nicht mehr über die nötigen *liquiden Mittel.* Weil das Vermögen dadurch nicht verringert wird, entsteht nach der Differenztheorie in solchen Fällen kein Schaden – und entsprechend auch kein Anspruch auf Schadenersatz. Ein Teil der Rechtslehre hat darauf mit dem Postulat der Subjektivierung des «Mehrwerts» reagiert (vgl. Rz. 11.98 ff.). Ein anderer Teil will für den Fall einer Notlage des Bauherrn eine Ersatzpflicht des Planers aus normativen Gründen bejahen.[183] Meines Erachtens verkennen beide Ansätze den Kern des Problems: Eine Vertragsverletzung (falsche Kostenprognose) führt zu einer Immobilisierung von Vermögenswerten (Verringerung der liquiden Mitteln bei entsprechender Vergrösserung der im Anlagevermögen gebundenen Mittel), was aber nach dem klassischen Schadensbegriff (Differenztheorie) keinen Schaden darstellt, weil dem Abfluss von liquiden Mitteln ein entsprechend höheres Anlagevermögen gegenübersteht. Obschon demnach im Sinne der Differenztheorie kein Schaden vorliegt, ist offensichtlich, dass eine zu starke Verringerung der liquiden Mittel sowohl bei Privaten wie auch bei Unternehmen die wirtschaftliche Existenz gefährden kann und somit klarerweise Schadensqualität hat.[184] Dieses Grundproblem wird auch durch die Theorie des «subjektiven Mehrwerts» nicht gelöst, denn auch ein «subjektiver Mehrwert» bedeutet eine Immobilisierung von Vermögen (Entzug von Liquidität). Der rechtliche Umgang

183 Zehnder, Prognosen, S. 54; ders., Haftung des Architekten, Rz. 247 ff.; vgl. auch die Anm. von Pichonnaz zu BGer 4C.424/2004 vom 15. März 2005 (= BR/DC 2006, S. 10); vgl. auch Löffelmann/Fleischmann/Ihle, Architektenrecht, Rz. 2168; a.M. Schumacher, Haftung für Kosteninformationen, S. 140.

184 Wobei diese Realität von der Rechtsordnung durchaus anerkannt wird, indem ein Konkurs nicht nur aufgrund Überschuldung, sondern auch wegen Zahlungsunfähigkeit (welche nicht notwendigerweise auf eine Überschuldung zurückzuführen ist) eröffnet werden kann (vgl. Art. 191 SchKG).

mit der Schädigung durch Entzug von Liquidität (bei gleichbleibendem Vermögen) ist ein schadenrechtliches Grundproblem, welches nicht im Rahmen eines Beitrags zum spezifischen Thema der Kosteninformation des Planers gelöst werden kann.

3. Dennoch soll hier versucht werden, zumindest die Skizze einer Lösung zu erstellen. 11.103
Mein Ansatz beruht dabei auf dem Gedanken des Naturalersatzes[185] und lehnt sich an die Rechtsprechung über die Bevorschussung von Nachbesserungskosten an:[186] Die Schädigung besteht im Entzug von flüssigen Mitteln (nicht aber in einer Vermögensverminderung, weil ein baulicher Gegenwert für die entzogenen flüssigen Mittel besteht). Ein Ausgleich kann dadurch erreicht werden, dass der fehlbare Planer verpflichtet wird, dem Bauherrn flüssige Mittel zur Verfügung zu stellen. Dies müsste allerdings nicht in der Form einer Schadenszahlung erfolgen (denn das würde zu einer Überentschädigung führen, weil das Vermögen des Bauherrn dadurch letztlich grösser würde, als es ohne die schädigende Handlung gewesen wäre), sondern in der Form eines vom fehlbaren Planer zu gewährenden *Darlehens*,[187] welches der entsprechend geschädigte Bauherr innert einer angemessenen Frist zurückzahlen müsste. Die Rückzahlungsfrist müsste sich danach richten, bis wann dem Bauherrn die Wiederherstellung einer genügenden Liquidität zugemutet werden kann – allenfalls auch durch den Verkauf der Liegenschaft. Die Zumutbarkeit hängt dabei von der individuellen Lebenssituation des Bauherrn ab (z.B. zu erwartender Wegfall des Bedarfs nach Kinderzimmern etc.).

VII. Der Schaden bei ungenügender Kostenkontrolle

1. Auch bei einer ungenügenden Kostenkontrolle ist der Schaden entsprechend dem 11.104
Schadensbegriff zu ermitteln, was bedeutet, dass sich die Höhe des Schadens nach der Gesamtvermögensdifferenz bestimmt. Allerdings sind bei der ungenügenden Kostenkontrolle zwei Konstellationen zu unterscheiden, welche parallel auftreten können:

a. Die ungenügende Kostenkontrolle kann (aber muss nicht) dazu führen, dass vermeid- 11.105
bare Kosten nicht vermieden werden – insbesondere, indem Unternehmerrechnungen vom Planer zur Zahlung freigegeben werden oder Ansprüche anerkannt werden, welche eigentlich nicht bestehen.

b. Die ungenügende Kostenkontrolle führt meist zu verspäteten oder falschen Informa- 11.106
tionen über bereits aufgelaufene Kosten des Planers gegenüber dem Bauherrn. Denkbar

[185] Werro, La responsabilité civile, S. 284; vgl. Art. 43 Abs. 1 OR, wonach der Richter nicht nur die «Grösse», sondern auch die «Art» des Schadenersatzes bestimmt.

[186] BGE 128 III 416/418 E. 4.2.2 (= BR/DC 2015, S. 149, Nr. 247, mit Anm. Stöckli).

[187] Ähnlich Löffelmann/Fleischmann/Ihle, Architektenrecht, Rz. 2169, welche für entsprechende Fälle eine «Verpflichtung des Architekten zur Stellung von Sicherheiten (Bürgschaft, Hypothek)» vorschlagen, «wenn der Bauherr ohne diese nicht oder nur zu wirtschaftlich unzumutbaren Bedingungen die notwendige Nachfinanzierung durchführen kann».

ist allerdings auch, dass der Planer die Kosten zwar eigentlich ungenügend überwacht, er aber die Kostenentwicklung im Resultat (zufällig) doch richtig schätzt und so den Bauherrn zwar ohne genügende Kostenkontrolle dennoch (zufällig) richtig informiert.

11.107 **2.** Wenn die ungenügende Kostenkontrolle dazu führt, dass die Rechnungskontrolle vernachlässigt wird, handelt es sich um einen Bauleitungsfehler (Rz. 9.35), für den der fehlbare Planer unabhängig davon haftet, ob zusätzlich auch noch seine Kosteninformationen falsch oder verspätet waren: Wenn der Bauherr im Vertrauen auf die Kostenkontrolle des Planers von diesem zur Zahlung freigegebene, aber eigentlich nicht geschuldete Rechnungen bezahlt und vom Unternehmer mit vertretbarem Aufwand keine Rückzahlung erreicht werden kann (Versuch der Schadenminderung), haftet der Planer dem Bauherrn. Der Planer hat den Bauherrn dabei so zu stellen, wie dieser wirtschaftlich stünde, wenn der Planer die Kosten pflichtgemäss überwacht und die Rechnungen entsprechend korrekt geprüft hätte.

11.108 **3.** Die falsche Information über bereits angefallene Kosten hat gegenüber der falschen Information über künftige Kosten (Kostenprognose) die Besonderheit, dass die Kosten eben bereits aufgelaufen sind und sie somit, auch bei einer richtigen Information, nicht mehr zu verhindern sind. Der Bauherr kann demnach eine Vermeidung dieser bereits eingetretenen Kosten nicht geltend machen. Eine rechtzeitige und richtige Information über bereits aufgelaufene Kosten und eine entsprechende Anpassung der Kostenprognose kann indessen aufzeigen, dass die Einhaltung des Gesamtkostenziels des Bauherrn gefährdet ist. Der Bauherr kann in solchen Fällen geltend machen, er hätte bei einer korrekten Kostenkontrolle (und einer entsprechenden Aktualisierung der Kostenprognose) Kosteneinsparungen bei noch nicht erbrachten Bauleistungen angeordnet. Letztlich geht es also bei der ungenügenden Kostenkontrolle darum, dass der Bauherr *während den Bauarbeiten* eine falsche, eine verspätete oder gar keine auf der Basis der bereits aufgelaufenen Kosten aktualisierte Kostenprognose erhält. Entsprechend gelten für die Bemessung des Schadens aus einer ungenügenden Kostenkontrolle dieselben Grundsätze, wie sie generell für falsche, verspätete oder fehlende Kosteninformationen gelten (vgl. Rz. 11.86 ff.).

VIII. Die Kostenlimite

11.109 **1.** Nach der Rechtsprechung des Bundesgerichts handelt es sich bei der Kostenlimite (Kostengrenze, «limite des coûts», «coûts plafonnés») um eine Zielanweisung des Bauherrn, nach der die Kosten des Bauwerks einen bestimmten Betrag nicht überschreiten dürfen.[188] Ob der Bauherr eine entsprechende Weisung abgegeben hat, ist eine Ausle-

[188] BGer 4A_210/2015 vom 2. Oktober 2015 E. 4.3.1; 4A_187/2009 vom 14. Juli 2009 E. 4.1 (= BR/DC 2009, S. 156, Nr. 164, mit Anm. Stöckli); 4C.424/2004 vom 15. März 2005 E. 3.3 (= BR/DC 2006, S. 8 ff., mit Anm. Pichonnaz); Fellmann, Haftung für falsche Kostenschätzung, S. 218; Schumacher, Architektenrecht 1995, Rz. 737; a.M. Zehnder, Prognosen, S. 50, welcher die Auffassung

gungsfrage.[189] Wenn zum Beispiel der Bauherr von Anbeginn gegenüber dem Planer betont, dass ihm nur eine bestimmte Summe zur Verfügung stehe, muss dies der Planer als Kostenlimite auffassen.[190] Eine Frage der Auslegung kann es sein, ob der Bauherr seine entsprechende Weisung widerruft oder ändert – zum Beispiel, indem er kostenerhöhende Projektänderungen vornimmt.

2. Auf die Einhaltung einer vom Bauherrn angeordneten Kostenlimite kann der Planer Einfluss nehmen. Es gibt aber auch Kosten, die er nicht verhindern kann. Wenn zum Beispiel Umstände, welche im Risikobereich des Bauherrn liegen (wie üblicherweise z.B. das Baugrundrisiko), zu Kostensteigerungen führen, hat der Planer darauf keinen Einfluss. Das einseitige Ansetzen einer Kostenlimite durch den Bauherrn kann daher nicht die Wirkungen einer Bausummengarantie haben. Eine Bausummengarantie wäre die Zusicherung einer bestimmten Bausumme. Sie wird als «selbständiges, verschuldensunabhängiges Erfolgsversprechen» des Planers qualifiziert. Dieser übernimmt damit das Risiko von Kostenüberschreitungen.[191] Ein solches Erfolgsversprechen des Planers kann der Bauherr selbstverständlich nicht einseitig anordnen. Eine solche Garantie ist in der Praxis aussergewöhnlich. Der Planer muss dafür klar und unzweideutig zugesichert haben, dass er für sämtliche Kostenüberschreitungen selber aufkomme.[192] 11.110

3. Stattdessen begründet die Ansetzung einer Kostenlimite gemäss Bundesgericht folgende Pflicht des Planers: «Wenn der Architekt bemerkt oder bemerken muss oder Anlass zu Zweifeln hat, dass die Kostenlimite nicht eingehalten werden kann, hat er die Arbeiten grundsätzlich unverzüglich einzustellen, Abklärungen zu treffen und den Bauherren zu orientieren, damit Massnahmen zur Einhaltung der Kostengrenze getroffen werden können.»[193] Die Anordnung einer Kostenlimite bedeutet demzufolge, dass der Planer 11.111

---

vertritt, der Bauherr könne dem Architekten nicht einseitig eine Kostenlimite mittels Weisung aufzwingen – allerdings versteht Zehnder die Rechtswirkungen einer Kostenlimite anders, indem er davon ausgeht, dass sich deren Wirkungen «in der Nichtgeltung der Toleranzgrenze erschöpfen» (vgl. dazu Zehnder, Prognosen, S. 55; vgl. auch ders., Haftung des Architekten, Rz. 69 ff.). Dagegen gilt nach der in Deutschland herrschenden Rechtsprechung ein Toleranzrahmen offenbar auch bei einem «Kostenlimit» (Locher, Bausummenüberschreitung, S. 859; Löffelmann/Fleischmann/Ihle, Architektenrecht, Rz. 2149); vgl. auch Art. 3.4.1 SIA 102 wonach die Gesamtleitung u.a. auch folgende Leistungen umfasst: «[...]die Erfüllung ihrer Leistungs- und Sorgfaltspflichten in Bezug auf die Einhaltung der vom Auftraggeber formulierten Ziele hinsichtlich Qualität, Kosten und Termine.»

189 Férolles, Le dépassement du devis, Rz. 638.

190 Schumacher, Architektenrecht 1995, Rz. 738.

191 BGer 4A_210/2015 vom 2. Oktober 2015 E. 4.3.2; vgl. dazu Fellmann, Haftung für falsche Kostenschätzung, S. 219; Pedrazzini F., Le dépassement du devis, S. 181; Schumacher, Architektenrecht 1995, Rz. 739; Zehnder, Haftung des Architekten, Rz. 79 ff.

192 BGer 4A_210/2015 vom 2. Oktober 2015 E. 4.3.2; Fellmann, Haftung für falsche Kostenschätzung, S. 219; Schumacher, Architektenrecht 1995, Rz. 739 ff.

193 BGer 4A_210/2015 vom 2. Oktober 2015 E. 4.3.1; 4C.54/2006 vom 9. Mai 2006 E. 3.2.2 (= BR/DC 2006, S. 170, Nr. 438, mit Anm. Werro); 4C.424/2004 vom 15. März 2005 E. 3.3 (= BR/DC 2006, S. 8 ff., mit Anm. Pichonnaz); Pedrazzini F., Le dépassement du devis, S. 181.

alles in seiner Macht Stehende tun muss, damit die Kostenlimite nicht überschritten wird (Kostensteuerung). Dem muss er offenbar auch die Wahrnehmung anderer Interessen des Bauherrn unterordnen: Nach Auffassung des Bundesgerichts hat der Planer, wenn es für die Einhaltung der Kostenlimite notwendig ist, unverzüglich die Arbeiten (je nach Notwendigkeit) ganz oder teilweise einzustellen.

11.112 **4.** Wenn der Planer diesen Pflichten sorgfaltswidrig nicht nachkommt und damit die Überschreitung der Kostenlimite verschuldet, hat er dem Bauherrn den *dadurch* verursachten Schaden zu ersetzen. Nach wohl herrschender Ansicht besteht dieser Schaden grundsätzlich in den Mehrkosten, welche der Bauherr mit seiner Weisung (Kostenlimite) verhindern wollte.[194] Dabei wird offenbar die Meinung vertreten, dass es bei einer haftungsbegründenden Überschreitung der Kostenlimite auch nicht darauf ankomme, ob das Projekt im Rahmen der Kostenlimite objektiv überhaupt realisierbar war.[195] Falls dies dahingehend zu verstehen wäre, dass im Fall der Überschreitung einer Kostenlimite der Schadensbegriff (Differenztheorie) nicht gelten solle, könnte dem nicht gefolgt werden: Der Schadensbegriff kann durch eine *einseitige* Weisung des Bauherrn nicht ausser Kraft gesetzt werden – auch nicht durch die Anordnung einer Kostenlimite. In Anwendung der Differenztheorie ist also auch bei der Überschreitung einer Kostenlimite der gesamte Vermögensstand des Bauherrn nach der Überschreitung der Kostenlimite (einschliesslich dem vollen objektiven Wert des Bauwerks) mit jener Vermögenssituation zu vergleichen, welche bestünde, wenn der Planer weisungsgemäss gehandelt hätte – also namentlich wenn der Planer, als er hätte ahnen müssen, dass die Kostenlimite überschritten wird, die nötigen Massnahmen ergriffen hätte.

11.113 **5.** Nach der Rechtsprechung des Bundesgerichts hat der Planer, sobald er die Überschreitung der Kostenlimite ahnt, die Bauarbeiten einzustellen. Bekanntlich führt aber gerade die Einstellung der Arbeiten zu Zusatzkosten, und zwar insbesondere wegen der damit verbundenen Ansprüche der Unternehmer auf Aufwendungsersatz (Bauablaufstörung) oder wegen der Ansprüche aus einem (Teil-)Rücktritt vom Werkvertrag (Art. 377 OR). Dazu kommen weitere Kosten, welche entstehen, wenn der Bauherr zur Verhinderung einer «Bauruine» die Arbeiten wieder aufnehmen lässt und die Unternehmer möglicherweise einen Anspruch auf Vergütung ihres Re-Mobilisierungsaufwands geltend machen können. Diesen Folgekosten einer Einstellung der Bauarbeiten steht in der Regel kein objektiver baulicher Gegenwert gegenüber, weshalb das Vermögen des Bauherrn durch solche Folgekosten ohne jeglichen Gegenwert verringert wird. Wenn der Planer demnach die Bauarbeiten im Falle einer sich abzeichnenden Überschreitung der Kostenlimite pflichtwidrig nicht einstellt, ist bei der Ermittlung des Schadens aufzurechnen, dass durch die pflichtwidrige Nichteinstellung der Arbeiten solche nicht werthal-

[194] Fellmann, Haftung für falsche Kostenschätzung, S. 219; Schumacher, Architektenrecht 1995, Rz. 737; BGer 4A_210/2015 vom 2. Oktober 2015 E. 4.3.1; 4C.424/2004 vom 15. März 2005 E. 3.3 (= BR/DC 2006, S. 8 ff., mit Anm. Pichonnaz); a.M. Zehnder, Prognosen, S. 50.

[195] So offenbar die Meinung des Bundesgerichts in BGer 4C.54/2006 vom 9. Mai 2006 E. 3.2.2 (= BR/DC 2006, S. 170, Nr. 438, mit Anm. Werro).

tigen Folgekosten einer Arbeitseinstellung vermieden wurden. Denkbar ist zudem, dass der Schaden aus der (weisungsgemässen) Einstellung der Arbeiten grösser ist, als der Schaden, welcher aus der (weisungswidrigen) Überschreitung der Kostenlimite resultiert wäre. Mit seiner Weisung (Kostenlimite) nimmt der Bauherr dies jedoch in Kauf – sofern die vom Bauherrn angeordnete «Kostenlimite» im Sinne der Rechtsprechung des Bundesgerichts zu verstehen ist.

6. Mit Fug und Recht kann die Frage nach dem praktischen Nutzen einer Kostenlimite für den Bauherrn gestellt werden. Mit der Ansetzung einer Kostenlimite erreicht der Bauherr im Wesentlichen nur, dass der Planer die Arbeiten unverzüglich einstellen muss, wenn sich eine Überschreitung der Kostenlimite abzeichnet. Angesichts der Folgekosten einer Einstellung der Bauarbeiten kann dies erhebliche Verluste verursachen. Natürlich stellt sich in solchen Fällen die Frage, ob der Planer dem Bauherrn möglicherweise aus einem anderen Grund für diese Verluste haftet (z.B. wegen vom Planer verursachten Mehrkosten oder wegen einer pflichtwidrigen Kostenschätzung, wenn die Kostenlimite auf der Kostenschätzung beruht). Wenn ein Bauherr von einem Planer eine Sicherheit will, dass die Erstellung eines Bauwerks nicht mehr als eine bestimmte Summe (Kostengrenze) kostet und dass alle Kosten über dieser Grenze vom Planer getragen werden, so muss der Bauherr mit dem Planer eine *Bausummengarantie* (Rz. 11.110) vereinbaren oder er muss einen Totalunternehmervertrag (mit einer Pauschalvergütung) abschliessen. Eine andere Lösung wäre ein Kostengarantievertrag.[196] In jedem Fall braucht es indessen eine (beidseitige) Vereinbarung – durch eine (einseitige) Weisung kann der Bauherr keine solche Garantie erwirken. 11.114

IX. Fazit

Die Haftung für falsche Kosteninformationen ist komplex. Daher soll versucht werden, mit nachstehendem Schema eine Übersicht zu schaffen. Diese Darstellung ist notwendigerweise eine Vereinfachung und erspart die Auseinandersetzung mit Lehre und Rechtsprechung nicht. 11.115

Erster Schritt: Liegt eine haftungsrelevante Überschreitung der Kostenprognose vor? Zur Beantwortung ist von folgender Formel auszugehen: 11.116

Kü = G – Zk1 – Zk2 – neK + wgK – (BKp + Gg%) 11.117

- Kü: haftungsrelevante **K**osten**ü**berschreitung
- G: tatsächliche **G**esamtkosten

[196] Vgl. dazu Jauch-Stolz, Kosten-Garantie für Planer, S. 191 ff.; vgl. auch Quinto/Maffioletti, Handbuch zum Bauwesen, Rz. 236 ff., insb. zu den SIA-Vertragsformularen V1018 und 1019. Zu beiden Vertragsformularen ausführlich Férolles, Le dépassement du devis, Rz. 1190 ff.; Pedrazzini F., Le dépassement du devis, S. 204.

- Zk1: nachträgliche **Z**usatz**k**osten, welche der Bauherr kannte
- Zk2: **Z**usatz**k**osten, welche der Planer pflichtwidrig verursacht hat (und für die er somit unabhängig von der Frage nach der Richtigkeit der Kostenprognose haftet)
- neK: in der Kostenprognose **n**icht **e**nthaltene **K**osten (wobei der Gegenstand der Kostenprognose im Streitfall nach dem Vertrauensprinzip auszulegen ist).
- wgK: in der Kostenprognose enthaltene **K**osten für Leistungen, welche **w**eg**g**efallen sind[197]
- BKp: **B**etrag der **K**osten**p**rognose
- Gg: **G**enauigkeits**g**rad («Toleranzgrenze») der Kostenprognose in Prozent

11.118 Zweiter Schritt: Falls eine Kostenüberschreitung vorliegt (Kü > 0), steht fest, dass die Kostenprognose im Resultat falsch war, woraus sich eine (widerlegbare) tatsächliche Vermutung ergibt, dass eine Sorgfaltspflichtverletzung des Planers bei der Erstellung der Kostenprognose für die Kostenüberschreitung ursächlich war.

11.119 Dritter Schritt: Falls die natürliche Vermutung nicht umgestossen wird, der Planer also seine Sorgfaltspflicht verletzt hat, stellt sich die Frage nach der Höhe des Schadens. Dazu ist vorab zu klären, ob sich der Bauherr bei richtiger Kosteninformation anders verhalten hätte (Verzicht auf das Projekt, Einsparung von Kosten etc.).

11.120 Vierter Schritt: Falls festgestellt wird, dass der Bauherr sich bei richtiger Kosteninformation anders verhalten hätte, ist sein gegenwärtiger Vermögensstand mit jenem Vermögensstand zu vergleichen, der bestünde, wenn er die richtige Kosteninformation erhalten und sich entsprechend anders verhalten hätte. Die Differenz ist der Schaden, welcher durch die unrichtige Kostenprognose verursacht wurde.

11.121 Fünfter Schritt: Auch wenn kein Schaden im vorerwähnten Sinne besteht, ist es denkbar, dass der Bauherr aufgrund der unrichtigen Kostenprognose einen Nachteil in der Form eines Liquiditätsengpasses erleidet. Diesbezüglich hat der Bauherr meines Erachtens Anspruch auf Naturalersatz in Form eines Darlehens (vgl. Rz. 11.103).

[197] BGer 4A_187/2009 vom 14. Juli 2009 E. 5.5 (= BR/DC 2009, S. 156, Nr. 164, mit Anm. Stöckli).

§ 12 Der Prüfingenieur – Pflichten und Haftung

Felix Huber / Niklaus Schwendener

Inhaltsverzeichnis

I. Einleitung

12.1 **1.** Die Tätigkeit des Bauingenieurs ist mit beträchtlichen Risiken verbunden. Diese beeinflussen nicht nur die Wirtschaftlichkeit des einzelnen Bauwerks und die Qualität der gebauten Umwelt, sondern ganz direkt auch die Sicherheit von Personen. Obwohl die Ingenieure heute besser ausgebildet sind denn je und sie auf mehr Wissen und eine bessere Technik zurückgreifen können als ihre Vorgänger, steigt die Zahl der Schadenfälle.[1] Im Sinne des Vieraugenprinzips wird deshalb zur Vermeidung derartiger Schadenfälle in den letzten Jahren die Planung des projektierenden Ingenieurs vermehrt durch einen weiteren Ingenieur, den Prüfingenieur, überprüft.

12.2 **2.** Im Gespräch mit Ingenieuren hat sich gezeigt, dass diese Entwicklung nicht nur begrüsst wird. Als kritisch werden die Vermischung von Verantwortlichkeiten sowie die schwierige Erfassung des Prüfungsumfangs und die damit verbundene unklare Haftung des Prüfingenieurs genannt.

12.3 **3.** Nachfolgend werden die Tätigkeitsfelder des Prüfingenieurs umschrieben (Rz. 12.4 ff.), der Leistungsumfang des Prüfingenieurs erläutert (Rz. 12.22 ff.), die rechtliche Einordnung des Prüfingenieurvertrags geprüft (Rz. 12.31 ff.) und abschliessend Haftungsfragen im Zusammenhang mit dem Prüfingenieurvertrag behandelt (Rz. 12.42 ff.).

II. Tätigkeitsfelder des Prüfingenieurs

1. Übersicht

12.4 **1.** Im Zusammenhang mit Bauten und Anlagen, die ein grosses Gefährdungspotenzial aufweisen, haben Bund und Kantone diverse gesetzliche Grundlagen geschaffen, welche den Beizug eines Prüfingenieurs vorsehen. Dabei sind ganz verschiedene Regelungen anzutreffen. Grob können diese wie folgt eingeteilt werden:

12.5 – Normen, die von der Bauherrschaft den Beizug eines Prüfingenieurs verlangen;

12.6 – Normen, die den Beizug eines Prüfingenieurs durch die beurteilende Behörde regeln;

12.7 – Normen, die den Beizug von Prüfingenieuren durch das bauende Gemeinwesen vorsehen.

12.8 **2.** Daneben werden Prüfingenieure von öffentlichen und privaten Bauherrschaften bei grösseren Bauvorhaben auch beigezogen, ohne dass dies gesetzlich vorgeschrieben wäre.

---

[1] Faber/Galmarini, Qualitätssicherung, S. 22.

2. Der gesetzlich vorgesehene Prüfingenieur

A. Die Pflicht, einen Prüfingenieur beizuziehen

Diverse Normen sehen vor, dass die Bauherrschaft einen unabhängigen Prüfingenieur beizieht, der die Tätigkeit des projektierenden Ingenieurs zu prüfen und darüber einen Bericht zu verfassen hat. Als Beispiele werden nachfolgend die Eisenbahngesetzgebung und die Seilbahngesetzgebung aufgeführt. 12.9

a. Gemäss Eisenbahngesetz und dessen Ausführungsbestimmungen

1. Art. 17 Abs. 1 EBG verlangt, dass Eisenbahnanlagen und Fahrzeuge nach den Anforderungen des Verkehrs, des Umweltschutzes und gemäss dem Stande der Technik zu erstellen, zu betreiben, zu unterhalten und zu erneuern sind. Nach Art. 17c EBG hat das Bundesamt für Verkehr (BAV) in den «Bewilligungsverfahren die sicherheitsrelevanten Aspekte risikoorientiert auf der Grundlage von Sicherheitsgutachten oder Stichproben zu beurteilen». Es legt fest, wofür die Gesuchstellerin Sicherheitsgutachten zu erbringen hat. 12.10

2. Im Plangenehmigungsverfahren hat das BAV abzuklären, ob die einzureichenden Unterlagen die Erstellung einer vorschriftskonformen Baute oder Anlage erlauben (Art. 6 Abs. 2 EBV). Das BAV hat die eingereichten Unterlagen risikoorientiert zu prüfen (Art. 2a EBV). Es kann Unterlagen selbst prüfen oder durch Sachverständige prüfen lassen oder vom Gesuchsteller Nachweise und Prüfberichte Sachverständiger verlangen (Art. 6 Abs. 3 EBV). Auch dem Gesuch um Betriebsbewilligung müssen Prüfberichte der Sachverständigen beiliegen (Art. 15i Abs. 1 lit. b, Art. 15m und Art. 15p Abs. 2 EBV). Die Anforderungen an unabhängige Prüfstellen und Sachverständige werden in Art. 15r ff. EBV umschrieben. Zudem sieht Art. 15x EBV vor, dass das BAV Richtlinien über den Beizug, die Anforderungen und die Arbeitsweise der Stellen und Sachverständigen nach Art. 15t EBV erlässt. Dem ist das BAV mit der per 16. Januar 2017 in Kraft getretenen Richtlinie «Unabhängige Prüfstellen Eisenbahnen» (RL UP-EB) nachgekommen.[2] 12.11

3. Sachverständige prüfen Objekte oder Vorhaben mit hoher Sicherheitsrelevanz, soweit diese Prüfung nicht durch ein Konformitätsbewertungsverfahren oder durch die Prüftätigkeit einer anderen unabhängigen Prüfstelle gewährleistet ist (Kap. 5.5 RL UP-EB). Unter dem Begriff des Sachverständigen wird gemäss Anhang 1 RL UP-EB ein «vom Projekt (erstes Augenpaar) unabhängiger, in der Sache fachkundiger und erfahrener Prüfer (zweites Augenpaar)» verstanden. Als Synonyme aufgeführt werden Gutachter, Begutachter, Sicherheitsgutachter, Experte, Prüfingenieur und Assessor. 12.12

4. Der Sachverständige ist von der Bahnunternehmung zu beauftragen (Kap. 8 RL UP-EB). Der notwendige Inhalt des Auftrags ist in Kap. 8 RL UP-EB aufgeführt. Der Auftrag ist dem Sachverständigenprüfbericht beizulegen und dem BAV vorzulegen. Vom Sachver- 12.13

---

2 Die RL UP-EB sowie die nachfolgende SV-RL SB sind abrufbar unter: <www.bav.admin.ch> Rechtliches > Richtlinien (besucht am 12. Dezember 2018).

ständigen wird Fachkompetenz und Unabhängigkeit verlangt (Kap. 6.2 RL UP-EB). Das BAV anerkennt keine Sachverständigen und führt auch keine Liste der Sachverständigen. Diese sind durch das Bahnunternehmen projekt- und fachspezifisch auszuwählen. Die Nachweise bezüglich der Unabhängigkeit und der Kompetenz müssen projektspezifisch im Bewilligungsverfahren erbracht werden (Kap. 7.3 RL UP-EB).

b. Gemäss Seilbahngesetz und dessen Ausführungsbestimmungen

12.14 **1.** Das Seilbahngesetz regelt den Bau und Betrieb von Seilbahnen, die der Personenbeförderung dienen. Es soll dafür sorgen, dass Seilbahnen für Menschen sicher sowie umweltverträglich, raumplanungskonform und wettbewerbsfähig gebaut und betrieben werden (Art. 1 SebG).

12.15 **2.** In den Bewilligungsverfahren hat die Behörde die sicherheitsrelevanten Aspekte risikoorientiert auf der Grundlage von Sicherheitsgutachten oder Stichproben zu beurteilen. Sie legt fest, wofür der Gesuchsteller Sicherheitsgutachten zu erbringen hat. Die Gutachten sind von unabhängigen Stellen zu erarbeiten (Art. 6 SebG). Im Rahmen der Betriebsbewilligung wird ausdrücklich verlangt, dass sicherheitsrelevante Bauteile durch eine unabhängige Stelle auf die Einhaltung der grundlegenden Anforderungen hin geprüft worden sind. Diese Stelle hat eine Konformitätsbescheinigung oder einen Sachverständigenbericht auszufertigen (Art. 27 SebV). Ein Sachverständigenbericht ist mindestens erforderlich zur Prüfung der Nutzungsvereinbarung und der Projektbasis, der Schnittstellen zwischen den Teilsystemen und zwischen den Teilsystemen und der Infrastruktur, der Tragsicherheits-, Ermüdungssicherheits- und der Gebrauchstauglichkeitsnachweise der sicherheitsrelevanten Bauteile der Infrastruktur (Art. 29 Abs. 1 SebV). Eine detaillierte Regelung über die Tätigkeit der Sachverständigen (Prüfingenieure) enthält die Sachverständigenrichtlinie Seilbahnen (SV-RL SB) des BAV, die am 15. März 2018 in Kraft getreten ist.[3]

B. Der Beizug durch eine Genehmigungs-/Bewilligungsbehörde

12.16 Verschiedene Gesetze sehen vor, dass Behörden zur Prüfung von Vorhaben Prüfingenieure beiziehen müssen bzw. beiziehen können. Damit soll gesichert werden, dass die Behörden über die für die Beurteilung von komplexen Vorhaben erforderlichen Grundlagen verfügen.

a. Bei Bauvorhaben in Gefahrenzonen (Kanton Graubünden)

12.17 Bauvorhaben in Gefahrenzonen werden im Kanton Graubünden nur bewilligt, wenn eine Genehmigung der Gebäudeversicherung des Kantons Graubünden vorliegt.[4] Vor-

---

3 Siehe Rz. 12.11, Fn. 2.

4 Art. 38 Abs. 5 KRG-GR.

aussetzung dieser Genehmigung ist der Beizug eines von der Gebäudeversicherung bezeichneten Prüfingenieurs. Dieser überprüft das Projekt, die Pläne und die statischen Berechnungen. Die Überprüfung kann auf die Bauausführung ausgedehnt werden. Das Verfahren wickelt sich in drei Stufen ab: Vorprüfung, Hauptprüfung und Bauabnahme. Der Prüfingenieur hat im Rahmen der Vorprüfung des Gesuchs die erforderlichen baulichen Schutzmassnahmen zu bestimmen und der Bauherrschaft sowie der Standortgemeinde mitzuteilen. Unter Berücksichtigung dieser Auflagen wird die Genehmigung durch die Gebäudeversicherung erteilt, sodass das Baubewilligungsverfahren weitergeführt werden kann. Vor Baubeginn prüft der Prüfingenieur die Statik sowie die Ausführungspläne darauf hin, ob die in der Vorprüfung definierten baulichen Auflagen berücksichtigt worden sind. Nach Fertigstellung der Bauarbeiten nimmt der Prüfingenieur den Bau ab.[5]

b. Beim Bau von Stauanlagen

Das Stauanlagengesetz vom 1. Oktober 2010 (StAG; SR 721.101) auferlegt den Aufsichts- 12.18
behörden im Plangenehmigungsverfahren wie auch während des Baus und des Betriebs von Stauanlagen weitgehende Prüfungspflichten. In der Stauanlagenverordnung (StAV) werden diese Prüfpflichten konkretisiert. Zur Erfüllung ihrer Aufgaben können die Aufsichtsbehörden Sachverständige beiziehen (Art. 27 StAG). Das Amt für Energie und Verkehr Graubünden hat im April 2013 ein Informationsblatt für Projektanten von Stauanlagen erstellt. Darin erklärt das Amt, damit eine Bewilligung nach StAG erteilt werden könne, müsse ein durch das Amt beauftragter Prüfingenieur beurteilen, ob die geplante Stauanlage sämtliche Voraussetzungen gemäss den gesetzlichen Bestimmungen erfülle. Detailliertere Regelungen und Aufgaben der Aufsichtsbehörde bzw. des von ihr beizuziehenden Prüfingenieurs enthält das Konzept des Bau-, Verkehrs- und Forstdepartementes des Kantons Graubünden zur Umsetzung der kantonalen Stauanlagenaufsicht vom 12. Juli 2017. Dem Konzept kann entnommen werden, dass der Prüfingenieur die Aufsichtsbehörde nicht nur im Rahmen der Bewilligung, sondern auch im Rahmen der übrigen Aufsichtstätigkeit unterstützt.

C. Der Beizug durch das bauende Gemeinwesen

Gestützt auf die genehmigten Ausführungsprojekte im Sinne des Nationalstrassengeset- 12.19
zes werden Detailprojekte ausgearbeitet. Insbesondere die Kunstbauten der Nationalstrassen (z.B. Brücken, Tunnels, Stützbauwerke) stellen sehr komplexe Projekte mit grossem Gefährdungs- und Kostenrisiko dar. Art. 18 NSV hält daher die Möglichkeit zur Begutachtung der Detailprojekte durch Prüfingenieure ausdrücklich fest.

[5] Siehe Ziff. IV der Richtlinien für bauliche Schutzmassnahmen und für den angemessenen Objektschutz bei Bauvorhaben in Gefahrenzonen, herausgegeben von der Gebäudeversicherung Kanton Graubünden vom 5. September 2014 (Stand: 1. Januar 2015), abrufbar unter: <www.gvg.gr.ch> (besucht am 4. September 2018).

3. Der empfohlene Beizug eines Prüfingenieurs

12.20 **1.** Die steigende Komplexität bei grösseren Bauvorhaben sowie die regelmässig damit verbundenen grossen Sicherheits- und Kostenrisiken haben dazu geführt, dass immer häufiger Prüfingenieure beigezogen werden. Insbesondere die Gemeinwesen setzen bei grossen Bauvorhaben regelmässig auf Prüfingenieure.

12.21 **2.** Am 21. Dezember 2015 hat das Eidgenössische Finanzdepartement Weisungen zur Erdbebenvorsorge bei Mitgliedern der KBOB erlassen. Darin wird verlangt, dass das vom Bundesamt für Umwelt erarbeitete Instrumentarium «Erdbebenschutz bei Bauvorhaben des Bundes» in der jeweils aktuellen Fassung[6] bei der Projektierung und Ausführung von Bauten und Anlagen anzuwenden sei. Das zugehörige «Instrument #1» ist auf Neubauten und Erweiterungen, das «Instrument #2» auf Arbeiten an bestehenden Bauten zugeschnitten. Der Zweck beider Dokumente liegt darin, die «Kontrolle der erdbebeningenieurtechnischen Annahmen und Berechnungen durch ein Erdbeben-Korreferat» zu ermöglichen. In einem früheren Formular, das aber durch diese Instrumente abgelöst wurde, wurde noch darauf hingewiesen, dass die Kontrolle der Statik bei Neubauten und Erweiterungen durch einen Prüfingenieur nicht obligatorisch sei, aber aufgrund von Erfahrungswerten für grosse Investitionen sehr empfohlen werde.

III. Die Leistungen des Prüfingenieurs

12.22 Der Prüfingenieur hat die Arbeitsergebnisse des projektierenden Ingenieurs auf deren Vollständigkeit und Richtigkeit hin zu überprüfen. Dies stellt allerdings eine nur sehr grobe Umschreibung der zu erbringenden Leistungen des Prüfingenieurs dar. Was der jeweilige Prüfingenieur im konkreten Fall zu prüfen und wie er dabei vorzugehen hat bzw. wie eingehend die Prüfung vorzunehmen ist, hängt von der konkreten Aufgabenstellung ab. Dabei ist zu unterscheiden, ob der Prüfingenieur für eine Genehmigungs-/ Bewilligungsbehörde handelt oder aber direkt für die Bauherrschaft tätig ist.

1. Der Prüfingenieur einer Behörde

12.23 Handelt der Prüfingenieur für eine Genehmigungs-/Bewilligungsbehörde, so tritt er gegenüber der Bauherrschaft hoheitlich auf. Der vom Prüfingenieur zu erbringende Leistungsumfang hängt davon ab, in welchem Umfang Aufgaben dieser Behörden an ihn delegiert werden.

---

6 Die aktuelle Fassung dieses Instrumentariums datiert vom Mai 2018. Die Weisung sowie das Instrumentar, mittels Link, sind abrufbar unter: <www.kbob.admin.ch> Weisungen > Erdbebenschutz (siehe «Einführungsinstrument» für das Instrumentarium; besucht am 4. September 2018).

2. Der Prüfingenieur der Bauherrschaft

A. Bei vorgeschriebenem Beizug

1. Basiert der Beizug eines Prüfingenieurs auf einer Beizugspflicht, so hat die Rechtsordnung auch den minimal zu erbringenden Leistungsumfang des Prüfingenieurs zu umschreiben. 12.24

2. Im Rahmen der Beizugspflicht nach Art. 6 Abs. 3 EBV ist diesbezüglich auf die Richtlinie «Unabhängige Prüfstellen Eisenbahnen» (RL UP-EB) des BAV zu verweisen. Diese enthält sehr detaillierte Regelungen über den Leistungsumfang der beizuziehenden Sachverständigen und die von diesen zu erstellenden Berichte und Dokumente, welche vom Gesuchsteller dem BAV als Grundlage seiner Entscheide einzureichen sind. 12.25

B. Bei freiwilligem Beizug

1. Besteht keine gesetzliche Pflicht zum Beizug eines Prüfingenieurs, sind die Parteien in der Vereinbarung des Umfangs der Leistungen, die dem Prüfingenieur übertragen werden, grundsätzlich frei. Da die möglichen Leistungen sehr vielfältig sein können, kommt der Einigung der Parteien über den Leistungsumfang grosse Bedeutung zu. Ein detaillierter Beschrieb der vorzunehmenden Prüfungen sowie die Nennung der nicht zu prüfenden Arbeitsbereiche des Projektingenieurs oder nicht zu prüfenden Unterlagen können den übereinstimmenden Willen der Parteien über den Leistungsumfang aufzeigen und so die Gefahr späterer Auseinandersetzungen zwischen Bauherrschaft und Prüfingenieur reduzieren bzw. bei Auseinandersetzungen die Ermittlung des vereinbarten Leistungsumfangs vereinfachen. 12.26

2. Bei der Leistungsumschreibung geht es nicht nur darum, welche Leistungen des Projektingenieurs zu überprüfen sind, sondern auch darum, in welcher Tiefe und im Hinblick auf welche Aspekte sowie wann bzw. in welchem Projektierungsstand die Leistungen des Projektingenieurs zu prüfen sind. So ist es beispielsweise möglich, die Berechnungen und Pläne des Projektingenieurs lediglich stichprobenweise oder auf ihre Plausibilität zu prüfen. Stattdessen kann aber auch jedes Detail nachgerechnet und jede Annahme kritisch hinterfragt werden. Schliesslich kann die Prüfung lediglich unter dem Aspekt der Sicherheit oder aber auch im Hinblick auf die Gebrauchstauglichkeit, Dauerhaftigkeit und Wirtschaftlichkeit des zu erstellenden Werks vorgenommen werden. 12.27

3. Es ist möglich, die zu erbringenden Leistungen direkt in der Vertragsurkunde oder in einem als Vertragsbestandteil ausgestalteten Pflichtenheft detailliert zu regeln. Nebst zu prüfenden und nicht zu prüfenden Arbeitsergebnissen des Projektingenieurs kann insbesondere vereinbart werden, dass der Prüfingenieur auch prüft, ob der Projektingenieur die massgebenden Aufgaben und Probleme erkannt und gelöst hat. Der Prüfingenieur hat in diesem Fall zu prüfen, ob alle Nutzungszustände und relevanten Gefährdungsbilder erfasst und im Projekt berücksichtigt sind. 12.28

12.29 **4.** Zumeist wird der Prüfingenieur verpflichtet, einen detaillierten Prüfbericht zu erstellen. Das Muster eines Prüfberichts kann als Vertragsbestandteil aufgenommen werden. Mit dem Prüfbericht sind die vorgenommenen Prüfungen dokumentiert und nachvollziehbar. Für die Erstellung eines Musters können die Tabellen in der Richtlinie «Unabhängige Prüfstellen Eisenbahnen» (RL UP-EB) und insbesondere die in Kap. 13.3 als Orientierungshilfe aufgeführten Informationen beigezogen werden.

12.30 **5.** Aus Haftungsgründen sollte darauf verzichtet werden, dem Prüfingenieur direkte Weisungsbefugnisse gegenüber dem Projektingenieur zu erteilen (Rz. 12.66). Stellt der Prüfingenieur Unstimmigkeiten in den Leistungen des Projektingenieurs fest, soll er sich nicht an den Projektingenieur richten, sondern den Bauherrn darüber informieren. Dieser soll gestützt auf die Empfehlungen des Prüfingenieurs entscheiden, wie weiter vorzugehen ist.

IV. Die Rechtsbeziehungen zum Prüfingenieur

1. Beim Beizug durch eine Behörde

12.31 **1.** Der Bauherr steht in keinem Vertragsverhältnis mit dem Prüfingenieur. Der Prüfingenieur tritt gegenüber dem Bauherrn entweder nicht oder dann hoheitlich in Vertretung der Behörde auf. Das Verhältnis zwischen Bauherrschaft und Prüfingenieur richtet sich daher nach öffentlichem Recht.

12.32 **2.** Das Verhältnis zwischen Behörde und Prüfingenieur kann ebenfalls dem öffentlichen Recht unterstehen. Dies ist dann der Fall, wenn die vom Prüfingenieur zu erbringende Leistung eine direkte Erfüllung einer öffentlichen Aufgabe darstellt,[7] wie dies beispielsweise beim Prüfingenieur bei Bauvorhaben in Gefahrenzonen im Kanton Graubünden der Fall ist.

12.33 **3.** Wird der Prüfingenieur von der Genehmigungs-/Bewilligungsbehörde lediglich als Berater beigezogen, so wird der Vertrag zwischen den Parteien vom Privatrecht beherrscht.[8] Ein derartiger Vertrag untersteht den gesetzlichen Bestimmungen über den einfachen Auftrag (Art. 394 ff. OR).

2. Beim Beizug durch die Bauherrschaft

12.34 **1.** Die Qualifikation von Architekten- und Ingenieurverträgen wird immer wieder kontrovers diskutiert (vgl. Rz. 1.27 ff.). Zu Diskussionen Anlass gab auch die Qualifikation des Gutachtervertrags. Im Entscheid BGE 127 III 328 erläuterte das Bundesgericht, die

---

[7] Mächler, Vertrag und Verwaltungsrechtspflege, § 4 Rz. 9.

[8] Mächler, Vertrag und Verwaltungsrechtspflege, § 4 Rz. 9.

Vielfalt der möglichen Vertragsinhalte verlange eine Differenzierung bei der rechtlichen Einordnung des Gutachtervertrags. Das Bundesgericht sah es als richtig an, bei Gutachten, welche nach objektiven Kriterien überprüft und als richtig oder falsch qualifiziert werden können (wie insbesondere technische Gutachten), von einem Werkvertrag auszugehen. Demgegenüber sollen Gutachterverträge, bei denen die Ergebnisse nicht objektiv garantiefähig sind, dem Auftragsrecht unterstehen. Geschuldet sei bei derartigen Gutachten nicht ein Arbeitserfolg im Sinne der objektiven Richtigkeit des Resultats, sondern lediglich ein sorgfältiges Tätigwerden im Interesse des Vertragspartners (kritisch Rz. 1.38 ff.).[9]

2. Der Prüfingenieur hat gestützt auf den konkreten Vertrag mit der Bauherrschaft die Leistungserbringung des Projektingenieurs sorgfältig zu prüfen. Er verspricht damit der Bauherrschaft ein Tätigwerden in deren Interesse. Einen davon abweichenden Arbeitserfolg verspricht er unseres Erachtens nicht. Soweit überhaupt von einem Erfolg gesprochen werden kann, geht dieser in der Tätigkeit auf.[10] 12.35

3. In der Regel wird der Prüfingenieur zwar einen Prüfbericht zu erstellen haben. Dieser Bericht könnte als Gutachten über die Richtigkeit der Leistungen des Projektingenieurs verstanden werden. Nun handelt es sich aber bei der Erstellung des Prüfberichts nicht um die Hauptleistung des Prüfingenieurs. Die Hauptleistung besteht in der Prüfung der Leistungen des Projektingenieurs und damit nicht in der Schaffung eines eigenen Werks, sondern in der Besorgung eines dem Prüfingenieur von der Bauherrschaft übertragenen Geschäfts. Der Prüfbericht dient lediglich als Dokumentation dieser Geschäftsbesorgung. Er ist diesbezüglich vergleichbar mit einem von der Bauleitung geführten Baujournal. 12.36

4. Damit untersteht der Prüfingenieurvertrag nach unserem Dafürhalten dem Auftrags- und nicht dem Werkvertragsrecht.[11] Der Qualifikation als Auftrag kommt in verschiedener Hinsicht Bedeutung zu: 12.37

a. Klar ist, dass damit zwingend Art. 404 Abs. 1 OR zur Anwendung gelangt, wonach das Vertragsverhältnis von jedem Teile jederzeit aufgelöst werden kann.[12] 12.38

b. Von erheblicher Bedeutung ist aber auch Art. 396 Abs. 1 OR, wonach sich der Umfang des Auftrags nach der Natur des zu besorgenden Geschäfts bestimmt, wenn er nicht ausdrücklich bezeichnet worden ist. Da der Auftrag an den Prüfingenieur vom Grundsatz des Vieraugenprinzips geleitet und das grosse Schadenspotenzial bei Fehlern im Arbeitsergebnis des Projektingenieurs der Grund für den Beizug des Prüfingenieurs ist, muss der Prüfingenieur damit rechnen, dass der von ihm zu erbringende Leistungsumfang bei unklarer vertraglicher Regelung eher weit gefasst wird. 12.39

---

[9] BGE 127 III 328/330 E. 2c (= BR/DC 2002, S. 89, Nr. 209, mit Anm. Aepli).

[10] Koller A., Berner Kommentar, N 69 zu Art. 363 OR.

[11] Hess-Odoni, Rechtsfragen, S. 3 f.

[12] BGE 115 II 464 (= BR/DC 1990, S. 99, Nr. 129, mit Anm. Gauch).

12.40 **c.** Zu erwähnen ist auch die sehr weitgehende Sorgfalts- und Treuepflicht nach Art. 398 Abs. 2 OR. Der Prüfingenieur als Auftragnehmer hat alles zu tun, um die richtige Erfüllung der Hauptleistung und die Verwirklichung des Leistungserfolgs zu gewährleisten. Er hat die Interessen des Auftraggebers umfassend zu wahren und alles zu unterlassen, was dem Auftraggeber Schaden zufügen könnte.[13]

12.41 **d.** Schliesslich haftet der Auftragnehmer nur bei Verschulden,[14] wohingegen im Werkvertragsrecht bei der Mängelhaftung – von der Haftung für Mangelfolgeschaden abgesehen – kein Verschulden vorausgesetzt ist (Kausalhaftung).[15]

V. Die Haftung des Prüfingenieurs

1. Ansprüche gegen einen hoheitlich tätigen Prüfingenieur

12.42 **1.** Ist der Prüfingenieur hoheitlich tätig (Rz. 12.23), richtet sich seine Haftung nach dem anwendbaren öffentlichen Recht. Massgebend ist das jeweilige Verantwortungsrecht, welchem das Gemeinwesen untersteht, für das der Prüfingenieur handelt. Dabei ist zu beachten, dass der Bund und die meisten Kantone eine ausschliessliche Haftung des Staates vorsehen und die Geschädigten keinen Anspruch gegenüber der handelnden Amtsperson geltend machen können.[16]

12.43 **2.** Ob der Staat im Falle eines Schadens haftbar gemacht werden kann, weil der Prüfingenieur die ihm obliegende Prüfung ungenügend vorgenommen hat, hängt davon ab, inwiefern den Staat eine Handlungspflicht getroffen hat, welche im Interesse der Rechtsgüter des Geschädigten erlassen worden ist. Der Geschädigte müsste also aufzeigen können, dass der Prüfingenieur eine Amtspflicht verletzte, welche ihn und seine Rechtsgüter vor dem konkret eingetretenen Schaden schützen sollte.[17]

12.44 **3.** Wird das Gemeinwesen wegen einer pflichtwidrigen Prüfung des Prüfingenieurs in Anspruch genommen und hat es dem Geschädigten einen Schaden zu ersetzen, stellt sich die Frage, wie weit es auf den Prüfingenieur Rückgriff nehmen kann. Regelmässig wird dieser Rückgriff ebenfalls in den entsprechenden Verantwortlichkeits- bzw. Haftungsgesetzen geregelt. Zumeist verlangen die entsprechenden Gesetze für einen Rückgriff ein vorsätzliches oder grobfahrlässiges Verschulden des hoheitlich tätigen Prüfingenieurs.[18]

12.45 **4.** Der Prüfingenieur hat jeweils Leistungen des Projektingenieurs zu prüfen. Hat er die Prüfung im Zusammenhang mit einer hoheitlichen Tätigkeit ungenügend vorgenommen

[13] Fellmann, Berner Kommentar, N 24 zu Art. 398 OR.

[14] Fellmann, Berner Kommentar, N 462 zu Art. 398 OR.

[15] Gauch, Werkvertrag, Rz. 1504 f.

[16] Häfelin/Müller/Uhlmann, Allgemeines Verwaltungsrecht, Rz. 2179.

[17] Sobotich, Staatshaftung aus Kontrolltätigkeit, S. 73 f.

[18] Z.B. nach Art. 7 VG oder nach Art. 11 SHG-GR.

und ist in der Folge ein Dritter zu Schaden gekommen, wird kaum je der Prüfingenieur bzw. der Staat allein als Pflichtiger dastehen. Von einer Haftung betroffen sein dürften insbesondere der Projektingenieur, der Bauherr und der Werk- oder Grundeigentümer. Es stellt sich dabei jeweils die Frage, ob das Verschulden dieser Personen derart schwer wiegt, dass es den adäquaten Kausalzusammenhang zwischen der Pflichtwidrigkeit des Prüfingenieurs und dem eingetretenen Schaden zu unterbrechen vermag.[19] Kann das Verschulden der weiteren Beteiligten nicht als derart gravierend beurteilt werden, dass die Staatshaftung wegfallen würde, ist zu klären, in welchem Verhältnis die Staatshaftung zu der Haftung der weiteren Beteiligten steht. In Lehre und Rechtsprechung findet sich dazu keine einheitliche Meinung.[20]

2. Die Vertragshaftung des Prüfingenieurs

Begeht der Prüfingenieur eine Vertragsverletzung und führt diese adäquat kausal zu einem Schaden seines Vertragspartners, so hat der Prüfingenieur für den entstandenen Schaden einzustehen, falls er nicht nachweisen kann, dass ihn kein Verschulden trifft (Art. 398 und Art. 97 Abs. 1 OR).[21] Die spezielle Stellung des Prüfingenieurs in der Bauorganisation und die vielschichtigen Möglichkeiten der Ausgestaltung des Prüfingenieurvertrags führen zu diversen Fragestellungen im Zusammenhang mit diesen Tatbestandselementen. 12.46

A. Die vorausgesetzte Vertragsverletzung

1. Eine Haftung des Prüfingenieurs gegenüber seinem Vertragspartner kommt nur infrage, wenn der Prüfingenieur eine Vertragsverletzung begangen hat. Der Prüfingenieur schuldet eine sorgfältige Prüfung der Leistungen des Projektingenieurs im Rahmen des vereinbarten Prüfungsumfangs (Art. 398 OR). Wegen der vielschichtigen Möglichkeit zur Ausgestaltung des Prüfingenieurvertrags kommt der Bestimmung des Vertragsumfangs im Haftungsfall grosse Bedeutung zu. So ist es durchaus möglich, dass der Projektingenieur einen Fehler begangen hat, den der Prüfingenieur nicht entdeckte, dem Prüfingenieur aber dennoch keine Vertragsverletzung vorgeworfen werden kann. Dies ist beispielsweise der Fall, wenn der Prüfingenieur lediglich eine stichprobenweise Kontrolle gewisser Unterlagen des Projektingenieurs vorzunehmen hat, die Wahl der durchgeführten Stichproben sich als sinnvoll erweist und der Fehler dabei nicht festgestellt werden konnte. 12.47

2. Grundsätzlich bestimmt sich der Vertragsumfang nach der Vereinbarung zwischen den Parteien. Liegt keine klare vertragliche Grundlage mit einer detaillierten Pflichtenregelung vor, ist der Leistungsumfang durch Vertragsergänzung zu bestimmen. Als Regel 12.48

---

[19] Sobotich, Staatshaftung aus Kontrolltätigkeit, S. 151.
[20] Sobotich, Staatshaftung aus Kontrolltätigkeit, S. 163.
[21] Gauch/Schluep/Emmenegger, OR AT, Rz. 2615 ff.

hält Art. 396 Abs. 1 OR fest, dass sich der Umfang des Auftrags nach der Natur des zu besorgenden Geschäfts bestimmt, wenn er nicht ausdrücklich bezeichnet worden ist.

12.49 **3.** Mit dem Beizug eines Prüfingenieurs will der Bauherr sicherstellen, dass allfällige Fehler des Projektingenieurs frühzeitig entdeckt werden. Der Bauherr hat damit ein Interesse daran, dass die Leistungen des Projektingenieurs möglichst weitgehend geprüft werden. Dieses Interesse steht aber im Konflikt zum wirtschaftlichen Interesse des Bauherrn, die Kosten des Vorhabens gering zu halten. Häufig dürfte sich der Bauherr gar nicht bewusst sein, wie aufwendig eine detaillierte Prüfung der Leistungen des Projektingenieurs sein kann. Verfügt der Bauherr (bzw. der von ihm beigezogene Bauherrenberater) nicht selber über genügend Fachwissen, kommt daher dem Prüfingenieur bereits anlässlich der Vertragsgestaltung die Aufgabe zu, den Bauherrn über die Möglichkeiten der Ausgestaltung des Prüfingenieurvertrags zu orientieren und ihn über die Konsequenzen des unterschiedlichen Prüfungsumfangs (Kosten/Risiken) aufzuklären.[22]

12.50 **4.** Wurde der Leistungsumfang nicht detailliert umschrieben, muss der Prüfingenieur damit rechnen, dass im Schadensfalle von einem weitergehenden Leistungsumfang ausgegangen wird, als er erwartet hatte. Ohne klare Regelung dürfte vom Prüfingenieur eine konkrete und umfassende Nachprüfung der Berechnungen des Projektingenieurs unter dem Aspekt der Sicherheit (inkl. Erdbebensicherheit) und der Gebrauchstauglichkeit verlangt werden. Erwartet werden dürfte regelmässig auch, dass der Prüfingenieur prüft, ob der Projektingenieur die von den SIA-Tragwerksnormen (SIA-Normen 260–267) verlangten Gefährdungsbilder und Sicherheitspläne sowie die Nutzungszustände und Nutzungspläne erstellt[23] bzw. die in der Nutzungsvereinbarung enthaltenen Anforderungen in der Planung umgesetzt hat (Rz. 7.40 ff.).

12.51 **5.** Wurde im Prüfingenieurvertrag die Richtlinie des ASTRA «Projektierung und Ausführung von Kunstbauten der Nationalstrassen» (Ausgabe 2005) als anwendbar erklärt, ist deren Ziff. 7.4 zu beachten.[24] Danach hat der Prüfingenieur im Prüfbericht darauf hinzuweisen, wenn das Tragwerkskonzept, die Abmessungen, die Baumethode, bei Tunnels die Ausbruchmethoden oder konstruktive Ausbildungen offensichtlich nicht wirtschaftlich sind. Macht der Prüfingenieur derartige Feststellungen, so dürfte er aber auch ohne Übernahme dieser Richtlinie und ohne ausdrückliche Erwähnung im Vertrag als Ausfluss der Treuepflicht nach Art. 398 OR verpflichtet sein, seinen Vertragspartner auf seine Feststellungen hinzuweisen.[25] Demgegenüber kann vom Prüfingenieur ohne entsprechende Vereinbarung nicht verlangt werden, dass er die Arbeitsergebnisse des Projektingenieurs auf deren Wirtschaftlichkeit hin überprüft. Die Überprüfung der Wirtschaftlichkeit eines Projekts würde denn auch eine sehr intensive Auseinandersetzung mit der

22 Fellmann, Berner Kommentar, N 156 zu Art. 398 OR.

23 Hess-Odoni, Rechtsfragen, S. 4.

24 Die Richtlinie ist abrufbar unter: <www.astra.admin.ch> Dokumente für Nationalstrassen/Agglomerationsprogramme > Standards für Nationalstrassen > 2. Kunstbauten (besucht am 12. Dezember 2018).

25 Fellmann, Berner Kommentar, N 146 zu Art. 398 OR.

Projektierung (inkl. der Besprechungen zwischen Ingenieur und Bauherrschaft) und dem Projekt voraussetzen, welche den Aufwand der Prüfung unter den Aspekten der Sicherheit und der Gebrauchstauglichkeit regelmässig deutlich überschreiten würde.

B. Der vorausgesetzte Schaden

1. Schaden ist eine unfreiwillige Verminderung des Reinvermögens. Er kann in einer Verminderung der Aktiven, einer Vermehrung der Passiven oder im entgangenen Gewinn bestehen und entspricht der Differenz zwischen dem gegenwärtigen Vermögensstand und dem Stand, den das Vermögen ohne das schädigende Ereignis hätte.[26] 12.52

2. In der Regel führt eine Vertragsverletzung des Prüfingenieurs nur dann zu einem Schaden, wenn bereits der Projektingenieur eine Vertragsverletzung begangen hat.[27] Liegt keine Vertragsverletzung des Projektingenieurs vor, kommt der Prüfingenieur aber seinen Pflichten nicht nach (z.B. nur oberflächliche Prüfung anstelle einer vereinbarten detaillierten Prüfung), kann diese Vertragsverletzung des Prüfingenieurs mangels eines zu ersetzenden Schadens lediglich zu einer Reduktion seines Honorars wegen unvollständiger Leistungserbringung führen. Es gibt aber dennoch Fälle, bei denen die Leistung des Projektingenieurs fehlerfrei ist, die Vertragsverletzung des Prüfingenieurs aber zu einem Schaden führt. 12.53

a. Zu denken ist beispielsweise daran, dass der Prüfingenieur Arbeitsergebnisse des Projektingenieurs zu Unrecht als fehlerbehaftet moniert. Die unrichtige Beurteilung des Prüfingenieurs und die daran anschliessende Abklärung des Projektingenieurs können zu einer Verzögerung in der Projektierung und in der Folge in der Ausführung des Vorhabens führen. Die Verzögerung kann beim Bauherrn einen erheblichen Schaden verursachen (z.B. Mehrkosten, Konventionalstrafen gegenüber Dritten etc.). Hat der Prüfingenieur zu Unrecht einen Fehler des Projektingenieurs moniert, liegt eine Vertragsverletzung vor, und der Prüfingenieur kann für den daraus resultierenden Schaden haftbar gemacht werden. 12.54

b. Anstatt zu einer Verzögerung des Vorhabens kann die falsche Beurteilung durch den Prüfingenieur zu einer fehlerhaften Weisung an den Projektingenieur führen. Diesen trifft zwar eine Abmahnungspflicht, wenn er die Weisung als fehlerhaft erkennt oder hätte erkennen müssen. Vertraut der Bauherr aber auf die fehlerhafte Beurteilung seines Prüfingenieurs und hält er an der fehlerhaften Weisung trotz der Abmahnung des Projektingenieurs fest, kann ihm ein Schaden entstehen, den er nicht auf den Projektingenieur überwälzen kann (Art. 369 OR). 12.55

---

[26] Gauch/Schluep/Emmenegger, OR AT, Rz. 2848.

[27] Hess-Odoni, Rechtsfragen, S. 5.

C. Der vorausgesetzte Kausalzusammenhang

12.56 **1.** Der Prüfingenieur hat für einen Schaden einzustehen, wenn der eingetretene Schaden nach dem gewöhnlichen Lauf der Dinge und der allgemeinen Lebenserfahrung bei einer vertragsgemässen Prüfung der Arbeitsergebnisse des Projektingenieurs hätte vermieden werden können.[28] Dies ist beispielsweise der Fall, wenn der Prüfingenieur einen Fehler in der Statik des Projektingenieurs vertragswidrig nicht erkennt (weil er selber einen Fehler in der Nachberechnung begeht oder aber einzelne Berechnungen gar nicht überprüft) und das fertiggestellte Bauwerk den vorhersehbaren Belastungen nicht standhält. Der sich daraus ergebende Schaden (z.B. Instandstellungs-/Sanierungskosten) steht in diesem Falle in kausalem Zusammenhang mit der vertragswidrigen Überprüfung der Statik des Projektingenieurs durch den Prüfingenieur.

12.57 **2.** Denkbar ist, dass der Prüfingenieur einzelne Unterlagen des Projektingenieurs, welche sich im Nachhinein als fehlerhaft erweisen, vertragswidrig gar nicht geprüft hat. Der erforderliche Kausalzusammenhang zwischen der Vertragsverletzung des Prüfingenieurs und dem eingetretenen Schaden muss dennoch nicht vorliegen. Wurde nur eine Plausibilitätskontrolle vereinbart und hätte dabei der Fehler gar nicht entdeckt werden können, so fehlt es an der geforderten natürlichen Kausalität.

3. Die Deliktshaftung des Prüfingenieurs

12.58 **1.** Nach Art. 41 Abs. 1 OR hat derjenige, der einem andern widerrechtlich einen Schaden zufügt, den Schaden im Falle eines Verschuldens zu ersetzen. Die von dieser Norm geforderte Widerrechtlichkeit liegt nach der bundesgerichtlichen Rechtsprechung vor, wenn entweder ein absolutes Recht des Geschädigten (Leib und Leben, Persönlichkeit, Eigentum, Besitz) beeinträchtigt oder eine reine Vermögensschädigung durch Verstoss gegen eine einschlägige Schutznorm bewirkt wird.[29]

12.59 **2.** Hat der Projektingenieur einen Planungsfehler begangen und führt dies zu einer Schädigung eines Dritten in dessen absoluten Rechten, so muss er damit rechnen, vom Dritten haftbar gemacht zu werden. Das bedeutet jedoch nicht, dass auch der Prüfingenieur, welcher den Planungsfehler des Projektingenieurs nicht entdeckt hat, ebenfalls gestützt auf Art. 41 Abs. 1 OR haftbar gemacht werden könnte. Die Haftung nach dieser Bestimmung setzt nämlich voraus, dass die Verletzung des absoluten Rechts des Geschädigten auf ein rechtswidriges Verhalten des Schädigers zurückzuführen ist. Eine Unterlassung ist auch bei Verletzung von absoluten Rechten des Geschädigten nur dann rechtswidrig, wenn den Unterlassenden eine spezifische Rechtspflicht zur Abwendung des drohenden Verletzungserfolgs trifft, der Unterlassende mithin gegenüber dem Geschädigten eine Garantenstellung einnimmt.[30] Nur wenn konkrete, sich aus positiven Verhal-

[28] Gauch/Schluep/Emmenegger, OR AT, Rz. 2950.

[29] BGer 4C.296/1999 vom 28. Januar 2000 E. 1a.

[30] BGer 4C.296/1999 vom 28. Januar 2000 E. 1a.

tensnormen des Privat-, Verwaltungs- oder Strafrechts ergebende und im Interesse des Geschädigten bestehende Handlungspflichten verletzt werden,[31] erweist sich eine Unterlassung als widerrechtlich.

Weist der Prüfingenieur nicht auf Planungsfehler des Projektingenieurs hin und kommt es aufgrund dieser Fehler zu einer Schädigung eines Dritten, so kann der Dritte nicht direkt gegen den Prüfingenieur vorgehen, weil in der Regel keine Widerrechtlichkeit im Sinne von Art. 41 Abs. 1 OR vorliegt. Der Prüfingenieur begeht zwar durch die allfällige Unterlassung einer sorgfältigen Prüfung der Leistungen des Projektingenieurs eine Vertragsverletzung. Dies nützt dem Dritten aber nichts, da diese vertragliche Pflicht keine Garantenstellung zugunsten des Dritten zu begründen vermag. Geht der Geschädigte aber gestützt auf Art. 55 Abs. 1 OR oder Art. 679 ZGB gegen den Bauherrn vor, so kann dieser auf den Prüfingenieur Rückgriff nehmen, falls sich der Prüfingenieur eine Vertragsverletzung zuschulden kommen liess. 12.60

3. Ein direkter Haftungsanspruch des Geschädigten ist allerdings dann nicht ausgeschlossen, wenn der Prüfingenieur dem Projektingenieur eine fehlerhafte Weisung erteilt, welche zur Schädigung des Dritten geführt hat. Die fehlerhafte Weisung wäre dem Prüfingenieur als rechtswidriges Verhalten anzurechnen, wenn die Weisung eine Verletzung absoluter Rechte des geschädigten Dritten zur Folge hätte. 12.61

4. Der Prüfingenieur und weitere Baubeteiligte

A. Das Verhältnis zum Projektingenieur

1. Hat der Prüfingenieur in vertragswidriger Weise einen Fehler des Projektingenieurs nicht entdeckt und ist dem Bauherrn daraus ein Schaden entstanden, so haften sowohl der Projektingenieur als auch der Prüfingenieur gegenüber dem Bauherrn. Es liegt ein Fall von unechter Solidarität vor (vgl. Rz. 17.43). Das bedeutet, dass der Bauherr wählen kann, ob er sich beim Projektingenieur oder beim Prüfingenieur schadlos halten will. Der ins Recht gefasste Projektingenieur kann gegenüber dem Bauherrn grundsätzlich nicht geltend machen, dass sich wegen der Mithaftung des Prüfingenieurs seine Haftung verringere. 12.62

2. Das Mitverschulden eines Dritten kann dann zu einer Haftungsreduktion führen, wenn es einen für den Schaden kausalen Umstand darstellt, für den der Geschädigte gemäss Art. 44 Abs. 1 OR einzustehen hat. Dies ist dann der Fall, wenn das Drittverschulden von einer Hilfsperson des Geschädigten ausgeht, deren Verhalten er sich gemäss Art. 101 Abs. 1 OR anrechnen lassen muss.[32] Ob der Prüfingenieur als Hilfsperson des Bauherrn zu beurteilen ist, hängt davon ab, inwiefern ihm gegenüber dem Projektinge- 12.63

---

31 BGer 4C.296/1999 vom 28. Januar 2000 E. 1b.

32 BGE 130 III 591/603 E. 5.5.1 (= BR/DC 2005, S. 87, Nr. 169, mit Anm. Aepli).

nieur eine Vorrangstellung eingeräumt wird.[33] Ob dies der Fall ist, muss anhand der gesamten Umstände geprüft werden. Solange der Prüfingenieur lediglich die Leistungen des Projektingenieurs zu prüfen und allfällige Fehler oder Unstimmigkeiten dem Bauherrn zu melden hat (Regelfall), ist nicht von einer Vorrangstellung auszugehen. Hat der Prüfingenieur aber beim Entdecken von Fehlern oder Unstimmigkeiten der Leistungen des Projektingenieurs diesem gegenüber ausnahmsweise gestützt auf den konkreten Vertrag zwischen ihm und der Bauherrschaft ein Weisungsrecht, so kommt dem Prüfingenieur gegenüber dem Projektingenieur eine Vorrangstellung zu und hat sich der Bauherr dessen Handlungen (fehlerhafte Weisungen) im Sinne von Art. 101 Abs. 1 OR anrechnen zu lassen. Eine Herabsetzung der Ersatzpflicht des Projektingenieurs gestützt auf Art. 44 Abs. 1 OR ist dann nicht ausgeschlossen.

12.64 **3.** Der Beizug eines Prüfingenieurs kann aber noch weiter gehende Folgen haben. Hat der Projektingenieur die von ihm zu erstellenden Unterlagen abgeliefert und werden diese vom Bauherrn ausdrücklich oder stillschweigend genehmigt, so ist der Projektingenieur von seiner Haftpflicht befreit, soweit es sich nicht um Mängel handelt, die bei der Abnahme und ordnungsmässigen Prüfung nicht erkennbar waren oder vom Projektingenieur absichtlich verschwiegen wurden (Art. 370 Abs. 1 OR). Grundsätzlich wird nicht verlangt, dass eine fachmännische Prüfung der Unterlagen vorgenommen wird. Allenfalls kann der Projektingenieur im Falle des Beizugs eines Prüfingenieurs aber nachweisen, dass eine fachmännische Prüfung vertraglich zugesichert war (sei dies ausdrücklich oder stillschweigend) oder eine derartige Prüfung der Übung entspricht.[34] In diesem Fall hätte der Projektingenieur für Mängel in den von ihm erstellten Unterlagen nach Ablieferung nur noch einzustehen, wenn diese innerhalb der Prüfungsfrist (Art. 367 Abs. 1 OR) gerügt wurden oder aber auch bei einer fachmännischen und sorgfältigen Prüfung durch den Prüfingenieur nicht erkennbar waren. Eine ungenügende Prüfung durch den Prüfingenieur könnte daher zur Verwirkung von Ansprüchen gegenüber dem Projektingenieur führen. Um dies zu verhindern, sollte der Bauherr im Vertrag mit dem Projektingenieur festhalten, dass der allfällige Beizug eines Prüfingenieurs keinen Anspruch auf fachmännische Prüfung der Leistungen des Projektingenieurs zu begründen vermöge und dessen Prüfbericht auch nicht als Genehmigung der Unterlagen des Projektingenieurs zu werten sei. In diesem Zusammenhang sei auf Art. 18 NSV verwiesen. In dieser Bestimmung wird ausdrücklich festgehalten, dass die Prüfung des Detailprojekts durch einen Prüfingenieur keine Werkabnahme darstelle und den Projektingenieur nicht von seiner Haftung entbinde.

12.65 **4.** Zu entlasten vermag sich der Projektingenieur auch, wenn der Prüfingenieur ihm gegenüber ausnahmsweise weisungsbefugt ist und eine fehlerhafte Weisung erteilt, welche zu einem Schaden führt. Möglich ist beispielsweise, dass der Prüfingenieur einen vermeintlichen Fehler in den Unterlagen des Projektingenieurs entdeckt und von diesem eine Korrektur verlangt. Ist der Projektingenieur der Ansicht, dass die Korrekturanwei-

---

33 BGE 130 III 591/603 E. 5.5.1 (= BR/DC 2005, S. 87, Nr. 169, mit Anm. Aepli).

34 Vgl. Gauch, Werkvertrag, Rz. 2122.

sung falsch ist, trifft ihn zwar eine Abmahnungspflicht. Besteht der weisungsbefugte Prüfingenieur oder aber der Bauherr selber dennoch auf der Umsetzung der Korrekturanordnung, hat der Projektingenieur für einen daraus resultierenden Schaden nicht einzustehen (Art. 369 OR).

5. Aufgrund dieser Umstände ist dem Bauherrn zu empfehlen, dem Prüfingenieur kein 12.66
Weisungsrecht zu erteilen. Stellt der Prüfingenieur Fehler oder Unstimmigkeiten in den Leistungen des Projektingenieurs fest, soll er dem Bauherrn Bericht erstatten. Der Bauherr soll dann den Projektingenieur zur Stellungnahme auffordern. Bleibt strittig, ob die Leistungen des Projektingenieurs fehlerhaft sind, hat der Bauherr sich allerdings zu entscheiden, ob er dem Projektingenieur oder dem Prüfingenieur mehr Vertrauen schenkt. Allenfalls sieht er sich in einer solchen Situation gar gezwungen, für den erforderlichen Entscheid einen weiteren Ingenieur beizuziehen.

B. Das Verhältnis zum Unternehmer

1. Der Prüfingenieur hat grundsätzlich keinen Kontakt zu Unternehmern aufzunehmen. 12.67
Er soll lediglich die Leistungen des Projektingenieurs prüfen.

2. Demgegenüber hat der Projektingenieur Unterlagen zuhanden der Unternehmer zu 12.68
erstellen oder diesen in Vertretung des Bauherrn Weisungen zu erteilen. Führen fehlerhafte Unterlagen oder fehlerhafte Weisungen des Projektingenieurs zu Mängeln am Bauwerk und allenfalls zu Mangelfolgeschäden, kann die Haftung des Unternehmers wegen Selbstverschuldens des Bauherrn (dieser muss sich das Verhalten des Projektingenieurs als Hilfsperson gegenüber dem Unternehmer anrechnen lassen) entfallen (Art. 369 OR). Diese Folge tritt auch ohne Abmahnung des Unternehmers ein. Voraussetzung ist allerdings, dass der Unternehmer die Fehlerhaftigkeit der Unterlagen oder Weisungen weder erkannte noch hätte erkennen müssen.[35] Erkennen muss der Unternehmer Fehler, die offensichtlich sind, sowie – falls ihn eine Nachprüfungspflicht trifft – Fehler, die er bei sorgfältiger Nachprüfung hätte erkennen können.[36]

3. Wurden die Unterlagen des Projektingenieurs oder dessen Weisungen von einem 12.69
Prüfingenieur geprüft und als in Ordnung beurteilt, kann der Bauherr gegenüber dem Unternehmer kaum noch geltend machen, die Fehlerhaftigkeit sei offensichtlich gewesen.

4. Beim Beizug eines Prüfingenieurs, der die Arbeitsergebnisse des Projektingenieurs zu 12.70
prüfen hat, kann vom Unternehmer in der Regel auch nicht erwartet werden, dass er die Unterlagen des Projektingenieurs oder dessen Weisungen ebenfalls noch nachprüft. Selbst wenn aber in einem konkreten Fall eine Nachprüfung erforderlich wäre, dürfte der Umstand, dass die Fehlerhaftigkeit der Unterlagen oder der Weisungen des Projektingenieurs vom Prüfingenieur nicht beanstandet wurde, zumindest ein gewichtiges Indiz

35 Gauch, Werkvertrag, Rz. 1958.
36 Gauch, Werkvertrag, Rz. 1968 ff.

dafür darstellen, dass auch der Unternehmer die Fehlerhaftigkeit selbst bei einer sorgfältigen Nachprüfung nicht hätte feststellen können.

12.71 **5.** Der Beizug eines Prüfingenieurs erhöht damit das Risiko des Bauherrn, dass ihm bei Fehlern in den Arbeitsergebnissen des Projektingenieurs der Unternehmer ein dessen Haftung dahinfallendes Selbstverschulden vorwerfen kann.

§ 13 Der Bauherrenberater

HANNES ZEHNDER

Inhaltsverzeichnis

I. Einleitung

13.1 Bei komplexeren Bauvorhaben ziehen Bauherren für die Zusammenarbeit mit dem Architekten, dem Bauingenieur, dem General- oder Totalunternehmer immer häufiger einen spezialisierten Bauherrenberater bei. Dieser soll den Bauherrn im Verkehr mit den an der Projektierung und Ausführung des Bauwerks beteiligten Planern und Unternehmern unterstützen, entlasten und allenfalls vertreten. Das Tätigkeitsgebiet des Bauherrenberaters ist mit jenem der Architekten, Bauingenieure und sonstigen Planer nahe verwandt. In der Praxis sind deshalb neben sonstigen Baufachleuten viele ausgebildete Architekten, Bauingenieure und Planer weiterer Fachrichtungen[1] als Bauherrenberater tätig. Dies ändert jedoch nichts daran, dass der Bauherrenberater im Bauablauf eine **besondere Stellung** innehat, die sich von jener der klassischen Planer (Architekten und Bauingenieure) erheblich unterscheidet.

II. Grundlagen

1. Typische Aufgaben des Bauherrenberaters

13.2 **1.** Für den Architekten oder den Bauingenieur sind in den SIA-Ordnungen 102 und 103 Leistungsbeschriebe[2] formuliert, welche die von diesen Baufachleuten zu erbringenden «Grundleistungen» entsprechend «dem üblichen Planungsablauf» umschreiben (Art. 4 Abs. 3 SIA 102; Art. 4.1.3 SIA 103). Diese Leistungsbeschriebe haben sich in der Baupraxis bei der Definition der von Architekten bei Hoch- und Bauingenieuren bei Tiefbauten

1 Z.B. Elektro- oder Haustechnikplaner.

2 Leistungsbeschriebe für Architekten oder Bauingenieure enthalten auch die SIA-Norm 111 «Modell Planung und Beratung – Verständigungsnorm», die SIA-Norm 112 «Modell Bauplanung – Verständigungsnorm» oder das SIA-Merkblatt 2027 «Bauweisenspezifische Zuordnungen von Leistungen der Bauingenieure in Ergänzung zur LHO 103».

typischerweise geschuldeten Leistungen durchgesetzt. Für den Bauherrenberater besteht zurzeit noch **kein bewährter Leistungsbeschrieb.**[3]

2. Immerhin hat im Jahre 2017 die Berufsorganisation der schweizerischen Bauherrenberater, die Kammer Unabhängiger Bauherrenberater (KUB), im Buch «Immobilienmanagement», erschienen unter der redaktionellen Leitung von SCHALCHER/WADENPOHL, sowie in einem Anhang zu ihrem Mustervertrag, den sie selbst als «Mandatsvertrag» bezeichnet, eine Leistungsübersicht über typische Tätigkeiten des Bauherrenberaters (nachfolgend **KUB-Leistungsübersicht**) ausgearbeitet.[4] Darin werden die «üblichen Leistungen»[5] des Bauherrenberaters aufgelistet und den Teilphasen gemäss der SIA-Norm 112 «Modell Bauplanung – Verständigungsnorm» zugeordnet.[6] Mit dieser KUB-Leistungsübersicht wurden die «KUB-Leistungsbilder» ersetzt, welchen «nur» der Charakter einer Checkliste zukam.[7] 13.3

Die KUB-Leistungsübersicht ist nach Auffassung von SCHALCHER/WADENPOHL zwar «umfassend, nicht jedoch abschliessend».[8] Beim **Vergleich mit den SIA-Ordnungen 102 und 103**, welche im Leistungsbeschrieb von Art. 4 auch vom Bauherrn verschiedene «Leistungen und Entscheidungen» im Sinne von Mitwirkungshandlungen[9] abverlangen, fällt auf: In der KUB-Leistungsübersicht sind fast alle Leistungen erfasst, deren Erbringung der Architekt vom Bauherrn gemäss dem Leistungsbeschrieb von Art. 4 SIA 102 erwarten darf.[10] Dabei wird in der KUB-Leistungsübersicht zumeist die gleiche Bezeichnung für die jeweilige Leistung verwendet wie in der SIA-Ordnung 102. Indessen fehlt in weiten Teilen ein Abgleich der KUB-Leistungsübersicht mit der SIA-Ordnung 103. Die SIA-Ordnung 103 umschreibt die vom Bauherrn (und damit letztlich die vom Bauherrenberater) im Verhältnis zum Bauingenieur zu erbringenden Leistungen nicht bloss 13.4

---

[3] Der SIA führte zwar Diskussionen über die Einführung einer Ordnung für die Leistungen der Bauherrenberater. Doch konnten sich die zuständigen Gremien des SIA über die Verabschiedung einer solchen Ordnung nicht einigen. Immerhin beabsichtigt der SIA, eine sogenannte «Verständigungsnorm» einzuführen, welche die Aufgaben und die Stellung des Bauherrn sowie dessen Organisation definieren soll. Diese Verständigungsnorm trägt den Arbeitstitel «SIA 101 Ordnung für Leistungen der Bauherren». Im Frühling 2019 soll eine Vernehmlassung zu dieser Ordnung durchgeführt werden. Diese Norm könnte Auswirkungen auf das Leistungsbild der Bauherrenberatung haben.

[4] Die KUB-Leistungsübersicht ist abrufbar unter: <www.svit.ch/sites/default/files/2017-11/Leistungen_PLB_BHB_KUB_Handbuch_2.pdf> (besucht am 25. November 2018). Sie wird auch in KUB, Immobilienmanagement, S. 240 ff. und 370 ff., wiedergegeben.

[5] KUB, Immobilienmanagement, S. 239.

[6] KUB, Immobilienmanagement, S. 239.

[7] Vgl. Vorauflage, Nr. 12.2.

[8] KUB, Immobilienmanagement, S. 240.

[9] Zum Begriff der Mitwirkungshandlungen ganz allgemein GAUCH, Werkvertrag, Rz. 1329 ff.

[10] Eine Ausnahme besteht bezüglich der vom Bauherrn verlangten Leistung «Formulieren der Anforderungen hinsichtlich Darstellungsart und Gliederung von Kostenvoranschlag und Schlussabrechnung» in der Projektphase gemäss Art. 4.32 SIA 102, die in der KUB-Leistungsübersicht nicht erwähnt wird. Doch gehört diese Tätigkeit auch ohne spezielle Erwähnung zu den vom Bauherrenberater zu erbringenden Leistungen (vgl. Rz. 13.14).

mit anderen Formulierungen, sondern auch inhaltlich detaillierter und präziser als die KUB-Leistungsübersicht (und die SIA-Ordnung 102).[11] Hier dürfte meines Erachtens Koordinationsbedarf beim KUB,[12] aber auch beim SIA bestehen.

13.5 **3.** Obschon die Baupraxis den «Bauherrenberatervertrag» mit einem einheitlichen Leistungsbild nicht kennt,[13] zeichnet sich dieser durch **fünf typische Aufgaben** des Bauherrenberaters aus:

A. Beratung

13.6 Wie es bereits die Berufsbezeichnung besagt, hat der Bauherrenberater den Bauherrn im Hinblick auf die Planung und Ausführung eines Bauvorhabens zu beraten, und zwar so, dass das Bauvorhaben technisch und wirtschaftlich zweckmässig und fristgerecht verwirklicht werden kann. Die Beratung setzt (gleich wie beim Architekten oder Bauingenieur) einen «kontinuierlichen Dialog» zwischen Bauherr und Bauherrenberater voraus, bei welchem «die Bedürfnisse des Bauherrn zu erfassen, zu analysieren» und gegebenenfalls «zu optimieren sind».[14] Damit eine **sachgerechte Beratung** gewährleistet ist, hat der Bauherrenberater die dafür allenfalls notwendigen Entscheidungsgrundlagen zu erarbeiten oder erarbeiten zu lassen.[15]

13.7 Eine Beratung seitens des Bauherrenberaters ist grundsätzlich in allen Bereichen der Planung und Ausführung eines Bauvorhabens, sogar in rechtlicher Hinsicht (Rz. 13.38 ff.), möglich und zulässig (und wird in Einzelfällen von sogenannten «Alleskönnern» sogar erbracht).[16] Als **typische Beratungstätigkeit** ist vor allem die «strategische Planung» vor Beginn der Planung (vor dem Beizug eines Architekten oder Bauingenieurs) zu bezeichnen.[17] Dem schliesst sich vielfach die Beurteilung von Bauprojekten in wirtschaftlicher Hinsicht und die Abgabe entsprechender Empfehlungen an den Bauherren an.[18] Im Weiteren unterstützen Bauherrenberater Bauherren vielfach als (unabhängige) technische Berater bei grossen Schadenfällen. Übernimmt der Bauherrenberater anstelle der Baulei-

---

11 So werden in der SIA-Ordnung 103 etwa die folgenden (sinnvollen) Leistungen seitens des Bauherrn erwartet, die nicht in der KUB-Leistungsübersicht erwähnt sind: «Entscheid über Bewertungskriterien und Gewichtung» bei der Beurteilung von Projekten (Art. 4.3.31); «Aufzeigen der Schnittstellen zur Organisation des Auftraggebers» (Art. 4.3.21); «Vereinbarung von Umfang, Methode und Genauigkeitsgrad der Kosten» (Art. 4.3.21, Art. 4.3.31 und Art. 4.3.32).

12 Die KUB ist zurzeit daran, eine «Leistungs- und Honorarordnung (KUB-LHO)» für den Bauherrenberater auszuarbeiten. Diese soll die bestehende KUB-Leistungsübersicht ersetzen. Diese «Leistungs- und Honorarordnung (KUB-LHO)» ist im Zeitpunkt der Drucklegung dieses Buchs noch nicht publiziert worden.

13 KUB, Immobilienmanagement, S. 96.

14 Schumacher, Architektenrecht 1995, Rz. 443.

15 Held/Metz/Schalcher/Sonderegger, Bauherrenberatung, S. 143; KUB-Leistungsübersicht, S. 1; KUB, Immobilienmanagement, S. 95.

16 Zur Haftung der sogenannten «Alleskönner» Rz. 13.62.

17 KUB-Leistungsübersicht, S. 2; KUB, Immobilienmanagement, S. 241.

18 KUB-Leistungsübersicht, S. 3; KUB, Immobilienmanagement, S. 91.

tung indessen die Leitung der Sanierung eines mangelhaften Bauwerks (was in der Praxis ebenfalls vorkommen kann), so verlässt er sein angestammtes Tätigkeitsgebiet als Bauherrenberater. Er handelt als Bauleitung und haftet wie die Bauleitung (Rz. 10.164 ff.).

B. Organisation und Begleitung von Beschaffungen

Ein immer wichtigeres Tätigkeitsgebiet der Bauherrenberater besteht in der Mitwirkung bei der Beschaffung von Bauleistungen für private und öffentliche Bauherren.[19] Damit kommt zur eigentlichen Beratungstätigkeit eine Organisationsaufgabe hinzu. So betreuen und organisieren Bauherrenberater häufig Wettbewerbe nach der SIA-Ordnung 142 (Rz. 3.53) oder Studienaufträge nach der SIA-Ordnung 143 (Rz. 4.46), ohne in der Regel selbst Mitglied des Preisgerichts zu werden. Auch bei der Vergabe öffentlicher Aufträge (nach dem jeweils einschlägigen Vergaberecht) werden in vermehrtem Masse Bauherrenberater beigezogen. Dies gilt namentlich für die Beschaffung von Ingenieurarbeiten, die Auswahl der Bauleitung oder die Bestellung von Totalunternehmerleistungen. 13.8

C. Leitung

1. In vielen Fällen übt der Bauherrenberater anstelle des Bauherrn gegenüber den am Bauwerk beteiligten Personen dessen Leitungsfunktion aus und vertritt den Bauherrn im Rahmen dieser Funktion.[20] Dafür hat er eine geeignete Projekt- und Ablauforganisation zu schaffen.[21] Seine Leitungsfunktion nimmt der Bauherrenvertreter dadurch wahr, indem er verbindliche Anordnungen bezüglich der Planung und Ausführung des Bauvorhabens,[22] d.h. **Weisungen**, erteilt.[23] Er übt alsdann das Weisungsrecht des Bauherrn an dessen Stelle aus. 13.9

Damit der Bauherrenberater die entsprechenden Weisungen erteilen kann, hat er die **Wünsche und Anforderungen des Bauherrn (kritisch) zu erfragen** (Rz. 13.42). Bei diversen Nutzern eines künftigen Bauwerks hat er deren Anforderungen zu «kanalisieren», damit im Rahmen des sogenannten «Projektpflichtenhefts»[24] eine verbindliche Leistungsdefinition für die Arbeiten der Planer geschaffen werden kann. 13.10

---

[19] KUB-Leistungsübersicht, S. 2; KUB, Immobilienmanagement, S. 242.

[20] Vgl. Held/Metz/Schalcher/Sonderegger, Bauherrenberatung, S. 9 und 144; KUB-Leistungsübersicht, S. 1; KUB Immobilienmanagement, S. 94 und 240.

[21] Menz, Bauprozess, S. 272.

[22] Vgl. Gauch, Werkvertrag, Rz. 1927.

[23] Held/Metz/Schalcher/Sonderegger, Bauherrenberatung, S. 9; KUB, Immobilienmanagement, S. 92.

[24] Wer das Projektpflichtenheft (Bauherrenberater oder Architekt/Bauingenieur) zu erstellen hat, hängt von der konkreten Vereinbarung ab. Gemäss den SIA-Ordnungen 102 und 103 ist dies eine Aufgabe des Bauherrn (vgl. Art. 4.21 SIA 102; Art. 4.3.21 SIA 103), weshalb in aller Regel der Bauherrenberater für die Ausarbeitung des Projektpflichtenhefts zuständig wäre (so auch KUB-Leistungsübersicht, S. 2). Das Projektpflichtenheft ist alsdann entsprechend dem jeweiligen Planungsstand zu aktualisieren (KUB-Leistungsübersicht, S. 3).

13.11 Im Rahmen seines eigentlichen Aufgabenbereichs haben sich die Weisungen des Bauherrenberaters an den die Planung und Ausführung leitenden Architekten oder Bauingenieur (den Gesamtleiter) (Rz. 13.21 f.), den Generalplaner[25] oder den Totalunternehmer (der die gesamte Planung und Ausführung einer Baute übernimmt) zu richten.[26] Diese Baufachleute sind die typischen **Empfänger von Weisungen des Bauherrenberaters.** Sie haben alsdann, allenfalls in Zusammenarbeit mit anderen (Fach-)Planern,[27] die Weisungen in Plänen, Berechnungen und Konzepten zu erfassen und/oder an die unter ihrer Aufsicht stehenden Unternehmer weiterzuleiten. Es kommt in der Baupraxis aber immer wieder vor, dass der Bauherrenberater direkte Weisungen an Unternehmer (oder Fachplaner) erteilt (vgl. Rz. 13.48 ff.).

13.12 **2.** In der Baupraxis delegieren (vor allem viel beschäftigte) Bauherren häufig weitreichende **Entscheidungsbefugnisse** an den Bauherrenberater. Dazu statten sie ihn mit einer entsprechenden Vollmacht aus, die ihn sogar zur Vergabe von Arbeiten in ihrem Namen und auf ihre Rechnung (als direkter Stellvertreter im Sinne von Art. 32 Abs. 1 OR) berechtigt (Rz. 6.114).[28]

D. Kontrolle und Überwachung

13.13 Der Bauherrenberater übernimmt im Sinne eines übergeordneten Projektcontrollings regelmässig **Kontroll- und Überwachungsaufgaben.**[29] Diese sind **vielfältiger Art** und richten sich nach dem jeweiligen Bauherrenberatungsvertrag.

13.14 **Wichtige Beispiele** möglicher Kontroll- und Überwachungsaufgaben sind (ganz allgemein) die Prüfung von Projektergebnissen[30] und von Ausschreibungsunterlagen,[31] die Kontrolle der Ausführung bezüglich Kosten, Terminen und Qualität,[32] die Durchführung regelmässiger Baukontrollen,[33] die Zustandskontrolle von Bauteilen[34] oder die Sicherstellung des Nachtragswesens.[35]

---

25 Der Gesamtplaner übernimmt sämtliche Planungs- und Bauleitungsaufgaben im Zusammenhang mit einem Bauvorhaben, namentlich auch für jene Bereiche, in denen sonst spezialisierte Fachplaner wie etwa der Tragwerkingenieur, der Elektro-, Heizungs- oder Lüftungsingenieur vom Bauherrn selbst (in einem separaten Vertrag) beigezogen werden (vgl. Menz, Bauprozess, S. 219).

26 Held/Metz/Schalcher/Sonderegger, Bauherrenberatung, S. 41 ff.; KUB, Immobilienmanagement, S. 311 ff.

27 Ein solcher Fachplaner ist auch der Bauingenieur, der die Tragkonstruktion eines Bauwerks plant und berechnet (Art. 2.4 SIA 103).

28 Gauch, Architektenrecht 1995, Rz. 105.

29 Held/Metz/Schalcher/Sonderegger, Bauherrenberatung, S. 23; KUB, Immobilienmanagement, S. 95.

30 KUB-Leistungsübersicht, S. 2; KUB, Immobilienmanagement, S. 240.

31 KUB-Leistungsübersicht, S. 3; KUB, Immobilienmanagement, S. 242.

32 KUB-Leistungsübersicht, S. 4; KUB, Immobilienmanagement, S. 372.

33 KUB-Leistungsübersicht, S. 4; KUB, Immobilienmanagement, S. 372.

34 KUB-Leistungsübersicht, S. 4; KUB, Immobilienmanagement, S. 372.

35 KUB-Leistungsübersicht, S. 4; KUB, Immobilienmanagement, S. 372.

E. Zahlungsmanagement

Schliesslich kann der Bauherrenberater als **Bautreuhänder** für den Bauherrn das gesamte Zahlungsmanagement besorgen,[36] was allerdings eher atypisch ist. Er nimmt alsdann die eingehenden Rechnungen und Zahlungsanweisungen entgegen, überprüft sie buchhalterisch und veranlasst die entsprechenden Zahlungen an die am Bauwerk Beteiligten. Der Bauherrenberater, welcher das Zahlungsmanagement übernimmt, hat häufig sogar Verfügungsmacht über das Baukonto des Bauherrn. Er ist vielfach gehalten, periodisch Zwischenabrechnungen aufgrund der eingegangenen Rechnungen und die Schlussabrechnung über das Bauvorhaben für den Bauherrn zu erstellen.[37] 13.15

2. Erscheinungsformen des Bauherrenberaters

A. Der «reine» Bauherrenberater

Wie es bereits die Berufsbezeichnung ausdrückt, ist der «reine» Bauherrenberater als blosser Berater des Bauherrn tätig. Er wirkt nicht aktiv auf die Planung und das Baugeschehen ein, sondern übt eine reine **Stabsfunktion** aus.[38] Er analysiert die Situation und erteilt dem Bauherrn Ratschläge. Die Umsetzung der Ratschläge bei der Planung und Ausführung eines Bauvorhabens erfolgt durch den Bauherrn selber. Der Bauherr bleibt alleiniger Entscheidungsträger und erteilt selbst (oder durch einen bauleitenden Planer) die Weisungen an die am Bauwerk Beteiligten.[39] 13.16

B. Der Bauherrenvertreter

1. Häufig vertritt der Bauherrenberater den Bauherrn. Der Bauherrenberater wird alsdann zum Bauherrenvertreter.[40] Der Bauherrenberater als Bauherrenvertreter wirkt insoweit **aktiv bei der Planung und Ausführung des Bauvorhabens** mit, als er Leitungsfunktionen ausübt und anstelle des Bauherrn Weisungen an den planenden und leitenden Architekten oder Bauingenieur erteilt[41] und/oder Überwachungs- und Kontrolltätigkeiten verrichtet.[42] 13.17

---

36 Gauch, Architektenrecht 1995, Rz. 105.

37 Schaerli, Der Bautreuhandvertrag, S. 18.

38 Siehe «Bauherrenunterstützung» gemäss Begriffe SIA 112; Held/Metz/Schalcher/Sonderegger, Bauherrenberatung, S. 9; KUB, Immobilienmanagement, S. 95.

39 Held/Metz/Schalcher/Sonderegger, Bauherrenberatung, S. 10; KUB, Immobilienmanagement, S. 93.

40 Siehe «Bauherrenvertreter» gemäss Begriffe SIA 112.

41 Zu den Weisungen, die der Bauherrenberater direkt an Unternehmer erteilt, und zur allfälligen Haftung vgl. Rz. 13.42 ff.

42 Held/Metz/Schalcher/Sonderegger, Bauherrenberatung, S. 9 und 23.

13.18 **2.** Bestand und Umfang der **Vollmacht des Bauherrenvertreters** richten sich nach den allgemeinen Grundsätzen, namentlich nach der konkret (individuell) erteilten Ermächtigung.[43] Diese Vollmacht geht in aller Regel weiter als jene des Architekten oder Bauingenieurs (vgl. Rz. 6.80 ff.) und enthält in vielen Fällen sogar eine Ermächtigung zum Abschluss von Verträgen mit den am Bauwerk Beteiligten.[44] Dementsprechend begründet bereits die Tatsache, dass der Bauherr einen Bauherrenvertreter bestellt und diesen als seinen Vertreter bezeichnet, die Kundgabe einer generellen Ermächtigung im Sinne von Art. 33 Abs. 3 OR zur Vertretung des Bauherrn bei der Planung und Ausführung eines Bauvorhabens.[45] Dadurch wird der Bauherr (guter Glaube des Vertragskontrahenten im Sinne von Art. 3 ZGB vorausgesetzt) auch für Handlungen des Bauherrenvertreters gegenüber den am Bauwerk Beteiligten verpflichtet, wofür dieser eigentlich gar nicht bevollmächtigt gewesen wäre (Rz. 6.61 ff.).[46]

13.19 **3.** Der Bauherrenberater als Bauherrenvertreter wird in der Baupraxis, namentlich in der schon erwähnten KUB-Leistungsübersicht, als **«Projektleiter Bauherr»** bezeichnet.[47] Diese Bezeichnung ist insoweit problematisch, als bereits von der Bezeichnung her sich der Bauherrenberater kaum mehr vom Architekten oder Bauingenieur als Gesamtleiter abgrenzen lässt. In Deutschland wird für diese Erscheinungsform des Bauherrenvertreters der Begriff **«Projektsteuerer»** verwendet.[48] Der «Projektsteuerer» übernimmt «die Funktionen des Auftraggebers bei der Steuerung von Projekten mit mehreren Fachbereichen»[49]. Auch diese Bezeichnung vermag nicht ganz zu überzeugen, weil der Bauherrenberater eben nicht bloss das Projekt, sondern in den meisten Fällen ebenso die Ausführung der Baute zu «steuern», d.h. zu leiten, hat.

C. Der Bautreuhänder

13.20 Als Bautreuhänder ist der Bauherrenberater zu bezeichnen, der über die Vertretung des Bauherrn hinaus für ihn auch das **Zahlungsmanagement** besorgt.[50] Diese Einsatzform kommt in der Praxis eher selten vor.

---

43 Vgl. Watter, Basler Kommentar, N 17 zu Art. 33 OR; Zäch/Künzler, Berner Kommentar, N 5 zu Art. 33 OR.

44 Gauch, Architektenrecht 1995, Rz. 105.

45 Insoweit wird eine unbeschränkte Gattungsvollmacht kundgegeben (Gauch/Schluep/Schmid, OR AT, Rz. 1357; Zäch/Künzler, Berner Kommentar, N 94 zu Art. 33 OR).

46 Allgemein Gauch/Schluep/Schmid, OR AT, Rz. 1396.

47 Held/Metz/Schalcher/Sonderegger, Bauherrenberatung, S. 9; KUB, Immobilienmanagement, S. 93.

48 Löffelmann/Fleischmann, Architektenrecht, Rz. 1226; Schill, Der Projektsteuerungsvertrag, S. 5 f.

49 Zitiert nach § 31 der deutschen «Verordnung über die Honorare für Leistungen der Architekten und Ingenieure» (HOAI) vom 1. Januar 1996 (ausser Kraft seit dem 18. August 2009).

50 Vielfach wird in der Praxis unter dem Begriff «Bautreuhänder» auch der Bauherrenvertreter ohne Befugnisse im Zahlungsmanagement verstanden.

3. Abgrenzungen

A. Zum Architekten oder Bauingenieur als Gesamtleiter

1. Gemäss den SIA-Ordnungen 102 und 103 übernehmen der Architekt bei Hoch- und der Bauingenieur bei Tiefbauten[51] in der Regel die Gesamtleitung (Art. 3.4.2 SIA 102; Art. 2.1.4 SIA 103). Die **Gesamtleitung** gehört zu den **Grundleistungen des Architekten oder Bauingenieurs** (Art. 3.4.3 SIA 102).[52] Die Gesamtleitung umfasst nach Art. 3.4.1 SIA 102 und Art. 4.2.2 SIA 103 unter anderem: 13.21

- «die Beratung des Auftraggebers,
- die Kommunikation mit dem Auftraggeber und Dritten,
- die Vertretung des Auftraggebers gegenüber Dritten im vereinbarten Rahmen,
- die rechtzeitige Bereitstellung von Entscheidgrundlagen für den Auftraggeber,
- die rechtzeitige Formulierung von Anträgen an den Auftraggeber,
- die Erstellung der Aufbau- und der Ablauforganisation,
- die Erstellung von periodischen Standberichten,
- die Organisation und Leitung einer koordinierten, projektbezogenen Qualitätssicherung,
- die Koordination der Leistungen aller Beteiligten,
- die fachliche und administrative Leitung des Planerteams.»

2. Die in den SIA-Ordnungen 102 und 103 verwendete Definition der Aufgaben des Gesamtleiters liest sich wie ein typischer Leistungsbeschrieb für den Bauherrenberater. Dennoch unterscheiden sich **Stellung und Funktion des Bauherrenberaters in der Baupraxis** von jener der als Gesamtleiter eingesetzten Architekten oder Bauingenieure wesentlich. Es gehört gerade zum Auftrag des Bauherrenberaters, den Gesamtleiter zu instruieren (d.h. zu leiten), zu überwachen und zu kontrollieren. In der Hierarchiestufe steht der Bauherrenberater als Vertreter des Bauherrn über dem Gesamtleiter.[53] Ausserdem ist die Funktion des Bauherrenberaters eine andere als jene des Gesamtleiters: Der Bauherrenberater hat die Bauaufgabe zu definieren und fortzuschreiben. Der Gesamtleiter hingegen hat – in Zusammenarbeit mit anderen Planern – die Baute in seinen Plänen gestalterisch und konstruktiv zu erfassen, damit diese nachher ausgeführt werden kann. Für die Ausführung wiederum sind die Unternehmer verantwortlich. Diese hat der Gesamtleiter (nicht der Bauherrenberater, vgl. Rz. 13.46) zu koordinieren und zu leiten, 13.22

---

[51] Die SIA-Ordnung 103 weist dem Bauingenieur die Gesamtleitung bei «Infrastrukturprojekten» zu (Art. 2.1.4). Diese Bezeichnung ist insoweit nicht ganz richtig, als auch Schulhäuser, Verwaltungsgebäude, Spitäler oder Pflegezentren, die eindeutig Hochbauten darstellen, ebenfalls zur Infrastruktur gehören und daher ebenfalls unter dem Begriff der «Infrastrukturprojekte» fallen können.

[52] In der SIA-Ordnung 103 wird dies zwar nicht ausdrücklich erwähnt, jedoch scheinbar als selbstverständlich vorausgesetzt (vgl. Art. 4.2 SIA 103).

[53] KUB, Immobilienmanagement, S. 93.

wofür er (der Gesamtleiter) an die Unternehmer die erforderlichen Weisungen zu erteilen hat (Rz. 13.11).

B. Zur Oberbauleitung

13.23 Die SIA-Ordnung 103 (Art. 2.3.3 und Art. 4.3.52) sieht bei der Realisierung von «Infrastrukturprojekten» (Art. 2.1.4 SIA 103) den Einsatz von Bauingenieuren als Oberbauleitung vor. In ihrer Funktion als Oberbauleitung übernehmen Bauingenieure «die oberste allgemeine Leitung der Bauausführung» (Art. 2.3 SIA 103). Trotz der anderslautenden Bezeichnung (die eigentlich unnötig ist) erfüllt die Oberbauleitung im Grunde genommen die gleiche Funktion wie die Gesamtleitung,[54] allerdings nur während der Phase «Ausführung» (Art. 4.3.52 SIA 103). Die Leistungen der Oberbauleitung sind ausserdem vom Wesen her identisch mit jenen des gesamtleitenden Architekten in der Phase «Ausführung» (Art. 4.3.52 SIA 102) bei Hochbauten. Für das Verhältnis des Bauherrenberaters zum Bauingenieur, der die Oberbauleitung ausführt, gilt daher das zur Gesamtleitung Gesagte (Rz. 13.22): Der Bauherrenberater steht als Vertreter des Bauherrn in der Hierarchiestufe über der Oberbauleitung. Der Bauherrenberater hat sozusagen die Oberbauleitung zu leiten und ihr die notwendigen Weisungen zu erteilen (und nicht umgekehrt).[55]

C. Zum blossen Planer und zur Bauleitung

13.24 **1.** Der Bauherrenberater hat **keine Pläne, Kostenschätzungen, Kostenvoranschläge, Ausschreibungsunterlagen oder gar Nutzungsvereinbarungen** (Rz. 13.57) **anzufertigen.** Dies ist Aufgabe des zuständigen Planers. Der Bauherrenberater hat allerdings dafür zu sorgen, dass der Planer diese Unterlagen als Entscheidungsgrundlagen vollständig und rechtzeitig abliefert.[56]

13.25 **2.** Der Bauherrenberater ist **nicht für die laufende Überwachung der Arbeiten auf der Baustelle zuständig.** Die «örtliche Interessenvertretung des Bauherrn auf der Baustelle»[57] ist Aufgabe der Bauleitung. Der Bauherrenberater ist aber im Verhältnis zum Bauherrn dafür verantwortlich, dass die Bauleitung ihre Aufgabe richtig wahrnimmt. Hierfür hat er im Rahmen seiner regelmässigen Baustellenbesuche[58] die Arbeit der Bauleitung stichprobeweise zu kontrollieren.

---

[54] So auch Art. 2.3.2 SIA 103: «Als Gesamtleiter kann der Ingenieur die Aufgaben der Oberbauleitung übernehmen.»

[55] Zu den Aufgaben der Oberbauleitung gehört (nur) das «Herbeiführen grundsätzlicher Entscheide» und das «Veranlassen von Ausführungsweisungen» durch den Bauherrn (Art. 4.3.52 SIA 103).

[56] HELD/METZ/SCHALCHER/SONDEREGGER, Bauherrenberatung, S. 143 (Mustervertrag im Anhang).

[57] MENZ, Bauprozess, S. 317.

[58] KUB-Leistungsübersicht, S. 4.

D. Zum Prüfingenieur

Den Bauherrenberater treffen zwar Überwachungs- und Kontrollpflichten. Doch besteht seine Prüfungspflicht nur in beschränktem Umfang (Rz. 13.54 ff.). Der Bauherrenberater **schuldet** im Rahmen seines Tätigkeitsbereichs[59] **keine spezielle Nachprüfung** der Pläne und sonstigen Berechnungen der Planer bezüglich Gebrauchstauglichkeit und Sicherheit. Gerade eine solche Nachprüfung stellt in aller Regel den typischen Inhalt des Vertrags mit dem Prüfingenieur dar (Rz. 12.22 ff.).[60] 13.26

E. Zum «internen» Projektleiter

Bei Bauvorhaben grosser Privatunternehmungen oder des Staats wird häufig eine bei der Bauherrschaft angestellte Person (oder eine Personengruppe einer bestimmten Verwaltungseinheit) als sogenannter «Projektleiter» eingesetzt.[61] Dieser «interne Projektleiter» verrichtet seine Tätigkeiten als **Arbeitnehmer des Bauherrn** im Sinne von Art. 319 ff. OR oder als Angestellter gemäss den einschlägigen öffentlich-rechtlichen Personalgesetzen oder -verordnungen.[62] Demgegenüber ist der Bauherrenberater im hier verstandenen Sinne ein vom Bauherrn beigezogener Dritter, ein externer Fachmann, der freiberuflich in einem Auftragsverhältnis gemäss Art. 394 ff. OR tätig ist.[63] 13.27

III. Die Qualifikation des Bauherrenberatervertrags

Der Bauherrenberater verrichtet typischerweise Beratungs-, Leitungs-, Überwachungs- und Kontrolltätigkeiten. Allenfalls kann er ausserdem das Zahlungsmanagement besorgen. Seine diesbezüglichen Leistungen gleichen von ihrer Struktur her jenen der Bauleitung (dazu Rz. 1.47 f.). Soweit der Bauherrenberater bei der Beschaffung von Bauleistungen mitwirkt, so haben diese Arbeiten den gleichen Charakter wie die Durchführung und Begleitung von Ausschreibungen und Vergaben von Planern (Rz. 1.44) Die typischen Arbeiten des Bauherrenberaters sind deshalb **Gegenstand eines einfachen Auftrags im Sinne von Art. 394 ff. OR** (Rz. 1.30 ff. und 1.50 f.). Sie haben keinen Werkvertragscharakter, weshalb auch eine Qualifikation als gemischter Vertrag ausscheidet. 13.28

---

59 Übernimmt der Bauherrenberater auch die Nachprüfung von Plänen und Berechnungen, so handelt er eigentlich nicht mehr als Bauherrenberater, sondern übernimmt eine Aufgabe des Prüfingenieurs. Dies führt dazu, dass er auch wie ein Prüfingenieur haftet (dazu Rz. 12.42 ff.).

60 Hess-Odoni, Rechtsfragen, S. 4.

61 Held/Metz/Schalcher/Sonderegger, Bauherrenberatung, S. 11.

62 Z.B. als Angestellter des Bundes gemäss BPG.

63 Held/Metz/Schalcher/Sonderegger, Bauherrenberatung, S. 11. Zur Abgrenzung zwischen Auftrag und Arbeitsvertrag vgl. Fellmann, Berner Kommentar, N 301 ff. zu Art. 394 OR; Weber, Basler Kommentar, N 25 ff. zu Art. 394 OR.

IV. Die Vergütung des Bauherrenberaters

13.29 Das Zustandekommen eines Bauherrenberatervertrags setzt keine Vereinbarung einer Vergütung voraus. Haben die Parteien keine Vereinbarung über die Vergütung getroffen, so richtet sich die Vergütung gemäss Art. 394 Abs. 3 OR nach der (Verkehrs-)Übung (Rz. 8.5 und 8.40).[64] In der Baupraxis sind die Fälle allerdings selten, wo Bauherrenberater und Bauherr keine Vergütung vereinbaren. Vielmehr dürfte die Vereinbarung einer **Vergütung nach Zeitaufwand im Vordergrund** stehen (Rz. 8.65 ff.); dies, weil der Aufwand des Bauherrenberaters bei der Planung und Leitung eines Bauvorhabens nur schwer abschätzbar ist. Dabei werden in der Regel auch die einzelnen Stundenansätze der Mitarbeiter der Unternehmung des Bauherrenberaters definiert.[65] Um sicherzustellen, dass der Aufwand des Bauherrenberaters kontrollier- und steuerbar ist, wird häufig eine maximale Honorarsumme als «Kostendach» verabredet (Rz. 8.26 ff.).[66] Es ist aber ebenfalls zulässig und kommt vor, dass die Parteien ein Pauschalhonorar vereinbaren (Rz. 8.19 ff.), womit die Geldsumme, die dem Bauherrenberater für alle seine Leistungen zu zahlen ist, zum Voraus genau bestimmt wird, dies «ohne Rücksicht darauf, wie viel sein Arbeitsaufwand bei der Ausführung wirklich betragen wird».[67] Dabei ist im Streitfall durch Auslegung zu ermitteln, welche Leistungen durch die Pauschale abgegolten werden sollten und welche nicht (Rz. 8.20).[68]

V. Die Haftung des Bauherrenberaters

1. Grundsätzliches

13.30 **1.** Für die Tätigkeiten des Bauherrenberaters besteht kein einheitliches Leistungsbild (Rz. 13.5 ff.). Dementsprechend ist im Hinblick auf eine allfällige Haftung immer zuerst zu klären, worin die **geschuldeten Leistungen des Bauherrenberaters im konkreten Fall** überhaupt bestanden haben. Soweit der Bauherrenberater keine Leistungen erbracht oder geschuldet hat und ihm auch keine pflichtwidrige Unterlassung (als positive Vertragsverletzung) vorgeworfen werden kann,[69] kann keine Haftung bestehen.

13.31 **2.** Der Bauherrenberater ist Beauftragter des Bauherrn (Rz. 13.28). Er **haftet wie jeder andere Beauftragte nach Art. 398 Abs. 2 OR** «für getreue und sorgfältige Ausführung des ihm übertragenen Geschäfts». Bei verschuldeter Verletzung der Treue- und Sorgfalts-

---

64 Fellmann, Berner Kommentar, N 409 ff. zu Art. 394 OR.

65 Vgl. Art. 6.1 KUB-Mandatsvertrag.

66 Egli, Architektenrecht 1995, Rz. 905; vgl. auch Gauch, Werkvertrag, Rz. 1040.

67 Fellmann, Berner Kommentar, N 441 zu Art. 394 OR.

68 Egli, Architektenrecht 1995, Rz. 904.

69 Vgl. Gauch/Schluep/Emmenegger, OR AT, Rz. 2637 ff.; Wiegand, Basler Kommentar, N 34 zu Art. 97 OR.

pflicht wird der Bauherrenberater dem Bauherrn gegenüber schadenersatzpflichtig. Wie beim Architekten oder Bauingenieur besteht eine Schadenersatzpflicht des Bauherrenberaters (bei gegebenem Schaden) vor allem bei einer Verletzung der aus der Treuepflicht sich ergebenden Loyalitäts-, Informations- oder Diskretionspflicht sowie ganz allgemein bei nicht pflichtbewusstem, sorgfaltswidrigem Handeln (Rz. 9.118 ff.). Für den Bauherrenberater besonders typisch sind vier Haftungsfälle, die es im Folgenden zu erörtern gilt:

2. Haftung für Falschberatung

1. Es besteht keine Haftung für die absolute Richtigkeit eines Ratschlags. Nicht jeder schlechte Ratschlag begründet eine Haftung des Ratgebers. Auch dem professionellen Ratgeber steht ein gewisser Ermessensspielraum zu. Erteilt der Ratgeber aber einen Ratschlag, der «nach dem allgemeinen fachlichen Wissensstand nicht mehr als vertretbar erscheint und daher den objektivierten [beruflichen] Anforderungen», die an den betreffenden Fachmann zu stellen sind, nicht genügt, liegt eine haftungsbegründende Vertragsverletzung vor.[70] Diese Grundsätze hat das Bundesgericht zwar für die Diagnose eines Arztes entwickelt. Sie werden ebenso (wenn nicht mit der gleichen Formulierung) auf die Tätigkeit des Rechtsanwalts angewendet.[71] Es rechtfertigt sich, diese Grundsätze auch auf den Bauherrenberater zu übertragen, der seinen Kunden ebenso wie der Arzt oder Rechtsanwalt im Rahmen seines (berufsspezifischen) Fachgebiets berät. Der Bauherrenberater haftet nach Art. 398 Abs. 2 OR somit immer dann für eine Falschberatung, wenn sein **Ratschlag** an den Bauherren (wie etwa der Rat, ein bestimmtes Projekt weiterzuverfolgen) unter den gegebenen Umständen, namentlich unter Berücksichtigung der Ziele des Bauherrn (Rz. 13.10), **nicht vertretbar** war. Was die Vertretbarkeit (in der konkreten Situation) anbelangt, so beurteilt sich diese nach den «typischen Kenntnissen und Fähigkeiten» eines gewissenhaften Angehörigen des Berufsstands der Bauherrenberater.[72] 13.32

Dies entbindet zumindest professionelle Ratgeber (wie Rechtsanwälte, Treuhänder etc.) nicht davon, die **Grundlagen ihres Ratschlags** entweder selbst sorgfältig zu erarbeiten[73] oder durch einen Dritten in der für einen verlässlichen Ratschlag notwendigen Art und Weise erarbeiten zu lassen.[74] Der Beauftragte hat die zur richtigen Auftragserfüllung notwendigen personellen und materiellen Mittel zu beschaffen.[75] Dies gilt auch für den Bauherrenberater, der sich bei seinen Ratschlägen auf Unterlagen wie Pläne, Berechnungen 13.33

---

70 BGE 130 IV 7/12 E. 3.3; 120 Ib 411/413 E. 4a.

71 BGE 127 III 357/359 f. E. 1; OGer ZH vom 25. Januar 1994 E. 2 (= ZR 1994, Nr. 86, S. 268); Fellmann, Berner Kommentar, N 408 zu Art. 398 OR; Gautschi G., Berner Kommentar, N 34c zu Art. 398 OR.

72 Fellmann, Berner Kommentar, N 469 zu Art. 398 OR; Schill, Der Projektsteuerungsvertrag, S. 92.

73 BGE 120 Ib 411/413 E. 4a.

74 BGer 4C.316/2001 vom 7. Februar 2002 E. 2/aa (Haftung des Steuerberaters).

75 Derendinger, Nichterfüllung, Rz. 290.

etc. des Architekten oder Bauingenieurs zu stützen hat (Rz. 13.24). Sofern diese Unterlagen keine verlässlichen Ratschläge ermöglichen, darf er keine solchen erteilen (wobei es diesbezüglich wiederum auf die objektivierte Sicht eines sorgfältigen Bauherrenberaters ankommt[76]). Vielmehr hat er erst einmal dafür zu sorgen, dass hinreichende Unterlagen für einen verlässlichen Ratschlag geschaffen werden. Anderenfalls verletzt er wiederum seine Sorgfaltspflicht gemäss Art. 398 Abs. 2 OR.

13.34 **2.** Eng mit dem Ratschlag verwandt ist die Aufklärung des Bauherrn. Zur Aufklärung des Bauherrn ist der Bauherrenberater wie jeder andere Beauftragte aufgrund der ihn treffenden Treuepflicht gemäss Art. 398 Abs. 2 OR gehalten.[77] Im Rahmen der **Aufklärungspflicht** hat der Bauherrenberater den Bauherrn über alle relevanten Umstände zu informieren, welche die Planung und Ausführung des konkreten Bauvorhabens oder sonstige Entscheide beeinflussen können.[78] Insbesondere hat er den Bauherrn auf die Tragweite und die Risiken eines bestimmten Entscheids hinzuweisen.[79] Unterlässt er dies, verletzt er wiederum den Vertrag.

13.35 **3.** Eine besonders starke Form des Rates ist die **Abmahnung** (Rz. 9.135 ff.). Auch den Bauherrenberater trifft aufgrund der (für ihn) gebotenen Treue und Sorgfalt eine Pflicht zur Abmahnung.[80] Mit der Abmahnung hat er dem Bauherrn bestimmt und deutlich die «Gefährdung seiner Interessen […] zum Bewusstsein zu bringen».[81] Sie bezweckt, den Bauherrn von einer unzweckmässigen Weisung an den (ihn vertretenden) Bauherrenberater abzubringen.[82] Richtet sich eine unzweckmässige Weisung des Bauherrn jedoch an einen anderen Baubeteiligten, so hat der Bauherrenberater, der die Unzweckmässigkeit der Weisung erkennt oder bei der gebotenen Sorgfalt erkennen müsste, den Bauherrn zwar darauf aufmerksam zu machen. Doch handelt es sich in rechtlicher Hinsicht nicht um eine Abmahnung, sondern um die Erfüllung der vertraglichen Beratungspflicht. Denn eine Abmahnungspflicht besteht nur mit Bezug auf Weisungen, die der Bauherr gemäss Art. 397 Abs. 1 OR seinem jeweiligen Vertragspartner erteilen will.

13.36 **4.** Bei einer pflichtwidrigen Falschberatung, wozu auch die Verletzung der Abmahnungspflicht gehört (Rz. 13.35), hat der Bauherrenberater den Bauherrn so zu stellen, wie wenn dieser richtig beraten (resp. hinreichend aufgeklärt oder abgemahnt) worden wäre.[83] Geschuldet ist das positive Vertragsinteresse.[84] Quantifiziert besteht der **Schaden,** den der pflichtwidrig handelnde Bauherrenberater zu ersetzen hat, (verkürzend gesagt) in der

---

[76] Fellmann, Berner Kommentar, N 472 zu Art. 398 OR.

[77] Fellmann, Berner Kommentar, N 160 und 167 zu Art. 398 OR.

[78] Derendinger, Nichterfüllung, Rz. 131; vgl. auch BGE 127 III 357/360 E. 1d (Haftung des Rechtsanwalts).

[79] Vgl. Schumacher, Architektenrecht 1995, Rz. 442.

[80] Fellmann, Berner Kommentar, N 106 zu Art. 397 OR.

[81] Fellmann, Berner Kommentar, N 110 zu Art. 397 OR.

[82] Derendinger, Nichterfüllung, Rz. 119.

[83] Lüchinger, Schadenersatz im Vertragsrecht, Rz. 974.

[84] Lüchinger, Schadenersatz im Vertragsrecht, Rz. 955.

Differenz zwischen dem jetzigen Vermögensstand und dem mutmasslichen Stand, den das Vermögen des Bauherrn bei richtiger Beratung hätte. Eine solche Vermögensdifferenz liegt indessen nur vor, wenn der Bauherr sein Verhalten bei einer vertragskonformen Beratung überhaupt geändert und bessere Vermögensdispositionen getroffen hätte. Sonst besteht keine Vermögensdifferenz.[85] Grundsätzlich gelten somit auch hier die Prinzipien, die bezüglich Vertrauensschaden bei nicht hinreichend genauen Kosteninformationen der Planer entwickelt worden sind (Rz. 11.35 ff.).

Es ist Sache des Bauherrn, den von ihm geltend gemachten Schaden darzulegen und zu beweisen (Art. 8 ZGB).[86] Deshalb trifft ihn die Behauptungs- und Beweislast dafür, welche besseren Vermögensdispositionen er bei einer richtigen (sorgfältigen) Beratung durch den Bauherrenberater mutmasslich nach dem «gewöhnlichen Lauf der Dinge» getroffen hätte[87] (Art. 42 Abs. 2 OR). Die möglichen **mutmasslichen Vermögensdispositionen** können vielfältig sein und hängen vom konkreten Einzelfall ab. Immerhin ist generell davon auszugehen, dass sich der Bauherr vernünftig verhalten[88] und bei richtigem Rat zumindest nicht eine verlustreiche Investition in Bausachen getätigt hätte. 13.37

3. Haftung für ungenügende Rechtskenntnisse

Typischerweise hat der Bauherrenberater seinen Vertragspartner in technischen, wirtschaftlichen und organisatorischen Belangen eines Bauvorhabens zu beraten (Rz. 13.6 f.). Der Bauherrenberater ist im Unterschied etwa zum Rechtsanwalt **kein professioneller Rechtsberater.** Daher kann der Bauherr vom Bauherrenberater grundsätzlich keine Rechtsberatung erwarten (zur Ausnahme Rz. 13.41). Der pflichtbewusste Bauherrenberater wird seinen Vertragspartner bei Rechtsfragen an einen dafür spezialisierten Rechtsanwalt verweisen.[89] Nichtsdestotrotz kann auch der Bauherrenberater für mangelhafte Rechtskenntnisse haftbar werden. Zu erwähnen sind drei Fälle: 13.38

1. Erteilt der Bauherrenberater dem Bauherrn selbst eine **falsche Rechtsauskunft** (anstelle die Angelegenheit durch einen spezialisierten Rechtsanwalt abklären zu lassen), so kann er für den sich daraus ergebenen Schaden (Rz. 9.33 ff.) haftbar werden. Denn die Auskunft seines Bauherrenberaters ist durchaus geeignet, den Bauherren zu beeinflussen und bei ihm ein schützenswertes Vertrauen in die Richtigkeit der Auskunft hervorzurufen.[90] Dies gilt erst recht, wenn für die Leistungen des Bauherrenberaters ein Entgelt geleistet wird. Ob allerdings der Rechtsauskunft des Bauherrenberaters ein verbindlicher 13.39

---

[85] Lüchinger, Schadenersatz im Vertragsrecht, Rz. 853.

[86] BGE 98 II 34/37 E. 2.

[87] BGer 4D_131/2009 vom 16. Dezember 2009 E. 3.3.3 (= BR/DC 2010, S. 73, Nr. 158, mit Anm. Werro); 4C.71/2003 vom 27. Mai 2003 E. 3; 4C.225/2000 vom 8. März 2001 E. 2a; Zehnder, Prognosen, S. 53.

[88] Vgl. Schumacher, Architektenrecht 1995, Rz. 768.

[89] Vgl. Fellmann, Berner Kommentar, N 410 zu Art. 398 OR.

[90] Lüchinger, Schadenersatz im Vertragsrecht, Rz. 791.

und damit haftungsbegründender Charakter zukommt, kann nicht allgemein gesagt werden. Vielmehr kommt es letztlich auf die konkreten Umstände des Einzelfalls, insbesondere die konkreten Erklärungen des Bauherrenberaters, an.[91] Nicht entlasten kann sich der Bauherrenberater mit dem Einwand, er sei aufgrund seines Ausbildungs- und Wissensstands gar nicht in der Lage gewesen, den Bauherrn in rechtlicher Hinsicht sachgerecht zu beraten. Denn dieser Einwand scheitert bereits am Übernahmeverschulden, das sich der Bauherrenberater in dieser Konstellation vorwerfen lassen muss.[92]

13.40 **2.** Wie bereits erwähnt, hat der Bauherrenberater die erforderlichen Grundlagen für seine Tätigkeit zu erarbeiten oder erarbeiten zu lassen (Rz. 13.6). Dazu gehört auch, dass der Bauherrenberater **Abklärungen über die rechtlichen Rahmenbedingungen** bezüglich des geplanten Bauvorhabens trifft. Dies ist vor allem bei **öffentlichen Beschaffungen** (z.B. bei der Durchführung von Wettbewerben für Architekturleistungen) geboten (Rz. 3.21 ff.). So hat der Bauherrenberater die gemäss geltender Bauordnung zulässige Nutzung eines Grundstücks zu ermitteln, die geltenden Vergabenormen zu beachten und die Beschaffung entsprechend zu organisieren. Bei unklaren rechtlichen Verhältnissen sind die Abklärungen besonders gründlich vorzunehmen oder vornehmen zu lassen. Für den Schaden, der sich aus den unterlassenen Abklärungen ergibt, wird der Bauherrenberater haftbar. Dieser kann etwa in nutzlosen Aufwendungen des Bauherrn für die Durchführung der Beschaffung bestehen.

13.41 **3.** Zwar ist der Bauherrenberater kein professioneller Rechtsberater (Rz. 13.38). Doch kann von ihm zumindest erwartet werden, dass er das Bauvertragsrecht, samt den SIA-Ordnungen, in den Grundzügen kennt, zumal er sich das entsprechende Wissen durch entsprechende Fortbildung ohne Weiteres aneignen könnte.[93] Was zum vertragsrechtlichen Grundwissen des Bauherrenberaters (aber auch der Planer) gehört, wurde meines Wissens bisher weder gerichtlich noch dogmatisch abgeklärt. Aus meiner Sicht können vom Bauherrenberater als Minimalstandard **Kenntnisse über die rechtswahrenden Massnahmen** verlangt werden. Dazu gehören etwa das Wissen über die Rügeobliegenheiten gemäss Art. 370 OR und gemäss Art. 172 ff. SIA 118, den Vorrang der Nachbesserung gemäss Art. 169 SIA 118 sowie die Kenntnis über die Verjährungsfristen gemäss Art. 371 OR und Art. 180 SIA 118. Denn der Bauherr soll sich darauf verlassen können, dass er allfällige Haftungsansprüche gegen Planer und Unternehmer während der Zeit, da ein Bauherrenberater für ihn tätig ist, nicht verliert. Der Bauherrenberater hat alsdann die entsprechenden Massnahmen zur Wahrung der Ansprüche des Bauherrn (wie etwa das Verfassen einer sofortigen Mängelrüge) zu ergreifen oder ergreifen zu lassen. Unter-

91 Lüchinger, Schadenersatz im Vertragsrecht, Rz. 791.

92 BGE 124 III 155/164 E. 3b; Weber, Basler Kommentar, N 28 zu Art. 398 OR.

93 Art. 40 Abs. 1 lit. b des Bundesgesetzes über die universitären Medizinalberufe (MedBG; SR 811.11) schreibt den Ärzten vor: «Sie vertiefen, erweitern und verbessern ihre beruflichen Kenntnisse, Fähigkeiten und Fertigkeiten im Interesse der Qualitätssicherung durch lebenslange Fortbildung.» Diese Pflicht zur dauernden Fortbildung besteht meines Erachtens nicht bloss für Ärzte, sondern gilt für Dienstleistungsberufe allgemein, namentlich für den Bauherrenberater.

lässt er dies, so wird er für den Schaden, der sich aus dem Verlust der Haftungsansprüche des Bauherrn gegenüber Planern und Unternehmern ergibt, selbst haftbar.

4. Haftung für unzweckmässige oder unterlassene Weisungen und Massnahmen

1. Ziel der Bemühungen des Bauherrenberaters muss sein, seinen Beitrag dazu zu leisten, dass die Planung und Errichtung eines Bauwerks den ästhetischen, funktionellen und wirtschaftlichen Anforderungen des Bauherrn entspricht. Auf dieses Ziel hin hat der Bauherrenberater seine Tätigkeiten, namentlich seine Leitungsfunktion, auszurichten. Nach den Anforderungen des Bauherrn beurteilt sich auch die **Zweckmässigkeit von Weisungen** und sonstigen Massnahmen **des Bauherrenberaters.** Diese Anforderungen hat der Bauherrenberater, ähnlich wie etwa der Planer, der eine Nutzungsvereinbarung abschliesst (Rz. 7.40 ff.), im Dialog mit dem Bauherrn zu ermitteln. Soweit die Anforderungen nicht ausdrücklich definiert sind, sind diese durch Auslegung im konkreten Einzelfall festzulegen. Dabei ist als Mindestanforderung davon auszugehen, dass das Bauwerk etwa in technischer Hinsicht den anerkannten Regeln der Baukunde zu genügen hat.[94] Zu weit geht die in Deutschland geäusserte Ansicht, wonach der Bauherrenberater geradezu zur «Optimierung des Projekts in technischer und wirtschaftlicher Hinsicht» verpflichtet sei.[95] 13.42

Die meisten Projektziele werden nur generell definiert. Zu deren Erreichung steht dem Bauherrenberater in aller Regel ein Entscheidungsspielraum zu, «welcher die Auswahl unter verschiedenen in Betracht fallenden Möglichkeiten zulässt».[96] Dieser Spielraum gilt auch für Weisungen des Bauherrenberaters, mit denen dieser seine Leitungsfunktion bei der Planung und Ausführung einer Baute wahrnimmt (Rz. 13.9). Nicht jede unzweckmässige Weisung ist pflichtwidrig und begründet eine Haftung des Bauherrenberaters. Vielmehr ist eine Pflichtwidrigkeit erst dann zu bejahen, wenn die **Weisung** in der gegebenen Situation **nicht mehr vertretbar** war (Rz. 13.51 ff.). Die Vertretbarkeit einer Weisung wiederum beurteilt sich nach dem Sachverstand, den ein sorgsamer und kundiger Bauherrenberater haben sollte,[97] und nicht nach den Kenntnissen des Bauherrn. 13.43

Anders verhält es sich, wenn der Bauherr eine **konkrete Weisung** an den Bauherrenberater erteilt. Diese Weisung ist für ihn **verbindlich.** Der Bauherrenberater hat sich «strikt» daran zu halten (Art. 397 Abs. 1 OR).[98] Eine Ausnahme besteht höchstens im Fall, da dringend entschieden werden muss, und der Bauherr innert nützlicher Frist 13.44

---

94 Vgl. Gauch, Werkvertrag, Rz. 1411.

95 Schill, Der Projektsteuerungsvertrag, S. 85.

96 Vgl. BGE 130 IV 7/12 E. 3.3 (Haftung des Arztes).

97 Derendinger, Nichterfüllung, Rz. 270; Fellmann, Berner Kommentar, N 472 zu Art. 398 OR.

98 Schumacher, Architektenrecht 1995, Rz. 473; Weber, Basler Kommentar, N 5 zu Art. 397 OR; zur Abmahnungspflicht bei unzweckmässigen Weisungen des Bauherrn Rz. 13.35.

nicht erreichbar ist.[99] Sonst ist die Weisungsverletzung als Vertragsverletzung zu werten.[100]

13.45 **2.** Das für Weisungen Gesagte gilt auch für **sonstige Massnahmen des Bauherrenberaters,** namentlich für Entscheidungen wie die Vergabe von Arbeiten, die er als direkter Vertreter des Bauherrn vornimmt (Rz. 13.17). Auch hier trifft den Bauherrenberater eine Verantwortung, wenn seine Massnahme im konkreten Fall (für einen «sorgsamen» Berufsmann) nicht vertretbar ist oder von einer konkreten Weisung des Bauherrn (Rz. 13.42) abweicht.

13.46 **3.** Der Bauherrenberater (als Vertreter des Bauherrn) hat im Rahmen seines eigentlichen Aufgabenbereichs seine Weisungen an den die Planung und Ausführung leitenden Architekten oder Bauingenieur (den Gesamtleiter; Art. 2.3.1 SIA 102/103), den Generalplaner (Rz. 13.11) oder den Totalunternehmer (Rz. 13.9) zu richten. Diese Baufachleute haben die Weisungen alsdann etwa in ihren Plänen umzusetzen. In der Baupraxis kann es vorkommen, dass der Bauherrenberater sich derart aktiv ins Baugeschehen einmischt, dass er während der Bauausführung Weisungen an Unternehmer erteilt. Mit einer solchen **«Direktweisung» an die Unternehmer** agiert er nicht mehr als Bauherrenberater im eigentlichen Sinne. Er verlässt seinen angestammten Aufgabenbereich und überschreitet seine Befugnisse (Rz. 13.22). Dies ist als Vertragsverletzung zu werten, sofern ein Einschreiten des Bauherrenberaters in der gegebenen Situation nicht gerade (wie etwa zur Abwehr eines drohenden Schadens) geboten war.[101]

13.47 Der Bauherrenberater greift mit seinen «Direktweisungen» wie ein bauleitender Architekt oder Ingenieur direkt ins Baugeschehen ein. Dies wiederum hat für ihn zur Folge, dass er für solche Weisungen ebenso **haftet wie ein bauleitender Architekt oder Ingenieur.**[102] Er muss sich alsdann an den besonderen Kenntnissen und Fähigkeiten messen lassen, die ein bauleitender Architekt oder Ingenieur haben sollte.[103]

13.48 Der Bauherrenberater ist Fachmann mit Bausachverstand.[104] Zudem verrichtet der Bauherrenberater nicht eine Tätigkeit, die dem Unternehmer obliegt.[105] Deshalb handelt der Bauherrenberater auch mit seinen «Direktweisungen» (Rz. 13.46) an den ausführenden Unternehmer in aller Regel als **sachverständige Hilfsperson des Bauherrn im Sinne von Art. 101 OR.** Der Unternehmer kann mangels anderer Anhaltspunkte auf den Sachverstand dieses Baufachmannes zählen (Rz. 17.92). Die Konstellation ist für den Unternehmer identisch mit jener bei Weisungen des sachverständigen Architekten oder Bauingenieurs. Deshalb beurteilt sich die Haftung des Bauherrenberaters und Unternehmers

[99] Schumacher, Architektenrecht 1995, Rz. 480.
[100] Fellmann, Berner Kommentar, N 148 zu Art. 397 OR.
[101] Vgl. Schumacher, Architektenrecht 1995, Rz. 480.
[102] Derendinger, Nichterfüllung, Rz. 272; Fellmann, Berner Kommentar, N 472 zu Art. 398 OR.
[103] Derendinger, Nichterfüllung, Rz. 272.
[104] Vgl. Schill, Der Projektsteuerungsvertrag, S. 93.
[105] Nigg, Die Haftung mehrerer, S. 132.

gegenüber dem Bauherrn in solchen Situationen nach den gleichen Grundsätzen, wie sie für die Haftung des Architekten und Ingenieurs (als Erteiler der Weisung) und Unternehmers (als Umsetzer der Weisung) gelten (Rz. 17.89).

4. Vielfach haben Mängel eines Bauwerks ihre Ursache bereits in einer fehlerhaften Planung. Und häufig liegt die **fehlerhafte Planung** in Unterlassungen des Architekten oder Bauingenieurs, indem notwendige Planungsmassnahmen entweder gar nicht oder nur ungenügend ergriffen werden (indem z.B. die Ausgestaltung des Sockelbereichs nicht in einem Detailplan aufgezeichnet wird). Es gehört deshalb meiner Ansicht nach zu den Berufspflichten des (sorgfältigen) Bauherrenberaters, die notwendigen Weisungen zu erteilen, damit Architekten oder Bauingenieure die erforderlichen planerischen Massnahmen zur Vermeidung von Mängeln bei den schadenträchtigen Bauteilen und zur Verhütung von Bauunfällen erarbeiten. So hat der Bauherrenberater den die Planung leitenden Architekten oder Bauingenieur anzuhalten, Konzepte etwa für ein Gesamtentwässerungssystem (auch für Dachterrassen und Balkone etc.), für die Abdichtung der Baute, für den Schallschutz, für die Erdbebensicherheit, für den Winterbau und die Sicherheit auf der Baustelle zu erstellen (oder erstellen lassen). Vom Bauingenieur hat er die Ausarbeitung der allenfalls gebotenen Nutzungsvereinbarung gemäss den SIA-Normen 260–267 zu verlangen, falls dieser nicht bereits aus eigenem Antrieb eine solche erstellt (Rz. 7.41). Unterlässt der Bauherrenberater Weisungen bezüglich der vorzulegenden Konzepte und Pläne und kommt es deswegen zu Mängeln am Bauwerk (oder zu einem Unfall), so haftet er solidarisch mit dem Architekten oder Bauingenieur, der diese Konzepte und Pläne überhaupt nicht oder nicht in der erforderlichen Detailliertheit erstellt hat.[106] 13.49

Grundsätzlich ist es Aufgabe des Architekten oder Bauingenieurs, **Kostenschätzungen und Kostenprognosen** in geeigneter Form zu erstellen (Rz. 11.15ff.). Unterlassen sie das, so hat der Bauherrenberater einzuschreiten und die entsprechenden Weisungen zu erteilen. Daher verletzt der Bauherrenberater auch dann den Vertrag, wenn er den die Planung leitenden Architekten oder Bauingenieur nicht anweist, rechtzeitig die für die kostenmässige Beurteilung des Projekts notwendigen Kostenprognosen mit einer hinreichenden Genauigkeit zu erstellen, so etwa, wenn er die Baute ohne einen eigentlichen Kostenvoranschlag ausführen lässt. Alsdann haftet er solidarisch mit dem Architekten oder Bauingenieur, der die Anfertigung eines Kostenvoranschlags unterlassen hat (Rz. 17.151). 13.50

5. Das Schadensbild, das sich aus Pflichtwidrigkeiten des Bauherrenberaters im Zusammenhang mit unzweckmässigen oder unterlassenen Weisungen und Massnahmen ergeben kann, kann **alle Facetten von Schäden** im Zusammenhang mit Bauvorhaben umfassen. Im angestammten Aufgabenbereich des Bauherrenberaters dürften Vermögensschäden im Vordergrund stehen (Rz. 9.33ff.). Einen solchen Vermögensschaden 13.51

106 Hier verhält es sich nahezu gleich wie bei der Bauleitung, die pflichtwidrig gegen einen vom Unternehmer verursachten Mangel nicht einschreitet (Rz. 10.79f.).

kann der Bauherr etwa dadurch erleiden, dass der Bauherrenberater die Weisung erteilt, ein bestimmtes Projekt weiterzuverfolgen, obschon er aus Sicht des sorgsamen Bauherrenberaters[107] hätte erkennen müssen, dass dieses das Budget des Bauherrn übersteigt[108] oder bei den gegebenen Umständen wirtschaftlich nicht vertretbar ist.

13.52 **6.** Unterlassene Weisungen und fehlerhafte «Direktweisungen» an Unternehmer können zu Mängeln am Bauwerk selbst und damit zu **Bautenschäden** führen (Rz. 9.83 und 18.99 ff.). Alsdann richtet sich die Ersatzpflicht des Bauherrenberaters auf die Kosten der Nachbesserung (sofern die Nachbesserung in analoger Anwendung von Art. 368 Abs. 2 OR «nicht übermässige Kosten» verursacht).[109] Bei Bautenschäden hat der Bauherr gegenüber dem Bauherrenberater nicht bloss Anspruch auf Ersatz des Aufwands für die eigentliche Mängelbeseitigung, sondern ebenso für die Begleitkosten für Vorbereitungs- und Wiederherstellungsarbeiten[110] und den Mangelfolgeschaden, der etwa in den Kosten einer Ausweichwohnung und/oder der Unterbringung von Möbeln an einem anderen Ort bestehen kann.[111]

13.53 Soweit der Bauherrenberater einen Mangel am «unbeweglichen Werk» (mit-)verursacht, stellt sich die heikle Frage, ob Schadenersatzansprüche des Bauherrn der ordentlichen **Verjährungsfrist** des Art. 127 OR[112] (zehn Jahre seit Vertragsverletzung[113]) oder der besonderen Frist des Art. 371 Abs. 2 OR (fünf Jahre «seit der Abnahme») unterliegen. Der Bauherrenberater ist zwar weder Architekt noch Ingenieur. Doch leistet er gleich wie diese Fachleute für ein unbewegliches Werk «zum Zwecke der Erstellung Dienste».[114] Ausserdem ist «Sinn und Zweck der Verjährungsbestimmung von Art. 371 Abs. 2 OR» zu verhindern, «dass für den Architekten (oder Ingenieur) eine längere Verjährungsfrist gilt als für den Unternehmer, der den Mangel mitverursacht hat».[115] Damit soll der Regress des Architekten oder Ingenieurs gegenüber dem Unternehmer gesichert werden.[116] Beim Bauherrenberater, der einen Baumangel (mit-)verursacht hat, besteht das gleiche Interesse auf Regresssicherung; allerdings vor allem mit Bezug auf den Regress gegenüber dem mithaftenden Architekten oder Bauingenieur (für welchen ebenfalls eine auf fünf Jahre verkürzte Verjährungsfrist gilt). Auch dem Bauherrenberater könnte bei einer Ver-

[107] Diese Sicht ist nicht identisch mit jener des planenden Architekten oder Ingenieurs, der das Tagesgeschäft erledigt und daher mehr Informationen über das Baugeschehen zur Verfügung hat als der Bauherrenberater.

[108] Schumacher, Architektenrecht 1995, Rz. 746.

[109] Schumacher, Architektenrecht 1995, Rz. 542.

[110] Vgl. Gauch, Werkvertrag, Rz. 1718.

[111] Vgl. BGE 136 III 273/277 E. 2.6.

[112] Gauch/Schluep/Emmenegger, OR AT, Rz. 3287 ff.

[113] BGE 137 II 16; Däppen, Basler Kommentar, N 11a zu Art. 130 OR.

[114] So der Wortlaut von Art. 371 Abs. 2 OR.

[115] BGE 115 II 456/457 E. 2 (= BR/DC 1990, S. 98, Nr. 128, mit Anm. Gauch).

[116] Gauch, Werkvertrag, Rz. 2297.

jährungsfrist von zehn Jahren der Verlust seines Regressrechts drohen.[117] Der Bauherrenberater ist ausserdem ein noch junger Beruf im Zusammenhang mit dem Bau. Dieser Beruf war beim Erlass des Schweizerischen Obligationenrechts vom 30. März 1911 unbekannt. Aus all diesen Gründen liegt es nahe, mit Bezug auf die Verjährung von Ansprüchen gegenüber dem Bauherrenberater bei Mängeln unbeweglicher Werke eine unechte Lücke anzunehmen.[118] Deshalb erscheint es gerechtfertigt, diese Ansprüche nicht der ordentlichen Verjährungsfrist von zehn Jahren, sondern jener von fünf Jahren gemäss Art. 371 Abs. 2 OR zu unterstellen. Diese Verjährungsfrist wiederum ist (im Unterschied zu jener von Art. 127 OR)[119] dispositiv und kann verkürzt oder bis auf zehn Jahre verlängert werden.[120] Es sei jedoch betont: Das hier Gesagte gilt nur für Ansprüche gegen den Bauherrenberater im Zusammenhang mit Mängeln des unbeweglichen Werks (bei Bautenschäden). Sonstige Schadenersatzansprüche unterliegen der ordentlichen Verjährungsfrist von 10 Jahren gemäss Art. 127 OR (Rz. 9.257 ff.).

5. Haftung für vernachlässigte Kontrolle und Überwachung

1. Bestand und Umfang der vom Bauherrenberater geschuldeten Kontroll- und Überwachungspflichten richten sich nach dem **konkreten Vertrag.** Je nachdem ist vom Bauherrenberater «mehr» oder «weniger» Kontrolle und Überwachung gefordert. Auch gilt, dass der Bauherrenberater in aller Regel nur die Arbeiten des planenden und leitenden Architekten oder Bauingenieurs (gegebenenfalls des Totalunternehmers) zu kontrollieren und zu überwachen hat. Kontrolle und Überwachung der die Baute ausführenden Unternehmer (und weiterer Planer) gehören zum Tätigkeitsbereich des planenden und leitenden Architekten oder Bauingenieurs (Rz. 13.13). 13.54

Obschon die vom Bauherrenberater geschuldeten Kontroll- und Überwachungspflichten von den konkreten Umständen des Einzelfalles abhängen, hat er doch bestimmte **Mindestanforderungen** zu beachten, ansonsten eine Vertragsverletzung des Bauherrenberaters anzunehmen ist: 13.55

a. Der Bauherrenberater ist zwar nicht der Planer und auch kein Prüfingenieur. Er hat aber dennoch die **Pläne** des Architekten oder Bauingenieurs **kritisch zu studieren** und zu hinterfragen.[121] Ein besonderes Augenmerk hat er dabei auf die Detailpläne zu rich- 13.56

[117] Allerdings ist aufgrund von BGE 133 III 6/31 E. 5.4 (= BR/DC 2007, S. 48, mit Anm. Pichonnaz/Werro und S. 53, mit Anm. Krauskopf/Siegenthaler) davon auszugehen, dass ein Rückgriff des Bauherrenberaters auch noch möglich wäre, wenn die Ansprüche des Bauherrn gegenüber einem Mitverursacher bereits verjährt sind.

[118] Dazu Tuor/Schnyder/Schmid/Jungo, Das Schweizerische Zivilgesetzbuch, § 5 Rz. 32 f.

[119] Nach Art. 129 OR kann die Verjährungsfrist von Art. 127 OR durch Verfügung der Beteiligten nicht geändert werden (BGE 132 III 285/289 f. E. 2; Gauch/Schluep/Emmenegger, OR AT, Rz. 3380).

[120] BGE 132 III 226/240 f. E. 3.3.8; Gauch, Werkvertrag, Rz. 2489 ff.

[121] Vgl. KUB-Leistungsübersicht, S. 2; KUB, Immobilienmanagement, S. 242.

ten, damit eine Ausführung vermieden werden kann, die den Bauherrn mit unnötig hohen Bau- oder Unterhaltskosten belastet.

13.57 **b.** Die **Berechnungen** des Architekten oder Bauingenieurs wie etwa Kostenschätzungen und Kostenvoranschläge muss der Bauherrenberater nicht noch einmal nachrechnen.[122] Der Bauherrenberater darf sich auf den Sachverstand des Architekten oder Bauingenieurs verlassen.[123] Seine Kontroll- und Überwachungspflichten beschränken sich auf Fehler und Mängel, die bei kritischem Studium für einen sorgsamen Baufachmann auf den ersten Blick erkennbar, d.h. offensichtlich[124] sind, wie etwa eine vergessene Arbeitsgattung im Kostenvoranschlag oder fehlende Angaben über den Genauigkeitsgrad einer Kostenprognose.

13.58 **c.** Der Bauherrenberater hat die **Baustelle** entsprechend dem vereinbarten Turnus zu **besuchen.**[125] Herrscht auf der Baustelle eine Unordnung, hat er sofort einzuschreiten und für Abhilfe zu sorgen. Das Gleiche gilt, wenn der Bauherrenberater bei seinem Besuch auf der Baustelle feststellen muss (oder müsste), dass heikle Bauteile wie etwa die Flachdachabdichtung über einer Tiefgarage nur ungenügend geschützt und/oder sogar mit schweren Maschinen befahren werden oder als Materiallagerplatz dienen oder dass die Suva-Vorschriften zur Unfallverhütung offensichtlich nicht eingehalten werden.[126]

13.59 **d.** Übernimmt der Bauherrenberater die **Kostenkontrolle**, so hat er die Kosten nach dem Eingang der Offerten und dem Vorliegen der Vergabeanträge mit dem Kostenvoranschlag zu vergleichen und bei dessen Überschreitung nach Absprache mit dem Bauherrn die erforderlichen Massnahmen zu ergreifen. Ausserdem hat er ein möglichst effizientes Nachtragsmanagement zur Bewältigung allfälliger Mehrvergütungsforderungen der Unternehmer einzurichten.[127]

13.60 **2.** Der **Schaden** liegt grundsätzlich in der Differenz zwischen dem jetzigen Vermögensstand des Bauherrn und jenem Stand, den sein Vermögen hätte, wenn der Bauherrenberater seine Kontroll- und Überwachungspflichten hinreichend wahrgenommen hätte. Dieser Schaden kann bei einem Mangel eines Bauwerks in einem Bautenschaden oder sonst in einem reinen Vermögensschaden bestehen (Rz. 13.51).

[122] Vgl. TRACHSEL, Werkmängel, Rz. 414.

[123] FELLMANN, Berner Kommentar, N 126 zu Art. 397 OR.

[124] FELLMANN, Berner Kommentar, N 125 zu Art. 397 OR; TRACHSEL, Werkmängel, Rz. 414.

[125] Die KUB-Leistungsübersicht sieht «regelmässige Baukontrollen vor» (vgl. auch KUB, Immobilienmanagement, S. 371).

[126] KUB-Leistungsübersicht, S. 1; KUB, Immobilienmanagement, S. 240 und 370.

[127] HÜRLIMANN, Nachtragsmanagement, S. 86.

6. Haftung für mangelhaftes Zahlungsmanagement

Als letzter Haftungsfall ist schliesslich das mangelhafte Zahlungsmanagement zu erwähnen. Hier handelt der Bauherrenberater in **treuhänderischer Funktion** für den Bauherrn. Er hat das Zahlungswesen so einzurichten, dass dem Bauherrn Doppelzahlungen infolge der Eintragung von Bauhandwerkerpfandrechten möglichst erspart bleiben. Auch hat er dafür zu sorgen, dass die Rechnungen der am Bau Beteiligten durch den Architekten oder Bauingenieur geprüft und nicht offensichtlich unbegründete Rechnungen bezahlt werden.[128] Berechtigte Zahlungen an die Planer und/oder Unternehmer hat er innert der mit diesen vereinbarten Fristen zu veranlassen, damit der Bauherr seine Skontoberechtigung nicht verliert. Den aus solchen Vertragsverletzungen sich ergebenden Vermögensschaden hat der Bauherrenberater dem Bauherrn zu ersetzen. 13.61

VI. Ausgewählte Sonderfragen

1. Haftung des nicht professionellen Bauherrenberaters

Die vorstehenden Haftungsgrundsätze gelten nicht bloss für den professionellen Bauherrenberater, der seine Dienste gewerbsmässig Bauherren anbietet. Sie finden auch für **Bauherrenberater** Anwendung, **die bloss gelegentlich oder sogar nur einmal ein Bauherrenberatermandat übernehmen.** Ob ein Bauherrenberater eine Vertragsverletzung begangen hat, beurteilt sich nach einem objektiven Massstab. Wer verspricht, vertragliche Leistungen eines Bauherrenberaters zu erbringen, hat dafür einzustehen, dass er über die für diesen Berufsmann notwendigen Fähigkeiten verfügt.[129] Er muss sich an denjenigen Fähigkeiten messen lassen, die ein Bauherrenberater normalerweise (objektiv) aufweisen sollte. «Unfähigkeit entlastet nie».[130] 13.62

2. Haftung des Bauherrenberaters und Haftung des Architekten oder Bauingenieurs

1. Abgesehen vom mangelhaften Zahlungsmanagement sind die Fälle selten, wo das pflichtwidrige Verhalten des Bauherrenberaters allein einen Bauten- oder Vermögensschaden beim Bauherrn verursacht. Vielmehr entsteht ein Schaden in aller Regel erst dadurch, dass entweder fehlerhafte (nicht vertretbare) Ratschläge oder Weisungen des 13.63

[128] Da die Prüfung der Rechnungen der Unternehmer Aufgabe des Architekten oder Bauingenieurs ist, hat der Bauherrenberater in aller Regel keine nochmalige Nachprüfung dieser Rechnungen vorzunehmen. Er darf aber eine Rechnung nicht unbesehen begleichen, sondern hat sie zumindest kritisch zu studieren, damit er augenfällige Fehler erkennt.

[129] Fellmann, Berner Kommentar, N 472 zu Art. 398 OR.

[130] Derendinger, Nichterfüllung, Rz. 272.

Bauherrenberaters durch den Architekten oder Bauingenieur bei einem Hoch- oder Tiefbauvorhaben umgesetzt werden oder dass der Bauherrenberater gegen ein schadenträchtiges Verhalten des Architekten oder Bauingenieurs nichts oder zu wenig unternimmt; dies, weil er die Kontroll- und Überwachungspflichten vernachlässigt oder gebotene Weisungen und Massnahmen unterlässt. Bei solchen Konstellationen stellt sich immer auch die **Frage, ob** nicht gerade beiden Beteiligten, **Bauherrenberater und Architekt oder Bauingenieur, eine Vertragsverletzung vorzuwerfen ist** und welche Konsequenzen sich daraus ergeben. Hervorzuheben sind die folgenden Punkte:

13.64 **2.** Haben sowohl Bauherrenberater als auch Architekt oder Bauingenieur den Vertrag mit dem Bauherrn verletzt, so haften vom Grundsatz her beide für den gemeinsam verursachten Schaden nach Art. 51 OR unecht solidarisch (Rz. 17.151).[131] Eine solche **solidarische Haftung** besteht etwa im Fall, da der Architekt oder Bauingenieur mit einem Planungs- oder Bauleitungsfehler die primäre Ursache eines Schadens setzt und die nachherige Vernachlässigung von Kontroll- oder Überwachungspflichten durch den Bauherrenberater diesen Schaden «perfekt» macht.[132] Das Gleiche gilt, wenn der Bauherrenberater es unterlässt, eine im konkreten Fall gebotene Weisung (wie etwa die Weisung zur Planung eines Entwässerungskonzepts) zu erteilen, und der Architekt oder Bauingenieur gerade in jenem Bereich, wo der Bauherrenberater eine Weisung pflichtwidrig unterlassen hat, einen Planungs- oder Bauleitungsfehler begeht (indem er keine Massnahmen zur Entwässerung von Dachterrassen vorsieht). Hier kommt in vielen Fällen noch eine Mithaftung des ausführenden Unternehmers (bei gegebener Mängelhaftung nach Art. 368 OR) hinzu.

13.65 Bei einer solidarischen Haftung von Bauherrenberater und Architekt oder Bauingenieur steht es im Belieben des Bauherrn, ob er den einen oder den anderen Verantwortlichen oder gar beide miteinander (im Rahmen einer einfachen Streitgenossenschaft gemäss Art. 71 ZPO[133]) für den gemeinsam verursachten Schaden belangen will.[134] Eine andere Frage ist, wie es sich mit der **Innenhaftung von Bauherrenberater einerseits und Architekt oder Bauingenieur andererseits** untereinander verhält. Diese Frage, die dogmatisch betrachtet jene nach dem Regress ist, beurteilt sich anhand des konkreten Einzelfalles, indem die beiderseitigen Fehler gegeneinander abgewogen und gewichtet werden.[135] So ergibt sich eine anteilsmässige (prozentuale) Haftungsquote von Bauherrenberater und Architekt oder Bauingenieur am gemeinsam angerichteten Schaden.

13.66 **3.** Besonderer Erörterung bedarf der **Fall der unzweckmässigen Weisung des Bauherrenberaters an den Architekten oder Bauingenieur.** Weisungen des Bauherrenberaters darf der Architekt oder Bauingenieur (Rz. 13.44) trotz dessen Sachverstand nicht unbesehen befolgen; vielmehr hat er sie kritisch zu hinterfragen. Der Architekt oder Bauinge-

[131] Zehnder, Mehrpersonenhaftung, S. 3; vgl. auch Schill, Der Projektsteuerungsvertrag, S. 107.
[132] Zehnder, Mehrpersonenhaftung, S. 6.
[133] Ruggle, Basler Kommentar, N 25 zu Art. 71 ZPO.
[134] Zehnder, Mehrpersonenhaftung, S. 4.
[135] Gauch, Werkvertrag, Rz. 2749; Zehnder, Mehrpersonenhaftung, S. 6.

nieur verfügt im Sinne eines «berufsspezifischen Durchschnitts»[136] über den gleichen Bausachverstand wie der Bauherrenberater. Daher sind in aller Regel für den Architekten oder Bauingenieur bei der gebotenen Sorgfalt Fehler in den Weisungen des Bauherrenberaters erkennbar, die dieser als Vertreter des Bauherrn erteilt. Alsdann besteht die Pflicht des Architekten oder Bauingenieurs, den Bauherrenberater über diese Fehler aufzuklären.[137] Hält der Bauherrenberater trotzdem an der Weisung fest, so hat der Architekt oder Ingenieur an den Bauherrn zu gelangen und diesen abzumahnen.[138] Unterlässt er diese Abmahnung, so verletzen der Architekt oder Bauingenieur ebenso wie der die fehlerhafte Weisung erteilende Bauherrenberater ihre jeweiligen Verträge mit dem Bauherrn, was an sich zu einer solidarischen Haftung beider führt.[139]

Der Bauherrenberater handelt zumindest im Bereich der Weisungserteilung gegenüber dem Architekten oder Bauingenieur als Hilfsperson des Bauherrn im Sinne von Art. 101 OR.[140] Daher muss sich der Bauherr das **Verhalten des Bauherrenberaters als Selbstverschulden** anrechnen lassen (vgl. Rz. 17.88 ff.). Die Anrechnung dieses Selbstverschuldens wiederum führt vielfach zu einer massiven Reduktion bei der Haftung des Architekten oder Bauingenieurs (Art. 44 Abs. 1 OR). Die solidarische Haftung besteht alsdann – trotz gemeinsam verursachten Schadens – (nur) im Bereich der Haftungsquote des Architekten oder Bauingenieurs. Demgegenüber bleibt der Bauherrenberater, weil bei ihm kein Selbstverschulden des Bauherrn auszumachen ist, diesem für den gesamten angerichteten Schaden «uneingeschränkt ersatzpflichtig» (Rz. 17.96). So trägt der Bauherrenberater die Hauptlast der Haftung. 13.67

3. Freizeichnung von der Haftung

1. In Anbetracht der aufgezeigten Haftungsrisiken werden vor allem professionelle Bauherrenberater versucht sein, ihre gesetzliche Haftung nach Art. 398 f. OR mittels entsprechender Vertragsabrede beschränken oder gar vollständig ausschliessen zu wollen.[141] Es stellt sich alsdann die Frage, inwieweit solche **Freizeichnungsklauseln** (Rz. 9.177)[142] überhaupt beachtlich sind. Diese Frage ist wie folgt zu beantworten: 13.68

a. Der Bauherrenberater ist das «Alter Ego» des Bauherrn. Ihn zieht der Bauherr als seinen «speziellen» Berater bei. In ihn setzt der Bauherr (noch ausgeprägter als in den Architekten oder Bauingenieur) ein besonderes Vertrauen. Aufgrund seiner Position als besonderer Vertrauensmann des Bauherrn hat der Bauherrenberater seinen Vertrags- 13.69

[136] Fellmann, Berner Kommentar, N 486 zu Art. 398 OR.

[137] Schumacher, Architektenrecht 1995, Rz. 449.

[138] Gauch, Werkvertrag, Rz. 1944.

[139] Zehnder, Mehrpersonenhaftung, S. 6.

[140] Nigg, Die Haftung mehrerer, S. 132 f.

[141] Gauch/Schluep/Emmenegger, OR AT, Rz. 3079.

[142] Vgl. auch Fellmann, Berner Kommentar, N 517 zu Art. 398 OR; Schumacher, Architektenrecht 1995, Rz. 417.

partner «unmissverständlich», mit entsprechenden mündlichen oder schriftlichen Hinweisen, über die **Bedeutung und Tragweite einer Freizeichnungsklausel aufzuklären**,[143] wenn er eine solche vereinbaren will. Anderenfalls missachtet er die nach Art. 398 Abs. 2 OR gebotene «treue [...] Ausführung des ihm übertragenen Geschäfts»[144] bereits beim Vertragsabschluss und verletzt den Vertrag mit dem Bauherrn. In Anbetracht dieser Vertragsverletzung hätte der Bauherrenberater den Bauherrn haftungsmässig so zu stellen, wie wenn dieser über die Freizeichnung richtig und umfassend aufgeklärt worden wäre. Wenn der Bauherr aber über die Freizeichnung und deren Folgen hinreichend aufgeklärt gewesen wäre, hätte er (als vernünftiger Bauherr[145]) den Vertrag (mutmasslich) nicht mit einer Freizeichnungsklausel zugunsten des Bauherrenberaters abgeschlossen. Alsdann bleibt die vereinbarte Freizeichnung letztlich ohne Einfluss auf die Schadenersatzpflicht des Bauherrenberaters etwa bei unsorgfältigem Handeln;[146] es sei denn, der Bauherrenberater könne den Nachweis erbringen, der Bauherr hätte sich auch bei pflichtgemässer Aufklärung durch den Bauherrenberater mit der Freizeichnung abgefunden. Mit einer Freizeichnung abfinden muss sich aber auch ein Bauherr, wenn diese mit ihm im Rahmen eines von den Parteien gemeinsam erarbeiteten Vertragstextes[147] vereinbart wurde. Denn durch die gemeinsame Erarbeitung des Vertragstextes wird der Bauherr über dessen Inhalt dermassen aufgeklärt, dass sich besondere Aufklärungen über einzelne Vertragspunkte erübrigen.[148]

13.70 **b.** Sofern der Bauherrenberater den Bauherrn hinreichend über die Bedeutung und Tragweite der Freizeichnung aufgeklärt hat, ist eine **Freizeichnungsklausel nach Massgabe von Art. 100 Abs. 1 OR zulässig.**[149] Danach kann zwar «die Haftung für rechtswidrige Absicht oder grobe Fahrlässigkeit» nicht «ausgeschlossen» werden. Doch ist ein Ausschluss der Haftung des Bauherrenberaters für leichte und mittlere Fahrlässigkeit statthaft.[150]

---

143 SCHUMACHER, Architektenrecht 1995, Rz. 417.

144 SCHUMACHER, Architektenrecht 1995, Rz. 415; vgl. auch FELLMANN, Berner Kommentar, N 517 zu Art. 398 OR.

145 SCHUMACHER, Architektenrecht 1995, Rz. 768.

146 Im Ergebnis gleich HÜRLIMANN, mit der Begründung, es handle sich um ein unzulässiges «venire contra factum proprium», wenn sich ein Fachmann als sachverständig und erfahren anpreise, zugleich aber die Haftung für seine beruflichen Aktivitäten ablehne (Rz. 14.229); ähnlich FELLMANN, Berner Kommentar, N 517 zu Art. 398 OR; SCHUMACHER, Architektenrecht 1995, Rz. 417.

147 Zum Begriff des gemeinsam ausgearbeiteten Vertragstextes vgl. KRAMER, Berner Kommentar, N 182 zu Art. 1 OR.

148 BGer 4P.135/2002 vom 28. November 2002 E. 3.1; OGer ZH vom 20. Januar 1979 E. 2c (= ZR 1979, Nr. 52, S. 107). Beide Urteile betreffen die Verbindlichkeit einer Gerichtsstandsvereinbarung; vgl. auch GAUCH/SCHLUEP/EMMENEGGER, OR AT, Rz. 3096, wonach die Lösung des Freizeichnungsproblems bei Dienstleistungen (wozu auch jene der Bauherrenberater gehören) grundsätzlich «nur in der Prüfung des konkreten Vertrags und der konkreten Freizeichnungsklausel liegen» kann.

149 SCHUMACHER, Architektenrecht 1995, Rz. 414 und 418.

150 FELLMANN, Berner Kommentar, N 513 zu Art. 398 OR.

2. Überhaupt zeigen die vorstehenden Ausführungen, dass der Bauherrenberater entgegen einer in Baukreisen immer wieder geäusserten Meinung für seine beruflichen Tätigkeiten **in vielfältiger Art und Weise haftbar** werden kann. Dies ist auch sachlich gerechtfertigt, da die Leistungen des Bauherrenberaters meistens adäquat vergütet werden. Wer eine Vergütung erhält, soll für die Qualität seiner Leistungen einstehen und haften müssen.[151] 13.71

[151] Dies gilt umso mehr, als nach herrschender Lehre sogar der unentgeltlich tätige Auftragnehmer grundsätzlich für die von ihm erbrachten Leistungen gemäss Art. 398 OR haftet, wobei der Unentgeltlichkeit allenfalls im Rahmen der Schadenersatzbemessung Rechnung zu tragen ist (DERENDINGER, Nichterfüllung, Rz. 274; FELLMANN, Berner Kommentar, N 508 zu Art. 398 OR).

§ 14 Der Planer als Sachverständiger

Roland Hürlimann

Inhaltsverzeichnis

I. Der Sachverständige – Schlüsselfigur des Bauprozesses

1. Einleitung

14.1 Bausachverständige sind sowohl für Behörden und Gerichte wie auch für Private und deren Anwälte *unentbehrlich!* Baurechtlichen Streitigkeiten liegen regelmässig komplexe Sachverhalte und Fragestellungen zugrunde, deren Entflechtung selbst qualifizierten Fachleuten zuweilen Mühe bereitet. Umgekehrt entwickelt sich auch das Baurecht immer mehr zu einer eigentlichen Spezialdisziplin.

14.2 Vor diesem Hintergrund kommt Sachverständigen und deren Gutachterberichten bei der Abwicklung von Bauvorhaben eine besondere Stellung und in Gerichts- oder Schiedsgerichtsverfahren zuweilen sogar überragende Bedeutung zu. Häufig ist im Nachhinein streitig, wie und weshalb es zu Mängeln, zu Mehraufwendungen oder etwa zu Bauverzögerungen gekommen ist. Bauvorgänge werden nur lückenhaft dokumentiert, und der Umstand, dass bei einem Projekt zahlreiche Baubeteiligte involviert sind, erschwert im Nachhinein die Beurteilung, wer welches Verhalten bzw. Fehlverhalten zu vertreten hat und welche tatbeständlichen und rechtlichen Konsequenzen daraus abzuleiten sind.

14.3 Die mit dem Streitfall betrauten Richter, auch Fachrichter als Mitglieder eines Handelsgerichts, sehen sich (verständlicherweise) im Nachhinein zuweilen ausserstande, den «wahren» Sachverhalt ohne gutachterliche Unterstützung zu ermitteln. Zur Durchführung des Beweisverfahrens ist der Beizug von Sachverständigen in diesen Fällen unabdingbar, und das Ergebnis der gutachterlichen Tätigkeit bildet für das Gericht regelmässig eine Entscheidungshilfe, die einen wesentlichen Einfluss auf Erfolg oder Misserfolg des Beweisverfahrens und damit auf den Verfahrensausgang hat. Insofern sind Sachverständige, auch wenn keine «démission du juge»[1] stattfinden darf, in der Tat *die* Schlüsselpersonen eines Bauprozesses.[2] Von Sachverständigen darf daher nicht nur ein überdurchschnittliches Mass an fächerüberschreitendem Wissen erwartet werden; vielmehr müssen diese über ein gewisses Grundverständnis auch für juristische Fragestellungen verfügen, wollen sie ihrer verantwortungsvollen Position gerecht werden.

Architekten und *Ingenieure* werden wegen ihrer interdisziplinären Ausrichtung häufig mit Expertenaufgaben betraut; dasselbe gilt allerdings auch für technische Sachverständige aus anderen Industrie- und Dienstleistungsbereichen, ferner auch etwa für *Betriebsökonomen* oder *Quantity Surveyors*, die heute regelmässig für die Aufarbeitung von Nachträgen, das heisst für gutachterliche Claim-Management-Aufgaben, beigezogen werden.[3] Im vorliegenden Beitrag geht es um Planer; die nachfolgenden Ausführungen behalten jedoch auch für Sachverständige anderer Berufsgattungen Gültigkeit.[4] 14.4

2. Überblick

Im Folgenden gebe ich zunächst in **II.** einen Überblick über die verschiedenen Arten der Expertentätigkeit. In **III.** ist von den Anforderungen an den Experten und an das Gutachten die Rede. Unter **IV.** beschreibe ich anhand der Schweizerischen Zivilprozessordnung die Bedeutung des Gutachtens im Prozess. In **V.** behandle ich die wichtigsten Fragen, die sich im Zusammenhang mit der Vergütung und der Kostentragung stellen. Schliesslich befasse ich mich mit der Haftung des Privatgutachters einerseits unter **VI.** und den zu beachtenden Verantwortlichkeiten des Gerichtsexperten andererseits in **VII.** 14.5

II. Arten der Sachverständigentätigkeit

1. Tätigkeitsbereiche von Sachverständigen

1. Die Aufgabe des Sachverständigen: Häufig werden Experten für Prüfungen am Bauwerk beigezogen, welche der Bauherr oder der Unternehmer im Zuge der Projektreali- 14.6

[1] BGE 113 II 429/432 E. 3a: «Rechtsfragen abschliessend zu beurteilen, ist […] nicht Sache der Experten».

[2] Nach Erhebungen in Deutschland, die auch für die Schweiz zutreffen dürften, stützen sich Gerichte in rund 95% aller Rechtsfälle auf die Schlussfolgerungen der Gerichtsexpertise ab (OBERHEIM, Erfolgreiche Taktik, Rz. 1889).

[3] Dazu HÜRLIMANN, Nachtragsmanagement, S. 81 ff.; SCHUMACHER/KÖNIG, Die Vergütung, S. 31 ff.

[4] Bei anderen Berufsgattungen können jedoch zusätzliche Gesetzesregeln zur Anwendung kommen: Vgl. etwa BGer 2C_121/2011 vom 9. August 2011 betr. psychiatrische und psychologische Gutachten in Straf- und Zivilverfahren und die Zulässigkeit einer kantonalen Verordnung, welche besondere komplexe Gutachtertätigkeiten von einem Facharzttitel für Psychiatrie und Psychotherapie und von zusätzlichen Qualifikationen und dem Eintrag in ein Sachverständigenregister abhängig macht.

sierung oder nach Fertigstellung zur Klärung des Sachverhalts oder als Beweismittel benötigen. Der Sachverständige kann beigezogen werden

14.7 – *zur Feststellung respektive Messung von Tatsachen* (z.B. zur Ermittlung von Materialqualitäten, zur Messung von Schall- oder Immissionswerten etc.),

14.8 – *zur sachkundigen Beurteilung respektive Bewertung von Tatsachen* (z.B. zur Ermittlung der Tragfestigkeit einer Stahlkonstruktion etc.) oder etwa der *Sollbeschaffenheit* (Tauglichkeit zum vorausgesetzten Gebrauch),

14.9 – *zur Ermittlung von Erfahrungs- oder Wissenssätzen seiner Disziplin*[5] (z.B. Verkehrs- resp. Ertragswertschätzungen von Gebäulichkeiten etc.),

14.10 – *zur Ermittlung der zu einem bestimmten Zeitpunkt geltenden «anerkannten Regeln der Technik»*,

14.11 – *zur technischen Überwachung*, bei welcher der Sachverständige *präventiv* (nicht erst nach Eintritt eines Schadenereignisses) eingesetzt wird, etwa um im Sinne eines Monitorings Schadenfälle (z.B. an Anlagen, Geräten oder technischen Systemen) zu verhindern.

14.12 Art und Inhalt der Tätigkeitsfelder von Sachverständigen sind äusserst vielfältig.[6] Gemeinsam ist sämtlichen Aufgabenstellungen, dass die sachverständige Auskunft eines Experten *als Entscheidungshilfe* dient. Im Regelfall hält der Sachverständige das Ergebnis seiner Bemühungen in einem schriftlichen – selten in einem mündlichen – Gutachterbericht fest. Aufgabe des Sachverständigen ist es, dem Besteller bzw. Auftraggeber des Gutachtens das *erforderliche Fachwissen* zu verschaffen.

---

5 BGE 118 Ia 144/145f. E. 1c; 113 II 429/431 E. 3a.

6 Im Vordergrund steht gemäss Statistiken die Begutachtung von Fehlerquellen in Schnittstellenbereichen (ETH-Studie in Zusammenarbeit mit dem Schweizerischen Baumeisterverband, 2013; basierend auf über 500 Gutachten betreffend den Zeitraum von 1992 bis 2010). Weitere aussagekräftige Statistiken über Art, Grösse und Ursachen der von Experten begutachteten Schäden betreffend die Schweiz sind mir unbekannt. Ein Blick über die Grenzen (etwa nach Deutschland) erlaubt jedoch interessante Rückschlüsse auf die Situation in der Schweiz (vgl. die Nachweise bei Bayerlein, Der Sachverständige, S. 397ff.; Pieper/Breunung/Stahlmann, Sachverständige im Zivilprozess, S. 127ff.; Voth, 30 Jahre Gerichtsgutachter, S. 666ff.): Betrachtet man isoliert nur die prozessuale Behandlung von Bauschäden, so lässt sich aufgrund dieser (deutschen) Erfahrungsberichte folgern, dass im Hochbau deutlich über die Hälfte der begutachteten Bauschäden auf mangelhafte Planung, Berechnung und Bemessung, also letztlich auf ein mangelhaftes Architekten- und Ingenieurwerk zurückzuführen sind. Häufig stösst man bei der Betrachtung der Gutachtenerstattung offenbar auf die Tatsache, dass die Baugrundverhältnisse bei der Planung des Bauwerks ungenügend oder gar nicht untersucht worden sind. Folgt man den in den Berichten zitierten demoskopischen Untersuchungen, so sind zudem zahlreiche Bauschäden auf mangelhafte bauphysikalische und erdstatische Kenntnisse zurückzuführen. Schlecht funktionierende Drainagen und mangelhafte Abdichtungen sind weitere Schwerpunktbereiche der Schadensursachen (Voth, 30 Jahre Gerichtsgutachter, S. 666ff.).

2. Gegenstand der Gerichtsexpertise: Im Regelfall wird das Gutachten zur Klärung von «rechtserheblichen streitigen Tatsachen» benötigt (Art. 150 Abs. 1 ZPO). Grundsätzlich kommt als Gegenstand indessen alles in Betracht, was nach Massgabe der Prozessordnung Beweisthema sein kann und besondere Fachkunde voraussetzt,[7] folglich ausser zu begutachtende Sachverhalte zum Beispiel auch der massgebliche Ortsgebrauch, eine «Übung» oder etwa die Feststellung internationaler Regeln (z.B. von ISO-Vorschriften), ausnahmsweise auch die Feststellung fremden Rechts.[8] 14.13

3. Gegenstand des Privatgutachtens: Über welche Tatsachen und/oder Erfahrungssätze der *aussergerichtliche* Sachverständige sein Gutachten zu erstatten hat, bestimmt sich nach den Vorgaben bzw. nach der Aufgabenstellung des Vertragspartners.[9] 14.14

4. Art des Beizugs: Je nach Art des Beizugs handelt es sich beim Sachverständigen um einen *Privatgutachter* (2.), um einen *amtlich bestellten Sachverständigen* (3.), um einen nach Massgabe der Zivilprozessordnung *gerichtlich eingesetzten Experten* (4.), um einen von den Parteien gemeinsam bestellten *Schiedsgutachter* (5.) oder um einen *Schiedsrichter* (6.). 14.15

2. Der Planer als Privatgutachter

1. Ernennung durch Baubeteiligte: Wird ein Sachverständiger auf Veranlassung einer einzelnen Partei oder beider (mehrerer) Parteien beigezogen, so handelt es sich um einen Privatgutachter. Wird er lediglich von einer Partei mit der Ausarbeitung des Gutachtens betraut, wird er zuweilen als *Parteigutachter* bezeichnet. Häufig wird der Sachverständige *ausserhalb eines Gerichtsverfahrens* beigezogen. Doch kann der Beizug eines Privatgutachters auch *im Rahmen einer gerichtlich anhängigen Streitigkeit* angezeigt sein, namentlich zur Widerlegung einer vom Prozessgegner anbegehrten gerichtlichen Expertise. Privatgutachten kommt im Prozess keine (volle) Beweiskraft zu (Rz. 14.116), doch können auch Privatgutachten dem Gericht wichtige Erkenntnisse vermitteln, namentlich etwa Zweifel an der Schlüssigkeit oder an der Relevanz der gerichtlich eingeholten Expertise für den behaupteten bzw. zu beweisenden Sachverhalt. 14.16

2. Beizug zur Prüfung des entstehenden Bauprojekts: Sinnvoll und notwendig ist der Beizug eines Privatgutachters häufig schon vor Ausbruch eines Konflikts, wie etwa vor 14.17

---

7 MÜLLER H., ZPO-Kommentar [Dike], N 7 zu Art. 183 ZPO.

8 Vgl. Art. 150 Abs. 2 ZPO; BGer vom 7. Juni 1988 (= ZR 1989, Nr. 5, S. 12); HÜRLIMANN, Der Anwalt als Gutachter, S. 392 ff.; a.A. DOLGE, Basler Kommentar, N 4 zu Art. 183 ZPO. Nach BGE 130 I 337/345 E. 5.4.1 nur Tatfragen, nicht Rechtsfragen.

9 Zu den hauptsächlichen Aufgabenstellungen der privaten Experten vgl. die Referate der SIA-Dokumentation D 016, «Die Tätigkeit als Experte: Referate der SIA-Informationstagung vom 15. September 1987 im Kursaal Bern», Zürich 1987, S. 7 ff. Insb. zur Expertise im Grundbau (S. 53 ff.), zur Experten- und Schiedsrichtertätigkeit aus der Sicht eines Architekten (S. 61 ff.) und zur Expertisentätigkeit aus der Sicht einer Versicherungsgesellschaft (S. 33 ff.). Die Richtlinie wurde 2006 «ersatzlos» zurückgezogen, umschreibt aber noch heute die Anforderungen an Experten sehr treffend.

oder während der Bauausführung (z.B. zur Bestandsaufnahme, zur frühzeitigen Ermittlung von Projektierungs- und Baumängeln, zur Beurteilung der Qualität von gelieferten Anlageteilen, Materialien und Baustoffen, zur adäquaten Mitteilung von Mängeln bei Abnahme eines Bauwerks etc.).[10] In diesem Sinne kommt dem beigezogenen Sachverständigen *streitschlichtende Funktion zu.* Das kann zum Vorteil des Unternehmers, des Bauherrn oder weiterer Beteiligter sein. Der Bauherr ist oftmals gar nicht in der Lage, die Vertragskonformität der erbrachten Leistungen zu überprüfen.[11] Selbst offensichtliche Mängel[12] werden ohne Beizug eines Sachverständigen häufig nicht bemerkt. Zudem ist für Bauherren der einzuschlagende Weg im Mängelrüge-Prozedere nicht immer klar ersichtlich, und erst recht nicht, welchem Beteiligten letztlich ein erkannter Mangel zuzuschreiben ist. Häufig läuft der Bauherr ohne Beizug eines aussenstehenden Sachverständigen Gefahr, seine Mängelrechte zu verwirken.[13]

14.18 **3. Privatgutachter als unabhängiger Begleiter:** Der Beizug eines Privatgutachters kann sich auch dann rechtfertigen, wenn der Bauherr bereits durch einen Ingenieur oder durch einen Architekten vertreten ist. Denn: *Planer* als bausachverständige Projektverfasser oder Bauleiter des Bauherrn befinden sich häufig *in einem Interessenkonflikt.* Muss der Planer sein eigenes Werk, d.h. namentlich die Vertragskonformität der Projektierung, beurteilen, so besteht – zumindest latent – die Gefahr, dass der Bauherr nicht objektiv über allfällige Ansprüche aus planerischen Fehlleistungen aufgeklärt wird.

14.19 Von besonderer Bedeutung ist in diesem Zusammenhang, dass der Projektierungsvertrag nach der bundesgerichtlichen Rechtsprechung den Regeln des Werkvertrags untersteht und den Besteller daher nach Art. 367 Abs. 1 OR die *Pflicht zur sofortigen Rüge der Mängel trifft* (Rz. 9.212 ff.).[14] Will der Bauherr somit nicht riskieren, dass seine Ansprüche aus planerischen Fehlleistungen respektive Versäumnissen verwirken, wird er in gewissen

---

[10] Schumacher/Middendorf, Kommentar SIA 118, Art. 111/Rz. 1.1 ff.; Messerli, Prüfung, S. 223 f.; Werner/Pastor, Der Bauprozess, Rz. 150; vgl. auch SIA-Dokumentation D 016, S. 43 ff. (Rz. 14.14, Fn. 9).

[11] Zur Beweislast im Bauprozess: Bühler A., Von der Beweislast, S. 292 ff.; Schumacher, Beweisprobleme, S. 157 ff.

[12] Ein illustratives Beispiel eines offensichtlichen Mangels liegt BGer 4A_646/2016 vom 8. März 2017 E. 2.3 zu Art. 163 Abs. 2 SIA 118 (= BR/DC 2017, S. 361, Nr. 787, mit Anm. Siegenthaler) zugrunde. Zum offensichtlichen Mangel generell Gauch, Werkvertrag, Rz. 2074; Zum «Entwicklungsmangel» BGer 4A_297/2008 vom 6. Oktober 2008 (= BR/DC 2009, S. 57, Nr. 118, mit Anm. Pichonnaz); dazu auch Pichonnaz, La Pierre de l'Yonne, S. 162.

[13] Ein Verlust der Mängelrechte kann selbst dann drohen, wenn die Abnahme durch einen Generalplaner begleitet wird. Vgl. BGer 4A_646/2016 vom 8. März 2017 E. 2.3 zu Art. 163 Abs. 2 SIA 118 (= BR/DC 2017, S. 361, Nr. 787, mit Anm. Siegenthaler); BGer 4C.125/2005 vom 2. Juni 2005 E. 5.

[14] BGE 109 II 34/37 E. 3b (= BR/DC 1984, S. 14, Nr. 6, mit Anm. Gauch); 109 II 462/365 E. 3c (= BR/DC 1985, S. 14, Nr. 2, mit Anm. Gauch). Ferner zur Sofortrüge BGE 118 II 142/146 f. E. 3 (= BR/DC 1993, S. 47, Nr. 108, mit Anm. Gauch); BGer 4A_53 und 54/2012 vom 31. Juli 2012 (= BR/DC 2012, S. 213, Nr. 396, mit Anm. Stöckli sowie S. 192, mit Anm. Siegenthaler); 4C.151/2005 vom 29. August 2005 E. 5.1 (= BR/DC 2006, S. 62, Nr. 196, mit Anm. Pichonnaz).

Fällen von Vorteil zusätzlich einen Privatgutachter beiziehen. Zwar ist der Bauherr zum Beizug eines Sachverständigen nicht gehalten;[15] doch auch aus praktischen Überlegungen ist es für den Bauherrn in der Regel kostengünstiger, fehlerhafte oder unvollständige Pläne gestützt auf eingeholte Expertenauskünfte zu korrigieren, als später einen Prozess über das zwar in Übereinstimmung mit den mangelhaften Plänen, aber gerade deswegen mangelhaft erstellte Bauwerk zu führen.

4. Vertragliche Beweissicherungspflichten nach der SIA-Norm 118: Wird auf der Grundlage der SIA-Norm 118 gebaut, so trifft den Bauherrn gegenüber dem Unternehmer bereits *vor Inangriffnahme der Bauarbeiten* eine vertragliche Pflicht zur Bestands- und Zustandsaufnahme, zu der er regelmässig einen externen Sachverständigen beizieht. Nach *Art. 111 SIA 118* hat «der Bauherr auf seine Kosten den Bestand und Zustand fremder Sachen (wie z.B. Grundstücke, Bauten, Verkehrswege, Leitungen, Grundwasservorkommen, Quellen), die im möglichen Einflussbereich der Arbeiten liegen», durch beweissichernde Massnahmen festzuhalten.[16] Solche Beweiserhebungen ermöglichen es dem Bauherrn, zu nachträglich behaupteten Veränderungen der benachbarten Grundstücke oder anderer fremder Sachen Stellung zu nehmen und ungerechtfertigte Ansprüche Dritter (z.B. für angebliche Riss- oder Senkungsschäden) abzuwehren. 14.20

Gelangt die SIA-Norm 118 zur Anwendung, können der Bauherr und seine Bauleitung bereits *während der Ausführung der Arbeiten* Qualitätsuntersuchungen (z.B. Stoffproben nach *Art. 137 SIA 118*) oder Belastungsproben, Messungen oder andere Prüfungen am Bauwerk (vgl. *Art. 139 SIA 118*) anordnen. Die Anordnung solcher Prüfungen gehört zur *Aufsichtstätigkeit der Bauleitung.*[17] Häufig wird die Bauleitung (zumindest bei grösseren Projekten) diese Proben und Prüfungen nicht selber durchführen, sondern entweder den Unternehmer in die Prüfungstätigkeit einbeziehen oder die Untersuchung einem unabhängigen Sachverständigen (z.B. der EMPA) übertragen. Zur Bedeutung solcher Prüfungsbefunde im Prozess: Rz. 14.114ff. 14.21

5. Prüfung des abgelieferten Bauwerks: Bei komplexeren Bauprojekten ist der Bauherr gut beraten, sich *bei der gemeinsamen Abnahmeprüfung* (vgl. Art. 158 SIA 118), auch wenn er durch eine Bauleitung vertreten ist, gutachterlich begleiten zu lassen, namentlich auch deswegen, weil die Norm in Verschärfung der gesetzlichen Bestimmung von Art. 370 Abs. 1 OR vermutungsweise von einem stillschweigenden *Verzicht* auf Rechte aus erkannten Mängeln ausgeht, die ein allfälliges *Prüfungsprotokoll* nicht aufführt. Dies gilt ebenso für Mängel, die bei der gemeinsamen Prüfung *offensichtlich* waren, jedoch nicht geltend 14.22

---

15 Gauch, Werkvertrag, Rz. 2124; KGer SG vom 24. Januar 1986 (= SJZ 1987, Nr. 52, S. 368), vgl. ferner den instruktiven Sachverhalt, der BGE 107 II 172 (= BR/DC 1982, S. 16, Nr. 12, mit Anm. Gauch) zugrunde liegt.

16 Vgl. dazu im Einzelnen: Schumacher/Middendorf, Kommentar SIA 118, Art. 111/Rz. 10.1 ff.; ferner zur Befundsicherungspflicht im Allgemeinen: Baumgärtel, Die Befundsicherungspflicht, S. 143 ff.

17 Gauch/Prader/Schwery, Kommentar SIA 118, Art. 137/Rz. 2 und Art. 139/Rz. 3.1 ff.; vgl. auch Art. 34 Abs. 1 und 2 SIA 118.

gemacht wurden. Im zweiten Fall ist die Vermutung sogar «unwiderleglich» (Art. 163 Abs. 2 SIA 118).[18]

14.23 **6. Schlussprüfung vor Ablauf der Rügefrist:** Im Anwendungsbereich der SIA-Norm 118 kann sich der Beizug eines Privatgutachters auch für die sogenannte *«Zwei-Jahres-Abnahme»* rechtfertigen, also die gemeinsame Schlussprüfung vor dem Ablauf der zweijährigen Rügefrist (vgl. Art. 177 SIA 118). Diese Schlussprüfung findet «auf Verlangen der einen oder der anderen Seite» statt und bezweckt, «den Zustand des Werkes zur Beweissicherung gemeinsam festzustellen». Über diese Schlussprüfung wird ein Protokoll aufgenommen und von den Beteiligten *unterschriftlich anerkannt.* Mit den im Protokoll aufgeführten Mängeln kann der Bauherr belegen, dass er eine Beanstandung vor Ablauf der Rügefrist ordnungsgemäss angezeigt hat.[19] Gerade bei komplexen Bauprojekten, bei denen der Unternehmer mit dem Werkvertrag eine *Haltbarkeits- oder Funktionsgarantie* abgegeben hat, kann die Schlussprüfung der Klärung dienen, ob der Unternehmer seine vertraglichen Zusicherungen «auf Zeit» eingehalten hat.[20]

14.24 **7. Zur Qualifikation des Gutachtervertrags:** Der Vertrag, der die Erstellung eines Privatgutachtens zum Gegenstand hat, ist nach der Rechtsprechung des Bundesgerichts[21] je nach Konstellation als *Auftrag* oder als *Werkvertrag* zu qualifizieren (Rz. 1.28 ff.).[22]

14.25 Nach der hier vertretenen Auffassung liegt im Regelfall, insbesondere wenn ein objektiv fehler- und mängelfreies «Werk» als Arbeitsergebnis versprochen bzw. erwartet wird, nämlich das ausgearbeitete Gutachten (mit diesen oder jenen Eigenschaften), ein *Werkvertrag* i.S. der Art. 363 ff. OR vor (Rz. 1.35 ff.). Diese Rechtsauffassung wird durch die jüngere (richtige) Praxis des Bundesgerichts bestätigt, wonach auch das Ergebnis geistiger Arbeit und damit ein unkörperlicher Arbeitserfolg Gegenstand einer werkvertraglichen Unternehmerleistung sein kann.[23] Diese rechtliche Einordnung als Werkvertrag

18 Vgl. aber BGer 4A_646/2016 vom 8. März 2017 E. 2.3 (= BR/DC 2017, S. 361, Nr. 787, mit Anm. Siegenthaler); Gauch, Werkvertrag, Rz. 2633 ff.

19 Gauch, Werkvertrag, Rz. 2712; Gauch/Stöckli, Kommentar SIA 118, Art. 177/Rz. 1 ff.

20 Vgl. Messerli, Prüfung, S. 226 unter Hinweis auf BGE 122 III 324/326 E. 7b f.

21 BGE 127 III 328/330 E. 2c (= BR/DC 2002, S. 89, Nr. 209, mit. Anm. Aepli).

22 Für Werkvertragsrecht HGer ZH vom 22. September 1994 (= ZR 1955, Nr. 183, S. 370 f.); Bühler T., Zürcher Kommentar, N 175 zu Art. 363 OR; Gauch, Werkvertrag, Rz. 331 ff.; Hürlimann, Bau-Expertisen, S. 203; ders., Der Anwalt als Gutachter, S. 397 f.; ders., Der Experte, S. 136; Koller A., Berner Kommentar, N 233 zu Art. 363 OR; Weber, La responsabilité de l'expert, S. 192 ff.; Zindel/Pulver/Schott, Basler Kommentar, N 2 zu Art. 363 ff. OR. Für Auftragsrecht i.S. der Art. 394 ff. OR: Bühler A., Gerichtsgutachter, S. 17 ff.; Fellmann, Berner Kommentar, N 145, 164 und 330 zu Art. 394 OR; Gautschi G., Berner Kommentar, N 34a zu Art. 394 OR; Guhl/Schnyder, Das Schweizerische Obligationenrecht, § 49 Rz. 1 ff.; Kaiser, Die zivilrechtliche Haftung für Rat, S. 53 f. Auch nach deutschem Recht untersteht der Privatgutachtervertrag dem Werkvertragsrecht (BGH VII ZR 129/74 vom 10. Juni 1976 = NJW 1976, S. 1502); Bayerlein, Praxishandbuch, S. 19 und 214 ff.

23 So zuletzt in BGE 127 III 328/329 E. 2c (= BR/DC 2002, S. 89, Nr. 209, mit. Anm. Aepli), in concreto: Verkehrswertschätzung eines Grundstücks wird vom Bundesgericht als Auftrag qualifiziert;

rechtfertigt sich bei der Ausarbeitung von Expertisen namentlich dann, wenn das Ergebnis der Gutachtertätigkeit «*garantiefähig*» ist, wie dies etwa bei Messungen oder der Berechnung von strittigen Vorgängen regelmässig der Fall ist. Die Unterstellung unter das Werkvertragsrecht ist aber ganz generell gerechtfertigt, weil dem Gutachter nicht nur ein entsprechendes Vertrauen, sondern auch eine «gezielte Erfolgserwartung bezüglich des Inhalts des Gutachtens» entgegengebracht wird.[24] Verspricht der Gutachter bloss ein sorgfältiges Tätigwerden oder erteilt er bloss Ratschläge (auch in Form von «Vorschlägen»), dann ist dies keine Werkleistung und auch kein Gutachten, und das Vertragsverhältnis untersteht ausnahmsweise den Regeln des *Auftragsrechts* (Art. 394–405 OR).[25]

3. Der Planer als amtlich bestellter Sachverständiger

1. Amtliche Befundaufnahme: Nach Massgabe von Art. 367 OR hat der Besteller nach der Ablieferung des Werks dessen Beschaffenheit zu prüfen und den Unternehmer von allfälligen Mängeln in Kenntnis zu setzen.[26] Unterlässt der Besteller die gesetzlich vorgesehene Prüfung und Anzeige, so wird stillschweigende Genehmigung angenommen (Art. 370 Abs. 2 OR).[27] Der Besteller kann die Prüfung selber durchführen[28] oder er kann, und hier setzt Art. 367 Abs. 2 OR ein, beim Gericht verlangen, dass die Prüfung *durch einen Dritten* (einen Sachverständigen) durchgeführt wird.[29] Insofern wird die Prüfung zu einem amtlichen Befund, bei welchem ein objektiv feststellbarer Sachverhalt protokollarisch aufgenommen wird. Im Ergebnis handelt es sich beim Prüfungsbefund um einen Anwendungsfall der vorsorglichen Beweisführung gemäss Art. 158 Abs. 1 14.26

schon in BGE 114 II 53/55 f. E. 2b (= BR/DC 1989, S. 16, Nr. 6, mit Anm. GAUCH); 109 II 462/464 E. 3b (= BR/DC 1985, S. 14, Nr. 2, mit Anm. GAUCH).

24 GAUCH, Werkvertrag, Rz. 332, unter Verweis auf KLOCKE, Erstattung von Gutachten, S. 294.

25 GAUCH, Werkvertrag, Rz. 333, unter Verweis auf BGE 112 II 347.

26 Die Prüfungs- und Anzeigepflicht des Bestellers ist ihrer Rechtsnatur nach eine Obliegenheit (GAUCH, Werkvertrag, Rz. 2108; ZINDEL/PULVER/SCHOTT, Basler Kommentar, N 2 zu Art. 367 OR). Verlangt der Besteller unverzüglich nach Abnahme eine Prüfung durch einen amtlich ernannten Sachverständigen, so läuft die Prüfungsfrist nicht ab, bis der Prüfungsbefund vorliegt (GAUCH, Werkvertrag, Rz. 2125 und dort Zitierte). Denn: Die Prüfung durch den Sachverständigen ersetzt die dem Besteller obliegende Prüfung (BGE 96 II 266/270 E. 2).

27 BGE 118 II 142/147 E. 3a (= BR/DC 1993, S. 47, Nr. 108, mit Anm. GAUCH); BGer 4A_53/2012 und 4A_55/2012 vom 31. Juli 2012 (= BR/DC 2012, S. 192, mit Anm. SIEGENTHALER und S. 213, mit Anm. STÖCKLI); 4C.151/2005 vom 29. August 2005 E. 5 (= BR/DC 2006, S. 62, Nr. 196, mit Anm. PICHONNAZ); differenziert im Anwendungsbereich der SIA-Norm 118 (Art. 163 und Art. 164).

28 Es besteht keine Pflicht zum Beizug eines Sachverständigen (BGE 107 II 172/176 E. 1a = BR/DC 1982, S. 16, Nr. 12, mit Anm. GAUCH), ausser der Werkvertrag oder die Umstände würden ausnahmsweise eine fachmännische Prüfung verlangen (GAUCH, Werkvertrag, Rz. 2124).

29 BGE 107 II 172/176 E. 1a (= BR/DC 1982, S. 16, Nr. 12, mit Anm. GAUCH); dazu im Einzelnen: BÜHLER T., Zürcher Kommentar, N 45 zu Art. 367 OR; GAUCH, Werkvertrag, Rz. 1516 ff.; KOLLER A., Berner Kommentar, N 30 zu Art. 367 OR; ZINDEL/PULVER/SCHOTT, Basler Kommentar, N 22 zu Art. 367 OR.

lit. a ZPO, wonach «das Gericht jederzeit Beweis abnimmt, wenn das Gesetz einen entsprechenden Anspruch gewährt»[30]. Die werkvertragliche Bestimmung von Art. 367 Abs. 2 OR gibt nicht nur dem Besteller, sondern *auch dem Unternehmer* das Recht, «auf seine Kosten eine Prüfung des (abgelieferten) Werkes und die Beurkundung des Befundes zu verlangen». Die Tatbestandsaufnahme wird durchgeführt, sobald es eine «Partei» des Werkvertrags verlangt. Die Besonderheit des Verfahrens liegt darin, dass Auswahl und Bestellung des Experten wie auch die Durchführung der Mängelfeststellung *unter richterlicher Kontrolle* stehen. Zuständig zur Ernennung des Sachverständigen ist *das Gericht,* und zwar am Orte der Werkablieferung.[31]

14.27 **2. Kein Nachweis einer Beweisgefährdung oder einer Mängelprognose:** Das Vorgehen im Sinne von Art. 367 Abs. 2 OR verlangt für die Einleitung des Verfahrens lediglich das Begehren einer Partei auf amtliche Bestellung des Sachverständigen. Weitere Voraussetzungen sind, wenn das Bauwerk abgenommen ist, nicht darzutun. Vorausgesetzt ist weder eine (drohende) Beweisgefährdung noch die Wahrscheinlichkeit eines Mangels.[32] Der Anordnung auf Mängelfeststellung kann sich die Gegenpartei auch nicht mit dem Argument widersetzen, es fehle an der Notwendigkeit für die amtliche Befundaufnahme oder an einem schutzwürdigen Interesse. Der zuständige Richter hat nach Massgabe der ZPO einen Sachverständigen zu ernennen, sobald es der Bauherr oder der Unternehmer verlangt.[33] Auch im Anwendungsbereich von Art. 367 Abs. 2 OR gilt jedoch, dass die Gegenpartei Einwendungen gegen die Person des Sachverständigen (Ablehnungs- oder Ausstandsgründe) und dessen fachliche Einigung erheben kann.

14.28 **3. Durchführung im summarischen Verfahren:** Nach Massgabe von Art. 158 Abs. 1 lit. a ZPO hat das Gericht, «jederzeit Beweis (abzunehmen), wenn das Gesetz (also hier Art. 367 Abs. 2 OR) einen entsprechenden Anspruch gewährt».[34] Sowohl die Ernennung

---

30 Zindel/Pulver/Schott, Basler Kommentar, N 22 zu Art. 367 OR; nach Auffassung des OGer ZH LF110103-O/U vom 26. Januar 2012 handelt es sich beim Prüfungsbefund durch einen Sachverständigen gemäss Art. 367 Abs. 2 OR um eine Angelegenheit der freiwilligen Gerichtsbarkeit und der eingesetzte Sachverständige ist «nur Informant bzw. Vertrauensmann des Bestellers», nicht gerichtlicher Gutachter. Siehe dazu die Anm. von Siegenthaler/Reetz zu OGer ZH vom 26. Januar 2012 (= BR/DC 2013, S. 138, Nr. 209); so auch Mazan, Basler Kommentar, N 15 zu Art. 250 ZPO.

31 BGE 96 II 266/270 E. 2 f.; KGer VD vom 5. Juli 1976 (= JdT 1977 III, S. 9 = BR/DC 1979, S. 11, Nr. 11, mit Anm. Gauch). Nach Art. 13 ZPO entweder am Ort, an dem die Zuständigkeit für die Hauptsache gegeben ist (lit. a), oder am Ort, an dem die Massnahme vollstreckt werden soll (lit. b).

32 Gauch, Werkvertrag, Rz. 1517, Hürlimann/Siegenthaler, Handkommentar Privatrecht, N 7 zu Art. 367 OR.

33 Hürlimann/Siegenthaler, Handkommentar Privatrecht, N 7 zu Art. 367 OR. Im Einzelfall kann das Wissen um die Existenz und die Tragweite der bundesrechtlichen Bestimmung von Art. 367 Abs. 2 OR von entscheidender Bedeutung sein. Wer je die zeit- und kostenaufwendigen Verzögerungstaktiken im Rahmen einer vorsorglichen Beweisabnahme mitgemacht hat, weiss die Vorzüge der amtlich angeordneten Tatbestandsaufnahme nach Art. 367 Abs. 2 OR zu schätzen.

34 Eine Übersicht zu den gesetzlichen Grundlagen findet sich bei Guyan, Basler Kommentar, N 2 zu Art. 158 ZPO.

und Instruktion des Sachverständigen wie auch die amtliche Befundnahme sind im «summarischen Verfahren» durchzuführen (Art. 250 lit. b Ziff. 4 ZPO).

4. Gegenstand des Befunds: Das Ergebnis der amtlich angeordneten Tatbestandsaufnahme bezweckt die (im Prozess oft entscheidrelevante) Prüfung der Beschaffenheit des Werks bei der Ablieferung und dient damit zur Beurteilung der Rechtsfrage, ob «das Werk bei der Ablieferung mangelhaft oder mängelfrei war».[35] In diesem Sinne klärt das in Befolgung der massgeblichen Bestimmungen durchgeführte Verfahren für den *Besteller* die Unsicherheit, ob er Mängelrüge erheben kann respektive ob er über Nachbesserungsansprüche verfügt. Umgekehrt kann der *Unternehmer* klarstellen, dass sein Werk jedenfalls bei der Abnahme mängelfrei war und er seinen Vertragspflichten und Obliegenheiten nachgekommen ist. Auf weitere Fragen, wie etwa auf die Beurteilung der Verantwortlichkeiten, könnte der Befund allerdings nur ausgedehnt werden, wenn beide Parteien dazu ihre Zustimmung erteilen.[36] 14.29

5. «Beurkundung» des Befunds: Der deutschsprachige Wortlaut von Art. 367 Abs. 2 OR, wonach jede Partei berechtigt ist, «die Beurkundung des Befundes zu verlangen», ist missverständlich: *Beurkundung* meint *nicht,* dass für den Befund ein notarieller Akt erforderlich ist. Ein Vergleich mit der französischen und italienischen Gesetzesfassung zeigt, dass es genügt, wenn der amtlich bestimmte Sachverständige seinen Befund *schriftlich festhält.*[37] Inwieweit der «Beurkundung» der im amtlichen Befund festgestellten Tatsachen *gesteigerte Beweiskraft* einer öffentlichen Urkunde im Sinne von Art. 9 ZGB zukommt, wird in der Baupraxis unterschiedlich beurteilt.[38] Tatsache ist, dass regelmässig auf einen solchen Befund abgestellt wird, solange nicht der Beweis des Gegenteils erbracht wird. 14.30

6. Recht auf Gegenbefund: Umstritten ist, ob nach Vornahme einer amtlichen Bestandsaufnahme auf Begehren einer Partei auch *der Gegenseite* die Befugnis einzuräumen ist, einen weiteren Befund nach Art. 367 Abs. 2 OR, quasi im Sinne eines *Gegenbefunds* zu verlangen. Nach einem Entscheid des Luzerner Obergerichts[39] verfügen gestützt auf die Bestimmung des Art. 367 Abs. 2 OR *beide* Parteien über einen selbständigen und unabhängigen Anspruch auf eine amtlich anzuordnende Tatbestandsaufnahme. Falls die mit dem Ergebnis eines bereits vorliegenden Befunds konfrontierte Gegenpartei nicht einverstanden ist, kann sie daher ihrerseits ein Befundverfahren nach Art. 367 Abs. 2 OR einleiten. 14.31

---

35 BGE 96 II 266/270 E. 2.

36 KGer SG vom 31. Mai 1988 (= GVP 1988, Nr. 50, S. 104 = BR/DC 1989, S. 67, Nr. 96, mit Anm. Gauch); a.A. Gauch, Werkvertrag, Rz. 1522.

37 OGer LU vom 14. Februar 1986 (= LGVE 1986 I, Nr. 12, S. 18 = BR/DC 1988, S. 13, Nr. 5, mit Anm. Merz).

38 Offengelassen bei Gauch, Werkvertrag, Rz. 1518; pro: Reetz, Der Bauprozess: er steht und fällt mit dem Beweis, S. 132 f.; contra: Merz in seiner Anm. zu OGer LU vom 14. Februar 1986 (= BR/DC 1988, S. 13, Nr. 5).

39 OGer LU vom 16. Juli 1987 (= LGVE 1987 I, Nr. 22, S. 62 = BR/DC 1989, S. 19, Nr. 13, mit Anm. Gauch).

14.32 Nach Auffassung von GAUCH[40] ist diese Praxis des Obergerichts Luzern abzulehnen. Zwar steht nach dem Gesetzestext *jeder* Partei des Werkvertrages ein Anspruch auf eine amtlich anzuordnende Tatbestandsaufnahme zu. Nach Sinn und Zweck von Art. 367 Abs. 2 OR erscheint es GAUCH aber sachgerechter, die Bestimmung so zu verstehen, dass die Prüfung und Beurkundung auf Verlangen der einen Partei *zugleich* auch das entsprechende Recht der anderen Partei konsumiert. Dieser Lehrmeinung ist zuzustimmen, zumindest in Fällen, in denen es um identische Begehren geht. Sie führt auch zu keiner Benachteiligung der Gegenpartei, weil eine einseitige Einflussnahme auf den Sachverständigen praktisch ausgeschlossen werden kann: *Erstens* wird der Sachverständige durch eine richterliche Behörde ernannt. Und *zweitens* erschöpft sich dessen Aufgabe in der blossen Sachverhaltsaufnahme, soweit nicht beide Parteien einverständlich einer Erweiterung des Gutachtervertrags zustimmen (Rz. 14.29).

14.33 **7. Amtliche Befundaufnahme durch Vollzugsbeamte:** Einzelne kantonale Gesetze haben die Befugnis zur Feststellung eines Zustands in einfacheren Fällen einem Vollzugsbeamten übertragen (im Kanton ZH: Stadt- oder Gemeindeammann[41]; im Kanton AG: Betreibungsbeamter[42]), insbesondere soweit ein Befund «ohne besondere Fachkenntnisse festgestellt werden kann». Dieses Vorgehen hat sich namentlich zur Erstellung eines *«Rissprotokolls»,* d.h. zur Aufnahme des Zustands einer Nachbarliegenschaft vor Beginn der Bauarbeiten, bewährt. Eine solche Befundaufnahme ist (schon aus Kostengründen) überall dort angezeigt, wo ein amtliches Verfahren auf Beweissicherung zu aufwendig ist.[43] Im Einzelfall kann einer Partei auch mit dem Beizug eines Notars gedient sein.

14.34 Auch mit Inkrafttreten der Schweizerischen Zivilprozessordnung hat sich an diesem Verfahren zur Zustandsfeststellung für einfache Fälle nichts verändert. Die Kantone sehen in ihren Gerichtsorganisationsgesetzen nach wie vor solche Amtsverfahren für Fälle vor, bei denen der tatsächliche Zustand eines Objekts «ohne besondere Fachkenntnisse» protokolliert oder fotografisch festgehalten werden kann.[44]

4. Der Planer als Gerichtsexperte

14.35 **1. Beizug als Hilfsperson des Gerichts:** Nach Art. 183 ZPO kann das Gericht auf Antrag einer Partei oder von Amtes wegen bei einer oder mehreren sachverständigen Personen ein Gutachten einholen. Ein Sachverständiger ist namentlich beizuziehen, wenn die

---

[40] Vgl. die Anm. von GAUCH zu OGer LU vom 16. Juli 1987 (= LGVE 1987 I, Nr. 22, S. 62 = BR/DC 1989, S. 19, Nr. 13); vgl. auch GAUCH, Werkvertrag, Rz. 1517.

[41] § 143 GOG-ZH.

[42] § 20 EG ZGB-AG (aufgehoben per 1. Januar 2018).

[43] Vgl. BGer 4C.25/2007 vom 20. April 2007 zur «weibelamtlichen» Sachverhaltsaufnahme in Bezug auf «Mängel im Anbau» eines Klubhauses mit Bootshalle im Kanton Nidwalden. Auch zur Feststellung von «Bestand und Zustand fremder Sachen» im Sinne von Art. 111 SIA 118 kann der Bauherr Vollzugsbeamte beiziehen, soweit die Beweiserhebungen nicht komplizierte Abklärungen erfordern (vgl. SCHUMACHER/MIDDENDORF, Kommentar SIA 118, Art. 111/Rz. 10.3).

[44] Vgl. § 143 GOG-ZH.

Abklärungen des Sachverhalts oder die Beweiserhebungen besondere Kenntnisse verlangen, über die weder das Gericht noch einzelne seiner Mitglieder verfügen.[45] Im Rahmen des Beweisverfahrens haben die Parteien einen *Anspruch auf Bestellung eines Sachverständigen*, vorausgesetzt, dass dieses Beweismittel prozessual formgerecht und rechtzeitig beantragt worden ist.[46] Anlass zur Einholung einer Gerichtsexpertise ist im Regelfall ein entsprechender *Prozessantrag* einer Partei, und zwar entweder in einem ordentlichen Verfahren oder (vorgezogen) im Rahmen einer vorsorglichen Beweisabnahme. Im Einzelfall kann das Gericht *von Amtes wegen* einen Sachverständigen beiziehen und eine Gerichtsexpertise einholen. Im Anwendungsbereich von Art. 367 Abs. 2 OR haben die Parteien sogar einen Anspruch auf Einholung eines Gutachtens.[47] Ausnahmsweise ist ein Richter allerdings befugt, den beantragten Beizug eines Sachverständigen zu verweigern, etwa wenn der Antragsteller es unterlässt, ausreichende Anhaltspunkte darzutun, welche auf die behaupteten Mängel schliessen lassen oder wenn eine antizipierte Beweiswürdigung den Beizug eines gerichtlichen Sachverständigen entbehrlich macht.[48] Versäumt es eine Partei in einem (Schieds-)Gerichtsverfahren, eine gerichtliche Expertise zu beantragen, um sich die notwendigen Fachkenntnisse zur Beurteilung der technischen Parteigutachten zu verschaffen, verwirkt sie das Recht, sich im Rechtsmittelverfahren vor Bundesgericht darauf zu berufen.[49]

2. Notwendigkeit zur Sachverhaltsermittlung: Die Notwendigkeit des Beizugs gerichtlicher Sachverständiger besteht in Bauprozessen *praktisch ausnahmslos*, insbesondere wenn es um die Beurteilung eines Mangels, einer Ablaufstörung oder etwa um die Regeln der Baukunde geht. Baurechtliche Auseinandersetzungen sind sowohl von der Aufarbeitung der tatbeständlichen Grundlagen wie auch von der Zuordnung der Verantwortlichkeiten unter die zahlreichen Baubeteiligten regelmässig aufwendig und komplex. Dazu kommt, dass bei der Realisierung einer Baute immer häufiger auch Aspekten Rechnung zu tragen ist, die den gängigen und traditionellen Rahmen von Bautechnik und Wissenschaft sprengen. Selbst Handelsgerichte sehen sich zuweilen ausserstande, ihren Entscheid einzig und allein auf die Sachkunde ihrer Mitglieder abzustützen. Nach Art. 183 Abs. 3 ZPO soll ein (Handels-)Gericht das «eigene Fachwissen» einbringen, verwerten und im Rahmen der Hauptverhandlung «offenlegen», damit die Parteien «dazu Stellung nehmen können». Alsdann kann das vorhandene Fachwissen, wenn es schlüssig und 14.36

---

[45] Dolge, Basler Kommentar, N 2 zu Art. 183 ZPO; Müller H., ZPO-Kommentar [Dike], N 3 ff. zu Art. 183 ZPO; Weibel, ZPO-Kommentar [Schulthess], N 9 zu Art. 183 ZPO; differenzierend: Reetz, Der Bauprozess: er steht und fällt mit dem Beweis, S. 122, Fn. 12.

[46] BGE 92 I 82/83 E. 1; 91 II 1/2 E. 1; in materiellrechtlicher Hinsicht vgl. auch Vogel, Recht auf Beweis, S. 38 ff.

[47] Weibel, ZPO-Kommentar [Schulthess], N 9 zu Art. 183 ZPO.

[48] BGer 4A_567/2016 vom 3. April 2017 E. 2.2 (= BR/DC 2017, S. 379, Nr. 802, mit Anm. Pichonnaz); 4A_431/2015 vom 19. April 2016 E. 5.1.3 (= BR/DC 2016, S. 362, Nr. 667, mit Anm. Werro); ferner BGE 68 II 136/140 f. E. 2.

[49] BGer 4A_617/2010 vom 14. Juni 2011 E. 3.2 (= BR/DC 2011, S. 220, Nr. 483, mit Anm. Romy).

nachvollziehbar ist, an die Stelle einer Gerichtsexpertise treten.[50] Dass die Fachkunde eines einzigen Gerichtsmitglieds[51] und dessen Meinungsäusserung tatsächlich an die Stelle einer Expertise tritt, hängt vor allem auch davon ab, ob der Fachrichter die übrigen Mitglieder des Gerichts restlos zu überzeugen vermag.[52] Der Beizug eines «externen» Sachverständigen ist auch bei Fachgerichten namentlich dann am Platz, «wo überdurchschnittliche, wissenschaftlich fundierte Facherfahrung erforderlich ist oder wo es sich um komplizierte, dem Durchschnittsfachmann nicht ohne weiteres geläufige Fragen» handelt.[53]

14.37 **3. Vorsorgliche Beweisabnahme:** Unter den gegebenen Voraussetzungen besteht zudem die Möglichkeit eines (vorgezogenen) Beweissicherungsverfahrens. Das Gesuch um vorsorgliche Beweisabnahme kann sowohl *vor* wie auch *nach* Einleitung des (Haupt-) Prozesses gestellt werden. Im Einzelnen werden die Voraussetzungen, die Zuständigkeit und das Verfahren in Art. 158 und Art. 248 ff. ZPO geregelt. Folgendes lässt sich sagen: Voraussetzung der vorsorglichen Beweisabnahme sind in aller Regel ein *schutzwürdiges Interesse* oder eine *Beweisgefährdung,* also Umstände, die darauf schliessen lassen, dass bei längerem Zuwarten die Gefahr des Verlusts des Beweismittels besteht oder die Beweisführung wesentlich erschwert würde.[54] Dass derartige Umstände bestehen, ist *glaubhaft* zu machen, weshalb an den Nachweis der Beweisgefährdung keine strengen Anforderungen gestellt werden dürfen. Die vorsorgliche Beweisführung soll «nicht bloss eine Abschätzung der Prozesschancen ermöglichen, sondern eine eigentliche Abklärung der Prozessaussichten im Allgemeinen und der Beweisaussichten im Besonderen»[55].

14.38 Ist die *Gefahr* des Verlusts eines Beweismittels so *dringend,* dass die Gegenpartei nicht zur Verhandlung geladen werden kann, kann die Beweisabnahme im Einzelfall ohne ihre Anwesenheit stattfinden; das Ergebnis der Beweisabnahme ist der nicht teilnehmenden Partei aber unverzüglich mitzuteilen und es ist ihr Gelegenheit zur Stellungnahme einzu-

---

50 Kann sich das Gericht nicht auf ein «Fachrichtervotum» stützen, muss es eine Gerichtsexpertise einholen (BGE 125 III 29/34 E. 3d).

51 Guldener, Zivilprozessrecht, S. 348; SJZ 1960, Nr. 72, S. 161.

52 Frank/Sträuli/Messmer, ZPO-ZH Kommentar, N 5 zu § 171 ZPO-ZH unter Hinweis auf SJZ 1960, Nr. 72, S. 161.

53 Frank/Sträuli/Messmer, ZPO-ZH Kommentar, N 5 zu § 171 ZPO-ZH.

54 Zum schutzwürdigen Interesse BGer 4A_532/2011 vom 31. Januar 2012 (= BR/DC 2012, S. 80, Nr. 179, mit Anm. Reetz); ferner Guyan, Basler Kommentar, N 5 zu Art. 158 ZPO; Reetz, Der Bauprozess: er steht und fällt mit dem Beweis, S. 126 ff.; Spühler/Dolge/Gehri, Schweizerisches Zivilprozessrecht, § 10 Rz. 92. An der Dringlichkeit kann es fehlen, wenn ein Begehren zur blossen Beweissicherung für den Hauptprozess respektive zu dessen Vermeidung gestellt wird (KGer VS vom 6. Februar 1989 = ZWR 1990, S. 229 = BR/DC 1992, S. 44, Nr. 89, mit Anm. Vogel). Vgl. auch OGer ZH vom 17. Mai 1993 (= ZR 1994, Nr. 21, S. 89).

55 BGE 140 III 16/22 E. 2.4 f. sowie 140 III 24/28 E. 3.3.3 f. (= BR/DC 2014, S. 139, Nr. 246, mit Anm. Reetz); Fellmann, ZPO-Kommentar [Schulthess], N 17 zu Art. 158 ZPO; Guyan, Klärung der Aussichten, S. 271 ff.

räumen (Art. 265 ZPO). Von einer vorgängigen Ladung bzw. Anhörung der Gegenpartei soll jedoch nur in wirklich dringenden Fällen abgesehen werden.[56]

Nicht zu prüfen ist die *Erheblichkeit des Beweisthemas*.[57] Sind die Voraussetzungen erfüllt, ist der Antrag zur Beweissicherung zu bewilligen, ungeachtet dessen, ob der Richter der Auffassung ist, dass der Anspruch des Antragstellers in der Hauptsache (z.B. auf Nachbesserung) begründet ist oder nicht.[58] 14.39

Gegenstand einer vorsorglichen Beweisabnahme ist in erster Linie die Beweissicherung. Ein im Rahmen dieses Verfahrens zu erstattendes Gutachten muss indessen nicht notgedrungen auf die Feststellung eines bestimmten Zustands des Werks beschränkt werden. Vielmehr kann es ratsam sein, den Experten im Sinne der Prozessprophylaxe auch zur *Verursachung*,[59] eventuell sogar zu *möglichen Sanierungsmassnahmen* und zu den mutmasslichen *Mängelbeseitigungskosten* zu befragen. 14.40

Im Einzelfall kann es sogar sinnvoll sein, dass der Experte im Rahmen einer vorsorglichen Beweisabnahme auch zur (prozentualen Zuteilung der) Verantwortlichkeit unter den Beteiligten Stellung nimmt, wenn er vom Gericht dazu aufgefordert wird. Vorbehalten bleibt die rechtliche Beurteilung durch das Gericht, welches im Entscheid dann die Haftungsvoraussetzungen berücksichtigen muss.[60] Eine grosszügige Handhabung der Beweissicherung mag in zahlreichen Fällen der Streitverhütung oder der Prozessvereinfachung dienen.[61] Eine umfassende und aussagekräftige Expertise entspricht zudem dem Bedürfnis der Parteien und ihrer Anwälte. Die Beweiswürdigung und der Entscheid obliegen ausschliesslich dem Gericht, namentlich auch die Feststellung, welche Beschaffenheit das Werk nach dem Inhalt des konkreten Vertrags haben sollte,[62] und zwar selbst 14.41

---

56 SPRECHER, Basler Kommentar, N 35 ff. zu Art. 265 ZPO. Eine besondere Dringlichkeit besteht etwa bei Vereitelungsgefahr (Art. 265 ZPO).

57 REETZ, Der Bauprozess: er steht und fällt mit dem Beweis, S. 126 ff.; SPÜHLER/DOLGE/GEHRI, Schweizerisches Zivilprozessrecht, § 10 Rz. 92.

58 BGer 5P.496/2006 vom 22. Januar 2007 E. 3.4: Eine Hauptsachenprognose im richterlichen Beweisabnahmeverfahren ist nicht erforderlich.

59 So bereits VOGEL, Streit und Streiterledigung, S. 79; DERS. Anm. zu BR/DC 1990, S. 81, Nr. 119 und 122.

60 Nach Massgabe von alt § 41 ZPO-ZH konnte ein prozessbeteiligter Streitgenosse dem Gericht im Hauptverfahren den Antrag stellen, die interne Haftungsquote mehrerer Verantwortlicher festzulegen. In der neuen schweizerischen ZPO fehlt eine solche Regelung. Dennoch erachte ich einen solchen Antrag im Hauptverfahren nach wie vor für zulässig, weshalb es auch Sinn machen kann, dass der Experte bereits bei der vorsorglichen Beweisabnahme – aus technischer Sicht – eine Zuordnung machen kann.

61 Vgl. HÜRLIMANN, Der Experte, S. 141; so auch die Tendenz in Deutschland (KOEBLE, Beweissicherung, S. 302 ff.). A.A. KGer GE vom 6. Mai 1983 (= SJ 1983, S. 575); vgl. auch die Kritik bei HABSCHEID, Zivilprozessrecht, S. 438 II 2; SPÜHLER/DOLGE/GEHRI, Schweizerisches Zivilprozessrecht, § 10 Rz. 158 (keine «démission du juge»).

62 BGE 113 II 429/432 E. 3a; GAUCH, Werkvertrag, Rz. 1513; ferner QUACK, Problematik der stillschweigenden Rechtsanwendung, S. 161 ff.

dann, wenn der eingesetzte Experte aufgrund seiner besonderen Fachkenntnisse und in Anbetracht der durchgeführten Begutachtung in der Lage wäre, die Mangelhaftigkeit des Werks nach dem konkreten Vertrag zu beurteilen.

14.42 Im Rahmen des Beweisverfahrens ist das Gericht frei, die Erkenntnisse des Experten *nach freier Überzeugung* zu würdigen (Rz. 14.114).

14.43 **4. Zur Stellung des Gerichtsexperten:** Das Rechtsverhältnis zwischen dem gerichtlich eingesetzten Experten und dem Gericht wird durch das öffentliche Recht mitbestimmt, weil der Sachverständige mit seiner Bestellung zur *Hilfsperson des Gerichts* wird und damit eine Aufgabe der Judikative wahrnimmt.[63] Wenn sich die öffentliche Hand bei der Erfüllung öffentlicher Aufgaben durch Private unterstützen lässt, geschieht der Beizug regelmässig durch *verwaltungsrechtlichen Vertrag.*[64] Die im Zusammenhang mit verwaltungsrechtlichen Verträgen geltende Rechtslage hat auch Gültigkeit, wenn ein Richter zur Abklärung von Sachverhalten und zu Beweiserhebungen einen Gerichtsexperten benötigt. Den Inhalt des Expertenvertrags können das Gericht und der Sachverständige grundsätzlich frei regeln, soweit das öffentliche Recht nicht *Mindestanforderungen* verlangt, wie etwa die öffentlich-rechtlichen Vorgaben von Art. 184 ZPO, wonach der Sachverständige unter Hinweis auf die Wahrheitspflicht und das Amtsgeheimnis zu ernennen und die Höhe des gutachterlichen Entschädigungsanspruchs mit beschwerdefähiger Verfügung festzulegen ist. Soweit das öffentliche Recht prozessrechtliche Vorschriften im Zusammenhang mit dem Rechtsverhältnis zwischen Zivilgericht und Gutachter enthält, kommen diese zwingend zur Anwendung. Zu beachten sind insbesondere die prozessrechtlichen Vorschriften im Zusammenhang mit dem *Gebot der Gleichbehandlung* (Art. 183, Art. 185 und 187 ZPO), ferner die Bestimmungen betreffend die Entschädigung des Experten und dessen Verantwortlichkeit. Davon ist in **VI.** bis **VIII.** die Rede. Soweit das öffentliche Recht keine Regeln zum Rechtsverhältnis mit Gerichtsgutachtern enthält, kommt *subsidiär* das Obligationenrecht als öffentliches Ersatzrecht zur Anwendung.[65]

---

63 BGE 134 I 159/163 E. 3; Dolge, Basler Kommentar, N 1 zu Art. 184 ZPO; Bühler A., Gerichtsgutachter, S. 17 ff.; Klopfer, Die Haftung des Zeugen, S. 31; Rüetsche, Berner Kommentar, N 22 zu Art. 183 ZPO; Zufferey, Décisions de l'expert officiel, S. 37 ff.

64 Häfelin/Müller/Uhlmann, Allgemeines Verwaltungsrecht, Rz. 1286; Tschannen/Zimmerli/Müller, Allgemeines Verwaltungsrecht, S. 344 ff. Ferner Abegg, Verwaltungsvertrag, passim.

65 BGE 134 I 159/163 E. 3; 122 I 328/340 E. 7b (Regeln des Obligationenrechts «als Ausdruck allgemeiner Rechtsgrundsätze»); BGer 2C_121/2011 vom 9. August 2011 E. 3.3.2; Häfelin/Müller/Uhlmann, Allgemeines Verwaltungsrecht, Rz. 248 ff.

5. Der Planer als Schiedsgutachter

1. Inhalt und Form des Vertrags: Der Schiedsgutachter ist ein Sachverständiger, der von zwei oder mehreren Baubeteiligten mit der verbindlichen Feststellung einer oder mehrerer rechtserheblicher Tatsachen und/oder einzelner Rechtsfragen betraut wird.[66] Mit der vertraglichen Bestellung eines Schiedsgutachters beantragen zwei Parteien den Schiedsgutachter mit der verbindlichen Festlegung bzw. Ausserstreitsetzung *einzelner kontroverser Punkte,* nicht aber mit der Streiterledigung insgesamt. In Bezug auf die *übrigen* (nicht dem Schiedsgutachten unterstellten) Streitpunkte bleibt den Parteien die gerichtliche Beurteilung vorbehalten, und zwar je nach vereinbartem Rechtsweg durch Anrufung des ordentlichen staatlichen Gerichts oder des eingesetzten Schiedsgerichts.[67] Was vertraglicher Inhalt des Schiedsgutachtens ist, wird also gleichsam durch verbindliche Feststellung des Schiedsgutachters *ausser Streit* gestellt.[68] Nach der Bestimmung von Art. 189 ZPO, welche das Institut des Schiedsgutachtens explizit regelt, muss die Vereinbarung «schriftlich oder in einer anderen Form erfolgen, die den Nachweis durch Text ermöglicht» (analog den Formerfordernissen für eine Gerichtsstandsvereinbarung; vgl. Art. 17 Abs. 2 ZPO).[69] 14.44

2. Gegenstand des Schiedsgutachtervertrags: Dem Schiedsgutachter kann nur (aber immerhin) die Ausserstreitstellung von kontroversen Punkten eines Rechtsverhältnisses übertragen werden, über welche die Parteien *frei verfügen* können[70] (Rz. 14.48). Im Übrigen sind die Beteiligten weitgehend frei, den Aufgabenbereich des Schiedsgutachters zu bestimmen: Dem Schiedsgutachter können entweder *«streitige Tatsachen»* (so wörtlich Art. 189 ZPO) wie etwa die Beschaffenheit des Baugrundes, die Dauerhaftigkeit eines verwendeten Baustoffs, der Verkehrswert einer Liegenschaft und die Bewertung eines Gesellschafteranteils nach Austritt aus einer ARGE zur Begutachtung übertragen werden. Oder dem Schiedsgutachter wird – neben oder ausserhalb der reinen Tatsachenfeststellung – die Aufgabe übertragen, *einzelne Rechtsfragen* (wie z.B. der Verschuldensanteil der 14.45

---

66 BGE 129 III 535/537 E. 2; 117 Ia 365/367 E. 5b; BGer 4A_655/2014 vom 20. Mai 2015 E. 2.1; BERGER, Berner Kommentar, N 17 zu Art. 189 ZPO; DOLGE, Basler Kommentar, N 10 zu Art. 189 ZPO; HABSCHEID, Das Schiedsgutachten, S. 189 ff.; HÜRLIMANN, Schiedsgutachten und deren Anfechtung, S. 403; RÜEDE/HADENFELDT, Schiedsgerichtsrecht, S. 21. Ferner die Monografien von BACHMANN ARTHUR, Der Schiedsgutachter, Diss. Zürich, Zürich 1949 und HAGENBÜCHLE OTTO, Das Schiedsgutachten im schweizerischen Recht, Ein Beitrag zur Begriffsbestimmung, Diss. Zürich, Zürich 1952.

67 BGE 129 III 535/538 E. 2.1 f.; 117 Ia 365/368 E. 6; 107 Ia 318/321 E. 5a.

68 HÜRLIMANN, Schiedsgutachten und deren Anfechtung, S. 403; FRANK/STRÄULI/MESSMER, ZPO-ZH Kommentar, N 2 zu § 258 ZPO-ZH.

69 Auf kantonaler Ebene regelte einzig die zürcherische ZPO (in § 258) das Institut des Schiedsgutachtens.

70 Über die Höhe von Mietzinsen kann nicht durch ein Schiedsgutachten befunden werden. Die Festsetzung von orts- und quartierüblichen Mietzinsen bildet eine «schiedsrichterliche Teilaufgabe». Art. 361 Abs. 4 ZPO stellt eine Spezialbestimmung dar, welche die allgemeine Regel von Art. 189 Abs. 3 lit. a ZPO verdrängt (BGE 141 III 201/205 E. 3.2).

Bauleitung, die Kausalität zwischen Sturmböen und Kranunfall, die Rechtzeitigkeit einer Mängelrüge etc.) verbindlich zu entscheiden. Dass Schiedsgutachten (wie bis anhin) auch zur Ausserstreitsetzung von reinen Rechtsfragen verwendet werden, entspricht einem Bedürfnis der Praxis. Solche Schiedsgutachten sollten trotz des zu engen Wortlauts ebenfalls dem Anwendungsbereich des Art. 189 ZPO unterstellt werden dürfen.[71]

14.46 Zuweilen wird ein Schiedsgutachter von Parteien beigezogen, um ein zwischen ihnen bestehendes Vertragsverhältnis nach *billigem Ermessen* zu ergänzen oder anzupassen. Zum Zwecke der *Vertragsergänzung* wird der Schiedsgutachter etwa eingesetzt, wenn er eine von den Kontrahenten im Vertragsverhältnis bewusst offengelassene Lücke rechtsgestaltend auszufüllen hat[72] (z.B. Festlegung des Werkpreises im Anlagenbau innerhalb einer Bandbreite nach Massgabe der erzielten oder erzielbaren Leistungswerte). Zur Festlegung von *Vertragsanpassungen* kann der Schiedsgutachter bereits bei Vertragsabschluss bestellt oder nachträglich beigezogen werden, insbesondere für den Fall, dass sich die wirtschaftlichen oder die sonstwie definierten Verhältnisse in einem Dauerschuldverhältnis ändern und die Kontrahenten hinsichtlich der Voraussetzungen oder des korrekten Umfangs der Anpassung keine Einigung finden (z.B. Anpassungsbefugnis betreffend Höhe des Mietzinses bei einer längerfristigen Geschäftsmiete; Festlegungsbefugnis betreffend Wert von Immobilienaktien bei der Übernahme[73]).

14.47 **3. Besonderheit des Schiedsgutachtens:** Das Wesen des Schiedsgutachtens besteht darin, dass dem Schiedsgutachter im Rahmen der Sachverhaltsfeststellung und -würdigung eine *Teilaufgabe* übertragen wird. An die vom Schiedsgutachter «festgestellten Tatsachen» ist der in der Hauptsache zuständige Richter gebunden, soweit die Parteien erstens über das Rechtsverhältnis frei verfügen können, zweitens gegen die beauftragte Person kein Ausstandsgrund vorlag, drittens das Schiedsgutachten ohne Bevorzugung einer Partei erstellt wurde und dieses viertens nicht offensichtlich unrichtig ist (Art. 189 Abs. 3 ZPO; Rz. 14.118 ff.). Im Rahmen seiner durch die Parteivereinbarung abgedeckten Tätigkeit übt der Schiedsgutachter *quasi-richterliche Funktionen* aus, indem er mit seinen Feststellungen (oder mit seiner Rechtsauskunft) in Bezug auf die definierten Streitpunkte *abschliessend entscheidet*.[74] Dennoch: Der Schiedsgutachter hat – obwohl er über die ihm übertragenen Streitfragen vorbehältlich einer allfälligen Anfechtung «Recht» spricht –

---

71 Offengelassen in BGE 141 III 201/205 E. 3.2.1; BGer 4A_254/2011 vom 5. Juli 2011 E. 4.1 (= BR/DC 2011, S. 219, Nr. 482, mit Anm. Romy); pro: Hürlimann, Das Schiedsgutachten, S. 109; contra: Dolge, Basler Kommentar, N 13 zu Art. 189 ZPO: Nach ihr liegt das Rechtsanwendungsmonopol beim Gericht (iura novit curia), weshalb die Nichterwähnung von Rechtsfragen als qualifiziertes Schweigen des Gesetzgebers zu interpretieren sei. Nach Müller H., ZPO-Kommentar [Dike], N 16 f. zu Art. 189 ZPO, fallen Schiedsgutachten zu Rechtsfragen nicht unmittelbar unter Art. 189 ZPO, allenfalls aber in «sinngemässer Anwendung».

72 Alsdann ist zuweilen von sogenannten «rechtsgestaltenden Schiedsgutachten» die Rede.

73 Vgl. den Sachverhalt, der BGE 129 III 535 zugrunde liegt.

74 HGer ZH vom 20. September 1993 (= ZR 1994, Nr. 34, S. 130); Frank/Sträuli/Messmer, ZPO-ZH Kommentar, N 2 zu § 258 ZPO-ZH.

keine gerichtliche Stellung inne.[75] Der eingesetzte Schiedsgutachter verfügt namentlich *über keine Befehlsgewalt,* weder gegenüber den Parteien noch gegenüber Dritten. Er ist in der Beweiserhebung weitgehend auf die *Kooperation der Beteiligten* (z.B. zum Erhalt der erforderlichen Unterlagen und Auskünfte) angewiesen. Und er muss sich daher die zur Aufgabenbewältigung vorausgesetzten *Befugnisse* – zum Beispiel das Recht zur Einsichtnahme in die relevanten Verträge und in Bewertungsunterlagen wie Buchhaltungsbelege oder etwa Zutrittsrechte in die zu bewertenden Immobilien etc. – *vertraglich einräumen* lassen.[76]

4. Zur Rechtsnatur der Schiedsgutachtervereinbarung: Die rechtliche Einordnung gibt in der Lehre zuweilen zu Diskussion Anlass, namentlich die Frage, ob es sich um einen prozessrechtlichen oder privatrechtlichen Vertrag handelt. Die Zuordnung ist von Bedeutung, wenn die Haftung des Schiedsgutachters zur Diskussion steht (Rz. 14.226 f.). Nach der Auffassung des Bundesgerichts, die ich teile, liegt ein rein *privatrechtlicher Vertrag* vor.[77] Die Zuordnung zum Privatrecht rechtfertigt sich schon deswegen, weil eine entsprechende Schiedsgutachtervereinbarung ohnehin nur im Rahmen eines Rechtsverhältnisses zulässig ist, über das die Parteien rechtsgeschäftlich frei verfügen können, was Art. 189 Abs. 3 lit. a ZPO explizit festhält. Auch der Umstand, dass mit dem verbindlichen Abschluss der Schiedsgutachtervereinbarung prozessual die freie Beweiswürdigung des Richters hinsichtlich der definitiv nicht mehr streitigen Tatsachen ausgeschlossen wird, ändert nichts an der privatrechtlichen Einordnung des Vertrags. 14.48

Was die Vertragsqualifikation betrifft, ist daher auch die Vereinbarung mit dem Schiedsgutachter – folgt man der neueren Rechtsprechung des Bundesgerichts – entweder den *Regeln des Werkvertragsrechts* (Rz. 1.34)[78] oder den Vorschriften des einfachen Auftrags[79] (kritisch Rz. 1.37 ff.) zu unterstellen. Ausnahmsweise wird der Schiedsgutachtervertrag durch *öffentliches Recht* mitbestimmt, wenn die Ernennung des Schiedsgutachters im laufenden Verfahren mit Einverständnis der Parteien durch ein Gericht erfolgt.[80] 14.49

---

75 Zum Meinungsstreit Dolge, Basler Kommentar, N 6 zu Art. 189 ZPO.

76 Vgl. Hürlimann, Das Schiedsgutachten, S. 109.

77 BGE 129 III 535/537 E. 2; 107 Ia 318/320 E. 4 f.; 71 II 294; Spühler/Dolge/Gehri, Schweizerisches Zivilprozessrecht, Kap. 14 N 6; Fellmann, Berner Kommentar, N 165 zu Art. 394 OR. Vgl. die Meinungsübersicht bei Frank/Sträuli/Messmer, ZPO-ZH Kommentar, N 2 zu § 258 ZPO ZH.

78 Vgl. BGE 127 III 328/330 E. 2c (= BR/DC 2002, S. 89, Nr. 209, mit. Anm. Aepli). Auch nach deutschem Recht kommt auf den Schiedsgutachtervertrag privates Werkvertragsrecht zur Anwendung: Bayerlein, Praxishandbuch, S. 455 f.; Döbereiner/von Keyserlingk, Sachverständigen-Haftung, S. 228.

79 So OGer ZH vom 18. Dezember 1973 (= ZR 1974, Nr. 17, S. 36); Fellmann, Berner Kommentar, N 165 zu Art. 394 OR; Gautschi G., Berner Kommentar, N 340 zu Art. 394 OR; nach Guhl/Koller A., Das Schweizerische Obligationenrecht, § 40 Rz. 28, handelt es sich um einen Innominatkontrakt; vgl. auch BGE 67 II 146/148 E. 2.

80 Hürlimann, Schiedsgutachten und deren Anfechtung, S. 406. Allerdings gilt nach BGer 4A_655/2014 vom 20. Mai 2015 E. 2.6: Die vertraglich eingeräumte Befugnis zur Einsetzung eines Schiedsgutachtens durch den Präsidenten des Obergerichts begründet nicht die sachliche Zuständigkeit in der Hauptsache (auch nicht nach Art. 356 ZPO).

6. Der Planer als Schiedsrichter

14.50 **1. Einsatz als sachverständiger Schiedsrichter:** Von der Tätigkeit als Schiedsgutachter zu unterscheiden ist die Ernennung eines Planers als Schiedsrichter.[81] Kraft dieser Bestellung untersteht der Planer der anwendbaren Schiedsordnung[82] und ist ermächtigt, allein (als *Einzelschiedsrichter*) oder im Gremium (als *Mitschiedsrichter*) über einen Streitfall in seiner Gesamtheit zu entscheiden (nicht nur über einzelne strittige Punkte).

14.51 **2. SIA-Schiedsgerichte:** Sind baurechtliche Sachverhalte zu beurteilen, gelangt häufig das Schiedsreglement der SIA-Norm 150 (vormals SIA-Richtlinie 150 [1977]) zur Anwendung.[83] Bei solchen Verfahren, die in der Baupraxis zuweilen als SIA-Schiedsgerichte bezeichnet werden, wirken Planer häufig als *Parteischiedsrichter*,[84] gelegentlich allerdings auch als *beigezogene Experten* des Schiedsgerichts[85] mit. Nach Art. 12 SIA 150 verfügt auch das (bereits sachverständig vertretene) Schiedsgericht über die Befugnis, für speziell benötigtes Fachwissen einen aussenstehenden Experten beizuziehen. Zulässig ist allerdings auch eine Schiedsklausel, welche die Befugnis des sachverständig vertretenen Schiedsgerichts zum Beizug von Experten beschränkt oder ausschliesst.[86]

---

81 Zur Unterscheidung vgl. etwa: BGE 127 III 328/330 E. 2c (= BR/DC 2002, S. 89, Nr. 209, mit. Anm. Aepli); 117 la 365 ; BGer 4A_655/2015 vom 20. Mai 2015 E. 2.4; HGer ZH vom 20. September 1993 (= ZR 1994, Nr. 34, S. 129); ferner Hürlimann, Das Schiedsgutachten, S. 108 ff.

82 Zum Schiedsgerichtswesen existiert eine umfangreiche Spezialliteratur. Vgl. statt vieler Berger Bernhard/Kellerhals Franz, Internationale und interne Schiedsgerichtsbarkeit in der Schweiz, Bern 2006; Girsberger/Habegger/Mràz/Peter/Weber-Stecher, Basler Kommentar, N 1 ff. der Vorbem. zu Art. 353–399 ZPO; Rüede/Hadenfeldt, Schiedsgerichtsrecht, passim; Inderkum Hans-Heinrich, Der Schiedsrichtervertrag nach dem Recht der nicht internationalen Schiedsgerichtsbarkeit der Schweiz unter Mitberücksichtigung der Schiedsordnung des IPRG, Diss. Freiburg, Freiburg 1989.

83 Vgl. Hürlimann, Schiedsgerichtsbarkeit in Bausachen, passim; Göksu, Die neue SIA-Schiedsordnung, passim. Bei dieser Norm (vormals Richtlinie 150) handelt es sich um ein vom SIA erlassenes Schiedsreglement, das der Baupraxis für die Erledigung von Rechtsstreitigkeiten aus dem Gebiete des Architektur-, Ingenieur- und Bauwesens dient. Zu den Beschwerdegründen nach Art. 393 ZPO gegen einen SIA-Schiedsspruch: BGer 4A_374/2011 vom 1. September 2011.

84 Besondere Anforderungen an die beiden von den Streitparteien zu bezeichnenden Schiedsrichter erwähnt die SIA-Norm 150 nicht; hingegen wird in Art. 11 und Art. 12 der Norm darauf hingewiesen, dass das Schiedsgericht einen Juristen als Sekretär und einen Fachexperten zur Begleitung des Schiedsverfahrens beiziehen kann, beide mit «beratender Stimme». Verfahrenstechnisch gelten seit dem 1. Januar 2011 für neue Verfahren die Bestimmungen von Art. 353–399 ZPO betreffend die Schiedsgerichtsbarkeit (3. Teil), sofern nicht die Bestimmungen des 12. Kapitels des IPRG (Art. 176–194) betreffend internationale Schiedsgerichte anwendbar sind.

85 Vgl. im internationalen Kontext Schneider, Technical experts, S. 446 ff.

86 Instruktiv in diesem Zusammenhang OGer ZH vom 24. März 1980 (= SJZ 1982, Nr. 35, S. 185).

III. Die Anforderungen an die Sachverständigentätigkeit

1. Die Anforderungen an den Gerichtsexperten

1. Die Vorgaben der ZPO: Nach Massgabe von Art. 184 ZPO obliegt dem Sachverständigen die prozesskonforme Erstellung und die fristgerechte Ablieferung des Gutachtens. Inhalt und Umfang der Gerichtsexpertise ergeben sich aus dem Beweisbeschluss und den richterlichen Instruktionen. Art. 184 ZPO umschreibt nicht, welchen inhaltlichen und formellen Anforderungen das Gerichtsgutachten genügen muss (dazu Rz. 14.87 ff.). Art. 184 ZPO hält aber explizit fest, dass das Gericht den Sachverständigen nicht nur auf die strafrechtlichen Folgen einer falschen Gutachtenserstattung (nach Art. 307 StGB) und der Verletzung des Amtsgeheimnisses (nach Art. 320 StGB) aufmerksam zu machen hat, sondern darüber hinaus auch auf die Folgen von Säumnis und mangelhafter Auftragserfüllung hinweisen muss (dazu Rz. 14.112). 14.52

2. Die Anforderungen an den Gerichtsexperten: Die Aufzählung der Rechte und Pflichten, denen ein Gerichtsexperte nachkommen muss, ist in Art. 184 ZPO *nicht abschliessend*.[87] Im Vordergrund stehen aber sicherlich die in der ZPO genannte Wahrheits- und Verschwiegenheitspflicht, die Neutralitätspflicht (von Art. 183 Abs. 2 ZPO) sowie die Pflicht zur fristgerechten Ablieferung des Gutachtens.[88] Soweit die Zivilprozessordnung (wie z.B. in Bezug auf die Ausstandsvorschriften in Art. 183 ZPO) und das kantonale Ausführungsrecht keine spezifische Regelung enthalten, kommen als subsidiäres öffentliches Recht die Anforderungen zur Anwendung, welche dem Sachverständigen nach dem Sorgfaltsmassstab des Obligationenrechts auferlegt werden.[89] Ungeachtet der lückenhaften Formulierung von Art. 184 ZPO entsprach es dem Verständnis des Gesetzgebers, dass mit der Überführung der bisherigen kantonalen Zivilprozessordnungen in die Schweizerische Zivilprozessordnung keine Änderung der Rechte und Pflichten für Gerichtsexperten beabsichtigt war.[90] Daher ist es selbstverständlich, dass auch die «sachverständige Person», welche nach Massgabe von Art. 184 ZPO eingesetzt wird, *höchsten Anforderungen* genügen muss.[91] Nach Lehre und Rechtsprechung dürfen an den Gerichtsexperten namentlich folgende Anforderungen gestellt werden: 14.53

3. Unabhängigkeit und Unbefangenheit: Als Vertrauens- und Hilfsperson des Gerichts übernimmt der Sachverständige eine *hoheitliche Aufgabe der Judikative* und hat daher dieselben Verfahrensgarantien in Bezug auf die Unabhängigkeit, auf die Unbefangenheit 14.54

---

87 Dolge, Basler Kommentar, N 3 zu Art. 184 ZPO.

88 Müller H., ZPO-Kommentar [Dike], N 9 ff. zu Art. 184 ZPO; Weibel, ZPO-Kommentar [Schulthess], N 4 ff. zu Art. 184 ZPO.

89 Dolge, Basler Kommentar, N 3 zu Art. 184 ZPO.

90 Botschaft zur Schweizerischen Zivilprozessordnung von 2006, BBl 2006, S. 7324.

91 Zum Anforderungsprofil, an dem (Bau-)Experten zu messen sind, existiert in Deutschland eine umfassende Spezialliteratur. Vgl. statt vieler Jessnitzer/Frieling/Ulrich, Der gerichtliche Sachverständige, S. 166 ff.; Bayerlein, Praxishandbuch, S. 21 ff.

und die Unparteilichkeit zu respektieren wie die Mitglieder einer richterlichen Behörde. Die verfassungsrechtlichen Gebote der Unabhängigkeit und Unbefangenheit von Art. 30 Abs. 1 BV und Art. 6 Ziff. 1 Satz 1 EMRK gelten in analoger Weise auch für Gerichtsgutachter.[92] Die ZPO hält explizit fest, dass für eine «sachverständige Person [...] die gleichen Ausstandsgründe (gelten) wie für die Gerichtspersonen» (Art. 183 Abs. 2 ZPO).[93]

14.55 Gerichtsexperten sind verpflichtet, dem Richter allfällige Ausstandsgründe *offenzulegen.* Im Unterlassensfall müssen Sachverständige mit dem Verlust ihres Entschädigungsanspruchs für die dennoch ausgeübte Gutachtertätigkeit rechnen.[94] Eine Partei, die eine Gerichtsperson ablehnen will, hat dem Gericht unverzüglich ein entsprechendes Gesuch zu stellen, sobald sie vom Ausstandsgrund Kenntnis erhalten hat (Art. 49 Abs. 1 ZPO), ansonsten sie ihren Ablehnungsanspruch verwirkt.[95] Vorgängig zum Entscheid des Gerichts über den Ausstand ist der betroffenen Gerichtsperson, im vorliegenden Fall also dem Sachverständigen, Gelegenheit zur Stellungnahme einzuräumen (Art. 49 Abs. 2 ZPO).

14.56 Sämtlichen *Ausstandsvorschriften* (Art. 47 ZPO) ist im Wesentlichen gemeinsam, dass ein Gerichtsgutachter nicht tätig werden darf, wenn er aus einem persönlichen oder sachlichen Grund ein unmittelbares oder mittelbares *Interesse am Ausgang der Streitsache* hat. Dies gilt zum einen, wenn der Experte aus persönlichen Gründen (Verwandtschaft, sonstige nahe Beziehungen zu einer Partei) als befangen erscheint. Zum andern, wenn der Beizug eines Gerichtsexperten aus sachlichen Gründen problematisch ist. Befangenheit oder zumindest ein Anschein von Befangenheit eines Gerichtsexperten kann sich aus dem Umstand ergeben, dass er zu einer Prozesspartei in einer wirtschaftlichen Beziehung steht oder stand, wobei diese eine gewisse Intensität aufweisen muss.[96]

14.57 Im Vordergrund steht in der Baupraxis der *Ausschlussgrund der (unzulässigen) Vorbefassung* (Art. 47 Abs. 1 lit. b ZPO). Danach sind Sachverständige zum Ausstand verpflichtet, wenn sie in derselben Streitsache schon in einer anderen Instanz oder in einer anderen Stellung (z.B. als Mitglied einer Behörde, als Privatgutachter, als Mediator oder als Zeuge) tätig waren oder zu gerichtlichen Handlungen Anlass gegeben haben.[97] So kann ins-

---

[92] BGE 126 III 249/253 E. 3c; 125 II 541/544 E. 4a; 120 Ib 339/341 E. 3f; BGer 8C.781/2010 vom 15. März 2011 E. 3; 4A_256/2010 vom 26. Juli 2010 E. 2.1; 6B.299/2007 vom 11. November 2007 E. 5.

[93] BGE 128 III 12/15 E.4a; BGer 4A_286/2011 vom 30. August 2011 E. 3.1. Auch in Deutschland untersteht der Sachverständige denselben Ablehnungsgründen wie eine Gerichtsperson (vgl. § 406 deutsche ZPO; Motzke, Prozesse in Bausachen, S. 303 ff.).

[94] Dolge, Basler Kommentar, N 20 zu Art. 183 ZPO; Bühler A., Erwartungen, S. 568.

[95] BGE 135 II 334/336 E. 2.2; 134 I 20/21 E. 4.3.1; 132 II 485/496 E. 4.3; 126 III 249/253 E. 3c (im Schiedsverfahren); Bühler A., Gerichtsgutachter, S. 26.

[96] BGE 125 II 541/545 E. 4b; BGer 5A_864/2011 vom 16. März 2002 E. 4.2.2; 4A_256/2010 vom 26. Juli 2012 E. 2.4.

[97] BGer 6P.17/2003 vom 17. April 2003 E. 2 betr. fortlaufendem Mandatsverhältnis zwischen einer Partei und dem Gerichtsgutachter. BGer 4A_256/2010 vom 26. Juli 2010 E. 2.2 betr. gleichzeitige Tätigkeit des Gerichtsexperten für eine Partei in einem Verfahren vor dem Europäischen Patentgericht. Vgl. ferner Weber, Basler Kommentar, N 24 zu Art. 47 ZPO.

besondere nicht als Gerichtsgutachter tätig werden, wer eine Prozesspartei in derselben Streitsache bereits vorprozessual beraten hat. Ein vorgängiges Mandat als Privatgutachter schliesst die nachfolgende Tätigkeit als Gerichtsexperte in der gleichen Sache aus.[98] Eine unzulässige Vorbefassung liegt bei einem Sachverständigen auch vor, wenn er bereits vor Bestellung bzw. nach Annahme des Mandates mit einem früheren Gerichtsgutachter (der wegen Befangenheit ebenfalls abgelehnt werden musste) seine Expertenmeinung ausgetauscht hat.[99]

Art. 47 Abs. 2 ZPO konkretisiert den Ausschlussgrund der Vorbefassung, indem er in einem *Negativkatalog* vereinzelte Umstände nennt, bei denen vormalige Befassung alleine nicht genügt.[100] 14.58

Keine unzulässige Vorbefassung liegt insbesondere vor, wenn ein und derselbe Sachverständige zuerst im Beweissicherungsverfahren und in der Folge im Hauptprozess zur Erstattung eines Gerichtsgutachtens bestellt wird.[101] Dasselbe gilt, wenn ein Sachverständiger in mehreren am gleichen Zivilgericht anhängigen Parallelprozessen, in denen derselbe Streitgegenstand zu beurteilen ist, gleichzeitig oder zeitlich gestaffelt als Gerichtsgutachter bestellt wird.[102] Eine zulässige Vorbefassung liegt auch vor, wenn der Richter der oberen Instanz den Sachverständigen, der bei der unteren Instanz ein Gutachten erstattet hat, zur Ergänzung oder Erläuterung seines Berichts im Rechtsmittelverfahren auffordert. 14.59

Ungeachtet eines konkreten Ausschlussgrunds darf ein Gutachter nicht tätig werden, wenn «*aus anderen Gründen*» die Gefahr einer Unvoreingenommenheit vorliegt (Art. 47 Abs. 1 lit. f ZPO): Gerichtspersonen (und damit auch Sachverständige) haben über alle Zweifel erhaben zu sein, und es ist auch der blosse Anschein der Befangenheit zu vermeiden. Nach dem Gesagten (Rz. 14.56) begründet nicht jede irgendwie geartete Beziehung zwischen dem Experten einerseits und den Parteien bzw. der zu beurteilenden Frage andererseits für sich allein den Verdacht der Befangenheit. So ergibt sich eine solche nicht schon daraus, dass ein Experte im gleichen Institut arbeitet wie ein Kollege, dessen Mei- 14.60

98 BGE 125 II 541/545 E 4b. Nach der Rechtsprechung des deutschen Bundesgerichtshofs ist ein Gerichtsexperte wegen der Besorgnis der Befangenheit selbst dann abzulehnen, wenn er für einen nicht unmittelbar am Rechtsstreit beteiligten Dritten ein entgeltliches Privatgutachten zu einer gleichartigen Fragestellung in einem gleichartigen Sachverhalt erstattet hat und die Interessen der jeweiligen Parteien in beiden Fällen in gleicher Weise kollidieren (BGH VI ZB 31/16 vom 10. Januar 2017 = BauR 2017, S. 765 ff.). Zu dieser Befangenheitsablehnung aufgrund inhaltlicher Vorbefassung Plassmeier/Keilmann, Einmal entschieden, S. 891 ff.

99 BGE 97 I 320/328 E. 4c.

100 Zu diesen Umständen im Einzelnen Diggelmann, ZPO-Kommentar [Dike], N 49 ff. zu Art. 47 ZPO.

101 Vgl. Art. 47 Abs. 2 lit. b ZPO; Bühler A., Erwartungen S. 569.

102 Diggelmann, ZPO-Kommentar [Dike], N 44 zu Art. 47 ZPO; Bühler A., Gerichtsgutachter, S. 28. Nach Bühler A. entspricht die Zulässigkeit der Mitwirkung dem Gebot der Verfahrensökonomie, wie zum Beispiel im Gewährleistungsprozess verschiedener Stockwerkeigentümer betreffend identische Mängel an gemeinschaftlichen Anlagen und Bauteilen.

nungsäusserung zu beurteilen ist, denn sonst könnte in vielen Fällen überhaupt kein geeigneter Experte gefunden werden.[103] Auch die blosse Mitgliedschaft der Betroffenen in einem Berufs- und Interessenverband (z.B. SIA), in der gleichen politischen Partei oder im selben Service-Klub begründet nicht notgedrungen den Anschein der Befangenheit, soweit zwischen den Betroffenen nicht eine freundschaftliche Beziehung besteht.[104]

14.61 Was die konkrete Beurteilung der Befangenheit betrifft, steht dem Richter ein gewisser *Ermessensspielraum* zu.[105] Doch wird für Gerichtsexperten im Vergleich zu Richtern meines Erachtens zu Recht sogar ein *strengerer Massstab* postuliert, und zwar aus der Überlegung, dass Richter (im Unterschied zu Gerichtsexperten) bereits durch ihr Amt zur Unabhängigkeit und Unbefangenheit erzogen werden.[106] Die Beantwortung der Frage, inwieweit die «Besorgnis der Befangenheit» (ausserhalb einer besonderen Nähe des Sachverständigen zur Streitsache oder zu einer Prozesspartei) für sich allein ein ausreichendes Misstrauen begründen kann, um die Ablehnung eines Sachverständigen zu rechtfertigen, bedarf oft einer *diffizilen Abwägung.* Bei der Beurteilung der Befangenheit hat der Richter einen inneren Zustand nachzuvollziehen, der im Regelfall als subjektiver Umstand nicht bewiesen werden kann; es genügt daher nach der Rechtsprechung, dass *objektive* Umstände vorliegen, welche dann – aus der Sicht des Richters – für den Anschein der Befangenheit sprechen, ungeachtet des subjektiven Empfindens der Prozessparteien oder des abgelehnten Sachverständigen.[107]

14.62 Will der Sachverständige den Anschein der Befangenheit vermeiden, so hat er bei seiner Tätigkeit, gerade auch im Kontakt mit den Prozessparteien, analog dem Richter auf *strikte Gleichbehandlung* der Parteien zu achten und insbesondere einseitige Kontakte zu einer Partei oder deren Rechtsvertreter zu vermeiden.[108] Will der Gerichtsgutachter nicht den Anschein der Befangenheit begründen, dann sieht er besser davon ab, (unsachliche) Äusserungen zur Person, zum Projekt oder zum Verhalten einzelner Beteiligter zu machen, die inhaltlich oder der Art der Kommunikation nach besondere Sympathien oder Antipathien zum Ausdruck bringen, wobei es auf die Form der Äusserung (mündlich, schriftlich, mittels Mimik oder Gestik) nicht ankommt.[109] Im Übrigen ist der Gerichtsgutachter gut beraten, auch auf heftige Kritik und unsachliche Polemik einer Partei zurückhaltend zu reagieren, will er sich nicht dem Vorwurf des Anscheins der Befangenheit ausset-

---

103 BGE 125 II 541/545 E. 4b; 121 I 225/229 E. 3.

104 Vgl. etwa Weber, Basler Kommentar, N 42 zu Art. 47 ZPO. Vgl. auch BGE 118 Ia 282.

105 Eine umfassende Übersicht bezüglich der deutschen Rechtsprechung geben Bayerlein, Praxishandbuch, S. 394 f.

106 Rüetschi, Berner Kommentar, N 31 zu Art. 183 ZPO.

107 BGE 136 I 207/210 E. 3.1; 131 II 217/225 E. 3.1; 127 I 164/168 E. 3b; 125 II 541/544 E. 4a in fine; BGer 5A_864/2011 vom 16. März 2012 E. 4.2.1.

108 Vgl. Bühler A., Gerichtsgutachter, S. 35 ff. mit zahlreichen Beispielen aus der deutschen Rechtsprechung.

109 BGer 8C.781/2010 vom 15. März 2011 E. 7.1. Ferner BGE 133 I 1 (= BR/DC 2007, S. 125, Nr. 262, mit Anm. Hänni); BGer 1B_365/2009 vom 22. März 2010 E. 2.2; KassGer ZH vom 5. Mai 1997 (= ZR 1997, Nr. 125, S. 279).

zen.[110] Der Umstand, dass ein Prozessbeteiligter gegen den Gerichtsgutachter eine Strafanzeige einreicht, rechtfertigt, für sich allein genommen, nicht, diesen als befangen anzusehen.[111] Doch wird ein Richter einem Ablehnungsgesuch stattgeben müssen, wenn sich der Gerichtsgutachter als Folge der Strafanzeige nicht mehr unbefangen fühlt.[112] Der Umstand, dass ein Gerichtsgutachter in einem früheren Verfahren eine Expertise zuungunsten einer Partei ausgestellt hat, stellt für sich allein im Regelfall keinen Befangenheitsgrund dar.[113]

4. Pflicht zur Wahrheit und Objektivität: Die sachverständige Person ist zur Wahrheit verpflichtet. Sie untersteht bei Erstattung eines falschen Gutachtens den Strafbestimmungen von Art. 307 StGB, bei Verletzung des Amtsgeheimnisses derjenigen von Art. 320 StGB. Das Gericht ist verpflichtet, die sachverständige Person über die Straffolgen eines falschen Gutachtens sowie einer Amtsgeheimnisverletzung zu belehren (Art. 184 ZPO). Erfolgt die Belehrung erst nach Ablieferung des Gutachtens, ist dieses nur verwertbar, wenn die sachverständige Person den Inhalt der Expertise nach der Belehrung bestätigt.[114] Die Geheimhaltungspflicht gilt hingegen unabhängig davon, ob der Richter explizit darauf hingewiesen hat.[115] Die Pflicht zur *Objektivität* beinhaltet das Gebot, den Sachverstand vollständig und wertungsfrei zu berücksichtigen und jeglichen Anschein der Befangenheit und Parteilichkeit zu vermeiden. 14.63

5. Eignung und Fachwissen: Über welche beruflichen Qualifikationen und Fachkenntnisse der Gerichtsgutachter verfügen muss, bestimmt sich letztlich nach dem Beweisthema und den Expertenfragen, welche der Sachverständige im konkreten Einzelfall zu beantworten hat. Der beigezogene Sachverständige muss *kein Alleskönner* sein; er muss jedoch im Fachbereich, in dem er zur Begutachtung beigezogen wird, über Spezialkenntnisse und praktische Erfahrung verfügen, die ihn befähigen, den zur Beurteilung stehenden (technischen) Sachverhalt in der ganzen Tragweite zu überblicken. Im Regelfall gilt: Die fachliche Qualifikation des Experten muss stets über derjenigen der Prozessbeteiligten stehen, deren Verhalten er zu prüfen hat. Erkennt ein Gerichtsgutachter im Zuge der Gutachtenserstellung, dass er nicht über die erforderlichen Fähigkeiten verfügt, so hat er umgehend das Gericht darüber in Kenntnis zu setzen und sich von seiner Aufgabe entbinden zu lassen oder den Beizug eines zusätzlichen (im fraglichen Bereich spezialisierten) Sachverständigen zu verlangen. Versäumt er dies, liegt ein *Übernahmeverschulden* vor; alsdann verletzt der Gerichtsexperte seine Sorgfaltspflichten[116] und er riskiert den Verlust des Entschädigungsanspruchs für die dennoch ausgeübte Gutachtertätigkeit. 14.64

---

[110] Bühler A., Gerichtsgutachter, S. 36 f.

[111] Inspektionskommission AG vom 11. Juli 2003 E. 3 (= AGVE 2003, Nr. 12, S. 55).

[112] Bühler A., Gerichtsgutachter, S. 36

[113] BGE 132 V 93/110 E. 7.2.2; KassGer ZH vom 10. Juni 2002 (= ZR 2003, Nr. 31, S. 154).

[114] Dolge, Basler Kommentar, N 16 zu Art. 184 ZPO.

[115] Dolge, Basler Kommentar, N 8 zu Art. 184 ZPO. Art. 320 Ziff. 2 StGB: Zur Entbindung vom Amtsgeheimnis einer sachverständigen Person gegenüber Dritten ist als vorgesetzte Behörde jenes Gericht zuständig, das den Sachverständigen bestellt hat.

[116] HGer ZH vom 27. April 2000 (= ZR 2001, Nr. 22, S. 71).

14.65 Die fachliche Eignung ist indessen – für sich allein – nicht ausreichend. Vielmehr muss auch der qualifizierte Gerichtsgutachter über das erforderliche «*Handwerkszeug*» verfügen, um den Anforderungen zu genügen, die inhaltlich und formell an ein Gutachten gestellt werden. Erwartet werden darf vom Gerichtsgutachter nicht nur, dass er die Materie beherrscht und lege artis vorgeht. Vielmehr muss er in der Lage sein, die Gutachtertätigkeit mit Sorgfalt und Umsicht durchzuführen und das Resultat seiner Bemühungen klar und nachvollziehbar in den Expertenbericht aufzunehmen (zu den Anforderungen an eine Expertise im Einzelnen Rz. 14.87 ff.).

14.66 **6. Praxiserfahrung:** Der in einem Bauprozess beigezogene Sachverständige muss sich nicht nur über einen hohen Ausbildungsstand ausweisen; er muss darüber hinaus auch über mehrjährige praktische Erfahrungen und fachüberschreitendes Wissen verfügen. Generalist und Spezialist zugleich, sollte der Sachverständige über ein gewisses *Grundverständnis auch für juristische Fragestellungen* verfügen. Gerichtsexperten müssen daher nicht nur ausreichende theoretische und praktische Kenntnisse haben, sondern vielmehr auch in der Lage sein, dem (technisch im Regelfall nicht vorgebildeten) Gericht eine überzeugende und nachvollziehbare Begutachtung zu unterbreiten, welche auch auf die kontroversen Standpunkte der Prozessparteien Bezug nimmt und diese beurteilt und bewertet.

14.67 **7. Persönliche Ausführung der gutachterlichen Leistungspflicht:** Die Bestellung zum gerichtlichen Experten ist ein *höchstpersönlicher Akt.* Grundsätzlich ist es einem Sachverständigen ohne besondere richterliche Ermächtigung untersagt, die ihm übertragene Gutachteraufgabe ganz oder teilweise an Dritte zu delegieren. Die Ernennung erfolgt gestützt auf das Vertrauen in seine Persönlichkeit, seine beruflichen Fähigkeiten und seine Unabhängigkeit.[117] Der Gerichtsgutachter ist daher zur persönlichen Ausführung der ihm erteilten Aufgaben und Beantwortung der ihm übertragenen Expertenfragen verpflichtet. Die höchstpersönliche Leistungspflicht des Gerichtsgutachters ergibt sich im Anwendungsbereich des Werkvertragsrechts aus Art. 364 Abs. 2 respektive aus Art. 398 Abs. 3 OR, wenn und soweit Auftragsrecht zur Anwendung kommt.

14.68 Aus der Geltung der Ausstandsvorschriften sowie der Strafsanktion von Art. 307 StGB wird gefolgert, dass nur *natürliche* (nicht juristische) *Personen* als Gerichtsexperten ernannt werden können.[118] Zunehmend werden heute aber auch Amtsstellen, Institute oder sonstige juristische Personen als Gutachter ernannt, was im Regelfall die Qualität der Begutachtung verbessert, weil ein arbeitsteilig organisierter Betrieb je nach Aufgabe geeignete Experten beiziehen kann. Alsdann muss jedoch zum Vornherein klar sein und auch aus dem Gutachten hervorgehen, welche sachverständige (natürliche) Person für dessen Inhalt verantwortlich zeichnet und es im Bedarfsfall mündlich erläutert.[119]

---

[117] Weibel, ZPO-Kommentar [Schulthess], N 30 ff. zu Art. 183 ZPO; HGer ZH vom 27. April 2000 (= ZR 2001, Nr. 22, S. 71); Bühler A., Gerichtsgutachter, S. 21; Spühler/Dolge/Gehri, Schweizerisches Zivilprozessrecht, § 10 Rz. 155.

[118] Rüetschi, Berner Kommentar, N 13 zu Art. 183 ZPO; Weibel, ZPO-Kommentar [Schulthess], N 32 zu Art. 183 ZPO.

[119] Dolge, Basler Kommentar, N 27 Art. 183 ZPO; Weibel, ZPO-Kommentar [Schulthess], N 32 zu Art. 183 ZPO.

Die höchstpersönliche Leistungspflicht des Gerichtsgutachters schliesst nicht aus, dass das Gericht einen zweiten (Mit-)Gutachter oder *«mehrere sachverständige Personen»* als Team einsetzt (so ausdrücklich: Art. 183 Abs. 1 ZPO). Die Erstattung eines gemeinsamen Gutachtens durch mehrere Experten ist prozessordnungskonform, sofern die einzelnen Fachleute bei intern abweichenden Meinungen diese im Gutachten festhalten.[120] Nach der Schweizerischen Zivilprozessordnung hat jeder beauftragte Sachverständige ein (separates) Gutachten zu erstatten, sofern das Gericht nichts anderes anordnet (Art. 187 Abs. 3 ZPO). 14.69

Zulässig und mit dem Grundsatz der persönlichen Leistungspflicht zu vereinbaren ist der *Beizug von Hilfspersonen,* die in einem Subordinationsverhältnis zum Gerichtsgutachter stehen, wie etwa für notwendige Vorbereitungsarbeiten. Solche untergeordneten Arbeiten, wie zum Beispiel fortlaufende Untersuchungen, die Erarbeitung von Projektskizzen oder Schreibarbeiten dürfen an Hilfskräfte delegiert werden, ohne dass diese vom Gericht zu bestellen sind. Im Zweifel ist vor einem Beizug von Hilfspersonen das Einverständnis des Gerichts einzuholen und die Neutralitätspflicht zu prüfen. Zudem ist im Gutachterbericht anzugeben, welche Personen für welche Hilfsarbeiten beigezogen wurden und welche Aufgaben – nach Ermächtigung durch das Gericht – an sachverständige Dritte delegiert wurden. 14.70

8. Ernennung und Instruktion des Sachverständigen: Auswahl und Instruktion des gerichtlichen Experten obliegen grundsätzlich dem *Gericht* (Art. 185 ZPO). Die Parteien sind «vorgängig» anzuhören (Art. 183 Abs. 1 ZPO).[121] In der Regel erhalten die Parteien Gelegenheit, *Experten* vorzuschlagen. Aus dem Gehörsanspruch folgt, dass den Parteien Gelegenheit zu geben ist, Einwendungen gegen den vorgeschlagenen Experten (z.B. Ausstandsgründe) bzw. dessen persönliche oder fachliche Eignung (Kompetenz, Ausbildung, Erfahrung) zu erheben.[122] Der Richter ist indes an einen einseitigen oder auch gemeinsamen Vorschlag der Parteien nicht gebunden. 14.71

Die Ernennung des Gerichtsgutachters ist ein *prozessleitender Entscheid,* mit welchem das Gericht über die Anordnung einer Expertise *Beschluss* fasst. Die Bestellung des Gerichtsgutachters ist *nicht* mit einem ordentlichen Rechtsmittel anfechtbar, vielmehr kann dieser Zwischenentscheid (zuweilen auch Beweisbeschluss oder Beweisverfügung genannt) erst mit dem Endentscheid angefochten werden. 14.72

Das Gericht instruiert die sachverständige Person im Rahmen der Experteninstruktion. Nach Art. 187 ZPO liegt es im Ermessen des Gerichts, dem Sachverständigen die Aufgabe und die zu beantwortenden Fragen auf *schriftlichem Weg* oder in einer *mündlichen* Verhandlung zu unterbreiten, im Bedarfsfall verbunden mit einem Augenschein. 14.73

Nach seiner Ernennung ist der Sachverständige gehalten, die Instruktionen des Gerichts (unter Mitwirkung der Prozessparteien) einzuholen. Im Rahmen dieser *Instruktion* wird 14.74

---

[120] HGer ZH vom 4. November 1992 (= AGVE 1993, S. 94).

[121] «Vorgängig» meint vor Ernennung des Sachverständigen durch Beweisverfügung i.S. Art. 154 ZPO (Müller H., ZPO-Kommentar [Dike], N 12 zu Art. 183 ZPO).

[122] BGer 5A_864/2011 vom 16. März 2012 E. 4.1.

das Gericht (bzw. der kraft Delegation i.S. von Art. 155 Abs. 1 ZPO zuständige Instruktionsrichter) die sachverständige Person über die Streitsache orientieren, ihr die erforderlichen Prozessakten zur Verfügung stellen und entweder allein oder zusammen mit den Parteien den *Expertenfragenkatalog*[123] vorbereiten (vgl. Art. 185 Abs. 2 ZPO). Wenn die Parteien nicht schon bei der Formulierung der Gutachterfragen mitwirken dürfen, so wird ihnen regelmässig nachträglich das Recht eingeräumt, Änderungen oder Ergänzungen zum Fragenkatalog zu unterbreiten. Der verfassungsmässige Anspruch auf rechtliches Gehör (Art. 29 Abs. 2 BV) umfasst nach der Rechtsprechung des Bundesgerichts jedoch lediglich die Befugnis, sich nach Vorlage des Expertenberichts zum Gutachten zu äussern und allenfalls noch Ergänzungsfragen zu beantragen.[124] Der endgültige Entscheid über die Formulierung der Expertenfragen obliegt stets dem Gericht.[125]

14.75 **9. Pflicht zur Übernahme eines Mandats als Gerichtsgutachter:** Bis zum Inkrafttreten der Schweizerischen Zivilprozessordnung hat sich nach Massgabe der kantonalen Zivilprozessordnungen bestimmt, ob Sachverständige, die ein öffentliches Amt ausüben, eine öffentlich-rechtliche Verpflichtung zur Mitwirkung in einem Prozess als Gerichtsexperten trifft.[126] Die Schweizerische Zivilprozessordnung auferlegt «sachverständigen Personen» *keine explizite*[127] *Pflicht* zur Mitwirkung in einem Gerichtsverfahren. Hingegen kann das *kantonale Recht* (z.B. im Personalgesetz) nach wie vor vorsehen, dass Beamte in besonderer Stellung (z.B. Grundstückschätzer) eine Pflicht trifft, sich kraft ihrer Funktion und Stellung in ihrem Fachbereich bei den Gerichten ihres Arbeitskantons als Sachverständige zur Verfügung zu stellen.

[123] Die Formulierung der Expertenfragen und insbesondere deren Reduktion auf die Ermittlung der tatbestandlichen technischen Grundlagen, sodass der Richter daraus rechtliche Schlussfolgerungen ziehen kann, ist eine heikle Aufgabe, bei welcher die Parteien zwingend angehört werden müssen (Müller H., ZPO-Kommentar [Dike], N 23 ff. zu Art. 185 ZPO, vgl. auch Reetz/Vorburger, Gutachten und Gutachterfragen, S. 211 ff.). Nach BGer 5A_557/2017 vom 16. Februar 2018 E. 3.1.2 kann sich das Gericht bei der Formulierung der Expertenfragen durch den Gutachter selber helfen lassen. Zur Abgrenzung zwischen Tat- und Rechtsfragen und zur Frage, in welchen Konstellationen sogenannte «Komplexfragen» zulässig sind: Klose, Prozesse in Bausachen, S. 282 ff. und die dort zitierte BGH-Rechtsprechung.

[124] BGE 129 II 497/504 f. E. 2.2; 127 I 54/56 E. 2b ff.; 99 Ia 42/45 f. E. 3b; für den Spezialfall der Einholung eines Rechtsgutachtens: BGE 128 V 272/279 E. 5b/dd; ferner Hürlimann, Der Anwalt als Gutachter, S. 389 ff.; Bühler A., Gerichtsgutachter, S. 43.

[125] BGE 139 III 33/36 E. 4.3

[126] Vgl. etwa § 255 Abs. 1 ZPO-AG; § 173 Abs. 2 ZPO-ZH; demgegenüber Art. 266 ZPO-BE; zur heutigen Rechtslage: Rüetschi, Berner Kommentar, N 18 zu Art. 183 ZPO; Dolge, Basler Kommentar, N 31 zu Art. 183 ZPO; ferner Bettex, L'expertise judiciaire, S. 107 f. mit umfassender Übersicht zur «Begutachtungspflicht»; Klopfer, Die Haftung des Zeugen, S. 67 ff., wonach jedenfalls dann Erstattungspflicht besteht, wenn ein Sachverständiger mit seinem Einverständnis bestellt wurde.

[127] Vgl. immerhin Art. 160 Abs. 1 ZPO, der «die Parteien und Dritte» zur Mitwirkung bei der Beweiserhebung verpflichtet. Nach Gasser/Rickli, ZPO-Kurzkommentar [Dike], N 1 zu Art 185 ZPO, ist die Sachverständigungspflicht eine «Bürgerpflicht». Ablehnend: Müller H., ZPO-Kommentar [Dike], N 5 zu Art. 184 ZPO, der auf die fehlende gesetzliche Grundlage für eine solche «Bürgerpflicht» hinweist.

Im Unterschied etwa zu Frankreich[128] oder zu Deutschland[129] kennt die Schweiz keine *gerichtlich vereidigten Bausachverständigen.* Zwar können sich technische Sachverständige mittlerweile in der Schweiz nach vorgängiger Prüfung in ein *Expertenregister* eintragen lassen. Doch begründet der Eintrag weder eine Verpflichtung zur Gutachtenserstattung,[130] noch wird ein Sachverständiger unter Berufung auf Wirtschaftsfreiheit (Art. 27 BV) einen Anspruch ableiten können, zu einer hoheitlichen Tätigkeit, wie es die Tätigkeit als Gerichtsexperte ist, zugelassen zu werden.[131] 14.76

2. Die Anforderungen an den Privatgutachter

1. Die Vorgaben nach der SIA-Richtlinie 155: Ist ein *privater Gutachter* zu bestellen, so sind die Beteiligten in der Auswahl der Person grundsätzlich frei. Die Parteien sind jedoch gut beraten, sich auch vor der Ernennung eines Privatgutachters hinreichend über dessen Qualifikationen sowie dessen Beziehungen zur Sache und zu den involvierten Beteiligten zu informieren. Der Privatgutachter hat grundsätzlich denselben Anforderungen zu genügen wie ein Gerichtsexperte (vgl. Rz. 14.53 ff.). Die SIA-Richtlinie 155 (1987) für die Ausarbeitung von Gutachten[132] umschrieb in Art. 2 die Expertenpflichten und Anforderungen an den Experten folgendermassen: 14.77

- «*Berufsethik:* Der Experte nimmt einen Auftrag nur an, wenn er über die zur Bearbeitung nötigen Kenntnisse verfügt. 14.78
- *Unabhängigkeit:* Der Experte soll gegenüber dem Personenkreis und der Sache des Gutachtens unabhängig und unbefangen sein. Andernfalls hat er den Auftrag abzulehnen. Der Experte wird nur von seinem Auftraggeber honoriert. 14.79
- *Sorgfalt:* Der Experte erfüllt seinen Auftrag sorgfältig und gründlich. Er formuliert sein Gutachten verständlich und liefert dieses fristgerecht ab. 14.80

---

128 Vgl. Bettex, L'expertise judiciaire, S. 103 f.

129 Vgl. Jessnitzer/Frieling/Ulrich, Der gerichtliche Sachverständige, S. 145 ff.; Bayerlein, Praxishandbuch, S. 99; eine rechtsvergleichende Übersicht findet sich ferner bei Ceppi, Das Sachverständigengutachten, S. 19 ff. Vgl. SIA-Dokumentation D 016, S. 7 ff. (Rz. 14.14, Fn. 9), insbesondere zur Schaffung eines Expertenverzeichnisses der SIA-Mitglieder (S. 7 f.), zur Gutachtertätigkeit der EMPA (S. 53 ff.) und zur Gutachtertätigkeit der SIA-Honorarkommission (S. 31 ff.).

130 Die Swiss Experts Certification SA (SEC) ist die vom Eidgenössischen Institut für Metrologie nach der Norm ISO 17027 akkreditierte Unternehmung, welche Gerichtsexpertinnen und Gerichtsexperten in der Schweiz zertifiziert. Das Zertifikat bürgt, so die Geschäftsstelle, für Fachkompetenz, Erfahrung und Unabhängigkeit im geprüften Tätigkeitsbereich der Expertin oder des Experten (vgl. Lanfranconi, Zertifizierung von Gerichtsexperten, S. 133 ff.; zur Zertifizierung in Deutschland: Bayerlein, Praxishandbuch, S. 96 ff.).

131 BGer 2C_121/2011 vom 9. August 2011 E. 4.3.1. Das Binnenmarktgesetz findet keine Anwendung (E. 3.3).

132 Eine sorgfältige und umfassende Kommentierung zur Richtlinie 155 gibt die SIA-Dokumentation D 016, S. 7 ff. (Rz. 14.14, Fn. 9). Die Richtlinie wurde 2006 «ersatzlos» zurückgezogen, umschreibt aber noch heute die Anforderungen an Experten sehr treffend.

14.81 – *Objektivität:* Der Experte erstattet sein Gutachten objektiv und unparteiisch. Er berücksichtigt den ganzen Tatbestand. Sein Vorgehen soll nachvollziehbar, seine Aussagen müssen belegt und seine Schlussfolgerungen sollen überprüfbar sein.

14.82 – *Verschwiegenheit:* Der Experte behandelt Kenntnisse, die er im Zusammenhang mit seinem Auftrag erhält, vertraulich. Seine Erkenntnisse teilt er nur seinem Auftraggeber mit. Dritte darf er nur mit dessen Einverständnis informieren.

14.83 – *Ausbildung und Erfahrung:* Der Experte muss im REG A des Schweizerischen Registers der Ingenieure und Architekten eingetragen sein (Hochschulausbildung oder gleichwertige Qualifikationen) und mehrjährige Erfahrung besitzen, die ihm erlaubt, den Gegenstand des Gutachtens als Spezialist wie auch generell zu beurteilen. Er soll in der Lage sein, auch die rechtlichen und wirtschaftlichen Aspekte seiner Aufgabe zu erfassen.»

14.84 **2. Besonderheiten des Privatgutachtervertrags:** Die SIA-Richtlinie 155 (1987) richtete sich in erster Linie an *SIA-Mitglieder* und die *Instanzen des SIA*. Die Richtlinie enthielt jedoch überwiegend allgemeine Rechtsprinzipien, an welche sich auch nicht dem SIA angehörende Privatgutachter halten sollten.

14.85 Besondere Erwähnung verdient, dass der Beweiswert eines Privatgutachtens[133] nicht nur von der Fachkompetenz des Sachverständigen, sondern massgeblich auch von seiner Objektivität und Unabhängigkeit abhängt. Wenn der Privatgutachter aus persönlichen oder sachlichen Gründen ein Interesse am Ausgang der Streitsache hat oder aus sonstigen Gründen (z.B. nahe Beziehungen zu einer Partei) nicht über die erforderliche Unabhängigkeit verfügt, besteht zumindest die Gefahr, dass er sich bei der Gutachtenserstattung nicht von rein objektiven, unparteilichen Überlegungen leiten lässt.

14.86 In der Praxis zeigt es sich, dass die private Gutachtertätigkeit, jedenfalls soweit sie sich nicht in einer reinen Feststellung oder Berechnung erschöpft, regelmässig mit gewissen persönlichen Wertungen verbunden ist, sei dies, weil der Sachverständige einer besonderen «Denkschule» angehört, sei dies, weil er bestimmte Arbeits- bzw. Prüfmethoden bevorzugt. Wenn es um die Beurteilung von Liegenschaften geht, sind die Festlegungen des Experten nicht immer frei von subjektiven Überlegungen. Gerade bei Schätzungsaufträgen wird man dem Privatgutachter bei der Beurteilung einen gewissen *Ermessensspielraum* zugestehen müssen. Wenn nun also der Privatgutachter bei der Ausarbeitung seiner Expertise (z.B. bei der Bewertung eines Grundstücks aufgrund der Bau- und Zonenordnung) die bestehenden Schätzungstoleranzen zum Vorteil des Vertragspartners ausnützt (z.B. durch konservative Berücksichtigung von Altersentwertung und Unterhaltszustand),[134] so liegt allein deswegen noch nicht notgedrungen eine Verletzung des Gebotes der Unabhängigkeit und Objektivität vor.[135]

---

133 Ein Privatgutachten stellt kein Beweismittel dar (vgl. im Einzelnen Rz. 14.116).

134 Vgl. etwa die Schätzungsbereiche bei NAEGELI/HUNGERBÜHLER, Liegenschaftenschätzer, S. 18 ff.

135 HÜRLIMANN, Der Anwalt als Gutachter, S. 400.

3. Die Anforderungen an das Gutachten

1. Erforderlicher Inhalt des gerichtlichen Gutachtens: Der Sachverständige hat sich 14.87
am konkreten Fall, an den erhaltenen Instruktionen und gegebenenfalls am Beweisbeschluss zu orientieren, also danach, was das Gericht vom Experten in der Sache wissen will. Auch wenn mündliche oder schriftliche Instruktion zulässig ist, so wird es doch in komplexen Fällen regelmässig geboten sein, die Aufgabenstellung mit dem Experten *in mündlicher Verhandlung* zu besprechen. Dies erlaubt es den anwesenden Parteien, Missverständnisse auszuräumen, unklare Expertenfragen zu präzisieren respektive juristische Formulierungen der technischen Fachsprache des Experten anzupassen. Die mündliche Instruktion erlaubt es den Beteiligten zudem, an Ort und Stelle Ergänzungsfragen zu formulieren. Eine präzise Instruktion vereinfacht die Arbeit des Experten und erhöht den Nutzen für die Empfänger des Gutachterberichts.

2. Form und Aufbau von Gerichtsexpertisen: Generell lässt sich sagen, dass das Ge- 14.88
richtsgutachten in formeller Hinsicht einen klaren und systematischen Aufbau aufweisen und die gestellten Expertenfragen *vollständig, klar und schlüssig* beantworten muss. Zu den Mindestanforderungen an ein Gutachten gehört:

- *Angabe des Gerichts bzw. der Behörde,* welche die «sachverständige Person» als Ge- 14.89
  richtsexpertin bestellt hat (inkl. Angabe der Prozessnummer);
- *Angabe der Prozessparteien* (Klägerin, Beklagte, Nebenintervenienten etc.); 14.90
- *Darstellung der Ausgangslage und Chronologie der Gutachtensernennung* (soweit be- 14.91
  kannt);
- *Aufzählung der erhaltenen bzw. verwendeten Prozessakten* und weiterer Dokumente 14.92
  bzw. Pläne;
- *Wiedergabe der Expertenfragen respektive Beweisthemen* respektive weiterer Anwei- 14.93
  sungen des Gerichts;
- *Bezeichnung der durchgeführten Untersuchungen,* Augenscheine, weiterer Erhebun- 14.94
  gen, unter Angabe der jeweiligen Arbeitsmethoden und Quellen (weitere Dokumente, vorbestehende Berichte und Laboruntersuchungen, Drittauskünfte, Befragung von weiteren Beteiligten etc.);
- *Bekanntgabe sämtlicher Mitwirkender,* d.h. neben des gerichtlich bestellten Gutachters 14.95
  die Angabe weiterer (vom Gericht genehmigter) Mitgutachter, Hilfspersonen, Dritter etc.;
- *Darstellung der Grundlagen,* insbesondere (Anknüpfungs-)Tatsachen und sonstigen 14.96
  Feststellungen, von denen der Sachverständige bei seinem Gutachten ausgeht;
- *Angabe der Untersuchungsergebnisse und der fachspezifischen Grundlagen,* der Befunde 14.97
  und der Untersuchungsmethoden (unter Angabe der SIA-Vorschriften, ISO-Vorschriften etc.) oder allfälliger sonstiger Untersuchungs- oder Messmethoden, auf die sich der Experte abgestützt hat. Angaben zu den nicht durchgeführten Untersuchungsmethoden;

14.98 – *Erkenntnisse respektive Schlussfolgerungen aus den (Anknüpfungs-)Tatsachen, aus den erarbeiteten Grundlagen* und den Prüfungsergebnissen respektive Befunden, wobei sich jede Schlussfolgerung auf eine ermittelte Grundlage abstützen muss.

14.99 **3. Eigene Abklärungen des Gerichtsexperten:** Bei seiner gesamten Gutachtertätigkeit hat sich der Gerichtsexperte an die *Anweisungen des Gerichts,* an den *Beweisbeschluss* sowie an die anlässlich der Instruktion formulierten *Expertenfragen* zu halten. Der Sachverständige soll nur Fragen beantworten, die er auf der Basis der von ihm festgestellten Fakten auch beantworten kann. Bedarf der Sachverständige für die Beantwortung der Expertenfragen weiterer Erhebungen in Ergänzung der zu den zur Verfügung gestellten Gerichtsakten, so ist er verpflichtet, vor Inangriffnahme solcher Abklärungen die *Zustimmung* des Gerichts einzuholen (Art. 186 Abs. 1 ZPO) und sich nötigenfalls ermächtigen zu lassen, «einen Augenschein an Personen oder Eigentum» bei den Prozessparteien oder bei Dritten durchzuführen (Art. 160 Abs. 1 lit. c ZPO). Im Gutachten hat der Gerichtsexperte offenzulegen, wenn er (mit vorgängiger Zustimmung des Gerichts) «eigene Abklärungen» vorgenommen hat (Art. 186 Abs. 1 ZPO). Das Gericht kann auf Antrag einer Partei oder von Amtes wegen *die Abklärungen* nach den Regeln des Beweisverfahrens *nochmals* vornehmen (Art. 186 Abs. 2 ZPO).[136]

14.100 **4. Überschiessende Beweisergebnisse:** Die Beweiswürdigung ist grundsätzlich auf den im Gerichtsverfahren rechtzeitig von den Parteien vorgetragenen Prozessstoff beschränkt. Das Gericht wird der sachverständigen Person die Befugnis, mit «eigenen Abklärungen» zur Klärung des Sachverhalts beizutragen, daher im Regelfall nur zurückhaltend einräumen.[137] Werden *durch ein Gutachten neue Einzeltatsachen* vermittelt oder neue Urkunden bzw. Planunterlagen in den Prozess eingebracht, hat das Gericht zu prüfen, ob diese «eigenen Abklärungen» des Gerichtsexperten durch ausreichende Tatsachenbehauptungen im Behauptungsverfahren getragen werden.[138] Im Konfliktfall wird das Gericht anhand der geltenden Prozess- und Beweisgrundsätze (Darlegungs-, Substanziierungs- und Beweislast) beurteilen müssen, ob bzw. in welchem Umfang es auf Beweisergebnisse abstellen kann und will, die über die Parteivorbringen und die offerierten Beweismittel hinausgehen. Hat das Gericht zwischen der materiellen Wahrheit und der Verhandlungs- und Eventualmaxime abzuwägen, wird es im Zweifel die nachträglich vermittelten Erkenntnisse des Gerichtsgutachtens mitberücksichtigen, wenn der Partei, die daraus einen Vorteil hat, keine prozessualen Versäumnisse vorgeworfen werden können.[139] Gerade bei

---

136 Dazu im Einzelnen: Müller H., ZPO-Kommentar [Dike], N 27 zu Art. 186 ZPO.

137 Im Regelfall geht es um «einfache Erhebungen» bzw. «Fragen von geringerer Bedeutung». Vgl. Müller H., ZPO-Kommentar [Dike], N 7 f. zu Art. 186 ZPO.

138 Dolge, Basler Kommentar; N 16 zu Art. 183 ZPO. Vgl. ferner Bettex, L'expertise judiciaire, S. 167; Guldener, Zivilprozessrecht, S. 350; Leuenberger, Nicht behauptete Tatsachen, S. 315 ff.

139 Pro: Bühler A., Gerichtsgutachter, S. 70 f.; Dolge, Basler Kommentar, N 16 zu Art. 183 ZPO; Leuenberger, Nicht behauptete Tatsachen, S. 316; Müller H., ZPO-Kommentar [Dike], N 16 zu Art. 186 und N 22 zu Art. 187 ZPO; Rüetschi, Berner Kommentar, N 44 zu Art. 183 ZPO. Contra: Weibel, ZPO-Kommentar [Schulthess], N 6 zu Art. 186 ZPO. Bei überschiessenden Beweisergebnissen wird die Partei, der ein prozessuales Versäumnis vorgeworfen werden kann, versuchen müs-

komplexen (technischen) Fragestellungen sind die Parteien zuweilen gar nicht imstande, vor Beizug des Sachverständigen die erforderlichen Parteivorbringen aufzustellen. Lässt sich das Gericht von den im Gutachten getroffenen «eigenen Abklärungen» nur zum Teil überzeugen, so wird es in seinem Urteil nur diese verwerten. Nach dem Substanzierungsgebot gilt jedoch, dass fehlende tatsächliche Darlegungen nicht durch den Antrag auf Einholung einer Expertise geheilt werden können.[140]

5. **Begründung von Gerichtsexpertisen:** Das Gericht kann «mündliche oder schriftliche Erstattung des Gutachtens anordnen» und die sachverständige Person zur Erläuterung des Gutachtens an der Hauptverhandlung anhalten (Art. 187 Abs. 1 ZPO). Über mündliche Ausführungen eines Experten (auch über «Erläuterungen») ist Protokoll zu führen (Art. 187 Abs. 2 und Art. 188 Abs. 2 ZPO). Begründung einer Expertise bedeutet, dass der Gutachter die einzelnen Annahmen und die einzelnen Gedankengänge, aufgrund deren er zu seinen Schlussfolgerungen gelangt, darzulegen hat.[141] Dies bedingt *logische Gedankenführung und lückenlose Begründung der Argumentationskette.* Insbesondere in Fällen, in denen sich ein Beweis technisch oder naturwissenschaftlich nicht unmittelbar führen lässt, hat der Experte die *«anerkannten Regeln der Baukunde»* darzulegen und sämtliche weiteren Anhaltspunkte aufzulisten, auf welche er seine Erkenntnisse abstützt.[142] Der Sachverständige muss angeben, auf welchem Weg und gestützt auf welche Methoden er seine Befunde ermittelt und seine Schlussfolgerungen gezogen hat. Der Gutachterbericht muss die Befunde und die daraus gezogenen Schlussfolgerungen *logisch und vollständig* darlegen und die technisch relevanten Zusammenhänge, welche den Schlussfolgerungen zugrunde liegen, in einer *verständlichen Sprache* erläutern, sodass auch das Gericht und die Parteien die Ausführungen des Gutachters nachvollziehen können. Beruht das Gutachten auf Computerberechnungen (z.B. Berechnungen der Nutzlast und der Querschnittsicherheit von Stockwerksflächen), so hat der Gerichtsexperte das verwendete Computerprogramm und die dazugehörige Dokumentation bekannt zu geben.[143] 14.101

Aus dem rechtlichen Gehörsanspruch folgt, dass der Experte sich mit den unterschiedlichen Standpunkten der Parteien und den vorbestehenden Gutachterberichten auseinandersetzen und zu allen relevanten Einwendungen Stellung beziehen muss. Für den Beweiswert des Gutachtens ist ausschlaggebend, dass die Schlussfolgerungen des Ge- 14.102

---

sen, die durch das Gutachterergebnis zusätzlich vermittelten Ergebnisse ohne Verzug durch eine Noveneingabe i.S. von Art. 229 ZPO in den Prozess einzubringen (Müller H., ZPO-Kommentar [Dike], N 22 zu Art. 187 ZPO).

140 BGer 4A_255/2010 vom 29. Juni 2010 E. 4.6. Vgl. schon BGE 68 II 136/140 f. E. 2: «Mit dem Grundsatz der Freiheit zum Beweis [ist] durchaus vereinbar, vom Beweisführer zu verlangen, dass er mindestens Einzeltatsachen, Indizien geltend mache […] und sich nicht damit begnüge, einfach schlechtweg eine Expertise über die behauptete Gesamttatsache zu verlangen.»

141 KassGer ZH vom 1. November 1985 (= ZR 1986, Nr. 35, S. 75 f.); vgl. auch Klopfer, Die Haftung des Zeugen, S. 80 ff.

142 Zu den Beweismethoden vgl. Schumacher, Beweisprobleme, S. 166 ff.

143 KassGer ZH vom 1. November 1985 (= ZR 1986, Nr. 35, S. 77).

richtsexperten aus der gegebenen Begründung *schlüssig, d.h.* überzeugend und widerspruchsfrei nachvollzogen werden können. Ungereimtheiten oder sogar Widersprüche (wie etwa Diskrepanzen zwischen den ermittelten Grundlagen und den gezogenen Schlussfolgerungen) wecken Zweifel an der Richtigkeit des Gutachtens und beeinträchtigen seinen Beweiswert.

14.103 Bei technisch komplizierten Sachverhalten ist zumindest zu fordern, dass das Gutachten *mithilfe eines beigezogenen Fachmanns* (eines Privatgutachters) *nachvollziehbar* ist.[144] Daher ist es Pflicht des Gerichtsexperten, den Sachverständigenbericht, auch wenn es um komplexe Zusammenhänge geht, in allgemein verständlicher Form zu halten.

14.104 **6. Typische Fehler bei der Gutachtenserstattung:** Zahlreiche Fehler lassen sich vermeiden, wenn der Sachverständige seinen Gutachterbericht strukturiert und sich inhaltlich und formell an den Aufbau gemäss dem hier Gesagten (Rz. 14.88 ff.) hält. Dennoch gibt es unzählige Fehlerquellen, deren sich Sachverständige nicht immer bewusst sind. Zu den häufigsten Fehlern (im Sinne der «sieben Todsünden»[145]) gehören:

14.105 – *Selbstüberschätzung:* Der Sachverständige nimmt auch zu Fragen Stellung, welche sein Fachgebiet übersteigen oder von denen er keine ausreichende berufliche oder wissenschaftliche Kenntnis hat, und zwar, ohne dass er die Grenzen seines Fachwissens offenlegen würde.[146]

14.106 – *Überschätzung der Gutachter-Adressaten:* Der Sachverständige versäumt es, Fachbegriffe und Erfahrungssätze zu erläutern und die ihm gestellten Fragen verständlich, vollständig und vor allem nachvollziehbar zu beantworten.

14.107 – *Unzulässige Sachverhaltsermittlung:* Der Gutachter vermischt Tatsachen und Werturteile oder hält sich nicht strikte an den richterlichen Beweisbeschluss respektive an die ihm übertragene Aufgabe. Der Gutachter nimmt ungefragt zu Punkten Stellung, welche nicht strittig respektive von keiner Seite behauptet worden sind. Er verletzt richterliche Anweisungen bzw. versäumt es, eine gerichtliche Bewilligung zur Vornahme von ergänzenden Abklärungen einzuholen (unter Verletzung von Art. 186 Abs. 1 ZPO). Er nimmt zerstörende Prüfungen vor, ohne dass die erforderliche Anordnung des Gerichts und die Einwilligung des Verfügungsberechtigten vorliegt.[147]

14.108 – *Unzulässige Delegation von Aufgaben:* Der Sachverständige schaltet Hilfskräfte bzw. weitere Sachverständige ein, ohne dass er hierzu befugt wäre. Er unterlässt es, im Gutachten auf den Beizug dieser Hilfskräfte respektive auf den Umstand hinzuweisen, dass er seine Erkenntnisse nicht selber erarbeitet, sondern durch Dritte, respektive durch vorbestehende Berichte bekommen hat.

---

144 KassGer ZH vom 1. November 1985 (= ZR 1986, Nr. 35, S. 76).

145 Vgl. Bayerlein, Der Sachverständige, S. 397 ff.

146 Vgl. BGE 118 Ia 144/146 f. E. 1c betr. Selbstentzündung eines Heustocks.

147 Vgl. aber immerhin Art. 160 Abs. 1 lit. c ZPO, wodurch Parteien und Dritte verpflichtet sind, einen Augenschein an Personen oder (nicht zerstörend) an Eigentum durch Sachverständige zu dulden. Klose, Prozesse in Bausachen, S. 294 f.

- *Unzulässige (weil nicht tragfähige) Schlussfolgerungen:* Der Sachverständige versäumt es, die tatbeständlichen Grundlagen solid zu erarbeiten, weshalb seine Erkenntnisse und Schlussfolgerungen nicht von den Sachverhaltsermittlungen getragen werden. Diskrepanzen zwischen den ermittelten tatbeständlichen Grundlagen und den daraus gezogenen Schlussfolgerungen in einem Gutachten sind ärgerlich und entkräften dessen Beweiskraft ganz erheblich! 14.109

- *Unzulässige Exkursionen in die Juristerei:* Der Sachverständige macht rechtliche Ausführungen, wie etwa zur Verantwortung eines Beteiligten. Der Sachverständige ist gut beraten, rechtliche Erörterungen, die ja häufig ohne umfassende Kenntnis der rechtlichen Beziehungen zwischen den Parteien und deren Verträge erfolgen, zu unterlassen. Juristisches Halbwissen entwertet den Gehalt jedes Gutachtens! Dasselbe gilt bei unsachlicher Kritik an den Parteien oder an den zu begutachtenden Bauteilen. 14.110

- *Vorgespiegelte Unabhängigkeit:* Sowohl als Gerichtsexperte wie auch als Privatgutachter hat der Sachverständige unabhängig zu sein und auch versteckte Interessenskollisionen offenzulegen. Ein als Privatgutachter tätiger Sachverständiger entwertet seine Expertise, wenn parteiliche Gefälligkeit mitspielt. 14.111

7. Folgen mangelhafter Gerichtsgutachten: Sachverständige müssen nach dem Gesagten über eine hohe Kompetenz und Disziplin verfügen, um bei der anspruchsvollen Aufgabe der Gutachtenserstattung Fehler zu vermeiden. Nach Massgabe von Art. 188 ZPO kann das Gericht den Gutachterauftrag widerrufen und eine andere sachverständige Person beauftragen (dazu Rz. 14.204 f.). Ferner kann das Gericht ein unvollständiges, unklares oder nicht gehörig begründetes Gutachten auf Antrag einer Partei oder von Amtes wegen ergänzen und erläutern lassen oder eine andere sachverständige Person beiziehen. *Unvollständigkeit* des Gutachtens liegt etwa vor, wenn es die sachverständige Person versäumt hat, die Gesamtheit der ihr gestellten Fragen zu beantworten oder die ihr überlassenen Akten – soweit relevant – in die Gutachterwürdigung einzubeziehen bzw. die Expertenfragen ohne nachvollziehbare und tragfähige Begründung zu beantworten. *Unklar* wäre ein Gutachten insbesondere dann, wenn der Sachverständige seine Beurteilung auf eine ungenau ermittelte Ausgangslage abstützt, Tatsachen und Werturteile vermischt oder etwa fehlerhaft oder widersprüchlich argumentiert. «Nicht gehörig begründet» wäre ein Gutachten, wenn diesem nicht bzw. nicht schlüssig entnommen werden kann, wie der Sachverständige zu seinen Gutachterergebnissen gekommen ist. Entspricht das Gutachten nicht den gestellten Anforderungen oder leidet es an sonstigen Defiziten, dann ist der Sachverständige – soweit dies möglich bzw. nicht aussichtslos ist – zur Verbesserung, im Einzelfall zur Vervollständigung anzuhalten. Im Fall von Pflichtverletzungen (vgl. auch die Aufzählung von Rz. 14.105 ff.) wird dem Gericht häufig nichts anderes übrig bleiben, als den Gutachterauftrag zu widerrufen und eine andere sachverständige Person einzusetzen. Kommen die Prozessparteien oder Dritte zu Schaden, stellt sich die Frage nach einer allfälligen Haftung (dazu Rz. 14.168 ff. und 14.235 ff.). 14.112

8. Recht der Parteien auf Erläuterungs- und Ergänzungsanträge: Das Gericht hat den Parteien Gelegenheit zu geben, Erläuterungen des erstatteten Gutachtens zu verlangen 14.113

oder der sachverständigen Person Ergänzungsfragen zu beantragen (Art. 187 Abs. 1 und Abs. 4 ZPO). Aus dem Gebot des rechtlichen Gehörs folgt ferner, dass das Gericht den Parteien im Rahmen der Stellungnahme zum Beweisergebnis auch Gelegenheit zur Würdigung des Gutachtens einräumen muss. Ist das gerichtliche Gutachten «unvollständig, unklar oder nicht gehörig begründet», so kann das Gericht den Sachverständigen von Amtes wegen oder auf Antrag einer Partei zur Ergänzung oder Erläuterung anhalten (Art. 188 Abs. 2 ZPO). Vermag ein als ungenügend erachtetes Gutachten trotz Verbesserung nicht zu überzeugen oder ist dem Gutachter eine Pflichtverletzung vorzuwerfen, die eine Fortsetzung des Gutachterauftrags unzumutbar machen, kann das Gericht *einen neuen Experten bestellen.*[148] Nicht zulässig ist es, dass ein Gericht (auch ein Fachgericht), ohne Erläuterungen oder Detaillierungen des Experten einzuholen, einfach eigene – allenfalls auf weitere Beweismittel gestützte – Feststellungen trifft[149] oder in Fachfragen ohne triftige Gründe vom Gerichtsgutachten abweicht.[150] In der Regel haben die Parteien zwar das *Recht zur Stellungnahme,* aber *keinen* Anspruch auf ein Gegen- oder Obergutachten, es sei denn, dass besonders grobe, offensichtliche Mängel festgestellt werden. Namentlich besteht nicht schon zwingender Anlass zu einer Oberexpertise, wenn zwei einander widersprechende Gutachten vorliegen.[151] Hingegen muss dem Gericht die Einholung einer weiteren amtlichen Expertise zugebilligt werden, wenn mehrere sich widersprechende Sachverständigenberichte vorliegen.[152]

IV. Die Bedeutung des Gutachtens im Prozess

1. Gerichtsexpertisen und Privatgutachten im Rahmen der Beweiswürdigung

14.114 **1. Gerichtliche Expertisen:** Gerichtliche Expertisen gelten als Beweismittel. Sie unterliegen – wie auch die übrigen im Zivilprozess zulässigen Beweismittel – der *freien Beweis-*

[148] Die neu beizuziehende sachverständige Person erstattet ein «weiteres Gutachten», nicht ein «Obergutachten» (Müller H., ZPO-Kommentar [Dike], N 20 zu Art. 188 ZPO). Denn: Die Würdigung der verschiedenen Gutachten und deren Gewichtung obliegt dann im Rahmen der Beweiswürdigung dem Gericht.

[149] KassGer ZH AA090131 vom 18. November 2010 E. II/2 (= ZR 2010, Nr. 74, S. 316); vgl. auch BGE 132 III 83/88 E. 3.5.

[150] BGer 4A_87/2018 vom 27. Juni 2018 E. 4.1 und 4.3: Eine allfällige Abweichung vom Gerichtsgutachten wäre zu begründen. Will sich ein Fachgericht (wie in casu: ein Handelsgericht) teilweise auf seinen eigenen Sachverstand stützen, so hat es dies offenzulegen und das betreffende Fachrichtervotum, das anstelle eines Gutachtens verwertet wird, als Dokument in den Prozess einzuführen und den Parteien Gelegenheit zur Stellungnahme einzuräumen (unter Verweis auf BGer 5A_478/2013 vom 6. November 2013 E. 4.1).

[151] ZR 1945, Nr. 155; ZBJV 1962, S. 553.

[152] BGer 4A_204/2010 vom 29. Juni 2010; BGer vom 7. Juni 1988 (= ZR 1989, Nr. 5, S. 12); vgl. auch BGE 107 Ia 212.

würdigung (Art. 157 ZPO).[153] Freie Beweiswürdigung bedeutet, dass der Richter das Gutachten gewissenhaft und nach pflichtgemässen Ermessen überprüfen und im Zusammenspiel mit den übrigen Ergebnissen des Beweisverfahrens zu einer Überzeugung kommen muss, ohne dass er an bestimmte Beweisregeln gebunden wäre. Dabei wird sich der Richter bei der Prüfung und Würdigung von den Kriterien der Schlüssigkeit, von der Nachvollziehbarkeit und von der Vollständigkeit leiten lassen. An die Gutachterergebnisse ist der Richter nicht gebunden, wenn ihm Zweifel an der Richtigkeit des Gutachtens kommen. Vom fachmännischen Befund des Gerichtsexperten darf das Gericht jedoch *nicht ohne triftige Gründe* abweichen und es muss Abweichungen begründen.[154] Ein Gericht darf aber dann von den Schlussfolgerungen eines Experten abweichen, wenn schon das Gutachten widersprüchliche Äusserungen enthält bzw. die nachfolgende Einvernahme Differenzen in wichtigen Punkten ergibt.[155] Zweifel an der Objektivität oder an der fachlichen Befähigung eines Experten können ferner Anlass sein, ein weiteres Gutachten einzuholen bzw. den Experten zur Verbesserung anzuhalten. Selbst wenn gerichtliche Gutachten eingeholt werden, obliegt die Ermittlung des Sachverhalts und die rechtliche Subsumption grundsätzlich *dem Gericht.* Der Richter muss sämtliche tatbestandlichen Feststellungen in Eigenverantwortung treffen und sich letztlich auch bezüglich der begutachteten bautechnischen Sachfragen Rechenschaft geben, um gestützt darauf nach seiner Überzeugung, nach seiner Sach- und Menschenkenntnis und seiner Lebenserfahrung ein eigenes Urteil zu fällen.

Die korrekte Würdigung einer Expertise gehört dabei zu den schwierigsten Aufgaben 14.115
eines Gerichts überhaupt. Der Richter muss, obgleich er mutmasslich nicht über ausreichend eigene Sachkunde zur Beantwortung einzelner Beweisthemen verfügt, die mit dem Gutachten unterbreiteten Tatsachenbefunde überprüfen und die Schlussfolgerungen des Experten nachvollziehen. Dies führt nicht selten zu Missverständnissen oder gar Fehlschlüssen.[156]

2. Privatgutachten: Privatgutachten bilden demgegenüber für sich selbst keinen Beweis, 14.116
sie haben rechtlich lediglich die *Bedeutung von Parteibehauptungen.*[157] Feststellungen

---

[153] BGE 136 II 214/223f. E. 5; 133 II 384/391 E. 4.2.3; BGer 4A_286/2011 vom 30. August 2011 E. 4; DOLGE, Basler Kommentar, N 15 zu Art. 183 ZPO; KUMMER, Zivilprozessrecht, S. 142ff.; RÜETSCHI, Berner Kommentar, N 40 zu Art. 183 ZPO; SPÜHLER/DOLGE/GEHRI, Schweizerisches Zivilprozessrecht, § 10 Rz. 152.

[154] BGE 130 I 337/343 E. 5.2f.; 118 Ia 144/146 E. 1c in fine; BGer 4A_462/2008 vom 22. Dezember 2008 E. 6.2; KassGer ZH AA090131 vom 18. November 2010 E. 2.2f. Zur Verwertung von Gerichtsgutachten nach deutschem Recht: BAYERLEIN, Praxishandbuch, S. 418ff.

[155] BGE 130 I 337/345 E. 5.4.2; 118 Ia 144/146 E. 1c; 101 IV 129/130 E. 3a.

[156] Vgl. zu den typischen Fehlerquellen bei der Verwertung von Gerichtsgutachten BAYERLEIN, Praxishandbuch, S. 388ff. Nach ihm ist eine häufige Ursache von Missverständnissen die unterschiedliche Denkweise von Richtern und von Sachverständigen.

[157] BGE 141 III 433/435 E. 2.3 in fine; 140 III 24/29 E. 3.3.3 (= BR/DC 2014, S. 139, Nr. 246, mit Anm. REETZ); 139 III 305/319 E. 5.2.5; 132 III 83/87 E. 3.4; BGer 4A_286/2011 vom 30. August 2011 E. 4; BGer vom 7. Juni 1988 (= ZR 1989, Nr. 5, S. 12); HGer ZH vom 29. Mai 2006 E. I/2 (= ZR 2006,

und Erkenntnisse eines Privatgutachters sind also vornehmlich als unbewiesene Vorbringen einer Partei im Behauptungsverfahren zu würdigen. Die Schweizerische Zivilprozessordnung hat (trotz gegenteiligem Vorentwurf; Art. 182 VE-ZPO) darauf verzichtet, Privatgutachten als Beweismittel zuzulassen.[158] Doch können auch Privatgutachten, ungeachtet ihrer Bedeutung als blosse Parteibehauptung, für die richterliche Meinungsbildung von massgeblicher Bedeutung sein und das Gericht muss ein solches Privatgutachten im Rahmen der Beweiswürdigung beachten, wenn darin eine ernsthafte Auseinandersetzung einer fachlich kompetenten Person mit der Materie vorgenommen wurde.[159] Hingegen ist es willkürlich, ohne Beizug eines gerichtlichen Sachverständigen auf eine bestrittene Parteibehauptung (auf ein Privatgutachten) abzustellen, wenn der Sachrichter nicht über die notwendige Sachkunde verfügt.[160] Im Rahmen des Beweisverfahrens entscheidet der Richter, ob er die in einem gerichtlichen oder aussergerichtlichen Gutachten enthaltenen Tatsachen, Schlussfolgerungen und Erfahrungssätze für schlüssig, nachvollziehbar und vollständig hält. Dabei wird ein Privatgutachten (wenn überhaupt) geringer zu gewichten sein als eine Gerichtsexpertise, geringer auch als ein amtlich beurkundeter Prüfungsbefund im Sinne von Art. 367 Abs. 2 OR.[161]

14.117 **3. Privatgutachter als sachverständige Zeugen:** Nach dem Wortlaut und der Entstehungsgeschichte von Art. 175 ZPO dürfen die Parteien Privatgutachter *als sachverständige Zeugen* im Prozess anrufen und Fragen zur Würdigung des Sachverhalts stellen.[162] Doch wird Art. 175 ZPO von der Lehre und von der Rechtsprechung zu Recht restriktiv ausgelegt: Privatgutachten dürfen zu ihrer Fachmeinung nur befragt werden, wenn sie

Nr. 77, S. 315); OGer LU vom 14. Januar 1993 (= LGVE 1993 I, Nr. 20, S. 29); HGer ZH vom 2. März 1989 (= ZR 1988, Nr. 134, S. 316); Guldener, Zivilprozessrecht, S. 349; A.A. Weibel, ZPO-Kommentar [Schulthess], N 4 zu Art. 177 ZPO; N 2 vor § 171 ZPO-ZH; siehe auch die Anm. von Tercier zu KGer NE vom 4. August 1977 (= RJN 1968 I, S. 5 = BR/DC 1981, S. 14, Nr. 10); Spühler/Dolge/Gehri, Schweizerisches Zivilprozessrecht, § 10 Rz. 152.

158 Botschaft zur Schweizerischen Zivilprozessordnung von 2006, BBl 2006, S. 7325. Einzelne kantonale Zivilprozessordnungen enthielten Bestimmungen, wonach auch Privatgutachten als Beweismittel zu berücksichtigen waren (vgl. z.B. § 262 ZPO-AG; Art. 118 ZPO-SG; § 194 ZPO-AR). Gemäss Art. 177 des Vorentwurfs zur «Änderung der Zivilprozessordnung» (Vernehmlassungsentwurf vom 2. März 2018) sollen private Gutachten der Parteien neu als Beweismittel zugelassen werden und zwar als «Urkunden» bzw. Dokumente, «die geeignet sind, rechtserhebliche Tatsachen zu beweisen».

159 BGer 4A_193/2008 vom 8. Juli 2008 E. 4.1. Vgl. auch BGer 4A_617/2010 vom 14. Juni 2011 E. 3.2. Ein Gericht oder Schiedsgericht darf sich auf die Würdigung der eingereichten technischen Privatgutachten beschränken, wenn von keiner der Parteien ein (schieds-)gerichtliches Dritt- bzw. Obergutachten eines unabhängigen Experten beantragt wird. Zum Ganzen: Dolge, Basler Kommentar, N 17 zu Art. 183 ZPO; Rüetschi, Berner Kommentar, N 37 zu Art. 183 ZPO; Messerli, Prüfung, S. 226; Reetz, Der Bauprozess: er steht und fällt mit dem Beweis, S. 123.

160 BGE 141 III 433/437 E. 2.6; 132 III 83/88 E. 3.5. Die notwendige Sachkunde muss das Gericht durch ein schriftliches «Fachrichtervotum» (mit Recht zur Stellungnahme) dokumentieren (BGE 125 III 29/34 E. 3d); Müller H., ZPO-Kommentar [Dike], N 24 zu Art. 183 ZPO.

161 Zu den «Beweismittelhierarchien», die trotz des Grundsatzes der freien Beweiswürdigung häufig Anwendung finden: Guyan, Basler Kommentar, N 5 f. zu Art. 157 ZPO.

162 Botschaft zur Schweizerischen Zivilprozessordnung vom 28. Juni 2006, BBl 2006, S. 7322.

(analog einem Zeugen) von einer *unmittelbaren Wahrnehmung* berichten können, die sie im Zusammenhang mit ihrer Gutachterarbeit gemacht haben.[163]

2. Die Bindungswirkungen beim Schiedsgutachten

1. Verbindlichkeit des Schiedsgutachtens: Die Verbindlichkeit bedeutet, dass der Schiedsgutachter die ihm übertragene Beurteilung der «streitigen Tatsachen» *abschliessend* erledigen kann, und zwar auch für einen nachfolgenden Prozess. Beweistechnisch bedeutet dies, dass die Sachverhaltsfeststellungen des Schiedsgutachters und deren Würdigung vom Gericht oder vom Schiedsgericht *nicht mehr frei* auf ihre inhaltliche Richtigkeit überprüft werden dürfen (Art. 189 Abs. 3 ZPO). Mit anderen Worten: Die Vertragsparteien und auch ein allenfalls angerufenes Schieds- oder ordentliches Gericht müssen die im Schiedsgutachten enthaltenen Tatsachen *als bewiesen* annehmen. Bezüglich jener Punkte ist also *freie Beweiswürdigung ausgeschlossen.*[164] Hält sich der Schiedsgutachter bei seiner Beurteilung nicht an die ihm übertragene Beurteilung, liegt für die nicht durch die Schiedsgutachtervereinbarung abgedeckten «festgestellten Tatsachen» nur eine unverbindliche gutachterliche Meinungsäusserung ohne Bindungswirkung vor. 14.118

Die Bindungswirkungen des Schiedsgutachtens sind *nicht absolut.* Die zugesagte Verbindlichkeit basiert bei den Beteiligten regelmässig auf dem vorausgesetzten Verständnis, dass der Schiedsgutachter bei seinem Spruch bestimmte rechtsstaatliche Mindestanforderungen einhält, die von einem fachkundigen und erfahrenen Sachverständigen in einer vergleichbaren Situation zu erwarten sind. Zum einen sind die Bindungswirkungen des Schiedsgutachtens nur gerechtfertigt, wenn die Parteien über das Rechtsverhältnis frei verfügen können;[165] zum andern darf das Schiedsgutachten keine elementaren Verfahrens- und Inhaltsmängel aufweisen.[166] Das galt bereits aufgrund der bisherigen Rechtsprechung, die sich in Anlehnung an § 258 der ZPO-ZH entwickelt hat und wird nun explizit auch in Art. 189 Abs. 3 der Schweizerischen Zivilprozessordnung festgehalten. 14.119

2. Anfechtbarkeit wegen Verletzung elementarer Verfahrensvorschriften: Nach Art. 189 Abs. 3 ZPO ist das Gericht hinsichtlich der im Schiedsgutachten festgestellten Tatsachen in seiner Beweiswürdigung gebunden, wenn (a.) «die Parteien über das Rechtsverhältnis frei verfügen konnten»; (b.) «gegen die beauftragte Person kein Ausstandsgrund vorlag» und (c.) «das Schiedsgutachten ohne Bevorzugung einer Partei erstellt wurde und nicht offensichtlich unrichtig ist»: 14.120

---

[163] Rüetschi, Berner Kommentar, N 11 zu Art. 183 ZPO; Guyan, Basler Kommentar, N 1 ff. zu Art. 175 ZPO; Müller H., ZPO-Kommentar [Dike], N 8 zu Art. 175 ZPO; Weibel, ZPO-Kommentar [Schulthess], N 8 zu Art. 175 ZPO; OGer ZH LB160009 vom 17. Juni 2016 E. 3.6.1.1 ff.; OGer ZH vom 19. August 2013 E. 3.5 (= SJZ 2014, Nr. 33, S. 530 f.).

[164] BGE 129 III 535/538 E. 2.1; BGer 4A_369/2011 vom 11. November 2011; HGer ZH vom 20. September 1993 (= ZR 1994, Nr. 34, S. 131); Dolge, Basler Kommentar, N 18 zu Art. 183 ZPO; Frank/Sträuli/Messmer, ZPO-ZH Kommentar, N 5 zu § 258 ZPO-ZH.

[165] BGE 129 III 535/537 E. 2; 117 Ia 365/370 E. 8.

[166] BGE 129 III 535/537 E. 2; 117 Ia 365/370 E. 8.

14.121 – **Keine Verletzung der Dispositionsmaxime:** Die Bindungswirkungen eines Schiedsgutachtens treten nur dann ein, wenn die Parteien über das Rechtsverhältnis frei verfügen können (Rz. 14.45).[167] Ausgeschlossen sind demnach Schiedsgutachten in Bereichen, in denen das Gericht den Sachverhalt von Amtes wegen zu ermitteln hat und – wie etwa in familienrechtlichen Verfahren – die Offizialmaxime gilt (Art. 58 ZPO). Für die (zumeist technischen) Aufgabenstellungen in der Baubranche dürfte diese Einschränkung allerdings nicht von praktischer Bedeutung sein.

14.122 – **Keine Verletzung der Ausstandsregeln:** Ein rechtserheblicher Verfahrensfehler lag schon nach der bisherigen Rechtsprechung vor, wenn der Schiedsgutachter bei der Ernennung oder während des Zeitraums der Berichterstattung befangen und parteilich war.[168] Art. 189 Abs. 3 lit. b ZPO unterstellt Schiedsgutachter ebenfalls den Ausstandsvorschriften, insbesondere also den Anforderungen von Art. 47 ZPO (Rz. 14.54). Dieser strenge Massstab ist gerechtfertigt, weil der Schiedsgutachter kraft der Parteivereinbarung quasi-richterliche Funktionen ausübt und in Bezug auf die definierten Streitpunkte abschliessend (unter Ausschluss des Gerichts) entscheiden kann. Insofern hat der Schiedsgutachter – im Unterschied zu einem «normalen» Sachverständigen – höheren Gerechtigkeitsmassstäben zu genügen.[169]

14.123 – **Keine Verletzung des Gleichbehandlungsgebots:** Schon nach der bisherigen bundesgerichtlichen Rechtsprechung war selbstverständlich, dass der Schiedsgutachter beiden Parteien in gleicher Weise das Recht einräumen muss, sich über die für das Schiedsgutachten wesentlichen Tatsachen zu äussern, ihren Standpunkt zu vertreten, erhebliche Beweise vorzulegen und an einem Augenschein oder an Verhandlungen teilzunehmen.[170] Art. 189 Abs. 3 lit. c ZPO hält ausdrücklich fest, dass das Schiedsgutachten das Gericht hinsichtlich der darin festgestellten Tatsachen bindet, wenn das Schiedsgutachten «ohne Bevorzugung einer Partei erstellt wurde». Der Gehörsanspruch von Art. 29 Abs. 2 BV und Art. 54 ZPO ist also auch bei der Erstellung eines Schiedsgutachtens von zentraler Bedeutung. Um das Gebot der Gleichbehandlung zu gewährleisten, hat der Schiedsgutachter den Parteien gleichermassen das Recht auf Akteneinsicht sowie auf Äusserung zu gewähren, jedenfalls soweit es um Punkte geht, die für Feststellungen und Schlussfolgerungen des Schiedsgutachters rechtserheblich sind.[171]

14.124 3. **Anfechtbarkeit wegen gravierender Inhaltsfehler («offensichtliche Unrichtigkeit»):** Die inhaltliche Unrichtigkeit eines Schiedsgutachtens genügt (für sich alleine genom-

[167] Dieselbe Einschränkung gilt nach Art. 354 ZPO im Schiedsgerichtswesen, wonach nur «schiedsfähige» Ansprüche der Beurteilung durch ein Schiedsgericht zugänglich sind, also solche, über welche die Parteien «frei verfügen können».

[168] Vgl. die Übersicht bei Hürlimann, Schiedsgutachten und deren Anfechtung, S. 407.

[169] Hürlimann, Schiedsgutachten und deren Anfechtung, S. 407; Dolge, Basler Kommentar, N 50 f. zu Art. 189 ZPO.

[170] BGE 116 II 639/642 E. 4c.

[171] Habscheid, Zivilprozessrecht, S. 520 ff.

men) nicht, um dessen Unverbindlichkeit zu bewirken. Vielmehr muss eine offenkundige, bei sorgfältiger Prüfung sofort in die Augen springende Abweichung von der wirklichen Sachlage vorliegen, indem das Schiedsgutachten offensichtlich fehlerhaft, ungerecht und willkürlich ist und damit in hohem Grad der Billigkeit widerspricht.[172] Nicht zulässig ist die Anfechtung, wenn kein offenkundiger grober Irrtum vorliegt, die Parteien im Rahmen der Anfechtung also nur Zweifel an der Richtigkeit des Schiedsgutachtens geltend machen. Zur Anfechtung eines Schiedsgutachtens genügt es daher im Regelfall nicht, die Unrichtigkeit durch den Vergleich mit einem Privatgutachten zu belegen, auch wenn ein Vergleich insoweit als Indiz für grobe Fehler gelten könnte.[173]

Folgt man den strengen Massstäben der bundesgerichtlichen Rechtsprechung, dürfte es der benachteiligten Partei nur in den wenigsten Fällen gelingen, den verlangten Nachweis offensichtlicher (qualifizierter) Ungerechtigkeit erbringen zu können. Richtigerweise aber ist die Anfechtbarkeit von Schiedsgutachten nicht auf krasse Fehlentscheidungen zu beschränken. Vielmehr muss (bei entsprechender Anfechtung) ein Schiedsgutachten immer dann unverbindlich bleiben, wenn der Verfasser von falschen Voraussetzungen oder von Grundlagen ausgeht, die von der Wirklichkeit abweichen und daher (notgedrungen) auch die Feststellungen oder die Schlussfolgerungen nicht richtig sein können. Wenn daher die Gedankengänge eines Schiedsgutachters nicht nachvollziehbar sind oder keinen logischen Ablauf erkennen lassen und deswegen die Gutachterergebnisse selbst für einen Fachmann nicht nachprüfbar sind, dann muss dies zwingend die Unverbindlichkeit des Schiedsgutachtens zur Folge haben, selbst wenn in der Sache keine offensichtliche (qualifizierte) Unrichtigkeit vorliegt.[174] 14.125

4. Anfechtbarkeit von Bewertungsgutachten: Bei Bewertungsgutachten gilt nach der bundesgerichtlichen Rechtsprechung ein besonderer Prüfmassstab. Danach gelten Schiedsgutachten, welche eine Bewertung zum Gegenstand haben, dann als offenbar unrichtig bzw. unbillig, wenn sie um *mehr als 25%* von dem auf objektiver Grundlage ermittelten Wert abweichen.[175] Massgebend ist nach dieser bundesgerichtlichen Rechtsprechung nicht der Vergleich des Schiedsgutachtens mit einem anderen sachverständigen Bericht zum gleichen Thema, sondern der Vergleich des Schiedsgutachtens *mit dem objektiv ermittelten Sachverhalt.* Weicht die Bewertung nicht um 25% von dem auf objektiver Grundlage ermittelten Wert ab, so gilt das Schiedsgutachten nicht als offensichtlich falsch, und eine entsprechende Anfechtung wäre als unbegründet abzulehnen.[176] 14.126

[172] BGE 129 III 535/538 E. 2.1; 117 Ia 365/369 E. 7; 71 II 294; 67 II 146/148 E. 3.

[173] BGE 129 III 535/538 E. 2.2.

[174] Vgl. HÜRLIMANN, Schiedsgutachten und deren Anfechtung, S. 409 unter Verweis auf den Deutschen Bundesgerichtshof (BGH VIII ZR 155/75 vom 2. Februar 1977 = NJW 1977, S. 801; ferner BGH X ZR 40/77 vom 25. Januar 1979 = NJW 1979, S. 1885).

[175] BGE 129 III 535/538 E. 2.2 und dort Zitierte.

[176] BGE 129 III 535: In diesem konkreten Entscheid ging es um die Eigenkapitalwertbemessung von Namensaktien. Die Anfechtung wurde abgelehnt, weil lediglich eine Abweichung von 15,3% (vor Obergericht) respektive 5% (vor Bundesgericht) vorlag.

14.127 **5. Anfechtung des Schiedsgutachtens nur zusammen mit der Hauptsache:** Das Schiedsgutachten ist kein richterlicher Entscheid, weshalb *kein Rechtsmittel* zur Verfügung steht, will eine Partei gravierende Verfahrens- oder Inhaltsmängel geltend machen. Eine Anfechtung des Schiedsgutachtens ist daher nur zulässig *zusammen mit der Hauptsache,* indem die durch das Schiedsgutachten benachteiligte Partei im Hauptprozess *klage- oder einredeweise* darlegen kann, dass das Schiedsgutachten wegen gravierender Verfahrens- und/oder Inhaltsfehler unverbindlich ist und deshalb unbeachtlich bleiben muss.[177]

3. Die Abgrenzungen zwischen Gerichtsexpertise, Schiedsgutachten und Schiedsspruch

14.128 **1. Abgrenzung:** Die Unterscheidung zwischen gerichtlicher Expertise, Schiedsgutachten und Schiedsgerichtsspruch ist nicht immer einfach vorzunehmen, zumal die von den Parteien verwendeten Formulierungen in der zugrunde liegenden Vereinbarung oft missverständlich sind. Entscheidend sind jedoch stets *der Wille der Vertragsparteien* und *der Inhalt der zwischen den Parteien getroffenen Abmachungen,* und zwar unter Einbezug sämtlicher Umstände. Zudem ist für die Unterscheidung darauf abzustellen, wie der bestellte Sachverständige das ihm erteilte «Mandat» verstanden und ausgeführt hat.[178]

14.129 **2. Bedeutung der Abgrenzung:** Die Abgrenzungen zwischen Gerichtsexpertise, Schiedsgutachten und Schiedsgerichtsurteil sind von weitreichender Bedeutung, weil diesen Instituten materiell- und prozessrechtlich teilweise unterschiedliche Wirkungen zukommen.

14.130 – Die *Gerichtsexpertise* hat grundsätzlich blosse Beratungs- und Beweisfunktion. Sie ist vorläufiger Natur und kann durch eine gegenteilige Oberexpertise umgestossen werden. Sie hat keinen Entscheidungscharakter, auch wenn sie in zahlreichen Fällen als aussagekräftige Basis für Vergleichsgespräche dient und im Verlaufe gerichtlicher Verfahren oft als hauptsächliches Beweismittel in die richterliche Entscheidfindung einfliesst.

14.131 – Demgegenüber erledigt das *Schiedsgutachten* die gestellten Fragen «zu den streitigen Tatsachen» endgültig und verbindlich. Eine Anfechtung des Schiedsgutachtens (klage- oder einredeweise mit der Hauptsache) ist nur zulässig, wenn dieses offensichtlich ungerecht, willkürlich oder sonstwie qualifiziert unrichtig ist bzw. unter Verletzung elementarer Verfahrensvorschriften zustande gekommen ist.[179] Da das Schiedsgut-

---

[177] BGE 129 III 535/538 E. 2.1; Dolge, Basler Kommentar, N 41 zu Art. 189 ZPO. Richtet sich das Verfahren nach der früheren ZPO-ZH, so wird dieser Grundsatz in § 258 Abs. 2 ZPO ausdrücklich festgehalten.

[178] BGE 117 Ia 365/368 E. 5b; BGer 4A_438/2008 vom 17. November 2008 E. 3.2; BGer 4P. 299/2006 vom 14. Dezember 2006 E. 3; Frank/Sträuli/Messmer, ZPO-ZH Kommentar, N 3 zu § 258 ZPO-ZH.

[179] BGE 117 Ia 365/369 E. 7; HGer ZH vom 20. September 1993 (= ZR 1994, Nr. 34, S. 129).

achten nicht auf richterlichem Entscheid beruht, können die schiedsgutachterlichen Erkenntnisse nicht unmittelbar zwangsweise (z.B. in einem Rechtsöffnungsverfahren) durchgesetzt werden. Verweigert die unterlegene Partei Bezahlung oder sonstige Erfüllung, so ist der Anspruchsberechtigte auf die Unterstützung des in der Hauptsache zuständigen Gerichts angewiesen.

- Das *Schiedsgerichtsurteil* entscheidet über Bestand und Umfang von Rechtsverhältnis- 14.132
  sen als Ganzes, nicht nur über bestimmte Sachverhaltsfragen.[180] Ein solcher Schiedsspruch stellt einen rechtskräftigen Entscheid dar, der im Rahmen der zur Anwendung gelangenden Schiedsgerichtsordnung nur (aber immer dann) abänderbar ist,[181] wenn die Voraussetzungen für einen Weiterzug erfüllt sind. Der Schiedsspruch gilt ferner nach Art. 80 SchKG als gerichtliches Urteil und berechtigt nach Vorlage der Rechtskraftbescheinigung zur definitiven Rechtsöffnung.[182]

Die Parteien sind demnach gut beraten, sich vor der Bestellung eines Sachverständigen 14.133
jeweils zu vergewissern, ob dieser denn als Experte, als Schiedsgutachter oder als Alleinschiedsrichter eingesetzt werden soll, zumal auch eine Kombination zwischen diesen Tätigkeiten möglich ist.[183]

4. Der Einfluss eines Gutachtens auf die Verjährung und Verwirkung von Ansprüchen

1. Im Bauprozess: Mit Inkrafttreten der Schweizerischen Zivilprozessordnung am 14.134
1. Januar 2011 ist Art. 138 OR geändert worden. Nach dieser abgeänderten Bestimmung steht die Verjährung in einem gerichtlichen Rechtsstreit ab Eintritt der Rechtshängigkeit still und die Verjährung beginnt erst wieder von Neuem zu laufen, wenn der Rechtsstreit von der befassten Instanz abgeschlossen ist. Damit erübrigt sich auch die Beurteilung der Frage, ob die gerichtliche Anordnung einer Expertise im Verlauf eines Prozesses als verjährungsunterbrechende Verfügung zu werten ist.[184]

Nach Art. 136 Abs. 1 OR bewirkt die Unterbrechungshandlung i.S. von Art. 135 Ziff. 2 OR 14.135
die Unterbrechung der Verjährung nicht nur gegen den einen Solidarschuldner, sondern auch gegen die übrigen Mitschuldner. Die Bestimmung gilt allerdings nur *bei echter*

---

180 BGE 141 III 274/278 E. 2.4 f.; 141 III 201/205 E 3.2.1.

181 BGE 130 III 125.

182 Vgl. zum Ganzen BGE 129 III 535/538 E. 2.1; 117 Ia 365/369 E. 7; 107 Ia 318/321 E. 5a; HÜRLIMANN, Das Schiedsgutachten, S. 108 ff.

183 Vgl. etwa RÜEDE/HADENFELDT, Schiedsgerichtsrecht, S. 23, unter Hinweis auf KGer VS vom 27. November 1975 (= ZWR 1976, S. 79) «Expertise» über Baumeisterarbeiten; OGer ZH vom 18. Dezember 1973 (= ZR 1974, Nr. 17, S. 37 f.); GULDENER, Zivilprozessrecht, S. 589; FRANK/STRÄULI/MESSMER, ZPO-ZH Kommentar, N 3 zu § 258 ZPO-ZH.

184 Offengelassen in BGE 111 II 429 im Zusammenhang mit der Erstellung einer Expertise über Fragen der Grundeigentümer- und Werkeigentümerhaftung, für die nach Massgabe von Art. 60 OR eine einjährige Verjährungsfrist gilt. Vgl. ferner BGE 75 II 227.

Solidarität und nur im Umfang der solidarisch geschuldeten Leistung. *Bei unechter Solidarität,* die eintritt, wenn mehrere Baubeteiligte aus verschiedenen Rechtsgründen (z.B. Unternehmer und Planer) für den gleichen Schaden respektive Mangel haften, ist die Verjährung gegen den am Prozess nicht Beteiligten *vorsorglich separat und zusätzlich zu unterbrechen,*[185] auch wenn das Bundesgericht dem regressberechtigten Mitschuldner einen *Ausgleichsanspruch* (Art. 149 OR) einräumt, falls er diesen rechtzeitig anmeldet.[186]

14.136 **2. Ausserhalb eines ordentlichen Verfahrens:** Die Hemmung der Verjährungsfrist bis zum Abschluss des Verfahrens gilt sinngemäss auch «für sämtliche anderen Verfahren, soweit das Gesetz nichts anderes bestimmt» (Art. 219 ZPO), also etwa auch für das vereinfachte Verfahren (Art. 243 ff. ZPO). Im summarischen Verfahren (Art. 248 ff. ZPO) tritt eine Unterbrechungswirkung nur ein, wenn mit der Gesuchseingabe die Geltendmachung einer Forderung als solcher verbunden ist.[187] Keine verjährungsunterbrechende Wirkung haben daher:

14.137 – *Das Begehren um Durchführung eines gerichtlichen Beweissicherungsverfahrens oder einer amtlichen Bestandsaufnahme.*[188] Die Einleitung eines solchen Verfahrens gilt selbst dann nicht als verjährungsunterbrechende Handlung im Sinne von Art. 135 Ziff. 2 OR, wenn in der Folge (nach Verjährungseintritt) der Prozess in der Hauptsache anhängig gemacht wird.

14.138 – Die *Mitwirkung bei einer privaten Expertise*[189] oder die nachfolgende *Zusendung* des Gutachtens an die vermeintlich Verantwortlichen. Selbst die Tatsache, dass ein Bauherr mit dem Unternehmer über Mängel verhandelt, einen Mangel rügt, Mängelrechte ausübt oder eine Prüfung durch einen Parteigutachter veranlasst hat, stellt (für sich allein) keine verjährungsunterbrechende Anerkennungshandlung im Sinne von Art. 135 OR dar.[190]

14.139 **3. Fälle des Rechtsmissbrauchs:** Die rechtsmissbräuchliche Erhebung der Verjährungseinrede findet keinen Rechtsschutz (Art. 2 Abs. 2 ZGB). Ein solcher Verstoss kann nach der bundesgerichtlichen Rechtsprechung etwa dann vorliegen, wenn der Schuldner vor Eintritt der Verjährung ein Verhalten an den Tag gelegt hat, durch das der Gläubiger ver-

---

185 BGE 130 III 362/369 E. 5.1 f. (= BR/DC 2004, 179, Nr. 482, mit Anm. Werro/Pichonnaz); 127 III 257/264 E. 6a (= BR/DC 2002, S. 91, Nr. 217, mit Anm. Aepli); 115 II 42/48 E. 2a (= BR/DC 1990, S. 41, Nr. 40, mit Anm. Gauch); BGer 4C.27/2003 vom 26. Mai 2003 E. 3.

186 BGE 127 III 257/266 E. 6c (= BR/DC 2002, S. 91, Nr. 217, mit Anm. Aepli).

187 Däppen, Basler Kommentar, N 2a zu Art. 138 OR und N 12 zu Art. 135 OR.

188 BGE 131 III 61; 93 II 498/503 E. 2 (= SJZ 1972, Nr. 34, S. 96); BGer 4C.296/2003 vom 12. Mai 2004 E. 3.4; Berti, Zürcher Kommentar, N 114 zu Art. 135 OR; Däppen, Basler Kommentar, N 12 zu Art. 135 OR; Gauch, Werkvertrag, Rz. 2271. Anders im deutschen Recht, in welchem dem Beweissicherungsverfahren verjährungsunterbrechende Wirkung zukommt: Werner/Pastor, Der Bauprozess, Rz. 99 ff.

189 BGer 4A_111/2018 vom 5. Oktober 2018 E. 5.3.1; 4C. 421/2005 vom 6. April 2006 E. 5.2.

190 Gauch, Werkvertrag, Rz. 2266 f. und 2271.

leitet worden ist, die Verjährungsfrist verstreichen zu lassen.[191] Unbeachtlich bleibt etwa die Verjährungseinrede, wenn der Unternehmer während laufender Verjährungsfrist Gründe setzt, aus denen der Bauherr mit der nötigen Bestimmtheit schliessen kann, der Unternehmer werde auf die Verjährungseinrede verzichten. Die Teilnahme an gemeinsamen Besprechungen oder einem Augenschein im Hinblick auf die Ausarbeitung eines Gutachtens darf vom Bauherrn im Regelfall aber nicht dahin verstanden werden, dass der Unternehmer auch nach Eintritt der Verjährung noch Bereitschaft zur Mängelbehebung zeigen werde.

Kein Rechtsmissbrauch liegt vor, wenn der Schuldner (Unternehmer) einen oder mehrere Verjährungsverzichte (mit dem Vorbehalt der allenfalls bereits eingetretenen Verjährung) abgibt und sich in der Folge (z.B. im nachfolgenden Prozess) darauf beruft, die Verjährung sei bereits bei Abgabe der ersten Verzichtserklärung eingetreten.[192] 14.140

4. Verjährungsunterbrechung im Sinne von Art. 135 OR: Will ein Gläubiger (Besteller) daher – weil sich etwa die Ausarbeitung des Gutachtens verzögert – seine Mängelrechte nicht verlieren, muss er vor Ablauf der Verjährungsfrist für verjährungsunterbrechende Schritte besorgt sein und zwar durch qualifizierte *Vorkehren im Sinne von Art. 135 Ziff. 1 oder 2 OR*. Nach dieser Bestimmung wird die laufende Verjährung unterbrochen durch Anerkennung der Forderung (Ziff. 1)[193] oder durch Schuldbetreibung, durch Schlichtungsgesuch (Art. 202 ZPO), durch Klage oder Einrede vor einem staatlichen Gericht oder Schiedsgericht sowie durch Eingabe im Konkurs (Ziff. 2).[194] Ein Betreibungsbegehren genügt indessen nicht zur Unterbrechung der Verjährung in Bezug auf Nachbesserungsansprüche. Das Bundesgericht hat festgehalten, dass zur Unterbrechung *von Nachbesserungsansprüchen* ein Schlichtungsverfahren mit entsprechenden Rechtsbegehren einzuleiten ist, ein Betreibungsbegehren also nicht ausreicht.[195] Ungeachtet dessen gilt, dass die Verjährung nur in Bezug auf diejenigen Mängel unterbrochen wird, welche *gerügt* worden sind. Zudem entfaltet die Unterbrechungshandlung keine Wirkung gegenüber allfälligen Mitverpflichteten (z.B. gegenüber dem Architekten, Ingenieur etc.).[196] Der Bauherr ist daher gut beraten, die Verjährung in rechtsgenüglicher Form gegenüber sämtlichen aufgrund eines Gutachtens in Betracht fallenden Verantwortlichen 14.141

---

191 Bejaht in BGE 89 II 256/262 ff. E. 4; 76 II 113/117 E. 4 f.; BGer vom 28. Februar 1989, S. 7 ff.; Verneint in BGE 128 V 236/241 E. 4a; 113 II 264/269 E. 2e (= BR/DC 1988, S. 66, Nr. 67, mit Anm. Merz); Däppen, Basler Kommentar, N 8 zu Art. 142 OR.

192 Vgl. BGer 4A_656/2011 vom 12. März 2012 E. 5; Däppen, Basler Kommentar, N 9a zu Art. 142 OR.

193 Verneint in BGE 121 III 270/271 E. 2 (= BR/DC 1996, S. 47, Nr. 100, mit Anm. Tercier); 119 II 368/378 E. 7b; BGer 4C.134/2004 vom 14. Oktober 2004 E. 4.4; vgl. auch BGE 122 III 272 bezüglich Anerkennung einer Gewährleistungspflicht.

194 BGE 118 II 479 (= BR/DC 1993, S. 108, Nr. 229, mit Anm. Vogel); 114 II 261 (= BR/DC 1989, S. 68, Nr. 99, mit Anm. Gauch).

195 BGer 4C.258/2001 vom 5. September 2002 E. 4.1.2 (teilweise publ. in BGE 128 III 416); Hürlimann/Siegenthaler, Bevorschussung, S. 146 ff.; ferner Gauch, Werkvertrag, Rz. 2269; zur Unterbrechung durch Betreibungshandlungen BGE 114 II 335.

196 Mit Ausnahme von Art. 136 Abs. 1 OR für den Fall der echten Solidarität (Rz. 14.135).

separat zu unterbrechen. Wer umgekehrt als Folge eines nachteiligen Gutachtens befürchten muss, in Anspruch genommen zu werden, sollte sich seinerseits durch geeignete Vorkehren (z.B. durch Verjährungsverzichtserklärung) den *Rückgriff* sichern.[197] Zu beachten ist, dass in Lehre und Rechtsprechung nicht abschliessend geklärt ist, ob eine einfache Streitverkündung gemäss Art. 78 ZPO ausreicht, um die Verjährung zu unterbrechen.[198]

14.142 **5. Bedeutung der Expertenprüfung:** Die blosse Tatsache, dass eine oder beide Parteien einen mutmasslichen Mangel durch einen Gutachter prüfen lassen, stellt (für sich allein) *keine rechtsgenügliche Mängelrüge* dar.[199] Der Besteller bzw. die Bauleitung ist vielmehr gehalten, die im Gutachten festgehaltenen *Beanstandungen* gegenüber dem betreffenden Unternehmer *detailliert zum Ausdruck zu bringen und zu rügen.* Namentlich muss der Besteller sich auch dahingehend äussern, dass er aufgrund der vom Experten festgestellten Mängel das Werk nicht als vertragsgemäss anerkenne und den Unternehmer hierfür haftbar machen wolle.[200]

14.143 Auch die blosse Übermittlung respektive die amtliche Zustellung des Prüfungsbefundes an den Unternehmer vermag die Mängelrüge nicht zu ersetzen.[201] Wird ein Gutachten allerdings mit gleichzeitiger Mitteilung übermittelt, dass das Bauwerk als nicht vertragskonform betrachtet werde, ist dies als ausreichende Mängelrüge zu werten.[202]

---

197 Zum Rückgriff im Regress unter solidarisch Haftenden durch Regressanzeige: BGE 133 III 6/12 E. 5.2.1. Vgl. ferner BGE 115 II 42 (= BR/DC 1990, S. 41, Nr. 40, mit Anm. Gauch). Zur Bedeutung und Wirkung von Verjährungsverzichtserklärungen: Gauch/Schluep/Emmenegger, OR AT, Rz. 3373 ff.

198 Vgl. die Meinungsübersicht bei Däppen, Basler Kommentar, N 13b zu Art. 135 ZPO (bejahend). Ferner Berti, Zürcher Kommentar, N 117 zu Art. 135 OR (verneinend). Der Streitverkündungsklage gemäss Art. 84 Abs. 2 ZPO kommt hingegen verjährungsunterbrechende Wirkung zu (Däppen, Basler Kommentar, N 13a zu Art. 135 ZPO). Nach alter ZPO siehe BGE 115 II 42/49 E. 2a (= BR/DC 1990, S. 41, Nr. 40, mit Anm. Gauch); 50 II 9/12 E. 2.

199 KGer TI vom 31. Oktober 1978 (= Rep 1979, S. 312 = BR/DC 1980, S. 46, Nr. 28, mit Anm. Tercier). Vgl. auch Gauch, Werkvertrag, Rz. 2138. Der Besteller darf sich auch nicht damit begnügen, in einem Verfahren ein gerichtliches Gutachten zu beantragen und mit einer allfälligen Mängelrüge zuwarten, bis das Gericht allenfalls ein solches Gutachten einholt und dieses einen Mangel bestätigt in BGer 4A_360/2017 vom 30. November 2017 E. 3.2.2.

200 BGer 4C_130/2006 vom 8. Mai 2007 E. 4 (= BR/DC 2008, S. 162, mit Anm. Pichonnaz); vgl. ferner BGer 4F_7/2007 vom 28. September 2007 E. 4; Gauch, Werkvertrag, Rz. 2133; Bieger, Die Mängelrüge, S. 58 f.

201 BGer 4D_25/2010 vom 29. Juni 2010 E. 3; differenzierend KGer GR ZK2 16 2 vom 7. Juni 2017 (= BR/DC 2018, S. 185, Nr. 294, mit Anm. Stöckli). In einem Mängelhaftungsverfahren darf der Besteller, um dem Substanziierungsgebot zu genügen, nicht bloss auf ein Gutachten verweisen vgl. BGer 4A_284/2017 vom 22. Januar 2018 E. 5.2 unter Hinweis auf BGer 4A_261/2017 vom 30. Oktober 2017 E. 4.4.

202 Vgl. BGE 107 II 50/54 E. 2a (= BR/DC 1982, S. 18, Nr. 17, mit Anm. Gauch). Gemäss BGer 4A_293/2017 vom 13. Februar 2018 E. 2.2.3 gilt die blosse Zustellung eines Gutachtens als rechtsgenügliche Mängelrüge, wenn der Besteller bereits vorgängig eine vorsorgliche Mängelrüge deponiert hat. So auch Gauch, Werkvertrag, Rz. 2139.

V. Die Entschädigung des Sachverständigen

1. Grundsätze der Vergütung

1. Entschädigung nach Aufwand: Sachverständige haben Anspruch auf eine angemessene Entschädigung. Diese umfasst die *Vergütung* für die geleistete Arbeit und die *Erstattung der Auslagen.* Soweit keine zwingenden Tarifansätze bestehen, können Gerichtsexperten und Privatgutachter die Höhe ihrer Honorierung mit dem Vertragspartner frei vereinbaren. Mangels anderer Vereinbarung bemisst sich die *Entschädigung nach Aufwand,* und zwar zu einem für die Tätigkeit angemessenen Stundenansatz zuzüglich Auslagenersatz (Art. 374 OR im Werkvertrag, Art. 394 Abs. 3 sowie Art. 402 Abs. 1 OR für das Auftragsrecht). In welchem Umfang ein Stundenansatz angemessen ist, kann sich, soweit nicht durch Parteivereinbarung festgelegt, nach den Richtlinien des Fachverbands beurteilen, welchem ein Sachverständiger angehört.[203] *Fällig* wird der Entschädigungsanspruch grundsätzlich nach gehörigem Abschluss der Gutachtertätigkeit.[204] Anspruch auf Teil- respektive Akontozahlungen hat der Sachverständige nur, wenn diese mit den Beteiligten vorgängig vereinbart wurden.[205] Zum gehörigen Abschluss des Expertenmandats gehört auch die Beantwortung allfälliger Erläuterungs- und Ergänzungsfragen. 14.144

2. Der Entschädigungsanspruch des Gerichtsexperten: Nach Massgabe von Art. 184 Abs. 3 ZPO hat die sachverständige Person «Anspruch auf Entschädigung». Die Höhe der Entschädigung bemisst sich im Regelfall nach kantonalem Recht. In einzelnen Kantonen wird die Entschädigung von Sachverständigen durch eine kantonale Verordnung geregelt (z.B. im Kanton Zürich gestützt auf das GOG vom 10. Mai 2010 in LS.211.12); in anderen Kantonen bestimmt sich die Entschädigung von Sachverständigen nach richterlichem Ermessen. 14.145

Im Einzelfall wird sich ein Gerichtsexperte, insbesondere bei komplexer Materie, die besonderes Fachwissen voraussetzt, nicht auf den kantonalen Entschädigungstarif beschränken wollen und eine höhere Vergütung (z.B. einen höheren Stundenansatz oder etwa eine Pauschale) beanspruchen. Eine solche Vergütungsabrede ist, wenn sie gültig mit dem Gericht und mit den Parteien vereinbart wurde, meines Erachtens *zulässig,* soweit die kantonalen Entschädigungsverordnungen nicht als *«Zwangstarif»* ausgestaltet sind, von welchem nicht abgewichen werden darf. Die Vergütungsabrede muss aber *klar und unmissverständlich* sein und den zur Anwendung gelangenden *Abrechnungsmodus* (verbindlicher Kostenvoranschlag, Verbandstarif oder Entschädigung nach erhöhten Stundenansätzen etc.) im Vertrag (bzw. in der Ernennungsverfügung oder im Beweisbeschluss) mit dem Experten nennen. Der Umstand, dass der Richter beim Gerichtsexperten nach Ernennung eine ungefähre Kostenschätzung im Hinblick auf den Erlass der 14.146

[203] FRANK/STRÄULI/MESSMER, ZPO-ZH Kommentar, N 16a zu § 171 ZPO-ZH; BÜHLER A., Gerichtsgutachter, S. 74 f.

[204] DOLGE, Basler Kommentar, N 11 zu Art. 184 ZPO.

[205] BÜHLER A., Gerichtsgutachter, S. 80.

Beweiskostenverfügung einverlangt, begründet (für sich allein) keinen Entschädigungsanspruch des Sachverständigen in der geschätzten Höhe. Vielmehr hat der Gerichtsexperte auch in diesen Fällen den konkreten Stundenaufwand (nach den vereinbarten resp. üblichen Ansätzen) durch entsprechende Stundenbelege nachzuweisen. Geschuldet ist nicht die Vergütung jeglichen Aufwands, sondern nur des objektiv gerechtfertigten Aufwands, der bei sorgfältigem und zweckmässigem Vorgehen erforderlich und ausreichend war. Ungeachtet dessen, ob ein Kostenvoranschlag eingeholt oder ein Kostenrahmen vereinbart wurde, ist der Sachverständige zur Anzeige verpflichtet, wenn für ihn ersichtlich ist, dass ein offensichtliches Missverhältnis zwischen den Kosten des Gutachtens und der Bedeutung der Streitsache oder ihrem Streitwert besteht.[206]

14.147 Gestützt auf die konkrete Ausgangslage wird das Gericht die Parteien vorerst anhören (Art. 183 Abs. 1 ZPO) und dann von der Partei, welche die Bestellung des Sachverständigen veranlasst hat, einen *Beweiskostenvorschuss* respektive eine *Kaution* in der Höhe der geschätzten Gutachterkosten einfordern. Stellen beide Parteien den Antrag auf Einholung eines Gutachtens, werden die Parteien aufgefordert, die Beweiskosten je hälftig zu bevorschussen. Leistet eine Partei ihren Anteil nicht, so kann die andere Partei den Anteil an ihrer Stelle leisten. Wird der Vorschuss nicht oder verspätet geleistet, kann das Gericht von der Anordnung der Expertise absehen (Art. 102 Abs. 3 ZPO).

14.148 Die Höhe des Entschädigungsanspruchs hat das Gericht durch «Entscheid» festzusetzen (Art. 184 Abs. 3 ZPO). Im Einzelfall wird auch eine beschwerdefähige Verfügung ausreichend sein.[207]

14.149 Ist der Sachverständige mit der hoheitlichen Festsetzung der Entschädigung im Gerichtsurteil nicht einverstanden, kann er den Entscheid «mit Beschwerde» anfechten (Art. 184 Abs. 3 ZPO).[208] Zur Anfechtung befugt sind neben der «sachverständigen Person» auch die Parteien des Verfahrens.[209]

14.150 **3. Der Entschädigungsanspruch des Privat- und Schiedsgutachters:** Die Vergütung des Sachverständigen, der ein Privat- und/oder Schiedsgutachten erstellt, richtet sich in erster Linie nach den getroffenen Abmachungen. Häufig wird in der Praxis nach den Ansätzen der Fachverbände abgerechnet, zum Beispiel nach den Ansätzen der SIA-Ordnungen 102 und 103, resp. nach den ihr zugehörigen Kalkulationshilfen, welche nach Art. 6.2.1 für «besondere Aufträge wie Gutachten, Mitwirkung bei Schieds- und Preisgerichten, Schätzungen» etc. die Honorarberechnung nach dem Zeitaufwand für anwendbar erklären.

---

[206] BGE 134 I 159 (richterliche Reduktion der Sachverständigenkosten von CHF 29 366.40 auf CHF 11 780.– bei einer streitigen, zu begutachtenden Zahnarztrechnung von CHF 626.– für eine Kariesbehandlung).

[207] Dolge, Basler Kommentar, N 14 zu Art. 184 ZPO; Müller H., ZPO-Kommentar [Dike], N 24 ff. zu Art. 184 ZPO.

[208] Evtl. durch verwaltungsgerichtliche Klage.

[209] Dolge, Basler Kommentar, N 14 zu Art. 184 ZPO; Weibel, ZPO-Kommentar [Schulthess], N 11 zu Art. 184 ZPO.

4. Reduktion des Entschädigungsanspruchs: Der Anspruch auf volle Entschädigung setzt voraus, dass der Sachverständige (unabhängig, ob vom Gericht oder von einer Privatperson bestellt) seine Expertise termin- und fachgerecht abliefert. Sind dem Sachverständigen Pflichtverletzungen vorzuwerfen, kann eine Reduktion oder sogar der Verlust des Entschädigungsanspruchs zur Diskussion stehen, je nachdem, in welchem Umfang das Gutachten unbrauchbar ist. Über ein solches Recht zur Reduktion des Entschädigungsanspruchs verfügt sowohl ein Richter gegenüber Gerichtsexperten[210] wie auch der Besteller/Auftraggeber eines Privat- oder Schiedsgutachtens, ungeachtet der rechtlichen Einordnung des Gutachtervertrags als Werkvertrag (Rz. 14.25) oder als einfacher Auftrag. *Unnötiger* oder *unverhältnismässiger* Aufwand ist nicht zu entschädigen.[211] Nach denselben Kriterien beurteilt sich, ob der Sachverständige für die Beantwortung von Erläuterungs- und Ergänzungsfragen eine zusätzliche Entschädigung beanspruchen darf: Zusätzlichen Aufwand für erläuternde oder ergänzende Abklärungen wird der Sachverständige jedenfalls dann nicht in Rechnung stellen dürfen, wenn dieser auf Säumnis oder Mängel seines (ursprünglichen) Gutachterberichts zurückzuführen ist. Weitere Sanktionen bei Pflichtverletzungen werden in **VI.** (Die Haftung des Privatgutachters) und in **VII.** (Die Haftung des Gerichtsexperten) behandelt. 14.151

2. Die Erstattungsfähigkeit von Gutachterkosten

Von der Vergütung des Sachverständigen zu unterscheiden ist die Frage, ob und unter welchen Voraussetzungen eine «vorschusspflichtige Partei» die Gutachterkosten (die zu den Gerichtskosten gehören; Art. 95 Abs. 2 lit. c ZPO) auf die Gegenpartei bzw. einen Dritten abwälzen kann. In der Praxis sind vor allem folgende Fälle zu unterscheiden: 14.152

1. Die Kostentragung bei der Gerichtsexpertise: Im Regelfall bestimmt sich nach Massgabe des Obsiegens respektive Unterliegens im Prozess, welche Partei die Kosten für eine Gerichtsexpertise zu übernehmen hat (vgl. Art. 106 ZPO). Der Richter kann aber von den Verteilungsgrundsätzen abweichen und die Prozesskosten *«nach Ermessen»* zuordnen (Art. 107 ZPO). Er kann etwa in Abweichung des Prozessausgangs auch das *Veranlassungsprinzip* mitberücksichtigen. Das gilt insbesondere, wenn die Bezifferung des Anspruchs schwierig war und vom gerichtlichen Ermessen oder vom Ausgang einer Gerichtsexpertise abhing.[212] 14.153

210 Dolge, Basler Kommentar, N 12 zu Art. 184 ZPO.

211 BGE 134 I 159/164 E. 4.4.

212 Vgl. Art. 107 Abs. 1 lit. a ZPO; ferner schon § 113 lit. b ZPO-AG: «Von den Regeln des § 112 kann der Richter abweichen und über die Tragung der Kosten nach Ermessen entscheiden, […] wenn sich die unterliegende Partei in guten Treuen zur Prozessführung veranlasst sehen konnte oder die Höhe der Forderung von der Ausmittlung durch Sachverständige oder vom richterlichen Ermessen abhängig war». Zum Veranlassungsprinzip im Allgemeinen Bucher, Hundert Jahre schweizerisches Obligationenrecht, S. 293 f.

14.154 **2. Die Kostentragung im Rahmen eines vorsorglichen Beweissicherungsverfahrens:** Die Kosten der vorsorglichen Beweisführung (inkl. Sachverständigenhonorar) sind von der gesuchstellenden Partei vorzuschiessen (Art. 98 und Art. 102 ZPO). Folgende *Grundsätze* sind zu beachten:

14.155 – Ist der Prozess *in der Hauptsache bereits hängig*, so ergeht kein selbständiger Kostenentscheid. Vielmehr werden die angefallenen Kosten zu denjenigen des Hauptverfahrens geschlagen, soweit sich das (vorsorgliche) Beweissicherungsverfahren nicht als unnötig erweist und die deshalb entstandenen Kosten nicht von vornherein vom Gesuchsteller zu übernehmen sind.[213]

14.156 – Wird das Beweissicherungsverfahren *vor Anhängigkeit des Hauptprozesses* durchgeführt, so sind sämtliche Kosten der vorsorglichen Beweisabnahme, also die Gerichts- und Parteikosten, zunächst (d.h. «einstweilen») durch den Gesuchsteller zu übernehmen. Über die endgültige Kostentragung ist gegebenenfalls im Hauptprozess, und zwar nach Ausgang des Verfahrens, zu entscheiden. Der Gesuchsgegner wird in aller Regel ersatzpflichtig, soweit sich das Beweissicherungsverfahren als *notwendig* erweist.[214]

14.157 Kommt es im Anschluss an ein Beweissicherungsverfahren zu keinem Hauptprozess oder wird die *Klage in der Hauptsache als unzulässig* zurückgewiesen, so ist das Gericht in der Regel nicht befugt, über die bereits angefallenen Gerichts- und Parteikosten zu befinden.[215] Die kostenpflichtige Partei, im Regelfall also der Gesuchsteller, hat unter Umständen aber einen selbständigen Anspruch auf Kostenerstattung, der sich aus den bundesrechtlichen Bestimmungen von Art. 41 ff. OR nach den Regeln über das ausservertragliche Schadenersatzrecht ableitet.[216]

14.158 **3. Die Kostentragung bei Schiedsgutachten:** Falls die Parteien – wie dies häufig der Fall ist – schon mit der Bestellung des Schiedsgutachters die Vergütungsfrage regeln, richten sich die Kostentragung und die Verteilung nach der getroffenen Vereinbarung. Fehlt es ausnahmsweise an einer Regelung über die Kostentragung, so wird im Einzelfall zu prüfen sein, ob die kostenbelastete Partei die Schiedsgutachterkosten im nachfolgenden Prozess als selbständigen Schadensposten (nach Massgabe der Art. 41 ff. OR) oder als (zusätzliche) Prozessentschädigung zurückverlangen darf (Rz. 14.161).

14.159 **4. Die Kostentragung bei einer privaten Expertise, bei einer amtlichen Befundaufnahme oder bei einer vorsorglichen Beweisführung:** Selbstverständlich ist, dass die

---

213 Vgl. dazu Reetz, Der Bauprozess: er steht und fällt mit dem Beweis, S. 128 f.

214 BGer 4C.11/2003 vom 19. Mai 2003; KGer VD vom 7. April 1982 (= JdT 1982 III, S. 95 = BR/DC 1983, S. 15, Nr. 4, mit Anm. Tercier); OGer LU vom 24. Oktober 1984 (= LGVE 1984 I, S. 39 = BR/DC 1986, S. 71, Nr. 101, mit Anm. Vogel).

215 Vgl. KGer FR vom 16. Mai 1984 (= FZR 1984, S. 21 = BR/DC 1988, S. 13, Nr. 4, mit Anm. Tercier).

216 Casanova, Die Haftung, S. 59 ff. Nach Tercier, Anm. zu KGer FR vom 16. Mai 1984 (= BR/DC 1988, S. 13, Nr. 4), liesse sich aus Gründen der Prozessökonomie auch rechtfertigen, den Kostenentscheid im Einzelfall nach Billigkeit vorzunehmen.

Kosten eines Privatgutachtens zunächst zulasten derjenigen Partei gehen, die eine solche Begutachtung veranlasst hat.[217] Dieselbe Kostentragungspflicht für den Fall der amtlichen Bestandsaufnahme ergibt sich aus Art. 367 Abs. 2 OR, wonach *«jeder Teil»* des Werkvertrags, der eine Prüfung des Werks durch Sachverständige verlangt, dies *«auf seine Kosten»* tut.[218] Dieselben Grundsätze gelten auch bei den Beweissicherungsverfahren: Weil im Rahmen der amtlichen Befundaufnahme der Prozessausgang in keiner Art und Weise präjudiziert wird, dürfen der «anderen Partei» weder Gerichts- noch Expertisenkosten auferlegt und auch keine Parteientschädigung zugesprochen werden. Im Verfahren betr. vorsorgliche Beweissicherung werden die Kosten – unter Vorbehalt einer anderen Verteilung im Hauptprozess – einstweilen der gesuchstellenden Partei auferlegt, da die Beweissicherung im Interesse der Gesuchstellerin ist und weil es bis zum Entscheid in der Hauptsache keine unterliegende Partei gibt.[219] In der Regel gestehen kantonale Gerichte dem Gesuchsgegner sogar eine Parteientschädigung zu, solange der Hauptprozess (noch) nicht anhängig ist.[220]

5. Die Kostentragung für Gutachten im Hauptverfahren: Über die endgültige Vertei- 14.160
lung der Prozesskosten von vorsorglichen Beweissicherungsverfahren wird im Regelfall im Endentscheid nach Ausgang der Hauptsache entschieden (Art. 104 Abs. 3 ZPO).[221] Ob die kostenbelastete Partei die Gutachterkosten als selbständige Schadensposition oder als (zusätzliche) Prozessentschädigung im Hauptverfahren zurückverlangen kann, beurteilt sich nach Massgabe und nach den Voraussetzungen des zugrunde liegenden Rechtsverhältnisses. So kann etwa der Bauherr die von ihm aufgewendeten Kosten für ein Privatgutachten oder einen sachverständigen Befund als *werkvertraglichen Mangelfolgeschaden* einverlangen, sofern die Voraussetzungen hierfür vorliegen.[222] Erstattungsfähig sind die Kosten für einen (privaten oder amtlichen) Sachverständigen nach Lehre und Rechtsprechung namentlich dann, wenn die Begutachtung für die Mängelfeststellung *notwendig* oder für die Rechtsverfolgung sonstwie *erforderlich* und *geeignet* war.[223] In diesem Zusammenhang ist insbesondere zu prüfen, ob eine Partei *durch ihr Verhalten zur Begutachtung Anlass* gegeben hat. Dies ist jedenfalls dann zu bejahen, wenn ein Unternehmer das Vorliegen eines offensichtlich vorliegenden und substanziiert gerügten

[217] Gauch, Werkvertrag, Rz. 1523.

[218] BGE 126 III 388/392 E. 10b (= BR/DC 2001, S. 78, Nr. 258, mit Anm. Werro).

[219] BGE 140 III 30/34 E. 3.5; 139 III 33/34 ff. E. 4

[220] BGE 140 III 30/35 E. 3.6.

[221] BGE 140 III 30/34 E. 3.5; Jenny, ZPO-Kommentar, N 10 zu Art. 104 ZPO.

[222] BGE 126 III 388/392 E. 10b (= BR/DC 2001, S. 78, Nr. 258, mit Anm. Werro); BGer 4A_83/2009 vom 6. Mai 2009 E. 4.2 (= BR/DC 2009, S. 154, Nr. 158, mit Anm. Pichonnaz); siehe auch die Anm. von Tercier zu KGer NE vom 4. August 1977 (= RJN 1968 I, S. 5 = BR/DC 1981, S. 14, Nr. 10); Gauch, Werkvertrag, Rz. 1523 und 1873.

[223] Vgl. BGer 4A_125/2017 vom 20. November 2017 E. 6.2.4.2 (teilweise publ. in BGE 143 III 545); 4A_113/2017 vom 6. September 2017 E. 6.2.5; 4A_692/2015 E. 6.1 (teilweise publ. in BGE 143 III 206); BGE 126 III 388/392 E. 10b (= BR/DC 2001, S. 78, Nr. 258, mit Anm. Werro); HGer ZH vom 6. Juli 2007 E. 15 (= ZR 2008, Nr. 14, S. 47 f.).

Mangels bestreitet oder sonstwie die erforderliche Bereitschaft zur Mitwirkung bei der Mängelfeststellung und Mängelbehebung vermissen lässt. Dass eine Begutachtung notwendig war, zeigt sich allenfalls darin, dass die in der Expertise enthaltenen Erkenntnisse in die richterliche Beweiswürdigung einfliessen, mithin vom Gericht verwertet werden. Doch ist immer auch zu prüfen, ob der Unternehmer nach den Regeln der Mängelhaftung überhaupt einstehen muss oder ob der Besteller mithilfe des (privaten oder amtlichen) Sachverständigen nicht bloss seine gesetzliche oder vertragliche Prüfungspflicht erfüllt. Alsdann gehören die Gutachterkosten zu den Prüfungskosten und gehen zulasten des Bestellers (Rz. 14.162). Auch bei der Geltendmachung von Mehrvergütungsansprüchen (Nachträgen) hängt die Ersatzfähigkeit der Kosten für den Beizug des Experten davon ab, ob die Kosten für den Privatgutachter notwendig waren. Unabhängig davon, ob die Kosten für das Privatgutachten unter dem Titel Schaden oder Parteientschädigung zu prüfen sind, handelt es bei der Prüfung der Notwendigkeit um eine Anspruchsvoraussetzung.[224]

14.161 **6. Rückerstattung als Prozessentschädigung:** Im Einzelfall wird die kostenbelastete Partei die ihr entstandenen Aufwendungen (für Privatgutachten, amtliche Befundaufnahme, allenfalls auch Anwaltskosten) in einem späteren Prozess als Parteientschädigung bzw. als Verzugsschaden geltend machen können, jedenfalls dann, wenn diese zur Anspruchsdurchsetzung notwendig und angemessen waren.[225]

14.162 **7. Kein Erstattungsanspruch für Prüfungskosten des Bestellers:** Der Umstand, dass die Anbringung einer Mängelrüge die Auseinandersetzung mit technischen schwierigen Fragen verlangt, zu welcher eine Partei ohne den Beizug eines Sachverständigen nicht in der Lage ist, ist für sich allein keine ausreichende Grundlage, um die Gegenpartei zur Erstattung der Gutachterkosten zu verpflichten. Die *Obliegenheit* zur Prüfung des (Bau-) Werks trifft gemäss Art. 367 Abs. 1 OR den *Besteller.* Prüfungskosten gehen daher in der Regel *zu seinen Lasten.*[226] Dies gilt erst recht, wenn der Bauherr bei der Prüfung des Werks auf die vertragliche Mitwirkung eines Planers zählen könnte, auf dessen Unterstützung aber aus irgendwelchen Gründen verzichtet und stattdessen einen Privatgutachter beizieht. Jedenfalls wird der Unternehmer nicht von vornherein für die Kosten des Sachverständigen ersatzpflichtig, nur weil dieser einen Mangel feststellt.[227]

14.163 An die Erstattungsfähigkeit der Kosten für die Expertentätigkeit dürfen *keine zu strengen Anforderungen* gestellt werden, wenn eine «sachunkundige Partei einer sachverständigen gegenübersteht» und sie ohne Hilfe eines Sachverständigen ihrer prozessualen Dar-

[224] BGer 4A_125/2017 vom 20. November 2017 E. 6.2.4.2 (teilweise publ. in BGE 143 III 545); 4A_113/2017 vom 6. September 2017 E. 6.2.5 (= BR/DC 2018, S. 165, Nr. 281, mit Anm. SIEGENTHALER); 4A_692/2015 E. 6.1 (teilweise publ. in BGE 143 III 206).

[225] Vgl. BGer 4C.11/2003 vom 19. Mai 2003 und die Kritik von REETZ, Der Bauprozess: er steht und fällt mit dem Beweis, S. 128, Fn. 27.

[226] Vgl. im Einzelnen GAUCH, Werkvertrag, Rz. 1526.

[227] Vgl. GAUCH, Werkvertrag, Rz. 1525; BGE 34 II 710/713 E. 1 f.; so aber KGer FR vom 10. Februar 1975 (= FZR 1975, S. 66 = BR/DC 1979, S. 11, Nr. 12, mit Anm. TERCIER); SJZ 1944, Nr. 76, S. 124.

legungslast nicht genügen könnte.[228] Professionelle Bauherren oder solche der öffentlichen Hand werden Prüfungskosten im Regelfall aber nicht überwälzen können.

8. Besondere Kostentragungsregeln nach der SIA-Norm 118: Gelangt die SIA-Norm 118 zur Anwendung, sind im Zusammenhang mit der Kostentragung insbesondere folgende Sonderfälle zu beachten: 14.164

- Nach *Art. 111 SIA 118* ist der *Bauherr* verpflichtet, Bestand und Zustand fremder Sachen *auf seine Kosten* zur Beweissicherung festzuhalten, und zwar ohne Überwälzungsmöglichkeit auf den Unternehmer.[229] 14.165
- Gestützt auf *Art. 137 Abs. 2 SIA 118* kann «die Bauleitung (d.h. die Bauherrschaft) von allen im Bauwerk verbleibenden Baustoffen jederzeit, auch nach der Verarbeitung, (Proben) entnehmen und untersuchen lassen». Bezüglich Kostentragung gilt: «Genügen die untersuchten Proben den vertraglichen Anforderungen, so trägt der Bauherr die Kosten, andernfalls der Unternehmer. Die reinen Stoffkosten trägt der Unternehmer unabhängig vom Prüfungsergebnis». 14.166
- Gemäss *Art. 139 SIA 118* kann «die Bauleitung (d.h. die Bauherrschaft) [...] schon während der Ausführung der Arbeit Belastungsproben, Messungen oder andere Prüfungen am Bauwerk anordnen». Die entsprechenden Kosten für solche Zwischenprüfungen sind *grundsätzlich vom Bauherrn* zu tragen. Genügt das Werk allerdings nicht den vertraglichen Anforderungen und ist der Unternehmer hierfür verantwortlich, so kann der Bauherr gemäss Art. 139 Abs. 3 SIA 118 die Prüfungskosten auf den *Unternehmer* überwälzen.[230] 14.167

VI. Die Haftung des Privatgutachters

1. Die Haftung aus Schlechterfüllung

1. Das mangelhafte Gutachterergebnis: Nach der bundesgerichtlichen Rechtsprechung[231] ist der private Gutachtervertrag – je nach seinem Inhalt – als *Werkvertrag* im Sinne der Art. 363 ff. OR oder als einfacher Auftrag im Sinne der Art. 394 ff. OR zu qualifizieren. Nach der hier vertretenen Auffassung rechtfertigt es sich in den meisten Konstellationen, auf den Privatgutachtervertrag die Bestimmungen des Werkvertragsrechts zur Anwendung zu bringen. Denn: Der Sachverständige schuldet in aller Regel nicht nur die Leistung von Arbeit, sondern den abgemachten *Arbeitserfolg*. Dies gilt namentlich (aber nicht nur), wenn die Gutachtertätigkeit «garantiefähig» ist. Nach Massgabe von 14.168

---

[228] Vgl. Werner/Pastor, Der Bauprozess, Rz. 136; Jessnitzer/Frieling/Ulrich, Der gerichtliche Sachverständige, S. 297 ff.

[229] Schumacher/Middendorf, Kommentar SIA 118, Art. 111/Rz. 4.

[230] Gauch/Prader/Schwery, Kommentar SIA 118, Art. 139/Rz. 4.1 f. und 10.1 ff.

[231] Vgl. BGE 127 III 328 (= BR/DC 2002, S. 89, Nr. 209, mit. Anm. Aepli).

Art. 368 OR hat der Sachverständige das Gutachten so abzufassen, dass es *die vertraglich geforderten Eigenschaften* besitzt.[232] Das Gutachten darf nicht mit einem Mangel behaftet sein, der den Wert respektive die Tauglichkeit zum vertraglich vereinbarten oder vorausgesetzten Gebrauch beeinträchtigt. Geschuldet ist vom Sachverständigen also in aller Regel *nicht nur ein sorgfältiges Wirken* (nach Auftragsrecht), sondern geschuldet sind *korrekte Resultate,* sei dies bei der Ermittlung von Materialqualitäten, bei der Messung von Schall- oder Immissionswerten oder bei der Ermittlung der Tragfestigkeit einer Stahlkonstruktion.

14.169 **2. Die vereinbarten Eigenschaften des Gutachtens:** Grundsätzlich ist der Besteller des Gutachtens frei, Inhalt, Form und Aufbau des Gutachtens mit dem beigezogenen Sachverständigen abzustimmen. Im Rahmen einer mündlichen oder schriftlichen *Instruktion* wird der Besteller die zu beantwortenden Expertenfragen vertraglich mit dem Sachverständigen festlegen und ihm darlegen, worin die Gutachtertätigkeit besteht und zu welchen Beweisthemen der Sachverständige Stellung nehmen muss. Ferner werden sich Besteller und Privatgutachter darüber zu einigen haben, von welchen Vorgaben und Dokumenten das Gutachten ausgehen soll. Von Vorteil ist es ferner, Arbeitsmethode und Quellen zu bestimmen. Gegebenenfalls zu verabreden ist schliesslich, ob der Sachverständige zur Feststellung und Ermittlung von Tatsachen eigene Erhebungen (z.B. Messungen, Prüfungen, Probebohrungen) vorzunehmen hat oder ob er seine Erkenntnisse aufgrund anderer Quellen (z.B. vorbestehender Laborberichte, Pläne etc.) erarbeiten soll.

14.170 Zu beachten hat der Sachverständige auch eine besonders geforderte oder spontan aus eigener Initiative abgegebene *Zusicherung,*[233] wie etwa die Zusage, dass er bei der Ausarbeitung seiner Expertise den ihm zustehenden Ermessensspielraum (z.B. bei der Bewertung einer Liegenschaft) zum Vorteil des Bestellers ausnützen werde. Weicht der Sachverständige in unzulässiger Weise von dieser vertraglichen Zusicherung ab, weist das Privatgutachten einen Mangel auf. Nicht vertragskonform – weil unbrauchbar – ist ein reines *Gefälligkeitsgutachten,* in welchem der Sachverständige einen bestehenden Ermessensspielraum überschreitet.

14.171 **3. Die vorausgesetzten Eigenschaften des Gutachtens:** Zum erwarteten Erfolg gehört unter dem Gesichtspunkt der Wertqualität und der Gebrauchstauglichkeit,[234] dass:

14.172 – das Privatgutachten den zu begutachtenden Sachverhalt und die gestellten *Expertenfragen erschöpfend behandelt;*

14.173 – die vom Sachverständigen getroffenen Feststellungen und Schlussfolgerungen dem *neuesten Stand der Technik und Wissenschaft, der Lehre und den Erfahrungen der Praxis* entsprechen;

---

232 Vgl. Gauch, Werkvertrag, Rz. 1356.

233 Zum Begriff der Zusicherung Gauch, Werkvertrag, Rz. 1371 ff.

234 Gauch, Werkvertrag, Rz. 1413 ff.

- das Privatgutachten eine *logische Gedankenführung*, eine *plausible und lückenlose Begründung* aufweist, welche sich sowohl bezüglich Untersuchungsweg wie auch bezüglich Argumentationskette und Schlussfolgerungen nachvollziehen lässt; 14.174
- die Schlussfolgerungen und Empfehlungen des Sachverständigen (z.B. in Bezug auf zu treffende Sanierungsmassnahmen) mit den *Vorschriften des öffentlichen Rechts* im Allgemeinen respektive den *behördlichen Auflagen* im Speziellen im Einklang stehen; 14.175
- sich der Sachverständige einlässlich mit den bekannt gegebenen *Einwänden* von Dritten auseinandersetzt; 14.176
- das Privatgutachten *keine objektiv falschen Aussagen* enthält. 14.177

4. Die Rechtsfolgen bei Vorliegen eines mangelhaften Privatgutachtens: Grundsätzlich beurteilt sich die Haftung des Privatgutachters (und dessen Haftung für allfällige Hilfspersonen[235]) nach den Bestimmungen des gesetzlichen Werkvertragsrechts (Rz. 14.168). Insofern kann auf die diesbezüglich einschlägige Literatur und Rechtsprechung verwiesen werden. Immerhin sind folgende Besonderheiten zu beachten: 14.178

Lässt sich bereits *während der Ausarbeitung des Gutachtens* (d.h. vor der Ablieferung) eine mangelhafte Erstellung durch Verschulden des Privatgutachters bestimmt voraussehen, so kann der Besteller (z.B. nach Einsicht in den Entwurf) nach *Art. 366 Abs. 2 OR* eine angemessene Frist zur Abhilfe ansetzen mit der Androhung, dass im Unterlassensfall die Verbesserung oder die Fortführung des Gutachtens auf Gefahr und Kosten des Privatgutachters einem Dritten übertragen werde.[236] 14.179

Nach Ablieferung und Abnahme des Privatgutachtens bestimmt sich die Rechtslage bei mangelhafter Expertise nach Massgabe von Art. 368 OR. Nach dieser Bestimmung kann der Besteller: 14.180

- die Annahme des Privatgutachtens verweigern (d.h. den Vertrag wandeln), wenn dieses für ihn unbrauchbar ist oder ihm die Annahme billigerweise nicht zugemutet werden kann; 14.181
- die unentgeltliche Nachbesserung des Gutachtens durch den Sachverständigen verlangen, sofern dies nicht übermässige Kosten verursacht; 14.182
- einen dem Minderwert des Gutachtens entsprechenden Abzug am Honorar des Sachverständigen vornehmen; 14.183
- *bei Verschulden* zusätzlich den Ersatz des Mangelfolgeschadens verlangen. 14.184

Die Ausübung der Gewährleistungsrechte ist nicht von einem Verschulden abhängig. Das heisst: Der Privatgutachter kann sich der Nachbesserung, der Minderung oder der Wan- 14.185

235 Zur Haftung der Hilfspersonen Gauch/Schluep/Emmenegger, OR AT, Rz. 3013 ff.

236 Zum Recht auf Ersatzvornahme nach Art. 366 Abs. 2 OR im Einzelnen BGE 107 II 50/55 f. E. 3 (= BR/DC 1982, S. 18, Nr. 16, mit Anm. Gauch); BGer 4C.159/1999 vom 28. Juli 2000 E. 4; Gauch, Werkvertrag, Rz. 1820 ff.; Koller A., Berner Kommentar, N 519 ff. zu Art. 366 OR.

delung nicht mit dem Nachweis entziehen, dass ihn an der Herstellung und Ablieferung der mangelhaften Expertise kein Verschulden treffe. *Vorbehalten* bleibt jedoch selbstverständlich der Fall, da der Mangel in der Expertise nicht dem Privatgutachter zurechenbar ist, etwa weil den Besteller ein *Selbstverschulden* trifft (z.B. wenn der Besteller dem Sachverständigen einzelne relevante Dokumente vorenthalten hat).

14.186 Nach Massgabe von Art. 367 Abs. 1 i.V.m. Art. 370 Abs. 2 OR hat der Besteller das Privatgutachten nach Ablieferung auf dessen Beschaffenheit zu prüfen und den Sachverständigen von allfälligen Mängeln in Kenntnis zu setzen. Versäumt es der Besteller, den ihm von Gesetzes wegen obliegenden *Prüfungs- und Anzeigepflichten* nachzukommen, gilt das Werk (das Privatgutachten) als genehmigt und der Besteller verwirkt seine Mängelrechte.[237] Im Zusammenhang mit Gutachterverträgen wird es sich regelmässig rechtfertigen, Prüfungs- und Rügeobliegenheit *grosszügig* (zugunsten des Bestellers) zu handhaben, zumal sich der Experte ja unter Hinweis auf besonderen Sachverstand für seine Aufgabe empfiehlt.

14.187 **5. Zum Nachbesserungsanspruch im Besonderen:** Im Regelfall kann der Besteller dem Sachverständigen eine angemessene Frist zur Behebung der festgestellten Gutachtermängel ansetzen. Der Gutachter, der zur Verbesserung (Nachbesserung) verpflichtet ist, hat auf eigene Kosten sämtliche Vorkehren zu treffen, welche erforderlich sind, um den vertragsgemässen (mängelfreien) Zustand des Gutachtens doch noch herzustellen.[238]

14.188 Versäumt es der Sachverständige, die gerügten Gutachtermängel innert der angesetzten Frist zu beseitigen, so kann ihn der Besteller nach Ablauf dieser Frist durch Mahnung in *Verzug* setzen.[239] Alsdann ist der Besteller – gegebenenfalls nach einer weiteren angemessenen Nachfrist – befugt, nach Art. 107 Abs. 1 OR nach wie vor auf Nachbesserung zu beharren (Art. 107 Abs. 2 OR); er kann stattdessen auch, «wenn er es unverzüglich erklärt, auf die nachträgliche Leistung verzichten und entweder Ersatz des aus der Nichterfüllung entstandenen Schadens verlangen oder vom Vertrag zurücktreten» (Art. 107 Abs. 2 und Art. 109 OR). Nach ergebnislosem Ablauf der angesetzten Nachfrist kann der Besteller auch auf die Beseitigung der Gutachtermängel durch den Sachverständigen verzichten und *auf dessen Kosten einen Dritten* beiziehen, welcher die Gutachtermängel beseitigt.[240]

---

237 BGE 107 II 172/175 E. 1a (= BR/DC 1982, S. 17, Nr. 15, mit Anm. Gauch); BGer 4C.151/2005 vom 29. August 2005 E. 3 (= BR/DC 2006, S. 62, Nr. 196, mit Anm. Pichonnaz); 4C.231/2004 vom 8. Oktober 2004 E. 2; vgl. Bieger, Die Mängelrüge, S. 122 ff.; Gauch, Werkvertrag, Rz. 2106.

238 Vgl. zum Inhalt der Nachbesserungsschuld im Einzelnen BGE 117 II 550 (= BR/DC 1993, S. 46, Nr. 105, mit Anm. Gauch); 111 II 173; Bühler T., Zürcher Kommentar, N 120 zu Art. 368 OR; Gauch, Werkvertrag, Rz. 1713.

239 Gauch, Werkvertrag, Rz. 1789.

240 Zur Frage nach dem Kostenersatz bei Ersatzvornahme Gauch, Werkvertrag, Rz. 1834; BGE 126 III 230; 116 II 305/313 E. 4a; 107 II 50/55 f. E. 3 (= BR/DC 1982, S. 18, Nr. 16, mit Anm. Gauch); BGer 4C.159/1999 vom 28. Juli 2000 E. 4. Nach diesen Entscheiden ergibt sich der Anspruch auf Ersatzvornahme aus analoger Anwendung des Art. 366 Abs. 2 OR.

Der Anspruch auf Behebung von Mängeln in Gutachten steht unter dem *Vorbehalt*, dass die Nachbesserung nicht objektiv unmöglich ist, nicht einen unverhältnismässig hohen Aufwand erfordert und in diesem Sinne als unzumutbar erscheint. 14.189

- *Objektiv unmöglich* ist zum Beispiel die Mängelbehebung, wenn gestützt auf die Ergebnisse eines Gutachtens (z.B. eine berechnete Baustatik) die Armierungsstahlarbeiten ausgeführt werden und die tragende Decke zufolge fehlerhafter Berechnung einstürzt. In diesen Fällen ist der mit einem mangelhaften Gutachten erstrebte Zweck nicht mehr erreichbar; der Besteller bleibt auf den Minderungsanspruch (Reduktion des Gutachterhonorars) und (bei Verschulden) auf den Anspruch auf Ersatz des Mangelfolgeschadens verwiesen. 14.190

- *Unzumutbar* ist die Nachbesserungspflicht, wenn der Sachverständige zur Behebung des mangelhaften Gutachtens übermässige Kosten aufwenden müsste (Art. 368 Abs. 2 OR). In diesen Fällen kann der Besteller anstelle der unentgeltlichen Verbesserung nur (aber immerhin) Minderung und bei Verschulden Schadenersatz verlangen. 14.191

6. Zum Minderungsrecht im Besonderen: Nach Art. 368 Abs. 2 OR kann der Besteller bei Vorliegen eines mangelhaften Gutachtens wahlweise auch Minderung erklären. Das Minderungsrecht wird dadurch ausgeübt, dass der Besteller die *Vergütung* des bestellten Gutachtens durch einseitige Erklärung *herabsetzen* oder *Rückzahlungen* verlangen kann, soweit er bereits mehr geleistet hat, als der herabgesetzte Betrag ausmacht.[241] 14.192

Die Herabsetzung der Vergütung hat im Verhältnis des mangelhaften zum mängelfreien Gutachten zu erfolgen. Macht der Mangel das Gutachten völlig wertlos, so würde durch Ausübung des Minderungsrechts die geschuldete Vergütung auf Null reduziert; in diesen Fällen entfällt das Minderungsrecht des Bestellers; er kann aber (und das in jedem Falle) die Wandelung verlangen.[242] 14.193

7. Zum Schadenersatzrecht im Besonderen: Art. 368 OR räumt dem Besteller *zusätzlich* (kumulativ) zu den übrigen Mängelrechten ein Recht auf Ersatz des Mangelfolgeschadens ein, der trotz Wandelung, Minderung oder Nachbesserung verbleibt. Zu ersetzen sind nur Mangelfolgeschäden, d.h. Schäden, die ihre Ursache in einem Mangel des abgelieferten Gutachtens haben.[243] 14.194

Die Haftung für Mangelfolgeschäden setzt ein *Verschulden* des Gutachters voraus.[244] Ein vorwerfbares Verschulden trifft den Sachverständigen, wenn er die Mangelhaftigkeit des Gutachtens fahrlässig, d.h. unter Verletzung der objektiv gebotenen Sorgfalt, oder sogar vorsätzlich herbeigeführt hat. Die Anforderungen an Sorgfalt und Umsicht sind für den 14.195

241 BGE 117 II 550 (= BR/DC 1993, S. 46, Nr. 104, mit Anm. Gauch); 116 II 305. Zum Minderungsrecht im Einzelnen Gauch, Werkvertrag Rz. 1609 ff.

242 Gauch, Werkvertrag, Rz. 1639.

243 BGer 4C.297/2003 vom 20. Februar 2004 E. 2; Gauch, Werkvertrag, Rz. 1850; Zindel/Pulver/Schott, Basler Kommentar, N 68 f. zu Art. 368 OR.

244 BGE 116 II 454/256 E. 2a (= BR/DC 1991, S. 97, Nr. 155, mit Anm. Gauch); 70 II 215/218 f. E. 4.

Sachverständigen hoch anzusetzen, da er sich durch Annahme des Gutachtervertrags als Spezialist seines Faches empfohlen hat. Liegt ein Verstoss gegen die fachtechnisch gebotene Sorgfalt vor, so ist dies als Verschulden zu werten.[245]

14.196 *Beispiele:* Der Gutachter übersieht bei der Abnahme des Bauwerks eindeutige Projektierungs- und/oder Ausführungsmängel, weshalb der Besteller Mängelrechte verwirkt respektive diese zufolge Konkurs eines Verantwortlichen nicht mehr durchsetzen kann. Der Gutachter stützt seine Expertise auf Erkenntnisse ab, welche nicht mehr dem neuesten Stand der Technik entsprechen; der Besteller erleidet Umsatzeinbussen. In diesen Fällen muss der Privatgutachter damit rechnen, bei gegebenen Haftungsvoraussetzungen ersatzpflichtig zu werden.

2. Die Haftung aus Verzug

14.197 **1. Fälligkeit der Leistung:** Sowohl nach Gesetz wie auch nach Vertrag ist der Sachverständige verpflichtet, sein Gutachten «fristgerecht abzuliefern», was Art. 184 ZPO (für Gerichtsexperten) explizit festhält. Die Bestimmung der Erfüllungszeit erfolgt im Regelfall *durch vertragliche Abmachung,* indem sich Sachverständiger und Besteller auf die Ablieferung zu einem bestimmten Termin (z.B. Ablieferung bis 31. Januar) oder zur Ablieferung nach einem bestimmten Zeitraum (Ablieferung innert 3 Monaten) verpflichten. Sind die zeitlichen Erfüllungsmodalitäten vertraglich nicht bestimmt worden, greift die allgemeine Gesetzesregel von Art. 75 OR, wonach «die Erfüllung sogleich geleistet und gefordert werden» kann. Unter «sogleich» ist der Zeitraum zu verstehen, den der Privatgutachter nach den Umständen und nach dem Schwierigkeitsgrad für die Ausarbeitung und Ablieferung der Expertise benötigt.[246]

14.198 **2. Voraussetzungen des Verzugs:** Versäumt der Privatgutachter, seine Expertise bei Fälligkeit abzuliefern, gerät er durch *Mahnung* des Bestellers in Verzug (vgl. Art. 102 Abs. 1 OR). Haben die Parteien für die Ablieferung des Gutachtens allerdings einen *Verfalltag* verabredet (z.B. durch kalendermässige Bestimmung des Ablieferungsdatums), so tritt automatisch Verzug ein, ohne dass es einer zusätzlichen Aufforderung (im Sinne einer Mahnung) bedarf (vgl. Art. 102 Abs. 2 OR). Die Mahnung des Bestellers muss die unmissverständliche Aufforderung an den Privatgutachter enthalten, dass die geschuldete Herstellung und Ablieferung der Expertise verlangt werde.[247]

14.199 **3. Verzugsfolgen beim Privatgutachter:** Befindet sich der Privatgutachter mit der Erstellung oder Ablieferung der Expertise verschuldeterweise in Verzug, hat er dem Besteller den Schaden zu ersetzen, der diesem durch die Verspätung adäquat kausal entstanden

[245] Gauch, Werkvertrag, Rz. 1888; BGE 93 II 317/324 E. 2e/bb. Zur Verschuldensfrage, wenn ein Experte im Rahmen der Gutachtenserstattung «spontan» Sanierungsmassnahmen vorschlägt Keilholz, Zur Haftung des Sachverständigen, S. 377 ff.

[246] Gauch/Schluep/Emmenegger, OR AT, Rz. 2198.

[247] BGE 116 II 450/452 E. 2a/aa.

ist (vgl. Art. 103 und Art. 106 OR). *Verspätungsschaden* kann mit anderen Worten also nur (aber immerhin) dann gefordert werden, wenn dem Privatgutachter die Verspätung *vorwerfbar* ist, ihn diesbezüglich ein Verschulden trifft. Sind dem Besteller wegen des verschuldeten Verzugs Kosten und Auslagen entstanden, ist der Privatgutachter zum Ersatz dieser Verspätungsschäden verpflichtet.[248]

Auf den Privatgutachtervertrag anwendbar sind ferner die *Verzugsbestimmungen von Art. 107–109 OR*. Danach muss der Besteller dem Privatgutachter vorerst eine *angemessene Nachfrist* zur Erbringung der Leistung ansetzen oder durch die zuständige Behörde ansetzen lassen (Art. 107 Abs. 1 OR), bevor er Schadenersatz wegen Verspätung oder wegen Nichterfüllung verlangen oder allenfalls vom Vertrag zurücktreten kann. Da der Besteller einer Expertise meist kurzfristig wissen muss, ob der säumige Sachverständige leistungsfähig respektive leistungsbereit ist, wird der Besteller vom Sachverständigen von Vorteil zugleich die *Erklärung* abverlangen, ob er innerhalb der gesetzten Nachfrist die Expertise abliefern kann, verbunden mit der Mitteilung, dass bei nicht rechtzeitigem Eingang dieser Erklärung auf Erfüllung verzichtet werde. 14.200

Nach ergebnislosem Ablauf der Nachfrist ist der Besteller berechtigt, nach wie vor Erfüllung und Schadenersatz wegen verschuldeter Verspätung zu verlangen. Er kann aber auch (sofern er dies dem Sachverständigen unverzüglich erklärt) wahlweise auf die nachträgliche Ablieferung des Privatgutachtens verzichten und Schadenersatz wegen Nichterfüllung verlangen oder nach Massgabe von Art. 109 OR vom Gutachtervertrag zurücktreten und bei schuldhaftem Verzug Ersatz des negativen Vertragsinteresses beanspruchen.[249] 14.201

Das Rücktrittsrecht steht dem Besteller eines Privatgutachtens unter den Voraussetzungen von Art. 366 Abs. 1 OR *bereits vor dem Ablieferungstermin* (d.h. vor Fälligkeitseintritt) zu. Nach dieser Bestimmung kann der Besteller, ohne den Lieferungstermin abzuwarten, vom Vertrag zurücktreten, wenn der Privatgutachter mit der Ausführung des Werks «so sehr im Rückstand» ist, dass die (für die Einhaltung eines Ablieferungstermins vorausgesetzte) rechtzeitige Vollendung nicht mehr vorauszusehen ist. Nach dem Wortlaut von Art. 366 Abs. 1 OR kann pflichtwidrige Verspätung schon dann vorliegen, wenn der Privatgutachter die Expertise nicht rechtzeitig beginnt oder die Ausführung in vertragswidriger Weise (und ohne Schuld des Bestellers) verzögert. 14.202

Auch das Rücktrittsrecht nach Art. 366 Abs. 1 OR setzt allerdings *Mahnung* (im Sinne von Art. 102 Abs. 1 OR) und *Nachfristansetzung* (Art. 107 Abs. 2 OR) voraus;[250] zudem muss die Rücktrittserklärung «unverzüglich» nach Ablauf der angesetzten Frist erfolgen. Hat der Sachverständige im Zeitpunkt des Rücktritts mit der Ausarbeitung des Gutach- 14.203

---

248 Zu den weiteren Erscheinungsformen des Verspätungsschadens GAUCH, Werkvertrag, Rz. 665; GAUCH/SCHLUEP/EMMENEGGER, OR AT, Rz. 2670 ff.; BGE 116 II 450/453 f. E. 2b.

249 Zur Verzugslage nach den Art. 107–109 OR im Einzelnen GAUCH/SCHLUEP/EMMENEGGER, OR AT, Rz. 2729 ff.; BGE 116 II 450/452 E. 2a (= BR/DC 1991, S. 96, Nr. 151, mit Anm. GAUCH); 115 II 50/55 E. 2a (= BR/DC 1990, S. 42, Nr. 41, mit Anm. TERCIER); 98 II 113/115 E. 2.

250 Sofern eine Nachfrist nach Art. 108 OR nicht entbehrlich ist. Vgl. BGE 98 II 113/115 E. 2.

tens bereits begonnen, so steht es dem Besteller frei, den Vertrag «gegen Vergütung der bereits geleisteten Arbeiten» ex nunc aufzulösen und die Ergebnisse des Gutachtens, soweit vorhanden, zu beanspruchen.[251]

14.204 **4. Verzugsfolgen beim Gerichtsexperten:** «Erstattet die sachverständige Person das Gutachten nicht fristgemäss, so kann das Gericht den Auftrag widerrufen und eine andere sachverständige Person beauftragen» (Art. 188 Abs. 1 ZPO). Über die Befugnis, den säumigen Experten zu ersetzen, verfügt das Gericht von Amtes wegen, ungeachtet einer Rechtsverzögerungsbeschwerde. Im Regelfall wird das Gericht dem säumigen Gutachter vorerst eine Nachfrist ansetzen und den «Auftragsentzug» androhen, bevor es zur Ersatzvornahme schreitet.

14.205 Bei vorzeitiger Beendigung des Mandats verliert der Gerichtsexperte seinen Anspruch auf vollständige Entschädigung; zudem hat er schon geleistete Vorschüsse zurückzuerstatten.[252]

3. Die Haftung aus «rechtlicher Sonderverbindung» (Vertrauenshaftung)

14.206 **1. Haftung aus erwecktem und enttäuschtem Vertrauen:** Ein Sachverständiger kann für ein mangelhaftes Gutachten nicht nur *aus Werkvertrag* (vom Besteller des Gutachtens, Rz. 14.25), sondern unter bestimmten strengen Voraussetzungen auch aus rechtlicher Sonderverbindung *von einem vertragsfremden geschädigten Dritten* in Anspruch genommen werden.[253]

14.207 Wer als Sachverständiger aufgrund seines Fachwissens ein Gutachten erstellt, schafft und enttäuscht im Einzelfall auch gegenüber Dritten Vertrauen, wenn er aus Absicht oder aus nachlässiger Leichtfertigkeit unrichtige Angaben gemacht oder wesentliche Tatsachen verschweigt, die ihm bekannt sind und von denen er sich sagen muss, dass ihre Kenntnis einen vertragsfremden Dritten zu Vermögensdispositionen veranlassen könnte.[254] *Schutzwürdig* ist das Vertrauen eines vertragsfremden Dritten, wenn der (schädigende) Sachverständige ein Verhalten an den Tag gelegt hat, das geeignet ist, «hinreichend konkrete und bestimmte Erwartungen zu wecken».[255] In diesen Fällen übernimmt der Gut-

---

[251] BGE 116 II 450 (= BR/DC 1991, S. 96, Nr. 156, mit Anm. GAUCH); GAUCH, Werkvertrag, Rz. 685.

[252] WEIBEL, ZPO-Kommentar [Schulthess], N 3 zu Art. 188 ZPO.

[253] Das Bundesgericht hat mehrfach zum Ausdruck gebracht, dass es die Vertrauenshaftung nur zurückhaltend zur Anwendung bringen will: BGE 142 III 84/88 f. E. 3.3; 134 III 390/398 E. 4.3.3; 133 III 449/451 E. 4.1 (= BR/DC 2008, S. 69, Nr. 134, mit Anm. STÖCKLI); BGer 4C.359/2004 vom 25. Februar 2005 E. 3; 4C.134/2004 vom 14. Oktober 2004 E. 5; 4C.296/1999 vom 28. Januar 2000 E. 3.

[254] BGE 130 III 345/349 E. 2.1 f. (= BR/DC 2004, S. 191, Nr. 512, mit Anm. AEPLI); ferner BGE 111 II 471/474 E. 3. Vgl. auch BGE 116 II 695 betr. Abgrenzung zur blossen Gefälligkeit und 142 III 84/88 f. E. 3.3 betr. der Ausstellung eines ISO-Zertifikats.

[255] BGE 130 III 345/349 E. 2.1 (= BR/DC 2004, S. 191, Nr. 512, mit Anm. AEPLI); 124 III 297/304 E. 6; 121 III 350/355 E. 6c (= BR/DC 1996, S. 56, Nr. 128, mit Anm. WERRO).

achter eine «garantenähnliche» *Schutz- und Aufklärungspflicht,* sodass er nicht nur für die Erteilung eines unrichtigen Rats, sondern darüber hinaus auch für das schuldhafte Verschweigen von Tatsachen haftet, die ihm bekannt sind und von denen er sich sagen muss, dass ihre Kenntnis den infrage stehenden Entschluss beeinflussen könnte.[256] Trifft der vertragsfremde Dritte gestützt auf dieses schutzwürdige Vertrauen sich als nachteilig erweisende *Dispositionen,* hat der Sachverständige für den Schaden einzustehen, sofern und soweit die nicht verwirklichte Erwartung dafür *adäquat kausal* war.[257]

Geschützt werden durch diese Rechtsprechung indessen nur (Dritt-)*Adressaten* eines Gutachtens, die typischerweise bei einem fehlerhaften Gutachten einen Vermögensschaden erleiden, weil sie berechtigterweise auf die Richtigkeit und Vollständigkeit der gemachten Angaben vertrauen durften. Nach der bundesgerichtlichen Rechtsprechung setzt eine solche Haftung voraus, dass der geschädigte Dritte eine *rechtliche Sonderverbindung* zum Sachverständigen nachweisen kann, weil dieser in enger persönlicher Beziehung zum Kunden und Gutachtensbesteller steht und dieser dem Kunden «aufgrund seines Verhaltens gleichsam persönliche Gewähr für das Gelingen des übernommenen Geschäfts bot». Dabei genügt es, dass der in Anspruch genommene Sachverständige «explizit oder normativ zurechenbar kundgetan hat, für die Richtigkeit bestimmter Äusserungen einzustehen und der Ansprecher im berechtigten Vertrauen darauf Anordnungen getroffen hat, die ihm zum Schaden gereichten».[258] 14.208

Ob der Sachverständige bei Erstattung seines Gutachtens an den Besteller damit rechnen muss, dass dessen Beurteilung auch an vertragsfremde Dritte (z.B. an eine Bank oder einen Käufer) abgegeben wird, entscheidet sich «nach den konkreten Umständen, dem gesellschaftlichen und beruflichen Kontext und der sozialen Rolle der Betroffenen».[259] Dabei gilt als Grundsatz, dass die *zufällige Kenntnisnahme von Gutachterergebnissen* durch einen vertragsfremden Dritten – für sich allein genommen – wegen fehlender berechtigter Vertrauensbasis *nicht ausreicht,* um eine Haftung zu begründen. 14.209

Im *BGE 130 III 345* hat das Bundesgericht in Würdigung der vorgenannten Umstände eine Haftung eines Liegenschaftenschätzers gegenüber einem vertragsfremden Käufer *verneint,* weil dessen Bewertung *zuhanden des Bestellers* erfolgte (zur beabsichtigten Erhöhung des Hypothekarkredits*), nicht aber zuhanden von Kaufinteressenten* (bei denen der Schätzungsbericht zwei Jahre später in die Verkaufsdokumentation eingefügt wurde). Mit diesem anderen Verwendungszweck musste der Sachverständige, so das Bundesgericht, in dieser konkreten Konstellation nicht rechnen, zumal zu keinem Zeitpunkt zwischen ihm und dem geschädigten Käufer ein Kontakt stattgefunden hatte und für den 14.210

256 BGE 116 II 695/699 E. 4; 111 II 471/474 E. 3; BGer 4C.358/2004 vom 22. November 2004 E. 2. Zum Umfang der Aufklärungspflicht BGE 125 III 86.

257 BGE 130 III 345/349 E. 2.1 (= BR/DC 2004, S. 191, Nr. 512, mit Anm. Aepli).

258 So wörtlich in BGE 130 III 345/350 E. 2.2 (= BR/DC 2004, S. 191, Nr. 512, mit Anm. Aepli); ferner 133 III 449/451 E. 4.1 (= BR/DC 2008, S. 69, Nr. 134, mit Anm. Stöckli); 124 III 297/304 E. 6; 120 II 331.

259 BGE 130 III 345/351 E. 2.2 (= BR/DC 2004, S. 191, Nr. 512, mit Anm. Aepli).

Sachverständigen auch nicht vorhersehbar war, dass sein Schätzungsbericht, der im Hinblick auf die Erhöhung des Hypothekarkredits bestellt wurde, zwei Jahre später in einem anderen Zusammenhang, beim Verkauf der Liegenschaft, nochmals verwendet werde.[260]

14.211 Aufgrund der bundesgerichtlichen Erwägungen und der allgemeinen Entwicklung der Rechtsprechung zur Vertrauenshaftung[261] ist damit zu rechnen, dass die Verantwortlichkeitsfälle von Sachverständigen *weiter zunehmen werden,*[262] namentlich gegenüber einer kreditgebenden Bank oder etwa gegenüber Kaufinteressenten, zumal solche vertragsfremde Dritte offensichtlich und für den Auskunftserteilenden häufig erkennbar die bestimmungsgemäss zu ihrer Kenntnis gelangenden Feststellungen als vertrauenswürdig erachten und sie daher zur Grundlage ihrer Disposition machen.[263]

14.212 **2. Unentgeltliche Auskunftserteilung:** Abzugrenzen sind die Fälle der vertraglichen Haftung aus Gutachtervertrag (Rz. 14.168 ff.) und aus Vertrauenshaftung (Rz. 14.206 ff.) von unentgeltlichen Ratschlägen und Empfehlungen, die nicht in Ausübung eines Gewer-

---

260 Ausführlich zu BGE 130 III 345 (= BR/DC 2004, S. 191, Nr. 512, mit Anm. Aepli): Hürlimann/Siegenthaler, Die Haftung des Liegenschaftenschätzers, S. 105 ff.; Honsell, Haftung für Auskunft, S. 939 ff. Vgl. auch den Entscheid des KGer TI vom 9. Juni 1999 (= Rep 1999, S. 187): Ein Liegenschaftenschätzer haftet einer Bank nicht für den Schaden, den diese wegen zu hoher Kreditgewährung erlitten hatte, weil der Gutachter keine Kenntnis davon hatte, dass der Besteller seinen Schätzungsbericht zur Erhöhung seiner Hypothekarschulden verwenden wollte.

261 Vgl. die Übersicht bei Brehm, Berner Kommentar, N 53 ff. zu Art. 41 OR; Hürlimann/Siegenthaler, Vertrauenshaftung, S. 199 ff.; Kaiser, Die zivilrechtliche Haftung für Rat, S. 183 f.; Kramer, Berner Kommentar, N 66 ff. der allg. Einl.; Schwenzer, OR AT, Rz. 50.24; Walter H. P., Vertragsumfeld, S. 284 ff. Für Deutschland vgl. NJW 1979, S. 1737; Döbereiner/von Keyserlingk, Sachverständigen-Haftung, S. 140.

262 Dass Gutachter bei falscher Auskunftserteilung bei schutzwürdigem Vertrauen auch von vertragsfremden Dritten in Anspruch genommen werden können, entspricht einer allgemeinen Tendenz auch im Ausland. Für Deutschland vgl. die Nachweise bei Döbereiner/von Keyserlingk, Sachverständigen-Haftung, S. 135 ff.; für England QB 438 (1982) «Yianni v. Edwin Evans & Sons»; für die Vereinigten Staaten 694 F. Supp. 902 (N. D. Georgia 1988) «Malta Construction Co. v. Henningson, Durham & Richardson Inc.».

263 Im Einzelfall wird der Vertrag mit dem Gutachter als Vertrag mit Schutzwirkung zugunsten Dritter zu qualifizieren sein, wenn sich aus den Umständen des Falls Anhaltspunkte für einen auf den Schutz des Dritten gerichteten Parteiwillen ergeben (abgelehnt in BGE 130 III 345 [= BR/DC 2004, S. 191, Nr. 512, mit Anm. Aepli], weil der Besteller den Gutachtervertrag im eigenen Namen abschloss und keine gemeinsame Interessenlage vorlag bzw. offengelegt wurde). Dass der Gutachtervertrag ein Vertrag mit Schutzwirkung zugunsten Dritten beinhalten kann, entspricht der Rechtsprechung in Deutschland (BGH IV a ZR 20/82 vom 2. November 1983 = NJW 1984, S. 355; siehe JZ 1985, S. 951 betr. einer Gebäudeschätzung, welche einer Vielzahl von Kaufinteressenten als Beurteilungsgrundlage diente). Auch in der schweizerischen Lehre stösst der Vertrag mit Schutzwirkung zugunsten Dritter überwiegend auf Zustimmung (vgl. Gauch/Schluep/Emmenegger, OR AT, Rz. 3914 ff.), doch hat sich diese Rechtsfigur in der Praxis des Bundesgerichts bis anhin nicht eigentlich durchgesetzt, was gerade im Zusammenhang mit BGE 130 III 345 zu kritischen Anmerkungen geführt hat (Gauch/Schluep/Emmenegger, OR AT, Rz. 3918; Hürlimann/Siegenthaler, Die Haftung des Liegenschaftenschätzers, S. 106).

bes erteilt werden. Alsdann liegt im Regelfall ein bloss unverbindliches *ausservertragliches Handeln* vor.[264] Dies muss auch für Auskünfte eines gelegentlich als Sachverständiger tätigen Planers gelten, welche nicht im Rahmen eines Gutachtens erteilt werden. Im Einzelfall ist die Grenzziehung zwischen rechtlich unverbindlichen Äusserungen (etwa im Sinne einer Gefälligkeit) einerseits zur Haftungsfolgen auslösenden Auskunftserteilung andererseits nicht immer leicht vorzunehmen.[265]

Denn: In der Praxis sind zahlreiche Konstellationen denkbar, in denen ein Sachverständiger, obwohl es an einer eigentlichen Entgeltlichkeit fehlt, mit den erteilten Ratschlägen oder Vorschlägen dennoch schutzwürdiges Vertrauen schafft und gegenüber einem oder mehreren Adressaten haftpflichtig werden kann,[266] namentlich bei einer *vorbestehenden Geschäftsverbindung* zwischen Anfragendem und Auskunftserteilendem, oder wenn der Gutachter davon ausgehen muss, dass seine Auskünfte *wegen seines Sachverstands* erbeten werden. Neben den erwähnten Kriterien wird – gerade wenn der Auskunftserteilende keine direkte Honorierung erhalten hat – als weiterer wichtiger Anhaltspunkt für das Vorliegen eines Vertrags zu prüfen sein, ob dieser erkennen konnte, dass der Empfänger das Ergebnis der erbetenen Auskünfte zur Grundlage wesentlicher Entschlüsse, zum Beispiel von (baulichen) Massnahmen oder von sonstigen Vermögensdispositionen, machen wollte.[267] 14.213

Hat ein Empfänger in Befolgung falscher Ratschläge, Auskünfte oder Empfehlungen einen Schaden erlitten, so wird er primär versuchen, sich auf die Regeln der Vertrags- oder der Vertrauenshaftung zu berufen.[268] Lässt sich im Einzelfall allerdings keine vertragliche Vereinbarung und auch keine rechtliche Sonderverbindung nachweisen, bleiben als mögliche Anspruchsgrundlagen die Haftungsregeln von Art. 41 ff. OR. 14.214

4. Die Haftung aus unerlaubter Handlung

1. Ausgangslage: Die Ablieferung einer mangelhaften Expertise kann im Einzelfall auch Haftungsansprüche aus unerlaubter Handlung im Sinne der Art. 41 ff. OR auslösen, namentlich dann, wenn als Folge einer unrichtigen Auskunftserteilung einem «andern» widerrechtlich und schuldhaft Schaden zugefügt wurde.[269] Auf einen deliktischen Schadenersatzanspruch angewiesen sind insbesondere *vertragsfremde Dritte* (z.B. durch die Folgen des falschen Gutachtens geschädigte Bauarbeiter, in ihrer Einrichtung geschädigte 14.215

---

264 BGE 116 II 695/699 E. 4; 111 II 471/474 E. 3; 68 II 295/302 E. 5; ZBJV 1973, S. 394.

265 Vgl. BGE 116 II 695; 112 II 347; 111 II 471; Kaiser, Die zivilrechtliche Haftung für Rat, S. 25 ff.; Fellmann, Berner Kommentar, N 208 zu Art. 394 OR.

266 Vgl. die Beispiele bei Gautschi G., Berner Kommentar, N 44a f. zu Art. 394 OR; differenzierend Hofstetter, SPR VII/6, S. 15; Kaiser, Die zivilrechtliche Haftung für Rat, S. 37 ff.

267 Vgl. BGH VI ZR 21/74 vom 30. März 1976 (= BB 1976, S. 855); Döbereiner/von Keyserlingk, Sachverständigen-Haftung, S. 135 f.

268 Gauch, Deliktshaftung, S. 23, Fn. 143; ferner BGE 111 II 471/473 E. 2.

269 BGE 119 II 127 (= BR/DC 1994, S. 42, mit Anm. Gauch).

Mieter etc.), welche über keine Ansprüche aus dem Vertrag mit dem Privatgutachter verfügen.

14.216 Die Schadenersatzansprüche aus unerlaubter Handlung und Vertrag stehen in echter *Anspruchskonkurrenz* und können deshalb unabhängig voneinander geltend gemacht werden.[270] Daher kann sich auch der Besteller (sofern die übrigen Voraussetzungen erfüllt sind) *zusätzlich* (d.h. neben dem Recht auf Ersatz des Mangelfolgeschadens) auf die Vorschriften über die Deliktshaftung berufen. Die Anspruchskonkurrenz führt jedoch nie zu einer Kumulation der Ansprüche.[271]

14.217 **2. Die Haftungsvoraussetzungen:** Nach Art. 41 Abs. 1 OR ist, wer «einem andern widerrechtlich Schaden zufügt, sei es mit Absicht, sei es aus Fahrlässigkeit, [...] ihm zum Ersatze verpflichtet». Die Haftung des Privatgutachters ist somit an die gesetzlichen Haftungsvoraussetzungen geknüpft, für welche der Geschädigte die Beweislast trägt (Art. 8 ZGB).[272] Zunächst muss ein *Schaden* vorliegen, den der Schädiger *adäquat kausal verursacht* hat. Ferner muss der Schaden *widerrechtlich* und vom Schädiger *schuldhaft* zugefügt worden sein. Folgende Besonderheiten verdienen spezielle Erwähnung:

14.218 *Der vorausgesetzte Schaden:* Der Schaden kann in einem Sach- oder Personenschaden oder in einem Vermögensschaden bestehen. Unter dem Begriff *Schaden* ist die unfreiwillige Verminderung des Reinvermögens zu verstehen. Der Schaden kann in einer Verminderung der Aktiven, einer Vermehrung der Passiven oder in entgangenem Gewinn bestehen. Der Schaden entspricht der Differenz zwischen dem gegenwärtigen Vermögensstand und dem Stand, den das Vermögen ohne das schädigende Ereignis hätte.[273] *Beispiele:* Der Experte verursacht anlässlich der Erstellung und der Ablieferung des Gutachtens einen *Begleitschaden,*[274] indem er bei der Besichtigung des zu begutachtenden Parkettbodens den Teppich des Mieters beschädigt. Infolge fehlerhafter Sanierungsempfehlungen kommt es zum Einsturz eines Zwischengeschosses, bei welchem mehrere Arbeiter verunfallen. Wegen unzureichender Gebäudeschätzung kommt eine Bank in der Zwangsvollstreckung zu Verlust, weil sie im Vertrauen auf die Richtigkeit der Schätzung ein Objekt in übermässigem Ausmass finanziert.

14.219 *Der vorausgesetzte (adäquate) Kausalzusammenhang:* Das Verhalten des Privatgutachters ist für den Kausalverlauf dann rechtserheblich, wenn dieses Verhalten nach dem gewöhn-

---

270 Vgl. DIDISHEIM, Expertise privée, S. 59; GAUCH, Werkvertrag, Rz. 2347; KAISER, Die zivilrechtliche Haftung für Rat, S. 137 f.

271 BGE 99 II 315/321 E. 5; 113 II 246/247 E. 3; GAUCH/SCHLUEP/EMMENEGGER, OR AT, Rz. 2938 ff.; GUHL/KOLLER A., Das Schweizerische Obligationenrecht, § 26 Rz. 28.

272 BGE 86 II 51/53 E. 3a. Ist der Schaden für die beweisbelastete Partei ziffernmässig (Art. 42 Abs. 2 OR) nicht nachweisbar, bestimmen sich Bestand und Umfang des Schadens nach richterlichem Ermessen (BGE 93 II 453/458 E. 2b; 95 II 481/501 E. 12a).

273 Zum Schadensbegriff BGE 132 III 564/575 E. 6.1 f.; 127 III 403/407 E. 4b/aa; 115 II 474/481 E. 3a; vgl. BREHM, Berner Kommentar, N 69 ff. zu Art. 41 OR; GAUCH/SCHLUEP/EMMENEGGER, OR AT, Rz. 2848 ff.

274 Zum Begleitschaden vgl. GAUCH, Werkvertrag, Rz. 1858.

lichen Lauf der Dinge und der Lebenserfahrung an sich geeignet war, einen Erfolg von der Art des eingetretenen herbeizuführen und daher der Eintritt dieses Erfolgs durch die konkrete Tatsache allgemein als begünstigt erscheint.[275] Adäquanz kann nicht nur durch ein «Tun», sondern auch durch ein «Unterlassen» begründet werden. Bei Versäumnissen ist zu prüfen, ob nach dem gewöhnlichen Lauf der Dinge der Schaden nicht eingetreten wäre, wenn der Gutachter die pflichtwidrig unterlassene Handlung tatsächlich vorgenommen hätte. Zu denken ist im Zusammenhang mit der Gutachtertätigkeit insbesondere an das pflichtwidrige Verschweigen von relevanten Kenntnissen und Informationen in der Expertise selbst sowie an unterlassene Sicherheitsvorkehren anlässlich von Untersuchungen (z.B. mangelnde Sicherung einer Baugrube).

Die vorausgesetzte Widerrechtlichkeit: Nach schweizerischem Verständnis[276] liegt nur dann eine rechtswidrige Schadenszufügung vor, wenn diese ein absolut geschütztes Rechtsgut des Geschädigten (Leib, Leben, Eigentum und Persönlichkeit) beeinträchtigt oder wenn die Schadenszufügung gegen eine Norm verstösst, die den Schutz des Vermögens des Geschädigten bezweckt.[277] *Reine Vermögensschädigungen* begründen nach diesem Verständnis (wenn keine Schutzpflicht verletzt ist) *keine Widerrechtlichkeit* und lösen auch keinen Schadenersatzanspruch aus. Die bundesgerichtliche «Diskriminierung» reiner Vermögensschäden ist für den Geschädigten im Rahmen der Haftung des Privatgutachters allerdings nur nachteilig, soweit die Erteilung falscher Auskünfte oder die Verschweigung entscheidungsrelevanter Tatsachen nicht als widerrechtlich zu qualifizieren ist (vgl. Rz. 14.215 ff.). 14.220

Art. 41 Abs. 2 OR verzichtet auf das Tatbestandselement der «Widerrechtlichkeit», knüpft aber daran an, dass die Schädigung *«in einer gegen die guten Sitten verstossenden Weise absichtlich»* zugefügt wurde. Dieser Haftungsgrund ist in der schweizerischen Praxis «nur ausnahmsweise, mit grösster Zurückhaltung als gegeben anzunehmen».[278] In *Deutschland* wird die Haftung eines Sachverständigen regelmässig auch unter dem Aspekt geprüft, 14.221

---

[275] BGE 123 III 110/112 E. 3a; 121 III 350/357 E. 7a (= BR/DC 1996, S. 56, Nr. 128, mit Anm. WERRO); 119 Ib 334/345 E. 5b (= BR/DC 1993, S. 85, Nr. 183, mit Anm. ZUFFEREY); zum (natürlichen und adäquaten) Kausalzusammenhang vgl. BREHM, Berner Kommentar, N 102 ff. zu Art. 41 OR; GAUCH/SCHLUEP/EMMENEGGER, OR AT, Rz. 2945 ff.

[276] So etwa GAUCH/SCHLUEP/EMMENEGGER, OR AT, Rz. 2935 ff.; GAUCH/SWEET, Deliktshaftung für reinen Vermögensschaden, S. 118 ff.; BGE 119 II 127/128 f. E. 3 (= BR/DC 1994, S. 42, mit Anm. GAUCH); 116 Ib 367/373 E. 4b f. Die subjektive Widerrechtlichkeitstheorie vertritt GABRIEL, Die Widerrechtlichkeit, Rz. 898. Nach ihm ist jede Schädigung ohne Rechtfertigungsgrund widerrechtlich. Das starre Dogma, das durch das objektive Widerrechtlichkeitsverständnis begründet wird, wird allerdings auch in der Schweiz durchlöchert; vgl. dazu GAUCH, Deliktshaftung, S. 1 ff., insb. 10 f.

[277] Ein Verstoss gegen die strafrechtlichen Vorschriften von Art. 227 StGB (Verursachung eines Einsturzes) bzw. von Art. 229 StGB (Verletzung der Regeln der Baukunde) begründet keine zivilrechtliche Widerrechtlichkeit im Sinne von Art. 41 OR (BGE 119 II 127/128 f. E. 3 = BR/DC 1994, S. 42, mit Anm. GAUCH; 117 II 259 = BR/DC 1992, S. 99, Nr. 166, mit Anm. GAUCH). Auch ein Verstoss gegen den sogenannten Gefahrensatz darf nicht als Ersatz für die mangelnde Schutznorm herangezogen werden (vgl. BGE 119 II 127/128 f. E. 3).

[278] Vgl. BGE 124 III 297/302 E. 5e; 95 III 83; OGer ZH vom 23. August 1994 (= ZR 1996, Nr. 8, S. 23).

ob eine nach § 826 BGB relevante sittenwidrige *vorsätzliche* oder *grobfahrlässige* Schädigung vorliegt. Nach dieser Bestimmung (von § 826 BGB, welcher Art. 41 Abs. 2 OR inhaltlich entspricht) haftet ein Gutachter, der sich durch nachlässige Ermittlungen oder gar Mutmassungen *(Angaben «ins Blaue» hinaus)* seiner Gutachteraufgabe leichtfertig entledigt und damit eine Rücksichtslosigkeit gegenüber den Adressaten des Gutachtens und den in seinem Informationsbereich stehenden Dritten an den Tag legt, die als gewissenlos bezeichnet werden muss.[279] Nach dieser (deutschen) Rechtsprechung handelt sittenwidrig und wird ersatzpflichtig, wer theoretische Berechnungen als sachverständige Auswertungen deklariert und (wahrheitswidrig) auf einen Augenschein verweist, der nicht stattgefunden hat.[280]

14.222 *Das vorausgesetzte Verschulden:* Die Deliktshaftung nach Art. 41 Abs. 1 OR setzt voraus, dass der Schädiger urteilsfähig ist und den Schaden «mit Absicht» oder «aus Fahrlässigkeit» verursacht hat. Nach Lehre und Rechtsprechung liegt ein schuldhaftes Verhalten vor, wenn der Schädiger die *objektiv gebotene Sorgfalt* ausser Acht gelassen hat.[281] Ein Privatgutachter muss zumindest diejenige Sorgfalt aufwenden, die von einem besonnenen und gewissenhaften Angehörigen dieses Berufsstandes erwartet werden kann.[282] Die von einem Sachverständigen vorausgesetzte Sorgfalt wird mitbestimmt durch den *Stand der Technik,* der zur gegebenen Zeit beim Fachpublikum allgemein anerkannt ist.[283] Lässt ein Privatgutachter die objektiv gebotene Sorgfalt ausser Acht, so handelt er fahrlässig, selbst wenn seine Fähigkeiten, Kenntnisse und Erfahrungen nicht ausreichen, um die ihm zur Last gelegte Unsorgfalt zu vermeiden.

14.223 Als Unsorgfalt anzulasten wäre dem Experten etwa eine Sanierungsempfehlung (z.B. bezüglich Aushub in Hanglage), welche eine Gefahrenquelle schafft, ohne dass die notwendigen Vorkehrungen zum Schutz des Bestellers und Dritter getroffen werden (z.B. Aushub mit lokaler Vernagelung statt aktiver Verankerung).[284] Die Verletzung solcher Verkehrssicherungspflichten, die sich aus dem Gefahrensatz ergibt, kann (bei gegebener Garantenstellung) eine Verschuldenshaftung begründen, wenn Dritte deswegen einen Schaden erleiden.

---

279 Vgl. etwa BGH VI ZR 293/90 vom 24. September 1991 (= BauR 1992, S. 101); OLG Hamm 13 U 40/92 vom 20. September 1993 (= BauR 1994, S. 129); OLG Köln 19 U 104/92 vom 5. Februar 1993 (= BauR 1994, S. 390). Im Anwendungsbereich der neuen Haftungsbestimmung für Gerichtsexperten von § 839a BGB findet § 826 BGB allerdings keine Anwendung mehr (BGH III ZR 44/02 vom 6. Februar 2003 = BauR 2003, S. 860). Weitere Beispiele bei Schade/Schmid, Prozesse in Bausachen, S. 1148 f.

280 BGH VII ZR 20/93 vom 10. Februar 1994 (= BauR 1994, S. 392).

281 BGE 124 III 155/164 E. 3b; Oftinger/Stark, Haftpflichtrecht, S. 201 ff.

282 Döbereiner/von Keyserlingk, Sachverständigen-Haftung, S. 118.

283 Vgl. zu den anerkannten Regeln der Bautechnik etwa Gauch, Werkvertrag, Rz. 842 ff. und dort Zitierte.

284 Zum Gefahrensatz und zur Verkehrssicherungspflicht Geisseler, Haftung für Bauunfälle, S. 28 ff.; Gauch, Deliktshaftung, S. 7; BGE 95 II 93; 93 II 89/92 E. 2.

3. Hilfspersonenhaftung nach Art. 55 OR: Grundsätzlich ist auch der Privatgutachter zur *höchstpersönlichen Ausführung* der Expertise verpflichtet (Rz. 14.67 betreffend Gerichtsexperten). Es ist ihm daher im Regelfall nicht erlaubt, Hilfspersonen beizuziehen. Hat der Privatgutachter allerdings *erlaubterweise* eine Hilfsperson eingesetzt, haftet er nach Massgabe von Art. 55 OR für deren schädigendes Verhalten. Nach der bundesgerichtlichen Rechtsprechung kann sich der Privatgutachter von der Hilfspersonenhaftung nur durch den Beweis befreien, dass er alle nach den Umständen gebotene Sorgfalt zur Verhütung des eingetretenen Schadens getroffen hat oder dass der Schaden auch bei Anwendung dieser Sorgfalt eingetreten wäre.[285] Die diesbezüglichen Sorgfaltspflichten des Privatgutachters beziehen sich nicht nur, aber insbesondere auf Auswahl, Instruktion und Überwachung der betreffenden Hilfsperson. Für den vom Privatgutachter zu leistenden Entlastungsbeweis gelten jedoch *hohe* Anforderungen.[286] 14.224

4. Rechtfertigungsgründe: Die Schadenersatzpflicht des Experten entfällt (ganz oder teilweise), wenn für die an sich widerrechtliche Handlung Rechtfertigungsgründe vorliegen. Entlasten kann sich ein Experte etwa, wenn der Geschädigte verbindlich in einen (an sich) schädigenden Eingriff *eingewilligt* hat (z.B. in eine Kernbohrung).[287] Ein Rechtfertigungsgrund liegt auch dann vor, wenn der Experte in einer *Notsituation* in Rechtsgüter Dritter (z.B. Unterfangungen beim Nachbargrundstück) eingreifen muss, um bedrohte fremde Rechtsgüter (drohende Felseinbrüche bei einem Tiefbau) zu verhindern. 14.225

5. Besonderheiten bei der Haftung des Schiedsgutachters

1. Haftung nach privatrechtlichen Kriterien: Auch beim Schiedsgutachtervertrag handelt es sich um einen vom Privatrecht beherrschten Vertrag (Rz. 14.48). Die vorgenannten Haftungsgrundsätze gelten daher in analoger Weise grundsätzlich auch für den Schiedsgutachter. Zu beachten sind allerdings folgende *Besonderheiten:* 14.226

2. Haftung nur bei grobem Verschulden: Aus der Tatsache, dass das Schiedsgutachten nur bei offenbarer Unrichtigkeit respektive qualifizierten Verfahrensfehlern angefochten werden kann, folgt, dass dem Schiedsgutachter bei der Gutachtenserstellung begangene Fehler nur dann zur Last gelegt werden können, wenn die Schädigung grobfahrlässig war und auf eine offensichtliche *Unrichtigkeit* des Schiedsgutachtens zurückzuführen ist. Im Ergebnis wird der richterähnlichen Teilfunktion des Schiedsgutachters dadurch Rechnung getragen, dass der Schiedsgutachter (wenn überhaupt) lediglich bei Absicht oder bei grober Fahrlässigkeit zur Verantwortung gezogen werden kann.[288] Zudem kann eine 14.227

---

[285] BGE 97 II 221/223 f. E. 1.

[286] Vgl. z.B. BGE 110 II 456; 96 II 27/32 E. 3 f.; 95 II 93/98 E. I/4 und II/4e.

[287] Zur Frage, in welchen Fällen eine rechtfertigende Einwilligung vorliegt, vgl. aus der deutschen Rechtsprechung BGH VII ZR 244/92 vom 21. April 1994 (= BauR 1994, S. 533).

[288] BGH III ZR 11/12 vom 17. Januar 2013 E. 24; OLG Düsseldorf 22 U 4/00 vom 26. Juli 2000 (= BauR 2000, S. 1771); OLG Schleswig 4 U 141/87 vom 21. September 1988 (= BauR 1989, S. 377); Bayerlein, Praxishandbuch, S. 471 und 589 ff.; Döbereiner/von Keyserlingk, Sachverständigen-

Haftung des Schiedsgutachters von vornherein nur dann zur Diskussion stehen, wenn sein Gutachten wegen grober Verstösse gegen anerkannte fachwissenschaftliche Regeln angefochten und im Entscheid über die Hauptsache für unverbindlich erklärt wird.[289]

6. Sonderfragen

14.228 **1. Freizeichnungsklauseln:** Der Sachverständige kann seine Haftung – in den Schranken des Gesetzes (Art. 19 Abs. 1 OR) – ganz oder teilweise wegbedingen. Selbst eine gültig getroffene Haftungsbeschränkung wirkt allerdings nur zwischen den Parteien, die dies vereinbart haben, nicht gegenüber vertragsfremden Dritten.

14.229 Eine vertragliche *Freizeichnungsklausel* zwischen dem Besteller und dem Sachverständigen enthält meist keine Regelung darüber, ob die Haftungsbegrenzung – nebst der Vertragshaftung – auch für die Deliktshaftung gelten soll. Lehre und Rechtsprechung vertreten mehrheitlich die Auffassung, dass sich eine vertragliche Wegbedingung der Haftung «in der Regel» auch auf die ausservertragliche Haftung erstreckt.[290] Diese Auslegungsregel ist allerdings mit Zurückhaltung anzuwenden, zumal sie mit der Maxime, wonach Freizeichnungsklauseln eng auszulegen sind, kollidiert.[291] Zu beachten ist, dass Freizeichnungsklauseln nur in den Schranken des Gesetzes gültig sind: Nach Art. 100 Abs. 1 OR kann der Sachverständige seine eigene Haftung für *«rechtswidrige Absicht oder grobe Fahrlässigkeit»* weder beschränken noch ausschliessen. Hingegen wird man dem Sachverständigen zugestehen müssen, dass er für Hilfspersonen, die er berechtigterweise beigezogen hat, die Haftung generell, d.h. auch für grobe Fahrlässigkeit und Absicht (Art. 101 Abs. 2 OR), beschränken darf. Ist allerdings eine juristische Person (z.B. ein auf Baugrundverhältnisse spezialisiertes Institut) mit dem Privatgutachten betraut, so gilt ein Haftungsausschluss – soweit der Experte Organ derselben ist – nur im Rahmen von Art. 100 Abs. 1 OR *für leichte Fahrlässigkeit.*[292] Von vornherein unwirksam wäre es, wenn ein Sachverständiger (z.B. ein Sprengexperte) eine Freizeichnungsklausel wünscht, die ihn in Bezug auf Körperschäden entlastet.[293] Eine weitere Schranke ergibt sich aus Art. 2 ZGB, wonach jedermann gehalten ist, sich in der Ausübung seiner Rechte an Treu und Glauben zu halten. Im Lichte dieser Bestimmung wäre eine Freizeichnungsklausel treuwidrig (und damit unbeachtlich), wenn sich ein Experte als sachverständig und erfahren anpreist, zugleich aber für die Richtigkeit seiner Gutachteraussagen jegliche Haftung ablehnt. Ein derartiges Verhalten («venire contra factum proprium») kann im

Haftung, S. 229; Koeble, Das Schiedsgutachten, S. 1116ff.; Weller, Prozesse in Bausachen, S. 1162ff.

289 Döbereiner/von Keyserlingk, Sachverständigen-Haftung, S. 228.

290 BGE 107 II 161/168 E. 8 (= BR/DC 1982, S. 19, Nr. 18, mit Anm. Gauch); Oser/Schönenberger, Zürcher Kommentar, N 18 der Vorbem. zu Art. 41–61 OR.

291 BGE 109 II 24 E. 4; Jäggi/Gauch/Hartmann, Zürcher Kommentar, N 495 zu Art. 18 OR.

292 Gauch/Schluep/Emmenegger, OR AT, Rz. 3055; Guhl/Koller, Das Schweizerische Obligationenrecht, § 31 Rz. 40; Koller A., Die Haftung für den Erfüllungsgehilfen, Rz. 352ff.

293 Tercier, De la distinction entre dommages, S. 266f.; Gauch, Werkvertrag, Rz. 2573.

Einzelfall in einem solchen Widerspruch zur Freizeichnungsklausel stehen, dass sich der Geschädigte mit Erfolg auf Art. 2 ZGB berufen kann.[294]

Nach dem Gesagten (Rz. 14.206 ff.) sind Sachverständige gut beraten, in ihrem Bericht den genauen Verwendungszweck des Gutachtens zu beschreiben und dem Besteller die Weitergabe des Gutachtens an Dritte zu untersagen.[295] 14.230

2. Verjährung der Ansprüche: Ansprüche des Bestellers wegen Mängeln des Privatgutachtens (d.h. aus *vertraglicher Mängelhaftung*) verjähren nach Art. 371 Abs. 1 OR mit Ablauf von zwei Jahren nach der Ablieferung an den Besteller, selbst wenn dieser die Mängel erst später entdeckt, es sei denn, dass der Gutachter eine Haftung auf längere Zeit übernommen hat.[296] Dieselbe Zweijahresfrist kommt zur Anwendung, wenn der Gutachtervertrag ergänzend die SIA-Ordnungen 102 und 103 für anwendbar erklärt.[297] Ist im Einzelfall die Gutachtertätigkeit als Auftragsverhältnis zu qualifizieren, so kommt die zehnjährige Verjährungsfrist von Art. 127 OR zur Anwendung. 14.231

Wirkt sich die falsche Gutachtertätigkeit *direkt auf ein unbewegliches Bauwerk* aus, wenden Gerichte zuweilen Art. 371 Abs. 2 OR an und dehnen die Verjährungsfrist auf *fünf Jahre* seit Ablieferung aus.[298] Nach anderer Auffassung[299] soll in diesen Fällen die Verjährungsvorschrift des Art. 371 Abs. 2 OR nicht zur Anwendung kommen. 14.232

Für *absichtlich verschwiegene* Mängel gilt nach Art. 371 Abs. 3 i.V.m. Art. 210 Abs. 6 OR eine Verjährungsfrist von *zehn Jahren* seit Ablieferung des Privatgutachtens. Auch für sämtliche übrigen Vertragsverletzungen, welche einem Experten vorzuwerfen sind, findet die ordentliche zehnjährige Verjährungsfrist des Art. 127 OR Anwendung. 14.233

Ausservertragliche Ansprüche verjähren innert Jahresfrist (Art. 60 OR); die Verjährungsfrist läuft *ab Kenntnis* des Schadens und des Ersatzpflichtigen (relative Verjährungsfrist), «jedenfalls aber mit dem Ablaufe von zehn Jahren, vom Tag der schädigenden Handlung angerechnet» (absolute Verjährungsfrist). Dieselbe Einjahresfrist gilt für die Fälle der Vertrauenshaftung.[300] 14.234

---

294 Vgl. BGE 111 II 471/474 E. 3 ff.; ferner Merz, Berner Kommentar, N 402 zu Art. 2 ZGB.

295 Vgl. Hürlimann/Siegenthaler, Die Haftung des Liegenschaftenschätzers, S. 110.

296 Für Gutachten, die nach bisherigem Verjährungsrecht (also nicht nach den am 16. März 2012 verabschiedeten Art. 210 und Art. 371 OR) zu beurteilen sind, gilt eine (strenge) Einjahresfrist ab Abnahme. BGE 115 II 456 (= BR/DC 1990, S. 98, Nr. 128, mit Anm. Gauch); Gauch, Werkvertrag, Rz. 2213; Weber, La responsabilité de l'expert, S. 197 unter Hinweis auf BGE 93 II 242/245 E. 2a.

297 In Art. 1.9.2 SIA 102/103 steht: «[...] Bei Gutachten bemisst sich die Verjährungsfrist nach Massgabe des Schweizerischen Obligationenrechts; sie beginnt in jedem Fall mit Ablieferung des Gutachtens an den Auftraggeber zu laufen».

298 HGer ZH vom 22. September 1994 i.S. B. gg. BB E. AG.

299 Weber, La responsabilité de l'expert, S. 197 unter Hinweis auf BGE 109 II 34 (= BR/DC 1984, S. 14, Nr. 6, mit Anm. Gauch).

300 BGE 134 III 390/395 ff. E. 4.3.2 und oben Zitierte; BGer 4C.354/2004 vom 9. November 2005 E. 2 ff.

VII. Die Haftung des Gerichtsexperten

1. Die Anwendbarkeit der Verantwortlichkeitsgesetze auf den Gerichtsexperten

14.235 **1. Gutachtertätigkeit als quasi-hoheitliche Aufgabe:** Zwischen dem Gerichtsgutachter und den Parteien besteht kein Vertragsverhältnis. Vielmehr ist der Gerichtsgutachter – wie erwähnt (Rz. 14.43) – *Hilfsperson* des Richters, der ihn mittels verwaltungsrechtlichen Vertrags zur Abklärung von Sachverhalten und zu Beweiserhebungen beizieht und instruiert. In diesem Sinne nimmt der Gerichtsgutachter eine öffentlich-rechtliche Stellung ein; es handelt sich um ein Rechtsverhältnis des öffentlichen Rechts, das eine hoheitliche Aufgabe zum Gegenstand hat.[301] Bei der Expertenbestellung handelt es sich um einen *hoheitlichen Ernennungsakt* des Richters, an dem die Parteien im Rahmen ihrer zivilprozessualen Mitwirkungsrechte beteiligt werden (Rz. 14.74), ohne indessen über vertragliche Ansprüche zu verfügen.[302] Mit der Erstellung und Ablieferung eines Gutachtens liefert der Gerichtsgutachter dem Richter die Beweisgründe, aufgrund deren das Urteil zustande kommt. Die eigentliche Entscheidungsbefugnis obliegt zwar dem Gericht; doch übernimmt der Gerichtsgutachter *öffentliche Aufgaben,* indem er für, zuweilen auch anstelle des Gerichts tätig wird.

14.236 **2. Gutachtertätigkeit als Beamtentätigkeit:** Die Tätigkeit des Gerichtsexperten ist im Ergebnis als Beamtentätigkeit im Sinne von Art. 61 Abs. 1 OR zu qualifizieren.[303] Der gerichtliche Sachverständige wird als Privatperson zur Erfüllung einer «öffentlichen Aufgabe» beigezogen. Gemäss Art. 61 Abs. 1 OR können die Kantone[304] und der Bund[305] über die Schadenersatzpflicht von öffentlichen Beamten oder Angestellten auf dem Weg der Gesetzgebung Vorschriften aufstellen, die von den Regeln über die ausservertragliche Haftung (Art. 41 ff. OR) abweichen. Diese Kompetenz steht den Kantonen allerdings nur insoweit zu, als die öffentlichen Beamten oder Angestellten einen Schaden hoheitlich, das

---

[301] BGE 134 I 159/163 E. 3; BGer 6B_1134/2015 vom 3. Juni 2016 E. 4.1.2; 6B_1168/2014 vom 13. Februar 2015 E. 1.2; 2C_121/2011 vom 9. August 2011 E. 3.3.2.

[302] Bettex, L'expertise judiciaire, S. 271; Ceppi, Das Sachverständigengutachten, S. 94; BGE 114 Ia 461; ferner bereits 12 I 254/257 E. 1, der von einem «gerichtsbarkeitlichen Ernennungsakt» spricht.

[303] BGer 6B_1134/2015 vom 3. Juni 2016 E. 4.1.2. Der Begriff des öffentlichen Beamten in Art. 61 Abs. 1 OR ist gemäss BGE 96 II 45 weit auszulegen. Dies allein bedeutet aber nicht notgedrungen, dass auf den Gerichtsexperten die Bestimmungen der kantonalen Verantwortlichkeitsgesetze zur Anwendung kommen. Vgl. ferner Bettex, L'expertise judiciaire, S. 281 ff.; Brehm, Berner Kommentar, N 12 ff. zu Art. 61 OR; Klopfer, Die Haftung des Zeugen, S. 14; Schlager, Der Sachverständige, S. 117 ff.; Zufferey, Décisions de l'expert officiel, S. 37 f.; SJZ 1942, Nr. 33, S. 236.

[304] Vgl. etwa die Übersicht der Rechtsgrundlagen bei Gross, Schweizerisches Staatshaftungsrecht, S. 55.

[305] BG vom 14. März 1958 über die Verantwortlichkeit des Bundes sowie seiner Behördenmitglieder und Beamten (SR 170.32).

heisst *«in Ausübung ihrer amtlichen Verrichtungen»* verursachen.[306] Die Tätigkeiten, welche ein Gerichtsexperte im Rahmen einer Gutachterbestellung üblicherweise vorzunehmen hat, stellen «amtliche Verrichtungen» dar, indem dieser etwa Materialien oder Vorgänge untersucht, Zeugen oder Parteien befragt und daraus Schlussfolgerungen zieht. Zwar kommt dem Gerichtsgutachter (im Unterschied zum Richter) keine hoheitliche Entscheidungsbefugnis zu; doch ist meines Erachtens die Tätigkeit des Gerichtsexperten dennoch als amtliche Verrichtung im Sinne von Art. 61 Abs. 1 OR zu qualifizieren. Letztlich sind es diese amtliche Stellung und der hoheitliche Ernennungsakt, welche Gerichtsexperten überhaupt in die Lage versetzen, eine schädigende Handlung vorzunehmen. Nach der bundesgerichtlichen Rechtsprechung ist der Begriff «hoheitlich» ohnehin *extensiv* auszulegen.[307]

3. Die Nennung des Gerichtsexperten in den Verantwortlichkeitsgesetzen: Ob die 14.237
Tätigkeit als Gerichtsgutachter als hoheitlicher Akt zu qualifizieren ist und wie eine jeweilige Verfehlung zu beurteilen ist, entscheidet sich nach der anwendbaren Bestimmung. Nach zahlreichen kantonalen Verantwortlichkeitsgesetzen umfasst die Staatshaftung nicht nur die Haftung für Mitglieder von Behörden und Gerichten, sondern darüber hinaus auch die Haftung von Privaten, denen eine öffentliche Aufgabe übertragen wurde.[308] In anderen Kantonen ist – weil ein expliziter Einbezug fehlt – nicht vollends klar, ob das jeweilige Verantwortlichkeitsgesetz auch auf Verfehlungen des Gerichtsexperten zur Anwendung kommen soll.

Meines Erachtens ist die Anwendbarkeit der Verantwortlichkeitsgesetze auch dann zu 14.238
bejahen, wenn das Verantwortlichkeitsgesetz den Gerichtsexperten selbst nicht nennt und auch keine explizite Regelung für Private enthält, die öffentliche Aufgaben erfüllen.[309]

---

306 Für «gewerbliche Verrichtungen» (Art. 61 Abs. 2 OR) des Beamten richtet sich die Ersatzpflicht ausschliesslich nach Bundeszivilrecht, nämlich nach Art. 41 ff. OR. Vorschriften, welche eine besonders geartete Haftung des gerichtlich bestellten Experten im Rahmen gewerblicher Verrichtungen aufstellen, können nach (richtiger) Auffassung von Lehre und Rechtsprechung nur in dem Umfang Geltung erlangen, als das kantonale Recht dem Geschädigten einen weiter gehenden Schutz bietet als Art. 41 ff. OR. Vgl. von Tuhr/Peter, OR AT I, S. 426, Fn. 121; Brehm, Berner Kommentar, N 49 zu Art. 61 OR; vgl. ferner Klopfer, Die Haftung des Zeugen, S. 25, der diesbezügliche kantonale Bestimmungen als nichtig bezeichnet und dafür hält, dass ausschliesslich Bundeszivilrecht (Art. 41 OR) anwendbar ist (vgl. Zufferey, Décisions de l'expert officiel, S. 39 f. unter Hinweis auf BGE 12 I 254/257 E. 1).

307 BGE 126 III 370/372 E. 7; vgl. die Übersicht bei Stark, Haftpflicht für staatliche Verrichtungen, S. 12; Brehm, Berner Kommentar, N 12 ff. zu Art. 41 OR.

308 Vgl. etwa § 4a HG-ZH sowie § 1 Abs. 2 HG-AG.

309 Anderer Auffassung ist Weibel, ZPO-Kommentar [Schulthess], N 10a zu Art. 188 ZPO. Nach ihm könnte eine Expertenhaftung nur gestützt auf das Deliktsrecht (Art. 41 ff. OR) zur Anwendung kommen. Rüetschi, Berner Kommentar, N 7 zu Art. 188 ZPO, lässt die Frage offen, ob bei einem Fehlverhalten eines Experten Art. 41 OR, Art. 61 OR oder eine Staatshaftung greifen soll. An anderer Stelle erachtet er auch eine Haftung aus den einschlägigen kantonalen Bestimmungen zum Staatshaftungsrecht für denkbar (N 7 zu Art. 188 ZPO). Nach Müller H., ZPO-Kommentar

2. Die Haftungsvoraussetzungen nach Verantwortlichkeitsrecht

14.239 **1. Widerrechtliche Schadenszufügung:** Die Verantwortlichkeitsgesetze sind sowohl bezüglich Geltungsbereich wie auch bezüglich der Haftungsvoraussetzungen unterschiedlich ausgestaltet. Gemeinsam ist sämtlichen Haftungssystemen, dass sich ein Geschädigter nur dann auf eine öffentlich-rechtliche Staatshaftung berufen kann, wenn die Schadenszufügung im hoheitlichen Tätigkeitsbereich erfolgte und widerrechtlich war.[310]

14.240 Unter welchen Voraussetzungen eine widerrechtliche Schädigung, die ein Gerichtsexperte durch seine Gutachtertätigkeit verursacht hat, eine (primäre oder subsidiäre) Haftung des Gemeinwesens bzw. des fehlbaren Gerichtsgutachters zur Folge hat, beurteilt sich nach Massgabe des anwendbaren Verantwortlichkeitsgesetzes. Die Schädigung kann Folge einer qualifiziert unrichtigen Expertise sein, auf welche sich die Prozessbeteiligten bzw. Dritte stützen oder verlassen. Der Schaden kann aber auch durch ein schädigendes Verhalten anlässlich der Gutachtenserstellung, ferner etwa durch ein säumiges Verhalten entstanden sein, indem es der Gerichtsexperte in Verletzung der erhaltenen Weisungen oder etwa von Art. 184 ZPO unterlässt, das Gutachten «fristgerecht abzuliefern» (vgl. auch Rz. 14.204).

14.241 **2. Wesentliche Pflichtverletzung:** Nach der bundesgerichtlichen Rechtsprechung ist das Verhalten der den Verantwortlichkeitsgesetzen unterstehenden Mitglieder der Behörden und Gerichte nur dann *widerrechtlich,* wenn die Pflichtverletzung in Ausübung hoheitlicher Verrichtungen geschieht. Ein solcher Verstoss liegt nach der Rechtsprechung nicht schon dann vor, wenn sich zum Beispiel die Entscheidung einer Gerichtsperson später als unrichtig oder als gesetzwidrig erweist.[311] Vielmehr wird die Verantwortlichkeit regelmässig auf Absicht, Arglist oder Willkür – also auf qualifizierte Unrichtigkeit des aufgehobenen Entscheids – beschränkt.[312] Auf diese strengen Haftungsvoraussetzungen wird sich auch ein Gerichtsgutachter berufen dürfen, wenn sich das Gericht auf eine unrichtige Expertise abstützt.

14.242 **3. Einmaligkeit des Instanzenzuges:** Die Rechtmässigkeit formell rechtskräftiger Urteile und Verfügungen kann und darf in einem Verantwortlichkeitsverfahren nicht mehr überprüft werden. Zweck dieser (in verschiedenen Verantwortlichkeitsgesetzen explizit festgehaltenen) Regelung ist es, zu verhindern, dass eine Prozesspartei ein durch alle Instanzen erfolglos angefochtenes Urteil, welches in Rechtskraft erwachsen ist, auf dem Umweg über das Verantwortlichkeitsverfahren erneut auf Rechtmässigkeit hin über-

---

[Dike], N 25 zu Art. 188 ZPO soll eine Haftung des Experten «nur in Ausnahmefällen bei qualifizierten Pflichtverletzungen eintreten», wobei der Autor offenlässt, nach welchen Haftungsgrundlagen eine solche Verantwortlichkeit zu beurteilen wäre.

310 BGE 123 II 577/581 E. 4d/bb: Der Begriff der Widerrechtlichkeit gemäss Art. 3 Verantwortlichkeitsgesetz des Bundes ist der gleiche wie derjenige gemäss Art. 41 OR.

311 BGE 120 Ib 248/249 E. 2b; 119 Ib 208/215 E. 5a; 118 Ib 178/183 E. 4.

312 Gross, Schweizerisches Staatshaftungsrecht, S. 93.

prüfen lassen könnte.[313] Die materielle Rechtskraft des Urteils ist aber auf das Dispositiv, nicht auch die Urteilserwägungen beschränkt und erfasst die Urteilserwägungen nicht. Von daher wird sich der Gerichtsexperte – falls die Haftungsvoraussetzungen gegeben sind (Rz. 14.249) – bei fehlbarer Tätigkeit einer Haftung durch die Einrede der res iudicata nicht entziehen können. Denn: Prozessthema im Verantwortlichkeitsprozess ist nicht das Urteil des Gerichts, sondern die allenfalls fehlbare Tätigkeit des Gerichtsexperten, auf dessen Grundlage das (deswegen!) unzutreffende Urteil zustande gekommen ist.[314]

4. Durchführung eines administrativen Vorverfahrens: Für Verantwortlichkeitsprozesse gegen das Gemeinwesen sind zum Teil die *Zivilgerichte* zuständig, für Ansprüche (und den Rückgriff) des Gemeinwesens gegen Mitglieder der Behörden und der Gerichte (und der Experten) in der Regel das *Verwaltungsgericht*.[315] Zu beachten ist, dass nach einzelnen kantonalen Verantwortlichkeitsgesetzen die Zuständigkeit der Zivilgerichte von der vorgängigen Durchführung eines administrativen Vorverfahrens abhängig gemacht wird.[316] Unterbleibt ein derartiges Vorverfahren – welches mit der friedensrichterlichen Sühneverhandlung nicht verwechselt werden darf – oder ist dieses Vorverfahren noch nicht abgeschlossen, so fehlt es bei (verfrühter) Anhängigmachung des Zivilprozesses an einer *Prozessvoraussetzung*, was zu einem Nichteintretensentscheid des angerufenen Gerichts führen wird.[317] 14.243

3. Die Haftung des Gerichtsexperten gegenüber Prozessparteien oder Dritten

1. Ausschliessliche Staatshaftung: Nach verschiedenen Verantwortlichkeitsgesetzen haftet der Staat für die in Ausübung der amtlichen Tätigkeit entstandenen Schädigungen ihrer Gerichtsexperten *direkt* und *ausschliesslich*.[318] Die Staatshaftung ist in den Verantwortlichkeitsgesetzen der Kantone bald als *Verschuldenshaftung*, bald als *Kausalhaftung* ausgestaltet.[319] 14.244

[313] Vgl. sinngemäss BGE 119 Ib 208/212 E. 3c unter Hinweis auf Art. 12 VG. Schwarzenbach-Hanhart, Staatshaftungsrecht bei verfügungsfreiem Verwaltungshandeln, S. 15 f.

[314] Klopfer, Die Haftung des Zeugen, S. 91 ff. Unterlässt die geschädigte Partei, vor Einleitung des Verantwortlichkeitsprozesses die Revision zu verlangen, so wäre dies als Selbstverschulden zu deklarieren und bei der Schadenersatzmessung entsprechend zu berücksichtigen (S. 95).

[315] Vgl. § 19 HG-ZH; vgl. VGer ZH PB 2009.00032 Endentscheid vom 10. Februar 2010 E. 1.1.

[316] Z.B. § 22 ff. HG-ZH. Zweck solcher Verfahren ist es, dem Gemeinwesen vorerst ausserhalb eines förmlichen Gerichtsverfahrens Gelegenheit zu geben, die Berechtigung des Haftungsanspruches zu prüfen (vgl. die Übersicht bei Schwarzenbach-Hanhart, Staats- und Beamtenhaftung, S. 42 ff.).

[317] Vgl. KassGer ZH vom 3. Dezember 1993 (= ZR 1994, Nr. 75, S. 197).

[318] Häfelin/Müller/Uhlmann, Allgemeines Verwaltungsrecht, Rz. 2095 und 2100 ff.

[319] Vgl. die Übersicht bei Schwarzenbach-Hanhart, Staatshaftung bei verfügungsfreiem Verwaltungshandeln, S. 34 ff.; Tschannen/Zimmerli/Müller, Allgemeines Verwaltungsrecht, S. 596 ff. beispielhaft die Kausalhaftung nach § 3 HG-BS; Art. 100 PG-BE; Art. 1 Abs. 2 VG-SG; § 5 VG-ZG; Art. 5 HG-NE; Art. 2 «Loi sur la responsabilité de l'Etat et des communes»-GE vom 24. Februar 1989.

14.245 Nach Art. 3 Abs. 1 Verantwortlichkeitsgesetz des Bundes haftet der Bund für den Schaden, den ein Gerichtsexperte in Ausübung seiner amtlichen Tätigkeit Drittpersonen widerrechtlich zufügt, ohne Rücksicht auf sein Verschulden.[320]

14.246 **2. Solidarische Haftung von Staat und Gerichtsexperten:** Bei diesem Haftungssystem ist der Gerichtsexperte zusammen mit dem Gemeinwesen für den entstandenen Schaden verantwortlich. Der Geschädigte kann seine Forderung entweder gegenüber dem Staat oder gegenüber dem Experten wie auch gegenüber beiden gemeinsam geltend machen. Ein derartiges Haftungssystem kannte der Kanton Bern:[321] Seit Inkrafttreten des neuen Personalgesetzes vom Jahre 2004 haften Gerichtsexperten im Kanton Bern indessen direkt, wobei der Staat gegenüber einem Geschädigten einen allfälligen Ausfall übernimmt.[322]

14.247 **3. Ausschliessliche Haftung des Gerichtsexperten:** Das kantonale Verantwortlichkeitsgesetz kann vorsehen, dass sich der Geschädigte nur am Beamten (Gerichtsexperten) schadlos halten kann. Sowohl der Kanton Zürich[323] wie auch der Kanton Aargau[324] haben die originäre Staatshaftung abgeschafft und statuieren neu (in unterschiedlicher Ausgestaltung), dass Private, welche vom Gemeinwesen übertragene öffentliche Aufgaben erfüllen, für die dabei verursachten Schäden ausschliesslich mit ihrem Vermögen haften, ohne dass sich der Geschädigte vorrangig oder subsidiär beim Kanton schadlos halten könnte. Eine solche Haftung setzt, wenn das Haftungsgesetz nicht Abweichendes regelt, ein Verschulden des Gerichtsexperten voraus; so die Lösung im Kanton Aargau.[325] Im Kanton Zürich gerichtliche Sachverständige, als Private, die ihnen übertragene öffentliche Aufgaben erfüllen, «kausal» für den Schaden, den sie dabei durch rechtswidrige Tätigkeit oder Unterlassung verursachen.[326]

14.248 **4. Primäre Haftung des Gerichtsexperten:** Diese Haftungsordnung lässt zunächst den Experten für den ganzen entstandenen Schaden einstehen. Die subsidiäre Haftung des Staats greift nur dann und nur insoweit ein, als der Geschädigte für den erlittenen Schaden vom haftpflichtigen Experten keine volle Deckung (beispielsweise infolge Zahlungsunfähigkeit) erhältlich machen kann.[327]

---

320 BG über die Verantwortlichkeit des Bundes vom 14. März 1958 (SR 170.32). Die primäre Staatshaftung wird eingeschränkt durch Art. 12 VG, wonach formell rechtskräftige Verfügungen, Entscheide und Urteile im Verantwortlichkeitsverfahren nicht mehr überprüft werden können (Schwarzenbach-Hanhart, Staatshaftung bei verfügungsfreiem Verwaltungshandeln, S. 27).

321 Vgl. Art. 38 und Art. 40 des bernischen Beamtengesetzes vom 7. Februar 1954; BGE 125 IV 161/163 E. 2f. (zur öffentlich-rechtlichen Kausalhaftung).

322 Vgl. Art. 101 PG-BE.

323 Haftungsgesetz des Kantons Zürich vom 14. September 1969 (HG-ZH).

324 Haftungsgesetz des Kantons Aargau vom 24. März 2009 (HG-AG).

325 § 1 Abs. 2 HG-AG; § 4a HG-ZH.

326 § 4a HG-ZH; die auftraggebende Stelle haftet subsidiär.

327 So etwa auch die Regelung der Ausfallhaftung in Art. 104a PG-BE oder eben § 4a HG-ZH (in Verbindung mit Art. 46 Abs. 2 KV). In vielen kantonalen Haftungsgesetzen ist die subsidiäre Haftung des Staats allerdings ausgeschlossen (so ausdrücklich § 1 Abs. 2 HG-AG). Stattdessen auferlegt der

5. Die Haftungsvoraussetzungen für die Geltendmachung von Schadenersatz: Die Geltendmachung von Schadenersatz[328] nach den einschlägigen Verantwortlichkeitsgesetzen richtet sich nach den allgemeinen Haftungsgrundsätzen, wonach der Geschädigte in jedem Falle gehalten ist, den Beweis für den erlittenen Schaden zu erbringen.[329] Ferner muss er namentlich auch aufzeigen, inwiefern die schädigenden Handlungen oder Unterlassungen des Sachverständigen widerrechtlich[330] waren und diese seiner Amtstätigkeit zuzurechnen sind. Schliesslich muss ein Kausalzusammenhang zwischen der schädigenden Tätigkeit des Experten und dem Schaden bestehen.[331] Die Haftung des Bundes erlischt (Verwirkungsfrist), wenn der Geschädigte sein Schadenersatz- oder Genugtuungsbegehren nicht innert Jahresfrist seit Kenntnis des Schadens einreicht, jedenfalls aber zehn Jahre seit Ablauf der schädigenden Handlung.[332] 14.249

4. Der Rückgriff des Gemeinwesens gegenüber dem Gerichtsexperten

1. Haftung für direkte Schädigung: Ob und in welchem Umfang das in Anspruch genommene Gemeinwesen gegenüber dem Gerichtsexperten Regress nehmen kann, beurteilt sich nach dem konkret zur Anwendung kommenden Verantwortlichkeitsgesetz. Nach Massgabe der meisten Verantwortlichkeitsgesetze ist der Gerichtsexperte dem Staat gegenüber zum Ersatz verpflichtet, wenn er dem Gemeinwesen durch eine mangelhafte Expertise *unmittelbar Schaden zugefügt* hat und wenn die Schadenszufügung *schuldhaft* war.[333] 14.250

Kanton Aargau Privaten die Pflicht zum «Nachweis einer risikogerechten Haftpflichtversicherung [...], falls die Gefahr einer erheblichen Schädigung von Dritten besteht und das Gemeinwesen nicht kraft Sonderregelung haftet.»

328 Unter bestimmten Voraussetzungen kann der Richter gemäss der einschlägigen Norm des anwendbaren Verantwortlichkeitsgesetzes nebst Schadenersatz auch eine angemessene Geldsumme als Genugtuung zusprechen. Vgl. § 10 HG-ZH; ferner OGer ZH vom 23. Februar 1993 (= ZR 1994, Nr. 81, S. 234 f.).

329 Es gilt Art. 42 ff. OR, als kantonales öffentliches Ersatzrecht. Der Begriff des Schadens ist hier der gleiche wie im Privatrecht (BGE 107 Ib 160/162 E. 2).

330 Die Widerrechtlichkeit kann sich etwa aus einer Verletzung einer Strafnorm (falsches Gutachten nach Art. 307 StGB, vgl. Rz. 14.259) oder einer Vertrauenshaftung ergeben, die unter Art. 41 OR fällt. Vermögenschädigungen ohne Rechtsgutverletzungen sind nicht rechtswidrig (BGE 132 II 449/457 E. 3.3; 127 III 374/377 E. 3a f.; BGer 2C.1/2001 vom 3. Juli 2003 E. 6.1.

331 BGE 125 IV 161/163 E. 2 f.; handelt der Experte nicht im Rahmen seiner öffentlichen Aufgabe, sondern aus eigenem Interesse, so haftet er aufgrund der Art. 41 ff. OR. Vgl. Brehm, Berner Kommentar, N 35 f. zu Art. 61 OR; Schwarzenbach-Hanhart, Staatshaftung bei verfügungsfreiem Verwaltungshandeln, S. 57 ff. mit zahlreichen Beispielen.

332 Art. 20 Abs. 1 VG; zu den Verjährungs- bzw. Verwirkungsfristen der Staatshaftung in den Kantonen vgl. die Übersicht bei Schwarzenbach-Hanhart, Staatshaftung bei verfügungsfreiem Verwaltungshandeln, S. 44 ff.

333 Vgl. Klopfer, Die Haftung des Zeugen, S. 31 ff.; ferner die Übersicht bei Schwarzenbach-Hanhart, Staats- und Beamtenhaftung, S. 79.

14.251 Im Kanton *Bern* bestimmt Art. 103 Personalgesetz vom 16. September 2004, dass die verantwortliche Person nur für den Schaden haftet, den sie dem Staat durch vorsätzliche oder grobfahrlässige Verletzung seiner Amtspflichten zugefügt hat.[334]

14.252 **2. Haftung für indirekte Schädigung:** Der Gerichtsexperte kann ferner auf dem Regressweg dem Gemeinwesen gegenüber verantwortlich werden, wenn für das fehlbare Verhalten des Experten Schadenersatz zu leisten war. Ob und inwieweit der Staat auf den Gerichtsexperten *Rückgriff* nehmen kann, bestimmt sich wiederum nach den einschlägigen Bestimmungen des anwendbaren Verantwortlichkeitsgesetzes. Ein Regress ist in der Regel nur (aber immerhin) dann möglich, wenn der Gerichtsexperte den Schaden *vorsätzlich* oder *grobfahrlässig* verursacht hat.[335] Nach meinem heutigen Kenntnisstand gibt es keine Kantone mehr,[336] bei denen ein Rückgriff des Staats auf den Gerichtsexperten auch bei bloss leichter Fahrlässigkeit gegeben ist.

5. Die Haftung des Gerichtsexperten aus unerlaubter Handlung

14.253 **1. Beschränkter Anwendungsbereich:** Neben der erwähnten Haftung aus Verantwortlichkeitsgesetz bleibt *für eine ausservertragliche Haftung* des Gerichtsexperten nach Art. 41 OR (wenn überhaupt) nur ein beschränkter Anwendungsbereich.[337] Eine deliktische Haftung des Gerichtsexperten aus Obligationenrecht kommt höchstens noch in folgenden Fällen in Betracht:

14.254 – Der Gerichtsexperte bekleidet zwar ein öffentliches Amt im Sinne von Art. 61 Abs. 1 OR, geht aber keiner (auch extensiv ausgelegten) amtlichen Verrichtung nach.

14.255 – Die eigentliche Tätigkeit des Gerichtsexperten wird – entgegen der hier vertretenen Meinung – als «gewerbliche Verrichtung» qualifiziert.[338]

14.256 – Der Kanton hat von der gesetzlichen Kompetenz, welche Art. 61 OR einräumt, keinen Gebrauch gemacht und kein Verantwortlichkeitsgesetz erlassen.

14.257 – Der Kanton hat zwar ein Verantwortlichkeitsgesetz erlassen, welches aber den persönlichen Geltungsbereich derart bestimmt, dass es auf den Gerichtsexperten nicht zur Anwendung kommt.[339]

---

334 Die gleichen Haftungsvoraussetzungen gelten auch beim Bund gemäss Art. 8 VG.

335 Vgl. z.B. § 15 HG-ZH; § 12 Abs. 1 AG-AG; Art. 102 Abs. 2 PG-BE.

336 Vgl. früher z.B. Kanton Jura: Art. 27 Abs. 4 der «Loi sur le statut des magistrats, fonctionnaires et employés» vom 26. Oktober 1978.

337 So auch Zufferey, Décisions de l'expert officiel, S. 45. Anderer Auffassung ist Weibel, ZPO-Kommentar [Schulthess], N 10a zu Art. 188 ZPO. Nach ihm kann die Haftung einer sachverständigen Person gegenüber den Parteien «nur in absoluten Ausnahmefällen» erwogen werden, wobei eine solche Haftung nur auf das Deliktsrecht (Art. 41 ff. OR) abgestützt werden könnte.

338 Zur Abgrenzung BGE 126 III 370.

339 BGE 101 II 177.

2. Keine Anwendung von Art. 41 ff. OR bei bestehendem kantonalen Verantwortlichkeitsgesetz: Die obligationenrechtlichen Bestimmungen über die Deliktshaftung (Art. 41 ff. OR) finden in den Kantonen, in denen das fragliche Gemeinwesen nach dem Haftungs- oder Verantwortlichkeitsgesetz für das schädigende Verhalten von Privaten, die öffentliche Aufgaben wahrnehmen (wie etwa Gerichtsexperten), ausschliesslich und kausal haften, keine Anwendung. In solchen Kantonen, welche heutzutage in der Überzahl sind, entfällt von vornherein – weil systemwidrig – ein direktes Klagerecht des Geschädigten gegenüber dem Experten gestützt auf die Art. 41 ff. OR.[340] 14.258

3. Gesetzliche Regelung in Deutschland: In Deutschland hat der Gesetzgeber durch das «Zweite Gesetz zur Änderung schadensrechtlicher Vorschriften vom 19. Juli 2002» in § 839a BGB eine Haftungsbestimmung eingefügt. Danach ist ein vom Gericht anerkannter Sachverständiger, der vorsätzlich oder grobfahrlässig ein unrichtiges Gutachten erstattet, «zum Ersatz des Schadens verpflichtet, der einem Verfahrensbeteiligten durch eine gerichtliche Entscheidung entsteht, die auf diesem Gutachten beruht».[341]

6. Die Haftung des Gerichtsexperten aus Strafrecht

1. Falsches Gutachten nach Art. 307 StGB: Nach dieser Strafbestimmung wird mit *Freiheitsstrafe* bis zu fünf Jahren oder mit *Geldstrafe* bestraft, wer in einem gerichtlichen Verfahren als Sachverständiger absichtlich (oder eventualvorsätzlich) einen falschen Befund oder ein falsches Gutachten abgibt *(Abs. 1)*. Wird der Befund oder das Gutachten mit einem Eid oder mit einem Handgelübde bekräftigt, so ist die Strafe Freiheitsstrafe von sechs Monaten bis zu fünf Jahren *(Abs. 2)*. Bezieht sich die falsche Äusserung auf Tatsachen, die für die richterliche Entscheidung unerheblich sind,[342] so ist die Strafe eine Geldstrafe *(Abs. 3)*. 14.259

Unmittelbar geschütztes Rechtsgut von Art. 307 StGB ist die *Ermittlung der materiellen Wahrheit* im gerichtlichen Verfahren.[343] Täter des Delikts nach Art. 307 StGB kann nur sein, wer nach Massgabe der anwendbaren ZPO (vgl. Art. 184 Abs. 2 ZPO) als Gerichtsexperte bestellt wurde, nicht aber der Sachverständige, der ein privates Gutachten erstattet.[344] Auch Schiedsgutachter fallen nicht unter die Strafbestimmung von Art. 307 StGB. Publizierte Entscheide, welche die Bestrafung eines Sachverständigen nach Art. 307 StGB 14.260

---

[340] Vgl. die Übersicht bei Zufferey, Décisions de l'expert officiel, S. 45.

[341] BGH III ZR 345/12 vom 10. Oktober 2013 (= BauR 2014, S. 322): Beurteilung einer grobfahrlässigen unrichtigen Verkehrswertschätzung. Vgl. Bayerlein, Praxishandbuch, S. 569 ff.

[342] Nach BGE 106 IV 194/198 E. 2a und 93 IV 24/26 E. 1a sind nur solche Tatsachen unerheblich, die sich ihrer Natur nach nicht eignen, die richterliche Entscheidung zu beeinflussen.

[343] Trechsel/Pieth, StGB-Praxiskommentar [Dike], N 1 zu Art. 307 StGB; Stratenwerth/Bommer, Strafrecht BT II, § 54 Rz. 21 ff. (insb. 25).

[344] Stratenwerth/Bommer, Strafrecht BT II, § 54 Rz. 25.

zum Thema haben, sind nicht ersichtlich. Nach TRECHSEL spielen Sachverständige, Übersetzer und Dolmetscher «in der Praxis zu Art. 307 kaum eine Rolle».[345]

14.261 **2. Verletzung eines Amtsgeheimnisses nach Art. 320 StGB:** Nach dieser Strafbestimmung wird mit *Freiheitsstrafe* bis zu drei Jahren oder *Geldstrafe* bestraft, wer ein Geheimnis *offenbart,* das er in amtlicher Stellung wahrgenommen hat. Der Gerichtsexperte als Hilfsperson des Richters (Rz. 14.54) untersteht ebenfalls der *strengen Schweigepflicht* nach dem Strafgesetzbuch, ungeachtet dessen, ob er bei der Bestellung darauf hingewiesen wurde.[346] Das Geheimnis ist offenbart, wenn es unbefugten Dritten zur Kenntnis gebracht oder wenn ihnen die Kenntnisnahme ermöglicht wird.[347] Geheim sind nicht nur Informationen über das Gerichtsgutachten an sich; strafbar ist vielmehr schon die Mitteilung, dass die Parteien überhaupt im Prozess stehen.[348]

14.262 **3. Verletzung des Disziplinarrechts:** Ferner untersteht der gerichtlich bestellte Sachverständige – wie sämtliche an einem Gerichtsverfahren Beteiligten – nach Massgabe der anwendbaren Zivilprozessordnung der disziplinarischen Aufsicht des Gerichtspräsidenten. Verletzt ein gerichtlich eingesetzter Sachverständiger seine Expertenpflichten, kann ihn der Richter mit einem *Verweis* oder mit einer *Ordnungsbusse* belegen, insbesondere bei Säumnis mit Ablieferung eines schriftlichen Gutachtens. Weitere mögliche Disziplinarmassnahmen sind der *Entzug des Gutachtervertrags* und die *Reduktion des Honorars.*[349]

7. Die Haftung des Gerichtsexperten aus Lauterkeitsrecht

14.263 Der Experte, der mit der Ausarbeitung eines Gutachtens betraut ist, kann gegebenenfalls auch wegen einer Verletzung des *Bundesgesetzes gegen den unlauteren Wettbewerb* (UWG) schadenersatzpflichtig werden, insbesondere in zwei Fällen:

14.264 **1. Haftung aus Art. 3 Abs. 1 lit. a UWG:** Nach dieser Bestimmung handelt widerrechtlich bzw. unlauter, wer «andere, ihre Waren, Werke, Leistungen, deren Preise oder Geschäftsverhältnisse durch unrichtige, irreführende oder unnötig verletzende Äusserungen herabsetzt». Der Sachverständige, der zum Beispiel bezüglich der Beurteilung einer (von verschiedenen möglichen) Konstruktionsarten eine «fachlich umstrittene Frage übernommen und als objektiv richtig oder wissenschaftlich gesichert hingestellt»[350] hat,

---

[345] TRECHSEL/PIETH, StGB-Praxiskommentar [Dike], N 5 zu Art. 307 StGB; vgl. immerhin BGer 6B_1134/2015 vom 3. Juni 2016 E. 4.1.2; 6B_1168/2014 vom 13. Februar 2015 E. 1.2.

[346] DOLGE, Basler Kommentar, N 8 zu Art. 184 ZPO.

[347] STRATENWERTH/BOMMER, Strafrecht BT II, § 59 Rz. 7; TRECHSEL/VEST, StGB-Praxiskommentar [Dike], N 8 zu Art. 320 StGB.

[348] DIGGELMANN, ZPO-Kommentar [Dike], S. 21.

[349] Vgl. Art. 184 ZPO; ferner bereits § 260 ZPO-AG; § 179 ZPO-ZH. Zum Ganzen DOLGE, Basler Kommentar, N 20 ff. zu Art. 184 ZPO.

[350] BGE 120 II 76/81 E. 5b.

übernimmt dadurch, dass er sich für eine bestimmte Aussage entscheidet, «im Wettbewerbsbezug ebenfalls die Verantwortung für ihre Richtigkeit». Besteht keine volle Gewähr für die Richtigkeit der von Experten gemachten (wissenschaftlichen) Angaben, kann deren unkritische Weitergabe (d.h. ohne Hinweis auf einen allfälligen Meinungsstreit) «zum mindesten täuschend und damit irreführend im Sinne von Art. 3 Abs. 1 lit. a UWG» sein.[351]

2. Haftung aus Art. 5 UWG: Nach dieser Bestimmung handelt widerrechtlich respektive unlauter, *wer widerrechtlich fremde Leistungen verwertet.* Verwertet der Privatgutachter etwa unbefugt ein «ihm anvertrautes Arbeitsergebnis wie Offerten, Berechnungen oder Pläne» (lit. a), handelt er unlauter. Auch nach dem UWG ist der Privatgutachter nämlich gehalten, sämtliche Unterlagen und Informationen, welche ihm im Rahmen der Gutachtertätigkeit anvertraut wurden und von denen er annimmt oder annehmen muss, dass sie vernünftigerweise der Geheimhaltung unterliegen, vertraulich zu behandeln. Der *zweite* – ebenfalls mögliche – *Anwendungsfall* (lit. b) unterscheidet sich vom ersten nur dadurch, dass der Privatgutachter zwar nicht anvertraute Arbeitsergebnisse (lit. a) verwertet, jedoch *solche, die einem Dritten anvertraut wurden,* und dass dieser Dritte sie dem Experten unbefugterweise ausgehändigt hat.[352] 14.265

3. Rechtsbehelfe nach UWG: Wenn ein durch Expertise Geschädigter durch unlauteren Wettbewerb in seiner Kundschaft, seinem Kredit oder beruflichen Ansehen, in seinem Geschäftsbetrieb oder sonst in seinen wirtschaftlichen Interessen bedroht oder verletzt wird, so kann er gestützt auf Art. 9 UWG u.a. auf *Unterlassung* und/oder *Beseitigung* klagen. Ferner kann er vom unlauter handelnden Experten *Schadenersatz* und *Genugtuung* sowie *Herausgabe* eines allfälligen *Gewinns* entsprechend den Bestimmungen über die Geschäftsführung ohne Auftrag beanspruchen (vgl. Art. 9 Abs. 3 UWG). 14.266

Darüber hinaus kann der gemäss Art. 3 oder Art. 5 UWG unlauter handelnde Experte – soweit er *vorsätzlich* gegen das UWG verstossen hat – auf Antrag hin der kantonalen Strafverfolgung unterliegen (Art. 23 und Art. 27 UWG). 14.267

---

[351] Vgl. Streuli-Youssef, Unlautere Werbemethoden, S. 119.

[352] Guyet, Art. 4–8 UWG, S. 184.

§ 15 Computergestütztes Planen, Bauen und Betreiben als Gegenstand des Planervertrags

Martin Beyeler

Inhaltsverzeichnis

I. Computerisierung der Bau- und Immobilienwelt

15.1 Die Entwicklung, die darin besteht, immer mehr Aufgaben Computern und computergesteuerten Geräten zu überantworten, und die «Computerisierung» oder «Digitalisierung»[1] genannt wird, lässt die Bau- und Immobilienwelt nicht aus. Auch hier werden immer mehr Tätigkeiten statt durch Menschen von Computern ausgeführt, namentlich wenn dies effizienter, präziser oder bequemer ist, und wenn sich dadurch neue Möglichkeiten erschliessen.

15.2 Computer verarbeiten digitale (also in Nullen und Einsen aufgeschlüsselte) und mit elektronischen Mitteln festgehaltene **Daten**[2], welche in der Regel Informationen[3] enthal-

---

1 Im ursprünglichen Sinne bedeutet «Digitalisierung» die Umwandlung analoger Daten in digitale Daten (vgl. Wikipedia, Stichwort «Digitalisierung», abrufbar unter: <de.wikipedia.org/wiki/Digitalisierung> [besucht am 24. Juli 2018]). Heute jedoch bezeichnet dieser Terminus auch den Übergang von menschlichen zu computergestützten Tätigkeiten sowie jenen von traditionellen zu elektronischen Hilfsmitteln (vgl. Gabler Wirtschaftslexikon, Stichwort «Digitalisierung», abrufbar unter: <www.wirtschaftslexikon.gabler.de/definition/digitalisierung-54195> [besucht am 24. Juli 2018]).

2 Vgl. die Definition von Daten gemäss Ziff. 3.8.1 ISO-Norm 9000: «Data: facts about an object». Vgl. auch Fröhlich-Bleuler, Eigentum an Daten, Rz. 3: «Daten sind Zeichen, Zeichenfolgen, Angaben, (Zahlen-)Werte oder Befunde, die unter anderem durch Messung oder Beobachtung gewonnen werden. Die Zeichen werden in der Regel auf einem Datenträger gespeichert und bestehen zum Beispiel aus Ziffern, einem Text oder einem Binärcode. Der Datenträger ist oft Papier oder eine Festplatte»; vgl. auch Weber/Thouvenin, Dateneigentum, S. 46 f.; Eckert, Digitale Daten als Sache, S. 246 f.

3 Vgl. die Definition von «Information» gemäss Ziff. 3.8.2 ISO-Norm 9000: «Information: meaningful data». Vgl. auch Fröhlich-Bleuler, Eigentum an Daten, Rz. 3: «Von den Daten und dem Datenträger sind die Informationen zu unterscheiden: Sie entstehen durch kognitive Tätigkeit der Person, die sie liest bzw. zur Kenntnis nimmt und damit auch interpretiert (‹semantisiert›)»; vgl. auch Weber/Thouvenin, Dateneigentum, S. 46 f.

ten.[4] Unter dem Verarbeiten ist insbesondere das Ordnen, das Analysieren, das Darstellen und das Weitergeben bzw. Kommunizieren von Daten zu verstehen, zudem aber auch das Generieren abgeleiteter und neuer Daten. Die computerbasierte Datenverarbeitung zeichnet sich ganz besonders dadurch aus, dass sie im gewünschten Umfang aufgrund vorgängig getroffener Entscheidungen, also aufgrund von Programmen und Algorithmen, automatisch und äusserst rasch vonstatten geht.

In der Bau- und Immobilienwelt bedeutet Computerisierung bzw. Digitalisierung also, 15.3
dass digitale Daten, die **Informationen betreffend das Bauvorhaben oder das Bauwerk** enthalten, mithilfe von Computern verarbeitet werden, wobei manche dieser Daten in analoger Form vorbestehen oder erfasst werden und zunächst für den Computer aufbereitet werden müssen, andere Daten aber den eingesetzten Computern direkt in elektronischer Form zugeführt werden, sei es über entsprechende Kommunikationskanäle oder Schnittstellen, sei es über elektronische Erfassungsgeräte (wie bspw. Laserscanner).

Etwas zu bauen und das Bauwerk zu betreiben, bedeutete immer schon zu guten Teilen, 15.4
Informationen zu gewinnen, zu verarbeiten und weiterzugeben. Die Planung eines Bauvorhabens besteht sogar ganz überwiegend aus der Verarbeitung von Informationen und dem darauf gestützten Treffen von Entscheidungen. Die Ausführung des Vorhabens setzt die Kommunikation der relevanten Informationen, deren Umsetzung in der physischen Welt und die Gewinnung von Informationen betreffend diese Umsetzung voraus – auch in dieser Phase sind Informationen seit jeher von zentraler Bedeutung, wenngleich das Bauen selbst (also die physische Realisierung des Bauwerks) bei weitem keine blosse Informationsverarbeitung ist. Das Betreiben eines Bauwerks schliesslich beruhte schon immer auf der Gewinnung und Verarbeitung von Informationen über das Bauwerk, im Grundsatz und in seinem aktuellen Zustand und Gebrauch, sowie auf der Umsetzung der entsprechend getroffenen Entscheidungen.

Heute jedoch werden **immer mehr** Informationen (in der Form von digitalen Daten) 15.5
computergestützt gewonnen, verarbeitet und weitergegeben, wobei die eingesetzten Programme und Algorithmen sowie die zur Kommunikation verwendeten Mittel und Kanäle bei steigender Verarbeitungseffizienz einen immer höheren Automatisierungsgrad erlauben, zumal Computer dazu da sind, vorgängig fest oder dem Grunde nach getroffene Entscheidungen selbst auszuführen. Das macht sich an den unterschiedlichsten Orten der Bau- und Immobilienwirtschaft und zu jeglichen Zeitpunkten des Lebenszyklus der Bauwerke bemerkbar.

Rein technisch betrachtet, kann die gesamte **Planung** eines Bauvorhabens (Bauvorgang 15.6
und Bauwerk) durch digitale Daten repräsentiert und in durch solche Daten konstituier-

4 Vgl. Eckert, Digitale Daten als Sache, S. 246 f.

ten (also «digitalen») Modellen repräsentiert werden.[5] Diese Modelle sind weit mehr als nur dreidimensionale Abbildungen des Bauwerks; sie können abgesehen von dessen geometrischen und die Optik betreffenden Daten zahlreiche weitere Parameter des Baus und von dessen Bestandteilen enthalten, so namentlich solche betreffend Materialisierung, Funktion, Eigenschaften, Verhaltensweisen, Leistungsfähigkeit, Abhängigkeit von anderen Bestandteilen oder Systemen, Einbauzeitpunkt und (geschätzte oder vereinbarte; Rz. 15.39) Beschaffungskosten.[6] In Relation zueinander gebracht, erlauben all die Daten mannigfache Analysen und Simulationen von Bauwerk (inkl. Betrieb und Nutzung) und Bauvorgang sowie darauf basierende Weiterentwicklungen und Optimierungen, vorab in Bezug auf Qualität (inkl. Leistungsfähigkeit), Kosten und Zeit.[7]

---

5 In der Regel wird heute im Zusammenhang mit solchen Modellen von «Building Information Modelling (BIM)» gesprochen. Vgl. zu der auf der Verwendung solcher Modelle aufbauenden Projektmethode «BIM-Methode» das SIA-Merkblatt 2051, insb. Ziff. 3.2.1.1: «Der Kerngedanke der BIM-Methode ist das Zusammenführen von Fachdaten in einem kohärenten digitalen Bauwerksmodell, welches das Bauwerk so präzise wie nötig beschreibt. Ein digitales Bauwerksmodell ist damit eine strukturierte Sammlung von Daten zu einem bestimmten Objekt/Bauwerk»; vgl. auch die SIA-Dokumentationen D 0270 und D 0271. – Vgl. zu BIM im Allgemeinen insb. Schoch, BIM, S. 61 ff.; Cadosch, BIM und die Arbeit am Raum, S. 121 ff. Zu Rechtsfragen im Zusammenhang mit BIM Beyeler, Rechtsfragen zu BIM, Rz. 20 ff. Zum SIA-Merkblatt 2051 insb. Huber, SIA 2051 BIM, S. 215 ff.; Marti, SIA-Zusatzvereinbarung BIM, S. 221 ff.; Stöckli, Was BIM ist, S. 1 ff. Vgl. ferner KBOB-Empfehlung BIM. – Wenngleich die BIM-Methode in letzter Konsequenz darauf hinauslaufen kann, dass alle Beteiligten je für sich oder gar gemeinsam an einem einzigen digitalen Modell arbeiten, welches das gesamte Bauwerk repräsentiert und in dem der ganze Bauvorgang integriert ist (vgl. Stöckli, Was BIM ist, S. 2), muss doch festgehalten werden, dass diese Methode nicht nur in dieser Form praktiziert werden kann. Vielmehr sind im Rahmen des modellbasierten Arbeitens verschiedene Intensitätsstufen der Modellintegration der Bauwerks- und Bauvorgangsdaten möglich – von der isoliert bleibenden Arbeit einzelner Akteure an Modellen über die isolierte Arbeit an verschiedenen Modellen, die zeitweise koordiniert werden, bis hin zur isolierten oder gemeinsamen Arbeit an geteilten Modellen bzw. an einem einheitlichen Modell ist schier alles möglich (vgl. Ziff. 3.3.3 und Figur 8 SIA-Merkblatt 2051; Bauen Digital Schweiz, Stufenplan Schweiz – Digital Planen, Bauen und Betreiben, S. 4, abrufbar unter: <www.bauen-digital.ch> Produkte > Downloads (besucht am 2. Juli 2018). Zum heutigen Zeitpunkt (Ende 2018) allerdings wird in der Schweiz aus technischen Gründen und mangels praktischer Erfahrungen meistens noch nicht parteiübergreifend am gleichen Modell gearbeitet, und überhaupt kann die BIM-Methode heute noch nicht als der Normalfall bezeichnet werden (vgl. Schweizerische Vereinigung Beratender Ingenieurunternehmen usic, BIM-Umfrage 2018, Frage 2, 10 und 12; Bauen Digital Schweiz, Jahresbericht 2017, S. 4 f., abrufbar unter obenstehendem Link; vgl. zum Stand 2015 Schoch, BIM, S. 61 f.).

6 Ziff. 2.2.4 und Ziff. 3.2.1.1 SIA-Merkblatt 2051; Stöckli, Was BIM ist, S. 2.

7 Vgl. insb. die in Ziff. 2.6.1.3 SIA-Merkblatt 2051 aufgeführten Anwendungsfälle, unter denen sich namentlich die «Verifizierung von Programmanforderungen», die «Mengenermittlung», die «Kostenplanung», die «Aggregation von objektspezifischen Daten (Türlisten, Raumlisten etc.)», «Nachweise gesetzlicher und funktionaler Anforderungen (Energie, Schallschutz usw.)», «Zustands- und Verhaltenssimulationen (z.B. Personenströme)» sowie die «Planung und Steuerung des Bauablaufs» befinden; vgl. auch Ziff. 2.1.2 und Ziff. 2.1.4 SIA-Merkblatt 2051; Eschenbruch, Vertragsabwicklung mit BIM, S. 7 und 9; Stöckli, Was BIM ist, S. 2.

In der Phase der **Ausführung** des Bauwerks können digitale Daten, namentlich Modelle, die aus der Planung (inkl. Ausführungsplanung) stammen, sowie Daten betreffend die örtlichen Verhältnisse (Geodaten[8]) nicht nur dazu verwendet werden, unter entsprechender Darstellung (z.B. Ausdrucken von Plänen, Listen und dergleichen oder Anzeige von solchen Hilfsmitteln auf Bildschirmen) den handelnden Menschen Orientierung und Instruktion für ihr Handeln zu bieten, sondern auch dazu, direkt das physische Verhalten von automatischen oder halbautomatischen Instrumenten, insbesondere von auf der Baustelle eingesetzten Baumaschinen und im Rahmen der Vorfabrikation verwendeten Robotern, zu steuern und zu überwachen, dem Menschen die manuelle Instrumentenführung also teilweise oder gar ganz abzunehmen. 15.7

Während der Zeit des **Betriebs** können Daten betreffend den Zustand, das Funktionieren und die Nutzung des Bauwerks (und seiner Einzelteile), welche durch elektronisch arbeitende Mess- und Erfassungsgeräte (Sensoren, Kameras, Lesegeräte und dgl.) oder allenfalls auf manuelle Art gewonnen und in digitale Form gebracht werden, durch Computer verarbeitet werden. Das eröffnet besonders dann sehr viele Möglichkeiten, wenn der verarbeitende Computer auf ein aus digitalen Daten bestehendes Modell des Bauwerks zugreifen und die Betriebsdaten damit verbinden kann, zumal dies eine umfassende (und je nachdem auch in Echtzeit erfolgende) Darstellung des Gebäudebetriebs, spartenübergreifende Analysen und Simulationen sowie daraus abgeleitete Optimierungen der Betriebsparameter (oder allenfalls der Bausubstanz) erlaubt.[9] Die Betriebsdaten können ferner unter diversen Aspekten der Leistungsfähigkeit des Bauwerks zur Überprüfung der Zielerreichung dienen und für die Verbesserung der Annahmen und Entscheidungen betreffend den Betrieb verwendet werden, die in neuen Bauvorhaben Einfluss auf die Planung von Bauwerk und Betrieb desselben nehmen.[10] 15.8

Die elektronische Verarbeitung von Daten aus dem Betrieb eines Bauwerks (allenfalls in Verbindung mit Daten betreffend das Bauwerk selbst) ist zusammen mit dem Umstand zu betrachten, dass heute **die Bauwerke selbst** mehr und mehr gleichsam zu Computern werden, das heisst: dass die Messung, Steuerung und Regelung der Zustände und Funktionen eines Bauwerks sowie die Messung von dessen Gebrauch über Geräte vorgenommen werden, die ihre Arbeit elektronisch, also aufgrund von digitalen Daten und gestützt auf Programme und Algorithmen verrichten, und die gegebenenfalls solche Daten in der Lebenswelt erfassen oder an andere Geräte oder Computer weitergeben.[11] Das gilt nicht nur für Hochbauten (insb. sog. «smart homes»[12]), sondern ebenso für alle übrigen Bau- 15.9

8 Vgl. Art. 3 Abs. 1 GeoIG.

9 Vgl. insb. Schoch, BIM, S. 62 ff.

10 Vgl. Cadosch, BIM und die Arbeit am Raum, S. 121.

11 Vgl. auch Beyeler, Rechtsfragen zu BIM, Rz. 27.

12 Vgl. Gabler Wirtschaftslexikon, Stichwort «smart home», abrufbar unter: <www.wirtschaftslexikon.gabler.de/definition/smart-home-54137> (besucht am 24. Juli 2018): «Der Begriff ‹Smart Home› zielt auf das informations- und sensortechnisch aufgerüstete, in sich selbst und nach aussen vernetzte Zuhause. […] Enge Beziehungen gibt es im Allgemeinen zum Internet der Dinge und im Speziellen zu Smart Metering. Angestrebt wird eine Erhöhung der Lebens- und Wohnqualität, der

werke, die oder deren Funktion eine gewisse Komplexitätsgrenze überschreiten, namentlich für Tunnels, Schleusen und Schienentrassen.

15.10 Diese **Computerisierung der Bauwerke** – von blosser Gebäude- oder Bauwerksautomation zu sprechen, wäre heute weit untertrieben – findet an sich unabhängig davon statt, dass die Planung (des Bauwerks, des Bauvorgangs und des Bauwerksbetriebs) und die Ausführung des Bauwerks ebenso immer mehr auf computergestützter Arbeit beruhen. Zugleich können sich hier offenkundig mannigfaltige Verbindungen ergeben. Das computergestützte Messen, Steuern und Regeln in dem in Betrieb stehenden Bauwerk kann schon computergestützt, nämlich insbesondere in digitalen Bauwerksmodellen (Rz. 15.6), geplant, analysiert, simuliert und optimiert werden, dies in Bezug auf Einzelfunktionen, besonders gut aber dann, wenn integrierte Gesamtsysteme geplant sind und modelliert werden. Umgekehrt kann das für dieses Messen, Steuern und Regeln insgesamt (oder teilweise) verantwortliche System gegebenenfalls auf digitale Daten aus der Planungs- und Ausführungsphase greifen, namentlich auf ein digitales Bauwerksmodell, das dem gebauten (und später allenfalls umgebauten) Zustand entspricht («as-built model»[13]).

15.11 Im Weiteren ist zu beachten, dass mehr und mehr Bauwerke zur Fernüberwachung und Fernsteuerung ihrer Technik und Funktionen über entsprechende Datenleitungen **in Datennetzen eingebunden** sind, was zu erheblichen Risiken in Bezug auf aus böser Absicht vorgenommene Verhaltensweisen führt; zu denken ist namentlich an eine aus Schädigungs- oder Bereicherungsabsicht manipulierte Steuerung von Gebäudetechnik oder Zugangsschranken. Diese Risiken sind umso grösser, wenn digitale Bauwerksmodelle bestehen, welche Informationen über die Bauwerkstechnik und deren Einbindung in Datennetze enthalten.

15.12 Mit Blick auf den Gegenstand des vorliegenden Buchs stellt sich die Frage, welche **juristischen Auswirkungen** (falls es überhaupt solche gibt) die soeben beschriebenen Entwicklungen, die in der Bau- und Immobilienwelt zu verzeichnen sind, in den entsprechenden Planerverträgen haben könnten und welche Punkte daher bei der vertraglichen Absicherung von computergestützt erbrachten Planerleistungen besondere Beachtung verdienen. Dem soll im Folgenden nachgegangen werden.

II. Computerisierung aus vertraglicher Sicht

15.13 Die Computerisierung der Bauwerke (Rz. 15.10 f.) und jene des Planens, Bauens und Betreibens von solchen Werken (Rz. 15.6 ff.) ist aus Sicht des Vertragsrechts eine auf der Ebene der **Tatsachen** stattfindende Entwicklung, die keine unmittelbaren Veränderun-

---

Betriebs- und Einbruchsicherheit und der Energieeffizienz, was sowohl ökonomische als auch ökologische Implikationen hat.»

[13] Vgl. Bodden, BIM mit Einzelunternehmen, S. 93; Eschenbruch, Vertragsabwicklung mit BIM, S. 29 f.

gen oder Anpassungen am bestehenden Vertragsrecht bewirkt, solche aber anzustossen geeignet ist, zumindest auf der Ebene der privatautonom geschlossenen Individualverträge (welche die Computerisierung zunehmend abbilden), allenfalls auch auf der gesetzgeberischen Ebene (doch Letzteres erscheint jedenfalls heute als unnötig, zumal es keine rechtlichen Hindernisse und bislang auch keine schier unlösbaren oder zu manifesten Ungerechtigkeiten führenden Rechtsprobleme gibt, wenn computergestütztes Arbeiten und computerisierte Bauwerke zum Vertragsgegenstand gemacht werden sollen).

Für das Vertragsrecht sind die digitalen Daten, die Computer und die elektronischen Geräte, die Softwareprogramme sowie die in diesem Zusammenhang stattfindenden Tätigkeiten, auf denen die Computerisierung der Bau- und Immobilienwelt beruht, entweder **Instrumente** zur Erreichung eines Vertragsziels oder in sich ein **Vertragsziel,** also ein Arbeitsergebnis (ein «deliverable») – oder allenfalls beides zusammen. Abgesehen davon kann es auch in der Bau- und Immobilienwelt vorkommen, dass Verträge selbst elektronisch geschlossen und abgelegt werden; auch automatische Vertragsschlüsse, die durch Computer als Depositäre von (allenfalls bestimmten Algorithmen unterworfenen) Willenserklärungen getätigt werden,[14] können vorkommen, etwa im Bestellwesen betreffend Standardgüter. Unabhängig davon, ob sie in einem konkreten Fall als Instrument oder als Arbeitsergebnis interessieren, sind diese Aspekte der Computerisierung grundsätzlich ohne Weiteres gesetzmässig, da sie von der Vertragsfreiheit (Art. 19 Abs. 1 OR) gedeckt sind und damit rechtlich mögliche Vertragsgegenstände darstellen. Zwingende vertragsrechtliche Formvorschriften (Art. 11 OR) bestehen in diesen Punkten grundsätzlich keine (zumindest soweit es nicht um Geschäfte über dingliche Rechte an Grundstücken geht; vgl. insb. Art. 657 Abs. 1 ZGB und Art. 216 Abs. 1 OR). Die wichtigsten Vertragstypen des Bauwesens – der Auftrag, der Werk- sowie der Kaufvertrag – sind für digitale Daten, Software und elektronische Instrumente sowie diesbezügliche Tätigkeiten als jeweilige Vertragsgegenstände (vereinbarte Grundlagen, Instrumente oder Ergebnisse bzw. zu übertragende Gegenstände) offen;[15] die Verschlossenheit des Mietvertragsrechts 15.14

[14] Vgl. zu den sog. «smart contracts» und dem «Matchingsystem» Eggen, Chain of Contracts, S. 6 und 8; Essebier/Wyss, Von der Blockchain, Rz. 29 ff.

[15] Angesichts von Art. 394 Abs. 1 und 2 OR kann ein einfacher Auftrag jegliche Dienstleistungen umfassen – und damit auch solche, bei denen die Grundlagen, die Instrumente oder die angestrebten Ergebnisse aus digitalen Daten oder elektronischen Geräten bestehen. Ein Werk im Sinne von Art. 363 OR muss nicht körperlich sein, sondern kann auch die Gestalt eines «Geistwerks» einnehmen, sodass die Parteien auch Softwareprogramme oder Konvolute und Konstrukte aus digitalen Daten zum Ziel eines Werkvertrags machen können (vgl. insb. Gauch, Werkvertrag, Rz. 33 ff., 45, 334 ff. und 1475). Ohnehin können elektronische Geräte, namentlich individuell ausgestaltete Serveranlagen, ein Werk im Sinne des Art. 363 OR darstellen (vgl. Gauch, Werkvertrag, Rz. 338a f.). Softwareprogramme (oder Teile davon) und digitale Daten können überdies Werkstoffe im Sinne von Art. 365 OR darstellen (vgl. Gauch, Werkvertrag, Rz. 66a, 132 und 338a); im gleichen Sinne sind Programme und Daten mitunter als Vorarbeiten eines Vorunternehmers zu betrachten, die durch den Unternehmer im Hinblick auf seine Werksherstellung weiterbearbeitet werden (vgl. Gauch, Werkvertrag, Rz. 1199a und 2038). Der Werkunternehmer kann sich zur Herstellung des Werks im Übrigen ohne Weiteres auch elektronischer Geräte und digitaler Daten bedienen; der

gegenüber unkörperlichen Vertragsgegenständen[16] wiederum hindert die Parteien nicht daran, sich solche Gegenstände mittels entsprechender Innominatkontrakte (insb. Lizenzvertrag) zeitweise und entgeltlich zu überlassen.[17]

15.15 In diesem Sinne kann die Computerisierung der Bau- und Immobilienwelt als **vertragsrechtlich unproblematisch** eingestuft werden[18] – sie hat grundsätzlich keine vertragsrechtlichen Vorschriften der Gesetzesstufe zu beachten und kann daher nach dem freien Parteiwillen gestaltet und vertraglich abgebildet werden. Das Vertragsrecht als solches steht dieser Entwicklung schon fast gleichgültig gegenüber. So hat sie sich in den vergangenen Jahren langsam in die Verträge der Bau- und Immobilienwelt eingeschlichen, ohne dass sich je Fragen der formellen oder inhaltlichen Gesetzmässigkeit gestellt hätten.

15.16 Auf der Ebene der konkret abgeschlossenen Verträge der Bau- und Immobilienwelt jedoch stellt die Computerisierung die Beteiligten durchaus vor einige **Herausforderungen** – dies zunächst deswegen, weil die tradierten Muster, Verträge und Vertragsnormen die Computerisierung und die damit einhergehenden Änderungen in den Tatsachen (Vorgehens- und Organisationsweisen, Tätigkeitsformen, Arbeitsergebnisse; Rz. 15.61 ff.) noch nicht abbilden (Rz. 15.57 ff.), aber auch, weil die Arbeit mit digitalen Daten bestimmte Probleme und Risiken prominent in den Vordergrund rücken, insbesondere was den Schutz von Arbeitsergebnissen und Personendaten (Rz. 15.126 ff.), nichtsdestominder aber auch jenen des Bauwerks selbst (Rz. 15.11, 15.121, 15.123 und 15.126) betrifft.

15.17 In erster Linie ist die Computerisierung nach dem Gesagten keine Frage des Rechts, sondern der **Organisation von Projekten und Arbeiten.** Es ist an den jeweiligen Akteurinnen und Akteuren, im Rahmen ihrer Möglichkeiten zu bestimmen, ob und inwieweit im Rahmen einer Tätigkeit im Zusammenhang mit Bauvorhaben oder Bauwerken computergestützt vorgegangen werden und wie dies im Einzelnen bewerkstelligt werden soll. Das Recht äussert sich hierzu nicht; es bestehen insbesondere keine öffentlich-rechtlichen oder vertragsrechtlichen Gesetzesvorschriften, die sich dazu explizit oder implizit festlegten. Soweit aber klar ist, was getan werden und auf welche Weise dies geschehen soll, stellt sich die juristische Frage, wie die entsprechenden Unternehmungen vertraglich am besten abzusichern sind.

15.18 Die Frage der vertraglichen Absicherung des computergestützten Arbeitens in Bau- und Bewirtschaftungsvorhaben stellt sich allerdings nur dann im eigentlichen Sinne, wenn computerisierte Tätigkeiten oder Arbeitsergebnisse nach dem Willen der Parteien zum **Vertragsinhalt** gehören sollen, wenn also eine Partei von der anderen entsprechende

---

Begriff des «Hilfsmittels» in Art. 364 Abs. 3 OR ist denkbar weit gefasst. Auch unter dem Recht des Kaufvertrags sind Softwareprogramme, Datenkonvolute und Datenkonstrukte ohne Weiteres zulässige Vertragsgegenstände (vgl. Gauch, Werkvertrag, Rz. 35). Vgl. ferner auch Art. 14 Abs. 2bis OR.

16 Das Mietvertragsrecht beschränkt sich gemäss Art. 253 Abs. 1 OR auf körperliche «Sachen» (Giger, Berner Kommentar, N 35 zu Art. 253 OR).

17 Vgl. Gauch, Werkvertrag, Rz. 35.

18 Vgl. zu zivilprozessualen Fragen Beyeler, Rechtsfragen zu BIM, Rz. 116 ff.

Tätigkeiten oder Ergebnisse normativ erwartet und ihre Erwartung entsprechend absichern will, sei es aufgrund einer ausdrücklichen Abrede, sei es implizit. Es wird dieser Fall vorliegend als «vereinbarte Computerisierung» bezeichnet (dazu Rz. 15.30 ff.). Gewisse vertragsrechtliche Fragen stellen sich indessen auch in jenen Fällen, in denen eine Partei in einem Vorhaben, an dem auch andere Vertragsparteien beteiligt sind, computergestützt vorgeht, ohne dass entsprechende, explizite oder implizite Abreden bestehen (das ist nicht per se vertragswidrig, da Vertragsparteien in den Schranken des Gesetzes und unter Vorbehalt ihrer tatsächlich getroffenen, expliziten oder impliziten Vertragsabreden frei darin bleiben, wie und mit welcher Methode sie ihre Pflichten erfüllen; Rz. 15.28). In diesem Fall der «nicht vereinbarten Computerisierung» (Rz. 15.20 ff.) wirkt sich die Computerisierung je nachdem überhaupt nicht in einer für die anderen Vertragsparteien merklichen (oder relevanten) Weise auf die Vertragserfüllung aus – mitunter aber sehr wohl, sodass auch dieser Fall vertragsrechtlich von gewissem Interesse ist.

Weil sich die vertragsrechtlichen Fragen, die sich bei vereinbarter Computerisierung stellen, weitgehend von jenen unterscheiden, die sich ohne entsprechende Vereinbarungen ergeben, wird zunächst auf den Fall **ohne Vereinbarung** (Rz. 15.20 ff.) und in der Folge auf die explizite **vertragsrechtliche Bewältigung** der Computerisierung in der Bau- und Immobilienwelt eingegangen (Rz. 15.30 ff.). Dabei liegt der primäre Fokus stets auf dem Planervertrag (Rz. 15.34). 15.19

III. Nicht vereinbarte Computerisierung in Planervertragsverhältnissen

Der **Inhalt des Planervertrags** (Rz. 15.34) ergibt sich, wie der Inhalt eines jeden Vertrags, unter dem Vorbehalt des zwingenden Gesetzesrechts[19] primär aus den Vereinbarungen der Parteien[20] sowie allenfalls aus dem dispositiven Gesetzesrecht[21] und der gerichtlichen Lückenfüllung[22]. 15.20

Das **Gesetz** schreibt den Planerinnen des Bauwesens heute in keinem Fall direkt ein computergestütztes Vorgehen bei der Erfüllung ihrer berufstypischen Pflichten vor; ebensowenig besteht entsprechendes dispositives Recht. Ausnahmen von diesem Grundsatz können im Bereich der öffentlich-rechtlich regulierten Geoinformation bestehen (doch ist hier nicht von einem Planervertrag zu sprechen; Rz. 15.158), zudem erfordern heutige Bau- und Energievorschriften in gewissen Bereichen aufgrund der Komplexität der Regelungsmaterie schon fast zwingend einen gewissen Einsatz von Computertechnik. 15.21

19 Vgl. GAUCH/SCHLUEP/SCHMID, OR AT, Rz. 621, 623 und 624 ff. (insb. 646).
20 Vgl. GAUCH/SCHLUEP/SCHMID, OR AT, Rz. 1196 ff.
21 Vgl. GAUCH/SCHLUEP/SCHMID, OR AT, Rz. 1249 ff.
22 Vgl. GAUCH/SCHLUEP/SCHMID, OR AT, Rz. 1256 ff.

15.22 Soweit sich aus den expliziten und impliziten (je nach Fall auf die Verkehrserwartungen bzw. auf Treu und Glauben abgestützten[23]) **Vereinbarungen** der Parteien eines Planervertrags nicht ergibt, dass bestimmte Tätigkeiten mithilfe von Computern durchzuführen oder bestimmte Resultate in der Form digitaler Daten herzustellen und gegebenenfalls abzuliefern sind, und soweit zugleich auch keine Vertragsabrede bestimmt, dass bestimmte Tätigkeiten oder Resultate gerade nicht in computerisierter, sondern in traditioneller Form geschuldet sind, sind die Parteien in der Wahl ihrer Mittel und bezüglich der Form ihrer Resultate insoweit frei.

15.23 Was die **Form der Resultate** anbelangt, wird es in der Praxis allerdings eher selten vorkommen, dass der Vertrag dazu weder explizit noch implizit etwas sagt. Wenn explizite Vertragsvorschriften fehlen, dürfte sich häufig aus anderen Abreden sowie aus den weiteren Umständen eine implizite Vereinbarung darüber erschliessen lassen, welche Form die abzuliefernden Resultate einzunehmen haben. Wusste beispielsweise die empfangende Partei bei Vertragsschluss, dass sich die produzierende Partei bei der Leistungserbringung in vertragskonformer Weise traditioneller Mittel bedienen wird, kann in diesem Umstand ein Indiz dafür erblickt werden, dass die empfangende Partei mit dem Erhalt von Resultaten in traditioneller Art einverstanden war. Wusste demgegenüber die produzierende Partei bei Vertragsschluss, dass die empfangende Partei bestimmte Resultate in computergestützter Art aufbewahren oder weiterverwenden wollte, oder wusste die empfangende Partei, dass die andere computergestützt arbeiten würde, kann darin ein Hinweis darauf erkannt werden, dass Resultate in bestimmten digitalisierten Formen vertraglich geschuldet sind. Allein aus dem Umstand hingegen, dass die empfangende Partei nach Vertragsschluss erfahren hat, dass die produzierende Partei computergestützt arbeitet, kann in Bezug auf den durch die Parteien vereinbarten Vertragsinhalt nichts abgeleitet werden. Umgekehrt ist klar, dass die produzierende Partei ihre Resultate nicht allein deswegen in traditioneller Form abliefern darf, weil der Vertrag sie nicht explizit zur Lieferung bestimmter elektronischer Formen anhält. Was im Weiteren die **Form und Art der Tätigkeiten** der produzierenden Partei anbelangt, ist zu beachten, dass diese Partei im Fall des Fehlens von expliziten vertraglichen Vorschriften in aller Regel insofern faktisch zur Wahl gewisser Vorgehensweisen gehalten ist, als sie bestimmte Resultate in bestimmten Formen vertraglich schuldet – das gilt nur dort nicht, wo traditionelle Resultate auch bei computergestützter Vorgehensweise ohne namhaften weiteren Aufwand vertragskonform hergestellt werden können (z.B. Ausdrucken bestimmter Pläne und Schnitte auf der Grundlage eines digitalen Bauwerksmodells; Rz. 15.6 ff.). Soweit sich eine bestimmte Vorgehensweise der produzierenden Partei faktisch zwingend aus der Form eines vertraglich geschuldeten Resultats ergibt, wird daher in der Regel auch von einer zumindest impliziten vertraglichen Verpflichtung zu dieser Vorgehensweise auszugehen sein. Ähnlich dürfte es sich da verhalten, wo es nicht um ein klar definierbares Resultat, sondern darum geht, dass eine vertraglich geschuldete Servicequalität (z.B. Qualität von Beratungs- oder Bauüberwachungsleistungen) nur über bestimmte Vorge-

[23] Zur objektiven Auslegung Gauch/Schluep/Schmid, OR AT, Rz. 207 ff., 315 ff., 1201 und 1224 f.

hensweisen erreicht werden kann. Wo jedoch die Interessen der empfangenden Partei durch die Wahl einer Vorgehensweise der produzierenden Partei nicht tangiert werden, weil sich diese Wahl weder auf geschuldete Resultate noch auf vereinbarte Servicequalitäten auswirken kann, ist nicht leichthin von einer vertraglichen Bestimmung der Art der Vorgehensweise auszugehen. Vielmehr ist es hier nicht unwahrscheinlich, dass die Parteien darin einverstanden waren, dass die produzierende Partei insoweit Wahlfreiheit geniessen sollte.

Soweit im Sinne dieser Ausführungen im Zusammenhang mit der Erfüllung eines Planervertrags computergestütztes Vorgehen und aus digitalen Daten bestehende Resultate **nicht vereinbart, vertraglich aber auch nicht verboten** sind, ist der betreffende Vertragspartner frei in seiner Wahl von Form und damit einhergehenden Vorgehensweisen. Spiegelbildlich dazu hat der andere Vertragspartner hier keinen Anspruch auf eine bestimmte Wahl. 15.24

Wenn ein Vertragspartner in der Wahl der Form der Mittel oder des Resultats **frei** ist, bedeutet dies nicht, dass er keine Verantwortung für die Eignung der gewählten Formen im Lichte des Vertragszwecks und der konkret definierten vertraglichen Parameter trüge. Seine Freiheit impliziert in der Regel, dass er die vertragliche Verantwortung für seine Entscheidungen trägt, jedenfalls soweit diese sich auf vertragsgemäss zu wahrende Interessen auswirken. 15.25

Nach dem Gesagten findet die nicht vereinbarte Computerisierung, so frei wie sie gegebenenfalls gewählt werden kann, (auch) vertragsrechtlich **nicht im rechtsfreien Raum** statt. Sie darf die gehörige Leistungserbringung nicht gefährden, ansonsten es deswegen (und nicht aufgrund der Computerisierung, die in den hier angenommenen Fällen als solche nicht verboten ist) unter Umständen zur Vertragsverletzung kommt. 15.26

Unter der Ziff. 2.2.1 führt das SIA-Merkblatt 2051 aus: «Die Anwendung der BIM-Methode kann durch den Auftraggeber gefordert oder im Zuge der Planung und Realisierung durch die Auftragnehmer vereinbart werden». Dieser Satz ist so zu verstehen, dass es erstens den Fall gibt, in dem die **Bauherrschaft** mit ihren direkten Vertragspartnern die Anwendung der BIM-Methode (auf wessen Initiative auch immer dies zurückgeht) und allenfalls die Weiterüberbindung entsprechender Pflichten auf nachgelagerte Vertragsparteien vereinbart. Zweitens gibt es aber den Fall, in dem die Bauherrschaft (bzw. eine dieser nachgelagerte, aus Sicht der beobachtenden Partei aber übergeordnete Vertragspartei) die Anwendung der BIM-Methode (bzw. irgendeine computergestützte Vorgehensweise) gerade nicht vereinbart hat, **bestimmte untergeordnete Parteien** (bspw. eine Planer- oder Subplanergemeinschaft oder ein Generalplaner mit seinen Subplanern[24]) jedoch vertraglich übereinkommen, zur Erfüllung ihrer vertraglichen Aufgaben diese Methode (oder eine andere computergestützte Vorgehensweise) zu wählen. 15.27

24 Vgl. Rz. 1.9, 13.11 sowie 16.1 ff.

15.28 **«Vereinbart»** im Sinne des vorliegenden Textes ist das computergestützte Arbeiten in beiden Fällen – in juristischer Hinsicht unterscheiden sich diese nur in der Frage, in welchen einzelnen Vertragsverhältnissen der Gesamtprojektorganisation ein bestimmtes computergestütztes Vorgehen vereinbart ist. Im ersten Fall liegt eine Vereinbarung des Vorgehens durch die das Vorhaben verantwortende Partei vor, im zweiten Fall eine auf nachgelagerter Ebene ohne Anstoss der jeweils oberen Projekthierarchiestufe initiierte (jedoch allenfalls gegenüber noch weiter unten liegenden Ebenen vorgegebene) Vereinbarung des Vorgehens. Beides ist grundsätzlich rechtmässig, doch ist ebenso klar, dass jede Vertragspartei darauf achten sollte, dass sie nur Verpflichtungen zum computergestützten Vorgehen übernimmt, die gegen kein bereits übernommenes (oder noch zu übernehmendes) vertragliches Verbot solchen Vorgehens verstossen und die auch nicht indirekt zur Verletzung vorbestehender (oder noch abzuschliessender) Verträge führen. Das heisst, dass eine Partei einer anderen Partei computergestütztes Arbeiten nur insoweit versprechen sollte, als sie bezüglich der betreffenden Tätigkeit angesichts ihrer schon mit Dritten abgeschlossenen (oder in absehbarer Weise noch abzuschliessenden) Verträge die infrage stehende Methode verwenden darf (und sie insoweit Methodenfreiheit geniesst; Rz. 15.18) oder muss. Gleichermassen sollte diese Partei darauf achten, dass sie trotz Verwendung von Computertechnik imstande ist, die formalen und inhaltlichen Pflichten ihrer vorbestehenden (oder noch zu schliessenden) Verträge mit Dritten gehörig zu erfüllen.

15.29 **«Nicht vereinbart»** im Sinne des vorliegenden Textes ist computergestütztes Arbeiten demgegenüber nur dann, wenn die infrage stehende Vertragspartei durch keinen der für sie im konkreten Kontext relevanten Verträge zu solchem Arbeiten verpflichtet (sondern höchstens berechtigt) wird.

IV. Vereinbarte Computerisierung in Planervertragsverhältnissen

15.30 Im nun folgenden Hauptteil der vorliegenden Untersuchung soll erforscht werden, welche vertragsrechtlichen Fragestellungen besondere Aufmerksamkeit verdienen, wenn computergestütztes Arbeiten und aus digitalen Daten bestehende Arbeitsergebnisse infolge Vereinbarung zum Gegenstand eines Planervertrags gehören. Dabei soll der Grundgedanke leitend sein, dass zum einen die Computerisierung der Bau- und Immobilienwelt aus vertragsrechtlicher Sicht im Wesentlichen einen blossen **Wechsel der Formen und Instrumente** bedeutet und insofern nichts darstellt, was zu fundamentalen Schwierigkeiten führen könnte (Rz. 15.4 und 15.13 ff.), dass aber diese Computerisierung zum anderen durchaus neue Vorgehensweisen, Rollen, Aufgaben, Leistungen, Zusammenarbeitsformen und Produkte mit sich bringt und dass dies sowie die Natur des zentral werdenden «Rohstoffs» der digitalen Daten zu beachtlichen Verschiebungen von Bedeutungen und Brennpunkten führt (Rz. 15.16).

Es ist nicht möglich, die rechtlichen Konsequenzen, welche die Computerisierung der Bau- und Immobilienwelt im Planervertrag erzeugt, einheitlich zu beschreiben. Denn die Computerisierung der Bau- und Immobilienwelt hat heute noch nicht überall Einzug gehalten (der Computerisierungsgrad der heutigen Projekte ist höchst unterschiedlich,[25] und es gibt in allen Projekten zahlreiche Arbeiten und Funktionen, die nicht oder noch nicht computergestützt ablaufen). Zudem ist die Gesamtmasse an Bauprojekten und Bauwerken naturgemäss höchst heterogen, und die Regelung der Organisation von Projekten rund um Bauwerke ist nach schweizerischem Vertragsrecht weitestgehend der Privatautonomie der beteiligten Parteien[26] überlassen, sodass ähnliche Situationen ganz unterschiedlich und sehr unterschiedliche Situationen ähnlich oder gar gleichförmig geregelt werden können. Die Auswirkungen der Computerisierung im Planervertrag hängen im **Einzelfall** von all diesen Parametern ab, vorab von den durch die Parteien getroffenen Regelungen. Die heutige (2018) Praxis ist vorerst daran, Wege zur erfolgreichen Beherrschung und zur gewinnbringenden Bewirtschaftung der neuen Möglichkeiten zu erarbeiten und auszuprobieren.[27] Erst in der Zukunft wird sich weisen, ob sich je Projekttyp bestimmte Organisationsformen und Regelungsarten als vorherrschend oder besonders empfehlenswert herauskristallisieren.[28] 15.31

Dementsprechend geht es, wenn im Folgenden das Thema der Rechtsfolgen der vereinbarten Computerisierung von Gegenständen und Hintergründen des Planervertrags untersucht wird, nicht darum, bestimmte Regeln für bestimmte Projektformen zu präsentieren oder die Art der rechtlichen Behandlung bestimmter Falltypen zu postulieren. Es können lediglich **grundsätzliche Ratschläge** dazu formuliert werden, welche Punkte (u.a.) spezifisch beachtet und vertraglich geregelt werden sollten. Keinesfalls soll hier aber die Privatautonomie der Parteien missachtet werden, die sich nicht nur darauf bezieht, ob, und falls ja, wie viel Computerisierung welcher Art sie vereinbaren wollen, sondern ebenso darauf, wie eine vereinbarte Computerisierung organisiert und umgesetzt werden soll. Es ist hier nicht Aufgabe der Rechtswissenschaft, Organisationsstrukturen, Prozesse, Rollenzuordnungen und dergleichen vorzuschreiben oder auch nur zu empfehlen; es sei denn, bestimmte Vorgehens- oder Regelungsweisen wären aus rechtlicher Sicht klar als nachteilig zu erachten. Die Rechtswissenschaft kann im Übrigen immerhin Formen und Regelungsarten vorstellen, deren sich die Parteien, die bestimmte Zwecke verfolgen, bedienen können. 15.32

Nach einigen **Vorbemerkungen** zum Planervertrag selbst (Rz. 15.34 ff.) und zu den **vertraglichen Strukturen** von computergestützt durchgeführten Bau- und Immobilienvorhaben (Rz. 15.41 ff.) werden verschiedene Themen identifiziert, zu denen sich im Fall der vereinbarten Computerisierung eine **explizite vertragliche Regelung** empfiehlt (Rz. 15.55 ff.). 15.33

---

25 Vgl. Schweizerische Vereinigung Beratender Ingenieurunternehmen usic, BIM-Umfrage 2018, Frage 2, 4 und 10.

26 Dazu Gauch/Schluep/Schmid, OR AT, Rz. 314, 612 und 618.

27 Vgl. insb. SIA-Merkblatt 2051, S. 4 (Vorwort).

28 Vgl. Beyeler, Rechtsfragen zu BIM, Rz. 4 und 46.

1. Zur Qualifikation des computergestützten Arbeitens im Planervertrag

15.34 Der «**Planervertrag**» im vorliegend verstandenen Sinne ist ein Sammelbegriff für sehr viele verschiedenartige Vertragsverhältnisse des Zivilrechts.[29] Im Kontext des Bau- und Immobilienbereichs kann von einem solchen Vertrag gesprochen werden, soweit eine auf ein Bauvorhaben oder ein Bauwerk bezogene Leistung vereinbart wird, die nicht direkt zur Erstellung, zum Betrieb oder zur Veränderung des Bauwerks (und auch nicht direkt zur Herstellung oder zum Transport der dafür benötigten Teile und Materialien) führt. Es geht im Wesentlichen, abstrakt ausgedrückt, stets um Tätigkeiten wie Beraten, Erforschen, Ersinnen, Ausarbeiten, Berechnen, Analysieren, Koordinieren, Darstellen und Kommunizieren, zudem um das Leiten, Administrieren, Überwachen, Überprüfen, Klären, Verhandeln und Schlichten, wiewohl nicht stets all diese Aspekte zum Vertragsgegenstand gehören.

15.35 Etwas zugespitzt ausgedrückt, bestehen die den Gegenstand von Planerverträgen bildenden Leistungen nach dem Gesagten schwergewichtig im Erschaffen, Beschaffen, Verarbeiten, Darstellen, Prüfen und Weitergeben (inkl. Vermitteln) von **Informationen** betreffend Planung, Bau und Betrieb von Bauwerken sowie in der Organisation, der Koordination und der Führung der dafür erforderlichen Prozesse und Massnahmen. Planerverträge handeln also zu guten Teilen vom Umgang mit Informationen; materielle Dinge spielen hier in aller Regel eine Nebenrolle als blosse Träger von Informationen. Alle für ein Planervertragsverhältnis relevanten Informationen lassen sich in der Form von digitalen Daten darstellen, verarbeiten, aufbewahren und weitergeben; dementsprechend können, rein technisch betrachtet, sehr viele der in einem Planervertrag anstehenden Aufgaben der Planerinnen und Planer computergestützt erledigt oder ganz einem Computer überantwortet werden.

15.36 Der teilweise oder umfassende **Einsatz von Computertechnik** bei der Erfüllung von in einem Planervertrag vereinbarten Aufgaben ändert indessen nichts an der Art der vertragsrechtlichen Betrachtung der betroffenen Tätigkeit. Ob Informationen in traditioneller oder digitaler Form dargestellt, verarbeitet, aufbewahrt und weitergegeben werden, spielt insoweit in aller Regel keine Rolle, jedenfalls solange es nicht um spezifische Formvorschriften gesetzlicher oder vertraglicher Natur, um vertraglich spezifisch vereinbarte Vorgehensweisen oder um den Umstand geht, dass Eigentum im sachenrechtlichen Sinne (Art. 641 ZGB) nur in Bezug auf körperliche Sachen (insb. physische Datenträger), nicht jedoch an blossen Daten oder Informationen, begründet werden kann (Rz. 15.127; das hat zur Folge, dass bei rein computergestützter Übergabe von Informationen bzw. Daten kein Eigentum übertragen werden kann; allerdings ist zu beachten, dass auch bei der Übergabe physischer Informationsträger, wie bspw. von Bauplänen, Eigentum nur am Träger, nicht an der Information, übertragen werden kann und dass auch digitale Daten rechtlich nicht völlig schutzlos sind; Rz. 15.121 und 15.128).

---

[29] Vgl. Rz. 1.30 und 1.31 ff.

Aus Sicht des Vertragsrechts zählt, abgesehen von den genannten Ausnahmen (insb. spezifische vertragliche Vorschriften), nicht, in welcher **Form** eine Information aufbewahrt und übergeben wird, und ebensowenig, auf welche **Art** und mit welchen **Instrumenten** sie bearbeitet wird, sondern vielmehr, ob sie bei der Weitergabe den vertraglich geforderten materiellen Gehalt aufweist, was sich unabhängig von der Form der Darstellung und der Weitergabe gleich beurteilt. So muss etwa das ein Bauwerk darstellende Plankonvolut gleichermassen wie ein digitales Bauwerksmodell das projektierte Bauwerk im geforderten Projektierungsstand darstellen und auf ein effektives Bauergebnis hinzielen, das den geforderten Eigenschaften entspricht. Darauf, wie diese Informationen dargestellt, verarbeitet, aufbewahrt und übertragen werden, kommt es insofern (und abgesehen von spezifischen vertraglichen Vorschriften) aus vertragsrechtlicher Sicht nicht an. 15.37

Aufgrund des Gesagten ist nicht davon auszugehen, dass die computergestützte Erledigung von planervertraglichen Aufgaben oder die vollständige Überantwortung solcher Aufgaben an Computer einen Einfluss auf die vertragsrechtliche **Qualifikation** der betreffenden Planervertragsleistungen haben kann. Keine Definition der im Bauwesen üblichen Verträge stellt darauf ab, welche Formen, Instrumente und Vorgehensweisen die Parteien verwenden wollen. Wesentlich für die Vertragsqualifikation ist vielmehr das von den Parteien gewollte materielle Vertragsergebnis (z.B. Tätigwerden nach Art. 394 Abs. 1 OR oder Werk nach Art. 363 OR). In diesem Sinne führt die Verwendung der Computertechnik durch Architektinnen, Ingenieure, Spezialisten und Geotechnikerinnen zu keinen Veränderungen in Bezug auf die Frage,[30] welchem Vertragstyp – insbesondere: Auftrag oder Werkvertrag? – eine bestimmte Leistung zuzuordnen und wie der gesamte Vertrag zu qualifizieren ist. 15.38

Soweit die sich in Plänen, Listen, Konzepten, Berechnungen usf. manifestierende Projektierung eines Bauwerks als **werkvertragliche Leistung** zu qualifizieren ist,[31] bleibt das auch bei Erzeugung gleicher (z.B. auf dem Computer generierter und sodann ausgedruckter Plan) oder analoger (z.B. digitales Bauwerksmodell) Ergebnisse durch Verwendung elektronischer Mittel und digitaler Daten gleich.[32] Denn es geht hier um den Gegenstand und die Ergebnisse der Tätigkeit und nicht um Formen und Instrumente. Umgekehrt wird aus der Kostenschätzung, soweit sie als **auftragsrechtliche Leistung** zu qualifizieren ist,[33] keine werkvertragliche Leistung, wenn sie computergestützt durchgeführt und in diesem Sinne allenfalls mehr oder minder automatisch aus einem digitalen Bauwerksmodell abgeleitet wird, dessen Elemente mit Daten betreffend mögliche Preise angerei- 15.39

30 Vgl. Rz. 1.28 ff.

31 Vgl. Gauch, Werkvertrag, Rz. 49 ff. (insb. auch Rz. 45).

32 Vgl. zur Individualsoftware als Gegenstand des Werkvertrags Gauch, Werkvertrag, Rz. 334 f. und 1475. Vgl. zu digitalen Bauwerksmodellen unter dem deutschen Werkvertragsrecht Eschenbruch, Quo Vadis, S. 56.

33 Vgl. BGE 134 III 361/364 E. 6.2; BGer 4A_271/2013 vom 26. September 2013 E. 2.1 (= BR/DC 2014, S. 149, Nr. 255, mit Anm. Siegenthaler).

chert sind.[34] Denn eine Schätzung bleibt ungeachtet aller computergestützt erreichten Präzision solange eine Schätzung, als nicht feststeht, zu welchem Preis tatsächlich rechtlich verbindlich abzurechnen ist.[35] Es wäre fatal, anzunehmen, Kosten könnten in einem definitiven Sinne verlässlich aus digitalen Modellen abgeleitet werden, nur weil es durchaus möglich ist, die Summe aller Einzelpreise von Abermillionen in einem digitalen Modell enthaltenen und mit «Preisschildern» versehenen Bauteilen (und von damit verbundenen Bauleistungen) auf den Rappen genau und erst noch in Bruchteilen von Sekunden zu berechnen. Solange das Modell Einzelpreise enthält, die auf anderen Quellen als auf einer vertraglichen Vereinbarung beruhen (namentlich auf Erfahrungswerten), gibt es keine rechtliche Garantie dafür, dass diese Preise den tatsächlich zu bezahlenden Preisen entsprechen. Dazu kommt, dass auch die vertragliche Vereinbarung von Preisen nicht in allen Fällen bedeutet, dass es effektiv diese Preise im betreffenden Betrag sind, welche für die Abrechnung relevant sein werden und dass keine weiteren, unvorhergesehenen Vergütungsteile hinzukommen, selbst wenn das Projekt nicht geändert wird (vgl. insb. Art. 58 Abs. 2 und Art. 59 SIA 118).

15.40 Soweit ein Planervertrag ein Vorhaben mit computergestützter Vorgehensweise betrifft, enthält dieser Vertrag mitunter auch (oder ausschliesslich) Leistungen, die ihrer Art nach in einem traditionellen Planervertrag nicht zu finden wären, wie etwa die Aufgabe, den Prozess der auf digitalen Modellen basierenden Bauplanung zu leiten, zu steuern und zu überwachen (BIM-Management[36]), die Aufgabe der Koordination und der Überprüfung der verschiedenen in einem Vorhaben hergestellten Datenkonstrukte bzw. Bauwerksmodelle (BIM-Koordination[37]), die Aufgabe der Organisation, des Managements und der Koordination von Computer- und Softwareinfrastrukturen (ICT-Koordination[38]) oder die Aufgabe der Bereitstellung einer einzeln oder gemeinsam genutzten Daten- und Softwareinfrastruktur.[39] Diese neuen, **mit der Computertechnik in die Bau- und Immobilienwelt importierten Leistungen** sind nach den gewöhnlichen Regeln zu qualifizieren – Beratung beispielsweise bleibt Beratung, auch wenn es um computergestütztes Arbeiten geht. Bei dieser Qualifikation ist, soweit erforderlich, direkt oder analog auf in der Welt der elektronischen Datenverarbeitung (Informationstechnologie) bereits vorhandene Regeln[40] abzustellen.

---

34 Vgl. zur modellbasierten Mengenermittlung (welche zur modellbasierten Kostenschätzung ausgebaut werden kann) die SIA-Dokumentation D 0271, Anwendung der BIM-Methode, Modellbasierte Mengenermittlung nach eBKP-H.

35 Vgl. auch Beyeler, Rechtsfragen zu BIM, Rz. 40 f.

36 Vgl. Ziff. 1.2.8 und Ziff. 4.4.3 SIA-Merkblatt 2051; Ziff. 2.3 SIA-Zusatzvereinbarung 1001/11 (vgl. zu dieser Zusatzvereinbarung Marti, SIA-Zusatzvereinbarung BIM, S. 221 ff.).

37 Vgl. Ziff. 1.2.9 und Ziff. 4.4.4 SIA-Merkblatt 2051; Ziff. 2.3 SIA-Zusatzvereinbarung 1001/11.

38 Vgl. Ziff. 1.5.7 und Ziff. 4.4.5 SIA-Merkblatt 2051; Ziff. 2.3 SIA-Zusatzvereinbarung 1001/11.

39 Vgl. Ziff. 3.3.4 SIA-Merkblatt 2051; Ziff. 2.3 SIA-Zusatzvereinbarung 1001/11.

40 Vgl. etwa BGE 124 III 456/458 E. 4b (= BR/DC 1999, S. 75, Nr. 111, mit Anm. Aepli); Zenhäusern, Handkommentar Privatrecht, N 12 ff. der Vorbem. zu Art. 184 ff. OR/Lizenz- und Know-how-Vertrag.

2. Zur Vertragsstruktur der computergestützten Zusammenarbeit

A. Freiheit der Parteien in der Wahl der Vertragsstruktur

Nach schweizerischem Vertragsrecht sind die an einem Bau- oder Bewirtschaftungsvorhaben beteiligten Vertragsparteien frei in der Entscheidung, durch welche vertragliche Struktur und mit welcher vertraglichen Aufgabenverteilung sie ihr Vorhaben organisieren wollen. Das gilt unabhängig von der Frage, ob, und falls ja, in welchem Umfang, ein (vereinbarter) Einsatz von Computertechnik stattfinden soll. Die Computerisierung entreisst den Parteien die auf der Privatautonomie gründende **Abschluss- und Inhaltsfreiheit** nicht. Aus vertragsrechtlicher Sicht können darum keine allgemeinen Aussagen dazu gemacht werden, wie die Parteien sich organisieren müssen, da es keine verbindlichen Regeln dazu gibt. 15.41

An dieser Freiheit der Organisation vermögen auch **Normen von nationalen oder internationalen Verbänden** oder anderen privaten Gremien nichts zu ändern, selbst wenn darin bestimmte Organisationsformen beschrieben oder empfohlen werden. Es gibt jedenfalls zum heutigen Zeitpunkt nach meinem Wissen keine Evidenz und nicht einmal Indizien dafür, dass computergestütztes Arbeiten in Bau- und Bewirtschaftungsvorhaben nur bei bestimmten Organisationsformen und Aufgabenverteilungen gelingen könnte, sodass die Aussage falsch wäre, es gebe anerkannte Regeln der Fachkunde[41], die bei der Frage nach den Vertragsstrukturen und der Aufgabenverteilung zwingend zu beachten wären. Ebensowenig ist es erforderlich, bestimmte Arten, Strukturen oder Formen des computergestützten Arbeitens vorzuschreiben, um die Einhaltung der Regeln der Baukunde am Bauwerk selbst (insb. Einsturzsicherheit) zu gewährleisten; es reicht an sich aus, wie bisher ein regelkonformes Planungs- und Bauergebnis zu verlangen und dabei offenzulassen, auf welchem genauen Weg dieses Ergebnis erreicht wird. 15.42

In diesem Sinne ist besonders hervorzuheben, dass die **Projektstrukturen und Rollenverteilungen,** die im SIA-Merkblatt 2051 oder in den ISO-Normentwürfen 19650-1 und 19650-2 beschrieben und empfohlen werden,[42] ungeachtet der unzweifelhaften Qualität der Beschreibungen und Empfehlungen weder direkt noch indirekt allgemeinverbindlich sind; kein Rechtssatz schreibt ihre Beachtung vor, das Merkblatt und die Normen erheben keinen Alleingeltungsanspruch,[43] und es kann auch keinesfalls gesagt werden, dass 15.43

---

41 Zum Begriff Gauch, Werkvertrag, Rz. 845 ff.

42 Vgl. insb. Ziff. 2.7.7.1, Ziff. 4.3.1 und Ziff. 4.4.1.1 SIA-Merkblatt 2051; Ziff. 5 ISO-Norm 19650-2.

43 Vgl. insb. Ziff. 4.3.2 SIA-Merkblatt 2051: «Rollen, Aufgaben und Verantwortlichkeiten der BIM-Verantwortlichen sind projektbezogen zu definieren und vertraglich abzusichern», Ziff. 4.4.1.5: «Wie weit diese Funktionen [Gesamtleitung, BIM-Management, BIM-Koordination, Fachkoordination, ICT-Koordination] organisatorisch und personell zu trennen sind, ist projektbezogen festzulegen»; Einleitung zur ISO-Norm 19650-1: «This document sets out the recommended concepts and principles […]»; Einleitung zur ISO-Norm 19650-2: «This document can be used by any appointing party. If the appointing party intends this International Standard to apply to any asset (project) this should be reflected in the appointment […]. This document describes concepts and principles which

es, zumindest nach grossmehrheitlicher Auffassung der einschlägigen Fachkreise,[44] unmöglich oder gefährlich wäre, computergestütztes Arbeiten in Bau- und Bewirtschaftungsvorhaben in anderer Weise zu organisieren. Dementsprechend kann nicht gesagt werden, es gebe anerkannte Regeln der Baukunde betreffend die Organisation und Strukturierung von computergestütztem Arbeiten in Bau- und Bewirtschaftungsvorhaben.[45] Ohnehin lässt das Vertragsrecht die Vereinbarung von Vertragsinhalten, die bestimmte Normen von Fachverbänden oder sonstigen Gremien nicht beachten, grundsätzlich ohne Weiteres zu, zumindest solange nicht Leib und Leben gefährdet werden (vgl. Art. 229 sowie Art. 117 und Art. 125 StGB).[46] Eine solche Gefährdung kann sich aber nach der hier vertretenen Auffassung nicht allein daraus ergeben, dass die vorhandenen Empfehlungen von Fachverbänden und anderen Gremien betreffend das computergestützte Planen, Bauen und Betreiben nicht beachtet werden.

B. Traditionelle Vertragsstrukturen

15.44 Bau- und Bewirtschaftungsvorhaben, in denen auf der Grundlage von digitalen Daten zusammengearbeitet werden soll – sei es, indem solche Daten nur ausgetauscht werden, sei es, dass verschiedene Parteien getrennt oder zusammen an gemeinsamen Datenkonstrukten, insbesondere digitalen Bauwerksmodellen, arbeiten (Rz. 15.5 ff. und 15.99 ff.) –, bedürfen **keiner besonderen Vertragsart oder Vertragsstruktur,** um auf der rechtlichen Ebene eine befriedigende Organisation zu ermöglichen.[47] Die Parteien können insbesondere für eine hergebrachte (also hierarchisch organisierte) Vertragsstruktur wie die Aufteilung der Aufgaben in Fachlose oder Generalplaner-, General- oder Totalunternehmerorganisationen optieren (Rz. 15.45 ff.). Das gilt unabhängig davon, ob, und falls ja, in welchem Ausmass, sie sich der Computertechnik bedienen wollen, selbst wenn dabei eine intensive Zusammenarbeit auf der Basis von digitalen Daten vorgesehen ist, allenfalls auch zwischen vertraglich nicht direkt miteinander verbundenen Parteien (Rz. 15.51 ff.).

a. Zentrale Vertragsdokumente mit einseitigem Änderungsrecht

15.45 Es ist aus rechtlicher Hinsicht nicht erforderlich, dass die Projektbeteiligten auf **Multiparteien- oder Gesellschaftsverträge** zurückgreifen, und ebensowenig, dass sie neue

---

can be adopted across the industry, and will need to be reviewed and revised on a regular basis until best practice is established».

[44] Vgl. Gauch, Werkvertrag, Rz. 845 ff. (insb. 846). Vgl. im Zusammenhang mit Art. 229 StGB BGE 106 IV 264/268 E. 3 in fine (= BR/DC 1981, S. 79, Nr. 80, mit Anm. Bauhofer): «Entscheidend ist, dass die betreffende Regel nach dem Stand des Erfahrungswissens feststeht, d.h. unbestritten ist».

[45] Vgl. auch Leupertz, BIM-Mehrparteienverträge, S. 290, Fn. 48.

[46] Gauch, Werkvertrag, Rz. 843 und 848.

[47] Beyeler, Rechtsfragen zu BIM, Rz. 63.

Vertragsarten entwickeln.[48] Immerhin aber lässt sich sagen, dass dort, wo eine enge Zusammenarbeit verschiedener Parteien stattfinden soll, Allianz- und Partnerschaftsverträge (Rz. 15.106), welche effektive Anreize zur Kooperation im Interesse des Gesamtprojekts enthalten, auch die digitale Zusammenarbeit befördern oder gar beflügeln können (das gilt mutatis mutandis auch für die «nur» zwischen verschiedenen, gegen aussen hin als Planergemeinschaft oder Generalplanerstruktur auftretenden, Parteien vereinbarte Allianz zur Erreichung eines Planungsergebnisses).[49] Zugleich ist nicht zu verkennen, dass es in der Schweiz an Erfahrungen mit solchen Vertragsmodellen bislang mangelt,[50] sodass sich derzeit nur (aber eben) experimentierfreudige Parteien mit Ambitionen zur Weiterentwicklung des Bauwesens zu entsprechenden ersten Schritten ermuntern lassen sollten.

Soll ein Bau- oder Bewirtschaftungsvorhaben computergestützt durchgeführt werden, 15.46
insbesondere mithilfe der BIM-Methode, welche auf der digitalen Modellierung des Bauwerks (bzw. von Teilen davon) basiert (Rz. 15.6 ff.), und sollen dabei digitale Daten zwischen verschiedenen Parteien ausgetauscht, zusammengefügt oder gemeinsam verarbeitet werden, kann das in klassischen Vertragsstrukturen grundsätzlich ohne Schwierigkeiten abgebildet werden.[51] Es ist dabei jedoch zu empfehlen, **einheitliche Dokumente** bzw. Definitionen, Beschreibungen, Spezifikationen und Regeln betreffend die computergestützte Arbeit und die digitalen Daten zu erstellen, in denen für die gesamte Projektorganisationsstruktur einheitliche bzw. untereinander kompatible Formen und Formate, Strukturen, Qualitäten, Instrumente, Prozesse, Rollen, Aufgaben, Infrastrukturen und Kommunikationskanäle festgelegt werden (zentrale Vertragsdokumente).[52]

Die zentralen Vertragsdokumente sollten **in jeden Vertrag integriert** werden, der, durch 15.47
wen auch immer, mit einer Partei geschlossen wird, welche an der computergestützten Projektarbeit direkt oder indirekt teilhat und deren Leistung von der Beachtung zumindest eines Teils der Festlegungen abhängt (zur Wahrung der Einheitlichkeit der im Projekt getroffenen Abreden sollten die zentralen Vertragsdokumente im Widerspruchsfall

48 Leupertz, BIM-Mehrparteienverträge, S. 290; Bodden, BIM mit Einzelunternehmen, S. 90 ff.; Eschenbruch, Vertragsabwicklung mit BIM, S. 12 ff.; Beyeler, Rechtsfragen zu BIM, Rz. 63 f. Vgl. auch Ritter, Mehrparteienverträge mit BIM, S. 80 ff., 87 und 88; Stöckli, Was BIM ist, S. 4: Diese Autoren sind der Ansicht, dass das wahre Potenzial des übergreifenden computergestützten Arbeitens (insb. bei Verwendung der BIM-Methode; dazu Rz. 15.6, Fn. 5) wahrscheinlich nur in kollaborativen, nicht hierarchischen Verträgen verwirklicht werden kann.

49 Beyeler, Rechtsfragen zu BIM, Rz. 66; Ritter, Mehrparteienverträge mit BIM, S. 81 f.

50 Vgl. Schweizerische Vereinigung Beratender Ingenieurunternehmen usic, Jahresbericht 2017, S. 30 (Rz. 15.6, Fn. 5); für Deutschland Ritter, Mehrparteienverträge mit BIM, S. 85: «bislang praktisch keine Anwendung».

51 Beyeler, Rechtsfragen zu BIM, Rz. 63 f.

52 Beyeler, Rechtsfragen zu BIM, Rz. 67 ff.; Bodden, BIM mit Einzelunternehmen, S. 91 f.; Eschenbruch, Vertragsabwicklung mit BIM, S. 14 ff. (insb. 15).

möglichst vor allen anderen im betreffenden Vertrag relevanten Vereinbarungen gelten).[53] Das bedeutet, dass jede involvierte Vertragspartei in den mit anderen involvierten Vertragsparteien geschlossenen Verträgen jeweils die (vorrangige) Beachtung der zentralen Vertragsdokumente verspricht und sich von ihrem Vertragspartner versprechen lässt; zudem verspricht jede Partei, die im Rahmen des Projekts noch weitere Verträge mit zu involvierenden Parteien abschliessen wird, dass sie dabei die Geltung der zentralen Vertragsdokumente sowie, falls erforderlich, eine entsprechende Weiterüberbindungspflicht vereinbaren wird.[54] Nur so kann auf der rechtlichen Ebene sichergestellt werden, dass die eingebrachten und produzierten Daten verwendbar sind und dass der Gesamtprozess reibungslos verläuft. Andernfalls drohen Mehraufwände, Blockaden oder gar das Scheitern des computergestützten Arbeitens im Projekt.

15.48 Zudem hat die das Projekt initiierende und verantwortende Partei (also grundsätzlich die Bauherrschaft) im Falle der Bestellung computergestützter Arbeiten und Ergebnisse ein Interesse daran, kraft der in die Verträge integrierten einheitlichen Festlegungen gegen Leistung einer Entschädigung für allfälligen Mehraufwand über ein **einseitiges Recht zur Anpassung** dieser Festlegungen aus wichtigem Grund zu verfügen.[55] Ohne ein solches Recht droht das Projekt in Verhandlungen zu versinken, wenn, etwa infolge von Fehlern oder neuen Entwicklungen, die Festlegungen korrigiert oder angepasst werden müssen. Allerdings ist klar, dass eine faire Regelung eines solchen Änderungsrechts vorsieht, dass keine Änderung auf Kosten von die Änderung nicht verantwortenden Parteien geht und dass die Vertragspartei, welche eine Änderung gegenüber einem Vertragspartner zu verantworten hat (weil sie sie vorgenommen hat oder weil sie im betreffenden Vertragsverhältnis für jene Partei einzustehen hat, welche die Änderung beschlossen hat), ersatzpflichtig wird, falls dieser Vertragspartner zufolge der Änderung unerwartete Mehrkosten auf sich nehmen muss.

15.49 Für Vorhaben, bei denen mehrere Parteien vereinbarungsgemäss nach der BIM-Methode vorgehen sollen, empfiehlt das SIA-Merkblatt 2051 zur Festlegung der erwähnten Anforderungen, Formen, Strukturen, Inhalte, Prozesse, Kanäle, Infrastrukturen und weiteren Regeln des computergestützten Arbeitens insbesondere die Festlegung eines **Projektabwicklungsplans,**[56] eines Prozessplans[57] sowie eines Modellnutzungs-, eines Modell- und eines Modellkoordinationsplans.[58] Dabei ist nach dem Merkblatt der Projektabwicklungsplan sowohl übergeordnetes Dokument des Projektmanagements als auch Hauptdokument der übrigen Pläne.[59] Die Aufteilung der Festlegungen auf diese verschie-

---

53 Beyeler, Rechtsfragen zu BIM, Rz. 68; Stöckli, Was BIM ist, S. 4; Ziff. 4.3.2 SIA-Merkblatt 2051; vgl. auch Ziff. 4.1.4 SIA-Dokumentation 0270.

54 Eschenbruch, Vertragsabwicklung mit BIM, S. 15 f. und 20; Beyeler, Rechtsfragen zu BIM, Rz. 68.

55 Vgl. auch Beyeler, Rechtsfragen zu BIM, Rz. 69.

56 Ziff. 2.4 SIA-Merkblatt 2051.

57 Ziff. 2.5 SIA-Merkblatt 2051.

58 Ziff. 2.6 ff. SIA-Merkblatt 2051.

59 Ziff. 2.4.2 SIA-Merkblatt 2051.

denen Dokumente[60] dürfte mit Blick auf die Entstehungszeitpunkte, die Hierarchie und die unterschiedliche thematische Ausrichtung dieser Festlegungen in vielen Fällen sinnvoll sein, doch kann nicht gesagt werden, dass diese Aufteilung rechtlich vorgeschrieben wäre. Entscheidend ist, dass die Festlegungen tatsächlich gemacht und im Sinne von zentralen Vertragsdokumenten (Rz. 15.46 ff.) vereinbart werden, nicht jedoch, in welcher Form bzw. in welchen Dokumenten welchen Namens sie festgehalten werden. Inwiefern sodann bestimmte Punkte dieser Festlegungen bzw. Pläne durch bestimmte Parteien einseitig (Rz. 15.48) oder durch bestimmte betroffene Parteien konsensual detailliert oder modifiziert werden können, ergibt sich aus der Auslegung der konkret abgeschlossenen Verträge.

Abzulehnen ist jedenfalls die Sichtweise, wonach der Projektabwicklungsplan im Planervertrag nicht **vereinbart** werden soll, zumal «er im Verlauf des Projektes nachgeführt wird»[61]. Nur dort, wo ein Vertrag geschlossen wird, bevor ein Projektabwicklungsplan festgelegt worden ist – namentlich wenn es gerade um die Ausarbeitung dieses Plans geht –, kann dieser Plan (noch) nicht zum Vertragsbestandteil gemacht werden, doch empfiehlt sich je nach den Umständen die Vereinbarung eines Entwurfs als Grundlage des weiteren Vorgehens. In den anderen Fällen jedoch sollte der Projektabwicklungsplan (einschliesslich seiner Bestandteile[62]) zum Inhalt aller Verträge gemacht werden, die Parteien betreffen, welche am computergestützten Arbeiten teilnehmen oder teilhaben (Rz. 15.46 ff.). 15.50

b. Zusammenarbeit in traditionellen Vertragsstrukturen

Zusammenarbeit (Rz. 15.99 ff.) zwischen verschiedenen am Vorhaben beteiligten Parteien, die nicht direkt vertraglich miteinander verbunden sind, ist in der Bau- und Immobilienwelt nichts grundsätzlich Neues – man denke nur an den durch die Bauherrschaft mandatierten Bauleiter und das mit diesem nicht direkt vertraglich verbundene, ausführende Bauunternehmen. Auch wenn mit der Zuhilfenahme der Computertechnik in Bau- und Bewirtschaftungsvorhaben die Formen und die Intensität gerade auch der nicht auf direkten Vertragsverbindungen basierenden Kooperation zunehmen dürfte,[63] insbesondere weil diese Technik die Kommunikation (und damit die Informationsweitergabe) sowie die gemeinsame Arbeit an integralen Ansätzen und Prozessen erleichtert, wird es nicht erforderlich, qualitativ neue Regeln über die Zusammenarbeit zu erschaffen (erinnert sei aber daran, dass Allianz- und Partnerschaftsverträge die Qualität der Zusammenarbeit fördern können; Rz. 15.45): Sofern **einheitliche Festlegungen** für das gesamte Projekt bestehen, die namentlich die Zusammenarbeit zwischen den in den Festlegungen vorgesehenen Rollen und Aufgaben regeln und die in alle relevanten Verträge integriert 15.51

[60] Vgl. insb. Ziff. 2.4.1, Ziff. 2.5.4, Ziff. 2.6.3, Ziff. 2.7.6 und Ziff. 2.8.5 SIA-Merkblatt 2051.

[61] So Teil 1, Ziff. 2 des Kommentars zur Anwendung der Zusatzvereinbarung BIM (SIA 1001/11).

[62] Vgl. Ziff. 2.4.1 SIA-Merkblatt 2051.

[63] Vgl. Ritter, Mehrparteienverträge mit BIM, S. 80 f.

worden sind (zentrale Vertragsdokumente; Rz. 15.46 ff.), wobei jeder Partei eine bestimmte Rolle zugewiesen wird, sind alle Parteien jeweils gegenüber ihren direkten Vertragspartnern zur Einhaltung der Regeln der Zusammenarbeit verpflichtet. Diese Verpflichtung richtet sich nicht notgedrungen gegen einen Zusammenarbeitspartner, doch ist dies für die juristische Absicherung der Zusammenarbeit auch nicht erforderlich. Denn in jeder klassisch, also hierarchisch aufgebauten Vertragsorganisationsstruktur kann die das Projekt verantwortende Partei sich über die zentralen Vertragsdokumente von ihren direkten Vertragspartnern nicht nur die Einhaltung der Zusammenarbeitsregeln versprechen lassen, sondern darüber hinaus ebenso, dass die Partner ihrerseits ihren Vertragspartnern die Pflicht zur Beachtung gleicher Regeln (mit Pflicht zur Weiterüberbindung usf.) auferlegen.

15.52 Auf diese Weise entsteht eine Verpflichtungslage, in welcher jede Partei die Einhaltung von einheitlichen und koordinierten Zusammenarbeitsregeln durch den Zusammenarbeitspartner entweder direkt von diesem (falls eine direkte Vertragsverbindung besteht) oder aber, gewissermassen stellvertretend, von demjenigen Vertragspartner **fordern kann,** der sie zur entsprechenden Zusammenarbeit anhält. Dieser wiederum kann sich an jenen seiner Vertragspartner halten, der ihn (bzw. seinen Vertragspartner) zur Zusammenarbeit anhält. Ist dieser nicht der infrage stehende Zusammenarbeitspartner, kann er sich wiederum an jenen seiner Vertragspartner halten, der ihn auf die Zusammenarbeit verpflichtet hat; und so weiter. Über eine solche, einheitlich geregelte Pflichtenkette kann eine Zusammenarbeit zwischen zwei vertraglich nicht direkt miteinander verbundenen Projektbeteiligten juristisch abgesichert werden. Dass sich daraus für eine bestimmte Partei das Risiko ergibt, ihrem Vertragspartner für die gehörige Leistung einer dritten Partei einstehen zu müssen, ohne dass die erste Partei mit der dritten Partei ein direktes Vertragsverhältnis hätte, sodass ein Ausfall entstehen kann, wenn der dafür verantwortliche direkte Vertragspartner sich der Verantwortung aus irgendeinem Grund entziehen kann, ist nichts, das sich auf Vorhaben mit computergestützter Vorgehensweise beschränken würde oder in anderer Art als besonders zu betrachten wäre.

15.53 Die Einräumung von vertraglichen **Direktansprüchen** zwischen vertraglich nicht direkt miteinander verbundenen Parteien (d.h. das dem direkten Vertragspartner abgegebene vertragliche Versprechen, gewisse Rechtsansprüche gewisser Drittparteien in dem Sinne anerkennen zu wollen, dass die Drittparteien gestützt auf den mit dem direkten Vertragspartner geschlossenen Vertrag fordern können; vgl. Art. 112 Abs. 2 OR) kann in Erwägung gezogen werden, doch ist dabei zu beachten, dass die benachteiligte bzw. geschädigte Partei dadurch nicht notgedrungen bessergestellt wird (insb. weil der Zusammenarbeitspartner allenfalls weniger vermögend oder liquide ist als der betreffende direkte Vertragspartner der benachteiligten bzw. geschädigten Partei) – es sei denn, es würde ihr stets die freie Wahl zwischen einer Anspruchsstellung gegenüber einem direkten Vertragspartner und der Erhebung eines Direktanspruchs gegenüber dem Zusammenarbeitspartner eingeräumt.

15.54 Nach dem Gesagten können in einem Bau- oder Bewirtschaftungsvorhaben **einheitliche Prozesse des computergestützten Arbeitens und Zusammenarbeitens** ohne Weiteres über hergebrachte Vertragshierarchien zielführend und rechtssicher vereinbart werden; Multiparteienverträge irgendwelcher Art sind dafür nicht erforderlich (selbst wenn sie unter Umständen nützlich sein können). Dafür ist aber zu empfehlen, dass zentrale Vertragsdokumente betreffend alle erheblichen Aspekte dieses Arbeitens und Zusammenarbeitens festgelegt werden, denen alle involvierten Parteien in ihren jeweiligen Verträgen zustimmen, wodurch sie die Beachtung dieser Dokumente ihren Vertragspartnern versprechen und zugleich auch durch diese sich versprechen lassen, sodass insoweit alle auf das gleiche System von Regeln verpflichtet werden. Sind in einem Projekt Zusammenarbeitsformen zwischen vertraglich nicht direkt miteinander verbundenen Projektparteien vorgesehen, sollten die zentralen Vertragsdokumente dahingehend formuliert werden, dass die betreffenden Zusammenarbeitspartner die Zusammenarbeit ihren jeweiligen Vertragspartnern, welche sie zur Zusammenarbeit anhalten, versprechen (und dass diese die Zusammenarbeit ihrer Vertragspartner ihren sie dazu anhaltenden Vertragspartnern versprechen usf.). Die zentralen Vertragsdokumente können den Zusammenarbeitspartnern indessen auch vertragliche Direktansprüche gegeneinander einräumen, doch ist hierbei mit Umsicht vorzugehen und namentlich zu beachten, dass die Zusammenarbeitspartner dadurch möglicherweise schlechtergestellt werden, wenn die Direktansprüche nicht alternativ zu indirekten Zusammenarbeitsansprüchen bestehen, welche sich aus den zentralen Vertragsdokumenten ergeben und über die Vertragshierarchie wirken. Selbst ohne Direktansprüche aber lässt sich die Zusammenarbeit zwischen vertraglich nicht direkt miteinander verbundenen Projektparteien rechtssicher regeln.

3. Planervertragliche Brennpunkte des vereinbarten computergestützten Arbeitens

Nachfolgend werden verschiedene Themenkreise beleuchtet, zu denen sich im Falle der vereinbarten Computerisierung der Erfüllung von Planerverträgen – und erst recht bei vereinbarter Zusammenarbeit auf der Basis von digitalen Daten und computergestützten Prozessen – eine **spezifische vertragliche Regelung** empfiehlt.[64] 15.55

Was im Einzelfall gilt, **wenn eine solche Regelung nicht getroffen wurde,** zumindest nicht in ausdrücklicher Form, kann kaum in allgemeiner Form beschrieben werden, weil hier das Wesentliche von der stark einzelfallgeprägten Auslegung des betreffenden Vertrags (die allenfalls auf den Bedarf nach einer gerichtlichen Lückenfüllung hinweist)[65] abhängt. Das gilt ungeachtet des Umstands, dass die Praxis gerade in diesem Punkt nach Antworten sucht, zumal die heute in computergestützt durchgeführten Bau- und Bewirtschaftungsvorhaben abgeschlossenen Verträge den Einsatz der Computertechnik häufig noch nicht sehr detailliert regeln und damit verschiedene wichtige Fragen offenlassen. Immerhin ist es in Bezug auf einige Fragen möglich, vorsichtig zu erörtern, welche Rege- 15.56

[64] Nicht empfohlen wird dagegen eine unspezifische, «pauschal» bleibende Vereinbarung computergestützten Arbeitens; vgl. KBOB-Empfehlung BIM, Ziff. 5.1.

[65] Vgl. Gauch/Schluep/Schmid, OR AT, Rz. 1195 und 1248.

lung sich aus dem dispositiven Recht und allenfalls aus dem Grundsatz von Treu und Glauben ergeben könnten – dieser Grundsatz spielt im Rahmen der allenfalls stattfindenden Vorgänge der objektiven Auslegung sowie der Lückenfüllung die zentrale Rolle.[66]

A. Zum Verhältnis zu vorbestehenden Allgemeinen Bedingungen

15.57 Es ist im Grundsatz durchaus möglich und sinnvoll, die heute vorhandenen Allgemeinen Bedingungen – zu denken ist insbesondere an die **Leistungs- und Honorarordnungen des SIA** (SIA-Ordnungen 102 ff.) – in computergestützt durchgeführten Vorhaben zu verwenden,[67] selbst wenn diese Bedingungen in ihren heutigen Fassungen die Arbeit mit digitalen Daten höchstens ganz am Rande ansprechen. Es ist hierbei aber zu beachten, dass die heutigen Allgemeinen Bedingungen zum einen gewisse Regeln enthalten, die sich für computergestützt durchgeführte Vorhaben als unpassend erweisen können,[68] und dass zum anderen in solchen Vorhaben zahlreiche spezifische Punkte zu regeln sind (Rz. 15.61 ff., 15.93 ff., 15.114 ff. und 15.158 ff.), zu denen sich die heutigen Texte nicht äussern.[69]

15.58 In Allgemeinen Bedingungen (insb. SIA-Ordnungen 102 ff.) enthaltene Regeln, die im Kontext eines computergestützt durchgeführten Vorhabens als unpassend, weil hinderlich oder zweckwidrig erscheinen, sollten die Vertragsparteien wegbedingen und, soweit nötig, **durch passende Regeln ersetzen.** In wichtigen oder delikaten Punkten geschieht dies vorzugsweise ausdrücklich, ansonsten global durch Voranstellung der die computergestützten Prozesse beschreibenden Vertragsbestandteile. Im Übrigen kann sich auch ohne ausdrückliche Wegbedingung ergeben, dass die Parteien nach ihrem übereistimmenden tatsächlichen Willen oder nach objektiver Vertragsauslegung die Geltung bestimmter Vorschriften aus (aus an sich vereinbarten) Allgemeinen Bedingungen nicht wollten. Als unpassend sind Regeln Allgemeiner Bedingungen in computergestützt durchgeführten Vorhaben je nach dem Einzelfall namentlich dann zu erachten, wenn sie Leistungsarten oder Arbeitsergebnisse definieren, welche aufgrund des Einsatzes der Computertechnik anders beschrieben bzw. ausgeführt werden sollen (z.B. werden die Parteien in computergestützt durchgeführten Vorhaben anstatt der an diversen Stellen des Art. 4 SIA 102 angesprochenen Pläne digitale Modelle und andere Datenkonstrukte vereinbaren wollen), wenn sie Leistungs- und damit verbundene Vergütungszeitpunkte vorsehen, die mit den ins Auge gefassten Prozessen nicht übereinstimmen[70] oder wenn

---

[66] Vgl. Gauch/Schluep/Schmid, OR AT, Rz. 207 ff., 315 ff., 1201 und 1224 ff.

[67] Vgl. auch Ziff. 5.1.3 sowie Ziff. 2.2.8 SIA-Merkblatt 2051.

[68] Beispielsweise können sich die Art. 1.5.3 SIA/102/103/108 sowie der Art. 1.6.4 SIA 106 aus den gleichen Gründen als unzulänglich erweisen wie die Ziff. 3 SIA-Zusatzvereinbarung 1001/11 (vgl. dazu Rz. 15.128, Fn. 128 und Rz. 15.133, Fn. 132).

[69] Vgl. Beyeler, Rechtsfragen zu BIM, Rz. 96 ff.

[70] Vgl. dazu Art. 4 SIA 102 i.V.m. Ziff. 2.2 SIA-Zusatzvereinbarung 1001/11. – Vgl. zur Frage der durch das computergestützte Arbeiten allenfalls ausgelösten Verschiebung von Planungsleistungen innerhalb des gesamten Planungsprozesses auch Marti, SIA-Zusatzvereinbarung BIM, S. 222 f.; Beyeler, Rechtsfragen zu BIM, Rz. 110; Stöckli, Was BIM ist, S. 3.

sie traditionelle Formen (bzw. Formate) für Punkte vorschreiben, die im konkreten Vorhaben gerade mithilfe digitaler Daten erledigt werden sollen (vgl. z.B. Art. 1.2.8 SIA 102).

Im Weiteren sollten die Parteien, die im Rahmen eines computergestützt durchgeführten Bau- oder Bewirtschaftungsvorhabens Allgemeine Bedingungen vereinbaren, welche das computergestützte Arbeiten nicht oder nicht hinreichend abbilden, **zusätzliche Abreden** treffen, damit ihr Vertrag in Bezug auf dieses Arbeiten keine Lücken aufweist. Dabei ist davon auszugehen, dass das computergestützte Arbeiten und der Umgang mit digitalen Daten zumindest vorläufig deswegen besonders detailliert zu regeln ist, weil es weitverbreitete Selbstverständlichkeiten, die auf langjährigen Branchenübungen sowie geschriebenen oder ungeschriebenen Standards beruhen, in diesem Bereich schlechterdings (noch) nicht gibt. Solche zusätzlichen Abreden betreffen nicht nur herkömmliche Leistungen, die infolge der Computerisierung auf andere Art erbracht werden oder andere Ergebnisse hervorbringen, sondern auch neue Leistungen, die aufgrund des Einsatzes der Computertechnik bestellt werden (z.B. BIM-Management, BIM-Koordination usf.[71]; vgl. Rz. 15.40). 15.59

Das unter diesem Titel Gesagte gilt mutatis mutandis auch für Allgemeine und Besondere Vertragsbedingungen, die professionelle Bauherrschaften **für sich formuliert** haben und die sie in ihren eigenen Projekten immer wieder verwenden. Auch diese sind in einem computergestützt durchgeführten Vorhaben nach wie vor von erheblichem Nutzen, bedürfen jedoch nach Massgabe des geplanten Einsatzes von Computertechnik der Modifikation und der Ergänzung. 15.60

B. Ziele, Informationsanforderungen und Ergebnisse

a. Festlegung von Zielen des computergestützten Arbeitens

Es ist nicht möglich, das Vorhaben, in dem der Einsatz von Computertechnik im Rahmen des Planens, Bauens und Betreibens vereinbart wird, einheitlich zu beschreiben (vgl. auch Rz. 15.31). Denn **die einzelnen Vorhaben unterscheiden sich untereinander sehr stark,** namentlich was den Kreis der an der Vereinbarung beteiligten Akteure, die Art und die Intensität der auf digitalen Daten basierenden Zusammenarbeit, die Auswahl der computergestützt durchgeführten Arbeitsschritte und das Ausmass der Überantwortung der Aufgaben an die Computertechnik anbelangt. Insgesamt lässt sich sagen, dass der vereinbarte Einsatz von Computertechnik ein Mittel zur Verfolgung verschiedenster Zwecke darstellen kann und dass die Art und der Umfang dieses Einsatzes bei gleichbleibendem Zweck ganz unterschiedlich sein können. 15.61

Umso wichtiger ist es, dass sich die das Vorhaben initiierende und verantwortende Partei frühzeitig über die **Ziele des** durch sie **bestellten Einsatzes von Computertechnik** Klarheit verschafft[72] – denn hiervon hängen alle weiteren Festlegungen bezüglich des bestell- 15.62

---

[71] Vgl. Ziff. 2.3 SIA-Zusatzvereinbarung 1001/11.

[72] Vgl. auch Stöckli, Was BIM ist, S. 3; SIA-Merkblatt 2051, Ziff. 2.3.2 und Ziff. 3.1.1.1.

ten Gebrauchs der Computertechnik notgedrungen ab. Die Ziele des computergestützten Arbeitens leiten sich in aller Regel aus allgemeinen Zielen in Bezug auf die Planung, die Realisierung oder den Betrieb des Bauwerks ab[73] und sind von diesen sog. «Projektzielen»[74] zu unterscheiden. Die Projektziele wiederum fördern im Idealfall die Erreichung der übergreifenden strategischen Ziele der das Projekt initiierenden Partei.[75]

15.63 Die Ziele des Einsatzes der Computertechnik in einem Bau- oder Bewirtschaftungsvorhaben können zunächst Daten und Informationen betreffen, welche als Zwischenergebnisse oder **Ergebnisse,** zur Weiterverwendung im Vorhaben oder anderweitig, erwartet werden, sodann den **Bauvorgang,** in dem die Computertechnik direkt oder indirekt Optimierungen oder spezifische Vorgehensweisen ermöglichen soll, und schliesslich das **Bauwerk** selbst, das mithilfe des computergestützten Arbeitens bestimmte auf die Konstruktion, die Nutzung, die Leistungsfähigkeit oder die Effizienz bezogene Ziele (bspw. «Qualitätssicherung», «Steigerung der Prozessqualität», «Rationalisierungseffekte», «Methoden zur Lösungsfindung», «Nutzung der Modelle in der Bewirtschaftungsphase», «digitales Baugesuch», «Nachführungszwecke in der amtlichen Vermessung»)[76] erreichen soll. Die das Vorhaben verantwortende Partei sollte sämtliche mit ihren Partnern eingegangene Verträge an diesen Zielen ausrichten. Es ist also zu klären, welche Arbeiten – seien es klassische Leistungen, seien es neue Aufgaben – mithilfe der Computertechnik durchgeführt und welche Zwecke damit verfolgt werden sollen; die entsprechenden Erkenntnisse und Festlegungen sind in die abzuschliessenden Verträge zu integrieren.

15.64 Das Stipulieren der Ziele des vereinbarten Einsatzes von Computertechnik vermag die **vertragliche Definition und Spezifikation von konkret geschuldeten Tätigkeiten und Ergebnissen** weder formal noch inhaltlich zu ersetzen, gibt aber der jeweils anderen Vertragspartei eine allgemeine Orientierung über die Zweckrichtung des vertraglichen Handelns, namentlich wenn es um nicht ausdrücklich geregelte Details der infrage stehenden Tätigkeit geht, und kann die Vertragsauslegung erleichtern sowie bei der Füllung allfälliger Lücken Hilfe leisten. Ist zum Beispiel bezüglich des Formats eines bestimmten geschuldeten Arbeitsergebnisses keine ausdrückliche Regelung vereinbart worden, wohingegen immerhin klar stipuliert wurde, welche Ziele mit diesem Ergebnis zu erreichen sind, kann dies Rückschlüsse auf die hierfür infrage kommenden Formate erlauben, und diese Rückschlüsse können ihrerseits im Rahmen des Auslegungsvorgangs Bedeutung erlangen: Fehlt es an einer ausdrücklichen Abrede und ist zwischen den Vertragsparteien umstritten, welches von zwei alternativen Formaten, von denen nur eines die Erreichung eines explizit festgehaltenen vertraglichen Ziels erlaubt, geschuldet ist, so dürfte die Vertragsauslegung jedenfalls dann, wenn sich aus dem übrigen Vertrag und den Umständen nichts anderes ergibt, regelmässig zum Schluss kommen, dass das die Zielerreichung ermöglichende Format zu beachten ist.

---

[73] Vgl. Ziff. 2.2.3, Ziff. 2.2.4 und Ziff. 2.2.6.2 SIA-Merkblatt 2051. Vgl. zudem KBOB-Empfehlungen BIM, Ziff. 5.1 und Ziff. 6.

[74] Ziff. 2.2 SIA-Merkblatt 2051.

[75] Vgl. Ziff. 2.3.2 SIA-Merkblatt 2051.

[76] Ziff. 2.2.4 SIA-Merkblatt 2051.

b. Festlegung von Ergebnissen und Zwischenergebnissen

Auch in einem Bau- oder Bewirtschaftungsvorhaben, in dem Computertechnik in vereinbarter Weise zum Einsatz kommen soll, entspricht es vernünftigem Vorgehen, zunächst die Ziele zu definieren (vgl. Rz. 15.62ff.) und hernach die zur Zielerreichung erforderlichen Ergebnisse und Zwischenergebnisse der Bemühungen der Vertragspartner zu bestimmen (anstatt Ergebnisse zu wählen und die Ziele durch diese bestimmen zu lassen). Dies erfolgt idealerweise über den Zwischenschritt der **Formulierung von Informationsbedürfnissen:**[77] Es ist zu klären und festzulegen, für welche Partei welche Informationen in welchem Umfang zu welchem Zeitpunkt zur Zielerreichung nötig sind (das gilt gleichermassen für den Fall, in dem die Information selbst das Ziel darstellt, wie für den Fall, in dem die anvisierte Information ein Mittel zur Verfolgung weiterer Zwecke darstellt). Aus diesen Bedürfnisformulierungen können als (abzuliefernde oder aufzubewahrende) Ergebnisse oder Zwischenergebnisse der computergestützten Arbeit bestimmte Daten oder Datenkonstrukte abgeleitet und vereinbart werden. 15.65

Zur Ermöglichung der vereinbarten Ergebnisse und Zwischenergebnisse sind auch jene Informationen zu identifizieren und festzulegen, welche die zur Herstellung dieser Ergebnisse gehaltenen **Leistungserbringer** vonseiten der das Vorhaben verantwortenden Partei, anderer Parteien oder Dritter benötigen.[78] 15.66

Die vereinbarten Ergebnisse und Zwischenergebnisse sind **unter allen relevanten Aspekten zu beschreiben** (Rz. 15.71f.); die Beschreibungen sind in die Verträge einzubringen. Das gilt insbesondere für alle Daten, die im Laufe des Vorhabens an andere in das Vorhaben involvierte Parteien, an Dritte oder an Computer bzw. Maschinen übergeben werden,[79] aber auch für all jene Daten, die erschaffen, beschafft oder aufbewahrt werden 15.67

---

77 Vgl. Huber, SIA 2051 BIM, S. 217f.; Ziff. 2.3 SIA-Merkblatt 2051.

78 Vgl. Ziff. 2.3.4 SIA-Merkblatt 2051.

79 Die SIA-Zusatzvereinbarung 1001/11 gibt in Ziff. 5 den Parteien die Option, für den Datenaustausch ein bestimmtes Austauschformat zu vereinbaren, das entweder IFC (Industry Foundation Classes) oder ein durch die Parteien bezeichnetes Format ist. Überdies wird in Ziff. 5 festgehalten, dass die Parteien dann, wenn sie in ihrem Vertrag einen Austausch von Daten in deren nativem Format (d.h. in dem Format, in dem die Daten erstellt oder bearbeitet wurden) vereinbart haben, zugleich bestimmen, dass der Auftraggeber solche Daten in nativen Formaten «streng vertraulich zu behandeln» hat und «nur an diejenigen Projektbeteiligten» weitergeben soll, «die für die Bearbeitung des konkreten Projektes auf deren Verwendung angewiesen sind», wobei die «Pflicht, die nativen Daten [recte: die in nativen Formaten gehaltenen Daten] streng vertraulich zu behandeln, […] auch den betreffenden Projektbeteiligten zu auferlegen [sic] und auferlegen zu lassen [ist]». Diese Musterklausel hat das Verdienst, auf absehbare Diskussionen aufmerksam zu machen, doch sollten die Nutzungsrechte der Projektbeteiligten (und allfälliger legitimierter Dritter) an weitergegebenen Daten und die Geheimhaltung dieser Daten gegenüber Unberechtigten jedenfalls in Vorhaben mit übergreifend vorgesehener computergestützter Arbeit nicht in individuellen Einzelverträgen, sondern in zentralen Vertragsdokumenten (Rz. 15.46ff.) und überdies deutlich ausführlicher und detaillierter geregelt werden. – Nach der Auffassung von Marti, SIA-Zusatzvereinbarung BIM, S. 224, geht die SIA-Zusatzvereinbarung 1001/11 «davon aus, dass ohne explizite Vereinbarung native Daten nicht her-

sollen. Zwar hindert nichts die Vertragsparteien daran, es in Bezug auf ein bestimmtes Ziel bei dessen Beschreibung zu belassen und die Frage nach dem Ergebnis offenzuhalten bzw. ins Ermessen des Leistungserbringers zu stellen (funktionale Bestellung). Doch wird ein computergestütztes Vorgehen häufig nur dann zum gewünschten Erfolg führen, wenn die geforderten Ergebnisse und Zwischenergebnisse als solche hinreichend spezifiziert und entsprechend vereinbart worden sind – ansonsten sind sie womöglich nicht verwendbar. Ein nur über das Ziel definiertes Ergebnis mag vor diesem Hintergrund aufgrund technischer Inkompatibiliät in experimentellen Teilbereichen in Betracht kommen, in denen eine zum Voraus erfolgende Spezifikation nicht möglich wäre, oder etwa dann, wenn es um ein Ergebnis geht, das zwar computergestützt hergestellt, das jedoch in traditioneller Form an andere Parteien übergeben und weiterverwendet wird (es ist jedoch anzuraten, zumindest die Aufbewahrung der für solche Zwecke erstellten Daten und die Reproduzierbarkeit der entsprechenden Ergebnisse zu vereinbaren).

c. Informatikspezifische Anforderungen

15.68 Die vertraglichen Spezifikationen der geforderten Ergebnisse und Zwischenergebnisse des computergestützten Arbeitens beziehen sich, soweit diese Ergebnisse in der Form von digitalen Daten bestehen sollen, idealerweise auf das Format der verwendeten Datenbehältnisse bzw. Dateien sowie auf die Struktur, die Nomenklatur, die Qualität (inkl. Reinheit), den Informationsgehalt und den Detaillierungsgrad der darin vorhandenen Daten. Dabei ist stets in grundsätzlicher Art zu unterscheiden zwischen der durch die soeben angesprochenen Parameter addressierten Frage der **informatikspezifischen** Vertragskonformität der Daten und Datenkonstrukte einerseits und der **planerischen bzw. bautechnischen** (architektonischen, ingenieurstechnischen usf.) Vertragskonformität der Aussagen, die sich aus den in den Daten enthaltenen Informationen ergeben. In diesem Sinne wird unter dem informatikspezifischen Aspekt bezüglich des Informationsgehalts der Daten und Datenkonstrukte gefragt, ob, und falls ja, welche Aussagen zu den gestellten Fragen enthalten sind; unter dem planerischen und bautechnischen Aspekt wird dagegen gefragt, ob sich aus diesen Aussagen eine sinnvolle und zielführende, kurzum: vertragsgemässe Planung und Ausführung ergibt oder ob die Aussagen die Realität richtig abbilden. Unter dem ersten Aspekt geht es um die Interpretation von Daten; unter dem zweiten Aspekt um eine (fachliche oder rechtliche) Würdigung der durch Dateninterpretation gewonnenen Informationen.

---

auszugeben sind. Entsprechend bedarf es einer positiven Vereinbarung zu den entsprechenden Daten, will sich der Auftraggeber solche Daten nutzbar machen». Nach der hier vertretenen Auffassung ergibt sich eine allfällige Schuld zur Herausgabe (oder Aufbewahrung) von Daten in nativen Formaten primär aus den expliziten und impliziten Vertragsabreden, allenfalls aus der Vertragsergänzung. Dabei ist das «wirtschaftliche Interesse des Datenurhebers» (Marti, SIA-Zusatzvereinbarung BIM, S. 224) ein Umstand, der gegebenenfalls in Betracht zu ziehen ist, nicht jedoch ein allein entscheidendes Element – namentlich dann nicht, wenn zum Zeitpunkt des Vertragsschlusses ohne Weiteres erkennbar war, dass die andere Vertragspartei ein essenzielles Interesse am Erhalt (oder an der Aufbewahrung) von Daten in nativen Formaten hat.

Einem aus digitalen Daten bestehenden und für die Zwecke der Planung und der Realisierung angefertigten Bauwerksmodell lässt sich beispielsweise die Information entnehmen, dass unter dem Dach des zu erstellenden Hauses eine bestimmte Abdichtungsfolie vorgesehen ist. Ob diese Folie angesichts des gewählten Typs bzw. Produkts und der vorgesehenen Art des Einbaus das Dach effektiv hinreichend abdichten wird, ist eine **Frage, deren Antwort sich nicht aus den Daten ergibt** und weder mit der Qualität noch mit dem Informationsgehalt der Daten zu tun hat, sondern mit der planerischen oder bautechnischen Qualität der in den Daten enthaltenen Informationen und Aussagen über das gewünschte Bauwerk oder über einen bestehenden Zustand. 15.69

In vertragsrechtlicher Hinsicht ist die Unterscheidung zwischen informatikspezifischen und planerischen bzw. bautechnischen Anforderungen insoweit von Bedeutung, als die **Aufgaben und Verantwortlichkeiten** bezüglich Format, Struktur, Qualität, Informationsgehalt und Detaillierungsgrad der Daten grundsätzlich ohne Weiteres von den Aufgaben und Verantwortlichkeiten bezüglich der planerischen bzw. bautechnischen Qualität der auf den Daten beruhenden Informationen getrennt und durch jeweils verschiedene Parteien übernommen werden können. Soweit das so geschieht, ist bezüglich der Haftung für Probleme, Fehler oder Mängel je nach deren Ursprung nicht nur klassisch zwischen Planung und Ausführung zu unterscheiden, sondern zudem, jeweils innerhalb dieser beiden Bereiche, zwischen der Verantwortung für die Qualität der verwendeten oder produzierten Daten an sich und der Verantwortung für die Qualität der planerischen bzw. bautechnischen Aussagen, die sich aus den in den Daten enthaltenen Informationen gewinnen lassen. Soweit hingegen aus Sicht einer die Haftung beanspruchenden Vertragspartei die vertragliche Verantwortung sowohl für die Qualität der Daten als auch für jene der planerischen bzw. bautechnischen Aussage bei derselben anderen Vertragspartei liegt (gleichviel, ob diese Partei sämtliche entsprechenden Aufgaben selbst erledigt oder ob sie einige davon in ihrer Verantwortung weitervergeben hat), spielt die hier vorgestellte Unterscheidung keine Rolle. In Bezug auf den einen wie auch auf den anderen Fall ist allerdings festzuhalten, dass nichts Neues im Umstand zu entdecken ist, dass die Verantwortung für verschiedene Aspekte eines nämlichen Produkts in letzter Konsequenz durch verschiedene Parteien getragen wird – das gab und gibt es auch ohne Computerisierung. Man denke hier nur an einen Plan, der Planungsinformationen verschiedener Parteien in sich vereint und durch eine Drittpartei gezeichnet worden ist: Die zeichnende Partei ist der die Zeichnung bestellenden Partei gegenüber grundsätzlich für die Korrektheit der Übertragung der Informationen in die Zeichnung verantwortlich, wohingegen dem Grundsatz nach die planenden Parteien ihren Bestellern für die Korrektheit der durch sie erarbeiteten Informationen haften. 15.70

d. Zur Abhängigkeit der Spezifikationen vom Verwendungszweck der Ergebnisse

Bei der Beschreibung von vertraglich geforderten Zwischenergebnissen und Ergebnissen sollten die Parteien beachten, dass eine zielführende Spezifikation stets wesentlich von 15.71

der für das Zwischenergebnis oder Ergebnis vorgesehenen **Verwendung** abhängt.[80] Ein digitales Modell, das ein Bauwerk oder Teile eines solchen repräsentiert (Rz. 15.6), muss je nach der damit vorgesehenen Tätigkeit mitunter andere Daten in anderer Form oder Struktur enthalten. Im Besonderen enthalten jene Datenkonstrukte, die für die Zwecke der Planung hergestellt werden, nicht notgedrungen auch alle Daten in jener Form und Struktur, die für den Betrieb des gleichen Bauwerks erforderlich sind,[81] und auch innerhalb der Planungsphase bestehen häufig je nach Zeitpunkt oder Verwendungszweck unterschiedliche Anforderungen an den Informationsgehalt von Datenkonstrukten.[82] Ebenso ist davon auszugehen, dass ein Planungs- oder ein Bewirtschaftungsmodell nicht notgedrungen jene Daten enthält, die erforderlich sind, damit eine zur Realisierung eingesetzte Maschine bzw. ein Roboter direkt durch das Modell gesteuert werden kann; schliesslich ist anzunehmen, dass ein für die Bewirtschaftung des Bauwerks hergestelltes Modell nicht ohne Weiteres für die Zwecke der Planung oder der Ausführung genutzt werden kann.[83]

15.72 Aus alledem folgt, dass ein im Kern gleiches Ergebnis oder Zwischenergebnis je nach den Anforderungen des Vorhabens **zu unterschiedlichen Zeitpunkten des Projektverlaufs unterschiedliche Spezifikationen** zu erfüllen hat, oder allenfalls sogar, dass für verschiedene Anwendungen verschiedene Produkte ähnlicher Art herzustellen sind.[84] Das ist vertraglich entsprechend abzubilden.[85]

e. Der vorvertragliche Vorschlag von Zielen, Anforderungen und Ergebnissen

15.73 Es gibt, vorbehältlich entsprechender individualvertraglicher Vereinbarung, **keine Rechtsregel,** die bestimmte, wer in einem Bau- oder Bewirtschaftungsvorhaben die in der Folge durch bestimmte oder alle Parteien zum Vertragsinhalt erhobenen Ziele und Ergebnisse vorzugeben oder vorzuschlagen hat. In rechtlicher Hinsicht handelt es sich insofern ausschliesslich um eine Verhandlungssache, über die die Parteien sich in jedem Einzelfall gleich zu verständigen haben.

---

[80] Vgl. Ziff. 3.2.2.1 SIA-Merkblatt 2051 («welche Daten wofür»). – Vgl. auch Cadosch, BIM und die Arbeit am Raum, S. 122: Unter dem Titel der «phasengerechten Parametrisierung» mahnt dieser Autor nicht nur, dass jedes Datenkonstrukt für den zum betreffenden Zeitpunkt vorgesehenen Zweck erschaffen werden sollte, sondern zu Recht auch, dass Planungs- bzw. Bauvorhaben nichts gewinnen, wohl aber einiges verlieren, wenn in ihnen zu früh Details festgelegt werden, die noch disponibel gehalten werden könnten. In diesem Sinne sollte die Computerisierung der Bauplanung die involvierten Akteure nicht davon abbringen, Schritt für Schritt und phasengerecht «vom Groben ins Feine» (Cadosch, BIM und die Arbeit am Raum, S. 122) zu planen.

[81] Bodden, BIM mit Einzelunternehmen, S. 94; Eschenbruch, Vertragsabwicklung mit BIM, S. 29 f.

[82] Vgl. Ziff. 2.7.1.1 SIA-Merkblatt 2051; Cadosch, BIM und die Arbeit am Raum, S. 122; Eschenbruch, Vertragsabwicklung mit BIM, S. 24 f.

[83] Vgl. Ziff. 2.3.1.1 und Ziff. 2.3.7.6 SIA-Merkblatt 2051.

[84] Vgl. Cadosch, BIM und die Arbeit am Raum, S. 122.

[85] Vgl. Eschenbruch, Vertragsabwicklung mit BIM, S. 24 f.; Beyeler, Rechtsfragen zu BIM, Rz. 74.

So mag es Projekte geben, in denen eine Partei, die im Auftrag der das Projekt initiierenden Partei arbeitet (bspw. eine Architektin), sämtliche später vertraglich vereinbarten Festlegungen betreffend die Ziele und die Ergebnisse des computergestützten Arbeitens **konzipiert und vorschlägt,** wobei die das Projekt initiierende Partei lediglich **zustimmt oder ablehnt.** Es ist zudem alles andere als undenkbar, sondern durchaus möglich und auch nicht rechtswidrig, dass die im Auftrag arbeitende Partei der das Projekt initiierenden Partei sogar deren strategische Ziele und Projektziele erarbeitet und vorschlägt. 15.74

Umgekehrt ist es weder unmöglich noch unrechtmässig, dass die das Projekt initiierende Partei (welche hierbei möglicherweise intern oder durch Dritte beraten wird) nicht nur ihre strategischen Ziele und die Projektziele, sondern ebenso sämtliche Ziele der computergestützten Arbeit sowie alle daraus abgeleiteten Informationsanforderungen, Ergebnisse und Zwischenergebnisse vorgibt und so mit ihren Vertragspartnern (ggfs. mit der Pflicht zur Weiterüberbindung) **ohne weitere Verhandlung vereinbart.**[86] Die Parteien sind rechtlich frei, welche Ziele, Anforderungen und Ergebnisse sie vereinbaren, und dabei kommt es auch nicht darauf an, wer die entsprechenden Vorschläge gemacht hat (das gilt zumindest solange, als die Vorschläge nicht als Allgemeine Geschäftsbedingungen im Sinne des Vertragsrechts[87] zu qualifizieren sind, doch selbst in diesem Fall würde sich nichts Wesentliches ändern, weil höchstens gewisse mit den vereinbarten Zielen und Ergebnissen festgelegte Vertragsvorschriften allenfalls ungültig sein könnten;[88] die grundsätzliche vertragsrechtliche Freiheit zur Vereinbarung von Vorschlägen irgendwelcher Herkunft wird dadurch nicht berührt). Damit bestimmen jedenfalls nach schweizerischem Recht de facto die Charakteristika des konkreten Vorhabens und die Marktkräfte bzw. die durch diese Kräfte ermächtigten Parteien, wessen Vorschläge zum Vertragsinhalt werden und welche Interessen damit in welcher Weise berücksichtigt werden. 15.75

Die Ziff. 2.3.7.2 SIA-Merkblatt 2051 geht davon aus, dass die Verantwortung für den Vorschlag einer (später zu vereinbarenden) Definition der Informationsanforderungen des Auftraggebers (d.h. der das Projekt initiierenden Partei) nicht bei Letzterem, sondern bei dessen Auftragnehmern liegt. Nach der zitierten Stelle soll dem Auftraggeber lediglich die Definition seiner eigenen strategischen Ziele obliegen. Dies entspricht aber weder heute noch künftig in allen Fällen der Realität des Wirtschaftslebens, kann daher nicht als Normalfall (sondern nur als möglicher Fall unter anderen möglichen Fällen) bezeichnet werden und bedarf in diesem Sinne der Präzisierung: Dass Auftragnehmer der das Projekt initiierenden Partei deren Informationsanforderungen (und die geschuldeten Ergebnisse) vorschlagen, entspricht keiner Rechtspflicht und keinem rechtlich gebotenen 15.76

86 In diese Richtung scheinen die (an öffentliche Bauherrschaften gerichteten) KBOB-Empfehlungen BIM (Ziff. 6) zu tendieren, jedenfalls soweit es um die «bestellerseitigen Vorgaben» geht (Ziff. 7).

87 Vgl. dazu Gauch/Schluep/Schmid, OR AT, Rz. 1117 ff.

88 Vgl. Gauch/Schluep/Schmid, OR AT, Rz. 1123 ff., insb. 1136 ff. (Ungewöhnlichkeitsregel) und Rz. 1144 (in dubio contra stipulatorem); vgl. auch Art. 8 UWG; vgl. ferner (nicht auf AGB beschränkt) Art. 7 Abs. 2 lit. c KG.

Verhalten, vielmehr herrscht diesbezüglich vor Vertragsschluss vollständige **Abschlussfreiheit,**[89] aus der sich ergibt, dass die potenziellen Vertragspartner frei sind in der Entscheidung, ob sie einen Vertrag aushandeln, wie sie dabei vorgehen, auf welche Grundlagen sie sich stützen sowie ob sie einen allenfalls ausgehandelten Vertrag abschliessen wollen. So können die Parteien Ziele und Ergebnisse vereinbaren, die auf den Vorschlag der einen oder der anderen Partei zurückgehen, und sie können zudem auch vereinbaren, dass eine der Parteien im Rahmen ihrer vertraglichen Aufgaben Ziele und Ergebnisse formuliert. Das heisst: Nach Vertragsschluss ergibt sich aus dem Vertrag, welche Partei was schuldet, doch auch hier verhält es sich nicht notgedrungen so, wie im SIA-Merkblatt 2051 vorgeschlagen.

15.77 Nur dann also, wenn es tatsächlich dazu kommt, ist es der Auftragnehmer, welcher der das Vorhaben initiierenden Partei deren Ziele, Anforderungen oder Ergebnisse, die gemeinsam vereinbart worden sind, vorgeschlagen hatte (oder der sich zur Herstellung entsprechender Resultate verpflichtet hat) – wenn es aber **anders vereinbart** ist, stammen gegebenenfalls nicht nur die strategischen Ziele und die Projektziele, sondern auch die Ziele des computergestützten Arbeitens, die Informationsanforderungen der Parteien und die Spezifikationen der im Projekt herzustellenden Ergebnisse ausschliesslich von der initiierenden Partei selbst und nicht vom Auftragnehmer (zudem kann sich auch ergeben, dass diese Partei sich darauf verpflichtet, entsprechende Resultate nach Vertragsschluss noch herzustellen). Beide Fälle können ohne Weiteres zu rechtmässigen und rechtlich gleichwertigen Verträgen führen.

15.78 Es ergibt sich allein aus der **Historie des im Einzelfall geschlossenen Vertrags,** wer die vertraglichen Festlegungen vorgeschlagen hat, und es ergibt sich allein aus der Auslegung des konkreten Vertrags, welche Partei für die getroffenen Festlegungen (sowie für allenfalls noch zu erarbeitende und zu vereinbarende Festlegungen) verantwortlich ist. In diesem Sinne ist festzuhalten, dass aus Ziff. 2.3.7.2 SIA-Merkblatt 2051 nicht abgeleitet werden kann, dass es den Parteien faktisch oder rechtlich verwehrt wäre, die Aufgabe der Formulierung von Vorschlägen für Ziele, Anforderungen und Ergebnisse anders zu verteilen als an der zitierten Stelle festgehalten.[90] Ebensowenig kann gesagt werden, dass immer dann, wenn die Parteien nicht ausdrücklich etwas anderes vereinbart haben, die vertragliche Verantwortung für die Ziele, Anforderungen und Ergebnisse gemäss der Vorstellung der Ziff. 2.3.7.2 SIA-Merkblatt 2051 zu verorten wäre.

15.79 Im Übrigen dürfte es im Rahmen des öffentlichen Beschaffungswesens aufgrund der dadurch aufs Spiel gesetzten Vergleichbarkeit der Angebote nicht ohne Weiteres rechtmässig und in jedem Fall mit besonderen Schwierigkeiten verbunden sein, wenn die öffentliche Auftraggeberin die Anbieterinnen bzw. Wettbewerbsteilnehmerinnen Vorschläge für ihre eigenen Informationsanforderungen unterbreiten lässt (ein erst nach

89 Zur Abschlussfreiheit Gauch/Schluep/Schmid, OR AT, Rz. 614 und 991.

90 Davon scheint auch Teil 1, Ziff. 2 des Kommentars zur Anwendung der Zusatzvereinbarung BIM (SIA 1001/11) auszugehen.

dem Zuschlag erfolgender Vorschlag ist im Übrigen nicht ohne Weiteres eine valable Alternative, weil es sich bei den Informationsanforderungen um einen wesentlichen Punkt handeln kann, der, wenn er erst nach dem Zuschlag eingeführt oder geändert wird, zu einer erheblichen Änderung des ausgeschriebenen Geschäfts führen kann[91]). Öffentliche Auftraggeberinnen sollten jedenfalls in den wesentlichen Grundzügen selbst (ggfs. mithilfe unabhängiger Beratung) darüber ins Klare kommen, welche Ziele und Ergebnisse sie mit dem Einsatz von Computertechnik anstreben und wie sie dies organisieren wollen; solche Fragen sollten im Interesse einer möglichst bedarfsgerechten Beschaffung und einer sorgfältigen Mittelverwendung nicht durch potenzielle oder aktuelle Vertragspartner bearbeitet werden, welche zugleich oder anschliessend auch mit der Umsetzung der entsprechenden Festlegungen betraut sind.

Schliesslich werden nach der hier vertretenen Einschätzung etliche grössere **professionelle Bauherrschaften** in wenigen Jahren eigene Standards und Konzepte entwickelt haben, was ihre Ziele des computergestützten Vorgehens in ihren Projekten und die daraus abgeleiteten Anforderungen und Ergebnisse anbelangt; diese Bauherrschaften werden teilweise auch in der Lage sein, ihre Anforderungen und jene anderer Projektbeteiligter bis ins Detail abschliessend zu spezifizieren.[92] Diese Bauherrschaften werden häufig keinen Bedarf nach Beratung und Vorschlägen in diesem Bereich haben, sondern danach streben, ihre Festlegungen in ihren Projekten einheitlich durchzusetzen. 15.80

Das hier zu Ziff. 2.3.7.2 SIA-Merkblatt 2051 Gesagte gilt gleichermassen auch für die **Informationsanforderungen der Auftragnehmer** gemäss Ziff. 2.3.4 und Ziff. 2.3.7.3 dieses Merkblatts (Rz. 15.66): Auch diese Anforderungen können in einem konkreten Fall aus rechtlicher Sicht allein durch den Auftraggeber bzw. durch die das Projekt initiierende Partei vorgegeben und so rechtmässig vereinbart werden. Ob vorgegebene Anforderungen der Auftragnehmer den tatsächlichen Bedürfnissen dieser Auftragnehmer entsprechen und ob sich aus einer mangelhaften Vorgabe von Anforderungen eine vertragliche Verantwortung ergeben kann (vgl. Rz. 15.83 ff.), ist eine andere Frage als jene, was gültig vereinbart werden kann. Es ist in keinem Fall per se ausgeschlossen, dass ein Auftragnehmer seine eigenen Informationsanforderungen nicht selbst definiert, sondern vorgegeben erhält und auf dieser Basis ohne weitere Verhandlung vereinbart. 15.81

Nach diesen Ausführungen können die Spezifikationen des Informationsmodells der Projektierung (digitales Bauwerksmodell für die Zwecke der Projektierung und der Ausführung) gemäss Ziff. 2.3.7.4 SIA-Merkblatt 2051 in jedem Vertragsverhältnis **sowohl durch den Auftraggeber als auch durch den Auftragnehmer** (oder durch beide Parteien) vorgeschlagen worden sein. 15.82

91 Vgl. Beyeler, Der Geltungsanspruch, Rz. 2561 f. und 2576 ff.; vgl. allerdings auch Rz. 2574 f.

92 Vgl. die in diese Richtung tendierenden KBOB-Empfehlungen BIM (Ziff. 7, «bestellerseitige Vorgaben»).

f. Zur Verantwortlichkeit für vereinbarte Ziele, Anforderungen und Ergebnisse

15.83 Ist das vertraglich vereinbarte Vorgehen nach einseitig durch den Auftraggeber vorgenommener (Rz. 15.75) Vorgabe von Zielen, von Anforderungen (des Auftraggebers oder des Auftragnehmers) oder von Ergebnissen **inkohärent, nicht zielführend, anderweitig mangelhaft oder unmöglich,** kommen die auf den konkret betroffenen Vertrag anwendbaren Regeln zur Anwendung. Nicht zutreffend wäre dagegen die Annahme, der Besteller oder Auftraggeber habe die Folgen einer solchen Problematik stets zu tragen.

15.84 Ganz allgemein ist davon auszugehen, dass sich die Verantwortung für schon bei Vertragsschluss vereinbarte Festlegungen (insb. Ziele, Anforderungen, Ergebnisse, aber auch Prozesse und Infrastrukturen; Rz. 15.61 ff., 15.93 ff., 15.115 ff. und 15.130 ff.; sowie zum Zeitpunkt des Vertragsschlusses bereits existierende Daten und Datenkonstrukte), die sich später als solche als problematisch herausstellen, zunächst unabhängig von der Herkunft dieser Festlegungen primär nach den **Abreden des geschlossenen Vertrags** richtet. Nach der vorliegend vertretenen Auffassung scheint hier (bzw. in den zentralen Vertragsdokumenten; Rz. 15.46 ff.) die Aufnahme einer ausdrücklichen Regelung empfehlenswert zu sein, nach der im Grundsatz jene Partei für vereinbarte Festlegungen einstehen soll, in deren ausschliesslichen oder primären Interesse diese (in der konkret gewählten Art) vereinbart wurden, sofern der anderen Partei keine Verletzung von vorvertraglichen Aufklärungs- (aufgrund von potenziellen oder tatsächlichen Problemen der verhandelten Festlegungen, die erkannt wurden oder hätten erkannt werden sollen) oder Sorgfaltsobliegenheiten (aufgrund von Fehlern bei der Ausarbeitung oder Empfehlung von Festlegungen) vorzuwerfen ist.[93] Mit anderen Worten greift diese Verantwortlichkeit der ausschliesslich oder primär an einer bestimmten Festlegung interessierten Partei nur insoweit, als die andere Partei in guten Treuen auf die Güte dieser Festlegung vertrauen durfte. Dabei ist von einem ausschliesslichen oder primären Interesse einer Partei nicht nur dann auszugehen, wenn es um deren eigenen Interessen geht, sondern ebenso, wenn die infrage stehende Partei die Interessen einer Drittpartei vertritt, der gegenüber sie verpflichtet ist (oder sein wird). Für Festlegungen im Übrigen, welche die Parteien im Vorvertragsverhältnis gemeinsam erarbeitet haben, sollten die gleichen Regeln zur Anwendung kommen. Das heisst, dass auch hier nach dem ausschliesslichen oder primären Interesse an der Festlegung und, allenfalls korrigierend, nach der Verletzung vorvertraglicher Sorgfalts- oder Aufklärungspflichten zu entscheiden ist. Der alleinige Umstand

---

93 In diese Richtung tendiert nach dem hier vertretenen Verständnis auch Ziff. 4 Abs. 2 SIA-Zusatzvereinbarung 1001/11 (vgl. zu dieser Klausel auch Rz. 15.151, Fn. 151). Das dort verwendete Kriterium der «zwingenden» Vorgabe bestimmter Vertragspunkte durch den Auftraggeber ist aus rechtlicher Sicht insoweit problematisch, als der Auftraggeber den Auftragnehmer im Vorvertragsverhältnis grundsätzlich nicht «zwingen» kann. Die SIA-Zusatzvereinbarung kann aber dahin interpretiert werden, dass jene Punkte als «zwingend vorgegeben» worden sind, die im alleinigen oder primären Interesse des Auftraggebers liegen (und bezüglich deren dieser gemeinhin nicht bereit ist, grundsätzlich zu verhandeln).

hingegen, einen Beitrag zu einer Festlegung geleistet zu haben, welche sich als mangelhaft erweist, genügt nach den hier empfohlenen Regeln nicht für eine vertragliche Verantwortlichkeit. Im Übrigen sollten die Parteien sich auch der Frage widmen, wie sie es mit der Verantwortlichkeit für Festlegungen halten wollen, die gleichgewichtig in ihrem gemeinsamen Interesse liegen (an denen also keine von ihnen das ausschliessliche oder primäre Interesse hat). Eine Option ist hier die gemeinsame bzw. intern solidarische Verantwortlichkeit, doch ist auch vorstellbar, dass die der Initiation des Vorhabens näherstehende Vertragspartei die volle Verantwortung für im gemeinsamen Interesse vorgenommene Vereinbarungen übernimmt.

Enthält der Vertrag **keine ausdrückliche Regelung** zur Frage der Haftung für die Güte von vereinbarten Festlegungen, kann sich aus dessen weiterer Auslegung eine bestimmte Zuordnung (oder eine bestimmte Art der gemeinsamen Tragung) von Verantwortlichkeiten ergeben. Allein deswegen, weil eine bestimmte Festlegung im alleinigen oder primären Interesse einer Partei getroffen wurde, kann in diesem Rahmen allerdings nicht schon angenommen werden, dass die Parteien implizit vereinbart hätten, dass diese interessierte Partei auch die Verantwortung für die Festlegung übernehmen solle. Vielmehr sind auch alle weiteren Umstände des Einzelfalls einzubeziehen – aus diesen kann sich beispielsweise die Vereinbarung einer gemeinsamen Verantwortlichkeit ergeben. Immerhin ist nicht zu übersehen, dass jene Partei, die Vertragspunkte akzeptiert, die ihrerseits durch die Erfordernisse des betreffenden Vorhabens bestimmt werden und für sie insoweit nicht verhandelbar sind, als ihre Beteiligung am Vorhaben von einem unbedingten Akzept abhängt, in der Regel vertraglichen Schutz der anderen Partei für den Fall von verdeckten Problemen in diesen Vertragspunkten erwartet bzw. auf solchen Schutz nicht leichthin oder gegenleistungsfrei verzichten mag. Diese Erwartung ist indessen nur im Umfang von Treu und Glauben zu schützen, das heisst insoweit, als sie nicht im konkreten Fall aufgrund der Verletzung von vorvertraglichen Aufklärungs- oder Sorgfaltspflichten als unberechtigt einzustufen ist. 15.85

Ergibt die Vertragsauslegung, dass der Vertrag **überhaupt keine Regelung** zur Frage der Haftung für die Güte von vereinbarten Festlegungen enthält, kommt dispositives Gesetzesrecht zur Anwendung,[94] soweit solches vorhanden und es angesichts der betreffenden Verträge überdies einschlägig ist. 15.86

Hat eine vertraglich vereinbarte Festlegung deswegen, weil sie im konkreten Fall als solche falsch oder unpassend war, zu einem **Mangel an einem werkvertraglich geschuldeten Werk** geführt, und kommt das dispositive Recht zur Anwendung (Rz. 15.86), so trägt dem Grundsatz nach der Werkunternehmer das entsprechende Risiko, weil er unabhängig von der Frage nach seinem allfälligen Verschulden in Bezug auf den Mangel ein mängelfreies Werk schuldet (Art. 368 Abs. 1 und 2 OR e contrario). Indessen kann nach der hier vertretenen Auffassung davon ausgegangen werden, dass dem Unternehmer (unter Vorbehalt der Erfüllung allfälliger Anzeigepflichten) der Einwand des Besteller- 15.87

[94] Vgl. BGE 115 II 484/488 E. 4b; BGer 4A_427/2011 vom 29. November 2011 E. 5.3.

verschuldens nach Art. 369 OR offensteht. Dieser Einwand betrifft nach der hier vertretenen Auffassung nicht nur Weisungen und andere Verhaltensweisen, die der Besteller nach Verhaltensschluss erteilt und an den Tag legt, sondern ebenso für alle vorvertraglichen Weisungen und Verhaltensweisen,[95] wobei im vorvertraglichen Zusammenhang unter «Weisung» kein vertragliches Konkretisierungs- oder Gestaltungsrecht zu verstehen ist, sondern ein Vertragspunkt, den die Parteien im ausschliesslichen oder primären Interesse des Bestellers (oder von Dritten, denen der Besteller verpflichtet ist) vereinbart haben (und über den zu verhandeln der Besteller mitunter nicht bereit war). In diesem Sinne haftet der Unternehmer für einen Werkmangel, der sich aus bestimmten vertraglichen Festlegungen ergeben musste, dann nicht, wenn die Festlegung im ausschliesslichen oder primären Interesse des Bestellers vereinbart wurde. Das gilt aber nur, soweit der Unternehmer einer allfälligen Anzeigeobliegenheit in Bezug auf die Problemhaftigkeit der Festlegung rechtzeitig nachgekommen ist (dabei versteht sich von selbst, dass der Unternehmer besondere Sorgfaltsobliegenheiten trägt, wenn er die konkrete Festlegung vorschlägt oder ausarbeitet). Gleichermassen haftet der Unternehmer dann nicht für den Mangel, wenn der Besteller die Fehlerhaftigkeit kannte oder hätte erkennen müssen, er dem Unternehmer davon vor Vertragsschluss aber keine Anzeige machte. Hier liegt eine vorvertragliche Treuepflichtverletzung des Bestellers vor. Das gilt unabhängig davon, in wessen Interesse die Festlegung erfolgt ist und wer sie vorgeschlagen hat. Vorbehalten bleibt aber der Fall, in dem der Unternehmer die Problemhaftigkeit selbst kannte oder hätte erkennen müssen. Auf die Frage nach einem Verschulden des Bestellers kommt es im Übrigen dem Grunde nach nicht an, zumal auch der Art. 376 Abs. 3 OR für fehlerhafte Vorschriften des Bestellers über die Art der Ausführung auf diese Frage nicht im Grundsatz, sondern nur bezüglich des Schadenersatzes abstellt. Der Unternehmer kann in diesem Sinne Schadenersatz aufgrund der Mangelhaftigkeit des Werks nur dann fordern, wenn den Besteller in Bezug auf die zum Schaden führende Fehlerhaftigkeit der vertraglichen Festlegung ein Verschulden trifft, wenn der Besteller also die Fehlerhaftigkeit und deren Schadenspotenzial erkannt hat oder hätte erkennen müssen.

15.88 Auch der den vorzeitigen **Untergang des Werks** betreffende Art. 376 Abs. 3 OR kann auf vertragliche Festlegungen angewandt werden.[96] Diese Bestimmung gewährt dem Unternehmer Bezahlung der geleisteten Arbeit und der dadurch nicht gedeckten Auslagen, wenn aus beim Besteller liegenden Gründen (Baugrund, Baustoff, vorgeschriebene Art der Ausführung) das Werk vor seiner Übergabe untergeht; der Unternehmer hat zudem Anspruch auf Schadenersatz, wenn den Besteller ein Verschulden trifft. Vorbehalten bleiben allfällige Anzeigeobliegenheiten des Unternehmers. Nach der hier vertretenen Auffassung kann die «vorgeschriebene Art der Ausführung» im Sinne dieser Bestimmung

[95] Nach GAUCH, Werkvertrag, Rz. 1927 (vgl. auch Rz. 2015) bezieht sich der Art. 369 OR auf Weisungen des Bestellers, «die der Unternehmer auf Grund des Werkvertrages befolgen muss». Nach meinem Verständnis muss der Unternehmer auch vorvertragliche Weisungen befolgen, die in den Werkvertrag aufgenommen worden sind.

[96] Vgl. Rz. 15.87, Fn. 95. Es geht hier um die gleiche Art von Weisungen wie nach Art. 369 OR (vgl. GAUCH, Werkvertrag, Rz. 1195).

auch vorvertraglich bestimmt und im Vertrag festgelegt worden sein (abgesehen davon können manche Festlegungen auch mit vertraglich vorbestimmtem Baugrund oder Baustoff verglichen werden). Für diesen Schluss ist allerdings erforderlich, dass es sich um einen Vertragspunkt handelt, der im ausschliesslichen oder primären Interesse des Bestellers (Rz. 15.87) vereinbart wurde. Demzufolge hat der Unternehmer die genannten Ansprüche im Fall von vertraglichen Festlegungen, die zum vorzeitigen Untergang des Werks führen, sofern diese Festlegungen im ausschliesslichen oder primären Interesse des Bestellers vereinbart wurden und der Unternehmer seinen allfälligen Anzeigeobliegenheiten nachgekommen ist (diese Obliegenheiten sind von besonderer Natur, wenn der Unternehmer die Festlegung vorgeschlagen oder ausgearbeitet hat; Rz. 15.87). Von einer Haftung des Bestellers wird zudem dann auszugehen sein, wenn dieser die Problematik einer in seinem oder in des Unternehmers Interesse vereinbarten Festlegung vor Vertragsschluss erkannt hat oder hätte erkennen sollen, er den Unternehmer darüber aber nicht informiert hat, obschon er annehmen musste, dass der Unternehmer die Problematik nicht kannte (Rz. 15.87). Schadenersatz kann der Unternehmer nur fordern, wenn der Besteller die Fehlerhaftigkeit der Festlegung und deren Schadenspotenzial erkannt hat oder hätte erkennen müssen (Rz. 15.87). Im Falle der Unmöglichkeit der Werksherstellung aufgrund von Verhältnissen des Bestellers (Art. 378 OR) ist im Übrigen gleich zu verfahren wie nach Art. 376 Abs. 3 OR.

Soweit **Auftragsrecht** auf den vertraglich nicht geregelten Fall zur Anwendung kommt, 15.89 in dem vereinbarte Festlegungen (insb. Ziele, Anforderungen, Ergebnisse, aber auch Prozesse und Infrastrukturen) zu unerwarteten Nachteilen geführt haben, ist nach der hier vertretenen Auffassung der Art. 402 Abs. 2 OR zu beachten. Wenn es um eine vertragliche Festlegung geht, die in dem Sinne als «Vorschrift» des Auftraggebers (Art. 397 Abs. 1 OR) zu qualifizieren ist, dass sie im ausschliesslichen oder primären Interesse des Auftraggebers vereinbart wurde, ist ein durch diese Festlegung dem Beauftragten zugefügter Schaden «aus dem Auftrag erwachsen», und der Auftraggeber haftet dafür, sofern er nicht nachweist, dass er kein Verschulden trägt (Art. 402 Abs. 2 OR). In dieser Hinsicht und für den Fall der Verletzung von Aufklärungsobliegenheiten durch den Besteller wird sinngemäss auf das zum dispositiven Werkvertragsrecht Ausgeführte verwiesen (Rz. 15.87 f.).

In allen Fällen (Art. 369, Art. 376 Abs. 3, Art. 378 und Art. 402 Abs. 2 OR; Rz. 15.87 ff.) ist 15.90 dem Unternehmer jedenfalls dann, wenn es nicht anders vereinbart ist, der erörterte **Rechtsschutz zu versagen,** soweit der Unternehmer trotz voller Erkenntnis der Problematik einer bestimmten Festlegung und ihres Schadenspotenzials (und gegebenenfalls trotz gegenüber dem Besteller entsprechend geäusserter Bedenken) die problematische Feststellung gleichwohl vereinbart hat, sei es auf Wunsch des Bestellers, sei es aus anderen Gründen (allerdings ist nicht ausgeschlossen, dass die Parteien in diesem Fall die Verantwortlichkeit des Bestellers zumindest implizit vereinbart haben; Rz. 15.85). Anders verhält es sich dann, wenn der Unternehmer aufgrund der Darlegungen, die der Besteller nach Kenntnisnahme von der Anzeige oder Abmahnung gemacht hat, in guten Treuen davon ausgehen darf, dass die Problematik nicht im befürchteten Sinne oder Ausmass besteht.

15.91 Soweit das dispositive Gesetzesrecht nicht einschlägig ist oder keine Lösung bereithält, muss im Streitfall die gerichtliche **Vertragsergänzung** festlegen, welche Lösung zwischen den Parteien als vereinbart gelten soll. Dabei werden, nebst anderem, zum einen allfällige Verletzungen von Sorgfalts- und Aufklärungsobliegenheiten und zum anderen die Frage eine Rolle spielen, in wessen Interesse eine bestimmte Festlegung getroffen wurde (vgl. sinngemäss Rz. 15.87 ff.).

15.92 Das hier Gesagte (Rz. 15.83 ff.) gilt nicht nur für beim ursprünglichen Vertragsschluss vereinbarte Festlegungen, sondern ebenso für **später** zwischen den Parteien einvernehmlich festgelegte Punkte.

C. Prozesse, Rollen und Zusammenarbeit

15.93 Sollen gemäss entsprechenden Vertragsabreden in einem Vorhaben betreffend die Planung, Realisierung oder Bewirtschaftung eines Bauwerks aus digitalen Daten bestehende Arbeitsergebnisse zwischen mehreren Parteien ausgetauscht oder innerhalb des Projekts zur Verfügung gestellt werden, sind die Vertragsparteien gut beraten, abgesehen von den Spezifikationen der Ziele, der Informationsanforderungen und der Ergebnisse solchen computergestützten Vorgehens (Rz. 15.61 ff.) auch Regeln über die dabei spezifisch zu beachtenden Prozesse, die auszufüllenden Rollen und die damit verbundenen Aufgaben zu vereinbaren, um so ein **geordnetes Vorgehen** zu ermöglichen.[97] Das gilt erst recht, wenn über den Austausch und die Weiterverwendung digitaler Datenkonstrukte hinaus eine unmittelbare Zusammenarbeit von mehreren Vertragsparteien auf der Grundlage gemeinsam genutzter Datensätze bzw. digitaler Modelle vereinbart wird. Im gleichen Sinne sind die zu verwendenden Kanäle für Kommunikationen und Datentransfers zu regeln und sind Vereinbarungen über die Art und den Inhalt von weiteren Zusammenarbeitsformen, wie insbesondere gemeinsame Sessionen zur Analyse und Überprüfung von Planung und Ausführung, zu treffen, wo eine solche Zusammenarbeit vorgesehen ist.

15.94 Die Vertragsparteien sind in rechtlicher Hinsicht frei, welche Prozesse sie in Bezug auf die Erreichung der Ziele des computergestützten Vorgehens und auf die Herstellung der daran ausgerichteten Ergebnisse vereinbaren, welche Rollen und damit verbundenen Aufgaben sie in diesen Prozessen festlegen und wie die Zusammenarbeit, die Kommunikation und der Datenaustausch funktionieren sollen.[98] Immerhin aber ist den Parteien eine so **genaue, klare, kohärente und detaillierte vertragliche Festlegung** zu empfehlen, dass sie danach reibungslos vorgehen und die festgelegten Ergebnisse und Ziele zeitgerecht erreichen können. Das impliziert insbesondere eine die Erreichung der Ziele und Ergebnisse (Rz. 15.61 ff.) versprechende Gestaltung der das computergestützte Arbeiten betreffenden Prozesse, aber auch eine nahtlose Einfügung dieser Prozesse in jene, die die Planung, die Realisierung und den Betrieb des betreffenden Bauwerks regeln. Hinsicht-

---

97 Vgl. Huber, SIA 2051 BIM, S. 218; Beyeler, Rechtsfragen zu BIM, Rz. 76 f.

98 Vgl. auch Ziff. 3.2.2.1 SIA-Merkblatt 2051: «Die am Projekt Beteiligten vereinbaren, wer wann welche Daten wofür in welcher Qualität liefert oder erhalten muss».

lich der Verantwortung für die Güte der Definition von Prozessen, Rollen, Aufgaben und Zusammenarbeitsregeln der computergestützten Arbeit wird auf die Ausführungen betreffend Ziele, Anforderungen und Ergebnisse verwiesen (Rz. 15.83 ff.).

a. Prozesse, Rollen und Aufgaben

Ein **Prozess** definiert eine bestimmte Abfolge von seriellen und allenfalls auch parallelen Schritten – bestehend aus Tätigkeiten und Entscheidungen –, welche zur Erreichung bestimmter Ziele und Ergebnisse zu bestimmten Zeitpunkten oder unter bestimmten Umständen und Bedingungen unternommen werden.[99] Soweit in einem Prozess nicht nur eine einzige Person handelt, sondern mehrere Personen daran beteiligt sind, sieht die Prozessbeschreibung regelmässig verschiedene **Rollen** vor, in welchen jeweils bestimmte im Prozess zu erledigende **Aufgaben** gebündelt werden, wobei dem Grundsatz nach jede Rolle einer anderen Person zugeteilt wird (was jedoch eine Personalunion bezüglich bestimmter Rollen nicht von vornherein ausschliesst). Mit dieser Aufgabenzuteilung geht meistens eine Zuweisung von Verantwortlichkeit für bestimmte Aufgaben oder Ergebnisse einher, die, wenn der Prozess vertraglich vereinbart wird, in aller Regel auch als vertragliche Haftung zu verstehen ist. Zugleich ergibt sich aus den Aufgabenbeschrieben sowie aus allfälligen Schnittstellendefinitionen, wo die Grenzen zwischen den einzelnen Rollen und den damit verbundenen Verantwortlichkeitsbereichen verlaufen. 15.95

Insbesondere (aber nicht ausschliesslich) in Bau- und Bewirtschaftungsvorhaben, in denen vereinbarungsgemäss Computertechnik zum Einsatz kommen soll – und erst recht, wenn digitale Daten unter den Beteiligten ausgetauscht bzw. zur Verfügung gestellt werden sollen oder wenn eine Zusammenarbeit mehrerer Parteien am gleichen Datenkonstrukt vorgesehen ist –, sollten die Vertragsparteien die zur Erreichung und Absicherung der angestrebten Resultate definierten Prozesse **zum Inhalt ihrer Verträge machen** (und zwar idealerweise über zentrale Vertragsdokumente, denen alle Parteien in ihren jeweiligen Verträgen zugestimmt haben; Rz. 15.46 ff.).[100] Das gilt ebenso für die mit den Prozessen verbundenen Rollen, für die darin gebündelten Aufgaben und Verantwortlichkeiten (soweit solche mit den Aufgaben verbunden werden sollen) sowie für die Schnittstellen und Abgrenzungen zwischen diesen. Zugleich ist zur Operationalisierung der Prozesse dafür zu sorgen, dass jede Rolle tatsächlich einer bestimmten Partei des Vorhabens zugeordnet wird. 15.96

---

[99] Vgl. Ziff. 3.4.1 ISO-Norm 9000: «process: set of interrelated or interacting activities that use inputs to deliver an intended result»; Gabler Wirtschaftslexikon, abrufbar unter: <www.wirtschaftslexikon.gabler.de/definition/prozess-45614> (besucht am 24. Juli 2018): «Unter Prozess versteht man die Gesamtheit aufeinander einwirkender Vorgänge innerhalb eines Systems. So werden mittels Prozessen Materialien, Energien oder auch Informationen zu neuen Formen transformiert, gespeichert oder aber allererst transportiert».

[100] Vgl. auch Huber, SIA 2051 BIM, S. 218 f.

15.97 Eine **verbindliche und eindeutige Rollenzuordnung** kann beispielsweise so geschehen, dass der Prozessbeschrieb die Rollen (z.B. «BIM-Management»[101]) abstrakt an Projektakteure zuteilt, die bloss generisch bezeichnet werden (z.B. «Gesamtleiter»), und dass ein separates, im Projektverlauf bei Bedarf jeweils nachgeführtes Dokument die Brückenfunktion einnimmt und darüber Auskunft gibt, welches Unternehmen welchen Projektakteur darstellt (z.B. «Gesamtleiter: Müller Architekten AG»). Zugleich muss der Vertrag, der mit einer Partei abgeschlossen wird, welche eine bestimmte Rolle übernehmen soll, dieser Partei diese Rolle tatsächlich verpflichtend zuweisen, indem er der Partei entweder direkt eine im vereinbarten Prozessbeschrieb vorgesehene Rolle zuweist oder indem er die Partei mit einer generischen Bezeichnung eines Projektakteurs versieht, welcher im vereinbarten Prozessbeschrieb eine Prozessrolle zugeordnet ist. Auf diese Weise werden nicht nur Rollen (sowie die damit verbundenen Aufgaben und Verantwortlichkeiten) vertraglich verbindlich verteilt, sondern es wird auch sichergestellt, dass alle Akteure alle Rollen, Aufgaben und Verantwortlichkeiten sowie die damit betrauten Parteien identifizieren können. Alle Parteien können so ihre Erwartungen bezüglich des Prozesses und der darin durch verschiedene Akteure vollbrachten Leistungen stabilisieren und ihr Handeln danach ausrichten und planen.

15.98 Zur Beschreibung von Prozessen und Rollen gehört auch die Bestimmung von **Kommunikationsregeln.** Zum einen geht es hier um Wege, Plattformen und Kanäle für die vertraglich vorgesehenen Sprachkommunikationen und Datentransfers (zu den mit den Daten verfolgten Zielen und zu den zu beachtenden Formen und Inhalten Rz. 15.61 ff.), zum anderen um die Bestimmung jener Personen, welche bestimmte Kommunikationen zu bestimmten Zeitpunkten oder bei bestimmten Anlässen abzusetzen oder entgegenzunehmen haben. Auch diese Festlegungen werden vorzugsweise über zentrale Vertragsdokumente (Rz. 15.46 ff.) vereinbart.

b. Zusammenarbeit im weiteren Sinne: Kooperation

15.99 Mit den Prozessen, Rollen und Kommunikationsregeln wird in einem Vorhaben betreffend computergestütztes Planen, Bauen oder Betreiben primär die Zusammenarbeit im weiteren Sinne (hier Kooperation genannt) geregelt, also **die je individuell verrichtete Arbeit verschiedener Parteien an je einem Teil des Ganzen.** Diese Zusammenarbeit bringt es mit sich, dass die Parteien, ob vertraglich direkt miteinander verbunden oder nicht, untereinander Informationen bzw. digitale Datenpakete weitergeben oder zur Verfügung stellen (zur Haftung in diesem Zusammenhang Rz. 15.148 und 15.150 ff.; vgl. ferner Rz. 15.83 ff.) und dass andere Parteien diese Informationen weiterverwenden, das heisst nutzen, bearbeiten, analysieren, weitergeben oder aufbewahren. In diesem Sinne führt die Kooperation unter dem Titel des Bearbeitens von Daten anderer Parteien in aller Regel auch dazu, dass bestimmte Parteien die Arbeitsergebnisse anderer Parteien

[101] Vgl. dazu Ziff. 4.4.3 SIA-Merkblatt 2051.

(allenfalls mit eigenen Ergebnissen) zusammenfügen oder verschmelzen (dazu insb. Rz. 15.127 f. und 15.150 ff.).

Zur Absicherung der so verstandenen Kooperation sind nebst den Prozessen, Rollen und Kommunikationsregeln insbesondere auch die Form und der Gehalt der auszutauschenden oder zur Verfügung zu stellenden, zur Weiterverwendung vorgesehenen Daten zu spezifizieren; zur rechtlichen Absicherung sind diese **Spezifikationen zu vereinbaren.** Betreffend die Form (vgl. dazu bereits Rz. 15.64 und 15.68) ist namentlich festzulegen, in welchem Dateiformat Daten gehalten sein sollen, wie die Daten zu strukturieren sind und wie die Datenpakete und Datenkonstrukte zu bezeichnen sind (wobei es nicht nur um die Identifikation, sondern auch um den Status – z.B. «in Bearbeitung», «in Prüfung» oder «nach Prüfung freigegeben zur Weiterverwendung»[102] – der jeweiligen Datenkonvolute geht). Bezüglich des Inhalts der der Kooperation unterliegenden Daten sind der minimale und maximale sachliche Umfang der enthaltenen Informationen, die Qualität dieser Informationen sowie der geforderte Detaillierungsgrad festzulegen und zu vereinbaren. Hierbei ist häufig zu beachten, dass das im Kern gleiche Datenkonstrukt (bspw. ein Teilmodell des Bauwerks) während des Projektverlaufs einen zunehmend hohen Detaillierungsgrad aufweisen muss, sodass insoweit für verschiedene Zeitpunkte unterschiedliche Detaillierungsgrade festzulegen sind (Rz. 15.71 f.; zur Absicherung der Nachvollziehbarkeit der Leistungserbringung und insbesondere zur Erforschung von Problemursachen empfiehlt es sich allerdings, alle Zustände je separat zu konservieren bzw. dokumentieren). Zudem ist daran zu erinnern, dass ein im Kern gleiches Konstrukt je nach Verwendungszweck (bspw. Planung oder Betrieb) ganz unterschiedliche Informationen enthalten muss (und, spiegelbildlich dazu, ganz unterschiedliche überflüssige Informationen nicht enthalten sollte[103]), sodass dieses Produkt, allenfalls zu verschiedenen Zeitpunkten, auch ganz unterschiedliche Informationsgehalte haben muss (Rz. 15.71 f.),[104] was vertraglich abzubilden ist. 15.100

c. Zusammenarbeit im engeren Sinne: Kollaboration

Über die gewöhnliche Kooperation (isolierte Arbeit an jeweiligen Teilen des Ganzen; Rz. 15.99 f.) hinaus kann, gerade in computergestützt durchzuführenden Bau- und Bewirtschaftungsvorhaben, auch echte Kollaboration – **gemeinsames Zusammenwirken mehrerer Parteien an einem Teil des Ganzen oder am Ganzen** – vorgesehen und vereinbart werden. Das geschieht zunächst immer dann, wenn Parteien vereinbaren, Details von anstehenden Aufgaben und Probleme in der Ausführung des Vertrags im Rahmen von regelmässigen Sitzungen zu besprechen, wo Lösungen gefunden und entschieden 15.101

---

[102] Vgl. zu einem solchen System von Status-Nomenklaturen und den Regeln, die den Übergang von Daten vom einen zum anderen Status bestimmen, Ziff. 12 ISO-Norm 19650-1; Eschenbruch, Quo Vadis, S. 56 f.; Ders., Vertragsabwicklung mit BIM, S. 26.

[103] Vgl. Ziff. 2.3.1.1 SIA-Merkblatt 2051.

[104] Vgl. Ziff. 2.7.1.1 SIA-Merkblatt 2051.

oder vereinbart werden sollen. Hier kann von Kollaboration im weiteren Sinn gesprochen werden. Solche Kollaboration findet in Bau- und Bewirtschaftungsvorhaben seit jeher statt. Im Weiteren können die Parteien aber auch übereinkommen, bestimmte Ergebnisse in gemeinsamem Wirken zu erzeugen, zu bearbeiten oder zu analysieren, sei es in punktuell durchgeführten, der konzeptionellen Gestaltung oder der Detailarbeit gewidmeten Workshops[105] (welche von Einzelarbeit gefolgt werden) oder über eine während längerer Dauer gemeinsam durchgeführte Tätigkeit (bspw. «Integrierte Projektteams»[106]). Hier geht es um Kollaboration im engeren Sinne.[107] Derartige Zusammenarbeitsformen sind in Bauprojekten jedenfalls in Planer- und Arbeitsgemeinschaften nicht erst seit dem Aufkommen der Computertechnik gängig. Hier geht es nicht bloss um punktuelle Weitergaben von Informationen und um deren isolierte Weiterverwendung, sondern um ein über mehr oder minder lange Fristen kontinuierlich geleistetes Zusammenwirken, das in einer unmittelbaren Zusammenlegung von Ideen und Kräften, also namentlich im ständig kollaborativen Austauschen und Weiterverwenden (insb. Weiterentwickeln oder Analysieren) von Informationen besteht.

15.102 Ist in einem computergestützt durchgeführten Vorhaben eine solche Kollaboration im engeren Sinne vorgesehen, sollten nebst Festlegungen zu Form und Inhalt der verwendeten Daten (Rz. 15.65 ff.) auch solche zum konkreten Vorgehen bei der zeitweisen oder dauerhaften Zusammenarbeit (Akteure, Orte, Zeitpunkte, Rahmenbedingungen, Führung, Moderation, Tätigkeiten, Kommunikation, Ergebnisse) vereinbart werden. Überdies empfiehlt sich aus rechtlicher Sicht – namentlich zur Befreiung der Parteien vor der **Angst vor diffusen Verantwortlichkeitsstrukturen** – eine klare Regelung der Frage, wer für welche Grundlagen der Zusammenarbeit (insb. die verwendeten Daten) und wer für welche Ergebnisse und weiteren Folgen der Kollaboration im engeren Sinne verantwortlich sein soll.

15.103 Währenddem sich in Bezug auf die Grundlagen der Kollaboration eine Haftung der den betreffenden Beitrag jeweils einbringenden Partei jedenfalls im Grundsatz fast aufzu-

[105] Bspw. «Integrierte Kollaborationsworkshops» nach Ziff. 1.2.19 und Ziff. 2.8.2.6 SIA-Merkblatt 2051. – Selbstredend müssen sich solche Workshops entgegen Ziff. 1.2.19 SIA-Merkblatt 2051 nicht auf Planer (sowie allenfalls einen Entscheider) beschränken, sondern können auch andere Projektbeteiligte miteinbeziehen, so etwa ausführende Unternehmen oder Lieferanten.

[106] Vgl. hierzu The American Institute of Architects (AIA) (Hrsg.), Integrated Project Delivery: A Guide, Version 1, 2007, abrufbar unter: <http://aiad8.prod.acquia-sites.com/sites/default/files/2017-02/Integrated%20Project%20Delivery%20Guide.pdf> (besucht am 26. Juli 2018), S. 2: «At the core of an integrated project are collaborative, integrated and productive teams composed of key project participants. Building upon early contributions of individual expertise, these teams are guided by principles of trust, transparent processes, effective collaboration, open information sharing, team success tied to project success, shared risk and reward, value-based decision-making, and utilization of full technological capabilities and support».

[107] Gewöhnliche Kooperation hingegen liegt grundsätzlich dann vor, wenn mehrere Parteien je für sich an einem gemeinsamen (geteilten) Datenkonstrukt, insbesondere an einem digitalen Bauwerksmodell, arbeiten, ohne dabei ihre Ideen und Kräfte unmittelbar zusammenzulegen.

drängen scheint (wiewohl es den Parteien unbenommen ist, eine andere Regelung zu treffen), sind in Bezug auf die **Haftung für Ergebnisse und Folgen des kollaborativen Handelns** sowie für Mehrkosten, die sich allenfalls aus den in der Kollaboration getroffenen Entscheidungen ergeben, grundsätzlich zwei verschiedene Ansätze vorstellbar.

Die Parteien können zum einen vereinbaren, dass alle Entscheidungen, die Zwischen- 15.104
ergebnisse oder Ergebnisse verbindlich festlegen oder die im Projekt oder anderweitig erhebliche Konsequenzen haben könnten, durch **eine bestimmte, vertraglich bezeichnete Partei** getroffen werden müssen, und dass diese Partei in der Folge grundsätzlich auch die Verantwortung für die Ergebnisse und Konsequenzen übernimmt (es sei denn, sie habe sich beim betreffenden Entscheid unwissentlich und ohne Sorgfaltspflichtverletzung auf mangelhafte Grundlagen oder sorgfaltspflichtwidrig geleistete Kollaboration gestützt, für die eine andere Partei kraft Verschuldens einzustehen hat).

Zum anderen können die Parteien auch vereinbaren, dass sie die angesprochenen Ent- 15.105
scheidungen kollaborativ, d.h. einstimmig (oder unter Umständen nach dem Mehrheitsprinzip) fällen wollen, dass sie einander im Fall von so getroffenen Entscheiden, die zu unvorhergesehenen Mehrkosten oder zu Schäden oder anderen unerwarteten Nachteilen führen, unter Vorbehalt einer allfälligen Verantwortung für fehlerhaft eingebrachte Entscheidungsgrundlagen **nicht haftbar machen** sollen und dass sie es im Falle der Haftung eines oder mehrerer von ihnen im (vertraglichen oder ausservertraglichen) Aussenverhältnis (gegenüber an ihren Abreden nicht beteiligten Projektparteien und gegenüber Dritten) **intern solidarisch** halten, solche Lasten also gemeinsam tragen wollen. Sowohl für den Haftungsverzicht im Innenverhältnis als auch für die interne Solidarität im Fall einer Haftung im Aussenverhältnis können, vernünftigerweise zugunsten von das Projekt nicht initiierenden bzw. verantwortenden Parteien, Limiten im Umfang des gesamten Projektengagements der betreffenden Partei eingeführt werden, oberhalb derselben andere Haftungsregeln greifen, welche in diesem Fall spezifisch zu vereinbaren sind. In jedem Fall ist der Art. 100 Abs. 1 OR zu beachten.[108]

Die Vereinbarung von verbindlichen, kollaborativ getroffenen Entscheidungen, an denen 15.106
alle Kollaborationspartner teilhaben (verbunden mit Haftungsverzicht und Solidarität), wird in der Praxis wohl nur dort anzutreffen sein, wo dies im Kontext einer Gesamtvertragsstruktur steht, die die Beteiligten nicht hierarchisch, sondern als **gleichgeordnete Kooperationspartner** organisiert und in der alle wichtigen Entscheidungen einstimmig gefällt werden,[109] in der Gewinne und Verluste zumindest in bestimmtem Umfang geteilt werden,[110] in der (allenfalls in bestimmtem Umfang) auf jegliche interne Haftung verzichtet wird[111] und in der Lasten, die sich aus von aussen her kommenden Ansprüchen

[108] Vgl. auch Zichel, Projektbündnis, S. 132.

[109] Vgl. Ritter, Mehrparteienverträge mit BIM, S. 85; Zichel, Projektbündnis, S. 131 und 139; ders., Project Alliance, S. 6f.

[110] Vgl. Ritter, Mehrparteienverträge mit BIM, S. 84f.; Zichel, Projektbündnis, S. 135f. und 136ff.; ders., Project Alliance, S. 7f.

[111] Vgl. Ritter, Mehrparteienverträge mit BIM, S. 85; Zichel, Projektbündnis, S. 124 und 131f.

ergeben, intern (allenfalls in bestimmtem Umfang) gemeinsam getragen werden[112] (insb. sog. Projektallianz).[113] Nur in einem solchen Umfeld haben alle Parteien zum primären ökonomischen Anreiz, dass das Projekt gelingt (und erst sekundär, dass sie selbst dabei wirtschaftlich gut durch- und wegkommen).

15.107 Allerdings ist es für die Erschaffung eines solchen Umfelds nicht erforderlich, dass das gesamte Projekt eine entsprechende Struktur aufweist; eine gesamthaft beauftragte Gemeinschaft von Planern (oder Unternehmern) kann **im Innenverhältnis und für die der Gemeinschaft übertragenen Aufgaben** entsprechende Strukturen schaffen (zum Teil dürften sich diese in einem solchen Fall ohnehin subsidiär aus den Art. 530 ff. OR ergeben). Das ermöglicht in diesem Rahmen (Rz. 15.27 und 15.45) ein vereinbartes Zusammenarbeiten mit kollaborativer Entscheidungsfindung. Kollaborationen im engeren Sinne mit einstimmig (oder nach Mehrheitsprinzip) getroffenen und sodann durch alle Parteien verantworteten Entscheidungen können also auch in Teilen von Projektstrukturen partial vereinbart werden, bleiben in diesem Falle allerdings eine interne Angelegenheit der an der Vereinbarung beteiligten Partner. Das Verhältnis dieser Partner zu allen übrigen Projektpartnern ist in diesem Fall als Aussenverhältnis zu betrachten. In diesem Sinne können einerseits alle (relevanten) Parteien eines Vorhabens und andererseits aber auch einzelne Gruppierungen unter solchen Parteien unter sich Vereinbarungen betreffend kollaborative Vertragsstrukturen und kollaborative Entscheidungen treffen.

15.108 In allen Fällen werden indes wohl nur jene Parteien, die an einer Vertragsstruktur der Kooperation und der geteilten Gewinne und Verluste (Rz. 15.45 und 15.106) tatsächlich beteiligt sind, **in eine Kollaboration im engeren Sinne einwilligen,** in der kollaborativ entschieden und auf die interne Haftung verzichtet wird und in der im Aussenverhältnis entstehende Ansprüche intern solidarisch geregelt werden. Solange und soweit die Vertragsstrukturen hierarchisch organisiert sind, die Tragung der Folgen der projektrelevanten Entscheidungen (insb. Mehrkosten, Schäden und weitere Nachteile) in den jeweiligen Vertragsverhältnissen klassisch verteilt ist und die Frage der Kostenregelung daher allenfalls vor jeder einstimmig getroffenen, projektrelevanten Entscheidung neu ausgehandelt werden muss, ist das Prinzip der kollaborativen Entscheidung als Fremdkörper einzustufen, dessen Integration in und Abstimmung auf das übrige Vertragsgefüge erhebliche Schwierigkeiten bereiten und daher nicht ohne Weiteres empfohlen werden kann.

15.109 Sowohl bei Vereinbarung einer für die in der Kollaboration zu fällenden Entscheide allein verantwortlichen Partei (Rz. 15.104) als auch bei Vereinbarung von kollaborativen Entscheidungen (Rz. 15.105 ff.) haben die Vertragsparteien, die solche Regeln vereinbaren, im Auge zu behalten, dass diese Regeln das **Aussenverhältnis,** also ihre allfällige Vertrags-

[112] Vgl. Zichel, Projektbündnis, S. 124 (mit Fn. 14) und 133 f.

[113] Vgl. zum Konzept der Projektallianz (auch Projektbündnis genannt), in welcher alle (relevanten) Projektbeteiligten gemeinsam einen Vertrag abschliessen, in dem die genannten Prinzipien festgelegt werden, Zichel, Project Alliance, S. 6 ff.; ders., Projektbündnis, S. 123 f. und 127 ff.; Henninger, Projektbündnis, S. 153; Ritter, Mehrparteienverträge mit BIM, S. 82 ff. (insb. 84 f.). Vgl. auch Ziff. 6.1.1 des in Rz. 15.101, Fn. 106 genannten IPD-Guides.

haftung gegenüber an den entsprechenden Vereinbarungen nicht beteiligten Vertragspartnern und ihre allfällige Deliktshaftung gegenüber Dritten, aus sich heraus nicht zu beeinflussen vermögen. Im Besonderen ist hier hervorzuheben, dass die Vertragspartei, die einer an diesen Regeln nicht beteiligten Vertragspartei ein (in der Kollaboration mit Drittparteien) hergestelltes Arbeitsergebnis schuldet, sich grundsätzlich nicht auf mit ihren Kollaborationspartnerinnen getroffene Abreden betreffend gemeinsame Tragung einer sich im Aussenverhältnis ergebenden Haftung abstützen kann (vgl. auch Art. 544 Abs. 3 i.V.m. Art. 144 Abs. 1 OR). Wollen die Parteien die Haftung demgegenüber gerade nicht im Innenverhältnis unter sich aufteilen, ist ihnen zu empfehlen, die Verantwortlichkeiten für alle Grundlagen der Kollaboration im engeren Sinne und für die darin getroffenen Entscheidungen vertraglich (vorzugsweise über zentrale Vertragsdokumente; Rz. 15.46 ff.) klar zu regeln. So erlangen sie zumindest im Verhältnis zu allen an den entsprechenden Vertragsabreden beteiligten Projektparteien Rechtssicherheit bezüglich ihres Haftungsrisikos.

d. Zur Zusammenarbeit in traditionellen Vertragsstrukturen

Hier ist daran zu erinnern, dass eine Zusammenarbeit (Kooperation oder Kollaboration) zwischen Projektbeteiligten, die untereinander keine direkte Vertragsbeziehung unterhalten, in der Bau- und Immobilienwelt nichts Neues ist, das erst infolge computergestützt durchgeführter Projekte aufgekommen wäre (Rz. 15.51 ff. und 15.101); dementsprechend kann sie **auch in traditionellen Vertragsstrukturen rechtssicher** geregelt werden.[114] 15.110

Soweit eine solche **Zusammenarbeit in zentralen Vertragsdokumenten vorgesehen** ist, die von allen in das computergestützte Vorgehen involvierten Parteien in ihren jeweiligen Verträgen vereinbart worden sind (Rz. 15.46 ff.), einer der Zusammenarbeitspartner jedoch nicht oder nur mangelhaft zusammenarbeitet, kann der andere Partner von ihm zwar weder die Erfüllung noch (vertraglichen) Schadenersatz fordern, soweit er zu ihm keine direkte Vertragsverbindung unterhält (es sei denn, es wären Direktansprüche eingeräumt worden; Rz. 15.53). Indessen ist davon auszugehen, dass jener unmittelbare Vertragspartner, der den benachteiligten Zusammenarbeitspartner vertraglich zur Zusammenarbeit mit dem nicht oder mangelhaft leistenden Partner anhält, dem benachteiligten Partner grundsätzlich für die Zusammenarbeit (bzw. für die Verweigerung) des anderen einzustehen hat (aufgrund der vereinbarten Zusammenarbeitsregeln ist davon auszugehen, dass im Verhältnis zwischen der benachteiligten Partei und dem direkten Vertragspartner, der diese Partei zur Zusammenarbeit anhält, der verweigernde Zusammenarbeitspartner als Erfüllungsgehilfe[115] des direkten Vertragspartners zu betrachten ist und 15.111

[114] Vgl. auch LEUPERTZ, BIM-Mehrparteienverträge, S. 290, 292 ff. und 298 ff.

[115] I.S.v. Art. 101 OR. – Zwar sind Nebenunternehmer und dergleichen im Verhältnis zum Unternehmer nicht ohne Weiteres als Erfüllungsgehilfen des Bestellers anzusehen (GAUCH, Werkvertrag, Rz. 221a und 1210b). In dem Umfang aber, in dem die Parteien indessen vereinbaren, dass der

dass dieser dem benachteiligten Vertragspartner für das Handeln und Unterlassen des verweigernden Zusammenarbeitspartners einzustehen hat; vgl. auch Rz. 15.51 f.). Der Benachteiligte kann sich also mit seinen Ansprüchen an ihn wenden und ihm entsprechende Einreden entgegenhalten. Hat auch dieser unmittelbare Vertragspartner keinen Vertrag mit dem nicht oder mangelhaft leistenden Zusammenarbeitspartner, hat er sich seinerseits an jenen Vertragspartner zu richten, der ihn zur betreffenden Zusammenarbeit verpflichtet hat – und so weiter. Gelangt die Haftungskette bis zur Spitze der Projekthierarchie, also zu der das Projekt initiierenden bzw. verantwortenden Partei, und ist auch diese nicht identisch mit dem nicht oder mangelhaft leistenden Zusammenarbeitspartner, so kann sie sich an jenen ihrer Vertragspartner wenden, bei dem sie die Zusammenarbeit dieses Partners bestellt hat. Dieser wiederum kann weiter nach unten greifen, wenn er letztlich nicht selber betroffen ist, sondern die Zusammenarbeitspflicht weitervergeben hat.

e. Zur Entstehung von Vertragsbeziehungen infolge Zusammenarbeit

15.112 Nach diesen Ausführungen zur Zusammenarbeit (Rz. 15.110 ff.) bleibt zu präzisieren, dass der Umstand, dass in einem bestimmten Vorhaben zentrale Vertragsdokumente (Rz. 15.46 ff.) bestehen, die eine Zusammenarbeit zwischen vertraglich (hinsichtlich des Vertragsorganigramms) nicht direkt miteinander verbundenen Projektparteien vorsehen, für sich allein nicht bedeutet, dass zwischen diesen Parteien qua Akzept der zentralen Vertragsdokumente oder qua Zusammenarbeit **vertragliche Beziehungen entständen** (soweit im Übrigen in den zentralen Vertragsdokumenten Direktansprüche vorgesehen werden, gelten diese nur im eingeräumten Umfang und bestehen nur indirekt, nämlich aufgrund von jeweils einem Dritten gegenüber eingegangenen Vertragspflichten [Rz. 15.53]; sie führen nicht zu einer vollwertigen Vertragsbeziehung).

15.113 Kommen aber Projektparteien, zwischen denen bis dahin keine direkte Vertragsbeziehung bestand, überein, bestimmte Projekttätigkeiten in einer Zusammenarbeit durchzuführen, welche in ihren vorbestehenden Verträgen **nicht vorgesehen** ist (auch nicht via vereinbarte zentrale Vertragsdokumente; Rz. 15.46 ff.), so kommt zwischen diesen Parteien mit spezifischem Bezug auf diese Zusammenarbeit grundsätzlich durchaus ein (neuer) Vertrag zustande. Dieser Vertrag ist nach den üblichen Regeln zu qualifizieren. Mitunter dürfte eine Art der einfachen Gesellschaft (Art. 530 ff. OR) vorliegen, doch kann, was im Einzelfall «Zusammenarbeit» genannt wird, mitunter auch ein blosser Kauf- (Art. 184 ff. OR) oder Mietvertrag (Art. 253 ff. OR) sein. Ob die Vertragsparteien

Unternehmer zur Herstellung seines Werks mit Drittparteien zusammenarbeiten soll, mit denen der Besteller direkt oder indirekt vertraglich verbunden ist, und in dem die Zusammenarbeitsleistung der Drittpartei eine notwendige Bedingung der Werksherstellung in der vereinbarten Art darstellt, ist die Drittpartei nach der hier vertretenen Auffassung als Erfüllungsgehilfin des Bestellers zu betrachten. Dementsprechend kann die Verweigerung oder Schlechtleistung der Zusammenarbeit durch die Drittpartei aus Sicht des Unternehmers je nach Fall einen Gläubigerverzug oder auch eine positive Vertragsverletzung darstellen. – Analoges gilt für dem Auftragsrecht unterworfene Verhältnisse.

durch die Vereinbarung einer im Projekt nicht vorgesehenen Zusammenarbeit ihre vorbestehenden Verträge verletzen, ist im Einzelfall aufgrund der Auslegung dieser Verträge und der Vereinbarung betreffend die Zusammenarbeit zu überprüfen; spontane Zusammenarbeiten können jedenfalls dann nicht als per se verboten betrachtet werden, wenn sie dem Projektinteresse dienen. Selbst dann aber, wenn vorbestehende Verträge verletzt werden, schadet das für sich genommen in der Regel weder dem Zustandekommen noch der Gültigkeit von spontanen Zusammenarbeitsvereinbarungen.[116]

D. Infrastruktur und Umgang mit Daten

Vertragsparteien, die für die Vertragserfüllung computergestütztes Arbeiten vereinbaren, tun gut daran, nicht nur Ziele, Ergebnisse, Prozesse und ihre Zusammenarbeit zu regeln, sondern darüber hinaus auch vertragliche Bestimmungen zu verabreden betreffend die zu verwendende informationstechnische Infrastruktur und den Umgang mit den im Projekt verwendeten oder erzeugten Daten. Das gilt jedenfalls in dem Umfang, in dem die durch eine bestimmte Partei benützte Infrastruktur oder der Umgang einer bestimmten Partei mit Daten sich **auf die Interessen anderer Projektparteien auswirken** kann. Das ist namentlich dann der Fall, wenn Infrastrukturen durch mehrere Parteien gemeinsam genutzt oder durch eine Partei anderen Parteien zur Verfügung gestellt werden, wenn eine Partei in Besitz von durch eine andere Partei hergestellten (bzw. ins Projekt eingebrachten) Daten kommt oder wenn eine Partei Daten vertragskonform erschafft oder erlangt, die eine andere Partei betreffen oder eine Drittperson, gegenüber der eine Projektpartei direkt oder indirekt verantwortlich werden könnte. 15.114

a. Infrastruktur

Mit der Infrastruktur sind hier alle **Hardwareelemente und Softwareinstrumente** gemeint, die zur Ausführung des in concreto vereinbarten computergestützten Arbeitens verwendet werden, also zum einen Endgeräte (insb. PC, Bildschirme, Eingabegeräte, Kommunikationsanlagen), Erfassungsgeräte (z.B. Laserscanner, Messgeräte, Kameras, Badge- und Codelesegeräte), Datenleitungen und damit zusammenhängende Infrastrukturen sowie Server- und Speicheranlagen (gleichviel, ob sich solche Hardware im Besitz von Vertragsparteien befindet oder ob deren Benutzung als Dienstleistung beschafft wird). Zum anderen geht es um Programme, Codes und Teile davon, mit denen die im Vorhaben relevanten Daten erstellt, bearbeitet, analysiert, überprüft, übermittelt oder aufbewahrt werden sollen, namentlich um Standard- und Spezialprogramme, um Algorithmen sowie um entsprechende Zusätze aller Art, um virtuelle Plattformen und Räume sowie Speicher- und Aufbewahrungsorte, die über Computer und Datenleitungen angesteuert werden. 15.115

[116] Vgl. Gauch/Schluep/Schmid, OR AT, Rz. 652 und 725 ff.

15.116 In Bezug auf alle Infrastruktur, deren Benützung die Interessen anderer Parteien (oder Dritter, denen gegenüber andere Parteien direkt oder indirekt einzustehen haben) berühren kann, sollten die Parteien vertragliche Abreden treffen, insbesondere was **die Wahl, die Verwendung und den Schutz** dieser Infrastrukturen betrifft.[117] Für die Wahl können sie beispielsweise bestimmte Techniken, Systeme oder Produkte, aber auch abstrakte Standards, festlegen – das empfiehlt sich insbesondere dort, wo eine mehrere Parteien umfassende Nutzung vorgesehen ist und wo es um Datenübermittlung oder Datenintegration geht. Die Parteien können die Frage der Wahl der Infrastruktur für bestimmte Tätigkeiten aber auch ins vertraglich mehr oder minder unbestimmt gelassene Belieben und unter die entsprechende Verantwortung der jeweils verwendenden Parteien stellen. Soweit die Parteien keine Vereinbarung treffen, wird zwar in der Regel davon auszugehen sein, dass jede Partei die für ihre Tätigkeit erforderliche Infrastruktur selbstverantwortlich wählen kann, doch bedeutet dies nicht, dass die Wahl damit schlicht frei wäre; die wählende Partei hat die übrigen Vertragsabreden (insb. betreffend Ziele, Ergebnisse, Prozesse, Formen, Inhalte und Strukturen) zu beachten und im Rahmen des Zumutbaren nach Treu und Glauben dafür zu sorgen, dass ihre Wahl deren Einhaltung nicht gefährdet. Das bedeutet insbesondere, dass aus der Verwendung von frei gewählten Infrastrukturen keine Ansprüche oder Verhältnisse entstehen dürfen, welche das Projekt stören oder gefährden könnten.

15.117 Haben die Vertragsparteien die je individuelle oder gemeinsame Verwendung bestimmter Infrastrukturen vereinbart, bedeutet dies nicht ohne Weiteres, dass eine dieser Parteien sich im Falle eines **Problems, das sich aus dieser Wahl selbst ergibt** (zu Problemen bei der Verwendung von Infrastrukturen Rz. 15.118 f.), an die andere wenden kann, um sich schadlos zu halten. Das gilt auch in hierarchisch strukturierten Vertrags- bzw. Projektstrukturen und selbst dann, wenn eine Partei der anderen eine Infrastruktur vor Vertragsschluss insofern vorgegeben hat, als sie darüber zu verhandeln nicht bereit war (ein anderer Fall liegt vor, wenn die Parteien vereinbart haben, dass im Rahmen der Vertragserfüllung eine bestimmte Infrastruktur von einer Partei zugunsten von anderen Parteien zur Verfügung gestellt oder weitergegeben wird und diese Infrastruktur in concreto ausbleibt, ausfällt oder mangelhaft ist; dazu Rz. 15.150 ff.). Es wird hier auf die Ausführungen zur Verantwortlichkeit für vereinbarte Ziele, Anforderungen und Ergebnisse verwiesen (Rz. 15.83 ff.), die auch im hier interessierenden Zusammenhang Geltung beanspruchen können.

15.118 Soll gemäss den vertraglichen Abreden eine Partei für die Zurverfügungstellung oder zur Weitergabe (bzw. Überlassung) von **individuell oder gemeinsam genutzter Infrastruktur** zugunsten von anderen Projektpartnern verantwortlich sein, empfehlen sich Regelungen zur erwarteten Form, Qualität und Verfügbarkeit dieser Dienstleistung, zu den Nutzungsrechten[118] und zur richtigen Verwendung der Infrastruktur durch die Projektbeteiligten sowie zur Haftung für vertragswidrige (ausbleibende, ausfallende, mangel-

[117] Vgl. auch Bodden, BIM mit Einzelunternehmen, S. 92.
[118] Vgl. Beyeler, Rechtsfragen zu BIM, Rz. 83.

hafte, schadhafte oder unberechtigt eingesetzte) Infrastruktur (Rz. 15.150 ff.) und für vertragswidrige (unberechtigte, zweckwidrige oder missbräuchliche) Verwendung derselben.

Für den Fall von in concreto **in vertragswidriger Art bereitgestellter** (oder vertrags- 15.119
widrig gerade nicht bereitgestellter) **Infrastruktur** können die Parteien eine Haftung der die Infrastruktur verantwortenden Partei vereinbaren (Rz. 15.150 ff.) oder, was sich vorab in gesellschaftlichen Verhältnissen (insb. Allianzverträge oder auf Planer- bzw. Arbeitsgemeinschaften beschränkte Abreden; Rz. 15.45 und 15.106 f.) eignen kann, die interne Aufteilung der entstandenen Nachteile nach bestimmten Regeln vorsehen (zumindest soweit kein grobes Verschulden i.S.v. Art. 100 Abs. 1 OR vorliegt).

In grundsätzlicher Hinsicht sollten die Parteien zudem festlegen, dass sich die Projekt- 15.120
beteiligten allgemein darauf verpflichten, Infrastruktur (und Daten; Rz. 15.132 ff., 15.136 und 15.147) nur zur Verfügung zu stellen und zur Verfügung gestellte Infrastruktur (und Daten) nur zu verwenden, wenn dem keine (vertraglichen oder gesetzlichen) Rechte von Projektpartnern oder von Dritten entgegenstehen, und dass sie für ansonsten aufkommenden Schaden (gegenüber ihrem direkten Vertragspartner, allenfalls im Sinne einer Haftungskette, oder allenfalls über Direktansprüche; Rz. 15.53) zumindest in einem bestimmten Umfang einstehen werden.

Schliesslich sollten die Parteien in ihren Verträgen unabhängig davon, inwiefern in ihrem 15.121
Projekt individuell oder gemeinsam genutzte Infrastruktur durch sie selbst bereitgestellt wird oder entsprechende Dienstleistungen eingekauft werden, sicherstellen, dass diese Infrastruktur nach Massgabe der Bedürfnisse der Parteien und eines breit verstandenen Projektinteresses (das insb. die Sicherheit des Bauwerks mit einschliesst; Rz. 15.11, 15.123 und 15.126) hinreichend geschützt (oder redundant angelegt) ist, damit die **Risiken des Ausfalls, Versagens und Usurpierens von Anlagen und Systemen** sowie die damit zusammenhängenden Risiken der Beschädigung, des Verlusts, des Missbrauchs und des Diebstahls von Daten (Rz. 15.123, 15.126 und 15.144) in einem akzeptablen Mass gehalten werden können.[119] Über blosse Zusicherungen und Verhaltens- sowie Sorgfaltspflichten hinaus empfiehlt sich die Einführung und Überwachung von effektiven Schutzmassnahmen jedenfalls dort, wo es um in irgendeiner Hinsicht wichtige Systeme und Daten geht und erhebliche Risiken bestehen. Die Parteien sind im Übrigen schlechterdings gesetzlich verpflichtet, zur Sicherheit der Infrastrukturen Pflichten zu schaffen und Massnahmen zu ergreifen, soweit andernfalls Vorschriften des öffentlichen Rechts (insb. des öffentlichen Baurechts sowie des Arbeits- und des Datenschutzrechts) oder gar des Strafrechts (zu denken ist an Art. 229, aber auch an Art. 117 und Art. 125 StGB) verletzt

119 Zu diesem Thema arbeitet die ISO unter der Nr. 19650-5 derzeit (2018) eine Norm aus, die den Titel «Organization of information about construction works – Information management using building information modelling – Part 5: Specification for security-minded building information modelling, digital built environments and smart asset management» tragen soll. Es ist nicht ausgeschlossen, dass diese Norm dereinst massgebenden Einfluss auf die impliziten vertraglichen, ausservertraglichen und strafrechtlichen Sorgfaltspflichten von Baubeteiligten haben wird, zumal die Gefahren real sind und Regeln im Umgang damit heute noch weitgehend fehlen.

würden. Das kann beispielsweise dann zutreffen, wenn eine Partei vorsätzlich oder fahrlässig Infrastrukturen derart vernachlässigt, dass Daten betreffend sicherheitsrelevante Aspekte einer Baustelle oder eines Bauwerks verfälscht oder beschädigt werden und dass daraus eine Verletzung öffentlichen Rechts (bspw. Bauen auf einem fremden Grundstück aufgrund falscher Geodaten) oder des Strafrechts (bspw. Unfall auf der Baustelle wegen mangelhafter Statik eines provisorischen Bauteils) resultiert. Vorstellbar ist es aber auch, dass sensible Daten offen oder (allzu) leicht zugänglich gehalten und sodann durch Dritte erbeutet und zur böswilligen Schädigung verwendet werden.

b. Umgang mit Daten

15.122 In Vorhaben, in denen vertragsgemäss auf computergestützter Arbeit abgestellt und daher mit einer grossen Menge an digitalen Daten, die allerlei Informationen über das Bauwerk und andere Dinge enthalten, gearbeitet werden soll, haben die Parteien aus verschiedenen Gründen und unter zahlreichen Aspekten ein eminentes **Interesse an klaren und präzisen Regelungen** zum Umgang mit Daten und Informationen.

15.123 Beim Umgang mit Daten und Informationen, die in einem Vorhaben betreffend Planung, Ausführung oder Betrieb eines Gebäudes verwendet werden oder anfallen, haben sich die Parteien aus rechtlicher Sicht **verschiedenartiger Risiken** gewärtig zu sein. Allgemein gilt, dass digitale Daten rein technisch in aller Regel sehr leicht kopiert, übermittelt, verbreitet und weiterverwendet (insb. analysiert und bewirtschaftet) werden können, was namentlich die Gefahr der unbefugten Entwendung und Nutzung befördert. Zudem unterliegen solche Daten stets spezifischen Gefahren der Konfusion, der Beschädigung (Korruption) oder Zerstörung, der ungewollten Veränderung und der unentdeckten Manipulation. Des Weiteren ist zu beachten, dass sich aus zusammengefügten Daten mitunter unerwartete und auch (aufgrund ihrer Aussage oder wegen deren Machtpotenzial) unerwünschte Erkenntnisse ergeben, insbesondere wenn sehr viele Daten, namentlich auch Personendaten, zusammenkommen und Programme mit künstlicher Intelligenz zur Analyse verwendet werden (Rz. 15.126). Schliesslich ist im Auge zu behalten, dass der Umgang mit Daten betreffend ein Bauwerk, dessen Bau oder dessen Betrieb für die Sicherheit von Bauwerk und Baustelle direkt relevant sein kann. Das gilt insbesondere dann, wenn es um Daten und Informationen betreffend die Stabilität und sonstige konstruktive Sicherheit des Bauwerks, betreffend dessen Betriebssicherheit oder betreffend den Zugang zum Bauwerk über physische und elektronische Wege geht (besonders gefährdet sind dabei all jene Bauwerke, deren Technik an Datennetze angeschlossen ist oder werden soll). Insgesamt ist festzustellen, dass beim Umgang mit Daten in einem Bau- oder Bewirtschaftungsvorhaben sowohl die Sicherheit der Daten an sich als auch jene des Bauwerks – beziehungsweise: die mit den Daten oder dem Bauwerk verbundenen Interessen – unweigerlich auf dem Spiel stehen.

15.124 Ist davon auszugehen, dass sich der Umgang mit Daten in einem computergestützt durchgeführten Bau- oder Bewirtschaftungsvorhaben im Wesentlichen in die **Grundtätigkeiten** des Erschaffens, Beschaffens, Bearbeitens (Verwendens, Zusammenführens,

Trennens, Veränderns, Restrukturierens, Betrachtens, Analysierens, Vernichtens bzw. Aussonderns), Aufbewahrens und Weitergebens (bzw. Zurverfügungstellens) aufspalten lässt, können entlang dieser Aufteilung die Felder bestimmt werden, auf denen die Vertragsparteien des Vorhabens ein naturgemässes Interesse an klaren und präzisen Vertragsabreden bezüglich der spezifischen Eigenschaften von Daten (Rz. 15.2, 15.5 ff. und 15.123) haben. Hinsichtlich jeder der genannten Grundtätigkeiten bestehen besondere (bzw. in besonderem Mass zutage tretende) Risiken, denen die Parteien durch Schaffung geeigneter vertraglicher Verpflichtungslagen (welche nicht nur Verhaltens- und Sorgfaltspflichten, sondern, soweit erforderlich, auch tatsächliche Massnahmen vorsehen, deren Einhaltung und Effektivität überprüft wird) begegnen sollten. Soweit unmittelbar oder mittelbar öffentliches Recht oder gar das Strafrecht verletzt werden könnten, falls keine Pflichten stipuliert und Massnahmen getroffen würden, sind die Parteien im Übrigen nachgerade gesetzlich verpflichtet, sich der Frage nach dem Umgang mit Daten aktiv zu widmen (Rz. 15.121).

c. Erschaffen von Daten

Digitale Daten (bzw. Datenpakete, Datenkonvolute und Datenkonstrukte) können erschaffen werden durch **Digitalisierung** bzw. digitale Erfassung von Informationen oder durch **Bearbeitung** (Rz. 15.125) von bereits bestehenden digitalen Daten. Beide Vorgänge des Erschaffens können entweder manuell oder durch Maschinen (Geräte) bzw. Computer durchgeführt werden, wobei in praxi häufig Mischformen zu beobachten sind. Die Vertragsparteien sollten sicherstellen, dass vertragsgemäss zu erschaffende Daten nach ihrer Kreation akkurat und korrekt sind (d.h. dass sie den vertraglichen Formen und Inhalten entsprechen; Rz. 15.65 ff.) – das kann namentlich Vorschriften über zu verwendende Geräte und Softwares für die Erfassung bedeuten –, dass die Erschaffung stets in vertragskonformer und auch sonst rechtmässiger Art (insb. was die Gewinnung von Daten betrifft) erfolgt und dass das Projekt sowie die darin verwendeten Datenkonstrukte nicht durch unnötigerweise erschaffene oder nicht bereinigte Daten[120] belastet oder gestört werden (zur Frage der Haftung für Daten, die im Sinne eines Werkstoffs zur Erschaffung weiterer Daten oder eines Datenkonstrukts zur Verfügung gestellt oder weitergegeben werden, Rz. 15.150 ff.). 15.125

Bei der Datenerschaffung (aber auch bei der Datenbearbeitung) ist besonders zu beachten, dass die Zusammenführung verschiedener an sich harmloser Datenpakete betreffend Bauwerk oder Betrieb (inkl. Nutzung) desselben zu emergenten Resultaten,[121] also dazu 15.126

[120] Vgl. Ziff. 2.3.1.1 und Ziff. 2.7.2.1 SIA-Merkblatt 2051.

[121] Vgl. Wikipedia, Stichwort «Emergenz», abrufbar unter: <https://de.wikipedia.org/wiki/Emergenz> (besucht am 26. Juli 2018): «Die Emergenz (lateinisch emergere ‹Auftauchen›, ‹Herauskommen›, ‹Emporsteigen›) ist die Herausbildung von neuen Eigenschaften oder Strukturen eines Systems infolge des Zusammenspiels seiner Elemente. Dabei lassen sich die emergenten Eigenschaften des Systems nicht – oder jedenfalls nicht offensichtlich – auf Eigenschaften der Elemente zurückführen, die diese isoliert aufweisen».

führen kann, dass **sensible Daten** (insb. Personendaten i.S.v. Art. 3 lit. a DSG, aber auch Daten betreffend die Bauwerkssicherheit) bzw. daraus ableitbare Informationen und Erkenntnisse gewissermassen originär entstehen oder aufgrund des Zusammenführens erstmals verständlich werden (vgl. Rz. 15.123). Wer solche Daten schafft oder schaffen kann, sollte vertraglich je nachdem zur Unterlassung, zur Sorgfalt oder zur Treffung effektiver Sicherheitsmassnahmen (welche insb. die verwendete Infrastruktur betreffen; Rz. 15.121) und in jedem Fall zur Gesetzestreue angehalten werden. Im gleichen Sinne ist auch dann vorzugehen, wenn digitale Daten aus der manuellen oder elektronischen Überwachung des Bauvorgangs oder aus dem Bauwerksbetrieb erschaffen werden oder anfallen, die Personendaten im Sinne von Art. 3 lit. a DSG darstellen könnten.

15.127 Parteien, die in einem Vorhaben digitale Daten (bzw. Datenkonvolute oder Datenkonstrukte) vertragsgemäss erschaffen sollen, haben regelmässig ein Interesse daran, anderen Projektbeteiligten sowie (erst recht) Dritten den Zugang zu und den Umgang mit diesen Daten zu verbieten oder zu beschränken.[122] Das gilt ungeachtet des Umstands, dass diese Daten häufig für die Weitergabe oder Zurverfügungstellung im Projekt vorgesehen sind. Nach schweizerischem Sachenrecht gibt es in Bezug auf (digitale) Daten sowie Datenpakete, Datenkonvolute und Datenkonstrukte als solche (d.h. im Unterschied zu physischen Datenträgern) aus gutem Grund – Daten lassen sich nicht individualisieren wie physische Sachen – **kein Eigentum.**[123] Die gesetzlichen Rechte (vgl. insb. Art. 2 Abs. 2 lit. d und e sowie Art. 2 Abs. 3 und 4 i.V.m. Art. 7f. und Art. 9ff. URG;[124] Art. 4 lit. c, Art. 5 und Art. 6 i.V.m. Art. 9ff. UWG; Art. 1 Abs. 1 i.V.m. Art. 3 und Art. 8ff. PatG) werden jedoch nicht in allen Fällen per se als ausreichend zu betrachten sein, zumal diese Rechte nur beschränkte Präventionswirkungen zu entfalten vermögen.

15.128 Aus diesen Gründen sind die schutzsuchenden Projektparteien darauf angewiesen, ihre Bedürfnisse primär durch **vertragliche Abreden betreffend den Umgang mit den durch sie erschaffenen Daten** (insb. durch Verhaltensregeln, Matrizen von persönlich, sachlich und zeitlich differenzierten Nutzungsrechten, Sorgfalts-, Löschungs- und Unterlassungspflichten sowie effektive Massnahmen und deren Überwachung) zu befriedigen.[125] Dabei ist nicht nur an den Umgang mit Daten im Projekt, sondern ebenso an jenen ausserhalb des Projekts, vor wie nach Abschluss desselben, zu denken (und auch der Fall der vorzeitigen Vertragsauflösung sollte nicht unbehandelt bleiben).[126] Zugleich sollte aber auch darauf geachtet werden, dass die den Projektakteuren und allfälligen

---

[122] Vgl. insb. Huber, SIA 2051 BIM, S. 219. Dieser Autor weist darauf hin, dass die in einem Bauvorhaben in digitalen Modellen und weiteren Datenkonstrukten enthaltenen Datenstrukturen häufig «einiges an firmeninternem Wissen» enthalten.

[123] Vgl. Fröhlich-Bleuler, Eigentum an Daten, Rz. 13ff. (insb. 30). Vgl. auch Weber/Thouvenin, Dateneigentum, S. 44f. A.M. Eckert, Besitz und Eigentum an digitalen Daten, S. 267ff.; ders., Digitale Daten als Sache, S. 247ff. Offenlassend Ziff. 5.3.1.3 SIA-Merkblatt 2051.

[124] Vgl. auch Fröhlich-Bleuler, Eigentum an Daten, Rz. 8ff.

[125] Vgl. Ziff. 5.3.4.1, Ziff. 5.3.4.2 und Ziff. 5.3.5 SIA-Merkblatt 2051.

[126] Vgl. Ziff. 5.3.4.1, Ziff. 5.3.4.2 und Ziff. 5.3.5 SIA-Merkblatt 2051. Vgl. auch Beyeler, Rechtsfragen zu BIM, Rz. 84ff.

legitimierten Dritten (insb. Behörden[127]) eingeräumten Rechte ausreichend sind, um die im Projekt vorgesehenen Aufgaben und Schritte zu vollführen (vgl. auch Rz. 15.132f., 15.136 und 15.147).[128] Insbesondere aus diesem Grund erweisen sich in hierarchisch organisierten Strukturen zentrale Vertragsdokumente (Rz. 15.46ff.) als gleichsam unabdingbar, denn die bestimmte Daten erschaffende Partei ist nicht notgedrungen direkt durch einen Vertrag mit jener Partei verbunden, welche diese Daten weiterbearbeiten soll. Ohne zentrale Dokumente, welche die Erschaffung, die Weiterbearbeitung und die entsprechende Berechtigung regeln, besteht stets die Gefahr, dass die eine Partei gestützt auf ihren Vertrag zur Weiterbearbeitung verpflichtet ist, die andere aber gestützt auf ihren Vertrag nicht zur Zurverfügungstellung der erforderlichen Daten oder nicht zur Duldung einer erforderlichen Art der Verwendung.

Im Auge zu behalten ist schliesslich auch das regelmässig erhebliche Interesse der Parteien daran, dass durch (vereinbarte) technische Massnahmen bewirkt wird, dass im Vorhaben stets Klarheit darüber herrscht, **wer welche Daten beigesteuert und bearbeitet hat.**[129] 15.129

d. Beschaffen von Daten

Daten können nicht nur auf dem Weg der Erschaffung in ein Vorhaben (mit vereinbarter computergestützter Arbeit) eingebracht werden, sondern auch durch Beschaffung; das betrifft **bereits bestehende Daten,** die eine Projektpartei bei Dritten bezieht oder die sie aus einem eigenen, unabhängig vom betreffenden Vorhaben angelegten Fundus entnimmt. Zu denken ist hier an Daten betreffend alle möglichen im Vorhaben relevanten Informationen, ob öffentlich zugänglich oder privat gehalten, ob entgeltlich oder unentgeltlich erworben. 15.130

---

127 Vgl. BEYELER, Rechtsfragen zu BIM, Rz. 87.

128 Vgl. Ziff. 5.3.4.1 und Ziff. 5.3.5 SIA-Merkblatt 2051. Vgl. auch BEYELER, Rechtsfragen zu BIM, Rz. 84. – In Ziff. 3 Abs. 1 SIA-Zusatzvereinbarung 1001/11 («Mit Bezahlung des Honorars steht dem Auftraggeber das nicht ausschliessliche Recht zu, die bestellten Arbeitsergebnisse des Beauftragten für das vereinbarte Projekt zu verwenden»; gleich formuliert sind Art. 1.5.3 SIA 102/103/108 sowie Art. 1.6.4 SIA 106) ist von der Einräumung von Rechten des Erschaffers von Daten an andere Projektbeteiligte und legitimierte Dritte nicht ausdrücklich die Rede. Deswegen empfiehlt sich nicht die Vereinbarung dieser Klausel, sondern die Formulierung einer detaillierteren und genaueren Abrede, die allen im Projekt (sowie allenfalls daneben und danach) vorgesehenen Nutzungs-, Mitteilungs- und Aufbewahrungsbedürfnissen Rechnung trägt (zudem sollten essenzielle Themen wie die Nutzungsrechte jedenfalls in Vorhaben mit übergreifender computergestützter Arbeit nicht in Individualverträgen, sondern in zentralen Vertragsdokumenten geregelt werden; Rz. 15.46ff.). Abgesehen davon empfiehlt sich auch eine Regelung betreffend Zeitpunkt des Rechtsübergangs, die der Realität der computergestützten Arbeit entspricht und Nutzungsrechte nicht erst zum Zeitpunkt der Bezahlung der Vergütung übergehen lässt, sondern schon zu jenem Zeitpunkt, zu dem dies aus Sicht des Vorhabens erforderlich ist (allenfalls ist das schon unmittelbar nach der Herstellung eines bestimmten Ergebnisses der Fall). Das wiederum hindert die Parteien nicht daran, zugleich zu verabreden, dass die Nutzungsrechte bei Zahlungsverzug wiederum ausgesetzt werden oder verfallen können.

129 Vgl. Ziff. 5.3.7.1 SIA-Merkblatt 2051.

15.131 Es geht hier zum einen um vorbestehende Daten über **Grund- und Randbedingungen des Vorhabens** (insb. Geo-, Wetter- und Klimadaten sowie Daten betreffend erwartete Nutzungen und solche, die öffentlich-rechtliche Planungs-, Bau- und Sicherheitsvorschriften[130] repräsentieren, was die rechtliche Überprüfung von Bauwerksmodellen erleichtert). Zum anderen werden in manchen Vorhaben auch **vorbestehende Daten betreffend das künftige oder bestehende Bauwerk** (insb. digital modellierte Bauwerksteile, wie bspw. ein Fenster eines bestimmten Fabrikats, die öffentlichen oder privaten Bibliotheken bzw. Modellotheken entstammen und zur Integration in digitale Projektmodelle vorgesehen sind) sowie solche Daten beschafft, die im Hinblick auf die Ausführung des Vorhabens verwendet werden (bspw. Verkehrswegs- und Verkehrsdaten für die Planung der Baulogistik, Maschinendaten für die Planung des Maschineneinsatzes sowie Daten, die spezifisch für die computergestützte Steuerung von bestimmten Maschinen und Geräten, insb. Robotern, bzw. für deren Befähigung zu bestimmten Tätigkeiten verwendet werden).

15.132 Die vertragsgemässe[131] Beschaffung von Daten unterliegt grundsätzlich den gleichen Risiken wie die Erschaffung von Daten, weswegen sich diesbezüglich analoge **vertragliche Regeln betreffend Korrektheit, Akkuratheit und Rechtmässigkeit** der in das Vorhaben eingebrachten Daten empfehlen (Rz. 15.125). Die Frage der Rechtmässigkeit der Datenbeschaffung ist dabei in einem möglichst weiten Sinne zu verstehen, weil hier das Risiko der Beeinträchtigung von Interessen Dritter erheblich stärker ins Gewicht fällt als bei der originären Erschaffung von Daten, denn die Beschaffung von Daten bei einer Drittpartei tangiert per se deren Interessen und entspricht nicht notgedrungen deren Willen; die Drittpartei ist über die Beschaffung auch nicht ohne weiteres im Bilde. Es geht bei der vertraglichen Regelung der Rechtmässigkeit der Datenbeschaffung daher nicht bloss darum, ob die beschaffende Projektpartei das Recht hat, die Daten zu erlangen und selbst zu verwenden, sondern, viel grundsätzlicher, darum, ob diese Partei befugt ist, die Daten zu erlangen und sie im vertraglich vorgesehenen Umfang zu verwenden; das heisst je nachdem auch, dass sie berechtigt sein muss, die beschafften Daten zwecks bestimmter Verwendung an andere Projektbeteiligte oder an Dritte weiterzugeben. Denn verletzt die beschaffende Partei in Erfüllung ihrer im Projekt bestehenden Aufgaben die Rechte von Dritten, kann dies erhebliche negative Folgen in Bezug auf den Verlauf des Gesamtprojekts und die Zielerreichung haben; zudem können Projektparteien, die arglos Daten verwenden und dabei gegen gesetzlich geschützte Rechte (etwa Urheberrechte) verstossen, unverhofft Direktansprüchen von Rechteinhabern gegenüberstehen, die sich in der Folge überdies als materiell begründet erweisen.

15.133 Soweit im konkreten Vorhaben gemäss den geschlossenen Verträgen andere Projektparteien oder Dritte **beschaffte Daten erlangen, verwenden oder aufbewahren** sollen, sollte die beschaffende Partei in diesem Sinne zur Vermeidung von Störungen oder

130 Vgl. Eschenbruch, Vertragsabwicklung mit BIM, S. 9.

131 Vgl. zum Fall der vertraglich unerlaubten Datenbeschaffung Beyeler, Rechtsfragen zu BIM, Rz. 90 f.

Blockaden im Projekt sowie von unerwarteten Drittansprüchen insbesondere sicherstellen, dass sie die entsprechenden Befugnisse bzw. Nutzungsrechte (sowohl in Bezug auf den Personenkreis als auch in Bezug auf die Verwendungs- und Aufbewahrungsarten) von der veräussernden Drittpartei tatsächlich erhält und auf ihre Vertragspartner weiterüberträgt, soweit nötig mit dem Recht zur weiteren Übertragung.[132] Das ist nur bei öffentlichen Daten (vgl. insb. Art. 10 GeoIG) von vornherein unproblematisch. Im Weiteren ist, wo nötig, dafür zu sorgen, dass die zu erwerbenden und zu übertragenden Befugnisse betreffend Datennutzung nicht nur den Zeitraum und die Zwecke des betreffenden Vorhabens beschlagen, sondern auch darüber hinausreichen und andere Lebenszyklen des betreffenden Bauwerks oder andere Vorhaben und Kontexte abdecken. Wenn beispielsweise bestimmte digital modellierte Bauwerksteile, die eine Projektpartei bei einem Dritten beschafft, zunächst in einem für die Planung und Ausführung verwendeten Projektmodell und anschliessend in einem für den Betrieb des Bauwerks vorgesehenen Bewirtschaftungsmodell verwendet werden sollen, ist bei der Beschaffung sicherzustellen, dass Rechte betreffend beide Zwecke und Zeiträume eingeräumt werden.

Wo eine Projektpartei vertraglich dazu verpflichtet ist, bestimmte Daten zu verwenden, 15.134
weiterzugeben oder zur Verfügung zu stellen, diese Daten aber nicht innerhalb des Projekts zur Verfügung gestellt werden und zudem der betreffende Vertrag weder explizit noch implizit regelt, ob die verpflichtete Partei sie **auf dem Weg der Erschaffung oder der Beschaffung** in das Projekt einzubringen hat, ist diese Partei grundsätzlich frei in der Entscheidung zwischen Erschaffung (inkl. der Erschaffung durch entsprechend beauftragte Dritte) neuer Daten und der Beschaffung vorbestehender Daten («make or buy»).[133] Das gilt, solange die Partei ihre Vertragspflichten auf beide Wege gehörig erfüllen kann und ihre Entscheidung nicht schon per se ein vertragliches Ziel gefährdet.

e. Bearbeiten von Daten

Im vorliegenden Text wird unter der Bearbeitung von Daten jegliches **Verwenden, Zu-** 15.135
sammenführen, Trennen, Verändern, Restrukturieren, Betrachten (inkl. Simulationen, die auf Datenmodellen beruhen), **Analysieren und Vernichten** bzw. Bereinigen und

---

[132] Vgl. Beyeler, Rechtsfragen zu BIM, Rz. 83. – Vgl. auch Ziff. 3 Abs. 2 SIA-Zusatzvereinbarung 1001/11: «Der Beauftragte stellt sicher, dass das von ihm erzeugte bzw. miterzeugte digitale Bauwerksmodell mit der Weitergabe innerhalb des Planungsteams und mit der Abgabe an den Auftraggeber mit dem eingeräumten Nutzungsrecht keine Rechte Dritter verletzt». Diese Formulierung ist m.E. unzulänglich. Es empfiehlt sich nicht nur die Vereinbarung eines Sicherstellens, sondern auch die einer Schadloshaltung im Falle von berechtigterweise gegenüber Projektbeteiligten erhobenen Drittansprüchen. Zudem werden Arbeitsergebnisse in den meisten Vorhaben nicht nur innerhalb des Planungsteams und an den Auftraggeber weitergegeben, sondern auch an andere Projektbeteiligte (insb. Unternehmer) und an legitimierte Dritte (insb. Behörden). Daher ist insbesondere hinsichtlich der Frage der Nutzungsrechte zu einer in zentralen Vertragsdokumenten (Rz. 15.46 ff.) unter Berücksichtigung der vereinbarten Ziele und Prozesse getroffenen Vereinbarung zu raten.

[133] Vgl. zur vertraglich fakultativen Datenbeschaffung Beyeler, Rechtsfragen zu BIM, Rz. 92.

Aussondern von Daten, Datenpaketen, Datenkonvoluten und Datenkonstrukten (insb. von digitalen Bauwerksmodellen) verstanden (Rz. 15.124). Dabei können auch neue Datenkonstrukte erschaffen werden (dazu auch Rz. 15.125 ff.). Die Parteien eines Vorhabens mit vereinbarter computergestützter Arbeit sind gut beraten, nebst den Zielen, Anforderungen, Ergebnissen, Formen und Inhalten der Datenbearbeitung (Rz. 15.61 ff.) sowie den damit zusammenhängenden Prozessen, Rollen und Kommunikationen (Rz. 15.93 ff.) insbesondere auch vertraglich festzuhalten, dass jedwede Daten ausschliesslich vertragskonform, also nur für die (inner- oder ausserhalb des Projekts) vertraglich vorgesehenen Tätigkeiten und Zwecke und nur in der vorgesehenen Art, bearbeitet werden. Dabei können zum Beispiel Vorschriften über zu verwendende Geräte und Softwares sowie solche über die allgemeine Sorgfalt der Bearbeitung, über den Schutz und die Geheimhaltung sowie über die Pflege und Vernichtung von Daten aufgestellt werden.

15.136 Über diesen Grundsatz hinaus ist durch entsprechende vertragliche Abreden (welche mit Vorteil in zentralen Vertragsdokumenten festgehalten sind; Rz. 15.46 ff.) sicherzustellen, dass alle Projektpartner die für die vertraglich vorgesehenen Datenbearbeitungen **erforderlichen Rechte erhalten;** diese Bearbeitungen finden je nach den vereinbarten Zielen und Ergebnissen der Verträge nicht nur im konkreten Vorhaben, sondern auch parallel dazu oder danach statt.[134] Das gilt sowohl für im Projekt durch Parteien (oder beauftragte Dritte) erschaffene (Rz. 15.125 ff.) als auch für bei Dritten beschaffte (Rz. 15.130 ff.), vorbestehende Daten, Datenpakete, Datenkonvolute und Datenkonstrukte.

15.137 Zur Überwachung der Grenzen der eingeräumten Befugnisse und zur Vereinfachung der Suche nach Ursachen von allfälligen Problemen empfiehlt sich überdies die Vereinbarung und Umsetzung technischer Vorkehren, die eine hinreichende **Nachvollziehbarkeit** ermöglichen, was die Frage anbelangt, wer wann welche Bearbeitung von Daten vorgenommen hat.[135] Es liegt zudem im offenkundigen Interesse aller Projektbeteiligten, Vereinbarungen dazu zu treffen, auf welche im Projekt (bzw. in Projekträumen, auf Projektservern und in verwendeten Datenkonstrukten) verfügbaren Daten bzw. Arbeitsergebnisse bezüglich der Verwendbarkeit in welchem Ausmass vertraut werden kann und wer für welche der entsprechenden Prüfungen[136] und Kennzeichnungen (zum Status von Daten Rz. 15.100) verantwortlich sein soll. In diesem Sinne ist dann, wenn es in einem computergestützt durchgeführten Vorhaben vorgesehen ist, bestimmte Informationen in traditionellen Formen (d.h. insb. auf Papier oder in der Form von digitalisierten, jedoch zweidimensionalen Plänen) festzuhalten und auszutauschen, genau zu regeln, welche

---

[134] Vgl. Beyeler, Rechtsfragen zu BIM, Rz. 84 ff. Vgl. zu Ziff. 3 SIA-Zusatzvereinbarung 1001/11 Rz. 15.128, Fn. 128 und Rz. 15.133, Fn. 132.

[135] Vgl. auch Beyeler, Rechtsfragen zu BIM, Rz. 75.

[136] Vgl. Beyeler, Rechtsfragen zu BIM, Rz. 79. Vgl. auch Ziff. 6 SIA-Zusatzvereinbarung 1001/11, die die Parteien darauf aufmerksam macht, dass eine Regelung getroffen werden sollte zur Frage, wer welche Arbeitsergebnisse welchen Prüfungen unterzieht und wie die anderen Parteien über die geschehenen Prüfungen und deren Ergebnisse informiert werden.

Information – jene, die in Datenkonstrukten wie insbesondere digitalen Bauwerksmodellen figuriert, oder jene, die auf traditionelle Art festgehalten ist – im Fall von materiellen Widersprüchen zwischen verschiedenen Informationsquellen den Vorrang haben soll.[137]

Im Übrigen empfiehlt sich die Vereinbarung von **Haftungsregelungen** für den Fall, in dem eine Projektpartei Daten bearbeiten soll, die durch eine andere Partei erschaffen oder beschafft wurden, in dem jedoch diese Daten nicht, verspätet oder mangelhaft geliefert werden (Rz. 15.150 ff.). 15.138

Schliesslich sollten sich die Parteien darüber verständigen, wie sie es mit der Frage der **spontanen Abgabe von Informationen** betreffend Daten halten wollen, die eine Partei vertragsgemäss ohne weitere Überprüfung[138] zur Bearbeitung übernommen hat und die sich im Zuge der Bearbeitung als mangelhaft erweisen (es geht hier nur um daten- bzw. informatikspezifische Mängel und nicht um Mängel der Information, die in den Daten allenfalls enthalten ist, also nicht um die Frage, ob bspw. eine bestimmte planerische Vorgabe, die sich aus einem digitalen Bauwerksmodell ergibt, in architektonischer Hinsicht vertragsgemäss ist).[139] Entsprechende Informationen können namentlich in Vorhaben mit computergestützt durchgeführter Zusammenarbeit für eine grosse Zahl von Projektbeteiligten von erheblichem Interesse sein, insbesondere weil sich Mängel in den entsprechenden Daten je nachdem unmittelbar auf ihre eigene Leistungserbringung auswirken können. 15.139

Es sollte daher eine Vorschrift in die zentralen Vertragsdokumente aufgenommen werden, die bestimmt, ob und, falls ja, unter welchen Umständen und binnen welcher Fristen die Parteien gehalten sind, **spontan** – also ausserhalb des Programms von allfälligen vertraglich stipulierten Prüfpflichten, für die je eigene Anzeige- und Abmahnregeln gelten dürften – **entdeckte, potenzielle oder manifeste Probleme** gegenüber bestimmten Vertragspartnern, anderen Projektpartnern oder gar gegenüber der «Projektöffentlichkeit» (also gegenüber allen relevanten Projektparteien) oder Dritten bekanntzugeben hat.[140] Wiewohl das Projektinteresse in dieser Frage stets auf eine möglichst weitgehende Verpflichtung der Parteien ausgerichtet zu sein scheint, gilt es doch zu beachten, dass übertriebene Strenge die Parteien häufig eher in einen abwehrenden Formalismus drängt als zu einem aktiven Mitdenken und kooperativen Handeln bringt. Zudem kann eine Verängstigung der Projektbeteiligten in Bezug auf die Frage, wie konkret ein potenzielles Problem sein muss, um nach dem Vertrag immer noch angezeigt werden zu müssen (ansonsten negative Folgen drohen), dazu führen, dass das Projekt oder bestimmte 15.140

---

137 Vgl. hierzu Bodden, BIM mit Einzelunternehmen, S. 92: Je nach dem konkreten Fall bilden bestimmte Bauwerksmodelle die «Single Source of Truth (SSoT)».

138 Das heisst: Gemäss dem konkreten Vertrag war die Partei zur Übernahme der Daten zumindest berechtigt, und sie war zugleich auch befugt, auf die Richtigkeit dieser Daten zu vertrauen (Rz. 15.137).

139 Vgl. zu diesem Thema auch Beyeler, Rechtsfragen zu BIM, Rz. 80 f.

140 Vgl. Beyeler, Rechtsfragen zu BIM, Rz. 81.

Informationsadressaten mit Anzeigen und Abmahnungen überflutet werden und dass dadurch wesentliche Informationen untergehen.[141]

15.141 Nach dem Gesagten empfiehlt sich nach der hier vertretenen Auffassung eine Regelung, die die Parteien vorab dazu anhält, in übernommenen Daten tatsächlich entdeckte datenspezifische Probleme umgehend bestimmten Adressaten (oder allenfalls, zumindest in wichtigen oder dringenden Fällen, allen Projektbeteiligten) anzuzeigen, wobei sich die Pflicht nur auf offenkundig existente (und tatsächlich erkannte; vgl. Rz. 15.142) Probleme sowie auf solche richten sollte, die als Potenzial tatsächlich erkannt wurden und die **mit erheblicher Wahrscheinlichkeit existieren** (wobei die Wahrscheinlichkeitsschwelle umso tiefer liegen sollte, je grösser der potenzielle Schaden ist).

15.142 Mit Bezug auf Probleme (oder Problempotenziale), die eine Partei in dem Sinne zufällig entdeckt, dass diese Entdeckung keine notwendige Folge ihrer Leistungserbringung oder ihrer spezifischen Fachkunde ist (sondern z.B. die Frucht eines nebenbei verfolgten Erkenntnisinteresses), ist eine Regelung ratsam, die die Parteien ausschliesslich zur Anzeige von **tatsächlich erkannten** Problemen oder Problempotenzialen (vgl. Rz. 15.141) anhält.[142] Ohne solche Regelung werden Vertragsparteien sich von einem aktiven Mitdenken in anderen Disziplinen eher fernzuhalten versuchen.

15.143 Es sollte zudem eine Einschränkung in dem Sinne vorgenommen werden, dass die Parteien nur die **vertraglich ausdrücklich stipulierten Überprüfungspflichten** tragen (welche idealerweise in den Prozessen festgelegt sind, die über die zentralen Vertragsdokumente vereinbart werden; Rz. 15.46 ff.; vgl. zur Kennzeichnung von Daten Rz. 15.100). Dadurch kann vermieden werden, dass zahlreiche Projektbeteiligte in für sie und das Projekt belastender Weise immer wieder dieselben Daten überprüfen,[143] nur um vorsichtshalber sicherzustellen, einer sich allenfalls aus Treu und Glauben ergebenden Prüf- und Anzeigeobliegenheit zu entgehen. Eine solche Abrede kann die Rechtslage klären und Grundsätze schaffen, jedoch kann und soll sie nicht verhindern, dass Treu und Glauben im Ausnahmefall doch eine Prüfung verlangen (namentlich wenn die datenübernehmende Partei über Informationen verfügt, die ihr Vertrauen in die Datenrichtigkeit unterminieren sollten); ohnehin kann (und soll) diese Abrede nicht verhindern, dass eine Partei, die ein Problem ohne besondere Prüfung tatsächlich erkannt hat, nach Treu und Glauben gehalten ist, davon entsprechende Anzeige zu machen.

f. Aufbewahren von Daten

15.144 In Bezug auf die Aufbewahrung von Daten, die die Projektparteien anlässlich ihrer Vertragstätigkeiten erschaffen (vgl. Rz. 15.125 ff.) oder anderweitig erlangen (vgl. Rz. 15.130 ff. und 15.147 ff.), sollten die Parteien insbesondere **vertragliche Abreden** zur Frage treffen,

141 Vgl. auch Beyeler, Rechtsfragen zu BIM, Rz. 81.
142 Vgl. auch Beyeler, Rechtsfragen zu BIM, Rz. 81.
143 Vgl. auch Beyeler, Rechtsfragen zu BIM, Rz. 81.

wer welche Daten in welcher Art[144] und an welchem Ort und unter Aufbringung welcher Schutzmassnahmen (insb. betreffend die verwendete Infrastruktur; Rz. 15.121) während welcher Dauer[145] aufzubewahren hat, wie der Zugang zu diesen Daten zu handhaben ist und wer kein Recht dazu hat, bestimmte Daten bei sich aufzubewahren oder in seinem Auftrag anderswo aufbewahren zu lassen (was eine Pflicht zur Vernichtung nach Verwendung oder die Errichtung technischer Speicherungshindernisse bedeuten kann).

Bei der vertraglichen Vereinbarung von Aufbewahrungsregeln ist allerdings zu beachten, dass an sich jede Vertragspartei ein vitales Interesse daran hat, zumindest während der Zeit des Vorhabens und bis zur Schlussabrechnung des betreffenden Vertrags zumindest jene Daten aufzubewahren, die erforderlich sind, um die **eigene Vertragserfüllung nachzuweisen** (oder um die Schuldlosigkeit in Bezug auf Leistungsstörungen zu belegen). Dieses Interesse wird namentlich durch Zugangsrechte zu den Daten Dritter (ggf. über Direktansprüche; Rz. 15.53) nicht gleich gut geschützt wie durch ein Recht zur eigenen Aufbewahrung – denn Zugangsrechte können im Streitfall faktisch vereitelt werden (zumindest vorläufig; vgl. Art. 160 Abs. 1 lit. b i.V.m. Art. 177 ZPO; mitunter aber auch definitiv, etwa bei Datenverlust) –, doch sind die Parteien rechtlich grundsätzlich frei, wie sie es handhaben wollen, zumal jede Aufbewahrung von Daten mit Risiken verbunden ist. Diese Freiheit gilt zumindest solange, als die Parteien nichts vereinbaren, das auf eine generelle Beweisunmöglichkeit bezüglich der eigenen Vertragserfüllung hinausläuft. Abgesehen davon empfehlen sich spezifische vertragliche Vorkehren zur Aufbereitung von bestimmten Daten, Datenpaketen, Datenkonvoluten und Datenkonstrukten im Hinblick auf deren mittel- und langfristige Konservierung, was vorab über vertragliche Vorschriften zur Form von Ergebnissen und Zwischenergebnissen (Rz. 15.65 ff.) zu erreichen ist. 15.145

Hinsichtlich der Frage, **welche Daten von Vertragsparteien aufbewahrt werden müssen,** ist von Bedeutung, dass eine Vertragspartei nicht nur ein Interesse an den ihr durch die andere Vertragspartei zu übergebenden oder zur Verfügung zu stellenden Informationen haben kann, sondern darüber hinaus auch daran, dass die andere Partei gewisse Daten in bestimmter Form aufbewahrt, die sie vertragsgemäss für ihre Leistungserbringung hergestellt oder beschafft hat, deren Weitergabe oder Zurverfügungstellung aber im Projekt an sich nicht vorgesehen ist: Wiewohl andere Parteien diese Daten für ihre Leistungserbringung grundsätzlich nicht benötigen, können sich Fälle ereignen – zu denken ist insbesondere an das Auftreten unvorhergesehener Probleme aller Art –, in denen 15.146

[144] Zum Thema der Aufbewahrung gehört auch die Frage, ob die aufbewahrende Partei die Daten spezifisch zu unterhalten oder zu pflegen hat; vgl. Marti, SIA-Zusatzvereinbarung BIM, S. 224.

[145] Vgl. dazu auch Ziff. 7 SIA-Zusatzvereinbarung 1001/11 sowie Marti, SIA-Zusatzvereinbarung BIM, S. 224: Dieser Autor weist darauf hin, dass die zehnjährige Aufbewahrungsfrist nach Art. 1.2.9 SIA 102/103/108 bzw. Art. 1.3.7 SIA 106 in computergestützt durchgeführten Vorhaben unter Umständen als unpassend zu erachten ist.

ein entsprechender Bedarf doch entsteht.[146] Dementsprechend sollten die Parteien nicht nur die weiterzugebenden oder zur Verfügung zu stellenden Daten vertraglich vereinbaren und spezifizieren, sondern auch jene, die grundsätzlich bei der herstellenden oder ursprünglich verwendenden Vertragspartei bleiben sollen, die aber in speziellen Fällen durch andere Parteien benötigt werden könnten.

g. Weitergeben von Daten

15.147 Die Weitergabe von Daten wird über die vertraglichen **Prozesse und Rollen** (Rz. 15.93 ff.) sowie über die damit verbundenen **Form- und Kommunikationsvorschriften** (Rz. 15.65 ff. und 15.98) geregelt (vgl. zur Frage der Rechtmässigkeit der Weitergabe Rz. 15.128, 15.132 f. und 15.136). Es geht hierbei um die Bestimmung und die Identifikation von Absendern und Adressaten, um die Festlegung des Gegenstands von Datentransfers und um die Definition von Bezeichnungen zur Identifikation von Datenpaketen, Datenkonvoluten und Datenkonstrukten, um die Bestimmung von Wegen (bzw. Kanälen) und Prozessen (bzw. Protokollen) der fehlerfreien Übermittlung sowie um die Sicherung einer zur Projektsteuerung und zur Suche nach Ursachen allfälliger Probleme hinreichenden Sichtbarkeit und Nachvollziehbarkeit der Kommunikationen und Datenübertragungen. Dabei ist klar, dass vertraglich dafür vorgesorgt sein muss, dass alle Absender und Adressaten von Datenweitergaben über die erforderlichen Rechte verfügen, um die Daten weiterzugeben, zu empfangen und weiterzuverwenden oder aufzubewahren (Rz. 15.128, 15.132 f. und 15.136). Dabei ist nicht aus dem Auge zu verlieren, dass zahlreiche Daten (oder sich daraus ergebende Informationen) aus dem Projekt an externe Akteure, namentlich Behörden, zu übermitteln sind und dass auf der vertraglichen Ebene daher abgesichert werden sollte, dass die erforderlichen Rechte tatsächlich bestehen bzw. eingeräumt werden können.[147] Abgesehen davon ist auch in Bezug auf die Weitergabe von Daten zur Verringerung von Risiken (insb. Verlust, Beschädigung und Diebstahl) an den Schutz der (für die Transfers) verwendeten Infrastrukturen (Rz. 15.121) zu denken.

15.148 Die vertragsgemässe Weitergabe von Daten geschieht entweder in der Form der direkten **Übergabe** von Datenträgern oder von elektronisch übermittelten Datenpaketen an eine andere Projektpartei oder an Dritte (z.B. Behörden), in der Form der **Zurverfügungstellung** von Daten auf Plattformen und in virtuellen Räumen oder in der Form der direkten **Integration** von Daten in durch andere Parteien gehaltene oder anderen Parteien zugänglich gemachte Datenkonstrukte (insb. digitale Bauwerksmodelle; Rz. 15.6 ff.). In allen Fällen besteht ein spezifisches Übermittlungsrisiko in dem Sinne, dass die weiterzugebenden Daten überhaupt nicht am Destinationsort ankommen oder dass Umstände der Über-

---

[146] Vgl. Ziff. 2.3.1.2 SIA-Merkblatt 2051. Vgl. im Übrigen zum Thema der Übergabe (oder Aufbewahrung) von Daten in nativem Format Rz. 15.67, Fn. 79.

[147] Vgl. Beyeler, Rechtsfragen zu BIM, Rz. 87. Vgl. zu Ziff. 3 SIA-Zusatzvereinbarung 1001/11 Rz. 15.128, Fn. 128 und Rz. 15.133, Fn. 132.

mittlung die Form oder den Inhalt der Daten in nachteiliger Art beeinflussen.[148] Daher empfehlen sich, jedenfalls in hierarchisch geordneten Vertragsstrukturen, spezifische vertragliche Risikozuordnungen. Es ist zu regeln, wer für die Vertragskonformität der Daten bis zu welchem Schritt oder Zeitpunkt verantwortlich sein soll. Bei der Zurverfügungstellung auf Plattformen oder in Räumen sowie bei der Integration in Datenkonstrukte ist daran zu denken, dass hier Daten in der Regel nicht nur zunächst bereitgestellt, sondern sodann auch bezogen werden, sodass sich die Frage des Übermittlungsrisikos jeweils doppelt stellt – einmal bis zur gehörig erfolgten Bereitstellung und sodann bis zum erfolgreichen Bezug. Dabei kann sich je nach der konkreten Projektstruktur eine Regelung als sinnvoll, weil den effektiven Einflusssphären entsprechend, erweisen, nach der eine Daten auf einer Plattform zur Verfügung stellende Partei für die erfolgreiche Bereitstellung und die die Plattform betreibende (oder verantwortende) Partei für die Ermöglichung eines einwandfreien, vertragskonformen Bezugs durch andere Parteien haftet (wobei vernünftigerweise alle Parteien grundsätzlich für die Vertragskonformität ihres eigenen Verhaltens und ihrer Instrumente einzustehen haben). Analoges gilt für Daten, die eine Partei in ein (nicht durch sie gehaltenes bzw. verantwortetes) Datenkonstrukt integriert.

Zum Thema der Weitergabe von Daten in einem weiteren Sinne gehört auch die **Einsichtnahme** bestimmter Projektparteien in Daten, Datenkonvolute und Datenkonstrukte, die eine andere Partei vertragsgemäss bearbeitet, zu Zwecken der Steuerung und Überwachung des Projektfortschritts (und zur entsprechenden Beweissicherung). Insbesondere die das Projekt initiierende bzw. verantwortende Partei hat jedenfalls dann, wenn in ihrem Vorhaben aufgrund ihres Impulses und gemäss vertraglicher Vereinbarung computergestützt gearbeitet wird, regelmässig ein erhebliches Interesse daran, grundsätzlich jederzeit Einsicht in den Stand der (Daten)Arbeit der für sie arbeitenden Projektparteien nehmen zu können. Es ist ihr zu empfehlen, sich entsprechende Einsichtsrechte vertraglich (vorzugsweise via zentrale Vertragsdokumente; Rz. 15.46 ff.) von allen betreffenden Projektparteien einräumen zu lassen (und dabei auch die erforderlichen Formalitäten zu regeln).[149] 15.149

[148] Vgl. auch BODDEN, BIM mit Einzelunternehmen, S. 92.

[149] Vgl. BEYELER, Rechtsfragen zu BIM, Rz. 84. Vgl. auch Ziff. 5 SIA-Zusatzvereinbarung 1001/11: Danach können die Parteien unter anderem eine Regelung wählen, nach der ein Einsichtsrecht des Auftraggebers besteht, «soweit dies nicht zu zusätzlichen Aufwendungen des Beauftragten führt». Das ist den bestellenden Parteien m.E. nicht zu empfehlen, zumal eine Einsichtnahme kaum je ohne Zusatzaufwand möglich sein wird. Deutlich ratsamer scheint es, dass die Parteien die Zeitpunkte bzw. Zeitfenster, den Gegenstand und Umfang sowie die Art der Einsichtnahme detailliert regeln und bei der Kalkulation der Vergütung berücksichtigen. Nach der zitierten Ziff. 5 sollten die Parteien überdies bestimmen, dass die einsichtnehmende Partei sich zumindest dem Grundsatz nach jeglicher Beeinflussung und Manipulation des Einsichtsobjekts enthält.

h. Haftung für zur Verfügung gestellte oder weitergegebene Infrastruktur und Daten

15.150 In vielen Bau- und Bewirtschaftungsvorhaben, in denen die Parteien computergestütztes Arbeiten vereinbaren, wird vertraglich vorgesehen, dass bestimmte Projektparteien anderen Parteien im Hinblick auf deren Vertragserfüllung gewisse Infrastrukturen (Rz. 15.115) oder Daten (bzw. Datenpakete, Datenkonvolute oder Datenkonstrukte) zur Verfügung stellen oder weitergeben. Damit geht in rechtlicher Hinsicht zumindest in hierarchisch organisierten Vertragsstrukturen (Rz. 15.44 ff.) die Frage einher, wer einer Partei, welche ihr zur Verfügung gestellte Infrastrukturen oder Daten zur Erfüllung ihrer vertraglichen Aufgaben verwendet, haftet, wenn sich diese Infrastrukturen oder diese Daten als solche oder im Hinblick auf den konkreten Verwendungszweck **als mangelhaft oder unbrauchbar erweisen** und daher die Leistungserbringung stören, wenn Infrastrukturen oder Daten verspätet zur Verfügung gestellt oder weitergegeben werden und dies eine Behinderung der Leistungserbringung bewirkt oder wenn der Partei durch den Gebrauch von Infrastrukturen oder Daten ein Schaden entsteht. – Bereits behandelt wurde hingegen die Frage, wer für die Wahl bestimmter im Vertrag vereinbarter Ziele, Anforderungen, Ergebnisse oder Infrastrukturen (die zur Verfügung gestellt werden oder nicht) als solche haftet (Rz. 15.83 ff.). Im Folgenden geht es lediglich um die vertraglich vereinbarte Weitergabe von Daten sowie um die Zurverfügungstellung oder Weitergabe von Infrastrukturen im Projekt selbst, also in der Phase der Erfüllung des jeweils interessierenden Vertrags; dies in Bezug auf den Fall, dass diese Daten oder Infrastrukturen sich als konkret (und nicht in Bezug auf ihre ursprünglich vereinbarte Auswahl bzw. Spezifikation) mangelhaft erweisen oder dass sie ganz ausbleiben.

15.151 Dem Grundsatz nach richtet sich die Haftung für Infrastrukturen und Daten, die einer Projektpartei zur Erfüllung ihrer Vertragspflichten, indessen mangelhaft oder unbrauchbar zur Verfügung gestellt oder weitergegeben werden (oder die vertragswidrig gerade ausbleiben), **nach den konkreten Bestimmungen der Verträge,** welche diese Partei abgeschlossen hat, seien diese Bestimmungen expliziter oder impliziter Natur. Nach der hier vertretenen Auffassung kann in hierarchisch organisierten Vertragsstrukturen (Rz. 15.44 ff.) eine faire Regelung namentlich dann gefunden werden, wenn jeweils jene Partei, welche ihre Vertragspartnerin zur Verwendung bestimmter zur Verfügung gestellter oder weitergegebener Infrastrukturen oder Daten zum Zwecke der Vertragserfüllung anhält[150], für die Eignung und die Mängelfreiheit sowie für die zeitgerechte und gehörige Zurverfügungstellung oder Weitergabe der Infrastrukturen oder Daten vertraglich verantwortlich ist,[151] wohingegen die verwendende Partei zum vertragsgemässen Gebrauch

[150] Zur Verwendung von bereitgestellten Infrastrukturen oder Daten «anhalten» ist hier so zu verstehen, dass die betreffenden Infrastrukturen oder Daten durch eine Partei, aber im ausschliesslichen oder primären Interesse der jeweils anderen Partei verwendet werden: Diese andere Partei «hält» die verwendende Partei «an», die bereitgestellten Daten oder Infrastrukturen zu verwenden.

[151] Teilweise in diesem Sinne Ziff. 4 Abs. 2 SIA-Zusatzvereinbarung 1001/11: «Der Auftraggeber ist verantwortlich für Fehler [digitaler Bauwerksmodelle], die auf fehlerhafte von ihm zwingend vorgege-

der ihr zugewiesenen Infrastrukturen und Daten, zu gewissen in ihrem Macht- und Wissensbereich liegenden Überprüfungen und in jedem Fall zur umgehenden Anzeige von tatsächlich entdeckten Problemen angehalten ist. Die verwendende Partei ist überdies dann selbst gegenüber anderen Vertragspartnerinnen verantwortlich, wenn ihr die betreffenden Infrastrukturen oder Daten durch Projektbeteiligte zur Verfügung gestellt werden, für die sie gegenüber diesen anderen Vertragspartnern einzustehen hat.

Gestützt auf ihre Privatautonomie können die Parteien aber auch andere Abreden treffen. 15.152
Insbesondere können sie vertragliche **Direktansprüche** (vgl. sinngemäss Rz. 15.53) der verwendenden Partei gegenüber der gewisse Infrastrukturen oder Daten zur Verfügung stellenden oder weitergebenden Partei vorsehen; dies für den Fall, in dem zwischen diesen Parteien keine direkte vertragliche Verbindung existiert. Soweit Direktansprüche nicht bestehen, kann sich eine Vertragspartei, die aufgrund von zur Verfügung gestellter oder weitergegebener Infrastrukturen oder Daten, welche sie vertragsgemäss zur Erbringung ihrer eigenen Leistungen verwenden soll, in vertraglicher Hinsicht nur an ihre direkte Vertragspartnerin wenden, welche sie zur Verwendung der Infrastrukturen oder Daten angehalten hat. Hat diese selbst keine direkte Vertragsverbindung zu jener Partei, welche die Infrastrukturen oder Daten zur Verfügung stellen oder weitergeben soll, muss sie sich selbst auch an jene ihrer direkten Vertragspartnerinnen richten, von welcher sie die Pflicht zur Verwendung der entsprechenden Infrastrukturen oder Daten übernommen hat (usf.; Rz. 15.47, 15.51 f. und 15.110 f.). Das gilt, soweit keine Direktansprüche bestehen, auch für das im Folgenden Gesagte.

Fehlt es an einer Vereinbarung betreffend Haftung für zur Verfügung gestellte oder weitergegebene Infrastrukturen oder Daten und ist der Vertrag, in dem eine Partei zur Verwendung von zur Verfügung gestellten oder weitergegebenen Infrastrukturen oder Daten angehalten wird, als **Werkvertrag** zu qualifizieren (Rz. 15.38 ff.), so kommen als subsidiäres Gesetzesrecht die dispositiven Bestimmungen des OR zum Werkvertrag (Art. 363 ff. OR) zur Anwendung.[152] Infrastrukturen im hier verstandenen Sinne, also alle Hard- und Software, welche für die Leistungserbringung verwendet wird (Rz. 15.115), sind als «Hilfsmittel, Werkzeuge und Gerätschaften» im Sinne von Art. 364 Abs. 3 OR zu betrachten, selbst wenn sie, was im Lichte der genannten Bestimmung den Ausnahmefall darstellt, nicht durch den ausführenden Unternehmer selbst, sondern durch dessen Besteller zur Verfügung gestellt werden. Solche Instrumente werden werkvertragsrechtlich gleich behandelt wie durch den Besteller gelieferter Baustoff.[153] Daten (bzw. Datenpakete, Datenkonvolute und Datenkonstrukte), welche ein Werkunternehmer zur Erfüllung seiner Werkleistung braucht, stellen je nach dem konkreten Fall einen Werkstoff im 15.153

bene Hard- und Softwareprodukte sowie auf fehlerhafte von ihm zur Verfügung gestellte Daten zurückzuführen sind» (vgl. zum hier auch angesprochenen Aspekt der ursprünglich vereinbarten und nach dem Wortlaut der Bestimmungen während der Vertragsverhandlungen «zwingend vorgegebenen» Infrastrukturen Rz. 15.83 ff., insb. Fn. 93).

[152] Vgl. BGE 115 II 484/488 E. 4b; BGer 4A_427/2011 vom 29. November 2011 E. 5.3.

[153] Gauch, Werkvertrag, Rz. 1199.

Sinne von Art. 365 und Art. 376 OR dar[154] – oder die dem Werkstoff rechtlich gleichgestellte Arbeit eines Vorunternehmers[155] oder einen ebenfalls gleichgestellten Werkgegenstand[156] –, oder sie enthalten Informationen, welche als Weisungen über die Art der Werksausführung im Sinne von Art. 369 und Art. 376 Abs. 3 OR zu qualifizieren sind. Nicht ausgeschlossen wäre an sich auch die Qualifikation bestimmter Daten bzw. Datenkonstrukte, welche einer Partei überlassen werden, damit diese auf der entsprechenden Grundlage ein Werk, zum Beispiel ein digitales Bauwerksmodell (Rz. 15.6 ff.), herstelle, als «Baugrund» im Sinne von Art. 365 Abs. 3 und Art. 376 Abs. 3 OR. Doch ergäbe sich hieraus keine wesentliche Veränderung der Rechtslage.

15.154 Soweit der Werkvertrag vorsieht, dass der Besteller dem Unternehmer Werkstoff (inkl. Vorarbeit oder Werkgegenstand) oder Instrumente zur Verfügung stellt (bzw. stellen lässt) oder weitergibt (bzw. weitergeben lässt) oder Weisungen erteilt, handelt es sich hierbei in der Regel um **vertragliche Mitwirkungsobliegenheiten des Bestellers** (oder, bei besonderer Vereinbarung, um echte Mitwirkungspflichten[157]).[158] Wird der Werkunternehmer, der selbst vertragskonform handelt, in seiner Vertragserfüllung behindert, weil ihm zur Verfügung gestellte oder weitergegebene Infrastrukturen oder Daten ausbleiben bzw. verspätet kommen, bezüglich ihrer Funktion versagen, sich – überhaupt oder für den vorgesehenen Zweck – als untauglich erweisen oder andere Mängel aufweisen, so hat er, soweit das OR zum Tragen kommt (Rz. 15.153), gegebenenfalls Anspruch auf Erstreckung seiner Fristen[159] sowie auf Mehrvergütung[160] im Umfang seines Mehraufwands. Wird der Werkunternehmer durch mangel- oder fehlerhaft zur Verfügung gestellte oder weitergebebene Infrastrukturen oder Daten in seinem Vermögen geschädigt, hat er Anspruch auf Schadenersatz (sofern ein Verschulden vorliegt).[161] Ist das Werk, welches der Werkunternehmer herzustellen hat, aufgrund von durch den Besteller zur Verfügung gestellten oder weitergegebenen, indes per se untauglichen oder konkret mangelhaften[162] Werkstoffen bzw. Vorarbeiten bzw. Werkgegenständen (oder infolge fehlerhafter Weisungen oder wegen unzureichender Instrumente, die zur Verfügung gestellt oder weitergegeben wurden) mangelhaft, fällt dies grundsätzlich nicht dem Werkunternehmer zur Last, da in diesem Fall die allfälligen Mängelrechte des Bestellers entfallen (Art. 369 OR).[163]

15.155 Wird die Werksherstellung aufgrund solcher Werkstoffe, Vorarbeiten, Werksgegenstände, Weisungen oder Instrumente **verunmöglicht**, so greift der Art. 378 OR: Der

154 Gauch, Werkvertrag, Rz. 66a, 132 und 338a.
155 Gauch, Werkvertrag, Rz. 1199a und 2038.
156 Gauch, Werkvertrag, Rz. 73 und 1980.
157 Gauch, Werkvertrag, Rz. 1325 f. und 1328.
158 Gauch, Werkvertrag, Rz. 1329 ff. und insb. 1331 ff.
159 Gauch, Werkvertrag, Rz. 1335, siehe auch Rz. 678 und 682.
160 Gauch, Werkvertrag, Rz. 1336 ff.
161 Gauch, Werkvertrag, Rz. 1341, siehe auch Rz. 1321 und 1323.
162 Zu dieser Unterscheidung Gauch, Werkvertrag, Rz. 1981 ff.
163 Gauch, Werkvertrag, Rz. 1937 ff., 1979 f. und 2038.

Werkvertrag wird ex nunc aufgelöst;[164] der Besteller hat Anspruch auf ein allenfalls bestehendes unvollendetes Werk;[165] der Unternehmer hat Anspruch auf «Vergütung der geleisteten Arbeit und der im Preise nicht inbegriffenen Auslagen» (Art. 378 Abs. 1 OR)[166] sowie auf Schadenersatz,[167] sofern der Besteller die Vertragswidrigkeit der zur Verfügung gestellten oder weitergegebenen Infrastrukturen oder Daten verschuldet oder zu vertreten[168] hat (Art. 378 Abs. 2 OR). Schliesslich gilt, wo die Parteien nichts anderes vereinbart haben, die Regel des Art. 376 Abs. 3 OR,[169] soweit vertragswidrige Infrastrukturen und Daten, welche dem Werkunternehmer als Werkstoffe, als Vorarbeiten, als Werkgegenstände, als Weisungen oder als Instrumente zur Verfügung gestellt oder weitergegeben werden, dazu führen, dass das Werk, welches der Werkunternehmer bereits vollendet (aber noch nicht abgeliefert) hat, untergeht. Dementsprechend hat der Unternehmer in diesem Fall Anspruch auf Vergütung für die bereits geleistete Arbeit und auf Ersatz der hierin nicht enthaltenen, aber angefallenen Auslagen. Falls der Besteller die zum Untergang führende Vertragswidrigkeit der Infrastrukturen oder Daten verschuldet oder zu vertreten hat, kann der Unternehmer von ihm überdies Schadenersatz verlangen.[170]

All die hier genannten, sich aus dem OR zugunsten des Werkunternehmers ergebenden Rechtsfolgen treten indessen nicht ein, wenn dieser Unternehmer die (zur Behinderung, zum Mangel, zur Unmöglichkeit oder zum Untergang führende) **Problematik rechtzeitig erkannt,** dem Besteller aber nicht (in der Form einer Anzeige oder Abmahnung) mitgeteilt hat, oder wenn er sie zwar nicht erkannt hat, jedoch gemäss vertraglichen Überprüfungs- oder allgemeinen Sorgfaltspflichten hätte erkennen müssen (Art. 365 Abs. 3, Art. 369 und Art. 376 Abs. 3 OR).[171] 15.156

Soweit der Vertrag, der eine Projektpartei für die Erfüllung ihrer Leistungspflichten zur Verwendung von zur Verfügung gestellten oder weitergegebenen Infrastrukturen und Daten verpflichtet, als **Auftrag** im Sinne von Art. 394 ff. OR zu qualifizieren ist und dieser Vertrag keine Regelung betreffend die Haftung für diese Infrastrukturen und Daten enthält, können die soeben zum Werkvertrag festgehaltenen Regeln nach der hier vertretenen Auffassung grundsätzlich analog angewandt werden. Allerdings geht es im Auftrag nicht um die Herstellung eines Werks, sodass die Ausführungen zum Thema des Werksuntergangs sowie der Werkmängel im auftragsrechtlichen Kontext auch per analogiam nicht einschlägig sind. Doch auch im Auftragsverhältnis können durch den Auftraggeber zwecks Vertragserfüllung zur Verfügung gestellte oder weitergegebene und irgendwie problembehaftete Infrastrukturen und Daten den Auftragnehmer am Vermögen schädi- 15.157

164 Gauch, Werkvertrag, Rz. 732.
165 Gauch, Werkvertrag, Rz. 732.
166 Vgl. dazu Gauch, Werkvertrag, Rz. 730 f.
167 Gauch, Werkvertrag, Rz. 734 ff.
168 Vgl. Gauch, Werkvertrag, Rz. 736.
169 Vgl. Gauch, Werkvertrag, Rz. 1195 ff.
170 Gauch, Werkvertrag, Rz. 1210 ff.
171 Gauch, Werkvertrag, Rz. 740, 1195, 1201, 1937 ff., 1986 ff., 1993 ff. und 2039 f.

gen (vgl. Art. 402 Abs. 2 OR); zudem können Infrastrukturen und Daten, die zu spät oder fehlerhaft geliefert werden, den Auftragnehmer in seiner Pflichterfüllung behindern und so Schaden entstehen lassen. Insoweit ist analog zu den werkvertraglichen Gesetzesbestimmungen grundsätzlich anzunehmen, dass der Auftragnehmer im Falle eines Verschuldens (oder einer sonstigen Verantwortung) des Auftraggebers von diesem Schadenersatz aus positiv verletzter Mitwirkungsobliegenheit fordern kann (Rz. 15.154 und 15.156).[172] Im gleichen Sinne ist dem Auftragnehmer ein Anspruch auf Fristerstreckung und Mehrvergütung zuzusprechen, falls Infrastrukturen oder Daten verspätet geliefert werden und hierdurch die Arbeit des Auftragnehmers behindert wird (Rz. 15.154 und 15.156).

E. Vergütung

15.158 Die im Planervertrag zu entrichtende Vergütung unterliegt auch bei der Vereinbarung von computergestütztem Arbeiten dem **freien Rechtswillen der Parteien.** Keine Partei kann vor dem Vertragsschluss verbindlich verlangen, in einer bestimmten Höhe oder für bestimmte Tätigkeiten in bestimmter Art bezahlt zu werden (öffentlich-rechtliche Tarife bestehen lediglich im Bereich gewisser Vermessungsleistungen, doch ist insofern nicht von einem Planervertrag im Sinne des vorliegenden Textes zu sprechen, sondern von einem öffentlich-rechtlichen Verhältnis, in dem hoheitlich festgelegte Tarife gelten[173]). Aus diesem Grund können keine allgemeinen rechtlichen Aussagen darüber gemacht werden,[174] wie der Einsatz der Elektronik bei der Vergütung zu berücksichtigen ist, namentlich wenn Aufgaben, die der Leistungserbringer auch in traditionellen Vorhaben erledigte, nun mithilfe des Computers oder ganz durch diesen ausgeführt werden.[175]

15.159 Vernünftigerweise werden die Parteien, wenn sie zu verhandeln bereit sind, zunächst einen Preis in Bezug auf ein traditionell gedachtes Projekt berechnen – beispielsweise

[172] Vgl. hierzu sinngemäss (im werkvertraglichen Kontext) Gauch, Werkvertrag, Rz. 1321, 1323 und 1341.

[173] Vgl. insb. Art. 34 Abs. 2 lit. a i.V.m. Art. 38 Abs. 2 GeoIG; und (bspw.) Art. 42 Abs. 1 und Art. 44 KGeoIG-BE; Art. 10 Abs. 2 und Art. 15 f. KVAV-BE.

[174] Vgl. auch Huber, SIA 2051 BIM, S. 219. Nach Ziff. 5.1.4 SIA-Merkblatt 2051 sollen nicht vereinbarte (aber erlaubte) Arbeiten, die computergestützt durchgeführt werden, auf Kosten des die entsprechenden Arbeiten ausführenden Auftragnehmers gehen, wohingegen bei vereinbarter computergestützter Arbeit (bzw. Vereinbarung der BIM-Methode) oder bei besonderen Leistungen, die durch solche Arbeit bedingt werden, der Auftraggeber die Kosten tragen soll. – Die Parteien sind frei, etwas anderes zu vereinbaren, und in jedem Fall zählt, welche Vergütung sie konkret vereinbart haben. In der Tat ist das nicht vereinbarte computergestützte Arbeiten an sich aber kein Argument für eine Anpassung einer vereinbarten Vergütung. Umgekehrt aber bleibt es den Parteien überlassen, ob, in welcher Art und in welchem Umfang sie die Computerisierung bei der Kalkulation der vereinbarten Vergütung berücksichtigen wollen (hierbei sind lediglich die Art. 21 und Art. 23 ff. OR zu beachten).

[175] Vgl. Beyeler, Rechtsfragen zu BIM, Rz. 104 f.

nach den heutigen Leistungs- und Honorarordnungen des SIA –, sodann evaluieren, inwiefern die Computertechnik zu **geschätztem Mehr- oder Minderaufwand** (infolge entfallender, neuer oder veränderter Tätigkeiten, Kosten oder Risiken) führt, und schliesslich den Preis nach dieser Massgabe anpassen. Von einer ausschliesslich traditionell vorgenommenen Berechnung des Preises ist dagegen im Interesse beider Parteien abzuraten, weil der tatsächliche Aufwand der computergestützten Arbeit durch die traditionellen Kalkulationsmethoden in der Regel nicht akkurat erfasst werden dürfte.[176] Indessen gilt ein in einem Vertrag betreffend computergestütztes Arbeiten vereinbarter Preis unter Vorbehalt der Art. 21 und Art. 23 ff. OR auch dann, wenn er ohne Berücksichtigung der spezifischen Folgen dieses Arbeitens festgelegt worden ist. Es gibt hinsichtlich des vertraglich vereinbarten Einsatzes von Computertechnik bei fest vereinbartem Preis keinen gesetzlichen Anspruch der einen oder anderen Partei auf eine finanzielle Dividende an Einsparungen oder auf die Übernahme von Kosten, die dieser Einsatz erzeugt hat. Es steht den Parteien im Übrigen rechtlich frei, eine Vergütung nach effektivem Aufwand zu vereinbaren, insbesondere wenn sie finden, dass der zufolge computergestützten Arbeitens auftretende Mehr- oder Minderaufwand derzeit mangels hinreichender Praxiserfahrung nicht verlässlich geschätzt werden kann.

---

[176] Vgl. Beyeler, Rechtsfragen zu BIM, Rz. 106 ff.

§ 16 Die Planergemeinschaft

DANIEL GEBHARDT*

Inhaltsverzeichnis

* Ich danke MLaw NADJA LÜTHI, Advokatin, herzlich für die engagierte und wertvolle inhaltliche Unterstützung und MLaw VALENTIN KAQINARI für die kompetente Aktualisierung und Kontrolle der Belegstellen.

I. Erscheinungsformen

16.1 **1.** Das *Zusammenwirken mehrerer Vertragspartner* gilt beim Bauen als Selbstverständlichkeit. Es sind kaum Konstellationen denkbar, in denen sich der Bauherr im Laufe seines Bauvorhabens nicht mit mehreren Leistungsträgern vertraglich binden muss. Selbst Bauwillige, die sich gezielt nur mit wenigen Vertragspartnern einlassen wollen und die Realisierung ihres Bauvorhabens etwa mit einem Totalunternehmer oder mit einem Generalplaner und einem Generalunternehmer anstreben, kommen oftmals um den gesonderten Beizug weiterer Spezialisten und Berater nicht herum.

16.2 Nur wenn das Zusammenwirken mehrerer Vertragspartner des Bauherrn vom *Willen* beseelt ist, einen gemeinsamen Zweck mit gemeinsamen Mitteln und Kräften zu verfolgen, und sie unter sich vereinbaren, gegenüber Dritten als Gesellschaft bzw. als Gesellschafter in Erscheinung zu treten,[1] liegt dasjenige vor, was in der Baubranche gemeinhin als Baukonsortium und in Abhängigkeit der Beteiligten bisweilen auch als ARGE oder INGE bezeichnet wird.[2]

16.3 **2.** Die *Motivation der Bauleistungsträger* zu solchen Zusammenschlüssen kann verschiedenartig sein.[3] Sie kann in der Schaffung der notwendigen qualitativen oder quantitativen *Kapazitäten* liegen, um im Wettbewerb mit grösseren Anbietern konkurrenzfähig zu bleiben oder damit bei einem grossen Bauvorhaben (z.B. Grossüberbauung, Kraftwerksbau, Nationalstrassenbau, Tunnelbau) die Einreichung eines Angebots und die Bewältigung der Aufgaben überhaupt erst möglich wird. Sodann werden sich ortsfremde Unternehmen bisweilen mit einem ortsansässigen verstärken wollen, weil sie sich damit für das Ausschreibungsverfahren bessere *Zuschlagschancen* versprechen oder weil für den auswärtigen Stararchitekten die *Fachkunde* eines lokalen Planers, eines «local architect», unabdingbar ist, um seinen Entwurf in die Sprache der anwendbaren Bauordnung zu übersetzen und um vor Ort über eine kompetente Bauleitung zu verfügen.

---

1 Vgl. VONZUN, Personengesellschaften, Rz. 14.

2 Vgl. EGLI, Das Baukonsortium, S. 41.

3 Vgl. die Übersichten bei MÜLLER K., Arbeitsgemeinschaft, Rz. 1 f.; SCHERRER, Freuden und Leiden, S. 93; SCHULIN, Das Baukonsortium, S. 175 f.; SCHUMACHER, Architektenrecht 1995, Rz. 714.

Auch für den *Bauherrn* kann die Gemeinschaft der Leistungsträger massgebliche *Vorteile* mit sich bringen. So muss er für eine Mehrheit oder gar für die Gesamtheit der verschiedenen Leistungen, die für die Projektierung und Realisierung seines Bauvorhabens nötig sind, *nur einen Vertrag* eingehen, was namentlich bei öffentlichen Beschaffungen den Aufwand vermindern kann. Ausserdem verbindet sich mit der Verantwortung mehrerer Leistungsträger eine *Erweiterung des Haftungssubstrats* seiner Schuldner. Drittens läuft er nicht Gefahr, dass ihm der Fehler einer seiner Vertragspartner von fehlbaren anderen Beteiligten als *Selbstverschulden* angerechnet wird (Rz. 17.86). Dementsprechend kann der Bauherr sogar daran interessiert sein, eine Leistungsgemeinschaft *zu erzwingen.*[4] 16.4

3. Solche Konsortien treten in *mannigfaltigen Formen* und mit unterschiedlicher Zweckbestimmung auf.[5] In der vorliegenden Untersuchung interessieren freilich in erster Linie Konstellationen, in denen **Planer** beteiligt sind. 16.5

1. Die reine Planergemeinschaft

1. Die Mitglieder der Planergemeinschaft können der gleichen **Fachrichtung** angehören oder unterschiedlichen Fachgebieten entstammen. Infrage kommen neben Architekten und Bauingenieuren auch Planer aller anderen Fachrichtungen, so etwa Ingenieure für Gebäudetechnik, Fassadenplaner oder Baukostenplaner. Planerkonsortien, Planerarbeitsgemeinschaften oder eben *Planergemeinschaften* im hier verstandenen Sinn bilden diese Zusammenschlüsse dann, wenn sich in ihnen *ausschliesslich Planer* vereinigen.[6] 16.6

2. Das Zusammenwirken der Planer kann sich entweder lediglich auf die **Phase** *der Projektierung,* nur auf die *Realisierungsphase* oder auf *beide* beziehen.[7] Die Qualifikation der entsprechenden Verträge mit dem Bauherrn wird im Beitrag von GAUCH/MIDDENDORF behandelt (Rz. 1.28 ff.). 16.7

3. Die Planergemeinschaft wird sich in der Regel im Hinblick auf ein **einzelnes Bauvorhaben** bilden. Ihre Tätigkeit kann aber ausnahmsweise auch auf mehrere, möglicherweise gleichartige Projekte gerichtet sein. So bewerben sich insbesondere für Spezialaufgaben wie etwa eine Spitalplanung bisweilen mehrmals *die selben Gruppierungen* von Architekten und Fachplanern, deren Zusammenarbeit sich seit einem ersten Projekt bewährt hat.[8] Die weiteren Ausführungen werden zeigen, ob dieses zusätzliche Element der *Wiederholung* Auswirkungen auf die Rechtsform haben kann (Rz. 16.21 ff.). 16.8

---

4 Vgl. GAUCH, Ein Bauwerk – Mehrere Unternehmer, S. 88; HÜRLIMANN, Kommentar SIA 118, Vorbem. zu Art. 28–32/Rz. 5; HÜRLIMANN, SBV-Formularvertrag, S. 205.

5 Vgl. dazu die nachfolgenden Ausführungen sowie die Übersichten bei EGLI, Das Baukonsortium, S. 41 f., und DERS., Probleme Baukonsortien, S. 30.

6 Zum «unreinen», gemischten Konsortium siehe Rz. 16.13 und 16.126.

7 Bisweilen wird die Meinung vertreten, das Zusammenwirken könne auch nur auf die Offert- bzw. Submissionsphase gerichtet sein; vgl. hierzu aber Rz. 16.31.

8 Sogenannte Dauergemeinschaften bzw. fortgesetzte ARGE; vgl. dazu GAUCH, Ein Bauwerk – Mehrere Unternehmer, S. 89 bzw. HÜRLIMANN, Kommentar SIA 118, Art. 28/Rz. 2; zu virtuellen Unternehmen und Cluster vgl. auch FÄSSLER, Neue Zusammenarbeitsmodelle, S. 12 f.

16.9 **4. Vertragspartner** der Planergemeinschaft ist nicht zwingend die Bauherrschaft des Bauvorhabens. Selbst bei Bauvorhaben von überschaubarer Grösse sehen sich die Planer heute in zunehmendem Mass vor die Herausforderung gestellt, mit einem von der Bauherrschaft eingesetzten *Generalplaner oder Totalunternehmer* ein Vertragsverhältnis eingehen zu müssen.[9] Nachgerade verbreitet sind auch Konstellationen, in denen der verkaufswillige Grundeigentümer frühzeitig Planer einsetzt, die von der Erwerberin übernommen und alsdann in deren Projektorganisation eingebunden werden sollen. Generalplaner und Totalunternehmer fassen die Planer in diesen Fällen gerne als Teams zusammen. Im Gesamtorganigramm des Bauvorhabens sind sie in diesem Fall Subplaner bzw. eine Subplanergemeinschaft.[10]

16.10 **5.** Erbringen die Planer **alle Dienstleistungen** für die Projektierung und womöglich auch für die Ausführung, so bieten sie diese als *Generalplanergemeinschaft* an.[11]

16.11 Dieser Generalplanergemeinschaft ist es, soweit der Vertrag mit der Bauherrschaft dies nicht ausschliesst, unbenommen, Verträge mit **Subplanern** und Subplanergemeinschaften einzugehen. Und hierbei ist es sogar denkbar, dass ein Planungsunternehmen zugleich Mitglied der Generalplanergemeinschaft und Subplaner ist.

16.12 **6.** Der verbreitete Begriff des **Planerteams** wird von den Beteiligten oftmals verwendet, ohne näher zu definieren, was in organisatorischer und rechtlicher Hinsicht damit gemeint sein soll. Bisweilen wird die Fallanalyse einer im Streitfall oder bereits für die Vertragsredaktion beigezogenen juristischen Fachperson ergeben, dass ein *vermeintlicher Einzelplaner oder Subplaner* effektiv Teil einer Planergemeinschaft ist, woraus sich einschneidende Haftungskonsequenzen[12] und heikle Versicherungsfragen ergeben können;[13] oder ein mit der Generalplanung befasster Architekt wird sich darüber belehren lassen müssen, dass er mit den Fachplanern nur in seiner Vorstellung ein gleichberechtigtes Planerteam bildet, seinem Auftraggeber in Tat und Wahrheit jedoch *nur als Einzelplaner mit Subplanern* alleine verantwortlich zeichnet.

---

[9] Es fehlt dem Planer dann in der Regel die Möglichkeit der unmittelbaren Kommunikation mit der Bauherrschaft und er sieht sich möglicherweise mit höherem Kostendruck konfrontiert.

[10] Die Übertragung eines Generalplanervertrags vom Bauherrn auf einen Totalunternehmer führt in der Regel allerdings dazu, dass Leistungsanteile entfallen. So wird der Totalunternehmer einen Teil der Planung und vor allem die Bauleitung und das Baumanagement selbst übernehmen wollen, was insbesondere die Rolle des zuvor federführenden Mitglieds der Generalplanergemeinschaft verändert oder gar zu einer Bestandsänderung führt. Vgl. zu Letzterem Rz. 16.103 f.

[11] Vgl. Egli, Das Baukonsortium, S. 41; Generalplaner kann aber auch nur ein einzelner Planer sein, der alle anderen Fachplaner als Subplaner an sich bindet; vgl. dazu etwa Wetzel, Von der Idee zur Rendite, S. 144; a.M. offenbar Gauch, Bauverträge, S. 6, und ders., Vertragsrecht, S. 21, der die Besonderheit des Generalplanervertrags gerade darin sieht, dass die vereinbarte Gesamtleistung von zwei oder mehreren Architekten/Ingenieuren gemeinsam übernommen wird.

[12] Vgl. Rz. 16.110 ff.

[13] Vgl. Rz. 16.122 f.

2. Gemischte Konsortien

Nur am Rande, und zwar im Zusammenhang mit den Versicherungsfragen, wird auf Konsortien einzugehen sein, an denen sich *Planer und Unternehmer* beteiligen (Rz. 16.126). 16.13

II. Rechtliche Einordnung

Eine **gesetzliche Einordnung der Planergemeinschaft** – wie generell der Konsortien im Bauwesen – fehlt. Nach herkömmlicher Auffassung ist die als «Planergemeinschaft» bezeichnete Zusammenarbeit von Planern im Regelfall in die Rechtsform der einfachen Gesellschaft nach Art. 530 ff. OR gekleidet.[14] Davon geht etwa auch das SIA-Vertragsformular 1001/2 in Ziff. 9.2 aus. Aufgrund welcher Merkmale diese Einordnung erfolgt und inwieweit sie relativiert werden muss, soll im Folgenden untersucht werden. 16.14

1. Der gemeinsame Zweck

1. Die beteiligten Planer werden stets zusammenfinden, um einen gemeinsamen Zweck zu verfolgen und ein gemeinsames Ziel zu erreichen. Ihre Interessen sind gleichläufig und nicht gegensätzlich.[15] Sie tauschen ihre Leistungen nicht aus, sondern fokussieren sie auf die Förderung des gemeinsamen Zwecks. 16.15

2. Gemeint ist der *unmittelbare Zweck*. Davon muss der *Endzweck* unterschieden werden. «Durch die Verfolgung eines bestimmten gemeinsamen Zwecks (= unmittelbarer Zweck), eines konkreten Ziels [...], sollen letztlich materielle oder immaterielle Vorteile 16.16

---

14 Aus Gründen der Verkehrssicherheit, des Gläubigerschutzes und des Minderheitenschutzes stellt das Gesellschaftsrecht nur eine geschlossene Anzahl von Gesellschaftsformen zur Verfügung. Nicht normierte Gesellschaftsformen sind nicht zulässig. Ebenso wenig ist es erlaubt, die vom Gesetz vorgegebenen Gesellschaften mit typenfremden Inhaltselementen anzureichern (vgl. zum Ganzen etwa Meier-Hayoz/Forstmoser, Schweizerisches Gesellschaftsrecht, § 11 Rz. 1 ff.). Die Planergemeinschaft kann die von ihr angestrebte Gesellschaftsform in Anbetracht der verschiedenen zwingenden Regelungen des Gesellschaftsrechts also nur in beschränktem Mass an ihre spezifischen Bedürfnisse anpassen. Dabei weist die einfache Gesellschaft die grösste Flexibilität auf. Die Planer wollen in aller Regel ihre rechtliche und wirtschaftliche Selbständigkeit beibehalten, weshalb sie keine kapitalbezogenen und von qualifizierten Formerfordernissen geprägten Gesellschaftsformen wie die Gesellschaft mit beschränkter Haftung oder die Aktiengesellschaft ansteuern. Aufgrund der zumeist wirtschaftlichen Zweckverfolgung der Planergemeinschaft fällt zudem die Rechtsform des Vereins ausser Betracht (vgl. Art. 60 Abs. 1 ZGB).

15 Zur Unterscheidung zwischen Interessengegensatzverträgen, Interessenwahrungsverträgen und den hier interessierenden Interessengemeinschaftsverträgen vgl. Nef/Prader, Die gesellschaftsrechtliche Organisation, S. 155 f.

für Einzelne erstrebt werden (= Endzweck)».[16] Der Endzweck der Beteiligten einer Planergemeinschaft ist in aller Regel nicht ein ideeller oder gemeinnütziger, sondern ein wirtschaftlicher.[17] Selbst eine an sich denkbare Beteiligung der Planergemeinschaft an einem Bauvorhaben, die nur aus Prestigegründen erfolgt, lediglich der Imagebildung mit Blick auf künftige Projekte dient und mit der selbst noch kein direkter wirtschaftlicher Erfolg angestrebt wird, dient letztlich der Erzielung wirtschaftlicher Vorteile; auch mit ihr wird ein wirtschaftlicher Endzweck verfolgt. Der Zusammenschluss zu einer Gesellschaft soll die ökonomische Situation der Beteiligten – auf kurze oder längere Sicht – verbessern.[18]

2. Die Zweckverfolgung mit gemeinsamen Mitteln

16.17 Vom unmittelbaren Zweck und vom Endzweck zu unterscheiden sind die *Mittel*, mit denen die Beteiligten den unmittelbaren Zweck und letztlich den Endzweck zu erreichen gedenken.[19] Mit dem Begriff des Mittels bzw. des Gegenstands[20] wird umschrieben, was eine Gesellschaft tatsächlich zur Zweckerreichung unternimmt. Dieses Mittel besteht aus den *zusammengelegten Planerleistungen*[21] zur Erfüllung des «mit dem Auftraggeber abgeschlossenen Vertrags (Hauptvertrag)» oder des *«dem Auftraggeber eingereichten Angebots […]»*,[22] sei es durch additive, sich gegenseitig ergänzende Leistungen, welche die einzelnen Beteiligten aber in ihren eigenen Betrieben und auf der Baustelle erbringen, oder durch die Bildung eines organisatorisch ausgegliederten Teams, das für die Gesamtleistung zuständig zeichnet und womöglich in eigenen Betriebsräumlichkeiten tätig ist. Die Planergemeinschaft will demnach *durch die Zusammenlegung von Planerleistungen bei der Planung, bei der Realisierung eines Bauvorhabens oder bei beidem mitwirken.*

---

[16] MEIER-HAYOZ/FORSTMOSER, Schweizerisches Gesellschaftsrecht, § 4 Rz. 7; ähnlich SCHÜTZ, OR-Kommentar [Stämpfli], N 15 zu Art. 530 OR. Der gemeinsame unmittelbare Zweck hat eine konstitutive und eine funktionelle Wirkung. Er ist einesteils Grund und Motivation des Zusammenschlusses zur Planergemeinschaft und wirkt insofern also konstitutiv. Er stellt andererseits die Handlungsrichtlinie im Dasein der Planergemeinschaft dar, nach der alle Entscheide auszurichten sind, und wirkt insoweit funktionell; vgl. WIEDEMANN, Gesellschaftsrecht, S. 9, zitiert bei FELLMANN, Grundfragen, S. 295.

[17] Vgl. MEIER-HAYOZ/FORSTMOSER, Schweizerisches Gesellschaftsrecht, § 1 Rz. 67.

[18] Vgl. MEIER-HAYOZ/FORSTMOSER, Schweizerisches Gesellschaftsrecht, § 4 Rz. 6; SIEGWART, Zürcher Kommentar, N 18 zu Art. 530 OR, prägte dazu folgendes Bild: «Gesellschaftszweck ist jener Kreis von Beziehungen, innerhalb deren die Interessen der Gesellschafter gemeinsame sind. Von diesem Mittelpunkt ausgehend gelangt man nach der einen Seite zu den blossen Mitteln zur Förderung des Zwecks, auf der anderen zur Sphäre der individuellen Interessen der einzelnen Gesellschafter.»

[19] VONZUN, Personengesellschaften, Rz. 509.

[20] Vgl. MEIER-HAYOZ/FORSTMOSER, Schweizerisches Gesellschaftsrecht, § 4 Rz. 8.

[21] Der Begriff der Planerleistungen wird an dieser Stelle in einem weiten Sinn verstanden. Er umschliesst alle Leistungen von ersten Planungsschritten über die Leitung und Koordination der Bauarbeiten bis zur Begleitung der Nachbesserungsarbeiten.

[22] Ziff. 1 SIA-Vertragsformular 1001/2.

3. Das Problem des kaufmännischen Unternehmens

Es hat sich gezeigt, dass die Planergemeinschaft einen wirtschaftlichen Endzweck (Rz. 16.16) verfolgt. Sie bedient sich dazu des Mittels der Zusammenlegung von Planerleistungen. Herkömmlicherweise wird im Zusammenhang mit Planergemeinschaften von der Rechtsform der einfachen Gesellschaften ausgegangen.[23] 16.18

1. Einfache Gesellschaften sind weder verpflichtet noch berechtigt, einen Eintrag im Handelsregister vorzunehmen (Art. 2 lit. a i.V.m. Art. 7 lit. a HRegV). Dahingegen sind alle «kaufmännischen Unternehmen» zwingend in das Handelsregister einzutragen.[24] Somit ist für einfache Gesellschaften der Betrieb eines kaufmännischen Unternehmens indirekt ausgeschlossen.[25] Tritt, soweit die Gesellschafter natürliche Personen sind, zum gemeinsamen Zweck und zur Beitragspflicht[26] der Betrieb eines kaufmännischen Unternehmens hinzu, liegt deshalb ipso iure eine **kaufmännische Kollektivgesellschaft** vor,[27] da dem Handelsregistereintrag lediglich deklaratorische Wirkung[28] und dem Führen einer gemeinsamen Firma entgegen dem Wortlaut von Art. 552 Abs. 1 OR gestützt auf die überzeugenden Ausführungen VONZUNS keine selbständige Bedeutung zukommt.[29] *Das Merkmal des kaufmännischen Unternehmens grenzt also grundsätzlich die einfache Gesellschaft von der Kollektivgesellschaft ab.* 16.19

2. Das Voranstehende gilt freilich nicht, wenn juristische Personen als Gesellschafter auftreten. Denn nach dem unmissverständlichen Willen des (historischen) Gesetzgebers können einer *Kollektivgesellschaft nur natürliche Personen* angehören.[30] VONZUN weist zwar nach, dass diese Regelung «weder aus dogmatischer noch aus rechtspolitischer Sicht zu überzeugen vermag», muss aber gleichzeitig konstatieren, dass die Rechtslage in Anbetracht des klaren Wortlauts und des klaren gesetzgeberischen Willens zu akzeptieren ist.[31] Wenn der Gesellschaft, wie dies bei Planergemeinschaften wohl der Regel entspricht, nicht nur natürliche, sondern auch juristische Personen oder Personenhandelsgesellschaften angehören, dann kann die Rechtsform der Kollektivgesellschaft trotz Vorliegens eines kaufmännischen Unternehmens nicht infrage kommen. Mehr noch: Da das Gesetz 16.20

---

23 Die Rechtsformwahl kann – etwa mit Verwendung des SIA-Vertragsformulars 1001/2 – bewusst oder ohne Rechtsformabrede (Rz. 16.30) erfolgen.

24 Vgl. als «allgemeine Regel» Art. 934 Abs. 1 OR und dazu ECKERT, Basler Kommentar, N 1 zu Art. 934 OR.

25 Vgl. MEIER-HAYOZ/FORSTMOSER, Schweizerisches Gesellschaftsrecht, § 4 Rz. 50.

26 Zur Entstehung der einfachen Gesellschaft siehe Rz. 16.29 ff.

27 BGE 73 I 311; MEIER-HAYOZ/FORSTMOSER, Schweizerisches Gesellschaftsrecht, § 4 Rz. 51; VONZUN, Personengesellschaften, Rz. 546.

28 BGer 4A_21/2011 vom 4. April 2011 E. 3.3.1.

29 Vgl. VONZUN, Personengesellschaften, Rz. 542.

30 Anstelle vieler MEIER-HAYOZ/FORSTMOSER, Schweizerisches Gesellschaftsrecht, § 1 Rz. 13 sowie BGE 84 II 381 E. a; für eine einlässliche Darstellung der Entstehungsgeschichte von Art. 552 Abs. 1 OR siehe VONZUN, Personengesellschaften, Rz. 515 ff.; zur Kritik an der gesetzlichen Regelung vgl. DERS., Personengesellschaften, Rz. 521 ff.

31 Vgl. VONZUN, Personengesellschaften, Rz. 525.

die Führung eines kaufmännischen Unternehmens in der Rechtsform der einfachen Gesellschaft nicht vorsieht, nach einer anderen Auffassung sogar verbietet,[32] soll ein Zustand vorliegen, den die Rechtspraxis angesichts der wirtschaftlichen Bedeutung der Konsortien im Bauwesen gezwungenermassen einfach nur duldet.[33] In Übereinstimmung mit einem Teil der Lehre[34] soll diese Erscheinung als **atypische oder als kaufmännische einfache Gesellschaft** bezeichnet werden. Es gibt allerdings Argumente, die gegen die blosse Duldung und für die Anerkennung sprechen; von ihnen soll nachstehend die Rede sein.

16.21 **a.** Der *moderne Begriff des kaufmännischen Unternehmens* findet sich im OR nicht. Vielmehr wird in Art. 934 Abs. 1 OR die Umschreibung des nach kaufmännischer Art geführten *Gewerbes* verwendet.[35] Nach der Legaldefinition in Art. 2 lit. b HRegV wird darunter jede «selbständige, auf dauernden Erwerb gerichtete wirtschaftliche Tätigkeit» verstanden.[36] Bei der Planergemeinschaft und generell der Arbeitsgemeinschaften im Bauwesen drängen sich vorab in Bezug auf das Element der *Dauer* Fragen auf. Das Bundesgericht mag es zwar mit dem Erfordernis des *dauernden* Erwerbs nicht streng nehmen und dieses rasch als erfüllt betrachten.[37] Doch aus dem Blickwinkel der in der Regel zeitlich befristeten Planergemeinschaft lassen seine Erwägungen im massgeblichen[38] BGE 84 I 187 aufhorchen. Das Gericht hatte sich mit der Frage der Verpflichtung zur Eintragung im Handelsregister eines Einzelunternehmers zu befassen, der während mehrerer Monate an verschiedenen Orten Zirkusvorstellungen unter eigener Kuppel darbot. Nach Meinung des Bundesgerichts ergebe die historische Auslegung von Art. 52 Abs. 3 aHRegV, dass ein Gewerbe aus einer organisierten Tätigkeit bestehe, die auf eine *Wiederholung von gleichartigen, auf Erwerb abzielenden Geschäften gerichtet* sei.[39] Die Dauer sei kein selbständiges Element des Begriffs «Gewerbe», sondern im Wesen der Gewerbetätigkeit notwendigerweise enthalten; «Il importe peu que cette activité soit limitée dans le temps, *sauf si elle s'étend sur une période si brève que la répétition organisée d'affaires identiques est exclue.* La ratio legis confirme cette conclusion. Le but du registre du commerce est de faire connaître, dans l'intérêt des tiers et du public en général, le titulaire de l'entreprise».[40]

16.22 **b.** Bei der typischen und mithin *einmaligen Planergemeinschaft* ist es *nicht die befristete Dauer selbst* (vgl. auch Rz. 17.125 f.), *welche die Wiederholung ausschliesst.* Es scheint sich

---

[32] Vgl. MEIER-HAYOZ/FORSTMOSER, Schweizerisches Gesellschaftsrecht, § 4 Rz. 50 sowie § 12 Rz. 27 ff.; MÜLLER K., Arbeitsgemeinschaft, Rz. 24 und 28; SCHÜTZ, OR-Kommentar [Stämpfli], N 3 zu Art. 530 OR.

[33] Vgl. EGLI, Probleme Baukonsortien, S. 32; MEIER-HAYOZ/FORSTMOSER, Schweizerisches Gesellschaftsrecht, § 4 Rz. 56 und § 12 Rz. 30.

[34] Vgl. MEIER-HAYOZ/FORSTMOSER, Schweizerisches Gesellschaftsrecht, § 4 Rz. 53, die von atypischen Gebilden sprechen, sowie VONZUN, Personengesellschaften, Rz. 566 ff.

[35] Vgl. MEIER-HAYOZ/FORSTMOSER, Schweizerisches Gesellschaftsrecht, § 4 Rz. 34.

[36] Vgl. auch MEIER-HAYOZ/FORSTMOSER, Schweizerisches Gesellschaftsrecht, § 4 Rz. 36.

[37] Vgl. MEIER-HAYOZ/FORSTMOSER, Schweizerisches Gesellschaftsrecht, § 4 Rz. 40.

[38] Vgl. MEIER-HAYOZ/FORSTMOSER, Schweizerisches Gesellschaftsrecht, § 4 Rz. 40.

[39] Vgl. MEIER-HAYOZ/FORSTMOSER, Schweizerisches Gesellschaftsrecht, § 4 Rz. 40.

[40] BGE 84 I 187/190 E. 2a H.h.

vielmehr aus ihrem unmittelbaren Zweck zu ergeben, dass ihre zwar durchaus organisierte Tätigkeit in der Regel (Rz. 16.8) *gerade nicht auf die Wiederholung von gleichartigen, auf den Erwerb abzielenden Geschäften gerichtet* ist, sondern *auf ein einziges Geschäft gegenüber einem konkreten Bauherrn*. Auch die ratio des Handelsregistereintrags, die das Bundesgericht zur Bestätigung seines Ergebnisses heranzieht,[41] lässt keine massgeblichen Zweifel an dieser Ansicht aufkommen. Denn gerade weil sich die typische Planergemeinschaft immer erst im Hinblick auf ein konkretes Bauvorhaben eines bereits feststehenden Bauherrn bildet, muss augenscheinlich nicht im Interesse einer breiten Öffentlichkeit gewährleistet sein, dass der Registereintrag über den Gewerbebetrieb Auskunft gibt und er die Rechtsfolge eines verschärften Gläubigerzugriffs bewirkt.[42] Deshalb vermag zumindest mit Blick auf die typische Planergemeinschaft auch der Schluss von MEIER-HAYOZ/FORSTMOSER nicht zu überzeugen, wonach massgebliches Wesensmerkmal eines kaufmännischen Unternehmens letztlich «nicht die Dauer […], sondern das Vorliegen einer eine wirtschaftliche Tätigkeit ermöglichenden *Organisation* » sei.[43] Wenn die gleichen Autoren in der Folge erläutern, eine Organisation erübrige sich in der Regel, wo nur ein einziges Geschäft ansteht oder wenige vereinzelte beabsichtigt werden, sie dränge sich aber auf, sobald über längere Zeit hinweg gleichartige Geschäfte getätigt werden sollen,[44] dann ist es also *die dauerhafte, repetitive, auf eine Vielzahl von unbestimmten Dritten ausgerichtete wirtschaftliche Tätigkeit* – das Element der Wiederholung eben – die so gesehen das massgebliche Wesensmerkmal des kaufmännischen Unternehmens bildet. *Dieses Merkmal fehlt der Planergemeinschaft und wohlgemerkt auch den meisten anderen typischen Konsortien im Bauwesen völlig,* solange sie nicht «auf dauernden Erwerb ausgerichtet»[45] sind und mithin auf mehrere Bauvorhaben abzielen. An diesem Ergebnis ändert nichts, dass Planergemeinschaften oftmals nicht nur mit der Bauherrschaft, sondern auch mit einer beschränken Zahl von Subunternehmern Verträge abschliessen. Mit den Worten von MEIER-HAYOZ/FORSTMOSER handelt es sich dabei vielmehr um jene wenigen vereinzelten Geschäfte, die noch keinen anderen Schluss nahelegen.[46] Auch jüngere Bundesgerichtsentscheide, die sich mit der Eintragungspflicht von Einzelunternehmen ins Handelsregister befassen, stehen diesem Ergebnis nicht entgegen.[47]

---

41 BGE 84 I 187/190 f. E. 2b.

42 Vgl. MEIER-HAYOZ/FORSTMOSER, Schweizerisches Gesellschaftsrecht, § 4 Rz. 41.

43 MEIER-HAYOZ/FORSTMOSER, Schweizerisches Gesellschaftsrecht, § 4 Rz. 42.

44 MEIER-HAYOZ/FORSTMOSER, Schweizerisches Gesellschaftsrecht, § 4 Rz. 42.

45 BGE 124 III 363/364 E. II/2a.

46 Vgl. MEIER-HAYOZ/FORSTMOSER, Schweizerisches Gesellschaftsrecht, § 4 Rz. 42.

47 Vgl. namentlich BGE 135 III 304 und BGer 4A_526/2008 vom 21. Januar 2009. Im letzteren Entscheid ging es um eine Zahnarztpraxis mit einem Praxisleiter, drei weiteren Zahnärzten, einer Prophylaxe-Mitarbeiterin, vier Dentalassistentinnen und sechs Dentalassistentinnen in Ausbildung. Das Bundesgericht stellte mit Blick auf die freien Berufe klar, dass die Eintragungspflicht massgeblich von den Gegebenheiten des Einzelfalls abhängt und dabei die gesamten Umstände und Bedingungen, unter denen die Tätigkeit ausgeübt wird, zu berücksichtigen sind. Hierbei erblickte es insbesondere in der intensiven Werbung (mit tiefen Taxpunktwerten und kostenlosen Offerten) wesentliche Elemente, die für ein kaufmännisches Unternehmen sprechen. Zu den Kriterien vgl.

16.23 Nach der hier vertretenen Auffassung *betreiben also die typischen, auf ein einzelnes Bauvorhaben ausgerichteten Konsortien des Bauwesens kein kaufmännisches Unternehmen im Rechtssinn.*[48] Auch wenn sie in der Regel organisiert sind, mithin über eine Struktur[49] verfügen und vorzugsweise eine geordnete Buchführung sicherstellen.[50] Auch wo nur natürliche Personen als Gesellschafter auftreten, wird das Konsortium damit nicht zur (unbewussten) Kollektivgesellschaft.

16.24 **b.** Einen anderen Weg schlägt VONZUN ein. Er weist zunächst nach, dass es in Tat und Wahrheit an einem gesetzlichen Verbot, in der Rechtsform der einfachen Gesellschaft ein kaufmännisches Unternehmen zu betreiben, gebricht[51] und es der wichtigen Funktion der einfachen Gesellschaft als Grund- und Subsidiärform geradezu entspreche, immer dann zur Anwendung zu gelangen, wenn die Voraussetzungen für eine andere Gesellschaftsform fehlten;[52] die Tatsache, dass es kaufmännische einfache Gesellschaften gebe, beruhe allerdings auf einem gesetzgeberischen Versehen, zumal beim Ausschluss anderer als der unbeschränkt haftenden natürlichen Personen als Mitglieder einer Kollektivgesellschaft übersehen worden sei, dass auch juristische Personen einer unbeschränkten Haftung unterliegen und sowohl juristische wie natürliche Personen über ein beschränktes Vermögen verfügen.[53] Sodann entwickelt er auf der Basis seiner zuvor gewonnenen Erkenntnis, wonach der Kollektivgesellschaft Rechtsfähigkeit zukommt, die Auffassung, die Unternehmensträgerschaft, das Führen eines kaufmännischen Unternehmens also, sei das massgebliche Kriterium für die Bestimmung der Rechtsnatur einer Personengesellschaft; daher sei auch *die atypische kaufmännische einfache Gesellschaft mit Rechtspersönlichkeit ausgestattet* und somit fähig, eigene Rechte zu erwerben und Verbindlichkei-

---

auch JUNG, Die kaufmännische einfache Gesellschaft, S. 4, wonach für den Begriff des kaufmännischen Gewerbes unter anderem die Natur und Vielfalt der gewöhnlich vorkommenden Geschäfte, die Vielfalt der Erzeugnisse und Leistungen, die Art des Kundenkreises, die Grösse des Anlage- und Betriebskapitals, die Höhe des Kreditbedarfs und der Umfang der Werbung und der Lagerhaltung massgeblich sind.

48 A.M. namentlich VONZUN, Personengesellschaften, Rz. 574; MÜLLER K., Arbeitsgemeinschaft, Rz. 26; EGLI, Das Baukonsortium, S. 45, der das Baukonsortium immerhin nur «in den meisten Fällen» als kaufmännisches Unternehmen qualifizieren will. Soweit ersichtlich wird das Baukonsortium von allen Autoren aber einigermassen «ungeprüft» als kaufmännisches Unternehmen bezeichnet.

49 Vgl. HANDSCHIN/VONZUN, Zürcher Kommentar, N 61 f. zu Art. 530 OR; die Struktur betrifft die Organisation der Gesellschaft und nicht des Unternehmens, das sie allenfalls betreibt.

50 Vgl. HERREN, OR-Kommentar [Stämpfli], N 17 zu Art. 533 OR. Eine Buchführungspflicht ergibt sich faktisch aber aus dem Umstand, dass Konsortien des Bauwesens in der Regel mehrwertsteuerpflichtig sind (Rz. 16.121). Von Gesetzes wegen ist bei der einfachen Gesellschaft die Rechnungslegung erst im Zeitpunkt der Auflösung vorgesehen. Diese Regelung genügt aber nur für blosse Gelegenheitsgesellschaften. Bei Gesellschaften, die auf eine gewisse Dauer angelegt sind (mehr als ein Jahr), ist eine kontinuierliche Buchführung unerlässlich. Vgl. zum Ganzen HANDSCHIN/VONZUN, Zürcher Kommentar, N 6 ff. zu Art. 533 OR, sowie GLANZMANN, Rechnungslegungsrecht, S. 206, Fn. 12.

51 VONZUN, Personengesellschaften, Rz. 571 ff.

52 Vgl. VONZUN, Personengesellschaften, Rz. 575.

53 Vgl. VONZUN, Personengesellschaften, Rz. 577 sowie 523.

ten einzugehen. Deshalb sei schliesslich auf die atypische einfache Gesellschaft das Recht der Kollektivgesellschaft analog anzuwenden.[54]

3. Dieser Auffassung haben sich auch die Autoren der Zürcher Kommentare zur einfachen Gesellschaft und zur Kollektiv- und Kommanditgesellschaft, zu denen freilich auch VONZUN gehört, angeschlossen mit der Massgabe einer *umfassenden analogen Anwendung des Kollektivgesellschaftsrechts auf die kaufmännische einfache Gesellschaft.*[55] 16.25

Diese Ansicht verdient zwar grundsätzlich Zustimmung.[56] Sie *trifft nach der hier vertretenen Auffassung aber nicht auf die typischen Konsortien im Bauwesen und damit auch nicht auf die Planergemeinschaft zu,* die in Bezug auf ein konkretes Bauvorhaben, mithin für vorübergehende Zwecke, gebildet werden und insofern **Einmalgesellschaften** darstellen.[57] 16.26

Vorderhand gilt somit, dass *Planergemeinschaften praxisgemäss in die Rechtsform der einfachen Gesellschaft* gekleidet sind und deren Recht unterstehen. Es drängt sich für das Weitere daher auf, die Rechtslage anhand des Rechts der einfachen Gesellschaft darzustellen und nur bei Bedarf auf die Abweichungen hinzuweisen, die sich aus einer Anwendung des Kollektivgesellschaftsrechts ergeben würden. 16.27

Der umfassenden (allenfalls analogen) Rechtsanwendung des Kollektivgesellschaftsrechts wäre in Übereinstimmung mit VONZUN aber immerhin die *auf Dauer angelegte Planergemeinschaft* («Dauergemeinschaft» bzw. «fortgesetzte ARGE»)[58] unterworfen, mit der die Abwicklung mehrerer – möglicherweise noch unbestimmter – Bauvorhaben und damit *wiederholter Geschäfte* beabsichtigt wird. In Fällen regelmässiger Zusammenarbeit müssen die Planer der Frage nach ihrer Rechtsform erhöhte Aufmerksamkeit schenken und vorzugsweise eine bewusste Wahl einer geeigneten Rechtsform treffen. 16.28

---

54 Vgl. VONZUN, Personengesellschaften, Rz. 581 ff.

55 HANDSCHIN/VONZUN, Zürcher Kommentar, N 38 zu Art. 530 OR und HANDSCHIN/CHOU, Zürcher Kommentar, N 84 zu Art. 552–553; ebenfalls für die Rechtsfähigkeit der einfachen Gesellschaft, wenn auch mit anderer Begründung, TAORMINA, Innenansprüche in der einfachen Gesellschaft, Rz. 61 ff.

56 Von den Gerichten wird die Lehrmeinung soweit ersichtlich bislang ignoriert. So hat etwa das Basel-Städtische Appellationsgericht als Verwaltungsgericht im Urteil zu einem Submissionsrekurs in aller Kürze festgehalten, die rekurrierende Arbeitsgemeinschaft sei eine einfache Gesellschaft und als solche nicht parteifähig (vgl. VGer BS VD.2010.7 vom 26. Mai 2010).

57 A.M. insb. VONZUN, Personengesellschaften, Rz. 756; demgegenüber mit dem von ihm angeführten Beispiel wohl implizit zustimmend TAORMINA, Innenansprüche in der einfachen Gesellschaft, Rz. 120, wonach aus einer einfachen Gesellschaft, die zunächst nur ein Grundstück erwirbt und überbaut, dann aus dem Verkaufserlös aber weitere Grundstücke kauft und überbaut, (erst) nach und nach ein kaufmännisches Unternehmen entsteht.

58 Vgl. dazu Rz. 16.8 und 17.125; GAUCH, Ein Bauwerk – Mehrere Unternehmer, S. 89 bzw. HÜRLIMANN, Kommentar SIA 118, Art. 28/Rz. 2.

III. Entstehung

16.29 Der vorliegende Beitrag ist auf Planergemeinschaften eingeschränkt, die sich nicht institutionell in der Form einer neuen Körperschaft (Aktiengesellschaft, GmbH, Genossenschaft etc.) bilden. Der hier interessierende Zusammenschluss der Planer erfolgt vielmehr mittels vertraglicher Abreden, durch rechtsgeschäftliche Einigung nach Art. 1 ff. OR.[59] Mithin hat der Vertragsschluss den *Regeln von Offerte und Akzept* zu genügen.[60] Der Gesellschaftsvertrag der Planergemeinschaft ist *ein einziger Vertrag*, auch wenn alle Beteiligten ihre Zustimmung zu erklären haben und diese Erklärungen allen anderen zugekommen sein müssen.[61] Der gültig zustande gekommene Gesellschaftsvertrag ist *sowohl Schuldvertrag als auch Organisationsvertrag*.[62]

1. Formfreie Begründung

16.30 **1.** Für die Planergemeinschaft als einfache Gesellschaft bestehen keine Formvorschriften.[63] Auch eine Entstehung durch *stillschweigende Erklärung* oder durch *konkludentes Handeln* ist denkbar.[64] Die Parteien müssen sich nicht einmal bewusst sein, dass sie mit

---

[59] Vgl. GUHL/DRUEY, Das Schweizerische Obligationenrecht, § 62 Rz. 1; vgl. aber FELLMANN, Grundfragen, S. 286 und 288 unten.

[60] Vgl. HANDSCHIN/VONZUN, Zürcher Kommentar, N 126 zu Art. 530 OR.

[61] Vgl. HANDSCHIN/VONZUN, Zürcher Kommentar, N 126 zu Art. 530 OR.

[62] TAORMINA, Innenansprüche in der einfachen Gesellschaft, Rz. 8; KRATZ, Verantwortlichkeit des Geschäftsführers, S. 15.

[63] Vgl. HANDSCHIN/VONZUN, Zürcher Kommentar, N 145 zu Art. 530 OR. Sollen sich die Gesellschafter aber zu Leistungen verpflichten, deren Verabredung besonderen Formvorschriften zu genügen hat, so sind diese zu befolgen; vgl. MEIER-HAYOZ/FORSTMOSER, Schweizerisches Gesellschaftsrecht, § 12 Rz. 78; HANDSCHIN/VONZUN, Zürcher Kommentar, N 146 zu Art. 530 OR; VONZUN, Personengesellschaften, Rz. 506 mit Verweis auf die Formerfordernisse bei der Einbringung von Gesellschaftsanteilen einer GmbH. Wird namentlich ein Grundstück zu Eigentum in die Gesellschaft eingebracht, so bedarf die Übertragung der öffentlichen Beurkundung; vgl. EGLI, Probleme Baukonsortien, S. 34; SCHERRER, Freuden und Leiden, S. 5; VONZUN, Personengesellschaften, Rz. 506; vgl. MEIER-HAYOZ/FORSTMOSER, Schweizerisches Gesellschaftsrecht, § 12 Rz. 78; HANDSCHIN/VONZUN, Zürcher Kommentar, N 149 zu Art. 530 OR. Dieser Fall kann für die Planergemeinschaft freilich nahezu ausgeschlossen werden. Sie entsteht regelmässig auf Anbieterseite und betrifft ausschliesslich Planerleistungen im weiteren Sinne (vgl. Rz. 16.17, Fn. 21); denkbar wäre womöglich der Fall, dass sich Planer, von denen alle oder einzelne zugleich auch Grundeigentümer sind, zusammentun, um den Verkauf von Einfamilienhäusern oder Stockwerkeigentumsparzellen ab Plan zumindest vorzubereiten. Allerdings wäre nicht einzusehen, weshalb zu diesem Zweck die Grundstücke in die Gesellschaft eingebracht werden müssten. Der Beitrag selbst eines ansonsten untätigen Beteiligten wäre wohl darin zu erblicken, dass er die Planung über sein Grundstück erlaubt bzw. duldet. Immerhin hätte er nach den Baugesetzgebungen ein Baugesuch mitzuunterzeichnen. Und erst gestützt auf ein bewilligtes Bauvorhaben wäre an einen Verkauf ab Plan zu denken.

[64] BGE 124 III 363/365 E. II/2a; KGer GE vom 19. November 2010 (= SJZ 2011, Nr. 31, S. 579).

ihren Abreden eine einfache Gesellschaft begründen; sofern sie sich darüber einig sind, gemeinsam einen Zweck verfolgen und fördern zu wollen,[65] kommt die Gesellschaft zustande.[66] Immer aber bedarf es der übereinstimmenden Willenserklärungen aller Beteiligten, mit gemeinsamen Mitteln einen gemeinsamen Zweck erreichen zu wollen (animus societatis bzw. affectio societatis).[67]

2. Stillschweigende Erklärung oder konkludentes Verhalten erlangt namentlich in den zahlreichen Fällen Bedeutung, in denen es die beteiligten Planer *beim Abschluss des Vertrags mit der Bauherrschaft bewenden lassen*, ohne unter sich durch ausdrückliche gesellschaftsvertragliche Abreden für erläuternde organisatorischen Vorkehrungen zu sorgen. 16.31

---

65 Vgl. GUHL/DRUEY, Das Schweizerische Obligationenrecht, § 62 Rz. 2; MEIER-HAYOZ/FORSTMOSER, Schweizerisches Gesellschaftsrecht, § 12 Rz. 75. Das Bundesgericht drückt es in 124 III 363/364 f. E. II/2a wie folgt aus: «Ob und in welcher Rechtsform [...] eine Gesellschaft besteht, ist zunächst eine Frage der individuellen Rechtsgestaltung. Ist sie empirisch nicht klar zu beantworten, greifen die normativen Regeln zur Auslegung von Willenserklärungen Platz [...]. Dabei wirkt auch im Gesellschaftsrecht das Prinzip des Vertrauensschutzes, namentlich des Rechtsscheins, wonach rechtsgeschäftliche Bindung nicht einen bestimmt gearteten Willen voraussetzt, sondern auch aus einem Verhalten folgen kann, aus dem die Gegenseite in guten Treuen auf das Vorhandensein eines bestimmten Willens schliessen durfte [...]. Daraus und aus der Formfreiheit der Gesellschaftsverträge ergibt sich, dass eine einfache Gesellschaft – und als deren Sonderform auch die Kollektivgesellschaft – konkludent entstehen und sich namentlich aus dem Verhalten der Partner ergeben kann, ohne dass ihnen diese Rechtsfolge bewusst sein muss». VONZUN, Personengesellschaften, Rz. 507, legt dar, dass das Zustandekommen einer einfachen Gesellschaft wegen des möglicherweise fehlenden Bewusstseins der Gesellschafter nicht geprägt sei vom bewussten Austausch übereinstimmender Willenserklärungen, sich in einer einfachen Gesellschaft zu verbinden, sondern vielmehr durch das Vorliegen der in Art. 530 Abs. 1 OR genannten objektiv wesentlichen Vertragspunkte. Vgl. Rz. 16.33. In diesem Zusammenhang stellt sich neuerdings die Frage, inwiefern und inwieweit die gemeinsame Bearbeitung nach der BIM-Methode (Building Information Modelling) zu einer (beschränkten) Planergemeinschaft führen kann. Vgl. dazu etwa das Merkblatt «BIM Rollen, Vertrag und Leistungen» von Bauen Digital Schweiz, S. 6, abrufbar unter: <www.bauen-digital.ch/de/produkte/> (besucht am 2. Juli 2018).

66 Vgl. GUHL/DRUEY, Das Schweizerische Obligationenrecht, § 61 Rz. 27.

67 Vgl. EGLI, Das Baukonsortium, S. 43; MEIER-HAYOZ/FORSTMOSER, Schweizerisches Gesellschaftsrecht, § 1 Rz. 66; VONZUN, Personengesellschaften, Rz. 507 und Fn. 18, weist unter Berufung auf GUHL/DRUEY, Das Schweizerische Obligationenrecht, § 61 Rz. 27, präzisierend darauf hin, dass es bei Vorliegen der begrifflichen Voraussetzungen der einfachen Gesellschaft nicht noch eines zusätzlichen Willens bedarf, die rechtliche Bindung einzugehen. In der Tat muss sich aus der Funktion der einfachen Gesellschaft als Subsidiärform, des Auffangtatbestands des Gesellschaftsrechts, ergeben, dass ein bei den Gesellschaftern feststellbarer «Wille zur gemeinschaftlichen Realisierung» genügt, ohne dass die Gesellschafter darüber hinaus noch den Willen zur Bildung einer einfachen Gesellschaft brauchen. «Ein entsprechender besonderer Wille (und Erfüllung der entsprechenden Formerfordernisse) wäre nötig, wenn eine andere Organisationsform nachgewiesen werden sollte.» (GUHL/DRUEY, Das Schweizerische Obligationenrecht, § 61 Rz. 27 in fine). Ein Bewusstsein, eine einfache Gesellschaft zu bilden und sich deren Recht zu unterwerfen, ist nicht erforderlich (BGer 4C.24/2000 vom 28. März 2000 E. 3d); zur Rechtslage bei fehlendem Nachweis des tatsächlichen Willens der Parteien vgl. BGE 132 III 626/632 E. 3.1

Oftmals werden die Beteiligten sich zunächst nur als *Bietergemeinschaft*[68] mit dem Zwischenziel[69] verbinden, im Rahmen einer privaten oder öffentlichen Ausschreibung den Zuschlag zu erlangen. Die Regelung der Einzelheiten ihrer Zusammenarbeit heben sie sich für den Moment des Zuschlags auf.

16.32 **3.** Dass das Vorliegen des Willens zu partnerschaftlichem Zusammenwirken nachgerade in der Submissionsphase strittig sein kann, illustriert der dem BGE 127 III 519 zugrunde liegende und unter anderem auch bei EGLI[70] rapportierte Fall: Im Rahmen eines Architekturwettbewerbs zogen Architekten zwei Ingenieure bei. Deren Leistung wurde von den Architekten selbst und nicht von der Wettbewerbsjury beurteilt. Die Ingenieure hatten mit den auftraggebenden Architekten *keine Vergütung vereinbart*. Das Bundesgericht prüfte, ob sich der Vergütungsanspruch der Ingenieure allenfalls aufgrund eines Zusammenschlusses der Architekten und Ingenieure zu einer einfachen Gesellschaft begründen liesse und er mithin in einer Gewinnbeteiligung bestehen könnte. Es kam indessen zum Schluss, dass die *Mitwirkung der Ingenieure im Gesamtkontext als nebensächliche Leistung zu qualifizieren* sei, kein Zusammenwirken auf Augenhöhe erkennbar sei und der animus societatis fehle.[71]

2. Die wesentlichen Vertragspunkte

16.33 Objektiv wesentliche Vertragspunkte sind der gemeinsame Zweck der Planergemeinschaft, der vertragliche Bindungswille der Beteiligten, der Kreis der beteiligten Planer an sich und die Pflicht, Beiträge zu leisten.[72] Im Übrigen muss auch über alle anderen Punkte

---

[68] Zum Begriff vgl. GAUCH, Werkvertrag, Rz. 246; MÜLLER K., Arbeitsgemeinschaft, Rz. 3; SCHERRER, Freuden und Leiden, S. 95.

[69] HÜRLIMANN, Kommentar SIA 118, Vorbem. zu Art. 28–32/Rz. 3; vgl. aber GAUCH, Werkvertrag, Rz. 246, und DERS., Vertragsrecht, S. 25, der die Meinung vertritt, der eigentliche Zweck einer Bietergemeinschaft sei die Einreichung einer gemeinsamen Offerte. Dieser Ansicht GAUCHS ist meines Erachtens nicht zu folgen. Mit der Einreichung der Offerte bindet sich die Planergemeinschaft sowohl in Bezug auf die angebotene Leistung als auch in Bezug auf die Person bzw. die Zusammensetzung der Anbietenden. Denn der Bauherr kann insbesondere im Umstand, das ihm nicht nur ein einzelnes Unternehmen für die Leistung einsteht, einen wesentlichen Vorteil und damit auch ein wesentliches Vertragselement erblicken (vgl. dazu auch die Überlegungen zur solidarischen Haftung Rz. 16.112). Möglich ist freilich, dass sich das Konsortium gegenüber dem Bauherrn nicht als solches zu erkennen gibt. So ist es denkbar, dass ein Generalplaner die Fachplaner nicht mit Subplanerverträgen, sondern über ein Innenkonsortium an sich bindet (Innengesellschaft, stille Gesellschaft oder Unterbeteiligung; vgl. dazu etwa HANDSCHIN, Basler Kommentar, N 4 zu Art. 542 OR; VON STEIGER, SPR VIII/1, S. 344 f. und 653 ff.).

[70] Vgl. EGLI, Das Baukonsortium, S. 43.

[71] BGE 127 III 519/524 E. 2d (= BR/DC 2004, S. 80, Nr. 191, mit Anm. PICHONNAZ); einfache Gesellschaft trotz Willen, mit beidseitigen Mitteln ein gemeinsames Ziel zu erreichen, ebenfalls abgelehnt in BGer 4A_251/2016 vom 13. Dezember 2016.

[72] HANDSCHIN/VONZUN, Zürcher Kommentar, N 170 zu Art. 530 OR; vgl. BGE 137 III 455/456 f. E. 3.1; BGer 4A_747/2011 vom 2. April 2012 E. 2.2.

Einigkeit bestehen, *auf die auch nur ein beteiligter Planer Wert gelegt hat*,[73] also auch über die subjektiv wesentlichen Punkte.[74] Die Darstellung der objektiv wesentlichen Vertragspunkte kann auf den Gesellschaftszweck und die Tatsache der Beitragspflicht reduziert werden.[75] In der Tat spricht die Legaldefinition von den beiden Merkmalen des gemeinsamen Zwecks einerseits und der Förderung dieses Zwecks mit gemeinsamen Kräften und Mitteln andererseits.[76] Zwar hat die Analyse dieser beiden Merkmale grundsätzlich getrennt zu erfolgen; doch darf dies nicht über ihre innere Beziehung hinwegtäuschen, die darin besteht, dass *nur beide zusammen den animus societatis ausmachen*.[77] Die beiden Merkmale sollen nachfolgend aus dem Blickwinkel der Planergemeinschaft betrachtet werden.

A. Die Festlegung des Gesellschaftszwecks

1. Der gemeinsame Zweck ist das *gemeinsame Ziel*, das die Planer verfolgen. Vorne wurde gezeigt, dass zwischen dem unmittelbaren Zweck und dem Endzweck unterschieden werden muss (Rz. 16.16). Während der unmittelbare Zweck – der regelmässig darin besteht, den mit der Bauherrschaft eingegangenen oder noch abzuschliessenden Vertrag zu erfüllen[78] – stets ein gemeinsamer sein muss, ist es möglich, dass die *beteiligten Planer unterschiedliche Endzwecke verfolgen*. So kann es bei einer Planergemeinschaft durchaus sein, dass es einem jungen beteiligten Architekten in erster Linie darum geht, Bekanntheit zu erlangen, der involvierte Bauingenieur mit seiner Unterstützung zumindest kostendeckend sein will und für den in zahllosen Projekten immer wieder beigezogenen renommierten Haustechniker ein spürbarer Gewinn herausschauen muss. 16.34

2. Auch wenn die – im obigen Beispiel notabene allesamt wirtschaftlichen – Endzwecke nicht übereinstimmen, so ist doch das unmittelbare Ziel ein gemeinsames. Insofern liegt das notwendige objektive Merkmal des gemeinsamen Zwecks auch dann vor, wenn die Endzwecke bei den einzelnen Beteiligten unterschiedlich ausfallen. «*Vergemeinschaftet*»[79] *wird mithin nur der unmittelbare Zweck*, nicht aber zwingend auch die Endzwecke; bei diesen handelt es sich vielmehr um die individuellen Interessen der einzelnen Planer (Rz. 16.16). Jeder der beteiligten Planer muss den gemeinsamen Zweck aber sowohl als eigenes Ziel wie auch als Ziel der anderen Gesellschafter zu fördern versprechen.[80] 16.35

3. Der Zweck muss so *konkret gefasst* sein, dass sich daraus die Rechte und Pflichten der einzelnen Mitglieder der Planergemeinschaft ableiten lassen.[81] 16.36

---

[73] MEIER-HAYOZ/FORSTMOSER, Schweizerisches Gesellschaftsrecht, § 12 Rz. 75; EGLI, Probleme Baukonsortien, S. 34.

[74] HANDSCHIN/VONZUN, Zürcher Kommentar, N 171 zu Art. 530 OR.

[75] Vgl. VONZUN, Personengesellschaften, Rz. 508 ff.

[76] Vgl. FELLMANN, Grundfragen, S. 295.

[77] Vgl. FELLMANN, Grundfragen, S. 295.

[78] Vgl. z.B. Ziff. 1 SIA-Vertragsformular 1001/2.

[79] Vgl. FELLMANN, Grundfragen, S. 295.

[80] Vgl. FELLMANN, Grundfragen, S. 295.

[81] Vgl. FELLMANN/MÜLLER K., Berner Kommentar, N 459 zu Art. 530 OR.

B. Die Regelung der Beitragspflicht

16.37 **1.** Gemäss Art. 530 OR ist der Gesellschaftszweck mit «gemeinsamen Mitteln und Kräften» zu verfolgen. Diese Generalklausel[82] konkretisiert das Gesetz durch Art. 531 OR, wonach jeder Gesellschafter einen *Beitrag in Geld, Sachen, Forderungen oder Arbeit* zu leisten hat, und durch Art. 533 OR, wonach die Gesellschafter grundsätzlich *gleichen Anteil am Gewinn* haben und einen *Verlust grundsätzlich gemeinsam tragen.*[83]

16.38 **2.** *Gesellschafter ist also nur, wer zur Förderung des gemeinsamen Zwecks einen Beitrag leistet.*[84] Diese Pflicht ergibt sich aus der Legaldefinition der Gesellschaft in Art. 530 OR. Solange sie genügend weit gefasst wird, ist die Beitragspflicht als zwingendes Merkmal zu betrachten.[85] Fehlt es an einer Einigung darüber, so kommt die Gesellschaft nicht zustande.[86]

16.39 **3.** Den Begriff des Beitrags definiert das Gesetz nicht. Er lässt sich indessen aus der nicht abschliessenden[87] Aufzählung in Art. 531 Abs. 1 OR ableiten. Danach geht es um Leistungen der Gesellschafter, «die aufgrund des Gesellschaftsvertrags zur Förderung des Gesellschaftszwecks erbracht werden».[88] *Darunter fallen Beiträge im weiteren und im engeren Sinn.*[89] Bei den Beiträgen im weiteren Sinn handelt es sich um jedwede Leistungen der Gesellschafter zur Förderung des gemeinsamen Zwecks, während die Beiträge im engeren Sinn einen Vermögenswert aufweisen,[90] also *Einlagen* darstellen.[91] Der Begriff der Einlage suggeriert indessen eine gewisse Einmaligkeit oder zumindest eine Staffelung der Leistungen, was gerade für die Arbeitsgemeinschaften im Baubereich und insbesondere für die Planergemeinschaften, bei denen während einer gewissen Zeit in der Regel *kontinuierliche (Arbeits-)Leistungen* erbracht werden, nicht treffend scheint.[92]

16.40 **4.** Die Pflicht der Gesellschafter zur Förderung des gemeinsamen Zwecks geht über den Begriff des Beitrags im Sinne von Art. 531 Abs. 1 OR hinaus. Die Beiträge stellen nur den

---

82 Vgl. Fellmann, Grundfragen, S. 301.

83 Vgl. Fellmann, Grundfragen, S. 301.

84 Vgl. Vonzun, Personengesellschaften, Rz. 510; Schütz, OR-Kommentar [Stämpfli], N 12 zu Art. 531 OR.

85 Vgl. Meier-Hayoz/Forstmoser, Schweizerisches Gesellschaftsrecht, § 12 Rz. 36f.; Vonzun, Personengesellschaften, Rz. 510; Taormina, Innenansprüche in der einfachen Gesellschaft, Rz. 13 und 164.

86 Vgl. Vonzun, Personengesellschaften, Rz. 510.

87 Vgl. unter vielen Vonzun, Personengesellschaften, Rz. 512; Fellmann/Müller K., Berner Kommentar, N 11 zu Art. 531 OR; Taormina, Innenansprüche in der einfachen Gesellschaft, Rz. 164.

88 Vgl. Fellmann/Müller K., Berner Kommentar, N 11 zu Art. 531 OR; vgl. BGE 137 III 455/456f. E. 3.1.

89 Fellmann/Müller K., Berner Kommentar, N 12 zu Art. 531 OR.

90 Fellmann/Müller K., Berner Kommentar, N 12 zu Art. 531 OR.

91 Fellmann/Müller K., Berner Kommentar, N 13 zu Art. 531 OR.

92 Das SIA-Vertragsformular 1001/2 unterscheidet in Ziff. 4 zwischen Beiträgen in Form von Arbeitsleistungen, finanziellen Beiträgen, Arbeitsleistungen, Personal- und Inventarbeiträgen und weiteren Gesellschafterbeiträgen.

wichtigsten, nicht aber den einzigen Aspekt der vertraglichen Förderungspflicht dar, nämlich jene *positiven Leistungen* der Gesellschafter mit unmittelbarer Förderungsfunktion.[93] Von diesen abzugrenzen sind etwa die Treuepflicht oder vertragliche Nebenleistungen, die sich aus dem Gesellschaftsverhältnis ergeben. Nicht dazu zählen ferner Unterlassungen wie das sich aus der Treuepflicht ergebende und von Art. 536 OR statuierte Konkurrenzverbot. Im blossen Umstand sodann, dass mit der Beteiligung an der Planergemeinschaft die *Mitübernahme der Haftung für Verbindlichkeiten* der Gesellschaft einhergeht (Art. 544 Abs. 3 OR), ist ebenfalls keine Beitragsleistung zu erblicken. Anders verhält es sich indes, «wenn die Mitübernahme der Haftung durch einen solventen Gesellschafter die Kreditwürdigkeit der Gesellschaft so entscheidend verbessert, dass dadurch die Aufnahme von Fremdkapital ermöglicht wird, das für die Erreichung des vereinbarten Zwecks erforderlich ist».[94]

5. Von den Beiträgen scharf abzugrenzen sind *Leistungen aus Drittgeschäften.* Gemeint 16.41
sind damit Leistungen aufgrund separater Vertragsverhältnisse zwischen der Gesellschaft und einzelnen Gesellschaftern, *die ausserhalb der Beitragspflicht liegen.*[95] Drittgeschäfte sind vom Gesellschaftsverhältnis unabhängig.[96] Seine Ansprüche macht der entsprechende Gesellschafter folgerichtig *wie ein aussenstehender Dritter* gegenüber der Gesellschaft geltend.[97] Im organisatorischen Gesamtkontext eines Bauvorhabens stellt dieses Rechtsgeschäft eine *typische Subplanerleistung* dar. Der Planer ist dann *sowohl Mitglied als auch Beauftragter* der Planergemeinschaft. Derartige gesonderte Vertragsverhältnisse sind bei Planergemeinschaften verbreitet, selten aber ausdrücklich geregelt. Vielmehr wird die *Differenzierung* zwischen dem, was die beteiligten Planer untereinander als selbstverständliche Beitragsleistungen erwarten, und dem, was ein einzelner Planer an separat zu entschädigenden Sonderleistungen zu erbringen hat, oftmals *vernachlässigt.* Einer der Gründe wird darin zu erblicken sein, dass die Art der Leistungen innerhalb und ausserhalb der Beitragspflicht übereinstimmt. Verbreitet ist insbesondere die Erbringung

[93] Fellmann/Müller K., Berner Kommentar, N 15 zu Art. 531 OR; Schütz, OR-Kommentar [Stämpfli], N 8 f. zu Art. 531 OR .

[94] Fellmann/Müller K., Berner Kommentar, N 19 zu Art. 531 OR. Aus diesem Blickwinkel betrachtet wäre es möglicherweise denkbar, die blosse Mitbeteiligung eines Planungsunternehmens, das einer Branchenorganisation angehört, die über eine rigorose Qualitätssicherung und grosszügigen kollektiven Versicherungsschutz verfügt, als eigentlichen Beitrag zu qualifizieren.

[95] Fellmann/Müller K., Berner Kommentar, N 22 und 43 zu Art. 531 OR; Schütz, OR-Kommentar [Stämpli], N 11 zu Art. 531 OR; zur Erscheinung an sich vgl. schon Gauch, Ein Bauwerk – Mehrere Unternehmer, S. 88.

[96] Vgl. Fellmann/Müller K., Berner Kommentar, N 23 zu Art. 531 OR; Taormina, Innenansprüche in der einfachen Gesellschaft, Rz. 28.

[97] Umgekehrt kann nur die Gesellschaft bzw. können die Gesellschafter gemeinsam und nicht jeder Gesellschafter einzeln den «Dritten» (gerichtlich) zur Leistung anhalten. Das Recht jedes Gesellschafters, von Mitgesellschaftern die Erfüllung ihrer Verpflichtungen gegenüber der Gesellschaft zu verlangen und im eigenen Namen Klage auf Leistung an die Gesellschaft zu erheben (sog. actio pro socio), steht für Leistungen aus Drittgeschäften (auch nicht analog) nicht zur Verfügung (vgl. BGer 4A_275/2010 vom 11. August 2010 E. 5.3).

von Arbeitsleistungen im Rahmen der Beitragspflicht einerseits und gestützt auf gesonderten Vertrag andererseits. Es lohnt sich, ein Augenmerk auf die klare Unterscheidung zu richten.

16.42 **6.** Zur Entstehung der Planergemeinschaft bedarf es keiner Einigung über Art und Umfang der einzelnen Beitragsleistungen.[98] «Sind sich die Kontrahenten einig, Beiträge zur Förderung eines gemeinsamen Zwecks zu leisten, ist also die Gesellschaft entstanden».[99] Art. 531 Abs. 2 OR sieht für diesen Fall vor, dass alle «Gesellschafter gleiche Beiträge, und zwar in der Art und dem Umfange zu leisten [haben], wie der vereinbarte Zweck es erheischt». Dass *diese dispositive Lösung des Gesetzes für die arbeitsteilige Planergemeinschaft nicht zweckmässig* sein kann, ist naheliegend.[100]

16.43 **7.** Allerdings schreibt Art. 531 Abs. 2 OR nicht sachlich gleiche, sondern gleichwertige Beiträge vor.[101] Gemeint sind damit wertmässig gleiche. Insbesondere bei Arbeitsleistungen, die bei Planergemeinschaften im Vordergrund stehen, sind *vorab Arbeitsaufwand und Arbeitsertrag zu berücksichtigen.*[102] Die in Form von Arbeitsleistungen geschuldeten Beiträge können auch dadurch erbracht werden, dass die Gesellschafter der Planergemeinschaft ihre Arbeitskräfte zur Verfügung stellen, es sei denn, es käme ausnahmsweise auf die Persönlichkeit des einzelnen Gesellschafters an.[103]

3. Die Beziehung zum Handelsregister

16.44 **1.** Als einfache Gesellschaft ist die Planergemeinschaft zum Eintrag in das Handelsregister weder berechtigt noch verpflichtet.

16.45 Nach der hier vertretenen Auffassung betreibt die Planergemeinschaft, die sich für ein einmaliges Bauvorhaben zusammenfindet, kein kaufmännisches Unternehmen. Besteht sie nur aus natürlichen Personen, was nicht dem Regelfall entsprechen dürfte, so wird sie daher nicht automatisch zur Kollektivgesellschaft und mithin **nicht eintragungspflichtig.**[104] Gehören ihr auch juristische Personen an, so bleibt ihr die Rechtsform der Kollektivgesellschaft ohnehin verwehrt. Es entsteht aber auch keine atypische, kaufmännische einfache Gesellschaft, die einer in der jüngsten Lehre vertretenen Auffassung folgend der umfassenden analogen Anwendung des Rechts der Kollektivgesellschaft unterstehen

---

[98] Vgl. Handschin/Vonzun, Zürcher Kommentar, N 172 zu Art. 530 und N 35 zu Art. 531 OR; Schütz, OR-Kommentar [Stämpfli], N 15 zu Art. 531 OR.

[99] Vonzun, Personengesellschaften, Rz. 511.

[100] Vgl. dazu etwa Wetzel, Von der Idee zur Rendite, S. 144, Fn. 85.

[101] Handschin/Vonzun, Zürcher Kommentar, N 41 zu Art. 531 OR.

[102] Siegwart, Zürcher Kommentar, N 38 zu Art. 531 OR.

[103] Fellmann/Müller K., Berner Kommentar, N 42 zu Art. 531 OR; Schütz, OR-Kommentar [Stämpfli], N 7 zu Art. 531 OR.

[104] Art. 554 OR; vgl. für viele Meier-Hayoz/Forstmoser, Schweizerisches Gesellschaftsrecht, § 13 Rz. 68.

würde (Rz. 16.24 ff.) und somit verpflichtet wäre, sich im Handelsregister eintragen zu lassen.[105]

16.46 **2.** Die Planergemeinschaft hingegen, die sich *im Hinblick auf mehrere Geschäftsfälle* und nicht für ein einzelnes Bauvorhaben bildet, ist als atypische, kaufmännische einfache Gesellschaft zu qualifizieren (Rz. 16.24) und wäre an sich ins Handelsregister einzutragen,[106] was die Handelsregisterführung bei Beteiligung juristischer Personen indessen ablehnen muss. Besteht sie nur aus natürlichen Personen, wird sie ohnehin zur automatisch eintragungspflichtigen Kollektivgesellschaft.

4. Mängel in der Entstehung der Gemeinschaft

16.47 Der Gesellschaftsvertrag der Planergemeinschaft kann mit Mängeln behaftet sein. Infrage kommen insbesondere Willensmängel, fehlende Handlungsfähigkeit eines Gesellschafters oder versteckter Dissens.[107]

16.48 **1.** Oftmals wird die Planergemeinschaft im Zeitpunkt der Entdeckung des Mangels ihre Geschäftstätigkeit bereits aufgenommen haben und im Rechtsverkehr gegenüber Dritten aufgetreten sein. Auch im Innenverhältnis ist die Planergemeinschaft als Dauerschuldverhältnis[108] bereits gelebt worden. Obwohl die Planergemeinschaft also de iure ungültig sein kann, ist sie de facto tätig geworden, wie wenn sie gültig entstanden wäre; wir sehen uns mit dem Problem einer sogenannten **faktischen Gesellschaft** konfrontiert.[109] Die an sich anwendbaren Regeln des allgemeinen Vertragsrechts halten keine überzeugende Lösung bereit, da das Rechtsgeschäft als nichtig oder einseitig unverbindlich gelten müsste und die Planergemeinschaft ex tunc, also rückwirkend, dahinfallen würde.[110] Diese Konsequenz wäre sowohl für den gutgläubigen Dritten, der im Vertrauen auf den Bestand der Planergemeinschaft in rechtliche Beziehungen zu ihr getreten ist, als auch für die Mitglieder der Gemeinschaft untragbar.[111] «Je länger und je intensiver die Gesellschaft gelebt wird, desto stärker verfestigt sie sich als Struktur oder Organisation. Diese Verfestigung und Verselbständigung, oft auch im Verkehr mit Dritten, geht so weit, dass eine Rückabwicklung fehlerhafter Gesellschaften aus praktischen Gründen regelmässig ausgeschlossen ist».[112] Aus Gründen des Vertrauensschutzes muss die fehlerhafte Planer-

---

[105] Vgl. VONZUN, Personengesellschaften, Rz. 775 ff.

[106] Vgl. VONZUN, Personengesellschaften, Rz. 770.

[107] Vgl. die Tatbestände bei FELLMANN/MÜLLER K., Berner Kommentar, N 685 zu Art. 530 OR.

[108] Vgl. HANDSCHIN/VONZUN, Zürcher Kommentar, N 259 zu Art. 530 OR.

[109] Vgl. MEIER-HAYOZ/FORSTMOSER, Schweizerisches Gesellschaftsrecht, § 1 Rz. 52.

[110] Vgl. aber die jüngere Rechtsprechung zur Beendigung von Dauerschuldverhältnissen, insb. BGE 129 III 321 «Klärschlammfall» (= BR/DC 2003, S. 172, Nr. 451, mit Anm. AEPLI).

[111] Vgl. FELLMANN/MÜLLER K., Berner Kommentar, N 669 f. zu Art. 530 OR.

[112] HANDSCHIN/VONZUN, Zürcher Kommentar, N 259 zu Art. 530 OR.

gemeinschaft daher *bis zur Feststellung ihrer Ungültigkeit*[113] *wie eine rechtsgültige behandelt und alsdann nach den Vorschriften über Auflösung und Liquidation beendet* werden.[114]

16.49 **2.** Von dieser Regel ist nur dann abzuweichen, wenn die Planergemeinschaft ihre geschäftliche Aktivität noch gar nicht aufgenommen hat, bestenfalls also nur «auf dem Papier» existiert und namentlich *gegen aussen noch nicht in Erscheinung getreten* ist. In diesen Fällen ist eine Rückabwicklung ohne Weiteres möglich.[115] Da die Beiträge in Planergemeinschaften regelmässig in Form von Arbeit erbracht werden (Rz. 16.39), die Arbeitsleistungen oftmals frühzeitig, zum Beispiel mit der Ausarbeitung einer Offerte einsetzen, die Leistungen der einzelnen Gesellschafter von unterschiedlichem Umfang sind und nicht einfach wie Einlagen in natura zurückerstattet[116] werden können, wird die ausnahmsweise vorzunehmende *Rückabwicklung unter Planern nur äusserst selten und nur dann zur Anwendung gelangen*, wenn noch kein interner Aufwand entstanden ist, der als Beitrag qualifiziert werden muss.

5. Die Planergemeinschaft in den Vertragsverhandlungen

16.50 Planergemeinschaften werden nicht selten gebildet, bevor feststeht, ob es zu einem Vertrag mit der Bauherrschaft kommen wird. Die Planer bewerben sich dann gemeinsam um einen Auftrag oder auch nur um eine Präqualifikation für das nachfolgende Aus-

---

113 Handschin/Vonzun, Zürcher Kommentar, N 263 zu Art. 530 OR. Nach Meier Hayoz/Forstmoser, Schweizerisches Gesellschaftsrecht, § 1 Rz. 53, wird die fehlerhafte Gesellschaft bis zur Rüge des Mangels als bestehend betrachtet. Dieser Auffassung ist entgegenzuhalten, dass die Rüge eines Gesellschafters oder eines Dritten allein noch nicht zur rechtlichen Fehlerhaftigkeit führt, sondern bestenfalls zur Prüfung der Beanstandung durch die Gesellschafter oder durch den Richter und alsdann zur Auflösung der Gesellschaft. Bis zu diesem Zeitpunkt besteht die Gesellschaft «wie eine fehlerfreie» (Handschin/Vonzun, Zürcher Kommentar, N 280 zu Art. 530 OR), und zwar bei jeglicher Art von Mängeln, «also einerseits auch bei Mängeln, die bei Austauschverträgen zur Anfechtbarkeit führen, aber auch beim Vorliegen eines anfänglich objektiv unmöglichen, widerrechtlichen oder unsittlichen Gesellschaftszwecks» (Handschin/Vonzun, Zürcher Kommentar, N 280 zu Art. 530 OR, vgl. auch N 262 f.).

114 Vgl. Handschin/Vonzun, Zürcher Kommentar, N 260 ff. zu Art. 530 OR; Meier-Hayoz/Forstmoser, Schweizerisches Gesellschaftsrecht, § 1 Rz. 54 und § 12 Rz. 81; Schütz, OR-Kommentar [Stämpfli], N 12 zu Art. 530 OR. Trotz des Nichtzustandekommens des Gesellschaftsvertrags kann also im Aussenverhältnis eine gesellschaftsrechtliche Haftung der Beteiligten (vgl. Rz. 16.110 ff.) bestehen, wenn das berechtigte Vertrauen eines Dritten in den Bestand der Gesellschaft zu schützen ist (vgl. BGer 4C.24/2000 vom 28. März 2000 E. 2b und 4).

115 Vgl. Handschin/Vonzun, Zürcher Kommentar, N 264 zu Art. 530 OR, die allerdings von einer Liquidation ex nunc sprechen, welche bei jungen oder sehr losen Gesellschaften, die gegenüber Dritten nicht oder kaum aufgetreten sind, ohne Weiteres möglich sei; sinngemäss auch Meier-Hayoz/Forstmoser, Schweizerisches Gesellschaftsrecht, § 1 Rz. 53.

116 Vgl. Handschin/Vonzun, Zürcher Kommentar, N 264 zu Art. 530 OR.

schreibungsverfahren.[117] In diesen Fällen stellt sich die Frage, ob die Planergemeinschaft möglicherweise noch gar nicht entstanden ist. Ist sie es aber, so akzentuiert sich zudem das Problem der Rückabwicklung, sofern es nicht zum Vertrag mit der Bauherrschaft kommt.

1. Der objektive Vertragspunkt des gemeinsamen Zwecks, zu dem sich die Planer zusammenschliessen, dürfte auch in dieser frühen Phase der Zusammenarbeit wenige Probleme aufgeben und unstreitig sein. Ziel und mithin unmittelbarer Zweck (Rz. 16.16 und 16.35) ist die Übernahme und der Vollzug einer Planungs- oder einer Bauleitungsaufgabe bzw. eines Gesamtauftrags aus beiden Teilaufgaben.[118] Die erwähnte Präqualifikation zum eigentlichen Ausschreibungsverfahren ist lediglich Zwischenziel (Rz. 16.31).[119] 16.51

2. Hingegen kann fraglich sein, ob unter den beteiligten Planern Konsens über die Beitragspflicht besteht. Dieser muss sich mindestens darauf beziehen, «dass jeder Gesellschafter einen wie auch immer gearteten Beitrag leistet, wobei die Beiträge unterschiedlich und nicht unbedingt geldwert sein müssen».[120] Besteht unter den Planern hingegen nicht einmal eine grundsätzliche Übereinkunft zur Beitragspflicht oder behalten sie sich die Regelung über Art und Umfang der Beiträge in dem Sinne vor, dass die Einigung darüber auch nur für einen der Beteiligten in Bezug auf das Bestehen der Planergemeinschaft entscheidend ist, so dürfte der Gesellschaftsvertrag noch nicht zustande gekommen sein.[121] Immerhin ist die Beitragspflicht aber gültig vereinbart, soweit Inhalt und Umfang bestimmbar sind, selbst wenn die Konkretisierung «von Faktoren abhängig gemacht wird, die im Zeitpunkt des Vertragsschlusses noch nicht feststehen».[122] Finden Planer verschiedener Fachrichtungen zur gemeinsamen Einreichung eines Angebots zusammen, so wird freilich in aller Regel feststehen oder zumindest bestimmbar sein, wer im Falle des Zustandekommens des Vertrags mit der Bauherrschaft welche Teilleistungen zu erbringen hat und welches Ausmass diese im Verhältnis zum Gesamtauftrag annehmen sollen.[123] 16.52

---

[117] In Bezug auf die allgemeinen Aspekte der «Teambildung bei Projektwettbewerben» vgl. die gleichnamige SIA-Wegleitung 142i–201d (2009).

[118] Gleich Scherrer, Freuden und Leiden, S. 95; a. M. aber Gauch, Werkvertrag, Rz. 246, wonach die Bietergemeinschaft unmittelbar nur die Einreichung der gemeinsamen Offerte bezwecke und der Abschluss des Vertrags mittelbarer Zweck darstelle. Vgl. dazu allerdings Rz 16.31.

[119] Der eher konstruiert wirkende Fall, bei dem die Planer in Tat und Wahrheit gar nicht den Zuschlag, sondern allein die Beteiligung am Verfahren anstreben, muss nicht weiter vertieft werden. Aus Sicht der ausschreibenden Bauherrschaft würde sich eine derart handelnde Planergemeinschaft wahrscheinlich der Verletzung einer vorvertraglichen Vertrauenspflicht schuldig machen oder gegebenenfalls gegen die vertraglichen Bestimmungen eines Wettbewerbsverfahrens verstossen.

[120] Handschin/Vonzun, Zürcher Kommentar, N 172 zu Art. 530 OR.

[121] Vgl. Handschin/Vonzun, Zürcher Kommentar, N 172 zu Art. 530 OR und N 36 zu Art. 531 OR.

[122] Handschin/Vonzun, Zürcher Kommentar, N 34 zu Art. 531 OR.

[123] So etwa mit Blick auf die in den SIA Leistungs- und Honorarordnungen umschriebenen Grundleistungen, die es in den verschiedenen Projektphasen zu erbringen gilt.

IV. Organisation

1. Willensbildung, Geschäftsführung und Vertretung

16.53 Der Gesellschaftsvertrag regelt diejenigen Punkte, die für die Planer im Zeitpunkt der Gesellschaftsgründung aktuell sind und für die sie ein Regelungsbedürfnis erkennen. Auch nach der Gründung müssen aber Entscheide getroffen werden.[124] Die Regeln, die das Gesetz zur Beschlussfassung zur Verfügung stellt, sind äusserst knapp, bzw. lückenhaft.[125] Je nach Gegenstand der Willensbildung fällt der entsprechende Entscheid in die Kompetenz der Gesellschafterversammlung oder der Geschäftsführung.[126]

A. Die Gesellschafterversammlung

16.54 **1.** *Grundlagengeschäfte,*[127] die den Bestand der Planergemeinschaft als solche betreffen und insofern legislativen Charakter aufweisen, bilden Gegenstand der kollektiven Beschlussfassung durch die Gesellschafterversammlung. Zu diesen Grundlagengeschäften zählt insbesondere die Einsetzung einer Geschäftsführung und die Bestimmung von Art und Umfang der ihr zuzubilligenden Kompetenzen, die Aufnahme neuer Mitglieder in die Planergemeinschaft, die Auflösung der Gesellschaft durch Übereinkunft und die Vornahme der Auseinandersetzung.[128]

16.55 **2.** Neben den Grundlagengeschäften sind gemäss Art. 535 Abs. 3 OR aber auch **aussergewöhnliche Geschäftsführungshandlungen** bzw. «Rechtshandlungen, die über den gewöhnlichen Betrieb der gemeinschaftlichen Geschäfte hinausgehen», der alleinigen Zuständigkeit der Geschäftsführung entzogen und dem Entscheid durch die Gesellschafterversammlung vorbehalten, sofern nicht Gefahr im Verzug liegt.[129] Über die vom Gesetz ausdrücklich genannte Bestellung eines Generalbevollmächtigten hinaus lassen sich mit Relevanz für die Planergemeinschaft etwa die folgenden *Beispiele*[130] aussergewöhnlicher Geschäftsführungshandlungen aufzählen:

16.56 – der Abschluss von *Kreditgeschäften* von erheblichem Ausmass;

16.57 – die Anerkennung oder die Begleichung erheblicher *illiquider Forderungen*;

---

[124] Vgl. Handschin/Vonzun, Zürcher Kommentar, N 8 zu Art. 534–535 OR.

[125] Vgl. Egli, Probleme Baukonsortien, S. 38; Hürlimann, SBV-Formularvertrag, S. 205; Schütz, OR-Kommentar [Stämpfli], N 3 zu Art. 534 OR.

[126] Ausführlich geregelt ist die Organisation der Gesellschaft insb. im SIA-Vertragsformular 1001/2.

[127] Handschin/Vonzun, Zürcher Kommentar, N 14 ff. zu Art. 534–535 OR; vgl. auch Taormina, Innenansprüche in der einfachen Gesellschaft, Rz. 16.

[128] Handschin/Vonzun, Zürcher Kommentar, N 2 ff. zu Art. 534–535 OR.

[129] Vgl. Handschin/Vonzun, Zürcher Kommentar, N 37 zu Art. 534–535 OR.

[130] Diese sind der Aufzählung bei Handschin/Vonzun, Zürcher Kommentar, N 35 zu Art. 534–535 OR, entnommen.

- Geschäfte, bei denen ein *Interessenkonflikt* besteht, unabhängig davon, ob ein geschäftsführendes oder ein von der Geschäftsführung ausgeschlossenes Mitglied der Planergemeinschaft in den Interessenkonflikt involviert ist; 16.58
- *gerichtliche oder betreibungsrechtliche Massnahmen*, die mit einem hohen Streitwert verbunden sind; 16.59
- eine Willenserklärung, die mit grosser Wahrscheinlichkeit die *Inanspruchnahme* der Planergemeinschaft zur Folge hat; 16.60
- die ausserplanmässige *einvernehmliche Auflösung* von Verträgen mit Dritten, die für die Planergemeinschaft von grosser Bedeutung sind, so etwa mit einem wichtigen Subplaner; 16.61
- die ausserplanmässige *einseitige Auflösung* von Verträgen, auch von solchen, deren Abschluss in die Kompetenz des Einzelgeschäftsführers fällt, so etwa auch mit einem weniger wichtigen Subplaner; 16.62
- die *Ausübung von Gestaltungsrechten* im Bereich von Verträgen mit grosser Bedeutung, so etwa die Wahrnehmung von Mängelrechten gegenüber Subplanern und Lieferanten der Planergemeinschaft; 16.63
- sonstige tatsächliche oder rechtliche *Verwaltungshandlungen besonderer Tragweite*, wie etwa die Genehmigung der Jahresrechnung. 16.64

3. Die Willensbildung der Planergemeinschaft führt über die *Ausübung des Stimmrechts* der einzelnen Mitglieder. Dies setzt zunächst in formeller Hinsicht voraus, «dass jeder Gesellschafter rechtzeitig und in der richtigen Form [...] zur Ausübung seines Stimmrechts eingeladen wird und die Möglichkeit hat, den Beratungen beizuwohnen».[131] Das Mitglied muss sodann am gesamten Willensbildungsprozess mitwirkend teilnehmen können, was auch das Recht auf Information über die Gegenstände der Beschlussfassung einschliessen muss. Ferner steht den Gesellschaftern das Recht auf Einreichung von Anträgen zu.[132] 16.65

Gegenstück zum Stimmrecht ist die *Stimmpflicht*, die sich einerseits aus der allgemeinen Zweckverfolgungs- und Treuepflicht der Mitglieder der Planergemeinschaft und andererseits aus dem Einstimmigkeitserfordernis von Art. 534 Abs. 1 OR ergibt.[133] Kommt durch die Weigerung eines Gesellschafters ein im Gesellschaftsinteresse liegender Beschluss nicht oder nur verspätet zustande, so kann der Gesellschafter durch sein Verhalten schadenersatzpflichtig werden.[134] In gewissen Fällen kann die Stimmpflicht mithin zur **Zustimmungspflicht** werden. Nötigenfalls müsste der Anspruch auf Abgabe einer Willenserklärung gerichtlich durchgesetzt werden. 16.66

---

131 HANDSCHIN/VONZUN Zürcher Kommentar, N 40 zu Art. 534–535 OR.
132 Vgl. die Darstellung bei HANDSCHIN/VONZUN, Zürcher Kommentar, N 41 zu Art. 534–535 OR.
133 HANDSCHIN/VONZUN, Zürcher Kommentar, N 48 f. zu Art. 534–535 OR.
134 Vgl. HANDSCHIN/VONZUN, Zürcher Kommentar, N 49 zu Art. 534–535 OR.

16.67 **4.** Art. 534 Abs. 1 OR sieht das **Einstimmigkeitsprinzip** und Art. 534 Abs. 2 OR das Kopfstimmrecht vor. Ein Gesellschaftsbeschluss bedarf daher der Zustimmung aller Mitglieder der Planergemeinschaft, wobei auf jedes Mitglied eine Stimme entfällt. Die Vorschriften sind freilich *dispositiver Natur.*[135] *Abweichungen im Gesellschaftsvertrag* der Planergemeinschaft sind in mehrfacher Hinsicht möglich. Einerseits können an die Stelle einstimmiger Beschlüsse *Mehrheitsbeschlüsse bezogen auf alle Gesellschafter* treten.[136] Sodann ist es zulässig, im Gesellschaftsvertrag die *Mehrheit der an der jeweiligen Abstimmung teilnehmenden* Mitglieder für massgeblich zu erklären.[137] Und schliesslich steht es der Planergemeinschaft frei, für die Berechnung der Mehrheit nicht das **Kopfstimmprinzip**, sondern andere Kriterien wie insbesondere den Leistungsanteil oder auch die Gewinn- und Verlustbeteiligung und gar die Dauer der Mitgliedschaft für massgeblich zu erklären.[138]

16.68 Zur Sicherstellung der Handlungsfähigkeit und der Flexibilität einer Planergemeinschaft empfiehlt es sich, im Gesellschaftsvertrag eine **Mehrheitsklausel** vorzusehen.[139] Mehrheitsbeschlüsse können allerdings auch stillschweigend vereinbart werden, namentlich, indem sie sich *aus einer dauernden, unwidersprochenen Übung ergeben,*[140] was in der Regel aber nur für den konkreten, möglicherweise periodisch anstehenden Beschlussgegenstand und nicht generell für sämtliche Beschlüsse gelten kann.[141]

16.69 Die Frage, ob dem vertraglich vereinbarten Mehrheitsbeschluss *Grenzen* gesetzt sind, ist in der Lehre umstritten. Während die herrschende Lehre davon ausgeht, dass selbst die vertraglichen Grundlagen der Gesellschaft durch Mehrheitsbeschluss geändert werden können, sofern der Gesellschaftsvertrag dies ausdrücklich vorsieht,[142] verlangen HANDSCHIN/VONZUN hierfür Einstimmigkeit.[143] Sie begründen dies einerseits mit der vertraglichen Natur der Personengesellschaften, die nicht auf einem von den Mitgliedern losgelösten Statut beruhen, sondern auf vertraglichen Beziehungen, die auch nach der Entstehung der Gesellschaft fortdauern und Wesen und Verständnis einer Personengesellschaft prägen. Andererseits sei nicht einzusehen, «weshalb eine Vertragsänderung, die

[135] Vgl. HANDSCHIN/VONZUN, Zürcher Kommentar, N 90 und 99 zu Art. 534–535 OR; SCHÜTZ, OR-Kommentar [Stämpfli], N 4 f. zu Art. 534 OR.

[136] Vgl. HANDSCHIN/VONZUN, Zürcher Kommentar, N 102 zu Art. 534–535 OR; SCHÜTZ, OR-Kommentar [Stämpfli], N 4 f. zu Art. 534 OR.

[137] Vgl. HANDSCHIN/VONZUN, Zürcher Kommentar, N 90 zu Art. 534–535 OR.

[138] Vgl. HANDSCHIN/VONZUN, Zürcher Kommentar, N 92 zu Art. 534–535 OR.

[139] Bemerkenswerterweise sieht dies das SIA-Vertragsformular 1001/2 in Ziff. 14.1 nicht vor. Es gilt das Einstimmigkeitsprinzip, das allerdings durch individuelle Vereinbarung geändert werden kann (vgl. Ziff. 6.2) oder durch die Einsetzung eines Gesellschaftsausschusses (vgl. Ziff. 6.1.2), dem namhafte Kompetenzen zukommen (vgl. Ziff. 13.3), gemildert wird.

[140] Vgl. HANDSCHIN/VONZUN, Zürcher Kommentar, N 102 zu Art. 534–535 OR.

[141] Vgl. HANDSCHIN/VONZUN, Zürcher Kommentar, N 102 zu Art. 534–535 OR.

[142] Stellvertretend MEIER-HAYOZ/FORSTMOSER, Schweizerisches Gesellschaftsrecht, § 2 Rz. 104 und FELLMANN/MÜLLER K., Berner Kommentar, N 149 zu Art. 534 OR.

[143] HANDSCHIN/VONZUN, Zürcher Kommentar, N 106 zu Art. 534–535 OR.

nach den allgemeinen Regeln übereinstimmende Willenserklärungen aller Parteien erfordert (Art. 1 Abs. 1 [OR]), nur deshalb gegen den Willen einzelner Gesellschafter möglich sein soll, weil sie auf dem Beschlussweg erfolgt. Richtigerweise können durch die Art des gewählten Verfahrens die materiellen Anforderungen an einen Vertragsschluss bzw. eine Vertragsänderung nicht geändert werden».[144] Diese Auffassung verdient grundsätzlich Zustimmung. Zu bedenken gilt freilich, dass *der Bauherr* zu einseitigen Änderungen des Planervertrags berechtigt sein kann, welche ausnahmsweise, dann aber zwingend, einschneidende Anpassungen des Gesellschaftsvertrags nach sich ziehen. In solchen Fällen dürfte es angebracht sein, *für die zur Erfüllung des Vertrags mit dem Bauherrn notwendigen Modifikationen Mehrheitsbeschlüsse zuzulassen.*

B. Die Geschäftsführung

1. Der Begriff der Geschäftsführung ist weitgehend deckungsgleich mit dem Begriff der **Gesamtleitung** gemäss SIA-Norm 112.[145] Geschäftsführungshandlungen, «die *nicht über den gewöhnlichen Betrieb der gemeinschaftlichen Geschäfte hinausgehen*»,[146] fallen in die Kompetenz der geschäftsführungsbefugten Mitglieder der Planergemeinschaft. Fehlt es an der vertraglichen Einsetzung eines Geschäftsführers oder sind mehrere Mitglieder der Planergemeinschaft zur Geschäftsführung berufen, so steht die Befugnis zur Vornahme von gewöhnlichen Geschäftsführungshandlungen jedem Gesellschafter bzw. allen zur Geschäftsführung berufenen Gesellschaftern je einzeln zu, ohne dass es der Mitwirkung der anderen Gesellschafter bedarf.[147] Diese sogenannte Einzelgeschäftsführungsbefugnis wird durch das Vetorecht jedes zur Geschäftsführung befugten Mitglieds der Planergemeinschaft beschränkt, solange die entsprechende Geschäftsführungshandlung nicht vollendet ist.[148] 16.70

2. Für die Planergemeinschaft ist diese dispositive gesetzliche Regelung *unzweckmässig.* Zum einen gilt es also, die **Geschäftsführungsorganisation** zu strukturieren und einen oder mehrere Geschäftsführer einzusetzen.[149] Dabei ist darauf zu achten, dass dessen 16.71

---

144 Handschin/Vonzun, Zürcher Kommentar, N 106 zu Art. 534–535 OR.

145 Siehe «Gesamtleitung» gemäss Begriffe SIA 112; Art. 3.4 SIA 102/103/104/105/108. Die Gesamtleitung im Sinne der SIA-Ordnungen muss freilich nicht unbedingt im Rahmen einer Planergemeinschaft wahrgenommen werden.

146 Handschin/Vonzun, Zürcher Kommentar, N 21 zu Art. 534–535 OR.

147 Handschin/Vonzun, Zürcher Kommentar, N 21 zu Art. 534–535 OR. Vgl. auch Meier-Hayoz/Forstmoser, Schweizerisches Gesellschaftsrecht, § 12 Rz. 52; Egli, Probleme Baukonsortien, S. 38.

148 Vgl. Meier-Hayoz/Forstmoser, Schweizerisches Gesellschaftsrecht, § 12 Rz. 53; Handschin/Vonzun, Zürcher Kommentar, N 183 ff. zu Art. 534–535 OR; Egli, Probleme Baukonsortien, S. 38.

149 Vgl. dazu die grafische Darstellung bei Egli, Probleme Baukonsortien, S. 39 sowie die stark gegliederte Organisation gemäss Ziff. 6.11 ff., Ziff. 6.2 und Ziff. 13 f. SIA-Vertragsformular 1001/2 , die der «komplizierten Organisationsstruktur» nach Egli entspricht und der Gesellschafterversammlung einen Gesellschafterausschuss unterordnet. Dem Ausschuss werden gewisse Kompetenzen der Gesellschafterversammlung delegiert. Er übernimmt aber auch Geschäftsführungsaufgaben.

bzw. deren **Kompetenzen und Aufgaben** festgelegt werden[150]. Es drängen sich *Regelungen* für folgende Aussen- und Innenbelange auf:[151]

16.72 – *Vertragsabschlüsse* mit Dritten wie der Bauherrschaft, Subplanern, Beratern, Versicherungen;

16.73 – *Änderungen von Verträgen* mit Dritten, insbesondere mit der Bauherrschaft; Mass der zulässigen Änderungen mit Blick auf Gesellschaftszweck und Beiträge;

16.74 – *Streitigkeiten* mit dritten Vertragspartnern;

16.75 – *Anmietung* von Räumlichkeiten;

16.76 – *Kommunikationsbelange* (im Verhältnis zum Auftraggeber und zu Dritten);

16.77 – *Rechnungs-, Honorar- und Zahlungswesen*;

16.78 – *Personalentscheide*;

16.79 – *Personalführung*;

16.80 – Entscheide in Bezug auf die *Rechnungsführung*;

16.81 – *Gewinnvorbezüge* der Mitglieder der Planergemeinschaft;

16.82 – *technische und gestalterische Entscheide* in der Projektierungs- und in der Realisierungsphase;

16.83 – *Einhaltung des Gesellschaftsvertrags*, Massnahmen bei Zuwiderhandlungen;

16.84 – Streitigkeiten unter den Gesellschaftern.

16.85 Das SIA-Vertragsformular 1001/2 sieht für die Geschäftsführung eine Person und einen Stellvertreter vor (vgl. Ziff. 6.1.3). Dem Geschäftsführer fallen folgende von der vorstehenden Liste abweichende oder diese ergänzende *Aufgaben und Kompetenzen* zu (vgl. Ziff. 13.4 SIA-Vertragsformular 1001/2):

16.86 – *Vertretung* der Planergemeinschaft gegenüber dem Auftraggeber und Dritten;

16.87 – *Leitung, Organisation und Koordination* aller dem Auftraggeber geschuldeten Leistungen der Planergemeinschaft;

16.88 – *Überwachung* der Einhaltung gesetzlicher, behördlicher und vertraglicher Vorschriften;

16.89 – *Überwachung* der Einhaltung des Projektzeitplans und des Projektbudgets mit der Verpflichtung, den Gesellschafterausschuss über Abweichungen zu informieren;

16.90 – gesamte *Korrespondenz, Sitzungseinladungen, Protokollführung*, Berichterstattung zuhanden des Auftraggebers;

---

150 In deren Umfang ist die Beschlussfassung der Gesellschafterversammlung eingeschränkt; vgl. SCHÜTZ, OR-Kommentar [Stämpfli], N 8 zu Art. 534. OR

151 Die Auflistung lehnt sich an die Darstellung bei EGLI, Probleme Baukonsortien, S. 40 an.

- unverzügliche *Information* des Gesellschaftsausschusses über wichtige Ereignisse; 16.91
- *Verwaltung der Betriebsbeiträge* und allfälliger weiterer Gesellschaftereinlagen. 16.92

Im Umfang der Kompetenzen, die durch Gesellschaftsvertrag der Geschäftsführung zugewiesen werden, wird die Geschäftsführungsbefugnis der anderen Mitglieder der Planergemeinschaft eingeschränkt.[152] 16.93

2. Vergütungen, Drittgeschäfte, Gewinn und Verlust

In der arbeitsteiligen Planergemeinschaft, die dadurch geprägt ist, dass die einzelnen (Fach-)Planer nach Art und Umfang unterschiedliche Beiträge erbringen, ist die dispositive Gesetzesregelung von Art. 533 Abs. 1 OR, wonach jeder Gesellschafter gleichen Anteil an Gewinn und Verlust hat, *unzweckmässig* und meist wohl auch unbillig. Die Anteile an Gewinn und Verlust müssen also im Gesellschaftsvertrag ausdrücklich bestimmt werden.[153] Auch die Regel von Art. 533 Abs. 3 OR, die es ausdrücklich erlaubt, einen Gesellschafter, dessen Beitrag in der Leistung von Arbeit besteht, von der Verlustbeteiligung zu entbinden, scheint für die Planergemeinschaft ohne grossen Belang; in der Regel erbringen alle Mitglieder der Planergemeinschaft Arbeitsleistungen, seien es auch nur «interne» in Form der Buchführung oder rein administrativer Arbeiten. Und schliesslich zeigt auch die dispositive Bestimmung von Art. 537 Abs. 3 OR, wonach dem Gesellschafter für seine persönlichen Bemühungen (also Arbeitsleistungen[154]) keine Vergütungsansprüche zustehen, dass abweichende vertragliche Regelungen nötig sind. 16.94

A. Besondere Vergütungen und Drittgeschäfte

1. Für die Planergemeinschaft ist die Einsetzung eines Geschäftsführers und damit der gleichzeitige Ausschluss der Geschäftsführungsbefugnis der anderen Mitglieder aus praktischer Sicht gänzlich unabdingbar (Rz. 16.71). Den geschäftsführungsbefugten Personen entsteht allerdings regelmässig beträchtlicher Mehraufwand. Dennoch bestimmt Art. 537 Abs. 3 OR, dass den Gesellschaftern für ihre *persönlichen Bemühungen kein Anspruch auf besondere Vergütung* zusteht. Mehr noch: Nach der Vorstellung des Gesetzgebers ist jedes Tätigwerden eines Gesellschafters und mithin auch die Geschäftsführungstätigkeit Ausfluss seiner Gesellschafterstellung und damit keine entgeltliche Dienst- 16.95

---

152 Egli, Probleme Baukonsortien, S. 40 f.

153 Vgl. auch Meier-Hayoz/Forstmoser, Schweizerisches Gesellschaftsrecht, § 12 Rz. 43 oder Handschin/Vonzun, Zürcher Kommentar, N 44 zu Art. 533 OR: «Ein stillschweigend vereinbarter Verteilschlüssel, der auf die Höhe der geleisteten Beiträge abstellt, ist nur mit Zurückhaltung anzunehmen. Namentlich bei bewussten Gesellschaftsbildungen unter Geschäftsleuten kann den Parteien zugemutet werden, die Frage der Gewinn- und Verlustbeteiligung, soll nicht der dispositive gesetzliche Verteilschlüssel zur Anwendung gelangen, im Gesellschaftsvertrag ausdrücklich zu regeln.»

154 Vgl. Handschin/Vonzun, Zürcher Kommentar, N 48 ff. zu Art. 537 OR.

leistung.[155] Für die Leistungen, die die Gesellschafter für die Gesellschaft erbringen, sollen ihnen der Anteil am Gewinn oder zumindest die Aussicht darauf Entschädigung bieten.[156]

16.96 **2.** Der Gesellschaftsvertrag kann und soll eine *abweichende Regelung* enthalten und dem Geschäftsführenden eine besondere, *über die gesetzliche Gewinnbeteiligung hinausgehende Entschädigung* zusprechen.[157] Dabei kann es sich einerseits um eine *Gewinnverteilungsabrede* handeln, mit der sich eine prozentuale Erhöhung der Gewinnquote oder ein festes und erfolgsunabhängiges «Gewinnvoraus» verbindet. Es kann aber andererseits auch eine *aussergesellschaftliche Honorarabrede* getroffen werden, die dem entsprechenden Mitglied der Planergemeinschaft einen gewinnunabhängigen Entschädigungsanspruch für die erbrachten Dienstleistungen zugesteht.[158]

16.97 **3.** Die Vereinbarung eines «Gewinnvoraus» und die Verabredung einer aussergesellschaftlichen Honorarabrede *belasten die Erfolgsrechnung der Planergemeinschaft.*[159] Während das Gewinnvoraus eine privilegierte Gewinnbeteiligung darstellt, verschafft die aussergesellschaftliche Honorarabrede einen Entschädigungsanspruch für eine Leistung, die das Mitglied der Planergemeinschaft als Drittperson erbringt.[160] Beides muss auch dann ausgerichtet werden, «wenn der Gewinn hinter der Höhe der Vergütung zurückbleibt oder die Gesellschaft einen Verlust erleidet (mit der Folge, dass auf die übrigen Gesellschafter ein erhöhter Verlustanteil entfällt).»[161]

16.98 **4.** *Im Zweifel ist nicht auf eine gewinnunabhängige Entschädigung zu schliessen;* wollen die Gesellschafter eine erfolgsunabhängige Vergütung vorsehen, so haben sie diesen Willen unmissverständlich zum Ausdruck zu bringen.[162] Insofern handelt es sich bei der in Ziff. 5, Ziff. 12.1 und Ziff. 12.2 SIA-Vertragsformular 1001/2 getroffenen Lösung vermutungsweise um eine (vorgezogene) *Gewinnausschüttung bzw. um Auszahlungen Akonto Gewinn,* wenn dort von «Entschädigung für *Gesellschafterbeiträge*» die Rede ist.

155 Vgl. Fellmann/Müller K., Berner Kommentar, N 207 zu Art. 537 OR; Handschin/Vonzun, Zürcher Kommentar, N 48 zu Art. 537 OR.

156 Vgl. Cottier/Crevoisier, Die nichteheliche Lebensgemeinschaft, S. 40; Fellmann/Müller K., Berner Kommentar, N 207 zu Art. 537 OR; Handschin/Vonzun, Zürcher Kommentar, N 48 zu Art. 537 OR sowie N 7 zu Art. 537 OR.

157 Vgl. Handschin/Vonzun, Zürcher Kommentar, N 49 zu Art. 537 OR. Nach Art. 538 Abs. 3 OR haftet der geschäftsführende Gesellschafter, der für seine Tätigkeit eine Vergütung bezieht, nach den Bestimmungen über den Auftrag, womit der subjektivierte Haftungsmassstab nach Art. 538 Abs. 1 OR entfällt und durch den normativen Sorgfaltsmassstab von Art. 398 Abs. 1 OR ersetzt wird.

158 Vgl. Cottier/Crevoisier, Die nichteheliche Lebensgemeinschaft, S. 40; Fellmann/Müller K., Berner Kommentar, N 219 ff. zu Art. 537 OR.

159 Vgl. Handschin/Vonzun, Zürcher Kommentar, N 50 f. zu Art. 537 OR.

160 Vgl. Handschin/Vonzun, Zürcher Kommentar, N 51 zu Art. 537 OR.

161 Handschin/Vonzun, Zürcher Kommentar, N 53 zu Art. 537 OR.

162 Vgl. Fellmann/Müller K., Berner Kommentar, N 220 zu Art. 537 OR; Handschin/Vonzun, Zürcher Kommentar, N 52 zu Art. 537 OR.

B. Teilung von Gewinn und Verlust

1. Der Begriff des *Gesellschaftsgewinns* ergibt sich zunächst aus Art. 532 OR. Auch wenn der Artikel weitgehend programmatischer Natur ist,[163] so kommt ihm für die Abgrenzung zwischen «der Individual- und der Gesellschaftssphäre und der entsprechenden Zuordnung der Ergebnisse der Tätigkeit für die Gesellschaft» massgebliche Bedeutung zu.[164] Der von Art. 532 OR verwendete Begriff des Gewinns ist in einem weiten, untechnischen und nicht in einem betriebswirtschaftlichen Sinn zu verstehen, und zwar dahingehend, dass darunter *jeder irgendwie geartete Vorteil oder Nutzen materieller oder immaterieller Natur* fällt, der mit der Tätigkeit der Planergemeinschaft zusammenhängt, also nicht nur der reine finanzielle Erfolg der Bemühungen eines Gesellschafters.[165] Jeden Gewinn im Sinne von Art. 532 OR, so etwa auch Immaterialgüterrechte, hat der Gesellschafter, der ihn entgegennimmt, *an die Gesellschaft «abzuliefern»*. 16.99

2. Demgegenüber ist der Begriff «Gewinn» im Sinne von Art. 533 OR eine *in Geld messbare Grösse* und daher betriebswirtschaftlich geprägt.[166] «Gewinn ist der Betrag, um welchen die Aktiven der Gesellschaft die Passiven in einem bestimmten Zeitraum übersteigen»;[167] «Verlust ist der Betrag, um welchen die Einlagen und Schulden in einem bestimmten Zeitraum die Aktiven übersteigen».[168] Unter die Aktiven fallen alle im Aussenverhältnis erworbenen Vermögenswerte und Rechte, die intern geleisteten oder geschuldeten Beiträge der Mitglieder sowie allfällige Schadenersatzansprüche gemäss Art. 538 OR.[169] Zu den Passiven zählen die Gesellschaftsschulden gegenüber Dritten (unter Einschluss derjenigen aus Drittgeschäften mit den Mitgliedern) und die Kapitalanteile der Gesellschafter.[170] Der Kapitalanteil weist den *jeweiligen Stand* der Beteiligung der Gesellschafter an der Planergemeinschaft aus.[171] Er ist mithin «eine variable Bilanz- bzw. Rechnungsziffer».[172] Der Kapitalanteil besteht zu Beginn der Planergemeinschaft aus den allenfalls von den Mitgliedern eingebrachten Einlagen und verändert sich im Laufe der 16.100

---

163 Vgl. FELLMANN/MÜLLER K., Berner Kommentar, N 21 zu Art. 532 OR; HANDSCHIN/VONZUN, Zürcher Kommentar, N 1 zu Art. 532 OR; HERREN, OR-Kommentar [Stämpfli], N 1 zu Art. 533 OR.

164 HANDSCHIN/VONZUN, Zürcher Kommentar, N 4 zu Art. 532 OR.

165 Vgl. FELLMANN/MÜLLER K., Berner Kommentar, N 25 zu Art. 532 OR; HANDSCHIN/VONZUN, Zürcher Kommentar, N 4 zu Art. 532 OR.

166 Vgl. FELLMANN/MÜLLER K., Berner Kommentar, N 26 zu Art. 532 OR.

167 HANDSCHIN/VONZUN, Zürcher Kommentar, N 29 zu Art. 533 OR; HERREN, OR-Kommentar [Stämpfli], N 4 zu Art. 533 OR.

168 HANDSCHIN/VONZUN, Zürcher Kommentar, N 34 zu Art. 533 OR.

169 Vgl. FELLMANN/MÜLLER K., Berner Kommentar, N 106 zu Art. 533 OR; HANDSCHIN/VONZUN, Zürcher Kommentar, N 30 zu Art. 533 OR.

170 Vgl. FELLMANN/MÜLLER K., Berner Kommentar, N 107 zu Art. 533 OR; HANDSCHIN/VONZUN, Zürcher Kommentar, N 30 zu Art. 533 OR.

171 Vgl. FELLMANN/MÜLLER K., Berner Kommentar, N 72 zu Art. 544 OR.

172 HANDSCHIN/VONZUN, Zürcher Kommentar, N 32 zu Art. 544 OR.

Zeit um die Summe der auf die einzelnen Mitglieder entfallenden Gewinne, Zinsen und Honorare, abzüglich der Verluste und der Entnahmen aus dem Gesellschaftsvermögen.[173]

16.101 **3.** Worum handelt es sich nun aber bei der für Planergemeinschaften typischen Entschädigung, die sich die einzelnen Mitglieder der Gesellschaft gestützt auf *periodische Rechnungen bzw. Zahlungsgesuche* ausbezahlen lassen?[174] Nachdem eine besondere Vergütung gemäss Art. 537 Abs. 3 OR mangels ausdrücklicher Regelung ausscheiden dürfte (Rz. 16.95), kommen neben einem Drittgeschäft nur eine periodische (vorzeitige) Gewinnausschüttung oder eine gewinnunabhängige Entnahme infrage.[175]

16.102 Obwohl der Gewinnanspruch nach der gesetzlichen Regelung erst nach Auflösung der Gesellschaft entsteht,[176] wird bei einfachen Gesellschaften, die nicht nur reine Gelegenheitsgesellschaften darstellen und auf eine Dauer von mehr als einem Geschäftsjahr angelegt sind, ein *Anspruch auf periodische Gewinnausschüttung angenommen.*[177] Allerdings setzt die Entstehung des Gewinnanspruchs dann einen Gesellschaftsbeschluss über die Richtigkeit und Vollständigkeit der Buchführung voraus.[178] Dies dürfte indessen regelmässig nicht den Vorstellungen der Mitglieder der Planergemeinschaft entsprechen. Vielmehr gehen sie davon aus, die an die Planergemeinschaft gestellten Rechnungen würden nach einer Prüfung durch den Geschäftsführer bzw. den Gesamtleiter[179] beglichen, zumindest, soweit es die Liquidität der Gesellschaft zulässt. Obwohl dem Recht der einfachen Gesellschaft gewinnunabhängige Entnahmen fremd sind,[180] wird aus dem Gesellschaftsvertrag einer Planergemeinschaft, in dem periodische Rechnungsstellungen für

---

173 Vgl. HANDSCHIN/VONZUN, Zürcher Kommentar, N 32 zu Art. 544 OR.

174 Vgl. Ziff. 12.1 f. SIA-Vertragsformular 1001/2.

175 So auch TAORMINA, Innenansprüche in der einfachen Gesellschaft, Rz. 168 für die Losgemeinschaft: «Die Vergütung ist Gewinn oder Überschuss». Das SIA-Vertragsformular 1001/2 führt in dieser Hinsicht nicht weiter. Ziff. 3 bietet namentlich die Wahl zwischen Gewinn- und Verlustanteilen im Verhältnis des Werts der tatsächlichen Beiträge zur Gesamtheit der tatsächlichen Beiträge im Zeitpunkt der Liquidation einerseits oder nach zuvor festgelegten Quoten andererseits. Die Beitragsarten sind in Ziff. 4 umschrieben; zu ihnen zählen auch die Arbeitsleistungen der Gesellschafter. Die Beiträge führen im System des SIA-Gesellschaftsvertrags zwingend zu einer von ihnen abhängigen Entschädigung (vgl. Anhang 3, Ziff. 12). Ob diese Akonto Gewinn oder unabhängig davon ausgerichtet wird, bleibt m.E. unklar.

176 Vgl. FELLMANN/MÜLLER K., Berner Kommentar, N 147 zu Art. 533 OR; HANDSCHIN/VONZUN, Zürcher Kommentar, N 70 zu Art. 533 OR.

177 Vgl. HANDSCHIN/VONZUN, Zürcher Kommentar, N 71 zu Art. 533 OR, die den Anspruch in Anlehnung an das deutsche Recht bejahen; demgegenüber nehmen FELLMANN/MÜLLER K., Berner Kommentar, N 148 zu Art. 533 OR an, die periodische Gewinnverteilung könne sich bei Gesellschaften mit kontinuierlicher Geschäftstätigkeit von unbestimmter Dauer aus einer analogen Anwendung des Kollektivgesellschaftsrechts ergeben, selbst wenn die Gesellschafter keine spezielle Regelung getroffen haben.

178 Vgl. HANDSCHIN/VONZUN, Zürcher Kommentar, N 72 zu Art. 533 OR.

179 Vgl. Ziff. 12.2 SIA-Vertragsformular 1001/2, wo sogar davon ausgegangen wird, dass der Geschäftsführer aufgrund der Rechnungen der einzelnen Gesellschafter die Gesamtrechnung zuhanden des Auftraggebers erstellt.

180 Vgl. HANDSCHIN/VONZUN, Zürcher Kommentar, N 73 zu Art. 533 OR.

die Arbeitsleistungen der Gesellschafter ausdrücklich vorgesehen sind, die Abmachung einer gewinnunabhängigen Entnahme zu folgern sein.[181]

3. Bestandswechsel

Die gesetzliche Regelung von Art. 545 OR sieht keinen Wechsel im Bestand der Mitglieder vor. Personelle Veränderungen haben die Liquidation der Planergemeinschaft zur Folge. Auch diese gesetzliche Lösung ist für die Planergemeinschaft und prinzipiell für die ARGE im Bauwesen praxisfremd; *eine vertragliche Regelung ist unabdingbar.*[182] Mit dieser muss insbesondere der Fortbestand der Planergemeinschaft beim Ausscheiden eines Gesellschafters bei Tod, Konkurs, Austritt und Ausschluss geregelt werden. Eine solche sogenannte Fortsetzungsklausel[183] findet sich in Ziff. 22 SIA-Vertragsformular 1001/2. Sie stellt sicher, dass sich die *Ansprüche des Ausscheidenden auf rein finanzielle Aspekte beschränken* und dass dieser die Fortführung nicht behindern kann. 16.103

Der Bestandswechsel wird indessen auch im Aussenverhältnis Handlungsbedarf hervorrufen. Insbesondere muss der Vertrag mit dem Auftraggeber den neuen Verhältnissen angepasst werden. Dabei geht es nicht nur um die Zustimmung des Auftraggebers zur Änderung des Mitgliederbestands an sich, sondern auch um Einzelheiten wie etwa den Austausch von vereinbarten Schlüsselpersonen oder die Anpassung der Kontoverbindung. 16.104

V. Aussenverhältnis

1. Die Vertretung und Kennzeichnung

1. Das vertretungsbefugte Mitglied handelt in der Regel im Namen der Planergemeinschaft – oder präziser – der Gesamtheit ihrer Mitglieder[184] und daher auch seiner selbst.[185] Nicht nötig ist, dass dabei jedes Mitglied einzeln genannt wird.[186] Es genügt vielmehr, die gebräuchliche und pragmatische Angabe einer «Kurz-, Sammel- oder Fantasiebezeichnung»[187] wie «Planerteam Spital Reigoldswil» oder «INGE Tunnel Bettingen». Nahe- 16.105

---

[181] Handschin/Chou, Zürcher Kommentar, N 87 ff. zu Art. 558 ff. OR sowie Handschin/Vonzun, Zürcher Kommentar, N 73 zu Art. 533 OR.

[182] Für den SBV-Formularvertrag für Arbeitsgemeinschaften vgl. Hürlimann, SBV-Formularvertrag, S. 207.

[183] Hürlimann, SBV-Formularvertrag, S. 207

[184] Vgl. Handschin/Vonzun, Zürcher Kommentar, N 9 zu Art. 543 OR; Meier-Hayoz/Forstmoser, Schweizerisches Gesellschaftsrecht, § 12 Rz. 62.

[185] Vgl. Handschin/Vonzun, Zürcher Kommentar, N 9 zu Art. 543 OR.

[186] Handschin/Vonzun, Zürcher Kommentar, N 10 zu Art. 543 OR.

[187] Handschin/Vonzun, Zürcher Kommentar, N 10 zu Art. 543 OR; vgl. auch Meier-Hayoz/Forstmoser, Schweizerisches Gesellschaftsrecht, § 12 Rz. 72 f.; das SIA-Vertragsformular 1001/2 verwendet den Begriff «Kurzbezeichnung».

liegend und der Klarheit dienlich ist, wenn *die verwendete Bezeichnung mit derjenigen in den Vertragsgrundlagen übereinstimmt.* Das darf nun aber nicht darüber hinwegtäuschen, dass die Planergemeinschaft keine Firma hat.[188]

16.106 **2.** Auch wenn das Gesetz die Geschäftsführung und die Vertretung der einfachen Gesellschaft in den Art. 535 und Art. 543 OR getrennt behandelt, so wird die Vertretung nach herrschender Auffassung doch der Geschäftsführung im weiteren Sinne zugerechnet.[189] Denn «zur Geschäftsführung gehört jede auf die Zweckverfolgung gerichtete rechtliche oder tatsächliche Exekutivmassnahme, unabhängig davon, ob sie das Innen- oder das Aussenverhältnis betrifft».[190] Die Vertretung ist mithin derjenige Teil der Geschäftsführungstätigkeit, der das rechtsgeschäftliche Aussenhandeln betrifft.[191] Auch schon Art. 543 Abs. 3 OR verbindet die Geschäftsführung im engeren Sinne und die Geschäftsführung im weiteren Sinne dahingehend, als «er die Vermutung aufstellt, dass ein Gesellschafter, dem die Geschäftsführung im Innenverhältnis überlassen wurde, auch im Aussenverhältnis die Vollmacht hat, die Gesellschaft oder sämtliche Gesellschafter zu vertreten».[192] Allerdings gilt diese Vermutung im umgekehrten Sinne nicht. So kann nicht etwa aus der Bauleitungsfunktion eines Mitglieds der Planergemeinschaft geschlossen werden, diesem stehe auch die Geschäftsführungsbefugnis zu.[193]

16.107 **3.** Die **Vollmachtsvermutung** zugunsten des geschäftsführenden Mitglieds der Planergemeinschaft wirkt sich im Innen- wie im Aussenverhältnis aus. Neben aussenstehenden Dritten, die sich darauf berufen können, kann sich auch der handelnde Geschäftsführer gegenüber seinen Mitgesellschaftern auf sie stützen.[194] Während die Tragweite der Vollmachtsvermutung im Innenverhältnis unumstritten ist, wird sie für das Aussenverhältnis kontrovers beurteilt.[195] Uneins ist man sich namentlich über die Frage, ob die Vollmachtsvermutung widerlegbar oder unwiderlegbar ist.[196] Im Einklang mit der älteren Doktrin

---

[188] Vgl. Meier-Hayoz/Forstmoser, Schweizerisches Gesellschaftsrecht, § 12 Rz. 72; siehe aber die Ausführungen bei Vonzun, Personengesellschaften, Rz. 779, wonach die Firma bei der kaufmännischen einfachen Gesellschaft durch die von ihm postulierte analoge Anwendung des Rechts der Kollektivgesellschaft nach deren Regeln zu bilden ist. Das würde freilich bedeuten, dass die Kurz-, Sammel- oder Fantasiebezeichnung entweder die Firma oder den Familiennamen wenigstens eines Mitglieds der Planergemeinschaft und zudem einen das Gesellschaftsverhältnis andeutenden Zusatz enthalten müsste. Zur analogen Anwendung des Kollektivgesellschaftsrechts vgl. auch Handschin/Vonzun, Zürcher Kommentar, N 88 zu Art. 530 OR.

[189] Vgl. Handschin/Vonzun, Zürcher Kommentar, N 140 zu Art. 534–535 OR.

[190] Handschin/Vonzun, Zürcher Kommentar, N 140 zu Art. 534–535 OR.

[191] Handschin/Vonzun, Zürcher Kommentar, N 143 zu Art. 534–535 OR; zum Verhältnis zwischen Vertretung und Willensbildung der einfachen Gesellschaft vgl. Handschin/Vonzun, Zürcher Kommentar, N 7 zu Art. 534–535 OR.

[192] Egli, Das Baukonsortium, S. 46.

[193] Vgl. BGE 118 II 313/318 f. E. 3 (= BR/DC 1993, S. 100, Nr. 209, mit Anm. Gauch).

[194] Vgl. Egli, Das Baukonsortium, S. 46; Meier-Hayoz/Forstmoser, Schweizerisches Gesellschaftsrecht, § 12 Rz. 64.

[195] Handschin/Vonzun, Zürcher Kommentar, N 30 zu Art. 543 OR.

[196] Vgl. Egli, Das Baukonsortium, S. 46; Schütz, OR-Kommentar [Stämpfli], N 39 f. zu Art. 543 OR

hat das Bundesgericht entschieden, die Vermutung sei gegenüber einem gutgläubigen Dritten unwiderlegbar.[197] Dem hält die jüngere und nunmehr vorherrschende Lehre entgegen, Art. 543 Abs. 3 OR sehe lediglich eine Beweislastumkehr vor.[198] Diese Auffassung wird von HANDSCHIN/VONZUN dahingehend verfeinert, als bei den typischen einfachen Gesellschaften Widerlegbarkeit gegeben ist und bei der atypischen, kaufmännischen (Rz. 16.20) einfachen Gesellschaft aufgrund eines verstärkten Verkehrsschutzinteresses eine unwiderlegbare Vollmachtsvermutung besteht.[199]

Nach der hier vertretenen Auffassung sind *klassische Planergemeinschaften indessen nicht «atypisch», stellen also keine kaufmännischen einfachen Gesellschaften dar.* Daraus muss sich u.E. im Einklang mit der neueren Doktrin ergeben, dass *die Vollmachtsvermutung grundsätzlich widerlegbar* ist und die nicht handelnden Mitglieder der Planergemeinschaft zum Nachweis zugelassen sind, «dass dem Geschäftsführer die Vornahme der betreffenden Handlung (ausdrücklich oder stillschweigend) untersagt war»[200], es sei denn, der Hauptvertrag mit dem Auftraggeber enthalte eine klare, anderslautende Regelung. 16.108

2. Die Gesamthandklage

Die Planergemeinschaft als einfache Gesellschaft ist nur ein vertragliches Gebilde *ohne eigene Rechtspersönlichkeit.*[201] Rechtsinhaber sind die einzelnen Gesellschafter, die eine gesamthänderische Gemeinschaft bilden (Art. 544 Abs. 1 OR); ihnen kommt im Rechtsverkehr Parteifähigkeit zu.[202] Als verfahrensrechtliches Abbild dieser materiell-rechtlichen Gesamthandschaft können Planergemeinschaften ihre Ansprüche daher im Prozess nicht im Namen der einfachen Gesellschaft geltend machen. Vielmehr müssen die Gesellschafter eine notwendige Streitgenossenschaft nach Art. 70 Abs. 1 ZPO bilden, mithin gemeinsam im eigenen Namen klagen (als Gesellschafter A, B, C und D).[203] Vorbehalten bleiben dringende Fälle, bei denen es einem einzelnen Gesellschafter möglich 16.109

[197] BGE 124 III 355/358 f. E. 4a; bestätigt in BGer 4C.16/2006 vom 17. November 2006 E. 7.2 (= BR/DC 2007, S. 60, Nr. 199, mit Anm. STÖCKLI); vgl. EGLI, Das Baukonsortium, S. 46; HANDSCHIN/VONZUN, Zürcher Kommentar, N 39 zu Art. 543 OR. Gegenüber bösgläubigen Dritten erzeugt die Vermutung hingegen keine Wirkung, sodass die allgemeinen Regeln über die Stellvertretung zur Anwendung gelangen (BGE 124 III 355/357 E. 4a).

[198] Vgl. die Hinweise bei HANDSCHIN/VONZUN, Zürcher Kommentar, N 40 zu Art. 543 OR, und bei SCHÜTZ, OR-Kommentar [Stämpfli], N 40 zu Art. 543 OR.

[199] Vgl. HANDSCHIN/VONZUN, Zürcher Kommentar, N 46 f. zu Art. 543 OR; die Begründung der Unwiderlegbarkeit stimmt bei HANDSCHIN/VONZUN freilich nicht mit derjenigen des Bundesgerichts überein, sondern ergibt sich vielmehr aus der integralen analogen Anwendung des Kollektivgesellschaftsrechts auf die kaufmännische einfache Gesellschaft.

[200] HANDSCHIN/VONZUN, Zürcher Kommentar, N 39 zu Art. 543 OR.

[201] BGE 132 I 256/258 E. 1.1; BGer 1B_323/2008 vom 20. Mai 2009 E. 1.3.

[202] Vgl. HÜRLIMANN, SBV-Formularvertrag, S. 208.

[203] Vgl. BGE 142 III 782/783 E. 3.1.1 f. (= BR/DC 2017, S. 189, Nr. 502, mit Anm. HEINZMANN); HÜRLIMANN, SBV-Formularvertrag, S. 208.

sein muss, im eigenen Namen und im Namen der übrigen Mitglieder der Planergemeinschaft selbständig zu klagen.[204]

3. Die Solidarhaftung der Gesellschafter

16.110 Mit der Haftung der Gesellschafter bei der einfachen Gesellschaft im Einzelnen befasst sich der Beitrag von KRAUSKOPF (Rz. 17.127 ff.). An dieser Stelle seien nur wenige *Merkpunkte* hervorgehoben:

16.111 **1.** In Bezug auf die Haftung für Gesellschaftsschulden wird das die einfache Gesellschaft ansonsten beherrschende Gesamthandprinzip durchbrochen. An seine Stelle tritt im Interesse der Gläubiger das Prinzip der Solidarität. Den Gläubigern soll nicht zugemutet werden, die Gesamtheit der Gesellschafter ins Recht fassen zu müssen.[205] Die solidarische Verpflichtung zur Erbringung der gesamten von der Planergemeinschaft versprochenen Leistung *trifft jedes Mitglied, sei sein Beitrag im Verhältnis zur Gesamtleistung auch noch so untergeordnet*. Von ihr betroffen ist somit auch etwa der regionale Planer, der den anderen, national oder international tätigen Mitgliedern der Planergemeinschaft durch seine Mitwirkung in erster Linie als «Türöffner» zur Erlangung des Zuschlags dient, oder der Gesellschafter, der lediglich die Buchhaltung zu führen hat.[206]

16.112 Die gesetzliche Regelung ist unzweideutig. Allerdings darf nicht übersehen werden, dass sich für den Auftraggeber durch die solidarische Haftbarkeit der Planergemeinschaft ein markanter kommerzieller Vorteil ergeben kann. Dies ist zumindest dann der Fall, wenn der Auftraggeber ein Generalplanermandat zu vergeben hat und den offerierenden einzelnen Planer dazu zwingt, mit seinen ursprünglichen Subplanern eine Planergemeinschaft zu bilden. Anstelle des Haftungssubstrats des einzelnen Planers steht ihm dann eine weitaus *breitere Haftungsbasis* zur Verfügung.

16.113 Zweifel ergeben sich aber möglicherweise an der herkömmlichen Begründung der solidarischen Haftung bei der einfachen Gesellschaft. Inwiefern es den Gläubigern nicht zumutbar sein soll, die *Gesamtheit der Gesellschafter ins Recht zu fassen,* leuchtet in der Tat nicht ein. Der Gläubiger hat es bei einfachen Gesellschaften, mit denen er sich vertraglich binden will, in der Hand, eine *Gerichtsstandsvereinbarung* zu treffen und bei internationalen Verhältnissen das *anwendbare Recht* zu bestimmen. Im Rahmen von Verträgen mit Planergemeinschaften dürfte die Gerichtsstandsklausel ohnehin die Regel dar-

---

[204] Vgl. BGE 142 III 782/783 E. 3.1.2 (= BR/DC 2017, S. 189, Nr. 502, mit Anm. HEINZMANN).

[205] HANDSCHIN/VONZUN, Zürcher Kommentar, N 44 zu Art. 544 OR; MEIER-HAYOZ/FORSTMOSER, Schweizerisches Gesellschaftsrecht, § 12 Rz. 33.

[206] Vgl. KRAUSKOPF/GIRÓN, OR-Kommentar [Stämpfli], N 13 zu Art. 544 OR; vgl. in Bezug auf den regionalen Unternehmer als Mitglied eines Unternehmerkonsortiums GAUCH, Werkvertrag, Rz. 247.

stellen.[207] Hinzu tritt die bemerkenswerte Feststellung, dass die *zweistufige Haftung der Kollektivgesellschaft* in der Lehre nicht nur als Haftungserleichterung für die Gesellschafter gesehen wird, sondern *auch als Vorteil der Gesellschaftsgläubiger,*[208] *zumal sich diese, ohne sich um das interne Verhältnis der Gesellschafter kümmern zu müssen, an die Gesellschaft halten können.*[209]

Freilich ist die solidarische Haftung an sich dispositives Recht. Insofern hat es auch die Planergemeinschaft in der Hand, einen Planervertrag mit modifizierter Haftungsregelung anzubieten.[210] Das aber setzt voraus, dass die Kräfteverhältnisse zwischen Anbieter und Abnehmer der Planerleistung einigermassen ausgeglichen sind oder die Planer gar die Oberhand haben. Schon Art. 544 Abs. 3 OR selbst lässt die Möglichkeit *abweichender Vereinbarungen* zu. Um Wirkung zu entfalten, muss eine solche abweichende Vereinbarung allerdings das *Aussenverhältnis* der Planergemeinschaft beschlagen. Mithin muss *in den Verträgen mit dem Auftraggeber oder mit Lieferanten und Subplanern von der solidarischen Haftung abgewichen werden.*[211] Die fehlende Aussenwirkung einer Abkehr von der solidarischen Haftung im (internen) Gesellschaftsvertrag wird als «Folge der im Recht der einfachen Gesellschaft fehlenden Kapitalbildungs- und -schutzvorschriften» gesehen;[212] ein Umstand, der freilich auch auf die Kollektivgesellschaft zutrifft,[213] die aber immerhin eine primäre Haftung des Gesellschaftsvermögens kennt. 16.114

2. Die Mitglieder der Planergemeinschaft haften nicht nur solidarisch, sondern auch *primär* – es haftet also nicht zuerst die Gesellschaft – und mit ihrem jeweiligen Vermögen in unbeschränkter Höhe.[214] Nur nach der von Vonzun geprägten und von Handschin/Vonzun übernommenen, im Übrigen aber noch ohne Praxisrelevanz gebliebenen Auffassung, wonach auf die kaufmännische einfache Gesellschaft, der nicht nur natürliche Personen angehören, analog die Regeln der Kollektivgesellschaft zur Anwendung gelangen,[215] tritt an die Stelle der primären Haftung die Subsidiarität, d.h. «das Nacheinander von Gesellschafts- und Gesellschafterhaftung».[216] 16.115

3. Auch für sogenannte *Drittgeschäfte* der Planergemeinschaft mit einzelnen Mitgliedern[217] gilt die Haftungsregelung von Art. 544 Abs. 3 OR. Uneins ist die Lehre aber in 16.116

---

[207] Vgl. etwa Ziff. 12 SIA-Vertragsformular 1001/1, wo freilich von den drei Alternativen diejenigen angekreuzt werden mussten, wonach entweder die ordentlichen Gerichte am Sitz der Auftraggeberin oder die ordentlichen Gerichte am Lageort des Bauprojekts zuständig sind.

[208] Vgl. etwa Handschin/Vonzun, Zürcher Kommentar, N 10 zu Art. 568–569 OR.

[209] Vgl. Handschin/Vonzun, Zürcher Kommentar, N 10 zu Art. 568–569 OR.

[210] Zu alternativen Haftungsregelungen siehe etwa Gauch, Vertragsrecht, S. 21 f.

[211] Vgl. Müller K./Giesbrecht, ARGE, S. 157.

[212] Handschin/Vonzun, Zürcher Kommentar, N 85 zu Art. 544 OR.

[213] Vgl. Handschin/Chou, Zürcher Kommentar, N 5 zu Art. 568–569 OR.

[214] Vgl. Meier-Hayoz/Forstmoser, § 12 Rz. 31 und 69.

[215] Vgl. Vonzun, Personengesellschaften, Rz. 775 ff.

[216] Handschin/Chou, Zürcher Kommentar, N 29 zu Art. 568–569 OR.

[217] Zum Begriff des Drittgeschäfts einlässlich Fellmann/Müller K., Berner Kommentar, N 22 ff. zu Art. 531 OR.

Bezug auf die Frage, ob dem Gesellschafter, welcher ein solches Drittgeschäft mit der Gesellschaft abgeschlossen hat, ein Anspruch auf ungekürzte Leistung der Gesellschaft zusteht oder ob seine Forderung infolge Vereinigung im Umfang seines Verlustanteils erlischt.[218]

16.117 **4.** Die einzelnen Mitglieder der Planergemeinschaft haften gegenüber dem Auftraggeber für Verletzungen des gemeinsamen Planervertrags durch ihre Mitgesellschafter, «weil bei der Vertragserfüllung *jedes Mitglied als Erfüllungsgehilfe der anderen* handelt» (Art. 101 OR).[219]

16.118 **5.** Keine Haftung trifft die Mitglieder der Planergemeinschaft indessen für *unerlaubte Handlungen* eines anderen Gesellschafters, zumindest soweit diese nicht zugleich eine Vertragsverletzung darstellen. Das ist eine Folge der bei der einfachen Gesellschaft anwendbaren Regeln des Stellvertretungsrechts, weil es für unerlaubte Handlungen keine Stellvertretung geben kann.[220]

VI. Ausgewählte Sonderfragen

1. Zu den immateriellen Rechten

16.119 Mit dem Immaterialgüterrecht der Planer befasst sich der Beitrag von SCHLUEP/WENGER BERGER (Rz. 19.1 ff.).[221]

16.120 Das SIA-Vertragsformular 1001/2 sieht in Ziff. 21 vor, dass mangels anderer Vereinbarung die Urheberrechte an allen im Rahmen des Auftrags geschaffenen Pläne und weiteren Dokumente den Gesellschaftern als Miturheber gemeinsam zustehen. Diese Regelung steht im Einklang mit Art. 532 OR, wonach die durch das Tätigwerden der

---

[218] Dafür mit FELLMANN/MÜLLER K., Berner Kommentar, N 118 zu Art. 544 OR, und KRAUSKOPF/GIRÓN, OR-Kommentar [Stämpfli], N 17 zu Art. 544 OR, soweit ersichtlich die herrschende Lehre; dagegen mit einleuchtender Begründung HANDSCHIN/VONZUN, Zürcher Kommentar, N 92 f. zu Art. 544 OR. Allerdings gilt es zu ergänzen: mit Recht weisen FELLMANN/MÜLLER K., Berner Kommentar, N 24 zu Art. 531 OR, darauf hin, dass in der Durchsetzung des Anspruchs aus einem Drittgeschäft etwa dann eine Verletzung der gesellschaftsrechtlichen Treuepflicht erblickt werden kann, wenn sie die Erreichung des Gesellschaftszwecks gefährdet.

[219] GAUCH, Werkvertrag, Rz. 248; ausdrücklich zur Planergemeinschaft FELLMANN/MÜLLER K., Berner Kommentar, N 126 zu Art. 544 OR; vgl. auch HANDSCHIN/VONZUN, Zürcher Kommentar, N 94 f. zu Art. 544 OR; vgl. auch SCHUMACHER, Architektenrecht 1995, Rz. 717.

[220] Vgl. FELLMANN/MÜLLER K., Berner Kommentar, N 130 zu Art. 544 OR; HANDSCHIN/VONZUN, Zürcher Kommentar, N 97 zu Art. 544 OR; KRAUSKOPF/GIRÓN, OR-Kommentar [Stämpfli], N 27 zu Art. 544 OR; MÜLLER K., Arbeitsgemeinschaft, Rz. 7a. Anders verhält es sich im Recht der Kollektivgesellschaft, was für die von VONZUN postulierte analoge Anwendung des Kollektivgesellschaftsrechts auf die kaufmännische einfache Gesellschaft von Bedeutung ist.

[221] Vgl. auch WENGER BERGER, Architektur und immaterielle Rechte, S. 1 ff.

Planergemeinschaft entstehenden Werte – mithin auch die immateriellen – der Gesellschaft zustehen. [222]

2. Zur Mehrwertsteuer

Da die Planergemeinschaft eine selbständige gewerbliche Tätigkeit vorsieht, die immerhin auf eine beschränkte Dauer – nicht nur auf gelegentliches Handeln – angelegt ist und nach aussen mit gemeinsamer Bezeichnung auftritt, untersteht sie der Mehrwertsteuerpflicht, sofern die jeweils gültigen Umsatzlimiten überschritten werden.[223] Die Rechnungen der Mitglieder zuhanden der Planergemeinschaft für die geleisteten Arbeiten sind mehrwertsteuerbehaftet. Die Planergemeinschaft bringt die Mehrwertsteuer alsdann als Vorsteuer in Abzug, sofern die Leistungen nicht Eigenverbrauch darstellen.[224] Da demgegenüber Gewinnbeteiligungen keine steuerbaren Umsätze darstellen, *kommt der Unterscheidung zwischen Vergütung und Gewinnanteil wiederum entscheidende Bedeutung zu* (Rz. 16.95 ff.). Dabei bleibt freilich unsicher, ob die Qualifikation der Entgelte gemäss Gesellschaftsvertrag für die Eidgenössische Steuerverwaltung bindend ist. 16.121

3. Zur Versicherung

1. Die Tätigkeit im Rahmen einer Planergemeinschaft bzw. Arbeitsgemeinschaft ist von den *Berufshaftpflichtversicherungen* der Planer (Rz. 18.5 ff.) *in der Regel nicht miterfasst* (Rz. 18.165). Daher wird der einzelne Planer eine Zusatzversicherung oder die Planergemeinschaft eine gesonderte Versicherung für das konkrete Bauvorhaben abschliessen müssen.[225] 16.122

Hiervon gibt es freilich *Ausnahmen.* Bisweilen dehnen Haftpflichtpolicen die Versicherungsdeckung auch auf die Beteiligung an Konsortien aus, bei denen der Versicherungsnehmerin weder eine Mehrheitsbeteiligung noch die kaufmännische Führung zukommt. Nur selten erstreckt sich eine Police aber auch *auf die Tätigkeit in Planergemeinschaften.*[226] In solchen Policen kann die Deckung voraussetzen, dass die Planergemeinschaft nicht über eine gesonderte Versicherung verfügt. Die Versicherung umfasst lediglich die anteilsmässige Tätigkeit der Versicherungsnehmerin in der Planergemeinschaft und 16.123

---

222 Vgl. HANDSCHIN/VONZUN, Zürcher Kommentar, N 4 zu Art. 532 OR.

223 Vgl. MWST-Branchen-Info 04 Baugewerbe (gültig ab 1. Januar 2010), abrufbar unter: <www.estv.admin.ch> (besucht am 16. Juli 2018) sowie METZGER, MWSTG-Kurzkommentar, N 2 und 4 zu Art. 21 MWSTG; BGer 2C_426/2008 und 2C_432/2008 vom 18. Februar 2009 E. 2.2.

224 Zum Tatbestand des Eigenverbrauchs vgl. HONAUER, Mehrwertsteuer, S. 184.

225 Das SIA-Vertragsformular 1001/2 sieht den Abschluss einer separaten Konsortialversicherung vor, soweit die Versicherungsdeckung nicht anderweitig sichergestellt ist (Ziff. 7.1).

226 So aber Art. 7.1 der Vertragsbedingungen der Berufs- und Betriebshaftpflichtversicherung für die Destinatäre der usic-Stiftung (Ausgabe 2017), soweit die Planergemeinschaft ausschliesslich aus Destinatären besteht.

nicht auch diejenige der übrigen Mitglieder. Indessen sollte die Versicherung dann auch *Schutz gegen Regressforderungen* der anderen Mitglieder der Planergemeinschaft bieten, wenn diese im Aussenverhältnis aufgrund der solidarischen Haftung auch für den internen Anteil der Versicherungsnehmerin aufkommen mussten.

16.124 **2.** Immer häufiger sehen sich Einzelplaner und Planergemeinschaften damit konfrontiert, dass der Auftraggeber – meist ein Totalunternehmer – eine *Projektversicherung* (Bauplatzversicherung, Globalhaftpflichtversicherung) für alle am Projekt beteiligten Planer und Unternehmer abschliesst und entsprechende Prämienanteile auf die Auftragnehmer überwälzt bzw. von deren Honoraren in Abzug bringt. So überzeugend diese Lösung im ersten Moment scheinen mag: Sie nötigt die Planergemeinschaft zu gründlichen Abklärungen und Prüfungen. Im Sinne der unter Ziffer 2 hiervor skizzierten Regelung wird dann nämlich eine gesonderte Versicherung der Planergemeinschaft vorliegen, die je nach bestehender eigener Haftpflichtpolice zu *Deckungsausschlüssen* führt. Ferner müssen die Versicherungsbedingungen der eigenen Versicherung und der Projektversicherung detailliert miteinander verglichen werden. Es wird sich dann oftmals zeigen, dass schon die *Versicherungslimiten* und namentlich die Sublimiten für Bauten- und reine Vermögensschäden unterschiedlich ausfallen. Schliesslich ist sicherzustellen, dass die von der Projektversicherung erfassten Planer und Unternehmer unter sich als Dritte gelten, damit im Rahmen der sogenannten «*Cross-liability*»-Ansprüche für Schäden, die sie sich gegenseitig zufügen, so versichert sind, wie wenn die Beteiligten über eigene Versicherungen verfügen würden.

16.125 **3.** Mit Blick auf Art. 53 VVG ist ferner an die Pflicht der Versicherungsnehmer zu erinnern, allfällige *Doppelversicherungen* allen involvierten Versicherungsgesellschaften zu melden. Auch wenn diese Pflicht gemäss Abs. 1 der Bestimmung an die Voraussetzung geknüpft ist, dass die Versicherungssummen zusammen den Versicherungswert übersteigen, so drängt sich meines Erachtens doch in jedem Fall eine Anzeige auf. Unterlässt der Versicherungsnehmer die Anzeige absichtlich, so kann ihm nach Abs. 2 der Bestimmung der Versicherungsschutz gänzlich versagt bleiben.

16.126 **4.** Für *gemischte Konsortien*, die sowohl Planer-, Bauleitungs- wie Unternehmerleistungen anbieten, kann regelmässig keine Versicherung abgeschlossen werden, da sich die Unternehmerleistung nicht versichern lässt (Rz. 18.165).[227]

[227] Vgl. aber den aus dieser Sicht bemerkenswerten Art. 8 der Vertragsbedingungen der Berufs- und Betriebshaftpflichtversicherung für die Destinatäre der usic-Stiftung (Ausgabe 2017), wonach ein dieser Versicherung angeschlossenes Büro unter gewissen Voraussetzungen auch versichert bleibt, wenn es als General- oder Totalunternehmer auftritt.

4. Zum SIA-Vertragsformular 1001/2 «Gesellschaftsvertrag für Planergemeinschaft»

1. Es hat sich gezeigt, dass die Regelung der internen Belange einer Planergemeinschaft in einem gesonderten Vertrag unabdingbar ist. Der SIA stellt zu diesem Zweck ein Vertragsformular zur Verfügung, das über die Webseite unentgeltlich bezogen werden kann. Das Formular ist im Jahre 2014 revidiert worden. 16.127

2. Zum Formular drängen sich einige Hinweise auf. 16.128

a. Das Formular unterscheidet sich mit Blick auf den Aufbau von den SIA-Vertragsformularen 1001/1 und 1001/3. Während die SIA-Vertragsformulare 1001/1 und 1001/3 die Allgemeinen Vertragsbedingungen übernehmen, die jeweils als Art. 1 in den Ordnungen für Leistungen und Honorare des SIA enthalten sind, enthält der Gesellschaftsvertrag selbst und unmittelbar allgemeine Regeln. Diese finden sich in den Ziff. 9 ff. und sind nicht direkt veränderbar. 16.129

b. Die Ziff. 1–8 müssen bearbeitet und den Bedürfnissen der Planergemeinschaft angepasst werden. Über sie wird auch gesteuert, welche Teile die Ziff. 9 ff. massgeblich sein sollen. So gelten etwa die Bestimmungen von Ziff. 13.3 über den Gesellschafterausschuss nur dann, wenn in Ziff. 6.1.2 ein solcher vorgesehen wird. 16.130

c. Die Regelungen der unter den Ziff. 1–8 anzukreuzenden Kästchen schliessen sich zum Teil aus (so z.B. in Ziff. 1.2 oder in Ziff. 3), zum Teil ist Mehrfachauswählen möglich (etwa in Art. 4.2). Eine entsprechende unterschiedliche Kennzeichnung fehlt aber und das Formular scheint Mehrfachauswahlen auch dort zuzulassen, wo sie nicht denkbar sind. Der Entscheid ist demnach immer unter Prüfung des Inhalts zu fällen. 16.131

d. Gewisse Regelungen müssen mit denjenigen im Hauptvertrag mit dem Auftraggeber übereinstimmen. Das gilt insbesondere für die Projektdefinition in Ziff. 1 und für die Versicherungsbestimmungen in Ziff. 7. 16.132

§ 17 Die Planer und die Haftung mehrerer

Frédéric Krauskopf

Inhaltsverzeichnis

I. Allgemeines

17.1 **1.** Baumängel und Bauschäden gehören zu den Kernthemen des Baurechts und bilden den Gegenstand zahlreicher Publikationen und Gerichtsurteile. Dass sich solche Mängel und Schäden selten einem einzigen Verursacher zuordnen lassen, geht dabei leicht vergessen.[1] Die Wirklichkeit zeigt nämlich, dass Baumängel und -schäden häufig aufgrund des Versäumnisses oder der Unsorgfalt zweier oder mehrerer Baubeteiligter entstehen.

17.2 **2.** Im Folgenden geht es einerseits (und primär) um Fälle, in denen für einen Mangel oder Schaden nicht nur der Planer allein haftet, sondern neben ihm mindestens noch eine weitere Person, etwa ein weiterer Planer oder ein Bauunternehmer, mithaftet. In diesen (notorischen) Fällen stellt sich die Frage, wer – einer oder sämtliche – von den Haftenden in welchem Umfang für die Mängelbeseitigung bzw. für den Schaden einzustehen hat (Rz. 17.57 ff.). Andererseits geht es auch um jene Fälle, in denen sich zwei oder mehrere Personen gemeinsam vertraglich verpflichten, eine bestimmte Leistung zu erbringen, sodass der Gläubiger von jeder einzelnen Person die gesamte Leistung verlangen darf (Rz. 17.55 und 17.123 ff.).

17.3 **3.** Im geltenden System des gesetzlichen Forderungsrechts haftet grundsätzlich ein jeder ausschliesslich für den von ihm zu verantwortenden Schaden bzw. für die von ihm einge-

[1] Nicht aber bei SCHENKER, Der Architekt als Hilfsperson des Bauherrn, S. 17.

gangene Verpflichtung und nicht auch für den von einem Dritten verursachten Schaden bzw. für die von diesem eingegangene Verpflichtung. Dieser Grundsatz wird in **Art. 143 OR** eingeschränkt. Danach haben zwei oder mehrere Personen für eine Schuld solidarisch einzustehen, wenn sie sich hierzu durch entsprechende Willenserklärung verpflichtet haben (Abs. 1) oder wenn das Gesetz Solidarität der Schuldner anordnet (Abs. 2). Art. 143 Abs. 1 OR bezeichnet nicht nur die Entstehungsgründe der Solidarität (Rz. 17.5 ff.), sondern er enthält in Verbindung mit Art. 144 Abs. 2 OR auch eine Legaldefinition:[2] Solidarität unter mehreren Schuldnern bedeutet, dass jeder Einzelne dem Gläubiger für die Erfüllung der ganzen Schuld haftet.

4. Die Solidarität begründet die Schuldpflicht zweier oder mehrerer Schuldner gegenüber dem Gläubiger[3] mit Bezug auf eine Leistung, und zwar dergestalt, dass jeder einzelne Schuldner nicht nur einen Teil der geschuldeten Leistung, sondern die **ganze Leistung** schuldet. Sämtliche Solidarschuldner bleiben solange verpflichtet, bis die ganze Leistung erbracht ist (Art. 144 Abs. 2 OR).[4] Umgekehrt befreit die Leistung an den Gläubiger durch einen Schuldner auch die übrigen Solidarschuldner (Art. 147 Abs. 1 OR; Rz. 17.22 ff.). Im Einzelnen: 17.4

1. Keine Solidarität ohne Schuldpflicht

Die Solidarität selbst begründet keine Schuldpflichten, sondern setzt die Schuldpflicht von zwei oder mehreren Personen gegenüber dem Gläubiger voraus. Es gilt: Nur wer Schuldner ist, kann auch Solidarschuldner sein. Oder umgekehrt: «Wer nicht haftet, haftet auch nicht solidarisch.»[5] Solidarität zwischen Schuldnern besteht mithin nur dann, wenn mindestens zwei Personen, aus welchen Gründen und unter welchen Voraussetzungen auch immer, Schuldner des identischen Leistungsinteresses des Gläubigers sind.[6] Das gilt gleichermassen für die vom Gesetz angeordnete und für die durch Vertrag begründete Solidarität. Der Solidarität liegen mit anderen Worten stets **Schuldverhältnisse** zugrunde, aus denen sich je eine Verpflichtung mindestens zweier Solidarschuldner gegenüber dem Gläubiger ergibt, für das gleiche Leistungsinteresse des Gläubigers einzustehen. Deswegen gilt: 17.5

2 BGer 4C.50/2004 vom 23. April 2004 E. 4.1.

3 So wie auf der Schuldnerseite können auch auf der Gläubigerseite mehrere Personen an einer Obligation beteiligt sein (z.B. als Solidargläubiger im Sinne von Art. 150 OR).

4 Einlässlich dazu Krauskopf, Zürcher Kommentar, N 35 ff. zu Art. 144 OR.

5 Keller, Haftpflicht II, S. 178. Vgl. auch BGE 130 III 362/370 E. 5.2 (= BR/DC 2004, S. 179, Nr. 482, mit Anm. Werro/Pichonnaz); 127 III 257/262 f. E. 5a (= BR/DC 2002, S. 91, Nr. 217, mit Anm. Aepli).

6 Krauskopf, Zürcher Kommentar, N 5 ff. zu Art. 143 OR.

A. Schuldpflicht jedes Solidarschuldners

17.6 **1.** Jeder Solidarschuldner ist für sich Schuldner des Gläubigers. Diesem steht nicht etwa eine einzige Forderung gegen die Solidarschuldner zu, sondern er hat exakt **ebenso viele Forderungen** inne, wie Solidarschuldner bestehen: «L'obligation solidaire, qui est une par l'objet de la prestation, se décompose en autant de dettes qu'il y a de coobligés, obligations qui sont distinctes.»[7] Diese Forderungen des Gläubigers weisen die Besonderheit auf, dass sie mit Bezug auf das wirtschaftliche Interesse des Gläubigers (z.B. Ersatz eines bestimmten Schadens oder Beseitigung eines bestimmten Werkmangels) identisch sind und dass der Gläubiger kraft Gesetz oder gestützt auf einen Vertrag von jedem Schuldner die volle Befriedigung seines Interesses verlangen darf.[8]

17.7 **2.** Die Schuld eines jeden Solidarschuldners gegenüber dem Gläubiger hat ihr **eigenes rechtliches Schicksal,** insbesondere ihren eigenen Entstehungsgrund und Entstehungszeitpunkt, und verjährt nach eigenen Regeln.[9] Das schliesst zwar nicht aus, dass in einem konkreten Fall mehrere Solidarschuldner gemeinsam und aus dem gleichen Rechtsgrund schulden («echte Solidarität», Rz. 17.41 f.) und diese Schuldpflichten der gleichen Verjährungsfrist unterliegen (Beispiel 1); Solidarität besteht aber auch in Fällen, in welchen zwei oder mehrere Personen unabhängig voneinander aus gleichartigen oder verschiedenen Rechtsgründen schuldpflichtig werden («unechte Solidarität», Rz. 17.43 f.) und dem Gläubiger für das identische Leistungsinteresse solidarisch einzustehen haben (Beispiel 2).

17.8 Beispiel 1: Eine Planergemeinschaft, bestehend aus mehreren Planern, wird mit der Projektierung einer Überbauung betraut. Für die Projektierung selbst und für Projektierungsfehler (z.B. Fehler im Bauplan) sowie für die Werkmängel und Schäden der Überbauung, die sich als Folge der Projektierungsfehler ergeben, haftet jeder einzelne Planer solidarisch und unbeschränkt (Art. 544 Abs. 3 OR), denn jedes Mitglied der Planergemeinschaft schuldet dem Bauherrn die Herstellung des vertragskonformen (fehlerfreien) Projekts.[10]

17.9 Beispiel 2: Ein Planer stellt für einen Bauherrn Pläne für ein Einfamilienhaus her. Diese Pläne übergibt der Bauherr einem Unternehmer, damit dieser das Haus errichtet. Einige Zeit nach Fertigstellung des Hauses stellt sich heraus, dass das Dach wegen eines Planungsfehlers an mehreren Stellen undicht ist, weswegen es zu Wasserinfiltrationen im Haus kommt. Für diesen Mangel und den daraus entstandenen Schaden trifft sowohl den Planer als auch den Unternehmer eine werkvertrag-

---

[7] BGE 94 II 313/317 in initio E. 4; Krauskopf, Zürcher Kommentar, N 6 zu Art. 143 OR, insb. Fn. 7.

[8] Vgl. BGE 93 II 329/334 E. 3b; BGer 4C.50/2004 vom 23. April 2004 E. 4.1; Berger, Allgemeines Schuldrecht, Rz. 2414; Gautschi A., Solidarschuld, Rz. 18; Graber, Basler Kommentar, N 1 zu Art. 143 OR; Jung, Regressprobleme, S. 286; Kratz, Berner Kommentar, N 31 ff. zu Art. 143 OR; Krauskopf, Zürcher Kommentar, N 30 ff. zu Art. 143 OR; Romy, Commentaire Romand, N 3 zu Art. 143 OR; von Tuhr/Escher, OR AT II, S. 297.

[9] Vgl. z.B. BGer 6P.112/2004 vom 17. November 2004 E. 6.1 (solidarische Haftung von Kausal- und Verschuldenshaftenden); betreffend die Verjährung Pichonnaz, La solidarité et la prescription, S. 79 ff.; Weiss, Solidarität, S. 87 ff.

[10] Zur Haftung der Planergemeinschaft im Einzelnen vgl. Rz. 17.127 ff.

liche Haftung (Art. 368 OR). Trifft den Planer ein Verschulden für den Planungsfehler, haftet er für den Planungsfehler selbst und die Folgeschäden (Kosten für die Beseitigung des Mangels am Dach und für die Wasserschäden), der Unternehmer dagegen für das mangelhafte Dach und – bei Verschulden – für die Wasserschäden. Hinsichtlich der Haftung für das mangelhafte Dach und für die Wasserschäden besteht eine solidarische Haftung des Planers und des Bauunternehmers (Art. 51 Abs. 1 OR).[11]

B. Eigenständigkeit der Schuld jedes Solidarschuldners

1. Die Schuldpflicht jedes Solidarschuldners gegenüber dem Gläubiger ist grundsätzlich **selbständig** und von den Schuldpflichten der Mitschuldner **unabhängig.**[12] Von allen Solidarschuldnern ist ein jeder dem Gläubiger nach Massgabe seiner persönlichen Schuldpflicht zur Leistung verpflichtet. Nach dieser persönlichen Schuldpflicht bestimmen sich Inhalt, Erfüllbarkeit, Fälligkeit und weitere Modalitäten (z.B. Erfüllungsort) der Schuld, die für die Solidarschuldner identisch oder unterschiedlich sein können.[13] 17.10

Beispiel: Haften ein bauleitender Planer und der Bauunternehmer einem Bauherrn für Werkmängel solidarisch, so trifft den Bauunternehmer eine werkvertragliche (verschuldensunabhängige) Mängelhaftung und er kann vom Bauherrn zur Nachbesserung angehalten werden (Art. 367 ff. OR). Für dieselben Mängel haftet auch der Planer, wenn er seine Bauleitungspflichten verletzt hat und die Mängel bei sorgfältiger Bauleitung hätten vermieden werden können. Von ihm kann der Bauherr bei Verschulden Schadenersatz verlangen (Art. 398 Abs. 2 OR). Die beiden Haftungen sind zwar in ihren Voraussetzungen und in ihrem Inhalt unterschiedlich; weil sie aber auf ein identisches (wirtschaftliches) Gläubigerinteresse zielen, sind sie im Sinne der Solidarität miteinander verknüpft. 17.11

2. Der soeben erwähnte Grundsatz, dass die Schuldpflicht jedes einzelnen Solidarschuldners von derjenigen der anderen Mitschuldner selbständig und unabhängig ist, erleidet **wichtige Ausnahmen** durch das Gesetz. Die Gesetzesbestimmungen zur Solidarität unter Schuldnern stellen Regeln auf, die dem Umstand Rechnung tragen, dass zwischen den Schuldnern (von Gesetzes wegen oder aufgrund einer Vereinbarung) Solidarität besteht. Diese Regeln verknüpfen das rechtliche Schicksal der Schuldpflichten der Solidarschuldner gegenüber ihrem Gläubiger miteinander, indem sie festlegen, dass: 17.12

a. «sämtliche Schuldner solange verpflichtet bleiben, bis die ganze Forderung getilgt ist» (Art. 144 Abs. 2 OR) und dass alle Solidarschuldner von ihrer Schuldpflicht befreit werden, wenn bereits einer von ihnen dem Gläubiger geleistet hat (Art. 147 Abs. 1 OR); 17.13

b. jeder Solidarschuldner den andern gegenüber verantwortlich wird, wenn er gegen den Gläubiger, der von ihm Leistung verlangt, diejenigen Einreden nicht geltend macht, die allen Schuldnern gemeinsam zustehen (Art. 145 Abs. 2 OR); 17.14

---

11 Vgl. auch BGE 93 II 311/313 ff. E. 2 und 3.

12 Krauskopf, Zürcher Kommentar, N 8 ff. zu Art. 143 OR.

13 Vgl. statt vieler Weiss, Solidarität, S. 19 f.

17.15 **c.** die gegen einen Solidarschuldner vorgenommene Verjährungsunterbrechung auch gegen die übrigen Mitschuldner wirkt, soweit eine «echte» Solidarität (Rz. 17.41 f.) infrage steht (Art. 136 Abs. 1 OR; Rz. 17.47 f.).

2. Wahlrecht des Gläubigers

17.16 **1.** Haften zwei oder mehrere Schuldner solidarisch, kann der Gläubiger **nach seiner Wahl** von einem einzelnen, von mehreren oder von allen Solidarschuldnern die Erbringung der Leistung verlangen (Art. 144 Abs. 1 OR); er ist damit «gewissermassen ein juristischer Pascha».[14]

17.17 **2.** Das Gesetz enthält keine besonderen Vorschriften über die **Fälligkeit**[15] von Forderungen gegen Solidarschuldner. Deswegen gilt für diese, was auch für andere Forderungen gilt: Der Gläubiger kann einen Solidarschuldner erst dann zur Leistung zwingen, wenn die Schuld des angesprochenen Schuldners fällig ist.[16] Davor steht dem Schuldner noch die Einrede der fehlenden Fälligkeit zu. Insofern schränkt die fehlende Fälligkeit der Schuld eines Solidarschuldners das Wahlrecht des Gläubigers ein.

17.18 **3.** Eine **Beschränkung der Wahlfreiheit** des Gläubigers, welche(n) Solidarschuldner er zuerst belangen will, kann sich auch direkt (Beispiel 1) oder indirekt (Beispiel 2) aus einer vertraglichen Verpflichtung ergeben. Das ist etwa dann der Fall, wenn der Gläubiger, indem er einen bestimmten Solidarschuldner belangt, vertragliche Rechte eines anderen (nicht belangten) Solidarschuldners verletzt.

17.19 Beispiel 1: Ein Bauherr vereinbart mit seinem Planer, diesen solange nicht für die Durchsetzung eines Anspruchs zu belangen, als noch Aussicht besteht, von anderen Mitschuldnern (z.B. vom Bauunternehmer) befriedigt zu werden, und er nicht alle Möglichkeiten zur Durchsetzung seiner Ansprüche bis und mit Ausstellung von definitiven Verlustscheinen ausgeschöpft hat.[17] Hält sich der Bauherr nicht an diese Vereinbarung und belangt er den Planer, ohne dass er definitive Verlustscheine gegen die übrigen Mitschuldner hat, steht diesem die Einrede zu, der Bauherr solle zuerst gegen die anderen Schuldner vorgehen.

17.20 Beispiel 2: Der Bauherr und ein Bauunternehmer, der für den Bauherrn ein Gebäude zu erstellen hat, vereinbaren für den Fall von Baumängeln ein Nachbesserungsrecht des Unternehmers (Art. 169 Abs. 1 SIA 118). Als der Unternehmer dem Bauherrn das vollendete Haus übergibt, stellt dieser verschiedene Mängel fest, für die nicht nur der Bauunternehmer, sondern auch ein

---

14 Schwenzer, OR AT, Rz. 88.18 in fine; Einzelheiten zum Wahlrecht des Gläubigers bei Kratz, Berner Kommentar, N 11 ff. zu Art. 144 OR; Krauskopf, Zürcher Kommentar, N 41 f. zu Art. 143 OR und N 3 ff. zu Art. 144 OR.

15 Fälligkeit bedeutet, dass der Gläubiger die geschuldete Leistung fordern kann und der Schuldner erfüllen muss (BGE 129 III 535/541 E. 3.2.1).

16 Vgl. Gauch/Schluep/Emmenegger, OR AT, Rz. 3708.

17 Es handelt sich dabei um ein pactum de non petendo (in tempus), das die Forderung, auf deren Geltendmachung der Gläubiger für eine bestimmte Zeit verzichtet, fortbestehen lässt (vgl. Berger, Allgemeines Schuldrecht, Rz. 1343 f.; Gauch/Schluep/Emmenegger, OR AT, Rz. 3136).

anderer Baubeteiligter (z.B. der projektierende oder bauleitende Planer) verantwortlich ist. Trotz solidarischer Mängelhaftung beider ist der Bauherr in seiner Wahlfreiheit, wen er für die Mängel belangen möchte, einstweilen eingeschränkt. Verlangt er nämlich vom Planer Ersatz der Kosten für die Mängelbeseitigung, anstatt sich an den Unternehmer zu halten, verstösst er gegen dessen vertragliches Nachbesserungsrecht.[18] Darin ist eine Vertragsverletzung zu erblicken, für die der Bauherr gegenüber dem Unternehmer haftbar gemacht werden kann. Der Unternehmer darf wegen eines möglichen nachmaligen Rückgriffs des Planers auf keinen Fall (finanziell) schlechtergestellt sein, als wenn er die Gelegenheit zur ordentlichen Nachbesserung erhalten und wahrgenommen hätte.[19]

4. Von der Solidarschuld sind **ähnliche gesetzliche Rechtsfiguren** zu unterscheiden, in 17.21
denen zwar ebenfalls eine Schuldnermehrheit besteht, indessen einer der Schuldner primär und die übrigen Mitschuldner bloss subsidiär haften, wie bei einer Bürgschaft (Art. 492 ff. OR) oder bei der Garantie (Art. 111 OR).[20] In diesen Fällen hat der Gläubiger in Ermangelung eines Solidarschuldverhältnisses gar kein Wahlrecht, sondern er muss sich (zunächst) an den Hauptschuldner halten und darf erst auf die subsidiär Mithaftenden zugreifen, wenn die einschlägigen gesetzlichen oder vertraglichen Voraussetzungen dafür erfüllt sind.[21]

3. Anspruch des Gläubigers auf Befriedigung

Obwohl dem Gläubiger von Solidarschuldnern ebenso viele Forderungen zustehen, wie 17.22
Solidarschuldner bestehen – nämlich je eine Forderung gegen jeden Solidarschuldner[22] – zielen all diese Forderungen auf ein identisches (wirtschaftliches) Gläubigerinteresse, zum Beispiel auf die Beseitigung eines bestimmten Werkmangels oder auf den Ersatz eines bestimmten Schadens, weswegen der Gläubiger bloss Anspruch auf **einmalige Befriedigung** hat.[23] Mit anderen Worten sind die Leistungspflichten der Solidarschuldner, wenngleich voneinander (grundsätzlich) selbständig, dadurch miteinander verbunden, dass sie alle ein und dasselbe Leistungsinteresse des Gläubigers decken.[24] Aus diesem Grund tilgt die Leistung oder Verrechnung eines Solidarschuldners nicht nur die Schuld des Leistenden, sondern die Schuld aller Mitschuldner (Art. 147 Abs. 1 OR). So gesehen ist es nicht falsch, statt von Solidarität oder Solidarschuld von Anspruchskon-

18 Gauch, Werkvertrag, Rz. 2659, spricht vom «Vorrecht auf Nachbesserung». Vgl. auch Fellmann, Regressausgleich, S. 40 f.; Koller, Nachbesserungsrecht, Rz. 547.
19 Fellmann, Regressausgleich, S. 46 f.; Koller A., Das Nachbesserungsrecht, Rz. 568.
20 Vgl. Koller A., OR AT, § 75 Rz. 4.
21 BGE 140 III 344/346 ff. E. 5.3 (betreffend Art. 263 Abs. 4 OR – Solidarität bejaht).
22 Vgl. BGE 94 II 313/317 E. 4.
23 Vgl. Gautschi A., Solidarschuld, Rz. 20; Weiss, Solidarität, S. 13 f.
24 Krauskopf, Zürcher Kommentar, N 30 ff. zu Art. 143 OR.

kurrenz zu sprechen,[25] auch wenn in der Lehre teilweise der (unnütze) Versuch unternommen wird,[26] die Solidarität von der Anspruchskonkurrenz abzugrenzen.

17.23 Beispiel: Einem Bauherrn haften sowohl der Unternehmer als auch der Planer solidarisch für Werkmängel. Richtet sich der Bauherr gegen den Unternehmer und verlangt er von diesem die Nachbesserung des Werks, so tilgt der Unternehmer mit der Vornahme der Nachbesserung nicht nur seine eigene Nachbesserungsschuld, sondern zugleich auch die Schadenersatzpflicht des Planers, die sich auf die Werkmängel bezieht. Vorbehalten bleiben dem Bauherrn allfällige weiter gehende Ansprüche (z.B. Ersatzansprüche betreffend Mangelfolgeschäden).

4. Individuelle Handlungen der Solidarschuldner

17.24 **1.** Art. 146 OR befasst sich gemäss seiner Marginalie mit der «persönlichen Handlung des Einzelnen». Sein einziger Absatz lautet: «Ein Solidarschuldner kann, soweit es nicht anders bestimmt ist, durch seine persönliche Handlung die Lage der andern nicht erschweren». Das ist die Konsequenz der Selbständigkeit der Schuldpflicht jedes Solidarschuldners: Da jeder Solidarschuldner selbständig schuldet, kann auch keiner von ihnen durch seine Handlungen die Schuldpflicht der anderen «erschweren».[27] Das bedeutet ein Zweifaches:

17.25 **a.** Erstens kann ein Solidarschuldner durch **sein Verhalten,** zum Beispiel durch die Weigerung, die Leistung zu erbringen, oder durch Schlechterfüllung, die Rechtslage der anderen Solidarschuldner nicht (negativ) beeinflussen.[28] Er allein hat für die Folgen seines Verhaltens einzustehen und wird dem Gläubiger bei gegebenen Umständen schadenersatzpflichtig. Leistet er trotz Fälligkeit (auch auf Mahnung des Gläubigers hin) nicht, gerät einzig er in Schuldnerverzug (Art. 102ff. OR).[29] Schliesslich trägt allein der fehlbare Solidarschuldner die Folgen des verschuldeten Unmöglichwerdens der Leistung (Art. 97 OR).[30] Vorbehalten bleiben die Regeln über die Hilfspersonenhaftung (Art. 101 OR), soweit ein Solidarschuldner als Hilfsperson des anderen handelt (so z.B.

---

[25] Das Bundesgericht verwendet zwar diesen Ausdruck, allerdings nur um die unechte Solidarität gemäss Art. 51 OR zu bezeichnen (vgl. z.B. BGE 106 II 250/253 E. 3; BGer 4C.69/2005 vom 14. April 2005 E. 4); wie hier Fellmann/Kottmann, Schweizerisches Haftpflichtrecht, Bd. I, Rz. 2727f.

[26] So z.B. Kratz, Berner Kommentar, N 284 der Vorbem. zu Art. 143ff. OR; Perritaz, Concours d'actions, Rz. 204ff.

[27] Vgl. von Tuhr/Escher, OR AT II, S. 306.

[28] Vgl. BGer 4C.103/2006 vom 3. Juli 2006 E. 4.1; Engel, Traité des obligations, S. 840; Schwenzer, OR AT, Rz. 88.21; von Tuhr/Escher, OR AT II, S. 306f.

[29] BGE 129 III 702/704 E. 2.1; BGer 4C.103/2006 vom 3. Juli 2006 E. 4.1. Der Rücktritt von einem Vertrag gemäss Art. 107ff. OR ist dem Gläubiger allerdings nur dann gestattet, wenn sämtliche (am Vertrag beteiligten) Solidarschuldner im Verzug sind (OGer ZH vom 10. Februar 1981 = ZR 1981, Nr. 89, S. 212f.).

[30] BGer 4C.103/2006 vom 3. Juli 2006 E. 4.1; Bucher, OR AT, S. 494f.; Gauch/Schluep/Emmenegger, OR AT, Rz. 3726; Graber, Basler Kommentar, N 5 zu Art. 146 OR; Romy, Commentaire romand, N 2 zu Art. 146 OR; Tercier/Pichonnaz, Le droit des obligations, Rz. 1630.

der Architekt oder der Ingenieur des Bestellers [Rz. 17.88 ff.] oder die Unternehmer, die sich zu einem Konsortium zusammengeschlossen haben [Rz. 17.123 ff.]).[31]

b. Zweitens wirken **individuelle Vereinbarungen** zwischen einem Solidarschuldner 17.26
und dem Gläubiger, welche die Rechtsstellung des Schuldners (potenziell) verschlechtern (z.B. betreffend die Fälligkeit, die Verzinsung einer Geldschuld, die Haftung für den Zufall, einen Verjährungsverzicht[32] oder eine Konventionalstrafe), vorbehältlich einer abweichenden Abrede mit allen Solidarschuldnern[33] nur zulasten des betreffenden Schuldners.[34]

2. Art. 147 Abs. 1 OR sieht vor, dass die Tilgung oder Verrechnung der Schuld durch 17.27
einen Solidarschuldner alle Mitschuldner befreit. Wie verhält es sich mit Vereinbarungen mit dem Gläubiger, die den an der Vereinbarung beteiligten Solidarschuldner **begünstigen,** ohne dass Tilgung oder Verrechnung vorläge, zum Beispiel, weil sie einen (teilweisen oder vollständigen) Schulderlass enthalten? Soweit solche Verträge nicht auch zugunsten der übrigen Solidarschuldner wirken, gelten sie ausschliesslich zwischen den beteiligten Vertragsparteien (Art. 147 Abs. 2 OR).[35] Das bedeutet, dass der Gläubiger an einen Schulderlass oder eine Stundung gebunden ist und der Schuldner dem fordernden Gläubiger den Schulderlass respektive die Stundung entgegenhalten kann. Gegenüber den übrigen Solidarschuldnern zeitigen solche Vereinbarungen dagegen grundsätzlich keine Wirkungen (Rz. 17.165 ff.).

5. Verantwortung der Solidarschuldner untereinander

Obwohl von mehreren Solidarschuldnern ein jeder dem Gläubiger die Leistung selb- 17.28
ständig schuldet, sind sie durch die Regeln der Solidarität dennoch in gewisser Hinsicht miteinander verbunden. So befreit die Leistung an den Gläubiger nicht nur den leistenden Solidarschuldner, sondern zugleich auch die anderen Mitschuldner (Art. 147 Abs. 1 OR). Unter Umständen wirkt ein zwischen dem Gläubiger und einem Solidarschuldner vereinbarter Schulderlass ebenfalls zugunsten der übrigen Mitschuldner (Art. 147 Abs. 2 OR). Dieses **Band**, das der Gesetzgeber zwischen den Solidarschuldnern knüpft, schafft gemäss Art. 145 OR die gegenseitige Verantwortung der Solidarschuldner, dem Gläubiger gegenüber die allen Schuldnern zustehenden Einreden zu erheben. Im Einzelnen:

---

31 Vgl. BGE 116 II 512/514 E. 2; BGer 4C.103/2006 vom 3. Juli 2006 E. 4.1 und 4.2.

32 Mit Bezug auf den Verjährungsverzicht erklärt Art. 141 Abs. 2 OR, dass «der Verzicht eines Solidarschuldners den übrigen Solidarschuldnern nicht entgegengehalten werden kann».

33 Die Parteien können etwa vereinbaren, dass die Mahnung eines Solidarschuldners alle Mitschuldner in Verzug setzt (Romy, Commentaire romand, N 4 zu Art. 147 OR).

34 Vgl. Berger, Allgemeines Schuldrecht, Rz. 2422; Gauch/Schluep/Emmenegger, OR AT, Rz. 3724; Krauskopf, Zürcher Kommentar, N 168 f. zu Art. 146 OR; Romy, Commentaire romand, N 2 zu Art. 146 OR; Schwenzer, OR AT, Rz. 88.22 in fine.

35 Einlässlich dazu Krauskopf, Zürcher Kommentar, N 170 ff. zu Art. 146 OR.

A. Gemeinsame und persönliche Einreden (Art. 145 Abs. 1 OR)

17.29 **1.** Gemäss Art. 145 Abs. 1 OR kann ein Solidarschuldner dem Gläubiger nur solche **Einreden** entgegensetzen, die entweder aus seinem persönlichen Verhältnis zum Gläubiger oder aus dem gemeinsamen Entstehungsgrund oder Inhalt der solidarischen Verbindlichkeit hervorgehen. Die Regel des Art. 145 Abs. 1 OR ergibt sich daraus, dass bei der Solidarität so viele Forderungen bestehen, wie Solidarschuldner vorhanden sind, nämlich je eine Forderung gegen jeden einzelnen Schuldner. Diese Forderungen konkurrieren zwar miteinander, sie sind aber für jeden einzelnen Schuldner gesondert festzustellen.[36] Gemäss Rechtsprechung[37] und einhelliger Lehre[38] ist Art. 145 Abs. 1 OR dahingehend zu verstehen, dass er nicht nur Einreden (im engeren Sinne) erfasst, welche die Durchsetzbarkeit eines Anspruchs vorübergehend oder dauerhaft hemmen, sondern darüber hinaus auch Einwendungen, d.h. die Geltendmachung von Tatsachen, aus denen sich ergibt, dass der Anspruch entweder nie entstanden oder untergegangen ist.[39] Gestützt auf Art. 145 Abs. 1 OR kann der Schuldner dem fordernden Gläubiger namentlich entgegenhalten, der Anspruch sei verjährt (Einrede), die Schuld sei infolge Tilgung oder Erlass erloschen (Einwendung), der Anspruch sei wegen Stundung (noch) nicht fällig (Einrede) oder werde mit einem eigenen Anspruch zur Verrechnung (Einwendung) gebracht.[40]

17.30 **2.** Das Gesetz erlaubt **jedem Solidarschuldner,** den der Gläubiger belangt, zur Verteidigung Einreden und Einwendungen zu erheben, die allen Solidarschuldnern oder ihm persönlich zustehen:

17.31 **a.** Mit Einreden und Einwendungen, die «aus dem gemeinsamen Entstehungsgrunde oder Inhalte der solidarischen Verbindlichkeit hervorgehen» (Art. 145 Abs. 1 OR), sind die **gemeinsamen Einreden** gemeint, die allen und jedem Solidarschuldner gleichermassen zustehen.[41] Allen voran ist die bereits erfolgte Tilgung der Solidarschuld durch Leistung zu nennen. Denn die Leistung an den Gläubiger durch einen Schuldner befreit stets auch die übrigen Solidarschuldner (Art. 144 Abs. 2 OR).[42]

---

[36] Vgl. BGer 4C.50/2004 vom 23. April 2004 E. 4.1.

[37] Vgl. BGE 63 II 133/138 E. 2.

[38] Vgl. statt vieler KRAUSKOPF, Zürcher Kommentar, N 5 ff. zu Art. 145 OR, mit zahlreichen Nachweisen in Fn. 11.

[39] Der Unterschied zwischen Einreden im engeren (technischen) Sinn und Einwendungen, die gemeinhin unter den Oberbegriff der Einreden im weiteren Sinne gefasst werden, äussert sich auch im Prozessrecht, wo der Richter Einwendungen im Regelfall von Amtes wegen berücksichtigt, Einreden dagegen nicht, was Art. 142 OR für die Verjährung ausdrücklich vorschreibt (vgl. auch BGE 123 III 16/19 E. 2b betreffend die Einrede des nicht erfüllten Vertrags).

[40] BERGER, Allgemeines Schuldrecht, Rz. 2419, nennt auch Beispiele von Einwendungen wegen Ungültigkeit oder Nichtigkeit des der Solidarverpflichtung zugrunde liegenden Rechtsgeschäfts: Rechts- oder Sittenwidrigkeit, (anfängliche) objektive Unmöglichkeit der Leistung, Formungültigkeit und Irrtum.

[41] Dazu im Einzelnen KRAUSKOPF, Zürcher Kommentar, N 31 ff. zu Art. 145 OR.

[42] Vgl. BGer 4C.50/2004 vom 23. April 2004 E. 4.1. Weitere Beispiele von «gemeinsamen» Einreden finden sich bei MAZAN, Handkommentar Privatrecht, N 6 zu Art. 145 OR und ROMY, Commentaire romand, N 4 zu Art. 145 OR.

b. Die sogenannten **persönlichen Einreden,** die der belangte Solidarschuldner aufgrund seines persönlichen Verhältnisses zum Gläubiger hat, darf er diesem gemäss Art. 145 Abs. 1 OR ebenfalls entgegenhalten. Dazu gehören zum Beispiel die Einrede der Verjährung, der Verrechnung oder der Stundung, die Einwendung des Schulderlasses oder des Irrtums.[43] Aus dem Wortlaut des Art. 145 Abs. 1 OR («[...] nur solche Einreden [...]») folgt der Umkehrschluss, dass ein Solidarschuldner dem Gläubiger nicht die persönlichen Einreden anderer Solidarschuldner gegen den Gläubiger – wie zum Beispiel die Verrechnungs- oder die Stundungseinrede, die dem belangten Solidarschuldner selbst nicht zusteht – entgegenhalten kann.[44] Das folgt an sich bereits aus der Selbständigkeit der Ansprüche des Gläubigers gegen die einzelnen Solidarschuldner.[45] 17.32

B. Verantwortung für unterlassene Einreden (Art. 145 Abs. 2 OR)

1. Art. 145 Abs. 2 OR erklärt jeden Solidarschuldner gegenüber den anderen für **verantwortlich,** «wenn er diejenigen Einreden nicht geltend macht, die allen gemeinsam zustehen». Die Bedeutung dieser Bestimmung ist im Zusammenhang mit Art. 145 Abs. 1 OR zu würdigen. Bevor auf die Verantwortlichkeitsfolge von Art. 145 Abs. 2 OR eingegangen wird (Rz. 17.37 ff.), gilt es, Folgendes zu präzisieren: 17.33

a. Erstens vermögen die anderen Mitschuldner nichts aus Art. 145 Abs. 2 OR zu ihren Gunsten herzuleiten, wenn der vom Gläubiger belangte Solidarschuldner ausschliesslich ihm persönlich zustehende Einreden nicht geltend gemacht hat.[46] 17.34

b. Zweitens kann ein Solidarschuldner nur dann den übrigen Mitschuldnern gegenüber «verantwortlich» werden, wenn er eine ihm bekannte oder verschuldeterweise unbekannte gemeinsame Einrede gegenüber dem Gläubiger unterlässt.[47] Nicht anwendbar ist Art. 145 Abs. 2 OR ausserdem auf Fälle, in denen ein Solidarschuldner eine gemeinsame Einwendung zu erheben unterlassen und dem Gläubiger geleistet hat. Denn: Leistet einer einem anderen, ohne dass er ihm eine Einwendung entgegensetzt, so leistet er genau betrachtet eine Nichtschuld (Rz. 17.29). Wer aber nicht Schuldner des vermeintlichen Gläubigers ist, ist auch nicht sein Solidarschuldner und entzieht sich von vornherein dem Anwendungsbereich von Art. 145 Abs. 2 OR.[48] 17.35

---

43 Vgl. Gauch/Schluep/Emmenegger, OR AT, Rz. 3712; auch BGE 124 III 305 ff.; weitere Beispiele bei Kratz, Berner Kommentar, N 31 ff. zu Art. 145 OR; Krauskopf, Zürcher Kommentar, N 15 zu Art. 145 OR.

44 BGer 4P.155/2003 vom 19. Dezember 2003 E. 5 (betreffend die Verrechnungseinrede).

45 Vgl. Berger, Allgemeines Schuldrecht, Rz. 2418.

46 Vgl. BGE 57 II 518/521 f. E. 1.

47 Der Kenntnis einer begründeten Einrede oder Einwendung setzt Merz, SPR VI/1, S. 106, die fahrlässige Unkenntnis gleich. Vgl. auch Graber, Basler Kommentar, N 4 zu Art. 145 OR; Gauch/Schluep/Emmenegger, OR AT, Rz. 3748.

48 Krauskopf, Zürcher Kommentar, N 74 f. zu Art. 145 OR.

17.36 **c.** Drittens kann ein auf dem Regressweg (also im Innenverhältnis) belangter Mitschuldner auch eine allen Solidarschuldnern zustehende Einrede erheben, die der vom Gläubiger belangte und zur Zahlung verurteilte und nun regressierende Solidarschuldner bereits im vorgängigen Prozess mit dem Gläubiger erfolglos (z.B. weil verspätet) erhoben hatte; das Urteil zwischen dem Gläubiger und dem von ihm belangten Solidarschuldner hat nämlich keine Wirkung in einem allfälligen Regressprozess.[49]

17.37 **2.** Welche **Verantwortlichkeitsfolge** für den «säumigen» Solidarschuldner eintritt, geht aus Art. 145 Abs. 2 OR nicht hervor. Mit Blick auf Art. 502 Abs. 3 OR[50] nimmt die Lehre an, dass diese Folge der teilweise oder ganze Verlust des Regressrechts ist, wenn der Schuldner es unterlässt, begründete Einreden gegenüber dem Anspruch des Gläubigers zu erheben.[51] Das scheint auch das bundesgerichtliche Verständnis von Art. 145 Abs. 2 OR zu sein.[52] So verstanden regelt Art. 145 Abs. 2 OR die Rechtsfolgen für das Innenverhältnis zwischen den Solidarschuldnern und berührt das Aussenverhältnis zum Gläubiger nicht. Anzufügen bleibt, dass sich nicht in jedem Fall der «Verfall» (also Verlust) des Rückgriffsrechts rechtfertigt; in bestimmten Fällen mag die unterlassene (allen zustehende) Einrede zwar den Rückgriff einstweilen hindern, dies aber bloss bis zu dem Zeitpunkt, in welchem die unterlassene Einrede gegen den Gläubiger nicht mehr hätte erhoben werden können.[53]

17.38 **3.** Eine Besonderheit gilt mit Bezug auf die **Verjährungseinrede.** Sie ist an sich eine persönliche Einrede, die der belangte Solidarschuldner nicht – jedenfalls nicht aus Verantwortlichkeit im Sinne des Art. 145 Abs. 2 OR – gegenüber dem Gläubiger zu erheben gehalten ist.[54] Um unbillige Ergebnisse zu verhindern, verwehrt das Bundesgericht dem Solidarschuldner, der wissentlich eine *auch* gegen andere Mitschuldner verjährte Schuld erfüllt, trotzdem das Regressrecht – allerdings unter Berufung auf Art. 146 OR.[55]

17.39 **4.** Schliesslich bleibt klarzustellen, dass die Verantwortlichkeit gemäss Art. 145 Abs. 2 OR explizit auf die Unterlassung von gemeinsamen Einreden beschränkt ist. Andere Verhal-

---

49 Vgl. BGE 93 II 329/333 f. E. 3b; 57 II 518/521 f. E. 1.

50 Art. 502 Abs. 3 OR: «Unterlässt es der Bürge, Einreden des Hauptschuldners geltend zu machen, so verliert er seinen Rückgriff insoweit, als er sich durch diese Einreden hätte befreien können, wenn er nicht darzutun vermag, dass er sie ohne sein Verschulden nicht gekannt hat».

51 Graber, Basler Kommentar, N 5 zu Art. 145 OR; für Gauch/Schluep/Emmenegger, OR AT, Rz. 3748, soll das auch gelten, wenn ein Solidarschuldner leistet, ohne die Mitschuldner zu benachrichtigen, sodass diese nochmals leisten.

52 Vgl. BGE 133 III 6/30 E. 5.3.5 (= BR/DC 2007, S. 48, mit Anm. Pichonnaz/Werro und S. 53, mit Anm. Krauskopf/Siegenthaler); 107 II 238/242 f. E. 4; 57 II 518/522 E. 1.

53 Das gilt zum Beispiel für die Stundungseinrede, deren unterlassene Geltendmachung durch den belangten Schuldner höchstens dazu führt, dass seinem Rückgriffsanspruch solange dieselbe Einrede entgegengehalten werden kann, wie die Stundung anhält (vgl. auch von Tuhr/Escher, OR AT II, S. 315).

54 Vgl. BGE 133 III 6/30 E. 5.3.5 (= BR/DC 2007, S. 48, mit Anm. Pichonnaz/Werro und S. 53, mit Anm. Krauskopf/Siegenthaler).

55 Dazu auch Rz. 17.119.

tensweisen, wie zum Beispiel **Nicht- oder Schlechterfüllung oder Verzug,** wirken sich ausschliesslich gegen den fehlbaren Solidarschuldner aus – allein ihn trifft eine Schadenersatzpflicht für Nicht- oder Schlechterfüllung des Vertrags oder für die Haftung für Verzugsfolgen – und berühren die anderen Mitschuldner nicht.[56]

6. Echte und unechte Solidarität

In der Rechtsprechung wird die Unterscheidung zwischen echter und unechter Solidarität getroffen.[57] Diese Unterscheidung stellt darauf ab, ob das Gesetz die solidarische Haftung ausdrücklich anordnet oder die Parteien sie vereinbart haben (echte Solidarität) oder das Gesetz die Regeln der Solidarität für einen bestimmten Fall für nur sinngemäss anwendbar erklärt (unechte Solidarität). Im Einzelnen: 17.40

A. Echte Solidarität

Eine echte Solidarität im Sinne von Art. 143 ff. OR liegt nach bundesgerichtlicher Auffassung zunächst überall dort vor, wo das Gesetz die solidarische Haftung mehrerer **ausdrücklich** vorsieht.[58] Ein solcher Fall ist beispielsweise Art. 50 OR, der die solidarische Haftung derjenigen anordnet, die einen Schaden gemeinsam, d.h. durch bewusstes Zusammenwirken, verursacht haben. Daneben findet sich die echte Solidarität in zahlreichen Gesetzesbestimmungen, in denen die Solidarhaftung angeordnet wird, so zum Beispiel in Art. 544 Abs. 3 OR (Haftung der Mitglieder einer einfachen Gesellschaft),[59] 17.41

---

56 Vgl. BGE 129 III 702/704 E. 2.1; BGer 4C.103/2006 vom 3. Juli 2006 E. 4.1.

57 Die Lehre äussert sich kritisch (und teilweise auch ablehnend) zur Unterscheidung zwischen echter und unechter Solidarität (vgl. CORBOZ, Solidarité, S. 212 f.; FELLMANN/KOTTMANN, Schweizerisches Haftpflichtrecht, Bd. I, Rz. 2732 ff.; GAUCH/SCHLUEP/EMMENEGGER, OR AT, Rz. 3755; GUHL/KOLLER A., Das Schweizerische Obligationenrecht, § 6 Rz. 5; JANSEN, Das Zusammentreffen von Haftungsgründen, S. 24 ff. und 111 f.; KELLER, Haftpflicht II, S. 177; KELLER/GABI/GABI, Haftpflichtrecht, S. 141 f.; KELLER/SCHMIED-SYZ, Haftpflichtrecht, S. 123; KRATZ, Berner Kommentar, N 281 ff. der Vorbem. zu Art. 143 ff. OR; KRAUSKOPF, Zürcher Kommentar, N 131 ff. zu Art. 143 OR; OFTINGER, Haftpflichtrecht I, § 10 Rz. 1 f. und 14; PERRITAZ, Concours d'action, Rz. 415 ff.; DERS., Solidarité, S. 62 ff.; SBAI, La solidarité entre les débiteurs, S. 58; SCHMIDT, Haftung einer Mehrheit von Schädigern, S. 31 ff.; VON BÜREN, OR AT, S. 104 f.; WERRO, La pluralité des responsables, S. 18 ff. und 28 f.; weitere Nachweise bei BREHM, Berner Kommentar, N 21 zu Art. 51 OR; WEISS, Solidarität, S. 62, Fn. 310). Während manche Autoren diese Unterscheidung zwar für vom Gesetzgeber nicht gewollt halten, sie aber trotzdem für das geltende Recht akzeptieren (vgl. z.B. BREHM, Berner Kommentar, N 22 f. zu Art. 51 OR), halten andere nichts davon und fordern ersatzlos ihre Aufhebung (vgl. z.B. KELLER, Haftpflicht II, S. 177).

58 Vgl. BGE 104 II 225/231 E. 4b; 69 II 162/168 E. 1; in BGE 89 II 415/419 E. 2 lässt das Bundesgericht allerdings die Möglichkeit offen, dass echte Solidarität unter Umständen auch dort bestehen kann, wo das Gesetz sie nicht ausdrücklich anordnet. Anwendungsfall in BGE 117 II 50/63 f. E. 5b: solidarische Haftung von Miteigentümern eines Werks nach Art. 58 OR.

59 Vgl. zur Haftung im Konsortium Rz. 17.127 ff.

Art. 759 OR (aktienrechtliche Verantwortlichkeit)[60] und Art. 60 Abs. 1 SVG (Haftung aus Strassenverkehrsunfällen).[61] Schliesslich gilt dem Bundesgericht nach auch die vertraglich vereinbarte Solidarhaftung als echte Solidarität.[62]

17.42 Im Zusammenhang mit Art. 50 und Art. 51 OR stellt das Bundesgericht in seiner Rechtsprechung den **Rechtsgrund** als Abgrenzungskriterium in den Vordergrund und erklärt mit Bezug auf die unechte Solidarität: «Der Unterschied zur echten Solidarität wird darin erblickt, dass bei dieser alle Schuldner aus dem gleichen Rechtsgrund für das Gleiche haften, währenddem sich die Haftung bei der unechten Solidarität aus verschiedenen Rechtsgründen herleitet».[63]

B. Unechte Solidarität

17.43 Von einer unechten Solidarität[64] geht das Bundesgericht dort aus, wo das Gesetz die Solidarhaftung zwar **nicht ausdrücklich** vorsieht, diese Haftungsform aber infolge eines Gesetzesverweises oder der richterlichen Gesetzesauslegung *analog* gilt.[65] Das prominenteste Beispiel ist Art. 51 Abs. 1 OR,[66] welcher lautet: «Haften mehrere Personen aus verschiedenen Rechtsgründen, sei es aus unerlaubter Handlung, aus Vertrag oder aus Gesetzesvorschrift, dem Verletzten für denselben Schaden, so wird die Bestimmung über den Rückgriff unter Personen, die einen Schaden gemeinsam verschuldet haben, entsprechend auf sie angewendet». Art. 51 Abs. 1 OR erwähnt zwar nicht ausdrücklich, dass zwischen «mehreren Personen», die «für denselben Schaden» aus «verschiedenen Rechtsgründen» haften, Solidarität besteht. Damit aber die vorgesehene Rechtsfolge – der durch Verweis angeordnete Rückgriff unter den Schuldnern (Rz. 17.100 ff.) – überhaupt Sinn macht, wird in Art. 51 Abs. 1 OR implizite Solidarität vorausgesetzt.[67]

---

[60] Vgl. BGE 97 II 403/414 E. 7a–c; Müller C., Solidarité, S. 34; Stoffel, Solidarité différenciée, S. 106.

[61] Vgl. BGE 143 III 79/100 f. E. 6.2.1; 116 II 645/650 E. 7 b/bb; 112 II 79/83 E. 3c; Müller C., Solidarité, S. 34.

[62] Vgl. BGE 89 II 415/419 E. 2; BGer 4C.344/2000 vom 14. Mai 2001 E. 3c in fine.

[63] BGE 104 II 225/232 E. 4b; 130 III 591/603 E. 5.5.1; 63 II 143/148 E. 3; 9C_400/2012 vom 4. April 2013 E. 8.5. Dabei scheint das Bundesgericht nur dann von einem «gleichen Rechtsgrund» im Sinne von Art. 50 OR ausgehen zu wollen, wenn die Solidarschuldner den Schaden zudem «gemeinsam verschuldet» haben (BGer 4C.27/2003 vom 26. Mai 2003 E. 3.3 = BR/DC 2004, S. 182, Nr. 488, mit Anm. Werro).

[64] «Solidarité imparfaite» (BGE 130 III 362/369 E. 5.2 = BR/DC 2004, S. 179, Nr. 482, mit Anm. Werro/Pichonnaz); «solidarietà impropria» (BGE 81 II 129/133 E. 8b).

[65] Vgl. z.B. BGE 69 II 162/168 E. 1. Weitere Nachweise bei Rey/Wildhaber, Ausservertragliches Haftpflichtrecht, Rz. 1646 ff.

[66] Eingehend zu Art. 51 OR Weiss, Solidarität, S. 59 f.; eine neue Lesart von Art. 51 OR schlägt Perritaz, La réduction des dommages-intérêts, S. 153 f., vor.

[67] Vgl. BGE 130 III 362/369 E. 5.2 (= BR/DC 2004, S. 179, Nr. 482, mit Anm. Werro/Pichonnaz); 127 III 257/264 f. E. 6a (= BR/DC 2002, S. 91, Nr. 217, mit Anm. Aepli); 119 II 127/131 E. 4b; 115 II 42/45 E. 1b (= BR/DC 1989, S. 41, Nr. 40, mit Anm. Gauch); 112 II 138/143 E. 4a;

Das Bundesgericht geht von einem weiten Anwendungsbereich des Art. 51 Abs. 1 OR aus und subsumiert alle Fälle unter Art. 51 OR, in denen mehrere Personen für denselben Schaden verantwortlich sind und die weder von Art. 50 OR noch von einer anderen die Solidarität begründenden Vorschrift erfasst werden.[68] In den Anwendungsbereich von Art. 51 OR fallen damit nicht nur Sachverhalte, in denen zwei oder mehrere Personen aus verschiedenen Rechtsgründen haften (sog. *«mehrtypische Solidarität»*), sondern über den gesetzlichen Wortlaut hinaus auch Konstellationen, in denen mehrere Personen unabhängig voneinander (z.B. aufgrund verschiedener Verträge) für den Schaden aus gleichartigen Rechtsgründen (eben aus Vertrag) haften (sog. *«eintypische Solidarität»*).[69] 17.44

C. Unterschiede

1. Trifft das Bundesgericht die genannte Unterscheidung, so stellt sich die Frage, wo denn die **rechtlichen Unterschiede** zwischen der echten und unechten Solidarität liegen, wenn auf die unechte Solidarität die «Bestimmung über den Rückgriff» unter echten Solidarschuldnern laut Art. 51 Abs. 1 OR «entsprechend» anwendbar sein soll. Unterscheiden sich die Rechtsfolgen der echten und unechten Solidarität voneinander?[70] Grundsätzlich sind nach der bundesgerichtlichen Auffassung die allgemeinen Gesetzesbestimmungen über die Solidarität (Art. 143 ff. OR) auch auf Fälle unechter Solidarität anwendbar.[71] Ausnahmen bestehen aber für den Regress unter den Solidarschuldnern. Im Einzelnen: 17.45

a. Mit Bezug auf die **Verpflichtungslage** besteht Übereinstimmung zwischen echter und unechter Solidarität:[72] Jeder Solidarschuldner hat für die gesamte Schuld einzustehen und der Gläubiger kann nach seiner Wahl jeden Solidarschuldner für einen Teil oder für 17.46

93 II 311/313 E. 1; 69 II 162/168 E. 1; BREHM, Berner Kommentar, N 6 ff. und 17 ff. zu Art. 51 OR; BUGNON, L'action récursoire, S. 8; GAUCH/SCHLUEP/EMMENEGGER, OR AT, Rz. 3750 ff.; GILLIARD, Solidarité imparfaite, S. 289 ff.; GRABER, Basler Kommentar, N 2 zu Art. 51 OR; GUHL/KOLLER A., Das Schweizerische Obligationenrecht, § 6 Rz. 5; KOLLER A., Solidarische Haftung, S. 3; MAZAN, Handkommentar Privatrecht, N 1 zu Art. 51 OR; MERZ, SPR VI/1, S. 102 f.; MÜLLER C., Solidarité, S. 13; REY/WILDHABER, Ausservertragliches Haftpflichtrecht, Rz. 1681; TERCIER, Concours d'actions, S. 127; TERCIER/PICHONNAZ, Le droit des obligations, Rz. 1925 ff.; WERRO, Commentaire romand, N 7 der Vorbem. zu Art. 50 f. OR.

[68] BGer 4C.27/2003 vom 26. Mai 2003 E. 3.3 (= BR/DC 2004, S. 182, Nr. 488, mit Anm. WERRO); vgl. auch BGE 130 III 591/603 E. 5.5.1; BGer 4A_303/2017 vom 13. Dezember 2017 E. 4 (= BR/DC 2018, S. 184, Nr. 293, mit Anm. WERRO).

[69] Vgl. statt vieler BREHM, Berner Kommentar, N 95 ff. zu Art. 51 OR.

[70] «Die Unterscheidung [zwischen echter und unechter Solidarität] ist (nur) sinnvoll, wenn die Rechtslage tatsächlich verschieden ist» (GAUCH/SCHLUEP/EMMENEGGER, OR AT, Rz. 3751).

[71] BGE 141 III 112/115 f. E. 4.5; 133 III 6/26 f. E. 5.3.4 (= BR/DC 2007, S. 48, mit Anm. PICHONNAZ/WERRO und S. 53, mit Anm. KRAUSKOPF/SIEGENTHALER); BGer 4C.201/2005 vom 21. Februar 2006 E. 6.3; 4C.27/2003 vom 26. Mai 2003 E. 3.4 (= BR/DC 2004, S. 182, Nr. 488, mit Anm. WERRO).

[72] Vgl. BGE 69 II 162/168 E. 1.

die ganze Forderung belangen (Art. 144 OR).[73] Durch die Leistung des einen Schuldners werden der Leistende und die übrigen Mitschuldner befreit (Art. 147 Abs. 1 OR). Das gilt unbeschränkt auch für die unechte Solidarität. Nach Auffassung des Bundesgerichts hat der Unterschied zwischen echter und unechter Solidarität keine Auswirkungen auf den Umfang der Haftung der verschiedenen Schuldner des Geschädigten. Dieser kann solange gegen jeden einzelnen Solidarschuldner vorgehen, als er nicht vollständig befriedigt wurde.[74]

17.47 **b.** Unterschiede zwischen der echten und unechten Solidarität ergeben sich mit Bezug auf zwei Gesetzesbestimmungen: Art. 136 Abs. 1 OR, der die **Verjährungsunterbrechung** betrifft, und Art. 149 Abs. 1 OR, der die **Subrogation** des leistenden Solidarschuldners in die Forderung des befriedigten Gläubigers regelt.[75] Diese beiden Bestimmungen gelten nach der bundesgerichtlichen Rechtsprechung nur für die echte Solidarität, nicht aber für die unechte. Die übrigen Gesetzesbestimmungen über die Solidarität (Art. 144 ff. OR) sind demgegenüber analog auf die unechte Solidarität anwendbar.[76]

17.48 Gegen die auf Fälle echter Solidarität beschränkte Anwendung von Art. 136 und Art. 149 OR haben sich bedeutende Stimmen erhoben. So wird kritisiert, dass es «unter sachlichem Gesichtspunkt» nicht einzusehen sei, weshalb mehrere Haftpflichtige «unterschiedlichen Regeln unterstehen sollen, je nachdem, ob eine besondere Gesetzesregel die Solidarität ausdrücklich anordnet und die Solidarität daher eine echte ist, oder eine Regel dieser Art fehlt [...] und die Solidarität demnach eine unechte ist».[77] Das wahre Problem scheint indes darin zu liegen, dass die Regelung des Art. 136 Abs. 1 OR, der die gegen einen Solidarschuldner geltende Verjährungsunterbrechung gegen alle Mitschuldner wirken lässt, als innerlich wenig begründet und unbillig erscheint.[78] Das ist wohl auch der wahre Grund, weswegen das Bundesgericht die Anwendung von Art. 136 Abs. 1 OR auf die echte Solidarität beschränkt.

17.49 **2.** Ein Blick auf die bundesgerichtlichen Entscheide zur **solidarischen Haftung des Planers** zeigt, dass nahezu allen amtlich oder im Internet publizierten Gerichtsentscheiden Fälle der «unechten» Solidarität gemäss Art. 51 OR zugrunde liegen, in denen der Planer mit mindestens einer weiteren Person aus gleichartigem oder verschiedenem Rechtsgrund für eine bestimmte Forderung haftet.[79] Um diese Fälle geht es im Folgenden ins-

---

73 BGE 114 II 342/344 f. E. 2b; BGer 4C.448/2004 vom 5. August 2005 E. 2.1.2.

74 BGer 4C.201/2005 vom 21. Februar 2006 E. 6.3.

75 Vgl. dazu Rz. 17.101.

76 BGE 133 III 6/26 f. E. 5.3.4 (= BR/DC 2007, S. 48, mit Anm. Pichonnaz/Werro und S. 53, mit Anm. Krauskopf/Siegenthaler); 115 II 42/47 E. 1b in fine (= BR/DC 1989, S. 41, Nr. 40, mit Anm. Gauch); 104 II 225/232 E. 4b; BGer 4C.27/2003 vom 26. Mai 2003 E. 3.4 (= BR/DC 2004, S. 182, Nr. 488, mit Anm. Werro).

77 Koller A., OR AT, § 75 Rz. 41.

78 BGE 104 II 225/233 E. 4b.

79 Vgl. etwa BGer 4A_303/2017 vom 13. Dezember 2017 E. 4 (= BR/DC 2018, S. 184, Nr. 293, mit Anm. Werro).

besondere (Rz. 17.58ff. und 17.151). Darüber hinaus wird auch die solidarische Haftung von Mitgliedern einer Planergemeinschaft, die als echte Solidarität qualifiziert wird, behandelt (Rz. 17.127ff.).

7. Rückgriff

1. Es wurde schon erklärt (Rz. 17.58ff. und 17.151), dass der Gläubiger von jedem einzelnen Solidarschuldner die gesamte geschuldete Leistung verlangen kann (Art. 144 Abs. 1 OR). Damit ist aber nicht gemeint, dass der Gläubiger in der Lage ist, darüber zu befinden, auf wessen Kosten die Schuld im Ergebnis getilgt wird. Richtig ist nur, dass der Gläubiger es grundsätzlich in der Hand hat, zu entscheiden, wer *ihm* (im sog. Aussenverhältnis) leisten muss. Welcher Schuldner aus dem Solidarschuldverhältnis wie viel leisten muss, bestimmt dagegen nicht der Gläubiger, sondern das zwischen den Solidarschuldnern geltende Rechtsverhältnis, das sogenannte **Innenverhältnis.** Mit dem Innenverhältnis ist das Rechtsverhältnis der Solidarschuldner untereinander gemeint, das der Einwirkung des Gläubigers gänzlich entzogen ist.[80] 17.50

2. Leistet einer der Solidarschuldner dem Gläubiger (von sich aus oder auf dessen Aufforderung hin), so stellt sich die Frage, ob und was er von den anderen Solidarschuldnern aus dem Innenverhältnis verlangen kann. Dem gesetzlichen Grundsatz des **Art. 148 Abs. 1 OR** nach hat jeder Solidarschuldner «einen gleichen Teil zu übernehmen». Mit anderen Worten besteht im Innenverhältnis keine Solidarschuld, sondern es trägt jeder Solidarschuldner den gleichen Anteil an der Schuld im Sinne einer «Haftung nach Köpfen».[81] Daraus ergibt sich eine Forderung, nämlich die **Regressforderung** des Solidarschuldners, der dem Gläubiger mehr leistet, als seinem (internen) Anteil entspricht, gegen die anderen Solidarschuldner.[82] Diese Forderung besteht in dem Umfang der Leistung an den Gläubiger, der über den Anteil des leistenden Solidarschuldners hinausgeht (Art. 148 Abs. 2 OR).[83] Art. 148 Abs. 1 OR gelangt nach seinem Wortlaut freilich (nur) dann zur Anwendung, wenn «sich aus dem Rechtsverhältnisse unter den Solidarschuldnern nicht etwas anderes ergibt». Etwas anderes kann sich ergeben: 17.51

a. aus einer **vertraglichen Abmachung** zwischen den Solidarschuldnern, zum Beispiel in einem Konsortium;[84] 17.52

---

80 Vgl. BGE 53 II 25/30 E. 1.

81 MAZAN, Handkommentar Privatrecht, N 3 zu Art. 148 OR.

82 Die Regressforderung entsteht nach einhelliger Rechtsprechung und Lehre erst mit der tatsächlichen Leistung an den Gläubiger, nicht bereits mit der Belangung durch diesen, mit einer Schuldanerkennung des Solidarschuldners oder mit seiner gerichtlichen Verurteilung (vgl. KRAUSKOPF, Zürcher Kommentar, N 35 zu Art. 148f. OR).

83 Was der Rückgriffsberechtigte von einem Mitschuldner (z.B. wegen Insolvenz) nicht erhält, haben die anderen Solidarschuldner wiederum zu gleichen Teilen zu tragen (Art. 148 Abs. 3 OR).

84 Anwendungsfall: BGE 110 II 340/343 E. 2.

17.53 **b.** aus einer **besonderen gesetzlichen Vorschrift,** die das Innenverhältnis unter den Solidarschuldnern abweichend regelt. Eine der bedeutendsten Gesetzesbestimmungen, die Art. 148 Abs. 1 OR vorgeht, ist Art. 51 Abs. 2 OR, der den Regress bei unechter Solidarität normiert. Weil die Solidarhaftung des Planers in der Gerichtspraxis fast ausnahmslos Art. 51 OR betrifft (Rz. 17.58 ff.), verdient die Regressordnung von Art. 51 Abs. 2 OR besondere Aufmerksamkeit (Rz. 17.100 ff.).[85]

II. Solidarische Haftung der Planer

17.54 Die solidarische Haftung des Planers kann sich gemäss Art. 143 OR entweder aus einem **Vertrag** oder aus dem **Gesetz** ergeben. Schon der Blick auf die bundesgerichtliche Rechtsprechung zeigt: Was die praktische Bedeutung angeht, so steht die gesetzliche Solidarhaftung des Planers und des Unternehmers gegenüber dem Bauherrn für schlechte (mangelhafte) Vertragserfüllung an erster Stelle. Mit dieser Solidarität hat sich das Bundesgericht immer wieder zu befassen.

1. Die vertraglich vereinbarte Solidarhaftung

17.55 Wiewohl von geringerer Bedeutung als die gesetzliche Solidarität darf die vertragliche Solidarität des Planers nicht vergessen werden. Diese entsteht aufgrund einer ausdrücklichen oder konkludenten **Willenserklärung** des Planers, dass er für eine bestimmte Schuldpflicht haften wolle, für die mindestens auch eine weitere Person einstehen muss.[86] Das vertragliche Solidarschuldverhältnis kann entweder **gleichzeitig** mit der betreffenden Schuld oder erst **später** entstehen, wenn nach Begründung der Schuld ein Dritter dem bestehenden Schuldverhältnis als Schuldner beitritt («Schuldbeitritt» oder «kumulative Schuldübernahme»).[87]

17.56 Beispiel: Ein Planer schliesst sich mit einem anderen Planer oder mit einem Unternehmer zu einem Konsortium zusammen, um einem Bauherrn als Totalunternehmer Bauleistungen von der Vorprojektierung bis hin zur Fertigstellung einer Baute anzubieten. Für die gemeinsam eingegangenen vertraglichen Verpflichtungen haften sie solidarisch.[88]

2. Die vom Gesetz angeordnete Solidarhaftung

17.57 Gemäss Art. 143 Abs. 2 OR entsteht Solidarität unter Schuldnern auch ohne entsprechende Willenserklärung, wenn das Gesetz es vorsieht. In der Baurechtspraxis spielt die

---

85 Dazu Rz. 17.108 ff.

86 BGer 4A_566/2012 vom 9. April 2013 E. 2.4.3.1.

87 Vgl. BGer 4A_109/2012 vom 20. September 2012 E. 6; Gauch/Schluep/Emmenegger, OR AT, Rz. 3703 ff.

88 Zur Planergemeinschaft Rz. 17.123 ff.

gesetzliche Solidarhaftung des Planers wie schon erwähnt eine weit grössere Rolle als die vertraglich vereinbarte Solidarschuld.

3. Die solidarische Haftung von Planer und Unternehmer

Der Blick auf die Rechtsprechung des Bundesgerichts zur solidarischen Haftung des Planers zeigt: Geht es um die solidarische Haftung des Planers, so betrifft diese praktisch ausnahmslos den Fall, da sowohl der Planer als auch der Unternehmer dem Bauherrn für dieselben **Werkmängel und Mangelfolgeschäden** haften.[89] Sind die Voraussetzungen für eine Haftung des Planers und eines Unternehmers für dieselben Mängel oder Schäden gegeben, haften beide dem Bauherrn dafür solidarisch. Dass dabei die Haftungsschuld eines jeden einen unterschiedlichen Inhalt haben kann – zum Beispiel Nachbesserungsschuld des einen und Schadenersatzforderung des anderen –, steht der sinngemässen Anwendung der Gesetzesregeln über die Solidarität nicht entgegen.[90] 17.58

A. Voraussetzungen

1. Eine solidarische Haftung von Planer und Unternehmer kommt nur dort infrage, wo dem Bauherrn **zwei oder mehrere Personen** gegenüberstehen – eben der Planer und ein (oder mehrere) Unternehmer. Das ist von vornherein dann nicht der Fall, wenn zum Beispiel der Planer als Totalunternehmer auftritt, der nicht nur die Planungsarbeiten leistet, sondern auch die gesamte Ausführung eines Bauwerks übernimmt.[91] 17.59

2. Damit Planer und Unternehmer dem Bauherrn überhaupt solidarisch haften können, müssen sie zunächst, **jeder für sich,** für mangelhafte Erfüllung oder Nichterfüllung ihres Vertrags mit dem Bauherrn haften. Wie diese Haftung genau ausgestaltet ist und welches die Haftungsvoraussetzungen sind (z.B. rechtzeitige Mängelrüge, Verschulden, etc.), hängt vom Vertrag ab, der verletzt wird: Während der Unternehmer für Werkmängel und sonstige Vertragsverletzungen gemäss den gesetzlichen allgemeinen und besonderen Haftungsregeln des Werkvertragsrechts (Art. 97, Art. 101 und Art. 363 ff. OR), übernommenen Geschäftsbedingungen (z.B. die SIA-Norm 118) und individuellen Vertragsabreden haftet, hat der Planer für Vertragsverletzungen je nach infrage stehender Leistungspflicht nach den Haftungsregeln des Auftrags- oder des Werkvertragsrechts bzw. nach 17.60

---

89 Zur Rechtslage in Deutschland Langen, Gesamtschuld II, S. 71 ff.

90 Gauch, Werkvertrag, Rz. 2745, spricht von einer «atypischen» Solidarität, weil die Mängelrechte (als Gestaltungsrechte) ihrer Natur nach völlig verschieden sind von der Schadenersatzforderung, die sich gegen den Architekten richtet.

91 Vgl. BGer 4C.433/2005 vom 20. April 2006 E. 2. Eine solidarische Haftpflicht könnte sich hier allenfalls dadurch ergeben, dass der Totalunternehmer Subunternehmer beizieht, die (gestützt auf Art. 41 OR) für einen Schaden oder Mangel solidarisch mit dem Totalunternehmer haften.

den mit ihm vereinbarten Geschäftsbedingungen – zum Beispiel SIA-Ordnungen 102 und 103 – und sonstigen Vertragsabreden einzustehen.[92]

17.61 Es wurde bereits gesagt (Rz. 17.5 ff.), dass Solidarität die Haftung eines jeden Solidarschuldners voraussetzt: «Wer nicht haftet, haftet auch nicht solidarisch.»[93] Hinsichtlich der Haftung für Werkmängel gilt die Besonderheit, dass **Mängelrechte,** die der Bauherr nicht rechtzeitig oder nicht richtig wahrnimmt, verwirken (Art. 370 OR), sodass mit Bezug auf die betroffenen Mängel (und Mangelfolgeschäden) die Mängelhaftung des Unternehmers wegfällt.[94] Das gilt auch für die Mängelrechte, die nicht vor dem Ablauf der Verjährungsfrist in Anspruch genommen worden sind.[95] Die Verjährungsfrist der Mängelrechte (Art. 371 OR) ist nämlich zugleich auch die äusserste Frist, innert welcher (verdeckte) Mängel gerügt werden können (Art. 370 Abs. 3 OR).[96] Sie ist sozusagen eine absolute Rügefrist.[97] In Fällen verwirkter Mängelrechte besteht also keine Haftung des Unternehmers für die davon betroffenen Mängel mehr, weswegen er – im Aussenverhältnis – dafür auch nicht länger in Anspruch genommen werden kann.[98]

17.62 **3.** Neben einer Vertragshaftung kommt auch eine **ausservertragliche Haftung** infrage, wenn das schädigende Verhalten des Planers zugleich den Tatbestand einer Haftungsnorm des ausservertraglichen Haftpflichtrechts (z.B. Art. 41 oder Art. 58 OR) erfüllt.[99] Sind die Voraussetzungen sowohl für eine Vertragshaftung als auch für eine ausservertragliche Haftung eines Planers gegeben, so konkurrieren beide Anspruchsgrundlagen miteinander, was aber nichts daran ändert, dass der Bauherr die Leistung nur einmal verlangen darf.[100]

17.63 **4.** Sind die Haftungsvoraussetzungen für einen Werkmangel oder Schaden sowohl beim Planer als auch beim Unternehmer gegeben,[101] so haften beide für den Mangel bzw. Scha-

---

92 Eine Übersicht über die häufig praktizierten Architekten- und Ingenieurverträge und ihre rechtliche Einordnung findet sich bei KRAUSKOPF, Die Kündigung von Bauverträgen, S. 32 ff.

93 KELLER, Haftpflicht II, S. 178.

94 So auch NIGG, Die Haftung mehrerer, S. 142 in initio. Zum (dogmatischen) Streit, ob die rechtzeitige Mängelrüge eine rechtsbegründende oder rechtsvernichtende Tatsache ist, vgl. GAUCH, Werkvertrag, Rz. 2166.

95 Vgl. dazu BGE 130 III 362/367 E. 4.3 (= BR/DC 2004, S. 179, Nr. 482, mit Anm. WERRO/PICHONNAZ). Das Bundesgericht beruft sich mit der herrschenden Lehre auf die Rechtsprechung zu den auf den Käufer anwendbaren Regeln, auf welche Art. 371 Abs. 1 OR verweist, und hält fest, die Gewährleistungsrechte seien in Bezug auf die nicht vor dem Ende der Verjährungsfrist gerügten Mängel verwirkt.

96 Vgl. BGE 130 III 362/367 E. 4.3 (= BR/DC 2004, S. 179, Nr. 482, mit Anm. WERRO/PICHONNAZ).

97 BGer 4A_82/2008 vom 29. April 2009 E. 9.

98 BGE 130 III 362/369 f. E. 5.2 (= BR/DC 2004, S. 179, Nr. 482, mit Anm. WERRO/PICHONNAZ).

99 Vgl. BGE 115 II 42/44 E. 1 (= BR/DC 1989, S. 41, Nr. 40, mit Anm. GAUCH).

100 Vgl. BGE 99 II 315/321 E. 5.

101 Vgl. BGer 4A_182/2007 vom 28. September 2007 E. 4.3.2 (= BR/DC 2008, S. 69, Nr. 132, mit Anm. PICHONNAZ); GAUCH, Werkvertrag, Rz. 2741; NIGG, Die Haftung mehrerer, S. 130; SCHENKER, Der Architekt als Hilfsperson des Bauherrn, S. 13 ff.

den am vom Unternehmer hergestellten Werk. Ob dabei jeder von ihnen für den ganzen Mangel bzw. für den gesamten Schaden solidarisch haftet, ist damit noch nicht gesagt. Eine **solidarische Haftung** besteht nur dann, wenn das Gesetz oder ein Vertrag sie vorsieht (Art. 143 Abs. 2 OR). Tragen Planer und Bauunternehmer je eine Mitverantwortung für ein und denselben Mangel oder Schaden des Bauherrn im Sinne einer (individuellen) vertraglichen oder ausservertraglichen Haftung, so haften sie nach Art. 50f. OR solidarisch für diesen Mangel oder Schaden.[102] Diese Solidarhaftung ist in aller Regel eine **unechte Solidarität im Sinne von Art. 51 OR,**[103] weil erfahrungsgemäss der Mangel am Bauwerk oder ein sonstiger Schaden des Bauherrn kaum je durch bewusstes Zusammenwirken von Unternehmer und Planer im Sinne von Art. 50 Abs. 1 OR (Rz. 17.41) verschuldet wird.[104]

5. Keine Solidarhaftung liegt vor, wenn Planer und Unternehmer – jeder für sich – je 17.64
einen anderen Baumangel oder Schaden verursachen. Das ist etwa dann der Fall, wenn der Planer einen Planungsfehler begeht, den der Unternehmer nicht abmahnen musste und für den der Planer somit allein verantwortlich ist. Erstellt der Unternehmer das Werk mangelhaft, indem er einen (eigenen, sich nicht aufgrund des Planungsfehlers ergebenden) Fehler macht, den der Planer auch bei sorgfältiger Bauaufsicht nicht erkennen konnte, haftet jeder für sich für den von ihm verursachten Werkmangel (der Planer für den Planungsfehler und der Unternehmer für das fehlerhafte Werk). Freilich haften beide *solidarisch für den Mangelfolgeschaden,* soweit jeder Baumangel für diesen Schaden (mit-) ursächlich ist.[105]

B. Umfang und Inhalt der Solidarhaftung

1. Die Solidarität begründet wie bereits erklärt selbst keine Haftung, sondern setzt die 17.65
Haftung von zwei oder mehreren Personen gegenüber dem Gläubiger voraus (Rz. 17.5ff.). Das gilt insbesondere auch für den Planer, der mit dem Unternehmer solidarisch haftet: Während der Unternehmer dem Bauherrn aus Werkvertrag haftet, wird der Planer dem Bauherrn aus seinem Planervertrag (Architekten- oder Ingenieurvertrag) schuldpflichtig. Besteht Haftung beider für dieselben Werkmängel oder für andere Schäden des Bauherrn, so ordnet Art. 51 Abs. 1 OR (Rz. 17.43f.) Solidarhaftung beider an, sodass die werkvertraglichen Mängelrechte des Bauherrn gegenüber dem fehlbaren Unternehmer

[102] Einzelheiten zur Haftung nach Art. 50 Abs. 1 OR bei Krauskopf, Zürcher Kommentar, N 50ff. zu Art. 144 OR.

[103] Vgl. BGE 115 II 42/45 E. 1b und 1c (= BR/DC 1989, S. 41, Nr. 40, mit Anm. Gauch); BGer 4A_303/2017 vom 13. Dezember 2017 E. 4 (= BR/DC 2018, S. 184, Nr. 293, mit Anm. Werro).

[104] Vgl. Gauch, Werkvertrag, Rz. 2740; Koller A., Das Nachbesserungsrecht, Rz. 536, Fn. 621. Versuchen indes Planer und Bauunternehmer gemeinsam, den bereits entstandenen Mangel oder Schaden vor dem Bauherrn zu verheimlichen, und entsteht wegen der Verheimlichung ein weiterer Schaden, so liegt mit Bezug auf diesen Schaden eine gemeinsame Schadensverursachung im Sinne von Art. 50 OR vor.

[105] Vgl. Schumacher, Architektenrecht 1995, Rz. 698.

mit den Ansprüchen **konkurrieren,** die ihm gegen den Planer zustehen. Zwischen beiden – Planer und Unternehmer – besteht eine solidarische Haftung, mögen auch die Mängelrechte gegen den Unternehmer ihrer Natur und ihrem Inhalt nach von der Schadenersatzforderung gegen den Planer völlig verschieden sein.[106] Haben Planer und Unternehmer den Schaden gemeinsam verschuldet (Rz. 17.63), so haften sie für die gemeinsame unerlaubte Handlung ausserdem (auch) nach Massgabe von Art. 50 Abs. 1 OR solidarisch.[107]

17.66 Häufig dürfte mit Bezug auf die Haftung der Solidarschuldner **kein identischer Leistungsinhalt** bestehen, so etwa, wenn der Unternehmer im Sinne der werkvertraglichen Mängelgewährleistung (Art. 367 ff. OR) haftet, während der Planer aus Auftragshaftung Schadenersatz (Art. 398 OR) schuldet.[108] Allein schon, weil die dem Bauherrn gemäss Art. 368 OR alternativ zur Verfügung stehenden Nachbesserungs-, Minderungs- und Wandelungsrechte Gestaltungsrechte sind, fällt eine direkte Anwendung von Art. 51 OR (und von Art. 143 ff. OR) jedenfalls solange ausser Betracht, als der Bauherr sich nicht für eines seiner Rechte (z.B. Nachbesserung) entschieden hat.[109] Aber auch dort, wo der Bauherr von seinen Gestaltungsrechten Gebrauch gemacht hat und vom Unternehmer Nachbesserung des mangelhaften Werks verlangt, gelangt Art. 51 OR wohl nicht unmittelbar zur Anwendung. Dann bestehen nämlich zwei verschiedene Schuldpflichten nebeneinander, die Nachbesserungsschuld (eine Erfüllungsschuld) des Unternehmers einerseits und die Schadenersatzpflicht des Planers andererseits.[110] In diesen Fällen wendet das Bundesgericht Art. 51 OR aber sinngemäss an.[111] Denn ausschlaggebend ist hier nicht die Identität der geschuldeten Leistungen, sondern die Identität des Gläubigerinteresses, auf welches diese Leistungen zielen: Beide Ansprüche des Bauherrn sind darauf gerichtet, ihm das versprochene (mängelfreie) Werk zu verschaffen.[112]

---

[106] Vgl. auch Koller A., Das Nachbesserungsrecht, Rz. 544.

[107] Art. 50 Abs. 1 OR enthält eine Verhaltenszurechnungsnorm: Jedem, der sich gemeinsam mit anderen an einer schädigenden Tat beteiligt hat, werden die Tatbeiträge der anderen Tatbeteiligten zugerechnet, sodass jeder Tatbeteiligte nicht nur für seinen Tatbeitrag, sondern für die ganze Tat verantwortlich ist (Krauskopf, Zürcher Kommentar, N 164 zu Art. 143 und N 50 ff. sowie 211 zu Art. 144 OR).

[108] Vgl. Soergel, Mögliche Gesamtschuldverhältnisse, S. 242.

[109] Welche Forderungen dem Bauherrn gegen den Unternehmer im Einzelfall aus Mängelgewährleistung neben allfälligen Schadenersatzansprüchen für Mangelfolgeschäden zustehen, hängt davon ab, was die Parteien vereinbart haben (vgl. z.B. Art. 169 Abs. 1 SIA 118) oder – in Ermangelung einer Vereinbarung – welches der Gestaltungsrechte der Bauherr in Anspruch nimmt (dazu im Einzelnen Gauch, Werkvertrag, Rz. 1489 f. und 1527 ff.).

[110] Eine direkte Anwendung von Art. 51 OR ist freilich dort möglich, wo Planer und Unternehmer dem Bauherrn für Mangelfolgeschäden oder für sonstige Schäden solidarisch haften (vgl. Koller A., Das Nachbesserungsrecht, Rz. 539 und 543 f.).

[111] Vgl. BGE 130 III 362/368 ff. E. 5 (= BR/DC 2004, S. 179, Nr. 482, mit Anm. Werro/Pichonnaz); 119 II 127/131 E. 4b; 115 II 42/45 f. E. 1b (= BR/DC 1989, S. 41, Nr. 40, mit Anm. Gauch).

[112] Vgl. dazu Koller A., Das Nachbesserungsrecht, Rz. 536 ff.

2. Verursachen dem Gesagten nach der Planer und der Unternehmer den gleichen Mangel und Mangelfolgeschaden, so haften beide solidarisch dafür.[113] Denkbar sind dabei folgende **Fälle:**[114] 17.67

a. Planungsfehler: Ein Bauunternehmer stellt gestützt auf Pläne, die ihm der Bauherr überreicht, ein Werk her. Diese Pläne enthalten einen *Konstruktionsfehler,* den der Unternehmer pflichtwidrig nicht erkennt oder nicht abmahnt.[115] Für den Werkmangel kann der Bauherr grundsätzlich sowohl den Planer, der die Pläne für den Bauherrn erstellt hat (Rz. 9.79 ff.), als auch den Bauunternehmer in die Pflicht nehmen. 17.68

Beispiel: Ein Flachdach erweist sich wegen ungenügender Schräge als undicht. Die Ursache dafür ist ein Konstruktionsfehler des Werks, den der projektierende und leitende Planer zu verantworten hat. Daneben besteht eine Gewährleistungspflicht des Unternehmers, dem die Dachdeckerarbeiten übertragen worden sind und der dem Bauherrn eine Zusicherung «für absolute Undurchlässigkeit des Dachbelages» abgegeben hat. Daraus ergibt sich eine solidarische Haftung von Planer und Unternehmer. Der Planer haftet aus Auftrag (Art. 398 OR), den Unternehmer trifft eine (Kausal-)Haftung für das Fehlen der zugesicherten Eigenschaft («absolute Undurchlässigkeit») aus Werkvertrag (Art. 368 OR). Resultiert die Undichtigkeit des Dachs allerdings aus der ungenügenden Schräge des Dachs, so entfällt die Mängelhaftung des Unternehmers, wenn der Dachbelag selbst keine Ursache für die Undichtigkeit des Dachs ist und den Unternehmer auch kein Verschulden am Konstruktionsfehler des Dachs trifft.[116] 17.69

b. Unsorgfältige Bauaufsicht: Bei laufender Bauausführung verursacht der Bauunternehmer einen Mangel oder einen Schaden, der vom Planer, welcher die Bauleitung innehat (Rz. 1.47), in *pflichtwidriger Weise* nicht erkannt wird (Rz. 10.76 ff.). Oder der bauleitende Planer gibt dem Unternehmer fehlerhafte Weisungen, die dieser ausführt.[117] 17.70

Beispiel: Ein Bauherr lässt eine Thermalbadanlage erstellen. Einem Unternehmer werden die Erd-, Maurer- und Betonarbeiten sowie die Kanalisationsarbeiten übertragen. Als sich der Betonboden des Schwimmbeckens stellenweise senkt, ordnet der bauleitende Architekt zur Verdichtung des Untergrundes Beton-Injektionen an. Diese Arbeit wird vom Unternehmer ausgeführt. Dabei wird das unter dem Schwimmbecken verlaufende Hauptablaufrohr durch das Injektionsgut (flüssiger Zementmörtel) teilweise verstopft und muss deshalb nachträglich freigelegt und ersetzt werden, was zu Mehrkosten führt. Während dem Unternehmer ein Verschulden für die nicht fachgerechte Ausführung der Injektionsarbeiten vorzuwerfen ist, trifft den Architekten die Schuld, die zur Verhütung von Schäden an der Ablaufleitung erforderlichen Massnahmen nicht angeordnet zu haben. Steht also fest, dass sowohl der Unternehmer als auch der Architekt ihre vertraglichen Sorgfalts- 17.71

---

113 Vgl. BGE 119 II 127/131 ff. E. 4; 115 II 42/47 f. E. 1c (= BR/DC 1989, S. 41, Nr. 40, mit Anm. Gauch); Gauch, Werkvertrag, Rz. 2745; Nigg, Die Haftung mehrerer, S. 131; Schumacher, Architektenrecht 1995, Rz. 686; Tercier, Concours d'actions, S. 118 f.; Zehnder, Mehrpersonenhaftung, S. 3.

114 Eine detaillierte Behandlung der Fallgruppen der Solidarhaftung von Planer und Unternehmer findet sich bei Scholze-Beck, Gesamtschuldnerische Haftung, S. 44 ff.

115 Denzler/Hochstrasser, Haftung nach SIA 102/103, S. 262; Langen, Gesamtschuld II, S. 72 f.

116 Vgl. BGE 93 II 311.

117 Siegenthaler, Neue SIA-Ordnungen 102/103, S. 35, bezeichnet diese Konstellation wohl auch mit Blick auf die Praxis als typisches Beispiel.

pflichten gegenüber dem Bauherrn verletzt haben und die Mehrkosten eine Folge dieser Vertragsverletzungen sind, so haften beide nach Massgabe von Art. 51 OR für diese Mehrkosten.[118]

17.72 c. **Verletzung eines Gesamtvertrags:** Ein Planer wird vom Bauherrn im Rahmen eines Gesamtvertrags (Rz. 1.49 ff. und 9.17 ff.) sowohl mit der Projektierung als auch mit der Koordination, der Vergabe und der Leitung der Bauarbeiten betraut. Erbringt er nicht alle vertraglich geschuldeten Leistungen in vertragskonformer Weise, so setzt er sich einer Vertragshaftung aus.

17.73 Beispiel: Bei der Montage von Betonelementen für den Einbau eines Zwischengeschosses in einem bestehenden Gebäude stürzt das zu erstellende Zwischengeschoss ein. Während der Unternehmer die Betonelemente herzustellen und zu montieren hatte, oblagen dem Ingenieur die Projektierung und Bauleitung. Haben beide, der Unternehmer und der Ingenieur, jeder für sich einschlägige Regeln der Baukunde verletzt und dadurch den Einsturz mitzuverantworten, so haften sie solidarisch für den verursachten Schaden nach Art. 51 OR.[119]

17.74 **3.** Dem soeben Gesagten nach kann eine solidarische Haftung zwischen Planer und Unternehmer für Werkmängel auch dann bestehen, wenn der Planer für Schadenersatz einzustehen hat und der Unternehmer aufgrund seines Werkvertrags Nachbesserung des mangelhaften Werks schuldet (vgl. Art. 169 Abs. 1 SIA 118). Die **unterschiedliche Natur der Ansprüche des Bauherrn** steht der Solidarität nicht entgegen,[120] auch wenn sie eine direkte Anwendung des Art. 51 OR wohl ausschliesst (Rz. 17.66). Beansprucht der Bauherr sein vertragliches Nachbesserungsrecht, so erlischt mit der Nachbesserung des Werks auch sein (konkurrierender) Schadenersatzanspruch gegen den Planer. Vorbehalten bleibt der Anspruch auf Ersatz des Mangelfolgeschadens. Leistet umgekehrt der Planer Schadenersatz (im Umfang der Nachbesserungskosten), so fällt das (konkurrierende) Nachbesserungsrecht des Unternehmers dahin.[121]

C. Folgen der Solidarhaftung

17.75 **1.** Haben der Planer und der Unternehmer solidarisch für einen Werkmangel oder einen Schaden einzustehen, so haften beide **für das Ganze,** für den Werkmangel oder den ganzen Schaden, und keiner von beiden kann sich seiner Haftung mit dem Hinweis entziehen, neben ihm hafte der andere ebenfalls. Der Einwand des Drittverschuldens wird mithin nicht zugelassen, soweit nicht der vom Dritten zu verantwortende Haftungsgrund den rechtserheblichen Kausalzusammenhang zwischen der Handlung des Belangten und dem Schaden unterbricht oder wenn das mitwirkende Verschulden des Dritten dasjenige des Belangten als gemindert erscheinen lässt.[122] Deswegen kann der Bauherr beispielsweise den verantwortlichen Planer für einen Werkmangel oder Mangelfolgeschaden voll

---

118 Vgl. BGE 93 II 317.

119 Vgl. BGE 119 II 127 (= BR/DC 1994, S. 42, mit Anm. Gauch).

120 Illustrativ BGE 119 II 127/131 E. 4b (= BR/DC 1994, S. 42, mit Anm. Gauch).

121 Dazu Koller A., Das Nachbesserungsrecht, Rz. 546 ff.

122 Vgl. BGE 97 II 403/415 E. 7d.

in die Pflicht nehmen, auch wenn das grössere Verschulden dem solidarisch mithaftenden Unternehmer anzulasten ist.

2. Die solidarische Haftung jedes Solidarschuldners für das Ganze gilt auch für den Fall, da die Ansprüche gegen den einen (z.B. den Unternehmer) **verjährt** sind: Weil dem Bauherrn zugestanden wird, nach seinem Belieben auszuwählen, welchen Solidarschuldner er ins Recht fassen möchte, darf ihm aus dem Umstand, dass konkurrierende Ansprüche gegen andere Mitschuldner verjährt sind, kein Nachteil erwachsen.[123] Deswegen nützt dem belangten Planer der Einwand nichts, die Haftung des mithaftenden Unternehmers gegenüber dem Besteller sei verjährt. Anders verhält es sich, wenn die Haftung des Unternehmers von Beginn an nicht bestanden hat, weil der Besteller seine Mängelrechte hat verwirken lassen.[124] 17.76

3. Haften Planer und Unternehmer solidarisch für Werkmängel und Schäden, so kann der Bauherr wählen, gegen welchen von beiden er vorgehen will; er kann aber auch gegen beide gleichzeitig vorgehen.[125] Diese **Wahlfreiheit** des Bauherrn kann allerdings durch Vertragsvereinbarung mit einem oder mehreren Solidarschuldnern eingeschränkt werden (Rz. 17.18). Die Wahlfreiheit des Bauherrn wird dagegen nicht allein dadurch eingeschränkt, dass dem Unternehmer ein vertragliches Nachbesserungsrecht zusteht, was bei der vertraglichen Übernahme des Art. 169 Abs. 1 SIA 118 der Fall ist. Gewährt der Bauherr dem Unternehmer ein solches «Vorrecht auf Nachbesserung»[126], schränkt er sich zwar bezüglich seiner Mängelrechte (einstweilen) ein, weil er vertraglich gehalten ist, im Falle von Werkmängeln dem Unternehmer die Nachbesserung zu ermöglichen;[127] diese Einschränkung greift aber nur dann, wenn der Bauherr den Unternehmer für Werkmängel in die Pflicht nimmt. Belangt er für dieselben Mängel dagegen den mitverantwortlichen Planer, so wird der Unternehmer um sein Nachbesserungsrecht gebracht, ohne dass er dagegen etwas unternehmen könnte. Anders verhält es sich freilich dann, wenn der Bauherr mit dem Unternehmer vereinbart hat, dass er sich im Falle von Werkmängeln zuerst ausschliesslich an den Unternehmer halte und diesem das vereinbarte Nachbesserungsrecht gewähre. 17.77

4. Leistet einer der solidarisch Haftpflichtigen dem Bauherrn, so werden die anderen Mitschuldner gemäss **Art. 147 Abs. 1 OR** im Umfang des Geleisteten befreit. Bessert zum Beispiel der Unternehmer das mangelhafte Werk nach, so erlischt nach Art. 147 17.78

---

[123] Vgl. BGE 133 III 6/31 E. 5.4 (= BR/DC 2007, S. 48, mit Anm. PICHONNAZ/WERRO und S. 53, mit Anm. KRAUSKOPF/SIEGENTHALER); 127 III 257/266 E. 6b (= BR/DC 2002, S. 91, Nr. 217, mit Anm. AEPLI).

[124] Vgl. dazu Rz. 17.165 ff.

[125] Vgl. SCHENKER, Der Architekt als Hilfsperson des Bauherrn, S. 24 f. Einschränkend wollen FELLMANN, Regressausgleich, S. 40 f., und KOLLER A., Das Nachbesserungsrecht, Rz. 547, dem Bauherrn ausnahmsweise die Obliegenheit auferlegen, zuerst das Nachbesserungsrecht gegen den Unternehmer in Anspruch nehmen zu müssen.

[126] GAUCH, Werkvertrag, Rz. 2659.

[127] Vgl. das Beispiel in Rz. 17.20.

Abs. 1 OR zugleich auch die Schadenersatzpflicht des solidarisch mithaftenden Planers, soweit der Unternehmer den Werkmangel durch Nachbesserung beseitigt hat und der Bauherr damit wertmässig befriedigt ist. Umgekehrt kann der Bauherr, den der Planer für einen Werkmangel voll entschädigt hat, nicht mehr auf den Unternehmer greifen; mit Bezug auf diesen Werkmangel sind seine Mängelrechte mit der Befriedigung durch den Planer erloschen.[128]

17.79 Verlangt der Bauherr vom Planer Schadenersatz für Werkmängel, anstatt die Nachbesserung des Werks vom Unternehmer zu fordern, so stellt sich die Frage, wie sich der Schadenersatz bemisst. Sind die Kosten massgebend, die der Unternehmer gehabt hätte, wenn er zur Nachbesserung zugelassen worden wäre, oder richtet sich der Schadenersatz nach den Kosten, die dem Bauherrn entstanden wären, falls er einen Dritten mit der Mängelbeseitigung betraut hätte? Dem Grundsatz der Selbständigkeit der Haftung des Planers von derjenigen des Unternehmers entsprechend muss Letzteres gelten. Das kann aber zur Folge haben, dass der Planer mehr leisten muss als das, was durch die Nachbesserung des Unternehmers an Kosten entstanden wäre. Da die solidarische Haftung von Planer und Unternehmer in diesem Fall nur im Umfang der Kosten besteht, die dem Unternehmer für die ordnungsgemässe Nachbesserung entstanden wären – denn nur so weit reicht seine Haftung für Nachbesserung –, liegt jede Schadenersatzpflicht des Planers, die betragsmässig über diese Nachbesserungskosten hinausgeht, ausserhalb der Solidarität, da nur der Planer dafür haftet.

D. Haftungsreduktion wegen Dritt- oder Selbstverschuldens?

17.80 Der Grundsatz, dass von mehreren Solidarschuldnern ein jeder voll haftet (Art. 144 OR), wurde bereits erwähnt (Rz. 17.4). Das gilt auch dort, wo die solidarische Haftung von Planern und Unternehmern für Werkmängel und andere Schäden infrage steht (Rz. 17.75). Im Folgenden geht es um die Frage, ob einem Solidarschuldner eine Haftungsreduktion nach Art. 43 f. OR deswegen gewährt werden kann, weil neben ihm weitere Personen für die betroffenen Werkmängel oder Schäden solidarisch mithaften (Rz. 17.81 ff.), weil den Bauherrn ein Selbstverschulden an den Werkmängeln oder an den Schäden trifft (Rz. 17.86 und 17.88 ff.) oder weil er – der Solidarschuldner – bloss ein leichtes Verschulden an der Entstehung der Werkmängel oder Schäden hat (Rz. 17.87).

a. Drittverschulden

17.81 **1.** Der Umstand, dass für einen Mangel oder Schaden neben dem belangten Schuldner weitere Personen solidarisch mithaften (sog. Drittverschulden), stellt für das Bundesgericht **keinen Grund für eine Haftungsreduktion** nach Art. 43 f. OR dar. Die Berücksichtigung des Drittverschuldens wäre mit dem Grundsatz der solidarischen Haftung mehrerer Schädiger, der das Einstehenmüssen eines jeden Schuldners für den vollen Schaden

128 Vgl. Gauch, Werkvertrag, Rz. 2746.

bedeutet, nicht vereinbar:[129] «Haben mehrere Personen einen Schaden gemeinsam verschuldet, so haften sie dem Geschädigten solidarisch, d.h. für den ganzen Schaden (Art. 50 Abs. 1 OR; echte Solidarität). Dies gilt nach der Rechtsprechung des Bundesgerichts auch dann, wenn mehrere Personen aus verschiedenen Rechtsgründen haften, wie dies bei der mangelhaften Ausführung eines Bauwerks regelmässig der Fall ist (Art. 51 Abs. 1 OR). Auch bei dieser unechten Solidarität kann der belangte Schuldner dem Geschädigten grundsätzlich nicht entgegenhalten, es hafte auch noch ein Dritter für den gleichen Schaden [...]. Die Haftung eines Solidarschuldners wird mit anderen Worten durch die Mithaftung Dritter nicht verringert».[130]

2. Eine volle und solidarische Haftung aller Verantwortlichen besteht auch dann, wenn jeder von ihnen bloss eine **Teilursache** für einen Mangel oder einen anderen Schaden gesetzt hat (konkurrierende Teilursachen), soweit diese Teilursache eine adäquate Ursache für den eingetretenen Mangel oder Schaden ist.[131] Wie für den natürlichen Kausalzusammenhang ist es auch für die Adäquanz erforderlich, dass der Schädiger eine von mehreren Ursachen für den Schaden gesetzt hat, wenn der Schaden ohne diese Ursache nicht eingetreten wäre.[132] Dem ist aber bereits Genüge getan, wenn der Schaden durch das Verhalten einer Person begünstigt wurde.[133] 17.82

Beispiel: Ein Hauseigentümer beauftragt einen Architekten mit der Planung und Leitung von Renovations- und Umbauarbeiten in seinem Haus. Mit der Durchführung dieser Arbeiten wird ein Bauunternehmen betraut. Die geplanten Arbeiten erfordern unter anderem, dass ein Betonboden aufgebrochen werden muss. Als ein Angestellter des Bauunternehmens mit dem Presslufthammer den Betonboden aufbricht, stösst er auf eine angeblich stillgelegte Gasleitung. Gas tritt aus und verursacht eine heftige Explosion. Für den Sach- und Personenschaden haften der Architekt und der Bauunternehmer solidarisch. Beide hatten die Gasleitung bemerkt, welche aus einer Wand kommend im Betonboden verschwand. In der Annahme, dass die Gasleitung unterhalb der Bodenplatte und nicht in der Bodenplatte verlaufen und auf jeden Fall kein Gas mehr führen würde, haben sie es unterlassen, angezeigte Sicherheitsmassnahmen zu ergreifen. Solidarisch haftet aber auch das Unternehmen, das vor einigen Jahren auf Anweisung des vormaligen Hauseigentümers 17.83

---

[129] Vgl. BGE 130 III 591/603 E. 5.1.1 (= BR/DC 2005, S. 87, Nr. 169, mit Anm. Aepli); 119 II 127/130 E. 4a/b; 116 II 519/524 E. 4b, 114 II 342/344 E. 2b, 113 II 323/331 E. 2b; 112 II 138/144 E. 4a; 97 II 403/415 E. 7d; 97 II 339/343 ff. E. 3; 89 II 118/122 f. E. 5a; BGer 4C.365/1999 vom 11. Januar 2000 E. 1a.

[130] BGE 130 III 591/603 E. 5.5.1 (= BR/DC 2005, S. 87, Nr. 169, mit Anm. Aepli).

[131] Illustrativ BGer 4C.269/2003 vom 15. Dezember 2004 E. 6, der mit Bezug auf die Haftung eines Architekten ausführt, aus der Sicht des Geschädigten bedeute die Solidarität, gleichgültig ob sie echt oder unecht sei, dass jeder Schädiger für den ganzen Schaden hafte, sofern ein adäquater Kausalzusammenhang zwischen seinem Verhalten und dem geltend gemachten Schaden bestehe. Es genüge daher, dass der Architekt zum Entstehen des Schadens beigetragen habe, damit er für den ganzen Schaden hafte, ohne dass die Tatsache, dass andere Schädiger allenfalls zum Schadenseintritt beigetragen haben, zu berücksichtigen sei.

[132] Vgl. statt mancher Brehm, Berner Kommentar, N 125 f. zu Art. 41 OR.

[133] BGE 57 II 36/39 E. 2.

die Gaszufuhr zum Haus verschlossen hatte. Es hatte die Leitung im Hausinnern bis zum Verschluss unter Gasdruck gelassen.[134]

17.84 **3.** In einigen Entscheiden zu Art. 51 Abs. 1 OR erwähnt das Bundesgericht zwar die Möglichkeit eines belangten Solidarschuldners, ausnahmsweise das mitwirkende **Drittverschulden** als Haftungsbeschränkung zuzulassen, nämlich bei «*Vorliegen ganz besonderer Umstände*».[135] Weil es sich aber gar nicht vorstellen kann, was solche Umstände, die eine Haftungsbeschränkung eines Solidarschuldners rechtfertigen, überhaupt sein können, spricht das Bundesgericht von einer «éventualité théorique» des Solidarschuldners, sich auf ein Drittverschulden zu berufen, um seine eigene Verantwortlichkeit zu mindern.[136] In einem Entscheid aus dem Jahre 2007 erklärt das Bundesgericht erneut: «Eine Haftungsbeschränkung wegen mitwirkenden Drittverschuldens eines solidarisch Haftpflichtigen zieht das Bundesgericht […] bloss als eher theoretische Möglichkeit in Betracht, die, wenn überhaupt, nur bei einer ausgesprochen exzeptionellen Sachlage von praktischer Bedeutung sein kann; so etwa, wenn das Verschulden des in Anspruch genommenen Haftpflichtigen als so leicht erscheint und in einem derartigen Missverhältnis zum Verschulden des Dritten steht, dass es offensichtlich ungerecht wäre, wenn jener den ganzen Schaden tragen müsste».[137]

17.85 **4.** Schliesslich spielt das Drittverschulden immer dann eine Rolle, wenn der vom Dritten zu verantwortende Haftungsgrund den rechtserheblichen (adäquaten) **Kausalzusammenhang** zwischen der Handlung des Belangten und dem Schaden unterbricht, sodass von vornherein keine Haftung des Belangten besteht: «Das Verhalten […] eines Dritten vermag im Normalfall den adäquaten Kausalzusammenhang zwischen Schaden und Verhalten des Schädigers nicht zu beseitigen, selbst wenn das Verschulden […] des Dritten dasjenige des Schädigers übersteigt […]. Auch wenn neben die erste Ursache andere treten und die Erstursache in den Hintergrund drängen, bleibt sie adäquat kausal, solange sie im Rahmen des Geschehens noch als erheblich zu betrachten ist, solange nicht eine Zusatzursache derart ausserhalb des normalen Geschehens liegt, derart unsinnig ist, dass damit nicht zu rechnen war […]. Entscheidend ist die Intensität der beiden Kausalzusammenhänge; erscheint der eine bei wertender Betrachtung als derart intensiv, dass er den andern gleichsam verdrängt und als unbedeutend erscheinen lässt, wird eine sogenannte Unterbrechung des andern angenommen […]».[138]

---

[134] Vgl. BGE 133 III 6 (= BR/DC 2007, S. 48, mit Anm. Pichonnaz/Werro und S. 53, mit Anm. Krauskopf/Siegenthaler).

[135] BGE 93 II 317/323 E. 2e/bb.

[136] Vgl. BGE 112 II 138/144 E. 4a.

[137] BGer H 207/06 vom 19. Juli 2007 E. 4.2.2.

[138] BGE 116 II 519/524 E. 4b; vgl. auch 123 III 306/314 E. 5b; BGer 4C.369/2005 vom 8. Februar 2006 E. 5.2.1; 4C.193/2000 vom 26. September 2001 E. 4d. Zur «Unterbrechung» des adäquaten Kausalzusammenhangs erklärt das Bundesgericht in BGE 86 IV 153/156 E. 1, dass «eine Unterbrechung […] genau genommen überhaupt nicht möglich [ist], da die Adäquanz des Kausalzusammenhangs entweder an sich schon fehlt oder aber trotz anderer Mitursachen vorhanden ist und dann nicht mehr unterbrochen werden kann».

b. Selbstverschulden des Bauherrn

Im Unterschied zum Drittverschulden (Rz. 17.81 ff.), welches grundsätzlich keine Reduktion der Haftung eines Solidarschuldners rechtfertigt, kann das Selbstverschulden des Bauherrn von jedem Solidarschuldner, den der Bauherr belangt, als **Haftungsreduktionsgrund** nach Art. 44 Abs. 1 OR geltend gemacht werden.[139] Deswegen hat sich der Bauherr im Falle von selbstverschuldeten Werkmängeln und anderen Schäden eine Herabsetzung (unter Umständen bis hin zum Verlust) seiner Ansprüche gefallen zu lassen.[140] Soweit der Bauherr auch für das Verhalten von Dritten einzustehen hat, ist ihm ein Verschulden dieser Dritten als Selbstverschulden anzurechnen. In diesem Sinne erklärt das Bundesgericht: «Ein Mitverschulden eines Dritten kann ausnahmsweise zu einer Haftungsreduktion führen, wenn es einen für den Schaden kausalen Umstand darstellt, für den der Geschädigte gemäss Art. 44 Abs. 1 OR einzustehen hat. Dies ist dann der Fall, wenn das Drittverschulden von einer Hilfsperson des Geschädigten ausgeht, deren Verhalten er sich gemäss Art. 101 Abs. 1 OR anrechnen lassen muss».[141] Diese Hilfspersonen-Konstellation ist wegen der Stellung des Planers als Hilfsperson des Bauherrn weiter unten einlässlich zu behandeln (Rz. 17.88 ff.). 17.86

c. Leichtes Verschulden des Planers

Auf die Frage, ob sich ein Planer darauf berufen könne, dass sein **eigenes Verschulden** bloss sehr leicht wiege, gibt die bundesgerichtliche Rechtsprechung keine klare Antwort. Einerseits erklärt das Bundesgericht, im Solidarschuldverhältnis werde dem Verschuldensgrad des einzelnen Schuldners erst im Regressverhältnis (Rz. 17.99 ff.) Rechnung getragen, wenn es um die Verteilung der endgültigen Schadenstragung unter den Solidarschuldnern geht, eine Ausnahme davon rechtfertige sich nur unter ganz aussergewöhnlichen Umständen.[142] Andererseits lässt aber das Bundesgericht mitunter eine Haftungsreduktion nach Art. 43 Abs. 1 OR gelten, etwa, wenn dem belangten Solidarschuldner *«bloss leichte Fahrlässigkeit»*[143] zur Last gelegt werden könne oder wenn sein Verschulden 17.87

---

[139] Vgl. WERRO, Commentaire romand, N 14 der Vorbem. zu Art. 50 f. OR.

[140] Eine besondere Bestimmung betreffend das Selbstverschulden enthält Art. 1.7.22 SIA 102/103: «Hat der Beauftragte den Vertragsschluss des Auftraggebers mit einem Dritten abgemahnt, haftet der Beauftragte zum Vornherein nur in dem Umfang, in dem er den Schaden bei einem Rückgriff unter mehreren Haftpflichtigen selber zu tragen hätte. Entsprechendes gilt, wenn der Auftraggeber einen Vertrag mit einem Dritten abschliesst, ohne den Beauftragten zu informieren» (vgl. dazu die Erklärungen von DENZLER/HOCHSTRASSER, Haftung nach SIA 102/103, S. 262; SIEGENTHALER, Neue SIA-Ordnungen 102/103, S. 37; WERRO, Révision des Règlements SIA, S. 38 ff.).

[141] BGE 130 III 591/603 E. 5.5.1 (= BR/DC 2005, S. 87, Nr. 169, mit Anm. AEPLI).

[142] Vgl. statt mancher BGE 113 II 323/331 E. 2b. Deswegen heisst es im Schrifttum, das Bundesgericht lasse eine Herabsetzung der Schadenersatzpflicht eines Solidarschuldners wegen geringen Verschuldens nicht zu, was oft kritisiert wird (vgl. z.B. FELLMANN/MÜLLER K., Berner Kommentar, N 167 zu Art. 544 OR).

[143] BGE 91 II 291/297 E. 4a; bestätigt in 96 II 172/176 f. E. 3a; 92 II 234/240 E. 3b; BGer 4C.365/1999 vom 11. Januar 2000 E. 1a.

gemessen an einem Drittverschulden «*gemildert*»[144] oder als «*moins grave*»[145] erscheine.[146]

E. Besonderheit: Der Planer als Hilfsperson des Bauherrn

17.88 **1.** Es wurde schon gesagt (Rz. 17.86), dass jeder Solidarschuldner gegenüber dem Gläubiger dessen Selbstverschulden (Art. 44 Abs. 1 OR) geltend machen und eine angemessene Reduktion seiner Schadenersatzpflicht verlangen dürfe. Hier interessiert die Frage, ob den Bauherrn ein Selbstverschulden trifft, wenn nicht er selbst, sondern der von ihm beauftragte Planer einen Werkmangel oder Schaden (mit-)verursacht hat. Diese Frage ist wie folgt zu beantworten: Der Bauherr, der einen Planer beauftragt, hat sich unter Umständen dessen Verhalten wie sein eigenes Verhalten anrechnen zu lassen.[147] Unter welchen Umständen das der Fall ist, bestimmt sich sinngemäss nach **Art. 101 Abs. 1 OR.** Gemäss Art. 369 OR fallen die dem Bauherrn bei Mangelhaftigkeit des Werks gegebenen Rechte dahin, wenn er durch Weisungen, die er entgegen den ausdrücklichen Abmahnungen des Unternehmers über die Ausführung erteilt hat, oder auf andere Weise die Mängel selbst zu verantworten hat. Ist der Bauherr durch einen Planer vertreten, der in dessen Namen Weisungen an den Unternehmer erteilt,[148] so gilt, dass der Bauherr sich diese Weisungen als eigene anrechnen lassen muss. Gegenüber dem Unternehmer gilt der mit der Erstellung von Plänen, der Vergabe der Werkarbeiten oder der Bauleitung betraute Planer nämlich als Hilfsperson im Sinne von Art. 101 Abs. 1 OR.[149] Im Einzelnen:

17.89 **a.** Erteilt der Bauherr **Weisungen** – etwa in der Form von Plänen[150] oder mündlichen Anordnungen –, so hat der Unternehmer den Bauherrn ausdrücklich abzumahnen, wenn

---

144 BGE 93 II 317/322 E. 2e.

145 BGE 89 II 118/123 E. 5a.

146 Anwendungsfälle: BGE 131 III 12/15 E. 4.2 (leichtes Verschulden eines Unfallverursachers); 104 II 184/188 E. 3a (leichtes Verschulden wegen Kindesalters); 97 II 403/416 E. 7d («gemildertes» Verschulden wegen Drittverschuldens); 93 II 317/322 E. 2e («gemindertes» Verschulden wegen Drittverschuldens).

147 Vgl. BGE 130 III 591/600 ff. E. 5 (= BR/DC 2005, S. 87, Nr. 169, mit Anm. Aepli); 119 II 127/130 E. 4a; 95 II 43/53 f. E. 4c; Krauskopf, Zürcher Kommentar, N 264 ff. zu Art. 144 OR; schon Ott, Stellvertretung ohne Vollmacht, S. 286 ff.

148 Zur Vertretungsbefugnis des Architekten vgl. Koller A., Das Nachbesserungsrecht, Rz. 521 ff.; Schenker, Der Architekt als Hilfsperson des Bauherrn, S. 19 ff.; weiterführend Schwager, Architektenrecht 1995, Rz. 789 ff.

149 Vgl. BGE 125 III 223/224 f. E. 6b (= BR/DC 1999, S. 154, Nr. 280, mit Anm. Werro), wo das Bundesgericht ausführt, die Rechtsprechung betrachte den im Rahmen eines Gesamtvertrags handelnden Architekten als Hilfsperson des Bauherrn, weil er als der einzige sachverständige Vertreter des Bauherrn gegenüber den Unternehmern erscheine. Vgl. auch BGE 98 II 102/104 E. 4; 95 II 43/53 f. E. 4c. Kritisch zur Anwendung von Art. 101 i.V.m. Art. 369 OR Schenker, Der Architekt als Hilfsperson des Bauherrn, S. 22 f.

150 Weisungen sind Anordnungen des Bestellers über die Ausführung des geschuldeten Werks, die der Unternehmer zu befolgen vertraglich verpflichtet ist. Auch wenn Weisungen oft nach Vertragsab-

er seine eigene Haftung für infolge fehlerhafter Weisungen entstandene Werkmängel ausschliessen will (Art. 369 OR). Diese Abmahnungspflicht findet ihre Rechtfertigung im Umstand, dass der Unternehmer im Gegensatz zum Besteller als sachverständig gilt. Deswegen hat er Weisungen des Bestellers auf ihre Richtigkeit hin zu überprüfen und ihn auf allfällige Fehler aufmerksam zu machen. Solange der Unternehmer dies nicht tut oder eine ausdrückliche Abmahnung unterlässt, hat der Besteller es nicht zu verantworten, wenn er wegen seiner fehlerhaften Weisung einen Werkmangel verursacht.[151] Aber: Der Bauherr, der durch einen Planer vertreten ist, gilt bezüglich der Weisungen, die der Planer in seinem Namen erteilt, als **sachverständig.** Diese Sachverständigkeit hat zur Konsequenz, dass der Unternehmer auch ohne Abmahnung von der Mängelhaftung befreit wird, wenn der Mangel auf eine fehlerhafte Weisung zurückzuführen ist und der Unternehmer die Fehlerhaftigkeit der Weisung weder erkannt hat noch erkennen musste.[152]

b. Soweit der Bauherr seine werkvertraglichen Mitwirkungspflichten, Obliegenheiten und Rechte gegenüber dem Unternehmer durch seinen Planer wahrnimmt, wird der Planer als **Hilfsperson** des Bauherrn behandelt, und sein Verhalten wird dem Bauherrn in sinngemässer Anwendung des Art. 101 Abs. 1 OR angerechnet.[153] Das hat zur Folge, dass das Fehlverhalten – zum Beispiel fehlerhafte Pläne – des Planers als Fehlverhalten des Bauherrn betrachtet wird. Aus der Sicht des Unternehmers bedeutet das, dass ein *Schaden des Bauherrn* als von diesem selbst verschuldet gilt, soweit er vom Planer in Ausübung seiner Tätigkeit als Hilfsperson des Bauherrn verursacht wurde. 17.90

c. Gelangt **Art. 25 Abs. 3 SIA 118** zur Anwendung, so braucht der Unternehmer die in Form von Plänen erteilten Weisungen des sachverständig vertretenen Bauherrn nicht zu überprüfen. Denn gemäss dieser Bestimmung der SIA-Norm 118 hat der Unternehmer «die ihm übergebenen Pläne […] nur dann zu prüfen, wenn der Bauherr weder durch eine Bauleitung vertreten noch selbst sachverständig, noch durch einen beigezogenen Sachverständigen beraten ist». 17.91

2. Das soeben Erklärte bedarf einer wichtigen **Präzisierung:** Nach der bundesgerichtlichen Rechtsprechung hat der Bauherr für das Verhalten seines Planers dann nicht einzustehen, wenn ihm kein (Selbst-)Verschulden angelastet werden könnte, falls er selbst so gehandelt hätte. Vermag also der Bauherr zu beweisen, dass sein Planer bei der Ausübung seiner Verrichtungen jene Sorgfalt walten liess, zu der er selber verpflichtet war (Grundsatz der *hypothetischen Vorwerfbarkeit*), entfällt seine eigene Verantwortlichkeit für dieses Verhalten. Mit Bezug auf den **Sachverstand** kann sich der Bauherr allerdings nicht auf 17.92

schluss erteilt werden (z.B. Anordnungen auf der Baustelle), können sie ebenso vor Vertragsabschluss (z.B. in den Ausschreibungsunterlagen oder als Pläne) bekannt gegeben und vertraglich vereinbart werden (Gauch, Werkvertrag, Rz. 1927 ff.).

151 Vgl. Gauch, Werkvertrag, Rz. 1953.

152 Vgl. BGE 116 II 454/456 E. 2c/aa (= BR/DC 1991, S. 97, Nr. 154 und 155, mit Anm. Gauch); Gauch, Werkvertrag, Rz. 1969 ff.

153 Vgl. statt vieler Nigg, Die Haftung mehrerer, S. 132.

seinen eigenen (Un-)Verstand berufen. Soweit er für die Vertragsabwicklung, die eine besondere Sachkunde erfordert, einen sachkundigen Vertreter – eben einen Planer – als Hilfsperson bestimmt hat, schuldet er diejenige Sorgfalt, welche diese Hilfsperson zu leisten imstande ist. Indem der Bauherr nämlich eine sachverständige Hilfsperson als Ausübungsgehilfen einsetzt, begründet er beim Vertragspartner das Vertrauen, dass er bei der Abwicklung des Vertrags auf den Sachverstand dieser Hilfsperson zählen kann. Deshalb – so das Bundesgericht – «ist dem Bauherrn nicht nur das Verhalten der Hilfsperson anzurechnen, sondern auch deren Sachverstand».[154]

17.93 **3.** Ist dem Bauherrn in einem konkreten Fall wegen des ihm anzurechnenden Verhaltens seines Planers ein Selbstverschulden vorzuwerfen, führt das zum **Wegfall** (Art. 369 OR) oder zur **Reduktion** (Art. 44 Abs. 1 OR) der Haftung des Unternehmers.[155] Das bedeutet Folgendes:

17.94 **a.** Es besteht **keine solidarische Haftung** zwischen Planer und Unternehmer, sofern und soweit die Haftung des Unternehmers wegen Selbstverschuldens des Bauherrn für das ihm zuzurechnende Verhalten seines Planers reduziert ist oder gar wegfällt.[156] Im Falle der Haftungsreduktion besteht die Haftung des Unternehmers und damit seine solidarische Haftung mit dem Planer nur im Umfang der für ihn reduzierten Haftung.[157] Denn Solidarhaftung setzt Haftung jedes Schuldners voraus. Auf das dem Bauherrn als Selbstverschulden zuzurechnende Verhalten des Planers kann sich der Unternehmer bereits im Aussenverhältnis, d.h. direkt gegenüber dem Bauherrn, berufen.[158] Dasselbe gilt, wenn den Unternehmer überhaupt keine Haftung trifft, weil Art. 369 OR Anwendung findet. Ebenso kann der Unternehmer, der dem Bauherrn zum Zwecke der Mängelbeseitigung

[154] BGE 130 III 591/606 E. 5.5.4 (= BR/DC 2005, S. 87, Nr. 169, mit Anm. Aepli); vgl. auch BGE 119 II 127/131 E. 4a und 4b.; Gauch, Der Werkvertrag, Rz. 1923.

[155] Das Dahinfallen der Mängelrechte nach Art. 369 OR rechtfertigt sich nur dort, wo der Bauherr bzw. sein Planer als seine Hilfsperson den Mangel allein zu verantworten hat. Wurde der Mangel sowohl vom Planer als auch vom Unternehmer verursacht, bleibt die Haftung des Unternehmers zwar bestehen; sie erfährt aber eine wegen des Fehlverhaltens des Planers vom Bauherrn hinzunehmende Reduktion gemäss Art. 44 Abs. 1 OR (BGE 116 II 454/458 E. 3b = BR/DC 1991, S. 97, Nr. 154 und 155, mit Anm. Gauch: «Das beschränkte Selbstverschulden des Bestellers fällt dabei nicht unter den Tatbestand von Art. 369 OR, da die vollständige Haftungsbefreiung, welche diese Bestimmung zugunsten des Unternehmers vorsieht, eben nicht eintritt, doch kann das beschränkte Selbstverschulden des Bestellers zu einer teilweisen Entlastung des Unternehmers führen. Soweit es um die Liquidation von Mangelfolgeschaden geht, findet Art. 44 Abs. 1 OR sinngemäss Anwendung»).

[156] Siehe als Beispiele BGE 130 III 591 (= BR/DC 2005, S. 87, Nr. 169, mit Anm. Aepli): Reduktion der Haftung des Unternehmers um 10% wegen des dem Besteller anzurechnenden Mitverschuldens des Architekten; BGE 119 II 127: Selbstverschulden des Bestellers wegen des Verhaltens seines Architekten im Umfang von 70% des Schadens; BGE 95 II 43: Kürzung des Ersatzanspruchs des Bestellers wegen Mitverschuldens des für ihn handelnden Architekten und des Bauführers um 40%.

[157] Zur Frage, wie eine Reduktion der Mängelhaftung konkret zu bewerkstelligen ist, vgl. Gauch, Werkvertrag, Rz. 2062 ff.; Krauskopf, Solidarhaftung, S. 53; Schenker, Der Architekt als Hilfsperson des Bauherrn, S. 26 f.; Trachsel, Werkmängel, Rz. 566 ff.

[158] Vgl. Nigg, Die Haftung mehrerer, S. 147.

oder des Schadenersatzes mehr geleistet hat, als er unter Berücksichtigung des Selbstverschuldens des Bestellers schuldete, nicht auf den (fehlbaren) Planer Rückgriff nehmen, soweit es um den Teil der Leistung geht, der über seine Schuldpflicht hinausgeht.[159] Denn diesbezüglich bestand von Anfang an keine Solidarität mit dem Architekten. Die dadurch geschaffene Bereicherung (beim Besteller) ist über das Bereicherungsrecht (Art. 62 ff. OR) auszugleichen, und es ist dem Unternehmer ein entsprechender Bereicherungsanspruch zuzugestehen.[160] Spiegelbildlich kann der vom Bauherrn belangte Planer, der ihn vollständig entschädigt, nicht gegen den Unternehmer regressieren, soweit es um den Anteil der Verantwortung geht, der ihm selbst anhaftet und aus der Sicht des Unternehmers Selbstverschulden des Bauherrn ist.[161]

Ein **Denkfehler** unterlief dem Bundesgericht in BGE 119 II 127, einem Fall von Regress des Unternehmers gegen den Planer. In diesem Entscheid ging es um folgenden Sachverhalt: Anlässlich der Montage von Betonelementen für den Einbau eines Zwischengeschosses in einem bestehenden Gebäude stürzte das zu erstellende Zwischengeschoss ein. Daraufhin errichtete der Unternehmer das Zwischengeschoss neu, ohne dafür eine Zusatzvergütung zu erhalten. Später nahm er Rückgriff auf den Ingenieur und verlangte Ersatz der für die Mehrarbeit entstandenen Kosten. Ausgehend von den vorinstanzlichen Feststellungen, wonach sowohl den Unternehmer wie auch den von der Bauherrin beauftragten Ingenieur eine erhebliche Verantwortung am Einsturz des zu erstellenden Zwischengeschosses traf, bejahte das Bundesgericht eine solidarische Haftung beider im Sinne von Art. 51 OR. Dem Planer wurde ein Verantwortlichkeitsanteil («Verschuldensquote») am Schaden von 70% zur Last gelegt, dem Unternehmer ein Verantwortlichkeitsanteil von 30%. Das Bundesgericht erklärte sodann, dass der Planer im Verhältnis zum Unternehmer Hilfsperson des Bauherrn gewesen sei, der für das Verhalten dieser Hilfsperson einzustehen hätte. Weil der Unternehmer mit der unentgeltlichen Wiederherstellung des Stockwerks (geldmässig) mehr geleistet hatte, als es seinem internen Haftungsanteil entsprach, schloss das Bundesgericht, dass ihm der Rückgriff «analog Art. 51 OR» gegen den Ingenieur offenstand.[162] Mit Gauch[163] ist gegen diesen bundesgerichtlichen Schluss einzuwenden, dass die Voraussetzungen für den Regress in Ermangelung einer Solidarhaftung zwischen Unternehmer und Planer im geschilderten Fall nicht erfüllt waren. Soweit den Bauherrn aufgrund des ihm zuzurechnenden Verhaltens des Planers ein Selbstverschulden im Umfang von 70% des Schadens traf, war die Haftung des Unternehmers nämlich von vornherein auf 30% des Schadens beschränkt, und eine (solidarische) Haftung darüber hinaus war nicht gegeben. Vielmehr hatte der Unternehmer gegen den Bauherrn Anspruch auf Vergütung für das neu erstellte Zwischengeschoss unter 17.95

159 Richtig Koller A., Solidarische Haftung, S. 8 f.

160 Einzelheiten dazu bei Gauch, Der Untergang, S. 42 ff.; ders., Werkvertrag, Rz. 2759; anders BGE 119 II 127/131 E. 4c (= BR/DC 1994, S. 42, mit Anm. Gauch).

161 Vgl. Boldt, Reduzierte Haftung, S. 495.

162 BGE 119 II 127/131 E. 4b f.

163 Gauch, Der Untergang, S. 42 ff. (insb. 45).

Reduktion von 30% wegen seines Mitverschuldens am Untergang des eingestürzten Zwischengeschosses.[164]

17.96 **b.** Die Reduktion oder der Wegfall der Haftung des Unternehmers hat keinen Einfluss auf die vertragliche **Haftung des Planers** gegenüber seinem Bauherrn. Vielmehr bleibt er dem Bauherrn uneingeschränkt ersatzpflichtig für Schäden, die er ihm verursacht hat. Auf ein wegen seines eigenen Verhaltens dem Bauherrn anzulastendes Selbstverschulden kann sich der Planer selbstredend nicht berufen. Darin sieht SCHUMACHER denn auch den Grund, weswegen der Bauherr es in der Praxis «bevorzugt, den Architekten und nicht den Unternehmer einzuklagen».[165]

17.97 **4.** Das (durch das Verhalten des Planers bedingte) Selbstverschulden des Bauherrn hat zur Folge, dass die Haftung des Unternehmers entweder ganz entfällt (Art. 369 OR) oder angemessen reduziert wird (Art. 44 Abs. 1 OR).[166] Leistet der Unternehmer, obwohl er wegen Selbstverschuldens des Bauherrn gar nicht haftet, oder leistet er mehr als seiner reduzierten Haftung entspräche, so kann er das (zu viel) Geleistete vom Bauherrn mit der **Bereicherungsklage** (Art. 62 OR) zurückfordern.[167] Ein Rückgriff gegen den Planer steht ihm dagegen nicht zu. Soweit er nämlich gar nicht haftet, haftet der Unternehmer auch nicht solidarisch mit dem Planer. Der Rückgriff setzt aber die solidarische Haftung desjenigen voraus, der Rückgriff nehmen möchte, und desjenigen, gegen den der Rückgriffsanspruch geltend gemacht wird.

17.98 **5.** Demgegenüber liegt **kein Selbstverschulden** des Bestellers vor, wenn der Planer seinen Vertrag dadurch verletzt, dass er den Unternehmer während der Bauausführung nicht (sorgfältig) überwacht hat. Dieses Fehlverhalten des Planers darf, wie GAUCH erklärt, dem Bauherrn nicht als eigenes Verhalten angerechnet werden, denn die Überwachung des Unternehmers gehört (unter Vorbehalt einer dahingehenden Vertragsabrede) nicht zu den vertraglichen Pflichten und Obliegenheiten des Bauherrn.[168] Zwar hat der Unternehmer die Beaufsichtigung durch den Bauherrn oder seinen Planer zu dulden, weil der Bauherr damit bloss sein Recht wahrnimmt;[169] indessen soll er nichts zu

---

164 GAUCH, Der Untergang, S. 45; mit denselben Überlegungen KOLLER A., Solidarische Haftung, S. 6 ff., der allerdings eine Korrektur von unbilligen Ergebnissen über das Bereicherungsrecht vornehmen will.

165 SCHUMACHER, Architektenrecht 1995, Rz. 693.

166 Zur Frage, wie eine Reduktion der Mängelhaftung zu bewerkstelligen ist, GAUCH, Werkvertrag, Rz. 2062 ff.; KRAUSKOPF, Solidarhaftung, S. 53; SCHENKER, Der Architekt als Hilfsperson des Bauherrn, S. 26 f.; TRACHSEL, Werkmängel, Rz. 566 ff.

167 Eine Bereicherungsklage fällt freilich ausser Betracht, wenn der Unternehmer im Wissen um den Haftungsreduktionsgrund bzw. im Wissen darum, dass er gar nicht haftet, freiwillig leistet (Art. 63 Abs. 1 OR). Die Bereicherungsklage steht dem Unternehmer nicht (mehr) zu, wenn er rechtskräftig zur Leistung verurteilt worden ist (BGE 127 III 496/500 f. E. 3b/aa; GAUCH/SCHLUEP/SCHMID, OR AT, Rz. 1476).

168 Vgl. FELLMANN, Regressausgleich, S. 43 f.; GAUCH, Werkvertrag, Rz. 2743; KOLLER A., Das Nachbesserungsrecht, Rz. 524.

169 Vgl. GAUCH, Werkvertrag, Rz. 1346 f.

seinen Gunsten ableiten dürfen, wenn diese Beaufsichtigung nicht (sorgfältig) erfolgt. Schliesslich hat er dem Bauherrn bereits aufgrund des Werkvertrags für das (mängelfreie) Werk Gewähr zu leisten.[170]

F. Rückgriff

Haften Planer und Unternehmer solidarisch für einen Werkmangel oder Schaden, so entsteht demjenigen, der den Bauherrn entschädigt, ein Rückgriffsrecht gegen den anderen Mitschuldner, soweit er mehr geleistet hat, als seinem Verantwortlichkeitsanteil – seiner «Haftungsquote» – entspricht.[171] Was sein Verantwortlichkeitsanteil ist, bestimmt sich unter Vorbehalt vertraglicher Abmachungen zwischen den Solidarschuldnern nach dem Gesetz.[172] Liegt eine (unechte) Solidarhaftung nach **Art. 51 OR** vor (Rz. 17.43 ff.), so richtet sich der Rückgriff nach dieser Gesetzesbestimmung. 17.99

a. Der Rückgriff nach Art. 51 OR

1. Gemäss Art. 51 Abs. 1 OR ist «die Bestimmung über den Rückgriff unter Personen, die einen Schaden gemeinsam verschuldet haben», also Art. 50 Abs. 2 OR, «entsprechend» anwendbar.[173] Gemäss Art. 50 Abs. 2 OR bestimmt der Richter nach seinem Ermessen, «ob und in welchem Umfange die Beteiligten Rückgriff gegeneinander haben». Dieser **gesetzliche Verweis** wird allerdings durch Art. 51 Abs. 2 OR erheblich relativiert: Danach «trägt in der Regel derjenige in erster Linie den Schaden, der ihn durch unerlaubte Handlung verschuldet hat, und in letzter Linie derjenige, der ohne eigene Schuld und ohne vertragliche Verpflichtung nach Gesetzesvorschrift haftbar ist».[174] 17.100

2. Das Bundesgericht erblickt im Rückgriffsrecht zwischen Mitschuldnern nach Art. 51 OR einen **selbständigen Ausgleichsanspruch,** der mit einer eigenen Verjährung (Rz. 17.118 ff.) ausgestattet und vom Hauptanspruch des Geschädigten unabhängig ist.[175] Denn im Unterschied zur echten Solidarität, wo Art. 149 Abs. 1 OR die Subrogation des leistenden Schuldners in die Rechtsstellung des befriedigten Gläubigers vorsieht, tritt der leistende Schuldner nach bundesgerichtlicher Ansicht bei der Solidarität nach Art. 51 OR 17.101

[170] Vgl. Gauch, Werkvertrag, Rz. 2057 f. und 2743.

[171] Vgl. auch Rz. 17.95.

[172] Vgl. BGE 133 III 6/25 E. 5.3.3 (= BR/DC 2007, S. 48, mit Anm. Pichonnaz/Werro und S. 53, mit Anm. Krauskopf/Siegenthaler); 56 II 128/132.

[173] Vgl. BGE 96 II 172/175 f. E. 2; BGer 4A_164/2016 vom 18. Oktober 2016 E. 2.2.

[174] Dazu sogleich Rz. 17.103 ff.; vgl. auch Tolou, Le recours interne, S. 131 ff.

[175] Vgl. BGE 133 III 6/18 E. 5.2.2 (= BR/DC 2007, S. 48, mit Anm. Pichonnaz/Werro und S. 53, mit Anm. Krauskopf/Siegenthaler); 130 III 362/369 E. 5.2 (= BR/DC 2004, S. 179, Nr. 482, mit Anm. Werro/ Pichonnaz); 127 III 257/267 E. 6c (= BR/DC 2002, S. 91, Nr. 217, mit Anm. Aepli); 115 II 42/48 E. 2 (= BR/DC 1989, S. 41, Nr. 40, mit Anm. Gauch); BGer 4A_133/2014 vom 8. Juli 2014 E. 4.2. Eine wissenschaftliche Auseinandersetzung mit dem Ausgleichsanspruch des Art. 51 OR findet sich bei Casanova, Ausgleichsanspruch, S. 67 ff.

nicht in die Forderung des befriedigten Gläubigers ein, sondern er verfügt nur über einen Ausgleichsanspruch gegenüber den anderen Solidarschuldnern, welcher im Zeitpunkt der Zahlung an den Gläubiger entsteht.[176] Dieses Recht besteht unabhängig davon, ob dem Rückgriffsberechtigten daneben noch andere Ansprüche, zum Beispiel vertragliche Ansprüche, zustehen. Hat der Rückgriffsberechtigte gegen den Rückgriffsschuldner mehrere Ansprüche, die sich auf die Deckung desselben Schadens beziehen, so besteht (alternative) Anspruchskonkurrenz: Beide oder mehrere Ansprüche sind zwar auf die Deckung ein und desselben Schadens gerichtet, weswegen der Anspruchsinhaber nur einmal volle Deckung verlangen darf. Die Ansprüche können aber unter verschiedenen Voraussetzungen entstehen (z.B. nur bei Verschulden oder nur bei rechtzeitiger Rüge), unterschiedlichen Regeln folgen (z.B. mit Bezug auf die Verjährung) und auf eine unterschiedliche Leistung gerichtet sein (z.B. vertragliche Nachbesserung oder Schadenersatz).[177]

17.102 **3.** Mögen die Leistungspflichten der Solidarschuldner im Aussenverhältnis ihrem Inhalt nach auch unterschiedlich sein (Rz. 17.58); im Rückgriffsverhältnis geht es stets und immer nur um **Geldleistungen,** mit denen ein Ausgleich zwischen dem Solidarschuldner, der dem Gläubiger geleistet hat, und den Mitschuldnern, die im Aussenverhältnis nichts leisten mussten, erzielt werden soll. Um Rückgriffsansprüche festzulegen, muss der Richter deswegen zunächst die Leistungspflichten der Solidarschuldner geldmässig erfassen, sodann den (geldmässigen) Umfang der Solidarität eruieren und schliesslich gestützt darauf die Rückgriffsansprüche der Schuldner, die dem Gläubiger geleistet haben, errechnen. Deswegen muss sich zum Beispiel ein Unternehmer, der dem Bauherrn Nachbesserung eines mangelhaften Werks schuldet, gefallen lassen, dass seine Nachbesserungsschuld zum Zwecke der Berechnung von Rückgriffsansprüchen in eine Geldschuld umgewandelt wird.[178]

17.103 **4.** In Art. 51 Abs. 2 OR stellt das Gesetz für das Rückgriffsverhältnis eine **Rückgriffsordnung** auf,[179] wonach:

17.104 **a.** an *erster Stelle* derjenige den Schaden tragen soll, der ihn durch **unerlaubte Handlung** schuldhaft verursacht hat (Beispiel: Deliktshaftung des Art. 41 Abs. 1 OR);

17.105 **b.** an *zweiter Stelle* der aus **Vertrag** Verpflichtete für den Schaden einzustehen hat (Beispiele: Vertragshaftung des Planers nach Art. 398 Abs. 2 OR oder Hilfspersonenhaftung des Unternehmers nach Art. 101 Abs. 1 OR). Das gilt auch für den Schuldner, der nicht wegen Vertragsverletzung leistungspflichtig wird, sondern weil er sich vertraglich (z.B. in

---

176 Vgl. BGE 130 III 362/369 E. 5.2 (= BR/DC 2004, S. 179, Nr. 482, mit Anm. Werro/Pichonnaz).

177 Vgl. BGE 123 III 204/212 E. 2f.

178 Vgl. auch Koller A., Das Nachbesserungsrecht, Rz. 568.

179 Zur Regressordnung von Art. 51 Abs. 2 OR vgl. auch Fellmann/Kottmann, Schweizerisches Haftpflichtrecht, Bd. I, Rz. 2843 ff.; Krauskopf, Zürcher Kommentar, N 84 ff. zu Art. 148 f. OR; Tolou, Le recours interne, S. 132 ff.

einem Garantie- oder Bürgschaftsvertrag oder in einem Versicherungsvertrag)[180] verpflichtet hat, einen allfälligen Vermögensschaden des Vertragspartners auszugleichen.[181] Richtigerweise gilt das nur unter der Voraussetzung, «dass die verschiedenen Leistungen (der aus verschiedenen Verträgen solidarisch Verpflichteten) dasselbe wirtschaftliche Bedürfnis des Gläubigers befriedigen sollen (Identität des Gläubigerinteresses statt Leistungsidentität)»;[182]

c. an *dritter und letzter Stelle* denjenigen die interne Schadenstragung treffen soll, der **ohne Verschulden** (also «kausal») und **ohne vertragliche Verpflichtung** haftet (Beispiele: Geschäftsherrenhaftung nach Art. 55 OR oder Werkeigentümerhaftung nach Art. 58 OR).[183] Umstritten ist, ob die Gefährdungshaftungen unter die Kausalhaftungen der Rückgriffsordnung von Art. 51 Abs. 2 OR einzuordnen sind.[184] Trifft den Kausalhaftpflichtigen freilich ein zusätzliches Verschulden oder haftet er dem Geschädigten zugleich aus Vertrag, so versetzt ihn das an die entsprechende Stelle (d.h. an die erste Stelle bei Verschuldenshaftung bzw. an die zweite Stelle bei Vertragshaftung) innerhalb der Rückgriffsordnung von Art. 51 Abs. 2 OR.[185] 17.106

5. Hinsichtlich des Rückgriffs nach Art. 51 OR gilt dasselbe, was bereits aus Art. 148 Abs. 1 OR hervorgeht: Zwischen den Solidarschuldnern besteht im Innenverhältnis keine (interne) Solidarität, sondern es haftet ein jeder nur noch für seinen eigenen Verantwortlichkeitsanteil, den der Richter nach seinem Ermessen und unter Berücksichtigung von Art. 51 Abs. 2 OR bestimmen muss.[186] 17.107

---

180 Grundlegend BGE 80 II 247/253 f. E. 5; vgl. auch BGE 118 II 502/504 f. E. 2b: betreffend die Schadensversicherung; BGer 4C.92/2007 vom 31. Juli 2007 E. 2.2 (= BR/DC 2007, S. 168, Nr. 365, mit Anm. Stöckli): betreffend die Gebäudeversicherung. In der Lehre wird die Anwendung von Art. 51 Abs. 2 OR auf die Versicherungen teilweise kritisiert (vgl. insb. Rumo-Jungo, Haftpflicht und berufliche Vorsorge, S. 443 ff.). Mit dieser Kritik hat sich das Bundesgericht in BGE 132 III 321/325 ff. E. 2.3.2 auseinandergesetzt.

181 Vgl. z.B. BGE 114 II 342.

182 Koller A., Solidarische Haftung, S. 4.

183 Brehm, Berner Kommentar, N 74 zu Art. 51 OR; Deschenaux/Tercier, La responsabilité civile, S. 289, Rz. 35 f.; Keller, Haftpflicht II, S. 187; Mazan, Handkommentar Privatrecht, N 16 zu Art. 51 OR.

184 Während die Rechtsprechung zu Art. 51 Abs. 2 OR ohne (sichtbare) Differenzierung im Rückgriffsverhältnis die Gefährdungs- und Kausalhaftung auf dieselbe (dritte) Stufe setzt (vgl. z.B. BGE 115 II 24/27 E. 2c), befürwortet ein Teil der Lehre die «Vorwegtragung» eines Teils des Schadens durch den Gefährdungshaftpflichtigen (vgl. die Nachweise bei Brehm, Berner Kommentar, N 133 ff. zu Art. 51 OR, der selber eine «besondere Einstufung der Gefährdungshaftung im internen Verhältnis [= Rückgriffsverhältnis]» freilich ablehnt; vgl. Rey/Wildhaber, Ausservertragliches Haftpflichtrecht, Rz. 1764 und 1779). Keller, Haftpflicht II, S. 188, und Koller A., OR AT, § 75 Rz. 159 f., wollen den Umfang des Rückgriffs zwischen dem Kausal- und dem Gefährdungshaftpflichtigen dem Ermessen des Richters anheimstellen.

185 Anwendungsfall BGE 97 II 339/345 ff. E. 4 ff.

186 Statt vieler Graber, Basler Kommentar, N 21 f. zu Art. 51 OR.

b. Zur Rückgriffsordnung von Art. 51 Abs. 2 OR insbesondere

17.108 **1.** Die Rückgriffsordnung des Art. 51 Abs. 2 OR – deren sachliche Rechtfertigung in der Lehre kontrovers diskutiert wird[187] – ist dem gesetzlichen Wortlaut nach bloss eine «Regel», von welcher der Richter nach seinem Ermessen abweichen kann. Das Bundesgericht wendet sie trotzdem seit Jahrzehnten konsequent an und will nur dann davon abweichen, wenn die Befolgung dieser Rückgriffsordnung «zu einem ganz unbilligen Resultat»[188] führen würde. Es hält dafür, dass die Regel von Art. 51 Abs. 2 OR nicht absolut gelte. Vielmehr habe der Richter die Möglichkeit, von ihr abzuweichen, wenn es die Umstände rechtfertigen. Er dürfe jedoch von dieser Möglichkeit nur mit grosser Zurückhaltung Gebrauch machen, nämlich dort, wo die strikte Anwendung von Art. 51 Abs. 2 OR zu unbilligen Ergebnissen führen würde.[189] Entscheide, in denen das Bundesgericht von der strikten Anwendung von Art. 51 Abs. 2 OR Abstand nimmt,[190] sind sehr selten und beziehen sich auf Fälle, in denen besondere Umstände die vollständige Befreiung des Kausalhaftenden von der Kostentragung zu stossenden Ergebnissen führen würde.[191] Obwohl Art. 51 Abs. 2 OR seinem Wortlaut nach als Wegweiser an den Richter verstanden werden könnte, hat er sich angesichts der einschlägigen Rechtsprechung «zur fast unumstösslichen Regel»[192] entwickelt. Seine Wirkung äussert Art. 51 Abs. 2 OR (ausschliesslich) im Rückgriffsverhältnis zwischen den Solidarschuldnern,[193] indem er:

17.109 **a.** den **Rückgriff «nach oben»** unbeschränkt zulässt.[194] So kann der aus Vertrag Verpflichtete gegen den aus unerlaubter Handlung Haftenden vollen Rückgriff nehmen, soweit diesem ein Verschulden anzulasten ist. Ebenso kann der Kausalhaftpflichtige gegen den aus unerlaubter Handlung schuldhaft Haftenden in vollem Umfang Rückgriff nehmen.[195] Die Frage, ob er wahlweise auch auf den aus Vertrag Verpflichteten zurück-

---

[187] Ausführlich dazu Brehm, Berner Kommentar, N 144 ff. zu Art. 51 OR; Casanova, Ausgleichsanspruch, S. 155 ff.; Müller C., Solidarité, S. 33 ff.; Oftinger, Haftpflichtrecht I, § 10 Rz. 51; Rey/Wildhaber, Ausservertragliches Haftpflichtrecht, Rz. 1757 f.

[188] BGer vom 6. November 1951 (= SVA X, Nr. 70, S. 280 Regeste f.).

[189] BGE 76 II 387/392 E. 4; vgl. auch BGE 115 II 24/28 E. 3: Unbilligkeit verneint; BGer vom 6. November 1951 E. f (= SVA X, Nr. 70, S. 283 f.): Unbilligkeit verneint.

[190] Vgl. z.B. BGer vom 5. Mai 1987 «Michaud c. Confédération Suisse» (= ZBJV 1992, S. 223, mit Anm. Stark); BGer vom 9. Juni 1953 E. 3 f. (= ZR 1956, Nr. 59, S. 121); BGer vom 1. April 1941 Regeste 2 und E. 2 (= JdT 1941 I, S. 363 und 365 f.).

[191] In BGE 116 II 645/649 E. 3b verwahrt sich das Bundesgericht immerhin gegen jeden Schematismus: Der Versuchung, Kriterien für die Verteilung im Rückgriffsverhältnis abstrakt festzulegen, müsse widerstanden werden, da dies zu einer vom Gesetzgeber nicht beabsichtigten Starrheit führen würde.

[192] Vgl. Müller C., Solidarité, S. 33.

[193] Vgl. statt mancher BGE 130 III 362/369 E. 5.2 (= BR/DC 2004, S. 179, Nr. 482, mit Anm. Werro/Pichonnaz).

[194] Ausführlich dazu Brehm, Berner Kommentar, N 49 ff., insb. N 72, 79 und 81 zu Art. 51 OR. Der Rückgriff erfasst nicht nur die an den Geschädigten geleistete Entschädigung, sondern auch aufgelaufene Zinsen und Kosten (Bugnon, L'action récursoire, S. 97 und 99).

[195] Anwendungsfälle: BGE 88 II 299/307 E. 4a und 85 II 337/341 E. 3.

greifen kann oder sich stets zuerst an denjenigen halten muss, den eine deliktische Verschuldenshaftung trifft, wird in der Lehre kontrovers behandelt.[196] Weil im Rückgriffsverhältnis unter den Solidarschuldnern keine Solidarität gilt,[197] erfordert der volle Rückgriff nach oben ein Vorgehen gegen sämtliche bestehenden Rückgriffsschuldner, da diese stets nur anteilmässig nach Massgabe ihrer Verantwortlichkeitsanteile bzw. Haftungsquoten (was sich vor allem, aber nicht ausschliesslich, am Verschulden misst) belangt werden können.[198] Dabei gilt, dass bei Wegfall eines Rückgriffsschuldners in Abweichung von Art. 148 Abs. 3 OR nicht alle übrigen Haftpflichtigen dessen Rückgriffsschuld (anteilmässig) tragen müssen, sondern nur diejenigen, die sich in derselben Linie gemäss Art. 51 Abs. 2 OR befinden;[199]

b. den **Rückgriff «nach unten»** nicht gestattet. Die Rückgriffsordnung des Art. 51 Abs. 1 OR ist so gestaltet, dass sie gewisse Haftpflichtige von der (internen) Schadenstragung völlig befreit (etwa den Kausalhaftpflichtigen, wenn andere aufgrund einer Vertrags- oder Deliktshaftung geleistet haben); 17.110

c. den **Rückgriff «auf gleicher Ebene»** (z.B. zwischen mehreren aus verschiedenen Verträgen Haftenden; Rz. 17.60) wiederum zulässt. Diesfalls hat der Richter nach seinem Ermessen die Anteile jedes Rückgriffsschuldners festzulegen (Art. 51 Abs. 1 i.V.m. Art. 50 Abs. 2 OR).[200] Geht es zum Beispiel um den Rückgriff zwischen mehreren wegen Nicht- oder Schlechterfüllung von Verträgen Haftenden, lässt sich das Gericht vom Verschulden und von der Natur der Rechtsgeschäfte zwischen dem Gläubiger und den einzelnen Schuldpflichtigen leiten.[201] 17.111

2. Im Zusammenhang mit der solidarischen Haftung von Planer und Unternehmer steht die **vertragliche Haftung beider** gegenüber dem Bauherrn im Vordergrund: Während der Bauunternehmer für Werkmängel oder Schäden aus Werkvertrag haftet, trifft den Planer für dieselben Mängel oder Schäden eine Vertragshaftung aus Architekten- oder Ingenieurvertrag. Liegt eine solche Haftungssituation vor und entschädigt einer der Haftpflichtigen den Bauherrn, so stellt sich die Frage, wie der Rückgriff «auf gleicher Ebene» (Rz.17.111) vorzunehmen ist. Wiederum rechtfertigt es sich, Art. 51 OR (analog) anzuwenden (Rz. 17.66 und 17.74), denn gemäss Art. 50 Abs. 2 OR (auf welchen Art. 51 Abs. 1 OR verweist) muss der Richter bei der Ausübung seines Ermessens die gesamten 17.112

196 Meinungsstand bei Brehm, Berner Kommentar, N 90 f. zu Art. 51 OR.

197 Vgl. BGE 103 II 137/139 f. E. 4b und 4d; BGer 2A.252/2002 vom 4. November 2002 E. 3.2.2.2; OGer AG vom 16. November 1988 E. 3 (= SJZ 1990, Nr. 35, S. 161).

198 Der Richter hat bei der Festlegung der Haftungsquoten, d.h. der (internen) Anteile der einzelnen Solidarschuldner, in erster Linie das Verschulden zu berücksichtigen – dieses bleibt ja im Aussenverhältnis grundsätzlich unberücksichtigt. In zweiter Linie können weitere Faktoren zur Geltung gelangen, zum Beispiel in wessen Interesse die schädigende Handlung erfolgte (vgl. statt vieler Brehm, Berner Kommentar, N 58 zu Art. 50 OR).

199 Vgl. Brehm, Berner Kommentar, N 92 f. zu Art. 51 OR.

200 Vgl. BGE 80 II 247/253 f. E. 5; Tolou, Le recours interne, S. 135 f.

201 Vgl. Rey/Wildhaber, Ausservertragliches Haftpflichtrecht, Rz. 1776.

Umstände des Einzelfalles berücksichtigen.[202] Abgesehen davon, dass der Richter alle Umstände, insbesondere das Verschulden der Solidarschuldner, zu berücksichtigen hat, enthält die schweizerische Rechtsprechung keine detaillierten Richtlinien, wie der Richter bei der Bestimmung des Rückgriffs in Art. 51 OR im Einzelnen vorzugehen hat.[203]

17.113 Im **deutschen Recht** bestimmt § 426 BGB, dass Solidarschuldner im Verhältnis zueinander zu gleichen Anteilen verpflichtet sind, soweit nicht etwas anderes bestimmt ist. Abweichend davon und für den Fall von Werkmängeln einschlägig regelt § 254 BGB, dass die Bestimmung der Ausgleichsansprüche im internen Verhältnis zwischen Solidarschuldnern von den Umständen des Einzelfalles abhängt, insbesondere davon, inwieweit der Schaden von den einzelnen Solidarschuldnern verursacht worden ist.[204] Dabei soll derjenige in stärkerem Masse für Werkmängel haften, der diese Mängel (primär) verursacht hat.[205] Eine gesetzgeberische Besonderheit gilt für den Fall, dass der Planer den Unternehmer **nicht ordnungsgemäss beaufsichtigt** hat. Grundsätzlich gilt, dass beide – Planer und Unternehmer – dem Bauherrn solidarisch für die Werkmängel haften, soweit diese durch sorgfältige Bauaufsicht zu verhindern gewesen wären. Dieser Grundsatz der solidarischen Haftung wird aber gemäss § 650t BGB (in Kraft seit 1. Januar 2018) etwas abgeschwächt: Belangt der Bauherr den Planer wegen eines Bauleitungsfehlers, der zu einem Werkmangel geführt hat, so kann dieser seine Leistung einstweilen verweigern, solange der Bauherr dem mithaftenden Unternehmer nicht gemäss § 634 Ziff. 1 BGB erfolglos eine angemessene Frist zur Nachbesserung gesetzt hat.[206] Bis Ende 2017 hatte der Bauherr das Wahlrecht, ob er den Unternehmer aus Gewährleistung oder den Planer gestützt auf Auftragsrecht auf Schadenersatz in Anspruch nimmt. Mit § 650t BGB gilt nunmehr das Primat der Nachbesserung: Solange der Bauherr nicht den Unternehmer erfolglos zur Mängelbeseitigung aufgefordert hat, kann sich der Planer deswegen gegen seine Inanspruchnahme mittels Einrede wehren. Erst wenn der Unternehmer untätig

---

202 BGer 4C.368/2005 vom 26. September 2006 E. 4.2; vgl. auch Brehm, Berner Kommentar, N 46 und 101 zu Art. 51 OR; Bugnon, L'action récursoire, S. 63; Oftinger, Haftpflichtrecht I, § 10 Rz. 66; Werro, La responsabilité civile, Rz. 1771.

203 In Anwendung von Art. 51 OR ergangene Ermessensentscheide kantonaler Gerichte überprüft das Bundesgericht im Beschwerdeverfahren zwar grundsätzlich frei. Es übt dabei aber Zurückhaltung und schreitet nur ein, wenn die Vorinstanz grundlos von in Lehre und Rechtsprechung anerkannten Grundsätzen abgewichen ist, wenn sie Tatsachen berücksichtigt hat, die für den Entscheid im Einzelfall keine Rolle hätten spielen dürfen, oder wenn sie umgekehrt Umstände ausser Betracht gelassen hat, die zwingend hätten beachtet werden müssen. Ausserdem greift das Bundesgericht in Ermessensentscheide ein, falls sich diese als offensichtlich unbillig, als in stossender Weise ungerecht erweisen (vgl. BGer 4C.368/2005 vom 26. September 2006 E. 4.2).

204 Vgl. BGH GSZ 1/64 vom 1. Februar 1965 (= NJW 1965, S. 1175).

205 Kniffka, Gesamtschuldnerausgleich, S. 274 und 276 f.

206 Nicht erforderlich ist, dass der Bauherr den Unternehmer auf Nachbesserung beklagt. § 650t BGB verlangt nur (aber immerhin), dass dem Unternehmer eine angemessene Nachbesserungsfrist gesetzt wird, die erfolglos verstreicht (weitere Ausführungen dazu bei Zahn, Bauvertragsrechts-Kommentar, N 57 ff. zu § 650t BGB).

bleibt oder die Nachbesserung verweigert, kann der Bauherr nach seiner Wahl entscheiden, wen von den beiden Solidarschuldnern er in Anspruch nimmt.

Was das Innenverhältnis anbelangt, gilt nach *bisheriger* Rechtsprechung des deutschen Bundesgerichtshofs, dass grundsätzlich allein der Unternehmer den Schaden trägt und nicht auch der Planer, dem ein Beaufsichtigungsfehler unterlaufen ist.[207] Anders ausgedrückt: Beaufsichtigt ein Planer den Unternehmer nicht ordnungsgemäss und erschöpft sich darin seine Pflichtverletzung, so kann der im Aussenverhältnis auf Nachbesserung belangte Unternehmer «regelmässig» keinen Rückgriff gegen den Planer nehmen. Umgekehrt steht dem leistenden Planer ein voller Rückgriff gegen den Unternehmer zu. Die **Rechtfertigung** für diese Rechtsprechung erblickt der deutsche Bundesgerichtshof darin, dass einerseits der Planer, der ausschliesslich seine vertragliche Pflicht zur Bauaufsicht verletzt hat, den Werkmangel nicht «produziert» hat, und andererseits der Unternehmer gar keinen Anspruch darauf hätte, vom Bauherrn oder von einem von ihm beauftragten Planer (ordnungsgemäss) überwacht zu werden.[208] Mit dieser Rechtsprechung nimmt der Bundesgerichtshof in Kauf, dass der Planer trotz Verletzung seiner Hauptleistungspflicht (der Bauaufsicht) nach erfolgter Schadensverteilung im Innenverhältnis «ungeschoren» davonkommt.[209] Dieselbe Rechtslage im Innenverhältnis soll ausserdem auch im Verhältnis des bauleitenden Planers und des projektierenden Planers gelten. Beide, der Bauunternehmer und der projektierende Planer, schulden dem Bauherrn eine mängelfreie Werkleistung, doch keiner von ihnen hat Anspruch darauf, von einem Planer zusätzlich kontrolliert zu werden.[210] 17.114

Das in Deutschland (und vereinzelt auch im schweizerischen Schrifttum)[211] vorgebrachte Argument, der Unternehmer, der dem Bauherrn (z.B. Nachbesserung) geleistet hat, dürfe gegen den bauleitenden Planer deswegen nicht regressieren können, weil er keinen eigenen Anspruch auf Beaufsichtigung der Werkerstellung gehabt hätte, ist **weder dort noch für das schweizerische Recht stichhaltig.** Im Rückgriffsverhältnis geht es nämlich nicht darum, ob sich der Unternehmer darauf berufen könne, vom Bauleiter nicht (richtig) überwacht worden zu sein; vielmehr soll die Auseinandersetzung zwischen den Solidarschuldnern im Rückgriffsverhältnis sicherstellen, dass von mehreren Schädigern – und der Planer, der seine Bauaufsichtspflicht verletzt, gehört dazu[212] – ein jeder den Teil übernimmt, der seiner Verantwortung an der Schadensentstehung *im* 17.115

[207] Vgl. BGH GSZ 1/64 vom 1. Februar 1965 (= NJW 1965, S. 1175).

[208] Vgl. BGH VII ZR 70/01 vom 18. April 2002 (= NZBau 2002, S. 514).

[209] Zustimmend Boldt, Reduzierte Haftung, S. 495 f.; differenzierend Kniffka, Gesamtschuldnerausgleich, S. 276 ff.

[210] Boldt, Reduzierte Haftung, S. 495. Nun deutlich relativiert in OLG Köln 17 U 51/07 vom 30. April 2008 (= NZBau 2009, S. 189).

[211] So z.B. Schumacher, Architektenrecht 1995, Rz. 698.

[212] «Fast immer wird begründet werden können und müssen, dass der Mangel nicht entstanden wäre, hätte der Architekt seine Überwachungsverpflichtung sorgfältig erfüllt» (Soergel, Mögliche Gesamtschuldverhältnisse, S. 243).

Aussenverhältnis entspricht.[213] Richtig ist, dass ein Unternehmer, der in den Genuss einer Bauaufsicht kam, im Falle der Mitverantwortung des bauaufsichtsführenden Planers im Rückgriffsverhältnis durch die Kostenverteilung einen Vorteil erlangen kann, den der nicht beaufsichtigte und allein haftende Unternehmer nicht erhält. Das liegt aber in der Natur der Solidarhaftung, wo regelmässig jeder von mehreren Schädigern in einem bestimmten Umfang an der endgültigen Schadenstragung partizipiert, sodass im Ergebnis keiner von ihnen den gesamten Schaden allein zu tragen hat. Aus dem Blickwinkel der definitiven Schadenstragung stehen die solidarisch haftenden Schädiger deswegen (fast) immer besser da als der Alleinschädiger, der für den verursachten Schaden voll haftet.

17.116 Dem Gesagten nach hat der Richter die Rückgriffsverhältnisse nach seinem Ermessen zu klären. Dabei «muss der Richter auf die Verhältnisse des Einzelfalles abstellen, indem er die beidseitig gesetzten Mängelursachen gegeneinander abwägt und ‹gewichtet›».[214] Gestützt darauf hat er dann die Verantwortlichkeit für Werkmängel und Schäden quotenmässig festzulegen.[215] Erfahrungsgemäss trifft den Planer, der mit einem Projektierungsfehler die Ursache für einen Werkmangel gesetzt hat, die überwiegende Verantwortung für diesen Mangel. Umgekehrt ist die Verantwortung des Unternehmers grösser, wenn er genau erkennt, dass eine fehlerhafte Planung oder eine mangelhafte Ausschreibung des Planers mit Sicherheit zu einem Mangel des Bauwerks führen muss, und trotzdem zur Werkausführung schreitet, ohne den Bauherrn darauf hinzuweisen.[216] Schliesslich gilt die (allerdings nicht ausnahmslose) Faustregel, dass der Unternehmer eine grössere Verantwortung trägt für Ausführungsfehler, die der Architekt mangels sorgfältiger Bauaufsicht nicht erkennt und verhindert.[217]

17.117 **3.** Eine Besonderheit gilt schliesslich für den **Rückgriff des Planers,** der Schadenersatz leisten musste, gegen den Unternehmer, dessen Nachbesserungspflicht durch die Schadenersatzleistung des Planers getilgt wurde (Art. 147 Abs. 1 OR). Da der Unternehmer dem Bauherrn selbst Nachbesserung schuldet, haftet er ihm nur im Umfang der Nachbesserungskosten, die ihm durch die ordnungsgemässe Nachbesserung entstünden, falls er nachbessern würde. Hat nun der Planer dem Bauherrn betragsmässig mehr Schadenersatz geleistet, als dem Unternehmer durch Nachbesserung an Kosten entstanden wären, so orientiert sich ein Rückgriff des Planers nicht an dem von ihm geleisteten Schaden-

---

[213] Anderer Meinung Boldt, Reduzierte Haftung, S. 496, für die allein entscheidend ist, dass der Unternehmer keinen Anspruch darauf hat, beaufsichtigt und bei Bedarf auf Ausführungsfehler aufmerksam gemacht zu werden: «Wenn jedoch der Bauunternehmer gar nicht erwarten darf, auf Fehler hingewiesen zu werden, dann kann er sich auch nicht darauf berufen, dass dieser Hinweis durch den Bauüberwacher unterblieb. Folglich darf es in diesem Innenverhältnis auch keine Verantwortung des bauaufsichtspflichtigen Architekten geben.»

[214] Gauch, Werkvertrag, Rz. 2749. Vgl. auch Fellmann, Regressausgleich, S. 48 ff.

[215] Beispiel bei Reber, Haftung mehrerer, S. 47.

[216] Vgl. Werner/Pastor, Der Bauprozess, Rz. 1995.

[217] Vgl. Gauch, Werkvertrag, Rz. 2749; Nigg, Die Haftung mehrerer, S. 140; Zehnder, Mehrpersonenhaftung, S. 6 f.

ersatz, sondern an den (tieferen) Nachbesserungskosten, die der Unternehmer für die Nachbesserung hätte aufwenden müssen.[218] Denn bloss in diesem (geringeren) Umfang bestand Solidarhaftung zwischen Planer und Unternehmer und nach diesem Umfang bemisst sich auch der Rückgriff des Planers. Das gilt zwar insbesondere dort, wo der Bauherr dem Unternehmer ein vertragliches Nachbesserungsrecht eingeräumt hatte, wohl aber auch in den übrigen Fällen.[219]

c. Die Verjährung des Rückgriffsanspruchs

1. Der Rückgriffsanspruch (Ausgleichsanspruch), den Art. 51 OR dem leistenden Solidarschuldner gegen die übrigen Mitschuldner gewährt, ist ein selbständiges Forderungsrecht mit **eigener Verjährung.**[220] Der Anspruch verjährt ein Jahr ab dem Tag, an dem der Gläubiger tatsächlich befriedigt wurde und dem Leistenden die Existenz des anderen (regresspflichtigen) Haftpflichtigen bekannt geworden ist.[221] Das Rückgriffsrecht verjährt in jedem Fall zehn Jahre nach Eintritt der Schädigung oder bei andauernder Schädigung zehn Jahre, nachdem diese ein Ende gefunden hat.[222] 17.118

2. Im Zusammenhang mit der Verjährung ist fraglich, ob sich ein Solidarschuldner im Innenverhältnis gegen den Rückgriffsanspruch eines anderen mit der Einrede wehren kann, dass seine eigene Haftung gegenüber dem Gläubiger verjährt sei. Mit anderen Worten stellt sich die Frage, ob die im Aussenverhältnis eingetretene Verjährung einer Schuldpflicht auch der regressweisen Belangung im Innenverhältnis entgegengehalten werden kann. Hält man es mit der in BGE 133 III 6 begründeten **neuen Rechtsprechung des Bundesgerichts,** so kann sich der im Rückgriff nach Art. 51 OR belangte Solidarschuldner nicht darauf berufen, dass seine eigene Schuldpflicht gegenüber dem Gläubiger bereits verjährt sei.[223] Dass diese Rechtsprechung eine gewisse Härte für den Solidarschuldner bedeutet, der auf dem Regressweg belangt wird, ohne sich auf die im Aussenverhältnis eingetretene Verjährung berufen zu dürfen, ist dem Bundesgericht bewusst. Um allzu unbillige Ergebnisse zu verhindern, verwehrt es daher dem Solidarschuldner, der dem Gläubiger wissentlich eine *sowohl ihm als auch seinen Mitschuldnern* gegenüber verjährte 17.119

---

[218] Zutreffend KOLLER A., Das Nachbesserungsrecht, Rz. 568.

[219] Vgl. dazu auch FELLMANN, Regressausgleich, S. 46 f.

[220] Zur Verjährung im Regressverhältnis der Solidarität KRAUSKOPF, Zürcher Kommentar, N 115 ff. zu Art. 148 f. OR; WEISS, Solidarität, S. 126 ff.

[221] Dazu PICHONNAZ, Le point, S. 198 in initio. Zur Verjährung des Rückgriffsanspruchs eines Solidarschuldners im deutschen Recht vgl. BASSMANN/LANGNEFF/RÖHL, Rechtsprechung zum Bauvertrags- und Architektenrecht 2009, S. 539 (mit gedrungener Darstellung der einschlägigen Rechtsprechung).

[222] Vgl. BGE 133 III 6/25 und 31 E. 5.3.3 und 5.4 (= BR/DC 2007, S. 48, mit Anm. PICHONNAZ/WERRO und S. 53, mit Anm. KRAUSKOPF/SIEGENTHALER); eine Analyse dieser Rechtsprechung findet sich bei KRAUSKOPF, Zürcher Kommentar, N 122 ff. zu Art. 148 f. OR.

[223] BGE 133 III 6/31 E. 5.4 (= BR/DC 2007, S. 48, mit Anm. PICHONNAZ/WERRO und S. 53, mit Anm. KRAUSKOPF/SIEGENTHALER).

Schuld leistet, den Rückgriff – allerdings unter Berufung auf Art. 146 OR und auf die Geschäftsführung ohne Auftrag (Art. 420 und Art. 423 OR).[224]

17.120 Mit Blick auf die solidarische Haftung von Planer und Unternehmer bedeutet die neue Rechtsprechung des Bundesgerichts eine **Praxisänderung.**[225] Denn nach der bisherigen Rechtsprechung des Bundesgerichts[226] galt, dass der Unternehmer, dessen Gewährleistungspflicht gegenüber dem Bauherrn verjährt ist, die Verjährung auch dem regressierenden Planer entgegenhalten konnte.[227] Diese nunmehr überholte Rechtsprechung stiess in der Lehre auf Zustimmung[228] und fand ihre Stütze in der Entstehungsgeschichte des Art. 371 Abs. 2 OR: Ausgehend von der Annahme, dass der Unternehmer, dessen Mängelhaftung bereits verjährt ist, die Verjährungseinrede auch der Rückgriffsforderung des Planers entgegenhalten kann, entschied sich der Gesetzgeber im Zuge der OR-Revision von 1911 dafür, die Haftung des Planers für Werkmängel unter dieselbe fünfjährige Verjährungsfrist zu stellen, die bereits für die Mängelhaftung des Unternehmers galt. So konnte sichergestellt werden, dass Architekten und Ingenieure nur solange für Werkmängel in Anspruch genommen werden können, als es ihnen möglich ist, auf mitverantwortliche Unternehmer zu regressieren.[229]

17.121 **3.** Wie soeben erklärt, lässt das Bundesgericht die im Aussenverhältnis eingetretene Verjährung im Innenverhältnis nicht gelten, sodass auch ein Solidarschuldner, dessen Haftung gegenüber dem Gläubiger verjährt ist, im Rückgriff erfolgreich belangt werden kann. Für den regresspflichtigen Solidarschuldner birgt das die **Gefahr,** dass er selbst nach Eintritt der Verjährung seiner eigenen Schuldpflicht gegenüber dem Gläubiger Rückgriffen der anderen Mitschuldner gewärtig sein muss, und dies bis zu zehn Jahre seit der schädigenden Handlung, welche seine Haftung ausgelöst hat. Um diesen Solidarschuldner vor einer späten und unerwarteten Inanspruchnahme durch einen regress-

---

224 Vgl. BGE 133 III 6/30 E. 5.3.5 (= BR/DC 2007, S. 48, mit Anm. Pichonnaz/Werro und S. 53, mit Anm. Krauskopf/Siegenthaler); vgl. dazu auch die Besprechung dieser Rechtsprechung von Krauskopf, Zürcher Kommentar, N 113 ff. zu Art. 145 OR.

225 Einlässlich dazu Krauskopf/Siegenthaler, Der Rückgriff, S. 54 ff.; Weiss, Solidarität, S. 250 ff.; Werro/Pichonnaz, L'action récursoire en cas de solidarité imparfaite, S. 48 ff.

226 Betreffend Art. 371 Abs. 2 OR: BGE 115 II 456/457 E. 2 (= BR/DC 1990, S. 98, Nr. 128, mit Anm. Gauch); 115 II 42/50 E. 2b (= BR/DC 1989, S. 41, Nr. 40, mit Anm. Gauch); 102 II 418 E. 3. Von allgemeiner Tragweite: BGE 116 II 645/650 E. 7 b/bb, wonach der Rückgriffsanspruch nicht mehr geltend gemacht werden kann, wenn die konkurrierenden Forderungen des Geschädigten gegen einen Mitschuldner schon verjährt oder verwirkt sind.

227 Vgl. Gauch, Werkvertrag, Rz. 2297 und 2757; Fellmann, Regressausgleich, S. 58; Sbai, La solidarité entre les débiteurs, S. 126.

228 Grundlegend Spiro, Begrenzung privater Rechte, S. 493 f.; vgl. auch Fellmann, Regressausgleich, S. 58; Gauch, Werkvertrag, Rz. 2297 und 2757; Nigg, Die Haftung mehrerer, S. 146 f.; Schenker, Der Architekt als Hilfsperson des Bauherrn, S. 30 f.; Zehnder, Mehrpersonenhaftung, S. 7; unentschlossen Schumacher, Architektenrecht 1995, Rz. 705; anderer Meinung Koller A., Das Nachbesserungsrecht, Rz. 558.

229 BGE 115 II 456/457 f. E. 2 (= BR/DC 1990, S. 98, Nr. 128, mit Anm. Gauch); 102 II 413/418 E. 3; Gauch, Werkvertrag, Rz. 2297.

berechtigten Mitschuldner zu schützen, hat das Bundesgericht eine bemerkenswerte Rechtsprechung entwickelt: «Obwohl der Ausgleichsanspruch ein selbständiges Recht ist, versagt das Bundesgericht dem Regressberechtigten bei Verjährung konkurrierender Ansprüche des Geschädigten die Durchsetzung seiner Ausgleichsforderung, wenn der Regressberechtigte von der Möglichkeit, auf einen anderen Haftpflichtigen zurückzugreifen, rechtzeitig Kenntnis erhält, aber dennoch nichts unternimmt.»[230] Diese Regel, die selbst dann gilt, wenn der Rückgriffsanspruch an sich noch nicht verjährt ist,[231] stützt sich auf **Art. 2 Abs. 2 ZGB** und will dem Rückgriffsberechtigten die Durchsetzung seines Rückgriffsanspruchs verweigern, wenn dieser ohne Grund die Position eines anderen Solidarschuldners verschlechtert hat, beispielsweise, indem er ihm den Rechtsstreit zwischen sich und dem Gläubiger nicht angezeigt hat.[232]

4. Die solidarische Haftung mehrerer Planer

Auch wenn die solidarische Haftung von Planer und Unternehmer in der Gerichtspraxis hervorsticht, darf die solidarische Haftung mehrerer Planer nicht vergessen werden. Diese kann sich daraus ergeben, dass mehrere Planer sich zusammenschliessen, um gemeinsam einem Dritten eine bestimmte Leistung zu versprechen (Rz. 17.123 ff.), dass mehrere Planer gemeinsam einen Schaden verursachen (Rz. 17.141 ff.) oder dass mehrere Planer unabhängig voneinander einen Schaden verursachen, für den jeder von ihnen haftet (Rz. 17.145 ff.). 17.122

A. Die Haftung der Planergemeinschaft nach Art. 544 Abs. 3 OR

Von den verschiedenen Konstellationen solidarisch haftender Planer steht die Haftung der Mitglieder einer Planergemeinschaft als wohl bedeutsamster Fall im Vordergrund.[233] Im Hinblick auf die Projektierung und Realisierung grösserer oder komplexer Bauvorhaben finden nicht selten zwei oder mehrere Planer[234] zusammen und organisieren sich 17.123

---

230 BGE 127 III 257/266 E. 6c (= BR/DC 2002, S. 91, Nr. 217, mit Anm. AEPLI); vgl. auch BGE 115 II 42/48 f. E. 2a (= BR/DC 1989, S. 41, Nr. 40, mit Anm. GAUCH); bestätigt in BGE 133 III 6/29 E. 5.3.5 (= BR/DC 2007, S. 48, mit Anm. PICHONNAZ/WERRO und S. 53, mit Anm. KRAUSKOPF/SIEGENTHALER); BUGNON, L'action récursoire, S. 144 ff.; SPIRO, Begrenzung privater Rechte, S. 491 ff.; kritisch dazu CASANOVA, Ausgleichsanspruch, S. 121 ff.; JUNG, Regressprobleme, S. 304 f.; KRAUSKOPF/MÜLLER A., Die Verjährung von Regressrechten, S. 327.

231 Vgl. BGE 133 III 6/14 E. 5.2.1 und 5.3.5 (= BR/DC 2007, S. 48, mit Anm. PICHONNAZ/WERRO und S. 53, mit Anm. KRAUSKOPF/SIEGENTHALER).

232 BGE 133 III 6/29 E. 5.3.5 (= BR/DC 2007, S. 48, mit Anm. PICHONNAZ/WERRO und S. 53, mit Anm. KRAUSKOPF/SIEGENTHALER); 127 III 257/267 E. 6c (= BR/DC 2002, S. 91, Nr. 217, mit Anm. AEPLI); 115 II 42/48 f. E. 2a (= BR/DC 1989, S. 41, Nr. 40, mit Anm. GAUCH). Die Anzeige kann, muss aber nicht, durch Streitverkündung geschehen (vgl. PICHONNAZ, Le point, S. 197).

233 Zur Rechtslage in Deutschland LANGEN, Gesamtschuld I, S. 6 ff.

234 Verstanden als natürliche oder juristische Personen.

auf der Grundlage eines Vertrags (Konsortialvertrag) als Planergemeinschaft (Konsortium).[235] Das Besondere an Planergemeinschaften ist, dass mehrere Planer – eben die Mitglieder der Planergemeinschaft – gemeinsam einen **Vertrag** mit dem Bauherrn schliessen, worin sie sämtliche Planeraufgaben oder einen Teil davon (z.B. Projektierung oder Leitung und Überwachung der Bauausführung) übernehmen.[236]

17.124 Für den Bauherrn bietet die Planergemeinschaft nennenswerte **Vorteile.**[237] Erstens erhält er die vertraglich versprochenen Planerleistungen «aus einer Hand», da sämtliche Planer unter Vorbehalt abweichender Vertragsabrede diese Leistungen solidarisch schulden. Zweitens werden ihm im Falle einer Leistungsstörung grundsätzlich alle Mitglieder der Planergemeinschaft haftpflichtig, was regelmässig bessere Bonität der Schuldner verspricht. Drittens besteht für den Bauherrn nicht die Gefahr, dass ihm der Fehler eines Planers von anderen, am Projekt beteiligten Planern als Selbstverschulden angerechnet werden kann.[238] Denn soweit die Planer in einem Konsortium zusammengeschlossen sind, gilt mit Bezug auf die gemeinsam geschuldeten Vertragsleistungen keiner von ihnen gegenüber den anderen als Hilfsperson des Bauherrn.

a. Gesetzliche Erfassung der Planergemeinschaft

17.125 **1.** Die Planergemeinschaft (bzw. das Konsortium) wird rechtlich als **einfache Gesellschaft** (Art. 530 ff. OR; vgl. auch Art. 28 Abs. 2 SIA 118 betreffend die Arbeitsgemeinschaft von Unternehmern) qualifiziert (Rz. 16.14),[239] deren Mitglieder (die Gesellschafter) solidarisch verpflichtet sind, den gemeinsamen Planervertrag zu erfüllen (Art. 544 Abs. 3 OR).[240] Weil sie nach Beendigung des Planervertrags ihren Zweck erfüllt haben, ist die Lebensdauer von Planergemeinschaften in der Regel zeitlich befristet. Es kommt allerdings vor, dass Planer über Jahrzehnte in immer neuen Konsortien zusammenarbeiten und deswegen faktisch eine «Dauergemeinschaft» bilden.[241]

---

[235] Vgl. z.B. BGE 118 II 313 (= BR/DC 1993, S. 100, Nr. 209, mit Anm. Gauch). Der Konsortialvertrag, durch den die Konsortialmitglieder verbunden sind, wird sehr häufig durch vorgeformte Vertragsbedingungen (AVB) präzisiert, denen sich die Mitglieder des Konsortiums vertraglich unterworfen haben.

[236] Vor dem Abschluss des gemeinsamen Vertrags mit dem Bauherrn ist die Planergemeinschaft zunächst eine Bietergemeinschaft, welche die Einreichung einer gemeinsamen Offerte für die Übernahme der in Aussicht stehenden Arbeiten bezweckt (Gauch, Vertragsrecht, S. 22).

[237] Vgl. Scherrer, Freuden und Leiden, S. 93.

[238] Dazu schon Rz. 17.88 ff.

[239] Die ebenfalls infrage kommende Kollektivgesellschaft scheidet als Gesellschaftsform von Konsortien in praxi deswegen aus, weil Konsortien mit ausschliesslich natürlichen Personen (so das gesetzliche Erfordernis in Art. 552 Abs. 1 OR) in der Baubranche nicht vorkommen (Scherrer, Freuden und Leiden, S. 90 f.). Siehe Rz. 16.19 ff.

[240] Denkbar ist aber auch der Fall, dass sich zwei oder mehrere Planer gegenüber dem Bauherrn in einem einzigen Vertrag zur Übernahme bestimmter Planerarbeiten (solidarisch) verpflichten, ohne dass sie als Planergemeinschaft auftreten (vgl. Reber, Haftung mehrerer, S. 45). Inwieweit die Regeln der einfachen Gesellschaft auf diesen Fall anzuwenden sind, ist einzelfallmässig zu ermitteln.

[241] Vgl. Gauch, Ein Bauwerk – Mehrere Unternehmer, S. 89.

2. Die Planergemeinschaft untersteht den (gesetzlichen) Regeln der einfachen Gesellschaft auch dann, wenn sich deren Mitglieder dessen nicht bewusst sind.[242] Weil das Gesetzesrecht zur einfachen Gesellschaft weitestgehend **dispositives Recht** ist, können die Mitglieder der Arbeitsgesellschaft wichtige Themen wie die Organisation und Vertretung der Planergemeinschaft nach aussen, die Verteilung der Aufgaben und finanzielle Fragen (z.B. Gewinnverteilung und Risikotragung) vertraglich selbst regeln. 17.126

b. Solidarische Haftung der Mitglieder der Planergemeinschaft

1. Für die Erfüllung der Verbindlichkeiten, welche die Mitglieder der Planergemeinschaft gemeinschaftlich einem Dritten (dem Bauherrn oder einer Bank) gegenüber **vertraglich** eingehen,[243] haften sie unter Vorbehalt anderslautender Vereinbarung solidarisch (Art. 544 Abs. 3 OR; Art. 28 Abs. 3 SIA 118), und zwar unmittelbar und unbeschränkt (vgl. auch Rz. 16.110ff.).[244] Diese solidarische Haftung trifft jedes Mitglied direkt und unbeschränkt und ist eine **echte Solidarität** im Sinne der Art. 143ff. OR, denn alle Gesellschafter haften aus demselben Vertrag.[245] Die solidarische Haftung trifft auch den Planer, «der nach dem Konsortialvertrag lediglich die Buchhaltung zu führen oder einen Beitrag in Geld […] zu leisten hat».[246] Aus der Sicht des Vertragspartners einer Planergemeinschaft bedeutet die solidarische Erfüllungspflicht der Planer, dass er von jedem von ihnen die Vertragserfüllung verlangen kann.[247] 17.127

Der in die Planergemeinschaft **nachträglich eintretende Planer** tritt nicht automatisch in die bereits bestehenden Schulden der Planergemeinschaft ein, sondern er haftet für diese bereits bestehenden Schulden erst durch rechtsgeschäftliche Übernahme (Schuldbeitritt).[248] Ansonsten hat jeder Planer nur für gemeinsame Verbindlichkeiten einzutre- 17.128

---

[242] Krauskopf/Girón, OR-Kommentar [Stämpfli], N 14 zu Art. 544 OR.

[243] Illustrativ BGE 125 III 257. Die gemeinsame Verpflichtung entsteht durch entsprechende Verpflichtungserklärung aller Mitglieder der Planergemeinschaft oder durch eine Verpflichtungserklärung, die ein Planer für sich und stellvertretend für die übrigen Mitglieder der Planergemeinschaft abgibt (vgl. Fellmann/Müller K., Berner Kommentar, N 156f. zu Art. 544 OR).

[244] BGer 4A_73/2014 vom 19. Juni 2014 E. 5.1 (= BR/DC 2015, S. 157, Nr. 251, mit Anm. Müller K./Giesbrecht); 4A_562/2011 vom 16. Januar 2012 E. 4.2; 4C.352/2006 vom 25. Januar 2007 E. 3.2.2; Scherrer, Freuden und Leiden, S. 102. Einlässlich zu Art. 544 Abs. 3 OR; Fellmann/Müller K., Berner Kommentar, N 108ff., 172 und 187ff. zu Art. 544 OR; Handschin/Vonzun, Zürcher Kommentar, N 44ff. zu Art. 544 OR; Jung, Handkommentar Privatrecht, N 6ff. zu Art. 544 OR.

[245] Zum Begriff der echten Solidarität Rz. 17.41f.

[246] Gauch, Werkvertrag, Rz. 247; vgl. auch Hürlimann, SBV-Formularvertrag, S. 208; ders., Kommentar SIA 118, Art. 28/Rz. 10.1f.

[247] Scherrer, Freuden und Leiden, S. 102.

[248] Eine indirekte Beteiligung des neu eintretenden Planers an den bisherigen Schulden kann sich allerdings aus dem internen Verhältnis ergeben, wenn das bestehende Vermögen der Planergemeinschaft für die Schuldendeckung nicht ausreicht und der Planer nach Massgabe seiner Verlustbeteiligung (Art. 533 Abs. 1 OR) an der Beseitigung der Unterdeckung partizipieren muss (vgl. Handschin/Vonzun, Zürcher Kommentar, N 72 zu Art. 544 OR).

ten, die nach seiner Aufnahme in die Planergemeinschaft (gemeinschaftlich oder durch Stellvertretung) eingegangen werden.[249]

17.129 **2.** Verstösst ein Planer oder sein Erfüllungsgehilfe gegen die gemeinsam eingegangenen Verpflichtungen des Planervertrags, so haben alle übrigen Mitglieder der Planergemeinschaft entgegen Art. 146 OR solidarisch für den infolge der **Vertragsverletzung** entstandenen Schaden einzustehen, denn bei der Erfüllung der gemeinsamen Verpflichtungen gegenüber dem Vertragspartner handelt jeder Planer als Erfüllungsgehilfe des andern. Daher muss sich jeder Planer der Planergemeinschaft das Verhalten des anderen bei der Erfüllung einer gemeinsamen vertraglichen Pflicht nach Art. 101 OR anrechnen lassen.[250] Was dagegen den Schuldnerverzug anbelangt, so gilt im Grundsatz, dass der Verzug des einen Planers der Planergemeinschaft nicht automatisch auch den Verzug der übrigen Planer bedeutet. Vielmehr wirkt die Mahnung (Art. 102 Abs. 1 OR) gegenüber einem Planer «nur für diesen, ausser er empfange die Mahnung als (passiver) Stellvertreter aller Mitglieder der Planergemeinschaft».[251]

17.130 **3.** Demgegenüber löst die **Deliktshaftung** eines Planers (Art. 41 OR) keine solidarische Haftung der übrigen Planer des Konsortiums aus.[252] Anders verhält es sich, wenn mehrere oder alle Planer gemeinsam eine unerlaubte Handlung begehen (Art. 50 Abs. 1 OR) oder die Planer für eine gemeinsame Hilfsperson aus Geschäftsherrenhaftung im Sinne des Art. 55 OR einstehen müssen.[253] Hingegen haftet kein Mitglied der Planergemeinschaft für das Delikt eines anderen Mitgliedes, auch nicht nach Art. 55 OR, weil es diesbezüglich schon am vorausgesetzten Subordinationsverhältnis fehlt.[254]

17.131 **4.** Eine solidarische Haftung der Mitglieder einer Planergemeinschaft besteht insbesondere mit Bezug auf **Planungsfehler,** für welche die Planer einzustehen haben. Denn jedes Mitglied der Arbeitsgemeinschaft schuldet dem Besteller die Ablieferung mängelfreier Pläne. Dabei beschränkt sich die solidarische Haftung nicht nur auf die Mängelrechte der Nachbesserung, Minderung und Wandelung, sondern erstreckt sich auch auf die Haftung für den Ersatz des Mangelfolgeschadens (der sich z.B. in einem mangelhaften Bauwerk äussert).[255] Weil jeder Planer einer Arbeitsgemeinschaft bei der Ausübung der gemeinsamen vertraglichen Verpflichtungen als Hilfsperson der anderen Planer han-

---

[249] Vgl. statt vieler Fellmann/Müller K., Berner Kommentar, N 195 und 197 zu Art. 544 OR.

[250] Vgl. Fellmann/Müller K., Berner Kommentar, N 122 ff. zu Art. 544 OR; Gauch, Werkvertrag, Rz. 248; Scherrer, Freuden und Leiden, S. 102 f. Dementsprechend kann der Bauherr jedes Mitglied einer Planergemeinschaft zur Nachbesserung von fehlerhaften Plänen anhalten.

[251] Vgl. Krauskopf/Girón, OR-Kommentar [Stämpfli], N 23 zu Art. 544 OR.

[252] So jedenfalls für die als einfache Gesellschaft organisierte Planergemeinschaft (BGE 90 II 501/508 E. 3; 84 II 381/382 E. 1b; Fellmann/Müller K., Berner Kommentar, N 130 zu Art. 544 OR; Krauskopf/Girón, OR-Kommentar [Stämpfli], N 27 zu Art. 544 OR). Vgl. demgegenüber Art. 567 Abs. 3 OR für die Kollektivgesellschaft.

[253] Gauch, Werkvertrag, Rz. 248; ausführlich Fellmann/Müller K., Berner Kommentar, N 133 ff. zu Art. 544 OR.

[254] Vgl. BGE 84 II 381/382 f. E. 1b.

[255] Vgl. Gauch, Werkvertrag, Rz. 1494 in fine.

delt, besteht solidarische Haftung für dabei verursachte Planfehler und daraus resultierende Mangelfolgeschäden auch der anderen, selbst wenn weder den fehlbaren Planer noch die übrigen Planer ein Verschulden trifft.[256] Zwar ist richtig, dass die Haftung für den Mangelfolgeschaden gemäss Art. 368 OR ein Verschulden voraussetzt; dieses Verschuldensprinzip gilt aber nicht für die Hilfspersonenhaftung nach Art. 101 OR.[257] Dort gilt das Prinzip der sogenannten hypothetischen Vorwerfbarkeit, die nicht etwa auf das Verschulden der Hilfsperson abstellt, sondern darauf, ob der Person, die eine Hilfsperson einsetzt, ein Vorwurf gemacht werden könnte, wenn sie sich wie die Hilfsperson verhalten hätte.

5. Die Solidarhaftung nach Art. 544 Abs. 3 OR kann, wie bereits aus dem Wortlaut der Bestimmung hervorgeht, durch **Vereinbarung** zwischen der Planergemeinschaft und einem Gläubiger *abgeändert* werden.[258] So kann beispielsweise vereinbart werden, dass dem Gläubiger nur gewisse Mitglieder der Planergemeinschaft solidarisch haften oder dass die Haftung gewisser Planer summenmässig (z.B. auf das bestehende Vermögen der Planergemeinschaft) beschränkt wird.[259] Da solche Vereinbarungen vom dispositiven Gesetzesrecht in Art. 544 Abs. 3 OR abweichen, obliegt den Planern, die sich darauf berufen, die Beweislast für das Bestehen und für den Inhalt solcher Vereinbarungen. 17.132

6. Setzen die Mitglieder der Planergemeinschaft **Hilfspersonen** ein, um die vertraglichen Verpflichtungen zu erfüllen, so haften sie für das Verhalten dieser Hilfspersonen nach Massgabe von Art. 101 OR.[260] Die Haftung nach Art. 101 OR setzt allerdings voraus, dass den Planern die Handlungen der Hilfspersonen als schuldhafte Vertragsverletzung vorzuwerfen wären, falls sie diese selbst vorgenommen hätten («hypothetische Vorwerfbarkeit»). Ist das der Fall, so haften alle Planer der Planergemeinschaft für das Verhalten der Hilfspersonen solidarisch.[261] 17.133

7. Was die **Verjährung** der Haftung der Mitglieder einer Planergemeinschaft anbelangt, so ist zunächst darauf hinzuweisen, dass nach der bundesgerichtlichen Rechtsprechung die Unterbrechung gegenüber einem Planer auch gegenüber den übrigen wirkt (Art. 136 Abs. 1 OR), weil die Planer eines Konsortiums eine echte Solidarschuldnerschaft bilden (Rz. 17.41). Wann die Schulden der Mitglieder der Planergemeinschaft verjähren, bestimmt sich nach dem einschlägigen Recht; je nach der infrage stehenden Schuldpflicht beträgt die Verjährung ein Jahr (z.B. Art. 210 Abs. 1 OR), fünf Jahre (z.B. Art. 371 17.134

---

256 Vgl. Gauch/Schluep/Emmenegger, OR AT, Rz. 3040 f.

257 Richtig Gauch, Werkvertrag, Rz. 1893; Scherrer, Freuden und Leiden, S. 104.

258 BGer 4A_562/2011 vom 16. Januar 2012 E. 4.2.

259 Vgl. z.B. BGer 4A_73/2014 vom 19. Juni 2014 E. 5.1 (= BR/DC 2015, S. 157, Nr. 251, mit Anm. Müller K./Giesbrecht); Soweit die Haftung der Planer an sich vertraglich beschränkt oder aufgehoben werden soll, sind die Schranken von Art. 100 und Art. 101 OR zu beachten (vgl. dazu Fellmann/Müller K., Berner Kommentar, N 190 ff. zu Art. 544 OR).

260 Zur Haftung jedes Planers für das Verhalten der anderen Planer der Planergemeinschaft vgl. Rz. 17.129 ff.

261 Ausführlich dazu Fellmann/Müller K., Berner Kommentar, N 217 ff. zu Art. 544 OR.

Abs. 2 OR) oder zehn Jahre (Art. 127 OR). Eine besondere Verjährung für die Haftung nach Art. 544 Abs. 3 OR stellt das Gesetz nicht auf.[262]

17.135 **8.** Schliesslich gilt, zu beachten, dass die solidarische Haftung eines jeden Planers der Planergemeinschaft nicht mit dem **Ausscheiden** aus der Gemeinschaft oder mit deren **Auflösung** aufhört.[263] Gemäss Art. 551 OR ändert sich nämlich nichts an den Verbindlichkeiten der Planergemeinschaft gegenüber Dritten, wenn sie sich aus irgendeinem Grund auflöst. Insbesondere haftet der ausscheidende Planer den Gläubigern der Planergemeinschaft für die (bis zum Zeitpunkt seines Ausscheidens entstandenen) Verbindlichkeiten weiterhin unbeschränkt.[264] Diese Haftung besteht zeitlich nicht grenzenlos. Mit der Tilgung oder Verrechnung[265] (Art. 147 Abs. 1 OR) oder dem zugunsten aller (auch des ausgeschiedenen Planers) wirkenden Schulderlass (Art. 147 Abs. 2 OR) werden alle Mitglieder der Planergemeinschaft befreit, auch die ausgeschiedenen Planer. Ausserdem kann sich der ausgeschiedene Planer ebenfalls auf die durch Zeitablauf eingetretene Verjährung von Schulden berufen, für die er nach seinem Ausscheiden solidarisch mithaftet.[266] Leistet ein Planer nach seinem Austritt aus der Planergemeinschaft aus gemeinsamen Verbindlichkeiten, die vor seinem Ausscheiden entstanden sind, so steht ihm der Rückgriff gegen die verbliebenen Mitglieder der Planergemeinschaft zu.[267]

17.136 Die nach dem Ausscheiden eines Mitglieds der Planergemeinschaft fortbestehende Haftung desselben für bestehende Verbindlichkeiten der Planergemeinschaft kann **nicht ohne Einverständnis** des oder der Gläubiger beeinträchtigt werden. Den Mitgliedern einer Planergemeinschaft steht es also nicht zu, die solidarische Mithaftung eines Mitglieds nach dessen Ausscheiden durch vertragliche Abrede mit ihm zu beschränken oder gar zu beseitigen. Das geht aus dem Gesetz zwar nicht ausdrücklich hervor, muss aber so sein, da anderenfalls die Planergemeinschaft es in der Hand hätte, ihre eigene Solidarhaftung durch Ausscheiden zu beseitigen. Ausserdem könnte Art. 551 OR, wonach die

---

[262] Krauskopf/Girón, OR-Kommentar [Stämpfli], N 22 zu Art. 544 OR; vgl. demgegenüber Art. 591 ff. und Art. 619 i.V.m. Art. 591 ff. OR für die Kollektiv- und Kommanditgesellschaft.

[263] Vgl. BGer 2C_975/2015 vom 31. März 2016 E. 1.2; Scherrer, Freuden und Leiden, S. 105.

[264] Vgl. BGer 2C_975/2015 vom 31. März 2016 E. 1.2; Fellmann/Müller K., Berner Kommentar, N 204 ff. zu Art. 544 OR; Krauskopf/Girón, OR-Kommentar [Stämpfli], N 20 zu Art. 544 OR; Pestalozzi/Vogt, Basler Kommentar, N 26 zu Art. 544 OR.

[265] Zur Frage der Tilgung durch Verrechnung von Schulden der Planergemeinschaft mit Forderungen derselben vgl. Handschin/Vonzun, Zürcher Kommentar, N 62 ff. zu Art. 544 OR.

[266] Fellmann/Müller K., Berner Kommentar, N 203 zu Art. 544 OR.

[267] Der Umstand, dass ein Planer nach seinem Ausscheiden aus der Planergemeinschaft leistet, wirkt sich auf den Rückgriff in der Weise aus, dass ihm die verbliebenen Mitglieder nicht anteilmässig für den Rückgriffsanspruch haften, sondern – da der ausgeschiedene Planer nunmehr als «Dritter» im Sinne von Art. 544 Abs. 3 OR gilt – solidarisch (Fellmann/Müller K., Berner Kommentar, N 211 zu Art. 544 OR).

Solidarhaftung durch eine Auflösung der Planergemeinschaft nicht berührt wird, beliebig unterlaufen werden.[268]

c. Zur internen Schadenstragung (Rückgriff)

1. Die in Art. 544 Abs. 3 OR statuierte Solidarhaftung im Aussenverhältnis sagt nichts darüber aus, welchen Teil der Schuld der einzelne Planer einer Planergemeinschaft im Innenverhältnis zu tragen hat. Für die Mitglieder einer Planergemeinschaft gilt zunächst, dass sich ein jedes Mitglied der Gemeinschaft im internen Verhältnis (zu den anderen Mitgliedern) nach Massgabe seiner **Gewinn- und Verlustbeteiligung** für gemeinsame Verbindlichkeiten beteiligen muss. Gemäss Art. 533 Abs. 1 OR hat unter Vorbehalt abweichender Vereinbarung jedes Mitglied der Planergemeinschaft einen gleichen Anteil an Gewinn und Verlust.[269] Mit Bezug auf den Verlust entspricht das der Gesetzesregel von Art. 148 Abs. 1 OR, wonach im Innenverhältnis ein jeder Solidarschuldner einen gleichen Teil der (getilgten) Schuld zu übernehmen hat. Hat ein Planer dem Gläubiger mehr geleistet, als er im Innenverhältnis zu übernehmen hat, so kann er für den Mehrbetrag auf die übrigen Mitglieder der Planergemeinschaft nach Art. 148 Abs. 2 OR **Rückgriff** nehmen. Diese haften ihm anteilmässig, entweder zu gleichen Anteilen oder nach Massgabe der für das Innenverhältnis vereinbarten Quoten.[270] 17.137

Verursacht ein Mitglied der Planergemeinschaft durch sein Verhalten eine solidarische Haftung aller nach Art. 544 Abs. 3 OR, so muss es sich im Innenverhältnis auch nach Art. 538 Abs. 2 OR verantworten, soweit sein haftungsauslösendes Verhalten zugleich eine schuldhafte Verletzung des **Planergemeinschaftsvertrags** darstellt. Verstösst ein Gesellschafter gegen allgemeine Rechtspflichten und setzt er dabei die Gesellschaft und seine Gesellschafter einer Haftung aus, so soll nach Auffassung von Handschin regelmässig auch ein Verstoss gegen gesellschaftsvertraglich begründete Pflichten vorliegen.[271] 17.138

2. Nicht geklärt ist das **Verhältnis zwischen Art. 537 Abs. 1 und Art. 148 Abs. 1 OR:** Wird die Erfüllung einer gemeinsamen Schuld der Planergemeinschaft durch einen Planer als Auslage im Sinne von Art. 537 Abs. 1 OR qualifiziert,[272] so stellt sich die Frage, wie sich der Auslagenersatzanspruch aus Art. 537 Abs. 1 OR zum Rückgriffsanspruch gemäss 17.139

---

268 Vgl. Fellmann/Müller K., Berner Kommentar, N 200 zu Art. 544 OR; Handschin/Vonzun, Zürcher Kommentar, N 75 zu Art. 544 OR; Krauskopf/Girón, OR-Kommentar [Stämpfli], N 20 zu Art. 544 OR.

269 So Chaix, Commentaire romand, N 17 zu Art. 544 OR; Fellmann/Müller K., Berner Kommentar, N 175 f. zu Art. 544 OR; Handschin/Vonzun, Zürcher Kommentar, N 83 zu Art. 544 OR.

270 Vgl. BGE 103 II 137/139 E. 4b; Fellmann/Müller K., Berner Kommentar, N 175 ff. zu Art. 544 OR; Handschin/Vonzun, Zürcher Kommentar, N 83 ff. zu Art. 544 OR; Jung, Handkommentar Privatrecht, N 13 zu Art. 544 OR; Pestalozzi/Vogt, Basler Kommentar, N 28 zu Art. 544 OR.

271 Handschin, Basler Kommentar, N 3 zu Art. 538 OR; Handschin/Vonzun, Zürcher Kommentar, N 5 zu Art. 538 OR.

272 Fellmann/Müller K., Berner Kommentar, N 103 ff. zu Art. 531 OR und N 18 zu Art. 537 OR.

Art. 148 Abs. 2 OR verhält. Diese Frage ist deswegen von Bedeutung, weil für die Deckung der Auslagen nach Art. 537 Abs. 1 OR zwar alle Mitglieder der Planergemeinschaft einzustehen haben, sie aber während der Dauer der Planergemeinschaft nicht dazu verpflichtet werden können, über die nach Art. 531 Abs. 1 OR geschuldeten Beiträge hinaus Leistungen zu erbringen.

17.140 **3.** Soweit ein Planer aufgrund seiner solidarischen Haftung nach Art. 544 Abs. 3 OR eine Verbindlichkeit der Planergemeinschaft durch seine Leistung tilgt, entsteht ihm eine Auslage im Sinne von Art. 537 Abs. 1 OR. Da diese Auslage die Besonderheit aufweist, dass sie gleichzeitig die Tilgung einer Verbindlichkeit der Planergemeinschaft ist, stehen dem betreffenden Planer nach zutreffender Ansicht **konkurrierend** sowohl ein Anspruch auf Auslagenersatz nach Art. 537 Abs. 1 OR als auch ein Rückgriffsanspruch[273] nach Art. 148 Abs. 2 OR zu.[274] «Es gibt nämlich keinen Grund, nur einen Anspruch zuzulassen und den anderen Anspruch zu verweigern. In ihrem Inhalt sind beide Ansprüche gleich: Sie richten sich auf Geld. Vom Umfang her können die Ansprüche voneinander abweichen. Während sich der Ersatzanspruch nach Art. 537 Abs. 1 OR gegen das vorhandene Vermögen der Planergemeinschaft (das sich aus den Beiträgen nach Art. 531 Abs. 1 OR zusammensetzt) richtet und durch dieses beschränkt ist, dafür aber auf vollen Ersatz der Auslagen geht, haften die Mitglieder für den Rückgriffsanspruch eines Planers nach Art. 148 Abs. 2 OR anteilmässig und unbeschränkt mit ihrem eigenen Vermögen, wobei der regressberechtigte Planer nur für den seinen internen Verlustanteil übersteigenden Betrag Rückgriff nehmen kann».[275]

B. Die solidarische Haftung für gemeinsam verursachte Schäden

17.141 **1.** Verursachen mindestens zwei Planer in widerrechtlicher Weise gemeinsam einen Schaden und trifft sie zudem ein gemeinsames Verschulden, so haften sie (neben einer allfälligen Vertragshaftung) auch nach Art. 50 OR, der eine Bestimmung des ausservertraglichen Haftpflichtrechts ist. Eine **gemeinsame Schadensverursachung** im Sinne von

---

273 Zuzüglich des Ersatzes der Auslagen, die dem Planer beim in guten Treuen unternommenen Versuch entstanden sind, die Forderung zu bestreiten (vgl. dazu Gauch/Schluep/Emmenegger, OR AT, Rz. 3744).

274 So Krauskopf/Girón, OR-Kommentar [Stämpfli], N 31 zu Art. 544 OR; Ähnlich Fellmann/Müller K., Berner Kommentar, N 62 ff. zu Art. 537 OR und N 178 ff. zu Art. 544 OR, die aber den Rückgriffsanspruch nur subsidiär gewähren für den Fall, dass das vorhandene Vermögen der Planergemeinschaft für den Auslagenersatz nicht ausreicht. Schwankend ist das Bundesgericht, das in seiner Rechtsprechung bald ausschliesslich einen Auslagenersatzanspruch gemäss Art. 537 Abs. 1 OR zugesteht (BGE 116 II 316/317 f. E. 2b), bald ein Rückgriffsrecht nach Art. 148 Abs. 2 OR bejaht (BGE 103 II 137/138 ff. E. 4) und bald beide Ansprüche nebeneinander nennt (BGE 125 III 257/260 E. 2b).

275 Der Rückgriffsanspruch wird gestärkt durch die in Art. 149 Abs. 1 OR angeordnete Subrogation, welche die Rechte des Gläubigers auf den leistenden Schuldner übergehen lässt. Damit wird der Rückgriffsanspruch mit einer Subrogationsforderung verknüpft (verstärkt), die dem Rückgriffsberechtigten zusteht.

Art. 50 OR liegt vor, wenn mehrere Personen («Beteiligte») an der Schadensentstehung bewusst und gewollt zusammenwirken. Das setzt wiederum voraus, dass jeder der Beteiligten um das (schädigende) Verhalten des anderen weiss. Erst die gemeinsame Verursachung stellt den rechtlich erheblichen Kausalzusammenhang zwischen den einzelnen Handlungen (oder Unterlassungen)[276] der Beteiligten einer unerlaubten Handlung und dem Schaden her.[277] Mit Rücksicht darauf, dass die Haftung von Planern gemäss Art. 50 OR in der Praxis fast keine Bedeutung hat,[278] wird diese Haftung an dieser Stelle nur summarisch behandelt.

Keine gemeinsame Schadensverursachung liegt vor, wenn der Planer zunächst fehlerhafte Pläne herstellt, die ein Unternehmer sodann trotz erkannter Fehlerhaftigkeit verwendet, ohne den Bauherrn abzumahnen, und schliesslich ein anderer, mit der Bauleitung betrauter Planer, der die Fehler in den Plänen ebenfalls bemerkt hat, die Werkerstellung zulässt, ohne den Bauherrn auf diese Fehler aufmerksam zu machen. In diesem Fall fehlt es am (gewollten) Zusammenwirken der beteiligten Planer und des Unternehmers. Daran ändert auch der Umstand nichts, dass der Unternehmer und der Bauleiter die erkannten Planungsfehler vor dem Bauherrn verschweigen oder gar kaschieren. 17.142

2. Gemäss der **Rechtsfolge** von Art. 50 Abs. 1 OR ist nicht nur jener für den Schaden verantwortlich, der die unerlaubte Handlung begeht (das ergibt sich bereits aus Art. 41 OR), sondern es haften ebenfalls die Personen, die in irgendeiner Weise willentlich und wissentlich an der schadensverursachenden Tat teilgenommen haben, solidarisch mit.[279] Mithin erweist sich Art. 50 Abs. 1 OR für jene, die an der unerlaubten Tat teilgenommen haben, ohne sie selbst begangen zu haben (so z.B. bei Anstiftung oder Beihilfe), als Haftungsbegründungsnorm, indem jedem Tatbeteiligten nicht nur sein eigener Tatbeitrag, sondern die gesamte gemeinsame Tat zugerechnet wird.[280] KOLLER spricht 17.143

[276] Die Schadensverursachung kann die Folge einer gemeinsamen Handlung oder verschiedener Handlungen sein; sie kann aber auch auf eine Unterlassung zurückgehen, zum Beispiel wenn unter Anwendung des Gefahrensatzes oder bei einer bestehenden Garantenstellung eine Unterlassung eine haftpflichtrechtliche Verantwortlichkeit nach sich zieht (vgl. auch BREHM, Berner Kommentar, N 22 zu Art. 50 OR).

[277] Vgl. BREHM, Berner Kommentar, N 16 zu Art. 50 OR; REY/WILDHABER, Ausservertragliches Haftpflichtrecht, Rz. 1668.

[278] Das liegt einerseits daran, dass Planer, die mit ein und demselben Dritten (z.B. einem Bauherrn) in Vertragsverhältnissen stehen, kaum je bewusst und gewollt zusammenwirken, um diesen Dritten zu schädigen. Theoretisch denkbar sind Absprachen zwischen Planern, die darauf hinzielen, vom Bauherrn Vergütungen für Aufwendungen zu erhalten, die gar nicht erbracht worden sind oder unnötig gewesen wären. In diesem Fall wird sich der Bauherr aber vornehmlich an die Vertragshaftung halten, die – etwa in beweis- oder verjährungsrechtlicher Hinsicht – gegenüber der Deliktshaftung gemäss Art. 41 ff. OR Vorteile bietet.

[279] Nach anderer Meinung erfüllt bereits das fahrlässige Zusammenwirken den Tatbestand von Art. 50 Abs. 1 OR; vgl. BGE 104 II 225/230 E. 4a: «Ein schuldhaftes Zusammenwirken bei der Schadensverursachung setzt […] voraus, dass jeder Schädiger vom Tatbeitrag des andern Kenntnis hat oder bei der erforderlichen Aufmerksamkeit Kenntnis haben könnte […].»

[280] KRAUSKOPF, Zürcher Kommentar, N 164 zu Art. 143 und N 50 ff. sowie N 211 zu Art. 144 OR.

untechnisch, aber einprägend von einer «Haftungserweiterung».[281] Denn ohne Art. 50 Abs. 1 OR könnten diese Personen gar nicht zur Ersatzpflicht herangezogen werden. Art. 41 OR erklärt nämlich nur denjenigen für ersatzpflichtig, der «einem andern widerrechtlich Schaden zufügt».

17.144 **3.** Art. 50 Abs. 2 OR regelt den **Rückgriff** unter den nach Art. 50 Abs. 1 OR solidarisch Schadenersatzpflichtigen und enthält eine besondere Ordnung, die Art. 148 Abs. 1 OR vorgeht. Danach bestimmt der Richter nach seinem Ermessen, ob und in welchem Umfang dem leistenden Solidarschuldner Rückgriffsansprüche gegen die übrigen Mitschuldner zustehen.

C. Die solidarische Haftung aus verschiedenen Rechtsgründen

17.145 **1.** Eine solidarische Haftung mehrerer Planer kann schliesslich unter den Voraussetzungen von Art. 51 OR zustande kommen, wenn zwei oder mehrere Planer **unabhängig** voneinander und aus verschiedenen (möglicherweise gleichartigen) Rechtsgründen[282] für Werkmängel oder andere Schäden haften. Das ist zum Beispiel der Fall, wenn ein Planer für bestimmte Mängel (oder Schäden) wegen Fehlern in den Plänen einzustehen hat, während ein anderer Planer aus unsorgfältiger Bauleitung haftet. Da auch hier gilt, was für die solidarische Haftung von Planer und Unternehmer nach Art. 51 OR ausgeführt wurde, kann auf das dort Ausgeführte verwiesen werden (Rz. 17.58 ff.).

17.146 Praktisch bedeutsam ist der Fall, in dem ein Planer für den Bauherrn fehlerhafte Pläne herstellt, die der Bauherr dann einem anderen Planer übergibt, damit dieser die Werkerstellung durch einen Unternehmer beaufsichtige. Aus der Sicht des bauleitenden Planers stellt sich die Frage, ob die ihm überreichten Pläne als Weisungen des (sachverständigen) Bauherrn zu verstehen sind oder nicht. Dem ist grundsätzlich so.[283] Ebenso wie der Bauherr dem Unternehmer fehlerfreie Werkpläne zur Verfügung zu stellen hat, trifft ihn dieselbe Obliegenheit, dem bauleitenden Planer fehlerfreie Werkpläne zu überlassen, weil dieser seiner Aufgabe zur Kontrolle einer mängelfreien Errichtung des Bauwerks nur dann ordnungsgemäss nachkommen kann, wenn er tatsächlich mängelfreie Pläne vorliegen hat.[284] Wie der Unternehmer kann auch der bauleitende Planer dem Bauherrn im Falle einer **fehlerhaften Planung** ein Selbstverschulden im Sinne von Art. 44 Abs. 1 OR entgegenhalten und damit zumindest eine Reduktion seiner eigenen Haftung erreichen.[285] Umgekehrt kann aber der projektierende Planer dem Bauherrn nicht entgegenhalten, der bauleitende Planer habe erkennbare Planungsfehler nicht erkannt und somit zur Entstehung eines Bauwerkmangels beigetragen, denn der projektierende Pla-

---

[281] Koller A., OR AT, § 75 Rz. 35.

[282] Zum Begriff Rz. 17.42.

[283] Kniffka/Koeble, Kompendium des Baurechts, Rz. 222; Soergel, Mögliche Gesamtschuldverhältnisse, S. 246; Werner/Pastor, Der Bauprozess, Rz. 1975.

[284] Vgl. BGH VII ZR 206/06 vom 27. November 2008 (= NZBau 2009, S. 188).

[285] BGH VII ZR 206/06 vom 27. November 2008 (= NZBau 2009, S. 188 f.).

ner hat keinen Anspruch auf Überwachung oder Kontrolle seiner Pläne. Im Verhältnis des Bauherrn zum projektierenden Planer ist der bauleitende Planer ausserdem auch keine Hilfsperson des Bauherrn, solange er dem projektierenden Planer während der Planungsphase keine Weisungen erteilt hat.[286]

Solidarische Haftung mehrerer Planer kommt auch dort vor, wo kein Planungsfehler vorliegt, sondern die Planer **andere Vertragspflichten** verletzen und sich dabei einer Haftung für denselben Schaden aussetzen. 17.147

Beispiel: Ein Unternehmer verpflichtet sich zur Ausführung der Baumeisterarbeiten für ein Einfamilienhaus. Das Bauprojekt wird von einem bauleitenden Architekten begleitet. Nach Beginn des Aushubs dringt Wasser in die Baugrube, weswegen ein Ingenieur beigezogen wird, der zur Sicherung des Hanges zusammen mit dem Architekten Massnahmen anordnet. Die Sicherung (eine Larsenwand) erweist sich allerdings als ungenügend; nach Regenfällen kommt es zu Erdrutschen, welche die Baugrube verschütten und die Betonschalungen zerstören. Kann dem Ingenieur vorgeworfen werden, in vertragswidriger Weise nicht für eine ausreichende Sicherung der Baugrube gesorgt zu haben, und dem Architekten, dass er als Inhaber der Bauleitung überwachungspflichtig war und auf seine Weisungen hätte zurückkommen müssen, als sich die Larsenwand als untaugliche Sicherung erwies, haften beide nach Art. 51 Abs. 1 OR solidarisch für die Schäden.[287] 17.148

2. Auch wenn in der Praxis die solidarische Haftung mehrerer Planer gegenüber derjenigen von Planer und Unternehmer zurücktritt, hat sich das Bundesgericht auch mit dieser Solidarität wiederholt auseinandersetzen müssen. In den einschlägigen Entscheiden geht es auch um die Frage, wann ein Planer gegenüber dem anderen als **Hilfsperson des Bauherrn** auftritt. Dazu das Bundesgericht: «Von mehreren an einem Bauprojekt beteiligten Fachpersonen wie Ingenieuren oder Architekten, d.h. Personen, die grundsätzlich die gleiche Art von Aufgaben, jedoch in verschiedenen Tätigkeitsbereichen erfüllen und die vom Bauherrn je für ihren Fachbereich mit der Realisierung eines Bauwerks beauftragt sind, kann nach der Rechtsprechung einer der Beauftragten als Hilfsperson des Bauherrn betrachtet werden, wenn der Bauherr ihm im Verhältnis zu den anderen Beauftragten eine Vorrangstellung einräumt, namentlich indem er ihn damit betraut, ihnen Anweisungen zu erteilen. Soweit dagegen jede der Fachpersonen bloss damit beauftragt ist, die Arbeiten in ihrem eigenen fachspezifischen Bereich zu führen, kann keine von ihnen im Verhältnis zur andern als Hilfsperson des Bauherrn betrachtet werden [...]».[288] 17.149

3. Soweit eine solidarische Haftung von mehreren Planern infrage steht, betrachtet das Bundesgericht nur denjenigen unter ihnen als Hilfsperson des Bestellers, der gegenüber anderen eine **Vorrangstellung** einnimmt, weil er nicht nur die Arbeiten in seinem Fachbereich leitet, sondern auch die vertraglichen Rechte des Bestellers mit dessen Einverständ- 17.150

[286] Soergel, Mögliche Gesamtschuldverhältnisse, S. 246.

[287] Vgl. BGE 115 II 42 (= BR/DC 1989, S. 41, Nr. 40, mit Anm. Gauch).

[288] BGE 130 III 591/603 f. E. 5.5.1 (= BR/DC 2005, S. 87, Nr. 169, mit Anm. Aepli): In casu Vorrang- und Hilfspersonenstellung des Architekten bejaht; vgl. auch BGE 125 III 223/225 f. E. 6c (= BR/DC 1999, S. 154, Nr. 280, mit Anm. Werro): In casu Hilfspersonenstellung des Architekten verneint.

nis gegenüber diesen anderen wahrnimmt, indem er zum Beispiel ihnen Weisungen oder Informationen erteilt. Ansonsten gelten Architekten und Ingenieure als «gewöhnliche» Vertragspartner des Bestellers, die unter gegebenen Umständen nach Massgabe der (echten oder unechten) Solidarität haften können. Bezüglich des Umfangs, der Verjährung und der Verwirkung daraus entstehender Rückgriffsansprüche kann auf das weiter oben (Rz. 17.58 ff.) zur Solidarität von Planer und Unternehmer Gesagte verwiesen werden.

5. Die solidarische Haftung von Planern und anderen Fachleuten

17.151 Eher selten dürfte der Fall vorkommen, in welchem der Planer mit einem vom Bauherrn beauftragten Fachmann, zum Beispiel einem Statiker, Geologen oder Heizungsfachmann, für einen Schaden solidarisch haftbar wird. Im Grundsatz verhält es sich nämlich so, dass ein Planer sich auf die Fachkenntnisse des vom Bauherrn eingeschalteten Fachmanns verlassen darf, soweit es um fachspezifische **Sonderkenntnisse** geht, die vom Planer nicht zu erwarten sind und die ausschliesslich in den Verantwortlichkeitsbereich des Fachmanns fallen.[289] Soweit aber der Planer die Überprüfung der Arbeiten von Fachleuten vorzunehmen hat – weil eine entsprechende vertragliche Verpflichtung besteht oder weil der Planer über die entsprechenden fachspezifischen Kenntnisse verfügt oder verfügen muss –, kommt eine solidarische Haftung durchaus in Betracht, wenn der Planer nicht (richtig) prüft und deswegen Fehler des Fachmanns nicht bemerkt.[290] Gemäss Soergel soll der Planer in diesem Fall dem Bauherrn die Fehlleistung seines Fachmanns als Selbstverschulden des Bauherrn entgegenhalten und so eine Reduktion der eigenen Haftung verlangen dürfen. Denn im Verhältnis zum projektierenden oder bauleitenden Planer sei der Sonderfachmann (z.B. der Statiker) Erfüllungsgehilfe des Bauherrn.[291]

III. Prozessuales

17.152 Grundsätzlich bleibt der Umstand, dass mehrere Schuldner einem Gläubiger solidarisch haften, für den Zivilprozess des Gläubigers gegen einen Solidarschuldner ohne Auswirkungen. Da dem Gläubiger ein Wahlrecht zusteht, welche(n) Solidarschuldner er belangen möchte, und alle Solidarschuldner für ein und dasselbe wirtschaftliche Interesse des Gläubigers einstehen (Rz. 17.6 ff.), besteht immerhin die prozessrechtliche Besonderheit, dass die Solidarschuldner miteinander durch einfache Streitgenossenschaft verbunden sind und der Gläubiger einen gemeinsamen Prozess gegen sie führen kann (Rz. 17.155). Schliesslich erlaubt die Zivilprozessordnung die Streitverkündungsklage (Art. 81 f. ZPO), mit der ein beklagter Solidarschuldner anderen Mitschuldnern den Streit verkünden

289 Vgl. Werner/Pastor, Der Bauprozess, Rz. 1999 ff.

290 Vgl. zur Überprüfung von Vorgaben betr. den Trittschallschutz OLG Hamm 17 U 187/91 vom 4. November 1993 (= NJW-PR 1994, S. 282).

291 Soergel, Mögliche Gesamtschuldverhältnisse, S. 247.

und – falls er gegen den Gläubiger unterliegt – sie im selben Prozess mit Rückgriffsansprüchen belangen kann (Rz. 17.159 ff.).

1. Der Prozess gegen einen Solidarschuldner

1. Gemäss dem Grundsatz des Prozessrechts, dass die Rechtskraft eines Urteils auf die Parteien des betreffenden Verfahrens **beschränkt** bleibt,[292] kann sich der Gläubiger, der im Prozess gegen einen Solidarschuldner obsiegt, den anderen Solidarschuldnern gegenüber nicht auf dieses Urteil berufen. Er muss gegen diese weitere Prozesse anstrengen,[293] in denen die Beklagten nicht nur die ihnen persönlich zustehenden Einreden erheben können, sondern auch die allen Schuldnern gemeinsamen Einreden (Rz. 17.29 ff.). Unterliegt umgekehrt der Gläubiger gegen den zuerst belangten Solidarschuldner, so wirkt der von diesem erzielte Prozesserfolg nicht auch zugunsten der übrigen Solidarschuldner. «In dem vom Gläubiger gegen sie angehobenen neuen Prozess sind die gemeinsamen Einreden vom Richter erneut zu prüfen, ohne dass er an den im ersten Prozess getroffenen Entscheid gebunden wäre».[294] Dementsprechend kann der im Regressprozess Beklagte auch solche Einreden erheben, die allen Solidarschuldnern gemeinsam gegen den Gläubiger zustehen (Rz. 17.31) und die der regressierende Solidarschuldner zuvor im Hauptprozess dem Gläubiger nicht oder erfolglos entgegengehalten hat.[295] 17.153

2. Weil ein **Drittverschulden** für die volle Leistungspflicht eines belangten Solidarschuldners grundsätzlich irrelevant ist (Rz. 17.81 ff.), darf vom klagenden Gläubiger im Prozess auch nicht der Beweis verlangt werden, dass der belangte Schuldner der alleinig Verantwortliche für den Schaden sei. Und ebenso wenig braucht der klagende Gläubiger für die Durchsetzung seines Anspruchs vor Gericht den Nachweis zu erbringen, welcher Teil an seinem Schaden in die Verantwortung des beklagten Solidarschuldners fällt.[296] 17.154

2. Der Prozess gegen mehrere Solidarschuldner

Das nach Art. 144 OR dem Gläubiger zugestandene Wahlrecht (Rz. 17.16 ff.) bedeutet für das Prozessrecht, dass dieser zur Durchsetzung seiner Forderung frei wählen kann, ob er 17.155

[292] BGE 93 II 329/333 E. 3b; Krauskopf, Zürcher Kommentar, N 347 zu Art. 144 OR; ders., Haftpflichtprozess, S. 130 f.

[293] Der Gläubiger kann sich zum Beispiel dann veranlasst sehen, Prozesse gegen weitere Solidarschuldner anzuheben, wenn der erste Prozesssieg nicht einbringlich ist, weil der unterlegene Solidarschuldner zahlungsunfähig ist und die Vollstreckung des Urteils keine oder nur ungenügende Befriedigung bringt.

[294] BGE 93 II 329/333 f. E. 3b.

[295] Romy, Commentaire Romand, N 6 zu Art. 145 OR; Mazan, Handkommentar Privatrecht, N 9 zu Art. 145 OR; Graber, Basler Kommentar, N 5 zu Art. 145 OR.

[296] Vgl. BGer 4C.201/2005 vom 21. Februar 2006 E. 6.3.

einen, mehrere oder alle Solidarschuldner betreibt[297] oder einklagt. Klagt der Gläubiger gleichzeitig[298] gegen mehrere oder alle Solidarschuldner, so kann er dies nach Massgabe von Art. 71 ZPO in einem **gemeinsamen Verfahren** tun, in welchem die Solidarschuldner eine einfache Streitgenossenschaft bilden:[299] «Sollen Rechte und Pflichten beurteilt werden, die auf gleichartigen Tatsachen oder Rechtsgründen beruhen, so können mehrere Personen gemeinsam klagen oder beklagt werden» (Art. 71 Abs. 1 ZPO).[300] Für solche Fälle erklärt Art. 15 Abs. 1 ZPO, dass das für eine beklagte Partei zuständige Gericht für alle beklagten Parteien zuständig ist, sofern diese Zuständigkeit nicht nur auf einer Gerichtsstandsvereinbarung beruht.

3. Zum Verhältnis von Haupt- und Regressprozess

17.156 **1.** Grundsätzlich sind der Hauptprozess, der zwischen dem Gläubiger und einem oder mehreren Solidarschuldnern stattfindet, und der nachmalige Regressprozess, in dem der Solidarschuldner, welcher dem Gläubiger leisten musste und gegen Mitschuldner regressiert, voneinander **unabhängig.** Dieser Grundsatz erfährt dort eine empfindliche Einschränkung, wo ein vom Gläubiger belangter Solidarschuldner einem Dritten den Streit verkündet oder dieser Dritte von sich aus im Hauptprozess interveniert.

17.157 Die **Streitverkündung** ist die Aufforderung einer Partei oder einer Nebenpartei eines Prozesses an eine dritte Person (den «Streitberufenen»), sie im Prozess zu unterstützen.[301] Grund für die Streitverkündung kann sein, dass der beklagte Solidarschuldner für den Fall des Unterliegens gegen diesen Dritten Rückgriff nehmen will oder dass er seinerseits Rückgriffsansprüche dieser dritten Person befürchtet (Art. 78 Abs. 1 ZPO). Der streitberufene Dritte darf, muss aber nicht, die Streitverkündung annehmen (Art. 79 ZPO).[302]

[297] Der Gläubiger kann einen, mehrere oder alle Solidarschuldner gleichzeitig oder nacheinander betreiben, und zwar stets auf die volle Geldschuld. Es ist Sache des betriebenen Solidarschuldners, nach erfolgtem Rechtsvorschlag im Rechtsöffnungsverfahren die Einrede der Schuldtilgung durch einen Mitschuldner zu erheben (vgl. Art. 85 SchKG). Art. 144 OR ist auch dann anwendbar, wenn über einen oder mehrere Solidarschuldner der Konkurs eröffnet oder ein Nachlassverfahren eingeleitet wird (vgl. BGE 113 III 128/131 E. 3b; BGer 4C.448/2004 vom 5. August 2005 E. 2.1.2).

[298] Der Gläubiger kann auch einen Solidarschuldner nach dem anderen einklagen. Welchen Weg er auch einschlägt, sein Anspruch erlischt erst, wenn er voll befriedigt worden ist (BGE 89 II 118/122f. E. 5a).

[299] Vgl. BGE 93 II 329/333ff. E. 3b; einlässlich dazu Krauskopf, Zürcher Kommentar, N 334ff. zu Art. 144 OR.

[300] Die einfache Streitgenossenschaft ist allerdings ausgeschlossen, wenn für die einzelnen Klagen nicht die gleiche Verfahrensart anwendbar ist (Art. 71 Abs. 2 ZPO). Ausserdem kann jeder Streitgenosse den Prozess unabhängig von den andern Streitgenossen führen (Art. 71 Abs. 3 ZPO).

[301] Während die ZPO keine Pflicht des Streitberufenen zur Annahme einer Streitverkündung vorsieht, kann sie sich aus Vertrag oder aus dem Grundsatz von Treu und Glauben ergeben (vgl. Wey, Die Streitverkündungsklage, S. 60).

[302] Den Streitberufenen trifft keine Pflicht, in den Prozess einzutreten. Vielmehr kann er den Eintritt ablehnen. In diesem Fall wird der Prozess ohne Rücksicht auf ihn fortgesetzt (Art. 79 Abs. 2 ZPO).

Tut er das, kann er den Streit weiter verkünden (Art. 78 Abs. 2 ZPO). Die **Intervention** ist der (unaufgeforderte) Eintritt eines Dritten (des «Intervenienten») in einen laufenden Prozess als Haupt- oder Nebenpartei.[303] Die Streitverkündung und die Intervention können auch erst im Rechtsmittelverfahren passieren.[304]

2. Die **Folge** einer Streitverkündung oder einer Intervention äussert sich darin, dass ein für die Hauptpartei ungünstiges Ergebnis des Prozesses auch gegen den Streitberufenen bzw. den Intervenienten wirkt,[305] es sei denn, er sei durch die Lage des Prozesses zur Zeit seines Eintritts oder durch Handlungen oder Unterlassungen der Hauptpartei verhindert gewesen, Angriffs- und Verteidigungsmittel geltend zu machen, oder ihm unbekannte Angriffs- oder Verteidigungsmittel seien von der Hauptpartei absichtlich oder grobfahrlässig nicht geltend gemacht worden (Art. 77 lit. a und b, Art. 80 i.V.m. Art. 77 ZPO). Dies kommt faktisch einer Erstreckung der Rechtskraft gleich: Der Streitberufene bzw. der Intervenient muss sich das Urteil des Hauptprozesses (Dispositiv und Begründung) auch im nachmaligen Regressprozess entgegenhalten lassen, ausser, ihm stünde eine Einrede nach Art. 77 lit. a und b ZPO zu. 17.158

3. Gemäss Art. 81 Abs. 1 ZPO kann ein beklagter (oder klagender)[306] Solidarschuldner im Hauptprozess gegen den Gläubiger seine Rückgriffsansprüche, die er im Falle des Unterliegens gegen einen oder mehrere nicht am Verfahren beteiligte(n) Mitschuldner zu haben glaubt, beim Gericht, das mit der Hauptklage befasst ist, mit der **Streitverkündungsklage**[307] geltend machen.[308] Die Streitverkündungsklage des beklagten Solidarschuldners («Streitverkündungskläger») wird erst dann aktuell, wenn er im Hauptprozess 17.159

---

[303] Vgl. Art. 73 ff. ZPO betreffend die Haupt- und Nebenintervention.

[304] Obsiegt zum Beispiel ein Kläger gegen einen beklagten Streitgenossen, während seine Klage gegen einen anderen Streitgenossen nicht durchdringt, kann sich ersterer als Nebenintervenient (Art. 74 ZPO) an einem Rechtsmittelverfahren beteiligen, mit dem der Kläger die Verurteilung des anderen Streitgenossen anstrebt (Hahn, ZPO-Kommentar [Stämpfli], N 17 zu Art. 71 ZPO).

[305] Beispiel: Der vom Gläubiger belangte und zur Leistung verurteilte Solidarschuldner verlangt von den Mitschuldnern anteilige Kostentragung (Art. 148 Abs. 2 OR). Weil diese jede Kostentragung ablehnen, leitet der verurteilte Solidarschuldner die Regressklage ein. Im Regressprozess gelten nun diejenigen Fragen, die im Hauptprozess verbindlich entschieden wurden, auch für den Folgeprozess (Meier, Zivilprozessrecht, S. 176).

[306] Auch wenn ein Solidarschuldner in der Regel die beklagte Prozesspartei ist, während der Gläubiger als Kläger auftritt, kann die Rollenverteilung durchaus umgekehrt sein. Das ist beispielsweise der Fall, wenn ein betriebener Solidarschuldner die Aberkennungsklage (Art. 83 Abs. 2 SchKG) erhebt und mit der Streitverkündungsklage zugleich auch Mitschuldner einklagt, gegen die er Rückgriffsansprüche geltend macht (Gasser/Rickli, ZPO-Kurzkommentar [Dike], N 3 zu Art. 82 ZPO).

[307] Die Streitverkündungsklage ist erst mit der eidgenössischen ZPO, die seit dem 1. Januar 2011 in Kraft ist, gesamtschweizerisch möglich. Davor war die Streitverkündungsklage nur in einigen wenigen Kantonen (Genf, Waadt und Wallis) vorgesehen (vgl. Botschaft zur Schweizerischen Zivilprozessordnung von 2006, BBl 2006, S. 7283).

[308] Vgl. Botschaft zur Schweizerischen Zivilprozessordnung von 2006, BBl 2006, S. 7285 in initio; zu den Voraussetzungen der Streitverkündungsklage BGE 139 III 67/70 ff. E. 2; vgl. auch Wey, Die Streitverkündungsklage, S. 61 ff. (insb. 69); Takei, Streitverkündung, S. 66 ff.

gegen den Gläubiger (mindestens teilweise) unterliegt, weswegen sie in der Lehre oft als «bedingte» Klage bezeichnet wird.[309] Für das Bundesgericht ist die Streitverkündungsklage dagegen keine bedingte Klage, sondern bedingt ist allein der Anspruch, der mit der Streitverkündungsklage geltend gemacht wird.[310] Das ist (dogmatisch) indes nicht richtig, denn: «Ein bedingter Anspruch läge nur dann vor, wenn das Gericht zunächst im Hauptprozess ein Gestaltungsurteil fällen müsste und es davon abhinge, ob ein Regressanspruch überhaupt entsteht oder nicht. Soweit aber im Hauptprozess über eine Leistungsklage entschieden wird, so muss das Gericht nur das Bestehen einer (fälligen) Leistungspflicht feststellen und den Beklagten zur Leistung verpflichten (oder nicht). Das Bestehen dieser Forderung hängt mithin nicht vom urteilenden Gericht ab, sondern vom materiellen Recht, welches das Gericht festzustellen hat».[311]

17.160 Die Streitverkündungsklage steht allein dem Streitverkündungskläger zu, während der streitberufene Mitschuldner («Streitverkündungsbeklagter») selbst keine weitere Streitverkündungsklage erheben kann (Art. 81 Abs. 2 ZPO). Ausserdem ist die Streitverkündungsklage ausschliesslich im ordentlichen Verfahren möglich; im vereinfachten und im summarischen Verfahren ist sie demgegenüber nicht zulässig (Art. 81 Abs. 3 ZPO). Schliesslich kann sich der Streitverkündungsbeklagte gegen die Streitverkündungsklage wehren, wenn er mit dem Streitverkündungskläger eine Gerichtsstandsvereinbarung getroffen hat, die einen anderen Gerichtsstand vorsieht als denjenigen, an welchem der Hauptprozess stattfindet.[312]

17.161 **4.** Will ein beklagter oder klagender Solidarschuldner von der Streitverkündungsklage Gebrauch machen, so hat er die **Zulassung der Streitverkündungsklage** im Hauptprozess zu beantragen; für den Beklagten ist der späteste Zeitpunkt die Klageantwort, für den Kläger die Replik (Art. 82 Abs. 1 ZPO).[313] Dabei hat er die Rechtsbegehren (d.h. seinen Rückgriffsanspruch), die er gegen den oder die streitverkündungsbeklagten Mitschuldner zu stellen gedenkt, zu nennen und kurz zu begründen (Art. 82 Abs. 2 ZPO). Ausser-

---

309 Gasser/Rickli, ZPO-Kurzkommentar [Dike], N 3 in fine zu Art. 81 ZPO; Krauskopf, Zürcher Kommentar, N 400 zu Art. 144 OR; ders., Haftpflichtprozess, S. 149; Wey, Die Streitverkündungsklage, S. 61; Hahn, ZPO-Kommentar [Stämpfli], N 16 zu Art. 81 ZPO; Staehelin/Staehelin/Grolimund, ZPO, § 13 Rz. 71; für Domej, ZPO-Kurzkommentar [Helbing], N 3 zu Art. 81 ZPO, ist nicht die Klage bedingt, sondern der Anspruch, der mit der Streitverkündungsklage geltend gemacht wird.

310 BGE 142 III 102/109 E. 5.3.2; BGer 4A_291/2016 vom 16. Januar 2017 E. 5; 4A_164/2016 vom 18. Oktober 2016 E. 3.2.

311 Krauskopf/Wirz, Rechtsbegehren im Haftpflichtrecht, S. 54; vgl. auch Droese, Res iudicata, 319f.

312 Richtig Frei, Basler Kommentar, N 6 zu Art. 16 ZPO; Wey, Die Streitverkündungsklage, S. 64.

313 BGer 4A_341/2014 vom 5. November 2014 E. 2.4. Nach dem Schriftenwechsel ist keine Streitverkündungsklage mehr möglich (Botschaft zur Schweizerischen Zivilprozessordnung von 2006, BBl 2006, S. 7285). Weiterhin und während der gesamten Dauer des Prozesses möglich ist die einfache Streitverkündung (Art. 78ff. ZPO). Auf den (materiellen) Bestand von Rückgriffsrechten hat die unterlassene Streitverkündung keinen Einfluss (Gasser/Rickli, ZPO-Kurzkommentar [Dike], N 2 zu Art. 82 ZPO).

dem – so verlangt es das Bundesgericht[314] – hat der Streitverkündungskläger das Rechtsbegehren der Streitverkündungsklage zu beziffern.[315] Alsdann hat das Gericht dem Kläger und der streitberufenen Person Gelegenheit zur Stellungnahme zu geben (Art. 82 Abs. 2 ZPO). Wird die Streitverkündungsklage zugelassen,[316] so ist das Gericht des Hauptprozesses auch für den Regressprozess zuständig (Art. 16 ZPO).[317] Es bestimmt Zeitpunkt und Umfang des betreffenden Schriftenwechsels (Art. 82 Abs. 3 ZPO). Die Zulassung der Streitverkündungsklage zwingt den Streitverkündungsbeklagten zur Teilnahme am Prozess und führt im Ergebnis dazu, dass die Ansprüche verschiedener Beteiligter in einem einzigen Prozess statt in separaten Einzelverfahren behandelt werden können.

Die Streitverkündungsklage ist ein Recht des belangten Solidarschuldners, keine Pflicht. 17.162
Sie ist für die berechtigte Prozesspartei eine Alternative zur gewöhnlichen Streitverkündung. Mit Blick auf die **bundesgerichtliche Rechtsprechung,** die einem Rückgriffsberechtigten unter Umständen die Durchsetzung seines Rückgriffsanspruchs verweigert, wenn er ohne Grund die Position eines anderen Solidarschuldners verschlechtert hat, wird sich mindestens die Streitverkündung häufig anempfehlen. Denn so kann sich der regressberechtigte Solidarschuldner vor dem Vorwurf bewahren, von der Möglichkeit, auf einen anderen Mitschuldner zurückzugreifen, Kenntnis erhalten und zu lange nichts gegen diesen Mitschuldner unternommen zu haben.[318]

Das Bundesgericht hat die Frage, ob das Recht des Solidarschuldners zur Streitverkün- 17.163
dungsklage nicht etwa die Wahlfreiheit des Gläubigers gemäss Art. 144 OR verletzte, dahingehend beantwortet, dass die Wahlfreiheit den Schutz des Gläubigers gegen das Risiko der Insolvenz eines einzelnen Mitschuldners bezweckt; sie biete jedoch keine Garantie oder Privilegierung in Bezug auf die Art und Weise, in der das Gerichtsverfahren durchgeführt wird.[319]

---

314 BGE 142 III 102/107 ff. E. 5.3 f.; BGer 4A_598/2016 vom 16. November 2016 E. 2.4.

315 Vgl. dazu die kritischen Ausführungen von Krauskopf/Wirz, Rechtsbegehren im Haftpflichtrecht, S. 56 f.

316 Dazu BGE 139 III 67/76 f. E. 2.6. Der Entscheid über die Zulassung der Klage ist mit Beschwerde anfechtbar (Art. 82 Abs. 4 ZPO). Gegen den Entscheid, mit dem die Zulassung einer Streitverkündungsklage verweigert wird, ist die Beschwerde vor Bundesgericht nach Art. 91 lit. b BGG zulässig; demgegenüber kann der Entscheid, mit welchem die Streitverkündungsklage zugelassen wird, vor Bundesgericht nur nach Massgabe von Art. 93 Abs. 1 BGG angefochten werden (BGer 4A_235/2016 vom 7. März 2017 E. 1.1).

317 Es entspricht der herrschenden Auffassung, dass zwingende Gerichtsstände vorbehalten bleiben und Art. 16 ZPO vorgehen, auch wenn die ZPO keinen expliziten Vorbehalt enthält (Frei, Basler Kommentar, N 5 zu Art. 16 ZPO; Urbach, ZPO-Kommentar [Orell Füssli], N 5 zu Art. 16 ZPO; Hahn, ZPO-Kommentar [Stämpfli], N 13 zu Art. 81 ZPO; Wey, Die Streitverkündungsklage, S. 63).

318 Vgl. dazu Rz. 17.121.

319 BGer 4A_431/2009 vom 18. November 2009 E. 2.4 (= BR/DC 2010, S. 198, Nr. 374, mit Anm. Schumacher).

17.164 **5.** Durch die Streitverkündungsklage findet der Regressprozess mit dem Hauptprozess vor demselben Gericht in einem einzigen Prozess, sozusagen einem Gesamtprozess, statt.[320] Das bietet einige Vorteile: Mit einer solchen Konsolidierung zweier Prozesse in einem Verfahren werden widersprüchliche Urteile im Haupt- und Regressprozess vermieden. Den Parteien bleibt zudem ein möglicherweise aufwendiger Gerichtsstandwechsel für die gerichtliche Beurteilung des Rückgriffs erspart. Ausserdem werden Synergien genutzt: Die Aktenkenntnis des Gerichts kann in zwei Prozessen verwendet werden. Schliesslich bieten sich auch für die Beweiserhebung Vorteile. Es ist beispielsweise möglich, einen Augenschein oder eine Zeugenbefragung am selben Gerichtstag gleichzeitig für beide Prozesse durchzuführen oder ein und dasselbe Sachverständigengutachten in beiden Prozessen zu verwenden.[321] Zu beachten ist, dass mit der Haupt- und Streitverkündungsklage je eigene Prozessrechtsverhältnisse begründet werden, mit unterschiedlichen Parteikonstellationen und Rechtsbegehren.[322] Auf den «Gesamtprozess» folgt ein **Gesamturteil,** in dem sowohl über die Hauptklage als auch über die Streitverkündungsklage entschieden wird.[323] Dabei gilt zu berücksichtigen, dass das Gericht im Falle der Gutheissung der Streitverkündungsklage ein bedingtes Urteil (Art. 342 ZPO) spricht,[324] denn der (gerichtlich zugesprochene) Regressanspruch (Art. 148 Abs. 2 OR) und ein allfälliger Subrogationsanspruch (Art. 149 OR) des im Hauptprozess unterliegenden Streitverkündungsklägers entstehen nicht schon nach dessen rechtskräftiger Verurteilung zur Leistung, sondern – wie der Gesetzeswortlaut in Art. 148 Abs. 2 und Art. 149 OR deutlich macht – erst in dem Zeitpunkt, da er dem Gläubiger tatsächlich leistet.[325]

IV. Zum Problem des «begünstigten» Solidarschuldners

17.165 **1.** Eine heikle Situation entsteht, wenn einem Bauherrn zwei oder mehrere Baubeteiligte für einen Schaden solidarisch haftbar wären, jedoch einer von ihnen im Aussenverhältnis deswegen begünstigt ist, weil er mit dem Bauherrn eine **Vereinbarung** getroffen hat,

---

[320] Botschaft zur Schweizerischen Zivilprozessordnung von 2006, BBl 2006, S. 7286. Freilich kann das Gericht, selbst nachdem es die Streitverkündungsklage zugelassen hat, «zur Vereinfachung des Prozesses» (Art. 125 lit. b ZPO) den Hauptprozess und den Regressprozess trennen und beide Verfahren separat behandeln.

[321] Vgl. Botschaft zur Schweizerischen Zivilprozessordnung von 2006, BBl 2006, S. 7284; BGE 139 III 67/72 E. 2.2.

[322] BGE 142 III 271/274 E. 1.1 (= BR/DC 2016, S. 372, Nr. 696, mit Anm. Reetz).

[323] Vgl. Wey, S. 74 f., insb. Fn. 106; zu den Kostenfolgen im Falle der Abweisung der Hauptklage und der Streitverkündungsklage vgl. BGE 143 III 106/108 f. E. 5.3.

[324] Vgl. Schwander, ZPO-Kommentar [Schulthess], N 25 zu Art. 81 ZPO.

[325] Betreffend Art. 148 Abs. 2 OR: BGE 133 III 6/12 und 25 E. 5.2.1 und 5.3.3 (= BR/DC 2007, S. 48, mit Anm. Pichonnaz/Werro und S. 53, mit Anm. Krauskopf/Siegenthaler); 130 III 362/369 E. 5.2 (= BR/DC 2004, S. 179, Nr. 482, mit Anm. Werro/Pichonnaz); 127 III 257/266 E. 6c (= BR/DC 2002, S. 91, Nr. 217, mit Anm. Aepli); betreffend Art. 149 Abs. 1 OR: BGE 103 II 137/140 E. 4d; BGer 4A_582/2008 vom 27. Februar 2009 E. 4.3.

die eine Erleichterung oder gar den Ausschluss seiner Haftung vorsieht.[326] Eine solche Vereinbarung kann entweder bereits vor Eintritt des Haftungsfalles (Haftungsfreizeichnung) oder auch erst nach Eintritt des Haftungsfalles (Vergleich oder Schulderlass) abgeschlossen worden sein.[327] In diesen Fällen stellt sich die Frage, wie sich derartige haftungsbefreiende oder haftungserleichternde Abreden des Bauherrn mit einem Solidarschuldner auf die Stellung der übrigen Mitschuldner im Innenverhältnis auswirken. Dieselbe Frage stellt sich auch dort, wo sich die Haftungsbegünstigung eines Solidarschuldners aus dem **Gesetz** ergibt. Fälle gesetzlicher Begünstigung sind die Verjährung und die Verwirkung der Haftung eines Baubeteiligten. Praktisch bedeutend ist das Dahinfallen der Haftung des Unternehmers, wenn der Bauherr das Werk hinsichtlich erkannter oder erkennbarer Mängel durch unterlassene Mängelrüge genehmigt (Art. 370 OR).

In diesem Zusammenhang sind die gleichlautenden **Art. 1.7.21 SIA 102/103** zu erwähnen. Sie lauten: «Wenn durch Umstände, die der Auftraggeber zu vertreten hat, der Beauftragte nicht auf einen beteiligten Dritten zurückgreifen kann, reduziert sich der Ersatzanspruch des Auftraggebers gegenüber dem Beauftragten in dem Umfang, in dem der Beauftragte auf den Dritten hätte zurückgreifen können». Diese Bestimmung betrifft den Fall, in welchem der Regress des Planers auf einen mithaftpflichtigen Planer, Unternehmer oder sonstigen Baubeteiligten aus Gründen, die der Bauherr zu verantworten hat, scheitert.[328] Solange der Regress des belangten Planers gegen Mitverpflichtete intakt ist, bleibt für eine Anwendung von Art. 1.7.21 SIA 102/103 kein Raum, selbst in Fällen, in denen die Parteien die SIA-Ordnungen 102 oder 103 in ihren Vertrag aufgenommen haben. 17.166

Dieselbe Zielsetzung verfolgt auch **Ziff. 13.6 KBOB-AVB**, der allerdings anders – nämlich sozusagen umgekehrt – formuliert ist: «Wenn ein Schaden, für den der Beauftragte haftet, durch Dritte mitverursacht wurde, wahrt der Auftraggeber seine Rechte gegenüber sämtlichen Verursachern, so dass der haftbare Beauftragte nach Bezahlung des Schadens auf sämtliche Mitverursacher Rückgriff nehmen kann». Diese Bestimmung macht freilich nicht deutlich, was gelten soll, wenn der Bauherr die Pflicht, seine Rechte gegenüber allen solidarisch haftpflichtigen Baubeteiligten zu wahren, verletzt. Mit Siegenthaler ist davon auszugehen, dass eine solche Pflichtverletzung zu einer Schadenersatzhaftung des Bauherrn führt, welche im Umfang des vereitelten Regresses besteht: «Das führt dazu, dass sich der Ersatzanspruch des Auftraggebers gegenüber dem Beauftragten in dem Umfang reduziert, in welchem der Beauftragte auf den Dritten hätte zugreifen können – ist also im Resultat dasselbe, was der neue Art. 1.7.21 der SIA Ordnungen besagt».[329] 17.167

[326] Vgl. dazu auch Scholze-Beck, Gesamtschuldnerische Haftung, S. 190 ff.

[327] Zur Frage der Gesamtwirkung eines Schulderlasses oder Vergleiches (Art. 147 Abs. 2 OR) vgl. BGE 133 III 116.

[328] Denzler/Hochstrasser, Haftung nach SIA 102/103, S. 262; Perritaz, La réduction des dommages-intérêts, S. 155; Siegenthaler, Neue SIA-Ordnungen 102/103, S. 36; Werro, Révision des Règlements SIA, S. 36 ff.

[329] Vgl. Siegenthaler, Neue SIA-Ordnungen 102/103, S. 36 f.

17.168 **2.** Einigkeit besteht darüber, dass eine gesetzliche oder vertragliche Begünstigung eines an sich Haftpflichtigen nicht zulasten anderer Haftpflichtiger gehen darf, die mit dem Begünstigten solidarisch haften. Im Übrigen gehen die Meinungen in Lehre und Rechtsprechung auseinander. Die wenigen einschlägigen Entscheide des **Bundesgerichts** lassen (noch) keine klare Linie erkennen.[330] Mit gebührender Vorsicht lässt sich aber immerhin sagen, dass das Bundesgericht grundsätzlich vertraglichen und gesetzlichen Begünstigungen eines Solidarschuldners im Aussenverhältnis keine Auswirkungen auf die Rückgriffe im Innenverhältnis der Solidarität gestattet.[331] Im Einzelnen:

1. Vertragliche Begünstigung eines Solidarschuldners

17.169 Wurde die Haftung eines Solidarschuldners erst nachträglich durch teilweisen oder gänzlichen **Schulderlass** – zum Beispiel im Rahmen eines **Vergleiches** – beseitigt oder reduziert, so wirkt die Begünstigung eines Solidarschuldners zugunsten der anderen Mitschuldner nur so weit, als die Umstände oder die Natur der Verbindlichkeit es rechtfertigen (Art. 147 Abs. 2 OR).[332] Soweit das nicht der Fall ist und ein Solidarschuldner vom Gläubiger für mehr als seinen Haftungsanteil belangt wird, kann er gemäss der Rechtsprechung des Bundesgerichts gestützt auf Art. 148 Abs. 2 OR auf einen anderen Mitschuldner Rückgriff nehmen, ohne dass ihm dieser den mit dem Gläubiger vereinbarten Vergleich oder Erlass entgegenhalten dürfte,[333] «denn ein Solidarschuldner kann durch seine persönliche Handlung die Lage der anderen nicht erschweren (Art. 146 Abs. 1 OR) und deren Rückgriffsansprüche gegen ihn nicht in einem Vertrag mit dem Gläubiger zu deren Lasten ausschliessen».[334] Deswegen bleibt das Innenverhältnis mit seinen Regressansprüchen von individuellen Vereinbarungen zwischen Solidarschuldner und Gläubiger unberührt, womit sich auch die Anwendung von Art. 1.7.21 SIA 102/103 oder von Ziff. 13.6 KBOB-AVB von vornherein erübrigt (Rz. 17.166 f.).[335] Will also der Gläubiger einem Solidarschuldner die Schuld (teilweise oder ganz) dergestalt erlassen, dass ihn auch im Innenverhältnis (Rückgriffsverhältnis) keine Verpflichtungen treffen

[330] Immerhin stellt das Bundesgericht Folgendes klar: Damit der Rückgriffsgläubiger die Rückgriffsforderung einklagen könne, sei es nicht erforderlich, dass die solidarische Haftung noch im Zeitpunkt bestehe, in dem die Rückgriffsforderung entstehe, d.h. dann, wenn der vom Gläubiger belangte Schuldner diesen befriedige (BGE 133 III 6/26 E. 5.3.4 = BR/DC 2007, S. 48, mit Anm. Pichonnaz/Werro und S. 53, mit Anm. Krauskopf/Siegenthaler).

[331] Zur Rechtsprechung des deutschen Bundesgerichtshofs vgl. Werner/Pastor, Der Bauprozess, Rz. 2008 f.

[332] Vgl. z.B. BGE 107 II 226/228 ff. E. 3 ff.

[333] Vgl. BGE 133 III 116/119 E. 4.2; Koller A., OR AT, § 75 Rz. 124; Merz, SPR VI/1, S. 111.

[334] BGer 4C.358/2005 vom 12. Februar 2007 E. 4.6.

[335] BGE 133 III 116/119 E. 4.2; Engel, Traité des obligations, S. 843; Merz, SPR VI/1, S. 111; von Tuhr/Escher, OR AT II, S. 313.

können, kann er dies nur dadurch erreichen, dass der Schulderlass nach Art. 147 Abs. 2 OR eine Befreiung auch der übrigen Mitschuldner bewirkt.[336]

Das Bundesgericht scheint **vertraglich vereinbarten Haftungsvorteilen** eines Solidarschuldners nur Wirkungen im Aussenverhältnis (zwischen den Vertragsparteien) beimessen zu wollen, weil es im Innenverhältnis Rückgriffe gegen den Haftungsbegünstigten trotz des ihm zustehenden Haftungsvorteils zulässt.[337] Ob das auch für den Fall gilt, da von vornherein ein vertraglicher Haftungsvorteil besteht – zum Beispiel eine vertragliche Haftungsfreizeichnung für leichte und mittlere Fahrlässigkeit – mit der Folge, dass eine Haftung, die sonst bestünde, erst gar nicht entsteht, lässt sich aufgrund der bestehenden Rechtsprechung des Bundesgerichts (noch) nicht sagen.[338] In der Literatur gehen die Meinungen, wie dieser Fall zu behandeln ist, auseinander.[339] 17.170

2. Gesetzliche Begünstigung eines Solidarschuldners

1. Mit Bezug auf die eingetretene **Verjährung**, die einem Solidarschuldner von Gesetzes wegen eine Leistungsverweigerungseinrede verleiht (Rz. 17.32 und 17.38), gilt nach bundesgerichtlicher Meinung, dass sich ein im Rückgriff nach Art. 51 OR belangter Solidarschuldner gegen den rückgriffsberechtigten Mitschuldner nicht darauf berufen könne, seine eigene Schuldpflicht gegenüber dem Gläubiger sei bereits verjährt (Rz. 17.119 ff.).[340] 17.171

2. Anders beurteilt das Bundesgericht dagegen den Fall, in welchem die **Mängelhaftung** eines Unternehmers bereits **verwirkt** ist, weil die Mängel überhaupt nicht oder nicht rechtzeitig (vor Ablauf der fünfjährigen Verjährungsfrist von Art. 371 OR) angezeigt worden sind. In diesem Fall wird der Unternehmer sowohl im Aussenverhältnis als auch im Innenverhältnis befreit.[341] In diesem Zusammenhang schlägt die **Lehre** verschiedene Lösungsmöglichkeiten vor, um den Planer davor zu schützen, im Aussenverhältnis voll haften zu müssen und im Innenverhältnis keinen Rückgriff gegen den Unternehmer zu haben:[342] 17.172

---

336 Vgl. BGE 133 III 116/119 E. 4.2: «Erlässt der Gläubiger einem im Innenverhältnis allein haftenden Schuldner im Vergleich die Schuld teilweise mit der Massgabe, dass ihn auch auf dem Rückgriffsweg keine weitere Verpflichtung treffen sollte, ist darin daher ein Umstand zu sehen, der nach Art. 147 Abs. 2 OR eine Befreiung der Mitschuldner zur Folge hat». Vgl. auch Bucher, OR AT, S. 496, Fn. 48; Gautschi A., Solidarschuld, Rz. 187.

337 Vgl. BGE 133 III 6/27 E. 5.3.4 (= BR/DC 2007, S. 48, mit Anm. Pichonnaz/Werro und S. 53, mit Anm. Krauskopf/Siegenthaler). Gleicher Meinung Bucher, OR AT, S. 497. Sehr ausführlich dazu Krauskopf, Zürcher Kommentar, N 47 ff. zu Art. 147 OR.

338 In BGE 130 III 362/370 E. 5.3 (= BR/DC 2004, S. 179, Nr. 482, mit Anm. Werro/Pichonnaz) zählte das Bundesgericht den Fall einer mit einem Solidarschuldner zum Voraus vereinbarten Freizeichnung zu den «situations plus délicates», indessen ohne dass es diesen Fall zu entscheiden hatte.

339 Einlässlich dazu und mit Darstellung der verschiedenen Lösungswegen Krauskopf, Zürcher Kommentar, N 124 ff. zu Art. 147 OR.

340 BGE 133 III 6/31 E. 5.4 (= BR/DC 2007, S. 48, mit Anm. Pichonnaz/Werro und S. 53, mit Anm. Krauskopf/Siegenthaler).

341 BGE 130 III 362/369 f. E. 5.2 (= BR/DC 2004, S. 179, Nr. 482, mit Anm. Werro/Pichonnaz).

342 Eine ausführliche Abhandlung der Problematik findet sich bei Jung, Regressprobleme, S. 285 ff.

17.173 **a.** Für Gauch besteht die Lösung darin, dass sich die Haftung des Planers gegenüber dem Bauherrn um den Betrag reduziert, welcher im Innenverhältnis auf den Unternehmer entfiele, sodass ein Rückgriff gegen den Unternehmer gar nicht mehr infrage kommt.[343] Gauch bricht also die Solidarität im Aussenverhältnis auf und ersetzt sie durch eine (anteilmässige) Haftung des Planers, die sich auf dessen Verantwortlichkeitsteil beschränkt. Die Nachteile der verwirkten Mängelhaftung soll nämlich der Bauherr und nicht der Planer tragen müssen. Dogmatisch wird diese Lösung mit einer sinngemässen Anwendung von Art. 147 Abs. 2 OR begründet, wobei hier die Besonderheit besteht, dass der Unternehmer nicht durch Vertragsabrede von der (zunächst bestehenden) Haftung befreit wurde, sondern durch (vermutete oder erklärte) Genehmigung des Werks durch den Bauherrn.

17.174 **b.** Eine andere Lösung bietet Koller. Er lässt den Planer im Aussenverhältnis auch nach dem Untergang der Mängelhaftung des Unternehmers voll haften, gewährt ihm aber gestützt auf Art. 149 Abs. 2 OR gegenüber dem Bauherrn einen (verrechnungsfähigen) Schadenersatzanspruch in dem Umfange, in welchem sein Rückgriff gegen den Unternehmer verunmöglicht ist.[344]

17.175 Die zwei skizzierten Lösungen führen praktisch zum selben Ergebnis.[345] Im Sinne der Lösung gemäss Gauch (Rz. 17.173) gehen **Art. 1.7.21 SIA 102/103 sowie Ziff. 13.6 KBOB-AVB** dahin, dass der Bauherr gegenüber dem Planer in dem Umfang seine Haftungsansprüche verliert, in welchem der Planer nicht mehr auf den mitverantwortlichen (aber aufgrund verwirkter Mängelrechte im Aussenverhältnis befreiten) Unternehmer regressieren kann (Rz. 17.166 f.). Allerdings bergen diese Bestimmungen den Nachteil, dass der Planer die Reduktion seiner Haftung höchstens schätzen kann, weil er nicht mit Sicherheit bestimmen kann, welches der Verantwortlichkeitsanteil des Unternehmers im Innenverhältnis ist; gemäss Art. 51 Abs. 1 i.V.m. Art. 50 Abs. 2 OR werden die internen Verantwortlichkeitsanteile nämlich «durch richterliches Ermessen» bestimmt.[346] Es ist davon auszugehen, dass die Gerichte dieses Ermessen künftig auch in Fällen anwenden werden, in denen die Haftung des Planers gestützt auf Art. 1.7.21 SIA 102/103 um den Betrag reduziert werden muss, den der Planer im Regress vom Unternehmer hätte fordern können, falls dessen Haftung nicht verwirkt wäre.[347]

---

343 Gauch, Der aussergerichtliche Vergleich, S. 18; so bereits Rossel, Manuel I, S. 189; vgl. auch Fellmann, Regressausgleich, S. 56 f.; Gauch, Werkvertrag, Rz. 2753 f.; Nigg, Die Haftung mehrerer, S. 141 ff. Auch Jung, Regressprobleme, S. 290 ff., spricht sich für eine derartige Reduktion der Haftung des nicht privilegierten Solidarschuldners aus, die sich seiner Meinung nach auf den Einwand des Rechtsmissbrauchs abstützen lässt.

344 Vgl. Koller A., Das Nachbesserungsrecht, Rz. 557; ders., OR AT, § 75 Rz. 114; vgl. auch Zehnder, Mehrpersonenhaftung, S. 7.

345 Richtig erkannt von Fellmann, Regressausgleich, S. 57; dazu und zu einem dritten Lösungsansatz Krauskopf, Zürcher Kommentar, N 93 ff. zu Art. 147 OR.

346 Vgl. dazu etwa Tolou, Le recours interne, S. 135 ff.

347 Das scheint Perritaz, La réduction des dommages-intérêts, S. 155, zu übersehen, wenn er meint, dass Art. 1.7.21 SIA 102/103 «ne laisse cependant pas à la libre appréciation du juge le montant de la réduction».

§ 18 Die Haftpflichtversicherung des Planers

JEAN-CLAUDE WERZ

Inhaltsverzeichnis

I. Wesen der Haftpflichtversicherung

1. Haftung und Haftpflichtversicherung

18.1 **1. Haftung** bedeutet, dass eine Person für den Schaden einer anderen Person, den sie verursacht bzw. zu verantworten hat, einstehen muss. Ihr *Haftpflichtrisiko* besteht darin, dass sie der Gefahr ausgesetzt ist, jemandem aufgrund von (ausservertraglichen oder vertraglichen) Haftpflichtbestimmungen einen Schaden ersetzen zu müssen.

18.2 **2.** Mit dem **Haftpflichtversicherungsvertrag** überwälzt die versicherte Person ihr Haftpflichtrisiko auf den Versicherer. Dies geschieht dadurch, dass der Versicherer sich verpflichtet, ganz oder teilweise den Betrag zu leisten, den der Versicherte seinerseits dem Geschädigten als Entschädigung leisten muss. Somit *schützt die Haftpflichtversicherung das Vermögen der versicherten Person* und ist nicht eine Versicherung zum Schutz des Geschädigten.[1] Durch den Bestand einer Haftpflichtversicherung haben potenziell geschädigte Personen aber immerhin die Gewissheit, dass der Haftpflichtige in der Lage sein wird, ihnen ihren Schaden zu ersetzen. Im Unterschied zu anderen Versicherungen,

[1] Vgl. z.B. die Baugarantie, wo der Versicherer seine Leistung dem Geschädigten (Bauherrn) verspricht.

wie zum Beispiel die Unfallversicherung, ist der Schaden des Geschädigten nämlich nicht Gegenstand der Berufshaftpflichtversicherung des Planers.[2]

Versichert ist ferner die *Abwehr unbegründeter oder überhöhter Ansprüche* («passiver»[3] Rechtsschutz). Der Haftpflichtversicherer hat somit auch die vertragliche Pflicht, die berechtigten Interessen des Versicherten gegenüber dem Geschädigten zu wahren. In der Praxis ist diese Verpflichtung des Haftpflichtversicherers den Versicherten und vor allem den Geschädigten nicht immer voll bewusst. 18.3

3. Der **Umfang des Versicherungsschutzes** (Verpflichtungen des Versicherers) richtet sich nach den Bedingungen des Versicherungsvertrags und deckt sich nicht notwendigerweise mit dem Umfang der Haftung. Zu bemerken ist auch, dass Terminologie und Begriffe der marktüblichen Haftpflichtversicherungen und Deckungskonzepte zum Teil von der allgemeinen juristischen Terminologie abweichen. 18.4

2. Haftung und Haftpflichtversicherung des Planers

1. Der Planer hat sowohl **eine vertragliche als auch eine ausservertragliche Haftung** im Rahmen seiner beruflichen Tätigkeit. Die Schwere des jeweiligen Haftungsrisikos hängt sowohl von der beruflichen Ausrichtung (z.B. Architekt, Bauingenieur, Heizungsingenieur usw.) als auch von den übernommenen Leistungen (Planung, Bauleitung, Beratung usw.) sowie von der Art, Lage, Komplexität und Technologie der betreuten Projekte ab. Somit können die Haftungsrisiken bzw. der Umfang der Haftungsfolgen verschiedener Planer sich stark voneinander unterscheiden. 18.5

2. Der Planer **haftet vertraglich** für den Schaden, den er seinem Auftraggeber zufügt. Solche Ansprüche stützen sich auf Bestimmungen des Gesetzes (z.B. Art. 368 ff. OR) und/oder vertragliche Vereinbarungen, welche in ihren Auswirkungen über diese Bestimmungen hinausgehen oder sie einschränken können. In der Praxis spielen solche Vertragsbestimmungen eine wichtige Rolle. 18.6

---

2 Die Lage ist ein wenig anders zum Beispiel bei der Motorfahrzeug-Haftpflichtversicherung, wo der Geschädigtenschutz stärker im Vordergrund ist. Bei dieser Versicherung handelt es sich allerdings um eine obligatorische Deckung für eine strenge Kausalhaftung aus einem gefährlichen Gegenstand – deren Inhalt zudem gesetzlich vorgegeben ist. Zudem hat der Geschädigte ein direktes Forderungsrecht gegen den Versicherer des Fahrzeughalters gemäss Art. 65 Abs. 1 SVG und Einreden aus dem Versicherungsvertrag können ihm nicht entgegengehalten werden (Art. 65 Abs. 2 SVG). Bei der Berufshaftpflichtversicherung hingegen handelt es sich um eine (freiwillige und frei gestaltbare) Deckung für eine Verschuldenshaftung. Ein direktes Forderungsrecht bei der Verschuldenshaftung würde zudem zu schwerwiegenden Interessenkonflikten zwischen dem Versicherer, dem Planer und dem Geschädigten führen; Vgl. dazu Werz/Reichenbach, Haftung und Versicherung, Rz. 34 ff.

3 Im Gegensatz zum «aktiven» Rechtsschutz der Rechtsschutzversicherung, welche die Durchsetzung der Ansprüche des Versicherten gegen Dritte zum Inhalt hat.

18.7 Im klassischen Fall ist der Bauherr der Auftraggeber des Planers. Bei modernen Grossprojekten kommt es aber oft vor, dass Generalplaner spezialisierte Subplaner mit einzelnen Leistungen beauftragen.

18.8 Zu beachten ist ferner, dass die vertragliche Haftung auch einen Regressanspruch des Auftraggebers betreffen kann, weil dieser für einen Schaden eines Dritten einstehen muss, der auf eine fehlerhafte Leistung des Planers zurückzuführen ist.

18.9 **3. Ausservertraglich haftet** der Planer kraft gesetzlicher Bestimmungen (z.B. Art. 41 ff. OR) in erster Linie für Schäden, die er Dritten zufügt (z.B. Passanten, Unternehmern, Bauarbeitern, Benutzern des fertiggestellten Werks). Die ausservertragliche Haftung besteht aber auch gegenüber dem Auftraggeber, der den Planer sowohl vertraglich als auch ausservertraglich belangen kann (Anspruchskonkurrenz).[4]

18.10 **4.** Verschiedene **Arten von Schäden** können den Gegenstand der Haftung des Planers bilden. Die ausservertragliche Haftung betrifft vor allem *Personen- und Sachschäden,* die durch Bautätigkeiten oder nach Abnahme des Werks durch Mängel verursacht werden. Die vertragliche Haftung betrifft aber auch die Verantwortung für *Bau- und Anlagemängel,* die auf eine fehlerhafte Erbringung von dem Geschädigten geschuldeten Planungs- oder andere Arbeiten zurückzuführen sind (Rz. 18.99). Überdies können dem Auftraggeber andere *Vermögensschäden* durch fehlerhafte Planung, Beratungen oder andere Leistungen des Planers entstehen (Rz. 18.130 ff.).

18.11 **5. Die Haftpflichtversicherung des Planers deckt die Haftung aus seiner beruflichen Tätigkeit.** Der Versicherungsvertrag regelt den Umfang dieses Versicherungsschutzes und die gegenseitigen Rechte und Pflichten von Haftpflichtversicherer und Versicherungsnehmer (Planer). Üblicherweise besteht der Vertrag aus einer Police, die vertragsspezifische Elemente enthält (Bezeichnung des Planers, Berufsausrichtung/Tätigkeit, Versicherungssummen, Selbstbehalte, Prämien, Laufzeit usw.), und Vertragsbedingungen, die den Umfang des Versicherungsschutzes, die Schadenbehandlung, Verpflichtungen der Parteien und weitere Einzelheiten regeln. Diese Bedingungen bestehen ihrerseits üblicherweise aus *Allgemeinen Versicherungsbedingungen (AVB)*[5] und *Zusatzbedingungen (ZB)* und/oder *ergänzenden Bedingungen (EVB)* und/oder *besonderen Bedingungen (BVB).*[6] Die AVB bilden die Grundlage des Haftpflichtversicherungsvertrags. Einerseits umschreiben sie eine Grunddeckung, wie sie grundsätzlich alle Versicherungsnehmer benötigen, andererseits werden dort Sachverhalte geregelt, die für alle Haftpflichtverträge gleich sind (z.B. allgemeine Obliegenheiten, Schadenbehandlungsverfahren usw.). Obwohl es spezifische AVB für Planer geben kann, liegen dem Vertrag oft generelle AVB für Betriebe und Berufe zugrunde. Mit den ZB/EVB/BVB werden diese AVB ergänzt bzw.

4 Vgl. z.B. Gauch/Schluep/Emmenegger, OR AT, Rz. 2938 ff.

5 Die AVB entsprechen den Allgemeinen Vertrags- oder Geschäftsbedingungen (AGB) anderer Branchen.

6 Die Terminologie kann je nach Versicherungsgesellschaft unterschiedlich sein. Der Schweizerische Versicherungsverband verwendet den Begriff «Zusätzliche Allgemeine Bedingungen (ZAB)».

angepasst und der Versicherungsvertrag entsprechend den Bedürfnissen des jeweiligen Planerberufs und/oder des einzelnen Planers gestaltet.[7]

6. Im Folgenden wird auf einzelne Bestimmungen der *Musterbedingungen des Schweizerischen Versicherungsverbands* (SVV) für Planer Bezug genommen. Es handelt sich dabei um die *Allgemeinen Bedingungen für die Betriebshaftpflichtversicherung (SVV-AVB)*[8] sowie *Art. 48 der Zusätzlichen Allgemeinen Bedingungen (SVV-ZAB)*[9,10], der auf die Bedürfnisse von Planerberufen zugeschnitten ist. 18.12

Bei diesen Musterbedingungen handelt es sich um *unverbindliche Empfehlungen* des SVV. Sie können als Messlatte für einen ordentlichen Minimalstandard des Deckungsumfangs dienen. Die einzelnen Gesellschaften müssen sich jedoch weder an den Wortlaut noch an den materiellen Inhalt dieser Empfehlungen halten. In der Praxis gibt es denn auch eine **Vielfalt von Bedingungen und Deckungsvarianten.** Aus diesem Grund *kann es durchaus Abweichungen zu den in diesem Beitrag gemachten Ausführungen* geben. Der Umfang des Versicherungsschutzes muss immer nach dem jeweiligen Vertrag beurteilt werden. 18.13

Die Tatsache, dass heute der Wettbewerb sowohl mit Bezug auf Preise als auch auf Bedingungen spielt, ist zwar vorteilhaft für die Versicherungsnehmer, führt aber zu einer gewissen *Unübersichtlichkeit* bezüglich der im Markt angebotenen Versicherungslösungen. Der Planer sollte deshalb prüfen, ob und inwieweit ein bestimmtes Angebot zu seinen Bedürfnissen passt. Da diese Analyse schwierig sein kann, ist eine umfassende Beratung durch die Versicherungsgesellschaft bzw. eine Fachperson oft von Vorteil. 18.14

3. Haftpflichtversicherung und Risikomanagement

Wie bereits erwähnt (Rz. 18.2), überwälzt der Planer sein Haftungsrisiko mit dem Abschluss einer Haftpflichtversicherung auf den Versicherer. Allerdings muss präzisiert werden, *dass nicht das ganze Risiko überwälzt werden kann.* Gewisse Schäden wird der Versicherer nicht übernehmen wollen bzw. können und sie deshalb vom Versicherungsschutz ausnehmen (Rz. 18.74 ff.). Der Versicherer kann einzelne Risiken nämlich nur dann übernehmen, wenn der Eintritt des Schadenereignisses nicht vorhersehbar und nicht vom Willen des Versicherten abhängig ist. Zudem müssen Ausmass und Frequenz der zu erwartenden Schäden quantifizierbar sein. Schliesslich müssen die Schäden durch 18.15

---

7 Ergänzend kommen die Bestimmungen des Bundesgesetzes über den Versicherungsvertrag vom 2. April 1908 (VVG) zur Anwendung. Für Fragen, die weder im VVG noch in den Vertragsbedingungen geregelt sind, verweist Art. 100 VVG auf das Obligationenrecht.

8 Allgemeine Versicherungsbedingungen (SVV-AVB) für die Betriebshaftpflichtversicherung, unverbindliche Musterbedingungen des Schweizerischen Versicherungsverbands, Ausgabe 2012.

9 Art. 48 Zusätzliche Allgemeine Bedingungen (SVV-ZAB), Haftpflichtversicherung für Architekten sowie Bau- und Gebäudetechnik-Ingenieure, unverbindliche Musterbedingungen des Schweizerischen Versicherungsverbands, Ausgabe 2015.

10 Die jeweils aktuellen Fassungen dieser und anderer Musterbedingungen werden auf der Website des SVV zur Verfügung gestellt, abrufbar unter: <www.svv.ch> (besucht am 24. Juli 2018).

wirtschaftliche Prämien einer genügend grossen Gemeinschaft von Versicherungsnehmern finanziert werden können.[11] **Die Haftpflichtversicherung bildet nämlich nur einen Teil des gesamtheitlichen Risikomanagements** des Planers. Nebst der Überwälzung von Haftungsrisiken durch Versicherung oder deren Reduktion durch juristische Vorkehrungen (z.B. Vereinbarung einer Enthaftungs- oder Schadloshaltungsklausel), besteht dieses Management aus dem *Vermeiden und Vermindern von Risiken* (z.B. der Planer übernimmt keine Aufträge, die seine Fähigkeiten übersteigen; der Planer ordnet besondere Vorsichtsmassnahmen bei schwierigen Projekten an; der Planer stellt die Qualität seiner Dienstleistungen sicher[12]). Schliesslich besteht immer ein *Resthaftungsrisiko,* das der Planer selber tragen muss.

II. Die versicherten Personen

1. Versicherte Personen und versicherter Betrieb

18.16 **1.** Der Versicherungsvertrag definiert den **Kreis der Personen, deren Vermögen durch die Haftpflichtversicherung gegen Ansprüche Dritter geschützt** ist. Dazu gehört in erster Linie der Inhaber des versicherten Planerbetriebs. Dieser ist in aller Regel als *Versicherungsnehmer* in der Police aufgeführt. Eventuell werden schon in der Police noch weitere versicherte Personen namentlich aufgeführt. Die AVB sind aber auch wesentlich für die Bestimmung des Kreises der versicherten Personen. Dort werden nämlich *weitere Versicherte* definiert, die ebenfalls Versicherungsschutz in Zusammenhang mit ihrer Tätigkeit für den versicherten Betrieb geniessen, aber nicht in der Police namentlich aufgeführt sind.[13] Bei den versicherten Personen kann es sich sowohl um natürliche als auch juristische Personen (Tochtergesellschaften) handeln.

18.17 **2.** Wesentlich ist, dass der Versicherungsschutz nicht absolut gilt, sondern nur **mit Bezug auf den versicherten Betrieb bzw. die versicherten Tätigkeiten** (Rz. 18.33). Dabei handelt es sich um *die in der Police oder in anderen Vertragsdokumenten umschriebenen Funktionen oder Tätigkeiten.* Es ist somit entscheidend, dass die Betriebstätigkeit im Vertrag genau umschrieben wird, vor allem, wenn Leistungen erbracht werden, die für den Planerberuf eher unüblich sind; etwa, wenn der Planer auch als Orts-, Regional- oder Landschaftsplaner tätig ist, oder wenn es sich um Dienstleistungen handelt, die üblicherweise von Treuhändern, Juristen oder anderen Beratern erbracht werden.

---

11 Im Einzelnen dazu Beck, Haftpflicht II, S. 64 f.

12 Zur Qualitätssicherung des Planers Beck, Haftpflicht II, S. 208 f.

13 Siehe z.B. Art. 2 SVV-AVB.

2. Der Versicherungsnehmer

Der Versicherungsnehmer besitzt Versicherungsschutz in seiner Eigenschaft als **Inhaber** des versicherten Planerbetriebs. Falls es sich beim Versicherungsnehmer um eine Personengesellschaft (Kollektiv-, Kommanditgesellschaft) oder eine Gemeinschaft zu gesamter Hand (z.B. eine Erbengemeinschaft beim Ableben des Planers) handelt, ist jeder Gesellschafter bzw. jeder Angehörige der Gemeinschaft zu gesamter Hand ein Versicherter mit den gleichen Rechten und Pflichten wie der Versicherungsnehmer.[14] Dies gilt auch für Planergemeinschaften (Rz 18.64 ff.), die als einfache Gesellschaften organisiert sind. 18.18

Der Versicherungsnehmer ist *Vertragspartei* des Versicherungsvertrags und damit Schuldner der Prämien. Ihm obliegt auch die Erfüllung weiterer Pflichten und Obliegenheiten. 18.19

3. Weitere Versicherte

Neben dem Versicherungsnehmer sind auch seine «Vertreter» sowie seine Arbeitnehmer und bestimmte Hilfspersonen versichert.[15] 18.20

A. Vertreter des Versicherungsnehmers und leitende Personen

1. Mitversichert ist die persönliche Haftung der «**Vertreter**» des Versicherungsnehmers sowie die «**mit der Leitung oder Beaufsichtigung des Betriebes betrauten Personen**», soweit sie für den versicherten Betrieb tätig sind.[16] Die Versicherung dieser Repräsentantenhaftung ist durch das Gesetz zwingend vorgeschrieben (Art. 59 VVG).[17] 18.21

2. Der **Kreis der «Vertreter» ist weit zu ziehen,** denn Art. 59 VVG beschränkt sich nicht auf den Organbegriff von Art. 55 ZGB. Vielmehr gilt als «Vertreter» *jede Person, die mit Vertretungsbefugnis ausgestattet ist,* ob nun in genereller Art oder einzelfallweise. Somit ist jede Person ein «Vertreter», die für den Versicherungsnehmer gegenüber Dritten Rechtshandlungen vornimmt, die ihre Rechtswirkungen beim Vertretenen (Versicherungsnehmer) haben.[18] Dazu gehören insbesondere: 18.22

---

[14] Art. 2 Abs. 1 lit. a SVV-AVB.

[15] Im seltenen Fall, wo der Planerbetrieb sich in einem Gebäude befindet, das im Baurecht erstellt wurde, ist auch der Grundstückeigentümer mitversichert; Art. 2 Abs. 1 lit. d SVV-AVB.

[16] Art. 2 Abs. 1 lit. b SVV-AVB.

[17] Brehm, Le contrat d'assurance, Rz. 40 ff.; Frey/Eggenschwiler Suppan, Basler Kommentar Nachführungsband, N 28 zu Art. 59 VVG; Müller O., Haftpflichtversicherung, S. 98.

[18] Gauch/Schluep/Schmid, OR AT, Rz. 1314 f. Es kann sich um jede Form der «bürgerlichen» oder «kaufmännischen Stellvertretung» (Gauch/Schluep/Schmid, OR AT, Rz. 1453) handeln.

18.23 – gesetzliche und faktische[19] Organe,

18.24 – kraft Gesetz zur Vertretung bevollmächtigte Personen,

18.25 – rechtsgeschäftlich (Art. 32 ff. OR) von einem Organ mit der Stellvertretung beauftragte Personen.

18.26 Durch ihr Verhalten begründen sie nicht nur die Haftung der vertretenen Person, sondern werden für ihr Verschulden auch persönlich verantwortlich (Art. 55 Abs. 3 ZGB). Ansprüche Dritter, die gegen solche Personen in Zusammenhang mit der Tätigkeit des Planerbetriebs erhoben werden, sind versichert.

18.27 **3.** Die **«mit der Leitung und Beaufsichtigung betrauten Personen»** lassen sich von den «Vertretern» im erwähnten Sinne nicht scharf unterscheiden, weil auch sie ihre Vertretungsmacht zumindest indirekt vom Versicherungsnehmer herleiten. Unter die Versicherungsdeckung fallen somit auch unterstellte Mitarbeiter, sofern sie eine leitende Funktion ausüben bzw. sofern eine solche Funktion an sie delegiert wurde (z.B. Vorgesetzter, Bauführer, Bauleiter).[20]

B. Arbeitnehmer und Hilfspersonen

18.28 **1.** Bei den «Arbeitnehmern und Hilfspersonen»[21] des Versicherungsnehmers handelt es sich um **untergeordnete Angestellte und Hilfspersonal.** Sie sind für ihre persönliche Haftpflicht aus ihrer Tätigkeit für den versicherten Betrieb durch die Haftpflichtversicherung gedeckt (z.B. der Lehrling besucht den Bauplatz und stösst gegen ein eben angeliefertes Werkstück eines Handwerkers, das beschädigt wird). In diese Kategorie versicherter Personen fallen alle Mitarbeiter des Versicherungsnehmers ohne leitende Funktion, ungeachtet, ob sie in einem Dauerarbeitsverhältnis oder nur aushilfsweise tätig sind. Gedeckt ist auch «eingemietetes» oder «entliehenes» Personal, das ein anderer Betrieb dem Versicherungsnehmer aufgrund eines entgeltlichen oder unentgeltlichen Arbeiterstellungsvertrags zur Verfügung stellt.

18.29 **2. Generell nicht versichert sind «selbständige Unternehmer»,** welche der Planer zur Erfüllung einer Leistung beizieht.[22] Dies betrifft vor allem den häufigen Fall des Beizugs eines Subplaners,[23] d.h. in erster Linie den Beizug von spezialisierten Berufsleuten (z.B. Statikern, Geometern, Spezialingenieuren), damit der Versicherungsnehmer seine Ver-

---

[19] Faktisches Organ ist jede Person, die effektiv Organtätigkeit ausübt, indem sie Entscheidungen trifft, die im Prinzip den gesetzlichen Organen vorbehalten sind, oder die Geschäftsführung wahrnimmt und entscheidend dem Willen der Gesellschaft Ausdruck verleiht; vgl. z.B. BGE 117 II 570/571 E. 3.

[20] Vgl. Brehm, Le contrat d'assurance, Rz. 48.

[21] Dazu Müller O., Haftpflichtversicherung, S. 99 f.

[22] So z.B. Art. 2 Abs. 1 lit. c SVV-AVB.

[23] Art. 2 Abs. 1 lit. c SVV-AVB verwendet den Ausdruck «Unterakkordant». Der generelle Ausschluss in den SVV-AVB wird in den Planerbedingungen für Planer mit Bezug auf Subplaner oft ausdrücklich bestätigt; z.B. Art. 48 Ziff. 6.4 SVV-ZAB.

pflichtungen dem Auftraggeber gegenüber fachgerecht erfüllen kann. Wenn ein geschädigter Dritter[24] Ansprüche[25] gegenüber dem Subplaner geltend macht, sind diese in der Versicherung des beauftragenden Planers nicht gedeckt. Der Anspruch gegen den Subplaner geht zulasten seiner eigenen Haftpflichtversicherung. Eine *Ausnahme* bilden zum Teil selbständige Zeichner: Die persönliche Haftpflicht von beigezogenen selbständigen Zeichnern wird von einzelnen Versicherern mitversichert.

Verursacht der Subplaner dem Auftraggeber des Versicherungsnehmers einen Schaden, für den der Versicherungsnehmer aufgrund von Art. 101 OR vertraglich einzustehen hat, *bleibt aber der Versicherungsschutz für die Haftung des Versicherungsnehmers in der Regel bestehen.* Dasselbe gilt, wenn der Planer in der Wahl, Instruktion oder Überwachung des beauftragten Subplaners Fehler begeht und daraus verantwortlich wird (Art. 55 OR). Allerdings gelten oft besondere Auflagen für die Versicherung für Schäden, die von Subplanern verursacht werden (Rz. 18.149 ff.). 18.30

Falls der Subplaner jedoch fachfremde Tätigkeiten ausführt, die nicht mehr zu der im Versicherungsvertrag umschriebenen, versicherten Betriebstätigkeit gehören, besteht kein Versicherungsschutz, weil sie nicht Teil des versicherten Risikos sind (vgl. Rz. 18.33 und 18.150 f.), unter Vorbehalt einer Deckung als Generalplaner (vgl. Rz. 18.152 f.). 18.31

3. **«Regress- und Ausgleichsansprüche gegen den Arbeitnehmer»** sind von der Deckung **ausgeschlossen.**[26] Häufig haben Dritte einem Geschädigten Leistungen erbracht. Dies sind in der Regel andere Versicherer.[27] Sie sind aufgrund des Gesetzes berechtigt,[28] auch gegen einen haftpflichtigen Arbeitnehmer des Planers Rückgriff zu nehmen oder (bei mehreren Haftpflichtigen) sogenannte Ausgleichsansprüche durchzusetzen. Ein zu solchen Ansprüchen berechtigter Versicherer wird aus sozialen Gründen einen Arbeitnehmer nicht belangen, wenn dieser keine Versicherungsdeckung beanspruchen kann.[29] Zudem ist es in aller Regel angebrachter und einfacher, den Regressanspruch gegen den Arbeitgeber als verantwortlichen Geschäftsherrn zu stellen. Aus diesem Grund ist die Deckung wie in anderen Betriebs- und Berufshaftpflichtversicherungen auch in der Haftpflichtversicherung des Planers eingeschränkt. Der Schaden soll von demjenigen 18.32

---

24 Dazu gehört auch der Auftraggeber des Versicherungsnehmers.

25 Da kein Vertrag zwischen dem Dritten (z.B. Auftraggeber des Planers) und dem Subplaner besteht, handelt es sich um ausservertragliche Ansprüche. Vorbehalten bleibt Art. 399 Abs. 3 OR.

26 Art. 2 Abs. 1 lit. c SVV-AVB. Zu unterscheiden ist der Fall der Haftung des Versicherungsnehmers für Arbeitsunfälle des entliehenen Arbeitnehmers. Der Regressausschluss für solche Fälle wurde seit der Fassung 2010 der SVV-AVB gestrichen. Vgl. BGer 4A_187/2007 vom 9. Mai 2008, das allerdings einen von den SVV-AVB abweichenden Wortlaut betraf.

27 Z.B. der obligatorische Unfallversicherer, die AHV/IV oder eine private oder staatliche Sachversicherung.

28 Art. 72 Abs. 1 ATSG; Art. 72 VVG.

29 Brulhart, Assurances privées, Rz. 715. Zu einem gewissen Grad bietet dies auch einen Schutz für den Arbeitnehmer: Man hat weniger Anreiz, einen «Schuldigen» zu suchen.

Versicherer getragen werden, der in seinem Risikobeschrieb die primäre Leistungspflicht verspricht.[30]

III. Deckung des Grundrisikos

1. Versicherte Tätigkeit und versicherte Haftpflicht

18.33 **1.** Die *gesetzliche* Haftung des Planers, die aus seiner *in der Police* umschriebenen **Tätigkeit als Planer** entstehen kann, bildet den Gegenstand der Haftpflichtversicherung. Diese Berufstätigkeit soll versichert werden, um zu verhindern, dass das Vermögen des Versicherten mit Schadenersatzforderungen belastet wird. *Berufsfremde Tätigkeiten sind hingegen nicht gedeckt,* sofern sie nicht ausdrücklich miteingeschlossen werden. Dies gilt auch für *fremde Fachgebiete* (z.B. Spezialingenieurleistungen eines als Architekten versicherten Planers), unter Vorbehalt der Deckung als Generalplaner für Fehler fachfremder Subplaner (vgl. Rz. 18.152 f.).

18.34 **2.** Wie bei fast allen Haftpflichtversicherungen handelt es sich um eine «Allgefahren»-Versicherung,[31] d.h. die **gesetzliche Haftung wird generell versichert.** Dazu gehört auch die vertragliche Haftung, sofern sie auf Gesetzesbestimmungen beruht (vgl. Rz. 18.147).

18.35 Die erforderliche Eingrenzung dieser offenen Versicherungsdeckung erfolgt mittels *Ausschlüssen* (Rz. 18.74 ff.). Sie schliessen gewisse Risiken, Schäden oder Ansprüche, die ansonsten unter die generelle Umschreibung der Deckung fallen würden, vom Versicherungsschutz aus. Auf der anderen Seite können ausgeschlossene Risiken, Schäden oder Ansprüche nach einer besonderen Analyse des Versicherers und/oder gegen Mehrprämie ganz oder teilweise mittels *Deckungserweiterungen* (wieder) eingeschlossen werden (vgl. Rz. 18.98 ff.).

18.36 **3.** Der Planer kann für verschiedene **Arten von Schäden** haften, nämlich für:

18.37 – *Personen- und Sachschäden.* Sie bilden in der Planer-Haftpflichtversicherung das sogenannte *Grundrisiko* und sind Gegenstand der Grunddeckung.

18.38 – *Schäden und Mängel an Bauwerken oder Anlagen,* die aufgrund von Plänen oder unter der Bauleitung des Planers erstellt oder bearbeitet werden. Sie werden als *«Bauten- und Anlageschäden»* bzw. *«Bau- und Anlagemängel»* bezeichnet (Rz. 18.99).

---

[30] Im Wesentlichen handelt es sich um eine Kostenverteilung unter Eigenschaden- und Haftpflichtversicherern. Dieser Ausschluss wird allerdings kritisiert; so z.B. Stöckli, Ungewöhnlicher Deckungsausschluss, S. 591 ff.; vgl. auch Frey/Eggenschwiler Suppan, Basler Kommentar Nachführungsband, N 5 zu Art. 59 VVG.

[31] Im Gegensatz zur Sachversicherung, wo in der Regel nur die versicherten Schadensursachen, wie Feuer, Explosion, Überschwemmung usw., einzeln und abschliessend aufgelistet werden.

– weitere Schäden, die weder Personen-, Sach- oder Bauten- bzw. Anlageschäden (und auch keine Folge davon) sind. Das sind die «reinen» oder «echten» *Vermögensschäden* (Rz. 18.130 ff.).[32] 18.39

2. Gegenstand der Grunddeckung

Die Grunddeckung der Planer-Haftpflichtversicherung entspricht im Wesentlichen der Deckung für andere Berufe oder Betriebe. 18.40

A. Im Allgemeinen

1. Die Grunddeckung der Planer-Haftpflichtversicherung deckt die gesetzliche Haftung der Versicherten aus dem in der Police bezeichneten Betrieb für **Personen- und Sachschäden,** die mit dem Bestand des Büros oder anderen Liegenschaften, die dem Planerbetrieb dienen, einschliesslich Anlagen wie Heizungen und Aufzüge (*«Anlagenrisiko»),* oder mit der eigentlichen beruflichen Tätigkeit *(«Betriebsrisiko»),* zusammenhängen. Gedeckt sind auch Schäden, die von mangelhaften Bauten oder Anlagen verursacht werden, wenn der Mangel auf eine Leistung des Planers zurückzuführen ist *(«Produktrisiko»).*[33] Es handelt sich bei der Planer-Haftpflichtversicherung somit um eine kombinierte Betriebs- und Berufshaftpflichtversicherung, die sich nicht nur auf die Verletzung von berufsspezifischen Pflichten beschränkt.[34] 18.41

Die gedeckten Personen- und Sachschäden umfassen auch deren *Folgeschäden* (Rz. 18.46), d.h. diejenigen Vermögensschäden, welche die Folge eines Personenschadens (z.B. Verdienstausfall) oder Sachschadens (z.B. Mietkosten einer Ersatzmaschine) sind. Es handelt sich um sogenannte *«unechte» Vermögensschäden,* weil sie den Person- bzw. Sachschäden zugerechnet werden. In der Praxis wird der Begriff «Schaden» in mehreren Bedeutungen und oft ohne klare Unterscheidung der verschiedenen Schadensarten verwendet. 18.42

2. Die SVV-AVB enthalten die marktüblichen **Definitionen der versicherten Schadensarten:**[35] 18.43

---

[32] Zum Begriff der reinen Vermögensschäden siehe auch BECK, Haftpflicht II, S. 131 f.

[33] Art. 1 Abs. 1 lit. a SVV-AVB. Die Ausdrücke «après travaux» bzw. «completed operations» von französischen bzw. angelsächsischen Versicherungsverträgen sind zutreffender für die Bauindustrie.

[34] Dies im Gegensatz zu einer reinen Berufshaftpflichtversicherung, wie sie zum Beispiel im angelsächsischen Raum teilweise vorkommt («professional indemnity insurance»), deren Deckung sich auf Verletzungen von Berufspflichten beschränken kann («professional negligence»). Das Gegenstück einer solchen reinen Berufshaftpflichtversicherung ist die reine Betriebshaftpflichtpolice (sog. «Büropolice»), die Ansprüche in Zusammenhang aus der Verletzung von berufsspezifischen Pflichten ausschliesst.

[35] Art. 1 Abs. 1 SVV-AVB. Zur Unterscheidung der einzelnen Schadensarten, vgl. auch BREHM, Le contrat d'assurance, Rz. 223 ff.

18.44 – *Personenschäden*[36] umfassen die Tötung, Verletzung oder eine sonstige Gesundheitsschädigung eines Menschen. Darunter fällt jeder *Eingriff in die körperliche Unversehrtheit,* auch der Fall, wo eine Person psychisch in Mitleidenschaft gezogen wird. Die vermögensmässigen Folgen bestehen bei der verletzten Person in Heilungs- und anderen Kosten, im vorübergehenden oder bleibenden Verdienstausfall, im wirtschaftlichen Wertverlust als Folge einer Beeinträchtigung der beruflichen Arbeitsfähigkeit oder der Fähigkeit, den Haushalt zu führen («Haushaltsschaden»), in einer Genugtuung oder – bei einer Tötung – im Versorgerschaden der Hinterbliebenen.

18.45 – *Sachschäden* sind die Zerstörung, die Beschädigung oder der Verlust von Sachen.[37] Entscheidend ist stets, dass eine intakte (oder zumindest brauchbare) Sache in ihrer *Substanz* betroffen wird, sei es, dass sie ganz oder teilweise untergeht, beschädigt wird oder abhandenkommt. Eine blosse Beeinträchtigung der Funktion (z.B. unzureichende Stromzufuhr für Baustelleneinrichtungen) genügt hingegen nicht. Sachen sind bewegliche oder unbewegliche, körperliche Gegenstände. Hingegen sind unkörperliche Güter wie Rechte, Erfindungen oder der Wert eines Geschäfts keine Sachen. Den Sachschäden gleichgestellt sind die Verletzung, Gesundheitsschädigung und Tötung von Tieren. Der Sachschaden bewirkt beim Geschädigten eine Vermögensverminderung bestehend zum Beispiel in Auslagen für Ersatzbeschaffungen, in Reparaturkosten, in einem Minderwert.

18.46 **3.** Die **Folgeschäden aus Personen- oder Sachschäden** sind in den SVV-AVB nicht definiert. Zum Teil werden sie aber von den Gesellschaften in ihren eigenen Bedingungen ausdrücklich aufgeführt.[38] Verminderungen im Vermögen des Geschädigten, die sich als (weitere) Folge einer Körperverletzung oder Sachbeschädigung ergeben (unechte Vermögensschäden), werden dem originären Schaden zugeordnet,[39] immer vorausgesetzt, dass die adäquate Kausalität auch hinsichtlich des Folgeschadens zu bejahen ist. Hingegen werden Personen- und Sachschäden, welche ihrerseits die Folge eines Personen- oder Sachschadens sind, in der Versicherungsdeckung begrifflich wie selbständige Personen- und Sachschäden behandelt.[40]

18.47 **4.** Im Gegensatz zu einem Handwerks- oder Industriebetrieb besteht das versicherte **Anlagenrisiko** des Planers im Wesentlichen aus dem *Bürorisiko.* Die Gefahren des Bürobetriebs verwirklichen sich zum Beispiel, wenn ein Besucher infolge eines losen Teppichs oder wegen ungenügender Schneeräumung im Winter stürzt und sich verletzt. Der Ver-

---

36 Man spricht auch von Körperschäden.

37 Vgl. zum Begriff des Sachschadens, Fuhrer, Sachschäden, S. 85 ff.; Pergolis/Frey, Handbuch zum Bauwesen, Rz. 657.

38 Z.B. in der Vertragsdefinition von Personen- bzw. Sachschäden: «[…] einschliesslich der daraus folgenden Vermögenseinbussen und Ertragsausfälle».

39 Beispiel: Während der Reparaturzeit der geschädigten Baumaschine muss ein Ersatz gemietet werden. Diese Kosten sind Teil des Sachschadens (Schädigung der Maschine).

40 Beispiel: Der Schädiger bringt ein angrenzendes Gebäude zum Einsturz, die Trümmer verletzen einen Passanten.

sicherungsschutz besteht unabhängig davon, ob der Planer Eigentümer oder Mieter seiner Räumlichkeiten ist. Voraussetzung ist aber oft, dass die betreffende Liegenschaft (unabhängig von ihrer Art) vorwiegend dem versicherten Betrieb dient.[41]

5. Von grösserer Bedeutung ist das **Betriebsrisiko.** Hier besteht ein direkter *Zusammenhang zwischen dem Schaden und der beruflichen Tätigkeit* des Planers. Dies ist der Fall, wenn der Schaden darauf zurückzuführen ist, dass der Planer fehlerhaft plant oder die Bauarbeiten ungenügend überwacht. Für alle Ansprüche aus den resultierenden Körper- und Sachschäden sowie für deren Folgeschäden besteht Deckung. Solche Schäden treten in der Regel während der Bauphase auf. *Beispiele:* 18.48

- Wegen eines Überwachungsfehlers stürzt ein Gerüst auf der Baustelle in eine Fabrikhalle, wo Arbeiter verletzt, Maschinen beschädigt und in der Folge der Betrieb stillgelegt wird. 18.49
- Der Architekt lässt ein vorübergehend entferntes Schutzgeländer nicht sofort wieder anbringen, sodass ein Arbeiter beim Anliefern von Material abstürzt.[42] 18.50
- Der Architekt lässt eine Baugrube nicht sichern, ein benachbartes Gebäude wird beschädigt und muss geräumt werden. 18.51
- Der Bauleiter unterlässt es, zum Schutz spielender Kinder Massnahmen zu ergreifen, als sich durch eine Stauung ein Teich gebildet hat, der ungenügend zugefroren ist, sodass zwei Kinder auf dem Eis einbrechen und ertrinken.[43] 18.52
- Der bauleitende Architekt verhindert nicht, dass ein ungenügend ausgebildeter Ersatzkranführer im Bereich einer Hochspannungsleitung mit dem Kran hantiert, woraus ein Stromunfall mit Körperverletzung entsteht.[44] 18.53

6. Falls der Körper- oder Sachschaden erst aus einem vom Planer verursachten Mangel des übernommenen Werks folgt, handelt es sich um die Verwirklichung des **Produktrisikos.** Dies gilt nicht nur, wenn der Schaden seinen Ursprung in Planungsarbeiten hat, sondern auch bei Folgen fehlerhafter Bauleitung. Hier geht es nicht um Schäden am Werk selber (Bauten- und Anlageschäden; vgl. Rz. 18.99), sondern um *Mangelfolgeschäden* Dritter oder des Bauherrn. *Beispiele:* 18.54

- Der Planer übergibt die von ihm erstellten, fehlerhaften Konstruktions- oder Baupläne – entgeltlich oder unentgeltlich – dem Bauherrn, einem Unternehmer oder einem anderen Planer. Die fehlerhaften Pläne führen zum Einsturz der Baute. Dabei werden Sachen zerstört oder Personen verletzt.[45] 18.55

---

[41] So Art. 1 lit. b Ziff. 1 SVV-AVB. Ausgeschlossen sind das Anlagevermögen und das Stockwerkeigentum.

[42] Beispiel in BGE 95 II 93.

[43] Beispiel in BGE 93 II 89.

[44] Beispiel in BGE 104 IV 96 (= BR/DC 1980, S. 49, Nr. 41, mit Anm. Bauhofer).

[45] Zum Versicherungsschutz bei der Abgabe von Plänen vgl. auch Rz. 18.97.

18.56 – Wegen eines Planungsfehlers des Architekten rinnt das Dach. Computeranlagen der Mieterin werden beschädigt, und diese erleidet zudem wegen des Computerausfalls einen Betriebsunterbruch.

18.57 – Der Statiker macht einen Berechnungsfehler hinsichtlich der Tragfähigkeit der Decke einer Parkgarage. Sechs Monate nach Inbetriebnahme bricht die Decke unter der Schneelast ein. Autos werden zerstört und eine Person wird getötet.

18.58 – Der Maschineningenieur plant eine fehlerhafte Anlage, die nach Inbetriebnahme explodiert und das Fabrikgebäude in Brand setzt. Hier sind die Schäden am Gebäude und deren Folgen gedeckt. Hingegen wäre ein Produktionsausfall, dessen Ursache nur im Ausfall der explodierten Anlage (ohne Fabrikbrand) liegt, im Rahmen der Grunddeckung nicht versichert.[46]

18.59 **7.** Die Grunddeckung umfasst nicht nur Leistungen des Versicherers im Schadensfall, sondern auch **Schadensverhütungskosten.**[47] Hier ist der Schaden beim potenziellen Geschädigten noch nicht eingetreten. Der mit Schaden bedrohte Dritte kann deshalb noch kein Schadenersatzbegehren wegen Personen- oder Sachschaden stellen. Es handelt sich um eine Ausnahme von den sonst geltenden Prinzipien der Haftpflichtversicherung, da sie unter bestimmten Voraussetzungen Deckung für **Eigenschäden**[48] bietet.[49]

18.60 Schadenverhütungskosten sind jedoch nur gedeckt, wenn infolge eines *unvorhergesehenen* Ereignisses der Eintritt eines *versicherten* Personen- oder Sachschadens *unmittelbar* bevorsteht. In einem solchen Fall übernimmt der Versicherer auch die Kosten für *angemessene, sofortige Massnahmen* des Versicherten, die zur Abwendung des *unmittelbar* drohenden Schadens ergriffen werden müssen. Es handelt sich lediglich um *Notmassnahmen* im Zusammenhang mit dem unvorhergesehenen Ereignis, jedoch nicht um weiter gehende Massnahmen, die zum Beispiel zum ordentlichen Unterhalt gehören oder gar der Reparatur oder Sanierung einer defekten Baute oder Anlage dienen.[50]

B. Sonderfälle der Grunddeckung

18.61 Gewisse Risiken sind zwar in der Grunddeckung enthalten, unterliegen aber einer **speziellen Regelung.**

a. Umweltbeeinträchtigungen

18.62 **1.** Die Versicherung umfasst **Personen- und Sachschäden als Folge einer Umweltbeeinträchtigung,** wobei das Umweltrisiko sich aus dem Anlage-, Betriebs- oder dem

---

46 Ein solcher Ausfall gehört zum Anlageschaden; vgl. Rz. 18.108.

47 Art. 3 SVV-AVB.

48 Sofern die Verhütungsmassnahmen vom Dritten vorgenommen werden, handelt es sich bei seiner Forderung auf Ersatz um einen (gedeckten) Vermögensschaden.

49 Diese Deckung geht somit über den gesetzlichen Bereich des VVG hinaus, der lediglich den Ersatz von Kosten zur Minderung eines bereits eingetretenen Schadens vorsieht (Art. 71 VVG).

50 Vgl. nebst Art. 3 Abs. 2 und Art. 6 lit. d auch Art. 15 SVV-AVB.

Produktrisiko ergeben kann.[51] Für Schäden infolge Umweltbeeinträchtigungen gilt vorerst einmal ein genereller Ausschluss von der Grunddeckung.[52] Anstelle der so aufgehobenen allgemeinen Deckung für Personen- und Sachschäden (sog. «Nullstellung») bietet der Versicherungsvertrag Deckung für Schäden in Zusammenhang mit Umweltbeeinträchtigungen gemäss besonderen, dem Umweltrisiko angepassten Bestimmungen.[53]

Als Umweltbeeinträchtigung gilt die *nachhaltige Störung des Zustands von Luft, Gewässern (auch Grundwasser), Boden, Flora oder Fauna.* Die Ursache der Störung ist unerheblich; nicht nur Immissionen oder Verunreinigungen, sondern auch rein mechanisch verursachte Schäden, wie sie bei Bauarbeiten vorkommen, können eine Umweltbeeinträchtigungen darstellen.[54] Zudem gilt jeder Sachverhalt, der gemäss anwendbarem Recht als «Umweltschaden»[55] definiert wird, als Umweltbeeinträchtigung im Sinne der SVV-AVB. 18.63

2. **Versichert sind Ansprüche für Personen- und Sachschäden** (Rz. 18.43 ff.) nur, wenn 18.64

- sie im Zusammenhang mit einer Umweltbeeinträchtigung stehen, die die Folge eines *einzelnen, plötzlich eingetretenen, unvorhergesehenen Ereignisses* ist; 18.65
- das Ereignis *sofortige Massnahmen erfordert* (z.B. Meldung an die zuständige Behörde, Alarmierung der Bevölkerung, Einleitung von Schadenverhütungs- oder Schadenminderungsmassnahmen). 18.66

Von dieser «Unfalldeckung» *sind Allmählichkeits- und Summationsschäden ausgeschlossen,* bei denen nur mehrere, in der Wirkung gleichartige Ereignisse zusammen einen Schaden verursachen (z.B. gelegentliches tropfenweises Verschütten von Flüssigkeiten aus mobilen Behältern).[56] Zudem bestehen gewisse besondere Ausschlüsse (z.B. Altlasten, Abfallanlagen)[57] im Rahmen der Umweltdeckung. Schäden infolge des Durchrostens oder Leckwerdens einer mit dem Grundstück fest verbundenen Anlage sind aber in aller Regel versichert. 18.67

---

51 Z.B. Heizöl läuft aus dem Öltank des Planerbetriebs aus (Anlagenrisiko); infolge ungenügender Sicherung auf der Baustelle kommt es zur Verschüttung von Treibstoff beim Auftanken von Baumaschinen (Betriebsrisiko); infolge eines Planungsfehlers kommt es zu einem Störfall in der erstellten Industrieanlage (Produktrisiko).

52 Art. 7 lit. f SVV-AVB.

53 Art. 6 SVV-AVB. Zur Umweltdeckung allgemein vgl. auch Gross, Assurance RC, S. 57 ff., der sich allerdings auf eine ältere Ausgabe der SVV-AVB (1989) bezieht.

54 Bis zur Ausgabe 2010 bezogen sich die SVV-AVB auf Störungen, die durch «Immissionen» verursacht wurden. Die neueren SVV-AVB beziehen sich auf Störungen, verursacht durch «jegliche Einwirkung». Damit soll klargestellt werden, dass Umweltbeeinträchtigungen auch mechanische Ursachen haben können. Dies kann für den Planer von besonderer Bedeutung sein, zum Beispiel wenn ein Biotop wegen falscher Planung oder Überwachung durch Baumaschinen oder -arbeiten zerstört wird.

55 Zum Begriff des «Umweltschadens» Rz. 18.69 ff.

56 Art. 6 lit. b Abs. 2 SVV-AVB.

57 Art. 6 lit. c SVV-AVB. Vgl. Rz. 18.148 zur Frage der Altlastsanierungen.

18.68 Ist der Versicherungsnehmer Betreiber der verschmutzenden Anlage, sind gewisse *Obliegenheiten* bezüglich Wartung und Einhaltung von Umweltvorschriften zu erfüllen.[58] Abgesehen von den eigenen Anlagen (z.B. Heizöltanks) des Planerbetriebs ist allerdings diese Bestimmung normalerweise nicht von Bedeutung für den Planer, da er nicht für die nachträgliche Wartung der Werke verantwortlich ist. Wenn der Planer aber Bewirtschaftungsaufgaben – insbesondere mit Bezug auf den Unterhalt von technischen Anlagen[59] – übernimmt, könnte diese Obliegenheit unter Umständen relevant werden.

18.69 **3. Der Versicherungsschutz umfasst nur den Umwelt*folge*schaden,** d.h. Personen- und Sachschäden, deren Ursache in einer Umweltbeeinträchtigung liegt. Kosten von Massnahmen, die lediglich dazu dienen, die Umweltbeeinträchtigung (den eigentlichen Umwelt- oder Ökoschaden)[60] zu beheben oder abzuwehren, sind nicht gedeckt. Dazu gehören insbesondere *Kosten im Zusammenhang mit der Wiederherstellung von geschützten Arten oder Lebensräumen sowie Schäden an Luft und an nicht in zivilrechtlichem Eigentum stehenden Gewässern, Böden, Flora oder Fauna.*[61] Solche Kosten sind keine Sachschäden im haftpflichtrechtlichen Sinn. Es geht nämlich nicht um den Ersatz von Sachwerten, sondern um die Wiederherstellung des ökologischen Gleichgewichts bzw. der Funktionsfähigkeit ganzer Ökosysteme; d.h. um die Wiederherstellung eines naturschutzrechtlich gebotenen Zustands.

18.70 Bis am 1. Januar 2004 hielt Art. 59a USG auch ausdrücklich fest, dass für den eigentlichen «Umweltschaden» nicht gehaftet wird; er ist vielmehr unter öffentlich-rechtlicher Kostenauflage gemäss Art. 59 USG zu beheben. Diese Präzisierung bezüglich «Umweltschäden» wurde per 1. Januar 2004 aus redaktionellen Gründen gestrichen.[62] Der Begriff «Umweltschaden» erlangt aber mit der EU-Umwelthaftungsrichtlinie[63] erneut Bedeutung. Auch schweizerische Planer können für ausländische «Umweltschäden» im Sinne dieser Richtlinie haftbar gemacht werden, nämlich bei grenznahen und ausländischen Projekten, die Schäden in der EU verursachen.[64] Der SVV hat 2010 Muster-ZAB[65] für eine erweiterte Umweltdeckung als Empfehlung herausgegeben, die schweizerischen Ver-

58 Art. 6 lit. d SVV-AVB.

59 Vgl. z.B. Art. 4.62 SIA 102.

60 Vgl. dazu Pelloni, Umweltschäden, S. 51, der vom «Primärschaden» an der Umwelt spricht (S. 12 f.), der zum (versicherten) haftpflichtrechtlichen sekundären Sach- und Personenschaden führt; ferner Burkhalter/de Maddalena/Pelloni, Produkt- und Umweltrisiken, S. 52 ff.

61 Art. 6 lit. c SVV-AVB, zweiter Einzug; z.B. Kostenauflagen gemäss Art. 59 USG.

62 Botschaft zu einer Änderung des Bundesgesetzes über den Umweltschutz von 2000, BBl 2000 III, S. 2414.

63 Richtlinie 2004/35/EG des Europäischen Parlaments und des Rats vom 21. April 2004 über Umwelthaftung zur Vermeidung und Sanierung von Umweltschäden.

64 Z.B. auch auf dem Regressweg von ausländischen Betrieben, die nach lokaler Gesetzgebung für Umweltschäden haften, die letztlich auf einen Planungsfehler des schweizerischen Versicherten zurückzuführen sind.

65 Art. 107 SVV-ZAB, Erweiterte Deckung von Ansprüchen in Zusammenhang mit Umweltbeeinträchtigungen.

sicherten nicht nur Schutz gegen ausländische Ansprüche aufgrund der Umwelthaftungsrichtlinie, sondern auch für Kosten von Massnahmen zur Behebung oder Kompensation von eigentlichen Umweltschäden gemäss den gesetzlichen Grundlagen in der Schweiz[66] bieten.

In der Schadenspraxis kommt es allerdings oft vor, dass *die Behebung – bzw. eine Notmassnahme zur Verhütung (Rz. 18.59f.) – eines gedeckten Sachschadens gleichzeitig auch als Massnahme zur Wiederherstellung der Umwelt dient* (z.B. Ersatz von zerstörten Bäumen, Bodensanierung). In solchen Fällen bleiben die entsprechenden Kosten *als Ansprüche aus Sachschäden gedeckt.* 18.71

b. Weitere Sonderfälle

1. Gedeckt ist auch die Haftpflicht als Halter und/oder aus dem Gebrauch von **Motorfahrzeugen,** für die weder ein Fahrzeugausweis noch Kontrollschilder bestehen bzw. vorgeschrieben sind, oder wenn die Kontrollschilder bei der zuständigen Behörde hinterlegt wurden, sofern keine Nachversicherung (mehr) besteht.[67] Es handelt sich um Fahrzeuge (einschliesslich Baumaschinen), die auf nicht-öffentlichen Verkehrsflächen eingesetzt werden. Eine Baustelle kann – je nach gesetzlichen und behördlichen Anforderungen an deren Absperrung – als nicht-öffentliche Verkehrsfläche gelten. Der Versicherungsschutz kann sich auch auf solche Fahrzeuge erstrecken, die auf öffentlichen Verkehrsflächen (z.B. nicht vollständig abgesperrte Baustellen) mit Sonderbewilligung der zuständigen Behörde ohne Verkehrsschilder verkehren. 18.72

2. Generell gedeckt ist die Haftpflicht aus der Verwendung von Fahrrädern sowie Leicht-Motorfahrrädern und anderen nicht versicherungspflichtigen Motorfahrzeugen (Art. 38 VVV). Für **versicherungspflichtige Motorfahrräder** besteht eine *Zusatzdeckung* für den Fall, dass die Versicherungssumme der gesetzlich vorgeschriebenen Versicherung nicht genügt, vorausgesetzt, es handelt sich um Fahrten für den versicherten Betrieb (unter Ausschluss von Fahrten von der und zur Arbeit).[68] 18.73

3. Ausschlüsse

1. Die Generalklausel der Grunddeckung umschreibt den Deckungsumfang positiv. Sie bestimmt, auf welche Objekte und Tätigkeiten sich die Haftpflichtversicherung des Planers bezieht, welches ihr Gegenstand ist (Rz. 18.17 und 18.33). Diese positive Umschreibung der vom Versicherer übernommenen Risiken wird durch eine **Deckungsbegren-** 18.74

---

[66] Vgl. nebst Art. 59 USG; z.B. auch Art. 24e lit. b und c NHG. Die Schweiz hat jedoch die Umwelthaftungsrichtlinie nicht nachvollzogen.

[67] Art. 1 lit. b Ziff. 3 und Art. 4 SVV-AVB.

[68] Art. 1 lit. b Ziff. 4 und Art. 5 SVV-AVB. Zum Unterschied Motorfahrräder und Leicht-Motorfahrräder Art. 18 VTS.

zung mittels genereller Ausschlüsse eingeengt. Allerdings stellen einige Ausschlüsse keine echte Beschränkung dar, sondern sind lediglich das zur Klarstellung beigefügte negative Spiegelbild des positiven Deckungsbeschriebs.[69]

18.75 Zu den Ausschlüssen sind vorab und allgemein zwei Punkte anzumerken:

18.76 – *Ausschlussklauseln müssen bestimmt und unzweideutig formuliert sein*.[70] Ist dies nicht der Fall, sind die Klauseln unwirksam, und der Haftpflichtversicherer hat die Gefahr, gegen welche die Versicherung abgeschlossen wurde, uneingeschränkt zu tragen.[71] Weil die Gerichtspraxis diese *Unklarheitsregel* sehr streng gegen die Versicherer handhabt, entstanden immer zahlreichere und detailliertere Ausschlussbestimmungen.

18.77 – Die Liste der als Einschränkung des Deckungsumfangs bezeichneten Ausschlüsse ist *nicht systematisch aufgebaut*. Sie ist das Ergebnis zahlreicher, im Laufe der Zeit vorgenommener Änderungen und Ergänzungen, sei es, dass die SVV-AVB erweitert, eingeengt oder auch nur präzisiert wurden. Solche Anpassungen werden immer wieder erforderlich, sei es, weil technische Entwicklungen neue Gefahren mit sich bringen oder bestehende modifizieren, sei es, weil Gesetzesänderungen und/oder veränderte Haftungsvoraussetzungen berücksichtigt werden müssen.

18.78 Zu bemerken ist zudem, dass diese generellen Ausschlüsse oft nicht absolut sind, sondern nur den Umfang der Grunddeckung bestimmen, die als Ausgangslage für alle Arten von Betrieben gelten soll. *Viele können mittels Deckungserweiterungen* (Rz. 18.98 ff.) *ganz oder teilweise aufgehoben bzw. an die Bedürfnisse des Versicherungsnehmers angepasst* werden. Im Folgenden werden die für den Planer besonders wichtigen Ausschlüsse behandelt:[72]

18.79 **2.** Eine Reihe von Ausschlüssen bezweckt die **Abgrenzung von anderen Haftpflichtversicherungen.**[73] Damit soll auch eine Doppelversicherung vermieden werden. Von Bedeu-

---

[69] Vgl. z.B. den Ausschluss von Vermögensschäden gemäss Art. 7 lit. n SVV-AVB und die Umschreibung der Versicherungsdeckung von Art. 1 lit. a SVV-AVB, die sich lediglich auf Personen- und Sachschäden bezieht.

[70] Eine Ausschlussklausel ist bestimmt und unzweideutig, wenn nur eine Auslegung ernsthaft vertretbar ist (Fuhrer, Basler Kommentar, N 150 zu Art. 33 VVG); vgl. auch SVA XIII, Nr. 113, S. 575: «Ob über den Umfang der versicherten Gefahr vernünftigerweise kein Zweifel bestehen kann, wird sich immer erst bei Würdigung aller Umstände, wie gesamter Vertragsinhalt, Verkehrssitte, wirtschaftlicher Zweck und rechtliche Natur der in Frage stehenden Versicherung, ergeben».

[71] Art. 33 VVG.

[72] Es gibt noch einige weitere Ausschlüsse, die für den Planer kaum oder nicht von Bedeutung sind; zum Beispiel Ansprüche in Zusammenhang mit dem Bestand- und Betrieb von Skiliften, Personenseilbahnen oder Anschlussgeleisen (Art. 7 lit. r SVV-AVB) oder gentechnisch veränderten und pathogenen Stoffen (Art. 7. lit. v SVV-AVB). Der in Art. 7 lit. o SVV-AVB enthaltene Ausschluss für bestimmte Lasergeräte sollte in der Regel mit Bezug auf Geräte, die auf einer Baustelle zum Einsatz kommen, auch kein Problem darstellen; vgl. zu Lasergeräten im Allgemeinen Beck, Haftpflicht II, S. 135 f.

[73] Müller O., Haftpflichtversicherung, S. 108 ff.

tung für den Planer ist zum Beispiel der Ausschluss für die Haftung als *Halter von eingelösten Motorfahrzeugen* (Rz. 18.72) *und Luftfahrzeugen.*[74]

3. Der Ausschluss des **Eigenschadens**[75] des Versicherungsnehmers liegt in der Natur der Haftpflichtversicherung, denn niemand kann gegen sich selbst haftpflichtig werden.[76] Insoweit könnte auf die Ausschlussklausel verzichtet werden. Allerdings kann ein Planer auch durch einen weiteren Versicherten (z.B. Arbeitnehmer) geschädigt werden. Solche Ansprüche sind ebenfalls nicht versichert. Ausgeschlossen sind auch Ansprüche von Hinterbliebenen bei Tod des Versicherungsnehmers (Versorgerschaden).[77] Sie sollen nicht bessergestellt werden als der Versicherungsnehmer selber. 18.80

4. Ansprüche von **Personen, die mit dem haftpflichtigen Versicherten im selben Haushalt leben,**[78] sind auch ausgeschlossen.[79] Versichert bleiben andererseits Ansprüche von Familienangehörigen eines Versicherten gegen einen andern Versicherten des gleichen Betriebs[80] sowie eines Arbeitnehmers gegen einen anderen Arbeitnehmer des gleichen Betriebs.[81] 18.81

5. Wenn der versicherte Betrieb Mitarbeiter aufgrund eines **Arbeiterstellungsvertrags** (Arbeitsmiete bzw. Dienstmiete) einem anderen Betrieb zur Verfügung stellt, sind Ansprüche gegen sie für die von ihnen verursachten Schäden nicht versichert.[82] Verliehene Arbeitnehmer werden zu Hilfspersonen des Entleihers und sind als solche in dessen Police mitversichert (Rz. 18.28). Damit ist auch der Entleiher bei Sachschäden nicht bessergestellt, als wenn sie von den eigenen Angestellten verursacht werden.[83] Gedeckt bleibt allerdings eine allfällige Haftung des verleihenden Betriebs gegenüber dem Entleiher, wenn der Schaden darauf zurückzuführen ist, dass der Versicherungsnehmer einen ungeeigneten Mitarbeiter entsendet hat. 18.82

6. Einer der wohl bedeutendsten Ausschlüsse von der Grunddeckung ist das sogenannte **«Unternehmerrisiko»**. Es geht dabei um *Ansprüche auf Erfüllung von Verträgen oder an deren Stelle tretende Ansprüche auf Ersatzleistungen* wegen Nichterfüllung oder nicht richtiger Erfüllung.[84] Dazu gehören ausdrücklich Mängel der geschuldeten Arbeiten. 18.83

---

74 Beck, Haftpflicht II, S. 119 und 137. Vgl. die weiteren Ausschlüsse für Schiffe (Art. 7 lit. q SVV-AVB) sowie Kernanlagen (Art. 7 lit. o SVV-AVB sowie Art. 48 Ziff. 12 lit. g SVV-ZAB), die für den Planer auch kaum von Bedeutung sind. Standardmässig sind nur Drohnen von unter 500 g versichert.

75 Art. 7 lit. a SVV-AVB.

76 Brehm, Le contrat d'assurance, Rz. 230; Müller O., Haftpflichtversicherung, S. 110.

77 Art. 7 lit. a SVV-AVB, zweiter Einzug.

78 Vgl. zum Begriff des gemeinsamen Haushalts BGE 98 II 124.

79 Art. 7 lit. a SVV-AVB, dritter Einzug. Zu den Gründen für solche Ausschlüsse vgl. Brehm, Le contrat d'assurance, Rz. 238; Müller O., Haftpflichtversicherung, S. 110 f.

80 SVA XIV, S. 236 ff.

81 Beck, Haftpflicht II, S. 116.

82 Art. 7 lit. s SVV-AVB.

83 Zur Frage der Deckung von Personenschäden von entliehenen Arbeitnehmern, vgl. Rz. 18.32, Fn. 26.

84 Art. 7 lit. l SVV-AVB. Eingehend zu diesem Ausschluss Beck, Haftpflicht II, S. 126 ff.

Dieser Ausschluss soll verhindern, dass der Haftpflichtversicherer für *eine nicht oder schlecht erbrachte Leistung* der Versicherten aufkommen muss, denn es kann nicht Sache des Haftpflichtversicherers sein, einen Vertrag anstelle der Versicherten zu erfüllen.[85] Die Haftpflichtversicherung deckt nur, aber immerhin die *Folgeschäden* der Nicht- oder Schlechterfüllung und in der Grunddeckung nur solche, die sich als *Sach- oder Personenschäden* manifestieren. Der Misserfolg seines Wirkens ist letztlich ein Risiko, das jeder Versicherungsnehmer selber tragen muss.

18.84 Wenn *ausservertragliche Ansprüche* in Konkurrenz mit vertraglichen oder anstelle von solchen geltend gemacht werden, ist die Deckung für jene Schäden ebenfalls ausgeschlossen, welche ihre Ursache in einer Nicht- oder nicht gehörigen Erfüllung haben.[86]

18.85 **7.** Nicht versichert sind Ansprüche aufgrund einer **vertraglich übernommenen, über die gesetzlichen Vorschriften hinausgehenden Haftung.**[87] Damit wird die positive Deckungsumschreibung, welche die auf gesetzlichen Haftungsbestimmungen beruhende Haftpflicht erfasst (Rz. 18.33 f.),[88] verdeutlicht. Dies bedeutet ein Doppeltes:

18.86 – Unterstellt sich ein Versicherungsnehmer einer *strengeren Haftung,* als sie nach den gesetzlichen Bestimmungen gegeben wäre, fehlt der Versicherungsschutz für den Teil des geschuldeten Schadenersatzes, der aufgrund der gesetzlichen Bestimmungen nicht hätte übernommen werden müssen. Ist der Planer zum Beispiel bereit, für Mängel des Bauwerks ohne Verschulden zu haften, verlängert er gegenüber seinem Auftraggeber die Verjährungsfristen oder übernimmt er gar vertraglich die Grundeigentümerhaftung nach Art. 679 ZGB, besteht kein Versicherungsschutz, soweit sich diese Erschwerungen der Haftung gegen ihn auswirken.

18.87 – Vereinbart der Versicherungsnehmer jedoch eine teilweise oder gänzliche *Freizeichnung* von seiner gesetzlichen Haftung, ist die Versicherungsdeckung davon nicht betroffen. Kommt die Freizeichnung im konkreten Fall zum Zuge, schuldet der Versicherungsnehmer keinen Ersatz. Der Haftpflichtversicherer hat mangels einer Haftung ebenfalls keine Leistung zu erbringen, obwohl er Ansprüche aus dem Ereignis an sich gedeckt hätte.[89]

18.88 Der Umstand, dass vertragliche Haftungsansprüche, die weiter als die gesetzliche Haftung gehen, in der Grunddeckung nicht versichert sind und auch nur bedingt versichert werden können (vgl. Rz. 18.147), *sollte bei der Gestaltung der Planerverträge berücksich-*

---

[85] Vgl. die Baugarantie und andere Kautionsversicherungen, die Leistungen des Schuldners zum Gegenstand haben.

[86] Art. 7 lit. k SVV-AVB.

[87] Art. 7 lit. d SVV-AVB; Brehm, Le contrat d'assurance, Rz. 236; Müller O., Haftpflichtversicherung, S. 111. Eingehend zu diesem Ausschluss Beck, Haftpflicht II, S. 117 ff.

[88] Art. 1 lit. a SVV-AVB.

[89] Problematisch kann aber der Fall sein, wo der Planer in einem Schadenfall darauf verzichtet, sich auf eine Enthaftungsklausel zu berufen. Zum Teil werden aber Klauseln in die Policen aufgenommen, die dieses Recht dem Versicherungsnehmer zugestehen.

tigt werden. In der Praxis kommt es nämlich gelegentlich vor, dass eine Partei schweren Verpflichtungen in der irrigen Annahme zustimmt, sie seien versichert bzw. (sogar gratis) versicherbar.

8. Weitere Ausflüsse des Ausschlusses des Unternehmerrisikos sind die Ausschlüsse von **Obhuts- und Tätigkeitsschäden,** also von Schäden an Sachen, die vom Planer übernommen wurden (z.B. Unterlagen oder Modelle des Bauherrn), und an Sachen, die er bearbeitet oder mit denen er eine Tätigkeit ausführt.[90] Die Bauleitung, die Erteilung von Weisungen und Anordnungen, die Überwachung und Kontrolle von Bauarbeiten sowie ähnliche Arbeiten gelten grundsätzlich auch als Tätigkeit an einer Sache.[91] Dies ist auch von Bedeutung in Zusammenhang mit Bauten- und Anlagenmängeln und -schäden. Solche Schäden und Mängel werden jedoch mittels besonderen, auf die Planertätigkeit zugeschnittenen Bestimmungen regelmässig mitversichert (Rz. 18.99 ff.). 18.89

9. Ansprüche wegen **Nichterfüllung gesetzlicher oder vertraglicher Versicherungspflichten**[92] sind von der Deckung ebenfalls ausgeschlossen. Es handelt sich hier zum Beispiel um die gesetzliche Pflicht, die Mitarbeiter gegen Unfall zu versichern, oder eine vertragliche Verpflichtung zum Abschluss einer Bauwesenversicherung. Die Haftpflichtversicherung kann keinen Ausfallschutz für andere vorgeschriebene Versicherungen bieten. 18.90

10. Die Haftpflicht des Täters für Schäden, die er anlässlich der **vorsätzlichen Begehung von Verbrechen oder Vergehen verursacht,** ist nicht versichert.[93] Begeht ein Versicherter vorsätzlich, d.h. mit Wissen und Willen, ein Verbrechen oder Vergehen, hat er keine Deckung. Dieser Ausschluss geht weiter als die Bestimmung von Art. 14 Abs. 1 VVG, wonach der Versicherungsschutz entfällt, wenn der Versicherte den *Schaden* des Dritten beabsichtigt hat.[94] So kann gemäss SVV-AVB die Haftung des Planers für Personenschäden schon dann von der Versicherung ausgeschlossen sein, wenn er vorsätzlich anerkannte Regeln der Baukunde nicht befolgt und dadurch die betroffenen Personen wissentlich gefährdet (Art. 229 Abs.1 StGB). Der Ausschluss ist aber nicht anwendbar, wenn die Regeln der Baukunde aus Fahrlässigkeit missachtet werden (Art. 229 Abs. 2 StGB). 18.91

Der Deckungsausschluss bezieht sich zudem nur auf den vorsätzlich handelnden *Täter selbst.* Begeht beispielsweise ein Mitarbeiter des Planers ein vorsätzliches Vergehen und haftet der Planer als Geschäftsherr ebenfalls für den Schaden (Art. 55 OR), so ist seine Haftung versichert.[95] 18.92

---

90 Art. 7 lit. k SVV-AVB.

91 So ausdrücklich Art. 7 lit. k SVV-AVB. Dazu: Beck, Haftpflicht II, S. 123 f.; vgl. auch Rz. 18.119.

92 Art. 7 lit. d SVV-AVB; Müller O., Haftpflichtversicherung, S. 112.

93 Art. 7 lit. c SVV-AVB; Beck, Haftpflicht II, S. 116 f.; Brehm, Le contrat d'assurance, Rz. 244 ff.

94 Hönger/Süsskind, Basler Kommentar, N 17 zu Art. 14 VVG.

95 Beck, Haftpflicht II, S. 117.

18.93 **11. Schäden, die mit hoher Wahrscheinlichkeit eintreten,** sind auch vom Versicherungsschutz ausgeschlossen.[96] Nicht versichert ist die Haftung für Schäden, deren Eintritt mit hoher Wahrscheinlichkeit erwartet werden musste, sowie für Schäden, die im Hinblick auf die Wahl einer bestimmten Arbeitsweise zwecks Senkung der Kosten oder Beschleunigung der Arbeit in Kauf genommen wurden. Bei dieser «*Wahrscheinlichkeitsklausel*» geht es um ein *extrem unsorgfältiges Verhalten,* durch welches *Drittschäden vorprogrammiert* sind. Wer bei einem Bauvorgang damit rechnen muss, dass an fremden Sachen Schäden auftreten (z.B. Senkungen infolge von Grabungen oder Sprengungen) oder dass ein Bautenschaden entsteht (Risse infolge einer Unterfangung), kann nicht den Ersatz für diese Schäden über die Haftpflichtversicherung verlangen. Gleich verhält es sich, wenn aus Gründen des Kostendrucks oder des Zeitgewinns Schäden in Kauf genommen werden. Ein solches Verhalten ist nicht versicherungswürdig.

18.94 In der Praxis sind die Grenzen allerdings fliessend. Nicht jede billigere Baumethode und nicht jede Massnahme, die ergriffen wird, um Zeit zu gewinnen, führen zum Deckungsausschluss, wenn ein Schaden eintritt. Entscheidend ist, ob die Regeln der Baukunst noch eingehalten werden, ob das Vorgehen vertretbar ist und sich innerhalb der Sicherheitstoleranzen bewegt.

18.95 Dieser *Ausschluss betrifft nur den Versicherungsnehmer* (Rz. 18.18), *seinen Vertreter oder Personen, die mit der Leitung oder Beaufsichtigung des Betriebes betraut sind* (Rz. 18.21 ff.). Deshalb besteht Deckung, wenn Angestellte oder Hilfspersonen (Rz. 18.28) einen solchen Schaden verursachen.

18.96 **12.** Ansprüche in Zusammenhang mit **Asbest** sind ausgeschlossen. Asbest ist ein Baustoff mit sehr grossem und voraussehbarem Schadenpotenzial, dessen Verwendung heute verboten ist. Ansprüche in Zusammenhang mit der Verwendung von Asbest gelten deswegen als nicht versicherbar.[97] Der Ausschluss kann aber auch für Planer, die sich mit Asbestsanierungen bzw. mit dem Abriss oder Umbau von asbesthaltigen Gebäuden oder Anlagen befassen, von praktischer Bedeutung sein. Solche Ansprüche können zwar nicht über eine Grunddeckung versichert werden; es kann jedoch geprüft werden, ob und unter welchen Bedingungen der Ausschluss mit einer angepassten Deckungserweiterung im Einzelfall ganz oder teilweise aufgehoben werden kann (Rz. 18.148).

18.97 **13.** Die Haftpflicht aus der entgeltlichen oder unentgeltlichen **Abgabe von Patenten, Lizenzen, Forschungsergebnissen, Formeln, Rezepten, Software oder von durch Computer verarbeitbaren Daten, Konstruktions-, Fabrikations- oder Bauplänen** an Drittbetriebe ist in der Grunddeckung ausgeschlossen. Dieser Ausschluss wird allerdings mit Bezug auf Konstruktions- und Baupläne im Rahmen der Planertätigkeit aufgehoben.[98]

---

[96] Art. 7 lit. i SVV-AVB; Brehm, Le contrat d'assurance, Rz. 263 ff.; Müller O., Haftpflichtversicherung, S. 113 f.; Richner, Versicherungen der Bauunternehmung, S. 189.

[97] Eingehend zur Asbestproblematik Beck, Haftpflicht II, S. 120 ff.

[98] Art. 48 Ziff. 4 SVV-ZAB.

IV. Deckungserweiterungen

Bei den Deckungserweiterungen handelt es sich um die Vereinbarung von standardisierten oder für einen bestimmten Fall verfassten Klauseln, die dem Planer einen erweiterten und dem versicherten Betrieb **angepassten Versicherungsschutz** bieten, insbesondere Versicherungsschutz für Schäden und Mängel an Bauten (Rz. 18.99 ff.) und reine Vermögensschäden (Rz. 18.130 ff.).[99] Zu beachten ist auch hier, dass die nachfolgenden Ausführungen nur allgemeine Aussagen enthalten und dass in der Praxis Versicherungsverträge abweichende Bestimmungen enthalten können. Die Vereinbarung der marktüblichen Deckungserweiterungen ist für den Planer von wesentlicher Bedeutung, da die Grunddeckung sein Berufshaftpflichtrisiko nur ungenügend abdeckt. 18.98

1. Schäden und Mängel an Bauten und Anlagen

A. Ausgangslage

1. Fehler in der Planung und/oder Bauleitung können zur Verletzung von Personen oder zu Schäden an Nachbargrundstücken und anderen Sachen Dritter führen. Im Zentrum des Interesses des Planers stehen aber **die Bauten oder Anlagen selbst, die Gegenstand der Planertätigkeit sind** und die Mängel oder Schäden aufweisen können. Ein Planer kann Mängel am Werk durch fehlerhafte Leistungen verursachen und so haftbar werden, obwohl die Herstellung der Baute oder Anlage nicht zu den Verpflichtungen des Planers gehört und dieser deshalb auch nicht für Mängel gemäss Werkvertragsrecht (Art. 367 ff. OR) einzustehen hat.[100] Zudem kann ein Planer Schäden an bestehenden Werken zu verantworten haben, zum Beispiel bei Renovationen, Unterfahrungen oder Unterfangungen. Sie stellen ein wesentliches Risiko für den Planer dar, werden aber *von der Grunddeckung nicht erfasst:* 18.99

- In der Haftpflichtversicherung werden nämlich Ansprüche aus Schäden an Sachen, die infolge einer Tätigkeit an diesen entstehen, im Allgemeinen nicht versichert (Tätigkeitsschäden). Dies kann vor allem die Bauleitung betreffen, wo die Bauarbeiten unter Aufsicht des Planers durchgeführt werden (Rz. 18.89). 18.100
- Nicht versichert sind zudem Ansprüche auf Erfüllung von Verträgen o*der an deren Stelle tretende Ansprüche auf Ersatzleistungen wegen Nichterfüllung* oder nicht richtiger Erfüllung (Rz. 18.83). 18.101
- Zudem können gewisse derartige Schäden oder Mängel als (nicht gedeckte) *Vermögensschäden* qualifiziert werden. Wenn etwa eine mangelhafte Baute oder Anlage aufgrund von fehlerhaften Plänen oder Anweisungen des Planers erstellt wird, wird keine 18.102

[99] Vgl. Beck, Haftpflicht II, S. 213.
[100] Gauch, Werkvertrag, Rz. 2735 ff.

Sache beschädigt, sondern es entsteht lediglich eine mangelhafte Sache.[101] Der eigentliche Schaden liegt im Minderwert des Werks bzw. in den notwendigen Nachbesserungskosten.

18.103 **2.** Die regelmässig vereinbarte Bauten- bzw. Anlagenschadendeckung hebt diese allgemeinen Ausschlüsse teilweise auf, indem sie **Versicherungsschutz für Ansprüche «aus Schäden und Mängeln»** gewährt.[102] Sie sollte in den Versicherungsvertrag aufgenommen werden, um dem Planer einen *angemessenen Schutz zu gewähren.*

B. Inhalt der Deckung

18.104 **1.** In der bisherigen Praxis bezogen sich Versicherungsbedingungen oft nur auf Bautenschäden und -mängel.[103] Dieser Begriff umfasst aber nicht den Gegenstand aller Planerberufe. Der Begriff «**Baute**» bezieht sich nämlich auf *Bauwerke, Bauteile und Gebäude.* Man kann zwar auch Gesamtwerke wie Schwimmbäder, Gartenanlagen und Kanalisationsanlagen darunter verstehen,[104] jedoch werden nicht alle Werke, die Planer entwerfen und betreuen, davon erfasst. Planer befassen sich nämlich auch mit technischen **Anlagen,** d.h. mit komplexen technischen Systemen, die als Ganzes eine *Funktionseinheit aus verbundenen Maschinen, Geräten, Leitungen usw.* darstellen. In erster Linie handelt es sich bei solchen Anlagen um spezialisierte Ingenieurleistungen, für die es auch besondere, anlagebezogene Versicherungslösungen gibt. Hingegen sind Bauten typischerweise das Tätigkeitsfeld von Architekten und Bauingenieuren.[105] Die Unterscheidung zwischen Baute und Anlage ist zum Beispiel dann wichtig, wenn der Versicherungsvertrag spezifische, differenzierte Lösungen für Bauten und Anlagen enthält, oder wenn es um den Versicherungsschutz für Spezialingenieure oder ähnliche Spezialberufe geht. Modernere Bedingungen unterscheiden ausdrücklich zwischen Bauten und Anlagen und enthalten entsprechend angepasste Regelungen.[106] Falls doch eine Deckung lediglich für «Bautenschäden» bzw. «-mängel» besteht, sollte klar umschrieben sein, ob und welche Anlagen darunter fallen, wenn der Versicherungsnehmer auch Ingenieurleistungen erbringt (vgl. Rz. 18.17).

---

[101] Zum Beispiel wurde das Schwimmbad falsch dimensioniert und entspricht nicht den Normen für Wettkämpfe; die Heizungsanlage funktioniert nicht richtig.

[102] Art. 48 Ziff. 1 lit. a SVV-ZAB, der auch präzisiert «Im Rahmen dieser Deckung entfallen die Einschränkungen gemäss Art. 7 lit. k und l AVB».

[103] So auch noch die Ausgabe 2006 der Zusatzbedingungen des SVV. Vgl. dazu Beck, Haftpflicht II, S. 215f.

[104] So Schwander, Architektenrecht 1995, Rz. 1888. Vgl. auch Art. 7.1 lit. b SVV-ZAB, wo auf Heizungs- und ähnliche Anlagen Bezug genommen wird.

[105] So beziehen sich die SVV-ZAB auch ausdrücklich auf Schäden und Mängel, die von Architekten und Bauingenieuren verursacht werden.

[106] So auch Art. 48 Ziff. 1 bzw. 2 SVV-ZAB. Die SVV-ZAB sehen vor, dass Schäden und Mängel an Bauten bzw. Anlagen jeweils nur aufgrund besonderer Vereinbarung versichert werden.

2. Versichert sind Schäden und Mängel **an Neubauten sowie an bestehenden Bauten und Bauteilen, die speziell für den Einbau in eine bestimmte Baute bestimmt sind.** Bei Fehlen einer Anlagendefinition im Versicherungsvertrag können Anlagen möglicherweise als Bauteile verstanden werden (z.B. Aufzugsanlagen). 18.105

3. Versichert sind **«Schäden» und «Mängel».** Dabei kann ihre Ursache in irgendeiner Phase der Planertätigkeit gesetzt werden. Unerheblich ist auch, ob der Planer für das gesamte Bauprojekt verantwortlich ist oder nur Teilleistungen erbringt. 18.106

Unter *«Schäden»* sind generell Sachschäden im Sinne verstanden, wie sie im Grundrisiko umschrieben sind (Rz. 18.45), nämlich die *teilweise Beschädigung oder die gänzliche Zerstörung einer fremden Sache* durch die Beeinträchtigung ihrer Substanz. Hier geht es um Bauwerke, einschliesslich des unmittelbaren Gegenstands der Leistungen des Planers.[107] Als *«Mangel»* ist *jeder schlechtere Zustand der Baute oder Anlage im Vergleich zum vereinbarten Sollzustand* zu verstehen, auch wenn das Werk intakt ist bzw. bleibt.[108] Sofern im Versicherungsvertrag sowohl Schäden als auch Mängel generell den Sachschäden gleichgestellt[109] bzw. gleich behandelt werden, bleibt die Unterscheidung von untergeordneter Bedeutung. Es können aber durchaus unterschiedliche Definitionen und Regelungen für Schäden und Mängel bei Bauten und Anlagen angebracht sein und vereinbart werden.[110] 18.107

4. Wie bei den Sachschäden der Grunddeckung sind auch die **Vermögensfolgeschäden** aus den gedeckten Bauten- bzw. Anlageschäden oder Mängeln mitversichert (Mängelfolgeschäden; Rz. 18.54 ff.).[111] Bestehen solche Folgeschäden in Personen- oder Sachschäden (z.B. stürzt ein Besucher wegen eines fehlenden Treppengeländers; die Möbel der Mieterin verschimmeln), fallen sie indessen unter die Deckung des Grundrisikos (Rz. 18.42).[112] In der Deckungserweiterung mitversichert ist jedoch der Vermögensschaden, der auf den vom Planer zu vertretenden Mangel oder Schaden zurückgeht. Ein Anwendungsfall ist der Minderwert[113] der Baute oder Anlage. Der Schaden kann aber auch den Nachbesserungs- bzw. Reparaturkosten entsprechen sowie dem vorübergehenden Nutzungsausfall.[114] Unter Umständen können auch Mehrkosten gegenüber dem ursprünglichen 18.108

---

107 Zum Beispiel setzt sich das Haus wegen eines falsch geplanten Fundaments, was Risse in den Wänden und einen Deckeneinsturz zur Folge hat.

108 Zum Beispiel ein Schwimmbecken, welches nicht die bestellte und für Wettkämpfe erforderliche Länge hat; vgl. BGE 93 II 317/324 E. 4.

109 Vgl. Beck, Haftpflicht II, S. 215, der Baumängel als Bautenschäden betrachtet.

110 So werden zum Teil Schäden an Anlagen einerseits als «unvorhergesehene und plötzlich eintretende Beschädigungen oder Zerstörungen» definiert. Andererseits können Bautenschäden vertraglich generell den Baumängeln gleichgesetzt werden.

111 Z.B. Ausfall von Mietzins.

112 Dies ist von Bedeutung für die unterschiedliche Regelung der Selbstbehalte bei der Deckung des Grundrisikos und der Bauten- und Anlagenschäden, vgl. Rz. 18.203.

113 Zum Begriff des Minderwerts vgl. Gauch, Werkvertrag, Rz. 1627 ff.

114 Z.B. Ausfall von Mietzins während der Reparatur bzw. Nachbesserung.

Kostenvoranschlag gedeckt sein, nämlich wenn diese die unmittelbare Folge eines Bautenschadens vor Abnahme des Werks bilden.[115]

18.109 **5.** Voraussetzung für die Deckung ist, dass sich der Fehler des Planers im Bauwerk manifestiert. Wird zum Beispiel ein Planungsfehler vor den entsprechenden Ausführungsarbeiten rechtzeitig entdeckt und kann der Schaden bzw. Mangel durch Modifikationen oder andere Massnahmen vermieden werden, so sind die daraus entstehenden Mehrkosten grundsätzlich nicht als Mangel zu betrachten, sondern es handelt sich um einen Vermögensschaden (Rz. 18.130).[116]

C. Besondere Ausschlüsse

18.110 **1. Gewisse Risiken sind von der Deckung für Bauten- und Anlageschäden ausgeschlossen** (in Ergänzung zu den allgemeinen Ausschlüssen). Dazu gehören:

18.111 **2.** Ansprüche aus **Schäden infolge von Bodenbewegungen** sind grundsätzlich nicht versichert. Allerdings *entfällt der Ausschluss* regelmässig, wenn *angemessene Bodenuntersuchungen* durchgeführt und die daraus folgenden *erforderlichen Sicherungsmassnahmen* ergriffen wurden.[117] Das bedeutet Folgendes:

18.112 **a.** Kein Versicherungsschutz besteht, wenn eine *angezeigte* Bodenuntersuchung entweder überhaupt nicht durchgeführt wurde oder wenn sie zwar durchgeführt wurde, aber die notwendigen Konsequenzen daraus nicht gezogen wurden. *Die resultierenden Schäden und Mängel an der betroffenen Baute oder Anlage sind nicht gedeckt.* Schäden an anderen Liegenschaften, die vom gleichen Ereignis betroffen werden, bleiben jedoch (über die Grunddeckung) versichert.[118]

18.113 **b.** Die Bodenuntersuchung muss angemessen sein, d.h. sie *muss nach den anerkannten Regeln der Baukunst durchgeführt* werden.[119] Verlangt ist nicht eine maximale Untersuchung mit unverhältnismässigen Kosten, sondern eine optimale Abschätzung des Risikos aus Grund und Boden.

18.114 **c.** Aus einer Bodenuntersuchung ergeben sich häufig *bauliche Sicherungsmassnahmen.* Soweit ihre Notwendigkeit erkannt wurde und ihre Durchführung nach den anerkannten Regeln der Baukunst angezeigt ist, müssen solche Massnahmen getroffen werden

---

115 Dies ist von der eigentlichen Kostenüberschreitung zu unterscheiden, die ein – in der Regel nicht gedeckter – Vermögensschaden (und nicht ein Folgeschaden) ist; vgl. Rz. 18.140.

116 Im Schadenfall kann allerdings die Abgrenzung Baumangel/-schaden und Vermögensschaden Schwierigkeiten bereiten. Die eigenen Aufwendungen des Planers zur Behebung des Fehlers (z.B. Plankorrektur) sind jedoch nicht versichert (Unternehmerrisiko; Rz. 18.83).

117 Art. 48 Ziff. 12 lit. a SVV-ZAB.

118 Z.B. eine Setzung beschädigt sowohl das Werk, das Gegenstand des Planervertrags ist, als auch benachbarte Häuser auf dem gleichen Areal oder auf einem fremden Grundstück. Die Schäden an diesen Häusern bleiben wohl gedeckt.

119 Vgl. dazu Gauch, Werkvertrag, Rz. 842 ff.

(*Pflicht zur Risikominderung;* vgl. Rz. 18.196). Falls der Planer sie nicht anordnet und aus der Unterlassung ein Schaden entsteht, entfällt der Versicherungsschutz. Ein Versicherter, der auf seine Haftpflichtversicherung spekuliert, um Baukosten einzusparen, steht im Schadenfall ohne Deckung da. Dagegen führt die bloss schlechte Durchführung der an sich richtigen Sicherungsmassnahmen zu keinem Verlust der Versicherungsdeckung.

d. Versicherungsverträge sehen zudem regelmässig den *Verzicht auf die Bodenprüfung* unter gewissen Umständen vor. Eine Bodenuntersuchung ist dann nicht notwendig, wenn nach sachverständigem Ermessen darauf verzichtet werden kann, entweder aufgrund der jeweiligen Verhältnisse oder gestützt auf bereits vorhandene und für das geplante Bauvorhaben verwendbare Ergebnisse von anderen Objekten.[120] 18.115

3. Ein weiterer Ausschluss bezieht sich auf Ansprüche aus Schäden und Mängeln an Bauten, für die der Versicherte **Abbruch-, Erdbewegungs- oder Bau-, Montage- oder Installationsarbeiten ausführt** oder **Sachen liefert**.[121] 18.116

a. Führt *der Versicherte selbst* Abbruch-, Erdbewegungs- oder Bauarbeiten aus (auch Montage oder Installation) oder liefert er Sachen, so sind Ansprüche aus Bautenschäden insgesamt nicht versichert. Der Ausschluss ist umfassend: Alle Ansprüche aus Bauten- bzw. Anlageschäden sind nicht gedeckt, ungeachtet, ob die Ursache in einem Planungs- oder Bauleitungsfehler liegt oder ob der Schaden auf die schlechte Ausführung der Bauarbeiten oder auf die Lieferung von Baumaterialien, Bau- bzw. Anlageteilen zurückzuführen ist.[122] 18.117

b. Solche Arbeiten und Lieferungen können auch durch ein Unternehmen vorgenommen werden, das von einem Versicherten massgebend beeinflusst wird oder an dem er finanziell beteiligt ist (z.B. *Tochtergesellschaft*), oder umgekehrt durch ein Unternehmen, das den Betrieb des Versicherungsnehmers beeinflusst oder daran beteiligt ist (z.B. *Muttergesellschaft*). In beiden Fällen ist die Deckung für Bauten- und Anlageschäden ausgeschlossen, es sei denn, es liege lediglich eine finanzielle Beteiligung unter einer im Versicherungsvertrag bestimmten maximalen Grenze vor.[123] 18.118

c. Wenn sich allerdings eine der erwähnten Tätigkeiten nur auf *bestimmte Bau- oder Anlageteile* erstreckt, so bezieht sich der Ausschluss lediglich auf Ansprüche wegen die- 18.119

[120] Art. 48 Ziff. 12 lit. a SVV-ZAB. Vgl. Rz. 18.154 ff. und 18.158 ff. zur Frage der Deckung, wenn der Planer solche Tätigkeiten als General- oder Totalunternehmer durch Dritte ausführen lässt.

[121] Art. 48 Ziff. 12 lit. c SVV-ZAB.

[122] Im Schadenfall kann man zwischen Planer- und Unternehmerfehlern kaum unterscheiden, weil dieselbe Person sowohl als Planer als auch als Unternehmer tätig ist. Bei Verwendung von falschem Material wäre es zum Beispiel fast unmöglich, festzustellen, ob der Versicherte als Architekt die falschen Sachen bestellt oder als Unternehmer die richtigen Sachen verwechselt hatte. Da der versicherbare Fehler des Planers und die Mängelhaftung des Unternehmers (unversicherbares Unternehmerrisiko) nicht zu trennen sind, wird die Deckung für Bauten- und Anlageschäden bei solchen Doppelfunktionen wegbedungen.

[123] Z.B. gemäss Art. 48 Ziff. 12 lit. c SVV-ZAB gilt der Ausschluss bei einer Beteiligung von mehr als 50%.

sen Teilen selbst. Ein Bauwerk gilt jedoch stets in seiner Gesamtheit als Gegenstand der Tätigkeit, wenn es unterfangen oder unterfahren wird oder wenn stützende oder tragende Elemente (wie Fundamente, Träger, Stützmauern) erstellt bzw. Arbeiten daran ausgeführt werden, die deren Stütz- oder Tragfähigkeit beeinträchtigen können.

18.120 **4.** Nicht versichert sind ferner Schäden und Mängel an **serienmässig vorfabrizierten Bauteilen,** die *nicht für vom Versicherten geplante Bauten bestimmt* sind.[124] Hier geht es um die industrielle Produktion von Baumaterialien und nicht mehr um eine Bautätigkeit.

18.121 **5.** Ansprüche in Zusammenhang mit **Prototypen**, d.h. Anlagen oder Anlageteile, die entweder Forschungszwecken dienen oder sich noch im Experimentier- bzw. Entwicklungsstadium befinden, sind ausgeschlossen.[125] Hingegen gelten blosse Weiterentwicklungen von bewährten Anlagen[126] nicht als Prototypen.

18.122 **6.** Ansprüche aus Schäden an **Bauten,** die **auf Rechnung des Versicherten** ausgeführt werden, sind grundsätzlich ausgeschlossen. Den Versicherten gleichgestellt werden regelmässig deren Ehegatten bzw. eingetragene Partner, sowie Gesellschaften, an denen er oder solche Personen finanziell beteiligt sind.[127] Es handelt sich um einen *Eigenschaden* des Planers, weil er selber Besteller des Werks ist. Der Sonderfall des Planers als Bauherr wird noch näher behandelt (Rz. 18.160 ff.).

18.123 **7. Konventionalstrafen** werden oft ausdrücklich ausgeschlossen.[128] Es handelt sich um vereinbarte Vertragsstrafen für die Nicht- oder nicht richtige Erfüllung des Vertrags. Dieser Ausschluss dient hauptsächlich der Klarheit, denn insoweit sie den tatsächlichen Schaden übersteigen, handelt es sich um einen nicht gedeckten vertraglichen Anspruch, der über die gesetzliche Haftung hinausgeht (Rz. 18.85 ff.). Dies gilt grundsätzlich auch, wenn im Einzelfall die Konventionalstrafe lediglich eine vorweggenommene Pauschalisierung des Schadenersatzes für eine gesetzliche Haftung des Planers ist.[129] Der Versicherer wird auch in einem solchen Fall die Vertragsstrafe nur begleichen, wenn sie dem tatsächlichen (versicherten) Schaden entspricht oder darunter liegt.

---

124 Art. 48 Ziff. 12 lit. b SVV-ZAB. Da es sich um eine eigentliche industrielle Produktion handelt, ergibt sich die fehlende Deckung in der Regel schon aus der Umschreibung der versicherten Tätigkeit. Vgl. Rz. 18.17 und 18.33, zudem Rz. 18.128 mit Bezug auf Anlageteile.

125 Art. 48 Ziff. 12 lit. e SVV-ZAB.

126 «Weiterentwicklung [...] nach anerkannten Regeln oder aufgrund eingehender Erfahrung gebauten Anlagen»: Art. 48 Ziff. 12 lit. e SVV-ZAB. Vgl. auch Rz. 18.126.

127 Art. 48 Ziff. 12 lit. d SVV-ZAB.

128 Der Ausschluss kann sich auch auf Konventionalstrafen von anderen am Bau beteiligten Personen richten. Damit werden auch ausdrücklich diesbezügliche Regressforderungen solcher Personen ausgeschlossen.

129 Das Konzept solcher «liquidated damages» stammt ursprünglich aus dem anglo-amerikanischen Rechtssytem, wo echte Pönalen verpönt sind. Vgl. dazu und zum Unterschied zur eigentlichen Konventionalstrafe Werz, Delay in Construction Contracts, Rz. 491 ff.; vgl. auch Rz. 18.85 ff.

D. Sonderregelungen für Anlagen

1. Anlagen sind oft das Tätigkeitsfeld von *Spezialingenieuren.* Bei Anlagen steht vor allem das blosse Nichterreichen von vereinbarten Leistungen – ohne einer Beschädigung oder Zerstörung von Sachen – im Blickfeld von Haftung und Versicherung (**Mängelhaftung**). In diesem Bereich ist erfahrungsgemäss eine *erhöhte Frequenz von signifikanten Ansprüchen* zu erwarten, was versicherungstechnisch ein erhöhtes Risiko darstellt. Dies hat zur Folge, dass der Versicherungsschutz für Anlagen in der Praxis regelmässig besonderer Bestimmungen bedarf. 18.124

2. So kann für gewisse Ingenieurberufe oft der ausdrückliche Nachweis verlangt werden, dass der Betrieb über Personal mit der **notwendigen Qualifikation und Erfahrung** für das *entsprechende Fachgebiet* verfügt. Bei Fehlen von solchen spezialisierten und erfahrenen Fachkräften muss der Versicherungsnehmer unter Umständen mit einer Ablehnung oder einer Deckung zu erschwerten Bedingungen rechnen. 18.125

3. Bei der Mängelhaftung kann es auch zu Deckungseinschränkungen mit Bezug auf die **Anlagenart** selber kommen, vor allem, wenn es sich um eine *neue Technologie* handelt. Weiterentwicklungen von bestehenden, bewährten Technologien gelten zwar generell als versicherbar, aber der Versicherungsschutz für völlig neue Technologien sowie *Prototypanlagen oder Anlagen zu Forschungs- und Entwicklungszwecken* ist oft ausgeschlossen (Rz. 18.121). Ob und inwieweit solche Anlagen versichert werden können, wird im Einzelfall aufgrund einer Risikoanalyse festgelegt. 18.126

4. Anlagen werden normalerweise vor der Abnahme oder der ordentlichen Inbetriebnahme **Probeläufen und Anlagentests** unterzogen, die protokolliert werden. Der Versicherungsschutz für *Mängel* beschränkt sich oftmals nur auf solche Fehler, die erst *nach der Durchführung* und Protokollierung solcher Tests entdeckt werden. Werden keine Tests durchgeführt, besteht lediglich Deckung für Mängel, die in einer ordentlichen Prüfung gemäss Art. 367 Abs. 1 OR durch den Besteller nicht erkennbar waren.[130] Treten hingegen *unfallmässige Schäden während den Probeläufen oder Anlagetests* auf – erleidet die Anlage also bereits in dieser Phase eine plötzliche Beschädigung oder Zerstörung – besteht in aller Regel Deckung.[131] 18.127

5. Es gelten auch regelmässig besondere **Ausschlüsse** für Anlagen. Ähnlich wie bei Bau teilen (Rz. 18.120), sind Mängel von *Anlagen oder Anlageteilen, die in Serie* hergestellt werden, nicht versichert. Auch hier handelt es sich eigentlich um eine industrielle Produktion[132] und nicht mehr um eine Bautätigkeit. Zudem können einzelne *Anlagearten*[133] 18.128

---

[130] Verwirkt der Bauherr Mängelrechte, weil er die erforderliche Prüfung nicht vornimmt oder weil er nicht rechtzeitig rügt, beschränkt sich die Deckung auf die Abwehr des nun ungerechtfertigten Anspruchs.

[131] Vgl. Trümpy, Handbuch zum Bauwesen, Rz. 696.

[132] Z.B. Maschinen- und Apparateherstellung.

[133] Z.B. Anlagen oder Anlageteile für Kernanlagen; Art. 48 Ziff. 12 lit. g SVV-ZAB.

von der Deckung ausgeschlossen sein. Ein wichtiger Ausschluss gilt regelmässig für allmähliche Schäden an den Anlagen (wie Korrosionsschäden).[134]

18.129 **6.** Die Versicherungspolice kann auch **besondere Obliegenheiten oder Deckungsvoraussetzungen** (Rz. 18.196)[135] für die Versicherung von Anlagemängeln und -schäden enthalten, zum Beispiel, dass Leistungsspezifikationen bei Projektbeginn schriftlich festgelegt sind oder dass Probeläufe vor der Abnahme durchgeführt und schriftlich protokolliert werden.

2. Vermögensschäden

18.130 **1.** Der Planer kann auch für einen Schaden haften, der weder einen Personen- oder Sachschaden noch einen Bauten- oder Anlageschaden bzw. -mangel darstellt. Es handelt sich um sogenannte «reine» Vermögensschäden, nämlich um in Geld messbare **Schäden, die weder Folge eines (versicherten) Personen- oder Sachschadens noch eines Bauten- bzw. Anlageschadens oder -mangels sind.** Vom Schaden betroffen ist lediglich das Vermögen des Geschädigten. «Reine» Vermögensschäden sind in der Grunddeckung der Planer-Haftpflichtversicherung nicht immer versichert,[136] im Gegensatz zu den unechten Vermögensschäden, welche Folge eines Personen- oder Sachschadens sind (Rz. 18.42).[137] Ansprüche, die einen Bauten- oder Anlageschaden bzw. -mangel betreffen, fallen auch nicht unter die Vermögensschadensdeckung, da diese Gegenstand einer eigenen Deckung bilden und den Sachschäden gleichgesetzt werden (Rz. 18.104 ff.).[138]

18.131 **2.** Die **Kasuistik** von reinen Vermögensschäden ist vielfältig, und eine abschliessende Aufzählung ist unmöglich. Sie können aus allen Aspekten der Planertätigkeit (Beratungen, Planung, Bauleitung) entstehen bzw. während allen Phasen des Bauvorhabens (Planungs-, Subventions-, Baubewilligungs-, Ausschreibungs-, Vergabe-, Abnahme- und Rügeverfahren) sowie bei Garantiearbeiten verursacht werden. Sie können auch im Rahmen einer Tätigkeit als Immobilienschätzer, Gutachter oder Gerichtsexperte verursacht werden (Rz. 14.168 ff. und 14.235 ff.). Einige Beispiele:

18.132 – Das *Baubewilligungsgesuch wird unsorgfältig erarbeitet*, was zu Einsprachen von Nachbarn bzw. zur Ablehnung durch die Behörden führt.

18.133 – Im Baubeschrieb verlangt der Planer eine zu hohe und für den Bauherrn nutzlose Betonqualität *(Überqualität).*

18.134 – Der Planer *unterlässt die Eingabe von Gesuchen für an sich erhältliche Subventionen.*

---

[134] Vgl. z.B. Art. 48 Ziff. 12 lit. f SVV-ZAB.

[135] Dabei kann es sich um Bedingungen gemäss Art. 152 ff. OR handeln; vgl. Rz. 18.190.

[136] Vgl. Art. 48 Ziff. 3 SVV-ZAB: «Nur aufgrund besonderer Vereinbarung […]».

[137] Art. 7 lit. n SVV-AVB; Beck, Haftpflicht II, S. 132 ff.; Brehm, Le contrat d'assurance, Rz. 223 ff.; Fuhrer, Vermögensschaden, S. 9 f.

[138] Art. 48 Ziff. 1 SVV-ZAB.

- Eine *unsorgfältige Gestaltung bzw. Vergabe der Unternehmerverträge* führt dazu, dass der Bauherr einen überhöhten Preis für das Bauwerk bezahlen muss. 18.135
- Die *Bauleitung ist ungenügend,* weshalb die Arbeiten der einzelnen Unternehmer unkoordiniert ausgeführt werden, was zu Mehrkosten für den Bauherrn führt. 18.136
- Der Planer wirkt beim *Abnahmeverfahren* und der *Mängelbehebung* nicht gehörig mit, weshalb Mängel nicht rechtzeitig gerügt werden oder Mängelrechte verjähren und der Bauherr in der Folge die Nachbesserung auf eigene Kosten durchführen muss. 18.137

3. Vermögensschäden können als Deckungserweiterung in den Versicherungsschutz eingeschlossen werden. Dies geschieht in aller Regel mit einer **Generalklausel,** die den Versicherungsschutz auf in Geld messbare Schäden ausdehnt, die nicht die Folge eines versicherten Personen- oder Sachschadens bzw. von Schäden an oder Mängeln von Bauten und Anlagen sind.[139] 18.138

4. Diese erweiterte Deckung unterliegt einer Reihe von besonderen **Ausschlüssen.** Weil der Begriff des Vermögensschadens selbst nicht eingeengt ist und somit jeder nur denkbare Vermögensschaden als gedeckt betrachtet werden müsste, ist dieser Negativkatalog von Schäden umfangreich. Da in der Praxis Versicherungsbedingungen aber nicht einheitlich sind, kann die Einschränkung der Vermögensschadensdeckung auch unterschiedlich weit gehen. Ausgeschlossen werden regelmässig Ansprüche unter anderem aus:[140] 18.139

- *Überschreitung von Kostenvoranschlägen* (Rz. 11.44 ff.).[141] 18.140
- *mangelhafter Bauabrechnung* oder mangelhafter Kontrolle von Bauabrechnungen (Rz. 11.28 ff.).[142] 18.141
- Nichteinhaltung von Fristen *(Verzugsschaden).*[143] 18.142
- Aktivitäten, welche *nicht zum üblichen Tätigkeitsbereich eines Planers gehören,* wie auch Ansprüche aus der Tätigkeit des Versicherten in der Eigenschaft als Organ von fremden Unternehmen sowie als Mitglied von Verwaltungs- und Stiftungsräten.[144] 18.143
- Haftung für Schäden aus der Besorgung eigentlicher *Finanzgeschäfte* oder der Beratung dazu (z.B. Erwerb, Verwaltung oder Veräusserung von Liegenschaften und Wertpapieren oder Erteilung von Ratschlägen für Kapitalanlagen), ferner Schäden im Zusammenhang mit der Auszahlung oder Entgegennahme von Geld, wegen Fehlbeträgen bei der Kassenführung, aus der Zerstörung, Beschädigung oder dem Abhandenkommen von Geld, Wertpapieren oder Wertsachen.[145] Aufgrund solcher Aus- 18.144

---

139 Art. 48 Ziff. 3 Abs. 2 SVV-ZAB.

140 Vgl. dazu der Ausschlusskatalog von Art. 48 Ziff. 12 lit. h–l SVV-ZAB.

141 Art. 48 Ziff. 12 lit. h SVV-ZAB.

142 Art. 48 Ziff. 12 lit. h SVV-ZAB.

143 Art. 48 Ziff. 12 lit. h SVV-ZAB.

144 Da es sich um für den Planerberuf unübliche Leistungen handelt, ergibt sich das Fehlen des Versicherungsschutzes schon aus dem Beschrieb des versicherten Betriebs bzw. der Tätigkeit (Rz. 18.17).

145 Art. 48 Ziff. 12 lit. i SVV-ZAB.

schlüsse können beispielsweise Ansprüche des Bauherrn im Zusammenhang mit Doppelzahlungen von Unternehmerrechnungen oder der Vermittlung von zahlungsunfähigen Mietern nicht gedeckt sein.

18.145 – *Unterlassung des Abschlusses von Versicherungen.*[146] Unterlässt es der Planer, dem Bauherrn den Abschluss einer Versicherung (z.B. Bauherrenhaftpflicht- oder Bauwesenversicherung) zu empfehlen oder für ihn abzuschliessen und wird er daraus haftbar,[147] so hat er auch im Falle einer Versicherung für reine Vermögensschäden keine Deckung (vgl. auch Rz. 18.90).[148]

18.146 – *Umweltbeeinträchtigungen.*[149] Solche Ansprüche können zum Beispiel entstehen, wenn Nachbarn Ertragsausfälle wegen Lärm, Erschütterungen usw. erleiden.

3. Weitere Deckungserweiterungen

18.147 **1.** In gewissen Fällen kann auch eine **vertragliche Haftung** versichert werden, die *über die gesetzliche Haftung hinausgeht.* Versicherer hüten sich im Allgemeinen zwar davor, die Haftpflicht aus vertraglichen Haftungsbestimmungen zu decken, auch weil dies eine teilweise Übernahme des Unternehmerrisikos beinhalten kann.[150] Zudem müsste man für die Risikoprüfung eine vertiefte juristische Analyse der betreffenden Vertragsbestimmungen machen, was oft ausserhalb der praktischen Möglichkeiten eines Versicherers liegt. Hingegen heben gewisse Versicherungsverträge den Ausschluss von Ansprüchen aufgrund strengerer vertraglicher Haftungsbestimmungen auf, sofern sie aus der *Übernahme von bewährten, ausgewogenen und standarisierten Vertragsnormen* resultieren. Dazu gehören in erster Linie die SIA-Ordnungen und FIDIC-Normen.[151]

18.148 **2.** Es können auch noch massgeschneiderte, besondere **Deckungserweiterungen im Einzelfall oder für Spezialgebiete** oder ungewöhnliche bzw. gefährliche Tätigkeiten mit dem Versicherer vereinbart werden. Dazu gehört regelmässig die Tätigkeit von Spezialingenieuren). Aber auch andere Spezialisten wie Landschaftsarchitekten, Innenarchitekten, Akustiker usw. können einen Bedarf an solchen massgeschneiderten Versicherungs-

---

146 Art. 48 Ziff. 12 lit. l SVV-ZAB.

147 Zu dieser Pflicht des Planers BGE 111 II 72/74 E. 3d (= BR/DC 1986, S. 70, Nr. 100, mit Anm. Vogel).

148 Das Fehlen einer Versicherung ist eigentlich immer ein Vermögensschaden, da die Versicherungslücke nicht kausal für den eigentlichen Personen- oder Sachschaden ist.

149 Die besondere Umweltdeckung (Rz. 18.62 ff.) geht vor. Vgl. Art. 48 Ziff. 3 SVV-ZAB, der den Nullstellungsausschluss von Art. 7 lit. f SVV-AVB unberührt lässt.

150 Vgl. z.B. den Fall, wo der Planer eine Kausalhaftung für Baumängel übernimmt. Dadurch begibt er sich in eine ähnliche Position wie der General- bzw. Totalunternehmer, auch wenn er keine Arbeiten ausführt bzw. ausführen lässt; dazu Rz. 18.154 ff. und 18.158 f.

151 Die Übernahme dieser Bedingungen ist heute marktüblich. Die KBOB-Verträge haben noch nicht diesen Grad von Akzeptanz erreicht. Generell unterliegen Bedingungen, die von Bauherren- oder anderen Interessenverbänden herausgegeben werden, einer gewissen Skepsis.

lösungen haben. Gewisse Projekte können auch Risiken betreffen, die normalerweise ganz oder teilweise ausgeschlossen sind. Beispiele sind Asbest- (Asbestausschluss; Rz. 18.96) oder Altlastensanierungen (Ausschluss von Ansprüchen in Zusammenhang mit Altlasten in der Umweltdeckung; Rz. 18.67). Auch hier müssen Sonderlösungen gesucht werden, wobei diese oft nur entsprechend ausgewiesenen Spezialisten wie Umweltingenieuren angeboten werden.

V. Sonderfälle

1. Der Beizug von Subplanern

Die Haftung[152] des Planers für Schäden und Mängel, die von beigezogen Subplanern verursacht wurden, ist regelmässig nur mitversichert, wenn gewisse Deckungsvoraussetzungen[153] erfüllt sind: 18.149

- Die weitergegebenen Tätigkeiten müssen unter das in der Police versicherte Risiko bzw. die versicherte Tätigkeit fallen. Insbesondere besteht weiterhin keine Deckung für nichtversicherte fachfremde Tätigkeiten (Rz. 18.33).[154] 18.150
- Der zugezogene Subplaner muss seinerseits eine marktübliche Haftpflichtversicherung haben, die Personen- und Sachschäden sowie von ihm verursachte Mängel deckt. Dies gibt dem Versicherer eine gewisse Sicherheit, dass im Falle einer Haftung für Fehler der Subplaner gesetzliche Regressansprüche erfolgreich durchgesetzt werden können. Die Ausgestaltung dieser Deckungsvoraussetzung kann je nach Versicherer unterschiedlich sein, zum Beispiel mit Bezug auf Minimalsummen.[155] Zu Diskussionen kann auch der Zeitpunkt Anlass geben, der für die Erfüllung der Deckungsvoraussetzung massgebend ist. Aus praktischen Gründen stellt man oft auf den Zeitpunkt der Weitervergabe ab. In der Praxis erfüllt der Versicherungsnehmer diese Verpflichtung, indem er Subplaner beizieht, die beim Beizug entsprechende Versicherungsnachweise vorweisen können. Verursachen Subplaner, die keine solche Versicherung haben, einen Schaden, fällt der Versicherungsschutz weg oder Leistungen können entsprechend gekürzt werden.[156] 18.151

---

152 Z.B. gemäss Art. 55, Art. 101 oder Art. 399 OR.

153 Es handelt sich in aller Regel nicht um Obliegenheiten, deren Verletzung gemäss Art. 45 VVG (vgl. auch Art. 16 SVV-AVB) zu beurteilen sind, sondern um objektive Sachverhalte, die Voraussetzung für die Gültigkeit der Deckung sind («uneigentliche» Bedingungen, Gauch/Schluep/Emmenegger, OR AT, Rz. 4029).

154 Vgl. Art. 48 Ziff. 6.1 SVV-ZAB.

155 Vgl. Art. 48 Ziff. 6.3 SVV-ZAB.

156 Eine Kürzung kann in Betracht kommen, wenn die Pflicht zum Beizug ausnahmsweise eine Obliegenheit und keine Voraussetzung ist (vgl. Rz. 18.149, Fn. 153); vgl. Nef, Basler Kommentar, N 9 zu Art. 45 VVG.

2. Der Planer als Generalplaner

18.152 **1.** Nach gängiger Auffassung übernimmt ein Generalplaner **die gesamte Planung und/oder Bauleitung eines Werks oder Teilwerks, mit dem herkömmlicherweise mehrere Planer beauftragt werden**. Er bildet somit das Pendant zum Generalunternehmer.[157] Ähnlich wie beim Beizug eines Generalunternehmers[158] kann sich der Bauherr durch die Einsetzung eines Generalplaners von der Notwendigkeit befreien, die Leistungen von mehreren Planern (mit verschiedenen Fachgebieten) zu koordinieren. Im Extremfall kann der Generalplaner auch ein Generalübernehmer sein, der selber überhaupt keine eigenen Dienstleistungen erbringt, sondern alles an Subplaner delegiert.[159] Problematisch aus Sicht der Haftpflichtversicherung ist dabei allerdings – vor allem mit Bezug auf die Versicherung von Bau- und Anlagemängeln –, dass der Generalplaner auch Leistungen übernehmen kann, die nicht zum versicherten Fachgebiet gehören. Aus diesem Grund wird die Tätigkeit als Generalplaner oft gesondert geregelt. Unterlässt man eine Deckung als Generalplaner, besteht die Gefahr bei vielen Planern, dass die Übernahme von fachfremden Leistungen nicht mehr unter die Umschreibung des versicherten Betriebs fällt und dass auch bei Beizug von entsprechend spezialisierten Subplanern Deckungslücken entstehen (Rz. 18.17).

18.153 **2.** Der *versicherungstechnische Begriff des Generalplaners* weicht dementsprechend teilweise vom gängigen Begriff ab. Die Generalplanertätigkeit wird in den Haftpflichtversicherungs-Verträgen regelmässig so umschrieben, dass sie auch **Leistungen aus fremden Fachgebieten** enthält. Werden Ansprüche gegen den Versicherungsnehmer erhoben, für Fehler, die seine Subplaner verursachten, so ist seine Haftung auch dann versichert, wenn diese (spezialisierten) Subplaner Leistungen aus für ihn fachfremden Gebieten erbringen.[160] Für den Versicherer bedeutet die Deckung von fachfremden Tätigkeiten allerdings *eine Erhöhung des versicherten Risikos*. Dies gilt vor allem, wenn die Fachkenntnisse und Erfahrung der Versicherten ein wesentliches Vertragselement für die Gewährung des Versicherungsschutzes bilden (vgl. Rz. 18.125) und die (unbekannten) beigezogenen Subplaner diese geforderten Eigenschaften nicht notwendigerweise beibringen.[161] Deshalb gilt auch hier regelmässig die Deckungsvoraussetzung, dass die Subplaner ihre eigene, marktübliche Haftpflichtversicherung haben (vgl. Rz. 18.151). Sie ist hier von noch grösserer Bedeutung als beim Beizug von Subplanern aus dem eigenen Fachgebiet.

---

157 Dazu Gauch, Werkvertrag, Rz. 222 ff.

158 Gauch, Werkvertrag, Rz. 222.

159 Vgl. Gauch, Werkvertrag, Rz. 226.

160 Vgl. Art. 48 Ziff. 7.1 SVV-ZAB. Wobei die persönliche Haftpflicht des Subplaners nicht versichert ist (Rz. 18.29).

161 Vgl. Rz. 18.125 mit Bezug auf die vom Versicherer vorausgesetzten beruflichen Anforderungen.

3. Der Planer als Generalunternehmer

1. Die Tätigkeit des Planers als Generalunternehmer ist in der Haftpflichtpolice oft mitversichert. Als Generalunternehmer gilt der Planer, **wenn ihm vom Bauherrn aufgrund eines *vorhandenen* Projekts die vollständige Ausführung des Bauwerks oder Bauwerkteils übertragen wird.**[162] Diese Umschreibung deckt sich mit der in der Rechtslehre gängigen Definition. Sofern der Vertrag keinen ausdrücklichen Ausschluss enthält, sind auch die Sonderformen des Generalunternehmers (wie Generalübernehmer und Generalsubunternehmer) versichert.[163] 18.154

2. Als Generalunternehmer bestellt der Planer die Ausführung von Bau- oder Montagearbeiten bzw. die Lieferung von Material in seinem Namen und auf eigene Rechnung und nicht mehr als Vertreter des Bauherrn. Der Versicherungsschutz umfasst deshalb auch die Haftpflicht des Versicherungsnehmers für Ansprüche aus **Personen- und Sachschäden, die von beigezogenen Subunternehmern und Lieferanten verursacht wurden.** 18.155

3. Es bestehen wesentliche Unterschiede zwischen den Verpflichtungen des eigentlichen Planers und des Planers, der als Generalunternehmer tätig ist. Als Generalunternehmer schuldet der Planer dem Bauherrn nämlich die (mängelfreie) Herstellung des Werks und nicht nur die Leitung der Arbeiten der Unternehmer. Zudem ist der Planer nun der Bauherr der (Sub-)Unternehmer, weshalb die Bauleitung für seinen Auftraggeber entfällt. Dies führt zu **Deckungseinschränkungen.** *Mängel und Schäden des Werks gehören zum nicht versicherbaren Unternehmerrisiko* eines Generalunternehmers, weshalb eine vereinbarte Deckungserweiterung für Bauten- oder Anlageschäden bzw. -mängel für die Tätigkeit als Generalunternehmer nicht gilt. Auch eine *Versicherung der Haftung für Vermögensschäden gilt nicht für die Tätigkeit als Generalunternehmer.*[164] Im Wesentlichen übrig bleibt somit die Grunddeckung für Personen- und Sachschäden. 18.156

4. Da die Versicherung der Generalunternehmertätigkeit wiederum ein betriebsfremdes Fachgebiet betrifft, ist sie eventuell an **besondere Voraussetzungen** geknüpft. So kann zum Beispiel auch für diese Tätigkeit verlangt werden, dass die Subunternehmer des Versicherungsnehmers sich über eine marktübliche Betriebshaftpflichtversicherung ausweisen. Zudem kann die Deckung auf solche Arten von Personen- und Sachschäden beschränkt sein, die unter den Deckungsumfang der Betriebshaftpflichtversicherungen der Subunternehmer fallen. 18.157

---

[162] Bei der Revision von Art. 48 Ziff. 3 SVV-ZAB wurde diese Variante gestrichen, wird aber immer noch auf dem Markt angeboten.

[163] Vgl. dazu Gauch, Werkvertrag, Rz. 22; BGer 5C.31/2006 vom 10. Juli 2006 (= BR/DC 2007, S. 63, Nr. 209, mit Anm. Stöckli).

[164] Dies erfolgt regelmässig, indem die Deckungserweiterung sich nur auf Personen- und Sachschäden bezieht.

4. Der Planer als Totalunternehmer

18.158 **1.** Auch die Tätigkeit des Planers als Totalunternehmer ist regelmässig versichert. Der Planer gilt als Totalunternehmer, wenn der Bauherr ihm **die Projektierung und Ausführung eines Bauwerks oder Bauwerkteils** überträgt.[165] Er unterscheidet sich somit vom Generalunternehmer dadurch, dass er zusätzlich die Planung des Projekts übernimmt.[166] Die Tätigkeit als Totalunternehmer ist relativ häufig, zum Beispiel, wenn ein Architekt Land verkauft und danach dem Käufer ein Haus nach eigenen Plänen darauf schlüsselfertig erstellt und übergibt.

18.159 **2.** Mit Bezug auf den Versicherungsschutz gilt grundsätzlich dasselbe wie beim Generalunternehmer. Allerdings besteht **der wesentliche Unterschied zum Generalunternehmer** darin, dass der Totalunternehmer auch die Projektierung übernimmt und somit Bauten- bzw. Anlagemängel und -schäden – wie jeder andere Planer – bereits vor der Ausführung der Bauarbeiten verursachen kann. Aus diesem Grund kann die Deckungserweiterung für Ansprüche in Zusammenhang mit solchen Schäden teilweise erhalten bleiben, nämlich insofern sie durch einen Fehler in der angestammten, versicherten Planertätigkeit verursacht wurden. So besteht in der Regel Versicherungsschutz für Bauten- bzw. Anlagenmängel und -schäden, soweit sie auf Pläne, schriftlich festgehaltene Berechnungen und/oder schriftlich festgehaltene Ausführungsanweisungen des Totalunternehmers oder seiner Planungs- bzw. Bauleitungsgehilfen zurückzuführen sind.[167] Dabei gelten regelmässig dieselben Deckungsvoraussetzungen für fremde Fachgebiete wie beim Generalplaner.[168] Der Vertrag kann auch eine entsprechende Deckung für einzelne Arbeiten und Materiallieferungen enthalten.

5. Der Planer als Bauherr

18.160 **1.** Der Versicherungsnehmer kann auch selbst als Bauherr auftreten. Er ist dann **Besteller eines (Bau-)Werks** im Sinne von Art. 363 OR und Herr des gesamten Baugeschehens, von dem das Bauvorhaben ausgeht.[169] Dabei sind zwei Fälle zu unterscheiden. Einerseits kann der Planer – wie jeder andere Betrieb – Bauten errichten lassen, die dem Betrieb selber dienen (z.B. eigenes Bürogebäude). Andererseits kann der Planer Bauten mit dem Zweck erstellen, sie noch während der Bauphase oder nach Fertigstellung an Dritte zu

---

165 Art. 48 Ziff. 8.1 SVV-ZAB ist etwas enger formuliert: «Wird dem Versicherungsnehmer [...] in einem Zuge die vollständige Projektierung (inkl. Bauleitung) und Ausführung eines Bauwerks oder Bauwerkteils bzw. einer Anlage oder eines Anlageteils übertragen, wobei Leistungen sowohl aus seinem Fachgebiet als auch aus fremden Fachgebieten enthalten sind, gilt er als Totalunternehmer». Der Totalunternehmer wird somit als ausführender Generalplaner betrachtet. Zudem gilt der Planer, der nachträglich die Ausführung seines eigenen Projekts übernimmt, nicht als Totalunternehmer.

166 Gauch, Werkvertrag, Rz. 233 ff.

167 Art. 48 Ziff. 8.2 Abs. 2 SVV-ZAB.

168 Vgl. Art. 48 Ziff. 8.3 SVV-ZAB; Rz. 18.151 und 18.157.

169 Gauch, Werkvertrag, Rz. 208.

veräussern. In der Regel wird der Planer solche Bauten im eigenen Namen sowie auf eigene Rechnung und Gefahr erstellen, gelegentlich aber auch in eigenem Namen, jedoch auf Rechnung eines Vertragspartners.[170] Wesentlich für die Qualifikation des Planers als Bauherr ist immer, dass der Planer das Werk *auf eigene Rechnung* erstellt. Verkauft der Planer die Baute vor deren Vollendung, so sind eventuell Mängel und Schäden, die nach der öffentlichen Beurkundung eintreten, versichert.

2. *Mängel und Schäden des Bauvorhabens,* das der Planer auf eigene Rechnung erstellt, 18.161
sind schon deshalb von **der Grunddeckung ausgeschlossen,** weil es sich um *Eigenschäden* handelt. Auch regelmässig ausgeschlossen von der Grunddeckung ist ganz oder teilweise die Bauherrenhaftpflicht. Bei der Bauherrenhaftpflicht handelt es sich um Ansprüche aus *Sachschäden an Grundstücken, Gebäuden und anderen Werken Dritter.*[171] Dieses Risiko wird üblicherweise mit einer besonderen, projektbezogen Bauherren-Haftpflichtversicherung versichert. Diese gesonderte Versicherung drängt sich deshalb auf, weil die Beurteilung des Risikos in Zusammenhang mit der Kausalhaftung des Bauherrn (z.B. Art. 679 ZGB) nicht von der Betriebsart, sondern vom konkreten Projekt und dem Baugrund abhängt. Allerdings werden heute oft eingeschränkte Bauherren-Haftpflichtdeckungen für kleine, einfache eigene Bauvorhaben im Rahmen der Betriebshaftpflicht angeboten. Auch der Planer kann von solchen Angeboten profitieren.

3. Überdies enthält die Planer-Haftpflichtversicherung regelmässig eine **Deckungs-** 18.162
erweiterung, die das Bauherrenrisiko des Versicherungsnehmers miteinschliesst, sofern ein Versicherter für das Bauvorhaben *selbst Planungs- und/oder Bauleitungsarbeiten ausführt,* die in den Rahmen des versicherten Tätigkeitsbereichs fallen, und den Schaden *schuldhaft* verursacht.[172] Damit hat der Planer grundsätzlich dieselbe Deckung wie bei fremden Bauvorhaben; die Kausalhaftung gemäss Art. 679 ZGB bleibt jedoch ausgeschlossen. Auch Bauten- und Anlageschäden bzw. -mängel bleiben vom Versicherungsschutz ausgeschlossen (Eigenschaden). Diese Lösung macht Sinn, weil damit jene Schadenfälle versichert werden, in denen der Versicherte von Dritten in seiner (versicherten) Eigenschaft als aktiver Planer in Anspruch genommen wird und nicht als blosser «passiver» Bauherr.

6. Spezialplaner

In der Bauwirtschaft gibt es eine Vielzahl von spezialisierten Berufen (z.B. im Bereich 18.163
der Gebäude- oder Umwelttechnik), deren Versicherungsbedürfnisse nicht immer optimal mit AVB und/oder weiteren Standardbedingungen abgedeckt werden können.[173]

[170] Sog. fiduziarischer Baubetreuungsvertrag; siehe GAUCH, Werkvertrag, Rz. 354.

[171] Art. 7 lit. g SVV-AVB. Eingehend dazu: BECK, Haftpflicht II, S. 313 ff.; JENNI, Handbuch zum Bauwesen, Rz. 711 ff.

[172] Art. 48 Ziff. 10 SVV-ZAB.

[173] Dazu können zum Beispiel Systemingenieure, Anlagenplaner, Innenarchitekten, Akustiker, Landschaftsarchitekten, Geologen und ähnliche Berufe gehören.

Aus diesem Grunde können ihre Versicherungsverträge **besondere Definitionen, Bestimmungen und Deckungserweiterungen** enthalten, die fachbezogene Fragen regeln.[174] Naturgemäss können solche Vertragsbestimmungen sehr unterschiedlich sein.

7. Planergemeinschaften[175]

18.164 **1.** Planer- bzw. Arbeitsgemeinschaften entstehen, wenn sich ein Planer mit anderen Planern (Planergemeinschaft) und/oder Unternehmern (gemischte Arbeitsgemeinschaft) dem Bauherrn **gemeinsam verpflichten,** Leistungen zu erbringen (Rz. 16.1). Eine solche Gemeinschaft ist eine einfache Gesellschaft (Art. 530 OR)[176] und stellt aus Sicht des Versicherers wegen der Solidarhaftung der Mitglieder (Art. 544 Abs. 3 OR; Rz. 16.110 ff. und 17.127 ff.) ein *erhöhtes Risiko* dar. Insbesondere besteht die Gefahr, dass ein Planer für die Fehler anderer Mitglieder einstehen muss, wobei eine solche Haftung auch aus fachfremden Tätigkeiten gegeben sein kann.

18.165 **2.** Beteiligt sich ein Planer im Rahmen einer Planer- bzw. Arbeitsgemeinschaft an der Ausführung von Planungs- oder Bauleitungsarbeiten, so besteht über seine Haftpflichtversicherung oft **keine Deckung** für Ansprüche aus Schäden, die im Rahmen von Leistungen des Konsortiums verursacht werden.[177] Der Ausschluss ist absolut. Es spielt keine Rolle, ob der Schaden nur anlässlich der Ausführung der Arbeiten durch die Gemeinschaft entsteht (und sie sich auch ohne Bestehen einer solchen ereignet hätten) oder ob er auf die Gefahrenerhöhung zurückzuführen ist.

18.166 Allerdings gibt es einzelne Versicherungsverträge, die die Tätigkeit des Planers im Rahmen von (v.a. kleineren) Planer- bzw. Arbeitsgemeinschaften miteinschliessen. Dabei wird der Versicherungsschutz oft auf die interne Haftungsquote des Versicherungsnehmers beschränkt, wodurch der Versicherungsnehmer jedoch das Delcredere-Risiko seiner Partner trägt.

18.167 **3.** Es ist deshalb marktüblich, dass Planer- und Arbeitsgemeinschaften **separate projektbezogene Versicherungen** abschliessen, in welchen die Haftpflicht aller Mitglieder der Gemeinschaft versichert ist. Der Versicherungsschutz entspricht im Wesentlichen demjenigen der Verträge einzelner Planer. Ansprüche der Arbeitsgemeinschaft selbst sowie deren Mitglieder sind oft *ausgeschlossen.*[178] Jedoch können zum Teil gegenseitige Ansprüche der einzelnen Mitglieder untereinander aus Personen- und Sachschäden[179]

---

[174] Sind zum Beispiel Pflanzen eine «Anlage» mit Bezug auf die Tätigkeit eines Landschaftsarchitekten?

[175] Eingehend zur Planergemeinschaft Rz. 16.1 ff.; zu Arbeitsgemeinschaften im Allgemeinen, vgl. GAUCH, Werkvertrag, Rz. 243 ff.

[176] Zu möglichen Ausnahmen vgl. Rz. 16.18 ff.

[177] Art. 48 Ziff. 9 SVV-ZAB.

[178] Art. 48 Ziff. 15.4 SVV-ZAB.

[179] Allerdings bleiben Schäden an eingebrachten Maschinen usw. in aller Regel ausgeschlossen.

mitversichert werden («cross liability»), allerdings unter Abzug des Anteils, den der Geschädigte im Innenverhältnis zu tragen hat.

8. Bauplatzversicherungen

1. Bauplatzversicherungen sind Versicherungsverträge, die **alle an einem bestimmten Bauvorhaben beteiligten Personen** einschliessen und die mehrere Versicherungsarten kombinieren (Bauwesen-, Bauherrenhaftpflicht-, Betriebs- und Berufshaftpflichtversicherung). Sie sind für Grossprojekte sinnvoll. Bei Bestehen einer solchen Versicherung ist die Haftung des beteiligten Planers mitgedeckt.[180] 18.168

Die Bauplatzversicherung ist von der Versicherung einer Arbeitsgemeinschaft zu unterscheiden, da hier nur eine gemeinsame (kollektive) Versicherungsdeckung für Personen vereinbart wird, die zwar an einem gemeinsamen Projekt beteiligt sind, aber unabhängig voneinander im Rahmen ihrer jeweiligen gegenseitigen Beziehungen tätig werden. Gegenseitige Ansprüche der versicherten Betriebe («cross liability») können deshalb auch versichert werden. 18.169

2. Es gibt grundsätzlich zwei **Arten** von Bauplatzversicherungen: 18.170

- Oft handelt es sich um *Exzedentenverträge,* die dem Planer eine *Summendifferenzdeckung* bieten. Dies bedeutet, dass die Bauplatzversicherung denjenigen Teil des Schadens deckt, der die Versicherungssumme der eigenen Berufshaftpflichtversicherung des Planers (Stammpolice) übersteigt. Die Stammpolice dient somit als Basisversicherung, wobei die Bauplatzversicherung oft eine minimale Versicherungssumme vorschreibt. Mit der Exzedentendeckung der Bauplatzversicherung hat sowohl der Versicherungsnehmer als auch der versicherte Planer Gewähr, dass genügend Deckung im Falle eines Grossschadens vorhanden ist. Zusätzlich kann auch ein sogenannter *Ausfallschutz* («drop down») für den Fall vereinbart werden, dass andere Schäden eine Erschöpfung der Versicherungssumme der Basispolice verursachen. Ein Exzedentenvertrag mit Ausfallschutz würde eine so entstandene Deckungslücke auffüllen. Solche Policen enthalten oft auch eine *Konditionsdifferenzdeckung,* wodurch die Bauplatzpolice auch die Basisdeckung der Stammpolice ergänzt, wenn dort kein Versicherungsschutz für einen bestimmten Schaden besteht. 18.171
- Andere Bauplatzversicherungen decken die Schäden von Grund auf, bieten also eine *primäre Deckung.* Bei diesen Policen stellen sich schwierige *Fragen mit Bezug auf das Verhältnis zwischen der Bauplatzversicherung und der Stammpolice des Planers.* Sie ist vor allem dann von Bedeutung, wenn die Versicherungen bei verschiedenen Gesellschaften bestehen. 18.172

[180] Zur Haftpflichtdeckung der Bauplatzpolice generell siehe Stöckli, Versicherungen beim Bauen, S. 31 ff.

18.173 **3.** Bei der **Bauplatzversicherung mit primärer Deckung** liegt grundsätzlich eine *Doppelversicherung* vor, da sowohl die Bauplatz- als auch die Stammpolice dasselbe Interesse des Planers gegen dieselbe Gefahr während derselben Zeitspanne[181] decken (Art. 53 Abs. 1 VVG).[182] Gemäss Art. 53 Abs. 1 VVG müssen die kombinierten Versicherungssummen den «Versicherungswert» übersteigen. Allerdings ist der Begriff «Versicherungswert» auf Sachversicherungen zugeschnitten und ist der Haftpflichtdeckung[183] der Bauplatzpolice fremd. Eine Doppelversicherung liegt in der Haftpflichtversicherung bereits vor, wenn die Versicherungssummen den Schaden übersteigen,[184] was nicht nur die Regel, sondern auch zu erwarten ist.[185] Allerdings verpflichtet der Bauplatzversicherer vorweg zu leisten, was die Stammpolice faktisch zur Exzedentenversicherung macht.

18.174 Bei einer Doppelversicherung ist ferner zu beachten, dass der Planer gemäss Art. 53 Abs. 1 VVG verpflichtet ist, seinem Berufshaftpflichtversicherer den Beitritt zur Bauplatzversicherung schriftlich anzuzeigen. Art. 53 Abs. 2 VVG sieht zudem vor, dass bei einer bewussten Unterlassung der Anzeige – auch bei Fehlen einer böswilligen Absicht[186] – der Berufshaftpflichtversicherer seine Leistungen verweigern kann. In der Praxis ist es aber eher schwer vorstellbar, dass sich ein Versicherer bei Fehlen einer böswilligen Absicht auf diese Bestimmung berufen würde.[187] Der Planer muss weiterhin die volle Prämie für die Stammpolice zahlen (Art. 53 Abs. 3 VVG).

18.175 Eine Doppelversicherung hat die anteilsmässige Aufteilung des Schadens zwischen den Versicherern zur Folge (Art. 71 VVG).[188] Allerdings verspricht der Bauplatzversicherer für den Schaden ab dem ersten Franken voll aufzukommen, was in aller Regel als ausdrücklicher oder stillschweigender Verzicht auf die Inanspruchnahme des Stammversicherers im Schadenfall zu deuten ist. Faktisch wird die Stammpolice dadurch zur Subsidiärdeckung. Dies hat aber keine Auswirkungen auf die Stammpolice. Insbesondere hat der Planer keinen Anspruch auf eine Prämienreduktion (Art. 53 Abs. 3 VVG), sofern dies nicht ausdrücklich in seiner Stammpolice vorgesehen ist.

18.176 Abgesehen vom Nachteil der doppelten Prämienzahlungspflicht können auch Interessenkonflikte zwischen dem Planer und anderen Beteiligten entstehen. Wenn beispielsweise feststeht, dass ein gedeckter Schaden vorliegt, aber nicht sicher ist, ob ein mitversicherter Unternehmer oder der Planer für ihn verantwortlich ist, kann der Schaden auch ohne genaue Kenntnis des Haftpflichtigen vom Bauplatzversicherer erledigt werden. Der Pla-

---

[181] Erforderlich ist nur, dass die Versicherungsperioden sich überschneiden, nicht, dass sie identisch sind. Boll, Basler Kommentar, N 8 zu Art. 53 VVG.

[182] Vgl. dazu Stöckli, Versicherungen beim Bauen, S. 34 ff.

[183] Anders bei den Sachdeckungen der Bauplatzversicherung.

[184] Boll, Basler Kommentar, N 11 zu Art. 53 VVG; siehe auch Brehm, Le contrat d'assurance, Rz. 456.

[185] Schon deshalb, weil beide Versicherungssummen oft in Hinblick auf den (seltenen) grössten anzunehmenden Haftpflichtfall festgelegt werden.

[186] Boll, Basler Kommentar, N 22 zu Art. 53 VVG.

[187] Meines Erachtens ist diese Gesetzesbestimmung in ihrer Absolutheit veraltet.

[188] Vgl. BGer 5C.31/2006 vom 10. Juli 2006 E. 2.3 (= BR/DC 2007, S. 63, Nr. 209, mit Anm. Stöckli).

ner läuft somit Gefahr, ohne genaue Abklärung des Sachverhalts für haftpflichtig erklärt zu werden. Die Abwehr von ungerechtfertigten Ansprüchen (Rz. 18.3) fällt in solchen Situationen weitgehend weg.

Ähnliche Fragen zur Doppelversicherung stellen sich bei Planerteams, die keine Planergemeinschaft bilden, sondern aus einem Generalplaner und Subplanern bestehen. Sie können sich zudem beim Planer, dessen Berufshaftpflichtversicherung die Teilnahme an Arbeitsgemeinschaften miteinschliesst, stellen, wenn er in den Versicherungsvertrag der Planergemeinschaft aufgenommen wird (Rz. 18.166; vgl. auch Rz. 16.123). Schliesslich stellen sich – im begrenzten Umfang – solche Fragen, auch wenn der Ansatzpunkt der Exzedenten-Bauplatzpolice tiefer als die Versicherungssumme der Basispolice des Planers liegt. 18.177

VI. Pflichten und Obliegenheiten des Planers

1. Prämien

1. Als *Gegenleistung für die Übernahme des Haftungsrisikos* verpflichtet sich der Planer, als Versicherungsnehmer dem Versicherer die vereinbarte **Prämie** zu zahlen.[189] 18.178

2. Die **Höhe** der Prämie hängt naturgemäss von dem Umfang und der Schwere des überwälzten Risikos ab. Die *Kalkulationsgrundlagen* können verschiedene sein, wobei häufig ein Prämiensatz auf Honorarsummenbasis (Promillen der jährlichen Honorarsumme) angewendet wird. Zu den Faktoren, die für die Bestimmung des Prämiensatzes bzw. der Prämie von Bedeutung sein können, gehören:[190] 18.179

- der genaue Beruf (Spezialität) bzw. die Tätigkeit des Planers; 18.180
- Qualifikationen der Versicherten und/oder Hilfspersonen; 18.181
- vereinbarte Deckungserweiterungen; 18.182
- betragliche Verpflichtungen des Versicherers (Höhe der Versicherungssummen und der Selbstbehalte, Zahl der Jahresmaximierungen); 18.183
- Höhe der jährlichen Honorarsummen; 18.184
- Schadenerfahrung des Betriebs; 18.185
- Markt- und Konkurrenzverhältnisse. 18.186

[189] Brehm, Le contrat d'assurance, Rz. 1; Stoessel, Basler Kommentar, N 19 der allg. Einl. VVG.
[190] Vgl. dazu auch Art. 48 Ziff. 11 SVV-ZAB.

2. Obliegenheiten

18.187 **1.** Bei der Obliegenheit handelt es sich auch um eine vertragliche Verpflichtung des Planers, nämlich die Pflicht zu einem bestimmten Verhalten. Im Gegensatz zu einer echten Obligation wie die Prämienzahlungspflicht kann die Erfüllung einer Obliegenheit jedoch nicht eingeklagt werden. Ihre **Verletzung** begründet auch *keine Schadenersatzpflichten, sondern bewirkt andere Rechtsnachteile* für den Planer.[191] Diese Nachteile sind im Versicherungsvertrag geregelt. Verletzt ein Versicherter eine ihm auferlegte Obliegenheit, so entfällt ihm gegenüber die entsprechende Leistungspflicht des Versicherers oder sie wird verkürzt. Dieser Nachteil tritt nicht ein, sofern die Verletzung den Umständen nach als unverschuldet anzusehen ist oder der Schaden auch bei Erfüllung der Obliegenheit eingetreten wäre.[192]

18.188 **2.** Von den Obliegenheiten **zu unterscheiden** sind echte Nebenpflichten und Bedingungen:

18.189 – *Echte Nebenpflichten* – d.h. Pflichten des Versicherungsnehmers, die eingeklagt werden können bzw. deren Verletzung einen Schadenersatzanspruch auslöst – sind selten. Ein Beispiel ist das Veränderungsverbot bei beschädigten Gegenständen gemäss Art. 68 VVG.[193]

18.190 – Bei *Bedingungen* gemäss Art. 151 ff. OR sowie bei «uneigentlichen» Bedingungen (Deckungsvoraussetzungen)[194] handelt es sich nicht um ein vom Versicherten gefordertes Verhalten, sondern *der Versicherungsvertrag oder eine bestimmte Deckung wird vom Bestand einer objektiven Tatsache abhängig gemacht,* zum Beispiel von der Mitgliedschaft in einem bestimmten Verband oder vom Besitz einer besonderen beruflichen Qualifikation. Art. 29 Abs. 2 VVG bzw. die vertraglichen Bestimmungen über die Verletzung von Obliegenheiten kommen nicht zur Anwendung.[195]

18.191 **3.** Die Obliegenheiten des Planers sind grundsätzlich diejenigen, die auch für andere Betriebe gelten. Sie können sich entweder auf **die Betriebsführung oder auf das Verhalten im Schadenfall** beziehen. Bei der Betriebsführung geht es in erster Linie um die *Sorgfaltspflichten* der Versicherten. Im Schadenfall geht es in erster Linie um *Mitwirkungspflichten,* damit der Schadenersatzanspruch korrekt und effizient erledigt werden kann;[196] zudem darf der Versicherte ohne Zustimmung des Versicherers keine Haftung oder Forderung anerkennen oder sonst wie seine Rechte präjudizieren.[197]

---

[191] Gauch/Schluep/Emmenegger, OR AT, Rz. 101 ff.

[192] Art. 16 SVV-AVB; vgl. auch Art. 29 VVG.

[193] Hönger/Süsskind, Basler Kommentar, N 14 f. zu Art. 68 VVG. Vgl. auch Art. 18 SVV-AVB.

[194] Vgl. Rz. 18.149 ff., insb. Fn. 154.

[195] Fuhrer, Basler Kommentar, N 7 zu Art. 29 VVG.

[196] Vgl. dazu Brehm, Le contrat d'assurance, Rz. 334 ff.

[197] Art. 22 lit. b Abs. 2 SVV-AVB.

Wichtige Obliegenheiten für den Planer sind zum Beispiel: 18.192

- die *Beseitigung eines gefährlichen Zustands.*[198] Der Versicherte ist verpflichtet, einen gefährlichen Zustand, der zu einem Schaden führen könnte und *dessen Beseitigung der Versicherer verlangt,* innerhalb einer angemessenen Frist auf eigene Kosten zu beseitigen;[199] 18.193
- *Anzeigepflicht im Schadenfall.*[200] Falls sich ein Schadenfall ereignet, dessen voraussichtliche Folgen die Versicherung betreffen könnten, ist der Versicherungsnehmer verpflichtet, den Versicherer unverzüglich zu benachrichtigen; 18.194
- die *Befolgung behördlicher Vorschriften und Empfehlungen von Spezialisten.*[201] Der Planer ist verpflichtet, dafür zu sorgen, dass die von Behörden und von der Schweizerischen Unfallversicherungsanstalt (Suva) erlassenen Richtlinien und Vorschriften, die allgemein anerkannten Regeln der Baukunde sowie Empfehlungen von Spezialisten, wie Geologen, Geotechnikern, Hydrologen usw. beachtet werden (planerspezifische Obliegenheit). 18.195

4. Die Gewährung von **Deckungserweiterungen** kann mit *besonderen Obliegenheiten, Deckungsvoraussetzungen oder Pflichten* verbunden werden. So kann zum Beispiel in Zusammenhang mit der Versicherung von Anlagemängeln die schriftliche Auflistung der geforderten Leistungen, Probeläufe, die schriftliche Protokollierung von Testergebnissen usw. erforderlich sein.[202] 18.196

VII. Deckungssummen und Selbstbehalte

1. Der Versicherte hat in der Planer-Haftpflichtversicherung Deckung bis zu der in der Police festgelegten **Versicherungssumme (Limite).** Diese Höchstversicherungssumme ist in der Regel eine kombinierte Pauschale für Personen- und Sachschaden zusammen. In der Schweiz beträgt sie normalerweise mindestens CHF 2 000 000.–, wobei CHF 5 000 000.– bis CHF 10 000 000.– durchaus üblich sind. Innerhalb der Versicherungssumme können **Sublimiten** für einzelne Deckungen oder Risiken vereinbart werden. Dies gilt vor allem in Bezug auf Deckungserweiterungen wie Bauten- und Anlageschäden bzw. -mängel sowie für Vermögensschäden. Die Höhe der Versicherungssumme bzw. der Sublimiten sollte der Planer aufgrund einer Risikoeinschätzung wählen. 18.197

---

198 Art. 15 SVV-AVB; dazu BREHM, Le contrat d'assurance, Rz. 336.

199 Mit Bezug auf die Umweltschadendeckung ist der Versicherungsnehmer zudem generell verpflichtet, den behördlichen Verfügungen für Sanierungen und ähnlichen Massnahmen nachzukommen. Art. 6 lit. d SVV-AVB; vgl. Rz. 18.68.

200 Art. 21 SVV-AVB.

201 Art. 48 Ziff. 13 SVV-ZAB.

202 Vgl. Rz. 18.129 mit Bezug auf Anlagen.

18.198 Die Versicherungssumme bzw. Sublimite begrenzt die Leistungspflicht des Haftpflichtversicherers für alle Ansprüche und Kosten in einem Schadenfall. Sowohl die *Entschädigungen* für begründete Ansprüche als auch die Kosten für die *Abwehr unbegründeter Ansprüche* werden ihr angerechnet. In der Versicherungssumme bzw. Sublimite inbegriffen sind ferner die versicherten Schadenverhütungskosten, die Schadenzinsen, Schadenminderungs-, Expertisen-, Anwalts-, Gerichts-, Schiedsgerichts- und Vertretungskosten und Parteientschädigungen.[203] Hingegen werden die internen Schadenerledigungskosten des Versicherers ihnen nicht angerechnet.

18.199 **2.** Die Versicherungssumme bzw. Sublimite ist **pro «Ereignis» festgelegt.** Das Ereignis ist der Umstand, der die Haftpflichtforderung gegen den Planer begründet (z.B. Einsturz einer Decke, Rissbildung in der Wand). Für jedes neue Ereignis steht die Versicherungssumme grundsätzlich (erneut) im vollen Umfang zur Verfügung, unter Vorbehalt der Maximierungsklausel (Rz. 18.202).

18.200 **3.** Es kann vorkommen, dass ein einzelner Fehler des Planers mehrere Schäden verursacht. Dies ist der Fall, wenn zum Beispiel ein Bauprojekt aus einer Reihe gleichartiger Häuser besteht, die alle nach demselben (fehlerhaften) Plan errichtet werden und dann alle dieselben Bautenschäden aufweisen. Die Gesamtheit aller Ansprüche aus Schäden mit der gleichen Ursache gilt als ein einziges Ereignis **(Serienschadenklausel),**[204] für welches die Versicherungssumme nur einmal zur Verfügung steht und der Selbstbehalt (Rz. 18.203 ff.) nur einmal in Abzug gebracht wird.[205] Die Zahl der Geschädigten, Anspruchserhebenden oder Anspruchsberechtigten ist dabei unerheblich.

18.201 Es kann auch vorkommen, dass ein Schadenereignis mehrere Deckungen mit eigenen Selbstbehalten (Rz. 18.203 ff.) auslöst; zum Beispiel infolge eines Planungsfehlers ist das Dach undicht (Baumangel) und das eindringende Wasser beschädigt das Mobiliar (Sachschaden). In einem solchen Fall können sich die Selbstbehalte kumulieren, wenn die Police keine anderslautende Bestimmung enthält.

18.202 **4.** Die Versicherungsleistungen sind nicht nur pro Ereignis limitiert, sondern auch zeitlich maximiert **(Maximierungsklausel).** Üblicherweise wird die Versicherungssumme als Einmalgarantie pro Jahr vereinbart. Die Versicherungssumme bzw. die Sublimiten können aber auch mehrmals pro Jahr zur Verfügung gestellt werden. Bei mehrjährigen Verträgen können zudem besondere Maximierungen angeboten werden (z.B. zweimal während einer Dauer von 3 Jahren). Bei befristeten Verträgen (z.B. «Objektpolicen»: Verträge für Arbeitsgemeinschaften, Bauplatzpolice) kann die Maximierung für alle versicherten Schäden des Bauvorhabens gelten.

18.203 **5.** In den Versicherungsverträgen werden auch **Selbstbehalte** vereinbart.[206] Selbstbehalte sind Anteile am Schaden, die der Versicherte selbst trägt und die von der Versiche-

---

[203] Art. 9 lit. b Ziff. 1 SVV-AVB.

[204] Art. 9 lit. b Ziff. 3 SVV-AVB.

[205] Die Auslegung von Serienschadenklauseln kann aber schwierig sein. Vgl. dazu FUHRER, Serienschaden, S. 827 ff.

[206] BREHM, Le contrat d'assurance, Rz. 468 ff.

rungssumme in Abzug gebracht werden. Diese Anteile können als Betrag und/oder als Prozent des Schadens bestimmt werden. Unterschiedliche Selbstbehalte können für die Grunddeckung und die Deckungserweiterungen gelten. Der Selbstbehalt kann zwei Funktionen erfüllen:

- Es ist oft wirtschaftlicher, wenn der Versicherte Bagatellschäden selber trägt. Je nach Finanzkraft des Versicherungsnehmers kann dies sogar für grössere Schäden gelten. 18.204
- Die Selbstbeteiligung kann auch ein Anreiz für sorgfältiges Verhalten des Versicherten sein. 18.205

VIII. Zeitlicher und örtlicher Geltungsbereich

1. Zeitlicher Geltungsbereich

Bei der Beantwortung der Frage, welche auf einer Zeitachse eintretenden Ereignisse gedeckt sind, bieten sich grundsätzlich drei Möglichkeiten an. Versichert sind Schäden, die während der Laufzeit des Versicherungsvertrags entweder 18.206

- verursacht werden (Verursachungsprinzip; «loss causation»), 18.207
- eintreten (Schadeneintrittsprinzip; «loss occurrence») oder 18.208
- geltend gemacht werden (Anspruchserhebungsprinzip; «claims made»). 18.209

1. Der zeitliche Geltungsbereich bestimmt, welcher Versicherungsvertrag bzw. welche Versicherungsbedingungen anwendbar sind, wenn der Schaden erst einige Zeit nach dessen Verursachung eintritt, entdeckt bzw. geltend gemacht wird. Dies kann vor allem für Spätschäden (z.B. in Zusammenhang mit verdeckten Mängeln) von Bedeutung sein. 18.210

2. Früher wurde in der Schweiz bei Planer-Haftpflichtversicherungen das **Verursachungsprinzip** angewendet, welches den Versicherer verpflichtet, auch noch nach Ende des Versicherungsvertrags für den Ersatz von Schäden aufzukommen, sofern nur die Ursache für den geltend gemachten Schaden während der Vertragsdauer (Tun oder Unterlassen des Planers) gesetzt wurde. Diese Nachdeckung wurde aber in der Regel auf 60 Monate beschränkt.[207] 18.211

3. Heute ist indessen das **Schadeneintrittsprinzip,** das für andere Betriebe üblich ist,[208] auch für Planer-Haftpflichtversicherungen die Regel. Als Zeitpunkt des Schadeneintritts 18.212

[207] So noch Art. 48 Ziff. 9.1 SVV-ZAB (2006).

[208] Bis 2001 war das Verursachungsprinzip allgemein üblich. Das Anspruchserhebungsprinzip wird bei anderen Berufen, zum Beispiel Ärzten und Anwälten, angewendet. Es wird heute vor allem noch in der Privathaftpflichtversicherung verwendet.

gilt üblicherweise derjenige, in welchem ein Schaden erstmals *festgestellt* wird.[209] Für *Personenschäden* besteht eine Sonderregel: Im Zweifelsfalle gilt der Schaden als in jenem Zeitpunkt eingetreten, in welchem der Geschädigte wegen Symptomen der betreffenden Gesundheitsschädigung erstmals einen Arzt konsultiert.[210] Bei *Serienschäden* (Rz. 18.200) ist der Zeitpunkt des Eintritts des ersten Schadens massgebend.[211]

18.213 Das sogenannte «*Vorrisiko*», nämlich Schäden, die zwar während der Vertragsdauer eintreten, aber vor Vertragsbeginn verursacht wurden, ist grundsätzlich auch gedeckt. Voraussetzung ist allerdings, dass der Versicherte bei Vertragsabschluss nach Treu und Glauben keine Kenntnis von einem haftungsbegründenden Umstand hatte. Dies gilt auch mit Bezug auf Vertragsänderungen (z.B. Erhöhung der Versicherungssumme).[212]

2. Örtlicher Geltungsbereich

18.214 Der örtliche Geltungsbereich bezieht sich auf den Ort des Schadeneintritts. Es ist von besonderer Bedeutung bei grenznahen oder ausländischen Bauvorhaben (Rz. 18.215 ff.). Wie bei anderen Betrieben auch üblich, gilt die Haftpflichtversicherung des Planers für Schäden, **die in Europa, der ganzen Türkei und der ganzen Russischen Föderation eintreten.**[213] Der Begriff «Europa» ist wohl geografisch zu verstehen, einschliesslich der atlantischen Inseln, die üblicherweise zum Alten Kontinent gezählt werden.[214] Oft werden aber weitere Länder eingeschlossen,[215] wobei das Haftungsrisiko in den USA und in Kanada als besonders gross gilt.

IX. Besondere Probleme bei Auslandstätigkeit

18.215 **1.** Es kommt immer wieder vor, dass Schweizer Planer im Ausland tätig werden. Dies betrifft sowohl Grossprojekte als auch einfachere Arbeiten im nahen und fernen Ausland. Solche Tätigkeiten können in der Gründung einer ausländischen Filiale münden, aber oft werden Einzelprojekte von der Schweiz aus unternommen, ohne eine Niederlassung im Ausland zu gründen. Bei einer Auslandstätigkeit stellen sich aber oft **besondere Fragen bezüglich der Haftung und Haftpflichtversicherung** des Planers. Dabei muss vorausgeschickt werden, dass es nicht nur rechtliche Unterschiede mit Bezug auf nationale

---

[209] D.h., massgebend ist die eigentliche Manifestation des Schadens. Vgl. PERGOLIS/FREY, Handbuch zum Bauwesen, Rz. 648.

[210] Art. 9 lit. a Ziff. 2 SVV-AVB.

[211] Art. 9 lit. a Ziff. 3 SVV-AVB.

[212] Art. 9 lit. a Ziff. 4 und 5 SVV-AVB.

[213] Art. 8 Ziff. 1 SVV-AVB.

[214] Aber wohl nicht zum Beispiel die französischen Überseegebiete.

[215] Einige Versicherer geben standardmässig weltweite Deckung ohne USA und Kanada; vgl. TRÜMPY, Handbuch zum Bauwesen, Rz. 678 f.

Haftungsnormen gibt, sondern dass auch die Versicherungskonzepte, -bedingungen und -märkte sich stark unterscheiden können. Eine Grundsatzfrage ist deshalb immer, ob und inwieweit der schweizerische Vertrag den ausländischen Haftungsnormen und Gegebenheiten angepasst ist. Diese Frage kann der schweizerische Versicherer oft nur im beschränkten Masse oder gar nicht beurteilen.

2. Zuerst muss geprüft werden, ob überhaupt **Deckung für die Auslandstätigkeit** im schweizerischen Versicherungsvertrag besteht. Dies ist grundsätzlich zu bejahen, vorausgesetzt, dass der Schaden innerhalb des (ausländischen) örtlichen Geltungsbereichs eintritt (Rz. 18.214). Diese Auslandsdeckung gilt aber nur mit Bezug auf *schweizerische Betriebe* bzw. -betriebsteile. Aus aufsichtsrechtlichen Gründen können ausländische Filialen und andere permanente Niederlassungen im Ausland (mit Ausnahme des Fürstentums Liechtenstein[216]) grundsätzlich nicht als Versicherte in schweizerischen Versicherungsverträgen aufgenommen werden. Dies, weil fast alle Staaten Versicherungsgeschäfte mit inländischen Versicherten nur mit im eigenen Land zugelassenen Versicherern erlauben (sog. «admitted» Versicherungen).[217] In diesem Zusammenhang ist auch zu beachten, dass die Dienstleistungsfreiheit für Versicherungen innerhalb des EU/EWR-Raums für schweizerische Versicherer nicht gilt, da die Schweiz weder Mitglied der EU noch des EWR ist.[218] Unter Umständen muss ein Planer mit Sitz im Ausland auch aus zulassungsrechtlichen Gründen oder Standesregeln eine lokale Police haben. 18.216

3. Es stellen sich auch Fragen in Zusammenhang mit dem **anwendbaren Haftpflichtrecht.** Der Versicherungsschutz gilt unabhängig davon, ob der Haftpflichtanspruch aufgrund einer ausländischen oder inländischen Haftungsnorm geltend gemacht wird. Bei vertraglichen Ansprüchen können sich aber Fragen in Zusammenhang mit einer Rechtswahl stellen. Grundsätzlich könnte man davon ausgehen, dass der Planervertrag zwischen einem ausländischen Bauherrn mit einem schweizerischen Planer aufgrund von Art. 117 Abs. 2 und 3 IPRG dem schweizerischen Recht untersteht. In der Praxis wird aber oft das Recht des ausländischen Bauherrn gewählt bzw. dem Planer aufgezwungen (v.a. bei öffentlich ausgeschriebenen Arbeiten), oder es wird das Recht eines Drittstaats gewählt. Sollte das ausländische Recht strengere Haftungsnormen haben, könnte dies aber als Übernahme einer *vertraglichen Haftung,* die über die gesetzlichen (schweizerischen) Vorschriften hinausgeht, ausgelegt werden, mit einer entsprechenden Einschränkung der Deckung (Rz. 18.85). In der Praxis wird dies allerdings nicht so gehandhabt, 18.217

---

216 BRULHART, Assurances privées, Rz. 73.

217 Vgl. Art. 2 Abs. 1 lit. b VAG i.V.m. Art. 3 Abs. 1 VAG für die Schweiz. Zudem müssten in aller Regel Versicherungsabgaben auf den Prämienanteil für den ausländischen Versicherten an den ausländischen Fiskus abgeliefert werden, was durchaus einen unverhältnismässigen Verwaltungsaufwand bedeuten kann. Zwar wurde oder wird noch in der Praxis zum Teil der Einschluss von kleinen inländischen Betrieben in ausländischen Policen stillschweigend geduldet, jedoch besteht eine verstärkte Tendenz seitens der Aufsichts- und Fiskalbehörden zur strikten Gesetzesauslegung, was ein erhöhtes Risiko von Sanktionen für Versicherte und/oder Versicherer mit sich bringt.

218 BRULHART, Assurances privées, Rz. 72. Die bilateralen Verträge mit der EU enthalten keine Dienstleistungsfreiheit.

zumindest, wenn die getroffene Rechtswahl nachvollziehbar oder für den Planer unausweichlich ist. Allerdings darf der Planer nicht eine Haftung übernehmen, die über die anwendbare *ausländische* gesetzliche Haftpflicht hinausgeht. Dazu gehören auch Fälle, wo ein bestimmtes ausländisches Rechtsinstitut gewählt wird, um eine Verschärfung der Haftung zu erreichen.[219]

18.218 Die Unterbreitung von vertraglichen Ansprüchen an ein *Schiedsgericht* steht der Deckung in aller Regel auch nicht entgegen.

18.219 **4.** Schwierigkeiten können sich ergeben mit Bezug auf gesetzliche oder vertragliche **Versicherungspflichten.**

18.220 In gewissen Ländern bestehen nämlich *Pflichtversicherungen* für Planer, die von der Schweiz aus nicht angeboten werden können. So müssen zum Beispiel auch ausländische Planer, die in Frankreich an einem Bauvorhaben mitarbeiten, eine «Responsabilité Civile Décennale» vorweisen. Ähnliches gilt zum Beispiel in Belgien. Es handelt sich bei dieser französischen Haftpflichtversicherung um eine eigentliche Garantieversicherung für Baumängel mit gesetzlich vorgegebenen Deckungen. Zudem wird verlangt – wie bei vielen Pflichtversicherungen in der EU –, dass der Versicherer eine Zulassung in der EU hat. Erschwerend kommt hinzu, dass es für einen Planer ohne Niederlassung in Frankreich schwierig ist, Versicherungsschutz bei einer französischen Gesellschaft zu finden. Wegen möglichen ausländischen Pflichtversicherungen und/oder behördlichen Vorgaben, dass die lokale Tätigkeit nur von einem inländischen Versicherer gedeckt werden darf, enthalten einige Planerverträge besondere Einschränkungen für Ansprüche in Zusammenhang mit einer Auslandstätigkeit; zum Beispiel, dass die Deckung lediglich als Exzedent zu den erforderlichen lokalen Versicherungen gilt und dass deren Abschluss Deckungsvoraussetzung ist.

18.221 *Vertragliche Versicherungsvorgaben* von ausländischen Bauherren können auch Probleme verursachen, da ihre Vorstellungen auf den Versicherungsusanzen ihrer eigenen Länder beruhen. Unter Umständen kann es schwierig sein, solche Vorstellungen mit schweizerischen Deckungen und Versicherungsbegriffen in Einklang zu bringen. Ähnliches gilt, wenn eine Haftpflichtversicherung nach Vorgaben eines lokalen Berufsverbands verlangt wird.[220]

18.222 **5.** Bei ausländischen Projekten können unter Umständen auch **Sanktionen** von Bedeutung sein, sowohl für den Planer als auch für den Versicherer. Der Bundesrat kann nämlich Sanktionsmassnahmen zur Durchsetzung von internationalen Sanktionen und zur Wahrung von nationalen Interessen erlassen.[221] Sie können zur Folge haben, dass der

[219] So zum Beispiel, wenn englisches Recht gewählt wird und der Vertrag ohne gesetzliche Notwendigkeit als «deed» bzw. «under seal» abgeschlossen wird, was praktisch nur eine Verdoppelung der Verjährungsfristen zur Folge hat.

[220] In der Praxis zeigen sich zum Beispiel solche Probleme, wenn von Versicherern die Abgabe eines Versicherungsnachweises nach ausländischem Muster verlangt wird.

[221] Art. 1 Abs. 1 und 2 EmbG.

Planer Dienstleistungen für Projekte[222] in bestimmten Ländern (Länderembargo) und/ oder für bestimmte ausländische Auftraggeber (Personenembargo) nicht erbringen darf (Art. 1 Abs. 3 lit. a EmbG). Der Versicherer muss seinerseits Beschränkungen des Zahlungsverkehrs (Art. 1 Abs. 3 lit. a EmbG) – sogenannte «Zahlungssperren» – beachten. Solche Beschränkungen können auch dazu führen, dass Schadenersatzleistungen an Geschädigte, die einem Personenembargo unterliegen, untersagt sind,[223] auch wenn die Dienstleistungen des Planers zulässig sind.

Die konkreten *Auswirkungen auf den Versicherungsschutz* richten sich nach den anwendbaren Massnahmen und dem konkreten Fall. Allgemein ist Folgendes zu beachten: 18.223

- *Verstösst der Planer gegen Sanktionsmassnahmen*, so handelt es sich um eine Gesetzesverletzung innerhalb der (legalen) Geschäftstätigkeit des Planers. Diese Situation ist im Gesetz nicht ausdrücklich geregelt. Die Deckung ist allerdings zu verneinen. Man wird nämlich kaum annehmen können, illegale Aktivitäten seien auch als Gegenstand des Versicherungsschutzes gewollt (Art. 18 Abs. 1 und Art. 19 Abs. 2 OR), besonders, weil der Einschluss embargowidriger Tätigkeiten durch den Versicherer auch rechtswidrig und somit nichtig wäre (Art. 20 OR).[224] Zu beachten ist ferner, dass der *vorsätzliche* Verstoss gegen Sanktionsmassnahmen in der Regel ein Vergehen ist (Art. 9 EmbG), was den Verlust des Versicherungsschutzes des Täters zur Folge hat (Rz. 18.91).[225] 18.224
- *Unterliegt der Geschädigte* (z.B. Besucher oder Mieter des Werks) *einer Sanktion* bei einem zulässigen Projekt, kann sich die Frage stellen, ob der Versicherer trotz Zahlungssperre an den Versicherungsnehmer leisten muss bzw. darf.[226] Diese und ähnliche Fragen sollten im Einzelfall mit dem für den Vollzug der Sanktionen zuständigen SECO geklärt werden. In Härtefällen kann das SECO sogar Ausnahmen von Zahlungssperren bewilligen.[227] 18.225

Wegen der wachsenden Bedeutung von Sanktionen enthalten Haftpflichtversicherungsverträge regelmässig ausdrückliche *Sanktionsklauseln*. So bestimmt etwa Art. 30 SVV-AVB,[228] dass der Versicherungsschutz entfällt, soweit und solange anwendbare gesetzliche Sanktionen der Versicherungsleistung entgegenstehen. Es handelt sich dabei nicht um einen eigentlichen Ausschluss, sondern um eine Sistierung, da unter Umständen die Leistung nach Aufhebung einer Massnahme wieder möglich wird. Sie dient in erster 18.226

222 Dabei kann es auch auf die Art des Projekts ankommen.

223 Vgl. dazu Nebel, Internationale Wirtschaftssanktionen, S. 243 f. und 246.

224 Vgl. dazu Nebel, Internationale Wirtschaftssanktionen, S. 246 und 248.

225 Art. 12 EmbG verweist allerdings auf Art. 6 VstR, was den Begriff des «Täters» gemäss Art. 7 lit. k SVV-AVB erheblich erweitern kann.

226 Der allerdings dann seinerseits die Zahlungssperre zu beachten hat. Zudem hat er keinen Schaden, wenn er nicht leisten muss bzw. darf.

227 Nebel, Internationale Wirtschaftssanktionen, S. 246.

228 Vor 2012 enthielten die SVV-AVB noch keine solchen Bestimmungen.

Linie der Klarheit und bringt keine Verschärfung gegenüber dem Gesetz. Andere Klauseln können weiter gehen, zum Beispiel, indem sie generell auch Leistungen ausschliessen, die gegen ausländische oder internationale Sanktionen verstossen.[229]

[229] Der Verstoss gegen ausländische oder internationale Sanktionen, die von der Schweiz nicht übernommen werden, kann aber unter Umständen sittenwidrig und deshalb nicht gedeckt sein (Art. 19 Abs. 2 und Art. 20 OR). Vgl. zur Frage der Verletzung von ausländischen Sanktionen NEBEL, Internationale Wirtschaftssanktionen, S. 244 f. und 248 ff., der den generellen Ausschluss für ausländische Sanktionen befürwortet.

§ 19 Das geistige Eigentum des Planers

Claude Schluep / Sibylle Wenger Berger

Inhaltsverzeichnis

I. Einleitung

19.1 **1.** Versucht man, dem «Immaterialgüterrecht» eine exakte Definition zu geben, stösst man auf Schwierigkeiten. Es handelt sich dabei um ein von der Praxis geschaffenes Rechtsgebiet, das sich der Zeit anpasst und sich mit ihr ändert.[1] Verbreitet, aber kaum griffiger, ist der Begriff des **«geistigen Eigentums»:**

19.2 **a.** Analog dem dinglichen Recht des sachenrechtlichen Eigentums (Art. 641 ZGB) gewähren immaterielle Rechte ihrem Inhaber ein **absolutes Recht.** Dieses Recht richtet sich nicht wie ein relatives Recht gegen eine bestimmte Person, sondern gegen alle anderen Personen – unabhängig von allfälligen Vertragsverhältnissen.

19.3 **b.** Im Gegensatz zum sachenrechtlichen Eigentum besteht das Immaterialgüterrecht an einem **geistigen Gut,** nicht an einem fassbaren Gegenstand wie beispielsweise dem Gebäude selbst. Das geistige Gut eines Planers wird in Form einer physischen Baute, aber etwa auch in Form eines Plans, einer Skizze, einer Fotografie, eines Modells oder einer digitalen Visualisierung mitgeteilt.

19.4 **2.** Bei den Arbeiten von Planern stehen nicht die klassischen immaterialgüterrechtlichen Registerrechte, auch gewerbliche Schutzrechte genannt, im Vordergrund, sondern das **Urheberrecht.** Jedenfalls für den Architekten liegt der urheberrechtliche Schutz am nächsten. Allerdings nehmen Planer vermehrt auch die gewerblichen Schutzrechte für sich in Anspruch: Patente, Design- und Markenrechte. Von diesen Rechten unterscheidet

[1] David, Numerus clausus, S. 1403.

sich das Urheberrecht dadurch schon grundlegend, dass es ein geistiges Gut schützt, ohne dass es einer Registrierung bedarf; der Schutz besteht ab dem Zeitpunkt der Schöpfung des schutzfähigen Werks.

Sowohl das Urheberrecht als auch die gewerblichen Schutzrechte sind handelbar wie dingliche Rechte (an einem Haus, einem Auto, einem Pferd); sie können – vom Urheberpersönlichkeitsrecht abgesehen – vertraglich verpfändet oder übertragen werden. So kann der Urheber beliebig über sein Urheberrecht verfügen oder es durch Verzicht auch gänzlich aufheben. Damit erweist sich das Urheberrecht als subjektives Recht, wie dieses im Privatrecht verstanden wird. 19.5

3. Was das rechtliche Schicksal der Immaterialgüterrechte angeht, die im Zuge der Vertragsabwicklung begründet werden oder gar vor Vertragsschluss schon bestehen, hat man sich in erster Linie an den Vertrag zwischen Bauherrn und Planer zu halten. Dabei ist unerheblich, ob es sich bei diesem Vertrag um einen Werkvertrag, einen Auftrag oder einen Gesamtvertrag handelt (vgl. Rz. 1.25 ff.). 19.6

In den überwiegenden Fällen begnügen sich solche Verträge mit der Anwendung der einschlägigen SIA-Ordnungen oder es gelten – bei öffentlichen Bauherren – die Allgemeinen Vertragsbedingungen der KBOB für Planerleistungen (KBOB-AVB). Selbst bei deren Anwendung können die Vertragsparteien im Einzelfall abweichende Bestimmungen vorsehen.[2] Wo allerdings überhaupt eine Regelung für Immaterialgüterrechte enthalten ist, werden diese meist nur im Grundsatz oder pauschal behandelt. Im Falle einer Auseinandersetzung ist alsdann auf die Spezialgesetze abzustellen, hier vor allem auf das Urheberrechtsgesetz vom 9. Oktober 1992 (URG). Wie die folgenden Ausführungen zeigen, enthält dieses Gesetz (sowie die Spezialverträge von SIA und KBOB) aus Sicht des urheberberechtigten Planers nicht nur vorteilhafte Bestimmungen. Umso wichtiger wäre eine vorausschauende, klare und umfassende Regelung in den individuellen Planerverträgen.[3] 19.7

II. Das Urheberrecht

1. Der Werkbegriff

A. Allgemeines

Nach der einschlägigen Legaldefinition sind urheberrechtliche Werke **geistige Schöpfungen der Literatur und Kunst mit individuellem Charakter** (Art. 2 Abs. 1 URG). Der Urheberrechtsschutz besteht unabhängig vom Wert oder Zweck dieser Schöpfung. 19.8

---

[2] Siehe Ziff. 10.1 KBOB-Planervertrag.

[3] Siehe dazu Vorschläge bei CARRON/KRAUS/KRÜSI/FÉROLLES, Das Urheberrecht der Planer, S. 119 ff.

19.9 – Eine *Schöpfung* steht im Gegensatz zur blossen Kopie. Verlangt ist indes nicht objektive Neuheit, denn jedes Werk wird von bereits Bekanntem inspiriert und baut darauf auf.[4] Zudem fragt das Urheberrecht nie nach dem Arbeitsvorgang; auch wenn ein Planer mit Hilfsmitteln wie CAD-Programmen arbeitet, kann ein schutzfähiges Werk entstehen.[5]

19.10 – Die Begriffe der *Literatur und Kunst* werden weit verstanden, wie die beispielhafte Aufzählung schutzfähiger Werke in Art. 2 Abs. 2 URG zeigt.

19.11 – Die *Individualität* schliesslich ist das zentrale Element des Werkbegriffs (Rz. 19.24 ff.).[6]

B. Die schutzfähigen Werke des Planers

19.12 Folgende Werke der Planer werden vom Gesetz ausdrücklich genannt und sind geistige Schöpfungen der Kunst im Sinne von Art. 2 Abs. 1 URG:

19.13 – Werke der Baukunst (Art. 2 Abs. 2 lit. e URG),

19.14 – Werke mit wissenschaftlichem oder technischem Inhalt wie Zeichnungen, Pläne, Karten und plastische Darstellungen (Art. 2 Abs. 2 lit. d URG) sowie

19.15 – Werke der bildenden Kunst (Art. 2 Abs. 2 lit. c URG).

19.16 Das Urheberrecht wird auch in den SIA-Ordnungen und den KBOB-AVB erwähnt und anerkannt.

a. Werke der Baukunst

19.17 **1.** Unter die Werke der Baukunst fallen vom Menschen **gestaltete und gebaute Räume**.[7] Erfasst werden davon zunächst alle *Hochbauten,* so insbesondere Wohn- und Geschäftshäuser, öffentliche und private Gebäude, aber auch kleine Bauten wie Garagen und Pavillons. Selbst für nur kurze Zeit errichtete Kioske, Zelte, Wohnwagen usw. können geschützt sein. Auch Schöpfungen der Ingenieure, so *Tiefbauten* wie Strassen, Plätze, Brücken und Tunnels, sind Werke der Baukunst. Weiter gehören hierher auch *Anlagen* (wie Parkanlagen und Gärten)[8] sowie die Gestaltung und Ausstattung von *Innenräumen.*[9] Werkeigenschaft kann sodann einer *Gruppe von Bauten und Anlagen* zukommen, wenn diese eine

---

4 Vgl. Rehbinder/Viganò, URG-Kommentar [Orell Füssli], N 2 zu Art. 2 URG; Schneider, Urheberrechtlicher Schutz, S. 49 f.

5 Vgl. Kummer, Werkbegriff und Urheberrecht, S. 137 und 139.

6 Barrelet/Egloff, URG-Kommentar [Stämpfli], N 8 zu Art. 2 URG.

7 Troller, Probleme des urheberrechtlichen Schutzes, S. 6. Für eine Aufzählung von Werken der Baukunst siehe Mosimann, Der Werk- und Wirkbereich, Rz. 6 ff.; Schneider, Urheberrechtlicher Schutz, S. 105 ff.; von Büren/Meer, Der Werkbegriff, S. 113 ff.

8 Vgl. Troller, Urheberrecht, S. 373.

9 BGE 100 II 167 «Ladenumbau».

Einheit bilden.[10] Vereinzelt werden sogar Fahr- und Flugzeuge sowie Schiffe zu den Werken der Baukunst gezählt.[11]

2. Die Arbeiten des Planers können in den **verschiedenen Phasen eines Bauprojekts** geschützt sein: Das fertige geistige Werk zeigt sich nicht erst im ausgeführten Bauwerk, sondern kommt schon vorher insbesondere in Plänen, Skizzen, Modellen und Visualisierungen zum Ausdruck. Die konkrete Art und Weise der Manifestation ist unerheblich. Entsprechend besteht der urheberrechtliche Schutz von Werken der Baukunst unabhängig davon, ob das Werk letztlich als körperliche Baute ausgeführt wird oder nicht.[12] Das erstmals sinnlich wahrnehmbar dargestellte Werk gilt als Originalwerk, während jedes weitere Exemplar, wie beispielsweise die plangemässe Ausführung eines Bauwerks, eine Vervielfältigung darstellt (siehe Rz. 19.44 ff.).[13] Sowohl das Original wie die Vervielfältigung geniessen Urheberrechtsschutz. 19.18

b. Werke mit wissenschaftlichem oder technischem Inhalt

1. Pläne, Zeichnungen und Skizzen, plastische Darstellungen wie Modelle usw. eines Planers fallen nicht nur in die Kategorie von Werken der Baukunst, sondern auch unter Art. 2 Abs. 2 lit. d URG. Erfasst wird mit dieser Norm jedoch nicht das dargestellte Werk der Baukunst, sondern die **zeichnerische oder plastische Leistung** des Zeichners oder Modellbauers. Auch technische Arbeitsergebnisse von Ingenieuren werden unter die Werke mit wissenschaftlichem oder technischem Inhalt subsumiert, wobei nicht die wissenschaftliche oder technische Erkenntnis, sondern die gestalterische Darstellung geschützt wird.[14] 19.19

2. Demnach kommt diesen Werken durch Art. 2 Abs. 2 lit. d und e URG unter Umständen **doppelter Schutz** zu.[15] Der Schutz nach Art. 2 Abs. 2 lit. d URG besteht aber ohne Rücksicht auf die allfällige Schutzwürdigkeit des dargestellten Bauwerks. Es kann vorkommen, dass dem Bauwerk die für den Urheberrechtsschutz erforderliche Individualität fehlt, während sie beispielsweise bei der Zeichnung oder dem Modell aufgrund der Verwendung einer besonderen Zeichentechnik oder von besonderen Materialien gege- 19.20

---

10 BGE 120 II 65 unveröffentlichte E. 6a «ETH Hönggerberg» (= GRUR Int. 1995, S. 990 mit Verweis auf PEDRAZZINI M., Neuere Entwicklungen, S. 4); bestätigt in BGE 125 III 328/331 E. 4b «Devanthéry» (= BR/DC 2000, S. 67, Nr. 145, mit Anm. WERRO).

11 Vgl. BACHMANN MARKUS, Architektur und Urheberrecht, Rz. 830 und 1370; TROLLER, Immaterialgüterrecht, S. 385; DERS., Probleme des urheberrechtlichen Schutzes, S. 7.; a.A. STUTZ/SCHINDLER, Der urheberrechtliche Schutz, S. 78, Fn. 52; VON BÜREN/MEER, Der Werkbegriff, S. 113, Fn. 508.

12 BGE 125 III 328/331 E. 4b «Devanthéry» (= BR/DC 2000, S. 67, Nr. 145, mit Anm. WERRO); MARBACH, Geistiges Eigentum, S. 72; REHBINDER/VIGANÒ, URG-Kommentar [Orell Füssli], N 23 zu Art. 2 URG.

13 Vgl. dazu WENGER BERGER, Architektur und immaterielle Rechte, S. 23.

14 HILTY, Urheberrecht, Rz. 105; MARBACH, Geistiges Eigentum, S. 71.

15 OGer AG vom 6. Mai 1974 E. 1 «Normhaus» (= Mitt. 1975, S. 157); LUTZ, Urheberrecht, S. 32; DERS., Pläne und Entwürfe, S. 318; STUTZ/SCHINDLER, Der urheberrechtliche Schutz, S. 79.

ben ist.[16] Dabei kann der Urheberberechtigte zwar die Kopie des Werks mit wissenschaftlichem oder technischem Inhalt verbieten, nicht aber die Nachbildung des dargestellten Bauwerks.

c. Werke der bildenden Kunst

19.21 Bauten, die keinen unmittelbaren Gebrauchszweck haben oder bei denen der Gebrauchszweck zumindest nicht im Vordergrund steht (etwa Monumente wie Statuen und Triumphbögen oder kunstvolle Brunnenanlagen), werden überwiegend zu den Kunstwerken nach Art. 2 Abs. 2 lit. c URG und nicht zu den Werken der Baukunst gezählt. Bei der – oftmals nicht eindeutigen – Unterscheidung zwischen Kunst- und Bauwerk ist auf die Zweckbestimmung abzustellen.[17] Die Zuordnung zur einen oder anderen Werkkategorie ist dort bedeutsam, wo das Urheberrechtsgesetz für Werke der Baukunst besondere Bestimmungen vorsieht, die für Kunstwerke nicht gelten.[18]

d. Entwürfe und Teile von Werken

19.22 **1.** Entwürfe, die noch unfertige Werke zeigen, sowie Teile von Werken können Urheberrechtsschutz erreichen, «sofern es sich um geistige Schöpfungen mit individuellem Charakter handelt» (Art. 2 Abs. 4 URG).[19] Eine einmalige Fassade, ein individuell gestalteter Lift oder ein individuell gestaltetes Dach können so unabhängig vom Urheberrechtsschutz für das Gesamtwerk geschützt sein.[20] Nicht als Werkteil, sondern allenfalls als eigenständiges Werk kann eine vom Bauwerk abtrennbare Schöpfung Urheberrechtsschutz geniessen. Beispielsweise würde mit einem Bau zwar verbundene Kunst, die dessen Schicksal aber nicht teilt und unabhängig davon bestehen kann, als Werk der Kunst und nicht als Teil des Bauwerks Schutz erfahren.

19.23 **2.** Der urheberrechtliche Schutz für Werke der Planer greift folglich bereits während der Entwurfsphase und für Teilarbeiten. Dies macht Sinn, weil meist verschiedene Personen an der Entstehung eines Werks der Baukunst mitwirken. Allerdings lässt ein Entwurf oder ein Teil eines Werks die vorausgesetzte Individualität oftmals vermissen, weshalb dieser Schutz selten im Vordergrund steht.

---

[16] So bereits Cherpillod/Dessemontet, Architektenrecht 1995, Rz. 1351.

[17] Siehe dazu Wenger Berger, Architektur und immaterielle Rechte, S. 25 f.

[18] So in Art. 12 Abs. 3, Art. 13 Abs. 2 lit. a, Art. 15 Abs. 3, Art. 27, Art. 63 Abs. 2 und Art. 72 URG.

[19] So auch Art. 1.3.1 SIA 102/103.

[20] Vgl. bereits Cherpillod/Dessemontet, Architektenrecht 1995, Rz. 1350; Mosimann, Der Werk- und Wirkbereich, Rz. 8.

C. Der individuelle Charakter

1. Zur Erreichung des Urheberrechtsschutzes ist vorausgesetzt, dass das Werk individuellen Charakter aufweist. Das Bundesgericht hielt dazu fest, dass der individuelle Charakter heute keine persönliche Prägung durch den Urheber erfordert; massgebend ist die **Werk-Individualität,** nicht die Urheber-Individualität.[21] Das Erfordernis der statistischen Einmaligkeit verlangt für den Urheberrechtsschutz eines Werks, dass dieses nur in einem Exemplar auf der Welt genau so vorhanden ist und je sein wird.[22] 19.24

2. Ob sich das Werk von anderen Werken abhebt, ist eine Tatfrage, während es eine (vom Bundesgericht überprüfbare) *Rechtsfrage* ist, ob es den vom Urheberrechtsgesetz vorausgesetzten individuellen Charakter aufweist. Die Frage des individuellen Charakters eines Werks lässt sich nur im Einzelfall entscheiden. Gerichte sind dabei meist auf die fachliche Einschätzung von Sachverständigen angewiesen.[23] 19.25

Erschöpft sich die Arbeit des Planers in der Verwendung von bekannten oder banalen Formen- und Liniengebungen oder in blosser Routinearbeit, ist kein individueller Charakter gegeben.[24] Bei **architektonischen Werken** darf sich der Architekt zur Erreichung der Individualität nach ständiger bundesgerichtlicher Rechtsprechung mit einer «relativen und teilweisen Neuschöpfung» begnügen und muss nicht etwas «absolut Neues» schaffen.[25] Ist aber bereits ein ähnliches Bauwerk bekannt, ist die erforderliche Individualität weniger schnell erreicht. Der Anordnung oder Zusammenstellung von an sich Banalem kann im einzelnen Fall allerdings Individualität zukommen, wenn die Gesamtheit des Werks sich von anderen Werken der gleichen Art abhebt. 19.26

3. Die Individualität seines Werks hängt wesentlich von der **Gestaltungsfreiheit** des Schöpfers ab.[26] Im Bereich des Bauens ist die künstlerische Freiheit kaum je umfassend gegeben;[27] Planer sehen sich in ihrer Tätigkeit häufig gezwungen, auf einen vorbestehenden Formenschatz zurückzugreifen.[28] 19.27

a. Die Form eines planerischen Werks wird stets mehr oder weniger von dessen Gebrauchsbestimmung diktiert. Der Zweck der Baute lässt manchmal gar keinen Raum für eine individualisierende Gestaltung. Die Tatsache, dass sich eine Schöpfung funktio- 19.28

---

21 Vgl. statt vieler BGE 143 III 373/377 E. 2.1 «Max-Bill-Barhocker», 130 III 168/172 E. 4.4 «Bob Marley»; 130 III 714/717 E. 2.1 «Meili».

22 Kummer, Urheberrechtlich schützbares Werk, S. 30 ff. und 80.

23 Troller, Probleme des urheberrechtlichen Schutzes, S. 38; vgl. Birrer/Leupi, Schutz der «schöpferischen Leistung», S. 34.

24 BGE 125 III 328/331 E. 4b «Devanthéry» (= BR/DC 2000, S. 67, Nr. 145, mit Anm. Werro); 120 II 65 unveröffentlichte E. 6a «ETH Hönggerberg» (= GRUR Int. 1995, S. 990 mit Verweis auf 117 II 466/468 E. 2a «Rapperswil-Jona»); 100 II 167/172 E. 7 in fine «Ladenumbau»; vgl. Cherpillod, URG-Kommentar [Stämpfli], N 32 zu Art. 2 URG; Marbach, Urheberrecht, S. 269.

25 So zuletzt in BGE 142 III 387/391 E. 3.1 «Fermeture d'une terrasse».

26 BGE 143 III 373/377 E. 2.1 «Max-Bill-Barhocker»; 136 III 225/229 E. 4.2 «Guide orange».

27 Hefti, Das Bauwerk im Urheberrecht, S. 689.

28 Troller, Urheberrecht, S. 376.

nellen Aspekten beugt, schliesst deren Urheberrechtsschutz aber nicht aus: Individuelle Werke der Baukunst werden sowohl unter dem Gesichtspunkt der Zweckmässigkeit wie der künstlerischen Gestaltung geschützt.[29]

19.29 **b.** Die **Arbeitsergebnisse der Ingenieure** erfüllen die Voraussetzungen des Urheberrechtsschutzes naturgemäss weniger oft als die Arbeiten künstlerisch gestaltender Architekten. Sind die Ingenieurarbeiten sehr stark oder gar ausschliesslich durch die Funktion des Bauprojekts determiniert, fehlt es ihnen am gesetzlich vorausgesetzten individuellen Charakter.[30]

19.30 **c.** Der Gestaltungsspielraum eines Planers wird des Weiteren durch juristische (öffentlich-rechtliche Bauvorschriften im Bau- und Planungsrecht oder Denkmalschutz) oder technische Vorschriften, durch die Grösse oder die Beschaffenheit des Grundstücks und dessen Umgebung, durch die vorgegebene Verwendung bestimmter Materialien oder begrenzter finanzieller Mittel, aber auch durch persönliche Wünsche der Bauherrin usw. eingeschränkt oder gar vollständig verdrängt.[31]

19.31 **4.** Grundsätzlich stellt die **Rechtsprechung** allerdings **keine allzu hohen Anforderungen** an den individuellen Charakter eines planerischen Werks. So kann Individualität bei Gebäuden in der Kombination banaler Elemente, in der Situierung oder der Integration in die Umgebung, im Konzept einer Anlage, in einer Gruppe von Gebäuden oder in der Komplexität der Baute liegen. In Anwendung dieser Kriterien bejahte das Bundesgericht den urheberrechtlichen Schutz für verschiedenste Bauwerke: so insbesondere für eine Villa, einen Überbauungsplan, die Gesamteinheit und -anlage einer Hochschule, ein Schulgebäude, einen Bahnhofsneubau, das Projekt eines Innenarchitekten, Pläne zur Vergrösserung einer Kirche, den Entwurf eines Bankgebäudes sowie für einen Häuserblock.[32] Hingegen wurde in folgenden, älteren Fällen der Urheberrechtsschutz mangels individuellen Charakters gerichtlich verwehrt:

19.32 – Das Kantonsgericht Waadt entschied 2009, das Konzept für den Bau eines Verkehrskreisels weise keine Originalität auf und stelle kein Produkt einer schöpferischen Idee dar.[33]

---

[29] BGE 100 II 167/171 E. 6 «Ladenumbau». So bereits CHERPILLOD/DESSEMONTET, Architektenrecht 1995, Rz. 1341.

[30] MARBACH, Geistiges Eigentum, S. 71; vgl. auch KGer VD vom 16. Januar 2009 E. II/b «Projet de réaménagement d'un axe routier» (= sic! 2010, S. 430).

[31] Vgl. BGE 117 II 466/469 E. 2a «Rapperswil-Jona»; KUMMER, Urheberrechtlich schützbares Werk, S. 134 f.

[32] BGE 142 III 387/390 E. 3 ff. «Fermeture d'une terrasse»; 125 III 328/331 E. 4b ff. «Devanthéry» (= BR/DC 2000, S. 67, Nr. 145, mit Anm. WERRO); 120 II 65 unveröffentlichte E. 6c «ETH Hönggerberg» (= GRUR Int. 1995, S. 990); 117 II 466/469 f. E. 2b «Rapperswil-Jona»; 100 II 167/172 E. 8 f. «Ladenumbau»; 84 II 570 «Martinskirche Visp»; 58 II 290/301 f. «Bankfiliale Vevey»; 56 II 413/417 E. 2 f. «Basler Wohnblock»; BGer vom 25. April 1991 «Westtrakt Luzern» (= SMI 1991, S. 388).

[33] KGer VD vom 16. Januar 2009 «Projet de réaménagement d'un axe routier» (= sic! 2010, S. 430).

- Das gleiche Gericht verwehrte 1988 einem Architekten den Urheberrechtsschutz für eine planmässig festgehaltene Villa, weil sich diese nicht von anderen Einfamilienhäusern unterscheide und zudem banal sei.[34] 19.33
- Bei einem Einfamilien-Parterrehaus hat das Obergericht Aargau schon 1974 keine Individualität gesehen, weil der Grundriss und die äussere Gestaltung nicht über das Zweckmässige hinausgehen würden und nicht über Neues verfügten.[35] 19.34
- Das Kantonsgericht Schwyz verneinte 1973 den urheberrechtlichen Schutz für Pläne eines Häuserblocks, weil es sich um «anspruchslose Architektur» handle, die aus bereits Bekanntem bestehe.[36] 19.35

D. Schutzunfähige Arbeiten

1. Die von einer konkret wahrnehmbaren Form eines Werks losgelöste **Idee** geniesst keinen Urheberrechtsschutz.[37] Ebenfalls kein Schutz wird gewährt in Bezug auf das Konzept als **Anweisung,** die zur Schöpfung eines Werks anleitet, denn das Urheberrecht gewährt *Werk-, nicht Verfahrensschutz.*[38] Nur an einem konkreten Bauwerk, ob baulich erstellt, planmässig oder sonstwie festgehalten, können dem Planer Urheberrechte zukommen.[39] So würde beispielsweise der Idee, ein Haus mit einer Wendeltreppe zu versehen, selbst wenn sie denn neu wäre, kein Urheberrechtsschutz zukommen, der tatsächlichen, individuellen Gestaltung der Treppe hingegen schon. 19.36

2. Ebenso versagen Lehre und Rechtsprechung einem **Stil,** verstanden als Anweisung an den menschlichen Geist,[40] den urheberrechtlichen Schutz.[41] Der Stil zeichnet sich durch besondere Formen aus, wie sie für einen bestimmten Architekten, eine bestimmte Architekturschule, Zeitepoche, Gegend oder Bautechnik typisch sind (z.B. der postmoderne Stil von Mario Botta, der Bauhaus-Stil, der Stil der Renaissance, die Bauweise der Stadt Le Havre oder die Isler-Schalen von Heinz Isler). Ein Werk der Baukunst, das eine bestimmte 19.37

---

[34] KGer VD vom 16. Juni 1988 «Villa en L.» (= SMI 1991, S. 87 f.).

[35] OGer AG vom 6. Mai 1974 E. 2 «Normhaus» (= Mitt. 1975, S. 159 f.).

[36] KGer SZ vom 28. Mai 1973 «Häuserblock» (= EGV SZ 1973/74, S. 26).

[37] BGE 116 II 351/354 E. 2c; 113 II 306/308 E. 3a in Bezug auf das wissenschaftliche Werk; KGer VD vom 16. Januar 2009 E. II/b «Projet de réaménagement d'un axe routier» (= sic! 2010, S. 430); Lutz, Urheberrecht, S. 30; Marbach, Geistiges Eigentum, S. 72; ders., Urheberrecht, S. 269; Mosimann, Der Werk- und Wirkbereich, Rz. 16; Pedrazzini M., Neuere Entwicklungen, S. 4; Rehbinder/Viganò, URG-Kommentar [Orell Füssli], N 1 zu Art. 2 URG; von Büren/Meer, Der Werkbegriff, S. 64.

[38] Von Büren/Meer, Der Werkbegriff, S. 66; vgl. Hess-Odoni, Patente, S. 23.

[39] Troller, Probleme des urheberrechtlichen Schutzes, S. 30.

[40] Troller, Immaterialgüterrecht, S. 394.

[41] BGE 117 II 466/469 E. 2a «Rapperswil-Jona»; 113 II 190/197 E. I/2a «Le Corbusier»; Troller, Probleme des urheberrechtlichen Schutzes, S. 28, sowie die zur Schutzunfähigkeit der Idee bereits genannte Literatur (Rz. 19.36, Fn. 37).

Stilrichtung befolgt, ist aber nicht automatisch schutzunfähig.[42] Das Übernehmen eines fremden Stils ist folglich erlaubt, wenn dabei nicht ein konkretes, schutzfähiges Werk kopiert wird.

2. Rechte des Urhebers und deren Übertragung

A. Die Vermögens- und Persönlichkeitsrechte

19.38 Das Urheberrecht verleiht dem Berechtigten das ausschliessliche Recht zu bestimmen, ob, wann und wie sein Werk verwendet wird (Art. 10 URG). Beim Planer, der ein urheberrechtlich geschütztes Werk geschaffen hat, entstehen an diesem zum einen Vermögens-, zum andern Persönlichkeitsrechte (sog. «droits moraux»). Während die **Vermögensrechte** die wirtschaftlichen Interessen des Urhebers abdecken, schützen die **Urheberpersönlichkeitsrechte** seine persönliche Beziehung zum Werk.[43] Nicht immer lassen sich die einzelnen Rechte des Urhebers aber eindeutig der einen oder anderen Kategorie zuordnen.

B. Vertragliche Rechteübertragung

19.39 **1.** Vermögensrechte können vertraglich übertragen oder lizenziert werden (vgl. Art. 16 Abs. 1 URG). Die Urheberpersönlichkeitsrechte dagegen sind grundsätzlich nicht übertragbar, doch kann auf ihre Ausübung verzichtet werden.[44] Sämtliche Urheberrechte sind vererbbar, wobei der Schutz siebzig Jahre nach dem Tod des Urhebers erlischt (Art. 29 Abs. 2 URG).

19.40 **2.** Soweit keine besonderen Abreden zur Übertragung bestehen, verbleibt gemäss Art. 1.3.1 SIA 102/103 und Ziff. 16.1 KBOB-AVB das Urheberrecht beim beauftragten Planer. Gleichzeitig sehen weitere Bestimmungen der SIA-Ordnungen 102 und 103 und der KBOB-AVB vor, welche Urheberrechte des Planers dem Auftraggeber zukommen sollen.

19.41 So halten die SIA-Ordnungen 102 und 103 in Art. 1.5.3 fest, dass der Auftraggeber die Arbeitsergebnisse des Architekten oder des Ingenieurs für das vereinbarte Projekt verwenden darf. Die Erlaubnis zur Nutzung wird dabei von der Bezahlung des vollen Honorars abhängig gemacht. In Anwendung von Ziff. 16.2 KBOB-AVB darf der Auftraggeber die Arbeitsergebnisse «zur Vollendung des Projekts für seine Bedürfnisse frei […] verwenden. Macht der Auftraggeber von diesem Recht ohne Einbezug des Beauftragten Gebrauch, steht diesem das Recht auf Bezahlung des in diesem Zeitpunkt geschuldeten Honorars zu, soweit vom Auftraggeber anerkannt. Soweit der Honoraranspruch streitig

42 BGE 117 II 466/469 E. 2a «Rapperswil-Jona»; Schneider, Urheberrechtlicher Schutz, S. 51; Barrelet/Egloff, URG-Kommentar [Stämpfli], N 17 zu Art. 2 URG.

43 BGE 117 II 466/470 E. 3 «Rapperswil-Jona».

44 Siehe Barrelet/Egloff, URG-Kommentar [Stämpfli], N 7 zu Art. 9 URG und N 6 zu Art. 16 URG.

ist, hat der Auftraggeber den entsprechenden Betrag zu hinterlegen oder anderweitig sicherzustellen.»

3. Oftmals beinhalten Verträge keine Bestimmungen zur Frage der Übertragung von Urheberrechten, weshalb die allgemeinen Regeln der Vertragsauslegung zur Anwendung gelangen. Sind sich die Parteien eines Planervertrags über eine Rechteübertragung zwar einig, ist die Regelung über den Umfang aber unklar oder unvollständig, gilt im Urheberrecht die sogenannte **Zweckübertragungstheorie.** Diese besagt, dass im Zweifel die Urheberrechte nur insoweit übergehen, als dies der Zweck des Vertrags erfordert.[45] 19.42

C. Die Rechte im Einzelnen

Das Urheberrecht besteht aus einem Bündel verschiedener Rechte. Im Folgenden werden die für den berechtigten Planer relevanten Rechte einzeln dargelegt. Es handelt sich dabei um das Vervielfältigungsrecht, das Änderungs-, das Bearbeitungsrecht und das Recht auf Werkintegrität, das Recht auf Anerkennung der Urheberschaft, das Erstveröffentlichungs-, das Zutritts- und das Ausstellungsrecht sowie das Zerstörungsverbot. 19.43

a. Das Vervielfältigungsrecht

1. Gemäss Art. 10 Abs. 2 lit. a URG hat der Urheber das exklusive Recht auf **Erstellung von Werkexemplaren,** indem er sein Originalwerk vervielfältigen darf. Aus dem Vervielfältigungsrecht folgt das Abwehrrecht des Urhebers, sich gegen Plagiate zur Wehr zu setzen. Der Urheber kann jedem verbieten, das urheberrechtlich geschützte Werk zu übernehmen. Werden gezwungenermassen lediglich technisch bedingte Aspekte übernommen, die keinen individuellen Charakter begründen, wird das Urheberrecht hingegen nicht verletzt. 19.44

2. Eine **unzulässige Vervielfältigung** ist folglich gegeben, wenn der geschützte Inhalt von Plänen ohne die Einwilligung des Urhebers *kopiert* wird.[46] Auch das unzulässige Nachahmen eines bereits erstellten Gebäudes verletzt das Urheberrecht.[47] Eine Verletzung begeht selbst, wer ein älteres Werk mit nur *geringen Abweichungen* übernimmt. Erst bei einer blossen Inspiration durch das Vorwerk liegt keine Kopie mehr vor.[48] Bei einer Reproduktion mit Änderungen sind schliesslich die Bestimmungen in Art. 11 Abs. 1 und Art. 12 Abs. 3 URG zu beachten (Rz. 19.52 ff.). 19.45

3. Eine Vervielfältigung liegt zwar auch dann vor, wenn ein dreidimensional gefertigtes Werk zweidimensional abgebildet wird; wie beispielsweise bei der Fotografie eines aus- 19.46

---

45 Siehe Carron/Kraus/Krüsi/Férolles, Das Urheberrecht der Planer, S. 104; Wenger Berger, Architektur und immaterielle Rechte, S. 48.

46 Dessemontet, Le droit d'auteur, S. 510.

47 AppGer TI vom 11. März 2003 «Casa M.» (= sic! 2004, S. 20 ff.).

48 Vgl. KGer GE vom 18. Januar 1936 (= SJ 1937, S. 262); Schneider, Urheberrechtlicher Schutz, S. 286 f.

geführten Bauwerks.[49] Gemäss der Schrankenbestimmung von Art. 27 Abs. 1 URG darf ein Werkexemplar jedoch abgebildet werden, wenn es sich bleibend an oder auf allgemein zugänglichem Grund befindet (sog. **Panoramafreiheit**).[50] In diesem Zusammenhang stellt sich die Frage, ob die Fotografie eines Werks, die mit Hilfe einer Drohne aus dem Luftraum aufgenommen wurde, ohne die Einwilligung des Urhebers verwendet werden darf. Wie bzw. von wo aus das Gebäude abgebildet wird, schreibt Art. 27 URG nicht vor; auch die Aufnahme aus der Luft kann zulässig sein, sofern sie nicht eine Perspektive des Werks vermittelt, die vom Boden aus («Passantensicht») gar nicht einsehbar wäre.[51] Das private Innere eines Hauses ist indessen nicht frei zugänglich im Sinne der Bestimmung und der Zutritt oder das Fotografieren können auch unter dem Titel des Hausrechts gemäss Art. 926 ZGB verboten werden.[52] Kunstwerke, die von vornherein nur für eine beschränkte, kurze Dauer errichtet wurden, dürfen nur aufgrund von Art. 19 URG (Eigengebrauch) oder Art. 28 URG (Berichterstattung über aktuelle Ereignisse) abgebildet werden.[53]

19.47 Die rechtmässig hergestellten, zweidimensionalen Abbildungen dürfen frei verbreitet werden, sofern keine Urheberrechte des Fotografen am Bild selbst dagegen sprechen. Häufig wird die Abbildung eines Gebäudes in Fachzeitschriften für das Bauwesen oder aber für Werbung verwendet – so beispielsweise ein Hotelgebäude oder ein Museum. Stets zu wahren ist dabei das Recht des Urhebers auf Namensnennung (Rz. 19.73).

19.48 **4.** Das Vervielfältigungsrecht des Urhebers enthält das **Recht auf Ausführung des Bauwerks,** soweit nicht eine Abtretung des Urheberrechts oder ein Verzicht darauf erfolgt ist.[54] Denn als typisches Vermögensrecht ist das Vervielfältigungsrecht übertragbar. In Anwendung von Art. 16 Abs. 3 URG verbleibt das urheberrechtliche Ausführungsrecht bei der Übertragung des sachenrechtlichen Eigentums am Plan auf den Bauherrn jedoch beim Urheber. Je nach Sinn und Zweck des Vertrags kann es aber übergehen und ist dabei zu entschädigen. Sowohl in Anwendung des Art. 1.5.3 SIA 102/103 als auch der Ziff. 16.2 KBOB-AVB ist es dem Auftraggeber erlaubt, das Werk auszuführen. Ein vertraglich eingeräumtes Verwendungsrecht berechtigt in der Regel aber nur zur **einmaligen Ausführung,** sofern nicht anderweitige Abreden bestehen (z.B. zu serienmässigen Anfertigungen).[55]

19.49 Im Einzelfall ist die Rechtslage unklar, wenn beispielsweise die Bauherrschaft bei einem Werkvertrag über die Erstellung von Plänen beim Planer das Vertrauen erweckt hatte, sie

---

49 REHBINDER/VIGANÒ, URG-Kommentar [Orell Füssli], N 7 zu Art. 10 URG.

50 Die Panoramafreiheit wird in Ziff. 12 KBOB-AVB ausdrücklich vorbehalten.

51 Vgl. CARRON/KRAUS/KRÜSI/FÉROLLES, Das Urheberrecht der Planer, S. 128.

52 Vgl. dazu CHERPILLOD, Schranken, S. 303, Fn. 1166; HILTY, Urheberrecht, Rz. 236; REHBINDER/VIGANÒ, URG-Kommentar [Orell Füssli], N 2 zu Art. 27 URG.

53 REHBINDER/VIGANÒ, URG-Kommentar [Orell Füssli], N 3 zu Art. 27 URG.

54 AppGer TI vom 11. März 2003 «Casa M.» (= sic! 2004, S. 23); BARRELET/EGLOFF, URG-Kommentar [Stämpfli], N 12 zu Art. 10 URG; PEDRAZZINI M., Neuere Entwicklungen, S. 6.

55 BGE 56 II 413 «Basler Wohnblock».

werde ihn auch mit der Ausführung betrauen. Hierin könnte die Abmachung liegen, die Ausführungsbefugnis verbleibe beim Urheber.[56] Komplexe Fragen stellen sich auch bei der vorzeitigen Auflösung eines Planervertrags nach Art. 377 OR oder Art. 404 Abs. 1 OR (siehe Rz. 2.78 ff.), wenn der Vertrag den Übergang der Urheberrechte nicht umfassend regelt. Hier ist eine Interessenabwägung vorzunehmen: Hat die eine Partei die Auflösung zu vertreten, dürfte das Interesse der anderen Partei am Ausführungsrecht überwiegen. Wenn bereits mit dem Bau begonnen wurde, ist der Bauherr in der Regel zu dessen Fortführung berechtigt.[57] Zu bedenken ist, dass der Planer für die Übertragung des Rechts zu entschädigen ist.[58] Für den Fall einer vorzeitigen Auflösung kann sich der urheberberechtigte Planer das Ausführungsrecht vertraglich vorbehalten.[59]

Aufgrund des Vertragszwecks oder aber nach dem Grundsatz von Treu und Glauben ist oftmals davon auszugehen, dass der Urheber darauf verzichtet, die Arbeitsergebnisse selbst für ein weiteres Projekt zu verwenden.[60] Er verzichtet diesfalls auf sein Recht auf Vervielfältigung, was jedoch noch nicht bedeutet, dass er das Vervielfältigungsrecht dem Bauherrn überträgt und dieser es beliebig nutzen darf. 19.50

5. Zu beachten ist, dass eine Vertragsverletzung gemäss Art. 97 OR vorliegt, wenn beispielsweise ein Bauherr entgegen der vertraglichen Befugnis zur lediglich einmaligen Ausführung das Bauwerk mehrfach ausführt oder der Planer seine Arbeitsergebnisse unverändert wiederverwertet, obwohl er vertraglich darauf verzichtet hat. Dies unabhängig davon, ob dem Werk immaterialgüterrechtlicher Schutz zukommt oder nicht. 19.51

b. Das Änderungs- und Bearbeitungsrecht sowie das Recht auf Werkintegrität

1. Der Urheber hat gemäss Art. 11 Abs. 1 lit. a und b URG das ausschliessliche Recht zu bestimmen, ob, wann und wie das Werk geändert werden oder zur Schaffung eines Werks zweiter Hand verwendet werden darf. Die Bestimmung gewährleistet die Integrität des Werks und enthält ein Urheberpersönlichkeitsrecht.[61] Bei einer **Änderung** wird das Werk korrigiert, wobei es als solches aber bestehen bleibt. Dies im Gegensatz zur **Bearbeitung,** bei der ein neues Werk mit individuellem Charakter geschaffen wird, ein sogenanntes Werk zweiter Hand gemäss Art. 3 URG.[62] Der werkschaffende Planer hat ein zweifaches Interesse am Schutz vor Änderungen und Bearbeitungen: Einerseits will er die Vergabe eines sein Werk betreffenden Auftrags an einen Dritten verhindern, weil ihm dadurch Honorar entgeht. Andererseits will er sich davor schützen, dass ihm eine unlieb- 19.52

56 Vgl. SCHNEIDER, Urheberrechtlicher Schutz, S. 248 ff.

57 CARRON/KRAUS/KRÜSI/FÉROLLES, Das Urheberrecht der Planer, S. 113 f.

58 Siehe zum Ganzen WENGER BERGER, Architektur und immaterielle Rechte, S. 60 ff.

59 Vgl. MOSIMANN, Der Werk- und Wirkbereich, Rz. 64 f.

60 DAVID, Baukunst, S. 273.

61 SCHNEIDER, Urheberrechtlicher Schutz, S. 134.

62 WENGER BERGER, Architektur und immaterielle Rechte, S. 65.

same, rufschädigende Änderung zugerechnet werden könnte.[63] Aus diesem Grund beeinträchtigen beispielsweise technische oder unterirdische Installationen, die das Werk in seiner äusseren Form unberührt lassen, die Interessen des urheberberechtigten Planers nicht.[64] Der Anspruch auf Unterlassung betrifft ansonsten aber alle Änderungen, unabhängig davon, ob das Werk entstellt oder verbessert wird.[65]

19.53 Wird das ursprüngliche Werk allerdings derart verändert, dass es gegenüber dem neuen in den Hintergrund tritt und verblasst, liegt eine **freie Benutzung** (und kein Werk zweiter Hand) vor.[66] Dies bedeutet, dass sich jeder durch ein geschütztes Erstwerk inspirieren lassen darf, ohne dass es der Einwilligung dessen Urhebers bedürfte. Nur wenn der individuelle Charakter des Erstwerks bei einer Weiterverwendung erkennbar bleibt, liegt keine freie Benutzung, sondern eine Bearbeitung vor (vgl. Art. 3 Abs. 1 URG). Daraus ergibt sich, dass ein urheberrechtliches Werk mit lediglich schwachen individuellen Zügen weniger Schutz erfährt als eine stark individuell geprägte Schöpfung, weil bei ersterem eine freie Benutzung eher zu bejahen ist – dies erst recht, wenn sich das neue, davon inspirierte Werk durch sehr individuelle Formen oder Techniken auszeichnet.

19.54 Auch wenn der Grundsatz der freien Benutzung restriktiv zu handhaben ist,[67] ist der Anwendungsbereich des Verbotsrechts aus Art. 11 Abs. 1 URG im planerischen Bereich eher schmal:[68] Bei geringem neuen Beitrag fehlt es an dessen Individualität und damit an der Bearbeitung, die definitionsgemäss ein Werk zweiter Hand schafft. Bei weiter gehender Bearbeitung tritt das Erstwerk hingegen rasch in den Hintergrund, sodass eine freie Benutzung angenommen wird. In BGE 125 III 328 «Devanthéry» erlaubte das Bundesgericht die Weiterverwendung eines Überbauungsplans unter dem Titel der freien Benutzung.

19.55 Geht das ursprüngliche Werk durch die neu hinzugefügte Arbeit unter, liegt eine Zerstörung vor, die Gegenstand von Art. 15 URG ist.[69]

19.56 **2.** Das ausschliessliche Änderungsrecht des Urhebers gilt – mangels anderer Abrede – bei Verträgen über Pläne, Entwürfe, Zeichnungen, Modelle usw. Für **ausgeführte Werke der Baukunst** gilt hingegen die spezielle Regelung von Art. 12 Abs. 3 URG, die ein **Änderungsrecht des Eigentümers** vorsieht. Als ausgeführt gilt das Werk der Baukunst nicht erst, wenn es fertig erstellt ist, sondern bereits, wenn der Fortschritt der Bauarbeiten eine zumindest teilweise Nutzung des Gebäudes zulässt.[70]

---

63 Vgl. Hefti, Das Bauwerk im Urheberrecht, S. 688; Schneider, Urheberrechtlicher Schutz, S. 418.

64 Lutz, Urheberrecht, S. 40.

65 BGE 114 II 368/370 E. 2a «Fondation Le Corbusier»; Barrelet/Egloff, URG-Kommentar [Stämpfli], N 6 zu Art. 11 URG.

66 BGE 125 III 328/332 E. 4c «Devanthéry» (= BR/DC 2000, S. 67, Nr. 145, mit Anm. Werro).

67 BGE 125 III 328/332 E. 4c «Devanthéry» (= BR/DC 2000, S. 67, Nr. 145, mit Anm. Werro).

68 Vgl. Marbach, Geistiges Eigentum, S. 76.

69 Lutz, Urheberrecht, S. 40; vgl. auch Barrelet/Egloff, URG-Kommentar [Stämpfli], N 3 zu Art. 15 URG. Zum Zerstörungsverbot siehe Rz. 19.79 f.

70 Barrelet/Egloff, URG-Kommentar [Stämpfli], N 18a zu Art. 12 URG; vgl. auch Rehbinder/Viganò, URG-Kommentar [Orell Füssli], N 4 zu Art. 63 URG und N 2 zu Art. 72 URG.

a. Die gesetzliche Sonderbestimmung trägt der Besonderheit Rechnung, dass bei Bauwerken die Interessen von Urheber und Sacheigentümer kollidieren. Der Eigentümer hat ein schutzwürdiges Interesse an der Veränderung: Es erfolgen Renovationen und Reparaturen, oder es ändert sich der Zweck des Werks.[71] Solange vertraglich keine andere Abrede getroffen wurde, besteht für den Eigentümer keine Verpflichtung, den urheberberechtigten Planer für weitere Arbeiten am Werk beizuziehen. Insbesondere hat sich der Eigentümer auch nicht auf einen möglichst milden Eingriff zu beschränken und die Integrität des bestehenden Bauwerks zu bewahren.[72] 19.57

b. Die Regelung in den SIA-Ordnungen 102/103 sehen diesbezüglich keine Besonderheiten gegenüber dem Gesetz vor. Weiter gehend ist hingegen Ziff. 16.3 KBOB-AVB ausgestaltet: Die öffentliche Auftraggeberin erlangt das Abänderungsrecht an Arbeitsergebnissen des Beauftragten in begründeten Fällen **bereits während der Planungsphase.** 19.58

c. Selbst bei der **vorzeitigen Auflösung** eines Planervertrags soll dem Auftraggeber laut den KBOB-AVB das Änderungsrecht zukommen – es sei denn, dieser hat die Vertragsauflösung selbst zu vertreten.[73] Im Gegensatz dazu wird bei der vorzeitigen Auflösung, sowohl beim Auftrag wie beim Werkvertrag, eine Interessenabwägung vorgenommen. Je fortgeschrittener das Projekt, desto eher wird eine Übertragung der Rechte vorliegen (siehe Rz. 2.134).[74] In Anwendung der SIA-Ordnungen 102 und 103 wird die Nutzung im vertraglichen Rahmen erlaubt, wenn das Honorar bezahlt ist (Art. 1.5.3). 19.59

Festzuhalten ist, dass Werkänderungen bei Verträgen gemäss KBOB-AVB dem Bauherrn grundsätzlich zustehen, was zulasten der Rechte des Urhebers geht. 19.60

3. Bei gesetzlich oder vertraglich erlaubten Änderungen und Bearbeitungen – ob bei ausgeführten oder anderswie festgehaltenen Werken der Baukunst – gilt für den Urheber der engere **Persönlichkeitsschutz** von Art. 11 Abs. 2 URG. Dieser ist zwingend und wird in Art. 12 Abs. 3 URG ausdrücklich vorbehalten. Entsprechend kann sich der Urheber jeder Werkentstellung widersetzen, die ihn in der Persönlichkeit verletzt. Dieses Persönlichkeitsrecht ist von Gesetzes wegen nicht übertragbar.[75] Mit dem Urheberpersönlichkeitsrecht aus genannter Bestimmung wird nicht die Integrität des Bauwerks, sondern das berufliche Ansehen und die Ehre des Urhebers absolut geschützt.[76] Der Begriff der Persönlichkeit ist derselbe wie in Art. 27 ff. ZGB; es handelt sich hier aber nicht um einen blossen Verweis auf den zivilrechtlichen Persönlichkeitsschutz[77] – was sich darin zeigt, dass das urheberrechtliche Persönlichkeitsrecht im Gegensatz zum allgemeinen Persönlichkeitsrecht vererbt werden kann. 19.61

---

71 Vgl. David, Baukunst, S. 275 f.; Troller, Urheberrecht, S. 391.

72 BGE 117 II 466/477 f. E. 5d «Rapperswil-Jona».

73 Siehe Carron/Kraus/Krüsi/Férolles, Das Urheberrecht der Planer, S. 119.

74 Vgl. Wenger Berger, Architektur und immaterielle Rechte, S. 68 f.

75 Barrelet/Egloff, URG-Kommentar [Stämpfli], N 13 zu Art. 11 URG.

76 Barrelet/Egloff, URG-Kommentar [Stämpfli], N 16 zu Art. 12 URG; vgl. auch BGE 117 II 466/476 E. 5b in fine «Rapperswil-Jona».

77 BGE 142 III 387/392 E. 4.2 und 4.4 «Fermeture d'une terrasse».

19.62 **a.** Eine Verletzung von Art. 11 Abs. 2 URG ist nur möglich, wenn das Werk überhaupt einem Publikum *zugänglich* ist,[78] was zumindest bei einem ausgeführten Werk der Baukunst in der Regel der Fall ist.[79]

19.63 **b.** Das Gesetz verlangt eine *Entstellung* des Werks, die persönlichkeitsverletzende Folgen hat. Es muss sich dabei um eine erhebliche Veränderung handeln, die sich negativ auf das Werk auswirkt. Laut der bundesgerichtlichen Rechtsprechung beeinträchtigt die Entstellung das Werk als persönlichen Ausdruck des Urhebers in besonders schwerwiegender Form und verfälscht es in krasser Weise.[80] Ob eine vom Eigentümer geplante Werkänderung die Werkintegrität verletzt, bestimmt sich ausschliesslich danach, ob der Urheber durch die Änderung in seiner Persönlichkeit verletzt wird.[81] Die Frage, ob bei der Beurteilung der persönlichkeitsverletzenden Entstellung eine Interessenabwägung vorzunehmen ist, hat das Bundesgericht verneint.[82] Immer ist aber das Gebot der Verhältnismässigkeit zu wahren; hier ist auch die Qualität oder der Wert eines Gebäudes zu berücksichtigen. Je stärker der persönliche Ausdruck des Urhebers mit dessen Werk verbunden ist – was sich im individuellen Charakter des Werks zeigt –, desto eher ist eine persönlichkeitsverletzende Entstellung zu bejahen.[83] Ein Indiz für das Vorliegen einer Entstellung können entsprechende Expertisen oder Reaktionen aus der Fachwelt sein.[84]

19.64 Wird ein Werk der Baukunst nicht direkt in seiner Substanz, sondern *indirekt* durch eine Veränderung in seiner Umgebung beeinträchtigt, bedarf es zusätzlich «einer sittenwidrigen Inanspruchnahme des Urheberrechts durch den Zweitschaffenden».[85] Eine persönlichkeitsverletzende Entstellung ist in diesen Fällen mit Zurückhaltung anzunehmen.

19.65 **c.** Die Frage, ob eine vertraglich oder gesetzlich erlaubte Änderung den Architekten in seiner Persönlichkeit verletzt, stellt sich bei ausgeführten Werken der Baukunst nur, wenn diese rechtmässig erstellt wurden.[86]

19.66 **4.** Neben dem Schutz aus Art. 11 Abs. 2 URG wird das Änderungsrecht des Eigentümers auch durch den Grundsatz von Treu und Glauben und durch das Rechtsmissbrauchsver-

---

[78] Vgl. BGer 4C.154/1996 vom 5. November 1996 «Wandbilder» (= sic! 1997, S. 381 f.).

[79] Lutz, Urheberrecht, S. 40.

[80] BGE 120 II 65/69 f. E. 8b «ETH Hönggerberg»; vgl. Rehbinder/Viganò, URG-Kommentar [Orell Füssli], N 10 zu Art. 12 URG.

[81] BGE 142 III 387/392 E. 4.1 ff. «Fermeture d'une terrasse».

[82] BGE 142 III 387/394 E. 4.3 «Fermeture d'une terrasse» mit Verweis auf die unterschiedliche Beurteilung in der Literatur.

[83] BGE 117 II 466/476 E. 5c «Rapperswil-Jona»; Schneider, Urheberrechtlicher Schutz, S. 426 f.

[84] BGE 142 III 387/397 f. E. 4.6.1 «Fermeture d'une terrasse»; vgl. BGer 4A_341/2008 vom 20. Januar 2009 E. 4.3 «Steinkirche».

[85] BGE 120 II 65 «ETH Hönggerberg»; BGer 4C.154/1996 vom 5. November 1996 «Wandbilder» (= sic! 1997, S. 381 f.).

[86] BGer 4A_423/2011 vom 26. September 2011 E. 5.4 «Baumhaus».

bot begrenzt (Art. 2 ZGB).[87] Damit wird der Urheber vor eindeutig rechtsmissbräuchlichen und schikanösen Änderungen bewahrt.[88]

5. Das *Bundesgericht* hat sich schon mehrmals mit Streitigkeiten zwischen Architekten und Bauherrin bzw. Eigentümerin befasst, die einen An-, Um- oder Ausbau eines bestehenden Gebäudes oder die Änderung eines Konzepts durch einen Dritten betrafen. So etwa in einem Urteil vom 25. April 1991, wo ein anderer Architekt mit der Planung des Westtrakts für den Neubau des Bahnhofs Luzern beauftragt wurde;[89] in BGE 117 II 466, der die Erweiterung eines Schulhauses um ein Satteldach betraf; in BGE 120 II 65, wo es um das Projekt für eine Ausbauetappe der ETH Hönggerberg ging; in einem Urteil vom 20. Januar 2009 bei der Realisierung des Verbindungstrakts einer Kirche[90] oder in BGE 142 III 387, als der Villeneigentümer seine offene Terrasse baulich schliessen wollte. 19.67

Die Rechtsprechung zum Urheberrecht des Architekten fiel in vergangener Zeit nicht sehr urheberfreundlich aus. Das erklärt, weshalb nur wenige Gerichtsentscheide zu dieser Thematik vorliegen: Planer investieren lieber in neue Projekte als in langwierige und risikoreiche Gerichtsverfahren. Zudem ist die Praxis dem Urheber offenbar meist günstiger gesinnt als die Rechtsprechung, da Folgeaufträge oftmals dem Erstplaner übergeben werden. 19.68

c. Das Erstveröffentlichungsrecht

1. Der Urheber hat gemäss Art. 9 Abs. 2 URG das Recht, sein Werk erstmals zu veröffentlichen bzw. veröffentlichen zu lassen. Dieses Recht wird überwiegend als Urheberpersönlichkeitsrecht verstanden. 19.69

2. Eine **Veröffentlichung** des Werks liegt vor, wenn der Urheber oder eine von ihm ermächtigte Person es erstmals ausserhalb eines privaten Kreises einer grösseren Anzahl von Personen zugänglich macht (Art. 9 Abs. 3 URG). Dies ist bei einem Werk der Baukunst stets der Fall, wenn es baulich ausgeführt wird.[91] Veröffentlicht wird das Werk auch, wenn seine körperliche Form beispielsweise an einen Privaten veräussert wird, sofern der Erwerber zur Weiterverbreitung befugt ist.[92] Entsprechend stellen die Übergabe von Plänen und Skizzen an den Auftraggeber oder Werkbesteller, deren öffentliche Auflage im Rahmen eines Bauverfahrens oder die Eingabe derselben in einem Wettbewerbs- oder Studienauftragsverfahren Veröffentlichungen im Sinne des Gesetzes dar. Auch mit der Publikation beispielsweise in einer Fachzeitschrift wird das Werk der Öffentlichkeit 19.70

---

87 BGE 142 III 387/393 E. 4.2.1 «Fermeture d'une terrasse».

88 BGE 117 II 466/477 E. 5d «Rapperswil-Jona». Siehe auch Lutz, Erhaltungsanspruch, S. 241.

89 BGer vom 25. April 1991 «Westtrakt Luzern» (= SMI 1991, S. 388).

90 BGer 4A_341/2008 vom 20. Januar 2009 «Steinkirche», wo die Urheberrechtsverletzung allerdings unbestritten war (E. 3.2).

91 Bachmann, Architektur und Urheberrecht, Rz. 1142.

92 Vgl. Rehbinder/Viganò, URG-Kommentar [Orell Füssli], N 13 zu Art. 9 URG; Schneider, Urheberrechtlicher Schutz, S. 131.

zugänglich gemacht. In der Regel wird gleichzeitig mit der Erstveröffentlichung ein Verwendungsrecht gemäss Art. 10 URG ausgeübt.[93] Die Entscheidung, wann das Werk zur Veröffentlichung bereit ist, liegt beim Planer.

19.71 Keine Veröffentlichung liegt in der Regel vor, wenn der Kreis der einsichtsberechtigten Personen sehr beschränkt ist; so etwa, wenn Pläne und Skizzen zwecks Genehmigung an eine Behörde gegeben werden.[94]

19.72 **3.** Gemäss Art. 1.3.2 SIA 102/103 können der Architekt und der Ingenieur ihr «Werk unter Wahrung der Interessen des Auftraggebers veröffentlichen». Das Urheberrecht des Planers wird darüber hinaus gemäss Ziff. 12.1 KBOB-AVB eingeschränkt, indem eine Veröffentlichung «in jedem Fall der vorgängigen schriftlichen Zustimmung des Auftraggebers» bedarf. Immerhin darf diese Zustimmung nur bei Vorliegen schützenswerter Interessen verweigert werden. Für den Wettbewerb und den Studienauftrag geht aus Art. 26.2 SIA 142/143 hervor, dass die Veröffentlichung des Wettbewerbsbeitrags bzw. der Studie sowohl dem Auftraggeber als auch dem Teilnehmer zusteht – vorausgesetzt ist aber das gegenseitige Einvernehmen.

d. Das Recht auf Anerkennung der Urheberschaft

19.73 **1.** Das Urheberpersönlichkeitsrecht auf Anerkennung der Urheberschaft gemäss Art. 9 Abs. 1 URG beinhaltet das Recht, als Urheber genannt zu werden. Entsprechend berechtigt Art. 1.3.2 SIA 102/103 den Architekten oder Ingenieur, in Veröffentlichungen durch den Auftraggeber oder durch Dritte als Urheber genannt zu werden. Gleiches gilt in Anwendung von Ziff. 12.2 KBOB-AVB.

19.74 Der Planer hat folglich das Recht, seinen Plan zu unterzeichnen oder eine Inschrift auf einem von ihm geplanten Gebäude anzubringen – was allerdings in der Praxis selten vorkommt.[95]

19.75 **2.** Der Urheber kann gegen das Verschweigen seiner Urheberschaft vorgehen,[96] aber auch gegen die Anmassung der Urheberschaft durch einen Dritten oder gegen die Behauptung, das Werk stamme von jemand anderem. Des Weiteren darf er eine unliebsame Nennung seines Namens verbieten.[97] Daran dürfte er ein Interesse haben, wenn sein Werk derart verändert wird, dass er nicht mehr damit in Verbindung gebracht werden

---

93 Barrelet/Egloff, URG-Kommentar [Stämpfli], N 19 zu Art. 9 URG.

94 Bachmann, Architektur und Urheberrecht, Rz. 1145.

95 David, Baukunst, S. 274; Schneider, Urheberrechtlicher Schutz, S. 132; Troller, Urheberrecht, S. 382 f. Dieses Recht verneinend Hilty, Urheberrecht, Rz. 194.

96 Zu Fällen im Bereich der Architektur siehe BGE 84 II 570 «Martinskirche Visp» und 58 II 290/307 ff. «Bankfiliale Vevey»; vgl. auch Barrelet/Egloff, URG-Kommentar [Stämpfli], N 14 zu Art. 9 URG.

97 Rehbinder/Viganò, URG-Kommentar [Orell Füssli], N 7 zu Art. 9 URG. Vgl. OGer ZH vom 28. August 1978 «Einkaufszentrum Glatt» (= SMI 1989, S. 214).

will.[98] Hingegen ist nicht sein Urheberrecht, sondern sein allgemeines Persönlichkeitsrecht betroffen, wenn ihm ein fremdes Werk zugerechnet wird.[99]

3. Wo eine massen- oder serienmässige Anfertigung von Bauwerken erfolgt, kann davon ausgegangen werden, dass auf das Recht zur Namensnennung verzichtet worden ist.[100] 19.76

e. Das Zutritts- und das Ausstellungsrecht

1. Der Eigentümer muss dem Urheber den **Zutritt** zum Werkexemplar gewähren, soweit 19.77 dies zur Ausübung der Urheberrechte erforderlich ist (Art. 14 Abs. 1 URG). Gemäss Art. 14 Abs. 2 URG kann der Urheber zudem die Überlassung eines Werkexemplars zur **Ausstellung** verlangen. Bei der Ausübung dieser Rechte müssen die sich entgegenstehenden Interessen im konkreten Fall abgewogen werden: das Interesse des Urhebers am Zutritt oder an der Ausstellung gegenüber jenem des Eigentümers oder Besitzers, in der Ausübung seiner Rechte möglichst wenig gestört zu werden.[101]

2. Das Zutritts- und das Ausstellungsrecht gelten als Urheberpersönlichkeitsrechte.[102] 19.78 Anders als die anderen urheberrechtlichen Befugnisse handelt es sich dabei nicht um absolute Rechte, da sie nur gegen den jeweiligen Eigentümer oder Besitzer des Werkexemplars geltend gemacht werden können.

f. Das Zerstörungsverbot

1. Das Urheberrechtsgesetz schreibt in Art. 15 Abs. 1 vor, dass der Eigentümer das Ori- 19.79 ginalwerk, von dem kein weiteres Werkexemplar besteht, nicht zerstören darf, ohne dem Urheber vorher die Rücknahme anzubieten, wenn er ein berechtigtes Interesse des Urhebers an der Werkerhaltung annehmen muss. Darin wird überwiegend ein Urheberpersönlichkeitsrecht gesehen.[103]

2. Das Zerstörungsverbot gilt beispielsweise für Kunstwerke und Werke mit wissen- 19.80 schaftlichem oder technischem Inhalt, **nicht** aber **für Werke der Baukunst:** Der Urheber eines Bauwerks hat einzig das Recht, «das Werk zu fotografieren und auf eigene Kosten Kopien der Pläne herauszuverlangen» (Art. 15 Abs. 3 URG). In den meisten Fällen nützt diese Bestimmung dem Planer nichts, da er bereits im Besitz von Plänen ist. So bleiben gemäss Art. 1.2.9 SIA 102/103 die Arbeitsergebnisse regelmässig im Eigentum des Be-

---

98 Schneider, Urheberrechtlicher Schutz, S. 133.

99 So Rehbinder/Viganò, URG-Kommentar [Orell Füssli], N 5 zu Art. 9 URG; Schneider, Urheberrechtlicher Schutz, S. 134; a.A. Barrelet/Egloff, URG-Kommentar [Stämpfli], N 18 zu Art. 9 URG.

100 Troller, Immaterialgüterrecht, S. 689.

101 Vgl. Staehelin, Urheberrecht und Eigentum, S. 138.

102 Barrelet/Egloff, URG-Kommentar [Stämpfli], N 2 zu Art. 14 URG.

103 Barrelet/Egloff, URG-Kommentar [Stämpfli], N 1 zu Art. 15 URG; Rehbinder/Viganò, URG-Kommentar [Orell Füssli], N 1 zu Art. 9 URG.

auftragten. Sind vom Bauwerk ausnahmsweise keine Pläne vorhanden, müsste es dem Urheber auch erlaubt sein, solche auszuarbeiten.[104] Die Bestimmung verpflichtet den Eigentümer implizit, den urheberberechtigten Planer zu informieren, wenn er die Absicht hat, das Bauwerk zu zerstören.

3. Die Miturheberschaft

19.81 **1.** Urheber oder Urheberin ist jeweils die natürliche Person, die das Werk geschaffen hat (Art. 6 URG). Haben mehrere Personen einen urheberrechtlichen Beitrag am gleichen Werk geleistet, so steht ihnen das Urheberrecht gemeinschaftlich zu (Art. 7 URG). Miturheberschaft besteht zwischen allen Personen, die in irgendeiner Form einen schöpferischen Beitrag mit individuellem Charakter zum Werk leisten; unabhängig von ihrer Funktion als – selbständig tätiger oder angestellter – Planer, Bauherr, Künstler, Zeichner usw. oder einem allfälligen Vertragsverhältnis untereinander.[105] Auch das Ausmass des Beitrags spielt keine Rolle. Beispielsweise wird ein Bauherr, der die individuellen Aspekte eines Werks vorgibt, selbst zum Urheber oder zumindest zum Miturheber. Keine Miturheberschaft liegt vor, wo mit einem weiteren Beitrag ein Werk zweiter Hand gemäss Art. 3 URG geschaffen wird;[106] hier ist keine gemeinsame Schöpfung gegeben.

19.82 **2.** Bei der Miturheberschaft kann das Werk nur mit Zustimmung aller Miturheber verwendet werden, sofern unter ihnen nicht etwas anderes vereinbart ist (Art. 7 Abs. 2 URG). Eine anderslautende Vereinbarung liegt vor, wenn der angestellte Urheber seine Rechte im Arbeitsvertrag an die Arbeitgeberin abtritt. Hingegen darf jeder Miturheber den eigenen Beitrag selbständig verwenden, wenn die einzelnen Beiträge sich trennen lassen und die Verwertung des gemeinsamen Werks nicht beeinträchtigt wird (Art. 7 Abs. 4 URG). Allfällige Streitigkeiten, welche die Frage nach den prozentualen Anteilen von nicht mehr voneinander abgrenzbaren Beiträgen der Miturheber betreffen, müssen anhand einer Interessenabwägung gelöst werden.

19.83 **3.** Das Vertragsformular der SIA für **Planergemeinschaften** hält fest, dass die Gesellschafter einer Planergemeinschaft mangels anderer Vereinbarung als Miturheber aller Pläne und anderer Dokumente gelten. Sie stimmen deren Verwendung im Rahmen des Hauptvertrags von vornherein zu (Ziff. 21 SIA-Vertragsformular 1001/2[107]).

---

104 So Pedrazzini M., Neuere Entwicklungen, S. 8.

105 Dazu Wenger Berger, Architektur und immaterielle Rechte, S. 43 f.

106 Barrelet/Egloff, URG-Kommentar [Stämpfli], N 5 zu Art. 7 URG; a.A. Pedrazzini M., Neuere Entwicklungen, S. 5.

107 Abrufbar unter: <www.sia.ch/de/dienstleistungen/sia-norm/vertraege/> (besucht am 2. Juli 2018).

III. Die gewerblichen Schutzrechte

Nicht zuletzt aufgrund der wenig urheberrechtsfreundlichen Spezialbestimmungen im Urheberrechtsgesetz für Werke der Baukunst sowie der dazu erfolgten Rechtsprechung wird vermehrt nach immaterialgüterrechtlichem Schutz ausserhalb des Urheberrechts gesucht. Im Gegensatz zum Urheberrecht entstehen die gewerblichen Schutzrechte wie erwähnt nicht automatisch mit Schaffung des Schutzobjekts, sondern bedürfen der Registrierung beim zuständigen Amt. 19.84

Einmal entstanden, können gewerbliche Schutzrechte wie einleitend erwähnt gehandelt werden. Von Gesetzes wegen gehören «Erfindungen und Designs, die der Arbeitnehmer bei Ausübung seiner dienstlichen Tätigkeit und in Erfüllung seiner vertraglichen Pflichten macht oder an deren Hervorbringen er mitwirkt,» der Arbeitgeberin (Art. 332 Abs. 1 OR), was innerhalb eines Architektur- oder Ingenieurbüros relevant sein kann. Nur selten findet hingegen eine vertragliche Übertragung dieser Schutzrechte von einem Planer auf den Auftraggeber bzw. Werkbesteller statt. 19.85

Vorliegend wird auf die Schutzmöglichkeiten eingegangen, die das Patent-, das Design- und das Markenrecht dem Planer bieten können. 19.86

1. Das Patentrecht

A. Allgemeines

Patente aus der Baubranche betrafen in der Schweiz bisher stets die Entwicklung von neuen Materialien oder Konstruktionsverfahren,[108] nicht jedoch ganze Bauten oder planerische Konzepte. Die Patentierung von Architektur ist aufgrund deren stark künstlerisch-kulturellen Bezugs sehr umstritten und wird entsprechend kritisiert.[109] Dennoch wurde in der Vergangenheit etwa ein Patent für ein Wohnhaus mit gestaffelten Geschosswohnungen (pile up®) erteilt.[110] 19.87

B. Schutzgegenstand

Das Patentrecht gewährt Schutz für neue gewerblich anwendbare Erfindungen (Art. 1 Abs. 1 PatG). 19.88

---

[108] Siehe Marbach, Geistiges Eigentum, S. 85; Mosimann, Der Werk- und Wirkbereich, Rz. 80.

[109] Siehe Wenger Berger, Architektur und immaterielle Rechte, S. 93 und 116 f.

[110] Dazu Carron/Kraus/Krüsi/Férolles, Das Urheberrecht der Planer, S. 25 f. (mit Hinweis auf die Entscheidung der Technischen Beschwerdekammer 3.2.03 vom 20. Juli 2010 betreffend das europäische Patent Nr. 1455033) und S. 28.

a. Die Erfindung als Regel

19.89 Die Erfindung ist eine Regel, die entsprechend der zielgerichteten Handlungslehre[111] zu einem bestimmten Verfahren oder einer Konstruktion anleitet und dadurch einen Lösungsweg zu einem bestimmten Erfolg bietet – wie dies auch bei einem planerischen Konzept der Fall sein kann.[112]

b. Das Erfordernis der Wiederholbarkeit

19.90 Ein Fachmann muss die Erfindung bei gleichbleibendem Erfolg wiederholen können. Der Planer richtet sich bei seiner Arbeit allerdings regelmässig auf einen konkreten Standort aus. Zudem widerspricht eine Wiederholbarkeit der Tätigkeit des Planers, wenn diese von einem künstlerischen Hintergrund geprägt ist. So bei der Architektur, wo ein Einzelwerk geschaffen werden soll. Denkbar ist jedoch beispielsweise ein wiederholbares Raumkonzept.[113]

c. Das Erfordernis der Technizität

19.91 **1.** Die Erfindung muss technischer Natur sein. Ob Technizität im Einzelfall gegeben ist, ist mithilfe der Abgrenzung zu nicht technischen Gegenständen und Verfahren zu entscheiden. Keine patentrechtlich schutzfähigen Erfindungen sind insbesondere Entdeckungen, ästhetische Formschöpfungen oder Anweisungen an den menschlichen Geist (vgl. Art. 52 Abs. 2 EPÜ 2000). Neue Bauverfahren und -techniken erfüllen das Erfordernis der Technizität in der Regel, während architektonische Konzepte mit künstlerischer Zielsetzung kaum als technisch gewertet werden können.[114]

19.92 **2.** Das Erfordernis der Technizität ist jedoch stetem Wandel unterworfen, wobei eine Tendenz zur Lockerung besteht – auch im Bereich von Bauprojekten.[115] Während das Bundesgericht 1969 in BGE 95 I 579 die Patentierbarkeit eines Planungsverfahrens zur Ausgestaltung eines Verteilernetzes für elektrische Energie mangels Technizität verneint hat, werden heute auch Material- und Energieersparnisse als technisch gewertet. Zurzeit wird insbesondere für Geschäftsmethoden die Öffnung des Patentsystems diskutiert.[116]

---

[111] Vgl. Botschaft zum Patentgesetz von 2005, BBl 2006, S. 43.

[112] Vgl. Marbach, Geistiges Eigentum, S. 85; Wenger Berger, Architektur und immaterielle Rechte, S. 94 f.

[113] Siehe zum Ganzen Wenger Berger, Architektur und immaterielle Rechte, S. 95 f.

[114] Vgl. Birrer/Leupi, Schutz der «schöpferischen Leistung», S. 35.

[115] Marbach, Geistiges Eigentum, S. 84 ff.

[116] Mosimann, Der Werk- und Wirkbereich, Rz. 82.

C. Voraussetzungen für den Patentschutz

1. Die Erfindung muss neu und gewerblich anwendbar sein, und sie darf sich nicht in naheliegender Weise aus dem Stand der Technik ergeben (Art. 1 PatG; Art. 52 Abs. 1 EPÜ 2000). 19.93

2. Im Patentrecht gilt (anders als im Designrecht; Rz. 19.104) ein **absoluter Neuheitsbegriff:** Neu ist, was nicht zum Stand der Technik gehört (Art. 7 Abs. 1 PatG; Art. 54 Abs. 1 EPÜ 2000). Die planerische Arbeit – auch jene des Architekten – baut regelmässig auf bestehenden Kenntnissen auf, lässt sich davon inspirieren oder präsentiert diese neu und passt sie den jeweiligen Umständen an. Dabei liegt meist eine neue Interpretation vor, und eher selten dürfte tatsächlich etwas Neues erfunden werden. Der Ausdruck **«nicht naheliegend»** bedeutet, dass eine gewisse erfinderische Tätigkeit erreicht werden muss. 19.94

Die Prüfung der genannten Voraussetzungen wird beim Schweizer Patent nicht vom Eidgenössischen Institut für Geistiges Eigentum (IGE), welches das schweizerische Register führt, vorgenommen, sondern ist einer gerichtlichen Instanz vorbehalten. 19.95

D. Rechte des Patentinhabers

Der Inhaber eines Patents hat das Recht, anderen zu verbieten, die Erfindung gewerbsmässig zu benützen (Art. 8 PatG). Dabei wird die Erfindung in jenem Umfang geschützt, wie die Patentansprüche bei der Anmeldung des Patents definiert werden, weshalb eine mögliche Verletzung jeweils im Einzelfall beurteilt werden muss. 19.96

2. Das Designrecht

Designschutz ist im planerischen Bereich dort denkbar, wo äusserlich von einem hohen Wiedererkennungswert eines Gebäudes auszugehen ist,[117] was bei einer rein zweckmässigen Baute kaum der Fall sein wird. 19.97

A. Schutzgegenstand

Das Designrecht schützt «Gestaltungen von Erzeugnissen oder Teilen von Erzeugnissen, die namentlich durch die Anordnung von Linien, Flächen, Konturen oder Farben oder durch das verwendete Material charakterisiert sind, als Design» (Art. 1 DesG). 19.98

[117] Vgl. MOSIMANN, Der Werk- und Wirkbereich, Rz. 76.

a. Das Bauwerk als Erzeugnis

19.99 **1. Bauwerke** sind Erzeugnisse im Sinne des Gesetzes.[118] Früher wurde in Bezug auf Bauten argumentiert, unbewegliche Sachen seien dem Designrecht nicht zugänglich, weil sie nicht gewerblich hergestellt würden.[119] Das Obergericht des Kantons Aargau war jedoch bereits 1974 der Ansicht, für den gewerblichen Normhausbau läge «der Muster- und Modellschutz[[120]] ungleich näher [...] als der Urheberrechtsschutz».[121] Das Designgesetz verlangt die gewerbliche Reproduzierbarkeit nicht.

19.100 Trotz Anerkennung des Bauwerks als Erzeugnis wenden sich einige Autoren gegen den Schutz des Designs desselben; dies mit der Begründung, es fehle ihm in der Regel die konkrete, geschlossene und einheitliche Form. Für derart komplexe Formen bestehe kein Designschutz.[122] Diesbezüglich eine eigene Schutzvoraussetzung zu gestalten, erscheint aber deshalb überflüssig, weil Art. 19 DesG bei der Hinterlegung «eine zur Reproduktion geeignete Abbildung des Designs» verlangt: Gelingt die Beschaffung des entsprechenden Bildmaterials bei einem Gebäude, spricht nichts gegen dessen grundsätzliche Schutzfähigkeit. Zu Recht wird sodann darauf hingewiesen, dass die für das Designregister massgebliche Locarno-Klassifikation in Klasse 25 auch Bauten aufführt.[123]

19.101 **2.** Ebenfalls schutzfähig kann das Design von architektonischen **Inneneinrichtungen** sein. Geschützt werden können sodann auch Gestaltungen von Teilen von Erzeugnissen.[124] Keine Erzeugnisse sind aber Skizzen, Zeichnungen und Pläne von Bauwerken.

b. Die Gestaltung

19.102 **1.** Geschützt wird die **äussere Gestaltung** einer Baute und nicht deren zugrunde liegende Architektur. Zur Debatte stehen somit nur jene Arbeiten von Planern, die einen gewissen Anspruch an eine ästhetische Formgebung haben. Auch bei kunstvollen Architekturwerken fand der Designschutz früher keine Beachtung, heute wird er selbst für ganze Bauten genutzt.[125]

---

[118] Celli, DesG-Kommentar [Schulthess], N 53 zu Art. 1 DesG; Heinrich, DesG-Kommentar [Orell Füssli], N 20 zu Art. 1 DesG; Marbach, Geistiges Eigentum, S. 82; Stutz/Beutler/Künzi, DesG-Kommentar [Stämpfli], N 23 zu Art. 1 DesG.

[119] Heinrich, DesG-Kommentar [Orell Füssli], N 74 zu Art. 1 DesG.

[120] Diese Begriffe stammen aus dem Muster- und Modellgesetz (MMG), das durch das DesG ersetzt wurde.

[121] OGer AG vom 6. Mai 1974 E. 3 «Normhaus» (= Mitt. 1975, S. 160).

[122] Celli, DesG-Kommentar [Schulthess], N 53 zu Art. 1 DesG; Heinrich, DesG-Kommentar [Orell Füssli], N 41 ff. (insb. N 45) zu Art. 1 DesG.

[123] Stutz/Beutler/Künzi, DesG-Kommentar [Stämpfli], N 42 zu Art. 1 DesG.

[124] Mosimann, Der Werk- und Wirkbereich, Rz. 76; Stutz/Beutler/Künzi, DesG-Kommentar [Stämpfli], N 34 zu Art. 1 DesG; vgl. auch Heinrich, DesG-Kommentar [Orell Füssli], N 26 zu Art. 1 DesG.

[125] Siehe Marbach, Geistiges Eigentum, S. 82.

2. Bei einer Ingenieurbaute, die sich im zweckmässigen Bauen erschöpft, besteht kein Schutz der Gestaltung. Auch planerische Konzepte lassen sich nicht schützen. 19.103

B. Voraussetzungen für den Designschutz

Ein Design ist schutzfähig, soweit es **Neuheit und Eigenart** aufweist (Art. 2 DesG). Beide Elemente werden vom Gesetzgeber negativ definiert. Die Anforderungen an die Eigenart eines Designs sind weniger streng als jene an die Individualität eines urheberrechtlichen Werks.[126] 19.104

C. Schutzausschlussgründe

Schutzausschlussgründe sind in Art. 4 DesG vorgesehen. Für planerische Arbeiten ist insbesondere der Ausschlussgrund der technischen Bedingtheit von Relevanz. Lässt die technische Funktion eines Erzeugnisses keinen Gestaltungsspielraum für deren Form, wie dies gerade bei Werken von Ingenieuren häufig der Fall ist, bietet das Designrecht keinen Schutz. 19.105

D. Rechte des Designberechtigten

Das Designrecht bietet gegenüber dem Urheberrecht nur einen **schmalen Schutzbereich.** Der Inhaber eines Designrechts darf anderen den Gebrauch des Designs zu gewerblichen Zwecken verbieten (Art. 9 Abs. 1 DesG). Der Schutz umfasst dabei alle Designs, die die gleichen wesentlichen Merkmale aufweisen und den gleichen Gesamteindruck erwecken wie das geschützte Design (Art. 8 DesG). 19.106

3. Das Markenrecht

Das Markenrecht kann dem Planer zur Kennzeichnung seiner Leistungen dienen: Mit einer Marke, die in einem Wort, einem Schriftzug und/oder einem Bild besteht, kann er zum Beispiel seine Pläne «markieren». Auch die Formgebung eines Gebäudes selbst dient vielfach als Markenzeichen. Dies jedoch weniger für den Planer, als etwa für ein darin ansässiges Unternehmen bzw. dessen Waren und/oder Dienstleistungen (z.B. Aldi Gebäude, BMW München, Feldschlösschen Rheinfelden).[127] 19.107

A. Die Marke

1. Die Marke ist gemäss Art. 1 Abs. 1 MSchG «ein Zeichen, das geeignet ist, Waren oder Dienstleistungen eines Unternehmens von solchen anderer Unternehmen zu unterschei- 19.108

[126] Vgl. BGE 143 III 373/381 E. 2.6.2 «Max-Bill-Barhocker».

[127] Siehe Wenger Berger, Architektur und immaterielle Rechte, S. 146.

den». Die zweidimensionale Abbildung oder die dreidimensionale Form eines Gebäudes kann als Marke verwendet werden, sofern sie «grafisch darstellbar» ist (Art. 10 Abs. 1 MSchV).

19.109 **2.** Marken werden jeweils mit einem Anspruch auf **konkrete Waren und Dienstleistungen** eingetragen. Am naheliegendsten scheint für den Planer eine Eintragung einer Marke in den Klassen 42 und 35 zu sein (Konstruktionsplanung, technische Projektierung, Geschäftsführung). Nach erfolgter Registrierung muss darauf geachtet werden, dass die Marke nach einer Schonfrist von fünf Jahren auch tatsächlich **markenmässig gebraucht** wird (vgl. Art. 11 f. MSchG).

B. Schutzausschlussgründe

19.110 Das Gesetz sieht in Art. 2 und Art. 3 MSchG **absolute und relative Ausschlussgründe** vor. Beim Vorliegen von absoluten Ausschlussgründen wird die Eintragung einer Marke verweigert, während relative Ausschlussgründe, bei denen die Verwechslungsgefahr eines Zeichens mit einer älteren Marke ausschlaggebend ist, in einem Widerspruchsverfahren geltend gemacht werden müssen (Art. 31 ff. MSchG). Absolut ausgeschlossen ist der Markenschutz unter anderem für ein Zeichen, das die beanspruchten Waren und Dienstleistungen beschreibt. Dies könnte beispielsweise der Fall sein, wenn für die Dienstleistung im Architekturwesen die zu erbringenden Bauwerke naturgetreu abgebildet werden.

C. Rechte des Markeninhabers

19.111 Gemäss Art. 13 Abs. 1 MSchG hat der Markenrechtsinhaber das Recht, die Marke zur Kennzeichnung der Waren oder Dienstleistungen, für die sie beansprucht wird, zu gebrauchen und darüber zu verfügen. Der Nachbau einer als Marke hinterlegten Form eines Bauwerks kann dadurch nicht verhindert werden, da es sich dabei nicht um einen kennzeichnungsmässigen Gebrauch handelt.[128]

IV. Das Lauterkeitsrecht

19.112 **1.** Wenn ein Werk durch keines der bereits genannten Immaterialgüterrechte geschützt ist, darf es grundsätzlich frei kopiert werden. Man denke vor allem an blosse Zweckbauten, denen kein Urheberrechtsschutz gewährt wird. Eine Kopie oder Nachahmung wird aber gleichwohl verboten, wenn sie auf unlautere Art und Weise erfolgt.

19.113 **2.** Das Lauterkeitsrecht, insbesondere geregelt durch das UWG, bezweckt einen lauteren und unverfälschten Wettbewerb. Art. 5 UWG definiert, wann die **Verwertung einer**

[128] Vgl. MARBACH, Geistiges Eigentum, S. 87; MOSIMANN, Der Werk- und Wirkbereich, Rz. 75.

fremden Leistung als unlauter qualifiziert wird (sog. Leistungsschutz[129]). Es handelt sich dabei nicht um ein Schutzrecht des geistigen Eigentums: Das Lauterkeitsrecht schützt nicht die geistige Leistung als solche.[130]

Die lit. a und b der genannten Bestimmung schützen vor einer *Vorlagenausbeutung*; unlauter ist die unbefugte Verwertung von anvertrauten sowie die Verwertung von unbefugterweise überlassenen oder zugänglich gemachten Arbeitsergebnissen. Oftmals gibt der Planer Pläne, Skizzen oder Entwürfe, ob immaterialgüterrechtlich geschützt oder nicht, noch vor Abschluss eines Vertrags heraus – beispielsweise im Rahmen eines Wettbewerbs oder auch eines Studienauftrags. Solch komplexe Arbeiten sollen nicht ohne Weiteres an einen Konkurrenten weitergegeben werden dürfen.[131] Hat jemand ein marktreifes Arbeitsergebnis geschaffen (z.B. Pläne), soll ein Mitbewerber dieses zudem nicht ohne angemessenen Eigenaufwand durch technische Reproduktionsverfahren für eigene Zwecke übernehmen und ohne Erlaubnis im Markt verwenden dürfen (Art. 5 lit. c UWG).[132] Unlauter ist damit das *«Abkupfern»*.[133] Der Planer hat folglich die Möglichkeit, gegen eine ungerechtfertigte Vervielfältigung oder Nutzung seines Arbeitsergebnisses vorzugehen. 19.114

Im Unterschied zum Urheberrecht wird der Schutz von Art. 5 UWG unabhängig von der Individualität des Arbeitsergebnisses gewährt. Geschützt sind alle Arbeitsergebnisse, insbesondere auch Pläne und technische Zeichnungen.[134] Blosse Ideen sind noch keine Arbeitserzeugnisse.[135] Der Begriff des Arbeitsergebnisses wird ebenfalls in Art. 1.3.1 SIA 102/103 und Ziff. 16 KBOB-AVB verwendet.[136] 19.115

V. Rechtsschutz

1. Der Rechtsschutz ist im Immaterialgüter- und Lauterkeitsrecht grundsätzlich einheitlich aufgebaut. Er umfasst zivilrechtlichen und strafrechtlichen Schutz sowie die Hilfeleistung der Zollverwaltung. In zivilrechtlicher Hinsicht kann sich der Berechtigte gegen einen unerlaubten Eingriff mittels der folgenden **Klagen** wehren: 19.116

---

129 Kritisch zum Begriff des Leistungsschutzes Fahrländer, UWG-Kommentar [Dike], N 4 der Vorbem. zu Art. 5 UWG.

130 BGE 131 III 384/395 E. 5.2 «Such-Spider»; Wenger Berger, Architektur und immaterielle Rechte, S. 161.

131 Vgl. Fahrländer, UWG-Kommentar [Dike], N 3 und 35 zu Art. 5 lit. a und b UWG.

132 Siehe BGE 134 III 166 «Arzneimittel-Kompendium». Für weitere Judikatur siehe Guyet, Art. 4–8 UWG, S. 217 ff.

133 Weber/Chrobak, UWG-Kommentar [Dike], N 10 zu Art. 5 lit. c UWG.

134 So bereits Cherpillod/Dessemontet, Architektenrecht 1995, Rz. 1362.

135 Fahrländer, UWG-Kommentar [Dike], N 7 zu Art. 5 lit. a und b UWG; Wenger Berger, Architektur und immaterielle Rechte, S. 165.

136 Bei Ziff. 16 KBOB-AVB jedoch unter dem Titel «Urheberrecht».

19.117 **a.** *Feststellungsklage:* Wer ein Interesse nachweist, kann vom Gericht feststellen lassen, dass ein bestimmtes Rechtsverhältnis besteht oder nicht (Art. 61 URG; Art. 74 PatG; Art. 33 DesG; Art. 52 MSchG; vgl. Art. 9 Abs. 1 lit. c UWG).

19.118 **b.** *Unterlassungsklage:* Eine drohende Verletzung kann gerichtlich verboten werden (Art. 62 Abs. 1 lit. a URG; Art. 72 Abs. 1 PatG; Art. 35 Abs. 1 lit. a DesG; Art. 55 Abs. 1 lit. a MSchG; Art. 9 Abs. 1 lit. a UWG).

19.119 **c.** *Beseitigungsklage:* Der Berechtigte kann verlangen, dass eine bestehende Verletzung beseitigt wird (Art. 62 Abs. 1 lit. b URG; Art. 72 Abs. 1 PatG; Art. 35 Abs. 1 lit. b DesG; Art. 55 Abs. 1 lit. b MSchG; Art. 9 Abs. 1 lit. b UWG).

19.120 **d.** Weitere *Verletzungsklage:* Die beklagte Partei kann verpflichtet werden, die Herkunft eines verletzenden Objekts bekannt zu geben (Art. 62 Abs. 1 lit. c URG; Art. 66 lit. b PatG; Art. 35 Abs. 1 lit. c DesG; Art. 55 Abs. 1 lit. c MSchG).

19.121 **e.** *Abtretungsklage:* Ein Patent, ein Designrecht oder eine Marke können zufolge einer Klage auf den besser Berechtigten übertragen werden (Art. 29 PatG; Art. 34 DesG; Art. 53 MSchG).

19.122 **f.** *Schadenersatz- und Genugtuungsklage:* Die Spezialgesetze verweisen diesbezüglich auf das Obligationenrecht (Art. 62 Abs. 2 URG; Art. 73 PatG; Art. 35 Abs. 2 DesG; Art. 55 Abs. 2 MSchG; Art. 9 Abs. 3 UWG).

19.123 **2.** Gemäss den Spezialgesetzen sind **vorsorgliche Massnahmen** möglich (Art. 65 URG; Art. 77 PatG; Art. 38 DesG; Art. 59 MSchG; i.V.m. der ZPO). Auf diesem Weg lässt sich zum Beispiel eine geplante Änderung an einem Bauwerk verhindern oder zumindest verzögern, auch wenn sich der Anspruch letztlich materiell als nicht begründet erweist.

19.124 **3.** Widerrechtlich hergestellte Gegenstände können im Zivilverfahren auf **gerichtliche Anordnung** hin *eingezogen, verwertet oder vernichtet* werden (Art. 63 URG; Art. 69 PatG; Art. 36 DesG; Art. 57 MSchG). Aus Gründen der Verhältnismässigkeit werden jedoch ausgeführte Werke der Baukunst im Urheberrecht davon ausgenommen (Art. 63 Abs. 2 URG). Dies gilt auch für die Einziehung im Strafverfahren (Art. 72 URG).

19.125 Nach Auffassung des Bundesgerichts gilt die Ausnahme von der gerichtlichen Vernichtung bei ausgeführten Werken der Baukunst unabhängig davon, ob die Verletzung urheberrechtliche Vermögens- oder Persönlichkeitsrechte betrifft.[137] Das Interesse des Eigentümers am weiteren Gebrauch des urheberrechtsverletzenden Bauwerks steht demnach über dem Interesse des Urhebers.

[137] BGer 4A_341/2008 vom 20. Januar 2009 E. 3.5 «Steinkirche».

§ 20 Der Beruf des Planers im öffentlichen Recht

Jean-Baptiste Zufferey*

Inhaltsverzeichnis

* Ich bedanke mich bei Valérie Bodevin und Andrin Studer, beide MLaw und Assistierende an der Universität Freiburg, für die Hilfe, die sie mir bei der Vorbereitung und Übersetzung dieses Beitrags geleistet haben.

I. Einleitung

20.1 Die Tätigkeit von Planern ist mit hohen Qualitäts- und Sicherheitsansprüchen verbunden. Das schlägt sich sowohl im Bereich der Aus- und Weiterbildung als auch in der Regulierung der Berufsausübung nieder. Entsprechend unterliegen in der Schweiz verschiedene Aspekte des Planerberufs (Architekt und Ingenieur) öffentlich-rechtlichen und standesrechtlichen Regelungen.

20.2 Gegenstand des vorliegenden Beitrags bildet die öffentlich-rechtliche Regulierung des Planerberufs. Der Bereich der Berufsbildung im eigentlichen Sinn, d.h. der Ausbildung zum Architekten oder Ingenieur, wird im Rahmen des vorliegenden Beitrags nur in Zusammenhang mit Fragen des Zugangs zur sowie der Regulierung der Berufsausübung behandelt.

II. Aus der Rechtsprechung

20.3 Die nachfolgend aufgeführten Beispiele aus der Rechtsprechung sollen die (teilweise sehr) verschiedenen Fragen veranschaulichen, die sich im Zusammenhang mit den erwähnten Bereichen des Planerberufs stellen können. Sie zeigen auf, dass bei der Ausübung des Planerberufs zahlreiche Probleme des öffentlichen Rechts auftreten können; aufgrund der Personenfreizügigkeit ist sogar mit einer wachsenden Anzahl solcher Probleme zu rechnen.

1. Verpflichtung zu einem Geschäftsdomizil für Architekten und Ingenieure

20.4 **1.** *Sachverhalt (Ende der 80er-Jahre):* Stéphane de Montmollin, Architekt ETH, betreibt ein Architekturbüro in Biel. Aufgrund seiner Herkunft und seiner Beziehungen zum Kanton Neuenburg hat er dort immer wieder berufliche Kontakte. Er beantragt daher seine Eintragung in das Architekten- und Ingenieurregister des Kantons Neuenburg.

Gemäss Art. 130 des kantonalen Baugesetzes vom 12. Februar 1957[1] unterliegt die Eintragung in das Register der Voraussetzung eines Geschäftsdomizils im Kanton. Da diese Voraussetzung im vorliegenden Fall nicht erfüllt ist, weist die zuständige Behörde den Antrag von Herrn de Montmollin ab. Dieser rekurriert wegen Verletzung der Handels- und Gewerbefreiheit (Art. 31 *a*BV; seit dem 1. Januar 2000: Wirtschaftsfreiheit, Art. 27 BV) an das Bundesgericht. Er macht geltend, die Voraussetzung eines Geschäftsdomizils im Kanton sei nicht durch ein genügendes öffentliches Interesse gerechtfertigt; sie verletze das Verhältnismässigkeitsprinzip und stelle eine untersagte wirtschaftspolitische Massnahme dar.

2. *Entscheid (BGE 116 Ia 355)*[2]: In seinem Entscheid bestätigt das Bundesgericht grundsätzlich die Wirtschaftsfreiheit für Architekten und Ingenieure, wobei die Kantone die Freiheit für diesen Berufszweig aber regulatorisch einschränken können. So können die Kantone «polizeiliche Massnahmen» (im Gegensatz zu «wirtschaftspolitischen Massnahmen») ergreifen, die durch ein genügendes öffentliches Interesse, namentlich die Wahrung der öffentlichen Sicherheit, gerechtfertigt und verhältnismässig, d.h. für die Erlangung des im öffentlichen Interesse liegenden Ziels geeignet sein müssen. Im vorliegenden Fall soll mit der Regulierung sichergestellt werden, dass die im Kanton Neuenburg tätigen Architekten und Ingenieure über genügende Kenntnisse der Besonderheiten der kantonalen und kommunalen Baugesetzgebung verfügen, was in den Bereich des öffentlichen Interesses fällt. Zu beurteilen bleibt somit, ob die Voraussetzung eines Geschäftsdomizils eine geeignete Massnahme darstellt, dieses im öffentlichen Interesse stehende Ziel zu erreichen. Das Bundesgericht verneint das und legt dar, dass Architekten – wie auch Ingenieure – die betreffenden praktischen Kenntnisse nur durch Erfüllung der ihnen anvertrauten Aufträge erwerben können; die Tatsache, dass sie über ein Geschäftsdomizil im Kanton verfügen, stellt für sich alleine noch keine Garantie für eine genügende Kenntnis der spezifischen Vorschriften dar. 20.5

3. Das LReg-NE vom 25. März 1996 (Gesetz über das Neuenburger Register der Architekten, Ingenieure, Städteplaner und Städtebauer) enthält keine Bestimmung mehr über den Nachweis eines Geschäftsdomizils im Kanton. 20.6

2. Werbeverbot für Architekten

1. *Sachverhalt (80er-Jahre):* Architekt Guyot ist in der Liste der vom Kanton Waadt anerkannten Architekten eingetragen und hat ein Faltblatt drucken lassen, das dem «Bulletin immobilier», einer Publikation des Westschweizer Immobilienverbands (Fédération romande immobilière), beigelegt wurde. Dieses Dokument enthält verschiedene Fotografien von realisierten Bauten («quelques exemples de nos nombreuses réalisations») 20.7

[1] Mittlerweile ersetzt durch das LReg-NE vom 25. März 1996 (Gesetz über das Register der Architekten, Ingenieure, Städteplaner und Städtebauer).

[2] BGE 116 Ia 355 (= BR/DC 1992, S. 75, Nr. 146, mit Anm. Michel).

sowie das Logo von Architekt Guyot, seinen Namen, Vornamen und folgende Angaben: Städteplanung, Architektur, Tiefbauwerke, Totalunternehmung, Immobilienpromotion und Finanzierungssicherung, Immobilienverwaltung. Unter der Rubrik «Libérez-vous de vos soucis immobiliers» enthält das Faltblatt folgenden Text:

20.8 «Notre entreprise est la seule à regrouper sous le même toit une agence d'urbanisme, un atelier d'architecture, un bureau d'études en génie civil, une société d'entreprise générale, une société de promotion et de recherche de financement et une société de régie immobilière [...].

La diversité de nos services, notre expérience dans tous les domaines touchant à l'immobilier, nous permettent d'intervenir pour vous efficacement à l'échelon de l'étude de projets, de la réalisation de tout ou partie de leur exécution puis de la saine gestion de l'ouvrage achevé.

Consultez-nous sans engagement. Retournez-nous simplement la carte ci-dessous. Quel que soit votre problème, nous pouvons vous aider à le résoudre à des conditions plus avantageuses et plus rapides que si vous deviez recourir séparément à plusieurs services spécialisés.»

20.9 Weiter unten figuriert in Fettschrift: «Consultez-nous!» mit einem an Architekt Guyot adressierten Antwortabschnitt.

20.10 Die Kantonale Architektenkammer sieht in diesem Faltblatt eine unlautere bzw. verbotene Werbung i.S. des LPrA-VD (kantonales Gesetz über den Architektenberuf; *a*Art. 10: «L'architecte s'interdit toute publicité.»; Art. 11: «L'architecte s'interdit toutes démarches et tous actes déloyaux à l'égard d'un confrère, notamment le plagiat.»). Sie verurteilt Architekt Guyot zu einer Busse von CHF 1000.–. Der Staatsrat bestätigt auf Beschwerde von Architekt Guyot hin die Busse. Entsprechend zieht Architekt Guyot die Beschwerde an das Bundesgericht weiter und macht eine Verletzung der Handels- und Gewerbefreiheit geltend (Art. 31 *a*BV; seit dem 1. Januar 2000: Wirtschaftsfreiheit, Art. 27 BV).

20.11 **2.** *Entscheid (BGE 104 Ia 473)*[3]: In seinem Entscheid hält das Bundesgericht fest, dass Architekten zwar im Genuss der Wirtschaftsfreiheit stehen, die namentlich auch das Recht auf Werbung umfasst; dieses Recht aber durch kantonale handelspolizeiliche Massnahmen eingeschränkt werden kann, die dem Schutz vor unlauterem Wettbewerb und vor Irreführung der Öffentlichkeit dienen sollen. Es hält ebenfalls fest, dass die Kantone sich gegenüber selbständig Erwerbenden restriktiver zeigen dürfen als gegenüber handels- und gewerbetreibenden Personen, da diese in den Beziehungen zu ihren Kunden und der Öffentlichkeit ein würdiges und korrektes Verhalten an den Tag legen müssen. So sollen diese namentlich nicht zu Werbemitteln greifen, die ein schlechtes Licht auf ihren Berufsstand werfen könnten. Folglich steht es den Kantonen frei, Werbung, die auf den finanziellen Aspekt der Tätigkeit abstellt und aufdringlich, stark profitorientiert oder irreführend wäre, zu untersagen. Für eine Abgrenzung zwischen zulässiger und unzulässiger Werbung ist auf die Gewohnheiten und allgemeinen Ansichten der Berufssparte innerhalb des Kantons abzustellen. Für die Architekten sind diese Gewohnheiten in der Deontologischen Ordnung der Internationalen Architektenvereinigung (UIA) und in der SIA-Norm 154 (1973): «Ordnung über die Werbung» verankert. Die Busse gegen Archi-

[3] BGE 104 Ia 473 (= BR/DC 1981, S. 19, Nr. 29, mit Anm. Tercier).

tekt Guyot wurde nicht aufgrund der Tatsache ausgesprochen, dass er Werbung betrieben hat, sondern weil das Faltblatt Übertreibungen enthält und die Würde des Berufsstandes verletzt; sie wurde damit bestätigt.

3. *a*Art. 10 LPrA-VD wurde 1998 aufgehoben, was auf eine gewisse Aufweichung der Auffassungen über die Werbung schliessen lässt. Der Entscheid galt im Übrigen nur für Architekten und nicht für Ingenieure. 20.12

3. Ausarbeitung von Bauprojekten und Gesuchstellung durch zugelassene Personen

1. *Sachverhalt (80er-Jahre):* Die Ehegatten P. beauftragen Architekt C. mit der Ausarbeitung und Auflage ihres Bauprojekts. Nach Ausarbeitung der Pläne stellt C. den Ehegatten P. den Betrag von CHF 28 942.20 in Rechnung. Die Ehegatten P. bestreiten, diesen Betrag zu schulden: C. habe sie insofern getäuscht, als er behauptet habe, in der Liste der anerkannten Architekten des Kantons Waadt eingetragen zu sein, was aber nicht der Fall sei. C. klagt den Betrag ein. 20.13

2. *Entscheid (BGE 117 II 47)*[4]: Wie auch andere kantonale Gesetzgebungen sieht das LATC-VD (Raumplanungs- und Baugesetz) vor, dass – ausgenommen bei Bauten von geringer Bedeutung – die Pläne aller Bauten, für die eine Baubewilligung eingeholt werden muss, von einem Architekten verfasst und unterzeichnet werden müssen; für besondere Pläne sind in diesem Bereich spezialisierte Ingenieure zuständig (Art. 106 LATC-VD). Als zugelassene Architekten oder Ingenieure gelten unter anderem die im Register A oder B des REG (Stiftung der Schweizerischen Register der Fachleute in den Bereichen des Ingenieurwesens, der Architektur und der Umwelt) eingetragenen Personen. Da C. nicht in diesem Register eingetragen ist, kann er die notwendigen Schritte für die Einleitung des Baugesuchs nicht unternehmen. Die Beurteilung der möglichen Folgen einer derartigen (öffentlich-rechtlichen) Unmöglichkeit zur Erbringung der Leistung auf den Vertrag zwischen Architekt bzw. Ingenieur und seinen Kunden ist allerdings nicht einfach. Das LATC-VD enthält keine Antwort zu dieser Frage. Gemäss den Ehegatten P. ist der Vertrag nichtig (Art. 20 OR), da der Inhalt rechtswidrig und unmöglich ist. Für gewisse Autoren handelt es sich aber eher um einen anfechtbaren Vertrag, da sich der Kunde über die Anerkennung des Architekten oder Ingenieurs im Irrtum befindet (oder – schlimmer noch – da er getäuscht wurde); «technisch» gesehen handle es sich also um einen Willensmangel (Art. 23 OR). Das Bundesgericht nimmt die zweite Lösung an, da sie den Kunden besser schützt; dieser hat die Wahl zwischen Anfechtung oder Genehmigung des Vertrags, wohingegen die Nichtigkeit ihm keine Wahlfreiheit gewährt; zudem entspricht eine derart schwerwiegende Folge wie die Nichtigkeit nicht unbedingt der Zielsetzung des kantonalen Raumplanungs- und Baugesetzes; eine solche Massnahme wäre insofern völlig unzweckmässig, als der Architekt oder Ingenieur schon Pläne fertiggestellt hat, die sich im Grunde als zufriedenstellend erweisen. 20.14

[4] BGE 117 II 47 (= BR/DC 1993, S. 44, Nr. 99, mit Anm. Tercier).

20.15 **3.** Haben die Ehegatten den Vertrag nicht angefochten, müssen sie dem Architekten C. sein Honorar (unter Abzug des entstandenen Schadens) also entrichten.

4. Kantonales Register der anerkannten Beauftragten: Verweis oder Löschung aus dem Register als disziplinarische Massnahme

A. Verweis

20.16 **1.** *Sachverhalt (2009):* A. hat im Jahr 2005 das Studium als Bauingenieur mit dem Zusatz «edilizia» der Scuola universitaria professionale della Svizzera italiana (SUPSI) abgeschlossen. Er wird im Register des Ordine degli ingegneri e architetti del Cantone Ticino (OTIA) unter der Rubrik «Bauingenieur» eingetragen. Im Juli 2008 unterbreitet die B. SA bei der Gemeinde Bellinzona ein Baugesuch betreffend die Überbauung einer Parzelle, die im Eigentum von A.s Vater steht. Das Baugesuch ist von A. in seiner Eigenschaft als Vertreter der Gesuchstellerin und als Verantwortlicher für die Planung unterzeichnet worden. Die Aufsichtskommission des OTIA hat auf Grundlage dieses Baugesuchs ein Disziplinarverfahren gegen A. eröffnet und geltend gemacht, bei dem von ihm unterzeichneten Projekt handle es sich um ein architektonisches Projekt und es läge entsprechend nicht in seinem Kompetenzbereich, da er im Register unter der Berufsgruppe «Bauingenieur» eingetragen sei. A. wird mit der Begründung, er habe die Bestimmungen des LEPIA-TI (Gesetz über die Ausübung des Ingenieur- und Architektenberufs) verletzt, ein Verweis erteilt. Der Entscheid wird in der Folge vom Verwaltungsgericht des Kantons Tessin bestätigt.

20.17 **2.** *Entscheid (BGer 2C_828/2010 vom 10. März 2011)*[5]: Im Rahmen einer Beschwerde in öffentlich-rechtlichen Angelegenheiten an das Bundesgericht macht A. eine Verletzung des Willkürverbots (Art. 9 BV) geltend. Nach Ansicht des Bundesgerichts ist dieser Vorwurf nicht begründet: So gelinge es A. einerseits nicht, darzulegen, worin im vorliegenden Fall die Willkür bestünde (das Bundesgericht ist keine appellatorische Instanz und überprüft entsprechend nur genügend begründete Anträge); zudem sei die Art und Weise der Anwendung der kantonalen Gesetzgebung durch die Aufsichtskommission weder unklar und offensichtlich unhaltbar, noch habe diese die genaue Bedeutung der von A. erworbenen Diplome verkannt. A. sei im kantonalen Register in der Rubrik «Bauingenieur» eingetragen; das betreffende Bauprojekt sei hingegen rein architektonischer bzw. planerischer Natur. Grundsätzlich sei es unerlässlich, dass die Tätigkeit der im Register eingetragenen Personen auf diejenigen Bereiche beschränkt bleibe, für welche diese (auf Grundlage ihrer im Zeitpunkt der Eintragung vorgewiesenen Berufsdiplome) eingetragen seien.[6]

---

5 Vgl. zu diesem Urteil auch die Anm. von Zufferey (= BR/DC 2012, S. 30, Nr. 165).

6 Vgl. insb. auch BGer 2C_828/2010 vom 10. März 2011 E. 3.1.

B. Löschung aus dem Register

1. *Sachverhalt (2010 und 2014):* Ein Genfer Architekt wird provisorisch aus dem kantonalen Register der anerkannten Beauftragten gestrichen, da er mehrfach die kantonalen Bauvorschriften verletzt sowie sich über Baueinstellungsverfügungen hinweggesetzt hat. Er zieht seine Beschwerde gegen diesen Entscheid bis ans Bundesgericht. 20.18

2. *Entscheid Nr. 1 (BGer 2C_268/2010 vom 18. Juni 2010):* Der Kanton Genf hat am 17. Dezember 1982 das LPAI-GE (Gesetz über die Ausübung des Architekten- und Ingenieurberufs) angenommen. Art. 1 LPAI-GE sieht vor, dass die unabhängige Ausübung des Architekten- oder Ingenieurberufs sowie ähnlicher Berufe im Kanton für Arbeiten, deren Ausführung gemäss dem kantonalen Gesetz über Bauten und Anlagen vom 14. April 1988 beruflich qualifizierten und vom Kanton anerkannten Beauftragten (hiernach: Beauftragten) vorbehalten ist, einer Bewilligung unterliegt. Gemäss Art. 2 LPAI-GE wird eine öffentliche Liste der Beauftragten geführt. Art. 5 LPAI-GE sieht die Löschung aus dem Register vor, wenn die Eintragungsvoraussetzungen nicht mehr erfüllt sind, bei schweren oder wiederholten Verletzungen der beruflichen Pflichten oder bei anderen schwerwiegenden Gründen; vorbehaltlich der provisorischen Löschung für maximal zwei Jahre durch die Architekten- und Ingenieurkammer gemäss Art. 13 Abs. 1 lit. c LPAI-GE wird die Löschung auf Antrag der Kammer vom Staatsrat beschlossen. 20.19

Bei den freien Berufen sind die Verhaltensregeln häufig nicht schriftlich verankert und beruhen auf lokalen oder beruflichen Usanzen. Dies hat zur Folge, dass die Mitglieder dieser Berufssparten zahlreiche nicht ausdrücklich in einem Gesetzestext vorgesehene Standesregeln beachten müssen. Der Kanton Genf hat allerdings in Art. 11 Abs. 2 lit. b LPAI-GE klar vorgesehen, dass eine der Hauptaufgaben der Architekten- und Ingenieurkammer darin besteht, Verletzungen dieses Gesetzes über die Berufsausübung des Architekten- und Ingenieurberufs oder beruflicher Usanzen sowie unlauteren Wettbewerb zu ahnden. Diese sehr weit gefasste Bestimmung bildet eine ausreichende Grundlage für disziplinarische Strafen. 20.20

Art. 6 Abs. 2 LPAI-GE (Kap. II unter dem Titel: Rechte und Pflichten) sieht die Pflicht des Architekten vor, die ihm von seinem Auftraggeber übertragenen Aufgaben sorgfältig und umsichtig auszuführen und dessen rechtmässigen Interessen bestmöglich zu dienen. Die Bestimmung sieht zudem vor, dass er dabei im öffentlichen Interesse qualitativ hochstehende Werke in Bezug auf Sicherheit, Hygiene, Ästhetik und Umwelt anzustreben hat. Die Beachtung baupolizeilicher Vorgaben gehört entsprechend in den Aufgabenbereich des Architekten, womit die Bestimmung eine genügende gesetzliche Grundlage darstellt, einen Architekten für die Verletzung des Baupolizeirechts disziplinarisch zu belangen. 20.21

Der Beschwerdeführer ist zweimal wegen Nichtbeachtung von Baueinstellungsverfügungen zu Verwaltungsstrafen verurteilt worden. Ein solches Verhalten stellt insofern eine Verletzung der im Genfer Gesetz über die Ausübung des Architekten- und Ingenieurberufs vorgesehenen beruflichen Pflichten der Architekten dar, als es sicherlich nicht zu dessen besseren Anwendung führt und eine Missachtung der Weisungen der Verwal- 20.22

tungsbehörde darstellt, mit welcher der Architekt eng zusammenarbeiten muss. Das beanstandete Verhalten fällt somit unter die vom Disziplinarrecht der Architekten sanktionierten Handlungen. Folglich hat das Verwaltungsgericht den Legalitätsgrundsatz in keiner Weise verletzt, und sein Entscheid ist weder willkürlich noch stellt er eine Rechtsverletzung dar.

20.23 Die verfügte Massnahme erscheint in Anbetracht der gegen den Beschwerdeführer vorgebrachten Tatsachen gerechtfertigt, zumal diesem schon zahlreiche Verwaltungsbussen auferlegt wurden und im Jahr 1999 eine Löschung aus dem Register für sechs Monate sowie eine Busse von CHF 5000.– verfügt worden war.

20.24 **3.** *Entscheid Nr. 2 (BGer 2C_448/2014 vom 5. November 2014)*[7]: Der Architekt erhebt Beschwerde gegen seine Löschung aus dem Register. In der Zwischenzeit nimmt er einen Auftrag an, ohne seine Auftraggeber über das Risiko einer Sanktion ihm gegenüber zu informieren. Während man von einem Architekten nicht erwarten kann, dass er einen Auftrag ablehnt, solange sein Ausschluss nicht definitiv ist, unterliegt er diesbezüglich doch einer Informationspflicht, um den Interessen seiner Auftraggeber bestmöglich zu dienen. Die einjährige Löschung aus dem Register stellt einen schwerwiegenden Eingriff in die Wirtschaftsfreiheit dar (Art. 27 BV). In casu handelt es sich aber nicht um eine klar unverhältnismässige Massnahme: Die Verletzung der Informationspflicht ist im Lichte der Vorgeschichte des Architekten zu beurteilen, der bereits mehrere Male gesperrt wurde.

5. Aufnahmeprüfung für Architekten zum Eintrag in das REG

20.25 **1.** *Sachverhalt (2009):* C. hat sich bei der Prüfungskommission der Stiftung der Schweizerischen Register der Fachleute in den Bereichen des Ingenieurwesens, der Architektur und der Umwelt für die Eintragung in das Register B zur mündlichen Prüfung angemeldet. Die Prüfungskommission lehnt den Antrag auf Eintrag in das REG ab. Dabei hält sie im Wesentlichen fest, dass die Experten beim architektonischen Ansatz die Erläuterungen betreffend die Gebäudestellung, die Gestaltung der Volumen sowie der Aussen- und Innenräume, die Ausrichtung, die Erschliessung und die Organisation von Grundriss und Schnitten als nicht ausreichend beurteilt haben. Zudem haben die Experten das Fehlen einer Hierarchie in den vorgeschlagenen Lösungen und in den getroffenen Entscheiden bemängelt; so beispielsweise das Zusammenspiel zwischen architektonischer Zielsetzung, dekorativen Elementen sowie praktischen und baurechtlichen Einschränkungen. Des Weiteren kann die Prüfungskommission keinen Willen zu einer Umsetzung der Skizzen feststellen, weder in konzeptioneller noch in konstruktiver Hinsicht. Nach ihrer Auffassung hat C. aufgrund seiner pragmatischen Herangehensweise bei den konstruktiven Details mehrfach gewisse grundlegende Prinzipien bezüglich Tragwerk oder Wärmedämmung ausser Acht gelassen. Abschliessend hält die Kommission fest, dass

[7] BGer 2C_448/2014 vom 5. November 2014 (= BR/DC 2015, S. 113, Nr. 243, mit Anm. Zufferey).

auch die Antworten im Bereich Kunstgeschichte bezüglich Daten, Orte und Stilrichtungen ungenügend waren.

2. *Entscheid des BVGer (B-5988/2008 vom 9. Januar 2009):* Das Bundesverwaltungsgericht weist die Beschwerde von C. ab. Es hält fest, dass C. auf Grundlage des Prüfungsreglements kein Recht auf Einsicht in das Protokoll der Prüfungskommission zukommt, dass sein Anspruch auf rechtliches Gehör ihm nicht das Recht gewähre, sich zu seinen Prüfungsresultaten zu äussern, bevor die Prüfungskommission ihren Entscheid gefasst habe, dass die Prüfungskommission berechtigt sei, die mittelmässige Qualität der schriftlichen Arbeit von C. auch dann zu berücksichtigen, wenn sie ihn anschliessend zur mündlichen Prüfung zugelassen habe, und dass schliesslich auch die von C. vorgelegten Referenzen von Drittpersonen nicht ausreichend seien. 20.26

3. *Entscheid des BGer (2C_97/2009 vom 9. April 2009):* Das Bundesgericht erklärt die Beschwerde in öffentlich-rechtlichen Angelegenheiten von X. (vormals C.) für unzulässig. Gemäss Art. 83 lit. t BGG ist die Beschwerde gegen Entscheide über das Ergebnis von Prüfungen und anderen Fähigkeitsbewertungen, namentlich auf den Gebieten der Schule, der Weiterbildung und der Berufsausübung, unzulässig. Im vorliegenden Fall bildet ein Prüfungsergebnis, aufgrund dessen der Beschwerdeführer nicht im Register B der Architekten eingetragen wurde, Gegenstand des angefochtenen Entscheids. Da der angefochtene Entscheid von einer Bundesbehörde gefällt wurde, steht auch die subsidiäre Verfassungsbeschwerde nicht offen; diese kann nur gegen letztinstanzliche kantonale Entscheide geführt werden (Art. 113 BGG). 20.27

4. Gegen Entscheide der Prüfungskommission über die Verweigerung der Eintragung in Register der REG kann Beschwerde zunächst beim SBFI und anschliessend beim Bundesverwaltungsgericht geführt werden.[8] 20.28

6. Zulassung der Planer zu Vergabeverfahren und Beurteilung ihrer Eignung

1. *Entscheid des VGer TI (STA 52.2016.399 vom 27. März 2017)*[9]*:* In der Ausschreibung wurde von den Anbietern ein Nachweis über die Herstellerqualifikation Klasse EXC3 im Stahlbau (Metallingenieur gemass der Norm EN 1090) verlangt. Das Kantonsgericht erachtet ein Diplom in Elektrotechnik als unzureichend. Dieses bescheinige eher eine Ingenieursausbildung in Informationstechnik, und weniger in Industrie- oder Bau- und Umwelttechnik. Unerheblich sind diesbezüglich das GPA (Übereinkommen über das öffentliche Beschaffungswesen) und das FZA ([Personen-]Freizügigkeitsabkommen), da sie keinen direkten Mechanismus für die Anerkennung ausländischer persönlicher Qualifikationen enthalten und auch eine entsprechende in der Schweiz erlangte Ausbildung 20.29

---

8 Beispiel BVGer B-1845/2015 vom 7. März 2016.

9 VGer TI STA 52.2016.399 vom 27. März 2017 (= BR/DC 2017, S. 261, Nr. 611, mit Anm. Zufferey).

nicht ausreichend wäre. Obwohl die Anerkennung ausländischer Ausbildungen normalerweise in die Zuständigkeit des SBFI fällt, urteilt das kantonale Verwaltungsgericht, dass der Anbieter die Eignungskriterien nicht erfüllt; er hätte deshalb vom Verfahren ausgeschlossen werden müssen.

20.30 **2.** *Entscheid des VGer TI (STA 52.2018.8 und 52.2018.66 vom 7. Mai 2018):* Der Beruf des Geometers ist in der Schweiz nicht reglementiert, er kann also grundsätzlich frei ausgeübt werden (vgl. aber Rz. 20.33 f.). Dennoch müssen ausländische Diplome vom SBFI anerkannt werden, entsprechend den Bestimmungen über nicht reglementierte Berufe in der Bundesgesetzgebung über die Berufsbildung (Art. 69b BBV). In casu stimmt die italienische Ausbildung zum Geometer nicht mit derjenigen in der Schweiz überein. Aufgrund der fehlenden Eignung hätte der Anbieter deshalb vom Verfahren ausgeschlossen werden müssen.

20.31 **3.** *Zahlreiche weitere Entscheide* aus dem öffentlichen Vergaberecht können in diesem Kontext als Beispiel aufgeführt werden: Das Teileignungskriterium «Fähigkeit des Projektleiters» erkennt einem Anbieter 2,5 Punkte zu, der einen Projektleiter im Besitz eines Diploms der ETH oder FHS einsetzt, ohne dass das Fehlen eines solchen Diploms ein Ausschlussgrund wäre; ein Unternehmen, welches für diese Stelle einen Projektleiter mit EFZ anbietet, erhält dagegen 1,5 Punkte.[10] Die Anbieter, die über Ingenieure mit höherem Abschluss verfügen, dürfen erwarten, besser bewertet zu werden; ein Auftrag wurde deshalb fälschlicherweise an einen Anbieter vergeben, bei dem kein Angestellter über ein entsprechendes Diplom verfügte.[11] Ein Ausschluss eines Anbieters, der die verlangten Eignungskriterien nicht erfüllt (Diplom oder Nachweis des Eintrags ins REG oder in ein gleichwertiges ausländisches Register), ist zulässig.[12] Will ein Anbieter behaupten, dass 20 Jahre Erfahrung das Fehlen eines Diploms ersetzen können, hat er dies bei Erhalt der Ausschreibungsunterlagen zu tun.[13]

III. Die materiellrechtliche Regelung

1. Das schweizerische Recht

20.32 **1.** Die aufgeführten Fälle zeigen, dass weder der Architekten-, der Ingenieur- noch der Geometerberuf frei ausgeübt werden kann, sondern vielmehr durch ein ganzes Geflecht öffentlich-rechtlicher Bestimmungen reglementiert wird, die Gegenstand der nachstehenden Ausführungen sind.

---

10 KGer VS A1 09 212 vom 26. Februar 2010 (= BR/DC 2010, S. 221, Nr. 69, mit Anm. Zufferey).

11 KGer VS A1 11 11 vom 20. September 2011 (= BR/DC 2012, S. 114, Nr. 123, mit Anm. Zufferey).

12 KGer VD MPU.2015.0038 vom 7. September 2015 (= BR/DC 2016, S. 243, Nr. 406, mit Anm. Zufferey).

13 VGer TI STA 52.2010.306 vom 9. September 2010 (= BR/DC 2012, S. 34, Nr. 23, mit Anm. Zufferey/Grisel Rapin).

2. Eine einheitliche bundesrechtliche Regelung besteht weder für den Beruf des Architekten noch für denjenigen des Ingenieurs. Für beide Berufssparten finden sich in gewissen Kantonen aber zahlreiche Bestimmungen, die in Form und Inhalt voneinander abweichen können. Anders verhält es sich für den Beruf des Ingenieur-Geometers, der nachfolgend als Erstes behandelt wird. 20.33

A. Bundesrecht (Geometer)

1. Die Regelung für den Beruf des *Geometers* erfuhr mit Inkrafttreten des GeoIG vom 5. Oktober 2007 (Bundesgesetz über Geoinformation) eine Änderung: Gemäss Art. 41 Abs. 1 GeoIG ist zur selbständigen Ausführung von Arbeiten der amtlichen Vermessung berechtigt, wer das eidgenössische Staatsexamen erfolgreich bestanden hat und im Register der Ingenieur-Geometerinnen und Ingenieur-Geometer eingetragen ist. Die GeomV vom 21. Mai 2008 (vgl. Art. 41 Abs. 3 GeoIG) bestimmt im Detail die Voraussetzungen für die Zulassung zum Staatsexamen und dessen Ablauf unter dem Vorsitz einer Aufsichtsbehörde, der Geometerkommission, die paritätisch aus Vertretern des Bundes und des Berufsstands zusammengesetzt ist.[14] Diese Partnerschaft zwischen öffentlichem Bereich und Vertretern privatrechtlich konstituierter Berufsorganisationen hat sich seit Langem bewährt und wurde entsprechend bei der Einführung des Bundesregisters übernommen; hier werden rechtlich bedeutende Aktivitäten, die primär hoheitliche Aufgaben (Staatsaufgaben) darstellen (die Bestimmung der Grenzen des Grundeigentums), auf Privatpersonen übertragen. Bei Eingriffen in die Wirtschaftsfreiheit der Ingenieur-Geometer führt dieses System zu einer Herabsetzung der Anforderungen an den Grundsatz der Gesetzmässigkeit. So wird beispielsweise bei der Geometerkommission die Einführung einer Altersgrenze zur Ausübung von Arbeiten der amtlichen Vermessung diskutiert. Diese müsste aber auf Gesetzesstufe verankert werden. Periodische Kontrollen zur Sicherstellung der Qualität der Arbeiten bei den im Register eingetragenen Personen wären hingegen schon heute möglich.[15] 20.34

2. Mit dieser Regelung sollte die *Freizügigkeit der Ingenieur-Geometer* innerhalb der Schweiz ohne Schwierigkeiten umsetzbar sein: 20.35

– Was die Durchführung von amtlichen Vermessungen anbelangt, kann ein Kanton sich nicht mehr auf seine Gesetzgebung über die amtliche Vermessung berufen, um einem Ingenieur-Geometer aus einem anderen Kanton unter dem Vorwand, er habe kein Geschäftsdomizil im Kanton, den Zugang zu einer öffentlichen Ausschreibung 20.36

[14] Gegen den negativen Entscheid der (Eidgenössischen) Geometerkommission über das Bestehen der Prüfung kann Beschwerde beim Bundesverwaltungsgericht geführt werden (Art. 31 und Art. 33 lit. f VGG i.V.m. Art. 5 und Art. 44 VwVG); vgl. für ein Beispiel BVGer B-8009/2010 vom 29. November 2011.

[15] Kettiger, Amtliche Vermessung, S. 23.

für die technische Leitung einer Landumlegung zu verweigern.[16] Das gilt insbesondere auch für Vermessungsarbeiten in Zusammenhang mit der Errichtung von Bauten.

20.37 – Auch für weiter gehende Arbeiten im Zusammenhang mit der *Errichtung von Bauten* (Anfertigung eines Situationsplans im Zusammenhang mit einer Baubewilligung oder einer Standortbewilligung; Erstellen eines Übereinstimmungsnachweises, der bestätigt, dass das Bauwerk den Bauplänen und den Bedingungen der Baubewilligung entspricht[17]) erfüllt ein eidgenössisch patentierter Ingenieur-Geometer (i.S.v. Art. 41 Abs. 1 GeoIG) unabhängig von seinem Geschäftsdomizil *a priori* die Anforderungen der kantonalen Baugesetzgebungen. Dies gilt aber nicht für einen Geometer, der zwar über ein Ingenieur-Geometer-Diplom,[18] nicht aber über das eidgenössische Diplom gemäss Art. 41 Abs. 1 GeoIG verfügt; Letzteres attestiert nämlich zusätzlich Erfahrung und Kenntnisse im Baurecht, deren Fehlen aus baupolizeilichen Überlegungen einen Eingriff in die Wirtschaftsfreiheit (Art. 27 BV) rechtfertigen kann.[19]

B. Kantonales Recht

a. Allgemeines

20.38 **1.** Wie schon erwähnt, wird der Architekten- und der Ingenieurberuf auf *kantonaler* Ebene geregelt. In der nachfolgenden Übersicht werden für jeden Kanton die materiellen Berufszugangsvoraussetzungen, die der Regelung unterstellten Planerleistungen und die verwaltungsrechtlichen Mittel dargestellt, die zur Umsetzung dieser Regeln zur Verfügung stehen. Diese Angaben sind den kantonalen Gesetzgebungen über die Architekten, Ingenieure und (sofern solche bestehen) über ihre Register sowie den Raumplanungs-, Bau- und vergaberechtlichen Erlassen entnommen; hinzu kommen gewisse interkantonale Quellen, wie die vom Regierungsausschuss des Espace Mittelland angenommene Verwaltungsvereinbarung vom 12. März 1999 über reglementierte gewerbliche Tätigkeiten (Espace Mittelland)[20].

20.39 **2.** Die Angaben gelten sowohl für den Beruf des Architekten (inkl. Städteplaner) wie auch für denjenigen des Ingenieurs; die Besonderheiten der jeweiligen berufsspezifischen Leistungen sind zusätzlich aufgeführt.

---

16 Siehe schon VGer FR vom 24. Mai 2000 (= FZR 2000, S. 143, Nr. 20 = BR/DC 2002, S. 80, Nr. 32, mit Anm. Esseiva).

17 Vgl. z.B. Art. 166 RPBG-FR.

18 Einer Universität oder Fachhochschule.

19 In diesem Sinne bereits BGer 2P.182/2001 vom 18. Juni 2002.

20 Für die Kantone Freiburg (SR-FR 940.3) und Jura (SR-JU 943.91) am 1. Juli 1999 in Kraft getreten.

b. Übersicht und Auswirkungen der bestehenden Regelung

Die anschliessende Übersicht zeigt, dass zwischen den einzelnen Kantonen grosse Unterschiede bestehen können. 20.40

1. Die Kantone können den Zugang zum Architekten- oder zum Ingenieurberuf direkt, indirekt oder auf beide Weisen regeln: Der Zugang wird *direkt* geregelt, wenn das kantonale Recht eine Eintragung in ein kantonales Register oder eine besondere Berufsausübungsbewilligung vorschreibt (Freiburg, Genf, Neuenburg, Tessin, Waadt). *Indirekt* kann der Zugang geregelt werden, wenn die Kantone ihren Behörden die Kompetenz übertragen, die Teilnahme an einem Auswahlverfahren bei einer öffentlichen Beschaffung von der Eintragung auf einer ständigen Liste abhängig zu machen (Freiburg, Jura, Neuenburg, Waadt, Wallis, Bern), oder wenn – selbst ohne besondere Eintragungs- oder Bewilligungsanforderungen – gewisse Leistungen aufgrund baupolizeilicher Bestimmungen nur von gemäss der kantonalen Gesetzgebung besonders qualifizierten Architekten oder Ingenieuren erbracht werden können.[21] 20.41

2. Bei den *Westschweizer Kantonen* bestehen zwischen den *formellen* Quellen, in denen die rechtlichen Anforderungen verankert sind, grosse Unterschiede. Bei den *materiellen* Bewilligungsvoraussetzungen lassen sich hingegen starke Ähnlichkeiten feststellen. Die den jeweils anerkannten Planern vorbehaltenen Leistungen wiederum gehen stark auseinander. Der Rahmen reicht hier von einem Minimalregime wie im Kanton Wallis (die private Bautätigkeit ist noch bis Ende 2022 vollkommen frei) bis zu einem stark reglementierten Regime wie im Kanton Genf; der Kanton Tessin verfügt sogar über ein Gesetz über den Beruf des Bauunternehmers (LEPICOSC-TI). 20.42

In diesem Zusammenhang stellt sich auch die Frage der Rechtfertigung einer Unterscheidung zwischen *öffentlicher* und *privater* Bautätigkeit. In einem Urteil vom 11. April 2002 zu einem neuen Gesetz über den Architektenberuf hat der Verfassungsgerichtshof des jurassischen Kantonsgerichts darin eine Verletzung des Gleichbehandlungsgebots (Art. 8 BV) gesehen und das Gesetz mit Entscheid vom 11. April 2002 aufgehoben: (1) Die Kantone haben die Möglichkeit – jedoch keine Verpflichtung –, von den Architekten besondere Qualifikationen zu fordern, damit ein angemessener Schutz der Öffentlichkeit sichergestellt werden kann. Diesem Ziel wird jedoch dann nicht mehr entsprochen, wenn ein Gesetz solche Anforderungen nur für den Bereich von öffentlichen Bauten festlegt und ansonsten ganz allgemein auf jegliche Bewilligung für die Berufsausübung verzichtet. Aus den gleichen Gründen besteht dann eine unzulässige Rechtsungleichheit zwischen zwei Personengruppen, die dem gleichen Wirtschaftszweig angehören und sich mit identischen Angeboten an den gleichen Personenkreis wenden, um gleichwertige Bedürfnisse zu erfüllen. (2) Verfolgt der Staat eine Politik der Qualitätsförderung bei architektonischen Leistungen, kann er dies über das öffentliche Beschaffungswesen verwirklichen: Hier handelt es sich dann nicht um baupolizeiliche Einschränkungen zum 20.43

---

[21] Zu den Grenzen der Zulässigkeit dieser kantonalen Zugangsbeschränkungen vgl. Rz. 20.52.

Schutz eines öffentlichen Interesses, sondern einfach um die Regulierung der Beschaffungen mittels Vertrag. Das Beschaffungsrecht kann hingegen nicht *a priori* die Teilnahme von nicht diplomierten Leistungserbringern an den Vergabeverfahren ausschliessen; sobald die baupolizeilichen Bestimmungen Architekten die Erbringung von Leistungen (auch wenn hierfür bedeutende technische und theoretische Kenntnisse benötigt werden) an Private erlauben, gibt es keinen Grund, anzunehmen, dass diese nicht in der Lage wären, auch Aufträge für öffentliche Auftraggeberinnen auszuführen.[22]

20.44 **3.** In den meisten *deutschsprachigen Kantonen* wird der Planerberuf nicht geregelt; der Zugang zu dieser Tätigkeit ist folglich frei (Wirtschaftsfreiheit, Art. 27 BV) und der Beizug eines befugten Fachmanns ist weder für den Bereich der privaten Bautätigkeit – der Bauherr kann sein Gesuch um Baubewilligung folglich selber unterzeichnen[23] – noch für denjenigen öffentlicher Bauten obligatorisch. Nur wenige Kantone weichen von diesem Grundsatz ab und kennen entweder eine ähnliche wie die vorgängig für die Westschweizer Kantone beschriebene Regelung (z.B. Luzern) oder schreiben das Bestehen von «nötigen Fachkenntnissen» vor, ohne allerdings den Nachweis spezifischer Diplome zu verlangen (z.B. Basel-Stadt). Zu berücksichtigen bleibt zudem, dass bei öffentlichen Bauten in den meisten Fällen ein öffentliches Beschaffungsverfahren durchgeführt werden muss, womit der Zugang entweder ausdrücklich oder aufgrund des Zusammenspiels von Konkurrenz und Eignungskriterien diplomierten Fachleuten vorbehalten bleibt. In diesem Zusammenhang verfügen gewisse Kantone über besondere Regelungen für Architektur- und Ingenieuraufträge.[24]

20.45 Wirtschaftliche Globalisierung und Europäische Integration führen dazu, dass sich diese Unterschiede bei der *Personenfreizügigkeit* als Hemmnisse auswirken; diese Frage wird nachfolgend (Rz. 20.47 ff.) behandelt.

20.46 **4.** Obgleich keine spezifische bundesrechtliche Regelung des Architekten- und des Ingenieurberufs besteht, schützt das UWG die Namen aller Ausbildungsstätten, welche Titel im Bereich von Architektur und Ingenieurwesen verleihen; ein Fachmann darf die Namen dieser Ausbildungsstätten und die von diesen verliehenen Titel also nicht missbrauchen (Art. 3 Abs. 1 lit. c UWG[25]). Die Bezeichnung *Architekt* als solche ist hingegen

---

[22] Vgl. zur Tessiner Gesetzgebung BGer 2P.440/1995 vom 12. März 1997.

[23] Vgl. Formular für Zürich, abrufbar unter: <www.baugesuche.zh.ch> (besucht am 20. Juli 2018).

[24] Beispielsweise Solothurn: Weisungen über die Anpassung von Honoraransätzen für Architektur- und Ingenieuraufträge per 1. Januar 1996 (SR-SO 721.56).

[25] Der Bausektor ist von dieser Verwechslungsgefahr besonders betroffen, da er diverse Berufe umfasst, die der Laie aufgrund deren technischen Natur nur schwer auseinanderhalten kann. In einem bereits weit zurückliegenden Entscheid hielt das Bundesgericht fest, dass Techniker und Technikerinnen, die zwar im Besitz eines Diploms einer höheren technischen Schule waren, aber über keine universitäre Ausbildung verfügten, durch die Verwendung der Titel «Ingenieur HTL» und «Architekt HTL» unlauter handelten (das Gesetz sah damals die Bezeichnung «Ingenieur/Architekt-Techniker HTL» vor; BGE 93 II 135/143 E. 3b–c). Obwohl es entsprechende Schulen und ihre Titel nicht mehr gibt, gilt dieser Grundsatz weiterhin: Die Erwähnung der Schule und die von ihnen verliehenen Titel (Ingenieur und Architekt) bleiben reglementiert und geschützt, unabhängig von deren Einfluss auf

nicht geschützt; Gleiches gilt in Kantonen, in denen der Beruf an sich reglementiert ist, für die Bezeichnungen Architektur-«Büro» oder «Atelier». In der Praxis wird diese Lücke weitgehend durch Privatregister geschlossen, wobei namentlich das von der vorgängig erwähnten Stiftung der Schweizerischen Register der Ingenieure, Architekten und Techniker (REG; siehe Rz. 20.25 ff.) auf Grundlage eines 1983 (und erneuert 2014) mit dem Eidgenössischen Volkswirtschaftsdepartement (EVD) geschlossenen Vertrags geführte gleichnamige Register (Schweizerisches Register der Fachleute in den Bereichen des Ingenieurwesens, der Architektur und der Umwelt) zu erwähnen ist. In dieses Register werden alle Personen aufgenommen, welche die vom EVD vorgeschriebenen Prüfungen bestanden haben. Das REG wird auf drei Ebenen geführt: Universität (A), Fachhochschule (B) und Technikum (C); unter gewissen Voraussetzungen (längere, erfolgreiche Berufstätigkeit, Vorlage von Arbeiten) können eingetragene Personen auf einer höheren Ebene eingetragen werden.[26] In der Praxis spielt dieses Einschreibesystem – in welcher Form auch immer – eine wichtige Rolle. Die Löschung eines Architekten oder einer Ingenieurin ist eine der Sanktionen, die bei einer Verletzung öffentlich-rechtlicher Normen ausgesprochen werden kann; solche Massnahmen werden regelmässig angefochten, was zu einer recht reichhaltigen Rechtsprechung führt (Rz. 20.18 ff. und 20.24).

---

den Wettbewerb (vgl. Art. 36 und Art. 63 BBG, die die Anwendung von Art. 3 Abs. 1 lit. c UWG vorbehalten).

26 Vgl. <www.reg.ch> (besucht am 20. Juli 2018).

Übersicht der kantonalen Regelungen

KT.	NEUENBURG	GENF	TESSIN	WAADT	FREIBURG
Voraussetzungen für den Marktzugang	Universitätsabschluss oder Diplom FH/HTL oder Inhaber eines gleichwertigen ausländischen Fähigkeitszeugnisses oder Eintrag im REG A oder B	Universitätsabschluss oder Diplom FH/HTL oder Inhaber eines gleichwertigen ausländischen Fähigkeitszeugnisses oder Eintrag im REG A oder B	Universitätsabschluss oder Diplom FH/HTL oder Inhaber eines gleichwertigen ausländischen Fähigkeitszeugnisses oder Eintrag im REG A oder B	Universitätsabschluss/gleichwertiger ausländischer Abschluss oder Diplom FH/HTL oder Eintrag im REG A oder B	Universitätsabschluss/gleichwertiger ausländischer Abschluss oder Diplom FH/HTL oder Inhaber eines kantonalen oder ausländischen Fähigkeitszeugnisses oder Eintrag im REG
	Handlungsfähigkeit		Handlungsfähigkeit		
	Keine Verurteilung wegen Vergehen gegen Ehre oder Moral	Keine Verurteilung wegen Vergehen gegen Ehre oder Aufrichtigkeit	Guter Ruf (Strafrecht)		
	Kein Berufsausübungsverbot im Herkunftskanton				
		Berufsdomizil im Kanton (zeitweiser Eintrag für Personen aus anderen Kantonen möglich)	Kein Verlustschein		
		2 Jahre Praxiserfahrung			

WALLIS	JURA	BERN	LUZERN	BASEL
Bachelor- oder Masterabschluss im Bauwesen, insbesondere einer Eidgenössischen Technischen Hochschule, einer Fachhochschule oder einer als gleichwertig einzustufenden Schule; Diplom einer Höheren Fachschule für Technik (HF) im Bereich des Bauwesens; eidgenössisches Meisterdiplom oder Fachausweis und im Bereich des Bauwesens tätig; Eintragung im Berufsregister REG A, B oder C				
Im Bereich Beschaffungsrecht: Universitätsabschluss oder Diplom FH/HTL oder Eintrag im REG A oder B	Im Bereich Beschaffungsrecht: die Vergabestelle legt die besonderen Kriterien der technischen Eignung fest	Im Bereich Beschaffungsrecht: die Vergabestelle legt die Voraussetzungen zum Marktzugang fest		

	NE	GE	TI	VD	FR
Zugelassenen Dienstleistern oft vorbehaltene Leistungen	Pläne und Baugesuche, statische Berechnungen, Bauleitung, Raumpläne	Pläne und andere Dokumente in Verbindung mit einem Baugesuch	Projekte und Baugesuche, statische Berechnungen	Raumpläne, statische Berechnungen, Pläne für Bauprojekte sowie Baugesuche	Nutzungspläne, Bauprojekte, Baugesuche, Übereinstimmungsnachweis bei Abschluss der Arbeiten
	Beratender Architekt einer Gemeinde	Bauleitung	Technische Spezialanlagen, Projekte und Bauleitung für öffentliche Werke	Bauleitung, wenn die Gemeinde dies fordert	
	Leitung einer für Stadtplanung zuständigen Gemeindedirektion		Dem Beschaffungsverfahren unterstellte Werke und Dienstleistungen (Projektierung und Bauleitung) (Art. 34 Abs. 1 lit. a und d RLCPubb/CIAP-TI)		

	NE	GE	TI	VD	FR
Umsetzung auf Verwaltungsebene	Kantonales Register, besondere Bewilligung/Einzelbewilligung oder Bewilligung in einem anderen Kanton (Reziprozität/Gegenrecht)	Kantonales Register (Übersicht der Beauftragten)	Kantonales Register	Kantonales Register qualifizierter Beauftragter	Kantonales Register
		Im Bereich des Beschaffungsrechts sieht die kantonale Gesetzgebung ständige Listen vor, die jedoch nie aufgestellt wurden		Im Bereich des Beschaffungsrechts bestanden bis 1. Oktober 2006 ständige Listen von qualifizierten Anbietern	

VS	**JU**	**BE**	**LU**	**BS**
Planverfasser für Baugesuche (Art. 40 BauG-VS; Art. 25 Abs. 3 BauV-VS)			Baugesuche (§ 188 Abs. 3 PBG-LU; § 63 PBV-LU)	Baugesuche (§ 37 BPV-BS; § 16 ABPV-BS); evtl. auch Bauausführung (§ 17 Abs. 2 ABPV-BS)
Dem Beschaffungsverfahren unterstellte Werke	Dem Beschaffungsverfahren unterstellte Werke	Dem Beschaffungsverfahren unterstellte Werke		

VS	**JU**	**BE**	**LU**	**BS**
Im Bereich Beschaffungsrecht ständige Listen von Unternehmen, Büros und Lieferanten, die die sozialen und wirtschaftlichen Eignungskriterien erfüllen; das Architektenregister bildet Bestandteil (nicht abschliessend, da nur Architekten aufgeführt sind, die hierfür einen Antrag gestellt haben)	Im Bereich Beschaffungsrecht bestehen keine ständigen Listen von qualifizierten Anbietern	Die Vergabestelle ist nicht berechtigt, ständige Listen von qualifizierten Anbietern zu führen		

2. Die Personenfreizügigkeit für Dienstleister in der Schweiz

20.47 **1.** Die Verabschiedung des BGBM vom 6. Oktober 1995 hat die Regelung der Berufe der Ingenieure und Architektinnen und deren Ausübung grundlegend verändert. Das Gesetz gewährleistet seither allen in der Schweiz ansässigen Personen den Zugang zum Markt auf dem gesamten Gebiet der Schweiz (Art. 1 Abs. 1 BGBM) und hat zum Ziel, die kantonalen öffentlich-rechtlichen Schranken in diesem Bereich zu beseitigen. Mit der Revision des Gesetzes vom 1. Juli 2006 wurde das Verbot der Behinderung des freien Verkehrs von Architektur- und Ingenieurleistungen noch verstärkt; gemäss revidiertem Art. 2 BGBM gilt:

20.48 – Jede Person, die eine Erwerbstätigkeit rechtmässig ausübt, hat das Recht, sich zwecks Ausübung dieser Tätigkeit auf dem gesamten Gebiet der Schweiz niederzulassen und diese Tätigkeit nach den Vorschriften des Orts der Erstniederlassung auszuüben; dies gilt auch, wenn die Tätigkeit am Ort der Erstniederlassung aufgegeben wird (Abs. 4 Satz 1 und 2). Somit kann ein Auftragnehmer, der über eine kantonale Ausübungsbewilligung verfügt, diese Tätigkeit ohne neue Bewilligung in einem anderen Kanton ausüben, der diese ebenfalls reglementiert hat. Sollte die Tätigkeit in diesem Kanton frei ausgeübt werden dürfen, ist die Freizügigkeit ohnehin gewährleistet.

20.49 – Die Aufsicht über die Einhaltung der Vorschriften der Erstniederlassung obliegt den Behörden des Bestimmungsorts (Abs. 4 Satz 3).

20.50 – Bei der Anwendung der vorstehenden Grundsätze gelten die kantonalen bzw. kommunalen Marktzugangsordnungen als gleichwertig (Abs. 5).

20.51 – Hat eine zuständige kantonale Vollzugsbehörde festgestellt, dass der Marktzugang für eine Dienst- oder Arbeitsleistung mit dem Bundesrecht übereinstimmt, oder hat sie den Marktzugang bewilligt, so gilt dieser Entscheid für die ganze Schweiz (Abs. 6).

20.52 **2.** Mit Empfehlungen vom 16. Februar 2001 hat die Eidgenössische Wettbewerbskommission (WEKO) die Kantone Freiburg, Genf, Neuenburg und Tessin in Anwendung von Art. 8 Abs. 2 BGBM aufgefordert, die kantonalen Vorschriften, die den Marktzugang der Architekten übermässig einschränken, aufzuheben.[27] Nach Ansicht der Kommission verletzen Voraussetzungen wie die Einschreibung in ein ständiges kantonales Register, die Berufserfahrung, der Geschäftssitz im Kanton oder die Zahlung von Gebühren die durch die Wirtschaftsfreiheit (Art. 27 BV) garantierte Freizügigkeit und das BGBM.

20.53 **3.** Im Allgemeinen sind durch kantonales Recht vorgeschriebene (direkte oder indirekte; siehe Rz. 20.41) Bedingungen nicht mehr zulässig, sofern sie nicht unabdingbar sind, um die Qualität oder Sicherheit der Dienstleistungen zu gewährleisten, da sie im Widerspruch stehen zu Art. 2 und Art. 3 BGBM sowie zum Abkommen zwischen der Schweizerischen Eidgenossenschaft einerseits und der Europäischen Gemeinschaft und ihren Mitgliedstaaten andererseits über die Personenfreizügigkeit (FZA), das einen einheitli-

---

[27] Empfehlungen der Eidgenössischen Wettbewerbskommission vom 16. Februar 2001 (= RPW 1/2001, S. 155 ff.).

chen Binnenmarkt in der Schweiz vorschreibt (siehe Rz. 20.57 ff.). Gleiches gilt für jegliche unbegründete Diskriminierung aufgrund der Ausbildung oder der Berufserfahrung.

3. Die Personenfreizügigkeit für Dienstleister in der EU

A. Rechtsquellen

Planer profitieren als Dienstleister europaweit aufgrund mehrerer Rechtsquellen von 20.54
einer erleichterten Freizügigkeit. Die Normen sind Ausdruck einer Marktliberalisierung und streben eine allgemeine Deregulierung des Zugangs zu diesem Wirtschaftszweig an.

a. Das Regime der EU

1. Die Richtlinie (RL) 2005/36/EG des Europäischen Parlaments und des Rates vom 20.55
7. September 2005 über die Anerkennung von Berufsqualifikationen (ABl. L 255/22) definiert die Voraussetzungen, gemäss denen ein Staatsangehöriger eines Mitgliedstaats der Europäischen Union einen reglementierten Beruf in einem anderen Mitgliedstaat ausüben kann. Dabei stellt sie zwei Grundsätze auf: die Dienstleistungsfreiheit im Sinne einer vorübergehenden, grenzüberschreitenden Ausübung eines Berufs und die Niederlassungsfreiheit. Die Richtlinie bezweckt, die gegenseitige Anerkennung von Berufsqualifikationen in der Europäischen Union zu erleichtern.

2. In Bezug auf die Niederlassungsfreiheit sieht die Richtlinie 2005/36/EG drei Formen 20.56
der Anerkennung von Berufsqualifikationen vor: (1) eine allgemeine Regelung (Kap. I, Art. 10–15), die für Berufe gilt, für welche die Richtlinie keine speziellen Bestimmungen über die Anerkennung enthält (z.B. für Bauingenieure; vgl. B, Rz. 20.74 ff.). Diese Regelung kommt zudem zur Anwendung, wenn die Richtlinie zwar spezielle Bestimmungen aufstellt, der Gesuchsteller diese Voraussetzungen aber nicht erfüllt (z.B. ein Architekt, der die festgelegten Bedingungen nicht erfüllt); (2) ein spezielles System der automatischen Anerkennung von durch Erfahrung nachgewiesenen Qualifikationen (Kap. II, Art. 16–20; z.B. für Industrie-, Handels- und Handwerkstätigkeiten); (3) ein sektorielles System der automatischen Anerkennung für bestimmte Berufe (Kap. III, Art. 21–49; z.B. Architekten; vgl. C, Rz. 20.77 ff.).

b. Das Abkommen mit der Schweiz und seine Umsetzung

1. Das am 21. Juni 1999 unterzeichnete FZA (bilaterales Abkommen über die [Perso- 20.57
nen-]Freizügigkeit zwischen der Schweizerischen Eidgenossenschaft einerseits und der Europäischen Gemeinschaft und ihren Mitgliedstaaten andererseits) ist am 1. Juni 2002 in Kraft getreten.[28] Es erklärt die bereits genannte Richtlinie 2005/36/EG in der Schweiz

[28] Zur allgemeinen Diplomanerkennung gemäss FZA sehr ausführlich GAMMENTHALER, Diplomanerkennung, S. 267 ff.

für anwendbar (Anhang III, Abschnitt A, Nr. 1 lit. a) und ist auf eine schrittweise Öffnung des Arbeitsmarkts ausgelegt.

20.58 Die durch das FZA geschaffene Regelung gilt ebenfalls zwischen der Schweiz und den übrigen Mitgliedstaaten der Europäischen Freihandelsassoziation (Norwegen, Liechtenstein und Island) gemäss einem am 21. Juni 2001 in Vaduz geschlossenen und am 1. Juni 2002 in Kraft getretenen Übereinkommen (AS 2003, S. 2685; siehe insb. Anhang K, der den freien Personenverkehr regelt). Das Abkommen ändert das Übereinkommen vom 4. Januar 1960 zur Errichtung der Europäischen Freihandelsassoziation (EFTA; SR 0.632.31).

20.59 **2.** Neben der Koordinierung der nationalen Systeme der sozialen Sicherheit (Art. 8) regelt das FZA schwerpunktmässig die Anerkennung von Diplomen, Zeugnissen und sonstigen Befähigungsnachweisen (Art. 9), die Liberalisierung von Dienstleistungen kurzer Dauer (Art. 5) und die Gleichbehandlung von Schweizer- und EU-Bürgern (Art. 2), nicht aber die Zulassungsbedingungen zum Hochschulstudium, die weiterhin durch die Universitäten und Hochschulen bestimmt werden. Daher konzentriert sich das FZA auf die Anerkennung von Studienabschlussdiplomen, die im Hinblick auf die Ausübung des (Ingenieur- oder Architekten-)Berufs ausgestellt wurden; für die Frage der Gleichwertigkeit akademischer Leistungen im Hinblick auf die Weiterverfolgung der Studien in einem anderen Land gelten dagegen andere bilaterale Abkommen und die Erklärung von Bologna vom 19. Juni 1999 der Europäischen Bildungsminister.

20.60 **3.** Am 14. März 2008 beantragte der Bundesrat dem Parlament sowohl die Weiterführung des FZA als auch dessen Ausdehnung auf Bulgarien und Rumänien.[29] Das Referendum gegen diesen Bundesbeschluss wurde vom Volk am 8. Februar 2009 abgelehnt. Seit dem 1. Juni 2009 erstreckt sich das FZA daher auch auf Bulgarien und Rumänien (AS 2009, S. 2421 und 2411). Nachdem zunächst vor dem Hintergrund der Annahme von Art. 121a BV mit der Erweiterung des FZA auf Kroatien (jüngstes Mitglied der Europäischen Union seit dem 1. Juli 2013) zugewartet wurde, erstreckt sich das FZA seit dem 1. Januar 2017 nun auch auf Kroatien (Ratifizierung des Protokolls III am 16. Dezember 2016).

20.61 **4.** Die europäischen Rechtsetzungsakte, auf welche im FZA verwiesen wird, gelten in ihrer Fassung zum Zeitpunkt der Unterzeichnung des FZA. Entsprechend müssen alle darauf folgenden Entwicklungen in Gesetzgebung und Rechtsprechung dem durch das FZA eingesetzten gemischten Ausschuss unterbreitet werden, damit dieser einvernehmlich (Art. 14 Abs. 1 FZA) die Auswirkungen der Änderung auf die Umsetzung des Abkommens feststellen kann (Art. 16 und Art. 17 FZA).

20.62 **5.** Mit der Ratifizierung des FZA und dem Übereinkommen von Vaduz hat sich die Schweiz verpflichtet, die Vorschriften des Gemeinschaftsrechts (Acquis communautaire) inhaltlich zu übernehmen, d.h., eine gleichwertige Regelung zu schaffen oder die eigene

[29] Botschaft zur Weiterführung des Freizügigkeitsabkommens sowie zu dessen Ausdehnung auf Bulgarien und Rumänien von 2008, BBl 2008, S. 2135, insb. 2155 ff. betr. Diplomanerkennung.

Gesetzgebung anzupassen, sollte sie mit derjenigen der Europäischen Union unvereinbar sein. Der Bund musste daher neue Rechtsakte erlassen und andere abändern und hat dies insbesondere durch folgende Erlasse getan:

- VEP (Verordnung vom 22. Mai 2002 über die Einführung des freien Personenverkehrs); 20.63
- BBG (Berufsbildungsgesetz vom 13. Dezember 2002). 20.64

6. Die V-HFKG vom 23. November 2016 (Verordnung zum Hochschulförderungs- und -koordinationsgesetz) legt die Anerkennungsbedingungen für ausländische Diplome fest, die einer Ausbildung an einer schweizerischen Fachhochschule entsprechen. Sie gilt für EU-, EFTA- und Drittstaatenangehörige. 20.65

7. Wie bereits erläutert (Rz. 20.1 f. und 20.44), ist die Berufsausbildung der «Dienstleister» (Planer) bundesrechtlich geregelt, nicht aber die Berufsausübung; nur einzelne Kantone reglementieren letztere. Erst bei Vorliegen einer entsprechenden Reglementierung erlangt die Anerkennung von Diplomen rechtliche Bedeutung; die Frage der Anerkennung ist daher (noch) in erster Linie eine kantonale. Für Architekten stellt sich jedoch zunehmend die Frage, ob ein Bundesgesetz wünschenswert wäre, insbesondere in den Grenzkantonen zu Frankreich, Deutschland und Italien: 20.66

a. Bereits in den 2000er-Jahren wurde auf Initiative des Bundes und der Architektenverbände (SIA/BSA/FSAI) ein Entwurf erarbeitet und anschliessend dem damaligen Bundesamt für Berufsbildung und Technologie (BBT; heute SBFI) vorgelegt. Der Entwurf sah die Schaffung eines Schweizerischen Registers für Ingenieure, Architekten und Techniker vor. Das Gesetz sollte den Architekten die Personenfreizügigkeit in der Schweiz garantieren und sie bundesrechtlichen Regeln und einer Disziplinaraufsicht unterstellen. Es hätte die kantonalen Rechtsvorschriften über die Ausübung des Architekten- und des Ingenieurberufs abgelöst. 20.67

b. Bis anhin sah der Bundesrat aber kein überwiegendes öffentliches Interesse zum Erlass eines Bundesgesetzes über die Architekten (vgl. insb. seinen Bericht vom 24. November 2004 über die Opportunität eines Architekturberufegesetzes, in Erfüllung des Postulats 01.3208 der Kommission für Wirtschaft und Abgaben des Nationalrats vom 26. März 2001: Regelung der Freizügigkeit von Architektinnen und Architekten). Die wichtigsten legitimen Interessen der Architekten, wie die Sicherheit von Bauwerken, die Ästhetik, der Landschaftsschutz, das kulturelle Erbe und auch die Erhaltung von Loyalität und Vertrauen im Geschäftsverkehr, seien bereits durch verschiedene Gesetze genügend gesichert. Die Schaffung von Sondergesetzen über den Schutz des Titels, über den Zugang zum Architektenberuf oder über die Ausübung dieses Berufs erachtete der Bundesrat als unverhältnismässig. Die Entwicklung der Freizügigkeit durch kantonale Rechtsakte reduziert das Interesse an einer einheitlichen bundesrechtlichen Regelung weiter. 20.68

20.69 **c.** Angesichts neuer Vorschläge in diese Richtung hat sich der SIA ebenfalls gegen ein Bundesgesetz über Architekten ausgesprochen.[30] Er erachtet es als ein ungeeignetes und unverhältnismässiges Mittel zur Klärung der Qualifikationskriterien und ist der Auffassung, dass es an ihm und nicht am Gesetzgeber liegt, die Qualität der von Architekten und Ingenieuren erbrachten Leistungen zu fördern.

20.70 **8.** Unabhängig von den umzusetzenden allgemeinen Grundsätzen des FZA kann die Schweiz (aber auch jeder Mitgliedstaat der Europäischen Union) während mehrerer Jahre übergangsmässig Höchstzahlen (Kontingente) für gewisse Aufenthalts- und Arbeitsbewilligungen festlegen: Die Einführung der Personenfreizügigkeit zwischen der Europäischen Union und der Schweiz erfolgt damit nicht automatisch und zudem schrittweise; Bürger der Europäischen Union geniessen eine privilegierte Behandlung gegenüber Drittstaatenangehörigen und haben Anspruch auf privilegierende Höchstzahlen für die Niederlassung in der Schweiz. Die Höchstzahlen werden im FZA, in der VEP und in den Weisungen festgelegt, die die Modalitäten deren Umsetzung präzisieren. Seit mehreren Jahren gilt zwischen den meisten Mitgliedstaaten und der Schweiz die volle Personenfreizügigkeit.

20.71 Für Rumänien, Bulgarien und Kroatien gelten Übergangsbestimmungen, die eine Kontingentierung der Kurzaufenthalts- und Aufenthaltsbewilligungen (Ausweis L und B EU/EFTA) zur Erwerbstätigkeit bis spätestens am 31. Mai 2019 (Bulgarien und Rumänien) respektive 31. Dezember 2026 (Kroatien) ermöglichen (vgl. Art. 10 Abs. 4c i.V.m. Art. 10 Abs. 4 respektive Art. 10 Abs. 4d FZA).

20.72 **9.** Diese Übergangsbestimmungen kommen gemäss FZA aber nicht zur Anwendung in Bereichen, die durch spezifische Abkommen zwischen der Schweiz und der Europäischen Union über die Erbringung von Dienstleistungen geregelt werden; in diesen Bereichen verbietet das FZA jede Behinderung des freien Dienstleistungsverkehrs durch restriktive nationale Bestimmungen über den Personenverkehr. Gleiches gilt für die Erbringung von Dienstleistungen von kurzer Dauer (länger als acht Tage pro Kalenderjahr, jedoch nicht mehr als 90 Tage) durch Selbständige oder Arbeitnehmende, die von einer juristischen Person ohne Niederlassung in der Schweiz entsandt wurden (Anhang 1 Art. 17 ff. FZA). Seit dem 1. Januar 2017 geniessen auch kroatische Dienstleister den freien Personenverkehr (Änderung der VEP vom 21. Dezember 2016; AS 2016, S. 5113).

20.73 **10.** Im Nachgang zur am 9. Februar 2014 angenommenen Volksinitiative «Gegen Masseneinwanderung», die eine autonome Steuerung der Zuwanderung und gleichzeitig eine Wahrung der Interessen der Schweizer Wirtschaft forderte, wurde nach intensiven Konsultationen mit der Europäischen Kommission und nach diversen Diskussionen im Parlament zur Umsetzung des neuen Art. 121a BV eine Änderung des Ausländergesetzes beschlossen, welche mit dem FZA kompatibel ist. Die Gesetzesänderung und die dazugehörigen Anpassungen der Verordnungen (insb. der AVV [Arbeitsvermittlungsverord-

[30] Vgl. etwa deren Medienmitteilung vom 20. November 2013, abrufbar unter: <www.sia.ch> Medien > Mitteilungen (besucht am 20. Juli 2018).

nung]) traten am 1. Juli 2018 in Kraft. Gemäss Gesetz (Art. 21a AuG) und Verordnungen (insb. Art. 53a–53e AVV) müssen neu offene Stellen in jenen Berufsgruppen grundsätzlich obligatorisch publiziert bzw. durch die Arbeitgeber bei der öffentlichen Arbeitsvermittlung gemeldet werden, in welchen die (nationale) Arbeitslosenquote einem gewissen Grenzwert entspricht oder diesen überschreitet. Der Zugriff auf die Informationen über die gemeldeten Stellen wird für eine befristete Zeit auf Personen beschränkt, die bei der öffentlichen Arbeitsvermittlung in der Schweiz angemeldet sind (Art. 21a Abs. 2 AuG). Zu Beginn beträgt der Grenzwert 8%, ab dem 1. Januar 2020 wird er auf 5% reduziert (Art. 63 resp. Art. 53a Abs. 1 AVV). Dienstleister im Bauwesen sind momentan keiner Meldepflicht für offene Stellen unterworfen, da die Arbeitslosenquote unter dem Grenzwert liegt. Das WBF erstellt periodisch die Liste der betroffenen Berufsarten (Art. 53a Abs. 3 AVV).

B. Allgemeine Regelung der Anerkennung von Diplomen (insb. von Ingenieuren)

1. In Übereinstimmung mit der Richtlinie 2005/36/EG werden Ingenieure grundsätzlich durch die Europäische Union anerkannt, sofern sie eine mindestens drei- oder vierjährige Hochschulausbildung abgeschlossen haben (Hochschulstudium oder Berufsausbildung an einer [Fach-]Hochschule; Art. 11 lit. c und d i.V.m. Art. 13 Abs. 1 RL 2005/36/EG).[31] Damit besteht keine automatische Anerkennung, und der Empfangsstaat kann vom Antragsteller Ausgleichsmassnahmen verlangen (Art. 14 RL 2005/36/EG; siehe Rz. 20.76). Dieser hat den Antrag um Anerkennung bei der zuständigen Behörde einzureichen, die schnellstmöglich, spätestens jedoch in einer Frist von drei Monaten über die Gleichwertigkeit des Diploms entscheiden muss; in bestimmten Fällen kann die Frist um einen Monat verlängert werden (Art. 51 Abs. 2 RL 2005/36/EG). In den Mitgliedstaaten informiert eine nationale Kontaktstelle über die zuständigen Behörden im Empfangsstaat.[32] 20.74

In der Schweiz sind je nach Fachbereich und Niveau des betreffenden Diploms unterschiedliche Behörden zuständig und kommen unterschiedliche Verfahren zur Anwendung: Zunächst verfügt das SBFI über eine breite Kompetenz. Es ist zuständig für die Anerkennung (1) der Berufsausbildung in diversen Bereichen wie etwa den Dienstleistungsberufen, (2) der Ausbildung an den technischen Hochschulen (ETH) und den universitären Hochschulen mit praktischen Qualifikationen und an den Fachhochschulen (FHS), insbesondere in Architektur, Bauwesen und Planung, und (3) der Lehrkräfte im Bereich der Berufsausbildung.[33] Des Weiteren gibt der Verein swissuniversities (Swiss ENIC) Anerkennungsempfehlungen an Schweizer Arbeitgeber heraus. Diese er- 20.75

31 Vgl. auch GAMMENTHALER, Diplomanerkennung, S. 118.

32 Eine Liste der nationalen Kontaktstellen ist abrufbar unter: <www.enic-naric.net> (besucht am 20. Juli 2018) oder in der Broschüre Nr. 201.350.d, publiziert durch das Bundesamt für Bauten und Logistik.

33 Kontaktstelle: kontaktstelle@sbfi.admin.ch.

lauben eine Einschätzung des Niveaus eines ausländischen Hochschuldiploms, wenn ein vergleichbares Studienangebot an einer Schweizer Hochschule besteht. Die Empfehlungen sind für den Arbeitsmarkt bestimmt und dienen nicht zur Erlangung einer polizeirechtlichen Bewilligung zur Ausübung eines reglementierten Berufs. Deshalb gibt Swiss ENIC auch keine Empfehlungen ab, wenn sich herausstellt, dass der Ingenieur in einem Kanton tätig ist, der den Ingenieurberuf reglementiert. Schliesslich sind für die Anerkennung bestimmter Diplome spezielle Behörden zuständig; für Ingenieur-Geometer beispielsweise die Eidgenössische Kommission für Ingenieur-Geometerinnen und Geometer Swisstopo.[34]

20.76 **2.** Das FZA verbietet die pauschale Ablehnung eines Diploms aus der Europäischen Union in der Schweiz und umgekehrt; die zuständige Behörde des Empfangsstaats kann dagegen Ausgleichsmassnahmen verlangen, wenn sie eine Ausbildung für unvollständig erachtet, um einen reglementierten Beruf auszuüben (Art. 14 RL 2005/36/EG). Die Massnahme kann einerseits aus einem Anpassungslehrgang von bis zu drei Jahren bestehen, also einer Ausübung des Berufs unter der Aufsicht eines qualifizierten Fachmanns, allenfalls begleitet durch eine ergänzende Ausbildung. Andererseits ist auch das Ablegen einer Eignungsprüfung möglich; in diesem Fall kann der Empfangsstaat die Anerkennung vom Bestehen von Prüfungen in denjenigen Bereichen abhängig machen, die das vorgelegte Diplom nicht abdeckt. Grundsätzlich hat der Antragsteller die freie Wahl zwischen Anpassungslehrgang und Eignungsprüfung (Art. 14 Abs. 2 RL 2005/36/EG, mit entsprechenden Ausnahmen).

C. Sektorielle Anerkennung der Architektendiplome

a. Grundlagen

20.77 Das für Architektendiplome geltende System ist nicht mehr Gegenstand einer gesonderten europäischen Richtlinie (wie dies mit der Richtlinie 85/384/EWG noch der Fall war[35]), sondern wurde in die Richtlinie 2005/36/EG integriert. Art. 46 und Art. 47 dieser Richtlinie regeln die Mindestanforderungen für die Anerkennung der Ausbildungen zum diplomierten Architekten. Art. 46 Abs. 1 verlangt grundsätzlich eine Gesamtdauer der Ausbildung von (mindestens) vier Studienjahren auf Vollzeitbasis. Art. 49 hingegen legt die erworbenen Rechte von Architekten fest und erlaubt die Anerkennung von bestimmten Ausbildungen, die nicht die erwähnten Anforderungen erfüllen, aber zu festgelegten Zeitpunkten bereits in Angriff genommen wurden.

---

[34] Abrufbar unter: <www.cadastre.ch> Amtliche Vermessung > Handbuch Amtliche Vermessung > Organisation > Aufgaben & Zuständigkeiten (besucht am 20. Juli 2018); vgl. Rz. 20.33 f.

[35] Vgl. zu deren Entstehungsgeschichte auch GAMMENTHALER, Diplomanerkennung, S. 116.

b. Anerkennung von Schweizer Diplomen

1. Das FZA führt die Diplome und Zertifikate auf, die in den Mitgliedstaaten der Europäischen Union, in denen die Ausübung des Architektenberufs reglementiert ist, automatisch anerkannt werden. 20.78

Für Schweizer Architekten sind dies die folgenden Diplome und Zertifikate (Anhang III Abschnitt A Ziff. 1 lit. o FZA, der Anhang V Ziff. 5.7.1 RL 2005/36/EG ergänzt): 20.79

- Diplome und Bescheinigungen der Eidgenössischen Technischen Hochschulen Lausanne und Zürich; 20.80
- Architektendiplome der Accademia di Architettura dell'Università della Svizzera Italiana in Mendrisio (Tessin) (arch. dipl. USI) und der Fachhochschulen Westschweiz, Bern, Luzern, Nordwestschweiz und Zürich (Master of Arts HES-SO, BFH, HSLU, FHZ, FHNW resp. ZFH in Architektur). Zunächst weigerte sich die Europäische Union, die Diplome der Fachhochschulen anzuerkennen; um dieser unbefriedigenden Situation Abhilfe zu schaffen, mussten die Studienprogramme angepasst werden. 20.81

2. Das Verfahren für die Prüfung eines Antrags auf Zulassung zum reglementierten Architektenberuf endet in einer Entscheidung, gegen welche Rechtsbehelfe nach innerstaatlichem Recht eingelegt werden können (Art. 51 Abs. 3 RL 2005/36/EG). 20.82

c. Anerkennung ausländischer Diplome in der Schweiz

1. In der Schweiz werden in den Kantonen, in denen der Architektenberuf reglementiert ist, die in der Richtlinie 2005/36/EG aufgeführten europäischen Architektendiplome automatisch anerkannt (Anhang V Punkt 5.7.1 und Anhang VI). In Kantonen, die den Architektenberuf nicht reglementiert haben, ist es für die Ausübung des Architektenberufs nicht notwendig, die Anerkennung von im Ausland erworbenen Berufsqualifikationen zu beantragen; der Verein swissuniversities (Swiss ENIC) gibt Anerkennungsempfehlungen zuhanden der Arbeitgeber heraus, um den Zugang zum Arbeitsmarkt zu erleichtern. In diesen Kantonen kann sich die Frage nach der Anerkennung von Diplomen jedoch im Bereich des öffentlichen Beschaffungswesens stellen, insbesondere hinsichtlich der Eignungskriterien (vgl. Rz. 20.38 ff. und 20.41). 20.83

2. Die automatische Anerkennung befreit die Architekten, die von der Gleichwertigkeit der Diplome profitieren, nicht davon, einen rein formellen Antrag an die zuständige Behörde (also an das SBFI) stellen zu müssen. Diese hat den Antrag innert kürzester Frist, spätestens aber nach drei Monaten zu genehmigen (Art. 51 Abs. 2 RL 2005/36/EG); im Gegensatz zum allgemeinen System der Diplomanerkennung, wie es für Ingenieure gilt (vgl. Rz. 20.74 f.), kann die Behörde die Behandlungsfrist bei Architekten nicht um einen weiteren Monat verlängern (Art. 51 Abs. 2 in fine RL 2005/36/EG). In der Praxis bestätigt das SBFI die automatische Anerkennung brieflich innerhalb von einer bis zwei Wochen. Gegen einen negativen Anerkennungsentscheid können die Architekten Beschwerde führen (Art. 51 Abs. 3 RL 2005/36/EG). Beispiele: 20.84

20.85 – Im Tessin wurde einem italienischen Architekten die Ausarbeitung und die Unterzeichnung eines Bauvorhabens mit der Begründung verweigert, er erfülle die vom Kanton festgelegten Anforderungen nicht (Eintrag im Register des Vereins der Ingenieure und Architekten des Kantons Tessin oder Besitz eines von einer anerkannten Hochschule ausgestellten Diploms und dreijährige Arbeitserfahrung in einem Architekturbüro). Diese Anforderungen können aber keine Geltung mehr beanspruchen, da Bundesrecht Vorrang vor kantonalem Recht hat. Gemäss den Regeln des FZA, welche auf die Richtlinie 85/384/EWG verweisen (nunmehr integriert in die Richtlinie 2005/36/EG), muss der Titel des italienischen Architekten, der 1989 von der Universität Sapienza in Rom ausgestellt wurde, in der Schweiz anerkannt werden. Dem Architekten ist es deshalb erlaubt, eine Baubewilligung zu beantragen.[36]

20.86 – Das SBFI hat zu Recht einen Antrag eines französischen Staatsbürgers auf Niveaubestätigung für sein Diplom mit dem Titel «mastère spécialisé en management de la qualité, de la sécurité et de l'environnement» abgelehnt. Dieser Masterabschluss entspricht nämlich nicht einem nationalen Abschluss gemäss Bologna-System (Bachelor-Master-Doktorat), wird vom französischen Staat nicht als Ingenieurabschluss anerkannt und entspricht nur 135 ECTS-Punkten von den für den Bachelorabschluss in der Schweiz erforderlichen 180.[37]

20.87 **3.** Architekten mit Diplomen, die nicht in den Anhängen der EU-Richtlinie aufgeführt sind, müssen gemäss dem allgemeinen System der Richtlinie 2005/36/EG (Art. 10 lit. c) beim SBFI einen Antrag um Bescheinigung der Gleichwertigkeit der Diplome stellen. Dieses vergleicht jeweils die schweizerische und ausländische Ausbildung; weichen sie in gewisser Hinsicht voneinander ab, kann das SBFI den erfolgreichen Abschluss einer Eignungsprüfung oder eines Anpassungslehrgangs verlangen (Ausgleichsmassnahmen i.S.v. Art. 14 RL 2005/36/EG; vgl. Rz. 20.76).

D. Anerkennung von Spezialisierungen in Städtebau und Vermessungswesen

20.88 **1.** Die Ausbildungen zum Stadtplaner und zum amtlichen Vermesser bestehen mehrheitlich aus Nachdiplomkursen; sie fallen daher weder unter die allgemeine Regelung der Anerkennung von Diplomen noch unter die sektorielle Anerkennung von Architektendiplomen, sofern sie nicht vollständig in einen universitären Grundstudiengang in Architektur oder Ingenieurwesen integriert sind. Folglich wird die Entscheidung über die Anerkennung dem künftigen Arbeitgeber oder dem Empfangsstaat überlassen, sofern letzterer die Tätigkeit reglementiert.

20.89 **2.** Diejenigen Kantone, die in der Schweiz den Beruf des *Städteplaners* direkt oder indirekt reglementiert haben (vgl. Rz. 20.41), erlassen die Ausübungsbewilligung jeweils in einer mit kantonalem Rechtsmittel anfechtbaren Verfügung. *Beispiele:*

[36] VGer TI STA 52.2003.290 vom 8. März 2004 (= RtiD 2004 II, S. 73 f.).

[37] BVGer B-5572/2013 vom 14. Juli 2015.

- Neuenburg: Art. 2 und Art. 3 LReg-NE (Gesetz über das Neuenburger Register der Architekten, Bauingenieure, Städteplaner und Städtebauer) i.V.m. Art. 11 AReg-NE (Ausführungsverordnung zum LReg-NE). 20.90
- Waadt: Art. 5a LATC-VD (Raumplanungs- und Baugesetz) lässt auch Personen zu, die über vertiefte Kenntnisse in diesem Bereich verfügen und die ihre Fähigkeit zur Lösung von Aufgaben der Raumplanung bewiesen haben; hier verfügt die Behörde über grossen Ermessensspielraum. 20.91

3. Gleiches gilt für den Beruf des *Geometers. Beispiele:* 20.92

- Genf: Art. 7, Art. 9, Art. 10 und Art. 10B RCI-GE (Ausführungsreglement zum LCI-GE [Baugesetz]). 20.93
- Jura: Art. 73 OCAT-JU (Bau- und Raumplanungsverordnung). 20.94

4. Wie bereits ausgeführt, wird der Beruf des Ingenieur-Geometers bundesrechtlich reglementiert (vgl. Rz. 20.33 f.). Um Arbeiten der amtlichen Vermessung selbständig ausführen zu können, hat sich der Ingenieur-Geometer an die Eidgenössische Geometerkommission zu wenden und sich eidgenössisch patentieren zu lassen. Da mit der amtlichen Vermessung öffentliche Aufgaben erfüllt werden, ist diese Schweizer Bürgern vorbehalten. 20.95

§ 21 Die strafrechtliche Verantwortung des Planers

Christof Riedo / Franz Riklin

Inhaltsverzeichnis

I. Vorbemerkung

21.1 **1.** Selbstverständlich unterliegen die an einem Bau Beteiligten nicht nur einer zivilrechtlichen Haftpflicht, sie machen sich allenfalls auch **strafbar**.

21.2 **2.** Gegenstand dieses Beitrags ist die Strafbarkeit des **bauleitenden Planers**.

21.3 **a.** Als *Planer* gelten Architekten und Ingenieure, welche die gestalterische, funktionale und konstruktive Planung eines Werks mit den Leistungen ihrer Berufsgattung übernehmen (siehe «Planer» gemäss Begriffe SIA 112). Die *Bauleitung* «vertritt den Bauherrn oder den Auftraggeber gegenüber den Unternehmern und Lieferanten. Sie leitet, koordiniert und beaufsichtigt die Arbeiten auf der Baustelle» (siehe «Bauleitung» gemäss Begriffe SIA 112). Unter einem «*bauleitenden Planer*» verstehen wir also einen Architekten oder Bauingenieur, der nicht nur die Pläne ausarbeitet, sondern auch mit der Realisierung des Baus befasst ist, namentlich mit der bauleitenden Überwachung der Bauarbeiten.

b. Die Definition bedarf einiger Präzisierungen. Kompetenzen der Bauleitung können an die Fachbauleitung oder die technische Bauleitung übertragen werden. Während gemäss Definition in der SIA-Norm 112 «Modell Bauplanung» die Fachbauleitung Aufgaben der Bauleitung im Rahmen ihrer Berufsgattung übernimmt, unterstützt die technische Bauleitung die Bauleitung bei der Leitung und Beaufsichtigung der Arbeiten auf der Baustelle mit ihren technischen Kompetenzen. Auch solche Personen können unter gegebenen Umständen (vgl. Rz. 21.62 ff., 21.112 ff. und insb. 21.122 ff.), und sofern sie die Planereigenschaft erfüllen, als bauleitende Planer gelten. Ein rein «planender», nicht mit der Ausführung eines Baus befasster Planer gilt hingegen nicht als «bauleitender» Planer (vgl. aber nachfolgend Rz. 21.125). 21.4

3. Im Vordergrund steht dabei einerseits der bauspezifische Straftatbestand der **Gefährdung durch Verletzung der Regeln der Baukunde** (Art. 229 StGB), soweit der erwähnte Personenkreis zur Diskussion steht. Andererseits spielen für dieselbe Personengruppe zwei andere *allgemeine* Straftatbestände eine zentrale Rolle, die *nicht nur,* aber *auch* beim Bauen von Belang sein können, die **fahrlässige Tötung** (Art. 117 StGB) und die **fahrlässige Körperverletzung** (Art. 125 StGB). 21.5

4. Ausgeklammert werden zunächst einige für den an einem Bau beteiligten Planer weniger zentrale Bestimmungen: 21.6

a. Das gilt zunächst für verschiedene Gefährdungstatbestände des *Strafgesetzbuches* wie zum Beispiel Art. 222 (Fahrlässige Verursachung einer Feuersbrunst), Art. 223 (Verursachung einer Explosion), Art. 225 (Gefährdung durch Sprengstoffe etc.), Art. 227 (Verursachen einer Überschwemmung oder eines Einsturzes), Art. 228 (Beschädigung von elektrischen Anlagen, Wasserbauten und Schutzvorkehren), Art. 230 (Beseitigung oder Nichtanbringung von Sicherheitsvorkehrungen) sowie die Art. 237–239 StGB (Störung des öffentlichen Verkehrs, des Eisenbahnverkehrs sowie von Betrieben, die der Allgemeinheit dienen), aber auch für zahlreiche Bestimmungen des *Nebenstrafrechts* wie zum Beispiel Art. 60 ff. USG, Art. 70 ff. GSchG und Art. 42 ff. WaG. 21.7

b. Ebenfalls nicht behandelt werden allfällige strafrechtliche Folgen für Planer bei schuldhafter und schädigender Verletzung ihrer Sorgfalts- und Treuepflicht gegenüber den Bauherren als deren kaufmännische, wirtschaftliche, treuhänderische und rechtliche Berater.[1] Sie gehören in den Bereich des *Wirtschaftsstrafrechts.* 21.8

c. Nicht behandelt werden schliesslich auch all jene Strafbestimmungen, denen der Planer genauso unterworfen ist wie der Fischer und die Chirurgin: Selbstverständlich darf auch der Planer nicht stehlen, nicht zu schnell fahren und keine Schnabeligel ohne Bewilligung halten – mit seinen genuinen Berufspflichten hat das alles nichts zu tun. 21.9

[1] Im Vordergrund stehen aus dem Bereich des Kernstrafrechts etwa die Veruntreuung (Art. 138 StGB), der Betrug (Art. 146 StGB), die ungetreue Geschäftsbesorgung (Art. 158 StGB), die Urkundenfälschung (Art. 251 StGB) und die verschiedenen Bestechungstatbestände (Art. 322ter ff. StGB). Zu berücksichtigen sind aber auch zahlreiche Vorschriften des Nebenstrafrechts, etwa aus dem Steuer- oder dem Kartellrecht.

II. Unfälle im Baugewerbe und Baustrafrecht in Zahlen

21.10 **1.** Trotz grosser Anstrengungen in den vergangenen Jahren und Jahrzehnten gehört das Baugewerbe nach wie vor zu den vergleichsweise gefährlichen Branchen – **Bauunfälle** sind also *keine Seltenheit*: Für das Jahr 2016 hat die Schweizerische Unfallversicherungsanstalt (Suva) zuletzt die folgenden Zahlen publiziert:

21.11 **a.** Das *Risiko eines im Baugewerbe*[2] Beschäftigten, einen Berufsunfall zu erleiden, ist höher als in den allermeisten anderen Wirtschaftszweigen. Noch etwas gefährlicher leben einzig Personen aus der Branche «Kunst, Unterhaltung und Erholung».[3] Wer in einem Architektur- oder Ingenieurbüro tätig ist, verunfallt statistisch betrachtet etwa 5,8 Mal seltener, und wer in der Rechts- und Steuerberatung bzw. in der Wirtschaftsprüfung arbeitet, ist sogar beinahe 10,2 Mal seltener von einem Berufsunfall betroffen[4, 5]:

Wirtschaftszweig	**Vollbeschäftigte**		**Risiko eines Berufsunfalls je 1000 Vollbeschäftigte**
	Anzahl	**in %**	
Landwirtschaft, Forstwirtschaft und Fischerei	35 106	0,9%	138,2
Bergbau und Gewinnung von Steinen und Erden	4 275	0,1%	112,0
Maschinenbau	794 716	2,0%	55,7
Hoch- und Tiefbau	**106 431**	**2,7%**	**155,2**
Sonstiges Baugewerbe	**215 830**	**5,4%**	**167,0**
Detailhandel	245 383	6,1%	51,0

[2] Die Bezeichnung «Baugewerbe» wird hier und nachfolgend als Überbegriff der Wirtschaftszweige «Hoch- und Tiefbau» sowie «Sonstiges Baugewerbe» verwendet.

[3] Warum das so ist, will nicht ohne Weiteres einleuchten. Selbstverständlich: Trapezkünstler, Stuntmen, Skifahrer und Löwenbändiger leben gefährlich. Aber wie verunfallt man als Komiker? Solange man sich Witze über gewisse Themen verkneift, kann das, würde man meinen, nicht sonderlich riskant sein. Aber das ist wahrlich nicht der Ort, diese Frage zu vertiefen.

[4] Für die Berechnung wurde mit Bezug auf das Baugewerbe von einem Wert von 163,1 ausgegangen; es wurde also eine den Teilbranchen «Hoch- und Tiefbau» bzw. «Sonstiges Baugewerbe» entsprechende Gewichtung vorgenommen.

[5] Koordinationsgruppe für die Statistik der Unfallversicherung UVG (KSUV), UVG-Statistik 2018, Berufsunfallversicherung (BUV), Versicherungsbestand und Unfallrisiko nach Wirtschaftszweig, 2015, S. 12, Tabelle 1.2 (ausgewählte Wirtschaftszweige), abrufbar unter: <www.unfallstatistik.ch/d/publik/unfstat/pdf/Ts18.pdf> (besucht am 22. August 2018).

Wirtschaftszweig	Vollbeschäftigte		Risiko eines Berufsunfalls je 1000 Vollbeschäftigte
	Anzahl	in %	
Gastronomie	110952	2,8%	75,3
Versicherungen	77358	1,9%	30,0
Rechts- und Steuerberatung, Wirtschaftsprüfung	71407	1,8%	16,0
Architektur- und Ingenieurbüros	107935	2,7%	27,9
Forschung und Entwicklung	17325	0,4%	20,7
Öffentliche Verwaltung	374060	9,3%	43,4
Erziehung und Unterricht	103250	2,6%	41,8
Gesundheitswesen	190074	4,7%	64,0
Kunst, Unterhaltung und Erholung	33170	0,8%	175,6
Total[6]	**4010833**	**100%**	**63,0**

b. Für das Jahr 2016 hat die Suva 52261 Fälle aus dem Baugewerbe anerkannt. Nach 345 Berufsunfällen wurden Invalidenrenten zugesprochen; es waren 28 Unfalltote zu beklagen. Die laufenden Kosten betragen mehr als CHF 470 Millionen.[7] 21.12

2. Häufig (aber natürlich nicht immer) führen Bauunfälle zu einem **Strafverfahren**. Die Anzahl der Strafanzeigen und Verurteilungen wegen fahrlässiger Körperverletzungen bzw. Tötungen im Baugewerbe wird in den entsprechenden amtlichen Statistiken aber nicht gesondert erhoben. 21.13

a. Jährlich werden seit 2009 zwischen 50 und 100 *Anzeigen* wegen Widerhandlung gegen Art. 229 StGB in der Polizeilichen Kriminalstatistik (PKS) verzeichnet:[8] 21.14

6 Das Total umfasst sämtliche Wirtschaftszweige. Deshalb ergibt die Addition der einzelnen Tabellenwerte nicht das Total.

7 Koordinationsgruppe für die Statistik der Unfallversicherung UVG (KSUV), UVG-Statistik 2018, Berufsunfallversicherung (BUV), Ergebnisse nach Wirtschaftszweig, 2016, S. 26, Tabelle 2.4, abrufbar unter: <www.unfallstatistik.ch/d/publik/unfstat/pdf/Ts18.pdf> (besucht am 30. Juni 2018).

8 Bundesamt für Statistik (BFS), Polizeiliche Kriminalstatistik (PKS) für die Jahre 2009–2017, Neuenburg 2018, Stand der Datenbank: 15. Februar 2018, abrufbar unter: <www.pxweb.bfs.admin.ch/pxweb/de/px-x-1903020100_101/px-x-1903020100_101/px-x-1903020100_101.px> (besucht am 30. Juni 2018).

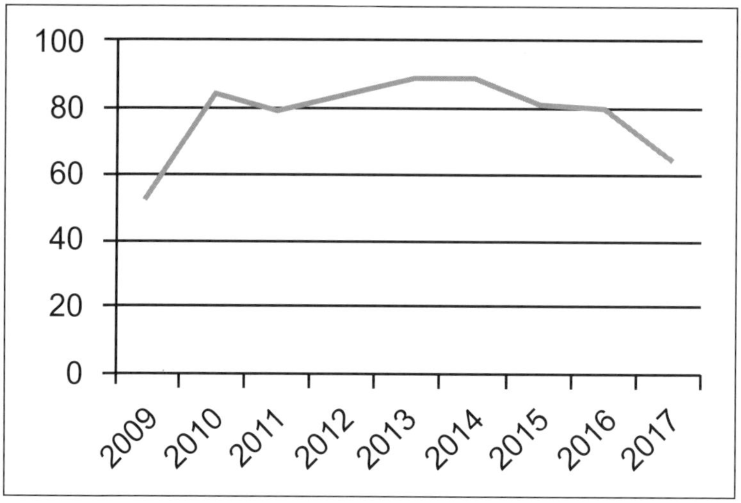

21.15 **b.** *Verurteilungen* wegen Art. 229 StGB sind naturgemäss seltener:[9]

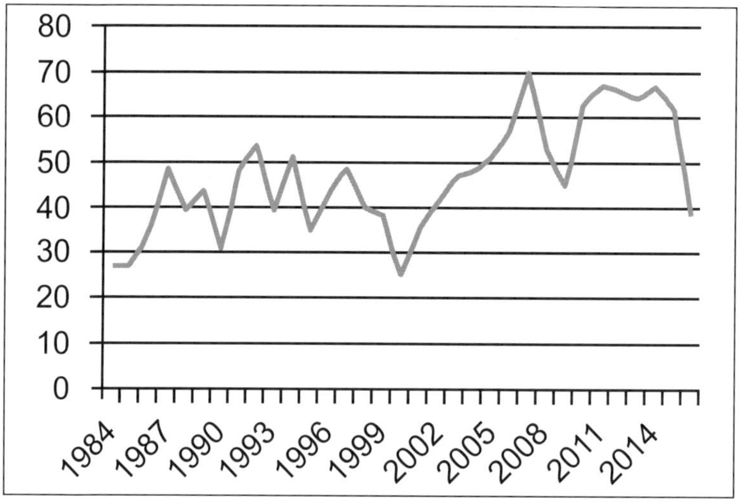

21.16 Die Statistik zeigt also erhebliche Schwankungen. Auffällig ist insbesondere der markante Anstieg der Verurteilungen von 24 (im Jahr 2000) auf deren 70 (im Jahr 2007), der sich im historischen Rückblick kaum plausibel erklären lässt.

[9] Bundesamt für Statistik (BFS), Strafurteilsstatistik (SUS) für die Jahre 1984–2017, Verurteilungen Erwachsener für eine Widerhandlung gegen Art. 229 StGB, Stand des Strafregisters: 30. April 2018, abrufbar unter: <www.bfs.admin.ch/bfs/de/home/statistiken/kriminalitaet-strafrecht.gnpdetail.2018-0568.html> (besucht am 30. Juni 2018).

III. Die allgemeinen Voraussetzungen der Strafbarkeit: der sog. Deliktsaufbau

Die Überprüfung der Strafbarkeit folgt üblicherweise einem mehr oder weniger strikten **Schema**. Die konkrete Ausgestaltung dieses sogenannten Deliktsaufbaus war und ist Gegenstand zahlreicher Kontroversen. Unter praktischen Gesichtspunkten sind diese indes kaum von Bedeutung. Unbestritten ist nämlich, dass eine Bestrafung dann und nur dann erfolgt, wenn das fragliche menschliche Verhalten tatbestandsmässig, rechtswidrig und schuldhaft war. Im Bereich des Baustrafrechts werfen Rechtswidrigkeit und Schuld meist keine besonderen Fragen auf. Die Strafbarkeit steht und fällt mit der Tatbestandsmässigkeit. 21.17

IV. Die Voraussetzungen der Strafbarkeit wegen fahrlässiger Tatbegehung

1. Das (vereinfachte) Prüfschema im Überblick

Der genannte **Deliktsaufbau** kann und muss weiter präzisiert werden, und zwar nach Massgabe des konkret infrage stehenden Straftatbestands bzw. Deliktstyps. Im Baustrafrecht interessieren nach dem bereits Gesagten vorab fahrlässige Begehungsdelikte. Das entsprechende Prüfschema präsentiert sich in etwa[10] wie folgt: 21.18

- menschliches Verhalten: ein (aktives) Tun (Rz. 21.20 ff.); 21.19
- tatbestandsmässiger Erfolg: Tötung, Verletzung oder Gefährdung eines anderen Menschen (Art. 117, Art. 125 und Art. 229 StGB) (Rz. 21.41 ff.);
- natürlicher und adäquater Kausalzusammenhang zwischen Handlung und Erfolg (Rz. 21.50 ff.);
- Sorgfaltspflichtverletzung (Rz. 21.62 ff.);
  - Verletzung einer generellen Sorgfaltspflicht … (Rz. 21.63 ff.);
  - … nach einem individuellen Sorgfaltsmassstab (Rz. 21.80 f.);
  - Vorhersehbarkeit und Vermeidbarkeit (Rz. 21.82 f.).

[10] Je nach Autor bestehen vor allem in Reihenfolge und Terminologie, mitunter aber auch in der Sache nicht unerhebliche Unterschiede. Vgl. etwa auch die Schemata bei Riklin, Strafrecht AT I, § 16 Rz. 58 ff.; Trechsel/Noll/Pieth, Strafrecht AT I, S. 260.

2. Ein (aktives) Tun

A. Im Allgemeinen

21.20 Vorausgesetzt ist zunächst, dass der Täter überhaupt in einem rechtserheblichen Sinne handelt. Potenziell strafbar ist ein **menschliches, gewillkürtes und geäussertes Verhalten.**[11] Erfasst ist nicht nur aktives Tun, sondern auch blosses Unterlassen. In diesem ersten Teil ist indes nur von aktivem Tun die Rede, die Unterlassung wird in einem separaten Abschnitt abzuhandeln sein (vgl. Rz. 21.103 ff.).

21.21 In den Art. 117 und Art. 125 StGB besteht die **Tathandlung** darin, dass ein bestimmter Erfolg herbeigeführt wird. Näher wird das strafbare Verhalten nicht spezifiziert, sodass sich weitere Ausführungen insoweit erübrigen.

B. Im Rahmen von Art. 229 StGB: Verletzung der anerkannten Regeln der Baukunde bei der Leitung oder Ausführung eines Bauwerks oder eines Abbruchs

21.22 **1.** Etwas anders verhält es sich mit Bezug auf **Art. 229 StGB**. Hier ist vorausgesetzt, dass der Täter «bei der Leitung oder Ausführung eines Bauwerks oder eines Abbruches die anerkannten Regeln der Baukunde ausser acht lässt».

21.23 **2.** Nach Art. 229 StGB macht sich also von vornherein nur strafbar, wer **«bei der Leitung oder Ausführung»** eines Bauwerks oder eines Abbruchs einschlägige Sorgfaltspflichten verletzt. Fraglich ist in diesem Zusammenhang, ob der bauleitende Planer per definitionem an der «Leitung eines Bauwerks» beteiligt ist.

21.24 **a.** Einigkeit besteht darüber, dass die «*Leitung*» nur innehat, wer unmittelbare Befehlsgewalt über die Ausführenden ausübt,[12] wer «jederzeit mit bindenden Weisungen in die gesamte Bauführung eingreifen darf und diese Befugnis tatsächlich ausübt».[13] Eine blosse (Ober-)Aufsicht bzw. die allgemeine Leitung und *Überw*achung der Arbeiten auf der Baustelle ist für sich alleine noch nicht ausreichend.[14] Auch das gelegentliche und punk-

---

[11] Hurtado Pozo, Droit pénal, Rz. 435 ff.; Riklin, Strafrecht AT I, § 12 Rz. 8 ff.

[12] Bendel, Strafrechtliche Verantwortlichkeit, S. 39; Corboz, Les infractions II, N 9 zu Art. 229 StGB; Gallas, Die strafrechtliche Verantwortlichkeit, S. 15 ff.; Parein-Reymond/Parein/Vuille, Commentaire romand, N 3 zu Art. 229 StGB; Scherer, Strafrecht in der Baupraxis, S. 26 ff. und 31; Stratenwerth/Bommer, Strafrecht BT II, § 30 Rz. 31.

[13] Bendel, Strafrechtliche Verantwortlichkeit, S. 39; Parein-Reymond/Parein/Vuille, Commentaire romand, N 3 zu Art. 229 StGB; vgl. auch Stratenwerth/Bommer, Strafrecht BT II, § 30 Rz. 31; Tausky, Regeln der Baukunde, S. 192; vgl. auch BGE 109 IV 15/17 f. E. 2 (= BR/DC 1983, S. 76, Nr. 68, mit Anm. Riklin); BGer 6B_145/2015 vom 29. Januar 2016 E. 2.1.2 (= BR/DC 2017, S. 165, Nr. 454, mit Anm. Perrin/de Preux).

[14] Gallas, Die strafrechtliche Verantwortlichkeit, S. 19 f.; Scherer, Strafrecht in der Baupraxis, S. 29 ff.; Schünemann, Grundfragen der strafrechtlichen Zurechnung, S. 9 und 116 f.

tuelle Treffen von Anordnungen im Rahmen eines Bauprojekts bedeutet noch keine «Leitung eines Bauwerks» im Sinne von Art. 229 StGB.[15]

b. Unklar ist in diesem Zusammenhang insbesondere die *Stellung eines bauleitenden Planers*. Teilweise wird die Meinung vertreten, Unternehmer seien dem bauleitenden Planer hierarchisch unterstellt;[16] als Vertreter des Bauherrn sei der bauleitende Planer jederzeit befugt, in die Bauführung einzugreifen und verbindliche Weisungen zu erteilen. Aufgrund seiner Berufskenntnisse und seiner gehobenen Stellung sei er für alle erkennbaren plan- und baukunstwidrigen Vorkehrungen und Unterlassungen strafrechtlich verantwortlich.[17] Als Bauleiter habe er zu kontrollieren, ob die anerkannten Regeln der Baukunde befolgt würden.[18] 21.25

c. Auf der anderen Seite wird argumentiert, der bauleitende Planer stehe nicht an der Spitze einer Befehlshierarchie und trage deshalb auch nicht die oberste Verantwortung für alles Geschehen auf dem Bauplatz. Er habe über das bauausführende Personal keine unmittelbare Befehlsgewalt[19] und könne auf Bauunternehmer nur mittelbar (durch entsprechende Hinweise) einwirken.[20] In erster Linie sei deshalb der *Unternehmer* dafür verantwortlich, dass die anerkannten Regeln der Baukunde eingehalten würden, denn dieser sei als Ausführender besser in der Lage, zu entscheiden, welche Sicherungsmassnahmen im Einzelfall erforderlich seien.[21] 21.26

d. U.E. ist die Stellung des bauleitenden Planers *im konkreten Einzelfall* zu prüfen. In der Tendenz sprechen die schweizerischen Gegebenheiten aber für die Annahme einer Leitungsfunktion des bauleitenden Planers; der bauleitende Planer ist grundsätzlich als tauglicher Täter im Sinne von Art. 229 StGB zu betrachten.[22] 21.27

---

[15] BENDEL, Strafrechtliche Verantwortlichkeit, S. 39 f.; SCHERER, Strafrecht in der Baupraxis, S. 26 f. und 29 f.; SCHÜNEMANN, Grundfragen der strafrechtlichen Zurechnung, S. 6 f.

[16] BENDEL, Strafrechtliche Verantwortlichkeit, S. 46 f.; PAREIN-REYMOND/PAREIN/VUILLE, Commentaire romand, N 5 zu Art. 229 StGB; ROELLI/FLEISCHANDERL, Basler Kommentar, N 27 zu Art. 229 StGB.

[17] BENDEL, Strafrechtliche Verantwortlichkeit, S. 40; CORBOZ, Les infractions II, N 9 zu Art. 229 StGB; LOGOZ, Commentaire, N 2 zu Art. 229 StGB; ROELLI/FLEISCHANDERL, Basler Kommentar, N 10 zu Art. 229 StGB; WEDER, StGB-Kommentar [Orell Füssli], N 1 f. zu Art. 229 StGB.

[18] BENDEL, Fahrlässige Tötung, S. 32 f. (ausser bzgl. eigentlicher Spezialisten); ROELLI/FLEISCHANDERL, Basler Kommentar, N 26 zu Art. 229 StGB.

[19] GALLAS, Die strafrechtliche Verantwortlichkeit, S. 19 f.; PAREIN-REYMOND/PAREIN/VUILLE, Commentaire romand, N 5 zu Art. 229 StGB; ROELLI/FLEISCHANDERL, Basler Kommentar, N 26 zu Art. 229 StGB; SCHERER, Strafrecht in der Baupraxis, S. 30; SCHÜNEMANN, Grundfragen der strafrechtlichen Zurechnung, S. 117.

[20] ROELLI/FLEISCHANDERL, Basler Kommentar, N 10 zu Art. 229 StGB; SCHERER, Strafrecht in der Baupraxis, S. 29.

[21] BENDEL, Strafrechtliche Verantwortlichkeit, S. 47; ROELLI/FLEISCHANDERL, Basler Kommentar, N 29 zu Art. 229 StGB; ferner SCHERER, Strafrecht in der Baupraxis, S. 63 f., unter Hinweis auf BGH 1 StR 72/64 vom 21. April 1964 (= BGHSt 19, S. 286).

[22] Vgl. u.a. BENDEL, Strafrechtliche Verantwortlichkeit, S. 27; HAFTER, Strafrecht BT, S. 519; PAREIN-REYMOND/PAREIN/VUILLE, Commentaire romand, N 2 zu Art. 229 StGB; REBER, Rechtshand-

21.28 **e.** Ein gewichtiges Indiz hierfür ist der Aufgaben- und Leistungsbeschrieb gemäss der *SIA-Ordnung 102*, wo zum Leistungsbeschrieb von Architekten unter anderem Folgendes festgehalten wird:

21.29 – Aufgabe des Architekten ist unter anderem auch die Bauleitung (Art. 2.1.1 SIA 102).

21.30 – Er hat die Probleme eines Bauvorhabens in ihrem Gesamtzusammenhang zu erfassen und übt daher in der Regel die Funktion des Gesamtleiters aus (Art. 2.3.1 SIA 102); auch nach Art. 3.4.2 SIA 102 übt der Architekt bei Hochbauten in der Regel die Gesamtleitung aus.

21.31 – Die Gesamtleitung eines Auftrags umfasst unter anderem die Organisation und Leitung einer koordinierten projektbezogenen Qualitätssicherung sowie die Koordination der Leistungen aller Beteiligten (Art. 3.4.1 SIA 102). Auch die SIA-Norm 118 hält in Art. 34 Abs. 3 fest, dass der Bauleitung die Koordination der Arbeiten aller am Bauwerk beteiligten Unternehmer obliegt,[23] was konkretisierende Einzelanweisungen auf der Baustelle erfordert.

21.32 – Dem Architekten obliegt ganz allgemein die Leitung und Überwachung der Arbeiten auf der Baustelle (Art. 4.52 SIA 102).

21.33 – Der Architekt leitet auch alle an der Ausführung beteiligten Fachleute (Art. 2.3.2 SIA 102). Zu seinen Aufgaben gehört ferner das Einsetzen und Leiten der Fachplaner, Unternehmer und Lieferanten sowie die Koordination ihrer Tätigkeiten (Art. 4.52 SIA 102). Auch überprüft er die Pläne von Fachplanern, Unternehmern und Lieferanten sowie von Fabrikations- und Werkstattplänen auf Übereinstimmung mit den Architektenplänen (Art. 4.51 SIA 102).

21.34 – Weitere Aufgaben sind die Kontrolle der Materialien und Lieferungen, ferner die Beantragung und Überwachung von Materialuntersuchungen, die Anordnung und Kontrolle der Regiearbeiten und der entsprechenden Rapporte und nicht zuletzt Gesuche an Amtsstellen um offizielle Kontrollen sowie die Überwachung der Einhaltung von Auflagen (Art. 4.52 SIA 102).

21.35 – Im Zusammenhang mit der Inbetriebnahme ist Aufgabe des Architekten die Prüfung des Bauwerks oder von Bauwerksteilen gemeinsam mit den Fachplanern, Unternehmern und Lieferanten im Hinblick auf die Abnahme durch den Auftraggeber sowie das Feststellen von Mängeln und das Anordnen von Massnahmen und Fristen zu deren Behebung (Art. 4.53 SIA 102).

---

buch, S. 226; Roelli/Fleischanderl, Basler Kommentar, N 27 zu Art. 229 StGB; Rohr, Die Gefährdung, S. 46; Schwander, Strafgesetzbuch, Rz. 672a; Stratenwerth/Bommer, Strafrecht BT II, § 30 Rz. 31; Tausky, Regeln der Baukunde, S. 192.

[23] Bendel, Fahrlässige Tötung, S. 50; Schünemann, Grundfragen der strafrechtlichen Zurechnung, S. 8f.

– Ihm obliegt ferner die Leitung der Garantiearbeiten und aus diesem Anlass das Organisieren der Mängelbehebungen in Zusammenarbeit mit Fachplanern, ebenso wie das Aufbieten der Unternehmer und Lieferanten zur Mängelbehebung sowie die Überwachung dieser Arbeiten (Art. 4.53 SIA 102). 21.36

Analoges ergibt sich im Übrigen für Bauingenieure gemäss *SIA-Ordnung 103*: Aufgabe des Ingenieurs ist unter anderem die Bauleitung (Art. 2.1.3 SIA 103); bei Infrastrukturprojekten umfasst sein Mandat in der Regel die Gesamtleitung (Art. 2.1.4 SIA 103). Als Gesamtleiter übernimmt er die Verantwortung für eine zielkonforme Planung und Realisierung des Vorhabens und leitet alle an der Planung des Bauvorhabens beteiligten Fachleute (Art. 2.3.1 f. SIA 103). Die Gesamtleitung eines Auftrags umfasst unter anderem die fachliche und administrative Leitung, die Koordination aller Beteiligten sowie Organisation, Überwachung und Steuerung der projektbezogenen Qualitätssicherung (Art. 4.2.2 SIA 103). 21.37

f. Nach Art. 33 Abs. 2 SIA 118 vertritt (vorbehältlich einer andern Regelung) die Bauleitung den Bauherrn gegenüber dem Unternehmer. Ihre das Werk betreffenden Weisungen sind (auch) für den Bauherrn verbindlich. Nach Art. 35 SIA 118 bezeichnet die Bauleitung dem Unternehmer die Personen, die sie ermächtigt hat, Weisungen verbindlich zu erteilen. Was die Sicherheit im Besonderen und damit den Schutz von Personen und deren Gesundheit sowie des Eigentums des Bauherrn und Dritter anbetrifft, hat nach Art. 103 SIA 118 zwar grundsätzlich der Unternehmer die gesetzlich vorgeschriebenen und erfahrungsgemäss gebotenen Vorkehren zu treffen. Jedoch ist nach Art. 104 SIA 118 nicht nur der Unternehmer, sondern auch die Bauleitung bei der Erfüllung ihrer Aufgaben verpflichtet, die Sicherheit der am Bauwerk Beschäftigten zu gewährleisten, und zwar schon bei der Projektierung, dann bei der Festlegung des Bauvorgangs, insbesondere der Reihenfolge der Arbeitsabläufe, und schliesslich bei der Ausführung der Arbeiten. Bei den notwendigen Schutzmassnahmen zur Unfallverhütung und Gesundheitsvorsorge ist es zwar Aufgabe des Unternehmers, die notwendigen Schutzmassnahmen zu treffen, die Bauleitung hat ihn aber dabei zu unterstützen. 21.38

3. Der Ausdruck «**Bauwerk**» ist in einem weiten Sinne zu verstehen.[24] Denn als Bauwerk wird nach der bundesgerichtlichen Rechtsprechung jede bauliche oder technische Anlage bezeichnet, die mit Grund und Boden verbunden ist, wozu neben Hoch- und Tiefbauten auch blosse Teile solcher Bauten gehören, sofern sie mit diesen oder dem Erdboden fest verbunden sind (genannt werden u.a. Brücken, Tunnels, Leitungen, Treppen und Aufzüge).[25] Dazu gehören auch Hilfskonstruktionen wie Gerüste und Aufziehvorrichtun- 21.39

---

[24] BGE 115 IV 45/48 E. 2b (= BR/DC 1990, S. 51, Nr. 58, mit Anm. RIKLIN); 90 IV 246/249 E. 1a; CORBOZ, Les infractions II, N 6 zu Art. 229 StGB; HAFTER, Strafrecht BT, S. 519; LOGOZ, Commentaire, N 3 zu Art. 229 StGB; STRATENWERTH/BOMMER, Strafrecht BT II, § 30 Rz. 27.

[25] BGE 115 IV 45/48 E. 2b (= BR/DC 1990, S. 51, Nr. 58, mit Anm. RIKLIN); 90 IV 246/249 E. 1a; DONATSCH/THOMMEN/WOHLERS, Strafrecht IV, S. 64; ROELLI/FLEISCHANDERL, Basler Kommentar, N 7 zu Art. 229 StGB; STRATENWERTH/BOMMER, Strafrecht BT II, § 30 Rz. 27. Zu Aufzügen vgl. insb. RIKLIN, Liftunfall, S. 140.

gen.[26] In BGE 115 IV 45, wo es um die Frage ging, ob ein unsorgfältiges Manövrieren mit einem Bagger, bei dem ein Maurerlehrling vom drehenden Oberteil des Baggers erfasst und verletzt wurde, eine Verletzung der Regeln der Baukunde sei, sah das Bundesgericht die Realisierung einer bautypischen Gefahr deshalb als gegeben an, weil der Verletzte zwischen einem im Bau befindlichen Schacht und der Maschine eingeklemmt worden war.

21.40 **4.** Als «**Regeln der Baukunde**» gelten sämtliche Normen, welche die technische Seite des Bauens betreffen, insbesondere die Bauausführung,[27] aber auch die Planung und den Abbruch von Bauten und Anlagen[28] sowie Unfallverhütungsvorschriften.[29] Erfasst sind geschriebene oder ungeschriebene Grundsätze der Baubranche.[30] «Anerkannt» sind diese Regeln, wenn sie von der Praxis übernommen und als theoretisch richtig anerkannt wurden;[31] sie müssen also nicht nur faktisch praktiziert werden, sondern auch akzeptiert sein.[32] Auf diese Fragen wird weiter unten näher einzugehen sein (vgl. Rz. 21.69 ff.).

3. Tatbestandsmässiger Erfolg: Tötung, Verletzung oder Gefährdung eines anderen Menschen (Art. 117/125/229 StGB)

21.41 **1.** Bei fahrlässigen Erfolgsdelikten ist neben der Handlung der Eintritt eines bestimmten **Aussenerfolgs** erforderlich, der sich gedanklich, zeitlich und räumlich von der Tathandlung unterscheiden lässt.[33]

21.42 **2.** Bei den hier infrage stehenden Strafnormen sind dies:

---

26 Corboz, Les infractions II, N 7 zu Art. 229 StGB; Roelli/Fleischanderl, Basler Kommentar, N 7 zu Art. 229 StGB; Stratenwerth/Bommer, Strafrecht BT II, § 30 Rz. 28; Trechsel/Coninx, StGB-Praxiskommentar [Dike], N 3 zu Art. 229 StGB.

27 Bendel, Strafrechtliche Verantwortlichkeit, S. 50; Logoz, Commentaire, N 3 zu Art. 229 StGB; Parein-Reymond/Parein/Vuille, Commentaire romand, N 12 zu Art. 229 StGB; Riklin, Art. 229 StGB, S. 45 f.; Weder, StGB-Kommentar [Orell Füssli], N 5 zu Art. 229 StGB.

28 Parein-Reymond/Parein/Vuille, Commentaire romand, N 11 zu Art. 229 StGB; Tausky, Regeln der Baukunde, S. 190.

29 Logoz, Commentaire, N 3 zu Art. 229 StGB; Parein-Reymond/Parein/Vuille, Commentaire romand, N 12 zu Art. 229 StGB; Stratenwerth/Bommer, Strafrecht BT II, § 30 Rz. 28.

30 Parein-Reymond/Parein/Vuille, Commentaire romand, N 13 zu Art. 229 StGB; Riklin, Art. 229 StGB, S. 46; Schwander, Strafgesetzbuch, Rz. 672a; Weder, StGB-Kommentar [Orell Füssli], N 5 zu Art. 229 StGB.

31 Bendel, Strafrechtliche Verantwortlichkeit, S. 51; Scherer, Strafrecht in der Baupraxis, S. 17; Schünemann, Grundfragen der strafrechtlichen Zurechnung, S. 160; Stratenwerth/Bommer, Strafrecht BT II, § 30 Rz. 29.

32 Corboz, Les infractions II, N 15 zu Art. 229 StGB; Riklin, Art. 229 StGB, S. 46; Trechsel/Coninx, StGB-Praxiskommentar [Dike], N 5 zu Art. 229 StGB.

33 BGE 129 IV 262/267 E. 2.4; BGer 6B_127/2013 vom 3. September 2013 E. 4.2; Donatsch/Tag, Strafrecht I, S. 102; Riklin, Strafrecht AT I, § 9 Rz. 10; Schultz, Einführung Strafrecht AT I, S. 123; Stratenwerth, Strafrecht AT I, § 9 Rz. 14; Trechsel/Noll/Pieth, Strafrecht AT I, S. 73.

- bei Art. 117 StGB: der Tod eines Menschen; 21.43
- bei Art. 125 StGB: die schwere oder einfache Verletzung des Körpers eines Menschen; 21.44
- bei Art. 229 StGB: die konkrete Gefährdung eines Menschen. 21.45

3. Der Begriff des Todes – so rätselhaft er in einem philosophischen Sinne sein mag – bereitet in der juristischen Praxis kaum je Schwierigkeiten. Abgestellt wird üblicherweise auf den irreversiblen Funktionsausfall des Gehirns einschliesslich des Hirnstamms.[34] Einfache Körperverletzung ist jede Schädigung des Körpers oder der Gesundheit eines Menschen (Art. 123 StGB)[35]; schwer ist eine Körperverletzung, wenn ein wichtiges Organ oder Glied eines Menschen verstümmelt oder unbrauchbar gemacht wird oder dergleichen (Art. 122 StGB).[36] 21.46

4. Art. 229 StGB ist als **konkretes Gefährdungsdelikt** konzipiert.[37] Eine Verletzung von Leib und Leben ist also nicht vorausgesetzt; der Erfolg besteht im Eintritt einer Gefahr – die Strafbarkeit wird vorverlagert.[38] Im Einzelfall muss ein Zustand geschaffen werden, aufgrund dessen nach dem gewöhnlichen Lauf der Dinge die Wahrscheinlichkeit oder nahe Möglichkeit der Verletzung besteht,[39] ohne dass ein Wahrscheinlichkeitsgrad von mehr als 50% verlangt wird.[40] 21.47

a. Zu beachten ist ferner, dass Art. 229 StGB im siebten Titel des Strafgesetzbuches, bei den gemeingefährlichen Verbrechen und Vergehen, eingereiht ist. Die Vollendung des Tatbestands setzt deshalb den Eintritt einer *Gemeingefahr* voraus. 21.48

---

[34] Statt vieler BGE 123 I 112/127 E. 7c; 98 Ia 508/512 E. II/3 ff., wonach zur Feststellung des Todes die medizinisch-ethischen Richtlinien der Schweizerischen Akademie der Medizinischen Wissenschaften (SAMW) massgebend seien; ebenso Art. 9 Abs. 1 Transplantationsgesetz (SR 810.21) sowie Art. 7 i.V.m. Anhang 1 Transplantationsverordnung (SR 810.211), welche auf Ziff. II.3 und Ziff. III. der Richtlinie der SAMW zur Feststellung des Todes mit Bezug auf Organtransplantationen und Vorbereitung der Organentnahme vom 17. November 2017 verweisen.

[35] Abzugrenzen ist die einfache Körperverletzung insbesondere von den Tätlichkeiten im Sinne von Art. 126 StGB, Einwirkungen auf einen anderen Menschen also, die gerade keine Schädigung des Körpers oder der Gesundheit zur Folge haben. Vgl. dazu statt vieler BGE 134 IV 189; Rémy, Commentaire romand, N 3 zu Art. 126 StGB; Roth/Berkemeier, Basler Kommentar, N 17 f. der Vorbem. zu Art. 122 StGB; Trechsel/Geth, StGB-Praxiskommentar [Dike], N 2 f. zu Art. 126 StGB.

[36] Dazu wiederum statt vieler Rémy, Commentaire romand, N 10 zu Art. 122 StGB; Roth/Berkemeier, Basler Kommentar, N 1 ff. zu Art. 122 StGB; Trechsel/Geth, StGB-Praxiskommentar [Dike], N 1 zu Art. 122 StGB.

[37] Bendel, Strafrechtliche Verantwortlichkeit, S. 69 und 71 f.; Hafter, Strafrecht BT, S. 514 f.; Riklin, Art. 229 StGB, S. 48; ders., Gemeingefahr, S. 901; Roelli/Fleischanderl, Basler Kommentar, N 41 zu Art. 229 StGB.

[38] Riklin, Strafrecht AT I, § 9 Rz. 14; ders., Gemeingefahr, S. 891; Schultz, Einführung Strafrecht AT I, S. 122.

[39] BGE 123 IV 128/130 E. 2a; 103 IV 241/243 E. 1; 94 IV 60/62 E. 2. Kritisch zur Praxis des Bundesgerichts, bei der Unterscheidung zwischen konkreter und abstrakter Gefährdung auf den Grad der Wahrscheinlichkeit des Erfolgseintritts abzustellen: Stratenwerth, Strafrecht AT I, § 9 Rz. 15.

[40] BGE 121 IV 67/70 E. 2a/aa; 106 IV 12/14 E. 2a; 94 IV 60/62 E. 2.

21.49 **b.** Der Begriff der Gemeingefahr ist allerdings nach wie vor umstritten:[41] Nach der *Theorie der Gemeingefahr* ist die Anzahl der gefährdeten Rechtsgüter massgebend: Eine Gemeingefahr wird entsprechend nur bejaht, wenn viele Rechtsgüter bzw. eine grössere Zahl von Personen an Leib und Leben gefährdet werden.[42] Gemäss der heute wohl herrschenden[43] *Repräsentationstheorie* ist entscheidend, ob unbeteiligte Dritte gefährdet werden, die im Verhältnis zum Täter vom Zufall ausgewählt sind und deshalb als Repräsentanten der Allgemeinheit erscheinen.[44] Dies hat zur Folge, dass der Tatbestand auch dann erfüllt sein kann, wenn nur eine einzige Personen konkret gefährdet wurde, wenn diese im Sinn der Repräsentationstheorie als vom Zufall «ausgewählt» erscheint. Umgekehrt ist Art. 229 StGB mangels Gemeingefahr nicht anwendbar, wenn von vornherein nur wenige Einzelpersonen von einer Gefährdung betroffen sein können[45] – Individualgefährdungen sind mithin nicht erfasst.[46] Diese Einschränkung erlangt zum Beispiel dann praktische Bedeutung, wenn beim Bau eines Einfamilienhauses Regeln der Baukunde verletzt werden, dadurch aber nur wenige Bewohner dieses Gebäudes gefährdet werden.[47]

4. Natürlicher und adäquater Kausalzusammenhang zwischen Handlung und Erfolg

21.50 **1.** Zwischen der Handlung und dem «Erfolg» muss ein kausaler Zusammenhang bestehen. Diese sogenannte «natürliche Kausalität» wird in der schweizerischen Rechtspraxis anhand der Äquivalenztheorie überprüft.

---

41 Riklin, Gemeingefahr, S. 892 ff.

42 Corboz, Les infractions II, N 27 zu Art. 221 StGB; Delaquis, Gemeingefährliche Verbrechen und Vergehen, S. 108 f.; Hafter, Schweizerisches Strafrecht BT II, S. 491 und 495; Riklin, Gemeingefahr, S. 892 f.; Schwander, Strafgesetzbuch, Rz. 665; Zürcher, Erläuterungen zum Vorentwurf des StGB, S. 264.

43 BGE 80 IV 181/182; Donatsch/Thommen/Wohlers, Strafrecht IV, S. 34 und 65; Riklin, Gemeingefahr, S. 893 f.; Roelli/Fleischanderl, Basler Kommentar, N 11 f. der Vorbem. zu Art. 221 StGB und N 41 zu Art. 229 StGB; Stratenwerth/Bommer, Strafrecht BT II, Vorbem. § 28 Rz. 4; Trechsel/Coninx, StGB-Praxiskommentar [Dike], N 2 der Vorbem. zu Art. 221 StGB; ablehnend Cottier, Der Begriff der Gemeingefahr, S. 51; Schwander, Strafgesetzbuch, Rz. 665.

44 Donatsch/Thommen/Wohlers, Strafrecht IV, S. 34 und 65; Riklin, Gemeingefahr, S. 893; Roelli/Fleischanderl, Basler Kommentar, N 11 f. der Vorbem. zu Art. 221 StGB; Stratenwerth/Bommer, Strafrecht BT II, § 28 Rz. 4; Trechsel/Coninx, StGB-Praxiskommentar [Dike], N 2 der Vorbem. zu Art. 221 StGB.

45 Donatsch/Thommen/Wohlers, Strafrecht IV, S. 34 und 65; Roelli/Fleischanderl, Basler Kommentar, N 11 f. der Vorbem. zu Art. 221 StGB und N 35 zu Art. 229 StGB; Stratenwerth/Bommer, Strafrecht BT II, § 28 Rz. 5 und § 30 Rz. 32.

46 Riklin, Gemeingefahr, S. 903.

47 Riklin, Gemeingefahr, S. 899 f.

a. Ein kausaler Zusammenhang ist demnach immer dann zu bejahen, wenn die fragliche Ursache nicht hinweggedacht werden kann, ohne dass dabei auch der Erfolg entfiele, wenn die Ursache also als «*conditio sine qua non*» des Erfolgseintritts betrachtet werden muss.[48] Es wird demnach etwa ausgeführt: Hätte sich der Planer bei der statischen Berechnung nicht geirrt, wäre der Balkon nicht eingestürzt und der Spaziergänger wäre durch den herunterstürzenden Beton nicht erschlagen worden. 21.51

b. Die Äquivalenztheorie ist mit zahlreichen *Schwierigkeiten und Unzulänglichkeiten* verbunden, auf die hier nicht näher einzugehen ist. Offensichtlich und hier von besonderer Relevanz ist die Tatsache, dass die Anwendung der Äquivalenztheorie auch räumlich, zeitlich und sachlich sehr entfernt scheinende Ereignisse als Ursachen ausweist.[49] So hat etwa der Vater eines Architekten jeden Fehler seines Sohnes verursacht, denn ohne den Vater gäbe es den Sohn nicht und also auch nicht dessen Sorgfaltswidrigkeiten. Nun käme niemand auf die Idee, den Vater tatsächlich zu bestrafen, nur weil sich sein Sohn bei einer statischen Berechnung derart geirrt hat, dass es zu einem Unfall gekommen ist. Umstritten ist hingegen, wie dieser Ausschluss der Strafbarkeit juristisch überzeugend begründet werden kann. 21.52

2. In der Schweiz behilft man sich üblicherweise mit der sogenannten **Adäquanztheorie**. Eine Handlung ist demnach nur dann adäquat kausal für einen Erfolg, «wenn die fragliche Ursache nach dem gewöhnlichen Lauf der Dinge und der allgemeinen Lebenserfahrung geeignet ist, einen Erfolg der fraglichen Art herbeizuführen»[50]. Ob ein adäquater Kausalzusammenhang besteht, beurteilt sich aufgrund einer objektiven Ex-ante-Betrachtung.[51] Als Massstab dient das Tatschen- und Erfahrungswissen eines Durchschnittsmenschen.[52] 21.53

---

48 Statt sehr vieler BGE 125 IV 195/197 E. 2c/aa; 122 IV 17/23 E. 1c; BGer 6B_174/2013 vom 20. Juni 2013 E. 3.4.1.

49 Es handelt sich um einen Standardeinwand gegen die Äquivalenztheorie, vgl. nur etwa Donatsch, Sorgfaltsbemessung, S. 257; Frei, Kausalzusammenhang, Rz. 67 f.; Schultz, Einführung Strafrecht AT I, S. 124; Stratenwerth, Strafrecht AT I, § 9 Rz. 21; Walder, Die Kausalität, S. 137 f.

50 Wiederum statt sehr vieler: BGE 138 IV 57/61 f. E. 4; 135 IV 56/64 E. 2.1; 134 IV 255/265 E. 4.4.1; 133 IV 158/168 E. 6.1; 131 IV 145/147 f. E. 5; vgl. aber auch Niggli/Maeder, Basler Kommentar, N 94 zu Art. 12 StGB; Riklin, Strafrecht AT I, § 13 Rz. 34; Schultz, Einführung Strafrecht AT I, S. 125; Stratenwerth, Strafrecht AT I, § 9 Rz. 25; Trechsel/Jean-Richard-dit-Bressel, StGB-Praxiskommentar [Dike], N 26 zu Art. 12 StGB; Trechsel/Noll/Pieth, Strafrecht AT I, S. 81 f.

51 Sehr deutlich BGE 135 IV 56/65 E. 2.2; vgl. aber z.B. auch BGer 6B_88/2008 vom 13. Mai 2008 E. 3.1.2; zustimmend Frei, Kausalzusammengang, Rz. 94; Hurtado Pozo, Droit pénal, Rz. 508; Schwander, Rz. 140a; Riklin, Strafrecht AT I, § 13 Rz. 36; zahlreiche Hinweise finden sich bei Donatsch, Sorgfaltsbemessung, S. 261, Fn. 31.

52 BGE 134 IV 255/262 E. 4.2.3; BGer 6B_1023/2010 vom 3. März 2011 E. 2.1; zustimmend etwa Stratenwerth, Strafrecht AT I, § 9 Rz. 26; Frei, Kausalzusammenhang Rz. 96; für weitere Hinweise Donatsch, Sorgfaltsbemessung, S. 261, Fn. 32.

21.54 **a.** Ein adäquater Kausalzusammenhang wird in der Regel auch dann bejaht, wenn ein bestimmtes Verhalten nicht die einzige und nicht die unmittelbare Ursache des Erfolges gewesen ist. Insbesondere kennt das Strafrecht (im Unterschied zum Zivilrecht) keine Schuldkompensation.[53] Gerade im Bausektor ist es bekanntlich so, dass die Tätigkeiten der verschiedenen Akteure eng miteinander verknüpft sind. Bei Unfällen ist deshalb in der Regel nicht das Verhalten *eines* Beteiligten, sondern das *Zusammenwirken mehrerer* als ursächlich zu betrachten. In solchen Konstellationen kann sich der Fehlbare nicht darauf berufen, andere hätten ebenfalls eine Sorgfaltspflichtverletzung begangen. So haftet etwa ein Architekt grundsätzlich auch dann für fehlerhafte Pläne, wenn ein fachkundiger Unternehmer den Fehler hätte erkennen können.[54]

21.55 **b.** Die Adäquanz wird verneint, «wenn ganz aussergewöhnliche Umstände, wie das Mitverschulden eines Dritten oder Material- oder Konstruktionsfehler, als Mitursachen hinzutreten, mit denen schlechthin nicht gerechnet werden musste und die derart schwer wiegen, dass sie als wahrscheinlichste und unmittelbarste Ursache des Erfolges erscheinen und so alle anderen mitverursachenden Faktoren – namentlich das Verhalten des Angeschuldigten – in den Hintergrund drängen.»[55]

21.56 **c.** In der Praxis führt die Adäquanztheorie allerdings nur selten zu einer Einschränkung der Strafbarkeit (vgl. dazu die Kasuistik weiter unten, Rz. 21.135 ff.). Ob dies unter rechtspolitischen Gesichtspunkten richtig ist, lässt sich mit guten Gründen bezweifeln. Gravierender scheint indes, dass sich aus dem Begriff der Adäquanz ohnehin keine klaren Haftungskriterien gewinnen lassen. Die Adäquanz eines kausalen Zusammenhangs steht und fällt nämlich mit der Umschreibung des Sachverhalts; je detaillierter der Sachverhalt umschrieben wird, desto eher wird sich der (natürlich) kausale Zusammenhang als adäquat erweisen.[56]

21.57 **d.** Ein Beispiel aus der Gerichtspraxis mag dies illustrieren:[57] Am 10. August 1999 ereignete sich in einem Wohnhaus ein tödlicher Liftunfall. Die damals zehnjährige F.Z. befand

---

[53] Schultz, Einführung Strafrecht AT I, S. 212; Bendel, Fahrlässige Tötung, S. 53 f.; BGE 106 IV 58/59 E. 1; 103 IV 294/298 f. E. 6; BGer 6B_168/2015 vom 21. März 2015 E. 1.5; 6B_286/2013 vom 14. Oktober 2013 E. 1.5; 6B_826/2011 vom 13. April 2012 E. 2.4.

[54] KGer GR vom 12. Dezember 1973 E. 1c (= PKG 1973, Nr. 24, S. 71) und vom 25. April 1972 E. 2 (= PKG 1972, Nr. 41, S. 102).

[55] BGE 127 IV 62/65 E. 2d, Zitat unter Weglassung der Belege; ähnliche Formulierungen finden sich auch in zahlreichen anderen Entscheiden, vgl. statt sehr vieler BGE 135 IV 56/64 f. E. 2.1; 134 IV 255/265 f. E. 4.4.2; 133 IV 158/168 E. 6.1; 131 IV 145/148 E. 5.2; 130 IV 7/10 E. 3.2; 129 IV 282/284 f. E. 2.1; 127 IV 34/39 E. 2a; 126 IV 13/17 E. 7a; vgl. aber etwa auch Bendel, Fahrlässige Tötung, S. 42; Riklin, Liftunfall, S. 141; Schultz, Einführung Strafrecht AT I, S. 212; Stratenwerth, Strafrecht AT I, § 9 Rz. 33; Trechsel/Noll/Pieth, Strafrecht AT I, S. 84.

[56] Vgl. etwa auch Frei, Kausalzusammenhang, Rz. 82 ff. (ebenfalls zu BGE 103 IV 289 sowie zu 86 IV 153) und Rz. 137 ff.; Stratenwerth, Strafrecht AT I, § 9 Rz. 27 (mit Bezug auf BGE 86 IV 153); ähnlich Niggli/Maeder, Basler Kommentar, N 95 zu Art. 12 StGB.

[57] BGer 6P.58/2002 vom 24. September 2002; im gleichen Entscheid wurde auch eine staatsrechtliche Beschwerde behandelt. Mit dem gleichen Sachverhalt befassen sich auch BGer 6P.61/2002 und 6S.171/2002, beide vom 24. September 2002.

sich zusammen mit ihrer sechsjährigen Schwester D.Z. und dem eineinhalbjährigen G. im Fahrstuhl, als sich ihr Basketball zwischen Kabinenboden und Schachtwand verklemmte. F.Z. griff vergebens danach. Unter dem Druck barst das Glas der Schachttüre und fiel im oberen Teil vollends heraus. In der Folge geriet das Kind über die so entstandene Öffnung mit der rechten Schulter, dem Hals und dem Kopf zwischen Kabinenboden und Schachttür und wurde, als der Kabinenboden die Decke des ersten Stockwerks erreichte, erdrückt. Der 1955 eingebaute Aufzug war auf Begehren der Mieter des Wohnhauses 1998 nach vierjährigem Stillstand wieder in Betrieb gesetzt worden. Y. und X. hatten im Einvernehmen Angebote für die Reparaturarbeiten eingeholt. Die K. AG empfahl eine Totalrevision zum Preis von CHF 45 000.–, da der Lift Sicherheitsmängel aufwies. Y. erteilte schliesslich den Reparaturauftrag an die L. AG. Auch nachdem die Arbeiten vorgenommen worden waren, entsprach der Aufzug den Sicherheitsvorschriften nicht. Er besass einen zu breiten Glaseinsatz; eine Einrichtung zum Stoppen des Aufzugs im Falle der Verklemmung durch einen Fremdkörper oder einer Schachttüre fehlte. Y. wurde vorgeworfen, nur die gerade für die Wiederinbetriebnahme des Lifts unerlässlichen Instandstellungsarbeiten ausgeführt haben zu lassen und nicht jene, die eine Anpassung an die geltenden Sicherheitsvorschriften erlaubt hätten.

Das Bundesgericht verneinte den adäquaten Kausalzusammenhang mit der folgenden Begründung: «Nach dem gewöhnlichen Lauf der Dinge und der allgemeinen Lebenserfahrung ist die Auftragserteilung zur Instandstellung eines Aufzugs an eine Spezialfirma, die die geltenden Vorschriften zu kennen hat, nicht geeignet, den Tod eines Liftbenutzers herbeizuführen. Dem Beschwerdeführer kann daher keine für den Tod des jungen Mädchens kausale Sorgfaltspflichtverletzung zum Vorwurf gemacht werden. Die Nichtigkeitsbeschwerde ist somit begründet, was zur Aufhebung des angefochtenen Urteils führt.»[58] 21.58

Dem wurde von Franz Riklin entgegengehalten, es komme «immer wieder vor, dass beauftragte Spezialunternehmen Sicherheitsvorschriften nicht beachten. Man kann nicht sagen, die Nichtbeachtung von Sicherheitsvorschriften durch ein beauftragtes Spezialunternehmen sei ein ganz aussergewöhnlicher Umstand, mit dem schlechterdings nicht gerechnet werden müsse. Im Gegenteil: Eine Auftragserteilung an ein Spezialunternehmen, das es mit den Sicherheitsvorschriften nicht so genau nimmt, ist geeignet, einen tödlichen Erfolg zu bewirken».[59] 21.59

Der Unterschied ist augenfällig: Das Bundesgericht prüft die Adäquanz zwischen der Auftragserteilung an ein spezialisiertes Liftunternehmen und dem tödlichen Unfall; Riklin untersucht die Adäquanz der Auftragserteilung an ein «Spezialunternehmen, das es mit den Sicherheitsvorschriften nicht so genau nimmt» und dem tödlichen Unfall. Aufgrund der unterschiedlichen Formulierung der Sachverhalte wurden dann auch 21.60

58 BGer 6P.58/2002 vom 24. September 2002 E. 3.5.

59 Riklin, Liftunfall, S. 142.

unterschiedliche Schlussfolgerungen gezogen. Etwas pointierter ausgedrückt: Die Frage gibt die Antwort vor.

21.61 Eine verlässliche, konstante und damit rechtsgleiche Handhabung der Adäquanztheorie würde also voraussetzen, dass der Grad der Konkretisierung (oder umgekehrt: der Generalisierung) bei der Sachverhaltsbeschreibung vorgegeben wird. Da dies nicht der Fall ist, lässt sich mit Hilfe der Adäquanztheorie mühelos jedes beliebige Ergebnis begründen.

5. Sorgfaltspflichtverletzung

A. Allgemeines

21.62 Wer einen Unfall (bzw. einen verpönten «Erfolg») verursacht, macht sich nur dann strafbar, wenn ihm fahrlässiges Handeln nachgewiesen werden kann. Fahrlässig handelt, wer die Folge seines Verhaltens aus pflichtwidriger Unvorsichtigkeit nicht bedenkt oder darauf nicht Rücksicht nimmt (Art. 12 Abs. 3 Satz 1 StGB), und pflichtwidrig ist die Unvorsichtigkeit, wenn der Täter die Vorsicht nicht beachtet, zu der er nach den Umständen und nach seinen persönlichen Verhältnissen verpflichtet ist (Art. 12 Abs. 3 Satz 2 StGB). Der Fahrlässigkeitsbegriff beinhaltet demnach eine (nicht immer glückliche) Mélange aus objektiven und subjektiven Teilelementen.

B. Verletzung einer generellen Sorgfaltspflicht …

21.63 **1.** Vorausgesetzt ist zunächst – in objektiver Hinsicht – die Verletzung einer generellen Sorgfaltspflicht. Die massgeblichen Quellen dieser Sorgfaltspflichten sind gerade mit Bezug auf die Baubranche zahlreich und vielfältig:

21.64 **2.** Primär massgebend sind selbstredend verbindliche staatliche Erlasse wie zum Beispiel:

21.65 – die Verordnung vom 19. Dezember 1983 über die Verhütung von Unfällen und Berufskrankheiten (Verordnung über die Unfallverhütung, VUV; SR 832.30);

21.66 – die Verordnung vom 29. Juni 2005 über die Sicherheit und den Gesundheitsschutz der Arbeitnehmerinnen und Arbeitnehmer bei Bauarbeiten (Bauarbeitenverordnung, BauAV; SR 832.311.141);

21.67 – die Verordnung vom 27. September 1999 über die sichere Verwendung von Kranen (Kranverordnung; SR 832.312.15);

21.68 – die Verordnung vom 2. April 2008 über die Sicherheit von Maschinen (Maschinenverordnung, MaschV; SR 819.14).

21.69 Die Einhaltung solcher von zuständigen Rechtsetzungsorganen erlassenen *Sorgfaltsregeln* bietet indes keine Garantie dafür, dass eine Sorgfaltspflichtverletzung ausnahmslos verneint werden müsste: Kodifizierte Normen vermögen einen Lebensbereich nie abschliessend zu regeln, sie beschränken sich auf typische, regelmässig auftretende Sachverhalte. Sonderfälle sind hingegen kaum je geregelt, sodass insoweit auf andere Quellen zurückgegriffen werden muss.[60]

3. Von erheblicher praktischer Bedeutung sind ferner – an sich unverbindliche – Merkblätter, Empfehlungen und Richtlinien staatlicher Institutionen und privater bzw. halbprivater Vereinigungen, beispielsweise der Schweizerischen Unfallversicherungsanstalt (Suva), der Beratungsstelle für Unfallverhütung (bfu), der Eidgenössischen Koordinationskommission für Arbeitssicherheit (EKAS), aber auch des Schweizerischen Ingenieur- und Architektenvereins (SIA). 21.70

a. Selbstverständlich sind solche Regelwerke nicht im strikten Sinne verbindlich – die genannten Vereinigungen und Institutionen haben keine Rechtsetzungskompetenz.[61] Dennoch dürften sie meist das zum Ausdruck bringen, was die betreffenden Fachkreise als richtig erachten und auch der vom Recht geforderten Sorgfalt entspricht. Es handelt sich gewissermassen um «sachverständige Äusserungen darüber, was der im Verkehr erforderlichen Sorgfalt entspricht».[62] Die Widerhandlung gegen eine entsprechende Sorgfaltsregel indiziert deshalb eine Sorgfaltswidrigkeit.[63] Das bedeutet auch, dass die Vermutung der Fahrlässigkeit widerlegt werden kann.[64] Eine Abweichung von entsprechenden Normen ist insbesondere dann nicht sorgfaltswidrig, wenn «auf andere Weise der gleiche Grad an Sicherheit gewährleistet ist».[65] Im Übrigen sind die Sorgfaltspflichten bei jedem Fahrlässigkeitsdelikt fallbezogen zu konkretisieren.[66] Es muss also gezeigt werden, «dass im abstrakten Regelverstoss auch die Sorgfaltswidrigkeit angesichts der konkreten Umstände steckt».[67] 21.71

b. Wer solche Regeln umgekehrt befolgt, darf im Allgemeinen davon ausgehen, sein Verhalten genüge den strafrechtlichen Sorgfaltspflichten.[68] Doch auch hier gibt es Ausnahmen: 21.72

- Die herrschende Meinung kann falsch und die tatsächliche Übung Unsitte sein.[69] 21.73
- Ein Regelwerk kann überholt sein und dadurch falsch geworden sein;[70] es kann im Interesse der Sicherheit geboten sein, eine veraltete Vorschrift zu missachten.[71] 21.74

---

60 LENCKNER, Technische Normen, S. 497.

61 LENCKNER, Technische Normen, S. 495.

62 LENCKNER, Technische Normen, S. 502; vgl. aber auch SCHÜNEMANN, Regeln der Technik, S. 375 und 384 f., der (kritisch) von «antizipierten Sachverständigengutachten» spricht.

63 Vgl. BGE 114 IV 173/175 E. 2a (= BR/DC 1990, S. 52, Nr. 59, mit Anm. RIKLIN); SCHÜNEMANN, Regeln der Technik, S. 388.

64 BGE 135 IV 56/64 E. 2.1; ARZT, Vorsatz und Fahrlässigkeit, S. 70; TAUSKY, Regeln der Baukunde, S. 190; TRECHSEL/JEAN-RICHARD-DIT-BRESSEL, StGB-Praxiskommentar [Dike], N 30 zu Art. 12 StGB.

65 LENCKNER, Technische Normen, S. 498.

66 SCHÜNEMANN, Regeln der Technik, S. 394.

67 ARZT, Vorsatz und Fahrlässigkeit, S. 70; vgl. aber auch SCHÜNEMANN, Regeln der Technik, S. 390.

68 LENCKNER, Technische Normen, S. 503.

69 LENCKNER, Technische Normen S. 497.

70 LENCKNER, Technische Normen, S. 497.

71 BENDEL, Fahrlässige Tötung, S. 45.

21.75 **c.** Im Übrigen ist – wie stets – der Einzelfall massgebend. Das bedeutet insbesondere auch, dass sich der Handelnde allfällige Spezialkenntnisse anrechnen lassen muss (Rz. 21.80 f.). Unter Umständen ist also ein (im Vergleich zu den entsprechenden Vorschriften) erhöhtes Mass an Umsicht verlangt.

21.76 **4.** In letzter Linie werden schliesslich anerkannte Rechtsgrundsätze beigezogen. Abgestellt wird etwa auf den sogenannten Gefahrensatz, wonach derjenige, der einen Gefahrenzustand schafft, alles Zumutbare tun muss, damit die Gefahr zu keiner Verletzung fremder Rechtsgüter führt.[72]

21.77 **5.** All diese geschriebenen und ungeschriebenen Grundsätze der Baubranche bilden die *«anerkannten Regeln der Baukunde», von denen in Art. 229 StGB die Rede ist.*

21.78 **a.** Meist werden in der Praxis *geschriebene* Regeln beigezogen: Richterinnen und Richter verstehen es, Regeln zu finden, auszulegen und anzuwenden – Baufachleute sind sie nicht. Entsprechend werden sie einigen Aufwand darauf verwenden, eine auf den Einzelfall anwendbare Vorschrift beizuziehen, die ihnen bei der Lösung ihres Falles hilfreich scheint.

21.79 **b.** Das ist in zweierlei Hinsicht problematisch: Zunächst einmal ist zu vermuten, dass Regelwerke von Institutionen, deren Zweck gerade darin besteht, Unfälle nach Möglichkeit zu verhindern, als «Maximallösungen» ausgestaltet sind. Das liegt in der Natur der Sache, lässt aber Zweifel daran aufkommen, ob etwa eine Empfehlung der Beratungsstelle für Unfallverhütung (bfu) ohne Weiteres als allgemeiner Sorgfaltsstandard gelten darf. Zu fragen wäre aber auch, ob das Abstellen auf vorhandene Standards nicht geeignet sein könnte, neue, innovative, potenziell kostengünstigere und/oder sicherere Vorgehensweisen zu blockieren. Wer nämlich – das muss sich jeder Planer bewusst sein – Neues ausprobiert, trägt auch das Risiko eines Unfalls.

C. … nach einem individuellen Sorgfaltsmassstab

21.80 **1.** Während man im Zivilrecht nach einer abstrahierenden, generellen Betrachtungsweise prüft, wie sich der normale, ordentliche Mensch in der Lage des präsumtiv Verantwortlichen verhalten hätte,[73] erfolgt im Strafrecht eine gewisse Individualisierung oder Subjektivierung. Eine Unvorsichtigkeit gilt nämlich hier nur dann als pflichtwidrig, wenn der Täter die Vorsicht nicht beachtet, «zu der er nach den Umständen und nach seinen persönlichen Verhältnissen verpflichtet ist» (Art. 12 Abs. 3 Satz 2 StGB). Massgebend ist also unter strafrechtlichen Gesichtspunkten der konkret infrage stehende Planer in der fraglichen Situation. Es ist mithin die Frage zu stellen, wie sich ein besonnener Mensch

[72] Vgl. BGE 135 IV 56/64 E. 2.1; 134 IV 193/204 E. 7.2; 130 IV 7/10 E. 3.2; 127 IV 62/65 E. 2d; 106 IV 80/81 f. E. 4; BGer 6B_435/2015 vom 16. Dezember 2015 E. 3.1; Bendel, Fahrlässige Tötung, S. 45; Schultz, Einführung Strafrecht AT I, S. 207.

[73] Hauser, Zivil- und strafrechtliche Verantwortlichkeit, S. 612 (mit weiteren Literaturangaben in Fn. 17).

mit gleichen Fähigkeiten verhalten würde,[74] wobei etwa Ausbildung, Erfahrung und Intelligenz berücksichtigt werden.[75] Die Anforderungen an die Sorgfalt werden also *erhöht,* wenn der Täter über *besondere Kenntnisse und Fertigkeiten* verfügt.[76]

2. Umgekehrt hat etwa ein Lehrling weniger weitreichende Sorgfaltspflichten, wenn ihm seine Fähigkeiten und seinen Ausbildungsstand übersteigende Aufgaben übertragen werden.[77] Allerdings kann sich jemand, der eine Aufgabe übernimmt, der er nach seinen Kenntnissen und Erfahrungen nicht gewachsen ist, nicht ohne Weiteres auf eben diese unzureichenden Kenntnisse und Erfahrungen berufen.[78] Hätte der Betroffene nämlich erkennen können und müssen, dass er für die fragliche Aufgabe nicht ausreichend qualifiziert ist, trifft ihn ein sogenanntes Übernahmeverschulden.[79] Die Pflichtwidrigkeit besteht dann gerade darin, dass die entsprechende Aufgabe übernommen wurde.[80] 21.81

D. Voraussehbarkeit und Vermeidbarkeit

1. Jede Fahrlässigkeitshaftung setzt sodann voraus, dass die zum Erfolg führenden Geschehensabläufe für den konkreten Täter mindestens in ihren wesentlichen Zügen **voraussehbar** waren.[81] Eine Sorgfaltswidrigkeit kann dem Erfolgsverursacher nur dann angelastet werden, wenn dieser (aufgrund seiner persönlichen Verhältnisse und der kon- 21.82

---

74 Schultz, Einführung Strafrecht AT I, S. 202.

75 BGE 108 IV 3/9 E. 3; 104 IV 18/19 E. 1; 103 IV 289/293 E. 3; 100 IV 210/213 E. 2; 98 IV 168/177 E. 4; 97 IV 169/172 E. 2; vgl. aber auch Bendel, Fahrlässige Tötung, S. 46 und 52.

76 Dazu statt vieler BGE 135 IV 56/64 E. 2.1; 134 IV 255/262 E. 4.2.3; 134 IV 193/204 E. 7.3; 133 IV 158/161 f. E. 5.1; 130 IV 7/10 E. 3.2; 129 IV 282/284 E. 2.1; 129 IV 119/121 E. 2.1; 127 IV 62/65 E. 2d; 126 IV 13/16 f. E. 7; 122 IV 145/147 E. 3; 121 IV 207/211 E. 2a; 120 IV 300/309 E. 3d/aa; 115 IV 189/192 E. 3; 114 IV 173/174 f. E. 2a (= BR/DC 1990, S. 52, Nr. 59, mit Anm. Riklin); 108 IV 3/9 E. 3; 106 IV 80/81 E. 4b; 103 IV 289/292 E. 3; 103 IV 12/15 E. 2; BGer 6B_948/2010 vom 12. Mai 2011 E. 3.1. Auch in der Lehre ist dies weitestgehend unbestritten, vgl. eingehend Frei, Kausalzusammenhang, Rz. 144 ff.; Rehberg, Erlaubtes Risiko, S. 118 ff.; Stratenwerth, Individualisierung des Sorgfaltsmaßstabes, S. 285 ff.; ferner Dubs, Probleme der Fahrlässigkeit, S. 6 ff.; ders., Kriterium der Adäquanz, S. 30 f.; Niggli/Maeder, Basler Kommentar, N 97 zu Art. 12 StGB; Riklin, Strafrecht AT I, § 13 Rz. 40; Schultz, Einführung Strafrecht AT I, S. 202 f. und 208; Stratenwerth, Strafrecht AT I, § 9 Rz. 25 und § 16 Rz. 12; Walder, Die Kausalität, S. 146; ders., Probleme bei Fahrlässigkeitsdelikten, S. 170 und 184 f.

77 Vgl. BGE 99 IV 63, wo die fehlerhafte Bedienung eines Eisenbahnstellwerks nicht als pflichtwidrige Unvorsichtigkeit angesehen wurde.

78 Scherer, Strafrecht in der Baupraxis, S. 35 und 81; Stratenwerth, Strafrecht AT I, § 16 Rz. 14.

79 Scherer, Strafrecht in der Baupraxis, S. 35.

80 Trechsel/Noll/Pieth, Strafrecht AT I, S. 262.

81 BGE 135 IV 56/64 E. 2.1; 130 IV 7/10 E. 3.2; 127 IV 62/65 E. 2d; Donatsch, Sorgfaltsbemessung, S. 101 ff.; Donatsch/Tag, Strafrecht I, S. 352 ff.; Niggli/Maeder, Basler Kommentar, N 97 zu Art. 12 StGB; Riklin, Strafrecht AT I, § 16 Rz. 46; Stratenwerth, Strafrecht AT I, § 16 Rz. 9; Trechsel/Jean-Richard-dit-Bressel, StGB-Praxiskommentar [Dike], N 38 zu Art. 12 StGB; Trechsel/Noll/Pieth, Strafrecht AT I, S. 267 f.

kreten Umstände) fähig und/oder in der Lage war, den fraglichen Kausalverlauf in seinen Grundzügen vorherzusehen.[82]

21.83 **2.** Weiter ist vorausgesetzt, dass der Eintritt des Erfolges **hätte vermieden werden können**. Es wird also geprüft, ob der Erfolg bei pflichtgemässem Verhalten des Täters ausgeblieben wäre. Massgebend ist alsdann die Wahrscheinlichkeitstheorie (dazu unten, Rz. 21.134).[83]

6. Alternative und ergänzende Zurechnungskriterien

A. Allgemeines

21.84 **1.** Die Frage nach der Adäquanz wird nach dem Gesagten aufgrund einer objektiven Ex-ante-Betrachtung beurteilt (Rz. 21.53); bei der Prüfung der Fahrlässigkeit erfolgt hingegen eine Subjektivierung – abgestellt wird auf das Wissen und die Fähigkeiten der betreffenden Einzelperson (Rz. 21.80).

21.85 **2.** Nach dem klassischen Prüfschema wird die Adäquanz im Rahmen des objektiven Tatbestands, die Fahrlässigkeit beim subjektiven Tatbestand geprüft. Die beiden Fragen werden also einer gesonderten Betrachtung unterzogen.

21.86 **a.** Unter rein logischen Gesichtspunkten sind dann – was die denkbaren Antworten auf die beiden Fragen angeht – vier verschiedene Konstellationen denkbar. Das fragliche Verhalten ist:[84]

21.87 (1) adäquat kausal und fahrlässig;

21.88 (2) weder adäquat kausal noch fahrlässig;

21.89 (3) adäquat kausal, aber nicht fahrlässig;

21.90 (4) nicht adäquat kausal, aber fahrlässig.

---

82 Daran ändert nichts, dass h.L. und Praxis die Voraussehbarkeit teilweise nach dem Massstab der Adäquanz bestimmen wollen (dazu Rz. 21.95).

83 Vgl. z.B. BGE 135 IV 56/64 E. 2.1: «Damit der Eintritt des Erfolgs auf das pflichtwidrige Verhalten des Täters zurückzuführen ist, genügt allerdings seine Voraussehbarkeit nicht. Weitere Voraussetzung ist vielmehr, dass der Erfolg auch vermeidbar war. Dabei wird ein hypothetischer Kausalverlauf untersucht und geprüft, ob der Erfolg bei pflichtgemässem Verhalten des Täters ausgeblieben wäre. Für die Zurechnung des Erfolgs genügt, wenn das Verhalten des Täters mindestens mit einem hohen Grad an Wahrscheinlichkeit die Ursache des Erfolgs bildete», ähnlich aber etwa auch BGE 130 IV 7/10f. E. 3.2 und BGer 6B_435/2015 vom 12. Dezember 2015 E. 5.2. Vgl. zum Ganzen Donatsch, Sorgfaltsbemessung, S. 187ff.; Donatsch/Tag, Strafrecht I, S. 364f.; Niggli/Maeder, Basler Kommentar, N 117ff. zu Art. 12 StGB; Riklin, Strafrecht AT I, § 16 Rz. 63; Stratenwerth, Strafrecht AT I, § 16 Rz. 10; Trechsel/Jean-Richard-dit-Bressel, StGB-Praxiskommentar [Dike], N 39ff. zu Art. 12 StGB; Trechsel/Noll/Pieth, Strafrecht AT I, S. 269.

84 Vgl. zum Nachfolgenden v.a. Dubs, Kriterium der Adäquanz, S. 23ff.; Frei, Kausalzusammenhang, Rz. 151ff.; Gmür, Der Kausalzusammenhang, S. 99ff.

b. In den Konstellationen (1) und (2) bleibt die gesonderte Überprüfung der Adäquanz ohne Einfluss, bedeutet aber einen unnötigen Mehraufwand. 21.91

c. Gleiches gilt mit Bezug auf Konstellation (3): Da es an der Fahrlässigkeit mangelt, hat ein Freispruch zu erfolgen. Die vorgängige Prüfung der Adäquanz bleibt folgenlos und ist deshalb überflüssig. 21.92

d. Von Bedeutung ist die gesonderte Überprüfung der Adäquanz einzig in Konstellation (4), wenn also trotz bestehender Fahrlässigkeit auf Freispruch zu erkennen ist, weil es an der Adäquanz fehlt. Genau dies wird aber gemeinhin als unbillig empfunden: Wenn der Täter über Spezialwissen verfügt, soll sich dies auch zu seinem Nachteil auswirken. Als adäquat gilt deshalb ein (natürlich) kausaler Zusammenhang immer dann, wenn der konkret infrage stehende Täter den Geschehensablauf hätte voraussehen müssen – selbst wenn diese Kausalkette dem gewöhnlichen Lauf der Dinge und der allgemeinen Lebenserfahrung gerade *nicht* entspricht. 21.93

e. Mit dieser Anpassung können unhaltbare Ergebnisse zwar vermieden werden, gleichzeitig wird die Adäquanztheorie aber ihres Sinnes beraubt: Die Subjektivierung führt dazu, dass die Prüfung von Adäquanz und Fahrlässigkeit zu den gleichen Ergebnissen führt. Konstellation (4) ist alsdann begrifflich ausgeschlossen – wo Fahrlässigkeit gegeben ist, wird immer auch der adäquate Kausalzusammenhang bejaht werden müssen. Damit sind wir aber wieder dort, wo die Überprüfung begonnen hat: bei Konstellation (1) und damit bei der Feststellung, dass die gesonderte Überprüfung der Adäquanz einen unnötigen Mehraufwand bedeutet.[85] 21.94

B. Aufgabe des selbständigen Adäquanzbegriffs in der neueren Lehre

In der neueren Lehre wird diesen Einwänden teilweise Rechnung getragen: Der Adäquanztheorie wird der Status als selbständiges Prüfelement abgesprochen,[86] stattdessen dient sie allenfalls als heuristisches Instrument bei der Beantwortung der Frage nach der Voraussehbarkeit. Wenn nämlich – so die Grundidee dieser Auffassung – Adäquanz gegeben ist, wird sich der Täter kaum darauf berufen können, er habe den Erfolgseintritt nicht 21.95

[85] Gmür, Der Kausalzusammenhang, S. 79 f., 93 f., 100 f., 106 ff. und zusammenfassend S. 115 f.; Schwartz, Kausalität und Verschuldenshaftung, S. 1 ff., zusammenfassend S. 13 ff.; ferner Dubs, Kriterium der Adäquanz, S. 23 ff.; Trechsel/Jean-Richard-dit-Bressel, StGB-Praxiskommentar [Dike], N 28 zu Art. 12 StGB; Trechsel/Noll/Pieth, Strafrecht AT I, S. 261; vgl. auch Stratenwerth, Strafrecht AT I, § 16 Rz. 8.

[86] Vgl. z.B. Schultz, Einführung Strafrecht AT I, S. 126; Trechsel/Noll/Pieth, Strafrecht AT I, S. 261.

voraussehen können,[87] und dieser neueren Lehrmeinung scheint sich auch das Bundesgericht anzuschliessen.[88]

C. Lehre von der objektiven Zurechnung

21.96 **1.** Nachdem die Adäquanztheorie ihren Kredit (mindestens als selbständiges Haftungskriterium) mehr und mehr verloren hat, wird auch in der Schweiz zunehmend die Lehre von der objektiven Zurechnung vertreten.[89]

21.97 **2.** Ein bestimmter Erfolg (eine bestimmte Wirkung) soll einer Person nur dann objektiv zugerechnet werden, wenn diese Person durch ihr Verhalten eine rechtlich missbilligte Gefahr für den Erfolgseintritt geschaffen und sich diese Gefahr auch tatsächlich in der konkreten Gestalt realisiert hat.[90]

---

[87] Vgl. Donatsch, Sorgfaltsbemessung, S. 262 f.; Dubs, Kriterium der Adäquanz, S. 23 ff.; ders., Probleme der Fahrlässigkeit, S. 11; ebenso in der Tendenz Gmür, Der Kausalzusammenhang, S. 99 ff.; Riedo, Wenn Juristen würfeln, S. 682 f.; Schultz, Einführung Strafrecht AT I, S. 126; Schwartz, Kausalität und Verschuldenshaftung, S. 1 ff.; Stratenwerth, Strafrecht AT I, § 16 Rz. 8; Trechsel/Noll/Pieth, Strafrecht AT I, S. 261; zurückhaltender Riklin, Strafrecht AT I, § 13 Rz. 40 (Fn. 25); Trechsel/Jean-Richard-dit-Bressel, StGB-Praxiskommentar [Dike], N 28 zu Art. 12 StGB, für ein Festhalten an einem selbständigen Adäquanzbegriff hingegen Riklin, Liftunfall, S. 141 f.

[88] Vgl. z.B. BGer 6B_83/2012 vom 17. September 2012 E. 3.3: «Für die Beurteilung der Frage, ob die zum Erfolg führenden Geschehensabläufe für den konkreten Täter mindestens in seinen wesentlichen Zügen voraussehbar waren, gilt der Massstab der Adäquanz. Danach muss das Verhalten geeignet sein, nach dem gewöhnlichen Lauf der Dinge und den Erfahrungen des Lebens einen Erfolg wie den eingetretenen herbeizuführen oder mindestens zu begünstigen.» Identische oder ähnliche Formulierungen finden sich etwa in BGE 135 IV 56/64 E. 2.1; 134 IV 255/262 E. 4.2.3; 130 IV 7/10 E. 3.2; BGer 6S.415/2000 vom 23. Oktober 2000 E. 2a. Ob sich damit eine Praxisänderung andeutet, bleibt indessen unklar (Dubs, Kriterium der Adäquanz, S. 29). In anderen Entscheiden verwendet das Bundesgericht nämlich nach wie vor das traditionelle Prüfschema, indem es die Frage nach der (objektiven) Adäquanz strikte von der (subjektiven) Vorhersehbarkeit trennt (vgl. z.B. etwa BGE 131 IV 145/147 f. E. 5.1). Von einer gefestigten Rechtsprechung kann in dieser Frage nicht die Rede sein.

[89] Vgl. dazu die Übersicht bei Moos, Wertneutrale Gehilfenschaft, S. 490 ff. Die Berücksichtigung der Lehre von der objektiven Zurechnung erfolgte zunächst nur punktuell: Schwander, Strafgesetzbuch Rz. 164; Thormann/von Overbeck, Das Schweizerische Strafgesetzbuch, N 37 zu Art. 18 StGB (beide zur Lehre vom erlaubten Risiko); Rehberg, Erlaubtes Risiko, passim, zur Lehre vom erlaubten Risiko (allerdings weitgehend kritisch, vgl. zusammenfassend S. 231 ff.); und Donatsch, Sorgfaltsbemessung, v.a. S. 187 ff. (zu Schutzzweck- bzw. Risikozusammenhang). In verschiedenen Lehrbüchern findet sich aber mittlerweile eine systematische Darstellung, vgl. v.a. Donatsch/Tag, Strafrecht I, S. 88 ff.; Maihold, Strafrecht AT, Rz. 34 ff.; Riklin, Strafrecht AT I, § 13 Rz. 41 ff.; Seelmann/Geth, Strafrecht AT, Rz. 111 ff.; Stratenwerth, Strafrecht AT I, § 9 Rz. 17 ff. und § 14 Rz. 34 ff.; weniger detailliert z.B. Trechsel/Noll/Pieth, Strafrecht AT I, S. 80 f. und 84 f. (zur Lehre von der objektiven Zurechnung im Allgemeinen) und S. 139 f. (zur Lehre vom erlaubten Risiko).

[90] In Deutschland darf die Lehre von der objektiven Zurechnung als herrschend bezeichnet werden. Prominent verfochten wird sie etwa von Eisele, StGB-Kommentar [Beck], N 90 ff. der Vorbem. zu §§ 13 ff. StGB; Jakobs, Strafrecht AT, Rz. 29 ff. zu Abschnitt 7; Jäger, Systematischer StGB-Kom-

3. Ob eine rechtlich missbilligte Gefahr geschaffen wurde, soll auf der Grundlage einer objektiven nachträglichen Prognose entschieden werden.[91] Die Zurechnung erfolgt demnach (bei gegebener Kausalität) aufgrund normativer Massstäbe.[92] 21.98

4. Diese Grundsätze werden durch verschiedene Zurechnungskriterien konkretisiert, die allerdings je nach Autor teilweise beträchtlich variieren.[93] Für das hier interessierende Thema scheinen insbesondere die folgenden Ansätze bedeutungsvoll: 21.99

- *Sozialadäquanz (Lehre vom erlaubten Risiko):* Die Zurechnung wird immer dann verneint, wenn das fragliche strafbare Verhalten erlaubterweise Risiken birgt, also namentlich dann, wenn die fragliche Verhaltensweise als sozialadäquat zu gelten hat.[94] Das Bundesgericht hat bereits in einem älteren Entscheid festgehalten, es sei nicht möglich, sämtliche mit der Bautätigkeit verbundene Risiken zu eliminieren. Strafrechtlich sei deshalb nur verantwortlich, wer Vorkehren ausser Acht lasse, die ohne übermässigen Kostenaufwand getroffen werden könnten.[95] 21.100

- *Realisierung des Risikos ausserhalb des Schutzzwecks (Schutzzwecklehre):* Eine Zurechnung wird immer dann verneint, wenn der Erfolg gar nicht als Realisierung des pflichtwidrig bzw. unerlaubterweise herbeigeführten Risikos zu werten ist. Es wird also danach gefragt, ob sich mit dem Erfolg eine Gefahr realisiert hat, der mit der missachteten Regelung gerade vorgebeugt werden sollte.[96] 21.101

---

mentar, N 96 ff. der Vorbem. zu § 1 StGB; Jeschek/Weigend, Lehrbuch des Strafrechts, S. 286 ff.; Kindhäuser, Strafrecht AT, § 11 Rz. 1 ff.; Maurach/Zipf, Strafrecht AT I, § 18 Rz. 36 ff; Roxin, Strafrecht AT, § 11 Rz. 39 ff.

91 Eisele, StGB-Kommentar [Beck], Rz. 92a der Vorbem. zu §§ 13 ff. StGB; Frisch, Tatbestandsmässiges Verhalten, S. 71 (mit zahlreichen Hinweisen in Fn. 6); Jäger, Systematischer StGB-Kommentar, N 96 der Vorbem. zu § 1 StGB; Roxin, Strafrecht AT, § 11 Rz. 50.

92 Ganz ähnlich etwa Eisele, StGB-Kommentar [Beck], Rz. 91 der Vorbem. zu §§ 13 ff. StGB; Jäger, Systematischer StGB-Kommentar, N 96 der Vorbem. zu § 1 StGB; Kindhäuser, Strafrecht AT, § 11 Rz. 2; Kühl, Strafrecht AT, § 4 Rz. 43; Roxin, Strafrecht Allgemeiner Teil, § 11 Rz. 44.

93 Vgl. statt vieler Walter T., Leipziger Kommentar, N 90 der Vorbem. zu § 13 StGB: Die Einteilung der Kriterien variiere bei den einzelnen Autoren, und Maurach/Zipf, Strafrecht AT I, § 18 Rz. 36: Über die anzuwendenden Kriterien bestehe «noch keine Einigkeit».

94 Jakobs, Strafrecht AT, Rz. 35 ff. zu Abschnitt 7; Kindhäuser, Strafrecht AT, § 11 Rz. 5 und 10 f.; Jäger, Systematischer StGB-Kommentar, N 108 der Vorbem. zu § 1 StGB; Roxin, Strafrecht AT, § 11 Rz. 60.

95 BGE 90 IV 8/11 E. 2 (vgl. aber auch die Regeste); ähnlich etwa BGE 80 IV 130/132 f. E. 1: Fahrlässige Körperverletzung durch einen Unfall im Strassenverkehr; sowie BGE 134 IV 255/259 ff. E. 4.2: Fahrlässige Störung des öffentlichen Verkehrs. Das Bundesgericht verwendet etwa die Floskel, eine Handlungsweise sei dann sorgfaltswidrig, wenn der Täter zum Zeitpunkt der Tat aufgrund der Umstände sowie seiner Kenntnisse und Fähigkeiten die damit bewirkte Gefährdung der Rechtsgüter des Opfers hätte erkennen können und müssen «und wenn er zugleich die Grenzen des erlaubten Risikos überschritten» habe (so z.B. BGE 136 IV 76/79 E. 2.3.1; 135 IV 56/64 E. 2.1; 130 IV 7/10 E. 3.2; 127 IV 62/65 E. 2d); ferner Bendel, Fahrlässige Tötung, S. 53; Reber, Rechtshandbuch, S. 232.

96 Grundlegend immer noch Roxin, Zum Schutzzweck der Norm, S. 241 ff.; vgl. aber auch Kindhäuser, Strafrecht AT, § 11 Rz. 20; Roxin, Strafrecht AT, § 11 Rz. 72; Walter T., Leipziger Kom-

21.102 **5.** Eine ausführliche Würdigung der Lehre von der objektiven Zurechnung kann hier nicht geleistet werden. Immerhin ist darauf hinzuweisen, dass auch diese neueren Ansätze mit erheblichen Schwierigkeiten behaftet sind. Die Lehre vom erlaubten Risiko beispielsweise mag prima vista einleuchten: Das Leben ist nun einmal gefährlich. Gewisse Risiken müssen deshalb in Kauf genommen werden, und diese Risikotoleranz wird tendenziell zunehmen, je verbreiteter eine Verhaltensweise ist bzw. je «nützlicher» sie zu sein scheint.[97] Offensichtlich hängt die Frage nach dem Erlaubtsein aber auch davon ab, wie hoch das damit verbundene Risiko der Rechtsgutsbeeinträchtigung ist bzw. zu sein scheint. Bauarbeiten ohne Gerüst zum Beispiel sind wesentlich billiger, aber mit grösseren Risiken behaftet. Wie hoch muss das Risiko sein, damit es als «unerlaubt» zu gelten hat? Braucht es ein Gerüst auch bei Arbeiten in einem Meter, eineinhalb, zwei, zweieinhalb, drei usw. Metern Höhe? Diese Frage lässt sich ohne eine entsprechende Bewertung nicht beantworten, und diese Bewertung ist notgedrungen bis zu einem gewissen Grade willkürlich.[98]

V. Sonderfall: Strafbare Unterlassung

1. Aktives Tun und blosses Unterlassen

21.103 **1.** Die fahrlässige Tötung, die fahrlässige Körperverletzung und die Verletzung der Regeln der Baukunde sind im Gesetz als Begehungsdelikte formuliert: Strafbar ist, «wer fahrlässig den Tod eines Menschen verursacht» (Art. 117 StGB), «wer fahrlässig einen Menschen am Körper oder der Gesundheit schädigt» (Art. 125 Abs. 1 StGB) bzw. «wer vorsätzlich bei der Leitung oder Ausführung eines Bauwerks oder eines Abbruches die anerkannten Regeln der Baukunde ausser acht lässt» (Art. 229 StGB). Vorausgesetzt wird also dem Anschein nach ein aktives Verhalten des Täters.

21.104 **2.** Strafbar macht sich gemäss Art. 11 StGB aber auch, wer pflichtwidrig untätig bleibt, wer also den Eintritt des verpönten Erfolges fahrlässig nicht verhindert, obwohl er aufgrund einer besonderen Rechtspflicht dazu verpflichtet wäre. Es handelt sich demnach um sogenannte unechte Unterlassungsdelikte.[99]

---

mentar, N 96 der Vorbem. zu § 13 StGB; Eisele, StGB-Kommentar [Beck], N. 95 der Vorbem. zu §§ 13 ff. StGB; Jäger, Systematischer StGB-Kommentar, N 109 f. der Vorbem. zu § 1 StGB. Für einen Anwendungsfall aus der schweizerischen Rechtspraxis vgl. 133 IV 158/170 E. 8 «Flugunfall».

97 Bendel, Fahrlässige Tötung, S. 52; vgl. auch Reber, Rechtshandbuch, S. 232.

98 Exakte Grenzwerte finden sich nirgends, vgl. Puppe, Sorgfaltswidrigkeit, S. 605 (insb. Fn. 33).

99 Zum Begriff des unechten Unterlassungsdelikts eingehend Grubmiller, Unterlassen im Strafrecht, S. 64 ff. und 211 ff.; ferner Donatsch/Tag, Strafrecht I, S. 304 ff.; Riklin, Strafrecht AT I, § 9 Rz. 30 ff.; Stratenwerth, Strafrecht AT I, § 14 Rz. 8 ff.; Trechsel/Noll/Pieth, Strafrecht AT I, S. 232 f.; Riedo/Maeder, Garantenstellung der Bauleitung, S. 60. Im Unterschied dazu gilt als echtes Unterlassungsdelikt, wenn der betreffende Straftatbestand (z.B. Unterlassung der Nothilfe gemäss Art. 128 Abs. 1 StGB) eine rechtlich gebotene Handlung verlangt und deren Nichtvornahme

3. Die Abgrenzung zwischen aktiver Handlung und blosser Unterlassung wird in der Schweiz anhand der sogenannten Subsidiaritätstheorie vorgenommen. Es ist demnach immer zuerst zu prüfen, ob ein aktives Tun vorliegt.[100] Nur wo dies ausgeschlossen scheint, bleibt überhaupt zu prüfen, ob allenfalls ein unechtes Unterlassungsdelikt vorliegt. Gerade im Baustrafrecht ist die Unterscheidung von Tun und Unterlassen häufig nicht ganz einfach. In der Regel kann indes von einem aktiven Tun ausgegangen werden.[101] 21.105

2. (Vereinfachtes) Prüfschema beim Unterlassungsdelikt

Besteht das Verhalten des präsumtiven Täters nicht in einem aktiven Tun, sondern (ausnahmsweise) in einem blossen Unterlassen, ist das erwähnte Prüfschema (Rz. 21.19) punktuell anzupassen: 21.106

(1) pflichtwidrige Unterlassung (Garantenstellung vorausgesetzt!); 21.107

(2) «Erfolg»: Tötung, Verletzung bzw. konkrete Gefährdung eines anderen Menschen; 21.108

(3) «Kausalzusammenhang» zwischen Unterlassung und Erfolg; 21.109

(4) Sorgfaltspflichtverletzung. 21.110

Mit Bezug auf den vorausgesetzten Erfolg (1) und die Sorgfaltspflichtverletzung (4) gilt das bereits Gesagte (Rz. 21.41 ff. bzw. 21.62 ff.) analog. Näherer Betrachtung bedürfen indes die Garantenstellung (Rz. 21.112 ff.) und der «Kausalzusammenhang» (Rz. 21.134). 21.111

---

ausdrücklich mit Strafe bedroht. Das Untätigwerden ist also im Tatbestand selbst umschrieben: Donatsch/Tag, Strafrecht I, S. 300 und 304 ff.; Riedo/Maeder, Garantenstellung der Bauleitung, S. 59 f.; Riklin, Strafrecht AT I, § 19 Rz. 2 f.; Stratenwerth, Strafrecht AT I, § 14 Rz. 4 ff.; Trechsel/Noll/Pieth, Strafrecht AT I, S. 232 f.

Das ist mit Bezug auf die Verletzung der Regeln der Baukunde nicht unumstritten: Bundesgericht und herrschende Lehre gehen davon aus, Art. 229 StGB statuiere im Ergebnis ohnehin eine Garantenstellung des Täters aus Ingerenz, indem Personen, die im Rahmen der Leitung oder Ausführung von Bauwerken Gefahren schafften, angehalten würden, für ihren Verantwortungsbereich die Sicherheitsregeln einzuhalten (vgl. dazu weiter unten, Rz. 21.118 ff.).

[100] So z.B. BGE 133 IV 158/165 f. E. 5.2.3; 129 IV 119/122 E. 2.2; zustimmend etwa Riklin, Strafrecht AT I, § 19 Rz. 8; ders., Liftunfall, S. 142; Schultz, Einführung Strafrecht AT I, S. 127; Trechsel/Jean-Richard-dit-Bressel, StGB-Praxiskommentar [Dike], N 6 zu Art. 11 StGB; mit gewissen Einschränkungen und Vorbehalten auch Stratenwerth, Strafrecht AT I, Vorbem. § 14 Rz. 2; teilweise kritisch Donatsch/Tag, Strafrecht I, S. 300 ff.; Grubmiller, Unterlassen im Strafrecht, S. 86; Trechsel/Noll/Pieth, Strafrecht AT I, S. 235 ff.; vgl. zum Ganzen auch bereits Riedo/Maeder, Garantenstellung der Bauleitung, S. 62 f.

[101] Dazu ausführlich Riedo/Maeder, Garantenstellung der Bauleitung, S. 62 ff.

3. Garantenstellung

A. Im Allgemeinen

21.112 **1.** Ein unechtes Unterlassungsdelikt kann nur durch ein *pflichtwidriges* Untätigbleiben begangen werden. Pflichtwidrig untätig bleibt, wer die Gefährdung oder Verletzung eines strafrechtlich geschützten Rechtsgutes nicht verhindert, obwohl er aufgrund seiner Rechtsstellung dazu verpflichtet ist, wer also eine sogenannte Garantenstellung innehat.[102] Als Grundlage einer Garantenstellung kommen insbesondere[103] Gesetz, Vertrag und Ingerenz infrage (Art. 11 Abs. 2 StGB).

21.113 **2.** Vorausgesetzt ist allemal, dass sich eine besondere Handlungspflicht aus der spezifischen Rechtsstellung des konkret infrage stehenden Individuums ergibt. Eine blosse Handlungsmöglichkeit vermag für sich alleine nicht zu genügen, und auch besonderes Fachwissen allein begründet noch keine rechtliche Garantenpflicht.[104]

B. Gesetz

21.114 **1.** Nicht jede gesetzliche Verpflichtung bedeutet eine strafrechtliche Garantenstellung. Massgebend ist vielmehr, «welcher Art die Beziehung zwischen dem Verpflichteten und dem bedrohten Rechtsgut oder der Gefahrenquelle ist, die dem Gesetz zugrunde liegt».[105]

21.115 **2.** Gesetzliche Sicherungspflichten finden sich zum Beispiel in Art. 328 Abs. 2 OR oder Art. 82 Abs. 1 UVG.[106] Dabei muss freilich geprüft werden, wer tatsächlich Adressat der jeweiligen Bestimmung ist und welche Verpflichtungen sich allenfalls aus den fraglichen Vorschriften ableiten lassen. So hat das Bundesgericht bspw. festgehalten, dass sich aus der BauAV und der VUV keine Garantenstellung des bauleitenden Architekten gegen-

---

[102] Zum Ganzen statt sehr vieler Donatsch/Tag, Strafrecht I, S. 312 ff.; Riklin, Strafrecht AT I, § 19 Rz. 10 ff.; Schumacher, Sicheres Bauen, Rz. 236; Seelmann, Basler Kommentar, N 34 ff. zu Art. 11 StGB; Seelmann/Geth, Strafrecht AT, Rz. 291 ff.; Stratenwerth, Strafrecht AT I, § 14 Rz. 11 ff.; Trechsel/Jean-Richard-dit-Bressel, StGB-Praxiskommentar [Dike], N 7 ff. zu Art. 11 StGB; Trechsel/Noll/Pieth, Strafrecht AT I, S. 238 ff. Vgl. aber auch bereits Riedo/Maeder, Garantenstellung der Bauleitung, S. 64 ff. Dieser Text diente für das Nachfolgende als Grundlage.

[103] Die (ohnehin nicht abschliessende) gesetzliche Aufzählung nennt überdies die freiwillig eingegangene Gefahrengemeinschaft (lit. c). In diesem Beitrag richtet sich der Fokus einzig auf Garantenstellungen aus Entstehungsgründen, die auch im Baustrafrecht Bedeutung erlangen können.

[104] Riedo/Maeder, Garantenstellung der Bauleitung, S. 66.

[105] Stratenwerth, Strafrecht AT I, § 14 Rz. 12. Die fragliche Passage wird etwa auch in BGE 127 IV 27/32 E. 2b; 123 IV 70/72 E. 2; 120 IV 98/106 E. 2c zitiert. Eine ähnliche Formulierung findet sich z.B. auch bei Donatsch/Tag, Strafrecht I, S. 312.

[106] Vgl. zum Ganzen Andres, Arbeitssicherheit, passim (insb. Rz. 932).

über Personen ergibt, die nicht Arbeitnehmer sind und nicht in einem Subordinationsverhältnis zu ihm stehen.[107]

C. Vertrag

1. Soll eine Garantenstellung auf einen Vertrag abgestützt werden, muss dieser Vertrag als zentralen Inhalt gerade die Pflicht zur Verhütung von Rechtsgutbeeinträchtigungen der fraglichen Art aufweisen. Das gilt etwa für denjenigen, der sich vertraglich dazu verpflichtet, die Sicherung einer Baustelle zu übernehmen (vgl. etwa Art. 103 und Art. 104 SIA 118; Art. 1.2.5 SIA 103; Art. 1.2.5 SIA 102).[108] 21.116

2. Blosse vertragliche Nebenpflichten oder gar der Grundsatz von Treu und Glauben genügen demgegenüber nicht.[109] Auch hier kann es im Einzelfall äusserst zweifelhaft sein, welche Vertragspflichten für die Begründung der Garantenstellung ausreichen, weil – genau wie bei der Garantenstellung aus Gesetz – wiederum Wertungen erforderlich sind.[110] Letztlich bleibt dies aber ohne praktische Bedeutung, weil das Bundesgericht eine Garantenstellung regelmässig aus der Schaffung einer Gefahr (aus «Ingerenz») ableitet. 21.117

D. Ingerenz

1. Wer Gefahren für ein Rechtsgut geschaffen oder auch nur vergrössert hat, muss dafür sorgen, dass sich diese Gefahren nicht verwirklichen.[111] Eine Garantenstellung ergibt sich deshalb auch aus dieser sogenannten «Ingerenz». Nach Auffassung des Bundesgerichts ergibt sich aus dem Ingerenzprinzip ganz allgemein eine Garantenstellung aller an einem Bau Beteiligten:[112] 21.118

---

[107] BGer 6B_543/2012 vom 11. April 2013 E. 1.4.2; 6B_566/2011 vom 13. März 2012 E. 2.4.2; vgl. aber auch OGer ZH SB120370 vom 15. März 2013 E. 1.

[108] Vgl. OGer ZH vom 28. April 1967, bestätigt in BGer vom 27. September 1967 (= ZR 1968, Nr. 67, S. 222); vgl. dazu auch bereits RIEDO/MAEDER, Garantenstellung der Bauleitung, S. 67. Selbstverständlich ist jeweils exakt zu prüfen, wen die fraglichen Vertragspflichten überhaupt treffen. Die SIA-Norm 118 beispielsweise regelt die vertraglichen Pflichten zwischen Bauherrin und Unternehmer. Die Bauleitung ist mithin nicht Vertragspartei.

[109] DONATSCH/TAG, Strafrecht I, S. 316; STRATENWERTH, Strafrecht AT I, § 14 Rz. 16; TRECHSEL/JEAN-RICHARD-DIT-BRESSEL, StGB-Praxiskommentar [Dike], N 10 zu Art. 11 StGB; WOHLERS, forumpoenale, S. 6.

[110] Weiterführend RIEDO/MAEDER, Garantenstellung der Bauleitung, S. 67.

[111] BGE 134 IV 255/260 E. 4.2.2; 108 IV 3/5 E. 1a; 106 IV 276/278; 101 IV 28/30 f. E. 2 (= BR/DC 1980, S. 48, Nr. 40, mit Anm. BAUHOFER).

[112] Die folgenden Zitate stammen aus BGer 6B_543/2012 vom 11. April 2013 E. 1.3.3; vgl. aber auch BGer 6B_566/2011 vom 23. März 2012 E. 2.3; 6B_1016/2009 vom 11. Februar 2010 E. 5.1; 6B_516/2009 vom 3. November 2009 E. 3.3.1; 6P.121/2006 vom 7. Dezember 2006 E. 2.6; ebenso im Ergebnis BGer 6P.58/2003 vom 3. August 2004 E. 5.2 f.

21.119 **a.** «Art. 229 StGB statuiert im Ergebnis eine Garantenstellung des Täters, indem er Personen, die im Rahmen der Leitung oder Ausführung von Bauwerken Gefahren schaffen, anhält, für ihren Verantwortungsbereich die Sicherheitsregeln einzuhalten [...]. Die Bestimmung von Art. 229 StGB beschränkt dabei aufgrund ihrer Konzeption als echtes Sonderdelikt die Strafbarkeit von vornherein auf Personen, bei denen eine Garantenstellung aus Ingerenz zu bejahen ist [...].»[113]

21.120 **b.** Diese allgemeine Garantenstellung aller am Bau Beteiligten soll nun nicht nur mit Bezug auf Art. 229 StGB Gültigkeit besitzen: «Diese Grundsätze sind auf den Tatbestand von Art. 125 Abs. 2 StGB [zu ergänzen wäre: und Art. 117 StGB] übertragbar. Insbesondere lässt sich die Garantenstellung aus den gleichen Erwägungen wie beim Tatbestand von Art. 229 StGB begründen [...].»[114]

21.121 **2.** Diese Bundesgerichtspraxis zur Garantenstellung aus Ingerenz verdient keine Zustimmung, weil sie dogmatische Kategorien (Sondereigenschaft und Handlungspflicht bzw. Garantenstellung) miteinander verknüpft, die windschief zueinander stehen. Das Bundesgericht bricht im Baustrafrecht mit Grundsätzen, die für andere Lebensbereiche völlig unbestritten sind – und ohne dass es dafür triftige Gründe gäbe.[115]

E. Insbesondere: Arbeitsteilung und strafrechtliche Verantwortung

21.122 **1.** Nach Auffassung des Bundesgerichts trifft also jeden am Bau Beteiligten eine Garantenstellung aus Ingerenz (Rz. 21.118 ff.). Damit scheint potenziell jeder für alles verantwortlich. Einschränkend hält das Bundesgericht immerhin fest, die mit der Leitung oder Ausführung eines Bauwerks betrauten Personen könnten nicht für sämtliche Missachtungen von Vorschriften auf einer Baustelle strafrechtlich zur Verantwortung gezogen werden. Vielmehr sei in jedem Einzelfall abzuklären, wie weit der Aufgabenkreis und somit der Verantwortungsbereich der Beteiligten reiche.

21.123 **2.** Die jeweiligen Aufgaben und Verantwortlichkeiten sind also im Detail abzuklären.[116] Massgebend sind (neben allfälligen gesetzlichen Vorgaben) vor allem die entsprechenden Vertragspflichten. Den SIA-Normen kommt hier entscheidende Bedeutung zu, soweit sie in den Leistungskatalog des konkreten Einzelvertrags übernommen worden sind. In zweiter Linie sind aber auch die Usanzen sowie die tatsächliche Stellung und die wirklichen Befugnisse eines Planers bei der Planung und auf dem Bauplatz zu berücksichtigen.[117]

---

[113] BGer 6B_543/2012 vom 11. April 2013 E. 1.3.3.

[114] BGer 6B_543/2012 vom 11. April 2013 E. 1.3.3.

[115] Dazu eingehend Riedo/Maeder, Garantenstellung der Bauleitung, S. 68 ff., vgl. aber auch bereits die überzeugende Kritik von Konopatsch, forumpoenale, insb. S. 17.

[116] Corboz, Les infractions II, N 17 zu Art. 229 StGB; Riklin, Art. 229 StGB, S. 46; Roelli/Fleischanderl, Basler Kommentar, N 20 ff. zu Art. 229 StGB; Schünemann, Grundfragen der strafrechtlichen Zurechnung, S. 115.

[117] BGE 81 IV 112/121 E. 4; BGer 6B_543/2012 vom 11. April 2013 E. 1.3.3; 6S.403/2005 vom 27. April 2006 E. 6; 6S.160/2003 vom 3. August 2003 E. 6.1; OGer ZH vom 28. April 1968 E. I (= ZR 1968,

3. Mit Bezug auf den Leistungsbeschrieb für Architektinnen und Architekten gemäss SIA-Ordnung 102 bzw. für Bauingenieurinnen und Bauingenieure gemäss SIA-Ordnung 103 und die Aufgaben der Bauleitung gemäss SIA-Norm 118 gilt (vorbehältlich abweichender vertraglicher Abmachungen oder besonderer tatsächlicher Verhältnisse) etwa Folgendes: 21.124

a. Zu prüfen ist zunächst, ob sich die Aufgabe eines Planers auf die **Anfertigung der Baupläne** beschränkt oder ob er nach dem konkreten Vertrag (auch) in der Ausführungsphase Verpflichtungen übernommen hat, insbesondere jene der Bauleitung. Art. 229 StGB setzt nämlich voraus, dass der Täter bei der Leitung oder Ausführung eines Bauwerks deliktisch handelt. Blosse Planungsfehler sind deshalb von Art. 229 StGB nicht erfasst.[118] Umgekehrt können aber Planungsfehler zu einer Strafbarkeit nach den Art. 117 und Art. 125 StGB führen (z.B., wenn im Bauplan Fenster mit zu niedriger Brüstung ohne Schutzgitter vorgesehen sind und in der Folge ein Kind zum Fenster hinausstürzt oder wenn ungenügende statische Abklärungen gemacht wurden und deshalb später ein Bauteil einstürzt).[119] 21.125

b. Ist der Planer auch als Bauleiter tätig, kann er für Fehler bei der Bauausführung sowohl nach Art. 229 als auch nach den Art. 117 und Art. 125 StGB bestraft werden, etwa wenn ein Unfall als Folge mangelnder Kontrolle von Untergebenen[120] oder der Unterlassung notwendiger Leitungsmassnahmen erscheint.[121] 21.126

4. Von besonderer Brisanz – auch für die zivilrechtliche Haftung – ist in diesem Zusammenhang die Frage, wie weit ein bauleitender Planer für Gefährdungen und Verletzungen einzustehen hat, die eine Folge von Fehlern von Spezialisten, Bauunternehmern und Lieferanten oder deren Untergebenen sind. Greift der Bauleiter durch aktives Tun, durch konkrete Leitungsmassnahmen, unmittelbar ins Baugeschehen ein, etwa indem er gegenüber dem ausführenden Personal eines Bauunternehmers Weisungen erteilt,[122] so nimmt er dadurch eine besondere Verantwortung auf sich.[123] Erweist sich die Anweisung *näm-* 21.127

Nr. 67, S. 222); Beeler, Die widerrechtliche Baute, S. 109; Bendel, Fahrlässige Tötung, S. 32; ders., Strafrechtliche Verantwortlichkeit, S. 44; Riklin, Art. 229 StGB, S. 46; Roelli/Fleischanderl, Basler Kommentar, N 20 f. zu Art. 229 StGB.

118 Bendel, Strafrechtliche Verantwortlichkeit, S. 40; Gallas, Die strafrechtliche Verantwortlichkeit, S. 19; Riklin, Art. 229 StGB, S. 45; Scherer, Strafrecht in der Baupraxis, S. 29; Tausky, Regeln der Baukunde, S. 192; Trechsel/Coninx, StGB-Praxiskommentar [Dike], N 6 zu Art. 229 StGB; a.M. Roelli/Fleischanderl, Basler Kommentar, N 10 zu Art. 229 StGB, die meinen, Baupläne seien schriftliche Anweisungen an die Ausführenden, wie das Werk zu bauen ist.

119 Vgl. Scherer, Strafrecht in der Baupraxis, S. 54.

120 Rohr, Die Gefährdung, S. 46.

121 Riklin, Art. 229 StGB, S. 45.

122 Gallas, Die strafrechtliche Verantwortlichkeit, S. 24 und 38; Riklin, Art. 229 StGB, S. 47; Scherer, Strafrecht in der Baupraxis, S. 33 f. und 55; Schünemann, Grundfragen der strafrechtlichen Zurechnung, S. 8 f. und 117.

123 Das gilt allenfalls selbst dann, wenn er zum Erteilen der fraglichen Weisungen (gesetzlich und vertraglich) gar nicht verpflichtet gewesen wäre. Der Bauleiter geht in solchen Fällen ein unnötiges Risiko ein.

lich als fehlerhaft, haftet der Anweisende für den dadurch bewirkten deliktischen Erfolg. Insbesondere darf er nicht damit rechnen, dass die Adressaten der Weisung seine Anordnungen zunächst auf ihre Richtigkeit prüfen werden.[124] Die Adressaten dürfen vielmehr davon ausgehen, dass der bauleitende Planer als Fachmann ausschliesslich Weisungen erteilt, die den Regeln der Baukunde entsprechen.[125] Erteilt er in einem Bereich Weisungen, in dem er fachlich nicht genügend kompetent ist, muss er sich den Umstand, dass er dennoch Anordnungen traf, als Fahrlässigkeit anrechnen lassen (sog. Übernahmeverschulden).[126]

21.128 **5.** Im Übrigen ist die Unterscheidung verschiedener Verantwortlichkeitsbereiche eine Folge der beim Bau unumgänglichen Arbeitsteilung, «wobei sich die einzelnen Tätigkeiten häufig nicht scharf voneinander abgrenzen lassen, so dass bei einer festgestellten Verletzung von Regeln der Baukunde die strafrechtliche Verantwortung nach Art. 229 StGB oft mehrere Personen gleichzeitig trifft [...]».[127]

21.129 **6.** Der bauleitend tätige Planer ist grundsätzlich verpflichtet, einzuschreiten und Anweisungen zu erteilen, wenn *elementare Sicherheitsvorschriften* verletzt werden.[128] Das ist etwa dann der Fall, wenn eine Baugrube offensichtlich ungenügend verspriesst oder ein vorübergehend entferntes Schutzgeländer nicht wieder eingesetzt wird.[129] Wie weit diese grundsätzliche Verantwortung im Einzelnen reicht, ist indes nicht selten umstritten:

21.130 **a.** Eine Eingriffspflicht des bauleitenden Planers besteht zunächst dann, wenn er Mängel und Unzulänglichkeiten anderer Baubeteiligter positiv erkennt, die zu Gefährdungen und Verletzungen von Leib und Leben Dritter führen können.[130] Dasselbe gilt für den Fall, dass er Gefahrenquellen entstehen sieht, denen die anderen Baubeteiligten mit ihren Mitteln und Kenntnissen möglicherweise nicht gewachsen sind.[131] Dann besteht allenfalls auch die Notwendigkeit zum rechtzeitigen *Beizug von Spezialisten*.[132]

21.131 **b.** Erkennt der bauleitende Planer trotz Kontrollen nicht, dass Fehler begangen wurden bzw. sieht er Gefahren nicht voraus, ist entscheidend, ob diese für einen Planer bei ge-

---

124 GALLAS, Die strafrechtliche Verantwortlichkeit, S. 38; SCHERER, Strafrecht in der Baupraxis, S. 55.

125 Vgl. SCHERER, Strafrecht in der Baupraxis, S. 29.

126 So sinngemäss SCHULTZ, Einführung Strafrecht AT I, S. 208; SCHERER, Strafrecht in der Baupraxis, S. 26; vgl. auch Rz. 21.81.

127 BGer 6B_543/2012 vom 11. April 2013 E. 1.3.3; vgl. aber auch BGE 104 IV 96/102 E. 4 (= BR/DC 1980, S. 49, Nr. 41, mit Anm. BAUHOFER), sowie BGer 6B_1016/2009 vom 11. Februar 2010 E. 5.5; ferner RIKLIN, Art. 229 StGB, S. 46 f., und ROELLI/FLEISCHANDERL, Basler Kommentar, N 21 zu Art. 229 StGB.

128 GEISSELER, Haftung für Bauunfälle, S. 30; SCHERER, Strafrecht in der Baupraxis, S. 70 f. (bezogen auf den Architekten mit örtlicher Bauaufsicht).

129 Vgl. BGE 95 II 93.

130 GALLAS, Die strafrechtliche Verantwortlichkeit, S. 43; RIKLIN, Art. 229 StGB, S. 47; SCHÜNEMANN, Grundfragen der strafrechtlichen Zurechnung, S. 118.

131 SCHÜNEMANN, Grundfragen der strafrechtlichen Zurechnung, S. 118; ferner SCHERER, Strafrecht in der Baupraxis, S. 64, unter Hinweis auf BGH 1 StR 72/64 vom 21. April 1964 (= BGHSt 19, S. 286).

132 Vgl. dazu auch BENDEL, Fahrlässige Tötung, S. 47.

höriger Aufmerksamkeit *voraussehbar* waren. So wird zum Beispiel ein Architekt kaum je die nötige Fachkenntnis besitzen, um die von einem Heizungsfachmann errichtete Heizungsanlage hinsichtlich ihrer Feuersicherheit zu beurteilen.[133] Dasselbe gilt in Bezug auf Kenntnisse im Bereich der Aufzugstechnik, falls sich später ein Liftunfall ereignet.[134] Hingegen sollte er in der Lage sein, einen groben (und deshalb offensichtlichen) Berechnungsfehler des Ingenieurs und die besonderen Risiken eines aussergewöhnlichen Aushubs zu erkennen,[135] aber auch den evidenten und wesentlichen Mangel eines Gerüsts (Fehlen eines Seitenschutzes, partieller Verzicht auf ein gebotenes Gerüst) zu erkennen.[136] In der Regel fällt jedoch die Überprüfung der Arbeit beigezogener Spezialisten nicht in den Pflichtenkreis des bauleitenden Architekten.[137] Auch muss er selbst nicht über entsprechende Spezialkenntnisse verfügen.[138]

c. Besonders heikel sind schliesslich Konstellationen, in denen ein Bauleiter einen Mangel nicht entdeckt, weil er gar keine entsprechenden Kontrollen durchgeführt hat. Zu beantworten ist dann nämlich die Frage, ob der bauleitende Planer zu einer entsprechenden Kontrolle verpflichtet gewesen wäre. Der Umfang dieser Kontrollpflicht lässt sich kaum in allgemeiner Weise umschreiben, sie bestimmt sich nach den Umständen des Einzelfalls (Rz. 21.63 ff.).[139] Jedenfalls ist ihm aber nicht zuzumuten, jede Handlung auf dem Bauplatz zu beaufsichtigen. Umgekehrt ist der Bauleiter aber verpflichtet, gewisse «Schlüsselpunkte» (wie z.B. die Dachverankerung) zu prüfen.[140] Wird eine besonders heikle Konstruktionsmethode gewählt, sind intensivere Kontrollen erforderlich.[141] Eine verstärkte Überwachung kann sich aber auch dann aufdrängen, wenn ein Bauleiter erstmalig mit einem Unternehmer zusammenarbeitet und sich deshalb zunächst ein genaueres Bild über dessen Zuverlässigkeit und berufliche Befähigung machen muss.[142] 21.132

d. Lässt sich der bauleitende Planer allzu selten auf der Baustelle blicken, kann er sich nicht auf Unkenntnis einer Gefahrenquelle berufen. Allenfalls kann er Überwachungsaufgaben aber einem erfahrenen und fähigen Mitarbeiter oder einem extern beigezogenen Spezialisten delegieren: Dann kann man ihm nicht vorwerfen, seine Pflichten nicht 21.133

---

133 KGer GR vom 25. Juli 1951 (= SJZ 1952, Nr. 45, S. 129).

134 Riklin, Liftunfall, S. 139 f.

135 Vgl. BGE 111 II 72/75 E. 3d (= BR/DC 1986, S. 70, Nr. 100, mit Anm. Vogel).

136 BGer 6S.403/2005 vom 27. April 2006 E. 3.5 und 7.2; 6S.160/2002 vom 3. August 2004 E. 6.2 f.

137 Bendel, Fahrlässige Tötung, S. 32 f.; Roelli/Fleischanderl, Basler Kommentar, N 27 zu Art. 229 StGB; BGer 6S.160/2002 vom 3. August 2004 E. 6.3.

138 BGE 109 IV 15/17 E. 2 (= BR/DC 1983, S. 76, Nr. 68, mit Anm. Riklin); BGer 6S.834/1996 vom 26. März 1997 E. 2b/aa.

139 OGer SO vom 22. November 1963 (= SOG 1964, Nr. 14, S. 87).

140 OGer SO vom 22. November 1963 (= SOG 1964, Nr. 14, S. 87); vgl. auch Scherer, Strafrecht in der Baupraxis, S. 67.

141 Vgl. BGE 106 IV 264/265 f. E. 1 (= BR/DC 1981, S. 79, Nr. 80, mit Anm. Bauhofer); OGer SO vom 22. November 1963 (= SOG 1964, Nr. 14, S. 87); Bendel, Fahrlässige Tötung, S. 50 f.

142 OGer SO vom 22. November 1963 (= SOG 1964, Nr. 14, S. 87); Bendel, Fahrlässige Tötung, S. 51; Scherer, Strafrecht in der Baupraxis, S. 67.

persönlich erfüllt zu haben; er ist aber in diesem Fall für die Auswahl, die Instruktion und die Überwachung der eingesetzten Personen verantwortlich.[143]

4. «Kausalität» zwischen Unterlassung und Erfolg

21.134 Ein Kausalzusammenhang zwischen Unterlassung und Erfolg ist gegeben, wenn der Erfolgseintritt bei Anwendung der gebotenen Sorgfalt *höchstwahrscheinlich verhindert worden wäre (Wahrscheinlichkeitstheorie).* Man spricht dann teilweise von «hypothetischer» Kausalität.[144]

VI. Kasuistik

21.135 **1.** BGE 92 IV 86: X. war mit Kollegen Gast in einem Berghaus. Alkoholisiert (1,4‰) begab er sich um 0.15 Uhr auf die Toilette und weigerte sich, diese wieder zu verlassen. Am nächsten Morgen wurde er tot aufgefunden, er war an einer Kohlenmonoxid-Vergiftung verstorben. Die nur 2,96 m^3 Rauminhalt aufweisende Toilette besass weder Fenster noch sonstige Lüftung. Die wenige vorhandene Atemluft war durch eine Propangas-Beleuchtung verbraucht worden. Es wurden zur Verantwortung gezogen der bauleitende Architekt P.W., weil er in der Toilette keine Lüftungsvorrichtungen hatte anbringen lassen, und E.W., Installateur der Gasbeleuchtung, weil er diese ohne Lüftungseinrichtung in Betrieb gesetzt hatte. Die Vorinstanz verurteilte sowohl P.W. wie auch E.W. wegen fahrlässiger Gefährdung durch Verletzung der Regeln der Baukunde und fahrlässiger Tötung. Das Bundesgericht wies die von E.W. dagegen erhobene Beschwerde ab: Von einer Unterbrechung des Kausalzusammenhangs könne keine Rede sein: Dass derartige Mängel von der Behörde übersehen würden, liege durchaus im Bereich praktischer Erfahrung. Auch komme es im Leben häufig vor, dass jemand, der angetrunken sei, sich lange Zeit auf dem WC aufhalte.

---

143 BGE 104 IV 96/103 E. 5 (= BR/DC 1980, S. 49, Nr. 41, mit Anm. BAUHOFER); BGer 6B_342/2012 vom 8. Januar 2013 E. 3 ff.; ROELLI/FLEISCHANDERL, Basler Kommentar, N 21 zu Art. 229 StGB. Man wird davon ausgehen dürfen, Art. 55 OR (Geschäftsherrenhaftung) umschreibe insoweit auch die im Strafrecht gültigen Sorgfaltsstandards.

144 Vgl. zum Ganzen statt vieler BGE 135 IV 56/64 E. 2.1; 134 IV 193/204 E. 7.3; 130 IV 7/11 E. 3.2; 120 IV 136/142 E. 2b; 118 IV 130/141 E. 6a; BGer 6B_435/2015 vom 16. Dezember 2015 E. 5.2; ARZT, Vorsatz und Fahrlässigkeit, S. 71; RIKLIN, Strafrecht AT I, § 13 Rz. 32 und 47 sowie § 19 Rz. 31; SCHULTZ, Einführung Strafrecht AT I, S. 128 f.; TRECHSEL/NOLL/PIETH, Strafrecht AT I, S. 250 ff., insb. S. 252; TRECHSEL/JEAN-RICHARD-DIT-BRESSEL, StGB-Praxiskommentar [Dike], N 18 zu Art. 11 StGB. Andere Autoren betrachten das Prinzip der Risikoerhöhung als massgebendes Kriterium und lassen es in diesen Fällen für die Zurechnung eines Erfolgs bereits genügen, dass der Täter durch sein Verhalten das Risiko der Beeinträchtigung für ein Rechtsgut erhöht und insofern zu der Gefahr beiträgt, die sich im Erfolg realisiert (Risikoerhöhungstheorie), vgl. dazu STRATENWERTH, Strafrecht AT I, § 9 Rz. 17 ff. und 42 sowie § 14 Rz. 36; WALDER, Die Kausalität, S. 157 ff.

2. BGE 106 IV 264: J. hatte als verantwortlicher Bauleiter der Firma B. AG für die Sicherung des Hangs oberhalb einer Eisenbahn-Trasse eine ungewöhnliche Konstruktionsmethode gewählt. Die ca. 28 t schweren Elemente aus armiertem Beton wurden zunächst in senkrechter Stellung auf kippbaren Eisenschemeln betoniert und nachher gegen den Hang gekippt. Gegen vorzeitiges Umkippen wurden Holzabstützungen angebracht und die Kippschemel durch Eisenbolzen blockiert. Dennoch geriet ein eben fertiggestelltes Element vorzeitig ins Kippen, die Holzabstützungen und Eisenbolzen hielten nicht stand und der auf dem Element stehende Arbeiter G. wurde zwischen Element und Wand erdrückt. Die Vorinstanz verurteilte J. wegen fahrlässiger Tötung und fahrlässiger Gefährdung durch Verletzung der Regeln der Baukunde. Das Bundesgericht bestätigte das vorinstanzliche Urteil: J. habe eine ungewöhnliche Konstruktion gewählt, deren Besonderheiten ihm weder von seiner Ausbildung her noch aus eigener Erfahrung bekannt gewesen seien. Deshalb sei er verpflichtet gewesen, sich diese Kenntnisse selbst zu verschaffen oder einen ausgewiesenen Fachmann beizuziehen. Da er weder das eine noch das andere getan habe, sei sein Verhalten als fahrlässig zu qualifizieren. 21.136

3. BGE 114 IV 173: B. stellte anlässlich des Umbaus eines Geschäftshauses für die Vornahme von Spengler- und Dachdeckerarbeiten das Baugerüst auf, damit die Dachrinne ersetzt werden konnte. Da keine Arbeiten auf dem Dach selber auszuführen waren, wurde darauf verzichtet, einen Gerüstgang mit dicht geschlossenem Bretterbelag unterhalb der Dachtraufe zu errichten. In der Folge stürzte S. vom obersten Gerüstgang ca. 12 m in die Tiefe und verschied auf der Unfallstelle. Es muss angenommen werden, dass er sich an die horizontale Geländerstange anlehnte und diese aus ihrer Fixation sprang, worauf S. das Gleichgewicht verlor und hinunterstürzte. Das Bundesgericht befand, B. sei wegen fahrlässiger Tötung zu verurteilen: Bei der Bestimmung des Massstabes des sorgfaltsgemässen Verhaltens könne auf Verordnungen zurückgegriffen werden, die der Unfallverhütung dienten. Ein Verstoss gegen die in einer solchen Verordnung enthaltene Vorgabe indiziere in der Regel eine Sorgfaltswidrigkeit. Hier war eine entsprechende Vorschrift vorhanden.[145] 21.137

4. BGE 115 IV 199: X. war als Bauleiter beauftragt, im Hallenbad Uster Sanierungsarbeiten durchzuführen. Im Verlaufe dieser Arbeiten wurde von einem Handwerker zufälligerweise entdeckt, dass ein Chromnickelstahlbügel der Deckenaufhängung gebrochen war. Als X. über diesen Schaden informiert wurde, nahm er einen Augenschein vor. Dabei stellte er fest, dass andere Aufhängebügel braune Flecken aufwiesen. Das Vorhandensein von Rost wurde zwar erwogen, aber ohne genaue Prüfung verworfen. Ohne die notwendigen Massnahmen zu treffen, teilte X. den städtischen Behörden mit, die Konstruktion befinde sich in einwandfreiem Zustand, die Sicherheit sei weiterhin gewährleistet. Beim späteren Einsturz der Decke wurden mehrere Menschen getötet. Das Bundesgericht bestätigte die Verurteilung des X. wegen fahrlässiger Tötung: Es liege auf der 21.138

145 Der infrage stehende Art. 14 der Verordnung vom 17. November 1967 über die Verhütung von Unfällen bei Arbeiten an und auf Dächern (AS 1967 1633) wurde mit Inkraftsetzung der BauAV (also per 1. Juli 2000) aufgehoben.

Hand, dass das infrage stehende Verhalten des X. nach dem gewöhnlichen Lauf der Dinge und den Erfahrungen des Lebens geeignet gewesen sei, einen Erfolg wie den eingetretenen herbeizuführen oder mindestens zu begünstigen.

21.139 **5.** BGE 117 IV 130: Unternehmer X. wies seinen Angestellten A., einen gelernten Kranführer, an, einen Bagger (einer anerkannten Anwendungsmöglichkeit entsprechend) als Kran zu verwenden. A. hob mit seinem Bagger eine mit Beton gefüllte Schubkarre, die er nicht in der Schwebe zu halten vermochte. Die Schubkarre fiel auf einen Arbeiter und tötete diesen. A. wusste, dass – wie am Unfalltag – bei Regen ein Trocknungsvorgang der nassen Bremsbänder notwendig war. Das unterliess er allerdings, weshalb die dem Abbremsen des Abladevorgangs dienende Vorrichtung versagte. Es stellte sich die Frage nach der strafrechtlichen Verantwortlichkeit von Arbeitgeber X., die das Bundesgericht unter dem Titel der fahrlässigen Tötung durch Unterlassen prüfte. Die vorinstanzliche Verurteilung des X. wegen fahrlässiger Tötung wurde durch das Bundesgericht aufgehoben: Zwar treffe den X. eine Garantenstellung aus den Art. 55 und Art. 101 OR, doch könne ihm keine Sorgfaltspflichtverletzung vorgeworfen werden: Der Kranführer A. habe um die entsprechenden Sicherungspflichten bereits gewusst, er habe deshalb durch den Arbeitgeber auch nicht überwacht werden müssen.

21.140 **6.** BGer 6S.262/2006 vom 23. Oktober 2006: Der Polier A. und der Maurer B. erhielten vom Baustellenleiter X. den Auftrag, ein Metallschutzgerüst zur Demontage vorzubereiten. Sie wurden dabei auf die Gefahren der unter Strom stehenden Fahrleitung aufmerksam gemacht. In Verletzung der massgeblichen Sicherheitsbestimmungen gab X. indessen die Weisung, das Plastik und das Holz des Gerüsts bereits vor der Abschaltung der Fahrleitung um 23.00 Uhr zu entfernen, obwohl sich dieses Material weniger als drei Meter von der Leitung entfernt befand. Umgekehrt machte er indessen klar, dass die Arbeiten auf dem Gerüst erst nach 23.00 Uhr, d.h. nach Abschaltung des Stroms der Fahrleitung, ausgeführt werden dürften. Um etwa 22.00 Uhr traf A. ein Stromschlag, als er auf dem Gerüst zusammen mit B. mit der Trennscheibe direkt über der Fahrleitung einen Metallpfosten entfernte. Er erlitt schwere Verbrennungen und unheilbare Schädigungen des rechten Arms. Das Bundesgericht verneinte die Adäquanz des Kausalzusammenhangs zwischen der vorschriftswidrigen Weisung und dem Unfall: Die Fehlerhaftigkeit der Weisung sei für den Unfall nicht kausal gewesen. X. habe darauf vertrauen dürfen, dass A. sich als ausgebildeter Polier an seine unmissverständliche Weisung halten werde.

21.141 **7.** BGer 6B_801/2007 vom 24. Januar 2008: Auf einer Baustelle ereignete sich ein Arbeitsunfall. Der Bauarbeiter A. war damit beauftragt, Aussparungen für die sanitären Anlagen in eine frei stehende Zwischenwand zu fräsen und herauszuspitzen. Die Mauer stürzte ein und begrub A. unter sich. Dabei zog er sich schwere Verletzungen zu. Für die Planung des Bauprojekts war X. verantwortlich, der sämtliche Baupläne zeichnete und die Funktion eines Bauleiters innehatte. Gemäss Gutachten waren die geplanten Aussparungen zu tief, was zum Einsturz der Mauer führte. Das Bundesgericht bejahte die Adäquanz des Kausalzusammenhangs zwischen der mangelhaften Planung und dem tödlichen Unfall. Namentlich ein allfälliges Selbstverschulden des Bauarbeiters sei ohne Belang, da dieser unerfahren gewesen sei und die ihm übertragene Arbeit offenbar zum ersten Mal habe ausführen müssen.

8. BGer 6B_86/2010 vom 9. April 2010: X. verletzte A. beim Abladen von Schotter auf einer Baustelle. Dabei stand er auf der Lastwagenmulde, von wo aus er einen auf dem Lastwagen aufgebauten Kran steuerte. Er hob mittels des am Kran angebrachten Schalengreifers eine erste Ladung Schotter auf das Vordach und bewegte den Greifer auf und zu, damit der Schotter möglichst langsam herausfiel. A., welcher sich auf dem Vordach befand, griff mit der rechten Hand in den Schalengreifer, um den sich nach seiner Ansicht nicht lösenden Schotter herauszunehmen. Dabei schloss sich der Greifer und klemmte ihm den rechten Arm ein. A. zog sich einen offenen Bruch zu, die beiden Schlagadern sowie drei Nerven wurden durchtrennt. Es war mit einer bleibenden Einschränkung der Beweglichkeit von Handgelenk und Fingern zu rechnen. Das Bundesgericht bejahte die Adäquanz des Kausalzusammenhangs: A. treffe zwar ein erhebliches Mitverschulden an seiner Verletzung, doch sei dieses Mitverschulden nicht derart gross, dass das Verhalten des X. vollständig in den Hintergrund gerückt und als unbedeutend bezeichnet werden könne. 21.142

9. BGer 1B_221/2011 vom 19. August 2011: Y. und Z. beluden auf einer Baustelle einen Lieferwagen unter anderem mit 22 sogenannten Schalungsträgern. Diese wiesen eine Länge von je mehreren Metern und ein Gewicht von je ca. 30 kg auf. Die beiden zurrten die Schalungsträger für die Fahrt auf den Dachlastträgern des Lieferwagens fest. Noch am selben Abend fuhr ein anderer auf der Baustelle tätiger Arbeiter, A., mit dem Lieferwagen auf den Werkhof der Bauunternehmung zurück. Er liess ihn dort stehen, damit er am nächsten Morgen abgeladen werden konnte. Am nächsten Morgen lud B. die Schalungsträger vom Lieferwagen ab. Dabei verlor er das Gleichgewicht und fiel von der Ladebrücke. Die Schalungsträger, welche nicht mehr festgezurrt waren, stürzten zu Boden. Etwa sechs davon trafen B. am Kopf. Er verstarb noch auf der Unfallstelle. Die zuständige Strafverfolgungsbehörde eröffnete ein Verfahren wegen fahrlässiger Tötung gegen A., aber nicht gegen Y. und Z.: Da A. die Ladung als «fahrtauglich» entgegengenommen habe, sei der Kausalzusammenhang zwischen dem Verhalten von Y. sowie Z. und dem Erfolgseintritt unterbrochen worden. Das Bundesgericht verpflichtete die Behörden, auch gegen Y. und Z. ein Strafverfahren zu eröffnen: Die Vorinstanz sei von einem zu weiten Begriff der Unterbrechung des Kausalzusammenhangs ausgegangen. Entscheidend sei, ob ganz aussergewöhnliche Umstände, mit denen schlechthin nicht gerechnet werden musste, als Mitursache hinzugetreten seien. Ein solches Verhalten sei hier keineswegs offensichtlich. A. habe den Lieferwagen von der Baustelle zum Werkhof gefahren, ohne die Ladung beanstandet zu haben. Dies stelle nicht klarerweise ein ganz aussergewöhnliches Verhalten dar, mit dem Y. und Z. schlechthin nicht hätten rechnen müssen. 21.143

10. BGer 6B_885/2013 vom 24. März 2014: X. war als Bauleiter mit der Sanierung eines Garagenflachdachs sowie des darüberliegenden Balkons beauftragt. Zu diesem Zweck wurde der Balkon vorübergehend demontiert und auf seiner Höhe ein Notdach angebracht. Dieses verhinderte, dass jemand in die Tiefe stürzen konnte, sollte er aus der Balkontüre treten. Am 25. Oktober 2006 waren die Sanierungsarbeiten am Flachdach been- 21.144

det und das Notdach wurde entfernt. Am 26. Oktober 2006 sollte der Balkon wieder montiert werden. An diesem Morgen betrat Y., die Putzfrau von Z., dessen Wohnung, öffnete Balkontüre und Läden, trat hinaus und stürzte ca. 2,85 m in die Tiefe. Dabei verletzte sie sich schwer. Das Obergericht des Kantons Thurgau verurteilte X. und Z. wegen schwerer fahrlässiger Körperverletzung. Das Bundesgericht wies die von X. eingereichte Beschwerde ab: Wer einen gefährlichen Zustand schaffe, sei verpflichtet, die durch die Umstände gebotenen Vorsichtsmassnahmen zu treffen; es bestehe dann eine Garantenstellung aus Ingerenz. Diese Verpflichtung bestehe auch gegenüber unbeteiligten Dritten. Im Übrigen sei die Gefahr des Erfolgseintritts für den Bauleiter voraussehbar gewesen. Dass eine Putzfrau einen zusätzlichen Wohnungsschlüssel besitze, um sich auch in Abwesenheit ihres Arbeitgebers Zutritt zu dessen Wohnung verschaffen und ihre Arbeit verrichten zu können, sei nicht derart aussergewöhnlich, dass damit schlechthin nicht gerechnet werden müsse.

21.145 **11.** BGer 6B_566/2011 vom 13. März 2012: X. war als Architekt und Bauleiter damit betraut, einen Wintergarten zu erstellen. Die Baumeisterarbeiten übertrug er der B. GmbH. Als auf dem Dach der Garage Stahlträger montiert wurden, stürzte der Lehrling A. in die Tiefe und verletzte sich schwer. Wenige Stunden vor dem Unfall hatte sich X. auf der Baustelle aufgehalten, ohne zu intervenieren. Er hatte die B. GmbH auch nicht ersucht, ein Baugerüst zu erstellen. Das Bundegericht bestätigte den Schuldspruch wegen fahrlässiger Körperverletzung sowie Gefährdung durch fahrlässige Verletzung der Regeln der Baukunde: Der Bauleiter müsse die durch die Umstände gebotenen Sicherheitsvorkehrungen anordnen und generell für die Einhaltung der anerkannten Regeln der Baukunde sorgen. Diese Pflicht bestehe unabhängig davon, ob die gefährdeten Personen dem Bauleiter direkt unterstellt seien: «Kann die Bauleitung jederzeit durch Anordnungen und Weisungen in den Gang der Arbeiten eingreifen, muss sie sicherstellen, dass die Sicherheitsvorschriften beachtet werden. Ansonsten gehört die Überprüfung der Arbeit eines beigezogenen Spezialisten nicht zum Pflichtenkreis des bauleitenden Architekten. Dieser muss jedoch einschreiten, wenn er eine Verletzung elementarer Sicherheitsvorschriften feststellt» (E. 2.5.2). X. habe nicht interveniert, als die Handwerker in seiner Gegenwart ohne Fassadengerüst in einer Höhe gearbeitet hätten, welche ein Fassadengerüst vorausgesetzt hätte. Dass die Handwerker nicht ihm, sondern der B. GmbH unterstellt gewesen seien, vermöge ihn nicht zu entlasten.

21.146 **12.** BGer 6B_1016/2009 vom 11. Februar 2010: X. schloss als bauleitender Architekt im Rahmen des Umbaus eines Hauses mit der W. AG einen Werkvertrag über Gipserarbeiten ab. Am 8. Dezember 2006 liess er das Fassadengerüst entfernen, ohne die W. AG darüber zu informieren. Am 11. Dezember 2006 erteilte er V. den Auftrag bzw. erinnerte ihn daran, dass die Verkleidung der Balkondecke im 1. Obergeschoss noch vorzunehmen sei. Obschon das Gerüst zu diesem Zeitpunkt bereits abgebaut war, veranlasste er keine Absturzsicherungsmassnahmen und vergewisserte sich nicht, dass jemand anderes solche treffen würde. Y., Arbeitnehmer der W. AG, stürzte beim Montieren einer Deckenplatte vom ca. 65 cm hohen Bockgerüst über die 95 cm hohe Balkonbrüstung rund 5 m in die Tiefe. Das Bundesgericht bestätigte den Schuldspruch wegen fahrlässiger einfacher

Körperverletzung: Zwar sei es in erster Linie Sache des Bauunternehmers, seine Angestellten entsprechend auszubilden, die notwendigen Anordnungen zu erteilen und ihnen das Material für die Errichtung der Absturzsicherung zur Verfügung zu stellen. Auch der Bauleiter müsse jedoch, wenn er direkte Weisungen erteile, dafür sorgen, dass die Sicherheitsvorschriften eingehalten würden. Dies gelte auch für kleine Zusatz- oder Nachbesserungsarbeiten, bei deren Ausführung den Sicherheitsvorschriften oft nicht nachgelebt werde, da diese nicht selten mit verhältnismässig grossem Aufwand verbunden seien. Hinzu komme, dass X. die bestehende Sicherung wenige Tage vor Inangriffnahme der Arbeiten habe entfernen lassen, ohne eine andere geeignete Schutzmassnahme zu treffen und ohne den Bauunternehmer darüber zu informieren.

13. BGer 6S.181/2002 vom 30. Januar 2003: Anlässlich des Umbaus einer Liegenschaft, 21.147
bei welchem Y. als bauleitender Architekt fungierte, stürzte der Zimmermann X., welcher im 2. Obergeschoss arbeitete, zwischen zwei Balken durch eine Isoliermatte kopfvoran ca. 2,8 m auf einen Steinplattenboden. Y. hatte an diesem Tag darauf hingewiesen, dass wegen der Gleichfarbigkeit der Isoliermatten und der Balken der Eindruck entstehe, der Boden sei begehbar. In der Anklage wurde ihm jedoch vorgeworfen, nicht die nötigen Weisungen gegeben zu haben, damit der Arbeitsort im 2. Obergeschoss vor der Gefahr des Absturzes abgesichert werde, obwohl er die Gefahr für die Arbeiter erkannt hatte. Wie die Vorinstanz sah auch das Bundesgericht keine Verletzung der einschlägigen Sicherheitsvorschriften: Wo die Abschrankung oder Absicherung hochliegender Arbeitsplätze aus bautechnischen Gründen nicht möglich sei, bestehe gemäss den geltenden Vorschriften erst ab einer Sturzgefahr von einer Höhe von mehr als 3 m die Pflicht, Sicherheitsvorkehrungen zu treffen. Vorliegend sei es jedoch gerade darum gegangen, die zahlreichen Öffnungen, mit welchen der Arbeitsplatz versetzt war, zu schliessen. Wären die vorgeschriebenen Schutzvorrichtungen angebracht gewesen, wäre es kaum möglich gewesen, Zimmermannsarbeiten auszuführen. Da die Sturzgefahr weniger als 3 m betrug, waren auch keine besonderen Schutzvorkehren zu treffen. Auch eine Verantwortung aufgrund des allgemeinen Gefahrensatzes verneinte das Bundesgericht, da die ausgeführte Arbeitsweise vom Zimmermannsunternehmen selber gewählt worden war und Y. darauf hingewiesen hatte, dass diese Methode Sicherheitsrisiken berge. Das Bundesgericht bestätigte somit den Freispruch vom Vorwurf der fahrlässigen Körperverletzung und der Gefährdung durch Verletzung der Regeln der Baukunde.

14. BGer 6B_342/2012 vom 8. Januar 2013: Der Bauführer A. hatte den Bauarbeiter D. 21.148
und den Hilfsarbeiter E. angewiesen, gemeinsam den Rückbau einer Baugrubenspriessung vorzunehmen. Am Unfalltag wollte D. die Stahlträger von einem Kran wegheben lassen, nachdem er sie zuvor angeschnitten hatte. Während er sich entfernte, um den Kran zu bedienen, blieb E. zurück. In der Folge begab sich dieser aus ungeklärten Gründen in die Baugrube, die sich unter den Stahlträgern befand. Dort wurde er von einem herabstürzenden Träger erschlagen. Das Bundesgericht bejahte eine Garantenstellung des Bauführers A., dem die Leitung der Baustelle oblag, kam aber aufgrund der Sachverhaltsfeststellung der Vorinstanz zum Schluss, dass diesem keine unsorgfältige Auswahl, Instruktion und Überwachung des D., dem er die Aufgabe übertragen hatte, vorgeworfen

werden konnte. Er hatte sich über die Qualifikationen des D. ausreichend informiert, diesen genügend instruiert und die Baustelle jeden Tag für rund eine halbe Stunde besucht, um die fachgerechte und sichere Durchführung des Rückbaus zu kontrollieren, was gemäss Suva-Experten eine ausreichende Überwachung darstellte.

VII. Strafdrohungen und Konkurrenzen

21.149 Das schweizerische Strafrecht beruht auf dem sogenannten *Schuldprinzip*. Das bedeutet auch, dass die Höhe einer Strafdrohung (und auch der am Ende ausgefällten Strafe) anhand des Verschuldens zu bestimmen ist.

21.150 Nun kommt es bei Fahrlässigkeitsdelikten durchaus vor, dass geringes Verschulden gravierende Folgen hat, und umgekehrt führt häufig selbst grobfahrlässiges Verhalten gerade nicht zu einem Unfall. Konsequenterweise sind deshalb die *Strafdrohungen* der Art. 117, Art. 125 und Art. 229 StGB die gleichen: Bei allen diesen Delikten droht eine Freiheitsstrafe bis zu drei Jahren oder Geldstrafe.[146]

21.151 Häufig stellen sich im Zusammenhang mit Bauunfällen sodann schwierige Fragen der *Gesetzeskonkurrenz*. Regelmässig erfüllt ein fahrlässiges Verhalten nämlich mehrere Tatbestände. Wer beispielsweise einen Menschen tötet, gefährdet und verletzt ihn zunächst auch. Das kann selbstverständlich nicht bedeuten, dass bei fahrlässiger Tötung im Bauwesen neben Art. 117 immer auch die Art. 125 und Art. 229 StGB angewendet werden müssten. Hat ein Täter durch ein Verhalten mehrere Tatbestände erfüllt, ist vielmehr nach Massgabe der Konkurrenzlehre zu entscheiden, welche Normen tatsächlich anzuwenden sind. Die damit verbundenen Fragen sind teilweise nach wie vor umstritten. Zu unterscheiden sind die folgenden Konstellationen:

21.152 Stirbt eine Person später an den Folgen einer Verletzung, wird die Verletzung durch die Tötung konsumiert. Der Unfallverursacher wird also ausschliesslich wegen fahrlässiger Tötung verurteilt.

21.153 Wird aufgrund eines fahrlässigen Verhaltens eine Person getötet und eine andere verletzt, besteht echte Konkurrenz. Es wird also wegen fahrlässiger Tötung und wegen fahrlässiger Körperverletzung schuldig gesprochen. Gegebenenfalls ist das Asperationsprinzip gemäss Art. 49 StGB anzuwenden.

21.154 Wird im Zuge eines Unfalls eine Person getötet oder verletzt, erfolgt grundsätzlich keine zusätzliche Bestrafung wegen fahrlässiger Verletzung der Regeln der Baukunde gemäss Art. 229 Abs. 2 StGB.[147] Etwas anderes gilt aber, wenn (neben dem Getöteten bzw. Ver-

---

[146] Das gilt – überraschenderweise – unterschiedslos auch für die fahrlässige und die vorsätzliche Variante von Art. 229 StGB, was sich gerade mit Blick auf das Schuldprinzip nicht rechtfertigen lässt.

[147] BGer 6B_516/2009 vom 3. November 2009 E. 3.3.1; Donatsch/Thommen/Wohlers, Strafrecht IV, S. 67; Riklin, Art. 229 StGB, S. 49; ders., Gemeingefahr, S. 904; Roelli/Fleischanderl, Basler

letzten) weitere Personen konkret gefährdet wurden.[148] Diesfalls ist echte Konkurrenz anzunehmen. Von echter Konkurrenz dürfte ferner dann auszugehen sein, wenn die Gefährdung über den eingetretenen Erfolg hinausging, namentlich wenn aufgrund sehr glücklicher Umstände lediglich eine leichte Verletzung entstanden ist, das Unfallgeschehen aber ohne Weiteres tödlich hätte enden können.[149]

VIII. Rechtspolitische Nachlese: Wettbewerb und Zufallshaftung

1. Immer wieder wird betont, Strafrecht solle nur zurückhaltend und nur bei schwerwiegenden Verstössen gegen die soziale Ordnung eingesetzt werden, nur dann also, wenn mildere sozialpolitische Mittel zur Unterbindung des verpönten Verhaltens nicht ausreichten.[150] Man kann sich deshalb fragen, ob es überhaupt nötig ist, fahrlässiges Verhalten strafrechtlich zu ahnden, oder ob das Privat-, Verwaltungs- und Sozialversicherungsrecht nicht ausreichen. Diese im Kern rechtsphilosophische Frage kann und soll hier nicht vertieft werden. Mit Blick auf die betroffenen Rechtsgüter lässt sich eine Pönalisierung allenfalls rechtfertigen, soweit die entsprechenden Normen – wie die hier diskutierten – *elementare Rechtsgüter* schützen.[151] 21.155

2. Offensichtlich ist hingegen, dass an die Sorgfaltspflichten des Planers in der Praxis hohe Anforderungen gestellt werden. Nun ist der Bauplaner selbstverständlich in einer Branche tätig, in der auch kleine Ungenauigkeiten gravierende Folgen zeitigen können. Eine Unachtsamkeit bei einer statischen Berechnung kann viele Menschenleben kos- 21.156

Kommentar, N 54 zu Art. 229 StGB; Trechsel/Coninx, StGB-Praxiskommentar [Dike], N 13 zu Art. 229 StGB; a.M. Bendel, Strafrechtliche Verantwortlichkeit, S. 118 ff. und 121; Hafter, Strafrecht BT, S. 520; Logoz, Commentaire, N 6 zu Art. 229 StGB; abweichend auch Stratenwerth/Bommer, Strafrecht BT II, § 30 Rz. 37, weil die Rechtsgutsverletzung das Ausmass der Gemeingefahr regelmässig nicht in jeder Hinsicht ausschöpfe, ähnlich auch Hurtado Pozo, Les prescriptions, S. 227 f.; Roelli/Fleischanderl, Basler Kommentar, N 14 der Vorbem. zu Art. 221; Stratenwerth, Gemeingefährliche Straftaten, S. 21.

148 BGE 109 IV 125/128 E. 1c (= BR/DC 1985, S. 39, Nr. 38, mit Anm. Riklin); 101 IV 28/31 f. E. 3 (= BR/DC 1980, S. 48, Nr. 40, mit Anm. Bauhofer); BGer 6S.181/2002 vom 30. Januar 2003 E. 3.2.2; Bendel, Strafrechtliche Verantwortlichkeit, S. 121; Donatsch/Thommen/Wohlers, Strafrecht IV, S. 67; Riklin, Art. 229 StGB, S. 49; Roelli/Fleischanderl, Basler Kommentar, N 54 zu Art. 229 StGB.

149 Vgl. Riklin, Art. 229 StGB, S. 49; Roelli/Fleischanderl, Basler Kommentar, N 54 zu Art. 229 StGB; Trechsel/Coninx, StGB-Praxiskommentar [Dike], N 13 zu Art. 229 StGB.

150 Vgl. dazu etwa Riklin, Strafrecht AT I, § 4 Rz. 7; Schultz, Einführung Strafrecht AT I, S. 49; Stratenwerth, Strafrecht AT I, § 3 Rz. 1 ff.; Trechsel/Noll/Pieth, Strafrecht AT I, S. 22 f. Bei genauerem Hinsehen erweist sich die Thematik als komplex und vielschichtig, vgl. dazu Niggli, Ultima Ratio, passim.

151 So z.B. Bendel, Fahrlässige Tötung, S. 25 f.

ten.[152] Man scheint deshalb überzeugt zu sein, der Planer müsse in jeder Hinsicht den *allerhöchsten Ansprüchen* genügen. Das mag dem fraglichen Berufsstand zur Ehre gereichen, verkennt aber vorab die Komplexität der rechtlichen Vorgaben: Die Sorgfaltspflichten eines Planers bemessen sich anhand unzähliger Regelwerke (Rz. 21.63 ff.), die auch der spezialisierte Baujurist nicht alle kennen kann. Wollte sich ein Planer jederzeit ein zuverlässiges Bild über die Rechtslage verschaffen, fände er für seine eigentliche berufliche Tätigkeit, das Planen, keine Zeit mehr.

21.157 **3.** Selbst wenn ein Planer auf die Idee kommen sollte, seine planerische Tätigkeit immer im Einklang mit allen bestehenden Vorgaben erfüllen zu wollen (und dies an sich auch könnte, z.B., weil er seine ganze Freizeit dem Studium der einschlägigen Vorschriften widmen würde), bliebe doch die Frage, wie sich all dies finanzieren liesse. Nüchtern betrachtet dürfte es nämlich zwischen dem strafrechtlich Vorgegebenen und dem marktwirtschaftlich noch Tragbaren ein beträchtliches Delta geben. Mit einiger Wahrscheinlichkeit wird also vom Planer strafrechtlich deutlich mehr an Sorgfalt verlangt, als der Nachfrager[153] üblicherweise zu entschädigen bereit ist.[154] Neudeutsch würde man wohl sagen, es gebe einen *market-liability-gap*.

21.158 **4.** Diese Ausgangslage stellt den freischaffenden Planer vor eine einfache Wahl: Entweder er foutiert sich um die marktwirtschaftlichen Realitäten, berücksichtigt die Kosten für die Einhaltung von Schutznormen bei der Offertstellung und geht Konkurs – oder er missachtet da und dort die eine oder andere Regel oder nimmt mindestens in Kauf, dass auf der Baustelle bisweilen nicht nur in Reglementen gelesen, sondern auch gebaut wird. Dann freilich lebt er mit dem Risiko einer strafrechtlichen Verurteilung: Wenn auf Hunderten von Baustellen täglich Tausende von Sorgfaltspflichten verletzt werden, führt dies – selten zwar, aber immer wieder – zu tragischen Unfällen. Wo sich diese Unfälle ereignen und wer mithin am Ende im Strafregister landet, ist hingegen weitgehend eine Frage des Zufalls. Jeder Planer ist – wie etwa auch der Autofahrer – im Grunde *Hasardeur*.

---

[152] Zu diesen gestiegenen Risiken etwa BENDEL, Fahrlässige Tötung, S. 25.

[153] Ist der Nachfrager ein Privater, wird man sein Verhalten allenfalls unsauber finden, marktkonform hingegen ist es allemal. Wenn aber der Staat als Bauherr auf die Kosten drückt, um dann – nach einem Unfall – die marktkonforme Nichteinhaltung von Sorgfaltsregeln zu sanktionieren, scheint dies nicht weniger als zynisch.

[154] Vgl. dazu auch BGE 109 IV 15/17 E. 2b (= BR/DC 1983, S. 76, Nr. 68, mit Anm. RIKLIN): «Die Verantwortung für die Einhaltung von Unfallverhütungsvorschriften hängt selbstverständlich nicht von der finanziellen Bedeutung des Auftrags ab; auch bei kleinen Arbeiten auf dem Dach sind die einschlägigen Regeln zu beachten; das geringe in Frage stehende Arbeitsvolumen rechtfertigt das Tolerieren einer vorschriftswidrigen Gefahrensituation nicht.» Das klingt selbstverständlich – und ist doch reine Utopie, wie eine leichte Umformulierung deutlich machen dürfte: «Die Verantwortung für die Einhaltung der strafprozessualen Vorgaben hängt selbstverständlich nicht von der Tragweite des Vorwurfes ab; auch bei Bagatelldelikten im Ordnungsbussen- und im Strafbefehlsverfahren sind die einschlägigen Regeln zu beachten; die geringe in Frage stehende Strafe rechtfertigt das Tolerieren einer vorschriftswidrigen Vorgehensweise nicht.»

IX. Prozessuale Aspekte

1. Offizial- und Antragsdelikte

1. Die meisten Tatbestände des schweizerischen Strafrechts sind als *Offizialdelikte* ausgestaltet. Die entsprechenden Straftaten sind nach Massgabe der Offizialmaxime von Amtes wegen zu verfolgen (Art. 7 Abs. 1 StPO). Die Strafverfolgungsbehörden sind also unabhängig vom Willen des oder der Verletzten verpflichtet, ihnen bekannt gewordene Delikte zu verfolgen und allenfalls zu ahnden. Bei *Antragsdelikten* hingegen erfolgt die Strafverfolgung nicht ohne eine entsprechende Willenserklärung des Antragsberechtigten, den Strafantrag. Antragsdelikte bilden deshalb eine Ausnahme von der Offizialmaxime.[155] 21.159

2. Die hier diskutierten Straftatbestände des Baustrafrechts sind allesamt als *Offizialdelikte* konzipiert – mit einer einzigen Ausnahme: Bei fahrlässigen einfachen Körperverletzungen (Art. 125 Abs. 1 StGB) erfolgt eine Strafverfolgung nur auf Strafantrag hin. Bleibt ein solcher aus, fehlt es an einer Prozessvoraussetzung,[156] und das Verfahren wird erst gar nicht an die Hand genommen bzw. wird eingestellt. Die massgeblichen Vorschriften finden sich in den Art. 30–33 StGB und in Art. 304 StPO. Zu beachten ist insbesondere die Antragsfrist von drei Monaten (Art. 31 StGB). 21.160

3. Der *entscheidende Unterschied* besteht darin, dass es bei Antragsdelikten in der Praxis meist zu einem vergleichsweisen Verfahrensabschluss kommt: Der Beschuldigte verpflichtet sich zur Zahlung von Schadenersatz und Genugtuung, und der Geschädigte verzichtet umgekehrt auf das Einreichen eines Strafantrags (oder er zieht den bereits eingereichten Strafantrag wieder zurück). Bei Offizialdelikten ist ein solches Vorgehen ausgeschlossen. Der staatliche Verfolgungszwang besteht unabhängig vom Willen des Geschädigten, und auch eine sogenannte «Desinteresseerklärung» vermag daran nichts zu ändern. 21.161

2. Verjährung

A. Allgemeines

Sind seit der strafbaren Handlung bzw. Unterlassung bereits viele Jahre vergangen, macht eine Bestrafung des Täters unter *spezialpräventiven Gesichtspunkten* keinen Sinn mehr – und auch das Vergeltungsbedürfnis der Gesellschaft und des Opfers wird über die Jahre nachgelassen haben. Im Übrigen macht die Durchführung eines Strafverfahrens von 21.162

---

[155] Zum Ganzen statt vieler Donatsch/Tag, Strafrecht I, S. 419; Riedo, Basler Kommentar, N 1 f. der Vorbem. zu Art. 30 StGB; Schmid/Jositsch, Handbuch des Strafprozessrechts, Rz. 167 und 170 f.

[156] Zur Rechtsnatur des Strafantrags eingehend Riedo, Strafantrag, S. 65 ff.; ferner Donatsch/Tag, Strafrecht I, S. 419 f.; Riedo, Basler Kommentar, N 21 ff. der Vorbem. zu Art. 30 StGB; Trechsel/Jean-Richard-dit-Bressel, StGB-Praxiskommentar [Dike], N 4 der Vorbem. zu Art. 30 StGB.

vornherein nur Sinn, wenn realistische Chancen auf eine Verurteilung und damit auf das Gelingen des Schuldnachweises bestehen, und diese Chancen schwinden mit jedem Tag, der seit der Straftat vergangen ist.[157] Deshalb kennt auch das schweizerische Strafrecht das Rechtsinstitut der (Verfolgungs-)Verjährung.

21.163 Nach Eintritt der Verjährung sind Eröffnung und Durchführung eines Strafverfahrens ausgeschlossen; die Verjährung ist mithin als *Prozessvoraussetzung* zu verstehen.[158]

B. Beginn der Frist

21.164 **1.** Nach Art. 98 lit. a StGB *beginnt* die Verjährung «mit dem Tag, an dem der Täter die strafbare Tätigkeit ausführt», dem Tag also, an dem der Täter eine verbotene Handlung vornimmt.[159] Da sowohl die Baugefährdung als auch die Körperverletzungs- und Tötungsdelikte als *Erfolgsdelikte* konzipiert sind, beginnt die Verjährung dann zu laufen, wenn die zur Gefährdung bzw. Körperverletzung oder Tötung führende Handlung gesetzt ist. Namentlich der Zeitpunkt des Erfolgseintritts bleibt also insoweit ohne Belang.[160]

21.165 **2.** Besteht das strafbare Verhalten in der Nichtbefolgung einer Handlungspflicht, mithin in einem Unterlassen, so beginnt die Verjährungsfrist an dem Tag, an dem der Täter spätestens hätte handeln müssen, an dem Tag also, an dem die fragliche Handlungspflicht endet.[161]

---

[157] Zum Zweck der Verjährung eingehend Del Pero, La prescription pénale, S. 39 ff.; Riklin, Strafrecht AT I, § 21 Rz. 5; Trachsel, Die Verjährung gemäss den Art. 70–75bis StGB, S. 34 ff.; Zurbrügg, Basler Kommentar, N 40 ff. der Vorbem. zu Art. 97 StGB; ferner Donatsch/Tag, Strafrecht I, S. 431 f.; Trechsel/Capus, StGB-Praxiskommentar [Dike], N 1 der Vorbem. zu Art. 97 StGB.

[158] So BGer 6B_479/2013 vom 30. Januar 2014 E. 2.1: «Der Eintritt der Strafverfolgungsverjährung nach Art. 97 ff. StGB bildet ein dauerndes Prozesshindernis [...]»; vgl. aber auch bereits BGE 116 IV 80/81 E. 2a. In der Lehre war und ist die Rechtsnatur der Verjährung indes umstritten, vgl. dazu nur Del Pero, La prescription pénale, S. 61 ff., und Zurbrügg, Basler Kommentar, N 51 ff. der Vorbem. zu Art. 97 StGB.

[159] Donatsch/Tag, Strafrecht I, S. 433 f.; Riklin, Strafrecht AT I, § 21 Rz. 11; Trechsel/Capus, StGB-Praxiskommentar [Dike], N 1 zu Art. 98 StGB; Zurbrügg, Basler Kommentar, N 1 zu Art. 98 StGB. Das gilt auch für die Verletzung der Regeln der Baukunde, denn auch Art. 229 StGB ist kein Dauerdelikt, vgl. Donatsch/Thommen/Wohlers, Strafrecht IV, S. 67 f.; Riklin, Art. 229 StGB, S. 49; Roelli/Fleischanderl, Basler Kommentar, N 56 zu Art. 229 StGB.

[160] BGE 102 IV 79/80 E. III/6; Bendel, Strafrechtliche Verantwortlichkeit, S. 128; Donatsch/Tag, Strafrecht I, S. 433 f.; Riklin, Strafrecht AT I, § 21 Rz. 12; Trechsel/Capus, StGB-Praxiskommentar [Dike], N 1 zu Art. 98 StGB; Zurbrügg, Basler Kommentar, N 5 zu Art. 98 StGB.

[161] BGE 122 IV 61/63 E. 2a; Zurbrügg, Basler Kommentar, N 8 zu Art. 98; Donatsch/Tag, Strafrecht I, S. 435; Trechsel/Capus, StGB-Praxiskommentar [Dike], N 3 zu Art. 98 StGB; Bendel, Strafrechtliche Verantwortlichkeit, S. 129; Riklin, Strafrecht AT I, § 21 Rz. 12; ders., Art. 229 StGB, S. 50 f.

C. Dauer, Berechnung und Wahrung der Frist

1. Die Art 117, 125 und 229 StGB drohen maximal mit Freiheitsstrafe bis zu drei Jahren (vgl. Rz. 21.149). Die Verjährungsfrist für diese Delikte beträgt mithin *10 Jahre* (Art. 97 Abs. 1 lit. c StGB). 21.166

2. Die Frist ist nach dem *Kalender* zu berechnen (Art. 110 Abs. 6 StGB),[162] wobei der Tag des Fristbeginns nicht mitzuzählen ist.[163] 21.167

3. Praktisch bedeutsam ist sodann *Art. 97 Abs. 3 StGB*: Ist vor Ablauf der Verjährungsfrist ein erstinstanzliches Urteil ergangen, so tritt die Verjährung nicht mehr ein. Mit dieser Regelung wollte der Gesetzgeber verhindern, dass sich der Beschuldigte durch Verzögern des Verfahrens quasi in die Verjährung retten kann.[164] 21.168

Der *Begriff des erstinstanzlichen Urteils* ist teilweise nach wie vor umstritten:[165] 21.169

- Fraglos erfasst sind *Verurteilungen*[166] und *Freisprüche*[167] durch das erstinstanzliche Gericht. 21.170
- Mit Bezug auf den *Strafbefehl* (Art. 352 ff. StPO) ist zu unterscheiden:[168] Ist der Strafbefehl in Rechtskraft erwachsen, kann die Verjährung nicht mehr eintreten. Ein Strafbefehl, gegen den gültig Einsprache erhoben wurde (Art. 354 StPO), ist hingegen kein erstinstanzliches Urteil i.S.v. Art. 97 Abs. 3 StGB. Während der (noch unbenutzten) Einsprachefrist wird man den Strafbefehl als resolutiv bedingtes erstinstanzliches Urteil im Sinne von Art. 97 Abs. 3 StGB betrachten müssen. 21.171

---

162 BGE 77 IV 206/208 E. 2; Zurbrügg, Basler Kommentar, N 6 zu Art. 110 Abs. 6 StGB.

163 BGE 107 Ib 74/75 E. 3a; 97 IV 238/239 E. 2; Riklin, Strafrecht AT I, § 21 Rz. 11; Trechsel/Capus, StGB-Praxiskommentar [Dike], N 3 zu Art. 97 StGB; Donatsch/Tag, Strafrecht I, S. 435; Schultz, Einführung Strafrecht AT I, S. 249; Zurbrügg, Basler Kommentar, N 2 zu Art. 98 StGB.

164 Botschaft zur Änderung des Schweizerischen Strafgesetzbuches (Allgemeine Bestimmungen, Einführung und Anwendung des Gesetzes) und des Militärstrafgesetzes sowie zu einem Bundesgesetz über das Jugendstrafrecht von 1998, BBl 1999 II, S. 2133 f.

165 Vgl. zum Ganzen im Detail Riedo/Kunz, Neues Verjährungsrecht, S. 906 ff.; Zurbrügg, Basler Kommentar, N 52 ff. zu Art. 97 StGB.

166 BGer 6B_771/2011 vom 11. Dezember 2012 E. 1.5; Riedo/Kunz, Neues Verjährungsrecht, S. 906; Riedo/Zurbrügg, Neue Unwägbarkeiten, S. 377 f.; Zurbrügg, Basler Kommentar, N 54 zu Art. 97 StGB.

167 Denys, Prescription de l'action pénale, S. 54 f.; Kolly, Commentaire romand, N 59 zu Art. 97 StGB; Riedo/Kunz, Neues Verjährungsrecht, S. 906; Zurbrügg, Basler Kommentar, N 52 zu Art. 97 StGB.

168 Botschaft zur Änderung des Schweizerischen Strafgesetzbuches (Allgemeine Bestimmungen, Einführung und Anwendung des Gesetzes) und des Militärstrafgesetzes sowie zu einem Bundesgesetz über das Jugendstrafrecht von 1998, BBl 1999 II, S. 2134; Denys, Prescription de l'action pénale, S. 57; Jäggi, Bemerkungen, S. 444; Kolly, Commentaire romand, N 64 f. zu Art. 97 StGB; Riedo/Kunz, Neues Verjährungsrecht, S. 906; Zurbrügg, Basler Kommentar, N 59 zu Art. 98 StGB.

D. Verjährung vor Erfolgseintritt?

21.172 **1.** Gerade im Baustrafrecht ist eine Verjährungsfrist von zehn Jahren relativ kurz, weil Mängel bei Planung und Ausführung von Bauwerken oft erst viele Jahre später entdeckt werden. Es ist deshalb ohne Weiteres möglich, dass eine Straftat verjährt ist, *bevor* der fragliche Erfolg (d.h. der Personenschaden oder die konkrete Gefährdung von Menschen) eingetreten ist.[169]

21.173 **2.** Diese Rechtslage wird bereits seit einiger Zeit als unbillig empfunden. Entzündet hatte sich die Kritik insbesondere an Fällen wie dem folgenden:[170]

21.174 Anlässlich eines Autobrandes in einer zu einer Überbauung gehörenden **Tiefgarage in Gretzenbach** stürzte am 27. November 2004 die Decke ein, wobei sieben Feuerwehrleute, die den Brand löschen wollten, getötet und drei verletzt wurden. Hauptursache war neben dem Autobrand eine massiv zu hohe Erdüberschüttung auf der Decke der Tiefgarage. Dieser Umstand war den seinerzeitigen Bauherren seit 1990 noch während des Baus (der spätestens 1992 abgeschlossen wurde) bekannt, zumal damals auch Risse in der Decke festgestellt wurden. Wahrscheinliche Planungs- und Bauausführungsfehler waren verjährt. Hingegen wurden die beiden Bauherren, welche die Umgebungsarbeiten ausführten, am 14. Dezember 2010 vom Amtsgericht Olten-Gösgen unter anderem wegen mehrfacher fahrlässiger Tötung bestraft, weil sie seither eine Abtragung der massiv zu hohen Erdüberschüttung auf der Decke der Garage unterlassen hatten. Freigesprochen wurden ein Ingenieur, sein Vorgesetzter und der bauleitende Architekt. Sie hatten die Bauherren damals darüber orientiert, dass zu viel Erde aufgetragen worden war, weshalb sie nach Meinung des Gerichts ihre Sorgfaltspflichten nicht verletzt hatten. Schliesslich wurden aber auch die beiden erstinstanzlich Verurteilten, ausgebildet als Gärtner bzw. Kaufmann, vom Solothurner Obergericht am 26. Oktober 2011 freigesprochen, das annahm, sie hätten nicht gewusst, dass eine Einsturzgefahr bestanden habe. Fachleute hätten sie

[169] Donatsch/Tag, Strafrecht I, S. 434; Donatsch/Thommen/Wohlers, Strafrecht IV, S. 68; Riklin, Art. 229 StGB, S. 50; ders., Strafrecht AT I, § 21 Rz. 12; Roelli/Fleischanderl, Basler Kommentar, N 56 zu Art. 229 StGB; Schultz, Einführung Strafrecht AT I, S. 248; Stratenwerth, Verjährung beim Unterlassungsdelikt, S. 246 f.; ders., Strafrecht AT II, § 7 Rz. 28; Walder, Probleme bei Fahrlässigkeitsdelikten, S. 187.
Etwas anderes gilt selbstverständlich, wenn zwischen Bauabschluss und Erfolgseintritt weitere strafrechtlich noch nicht verjährte relevante Verhaltensweisen zu verzeichnen sind. Werden beispielsweise – wie beim Hallenbadunglück in Uster (BGE 115 IV 199; Rz. 21.138) – Kontrollen nicht mit der nötigen Sorgfalt durchgeführt oder wird eine fehlerhafte Anlage durch die Betreiber in Kenntnis bestehender Mängel weiter in Betrieb gehalten, beginnt die Verjährungsfrist bei einem allfälligen Unfall hinsichtlich dieser späteren Sorgfaltspflichtverletzungen mit deren Vornahme. Am allfälligen Eintritt der Verjährung hinsichtlich der sorgfaltswidrigen Planung bzw. Bauausführung ändert dies freilich nichts. Vgl. dazu etwa auch BGE 122 IV 61: Betrieb einer Seilbahn in Kenntnis bestehender Mängel.

[170] Vgl. aber auch BGE 115 IV 199 «Hallenbad Uster», und dazu die Anm. von Riklin (= BR/DC 1991, S. 38 ff.); ferner, ebenfalls mit Anm. Des. BGer 6S.449/2004 vom 21. September 2005 (= BR/DC 2006, S. 74, Nr. 233): Schwere Verletzung eines Mädchens durch ein automatisches Garagentor.

seinerzeit zwar unter anderem auf die Risse hingewiesen, sie seien aber nicht vor einer möglichen Gefahrenquelle für einen Einsturz der Einstellhalle gewarnt und aufgefordert worden, die Überschüttung abzutragen. Sie hätten nicht gewusst, dass die Überschüttung mit einer Einsturzgefahr der Einstellhalle verbunden war (vgl. auch 19.81).[171]

3. In *anderen Ländern* (wie Deutschland und Österreich) beginnt deshalb die Verjährung erst mit dem Eintritt des schädigenden Ereignisses zu laufen. In der Schweiz scheitert eine solche Lösung de lege lata am insoweit klaren Gesetzestext.[172] Auch eine historische Auslegung führt kaum zu einem anderen Schluss. Während die Vorentwürfe zum StGB der Jahre 1896, 1903 und 1908 für die Verfolgungsverjährung noch auf die Zeit des Erfolgseintritts abstellten, steht das StGB auf dem Boden der sogenannten Handlungstheorie, die vom Zeitpunkt der strafbaren Tätigkeit ausgeht.[173] Im Nationalrat wurde am 3. März 2009 eine parlamentarische Initiative abgelehnt, die eine Änderung der strafrechtlichen Bestimmungen zur Verjährung verlangte, unter anderem mit dem Ziel, die Verjährung von Straftaten zu verlängern, «deren Erfolg idealtypisch erst viele Jahre nach der Tat eintritt.»[174] 21.175

4. In der jüngeren Vergangenheit wurden die schwelenden Kontroversen durch die sogenannten **Asbest-Fälle** wieder neu entfacht: Nach heutigen wissenschaftlichen Erkenntnissen steht fest, dass Asbest die Gesundheit gefährdet. Entsprechende Krankheitssymptome treten indes häufig erst Jahre oder Jahrzehnte später auf – mitunter auch erst nach Eintritt der (zivil- und der strafrechtlichen) Verjährung. 21.176

a. Im Präzedenzfall *Howald Moor et autres c. Suisse* hat der Europäische Gerichtshof für Menschenrechte (EGMR) befunden, Opfern von Späterkrankungen werde es aufgrund der strengen Anwendung der Verjährungsfristen in der Schweiz unmöglich gemacht, ihre *zivilrechtlichen* Ansprüche geltend zu machen. Dadurch werde ihr Anspruch auf ein faires Verfahren verletzt.[175] 21.177

---

171 Dem Zweitverfasser stand das unveröffentlichte Urteil des Solothurner Obergerichts vom 26. Oktober 2011 zur Verfügung.

172 Vgl. Riklin, Art. 229 StGB, S. 51; Schultz, Einführung Strafrecht AT I, S. 248; Trachsel, Die Verjährung gemäss den Art. 70–75bis StGB, S. 84 und 87; Zurbrügg, Basler Kommentar, N 6 zu Art. 98 StGB; Jositsch/Spielmann, Verfolgungsverjährung, S. 194 ff., liebäugeln mit einer gegenteiligen Auffassung; nach ihrer Meinung erlauben Sinn und Zweck der Verjährungsregelung eine extensive Auslegung, bei welcher der Beginn der Verjährung bei fahrlässigen Erfolgsdelikten erst beim Eintritt des Taterfolges angesetzt wird; sie sind aber dennoch der Auffassung, dass zur definitiven Klärung der Situation der Gesetzgeber tätig werden müsste.

173 Hurtado Pozo, Les prescriptions, S. 273; Jositsch/Spielmann, Verfolgungsverjährung, S. 194; Schlatter, Die Verjährung, S. 313 f.; Trachsel, Die Verjährung gemäss den Art. 70–75bis StGB, S. 84.

174 Parlamentarische Initiative Heim Bea betr. Revision des Verjährungsrechtes im Strafgesetzbuch (Geschäft 06.402).

175 EGMR 52067/10 und 41072/11 vom 11. März 2014 «Howald Moor et autres c. Suisse»; ein zusammenfassendes Fazit findet sich in § 78 des besagten Urteils.

21.178 **b.** Der Gesetzgeber sah sich deshalb veranlasst, die absolute zivilrechtliche Verjährungsfrist bei Personenschäden *auf 20 Jahre zu verdoppeln.*[176] Eine Anpassung der strafrechtlichen Verjährung scheint indes kein Thema zu sein.

3. Strafverfahren und zivilrechtliche Haftung

A. Geltendmachung zivilrechtlicher Ansprüche im Strafverfahren

21.179 **1.** Fahrlässige Körperverletzungen bzw. Tötungen haben – über die direkten Unfallfolgen hinaus – regelmässig auch eine seelische Unbill und einen ökonomischen Schaden zur Folge. Die daraus resultierenden zivilrechtlichen Ansprüche auf Schadenersatz und Genugtuung können nach Massgabe von Art. 122 ff. StPO auch im Strafverfahren («adhäsionsweise») geltend gemacht werden. Diese Vorgehensweise ist für den Zivilkläger mit verschiedenen Vorteilen verbunden. Insbesondere gilt im Strafverfahren die Untersuchungsmaxime. Der Sachverhalt wird also von Amtes wegen abgeklärt (Art. 6 StPO).

21.180 **2.** Oft wird die Zivilklage indes *auf den Zivilweg verwiesen.* Das gilt namentlich immer dann, wenn das Strafverfahren durch einen Strafbefehl zum Abschluss gebracht wird (Art. 126 Abs. 2 lit. a StPO). Wäre die vollständige Beurteilung des Zivilanspruchs unverhältnismässig aufwendig, kann das Gericht die Zivilklage auch nur dem Grundsatz nach entscheiden und sie im Übrigen auf den Zivilweg verweisen (Art. 126 Abs. 3 StPO).

B. Einfluss des Strafurteils auf die zivilrechtliche Haftung

21.181 Werden die zivilrechtlichen Ansprüche in einem separaten Zivilverfahren geurteilt, so ist der Zivilrichter an die Feststellungen und das Erkenntnis des Strafrichters an sich nicht gebunden (Art. 53 OR). Dennoch werden Zivilurteile in der Praxis durch eine rechtskräftig festgestellte strafrechtliche Verantwortlichkeit *in hohem Mass präjudiziert.* Auch Versicherungen ersetzen einen Schaden oft nur dann, wenn ein Strafurteil vorliegt.

X. Erster Exkurs: Abstrakte Gefährdungsdelikte

21.182 **1.** Die vorstehend behandelten Art. 117, Art. 125 und Art. 229 StGB sind als *Erfolgsdelikte* konzipiert. Ihre Vollendung setzt also den Eintritt eines Aussenerfolges (in Form einer konkreten Gefährdung oder Verletzung) von Rechtsgütern voraus (Rz. 21.41 ff.).

---

[176] Vgl. die Zusammenstellung der massgeblichen Materialien, abrufbar unter: <www.parlament.ch/de/ratsbetrieb/suche-curia-vista/geschaeft?AffairId=20130100> (besucht am 30. Juni 2018). Die Änderungen wurden in den Schlussabstimmungen beider Räte am 15. Juni 2018 angenommen. Die neuen Art. 60 und Art. 128a OR treten gemäss Medienmitteilung des Bundesrats vom 7. November 2018 am 1. Januar 2020 in Kraft. Eine rückwirkende Verlängerung der Verjährungsfristen bleibt indessen ausgeschlossen. Mit Bezug auf die Asbestopfer wurde die Schaffung eines besonderen Entschädigungsfonds beschlossen.

2. Pro memoria ist darauf hinzuweisen, dass die vorsätzliche oder fahrlässige Verletzung von Vorschriften über die Verhütung von Unfällen und Berufskrankheiten bzw. von Vorschriften über den Gesundheitsschutz auch dann mit Strafe bedroht ist, wenn es in der Folge gerade *nicht zu einem Unfall kommt*. Die damit angesprochenen Art. 112 UVG und Art. 59 ArG sind also auch (und gerade) dann anwendbar, wenn niemand verletzt oder auch nur konkret gefährdet wurde.[177] 21.183

XI. Zweiter Exkurs: Kantonales Baustrafrecht

1. Gemäss *Art. 335 Abs. 2 StGB* sind die Kantone befugt, Verstösse gegen kantonale Verwaltungsvorschriften und damit auch die Nichtbeachtung von Normen des Baurechts unter Strafe zu stellen. Von dieser Möglichkeit haben die Kantone durch Verankerung entsprechender Vorschriften in ihren Baugesetzen Gebrauch gemacht. 21.184

2. Mit Bezug auf diese kantonalen Strafnormen findet der *Allgemeine Teil des StGB* nur dann Anwendung, wenn sich dies aus kantonalem Recht ergibt. Auch die Art. 1–110 StGB gelten dann als kantonales Recht.[178] Obwohl die Kantone auch gravierendere (und u.E. – theoretisch – auch andere als im StGB vorgesehene) Sanktionen androhen dürften,[179] sind in den geltenden Erlassen regelmässig nur Bussen mit ganz unterschiedlichen Höchstbeträgen vorgesehen,[180] vereinzelt auch Haft, im Baugesetz des Kantons Obwalden vom 12. Juni 1994 in schweren Fällen gar Freiheitsstrafen bis zu drei Jahren. 21.185

3. Mehrheitlich ist auch *fahrlässiges Verhalten* mit Strafe bedroht. Meist ergibt sich dies auch aus den kantonalen Polizei- bzw. Einführungsgesetzen zum StGB. Zum Teil wird ausdrücklich erklärt, Anstiftung, Gehilfenschaft und Versuch seien ebenfalls strafbar. 21.186

4. Oft werden pauschal Verstösse gegen Gesetz, Ausführungserlasse und gestützt auf das Baurecht erlassene Verfügungen mit Strafe bedroht. Solche *Blankettstraftatbestände* sind mit Blick auf Art. 1 StGB in hohem Masse problematisch. 21.187

5. Teilweise werden auch bestimmte, *genau umschriebene Verhaltensweisen* pönalisiert. So macht sich etwa gemäss Art. 50 Abs. 1 BauG-BE unter anderem strafbar, «wer als Verantwortlicher, insbesondere als Bauherr, Architekt, Ingenieur, Bauleiter oder Bauunternehmer, ein Bauvorhaben ohne Baubewilligung [...] ausführt oder ausführen lässt». 21.188

6. Wer im Einzelfall die strafrechtliche Verantwortung trägt, bestimmt sich nach den genannten (Rz. 21.122ff.) Grundsätzen. Massgebend sind also die *vertraglichen Kompetenzen und Verpflichtungen* sowie die tatsächlichen Verhältnisse auf der Baustelle.[181] Wird 21.189

---

177 Vgl. dazu eingehend die Dissertation von ANDRES, Arbeitssicherheit, passim.

178 DONATSCH/TAG, Strafrecht I, S. 17.

179 Vgl. SCHULTZ, Einführung Strafrecht AT I, S. 76; WIPRÄCHTIGER, Basler Kommentar, N 27 zu Art. 335 StGB.

180 BEELER, Die widerrechtliche Baute, S. 111.

181 BEELER, Die widerrechtliche Baute, S. 109.

zum Beispiel ein Bau ohne Baubewilligung erstellt und besorgt nach dem Bauvertrag und dem tatsächlichen Ablauf des Geschehens der Planer als Vertreter des Bauherrn den Verkehr mit den Behörden, haftet dieser für den Verstoss.[182] Strafbar ist nicht nur, wer die Baurechtsverletzung selbst veranlasst bzw. angeordnet, sondern auch derjenige, der trotz einer Handlungspflicht eine solche Verletzung nicht verhindert hat, zum Beispiel ein Bauherr, der vorsätzlich oder fahrlässig den Architekten oder Unternehmer bei einer Überschreitung der Ausnützungsziffer oder mangels Einreichung eines Baugesuches rechtswidrig handeln lässt.[183]

21.190 **7.** Verschiedene kantonale Baurechtserlasse befassen sich auch mit strafprozessualen und behördenorganisatorischen Fragen. Auf die Verfolgung und Beurteilung von Verstössen gegen kantonales Recht ist die *Schweizerische Strafprozessordnung* nicht ohne Weiteres anwendbar (vgl. nämlich Art. 1 StPO). Soweit die Kantone in solchen Fällen die Schweizerische StPO als anwendbar erklären, handelt es sich um kantonales Strafprozessrecht.[184]

---

[182] Vgl. dazu OGer BE vom 23. September 1977 (= ZBJV 1979, S. 428).

[183] BGE 115 Ia 406/412 E. 4c; ZAUGG/LUDWIG, Kommentar Baugesetz Kanton Bern, N 2 zu Art. 50 BauG-BE.

[184] RIKLIN, StPO-Kommentar [Orell Füssli], N 4 zu Art. 1 StPO; STRAUB/WELTERT, Basler Kommentar, N 12 (mit Fn. 54) zu Art. 1 StPO; WOHLERS, StPO-Kommentar [Schulthess], N 10 zu Art. 1 StPO.

Gesetzes- und Normenregister

Das Gesetzes- und Normenregister gliedert sich in zwei Teile: Gesetze und weitere Erlasse befinden sich in Teil I, Normen und die Musterbedingungen befinden sich in Teil II (S. 1012 ff.). Die Gesetze, die weiteren Erlasse, Normen und Musterbedingungen sind jeweils in alphabetischer Reihenfolge aufgeführt.

Die Nummern beziehen sich auf die Randziffern im Buch; wird eine Bestimmung in einer Fussnote erwähnt, so wird die jeweilige Fussnotennummer zusätzlich zur entsprechenden Randziffer angegeben (z.B. 2.66 Fn 131).

I. Gesetze und weitere Erlasse

AReg-NE (Arrêté sur le registre du canton de Neuchâtel)

ArG (Arbeitsgesetz)

ATSG (Bundesgesetz über den Allgemeinen Teil des Sozialversicherungsrechts)

AuG (Ausländergesetz)

AVV (Arbeitsvermittlungsverordnung)

BauG-BE (Baugesetz des Kantons Bern)

Artikel	Randziffer
50 Abs. 1	21.188

BBG (Berufsbildungsgesetz)

Artikel	Randziffer
36	20.46 Fn 25
63	20.46 Fn 25

BBV (Berufsbildungsverordnung)

Artikel	Randziffer
69b	20.30

BGB (Bürgerliches Gesetzbuch; Deutschland)

Paragraf	Randziffer
254	17.113
305c Abs. 1	1.108 Fn 220
426	17.113
634 Ziff. 1	17.113
649	2.115 Fn 215
650b	1.28 Fn 57
650e ff.	1.28 Fn 57
650p ff.	1.28 Fn 57, 1.50 Fn 138
650p	1.7 Fn 5
650q Abs. 1	1.28 Fn 57
650t	17.113, 17.113 Fn 206
662	1.50 Fn 138
671 Abs. 1	2.97 Fn 191
826	14.221, 14.221 Fn 279
839a	14.221 Fn 279, 14.258

BGBM (Binnenmarktgesetz)

Artikel	Randziffer
1 Abs. 1	20.47
2	20.47, 20.53
3	20.53
5 Abs. 2	2.35
8 Abs. 2	20.52

BGG (Bundesgerichtsgesetz)

Artikel	Randziffer
74 Abs. 1 lit. b	2.105
83 lit. t	20.27
91 lit. b	17.161 Fn 316
93 Abs. 1	17.161 Fn 316
113	20.27

Bilaterales Abkommen CH/EG (Abkommen zwischen der Schweizerischen Eidgenossenschaft und der Europäischen Gemeinschaft über bestimmte Aspekte des öffentlichen Beschaffungswesens)

BöB (Bundesgesetz über das öffentliche Beschaffungswesen)

BV (Bundesverfassung der Schweizerischen Eidgenossenschaft)

DesG (Designgesetz)

DSG (Bundesgesetz über den Datenschutz)

E-BöB (Entwurf zur Revision des Bundesgesetzes über das öffentliche Beschaffungswesen)

E-IVöB (Entwurf zur Revision der Interkantonalen Vereinbarung über das öffentliche Beschaffungswesen)

EBG (Eisenbahngesetz)

EBV (Eisenbahnverordnung)

EFTA-Übereinkommen (Übereinkommen zur Errichtung der Europäischen Freihandelsassoziation)

EmbG (Embargogesetz)

EMRK (Konvention zum Schutze der Menschenrechte und Grundfreiheiten)

EPÜ 2000 (Ausführungsordnung zum Europäischen Patentübereinkommen)

FZA (Abkommen zwischen der schweizerischen Eidgenossenschaft einerseits und der Europäischen Gemeinschaft und ihren Mitgliedstaaten andererseits über die Freizügigkeit)

GeoIG (Geoinformationsgesetz)

GPA (Übereinkommen über das öffentliche Beschaffungswesen)

GSchG (Gewässerschutzgesetz)

HRegV (Handelsregisterverordnung)

IPRG (Bundesgesetz über das Internationale Privatrecht)

IVöB (Interkantonale Vereinbarung über das öffentliche Beschaffungswesen)

KG (Kartellgesetz)

KGeoIG-BE (Kantonales Geoinformationsgesetz des Kantons Bern)

KRG-GR (Raumplanungsgesetz für den Kanton Graubünden)

Artikel	Randziffer
38 Abs. 5	12.17 Fn 4

KVAV-BE (Kantonale Verordnung über die amtliche Vermessung des Kantons Bern)

Artikel	Randziffer
10 Abs. 2	15.158 Fn 173
15f.	15.158 Fn 173

LATC-VD (Loi sur l'aménagement du territoire et les constructions du canton de Vaud)

Artikel	Randziffer
5a	20.91
106	20.14

LPAI-GE (Loi sur l'exercice des professions d'architecte et d'ingénieur du canton de Genève)

Artikel	Randziffer
1f.	20.19
5	20.19
6 Abs. 2	20.21
11 Abs. 2 lit. b	20.20
13 Abs. 1 lit. c	20.19

LPrA-VD (Loi sur la profession d'architecte du canton de Vaud)

Artikel	Randziffer
11	20.10

LReg-NE (Loi sur le registre du canton de Neuchâtel)

Artikel	Randziffer
2f.	20.90

MedBG (Medizinalberufegesetz)

Artikel	Randziffer
40 Abs. 1 lit. b	13.41 Fn 93

MSchG (Markenschutzgesetz)

MSchV (Markenschutzverordnung)

NHG (Bundesgesetz über den Natur- und Heimatschutz)

NSV (Nationalstrassenverordnung)

OCAT-JU (Ordonnance du canton de Jura sur les constructions et l'aménagement du territoire)

OR (Bundesgesetz betreffend die Ergänzung des Schweizerischen Zivilgesetzbuches, Fünfter Teil: Obligationenrecht)

PatG (Patentgesetz)

PBV (Preisbekanntgabeverordnung)

RCI-GE (Règlement d'appilcation du canton de Genève de la Loi sur les constructions et les installations diverses)

RL 2005/36/EG (Berufsanerkennungsrichtlinie)

SchKG (Bundesgesetz über Schuldbetreibung und Konkurs)

SebG (Seilbahngesetz)

SebV (Seilbahnverordnung)

SHG-GR (Gesetz über die Staatshaftung des Kantons Graubünden)

StAG (Stauanlagengesetz)

StGB (Schweizerisches Strafgesetzbuch)

StPO (Schweizerische Strafprozessordnung)

SVG (Strassenverkehrsgesetz)

Transplantationsgesetz

Transplantationsverordnung

URG (Urheberrechtsgesetz)

USG (Umweltschutzgesetz)

UVG (Bundesgesetz über die Unfallversicherung)

UWG (Bundesgesetz gegen den unlauteren Wettbewerb)

VAG (Versicherungsaufsichtsgesetz)

VG (Verantwortlichkeitsgesetz)

VGG (Verwaltungsgerichtsgesetz)

VöB (Verordnung über das öffentliche Beschaffungswesen)

VStR (Bundesgesetz über das Verwaltungsstrafrecht)

VTS (Verordnung über die technischen Anforderungen an Strassenfahrzeuge)

VVG (Versicherungsvertragsgesetz)

VVV (Verkehrsversicherungsverordnung)

VwVG (Verwaltungsverfahrensgesetz)

WaG (Waldgesetz)

ZGB (Schweizerisches Zivilgesetzbuch)

ZPO (Zivilprozessordnung)

Artikel	Randziffer	Artikel	Randziffer
344 Abs. 1	2.66	356	14.49 Fn 80
353–399	14.51 Fn 84	361 Abs. 4	14.45 Fn 70
354	14.121 Fn 167	393	14.51 Fn 83

II. Normen und Musterbedingungen

ISO-Norm 9000 (Quality management systems; Ausgabe 2015)

Ziffer	Randziffer	Ziffer	Randziffer
3.4.1	15.95 Fn 99	3.8.2	15.2 Fn 3
3.8.1	15.2 Fn 2		

ISO-Norm 19650-1/19650-2 (Information management using BIM – Part 1: Concepts and principles/Part 2: Delivery phase of the assets; Ausgabe 2018)

Ziffer	Randziffer
Part 2/5	15.43 Fn 42
Part 1/12	15.100 Fn 102

KBOB-AVB (Allgemeine Vertragsbedingungen KBOB für Planerleistungen; Ausgabe 2017)

Ziffer	Randziffer	Ziffer	Randziffer
1.1	9.53 Fn 55	12.1	19.72
3.2	1.119 Fn 238	12.2	19.73
5	6.46, 6.76	13.1	9.115 Fn 124
5.1 Abs. 1	6.46	13.6	17.167, 17.169, 17.175
5.1 Abs. 2	6.48	15.2	9.269 Fn 320
5.2 Abs. 1	6.49	15.3	9.220 Fn 259
5.2 Abs. 2	6.55	16	19.115, 19.115 Fn 136
6.1	2.72	16.1	19.40
6.2	2.69	16.2	19.41, 19.48
9.2	8.27 Fn 35, 8.27 Fn 37	16.3	19.58
12	19.46 Fn 50		

KBOB-Beschaffungsleitfaden (Leitfaden zur Beschaffung von Planerleistungen; Ausgabe 2018)

KBOB-Empfehlung BIM (Empfehlungen zum Umgang mit BIM; Ausgabe 2018)

KBOB-Honorarempfehlung (Empfehlungen zur Honorierung von Architekten und Ingenieuren; Ausgabe 2019)

KBOB-Planervertrag (Ausgabe 2018)

Richtlinie der SAMW zur Feststellung des Todes mit Bezug auf Organtransplantationen und Vorbereitung der Organentnahme vom 17. November 2017

SIA-Kalkulationshilfe 102-K (Ausgabe 2018)

SIA-Kalkulationshilfe 103-K (Ausgabe 2018)

SIA-Kalkulationshilfe 105-K und 108-K (Ausgabe 2018)

SIA-Merkblatt 2020 (Ausgabe 2017)

SIA-Merkblatt 2051 (Ausgabe 2017)

SIA-Norm 112 (Ausgabe 2014)

SIA-Norm 118 (Ausgabe 2013)

SIA-Norm 126 (Ausgabe 2014)

SIA-Norm 150 (Ausgabe 2018)

SIA-Norm 198 (Ausgabe 2004)

SIA-Norm 260 (Ausgabe 2013)

SIA-Norm 261 (Ausgabe 2014)

SIA-Norm 261/1 (Ausgabe 2003)

SIA-Norm 262 (Ausgabe 2013)

SIA-Ordnung 102 (Ausgabe 1984)

SIA-Ordnung 102 (Ausgabe 2003)

SIA-Ordnung 102 (Ausgabe 2014)

SIA-Ordnung 103 (Ausgabe 2003)

SIA-Ordnung 103 (Ausgabe 2014)

SIA-Ordnung 104 (Ausgabe 2003)

SIA-Ordnung 105 (Ausgabe 2014)

SIA-Ordnung 106 (Ausgabe 2007)

SIA-Ordnung 108 (Ausgabe 2003)

SIA-Ordnung 108 (Ausgabe 2014)

SIA-Ordnung 110 (Ausgabe 2003)

SIA-Ordnung 142 (Ausgabe 2009)

SIA-Ordnung 143 (Ausgabe 2009)

SIA-Ordnung 144 (Ausgabe 2013)

SIA-Statuten 100

SIA-Vertragsformular 1001/1 (Ausgabe 2014)

SIA-Vertragsformular 1001/2 (Ausgabe 2014)

SIA-Vertragsformular 1012/1 und 1012/3 (Ausgaben 2001)

SIA-Vertragsformular 1023 (Ausgabe 2013)

SIA-Zusatzvereinbarung BIM 1001/11 (Ausgabe 2018)

SVV-AVB (Allgemeine Versicherungsbedingungen für die Betriebshaftpflichtversicherung, unverbindliche Musterbedingungen des Schweizerischen Versicherungsverbandes; Ausgabe 2012)

SVV-ZAB (Zusätzliche Allgemeine Bedingungen Haftpflichtversicherung für Architekten und Bauingenieure, unverbindliche Musterbedingungen des Schweizerischen Versicherungsverbandes; Ausgabe 2015)

Sachregister

Die Zahlen verweisen auf die Randziffern in diesem Buch. Wir verwenden das Stichwort «Planer» sowohl für Architekten als auch für Ingenieure. Nur wo Unterschiede bestehen, differenzieren wir, indem wir «Architekt» bzw. «Ingenieur» verwenden.

A

B

C

D

E

F

G

H

I

K

L

M

N

O

P

Q

R

S

T

U

V

W

Z